KB253008

증보

# 작은 사주만세력

부록 | 큰 확대경

감수 · 이 경

동학사

증보 작은 사주만세력

펴낸곳 | 주식회사 동학사
펴낸이 | 유재영
감 수 | 이 경

기획 | 이화진
편집 | 김기숙
본문디자인 | 김보영 · 배현주

1판 1쇄 | 2004년 9월 10일
2판 13쇄 | 2024년 1월 29일
출판등록 | 1987년 11월 27일 제10-149

주소 | 04083 서울 마포구 토정로 53 (합정동)
전화 | 324-6130, 324-6131 · 팩스 | 324-6135
E-메일 | dhsbook@hanmail.net
홈페이지 | www.donghaksa.co.kr
www.green-home.co.kr



ISBN 89-7190-207-8 03150

# 일러두기

## 1 절기

절기는 월건이나 대운수를 찾을 때 중요한 기준으로, 절기 절입시각 이전과 이후의 월건과 대운수가 달라지기 때문에 분(分) 단위까지 정확하게 표시하였다. 절기가 드는 날을 절일이라고 하는데, 절일에 적어놓은 절기는 절입시각부터 해당된다. 예를 들어 1921년에 소한이 양력 1월6일인데, 정확하게는 절기 절입시각인 1월6일 05시34분부터를 소한으로 본다.

## 2 월건

이 만세력은 양력을 기준으로 만들었으며, 절기력을 기준으로 하는 월건을 편의상 양력의 월(月)과 같이 적어놓았다. 월건은 실제로 월건이 있는 달의 절기 절입시각부터 다음달의 절기 절입시각 전까지가 해당된다. 따라서 그 달의 절기 절입시각 이전까지는 전달의 월건을 쓰고, 절기 절입시각부터 그 달의 월건을 쓴다. 예를 들어 2004년 양력 1월은 월건이 乙丑으로 되어 있으나, 실제 乙丑월은 양력 1월1일부터 31일까지가 아니라 소한의 절입시각인 양력 1월6일 09시18분부터 다음달 절기인 입춘의 절입시각 2월4일 20시55분 전까지다. 이 책에서는 월건을 쉽게 알 수 있도록 월건 옆에 양력으로 그 기간을 밝혔다. 그러나 절일에 해당되는 사람은 같은 날이라도 월건이 다를 수 있는데, 절입시각 전까지는 전달의 월건, 절입시각부터는 그 달의 월건을 사용한다(p.10의 월간지조견표 참조).

## 3 세차

월건과 마찬가지로 절기력을 기준으로 한다. 따라서 절기력에서 한 해의 시작으로 보는 입춘일을 기준으로, 절입시각 이전까지는 전해의 세차를 쓰고, 절입시각부터는 그 해의 세차를 사용한다. 예를 들어 2004년의 경우, 입춘

# 머리말

천문현상을 데이터로 규명한 학문인 역학(曆學)은 달력 등의 형태로 우리 생활에 깊이 들어와 있지만 잘 인식하지 못하고 있다. 만세력이 사주명리학에서 사주를 구성하는 데 중요한 자료가 된다는 이유로 대부분의 사람들은 고작해야 만세력을 역학의 실체를 느끼는 정도로 알고 있다. 그러나 만세력은 천문학과 마찬가지로 태양의 움직임, 달의 변화 등 천문현상을 밝히고 정리한 책으로 어느 분야보다도 과학적이다. 또한 우리의 생활 주기와 관계 깊은 자료이므로 현실과 잘 맞아야 한다.

그렇다면 실제 나와 있는 만세력들은 어떠한가? 일본이나 중국의 만세력을 참고하여 표준시나 서머타임 등 우리나라의 실정을 제대로 반영하지 못한 것이 대부분이다. 게다가 지금의 현실과는 맞지 않는 잡절 등 불필요한 사항이 들어 있고, 한자를 지나치게 사용하여 보기 불편하고 이해도 쉽지 않다. 그래서 꼭 필요한 내용만 담고 있는, 일반인들도 보기 편하고 알기 쉬운 실용적인 만세력이 필요하다는 생각을 하게 되었다.

이 책 〈작은 사주만세력〉의 특징은 실용성과 정확성이다. 모든 시간은 그 해의 지방표준시와 서머타임까지를 계산하였으므로, 필요한 지역의 실제시를 간편하게 구할 수 있다. 한편 육십갑자 이외의 모든 내용을 한글화하고, 중요한 것은 색을 넣어 강조하여 보기 편하고 찾기 쉽게 하였다. 내용면에서도 전체는 보기 쉽게 간단하게 만들었지만, 꼭 필요한 것은 따로 자세히 설명하여 초보자도 쉽게 이해할 수 있도록 하였다. 그리고 무엇보다도 정확하고 오류 없는 만세력을 만들기 위하여 오랜 시간에 걸쳐 국내외의 자료와 대부분의 일간신문들을 반복 검토하여 내용을 검증하였다.

의 절입시각인 2월4일 20시55분 전까지는 癸未년이고, 2월4일 20시55분부터는 甲申년이다.

## 4 음력의 큰달과 작은달

음력에서 한달은 큰달이 30일, 작은달은 29일로 정해져 있다. 따라서 날짜수를 보면 알 수 있으므로 이 책에서는 큰달인지 작은달인지를 따로 표시하지 않았다.

## 5 대운수

대운수는 일진마다 남녀를 구분하여 적었다. 그러나 절일에는 절기 절입시각 전과 후로 나뉘어 대운수가 2가지로 나올 수 있으므로 대운수를 적지 않았다. 절일은 절기 절입시각 전에는 전날로 보며, 절기 절입시각부터는 그 날로 보아 양력으로는 같은 날이지만 절입시각 전과 대운수가 다르다. 즉 절입시각 전은 전날의 대운수와 같고, 절입시각부터는 그 날의 대운수가 되며 결과적으로 다음날의 대운수와 같다.

## 6 서머타임(일광절약시간)

서머타임이란 여름철의 긴 낮시간을 유효하게 쓰기 위하여 표준시보다 시계를 1시간 앞당겨 놓는 것이다. 우리나라에서 서머타임이 실시된 해는 모두 12년이다. 서머타임을 실시할 경우에는 사용하는 표준시와 차이가 생기므로, 시간지(時干支)나 각 지역의 실제시를 알아볼 때는 표준시와의 차이뿐만 아니라 서머타임 실시로 인한 시간차이까지 고려해야 한다(p.10의 시간지조견표 참조). 이 책에서는 서머타임이 실시된 해에 시작과 종료 일시를 밝혔으며, 24절기의 절입시각은 서머타임을 적용한 시간이다.

## 7 표준시

우리나라는 현재 일본을 지나는 동경135도 표준자오선을 채택하고 있으나 과거에는 127도30분 표준자오선을 채택하였다. 그러므로 지역의 실제시를 구할 때 먼저 당시에 사용했던 표준시를 확인해야 한다. 이 책에서는 그 해에 사용한 표준시를 밝혔으며, 모든 시간도 사용한 표준시로 계산하여 실었다.

## 월간지조견표

| 월 | 절기 | 甲己년 | 乙庚년 | 丙辛년 | 丁壬년 | 戊癸년 |
|---|---|---|---|---|---|---|
| 1월(寅) | 입춘(立春) | 丙寅월 | 戊寅월 | 庚寅월 | 壬寅월 | 甲寅월 |
| 2월(卯) | 경칩(驚蟄) | 丁卯월 | 己卯월 | 辛卯월 | 癸卯월 | 乙卯월 |
| 3월(辰) | 청명(淸明) | 戊辰월 | 庚辰월 | 壬辰월 | 甲辰월 | 丙辰월 |
| 4월(巳) | 입하(立夏) | 己巳월 | 辛巳월 | 癸巳월 | 乙巳월 | 丁巳월 |
| 5월(午) | 망종(芒種) | 庚午월 | 壬午월 | 甲午월 | 丙午월 | 戊午월 |
| 6월(未) | 소서(小暑) | 辛未월 | 癸未월 | 乙未월 | 丁未월 | 己未월 |
| 7월(申) | 입추(立秋) | 壬申월 | 甲申월 | 丙申월 | 戊申월 | 庚申월 |
| 8월(酉) | 백로(白露) | 癸酉월 | 乙酉월 | 丁酉월 | 己酉월 | 辛酉월 |
| 9월(戌) | 한로(寒露) | 甲戌월 | 丙戌월 | 戊戌월 | 庚戌월 | 壬戌월 |
| 10월(亥) | 입동(立冬) | 乙亥월 | 丁亥월 | 己亥월 | 辛亥월 | 癸亥월 |
| 11월(子) | 대설(大雪) | 丙子월 | 戊子월 | 庚子월 | 壬子월 | 甲子월 |
| 12월(丑) | 소한(小寒) | 丁丑월 | 己丑월 | 辛丑월 | 癸丑월 | 乙丑월 |

## 시간지조견표

| 동경135도 표준시<br>+서머타임 | 00:30<br>02:30 | 02:30<br>04:30 | 04:30<br>06:30 | 06:30<br>08:30 | 08:30<br>10:30 | 10:30<br>12:30 | 12:30<br>14:30 | 14:30<br>16:30 | 16:30<br>18:30 | 18:30<br>20:30 | 20:30<br>22:30 | 22:30<br>00:30 |
|---|---|---|---|---|---|---|---|---|---|---|---|---|
| 동경127도30분 표준시<br>+서머타임 | 00:00<br>02:00 | 02:00<br>04:00 | 04:00<br>06:00 | 06:00<br>08:00 | 08:00<br>10:00 | 10:00<br>12:00 | 12:00<br>14:00 | 14:00<br>16:00 | 16:00<br>18:00 | 18:00<br>20:00 | 20:00<br>22:00 | 22:00<br>24:00 |
| 동경135도 표준시 | 23:30<br>01:30 | 01:30<br>03:30 | 03:30<br>05:30 | 05:30<br>07:30 | 07:30<br>09:30 | 09:30<br>11:30 | 11:30<br>13:30 | 13:30<br>15:30 | 15:30<br>17:30 | 17:30<br>19:30 | 19:30<br>21:30 | 21:30<br>23:30 |
| 동경127도30분 표준시 | 23:00<br>01:00 | 01:00<br>03:00 | 03:00<br>05:00 | 05:00<br>07:00 | 07:00<br>09:00 | 09:00<br>11:00 | 11:00<br>13:00 | 13:00<br>15:00 | 15:00<br>17:00 | 17:00<br>19:00 | 19:00<br>21:00 | 21:00<br>23:00 |
| 시(時) | 子 | 丑 | 寅 | 卯 | 辰 | 巳 | 午 | 未 | 申 | 酉 | 戌 | 亥 |
| 甲己일 | 甲子 | 乙丑 | 丙寅 | 丁卯 | 戊辰 | 己巳 | 庚午 | 辛未 | 壬申 | 癸酉 | 甲戌 | 乙亥 |
| 乙庚일 | 丙子 | 丁丑 | 戊寅 | 己卯 | 庚辰 | 辛巳 | 壬午 | 癸未 | 甲申 | 乙酉 | 丙戌 | 丁亥 |
| 丙辛일 | 戊子 | 己丑 | 庚寅 | 辛卯 | 壬辰 | 癸巳 | 甲午 | 乙未 | 丙申 | 丁酉 | 戊戌 | 己亥 |
| 丁壬일 | 庚子 | 辛丑 | 壬寅 | 癸卯 | 甲辰 | 乙巳 | 丙午 | 丁未 | 戊申 | 己酉 | 庚戌 | 辛亥 |
| 戊癸일 | 壬子 | 癸丑 | 甲寅 | 乙卯 | 丙辰 | 丁巳 | 戊午 | 己未 | 庚申 | 辛酉 | 壬戌 | 癸亥 |

# 동경135도 표준시 기준의 시간지조견표

| 시(時) | 甲己일 | 乙庚일 | 丙辛일 | 丁壬일 | 戊癸일 |
|---|---|---|---|---|---|
| 23:30~01:30(子時) | 甲子시 | 丙子시 | 戊子시 | 庚子시 | 壬子시 |
| 01:30~03:30(丑時) | 乙丑시 | 丁丑시 | 己丑시 | 辛丑시 | 癸丑시 |
| 03:30~05:30(寅時) | 丙寅시 | 戊寅시 | 庚寅시 | 壬寅시 | 甲寅시 |
| 05:30~07:30(卯時) | 丁卯시 | 己卯시 | 辛卯시 | 癸卯시 | 乙卯시 |
| 07:30~09:30(辰時) | 戊辰시 | 庚辰시 | 壬辰시 | 甲辰시 | 丙辰시 |
| 09:30~11:30(巳時) | 己巳시 | 辛巳시 | 癸巳시 | 乙巳시 | 丁巳시 |
| 11:30~13:30(午時) | 庚午시 | 壬午시 | 甲午시 | 丙午시 | 戊午시 |
| 13:30~15:30(未時) | 辛未시 | 癸未시 | 乙未시 | 丁未시 | 己未시 |
| 15:30~17:30(申時) | 壬申시 | 甲申시 | 丙申시 | 戊申시 | 庚申시 |
| 17:30~19:30(酉時) | 癸酉시 | 乙酉시 | 丁酉시 | 己酉시 | 辛酉시 |
| 19:30~21:30(戌時) | 甲戌시 | 丙戌시 | 戊戌시 | 庚戌시 | 壬戌시 |
| 21:30~23:30(亥時) | 乙亥시 | 丁亥시 | 己亥시 | 辛亥시 | 癸亥시 |

# 조자시(朝子時)와 야자시(夜子時)를 구분한 시간지조견표

| 동경135도 표준시<br>+서머타임 | 01:30<br>02:30 | 02:30<br>04:30 | 04:30<br>06:30 | 06:30<br>08:30 | 08:30<br>10:30 | 10:30<br>12:30 | 12:30<br>14:30 | 14:30<br>16:30 | 16:30<br>18:30 | 18:30<br>20:30 | 20:30<br>22:30 | 22:30<br>00:30 | 00:30<br>01:30 |
|---|---|---|---|---|---|---|---|---|---|---|---|---|---|
| 동경127도 표준시<br>+서머타임 | 01:00<br>02:00 | 02:00<br>04:00 | 04:00<br>06:00 | 06:00<br>08:00 | 08:00<br>10:00 | 10:00<br>12:00 | 12:00<br>14:00 | 14:00<br>16:00 | 16:00<br>18:00 | 18:00<br>20:00 | 20:00<br>22:00 | 22:00<br>24:00 | 00:00<br>01:00 |
| 동경135도 표준시 | 00:30<br>01:30 | 01:30<br>03:30 | 03:30<br>05:30 | 05:30<br>07:30 | 07:30<br>09:30 | 09:30<br>11:30 | 11:30<br>13:30 | 13:30<br>15:30 | 15:30<br>17:30 | 17:30<br>19:30 | 19:30<br>21:30 | 21:30<br>23:30 | 23:30<br>00:30 |
| 동경127도30분 표준시 | 00:00<br>01:00 | 01:00<br>03:00 | 03:00<br>05:00 | 05:00<br>07:00 | 07:00<br>09:00 | 09:00<br>11:00 | 11:00<br>13:00 | 13:00<br>15:00 | 15:00<br>17:00 | 17:00<br>19:00 | 19:00<br>21:00 | 21:00<br>23:00 | 23:00<br>24:00 |

| 시(時) | 조자시 | 丑 | 寅 | 卯 | 辰 | 巳 | 午 | 未 | 申 | 酉 | 戌 | 亥 | 야자시 |
|---|---|---|---|---|---|---|---|---|---|---|---|---|---|
| 甲己일 | 甲子 | 乙丑 | 丙寅 | 丁卯 | 戊辰 | 己巳 | 庚午 | 辛未 | 壬申 | 癸酉 | 甲戌 | 乙亥 | 丙子 |
| 乙庚일 | 丙子 | 丁丑 | 戊寅 | 己卯 | 庚辰 | 辛巳 | 壬午 | 癸未 | 甲申 | 乙酉 | 丙戌 | 丁亥 | 戊子 |
| 丙辛일 | 戊子 | 己丑 | 庚寅 | 辛卯 | 壬辰 | 癸巳 | 甲午 | 乙未 | 丙申 | 丁酉 | 戊戌 | 己亥 | 庚子 |
| 丁壬일 | 庚子 | 辛丑 | 壬寅 | 癸卯 | 甲辰 | 乙巳 | 丙午 | 丁未 | 戊申 | 己酉 | 庚戌 | 辛亥 | 壬子 |
| 戊癸일 | 壬子 | 癸丑 | 甲寅 | 乙卯 | 丙辰 | 丁巳 | 戊午 | 己未 | 庚申 | 辛酉 | 壬戌 | 癸亥 | 甲子 |

# 만세력을 보기위한 기초길잡이

1. 태양력과 태음력
2. 지구의 자전과 시간
3. 대운수

# 만세력을 보기 위한 기초 길잡이

### 1. 태양력과 태음력

인간의 생활은 시간이나 날짜 · 계절 등과 관련이 깊기 때문에, 인간은 예부터 천문역에 깊은 관심을 갖고 정확하게 시간 변화를 측정할 수 있는 방법을 찾기 위해 노력하였다. 그 결과 인간과 밀접한 자연계의 주기를 이용하여 역(曆)을 만들었으며, 대표적인 것이 태양력 · 태음력 · 절월력 등이다.

태양력은 지구가 태양을 한 바퀴 도는 지구의 공전주기를 기준으로 하였으며, 태음력은 달이 지구를 한 바퀴 도는 달의 공전에 바탕을 두고 있다. 그리고 음력에 양력의 성분을 포함시켜 만든 것이 절월력으로, 천구상에서의 태양의 위치를 기준으로 한다.

#### ● 태양력

태양의 운행에 맞춘 역법이라 계절의 변화와 잘 맞는다. 그러나 실제 태양년과 매우 적긴 하지만 시간 차이가 있어서 문제가 되므로 윤일을 넣어 조정하고 있다.

B.C.46년 1월1일부터 시행하여 널리 사용되었던 율리우스력의 경우, 태양년과의 오차를 없애기 위해 처음에 3년마다 윤일을 넣었다. 그러나 B.C.8년 아우구스투스 황제 시대에 이르러 1년을 365일로 하고, 윤일을 4년마다 1일씩 두어 1년 평균 365.25일이 되었다. 즉, 실제 태양년으로 1년인 365.2422일과 율리우스력으로 1년인 365.25일과의 차(365.25－365.2422 ＝ 0.0078)를 구하면, 약 11분14초가 된다. 따라서 128년마다 1일 차이가 나고 세월이 흐를수록 실제 태양년과 많이 달라지게 된다.

이러한 단점을 해결하기 위해 개정되어 나온 것이 현행 그레고리력이다. 새롭게 규약을 만들어, 연도가 4로 나누어지는 해를 윤년으로 하였다. 단, 4로 나누어지면서 100으로도 나누어지는 해는 평년, 100으로 나누어지면서 400으로도 나누어지는 해는 윤년으로 한다. 따라서 400년 동안 97회의 윤일이 있게 되며, 1년의 평균길이는 365.2425일로 실제 태양년과 0.0003일, 약 26초의 차이가 난다. 다시 말하면 약 3,323년에 1일의 차이가 난다. 이것은 태양년과 가장 오차가 적은 역(曆)으로 오늘날 거의 모든 나라에서 이용하고 있다.

우리나라는 조선시대 효종 이후 태음태양력인 시헌력(時憲曆)을 사용하였으나 1896년 1월1일부터 태양력을 채택하여 오늘날까지 사용하고 있다.

### ● 태음력

태음력이라 하면 보통 순태음력을 말하며, 계절의 변화와 관계없이 달의 삭망을 기준으로 한다. 여기서 삭(朔)이란 태양 → 달 → 지구 순서로 일직선이 되었을 때로, 합삭(合朔)이라고도 한다. 망(望)은 태양 → 지구 → 달의 순서로 일직선이 되었을 때를 가리킨다.

태음력에서 한 달이란, 달이 합삭이 되었다가 지구 주위를 한 바퀴 돌아서 다시 합삭이 되기까지의 기간으로 약 29.53059일이다. 따라서 1년 12달을 계산해 보면 29.53059일×12달 = 354.36708일이 되며, 실제 태양년 1년인 365.2422일보다 약 10.9일이 적다. 이렇게 되면 여러 해가 지나서 달력의 날짜와 실제 계절이 많이 달라져서 한여름인 날짜에도 눈이 오는 등 혼란이 생기게 된다. 그래서 중간 중간에 윤달을 넣어 1년을 13개월로 만드는 방법으로 달력의 날짜와 계절을 맞추는데, 이것을 순태음력과 구별하여 태음태양력이라고 한다.

이 때 윤달은 24절기의 12중기에 의해서 결정되며, 큰달과 작은달은 달의 정확한 합삭기간을 계산하여 나온다. 합삭기간이 30일이면 큰달, 29일이면 작은달이다. 우리가 현재 음력이라고 사용하는 것은 정확히 말하자면 태음태양력이다.

### ●절기와 윤달

우리나라의 음력, 즉 태음태양력은 달의 변화로 날짜를 계산하고 태양의 움직임을 나타낸 절기로 계절의 변화를 알 수 있다. 그래서 빼놓을 수 없는 것이 절기와 윤달이다. 음력에서 달을 결정짓는 것이 24절기의 절기이며, 달력의 날짜와 실제 계절이 다른 순태음력의 문제점을 해결하기 위해 이용한 것이 윤달이다.

그렇다면 절기란 무엇이며, 어떻게 만들어질까?

절기를 음력 성분으로 알고 있는 경우가 많지만, 사실 절기는 태양의 움직임을 고려한 것으로 태양력의 성격을 갖고 있다. 천구상에서 태양이 움직이는 길을 황도라고 하는데, 절기는 태양의 황도 360도를 15도씩 나누어 생긴 24개의 점으로 정한다. 24절기로 잘 알려져 있으며, 12절기와 12중기로 되어 있어 절기와 중기가 번갈아 온다.

# 24절기의 의미와 황도상의 위치

| 절기 | 의미 | | 시기 | 황도(황경) |
|---|---|---|---|---|
| 1. 입춘(立春) | 봄이 시작됨 | 2월<br>(寅月) | 3~5일경 | 315° |
| 2. 우수(雨水) | 생물을 소생시키는 봄비가 내리기 시작함 | | 18~20일경 | 330° |
| 3. 경칩(驚蟄) | 겨울잠을 자던 동물들이 깨어나 꿈틀거림 | 3월<br>(卯月) | 5~7일경 | 345° |
| 4. 춘분(春分) | 태양이 황경 0도에 위치. 낮밤의 길이가 같음 | | 20~22일경 | 0° |
| 5. 청명(淸明) | 맑고 밝은 봄날씨가 시작됨 | 4월<br>(辰月) | 4~6일경 | 15° |
| 6. 곡우(穀雨) | 봄비가 내려 곡식을 기름지게 함 | | 19~21일경 | 30° |
| 7. 입하(立夏) | 여름이 시작됨 | 5월<br>(巳月) | 5~7일경 | 45° |
| 8. 소만(小滿) | 여름 기분이 나기 시작함 | | 20~22일경 | 60° |
| 9. 망종(芒種) | 모를 심기에 적당함 | 6월<br>(午月) | 5~7일경 | 75° |
| 10. 하지(夏至) | 태양이 북회귀선(북위 23도27분)에 있어 북반구에서 낮이 가장 김 | | 21~24일경 | 90° |
| 11. 소서(小暑) | 더워지기 시작함 | 7월<br>(未月) | 6~8일경 | 105° |
| 12. 대서(大暑) | 몹시 더움 | | 22~24일경 | 120° |
| 13. 입추(立秋) | 가을이 시작됨 | 8월<br>(申月) | 7~9일경 | 135° |
| 14. 처서(處暑) | 더위가 식기 시작함 | | 23, 24일경 | 150° |
| 15. 백로(白露) | 흰 이슬이 내리며 가을 기운이 스며들기 시작함 | 9월<br>(酉月) | 7~9일경 | 165° |
| 16. 추분(秋分) | 태양이 춘분점 반대에 위치. 낮밤의 길이가 같음 | | 22~24일경 | 180° |
| 17. 한로(寒露) | 찬 이슬이 내림 | 10월<br>(戌月) | 8, 9일경 | 195° |
| 18. 상강(霜降) | 서리가 내림 | | 23~25일경 | 210° |
| 19. 입동(立冬) | 겨울이 시작됨 | 11월<br>(亥月) | 7, 8일경 | 225° |
| 20. 소설(小雪) | 눈이 오기 시작함 | | 22, 23일경 | 240° |
| 21. 대설(大雪) | 눈이 많이 옴 | 12월<br>(子月) | 6~8일경 | 255° |
| 22. 동지(冬至) | 태양이 남회귀선(남위 23도27분)에 있어 북반구에서 밤이 가장 김 | | 21~23일경 | 270° |
| 23. 소한(小寒) | 추위가 시작됨 | 1월<br>(丑月) | 5~7일경 | 285° |
| 24. 대한(大寒) | 지독하게 추움 | | 20, 21일경 | 300° |

※ 시기는 1901년부터 2030년까지의 자료 통계이며 양력 기준

특히 음력에서 12절기는 달[月]의 결정에 중요한 역할을 하는데, 12절기 중 어떤 절기가 들어 있느냐에 따라 달이 정해진다. 예를 들어, 입춘이 들어 있으면 1월, 경칩은 2월, 청명은 3월 등이 된다. 그리고 12절기가 드는 절기절입일을 절일, 절일부터 다음 절일의 전날까지를 절월이라 하며, 24절기를 바탕으로 한 것이 절월력이다. 절월력은 절일을 1일로 하고 중기가 달의 중앙에 오며, 입춘을 한 해의 시작으로 본다.

이와 같이 음력에서 달을 결정하는 데 중요한 것이 12절기라면, 윤달을 결정할 때 중요한 것은 12중기다. 24절기가 각각 15일 간격이므로 대개 한 달에 절기와 중기가 하나씩 들게 되는데, 어떤 달은 절기만 있고 중기가 없는 달도 간혹 있게 된다. 이런 달을 윤달로 하며, 전달의 이름을 따서 4월 다음인 경우는 윤4월, 5월 다음인 경우는 윤5월이라 한다. 이렇게 중기가 없는 무중월(無中月)을 윤달로 하는 것을 무중치윤법(無中置閏法)이라 한다. 단, 절기만 있고 중기는 없는 무중월이 1년에 2번 이상 있을 경우에는 앞의 달만 윤달로 인정하며, 1년이 12달일 경우에는 무중월이라도 윤달로 보지 않는다. 그리고 태양력과 태음력의 차이를 없애기 위해 19년 동안 7번의 윤달을 넣어주는 19년7윤법을 적용한다.

19년7윤법이란 태양력 19년(19×365.2422)과 태음력의 235개월{235(19년의 228개월+7개월)×29.5306}이 약 6,939일로 거의 차이가 없다는 점에 착안하여, 19년 동안 음력으로 235개월이 되도록 만들어주는 것이다. 즉 1년은 12개월이고 19년은 228개월이므로, 235개월이 되도록 윤달을 7번 넣어주는 것이다.

## 1901년부터 2050년까지의 음력 윤달 현황

| 1903년 | 윤5월小 | 1941년 | 윤6월大 | 1979년 | 윤6월大 | 2017년 | 윤5월小 |
|---|---|---|---|---|---|---|---|
| 1906년 | 윤4월大 | 1944년 | 윤4월大 | 1982년 | 윤4월小 | 2020년 | 윤4월小 |
| 1909년 | 윤2월小 | 1947년 | 윤2월小 | 1984년 | 윤10월小 | 2023년 | 윤2월小 |
| 1911년 | 윤6월小 | 1949년 | 윤7월小 | 1987년 | 윤6월小 | 2025년 | 윤6월小 |
| 1914년 | 윤5월小 | 1952년 | 윤5월大 | 1990년 | 윤5월小 | 2028년 | 윤5월小 |
| 1917년 | 윤2월小 | 1955년 | 윤3월大 | 1993년 | 윤3월小 | 2031년 | 윤3월小 |
| 1919년 | 윤7월小 | 1957년 | 윤8월小 | 1995년 | 윤8월小 | 2033년 | 윤11월小 |
| 1922년 | 윤5월小 | 1960년 | 윤6월小 | 1998년 | 윤5월小 | 2036년 | 윤6월大 |
| 1925년 | 윤4월小 | 1963년 | 윤4월小 | 2001년 | 윤4월小 | 2039년 | 윤5월小 |
| 1928년 | 윤2월小 | 1966년 | 윤3월小 | 2004년 | 윤2월小 | 2042년 | 윤2월小 |
| 1930년 | 윤6월小 | 1968년 | 윤7월小 | 2006년 | 윤7월小 | 2044년 | 윤7월小 |
| 1933년 | 윤5월大 | 1971년 | 윤5월小 | 2009년 | 윤5월小 | 2047년 | 윤5월大 |
| 1936년 | 윤3월大 | 1974년 | 윤4월小 | 2012년 | 윤3월大 | 2050년 | 윤3월大 |
| 1938년 | 윤7월大 | 1976년 | 윤8월小 | 2014년 | 윤9월小 | | |

위의 표에서 윤달의 월별 분포사항을 보면 2월이 7번, 3월이 7번, 4월이 8번, 5월이 13번, 6월이 8번, 7월이 6번, 8월이 3번, 9월이 1번, 10월이 1번, 11월이 1번으로, 우리나라에서는 윤달이 봄과 여름에 집중되어 있다는 사실을 알 수 있다.

### 2. 지구의 자전과 시간

천체가 다른 천체 주위를 도는 것을 공전이라 하고, 천체 내부의 한 축을 중심으로 회전하는 운동을 자전이라 한다. 지구는 태양의 주위를 약 365일 주기로 공전하며, 동시에 지구의 남북을 잇는 자전축을 중심으로 약 1일 24시간에 한 번씩 자전한다. 자전과 공전은 역법에서 시간과 날짜를 정하는 중요한 기본원리이며, 역(曆)을 이해하기 위해서는 시간과 자전거리와의 관계를 알아야 한다.

지구의 반지름은 약 6,400km이며, 지구 둘레는 2×6,400×3.14 = 40,192km이다. 그리고 지구는 1일 24시간에 1회 자전하므로 40,192÷24 = 1,674.6 …으로 1시간에 약 1,675km를 움직이며, 이것을 1시간 즉 60분으로 나누면 1,675÷60 = 27.916 …으로 1분에 약 28km를 움직인다.

### ●지방표준시

지구상의 위치를 나타내는 좌표에는 위도와 경도가 있다. 위도는 지구를 가로로 나누어 적도를 위도 0도로 보고 적도 아래 남반구의 남위 90도, 적도 위 북반구의 북위 90도로 되어 있다. 경도는 그리니치천문대를 지나는 본초자오선을 중심으로 동서로 나누어 동경 180도, 서경 180도로 보므로 전체 360도가 된다.

특히 시간은 경도와 관계가 깊다. 지구가 1회 자전하는 데 약 1일 24시간이 걸리므로 360÷24 = 15, 즉 1시간에 15도씩 움직인다. 또 1시간은 60분으로 60÷15 = 4가 되므로 지구가 경도 1도를 움직이는 데 4분이 걸린다. 더 자세히 경도 1분이 자전하는 데 걸리는 시간을 알아보면, 경도 1도는 경도 60분, 경도 1분은 경도 60초이므로 경도 1도를 자전하는 데 걸리는 시간 4분을 초로 계산하여 경도 1도로 나눈다. 즉 시간 4분은 4×60 = 240으로 240초이며, 경도 1도는 경도 60분이므로 240÷60 = 4가 된다. 정리하면 지구는 1시간에 15도씩 움직이며, 지구가 경도 1도를 자전하는 데 4분, 경도 1분을 자전하는 데는 4초가 걸린다.

따라서 경도상의 위치가 제각기 다른 나라들 사이에 시간 차이가 생길 수밖에 없으며, 각 나라들은 이러한 시간 차이를 고려하여 고유의 시간을 사용하고자 한다. 그러나 모든 나라가 자국을 지나는 자오선을 기준으로 고유의 표준시를 정할 경우, 나라간 시간 차이를 계산하는 것이 복잡해지고 그로 인해 교통과 통신 등에 많은 문제가 생길 수 있다. 그러므로 국제법상 이웃나라와

1시간 이상 차이가 나지 않는 경우에는 같은 표준자오선을 사용하고 있다. 이렇게 경도 15도 단위로 나뉘는 경도선을 표준자오선으로 정하여 세계표준시와 정수의 시간 차이가 나는 것을 지방표준시라고 한다.

예를 들어, 우리나라의 경우 일본을 지나는 동경 135도 표준자오선을 채택하여 현재 동경135도 표준시를 사용하고 있지만, 이전에는 우리나라를 지나는 동경 127도30분 표준자오선을 채택하여 동경127도30분 표준시를 사용하였다. 그런데 동경 127도30분과 동경 135도는 경도상 7도30분(7.5도)의 차이가 나고, 지구가 경도 1도 움직이는 데 4분이라는 시간이 걸리므로 7.5×4 = 30 즉 30분의 시간 차이가 생긴다. 따라서 국제법에 따라 동경135도 표준시를 채택하고 있으나, 각 지역의 실제시와는 차이가 있다.

## 우리나라의 표준시 변경

| | | | | | |
|---|---|---|---|---|---|
| 동경127도30분 표준시 | 시작 | 1908. 4. 29 | 수 | 18시30분을 18시로 조정 | 황성신문 4.1(음력) 참조 |
| | 종료 | 1912. 1. 1 | 월 | 11시30분까지 사용 | 매일신보 1.1 참조 |
| 동경135도 표준시 | 시작 | 1912. 1. 1 | 월 | 11시30분을 12시로 조정 | 매일신보 1.1 참조 |
| | 종료 | 1954. 3. 21 | 일 | 00시30분까지 사용 | 동아일보 3.21 참조 |
| 동경127도30분 표준시 | 시작 | 1954. 3. 21 | 일 | 00시30분을 00시로 조정 | 동아일보 3.21 참조 |
| | 종료 | 1961. 8. 9 | 수 | 24시까지 사용 | 경향신문 8.9 참조 |
| 동경135도 표준시 | 시작 | 1961. 8. 10 | 목 | 00시를 00시30분으로 조정 | 경향신문 8.9 참조 |
| | 현재 사용 중 | | | | |

※ 시작과 종료 날짜는 양력

물론 우리나라를 지나는 동경 127도30분 표준자오선을 사용해도 경도상의 차이 때문에 각 지역의 실제시와는 차이가 있다. 예를 들어 우리나라 동쪽의 독도와 서쪽의 백령도를 비교해 보면, 독도가 동경 131도55분이고, 백령도가 동경 124도53분으로 경도상 7도2분의 차이가 있으므로, 실제시에서는 28분8초의 차이가 생긴다.

## 각 지역의 실제시와 동경135도 표준시와의 시간 차이

| 지역 | 경도[1] | 시간 차이[2] |
|---|---|---|
| 백령도 | 124도53분 | +40분26초 |
| 홍도 | 125도12분 | +39분10초 |
| 흑산도 | 125도26분 | +38분14초 |
| 연평도 | 125도42분 | +37분12초 |
| 덕적도 | 126도06분 | +35분34초 |
| 신안군 | 126도11분 | +35분14초 |
| 목포 | 126도23분 | +34분26초 |
| 서산 | 126도27분 | +34분10초 |
| 제주 | 126도32분 | +33분52초 |
| 보령 | 126도33분 | +33분48초 |
| 서귀포 | 126도34분 | +33분44초 |
| 인천 | 126도42분 | +33분32초 |
| 완도 | 126도42분 | +33분32초 |
| 군산 | 126도43분 | +33분28초 |
| 정읍 | 126도52분 | +32분52초 |
| 광주 | 126도55분 | +32분17초 |
| 서울 | 126도59분 | +32분05초 |
| 수원 | 127도02분 | +31분53초 |
| 평택 | 127도07분 | +31분33초 |
| 전주 | 127도09분 | +31분24초 |
| 천안 | 127도09분 | +31분24초 |
| 남원 | 127도23분 | +30분28초 |
| 대전 | 127도25분 | +30분19초 |

| 지역 | 경도[1] | 시간 차이[2] |
|---|---|---|
| 청주 | 127도29분 | +30분03초 |
| 춘천 | 127도44분 | +29분04초 |
| 여수 | 127도45분 | +29분00초 |
| 충주 | 127도55분 | +28분20초 |
| 원주 | 127도57분 | +28분12초 |
| 사천 | 128도05분 | +27분20초 |
| 김천 | 128도07분 | +27분12초 |
| 상주 | 128도10분 | +26분56초 |
| 통영 | 128도26분 | +25분52초 |
| 마산 | 128도34분 | +25분44초 |
| 속초 | 128도36분 | +25분36초 |
| 대구 | 128도37분 | +25분32초 |
| 안동 | 128도44분 | +25분04초 |
| 강릉 | 128도54분 | +24분23초 |
| 태백 | 128도59분 | +24분07초 |
| 부산 | 129도02분 | +23분48초 |
| 동해 | 129도07분 | +23분28초 |
| 경주 | 129도13분 | +23분07초 |
| 울산 | 129도19분 | +22분43초 |
| 포항 | 129도22분 | +22분33초 |
| 울진 | 129도24분 | +22분25초 |
| 울릉도 | 130도54분 | +16분25초 |
| 독도 | 131도55분 | +12분21초 |

※ 1. 경도는 초 단위에서 반올림하여 분 단위까지만 표기
2. 시간 차이는 동경135도 표준시에서 각 지역의 실제시를 뺀 값

그러므로 해당 지역의 정확한 실제시를 알기 위해서는 동경135도 표준시를 사용한 해인 경우에 동경 135도와의 경도 차이를 구하고, 시간 차이를 계산하여 당시의 동경135도 표준시에서 빼준다. 한편 동경 127도30분 표준시를 사용

한 해에는 동경 127도30분과의 경도 차이와 시간 차이를 구하여 동경 127도 30분보다 서쪽이면 당시의 동경127도30분 표준시에서 빼주고, 동경 127도30분보다 동쪽이면 더해준다.

## ●서머타임

여름철의 긴 낮시간을 보다 효율적으로 사용하기 위해 자국의 표준시보다 인위적으로 1시간을 앞당기는 것이 서머타임, 즉 일광절약시간이다. 우리나라를 비롯하여 여러 나라에서 시행하였으나 일상생활이나 학술 등에서 혼란을 가져와 중단한 사례가 있다.

우리나라에서는 1948~1951년, 1955~1960년, 1987~1988년 등 모두 12년에 걸쳐 서머타임을 시행하였다.

### 우리나라의 서머타임 실시 현황

| 연도 | 구분 | 날짜 | 요일 | 조정 | 참조 | 표준시 |
|---|---|---|---|---|---|---|
| 1948년 | 시작 | 5월31일 | 월 | 23시를 24시로 조정 | 동아일보 6.1 참조 | 동경135도 표준시 사용 |
| | 종료 | 9월12일 | 일 | 24시를 23시로 조정 | 조선일보 9.12 참조 | |
| 1949년 | 시작 | 4월 2일 | 토 | 23시를 24시로 조정 | 조선일보 4.3 참조 | 동경135도 표준시 사용 |
| | 종료 | 9월10일 | 토 | 24시를 23시로 조정 | 경향신문 9.11 참조 | |
| 1950년 | 시작 | 3월31일 | 금 | 23시를 24시로 조정 | 조선일보 3.31 참조 | 동경135도 표준시 사용 |
| | 종료 | 9월 9일 | 토 | 24시를 23시로 조정 | 부산일보 9.10 참조 | |
| 1951년 | 시작 | 5월 6일 | 일 | 23시를 24시로 조정 | 경향신문 5.6 참조 | 동경135도 표준시 사용 |
| | 종료 | 9월 8일 | 토 | 24시를 23시로 조정 | 경향신문 9.7 참조 | |
| 1955년 | 시작 | 5월 5일 | 목 | 00시를 01시로 조정 | 동아일보 5.5 참조 | 동경127도30분 표준시 사용 |
| | 종료 | 9월 9일 | 금 | 01시를 00시로 조정 | 동아일보 9.8 참조 | |
| 1956년 | 시작 | 5월20일 | 일 | 00시를 01시로 조정 | 동아일보 5.20 참조 | 동경127도30분 표준시 사용 |
| | 종료 | 9월30일 | 일 | 01시를 00시로 조정 | 동아일보 9.29 참조 | |
| 1957년 | 시작 | 5월 5일 | 일 | 00시를 01시로 조정 | 서울신문 5.5 참조 | 동경127도30분 표준시 사용 |
| | 종료 | 9월22일 | 일 | 01시를 00시로 조정 | 동아일보 9.22 참조 | |
| 1958년 | 시작 | 5월 4일 | 일 | 00시를 01시로 조정 | 서울신문 5.4 참조 | 동경127도30분 표준시 사용 |
| | 종료 | 9월21일 | 일 | 01시를 00시로 조정 | 동아일보 9.20 참조 | |

| | | | | | | |
|---|---|---|---|---|---|---|
| 1959년 | 시작 | 5월 3일 | 일 | 00시를 01시로 조정 | 동아일보 5.3 참조 | 동경127도30분 표준시 사용 |
| | 종료 | 9월20일 | 일 | 01시를 00시로 조정 | 동아일보 9.19 참조 | |
| 1960년 | 시작 | 5월 1일 | 일 | 00시를 01시로 조정 | 경향신문 4.30 참조 | 동경127도30분 표준시 사용 |
| | 종료 | 9월18일 | 일 | 01시를 00시로 조정 | 동아일보 9.18 참조 | |
| 1987년 | 시작 | 5월10일 | 일 | 02시를 03시로 조정 | 동아일보 5.8 참조 | 동경135도 표준시 사용 |
| | 종료 | 10월11일 | 일 | 03시를 02시로 조정 | 조선일보 10.10 참조 | |
| 1988년 | 시작 | 5월 8일 | 일 | 02시를 03시로 조정 | 조선일보 5.8 참조 | 동경135도 표준시 사용 |
| | 종료 | 10월 9일 | 일 | 03시를 02시로 조정 | 동아일보 10.8 참조 | |

서머타임을 시행하는 경우, 사용하는 표준시보다 1시간이 빨라지므로 각 지역의 실제시를 구할 때 1시간을 빼주어야 한다. 즉 동경135도 표준시를 사용한 해라면 동경135도 표준시와 실제시의 차이를 구하여 동경135도 표준시에서 빼주고, 여기서 다시 서머타임으로 인해 빨라진 1시간을 더 빼주어야 한다. 동경127도30분 표준시를 사용한 해에는 동경127도30분 표준시와 실제시와의 차이를 구하여 동경127도30분 표준시에서 빼거나 더해주고, 마찬가지로 서머타임으로 빨라진 1시간을 빼준다.

### 3.대운수

대운수는 사주명리에서 운의 흐름을 이야기하며 반드시 알아야 할 부분으로, 만세력에 남녀로 구분하여 대운수를 표시해 놓았다. 그렇다면 대운수는 어떻게 나오는 것일까?

첫째, 생년월일시의 연간(年干)을 보고 순행할 것인지 역행할 것인지를 결정한다. 이 때 먼저 연간으로 음양을 나누는데 甲·丙·戊·庚·壬은 양, 乙·丁·己·辛·癸는 음으로 본다. 그 결과에 따라 양인 남자와 음인 여자(양남음녀)는 순행하고, 음인 남자와 양인 여자(음남양녀)는 역행한다.

둘째, 역행 또는 순행하여 처음 만나는 절기의 날짜까지 며칠이 되는지 계산한다. 여기서 역행한다는것은 생일에서 뒤, 즉 지나온 날짜 쪽으로 헤아리는 것이고, 순행한다는 것은 생일에서 앞, 즉 앞으로 다가올 날짜 쪽으로 헤아리는 것을 말한다.

셋째, 절기까지의 날짜수를 3으로 나누어 몫을 대운수로 취한다. 이 때 나머지가 1이면 버리고 몫만 대운수로 보며, 나머지가 2이면 몫에 1을 더한 수를 대운수로 한다. 예를 들어 절기까지의 날짜수가 14일인 경우, 3으로 나누면 몫이 4이고 나머지가 2이므로 몫인 4에 1을 더하여 대운수가 5이다.

일반적으로 대운수는 대운이 드는 시기를 연(年)까지만 알 수 있게 정리해놓았으며, 이 책도 대운이 드는 시기를 연단위까지만 알 수 있고 정확하게 월 · 일 · 시간 단위까지 알 수 없다. 정확한 시간을 알고 싶다면 실제시간과 대운수의 관계를 알아야 한다. 대운수에서는 실제시간인 한 달(30일)을 10년으로 보며, 비례해서 3일은 1년, 1일은 4개월이 된다. 따라서 대운수에서 간지로 12시간(1일)은 실제시간으로 4개월을 말하고, 더 나아가 간지로 1시간은 10일, 그냥 1시간은 5일이다. 이러한 상관관계를 알고 절기까지의 날짜수뿐만 아니라 시간 차이까지 구하면 대운이 드는 날짜는 물론 시간까지도 정확하게 계산해낼 수 있다.

다음의 표는 절기까지의 날짜수를 3으로 나누어 계산한 대운수를 정리해놓은 것이다.

# 절기까지의 날짜수와 대운수 계산

| 절기까지의 날짜수 | 몫 … 나머지 | 계산 방법 | 계산 | 대운수 |
|---|---|---|---|---|
| 1 | 0 …… 1 | 몫이 0이고 나머지 1은 버림 | 나머지 1 버림 | 1[1] |
| 2 | 0 …… 2 | 나머지가 2이므로 몫 0에 1을 더함 | 0+1=1 | 1 |
| 3 | 1 …… 0 | 몫 1만 취함 | 1+0=1 | 1 |
| 4 | 1 …… 1 | 몫 1만 취하고 나머지 1은 버림 | 1+0=1 | 1 |
| 5 | 1 …… 2 | 나머지가 2이므로 몫 1에 1을 더함 | 1+1=2 | 2 |
| 6 | 2 …… 0 | 몫 2만 취함 | 2+0=2 | 2 |
| 7 | 2 …… 1 | 몫 2만 취하고 나머지 1은 버림 | 2+0=2 | 2 |
| 8 | 2 …… 2 | 나머지가 2이므로 몫 2에 1을 더함 | 2+1=3 | 3 |
| 9 | 3 …… 0 | 몫 3만 취함 | 3+0=3 | 3 |
| 10 | 3 …… 1 | 몫 3만 취하고 나머지 1은 버림 | 3+0=3 | 3 |
| 11 | 3 …… 2 | 나머지가 2이므로 몫 3에 1을 더함 | 3+1=4 | 4 |
| 12 | 4 …… 0 | 몫 4만 취함 | 4+0=4 | 4 |
| 13 | 4 …… 1 | 몫 4만 취하고 나머지 1은 버림 | 4+0=4 | 4 |
| 14 | 4 …… 2 | 나머지가 2이므로 몫 4에 1을 더함 | 4+1=5 | 5 |
| 15 | 5 …… 0 | 몫 5만 취함 | 5+0=5 | 5 |
| 16 | 5 …… 1 | 몫 5만 취하고 나머지 1은 버림 | 5+0=5 | 5 |
| 17 | 5 …… 2 | 나머지가 2이므로 몫 5에 1을 더함 | 5+1=6 | 6 |
| 18 | 6 …… 0 | 몫 6만 취함 | 6+0=6 | 6 |
| 19 | 6 …… 1 | 몫 6만 취하고 나머지 1은 버림 | 6+0=6 | 6 |
| 20 | 6 …… 2 | 나머지가 2이므로 몫 6에 1을 더함 | 6+1=7 | 7 |
| 21 | 7 …… 0 | 몫 7만 취함 | 7+0=7 | 7 |
| 22 | 7 …… 1 | 몫 7만 취하고 나머지 1은 버림 | 7+0=7 | 7 |
| 23 | 7 …… 2 | 나머지가 2이므로 몫 7에 1을 더함 | 7+1=8 | 8 |
| 24 | 8 …… 0 | 몫 8만 취함 | 8+0=8 | 8 |
| 25 | 8 …… 1 | 몫 8만 취하고 나머지 1은 버림 | 8+0=8 | 8 |
| 26 | 8 …… 2 | 나머지가 2이므로 몫 8에 1을 더함 | 8+1=9 | 9 |
| 27 | 9 …… 0 | 몫 9만 취함 | 9+0=9 | 9 |
| 28 | 9 …… 1 | 몫 9만 취하고 나머지 1은 버림 | 9+0=9 | 9 |
| 29 | 9 …… 2 | 나머지가 2이므로 몫 9에 1을 더함 | 9+1=10 | 10 |
| 30 | 10 …… 0 | 몫 10만 취함 | 10+0=10 | 10 |
| 31 | 10 …… 1 | 몫 10만 취하고 나머지 1은 버림 | 10+0=10 | 10 |
| 32 | 10 …… 2 | 나머지가 2이므로 몫 10에 1을 더함 | 10+1=11 | 10[2] |

※ 1. 대운수의 최소숫자는 1이므로 몫이 0이면 대운수를 1로 한다.

2. 대운수의 최대숫자는 10이므로 몫이 10을 넘으면 대운수를 10으로 한다.

# 만세력
# 1921
# 2050

# 1921년

소한 6일 05시34분

## 1 • 己丑月(㊟ 1.6~2.3)

대한 20일 22시55분

| 양력 | 1 | 2 | 3 | 4 | 5 | 6 | 7 | 8 | 9 | 10 | 11 | 12 | 13 | 14 | 15 | 16 | 17 | 18 | 19 | 20 | 21 | 22 | 23 | 24 | 25 | 26 | 27 | 28 | 29 | 30 | 31 |
|---|---|---|---|---|---|---|---|---|---|---|---|---|---|---|---|---|---|---|---|---|---|---|---|---|---|---|---|---|---|---|---|
| 음력 | 23 | 24 | 25 | 26 | 27 | 28 | 29 | 30 | 12.1 | 2 | 3 | 4 | 5 | 6 | 7 | 8 | 9 | 10 | 11 | 12 | 13 | 14 | 15 | 16 | 17 | 18 | 19 | 20 | 21 | 22 | 23 |
| 요일 | 土 | 日 | 月 | 火 | 水 | 木 | 金 | 土 | 日 | 月 | 火 | 水 | 木 | 金 | 土 | 日 | 月 | 火 | 水 | 木 | 金 | 土 | 日 | 月 | 火 | 水 | 木 | 金 | 土 | 日 | 月 |
| 일진 | 甲子 | 乙丑 | 丙寅 | 丁卯 | 戊辰 | 己巳 | 庚午 | 辛未 | 壬申 | 癸酉 | 甲戌 | 乙亥 | 丙子 | 丁丑 | 戊寅 | 己卯 | 庚辰 | 辛巳 | 壬午 | 癸未 | 甲申 | 乙酉 | 丙戌 | 丁亥 | 戊子 | 己丑 | 庚寅 | 辛卯 | 壬辰 | 癸巳 | 甲午 |
| 대운 남 | 2 | 1 | 1 | 1 | 1 | 소 | 9 | 9 | 9 | 8 | 8 | 8 | 7 | 7 | 7 | 6 | 6 | 6 | 5 | 5 | 5 | 4 | 4 | 4 | 3 | 3 | 3 | 2 | 2 | 2 | 1 |
| 대운 녀 | 8 | 9 | 9 | 9 | 10 | 한 | 1 | 1 | 1 | 1 | 2 | 2 | 2 | 3 | 3 | 3 | 4 | 4 | 4 | 5 | 5 | 5 | 6 | 6 | 6 | 7 | 7 | 7 | 8 | 8 | 8 |

입춘 4일 17시20분

## 2 • 庚寅月(㊟ 2.4~3.5)

우수 19일 13시20분

| 양력 | 1 | 2 | 3 | 4 | 5 | 6 | 7 | 8 | 9 | 10 | 11 | 12 | 13 | 14 | 15 | 16 | 17 | 18 | 19 | 20 | 21 | 22 | 23 | 24 | 25 | 26 | 27 | 28 |
|---|---|---|---|---|---|---|---|---|---|---|---|---|---|---|---|---|---|---|---|---|---|---|---|---|---|---|---|---|
| 음력 | 24 | 25 | 26 | 27 | 28 | 29 | 30 | 1.1 | 1.2 | 3 | 4 | 5 | 6 | 7 | 8 | 9 | 10 | 11 | 12 | 13 | 14 | 15 | 16 | 17 | 18 | 19 | 20 | 21 |
| 요일 | 火 | 水 | 木 | 金 | 土 | 日 | 月 | 火 | 水 | 木 | 金 | 土 | 日 | 月 | 火 | 水 | 木 | 金 | 土 | 日 | 月 | 火 | 水 | 木 | 金 | 土 | 日 | 月 |
| 일진 | 乙未 | 丙申 | 丁酉 | 戊戌 | 己亥 | 庚子 | 辛丑 | 壬寅 | 癸卯 | 甲辰 | 乙巳 | 丙午 | 丁未 | 戊申 | 己酉 | 庚戌 | 辛亥 | 壬子 | 癸丑 | 甲寅 | 乙卯 | 丙辰 | 丁巳 | 戊午 | 己未 | 庚申 | 辛酉 | 壬戌 |
| 대운 남 | 1 | 1 | 1 | 입 | 1 | 1 | 1 | 1 | 2 | 2 | 2 | 3 | 3 | 3 | 4 | 4 | 4 | 5 | 5 | 5 | 6 | 6 | 6 | 7 | 7 | 7 | 8 | 8 |
| 대운 녀 | 9 | 9 | 9 | 춘 | 10 | 9 | 9 | 9 | 8 | 8 | 8 | 7 | 7 | 7 | 6 | 6 | 6 | 5 | 5 | 5 | 4 | 4 | 4 | 3 | 3 | 3 | 2 | 2 |

경칩 6일 11시45분

## 3 • 辛卯月(㊟ 3.6~4.4)

춘분 21일 12시51분

| 양력 | 1 | 2 | 3 | 4 | 5 | 6 | 7 | 8 | 9 | 10 | 11 | 12 | 13 | 14 | 15 | 16 | 17 | 18 | 19 | 20 | 21 | 22 | 23 | 24 | 25 | 26 | 27 | 28 | 29 | 30 | 31 |
|---|---|---|---|---|---|---|---|---|---|---|---|---|---|---|---|---|---|---|---|---|---|---|---|---|---|---|---|---|---|---|---|
| 음력 | 22 | 23 | 24 | 25 | 26 | 27 | 28 | 29 | 30 | 2.1 | 2 | 3 | 4 | 5 | 6 | 7 | 8 | 9 | 10 | 11 | 12 | 13 | 14 | 15 | 16 | 17 | 18 | 19 | 20 | 21 | 22 |
| 요일 | 火 | 水 | 木 | 金 | 土 | 日 | 月 | 火 | 水 | 木 | 金 | 土 | 日 | 月 | 火 | 水 | 木 | 金 | 土 | 日 | 月 | 火 | 水 | 木 | 金 | 土 | 日 | 月 | 火 | 水 | 木 |
| 일진 | 癸亥 | 甲子 | 乙丑 | 丙寅 | 丁卯 | 戊辰 | 己巳 | 庚午 | 辛未 | 壬申 | 癸酉 | 甲戌 | 乙亥 | 丙子 | 丁丑 | 戊寅 | 己卯 | 庚辰 | 辛巳 | 壬午 | 癸未 | 甲申 | 乙酉 | 丙戌 | 丁亥 | 戊子 | 己丑 | 庚寅 | 辛卯 | 壬辰 | 癸巳 |
| 대운 남 | 8 | 9 | 9 | 9 | 10 | 경 | 1 | 1 | 1 | 1 | 2 | 2 | 2 | 3 | 3 | 3 | 4 | 4 | 4 | 5 | 5 | 5 | 6 | 6 | 6 | 7 | 7 | 7 | 8 | 8 | 8 |
| 대운 녀 | 2 | 1 | 1 | 1 | 1 | 칩 | 10 | 9 | 9 | 9 | 8 | 8 | 8 | 7 | 7 | 7 | 6 | 6 | 6 | 5 | 5 | 5 | 4 | 4 | 4 | 3 | 3 | 3 | 2 | 2 | 2 |

청명 5일 17시09분

## 4 • 壬辰月(㊟ 4.5~5.5)

곡우 21일 00시32분

| 양력 | 1 | 2 | 3 | 4 | 5 | 6 | 7 | 8 | 9 | 10 | 11 | 12 | 13 | 14 | 15 | 16 | 17 | 18 | 19 | 20 | 21 | 22 | 23 | 24 | 25 | 26 | 27 | 28 | 29 | 30 |
|---|---|---|---|---|---|---|---|---|---|---|---|---|---|---|---|---|---|---|---|---|---|---|---|---|---|---|---|---|---|---|
| 음력 | 23 | 24 | 25 | 26 | 27 | 28 | 29 | 3.1 | 2 | 3 | 4 | 5 | 6 | 7 | 8 | 9 | 10 | 11 | 12 | 13 | 14 | 15 | 16 | 17 | 18 | 19 | 20 | 21 | 22 | 23 |
| 요일 | 金 | 土 | 日 | 月 | 火 | 水 | 木 | 金 | 土 | 日 | 月 | 火 | 水 | 木 | 金 | 土 | 日 | 月 | 火 | 水 | 木 | 金 | 土 | 日 | 月 | 火 | 水 | 木 | 金 | 土 |
| 일진 | 甲午 | 乙未 | 丙申 | 丁酉 | 戊戌 | 己亥 | 庚子 | 辛丑 | 壬寅 | 癸卯 | 甲辰 | 乙巳 | 丙午 | 丁未 | 戊申 | 己酉 | 庚戌 | 辛亥 | 壬子 | 癸丑 | 甲寅 | 乙卯 | 丙辰 | 丁巳 | 戊午 | 己未 | 庚申 | 辛酉 | 壬戌 | 癸亥 |
| 대운 남 | 9 | 9 | 9 | 10 | 청 | 1 | 1 | 1 | 1 | 2 | 2 | 2 | 3 | 3 | 3 | 4 | 4 | 4 | 5 | 5 | 5 | 6 | 6 | 6 | 7 | 7 | 7 | 8 | 8 | 8 |
| 대운 녀 | 1 | 1 | 1 | 1 | 명 | 10 | 10 | 9 | 9 | 9 | 8 | 8 | 8 | 7 | 7 | 7 | 6 | 6 | 6 | 5 | 5 | 5 | 4 | 4 | 4 | 3 | 3 | 3 | 2 | 2 |

입하 6일 11시04분

## 5 • 癸巳月(㊟ 5.6~6.5)

소만 22일 00시17분

| 양력 | 1 | 2 | 3 | 4 | 5 | 6 | 7 | 8 | 9 | 10 | 11 | 12 | 13 | 14 | 15 | 16 | 17 | 18 | 19 | 20 | 21 | 22 | 23 | 24 | 25 | 26 | 27 | 28 | 29 | 30 | 31 |
|---|---|---|---|---|---|---|---|---|---|---|---|---|---|---|---|---|---|---|---|---|---|---|---|---|---|---|---|---|---|---|---|
| 음력 | 24 | 25 | 26 | 27 | 28 | 29 | 30 | 4.1 | 2 | 3 | 4 | 5 | 6 | 7 | 8 | 9 | 10 | 11 | 12 | 13 | 14 | 15 | 16 | 17 | 18 | 19 | 20 | 21 | 22 | 23 | 24 |
| 요일 | 日 | 月 | 火 | 水 | 木 | 金 | 土 | 日 | 月 | 火 | 水 | 木 | 金 | 土 | 日 | 月 | 火 | 水 | 木 | 金 | 土 | 日 | 月 | 火 | 水 | 木 | 金 | 土 | 日 | 月 | 火 |
| 일진 | 甲子 | 乙丑 | 丙寅 | 丁卯 | 戊辰 | 己巳 | 庚午 | 辛未 | 壬申 | 癸酉 | 甲戌 | 乙亥 | 丙子 | 丁丑 | 戊寅 | 己卯 | 庚辰 | 辛巳 | 壬午 | 癸未 | 甲申 | 乙酉 | 丙戌 | 丁亥 | 戊子 | 己丑 | 庚寅 | 辛卯 | 壬辰 | 癸巳 | 甲午 |
| 대운 남 | 9 | 9 | 9 | 10 | 10 | 입 | 1 | 1 | 1 | 1 | 2 | 2 | 2 | 3 | 3 | 3 | 4 | 4 | 4 | 5 | 5 | 5 | 6 | 6 | 6 | 7 | 7 | 7 | 8 | 8 | 8 |
| 대운 녀 | 2 | 1 | 1 | 1 | 1 | 하 | 10 | 10 | 9 | 9 | 9 | 8 | 8 | 8 | 7 | 7 | 7 | 6 | 6 | 6 | 5 | 5 | 5 | 4 | 4 | 4 | 3 | 3 | 3 | 2 | 2 |

망종 6일 15시42분

## 6 • 甲午月(㊟ 6.6~7.7)

하지 22일 08시36분

| 양력 | 1 | 2 | 3 | 4 | 5 | 6 | 7 | 8 | 9 | 10 | 11 | 12 | 13 | 14 | 15 | 16 | 17 | 18 | 19 | 20 | 21 | 22 | 23 | 24 | 25 | 26 | 27 | 28 | 29 | 30 |
|---|---|---|---|---|---|---|---|---|---|---|---|---|---|---|---|---|---|---|---|---|---|---|---|---|---|---|---|---|---|---|
| 음력 | 25 | 26 | 27 | 28 | 29 | 5.1 | 2 | 3 | 4 | 5 | 6 | 7 | 8 | 9 | 10 | 11 | 12 | 13 | 14 | 15 | 16 | 17 | 18 | 19 | 20 | 21 | 22 | 23 | 24 | 25 |
| 요일 | 水 | 木 | 金 | 土 | 日 | 月 | 火 | 水 | 木 | 金 | 土 | 日 | 月 | 火 | 水 | 木 | 金 | 土 | 日 | 月 | 火 | 水 | 木 | 金 | 土 | 日 | 月 | 火 | 水 | 木 |
| 일진 | 乙未 | 丙申 | 丁酉 | 戊戌 | 己亥 | 庚子 | 辛丑 | 壬寅 | 癸卯 | 甲辰 | 乙巳 | 丙午 | 丁未 | 戊申 | 己酉 | 庚戌 | 辛亥 | 壬子 | 癸丑 | 甲寅 | 乙卯 | 丙辰 | 丁巳 | 戊午 | 己未 | 庚申 | 辛酉 | 壬戌 | 癸亥 | 甲子 |
| 대운 남 | 9 | 9 | 9 | 10 | 10 | 망 | 1 | 1 | 1 | 1 | 2 | 2 | 2 | 3 | 3 | 3 | 4 | 4 | 4 | 5 | 5 | 5 | 6 | 6 | 6 | 7 | 7 | 7 | 8 | 8 |
| 대운 녀 | 2 | 1 | 1 | 1 | 1 | 종 | 10 | 10 | 10 | 9 | 9 | 9 | 8 | 8 | 8 | 7 | 7 | 7 | 6 | 6 | 6 | 5 | 5 | 5 | 4 | 4 | 4 | 3 | 3 | 3 |

# 辛酉年 　동경135도표준시

소서 8일 02시07분 　**7 • 乙未月(양 7.8~8.7)** 　대서 23일 19시30분

| 양력 | 1 | 2 | 3 | 4 | 5 | 6 | 7 | 8 | 9 | 10 | 11 | 12 | 13 | 14 | 15 | 16 | 17 | 18 | 19 | 20 | 21 | 22 | 23 | 24 | 25 | 26 | 27 | 28 | 29 | 30 | 31 |
|---|---|---|---|---|---|---|---|---|---|---|---|---|---|---|---|---|---|---|---|---|---|---|---|---|---|---|---|---|---|---|---|
| 음력 | 26 | 27 | 28 | 29 | 6.1 | 2 | 3 | 4 | 5 | 6 | 7 | 8 | 9 | 10 | 11 | 12 | 13 | 14 | 15 | 16 | 17 | 18 | 19 | 20 | 21 | 22 | 23 | 24 | 25 | 26 | 27 |
| 요일 | 金 | 土 | 日 | 月 | 火 | 水 | 木 | 金 | 土 | 日 | 月 | 火 | 水 | 木 | 金 | 土 | 日 | 月 | 火 | 水 | 木 | 金 | 土 | 日 | 月 | 火 | 水 | 木 | 金 | 土 | 日 |
| 일진 | 乙丑 | 丙寅 | 丁卯 | 戊辰 | 己巳 | 庚午 | 辛未 | 壬申 | 癸酉 | 甲戌 | 乙亥 | 丙子 | 丁丑 | 戊寅 | 己卯 | 庚辰 | 辛巳 | 壬午 | 癸未 | 甲申 | 乙酉 | 丙戌 | 丁亥 | 戊子 | 己丑 | 庚寅 | 辛卯 | 壬辰 | 癸巳 | 甲午 | 乙未 |
| 대운 남 | 8 | 9 | 9 | 9 | 10 | 10 | 10 | 소 | 1 | 1 | 1 | 1 | 2 | 2 | 2 | 3 | 3 | 3 | 4 | 4 | 4 | 5 | 5 | 5 | 6 | 6 | 6 | 7 | 7 | 7 | 8 |
| 대운 녀 | 2 | 2 | 2 | 1 | 1 | 1 | 1 | 서 | 10 | 10 | 9 | 9 | 9 | 8 | 8 | 8 | 7 | 7 | 7 | 6 | 6 | 6 | 5 | 5 | 5 | 4 | 4 | 4 | 3 | 3 | 3 |

입추 8일 11시44분 　**8 • 丙申月(양 8.8~9.7)** 　처서 24일 02시15분

| 양력 | 1 | 2 | 3 | 4 | 5 | 6 | 7 | 8 | 9 | 10 | 11 | 12 | 13 | 14 | 15 | 16 | 17 | 18 | 19 | 20 | 21 | 22 | 23 | 24 | 25 | 26 | 27 | 28 | 29 | 30 | 31 |
|---|---|---|---|---|---|---|---|---|---|---|---|---|---|---|---|---|---|---|---|---|---|---|---|---|---|---|---|---|---|---|---|
| 음력 | 28 | 29 | 30 | 7.1 | 2 | 3 | 4 | 5 | 6 | 7 | 8 | 9 | 10 | 11 | 12 | 13 | 14 | 15 | 16 | 17 | 18 | 19 | 20 | 21 | 22 | 23 | 24 | 25 | 26 | 27 | 28 |
| 요일 | 月 | 火 | 水 | 木 | 金 | 土 | 日 | 月 | 火 | 水 | 木 | 金 | 土 | 日 | 月 | 火 | 水 | 木 | 金 | 土 | 日 | 月 | 火 | 水 | 木 | 金 | 土 | 日 | 月 | 火 | 水 |
| 일진 | 丙申 | 丁酉 | 戊戌 | 己亥 | 庚子 | 辛丑 | 壬寅 | 癸卯 | 甲辰 | 乙巳 | 丙午 | 丁未 | 戊申 | 己酉 | 庚戌 | 辛亥 | 壬子 | 癸丑 | 甲寅 | 乙卯 | 丙辰 | 丁巳 | 戊午 | 己未 | 庚申 | 辛酉 | 壬戌 | 癸亥 | 甲子 | 乙丑 | 丙寅 |
| 대운 남 | 8 | 8 | 9 | 9 | 9 | 10 | 10 | 입 | 1 | 1 | 1 | 1 | 2 | 2 | 2 | 3 | 3 | 3 | 4 | 4 | 4 | 5 | 5 | 5 | 6 | 6 | 6 | 7 | 7 | 7 | 8 |
| 대운 녀 | 2 | 2 | 2 | 1 | 1 | 1 | 1 | 추 | 10 | 10 | 9 | 9 | 9 | 8 | 8 | 8 | 7 | 7 | 7 | 6 | 6 | 6 | 5 | 5 | 5 | 4 | 4 | 4 | 3 | 3 | 3 |

백로 8일 14시10분 　**9 • 丁酉月(양 9.8~10.8)** 　추분 23일 23시20분

| 양력 | 1 | 2 | 3 | 4 | 5 | 6 | 7 | 8 | 9 | 10 | 11 | 12 | 13 | 14 | 15 | 16 | 17 | 18 | 19 | 20 | 21 | 22 | 23 | 24 | 25 | 26 | 27 | 28 | 29 | 30 |
|---|---|---|---|---|---|---|---|---|---|---|---|---|---|---|---|---|---|---|---|---|---|---|---|---|---|---|---|---|---|---|
| 음력 | 29 | 8.1 | 2 | 3 | 4 | 5 | 6 | 7 | 8 | 9 | 10 | 11 | 12 | 13 | 14 | 15 | 16 | 17 | 18 | 19 | 20 | 21 | 22 | 23 | 24 | 25 | 26 | 27 | 28 | 29 |
| 요일 | 木 | 金 | 土 | 日 | 月 | 火 | 水 | 木 | 金 | 土 | 日 | 月 | 火 | 水 | 木 | 金 | 土 | 日 | 月 | 火 | 水 | 木 | 金 | 土 | 日 | 月 | 火 | 水 | 木 | 金 |
| 일진 | 丁卯 | 戊辰 | 己巳 | 庚午 | 辛未 | 壬申 | 癸酉 | 甲戌 | 乙亥 | 丙子 | 丁丑 | 戊寅 | 己卯 | 庚辰 | 辛巳 | 壬午 | 癸未 | 甲申 | 乙酉 | 丙戌 | 丁亥 | 戊子 | 己丑 | 庚寅 | 辛卯 | 壬辰 | 癸巳 | 甲午 | 乙未 | 丙申 |
| 대운 남 | 8 | 8 | 9 | 9 | 9 | 10 | 10 | 백 | 1 | 1 | 1 | 1 | 2 | 2 | 2 | 3 | 3 | 3 | 4 | 4 | 4 | 5 | 5 | 5 | 6 | 6 | 6 | 7 | 7 | 7 |
| 대운 녀 | 2 | 2 | 2 | 1 | 1 | 1 | 1 | 로 | 10 | 10 | 9 | 9 | 9 | 8 | 8 | 8 | 7 | 7 | 7 | 6 | 6 | 6 | 5 | 5 | 5 | 4 | 4 | 4 | 3 | 3 |

한로 9일 05시11분 　**10 • 戊戌月(양 10.9~11.7)** 　상강 24일 08시02분

| 양력 | 1 | 2 | 3 | 4 | 5 | 6 | 7 | 8 | 9 | 10 | 11 | 12 | 13 | 14 | 15 | 16 | 17 | 18 | 19 | 20 | 21 | 22 | 23 | 24 | 25 | 26 | 27 | 28 | 29 | 30 | 31 |
|---|---|---|---|---|---|---|---|---|---|---|---|---|---|---|---|---|---|---|---|---|---|---|---|---|---|---|---|---|---|---|---|
| 음력 | 9.1 | 2 | 3 | 4 | 5 | 6 | 7 | 8 | 9 | 10 | 11 | 12 | 13 | 14 | 15 | 16 | 17 | 18 | 19 | 20 | 21 | 22 | 23 | 24 | 25 | 26 | 27 | 28 | 29 | 30 | 10.1 |
| 요일 | 土 | 日 | 月 | 火 | 水 | 木 | 金 | 土 | 日 | 月 | 火 | 水 | 木 | 金 | 土 | 日 | 月 | 火 | 水 | 木 | 金 | 土 | 日 | 月 | 火 | 水 | 木 | 金 | 土 | 日 | 月 |
| 일진 | 丁酉 | 戊戌 | 己亥 | 庚子 | 辛丑 | 壬寅 | 癸卯 | 甲辰 | 乙巳 | 丙午 | 丁未 | 戊申 | 己酉 | 庚戌 | 辛亥 | 壬子 | 癸丑 | 甲寅 | 乙卯 | 丙辰 | 丁巳 | 戊午 | 己未 | 庚申 | 辛酉 | 壬戌 | 癸亥 | 甲子 | 乙丑 | 丙寅 | 丁卯 |
| 대운 남 | 8 | 8 | 8 | 9 | 9 | 9 | 10 | 10 | 한 | 1 | 1 | 1 | 1 | 2 | 2 | 2 | 3 | 3 | 3 | 4 | 4 | 4 | 5 | 5 | 5 | 6 | 6 | 6 | 7 | 7 | 7 |
| 대운 녀 | 3 | 2 | 2 | 2 | 1 | 1 | 1 | 1 | 로 | 10 | 9 | 9 | 9 | 8 | 8 | 8 | 7 | 7 | 7 | 6 | 6 | 6 | 5 | 5 | 5 | 4 | 4 | 4 | 3 | 3 | 3 |

입동 8일 07시46분 　**11 • 己亥月(양 11.8~12.7)** 　소설 23일 05시05분

| 양력 | 1 | 2 | 3 | 4 | 5 | 6 | 7 | 8 | 9 | 10 | 11 | 12 | 13 | 14 | 15 | 16 | 17 | 18 | 19 | 20 | 21 | 22 | 23 | 24 | 25 | 26 | 27 | 28 | 29 | 30 |
|---|---|---|---|---|---|---|---|---|---|---|---|---|---|---|---|---|---|---|---|---|---|---|---|---|---|---|---|---|---|---|
| 음력 | 2 | 3 | 4 | 5 | 6 | 7 | 8 | 9 | 10 | 11 | 12 | 13 | 14 | 15 | 16 | 17 | 18 | 19 | 20 | 21 | 22 | 23 | 24 | 25 | 26 | 27 | 28 | 29 | 11.1 | 2 |
| 요일 | 火 | 水 | 木 | 金 | 土 | 日 | 月 | 火 | 水 | 木 | 金 | 土 | 日 | 月 | 火 | 水 | 木 | 金 | 土 | 日 | 月 | 火 | 水 | 木 | 金 | 土 | 日 | 月 | 火 | 水 |
| 일진 | 戊辰 | 己巳 | 庚午 | 辛未 | 壬申 | 癸酉 | 甲戌 | 乙亥 | 丙子 | 丁丑 | 戊寅 | 己卯 | 庚辰 | 辛巳 | 壬午 | 癸未 | 甲申 | 乙酉 | 丙戌 | 丁亥 | 戊子 | 己丑 | 庚寅 | 辛卯 | 壬辰 | 癸巳 | 甲午 | 乙未 | 丙申 | 丁酉 |
| 대운 남 | 8 | 8 | 8 | 9 | 9 | 9 | 10 | 입 | 1 | 1 | 1 | 1 | 2 | 2 | 2 | 3 | 3 | 3 | 4 | 4 | 4 | 5 | 5 | 5 | 6 | 6 | 6 | 7 | 7 | 7 |
| 대운 녀 | 2 | 2 | 2 | 1 | 1 | 1 | 1 | 동 | 10 | 9 | 9 | 9 | 8 | 8 | 8 | 7 | 7 | 7 | 6 | 6 | 6 | 5 | 5 | 5 | 4 | 4 | 4 | 3 | 3 | 3 |

대설 8일 00시12분 　**12 • 庚子月(양 12.8~1.5)** 　동지 22일 18시07분

| 양력 | 1 | 2 | 3 | 4 | 5 | 6 | 7 | 8 | 9 | 10 | 11 | 12 | 13 | 14 | 15 | 16 | 17 | 18 | 19 | 20 | 21 | 22 | 23 | 24 | 25 | 26 | 27 | 28 | 29 | 30 | 31 |
|---|---|---|---|---|---|---|---|---|---|---|---|---|---|---|---|---|---|---|---|---|---|---|---|---|---|---|---|---|---|---|---|
| 음력 | 3 | 4 | 5 | 6 | 7 | 8 | 9 | 10 | 11 | 12 | 13 | 14 | 15 | 16 | 17 | 18 | 19 | 20 | 21 | 22 | 23 | 24 | 25 | 26 | 27 | 28 | 29 | 30 | 12.1 | 2 | 3 |
| 요일 | 木 | 金 | 土 | 日 | 月 | 火 | 水 | 木 | 金 | 土 | 日 | 月 | 火 | 水 | 木 | 金 | 土 | 日 | 月 | 火 | 水 | 木 | 金 | 土 | 日 | 月 | 火 | 水 | 木 | 金 | 土 |
| 일진 | 戊戌 | 己亥 | 庚子 | 辛丑 | 壬寅 | 癸卯 | 甲辰 | 乙巳 | 丙午 | 丁未 | 戊申 | 己酉 | 庚戌 | 辛亥 | 壬子 | 癸丑 | 甲寅 | 乙卯 | 丙辰 | 丁巳 | 戊午 | 己未 | 庚申 | 辛酉 | 壬戌 | 癸亥 | 甲子 | 乙丑 | 丙寅 | 丁卯 | 戊辰 |
| 대운 남 | 8 | 8 | 8 | 9 | 9 | 9 | 10 | 대 | 1 | 1 | 1 | 1 | 2 | 2 | 2 | 3 | 3 | 3 | 4 | 4 | 4 | 5 | 5 | 5 | 6 | 6 | 6 | 7 | 7 | 7 | 8 |
| 대운 녀 | 2 | 2 | 2 | 1 | 1 | 1 | 1 | 설 | 9 | 9 | 9 | 8 | 8 | 8 | 7 | 7 | 7 | 6 | 6 | 6 | 5 | 5 | 5 | 4 | 4 | 4 | 3 | 3 | 3 | 2 | 2 |

단기 4255년

# 1922년(윤5월)

소한 6일 11시17분 **1 · 辛丑月(양 1.6~2.3)** 대한 21일 04시48분

| 양력 | 1 | 2 | 3 | 4 | 5 | 6 | 7 | 8 | 9 | 10 | 11 | 12 | 13 | 14 | 15 | 16 | 17 | 18 | 19 | 20 | 21 | 22 | 23 | 24 | 25 | 26 | 27 | 28 | 29 | 30 | 31 |
|---|---|---|---|---|---|---|---|---|---|---|---|---|---|---|---|---|---|---|---|---|---|---|---|---|---|---|---|---|---|---|---|
| 음력 | 4 | 5 | 6 | 7 | 8 | 9 | 10 | 11 | 12 | 13 | 14 | 15 | 16 | 17 | 18 | 19 | 20 | 21 | 22 | 23 | 24 | 25 | 26 | 27 | 28 | 29 | 30 | 1.1 | 2 | 3 | 4 |
| 요일 | 日 | 月 | 火 | 水 | 木 | 金 | 土 | 日 | 月 | 火 | 水 | 木 | 金 | 土 | 日 | 月 | 火 | 水 | 木 | 金 | 土 | 日 | 月 | 火 | 水 | 木 | 金 | 土 | 日 | 月 | 火 |
| 일진 | 己 | 庚 | 辛 | 壬 | 癸 | 甲 | 乙 | 丙 | 丁 | 戊 | 己 | 庚 | 辛 | 壬 | 癸 | 甲 | 乙 | 丙 | 丁 | 戊 | 己 | 庚 | 辛 | 壬 | 癸 | 甲 | 乙 | 丙 | 丁 | 戊 | 己 |
| | 巳 | 午 | 未 | 申 | 酉 | 戌 | 亥 | 子 | 丑 | 寅 | 卯 | 辰 | 巳 | 午 | 未 | 申 | 酉 | 戌 | 亥 | 子 | 丑 | 寅 | 卯 | 辰 | 巳 | 午 | 未 | 申 | 酉 | 戌 | 亥 |
| 대운 남 | 8 | 8 | 9 | 9 | 9 | 소 | 1 | 1 | 1 | 1 | 2 | 2 | 2 | 3 | 3 | 3 | 4 | 4 | 4 | 5 | 5 | 5 | 6 | 6 | 6 | 7 | 7 | 7 | 8 | 8 | 8 |
| 대운 녀 | 2 | 1 | 1 | 1 | 1 | 한 | 9 | 9 | 9 | 8 | 8 | 8 | 7 | 7 | 7 | 6 | 6 | 6 | 5 | 5 | 5 | 4 | 4 | 4 | 3 | 3 | 3 | 2 | 2 | 2 | 1 |

입춘 4일 23시06분 **2 · 壬寅月(양 2.4~3.5)** 우수 19일 19시16분

| 양력 | 1 | 2 | 3 | 4 | 5 | 6 | 7 | 8 | 9 | 10 | 11 | 12 | 13 | 14 | 15 | 16 | 17 | 18 | 19 | 20 | 21 | 22 | 23 | 24 | 25 | 26 | 27 | 28 |
|---|---|---|---|---|---|---|---|---|---|---|---|---|---|---|---|---|---|---|---|---|---|---|---|---|---|---|---|---|
| 음력 | 5 | 6 | 7 | 8 | 9 | 10 | 11 | 12 | 13 | 14 | 15 | 16 | 17 | 18 | 19 | 20 | 21 | 22 | 23 | 24 | 25 | 26 | 27 | 28 | 29 | 30 | 2.1 | 2 |
| 요일 | 水 | 木 | 金 | 土 | 日 | 月 | 火 | 水 | 木 | 金 | 土 | 日 | 月 | 火 | 水 | 木 | 金 | 土 | 日 | 月 | 火 | 水 | 木 | 金 | 土 | 日 | 月 | 火 |
| 일진 | 庚 | 辛 | 壬 | 癸 | 甲 | 乙 | 丙 | 丁 | 戊 | 己 | 庚 | 辛 | 壬 | 癸 | 甲 | 乙 | 丙 | 丁 | 戊 | 己 | 庚 | 辛 | 壬 | 癸 | 甲 | 乙 | 丙 | 丁 |
| | 子 | 丑 | 寅 | 卯 | 辰 | 巳 | 午 | 未 | 申 | 酉 | 戌 | 亥 | 子 | 丑 | 寅 | 卯 | 辰 | 巳 | 午 | 未 | 申 | 酉 | 戌 | 亥 | 子 | 丑 | 寅 | 卯 |
| 대운 남 | 9 | 9 | 9 | 입 | 10 | 9 | 9 | 9 | 8 | 8 | 8 | 7 | 7 | 7 | 6 | 6 | 6 | 5 | 5 | 5 | 4 | 4 | 4 | 3 | 3 | 3 | 2 | 2 |
| 대운 녀 | 1 | 1 | 1 | 춘 | 1 | 1 | 1 | 1 | 2 | 2 | 2 | 3 | 3 | 3 | 4 | 4 | 4 | 5 | 5 | 5 | 6 | 6 | 6 | 7 | 7 | 7 | 8 | 8 |

경칩 6일 17시34분 **3 · 癸卯月(양 3.6~4.4)** 춘분 21일 18시49분

| 양력 | 1 | 2 | 3 | 4 | 5 | 6 | 7 | 8 | 9 | 10 | 11 | 12 | 13 | 14 | 15 | 16 | 17 | 18 | 19 | 20 | 21 | 22 | 23 | 24 | 25 | 26 | 27 | 28 | 29 | 30 | 31 |
|---|---|---|---|---|---|---|---|---|---|---|---|---|---|---|---|---|---|---|---|---|---|---|---|---|---|---|---|---|---|---|---|
| 음력 | 3 | 4 | 5 | 6 | 7 | 8 | 9 | 10 | 11 | 12 | 13 | 14 | 15 | 16 | 17 | 18 | 19 | 20 | 21 | 22 | 23 | 24 | 25 | 26 | 27 | 28 | 29 | 3.1 | 2 | 3 | 4 |
| 요일 | 水 | 木 | 金 | 土 | 日 | 月 | 火 | 水 | 木 | 金 | 土 | 日 | 月 | 火 | 水 | 木 | 金 | 土 | 日 | 月 | 火 | 水 | 木 | 金 | 土 | 日 | 月 | 火 | 水 | 木 | 金 |
| 일진 | 戊 | 己 | 庚 | 辛 | 壬 | 癸 | 甲 | 乙 | 丙 | 丁 | 戊 | 己 | 庚 | 辛 | 壬 | 癸 | 甲 | 乙 | 丙 | 丁 | 戊 | 己 | 庚 | 辛 | 壬 | 癸 | 甲 | 乙 | 丙 | 丁 | 戊 |
| | 辰 | 巳 | 午 | 未 | 申 | 酉 | 戌 | 亥 | 子 | 丑 | 寅 | 卯 | 辰 | 巳 | 午 | 未 | 申 | 酉 | 戌 | 亥 | 子 | 丑 | 寅 | 卯 | 辰 | 巳 | 午 | 未 | 申 | 酉 | 戌 |
| 대운 남 | 2 | 1 | 1 | 1 | 1 | 경 | 10 | 9 | 9 | 9 | 8 | 8 | 8 | 7 | 7 | 7 | 6 | 6 | 6 | 5 | 5 | 5 | 4 | 4 | 4 | 3 | 3 | 3 | 2 | 2 | 2 |
| 대운 녀 | 8 | 9 | 9 | 9 | 10 | 칩 | 1 | 1 | 1 | 1 | 2 | 2 | 2 | 3 | 3 | 3 | 4 | 4 | 4 | 5 | 5 | 5 | 6 | 6 | 6 | 7 | 7 | 7 | 8 | 8 | 8 |

청명 5일 22시58분 **4 · 甲辰月(양 4.5~5.5)** 곡우 21일 06시29분

| 양력 | 1 | 2 | 3 | 4 | 5 | 6 | 7 | 8 | 9 | 10 | 11 | 12 | 13 | 14 | 15 | 16 | 17 | 18 | 19 | 20 | 21 | 22 | 23 | 24 | 25 | 26 | 27 | 28 | 29 | 30 |
|---|---|---|---|---|---|---|---|---|---|---|---|---|---|---|---|---|---|---|---|---|---|---|---|---|---|---|---|---|---|---|
| 음력 | 5 | 6 | 7 | 8 | 9 | 10 | 11 | 12 | 13 | 14 | 15 | 16 | 17 | 18 | 19 | 20 | 21 | 22 | 23 | 24 | 25 | 26 | 27 | 28 | 29 | 30 | 4.1 | 2 | 3 | 4 |
| 요일 | 土 | 日 | 月 | 火 | 水 | 木 | 金 | 土 | 日 | 月 | 火 | 水 | 木 | 金 | 土 | 日 | 月 | 火 | 水 | 木 | 金 | 土 | 日 | 月 | 火 | 水 | 木 | 金 | 土 | 日 |
| 일진 | 己 | 庚 | 辛 | 壬 | 癸 | 甲 | 乙 | 丙 | 丁 | 戊 | 己 | 庚 | 辛 | 壬 | 癸 | 甲 | 乙 | 丙 | 丁 | 戊 | 己 | 庚 | 辛 | 壬 | 癸 | 甲 | 乙 | 丙 | 丁 | 戊 |
| | 亥 | 子 | 丑 | 寅 | 卯 | 辰 | 巳 | 午 | 未 | 申 | 酉 | 戌 | 亥 | 子 | 丑 | 寅 | 卯 | 辰 | 巳 | 午 | 未 | 申 | 酉 | 戌 | 亥 | 子 | 丑 | 寅 | 卯 | 辰 |
| 대운 남 | 1 | 1 | 1 | 1 | 청 | 10 | 10 | 9 | 9 | 9 | 8 | 8 | 8 | 7 | 7 | 7 | 6 | 6 | 6 | 5 | 5 | 5 | 4 | 4 | 4 | 3 | 3 | 3 | 2 | 2 |
| 대운 녀 | 9 | 9 | 9 | 10 | 명 | 1 | 1 | 1 | 1 | 2 | 2 | 2 | 3 | 3 | 3 | 4 | 4 | 4 | 5 | 5 | 5 | 6 | 6 | 6 | 7 | 7 | 7 | 8 | 8 | 8 |

입하 6일 16시53분 **5 · 乙巳月(양 5.6~6.5)** 소만 22일 06시10분

| 양력 | 1 | 2 | 3 | 4 | 5 | 6 | 7 | 8 | 9 | 10 | 11 | 12 | 13 | 14 | 15 | 16 | 17 | 18 | 19 | 20 | 21 | 22 | 23 | 24 | 25 | 26 | 27 | 28 | 29 | 30 | 31 |
|---|---|---|---|---|---|---|---|---|---|---|---|---|---|---|---|---|---|---|---|---|---|---|---|---|---|---|---|---|---|---|---|
| 음력 | 5 | 6 | 7 | 8 | 9 | 10 | 11 | 12 | 13 | 14 | 15 | 16 | 17 | 18 | 19 | 20 | 21 | 22 | 23 | 24 | 25 | 26 | 27 | 28 | 29 | 30 | 5.1 | 2 | 3 | 4 | 5 |
| 요일 | 月 | 火 | 水 | 木 | 金 | 土 | 日 | 月 | 火 | 水 | 木 | 金 | 土 | 日 | 月 | 火 | 水 | 木 | 金 | 土 | 日 | 月 | 火 | 水 | 木 | 金 | 土 | 日 | 月 | 火 | 水 |
| 일진 | 己 | 庚 | 辛 | 壬 | 癸 | 甲 | 乙 | 丙 | 丁 | 戊 | 己 | 庚 | 辛 | 壬 | 癸 | 甲 | 乙 | 丙 | 丁 | 戊 | 己 | 庚 | 辛 | 壬 | 癸 | 甲 | 乙 | 丙 | 丁 | 戊 | 己 |
| | 巳 | 午 | 未 | 申 | 酉 | 戌 | 亥 | 子 | 丑 | 寅 | 卯 | 辰 | 巳 | 午 | 未 | 申 | 酉 | 戌 | 亥 | 子 | 丑 | 寅 | 卯 | 辰 | 巳 | 午 | 未 | 申 | 酉 | 戌 | 亥 |
| 대운 남 | 2 | 1 | 1 | 1 | 1 | 입 | 10 | 10 | 9 | 9 | 9 | 8 | 8 | 8 | 7 | 7 | 7 | 6 | 6 | 6 | 5 | 5 | 5 | 4 | 4 | 4 | 3 | 3 | 3 | 2 | 2 |
| 대운 녀 | 9 | 9 | 9 | 10 | 10 | 하 | 1 | 1 | 1 | 1 | 2 | 2 | 2 | 3 | 3 | 3 | 4 | 4 | 4 | 5 | 5 | 5 | 6 | 6 | 6 | 7 | 7 | 7 | 8 | 8 | 8 |

망종 6일 21시30분 **6 · 丙午月(양 6.6~7.7)** 하지 22일 14시27분

| 양력 | 1 | 2 | 3 | 4 | 5 | 6 | 7 | 8 | 9 | 10 | 11 | 12 | 13 | 14 | 15 | 16 | 17 | 18 | 19 | 20 | 21 | 22 | 23 | 24 | 25 | 26 | 27 | 28 | 29 | 30 |
|---|---|---|---|---|---|---|---|---|---|---|---|---|---|---|---|---|---|---|---|---|---|---|---|---|---|---|---|---|---|---|
| 음력 | 6 | 7 | 8 | 9 | 10 | 11 | 12 | 13 | 14 | 15 | 16 | 17 | 18 | 19 | 20 | 21 | 22 | 23 | 24 | 25 | 26 | 27 | 28 | 29 | 윤 | 5.2 | 3 | 4 | 5 | 6 |
| 요일 | 木 | 金 | 土 | 日 | 月 | 火 | 水 | 木 | 金 | 土 | 日 | 月 | 火 | 水 | 木 | 金 | 土 | 日 | 月 | 火 | 水 | 木 | 金 | 土 | 日 | 月 | 火 | 水 | 木 | 金 |
| 일진 | 庚 | 辛 | 壬 | 癸 | 甲 | 乙 | 丙 | 丁 | 戊 | 己 | 庚 | 辛 | 壬 | 癸 | 甲 | 乙 | 丙 | 丁 | 戊 | 己 | 庚 | 辛 | 壬 | 癸 | 甲 | 乙 | 丙 | 丁 | 戊 | 己 |
| | 子 | 丑 | 寅 | 卯 | 辰 | 巳 | 午 | 未 | 申 | 酉 | 戌 | 亥 | 子 | 丑 | 寅 | 卯 | 辰 | 巳 | 午 | 未 | 申 | 酉 | 戌 | 亥 | 子 | 丑 | 寅 | 卯 | 辰 | 巳 |
| 대운 남 | 2 | 1 | 1 | 1 | 1 | 망 | 10 | 10 | 10 | 9 | 9 | 9 | 8 | 8 | 8 | 7 | 7 | 7 | 6 | 6 | 6 | 5 | 5 | 5 | 4 | 4 | 4 | 3 | 3 | 3 |
| 대운 녀 | 9 | 9 | 9 | 10 | 10 | 종 | 1 | 1 | 1 | 1 | 2 | 2 | 2 | 3 | 3 | 3 | 4 | 4 | 4 | 5 | 5 | 5 | 6 | 6 | 6 | 7 | 7 | 7 | 8 | 8 |

# 壬戌年

동경135도표준시

소서 8일 07시58분

## 7 · 丁未月(양 7.8~8.7)

대서 24일 01시20분

| 양력 | 1 | 2 | 3 | 4 | 5 | 6 | 7 | 8 | 9 | 10 | 11 | 12 | 13 | 14 | 15 | 16 | 17 | 18 | 19 | 20 | 21 | 22 | 23 | 24 | 25 | 26 | 27 | 28 | 29 | 30 | 31 |
|---|---|---|---|---|---|---|---|---|---|---|---|---|---|---|---|---|---|---|---|---|---|---|---|---|---|---|---|---|---|---|---|
| 음력 | 7 | 8 | 9 | 10 | 11 | 12 | 13 | 14 | 15 | 16 | 17 | 18 | 19 | 20 | 21 | 22 | 23 | 24 | 25 | 26 | 27 | 28 | 29 | 6.1 | 2 | 3 | 4 | 5 | 6 | 7 | 8 |
| 요일 | 土 | 日 | 月 | 火 | 水 | 木 | 金 | 土 | 日 | 月 | 火 | 水 | 木 | 金 | 土 | 日 | 月 | 火 | 水 | 木 | 金 | 土 | 日 | 月 | 火 | 水 | 木 | 金 | 土 | 日 | 月 |
| 일진 | 庚午 | 辛未 | 壬申 | 癸酉 | 甲戌 | 乙亥 | 丙子 | 丁丑 | 戊寅 | 己卯 | 庚辰 | 辛巳 | 壬午 | 癸未 | 甲申 | 乙酉 | 丙戌 | 丁亥 | 戊子 | 己丑 | 庚寅 | 辛卯 | 壬辰 | 癸巳 | 甲午 | 乙未 | 丙申 | 丁酉 | 戊戌 | 己亥 | 庚子 |
| 대운 남 | 2 | 2 | 2 | 1 | 1 | 1 | 1 | 소 | 10 | 10 | 9 | 9 | 9 | 8 | 8 | 8 | 7 | 7 | 7 | 6 | 6 | 6 | 5 | 5 | 5 | 4 | 4 | 4 | 3 | 3 | 3 |
| 대운 녀 | 8 | 9 | 9 | 9 | 10 | 10 | 10 | 서 | 1 | 1 | 1 | 1 | 2 | 2 | 2 | 3 | 3 | 3 | 4 | 4 | 4 | 5 | 5 | 5 | 6 | 6 | 6 | 7 | 7 | 7 | 8 |

입추 8일 17시37분

## 8 · 戊申月(양 8.8~9.7)

처서 24일 08시04분

| 양력 | 1 | 2 | 3 | 4 | 5 | 6 | 7 | 8 | 9 | 10 | 11 | 12 | 13 | 14 | 15 | 16 | 17 | 18 | 19 | 20 | 21 | 22 | 23 | 24 | 25 | 26 | 27 | 28 | 29 | 30 | 31 |
|---|---|---|---|---|---|---|---|---|---|---|---|---|---|---|---|---|---|---|---|---|---|---|---|---|---|---|---|---|---|---|---|
| 음력 | 9 | 10 | 11 | 12 | 13 | 14 | 15 | 16 | 17 | 18 | 19 | 20 | 21 | 22 | 23 | 24 | 25 | 26 | 27 | 28 | 29 | 30 | 7.1 | 2 | 3 | 4 | 5 | 6 | 7 | 8 | 9 |
| 요일 | 火 | 水 | 木 | 金 | 土 | 日 | 月 | 火 | 水 | 木 | 金 | 土 | 日 | 月 | 火 | 水 | 木 | 金 | 土 | 日 | 月 | 火 | 水 | 木 | 金 | 土 | 日 | 月 | 火 | 水 | 木 |
| 일진 | 辛丑 | 壬寅 | 癸卯 | 甲辰 | 乙巳 | 丙午 | 丁未 | 戊申 | 己酉 | 庚戌 | 辛亥 | 壬子 | 癸丑 | 甲寅 | 乙卯 | 丙辰 | 丁巳 | 戊午 | 己未 | 庚申 | 辛酉 | 壬戌 | 癸亥 | 甲子 | 乙丑 | 丙寅 | 丁卯 | 戊辰 | 己巳 | 庚午 | 辛未 |
| 대운 남 | 2 | 2 | 2 | 1 | 1 | 1 | 1 | 입 | 10 | 10 | 9 | 9 | 9 | 8 | 8 | 8 | 7 | 7 | 7 | 6 | 6 | 6 | 5 | 5 | 5 | 4 | 4 | 4 | 3 | 3 | 3 |
| 대운 녀 | 8 | 8 | 9 | 9 | 9 | 10 | 10 | 추 | 1 | 1 | 1 | 1 | 2 | 2 | 2 | 3 | 3 | 3 | 4 | 4 | 4 | 5 | 5 | 5 | 6 | 6 | 6 | 7 | 7 | 7 | 8 |

백로 8일 20시06분

## 9 · 己酉月(양 9.8~10.8)

추분 24일 05시10분

| 양력 | 1 | 2 | 3 | 4 | 5 | 6 | 7 | 8 | 9 | 10 | 11 | 12 | 13 | 14 | 15 | 16 | 17 | 18 | 19 | 20 | 21 | 22 | 23 | 24 | 25 | 26 | 27 | 28 | 29 | 30 |
|---|---|---|---|---|---|---|---|---|---|---|---|---|---|---|---|---|---|---|---|---|---|---|---|---|---|---|---|---|---|---|
| 음력 | 10 | 11 | 12 | 13 | 14 | 15 | 16 | 17 | 18 | 19 | 20 | 21 | 22 | 23 | 24 | 25 | 26 | 27 | 28 | 29 | 8.1 | 2 | 3 | 4 | 5 | 6 | 7 | 8 | 9 | 10 |
| 요일 | 金 | 土 | 日 | 月 | 火 | 水 | 木 | 金 | 土 | 日 | 月 | 火 | 水 | 木 | 金 | 土 | 日 | 月 | 火 | 水 | 木 | 金 | 土 | 日 | 月 | 火 | 水 | 木 | 金 | 土 |
| 일진 | 壬申 | 癸酉 | 甲戌 | 乙亥 | 丙子 | 丁丑 | 戊寅 | 己卯 | 庚辰 | 辛巳 | 壬午 | 癸未 | 甲申 | 乙酉 | 丙戌 | 丁亥 | 戊子 | 己丑 | 庚寅 | 辛卯 | 壬辰 | 癸巳 | 甲午 | 乙未 | 丙申 | 丁酉 | 戊戌 | 己亥 | 庚子 | 辛丑 |
| 대운 남 | 2 | 2 | 2 | 1 | 1 | 1 | 1 | 백 | 10 | 10 | 9 | 9 | 9 | 8 | 8 | 8 | 7 | 7 | 7 | 6 | 6 | 6 | 5 | 5 | 5 | 4 | 4 | 4 | 3 | 3 |
| 대운 녀 | 8 | 8 | 9 | 9 | 9 | 10 | 10 | 로 | 1 | 1 | 1 | 1 | 2 | 2 | 2 | 3 | 3 | 3 | 4 | 4 | 4 | 5 | 5 | 5 | 6 | 6 | 6 | 7 | 7 | 7 |

한로 9일 11시09분

## 10 · 庚戌月(양 10.9~11.7)

상강 24일 13시53분

| 양력 | 1 | 2 | 3 | 4 | 5 | 6 | 7 | 8 | 9 | 10 | 11 | 12 | 13 | 14 | 15 | 16 | 17 | 18 | 19 | 20 | 21 | 22 | 23 | 24 | 25 | 26 | 27 | 28 | 29 | 30 | 31 |
|---|---|---|---|---|---|---|---|---|---|---|---|---|---|---|---|---|---|---|---|---|---|---|---|---|---|---|---|---|---|---|---|
| 음력 | 11 | 12 | 13 | 14 | 15 | 16 | 17 | 18 | 19 | 20 | 21 | 22 | 23 | 24 | 25 | 26 | 27 | 28 | 29 | 9.1 | 2 | 3 | 4 | 5 | 6 | 7 | 8 | 9 | 10 | 11 | 12 |
| 요일 | 日 | 月 | 火 | 水 | 木 | 金 | 土 | 日 | 月 | 火 | 水 | 木 | 金 | 土 | 日 | 月 | 火 | 水 | 木 | 金 | 土 | 日 | 月 | 火 | 水 | 木 | 金 | 土 | 日 | 月 | 火 |
| 일진 | 壬寅 | 癸卯 | 甲辰 | 乙巳 | 丙午 | 丁未 | 戊申 | 己酉 | 庚戌 | 辛亥 | 壬子 | 癸丑 | 甲寅 | 乙卯 | 丙辰 | 丁巳 | 戊午 | 己未 | 庚申 | 辛酉 | 壬戌 | 癸亥 | 甲子 | 乙丑 | 丙寅 | 丁卯 | 戊辰 | 己巳 | 庚午 | 辛未 | 壬申 |
| 대운 남 | 3 | 2 | 2 | 2 | 1 | 1 | 1 | 1 | 한 | 10 | 9 | 9 | 9 | 8 | 8 | 8 | 7 | 7 | 7 | 6 | 6 | 6 | 5 | 5 | 5 | 4 | 4 | 4 | 3 | 3 | 3 |
| 대운 녀 | 8 | 8 | 8 | 9 | 9 | 9 | 10 | 10 | 로 | 1 | 1 | 1 | 1 | 2 | 2 | 2 | 3 | 3 | 3 | 4 | 4 | 4 | 5 | 5 | 5 | 6 | 6 | 6 | 7 | 7 | 7 |

입동 8일 13시45분

## 11 · 辛亥月(양 11.8~12.7)

소설 23일 10시55분

| 양력 | 1 | 2 | 3 | 4 | 5 | 6 | 7 | 8 | 9 | 10 | 11 | 12 | 13 | 14 | 15 | 16 | 17 | 18 | 19 | 20 | 21 | 22 | 23 | 24 | 25 | 26 | 27 | 28 | 29 | 30 |
|---|---|---|---|---|---|---|---|---|---|---|---|---|---|---|---|---|---|---|---|---|---|---|---|---|---|---|---|---|---|---|
| 음력 | 13 | 14 | 15 | 16 | 17 | 18 | 19 | 20 | 21 | 22 | 23 | 24 | 25 | 26 | 27 | 28 | 29 | 30 | 10.1 | 2 | 3 | 4 | 5 | 6 | 7 | 8 | 9 | 10 | 11 | 12 |
| 요일 | 水 | 木 | 金 | 土 | 日 | 月 | 火 | 水 | 木 | 金 | 土 | 日 | 月 | 火 | 水 | 木 | 金 | 土 | 日 | 月 | 火 | 水 | 木 | 金 | 土 | 日 | 月 | 火 | 水 | 木 |
| 일진 | 癸酉 | 甲戌 | 乙亥 | 丙子 | 丁丑 | 戊寅 | 己卯 | 庚辰 | 辛巳 | 壬午 | 癸未 | 甲申 | 乙酉 | 丙戌 | 丁亥 | 戊子 | 己丑 | 庚寅 | 辛卯 | 壬辰 | 癸巳 | 甲午 | 乙未 | 丙申 | 丁酉 | 戊戌 | 己亥 | 庚子 | 辛丑 | 壬寅 |
| 대운 남 | 2 | 2 | 2 | 1 | 1 | 1 | 1 | 입 | 10 | 9 | 9 | 9 | 8 | 8 | 8 | 7 | 7 | 7 | 6 | 6 | 6 | 5 | 5 | 5 | 4 | 4 | 4 | 3 | 3 | 3 |
| 대운 녀 | 8 | 8 | 8 | 9 | 9 | 9 | 10 | 동 | 1 | 1 | 1 | 1 | 2 | 2 | 2 | 3 | 3 | 3 | 4 | 4 | 4 | 5 | 5 | 5 | 6 | 6 | 6 | 7 | 7 | 7 |

대설 8일 06시11분

## 12 · 壬子月(양 12.8~1.5)

동지 22일 23시57분

| 양력 | 1 | 2 | 3 | 4 | 5 | 6 | 7 | 8 | 9 | 10 | 11 | 12 | 13 | 14 | 15 | 16 | 17 | 18 | 19 | 20 | 21 | 22 | 23 | 24 | 25 | 26 | 27 | 28 | 29 | 30 | 31 |
|---|---|---|---|---|---|---|---|---|---|---|---|---|---|---|---|---|---|---|---|---|---|---|---|---|---|---|---|---|---|---|---|
| 음력 | 13 | 14 | 15 | 16 | 17 | 18 | 19 | 20 | 21 | 22 | 23 | 24 | 25 | 26 | 27 | 28 | 29 | 11.1 | 2 | 3 | 4 | 5 | 6 | 7 | 8 | 9 | 10 | 11 | 12 | 13 | 14 |
| 요일 | 金 | 土 | 日 | 月 | 火 | 水 | 木 | 金 | 土 | 日 | 月 | 火 | 水 | 木 | 金 | 土 | 日 | 月 | 火 | 水 | 木 | 金 | 土 | 日 | 月 | 火 | 水 | 木 | 金 | 土 | 日 |
| 일진 | 癸卯 | 甲辰 | 乙巳 | 丙午 | 丁未 | 戊申 | 己酉 | 庚戌 | 辛亥 | 壬子 | 癸丑 | 甲寅 | 乙卯 | 丙辰 | 丁巳 | 戊午 | 己未 | 庚申 | 辛酉 | 壬戌 | 癸亥 | 甲子 | 乙丑 | 丙寅 | 丁卯 | 戊辰 | 己巳 | 庚午 | 辛未 | 壬申 | 癸酉 |
| 대운 남 | 2 | 2 | 2 | 1 | 1 | 1 | 1 | 대 | 9 | 9 | 9 | 8 | 8 | 8 | 7 | 7 | 7 | 6 | 6 | 6 | 5 | 5 | 5 | 4 | 4 | 4 | 3 | 3 | 3 | 2 | 2 |
| 대운 녀 | 8 | 8 | 8 | 9 | 9 | 9 | 10 | 설 | 1 | 1 | 1 | 1 | 2 | 2 | 2 | 3 | 3 | 3 | 4 | 4 | 4 | 5 | 5 | 5 | 6 | 6 | 6 | 7 | 7 | 7 | 8 |

단기 4256년

# 1923년

소한 6일 17시14분

## 1 · 癸丑月(양 1.6~2.4)

대한 21일 10시35분

| 양력 | 1 | 2 | 3 | 4 | 5 | 6 | 7 | 8 | 9 | 10 | 11 | 12 | 13 | 14 | 15 | 16 | 17 | 18 | 19 | 20 | 21 | 22 | 23 | 24 | 25 | 26 | 27 | 28 | 29 | 30 | 31 |
|---|---|---|---|---|---|---|---|---|---|---|---|---|---|---|---|---|---|---|---|---|---|---|---|---|---|---|---|---|---|---|---|
| 음력 | 15 | 16 | 17 | 18 | 19 | 20 | 21 | 22 | 23 | 24 | 25 | 26 | 27 | 28 | 29 | 30 | 12.1 | 2 | 3 | 4 | 5 | 6 | 7 | 8 | 9 | 10 | 11 | 12 | 13 | 14 | 15 |
| 요일 | 月 | 火 | 水 | 木 | 金 | 土 | 日 | 月 | 火 | 水 | 木 | 金 | 土 | 日 | 月 | 火 | 水 | 木 | 金 | 土 | 日 | 月 | 火 | 水 | 木 | 金 | 土 | 日 | 月 | 火 | 水 |
| 일진 | 甲戌 | 乙亥 | 丙子 | 丁丑 | 戊寅 | 己卯 | 庚辰 | 辛巳 | 壬午 | 癸未 | 甲申 | 乙酉 | 丙戌 | 丁亥 | 戊子 | 己丑 | 庚寅 | 辛卯 | 壬辰 | 癸巳 | 甲午 | 乙未 | 丙申 | 丁酉 | 戊戌 | 己亥 | 庚子 | 辛丑 | 壬寅 | 癸卯 | 甲辰 |
| 대운 남 | 2 | 1 | 1 | 1 | 1 | 소 | 10 | 9 | 9 | 9 | 8 | 8 | 8 | 7 | 7 | 7 | 6 | 6 | 6 | 5 | 5 | 5 | 4 | 4 | 4 | 3 | 3 | 3 | 2 | 2 | 2 |
| 대운 녀 | 8 | 8 | 9 | 9 | 9 | 한 | 1 | 1 | 1 | 1 | 2 | 2 | 2 | 3 | 3 | 3 | 4 | 4 | 4 | 5 | 5 | 5 | 6 | 6 | 6 | 7 | 7 | 7 | 8 | 8 | 8 |

입춘 5일 05시00분

## 2 · 甲寅月(양 2.5~3.5)

우수 20일 01시00분

| 양력 | 1 | 2 | 3 | 4 | 5 | 6 | 7 | 8 | 9 | 10 | 11 | 12 | 13 | 14 | 15 | 16 | 17 | 18 | 19 | 20 | 21 | 22 | 23 | 24 | 25 | 26 | 27 | 28 |
|---|---|---|---|---|---|---|---|---|---|---|---|---|---|---|---|---|---|---|---|---|---|---|---|---|---|---|---|---|
| 음력 | 16 | 17 | 18 | 19 | 20 | 21 | 22 | 23 | 24 | 25 | 26 | 27 | 28 | 29 | 30 | 1.1 | 2 | 3 | 4 | 5 | 6 | 7 | 8 | 9 | 10 | 11 | 12 | 13 |
| 요일 | 木 | 金 | 土 | 日 | 月 | 火 | 水 | 木 | 金 | 土 | 日 | 月 | 火 | 水 | 木 | 金 | 土 | 日 | 月 | 火 | 水 | 木 | 金 | 土 | 日 | 月 | 火 | 水 |
| 일진 | 乙巳 | 丙午 | 丁未 | 戊申 | 己酉 | 庚戌 | 辛亥 | 壬子 | 癸丑 | 甲寅 | 乙卯 | 丙辰 | 丁巳 | 戊午 | 己未 | 庚申 | 辛酉 | 壬戌 | 癸亥 | 甲子 | 乙丑 | 丙寅 | 丁卯 | 戊辰 | 己巳 | 庚午 | 辛未 | 壬申 |
| 대운 남 | 1 | 1 | 1 | 1 | 입 | 1 | 1 | 1 | 1 | 2 | 2 | 2 | 3 | 3 | 3 | 4 | 4 | 4 | 5 | 5 | 5 | 6 | 6 | 6 | 7 | 7 | 7 | 8 |
| 대운 녀 | 9 | 9 | 9 | 10 | 춘 | 9 | 9 | 9 | 8 | 8 | 8 | 7 | 7 | 7 | 6 | 6 | 6 | 5 | 5 | 5 | 4 | 4 | 4 | 3 | 3 | 3 | 2 | 2 |

경칩 6일 23시25분

## 3 · 乙卯月(양 3.6~4.5)

춘분 22일 00시29분

| 양력 | 1 | 2 | 3 | 4 | 5 | 6 | 7 | 8 | 9 | 10 | 11 | 12 | 13 | 14 | 15 | 16 | 17 | 18 | 19 | 20 | 21 | 22 | 23 | 24 | 25 | 26 | 27 | 28 | 29 | 30 | 31 |
|---|---|---|---|---|---|---|---|---|---|---|---|---|---|---|---|---|---|---|---|---|---|---|---|---|---|---|---|---|---|---|---|
| 음력 | 14 | 15 | 16 | 17 | 18 | 19 | 20 | 21 | 22 | 23 | 24 | 25 | 26 | 27 | 28 | 29 | 2.1 | 2 | 3 | 4 | 5 | 6 | 7 | 8 | 9 | 10 | 11 | 12 | 13 | 14 | 15 |
| 요일 | 木 | 金 | 土 | 日 | 月 | 火 | 水 | 木 | 金 | 土 | 日 | 月 | 火 | 水 | 木 | 金 | 土 | 日 | 月 | 火 | 水 | 木 | 金 | 土 | 日 | 月 | 火 | 水 | 木 | 金 | 土 |
| 일진 | 癸酉 | 甲戌 | 乙亥 | 丙子 | 丁丑 | 戊寅 | 己卯 | 庚辰 | 辛巳 | 壬午 | 癸未 | 甲申 | 乙酉 | 丙戌 | 丁亥 | 戊子 | 己丑 | 庚寅 | 辛卯 | 壬辰 | 癸巳 | 甲午 | 乙未 | 丙申 | 丁酉 | 戊戌 | 己亥 | 庚子 | 辛丑 | 壬寅 | 癸卯 |
| 대운 남 | 8 | 8 | 9 | 9 | 9 | 경 | 1 | 1 | 1 | 1 | 2 | 2 | 2 | 3 | 3 | 3 | 4 | 4 | 4 | 5 | 5 | 5 | 6 | 6 | 6 | 7 | 7 | 7 | 8 | 8 | 8 |
| 대운 녀 | 2 | 1 | 1 | 1 | 1 | 칩 | 10 | 10 | 9 | 9 | 9 | 8 | 8 | 8 | 7 | 7 | 7 | 6 | 6 | 6 | 5 | 5 | 5 | 4 | 4 | 4 | 3 | 3 | 3 | 2 | 2 |

청명 6일 04시46분

## 4 · 丙辰月(양 4.6~5.5)

곡우 21일 12시06분

| 양력 | 1 | 2 | 3 | 4 | 5 | 6 | 7 | 8 | 9 | 10 | 11 | 12 | 13 | 14 | 15 | 16 | 17 | 18 | 19 | 20 | 21 | 22 | 23 | 24 | 25 | 26 | 27 | 28 | 29 | 30 |
|---|---|---|---|---|---|---|---|---|---|---|---|---|---|---|---|---|---|---|---|---|---|---|---|---|---|---|---|---|---|---|
| 음력 | 16 | 17 | 18 | 19 | 20 | 21 | 22 | 23 | 24 | 25 | 26 | 27 | 28 | 29 | 30 | 3.1 | 2 | 3 | 4 | 5 | 6 | 7 | 8 | 9 | 10 | 11 | 12 | 13 | 14 | 15 |
| 요일 | 日 | 月 | 火 | 水 | 木 | 金 | 土 | 日 | 月 | 火 | 水 | 木 | 金 | 土 | 日 | 月 | 火 | 水 | 木 | 金 | 土 | 日 | 月 | 火 | 水 | 木 | 金 | 土 | 日 | 月 |
| 일진 | 甲辰 | 乙巳 | 丙午 | 丁未 | 戊申 | 己酉 | 庚戌 | 辛亥 | 壬子 | 癸丑 | 甲寅 | 乙卯 | 丙辰 | 丁巳 | 戊午 | 己未 | 庚申 | 辛酉 | 壬戌 | 癸亥 | 甲子 | 乙丑 | 丙寅 | 丁卯 | 戊辰 | 己巳 | 庚午 | 辛未 | 壬申 | 癸酉 |
| 대운 남 | 9 | 9 | 9 | 10 | 10 | 청 | 1 | 1 | 1 | 1 | 2 | 2 | 2 | 3 | 3 | 3 | 4 | 4 | 4 | 5 | 5 | 5 | 6 | 6 | 6 | 7 | 7 | 7 | 8 | 8 |
| 대운 녀 | 2 | 1 | 1 | 1 | 1 | 명 | 10 | 9 | 9 | 9 | 8 | 8 | 8 | 7 | 7 | 7 | 6 | 6 | 6 | 5 | 5 | 5 | 4 | 4 | 4 | 3 | 3 | 3 | 2 | 2 |

입하 6일 22시38분

## 5 · 丁巳月(양 5.6~6.6)

소만 22일 11시45분

| 양력 | 1 | 2 | 3 | 4 | 5 | 6 | 7 | 8 | 9 | 10 | 11 | 12 | 13 | 14 | 15 | 16 | 17 | 18 | 19 | 20 | 21 | 22 | 23 | 24 | 25 | 26 | 27 | 28 | 29 | 30 | 31 |
|---|---|---|---|---|---|---|---|---|---|---|---|---|---|---|---|---|---|---|---|---|---|---|---|---|---|---|---|---|---|---|---|
| 음력 | 16 | 17 | 18 | 19 | 20 | 21 | 22 | 23 | 24 | 25 | 26 | 27 | 28 | 29 | 30 | 4.1 | 2 | 3 | 4 | 5 | 6 | 7 | 8 | 9 | 10 | 11 | 12 | 13 | 14 | 15 | 16 |
| 요일 | 火 | 水 | 木 | 金 | 土 | 日 | 月 | 火 | 水 | 木 | 金 | 土 | 日 | 月 | 火 | 水 | 木 | 金 | 土 | 日 | 月 | 火 | 水 | 木 | 金 | 土 | 日 | 月 | 火 | 水 | 木 |
| 일진 | 甲戌 | 乙亥 | 丙子 | 丁丑 | 戊寅 | 己卯 | 庚辰 | 辛巳 | 壬午 | 癸未 | 甲申 | 乙酉 | 丙戌 | 丁亥 | 戊子 | 己丑 | 庚寅 | 辛卯 | 壬辰 | 癸巳 | 甲午 | 乙未 | 丙申 | 丁酉 | 戊戌 | 己亥 | 庚子 | 辛丑 | 壬寅 | 癸卯 | 甲辰 |
| 대운 남 | 8 | 9 | 9 | 9 | 10 | 입 | 1 | 1 | 1 | 1 | 2 | 2 | 2 | 3 | 3 | 3 | 4 | 4 | 4 | 5 | 5 | 5 | 6 | 6 | 6 | 7 | 7 | 7 | 8 | 8 | 8 |
| 대운 녀 | 2 | 1 | 1 | 1 | 1 | 하 | 10 | 10 | 10 | 9 | 9 | 9 | 8 | 8 | 8 | 7 | 7 | 7 | 6 | 6 | 6 | 5 | 5 | 5 | 4 | 4 | 4 | 3 | 3 | 3 | 2 |

망종 7일 03시14분

## 6 · 戊午月(양 6.7~7.7)

하지 22일 20시03분

| 양력 | 1 | 2 | 3 | 4 | 5 | 6 | 7 | 8 | 9 | 10 | 11 | 12 | 13 | 14 | 15 | 16 | 17 | 18 | 19 | 20 | 21 | 22 | 23 | 24 | 25 | 26 | 27 | 28 | 29 | 30 |
|---|---|---|---|---|---|---|---|---|---|---|---|---|---|---|---|---|---|---|---|---|---|---|---|---|---|---|---|---|---|---|
| 음력 | 17 | 18 | 19 | 20 | 21 | 22 | 23 | 24 | 25 | 26 | 27 | 28 | 29 | 5.1 | 2 | 3 | 4 | 5 | 6 | 7 | 8 | 9 | 10 | 11 | 12 | 13 | 14 | 15 | 16 | 17 |
| 요일 | 金 | 土 | 日 | 月 | 火 | 水 | 木 | 金 | 土 | 日 | 月 | 火 | 水 | 木 | 金 | 土 | 日 | 月 | 火 | 水 | 木 | 金 | 土 | 日 | 月 | 火 | 水 | 木 | 金 | 土 |
| 일진 | 乙巳 | 丙午 | 丁未 | 戊申 | 己酉 | 庚戌 | 辛亥 | 壬子 | 癸丑 | 甲寅 | 乙卯 | 丙辰 | 丁巳 | 戊午 | 己未 | 庚申 | 辛酉 | 壬戌 | 癸亥 | 甲子 | 乙丑 | 丙寅 | 丁卯 | 戊辰 | 己巳 | 庚午 | 辛未 | 壬申 | 癸酉 | 甲戌 |
| 대운 남 | 9 | 9 | 9 | 10 | 10 | 10 | 망 | 1 | 1 | 1 | 1 | 2 | 2 | 2 | 3 | 3 | 3 | 4 | 4 | 4 | 5 | 5 | 5 | 6 | 6 | 6 | 7 | 7 | 7 | 8 |
| 대운 녀 | 2 | 2 | 1 | 1 | 1 | 1 | 종 | 10 | 10 | 9 | 9 | 9 | 8 | 8 | 8 | 7 | 7 | 7 | 6 | 6 | 6 | 5 | 5 | 5 | 4 | 4 | 4 | 3 | 3 | 3 |

소서 8일 13시42분

## 7 · 己未月(㊐ 7.8~8.7)

대서 24일 07시01분

| 양력 | 1 | 2 | 3 | 4 | 5 | 6 | 7 | 8 | 9 | 10 | 11 | 12 | 13 | 14 | 15 | 16 | 17 | 18 | 19 | 20 | 21 | 22 | 23 | 24 | 25 | 26 | 27 | 28 | 29 | 30 | 31 |
|---|---|---|---|---|---|---|---|---|---|---|---|---|---|---|---|---|---|---|---|---|---|---|---|---|---|---|---|---|---|---|---|
| 음력 | 18 | 19 | 20 | 21 | 22 | 23 | 24 | 25 | 26 | 27 | 28 | 29 | 30 | 6.1 | 2 | 3 | 4 | 5 | 6 | 7 | 8 | 9 | 10 | 11 | 12 | 13 | 14 | 15 | 16 | 17 | 18 |
| 요일 | 日 | 月 | 火 | 水 | 木 | 金 | 土 | 日 | 月 | 火 | 水 | 木 | 金 | 土 | 日 | 月 | 火 | 水 | 木 | 金 | 土 | 日 | 月 | 火 | 水 | 木 | 金 | 土 | 日 | 月 | 火 |
| 일진 | 乙亥 | 丙子 | 丁丑 | 戊寅 | 己卯 | 庚辰 | 辛巳 | 壬午 | 癸未 | 甲申 | 乙酉 | 丙戌 | 丁亥 | 戊子 | 己丑 | 庚寅 | 辛卯 | 壬辰 | 癸巳 | 甲午 | 乙未 | 丙申 | 丁酉 | 戊戌 | 己亥 | 庚子 | 辛丑 | 壬寅 | 癸卯 | 甲辰 | 乙巳 |
| 대운 남 | 8 | 8 | 9 | 9 | 9 | 10 | 10 | 소 | 1 | 1 | 1 | 1 | 2 | 2 | 2 | 3 | 3 | 3 | 4 | 4 | 4 | 5 | 5 | 5 | 6 | 6 | 6 | 7 | 7 | 7 | 8 |
| 대운 녀 | 2 | 2 | 2 | 1 | 1 | 1 | 1 | 서 | 10 | 10 | 9 | 9 | 9 | 8 | 8 | 8 | 7 | 7 | 7 | 6 | 6 | 6 | 5 | 5 | 5 | 4 | 4 | 4 | 3 | 3 | 3 |

입추 8일 23시25분

## 8 · 庚申月(㊐ 8.8~9.8)

처서 24일 13시52분

| 양력 | 1 | 2 | 3 | 4 | 5 | 6 | 7 | 8 | 9 | 10 | 11 | 12 | 13 | 14 | 15 | 16 | 17 | 18 | 19 | 20 | 21 | 22 | 23 | 24 | 25 | 26 | 27 | 28 | 29 | 30 | 31 |
|---|---|---|---|---|---|---|---|---|---|---|---|---|---|---|---|---|---|---|---|---|---|---|---|---|---|---|---|---|---|---|---|
| 음력 | 19 | 20 | 21 | 22 | 23 | 24 | 25 | 26 | 27 | 28 | 29 | 7.1 | 2 | 3 | 4 | 5 | 6 | 7 | 8 | 9 | 10 | 11 | 12 | 13 | 14 | 15 | 16 | 17 | 18 | 19 | 20 |
| 요일 | 水 | 木 | 金 | 土 | 日 | 月 | 火 | 水 | 木 | 金 | 土 | 日 | 月 | 火 | 水 | 木 | 金 | 土 | 日 | 月 | 火 | 水 | 木 | 金 | 土 | 日 | 月 | 火 | 水 | 木 | 金 |
| 일진 | 丙午 | 丁未 | 戊申 | 己酉 | 庚戌 | 辛亥 | 壬子 | 癸丑 | 甲寅 | 乙卯 | 丙辰 | 丁巳 | 戊午 | 己未 | 庚申 | 辛酉 | 壬戌 | 癸亥 | 甲子 | 乙丑 | 丙寅 | 丁卯 | 戊辰 | 己巳 | 庚午 | 辛未 | 壬申 | 癸酉 | 甲戌 | 乙亥 | 丙子 |
| 대운 남 | 8 | 8 | 9 | 9 | 9 | 10 | 10 | 입 | 1 | 1 | 1 | 1 | 2 | 2 | 2 | 3 | 3 | 3 | 4 | 4 | 4 | 5 | 5 | 5 | 6 | 6 | 6 | 7 | 7 | 7 | 8 |
| 대운 녀 | 2 | 2 | 2 | 1 | 1 | 1 | 1 | 추 | 10 | 10 | 10 | 9 | 9 | 9 | 8 | 8 | 8 | 7 | 7 | 7 | 6 | 6 | 6 | 5 | 5 | 5 | 4 | 4 | 4 | 3 | 3 |

백로 9일 01시57분

## 9 · 辛酉月(㊐ 9.9~10.8)

추분 24일 11시04분

| 양력 | 1 | 2 | 3 | 4 | 5 | 6 | 7 | 8 | 9 | 10 | 11 | 12 | 13 | 14 | 15 | 16 | 17 | 18 | 19 | 20 | 21 | 22 | 23 | 24 | 25 | 26 | 27 | 28 | 29 | 30 |
|---|---|---|---|---|---|---|---|---|---|---|---|---|---|---|---|---|---|---|---|---|---|---|---|---|---|---|---|---|---|---|
| 음력 | 21 | 22 | 23 | 24 | 25 | 26 | 27 | 28 | 29 | 30 | 8.1 | 2 | 3 | 4 | 5 | 6 | 7 | 8 | 9 | 10 | 11 | 12 | 13 | 14 | 15 | 16 | 17 | 18 | 19 | 20 |
| 요일 | 土 | 日 | 月 | 火 | 水 | 木 | 金 | 土 | 日 | 月 | 火 | 水 | 木 | 金 | 土 | 日 | 月 | 火 | 水 | 木 | 金 | 土 | 日 | 月 | 火 | 水 | 木 | 金 | 土 | 日 |
| 일진 | 丁丑 | 戊寅 | 己卯 | 庚辰 | 辛巳 | 壬午 | 癸未 | 甲申 | 乙酉 | 丙戌 | 丁亥 | 戊子 | 己丑 | 庚寅 | 辛卯 | 壬辰 | 癸巳 | 甲午 | 乙未 | 丙申 | 丁酉 | 戊戌 | 己亥 | 庚子 | 辛丑 | 壬寅 | 癸卯 | 甲辰 | 乙巳 | 丙午 |
| 대운 남 | 8 | 8 | 9 | 9 | 9 | 10 | 10 | 10 | 백 | 1 | 1 | 1 | 1 | 2 | 2 | 2 | 3 | 3 | 3 | 4 | 4 | 4 | 5 | 5 | 5 | 6 | 6 | 6 | 7 | 7 |
| 대운 녀 | 3 | 2 | 2 | 2 | 1 | 1 | 1 | 1 | 로 | 10 | 9 | 9 | 9 | 8 | 8 | 8 | 7 | 7 | 7 | 6 | 6 | 6 | 5 | 5 | 5 | 4 | 4 | 4 | 3 | 3 |

한로 9일 17시03분

## 10 · 壬戌月(㊐ 10.9~11.7)

상강 24일 19시51분

| 양력 | 1 | 2 | 3 | 4 | 5 | 6 | 7 | 8 | 9 | 10 | 11 | 12 | 13 | 14 | 15 | 16 | 17 | 18 | 19 | 20 | 21 | 22 | 23 | 24 | 25 | 26 | 27 | 28 | 29 | 30 | 31 |
|---|---|---|---|---|---|---|---|---|---|---|---|---|---|---|---|---|---|---|---|---|---|---|---|---|---|---|---|---|---|---|---|
| 음력 | 21 | 22 | 23 | 24 | 25 | 26 | 27 | 28 | 29 | 9.1 | 2 | 3 | 4 | 5 | 6 | 7 | 8 | 9 | 10 | 11 | 12 | 13 | 14 | 15 | 16 | 17 | 18 | 19 | 20 | 21 | 22 |
| 요일 | 月 | 火 | 水 | 木 | 金 | 土 | 日 | 月 | 火 | 水 | 木 | 金 | 土 | 日 | 月 | 火 | 水 | 木 | 金 | 土 | 日 | 月 | 火 | 水 | 木 | 金 | 土 | 日 | 月 | 火 | 水 |
| 일진 | 丁未 | 戊申 | 己酉 | 庚戌 | 辛亥 | 壬子 | 癸丑 | 甲寅 | 乙卯 | 丙辰 | 丁巳 | 戊午 | 己未 | 庚申 | 辛酉 | 壬戌 | 癸亥 | 甲子 | 乙丑 | 丙寅 | 丁卯 | 戊辰 | 己巳 | 庚午 | 辛未 | 壬申 | 癸酉 | 甲戌 | 乙亥 | 丙子 | 丁丑 |
| 대운 남 | 7 | 8 | 8 | 8 | 9 | 9 | 9 | 10 | 한 | 1 | 1 | 1 | 1 | 2 | 2 | 2 | 3 | 3 | 3 | 4 | 4 | 4 | 5 | 5 | 5 | 6 | 6 | 6 | 7 | 7 | 7 |
| 대운 녀 | 3 | 2 | 2 | 2 | 1 | 1 | 1 | 1 | 로 | 10 | 9 | 9 | 9 | 8 | 8 | 8 | 7 | 7 | 7 | 6 | 6 | 6 | 5 | 5 | 5 | 4 | 4 | 4 | 3 | 3 | 3 |

입동 8일 19시40분

## 11 · 癸亥月(㊐ 11.8~12.7)

소설 23일 16시54분

| 양력 | 1 | 2 | 3 | 4 | 5 | 6 | 7 | 8 | 9 | 10 | 11 | 12 | 13 | 14 | 15 | 16 | 17 | 18 | 19 | 20 | 21 | 22 | 23 | 24 | 25 | 26 | 27 | 28 | 29 | 30 |
|---|---|---|---|---|---|---|---|---|---|---|---|---|---|---|---|---|---|---|---|---|---|---|---|---|---|---|---|---|---|---|
| 음력 | 23 | 24 | 25 | 26 | 27 | 28 | 29 | 30 | 10.1 | 2 | 3 | 4 | 5 | 6 | 7 | 8 | 9 | 10 | 11 | 12 | 13 | 14 | 15 | 16 | 17 | 18 | 19 | 20 | 21 | 22 |
| 요일 | 木 | 金 | 土 | 日 | 月 | 火 | 水 | 木 | 金 | 土 | 日 | 月 | 火 | 水 | 木 | 金 | 土 | 日 | 月 | 火 | 水 | 木 | 金 | 土 | 日 | 月 | 火 | 水 | 木 | 金 |
| 일진 | 戊寅 | 己卯 | 庚辰 | 辛巳 | 壬午 | 癸未 | 甲申 | 乙酉 | 丙戌 | 丁亥 | 戊子 | 己丑 | 庚寅 | 辛卯 | 壬辰 | 癸巳 | 甲午 | 乙未 | 丙申 | 丁酉 | 戊戌 | 己亥 | 庚子 | 辛丑 | 壬寅 | 癸卯 | 甲辰 | 乙巳 | 丙午 | 丁未 |
| 대운 남 | 8 | 8 | 8 | 9 | 9 | 9 | 10 | 입 | 1 | 1 | 1 | 1 | 2 | 2 | 2 | 3 | 3 | 3 | 4 | 4 | 4 | 5 | 5 | 5 | 6 | 6 | 6 | 7 | 7 | 7 |
| 대운 녀 | 2 | 2 | 2 | 1 | 1 | 1 | 1 | 동 | 10 | 9 | 9 | 9 | 8 | 8 | 8 | 7 | 7 | 7 | 6 | 6 | 6 | 5 | 5 | 5 | 4 | 4 | 4 | 3 | 3 | 3 |

대설 8일 12시05분

## 12 · 甲子月(㊐ 12.8~1.5)

동지 23일 05시53분

| 양력 | 1 | 2 | 3 | 4 | 5 | 6 | 7 | 8 | 9 | 10 | 11 | 12 | 13 | 14 | 15 | 16 | 17 | 18 | 19 | 20 | 21 | 22 | 23 | 24 | 25 | 26 | 27 | 28 | 29 | 30 | 31 |
|---|---|---|---|---|---|---|---|---|---|---|---|---|---|---|---|---|---|---|---|---|---|---|---|---|---|---|---|---|---|---|---|
| 음력 | 23 | 24 | 25 | 26 | 27 | 28 | 29 | 11.1 | 2 | 3 | 4 | 5 | 6 | 7 | 8 | 9 | 10 | 11 | 12 | 13 | 14 | 15 | 16 | 17 | 18 | 19 | 20 | 21 | 22 | 23 | 24 |
| 요일 | 土 | 日 | 月 | 火 | 水 | 木 | 金 | 土 | 日 | 月 | 火 | 水 | 木 | 金 | 土 | 日 | 月 | 火 | 水 | 木 | 金 | 土 | 日 | 月 | 火 | 水 | 木 | 金 | 土 | 日 | 月 |
| 일진 | 戊申 | 己酉 | 庚戌 | 辛亥 | 壬子 | 癸丑 | 甲寅 | 乙卯 | 丙辰 | 丁巳 | 戊午 | 己未 | 庚申 | 辛酉 | 壬戌 | 癸亥 | 甲子 | 乙丑 | 丙寅 | 丁卯 | 戊辰 | 己巳 | 庚午 | 辛未 | 壬申 | 癸酉 | 甲戌 | 乙亥 | 丙子 | 丁丑 | 戊寅 |
| 대운 남 | 8 | 8 | 8 | 9 | 9 | 9 | 10 | 대 | 1 | 1 | 1 | 1 | 2 | 2 | 2 | 3 | 3 | 3 | 4 | 4 | 4 | 5 | 5 | 5 | 6 | 6 | 6 | 7 | 7 | 7 | 8 |
| 대운 녀 | 2 | 2 | 2 | 1 | 1 | 1 | 1 | 설 | 9 | 9 | 9 | 8 | 8 | 8 | 7 | 7 | 7 | 6 | 6 | 6 | 5 | 5 | 5 | 4 | 4 | 4 | 3 | 3 | 3 | 2 | 2 |

# 1924년

소한 6일 23시06분

## 1 · 乙丑月(양 1.6~2.4)

대한 21일 16시28분

| 양력 | 1 | 2 | 3 | 4 | 5 | 6 | 7 | 8 | 9 | 10 | 11 | 12 | 13 | 14 | 15 | 16 | 17 | 18 | 19 | 20 | 21 | 22 | 23 | 24 | 25 | 26 | 27 | 28 | 29 | 30 | 31 |
|---|---|---|---|---|---|---|---|---|---|---|---|---|---|---|---|---|---|---|---|---|---|---|---|---|---|---|---|---|---|---|---|
| 음력 | 25 | 26 | 27 | 28 | 29 | 12.1 | 2 | 3 | 4 | 5 | 6 | 7 | 8 | 9 | 10 | 11 | 12 | 13 | 14 | 15 | 16 | 17 | 18 | 19 | 20 | 21 | 22 | 23 | 24 | 25 | 26 |
| 요일 | 火 | 水 | 木 | 金 | 土 | 日 | 月 | 火 | 水 | 木 | 金 | 土 | 日 | 月 | 火 | 水 | 木 | 金 | 土 | 日 | 月 | 火 | 水 | 木 | 金 | 土 | 日 | 月 | 火 | 水 | 木 |
| 일진 | 己卯 | 庚辰 | 辛巳 | 壬午 | 癸未 | 甲申 | 乙酉 | 丙戌 | 丁亥 | 戊子 | 己丑 | 庚寅 | 辛卯 | 壬辰 | 癸巳 | 甲午 | 乙未 | 丙申 | 丁酉 | 戊戌 | 己亥 | 庚子 | 辛丑 | 壬寅 | 癸卯 | 甲辰 | 乙巳 | 丙午 | 丁未 | 戊申 | 己酉 |
| 대운 남 | 8 | 8 | 9 | 9 | 9 | 소 | 1 | 1 | 1 | 1 | 2 | 2 | 2 | 3 | 3 | 3 | 4 | 4 | 4 | 5 | 5 | 5 | 6 | 6 | 6 | 7 | 7 | 7 | 8 | 8 | 8 |
| 대운 녀 | 2 | 1 | 1 | 1 | 1 | 한 | 10 | 9 | 9 | 9 | 8 | 8 | 8 | 7 | 7 | 7 | 6 | 6 | 6 | 5 | 5 | 5 | 4 | 4 | 4 | 3 | 3 | 3 | 2 | 2 | 2 |

입춘 5일 10시50분

## 2 · 丙寅月(양 2.5~3.5)

우수 20일 06시51분

| 양력 | 1 | 2 | 3 | 4 | 5 | 6 | 7 | 8 | 9 | 10 | 11 | 12 | 13 | 14 | 15 | 16 | 17 | 18 | 19 | 20 | 21 | 22 | 23 | 24 | 25 | 26 | 27 | 28 | 29 |
|---|---|---|---|---|---|---|---|---|---|---|---|---|---|---|---|---|---|---|---|---|---|---|---|---|---|---|---|---|---|
| 음력 | 27 | 28 | 29 | 30 | 1.1 | 2 | 3 | 4 | 5 | 6 | 7 | 8 | 9 | 10 | 11 | 12 | 13 | 14 | 15 | 16 | 17 | 18 | 19 | 20 | 21 | 22 | 23 | 24 | 25 |
| 요일 | 金 | 土 | 日 | 月 | 火 | 水 | 木 | 金 | 土 | 日 | 月 | 火 | 水 | 木 | 金 | 土 | 日 | 月 | 火 | 水 | 木 | 金 | 土 | 日 | 月 | 火 | 水 | 木 | 金 |
| 일진 | 庚戌 | 辛亥 | 壬子 | 癸丑 | 甲寅 | 乙卯 | 丙辰 | 丁巳 | 戊午 | 己未 | 庚申 | 辛酉 | 壬戌 | 癸亥 | 甲子 | 乙丑 | 丙寅 | 丁卯 | 戊辰 | 己巳 | 庚午 | 辛未 | 壬申 | 癸酉 | 甲戌 | 乙亥 | 丙子 | 丁丑 | 戊寅 |
| 대운 남 | 9 | 9 | 9 | 10 | 입 | 10 | 9 | 9 | 9 | 8 | 8 | 8 | 7 | 7 | 7 | 6 | 6 | 6 | 5 | 5 | 5 | 4 | 4 | 4 | 3 | 3 | 3 | 2 | 2 |
| 대운 녀 | 1 | 1 | 1 | 1 | 춘 | 1 | 1 | 1 | 1 | 2 | 2 | 2 | 3 | 3 | 3 | 4 | 4 | 4 | 5 | 5 | 5 | 6 | 6 | 6 | 7 | 7 | 7 | 8 | 8 |

경칩 6일 05시12분

## 3 · 丁卯月(양 3.6~4.4)

춘분 21일 06시20분

| 양력 | 1 | 2 | 3 | 4 | 5 | 6 | 7 | 8 | 9 | 10 | 11 | 12 | 13 | 14 | 15 | 16 | 17 | 18 | 19 | 20 | 21 | 22 | 23 | 24 | 25 | 26 | 27 | 28 | 29 | 30 | 31 |
|---|---|---|---|---|---|---|---|---|---|---|---|---|---|---|---|---|---|---|---|---|---|---|---|---|---|---|---|---|---|---|---|
| 음력 | 26 | 27 | 28 | 29 | 30 | 2.1 | 2 | 3 | 4 | 5 | 6 | 7 | 8 | 9 | 10 | 11 | 12 | 13 | 14 | 15 | 16 | 17 | 18 | 19 | 20 | 21 | 22 | 23 | 24 | 25 | 26 |
| 요일 | 土 | 日 | 月 | 火 | 水 | 木 | 金 | 土 | 日 | 月 | 火 | 水 | 木 | 金 | 土 | 日 | 月 | 火 | 水 | 木 | 金 | 土 | 日 | 月 | 火 | 水 | 木 | 金 | 土 | 日 | 月 |
| 일진 | 己卯 | 庚辰 | 辛巳 | 壬午 | 癸未 | 甲申 | 乙酉 | 丙戌 | 丁亥 | 戊子 | 己丑 | 庚寅 | 辛卯 | 壬辰 | 癸巳 | 甲午 | 乙未 | 丙申 | 丁酉 | 戊戌 | 己亥 | 庚子 | 辛丑 | 壬寅 | 癸卯 | 甲辰 | 乙巳 | 丙午 | 丁未 | 戊申 | 己酉 |
| 대운 남 | 2 | 1 | 1 | 1 | 1 | 경 | 10 | 9 | 9 | 9 | 8 | 8 | 8 | 7 | 7 | 7 | 6 | 6 | 6 | 5 | 5 | 5 | 4 | 4 | 4 | 3 | 3 | 3 | 2 | 2 | 2 |
| 대운 녀 | 8 | 9 | 9 | 9 | 10 | 칩 | 1 | 1 | 1 | 1 | 2 | 2 | 2 | 3 | 3 | 3 | 4 | 4 | 4 | 5 | 5 | 5 | 6 | 6 | 6 | 7 | 7 | 7 | 8 | 8 | 8 |

청명 5일 10시33분

## 4 · 戊辰月(양 4.5~5.5)

곡우 20일 17시59분

| 양력 | 1 | 2 | 3 | 4 | 5 | 6 | 7 | 8 | 9 | 10 | 11 | 12 | 13 | 14 | 15 | 16 | 17 | 18 | 19 | 20 | 21 | 22 | 23 | 24 | 25 | 26 | 27 | 28 | 29 | 30 |
|---|---|---|---|---|---|---|---|---|---|---|---|---|---|---|---|---|---|---|---|---|---|---|---|---|---|---|---|---|---|---|
| 음력 | 27 | 28 | 29 | 3.1 | 2 | 3 | 4 | 5 | 6 | 7 | 8 | 9 | 10 | 11 | 12 | 13 | 14 | 15 | 16 | 17 | 18 | 19 | 20 | 21 | 22 | 23 | 24 | 25 | 26 | 27 |
| 요일 | 火 | 水 | 木 | 金 | 土 | 日 | 月 | 火 | 水 | 木 | 金 | 土 | 日 | 月 | 火 | 水 | 木 | 金 | 土 | 日 | 月 | 火 | 水 | 木 | 金 | 土 | 日 | 月 | 火 | 水 |
| 일진 | 庚戌 | 辛亥 | 壬子 | 癸丑 | 甲寅 | 乙卯 | 丙辰 | 丁巳 | 戊午 | 己未 | 庚申 | 辛酉 | 壬戌 | 癸亥 | 甲子 | 乙丑 | 丙寅 | 丁卯 | 戊辰 | 己巳 | 庚午 | 辛未 | 壬申 | 癸酉 | 甲戌 | 乙亥 | 丙子 | 丁丑 | 戊寅 | 己卯 |
| 대운 남 | 1 | 1 | 1 | 1 | 청 | 10 | 10 | 9 | 9 | 9 | 8 | 8 | 8 | 7 | 7 | 7 | 6 | 6 | 6 | 5 | 5 | 5 | 4 | 4 | 4 | 3 | 3 | 3 | 2 | 2 |
| 대운 녀 | 9 | 9 | 9 | 10 | 명 | 1 | 1 | 1 | 1 | 2 | 2 | 2 | 3 | 3 | 3 | 4 | 4 | 4 | 5 | 5 | 5 | 6 | 6 | 6 | 7 | 7 | 7 | 8 | 8 | 8 |

입하 6일 04시26분

## 5 · 己巳月(양 5.6~6.5)

소만 21일 17시40분

| 양력 | 1 | 2 | 3 | 4 | 5 | 6 | 7 | 8 | 9 | 10 | 11 | 12 | 13 | 14 | 15 | 16 | 17 | 18 | 19 | 20 | 21 | 22 | 23 | 24 | 25 | 26 | 27 | 28 | 29 | 30 | 31 |
|---|---|---|---|---|---|---|---|---|---|---|---|---|---|---|---|---|---|---|---|---|---|---|---|---|---|---|---|---|---|---|---|
| 음력 | 28 | 29 | 30 | 4.1 | 2 | 3 | 4 | 5 | 6 | 7 | 8 | 9 | 10 | 11 | 12 | 13 | 14 | 15 | 16 | 17 | 18 | 19 | 20 | 21 | 22 | 23 | 24 | 25 | 26 | 27 | 28 |
| 요일 | 木 | 金 | 土 | 日 | 月 | 火 | 水 | 木 | 金 | 土 | 日 | 月 | 火 | 水 | 木 | 金 | 土 | 日 | 月 | 火 | 水 | 木 | 金 | 土 | 日 | 月 | 火 | 水 | 木 | 金 | 土 |
| 일진 | 庚辰 | 辛巳 | 壬午 | 癸未 | 甲申 | 乙酉 | 丙戌 | 丁亥 | 戊子 | 己丑 | 庚寅 | 辛卯 | 壬辰 | 癸巳 | 甲午 | 乙未 | 丙申 | 丁酉 | 戊戌 | 己亥 | 庚子 | 辛丑 | 壬寅 | 癸卯 | 甲辰 | 乙巳 | 丙午 | 丁未 | 戊申 | 己酉 | 庚戌 |
| 대운 남 | 2 | 1 | 1 | 1 | 1 | 입 | 10 | 10 | 9 | 9 | 9 | 8 | 8 | 8 | 7 | 7 | 7 | 6 | 6 | 6 | 5 | 5 | 5 | 4 | 4 | 4 | 3 | 3 | 3 | 2 | 2 |
| 대운 녀 | 9 | 9 | 9 | 10 | 10 | 하 | 1 | 1 | 1 | 1 | 2 | 2 | 2 | 3 | 3 | 3 | 4 | 4 | 4 | 5 | 5 | 5 | 6 | 6 | 6 | 7 | 7 | 7 | 8 | 8 | 8 |

망종 6일 09시02분

## 6 · 庚午月(양 6.6~7.6)

하지 22일 01시59분

| 양력 | 1 | 2 | 3 | 4 | 5 | 6 | 7 | 8 | 9 | 10 | 11 | 12 | 13 | 14 | 15 | 16 | 17 | 18 | 19 | 20 | 21 | 22 | 23 | 24 | 25 | 26 | 27 | 28 | 29 | 30 |
|---|---|---|---|---|---|---|---|---|---|---|---|---|---|---|---|---|---|---|---|---|---|---|---|---|---|---|---|---|---|---|
| 음력 | 29 | 5.1 | 2 | 3 | 4 | 5 | 6 | 7 | 8 | 9 | 10 | 11 | 12 | 13 | 14 | 15 | 16 | 17 | 18 | 19 | 20 | 21 | 22 | 23 | 24 | 25 | 26 | 27 | 28 | 29 |
| 요일 | 日 | 月 | 火 | 水 | 木 | 金 | 土 | 日 | 月 | 火 | 水 | 木 | 金 | 土 | 日 | 月 | 火 | 水 | 木 | 金 | 土 | 日 | 月 | 火 | 水 | 木 | 金 | 土 | 日 | 月 |
| 일진 | 辛亥 | 壬子 | 癸丑 | 甲寅 | 乙卯 | 丙辰 | 丁巳 | 戊午 | 己未 | 庚申 | 辛酉 | 壬戌 | 癸亥 | 甲子 | 乙丑 | 丙寅 | 丁卯 | 戊辰 | 己巳 | 庚午 | 辛未 | 壬申 | 癸酉 | 甲戌 | 乙亥 | 丙子 | 丁丑 | 戊寅 | 己卯 | 庚辰 |
| 대운 남 | 2 | 1 | 1 | 1 | 1 | 망 | 10 | 10 | 9 | 9 | 9 | 8 | 8 | 8 | 7 | 7 | 7 | 6 | 6 | 6 | 5 | 5 | 5 | 4 | 4 | 4 | 3 | 3 | 3 | 2 |
| 대운 녀 | 9 | 9 | 9 | 10 | 10 | 종 | 1 | 1 | 1 | 1 | 2 | 2 | 2 | 3 | 3 | 3 | 4 | 4 | 4 | 5 | 5 | 5 | 6 | 6 | 6 | 7 | 7 | 7 | 8 | 8 |

소서 7일 19시30분

## 7 · 辛未月(양 7.7~8.7)

대서 23일 12시58분

| 양력 | | 1 | 2 | 3 | 4 | 5 | 6 | 7 | 8 | 9 | 10 | 11 | 12 | 13 | 14 | 15 | 16 | 17 | 18 | 19 | 20 | 21 | 22 | 23 | 24 | 25 | 26 | 27 | 28 | 29 | 30 | 31 |
|---|---|---|---|---|---|---|---|---|---|---|---|---|---|---|---|---|---|---|---|---|---|---|---|---|---|---|---|---|---|---|---|---|
| 음력 | | 30 | 6.1 | 2 | 3 | 4 | 5 | 6 | 7 | 8 | 9 | 10 | 11 | 12 | 13 | 14 | 15 | 16 | 17 | 18 | 19 | 20 | 21 | 22 | 23 | 24 | 25 | 26 | 27 | 28 | 28 | 30 |
| 요일 | | 火 | 水 | 木 | 金 | 土 | 日 | 月 | 火 | 水 | 木 | 金 | 土 | 日 | 月 | 火 | 水 | 木 | 金 | 土 | 日 | 月 | 火 | 水 | 木 | 金 | 土 | 日 | 月 | 火 | 水 | 木 |
| 일진 | | 辛巳 | 壬午 | 癸未 | 甲申 | 乙酉 | 丙戌 | 丁亥 | 戊子 | 己丑 | 庚寅 | 辛卯 | 壬辰 | 癸巳 | 甲午 | 乙未 | 丙申 | 丁酉 | 戊戌 | 己亥 | 庚子 | 辛丑 | 壬寅 | 癸卯 | 甲辰 | 乙巳 | 丙午 | 丁未 | 戊申 | 己酉 | 庚戌 | 辛亥 |
| 대운 | 남 | 2 | 2 | 1 | 1 | 1 | 1 | 소 | 10 | 10 | 10 | 9 | 9 | 9 | 8 | 8 | 8 | 7 | 7 | 7 | 6 | 6 | 6 | 5 | 5 | 5 | 4 | 4 | 4 | 3 | 3 | 3 |
| | 녀 | 8 | 9 | 9 | 9 | 10 | 10 | 서 | 1 | 1 | 1 | 1 | 2 | 2 | 2 | 3 | 3 | 3 | 4 | 4 | 4 | 5 | 5 | 5 | 6 | 6 | 6 | 7 | 7 | 7 | 8 | 8 |

입추 8일 05시12분

## 8 · 壬申月(양 8.8~9.7)

처서 23일 19시48분

| 양력 | | 1 | 2 | 3 | 4 | 5 | 6 | 7 | 8 | 9 | 10 | 11 | 12 | 13 | 14 | 15 | 16 | 17 | 18 | 19 | 20 | 21 | 22 | 23 | 24 | 25 | 26 | 27 | 28 | 29 | 30 | 31 |
|---|---|---|---|---|---|---|---|---|---|---|---|---|---|---|---|---|---|---|---|---|---|---|---|---|---|---|---|---|---|---|---|---|
| 음력 | | 7.1 | 2 | 3 | 4 | 5 | 6 | 7 | 8 | 9 | 10 | 11 | 12 | 13 | 14 | 15 | 16 | 17 | 18 | 19 | 20 | 21 | 22 | 23 | 24 | 25 | 26 | 27 | 28 | 29 | 8.1 | 2 |
| 요일 | | 金 | 土 | 日 | 月 | 火 | 水 | 木 | 金 | 土 | 日 | 月 | 火 | 水 | 木 | 金 | 土 | 日 | 月 | 火 | 水 | 木 | 金 | 土 | 日 | 月 | 火 | 水 | 木 | 金 | 土 | 日 |
| 일진 | | 壬子 | 癸丑 | 甲寅 | 乙卯 | 丙辰 | 丁巳 | 戊午 | 己未 | 庚申 | 辛酉 | 壬戌 | 癸亥 | 甲子 | 乙丑 | 丙寅 | 丁卯 | 戊辰 | 己巳 | 庚午 | 辛未 | 壬申 | 癸酉 | 甲戌 | 乙亥 | 丙子 | 丁丑 | 戊寅 | 己卯 | 庚辰 | 辛巳 | 壬午 |
| 대운 | 남 | 2 | 2 | 2 | 1 | 1 | 1 | 1 | 입 | 10 | 10 | 9 | 9 | 9 | 8 | 8 | 8 | 7 | 7 | 7 | 6 | 6 | 6 | 5 | 5 | 5 | 4 | 4 | 4 | 3 | 3 | 3 |
| | 녀 | 8 | 9 | 9 | 9 | 10 | 10 | 10 | 추 | 1 | 1 | 1 | 1 | 2 | 2 | 2 | 3 | 3 | 3 | 4 | 4 | 4 | 5 | 5 | 5 | 6 | 6 | 6 | 7 | 7 | 7 | 8 |

백로 8일 07시46분

## 9 · 癸酉月(양 9.8~10.7)

추분 23일 16시58분

| 양력 | | 1 | 2 | 3 | 4 | 5 | 6 | 7 | 8 | 9 | 10 | 11 | 12 | 13 | 14 | 15 | 16 | 17 | 18 | 19 | 20 | 21 | 22 | 23 | 24 | 25 | 26 | 27 | 28 | 29 | 30 |
|---|---|---|---|---|---|---|---|---|---|---|---|---|---|---|---|---|---|---|---|---|---|---|---|---|---|---|---|---|---|---|---|
| 음력 | | 3 | 4 | 5 | 6 | 7 | 8 | 9 | 10 | 11 | 12 | 13 | 14 | 15 | 16 | 17 | 18 | 19 | 20 | 21 | 22 | 23 | 24 | 25 | 26 | 27 | 28 | 29 | 30 | 9.1 | 2 |
| 요일 | | 月 | 火 | 水 | 木 | 金 | 土 | 日 | 月 | 火 | 水 | 木 | 金 | 土 | 日 | 月 | 火 | 水 | 木 | 金 | 土 | 日 | 月 | 火 | 水 | 木 | 金 | 土 | 日 | 月 | 火 |
| 일진 | | 癸未 | 甲申 | 乙酉 | 丙戌 | 丁亥 | 戊子 | 己丑 | 庚寅 | 辛卯 | 壬辰 | 癸巳 | 甲午 | 乙未 | 丙申 | 丁酉 | 戊戌 | 己亥 | 庚子 | 辛丑 | 壬寅 | 癸卯 | 甲辰 | 乙巳 | 丙午 | 丁未 | 戊申 | 己酉 | 庚戌 | 辛亥 | 壬子 |
| 대운 | 남 | 2 | 2 | 2 | 1 | 1 | 1 | 1 | 백 | 10 | 9 | 9 | 9 | 8 | 8 | 8 | 7 | 7 | 7 | 6 | 6 | 6 | 5 | 5 | 5 | 4 | 4 | 4 | 3 | 3 | 3 |
| | 녀 | 8 | 8 | 9 | 9 | 9 | 10 | 10 | 로 | 1 | 1 | 1 | 1 | 2 | 2 | 2 | 3 | 3 | 3 | 4 | 4 | 4 | 5 | 5 | 5 | 6 | 6 | 6 | 7 | 7 | 7 |

한로 8일 22시52분

## 10 · 甲戌月(양 10.8~11.7)

상강 24일 01시44분

| 양력 | | 1 | 2 | 3 | 4 | 5 | 6 | 7 | 8 | 9 | 10 | 11 | 12 | 13 | 14 | 15 | 16 | 17 | 18 | 19 | 20 | 21 | 22 | 23 | 24 | 25 | 26 | 27 | 28 | 29 | 30 | 31 |
|---|---|---|---|---|---|---|---|---|---|---|---|---|---|---|---|---|---|---|---|---|---|---|---|---|---|---|---|---|---|---|---|---|
| 음력 | | 3 | 4 | 5 | 6 | 7 | 8 | 9 | 10 | 11 | 12 | 13 | 14 | 15 | 16 | 17 | 18 | 19 | 20 | 21 | 22 | 23 | 24 | 25 | 26 | 27 | 28 | 29 | 10.1 | 2 | 3 | 4 |
| 요일 | | 水 | 木 | 金 | 土 | 日 | 月 | 火 | 水 | 木 | 金 | 土 | 日 | 月 | 火 | 水 | 木 | 金 | 土 | 日 | 月 | 火 | 水 | 木 | 金 | 土 | 日 | 月 | 火 | 水 | 木 | 金 |
| 일진 | | 癸丑 | 甲寅 | 乙卯 | 丙辰 | 丁巳 | 戊午 | 己未 | 庚申 | 辛酉 | 壬戌 | 癸亥 | 甲子 | 乙丑 | 丙寅 | 丁卯 | 戊辰 | 己巳 | 庚午 | 辛未 | 壬申 | 癸酉 | 甲戌 | 乙亥 | 丙子 | 丁丑 | 戊寅 | 己苗 | 庚辰 | 辛巳 | 壬午 | 癸未 |
| 대운 | 남 | 2 | 2 | 2 | 1 | 1 | 1 | 1 | 한 | 10 | 10 | 9 | 9 | 9 | 8 | 8 | 8 | 7 | 7 | 7 | 6 | 6 | 6 | 5 | 5 | 5 | 4 | 4 | 4 | 3 | 3 | 3 |
| | 녀 | 8 | 8 | 8 | 9 | 9 | 9 | 10 | 로 | 1 | 1 | 1 | 1 | 2 | 2 | 2 | 3 | 3 | 3 | 4 | 4 | 4 | 5 | 5 | 5 | 6 | 6 | 6 | 7 | 7 | 7 | 8 |

입동 8일 01시29분

## 11 · 乙亥月(양 11.8~12.6)

소설 22일 22시46분

| 양력 | | 1 | 2 | 3 | 4 | 5 | 6 | 7 | 8 | 9 | 10 | 11 | 12 | 13 | 14 | 15 | 16 | 17 | 18 | 19 | 20 | 21 | 22 | 23 | 24 | 25 | 26 | 27 | 28 | 29 | 30 |
|---|---|---|---|---|---|---|---|---|---|---|---|---|---|---|---|---|---|---|---|---|---|---|---|---|---|---|---|---|---|---|---|
| 음력 | | 5 | 6 | 7 | 8 | 9 | 10 | 11 | 12 | 13 | 14 | 15 | 16 | 17 | 18 | 19 | 20 | 21 | 22 | 23 | 24 | 25 | 26 | 27 | 28 | 29 | 30 | 11.1 | 2 | 3 | 4 |
| 요일 | | 土 | 日 | 月 | 火 | 水 | 木 | 金 | 土 | 日 | 月 | 火 | 水 | 木 | 金 | 土 | 日 | 月 | 火 | 水 | 木 | 金 | 土 | 日 | 月 | 火 | 水 | 木 | 金 | 土 | 日 |
| 일진 | | 甲申 | 乙酉 | 丙戌 | 丁亥 | 戊子 | 己丑 | 庚寅 | 辛卯 | 壬辰 | 癸巳 | 甲午 | 乙未 | 丙申 | 丁酉 | 戊戌 | 己亥 | 庚子 | 辛丑 | 壬寅 | 癸卯 | 甲辰 | 乙巳 | 丙午 | 丁未 | 戊申 | 己酉 | 庚戌 | 辛亥 | 壬子 | 癸丑 |
| 대운 | 남 | 2 | 2 | 2 | 1 | 1 | 1 | 1 | 입 | 9 | 9 | 9 | 8 | 8 | 8 | 7 | 7 | 7 | 6 | 6 | 6 | 5 | 5 | 5 | 4 | 4 | 4 | 3 | 3 | 3 | 2 |
| | 녀 | 8 | 8 | 9 | 9 | 9 | 10 | 10 | 동 | 1 | 1 | 1 | 1 | 2 | 2 | 2 | 3 | 3 | 3 | 4 | 4 | 4 | 5 | 5 | 5 | 6 | 6 | 6 | 7 | 7 | 7 |

대설 7일 17시53분

## 12 · 丙子月(양 12.7~1.5)

동지 22일 11시46분

| 양력 | | 1 | 2 | 3 | 4 | 5 | 6 | 7 | 8 | 9 | 10 | 11 | 12 | 13 | 14 | 15 | 16 | 17 | 18 | 19 | 20 | 21 | 22 | 23 | 24 | 25 | 26 | 27 | 28 | 29 | 30 | 31 |
|---|---|---|---|---|---|---|---|---|---|---|---|---|---|---|---|---|---|---|---|---|---|---|---|---|---|---|---|---|---|---|---|---|
| 음력 | | 5 | 6 | 7 | 8 | 9 | 10 | 11 | 12 | 13 | 14 | 15 | 16 | 17 | 18 | 19 | 20 | 21 | 22 | 23 | 24 | 25 | 26 | 27 | 28 | 29 | 12.1 | 2 | 3 | 4 | 5 | 6 |
| 요일 | | 月 | 火 | 水 | 木 | 金 | 土 | 日 | 月 | 火 | 水 | 木 | 金 | 土 | 日 | 月 | 火 | 水 | 木 | 金 | 土 | 日 | 月 | 火 | 水 | 木 | 金 | 土 | 日 | 月 | 火 | 水 |
| 일진 | | 甲寅 | 乙卯 | 丙辰 | 丁巳 | 戊午 | 己未 | 庚申 | 辛酉 | 壬戌 | 癸亥 | 甲子 | 乙丑 | 丙寅 | 丁卯 | 戊辰 | 己巳 | 庚午 | 辛未 | 壬申 | 癸酉 | 甲戌 | 乙亥 | 丙子 | 丁丑 | 戊寅 | 己卯 | 庚辰 | 辛巳 | 壬午 | 癸未 | 甲申 |
| 대운 | 남 | 2 | 2 | 1 | 1 | 1 | 1 | 대 | 10 | 9 | 9 | 9 | 8 | 8 | 8 | 7 | 7 | 7 | 6 | 6 | 6 | 5 | 5 | 5 | 4 | 4 | 4 | 3 | 3 | 3 | 2 | 2 |
| | 녀 | 8 | 8 | 8 | 9 | 9 | 9 | 설 | 1 | 1 | 1 | 1 | 2 | 2 | 2 | 3 | 3 | 3 | 4 | 4 | 4 | 5 | 5 | 5 | 6 | 6 | 6 | 7 | 7 | 7 | 8 | 8 |

단기 4258년

# 1925년(윤4월)

## 1 · 丁丑月(양 1.6~2.3)

소한 6일 04시53분 / 대한 20일 22시20분

| 양력 | 1 | 2 | 3 | 4 | 5 | 6 | 7 | 8 | 9 | 10 | 11 | 12 | 13 | 14 | 15 | 16 | 17 | 18 | 19 | 20 | 21 | 22 | 23 | 24 | 25 | 26 | 27 | 28 | 29 | 30 | 31 |
|---|---|---|---|---|---|---|---|---|---|---|---|---|---|---|---|---|---|---|---|---|---|---|---|---|---|---|---|---|---|---|---|
| 음력 | 7 | 8 | 9 | 10 | 11 | 12 | 13 | 14 | 15 | 16 | 17 | 18 | 19 | 20 | 21 | 22 | 23 | 24 | 25 | 26 | 27 | 28 | 29 | 1.1 | 2 | 3 | 4 | 5 | 6 | 7 | 8 |
| 요일 | 木 | 金 | 土 | 日 | 月 | 火 | 水 | 木 | 金 | 土 | 日 | 月 | 火 | 水 | 木 | 金 | 土 | 日 | 月 | 火 | 水 | 木 | 金 | 土 | 日 | 月 | 火 | 水 | 木 | 金 | 土 |
| 일진 | 乙酉 | 丙戌 | 丁亥 | 戊子 | 己丑 | 庚寅 | 辛卯 | 壬辰 | 癸巳 | 甲午 | 乙未 | 丙申 | 丁酉 | 戊戌 | 己亥 | 庚子 | 辛丑 | 壬寅 | 癸卯 | 甲辰 | 乙巳 | 丙午 | 丁未 | 戊申 | 己酉 | 庚戌 | 辛亥 | 壬子 | 癸丑 | 甲寅 | 乙卯 |
| 대운 남 | 2 | 1 | 1 | 1 | 1 | 소 | 9 | 9 | 9 | 8 | 8 | 8 | 7 | 7 | 7 | 6 | 6 | 6 | 5 | 5 | 5 | 4 | 4 | 4 | 3 | 3 | 3 | 2 | 2 | 2 | 1 |
| 대운 녀 | 8 | 9 | 9 | 9 | 10 | 한 | 1 | 1 | 1 | 1 | 2 | 2 | 2 | 3 | 3 | 3 | 4 | 4 | 4 | 5 | 5 | 5 | 6 | 6 | 6 | 7 | 7 | 7 | 8 | 8 | 8 |

## 2 · 戊寅月(양 2.4~3.5)

입춘 4일 16시37분 / 우수 19일 12시43분

| 양력 | 1 | 2 | 3 | 4 | 5 | 6 | 7 | 8 | 9 | 10 | 11 | 12 | 13 | 14 | 15 | 16 | 17 | 18 | 19 | 20 | 21 | 22 | 23 | 24 | 25 | 26 | 27 | 28 |
|---|---|---|---|---|---|---|---|---|---|---|---|---|---|---|---|---|---|---|---|---|---|---|---|---|---|---|---|---|
| 음력 | 9 | 10 | 11 | 12 | 13 | 14 | 15 | 16 | 17 | 18 | 19 | 20 | 21 | 22 | 23 | 24 | 25 | 26 | 27 | 28 | 29 | 30 | 2.1 | 2 | 3 | 4 | 5 | 6 |
| 요일 | 日 | 月 | 火 | 水 | 木 | 金 | 土 | 日 | 月 | 火 | 水 | 木 | 金 | 土 | 日 | 月 | 火 | 水 | 木 | 金 | 土 | 日 | 月 | 火 | 水 | 木 | 金 | 土 |
| 일진 | 丙辰 | 丁巳 | 戊午 | 己未 | 庚申 | 辛酉 | 壬戌 | 癸亥 | 甲子 | 乙丑 | 丙寅 | 丁卯 | 戊辰 | 己巳 | 庚午 | 辛未 | 壬申 | 癸酉 | 甲戌 | 乙亥 | 丙子 | 丁丑 | 戊寅 | 己卯 | 庚辰 | 辛巳 | 壬午 | 癸未 |
| 대운 남 | 1 | 1 | 1 | 입 | 1 | 1 | 1 | 1 | 2 | 2 | 2 | 3 | 3 | 3 | 4 | 4 | 4 | 5 | 5 | 5 | 6 | 6 | 6 | 7 | 7 | 7 | 8 | 8 |
| 대운 녀 | 9 | 9 | 9 | 춘 | 10 | 9 | 9 | 9 | 8 | 8 | 8 | 7 | 7 | 7 | 6 | 6 | 6 | 5 | 5 | 5 | 4 | 4 | 4 | 3 | 3 | 3 | 2 | 2 |

## 3 · 己卯月(양 3.6~4.4)

경칩 6일 11시00분 / 춘분 21일 12시12분

| 양력 | 1 | 2 | 3 | 4 | 5 | 6 | 7 | 8 | 9 | 10 | 11 | 12 | 13 | 14 | 15 | 16 | 17 | 18 | 19 | 20 | 21 | 22 | 23 | 24 | 25 | 26 | 27 | 28 | 29 | 30 | 31 |
|---|---|---|---|---|---|---|---|---|---|---|---|---|---|---|---|---|---|---|---|---|---|---|---|---|---|---|---|---|---|---|---|
| 음력 | 7 | 8 | 9 | 10 | 11 | 12 | 13 | 14 | 15 | 16 | 17 | 18 | 19 | 20 | 21 | 22 | 23 | 24 | 25 | 26 | 27 | 28 | 29 | 3.1 | 2 | 3 | 4 | 5 | 6 | 7 | 8 |
| 요일 | 日 | 月 | 火 | 水 | 木 | 金 | 土 | 日 | 月 | 火 | 水 | 木 | 金 | 土 | 日 | 月 | 火 | 水 | 木 | 金 | 土 | 日 | 月 | 火 | 水 | 木 | 金 | 土 | 日 | 月 | 火 |
| 일진 | 甲申 | 乙酉 | 丙戌 | 丁亥 | 戊子 | 己丑 | 庚寅 | 辛卯 | 壬辰 | 癸巳 | 甲午 | 乙未 | 丙申 | 丁酉 | 戊戌 | 己亥 | 庚子 | 辛丑 | 壬寅 | 癸卯 | 甲辰 | 乙巳 | 丙午 | 丁未 | 戊申 | 己酉 | 庚戌 | 辛亥 | 壬子 | 癸丑 | 甲寅 |
| 대운 남 | 8 | 9 | 9 | 9 | 10 | 경 | 1 | 1 | 1 | 1 | 2 | 2 | 2 | 3 | 3 | 3 | 4 | 4 | 4 | 5 | 5 | 5 | 6 | 6 | 6 | 7 | 7 | 7 | 8 | 8 | 8 |
| 대운 녀 | 2 | 1 | 1 | 1 | 1 | 칩 | 10 | 9 | 9 | 9 | 8 | 8 | 8 | 7 | 7 | 7 | 6 | 6 | 6 | 5 | 5 | 5 | 4 | 4 | 4 | 3 | 3 | 3 | 2 | 2 | 2 |

## 4 · 庚辰月(양 4.5~5.5)

청명 5일 16시23분 / 곡우 20일 23시51분

| 양력 | 1 | 2 | 3 | 4 | 5 | 6 | 7 | 8 | 9 | 10 | 11 | 12 | 13 | 14 | 15 | 16 | 17 | 18 | 19 | 20 | 21 | 22 | 23 | 24 | 25 | 26 | 27 | 28 | 29 | 30 |
|---|---|---|---|---|---|---|---|---|---|---|---|---|---|---|---|---|---|---|---|---|---|---|---|---|---|---|---|---|---|---|
| 음력 | 9 | 10 | 11 | 12 | 13 | 14 | 15 | 16 | 17 | 18 | 19 | 20 | 21 | 22 | 23 | 24 | 25 | 26 | 27 | 28 | 29 | 30 | 4.1 | 2 | 3 | 4 | 5 | 6 | 7 | 8 |
| 요일 | 水 | 木 | 金 | 土 | 日 | 月 | 火 | 水 | 木 | 金 | 土 | 日 | 月 | 火 | 水 | 木 | 金 | 土 | 日 | 月 | 火 | 水 | 木 | 金 | 土 | 日 | 月 | 火 | 水 | 木 |
| 일진 | 乙卯 | 丙辰 | 丁巳 | 戊午 | 己未 | 庚申 | 辛酉 | 壬戌 | 癸亥 | 甲子 | 乙丑 | 丙寅 | 丁卯 | 戊辰 | 己巳 | 庚午 | 辛未 | 壬申 | 癸酉 | 甲戌 | 乙亥 | 丙子 | 丁丑 | 戊寅 | 己卯 | 庚辰 | 辛巳 | 壬午 | 癸未 | 甲申 |
| 대운 남 | 9 | 9 | 9 | 10 | 청 | 1 | 1 | 1 | 1 | 2 | 2 | 2 | 3 | 3 | 3 | 4 | 4 | 4 | 5 | 5 | 5 | 6 | 6 | 6 | 7 | 7 | 7 | 8 | 8 | 8 |
| 대운 녀 | 1 | 1 | 1 | 1 | 명 | 10 | 10 | 9 | 9 | 9 | 8 | 8 | 8 | 7 | 7 | 7 | 6 | 6 | 6 | 5 | 5 | 5 | 4 | 4 | 4 | 3 | 3 | 3 | 2 | 2 |

## 5 · 辛巳月(양 5.6~6.5)

입하 6일 10시18분 / 소만 21일 23시33분

| 양력 | 1 | 2 | 3 | 4 | 5 | 6 | 7 | 8 | 9 | 10 | 11 | 12 | 13 | 14 | 15 | 16 | 17 | 18 | 19 | 20 | 21 | 22 | 23 | 24 | 25 | 26 | 27 | 28 | 29 | 30 | 31 |
|---|---|---|---|---|---|---|---|---|---|---|---|---|---|---|---|---|---|---|---|---|---|---|---|---|---|---|---|---|---|---|---|
| 음력 | 9 | 10 | 11 | 12 | 13 | 14 | 15 | 16 | 17 | 18 | 19 | 20 | 21 | 22 | 23 | 24 | 25 | 26 | 27 | 28 | 29 | 30 | 윤 | 4.2 | 3 | 4 | 5 | 6 | 7 | 8 | 9 |
| 요일 | 金 | 土 | 日 | 月 | 火 | 水 | 木 | 金 | 土 | 日 | 月 | 火 | 水 | 木 | 金 | 土 | 日 | 月 | 火 | 水 | 木 | 金 | 土 | 日 | 月 | 火 | 水 | 木 | 金 | 土 | 日 |
| 일진 | 乙酉 | 丙戌 | 丁亥 | 戊子 | 己丑 | 庚寅 | 辛卯 | 壬辰 | 癸巳 | 甲午 | 乙未 | 丙申 | 丁酉 | 戊戌 | 己亥 | 庚子 | 辛丑 | 壬寅 | 癸卯 | 甲辰 | 乙巳 | 丙午 | 丁未 | 戊申 | 己酉 | 庚戌 | 辛亥 | 壬子 | 癸丑 | 甲寅 | 乙卯 |
| 대운 남 | 9 | 9 | 9 | 10 | 10 | 입 | 1 | 1 | 1 | 1 | 2 | 2 | 2 | 3 | 3 | 3 | 4 | 4 | 4 | 5 | 5 | 5 | 6 | 6 | 6 | 7 | 7 | 7 | 8 | 8 | 8 |
| 대운 녀 | 2 | 1 | 1 | 1 | 1 | 하 | 10 | 10 | 9 | 9 | 9 | 8 | 8 | 8 | 7 | 7 | 7 | 6 | 6 | 6 | 5 | 5 | 5 | 4 | 4 | 4 | 3 | 3 | 3 | 2 | 2 |

## 6 · 壬午月(양 6.6~7.7)

망종 6일 14시56분 / 하지 22일 07시50분

| 양력 | 1 | 2 | 3 | 4 | 5 | 6 | 7 | 8 | 9 | 10 | 11 | 12 | 13 | 14 | 15 | 16 | 17 | 18 | 19 | 20 | 21 | 22 | 23 | 24 | 25 | 26 | 27 | 28 | 29 | 30 |
|---|---|---|---|---|---|---|---|---|---|---|---|---|---|---|---|---|---|---|---|---|---|---|---|---|---|---|---|---|---|---|
| 음력 | 10 | 11 | 12 | 13 | 14 | 15 | 16 | 17 | 18 | 19 | 20 | 21 | 22 | 23 | 24 | 25 | 26 | 27 | 28 | 29 | 5.1 | 2 | 3 | 4 | 5 | 6 | 7 | 8 | 9 | 10 |
| 요일 | 月 | 火 | 水 | 木 | 金 | 土 | 日 | 月 | 火 | 水 | 木 | 金 | 土 | 日 | 月 | 火 | 水 | 木 | 金 | 土 | 日 | 月 | 火 | 水 | 木 | 金 | 土 | 日 | 月 | 火 |
| 일진 | 丙辰 | 丁巳 | 戊午 | 己未 | 庚申 | 辛酉 | 壬戌 | 癸亥 | 甲子 | 乙丑 | 丙寅 | 丁卯 | 戊辰 | 己巳 | 庚午 | 辛未 | 壬申 | 癸酉 | 甲戌 | 乙亥 | 丙子 | 丁丑 | 戊寅 | 己卯 | 庚辰 | 辛巳 | 壬午 | 癸未 | 甲申 | 乙酉 |
| 대운 남 | 9 | 9 | 9 | 10 | 10 | 망 | 1 | 1 | 1 | 1 | 2 | 2 | 2 | 3 | 3 | 3 | 4 | 4 | 4 | 5 | 5 | 5 | 6 | 6 | 6 | 7 | 7 | 7 | 8 | 8 |
| 대운 녀 | 2 | 1 | 1 | 1 | 1 | 종 | 10 | 10 | 10 | 9 | 9 | 9 | 8 | 8 | 8 | 7 | 7 | 7 | 6 | 6 | 6 | 5 | 5 | 5 | 4 | 4 | 4 | 3 | 3 | 3 |

# 乙丑年

동경135도표준시

## 7 · 癸未月(양 7.8~8.7)

소서 8일 01시25분 | 대서 23일 18시45분

| 양력 | 1 | 2 | 3 | 4 | 5 | 6 | 7 | 8 | 9 | 10 | 11 | 12 | 13 | 14 | 15 | 16 | 17 | 18 | 19 | 20 | 21 | 22 | 23 | 24 | 25 | 26 | 27 | 28 | 29 | 30 | 31 |
|---|---|---|---|---|---|---|---|---|---|---|---|---|---|---|---|---|---|---|---|---|---|---|---|---|---|---|---|---|---|---|---|
| 음력 | 11 | 12 | 13 | 14 | 15 | 16 | 17 | 18 | 19 | 20 | 21 | 22 | 23 | 24 | 25 | 26 | 27 | 28 | 29 | 30 | 6.1 | 2 | 3 | 4 | 5 | 6 | 7 | 8 | 9 | 10 | 11 |
| 요일 | 水 | 木 | 金 | 土 | 日 | 月 | 火 | 水 | 木 | 金 | 土 | 日 | 月 | 火 | 水 | 木 | 金 | 土 | 日 | 月 | 火 | 水 | 木 | 金 | 土 | 日 | 月 | 火 | 水 | 木 | 金 |
| 일진 | 丙戌 | 丁亥 | 戊子 | 己丑 | 庚寅 | 辛卯 | 壬辰 | 癸巳 | 甲午 | 乙未 | 丙申 | 丁酉 | 戊戌 | 己亥 | 庚子 | 辛丑 | 壬寅 | 癸卯 | 甲辰 | 乙巳 | 丙午 | 丁未 | 戊申 | 己酉 | 庚戌 | 辛亥 | 壬子 | 癸丑 | 甲寅 | 乙卯 | 丙辰 |
| 대운 남 | 8 | 9 | 9 | 9 | 10 | 10 | 10 | 소 | 1 | 1 | 1 | 1 | 2 | 2 | 2 | 3 | 3 | 3 | 4 | 4 | 4 | 5 | 5 | 5 | 6 | 6 | 6 | 7 | 7 | 7 | 8 |
| 대운 녀 | 2 | 2 | 2 | 1 | 1 | 1 | 1 | 서 | 10 | 10 | 9 | 9 | 9 | 8 | 8 | 8 | 7 | 7 | 7 | 6 | 6 | 6 | 5 | 5 | 5 | 4 | 4 | 4 | 3 | 3 | 3 |

## 8 · 甲申月(양 8.8~9.7)

입추 8일 11시07분 | 처서 24일 01시33분

| 양력 | 1 | 2 | 3 | 4 | 5 | 6 | 7 | 8 | 9 | 10 | 11 | 12 | 13 | 14 | 15 | 16 | 17 | 18 | 19 | 20 | 21 | 22 | 23 | 24 | 25 | 26 | 27 | 28 | 29 | 30 | 31 |
|---|---|---|---|---|---|---|---|---|---|---|---|---|---|---|---|---|---|---|---|---|---|---|---|---|---|---|---|---|---|---|---|
| 음력 | 12 | 13 | 14 | 15 | 16 | 17 | 18 | 19 | 20 | 21 | 22 | 23 | 24 | 25 | 26 | 27 | 28 | 29 | 7.1 | 2 | 3 | 4 | 5 | 6 | 7 | 8 | 9 | 10 | 11 | 12 | 13 |
| 요일 | 土 | 日 | 月 | 火 | 水 | 木 | 金 | 土 | 日 | 月 | 火 | 水 | 木 | 金 | 土 | 日 | 月 | 火 | 水 | 木 | 金 | 土 | 日 | 月 | 火 | 水 | 木 | 金 | 土 | 日 | 月 |
| 일진 | 丁巳 | 戊午 | 己未 | 庚申 | 辛酉 | 壬戌 | 癸亥 | 甲子 | 乙丑 | 丙寅 | 丁卯 | 戊辰 | 己巳 | 庚午 | 辛未 | 壬申 | 癸酉 | 甲戌 | 乙亥 | 丙子 | 丁丑 | 戊寅 | 己卯 | 庚辰 | 辛巳 | 壬午 | 癸未 | 甲申 | 乙酉 | 丙戌 | 丁亥 |
| 대운 남 | 8 | 8 | 9 | 9 | 9 | 10 | 10 | 입 | 1 | 1 | 1 | 1 | 2 | 2 | 2 | 3 | 3 | 3 | 4 | 4 | 4 | 5 | 5 | 5 | 6 | 6 | 6 | 7 | 7 | 7 | 8 |
| 대운 녀 | 2 | 2 | 2 | 1 | 1 | 1 | 1 | 추 | 10 | 10 | 9 | 9 | 9 | 8 | 8 | 8 | 7 | 7 | 7 | 6 | 6 | 6 | 5 | 5 | 5 | 4 | 4 | 4 | 3 | 3 | 3 |

## 9 · 乙酉月(양 9.8~10.8)

백로 8일 13시40분 | 추분 23일 22시43분

| 양력 | 1 | 2 | 3 | 4 | 5 | 6 | 7 | 8 | 9 | 10 | 11 | 12 | 13 | 14 | 15 | 16 | 17 | 18 | 19 | 20 | 21 | 22 | 23 | 24 | 25 | 26 | 27 | 28 | 29 | 30 |
|---|---|---|---|---|---|---|---|---|---|---|---|---|---|---|---|---|---|---|---|---|---|---|---|---|---|---|---|---|---|---|
| 음력 | 14 | 15 | 16 | 17 | 18 | 19 | 20 | 21 | 22 | 23 | 24 | 25 | 26 | 27 | 28 | 29 | 30 | 8.1 | 2 | 3 | 4 | 5 | 6 | 7 | 8 | 9 | 10 | 11 | 12 | 13 |
| 요일 | 火 | 水 | 木 | 金 | 土 | 日 | 月 | 火 | 水 | 木 | 金 | 土 | 日 | 月 | 火 | 水 | 木 | 金 | 土 | 日 | 月 | 火 | 水 | 木 | 金 | 土 | 日 | 月 | 火 | 水 |
| 일진 | 戊子 | 己丑 | 庚寅 | 辛卯 | 壬辰 | 癸巳 | 甲午 | 乙未 | 丙申 | 丁酉 | 戊戌 | 己亥 | 庚子 | 辛丑 | 壬寅 | 癸卯 | 甲辰 | 乙巳 | 丙午 | 丁未 | 戊申 | 己酉 | 庚戌 | 辛亥 | 壬子 | 癸丑 | 甲寅 | 乙卯 | 丙辰 | 丁巳 |
| 대운 남 | 8 | 8 | 9 | 9 | 9 | 10 | 10 | 백 | 1 | 1 | 1 | 1 | 2 | 2 | 2 | 3 | 3 | 3 | 4 | 4 | 4 | 5 | 5 | 5 | 6 | 6 | 6 | 7 | 7 | 7 |
| 대운 녀 | 2 | 2 | 2 | 1 | 1 | 1 | 1 | 로 | 10 | 10 | 9 | 9 | 9 | 8 | 8 | 8 | 7 | 7 | 7 | 6 | 6 | 6 | 5 | 5 | 5 | 4 | 4 | 4 | 3 | 3 |

## 10 · 丙戌月(양 10.9~11.7)

한로 9일 04시47분 | 상강 24일 07시31분

| 양력 | 1 | 2 | 3 | 4 | 5 | 6 | 7 | 8 | 9 | 10 | 11 | 12 | 13 | 14 | 15 | 16 | 17 | 18 | 19 | 20 | 21 | 22 | 23 | 24 | 25 | 26 | 27 | 28 | 29 | 30 | 31 |
|---|---|---|---|---|---|---|---|---|---|---|---|---|---|---|---|---|---|---|---|---|---|---|---|---|---|---|---|---|---|---|---|
| 음력 | 14 | 15 | 16 | 17 | 18 | 19 | 20 | 21 | 22 | 23 | 24 | 25 | 26 | 27 | 28 | 29 | 30 | 9.1 | 2 | 3 | 4 | 5 | 6 | 7 | 8 | 9 | 10 | 11 | 12 | 13 | 14 |
| 요일 | 木 | 金 | 土 | 日 | 月 | 火 | 水 | 木 | 金 | 土 | 日 | 月 | 火 | 水 | 木 | 金 | 土 | 日 | 月 | 火 | 水 | 木 | 金 | 土 | 日 | 月 | 火 | 水 | 木 | 金 | 土 |
| 일진 | 戊午 | 己未 | 庚申 | 辛酉 | 壬戌 | 癸亥 | 甲子 | 乙丑 | 丙寅 | 丁卯 | 戊辰 | 己巳 | 庚午 | 辛未 | 壬申 | 癸酉 | 甲戌 | 乙亥 | 丙子 | 丁丑 | 戊寅 | 己卯 | 庚辰 | 辛巳 | 壬午 | 癸未 | 甲申 | 乙酉 | 丙戌 | 丁亥 | 戊子 |
| 대운 남 | 8 | 8 | 8 | 9 | 9 | 9 | 10 | 10 | 한 | 1 | 1 | 1 | 1 | 2 | 2 | 2 | 3 | 3 | 3 | 4 | 4 | 4 | 5 | 5 | 5 | 6 | 6 | 6 | 7 | 7 | 7 |
| 대운 녀 | 3 | 2 | 2 | 2 | 1 | 1 | 1 | 1 | 로 | 10 | 9 | 9 | 9 | 8 | 8 | 8 | 7 | 7 | 7 | 6 | 6 | 6 | 5 | 5 | 5 | 4 | 4 | 4 | 3 | 3 | 3 |

## 11 · 丁亥月(양 11.8~12.6)

입동 8일 07시26분 | 소설 23일 04시35분

| 양력 | 1 | 2 | 3 | 4 | 5 | 6 | 7 | 8 | 9 | 10 | 11 | 12 | 13 | 14 | 15 | 16 | 17 | 18 | 19 | 20 | 21 | 22 | 23 | 24 | 25 | 26 | 27 | 28 | 29 | 30 |
|---|---|---|---|---|---|---|---|---|---|---|---|---|---|---|---|---|---|---|---|---|---|---|---|---|---|---|---|---|---|---|
| 음력 | 15 | 16 | 17 | 18 | 19 | 20 | 21 | 22 | 23 | 24 | 25 | 26 | 27 | 28 | 29 | 10.1 | 2 | 3 | 4 | 5 | 6 | 7 | 8 | 9 | 10 | 11 | 12 | 13 | 14 | 15 |
| 요일 | 日 | 月 | 火 | 水 | 木 | 金 | 土 | 日 | 月 | 火 | 水 | 木 | 金 | 土 | 日 | 月 | 火 | 水 | 木 | 金 | 土 | 日 | 月 | 火 | 水 | 木 | 金 | 土 | 日 | 月 |
| 일진 | 己丑 | 庚寅 | 辛卯 | 壬辰 | 癸巳 | 甲午 | 乙未 | 丙申 | 丁酉 | 戊戌 | 己亥 | 庚子 | 辛丑 | 壬寅 | 癸卯 | 甲辰 | 乙巳 | 丙午 | 丁未 | 戊申 | 己酉 | 庚戌 | 辛亥 | 壬子 | 癸丑 | 甲寅 | 乙卯 | 丙辰 | 丁巳 | 戊午 |
| 대운 남 | 8 | 8 | 8 | 9 | 9 | 9 | 10 | 입 | 1 | 1 | 1 | 1 | 2 | 2 | 2 | 3 | 3 | 3 | 4 | 4 | 4 | 5 | 5 | 5 | 6 | 6 | 6 | 7 | 7 | 7 |
| 대운 녀 | 2 | 2 | 2 | 1 | 1 | 1 | 1 | 동 | 9 | 9 | 9 | 8 | 8 | 8 | 7 | 7 | 7 | 6 | 6 | 6 | 5 | 5 | 5 | 4 | 4 | 4 | 3 | 3 | 3 | 2 |

## 12 · 戊子月(양 12.7~1.5)

대설 7일 23시52분 | 동지 22일 17시37분

| 양력 | 1 | 2 | 3 | 4 | 5 | 6 | 7 | 8 | 9 | 10 | 11 | 12 | 13 | 14 | 15 | 16 | 17 | 18 | 19 | 20 | 21 | 22 | 23 | 24 | 25 | 26 | 27 | 28 | 29 | 30 | 31 |
|---|---|---|---|---|---|---|---|---|---|---|---|---|---|---|---|---|---|---|---|---|---|---|---|---|---|---|---|---|---|---|---|
| 음력 | 16 | 17 | 18 | 19 | 20 | 21 | 22 | 23 | 24 | 25 | 26 | 27 | 28 | 29 | 30 | 11.1 | 2 | 3 | 4 | 5 | 6 | 7 | 8 | 9 | 10 | 11 | 12 | 13 | 14 | 15 | 16 |
| 요일 | 火 | 水 | 木 | 金 | 土 | 日 | 月 | 火 | 水 | 木 | 金 | 土 | 日 | 月 | 火 | 水 | 木 | 金 | 土 | 日 | 月 | 火 | 水 | 木 | 金 | 土 | 日 | 月 | 火 | 水 | 木 |
| 일진 | 己未 | 庚申 | 辛酉 | 壬戌 | 癸亥 | 甲子 | 乙丑 | 丙寅 | 丁卯 | 戊辰 | 己巳 | 庚午 | 辛未 | 壬申 | 癸酉 | 甲戌 | 乙亥 | 丙子 | 丁丑 | 戊寅 | 己卯 | 庚辰 | 辛巳 | 壬午 | 癸未 | 甲申 | 乙酉 | 丙戌 | 丁亥 | 戊子 | 己丑 |
| 대운 남 | 8 | 8 | 8 | 9 | 9 | 9 | 대 | 1 | 1 | 1 | 1 | 2 | 2 | 2 | 3 | 3 | 3 | 4 | 4 | 4 | 5 | 5 | 5 | 6 | 6 | 6 | 7 | 7 | 7 | 8 | 8 |
| 대운 녀 | 2 | 2 | 1 | 1 | 1 | 1 | 설 | 10 | 9 | 9 | 9 | 8 | 8 | 8 | 7 | 7 | 7 | 6 | 6 | 6 | 5 | 5 | 5 | 4 | 4 | 4 | 3 | 3 | 3 | 2 | 2 |

# 1926년

소한 6일 10시54분

## 1 · 己丑月(양 1.6~2.3)

대한 21일 04시12분

| 양력 | 1 | 2 | 3 | 4 | 5 | 6 | 7 | 8 | 9 | 10 | 11 | 12 | 13 | 14 | 15 | 16 | 17 | 18 | 19 | 20 | 21 | 22 | 23 | 24 | 25 | 26 | 27 | 28 | 29 | 30 | 31 |
|---|---|---|---|---|---|---|---|---|---|---|---|---|---|---|---|---|---|---|---|---|---|---|---|---|---|---|---|---|---|---|---|
| 음력 | 17 | 18 | 19 | 20 | 21 | 22 | 23 | 24 | 25 | 26 | 27 | 28 | 29 | 12.1 | 2 | 3 | 4 | 5 | 6 | 7 | 8 | 9 | 10 | 11 | 12 | 13 | 14 | 15 | 16 | 17 | 18 |
| 요일 | 金 | 土 | 日 | 月 | 火 | 水 | 木 | 金 | 土 | 日 | 月 | 火 | 水 | 木 | 金 | 土 | 日 | 月 | 火 | 水 | 木 | 金 | 土 | 日 | 月 | 火 | 水 | 木 | 金 | 土 | 日 |
| 일진 | 庚寅 | 辛卯 | 壬辰 | 癸巳 | 甲午 | 乙未 | 丙申 | 丁酉 | 戊戌 | 己亥 | 庚子 | 辛丑 | 壬寅 | 癸卯 | 甲辰 | 乙巳 | 丙午 | 丁未 | 戊申 | 己酉 | 庚戌 | 辛亥 | 壬子 | 癸丑 | 甲寅 | 乙卯 | 丙辰 | 丁巳 | 戊午 | 己未 | 庚申 |
| 대운 남 | 8 | 9 | 9 | 9 | 10 | 소 | 1 | 1 | 1 | 1 | 2 | 2 | 2 | 3 | 3 | 3 | 4 | 4 | 4 | 5 | 5 | 5 | 6 | 6 | 6 | 7 | 7 | 7 | 8 | 8 | 8 |
| 대운 녀 | 2 | 1 | 1 | 1 | 1 | 한 | 9 | 9 | 9 | 8 | 8 | 8 | 7 | 7 | 7 | 6 | 6 | 6 | 5 | 5 | 5 | 4 | 4 | 4 | 3 | 3 | 3 | 2 | 2 | 2 | 1 |

입춘 4일 22시38분

## 2 · 庚寅月(양 2.4~3.5)

우수 19일 18시35분

| 양력 | 1 | 2 | 3 | 4 | 5 | 6 | 7 | 8 | 9 | 10 | 11 | 12 | 13 | 14 | 15 | 16 | 17 | 18 | 19 | 20 | 21 | 22 | 23 | 24 | 25 | 26 | 27 | 28 |
|---|---|---|---|---|---|---|---|---|---|---|---|---|---|---|---|---|---|---|---|---|---|---|---|---|---|---|---|---|
| 음력 | 19 | 20 | 21 | 22 | 23 | 24 | 25 | 26 | 27 | 28 | 29 | 30 | 1.1 | 2 | 3 | 4 | 5 | 6 | 7 | 8 | 9 | 10 | 11 | 12 | 13 | 14 | 15 | 16 |
| 요일 | 月 | 火 | 水 | 木 | 金 | 土 | 日 | 月 | 火 | 水 | 木 | 金 | 土 | 日 | 月 | 火 | 水 | 木 | 金 | 土 | 日 | 月 | 火 | 水 | 木 | 金 | 土 | 日 |
| 일진 | 辛酉 | 壬戌 | 癸亥 | 甲子 | 乙丑 | 丙寅 | 丁卯 | 戊辰 | 己巳 | 庚午 | 辛未 | 壬申 | 癸酉 | 甲戌 | 乙亥 | 丙子 | 丁丑 | 戊寅 | 己卯 | 庚辰 | 辛巳 | 壬午 | 癸未 | 甲申 | 乙酉 | 丙戌 | 丁亥 | 戊子 |
| 대운 남 | 9 | 9 | 9 | 입 | 10 | 9 | 9 | 9 | 8 | 8 | 8 | 7 | 7 | 7 | 6 | 6 | 6 | 5 | 5 | 5 | 4 | 4 | 4 | 3 | 3 | 3 | 2 | 2 |
| 대운 녀 | 1 | 1 | 1 | 춘 | 1 | 1 | 1 | 1 | 2 | 2 | 2 | 3 | 3 | 3 | 4 | 4 | 4 | 5 | 5 | 5 | 6 | 6 | 6 | 7 | 7 | 7 | 8 | 8 |

경칩 6일 17시00분

## 3 · 辛卯月(양 3.6~4.4)

춘분 21일 18시01분

| 양력 | 1 | 2 | 3 | 4 | 5 | 6 | 7 | 8 | 9 | 10 | 11 | 12 | 13 | 14 | 15 | 16 | 17 | 18 | 19 | 20 | 21 | 22 | 23 | 24 | 25 | 26 | 27 | 28 | 29 | 30 | 31 |
|---|---|---|---|---|---|---|---|---|---|---|---|---|---|---|---|---|---|---|---|---|---|---|---|---|---|---|---|---|---|---|---|
| 음력 | 17 | 18 | 19 | 20 | 21 | 22 | 23 | 24 | 25 | 26 | 27 | 28 | 29 | 2.1 | 2 | 3 | 4 | 5 | 6 | 7 | 8 | 9 | 10 | 11 | 12 | 13 | 14 | 15 | 16 | 17 | 18 |
| 요일 | 月 | 火 | 水 | 木 | 金 | 土 | 日 | 月 | 火 | 水 | 木 | 金 | 土 | 日 | 月 | 火 | 水 | 木 | 金 | 土 | 日 | 月 | 火 | 水 | 木 | 金 | 土 | 日 | 月 | 火 | 水 |
| 일진 | 己丑 | 庚寅 | 辛卯 | 壬辰 | 癸巳 | 甲午 | 乙未 | 丙申 | 丁酉 | 戊戌 | 己亥 | 庚子 | 辛丑 | 壬寅 | 癸卯 | 甲辰 | 乙巳 | 丙午 | 丁未 | 戊申 | 己酉 | 庚戌 | 辛亥 | 壬子 | 癸丑 | 甲寅 | 乙卯 | 丙辰 | 丁巳 | 戊午 | 己未 |
| 대운 남 | 2 | 1 | 1 | 1 | 1 | 경 | 10 | 9 | 9 | 9 | 8 | 8 | 8 | 7 | 7 | 7 | 6 | 6 | 6 | 5 | 5 | 5 | 4 | 4 | 4 | 3 | 3 | 3 | 2 | 2 | 2 |
| 대운 녀 | 8 | 9 | 9 | 9 | 10 | 칩 | 1 | 1 | 1 | 1 | 2 | 2 | 2 | 3 | 3 | 3 | 4 | 4 | 4 | 5 | 5 | 5 | 6 | 6 | 6 | 7 | 7 | 7 | 8 | 8 | 8 |

청명 5일 22시18분

## 4 · 壬辰月(양 4.5~5.5)

곡우 21일 05시36분

| 양력 | 1 | 2 | 3 | 4 | 5 | 6 | 7 | 8 | 9 | 10 | 11 | 12 | 13 | 14 | 15 | 16 | 17 | 18 | 19 | 20 | 21 | 22 | 23 | 24 | 25 | 26 | 27 | 28 | 29 | 30 |
|---|---|---|---|---|---|---|---|---|---|---|---|---|---|---|---|---|---|---|---|---|---|---|---|---|---|---|---|---|---|---|
| 음력 | 19 | 20 | 21 | 22 | 23 | 24 | 25 | 26 | 27 | 28 | 29 | 3.1 | 2 | 3 | 4 | 5 | 6 | 7 | 8 | 9 | 10 | 11 | 12 | 13 | 14 | 15 | 16 | 17 | 18 | 19 |
| 요일 | 木 | 金 | 土 | 日 | 月 | 火 | 水 | 木 | 金 | 土 | 日 | 月 | 火 | 水 | 木 | 金 | 土 | 日 | 月 | 火 | 水 | 木 | 金 | 土 | 日 | 月 | 火 | 水 | 木 | 金 |
| 일진 | 庚申 | 辛酉 | 壬戌 | 癸亥 | 甲子 | 乙丑 | 丙寅 | 丁卯 | 戊辰 | 己巳 | 庚午 | 辛未 | 壬申 | 癸酉 | 甲戌 | 乙亥 | 丙子 | 丁丑 | 戊寅 | 己卯 | 庚辰 | 辛巳 | 壬午 | 癸未 | 甲申 | 乙酉 | 丙戌 | 丁亥 | 戊子 | 己丑 |
| 대운 남 | 1 | 1 | 1 | 1 | 청 | 10 | 10 | 9 | 9 | 9 | 8 | 8 | 8 | 7 | 7 | 7 | 6 | 6 | 6 | 5 | 5 | 5 | 4 | 4 | 4 | 3 | 3 | 3 | 2 | 2 |
| 대운 녀 | 9 | 9 | 9 | 10 | 명 | 1 | 1 | 1 | 1 | 2 | 2 | 2 | 3 | 3 | 3 | 4 | 4 | 4 | 5 | 5 | 5 | 6 | 6 | 6 | 7 | 7 | 7 | 8 | 8 | 8 |

입하 6일 16시08분

## 5 · 癸巳月(양 5.6~6.5)

소만 22일 05시15분

| 양력 | 1 | 2 | 3 | 4 | 5 | 6 | 7 | 8 | 9 | 10 | 11 | 12 | 13 | 14 | 15 | 16 | 17 | 18 | 19 | 20 | 21 | 22 | 23 | 24 | 25 | 26 | 27 | 28 | 29 | 30 | 31 |
|---|---|---|---|---|---|---|---|---|---|---|---|---|---|---|---|---|---|---|---|---|---|---|---|---|---|---|---|---|---|---|---|
| 음력 | 20 | 21 | 22 | 23 | 24 | 25 | 26 | 27 | 28 | 29 | 30 | 4.1 | 2 | 3 | 4 | 5 | 6 | 7 | 8 | 9 | 10 | 11 | 12 | 13 | 14 | 15 | 16 | 17 | 18 | 19 | 20 |
| 요일 | 土 | 日 | 月 | 火 | 水 | 木 | 金 | 土 | 日 | 月 | 火 | 水 | 木 | 金 | 土 | 日 | 月 | 火 | 水 | 木 | 金 | 土 | 日 | 月 | 火 | 水 | 木 | 金 | 土 | 日 | 月 |
| 일진 | 庚寅 | 辛卯 | 壬辰 | 癸巳 | 甲午 | 乙未 | 丙申 | 丁酉 | 戊戌 | 己亥 | 庚子 | 辛丑 | 壬寅 | 癸卯 | 甲辰 | 乙巳 | 丙午 | 丁未 | 戊申 | 己酉 | 庚戌 | 辛亥 | 壬子 | 癸丑 | 甲寅 | 乙卯 | 丙辰 | 丁巳 | 戊午 | 己未 | 庚申 |
| 대운 남 | 2 | 1 | 1 | 1 | 1 | 입 | 10 | 10 | 9 | 9 | 9 | 8 | 8 | 8 | 7 | 7 | 7 | 6 | 6 | 6 | 5 | 5 | 5 | 4 | 4 | 4 | 3 | 3 | 3 | 2 | 2 |
| 대운 녀 | 9 | 9 | 9 | 10 | 10 | 하 | 1 | 1 | 1 | 1 | 2 | 2 | 2 | 3 | 3 | 3 | 4 | 4 | 4 | 5 | 5 | 5 | 6 | 6 | 6 | 7 | 7 | 7 | 8 | 8 | 8 |

망종 6일 20시42분

## 6 · 甲午月(양 6.6~7.7)

하지 22일 13시30분

| 양력 | 1 | 2 | 3 | 4 | 5 | 6 | 7 | 8 | 9 | 10 | 11 | 12 | 13 | 14 | 15 | 16 | 17 | 18 | 19 | 20 | 21 | 22 | 23 | 24 | 25 | 26 | 27 | 28 | 29 | 30 |
|---|---|---|---|---|---|---|---|---|---|---|---|---|---|---|---|---|---|---|---|---|---|---|---|---|---|---|---|---|---|---|
| 음력 | 21 | 22 | 23 | 24 | 25 | 26 | 27 | 28 | 29 | 5.1 | 2 | 3 | 4 | 5 | 6 | 7 | 8 | 9 | 10 | 11 | 12 | 13 | 14 | 15 | 16 | 17 | 18 | 19 | 20 | 21 |
| 요일 | 火 | 水 | 木 | 金 | 土 | 日 | 月 | 火 | 水 | 木 | 金 | 土 | 日 | 月 | 火 | 水 | 木 | 金 | 土 | 日 | 月 | 火 | 水 | 木 | 金 | 土 | 日 | 月 | 火 | 水 |
| 일진 | 辛酉 | 壬戌 | 癸亥 | 甲子 | 乙丑 | 丙寅 | 丁卯 | 戊辰 | 己巳 | 庚午 | 辛未 | 壬申 | 癸酉 | 甲戌 | 乙亥 | 丙子 | 丁丑 | 戊寅 | 己卯 | 庚辰 | 辛巳 | 壬午 | 癸未 | 甲申 | 乙酉 | 丙戌 | 丁亥 | 戊子 | 己丑 | 庚寅 |
| 대운 남 | 2 | 1 | 1 | 1 | 1 | 망 | 10 | 10 | 10 | 9 | 9 | 9 | 8 | 8 | 8 | 7 | 7 | 7 | 6 | 6 | 6 | 5 | 5 | 5 | 4 | 4 | 4 | 3 | 3 | 3 |
| 대운 녀 | 9 | 9 | 9 | 10 | 10 | 종 | 1 | 1 | 1 | 1 | 2 | 2 | 2 | 3 | 3 | 3 | 4 | 4 | 4 | 5 | 5 | 5 | 6 | 6 | 6 | 7 | 7 | 7 | 8 | 8 |

# 丙寅年

동경135도표준시

소서 8일 07시06분 **7 · 乙未月(양 7.8~8.7)** 대서 24일 00시25분

| 양력 | 1 | 2 | 3 | 4 | 5 | 6 | 7 | 8 | 9 | 10 | 11 | 12 | 13 | 14 | 15 | 16 | 17 | 18 | 19 | 20 | 21 | 22 | 23 | 24 | 25 | 26 | 27 | 28 | 29 | 30 | 31 |
|---|---|---|---|---|---|---|---|---|---|---|---|---|---|---|---|---|---|---|---|---|---|---|---|---|---|---|---|---|---|---|---|
| 음력 | 22 | 23 | 24 | 25 | 26 | 27 | 28 | 29 | 30 | 6.1 | 2 | 3 | 4 | 5 | 6 | 7 | 8 | 9 | 10 | 11 | 12 | 13 | 14 | 15 | 16 | 17 | 18 | 19 | 20 | 21 | 22 |
| 요일 | 木 | 金 | 土 | 日 | 月 | 火 | 水 | 木 | 金 | 土 | 日 | 月 | 火 | 水 | 木 | 金 | 土 | 日 | 月 | 火 | 水 | 木 | 金 | 土 | 日 | 月 | 火 | 水 | 木 | 金 | 土 |
| 일진 | 辛卯 | 壬辰 | 癸巳 | 甲午 | 乙未 | 丙申 | 丁酉 | 戊戌 | 己亥 | 庚子 | 辛丑 | 壬寅 | 癸卯 | 甲辰 | 乙巳 | 丙午 | 丁未 | 戊申 | 己酉 | 庚戌 | 辛亥 | 壬子 | 癸丑 | 甲寅 | 乙卯 | 丙辰 | 丁巳 | 戊午 | 己未 | 庚申 | 辛酉 |
| 대운 남 | 2 | 2 | 2 | 1 | 1 | 1 | 1 | 소 | 10 | 10 | 9 | 9 | 9 | 8 | 8 | 8 | 7 | 7 | 7 | 6 | 6 | 6 | 5 | 5 | 5 | 4 | 4 | 4 | 3 | 3 | 3 |
| 대운 녀 | 8 | 9 | 9 | 9 | 10 | 10 | 10 | 서 | 1 | 1 | 1 | 1 | 2 | 2 | 2 | 3 | 3 | 3 | 4 | 4 | 4 | 5 | 5 | 5 | 6 | 6 | 6 | 7 | 7 | 7 | 8 |

입추 8일 16시44분 **8 · 丙申月(양 8.8~9.7)** 처서 24일 07시14분

| 양력 | 1 | 2 | 3 | 4 | 5 | 6 | 7 | 8 | 9 | 10 | 11 | 12 | 13 | 14 | 15 | 16 | 17 | 18 | 19 | 20 | 21 | 22 | 23 | 24 | 25 | 26 | 27 | 28 | 29 | 30 | 31 |
|---|---|---|---|---|---|---|---|---|---|---|---|---|---|---|---|---|---|---|---|---|---|---|---|---|---|---|---|---|---|---|---|
| 음력 | 23 | 24 | 25 | 26 | 27 | 28 | 29 | 7.1 | 2 | 3 | 4 | 5 | 6 | 7 | 8 | 9 | 10 | 11 | 12 | 13 | 14 | 15 | 16 | 17 | 18 | 19 | 20 | 21 | 22 | 23 | 24 |
| 요일 | 日 | 月 | 火 | 水 | 木 | 金 | 土 | 日 | 月 | 火 | 水 | 木 | 金 | 土 | 日 | 月 | 火 | 水 | 木 | 金 | 土 | 日 | 月 | 火 | 水 | 木 | 金 | 土 | 日 | 月 | 火 |
| 일진 | 壬戌 | 癸亥 | 甲子 | 乙丑 | 丙寅 | 丁卯 | 戊辰 | 己巳 | 庚午 | 辛未 | 壬申 | 癸酉 | 甲戌 | 乙亥 | 丙子 | 丁丑 | 戊寅 | 己卯 | 庚辰 | 辛巳 | 壬午 | 癸未 | 甲申 | 乙酉 | 丙戌 | 丁亥 | 戊子 | 己丑 | 庚寅 | 辛卯 | 壬辰 |
| 대운 남 | 2 | 2 | 2 | 1 | 1 | 1 | 1 | 입 | 10 | 10 | 9 | 9 | 9 | 8 | 8 | 8 | 7 | 7 | 7 | 6 | 6 | 6 | 5 | 5 | 5 | 4 | 4 | 4 | 3 | 3 | 3 |
| 대운 녀 | 8 | 8 | 9 | 9 | 9 | 10 | 10 | 추 | 1 | 1 | 1 | 1 | 2 | 2 | 2 | 3 | 3 | 3 | 4 | 4 | 4 | 5 | 5 | 5 | 6 | 6 | 6 | 7 | 7 | 7 | 8 |

백로 8일 19시16분 **9 · 丁酉月(양 9.8~10.8)** 추분 24일 04시27분

| 양력 | 1 | 2 | 3 | 4 | 5 | 6 | 7 | 8 | 9 | 10 | 11 | 12 | 13 | 14 | 15 | 16 | 17 | 18 | 19 | 20 | 21 | 22 | 23 | 24 | 25 | 26 | 27 | 28 | 29 | 30 |
|---|---|---|---|---|---|---|---|---|---|---|---|---|---|---|---|---|---|---|---|---|---|---|---|---|---|---|---|---|---|---|
| 음력 | 25 | 26 | 27 | 28 | 29 | 30 | 8.1 | 2 | 3 | 4 | 5 | 6 | 7 | 8 | 9 | 10 | 11 | 12 | 13 | 14 | 15 | 16 | 17 | 18 | 19 | 20 | 21 | 22 | 23 | 24 |
| 요일 | 水 | 木 | 金 | 土 | 日 | 月 | 火 | 水 | 木 | 金 | 土 | 日 | 月 | 火 | 水 | 木 | 金 | 土 | 日 | 月 | 火 | 水 | 木 | 金 | 土 | 日 | 月 | 火 | 水 | 木 |
| 일진 | 癸巳 | 甲午 | 乙未 | 丙申 | 丁酉 | 戊戌 | 己亥 | 庚子 | 辛丑 | 壬寅 | 癸卯 | 甲辰 | 乙巳 | 丙午 | 丁未 | 戊申 | 己酉 | 庚戌 | 辛亥 | 壬子 | 癸丑 | 甲寅 | 乙卯 | 丙辰 | 丁巳 | 戊午 | 己未 | 庚申 | 辛酉 | 壬戌 |
| 대운 남 | 2 | 2 | 2 | 1 | 1 | 1 | 1 | 백 | 10 | 10 | 9 | 9 | 9 | 8 | 8 | 8 | 7 | 7 | 7 | 6 | 6 | 6 | 5 | 5 | 5 | 4 | 4 | 4 | 3 | 3 |
| 대운 녀 | 8 | 8 | 9 | 9 | 9 | 10 | 10 | 로 | 1 | 1 | 1 | 1 | 2 | 2 | 2 | 3 | 3 | 3 | 4 | 4 | 4 | 5 | 5 | 5 | 6 | 6 | 6 | 7 | 7 | 7 |

한로 9일 10시25분 **10 · 戊戌月(양 10.9~11.7)** 상강 24일 13시18분

| 양력 | 1 | 2 | 3 | 4 | 5 | 6 | 7 | 8 | 9 | 10 | 11 | 12 | 13 | 14 | 15 | 16 | 17 | 18 | 19 | 20 | 21 | 22 | 23 | 24 | 25 | 26 | 27 | 28 | 29 | 30 | 31 |
|---|---|---|---|---|---|---|---|---|---|---|---|---|---|---|---|---|---|---|---|---|---|---|---|---|---|---|---|---|---|---|---|
| 음력 | 25 | 26 | 27 | 28 | 29 | 30 | 9.1 | 2 | 3 | 4 | 5 | 6 | 7 | 8 | 9 | 10 | 11 | 12 | 13 | 14 | 15 | 16 | 17 | 18 | 19 | 20 | 21 | 22 | 23 | 24 | 25 |
| 요일 | 金 | 土 | 日 | 月 | 火 | 水 | 木 | 金 | 土 | 日 | 月 | 火 | 水 | 木 | 金 | 土 | 日 | 月 | 火 | 水 | 木 | 金 | 土 | 日 | 月 | 火 | 水 | 木 | 金 | 土 | 日 |
| 일진 | 癸亥 | 甲子 | 乙丑 | 丙寅 | 丁卯 | 戊辰 | 己巳 | 庚午 | 辛未 | 壬申 | 癸酉 | 甲戌 | 乙亥 | 丙子 | 丁丑 | 戊寅 | 己卯 | 庚辰 | 辛巳 | 壬午 | 癸未 | 甲申 | 乙酉 | 丙戌 | 丁亥 | 戊子 | 己丑 | 庚寅 | 辛卯 | 壬辰 | 癸巳 |
| 대운 남 | 3 | 2 | 2 | 2 | 1 | 1 | 1 | 1 | 한 | 10 | 9 | 9 | 9 | 8 | 8 | 8 | 7 | 7 | 7 | 6 | 6 | 6 | 5 | 5 | 5 | 4 | 4 | 4 | 3 | 3 | 3 |
| 대운 녀 | 8 | 8 | 8 | 9 | 9 | 9 | 10 | 10 | 로 | 1 | 1 | 1 | 1 | 2 | 2 | 2 | 3 | 3 | 3 | 4 | 4 | 4 | 5 | 5 | 5 | 6 | 6 | 6 | 7 | 7 | 7 |

입동 8일 13시08분 **11 · 己亥月(양 11.8~12.7)** 소설 23일 10시28분

| 양력 | 1 | 2 | 3 | 4 | 5 | 6 | 7 | 8 | 9 | 10 | 11 | 12 | 13 | 14 | 15 | 16 | 17 | 18 | 19 | 20 | 21 | 22 | 23 | 24 | 25 | 26 | 27 | 28 | 29 | 30 |
|---|---|---|---|---|---|---|---|---|---|---|---|---|---|---|---|---|---|---|---|---|---|---|---|---|---|---|---|---|---|---|
| 음력 | 26 | 27 | 28 | 29 | 10.1 | 2 | 3 | 4 | 5 | 6 | 7 | 8 | 9 | 10 | 11 | 12 | 13 | 14 | 15 | 16 | 17 | 18 | 19 | 20 | 21 | 22 | 23 | 24 | 25 | 26 |
| 요일 | 月 | 火 | 水 | 木 | 金 | 土 | 日 | 月 | 火 | 水 | 木 | 金 | 土 | 日 | 月 | 火 | 水 | 木 | 金 | 土 | 日 | 月 | 火 | 水 | 木 | 金 | 土 | 日 | 月 | 火 |
| 일진 | 甲午 | 乙未 | 丙申 | 丁酉 | 戊戌 | 己亥 | 庚子 | 辛丑 | 壬寅 | 癸卯 | 甲辰 | 乙巳 | 丙午 | 丁未 | 戊申 | 己酉 | 庚戌 | 辛亥 | 壬子 | 癸丑 | 甲寅 | 乙卯 | 丙辰 | 丁巳 | 戊午 | 己未 | 庚申 | 辛酉 | 壬戌 | 癸亥 |
| 대운 남 | 2 | 2 | 2 | 1 | 1 | 1 | 1 | 입 | 10 | 9 | 9 | 9 | 8 | 8 | 8 | 7 | 7 | 7 | 6 | 6 | 6 | 5 | 5 | 5 | 4 | 4 | 4 | 3 | 3 | 3 |
| 대운 녀 | 8 | 8 | 8 | 9 | 9 | 9 | 10 | 동 | 1 | 1 | 1 | 1 | 2 | 2 | 2 | 3 | 3 | 3 | 4 | 4 | 4 | 5 | 5 | 5 | 6 | 6 | 6 | 7 | 7 | 7 |

대설 8일 05시39분 **12 · 庚子月(양 12.8~1.5)** 동지 22일 23시33분

| 양력 | 1 | 2 | 3 | 4 | 5 | 6 | 7 | 8 | 9 | 10 | 11 | 12 | 13 | 14 | 15 | 16 | 17 | 18 | 19 | 20 | 21 | 22 | 23 | 24 | 25 | 26 | 27 | 28 | 29 | 30 | 31 |
|---|---|---|---|---|---|---|---|---|---|---|---|---|---|---|---|---|---|---|---|---|---|---|---|---|---|---|---|---|---|---|---|
| 음력 | 27 | 28 | 29 | 30 | 11.1 | 2 | 3 | 4 | 5 | 6 | 7 | 8 | 9 | 10 | 11 | 12 | 13 | 14 | 15 | 16 | 17 | 18 | 19 | 20 | 21 | 22 | 23 | 24 | 25 | 26 | 27 |
| 요일 | 水 | 木 | 金 | 土 | 日 | 月 | 火 | 水 | 木 | 金 | 土 | 日 | 月 | 火 | 水 | 木 | 金 | 土 | 日 | 月 | 火 | 水 | 木 | 金 | 土 | 日 | 月 | 火 | 水 | 木 | 金 |
| 일진 | 甲子 | 乙丑 | 丙寅 | 丁卯 | 戊辰 | 己巳 | 庚午 | 辛未 | 壬申 | 癸酉 | 甲戌 | 乙亥 | 丙子 | 丁丑 | 戊寅 | 己卯 | 庚辰 | 辛巳 | 壬午 | 癸未 | 甲申 | 乙酉 | 丙戌 | 丁亥 | 戊子 | 己丑 | 庚寅 | 辛卯 | 壬辰 | 癸巳 | 甲午 |
| 대운 남 | 2 | 2 | 2 | 1 | 1 | 1 | 1 | 대 | 9 | 9 | 9 | 8 | 8 | 8 | 7 | 7 | 7 | 6 | 6 | 6 | 5 | 5 | 5 | 4 | 4 | 4 | 3 | 3 | 3 | 2 | 2 |
| 대운 녀 | 8 | 8 | 8 | 9 | 9 | 9 | 10 | 설 | 1 | 1 | 1 | 1 | 2 | 2 | 2 | 3 | 3 | 3 | 4 | 4 | 4 | 5 | 5 | 5 | 6 | 6 | 6 | 7 | 7 | 7 | 8 |

# 1927년

소한 6일 16시45분

## 1 · 辛丑月(양 1.6~2.4)

대한 21일 10시12분

| 양력 | 1 | 2 | 3 | 4 | 5 | 6 | 7 | 8 | 9 | 10 | 11 | 12 | 13 | 14 | 15 | 16 | 17 | 18 | 19 | 20 | 21 | 22 | 23 | 24 | 25 | 26 | 27 | 28 | 29 | 30 | 31 |
|---|---|---|---|---|---|---|---|---|---|---|---|---|---|---|---|---|---|---|---|---|---|---|---|---|---|---|---|---|---|---|---|
| 음력 | 28 | 29 | 30 | 12.1 | 2 | 3 | 4 | 5 | 6 | 7 | 8 | 9 | 10 | 11 | 12 | 13 | 14 | 15 | 16 | 17 | 18 | 19 | 20 | 21 | 22 | 23 | 24 | 25 | 26 | 27 | 28 |
| 요일 | 土 | 日 | 月 | 火 | 水 | 木 | 金 | 土 | 日 | 月 | 火 | 水 | 木 | 金 | 土 | 日 | 月 | 火 | 水 | 木 | 金 | 土 | 日 | 月 | 火 | 水 | 木 | 金 | 土 | 日 | 月 |
| 일진 | 乙未 | 丙申 | 丁酉 | 戊戌 | 己亥 | 庚子 | 辛丑 | 壬寅 | 癸卯 | 甲辰 | 乙巳 | 丙午 | 丁未 | 戊申 | 己酉 | 庚戌 | 辛亥 | 壬子 | 癸丑 | 甲寅 | 乙卯 | 丙辰 | 丁巳 | 戊午 | 己未 | 庚申 | 辛酉 | 壬戌 | 癸亥 | 甲子 | 乙丑 |
| 대운 남 | 2 | 1 | 1 | 1 | 1 | 소 | 10 | 9 | 9 | 9 | 8 | 8 | 8 | 7 | 7 | 7 | 6 | 6 | 6 | 5 | 5 | 5 | 4 | 4 | 4 | 3 | 3 | 3 | 2 | 2 | 2 |
| 대운 녀 | 8 | 8 | 9 | 9 | 9 | 한 | 1 | 1 | 1 | 1 | 2 | 2 | 2 | 3 | 3 | 3 | 4 | 4 | 4 | 5 | 5 | 5 | 6 | 6 | 6 | 7 | 7 | 7 | 8 | 8 | 8 |

입춘 5일 04시30분

## 2 · 壬寅月(양 2.5~3.5)

우수 20일 00시34분

| 양력 | 1 | 2 | 3 | 4 | 5 | 6 | 7 | 8 | 9 | 10 | 11 | 12 | 13 | 14 | 15 | 16 | 17 | 18 | 19 | 20 | 21 | 22 | 23 | 24 | 25 | 26 | 27 | 28 |
|---|---|---|---|---|---|---|---|---|---|---|---|---|---|---|---|---|---|---|---|---|---|---|---|---|---|---|---|---|
| 음력 | 29 | 1.1 | 2 | 3 | 4 | 5 | 6 | 7 | 8 | 9 | 10 | 11 | 12 | 13 | 14 | 15 | 16 | 17 | 18 | 19 | 20 | 21 | 22 | 23 | 24 | 25 | 26 | 27 |
| 요일 | 火 | 水 | 木 | 金 | 土 | 日 | 月 | 火 | 水 | 木 | 金 | 土 | 日 | 月 | 火 | 水 | 木 | 金 | 土 | 日 | 月 | 火 | 水 | 木 | 金 | 土 | 日 | 月 |
| 일진 | 丙寅 | 丁卯 | 戊辰 | 己巳 | 庚午 | 辛未 | 壬申 | 癸酉 | 甲戌 | 乙亥 | 丙子 | 丁丑 | 戊寅 | 己卯 | 庚辰 | 辛巳 | 壬午 | 癸未 | 甲申 | 乙酉 | 丙戌 | 丁亥 | 戊子 | 己丑 | 庚寅 | 辛卯 | 壬辰 | 癸巳 |
| 대운 남 | 1 | 1 | 1 | 1 | 입 | 1 | 1 | 1 | 1 | 2 | 2 | 2 | 3 | 3 | 3 | 4 | 4 | 4 | 5 | 5 | 5 | 6 | 6 | 6 | 7 | 7 | 7 | 8 |
| 대운 녀 | 9 | 9 | 9 | 10 | 춘 | 9 | 9 | 9 | 8 | 8 | 8 | 7 | 7 | 7 | 6 | 6 | 6 | 5 | 5 | 5 | 4 | 4 | 4 | 3 | 3 | 3 | 2 | 2 |

경칩 6일 22시50분

## 3 · 癸卯月(양 3.6~4.5)

춘분 21일 23시59분

| 양력 | 1 | 2 | 3 | 4 | 5 | 6 | 7 | 8 | 9 | 10 | 11 | 12 | 13 | 14 | 15 | 16 | 17 | 18 | 19 | 20 | 21 | 22 | 23 | 24 | 25 | 26 | 27 | 28 | 29 | 30 | 31 |
|---|---|---|---|---|---|---|---|---|---|---|---|---|---|---|---|---|---|---|---|---|---|---|---|---|---|---|---|---|---|---|---|
| 음력 | 28 | 29 | 30 | 2.1 | 2 | 3 | 4 | 5 | 6 | 7 | 8 | 9 | 10 | 11 | 12 | 13 | 14 | 15 | 16 | 17 | 18 | 19 | 20 | 21 | 22 | 23 | 24 | 25 | 26 | 27 | 28 |
| 요일 | 火 | 水 | 木 | 金 | 土 | 日 | 月 | 火 | 水 | 木 | 金 | 土 | 日 | 月 | 火 | 水 | 木 | 金 | 土 | 日 | 月 | 火 | 水 | 木 | 金 | 土 | 日 | 月 | 火 | 水 | 木 |
| 일진 | 甲午 | 乙未 | 丙申 | 丁酉 | 戊戌 | 己亥 | 庚子 | 辛丑 | 壬寅 | 癸卯 | 甲辰 | 乙巳 | 丙午 | 丁未 | 戊申 | 己酉 | 庚戌 | 辛亥 | 壬子 | 癸丑 | 甲寅 | 乙卯 | 丙辰 | 丁巳 | 戊午 | 己未 | 庚申 | 辛酉 | 壬戌 | 癸亥 | 甲子 |
| 대운 남 | 8 | 8 | 9 | 9 | 9 | 경 | 1 | 1 | 1 | 1 | 2 | 2 | 2 | 3 | 3 | 3 | 4 | 4 | 4 | 5 | 5 | 5 | 6 | 6 | 6 | 7 | 7 | 7 | 8 | 8 | 8 |
| 대운 녀 | 2 | 1 | 1 | 1 | 1 | 칩 | 10 | 10 | 9 | 9 | 9 | 8 | 8 | 8 | 7 | 7 | 7 | 6 | 6 | 6 | 5 | 5 | 5 | 4 | 4 | 4 | 3 | 3 | 3 | 2 | 2 |

청명 6일 04시06분

## 4 · 甲辰月(양 4.6~5.5)

곡우 21일 11시32분

| 양력 | 1 | 2 | 3 | 4 | 5 | 6 | 7 | 8 | 9 | 10 | 11 | 12 | 13 | 14 | 15 | 16 | 17 | 18 | 19 | 20 | 21 | 22 | 23 | 24 | 25 | 26 | 27 | 28 | 29 | 30 |
|---|---|---|---|---|---|---|---|---|---|---|---|---|---|---|---|---|---|---|---|---|---|---|---|---|---|---|---|---|---|---|
| 음력 | 29 | 3.1 | 2 | 3 | 4 | 5 | 6 | 7 | 8 | 9 | 10 | 11 | 12 | 13 | 14 | 15 | 16 | 17 | 18 | 19 | 20 | 21 | 22 | 23 | 24 | 25 | 26 | 27 | 28 | 29 |
| 요일 | 金 | 土 | 日 | 月 | 火 | 水 | 木 | 金 | 土 | 日 | 月 | 火 | 水 | 木 | 金 | 土 | 日 | 月 | 火 | 水 | 木 | 金 | 土 | 日 | 月 | 火 | 水 | 木 | 金 | 土 |
| 일진 | 乙丑 | 丙寅 | 丁卯 | 戊辰 | 己巳 | 庚午 | 辛未 | 壬申 | 癸酉 | 甲戌 | 乙亥 | 丙子 | 丁丑 | 戊寅 | 己卯 | 庚辰 | 辛巳 | 壬午 | 癸未 | 甲申 | 乙酉 | 丙戌 | 丁亥 | 戊子 | 己丑 | 庚寅 | 辛卯 | 壬辰 | 癸巳 | 甲午 |
| 대운 남 | 9 | 9 | 9 | 10 | 10 | 청 | 1 | 1 | 1 | 1 | 2 | 2 | 2 | 3 | 3 | 3 | 4 | 4 | 4 | 5 | 5 | 5 | 6 | 6 | 6 | 7 | 7 | 7 | 8 | 8 |
| 대운 녀 | 2 | 1 | 1 | 1 | 1 | 명 | 10 | 9 | 9 | 9 | 8 | 8 | 8 | 7 | 7 | 7 | 6 | 6 | 6 | 5 | 5 | 5 | 4 | 4 | 4 | 3 | 3 | 3 | 2 | 2 |

입하 6일 21시53분

## 5 · 乙巳月(양 5.6~6.6)

소만 22일 11시08분

| 양력 | 1 | 2 | 3 | 4 | 5 | 6 | 7 | 8 | 9 | 10 | 11 | 12 | 13 | 14 | 15 | 16 | 17 | 18 | 19 | 20 | 21 | 22 | 23 | 24 | 25 | 26 | 27 | 28 | 29 | 30 | 31 |
|---|---|---|---|---|---|---|---|---|---|---|---|---|---|---|---|---|---|---|---|---|---|---|---|---|---|---|---|---|---|---|---|
| 음력 | 4.1 | 2 | 3 | 4 | 5 | 6 | 7 | 8 | 9 | 10 | 11 | 12 | 13 | 14 | 15 | 16 | 17 | 18 | 19 | 20 | 21 | 22 | 23 | 24 | 25 | 26 | 27 | 28 | 29 | 30 | 5.1 |
| 요일 | 日 | 月 | 火 | 水 | 木 | 金 | 土 | 日 | 月 | 火 | 水 | 木 | 金 | 土 | 日 | 月 | 火 | 水 | 木 | 金 | 土 | 日 | 月 | 火 | 水 | 木 | 金 | 土 | 日 | 月 | 火 |
| 일진 | 乙未 | 丙申 | 丁酉 | 戊戌 | 己亥 | 庚子 | 辛丑 | 壬寅 | 癸卯 | 甲辰 | 乙巳 | 丙午 | 丁未 | 戊申 | 己酉 | 庚戌 | 辛亥 | 壬子 | 癸丑 | 甲寅 | 乙卯 | 丙辰 | 丁巳 | 戊午 | 己未 | 庚申 | 辛酉 | 壬戌 | 癸亥 | 甲子 | 乙丑 |
| 대운 남 | 8 | 9 | 9 | 9 | 10 | 입 | 1 | 1 | 1 | 1 | 2 | 2 | 2 | 3 | 3 | 3 | 4 | 4 | 4 | 5 | 5 | 5 | 6 | 6 | 6 | 7 | 7 | 7 | 8 | 8 | 8 |
| 대운 녀 | 2 | 1 | 1 | 1 | 1 | 하 | 10 | 10 | 10 | 9 | 9 | 9 | 8 | 8 | 8 | 7 | 7 | 7 | 6 | 6 | 6 | 5 | 5 | 5 | 4 | 4 | 4 | 3 | 3 | 3 | 2 |

망종 7일 02시25분

## 6 · 丙午月(양 6.7~7.7)

하지 22일 19시22분

| 양력 | 1 | 2 | 3 | 4 | 5 | 6 | 7 | 8 | 9 | 10 | 11 | 12 | 13 | 14 | 15 | 16 | 17 | 18 | 19 | 20 | 21 | 22 | 23 | 24 | 25 | 26 | 27 | 28 | 29 | 30 |
|---|---|---|---|---|---|---|---|---|---|---|---|---|---|---|---|---|---|---|---|---|---|---|---|---|---|---|---|---|---|---|
| 음력 | 2 | 3 | 4 | 5 | 6 | 7 | 8 | 9 | 10 | 11 | 12 | 13 | 14 | 15 | 16 | 17 | 18 | 19 | 20 | 21 | 22 | 23 | 24 | 25 | 26 | 27 | 28 | 29 | 6.1 | 2 |
| 요일 | 水 | 木 | 金 | 土 | 日 | 月 | 火 | 水 | 木 | 金 | 土 | 日 | 月 | 火 | 水 | 木 | 金 | 土 | 日 | 月 | 火 | 水 | 木 | 金 | 土 | 日 | 月 | 火 | 水 | 木 |
| 일진 | 丙寅 | 丁卯 | 戊辰 | 己巳 | 庚午 | 辛未 | 壬申 | 癸酉 | 甲戌 | 乙亥 | 丙子 | 丁丑 | 戊寅 | 己卯 | 庚辰 | 辛巳 | 壬午 | 癸未 | 甲申 | 乙酉 | 丙戌 | 丁亥 | 戊子 | 己丑 | 庚寅 | 辛卯 | 壬辰 | 癸巳 | 甲午 | 乙未 |
| 대운 남 | 9 | 9 | 9 | 10 | 10 | 10 | 망 | 1 | 1 | 1 | 1 | 2 | 2 | 2 | 3 | 3 | 3 | 4 | 4 | 4 | 5 | 5 | 5 | 6 | 6 | 6 | 7 | 7 | 7 | 8 |
| 대운 녀 | 2 | 2 | 1 | 1 | 1 | 1 | 종 | 10 | 10 | 9 | 9 | 9 | 8 | 8 | 8 | 7 | 7 | 7 | 6 | 6 | 6 | 5 | 5 | 5 | 4 | 4 | 4 | 3 | 3 | 3 |

# 丁卯年

동경135도표준시

## 7 · 丁未月(양 7.8~8.7)

소서 8일 12시50분 / 대서 24일 06시17분

| 양력 | 1 | 2 | 3 | 4 | 5 | 6 | 7 | 8 | 9 | 10 | 11 | 12 | 13 | 14 | 15 | 16 | 17 | 18 | 19 | 20 | 21 | 22 | 23 | 24 | 25 | 26 | 27 | 28 | 29 | 30 | 31 |
|---|---|---|---|---|---|---|---|---|---|---|---|---|---|---|---|---|---|---|---|---|---|---|---|---|---|---|---|---|---|---|---|
| 음력 | 3 | 4 | 5 | 6 | 7 | 8 | 9 | 10 | 11 | 12 | 13 | 14 | 15 | 16 | 17 | 18 | 19 | 20 | 21 | 22 | 23 | 24 | 25 | 26 | 27 | 28 | 29 | 30 | 7.1 | 2 | 3 |
| 요일 | 金 | 土 | 日 | 月 | 火 | 水 | 木 | 金 | 土 | 日 | 月 | 火 | 水 | 木 | 金 | 土 | 日 | 月 | 火 | 水 | 木 | 金 | 土 | 日 | 月 | 火 | 水 | 木 | 金 | 土 | 日 |
| 일진 | 丙申 | 丁酉 | 戊戌 | 己亥 | 庚子 | 辛丑 | 壬寅 | 癸卯 | 甲辰 | 乙巳 | 丙午 | 丁未 | 戊申 | 己酉 | 庚戌 | 辛亥 | 壬子 | 癸丑 | 甲寅 | 乙卯 | 丙辰 | 丁巳 | 戊午 | 己未 | 庚申 | 辛酉 | 壬戌 | 癸亥 | 甲子 | 乙丑 | 丙寅 |
| 대운 남 | 8 | 8 | 9 | 9 | 9 | 10 | 10 | 소 | 1 | 1 | 1 | 1 | 2 | 2 | 2 | 3 | 3 | 3 | 4 | 4 | 4 | 5 | 5 | 5 | 6 | 6 | 6 | 7 | 7 | 7 | 8 |
| 대운 녀 | 2 | 2 | 2 | 1 | 1 | 1 | 1 | 서 | 10 | 10 | 9 | 9 | 9 | 8 | 8 | 8 | 7 | 7 | 7 | 6 | 6 | 6 | 5 | 5 | 5 | 4 | 4 | 4 | 3 | 3 | 3 |

## 8 · 戊申月(양 8.8~9.8)

입추 8일 22시31분 / 처서 24일 13시05분

| 양력 | 1 | 2 | 3 | 4 | 5 | 6 | 7 | 8 | 9 | 10 | 11 | 12 | 13 | 14 | 15 | 16 | 17 | 18 | 19 | 20 | 21 | 22 | 23 | 24 | 25 | 26 | 27 | 28 | 29 | 30 | 31 |
|---|---|---|---|---|---|---|---|---|---|---|---|---|---|---|---|---|---|---|---|---|---|---|---|---|---|---|---|---|---|---|---|
| 음력 | 4 | 5 | 6 | 7 | 8 | 9 | 10 | 11 | 12 | 13 | 14 | 15 | 16 | 17 | 18 | 19 | 20 | 21 | 22 | 23 | 24 | 25 | 26 | 27 | 28 | 29 | 8.1 | 2 | 3 | 4 | 5 |
| 요일 | 月 | 火 | 水 | 木 | 金 | 土 | 日 | 月 | 火 | 水 | 木 | 金 | 土 | 日 | 月 | 火 | 水 | 木 | 金 | 土 | 日 | 月 | 火 | 水 | 木 | 金 | 土 | 日 | 月 | 火 | 水 |
| 일진 | 丁卯 | 戊辰 | 己巳 | 庚午 | 辛未 | 壬申 | 癸酉 | 甲戌 | 乙亥 | 丙子 | 丁丑 | 戊寅 | 己卯 | 庚辰 | 辛巳 | 壬午 | 癸未 | 甲申 | 乙酉 | 丙戌 | 丁亥 | 戊子 | 己丑 | 庚寅 | 辛卯 | 壬辰 | 癸巳 | 甲午 | 乙未 | 丙申 | 丁酉 |
| 대운 남 | 8 | 8 | 9 | 9 | 9 | 10 | 10 | 입 | 1 | 1 | 1 | 1 | 2 | 2 | 2 | 3 | 3 | 3 | 4 | 4 | 4 | 5 | 5 | 5 | 6 | 6 | 6 | 7 | 7 | 7 | 8 |
| 대운 녀 | 2 | 2 | 2 | 1 | 1 | 1 | 1 | 추 | 10 | 10 | 10 | 9 | 9 | 9 | 8 | 8 | 8 | 7 | 7 | 7 | 6 | 6 | 6 | 5 | 5 | 5 | 4 | 4 | 4 | 3 | 3 |

## 9 · 己酉月(양 9.9~10.8)

백로 9일 01시06분 / 추분 24일 10시17분

| 양력 | 1 | 2 | 3 | 4 | 5 | 6 | 7 | 8 | 9 | 10 | 11 | 12 | 13 | 14 | 15 | 16 | 17 | 18 | 19 | 20 | 21 | 22 | 23 | 24 | 25 | 26 | 27 | 28 | 29 | 30 |
|---|---|---|---|---|---|---|---|---|---|---|---|---|---|---|---|---|---|---|---|---|---|---|---|---|---|---|---|---|---|---|
| 음력 | 6 | 7 | 8 | 9 | 10 | 11 | 12 | 13 | 14 | 15 | 16 | 17 | 18 | 19 | 20 | 21 | 22 | 23 | 24 | 25 | 26 | 27 | 28 | 29 | 30 | 9.1 | 2 | 3 | 4 | 5 |
| 요일 | 木 | 金 | 土 | 日 | 月 | 火 | 水 | 木 | 金 | 土 | 日 | 月 | 火 | 水 | 木 | 金 | 土 | 日 | 月 | 火 | 水 | 木 | 金 | 土 | 日 | 月 | 火 | 水 | 木 | 金 |
| 일진 | 戊戌 | 己亥 | 庚子 | 辛丑 | 壬寅 | 癸卯 | 甲辰 | 乙巳 | 丙午 | 丁未 | 戊申 | 己酉 | 庚戌 | 辛亥 | 壬子 | 癸丑 | 甲寅 | 乙卯 | 丙辰 | 丁巳 | 戊午 | 己未 | 庚申 | 辛酉 | 壬戌 | 癸亥 | 甲子 | 乙丑 | 丙寅 | 丁卯 |
| 대운 남 | 8 | 8 | 9 | 9 | 9 | 10 | 10 | 10 | 백 | 1 | 1 | 1 | 1 | 2 | 2 | 2 | 3 | 3 | 3 | 4 | 4 | 4 | 5 | 5 | 5 | 6 | 6 | 6 | 7 | 7 |
| 대운 녀 | 3 | 2 | 2 | 2 | 1 | 1 | 1 | 1 | 로 | 10 | 9 | 9 | 9 | 8 | 8 | 8 | 7 | 7 | 7 | 6 | 6 | 6 | 5 | 5 | 5 | 4 | 4 | 4 | 3 | 3 |

## 10 · 庚戌月(양 10.9~11.7)

한로 9일 16시15분 / 상강 24일 19시07분

| 양력 | 1 | 2 | 3 | 4 | 5 | 6 | 7 | 8 | 9 | 10 | 11 | 12 | 13 | 14 | 15 | 16 | 17 | 18 | 19 | 20 | 21 | 22 | 23 | 24 | 25 | 26 | 27 | 28 | 29 | 30 | 31 |
|---|---|---|---|---|---|---|---|---|---|---|---|---|---|---|---|---|---|---|---|---|---|---|---|---|---|---|---|---|---|---|---|
| 음력 | 6 | 7 | 8 | 9 | 10 | 11 | 12 | 13 | 14 | 15 | 16 | 17 | 18 | 19 | 20 | 21 | 22 | 23 | 24 | 25 | 26 | 27 | 28 | 29 | 30 | 10.1 | 2 | 3 | 4 | 5 | 6 |
| 요일 | 土 | 日 | 月 | 火 | 水 | 木 | 金 | 土 | 日 | 月 | 火 | 水 | 木 | 金 | 土 | 日 | 月 | 火 | 水 | 木 | 金 | 土 | 日 | 月 | 火 | 水 | 木 | 金 | 土 | 日 | 月 |
| 일진 | 戊辰 | 己巳 | 庚午 | 辛未 | 壬申 | 癸酉 | 甲戌 | 乙亥 | 丙子 | 丁丑 | 戊寅 | 己卯 | 庚辰 | 辛巳 | 壬午 | 癸未 | 甲申 | 乙酉 | 丙戌 | 丁亥 | 戊子 | 己丑 | 庚寅 | 辛卯 | 壬辰 | 癸巳 | 甲午 | 乙未 | 丙申 | 丁酉 | 戊戌 |
| 대운 남 | 7 | 8 | 8 | 8 | 9 | 9 | 9 | 10 | 한 | 1 | 1 | 1 | 1 | 2 | 2 | 2 | 3 | 3 | 3 | 4 | 4 | 4 | 5 | 5 | 5 | 6 | 6 | 6 | 7 | 7 | 7 |
| 대운 녀 | 3 | 2 | 2 | 2 | 1 | 1 | 1 | 1 | 로 | 10 | 9 | 9 | 9 | 8 | 8 | 8 | 7 | 7 | 7 | 6 | 6 | 6 | 5 | 5 | 5 | 4 | 4 | 4 | 3 | 3 | 3 |

## 11 · 辛亥月(양 11.8~12.7)

입동 8일 18시57분 / 소설 23일 16시14분

| 양력 | 1 | 2 | 3 | 4 | 5 | 6 | 7 | 8 | 9 | 10 | 11 | 12 | 13 | 14 | 15 | 16 | 17 | 18 | 19 | 20 | 21 | 22 | 23 | 24 | 25 | 26 | 27 | 28 | 29 | 30 |
|---|---|---|---|---|---|---|---|---|---|---|---|---|---|---|---|---|---|---|---|---|---|---|---|---|---|---|---|---|---|---|
| 음력 | 7 | 8 | 9 | 10 | 11 | 12 | 13 | 14 | 15 | 16 | 17 | 18 | 19 | 20 | 21 | 22 | 23 | 24 | 25 | 26 | 27 | 28 | 29 | 11.1 | 2 | 3 | 4 | 5 | 6 | 7 |
| 요일 | 火 | 水 | 木 | 金 | 土 | 日 | 月 | 火 | 水 | 木 | 金 | 土 | 日 | 月 | 火 | 水 | 木 | 金 | 土 | 日 | 月 | 火 | 水 | 木 | 金 | 土 | 日 | 月 | 火 | 水 |
| 일진 | 己亥 | 庚子 | 辛丑 | 壬寅 | 癸卯 | 甲辰 | 乙巳 | 丙午 | 丁未 | 戊申 | 己酉 | 庚戌 | 辛亥 | 壬子 | 癸丑 | 甲寅 | 乙卯 | 丙辰 | 丁巳 | 戊午 | 己未 | 庚申 | 辛酉 | 壬戌 | 癸亥 | 甲子 | 乙丑 | 丙寅 | 丁卯 | 戊辰 |
| 대운 남 | 8 | 8 | 8 | 9 | 9 | 9 | 10 | 입 | 1 | 1 | 1 | 1 | 2 | 2 | 2 | 3 | 3 | 3 | 4 | 4 | 4 | 5 | 5 | 5 | 6 | 6 | 6 | 7 | 7 | 7 |
| 대운 녀 | 2 | 2 | 2 | 1 | 1 | 1 | 1 | 동 | 10 | 9 | 9 | 9 | 8 | 8 | 8 | 7 | 7 | 7 | 6 | 6 | 6 | 5 | 5 | 5 | 4 | 4 | 4 | 3 | 3 | 3 |

## 12 · 壬子月(양 12.8~1.5)

대설 8일 11시26분 / 동지 23일 05시19분

| 양력 | 1 | 2 | 3 | 4 | 5 | 6 | 7 | 8 | 9 | 10 | 11 | 12 | 13 | 14 | 15 | 16 | 17 | 18 | 19 | 20 | 21 | 22 | 23 | 24 | 25 | 26 | 27 | 28 | 29 | 30 | 31 |
|---|---|---|---|---|---|---|---|---|---|---|---|---|---|---|---|---|---|---|---|---|---|---|---|---|---|---|---|---|---|---|---|
| 음력 | 8 | 9 | 10 | 11 | 12 | 13 | 14 | 15 | 16 | 17 | 18 | 19 | 20 | 21 | 22 | 23 | 24 | 25 | 26 | 27 | 28 | 29 | 30 | 12.1 | 2 | 3 | 4 | 5 | 6 | 7 | 8 |
| 요일 | 木 | 金 | 土 | 日 | 月 | 火 | 水 | 木 | 金 | 土 | 日 | 月 | 火 | 水 | 木 | 金 | 土 | 日 | 月 | 火 | 水 | 木 | 金 | 土 | 日 | 月 | 火 | 水 | 木 | 金 | 土 |
| 일진 | 己巳 | 庚午 | 辛未 | 壬申 | 癸酉 | 甲戌 | 乙亥 | 丙子 | 丁丑 | 戊寅 | 己卯 | 庚辰 | 辛巳 | 壬午 | 癸未 | 甲申 | 乙酉 | 丙戌 | 丁亥 | 戊子 | 己丑 | 庚寅 | 辛卯 | 壬辰 | 癸巳 | 甲午 | 乙米 | 丙申 | 丁酉 | 戊戌 | 己亥 |
| 대운 남 | 8 | 8 | 8 | 9 | 9 | 9 | 10 | 대 | 1 | 1 | 1 | 1 | 2 | 2 | 2 | 3 | 3 | 3 | 4 | 4 | 4 | 5 | 5 | 5 | 6 | 6 | 6 | 7 | 7 | 7 | 8 |
| 대운 녀 | 2 | 2 | 2 | 1 | 1 | 1 | 1 | 설 | 9 | 9 | 9 | 8 | 8 | 8 | 7 | 7 | 7 | 6 | 6 | 6 | 5 | 5 | 5 | 4 | 4 | 4 | 3 | 3 | 3 | 2 | 2 |

# 1928년(윤2월)

소한 6일 22시31분

## 1 · 癸丑月(양 1.6~2.4)

대한 21일 15시57분

| 양력 | 1 | 2 | 3 | 4 | 5 | 6 | 7 | 8 | 9 | 10 | 11 | 12 | 13 | 14 | 15 | 16 | 17 | 18 | 19 | 20 | 21 | 22 | 23 | 24 | 25 | 26 | 27 | 28 | 29 | 30 | 31 |
|---|---|---|---|---|---|---|---|---|---|---|---|---|---|---|---|---|---|---|---|---|---|---|---|---|---|---|---|---|---|---|---|
| 음력 | 9 | 10 | 11 | 12 | 13 | 14 | 15 | 16 | 17 | 18 | 19 | 20 | 21 | 22 | 23 | 24 | 25 | 26 | 27 | 28 | 29 | 30 | 1.1 | 2 | 3 | 4 | 5 | 6 | 7 | 8 | 9 |
| 요일 | 日 | 月 | 火 | 水 | 木 | 金 | 土 | 日 | 月 | 火 | 水 | 木 | 金 | 土 | 日 | 月 | 火 | 水 | 木 | 金 | 土 | 日 | 月 | 火 | 水 | 木 | 金 | 土 | 日 | 月 | 火 |
| 일진 | 庚子 | 辛丑 | 壬寅 | 癸卯 | 甲辰 | 乙巳 | 丙午 | 丁未 | 戊申 | 己酉 | 庚戌 | 辛亥 | 壬子 | 癸丑 | 甲寅 | 乙卯 | 丙辰 | 丁巳 | 戊午 | 己未 | 庚申 | 辛酉 | 壬戌 | 癸亥 | 甲子 | 乙丑 | 丙寅 | 丁卯 | 戊辰 | 己巳 | 庚午 |
| 대운 남 | 8 | 8 | 9 | 9 | 9 | 소 | 1 | 1 | 1 | 1 | 2 | 2 | 2 | 3 | 3 | 3 | 4 | 4 | 4 | 5 | 5 | 5 | 6 | 6 | 6 | 7 | 7 | 7 | 8 | 8 | 8 |
| 대운 녀 | 2 | 1 | 1 | 1 | 1 | 한 | 10 | 9 | 9 | 9 | 8 | 8 | 8 | 7 | 7 | 7 | 6 | 6 | 6 | 5 | 5 | 5 | 4 | 4 | 4 | 3 | 3 | 3 | 2 | 2 | 2 |

입춘 5일 10시16분

## 2 · 甲寅月(양 2.5~3.5)

우수 20일 06시19분

| 양력 | 1 | 2 | 3 | 4 | 5 | 6 | 7 | 8 | 9 | 10 | 11 | 12 | 13 | 14 | 15 | 16 | 17 | 18 | 19 | 20 | 21 | 22 | 23 | 24 | 25 | 26 | 27 | 28 | 29 |
|---|---|---|---|---|---|---|---|---|---|---|---|---|---|---|---|---|---|---|---|---|---|---|---|---|---|---|---|---|---|
| 음력 | 10 | 11 | 12 | 13 | 14 | 15 | 16 | 17 | 18 | 19 | 20 | 21 | 22 | 23 | 24 | 25 | 26 | 27 | 28 | 29 | 2.1 | 2 | 3 | 4 | 5 | 6 | 7 | 8 | 9 |
| 요일 | 水 | 木 | 金 | 土 | 日 | 月 | 火 | 水 | 木 | 金 | 土 | 日 | 月 | 火 | 水 | 木 | 金 | 土 | 日 | 月 | 火 | 水 | 木 | 金 | 土 | 日 | 月 | 火 | 水 |
| 일진 | 辛未 | 壬申 | 癸酉 | 甲戌 | 乙亥 | 丙子 | 丁丑 | 戊寅 | 己卯 | 庚辰 | 辛巳 | 壬午 | 癸未 | 甲申 | 乙酉 | 丙戌 | 丁亥 | 戊子 | 己丑 | 庚寅 | 辛卯 | 壬辰 | 癸巳 | 甲午 | 乙未 | 丙申 | 丁酉 | 戊戌 | 己亥 |
| 대운 남 | 9 | 9 | 9 | 10 | 입 | 10 | 9 | 9 | 9 | 8 | 8 | 8 | 7 | 7 | 7 | 6 | 6 | 6 | 5 | 5 | 5 | 4 | 4 | 4 | 3 | 3 | 3 | 2 | 2 |
| 대운 녀 | 1 | 1 | 1 | 1 | 춘 | 1 | 1 | 1 | 1 | 2 | 2 | 2 | 3 | 3 | 3 | 4 | 4 | 4 | 5 | 5 | 5 | 6 | 6 | 6 | 7 | 7 | 7 | 8 | 8 |

경칩 6일 04시37분

## 3 · 乙卯月(양 3.6~4.4)

춘분 21일 05시44분

| 양력 | 1 | 2 | 3 | 4 | 5 | 6 | 7 | 8 | 9 | 10 | 11 | 12 | 13 | 14 | 15 | 16 | 17 | 18 | 19 | 20 | 21 | 22 | 23 | 24 | 25 | 26 | 27 | 28 | 29 | 30 | 31 |
|---|---|---|---|---|---|---|---|---|---|---|---|---|---|---|---|---|---|---|---|---|---|---|---|---|---|---|---|---|---|---|---|
| 음력 | 10 | 11 | 12 | 13 | 14 | 15 | 16 | 17 | 18 | 19 | 20 | 21 | 22 | 23 | 24 | 25 | 26 | 27 | 28 | 29 | 30 | 윤 | 2.2 | 3 | 4 | 5 | 6 | 7 | 8 | 9 | 10 |
| 요일 | 木 | 金 | 土 | 日 | 月 | 火 | 水 | 木 | 金 | 土 | 日 | 月 | 火 | 水 | 木 | 金 | 土 | 日 | 月 | 火 | 水 | 木 | 金 | 土 | 日 | 月 | 火 | 水 | 木 | 金 | 土 |
| 일진 | 庚子 | 辛丑 | 壬寅 | 癸卯 | 甲辰 | 乙巳 | 丙午 | 丁未 | 戊申 | 己酉 | 庚戌 | 辛亥 | 壬子 | 癸丑 | 甲寅 | 乙卯 | 丙辰 | 丁巳 | 戊午 | 己未 | 庚申 | 辛酉 | 壬戌 | 癸亥 | 甲子 | 乙丑 | 丙寅 | 丁卯 | 戊辰 | 己巳 | 庚午 |
| 대운 남 | 2 | 1 | 1 | 1 | 1 | 경 | 10 | 9 | 9 | 9 | 8 | 8 | 8 | 7 | 7 | 7 | 6 | 6 | 6 | 5 | 5 | 5 | 4 | 4 | 4 | 3 | 3 | 3 | 2 | 2 | 2 |
| 대운 녀 | 8 | 9 | 9 | 9 | 10 | 칩 | 1 | 1 | 1 | 1 | 2 | 2 | 2 | 3 | 3 | 3 | 4 | 4 | 4 | 5 | 5 | 5 | 6 | 6 | 6 | 7 | 7 | 7 | 8 | 8 | 8 |

청명 5일 09시55분

## 4 · 丙辰月(양 4.5~5.5)

곡우 20일 17시17분

| 양력 | 1 | 2 | 3 | 4 | 5 | 6 | 7 | 8 | 9 | 10 | 11 | 12 | 13 | 14 | 15 | 16 | 17 | 18 | 19 | 20 | 21 | 22 | 23 | 24 | 25 | 26 | 27 | 28 | 29 | 30 |
|---|---|---|---|---|---|---|---|---|---|---|---|---|---|---|---|---|---|---|---|---|---|---|---|---|---|---|---|---|---|---|
| 음력 | 11 | 12 | 13 | 14 | 15 | 16 | 17 | 18 | 19 | 20 | 21 | 22 | 23 | 24 | 25 | 26 | 27 | 28 | 29 | 3.1 | 2 | 3 | 4 | 5 | 6 | 7 | 8 | 9 | 10 | 11 |
| 요일 | 日 | 月 | 火 | 水 | 木 | 金 | 土 | 日 | 月 | 火 | 水 | 木 | 金 | 土 | 日 | 月 | 火 | 水 | 木 | 金 | 土 | 日 | 月 | 火 | 水 | 木 | 金 | 土 | 日 | 月 |
| 일진 | 辛未 | 壬申 | 癸酉 | 甲戌 | 乙亥 | 丙子 | 丁丑 | 戊寅 | 己卯 | 庚辰 | 辛巳 | 壬午 | 癸未 | 甲申 | 乙酉 | 丙戌 | 丁亥 | 戊子 | 己丑 | 庚寅 | 辛卯 | 壬辰 | 癸巳 | 甲午 | 乙未 | 丙申 | 丁酉 | 戊戌 | 己亥 | 庚子 |
| 대운 남 | 1 | 1 | 1 | 1 | 청 | 10 | 10 | 9 | 9 | 9 | 8 | 8 | 8 | 7 | 7 | 7 | 6 | 6 | 6 | 5 | 5 | 5 | 4 | 4 | 4 | 3 | 3 | 3 | 2 | 2 |
| 대운 녀 | 9 | 9 | 9 | 10 | 명 | 1 | 1 | 1 | 1 | 2 | 2 | 2 | 3 | 3 | 3 | 4 | 4 | 4 | 5 | 5 | 5 | 6 | 6 | 6 | 7 | 7 | 7 | 8 | 8 | 8 |

입하 6일 03시44분

## 5 · 丁巳月(양 5.6~6.5)

소만 21일 16시52분

| 양력 | 1 | 2 | 3 | 4 | 5 | 6 | 7 | 8 | 9 | 10 | 11 | 12 | 13 | 14 | 15 | 16 | 17 | 18 | 19 | 20 | 21 | 22 | 23 | 24 | 25 | 26 | 27 | 28 | 29 | 30 | 31 |
|---|---|---|---|---|---|---|---|---|---|---|---|---|---|---|---|---|---|---|---|---|---|---|---|---|---|---|---|---|---|---|---|
| 음력 | 12 | 13 | 14 | 15 | 16 | 17 | 18 | 19 | 20 | 21 | 22 | 23 | 24 | 25 | 26 | 27 | 28 | 29 | 4.1 | 2 | 3 | 4 | 5 | 6 | 7 | 8 | 9 | 10 | 11 | 12 | 13 |
| 요일 | 火 | 水 | 木 | 金 | 土 | 日 | 月 | 火 | 水 | 木 | 金 | 土 | 日 | 月 | 火 | 水 | 木 | 金 | 土 | 日 | 月 | 火 | 水 | 木 | 金 | 土 | 日 | 月 | 火 | 水 | 木 |
| 일진 | 辛丑 | 壬寅 | 癸卯 | 甲辰 | 乙巳 | 丙午 | 丁未 | 戊申 | 己酉 | 庚戌 | 辛亥 | 壬子 | 癸丑 | 甲寅 | 乙卯 | 丙辰 | 丁巳 | 戊午 | 己未 | 庚申 | 辛酉 | 壬戌 | 癸亥 | 甲子 | 乙丑 | 丙寅 | 丁卯 | 戊辰 | 己巳 | 庚午 | 辛未 |
| 대운 남 | 2 | 1 | 1 | 1 | 1 | 입 | 10 | 10 | 9 | 9 | 9 | 8 | 8 | 8 | 7 | 7 | 7 | 6 | 6 | 6 | 5 | 5 | 5 | 4 | 4 | 4 | 3 | 3 | 3 | 2 | 2 |
| 대운 녀 | 9 | 9 | 9 | 10 | 10 | 하 | 1 | 1 | 1 | 1 | 2 | 2 | 2 | 3 | 3 | 3 | 4 | 4 | 4 | 5 | 5 | 5 | 6 | 6 | 6 | 7 | 7 | 7 | 8 | 8 | 8 |

망종 6일 08시17분

## 6 · 戊午月(양 6.6~7.6)

하지 22일 01시06분

| 양력 | 1 | 2 | 3 | 4 | 5 | 6 | 7 | 8 | 9 | 10 | 11 | 12 | 13 | 14 | 15 | 16 | 17 | 18 | 19 | 20 | 21 | 22 | 23 | 24 | 25 | 26 | 27 | 28 | 29 | 30 |
|---|---|---|---|---|---|---|---|---|---|---|---|---|---|---|---|---|---|---|---|---|---|---|---|---|---|---|---|---|---|---|
| 음력 | 14 | 15 | 16 | 17 | 18 | 19 | 20 | 21 | 22 | 23 | 24 | 25 | 26 | 27 | 28 | 29 | 30 | 5.1 | 2 | 3 | 4 | 5 | 6 | 7 | 8 | 9 | 10 | 11 | 12 | 13 |
| 요일 | 金 | 土 | 日 | 月 | 火 | 水 | 木 | 金 | 土 | 日 | 月 | 火 | 水 | 木 | 金 | 土 | 日 | 月 | 火 | 水 | 木 | 金 | 土 | 日 | 月 | 火 | 水 | 木 | 金 | 土 |
| 일진 | 壬申 | 癸酉 | 甲戌 | 乙亥 | 丙子 | 丁丑 | 戊寅 | 己卯 | 庚辰 | 辛巳 | 壬午 | 癸未 | 甲申 | 乙酉 | 丙戌 | 丁亥 | 戊子 | 己丑 | 庚寅 | 辛卯 | 壬辰 | 癸巳 | 甲午 | 乙未 | 丙申 | 丁酉 | 戊戌 | 己亥 | 庚子 | 辛丑 |
| 대운 남 | 2 | 1 | 1 | 1 | 1 | 망 | 10 | 10 | 9 | 9 | 9 | 8 | 8 | 8 | 7 | 7 | 7 | 6 | 6 | 6 | 5 | 5 | 5 | 4 | 4 | 4 | 3 | 3 | 3 | 2 |
| 대운 녀 | 9 | 9 | 9 | 10 | 10 | 종 | 1 | 1 | 1 | 1 | 2 | 2 | 2 | 3 | 3 | 3 | 4 | 4 | 4 | 5 | 5 | 5 | 6 | 6 | 6 | 7 | 7 | 7 | 8 | 8 |

소서 7일 18시44분 **7 · 己未月(양 7.7~8.7)** 대서 23일 12시02분

| 양력 | 1 | 2 | 3 | 4 | 5 | 6 | 7 | 8 | 9 | 10 | 11 | 12 | 13 | 14 | 15 | 16 | 17 | 18 | 19 | 20 | 21 | 22 | 23 | 24 | 25 | 26 | 27 | 28 | 29 | 30 | 31 |
|---|---|---|---|---|---|---|---|---|---|---|---|---|---|---|---|---|---|---|---|---|---|---|---|---|---|---|---|---|---|---|---|
| 음력 | 14 | 15 | 16 | 17 | 18 | 19 | 20 | 21 | 22 | 23 | 24 | 25 | 26 | 27 | 28 | 29 | 6.1 | 2 | 3 | 4 | 5 | 6 | 7 | 8 | 9 | 10 | 11 | 12 | 13 | 14 | 15 |
| 요일 | 日 | 月 | 火 | 水 | 木 | 金 | 土 | 日 | 月 | 火 | 水 | 木 | 金 | 土 | 日 | 月 | 火 | 水 | 木 | 金 | 土 | 日 | 月 | 火 | 水 | 木 | 金 | 土 | 日 | 月 | 火 |
| 일진 | 壬 | 癸 | 甲 | 乙 | 丙 | 丁 | 戊 | 己 | 庚 | 辛 | 壬 | 癸 | 甲 | 乙 | 丙 | 丁 | 戊 | 己 | 庚 | 辛 | 壬 | 癸 | 甲 | 乙 | 丙 | 丁 | 戊 | 己 | 庚 | 辛 | 壬 |
| | 寅 | 卯 | 辰 | 巳 | 午 | 未 | 申 | 酉 | 戌 | 亥 | 子 | 丑 | 寅 | 卯 | 辰 | 巳 | 午 | 未 | 申 | 酉 | 戌 | 亥 | 子 | 丑 | 寅 | 卯 | 辰 | 巳 | 午 | 未 | 申 |
| 대운 남 | 2 | 2 | 1 | 1 | 1 | 1 | 소 | 10 | 10 | 10 | 9 | 9 | 9 | 8 | 8 | 8 | 7 | 7 | 7 | 6 | 6 | 6 | 5 | 5 | 5 | 4 | 4 | 4 | 3 | 3 | 3 |
| 대운 녀 | 8 | 9 | 9 | 9 | 10 | 10 | 서 | 1 | 1 | 1 | 1 | 2 | 2 | 2 | 3 | 3 | 3 | 4 | 4 | 4 | 5 | 5 | 5 | 6 | 6 | 6 | 7 | 7 | 7 | 8 | 8 |

입추 8일 04시28분 **8 · 庚申月(양 8.8~9.7)** 처서 23일 18시53분

| 양력 | 1 | 2 | 3 | 4 | 5 | 6 | 7 | 8 | 9 | 10 | 11 | 12 | 13 | 14 | 15 | 16 | 17 | 18 | 19 | 20 | 21 | 22 | 23 | 24 | 25 | 26 | 27 | 28 | 29 | 30 | 31 |
|---|---|---|---|---|---|---|---|---|---|---|---|---|---|---|---|---|---|---|---|---|---|---|---|---|---|---|---|---|---|---|---|
| 음력 | 16 | 17 | 18 | 19 | 20 | 21 | 22 | 23 | 24 | 25 | 26 | 27 | 28 | 29 | 7.1 | 2 | 3 | 4 | 5 | 6 | 7 | 8 | 9 | 10 | 11 | 12 | 13 | 14 | 15 | 16 | 17 |
| 요일 | 水 | 木 | 金 | 土 | 日 | 月 | 火 | 水 | 木 | 金 | 土 | 日 | 月 | 火 | 水 | 木 | 金 | 土 | 日 | 月 | 火 | 水 | 木 | 金 | 土 | 日 | 月 | 火 | 水 | 木 | 金 |
| 일진 | 癸 | 甲 | 乙 | 丙 | 丁 | 戊 | 己 | 庚 | 辛 | 壬 | 癸 | 甲 | 乙 | 丙 | 丁 | 戊 | 己 | 庚 | 辛 | 壬 | 癸 | 甲 | 乙 | 丙 | 丁 | 戊 | 己 | 庚 | 辛 | 壬 | 癸 |
| | 酉 | 戌 | 亥 | 子 | 丑 | 寅 | 卯 | 辰 | 巳 | 午 | 未 | 申 | 酉 | 戌 | 亥 | 子 | 丑 | 寅 | 卯 | 辰 | 巳 | 午 | 未 | 申 | 酉 | 戌 | 亥 | 子 | 丑 | 寅 | 卯 |
| 대운 남 | 2 | 2 | 2 | 1 | 1 | 1 | 1 | 입 | 10 | 10 | 9 | 9 | 9 | 8 | 8 | 8 | 7 | 7 | 7 | 6 | 6 | 6 | 5 | 5 | 5 | 4 | 4 | 4 | 3 | 3 | 3 |
| 대운 녀 | 8 | 9 | 9 | 9 | 10 | 10 | 10 | 추 | 1 | 1 | 1 | 1 | 2 | 2 | 2 | 3 | 3 | 3 | 4 | 4 | 4 | 5 | 5 | 5 | 6 | 6 | 6 | 7 | 7 | 7 | 8 |

백로 8일 07시02분 **9 · 辛酉月(양 9.8~10.7)** 추분 23일 16시06분

| 양력 | 1 | 2 | 3 | 4 | 5 | 6 | 7 | 8 | 9 | 10 | 11 | 12 | 13 | 14 | 15 | 16 | 17 | 18 | 19 | 20 | 21 | 22 | 23 | 24 | 25 | 26 | 27 | 28 | 29 | 30 |
|---|---|---|---|---|---|---|---|---|---|---|---|---|---|---|---|---|---|---|---|---|---|---|---|---|---|---|---|---|---|---|
| 음력 | 18 | 19 | 20 | 21 | 22 | 23 | 24 | 25 | 26 | 27 | 28 | 29 | 30 | 8.1 | 2 | 3 | 4 | 5 | 6 | 7 | 8 | 9 | 10 | 11 | 12 | 13 | 14 | 15 | 16 | 17 |
| 요일 | 土 | 日 | 月 | 火 | 水 | 木 | 金 | 土 | 日 | 月 | 火 | 水 | 木 | 金 | 土 | 日 | 月 | 火 | 水 | 木 | 金 | 土 | 日 | 月 | 火 | 水 | 木 | 金 | 土 | 日 |
| 일진 | 甲 | 乙 | 丙 | 丁 | 戊 | 己 | 庚 | 辛 | 壬 | 癸 | 甲 | 乙 | 丙 | 丁 | 戊 | 己 | 庚 | 辛 | 壬 | 癸 | 甲 | 乙 | 丙 | 丁 | 戊 | 己 | 庚 | 辛 | 壬 | 癸 |
| | 辰 | 巳 | 午 | 未 | 申 | 酉 | 戌 | 亥 | 子 | 丑 | 寅 | 卯 | 辰 | 巳 | 午 | 未 | 申 | 酉 | 戌 | 亥 | 子 | 丑 | 寅 | 卯 | 辰 | 巳 | 午 | 未 | 申 | 酉 |
| 대운 남 | 2 | 2 | 2 | 1 | 1 | 1 | 1 | 백 | 10 | 9 | 9 | 9 | 8 | 8 | 8 | 7 | 7 | 7 | 6 | 6 | 6 | 5 | 5 | 5 | 4 | 4 | 4 | 3 | 3 | 3 |
| 대운 녀 | 8 | 8 | 9 | 9 | 9 | 10 | 10 | 로 | 1 | 1 | 1 | 1 | 2 | 2 | 2 | 3 | 3 | 3 | 4 | 4 | 4 | 5 | 5 | 5 | 6 | 6 | 6 | 7 | 7 | 7 |

한로 8일 22시10분 **10 · 壬戌月(양 10.8~11.7)** 상강 24일 00시55분

| 양력 | 1 | 2 | 3 | 4 | 5 | 6 | 7 | 8 | 9 | 10 | 11 | 12 | 13 | 14 | 15 | 16 | 17 | 18 | 19 | 20 | 21 | 22 | 23 | 24 | 25 | 26 | 27 | 28 | 29 | 30 | 31 |
|---|---|---|---|---|---|---|---|---|---|---|---|---|---|---|---|---|---|---|---|---|---|---|---|---|---|---|---|---|---|---|---|
| 음력 | 18 | 19 | 20 | 21 | 22 | 23 | 24 | 25 | 26 | 27 | 28 | 29 | 30 | 9.1 | 2 | 3 | 4 | 5 | 6 | 7 | 8 | 9 | 10 | 11 | 12 | 13 | 14 | 15 | 16 | 17 | 18 |
| 요일 | 月 | 火 | 水 | 木 | 金 | 土 | 日 | 月 | 火 | 水 | 木 | 金 | 土 | 日 | 月 | 火 | 水 | 木 | 金 | 土 | 日 | 月 | 火 | 水 | 木 | 金 | 土 | 日 | 月 | 火 | 水 |
| 일진 | 甲 | 乙 | 丙 | 丁 | 戊 | 己 | 庚 | 辛 | 壬 | 癸 | 甲 | 乙 | 丙 | 丁 | 戊 | 己 | 庚 | 辛 | 壬 | 癸 | 甲 | 乙 | 丙 | 丁 | 戊 | 己 | 庚 | 辛 | 壬 | 癸 | 甲 |
| | 戌 | 亥 | 子 | 丑 | 寅 | 卯 | 辰 | 巳 | 午 | 未 | 申 | 酉 | 戌 | 亥 | 子 | 丑 | 寅 | 卯 | 辰 | 巳 | 午 | 未 | 申 | 酉 | 戌 | 亥 | 子 | 丑 | 寅 | 卯 | 辰 |
| 대운 남 | 2 | 2 | 2 | 1 | 1 | 1 | 1 | 한 | 10 | 10 | 9 | 9 | 9 | 8 | 8 | 8 | 7 | 7 | 7 | 6 | 6 | 6 | 5 | 5 | 5 | 4 | 4 | 4 | 3 | 3 | 3 |
| 대운 녀 | 8 | 8 | 8 | 9 | 9 | 9 | 10 | 로 | 1 | 1 | 1 | 1 | 2 | 2 | 2 | 3 | 3 | 3 | 4 | 4 | 4 | 5 | 5 | 5 | 6 | 6 | 6 | 7 | 7 | 7 | 8 |

입동 8일 00시50분 **11 · 癸亥月(양 11.8~12.6)** 소설 22일 22시00분

| 양력 | 1 | 2 | 3 | 4 | 5 | 6 | 7 | 8 | 9 | 10 | 11 | 12 | 13 | 14 | 15 | 16 | 17 | 18 | 19 | 20 | 21 | 22 | 23 | 24 | 25 | 26 | 27 | 28 | 29 | 30 |
|---|---|---|---|---|---|---|---|---|---|---|---|---|---|---|---|---|---|---|---|---|---|---|---|---|---|---|---|---|---|---|
| 음력 | 19 | 20 | 21 | 22 | 23 | 24 | 25 | 26 | 27 | 28 | 29 | 10.1 | 2 | 3 | 4 | 5 | 6 | 7 | 8 | 9 | 10 | 11 | 12 | 13 | 14 | 15 | 16 | 17 | 18 | 19 |
| 요일 | 木 | 金 | 土 | 日 | 月 | 火 | 水 | 木 | 金 | 土 | 日 | 月 | 火 | 水 | 木 | 金 | 土 | 日 | 月 | 火 | 水 | 木 | 金 | 土 | 日 | 月 | 火 | 水 | 木 | 金 |
| 일진 | 乙 | 丙 | 丁 | 戊 | 己 | 庚 | 辛 | 壬 | 癸 | 甲 | 乙 | 丙 | 丁 | 戊 | 己 | 庚 | 辛 | 壬 | 癸 | 甲 | 乙 | 丙 | 丁 | 戊 | 己 | 庚 | 辛 | 壬 | 癸 | 甲 |
| | 巳 | 午 | 未 | 申 | 酉 | 戌 | 亥 | 子 | 丑 | 寅 | 卯 | 辰 | 巳 | 午 | 未 | 申 | 酉 | 戌 | 亥 | 子 | 丑 | 寅 | 卯 | 辰 | 巳 | 午 | 未 | 申 | 酉 | 戌 |
| 대운 남 | 2 | 2 | 2 | 1 | 1 | 1 | 1 | 입 | 9 | 9 | 9 | 8 | 8 | 8 | 7 | 7 | 7 | 6 | 6 | 6 | 5 | 5 | 5 | 4 | 4 | 4 | 3 | 3 | 3 | 2 |
| 대운 녀 | 8 | 8 | 9 | 9 | 9 | 10 | 10 | 동 | 1 | 1 | 1 | 1 | 2 | 2 | 2 | 3 | 3 | 3 | 4 | 4 | 4 | 5 | 5 | 5 | 6 | 6 | 6 | 7 | 7 | 7 |

대설 7일 17시17분 **12 · 甲子月(양 12.7~1.5)** 동지 22일 11시04분

| 양력 | 1 | 2 | 3 | 4 | 5 | 6 | 7 | 8 | 9 | 10 | 11 | 12 | 13 | 14 | 15 | 16 | 17 | 18 | 19 | 20 | 21 | 22 | 23 | 24 | 25 | 26 | 27 | 28 | 29 | 30 | 31 |
|---|---|---|---|---|---|---|---|---|---|---|---|---|---|---|---|---|---|---|---|---|---|---|---|---|---|---|---|---|---|---|---|
| 음력 | 20 | 21 | 22 | 23 | 24 | 25 | 26 | 27 | 28 | 29 | 30 | 11.1 | 2 | 3 | 4 | 5 | 6 | 7 | 8 | 9 | 10 | 11 | 12 | 13 | 14 | 15 | 16 | 17 | 18 | 19 | 20 |
| 요일 | 土 | 日 | 月 | 火 | 水 | 木 | 金 | 土 | 日 | 月 | 火 | 水 | 木 | 金 | 土 | 日 | 月 | 火 | 水 | 木 | 金 | 土 | 日 | 月 | 火 | 水 | 木 | 金 | 土 | 日 | 月 |
| 일진 | 乙 | 丙 | 丁 | 戊 | 己 | 庚 | 辛 | 壬 | 癸 | 甲 | 乙 | 丙 | 丁 | 戊 | 己 | 庚 | 辛 | 壬 | 癸 | 甲 | 乙 | 丙 | 丁 | 戊 | 己 | 庚 | 辛 | 壬 | 癸 | 甲 | 乙 |
| | 亥 | 子 | 丑 | 寅 | 卯 | 辰 | 巳 | 午 | 未 | 申 | 酉 | 戌 | 亥 | 子 | 丑 | 寅 | 卯 | 辰 | 巳 | 午 | 未 | 申 | 酉 | 戌 | 亥 | 子 | 丑 | 寅 | 卯 | 辰 | 巳 |
| 대운 남 | 2 | 2 | 1 | 1 | 1 | 1 | 대 | 10 | 9 | 9 | 9 | 8 | 8 | 8 | 7 | 7 | 7 | 6 | 6 | 6 | 5 | 5 | 5 | 4 | 4 | 4 | 3 | 3 | 3 | 2 | 2 |
| 대운 녀 | 8 | 8 | 8 | 9 | 9 | 9 | 설 | 1 | 1 | 1 | 1 | 2 | 2 | 2 | 3 | 3 | 3 | 4 | 4 | 4 | 5 | 5 | 5 | 6 | 6 | 6 | 7 | 7 | 7 | 8 | 8 |

# 1929년

소한 6일 04시22분

## 1 · 乙丑月(양 1.6~2.3)

대한 20일 21시42분

| 양력 | 1 | 2 | 3 | 4 | 5 | 6 | 7 | 8 | 9 | 10 | 11 | 12 | 13 | 14 | 15 | 16 | 17 | 18 | 19 | 20 | 21 | 22 | 23 | 24 | 25 | 26 | 27 | 28 | 29 | 30 | 31 |
|---|---|---|---|---|---|---|---|---|---|---|---|---|---|---|---|---|---|---|---|---|---|---|---|---|---|---|---|---|---|---|---|
| 음력 | 21 | 22 | 23 | 24 | 25 | 26 | 27 | 28 | 29 | 30 | 12.1 | 2 | 3 | 4 | 5 | 6 | 7 | 8 | 9 | 10 | 11 | 12 | 13 | 14 | 15 | 16 | 17 | 18 | 19 | 20 | 21 |
| 요일 | 火 | 水 | 木 | 金 | 土 | 日 | 月 | 火 | 水 | 木 | 金 | 土 | 日 | 月 | 火 | 水 | 木 | 金 | 土 | 日 | 月 | 火 | 水 | 木 | 金 | 土 | 日 | 月 | 火 | 水 | 木 |
| 일진 | 丙午 | 丁未 | 戊申 | 己酉 | 庚戌 | 辛亥 | 壬子 | 癸丑 | 甲寅 | 乙卯 | 丙辰 | 丁巳 | 戊午 | 己未 | 庚申 | 辛酉 | 壬戌 | 癸亥 | 甲子 | 乙丑 | 丙寅 | 丁卯 | 戊辰 | 己巳 | 庚午 | 辛未 | 壬申 | 癸酉 | 甲戌 | 乙亥 | 丙子 |
| 대운 남 | 2 | 1 | 1 | 1 | 1 | 소 | 9 | 9 | 9 | 8 | 8 | 8 | 7 | 7 | 7 | 6 | 6 | 6 | 5 | 5 | 5 | 4 | 4 | 4 | 3 | 3 | 3 | 2 | 2 | 2 | 1 |
| 대운 녀 | 8 | 9 | 9 | 9 | 10 | 한 | 1 | 1 | 1 | 1 | 2 | 2 | 2 | 3 | 3 | 3 | 4 | 4 | 4 | 5 | 5 | 5 | 6 | 6 | 6 | 7 | 7 | 7 | 8 | 8 | 8 |

입춘 4일 16시09분

## 2 · 丙寅月(양 2.4~3.5)

우수 19일 12시07분

| 양력 | 1 | 2 | 3 | 4 | 5 | 6 | 7 | 8 | 9 | 10 | 11 | 12 | 13 | 14 | 15 | 16 | 17 | 18 | 19 | 20 | 21 | 22 | 23 | 24 | 25 | 26 | 27 | 28 |
|---|---|---|---|---|---|---|---|---|---|---|---|---|---|---|---|---|---|---|---|---|---|---|---|---|---|---|---|---|
| 음력 | 22 | 23 | 24 | 25 | 26 | 27 | 28 | 29 | 30 | 1.1 | 2 | 3 | 4 | 5 | 6 | 7 | 8 | 9 | 10 | 11 | 12 | 13 | 14 | 15 | 16 | 17 | 18 | 19 |
| 요일 | 金 | 土 | 日 | 月 | 火 | 水 | 木 | 金 | 土 | 日 | 月 | 火 | 水 | 木 | 金 | 土 | 日 | 月 | 火 | 水 | 木 | 金 | 土 | 日 | 月 | 火 | 水 | 木 |
| 일진 | 丁丑 | 戊寅 | 己卯 | 庚辰 | 辛巳 | 壬午 | 癸未 | 甲申 | 乙酉 | 丙戌 | 丁亥 | 戊子 | 己丑 | 庚寅 | 辛卯 | 壬辰 | 癸巳 | 甲午 | 乙未 | 丙申 | 丁酉 | 戊戌 | 己亥 | 庚子 | 辛丑 | 壬寅 | 癸卯 | 甲辰 |
| 대운 남 | 1 | 1 | 1 | 입 | 1 | 1 | 1 | 1 | 2 | 2 | 2 | 3 | 3 | 3 | 4 | 4 | 4 | 5 | 5 | 5 | 6 | 6 | 6 | 7 | 7 | 7 | 8 | 8 |
| 대운 녀 | 9 | 9 | 9 | 춘 | 10 | 9 | 9 | 9 | 8 | 8 | 8 | 7 | 7 | 7 | 6 | 6 | 6 | 5 | 5 | 5 | 4 | 4 | 4 | 3 | 3 | 3 | 2 | 2 |

경칩 6일 10시32분

## 3 · 丁卯月(양 3.6~4.4)

춘분 21일 11시35분

| 양력 | 1 | 2 | 3 | 4 | 5 | 6 | 7 | 8 | 9 | 10 | 11 | 12 | 13 | 14 | 15 | 16 | 17 | 18 | 19 | 20 | 21 | 22 | 23 | 24 | 25 | 26 | 27 | 28 | 29 | 30 | 31 |
|---|---|---|---|---|---|---|---|---|---|---|---|---|---|---|---|---|---|---|---|---|---|---|---|---|---|---|---|---|---|---|---|
| 음력 | 20 | 21 | 22 | 23 | 24 | 25 | 26 | 27 | 28 | 29 | 2.1 | 2 | 3 | 4 | 5 | 6 | 7 | 8 | 9 | 10 | 11 | 12 | 13 | 14 | 15 | 16 | 17 | 18 | 19 | 20 | 21 |
| 요일 | 金 | 土 | 日 | 月 | 火 | 水 | 木 | 金 | 土 | 日 | 月 | 火 | 水 | 木 | 金 | 土 | 日 | 月 | 火 | 水 | 木 | 金 | 土 | 日 | 月 | 火 | 水 | 木 | 金 | 土 | 日 |
| 일진 | 乙巳 | 丙午 | 丁未 | 戊申 | 己酉 | 庚戌 | 辛亥 | 壬子 | 癸丑 | 甲寅 | 乙卯 | 丙辰 | 丁巳 | 戊午 | 己未 | 庚申 | 辛酉 | 壬戌 | 癸亥 | 甲子 | 乙丑 | 丙寅 | 丁卯 | 戊辰 | 己巳 | 庚午 | 辛未 | 壬申 | 癸酉 | 甲戌 | 乙亥 |
| 대운 남 | 8 | 9 | 9 | 9 | 10 | 경 | 1 | 1 | 1 | 1 | 2 | 2 | 2 | 3 | 3 | 3 | 4 | 4 | 4 | 5 | 5 | 5 | 6 | 6 | 6 | 7 | 7 | 7 | 8 | 8 | 8 |
| 대운 녀 | 2 | 1 | 1 | 1 | 1 | 칩 | 10 | 9 | 9 | 9 | 8 | 8 | 8 | 7 | 7 | 7 | 6 | 6 | 6 | 5 | 5 | 5 | 4 | 4 | 4 | 3 | 3 | 3 | 2 | 2 | 2 |

청명 5일 15시51분

## 4 · 戊辰月(양 4.5~5.5)

곡우 20일 23시10분

| 양력 | 1 | 2 | 3 | 4 | 5 | 6 | 7 | 8 | 9 | 10 | 11 | 12 | 13 | 14 | 15 | 16 | 17 | 18 | 19 | 20 | 21 | 22 | 23 | 24 | 25 | 26 | 27 | 28 | 29 | 30 |
|---|---|---|---|---|---|---|---|---|---|---|---|---|---|---|---|---|---|---|---|---|---|---|---|---|---|---|---|---|---|---|
| 음력 | 22 | 23 | 24 | 25 | 26 | 27 | 28 | 29 | 30 | 3.1 | 2 | 3 | 4 | 5 | 6 | 7 | 8 | 9 | 10 | 11 | 12 | 13 | 14 | 15 | 16 | 17 | 18 | 19 | 20 | 21 |
| 요일 | 月 | 火 | 水 | 木 | 金 | 土 | 日 | 月 | 火 | 水 | 木 | 金 | 土 | 日 | 月 | 火 | 水 | 木 | 金 | 土 | 日 | 月 | 火 | 水 | 木 | 金 | 土 | 日 | 月 | 火 |
| 일진 | 丙子 | 丁丑 | 戊寅 | 己卯 | 庚辰 | 辛巳 | 壬午 | 癸未 | 甲申 | 乙酉 | 丙戌 | 丁亥 | 戊子 | 己丑 | 庚寅 | 辛卯 | 壬辰 | 癸巳 | 甲午 | 乙未 | 丙申 | 丁酉 | 戊戌 | 己亥 | 庚子 | 辛丑 | 壬寅 | 癸卯 | 甲辰 | 乙巳 |
| 대운 남 | 9 | 9 | 9 | 10 | 청 | 1 | 1 | 1 | 1 | 2 | 2 | 2 | 3 | 3 | 3 | 4 | 4 | 4 | 5 | 5 | 5 | 6 | 6 | 6 | 7 | 7 | 7 | 8 | 8 | 8 |
| 대운 녀 | 1 | 1 | 1 | 1 | 명 | 10 | 10 | 9 | 9 | 9 | 8 | 8 | 8 | 7 | 7 | 7 | 6 | 6 | 6 | 5 | 5 | 5 | 4 | 4 | 4 | 3 | 3 | 3 | 2 | 2 |

입하 6일 09시40분

## 5 · 己巳月(양 5.6~6.5)

소만 21일 22시48분

| 양력 | 1 | 2 | 3 | 4 | 5 | 6 | 7 | 8 | 9 | 10 | 11 | 12 | 13 | 14 | 15 | 16 | 17 | 18 | 19 | 20 | 21 | 22 | 23 | 24 | 25 | 26 | 27 | 28 | 29 | 30 | 31 |
|---|---|---|---|---|---|---|---|---|---|---|---|---|---|---|---|---|---|---|---|---|---|---|---|---|---|---|---|---|---|---|---|
| 음력 | 22 | 23 | 24 | 25 | 26 | 27 | 28 | 29 | 4.1 | 2 | 3 | 4 | 5 | 6 | 7 | 8 | 9 | 10 | 11 | 12 | 13 | 14 | 15 | 16 | 17 | 18 | 19 | 20 | 21 | 22 | 23 |
| 요일 | 水 | 木 | 金 | 土 | 日 | 月 | 火 | 水 | 木 | 金 | 土 | 日 | 月 | 火 | 水 | 木 | 金 | 土 | 日 | 月 | 火 | 水 | 木 | 金 | 土 | 日 | 月 | 火 | 水 | 木 | 金 |
| 일진 | 丙午 | 丁未 | 戊申 | 己酉 | 庚戌 | 辛亥 | 壬子 | 癸丑 | 甲寅 | 乙卯 | 丙辰 | 丁巳 | 戊午 | 己未 | 庚申 | 辛酉 | 壬戌 | 癸亥 | 甲子 | 乙丑 | 丙寅 | 丁卯 | 戊辰 | 己巳 | 庚午 | 辛未 | 壬申 | 癸酉 | 甲戌 | 乙亥 | 丙子 |
| 대운 남 | 9 | 9 | 9 | 10 | 10 | 입 | 1 | 1 | 1 | 1 | 2 | 2 | 2 | 3 | 3 | 3 | 4 | 4 | 4 | 5 | 5 | 5 | 6 | 6 | 6 | 7 | 7 | 7 | 8 | 8 | 8 |
| 대운 녀 | 2 | 1 | 1 | 1 | 1 | 하 | 10 | 10 | 9 | 9 | 9 | 8 | 8 | 8 | 7 | 7 | 7 | 6 | 6 | 6 | 5 | 5 | 5 | 4 | 4 | 4 | 3 | 3 | 3 | 2 | 2 |

망종 6일 14시11분

## 6 · 庚午月(양 6.6~7.7)

하지 22일 07시01분

| 양력 | 1 | 2 | 3 | 4 | 5 | 6 | 7 | 8 | 9 | 10 | 11 | 12 | 13 | 14 | 15 | 16 | 17 | 18 | 19 | 20 | 21 | 22 | 23 | 24 | 25 | 26 | 27 | 28 | 29 | 30 |
|---|---|---|---|---|---|---|---|---|---|---|---|---|---|---|---|---|---|---|---|---|---|---|---|---|---|---|---|---|---|---|
| 음력 | 24 | 25 | 26 | 27 | 28 | 29 | 5.1 | 2 | 3 | 4 | 5 | 6 | 7 | 8 | 9 | 10 | 11 | 12 | 13 | 14 | 15 | 16 | 17 | 18 | 19 | 20 | 21 | 22 | 23 | 24 |
| 요일 | 土 | 日 | 月 | 火 | 水 | 木 | 金 | 土 | 日 | 月 | 火 | 水 | 木 | 金 | 土 | 日 | 月 | 火 | 水 | 木 | 金 | 土 | 日 | 月 | 火 | 水 | 木 | 金 | 土 | 日 |
| 일진 | 丁丑 | 戊寅 | 己卯 | 庚辰 | 辛巳 | 壬午 | 癸未 | 甲申 | 乙酉 | 丙戌 | 丁亥 | 戊子 | 己丑 | 庚寅 | 辛卯 | 壬辰 | 癸巳 | 甲午 | 乙未 | 丙申 | 丁酉 | 戊戌 | 己亥 | 庚子 | 辛丑 | 壬寅 | 癸卯 | 甲辰 | 乙巳 | 丙午 |
| 대운 남 | 9 | 9 | 9 | 10 | 10 | 망 | 1 | 1 | 1 | 1 | 2 | 2 | 2 | 3 | 3 | 3 | 4 | 4 | 4 | 5 | 5 | 5 | 6 | 6 | 6 | 7 | 7 | 7 | 8 | 8 |
| 대운 녀 | 2 | 1 | 1 | 1 | 1 | 종 | 10 | 10 | 10 | 9 | 9 | 9 | 8 | 8 | 8 | 7 | 7 | 7 | 6 | 6 | 6 | 5 | 5 | 5 | 4 | 4 | 4 | 3 | 3 | 3 |

소서 8일 00시32분

## 7 · 辛未月(양 7.8~8.7)

대서 23일 17시53분

| 양력 | 1 | 2 | 3 | 4 | 5 | 6 | 7 | 8 | 9 | 10 | 11 | 12 | 13 | 14 | 15 | 16 | 17 | 18 | 19 | 20 | 21 | 22 | 23 | 24 | 25 | 26 | 27 | 28 | 29 | 30 | 31 |
|---|---|---|---|---|---|---|---|---|---|---|---|---|---|---|---|---|---|---|---|---|---|---|---|---|---|---|---|---|---|---|---|
| 음력 | 25 | 26 | 27 | 28 | 29 | 30 | 6.1 | 2 | 3 | 4 | 5 | 6 | 7 | 8 | 9 | 10 | 11 | 12 | 13 | 14 | 15 | 16 | 17 | 18 | 19 | 20 | 21 | 22 | 23 | 24 | 25 |
| 요일 | 月 | 火 | 水 | 木 | 金 | 土 | 日 | 月 | 火 | 水 | 木 | 金 | 土 | 日 | 月 | 火 | 水 | 木 | 金 | 土 | 日 | 月 | 火 | 水 | 木 | 金 | 土 | 日 | 月 | 火 | 水 |
| 일진 | 丁未 | 戊申 | 己酉 | 庚戌 | 辛亥 | 壬子 | 癸丑 | 甲寅 | 乙卯 | 丙辰 | 丁巳 | 戊午 | 己未 | 庚申 | 辛酉 | 壬戌 | 癸亥 | 甲子 | 乙丑 | 丙寅 | 丁卯 | 戊辰 | 己巳 | 庚午 | 辛未 | 壬申 | 癸酉 | 甲戌 | 乙亥 | 丙子 | 丁丑 |
| 대운 남 | 8 | 9 | 9 | 9 | 10 | 10 | 10 | 소 | 1 | 1 | 1 | 1 | 2 | 2 | 2 | 3 | 3 | 3 | 4 | 4 | 4 | 5 | 5 | 5 | 6 | 6 | 6 | 7 | 7 | 7 | 8 |
| 대운 녀 | 2 | 2 | 2 | 1 | 1 | 1 | 1 | 서 | 10 | 10 | 9 | 9 | 9 | 8 | 8 | 8 | 7 | 7 | 7 | 6 | 6 | 6 | 5 | 5 | 5 | 4 | 4 | 4 | 3 | 3 | 3 |

입추 8일 10시09분

## 8 · 壬申月(양 8.8~9.7)

처서 24일 00시41분

| 양력 | 1 | 2 | 3 | 4 | 5 | 6 | 7 | 8 | 9 | 10 | 11 | 12 | 13 | 14 | 15 | 16 | 17 | 18 | 19 | 20 | 21 | 22 | 23 | 24 | 25 | 26 | 27 | 28 | 29 | 30 | 31 |
|---|---|---|---|---|---|---|---|---|---|---|---|---|---|---|---|---|---|---|---|---|---|---|---|---|---|---|---|---|---|---|---|
| 음력 | 26 | 27 | 28 | 29 | 7.1 | 2 | 3 | 4 | 5 | 6 | 7 | 8 | 9 | 10 | 11 | 12 | 13 | 14 | 15 | 16 | 17 | 18 | 19 | 20 | 21 | 22 | 23 | 24 | 25 | 26 | 27 |
| 요일 | 木 | 金 | 土 | 日 | 月 | 火 | 水 | 木 | 金 | 土 | 日 | 月 | 火 | 水 | 木 | 金 | 土 | 日 | 月 | 火 | 水 | 木 | 金 | 土 | 日 | 月 | 火 | 水 | 木 | 金 | 土 |
| 일진 | 戊寅 | 己卯 | 庚辰 | 辛巳 | 壬午 | 癸未 | 甲申 | 乙酉 | 丙戌 | 丁亥 | 戊子 | 己丑 | 庚寅 | 辛卯 | 壬辰 | 癸巳 | 甲午 | 乙未 | 丙申 | 丁酉 | 戊戌 | 己亥 | 庚子 | 辛丑 | 壬寅 | 癸卯 | 甲辰 | 乙巳 | 丙午 | 丁未 | 戊申 |
| 대운 남 | 8 | 8 | 9 | 9 | 9 | 10 | 10 | 입 | 1 | 1 | 1 | 1 | 2 | 2 | 2 | 3 | 3 | 3 | 4 | 4 | 4 | 5 | 5 | 5 | 6 | 6 | 6 | 7 | 7 | 7 | 8 |
| 대운 녀 | 2 | 2 | 2 | 1 | 1 | 1 | 1 | 추 | 10 | 10 | 9 | 9 | 9 | 8 | 8 | 8 | 7 | 7 | 7 | 6 | 6 | 6 | 5 | 5 | 5 | 4 | 4 | 4 | 3 | 3 | 3 |

백로 8일 12시40분

## 9 · 癸酉月(양 9.8~10.8)

추분 23일 21시52분

| 양력 | 1 | 2 | 3 | 4 | 5 | 6 | 7 | 8 | 9 | 10 | 11 | 12 | 13 | 14 | 15 | 16 | 17 | 18 | 19 | 20 | 21 | 22 | 23 | 24 | 25 | 26 | 27 | 28 | 29 | 30 |
|---|---|---|---|---|---|---|---|---|---|---|---|---|---|---|---|---|---|---|---|---|---|---|---|---|---|---|---|---|---|---|
| 음력 | 28 | 29 | 8.1 | 2 | 3 | 4 | 5 | 6 | 7 | 8 | 9 | 10 | 11 | 12 | 13 | 14 | 15 | 16 | 17 | 18 | 19 | 20 | 21 | 22 | 23 | 24 | 25 | 26 | 27 | 28 |
| 요일 | 日 | 月 | 火 | 水 | 木 | 金 | 土 | 日 | 月 | 火 | 水 | 木 | 金 | 土 | 日 | 月 | 火 | 水 | 木 | 金 | 土 | 日 | 月 | 火 | 水 | 木 | 金 | 土 | 日 | 月 |
| 일진 | 己酉 | 庚戌 | 辛亥 | 壬子 | 癸丑 | 甲寅 | 乙卯 | 丙辰 | 丁巳 | 戊午 | 己未 | 庚申 | 辛酉 | 壬戌 | 癸亥 | 甲子 | 乙丑 | 丙寅 | 丁卯 | 戊辰 | 己巳 | 庚午 | 辛未 | 壬申 | 癸酉 | 甲戌 | 乙亥 | 丙子 | 丁丑 | 戊寅 |
| 대운 남 | 8 | 8 | 9 | 9 | 9 | 10 | 10 | 백 | 1 | 1 | 1 | 1 | 2 | 2 | 2 | 3 | 3 | 3 | 4 | 4 | 4 | 5 | 5 | 5 | 6 | 6 | 6 | 7 | 7 | 7 |
| 대운 녀 | 2 | 2 | 2 | 1 | 1 | 1 | 1 | 로 | 10 | 10 | 9 | 9 | 9 | 8 | 8 | 8 | 7 | 7 | 7 | 6 | 6 | 6 | 5 | 5 | 5 | 4 | 4 | 4 | 3 | 3 |

한로 9일 03시47분

## 10 · 甲戌月(양 10.9~11.7)

상강 24일 06시41분

| 양력 | 1 | 2 | 3 | 4 | 5 | 6 | 7 | 8 | 9 | 10 | 11 | 12 | 13 | 14 | 15 | 16 | 17 | 18 | 19 | 20 | 21 | 22 | 23 | 24 | 25 | 26 | 27 | 28 | 29 | 30 | 31 |
|---|---|---|---|---|---|---|---|---|---|---|---|---|---|---|---|---|---|---|---|---|---|---|---|---|---|---|---|---|---|---|---|
| 음력 | 29 | 30 | 9.1 | 2 | 3 | 4 | 5 | 6 | 7 | 8 | 9 | 10 | 11 | 12 | 13 | 14 | 15 | 16 | 17 | 18 | 19 | 20 | 21 | 22 | 23 | 24 | 25 | 26 | 27 | 28 | 29 |
| 요일 | 火 | 水 | 木 | 金 | 土 | 日 | 月 | 火 | 水 | 木 | 金 | 土 | 日 | 月 | 火 | 水 | 木 | 金 | 土 | 日 | 月 | 火 | 水 | 木 | 金 | 土 | 日 | 月 | 火 | 水 | 木 |
| 일진 | 己卯 | 庚辰 | 辛巳 | 壬午 | 癸未 | 甲申 | 乙酉 | 丙戌 | 丁亥 | 戊子 | 己丑 | 庚寅 | 辛卯 | 壬辰 | 癸巳 | 甲午 | 乙未 | 丙申 | 丁酉 | 戊戌 | 己亥 | 庚子 | 辛丑 | 壬寅 | 癸卯 | 甲辰 | 乙巳 | 丙午 | 丁未 | 戊申 | 己酉 |
| 대운 남 | 8 | 8 | 8 | 9 | 9 | 9 | 10 | 10 | 한 | 1 | 1 | 1 | 1 | 2 | 2 | 2 | 3 | 3 | 3 | 4 | 4 | 4 | 5 | 5 | 5 | 6 | 6 | 6 | 7 | 7 | 7 |
| 대운 녀 | 3 | 2 | 2 | 2 | 1 | 1 | 1 | 1 | 로 | 10 | 9 | 9 | 9 | 8 | 8 | 8 | 7 | 7 | 7 | 6 | 6 | 6 | 5 | 5 | 5 | 4 | 4 | 4 | 3 | 3 | 3 |

입동 8일 06시28분

## 11 · 乙亥月(양 11.8~12.6)

소설 23일 03시48분

| 양력 | 1 | 2 | 3 | 4 | 5 | 6 | 7 | 8 | 9 | 10 | 11 | 12 | 13 | 14 | 15 | 16 | 17 | 18 | 19 | 20 | 21 | 22 | 23 | 24 | 25 | 26 | 27 | 28 | 29 | 30 |
|---|---|---|---|---|---|---|---|---|---|---|---|---|---|---|---|---|---|---|---|---|---|---|---|---|---|---|---|---|---|---|
| 음력 | 10.1 | 2 | 3 | 4 | 5 | 6 | 7 | 8 | 9 | 10 | 11 | 12 | 13 | 14 | 15 | 16 | 17 | 18 | 19 | 20 | 21 | 22 | 23 | 24 | 25 | 26 | 27 | 28 | 29 | 30 |
| 요일 | 金 | 土 | 日 | 月 | 火 | 水 | 木 | 金 | 土 | 日 | 月 | 火 | 水 | 木 | 金 | 土 | 日 | 月 | 火 | 水 | 木 | 金 | 土 | 日 | 月 | 火 | 水 | 木 | 金 | 土 |
| 일진 | 庚戌 | 辛亥 | 壬子 | 癸丑 | 甲寅 | 乙卯 | 丙辰 | 丁巳 | 戊午 | 己未 | 庚申 | 辛酉 | 壬戌 | 癸亥 | 甲子 | 乙丑 | 丙寅 | 丁卯 | 戊辰 | 己巳 | 庚午 | 辛未 | 壬申 | 癸酉 | 甲戌 | 乙亥 | 丙子 | 丁丑 | 戊寅 | 己卯 |
| 대운 남 | 8 | 8 | 8 | 9 | 9 | 9 | 10 | 입 | 1 | 1 | 1 | 1 | 2 | 2 | 2 | 3 | 3 | 3 | 4 | 4 | 4 | 5 | 5 | 5 | 6 | 6 | 6 | 7 | 7 | 7 |
| 대운 녀 | 2 | 2 | 2 | 1 | 1 | 1 | 1 | 동 | 9 | 9 | 9 | 8 | 8 | 8 | 7 | 7 | 7 | 6 | 6 | 6 | 5 | 5 | 5 | 4 | 4 | 4 | 3 | 3 | 3 | 2 |

대설 7일 22시56분

## 12 · 丙子月(양 12.7~1.5)

동지 22일 16시53분

| 양력 | 1 | 2 | 3 | 4 | 5 | 6 | 7 | 8 | 9 | 10 | 11 | 12 | 13 | 14 | 15 | 16 | 17 | 18 | 19 | 20 | 21 | 22 | 23 | 24 | 25 | 26 | 27 | 28 | 29 | 30 | 31 |
|---|---|---|---|---|---|---|---|---|---|---|---|---|---|---|---|---|---|---|---|---|---|---|---|---|---|---|---|---|---|---|---|
| 음력 | 11.1 | 2 | 3 | 4 | 5 | 6 | 7 | 8 | 9 | 10 | 11 | 12 | 13 | 14 | 15 | 16 | 17 | 18 | 19 | 20 | 21 | 22 | 23 | 24 | 25 | 26 | 27 | 28 | 29 | 30 | 12.1 |
| 요일 | 日 | 月 | 火 | 水 | 木 | 金 | 土 | 日 | 月 | 火 | 水 | 木 | 金 | 土 | 日 | 月 | 火 | 水 | 木 | 金 | 土 | 日 | 月 | 火 | 水 | 木 | 金 | 土 | 日 | 月 | 火 |
| 일진 | 庚辰 | 辛巳 | 壬午 | 癸未 | 甲申 | 乙酉 | 丙戌 | 丁亥 | 戊子 | 己丑 | 庚寅 | 辛卯 | 壬辰 | 癸巳 | 甲午 | 乙未 | 丙申 | 丁酉 | 戊戌 | 己亥 | 庚子 | 辛丑 | 壬寅 | 癸卯 | 甲辰 | 乙巳 | 丙午 | 丁未 | 戊申 | 己酉 | 庚戌 |
| 대운 남 | 8 | 8 | 8 | 9 | 9 | 9 | 대 | 1 | 1 | 1 | 1 | 2 | 2 | 2 | 3 | 3 | 3 | 4 | 4 | 4 | 5 | 5 | 5 | 6 | 6 | 6 | 7 | 7 | 7 | 8 | 8 |
| 대운 녀 | 2 | 2 | 1 | 1 | 1 | 1 | 설 | 10 | 9 | 9 | 9 | 8 | 8 | 8 | 7 | 7 | 7 | 6 | 6 | 6 | 5 | 5 | 5 | 4 | 4 | 4 | 3 | 3 | 3 | 2 | 2 |

# 1930년(윤6월)

소한 6일 10시03분

## 1 · 丁丑月(양 1.6~2.3)

대한 21일 03시33분

| 양력 | | 1 | 2 | 3 | 4 | 5 | 6 | 7 | 8 | 9 | 10 | 11 | 12 | 13 | 14 | 15 | 16 | 17 | 18 | 19 | 20 | 21 | 22 | 23 | 24 | 25 | 26 | 27 | 28 | 29 | 30 | 31 |
|---|---|---|---|---|---|---|---|---|---|---|---|---|---|---|---|---|---|---|---|---|---|---|---|---|---|---|---|---|---|---|---|---|
| 음력 | | 2 | 3 | 4 | 5 | 6 | 7 | 8 | 9 | 10 | 11 | 12 | 13 | 14 | 15 | 16 | 17 | 18 | 19 | 20 | 21 | 22 | 23 | 24 | 25 | 26 | 27 | 28 | 29 | 30 | 1.1 | 2 |
| 요일 | | 水 | 木 | 金 | 土 | 日 | 月 | 火 | 水 | 木 | 金 | 土 | 日 | 月 | 火 | 水 | 木 | 金 | 土 | 日 | 月 | 火 | 水 | 木 | 金 | 土 | 日 | 月 | 火 | 水 | 木 | 金 |
| 일진 | | 辛 | 壬 | 癸 | 甲 | 乙 | 丙 | 丁 | 戊 | 己 | 庚 | 辛 | 壬 | 癸 | 甲 | 乙 | 丙 | 丁 | 戊 | 己 | 庚 | 辛 | 壬 | 癸 | 甲 | 乙 | 丙 | 丁 | 戊 | 己 | 庚 | 辛 |
| | | 亥 | 子 | 丑 | 寅 | 卯 | 辰 | 巳 | 午 | 未 | 申 | 酉 | 戌 | 亥 | 子 | 丑 | 寅 | 卯 | 辰 | 巳 | 午 | 未 | 申 | 酉 | 戌 | 亥 | 子 | 丑 | 寅 | 卯 | 辰 | 巳 |
| 대운 | 남 | 8 | 9 | 9 | 9 | 10 | 소 | 1 | 1 | 1 | 1 | 2 | 2 | 2 | 3 | 3 | 3 | 4 | 4 | 4 | 5 | 5 | 5 | 6 | 6 | 6 | 7 | 7 | 7 | 8 | 8 | 8 |
| | 녀 | 2 | 1 | 1 | 1 | 1 | 한 | 9 | 9 | 9 | 8 | 8 | 8 | 7 | 7 | 7 | 6 | 6 | 6 | 5 | 5 | 5 | 4 | 4 | 4 | 3 | 3 | 3 | 2 | 2 | 2 | 1 |

입춘 4일 21시51분

## 2 · 戊寅月(양 2.4~3.5)

우수 19일 18시00분

| 양력 | | 1 | 2 | 3 | 4 | 5 | 6 | 7 | 8 | 9 | 10 | 11 | 12 | 13 | 14 | 15 | 16 | 17 | 18 | 19 | 20 | 21 | 22 | 23 | 24 | 25 | 26 | 27 | 28 |
|---|---|---|---|---|---|---|---|---|---|---|---|---|---|---|---|---|---|---|---|---|---|---|---|---|---|---|---|---|---|
| 음력 | | 3 | 4 | 5 | 6 | 7 | 8 | 9 | 10 | 11 | 12 | 13 | 14 | 15 | 16 | 17 | 18 | 19 | 20 | 21 | 22 | 23 | 24 | 25 | 26 | 27 | 28 | 29 | 2.1 |
| 요일 | | 土 | 日 | 月 | 火 | 水 | 木 | 金 | 土 | 日 | 月 | 火 | 水 | 木 | 金 | 土 | 日 | 月 | 火 | 水 | 木 | 金 | 土 | 日 | 月 | 火 | 水 | 木 | 金 |
| 일진 | | 壬 | 癸 | 甲 | 乙 | 丙 | 丁 | 戊 | 己 | 庚 | 辛 | 壬 | 癸 | 甲 | 乙 | 丙 | 丁 | 戊 | 己 | 庚 | 辛 | 壬 | 癸 | 甲 | 乙 | 丙 | 丁 | 戊 | 己 |
| | | 午 | 未 | 申 | 酉 | 戌 | 亥 | 子 | 丑 | 寅 | 卯 | 辰 | 巳 | 午 | 未 | 申 | 酉 | 戌 | 亥 | 子 | 丑 | 寅 | 卯 | 辰 | 巳 | 午 | 未 | 申 | 酉 |
| 대운 | 남 | 9 | 9 | 9 | 입 | 10 | 9 | 9 | 9 | 8 | 8 | 8 | 7 | 7 | 7 | 6 | 6 | 6 | 5 | 5 | 5 | 4 | 4 | 4 | 3 | 3 | 3 | 2 | 2 |
| | 녀 | 1 | 1 | 1 | 춘 | 1 | 1 | 1 | 1 | 2 | 2 | 2 | 3 | 3 | 3 | 4 | 4 | 4 | 5 | 5 | 5 | 6 | 6 | 6 | 7 | 7 | 7 | 8 | 8 |

경칩 6일 16시17분

## 3 · 己卯月(양 3.6~4.4)

춘분 21일 17시30분

| 양력 | | 1 | 2 | 3 | 4 | 5 | 6 | 7 | 8 | 9 | 10 | 11 | 12 | 13 | 14 | 15 | 16 | 17 | 18 | 19 | 20 | 21 | 22 | 23 | 24 | 25 | 26 | 27 | 28 | 29 | 30 | 31 |
|---|---|---|---|---|---|---|---|---|---|---|---|---|---|---|---|---|---|---|---|---|---|---|---|---|---|---|---|---|---|---|---|---|
| 음력 | | 2 | 3 | 4 | 5 | 6 | 7 | 8 | 9 | 10 | 11 | 12 | 13 | 14 | 15 | 16 | 17 | 18 | 19 | 20 | 21 | 22 | 23 | 24 | 25 | 26 | 27 | 28 | 29 | 30 | 3.1 | 2 |
| 요일 | | 土 | 日 | 月 | 火 | 水 | 木 | 金 | 土 | 日 | 月 | 火 | 水 | 木 | 金 | 土 | 日 | 月 | 火 | 水 | 木 | 金 | 土 | 日 | 月 | 火 | 水 | 木 | 金 | 土 | 日 | 月 |
| 일진 | | 庚 | 辛 | 壬 | 癸 | 甲 | 乙 | 丙 | 丁 | 戊 | 己 | 庚 | 辛 | 壬 | 癸 | 甲 | 乙 | 丙 | 丁 | 戊 | 己 | 庚 | 辛 | 壬 | 癸 | 甲 | 乙 | 丙 | 丁 | 戊 | 己 | 庚 |
| | | 戌 | 亥 | 子 | 丑 | 寅 | 卯 | 辰 | 巳 | 午 | 未 | 申 | 酉 | 戌 | 亥 | 子 | 丑 | 寅 | 卯 | 辰 | 巳 | 午 | 未 | 申 | 酉 | 戌 | 亥 | 子 | 丑 | 寅 | 卯 | 辰 |
| 대운 | 남 | 2 | 1 | 1 | 1 | 1 | 경 | 10 | 9 | 9 | 9 | 8 | 8 | 8 | 7 | 7 | 7 | 6 | 6 | 6 | 5 | 5 | 5 | 4 | 4 | 4 | 3 | 3 | 3 | 2 | 2 | 2 |
| | 녀 | 8 | 9 | 9 | 9 | 10 | 칩 | 1 | 1 | 1 | 1 | 2 | 2 | 2 | 3 | 3 | 3 | 4 | 4 | 4 | 5 | 5 | 5 | 6 | 6 | 6 | 7 | 7 | 7 | 8 | 8 | 8 |

청명 5일 21시37분

## 4 · 庚辰月(양 4.5~5.5)

곡우 21일 05시06분

| 양력 | | 1 | 2 | 3 | 4 | 5 | 6 | 7 | 8 | 9 | 10 | 11 | 12 | 13 | 14 | 15 | 16 | 17 | 18 | 19 | 20 | 21 | 22 | 23 | 24 | 25 | 26 | 27 | 28 | 29 | 30 |
|---|---|---|---|---|---|---|---|---|---|---|---|---|---|---|---|---|---|---|---|---|---|---|---|---|---|---|---|---|---|---|---|
| 음력 | | 3 | 4 | 5 | 6 | 7 | 8 | 9 | 10 | 11 | 12 | 13 | 14 | 15 | 16 | 17 | 18 | 19 | 20 | 21 | 22 | 23 | 24 | 25 | 26 | 27 | 28 | 29 | 30 | 4.1 | 2 |
| 요일 | | 火 | 水 | 木 | 金 | 土 | 日 | 月 | 火 | 水 | 木 | 金 | 土 | 日 | 月 | 火 | 水 | 木 | 金 | 土 | 日 | 月 | 火 | 水 | 木 | 金 | 土 | 日 | 月 | 火 | 水 |
| 일진 | | 辛 | 壬 | 癸 | 甲 | 乙 | 丙 | 丁 | 戊 | 己 | 庚 | 辛 | 壬 | 癸 | 甲 | 乙 | 丙 | 丁 | 戊 | 己 | 庚 | 辛 | 壬 | 癸 | 甲 | 乙 | 丙 | 丁 | 戊 | 己 | 庚 |
| | | 巳 | 午 | 未 | 申 | 酉 | 戌 | 亥 | 子 | 丑 | 寅 | 卯 | 辰 | 巳 | 午 | 未 | 申 | 酉 | 戌 | 亥 | 子 | 丑 | 寅 | 卯 | 辰 | 巳 | 午 | 未 | 申 | 酉 | 戌 |
| 대운 | 남 | 1 | 1 | 1 | 1 | 청 | 10 | 10 | 9 | 9 | 9 | 8 | 8 | 8 | 7 | 7 | 7 | 6 | 6 | 6 | 5 | 5 | 5 | 4 | 4 | 4 | 3 | 3 | 3 | 2 | 2 |
| | 녀 | 9 | 9 | 9 | 10 | 명 | 1 | 1 | 1 | 1 | 2 | 2 | 2 | 3 | 3 | 3 | 4 | 4 | 4 | 5 | 5 | 5 | 6 | 6 | 6 | 7 | 7 | 7 | 8 | 8 | 8 |

입하 6일 15시27분

## 5 · 辛巳月(양 5.6~6.5)

소만 22일 04시42분

| 양력 | | 1 | 2 | 3 | 4 | 5 | 6 | 7 | 8 | 9 | 10 | 11 | 12 | 13 | 14 | 15 | 16 | 17 | 18 | 19 | 20 | 21 | 22 | 23 | 24 | 25 | 26 | 27 | 28 | 29 | 30 | 31 |
|---|---|---|---|---|---|---|---|---|---|---|---|---|---|---|---|---|---|---|---|---|---|---|---|---|---|---|---|---|---|---|---|---|
| 음력 | | 3 | 4 | 5 | 6 | 7 | 8 | 9 | 10 | 11 | 12 | 13 | 14 | 15 | 16 | 17 | 18 | 19 | 20 | 21 | 22 | 23 | 24 | 25 | 26 | 27 | 28 | 29 | 5.1 | 2 | 3 | 4 |
| 요일 | | 木 | 金 | 土 | 日 | 月 | 火 | 水 | 木 | 金 | 土 | 日 | 月 | 火 | 水 | 木 | 金 | 土 | 日 | 月 | 火 | 水 | 木 | 金 | 土 | 日 | 月 | 火 | 水 | 木 | 金 | 土 |
| 일진 | | 辛 | 壬 | 癸 | 甲 | 乙 | 丙 | 丁 | 戊 | 己 | 庚 | 辛 | 壬 | 癸 | 甲 | 乙 | 丙 | 丁 | 戊 | 己 | 庚 | 辛 | 壬 | 癸 | 甲 | 乙 | 丙 | 丁 | 戊 | 己 | 庚 | 辛 |
| | | 亥 | 子 | 丑 | 寅 | 卯 | 辰 | 巳 | 午 | 未 | 申 | 酉 | 戌 | 亥 | 子 | 丑 | 寅 | 卯 | 辰 | 巳 | 午 | 未 | 申 | 酉 | 戌 | 亥 | 子 | 丑 | 寅 | 卯 | 辰 | 巳 |
| 대운 | 남 | 2 | 1 | 1 | 1 | 1 | 입 | 10 | 10 | 9 | 9 | 9 | 8 | 8 | 8 | 7 | 7 | 7 | 6 | 6 | 6 | 5 | 5 | 5 | 4 | 4 | 4 | 3 | 3 | 3 | 2 | 2 |
| | 녀 | 9 | 9 | 9 | 10 | 10 | 하 | 1 | 1 | 1 | 1 | 2 | 2 | 2 | 3 | 3 | 3 | 4 | 4 | 4 | 5 | 5 | 5 | 6 | 6 | 6 | 7 | 7 | 7 | 8 | 8 | 8 |

망종 6일 19시58분

## 6 · 壬午月(양 6.6~7.7)

하지 22일 12시53분

| 양력 | | 1 | 2 | 3 | 4 | 5 | 6 | 7 | 8 | 9 | 10 | 11 | 12 | 13 | 14 | 15 | 16 | 17 | 18 | 19 | 20 | 21 | 22 | 23 | 24 | 25 | 26 | 27 | 28 | 29 | 30 |
|---|---|---|---|---|---|---|---|---|---|---|---|---|---|---|---|---|---|---|---|---|---|---|---|---|---|---|---|---|---|---|---|
| 음력 | | 5 | 6 | 7 | 8 | 9 | 10 | 11 | 12 | 13 | 14 | 15 | 16 | 17 | 18 | 19 | 20 | 21 | 22 | 23 | 24 | 25 | 26 | 27 | 28 | 29 | 6.1 | 2 | 3 | 4 | 5 |
| 요일 | | 日 | 月 | 火 | 水 | 木 | 金 | 土 | 日 | 月 | 火 | 水 | 木 | 金 | 土 | 日 | 月 | 火 | 水 | 木 | 金 | 土 | 日 | 月 | 火 | 水 | 木 | 金 | 土 | 日 | 月 |
| 일진 | | 壬 | 癸 | 甲 | 乙 | 丙 | 丁 | 戊 | 己 | 庚 | 辛 | 壬 | 癸 | 甲 | 乙 | 丙 | 丁 | 戊 | 己 | 庚 | 辛 | 壬 | 癸 | 甲 | 乙 | 丙 | 丁 | 戊 | 己 | 庚 | 辛 |
| | | 午 | 未 | 申 | 酉 | 戌 | 亥 | 子 | 丑 | 寅 | 卯 | 辰 | 巳 | 午 | 未 | 申 | 酉 | 戌 | 亥 | 子 | 丑 | 寅 | 卯 | 辰 | 巳 | 午 | 未 | 申 | 酉 | 戌 | 亥 |
| 대운 | 남 | 2 | 1 | 1 | 1 | 1 | 망 | 10 | 10 | 10 | 9 | 9 | 9 | 8 | 8 | 8 | 7 | 7 | 7 | 6 | 6 | 6 | 5 | 5 | 5 | 4 | 4 | 4 | 3 | 3 | 3 |
| | 녀 | 9 | 9 | 9 | 10 | 10 | 종 | 1 | 1 | 1 | 1 | 2 | 2 | 2 | 3 | 3 | 3 | 4 | 4 | 4 | 5 | 5 | 5 | 6 | 6 | 6 | 7 | 7 | 7 | 8 | 8 |

# 庚午年

소서 8일 06시20분 **7 · 癸未月**(양 7.8~8.7) 대서 23일 23시42분

| 양력 | 1 | 2 | 3 | 4 | 5 | 6 | 7 | 8 | 9 | 10 | 11 | 12 | 13 | 14 | 15 | 16 | 17 | 18 | 19 | 20 | 21 | 22 | 23 | 24 | 25 | 26 | 27 | 28 | 29 | 30 | 31 |
|---|---|---|---|---|---|---|---|---|---|---|---|---|---|---|---|---|---|---|---|---|---|---|---|---|---|---|---|---|---|---|---|
| 음력 | 6 | 7 | 8 | 9 | 10 | 11 | 12 | 13 | 14 | 15 | 16 | 17 | 18 | 19 | 20 | 21 | 22 | 23 | 24 | 25 | 26 | 27 | 28 | 29 | 30 | 윤 | 6.2 | 3 | 4 | 5 | 6 |
| 요일 | 火 | 水 | 木 | 金 | 土 | 日 | 月 | 火 | 水 | 木 | 金 | 土 | 日 | 月 | 火 | 水 | 木 | 金 | 土 | 日 | 月 | 火 | 水 | 木 | 金 | 土 | 日 | 月 | 火 | 水 | 木 |
| 일진 | 壬子 | 癸丑 | 甲寅 | 乙卯 | 丙辰 | 丁巳 | 戊午 | 己未 | 庚申 | 辛酉 | 壬戌 | 癸亥 | 甲子 | 乙丑 | 丙寅 | 丁卯 | 戊辰 | 己巳 | 庚午 | 辛未 | 壬申 | 癸酉 | 甲戌 | 乙亥 | 丙子 | 丁丑 | 戊寅 | 己卯 | 庚辰 | 辛巳 | 壬午 |
| 대운 남 | 2 | 2 | 2 | 1 | 1 | 1 | 1 | 소 | 10 | 10 | 9 | 9 | 9 | 8 | 8 | 8 | 7 | 7 | 7 | 6 | 6 | 6 | 5 | 5 | 5 | 4 | 4 | 4 | 3 | 3 | 3 |
| 대운 녀 | 8 | 9 | 9 | 9 | 10 | 10 | 10 | 서 | 1 | 1 | 1 | 1 | 2 | 2 | 2 | 3 | 3 | 3 | 4 | 4 | 4 | 5 | 5 | 5 | 6 | 6 | 6 | 7 | 7 | 7 | 8 |

입추 8일 15시57분 **8 · 甲申月**(양 8.8~9.7) 처서 24일 06시26분

| 양력 | 1 | 2 | 3 | 4 | 5 | 6 | 7 | 8 | 9 | 10 | 11 | 12 | 13 | 14 | 15 | 16 | 17 | 18 | 19 | 20 | 21 | 22 | 23 | 24 | 25 | 26 | 27 | 28 | 29 | 30 | 31 |
|---|---|---|---|---|---|---|---|---|---|---|---|---|---|---|---|---|---|---|---|---|---|---|---|---|---|---|---|---|---|---|---|
| 음력 | 7 | 8 | 9 | 10 | 11 | 12 | 13 | 14 | 15 | 16 | 17 | 18 | 19 | 20 | 21 | 22 | 23 | 24 | 25 | 26 | 27 | 28 | 29 | 7.1 | 2 | 3 | 4 | 5 | 6 | 7 | 8 |
| 요일 | 金 | 土 | 日 | 月 | 火 | 水 | 木 | 金 | 土 | 日 | 月 | 火 | 水 | 木 | 金 | 土 | 日 | 月 | 火 | 水 | 木 | 金 | 土 | 日 | 月 | 火 | 水 | 木 | 金 | 土 | 日 |
| 일진 | 癸未 | 甲申 | 乙酉 | 丙戌 | 丁亥 | 戊子 | 己丑 | 庚寅 | 辛卯 | 壬辰 | 癸巳 | 甲午 | 乙未 | 丙申 | 丁酉 | 戊戌 | 己亥 | 庚子 | 辛丑 | 壬寅 | 癸卯 | 甲辰 | 乙巳 | 丙午 | 丁未 | 戊申 | 己酉 | 庚戌 | 辛亥 | 壬子 | 癸丑 |
| 대운 남 | 2 | 2 | 2 | 1 | 1 | 1 | 1 | 입 | 10 | 10 | 9 | 9 | 9 | 8 | 8 | 8 | 7 | 7 | 7 | 6 | 6 | 6 | 5 | 5 | 5 | 4 | 4 | 4 | 3 | 3 | 3 |
| 대운 녀 | 8 | 8 | 9 | 9 | 9 | 10 | 10 | 추 | 1 | 1 | 1 | 1 | 2 | 2 | 2 | 3 | 3 | 3 | 4 | 4 | 4 | 5 | 5 | 5 | 6 | 6 | 6 | 7 | 7 | 7 | 8 |

백로 8일 18시28분 **9 · 乙酉月**(양 9.8~10.8) 추분 24일 03시36분

| 양력 | 1 | 2 | 3 | 4 | 5 | 6 | 7 | 8 | 9 | 10 | 11 | 12 | 13 | 14 | 15 | 16 | 17 | 18 | 19 | 20 | 21 | 22 | 23 | 24 | 25 | 26 | 27 | 28 | 29 | 30 |
|---|---|---|---|---|---|---|---|---|---|---|---|---|---|---|---|---|---|---|---|---|---|---|---|---|---|---|---|---|---|---|
| 음력 | 9 | 10 | 11 | 12 | 13 | 14 | 15 | 16 | 17 | 18 | 19 | 20 | 21 | 22 | 23 | 24 | 25 | 26 | 27 | 28 | 29 | 8.1 | 2 | 3 | 4 | 5 | 6 | 7 | 8 | 9 |
| 요일 | 月 | 火 | 水 | 木 | 金 | 土 | 日 | 月 | 火 | 水 | 木 | 金 | 土 | 日 | 月 | 火 | 水 | 木 | 金 | 土 | 日 | 月 | 火 | 水 | 木 | 金 | 土 | 日 | 月 | 火 |
| 일진 | 甲寅 | 乙卯 | 丙辰 | 丁巳 | 戊午 | 己未 | 庚申 | 辛酉 | 壬戌 | 癸亥 | 甲子 | 乙丑 | 丙寅 | 丁卯 | 戊辰 | 己巳 | 庚午 | 辛未 | 壬申 | 癸酉 | 甲戌 | 乙亥 | 丙子 | 丁丑 | 戊寅 | 己卯 | 庚辰 | 辛巳 | 壬午 | 癸未 |
| 대운 남 | 2 | 2 | 2 | 1 | 1 | 1 | 1 | 백 | 10 | 10 | 9 | 9 | 9 | 8 | 8 | 8 | 7 | 7 | 7 | 6 | 6 | 6 | 5 | 5 | 5 | 4 | 4 | 4 | 3 | 3 |
| 대운 녀 | 8 | 8 | 9 | 9 | 9 | 10 | 10 | 로 | 1 | 1 | 1 | 1 | 2 | 2 | 2 | 3 | 3 | 3 | 4 | 4 | 4 | 5 | 5 | 5 | 6 | 6 | 6 | 7 | 7 | 7 |

한로 9일 09시38분 **10 · 丙戌月**(양 10.9~11.7) 상강 24일 12시26분

| 양력 | 1 | 2 | 3 | 4 | 5 | 6 | 7 | 8 | 9 | 10 | 11 | 12 | 13 | 14 | 15 | 16 | 17 | 18 | 19 | 20 | 21 | 22 | 23 | 24 | 25 | 26 | 27 | 28 | 29 | 30 | 31 |
|---|---|---|---|---|---|---|---|---|---|---|---|---|---|---|---|---|---|---|---|---|---|---|---|---|---|---|---|---|---|---|---|
| 음력 | 10 | 11 | 12 | 13 | 14 | 15 | 16 | 17 | 18 | 19 | 20 | 21 | 22 | 23 | 24 | 25 | 26 | 27 | 28 | 29 | 30 | 9.1 | 2 | 3 | 4 | 5 | 6 | 7 | 8 | 9 | 10 |
| 요일 | 水 | 木 | 金 | 土 | 日 | 月 | 火 | 水 | 木 | 金 | 土 | 日 | 月 | 火 | 水 | 木 | 金 | 土 | 日 | 月 | 火 | 水 | 木 | 金 | 土 | 日 | 月 | 火 | 水 | 木 | 金 |
| 일진 | 甲申 | 乙酉 | 丙戌 | 丁亥 | 戊子 | 己丑 | 庚寅 | 辛卯 | 壬辰 | 癸巳 | 甲午 | 乙未 | 丙申 | 丁酉 | 戊戌 | 己亥 | 庚子 | 辛丑 | 壬寅 | 癸卯 | 甲辰 | 乙巳 | 丙午 | 丁未 | 戊申 | 己酉 | 庚戌 | 辛亥 | 壬子 | 癸丑 | 甲寅 |
| 대운 남 | 3 | 2 | 2 | 2 | 1 | 1 | 1 | 1 | 한 | 10 | 9 | 9 | 9 | 8 | 8 | 8 | 7 | 7 | 7 | 6 | 6 | 6 | 5 | 5 | 5 | 4 | 4 | 4 | 3 | 3 | 3 |
| 대운 녀 | 8 | 8 | 8 | 9 | 9 | 9 | 10 | 10 | 로 | 1 | 1 | 1 | 1 | 2 | 2 | 2 | 3 | 3 | 3 | 4 | 4 | 4 | 5 | 5 | 5 | 6 | 6 | 6 | 7 | 7 | 7 |

입동 8일 12시20분 **11 · 丁亥月**(양 11.8~12.7) 소설 23일 09시34분

| 양력 | 1 | 2 | 3 | 4 | 5 | 6 | 7 | 8 | 9 | 10 | 11 | 12 | 13 | 14 | 15 | 16 | 17 | 18 | 19 | 20 | 21 | 22 | 23 | 24 | 25 | 26 | 27 | 28 | 29 | 30 |
|---|---|---|---|---|---|---|---|---|---|---|---|---|---|---|---|---|---|---|---|---|---|---|---|---|---|---|---|---|---|---|
| 음력 | 11 | 12 | 13 | 14 | 15 | 16 | 17 | 18 | 19 | 20 | 21 | 22 | 23 | 24 | 25 | 26 | 27 | 28 | 29 | 10.1 | 2 | 3 | 4 | 5 | 6 | 7 | 8 | 9 | 10 | 11 |
| 요일 | 土 | 日 | 月 | 火 | 水 | 木 | 金 | 土 | 日 | 月 | 火 | 水 | 木 | 金 | 土 | 日 | 月 | 火 | 水 | 木 | 金 | 土 | 日 | 月 | 火 | 水 | 木 | 金 | 土 | 日 |
| 일진 | 乙卯 | 丙辰 | 丁巳 | 戊午 | 己未 | 庚辛 | 辛酉 | 壬戌 | 癸亥 | 甲子 | 乙丑 | 丙寅 | 丁卯 | 戊辰 | 己巳 | 庚午 | 辛未 | 壬申 | 癸酉 | 甲戌 | 乙亥 | 丙子 | 丁丑 | 戊寅 | 己卯 | 庚辰 | 辛巳 | 壬午 | 癸未 | 甲申 |
| 대운 남 | 2 | 2 | 2 | 1 | 1 | 1 | 1 | 입 | 10 | 9 | 9 | 9 | 8 | 8 | 8 | 7 | 7 | 7 | 6 | 6 | 6 | 5 | 5 | 5 | 4 | 4 | 4 | 3 | 3 | 3 |
| 대운 녀 | 8 | 8 | 8 | 9 | 9 | 9 | 10 | 동 | 1 | 1 | 1 | 1 | 2 | 2 | 2 | 3 | 3 | 3 | 4 | 4 | 4 | 5 | 5 | 5 | 6 | 6 | 6 | 7 | 7 | 7 |

대설 8일 04시51분 **12 · 戊子月**(양 12.8~1.5) 동지 22일 22시40분

| 양력 | 1 | 2 | 3 | 4 | 5 | 6 | 7 | 8 | 9 | 10 | 11 | 12 | 13 | 14 | 15 | 16 | 17 | 18 | 19 | 20 | 21 | 22 | 23 | 24 | 25 | 26 | 27 | 28 | 29 | 30 | 31 |
|---|---|---|---|---|---|---|---|---|---|---|---|---|---|---|---|---|---|---|---|---|---|---|---|---|---|---|---|---|---|---|---|
| 음력 | 12 | 13 | 14 | 15 | 16 | 17 | 18 | 19 | 20 | 21 | 22 | 23 | 24 | 25 | 26 | 27 | 28 | 29 | 30 | 11.1 | 2 | 3 | 4 | 5 | 6 | 7 | 8 | 9 | 10 | 11 | 12 |
| 요일 | 月 | 火 | 水 | 木 | 金 | 土 | 日 | 月 | 火 | 水 | 木 | 金 | 土 | 日 | 月 | 火 | 水 | 木 | 金 | 土 | 日 | 月 | 火 | 水 | 木 | 金 | 土 | 日 | 月 | 火 | 水 |
| 일진 | 乙酉 | 丙戌 | 丁亥 | 戊子 | 己丑 | 庚寅 | 辛卯 | 壬辰 | 癸巳 | 甲午 | 乙未 | 丙辛 | 丁酉 | 戊戌 | 己亥 | 庚子 | 辛丑 | 壬寅 | 癸卯 | 甲辰 | 乙巳 | 丙午 | 丁未 | 戊申 | 己酉 | 庚戌 | 辛亥 | 壬子 | 癸丑 | 甲寅 | 乙卯 |
| 대운 남 | 2 | 2 | 2 | 1 | 1 | 1 | 1 | 대 | 9 | 9 | 9 | 8 | 8 | 8 | 7 | 7 | 7 | 6 | 6 | 6 | 5 | 5 | 5 | 4 | 4 | 4 | 3 | 3 | 3 | 2 | 2 |
| 대운 녀 | 8 | 8 | 8 | 9 | 9 | 9 | 10 | 설 | 1 | 1 | 1 | 1 | 2 | 2 | 2 | 3 | 3 | 3 | 4 | 4 | 4 | 5 | 5 | 5 | 6 | 6 | 6 | 7 | 7 | 7 | 8 |

# 1931년

소한 6일 15시56분

## 1 · 己丑月(양 1.6~2.4)

대한 21일 09시18분

| 양력 | 1 | 2 | 3 | 4 | 5 | 6 | 7 | 8 | 9 | 10 | 11 | 12 | 13 | 14 | 15 | 16 | 17 | 18 | 19 | 20 | 21 | 22 | 23 | 24 | 25 | 26 | 27 | 28 | 29 | 30 | 31 |
|---|---|---|---|---|---|---|---|---|---|---|---|---|---|---|---|---|---|---|---|---|---|---|---|---|---|---|---|---|---|---|---|
| 음력 | 13 | 14 | 15 | 16 | 17 | 18 | 19 | 20 | 21 | 22 | 23 | 24 | 25 | 26 | 27 | 28 | 29 | 30 | 12.1 | 2 | 3 | 4 | 5 | 6 | 7 | 8 | 9 | 10 | 11 | 12 | 13 |
| 요일 | 木 | 金 | 土 | 日 | 月 | 火 | 水 | 木 | 金 | 土 | 日 | 月 | 火 | 水 | 木 | 金 | 土 | 日 | 月 | 火 | 水 | 木 | 金 | 土 | 日 | 月 | 火 | 水 | 木 | 金 | 土 |
| 일진 | 丙辰 | 丁巳 | 戊午 | 己未 | 庚辛 | 辛酉 | 壬戌 | 癸亥 | 甲子 | 乙丑 | 丙寅 | 丁卯 | 戊辰 | 己巳 | 庚午 | 辛未 | 壬申 | 癸酉 | 甲戌 | 乙亥 | 丙子 | 丁丑 | 戊寅 | 己卯 | 庚辰 | 辛巳 | 壬午 | 癸未 | 甲申 | 乙酉 | 丙戌 |
| 대운 남 | 2 | 1 | 1 | 1 | 1 | 소 | 10 | 9 | 9 | 9 | 8 | 8 | 8 | 7 | 7 | 7 | 6 | 6 | 6 | 5 | 5 | 5 | 4 | 4 | 4 | 3 | 3 | 3 | 2 | 2 | 2 |
| 대운 녀 | 8 | 8 | 9 | 9 | 9 | 한 | 1 | 1 | 1 | 1 | 2 | 2 | 2 | 3 | 3 | 3 | 4 | 4 | 4 | 5 | 5 | 5 | 6 | 6 | 6 | 7 | 7 | 7 | 8 | 8 | 8 |

입춘 5일 03시41분

## 2 · 庚寅月(양 2.5~3.5)

우수 19일 23시40분

| 양력 | 1 | 2 | 3 | 4 | 5 | 6 | 7 | 8 | 9 | 10 | 11 | 12 | 13 | 14 | 15 | 16 | 17 | 18 | 19 | 20 | 21 | 22 | 23 | 24 | 25 | 26 | 27 | 28 |
|---|---|---|---|---|---|---|---|---|---|---|---|---|---|---|---|---|---|---|---|---|---|---|---|---|---|---|---|---|
| 음력 | 14 | 15 | 16 | 17 | 18 | 19 | 20 | 21 | 22 | 23 | 24 | 25 | 26 | 27 | 28 | 29 | 1.1 | 2 | 3 | 4 | 5 | 6 | 7 | 8 | 9 | 10 | 11 | 12 |
| 요일 | 日 | 月 | 火 | 水 | 木 | 金 | 土 | 日 | 月 | 火 | 水 | 木 | 金 | 土 | 日 | 月 | 火 | 水 | 木 | 金 | 土 | 日 | 月 | 火 | 水 | 木 | 金 | 土 |
| 일진 | 丁亥 | 戊子 | 己丑 | 庚寅 | 辛卯 | 壬辰 | 癸巳 | 甲午 | 乙未 | 丙申 | 丁酉 | 戊戌 | 己亥 | 庚子 | 辛丑 | 壬寅 | 癸卯 | 甲辰 | 乙巳 | 丙午 | 丁未 | 戊申 | 己酉 | 庚戌 | 辛亥 | 壬子 | 癸丑 | 甲寅 |
| 대운 남 | 1 | 1 | 1 | 1 | 입 | 1 | 1 | 1 | 1 | 2 | 2 | 2 | 3 | 3 | 3 | 4 | 4 | 4 | 5 | 5 | 5 | 6 | 6 | 6 | 7 | 7 | 7 | 8 |
| 대운 녀 | 9 | 9 | 9 | 10 | 춘 | 9 | 9 | 9 | 8 | 8 | 8 | 7 | 7 | 7 | 6 | 6 | 6 | 5 | 5 | 5 | 4 | 4 | 4 | 3 | 3 | 3 | 2 | 2 |

경칩 6일 22시02분

## 3 · 辛卯月(양 3.6~4.5)

춘분 21일 23시06분

| 양력 | 1 | 2 | 3 | 4 | 5 | 6 | 7 | 8 | 9 | 10 | 11 | 12 | 13 | 14 | 15 | 16 | 17 | 18 | 19 | 20 | 21 | 22 | 23 | 24 | 25 | 26 | 27 | 28 | 29 | 30 | 31 |
|---|---|---|---|---|---|---|---|---|---|---|---|---|---|---|---|---|---|---|---|---|---|---|---|---|---|---|---|---|---|---|---|
| 음력 | 13 | 14 | 15 | 16 | 17 | 18 | 19 | 20 | 21 | 22 | 23 | 24 | 25 | 26 | 27 | 28 | 29 | 30 | 2.1 | 2 | 3 | 4 | 5 | 6 | 7 | 8 | 9 | 10 | 11 | 12 | 13 |
| 요일 | 日 | 月 | 火 | 水 | 木 | 金 | 土 | 日 | 月 | 火 | 水 | 木 | 金 | 土 | 日 | 月 | 火 | 水 | 木 | 金 | 土 | 日 | 月 | 火 | 水 | 木 | 金 | 土 | 日 | 月 | 火 |
| 일진 | 乙卯 | 丙辰 | 丁巳 | 戊午 | 己未 | 庚申 | 辛酉 | 壬戌 | 癸亥 | 甲子 | 乙丑 | 丙寅 | 丁卯 | 戊辰 | 己巳 | 庚午 | 辛未 | 壬申 | 癸酉 | 甲戌 | 乙亥 | 丙子 | 丁丑 | 戊寅 | 己卯 | 庚辰 | 辛巳 | 壬午 | 癸未 | 甲申 | 乙酉 |
| 대운 남 | 8 | 8 | 9 | 9 | 9 | 경 | 1 | 1 | 1 | 1 | 2 | 2 | 2 | 3 | 3 | 3 | 4 | 4 | 4 | 5 | 5 | 5 | 6 | 6 | 6 | 7 | 7 | 7 | 8 | 8 | 8 |
| 대운 녀 | 2 | 1 | 1 | 1 | 1 | 칩 | 10 | 10 | 9 | 9 | 9 | 8 | 8 | 8 | 7 | 7 | 7 | 6 | 6 | 6 | 5 | 5 | 5 | 4 | 4 | 4 | 3 | 3 | 3 | 2 | 2 |

청명 6일 03시20분

## 4 · 壬辰月(양 4.6~5.5)

곡우 21일 10시40분

| 양력 | 1 | 2 | 3 | 4 | 5 | 6 | 7 | 8 | 9 | 10 | 11 | 12 | 13 | 14 | 15 | 16 | 17 | 18 | 19 | 20 | 21 | 22 | 23 | 24 | 25 | 26 | 27 | 28 | 29 | 30 |
|---|---|---|---|---|---|---|---|---|---|---|---|---|---|---|---|---|---|---|---|---|---|---|---|---|---|---|---|---|---|---|
| 음력 | 14 | 15 | 16 | 17 | 18 | 19 | 20 | 21 | 22 | 23 | 24 | 25 | 26 | 27 | 28 | 29 | 30 | 3.1 | 2 | 3 | 4 | 5 | 6 | 7 | 8 | 9 | 10 | 11 | 12 | 13 |
| 요일 | 水 | 木 | 金 | 土 | 日 | 月 | 火 | 水 | 木 | 金 | 土 | 日 | 月 | 火 | 水 | 木 | 金 | 土 | 日 | 月 | 火 | 水 | 木 | 金 | 土 | 日 | 月 | 火 | 水 | 木 |
| 일진 | 丙戌 | 丁亥 | 戊子 | 己丑 | 庚寅 | 辛卯 | 壬辰 | 癸巳 | 甲午 | 乙未 | 丙申 | 丁酉 | 戊戌 | 己亥 | 庚子 | 辛丑 | 壬寅 | 癸卯 | 甲辰 | 乙巳 | 丙午 | 丁未 | 戊申 | 己酉 | 庚戌 | 辛亥 | 壬子 | 癸丑 | 甲寅 | 乙卯 |
| 대운 남 | 9 | 9 | 9 | 10 | 10 | 청 | 1 | 1 | 1 | 1 | 2 | 2 | 2 | 3 | 3 | 3 | 4 | 4 | 4 | 5 | 5 | 5 | 6 | 6 | 6 | 7 | 7 | 7 | 8 | 8 |
| 대운 녀 | 2 | 1 | 1 | 1 | 1 | 명 | 10 | 9 | 9 | 9 | 8 | 8 | 8 | 7 | 7 | 7 | 6 | 6 | 6 | 5 | 5 | 5 | 4 | 4 | 4 | 3 | 3 | 3 | 2 | 2 |

입하 6일 21시10분

## 5 · 癸巳月(양 5.6~6.6)

소만 22일 10시15분

| 양력 | 1 | 2 | 3 | 4 | 5 | 6 | 7 | 8 | 9 | 10 | 11 | 12 | 13 | 14 | 15 | 16 | 17 | 18 | 19 | 20 | 21 | 22 | 23 | 24 | 25 | 26 | 27 | 28 | 29 | 30 | 31 |
|---|---|---|---|---|---|---|---|---|---|---|---|---|---|---|---|---|---|---|---|---|---|---|---|---|---|---|---|---|---|---|---|
| 음력 | 14 | 15 | 16 | 17 | 18 | 19 | 20 | 21 | 22 | 23 | 24 | 25 | 26 | 27 | 28 | 29 | 30 | 4.1 | 2 | 3 | 4 | 5 | 6 | 7 | 8 | 9 | 10 | 11 | 12 | 13 | 14 |
| 요일 | 金 | 土 | 日 | 月 | 火 | 水 | 木 | 金 | 土 | 日 | 月 | 火 | 水 | 木 | 金 | 土 | 日 | 月 | 火 | 水 | 木 | 金 | 土 | 日 | 月 | 火 | 水 | 木 | 金 | 土 | 日 |
| 일진 | 丙辰 | 丁巳 | 戊午 | 己未 | 庚申 | 辛酉 | 壬戌 | 癸亥 | 甲子 | 乙丑 | 丙寅 | 丁卯 | 戊辰 | 己巳 | 庚午 | 辛未 | 壬申 | 癸酉 | 甲戌 | 乙亥 | 丙子 | 丁丑 | 戊寅 | 己卯 | 庚辰 | 辛巳 | 壬午 | 癸未 | 甲申 | 乙酉 | 丙戌 |
| 대운 남 | 8 | 9 | 9 | 9 | 10 | 입 | 1 | 1 | 1 | 1 | 2 | 2 | 2 | 3 | 3 | 3 | 4 | 4 | 4 | 5 | 5 | 5 | 6 | 6 | 6 | 7 | 7 | 7 | 8 | 8 | 8 |
| 대운 녀 | 2 | 1 | 1 | 1 | 1 | 하 | 10 | 10 | 10 | 9 | 9 | 9 | 8 | 8 | 8 | 7 | 7 | 7 | 6 | 6 | 6 | 5 | 5 | 5 | 4 | 4 | 4 | 3 | 3 | 3 | 2 |

망종 7일 01시42분

## 6 · 甲午月(양 6.7~7.7)

하지 22일 18시28분

| 양력 | 1 | 2 | 3 | 4 | 5 | 6 | 7 | 8 | 9 | 10 | 11 | 12 | 13 | 14 | 15 | 16 | 17 | 18 | 19 | 20 | 21 | 22 | 23 | 24 | 25 | 26 | 27 | 28 | 29 | 30 |
|---|---|---|---|---|---|---|---|---|---|---|---|---|---|---|---|---|---|---|---|---|---|---|---|---|---|---|---|---|---|---|
| 음력 | 15 | 16 | 17 | 18 | 19 | 20 | 21 | 22 | 23 | 24 | 25 | 26 | 27 | 28 | 29 | 5.1 | 2 | 3 | 4 | 5 | 6 | 7 | 8 | 9 | 10 | 11 | 12 | 13 | 14 | 15 |
| 요일 | 月 | 火 | 水 | 木 | 金 | 土 | 日 | 月 | 火 | 水 | 木 | 金 | 土 | 日 | 月 | 火 | 水 | 木 | 金 | 土 | 日 | 月 | 火 | 水 | 木 | 金 | 土 | 日 | 月 | 火 |
| 일진 | 丁亥 | 戊子 | 己丑 | 庚寅 | 辛卯 | 壬辰 | 癸巳 | 甲午 | 乙未 | 丙申 | 丁酉 | 戊戌 | 己亥 | 庚子 | 辛丑 | 壬寅 | 癸卯 | 甲辰 | 乙巳 | 丙午 | 丁未 | 戊申 | 己酉 | 庚戌 | 辛亥 | 壬子 | 癸丑 | 甲寅 | 乙卯 | 丙辰 |
| 대운 남 | 9 | 9 | 9 | 10 | 10 | 10 | 망 | 1 | 1 | 1 | 1 | 2 | 2 | 2 | 3 | 3 | 3 | 4 | 4 | 4 | 5 | 5 | 5 | 6 | 6 | 6 | 7 | 7 | 7 | 8 |
| 대운 녀 | 2 | 2 | 1 | 1 | 1 | 1 | 종 | 10 | 10 | 9 | 9 | 9 | 8 | 8 | 8 | 7 | 7 | 7 | 6 | 6 | 6 | 5 | 5 | 5 | 4 | 4 | 4 | 3 | 3 | 3 |

# 辛未年

동경135도 표준시

## 7 · 乙未月(㉧ 7.8~8.7)

소서 8일 12시06분 / 대서 24일 05시21분

| 양력 | 1 | 2 | 3 | 4 | 5 | 6 | 7 | 8 | 9 | 10 | 11 | 12 | 13 | 14 | 15 | 16 | 17 | 18 | 19 | 20 | 21 | 22 | 23 | 24 | 25 | 26 | 27 | 28 | 29 | 30 | 31 |
|---|---|---|---|---|---|---|---|---|---|---|---|---|---|---|---|---|---|---|---|---|---|---|---|---|---|---|---|---|---|---|---|
| 음력 | 16 | 17 | 18 | 19 | 20 | 21 | 22 | 23 | 24 | 25 | 26 | 27 | 28 | 29 | 6.1 | 2 | 3 | 4 | 5 | 6 | 7 | 8 | 9 | 10 | 11 | 12 | 13 | 14 | 15 | 16 | 17 |
| 요일 | 水 | 木 | 金 | 土 | 日 | 月 | 火 | 水 | 木 | 金 | 土 | 日 | 月 | 火 | 水 | 木 | 金 | 土 | 日 | 月 | 火 | 水 | 木 | 金 | 土 | 日 | 月 | 火 | 水 | 木 | 金 |
| 일진 | 丁巳 | 戊午 | 己未 | 庚申 | 辛酉 | 壬戌 | 癸亥 | 甲子 | 乙丑 | 丙寅 | 丁卯 | 戊辰 | 己巳 | 庚午 | 辛未 | 壬申 | 癸酉 | 甲戌 | 乙亥 | 丙子 | 丁丑 | 戊寅 | 己卯 | 庚辰 | 辛巳 | 壬午 | 癸未 | 甲申 | 乙酉 | 丙戌 | 丁亥 |
| 대운 남 | 8 | 8 | 9 | 9 | 9 | 10 | 10 | 소 | 1 | 1 | 1 | 1 | 2 | 2 | 2 | 3 | 3 | 3 | 4 | 4 | 4 | 5 | 5 | 5 | 6 | 6 | 6 | 7 | 7 | 7 | 8 |
| 대운 녀 | 2 | 2 | 2 | 1 | 1 | 1 | 1 | 서 | 10 | 10 | 9 | 9 | 9 | 8 | 8 | 8 | 7 | 7 | 7 | 6 | 6 | 6 | 5 | 5 | 5 | 4 | 4 | 4 | 3 | 3 | 3 |

## 8 · 丙申月(㉧ 8.8~9.8)

입추 8일 21시45분 / 처서 24일 12시10분

| 양력 | 1 | 2 | 3 | 4 | 5 | 6 | 7 | 8 | 9 | 10 | 11 | 12 | 13 | 14 | 15 | 16 | 17 | 18 | 19 | 20 | 21 | 22 | 23 | 24 | 25 | 26 | 27 | 28 | 29 | 30 | 31 |
|---|---|---|---|---|---|---|---|---|---|---|---|---|---|---|---|---|---|---|---|---|---|---|---|---|---|---|---|---|---|---|---|
| 음력 | 18 | 19 | 20 | 21 | 22 | 23 | 24 | 25 | 26 | 27 | 28 | 29 | 30 | 7.1 | 2 | 3 | 4 | 5 | 6 | 7 | 8 | 9 | 10 | 11 | 12 | 13 | 14 | 15 | 16 | 17 | 18 |
| 요일 | 土 | 日 | 月 | 火 | 水 | 木 | 金 | 土 | 日 | 月 | 火 | 水 | 木 | 金 | 土 | 日 | 月 | 火 | 水 | 木 | 金 | 土 | 日 | 月 | 火 | 水 | 木 | 金 | 土 | 日 | 月 |
| 일진 | 戊子 | 己丑 | 庚寅 | 辛卯 | 壬辰 | 癸巳 | 甲午 | 乙未 | 丙申 | 丁酉 | 戊戌 | 己亥 | 庚子 | 辛丑 | 壬寅 | 癸卯 | 甲辰 | 乙巳 | 丙午 | 丁未 | 戊申 | 己酉 | 庚戌 | 辛亥 | 壬子 | 癸丑 | 甲寅 | 乙卯 | 丙辰 | 丁巳 | 戊午 |
| 대운 남 | 8 | 8 | 9 | 9 | 9 | 10 | 10 | 입 | 1 | 1 | 1 | 1 | 2 | 2 | 2 | 3 | 3 | 3 | 4 | 4 | 4 | 5 | 5 | 5 | 6 | 6 | 6 | 7 | 7 | 7 | 8 |
| 대운 녀 | 2 | 2 | 2 | 1 | 1 | 1 | 1 | 추 | 10 | 10 | 10 | 9 | 9 | 9 | 8 | 8 | 8 | 7 | 7 | 7 | 6 | 6 | 6 | 5 | 5 | 5 | 4 | 4 | 4 | 3 | 3 |

## 9 · 丁酉月(㉧ 9.9~10.8)

백로 9일 00시17분 / 추분 24일 09시23분

| 양력 | 1 | 2 | 3 | 4 | 5 | 6 | 7 | 8 | 9 | 10 | 11 | 12 | 13 | 14 | 15 | 16 | 17 | 18 | 19 | 20 | 21 | 22 | 23 | 24 | 25 | 26 | 27 | 28 | 29 | 30 |
|---|---|---|---|---|---|---|---|---|---|---|---|---|---|---|---|---|---|---|---|---|---|---|---|---|---|---|---|---|---|---|
| 음력 | 19 | 20 | 21 | 22 | 23 | 24 | 25 | 26 | 27 | 28 | 29 | 8.1 | 2 | 3 | 4 | 5 | 6 | 7 | 8 | 9 | 10 | 11 | 12 | 13 | 14 | 15 | 16 | 17 | 18 | 19 |
| 요일 | 火 | 水 | 木 | 金 | 土 | 日 | 月 | 火 | 水 | 木 | 金 | 土 | 日 | 月 | 火 | 水 | 木 | 金 | 土 | 日 | 月 | 火 | 水 | 木 | 金 | 土 | 日 | 月 | 火 | 水 |
| 일진 | 己未 | 庚申 | 辛酉 | 壬戌 | 癸亥 | 甲子 | 乙丑 | 丙寅 | 丁卯 | 戊辰 | 己巳 | 庚午 | 辛未 | 壬申 | 癸酉 | 甲戌 | 乙亥 | 丙子 | 丁丑 | 戊寅 | 己卯 | 庚辰 | 辛巳 | 壬午 | 癸未 | 甲申 | 乙酉 | 丙戌 | 丁亥 | 戊子 |
| 대운 남 | 8 | 8 | 9 | 9 | 9 | 10 | 10 | 10 | 백 | 1 | 1 | 1 | 1 | 2 | 2 | 2 | 3 | 3 | 3 | 4 | 4 | 4 | 5 | 5 | 5 | 6 | 6 | 6 | 7 | 7 |
| 대운 녀 | 3 | 2 | 2 | 2 | 1 | 1 | 1 | 1 | 로 | 10 | 9 | 9 | 9 | 8 | 8 | 8 | 7 | 7 | 7 | 6 | 6 | 6 | 5 | 5 | 5 | 4 | 4 | 4 | 3 | 3 |

## 10 · 戊戌月(㉧ 10.9~11.7)

한로 9일 15시27분 / 상강 24일 18시16분

| 양력 | 1 | 2 | 3 | 4 | 5 | 6 | 7 | 8 | 9 | 10 | 11 | 12 | 13 | 14 | 15 | 16 | 17 | 18 | 19 | 20 | 21 | 22 | 23 | 24 | 25 | 26 | 27 | 28 | 29 | 30 | 31 |
|---|---|---|---|---|---|---|---|---|---|---|---|---|---|---|---|---|---|---|---|---|---|---|---|---|---|---|---|---|---|---|---|
| 음력 | 20 | 21 | 22 | 23 | 24 | 25 | 26 | 27 | 28 | 29 | 9.1 | 2 | 3 | 4 | 5 | 6 | 7 | 8 | 9 | 10 | 11 | 12 | 13 | 14 | 15 | 16 | 17 | 18 | 19 | 20 | 21 |
| 요일 | 木 | 金 | 土 | 日 | 月 | 火 | 水 | 木 | 金 | 土 | 日 | 月 | 火 | 水 | 木 | 金 | 土 | 日 | 月 | 火 | 水 | 木 | 金 | 土 | 日 | 月 | 火 | 水 | 木 | 金 | 土 |
| 일진 | 己丑 | 庚寅 | 辛卯 | 壬辰 | 癸巳 | 甲午 | 乙未 | 丙申 | 丁酉 | 戊戌 | 己亥 | 庚子 | 辛丑 | 壬寅 | 癸卯 | 甲辰 | 乙巳 | 丙午 | 丁未 | 戊申 | 己酉 | 庚戌 | 辛亥 | 壬子 | 癸丑 | 甲寅 | 乙卯 | 丙辰 | 丁巳 | 戊午 | 己未 |
| 대운 남 | 7 | 8 | 8 | 8 | 9 | 9 | 9 | 10 | 한 | 1 | 1 | 1 | 1 | 2 | 2 | 2 | 3 | 3 | 3 | 4 | 4 | 4 | 5 | 5 | 5 | 6 | 6 | 6 | 7 | 7 | 7 |
| 대운 녀 | 3 | 2 | 2 | 2 | 1 | 1 | 1 | 1 | 로 | 10 | 9 | 9 | 9 | 8 | 8 | 8 | 7 | 7 | 7 | 6 | 6 | 6 | 5 | 5 | 5 | 4 | 4 | 4 | 3 | 3 | 3 |

## 11 · 己亥月(㉧ 11.8~12.7)

입동 8일 18시10분 / 소설 23일 15시25분

| 양력 | 1 | 2 | 3 | 4 | 5 | 6 | 7 | 8 | 9 | 10 | 11 | 12 | 13 | 14 | 15 | 16 | 17 | 18 | 19 | 20 | 21 | 22 | 23 | 24 | 25 | 26 | 27 | 28 | 29 | 30 |
|---|---|---|---|---|---|---|---|---|---|---|---|---|---|---|---|---|---|---|---|---|---|---|---|---|---|---|---|---|---|---|
| 음력 | 22 | 23 | 24 | 25 | 26 | 27 | 28 | 29 | 30 | 10.1 | 2 | 3 | 4 | 5 | 6 | 7 | 8 | 9 | 10 | 11 | 12 | 13 | 14 | 15 | 16 | 17 | 18 | 19 | 20 | 21 |
| 요일 | 日 | 月 | 火 | 水 | 木 | 金 | 土 | 日 | 月 | 火 | 水 | 木 | 金 | 土 | 日 | 月 | 火 | 水 | 木 | 金 | 土 | 日 | 月 | 火 | 水 | 木 | 金 | 土 | 日 | 月 |
| 일진 | 庚申 | 辛酉 | 壬戌 | 癸亥 | 甲子 | 乙丑 | 丙寅 | 丁卯 | 戊辰 | 己巳 | 庚午 | 辛未 | 壬申 | 癸酉 | 甲戌 | 乙亥 | 丙子 | 丁丑 | 戊寅 | 己卯 | 庚辰 | 辛巳 | 壬午 | 癸未 | 甲申 | 乙酉 | 丙戌 | 丁亥 | 戊子 | 己丑 |
| 대운 남 | 8 | 8 | 8 | 9 | 9 | 9 | 10 | 입 | 1 | 1 | 1 | 1 | 2 | 2 | 2 | 3 | 3 | 3 | 4 | 4 | 4 | 5 | 5 | 5 | 6 | 6 | 6 | 7 | 7 | 7 |
| 대운 녀 | 2 | 2 | 2 | 1 | 1 | 1 | 1 | 동 | 10 | 9 | 9 | 9 | 8 | 8 | 8 | 7 | 7 | 7 | 6 | 6 | 6 | 5 | 5 | 5 | 4 | 4 | 4 | 3 | 3 | 3 |

## 12 · 庚子月(㉧ 12.8~1.5)

대설 8일 10시40분 / 동지 23일 04시30분

| 양력 | 1 | 2 | 3 | 4 | 5 | 6 | 7 | 8 | 9 | 10 | 11 | 12 | 13 | 14 | 15 | 16 | 17 | 18 | 19 | 20 | 21 | 22 | 23 | 24 | 25 | 26 | 27 | 28 | 29 | 30 | 31 |
|---|---|---|---|---|---|---|---|---|---|---|---|---|---|---|---|---|---|---|---|---|---|---|---|---|---|---|---|---|---|---|---|
| 음력 | 22 | 23 | 24 | 25 | 26 | 27 | 28 | 29 | 11.1 | 2 | 3 | 4 | 5 | 6 | 7 | 8 | 9 | 10 | 11 | 12 | 13 | 14 | 15 | 16 | 17 | 18 | 19 | 20 | 21 | 22 | 23 |
| 요일 | 火 | 水 | 木 | 金 | 土 | 日 | 月 | 火 | 水 | 木 | 金 | 土 | 日 | 月 | 火 | 水 | 木 | 金 | 土 | 日 | 月 | 火 | 水 | 木 | 金 | 土 | 日 | 月 | 火 | 水 | 木 |
| 일진 | 庚寅 | 辛卯 | 壬辰 | 癸巳 | 甲午 | 乙未 | 丙申 | 丁酉 | 戊戌 | 己亥 | 庚子 | 辛丑 | 壬寅 | 癸卯 | 甲辰 | 乙巳 | 丙午 | 丁未 | 戊申 | 己酉 | 庚戌 | 辛亥 | 壬子 | 癸丑 | 甲寅 | 乙卯 | 丙辰 | 丁巳 | 戊午 | 己未 | 庚申 |
| 대운 남 | 8 | 8 | 8 | 9 | 9 | 9 | 10 | 대 | 1 | 1 | 1 | 1 | 2 | 2 | 2 | 3 | 3 | 3 | 4 | 4 | 4 | 5 | 5 | 5 | 6 | 6 | 6 | 7 | 7 | 7 | 8 |
| 대운 녀 | 2 | 2 | 2 | 1 | 1 | 1 | 1 | 설 | 9 | 9 | 9 | 8 | 8 | 8 | 7 | 7 | 7 | 6 | 6 | 6 | 5 | 5 | 5 | 4 | 4 | 4 | 3 | 3 | 3 | 2 | 2 |

단기 4265년

# 1932년

소한 6일 21시45분 | **1 · 辛丑月(양 1.6~2.4)** | 대한 21일 15시07분

| 양력 | 1 | 2 | 3 | 4 | 5 | 6 | 7 | 8 | 9 | 10 | 11 | 12 | 13 | 14 | 15 | 16 | 17 | 18 | 19 | 20 | 21 | 22 | 23 | 24 | 25 | 26 | 27 | 28 | 29 | 30 | 31 |
|---|---|---|---|---|---|---|---|---|---|---|---|---|---|---|---|---|---|---|---|---|---|---|---|---|---|---|---|---|---|---|---|
| 음력 | 24 | 25 | 26 | 27 | 28 | 29 | 30 | 12.1 | 2 | 3 | 4 | 5 | 6 | 7 | 8 | 9 | 10 | 11 | 12 | 13 | 14 | 15 | 16 | 17 | 18 | 19 | 20 | 21 | 22 | 23 | 24 |
| 요일 | 金 | 土 | 日 | 月 | 火 | 水 | 木 | 金 | 土 | 日 | 月 | 火 | 水 | 木 | 金 | 土 | 日 | 月 | 火 | 水 | 木 | 金 | 土 | 日 | 月 | 火 | 水 | 木 | 金 | 土 | 日 |
| 일진 | 辛酉 | 壬戌 | 癸亥 | 甲子 | 乙丑 | 丙寅 | 丁卯 | 戊辰 | 己巳 | 庚午 | 辛未 | 壬申 | 癸酉 | 甲戌 | 乙亥 | 丙子 | 丁丑 | 戊寅 | 己卯 | 庚辰 | 辛巳 | 壬午 | 癸未 | 甲申 | 乙酉 | 丙戌 | 丁亥 | 戊子 | 己丑 | 庚寅 | 辛卯 |
| 대운 남 | 8 | 8 | 9 | 9 | 9 | 소 | 1 | 1 | 1 | 1 | 2 | 2 | 2 | 3 | 3 | 3 | 4 | 4 | 4 | 5 | 5 | 5 | 6 | 6 | 6 | 7 | 7 | 7 | 8 | 8 | 8 |
| 대운 녀 | 2 | 1 | 1 | 1 | 1 | 한 | 10 | 9 | 9 | 9 | 8 | 8 | 8 | 7 | 7 | 7 | 6 | 6 | 6 | 5 | 5 | 5 | 4 | 4 | 4 | 3 | 3 | 3 | 2 | 2 | 2 |

입춘 5일 09시29분 | **2 · 壬寅月(양 2.5~3.5)** | 우수 20일 05시28분

| 양력 | 1 | 2 | 3 | 4 | 5 | 6 | 7 | 8 | 9 | 10 | 11 | 12 | 13 | 14 | 15 | 16 | 17 | 18 | 19 | 20 | 21 | 22 | 23 | 24 | 25 | 26 | 27 | 28 | 29 |
|---|---|---|---|---|---|---|---|---|---|---|---|---|---|---|---|---|---|---|---|---|---|---|---|---|---|---|---|---|---|
| 음력 | 25 | 26 | 27 | 28 | 29 | 1.1 | 2 | 3 | 4 | 5 | 6 | 7 | 8 | 9 | 10 | 11 | 12 | 13 | 14 | 15 | 16 | 17 | 18 | 19 | 20 | 21 | 22 | 23 | 24 |
| 요일 | 月 | 火 | 水 | 木 | 金 | 土 | 日 | 月 | 火 | 水 | 木 | 金 | 土 | 日 | 月 | 火 | 水 | 木 | 金 | 土 | 日 | 月 | 火 | 水 | 木 | 金 | 土 | 日 | 月 |
| 일진 | 壬辰 | 癸巳 | 甲午 | 乙未 | 丙申 | 丁酉 | 戊戌 | 己亥 | 庚子 | 辛丑 | 壬寅 | 癸卯 | 甲辰 | 乙巳 | 丙午 | 丁未 | 戊申 | 己酉 | 庚戌 | 辛亥 | 壬子 | 癸丑 | 甲寅 | 乙卯 | 丙辰 | 丁巳 | 戊午 | 己未 | 庚申 |
| 대운 남 | 9 | 9 | 9 | 10 | 입 | 10 | 9 | 9 | 9 | 8 | 8 | 8 | 7 | 7 | 7 | 6 | 6 | 6 | 5 | 5 | 5 | 4 | 4 | 4 | 3 | 3 | 3 | 2 | 2 |
| 대운 녀 | 1 | 1 | 1 | 1 | 춘 | 1 | 1 | 1 | 1 | 2 | 2 | 2 | 3 | 3 | 3 | 4 | 4 | 4 | 5 | 5 | 5 | 6 | 6 | 6 | 7 | 7 | 7 | 8 | 8 |

경칩 6일 03시49분 | **3 · 癸卯月(양 3.6~4.4)** | 춘분 21일 04시54분

| 양력 | 1 | 2 | 3 | 4 | 5 | 6 | 7 | 8 | 9 | 10 | 11 | 12 | 13 | 14 | 15 | 16 | 17 | 18 | 19 | 20 | 21 | 22 | 23 | 24 | 25 | 26 | 27 | 28 | 29 | 30 | 31 |
|---|---|---|---|---|---|---|---|---|---|---|---|---|---|---|---|---|---|---|---|---|---|---|---|---|---|---|---|---|---|---|---|
| 음력 | 25 | 26 | 27 | 28 | 29 | 30 | 2.1 | 2 | 3 | 4 | 5 | 6 | 7 | 8 | 9 | 10 | 11 | 12 | 13 | 14 | 15 | 16 | 17 | 18 | 19 | 20 | 21 | 22 | 23 | 24 | 25 |
| 요일 | 火 | 水 | 木 | 金 | 土 | 日 | 月 | 火 | 水 | 木 | 金 | 土 | 日 | 月 | 火 | 水 | 木 | 金 | 土 | 日 | 月 | 火 | 水 | 木 | 金 | 土 | 日 | 月 | 火 | 水 | 木 |
| 일진 | 辛酉 | 壬戌 | 癸亥 | 甲子 | 乙丑 | 丙寅 | 丁卯 | 戊辰 | 己巳 | 庚午 | 辛未 | 壬申 | 癸酉 | 甲戌 | 乙亥 | 丙子 | 丁丑 | 戊寅 | 己卯 | 庚辰 | 辛巳 | 壬午 | 癸未 | 甲申 | 乙酉 | 丙戌 | 丁亥 | 戊子 | 己丑 | 庚寅 | 辛卯 |
| 대운 남 | 2 | 1 | 1 | 1 | 1 | 경 | 10 | 9 | 9 | 9 | 8 | 8 | 8 | 7 | 7 | 7 | 6 | 6 | 6 | 5 | 5 | 5 | 4 | 4 | 4 | 3 | 3 | 3 | 2 | 2 | 2 |
| 대운 녀 | 8 | 9 | 9 | 9 | 10 | 칩 | 1 | 1 | 1 | 1 | 2 | 2 | 2 | 3 | 3 | 3 | 4 | 4 | 4 | 5 | 5 | 5 | 6 | 6 | 6 | 7 | 7 | 7 | 8 | 8 | 8 |

청명 5일 09시06분 | **4 · 甲辰月(양 4.5~5.5)** | 곡우 20일 16시28분

| 양력 | 1 | 2 | 3 | 4 | 5 | 6 | 7 | 8 | 9 | 10 | 11 | 12 | 13 | 14 | 15 | 16 | 17 | 18 | 19 | 20 | 21 | 22 | 23 | 24 | 25 | 26 | 27 | 28 | 29 | 30 |
|---|---|---|---|---|---|---|---|---|---|---|---|---|---|---|---|---|---|---|---|---|---|---|---|---|---|---|---|---|---|---|
| 음력 | 26 | 27 | 28 | 29 | 30 | 3.1 | 2 | 3 | 4 | 5 | 6 | 7 | 8 | 9 | 10 | 11 | 12 | 13 | 14 | 15 | 16 | 17 | 18 | 19 | 20 | 21 | 22 | 23 | 24 | 25 |
| 요일 | 金 | 土 | 日 | 月 | 火 | 水 | 木 | 金 | 土 | 日 | 月 | 火 | 水 | 木 | 金 | 土 | 日 | 月 | 火 | 水 | 木 | 金 | 土 | 日 | 月 | 火 | 水 | 木 | 金 | 土 |
| 일진 | 壬辰 | 癸巳 | 甲午 | 乙未 | 丙申 | 丁酉 | 戊戌 | 己亥 | 庚子 | 辛丑 | 壬寅 | 癸卯 | 甲辰 | 乙巳 | 丙午 | 丁未 | 戊申 | 己酉 | 庚戌 | 辛亥 | 壬子 | 癸丑 | 甲寅 | 乙卯 | 丙辰 | 丁巳 | 戊午 | 己未 | 庚申 | 辛酉 |
| 대운 남 | 1 | 1 | 1 | 1 | 청 | 10 | 10 | 9 | 9 | 9 | 8 | 8 | 8 | 7 | 7 | 7 | 6 | 6 | 6 | 5 | 5 | 5 | 4 | 4 | 4 | 3 | 3 | 3 | 2 | 2 |
| 대운 녀 | 9 | 9 | 9 | 10 | 명 | 1 | 1 | 1 | 1 | 2 | 2 | 2 | 3 | 3 | 3 | 4 | 4 | 4 | 5 | 5 | 5 | 6 | 6 | 6 | 7 | 7 | 7 | 8 | 8 | 8 |

입하 6일 02시55분 | **5 · 乙巳月(양 5.6~6.5)** | 소만 21일 16시07분

| 양력 | 1 | 2 | 3 | 4 | 5 | 6 | 7 | 8 | 9 | 10 | 11 | 12 | 13 | 14 | 15 | 16 | 17 | 18 | 19 | 20 | 21 | 22 | 23 | 24 | 25 | 26 | 27 | 28 | 29 | 30 | 31 |
|---|---|---|---|---|---|---|---|---|---|---|---|---|---|---|---|---|---|---|---|---|---|---|---|---|---|---|---|---|---|---|---|
| 음력 | 26 | 27 | 28 | 29 | 30 | 4.1 | 2 | 3 | 4 | 5 | 6 | 7 | 8 | 9 | 10 | 11 | 12 | 13 | 14 | 15 | 16 | 17 | 18 | 19 | 20 | 21 | 22 | 23 | 24 | 25 | 26 |
| 요일 | 日 | 月 | 火 | 水 | 木 | 金 | 土 | 日 | 月 | 火 | 水 | 木 | 金 | 土 | 日 | 月 | 火 | 水 | 木 | 金 | 土 | 日 | 月 | 火 | 水 | 木 | 金 | 土 | 日 | 月 | 火 |
| 일진 | 壬戌 | 癸亥 | 甲子 | 乙丑 | 丙寅 | 丁卯 | 戊辰 | 己巳 | 庚午 | 辛未 | 壬申 | 癸酉 | 甲戌 | 乙亥 | 丙子 | 丁丑 | 戊寅 | 己卯 | 庚辰 | 辛巳 | 壬午 | 癸未 | 甲申 | 乙酉 | 丙戌 | 丁亥 | 戊子 | 己丑 | 庚寅 | 辛卯 | 壬辰 |
| 대운 남 | 2 | 1 | 1 | 1 | 1 | 입 | 10 | 10 | 9 | 9 | 9 | 8 | 8 | 8 | 7 | 7 | 7 | 6 | 6 | 6 | 5 | 5 | 5 | 4 | 4 | 4 | 3 | 3 | 3 | 2 | 2 |
| 대운 녀 | 9 | 9 | 9 | 10 | 10 | 하 | 1 | 1 | 1 | 1 | 2 | 2 | 2 | 3 | 3 | 3 | 4 | 4 | 4 | 5 | 5 | 5 | 6 | 6 | 6 | 7 | 7 | 7 | 8 | 8 | 8 |

망종 6일 07시28분 | **6 · 丙午月(양 6.6~7.6)** | 하지 22일 00시23분

| 양력 | 1 | 2 | 3 | 4 | 5 | 6 | 7 | 8 | 9 | 10 | 11 | 12 | 13 | 14 | 15 | 16 | 17 | 18 | 19 | 20 | 21 | 22 | 23 | 24 | 25 | 26 | 27 | 28 | 29 | 30 |
|---|---|---|---|---|---|---|---|---|---|---|---|---|---|---|---|---|---|---|---|---|---|---|---|---|---|---|---|---|---|---|
| 음력 | 27 | 28 | 29 | 5.1 | 2 | 3 | 4 | 5 | 6 | 7 | 8 | 9 | 10 | 11 | 12 | 13 | 14 | 15 | 16 | 17 | 18 | 19 | 20 | 21 | 22 | 23 | 24 | 25 | 26 | 27 |
| 요일 | 水 | 木 | 金 | 土 | 日 | 月 | 火 | 水 | 木 | 金 | 土 | 日 | 月 | 火 | 水 | 木 | 金 | 土 | 日 | 月 | 火 | 水 | 木 | 金 | 土 | 日 | 月 | 火 | 水 | 木 |
| 일진 | 癸巳 | 甲午 | 乙未 | 丙申 | 丁酉 | 戊戌 | 己亥 | 庚子 | 辛丑 | 壬寅 | 癸卯 | 甲辰 | 乙巳 | 丙午 | 丁未 | 戊申 | 己酉 | 庚戌 | 辛亥 | 壬子 | 癸丑 | 甲寅 | 乙卯 | 丙辰 | 丁巳 | 戊午 | 己未 | 庚申 | 辛酉 | 壬戌 |
| 대운 남 | 2 | 1 | 1 | 1 | 1 | 망 | 10 | 10 | 9 | 9 | 9 | 8 | 8 | 8 | 7 | 7 | 7 | 6 | 6 | 6 | 5 | 5 | 5 | 4 | 4 | 4 | 3 | 3 | 3 | 2 |
| 대운 녀 | 9 | 9 | 9 | 10 | 10 | 종 | 1 | 1 | 1 | 1 | 2 | 2 | 2 | 3 | 3 | 3 | 4 | 4 | 4 | 5 | 5 | 5 | 6 | 6 | 6 | 7 | 7 | 7 | 8 | 8 |

## 7 · 丁未月(양 7.7~8.7)

소서 7일 17시52분 / 대서 23일 11시18분

| 양력 | 1 | 2 | 3 | 4 | 5 | 6 | 7 | 8 | 9 | 10 | 11 | 12 | 13 | 14 | 15 | 16 | 17 | 18 | 19 | 20 | 21 | 22 | 23 | 24 | 25 | 26 | 27 | 28 | 29 | 30 | 31 |
|---|---|---|---|---|---|---|---|---|---|---|---|---|---|---|---|---|---|---|---|---|---|---|---|---|---|---|---|---|---|---|---|
| 음력 | 28 | 29 | 30 | 6.1 | 2 | 3 | 4 | 5 | 6 | 7 | 8 | 9 | 10 | 11 | 12 | 13 | 14 | 15 | 16 | 17 | 18 | 19 | 20 | 21 | 22 | 23 | 24 | 25 | 26 | 27 | 28 |
| 요일 | 金 | 土 | 日 | 月 | 火 | 水 | 木 | 金 | 土 | 日 | 月 | 火 | 水 | 木 | 金 | 土 | 日 | 月 | 火 | 水 | 木 | 金 | 土 | 日 | 月 | 火 | 水 | 木 | 金 | 土 | 日 |
| 일진 | 癸亥 | 甲子 | 乙丑 | 丙寅 | 丁卯 | 戊辰 | 己巳 | 庚午 | 辛未 | 壬申 | 癸酉 | 甲戌 | 乙亥 | 丙子 | 丁丑 | 戊寅 | 己卯 | 庚辰 | 辛巳 | 壬午 | 癸未 | 甲申 | 乙酉 | 丙戌 | 丁亥 | 戊子 | 己丑 | 庚寅 | 辛卯 | 壬辰 | 癸巳 |
| 대운 남 | 2 | 2 | 1 | 1 | 1 | 1 | 소 | 10 | 10 | 10 | 9 | 9 | 9 | 8 | 8 | 8 | 7 | 7 | 7 | 6 | 6 | 6 | 5 | 5 | 5 | 4 | 4 | 4 | 3 | 3 | 3 |
| 대운 녀 | 8 | 9 | 9 | 9 | 10 | 10 | 서 | 1 | 1 | 1 | 1 | 2 | 2 | 2 | 3 | 3 | 3 | 4 | 4 | 4 | 5 | 5 | 5 | 6 | 6 | 6 | 7 | 7 | 7 | 8 | 8 |

## 8 · 戊申月(양 8.8~9.7)

입추 8일 03시32분 / 처서 23일 18시06분

| 양력 | 1 | 2 | 3 | 4 | 5 | 6 | 7 | 8 | 9 | 10 | 11 | 12 | 13 | 14 | 15 | 16 | 17 | 18 | 19 | 20 | 21 | 22 | 23 | 24 | 25 | 26 | 27 | 28 | 29 | 30 | 31 |
|---|---|---|---|---|---|---|---|---|---|---|---|---|---|---|---|---|---|---|---|---|---|---|---|---|---|---|---|---|---|---|---|
| 음력 | 29 | 7.1 | 2 | 3 | 4 | 5 | 6 | 7 | 8 | 9 | 10 | 11 | 12 | 13 | 14 | 15 | 16 | 17 | 18 | 19 | 20 | 21 | 22 | 23 | 24 | 25 | 26 | 27 | 28 | 29 | 30 |
| 요일 | 月 | 火 | 水 | 木 | 金 | 土 | 日 | 月 | 火 | 水 | 木 | 金 | 土 | 日 | 月 | 火 | 水 | 木 | 金 | 土 | 日 | 月 | 火 | 水 | 木 | 金 | 土 | 日 | 月 | 火 | 水 |
| 일진 | 甲午 | 乙未 | 丙申 | 丁酉 | 戊戌 | 己亥 | 庚子 | 辛丑 | 壬寅 | 癸卯 | 甲辰 | 乙巳 | 丙午 | 丁未 | 戊申 | 己酉 | 庚戌 | 辛亥 | 壬子 | 癸丑 | 甲寅 | 乙卯 | 丙辰 | 丁巳 | 戊午 | 己未 | 庚申 | 辛酉 | 壬戌 | 癸亥 | 甲子 |
| 대운 남 | 2 | 2 | 2 | 1 | 1 | 1 | 1 | 입 | 10 | 10 | 9 | 9 | 9 | 8 | 8 | 8 | 7 | 7 | 7 | 6 | 6 | 6 | 5 | 5 | 5 | 4 | 4 | 4 | 3 | 3 | 3 |
| 대운 녀 | 8 | 9 | 9 | 9 | 10 | 10 | 10 | 추 | 1 | 1 | 1 | 1 | 2 | 2 | 2 | 3 | 3 | 3 | 4 | 4 | 4 | 5 | 5 | 5 | 6 | 6 | 6 | 7 | 7 | 7 | 8 |

## 9 · 己酉月(양 9.8~10.7)

백로 8일 06시03분 / 추분 23일 15시16분

| 양력 | 1 | 2 | 3 | 4 | 5 | 6 | 7 | 8 | 9 | 10 | 11 | 12 | 13 | 14 | 15 | 16 | 17 | 18 | 19 | 20 | 21 | 22 | 23 | 24 | 25 | 26 | 27 | 28 | 29 | 30 |
|---|---|---|---|---|---|---|---|---|---|---|---|---|---|---|---|---|---|---|---|---|---|---|---|---|---|---|---|---|---|---|
| 음력 | 8.1 | 2 | 3 | 4 | 5 | 6 | 7 | 8 | 9 | 10 | 11 | 12 | 13 | 14 | 15 | 16 | 17 | 18 | 19 | 20 | 21 | 22 | 23 | 24 | 25 | 26 | 27 | 28 | 29 | 9.1 |
| 요일 | 木 | 金 | 土 | 日 | 月 | 火 | 水 | 木 | 金 | 土 | 日 | 月 | 火 | 水 | 木 | 金 | 土 | 日 | 月 | 火 | 水 | 木 | 金 | 土 | 日 | 月 | 火 | 水 | 木 | 金 |
| 일진 | 乙丑 | 丙寅 | 丁卯 | 戊辰 | 己巳 | 庚午 | 辛未 | 壬申 | 癸酉 | 甲戌 | 乙亥 | 丙子 | 丁丑 | 戊寅 | 己卯 | 庚辰 | 辛巳 | 壬午 | 癸未 | 甲申 | 乙酉 | 丙戌 | 丁亥 | 戊子 | 己丑 | 庚寅 | 辛卯 | 壬辰 | 癸巳 | 甲午 |
| 대운 남 | 2 | 2 | 2 | 1 | 1 | 1 | 1 | 백 | 10 | 9 | 9 | 9 | 8 | 8 | 8 | 7 | 7 | 7 | 6 | 6 | 6 | 5 | 5 | 5 | 4 | 4 | 4 | 3 | 3 | 3 |
| 대운 녀 | 8 | 8 | 9 | 9 | 9 | 10 | 10 | 로 | 1 | 1 | 1 | 1 | 2 | 2 | 2 | 3 | 3 | 3 | 4 | 4 | 4 | 5 | 5 | 5 | 6 | 6 | 6 | 7 | 7 | 7 |

## 10 · 庚戌月(양 10.8~11.6)

한로 8일 21시10분 / 상강 24일 00시04분

| 양력 | 1 | 2 | 3 | 4 | 5 | 6 | 7 | 8 | 9 | 10 | 11 | 12 | 13 | 14 | 15 | 16 | 17 | 18 | 19 | 20 | 21 | 22 | 23 | 24 | 25 | 26 | 27 | 28 | 29 | 30 | 31 |
|---|---|---|---|---|---|---|---|---|---|---|---|---|---|---|---|---|---|---|---|---|---|---|---|---|---|---|---|---|---|---|---|
| 음력 | 2 | 3 | 4 | 5 | 6 | 7 | 8 | 9 | 10 | 11 | 12 | 13 | 14 | 15 | 16 | 17 | 18 | 19 | 20 | 21 | 22 | 23 | 24 | 25 | 26 | 27 | 28 | 29 | 10.1 | 2 | 3 |
| 요일 | 土 | 日 | 月 | 火 | 水 | 木 | 金 | 土 | 日 | 月 | 火 | 水 | 木 | 金 | 土 | 日 | 月 | 火 | 水 | 木 | 金 | 土 | 日 | 月 | 火 | 水 | 木 | 金 | 土 | 日 | 月 |
| 일진 | 乙未 | 丙申 | 丁酉 | 戊戌 | 己亥 | 庚子 | 辛丑 | 壬寅 | 癸卯 | 甲辰 | 乙巳 | 丙午 | 丁未 | 戊申 | 己酉 | 庚戌 | 辛亥 | 壬子 | 癸丑 | 甲寅 | 乙卯 | 丙辰 | 丁巳 | 戊午 | 己未 | 庚申 | 辛酉 | 壬戌 | 癸亥 | 甲子 | 乙丑 |
| 대운 남 | 2 | 2 | 2 | 1 | 1 | 1 | 1 | 한 | 10 | 9 | 9 | 9 | 8 | 8 | 8 | 7 | 7 | 7 | 6 | 6 | 6 | 5 | 5 | 5 | 4 | 4 | 4 | 3 | 3 | 3 | 2 |
| 대운 녀 | 8 | 8 | 8 | 9 | 9 | 9 | 10 | 로 | 1 | 1 | 1 | 1 | 2 | 2 | 2 | 3 | 3 | 3 | 4 | 4 | 4 | 5 | 5 | 5 | 6 | 6 | 6 | 7 | 7 | 7 | 8 |

## 11 · 辛亥月(양 11.7~12.6)

입동 7일 23시50분 / 소설 22일 21시10분

| 양력 | 1 | 2 | 3 | 4 | 5 | 6 | 7 | 8 | 9 | 10 | 11 | 12 | 13 | 14 | 15 | 16 | 17 | 18 | 19 | 20 | 21 | 22 | 23 | 24 | 25 | 26 | 27 | 28 | 29 | 30 |
|---|---|---|---|---|---|---|---|---|---|---|---|---|---|---|---|---|---|---|---|---|---|---|---|---|---|---|---|---|---|---|
| 음력 | 4 | 5 | 6 | 7 | 8 | 9 | 10 | 11 | 12 | 13 | 14 | 15 | 16 | 17 | 18 | 19 | 20 | 21 | 22 | 23 | 24 | 25 | 26 | 27 | 28 | 29 | 30 | 11.1 | 2 | 3 |
| 요일 | 火 | 水 | 木 | 金 | 土 | 日 | 月 | 火 | 水 | 木 | 金 | 土 | 日 | 月 | 火 | 水 | 木 | 金 | 土 | 日 | 月 | 火 | 水 | 木 | 金 | 土 | 日 | 月 | 火 | 水 |
| 일진 | 丙寅 | 丁卯 | 戊辰 | 己巳 | 庚午 | 辛未 | 壬申 | 癸酉 | 甲戌 | 乙亥 | 丙子 | 丁丑 | 戊寅 | 己卯 | 庚辰 | 辛巳 | 壬午 | 癸未 | 甲申 | 乙酉 | 丙戌 | 丁亥 | 戊子 | 己丑 | 庚寅 | 辛卯 | 壬辰 | 癸巳 | 甲午 | 乙未 |
| 대운 남 | 2 | 2 | 1 | 1 | 1 | 1 | 입 | 10 | 9 | 9 | 9 | 8 | 8 | 8 | 7 | 7 | 7 | 6 | 6 | 6 | 5 | 5 | 5 | 4 | 4 | 4 | 3 | 3 | 3 | 2 |
| 대운 녀 | 8 | 8 | 9 | 9 | 9 | 10 | 동 | 1 | 1 | 1 | 1 | 2 | 2 | 2 | 3 | 3 | 3 | 4 | 4 | 4 | 5 | 5 | 5 | 6 | 6 | 6 | 7 | 7 | 7 | 8 |

## 12 · 壬子月(양 12.7~1.5)

대설 7일 16시18분 / 동지 22일 10시14분

| 양력 | 1 | 2 | 3 | 4 | 5 | 6 | 7 | 8 | 9 | 10 | 11 | 12 | 13 | 14 | 15 | 16 | 17 | 18 | 19 | 20 | 21 | 22 | 23 | 24 | 25 | 26 | 27 | 28 | 29 | 30 | 31 |
|---|---|---|---|---|---|---|---|---|---|---|---|---|---|---|---|---|---|---|---|---|---|---|---|---|---|---|---|---|---|---|---|
| 음력 | 4 | 5 | 6 | 7 | 8 | 9 | 10 | 11 | 12 | 13 | 14 | 15 | 16 | 17 | 18 | 19 | 20 | 21 | 22 | 23 | 24 | 25 | 26 | 27 | 28 | 29 | 12.1 | 2 | 3 | 4 | 5 |
| 요일 | 木 | 金 | 土 | 日 | 月 | 火 | 水 | 木 | 金 | 土 | 日 | 月 | 火 | 水 | 木 | 金 | 土 | 日 | 月 | 火 | 水 | 木 | 金 | 土 | 日 | 月 | 火 | 水 | 木 | 金 | 土 |
| 일진 | 丙申 | 丁酉 | 戊戌 | 己亥 | 庚子 | 辛丑 | 壬寅 | 癸卯 | 甲辰 | 乙巳 | 丙午 | 丁未 | 戊申 | 己酉 | 庚戌 | 辛亥 | 壬子 | 癸丑 | 甲寅 | 乙卯 | 丙辰 | 丁巳 | 戊午 | 己未 | 庚申 | 辛酉 | 壬戌 | 癸亥 | 甲子 | 乙丑 | 丙寅 |
| 대운 남 | 2 | 2 | 1 | 1 | 1 | 1 | 대 | 10 | 9 | 9 | 9 | 8 | 8 | 8 | 7 | 7 | 7 | 6 | 6 | 6 | 5 | 5 | 5 | 4 | 4 | 4 | 3 | 3 | 3 | 2 | 2 |
| 대운 녀 | 8 | 8 | 9 | 9 | 9 | 10 | 설 | 1 | 1 | 1 | 1 | 2 | 2 | 2 | 3 | 3 | 3 | 4 | 4 | 4 | 5 | 5 | 5 | 6 | 6 | 6 | 7 | 7 | 7 | 8 | 8 |

# 1933년(윤5월)

소한 6일 03시23분

## 1 · 癸丑月(양 1.6~2.3)

대한 20일 20시53분

| 양력 | 1 | 2 | 3 | 4 | 5 | 6 | 7 | 8 | 9 | 10 | 11 | 12 | 13 | 14 | 15 | 16 | 17 | 18 | 19 | 20 | 21 | 22 | 23 | 24 | 25 | 26 | 27 | 28 | 29 | 30 | 31 |
|---|---|---|---|---|---|---|---|---|---|---|---|---|---|---|---|---|---|---|---|---|---|---|---|---|---|---|---|---|---|---|---|
| 음력 | 6 | 7 | 8 | 9 | 10 | 11 | 12 | 13 | 14 | 15 | 16 | 17 | 18 | 19 | 20 | 21 | 22 | 23 | 24 | 25 | 26 | 27 | 28 | 29 | 30 | 1.1 | 2 | 3 | 4 | 5 | 6 |
| 요일 | 日 | 月 | 火 | 水 | 木 | 金 | 土 | 日 | 月 | 火 | 水 | 木 | 金 | 土 | 日 | 月 | 火 | 水 | 木 | 金 | 土 | 日 | 月 | 火 | 水 | 木 | 金 | 土 | 日 | 月 | 火 |
| 일진 | 丁卯 | 戊辰 | 己巳 | 庚午 | 辛未 | 壬申 | 癸酉 | 甲戌 | 乙亥 | 丙子 | 丁丑 | 戊寅 | 己卯 | 庚辰 | 辛巳 | 壬午 | 癸未 | 甲申 | 乙酉 | 丙戌 | 丁亥 | 戊子 | 己丑 | 庚寅 | 辛卯 | 壬辰 | 癸巳 | 甲午 | 乙未 | 丙申 | 丁酉 |
| 대운 남 | 2 | 1 | 1 | 1 | 1 | 소 | 9 | 9 | 9 | 8 | 8 | 8 | 7 | 7 | 7 | 6 | 6 | 6 | 5 | 5 | 5 | 4 | 4 | 4 | 3 | 3 | 3 | 2 | 2 | 2 | 1 |
| 대운 녀 | 8 | 9 | 9 | 9 | 10 | 한 | 1 | 1 | 1 | 1 | 2 | 2 | 2 | 3 | 3 | 3 | 4 | 4 | 4 | 5 | 5 | 5 | 6 | 6 | 6 | 7 | 7 | 7 | 8 | 8 | 8 |

입춘 4일 15시09분

## 2 · 甲寅月(양 2.4~3.5)

우수 19일 11시16분

| 양력 | 1 | 2 | 3 | 4 | 5 | 6 | 7 | 8 | 9 | 10 | 11 | 12 | 13 | 14 | 15 | 16 | 17 | 18 | 19 | 20 | 21 | 22 | 23 | 24 | 25 | 26 | 27 | 28 |
|---|---|---|---|---|---|---|---|---|---|---|---|---|---|---|---|---|---|---|---|---|---|---|---|---|---|---|---|---|
| 음력 | 7 | 8 | 9 | 10 | 11 | 12 | 13 | 14 | 15 | 16 | 17 | 18 | 19 | 20 | 21 | 22 | 23 | 24 | 25 | 26 | 27 | 28 | 29 | 2.1 | 2 | 3 | 4 | 5 |
| 요일 | 水 | 木 | 金 | 土 | 日 | 月 | 火 | 水 | 木 | 金 | 土 | 日 | 月 | 火 | 水 | 木 | 金 | 土 | 日 | 月 | 火 | 水 | 木 | 金 | 土 | 日 | 月 | 火 |
| 일진 | 戊戌 | 己亥 | 庚子 | 辛丑 | 壬寅 | 癸卯 | 甲辰 | 乙巳 | 丙午 | 丁未 | 戊申 | 己酉 | 庚戌 | 辛亥 | 壬子 | 癸丑 | 甲寅 | 乙卯 | 丙辰 | 丁巳 | 戊午 | 己未 | 庚申 | 辛酉 | 壬戌 | 癸亥 | 甲子 | 乙丑 |
| 대운 남 | 1 | 1 | 1 | 입 | 1 | 1 | 1 | 1 | 2 | 2 | 2 | 3 | 3 | 3 | 4 | 4 | 4 | 5 | 5 | 5 | 6 | 6 | 6 | 7 | 7 | 7 | 8 | 8 |
| 대운 녀 | 9 | 9 | 9 | 춘 | 10 | 9 | 9 | 9 | 8 | 8 | 8 | 7 | 7 | 7 | 6 | 6 | 6 | 5 | 5 | 5 | 4 | 4 | 4 | 3 | 3 | 3 | 2 | 2 |

경칩 6일 09시31분

## 3 · 乙卯月(양 3.6~4.4)

춘분 21일 10시43분

| 양력 | 1 | 2 | 3 | 4 | 5 | 6 | 7 | 8 | 9 | 10 | 11 | 12 | 13 | 14 | 15 | 16 | 17 | 18 | 19 | 20 | 21 | 22 | 23 | 24 | 25 | 26 | 27 | 28 | 29 | 30 | 31 |
|---|---|---|---|---|---|---|---|---|---|---|---|---|---|---|---|---|---|---|---|---|---|---|---|---|---|---|---|---|---|---|---|
| 음력 | 6 | 7 | 8 | 9 | 10 | 11 | 12 | 13 | 14 | 15 | 16 | 17 | 18 | 19 | 20 | 21 | 22 | 23 | 24 | 25 | 26 | 27 | 28 | 29 | 30 | 3.1 | 2 | 3 | 4 | 5 | 6 |
| 요일 | 水 | 木 | 金 | 土 | 日 | 月 | 火 | 水 | 木 | 金 | 土 | 日 | 月 | 火 | 水 | 木 | 金 | 土 | 日 | 月 | 火 | 水 | 木 | 金 | 土 | 日 | 月 | 火 | 水 | 木 | 金 |
| 일진 | 丙寅 | 丁卯 | 戊辰 | 己巳 | 庚午 | 辛未 | 壬申 | 癸酉 | 甲戌 | 乙亥 | 丙子 | 丁丑 | 戊寅 | 己卯 | 庚辰 | 辛巳 | 壬午 | 癸未 | 甲申 | 乙酉 | 丙戌 | 丁亥 | 戊子 | 己丑 | 庚寅 | 辛卯 | 壬辰 | 癸巳 | 甲午 | 乙未 | 丙申 |
| 대운 남 | 8 | 9 | 9 | 9 | 10 | 경 | 1 | 1 | 1 | 1 | 2 | 2 | 2 | 3 | 3 | 3 | 4 | 4 | 4 | 5 | 5 | 5 | 6 | 6 | 6 | 7 | 7 | 7 | 8 | 8 | 8 |
| 대운 녀 | 2 | 1 | 1 | 1 | 1 | 칩 | 10 | 9 | 9 | 9 | 8 | 8 | 8 | 7 | 7 | 7 | 6 | 6 | 6 | 5 | 5 | 5 | 4 | 4 | 4 | 3 | 3 | 3 | 2 | 2 | 2 |

청명 5일 14시51분

## 4 · 丙辰月(양 4.5~5.5)

곡우 20일 22시18분

| 양력 | 1 | 2 | 3 | 4 | 5 | 6 | 7 | 8 | 9 | 10 | 11 | 12 | 13 | 14 | 15 | 16 | 17 | 18 | 19 | 20 | 21 | 22 | 23 | 24 | 25 | 26 | 27 | 28 | 29 | 30 |
|---|---|---|---|---|---|---|---|---|---|---|---|---|---|---|---|---|---|---|---|---|---|---|---|---|---|---|---|---|---|---|
| 음력 | 7 | 8 | 9 | 10 | 11 | 12 | 13 | 14 | 15 | 16 | 17 | 18 | 19 | 20 | 21 | 22 | 23 | 24 | 25 | 26 | 27 | 28 | 29 | 30 | 4.1 | 2 | 3 | 4 | 5 | 6 |
| 요일 | 土 | 日 | 月 | 火 | 水 | 木 | 金 | 土 | 日 | 月 | 火 | 水 | 木 | 金 | 土 | 日 | 月 | 火 | 水 | 木 | 金 | 土 | 日 | 月 | 火 | 水 | 木 | 金 | 土 | 日 |
| 일진 | 丁酉 | 戊戌 | 己亥 | 庚子 | 辛丑 | 壬寅 | 癸卯 | 甲辰 | 乙巳 | 丙午 | 丁未 | 戊申 | 己酉 | 庚戌 | 辛亥 | 壬子 | 癸丑 | 甲寅 | 乙卯 | 丙辰 | 丁巳 | 戊午 | 己未 | 庚申 | 辛酉 | 壬戌 | 癸亥 | 甲子 | 乙丑 | 丙寅 |
| 대운 남 | 9 | 9 | 9 | 10 | 청 | 1 | 1 | 1 | 1 | 2 | 2 | 2 | 3 | 3 | 3 | 4 | 4 | 4 | 5 | 5 | 5 | 6 | 6 | 6 | 7 | 7 | 7 | 8 | 8 | 8 |
| 대운 녀 | 1 | 1 | 1 | 1 | 명 | 10 | 10 | 9 | 9 | 9 | 8 | 8 | 8 | 7 | 7 | 7 | 6 | 6 | 6 | 5 | 5 | 5 | 4 | 4 | 4 | 3 | 3 | 3 | 2 | 2 |

입하 6일 08시42분

## 5 · 丁巳月(양 5.6~6.5)

소만 21일 21시57분

| 양력 | 1 | 2 | 3 | 4 | 5 | 6 | 7 | 8 | 9 | 10 | 11 | 12 | 13 | 14 | 15 | 16 | 17 | 18 | 19 | 20 | 21 | 22 | 23 | 24 | 25 | 26 | 27 | 28 | 29 | 30 | 31 |
|---|---|---|---|---|---|---|---|---|---|---|---|---|---|---|---|---|---|---|---|---|---|---|---|---|---|---|---|---|---|---|---|
| 음력 | 7 | 8 | 9 | 10 | 11 | 12 | 13 | 14 | 15 | 16 | 17 | 18 | 19 | 20 | 21 | 22 | 23 | 24 | 25 | 26 | 27 | 28 | 29 | 5.1 | 2 | 3 | 4 | 5 | 6 | 7 | 8 |
| 요일 | 月 | 火 | 水 | 木 | 金 | 土 | 日 | 月 | 火 | 水 | 木 | 金 | 土 | 日 | 月 | 火 | 水 | 木 | 金 | 土 | 日 | 月 | 火 | 水 | 木 | 金 | 土 | 日 | 月 | 火 | 水 |
| 일진 | 丁卯 | 戊辰 | 己巳 | 庚午 | 辛未 | 壬申 | 癸酉 | 甲戌 | 乙亥 | 丙子 | 丁丑 | 戊寅 | 己卯 | 庚辰 | 辛巳 | 壬午 | 癸未 | 甲申 | 乙酉 | 丙戌 | 丁亥 | 戊子 | 己丑 | 庚寅 | 辛卯 | 壬辰 | 癸巳 | 甲午 | 乙未 | 丙申 | 丁酉 |
| 대운 남 | 9 | 9 | 9 | 10 | 10 | 입 | 1 | 1 | 1 | 1 | 2 | 2 | 2 | 3 | 3 | 3 | 4 | 4 | 4 | 5 | 5 | 5 | 6 | 6 | 6 | 7 | 7 | 7 | 8 | 8 | 8 |
| 대운 녀 | 2 | 1 | 1 | 1 | 1 | 하 | 10 | 10 | 9 | 9 | 9 | 8 | 8 | 8 | 7 | 7 | 7 | 6 | 6 | 6 | 5 | 5 | 5 | 4 | 4 | 4 | 3 | 3 | 3 | 2 | 2 |

망종 6일 13시17분

## 6 · 戊午月(양 6.6~7.6)

하지 22일 06시12분

| 양력 | 1 | 2 | 3 | 4 | 5 | 6 | 7 | 8 | 9 | 10 | 11 | 12 | 13 | 14 | 15 | 16 | 17 | 18 | 19 | 20 | 21 | 22 | 23 | 24 | 25 | 26 | 27 | 28 | 29 | 30 |
|---|---|---|---|---|---|---|---|---|---|---|---|---|---|---|---|---|---|---|---|---|---|---|---|---|---|---|---|---|---|---|
| 음력 | 9 | 10 | 11 | 12 | 13 | 14 | 15 | 16 | 17 | 18 | 19 | 20 | 21 | 22 | 23 | 24 | 25 | 26 | 27 | 28 | 29 | 30 | 윤 | 5.2 | 3 | 4 | 5 | 6 | 7 | 8 |
| 요일 | 木 | 金 | 土 | 日 | 月 | 火 | 水 | 木 | 金 | 土 | 日 | 月 | 火 | 水 | 木 | 金 | 土 | 日 | 月 | 火 | 水 | 木 | 金 | 土 | 日 | 月 | 火 | 水 | 木 | 金 |
| 일진 | 戊戌 | 己亥 | 庚子 | 辛丑 | 壬寅 | 癸卯 | 甲辰 | 乙巳 | 丙午 | 丁未 | 戊申 | 己酉 | 庚戌 | 辛亥 | 壬子 | 癸丑 | 甲寅 | 乙卯 | 丙辰 | 丁巳 | 戊午 | 己未 | 庚申 | 辛酉 | 壬戌 | 癸亥 | 甲子 | 乙丑 | 丙寅 | 丁卯 |
| 대운 남 | 9 | 9 | 9 | 10 | 10 | 망 | 1 | 1 | 1 | 1 | 2 | 2 | 2 | 3 | 3 | 3 | 4 | 4 | 4 | 5 | 5 | 5 | 6 | 6 | 6 | 7 | 7 | 7 | 8 | 8 |
| 대운 녀 | 2 | 1 | 1 | 1 | 1 | 종 | 10 | 10 | 9 | 9 | 9 | 8 | 8 | 8 | 7 | 7 | 7 | 6 | 6 | 6 | 5 | 5 | 5 | 4 | 4 | 4 | 3 | 3 | 3 | 2 |

소서 7일 23시44분 | **7 · 己未月(양 7.7~8.7)** | 대서 23일 17시05분

| 양력 | 1 | 2 | 3 | 4 | 5 | 6 | 7 | 8 | 9 | 10 | 11 | 12 | 13 | 14 | 15 | 16 | 17 | 18 | 19 | 20 | 21 | 22 | 23 | 24 | 25 | 26 | 27 | 28 | 29 | 30 | 31 |
|---|---|---|---|---|---|---|---|---|---|---|---|---|---|---|---|---|---|---|---|---|---|---|---|---|---|---|---|---|---|---|---|
| 음력 | 9 | 10 | 11 | 12 | 13 | 14 | 15 | 16 | 17 | 18 | 19 | 20 | 21 | 22 | 23 | 24 | 25 | 26 | 27 | 28 | 29 | 30 | 6.1 | 2 | 3 | 4 | 5 | 6 | 7 | 8 | 9 |
| 요일 | 土 | 日 | 月 | 火 | 水 | 木 | 金 | 土 | 日 | 月 | 火 | 水 | 木 | 金 | 土 | 日 | 月 | 火 | 水 | 木 | 金 | 土 | 日 | 月 | 火 | 水 | 木 | 金 | 土 | 日 | 月 |
| 일진 | 戊辰 | 己巳 | 庚午 | 辛未 | 壬申 | 癸酉 | 甲戌 | 乙亥 | 丙子 | 丁丑 | 戊寅 | 己卯 | 庚辰 | 辛巳 | 壬午 | 癸未 | 甲申 | 乙酉 | 丙戌 | 丁亥 | 戊子 | 己丑 | 庚寅 | 辛卯 | 壬辰 | 癸巳 | 甲午 | 乙未 | 丙申 | 丁酉 | 戊戌 |
| 대운 남 | 8 | 9 | 9 | 9 | 10 | 10 | 소 | 1 | 1 | 1 | 1 | 2 | 2 | 2 | 3 | 3 | 3 | 4 | 4 | 4 | 5 | 5 | 5 | 6 | 6 | 6 | 7 | 7 | 7 | 8 | 8 |
| 대운 녀 | 2 | 2 | 1 | 1 | 1 | 1 | 서 | 10 | 10 | 10 | 9 | 9 | 9 | 8 | 8 | 8 | 7 | 7 | 7 | 6 | 6 | 6 | 5 | 5 | 5 | 4 | 4 | 4 | 3 | 3 | 3 |

입추 8일 09시26분 | **8 · 庚申月(양 8.8~9.7)** | 처서 23일 23시52분

| 양력 | 1 | 2 | 3 | 4 | 5 | 6 | 7 | 8 | 9 | 10 | 11 | 12 | 13 | 14 | 15 | 16 | 17 | 18 | 19 | 20 | 21 | 22 | 23 | 24 | 25 | 26 | 27 | 28 | 29 | 30 | 31 |
|---|---|---|---|---|---|---|---|---|---|---|---|---|---|---|---|---|---|---|---|---|---|---|---|---|---|---|---|---|---|---|---|
| 음력 | 10 | 11 | 12 | 13 | 14 | 15 | 16 | 17 | 18 | 19 | 20 | 21 | 22 | 23 | 24 | 25 | 26 | 27 | 28 | 29 | 7.1 | 2 | 3 | 4 | 5 | 6 | 7 | 8 | 9 | 10 | 11 |
| 요일 | 火 | 水 | 木 | 金 | 土 | 日 | 月 | 火 | 水 | 木 | 金 | 土 | 日 | 月 | 火 | 水 | 木 | 金 | 土 | 日 | 月 | 火 | 水 | 木 | 金 | 土 | 日 | 月 | 火 | 水 | 木 |
| 일진 | 己亥 | 庚子 | 辛丑 | 壬寅 | 癸卯 | 甲辰 | 乙巳 | 丙午 | 丁未 | 戊申 | 己酉 | 庚戌 | 辛亥 | 壬子 | 癸丑 | 甲寅 | 乙卯 | 丙辰 | 丁巳 | 戊午 | 己未 | 庚申 | 辛酉 | 壬戌 | 癸亥 | 甲子 | 乙丑 | 丙寅 | 丁卯 | 戊辰 | 己巳 |
| 대운 남 | 8 | 9 | 9 | 9 | 10 | 10 | 10 | 입 | 1 | 1 | 1 | 1 | 2 | 2 | 2 | 3 | 3 | 3 | 4 | 4 | 4 | 5 | 5 | 5 | 6 | 6 | 6 | 7 | 7 | 7 | 8 |
| 대운 녀 | 2 | 2 | 2 | 1 | 1 | 1 | 1 | 추 | 10 | 10 | 9 | 9 | 9 | 8 | 8 | 8 | 7 | 7 | 7 | 6 | 6 | 6 | 5 | 5 | 5 | 4 | 4 | 4 | 3 | 3 | 3 |

백로 8일 11시58분 | **9 · 辛酉月(양 9.8~10.8)** | 추분 23일 21시01분

| 양력 | 1 | 2 | 3 | 4 | 5 | 6 | 7 | 8 | 9 | 10 | 11 | 12 | 13 | 14 | 15 | 16 | 17 | 18 | 19 | 20 | 21 | 22 | 23 | 24 | 25 | 26 | 27 | 28 | 29 | 30 |
|---|---|---|---|---|---|---|---|---|---|---|---|---|---|---|---|---|---|---|---|---|---|---|---|---|---|---|---|---|---|---|
| 음력 | 12 | 13 | 14 | 15 | 16 | 17 | 18 | 19 | 20 | 21 | 22 | 23 | 24 | 25 | 26 | 27 | 28 | 29 | 30 | 8.1 | 2 | 3 | 4 | 5 | 6 | 7 | 8 | 9 | 10 | 11 |
| 요일 | 金 | 土 | 日 | 月 | 火 | 水 | 木 | 金 | 土 | 日 | 月 | 火 | 水 | 木 | 金 | 土 | 日 | 月 | 火 | 水 | 木 | 金 | 土 | 日 | 月 | 火 | 水 | 木 | 金 | 土 |
| 일진 | 庚午 | 辛未 | 壬申 | 癸酉 | 甲戌 | 乙亥 | 丙子 | 丁丑 | 戊寅 | 己卯 | 庚辰 | 辛巳 | 壬午 | 癸未 | 甲申 | 乙酉 | 丙戌 | 丁亥 | 戊子 | 己丑 | 庚寅 | 辛卯 | 壬辰 | 癸巳 | 甲午 | 乙未 | 丙申 | 丁酉 | 戊戌 | 己亥 |
| 대운 남 | 8 | 8 | 9 | 9 | 9 | 10 | 10 | 백 | 1 | 1 | 1 | 1 | 2 | 2 | 2 | 3 | 3 | 3 | 4 | 4 | 4 | 5 | 5 | 5 | 6 | 6 | 6 | 7 | 7 | 7 |
| 대운 녀 | 2 | 2 | 2 | 1 | 1 | 1 | 1 | 로 | 10 | 10 | 9 | 9 | 9 | 8 | 8 | 8 | 7 | 7 | 7 | 6 | 6 | 6 | 5 | 5 | 5 | 4 | 4 | 4 | 3 | 3 |

한로 9일 03시04분 | **10 · 壬戌月(양 10.9~11.7)** | 상강 24일 05시48분

| 양력 | 1 | 2 | 3 | 4 | 5 | 6 | 7 | 8 | 9 | 10 | 11 | 12 | 13 | 14 | 15 | 16 | 17 | 18 | 19 | 20 | 21 | 22 | 23 | 24 | 25 | 26 | 27 | 28 | 29 | 30 | 31 |
|---|---|---|---|---|---|---|---|---|---|---|---|---|---|---|---|---|---|---|---|---|---|---|---|---|---|---|---|---|---|---|---|
| 음력 | 12 | 13 | 14 | 15 | 16 | 17 | 18 | 19 | 20 | 21 | 22 | 23 | 24 | 25 | 26 | 27 | 28 | 29 | 9.1 | 2 | 3 | 4 | 5 | 6 | 7 | 8 | 9 | 10 | 11 | 12 | 13 |
| 요일 | 日 | 月 | 火 | 水 | 木 | 金 | 土 | 日 | 月 | 火 | 水 | 木 | 金 | 土 | 日 | 月 | 火 | 水 | 木 | 金 | 土 | 日 | 月 | 火 | 水 | 木 | 金 | 土 | 日 | 月 | 火 |
| 일진 | 庚子 | 辛丑 | 壬寅 | 癸卯 | 甲辰 | 乙巳 | 丙午 | 丁未 | 戊申 | 己酉 | 庚戌 | 辛亥 | 壬子 | 癸丑 | 甲寅 | 乙卯 | 丙辰 | 丁巳 | 戊午 | 己未 | 庚申 | 辛酉 | 壬戌 | 癸亥 | 甲子 | 乙丑 | 丙寅 | 丁卯 | 戊辰 | 己巳 | 庚午 |
| 대운 남 | 8 | 8 | 8 | 9 | 9 | 9 | 10 | 10 | 한 | 1 | 1 | 1 | 1 | 2 | 2 | 2 | 3 | 3 | 3 | 4 | 4 | 4 | 5 | 5 | 5 | 6 | 6 | 6 | 7 | 7 | 7 |
| 대운 녀 | 3 | 2 | 2 | 2 | 1 | 1 | 1 | 1 | 로 | 10 | 9 | 9 | 9 | 8 | 8 | 8 | 7 | 7 | 7 | 6 | 6 | 6 | 5 | 5 | 5 | 4 | 4 | 4 | 3 | 3 | 3 |

입동 8일 05시43분 | **11 · 癸亥月(양 11.8~12.6)** | 소설 23일 02시53분

| 양력 | 1 | 2 | 3 | 4 | 5 | 6 | 7 | 8 | 9 | 10 | 11 | 12 | 13 | 14 | 15 | 16 | 17 | 18 | 19 | 20 | 21 | 22 | 23 | 24 | 25 | 26 | 27 | 28 | 29 | 30 |
|---|---|---|---|---|---|---|---|---|---|---|---|---|---|---|---|---|---|---|---|---|---|---|---|---|---|---|---|---|---|---|
| 음력 | 14 | 15 | 16 | 17 | 18 | 19 | 20 | 21 | 22 | 23 | 24 | 25 | 26 | 27 | 28 | 29 | 30 | 10.1 | 2 | 3 | 4 | 5 | 6 | 7 | 8 | 9 | 10 | 11 | 12 | 13 |
| 요일 | 水 | 木 | 金 | 土 | 日 | 月 | 火 | 水 | 木 | 金 | 土 | 日 | 月 | 火 | 水 | 木 | 金 | 土 | 日 | 月 | 火 | 水 | 木 | 金 | 土 | 日 | 月 | 火 | 水 | 木 |
| 일진 | 辛未 | 壬申 | 癸酉 | 甲戌 | 乙亥 | 丙子 | 丁丑 | 戊寅 | 己卯 | 庚辰 | 辛巳 | 壬午 | 癸未 | 甲申 | 乙酉 | 丙戌 | 丁亥 | 戊子 | 己丑 | 庚寅 | 辛卯 | 壬辰 | 癸巳 | 甲午 | 乙未 | 丙申 | 丁酉 | 戊戌 | 己亥 | 庚子 |
| 대운 남 | 8 | 8 | 8 | 9 | 9 | 9 | 10 | 입 | 1 | 1 | 1 | 1 | 2 | 2 | 2 | 3 | 3 | 3 | 4 | 4 | 4 | 5 | 5 | 5 | 6 | 6 | 6 | 7 | 7 | 7 |
| 대운 녀 | 2 | 2 | 2 | 1 | 1 | 1 | 1 | 동 | 9 | 9 | 9 | 8 | 8 | 8 | 7 | 7 | 7 | 6 | 6 | 6 | 5 | 5 | 5 | 4 | 4 | 4 | 3 | 3 | 3 | 2 |

대설 7일 22시11분 | **12 · 甲子月(양 12.7~1.5)** | 동지 22일 15시58분

| 양력 | 1 | 2 | 3 | 4 | 5 | 6 | 7 | 8 | 9 | 10 | 11 | 12 | 13 | 14 | 15 | 16 | 17 | 18 | 19 | 20 | 21 | 22 | 23 | 24 | 25 | 26 | 27 | 28 | 29 | 30 | 31 |
|---|---|---|---|---|---|---|---|---|---|---|---|---|---|---|---|---|---|---|---|---|---|---|---|---|---|---|---|---|---|---|---|
| 음력 | 14 | 15 | 16 | 17 | 18 | 19 | 20 | 21 | 22 | 23 | 24 | 25 | 26 | 27 | 28 | 29 | 11.1 | 2 | 3 | 4 | 5 | 6 | 7 | 8 | 9 | 10 | 11 | 12 | 13 | 14 | 15 |
| 요일 | 金 | 土 | 日 | 月 | 火 | 水 | 木 | 金 | 土 | 日 | 月 | 火 | 水 | 木 | 金 | 土 | 日 | 月 | 火 | 水 | 木 | 金 | 土 | 日 | 月 | 火 | 水 | 木 | 金 | 土 | 日 |
| 일진 | 辛丑 | 壬寅 | 癸卯 | 甲辰 | 乙巳 | 丙午 | 丁未 | 戊申 | 己酉 | 庚戌 | 辛亥 | 壬子 | 癸丑 | 甲寅 | 乙卯 | 丙辰 | 丁巳 | 戊午 | 己未 | 庚申 | 辛酉 | 壬戌 | 癸亥 | 甲子 | 乙丑 | 丙寅 | 丁卯 | 戊辰 | 己巳 | 庚午 | 辛未 |
| 대운 남 | 8 | 8 | 8 | 9 | 9 | 9 | 대 | 1 | 1 | 1 | 1 | 2 | 2 | 2 | 3 | 3 | 3 | 4 | 4 | 4 | 5 | 5 | 5 | 6 | 6 | 6 | 7 | 7 | 7 | 8 | 8 |
| 대운 녀 | 2 | 2 | 1 | 1 | 1 | 1 | 설 | 10 | 9 | 9 | 9 | 8 | 8 | 8 | 7 | 7 | 7 | 6 | 6 | 6 | 5 | 5 | 5 | 4 | 4 | 4 | 3 | 3 | 3 | 2 | 2 |

단기 4267년

# 1934년

소한 6일 09시17분

## 1 · 乙丑月(양 1.6~2.3)

대한 21일 02시37분

| 양력 | 1 | 2 | 3 | 4 | 5 | 6 | 7 | 8 | 9 | 10 | 11 | 12 | 13 | 14 | 15 | 16 | 17 | 18 | 19 | 20 | 21 | 22 | 23 | 24 | 25 | 26 | 27 | 28 | 29 | 30 | 31 |
|---|---|---|---|---|---|---|---|---|---|---|---|---|---|---|---|---|---|---|---|---|---|---|---|---|---|---|---|---|---|---|---|
| 음력 | 16 | 17 | 18 | 19 | 20 | 21 | 22 | 23 | 24 | 25 | 26 | 27 | 28 | 29 | 12.1 | 2 | 3 | 4 | 5 | 6 | 7 | 8 | 9 | 10 | 11 | 12 | 13 | 14 | 15 | 16 | 17 |
| 요일 | 月 | 火 | 水 | 木 | 金 | 土 | 日 | 月 | 火 | 水 | 木 | 金 | 土 | 日 | 月 | 火 | 水 | 木 | 金 | 土 | 日 | 月 | 火 | 水 | 木 | 金 | 土 | 日 | 月 | 火 | 水 |
| 일진 | 壬申 | 癸酉 | 甲戌 | 乙亥 | 丙子 | 丁丑 | 戊寅 | 己卯 | 庚辰 | 辛巳 | 壬午 | 癸未 | 甲申 | 乙酉 | 丙戌 | 丁亥 | 戊子 | 己丑 | 庚寅 | 辛卯 | 壬辰 | 癸巳 | 甲午 | 乙未 | 丙申 | 丁酉 | 戊戌 | 己亥 | 庚子 | 辛丑 | 壬寅 |
| 대운 남 | 8 | 9 | 9 | 9 | 10 | 소 | 1 | 1 | 1 | 1 | 2 | 2 | 2 | 3 | 3 | 3 | 4 | 4 | 4 | 5 | 5 | 5 | 6 | 6 | 6 | 7 | 7 | 7 | 8 | 8 | 8 |
| 대운 녀 | 2 | 1 | 1 | 1 | 1 | 한 | 9 | 9 | 9 | 8 | 8 | 8 | 7 | 7 | 7 | 6 | 6 | 6 | 5 | 5 | 5 | 4 | 4 | 4 | 3 | 3 | 3 | 2 | 2 | 2 | 1 |

입춘 4일 21시04분

## 2 · 丙寅月(양 2.4~3.5)

우수 19일 17시02분

| 양력 | 1 | 2 | 3 | 4 | 5 | 6 | 7 | 8 | 9 | 10 | 11 | 12 | 13 | 14 | 15 | 16 | 17 | 18 | 19 | 20 | 21 | 22 | 23 | 24 | 25 | 26 | 27 | 28 |
|---|---|---|---|---|---|---|---|---|---|---|---|---|---|---|---|---|---|---|---|---|---|---|---|---|---|---|---|---|
| 음력 | 18 | 19 | 20 | 21 | 22 | 23 | 24 | 25 | 26 | 27 | 28 | 29 | 30 | 1.1 | 2 | 3 | 4 | 5 | 6 | 7 | 8 | 9 | 10 | 11 | 12 | 13 | 14 | 15 |
| 요일 | 木 | 金 | 土 | 日 | 月 | 火 | 水 | 木 | 金 | 土 | 日 | 月 | 火 | 水 | 木 | 金 | 土 | 日 | 月 | 火 | 水 | 木 | 金 | 土 | 日 | 月 | 火 | 水 |
| 일진 | 癸卯 | 甲辰 | 乙巳 | 丙午 | 丁未 | 戊申 | 己酉 | 庚戌 | 辛亥 | 壬子 | 癸丑 | 甲寅 | 乙卯 | 丙辰 | 丁巳 | 戊午 | 己未 | 庚申 | 辛酉 | 壬戌 | 癸亥 | 甲子 | 乙丑 | 丙寅 | 丁卯 | 戊辰 | 己巳 | 庚午 |
| 대운 남 | 9 | 9 | 9 | 입 | 10 | 9 | 9 | 9 | 8 | 8 | 8 | 7 | 7 | 7 | 6 | 6 | 6 | 5 | 5 | 5 | 4 | 4 | 4 | 3 | 3 | 3 | 2 | 2 |
| 대운 녀 | 1 | 1 | 1 | 춘 | 1 | 1 | 1 | 1 | 2 | 2 | 2 | 3 | 3 | 3 | 4 | 4 | 4 | 5 | 5 | 5 | 6 | 6 | 6 | 7 | 7 | 7 | 8 | 8 |

경칩 6일 15시26분

## 3 · 丁卯月(양 3.6~4.4)

춘분 21일 16시28분

| 양력 | 1 | 2 | 3 | 4 | 5 | 6 | 7 | 8 | 9 | 10 | 11 | 12 | 13 | 14 | 15 | 16 | 17 | 18 | 19 | 20 | 21 | 22 | 23 | 24 | 25 | 26 | 27 | 28 | 29 | 30 | 31 |
|---|---|---|---|---|---|---|---|---|---|---|---|---|---|---|---|---|---|---|---|---|---|---|---|---|---|---|---|---|---|---|---|
| 음력 | 16 | 17 | 18 | 19 | 20 | 21 | 22 | 23 | 24 | 25 | 26 | 27 | 28 | 29 | 2.1 | 2 | 3 | 4 | 5 | 6 | 7 | 8 | 9 | 10 | 11 | 12 | 13 | 14 | 15 | 16 | 17 |
| 요일 | 木 | 金 | 土 | 日 | 月 | 火 | 水 | 木 | 金 | 土 | 日 | 月 | 火 | 水 | 木 | 金 | 土 | 日 | 月 | 火 | 水 | 木 | 金 | 土 | 日 | 月 | 火 | 水 | 木 | 金 | 土 |
| 일진 | 辛未 | 壬申 | 癸酉 | 甲戌 | 乙亥 | 丙子 | 丁丑 | 戊寅 | 己卯 | 庚辰 | 辛巳 | 壬午 | 癸未 | 甲申 | 乙酉 | 丙戌 | 丁亥 | 戊子 | 己丑 | 庚寅 | 辛卯 | 壬辰 | 癸巳 | 甲午 | 乙未 | 丙申 | 丁酉 | 戊戌 | 己亥 | 庚子 | 辛丑 |
| 대운 남 | 2 | 1 | 1 | 1 | 1 | 경 | 10 | 9 | 9 | 9 | 8 | 8 | 8 | 7 | 7 | 7 | 6 | 6 | 6 | 5 | 5 | 5 | 4 | 4 | 4 | 3 | 3 | 3 | 2 | 2 | 2 |
| 대운 녀 | 8 | 9 | 9 | 9 | 10 | 칩 | 1 | 1 | 1 | 1 | 2 | 2 | 2 | 3 | 3 | 3 | 4 | 4 | 4 | 5 | 5 | 5 | 6 | 6 | 6 | 7 | 7 | 7 | 8 | 8 | 8 |

청명 5일 20시44분

## 4 · 戊辰月(양 4.5~5.5)

곡우 21일 04시00분

| 양력 | 1 | 2 | 3 | 4 | 5 | 6 | 7 | 8 | 9 | 10 | 11 | 12 | 13 | 14 | 15 | 16 | 17 | 18 | 19 | 20 | 21 | 22 | 23 | 24 | 25 | 26 | 27 | 28 | 29 | 30 |
|---|---|---|---|---|---|---|---|---|---|---|---|---|---|---|---|---|---|---|---|---|---|---|---|---|---|---|---|---|---|---|
| 음력 | 18 | 19 | 20 | 21 | 22 | 23 | 24 | 25 | 26 | 27 | 28 | 29 | 30 | 3.1 | 2 | 3 | 4 | 5 | 6 | 7 | 8 | 9 | 10 | 11 | 12 | 13 | 14 | 15 | 16 | 17 |
| 요일 | 日 | 月 | 火 | 水 | 木 | 金 | 土 | 日 | 月 | 火 | 水 | 木 | 金 | 土 | 日 | 月 | 火 | 水 | 木 | 金 | 土 | 日 | 月 | 火 | 水 | 木 | 金 | 土 | 日 | 月 |
| 일진 | 壬寅 | 癸卯 | 甲辰 | 乙巳 | 丙午 | 丁未 | 戊申 | 己酉 | 庚戌 | 辛亥 | 壬子 | 癸丑 | 甲寅 | 乙卯 | 丙辰 | 丁巳 | 戊午 | 己未 | 庚申 | 辛酉 | 壬戌 | 癸亥 | 甲子 | 乙丑 | 丙寅 | 丁卯 | 戊辰 | 己巳 | 庚午 | 辛未 |
| 대운 남 | 1 | 1 | 1 | 1 | 청 | 10 | 10 | 9 | 9 | 9 | 8 | 8 | 8 | 7 | 7 | 7 | 6 | 6 | 6 | 5 | 5 | 5 | 4 | 4 | 4 | 3 | 3 | 3 | 2 | 2 |
| 대운 녀 | 9 | 9 | 9 | 10 | 명 | 1 | 1 | 1 | 1 | 2 | 2 | 2 | 3 | 3 | 3 | 4 | 4 | 4 | 5 | 5 | 5 | 6 | 6 | 6 | 7 | 7 | 7 | 8 | 8 | 8 |

입하 6일 14시31분

## 5 · 己巳月(양 5.6~6.5)

소만 22일 03시35분

| 양력 | 1 | 2 | 3 | 4 | 5 | 6 | 7 | 8 | 9 | 10 | 11 | 12 | 13 | 14 | 15 | 16 | 17 | 18 | 19 | 20 | 21 | 22 | 23 | 24 | 25 | 26 | 27 | 28 | 29 | 30 | 31 |
|---|---|---|---|---|---|---|---|---|---|---|---|---|---|---|---|---|---|---|---|---|---|---|---|---|---|---|---|---|---|---|---|
| 음력 | 18 | 19 | 20 | 21 | 22 | 23 | 24 | 25 | 26 | 27 | 28 | 29 | 4.1 | 2 | 3 | 4 | 5 | 6 | 7 | 8 | 9 | 10 | 11 | 12 | 13 | 14 | 15 | 16 | 17 | 18 | 19 |
| 요일 | 火 | 水 | 木 | 金 | 土 | 日 | 月 | 火 | 水 | 木 | 金 | 土 | 日 | 月 | 火 | 水 | 木 | 金 | 土 | 日 | 月 | 火 | 水 | 木 | 金 | 土 | 日 | 月 | 火 | 水 | 木 |
| 일진 | 壬申 | 癸酉 | 甲戌 | 乙亥 | 丙子 | 丁丑 | 戊寅 | 己卯 | 庚辰 | 辛巳 | 壬午 | 癸未 | 甲申 | 乙酉 | 丙戌 | 丁亥 | 戊子 | 己丑 | 庚寅 | 辛卯 | 壬辰 | 癸巳 | 甲午 | 乙未 | 丙申 | 丁酉 | 戊戌 | 己亥 | 庚子 | 辛丑 | 壬寅 |
| 대운 남 | 2 | 1 | 1 | 1 | 1 | 입 | 10 | 10 | 9 | 9 | 9 | 8 | 8 | 8 | 7 | 7 | 7 | 6 | 6 | 6 | 5 | 5 | 5 | 4 | 4 | 4 | 3 | 3 | 3 | 2 | 2 |
| 대운 녀 | 9 | 9 | 9 | 10 | 10 | 하 | 1 | 1 | 1 | 1 | 2 | 2 | 2 | 3 | 3 | 3 | 4 | 4 | 4 | 5 | 5 | 5 | 6 | 6 | 6 | 7 | 7 | 7 | 8 | 8 | 8 |

망종 6일 19시01분

## 6 · 庚午月(양 6.6~7.7)

하지 22일 11시48분

| 양력 | 1 | 2 | 3 | 4 | 5 | 6 | 7 | 8 | 9 | 10 | 11 | 12 | 13 | 14 | 15 | 16 | 17 | 18 | 19 | 20 | 21 | 22 | 23 | 24 | 25 | 26 | 27 | 28 | 29 | 30 |
|---|---|---|---|---|---|---|---|---|---|---|---|---|---|---|---|---|---|---|---|---|---|---|---|---|---|---|---|---|---|---|
| 음력 | 20 | 21 | 22 | 23 | 24 | 25 | 26 | 27 | 28 | 29 | 30 | 5.1 | 2 | 3 | 4 | 5 | 6 | 7 | 8 | 9 | 10 | 11 | 12 | 13 | 14 | 15 | 16 | 17 | 18 | 19 |
| 요일 | 金 | 土 | 日 | 月 | 火 | 水 | 木 | 金 | 土 | 日 | 月 | 火 | 水 | 木 | 金 | 土 | 日 | 月 | 火 | 水 | 木 | 金 | 土 | 日 | 月 | 火 | 水 | 木 | 金 | 土 |
| 일진 | 癸卯 | 甲辰 | 乙巳 | 丙午 | 丁未 | 戊申 | 己酉 | 庚戌 | 辛亥 | 壬子 | 癸丑 | 甲寅 | 乙卯 | 丙辰 | 丁巳 | 戊午 | 己未 | 庚申 | 辛酉 | 壬戌 | 癸亥 | 甲子 | 乙丑 | 丙寅 | 丁卯 | 戊辰 | 己巳 | 庚午 | 辛未 | 壬申 |
| 대운 남 | 2 | 1 | 1 | 1 | 1 | 망 | 10 | 10 | 10 | 9 | 9 | 9 | 8 | 8 | 8 | 7 | 7 | 7 | 6 | 6 | 6 | 5 | 5 | 5 | 4 | 4 | 4 | 3 | 3 | 3 |
| 대운 녀 | 9 | 9 | 9 | 10 | 10 | 종 | 1 | 1 | 1 | 1 | 2 | 2 | 2 | 3 | 3 | 3 | 4 | 4 | 4 | 5 | 5 | 5 | 6 | 6 | 6 | 7 | 7 | 7 | 8 | 8 |

## 7 · 辛未月(양 7.8~8.7)

소서 8일 05시24분 대서 23일 22시42분

| 양력 | 1 | 2 | 3 | 4 | 5 | 6 | 7 | 8 | 9 | 10 | 11 | 12 | 13 | 14 | 15 | 16 | 17 | 18 | 19 | 20 | 21 | 22 | 23 | 24 | 25 | 26 | 27 | 28 | 29 | 30 | 31 |
|---|---|---|---|---|---|---|---|---|---|---|---|---|---|---|---|---|---|---|---|---|---|---|---|---|---|---|---|---|---|---|---|
| 음력 | 20 | 21 | 22 | 23 | 24 | 25 | 26 | 27 | 28 | 29 | 30 | 6.1 | 2 | 3 | 4 | 5 | 6 | 7 | 8 | 9 | 10 | 11 | 12 | 13 | 14 | 15 | 16 | 17 | 18 | 19 | 20 |
| 요일 | 日 | 月 | 火 | 水 | 木 | 金 | 土 | 日 | 月 | 火 | 水 | 木 | 金 | 土 | 日 | 月 | 火 | 水 | 木 | 金 | 土 | 日 | 月 | 火 | 水 | 木 | 金 | 土 | 日 | 月 | 火 |
| 일진 | 癸酉 | 甲戌 | 乙亥 | 丙子 | 丁丑 | 戊寅 | 己卯 | 庚辰 | 辛巳 | 壬午 | 癸未 | 甲申 | 乙酉 | 丙戌 | 丁亥 | 戊子 | 己丑 | 庚寅 | 辛卯 | 壬辰 | 癸巳 | 甲午 | 乙未 | 丙申 | 丁酉 | 戊戌 | 己亥 | 庚子 | 辛丑 | 壬寅 | 癸卯 |
| 대운 남 | 2 | 2 | 2 | 1 | 1 | 1 | 1 | 소 | 10 | 10 | 9 | 9 | 9 | 8 | 8 | 8 | 7 | 7 | 7 | 6 | 6 | 6 | 5 | 5 | 5 | 4 | 4 | 4 | 3 | 3 | 3 |
| 대운 녀 | 8 | 9 | 9 | 9 | 10 | 10 | 10 | 서 | 1 | 1 | 1 | 1 | 2 | 2 | 2 | 3 | 3 | 3 | 4 | 4 | 4 | 5 | 5 | 5 | 6 | 6 | 6 | 7 | 7 | 7 | 8 |

## 8 · 壬申月(양 8.8~9.7)

입추 8일 15시04분 처서 24일 05시32분

| 양력 | 1 | 2 | 3 | 4 | 5 | 6 | 7 | 8 | 9 | 10 | 11 | 12 | 13 | 14 | 15 | 16 | 17 | 18 | 19 | 20 | 21 | 22 | 23 | 24 | 25 | 26 | 27 | 28 | 29 | 30 | 31 |
|---|---|---|---|---|---|---|---|---|---|---|---|---|---|---|---|---|---|---|---|---|---|---|---|---|---|---|---|---|---|---|---|
| 음력 | 21 | 22 | 23 | 24 | 25 | 26 | 27 | 28 | 29 | 7.1 | 2 | 3 | 4 | 5 | 6 | 7 | 8 | 9 | 10 | 11 | 12 | 13 | 14 | 15 | 16 | 17 | 18 | 19 | 20 | 21 | 22 |
| 요일 | 水 | 木 | 金 | 土 | 日 | 月 | 火 | 水 | 木 | 金 | 土 | 日 | 月 | 火 | 水 | 木 | 金 | 土 | 日 | 月 | 火 | 水 | 木 | 金 | 土 | 日 | 月 | 火 | 水 | 木 | 金 |
| 일진 | 甲辰 | 乙巳 | 丙午 | 丁未 | 戊申 | 己酉 | 庚戌 | 辛亥 | 壬子 | 癸丑 | 甲寅 | 乙卯 | 丙辰 | 丁巳 | 戊午 | 己未 | 庚申 | 辛酉 | 壬戌 | 癸亥 | 甲子 | 乙丑 | 丙寅 | 丁卯 | 戊辰 | 己巳 | 庚午 | 辛未 | 壬申 | 癸酉 | 甲戌 |
| 대운 남 | 2 | 2 | 2 | 1 | 1 | 1 | 1 | 입 | 10 | 10 | 9 | 9 | 9 | 8 | 8 | 8 | 7 | 7 | 7 | 6 | 6 | 6 | 5 | 5 | 5 | 4 | 4 | 4 | 3 | 3 | 3 |
| 대운 녀 | 8 | 8 | 9 | 9 | 9 | 10 | 10 | 추 | 1 | 1 | 1 | 1 | 2 | 2 | 2 | 3 | 3 | 3 | 4 | 4 | 4 | 5 | 5 | 5 | 6 | 6 | 6 | 7 | 7 | 7 | 8 |

## 9 · 癸酉月(양 9.8~10.8)

백로 8일 17시36분 추분 24일 02시45분

| 양력 | 1 | 2 | 3 | 4 | 5 | 6 | 7 | 8 | 9 | 10 | 11 | 12 | 13 | 14 | 15 | 16 | 17 | 18 | 19 | 20 | 21 | 22 | 23 | 24 | 25 | 26 | 27 | 28 | 29 | 30 |
|---|---|---|---|---|---|---|---|---|---|---|---|---|---|---|---|---|---|---|---|---|---|---|---|---|---|---|---|---|---|---|
| 음력 | 23 | 24 | 25 | 26 | 27 | 28 | 29 | 30 | 8.1 | 2 | 3 | 4 | 5 | 6 | 7 | 8 | 9 | 10 | 11 | 12 | 13 | 14 | 15 | 16 | 17 | 18 | 19 | 20 | 21 | 22 |
| 요일 | 土 | 日 | 月 | 火 | 水 | 木 | 金 | 土 | 日 | 月 | 火 | 水 | 木 | 金 | 土 | 日 | 月 | 火 | 水 | 木 | 金 | 土 | 日 | 月 | 火 | 水 | 木 | 金 | 土 | 日 |
| 일진 | 乙亥 | 丙子 | 丁丑 | 戊寅 | 己卯 | 庚辰 | 辛巳 | 壬午 | 癸未 | 甲申 | 乙酉 | 丙戌 | 丁亥 | 戊子 | 己丑 | 庚寅 | 辛卯 | 壬辰 | 癸巳 | 甲午 | 乙未 | 丙申 | 丁酉 | 戊戌 | 己亥 | 庚子 | 辛丑 | 壬寅 | 癸卯 | 甲辰 |
| 대운 남 | 2 | 2 | 2 | 1 | 1 | 1 | 1 | 백 | 10 | 10 | 9 | 9 | 9 | 8 | 8 | 8 | 7 | 7 | 7 | 6 | 6 | 6 | 5 | 5 | 5 | 4 | 4 | 4 | 3 | 3 |
| 대운 녀 | 8 | 8 | 9 | 9 | 9 | 10 | 10 | 로 | 1 | 1 | 1 | 1 | 2 | 2 | 2 | 3 | 3 | 3 | 4 | 4 | 4 | 5 | 5 | 5 | 6 | 6 | 6 | 7 | 7 | 7 |

## 10 · 甲戌月(양 10.9~11.7)

한로 9일 08시45분 상강 24일 11시36분

| 양력 | 1 | 2 | 3 | 4 | 5 | 6 | 7 | 8 | 9 | 10 | 11 | 12 | 13 | 14 | 15 | 16 | 17 | 18 | 19 | 20 | 21 | 22 | 23 | 24 | 25 | 26 | 27 | 28 | 29 | 30 | 31 |
|---|---|---|---|---|---|---|---|---|---|---|---|---|---|---|---|---|---|---|---|---|---|---|---|---|---|---|---|---|---|---|---|
| 음력 | 23 | 24 | 25 | 26 | 27 | 28 | 29 | 30 | 9.1 | 2 | 3 | 4 | 5 | 6 | 7 | 8 | 9 | 10 | 11 | 12 | 13 | 14 | 15 | 16 | 17 | 18 | 19 | 20 | 21 | 22 | 23 |
| 요일 | 月 | 火 | 水 | 木 | 金 | 土 | 日 | 月 | 火 | 水 | 木 | 金 | 土 | 日 | 月 | 火 | 水 | 木 | 金 | 土 | 日 | 月 | 火 | 水 | 木 | 金 | 土 | 日 | 月 | 火 | 水 |
| 일진 | 乙巳 | 丙午 | 丁未 | 戊申 | 己酉 | 庚戌 | 辛亥 | 壬子 | 癸丑 | 甲寅 | 乙卯 | 丙辰 | 丁巳 | 戊午 | 己未 | 庚申 | 辛酉 | 壬戌 | 癸亥 | 甲子 | 乙丑 | 丙寅 | 丁卯 | 戊辰 | 己巳 | 庚午 | 辛未 | 壬申 | 癸酉 | 甲戌 | 乙亥 |
| 대운 남 | 3 | 2 | 2 | 2 | 1 | 1 | 1 | 1 | 한 | 10 | 9 | 9 | 9 | 8 | 8 | 8 | 7 | 7 | 7 | 6 | 6 | 6 | 5 | 5 | 5 | 4 | 4 | 4 | 3 | 3 | 3 |
| 대운 녀 | 8 | 8 | 8 | 9 | 9 | 9 | 10 | 10 | 로 | 1 | 1 | 1 | 1 | 2 | 2 | 2 | 3 | 3 | 3 | 4 | 4 | 4 | 5 | 5 | 5 | 6 | 6 | 6 | 7 | 7 | 7 |

## 11 · 乙亥月(양 11.8~12.7)

입동 8일 11시27분 소설 23일 08시44분

| 양력 | 1 | 2 | 3 | 4 | 5 | 6 | 7 | 8 | 9 | 10 | 11 | 12 | 13 | 14 | 15 | 16 | 17 | 18 | 19 | 20 | 21 | 22 | 23 | 24 | 25 | 26 | 27 | 28 | 29 | 30 |
|---|---|---|---|---|---|---|---|---|---|---|---|---|---|---|---|---|---|---|---|---|---|---|---|---|---|---|---|---|---|---|
| 음력 | 24 | 25 | 26 | 27 | 28 | 29 | 10.1 | 2 | 3 | 4 | 5 | 6 | 7 | 8 | 9 | 10 | 11 | 12 | 13 | 14 | 15 | 16 | 17 | 18 | 19 | 20 | 21 | 22 | 23 | 24 |
| 요일 | 木 | 金 | 土 | 日 | 月 | 火 | 水 | 木 | 金 | 土 | 日 | 月 | 火 | 水 | 木 | 金 | 土 | 日 | 月 | 火 | 水 | 木 | 金 | 土 | 日 | 月 | 火 | 水 | 木 | 金 |
| 일진 | 丙子 | 丁丑 | 戊寅 | 己卯 | 庚辰 | 辛巳 | 壬午 | 癸未 | 甲申 | 乙酉 | 丙戌 | 丁亥 | 戊子 | 己丑 | 庚寅 | 辛卯 | 壬辰 | 癸巳 | 甲午 | 乙未 | 丙申 | 丁酉 | 戊戌 | 己亥 | 庚子 | 辛丑 | 壬寅 | 癸卯 | 甲辰 | 乙巳 |
| 대운 남 | 2 | 2 | 2 | 1 | 1 | 1 | 1 | 입 | 10 | 9 | 9 | 9 | 8 | 8 | 8 | 7 | 7 | 7 | 6 | 6 | 6 | 5 | 5 | 5 | 4 | 4 | 4 | 3 | 3 | 3 |
| 대운 녀 | 8 | 8 | 8 | 9 | 9 | 9 | 10 | 동 | 1 | 1 | 1 | 1 | 2 | 2 | 2 | 3 | 3 | 3 | 4 | 4 | 4 | 5 | 5 | 5 | 6 | 6 | 6 | 7 | 7 | 7 |

## 12 · 丙子月(양 12.8~1.5)

대설 8일 03시57분 동지 22일 21시49분

| 양력 | 1 | 2 | 3 | 4 | 5 | 6 | 7 | 8 | 9 | 10 | 11 | 12 | 13 | 14 | 15 | 16 | 17 | 18 | 19 | 20 | 21 | 22 | 23 | 24 | 25 | 26 | 27 | 28 | 29 | 30 | 31 |
|---|---|---|---|---|---|---|---|---|---|---|---|---|---|---|---|---|---|---|---|---|---|---|---|---|---|---|---|---|---|---|---|
| 음력 | 25 | 26 | 27 | 28 | 29 | 30 | 11.1 | 2 | 3 | 4 | 5 | 6 | 7 | 8 | 9 | 10 | 11 | 12 | 13 | 14 | 15 | 16 | 17 | 18 | 19 | 20 | 21 | 22 | 23 | 24 | 25 |
| 요일 | 土 | 日 | 月 | 火 | 水 | 木 | 金 | 土 | 日 | 月 | 火 | 水 | 木 | 金 | 土 | 日 | 月 | 火 | 水 | 木 | 金 | 土 | 日 | 月 | 火 | 水 | 木 | 金 | 土 | 日 | 月 |
| 일진 | 丙午 | 丁未 | 戊申 | 己酉 | 庚戌 | 辛亥 | 壬子 | 癸丑 | 甲寅 | 乙卯 | 丙辰 | 丁巳 | 戊午 | 己未 | 庚申 | 辛酉 | 壬戌 | 癸亥 | 甲子 | 乙丑 | 丙寅 | 丁卯 | 戊辰 | 己巳 | 庚午 | 辛未 | 壬申 | 癸酉 | 甲戌 | 乙亥 | 丙子 |
| 대운 남 | 2 | 2 | 2 | 1 | 1 | 1 | 1 | 대 | 9 | 9 | 9 | 8 | 8 | 8 | 7 | 7 | 7 | 6 | 6 | 6 | 5 | 5 | 5 | 4 | 4 | 4 | 3 | 3 | 3 | 2 | 2 |
| 대운 녀 | 8 | 8 | 8 | 9 | 9 | 9 | 10 | 설 | 1 | 1 | 1 | 1 | 2 | 2 | 2 | 3 | 3 | 3 | 4 | 4 | 4 | 5 | 5 | 5 | 6 | 6 | 6 | 7 | 7 | 7 | 8 |

단기 4268년

# 1935년

소한 6일 15시02분

## 1 · 丁丑月(양 1.6~2.4)

대한 21일 08시28분

| 양력 | 1 | 2 | 3 | 4 | 5 | 6 | 7 | 8 | 9 | 10 | 11 | 12 | 13 | 14 | 15 | 16 | 17 | 18 | 19 | 20 | 21 | 22 | 23 | 24 | 25 | 26 | 27 | 28 | 29 | 30 | 31 |
|---|---|---|---|---|---|---|---|---|---|---|---|---|---|---|---|---|---|---|---|---|---|---|---|---|---|---|---|---|---|---|---|
| 음력 | 26 | 27 | 28 | 29 | 12.1 | 2 | 3 | 4 | 5 | 6 | 7 | 8 | 9 | 10 | 11 | 12 | 13 | 14 | 15 | 16 | 17 | 18 | 19 | 20 | 21 | 22 | 23 | 24 | 25 | 26 | 27 |
| 요일 | 火 | 水 | 木 | 金 | 土 | 日 | 月 | 火 | 水 | 木 | 金 | 土 | 日 | 月 | 火 | 水 | 木 | 金 | 土 | 日 | 月 | 火 | 水 | 木 | 金 | 土 | 日 | 月 | 火 | 水 | 木 |
| 일진 | 丁丑 | 戊寅 | 己卯 | 庚辰 | 辛巳 | 壬午 | 癸未 | 甲申 | 乙酉 | 丙戌 | 丁亥 | 戊子 | 己丑 | 庚寅 | 辛卯 | 壬辰 | 癸巳 | 甲午 | 乙未 | 丙申 | 丁酉 | 戊戌 | 己亥 | 庚子 | 辛丑 | 壬寅 | 癸卯 | 甲辰 | 乙巳 | 丙午 | 丁未 |
| 대운 남 | 2 | 1 | 1 | 1 | 1 | 소 | 10 | 9 | 9 | 9 | 8 | 8 | 8 | 7 | 7 | 7 | 6 | 6 | 6 | 5 | 5 | 5 | 4 | 4 | 4 | 3 | 3 | 3 | 2 | 2 | 2 |
| 대운 녀 | 8 | 8 | 9 | 9 | 9 | 한 | 1 | 1 | 1 | 1 | 2 | 2 | 2 | 3 | 3 | 3 | 4 | 4 | 4 | 5 | 5 | 5 | 6 | 6 | 6 | 7 | 7 | 7 | 8 | 8 | 8 |

입춘 5일 02시49분

## 2 · 戊寅月(양 2.5~3.5)

우수 19일 22시52분

| 양력 | 1 | 2 | 3 | 4 | 5 | 6 | 7 | 8 | 9 | 10 | 11 | 12 | 13 | 14 | 15 | 16 | 17 | 18 | 19 | 20 | 21 | 22 | 23 | 24 | 25 | 26 | 27 | 28 |
|---|---|---|---|---|---|---|---|---|---|---|---|---|---|---|---|---|---|---|---|---|---|---|---|---|---|---|---|---|
| 음력 | 28 | 29 | 30 | 1.1 | 2 | 3 | 4 | 5 | 6 | 7 | 8 | 9 | 10 | 11 | 12 | 13 | 14 | 15 | 16 | 17 | 18 | 19 | 20 | 21 | 22 | 23 | 24 | 25 |
| 요일 | 金 | 土 | 日 | 月 | 火 | 水 | 木 | 金 | 土 | 日 | 月 | 火 | 水 | 木 | 金 | 土 | 日 | 月 | 火 | 水 | 木 | 金 | 土 | 日 | 月 | 火 | 水 | 木 |
| 일진 | 戊申 | 己酉 | 庚戌 | 辛亥 | 壬子 | 癸丑 | 甲寅 | 乙卯 | 丙辰 | 丁巳 | 戊午 | 己未 | 庚申 | 辛酉 | 壬戌 | 癸亥 | 甲子 | 乙丑 | 丙寅 | 丁卯 | 戊辰 | 己巳 | 庚午 | 辛未 | 壬申 | 癸酉 | 甲戌 | 乙亥 |
| 대운 남 | 1 | 1 | 1 | 1 | 입 | 1 | 1 | 1 | 1 | 2 | 2 | 2 | 3 | 3 | 3 | 4 | 4 | 4 | 5 | 5 | 5 | 6 | 6 | 6 | 7 | 7 | 7 | 8 |
| 대운 녀 | 9 | 9 | 9 | 10 | 춘 | 9 | 9 | 9 | 8 | 8 | 8 | 7 | 7 | 7 | 6 | 6 | 6 | 5 | 5 | 5 | 4 | 4 | 4 | 3 | 3 | 3 | 2 | 2 |

경칩 6일 21시10분

## 3 · 己卯月(양 3.6~4.5)

춘분 21일 22시18분

| 양력 | 1 | 2 | 3 | 4 | 5 | 6 | 7 | 8 | 9 | 10 | 11 | 12 | 13 | 14 | 15 | 16 | 17 | 18 | 19 | 20 | 21 | 22 | 23 | 24 | 25 | 26 | 27 | 28 | 29 | 30 | 31 |
|---|---|---|---|---|---|---|---|---|---|---|---|---|---|---|---|---|---|---|---|---|---|---|---|---|---|---|---|---|---|---|---|
| 음력 | 26 | 27 | 28 | 29 | 2.1 | 2 | 3 | 4 | 5 | 6 | 7 | 8 | 9 | 10 | 11 | 12 | 13 | 14 | 15 | 16 | 17 | 18 | 19 | 20 | 21 | 22 | 23 | 24 | 25 | 26 | 27 |
| 요일 | 金 | 土 | 日 | 月 | 火 | 水 | 木 | 金 | 土 | 日 | 月 | 火 | 水 | 木 | 金 | 土 | 日 | 月 | 火 | 水 | 木 | 金 | 土 | 日 | 月 | 火 | 水 | 木 | 金 | 土 | 日 |
| 일진 | 丙子 | 丁丑 | 戊寅 | 己卯 | 庚辰 | 辛巳 | 壬午 | 癸未 | 甲申 | 乙酉 | 丙戌 | 丁亥 | 戊子 | 己丑 | 庚寅 | 辛卯 | 壬辰 | 癸巳 | 甲午 | 乙未 | 丙申 | 丁酉 | 戊戌 | 己亥 | 庚子 | 辛丑 | 壬寅 | 癸卯 | 甲辰 | 乙巳 | 丙午 |
| 대운 남 | 8 | 8 | 9 | 9 | 9 | 경 | 1 | 1 | 1 | 1 | 2 | 2 | 2 | 3 | 3 | 3 | 4 | 4 | 4 | 5 | 5 | 5 | 6 | 6 | 6 | 7 | 7 | 7 | 8 | 8 | 8 |
| 대운 녀 | 2 | 1 | 1 | 1 | 1 | 칩 | 10 | 10 | 9 | 9 | 9 | 8 | 8 | 8 | 7 | 7 | 7 | 6 | 6 | 6 | 5 | 5 | 5 | 4 | 4 | 4 | 3 | 3 | 3 | 2 | 2 |

청명 6일 02시26분

## 4 · 庚辰月(양 4.6~5.5)

곡우 21일 09시50분

| 양력 | 1 | 2 | 3 | 4 | 5 | 6 | 7 | 8 | 9 | 10 | 11 | 12 | 13 | 14 | 15 | 16 | 17 | 18 | 19 | 20 | 21 | 22 | 23 | 24 | 25 | 26 | 27 | 28 | 29 | 30 |
|---|---|---|---|---|---|---|---|---|---|---|---|---|---|---|---|---|---|---|---|---|---|---|---|---|---|---|---|---|---|---|
| 음력 | 28 | 29 | 3.1 | 2 | 3 | 4 | 5 | 6 | 7 | 8 | 9 | 10 | 11 | 12 | 13 | 14 | 15 | 16 | 17 | 18 | 19 | 20 | 21 | 22 | 23 | 24 | 25 | 26 | 27 | 28 |
| 요일 | 月 | 火 | 水 | 木 | 金 | 土 | 日 | 月 | 火 | 水 | 木 | 金 | 土 | 日 | 月 | 火 | 水 | 木 | 金 | 土 | 日 | 月 | 火 | 水 | 木 | 金 | 土 | 日 | 月 | 火 |
| 일진 | 丁未 | 戊申 | 己酉 | 庚戌 | 辛亥 | 壬子 | 癸丑 | 甲寅 | 乙卯 | 丙辰 | 丁巳 | 戊午 | 己未 | 庚申 | 辛酉 | 壬戌 | 癸亥 | 甲子 | 乙丑 | 丙寅 | 丁卯 | 戊辰 | 己巳 | 庚午 | 辛未 | 壬申 | 癸酉 | 甲戌 | 乙亥 | 丙子 |
| 대운 남 | 9 | 9 | 9 | 10 | 10 | 청 | 1 | 1 | 1 | 1 | 2 | 2 | 2 | 3 | 3 | 3 | 4 | 4 | 4 | 5 | 5 | 5 | 6 | 6 | 6 | 7 | 7 | 7 | 8 | 8 |
| 대운 녀 | 2 | 1 | 1 | 1 | 1 | 명 | 10 | 9 | 9 | 9 | 8 | 8 | 8 | 7 | 7 | 7 | 6 | 6 | 6 | 5 | 5 | 5 | 4 | 4 | 4 | 3 | 3 | 3 | 2 | 2 |

입하 6일 20시12분

## 5 · 辛巳月(양 5.6~6.6)

소만 22일 09시25분

| 양력 | 1 | 2 | 3 | 4 | 5 | 6 | 7 | 8 | 9 | 10 | 11 | 12 | 13 | 14 | 15 | 16 | 17 | 18 | 19 | 20 | 21 | 22 | 23 | 24 | 25 | 26 | 27 | 28 | 29 | 30 | 31 |
|---|---|---|---|---|---|---|---|---|---|---|---|---|---|---|---|---|---|---|---|---|---|---|---|---|---|---|---|---|---|---|---|
| 음력 | 29 | 30 | 4.1 | 2 | 3 | 4 | 5 | 6 | 7 | 8 | 9 | 10 | 11 | 12 | 13 | 14 | 15 | 16 | 17 | 18 | 19 | 20 | 21 | 22 | 23 | 24 | 25 | 26 | 27 | 28 | 29 |
| 요일 | 水 | 木 | 金 | 土 | 日 | 月 | 火 | 水 | 木 | 金 | 土 | 日 | 月 | 火 | 水 | 木 | 金 | 土 | 日 | 月 | 火 | 水 | 木 | 金 | 土 | 日 | 月 | 火 | 水 | 木 | 金 |
| 일진 | 丁丑 | 戊寅 | 己卯 | 庚辰 | 辛巳 | 壬午 | 癸未 | 甲申 | 乙酉 | 丙戌 | 丁亥 | 戊子 | 己丑 | 庚寅 | 辛卯 | 壬辰 | 癸巳 | 甲午 | 乙未 | 丙申 | 丁酉 | 戊戌 | 己亥 | 庚子 | 辛丑 | 壬寅 | 癸卯 | 甲辰 | 乙巳 | 丙午 | 丁未 |
| 대운 남 | 8 | 9 | 9 | 9 | 10 | 입 | 1 | 1 | 1 | 1 | 2 | 2 | 2 | 3 | 3 | 3 | 4 | 4 | 4 | 5 | 5 | 5 | 6 | 6 | 6 | 7 | 7 | 7 | 8 | 8 | 8 |
| 대운 녀 | 2 | 1 | 1 | 1 | 1 | 하 | 10 | 10 | 10 | 9 | 9 | 9 | 8 | 8 | 8 | 7 | 7 | 7 | 6 | 6 | 6 | 5 | 5 | 5 | 4 | 4 | 4 | 3 | 3 | 3 | 2 |

망종 7일 00시42분

## 6 · 壬午月(양 6.7~7.7)

하지 22일 17시38분

| 양력 | 1 | 2 | 3 | 4 | 5 | 6 | 7 | 8 | 9 | 10 | 11 | 12 | 13 | 14 | 15 | 16 | 17 | 18 | 19 | 20 | 21 | 22 | 23 | 24 | 25 | 26 | 27 | 28 | 29 | 30 |
|---|---|---|---|---|---|---|---|---|---|---|---|---|---|---|---|---|---|---|---|---|---|---|---|---|---|---|---|---|---|---|
| 음력 | 5.1 | 2 | 3 | 4 | 5 | 6 | 7 | 8 | 9 | 10 | 11 | 12 | 13 | 14 | 15 | 16 | 17 | 18 | 19 | 20 | 21 | 22 | 23 | 24 | 25 | 26 | 27 | 28 | 29 | 30 |
| 요일 | 土 | 日 | 月 | 火 | 水 | 木 | 金 | 土 | 日 | 月 | 火 | 水 | 木 | 金 | 土 | 日 | 月 | 火 | 水 | 木 | 金 | 土 | 日 | 月 | 火 | 水 | 木 | 金 | 土 | 日 |
| 일진 | 戊申 | 己酉 | 庚戌 | 辛亥 | 壬子 | 癸丑 | 甲寅 | 乙卯 | 丙辰 | 丁巳 | 戊午 | 己未 | 庚申 | 辛酉 | 壬戌 | 癸亥 | 甲子 | 乙丑 | 丙寅 | 丁卯 | 戊辰 | 己巳 | 庚午 | 辛未 | 壬申 | 癸酉 | 甲戌 | 乙亥 | 丙子 | 丁丑 |
| 대운 남 | 9 | 9 | 9 | 10 | 10 | 10 | 망 | 1 | 1 | 1 | 1 | 2 | 2 | 2 | 3 | 3 | 3 | 4 | 4 | 4 | 5 | 5 | 5 | 6 | 6 | 6 | 7 | 7 | 7 | 8 |
| 대운 녀 | 2 | 2 | 1 | 1 | 1 | 1 | 종 | 10 | 10 | 9 | 9 | 9 | 8 | 8 | 8 | 7 | 7 | 7 | 6 | 6 | 6 | 5 | 5 | 5 | 4 | 4 | 4 | 3 | 3 | 3 |

# 乙亥年

동경135도표준시

## 7 · 癸未月(양 7.8~8.7)

소서 8일 11시06분 | 대서 24일 04시33분

| 양력 | 1 | 2 | 3 | 4 | 5 | 6 | 7 | 8 | 9 | 10 | 11 | 12 | 13 | 14 | 15 | 16 | 17 | 18 | 19 | 20 | 21 | 22 | 23 | 24 | 25 | 26 | 27 | 28 | 29 | 30 | 31 |
|---|---|---|---|---|---|---|---|---|---|---|---|---|---|---|---|---|---|---|---|---|---|---|---|---|---|---|---|---|---|---|---|
| 음력 | 6.1 | 2 | 3 | 4 | 5 | 6 | 7 | 8 | 9 | 10 | 11 | 12 | 13 | 14 | 15 | 16 | 17 | 18 | 19 | 20 | 21 | 22 | 23 | 24 | 25 | 26 | 27 | 28 | 29 | 7.1 | 2 |
| 요일 | 月 | 火 | 水 | 木 | 金 | 土 | 日 | 月 | 火 | 水 | 木 | 金 | 土 | 日 | 月 | 火 | 水 | 木 | 金 | 土 | 日 | 月 | 火 | 水 | 木 | 金 | 土 | 日 | 月 | 火 | 水 |
| 일진 | 戊寅 | 己卯 | 庚辰 | 辛巳 | 壬午 | 癸未 | 甲申 | 乙酉 | 丙戌 | 丁亥 | 戊子 | 己丑 | 庚寅 | 辛卯 | 壬辰 | 癸巳 | 甲午 | 乙未 | 丙申 | 丁酉 | 戊戌 | 己亥 | 庚子 | 辛丑 | 壬寅 | 癸卯 | 甲辰 | 乙巳 | 丙午 | 丁未 | 戊申 |
| 대운 남 | 8 | 8 | 9 | 9 | 9 | 10 | 10 | 소 | 1 | 1 | 1 | 1 | 2 | 2 | 2 | 3 | 3 | 3 | 4 | 4 | 4 | 5 | 5 | 5 | 6 | 6 | 6 | 7 | 7 | 7 | 8 |
| 대운 녀 | 2 | 2 | 2 | 1 | 1 | 1 | 1 | 서 | 10 | 10 | 9 | 9 | 9 | 8 | 8 | 8 | 7 | 7 | 7 | 6 | 6 | 6 | 5 | 5 | 5 | 4 | 4 | 4 | 3 | 3 | 3 |

## 8 · 甲申月(양 8.8~9.7)

입추 8일 20시48분 | 처서 24일 11시24분

| 양력 | 1 | 2 | 3 | 4 | 5 | 6 | 7 | 8 | 9 | 10 | 11 | 12 | 13 | 14 | 15 | 16 | 17 | 18 | 19 | 20 | 21 | 22 | 23 | 24 | 25 | 26 | 27 | 28 | 29 | 30 | 31 |
|---|---|---|---|---|---|---|---|---|---|---|---|---|---|---|---|---|---|---|---|---|---|---|---|---|---|---|---|---|---|---|---|
| 음력 | 3 | 4 | 5 | 6 | 7 | 8 | 9 | 10 | 11 | 12 | 13 | 14 | 15 | 16 | 17 | 18 | 19 | 20 | 21 | 22 | 23 | 24 | 25 | 26 | 27 | 28 | 29 | 30 | 8.1 | 2 | 3 |
| 요일 | 木 | 金 | 土 | 日 | 月 | 火 | 水 | 木 | 金 | 土 | 日 | 月 | 火 | 水 | 木 | 金 | 土 | 日 | 月 | 火 | 水 | 木 | 金 | 土 | 日 | 月 | 火 | 水 | 木 | 金 | 土 |
| 일진 | 己酉 | 庚戌 | 辛亥 | 壬子 | 癸丑 | 甲寅 | 乙卯 | 丙辰 | 丁巳 | 戊午 | 己未 | 庚申 | 辛酉 | 壬戌 | 癸亥 | 甲子 | 乙丑 | 丙寅 | 丁卯 | 戊辰 | 己巳 | 庚午 | 辛未 | 壬申 | 癸酉 | 甲戌 | 乙亥 | 丙子 | 丁丑 | 戊寅 | 己卯 |
| 대운 남 | 8 | 8 | 9 | 9 | 9 | 10 | 10 | 입 | 1 | 1 | 1 | 1 | 2 | 2 | 2 | 3 | 3 | 3 | 4 | 4 | 4 | 5 | 5 | 5 | 6 | 6 | 6 | 7 | 7 | 7 | 8 |
| 대운 녀 | 2 | 2 | 2 | 1 | 1 | 1 | 1 | 추 | 10 | 10 | 9 | 9 | 9 | 8 | 8 | 8 | 7 | 7 | 7 | 6 | 6 | 6 | 5 | 5 | 5 | 4 | 4 | 4 | 3 | 3 | 3 |

## 9 · 乙酉月(양 9.8~10.8)

백로 8일 23시24분 | 추분 24일 08시38분

| 양력 | 1 | 2 | 3 | 4 | 5 | 6 | 7 | 8 | 9 | 10 | 11 | 12 | 13 | 14 | 15 | 16 | 17 | 18 | 19 | 20 | 21 | 22 | 23 | 24 | 25 | 26 | 27 | 28 | 29 | 30 |
|---|---|---|---|---|---|---|---|---|---|---|---|---|---|---|---|---|---|---|---|---|---|---|---|---|---|---|---|---|---|---|
| 음력 | 4 | 5 | 6 | 7 | 8 | 9 | 10 | 11 | 12 | 13 | 14 | 15 | 16 | 17 | 18 | 19 | 20 | 21 | 22 | 23 | 24 | 25 | 26 | 27 | 28 | 29 | 30 | 9.1 | 2 | 3 |
| 요일 | 日 | 月 | 火 | 水 | 木 | 金 | 土 | 日 | 月 | 火 | 水 | 木 | 金 | 土 | 日 | 月 | 火 | 水 | 木 | 金 | 土 | 日 | 月 | 火 | 水 | 木 | 金 | 土 | 日 | 月 |
| 일진 | 庚辰 | 辛巳 | 壬午 | 癸未 | 甲申 | 乙酉 | 丙戌 | 丁亥 | 戊子 | 己丑 | 庚寅 | 辛卯 | 壬辰 | 癸巳 | 甲午 | 乙未 | 丙申 | 丁酉 | 戊戌 | 己亥 | 庚子 | 辛丑 | 壬寅 | 癸卯 | 甲辰 | 乙巳 | 丙午 | 丁未 | 戊申 | 己酉 |
| 대운 남 | 8 | 8 | 9 | 9 | 9 | 10 | 10 | 백 | 1 | 1 | 1 | 1 | 2 | 2 | 2 | 3 | 3 | 3 | 4 | 4 | 4 | 5 | 5 | 5 | 6 | 6 | 6 | 7 | 7 | 7 |
| 대운 녀 | 2 | 2 | 2 | 1 | 1 | 1 | 1 | 로 | 10 | 10 | 9 | 9 | 9 | 8 | 8 | 8 | 7 | 7 | 7 | 6 | 6 | 6 | 5 | 5 | 5 | 4 | 4 | 4 | 3 | 3 |

## 10 · 丙戌月(양 10.9~11.7)

한로 9일 14시36분 | 상강 24일 17시29분

| 양력 | 1 | 2 | 3 | 4 | 5 | 6 | 7 | 8 | 9 | 10 | 11 | 12 | 13 | 14 | 15 | 16 | 17 | 18 | 19 | 20 | 21 | 22 | 23 | 24 | 25 | 26 | 27 | 28 | 29 | 30 | 31 |
|---|---|---|---|---|---|---|---|---|---|---|---|---|---|---|---|---|---|---|---|---|---|---|---|---|---|---|---|---|---|---|---|
| 음력 | 4 | 5 | 6 | 7 | 8 | 9 | 10 | 11 | 12 | 13 | 14 | 15 | 16 | 17 | 18 | 19 | 20 | 21 | 22 | 23 | 24 | 25 | 26 | 27 | 28 | 29 | 10.1 | 2 | 3 | 4 | 5 |
| 요일 | 火 | 水 | 木 | 金 | 土 | 日 | 月 | 火 | 水 | 木 | 金 | 土 | 日 | 月 | 火 | 水 | 木 | 金 | 土 | 日 | 月 | 火 | 水 | 木 | 金 | 土 | 日 | 月 | 火 | 水 | 木 |
| 일진 | 庚戌 | 辛亥 | 壬子 | 癸丑 | 甲寅 | 乙卯 | 丙辰 | 丁巳 | 戊午 | 己未 | 庚申 | 辛酉 | 壬戌 | 癸亥 | 甲子 | 乙丑 | 丙寅 | 丁卯 | 戊辰 | 己巳 | 庚午 | 辛未 | 壬申 | 癸酉 | 甲戌 | 乙亥 | 丙子 | 丁丑 | 戊寅 | 己卯 | 庚辰 |
| 대운 남 | 8 | 8 | 8 | 9 | 9 | 9 | 10 | 10 | 한 | 1 | 1 | 1 | 1 | 2 | 2 | 2 | 3 | 3 | 3 | 4 | 4 | 4 | 5 | 5 | 5 | 6 | 6 | 6 | 7 | 7 | 7 |
| 대운 녀 | 3 | 2 | 2 | 2 | 1 | 1 | 1 | 1 | 로 | 10 | 9 | 9 | 9 | 8 | 8 | 8 | 7 | 7 | 7 | 6 | 6 | 6 | 5 | 5 | 5 | 4 | 4 | 4 | 3 | 3 | 3 |

## 11 · 丁亥月(양 11.8~12.7)

입동 8일 17시18분 | 소설 23일 14시35분

| 양력 | 1 | 2 | 3 | 4 | 5 | 6 | 7 | 8 | 9 | 10 | 11 | 12 | 13 | 14 | 15 | 16 | 17 | 18 | 19 | 20 | 21 | 22 | 23 | 24 | 25 | 26 | 27 | 28 | 29 | 30 |
|---|---|---|---|---|---|---|---|---|---|---|---|---|---|---|---|---|---|---|---|---|---|---|---|---|---|---|---|---|---|---|
| 음력 | 6 | 7 | 8 | 9 | 10 | 11 | 12 | 13 | 14 | 15 | 16 | 17 | 18 | 19 | 20 | 21 | 22 | 23 | 24 | 25 | 26 | 27 | 28 | 29 | 30 | 11.1 | 2 | 3 | 4 | 5 |
| 요일 | 金 | 土 | 日 | 月 | 火 | 水 | 木 | 金 | 土 | 日 | 月 | 火 | 水 | 木 | 金 | 土 | 日 | 月 | 火 | 水 | 木 | 金 | 土 | 日 | 月 | 火 | 水 | 木 | 金 | 土 |
| 일진 | 辛巳 | 壬午 | 癸未 | 甲申 | 乙酉 | 丙戌 | 丁亥 | 戊子 | 己丑 | 庚寅 | 辛卯 | 壬辰 | 癸巳 | 甲午 | 乙未 | 丙申 | 丁酉 | 戊戌 | 己亥 | 庚子 | 辛丑 | 壬寅 | 癸卯 | 甲辰 | 乙巳 | 丙午 | 丁未 | 戊申 | 己酉 | 庚戌 |
| 대운 남 | 8 | 8 | 8 | 9 | 9 | 9 | 10 | 입 | 1 | 1 | 1 | 1 | 2 | 2 | 2 | 3 | 3 | 3 | 4 | 4 | 4 | 5 | 5 | 5 | 6 | 6 | 6 | 7 | 7 | 7 |
| 대운 녀 | 2 | 2 | 2 | 1 | 1 | 1 | 1 | 동 | 10 | 9 | 9 | 9 | 8 | 8 | 8 | 7 | 7 | 7 | 6 | 6 | 6 | 5 | 5 | 5 | 4 | 4 | 4 | 3 | 3 | 3 |

## 12 · 戊子月(양 12.8~1.5)

대설 8일 09시45분 | 동지 23일 03시37분

| 양력 | 1 | 2 | 3 | 4 | 5 | 6 | 7 | 8 | 9 | 10 | 11 | 12 | 13 | 14 | 15 | 16 | 17 | 18 | 19 | 20 | 21 | 22 | 23 | 24 | 25 | 26 | 27 | 28 | 29 | 30 | 31 |
|---|---|---|---|---|---|---|---|---|---|---|---|---|---|---|---|---|---|---|---|---|---|---|---|---|---|---|---|---|---|---|---|
| 음력 | 6 | 7 | 8 | 9 | 10 | 11 | 12 | 13 | 14 | 15 | 16 | 17 | 18 | 19 | 20 | 21 | 22 | 23 | 24 | 25 | 26 | 27 | 28 | 29 | 30 | 12.1 | 2 | 3 | 4 | 5 | 6 |
| 요일 | 日 | 月 | 火 | 水 | 木 | 金 | 土 | 日 | 月 | 火 | 水 | 木 | 金 | 土 | 日 | 月 | 火 | 水 | 木 | 金 | 土 | 日 | 月 | 火 | 水 | 木 | 金 | 土 | 日 | 月 | 火 |
| 일진 | 辛亥 | 壬子 | 癸丑 | 甲寅 | 乙卯 | 丙辰 | 丁巳 | 戊午 | 己未 | 庚申 | 辛酉 | 壬戌 | 癸亥 | 甲子 | 乙丑 | 丙寅 | 丁卯 | 戊辰 | 己巳 | 庚午 | 辛未 | 壬申 | 癸酉 | 甲戌 | 乙亥 | 丙子 | 丁丑 | 戊寅 | 己卯 | 庚辰 | 辛巳 |
| 대운 남 | 8 | 8 | 8 | 9 | 9 | 9 | 10 | 대 | 1 | 1 | 1 | 1 | 2 | 2 | 2 | 3 | 3 | 3 | 4 | 4 | 4 | 5 | 5 | 5 | 6 | 6 | 6 | 7 | 7 | 7 | 8 |
| 대운 녀 | 2 | 2 | 2 | 1 | 1 | 1 | 1 | 설 | 9 | 9 | 9 | 8 | 8 | 8 | 7 | 7 | 7 | 6 | 6 | 6 | 5 | 5 | 5 | 4 | 4 | 4 | 3 | 3 | 3 | 2 | 2 |

단기 4269년 | # 1936년(윤3월)

## 1 · 己丑月(양 1.6~2.4)

소한 6일 20시47분 | 대한 21일 14시12분

| 양력 | 1 | 2 | 3 | 4 | 5 | 6 | 7 | 8 | 9 | 10 | 11 | 12 | 13 | 14 | 15 | 16 | 17 | 18 | 19 | 20 | 21 | 22 | 23 | 24 | 25 | 26 | 27 | 28 | 29 | 30 | 31 |
|---|---|---|---|---|---|---|---|---|---|---|---|---|---|---|---|---|---|---|---|---|---|---|---|---|---|---|---|---|---|---|---|
| 음력 | 7 | 8 | 9 | 10 | 11 | 12 | 13 | 14 | 15 | 16 | 17 | 18 | 19 | 20 | 21 | 22 | 23 | 24 | 25 | 26 | 27 | 28 | 29 | 1.1 | 2 | 3 | 4 | 5 | 6 | 7 | 8 |
| 요일 | 水 | 木 | 金 | 土 | 日 | 月 | 火 | 水 | 木 | 金 | 土 | 日 | 月 | 火 | 水 | 木 | 金 | 土 | 日 | 月 | 火 | 水 | 木 | 金 | 土 | 日 | 月 | 火 | 水 | 木 | 金 |
| 일진 | 壬午 | 癸未 | 甲申 | 乙酉 | 丙戌 | 丁亥 | 戊子 | 己丑 | 庚寅 | 辛卯 | 壬辰 | 癸巳 | 甲午 | 乙未 | 丙申 | 丁酉 | 戊戌 | 己亥 | 庚子 | 辛丑 | 壬寅 | 癸卯 | 甲辰 | 乙巳 | 丙午 | 丁未 | 戊申 | 己酉 | 庚戌 | 辛亥 | 壬子 |
| 대운 남 | 8 | 8 | 9 | 9 | 9 | 소 | 1 | 1 | 1 | 1 | 2 | 2 | 2 | 3 | 3 | 3 | 4 | 4 | 4 | 5 | 5 | 5 | 6 | 6 | 6 | 7 | 7 | 7 | 8 | 8 | 8 |
| 대운 녀 | 2 | 1 | 1 | 1 | 1 | 한 | 10 | 9 | 9 | 9 | 8 | 8 | 8 | 7 | 7 | 7 | 6 | 6 | 6 | 5 | 5 | 5 | 4 | 4 | 4 | 3 | 3 | 3 | 2 | 2 | 2 |

## 2 · 庚寅月(양 2.5~3.5)

입춘 5일 08시29분 | 우수 20일 04시33분

| 양력 | 1 | 2 | 3 | 4 | 5 | 6 | 7 | 8 | 9 | 10 | 11 | 12 | 13 | 14 | 15 | 16 | 17 | 18 | 19 | 20 | 21 | 22 | 23 | 24 | 25 | 26 | 27 | 28 | 29 |
|---|---|---|---|---|---|---|---|---|---|---|---|---|---|---|---|---|---|---|---|---|---|---|---|---|---|---|---|---|---|
| 음력 | 9 | 10 | 11 | 12 | 13 | 14 | 15 | 16 | 17 | 18 | 19 | 20 | 21 | 22 | 23 | 24 | 25 | 26 | 27 | 28 | 29 | 30 | 2.1 | 2 | 3 | 4 | 5 | 6 | 7 |
| 요일 | 土 | 日 | 月 | 火 | 水 | 木 | 金 | 土 | 日 | 月 | 火 | 水 | 木 | 金 | 土 | 日 | 月 | 火 | 水 | 木 | 金 | 土 | 日 | 月 | 火 | 水 | 木 | 金 | 土 |
| 일진 | 癸丑 | 甲寅 | 乙卯 | 丙辰 | 丁巳 | 戊午 | 己未 | 庚申 | 辛酉 | 壬戌 | 癸亥 | 甲子 | 乙丑 | 丙寅 | 丁卯 | 戊辰 | 己巳 | 庚午 | 辛未 | 壬申 | 癸酉 | 甲戌 | 乙亥 | 丙子 | 丁丑 | 戊寅 | 己卯 | 庚辰 | 辛巳 |
| 대운 남 | 9 | 9 | 9 | 10 | 입 | 10 | 9 | 9 | 9 | 8 | 8 | 8 | 7 | 7 | 7 | 6 | 6 | 6 | 5 | 5 | 5 | 4 | 4 | 4 | 3 | 3 | 3 | 2 | 2 |
| 대운 녀 | 1 | 1 | 1 | 1 | 춘 | 1 | 1 | 1 | 1 | 2 | 2 | 2 | 3 | 3 | 3 | 4 | 4 | 4 | 5 | 5 | 5 | 6 | 6 | 6 | 7 | 7 | 7 | 8 | 8 |

## 3 · 辛卯月(양 3.6~4.4)

경칩 6일 02시49분 | 춘분 21일 03시58분

| 양력 | 1 | 2 | 3 | 4 | 5 | 6 | 7 | 8 | 9 | 10 | 11 | 12 | 13 | 14 | 15 | 16 | 17 | 18 | 19 | 20 | 21 | 22 | 23 | 24 | 25 | 26 | 27 | 28 | 29 | 30 | 31 |
|---|---|---|---|---|---|---|---|---|---|---|---|---|---|---|---|---|---|---|---|---|---|---|---|---|---|---|---|---|---|---|---|
| 음력 | 8 | 9 | 10 | 11 | 12 | 13 | 14 | 15 | 16 | 17 | 18 | 19 | 20 | 21 | 22 | 23 | 24 | 25 | 26 | 27 | 28 | 29 | 3.1 | 2 | 3 | 4 | 5 | 6 | 7 | 8 | 9 |
| 요일 | 日 | 月 | 火 | 水 | 木 | 金 | 土 | 日 | 月 | 火 | 水 | 木 | 金 | 土 | 日 | 月 | 火 | 水 | 木 | 金 | 土 | 日 | 月 | 火 | 水 | 木 | 金 | 土 | 日 | 月 | 火 |
| 일진 | 壬午 | 癸未 | 甲申 | 乙酉 | 丙戌 | 丁亥 | 戊子 | 己丑 | 庚寅 | 辛卯 | 壬辰 | 癸巳 | 甲午 | 乙未 | 丙申 | 丁酉 | 戊戌 | 己亥 | 庚子 | 辛丑 | 壬寅 | 癸卯 | 甲辰 | 乙巳 | 丙午 | 丁未 | 戊申 | 己酉 | 庚戌 | 辛亥 | 壬子 |
| 대운 남 | 2 | 1 | 1 | 1 | 1 | 경 | 10 | 9 | 9 | 9 | 8 | 8 | 8 | 7 | 7 | 7 | 6 | 6 | 6 | 5 | 5 | 5 | 4 | 4 | 4 | 3 | 3 | 3 | 2 | 2 | 2 |
| 대운 녀 | 8 | 9 | 9 | 9 | 10 | 칩 | 1 | 1 | 1 | 1 | 2 | 2 | 2 | 3 | 3 | 3 | 4 | 4 | 4 | 5 | 5 | 5 | 6 | 6 | 6 | 7 | 7 | 7 | 8 | 8 | 8 |

## 4 · 壬辰月(양 4.5~5.5)

청명 5일 08시07분 | 곡우 20일 15시31분

| 양력 | 1 | 2 | 3 | 4 | 5 | 6 | 7 | 8 | 9 | 10 | 11 | 12 | 13 | 14 | 15 | 16 | 17 | 18 | 19 | 20 | 21 | 22 | 23 | 24 | 25 | 26 | 27 | 28 | 29 | 30 |
|---|---|---|---|---|---|---|---|---|---|---|---|---|---|---|---|---|---|---|---|---|---|---|---|---|---|---|---|---|---|---|
| 음력 | 10 | 11 | 12 | 13 | 14 | 15 | 16 | 17 | 18 | 19 | 20 | 21 | 22 | 23 | 24 | 25 | 26 | 27 | 28 | 29 | 윤 | 3.2 | 3 | 4 | 5 | 6 | 7 | 8 | 9 | 10 |
| 요일 | 水 | 木 | 金 | 土 | 日 | 月 | 火 | 水 | 木 | 金 | 土 | 日 | 月 | 火 | 水 | 木 | 金 | 土 | 日 | 月 | 火 | 水 | 木 | 金 | 土 | 日 | 月 | 火 | 水 | 木 |
| 일진 | 癸丑 | 甲寅 | 乙卯 | 丙辰 | 丁巳 | 戊午 | 己未 | 庚申 | 辛酉 | 壬戌 | 癸亥 | 甲子 | 乙丑 | 丙寅 | 丁卯 | 戊辰 | 己巳 | 庚午 | 辛未 | 壬申 | 癸酉 | 甲戌 | 乙亥 | 丙子 | 丁丑 | 戊寅 | 己卯 | 庚辰 | 辛巳 | 壬午 |
| 대운 남 | 1 | 1 | 1 | 1 | 청 | 10 | 10 | 9 | 9 | 9 | 8 | 8 | 8 | 7 | 7 | 7 | 6 | 6 | 6 | 5 | 5 | 5 | 4 | 4 | 4 | 3 | 3 | 3 | 2 | 2 |
| 대운 녀 | 9 | 9 | 9 | 10 | 명 | 1 | 1 | 1 | 1 | 2 | 2 | 2 | 3 | 3 | 3 | 4 | 4 | 4 | 5 | 5 | 5 | 6 | 6 | 6 | 7 | 7 | 7 | 8 | 8 | 8 |

## 5 · 癸巳月(양 5.6~6.5)

입하 6일 01시57분 | 소만 21일 15시07분

| 양력 | 1 | 2 | 3 | 4 | 5 | 6 | 7 | 8 | 9 | 10 | 11 | 12 | 13 | 14 | 15 | 16 | 17 | 18 | 19 | 20 | 21 | 22 | 23 | 24 | 25 | 26 | 27 | 28 | 29 | 30 | 31 |
|---|---|---|---|---|---|---|---|---|---|---|---|---|---|---|---|---|---|---|---|---|---|---|---|---|---|---|---|---|---|---|---|
| 음력 | 11 | 12 | 13 | 14 | 15 | 16 | 17 | 18 | 19 | 20 | 21 | 22 | 23 | 24 | 25 | 26 | 27 | 28 | 29 | 30 | 4.1 | 2 | 3 | 4 | 5 | 6 | 7 | 8 | 9 | 10 | 11 |
| 요일 | 金 | 土 | 日 | 月 | 火 | 水 | 木 | 金 | 土 | 日 | 月 | 火 | 水 | 木 | 金 | 土 | 日 | 月 | 火 | 水 | 木 | 金 | 土 | 日 | 月 | 火 | 水 | 木 | 金 | 土 | 日 |
| 일진 | 癸未 | 甲申 | 乙酉 | 丙戌 | 丁亥 | 戊子 | 己丑 | 庚寅 | 辛卯 | 壬辰 | 癸巳 | 甲午 | 乙未 | 丙申 | 丁酉 | 戊戌 | 己亥 | 庚子 | 辛丑 | 壬寅 | 癸卯 | 甲辰 | 乙巳 | 丙午 | 丁未 | 戊申 | 己酉 | 庚戌 | 辛亥 | 壬子 | 癸丑 |
| 대운 남 | 2 | 1 | 1 | 1 | 1 | 입 | 10 | 10 | 9 | 9 | 9 | 8 | 8 | 8 | 7 | 7 | 7 | 6 | 6 | 6 | 5 | 5 | 5 | 4 | 4 | 4 | 3 | 3 | 3 | 2 | 2 |
| 대운 녀 | 9 | 9 | 9 | 10 | 10 | 하 | 1 | 1 | 1 | 1 | 2 | 2 | 2 | 3 | 3 | 3 | 4 | 4 | 4 | 5 | 5 | 5 | 6 | 6 | 6 | 7 | 7 | 7 | 8 | 8 | 8 |

## 6 · 甲午月(양 6.6~7.6)

망종 6일 06시31분 | 하지 21일 23시22분

| 양력 | 1 | 2 | 3 | 4 | 5 | 6 | 7 | 8 | 9 | 10 | 11 | 12 | 13 | 14 | 15 | 16 | 17 | 18 | 19 | 20 | 21 | 22 | 23 | 24 | 25 | 26 | 27 | 28 | 29 | 30 |
|---|---|---|---|---|---|---|---|---|---|---|---|---|---|---|---|---|---|---|---|---|---|---|---|---|---|---|---|---|---|---|
| 음력 | 12 | 13 | 14 | 15 | 16 | 17 | 18 | 19 | 20 | 21 | 22 | 23 | 24 | 25 | 26 | 27 | 28 | 29 | 5.1 | 2 | 3 | 4 | 5 | 6 | 7 | 8 | 9 | 10 | 11 | 12 |
| 요일 | 月 | 火 | 水 | 木 | 金 | 土 | 日 | 月 | 火 | 水 | 木 | 金 | 土 | 日 | 月 | 火 | 水 | 木 | 金 | 土 | 日 | 月 | 火 | 水 | 木 | 金 | 土 | 日 | 月 | 火 |
| 일진 | 甲寅 | 乙卯 | 丙辰 | 丁巳 | 戊午 | 己未 | 庚申 | 辛酉 | 壬戌 | 癸亥 | 甲子 | 乙丑 | 丙寅 | 丁卯 | 戊辰 | 己巳 | 庚午 | 辛未 | 壬申 | 癸酉 | 甲戌 | 乙亥 | 丙子 | 丁丑 | 戊寅 | 己卯 | 庚辰 | 辛巳 | 壬午 | 癸未 |
| 대운 남 | 2 | 1 | 1 | 1 | 1 | 망 | 10 | 10 | 9 | 9 | 9 | 8 | 8 | 8 | 7 | 7 | 7 | 6 | 6 | 6 | 5 | 5 | 5 | 4 | 4 | 4 | 3 | 3 | 3 | 2 |
| 대운 녀 | 9 | 9 | 9 | 10 | 10 | 종 | 1 | 1 | 1 | 1 | 2 | 2 | 2 | 3 | 3 | 3 | 4 | 4 | 4 | 5 | 5 | 5 | 6 | 6 | 6 | 7 | 7 | 7 | 8 | 8 |

## 7 · 乙未月(양 7.7~8.7)

소서 7일 16시58분 / 대서 23일 10시18분

| 양력 | 1 | 2 | 3 | 4 | 5 | 6 | 7 | 8 | 9 | 10 | 11 | 12 | 13 | 14 | 15 | 16 | 17 | 18 | 19 | 20 | 21 | 22 | 23 | 24 | 25 | 26 | 27 | 28 | 29 | 30 | 31 |
|---|---|---|---|---|---|---|---|---|---|---|---|---|---|---|---|---|---|---|---|---|---|---|---|---|---|---|---|---|---|---|---|
| 음력 | 13 | 14 | 15 | 16 | 17 | 18 | 19 | 20 | 21 | 22 | 23 | 24 | 25 | 26 | 27 | 28 | 29 | 30 | 6.1 | 2 | 3 | 4 | 5 | 6 | 7 | 8 | 9 | 10 | 11 | 12 | 13 |
| 요일 | 水 | 木 | 金 | 土 | 日 | 月 | 火 | 水 | 木 | 金 | 土 | 日 | 月 | 火 | 水 | 木 | 金 | 土 | 日 | 月 | 火 | 水 | 木 | 金 | 土 | 日 | 月 | 火 | 水 | 木 | 金 |
| 일진 | 甲申 | 乙酉 | 丙戌 | 丁亥 | 戊子 | 己丑 | 庚寅 | 辛卯 | 壬辰 | 癸巳 | 甲午 | 乙未 | 丙申 | 丁酉 | 戊戌 | 己亥 | 庚子 | 辛丑 | 壬寅 | 癸卯 | 甲辰 | 乙巳 | 丙午 | 丁未 | 戊申 | 己酉 | 庚戌 | 辛亥 | 壬子 | 癸丑 | 甲寅 |
| 대운 남 | 2 | 2 | 1 | 1 | 1 | 1 | 소 | 10 | 10 | 10 | 9 | 9 | 9 | 8 | 8 | 8 | 7 | 7 | 7 | 6 | 6 | 6 | 5 | 5 | 5 | 4 | 4 | 4 | 3 | 3 | 3 |
| 대운 녀 | 8 | 9 | 9 | 9 | 10 | 10 | 서 | 1 | 1 | 1 | 1 | 2 | 2 | 2 | 3 | 3 | 3 | 4 | 4 | 4 | 5 | 5 | 5 | 6 | 6 | 6 | 7 | 7 | 7 | 8 | 8 |

## 8 · 丙申月(양 8.8~9.7)

입추 8일 02시43분 / 처서 23일 17시11분

| 양력 | 1 | 2 | 3 | 4 | 5 | 6 | 7 | 8 | 9 | 10 | 11 | 12 | 13 | 14 | 15 | 16 | 17 | 18 | 19 | 20 | 21 | 22 | 23 | 24 | 25 | 26 | 27 | 28 | 29 | 30 | 31 |
|---|---|---|---|---|---|---|---|---|---|---|---|---|---|---|---|---|---|---|---|---|---|---|---|---|---|---|---|---|---|---|---|
| 음력 | 14 | 15 | 16 | 17 | 18 | 19 | 20 | 21 | 22 | 23 | 24 | 25 | 26 | 27 | 28 | 29 | 7.1 | 2 | 3 | 4 | 5 | 6 | 7 | 8 | 9 | 10 | 11 | 12 | 13 | 14 | 15 |
| 요일 | 土 | 日 | 月 | 火 | 水 | 木 | 金 | 土 | 日 | 月 | 火 | 水 | 木 | 金 | 土 | 日 | 月 | 火 | 水 | 木 | 金 | 土 | 日 | 月 | 火 | 水 | 木 | 金 | 土 | 日 | 月 |
| 일진 | 乙卯 | 丙辰 | 丁巳 | 戊午 | 己未 | 庚申 | 辛酉 | 壬戌 | 癸亥 | 甲子 | 乙丑 | 丙寅 | 丁卯 | 戊辰 | 己巳 | 庚午 | 辛未 | 壬申 | 癸酉 | 甲戌 | 乙亥 | 丙子 | 丁丑 | 戊寅 | 己卯 | 庚辰 | 辛巳 | 壬午 | 癸未 | 甲申 | 乙酉 |
| 대운 남 | 2 | 2 | 2 | 1 | 1 | 1 | 1 | 입 | 10 | 10 | 9 | 9 | 9 | 8 | 8 | 8 | 7 | 7 | 7 | 6 | 6 | 6 | 5 | 5 | 5 | 4 | 4 | 4 | 3 | 3 | 3 |
| 대운 녀 | 8 | 9 | 9 | 9 | 10 | 10 | 10 | 추 | 1 | 1 | 1 | 1 | 2 | 2 | 2 | 3 | 3 | 3 | 4 | 4 | 4 | 5 | 5 | 5 | 6 | 6 | 6 | 7 | 7 | 7 | 8 |

## 9 · 丁酉月(양 9.8~10.7)

백로 8일 05시21분 / 추분 23일 14시26분

| 양력 | 1 | 2 | 3 | 4 | 5 | 6 | 7 | 8 | 9 | 10 | 11 | 12 | 13 | 14 | 15 | 16 | 17 | 18 | 19 | 20 | 21 | 22 | 23 | 24 | 25 | 26 | 27 | 28 | 29 | 30 |
|---|---|---|---|---|---|---|---|---|---|---|---|---|---|---|---|---|---|---|---|---|---|---|---|---|---|---|---|---|---|---|
| 음력 | 16 | 17 | 18 | 19 | 20 | 21 | 22 | 23 | 24 | 25 | 26 | 27 | 28 | 29 | 30 | 8.1 | 2 | 3 | 4 | 5 | 6 | 7 | 8 | 9 | 10 | 11 | 12 | 13 | 14 | 15 |
| 요일 | 火 | 水 | 木 | 金 | 土 | 日 | 月 | 火 | 水 | 木 | 金 | 土 | 日 | 月 | 火 | 水 | 木 | 金 | 土 | 日 | 月 | 火 | 水 | 木 | 金 | 土 | 日 | 月 | 火 | 水 |
| 일진 | 丙戌 | 丁亥 | 戊子 | 己丑 | 庚寅 | 辛卯 | 壬辰 | 癸巳 | 甲午 | 乙未 | 丙申 | 丁酉 | 戊戌 | 己亥 | 庚子 | 辛丑 | 壬寅 | 癸卯 | 甲辰 | 乙巳 | 丙午 | 丁未 | 戊申 | 己酉 | 庚戌 | 辛亥 | 壬子 | 癸丑 | 甲寅 | 乙卯 |
| 대운 남 | 2 | 2 | 2 | 1 | 1 | 1 | 1 | 백 | 10 | 9 | 9 | 9 | 8 | 8 | 8 | 7 | 7 | 7 | 6 | 6 | 6 | 5 | 5 | 5 | 4 | 4 | 4 | 3 | 3 | 3 |
| 대운 녀 | 8 | 8 | 9 | 9 | 9 | 10 | 10 | 로 | 1 | 1 | 1 | 1 | 2 | 2 | 2 | 3 | 3 | 3 | 4 | 4 | 4 | 5 | 5 | 5 | 6 | 6 | 6 | 7 | 7 | 7 |

## 10 · 戊戌月(양 10.8~11.6)

한로 8일 20시32분 / 상강 23일 23시18분

| 양력 | 1 | 2 | 3 | 4 | 5 | 6 | 7 | 8 | 9 | 10 | 11 | 12 | 13 | 14 | 15 | 16 | 17 | 18 | 19 | 20 | 21 | 22 | 23 | 24 | 25 | 26 | 27 | 28 | 29 | 30 | 31 |
|---|---|---|---|---|---|---|---|---|---|---|---|---|---|---|---|---|---|---|---|---|---|---|---|---|---|---|---|---|---|---|---|
| 음력 | 16 | 17 | 18 | 19 | 20 | 21 | 22 | 23 | 24 | 25 | 26 | 27 | 28 | 29 | 9.1 | 2 | 3 | 4 | 5 | 6 | 7 | 8 | 9 | 10 | 11 | 12 | 13 | 14 | 15 | 16 | 17 |
| 요일 | 木 | 金 | 土 | 日 | 月 | 火 | 水 | 木 | 金 | 土 | 日 | 月 | 火 | 水 | 木 | 金 | 土 | 日 | 月 | 火 | 水 | 木 | 金 | 土 | 日 | 月 | 火 | 水 | 木 | 金 | 土 |
| 일진 | 丙辰 | 丁巳 | 戊午 | 己未 | 庚申 | 辛酉 | 壬戌 | 癸亥 | 甲子 | 乙丑 | 丙寅 | 丁卯 | 戊辰 | 己巳 | 庚午 | 辛未 | 壬申 | 癸酉 | 甲戌 | 乙亥 | 丙子 | 丁丑 | 戊寅 | 己卯 | 庚辰 | 辛巳 | 壬午 | 癸未 | 甲申 | 乙酉 | 丙戌 |
| 대운 남 | 2 | 2 | 2 | 1 | 1 | 1 | 1 | 한 | 10 | 9 | 9 | 9 | 8 | 8 | 8 | 7 | 7 | 7 | 6 | 6 | 6 | 5 | 5 | 5 | 4 | 4 | 4 | 3 | 3 | 3 | 2 |
| 대운 녀 | 8 | 8 | 8 | 9 | 9 | 9 | 10 | 로 | 1 | 1 | 1 | 1 | 2 | 2 | 2 | 3 | 3 | 3 | 4 | 4 | 4 | 5 | 5 | 5 | 6 | 6 | 6 | 7 | 7 | 7 | 8 |

## 11 · 己亥月(양 11.7~12.6)

입동 7일 23시15분 / 소설 22일 20시25분

| 양력 | 1 | 2 | 3 | 4 | 5 | 6 | 7 | 8 | 9 | 10 | 11 | 12 | 13 | 14 | 15 | 16 | 17 | 18 | 19 | 20 | 21 | 22 | 23 | 24 | 25 | 26 | 27 | 28 | 29 | 30 |
|---|---|---|---|---|---|---|---|---|---|---|---|---|---|---|---|---|---|---|---|---|---|---|---|---|---|---|---|---|---|---|
| 음력 | 18 | 19 | 20 | 21 | 22 | 23 | 24 | 25 | 26 | 27 | 28 | 29 | 30 | 10.1 | 2 | 3 | 4 | 5 | 6 | 7 | 8 | 9 | 10 | 11 | 12 | 13 | 14 | 15 | 16 | 17 |
| 요일 | 日 | 月 | 火 | 水 | 木 | 金 | 土 | 日 | 月 | 火 | 水 | 木 | 金 | 土 | 日 | 月 | 火 | 水 | 木 | 金 | 土 | 日 | 月 | 火 | 水 | 木 | 金 | 土 | 日 | 月 |
| 일진 | 丁亥 | 戊子 | 己丑 | 庚寅 | 辛卯 | 壬辰 | 癸巳 | 甲午 | 乙未 | 丙申 | 丁酉 | 戊戌 | 己亥 | 庚子 | 辛丑 | 壬寅 | 癸卯 | 甲辰 | 乙巳 | 丙午 | 丁未 | 戊申 | 己酉 | 庚戌 | 辛亥 | 壬子 | 癸丑 | 甲寅 | 乙卯 | 丙辰 |
| 대운 남 | 2 | 2 | 1 | 1 | 1 | 1 | 입 | 10 | 9 | 9 | 9 | 8 | 8 | 8 | 7 | 7 | 7 | 6 | 6 | 6 | 5 | 5 | 5 | 4 | 4 | 4 | 3 | 3 | 3 | 2 |
| 대운 녀 | 8 | 8 | 9 | 9 | 9 | 10 | 동 | 1 | 1 | 1 | 1 | 2 | 2 | 2 | 3 | 3 | 3 | 4 | 4 | 4 | 5 | 5 | 5 | 6 | 6 | 6 | 7 | 7 | 7 | 8 |

## 12 · 庚子月(양 12.7~1.5)

대설 7일 15시42분 / 동지 22일 09시27분

| 양력 | 1 | 2 | 3 | 4 | 5 | 6 | 7 | 8 | 9 | 10 | 11 | 12 | 13 | 14 | 15 | 16 | 17 | 18 | 19 | 20 | 21 | 22 | 23 | 24 | 25 | 26 | 27 | 28 | 29 | 30 | 31 |
|---|---|---|---|---|---|---|---|---|---|---|---|---|---|---|---|---|---|---|---|---|---|---|---|---|---|---|---|---|---|---|---|
| 음력 | 18 | 19 | 20 | 21 | 22 | 23 | 24 | 25 | 26 | 27 | 28 | 29 | 30 | 11.1 | 2 | 3 | 4 | 5 | 6 | 7 | 8 | 9 | 10 | 11 | 12 | 13 | 14 | 15 | 16 | 17 | 18 |
| 요일 | 火 | 水 | 木 | 金 | 土 | 日 | 月 | 火 | 水 | 木 | 金 | 土 | 日 | 月 | 火 | 水 | 木 | 金 | 土 | 日 | 月 | 火 | 水 | 木 | 金 | 土 | 日 | 月 | 火 | 水 | 木 |
| 일진 | 丁巳 | 戊午 | 己未 | 庚申 | 辛酉 | 壬戌 | 癸亥 | 甲子 | 乙丑 | 丙寅 | 丁卯 | 戊辰 | 己巳 | 庚午 | 辛未 | 壬申 | 癸酉 | 甲戌 | 乙亥 | 丙子 | 丁丑 | 戊寅 | 己卯 | 庚辰 | 辛巳 | 壬午 | 癸未 | 甲申 | 乙酉 | 丙戌 | 丁亥 |
| 대운 남 | 2 | 2 | 1 | 1 | 1 | 1 | 대 | 10 | 9 | 9 | 9 | 8 | 8 | 8 | 7 | 7 | 7 | 6 | 6 | 6 | 5 | 5 | 5 | 4 | 4 | 4 | 3 | 3 | 3 | 2 | 2 |
| 대운 녀 | 8 | 8 | 9 | 9 | 9 | 10 | 설 | 1 | 1 | 1 | 1 | 2 | 2 | 2 | 3 | 3 | 3 | 4 | 4 | 4 | 5 | 5 | 5 | 6 | 6 | 6 | 7 | 7 | 7 | 8 | 8 |

# 1937년

소한 6일 02시44분

## 1・辛丑月(양 1.6~2.3)

대한 20일 20시01분

| 양력 | 1 | 2 | 3 | 4 | 5 | 6 | 7 | 8 | 9 | 10 | 11 | 12 | 13 | 14 | 15 | 16 | 17 | 18 | 19 | 20 | 21 | 22 | 23 | 24 | 25 | 26 | 27 | 28 | 29 | 30 | 31 |
|---|---|---|---|---|---|---|---|---|---|---|---|---|---|---|---|---|---|---|---|---|---|---|---|---|---|---|---|---|---|---|---|
| 음력 | 19 | 20 | 21 | 22 | 23 | 24 | 25 | 26 | 27 | 28 | 29 | 30 | 12.1 | 2 | 3 | 4 | 5 | 6 | 7 | 8 | 9 | 10 | 11 | 12 | 13 | 14 | 15 | 16 | 17 | 18 | 19 |
| 요일 | 金 | 土 | 日 | 月 | 火 | 水 | 木 | 金 | 土 | 日 | 月 | 火 | 水 | 木 | 金 | 土 | 日 | 月 | 火 | 水 | 木 | 金 | 土 | 日 | 月 | 火 | 水 | 木 | 金 | 土 | 日 |
| 일진 | 戊子 | 己丑 | 庚寅 | 辛卯 | 壬辰 | 癸巳 | 甲午 | 乙未 | 丙申 | 丁酉 | 戊戌 | 己亥 | 庚子 | 辛丑 | 壬寅 | 癸卯 | 甲辰 | 乙巳 | 丙午 | 丁未 | 戊申 | 己酉 | 庚戌 | 辛亥 | 壬子 | 癸丑 | 甲寅 | 乙卯 | 丙辰 | 丁巳 | 戊午 |
| 대운 남 | 2 | 1 | 1 | 1 | 1 | 소 | 9 | 9 | 9 | 8 | 8 | 8 | 7 | 7 | 7 | 6 | 6 | 6 | 5 | 5 | 5 | 4 | 4 | 4 | 3 | 3 | 3 | 2 | 2 | 2 | 1 |
| 대운 녀 | 8 | 9 | 9 | 9 | 10 | 한 | 1 | 1 | 1 | 1 | 2 | 2 | 2 | 3 | 3 | 3 | 4 | 4 | 4 | 5 | 5 | 5 | 6 | 6 | 6 | 7 | 7 | 7 | 8 | 8 | 8 |

입춘 4일 14시26분

## 2・壬寅月(양 2.4~3.5)

우수 19일 10시21분

| 양력 | 1 | 2 | 3 | 4 | 5 | 6 | 7 | 8 | 9 | 10 | 11 | 12 | 13 | 14 | 15 | 16 | 17 | 18 | 19 | 20 | 21 | 22 | 23 | 24 | 25 | 26 | 27 | 28 |
|---|---|---|---|---|---|---|---|---|---|---|---|---|---|---|---|---|---|---|---|---|---|---|---|---|---|---|---|---|
| 음력 | 20 | 21 | 22 | 23 | 24 | 25 | 26 | 27 | 28 | 29 | 1.1 | 2 | 3 | 4 | 5 | 6 | 7 | 8 | 9 | 10 | 11 | 12 | 13 | 14 | 15 | 16 | 17 | 18 |
| 요일 | 月 | 火 | 水 | 木 | 金 | 土 | 日 | 月 | 火 | 水 | 木 | 金 | 土 | 日 | 月 | 火 | 水 | 木 | 金 | 土 | 日 | 月 | 火 | 水 | 木 | 金 | 土 | 日 |
| 일진 | 己未 | 庚申 | 辛酉 | 壬戌 | 癸亥 | 甲子 | 乙丑 | 丙寅 | 丁卯 | 戊辰 | 己巳 | 庚午 | 辛未 | 壬申 | 癸酉 | 甲戌 | 乙亥 | 丙子 | 丁丑 | 戊寅 | 己卯 | 庚辰 | 辛巳 | 壬午 | 癸未 | 甲申 | 乙酉 | 丙戌 |
| 대운 남 | 1 | 1 | 1 | 입 | 1 | 1 | 1 | 1 | 2 | 2 | 2 | 3 | 3 | 3 | 4 | 4 | 4 | 5 | 5 | 5 | 6 | 6 | 6 | 7 | 7 | 7 | 8 | 8 |
| 대운 녀 | 9 | 9 | 9 | 춘 | 10 | 9 | 9 | 9 | 8 | 8 | 8 | 7 | 7 | 7 | 6 | 6 | 6 | 5 | 5 | 5 | 4 | 4 | 4 | 3 | 3 | 3 | 2 | 2 |

경칩 6일 08시44분

## 3・癸卯月(양 3.6~4.4)

춘분 21일 09시45분

| 양력 | 1 | 2 | 3 | 4 | 5 | 6 | 7 | 8 | 9 | 10 | 11 | 12 | 13 | 14 | 15 | 16 | 17 | 18 | 19 | 20 | 21 | 22 | 23 | 24 | 25 | 26 | 27 | 28 | 29 | 30 | 31 |
|---|---|---|---|---|---|---|---|---|---|---|---|---|---|---|---|---|---|---|---|---|---|---|---|---|---|---|---|---|---|---|---|
| 음력 | 19 | 20 | 21 | 22 | 23 | 24 | 25 | 26 | 27 | 28 | 29 | 30 | 2.1 | 2 | 3 | 4 | 5 | 6 | 7 | 8 | 9 | 10 | 11 | 12 | 13 | 14 | 15 | 16 | 17 | 18 | 19 |
| 요일 | 月 | 火 | 水 | 木 | 金 | 土 | 日 | 月 | 火 | 水 | 木 | 金 | 土 | 日 | 月 | 火 | 水 | 木 | 金 | 土 | 日 | 月 | 火 | 水 | 木 | 金 | 土 | 日 | 月 | 火 | 水 |
| 일진 | 丁亥 | 戊子 | 己丑 | 庚寅 | 辛卯 | 壬辰 | 癸巳 | 甲午 | 乙未 | 丙申 | 丁酉 | 戊戌 | 己亥 | 庚子 | 辛丑 | 壬寅 | 癸卯 | 甲辰 | 乙巳 | 丙午 | 丁未 | 戊申 | 己酉 | 庚戌 | 辛亥 | 壬子 | 癸丑 | 甲寅 | 乙卯 | 丙辰 | 丁巳 |
| 대운 남 | 8 | 9 | 9 | 9 | 10 | 경 | 1 | 1 | 1 | 1 | 2 | 2 | 2 | 3 | 3 | 3 | 4 | 4 | 4 | 5 | 5 | 5 | 6 | 6 | 6 | 7 | 7 | 7 | 8 | 8 | 8 |
| 대운 녀 | 2 | 1 | 1 | 1 | 1 | 칩 | 10 | 9 | 9 | 9 | 8 | 8 | 8 | 7 | 7 | 7 | 6 | 6 | 6 | 5 | 5 | 5 | 4 | 4 | 4 | 3 | 3 | 3 | 2 | 2 | 2 |

청명 5일 14시01분

## 4・甲辰月(양 4.5~5.5)

곡우 20일 21시19분

| 양력 | 1 | 2 | 3 | 4 | 5 | 6 | 7 | 8 | 9 | 10 | 11 | 12 | 13 | 14 | 15 | 16 | 17 | 18 | 19 | 20 | 21 | 22 | 23 | 24 | 25 | 26 | 27 | 28 | 29 | 30 |
|---|---|---|---|---|---|---|---|---|---|---|---|---|---|---|---|---|---|---|---|---|---|---|---|---|---|---|---|---|---|---|
| 음력 | 20 | 21 | 22 | 23 | 24 | 25 | 26 | 27 | 28 | 29 | 3.1 | 2 | 3 | 4 | 5 | 6 | 7 | 8 | 9 | 10 | 11 | 12 | 13 | 14 | 15 | 16 | 17 | 18 | 19 | 20 |
| 요일 | 木 | 金 | 土 | 日 | 月 | 火 | 水 | 木 | 金 | 土 | 日 | 月 | 火 | 水 | 木 | 金 | 土 | 日 | 月 | 火 | 水 | 木 | 金 | 土 | 日 | 月 | 火 | 水 | 木 | 金 |
| 일진 | 戊午 | 己未 | 庚申 | 辛酉 | 壬戌 | 癸亥 | 甲子 | 乙丑 | 丙寅 | 丁卯 | 戊辰 | 己巳 | 庚午 | 辛未 | 壬申 | 癸酉 | 甲戌 | 乙亥 | 丙子 | 丁丑 | 戊寅 | 己卯 | 庚辰 | 辛巳 | 壬午 | 癸未 | 甲申 | 乙酉 | 丙戌 | 丁亥 |
| 대운 남 | 9 | 9 | 9 | 10 | 청 | 1 | 1 | 1 | 1 | 2 | 2 | 2 | 3 | 3 | 3 | 4 | 4 | 4 | 5 | 5 | 5 | 6 | 6 | 6 | 7 | 7 | 7 | 8 | 8 | 8 |
| 대운 녀 | 1 | 1 | 1 | 1 | 명 | 10 | 10 | 9 | 9 | 9 | 8 | 8 | 8 | 7 | 7 | 7 | 6 | 6 | 6 | 5 | 5 | 5 | 4 | 4 | 4 | 3 | 3 | 3 | 2 | 2 |

입하 6일 07시51분

## 5・乙巳月(양 5.6~6.5)

소만 21일 20시57분

| 양력 | 1 | 2 | 3 | 4 | 5 | 6 | 7 | 8 | 9 | 10 | 11 | 12 | 13 | 14 | 15 | 16 | 17 | 18 | 19 | 20 | 21 | 22 | 23 | 24 | 25 | 26 | 27 | 28 | 29 | 30 | 31 |
|---|---|---|---|---|---|---|---|---|---|---|---|---|---|---|---|---|---|---|---|---|---|---|---|---|---|---|---|---|---|---|---|
| 음력 | 21 | 22 | 23 | 24 | 25 | 26 | 27 | 28 | 29 | 4.1 | 2 | 3 | 4 | 5 | 6 | 7 | 8 | 9 | 10 | 11 | 12 | 13 | 14 | 15 | 16 | 17 | 18 | 19 | 20 | 21 | 22 |
| 요일 | 土 | 日 | 月 | 火 | 水 | 木 | 金 | 土 | 日 | 月 | 火 | 水 | 木 | 金 | 土 | 日 | 月 | 火 | 水 | 木 | 金 | 土 | 日 | 月 | 火 | 水 | 木 | 金 | 土 | 日 | 月 |
| 일진 | 戊子 | 己丑 | 庚寅 | 辛卯 | 壬辰 | 癸巳 | 甲午 | 乙未 | 丙申 | 丁酉 | 戊戌 | 己亥 | 庚子 | 辛丑 | 壬寅 | 癸卯 | 甲辰 | 乙巳 | 丙午 | 丁未 | 戊申 | 己酉 | 庚戌 | 辛亥 | 壬子 | 癸丑 | 甲寅 | 乙卯 | 丙辰 | 丁巳 | 戊午 |
| 대운 남 | 9 | 9 | 9 | 10 | 10 | 입 | 1 | 1 | 1 | 1 | 2 | 2 | 2 | 3 | 3 | 3 | 4 | 4 | 4 | 5 | 5 | 5 | 6 | 6 | 6 | 7 | 7 | 7 | 8 | 8 | 8 |
| 대운 녀 | 2 | 1 | 1 | 1 | 1 | 하 | 10 | 10 | 9 | 9 | 9 | 8 | 8 | 8 | 7 | 7 | 7 | 6 | 6 | 6 | 5 | 5 | 5 | 4 | 4 | 4 | 3 | 3 | 3 | 2 | 2 |

망종 6일 12시23분

## 6・丙午月(양 6.6~7.6)

하지 22일 05시12분

| 양력 | 1 | 2 | 3 | 4 | 5 | 6 | 7 | 8 | 9 | 10 | 11 | 12 | 13 | 14 | 15 | 16 | 17 | 18 | 19 | 20 | 21 | 22 | 23 | 24 | 25 | 26 | 27 | 28 | 29 | 30 |
|---|---|---|---|---|---|---|---|---|---|---|---|---|---|---|---|---|---|---|---|---|---|---|---|---|---|---|---|---|---|---|
| 음력 | 23 | 24 | 25 | 26 | 27 | 28 | 29 | 30 | 5.1 | 2 | 3 | 4 | 5 | 6 | 7 | 8 | 9 | 10 | 11 | 12 | 13 | 14 | 15 | 16 | 17 | 18 | 19 | 20 | 21 | 22 |
| 요일 | 火 | 水 | 木 | 金 | 土 | 日 | 月 | 火 | 水 | 木 | 金 | 土 | 日 | 月 | 火 | 水 | 木 | 金 | 土 | 日 | 月 | 火 | 水 | 木 | 金 | 土 | 日 | 月 | 火 | 水 |
| 일진 | 己未 | 庚申 | 辛酉 | 壬戌 | 癸亥 | 甲子 | 乙丑 | 丙寅 | 丁卯 | 戊辰 | 己巳 | 庚午 | 辛未 | 壬申 | 癸酉 | 甲戌 | 乙亥 | 丙子 | 丁丑 | 戊寅 | 己卯 | 庚辰 | 辛巳 | 壬午 | 癸未 | 甲申 | 乙酉 | 丙戌 | 丁亥 | 戊子 |
| 대운 남 | 9 | 9 | 9 | 10 | 10 | 망 | 1 | 1 | 1 | 1 | 2 | 2 | 2 | 3 | 3 | 3 | 4 | 4 | 4 | 5 | 5 | 5 | 6 | 6 | 6 | 7 | 7 | 7 | 8 | 8 |
| 대운 녀 | 2 | 1 | 1 | 1 | 1 | 종 | 10 | 10 | 9 | 9 | 9 | 8 | 8 | 8 | 7 | 7 | 7 | 6 | 6 | 6 | 5 | 5 | 5 | 4 | 4 | 4 | 3 | 3 | 3 | 2 |

# 丁丑年

동경135도표준시

## 7 · 丁未月(양 7.7~8.7)

소서 7일 22시46분 대서 23일 16시07분

| 양력 | 1 | 2 | 3 | 4 | 5 | 6 | 7 | 8 | 9 | 10 | 11 | 12 | 13 | 14 | 15 | 16 | 17 | 18 | 19 | 20 | 21 | 22 | 23 | 24 | 25 | 26 | 27 | 28 | 29 | 30 | 31 |
|---|---|---|---|---|---|---|---|---|---|---|---|---|---|---|---|---|---|---|---|---|---|---|---|---|---|---|---|---|---|---|---|
| 음력 | 23 | 24 | 25 | 26 | 27 | 28 | 29 | 6.1 | 2 | 3 | 4 | 5 | 6 | 7 | 8 | 9 | 10 | 11 | 12 | 13 | 14 | 15 | 16 | 17 | 18 | 19 | 20 | 21 | 22 | 23 | 24 |
| 요일 | 木 | 金 | 土 | 日 | 月 | 火 | 水 | 木 | 金 | 土 | 日 | 月 | 火 | 水 | 木 | 金 | 土 | 日 | 月 | 火 | 水 | 木 | 金 | 土 | 日 | 月 | 火 | 水 | 木 | 金 | 土 |
| 일진 | 己丑 | 庚寅 | 辛卯 | 壬辰 | 癸巳 | 甲午 | 乙未 | 丙申 | 丁酉 | 戊戌 | 己亥 | 庚子 | 辛丑 | 壬寅 | 癸卯 | 甲辰 | 乙巳 | 丙午 | 丁未 | 戊申 | 己酉 | 庚戌 | 辛亥 | 壬子 | 癸丑 | 甲寅 | 乙卯 | 丙辰 | 丁巳 | 戊午 | 己未 |
| 대운 남 | 8 | 9 | 9 | 9 | 10 | 10 | 소 | 1 | 1 | 1 | 1 | 2 | 2 | 2 | 3 | 3 | 3 | 4 | 4 | 4 | 5 | 5 | 5 | 6 | 6 | 6 | 7 | 7 | 7 | 8 | 8 |
| 대운 녀 | 2 | 2 | 1 | 1 | 1 | 1 | 서 | 10 | 10 | 10 | 9 | 9 | 9 | 8 | 8 | 8 | 7 | 7 | 7 | 6 | 6 | 6 | 5 | 5 | 5 | 4 | 4 | 4 | 3 | 3 | 3 |

## 8 · 戊申月(양 8.8~9.7)

입추 8일 08시25분 처서 23일 22시58분

| 양력 | 1 | 2 | 3 | 4 | 5 | 6 | 7 | 8 | 9 | 10 | 11 | 12 | 13 | 14 | 15 | 16 | 17 | 18 | 19 | 20 | 21 | 22 | 23 | 24 | 25 | 26 | 27 | 28 | 29 | 30 | 31 |
|---|---|---|---|---|---|---|---|---|---|---|---|---|---|---|---|---|---|---|---|---|---|---|---|---|---|---|---|---|---|---|---|
| 음력 | 25 | 26 | 27 | 28 | 29 | 7.1 | 2 | 3 | 4 | 5 | 6 | 7 | 8 | 9 | 10 | 11 | 12 | 13 | 14 | 15 | 16 | 17 | 18 | 19 | 20 | 21 | 22 | 23 | 24 | 25 | 26 |
| 요일 | 日 | 月 | 火 | 水 | 木 | 金 | 土 | 日 | 月 | 火 | 水 | 木 | 金 | 土 | 日 | 月 | 火 | 水 | 木 | 金 | 土 | 日 | 月 | 火 | 水 | 木 | 金 | 土 | 日 | 月 | 火 |
| 일진 | 庚申 | 辛酉 | 壬戌 | 癸亥 | 甲子 | 乙丑 | 丙寅 | 丁卯 | 戊辰 | 己巳 | 庚午 | 辛未 | 壬申 | 癸酉 | 甲戌 | 乙亥 | 丙子 | 丁丑 | 戊寅 | 己卯 | 庚辰 | 辛巳 | 壬午 | 癸未 | 甲申 | 乙酉 | 丙戌 | 丁亥 | 戊子 | 己丑 | 庚寅 |
| 대운 남 | 8 | 9 | 9 | 9 | 10 | 10 | 10 | 입 | 1 | 1 | 1 | 1 | 2 | 2 | 2 | 3 | 3 | 3 | 4 | 4 | 4 | 5 | 5 | 5 | 6 | 6 | 6 | 7 | 7 | 7 | 8 |
| 대운 녀 | 2 | 2 | 2 | 1 | 1 | 1 | 1 | 추 | 10 | 10 | 9 | 9 | 9 | 8 | 8 | 8 | 7 | 7 | 7 | 6 | 6 | 6 | 5 | 5 | 5 | 4 | 4 | 4 | 3 | 3 | 3 |

## 9 · 己酉月(양 9.8~10.8)

백로 8일 10시59분 추분 23일 20시13분

| 양력 | 1 | 2 | 3 | 4 | 5 | 6 | 7 | 8 | 9 | 10 | 11 | 12 | 13 | 14 | 15 | 16 | 17 | 18 | 19 | 20 | 21 | 22 | 23 | 24 | 25 | 26 | 27 | 28 | 29 | 30 |
|---|---|---|---|---|---|---|---|---|---|---|---|---|---|---|---|---|---|---|---|---|---|---|---|---|---|---|---|---|---|---|
| 음력 | 27 | 28 | 29 | 30 | 8.1 | 2 | 3 | 4 | 5 | 6 | 7 | 8 | 9 | 10 | 11 | 12 | 13 | 14 | 15 | 16 | 17 | 18 | 19 | 20 | 21 | 22 | 23 | 24 | 25 | 26 |
| 요일 | 水 | 木 | 金 | 土 | 日 | 月 | 火 | 水 | 木 | 金 | 土 | 日 | 月 | 火 | 水 | 木 | 金 | 土 | 日 | 月 | 火 | 水 | 木 | 金 | 土 | 日 | 月 | 火 | 水 | 木 |
| 일진 | 辛卯 | 壬辰 | 癸巳 | 甲午 | 乙未 | 丙申 | 丁酉 | 戊戌 | 己亥 | 庚子 | 辛丑 | 壬寅 | 癸卯 | 甲辰 | 乙巳 | 丙午 | 丁未 | 戊申 | 己酉 | 庚戌 | 辛亥 | 壬子 | 癸丑 | 甲寅 | 乙卯 | 丙辰 | 丁巳 | 戊午 | 己未 | 庚申 |
| 대운 남 | 8 | 8 | 9 | 9 | 9 | 10 | 10 | 백 | 1 | 1 | 1 | 1 | 2 | 2 | 2 | 3 | 3 | 3 | 4 | 4 | 4 | 5 | 5 | 5 | 6 | 6 | 6 | 7 | 7 | 7 |
| 대운 녀 | 2 | 2 | 2 | 1 | 1 | 1 | 1 | 로 | 10 | 10 | 9 | 9 | 9 | 8 | 8 | 8 | 7 | 7 | 7 | 6 | 6 | 6 | 5 | 5 | 5 | 4 | 4 | 4 | 3 | 3 |

## 10 · 庚戌月(양 10.9~11.7)

한로 9일 02시11분 상강 24일 05시07분

| 양력 | 1 | 2 | 3 | 4 | 5 | 6 | 7 | 8 | 9 | 10 | 11 | 12 | 13 | 14 | 15 | 16 | 17 | 18 | 19 | 20 | 21 | 22 | 23 | 24 | 25 | 26 | 27 | 28 | 29 | 30 | 31 |
|---|---|---|---|---|---|---|---|---|---|---|---|---|---|---|---|---|---|---|---|---|---|---|---|---|---|---|---|---|---|---|---|
| 음력 | 27 | 28 | 29 | 9.1 | 2 | 3 | 4 | 5 | 6 | 7 | 8 | 9 | 10 | 11 | 12 | 13 | 14 | 15 | 16 | 17 | 18 | 19 | 20 | 21 | 22 | 23 | 24 | 25 | 26 | 27 | 28 |
| 요일 | 金 | 土 | 日 | 月 | 火 | 水 | 木 | 金 | 土 | 日 | 月 | 火 | 水 | 木 | 金 | 土 | 日 | 月 | 火 | 水 | 木 | 金 | 土 | 日 | 月 | 火 | 水 | 木 | 金 | 土 | 日 |
| 일진 | 辛酉 | 壬戌 | 癸亥 | 甲子 | 乙丑 | 丙寅 | 丁卯 | 戊辰 | 己巳 | 庚午 | 辛未 | 壬申 | 癸酉 | 甲戌 | 乙亥 | 丙子 | 丁丑 | 戊寅 | 己卯 | 庚辰 | 辛巳 | 壬午 | 癸未 | 甲申 | 乙酉 | 丙戌 | 丁亥 | 戊子 | 己丑 | 庚寅 | 辛卯 |
| 대운 남 | 8 | 8 | 8 | 9 | 9 | 9 | 10 | 10 | 한 | 1 | 1 | 1 | 1 | 2 | 2 | 2 | 3 | 3 | 3 | 4 | 4 | 4 | 5 | 5 | 5 | 6 | 6 | 6 | 7 | 7 | 7 |
| 대운 녀 | 3 | 2 | 2 | 2 | 1 | 1 | 1 | 1 | 로 | 10 | 9 | 9 | 9 | 8 | 8 | 8 | 7 | 7 | 7 | 6 | 6 | 6 | 5 | 5 | 5 | 4 | 4 | 4 | 3 | 3 | 3 |

## 11 · 辛亥月(양 11.8~12.6)

입동 8일 04시55분 소설 23일 02시17분

| 양력 | 1 | 2 | 3 | 4 | 5 | 6 | 7 | 8 | 9 | 10 | 11 | 12 | 13 | 14 | 15 | 16 | 17 | 18 | 19 | 20 | 21 | 22 | 23 | 24 | 25 | 26 | 27 | 28 | 29 | 30 |
|---|---|---|---|---|---|---|---|---|---|---|---|---|---|---|---|---|---|---|---|---|---|---|---|---|---|---|---|---|---|---|
| 음력 | 29 | 30 | 10.1 | 2 | 3 | 4 | 5 | 6 | 7 | 8 | 9 | 10 | 11 | 12 | 13 | 14 | 15 | 16 | 17 | 18 | 19 | 20 | 21 | 22 | 23 | 24 | 25 | 26 | 27 | 28 |
| 요일 | 月 | 火 | 水 | 木 | 金 | 土 | 日 | 月 | 火 | 水 | 木 | 金 | 土 | 日 | 月 | 火 | 水 | 木 | 金 | 土 | 日 | 月 | 火 | 水 | 木 | 金 | 土 | 日 | 月 | 火 |
| 일진 | 壬辰 | 癸巳 | 甲午 | 乙未 | 丙申 | 丁酉 | 戊戌 | 己亥 | 庚子 | 辛丑 | 壬寅 | 癸卯 | 甲辰 | 乙巳 | 丙午 | 丁未 | 戊申 | 己酉 | 庚戌 | 辛亥 | 壬子 | 癸丑 | 甲寅 | 乙卯 | 丙辰 | 丁巳 | 戊午 | 己未 | 庚申 | 辛酉 |
| 대운 남 | 8 | 8 | 8 | 9 | 9 | 9 | 10 | 입 | 1 | 1 | 1 | 1 | 2 | 2 | 2 | 3 | 3 | 3 | 4 | 4 | 4 | 5 | 5 | 5 | 6 | 6 | 6 | 7 | 7 | 7 |
| 대운 녀 | 2 | 2 | 2 | 1 | 1 | 1 | 1 | 동 | 9 | 9 | 9 | 8 | 8 | 8 | 7 | 7 | 7 | 6 | 6 | 6 | 5 | 5 | 5 | 4 | 4 | 4 | 3 | 3 | 3 | 2 |

## 12 · 壬子月(양 12.7~1.5)

대설 7일 21시26분 동지 22일 15시22분

| 양력 | 1 | 2 | 3 | 4 | 5 | 6 | 7 | 8 | 9 | 10 | 11 | 12 | 13 | 14 | 15 | 16 | 17 | 18 | 19 | 20 | 21 | 22 | 23 | 24 | 25 | 26 | 27 | 28 | 29 | 30 | 31 |
|---|---|---|---|---|---|---|---|---|---|---|---|---|---|---|---|---|---|---|---|---|---|---|---|---|---|---|---|---|---|---|---|
| 음력 | 29 | 30 | 11.1 | 2 | 3 | 4 | 5 | 6 | 7 | 8 | 9 | 10 | 11 | 12 | 13 | 14 | 15 | 16 | 17 | 18 | 19 | 20 | 21 | 22 | 23 | 24 | 25 | 26 | 27 | 28 | 29 |
| 요일 | 水 | 木 | 金 | 土 | 日 | 月 | 火 | 水 | 木 | 金 | 土 | 日 | 月 | 火 | 水 | 木 | 金 | 土 | 日 | 月 | 火 | 水 | 木 | 金 | 土 | 日 | 月 | 火 | 水 | 木 | 金 |
| 일진 | 壬戌 | 癸亥 | 甲子 | 乙丑 | 丙寅 | 丁卯 | 戊辰 | 己巳 | 庚午 | 辛未 | 壬申 | 癸酉 | 甲戌 | 乙亥 | 丙子 | 丁丑 | 戊寅 | 己卯 | 庚辰 | 辛巳 | 壬午 | 癸未 | 甲申 | 乙酉 | 丙戌 | 丁亥 | 戊子 | 己丑 | 庚寅 | 辛卯 | 壬辰 |
| 대운 남 | 8 | 8 | 8 | 9 | 9 | 9 | 대 | 1 | 1 | 1 | 1 | 2 | 2 | 2 | 3 | 3 | 3 | 4 | 4 | 4 | 5 | 5 | 5 | 6 | 6 | 6 | 7 | 7 | 7 | 8 | 8 |
| 대운 녀 | 2 | 2 | 1 | 1 | 1 | 1 | 설 | 10 | 9 | 9 | 9 | 8 | 8 | 8 | 7 | 7 | 7 | 6 | 6 | 6 | 5 | 5 | 5 | 4 | 4 | 4 | 3 | 3 | 3 | 2 | 2 |

단기 4271년

# 1938년(윤7월)

소한 6일 08시31분

## 1 · 癸丑月(양 1.6~2.3)

대한 21일 01시59분

| 양력 | | 1 | 2 | 3 | 4 | 5 | 6 | 7 | 8 | 9 | 10 | 11 | 12 | 13 | 14 | 15 | 16 | 17 | 18 | 19 | 20 | 21 | 22 | 23 | 24 | 25 | 26 | 27 | 28 | 29 | 30 | 31 |
|---|---|---|---|---|---|---|---|---|---|---|---|---|---|---|---|---|---|---|---|---|---|---|---|---|---|---|---|---|---|---|---|---|
| 음력 | | 30 | 12.1 | 2 | 3 | 4 | 5 | 6 | 7 | 8 | 9 | 10 | 11 | 12 | 13 | 14 | 15 | 16 | 17 | 18 | 19 | 20 | 21 | 22 | 23 | 24 | 25 | 26 | 27 | 28 | 29 | 1.1 |
| 요일 | | 土 | 日 | 月 | 火 | 水 | 木 | 金 | 土 | 日 | 月 | 火 | 水 | 木 | 金 | 土 | 日 | 月 | 火 | 水 | 木 | 金 | 土 | 日 | 月 | 火 | 水 | 木 | 金 | 土 | 日 | 月 |
| 일진 | | 癸巳 | 甲午 | 乙未 | 丙申 | 丁酉 | 戊戌 | 己亥 | 庚子 | 辛丑 | 壬寅 | 癸卯 | 甲辰 | 乙巳 | 丙午 | 丁未 | 戊申 | 己酉 | 庚戌 | 辛亥 | 壬子 | 癸丑 | 甲寅 | 乙卯 | 丙辰 | 丁巳 | 戊午 | 己未 | 庚申 | 辛酉 | 壬戌 | 癸亥 |
| 대운 | 남 | 8 | 9 | 9 | 9 | 10 | 소 | 1 | 1 | 1 | 1 | 2 | 2 | 2 | 3 | 3 | 3 | 4 | 4 | 4 | 5 | 5 | 5 | 6 | 6 | 6 | 7 | 7 | 7 | 8 | 8 | 8 |
| | 녀 | 2 | 1 | 1 | 1 | 1 | 한 | 9 | 9 | 9 | 8 | 8 | 8 | 7 | 7 | 7 | 6 | 6 | 6 | 5 | 5 | 5 | 4 | 4 | 4 | 3 | 3 | 3 | 2 | 2 | 2 | 1 |

입춘 4일 20시15분

## 2 · 甲寅月(양 2.4~3.5)

우수 19일 16시20분

| 양력 | | 1 | 2 | 3 | 4 | 5 | 6 | 7 | 8 | 9 | 10 | 11 | 12 | 13 | 14 | 15 | 16 | 17 | 18 | 19 | 20 | 21 | 22 | 23 | 24 | 25 | 26 | 27 | 28 |
|---|---|---|---|---|---|---|---|---|---|---|---|---|---|---|---|---|---|---|---|---|---|---|---|---|---|---|---|---|---|
| 음력 | | 2 | 3 | 4 | 5 | 6 | 7 | 8 | 9 | 10 | 11 | 12 | 13 | 14 | 15 | 16 | 17 | 18 | 19 | 20 | 21 | 22 | 23 | 24 | 25 | 26 | 27 | 28 | 29 |
| 요일 | | 火 | 水 | 木 | 金 | 土 | 日 | 月 | 火 | 水 | 木 | 金 | 土 | 日 | 月 | 火 | 水 | 木 | 金 | 土 | 日 | 月 | 火 | 水 | 木 | 金 | 土 | 日 | 月 |
| 일진 | | 甲子 | 乙丑 | 丙寅 | 丁卯 | 戊辰 | 己巳 | 庚午 | 辛未 | 壬申 | 癸酉 | 甲戌 | 乙亥 | 丙子 | 丁丑 | 戊寅 | 己卯 | 庚辰 | 辛巳 | 壬午 | 癸未 | 甲申 | 乙酉 | 丙戌 | 丁亥 | 戊子 | 己丑 | 庚寅 | 辛卯 |
| 대운 | 남 | 9 | 9 | 9 | 입 | 10 | 9 | 9 | 9 | 8 | 8 | 8 | 7 | 7 | 7 | 6 | 6 | 6 | 5 | 5 | 5 | 4 | 4 | 4 | 3 | 3 | 3 | 2 | 2 |
| | 녀 | 1 | 1 | 1 | 춘 | 1 | 1 | 1 | 1 | 2 | 2 | 2 | 3 | 3 | 3 | 4 | 4 | 4 | 5 | 5 | 5 | 6 | 6 | 6 | 7 | 7 | 7 | 8 | 8 |

경칩 6일 14시34분

## 3 · 乙卯月(양 3.6~4.4)

춘분 21일 15시43분

| 양력 | | 1 | 2 | 3 | 4 | 5 | 6 | 7 | 8 | 9 | 10 | 11 | 12 | 13 | 14 | 15 | 16 | 17 | 18 | 19 | 20 | 21 | 22 | 23 | 24 | 25 | 26 | 27 | 28 | 29 | 30 | 31 |
|---|---|---|---|---|---|---|---|---|---|---|---|---|---|---|---|---|---|---|---|---|---|---|---|---|---|---|---|---|---|---|---|---|
| 음력 | | 30 | 2.1 | 2 | 3 | 4 | 5 | 6 | 7 | 8 | 9 | 10 | 11 | 12 | 13 | 14 | 15 | 16 | 17 | 18 | 19 | 20 | 21 | 22 | 23 | 24 | 25 | 26 | 27 | 28 | 29 | 30 |
| 요일 | | 火 | 水 | 木 | 金 | 土 | 日 | 月 | 火 | 水 | 木 | 金 | 土 | 日 | 月 | 火 | 水 | 木 | 金 | 土 | 日 | 月 | 火 | 水 | 木 | 金 | 土 | 日 | 月 | 火 | 水 | 木 |
| 일진 | | 壬辰 | 癸巳 | 甲午 | 乙未 | 丙申 | 丁酉 | 戊戌 | 己亥 | 庚子 | 辛丑 | 壬寅 | 癸卯 | 甲辰 | 乙巳 | 丙午 | 丁未 | 戊申 | 己酉 | 庚戌 | 辛亥 | 壬子 | 癸丑 | 甲寅 | 乙卯 | 丙辰 | 丁巳 | 戊午 | 己未 | 庚申 | 辛酉 | 壬戌 |
| 대운 | 남 | 2 | 1 | 1 | 1 | 1 | 경 | 10 | 9 | 9 | 9 | 8 | 8 | 8 | 7 | 7 | 7 | 6 | 6 | 6 | 5 | 5 | 5 | 4 | 4 | 4 | 3 | 3 | 3 | 2 | 2 | 2 |
| | 녀 | 8 | 9 | 9 | 9 | 10 | 칩 | 1 | 1 | 1 | 1 | 2 | 2 | 2 | 3 | 3 | 3 | 4 | 4 | 4 | 5 | 5 | 5 | 6 | 6 | 6 | 7 | 7 | 7 | 8 | 8 | 8 |

청명 5일 19시49분

## 4 · 丙辰月(양 4.5~5.5)

곡우 21일 03시15분

| 양력 | | 1 | 2 | 3 | 4 | 5 | 6 | 7 | 8 | 9 | 10 | 11 | 12 | 13 | 14 | 15 | 16 | 17 | 18 | 19 | 20 | 21 | 22 | 23 | 24 | 25 | 26 | 27 | 28 | 29 | 30 |
|---|---|---|---|---|---|---|---|---|---|---|---|---|---|---|---|---|---|---|---|---|---|---|---|---|---|---|---|---|---|---|---|
| 음력 | | 3.1 | 2 | 3 | 4 | 5 | 6 | 7 | 8 | 9 | 10 | 11 | 12 | 13 | 14 | 15 | 16 | 17 | 18 | 19 | 20 | 21 | 22 | 23 | 24 | 25 | 26 | 27 | 28 | 29 | 4.1 |
| 요일 | | 金 | 土 | 日 | 月 | 火 | 水 | 木 | 金 | 土 | 日 | 月 | 火 | 水 | 木 | 金 | 土 | 日 | 月 | 火 | 水 | 木 | 金 | 土 | 日 | 月 | 火 | 水 | 木 | 金 | 土 |
| 일진 | | 癸亥 | 甲子 | 乙丑 | 丙寅 | 丁卯 | 戊辰 | 己巳 | 庚午 | 辛未 | 壬申 | 癸酉 | 甲戌 | 乙亥 | 丙子 | 丁丑 | 戊寅 | 己卯 | 庚辰 | 辛巳 | 壬午 | 癸未 | 甲申 | 乙酉 | 丙戌 | 丁亥 | 戊子 | 己丑 | 庚寅 | 辛卯 | 壬辰 |
| 대운 | 남 | 1 | 1 | 1 | 1 | 청 | 10 | 10 | 9 | 9 | 9 | 8 | 8 | 8 | 7 | 7 | 7 | 6 | 6 | 6 | 5 | 5 | 5 | 4 | 4 | 4 | 3 | 3 | 3 | 2 | 2 |
| | 녀 | 9 | 9 | 9 | 10 | 명 | 1 | 1 | 1 | 1 | 2 | 2 | 2 | 3 | 3 | 3 | 4 | 4 | 4 | 5 | 5 | 5 | 6 | 6 | 6 | 7 | 7 | 7 | 8 | 8 | 8 |

입하 6일 13시35분

## 5 · 丁巳月(양 5.6~6.5)

소만 22일 02시50분

| 양력 | | 1 | 2 | 3 | 4 | 5 | 6 | 7 | 8 | 9 | 10 | 11 | 12 | 13 | 14 | 15 | 16 | 17 | 18 | 19 | 20 | 21 | 22 | 23 | 24 | 25 | 26 | 27 | 28 | 29 | 30 | 31 |
|---|---|---|---|---|---|---|---|---|---|---|---|---|---|---|---|---|---|---|---|---|---|---|---|---|---|---|---|---|---|---|---|---|
| 음력 | | 2 | 3 | 4 | 5 | 6 | 7 | 8 | 9 | 10 | 11 | 12 | 13 | 14 | 15 | 16 | 17 | 18 | 19 | 20 | 21 | 22 | 23 | 24 | 25 | 26 | 27 | 28 | 29 | 5.1 | 2 | 3 |
| 요일 | | 日 | 月 | 火 | 水 | 木 | 金 | 土 | 日 | 月 | 火 | 水 | 木 | 金 | 土 | 日 | 月 | 火 | 水 | 木 | 金 | 土 | 日 | 月 | 火 | 水 | 木 | 金 | 土 | 日 | 月 | 火 |
| 일진 | | 癸巳 | 甲午 | 乙未 | 丙申 | 丁酉 | 戊戌 | 己亥 | 庚子 | 辛丑 | 壬寅 | 癸卯 | 甲辰 | 乙巳 | 丙午 | 丁未 | 戊申 | 己酉 | 庚戌 | 辛亥 | 壬子 | 癸丑 | 甲寅 | 乙卯 | 丙辰 | 丁巳 | 戊午 | 己未 | 庚申 | 辛酉 | 壬戌 | 癸亥 |
| 대운 | 남 | 2 | 1 | 1 | 1 | 1 | 입 | 10 | 10 | 9 | 9 | 9 | 8 | 8 | 8 | 7 | 7 | 7 | 6 | 6 | 6 | 5 | 5 | 5 | 4 | 4 | 4 | 3 | 3 | 3 | 2 | 2 |
| | 녀 | 9 | 9 | 9 | 10 | 10 | 하 | 1 | 1 | 1 | 1 | 2 | 2 | 2 | 3 | 3 | 3 | 4 | 4 | 4 | 5 | 5 | 5 | 6 | 6 | 6 | 7 | 7 | 7 | 8 | 8 | 8 |

망종 6일 18시07분

## 6 · 戊午月(양 6.6~7.7)

하지 22일 11시04분

| 양력 | | 1 | 2 | 3 | 4 | 5 | 6 | 7 | 8 | 9 | 10 | 11 | 12 | 13 | 14 | 15 | 16 | 17 | 18 | 19 | 20 | 21 | 22 | 23 | 24 | 25 | 26 | 27 | 28 | 29 | 30 |
|---|---|---|---|---|---|---|---|---|---|---|---|---|---|---|---|---|---|---|---|---|---|---|---|---|---|---|---|---|---|---|---|
| 음력 | | 4 | 5 | 6 | 7 | 8 | 9 | 10 | 11 | 12 | 13 | 14 | 15 | 16 | 17 | 18 | 19 | 20 | 21 | 22 | 23 | 24 | 25 | 26 | 27 | 28 | 29 | 30 | 6.1 | 2 | 3 |
| 요일 | | 水 | 木 | 金 | 土 | 日 | 月 | 火 | 水 | 木 | 金 | 土 | 日 | 月 | 火 | 水 | 木 | 金 | 土 | 日 | 月 | 火 | 水 | 木 | 金 | 土 | 日 | 月 | 火 | 水 | 木 |
| 일진 | | 甲子 | 乙丑 | 丙寅 | 丁卯 | 戊辰 | 己巳 | 庚午 | 辛未 | 壬申 | 癸酉 | 甲戌 | 乙亥 | 丙子 | 丁丑 | 戊寅 | 己卯 | 庚辰 | 辛巳 | 壬午 | 癸未 | 甲申 | 乙酉 | 丙戌 | 丁亥 | 戊子 | 己丑 | 庚寅 | 辛卯 | 壬辰 | 癸巳 |
| 대운 | 남 | 2 | 1 | 1 | 1 | 1 | 망 | 10 | 10 | 10 | 9 | 9 | 9 | 8 | 8 | 8 | 7 | 7 | 7 | 6 | 6 | 6 | 5 | 5 | 5 | 4 | 4 | 4 | 3 | 3 | 3 |
| | 녀 | 9 | 9 | 9 | 10 | 10 | 종 | 1 | 1 | 1 | 1 | 2 | 2 | 2 | 3 | 3 | 3 | 4 | 4 | 4 | 5 | 5 | 5 | 6 | 6 | 6 | 7 | 7 | 7 | 8 | 8 |

# 戊寅年

동경135도표준시

## 7 · 己未月(양 7.8~8.7)

소서 8일 04시31분 대서 23일 21시57분

| 양력 | 1 | 2 | 3 | 4 | 5 | 6 | 7 | 8 | 9 | 10 | 11 | 12 | 13 | 14 | 15 | 16 | 17 | 18 | 19 | 20 | 21 | 22 | 23 | 24 | 25 | 26 | 27 | 28 | 29 | 30 | 31 |
|---|---|---|---|---|---|---|---|---|---|---|---|---|---|---|---|---|---|---|---|---|---|---|---|---|---|---|---|---|---|---|---|
| 음력 | 4 | 5 | 6 | 7 | 8 | 9 | 10 | 11 | 12 | 13 | 14 | 15 | 16 | 17 | 18 | 19 | 20 | 21 | 22 | 23 | 24 | 25 | 26 | 27 | 28 | 29 | 7.1 | 2 | 3 | 4 | 5 |
| 요일 | 金 | 土 | 日 | 月 | 火 | 水 | 木 | 金 | 土 | 日 | 月 | 火 | 水 | 木 | 金 | 土 | 日 | 月 | 火 | 水 | 木 | 金 | 土 | 日 | 月 | 火 | 水 | 木 | 金 | 土 | 日 |
| 일진 | 甲午 | 乙未 | 丙申 | 丁酉 | 戊戌 | 己亥 | 庚子 | 辛丑 | 壬寅 | 癸卯 | 甲辰 | 乙巳 | 丙午 | 丁未 | 戊申 | 己酉 | 庚戌 | 辛亥 | 壬子 | 癸丑 | 甲寅 | 乙卯 | 丙辰 | 丁巳 | 戊午 | 己未 | 庚申 | 辛酉 | 壬戌 | 癸亥 | 甲子 |
| 대운 남 | 2 | 2 | 2 | 1 | 1 | 1 | 1 | 소 | 10 | 10 | 9 | 9 | 9 | 8 | 8 | 8 | 7 | 7 | 7 | 6 | 6 | 6 | 5 | 5 | 5 | 4 | 4 | 4 | 3 | 3 | 3 |
| 대운 녀 | 8 | 9 | 9 | 9 | 10 | 10 | 10 | 서 | 1 | 1 | 1 | 1 | 2 | 2 | 2 | 3 | 3 | 3 | 4 | 4 | 4 | 5 | 5 | 5 | 6 | 6 | 6 | 7 | 7 | 7 | 8 |

## 8 · 庚申月(양 8.8~9.7)

입추 8일 14시13분 처서 24일 04시46분

| 양력 | 1 | 2 | 3 | 4 | 5 | 6 | 7 | 8 | 9 | 10 | 11 | 12 | 13 | 14 | 15 | 16 | 17 | 18 | 19 | 20 | 21 | 22 | 23 | 24 | 25 | 26 | 27 | 28 | 29 | 30 | 31 |
|---|---|---|---|---|---|---|---|---|---|---|---|---|---|---|---|---|---|---|---|---|---|---|---|---|---|---|---|---|---|---|---|
| 음력 | 6 | 7 | 8 | 9 | 10 | 11 | 12 | 13 | 14 | 15 | 16 | 17 | 18 | 19 | 20 | 21 | 22 | 23 | 24 | 25 | 26 | 27 | 28 | 29 | 윤 | 7.2 | 3 | 4 | 5 | 6 | 7 |
| 요일 | 月 | 火 | 水 | 木 | 金 | 土 | 日 | 月 | 火 | 水 | 木 | 金 | 土 | 日 | 月 | 火 | 水 | 木 | 金 | 土 | 日 | 月 | 火 | 水 | 木 | 金 | 土 | 日 | 月 | 火 | 水 |
| 일진 | 乙丑 | 丙寅 | 丁卯 | 戊辰 | 己巳 | 庚午 | 辛未 | 壬申 | 癸酉 | 甲戌 | 乙亥 | 丙子 | 丁丑 | 戊寅 | 己卯 | 庚辰 | 辛巳 | 壬午 | 癸未 | 甲申 | 乙酉 | 丙戌 | 丁亥 | 戊子 | 己丑 | 庚寅 | 辛卯 | 壬辰 | 癸巳 | 甲午 | 乙未 |
| 대운 남 | 2 | 2 | 2 | 1 | 1 | 1 | 1 | 입 | 10 | 10 | 9 | 9 | 9 | 8 | 8 | 8 | 7 | 7 | 7 | 6 | 6 | 6 | 5 | 5 | 5 | 4 | 4 | 4 | 3 | 3 | 3 |
| 대운 녀 | 8 | 8 | 9 | 9 | 9 | 10 | 10 | 추 | 1 | 1 | 1 | 1 | 2 | 2 | 2 | 3 | 3 | 3 | 4 | 4 | 4 | 5 | 5 | 5 | 6 | 6 | 6 | 7 | 7 | 7 | 8 |

## 9 · 辛酉月(양 9.8~10.8)

백로 8일 16시48분 추분 24일 02시00분

| 양력 | 1 | 2 | 3 | 4 | 5 | 6 | 7 | 8 | 9 | 10 | 11 | 12 | 13 | 14 | 15 | 16 | 17 | 18 | 19 | 20 | 21 | 22 | 23 | 24 | 25 | 26 | 27 | 28 | 29 | 30 |
|---|---|---|---|---|---|---|---|---|---|---|---|---|---|---|---|---|---|---|---|---|---|---|---|---|---|---|---|---|---|---|
| 음력 | 8 | 9 | 10 | 11 | 12 | 13 | 14 | 15 | 16 | 17 | 18 | 19 | 20 | 21 | 22 | 23 | 24 | 25 | 26 | 27 | 28 | 29 | 30 | 8.1 | 2 | 3 | 4 | 5 | 6 | 7 |
| 요일 | 木 | 金 | 土 | 日 | 月 | 火 | 水 | 木 | 金 | 土 | 日 | 月 | 火 | 水 | 木 | 金 | 土 | 日 | 月 | 火 | 水 | 木 | 金 | 土 | 日 | 月 | 火 | 水 | 木 | 金 |
| 일진 | 丙申 | 丁酉 | 戊戌 | 己亥 | 庚子 | 辛丑 | 壬寅 | 癸卯 | 甲辰 | 乙巳 | 丙午 | 丁未 | 戊申 | 己酉 | 庚戌 | 辛亥 | 壬子 | 癸丑 | 甲寅 | 乙卯 | 丙辰 | 丁巳 | 戊午 | 己未 | 庚申 | 辛酉 | 壬戌 | 癸亥 | 甲子 | 乙丑 |
| 대운 남 | 2 | 2 | 2 | 1 | 1 | 1 | 1 | 백 | 10 | 10 | 9 | 9 | 9 | 8 | 8 | 8 | 7 | 7 | 7 | 6 | 6 | 6 | 5 | 5 | 5 | 4 | 4 | 4 | 3 | 3 |
| 대운 녀 | 8 | 8 | 9 | 9 | 9 | 10 | 10 | 로 | 1 | 1 | 1 | 1 | 2 | 2 | 2 | 3 | 3 | 3 | 4 | 4 | 4 | 5 | 5 | 5 | 6 | 6 | 6 | 7 | 7 | 7 |

## 10 · 壬戌月(양 10.9~11.7)

한로 9일 08시01분 상강 24일 10시54분

| 양력 | 1 | 2 | 3 | 4 | 5 | 6 | 7 | 8 | 9 | 10 | 11 | 12 | 13 | 14 | 15 | 16 | 17 | 18 | 19 | 20 | 21 | 22 | 23 | 24 | 25 | 26 | 27 | 28 | 29 | 30 | 31 |
|---|---|---|---|---|---|---|---|---|---|---|---|---|---|---|---|---|---|---|---|---|---|---|---|---|---|---|---|---|---|---|---|
| 음력 | 8 | 9 | 10 | 11 | 12 | 13 | 14 | 15 | 16 | 17 | 18 | 19 | 20 | 21 | 22 | 23 | 24 | 25 | 26 | 27 | 28 | 29 | 9.1 | 2 | 3 | 4 | 5 | 6 | 7 | 8 | 9 |
| 요일 | 土 | 日 | 月 | 火 | 水 | 木 | 金 | 土 | 日 | 月 | 火 | 水 | 木 | 金 | 土 | 日 | 月 | 火 | 水 | 木 | 金 | 土 | 日 | 月 | 火 | 水 | 木 | 金 | 土 | 日 | 月 |
| 일진 | 丙寅 | 丁卯 | 戊辰 | 己巳 | 庚午 | 辛未 | 壬申 | 癸酉 | 甲戌 | 乙亥 | 丙子 | 丁丑 | 戊寅 | 己卯 | 庚辰 | 辛巳 | 壬午 | 癸未 | 甲申 | 乙酉 | 丙戌 | 丁亥 | 戊子 | 己丑 | 庚寅 | 辛卯 | 壬辰 | 癸巳 | 甲午 | 乙未 | 丙申 |
| 대운 남 | 3 | 2 | 2 | 2 | 1 | 1 | 1 | 1 | 한 | 10 | 9 | 9 | 9 | 8 | 8 | 8 | 7 | 7 | 7 | 6 | 6 | 6 | 5 | 5 | 5 | 4 | 4 | 4 | 3 | 3 | 3 |
| 대운 녀 | 8 | 8 | 8 | 9 | 9 | 9 | 10 | 10 | 로 | 1 | 1 | 1 | 1 | 2 | 2 | 2 | 3 | 3 | 3 | 4 | 4 | 4 | 5 | 5 | 5 | 6 | 6 | 6 | 7 | 7 | 7 |

## 11 · 癸亥月(양 11.8~12.7)

입동 8일 10시48분 소설 23일 08시06분

| 양력 | 1 | 2 | 3 | 4 | 5 | 6 | 7 | 8 | 9 | 10 | 11 | 12 | 13 | 14 | 15 | 16 | 17 | 18 | 19 | 20 | 21 | 22 | 23 | 24 | 25 | 26 | 27 | 28 | 29 | 30 |
|---|---|---|---|---|---|---|---|---|---|---|---|---|---|---|---|---|---|---|---|---|---|---|---|---|---|---|---|---|---|---|
| 음력 | 10 | 11 | 12 | 13 | 14 | 15 | 16 | 17 | 18 | 19 | 20 | 21 | 22 | 23 | 24 | 25 | 26 | 27 | 28 | 29 | 30 | 10.1 | 2 | 3 | 4 | 5 | 6 | 7 | 8 | 9 |
| 요일 | 火 | 水 | 木 | 金 | 土 | 日 | 月 | 火 | 水 | 木 | 金 | 土 | 日 | 月 | 火 | 水 | 木 | 金 | 土 | 日 | 月 | 火 | 水 | 木 | 金 | 土 | 日 | 月 | 火 | 水 |
| 일진 | 丁酉 | 戊戌 | 己亥 | 庚子 | 辛丑 | 壬寅 | 癸卯 | 甲辰 | 乙巳 | 丙午 | 丁未 | 戊申 | 己酉 | 庚戌 | 辛亥 | 壬子 | 癸丑 | 甲寅 | 乙卯 | 丙辰 | 丁巳 | 戊午 | 己未 | 庚申 | 辛酉 | 壬戌 | 癸亥 | 甲子 | 乙丑 | 丙寅 |
| 대운 남 | 2 | 2 | 2 | 1 | 1 | 1 | 1 | 입 | 10 | 9 | 9 | 9 | 8 | 8 | 8 | 7 | 7 | 7 | 6 | 6 | 6 | 5 | 5 | 5 | 4 | 4 | 4 | 3 | 3 | 3 |
| 대운 녀 | 8 | 8 | 8 | 9 | 9 | 9 | 10 | 동 | 1 | 1 | 1 | 1 | 2 | 2 | 2 | 3 | 3 | 3 | 4 | 4 | 4 | 5 | 5 | 5 | 6 | 6 | 6 | 7 | 7 | 7 |

## 12 · 甲子月(양 12.8~1.5)

대설 8일 03시22분 동지 22일 21시13분

| 양력 | 1 | 2 | 3 | 4 | 5 | 6 | 7 | 8 | 9 | 10 | 11 | 12 | 13 | 14 | 15 | 16 | 17 | 18 | 19 | 20 | 21 | 22 | 23 | 24 | 25 | 26 | 27 | 28 | 29 | 30 | 31 |
|---|---|---|---|---|---|---|---|---|---|---|---|---|---|---|---|---|---|---|---|---|---|---|---|---|---|---|---|---|---|---|---|
| 음력 | 10 | 11 | 12 | 13 | 14 | 15 | 16 | 17 | 18 | 19 | 20 | 21 | 22 | 23 | 24 | 25 | 26 | 27 | 28 | 29 | 30 | 11.1 | 2 | 3 | 4 | 5 | 6 | 7 | 8 | 9 | 10 |
| 요일 | 木 | 金 | 土 | 日 | 月 | 火 | 水 | 木 | 金 | 土 | 日 | 月 | 火 | 水 | 木 | 金 | 土 | 日 | 月 | 火 | 水 | 木 | 金 | 土 | 日 | 月 | 火 | 水 | 木 | 金 | 土 |
| 일진 | 丁卯 | 戊辰 | 己巳 | 庚午 | 辛未 | 壬申 | 癸酉 | 甲戌 | 乙亥 | 丙子 | 丁丑 | 戊寅 | 己卯 | 庚辰 | 辛巳 | 壬午 | 癸未 | 甲申 | 乙酉 | 丙戌 | 丁亥 | 戊子 | 己丑 | 庚寅 | 辛卯 | 壬辰 | 癸巳 | 甲午 | 乙未 | 丙申 | 丁酉 |
| 대운 남 | 2 | 2 | 2 | 1 | 1 | 1 | 1 | 대 | 9 | 9 | 9 | 8 | 8 | 8 | 7 | 7 | 7 | 6 | 6 | 6 | 5 | 5 | 5 | 4 | 4 | 4 | 3 | 3 | 3 | 2 | 2 |
| 대운 녀 | 8 | 8 | 8 | 9 | 9 | 9 | 10 | 설 | 1 | 1 | 1 | 1 | 2 | 2 | 2 | 3 | 3 | 3 | 4 | 4 | 4 | 5 | 5 | 5 | 6 | 6 | 6 | 7 | 7 | 7 | 8 |

단기 4272년

# 1939년

## 1 · 乙丑月(양 1.6~2.4)

소한 6일 14시28분 | 대한 21일 07시51분

| 양력 | | 1 | 2 | 3 | 4 | 5 | 6 | 7 | 8 | 9 | 10 | 11 | 12 | 13 | 14 | 15 | 16 | 17 | 18 | 19 | 20 | 21 | 22 | 23 | 24 | 25 | 26 | 27 | 28 | 29 | 30 | 31 |
|---|---|---|---|---|---|---|---|---|---|---|---|---|---|---|---|---|---|---|---|---|---|---|---|---|---|---|---|---|---|---|---|---|
| 음력 | | 11 | 12 | 13 | 14 | 15 | 16 | 17 | 18 | 19 | 20 | 21 | 22 | 23 | 24 | 25 | 26 | 27 | 28 | 29 | 12.1 | 2 | 3 | 4 | 5 | 6 | 7 | 8 | 9 | 10 | 11 | 12 |
| 요일 | | 日 | 月 | 火 | 水 | 木 | 金 | 土 | 日 | 月 | 火 | 水 | 木 | 金 | 土 | 日 | 月 | 火 | 水 | 木 | 金 | 土 | 日 | 月 | 火 | 水 | 木 | 金 | 土 | 日 | 月 | 火 |
| 일진 | | 戊戌 | 己亥 | 庚子 | 辛丑 | 壬寅 | 癸卯 | 甲辰 | 乙巳 | 丙午 | 丁未 | 戊申 | 己酉 | 庚戌 | 辛亥 | 壬子 | 癸丑 | 甲寅 | 乙卯 | 丙辰 | 丁巳 | 戊午 | 己未 | 庚申 | 辛酉 | 壬戌 | 癸亥 | 甲子 | 乙丑 | 丙寅 | 丁卯 | 戊辰 |
| 대운 | 남 | 2 | 1 | 1 | 1 | 1 | 소 | 10 | 9 | 9 | 9 | 8 | 8 | 8 | 7 | 7 | 7 | 6 | 6 | 6 | 5 | 5 | 5 | 4 | 4 | 4 | 3 | 3 | 3 | 2 | 2 | 2 |
| | 녀 | 8 | 8 | 9 | 9 | 9 | 한 | 1 | 1 | 1 | 1 | 2 | 2 | 2 | 3 | 3 | 3 | 4 | 4 | 4 | 5 | 5 | 5 | 6 | 6 | 6 | 7 | 7 | 7 | 8 | 8 | 8 |

## 2 · 丙寅月(양 2.5~3.5)

입춘 5일 02시10분 | 우수 19일 22시09분

| 양력 | | 1 | 2 | 3 | 4 | 5 | 6 | 7 | 8 | 9 | 10 | 11 | 12 | 13 | 14 | 15 | 16 | 17 | 18 | 19 | 20 | 21 | 22 | 23 | 24 | 25 | 26 | 27 | 28 |
|---|---|---|---|---|---|---|---|---|---|---|---|---|---|---|---|---|---|---|---|---|---|---|---|---|---|---|---|---|---|
| 음력 | | 13 | 14 | 15 | 16 | 17 | 18 | 19 | 20 | 21 | 22 | 23 | 24 | 25 | 26 | 27 | 28 | 29 | 30 | 1.1 | 2 | 3 | 4 | 5 | 6 | 7 | 8 | 9 | 10 |
| 요일 | | 水 | 木 | 金 | 土 | 日 | 月 | 火 | 水 | 木 | 金 | 土 | 日 | 月 | 火 | 水 | 木 | 金 | 土 | 日 | 月 | 火 | 水 | 木 | 金 | 土 | 日 | 月 | 火 |
| 일진 | | 己巳 | 庚午 | 辛未 | 壬申 | 癸酉 | 甲戌 | 乙亥 | 丙子 | 丁丑 | 戊寅 | 己卯 | 庚辰 | 辛巳 | 壬午 | 癸未 | 甲申 | 乙酉 | 丙戌 | 丁亥 | 戊子 | 己丑 | 庚寅 | 辛卯 | 壬辰 | 癸巳 | 甲午 | 乙未 | 丙申 |
| 대운 | 남 | 1 | 1 | 1 | 1 | 입 | 1 | 1 | 1 | 1 | 2 | 2 | 2 | 3 | 3 | 3 | 4 | 4 | 4 | 5 | 5 | 5 | 6 | 6 | 6 | 7 | 7 | 7 | 8 |
| | 녀 | 9 | 9 | 9 | 10 | 춘 | 9 | 9 | 9 | 8 | 8 | 8 | 7 | 7 | 7 | 6 | 6 | 6 | 5 | 5 | 5 | 4 | 4 | 4 | 3 | 3 | 3 | 2 | 2 |

## 3 · 丁卯月(양 3.6~4.5)

경칩 6일 20시26분 | 춘분 21일 21시28분

| 양력 | | 1 | 2 | 3 | 4 | 5 | 6 | 7 | 8 | 9 | 10 | 11 | 12 | 13 | 14 | 15 | 16 | 17 | 18 | 19 | 20 | 21 | 22 | 23 | 24 | 25 | 26 | 27 | 28 | 29 | 30 | 31 |
|---|---|---|---|---|---|---|---|---|---|---|---|---|---|---|---|---|---|---|---|---|---|---|---|---|---|---|---|---|---|---|---|---|
| 음력 | | 11 | 12 | 13 | 14 | 15 | 16 | 17 | 18 | 19 | 20 | 21 | 22 | 23 | 24 | 25 | 26 | 27 | 28 | 29 | 30 | 2.1 | 2 | 3 | 4 | 5 | 6 | 7 | 8 | 9 | 10 | 11 |
| 요일 | | 水 | 木 | 金 | 土 | 日 | 月 | 火 | 水 | 木 | 金 | 土 | 日 | 月 | 火 | 水 | 木 | 金 | 土 | 日 | 月 | 火 | 水 | 木 | 金 | 土 | 日 | 月 | 火 | 水 | 木 | 金 |
| 일진 | | 丁酉 | 戊戌 | 己亥 | 庚子 | 辛丑 | 壬寅 | 癸卯 | 甲辰 | 乙巳 | 丙午 | 丁未 | 戊申 | 己酉 | 庚戌 | 辛亥 | 壬子 | 癸丑 | 甲寅 | 乙卯 | 丙辰 | 丁巳 | 戊午 | 己未 | 庚申 | 辛酉 | 壬戌 | 癸亥 | 甲子 | 乙丑 | 丙寅 | 丁卯 |
| 대운 | 남 | 8 | 8 | 9 | 9 | 9 | 경 | 1 | 1 | 1 | 1 | 2 | 2 | 2 | 3 | 3 | 3 | 4 | 4 | 4 | 5 | 5 | 5 | 6 | 6 | 6 | 7 | 7 | 7 | 8 | 8 | 8 |
| | 녀 | 2 | 1 | 1 | 1 | 1 | 칩 | 10 | 10 | 9 | 9 | 9 | 8 | 8 | 8 | 7 | 7 | 7 | 6 | 6 | 6 | 5 | 5 | 5 | 4 | 4 | 4 | 3 | 3 | 3 | 2 | 2 |

## 4 · 戊辰月(양 4.6~5.5)

청명 6일 01시37분 | 곡우 21일 08시55분

| 양력 | | 1 | 2 | 3 | 4 | 5 | 6 | 7 | 8 | 9 | 10 | 11 | 12 | 13 | 14 | 15 | 16 | 17 | 18 | 19 | 20 | 21 | 22 | 23 | 24 | 25 | 26 | 27 | 28 | 29 | 30 |
|---|---|---|---|---|---|---|---|---|---|---|---|---|---|---|---|---|---|---|---|---|---|---|---|---|---|---|---|---|---|---|---|
| 음력 | | 12 | 13 | 14 | 15 | 16 | 17 | 18 | 19 | 20 | 21 | 22 | 23 | 24 | 25 | 26 | 27 | 28 | 29 | 30 | 3.1 | 2 | 3 | 4 | 5 | 6 | 7 | 8 | 9 | 10 | 11 |
| 요일 | | 土 | 日 | 月 | 火 | 水 | 木 | 金 | 土 | 日 | 月 | 火 | 水 | 木 | 金 | 土 | 日 | 月 | 火 | 水 | 木 | 金 | 土 | 日 | 月 | 火 | 水 | 木 | 金 | 土 | 日 |
| 일진 | | 戊辰 | 己巳 | 庚午 | 辛未 | 壬申 | 癸酉 | 甲戌 | 乙亥 | 丙子 | 丁丑 | 戊寅 | 己卯 | 庚辰 | 辛巳 | 壬午 | 癸未 | 甲申 | 乙酉 | 丙戌 | 丁亥 | 戊子 | 己丑 | 庚寅 | 辛卯 | 壬辰 | 癸巳 | 甲午 | 乙未 | 丙申 | 丁酉 |
| 대운 | 남 | 9 | 9 | 9 | 10 | 10 | 청 | 1 | 1 | 1 | 1 | 2 | 2 | 2 | 3 | 3 | 3 | 4 | 4 | 4 | 5 | 5 | 5 | 6 | 6 | 6 | 7 | 7 | 7 | 8 | 8 |
| | 녀 | 2 | 1 | 1 | 1 | 1 | 명 | 10 | 9 | 9 | 9 | 8 | 8 | 8 | 7 | 7 | 7 | 6 | 6 | 6 | 5 | 5 | 5 | 4 | 4 | 4 | 3 | 3 | 3 | 2 | 2 |

## 5 · 己巳月(양 5.6~6.5)

입하 6일 19시21분 | 소만 22일 08시27분

| 양력 | | 1 | 2 | 3 | 4 | 5 | 6 | 7 | 8 | 9 | 10 | 11 | 12 | 13 | 14 | 15 | 16 | 17 | 18 | 19 | 20 | 21 | 22 | 23 | 24 | 25 | 26 | 27 | 28 | 29 | 30 | 31 |
|---|---|---|---|---|---|---|---|---|---|---|---|---|---|---|---|---|---|---|---|---|---|---|---|---|---|---|---|---|---|---|---|---|
| 음력 | | 12 | 13 | 14 | 15 | 16 | 17 | 18 | 19 | 20 | 21 | 22 | 23 | 24 | 25 | 26 | 27 | 28 | 29 | 4.1 | 2 | 3 | 4 | 5 | 6 | 7 | 8 | 9 | 10 | 11 | 12 | 13 |
| 요일 | | 月 | 火 | 水 | 木 | 金 | 土 | 日 | 月 | 火 | 水 | 木 | 金 | 土 | 日 | 月 | 火 | 水 | 木 | 金 | 土 | 日 | 月 | 火 | 水 | 木 | 金 | 土 | 日 | 月 | 火 | 水 |
| 일진 | | 戊戌 | 己亥 | 庚子 | 辛丑 | 壬寅 | 癸卯 | 甲辰 | 乙巳 | 丙午 | 丁未 | 戊申 | 己酉 | 庚戌 | 辛亥 | 壬子 | 癸丑 | 甲寅 | 乙卯 | 丙辰 | 丁巳 | 戊午 | 己未 | 庚申 | 辛酉 | 壬戌 | 癸亥 | 甲子 | 乙丑 | 丙寅 | 丁卯 | 戊辰 |
| 대운 | 남 | 8 | 9 | 9 | 9 | 10 | 입 | 1 | 1 | 1 | 1 | 2 | 2 | 2 | 3 | 3 | 3 | 4 | 4 | 4 | 5 | 5 | 5 | 6 | 6 | 6 | 7 | 7 | 7 | 8 | 8 | 8 |
| | 녀 | 2 | 1 | 1 | 1 | 1 | 하 | 10 | 10 | 9 | 9 | 9 | 8 | 8 | 8 | 7 | 7 | 7 | 6 | 6 | 6 | 5 | 5 | 5 | 4 | 4 | 4 | 3 | 3 | 3 | 2 | 2 |

## 6 · 庚午月(양 6.6~7.7)

망종 6일 23시52분 | 하지 22일 16시39분

| 양력 | | 1 | 2 | 3 | 4 | 5 | 6 | 7 | 8 | 9 | 10 | 11 | 12 | 13 | 14 | 15 | 16 | 17 | 18 | 19 | 20 | 21 | 22 | 23 | 24 | 25 | 26 | 27 | 28 | 29 | 30 |
|---|---|---|---|---|---|---|---|---|---|---|---|---|---|---|---|---|---|---|---|---|---|---|---|---|---|---|---|---|---|---|---|
| 음력 | | 14 | 15 | 16 | 17 | 18 | 19 | 20 | 21 | 22 | 23 | 24 | 25 | 26 | 27 | 28 | 29 | 5.1 | 2 | 3 | 4 | 5 | 6 | 7 | 8 | 9 | 10 | 11 | 12 | 13 | 14 |
| 요일 | | 木 | 金 | 土 | 日 | 月 | 火 | 水 | 木 | 金 | 土 | 日 | 月 | 火 | 水 | 木 | 金 | 土 | 日 | 月 | 火 | 水 | 木 | 金 | 土 | 日 | 月 | 火 | 水 | 木 | 金 |
| 일진 | | 己巳 | 庚午 | 辛未 | 壬申 | 癸酉 | 甲戌 | 乙亥 | 丙子 | 丁丑 | 戊寅 | 己卯 | 庚辰 | 辛巳 | 壬午 | 癸未 | 甲申 | 乙酉 | 丙戌 | 丁亥 | 戊子 | 己丑 | 庚寅 | 辛卯 | 壬辰 | 癸巳 | 甲午 | 乙未 | 丙申 | 丁酉 | 戊戌 |
| 대운 | 남 | 9 | 9 | 9 | 10 | 10 | 망 | 1 | 1 | 1 | 1 | 2 | 2 | 2 | 3 | 3 | 3 | 4 | 4 | 4 | 5 | 5 | 5 | 6 | 6 | 6 | 7 | 7 | 7 | 8 | 8 |
| | 녀 | 2 | 1 | 1 | 1 | 1 | 종 | 10 | 10 | 10 | 9 | 9 | 9 | 8 | 8 | 8 | 7 | 7 | 7 | 6 | 6 | 6 | 5 | 5 | 5 | 4 | 4 | 4 | 3 | 3 | 3 |

## 7 · 辛未月(양 7.8~8.7)

소서 8일 10시18분 대서 24일 03시37분

| 양력 | 1 | 2 | 3 | 4 | 5 | 6 | 7 | 8 | 9 | 10 | 11 | 12 | 13 | 14 | 15 | 16 | 17 | 18 | 19 | 20 | 21 | 22 | 23 | 24 | 25 | 26 | 27 | 28 | 29 | 30 | 31 |
|---|---|---|---|---|---|---|---|---|---|---|---|---|---|---|---|---|---|---|---|---|---|---|---|---|---|---|---|---|---|---|---|
| 음력 | 15 | 16 | 17 | 18 | 19 | 20 | 21 | 22 | 23 | 24 | 25 | 26 | 27 | 28 | 29 | 30 | 6.1 | 2 | 3 | 4 | 5 | 6 | 7 | 8 | 9 | 10 | 11 | 12 | 13 | 14 | 15 |
| 요일 | 土 | 日 | 月 | 火 | 水 | 木 | 金 | 土 | 日 | 月 | 火 | 水 | 木 | 金 | 土 | 日 | 月 | 火 | 水 | 木 | 金 | 土 | 日 | 月 | 火 | 水 | 木 | 金 | 土 | 日 | 月 |
| 일진 | 己亥 | 庚子 | 辛丑 | 壬寅 | 癸卯 | 甲辰 | 乙巳 | 丙午 | 丁未 | 戊申 | 己酉 | 庚戌 | 辛亥 | 壬子 | 癸丑 | 甲寅 | 乙卯 | 丙辰 | 丁巳 | 戊午 | 己未 | 庚申 | 辛酉 | 壬戌 | 癸亥 | 甲子 | 乙丑 | 丙寅 | 丁卯 | 戊辰 | 己巳 |
| 대운 남 | 8 | 9 | 9 | 9 | 10 | 10 | 10 | 소 | 1 | 1 | 1 | 1 | 2 | 2 | 2 | 3 | 3 | 3 | 4 | 4 | 4 | 5 | 5 | 5 | 6 | 6 | 6 | 7 | 7 | 7 | 8 |
| 대운 녀 | 2 | 2 | 2 | 1 | 1 | 1 | 1 | 서 | 10 | 10 | 9 | 9 | 9 | 8 | 8 | 8 | 7 | 7 | 7 | 6 | 6 | 6 | 5 | 5 | 5 | 4 | 4 | 4 | 3 | 3 | 3 |

## 8 · 壬申月(양 8.8~9.7)

입추 8일 20시04분 처서 24일 10시31분

| 양력 | 1 | 2 | 3 | 4 | 5 | 6 | 7 | 8 | 9 | 10 | 11 | 12 | 13 | 14 | 15 | 16 | 17 | 18 | 19 | 20 | 21 | 22 | 23 | 24 | 25 | 26 | 27 | 28 | 29 | 30 | 31 |
|---|---|---|---|---|---|---|---|---|---|---|---|---|---|---|---|---|---|---|---|---|---|---|---|---|---|---|---|---|---|---|---|
| 음력 | 16 | 17 | 18 | 19 | 20 | 21 | 22 | 23 | 24 | 25 | 26 | 27 | 28 | 29 | 7.1 | 2 | 3 | 4 | 5 | 6 | 7 | 8 | 9 | 10 | 11 | 12 | 13 | 14 | 15 | 16 | 17 |
| 요일 | 火 | 水 | 木 | 金 | 土 | 日 | 月 | 火 | 水 | 木 | 金 | 土 | 日 | 月 | 火 | 水 | 木 | 金 | 土 | 日 | 月 | 火 | 水 | 木 | 金 | 土 | 日 | 月 | 火 | 水 | 木 |
| 일진 | 庚午 | 辛未 | 壬申 | 癸酉 | 甲戌 | 乙亥 | 丙子 | 丁丑 | 戊寅 | 己卯 | 庚辰 | 辛巳 | 壬午 | 癸未 | 甲申 | 乙酉 | 丙戌 | 丁亥 | 戊子 | 己丑 | 庚寅 | 辛卯 | 壬辰 | 癸巳 | 甲午 | 乙未 | 丙申 | 丁酉 | 戊戌 | 己亥 | 庚子 |
| 대운 남 | 8 | 8 | 9 | 9 | 9 | 10 | 10 | 입 | 1 | 1 | 1 | 1 | 2 | 2 | 2 | 3 | 3 | 3 | 4 | 4 | 4 | 5 | 5 | 5 | 6 | 6 | 6 | 7 | 7 | 7 | 8 |
| 대운 녀 | 2 | 2 | 2 | 1 | 1 | 1 | 1 | 추 | 10 | 10 | 9 | 9 | 9 | 8 | 8 | 8 | 7 | 7 | 7 | 6 | 6 | 6 | 5 | 5 | 5 | 4 | 4 | 4 | 3 | 3 | 3 |

## 9 · 癸酉月(양 9.8~10.8)

백로 8일 22시42분 추분 24일 07시49분

| 양력 | 1 | 2 | 3 | 4 | 5 | 6 | 7 | 8 | 9 | 10 | 11 | 12 | 13 | 14 | 15 | 16 | 17 | 18 | 19 | 20 | 21 | 22 | 23 | 24 | 25 | 26 | 27 | 28 | 29 | 30 |
|---|---|---|---|---|---|---|---|---|---|---|---|---|---|---|---|---|---|---|---|---|---|---|---|---|---|---|---|---|---|---|
| 음력 | 18 | 19 | 20 | 21 | 22 | 23 | 24 | 25 | 26 | 27 | 28 | 29 | 8.1 | 2 | 3 | 4 | 5 | 6 | 7 | 8 | 9 | 10 | 11 | 12 | 13 | 14 | 15 | 16 | 17 | 18 |
| 요일 | 金 | 土 | 日 | 月 | 火 | 水 | 木 | 金 | 土 | 日 | 月 | 火 | 水 | 木 | 金 | 土 | 日 | 月 | 火 | 水 | 木 | 金 | 土 | 日 | 月 | 火 | 水 | 木 | 金 | 土 |
| 일진 | 辛丑 | 壬寅 | 癸卯 | 甲辰 | 乙巳 | 丙午 | 丁未 | 戊申 | 己酉 | 庚戌 | 辛亥 | 壬子 | 癸丑 | 甲寅 | 乙卯 | 丙辰 | 丁巳 | 戊午 | 己未 | 庚申 | 辛酉 | 壬戌 | 癸亥 | 甲子 | 乙丑 | 丙寅 | 丁卯 | 戊辰 | 己巳 | 庚午 |
| 대운 남 | 8 | 8 | 9 | 9 | 9 | 10 | 10 | 백 | 1 | 1 | 1 | 1 | 2 | 2 | 2 | 3 | 3 | 3 | 4 | 4 | 4 | 5 | 5 | 5 | 6 | 6 | 6 | 7 | 7 | 7 |
| 대운 녀 | 2 | 2 | 2 | 1 | 1 | 1 | 1 | 로 | 10 | 10 | 9 | 9 | 9 | 8 | 8 | 8 | 7 | 7 | 7 | 6 | 6 | 6 | 5 | 5 | 5 | 4 | 4 | 4 | 3 | 3 |

## 10 · 甲戌月(양 10.9~11.7)

한로 9일 13시57분 상강 24일 16시46분

| 양력 | 1 | 2 | 3 | 4 | 5 | 6 | 7 | 8 | 9 | 10 | 11 | 12 | 13 | 14 | 15 | 16 | 17 | 18 | 19 | 20 | 21 | 22 | 23 | 24 | 25 | 26 | 27 | 28 | 29 | 30 | 31 |
|---|---|---|---|---|---|---|---|---|---|---|---|---|---|---|---|---|---|---|---|---|---|---|---|---|---|---|---|---|---|---|---|
| 음력 | 19 | 20 | 21 | 22 | 23 | 24 | 25 | 26 | 27 | 28 | 29 | 30 | 9.1 | 2 | 3 | 4 | 5 | 6 | 7 | 8 | 9 | 10 | 11 | 12 | 13 | 14 | 15 | 16 | 17 | 18 | 19 |
| 요일 | 日 | 月 | 火 | 水 | 木 | 金 | 土 | 日 | 月 | 火 | 水 | 木 | 金 | 土 | 日 | 月 | 火 | 水 | 木 | 金 | 土 | 日 | 月 | 火 | 水 | 木 | 金 | 土 | 日 | 月 | 火 |
| 일진 | 辛未 | 壬申 | 癸酉 | 甲戌 | 乙亥 | 丙子 | 丁丑 | 戊寅 | 己卯 | 庚辰 | 辛巳 | 壬午 | 癸未 | 甲申 | 乙酉 | 丙戌 | 丁亥 | 戊子 | 己丑 | 庚寅 | 辛卯 | 壬辰 | 癸巳 | 甲午 | 乙未 | 丙申 | 丁酉 | 戊戌 | 己亥 | 庚子 | 辛丑 |
| 대운 남 | 8 | 8 | 8 | 9 | 9 | 9 | 10 | 10 | 한 | 1 | 1 | 1 | 1 | 2 | 2 | 2 | 3 | 3 | 3 | 4 | 4 | 4 | 5 | 5 | 5 | 6 | 6 | 6 | 7 | 7 | 7 |
| 대운 녀 | 3 | 2 | 2 | 2 | 1 | 1 | 1 | 1 | 로 | 10 | 9 | 9 | 9 | 8 | 8 | 8 | 7 | 7 | 7 | 6 | 6 | 6 | 5 | 5 | 5 | 4 | 4 | 4 | 3 | 3 | 3 |

## 11 · 乙亥月(양 11.8~12.7)

입동 8일 16시44분 소설 23일 13시59분

| 양력 | 1 | 2 | 3 | 4 | 5 | 6 | 7 | 8 | 9 | 10 | 11 | 12 | 13 | 14 | 15 | 16 | 17 | 18 | 19 | 20 | 21 | 22 | 23 | 24 | 25 | 26 | 27 | 28 | 29 | 30 |
|---|---|---|---|---|---|---|---|---|---|---|---|---|---|---|---|---|---|---|---|---|---|---|---|---|---|---|---|---|---|---|
| 음력 | 20 | 21 | 22 | 23 | 24 | 25 | 26 | 27 | 28 | 29 | 10.1 | 2 | 3 | 4 | 5 | 6 | 7 | 8 | 9 | 10 | 11 | 12 | 13 | 14 | 15 | 16 | 17 | 18 | 19 | 20 |
| 요일 | 水 | 木 | 金 | 土 | 日 | 月 | 火 | 水 | 木 | 金 | 土 | 日 | 月 | 火 | 水 | 木 | 金 | 土 | 日 | 月 | 火 | 水 | 木 | 金 | 土 | 日 | 月 | 火 | 水 | 木 |
| 일진 | 壬寅 | 癸卯 | 甲辰 | 乙巳 | 丙午 | 丁未 | 戊申 | 己酉 | 庚戌 | 辛亥 | 壬子 | 癸丑 | 甲寅 | 乙卯 | 丙辰 | 丁巳 | 戊午 | 己未 | 庚申 | 辛酉 | 壬戌 | 癸亥 | 甲子 | 乙丑 | 丙寅 | 丁卯 | 戊辰 | 己巳 | 庚午 | 辛未 |
| 대운 남 | 8 | 8 | 8 | 9 | 9 | 9 | 10 | 입 | 1 | 1 | 1 | 1 | 2 | 2 | 2 | 3 | 3 | 3 | 4 | 4 | 4 | 5 | 5 | 5 | 6 | 6 | 6 | 7 | 7 | 7 |
| 대운 녀 | 2 | 2 | 2 | 1 | 1 | 1 | 1 | 동 | 10 | 9 | 9 | 9 | 8 | 8 | 8 | 7 | 7 | 7 | 6 | 6 | 6 | 5 | 5 | 5 | 4 | 4 | 4 | 3 | 3 | 3 |

## 12 · 丙子月(양 12.8~1.5)

대설 8일 09시17분 동지 23일 03시06분

| 양력 | 1 | 2 | 3 | 4 | 5 | 6 | 7 | 8 | 9 | 10 | 11 | 12 | 13 | 14 | 15 | 16 | 17 | 18 | 19 | 20 | 21 | 22 | 23 | 24 | 25 | 26 | 27 | 28 | 29 | 30 | 31 |
|---|---|---|---|---|---|---|---|---|---|---|---|---|---|---|---|---|---|---|---|---|---|---|---|---|---|---|---|---|---|---|---|
| 음력 | 21 | 22 | 23 | 24 | 25 | 26 | 27 | 28 | 29 | 30 | 11.1 | 2 | 3 | 4 | 5 | 6 | 7 | 8 | 9 | 10 | 11 | 12 | 13 | 14 | 15 | 16 | 17 | 18 | 19 | 20 | 21 |
| 요일 | 金 | 土 | 日 | 月 | 火 | 水 | 木 | 金 | 土 | 日 | 月 | 火 | 水 | 木 | 金 | 土 | 日 | 月 | 火 | 水 | 木 | 金 | 土 | 日 | 月 | 火 | 水 | 木 | 金 | 土 | 日 |
| 일진 | 壬申 | 癸酉 | 甲戌 | 乙亥 | 丙子 | 丁丑 | 戊寅 | 己卯 | 庚辰 | 辛巳 | 壬午 | 癸未 | 甲申 | 乙酉 | 丙戌 | 丁亥 | 戊子 | 己丑 | 庚寅 | 辛卯 | 壬辰 | 癸巳 | 甲午 | 乙未 | 丙申 | 丁酉 | 戊戌 | 己亥 | 庚子 | 辛丑 | 壬寅 |
| 대운 남 | 8 | 8 | 8 | 9 | 9 | 9 | 10 | 대 | 1 | 1 | 1 | 1 | 2 | 2 | 2 | 3 | 3 | 3 | 4 | 4 | 4 | 5 | 5 | 5 | 6 | 6 | 6 | 7 | 7 | 7 | 8 |
| 대운 녀 | 2 | 2 | 2 | 1 | 1 | 1 | 1 | 설 | 9 | 9 | 9 | 8 | 8 | 8 | 7 | 7 | 7 | 6 | 6 | 6 | 5 | 5 | 5 | 4 | 4 | 4 | 3 | 3 | 3 | 2 | 2 |

# 1940년

소한 6일 20시24분

## 1 · 丁丑月(양 1.6~2.4)

대한 21일 13시44분

| 양력 | 1 | 2 | 3 | 4 | 5 | 6 | 7 | 8 | 9 | 10 | 11 | 12 | 13 | 14 | 15 | 16 | 17 | 18 | 19 | 20 | 21 | 22 | 23 | 24 | 25 | 26 | 27 | 28 | 29 | 30 | 31 |
|---|---|---|---|---|---|---|---|---|---|---|---|---|---|---|---|---|---|---|---|---|---|---|---|---|---|---|---|---|---|---|---|
| 음력 | 22 | 23 | 24 | 25 | 26 | 27 | 28 | 29 | 12.1 | 2 | 3 | 4 | 5 | 6 | 7 | 8 | 9 | 10 | 11 | 12 | 13 | 14 | 15 | 16 | 17 | 18 | 19 | 20 | 21 | 22 | 23 |
| 요일 | 月 | 火 | 水 | 木 | 金 | 土 | 日 | 月 | 火 | 水 | 木 | 金 | 土 | 日 | 月 | 火 | 水 | 木 | 金 | 土 | 日 | 月 | 火 | 水 | 木 | 金 | 土 | 日 | 月 | 火 | 水 |
| 일진 | 癸卯 | 甲辰 | 乙巳 | 丙午 | 丁未 | 戊申 | 己酉 | 庚戌 | 辛亥 | 壬子 | 癸丑 | 甲寅 | 乙卯 | 丙辰 | 丁巳 | 戊午 | 己未 | 庚申 | 辛酉 | 壬戌 | 癸亥 | 甲子 | 乙丑 | 丙寅 | 丁卯 | 戊辰 | 己巳 | 庚午 | 辛未 | 壬申 | 癸酉 |
| 대운 남 | 8 | 8 | 9 | 9 | 9 | 소 | 1 | 1 | 1 | 1 | 2 | 2 | 2 | 3 | 3 | 3 | 4 | 4 | 4 | 5 | 5 | 5 | 6 | 6 | 6 | 7 | 7 | 7 | 8 | 8 | 8 |
| 대운 녀 | 2 | 1 | 1 | 1 | 1 | 한 | 10 | 9 | 9 | 9 | 8 | 8 | 8 | 7 | 7 | 7 | 6 | 6 | 6 | 5 | 5 | 5 | 4 | 4 | 4 | 3 | 3 | 3 | 2 | 2 | 2 |

입춘 5일 08시08분

## 2 · 戊寅月(양 2.5~3.5)

우수 20일 04시04분

| 양력 | 1 | 2 | 3 | 4 | 5 | 6 | 7 | 8 | 9 | 10 | 11 | 12 | 13 | 14 | 15 | 16 | 17 | 18 | 19 | 20 | 21 | 22 | 23 | 24 | 25 | 26 | 27 | 28 | 29 |
|---|---|---|---|---|---|---|---|---|---|---|---|---|---|---|---|---|---|---|---|---|---|---|---|---|---|---|---|---|---|
| 음력 | 24 | 25 | 26 | 27 | 28 | 29 | 30 | 1.1 | 2 | 3 | 4 | 5 | 6 | 7 | 8 | 9 | 10 | 11 | 12 | 13 | 14 | 15 | 16 | 17 | 18 | 19 | 20 | 21 | 22 |
| 요일 | 木 | 金 | 土 | 日 | 月 | 火 | 水 | 木 | 金 | 土 | 日 | 月 | 火 | 水 | 木 | 金 | 土 | 日 | 月 | 火 | 水 | 木 | 金 | 土 | 日 | 月 | 火 | 水 | 木 |
| 일진 | 甲戌 | 乙亥 | 丙子 | 丁丑 | 戊寅 | 己卯 | 庚辰 | 辛巳 | 壬午 | 癸未 | 甲申 | 乙酉 | 丙戌 | 丁亥 | 戊子 | 己丑 | 庚寅 | 辛卯 | 壬辰 | 癸巳 | 甲午 | 乙未 | 丙申 | 丁酉 | 戊戌 | 己亥 | 庚子 | 辛丑 | 壬寅 |
| 대운 남 | 9 | 9 | 9 | 10 | 입 | 10 | 9 | 9 | 9 | 8 | 8 | 8 | 7 | 7 | 7 | 6 | 6 | 6 | 5 | 5 | 5 | 4 | 4 | 4 | 3 | 3 | 3 | 2 | 2 |
| 대운 녀 | 1 | 1 | 1 | 1 | 춘 | 1 | 1 | 1 | 1 | 2 | 2 | 2 | 3 | 3 | 3 | 4 | 4 | 4 | 5 | 5 | 5 | 6 | 6 | 6 | 7 | 7 | 7 | 8 | 8 |

경칩 6일 02시24분

## 3 · 己卯月(양 3.6~4.4)

춘분 21일 03시24분

| 양력 | 1 | 2 | 3 | 4 | 5 | 6 | 7 | 8 | 9 | 10 | 11 | 12 | 13 | 14 | 15 | 16 | 17 | 18 | 19 | 20 | 21 | 22 | 23 | 24 | 25 | 26 | 27 | 28 | 29 | 30 | 31 |
|---|---|---|---|---|---|---|---|---|---|---|---|---|---|---|---|---|---|---|---|---|---|---|---|---|---|---|---|---|---|---|---|
| 음력 | 23 | 24 | 25 | 26 | 27 | 28 | 29 | 30 | 2.1 | 2 | 3 | 4 | 5 | 6 | 7 | 8 | 9 | 10 | 11 | 12 | 13 | 14 | 15 | 16 | 17 | 18 | 19 | 20 | 21 | 22 | 23 |
| 요일 | 金 | 土 | 日 | 月 | 火 | 水 | 木 | 金 | 土 | 日 | 月 | 火 | 水 | 木 | 金 | 土 | 日 | 月 | 火 | 水 | 木 | 金 | 土 | 日 | 月 | 火 | 水 | 木 | 金 | 土 | 日 |
| 일진 | 癸卯 | 甲辰 | 乙巳 | 丙午 | 丁未 | 戊申 | 己酉 | 庚戌 | 辛亥 | 壬子 | 癸丑 | 甲寅 | 乙卯 | 丙辰 | 丁巳 | 戊午 | 己未 | 庚申 | 辛酉 | 壬戌 | 癸亥 | 甲子 | 乙丑 | 丙寅 | 丁卯 | 戊辰 | 己巳 | 庚午 | 辛未 | 壬申 | 癸酉 |
| 대운 남 | 2 | 1 | 1 | 1 | 1 | 경 | 10 | 9 | 9 | 9 | 8 | 8 | 8 | 7 | 7 | 7 | 6 | 6 | 6 | 5 | 5 | 5 | 4 | 4 | 4 | 3 | 3 | 3 | 2 | 2 | 2 |
| 대운 녀 | 8 | 9 | 9 | 9 | 10 | 칩 | 1 | 1 | 1 | 1 | 2 | 2 | 2 | 3 | 3 | 3 | 4 | 4 | 4 | 5 | 5 | 5 | 6 | 6 | 6 | 7 | 7 | 7 | 8 | 8 | 8 |

청명 5일 07시35분

## 4 · 庚辰月(양 4.5~5.5)

곡우 20일 14시51분

| 양력 | 1 | 2 | 3 | 4 | 5 | 6 | 7 | 8 | 9 | 10 | 11 | 12 | 13 | 14 | 15 | 16 | 17 | 18 | 19 | 20 | 21 | 22 | 23 | 24 | 25 | 26 | 27 | 28 | 29 | 30 |
|---|---|---|---|---|---|---|---|---|---|---|---|---|---|---|---|---|---|---|---|---|---|---|---|---|---|---|---|---|---|---|
| 음력 | 24 | 25 | 26 | 27 | 28 | 29 | 30 | 3.1 | 2 | 3 | 4 | 5 | 6 | 7 | 8 | 9 | 10 | 11 | 12 | 13 | 14 | 15 | 16 | 17 | 18 | 19 | 20 | 21 | 22 | 23 |
| 요일 | 月 | 火 | 水 | 木 | 金 | 土 | 日 | 月 | 火 | 水 | 木 | 金 | 土 | 日 | 月 | 火 | 水 | 木 | 金 | 土 | 日 | 月 | 火 | 水 | 木 | 金 | 土 | 日 | 月 | 火 |
| 일진 | 甲戌 | 乙亥 | 丙子 | 丁丑 | 戊寅 | 己卯 | 庚辰 | 辛巳 | 壬午 | 癸未 | 甲申 | 乙酉 | 丙戌 | 丁亥 | 戊子 | 己丑 | 庚寅 | 辛卯 | 壬辰 | 癸巳 | 甲午 | 乙未 | 丙申 | 丁酉 | 戊戌 | 己亥 | 庚子 | 辛丑 | 壬寅 | 癸卯 |
| 대운 남 | 1 | 1 | 1 | 1 | 청 | 10 | 10 | 9 | 9 | 9 | 8 | 8 | 8 | 7 | 7 | 7 | 6 | 6 | 6 | 5 | 5 | 5 | 4 | 4 | 4 | 3 | 3 | 3 | 2 | 2 |
| 대운 녀 | 9 | 9 | 9 | 10 | 명 | 1 | 1 | 1 | 1 | 2 | 2 | 2 | 3 | 3 | 3 | 4 | 4 | 4 | 5 | 5 | 5 | 6 | 6 | 6 | 7 | 7 | 7 | 8 | 8 | 8 |

입하 6일 01시16분

## 5 · 辛巳月(양 5.6~6.5)

소만 21일 14시23분

| 양력 | 1 | 2 | 3 | 4 | 5 | 6 | 7 | 8 | 9 | 10 | 11 | 12 | 13 | 14 | 15 | 16 | 17 | 18 | 19 | 20 | 21 | 22 | 23 | 24 | 25 | 26 | 27 | 28 | 29 | 30 | 31 |
|---|---|---|---|---|---|---|---|---|---|---|---|---|---|---|---|---|---|---|---|---|---|---|---|---|---|---|---|---|---|---|---|
| 음력 | 24 | 25 | 26 | 27 | 28 | 29 | 4.1 | 2 | 3 | 4 | 5 | 6 | 7 | 8 | 9 | 10 | 11 | 12 | 13 | 14 | 15 | 16 | 17 | 18 | 19 | 20 | 21 | 22 | 23 | 24 | 25 |
| 요일 | 水 | 木 | 金 | 土 | 日 | 月 | 火 | 水 | 木 | 金 | 土 | 日 | 月 | 火 | 水 | 木 | 金 | 土 | 日 | 月 | 火 | 水 | 木 | 金 | 土 | 日 | 月 | 火 | 水 | 木 | 金 |
| 일진 | 甲辰 | 乙巳 | 丙午 | 丁未 | 戊申 | 己酉 | 庚戌 | 辛亥 | 壬子 | 癸丑 | 甲寅 | 乙卯 | 丙辰 | 丁巳 | 戊午 | 己未 | 庚申 | 辛酉 | 壬戌 | 癸亥 | 甲子 | 乙丑 | 丙寅 | 丁卯 | 戊辰 | 己巳 | 庚午 | 辛未 | 壬申 | 癸酉 | 甲戌 |
| 대운 남 | 2 | 1 | 1 | 1 | 1 | 입 | 10 | 10 | 9 | 9 | 9 | 8 | 8 | 8 | 7 | 7 | 7 | 6 | 6 | 6 | 5 | 5 | 5 | 4 | 4 | 4 | 3 | 3 | 3 | 2 | 2 |
| 대운 녀 | 9 | 9 | 9 | 10 | 10 | 하 | 1 | 1 | 1 | 1 | 2 | 2 | 2 | 3 | 3 | 3 | 4 | 4 | 4 | 5 | 5 | 5 | 6 | 6 | 6 | 7 | 7 | 7 | 8 | 8 | 8 |

망종 6일 05시44분

## 6 · 壬午月(양 6.6~7.6)

하지 21일 22시36분

| 양력 | 1 | 2 | 3 | 4 | 5 | 6 | 7 | 8 | 9 | 10 | 11 | 12 | 13 | 14 | 15 | 16 | 17 | 18 | 19 | 20 | 21 | 22 | 23 | 24 | 25 | 26 | 27 | 28 | 29 | 30 |
|---|---|---|---|---|---|---|---|---|---|---|---|---|---|---|---|---|---|---|---|---|---|---|---|---|---|---|---|---|---|---|
| 음력 | 26 | 27 | 28 | 29 | 30 | 5.1 | 2 | 3 | 4 | 5 | 6 | 7 | 8 | 9 | 10 | 11 | 12 | 13 | 14 | 15 | 16 | 17 | 18 | 19 | 20 | 21 | 22 | 23 | 24 | 25 |
| 요일 | 土 | 日 | 月 | 火 | 水 | 木 | 金 | 土 | 日 | 月 | 火 | 水 | 木 | 金 | 土 | 日 | 月 | 火 | 水 | 木 | 金 | 土 | 日 | 月 | 火 | 水 | 木 | 金 | 土 | 日 |
| 일진 | 乙亥 | 丙子 | 丁丑 | 戊寅 | 己卯 | 庚辰 | 辛巳 | 壬午 | 癸未 | 甲申 | 乙酉 | 丙戌 | 丁亥 | 戊子 | 己丑 | 庚寅 | 辛卯 | 壬辰 | 癸巳 | 甲午 | 乙未 | 丙申 | 丁酉 | 戊戌 | 己亥 | 庚子 | 辛丑 | 壬寅 | 癸卯 | 甲辰 |
| 대운 남 | 2 | 1 | 1 | 1 | 1 | 망 | 10 | 10 | 9 | 9 | 9 | 8 | 8 | 8 | 7 | 7 | 7 | 6 | 6 | 6 | 5 | 5 | 5 | 4 | 4 | 4 | 3 | 3 | 3 | 2 |
| 대운 녀 | 9 | 9 | 9 | 10 | 10 | 종 | 1 | 1 | 1 | 1 | 2 | 2 | 2 | 3 | 3 | 3 | 4 | 4 | 4 | 5 | 5 | 5 | 6 | 6 | 6 | 7 | 7 | 7 | 8 | 8 |

소서 7일 16시08분 **7 · 癸未月(양 7.7~8.7)** 대서 23일 09시34분

| 양력 | 1 | 2 | 3 | 4 | 5 | 6 | 7 | 8 | 9 | 10 | 11 | 12 | 13 | 14 | 15 | 16 | 17 | 18 | 19 | 20 | 21 | 22 | 23 | 24 | 25 | 26 | 27 | 28 | 29 | 30 | 31 |
|---|---|---|---|---|---|---|---|---|---|---|---|---|---|---|---|---|---|---|---|---|---|---|---|---|---|---|---|---|---|---|---|
| 음력 | 26 | 27 | 28 | 29 | 6.1 | 2 | 3 | 4 | 5 | 6 | 7 | 8 | 9 | 10 | 11 | 12 | 13 | 14 | 15 | 16 | 17 | 18 | 19 | 20 | 21 | 22 | 23 | 24 | 25 | 26 | 27 |
| 요일 | 月 | 火 | 水 | 木 | 金 | 土 | 日 | 月 | 火 | 水 | 木 | 金 | 土 | 日 | 月 | 火 | 水 | 木 | 金 | 土 | 日 | 月 | 火 | 水 | 木 | 金 | 土 | 日 | 月 | 火 | 水 |
| 일진 | 乙巳 | 丙午 | 丁未 | 戊申 | 己酉 | 庚戌 | 辛亥 | 壬子 | 癸丑 | 甲寅 | 乙卯 | 丙辰 | 丁巳 | 戊午 | 己未 | 庚申 | 辛酉 | 壬戌 | 癸亥 | 甲子 | 乙丑 | 丙寅 | 丁卯 | 戊辰 | 己巳 | 庚午 | 辛未 | 壬申 | 癸酉 | 甲戌 | 乙亥 |
| 대운 남 | 2 | 2 | 1 | 1 | 1 | 1 | 소 | 10 | 10 | 10 | 9 | 9 | 9 | 8 | 8 | 8 | 7 | 7 | 7 | 6 | 6 | 6 | 5 | 5 | 5 | 4 | 4 | 4 | 3 | 3 | 3 |
| 대운 녀 | 8 | 9 | 9 | 9 | 10 | 10 | 서 | 1 | 1 | 1 | 1 | 2 | 2 | 2 | 3 | 3 | 3 | 4 | 4 | 4 | 5 | 5 | 5 | 6 | 6 | 6 | 7 | 7 | 7 | 8 | 8 |

입추 8일 01시52분 **8 · 甲申月(양 8.8~9.7)** 처서 23일 16시29분

| 양력 | 1 | 2 | 3 | 4 | 5 | 6 | 7 | 8 | 9 | 10 | 11 | 12 | 13 | 14 | 15 | 16 | 17 | 18 | 19 | 20 | 21 | 22 | 23 | 24 | 25 | 26 | 27 | 28 | 29 | 30 | 31 |
|---|---|---|---|---|---|---|---|---|---|---|---|---|---|---|---|---|---|---|---|---|---|---|---|---|---|---|---|---|---|---|---|
| 음력 | 28 | 29 | 30 | 7.1 | 2 | 3 | 4 | 5 | 6 | 7 | 8 | 9 | 10 | 11 | 12 | 13 | 14 | 15 | 16 | 17 | 18 | 19 | 20 | 21 | 22 | 23 | 24 | 25 | 26 | 27 | 28 |
| 요일 | 木 | 金 | 土 | 日 | 月 | 火 | 水 | 木 | 金 | 土 | 日 | 月 | 火 | 水 | 木 | 金 | 土 | 日 | 月 | 火 | 水 | 木 | 金 | 土 | 日 | 月 | 火 | 水 | 木 | 金 | 土 |
| 일진 | 丙子 | 丁丑 | 戊寅 | 己卯 | 庚辰 | 辛巳 | 壬午 | 癸未 | 甲申 | 乙酉 | 丙戌 | 丁亥 | 戊子 | 己丑 | 庚寅 | 辛卯 | 壬辰 | 癸巳 | 甲午 | 乙未 | 丙申 | 丁酉 | 戊戌 | 己亥 | 庚子 | 辛丑 | 壬寅 | 癸卯 | 甲辰 | 乙巳 | 丙午 |
| 대운 남 | 2 | 2 | 2 | 1 | 1 | 1 | 1 | 입 | 10 | 10 | 9 | 9 | 9 | 8 | 8 | 8 | 7 | 7 | 7 | 6 | 6 | 6 | 5 | 5 | 5 | 4 | 4 | 4 | 3 | 3 | 3 |
| 대운 녀 | 8 | 9 | 9 | 9 | 10 | 10 | 10 | 추 | 1 | 1 | 1 | 1 | 2 | 2 | 2 | 3 | 3 | 3 | 4 | 4 | 4 | 5 | 5 | 5 | 6 | 6 | 6 | 7 | 7 | 7 | 8 |

백로 8일 04시29분 **9 · 乙酉月(양 9.8~10.7)** 추분 23일 13시46분

| 양력 | 1 | 2 | 3 | 4 | 5 | 6 | 7 | 8 | 9 | 10 | 11 | 12 | 13 | 14 | 15 | 16 | 17 | 18 | 19 | 20 | 21 | 22 | 23 | 24 | 25 | 26 | 27 | 28 | 29 | 30 |
|---|---|---|---|---|---|---|---|---|---|---|---|---|---|---|---|---|---|---|---|---|---|---|---|---|---|---|---|---|---|---|
| 음력 | 29 | 8.1 | 2 | 3 | 4 | 5 | 6 | 7 | 8 | 9 | 10 | 11 | 12 | 13 | 14 | 15 | 16 | 17 | 18 | 19 | 20 | 21 | 22 | 23 | 24 | 25 | 26 | 27 | 28 | 29 |
| 요일 | 日 | 月 | 火 | 水 | 木 | 金 | 土 | 日 | 月 | 火 | 水 | 木 | 金 | 土 | 日 | 月 | 火 | 水 | 木 | 金 | 土 | 日 | 月 | 火 | 水 | 木 | 金 | 土 | 日 | 月 |
| 일진 | 丁未 | 戊申 | 己酉 | 庚戌 | 辛亥 | 壬子 | 癸丑 | 甲寅 | 乙卯 | 丙辰 | 丁巳 | 戊午 | 己未 | 庚申 | 辛酉 | 壬戌 | 癸亥 | 甲子 | 乙丑 | 丙寅 | 丁卯 | 戊辰 | 己巳 | 庚午 | 辛未 | 壬申 | 癸酉 | 甲戌 | 乙亥 | 丙子 |
| 대운 남 | 2 | 2 | 2 | 1 | 1 | 1 | 1 | 백 | 10 | 9 | 9 | 9 | 8 | 8 | 8 | 7 | 7 | 7 | 6 | 6 | 6 | 5 | 5 | 5 | 4 | 4 | 4 | 3 | 3 | 3 |
| 대운 녀 | 8 | 8 | 9 | 9 | 9 | 10 | 10 | 로 | 1 | 1 | 1 | 1 | 2 | 2 | 2 | 3 | 3 | 3 | 4 | 4 | 4 | 5 | 5 | 5 | 6 | 6 | 6 | 7 | 7 | 7 |

한로 8일 19시42분 **10 · 丙戌月(양 10.8~11.6)** 상강 23일 22시39분

| 양력 | 1 | 2 | 3 | 4 | 5 | 6 | 7 | 8 | 9 | 10 | 11 | 12 | 13 | 14 | 15 | 16 | 17 | 18 | 19 | 20 | 21 | 22 | 23 | 24 | 25 | 26 | 27 | 28 | 29 | 30 | 31 |
|---|---|---|---|---|---|---|---|---|---|---|---|---|---|---|---|---|---|---|---|---|---|---|---|---|---|---|---|---|---|---|---|
| 음력 | 9.1 | 2 | 3 | 4 | 5 | 6 | 7 | 8 | 9 | 10 | 11 | 12 | 13 | 14 | 15 | 16 | 17 | 18 | 19 | 20 | 21 | 22 | 23 | 24 | 25 | 26 | 27 | 28 | 29 | 30 | 10.1 |
| 요일 | 火 | 水 | 木 | 金 | 土 | 日 | 月 | 火 | 水 | 木 | 金 | 土 | 日 | 月 | 火 | 水 | 木 | 金 | 土 | 日 | 月 | 火 | 水 | 木 | 金 | 土 | 日 | 月 | 火 | 水 | 木 |
| 일진 | 丁丑 | 戊寅 | 己卯 | 庚辰 | 辛巳 | 壬午 | 癸未 | 甲申 | 乙酉 | 丙戌 | 丁亥 | 戊子 | 己丑 | 庚寅 | 辛卯 | 壬辰 | 癸巳 | 甲午 | 乙未 | 丙申 | 丁酉 | 戊戌 | 己亥 | 庚子 | 辛丑 | 壬寅 | 癸卯 | 甲辰 | 乙巳 | 丙午 | 丁未 |
| 대운 남 | 2 | 2 | 2 | 1 | 1 | 1 | 1 | 한 | 10 | 9 | 9 | 9 | 8 | 8 | 8 | 7 | 7 | 7 | 6 | 6 | 6 | 5 | 5 | 5 | 4 | 4 | 4 | 3 | 3 | 3 | 2 |
| 대운 녀 | 8 | 8 | 8 | 9 | 9 | 9 | 10 | 로 | 1 | 1 | 1 | 1 | 2 | 2 | 2 | 3 | 3 | 3 | 4 | 4 | 4 | 5 | 5 | 5 | 6 | 6 | 6 | 7 | 7 | 7 | 8 |

입동 7일 22시27분 **11 · 丁亥月(양 11.7~12.6)** 소설 22일 19시49분

| 양력 | 1 | 2 | 3 | 4 | 5 | 6 | 7 | 8 | 9 | 10 | 11 | 12 | 13 | 14 | 15 | 16 | 17 | 18 | 19 | 20 | 21 | 22 | 23 | 24 | 25 | 26 | 27 | 28 | 29 | 30 |
|---|---|---|---|---|---|---|---|---|---|---|---|---|---|---|---|---|---|---|---|---|---|---|---|---|---|---|---|---|---|---|
| 음력 | 2 | 3 | 4 | 5 | 6 | 7 | 8 | 9 | 10 | 11 | 12 | 13 | 14 | 15 | 16 | 17 | 18 | 19 | 20 | 21 | 22 | 23 | 24 | 25 | 26 | 27 | 28 | 29 | 11.1 | 2 |
| 요일 | 金 | 土 | 日 | 月 | 火 | 水 | 木 | 金 | 土 | 日 | 月 | 火 | 水 | 木 | 金 | 土 | 日 | 月 | 火 | 水 | 木 | 金 | 土 | 日 | 月 | 火 | 水 | 木 | 金 | 土 |
| 일진 | 戊申 | 己酉 | 庚戌 | 辛亥 | 壬子 | 癸丑 | 甲寅 | 乙卯 | 丙辰 | 丁巳 | 戊午 | 己未 | 庚申 | 辛酉 | 壬戌 | 癸亥 | 甲子 | 乙丑 | 丙寅 | 丁卯 | 戊辰 | 己巳 | 庚午 | 辛未 | 壬申 | 癸酉 | 甲戌 | 乙亥 | 丙子 | 丁丑 |
| 대운 남 | 2 | 2 | 1 | 1 | 1 | 1 | 입 | 10 | 9 | 9 | 9 | 8 | 8 | 8 | 7 | 7 | 7 | 6 | 6 | 6 | 5 | 5 | 5 | 4 | 4 | 4 | 3 | 3 | 3 | 2 |
| 대운 녀 | 8 | 8 | 9 | 9 | 9 | 10 | 동 | 1 | 1 | 1 | 1 | 2 | 2 | 2 | 3 | 3 | 3 | 4 | 4 | 4 | 5 | 5 | 5 | 6 | 6 | 6 | 7 | 7 | 7 | 8 |

대설 7일 14시58분 **12 · 戊子月(양 12.7~1.5)** 동지 22일 08시55분

| 양력 | 1 | 2 | 3 | 4 | 5 | 6 | 7 | 8 | 9 | 10 | 11 | 12 | 13 | 14 | 15 | 16 | 17 | 18 | 19 | 20 | 21 | 22 | 23 | 24 | 25 | 26 | 27 | 28 | 29 | 30 | 31 |
|---|---|---|---|---|---|---|---|---|---|---|---|---|---|---|---|---|---|---|---|---|---|---|---|---|---|---|---|---|---|---|---|
| 음력 | 3 | 4 | 5 | 6 | 7 | 8 | 9 | 10 | 11 | 12 | 13 | 14 | 15 | 16 | 17 | 18 | 19 | 20 | 21 | 22 | 23 | 24 | 25 | 26 | 27 | 28 | 29 | 30 | 12.1 | 2 | 3 |
| 요일 | 日 | 月 | 火 | 水 | 木 | 金 | 土 | 日 | 月 | 火 | 水 | 木 | 金 | 土 | 日 | 月 | 火 | 水 | 木 | 金 | 土 | 日 | 月 | 火 | 水 | 木 | 金 | 土 | 日 | 月 | 火 |
| 일진 | 戊寅 | 己卯 | 庚辰 | 辛巳 | 壬午 | 癸未 | 甲申 | 乙酉 | 丙戌 | 丁亥 | 戊子 | 己丑 | 庚寅 | 辛卯 | 壬辰 | 癸巳 | 甲午 | 乙未 | 丙申 | 丁酉 | 戊戌 | 己亥 | 庚子 | 辛丑 | 壬寅 | 癸卯 | 甲辰 | 乙巳 | 丙午 | 丁未 | 戊申 |
| 대운 남 | 2 | 2 | 1 | 1 | 1 | 1 | 대 | 10 | 9 | 9 | 9 | 8 | 8 | 8 | 7 | 7 | 7 | 6 | 6 | 6 | 5 | 5 | 5 | 4 | 4 | 4 | 3 | 3 | 3 | 2 | 2 |
| 대운 녀 | 8 | 8 | 9 | 9 | 9 | 10 | 설 | 1 | 1 | 1 | 1 | 2 | 2 | 2 | 3 | 3 | 3 | 4 | 4 | 4 | 5 | 5 | 5 | 6 | 6 | 6 | 7 | 7 | 7 | 8 | 8 |

## 1 · 己丑月(양 1.6~2.3)

소한 6일 02시04분 | 대한 20일 19시34분

| 양력 | 1 | 2 | 3 | 4 | 5 | 6 | 7 | 8 | 9 | 10 | 11 | 12 | 13 | 14 | 15 | 16 | 17 | 18 | 19 | 20 | 21 | 22 | 23 | 24 | 25 | 26 | 27 | 28 | 29 | 30 | 31 |
|---|---|---|---|---|---|---|---|---|---|---|---|---|---|---|---|---|---|---|---|---|---|---|---|---|---|---|---|---|---|---|---|
| 음력 | 4 | 5 | 6 | 7 | 8 | 9 | 10 | 11 | 12 | 13 | 14 | 15 | 16 | 17 | 18 | 19 | 20 | 21 | 22 | 23 | 24 | 25 | 26 | 27 | 28 | 29 | 1.1 | 2 | 3 | 4 | 5 |
| 요일 | 水 | 木 | 金 | 土 | 日 | 月 | 火 | 水 | 木 | 金 | 土 | 日 | 月 | 火 | 水 | 木 | 金 | 土 | 日 | 月 | 火 | 水 | 木 | 金 | 土 | 日 | 月 | 火 | 水 | 木 | 金 |
| 일진 | 己酉 | 庚戌 | 辛亥 | 壬子 | 癸丑 | 甲寅 | 乙卯 | 丙辰 | 丁巳 | 戊午 | 己未 | 庚申 | 辛酉 | 壬戌 | 癸亥 | 甲子 | 乙丑 | 丙寅 | 丁卯 | 戊辰 | 己巳 | 庚午 | 辛未 | 壬申 | 癸酉 | 甲戌 | 乙亥 | 丙子 | 丁丑 | 戊寅 | 己卯 |
| 대운 남 | 2 | 1 | 1 | 1 | 1 | 소 | 9 | 9 | 9 | 8 | 8 | 8 | 7 | 7 | 7 | 6 | 6 | 6 | 5 | 5 | 5 | 4 | 4 | 4 | 3 | 3 | 3 | 2 | 2 | 2 | 1 |
| 대운 녀 | 8 | 9 | 9 | 9 | 10 | 한 | 1 | 1 | 1 | 1 | 2 | 2 | 2 | 3 | 3 | 3 | 4 | 4 | 4 | 5 | 5 | 5 | 6 | 6 | 6 | 7 | 7 | 7 | 8 | 8 | 8 |

## 2 · 庚寅月(양 2.4~3.5)

입춘 4일 13시50분 | 우수 19일 09시56분

| 양력 | 1 | 2 | 3 | 4 | 5 | 6 | 7 | 8 | 9 | 10 | 11 | 12 | 13 | 14 | 15 | 16 | 17 | 18 | 19 | 20 | 21 | 22 | 23 | 24 | 25 | 26 | 27 | 28 |
|---|---|---|---|---|---|---|---|---|---|---|---|---|---|---|---|---|---|---|---|---|---|---|---|---|---|---|---|---|
| 음력 | 6 | 7 | 8 | 9 | 10 | 11 | 12 | 13 | 14 | 15 | 16 | 17 | 18 | 19 | 20 | 21 | 22 | 23 | 24 | 25 | 26 | 27 | 28 | 29 | 30 | 2.1 | 2 | 3 |
| 요일 | 土 | 日 | 月 | 火 | 水 | 木 | 金 | 土 | 日 | 月 | 火 | 水 | 木 | 金 | 土 | 日 | 月 | 火 | 水 | 木 | 金 | 土 | 日 | 月 | 火 | 水 | 木 | 金 |
| 일진 | 庚辰 | 辛巳 | 壬午 | 癸未 | 甲申 | 乙酉 | 丙戌 | 丁亥 | 戊子 | 己丑 | 庚寅 | 辛卯 | 壬辰 | 癸巳 | 甲午 | 乙未 | 丙申 | 丁酉 | 戊戌 | 己亥 | 庚子 | 辛丑 | 壬寅 | 癸卯 | 甲辰 | 乙巳 | 丙午 | 丁未 |
| 대운 남 | 1 | 1 | 1 | 입 | 1 | 1 | 1 | 1 | 2 | 2 | 2 | 3 | 3 | 3 | 4 | 4 | 4 | 5 | 5 | 5 | 6 | 6 | 6 | 7 | 7 | 7 | 8 | 8 |
| 대운 녀 | 9 | 9 | 9 | 춘 | 10 | 9 | 9 | 9 | 8 | 8 | 8 | 7 | 7 | 7 | 6 | 6 | 6 | 5 | 5 | 5 | 4 | 4 | 4 | 3 | 3 | 3 | 2 | 2 |

## 3 · 辛卯月(양 3.6~4.4)

경칩 6일 08시10분 | 춘분 21일 09시20분

| 양력 | 1 | 2 | 3 | 4 | 5 | 6 | 7 | 8 | 9 | 10 | 11 | 12 | 13 | 14 | 15 | 16 | 17 | 18 | 19 | 20 | 21 | 22 | 23 | 24 | 25 | 26 | 27 | 28 | 29 | 30 | 31 |
|---|---|---|---|---|---|---|---|---|---|---|---|---|---|---|---|---|---|---|---|---|---|---|---|---|---|---|---|---|---|---|---|
| 음력 | 4 | 5 | 6 | 7 | 8 | 9 | 10 | 11 | 12 | 13 | 14 | 15 | 16 | 17 | 18 | 19 | 20 | 21 | 22 | 23 | 24 | 25 | 26 | 27 | 28 | 29 | 30 | 3.1 | 2 | 3 | 4 |
| 요일 | 土 | 日 | 月 | 火 | 水 | 木 | 金 | 土 | 日 | 月 | 火 | 水 | 木 | 金 | 土 | 日 | 月 | 火 | 水 | 木 | 金 | 土 | 日 | 月 | 火 | 水 | 木 | 金 | 土 | 日 | 月 |
| 일진 | 戊申 | 己酉 | 庚戌 | 辛亥 | 壬子 | 癸丑 | 甲寅 | 乙卯 | 丙辰 | 丁巳 | 戊午 | 己未 | 庚申 | 辛酉 | 壬戌 | 癸亥 | 甲子 | 乙丑 | 丙寅 | 丁卯 | 戊辰 | 己巳 | 庚午 | 辛未 | 壬申 | 癸酉 | 甲戌 | 乙亥 | 丙子 | 丁丑 | 戊寅 |
| 대운 남 | 8 | 9 | 9 | 9 | 10 | 경 | 1 | 1 | 1 | 1 | 2 | 2 | 2 | 3 | 3 | 3 | 4 | 4 | 4 | 5 | 5 | 5 | 6 | 6 | 6 | 7 | 7 | 7 | 8 | 8 | 8 |
| 대운 녀 | 2 | 1 | 1 | 1 | 1 | 칩 | 10 | 9 | 9 | 9 | 8 | 8 | 8 | 7 | 7 | 7 | 6 | 6 | 6 | 5 | 5 | 5 | 4 | 4 | 4 | 3 | 3 | 3 | 2 | 2 | 2 |

## 4 · 壬辰月(양 4.5~5.5)

청명 5일 13시25분 | 곡우 20일 20시50분

| 양력 | 1 | 2 | 3 | 4 | 5 | 6 | 7 | 8 | 9 | 10 | 11 | 12 | 13 | 14 | 15 | 16 | 17 | 18 | 19 | 20 | 21 | 22 | 23 | 24 | 25 | 26 | 27 | 28 | 29 | 30 |
|---|---|---|---|---|---|---|---|---|---|---|---|---|---|---|---|---|---|---|---|---|---|---|---|---|---|---|---|---|---|---|
| 음력 | 5 | 6 | 7 | 8 | 9 | 10 | 11 | 12 | 13 | 14 | 15 | 16 | 17 | 18 | 19 | 20 | 21 | 22 | 23 | 24 | 25 | 26 | 27 | 28 | 29 | 4.1 | 2 | 3 | 4 | 5 |
| 요일 | 火 | 水 | 木 | 金 | 土 | 日 | 月 | 火 | 水 | 木 | 金 | 土 | 日 | 月 | 火 | 水 | 木 | 金 | 土 | 日 | 月 | 火 | 水 | 木 | 金 | 土 | 日 | 月 | 火 | 水 |
| 일진 | 己卯 | 庚辰 | 辛巳 | 壬午 | 癸未 | 甲申 | 乙酉 | 丙戌 | 丁亥 | 戊子 | 己丑 | 庚寅 | 辛卯 | 壬辰 | 癸巳 | 甲午 | 乙未 | 丙申 | 丁酉 | 戊戌 | 己亥 | 庚子 | 辛丑 | 壬寅 | 癸卯 | 甲辰 | 乙巳 | 丙午 | 丁未 | 戊申 |
| 대운 남 | 9 | 9 | 9 | 10 | 청 | 1 | 1 | 1 | 1 | 2 | 2 | 2 | 3 | 3 | 3 | 4 | 4 | 4 | 5 | 5 | 5 | 6 | 6 | 6 | 7 | 7 | 7 | 8 | 8 | 8 |
| 대운 녀 | 1 | 1 | 1 | 1 | 명 | 10 | 10 | 9 | 9 | 9 | 8 | 8 | 8 | 7 | 7 | 7 | 6 | 6 | 6 | 5 | 5 | 5 | 4 | 4 | 4 | 3 | 3 | 3 | 2 | 2 |

## 5 · 癸巳月(양 5.6~6.5)

입하 6일 07시10분 | 소만 21일 20시23분

| 양력 | 1 | 2 | 3 | 4 | 5 | 6 | 7 | 8 | 9 | 10 | 11 | 12 | 13 | 14 | 15 | 16 | 17 | 18 | 19 | 20 | 21 | 22 | 23 | 24 | 25 | 26 | 27 | 28 | 29 | 30 | 31 |
|---|---|---|---|---|---|---|---|---|---|---|---|---|---|---|---|---|---|---|---|---|---|---|---|---|---|---|---|---|---|---|---|
| 음력 | 6 | 7 | 8 | 9 | 10 | 11 | 12 | 13 | 14 | 15 | 16 | 17 | 18 | 19 | 20 | 21 | 22 | 23 | 24 | 25 | 26 | 27 | 28 | 29 | 30 | 5.1 | 2 | 3 | 4 | 5 | 6 |
| 요일 | 木 | 金 | 土 | 日 | 月 | 火 | 水 | 木 | 金 | 土 | 日 | 月 | 火 | 水 | 木 | 金 | 土 | 日 | 月 | 火 | 水 | 木 | 金 | 土 | 日 | 月 | 火 | 水 | 木 | 金 | 土 |
| 일진 | 己酉 | 庚戌 | 辛亥 | 壬子 | 癸丑 | 甲寅 | 乙卯 | 丙辰 | 丁巳 | 戊午 | 己未 | 庚申 | 辛酉 | 壬戌 | 癸亥 | 甲子 | 乙丑 | 丙寅 | 丁卯 | 戊辰 | 己巳 | 庚午 | 辛未 | 壬申 | 癸酉 | 甲戌 | 乙亥 | 丙子 | 丁丑 | 戊寅 | 己卯 |
| 대운 남 | 9 | 9 | 9 | 10 | 10 | 입 | 1 | 1 | 1 | 1 | 2 | 2 | 2 | 3 | 3 | 3 | 4 | 4 | 4 | 5 | 5 | 5 | 6 | 6 | 6 | 7 | 7 | 7 | 8 | 8 | 8 |
| 대운 녀 | 2 | 1 | 1 | 1 | 1 | 하 | 10 | 10 | 9 | 9 | 9 | 8 | 8 | 8 | 7 | 7 | 7 | 6 | 6 | 6 | 5 | 5 | 5 | 4 | 4 | 4 | 3 | 3 | 3 | 2 | 2 |

## 6 · 甲午月(양 6.6~7.6)

망종 6일 11시39분 | 하지 22일 04시33분

| 양력 | 1 | 2 | 3 | 4 | 5 | 6 | 7 | 8 | 9 | 10 | 11 | 12 | 13 | 14 | 15 | 16 | 17 | 18 | 19 | 20 | 21 | 22 | 23 | 24 | 25 | 26 | 27 | 28 | 29 | 30 |
|---|---|---|---|---|---|---|---|---|---|---|---|---|---|---|---|---|---|---|---|---|---|---|---|---|---|---|---|---|---|---|
| 음력 | 7 | 8 | 9 | 10 | 11 | 12 | 13 | 14 | 15 | 16 | 17 | 18 | 19 | 20 | 21 | 22 | 23 | 24 | 25 | 26 | 27 | 28 | 29 | 30 | 6.1 | 2 | 3 | 4 | 5 | 6 |
| 요일 | 日 | 月 | 火 | 水 | 木 | 金 | 土 | 日 | 月 | 火 | 水 | 木 | 金 | 土 | 日 | 月 | 火 | 水 | 木 | 金 | 土 | 日 | 月 | 火 | 水 | 木 | 金 | 土 | 日 | 月 |
| 일진 | 庚辰 | 辛巳 | 壬午 | 癸未 | 甲申 | 乙酉 | 丙戌 | 丁亥 | 戊子 | 己丑 | 庚寅 | 辛卯 | 壬辰 | 癸巳 | 甲午 | 乙未 | 丙申 | 丁酉 | 戊戌 | 己亥 | 庚子 | 辛丑 | 壬寅 | 癸卯 | 甲辰 | 乙巳 | 丙午 | 丁未 | 戊申 | 己酉 |
| 대운 남 | 9 | 9 | 9 | 10 | 10 | 망 | 1 | 1 | 1 | 1 | 2 | 2 | 2 | 3 | 3 | 3 | 4 | 4 | 4 | 5 | 5 | 5 | 6 | 6 | 6 | 7 | 7 | 7 | 8 | 8 |
| 대운 녀 | 2 | 1 | 1 | 1 | 1 | 종 | 10 | 10 | 9 | 9 | 9 | 8 | 8 | 8 | 7 | 7 | 7 | 6 | 6 | 6 | 5 | 5 | 5 | 4 | 4 | 4 | 3 | 3 | 3 | 2 |

# 辛巳年

동경135도표준시

소서 7일 22시03분 | **7 · 乙未月(㊐ 7.7~8.7)** | 대서 23일 15시26분

| 양력 | 1 | 2 | 3 | 4 | 5 | 6 | 7 | 8 | 9 | 10 | 11 | 12 | 13 | 14 | 15 | 16 | 17 | 18 | 19 | 20 | 21 | 22 | 23 | 24 | 25 | 26 | 27 | 28 | 29 | 30 | 31 |
|---|---|---|---|---|---|---|---|---|---|---|---|---|---|---|---|---|---|---|---|---|---|---|---|---|---|---|---|---|---|---|---|
| 음력 | 7 | 8 | 9 | 10 | 11 | 12 | 13 | 14 | 15 | 16 | 17 | 18 | 19 | 20 | 21 | 22 | 23 | 24 | 25 | 26 | 27 | 28 | 29 | 윤 | 6.2 | 3 | 4 | 5 | 6 | 7 | 8 |
| 요일 | 火 | 水 | 木 | 金 | 土 | 日 | 月 | 火 | 水 | 木 | 金 | 土 | 日 | 月 | 火 | 水 | 木 | 金 | 土 | 日 | 月 | 火 | 水 | 木 | 金 | 土 | 日 | 月 | 火 | 水 | 木 |
| 일진 | 庚戌 | 辛亥 | 壬子 | 癸丑 | 甲寅 | 乙卯 | 丙辰 | 丁巳 | 戊午 | 己未 | 庚申 | 辛酉 | 壬戌 | 癸亥 | 甲子 | 乙丑 | 丙寅 | 丁卯 | 戊辰 | 己巳 | 庚午 | 辛未 | 壬申 | 癸酉 | 甲戌 | 乙亥 | 丙子 | 丁丑 | 戊寅 | 己卯 | 庚辰 |
| 대운 남 | 8 | 9 | 9 | 9 | 10 | 10 | 소 | 1 | 1 | 1 | 1 | 2 | 2 | 2 | 3 | 3 | 3 | 4 | 4 | 4 | 5 | 5 | 5 | 6 | 6 | 6 | 7 | 7 | 7 | 8 | 8 |
| 대운 녀 | 2 | 2 | 1 | 1 | 1 | 1 | 서 | 10 | 10 | 10 | 9 | 9 | 9 | 8 | 8 | 8 | 7 | 7 | 7 | 6 | 6 | 6 | 5 | 5 | 5 | 4 | 4 | 4 | 3 | 3 | 3 |

입추 8일 07시46분 | **8 · 丙申月(㊐ 8.8~9.7)** | 처서 23일 22시17분

| 양력 | 1 | 2 | 3 | 4 | 5 | 6 | 7 | 8 | 9 | 10 | 11 | 12 | 13 | 14 | 15 | 16 | 17 | 18 | 19 | 20 | 21 | 22 | 23 | 24 | 25 | 26 | 27 | 28 | 29 | 30 | 31 |
|---|---|---|---|---|---|---|---|---|---|---|---|---|---|---|---|---|---|---|---|---|---|---|---|---|---|---|---|---|---|---|---|
| 음력 | 9 | 10 | 11 | 12 | 13 | 14 | 15 | 16 | 17 | 18 | 19 | 20 | 21 | 22 | 23 | 24 | 25 | 26 | 27 | 28 | 29 | 30 | 7.1 | 2 | 3 | 4 | 5 | 6 | 7 | 8 | 9 |
| 요일 | 金 | 土 | 日 | 月 | 火 | 水 | 木 | 金 | 土 | 日 | 月 | 火 | 水 | 木 | 金 | 土 | 日 | 月 | 火 | 水 | 木 | 金 | 土 | 日 | 月 | 火 | 水 | 木 | 金 | 土 | 日 |
| 일진 | 辛巳 | 壬午 | 癸未 | 甲申 | 乙酉 | 丙戌 | 丁亥 | 戊子 | 己丑 | 庚寅 | 辛卯 | 壬辰 | 癸巳 | 甲午 | 乙未 | 丙申 | 丁酉 | 戊戌 | 己亥 | 庚子 | 辛丑 | 壬寅 | 癸卯 | 甲辰 | 乙巳 | 丙午 | 丁未 | 戊申 | 己酉 | 庚戌 | 辛亥 |
| 대운 남 | 8 | 9 | 9 | 9 | 10 | 10 | 10 | 입 | 1 | 1 | 1 | 1 | 2 | 2 | 2 | 3 | 3 | 3 | 4 | 4 | 4 | 5 | 5 | 5 | 6 | 6 | 6 | 7 | 7 | 7 | 8 |
| 대운 녀 | 2 | 2 | 2 | 1 | 1 | 1 | 1 | 추 | 10 | 10 | 9 | 9 | 9 | 8 | 8 | 8 | 7 | 7 | 7 | 6 | 6 | 6 | 5 | 5 | 5 | 4 | 4 | 4 | 3 | 3 | 3 |

백로 8일 10시24분 | **9 · 丁酉月(㊐ 9.8~10.8)** | 추분 23일 19시33분

| 양력 | 1 | 2 | 3 | 4 | 5 | 6 | 7 | 8 | 9 | 10 | 11 | 12 | 13 | 14 | 15 | 16 | 17 | 18 | 19 | 20 | 21 | 22 | 23 | 24 | 25 | 26 | 27 | 28 | 29 | 30 |
|---|---|---|---|---|---|---|---|---|---|---|---|---|---|---|---|---|---|---|---|---|---|---|---|---|---|---|---|---|---|---|
| 음력 | 10 | 11 | 12 | 13 | 14 | 15 | 16 | 17 | 18 | 19 | 20 | 21 | 22 | 23 | 24 | 25 | 26 | 27 | 28 | 29 | 8.1 | 2 | 3 | 4 | 5 | 6 | 7 | 8 | 9 | 10 |
| 요일 | 月 | 火 | 水 | 木 | 金 | 土 | 日 | 月 | 火 | 水 | 木 | 金 | 土 | 日 | 月 | 火 | 水 | 木 | 金 | 土 | 日 | 月 | 火 | 水 | 木 | 金 | 土 | 日 | 月 | 火 |
| 일진 | 壬子 | 癸丑 | 甲寅 | 乙卯 | 丙辰 | 丁巳 | 戊午 | 己未 | 庚申 | 辛酉 | 壬戌 | 癸亥 | 甲子 | 乙丑 | 丙寅 | 丁卯 | 戊辰 | 己巳 | 庚午 | 辛未 | 壬申 | 癸酉 | 甲戌 | 乙亥 | 丙子 | 丁丑 | 戊寅 | 己卯 | 庚辰 | 辛巳 |
| 대운 남 | 8 | 8 | 9 | 9 | 9 | 10 | 10 | 백 | 1 | 1 | 1 | 1 | 2 | 2 | 2 | 3 | 3 | 3 | 4 | 4 | 4 | 5 | 5 | 5 | 6 | 6 | 6 | 7 | 7 | 7 |
| 대운 녀 | 2 | 2 | 2 | 1 | 1 | 1 | 1 | 로 | 10 | 10 | 9 | 9 | 9 | 8 | 8 | 8 | 7 | 7 | 7 | 6 | 6 | 6 | 5 | 5 | 5 | 4 | 4 | 4 | 3 | 3 |

한로 9일 01시38분 | **10 · 戊戌月(㊐ 10.9~11.7)** | 상강 24일 04시27분

| 양력 | 1 | 2 | 3 | 4 | 5 | 6 | 7 | 8 | 9 | 10 | 11 | 12 | 13 | 14 | 15 | 16 | 17 | 18 | 19 | 20 | 21 | 22 | 23 | 24 | 25 | 26 | 27 | 28 | 29 | 30 | 31 |
|---|---|---|---|---|---|---|---|---|---|---|---|---|---|---|---|---|---|---|---|---|---|---|---|---|---|---|---|---|---|---|---|
| 음력 | 11 | 12 | 13 | 14 | 15 | 16 | 17 | 18 | 19 | 20 | 21 | 22 | 23 | 24 | 25 | 26 | 27 | 28 | 29 | 9.1 | 2 | 3 | 4 | 5 | 6 | 7 | 8 | 9 | 10 | 11 | 12 |
| 요일 | 水 | 木 | 金 | 土 | 日 | 月 | 火 | 水 | 木 | 金 | 土 | 日 | 月 | 火 | 水 | 木 | 金 | 土 | 日 | 月 | 火 | 水 | 木 | 金 | 土 | 日 | 月 | 火 | 水 | 木 | 金 |
| 일진 | 壬午 | 癸未 | 甲申 | 乙酉 | 丙戌 | 丁亥 | 戊子 | 己丑 | 庚寅 | 辛卯 | 壬辰 | 癸巳 | 甲午 | 乙未 | 丙申 | 丁酉 | 戊戌 | 己亥 | 庚子 | 辛丑 | 壬寅 | 癸卯 | 甲辰 | 乙巳 | 丙午 | 丁未 | 戊申 | 己酉 | 庚戌 | 辛亥 | 壬子 |
| 대운 남 | 8 | 8 | 8 | 9 | 9 | 9 | 10 | 10 | 한 | 1 | 1 | 1 | 1 | 2 | 2 | 2 | 3 | 3 | 3 | 4 | 4 | 4 | 5 | 5 | 5 | 6 | 6 | 6 | 7 | 7 | 7 |
| 대운 녀 | 3 | 2 | 2 | 2 | 1 | 1 | 1 | 1 | 로 | 10 | 9 | 9 | 9 | 8 | 8 | 8 | 7 | 7 | 7 | 6 | 6 | 6 | 5 | 5 | 5 | 4 | 4 | 4 | 3 | 3 | 3 |

입동 8일 04시24분 | **11 · 己亥月(㊐ 11.8~12.6)** | 소설 23일 01시38분

| 양력 | 1 | 2 | 3 | 4 | 5 | 6 | 7 | 8 | 9 | 10 | 11 | 12 | 13 | 14 | 15 | 16 | 17 | 18 | 19 | 20 | 21 | 22 | 23 | 24 | 25 | 26 | 27 | 28 | 29 | 30 |
|---|---|---|---|---|---|---|---|---|---|---|---|---|---|---|---|---|---|---|---|---|---|---|---|---|---|---|---|---|---|---|
| 음력 | 13 | 14 | 15 | 16 | 17 | 18 | 19 | 20 | 21 | 22 | 23 | 24 | 25 | 26 | 27 | 28 | 29 | 30 | 10.1 | 2 | 3 | 4 | 5 | 6 | 7 | 8 | 9 | 10 | 11 | 12 |
| 요일 | 土 | 日 | 月 | 火 | 水 | 木 | 金 | 土 | 日 | 月 | 火 | 水 | 木 | 金 | 土 | 日 | 月 | 火 | 水 | 木 | 金 | 土 | 日 | 月 | 火 | 水 | 木 | 金 | 土 | 日 |
| 일진 | 癸丑 | 甲寅 | 乙卯 | 丙辰 | 丁巳 | 戊午 | 己未 | 庚申 | 辛酉 | 壬戌 | 癸亥 | 甲子 | 乙丑 | 丙寅 | 丁卯 | 戊辰 | 己巳 | 庚午 | 辛未 | 壬申 | 癸酉 | 甲戌 | 乙亥 | 丙子 | 丁丑 | 戊寅 | 己卯 | 庚辰 | 辛巳 | 壬午 |
| 대운 남 | 8 | 8 | 8 | 9 | 9 | 9 | 10 | 입 | 1 | 1 | 1 | 1 | 2 | 2 | 2 | 3 | 3 | 3 | 4 | 4 | 4 | 5 | 5 | 5 | 6 | 6 | 6 | 7 | 7 | 7 |
| 대운 녀 | 2 | 2 | 2 | 1 | 1 | 1 | 1 | 동 | 9 | 9 | 9 | 8 | 8 | 8 | 7 | 7 | 7 | 6 | 6 | 6 | 5 | 5 | 5 | 4 | 4 | 4 | 3 | 3 | 3 | 2 |

대설 7일 20시56분 | **12 · 庚子月(㊐ 12.7~1.5)** | 동지 22일 14시44분

| 양력 | 1 | 2 | 3 | 4 | 5 | 6 | 7 | 8 | 9 | 10 | 11 | 12 | 13 | 14 | 15 | 16 | 17 | 18 | 19 | 20 | 21 | 22 | 23 | 24 | 25 | 26 | 27 | 28 | 29 | 30 | 31 |
|---|---|---|---|---|---|---|---|---|---|---|---|---|---|---|---|---|---|---|---|---|---|---|---|---|---|---|---|---|---|---|---|
| 음력 | 13 | 14 | 15 | 16 | 17 | 18 | 19 | 20 | 21 | 22 | 23 | 24 | 25 | 26 | 27 | 28 | 29 | 11.1 | 2 | 3 | 4 | 5 | 6 | 7 | 8 | 9 | 10 | 11 | 12 | 13 | 14 |
| 요일 | 月 | 火 | 水 | 木 | 金 | 土 | 日 | 月 | 火 | 水 | 木 | 金 | 土 | 日 | 月 | 火 | 水 | 木 | 金 | 土 | 日 | 月 | 火 | 水 | 木 | 金 | 土 | 日 | 月 | 火 | 水 |
| 일진 | 癸未 | 甲申 | 乙酉 | 丙戌 | 丁亥 | 戊子 | 己丑 | 庚寅 | 辛卯 | 壬辰 | 癸巳 | 甲午 | 乙未 | 丙申 | 丁酉 | 戊戌 | 己亥 | 庚子 | 辛丑 | 壬寅 | 癸卯 | 甲辰 | 乙巳 | 丙午 | 丁未 | 戊申 | 己酉 | 庚戌 | 辛亥 | 壬子 | 癸丑 |
| 대운 남 | 8 | 8 | 8 | 9 | 9 | 9 | 대 | 1 | 1 | 1 | 1 | 2 | 2 | 2 | 3 | 3 | 3 | 4 | 4 | 4 | 5 | 5 | 5 | 6 | 6 | 6 | 7 | 7 | 7 | 8 | 8 |
| 대운 녀 | 2 | 2 | 1 | 1 | 1 | 1 | 설 | 10 | 9 | 9 | 9 | 8 | 8 | 8 | 7 | 7 | 7 | 6 | 6 | 6 | 5 | 5 | 5 | 4 | 4 | 4 | 3 | 3 | 3 | 2 | 2 |

단기 4275년

# 1942년

소한 6일 08시02분

## 1 · 辛丑月(양 1.6~2.3)

대한 21일 01시24분

| 양력 | 1 | 2 | 3 | 4 | 5 | 6 | 7 | 8 | 9 | 10 | 11 | 12 | 13 | 14 | 15 | 16 | 17 | 18 | 19 | 20 | 21 | 22 | 23 | 24 | 25 | 26 | 27 | 28 | 29 | 30 | 31 |
|---|---|---|---|---|---|---|---|---|---|---|---|---|---|---|---|---|---|---|---|---|---|---|---|---|---|---|---|---|---|---|---|
| 음력 | 15 | 16 | 17 | 18 | 19 | 20 | 21 | 22 | 23 | 24 | 25 | 26 | 27 | 28 | 29 | 30 | 12.1 | 2 | 3 | 4 | 5 | 6 | 7 | 8 | 9 | 10 | 11 | 12 | 13 | 14 | 15 |
| 요일 | 木 | 金 | 土 | 日 | 月 | 火 | 水 | 木 | 金 | 土 | 日 | 月 | 火 | 水 | 木 | 金 | 土 | 日 | 月 | 火 | 水 | 木 | 金 | 土 | 日 | 月 | 火 | 水 | 木 | 金 | 土 |
| 일진 | 甲寅 | 乙卯 | 丙辰 | 丁巳 | 戊午 | 己未 | 庚申 | 辛酉 | 壬戌 | 癸亥 | 甲子 | 乙丑 | 丙寅 | 丁卯 | 戊辰 | 己巳 | 庚午 | 辛未 | 壬申 | 癸酉 | 甲戌 | 乙亥 | 丙子 | 丁丑 | 戊寅 | 己卯 | 庚辰 | 辛巳 | 壬午 | 癸未 | 甲申 |
| 대운 남 | 8 | 9 | 9 | 9 | 10 | 소 | 1 | 1 | 1 | 1 | 2 | 2 | 2 | 3 | 3 | 3 | 4 | 4 | 4 | 5 | 5 | 5 | 6 | 6 | 6 | 7 | 7 | 7 | 8 | 8 | 8 |
| 대운 녀 | 2 | 1 | 1 | 1 | 1 | 한 | 9 | 9 | 9 | 8 | 8 | 8 | 7 | 7 | 7 | 6 | 6 | 6 | 5 | 5 | 5 | 4 | 4 | 4 | 3 | 3 | 3 | 2 | 2 | 2 | 1 |

입춘 4일 19시49분

## 2 · 壬寅月(양 2.4~3.5)

우수 19일 15시47분

| 양력 | 1 | 2 | 3 | 4 | 5 | 6 | 7 | 8 | 9 | 10 | 11 | 12 | 13 | 14 | 15 | 16 | 17 | 18 | 19 | 20 | 21 | 22 | 23 | 24 | 25 | 26 | 27 | 28 |
|---|---|---|---|---|---|---|---|---|---|---|---|---|---|---|---|---|---|---|---|---|---|---|---|---|---|---|---|---|
| 음력 | 16 | 17 | 18 | 19 | 20 | 21 | 22 | 23 | 24 | 25 | 26 | 27 | 28 | 29 | 1.1 | 2 | 3 | 4 | 5 | 6 | 7 | 8 | 9 | 10 | 11 | 12 | 13 | 14 |
| 요일 | 日 | 月 | 火 | 水 | 木 | 金 | 土 | 日 | 月 | 火 | 水 | 木 | 金 | 土 | 日 | 月 | 火 | 水 | 木 | 金 | 土 | 日 | 月 | 火 | 水 | 木 | 金 | 土 |
| 일진 | 乙酉 | 丙戌 | 丁亥 | 戊子 | 己丑 | 庚寅 | 辛卯 | 壬辰 | 癸巳 | 甲午 | 乙未 | 丙申 | 丁酉 | 戊戌 | 己亥 | 庚子 | 辛丑 | 壬寅 | 癸卯 | 甲辰 | 乙巳 | 丙午 | 丁未 | 戊申 | 己酉 | 庚戌 | 辛亥 | 壬子 |
| 대운 남 | 9 | 9 | 9 | 입 | 10 | 9 | 9 | 9 | 8 | 8 | 8 | 7 | 7 | 7 | 6 | 6 | 6 | 5 | 5 | 5 | 4 | 4 | 4 | 3 | 3 | 3 | 2 | 2 |
| 대운 녀 | 1 | 1 | 1 | 춘 | 1 | 1 | 1 | 1 | 2 | 2 | 2 | 3 | 3 | 3 | 4 | 4 | 4 | 5 | 5 | 5 | 6 | 6 | 6 | 7 | 7 | 7 | 8 | 8 |

경칩 6일 14시09분

## 3 · 癸卯月(양 3.6~4.4)

춘분 21일 15시11분

| 양력 | 1 | 2 | 3 | 4 | 5 | 6 | 7 | 8 | 9 | 10 | 11 | 12 | 13 | 14 | 15 | 16 | 17 | 18 | 19 | 20 | 21 | 22 | 23 | 24 | 25 | 26 | 27 | 28 | 29 | 30 | 31 |
|---|---|---|---|---|---|---|---|---|---|---|---|---|---|---|---|---|---|---|---|---|---|---|---|---|---|---|---|---|---|---|---|
| 음력 | 15 | 16 | 17 | 18 | 19 | 20 | 21 | 22 | 23 | 24 | 25 | 26 | 27 | 28 | 29 | 30 | 2.1 | 2 | 3 | 4 | 5 | 6 | 7 | 8 | 9 | 10 | 11 | 12 | 13 | 14 | 15 |
| 요일 | 日 | 月 | 火 | 水 | 木 | 金 | 土 | 日 | 月 | 火 | 水 | 木 | 金 | 土 | 日 | 月 | 火 | 水 | 木 | 金 | 土 | 日 | 月 | 火 | 水 | 木 | 金 | 土 | 日 | 月 | 火 |
| 일진 | 癸丑 | 甲寅 | 乙卯 | 丙辰 | 丁巳 | 戊午 | 己未 | 庚申 | 辛酉 | 壬戌 | 癸亥 | 甲子 | 乙丑 | 丙寅 | 丁卯 | 戊辰 | 己巳 | 庚午 | 辛未 | 壬申 | 癸酉 | 甲戌 | 乙亥 | 丙子 | 丁丑 | 戊寅 | 己卯 | 庚辰 | 辛巳 | 壬午 | 癸未 |
| 대운 남 | 2 | 1 | 1 | 1 | 1 | 경 | 10 | 9 | 9 | 9 | 8 | 8 | 8 | 7 | 7 | 7 | 6 | 6 | 6 | 5 | 5 | 5 | 4 | 4 | 4 | 3 | 3 | 3 | 2 | 2 | 2 |
| 대운 녀 | 8 | 9 | 9 | 9 | 10 | 칩 | 1 | 1 | 1 | 1 | 2 | 2 | 2 | 3 | 3 | 3 | 4 | 4 | 4 | 5 | 5 | 5 | 6 | 6 | 6 | 7 | 7 | 7 | 8 | 8 | 8 |

청명 5일 19시24분

## 4 · 甲辰月(양 4.5~5.5)

곡우 21일 02시39분

| 양력 | 1 | 2 | 3 | 4 | 5 | 6 | 7 | 8 | 9 | 10 | 11 | 12 | 13 | 14 | 15 | 16 | 17 | 18 | 19 | 20 | 21 | 22 | 23 | 24 | 25 | 26 | 27 | 28 | 29 | 30 |
|---|---|---|---|---|---|---|---|---|---|---|---|---|---|---|---|---|---|---|---|---|---|---|---|---|---|---|---|---|---|---|
| 음력 | 16 | 17 | 18 | 19 | 20 | 21 | 22 | 23 | 24 | 25 | 26 | 27 | 28 | 29 | 3.1 | 2 | 3 | 4 | 5 | 6 | 7 | 8 | 9 | 10 | 11 | 12 | 13 | 14 | 15 | 16 |
| 요일 | 水 | 木 | 金 | 土 | 日 | 月 | 火 | 水 | 木 | 金 | 土 | 日 | 月 | 火 | 水 | 木 | 金 | 土 | 日 | 月 | 火 | 水 | 木 | 金 | 土 | 日 | 月 | 火 | 水 | 木 |
| 일진 | 甲申 | 乙酉 | 丙戌 | 丁亥 | 戊子 | 己丑 | 庚寅 | 辛卯 | 壬辰 | 癸巳 | 甲午 | 乙未 | 丙申 | 丁酉 | 戊戌 | 己亥 | 庚子 | 辛丑 | 壬寅 | 癸卯 | 甲辰 | 乙巳 | 丙午 | 丁未 | 戊申 | 己酉 | 庚戌 | 辛亥 | 壬子 | 癸丑 |
| 대운 남 | 1 | 1 | 1 | 1 | 청 | 10 | 10 | 9 | 9 | 9 | 8 | 8 | 8 | 7 | 7 | 7 | 6 | 6 | 6 | 5 | 5 | 5 | 4 | 4 | 4 | 3 | 3 | 3 | 2 | 2 |
| 대운 녀 | 9 | 9 | 9 | 10 | 명 | 1 | 1 | 1 | 1 | 2 | 2 | 2 | 3 | 3 | 3 | 4 | 4 | 4 | 5 | 5 | 5 | 6 | 6 | 6 | 7 | 7 | 7 | 8 | 8 | 8 |

입하 6일 13시07분

## 5 · 乙巳月(양 5.6~6.5)

소만 22일 02시09분

| 양력 | 1 | 2 | 3 | 4 | 5 | 6 | 7 | 8 | 9 | 10 | 11 | 12 | 13 | 14 | 15 | 16 | 17 | 18 | 19 | 20 | 21 | 22 | 23 | 24 | 25 | 26 | 27 | 28 | 29 | 30 | 31 |
|---|---|---|---|---|---|---|---|---|---|---|---|---|---|---|---|---|---|---|---|---|---|---|---|---|---|---|---|---|---|---|---|
| 음력 | 17 | 18 | 19 | 20 | 21 | 22 | 23 | 24 | 25 | 26 | 27 | 28 | 29 | 30 | 4.1 | 2 | 3 | 4 | 5 | 6 | 7 | 8 | 9 | 10 | 11 | 12 | 13 | 14 | 15 | 16 | 17 |
| 요일 | 金 | 土 | 日 | 月 | 火 | 水 | 木 | 金 | 土 | 日 | 月 | 火 | 水 | 木 | 金 | 土 | 日 | 月 | 火 | 水 | 木 | 金 | 土 | 日 | 月 | 火 | 水 | 木 | 金 | 土 | 日 |
| 일진 | 甲寅 | 乙卯 | 丙辰 | 丁巳 | 戊午 | 己未 | 庚申 | 辛酉 | 壬戌 | 癸亥 | 甲子 | 乙丑 | 丙寅 | 丁卯 | 戊辰 | 己巳 | 庚午 | 辛未 | 壬申 | 癸酉 | 甲戌 | 乙亥 | 丙子 | 丁丑 | 戊寅 | 己卯 | 庚辰 | 辛巳 | 壬午 | 癸未 | 甲申 |
| 대운 남 | 2 | 1 | 1 | 1 | 1 | 입 | 10 | 10 | 9 | 9 | 9 | 8 | 8 | 8 | 7 | 7 | 7 | 6 | 6 | 6 | 5 | 5 | 5 | 4 | 4 | 4 | 3 | 3 | 3 | 2 | 2 |
| 대운 녀 | 9 | 9 | 9 | 10 | 10 | 하 | 1 | 1 | 1 | 1 | 2 | 2 | 2 | 3 | 3 | 3 | 4 | 4 | 4 | 5 | 5 | 5 | 6 | 6 | 6 | 7 | 7 | 7 | 8 | 8 | 8 |

망종 6일 17시33분

## 6 · 丙午月(양 6.6~7.7)

하지 22일 10시16분

| 양력 | 1 | 2 | 3 | 4 | 5 | 6 | 7 | 8 | 9 | 10 | 11 | 12 | 13 | 14 | 15 | 16 | 17 | 18 | 19 | 20 | 21 | 22 | 23 | 24 | 25 | 26 | 27 | 28 | 29 | 30 |
|---|---|---|---|---|---|---|---|---|---|---|---|---|---|---|---|---|---|---|---|---|---|---|---|---|---|---|---|---|---|---|
| 음력 | 18 | 19 | 20 | 21 | 22 | 23 | 24 | 25 | 26 | 27 | 28 | 29 | 30 | 5.1 | 2 | 3 | 4 | 5 | 6 | 7 | 8 | 9 | 10 | 11 | 12 | 13 | 14 | 15 | 16 | 17 |
| 요일 | 月 | 火 | 水 | 木 | 金 | 土 | 日 | 月 | 火 | 水 | 木 | 金 | 土 | 日 | 月 | 火 | 水 | 木 | 金 | 土 | 日 | 月 | 火 | 水 | 木 | 金 | 土 | 日 | 月 | 火 |
| 일진 | 乙酉 | 丙戌 | 丁亥 | 戊子 | 己丑 | 庚寅 | 辛卯 | 壬辰 | 癸巳 | 甲午 | 乙未 | 丙申 | 丁酉 | 戊戌 | 己亥 | 庚子 | 辛丑 | 壬寅 | 癸卯 | 甲辰 | 乙巳 | 丙午 | 丁未 | 戊申 | 己酉 | 庚戌 | 辛亥 | 壬子 | 癸丑 | 甲寅 |
| 대운 남 | 2 | 1 | 1 | 1 | 1 | 망 | 10 | 10 | 10 | 9 | 9 | 9 | 8 | 8 | 8 | 7 | 7 | 7 | 6 | 6 | 6 | 5 | 5 | 5 | 4 | 4 | 4 | 3 | 3 | 3 |
| 대운 녀 | 9 | 9 | 9 | 10 | 10 | 종 | 1 | 1 | 1 | 1 | 2 | 2 | 2 | 3 | 3 | 3 | 4 | 4 | 4 | 5 | 5 | 5 | 6 | 6 | 6 | 7 | 7 | 7 | 8 | 8 |

소서 8일 03시52분

## 7 · 丁未月(양 7.8~8.7)

대서 23일 21시07분

| 양력 | 1 | 2 | 3 | 4 | 5 | 6 | 7 | 8 | 9 | 10 | 11 | 12 | 13 | 14 | 15 | 16 | 17 | 18 | 19 | 20 | 21 | 22 | 23 | 24 | 25 | 26 | 27 | 28 | 29 | 30 | 31 |
|---|---|---|---|---|---|---|---|---|---|---|---|---|---|---|---|---|---|---|---|---|---|---|---|---|---|---|---|---|---|---|---|
| 음력 | 18 | 19 | 20 | 21 | 22 | 23 | 24 | 25 | 26 | 27 | 28 | 29 | 6.1 | 2 | 3 | 4 | 5 | 6 | 7 | 8 | 9 | 10 | 11 | 12 | 13 | 14 | 15 | 16 | 17 | 18 | 19 |
| 요일 | 水 | 木 | 金 | 土 | 日 | 月 | 火 | 水 | 木 | 金 | 土 | 日 | 月 | 火 | 水 | 木 | 金 | 土 | 日 | 月 | 火 | 水 | 木 | 金 | 土 | 日 | 月 | 火 | 水 | 木 | 金 |
| 일진 | 乙 | 丙 | 丁 | 戊 | 己 | 庚 | 辛 | 壬 | 癸 | 甲 | 乙 | 丙 | 丁 | 戊 | 己 | 庚 | 辛 | 壬 | 癸 | 甲 | 乙 | 丙 | 丁 | 戊 | 己 | 庚 | 辛 | 壬 | 癸 | 甲 | 乙 |
|  | 卯 | 辰 | 巳 | 午 | 未 | 申 | 酉 | 戌 | 亥 | 子 | 丑 | 寅 | 卯 | 辰 | 巳 | 午 | 未 | 申 | 酉 | 戌 | 亥 | 子 | 丑 | 寅 | 卯 | 辰 | 巳 | 午 | 未 | 申 | 酉 |
| 대운 남 | 2 | 2 | 2 | 1 | 1 | 1 | 1 | 소 | 10 | 10 | 9 | 9 | 9 | 8 | 8 | 8 | 7 | 7 | 7 | 6 | 6 | 6 | 5 | 5 | 5 | 4 | 4 | 4 | 3 | 3 | 3 |
| 대운 녀 | 8 | 9 | 9 | 9 | 10 | 10 | 10 | 서 | 1 | 1 | 1 | 1 | 2 | 2 | 2 | 3 | 3 | 3 | 4 | 4 | 4 | 5 | 5 | 5 | 6 | 6 | 6 | 7 | 7 | 7 | 8 |

입추 8일 13시30분

## 8 · 戊申月(양 8.8~9.7)

처서 24일 03시58분

| 양력 | 1 | 2 | 3 | 4 | 5 | 6 | 7 | 8 | 9 | 10 | 11 | 12 | 13 | 14 | 15 | 16 | 17 | 18 | 19 | 20 | 21 | 22 | 23 | 24 | 25 | 26 | 27 | 28 | 29 | 30 | 31 |
|---|---|---|---|---|---|---|---|---|---|---|---|---|---|---|---|---|---|---|---|---|---|---|---|---|---|---|---|---|---|---|---|
| 음력 | 20 | 21 | 22 | 23 | 24 | 25 | 26 | 27 | 28 | 29 | 30 | 7.1 | 2 | 3 | 4 | 5 | 6 | 7 | 8 | 9 | 10 | 11 | 12 | 13 | 14 | 15 | 16 | 17 | 18 | 19 | 20 |
| 요일 | 土 | 日 | 月 | 火 | 水 | 木 | 金 | 土 | 日 | 月 | 火 | 水 | 木 | 金 | 土 | 日 | 月 | 火 | 水 | 木 | 金 | 土 | 日 | 月 | 火 | 水 | 木 | 金 | 土 | 日 | 月 |
| 일진 | 丙 | 丁 | 戊 | 己 | 庚 | 辛 | 壬 | 癸 | 甲 | 乙 | 丙 | 丁 | 戊 | 己 | 庚 | 辛 | 壬 | 癸 | 甲 | 乙 | 丙 | 丁 | 戊 | 己 | 庚 | 辛 | 壬 | 癸 | 甲 | 乙 | 丙 |
|  | 戌 | 亥 | 子 | 丑 | 寅 | 卯 | 辰 | 巳 | 午 | 未 | 申 | 酉 | 戌 | 亥 | 子 | 丑 | 寅 | 卯 | 辰 | 巳 | 午 | 未 | 申 | 酉 | 戌 | 亥 | 子 | 丑 | 寅 | 卯 | 辰 |
| 대운 남 | 2 | 2 | 2 | 1 | 1 | 1 | 1 | 입 | 10 | 10 | 9 | 9 | 9 | 8 | 8 | 8 | 7 | 7 | 7 | 6 | 6 | 6 | 5 | 5 | 5 | 4 | 4 | 4 | 3 | 3 | 3 |
| 대운 녀 | 8 | 8 | 9 | 9 | 9 | 10 | 10 | 추 | 1 | 1 | 1 | 1 | 2 | 2 | 2 | 3 | 3 | 3 | 4 | 4 | 4 | 5 | 5 | 5 | 6 | 6 | 6 | 7 | 7 | 7 | 8 |

백로 8일 16시06분

## 9 · 己酉月(양 9.8~10.8)

추분 24일 01시16분

| 양력 | 1 | 2 | 3 | 4 | 5 | 6 | 7 | 8 | 9 | 10 | 11 | 12 | 13 | 14 | 15 | 16 | 17 | 18 | 19 | 20 | 21 | 22 | 23 | 24 | 25 | 26 | 27 | 28 | 29 | 30 |
|---|---|---|---|---|---|---|---|---|---|---|---|---|---|---|---|---|---|---|---|---|---|---|---|---|---|---|---|---|---|---|
| 음력 | 21 | 22 | 23 | 24 | 25 | 26 | 27 | 28 | 29 | 30 | 8.1 | 2 | 3 | 4 | 5 | 6 | 7 | 8 | 9 | 10 | 11 | 12 | 13 | 14 | 15 | 16 | 17 | 18 | 19 | 20 |
| 요일 | 火 | 水 | 木 | 金 | 土 | 日 | 月 | 火 | 水 | 木 | 金 | 土 | 日 | 月 | 火 | 水 | 木 | 金 | 土 | 日 | 月 | 火 | 水 | 木 | 金 | 土 | 日 | 月 | 火 | 水 |
| 일진 | 丁 | 戊 | 己 | 庚 | 辛 | 壬 | 癸 | 甲 | 乙 | 丙 | 丁 | 戊 | 己 | 庚 | 辛 | 壬 | 癸 | 甲 | 乙 | 丙 | 丁 | 戊 | 己 | 庚 | 辛 | 壬 | 癸 | 甲 | 乙 | 丙 |
|  | 巳 | 午 | 未 | 申 | 酉 | 戌 | 亥 | 子 | 丑 | 寅 | 卯 | 辰 | 巳 | 午 | 未 | 申 | 酉 | 戌 | 亥 | 子 | 丑 | 寅 | 卯 | 辰 | 巳 | 午 | 未 | 申 | 酉 | 戌 |
| 대운 남 | 2 | 2 | 2 | 1 | 1 | 1 | 1 | 백 | 10 | 10 | 9 | 9 | 9 | 8 | 8 | 8 | 7 | 7 | 7 | 6 | 6 | 6 | 5 | 5 | 5 | 4 | 4 | 4 | 3 | 3 |
| 대운 녀 | 8 | 8 | 9 | 9 | 9 | 10 | 10 | 로 | 1 | 1 | 1 | 1 | 2 | 2 | 2 | 3 | 3 | 3 | 4 | 4 | 4 | 5 | 5 | 5 | 6 | 6 | 6 | 7 | 7 | 7 |

한로 9일 07시22분

## 10 · 庚戌月(양 10.9~11.7)

상강 24일 10시15분

| 양력 | 1 | 2 | 3 | 4 | 5 | 6 | 7 | 8 | 9 | 10 | 11 | 12 | 13 | 14 | 15 | 16 | 17 | 18 | 19 | 20 | 21 | 22 | 23 | 24 | 25 | 26 | 27 | 28 | 29 | 30 | 31 |
|---|---|---|---|---|---|---|---|---|---|---|---|---|---|---|---|---|---|---|---|---|---|---|---|---|---|---|---|---|---|---|---|
| 음력 | 21 | 22 | 23 | 24 | 25 | 26 | 27 | 28 | 29 | 9.1 | 2 | 3 | 4 | 5 | 6 | 7 | 8 | 9 | 10 | 11 | 12 | 13 | 14 | 15 | 16 | 17 | 18 | 19 | 20 | 21 | 22 |
| 요일 | 木 | 金 | 土 | 日 | 月 | 火 | 水 | 木 | 金 | 土 | 日 | 月 | 火 | 水 | 木 | 金 | 土 | 日 | 月 | 火 | 水 | 木 | 金 | 土 | 日 | 月 | 火 | 水 | 木 | 金 | 土 |
| 일진 | 丁 | 戊 | 己 | 庚 | 辛 | 壬 | 癸 | 甲 | 乙 | 丙 | 丁 | 戊 | 己 | 庚 | 辛 | 壬 | 癸 | 甲 | 乙 | 丙 | 丁 | 戊 | 己 | 庚 | 辛 | 壬 | 癸 | 甲 | 乙 | 丙 | 丁 |
|  | 亥 | 子 | 丑 | 寅 | 卯 | 辰 | 巳 | 午 | 未 | 申 | 酉 | 戌 | 亥 | 子 | 丑 | 寅 | 卯 | 辰 | 巳 | 午 | 未 | 申 | 酉 | 戌 | 亥 | 子 | 丑 | 寅 | 卯 | 辰 | 巳 |
| 대운 남 | 3 | 2 | 2 | 2 | 1 | 1 | 1 | 1 | 한 | 10 | 9 | 9 | 9 | 8 | 8 | 8 | 7 | 7 | 7 | 6 | 6 | 6 | 5 | 5 | 5 | 4 | 4 | 4 | 3 | 3 | 3 |
| 대운 녀 | 8 | 8 | 8 | 9 | 9 | 9 | 10 | 10 | 로 | 1 | 1 | 1 | 1 | 2 | 2 | 2 | 3 | 3 | 3 | 4 | 4 | 4 | 5 | 5 | 5 | 6 | 6 | 6 | 7 | 7 | 7 |

입동 8일 10시11분

## 11 · 辛亥月(양 11.8~12.7)

소설 23일 07시30분

| 양력 | 1 | 2 | 3 | 4 | 5 | 6 | 7 | 8 | 9 | 10 | 11 | 12 | 13 | 14 | 15 | 16 | 17 | 18 | 19 | 20 | 21 | 22 | 23 | 24 | 25 | 26 | 27 | 28 | 29 | 30 |
|---|---|---|---|---|---|---|---|---|---|---|---|---|---|---|---|---|---|---|---|---|---|---|---|---|---|---|---|---|---|---|
| 음력 | 23 | 24 | 25 | 26 | 27 | 28 | 29 | 30 | 10.1 | 2 | 3 | 4 | 5 | 6 | 7 | 8 | 9 | 10 | 11 | 12 | 13 | 14 | 15 | 16 | 17 | 18 | 19 | 20 | 21 | 22 |
| 요일 | 日 | 月 | 火 | 水 | 木 | 金 | 土 | 日 | 月 | 火 | 水 | 木 | 金 | 土 | 日 | 月 | 火 | 水 | 木 | 金 | 土 | 日 | 月 | 火 | 水 | 木 | 金 | 土 | 日 | 月 |
| 일진 | 戊 | 己 | 庚 | 辛 | 壬 | 癸 | 甲 | 乙 | 丙 | 丁 | 戊 | 己 | 庚 | 辛 | 壬 | 癸 | 甲 | 乙 | 丙 | 丁 | 戊 | 己 | 庚 | 辛 | 壬 | 癸 | 甲 | 乙 | 丙 | 丁 |
|  | 午 | 未 | 申 | 酉 | 戌 | 亥 | 子 | 丑 | 寅 | 卯 | 辰 | 巳 | 午 | 未 | 申 | 酉 | 戌 | 亥 | 子 | 丑 | 寅 | 卯 | 辰 | 巳 | 午 | 未 | 申 | 酉 | 戌 | 亥 |
| 대운 남 | 2 | 2 | 2 | 1 | 1 | 1 | 1 | 입 | 10 | 9 | 9 | 9 | 8 | 8 | 8 | 7 | 7 | 7 | 6 | 6 | 6 | 5 | 5 | 5 | 4 | 4 | 4 | 3 | 3 | 3 |
| 대운 녀 | 8 | 8 | 8 | 9 | 9 | 9 | 10 | 동 | 1 | 1 | 1 | 1 | 2 | 2 | 2 | 3 | 3 | 3 | 4 | 4 | 4 | 5 | 5 | 5 | 6 | 6 | 6 | 7 | 7 | 7 |

대설 8일 02시47분

## 12 · 壬子月(양 12.8~1.5)

동지 22일 20시40분

| 양력 | 1 | 2 | 3 | 4 | 5 | 6 | 7 | 8 | 9 | 10 | 11 | 12 | 13 | 14 | 15 | 16 | 17 | 18 | 19 | 20 | 21 | 22 | 23 | 24 | 25 | 26 | 27 | 28 | 29 | 30 | 31 |
|---|---|---|---|---|---|---|---|---|---|---|---|---|---|---|---|---|---|---|---|---|---|---|---|---|---|---|---|---|---|---|---|
| 음력 | 23 | 24 | 25 | 26 | 27 | 28 | 29 | 11.1 | 2 | 3 | 4 | 5 | 6 | 7 | 8 | 9 | 10 | 11 | 12 | 13 | 14 | 15 | 16 | 17 | 18 | 19 | 20 | 21 | 22 | 23 | 24 |
| 요일 | 火 | 水 | 木 | 金 | 土 | 日 | 月 | 火 | 水 | 木 | 金 | 土 | 日 | 月 | 火 | 水 | 木 | 金 | 土 | 日 | 月 | 火 | 水 | 木 | 金 | 土 | 日 | 月 | 火 | 水 | 木 |
| 일진 | 戊 | 己 | 庚 | 辛 | 壬 | 癸 | 甲 | 乙 | 丙 | 丁 | 戊 | 己 | 庚 | 辛 | 壬 | 癸 | 甲 | 乙 | 丙 | 丁 | 戊 | 己 | 庚 | 辛 | 壬 | 癸 | 甲 | 乙 | 丙 | 丁 | 戊 |
|  | 子 | 丑 | 寅 | 卯 | 辰 | 巳 | 午 | 未 | 申 | 酉 | 戌 | 亥 | 子 | 丑 | 寅 | 卯 | 辰 | 巳 | 午 | 未 | 申 | 酉 | 戌 | 亥 | 子 | 丑 | 寅 | 卯 | 辰 | 巳 | 午 |
| 대운 남 | 2 | 2 | 2 | 1 | 1 | 1 | 1 | 대 | 9 | 9 | 9 | 8 | 8 | 8 | 7 | 7 | 7 | 6 | 6 | 6 | 5 | 5 | 5 | 4 | 4 | 4 | 3 | 3 | 3 | 2 | 2 |
| 대운 녀 | 8 | 8 | 8 | 9 | 9 | 9 | 10 | 설 | 1 | 1 | 1 | 1 | 2 | 2 | 2 | 3 | 3 | 3 | 4 | 4 | 4 | 5 | 5 | 5 | 6 | 6 | 6 | 7 | 7 | 7 | 8 |

단기 4276년

# 1943년

소한 6일 13시55분

## 1 · 癸丑月(양 1.6~2.4)

대한 21일 07시19분

| 양력 | 1 | 2 | 3 | 4 | 5 | 6 | 7 | 8 | 9 | 10 | 11 | 12 | 13 | 14 | 15 | 16 | 17 | 18 | 19 | 20 | 21 | 22 | 23 | 24 | 25 | 26 | 27 | 28 | 29 | 30 | 31 |
|---|---|---|---|---|---|---|---|---|---|---|---|---|---|---|---|---|---|---|---|---|---|---|---|---|---|---|---|---|---|---|---|
| 음력 | 25 | 26 | 27 | 28 | 29 | 12.1 | 2 | 3 | 4 | 5 | 6 | 7 | 8 | 9 | 10 | 11 | 12 | 13 | 14 | 15 | 16 | 17 | 18 | 19 | 20 | 21 | 22 | 23 | 24 | 25 | 26 |
| 요일 | 金 | 土 | 日 | 月 | 火 | 水 | 木 | 金 | 土 | 日 | 月 | 火 | 水 | 木 | 金 | 土 | 日 | 月 | 火 | 水 | 木 | 金 | 土 | 日 | 月 | 火 | 水 | 木 | 金 | 土 | 日 |
| 일진 | 己未 | 庚申 | 辛酉 | 壬戌 | 癸亥 | 甲子 | 乙丑 | 丙寅 | 丁卯 | 戊辰 | 己巳 | 庚午 | 辛未 | 壬申 | 癸酉 | 甲戌 | 乙亥 | 丙子 | 丁丑 | 戊寅 | 己卯 | 庚辰 | 辛巳 | 壬午 | 癸未 | 甲申 | 乙酉 | 丙戌 | 丁亥 | 戊子 | 己丑 |
| 대운 남 | 2 | 1 | 1 | 1 | 1 | 소 | 10 | 9 | 9 | 9 | 8 | 8 | 8 | 7 | 7 | 7 | 6 | 6 | 6 | 5 | 5 | 5 | 4 | 4 | 4 | 3 | 3 | 3 | 2 | 2 | 2 |
| 대운 녀 | 8 | 8 | 9 | 9 | 9 | 한 | 1 | 1 | 1 | 1 | 2 | 2 | 2 | 3 | 3 | 3 | 4 | 4 | 4 | 5 | 5 | 5 | 6 | 6 | 6 | 7 | 7 | 7 | 8 | 8 | 8 |

입춘 5일 01시40분

## 2 · 甲寅月(양 2.5~3.5)

우수 21일 21시40분

| 양력 | 1 | 2 | 3 | 4 | 5 | 6 | 7 | 8 | 9 | 10 | 11 | 12 | 13 | 14 | 15 | 16 | 17 | 18 | 19 | 20 | 21 | 22 | 23 | 24 | 25 | 26 | 27 | 28 |
|---|---|---|---|---|---|---|---|---|---|---|---|---|---|---|---|---|---|---|---|---|---|---|---|---|---|---|---|---|
| 음력 | 27 | 28 | 29 | 30 | 1.1 | 2 | 3 | 4 | 5 | 6 | 7 | 8 | 9 | 10 | 11 | 12 | 13 | 14 | 15 | 16 | 17 | 18 | 19 | 20 | 21 | 22 | 23 | 24 |
| 요일 | 月 | 火 | 水 | 木 | 金 | 土 | 日 | 月 | 火 | 水 | 木 | 金 | 土 | 日 | 月 | 火 | 水 | 木 | 金 | 土 | 日 | 月 | 火 | 水 | 木 | 金 | 土 | 日 |
| 일진 | 庚寅 | 辛卯 | 壬辰 | 癸巳 | 甲午 | 乙未 | 丙申 | 丁酉 | 戊戌 | 己亥 | 庚子 | 辛丑 | 壬寅 | 癸卯 | 甲辰 | 乙巳 | 丙午 | 丁未 | 戊申 | 己酉 | 庚戌 | 辛亥 | 壬子 | 癸丑 | 甲寅 | 乙卯 | 丙辰 | 丁巳 |
| 대운 남 | 1 | 1 | 1 | 1 | 입 | 1 | 1 | 1 | 1 | 2 | 2 | 2 | 3 | 3 | 3 | 4 | 4 | 4 | 5 | 5 | 5 | 6 | 6 | 6 | 7 | 7 | 7 | 8 |
| 대운 녀 | 9 | 9 | 9 | 10 | 춘 | 9 | 9 | 9 | 8 | 8 | 8 | 7 | 7 | 7 | 6 | 6 | 6 | 5 | 5 | 5 | 4 | 4 | 4 | 3 | 3 | 3 | 2 | 2 |

경칩 6일 19시59분

## 3 · 乙卯月(양 3.6~4.5)

춘분 21일 21시03분

| 양력 | 1 | 2 | 3 | 4 | 5 | 6 | 7 | 8 | 9 | 10 | 11 | 12 | 13 | 14 | 15 | 16 | 17 | 18 | 19 | 20 | 21 | 22 | 23 | 24 | 25 | 26 | 27 | 28 | 29 | 30 | 31 |
|---|---|---|---|---|---|---|---|---|---|---|---|---|---|---|---|---|---|---|---|---|---|---|---|---|---|---|---|---|---|---|---|
| 음력 | 25 | 26 | 27 | 28 | 29 | 2.1 | 2 | 3 | 4 | 5 | 6 | 7 | 8 | 9 | 10 | 11 | 12 | 13 | 14 | 15 | 16 | 17 | 18 | 19 | 20 | 21 | 22 | 23 | 24 | 25 | 26 |
| 요일 | 月 | 火 | 水 | 木 | 金 | 土 | 日 | 月 | 火 | 水 | 木 | 金 | 土 | 日 | 月 | 火 | 水 | 木 | 金 | 土 | 日 | 月 | 火 | 水 | 木 | 金 | 土 | 日 | 月 | 火 | 水 |
| 일진 | 戊午 | 己未 | 庚申 | 辛酉 | 壬戌 | 癸亥 | 甲子 | 乙丑 | 丙寅 | 丁卯 | 戊辰 | 己巳 | 庚午 | 辛未 | 壬申 | 癸酉 | 甲戌 | 乙亥 | 丙子 | 丁丑 | 戊寅 | 己卯 | 庚辰 | 辛巳 | 壬午 | 癸未 | 甲申 | 乙酉 | 丙戌 | 丁亥 | 戊子 |
| 대운 남 | 8 | 8 | 9 | 9 | 9 | 경 | 1 | 1 | 1 | 1 | 2 | 2 | 2 | 3 | 3 | 3 | 4 | 4 | 4 | 5 | 5 | 5 | 6 | 6 | 6 | 7 | 7 | 7 | 8 | 8 | 8 |
| 대운 녀 | 2 | 1 | 1 | 1 | 1 | 칩 | 10 | 10 | 9 | 9 | 9 | 8 | 8 | 8 | 7 | 7 | 7 | 6 | 6 | 6 | 5 | 5 | 5 | 4 | 4 | 4 | 3 | 3 | 3 | 2 | 2 |

청명 6일 01시11분

## 4 · 丙辰月(양 4.6~5.5)

곡우 21일 08시32분

| 양력 | 1 | 2 | 3 | 4 | 5 | 6 | 7 | 8 | 9 | 10 | 11 | 12 | 13 | 14 | 15 | 16 | 17 | 18 | 19 | 20 | 21 | 22 | 23 | 24 | 25 | 26 | 27 | 28 | 29 | 30 |
|---|---|---|---|---|---|---|---|---|---|---|---|---|---|---|---|---|---|---|---|---|---|---|---|---|---|---|---|---|---|---|
| 음력 | 27 | 28 | 29 | 30 | 3.1 | 2 | 3 | 4 | 5 | 6 | 7 | 8 | 9 | 10 | 11 | 12 | 13 | 14 | 15 | 16 | 17 | 18 | 19 | 20 | 21 | 22 | 23 | 24 | 25 | 26 |
| 요일 | 木 | 金 | 土 | 日 | 月 | 火 | 水 | 木 | 金 | 土 | 日 | 月 | 火 | 水 | 木 | 金 | 土 | 日 | 月 | 火 | 水 | 木 | 金 | 土 | 日 | 月 | 火 | 水 | 木 | 金 |
| 일진 | 己丑 | 庚寅 | 辛卯 | 壬辰 | 癸巳 | 甲午 | 乙未 | 丙申 | 丁酉 | 戊戌 | 己亥 | 庚子 | 辛丑 | 壬寅 | 癸卯 | 甲辰 | 乙巳 | 丙午 | 丁未 | 戊申 | 己酉 | 庚戌 | 辛亥 | 壬子 | 癸丑 | 甲寅 | 乙卯 | 丙辰 | 丁巳 | 戊午 |
| 대운 남 | 9 | 9 | 9 | 10 | 10 | 청 | 1 | 1 | 1 | 1 | 2 | 2 | 2 | 3 | 3 | 3 | 4 | 4 | 4 | 5 | 5 | 5 | 6 | 6 | 6 | 7 | 7 | 7 | 8 | 8 |
| 대운 녀 | 2 | 1 | 1 | 1 | 1 | 명 | 10 | 9 | 9 | 9 | 8 | 8 | 8 | 7 | 7 | 7 | 6 | 6 | 6 | 5 | 5 | 5 | 4 | 4 | 4 | 3 | 3 | 3 | 2 | 2 |

입하 6일 18시53분

## 5 · 丁巳月(양 5.6~6.5)

소만 22일 08시03분

| 양력 | 1 | 2 | 3 | 4 | 5 | 6 | 7 | 8 | 9 | 10 | 11 | 12 | 13 | 14 | 15 | 16 | 17 | 18 | 19 | 20 | 21 | 22 | 23 | 24 | 25 | 26 | 27 | 28 | 29 | 30 | 31 |
|---|---|---|---|---|---|---|---|---|---|---|---|---|---|---|---|---|---|---|---|---|---|---|---|---|---|---|---|---|---|---|---|
| 음력 | 27 | 28 | 29 | 4.1 | 2 | 3 | 4 | 5 | 6 | 7 | 8 | 9 | 10 | 11 | 12 | 13 | 14 | 15 | 16 | 17 | 18 | 19 | 20 | 21 | 22 | 23 | 24 | 25 | 26 | 27 | 28 |
| 요일 | 土 | 日 | 月 | 火 | 水 | 木 | 金 | 土 | 日 | 月 | 火 | 水 | 木 | 金 | 土 | 日 | 月 | 火 | 水 | 木 | 金 | 土 | 日 | 月 | 火 | 水 | 木 | 金 | 土 | 日 | 月 |
| 일진 | 己未 | 庚申 | 辛酉 | 壬戌 | 癸亥 | 甲子 | 乙丑 | 丙寅 | 丁卯 | 戊辰 | 己巳 | 庚午 | 辛未 | 壬申 | 癸酉 | 甲戌 | 乙亥 | 丙子 | 丁丑 | 戊寅 | 己卯 | 庚辰 | 辛巳 | 壬午 | 癸未 | 甲申 | 乙酉 | 丙戌 | 丁亥 | 戊子 | 己丑 |
| 대운 남 | 8 | 9 | 9 | 9 | 10 | 입 | 1 | 1 | 1 | 1 | 2 | 2 | 2 | 3 | 3 | 3 | 4 | 4 | 4 | 5 | 5 | 5 | 6 | 6 | 6 | 7 | 7 | 7 | 8 | 8 | 8 |
| 대운 녀 | 2 | 1 | 1 | 1 | 1 | 하 | 10 | 10 | 9 | 9 | 9 | 8 | 8 | 8 | 7 | 7 | 7 | 6 | 6 | 6 | 5 | 5 | 5 | 4 | 4 | 4 | 3 | 3 | 3 | 2 | 2 |

망종 6일 23시19분

## 6 · 戊午月(양 6.6~7.7)

하지 22일 16시12분

| 양력 | 1 | 2 | 3 | 4 | 5 | 6 | 7 | 8 | 9 | 10 | 11 | 12 | 13 | 14 | 15 | 16 | 17 | 18 | 19 | 20 | 21 | 22 | 23 | 24 | 25 | 26 | 27 | 28 | 29 | 30 |
|---|---|---|---|---|---|---|---|---|---|---|---|---|---|---|---|---|---|---|---|---|---|---|---|---|---|---|---|---|---|---|
| 음력 | 29 | 30 | 5.1 | 2 | 3 | 4 | 5 | 6 | 7 | 8 | 9 | 10 | 11 | 12 | 13 | 14 | 15 | 16 | 17 | 18 | 19 | 20 | 21 | 22 | 23 | 24 | 25 | 26 | 27 | 28 |
| 요일 | 火 | 水 | 木 | 金 | 土 | 日 | 月 | 火 | 水 | 木 | 金 | 土 | 日 | 月 | 火 | 水 | 木 | 金 | 土 | 日 | 月 | 火 | 水 | 木 | 金 | 土 | 日 | 月 | 火 | 水 |
| 일진 | 庚寅 | 辛卯 | 壬辰 | 癸巳 | 甲午 | 乙未 | 丙申 | 丁酉 | 戊戌 | 己亥 | 庚子 | 辛丑 | 壬寅 | 癸卯 | 甲辰 | 乙巳 | 丙午 | 丁未 | 戊申 | 己酉 | 庚戌 | 辛亥 | 壬子 | 癸丑 | 甲寅 | 乙卯 | 丙辰 | 丁巳 | 戊午 | 己未 |
| 대운 남 | 9 | 9 | 9 | 10 | 10 | 망 | 1 | 1 | 1 | 1 | 2 | 2 | 2 | 3 | 3 | 3 | 4 | 4 | 4 | 5 | 5 | 5 | 6 | 6 | 6 | 7 | 7 | 7 | 8 | 8 |
| 대운 녀 | 2 | 1 | 1 | 1 | 1 | 종 | 10 | 10 | 10 | 9 | 9 | 9 | 8 | 8 | 8 | 7 | 7 | 7 | 6 | 6 | 6 | 5 | 5 | 5 | 4 | 4 | 4 | 3 | 3 | 3 |

## 7 · 己未月(양 7.8~8.7)

소서 8일 09시39분 · 대서 24일 03시05분

| 양력 | 1 | 2 | 3 | 4 | 5 | 6 | 7 | 8 | 9 | 10 | 11 | 12 | 13 | 14 | 15 | 16 | 17 | 18 | 19 | 20 | 21 | 22 | 23 | 24 | 25 | 26 | 27 | 28 | 29 | 30 | 31 |
|---|---|---|---|---|---|---|---|---|---|---|---|---|---|---|---|---|---|---|---|---|---|---|---|---|---|---|---|---|---|---|---|
| 음력 | 29 | 6.1 | 2 | 3 | 4 | 5 | 6 | 7 | 8 | 9 | 10 | 11 | 12 | 13 | 14 | 15 | 16 | 17 | 18 | 19 | 20 | 21 | 22 | 23 | 24 | 25 | 26 | 27 | 28 | 29 | 30 |
| 요일 | 木 | 金 | 土 | 日 | 月 | 火 | 水 | 木 | 金 | 土 | 日 | 月 | 火 | 水 | 木 | 金 | 土 | 日 | 月 | 火 | 水 | 木 | 金 | 土 | 日 | 月 | 火 | 水 | 木 | 金 | 土 |
| 일진 | 庚申 | 辛酉 | 壬戌 | 癸亥 | 甲子 | 乙丑 | 丙寅 | 丁卯 | 戊辰 | 己巳 | 庚午 | 辛未 | 壬申 | 癸酉 | 甲戌 | 乙亥 | 丙子 | 丁丑 | 戊寅 | 己卯 | 庚辰 | 辛巳 | 壬午 | 癸未 | 甲申 | 乙酉 | 丙戌 | 丁亥 | 戊子 | 己丑 | 庚寅 |
| 대운 남 | 8 | 9 | 9 | 9 | 10 | 10 | 10 | 소 | 1 | 1 | 1 | 1 | 2 | 2 | 2 | 3 | 3 | 3 | 4 | 4 | 4 | 5 | 5 | 5 | 6 | 6 | 6 | 7 | 7 | 7 | 8 |
| 대운 녀 | 2 | 2 | 2 | 1 | 1 | 1 | 1 | 서 | 10 | 10 | 9 | 9 | 9 | 8 | 8 | 8 | 7 | 7 | 7 | 6 | 6 | 6 | 5 | 5 | 5 | 4 | 4 | 4 | 3 | 3 | 3 |

## 8 · 庚申月(양 8.8~9.7)

입추 8일 19시19분 · 처서 24일 09시55분

| 양력 | 1 | 2 | 3 | 4 | 5 | 6 | 7 | 8 | 9 | 10 | 11 | 12 | 13 | 14 | 15 | 16 | 17 | 18 | 19 | 20 | 21 | 22 | 23 | 24 | 25 | 26 | 27 | 28 | 29 | 30 | 31 |
|---|---|---|---|---|---|---|---|---|---|---|---|---|---|---|---|---|---|---|---|---|---|---|---|---|---|---|---|---|---|---|---|
| 음력 | 7.1 | 2 | 3 | 4 | 5 | 6 | 7 | 8 | 9 | 10 | 11 | 12 | 13 | 14 | 15 | 16 | 17 | 18 | 19 | 20 | 21 | 22 | 23 | 24 | 25 | 26 | 27 | 28 | 29 | 30 | 8.1 |
| 요일 | 日 | 月 | 火 | 水 | 木 | 金 | 土 | 日 | 月 | 火 | 水 | 木 | 金 | 土 | 日 | 月 | 火 | 水 | 木 | 金 | 土 | 日 | 月 | 火 | 水 | 木 | 金 | 土 | 日 | 月 | 火 |
| 일진 | 辛卯 | 壬辰 | 癸巳 | 甲午 | 乙未 | 丙申 | 丁酉 | 戊戌 | 己亥 | 庚子 | 辛丑 | 壬寅 | 癸卯 | 甲辰 | 乙巳 | 丙午 | 丁未 | 戊申 | 己酉 | 庚戌 | 辛亥 | 壬子 | 癸丑 | 甲寅 | 乙卯 | 丙辰 | 丁巳 | 戊午 | 己未 | 庚申 | 辛酉 |
| 대운 남 | 8 | 8 | 9 | 9 | 9 | 10 | 10 | 입 | 1 | 1 | 1 | 1 | 2 | 2 | 2 | 3 | 3 | 3 | 4 | 4 | 4 | 5 | 5 | 5 | 6 | 6 | 6 | 7 | 7 | 7 | 8 |
| 대운 녀 | 2 | 2 | 2 | 1 | 1 | 1 | 1 | 추 | 10 | 10 | 9 | 9 | 9 | 8 | 8 | 8 | 7 | 7 | 7 | 6 | 6 | 6 | 5 | 5 | 5 | 4 | 4 | 4 | 3 | 3 | 3 |

## 9 · 辛酉月(양 9.8~10.8)

백로 8일 21시55분 · 추분 24일 07시12분

| 양력 | 1 | 2 | 3 | 4 | 5 | 6 | 7 | 8 | 9 | 10 | 11 | 12 | 13 | 14 | 15 | 16 | 17 | 18 | 19 | 20 | 21 | 22 | 23 | 24 | 25 | 26 | 27 | 28 | 29 | 30 |
|---|---|---|---|---|---|---|---|---|---|---|---|---|---|---|---|---|---|---|---|---|---|---|---|---|---|---|---|---|---|---|
| 음력 | 2 | 3 | 4 | 5 | 6 | 7 | 8 | 9 | 10 | 11 | 12 | 13 | 14 | 15 | 16 | 17 | 18 | 19 | 20 | 21 | 22 | 23 | 24 | 25 | 26 | 27 | 28 | 29 | 9.1 | 2 |
| 요일 | 水 | 木 | 金 | 土 | 日 | 月 | 火 | 水 | 木 | 金 | 土 | 日 | 月 | 火 | 水 | 木 | 金 | 土 | 日 | 月 | 火 | 水 | 木 | 金 | 土 | 日 | 月 | 火 | 水 | 木 |
| 일진 | 壬戌 | 癸亥 | 甲子 | 乙丑 | 丙寅 | 丁卯 | 戊辰 | 己巳 | 庚午 | 辛未 | 壬申 | 癸酉 | 甲戌 | 乙亥 | 丙子 | 丁丑 | 戊寅 | 己卯 | 庚辰 | 辛巳 | 壬午 | 癸未 | 甲申 | 乙酉 | 丙戌 | 丁亥 | 戊子 | 己丑 | 庚寅 | 辛卯 |
| 대운 남 | 8 | 8 | 9 | 9 | 9 | 10 | 10 | 백 | 1 | 1 | 1 | 1 | 2 | 2 | 2 | 3 | 3 | 3 | 4 | 4 | 4 | 5 | 5 | 5 | 6 | 6 | 6 | 7 | 7 | 7 |
| 대운 녀 | 2 | 2 | 2 | 1 | 1 | 1 | 1 | 로 | 10 | 10 | 9 | 9 | 9 | 8 | 8 | 8 | 7 | 7 | 7 | 6 | 6 | 6 | 5 | 5 | 5 | 4 | 4 | 4 | 3 | 3 |

## 10 · 壬戌月(양 10.9~11.7)

한로 9일 13시11분 · 상강 24일 16시08분

| 양력 | 1 | 2 | 3 | 4 | 5 | 6 | 7 | 8 | 9 | 10 | 11 | 12 | 13 | 14 | 15 | 16 | 17 | 18 | 19 | 20 | 21 | 22 | 23 | 24 | 25 | 26 | 27 | 28 | 29 | 30 | 31 |
|---|---|---|---|---|---|---|---|---|---|---|---|---|---|---|---|---|---|---|---|---|---|---|---|---|---|---|---|---|---|---|---|
| 음력 | 3 | 4 | 5 | 6 | 7 | 8 | 9 | 10 | 11 | 12 | 13 | 14 | 15 | 16 | 17 | 18 | 19 | 20 | 21 | 22 | 23 | 24 | 25 | 26 | 27 | 28 | 29 | 30 | 10.1 | 2 | 3 |
| 요일 | 金 | 土 | 日 | 月 | 火 | 水 | 木 | 金 | 土 | 日 | 月 | 火 | 水 | 木 | 金 | 土 | 日 | 月 | 火 | 水 | 木 | 金 | 土 | 日 | 月 | 火 | 水 | 木 | 金 | 土 | 日 |
| 일진 | 壬辰 | 癸巳 | 甲午 | 乙未 | 丙申 | 丁酉 | 戊戌 | 己亥 | 庚子 | 辛丑 | 壬寅 | 癸卯 | 甲辰 | 乙巳 | 丙午 | 丁未 | 戊申 | 己酉 | 庚戌 | 辛亥 | 壬子 | 癸丑 | 甲寅 | 乙卯 | 丙辰 | 丁巳 | 戊午 | 己未 | 庚申 | 辛酉 | 壬戌 |
| 대운 남 | 8 | 8 | 8 | 9 | 9 | 9 | 10 | 10 | 한 | 1 | 1 | 1 | 1 | 2 | 2 | 2 | 3 | 3 | 3 | 4 | 4 | 4 | 5 | 5 | 5 | 6 | 6 | 6 | 7 | 7 | 7 |
| 대운 녀 | 3 | 2 | 2 | 2 | 1 | 1 | 1 | 1 | 로 | 10 | 9 | 9 | 9 | 8 | 8 | 8 | 7 | 7 | 7 | 6 | 6 | 6 | 5 | 5 | 5 | 4 | 4 | 4 | 3 | 3 | 3 |

## 11 · 癸亥月(양 11.8~12.7)

입동 8일 15시59분 · 소설 23일 13시22분

| 양력 | 1 | 2 | 3 | 4 | 5 | 6 | 7 | 8 | 9 | 10 | 11 | 12 | 13 | 14 | 15 | 16 | 17 | 18 | 19 | 20 | 21 | 22 | 23 | 24 | 25 | 26 | 27 | 28 | 29 | 30 |
|---|---|---|---|---|---|---|---|---|---|---|---|---|---|---|---|---|---|---|---|---|---|---|---|---|---|---|---|---|---|---|
| 음력 | 4 | 5 | 6 | 7 | 8 | 9 | 10 | 11 | 12 | 13 | 14 | 15 | 16 | 17 | 18 | 19 | 20 | 21 | 22 | 23 | 24 | 25 | 26 | 27 | 28 | 29 | 30 | 11.1 | 2 | 3 |
| 요일 | 月 | 火 | 水 | 木 | 金 | 土 | 日 | 月 | 火 | 水 | 木 | 金 | 土 | 日 | 月 | 火 | 水 | 木 | 金 | 土 | 日 | 月 | 火 | 水 | 木 | 金 | 土 | 日 | 月 | 火 |
| 일진 | 癸亥 | 甲子 | 乙丑 | 丙寅 | 丁卯 | 戊辰 | 己巳 | 庚午 | 辛未 | 壬申 | 癸酉 | 甲戌 | 乙亥 | 丙子 | 丁丑 | 戊寅 | 己卯 | 庚辰 | 辛巳 | 壬午 | 癸未 | 甲申 | 乙酉 | 丙戌 | 丁亥 | 戊子 | 己丑 | 庚寅 | 辛卯 | 壬辰 |
| 대운 남 | 8 | 8 | 8 | 9 | 9 | 9 | 10 | 입 | 1 | 1 | 1 | 1 | 2 | 2 | 2 | 3 | 3 | 3 | 4 | 4 | 4 | 5 | 5 | 5 | 6 | 6 | 6 | 7 | 7 | 7 |
| 대운 녀 | 2 | 2 | 2 | 1 | 1 | 1 | 1 | 동 | 10 | 9 | 9 | 9 | 8 | 8 | 8 | 7 | 7 | 7 | 6 | 6 | 6 | 5 | 5 | 5 | 4 | 4 | 4 | 3 | 3 | 3 |

## 12 · 甲子月(양 12.8~1.5)

대설 8일 08시33분 · 동지 23일 02시29분

| 양력 | 1 | 2 | 3 | 4 | 5 | 6 | 7 | 8 | 9 | 10 | 11 | 12 | 13 | 14 | 15 | 16 | 17 | 18 | 19 | 20 | 21 | 22 | 23 | 24 | 25 | 26 | 27 | 28 | 29 | 30 | 31 |
|---|---|---|---|---|---|---|---|---|---|---|---|---|---|---|---|---|---|---|---|---|---|---|---|---|---|---|---|---|---|---|---|
| 음력 | 4 | 5 | 6 | 7 | 8 | 9 | 10 | 11 | 12 | 13 | 14 | 15 | 16 | 17 | 18 | 19 | 20 | 21 | 22 | 23 | 24 | 25 | 26 | 27 | 28 | 29 | 12.1 | 2 | 3 | 4 | 5 |
| 요일 | 水 | 木 | 金 | 土 | 日 | 月 | 火 | 水 | 木 | 金 | 土 | 日 | 月 | 火 | 水 | 木 | 金 | 土 | 日 | 月 | 火 | 水 | 木 | 金 | 土 | 日 | 月 | 火 | 水 | 木 | 金 |
| 일진 | 癸巳 | 甲午 | 乙未 | 丙申 | 丁酉 | 戊戌 | 己亥 | 庚子 | 辛丑 | 壬寅 | 癸卯 | 甲辰 | 乙巳 | 丙午 | 丁未 | 戊申 | 己酉 | 庚戌 | 辛亥 | 壬子 | 癸丑 | 甲寅 | 乙卯 | 丙辰 | 丁巳 | 戊午 | 己未 | 庚申 | 辛酉 | 壬戌 | 癸亥 |
| 대운 남 | 8 | 8 | 8 | 9 | 9 | 9 | 10 | 대 | 1 | 1 | 1 | 1 | 2 | 2 | 2 | 3 | 3 | 3 | 4 | 4 | 4 | 5 | 5 | 5 | 6 | 6 | 6 | 7 | 7 | 7 | 8 |
| 대운 녀 | 2 | 2 | 2 | 1 | 1 | 1 | 1 | 설 | 9 | 9 | 9 | 8 | 8 | 8 | 7 | 7 | 7 | 6 | 6 | 6 | 5 | 5 | 5 | 4 | 4 | 4 | 3 | 3 | 3 | 2 | 2 |

단기 4277년

# 1944년(윤4월)

소한 6일 19시39분

## 1 · 乙丑月(양 1.6~2.4)

대한 21일 13시07분

| 양력 | 1 | 2 | 3 | 4 | 5 | 6 | 7 | 8 | 9 | 10 | 11 | 12 | 13 | 14 | 15 | 16 | 17 | 18 | 19 | 20 | 21 | 22 | 23 | 24 | 25 | 26 | 27 | 28 | 29 | 30 | 31 |
|---|---|---|---|---|---|---|---|---|---|---|---|---|---|---|---|---|---|---|---|---|---|---|---|---|---|---|---|---|---|---|---|
| 음력 | 6 | 7 | 8 | 9 | 10 | 11 | 12 | 13 | 14 | 15 | 16 | 17 | 18 | 19 | 20 | 21 | 22 | 23 | 24 | 25 | 26 | 27 | 28 | 29 | 30 | 1.1 | 2 | 3 | 4 | 5 | 6 |
| 요일 | 土 | 日 | 月 | 火 | 水 | 木 | 金 | 土 | 日 | 月 | 火 | 水 | 木 | 金 | 土 | 日 | 月 | 火 | 水 | 木 | 金 | 土 | 日 | 月 | 火 | 水 | 木 | 金 | 土 | 日 | 月 |
| 일진 | 甲子 | 乙丑 | 丙寅 | 丁卯 | 戊辰 | 己巳 | 庚午 | 辛未 | 壬申 | 癸酉 | 甲戌 | 乙亥 | 丙子 | 丁丑 | 戊寅 | 己卯 | 庚辰 | 辛巳 | 壬午 | 癸未 | 甲申 | 乙酉 | 丙戌 | 丁亥 | 戊子 | 己丑 | 庚寅 | 辛卯 | 壬辰 | 癸巳 | 甲午 |
| 대운 남 | 8 | 8 | 9 | 9 | 9 | 소 | 1 | 1 | 1 | 1 | 2 | 2 | 2 | 3 | 3 | 3 | 4 | 4 | 4 | 5 | 5 | 5 | 6 | 6 | 6 | 7 | 7 | 7 | 8 | 8 | 8 |
| 대운 녀 | 2 | 1 | 1 | 1 | 1 | 한 | 10 | 9 | 9 | 9 | 8 | 8 | 8 | 7 | 7 | 7 | 6 | 6 | 6 | 5 | 5 | 5 | 4 | 4 | 4 | 3 | 3 | 3 | 2 | 2 | 2 |

입춘 5일 07시23분

## 2 · 丙寅月(양 2.5~3.5)

우수 20일 03시27분

| 양력 | 1 | 2 | 3 | 4 | 5 | 6 | 7 | 8 | 9 | 10 | 11 | 12 | 13 | 14 | 15 | 16 | 17 | 18 | 19 | 20 | 21 | 22 | 23 | 24 | 25 | 26 | 27 | 28 | 29 |
|---|---|---|---|---|---|---|---|---|---|---|---|---|---|---|---|---|---|---|---|---|---|---|---|---|---|---|---|---|---|
| 음력 | 7 | 8 | 9 | 10 | 11 | 12 | 13 | 14 | 15 | 16 | 17 | 18 | 19 | 20 | 21 | 22 | 23 | 24 | 25 | 26 | 27 | 28 | 29 | 2.1 | 2 | 3 | 4 | 5 | 6 |
| 요일 | 火 | 水 | 木 | 金 | 土 | 日 | 月 | 火 | 水 | 木 | 金 | 土 | 日 | 月 | 火 | 水 | 木 | 金 | 土 | 日 | 月 | 火 | 水 | 木 | 金 | 土 | 日 | 月 | 火 |
| 일진 | 乙未 | 丙申 | 丁酉 | 戊戌 | 己亥 | 庚子 | 辛丑 | 壬寅 | 癸卯 | 甲辰 | 乙巳 | 丙午 | 丁未 | 戊申 | 己酉 | 庚戌 | 辛亥 | 壬子 | 癸丑 | 甲寅 | 乙卯 | 丙辰 | 丁巳 | 戊午 | 己未 | 庚申 | 辛酉 | 壬戌 | 癸亥 |
| 대운 남 | 9 | 9 | 9 | 10 | 입 | 10 | 9 | 9 | 9 | 8 | 8 | 8 | 7 | 7 | 7 | 6 | 6 | 6 | 5 | 5 | 5 | 4 | 4 | 4 | 3 | 3 | 3 | 2 | 2 |
| 대운 녀 | 1 | 1 | 1 | 1 | 춘 | 1 | 1 | 1 | 1 | 2 | 2 | 2 | 3 | 3 | 3 | 4 | 4 | 4 | 5 | 5 | 5 | 6 | 6 | 6 | 7 | 7 | 7 | 8 | 8 |

경칩 6일 01시40분

## 3 · 丁卯月(양 3.6~4.4)

춘분 21일 02시49분

| 양력 | 1 | 2 | 3 | 4 | 5 | 6 | 7 | 8 | 9 | 10 | 11 | 12 | 13 | 14 | 15 | 16 | 17 | 18 | 19 | 20 | 21 | 22 | 23 | 24 | 25 | 26 | 27 | 28 | 29 | 30 | 31 |
|---|---|---|---|---|---|---|---|---|---|---|---|---|---|---|---|---|---|---|---|---|---|---|---|---|---|---|---|---|---|---|---|
| 음력 | 7 | 8 | 9 | 10 | 11 | 12 | 13 | 14 | 15 | 16 | 17 | 18 | 19 | 20 | 21 | 22 | 23 | 24 | 25 | 26 | 27 | 28 | 29 | 3.1 | 2 | 3 | 4 | 5 | 6 | 7 | 8 |
| 요일 | 水 | 木 | 金 | 土 | 日 | 月 | 火 | 水 | 木 | 金 | 土 | 日 | 月 | 火 | 水 | 木 | 金 | 土 | 日 | 月 | 火 | 水 | 木 | 金 | 土 | 日 | 月 | 火 | 水 | 木 | 金 |
| 일진 | 甲子 | 乙丑 | 丙寅 | 丁卯 | 戊辰 | 己巳 | 庚午 | 辛未 | 壬申 | 癸酉 | 甲戌 | 乙亥 | 丙子 | 丁丑 | 戊寅 | 己卯 | 庚辰 | 辛巳 | 壬午 | 癸未 | 甲申 | 乙酉 | 丙戌 | 丁亥 | 戊子 | 己丑 | 庚寅 | 辛卯 | 壬辰 | 癸巳 | 甲午 |
| 대운 남 | 2 | 1 | 1 | 1 | 1 | 경 | 10 | 9 | 9 | 9 | 8 | 8 | 8 | 7 | 7 | 7 | 6 | 6 | 6 | 5 | 5 | 5 | 4 | 4 | 4 | 3 | 3 | 3 | 2 | 2 | 2 |
| 대운 녀 | 8 | 9 | 9 | 9 | 10 | 칩 | 1 | 1 | 1 | 1 | 2 | 2 | 2 | 3 | 3 | 3 | 4 | 4 | 4 | 5 | 5 | 5 | 6 | 6 | 6 | 7 | 7 | 7 | 8 | 8 | 8 |

청명 5일 06시54분

## 4 · 戊辰月(양 4.5~5.5)

곡우 20일 14시18분

| 양력 | 1 | 2 | 3 | 4 | 5 | 6 | 7 | 8 | 9 | 10 | 11 | 12 | 13 | 14 | 15 | 16 | 17 | 18 | 19 | 20 | 21 | 22 | 23 | 24 | 25 | 26 | 27 | 28 | 29 | 30 |
|---|---|---|---|---|---|---|---|---|---|---|---|---|---|---|---|---|---|---|---|---|---|---|---|---|---|---|---|---|---|---|
| 음력 | 9 | 10 | 11 | 12 | 13 | 14 | 15 | 16 | 17 | 18 | 19 | 20 | 21 | 22 | 23 | 24 | 25 | 26 | 27 | 28 | 29 | 30 | 4.1 | 2 | 3 | 4 | 5 | 6 | 7 | 8 |
| 요일 | 土 | 日 | 月 | 火 | 水 | 木 | 金 | 土 | 日 | 月 | 火 | 水 | 木 | 金 | 土 | 日 | 月 | 火 | 水 | 木 | 金 | 土 | 日 | 月 | 火 | 水 | 木 | 金 | 土 | 日 |
| 일진 | 乙未 | 丙申 | 丁酉 | 戊戌 | 己亥 | 庚子 | 辛丑 | 壬寅 | 癸卯 | 甲辰 | 乙巳 | 丙午 | 丁未 | 戊申 | 己酉 | 庚戌 | 辛亥 | 壬子 | 癸丑 | 甲寅 | 乙卯 | 丙辰 | 丁巳 | 戊午 | 己未 | 庚申 | 辛酉 | 壬戌 | 癸亥 | 甲子 |
| 대운 남 | 1 | 1 | 1 | 1 | 청 | 10 | 10 | 9 | 9 | 9 | 8 | 8 | 8 | 7 | 7 | 7 | 6 | 6 | 6 | 5 | 5 | 5 | 4 | 4 | 4 | 3 | 3 | 3 | 2 | 2 |
| 대운 녀 | 9 | 9 | 9 | 10 | 명 | 1 | 1 | 1 | 1 | 2 | 2 | 2 | 3 | 3 | 3 | 4 | 4 | 4 | 5 | 5 | 5 | 6 | 6 | 6 | 7 | 7 | 7 | 8 | 8 | 8 |

입하 6일 00시40분

## 5 · 己巳月(양 5.6~6.5)

소만 21일 13시51분

| 양력 | 1 | 2 | 3 | 4 | 5 | 6 | 7 | 8 | 9 | 10 | 11 | 12 | 13 | 14 | 15 | 16 | 17 | 18 | 19 | 20 | 21 | 22 | 23 | 24 | 25 | 26 | 27 | 28 | 29 | 30 | 31 |
|---|---|---|---|---|---|---|---|---|---|---|---|---|---|---|---|---|---|---|---|---|---|---|---|---|---|---|---|---|---|---|---|
| 음력 | 9 | 10 | 11 | 12 | 13 | 14 | 15 | 16 | 17 | 18 | 19 | 20 | 21 | 22 | 23 | 24 | 25 | 26 | 27 | 28 | 29 | 윤 | 4.2 | 3 | 4 | 5 | 6 | 7 | 8 | 9 | 10 |
| 요일 | 月 | 火 | 水 | 木 | 金 | 土 | 日 | 月 | 火 | 水 | 木 | 金 | 土 | 日 | 月 | 火 | 水 | 木 | 金 | 土 | 日 | 月 | 火 | 水 | 木 | 金 | 土 | 日 | 月 | 火 | 水 |
| 일진 | 乙丑 | 丙寅 | 丁卯 | 戊辰 | 己巳 | 庚午 | 辛未 | 壬申 | 癸酉 | 甲戌 | 乙亥 | 丙子 | 丁丑 | 戊寅 | 己卯 | 庚辰 | 辛巳 | 壬午 | 癸未 | 甲申 | 乙酉 | 丙戌 | 丁亥 | 戊子 | 己丑 | 庚寅 | 辛卯 | 壬辰 | 癸巳 | 甲午 | 乙未 |
| 대운 남 | 2 | 1 | 1 | 1 | 1 | 입 | 10 | 10 | 9 | 9 | 9 | 8 | 8 | 8 | 7 | 7 | 7 | 6 | 6 | 6 | 5 | 5 | 5 | 4 | 4 | 4 | 3 | 3 | 3 | 2 | 2 |
| 대운 녀 | 9 | 9 | 9 | 10 | 10 | 하 | 1 | 1 | 1 | 1 | 2 | 2 | 2 | 3 | 3 | 3 | 4 | 4 | 4 | 5 | 5 | 5 | 6 | 6 | 6 | 7 | 7 | 7 | 8 | 8 | 8 |

망종 6일 05시11분

## 6 · 庚午月(양 6.6~7.6)

하지 21일 22시02분

| 양력 | 1 | 2 | 3 | 4 | 5 | 6 | 7 | 8 | 9 | 10 | 11 | 12 | 13 | 14 | 15 | 16 | 17 | 18 | 19 | 20 | 21 | 22 | 23 | 24 | 25 | 26 | 27 | 28 | 29 | 30 |
|---|---|---|---|---|---|---|---|---|---|---|---|---|---|---|---|---|---|---|---|---|---|---|---|---|---|---|---|---|---|---|
| 음력 | 11 | 12 | 13 | 14 | 15 | 16 | 17 | 18 | 19 | 20 | 21 | 22 | 23 | 24 | 25 | 26 | 27 | 28 | 29 | 30 | 5.1 | 2 | 3 | 4 | 5 | 6 | 7 | 8 | 9 | 10 |
| 요일 | 木 | 金 | 土 | 日 | 月 | 火 | 水 | 木 | 金 | 土 | 日 | 月 | 火 | 水 | 木 | 金 | 土 | 日 | 月 | 火 | 水 | 木 | 金 | 土 | 日 | 月 | 火 | 水 | 木 | 金 |
| 일진 | 丙申 | 丁酉 | 戊戌 | 己亥 | 庚子 | 辛丑 | 壬寅 | 癸卯 | 甲辰 | 乙巳 | 丙午 | 丁未 | 戊申 | 己酉 | 庚戌 | 辛亥 | 壬子 | 癸丑 | 甲寅 | 乙卯 | 丙辰 | 丁巳 | 戊午 | 己未 | 庚申 | 辛酉 | 壬戌 | 癸亥 | 甲子 | 乙丑 |
| 대운 남 | 2 | 1 | 1 | 1 | 1 | 망 | 10 | 10 | 9 | 9 | 9 | 8 | 8 | 8 | 7 | 7 | 7 | 6 | 6 | 6 | 5 | 5 | 5 | 4 | 4 | 4 | 3 | 3 | 3 | 2 |
| 대운 녀 | 9 | 9 | 9 | 10 | 10 | 종 | 1 | 1 | 1 | 1 | 2 | 2 | 2 | 3 | 3 | 3 | 4 | 4 | 4 | 5 | 5 | 5 | 6 | 6 | 6 | 7 | 7 | 7 | 8 | 8 |

소서 7일 15시36분 **7 · 辛未月(양) 7.7~8.7** 대서 23일 08시56분

| 양력 | 1 | 2 | 3 | 4 | 5 | 6 | 7 | 8 | 9 | 10 | 11 | 12 | 13 | 14 | 15 | 16 | 17 | 18 | 19 | 20 | 21 | 22 | 23 | 24 | 25 | 26 | 27 | 28 | 29 | 30 | 31 |
|---|---|---|---|---|---|---|---|---|---|---|---|---|---|---|---|---|---|---|---|---|---|---|---|---|---|---|---|---|---|---|---|
| 음력 | 11 | 12 | 13 | 14 | 15 | 16 | 17 | 18 | 19 | 20 | 21 | 22 | 23 | 24 | 25 | 26 | 27 | 28 | 29 | 6.1 | 2 | 3 | 4 | 5 | 6 | 7 | 8 | 9 | 10 | 11 | 12 |
| 요일 | 土 | 日 | 月 | 火 | 水 | 木 | 金 | 土 | 日 | 月 | 火 | 水 | 木 | 金 | 土 | 日 | 月 | 火 | 水 | 木 | 金 | 土 | 日 | 月 | 火 | 水 | 木 | 金 | 土 | 日 | 月 |
| 일진 | 丙寅 | 丁卯 | 戊辰 | 己巳 | 庚午 | 辛未 | 壬申 | 癸酉 | 甲戌 | 乙亥 | 丙子 | 丁丑 | 戊寅 | 己卯 | 庚辰 | 辛巳 | 壬午 | 癸未 | 甲申 | 乙酉 | 丙戌 | 丁亥 | 戊子 | 己丑 | 庚寅 | 辛卯 | 壬辰 | 癸巳 | 甲午 | 乙未 | 丙申 |
| 대운 남 | 2 | 2 | 1 | 1 | 1 | 1 | 소 | 10 | 10 | 10 | 9 | 9 | 9 | 8 | 8 | 8 | 7 | 7 | 7 | 6 | 6 | 6 | 5 | 5 | 5 | 4 | 4 | 4 | 3 | 3 | 3 |
| 대운 녀 | 8 | 9 | 9 | 9 | 10 | 10 | 서 | 1 | 1 | 1 | 1 | 2 | 2 | 2 | 3 | 3 | 3 | 4 | 4 | 4 | 5 | 5 | 5 | 6 | 6 | 6 | 7 | 7 | 7 | 8 | 8 |

입추 8일 01시19분 **8 · 壬申月(양) 8.8~9.7** 처서 23일 15시46분

| 양력 | 1 | 2 | 3 | 4 | 5 | 6 | 7 | 8 | 9 | 10 | 11 | 12 | 13 | 14 | 15 | 16 | 17 | 18 | 19 | 20 | 21 | 22 | 23 | 24 | 25 | 26 | 27 | 28 | 29 | 30 | 31 |
|---|---|---|---|---|---|---|---|---|---|---|---|---|---|---|---|---|---|---|---|---|---|---|---|---|---|---|---|---|---|---|---|
| 음력 | 13 | 14 | 15 | 16 | 17 | 18 | 19 | 20 | 21 | 22 | 23 | 24 | 25 | 26 | 27 | 28 | 29 | 30 | 7.1 | 2 | 3 | 4 | 5 | 6 | 7 | 8 | 9 | 10 | 11 | 12 | 13 |
| 요일 | 火 | 水 | 木 | 金 | 土 | 日 | 月 | 火 | 水 | 木 | 金 | 土 | 日 | 月 | 火 | 水 | 木 | 金 | 土 | 日 | 月 | 火 | 水 | 木 | 金 | 土 | 日 | 月 | 火 | 水 | 木 |
| 일진 | 丁酉 | 戊戌 | 己亥 | 庚子 | 辛丑 | 壬寅 | 癸卯 | 甲辰 | 乙巳 | 丙午 | 丁未 | 戊申 | 己酉 | 庚戌 | 辛亥 | 壬子 | 癸丑 | 甲寅 | 乙卯 | 丙辰 | 丁巳 | 戊午 | 己未 | 庚申 | 辛酉 | 壬戌 | 癸亥 | 甲子 | 乙丑 | 丙寅 | 丁卯 |
| 대운 남 | 2 | 2 | 2 | 1 | 1 | 1 | 1 | 입 | 10 | 10 | 9 | 9 | 9 | 8 | 8 | 8 | 7 | 7 | 7 | 6 | 6 | 6 | 5 | 5 | 5 | 4 | 4 | 4 | 3 | 3 | 3 |
| 대운 녀 | 8 | 9 | 9 | 9 | 10 | 10 | 10 | 추 | 1 | 1 | 1 | 1 | 2 | 2 | 2 | 3 | 3 | 3 | 4 | 4 | 4 | 5 | 5 | 5 | 6 | 6 | 6 | 7 | 7 | 7 | 8 |

백로 8일 03시56분 **9 · 癸酉月(양) 9.8~10.7** 추분 23일 13시02분

| 양력 | 1 | 2 | 3 | 4 | 5 | 6 | 7 | 8 | 9 | 10 | 11 | 12 | 13 | 14 | 15 | 16 | 17 | 18 | 19 | 20 | 21 | 22 | 23 | 24 | 25 | 26 | 27 | 28 | 29 | 30 |
|---|---|---|---|---|---|---|---|---|---|---|---|---|---|---|---|---|---|---|---|---|---|---|---|---|---|---|---|---|---|---|
| 음력 | 14 | 15 | 16 | 17 | 18 | 19 | 20 | 21 | 22 | 23 | 24 | 25 | 26 | 27 | 28 | 29 | 8.1 | 2 | 3 | 4 | 5 | 6 | 7 | 8 | 9 | 10 | 11 | 12 | 13 | 14 |
| 요일 | 金 | 土 | 日 | 月 | 火 | 水 | 木 | 金 | 土 | 日 | 月 | 火 | 水 | 木 | 金 | 土 | 日 | 月 | 火 | 水 | 木 | 金 | 土 | 日 | 月 | 火 | 水 | 木 | 金 | 土 |
| 일진 | 戊辰 | 己巳 | 庚午 | 辛未 | 壬申 | 癸酉 | 甲戌 | 乙亥 | 丙子 | 丁丑 | 戊寅 | 己卯 | 庚辰 | 辛巳 | 壬午 | 癸未 | 甲申 | 乙酉 | 丙戌 | 丁亥 | 戊子 | 己丑 | 庚寅 | 辛卯 | 壬辰 | 癸巳 | 甲午 | 乙未 | 丙申 | 丁酉 |
| 대운 남 | 2 | 2 | 2 | 1 | 1 | 1 | 1 | 백 | 10 | 9 | 9 | 9 | 8 | 8 | 8 | 7 | 7 | 7 | 6 | 6 | 6 | 5 | 5 | 5 | 4 | 4 | 4 | 3 | 3 | 3 |
| 대운 녀 | 8 | 8 | 9 | 9 | 9 | 10 | 10 | 로 | 1 | 1 | 1 | 1 | 2 | 2 | 2 | 3 | 3 | 3 | 4 | 4 | 4 | 5 | 5 | 5 | 6 | 6 | 6 | 7 | 7 | 7 |

한로 8일 19시09분 **10 · 甲戌月(양) 10.8~11.6** 상강 23일 21시56분

| 양력 | 1 | 2 | 3 | 4 | 5 | 6 | 7 | 8 | 9 | 10 | 11 | 12 | 13 | 14 | 15 | 16 | 17 | 18 | 19 | 20 | 21 | 22 | 23 | 24 | 25 | 26 | 27 | 28 | 29 | 30 | 31 |
|---|---|---|---|---|---|---|---|---|---|---|---|---|---|---|---|---|---|---|---|---|---|---|---|---|---|---|---|---|---|---|---|
| 음력 | 15 | 16 | 17 | 18 | 19 | 20 | 21 | 22 | 23 | 24 | 25 | 26 | 27 | 28 | 29 | 30 | 9.1 | 2 | 3 | 4 | 5 | 6 | 7 | 8 | 9 | 10 | 11 | 12 | 13 | 14 | 15 |
| 요일 | 日 | 月 | 火 | 水 | 木 | 金 | 土 | 日 | 月 | 火 | 水 | 木 | 金 | 土 | 日 | 月 | 火 | 水 | 木 | 金 | 土 | 日 | 月 | 火 | 水 | 木 | 金 | 土 | 日 | 月 | 火 |
| 일진 | 戊戌 | 己亥 | 庚子 | 辛丑 | 壬寅 | 癸卯 | 甲辰 | 乙巳 | 丙午 | 丁未 | 戊申 | 己酉 | 庚戌 | 辛亥 | 壬子 | 癸丑 | 甲寅 | 乙卯 | 丙辰 | 丁巳 | 戊午 | 己未 | 庚申 | 辛酉 | 壬戌 | 癸亥 | 甲子 | 乙丑 | 丙寅 | 丁卯 | 戊辰 |
| 대운 남 | 2 | 2 | 2 | 1 | 1 | 1 | 1 | 한 | 10 | 9 | 9 | 9 | 8 | 8 | 8 | 7 | 7 | 7 | 6 | 6 | 6 | 5 | 5 | 5 | 4 | 4 | 4 | 3 | 3 | 3 | 2 |
| 대운 녀 | 8 | 8 | 8 | 9 | 9 | 9 | 10 | 로 | 1 | 1 | 1 | 1 | 2 | 2 | 2 | 3 | 3 | 3 | 4 | 4 | 4 | 5 | 5 | 5 | 6 | 6 | 6 | 7 | 7 | 7 | 8 |

입동 7일 21시55분 **11 · 乙亥月(양) 11.7~12.6** 소설 22일 19시08분

| 양력 | 1 | 2 | 3 | 4 | 5 | 6 | 7 | 8 | 9 | 10 | 11 | 12 | 13 | 14 | 15 | 16 | 17 | 18 | 19 | 20 | 21 | 22 | 23 | 24 | 25 | 26 | 27 | 28 | 29 | 30 |
|---|---|---|---|---|---|---|---|---|---|---|---|---|---|---|---|---|---|---|---|---|---|---|---|---|---|---|---|---|---|---|
| 음력 | 16 | 17 | 18 | 19 | 20 | 21 | 22 | 23 | 24 | 25 | 26 | 27 | 28 | 29 | 30 | 10.1 | 2 | 3 | 4 | 5 | 6 | 7 | 8 | 9 | 10 | 11 | 12 | 13 | 14 | 15 |
| 요일 | 水 | 木 | 金 | 土 | 日 | 月 | 火 | 水 | 木 | 金 | 土 | 日 | 月 | 火 | 水 | 木 | 金 | 土 | 日 | 月 | 火 | 水 | 木 | 金 | 土 | 日 | 月 | 火 | 水 | 木 |
| 일진 | 己巳 | 庚午 | 辛未 | 壬申 | 癸酉 | 甲戌 | 乙亥 | 丙子 | 丁丑 | 戊寅 | 己卯 | 庚辰 | 辛巳 | 壬午 | 癸未 | 甲申 | 乙酉 | 丙戌 | 丁亥 | 戊子 | 己丑 | 庚寅 | 辛卯 | 壬辰 | 癸巳 | 甲午 | 乙未 | 丙申 | 丁酉 | 戊戌 |
| 대운 남 | 2 | 2 | 1 | 1 | 1 | 1 | 입 | 10 | 9 | 9 | 9 | 8 | 8 | 8 | 7 | 7 | 7 | 6 | 6 | 6 | 5 | 5 | 5 | 4 | 4 | 4 | 3 | 3 | 3 | 2 |
| 대운 녀 | 8 | 8 | 9 | 9 | 9 | 10 | 동 | 1 | 1 | 1 | 1 | 2 | 2 | 2 | 3 | 3 | 3 | 4 | 4 | 4 | 5 | 5 | 5 | 6 | 6 | 6 | 7 | 7 | 7 | 8 |

대설 7일 14시28분 **12 · 丙子月(양) 12.7~1.5** 동지 22일 08시15분

| 양력 | 1 | 2 | 3 | 4 | 5 | 6 | 7 | 8 | 9 | 10 | 11 | 12 | 13 | 14 | 15 | 16 | 17 | 18 | 19 | 20 | 21 | 22 | 23 | 24 | 25 | 26 | 27 | 28 | 29 | 30 | 31 |
|---|---|---|---|---|---|---|---|---|---|---|---|---|---|---|---|---|---|---|---|---|---|---|---|---|---|---|---|---|---|---|---|
| 음력 | 16 | 17 | 18 | 19 | 20 | 21 | 22 | 23 | 24 | 25 | 26 | 27 | 28 | 29 | 11.1 | 2 | 3 | 4 | 5 | 6 | 7 | 8 | 9 | 10 | 11 | 12 | 13 | 14 | 15 | 16 | 17 |
| 요일 | 金 | 土 | 日 | 月 | 火 | 水 | 木 | 金 | 土 | 日 | 月 | 火 | 水 | 木 | 金 | 土 | 日 | 月 | 火 | 水 | 木 | 金 | 土 | 日 | 月 | 火 | 水 | 木 | 金 | 土 | 日 |
| 일진 | 己亥 | 庚子 | 辛丑 | 壬寅 | 癸卯 | 甲辰 | 乙巳 | 丙午 | 丁未 | 戊申 | 己酉 | 庚戌 | 辛亥 | 壬子 | 癸丑 | 甲寅 | 乙卯 | 丙辰 | 丁巳 | 戊午 | 己未 | 庚申 | 辛酉 | 壬戌 | 癸亥 | 甲子 | 乙丑 | 丙寅 | 丁卯 | 戊辰 | 己巳 |
| 대운 남 | 2 | 2 | 1 | 1 | 1 | 1 | 대 | 10 | 9 | 9 | 9 | 8 | 8 | 8 | 7 | 7 | 7 | 6 | 6 | 6 | 5 | 5 | 5 | 4 | 4 | 4 | 3 | 3 | 3 | 2 | 2 |
| 대운 녀 | 8 | 8 | 9 | 9 | 9 | 10 | 설 | 1 | 1 | 1 | 1 | 2 | 2 | 2 | 3 | 3 | 3 | 4 | 4 | 4 | 5 | 5 | 5 | 6 | 6 | 6 | 7 | 7 | 7 | 8 | 8 |

단기 4278년

# 1945년

소한 6일 01시34분 | **1 · 丁丑月(양 1.6~2.3)** | 대한 20일 18시54분

| 양력 | 1 | 2 | 3 | 4 | 5 | 6 | 7 | 8 | 9 | 10 | 11 | 12 | 13 | 14 | 15 | 16 | 17 | 18 | 19 | 20 | 21 | 22 | 23 | 24 | 25 | 26 | 27 | 28 | 29 | 30 | 31 |
|---|---|---|---|---|---|---|---|---|---|---|---|---|---|---|---|---|---|---|---|---|---|---|---|---|---|---|---|---|---|---|---|
| 음력 | 18 | 19 | 20 | 21 | 22 | 23 | 24 | 25 | 26 | 27 | 28 | 29 | 30 | 12.1 | 2 | 3 | 4 | 5 | 6 | 7 | 8 | 9 | 10 | 11 | 12 | 13 | 14 | 15 | 16 | 17 | 18 |
| 요일 | 月 | 火 | 水 | 木 | 金 | 土 | 日 | 月 | 火 | 水 | 木 | 金 | 土 | 日 | 月 | 火 | 水 | 木 | 金 | 土 | 日 | 月 | 火 | 水 | 木 | 金 | 土 | 日 | 月 | 火 | 水 |
| 일진 | 庚午 | 辛未 | 壬申 | 癸酉 | 甲戌 | 乙亥 | 丙子 | 丁丑 | 戊寅 | 己卯 | 庚辰 | 辛巳 | 壬午 | 癸未 | 甲申 | 乙酉 | 丙戌 | 丁亥 | 戊子 | 己丑 | 庚寅 | 辛卯 | 壬辰 | 癸巳 | 甲午 | 乙未 | 丙申 | 丁酉 | 戊戌 | 己亥 | 庚子 |
| 대운 남 | 2 | 1 | 1 | 1 | 1 | 소 | 9 | 9 | 9 | 8 | 8 | 8 | 7 | 7 | 7 | 6 | 6 | 6 | 5 | 5 | 5 | 4 | 4 | 4 | 3 | 3 | 3 | 2 | 2 | 2 | 1 |
| 대운 녀 | 8 | 9 | 9 | 9 | 10 | 한 | 1 | 1 | 1 | 1 | 2 | 2 | 2 | 3 | 3 | 3 | 4 | 4 | 4 | 5 | 5 | 5 | 6 | 6 | 6 | 7 | 7 | 7 | 8 | 8 | 8 |

입춘 4일 13시19분 | **2 · 戊寅月(양 2.4~3.5)** | 우수 19일 09시15분

| 양력 | 1 | 2 | 3 | 4 | 5 | 6 | 7 | 8 | 9 | 10 | 11 | 12 | 13 | 14 | 15 | 16 | 17 | 18 | 19 | 20 | 21 | 22 | 23 | 24 | 25 | 26 | 27 | 28 |
|---|---|---|---|---|---|---|---|---|---|---|---|---|---|---|---|---|---|---|---|---|---|---|---|---|---|---|---|---|
| 음력 | 19 | 20 | 21 | 22 | 23 | 24 | 25 | 26 | 27 | 28 | 29 | 30 | 1.1 | 2 | 3 | 4 | 5 | 6 | 7 | 8 | 9 | 10 | 11 | 12 | 13 | 14 | 15 | 16 |
| 요일 | 木 | 金 | 土 | 日 | 月 | 火 | 水 | 木 | 金 | 土 | 日 | 月 | 火 | 水 | 木 | 金 | 土 | 日 | 月 | 火 | 水 | 木 | 金 | 土 | 日 | 月 | 火 | 水 |
| 일진 | 辛丑 | 壬寅 | 癸卯 | 甲辰 | 乙巳 | 丙午 | 丁未 | 戊申 | 己酉 | 庚戌 | 辛亥 | 壬子 | 癸丑 | 甲寅 | 乙卯 | 丙辰 | 丁巳 | 戊午 | 己未 | 庚申 | 辛酉 | 壬戌 | 癸亥 | 甲子 | 乙丑 | 丙寅 | 丁卯 | 戊辰 |
| 대운 남 | 1 | 1 | 1 | 입 | 1 | 1 | 1 | 1 | 2 | 2 | 2 | 3 | 3 | 3 | 4 | 4 | 4 | 5 | 5 | 5 | 6 | 6 | 6 | 7 | 7 | 7 | 8 | 8 |
| 대운 녀 | 9 | 9 | 9 | 춘 | 10 | 9 | 9 | 9 | 8 | 8 | 8 | 7 | 7 | 7 | 6 | 6 | 6 | 5 | 5 | 5 | 4 | 4 | 4 | 3 | 3 | 3 | 2 | 2 |

경칩 6일 07시38분 | **3 · 己卯月(양 3.6~4.4)** | 춘분 21일 08시37분

| 양력 | 1 | 2 | 3 | 4 | 5 | 6 | 7 | 8 | 9 | 10 | 11 | 12 | 13 | 14 | 15 | 16 | 17 | 18 | 19 | 20 | 21 | 22 | 23 | 24 | 25 | 26 | 27 | 28 | 29 | 30 | 31 |
|---|---|---|---|---|---|---|---|---|---|---|---|---|---|---|---|---|---|---|---|---|---|---|---|---|---|---|---|---|---|---|---|
| 음력 | 17 | 18 | 19 | 20 | 21 | 22 | 23 | 24 | 25 | 26 | 27 | 28 | 29 | 2.1 | 2 | 3 | 4 | 5 | 6 | 7 | 8 | 9 | 10 | 11 | 12 | 13 | 14 | 15 | 16 | 17 | 18 |
| 요일 | 木 | 金 | 土 | 日 | 月 | 火 | 水 | 木 | 金 | 土 | 日 | 月 | 火 | 水 | 木 | 金 | 土 | 日 | 月 | 火 | 水 | 木 | 金 | 土 | 日 | 月 | 火 | 水 | 木 | 金 | 土 |
| 일진 | 己巳 | 庚午 | 辛未 | 壬申 | 癸酉 | 甲戌 | 乙亥 | 丙子 | 丁丑 | 戊寅 | 己卯 | 庚辰 | 辛巳 | 壬午 | 癸未 | 甲申 | 乙酉 | 丙戌 | 丁亥 | 戊子 | 己丑 | 庚寅 | 辛卯 | 壬辰 | 癸巳 | 甲午 | 乙未 | 丙申 | 丁酉 | 戊戌 | 己亥 |
| 대운 남 | 8 | 9 | 9 | 9 | 10 | 경 | 1 | 1 | 1 | 1 | 2 | 2 | 2 | 3 | 3 | 3 | 4 | 4 | 4 | 5 | 5 | 5 | 6 | 6 | 6 | 7 | 7 | 7 | 8 | 8 | 8 |
| 대운 녀 | 2 | 1 | 1 | 1 | 1 | 칩 | 10 | 9 | 9 | 9 | 8 | 8 | 8 | 7 | 7 | 7 | 6 | 6 | 6 | 5 | 5 | 5 | 4 | 4 | 4 | 3 | 3 | 3 | 2 | 2 | 2 |

청명 5일 12시52분 | **4 · 庚辰月(양 4.5~5.5)** | 곡우 20일 20시07분

| 양력 | 1 | 2 | 3 | 4 | 5 | 6 | 7 | 8 | 9 | 10 | 11 | 12 | 13 | 14 | 15 | 16 | 17 | 18 | 19 | 20 | 21 | 22 | 23 | 24 | 25 | 26 | 27 | 28 | 29 | 30 |
|---|---|---|---|---|---|---|---|---|---|---|---|---|---|---|---|---|---|---|---|---|---|---|---|---|---|---|---|---|---|---|
| 음력 | 19 | 20 | 21 | 22 | 23 | 24 | 25 | 26 | 27 | 28 | 29 | 3.1 | 2 | 3 | 4 | 5 | 6 | 7 | 8 | 9 | 10 | 11 | 12 | 13 | 14 | 15 | 16 | 17 | 18 | 19 |
| 요일 | 日 | 月 | 火 | 水 | 木 | 金 | 土 | 日 | 月 | 火 | 水 | 木 | 金 | 土 | 日 | 月 | 火 | 水 | 木 | 金 | 土 | 日 | 月 | 火 | 水 | 木 | 金 | 土 | 日 | 月 |
| 일진 | 庚子 | 辛丑 | 壬寅 | 癸卯 | 甲辰 | 乙巳 | 丙午 | 丁未 | 戊申 | 己酉 | 庚戌 | 辛亥 | 壬子 | 癸丑 | 甲寅 | 乙卯 | 丙辰 | 丁巳 | 戊午 | 己未 | 庚申 | 辛酉 | 壬戌 | 癸亥 | 甲子 | 乙丑 | 丙寅 | 丁卯 | 戊辰 | 己巳 |
| 대운 남 | 9 | 9 | 9 | 10 | 청 | 1 | 1 | 1 | 1 | 2 | 2 | 2 | 3 | 3 | 3 | 4 | 4 | 4 | 5 | 5 | 5 | 6 | 6 | 6 | 7 | 7 | 7 | 8 | 8 | 8 |
| 대운 녀 | 1 | 1 | 1 | 1 | 명 | 10 | 10 | 9 | 9 | 9 | 8 | 8 | 8 | 7 | 7 | 7 | 6 | 6 | 6 | 5 | 5 | 5 | 4 | 4 | 4 | 3 | 3 | 3 | 2 | 2 |

입하 6일 06시37분 | **5 · 辛巳月(양 5.6~6.5)** | 소만 21일 19시40분

| 양력 | 1 | 2 | 3 | 4 | 5 | 6 | 7 | 8 | 9 | 10 | 11 | 12 | 13 | 14 | 15 | 16 | 17 | 18 | 19 | 20 | 21 | 22 | 23 | 24 | 25 | 26 | 27 | 28 | 29 | 30 | 31 |
|---|---|---|---|---|---|---|---|---|---|---|---|---|---|---|---|---|---|---|---|---|---|---|---|---|---|---|---|---|---|---|---|
| 음력 | 20 | 21 | 22 | 23 | 24 | 25 | 26 | 27 | 28 | 29 | 30 | 4.1 | 2 | 3 | 4 | 5 | 6 | 7 | 8 | 9 | 10 | 11 | 12 | 13 | 14 | 15 | 16 | 17 | 18 | 19 | 20 |
| 요일 | 火 | 水 | 木 | 金 | 土 | 日 | 月 | 火 | 水 | 木 | 金 | 土 | 日 | 月 | 火 | 水 | 木 | 金 | 土 | 日 | 月 | 火 | 水 | 木 | 金 | 土 | 日 | 月 | 火 | 水 | 木 |
| 일진 | 庚午 | 辛未 | 壬申 | 癸酉 | 甲戌 | 乙亥 | 丙子 | 丁丑 | 戊寅 | 己卯 | 庚辰 | 辛巳 | 壬午 | 癸未 | 甲申 | 乙酉 | 丙戌 | 丁亥 | 戊子 | 己丑 | 庚寅 | 辛卯 | 壬辰 | 癸巳 | 甲午 | 乙未 | 丙申 | 丁酉 | 戊戌 | 己亥 | 庚子 |
| 대운 남 | 9 | 9 | 9 | 10 | 10 | 입 | 1 | 1 | 1 | 1 | 2 | 2 | 2 | 3 | 3 | 3 | 4 | 4 | 4 | 5 | 5 | 5 | 6 | 6 | 6 | 7 | 7 | 7 | 8 | 8 | 8 |
| 대운 녀 | 2 | 1 | 1 | 1 | 1 | 하 | 10 | 10 | 9 | 9 | 9 | 8 | 8 | 8 | 7 | 7 | 7 | 6 | 6 | 6 | 5 | 5 | 5 | 4 | 4 | 4 | 3 | 3 | 3 | 2 | 2 |

망종 6일 11시05분 | **6 · 壬午月(양 6.6~7.6)** | 하지 22일 03시52분

| 양력 | 1 | 2 | 3 | 4 | 5 | 6 | 7 | 8 | 9 | 10 | 11 | 12 | 13 | 14 | 15 | 16 | 17 | 18 | 19 | 20 | 21 | 22 | 23 | 24 | 25 | 26 | 27 | 28 | 29 | 30 |
|---|---|---|---|---|---|---|---|---|---|---|---|---|---|---|---|---|---|---|---|---|---|---|---|---|---|---|---|---|---|---|
| 음력 | 21 | 22 | 23 | 24 | 25 | 26 | 27 | 28 | 29 | 5.1 | 2 | 3 | 4 | 5 | 6 | 7 | 8 | 9 | 10 | 11 | 12 | 13 | 14 | 15 | 16 | 17 | 18 | 19 | 20 | 21 |
| 요일 | 金 | 土 | 日 | 月 | 火 | 水 | 木 | 金 | 土 | 日 | 月 | 火 | 水 | 木 | 金 | 土 | 日 | 月 | 火 | 水 | 木 | 金 | 土 | 日 | 月 | 火 | 水 | 木 | 金 | 土 |
| 일진 | 辛丑 | 壬寅 | 癸卯 | 甲辰 | 乙巳 | 丙午 | 丁未 | 戊申 | 己酉 | 庚戌 | 辛亥 | 壬子 | 癸丑 | 甲寅 | 乙卯 | 丙辰 | 丁巳 | 戊午 | 己未 | 庚申 | 辛酉 | 壬戌 | 癸亥 | 甲子 | 乙丑 | 丙寅 | 丁卯 | 戊辰 | 己巳 | 庚午 |
| 대운 남 | 9 | 9 | 9 | 10 | 10 | 망 | 1 | 1 | 1 | 1 | 2 | 2 | 2 | 3 | 3 | 3 | 4 | 4 | 4 | 5 | 5 | 5 | 6 | 6 | 6 | 7 | 7 | 7 | 8 | 8 |
| 대운 녀 | 2 | 1 | 1 | 1 | 1 | 종 | 10 | 10 | 9 | 9 | 9 | 8 | 8 | 8 | 7 | 7 | 7 | 6 | 6 | 6 | 5 | 5 | 5 | 4 | 4 | 4 | 3 | 3 | 3 | 2 |

동경135도표준시

소서 7일 21시27분

## 7 · 癸未月(양 7.7~8.7)

대서 23일 14시45분

| 양력 | 1 | 2 | 3 | 4 | 5 | 6 | 7 | 8 | 9 | 10 | 11 | 12 | 13 | 14 | 15 | 16 | 17 | 18 | 19 | 20 | 21 | 22 | 23 | 24 | 25 | 26 | 27 | 28 | 29 | 30 | 31 |
|---|---|---|---|---|---|---|---|---|---|---|---|---|---|---|---|---|---|---|---|---|---|---|---|---|---|---|---|---|---|---|---|
| 음력 | 22 | 23 | 24 | 25 | 26 | 27 | 28 | 29 | 6.1 | 2 | 3 | 4 | 5 | 6 | 7 | 8 | 9 | 10 | 11 | 12 | 13 | 14 | 15 | 16 | 17 | 18 | 19 | 20 | 21 | 22 | 23 |
| 요일 | 日 | 月 | 火 | 水 | 木 | 金 | 土 | 日 | 月 | 火 | 水 | 木 | 金 | 土 | 日 | 月 | 火 | 水 | 木 | 金 | 土 | 日 | 月 | 火 | 水 | 木 | 金 | 土 | 日 | 月 | 火 |
| 일진 | 辛未 | 壬申 | 癸酉 | 甲戌 | 乙亥 | 丙子 | 丁丑 | 戊寅 | 己卯 | 庚辰 | 辛巳 | 壬午 | 癸未 | 甲申 | 乙酉 | 丙戌 | 丁亥 | 戊子 | 己丑 | 庚寅 | 辛卯 | 壬辰 | 癸巳 | 甲午 | 乙未 | 丙申 | 丁酉 | 戊戌 | 己亥 | 庚子 | 辛丑 |
| 대운 남 | 8 | 9 | 9 | 9 | 10 | 10 | 소 | 1 | 1 | 1 | 1 | 2 | 2 | 2 | 3 | 3 | 3 | 4 | 4 | 4 | 5 | 5 | 5 | 6 | 6 | 6 | 7 | 7 | 7 | 8 | 8 |
| 대운 녀 | 2 | 2 | 1 | 1 | 1 | 1 | 서 | 10 | 10 | 10 | 9 | 9 | 9 | 8 | 8 | 8 | 7 | 7 | 7 | 6 | 6 | 6 | 5 | 5 | 5 | 4 | 4 | 4 | 3 | 3 | 3 |

입추 8일 07시05분

## 8 · 甲申月(양 8.8~9.7)

처서 23일 21시35분

| 양력 | 1 | 2 | 3 | 4 | 5 | 6 | 7 | 8 | 9 | 10 | 11 | 12 | 13 | 14 | 15 | 16 | 17 | 18 | 19 | 20 | 21 | 22 | 23 | 24 | 25 | 26 | 27 | 28 | 29 | 30 | 31 |
|---|---|---|---|---|---|---|---|---|---|---|---|---|---|---|---|---|---|---|---|---|---|---|---|---|---|---|---|---|---|---|---|
| 음력 | 24 | 25 | 26 | 27 | 28 | 29 | 30 | 7.1 | 2 | 3 | 4 | 5 | 6 | 7 | 8 | 9 | 10 | 11 | 12 | 13 | 14 | 15 | 16 | 17 | 18 | 19 | 20 | 21 | 22 | 23 | 24 |
| 요일 | 水 | 木 | 金 | 土 | 日 | 月 | 火 | 水 | 木 | 金 | 土 | 日 | 月 | 火 | 水 | 木 | 金 | 土 | 日 | 月 | 火 | 水 | 木 | 金 | 土 | 日 | 月 | 火 | 水 | 木 | 金 |
| 일진 | 壬寅 | 癸卯 | 甲辰 | 乙巳 | 丙午 | 丁未 | 戊申 | 己酉 | 庚戌 | 辛亥 | 壬子 | 癸丑 | 甲寅 | 乙卯 | 丙辰 | 丁巳 | 戊午 | 己未 | 庚申 | 辛酉 | 壬戌 | 癸亥 | 甲子 | 乙丑 | 丙寅 | 丁卯 | 戊辰 | 己巳 | 庚午 | 辛未 | 壬申 |
| 대운 남 | 8 | 9 | 9 | 9 | 10 | 10 | 10 | 입 | 1 | 1 | 1 | 1 | 2 | 2 | 2 | 3 | 3 | 3 | 4 | 4 | 4 | 5 | 5 | 5 | 6 | 6 | 6 | 7 | 7 | 7 | 8 |
| 대운 녀 | 2 | 2 | 2 | 1 | 1 | 1 | 1 | 추 | 10 | 10 | 9 | 9 | 9 | 8 | 8 | 8 | 7 | 7 | 7 | 6 | 6 | 6 | 5 | 5 | 5 | 4 | 4 | 4 | 3 | 3 | 3 |

백로 8일 09시38분

## 9 · 乙酉月(양 9.8~10.8)

추분 23일 18시50분

| 양력 | 1 | 2 | 3 | 4 | 5 | 6 | 7 | 8 | 9 | 10 | 11 | 12 | 13 | 14 | 15 | 16 | 17 | 18 | 19 | 20 | 21 | 22 | 23 | 24 | 25 | 26 | 27 | 28 | 29 | 30 |
|---|---|---|---|---|---|---|---|---|---|---|---|---|---|---|---|---|---|---|---|---|---|---|---|---|---|---|---|---|---|---|
| 음력 | 25 | 26 | 27 | 28 | 29 | 8.1 | 2 | 3 | 4 | 5 | 6 | 7 | 8 | 9 | 10 | 11 | 12 | 13 | 14 | 15 | 16 | 17 | 18 | 19 | 20 | 21 | 22 | 23 | 24 | 25 |
| 요일 | 土 | 日 | 月 | 火 | 水 | 木 | 金 | 土 | 日 | 月 | 火 | 水 | 木 | 金 | 土 | 日 | 月 | 火 | 水 | 木 | 金 | 土 | 日 | 月 | 火 | 水 | 木 | 金 | 土 | 日 |
| 일진 | 癸酉 | 甲戌 | 乙亥 | 丙子 | 丁丑 | 戊寅 | 己卯 | 庚辰 | 辛巳 | 壬午 | 癸未 | 甲申 | 乙酉 | 丙戌 | 丁亥 | 戊子 | 己丑 | 庚寅 | 辛卯 | 壬辰 | 癸巳 | 甲午 | 乙未 | 丙申 | 丁酉 | 戊戌 | 己亥 | 庚子 | 辛丑 | 壬寅 |
| 대운 남 | 8 | 8 | 9 | 9 | 9 | 10 | 10 | 백 | 1 | 1 | 1 | 1 | 2 | 2 | 2 | 3 | 3 | 3 | 4 | 4 | 4 | 5 | 5 | 5 | 6 | 6 | 6 | 7 | 7 | 7 |
| 대운 녀 | 2 | 2 | 2 | 1 | 1 | 1 | 1 | 로 | 10 | 10 | 9 | 9 | 9 | 8 | 8 | 8 | 7 | 7 | 7 | 6 | 6 | 6 | 5 | 5 | 5 | 4 | 4 | 4 | 3 | 3 |

한로 9일 00시49분

## 10 · 丙戌月(양 10.9~11.7)

상강 24일 03시44분

| 양력 | 1 | 2 | 3 | 4 | 5 | 6 | 7 | 8 | 9 | 10 | 11 | 12 | 13 | 14 | 15 | 16 | 17 | 18 | 19 | 20 | 21 | 22 | 23 | 24 | 25 | 26 | 27 | 28 | 29 | 30 | 31 |
|---|---|---|---|---|---|---|---|---|---|---|---|---|---|---|---|---|---|---|---|---|---|---|---|---|---|---|---|---|---|---|---|
| 음력 | 26 | 27 | 28 | 29 | 30 | 9.1 | 2 | 3 | 4 | 5 | 6 | 7 | 8 | 9 | 10 | 11 | 12 | 13 | 14 | 15 | 16 | 17 | 18 | 19 | 20 | 21 | 22 | 23 | 24 | 25 | 26 |
| 요일 | 月 | 火 | 水 | 木 | 金 | 土 | 日 | 月 | 火 | 水 | 木 | 金 | 土 | 日 | 月 | 火 | 水 | 木 | 金 | 土 | 日 | 月 | 火 | 水 | 木 | 金 | 土 | 日 | 月 | 火 | 水 |
| 일진 | 癸卯 | 甲辰 | 乙巳 | 丙午 | 丁未 | 戊申 | 己酉 | 庚戌 | 辛亥 | 壬子 | 癸丑 | 甲寅 | 乙卯 | 丙辰 | 丁巳 | 戊午 | 己未 | 庚申 | 辛酉 | 壬戌 | 癸亥 | 甲子 | 乙丑 | 丙寅 | 丁卯 | 戊辰 | 己巳 | 庚午 | 辛未 | 壬申 | 癸酉 |
| 대운 남 | 8 | 8 | 8 | 9 | 9 | 9 | 10 | 10 | 한 | 1 | 1 | 1 | 1 | 2 | 2 | 2 | 3 | 3 | 3 | 4 | 4 | 4 | 5 | 5 | 5 | 6 | 6 | 6 | 7 | 7 | 7 |
| 대운 녀 | 3 | 2 | 2 | 2 | 1 | 1 | 1 | 1 | 로 | 10 | 9 | 9 | 9 | 8 | 8 | 8 | 7 | 7 | 7 | 6 | 6 | 6 | 5 | 5 | 5 | 4 | 4 | 4 | 3 | 3 | 3 |

입동 8일 03시34분

## 11 · 丁亥月(양 11.8~12.6)

소설 23일 00시55분

| 양력 | 1 | 2 | 3 | 4 | 5 | 6 | 7 | 8 | 9 | 10 | 11 | 12 | 13 | 14 | 15 | 16 | 17 | 18 | 19 | 20 | 21 | 22 | 23 | 24 | 25 | 26 | 27 | 28 | 29 | 30 |
|---|---|---|---|---|---|---|---|---|---|---|---|---|---|---|---|---|---|---|---|---|---|---|---|---|---|---|---|---|---|---|
| 음력 | 27 | 28 | 29 | 30 | 10.1 | 2 | 3 | 4 | 5 | 6 | 7 | 8 | 9 | 10 | 11 | 12 | 13 | 14 | 15 | 16 | 17 | 18 | 19 | 20 | 21 | 22 | 23 | 24 | 25 | 26 |
| 요일 | 木 | 金 | 土 | 日 | 月 | 火 | 水 | 木 | 金 | 土 | 日 | 月 | 火 | 水 | 木 | 金 | 土 | 日 | 月 | 火 | 水 | 木 | 金 | 土 | 日 | 月 | 火 | 水 | 木 | 金 |
| 일진 | 甲戌 | 乙亥 | 丙子 | 丁丑 | 戊寅 | 己卯 | 庚辰 | 辛巳 | 壬午 | 癸未 | 甲申 | 乙酉 | 丙戌 | 丁亥 | 戊子 | 己丑 | 庚寅 | 辛卯 | 壬辰 | 癸巳 | 甲午 | 乙未 | 丙申 | 丁酉 | 戊戌 | 己亥 | 庚子 | 辛丑 | 壬寅 | 癸卯 |
| 대운 남 | 8 | 8 | 8 | 9 | 9 | 9 | 10 | 입 | 1 | 1 | 1 | 1 | 2 | 2 | 2 | 3 | 3 | 3 | 4 | 4 | 4 | 5 | 5 | 5 | 6 | 6 | 6 | 7 | 7 | 7 |
| 대운 녀 | 2 | 2 | 2 | 1 | 1 | 1 | 1 | 동 | 9 | 9 | 9 | 8 | 8 | 8 | 7 | 7 | 7 | 6 | 6 | 6 | 5 | 5 | 5 | 4 | 4 | 4 | 3 | 3 | 3 | 2 |

대설 7일 20시08분

## 12 · 戊子月(양 12.7~1.5)

동지 22일 14시04분

| 양력 | 1 | 2 | 3 | 4 | 5 | 6 | 7 | 8 | 9 | 10 | 11 | 12 | 13 | 14 | 15 | 16 | 17 | 18 | 19 | 20 | 21 | 22 | 23 | 24 | 25 | 26 | 27 | 28 | 29 | 30 | 31 |
|---|---|---|---|---|---|---|---|---|---|---|---|---|---|---|---|---|---|---|---|---|---|---|---|---|---|---|---|---|---|---|---|
| 음력 | 27 | 28 | 29 | 30 | 11.1 | 2 | 3 | 4 | 5 | 6 | 7 | 8 | 9 | 10 | 11 | 12 | 13 | 14 | 15 | 16 | 17 | 18 | 19 | 20 | 21 | 22 | 23 | 24 | 25 | 26 | 27 |
| 요일 | 土 | 日 | 月 | 火 | 水 | 木 | 金 | 土 | 日 | 月 | 火 | 水 | 木 | 金 | 土 | 日 | 月 | 火 | 水 | 木 | 金 | 土 | 日 | 月 | 火 | 水 | 木 | 金 | 土 | 日 | 月 |
| 일진 | 甲辰 | 乙巳 | 丙午 | 丁未 | 戊申 | 己酉 | 庚戌 | 辛亥 | 壬子 | 癸丑 | 甲寅 | 乙卯 | 丙辰 | 丁巳 | 戊午 | 己未 | 庚申 | 辛酉 | 壬戌 | 癸亥 | 甲子 | 乙丑 | 丙寅 | 丁卯 | 戊辰 | 己巳 | 庚午 | 辛未 | 壬申 | 癸酉 | 甲戌 |
| 대운 남 | 8 | 8 | 8 | 9 | 9 | 9 | 대 | 1 | 1 | 1 | 1 | 2 | 2 | 2 | 3 | 3 | 3 | 4 | 4 | 4 | 5 | 5 | 5 | 6 | 6 | 6 | 7 | 7 | 7 | 8 | 8 |
| 대운 녀 | 2 | 2 | 1 | 1 | 1 | 1 | 설 | 10 | 9 | 9 | 9 | 8 | 8 | 8 | 7 | 7 | 7 | 6 | 6 | 6 | 5 | 5 | 5 | 4 | 4 | 4 | 3 | 3 | 3 | 2 | 2 |

단기 4279년

# 1946년

소한 6일 07시16분

## 1 · 己丑月(양 1.6~2.3)

대한 21일 00시45분

| 양력 | 1 | 2 | 3 | 4 | 5 | 6 | 7 | 8 | 9 | 10 | 11 | 12 | 13 | 14 | 15 | 16 | 17 | 18 | 19 | 20 | 21 | 22 | 23 | 24 | 25 | 26 | 27 | 28 | 29 | 30 | 31 |
|---|---|---|---|---|---|---|---|---|---|---|---|---|---|---|---|---|---|---|---|---|---|---|---|---|---|---|---|---|---|---|---|
| 음력 | 28 | 29 | 12.1 | 2 | 3 | 4 | 5 | 6 | 7 | 8 | 9 | 10 | 11 | 12 | 13 | 14 | 15 | 16 | 17 | 18 | 19 | 20 | 21 | 22 | 23 | 24 | 25 | 26 | 27 | 28 | 29 |
| 요일 | 火 | 水 | 木 | 金 | 土 | 日 | 月 | 火 | 水 | 木 | 金 | 土 | 日 | 月 | 火 | 水 | 木 | 金 | 土 | 日 | 月 | 火 | 水 | 木 | 金 | 土 | 日 | 月 | 火 | 水 | 木 |
| 일진 | 乙亥 | 丙子 | 丁丑 | 戊寅 | 己卯 | 庚辰 | 辛巳 | 壬午 | 癸未 | 甲申 | 乙酉 | 丙戌 | 丁亥 | 戊子 | 己丑 | 庚寅 | 辛卯 | 壬辰 | 癸巳 | 甲午 | 乙未 | 丙申 | 丁酉 | 戊戌 | 己亥 | 庚子 | 辛丑 | 壬寅 | 癸卯 | 甲辰 | 乙巳 |
| 대운 남 | 8 | 9 | 9 | 9 | 10 | 소 | 1 | 1 | 1 | 1 | 2 | 2 | 2 | 3 | 3 | 3 | 4 | 4 | 4 | 5 | 5 | 5 | 6 | 6 | 6 | 7 | 7 | 7 | 8 | 8 | 8 |
| 대운 녀 | 2 | 1 | 1 | 1 | 1 | 한 | 9 | 9 | 9 | 8 | 8 | 8 | 7 | 7 | 7 | 6 | 6 | 6 | 5 | 5 | 5 | 4 | 4 | 4 | 3 | 3 | 3 | 2 | 2 | 2 | 1 |

입춘 4일 19시04분

## 2 · 庚寅月(양 2.4~3.5)

우수 19일 15시09분

| 양력 | 1 | 2 | 3 | 4 | 5 | 6 | 7 | 8 | 9 | 10 | 11 | 12 | 13 | 14 | 15 | 16 | 17 | 18 | 19 | 20 | 21 | 22 | 23 | 24 | 25 | 26 | 27 | 28 |
|---|---|---|---|---|---|---|---|---|---|---|---|---|---|---|---|---|---|---|---|---|---|---|---|---|---|---|---|---|
| 음력 | 30 | 1.1 | 2 | 3 | 4 | 5 | 6 | 7 | 8 | 9 | 10 | 11 | 12 | 13 | 14 | 15 | 16 | 17 | 18 | 19 | 20 | 21 | 22 | 23 | 24 | 25 | 26 | 27 |
| 요일 | 金 | 土 | 日 | 月 | 火 | 水 | 木 | 金 | 土 | 日 | 月 | 火 | 水 | 木 | 金 | 土 | 日 | 月 | 火 | 水 | 木 | 金 | 土 | 日 | 月 | 火 | 水 | 木 |
| 일진 | 丙午 | 丁未 | 戊申 | 己酉 | 庚戌 | 辛亥 | 壬子 | 癸丑 | 甲寅 | 乙卯 | 丙辰 | 丁巳 | 戊午 | 己未 | 庚申 | 辛酉 | 壬戌 | 癸亥 | 甲子 | 乙丑 | 丙寅 | 丁卯 | 戊辰 | 己巳 | 庚午 | 辛未 | 壬申 | 癸酉 |
| 대운 남 | 9 | 9 | 9 | 입 | 10 | 9 | 9 | 9 | 8 | 8 | 8 | 7 | 7 | 7 | 6 | 6 | 6 | 5 | 5 | 5 | 4 | 4 | 4 | 3 | 3 | 3 | 2 | 2 |
| 대운 녀 | 1 | 1 | 1 | 춘 | 1 | 1 | 1 | 1 | 2 | 2 | 2 | 3 | 3 | 3 | 4 | 4 | 4 | 5 | 5 | 5 | 6 | 6 | 6 | 7 | 7 | 7 | 8 | 8 |

경칩 6일 13시25분

## 3 · 辛卯月(양 3.6~4.4)

춘분 21일 14시33분

| 양력 | 1 | 2 | 3 | 4 | 5 | 6 | 7 | 8 | 9 | 10 | 11 | 12 | 13 | 14 | 15 | 16 | 17 | 18 | 19 | 20 | 21 | 22 | 23 | 24 | 25 | 26 | 27 | 28 | 29 | 30 | 31 |
|---|---|---|---|---|---|---|---|---|---|---|---|---|---|---|---|---|---|---|---|---|---|---|---|---|---|---|---|---|---|---|---|
| 음력 | 28 | 29 | 30 | 2.1 | 2 | 3 | 4 | 5 | 6 | 7 | 8 | 9 | 10 | 11 | 12 | 13 | 14 | 15 | 16 | 17 | 18 | 19 | 20 | 21 | 22 | 23 | 24 | 25 | 26 | 27 | 28 |
| 요일 | 金 | 土 | 日 | 月 | 火 | 水 | 木 | 金 | 土 | 日 | 月 | 火 | 水 | 木 | 金 | 土 | 日 | 月 | 火 | 水 | 木 | 金 | 土 | 日 | 月 | 火 | 水 | 木 | 金 | 土 | 日 |
| 일진 | 甲戌 | 乙亥 | 丙子 | 丁丑 | 戊寅 | 己卯 | 庚辰 | 辛巳 | 壬午 | 癸未 | 甲申 | 乙酉 | 丙戌 | 丁亥 | 戊子 | 己丑 | 庚寅 | 辛卯 | 壬辰 | 癸巳 | 甲午 | 乙未 | 丙申 | 丁酉 | 戊戌 | 己亥 | 庚子 | 辛丑 | 壬寅 | 癸卯 | 甲辰 |
| 대운 남 | 2 | 1 | 1 | 1 | 1 | 경 | 10 | 9 | 9 | 9 | 8 | 8 | 8 | 7 | 7 | 7 | 6 | 6 | 6 | 5 | 5 | 5 | 4 | 4 | 4 | 3 | 3 | 3 | 2 | 2 | 2 |
| 대운 녀 | 8 | 9 | 9 | 9 | 10 | 칩 | 1 | 1 | 1 | 1 | 2 | 2 | 2 | 3 | 3 | 3 | 4 | 4 | 4 | 5 | 5 | 5 | 6 | 6 | 6 | 7 | 7 | 7 | 8 | 8 | 8 |

청명 5일 18시39분

## 4 · 壬辰月(양 4.5~5.5)

곡우 21일 02시02분

| 양력 | 1 | 2 | 3 | 4 | 5 | 6 | 7 | 8 | 9 | 10 | 11 | 12 | 13 | 14 | 15 | 16 | 17 | 18 | 19 | 20 | 21 | 22 | 23 | 24 | 25 | 26 | 27 | 28 | 29 | 30 |
|---|---|---|---|---|---|---|---|---|---|---|---|---|---|---|---|---|---|---|---|---|---|---|---|---|---|---|---|---|---|---|
| 음력 | 29 | 3.1 | 2 | 3 | 4 | 5 | 6 | 7 | 8 | 9 | 10 | 11 | 12 | 13 | 14 | 15 | 16 | 17 | 18 | 19 | 20 | 21 | 22 | 23 | 24 | 25 | 26 | 27 | 28 | 29 |
| 요일 | 月 | 火 | 水 | 木 | 金 | 土 | 日 | 月 | 火 | 水 | 木 | 金 | 土 | 日 | 月 | 火 | 水 | 木 | 金 | 土 | 日 | 月 | 火 | 水 | 木 | 金 | 土 | 日 | 月 | 火 |
| 일진 | 乙巳 | 丙午 | 丁未 | 戊申 | 己酉 | 庚戌 | 辛亥 | 壬子 | 癸丑 | 甲寅 | 乙卯 | 丙辰 | 丁巳 | 戊午 | 己未 | 庚申 | 辛酉 | 壬戌 | 癸亥 | 甲子 | 乙丑 | 丙寅 | 丁卯 | 戊辰 | 己巳 | 庚午 | 辛未 | 壬申 | 癸酉 | 甲戌 |
| 대운 남 | 1 | 1 | 1 | 1 | 청 | 10 | 10 | 9 | 9 | 9 | 8 | 8 | 8 | 7 | 7 | 7 | 6 | 6 | 6 | 5 | 5 | 5 | 4 | 4 | 4 | 3 | 3 | 3 | 2 | 2 |
| 대운 녀 | 9 | 9 | 9 | 10 | 명 | 1 | 1 | 1 | 1 | 2 | 2 | 2 | 3 | 3 | 3 | 4 | 4 | 4 | 5 | 5 | 5 | 6 | 6 | 6 | 7 | 7 | 7 | 8 | 8 | 8 |

입하 6일 12시22분

## 5 · 癸巳月(양 5.6~6.5)

소만 22일 01시34분

| 양력 | 1 | 2 | 3 | 4 | 5 | 6 | 7 | 8 | 9 | 10 | 11 | 12 | 13 | 14 | 15 | 16 | 17 | 18 | 19 | 20 | 21 | 22 | 23 | 24 | 25 | 26 | 27 | 28 | 29 | 30 | 31 |
|---|---|---|---|---|---|---|---|---|---|---|---|---|---|---|---|---|---|---|---|---|---|---|---|---|---|---|---|---|---|---|---|
| 음력 | 4.1 | 2 | 3 | 4 | 5 | 6 | 7 | 8 | 9 | 10 | 11 | 12 | 13 | 14 | 15 | 16 | 17 | 18 | 19 | 20 | 21 | 22 | 23 | 24 | 25 | 26 | 27 | 28 | 29 | 30 | 5.1 |
| 요일 | 水 | 木 | 金 | 土 | 日 | 月 | 火 | 水 | 木 | 金 | 土 | 日 | 月 | 火 | 水 | 木 | 金 | 土 | 日 | 月 | 火 | 水 | 木 | 金 | 土 | 日 | 月 | 火 | 水 | 木 | 金 |
| 일진 | 乙亥 | 丙子 | 丁丑 | 戊寅 | 己卯 | 庚辰 | 辛巳 | 壬午 | 癸未 | 甲申 | 乙酉 | 丙戌 | 丁亥 | 戊子 | 己丑 | 庚寅 | 辛卯 | 壬辰 | 癸巳 | 甲午 | 乙未 | 丙申 | 丁酉 | 戊戌 | 己亥 | 庚子 | 辛丑 | 壬寅 | 癸卯 | 甲辰 | 乙巳 |
| 대운 남 | 2 | 1 | 1 | 1 | 1 | 입 | 10 | 10 | 9 | 9 | 9 | 8 | 8 | 8 | 7 | 7 | 7 | 6 | 6 | 6 | 5 | 5 | 5 | 4 | 4 | 4 | 3 | 3 | 3 | 2 | 2 |
| 대운 녀 | 9 | 9 | 9 | 10 | 10 | 하 | 1 | 1 | 1 | 1 | 2 | 2 | 2 | 3 | 3 | 3 | 4 | 4 | 4 | 5 | 5 | 5 | 6 | 6 | 6 | 7 | 7 | 7 | 8 | 8 | 8 |

망종 6일 16시49분

## 6 · 甲午月(양 6.6~7.7)

하지 22일 09시44분

| 양력 | 1 | 2 | 3 | 4 | 5 | 6 | 7 | 8 | 9 | 10 | 11 | 12 | 13 | 14 | 15 | 16 | 17 | 18 | 19 | 20 | 21 | 22 | 23 | 24 | 25 | 26 | 27 | 28 | 29 | 30 |
|---|---|---|---|---|---|---|---|---|---|---|---|---|---|---|---|---|---|---|---|---|---|---|---|---|---|---|---|---|---|---|
| 음력 | 2 | 3 | 4 | 5 | 6 | 7 | 8 | 9 | 10 | 11 | 12 | 13 | 14 | 15 | 16 | 17 | 18 | 19 | 20 | 21 | 22 | 23 | 24 | 25 | 26 | 27 | 28 | 29 | 6.1 | 2 |
| 요일 | 土 | 日 | 月 | 火 | 水 | 木 | 金 | 土 | 日 | 月 | 火 | 水 | 木 | 金 | 土 | 日 | 月 | 火 | 水 | 木 | 金 | 土 | 日 | 月 | 火 | 水 | 木 | 金 | 土 | 日 |
| 일진 | 丙午 | 丁未 | 戊申 | 己酉 | 庚戌 | 辛亥 | 壬子 | 癸丑 | 甲寅 | 乙卯 | 丙辰 | 丁巳 | 戊午 | 己未 | 庚申 | 辛酉 | 壬戌 | 癸亥 | 甲子 | 乙丑 | 丙寅 | 丁卯 | 戊辰 | 己巳 | 庚午 | 辛未 | 壬申 | 癸酉 | 甲戌 | 乙亥 |
| 대운 남 | 2 | 1 | 1 | 1 | 1 | 망 | 10 | 10 | 10 | 9 | 9 | 9 | 8 | 8 | 8 | 7 | 7 | 7 | 6 | 6 | 6 | 5 | 5 | 5 | 4 | 4 | 4 | 3 | 3 | 3 |
| 대운 녀 | 9 | 9 | 9 | 10 | 10 | 종 | 1 | 1 | 1 | 1 | 2 | 2 | 2 | 3 | 3 | 3 | 4 | 4 | 4 | 5 | 5 | 5 | 6 | 6 | 6 | 7 | 7 | 7 | 8 | 8 |

## 7 · 乙未月(양 7.8~8.7)

소서 8일 03시11분 / 대서 23일 20시37분

| 양력 | 1 | 2 | 3 | 4 | 5 | 6 | 7 | 8 | 9 | 10 | 11 | 12 | 13 | 14 | 15 | 16 | 17 | 18 | 19 | 20 | 21 | 22 | 23 | 24 | 25 | 26 | 27 | 28 | 29 | 30 | 31 |
|---|---|---|---|---|---|---|---|---|---|---|---|---|---|---|---|---|---|---|---|---|---|---|---|---|---|---|---|---|---|---|---|
| 음력 | 3 | 4 | 5 | 6 | 7 | 8 | 9 | 10 | 11 | 12 | 13 | 14 | 15 | 16 | 17 | 18 | 19 | 20 | 21 | 22 | 23 | 24 | 25 | 26 | 27 | 28 | 29 | 7.1 | 2 | 3 | 4 |
| 요일 | 月 | 火 | 水 | 木 | 金 | 土 | 日 | 月 | 火 | 水 | 木 | 金 | 土 | 日 | 月 | 火 | 水 | 木 | 金 | 土 | 日 | 月 | 火 | 水 | 木 | 金 | 土 | 日 | 月 | 火 | 水 |
| 일진 | 丙子 | 丁丑 | 戊寅 | 己卯 | 庚辰 | 辛巳 | 壬午 | 癸未 | 甲申 | 乙酉 | 丙戌 | 丁亥 | 戊子 | 己丑 | 庚寅 | 辛卯 | 壬辰 | 癸巳 | 甲午 | 乙未 | 丙申 | 丁酉 | 戊戌 | 己亥 | 庚子 | 辛丑 | 壬寅 | 癸卯 | 甲辰 | 乙巳 | 丙午 |
| 대운 남 | 2 | 2 | 2 | 1 | 1 | 1 | 1 | 소 | 10 | 10 | 9 | 9 | 9 | 8 | 8 | 8 | 7 | 7 | 7 | 6 | 6 | 6 | 5 | 5 | 5 | 4 | 4 | 4 | 3 | 3 | 3 |
| 대운 녀 | 8 | 9 | 9 | 9 | 10 | 10 | 10 | 서 | 1 | 1 | 1 | 1 | 2 | 2 | 2 | 3 | 3 | 3 | 4 | 4 | 4 | 5 | 5 | 5 | 6 | 6 | 6 | 7 | 7 | 7 | 8 |

## 8 · 丙申月(양 8.8~9.7)

입추 8일 12시52분 / 처서 24일 03시26분

| 양력 | 1 | 2 | 3 | 4 | 5 | 6 | 7 | 8 | 9 | 10 | 11 | 12 | 13 | 14 | 15 | 16 | 17 | 18 | 19 | 20 | 21 | 22 | 23 | 24 | 25 | 26 | 27 | 28 | 29 | 30 | 31 |
|---|---|---|---|---|---|---|---|---|---|---|---|---|---|---|---|---|---|---|---|---|---|---|---|---|---|---|---|---|---|---|---|
| 음력 | 5 | 6 | 7 | 8 | 9 | 10 | 11 | 12 | 13 | 14 | 15 | 16 | 17 | 18 | 19 | 20 | 21 | 22 | 23 | 24 | 25 | 26 | 27 | 28 | 29 | 30 | 8.1 | 2 | 3 | 4 | 5 |
| 요일 | 木 | 金 | 土 | 日 | 月 | 火 | 水 | 木 | 金 | 土 | 日 | 月 | 火 | 水 | 木 | 金 | 土 | 日 | 月 | 火 | 水 | 木 | 金 | 土 | 日 | 月 | 火 | 水 | 木 | 金 | 土 |
| 일진 | 丁未 | 戊申 | 己酉 | 庚戌 | 辛亥 | 壬子 | 癸丑 | 甲寅 | 乙卯 | 丙辰 | 丁巳 | 戊午 | 己未 | 庚申 | 辛酉 | 壬戌 | 癸亥 | 甲子 | 乙丑 | 丙寅 | 丁卯 | 戊辰 | 己巳 | 庚午 | 辛未 | 壬申 | 癸酉 | 甲戌 | 乙亥 | 丙子 | 丁丑 |
| 대운 남 | 2 | 2 | 2 | 1 | 1 | 1 | 1 | 입 | 10 | 10 | 9 | 9 | 9 | 8 | 8 | 8 | 7 | 7 | 7 | 6 | 6 | 6 | 5 | 5 | 5 | 4 | 4 | 4 | 3 | 3 | 3 |
| 대운 녀 | 8 | 8 | 9 | 9 | 9 | 10 | 10 | 추 | 1 | 1 | 1 | 1 | 2 | 2 | 2 | 3 | 3 | 3 | 4 | 4 | 4 | 5 | 5 | 5 | 6 | 6 | 6 | 7 | 7 | 7 | 8 |

## 9 · 丁酉月(양 9.8~10.8)

백로 8일 15시27분 / 추분 24일 00시41분

| 양력 | 1 | 2 | 3 | 4 | 5 | 6 | 7 | 8 | 9 | 10 | 11 | 12 | 13 | 14 | 15 | 16 | 17 | 18 | 19 | 20 | 21 | 22 | 23 | 24 | 25 | 26 | 27 | 28 | 29 | 30 |
|---|---|---|---|---|---|---|---|---|---|---|---|---|---|---|---|---|---|---|---|---|---|---|---|---|---|---|---|---|---|---|
| 음력 | 6 | 7 | 8 | 9 | 10 | 11 | 12 | 13 | 14 | 15 | 16 | 17 | 18 | 19 | 20 | 21 | 22 | 23 | 24 | 25 | 26 | 27 | 28 | 29 | 9.1 | 2 | 3 | 4 | 5 | 6 |
| 요일 | 日 | 月 | 火 | 水 | 木 | 金 | 土 | 日 | 月 | 火 | 水 | 木 | 金 | 土 | 日 | 月 | 火 | 水 | 木 | 金 | 土 | 日 | 月 | 火 | 水 | 木 | 金 | 土 | 日 | 月 |
| 일진 | 戊寅 | 己卯 | 庚辰 | 辛巳 | 壬午 | 癸未 | 甲申 | 乙酉 | 丙戌 | 丁亥 | 戊子 | 己丑 | 庚寅 | 辛卯 | 壬辰 | 癸巳 | 甲午 | 乙未 | 丙申 | 丁酉 | 戊戌 | 己亥 | 庚子 | 辛丑 | 壬寅 | 癸卯 | 甲辰 | 乙巳 | 丙午 | 丁未 |
| 대운 남 | 2 | 2 | 2 | 1 | 1 | 1 | 1 | 백 | 10 | 10 | 9 | 9 | 9 | 8 | 8 | 8 | 7 | 7 | 7 | 6 | 6 | 6 | 5 | 5 | 5 | 4 | 4 | 4 | 3 | 3 |
| 대운 녀 | 8 | 8 | 9 | 9 | 9 | 10 | 10 | 로 | 1 | 1 | 1 | 1 | 2 | 2 | 2 | 3 | 3 | 3 | 4 | 4 | 4 | 5 | 5 | 5 | 6 | 6 | 6 | 7 | 7 | 7 |

## 10 · 戊戌月(양 10.9~11.7)

한로 9일 06시41분 / 상강 24일 09시35분

| 양력 | 1 | 2 | 3 | 4 | 5 | 6 | 7 | 8 | 9 | 10 | 11 | 12 | 13 | 14 | 15 | 16 | 17 | 18 | 19 | 20 | 21 | 22 | 23 | 24 | 25 | 26 | 27 | 28 | 29 | 30 | 31 |
|---|---|---|---|---|---|---|---|---|---|---|---|---|---|---|---|---|---|---|---|---|---|---|---|---|---|---|---|---|---|---|---|
| 음력 | 7 | 8 | 9 | 10 | 11 | 12 | 13 | 14 | 15 | 16 | 17 | 18 | 19 | 20 | 21 | 22 | 23 | 24 | 25 | 26 | 27 | 28 | 29 | 30 | 10.1 | 2 | 3 | 4 | 5 | 6 | 7 |
| 요일 | 火 | 水 | 木 | 金 | 土 | 日 | 月 | 火 | 水 | 木 | 金 | 土 | 日 | 月 | 火 | 水 | 木 | 金 | 土 | 日 | 月 | 火 | 水 | 木 | 金 | 土 | 日 | 月 | 火 | 水 | 木 |
| 일진 | 戊申 | 己酉 | 庚戌 | 辛亥 | 壬子 | 癸丑 | 甲寅 | 乙卯 | 丙辰 | 丁巳 | 戊午 | 己未 | 庚申 | 辛酉 | 壬戌 | 癸亥 | 甲子 | 乙丑 | 丙寅 | 丁卯 | 戊辰 | 己巳 | 庚午 | 辛未 | 壬申 | 癸酉 | 甲戌 | 乙亥 | 丙子 | 丁丑 | 戊寅 |
| 대운 남 | 3 | 2 | 2 | 2 | 1 | 1 | 1 | 1 | 한 | 10 | 9 | 9 | 9 | 8 | 8 | 8 | 7 | 7 | 7 | 6 | 6 | 6 | 5 | 5 | 5 | 4 | 4 | 4 | 3 | 3 | 3 |
| 대운 녀 | 8 | 8 | 8 | 9 | 9 | 9 | 10 | 10 | 로 | 1 | 1 | 1 | 1 | 2 | 2 | 2 | 3 | 3 | 3 | 4 | 4 | 4 | 5 | 5 | 5 | 6 | 6 | 6 | 7 | 7 | 7 |

## 11 · 己亥月(양 11.8~12.7)

입동 8일 09시27분 / 소설 23일 06시46분

| 양력 | 1 | 2 | 3 | 4 | 5 | 6 | 7 | 8 | 9 | 10 | 11 | 12 | 13 | 14 | 15 | 16 | 17 | 18 | 19 | 20 | 21 | 22 | 23 | 24 | 25 | 26 | 27 | 28 | 29 | 30 |
|---|---|---|---|---|---|---|---|---|---|---|---|---|---|---|---|---|---|---|---|---|---|---|---|---|---|---|---|---|---|---|
| 음력 | 8 | 9 | 10 | 11 | 12 | 13 | 14 | 15 | 16 | 17 | 18 | 19 | 20 | 21 | 22 | 23 | 24 | 25 | 26 | 27 | 28 | 29 | 30 | 11.1 | 2 | 3 | 4 | 5 | 6 | 7 |
| 요일 | 金 | 土 | 日 | 月 | 火 | 水 | 木 | 金 | 土 | 日 | 月 | 火 | 水 | 木 | 金 | 土 | 日 | 月 | 火 | 水 | 木 | 金 | 土 | 日 | 月 | 火 | 水 | 木 | 金 | 土 |
| 일진 | 己卯 | 庚辰 | 辛巳 | 壬午 | 癸未 | 甲申 | 乙酉 | 丙戌 | 丁亥 | 戊子 | 己丑 | 庚寅 | 辛卯 | 壬辰 | 癸巳 | 甲午 | 乙未 | 丙申 | 丁酉 | 戊戌 | 己亥 | 庚子 | 辛丑 | 壬寅 | 癸卯 | 甲辰 | 乙巳 | 丙午 | 丁未 | 戊申 |
| 대운 남 | 2 | 2 | 2 | 1 | 1 | 1 | 1 | 입 | 10 | 9 | 9 | 9 | 8 | 8 | 8 | 7 | 7 | 7 | 6 | 6 | 6 | 5 | 5 | 5 | 4 | 4 | 4 | 3 | 3 | 3 |
| 대운 녀 | 8 | 8 | 8 | 9 | 9 | 9 | 10 | 동 | 1 | 1 | 1 | 1 | 2 | 2 | 2 | 3 | 3 | 3 | 4 | 4 | 4 | 5 | 5 | 5 | 6 | 6 | 6 | 7 | 7 | 7 |

## 12 · 庚子月(양 12.8~1.5)

대설 8일 02시00분 / 동지 22일 19시53분

| 양력 | 1 | 2 | 3 | 4 | 5 | 6 | 7 | 8 | 9 | 10 | 11 | 12 | 13 | 14 | 15 | 16 | 17 | 18 | 19 | 20 | 21 | 22 | 23 | 24 | 25 | 26 | 27 | 28 | 29 | 30 | 31 |
|---|---|---|---|---|---|---|---|---|---|---|---|---|---|---|---|---|---|---|---|---|---|---|---|---|---|---|---|---|---|---|---|
| 음력 | 8 | 9 | 10 | 11 | 12 | 13 | 14 | 15 | 16 | 17 | 18 | 19 | 20 | 21 | 22 | 23 | 24 | 25 | 26 | 27 | 28 | 29 | 12.1 | 2 | 3 | 4 | 5 | 6 | 7 | 8 | 9 |
| 요일 | 日 | 月 | 火 | 水 | 木 | 金 | 土 | 日 | 月 | 火 | 水 | 木 | 金 | 土 | 日 | 月 | 火 | 水 | 木 | 金 | 土 | 日 | 月 | 火 | 水 | 木 | 金 | 土 | 日 | 月 | 火 |
| 일진 | 己酉 | 庚戌 | 辛亥 | 壬子 | 癸丑 | 甲寅 | 乙卯 | 丙辰 | 丁巳 | 戊午 | 己未 | 庚申 | 辛酉 | 壬戌 | 癸亥 | 甲子 | 乙丑 | 丙寅 | 丁卯 | 戊辰 | 己巳 | 庚午 | 辛未 | 壬申 | 癸酉 | 甲戌 | 乙亥 | 丙子 | 丁丑 | 戊寅 | 己卯 |
| 대운 남 | 2 | 2 | 2 | 1 | 1 | 1 | 1 | 대 | 9 | 9 | 9 | 8 | 8 | 8 | 7 | 7 | 7 | 6 | 6 | 6 | 5 | 5 | 5 | 4 | 4 | 4 | 3 | 3 | 3 | 2 | 2 |
| 대운 녀 | 8 | 8 | 8 | 9 | 9 | 9 | 10 | 설 | 1 | 1 | 1 | 1 | 2 | 2 | 2 | 3 | 3 | 3 | 4 | 4 | 4 | 5 | 5 | 5 | 6 | 6 | 6 | 7 | 7 | 7 | 8 |

## 단기 4280년 1947년(윤2월)

소한 6일 13시06분

### 1 · 辛丑月(양 1.6~2.4)

대한 21일 06시32분

| 양력 | 1 | 2 | 3 | 4 | 5 | 6 | 7 | 8 | 9 | 10 | 11 | 12 | 13 | 14 | 15 | 16 | 17 | 18 | 19 | 20 | 21 | 22 | 23 | 24 | 25 | 26 | 27 | 28 | 29 | 30 | 31 |
|---|---|---|---|---|---|---|---|---|---|---|---|---|---|---|---|---|---|---|---|---|---|---|---|---|---|---|---|---|---|---|---|
| 음력 | 10 | 11 | 12 | 13 | 14 | 15 | 16 | 17 | 18 | 19 | 20 | 21 | 22 | 23 | 24 | 25 | 26 | 27 | 28 | 29 | 30 | 1.1 | 2 | 3 | 4 | 5 | 6 | 7 | 8 | 9 | 10 |
| 요일 | 水 | 木 | 金 | 土 | 日 | 月 | 火 | 水 | 木 | 金 | 土 | 日 | 月 | 火 | 水 | 木 | 金 | 土 | 日 | 月 | 火 | 水 | 木 | 金 | 土 | 日 | 月 | 火 | 水 | 木 | 金 |
| 일진 | 庚辰 | 辛巳 | 壬午 | 癸未 | 甲申 | 乙酉 | 丙戌 | 丁亥 | 戊子 | 己丑 | 庚寅 | 辛卯 | 壬辰 | 癸巳 | 甲午 | 乙未 | 丙申 | 丁酉 | 戊戌 | 己亥 | 庚子 | 辛丑 | 壬寅 | 癸卯 | 甲辰 | 乙巳 | 丙午 | 丁未 | 戊申 | 己酉 | 庚戌 |
| 대운 남 | 2 | 1 | 1 | 1 | 1 | 소 | 10 | 9 | 9 | 9 | 8 | 8 | 8 | 7 | 7 | 7 | 6 | 6 | 6 | 5 | 5 | 5 | 4 | 4 | 4 | 3 | 3 | 3 | 2 | 2 | 2 |
| 대운 녀 | 8 | 8 | 9 | 9 | 9 | 한 | 1 | 1 | 1 | 1 | 2 | 2 | 2 | 3 | 3 | 3 | 4 | 4 | 4 | 5 | 5 | 5 | 6 | 6 | 6 | 7 | 7 | 7 | 8 | 8 | 8 |

입춘 5일 00시50분

### 2 · 壬寅月(양 2.5~3.5)

우수 19일 20시52분

| 양력 | 1 | 2 | 3 | 4 | 5 | 6 | 7 | 8 | 9 | 10 | 11 | 12 | 13 | 14 | 15 | 16 | 17 | 18 | 19 | 20 | 21 | 22 | 23 | 24 | 25 | 26 | 27 | 28 |
|---|---|---|---|---|---|---|---|---|---|---|---|---|---|---|---|---|---|---|---|---|---|---|---|---|---|---|---|---|
| 음력 | 11 | 12 | 13 | 14 | 15 | 16 | 17 | 18 | 19 | 20 | 21 | 22 | 23 | 24 | 25 | 26 | 27 | 28 | 29 | 30 | 2.1 | 2 | 3 | 4 | 5 | 6 | 7 | 8 |
| 요일 | 土 | 日 | 月 | 火 | 水 | 木 | 金 | 土 | 日 | 月 | 火 | 水 | 木 | 金 | 土 | 日 | 月 | 火 | 水 | 木 | 金 | 土 | 日 | 月 | 火 | 水 | 木 | 金 |
| 일진 | 辛亥 | 壬子 | 癸丑 | 甲寅 | 乙卯 | 丙辰 | 丁巳 | 戊午 | 己未 | 庚申 | 辛酉 | 壬戌 | 癸亥 | 甲子 | 乙丑 | 丙寅 | 丁卯 | 戊辰 | 己巳 | 庚午 | 辛未 | 壬申 | 癸酉 | 甲戌 | 乙亥 | 丙子 | 丁丑 | 戊寅 |
| 대운 남 | 1 | 1 | 1 | 1 | 입 | 1 | 1 | 1 | 1 | 2 | 2 | 2 | 3 | 3 | 3 | 4 | 4 | 4 | 5 | 5 | 5 | 6 | 6 | 6 | 7 | 7 | 7 | 8 |
| 대운 녀 | 9 | 9 | 9 | 10 | 춘 | 9 | 9 | 9 | 8 | 8 | 8 | 7 | 7 | 7 | 6 | 6 | 6 | 5 | 5 | 5 | 4 | 4 | 4 | 3 | 3 | 3 | 2 | 2 |

경칩 6일 19시08분

### 3 · 癸卯月(양 3.6~4.5)

춘분 21일 20시13분

| 양력 | 1 | 2 | 3 | 4 | 5 | 6 | 7 | 8 | 9 | 10 | 11 | 12 | 13 | 14 | 15 | 16 | 17 | 18 | 19 | 20 | 21 | 22 | 23 | 24 | 25 | 26 | 27 | 28 | 29 | 30 | 31 |
|---|---|---|---|---|---|---|---|---|---|---|---|---|---|---|---|---|---|---|---|---|---|---|---|---|---|---|---|---|---|---|---|
| 음력 | 9 | 10 | 11 | 12 | 13 | 14 | 15 | 16 | 17 | 18 | 19 | 20 | 21 | 22 | 23 | 24 | 25 | 26 | 27 | 28 | 29 | 30 | 윤 | 2.2 | 3 | 4 | 5 | 6 | 7 | 8 | 9 |
| 요일 | 土 | 日 | 月 | 火 | 水 | 木 | 金 | 土 | 日 | 月 | 火 | 水 | 木 | 金 | 土 | 日 | 月 | 火 | 水 | 木 | 金 | 土 | 日 | 月 | 火 | 水 | 木 | 金 | 土 | 日 | 月 |
| 일진 | 己卯 | 庚辰 | 辛巳 | 壬午 | 癸未 | 甲申 | 乙酉 | 丙戌 | 丁亥 | 戊子 | 己丑 | 庚寅 | 辛卯 | 壬辰 | 癸巳 | 甲午 | 乙未 | 丙申 | 丁酉 | 戊戌 | 己亥 | 庚子 | 辛丑 | 壬寅 | 癸卯 | 甲辰 | 乙巳 | 丙午 | 丁未 | 戊申 | 己酉 |
| 대운 남 | 8 | 8 | 9 | 9 | 9 | 경 | 1 | 1 | 1 | 1 | 2 | 2 | 2 | 3 | 3 | 3 | 4 | 4 | 4 | 5 | 5 | 5 | 6 | 6 | 6 | 7 | 7 | 7 | 8 | 8 | 8 |
| 대운 녀 | 2 | 1 | 1 | 1 | 1 | 칩 | 10 | 10 | 9 | 9 | 9 | 8 | 8 | 8 | 7 | 7 | 7 | 6 | 6 | 6 | 5 | 5 | 5 | 4 | 4 | 4 | 3 | 3 | 3 | 2 | 2 |

청명 6일 00시20분

### 4 · 甲辰月(양 4.6~5.5)

곡우 21일 07시39분

| 양력 | 1 | 2 | 3 | 4 | 5 | 6 | 7 | 8 | 9 | 10 | 11 | 12 | 13 | 14 | 15 | 16 | 17 | 18 | 19 | 20 | 21 | 22 | 23 | 24 | 25 | 26 | 27 | 28 | 29 | 30 |
|---|---|---|---|---|---|---|---|---|---|---|---|---|---|---|---|---|---|---|---|---|---|---|---|---|---|---|---|---|---|---|
| 음력 | 10 | 11 | 12 | 13 | 14 | 15 | 16 | 17 | 18 | 19 | 20 | 21 | 22 | 23 | 24 | 25 | 26 | 27 | 28 | 29 | 3.1 | 2 | 3 | 4 | 5 | 6 | 7 | 8 | 9 | 10 |
| 요일 | 火 | 水 | 木 | 金 | 土 | 日 | 月 | 火 | 水 | 木 | 金 | 土 | 日 | 月 | 火 | 水 | 木 | 金 | 土 | 日 | 月 | 火 | 水 | 木 | 金 | 土 | 日 | 月 | 火 | 水 |
| 일진 | 庚戌 | 辛亥 | 壬子 | 癸丑 | 甲寅 | 乙卯 | 丙辰 | 丁巳 | 戊午 | 己未 | 庚申 | 辛酉 | 壬戌 | 癸亥 | 甲子 | 乙丑 | 丙寅 | 丁卯 | 戊辰 | 己巳 | 庚午 | 辛未 | 壬申 | 癸酉 | 甲戌 | 乙亥 | 丙子 | 丁丑 | 戊寅 | 己卯 |
| 대운 남 | 9 | 9 | 9 | 10 | 10 | 청 | 1 | 1 | 1 | 1 | 2 | 2 | 2 | 3 | 3 | 3 | 4 | 4 | 4 | 5 | 5 | 5 | 6 | 6 | 6 | 7 | 7 | 7 | 8 | 8 |
| 대운 녀 | 2 | 1 | 1 | 1 | 1 | 명 | 10 | 9 | 9 | 9 | 8 | 8 | 8 | 7 | 7 | 7 | 6 | 6 | 6 | 5 | 5 | 5 | 4 | 4 | 4 | 3 | 3 | 3 | 2 | 2 |

입하 6일 18시03분

### 5 · 乙巳月(양 5.6~6.5)

소만 22일 07시09분

| 양력 | 1 | 2 | 3 | 4 | 5 | 6 | 7 | 8 | 9 | 10 | 11 | 12 | 13 | 14 | 15 | 16 | 17 | 18 | 19 | 20 | 21 | 22 | 23 | 24 | 25 | 26 | 27 | 28 | 29 | 30 | 31 |
|---|---|---|---|---|---|---|---|---|---|---|---|---|---|---|---|---|---|---|---|---|---|---|---|---|---|---|---|---|---|---|---|
| 음력 | 11 | 12 | 13 | 14 | 15 | 16 | 17 | 18 | 19 | 20 | 21 | 22 | 23 | 24 | 25 | 26 | 27 | 28 | 29 | 4.1 | 2 | 3 | 4 | 5 | 6 | 7 | 8 | 9 | 10 | 11 | 12 |
| 요일 | 木 | 金 | 土 | 日 | 月 | 火 | 水 | 木 | 金 | 土 | 日 | 月 | 火 | 水 | 木 | 金 | 土 | 日 | 月 | 火 | 水 | 木 | 金 | 土 | 日 | 月 | 火 | 水 | 木 | 金 | 土 |
| 일진 | 庚辰 | 辛巳 | 壬午 | 癸未 | 甲申 | 乙酉 | 丙戌 | 丁亥 | 戊子 | 己丑 | 庚寅 | 辛卯 | 壬辰 | 癸巳 | 甲午 | 乙未 | 丙申 | 丁酉 | 戊戌 | 己亥 | 庚子 | 辛丑 | 壬寅 | 癸卯 | 甲辰 | 乙巳 | 丙午 | 丁未 | 戊申 | 己酉 | 庚戌 |
| 대운 남 | 8 | 9 | 9 | 9 | 10 | 입 | 1 | 1 | 1 | 1 | 2 | 2 | 2 | 3 | 3 | 3 | 4 | 4 | 4 | 5 | 5 | 5 | 6 | 6 | 6 | 7 | 7 | 7 | 8 | 8 | 8 |
| 대운 녀 | 2 | 1 | 1 | 1 | 1 | 하 | 10 | 10 | 9 | 9 | 9 | 8 | 8 | 8 | 7 | 7 | 7 | 6 | 6 | 6 | 5 | 5 | 5 | 4 | 4 | 4 | 3 | 3 | 3 | 2 | 2 |

망종 6일 22시31분

### 6 · 丙午月(양 6.6~7.7)

하지 22일 15시19분

| 양력 | 1 | 2 | 3 | 4 | 5 | 6 | 7 | 8 | 9 | 10 | 11 | 12 | 13 | 14 | 15 | 16 | 17 | 18 | 19 | 20 | 21 | 22 | 23 | 24 | 25 | 26 | 27 | 28 | 29 | 30 |
|---|---|---|---|---|---|---|---|---|---|---|---|---|---|---|---|---|---|---|---|---|---|---|---|---|---|---|---|---|---|---|
| 음력 | 13 | 14 | 15 | 16 | 17 | 18 | 19 | 20 | 21 | 22 | 23 | 24 | 25 | 26 | 27 | 28 | 29 | 30 | 5.1 | 2 | 3 | 4 | 5 | 6 | 7 | 8 | 9 | 10 | 11 | 12 |
| 요일 | 日 | 月 | 火 | 水 | 木 | 金 | 土 | 日 | 月 | 火 | 水 | 木 | 金 | 土 | 日 | 月 | 火 | 水 | 木 | 金 | 土 | 日 | 月 | 火 | 水 | 木 | 金 | 土 | 日 | 月 |
| 일진 | 辛亥 | 壬子 | 癸丑 | 甲寅 | 乙卯 | 丙辰 | 丁巳 | 戊午 | 己未 | 庚申 | 辛酉 | 壬戌 | 癸亥 | 甲子 | 乙丑 | 丙寅 | 丁卯 | 戊辰 | 己巳 | 庚午 | 辛未 | 壬申 | 癸酉 | 甲戌 | 乙亥 | 丙子 | 丁丑 | 戊寅 | 己卯 | 庚辰 |
| 대운 남 | 9 | 9 | 9 | 10 | 10 | 망 | 1 | 1 | 1 | 1 | 2 | 2 | 2 | 3 | 3 | 3 | 4 | 4 | 4 | 5 | 5 | 5 | 6 | 6 | 6 | 7 | 7 | 7 | 8 | 8 |
| 대운 녀 | 2 | 1 | 1 | 1 | 1 | 종 | 10 | 10 | 10 | 9 | 9 | 9 | 8 | 8 | 8 | 7 | 7 | 7 | 6 | 6 | 6 | 5 | 5 | 5 | 4 | 4 | 4 | 3 | 3 | 3 |

## 7 · 丁未月(양 7.8~8.7)

소서 8일 08시56분 대서 24일 02시14분

| 양력 | | 1 | 2 | 3 | 4 | 5 | 6 | 7 | 8 | 9 | 10 | 11 | 12 | 13 | 14 | 15 | 16 | 17 | 18 | 19 | 20 | 21 | 22 | 23 | 24 | 25 | 26 | 27 | 28 | 29 | 30 | 31 |
|---|---|---|---|---|---|---|---|---|---|---|---|---|---|---|---|---|---|---|---|---|---|---|---|---|---|---|---|---|---|---|---|---|
| 음력 | | 13 | 14 | 15 | 16 | 17 | 18 | 19 | 20 | 21 | 22 | 23 | 24 | 25 | 26 | 27 | 28 | 29 | 6.1 | 2 | 3 | 4 | 5 | 6 | 7 | 8 | 9 | 10 | 11 | 12 | 13 | 14 |
| 요일 | | 火 | 水 | 木 | 金 | 土 | 日 | 月 | 火 | 水 | 木 | 金 | 土 | 日 | 月 | 火 | 水 | 木 | 金 | 土 | 日 | 月 | 火 | 水 | 木 | 金 | 土 | 日 | 月 | 火 | 水 | 木 |
| 일진 | | 辛巳 | 壬午 | 癸未 | 甲申 | 乙酉 | 丙戌 | 丁亥 | 戊子 | 己丑 | 庚寅 | 辛卯 | 壬辰 | 癸巳 | 甲午 | 乙未 | 丙申 | 丁酉 | 戊戌 | 己亥 | 庚子 | 辛丑 | 壬寅 | 癸卯 | 甲辰 | 乙巳 | 丙午 | 丁未 | 戊申 | 己酉 | 庚戌 | 辛亥 |
| 대운 | 남 | 8 | 9 | 9 | 9 | 10 | 10 | 10 | 소 | 1 | 1 | 1 | 1 | 2 | 2 | 2 | 3 | 3 | 3 | 4 | 4 | 4 | 5 | 5 | 5 | 6 | 6 | 6 | 7 | 7 | 7 | 8 |
| | 녀 | 2 | 2 | 2 | 1 | 1 | 1 | 1 | 서 | 10 | 10 | 9 | 9 | 9 | 8 | 8 | 8 | 7 | 7 | 7 | 6 | 6 | 6 | 5 | 5 | 5 | 4 | 4 | 4 | 3 | 3 | 3 |

## 8 · 戊申月(양 8.8~9.7)

입추 8일 18시41분 처서 24일 09시09분

| 양력 | | 1 | 2 | 3 | 4 | 5 | 6 | 7 | 8 | 9 | 10 | 11 | 12 | 13 | 14 | 15 | 16 | 17 | 18 | 19 | 20 | 21 | 22 | 23 | 24 | 25 | 26 | 27 | 28 | 29 | 30 | 31 |
|---|---|---|---|---|---|---|---|---|---|---|---|---|---|---|---|---|---|---|---|---|---|---|---|---|---|---|---|---|---|---|---|---|
| 음력 | | 15 | 16 | 17 | 18 | 19 | 20 | 21 | 22 | 23 | 24 | 25 | 26 | 27 | 28 | 29 | 7.1 | 2 | 3 | 4 | 5 | 6 | 7 | 8 | 9 | 10 | 11 | 12 | 13 | 14 | 15 | 16 |
| 요일 | | 金 | 土 | 日 | 月 | 火 | 水 | 木 | 金 | 土 | 日 | 月 | 火 | 水 | 木 | 金 | 土 | 日 | 月 | 火 | 水 | 木 | 金 | 土 | 日 | 月 | 火 | 水 | 木 | 金 | 土 | 日 |
| 일진 | | 壬子 | 癸丑 | 甲寅 | 乙卯 | 丙辰 | 丁巳 | 戊午 | 己未 | 庚申 | 辛酉 | 壬戌 | 癸亥 | 甲子 | 乙丑 | 丙寅 | 丁卯 | 戊辰 | 己巳 | 庚午 | 辛未 | 壬申 | 癸酉 | 甲戌 | 乙亥 | 丙子 | 丁丑 | 戊寅 | 己卯 | 庚辰 | 辛巳 | 壬午 |
| 대운 | 남 | 8 | 8 | 9 | 9 | 9 | 10 | 10 | 입 | 1 | 1 | 1 | 1 | 2 | 2 | 2 | 3 | 3 | 3 | 4 | 4 | 4 | 5 | 5 | 5 | 6 | 6 | 6 | 7 | 7 | 7 | 8 |
| | 녀 | 2 | 2 | 2 | 1 | 1 | 1 | 1 | 추 | 10 | 10 | 9 | 9 | 9 | 8 | 8 | 8 | 7 | 7 | 7 | 6 | 6 | 6 | 5 | 5 | 5 | 4 | 4 | 4 | 3 | 3 | 3 |

## 9 · 己酉月(양 9.8~10.8)

백로 8일 21시21분 추분 24일 06시29분

| 양력 | | 1 | 2 | 3 | 4 | 5 | 6 | 7 | 8 | 9 | 10 | 11 | 12 | 13 | 14 | 15 | 16 | 17 | 18 | 19 | 20 | 21 | 22 | 23 | 24 | 25 | 26 | 27 | 28 | 29 | 30 |
|---|---|---|---|---|---|---|---|---|---|---|---|---|---|---|---|---|---|---|---|---|---|---|---|---|---|---|---|---|---|---|---|
| 음력 | | 17 | 18 | 19 | 20 | 21 | 22 | 23 | 24 | 25 | 26 | 27 | 28 | 29 | 30 | 8.1 | 2 | 3 | 4 | 5 | 6 | 7 | 8 | 9 | 10 | 11 | 12 | 13 | 14 | 15 | 16 |
| 요일 | | 月 | 火 | 水 | 木 | 金 | 土 | 日 | 月 | 火 | 水 | 木 | 金 | 土 | 日 | 月 | 火 | 水 | 木 | 金 | 土 | 日 | 月 | 火 | 水 | 木 | 金 | 土 | 日 | 月 | 火 |
| 일진 | | 癸未 | 甲申 | 乙酉 | 丙戌 | 丁亥 | 戊子 | 己丑 | 庚寅 | 辛卯 | 壬辰 | 癸巳 | 甲午 | 乙未 | 丙申 | 丁酉 | 戊戌 | 己亥 | 庚子 | 辛丑 | 壬寅 | 癸卯 | 甲辰 | 乙巳 | 丙午 | 丁未 | 戊申 | 己酉 | 庚戌 | 辛亥 | 壬子 |
| 대운 | 남 | 8 | 8 | 9 | 9 | 9 | 10 | 10 | 백 | 1 | 1 | 1 | 1 | 2 | 2 | 2 | 3 | 3 | 3 | 4 | 4 | 4 | 5 | 5 | 5 | 6 | 6 | 6 | 7 | 7 | 7 |
| | 녀 | 2 | 2 | 2 | 1 | 1 | 1 | 1 | 로 | 10 | 10 | 9 | 9 | 9 | 8 | 8 | 8 | 7 | 7 | 7 | 6 | 6 | 6 | 5 | 5 | 5 | 4 | 4 | 4 | 3 | 3 |

## 10 · 庚戌月(양 10.9~11.7)

한로 9일 12시37분 상강 24일 15시26분

| 양력 | | 1 | 2 | 3 | 4 | 5 | 6 | 7 | 8 | 9 | 10 | 11 | 12 | 13 | 14 | 15 | 16 | 17 | 18 | 19 | 20 | 21 | 22 | 23 | 24 | 25 | 26 | 27 | 28 | 29 | 30 | 31 |
|---|---|---|---|---|---|---|---|---|---|---|---|---|---|---|---|---|---|---|---|---|---|---|---|---|---|---|---|---|---|---|---|---|
| 음력 | | 17 | 18 | 19 | 20 | 21 | 22 | 23 | 24 | 25 | 26 | 27 | 28 | 29 | 9.1 | 2 | 3 | 4 | 5 | 6 | 7 | 8 | 9 | 10 | 11 | 12 | 13 | 14 | 15 | 16 | 17 | 18 |
| 요일 | | 水 | 木 | 金 | 土 | 日 | 月 | 火 | 水 | 木 | 金 | 土 | 日 | 月 | 火 | 水 | 木 | 金 | 土 | 日 | 月 | 火 | 水 | 木 | 金 | 土 | 日 | 月 | 火 | 水 | 木 | 金 |
| 일진 | | 癸丑 | 甲寅 | 乙卯 | 丙辰 | 丁巳 | 戊午 | 己未 | 庚申 | 辛酉 | 壬戌 | 癸亥 | 甲子 | 乙丑 | 丙寅 | 丁卯 | 戊辰 | 己巳 | 庚午 | 辛未 | 壬申 | 癸酉 | 甲戌 | 乙亥 | 丙子 | 丁丑 | 戊寅 | 己卯 | 庚辰 | 辛巳 | 壬午 | 癸未 |
| 대운 | 남 | 8 | 8 | 8 | 9 | 9 | 9 | 10 | 10 | 한 | 1 | 1 | 1 | 1 | 2 | 2 | 2 | 3 | 3 | 3 | 4 | 4 | 4 | 5 | 5 | 5 | 6 | 6 | 6 | 7 | 7 | 7 |
| | 녀 | 3 | 2 | 2 | 2 | 1 | 1 | 1 | 1 | 로 | 10 | 9 | 9 | 9 | 8 | 8 | 8 | 7 | 7 | 7 | 6 | 6 | 6 | 5 | 5 | 5 | 4 | 4 | 4 | 3 | 3 | 3 |

## 11 · 辛亥月(양 11.8~12.7)

입동 8일 15시24분 소설 23일 12시38분

| 양력 | | 1 | 2 | 3 | 4 | 5 | 6 | 7 | 8 | 9 | 10 | 11 | 12 | 13 | 14 | 15 | 16 | 17 | 18 | 19 | 20 | 21 | 22 | 23 | 24 | 25 | 26 | 27 | 28 | 29 | 30 |
|---|---|---|---|---|---|---|---|---|---|---|---|---|---|---|---|---|---|---|---|---|---|---|---|---|---|---|---|---|---|---|---|
| 음력 | | 19 | 20 | 21 | 22 | 23 | 24 | 25 | 26 | 27 | 28 | 29 | 30 | 10.1 | 2 | 3 | 4 | 5 | 6 | 7 | 8 | 9 | 10 | 11 | 12 | 13 | 14 | 15 | 16 | 17 | 18 |
| 요일 | | 土 | 日 | 月 | 火 | 水 | 木 | 金 | 土 | 日 | 月 | 火 | 水 | 木 | 金 | 土 | 日 | 月 | 火 | 水 | 木 | 金 | 土 | 日 | 月 | 火 | 水 | 木 | 金 | 土 | 日 |
| 일진 | | 甲申 | 乙酉 | 丙戌 | 丁亥 | 戊子 | 己丑 | 庚寅 | 辛卯 | 壬辰 | 癸巳 | 甲午 | 乙未 | 丙申 | 丁酉 | 戊戌 | 己亥 | 庚子 | 辛丑 | 壬寅 | 癸卯 | 甲辰 | 乙巳 | 丙午 | 丁未 | 戊申 | 己酉 | 庚戌 | 辛亥 | 壬子 | 癸丑 |
| 대운 | 남 | 8 | 8 | 8 | 9 | 9 | 9 | 10 | 입 | 1 | 1 | 1 | 1 | 2 | 2 | 2 | 3 | 3 | 3 | 4 | 4 | 4 | 5 | 5 | 5 | 6 | 6 | 6 | 7 | 7 | 7 |
| | 녀 | 2 | 2 | 2 | 1 | 1 | 1 | 1 | 동 | 10 | 9 | 9 | 9 | 8 | 8 | 8 | 7 | 7 | 7 | 6 | 6 | 6 | 5 | 5 | 5 | 4 | 4 | 4 | 3 | 3 | 3 |

## 12 · 壬子月(양 12.8~1.5)

대설 8일 07시56분 동지 23일 01시43분

| 양력 | | 1 | 2 | 3 | 4 | 5 | 6 | 7 | 8 | 9 | 10 | 11 | 12 | 13 | 14 | 15 | 16 | 17 | 18 | 19 | 20 | 21 | 22 | 23 | 24 | 25 | 26 | 27 | 28 | 29 | 30 | 31 |
|---|---|---|---|---|---|---|---|---|---|---|---|---|---|---|---|---|---|---|---|---|---|---|---|---|---|---|---|---|---|---|---|---|
| 음력 | | 19 | 20 | 21 | 22 | 23 | 24 | 25 | 26 | 27 | 28 | 29 | 11.1 | 2 | 3 | 4 | 5 | 6 | 7 | 8 | 9 | 10 | 11 | 12 | 13 | 14 | 15 | 16 | 17 | 18 | 19 | 20 |
| 요일 | | 月 | 火 | 水 | 木 | 金 | 土 | 日 | 月 | 火 | 水 | 木 | 金 | 土 | 日 | 月 | 火 | 水 | 木 | 金 | 土 | 日 | 月 | 火 | 水 | 木 | 金 | 土 | 日 | 月 | 火 | 水 |
| 일진 | | 甲寅 | 乙卯 | 丙辰 | 丁巳 | 戊午 | 己未 | 庚申 | 辛酉 | 壬戌 | 癸亥 | 甲子 | 乙丑 | 丙寅 | 丁卯 | 戊辰 | 己巳 | 庚午 | 辛未 | 壬申 | 癸酉 | 甲戌 | 乙亥 | 丙子 | 丁丑 | 戊寅 | 己卯 | 庚辰 | 辛巳 | 壬午 | 癸未 | 甲申 |
| 대운 | 남 | 8 | 8 | 8 | 9 | 9 | 9 | 10 | 대 | 1 | 1 | 1 | 1 | 2 | 2 | 2 | 3 | 3 | 3 | 4 | 4 | 4 | 5 | 5 | 5 | 6 | 6 | 6 | 7 | 7 | 7 | 8 |
| | 녀 | 2 | 2 | 2 | 1 | 1 | 1 | 1 | 설 | 9 | 9 | 9 | 8 | 8 | 8 | 7 | 7 | 7 | 6 | 6 | 6 | 5 | 5 | 5 | 4 | 4 | 4 | 3 | 3 | 3 | 2 | 2 |

단기 4281년

# 1948년

소한 6일 19시00분

## 1 · 癸丑月(양 1.6~2.4)

대한 21일 12시18분

| 양력 | | 1 | 2 | 3 | 4 | 5 | 6 | 7 | 8 | 9 | 10 | 11 | 12 | 13 | 14 | 15 | 16 | 17 | 18 | 19 | 20 | 21 | 22 | 23 | 24 | 25 | 26 | 27 | 28 | 29 | 30 | 31 |
|---|---|---|---|---|---|---|---|---|---|---|---|---|---|---|---|---|---|---|---|---|---|---|---|---|---|---|---|---|---|---|---|---|
| 음력 | | 21 | 22 | 23 | 24 | 25 | 26 | 27 | 28 | 29 | 30 | 12.1 | 2 | 3 | 4 | 5 | 6 | 7 | 8 | 9 | 10 | 11 | 12 | 13 | 14 | 15 | 16 | 17 | 18 | 19 | 20 | 21 |
| 요일 | | 木 | 金 | 土 | 日 | 月 | 火 | 水 | 木 | 金 | 土 | 日 | 月 | 火 | 水 | 木 | 金 | 土 | 日 | 月 | 火 | 水 | 木 | 金 | 土 | 日 | 月 | 火 | 水 | 木 | 金 | 土 |
| 일진 | | 乙酉 | 丙戌 | 丁亥 | 戊子 | 己丑 | 庚寅 | 辛卯 | 壬辰 | 癸巳 | 甲午 | 乙未 | 丙申 | 丁酉 | 戊戌 | 己亥 | 庚子 | 辛丑 | 壬寅 | 癸卯 | 甲辰 | 乙巳 | 丙午 | 丁未 | 戊申 | 己酉 | 庚戌 | 辛亥 | 壬子 | 癸丑 | 甲寅 | 乙卯 |
| 대운 | 남 | 8 | 8 | 9 | 9 | 9 | 소 | 1 | 1 | 1 | 1 | 2 | 2 | 2 | 3 | 3 | 3 | 4 | 4 | 4 | 5 | 5 | 5 | 6 | 6 | 6 | 7 | 7 | 7 | 8 | 8 | 8 |
| | 녀 | 2 | 1 | 1 | 1 | 1 | 한 | 10 | 9 | 9 | 9 | 8 | 8 | 8 | 7 | 7 | 7 | 6 | 6 | 6 | 5 | 5 | 5 | 4 | 4 | 4 | 3 | 3 | 3 | 2 | 2 | 2 |

입춘 5일 06시42분

## 2 · 甲寅月(양 2.5~3.5)

우수 20일 02시37분

| 양력 | | 1 | 2 | 3 | 4 | 5 | 6 | 7 | 8 | 9 | 10 | 11 | 12 | 13 | 14 | 15 | 16 | 17 | 18 | 19 | 20 | 21 | 22 | 23 | 24 | 25 | 26 | 27 | 28 | 29 |
|---|---|---|---|---|---|---|---|---|---|---|---|---|---|---|---|---|---|---|---|---|---|---|---|---|---|---|---|---|---|---|
| 음력 | | 22 | 23 | 24 | 25 | 26 | 27 | 28 | 29 | 30 | 1.1 | 2 | 3 | 4 | 5 | 6 | 7 | 8 | 9 | 10 | 11 | 12 | 13 | 14 | 15 | 16 | 17 | 18 | 19 | 20 |
| 요일 | | 日 | 月 | 火 | 水 | 木 | 金 | 土 | 日 | 月 | 火 | 水 | 木 | 金 | 土 | 日 | 月 | 火 | 水 | 木 | 金 | 土 | 日 | 月 | 火 | 水 | 木 | 金 | 土 | 日 |
| 일진 | | 丙辰 | 丁巳 | 戊午 | 己未 | 庚申 | 辛酉 | 壬戌 | 癸亥 | 甲子 | 乙丑 | 丙寅 | 丁卯 | 戊辰 | 己巳 | 庚午 | 辛未 | 壬申 | 癸酉 | 甲戌 | 乙亥 | 丙子 | 丁丑 | 戊寅 | 己卯 | 庚辰 | 辛巳 | 壬午 | 癸未 | 甲申 |
| 대운 | 남 | 9 | 9 | 9 | 10 | 입 | 10 | 9 | 9 | 9 | 8 | 8 | 8 | 7 | 7 | 7 | 6 | 6 | 6 | 5 | 5 | 5 | 4 | 4 | 4 | 3 | 3 | 3 | 2 | 2 |
| | 녀 | 1 | 1 | 1 | 1 | 춘 | 1 | 1 | 1 | 1 | 2 | 2 | 2 | 3 | 3 | 3 | 4 | 4 | 4 | 5 | 5 | 5 | 6 | 6 | 6 | 7 | 7 | 7 | 8 | 8 |

경칩 6일 00시58분

## 3 · 乙卯月(양 3.6~4.4)

춘분 21일 01시57분

| 양력 | | 1 | 2 | 3 | 4 | 5 | 6 | 7 | 8 | 9 | 10 | 11 | 12 | 13 | 14 | 15 | 16 | 17 | 18 | 19 | 20 | 21 | 22 | 23 | 24 | 25 | 26 | 27 | 28 | 29 | 30 | 31 |
|---|---|---|---|---|---|---|---|---|---|---|---|---|---|---|---|---|---|---|---|---|---|---|---|---|---|---|---|---|---|---|---|---|
| 음력 | | 21 | 22 | 23 | 24 | 25 | 26 | 27 | 28 | 29 | 30 | 2.1 | 2 | 3 | 4 | 5 | 6 | 7 | 8 | 9 | 10 | 11 | 12 | 13 | 14 | 15 | 16 | 17 | 18 | 19 | 20 | 21 |
| 요일 | | 月 | 火 | 水 | 木 | 金 | 土 | 日 | 月 | 火 | 水 | 木 | 金 | 土 | 日 | 月 | 火 | 水 | 木 | 金 | 土 | 日 | 月 | 火 | 水 | 木 | 金 | 土 | 日 | 月 | 火 | 水 |
| 일진 | | 乙酉 | 丙戌 | 丁亥 | 戊子 | 己丑 | 庚寅 | 辛卯 | 壬辰 | 癸巳 | 甲午 | 乙未 | 丙申 | 丁酉 | 戊戌 | 己亥 | 庚子 | 辛丑 | 壬寅 | 癸卯 | 甲辰 | 乙巳 | 丙午 | 丁未 | 戊申 | 己酉 | 庚戌 | 辛亥 | 壬子 | 癸丑 | 甲寅 | 乙卯 |
| 대운 | 남 | 2 | 1 | 1 | 1 | 1 | 경 | 10 | 9 | 9 | 9 | 8 | 8 | 8 | 7 | 7 | 7 | 6 | 6 | 6 | 5 | 5 | 5 | 4 | 4 | 4 | 3 | 3 | 3 | 2 | 2 | 2 |
| | 녀 | 8 | 9 | 9 | 9 | 10 | 칩 | 1 | 1 | 1 | 1 | 2 | 2 | 2 | 3 | 3 | 3 | 4 | 4 | 4 | 5 | 5 | 5 | 6 | 6 | 6 | 7 | 7 | 7 | 8 | 8 | 8 |

청명 5일 06시09분

## 4 · 丙辰月(양 4.5~5.4)

곡우 20일 13시25분

| 양력 | | 1 | 2 | 3 | 4 | 5 | 6 | 7 | 8 | 9 | 10 | 11 | 12 | 13 | 14 | 15 | 16 | 17 | 18 | 19 | 20 | 21 | 22 | 23 | 24 | 25 | 26 | 27 | 28 | 29 | 30 |
|---|---|---|---|---|---|---|---|---|---|---|---|---|---|---|---|---|---|---|---|---|---|---|---|---|---|---|---|---|---|---|---|
| 음력 | | 22 | 23 | 24 | 25 | 26 | 27 | 28 | 29 | 3.1 | 2 | 3 | 4 | 5 | 6 | 7 | 8 | 9 | 10 | 11 | 12 | 13 | 14 | 15 | 16 | 17 | 18 | 19 | 20 | 21 | 22 |
| 요일 | | 木 | 金 | 土 | 日 | 月 | 火 | 水 | 木 | 金 | 土 | 日 | 月 | 火 | 水 | 木 | 金 | 土 | 日 | 月 | 火 | 水 | 木 | 金 | 土 | 日 | 月 | 火 | 水 | 木 | 金 |
| 일진 | | 丙辰 | 丁巳 | 戊午 | 己未 | 庚申 | 辛酉 | 壬戌 | 癸亥 | 甲子 | 乙丑 | 丙寅 | 丁卯 | 戊辰 | 己巳 | 庚午 | 辛未 | 壬申 | 癸酉 | 甲戌 | 乙亥 | 丙子 | 丁丑 | 戊寅 | 己卯 | 庚辰 | 辛巳 | 壬午 | 癸未 | 甲申 | 乙酉 |
| 대운 | 남 | 1 | 1 | 1 | 1 | 청 | 10 | 9 | 9 | 9 | 8 | 8 | 8 | 7 | 7 | 7 | 6 | 6 | 6 | 5 | 5 | 5 | 4 | 4 | 4 | 3 | 3 | 3 | 2 | 2 | 2 |
| | 녀 | 9 | 9 | 9 | 10 | 명 | 1 | 1 | 1 | 1 | 2 | 2 | 2 | 3 | 3 | 3 | 4 | 4 | 4 | 5 | 5 | 5 | 6 | 6 | 6 | 7 | 7 | 7 | 8 | 8 | 8 |

입하 5일 23시52분

## 5 · 丁巳月(양 5.5~6.5)

소만 21일 12시58분

| 양력 | | 1 | 2 | 3 | 4 | 5 | 6 | 7 | 8 | 9 | 10 | 11 | 12 | 13 | 14 | 15 | 16 | 17 | 18 | 19 | 20 | 21 | 22 | 23 | 24 | 25 | 26 | 27 | 28 | 29 | 30 | 31 |
|---|---|---|---|---|---|---|---|---|---|---|---|---|---|---|---|---|---|---|---|---|---|---|---|---|---|---|---|---|---|---|---|---|
| 음력 | | 23 | 24 | 25 | 26 | 27 | 28 | 29 | 30 | 4.1 | 2 | 3 | 4 | 5 | 6 | 7 | 8 | 9 | 10 | 11 | 12 | 13 | 14 | 15 | 16 | 17 | 18 | 19 | 20 | 21 | 22 | 23 |
| 요일 | | 土 | 日 | 月 | 火 | 水 | 木 | 金 | 土 | 日 | 月 | 火 | 水 | 木 | 金 | 土 | 日 | 月 | 火 | 水 | 木 | 金 | 土 | 日 | 月 | 火 | 水 | 木 | 金 | 土 | 日 | 月 |
| 일진 | | 丙戌 | 丁亥 | 戊子 | 己丑 | 庚寅 | 辛卯 | 壬辰 | 癸巳 | 甲午 | 乙未 | 丙申 | 丁酉 | 戊戌 | 己亥 | 庚子 | 辛丑 | 壬寅 | 癸卯 | 甲辰 | 乙巳 | 丙午 | 丁未 | 戊申 | 己酉 | 庚戌 | 辛亥 | 壬子 | 癸丑 | 甲寅 | 乙卯 | 丙辰 |
| 대운 | 남 | 1 | 1 | 1 | 1 | 입 | 10 | 10 | 10 | 9 | 9 | 9 | 8 | 8 | 8 | 7 | 7 | 7 | 6 | 6 | 6 | 5 | 5 | 5 | 4 | 4 | 4 | 3 | 3 | 3 | 2 | 2 |
| | 녀 | 9 | 9 | 9 | 10 | 하 | 1 | 1 | 1 | 1 | 2 | 2 | 2 | 3 | 3 | 3 | 4 | 4 | 4 | 5 | 5 | 5 | 6 | 6 | 6 | 7 | 7 | 7 | 8 | 8 | 8 | 9 |

망종 6일 05시20분

## 6 · 戊午月(양 6.6~7.6)

하지 21일 22시11분

| 양력 | | 1 | 2 | 3 | 4 | 5 | 6 | 7 | 8 | 9 | 10 | 11 | 12 | 13 | 14 | 15 | 16 | 17 | 18 | 19 | 20 | 21 | 22 | 23 | 24 | 25 | 26 | 27 | 28 | 29 | 30 |
|---|---|---|---|---|---|---|---|---|---|---|---|---|---|---|---|---|---|---|---|---|---|---|---|---|---|---|---|---|---|---|---|
| 음력 | | 24 | 25 | 26 | 27 | 28 | 29 | 5.1 | 2 | 3 | 4 | 5 | 6 | 7 | 8 | 9 | 10 | 11 | 12 | 13 | 14 | 15 | 16 | 17 | 18 | 19 | 20 | 21 | 22 | 23 | 24 |
| 요일 | | 火 | 水 | 木 | 金 | 土 | 日 | 月 | 火 | 水 | 木 | 金 | 土 | 日 | 月 | 火 | 水 | 木 | 金 | 土 | 日 | 月 | 火 | 水 | 木 | 金 | 土 | 日 | 月 | 火 | 水 |
| 일진 | | 丁巳 | 戊午 | 己未 | 庚申 | 辛酉 | 壬戌 | 癸亥 | 甲子 | 乙丑 | 丙寅 | 丁卯 | 戊辰 | 己巳 | 庚午 | 辛未 | 壬申 | 癸酉 | 甲戌 | 乙亥 | 丙子 | 丁丑 | 戊寅 | 己卯 | 庚辰 | 辛巳 | 壬午 | 癸未 | 甲申 | 乙酉 | 丙戌 |
| 대운 | 남 | 2 | 1 | 1 | 1 | 1 | 망 | 10 | 10 | 9 | 9 | 9 | 8 | 8 | 8 | 7 | 7 | 7 | 6 | 6 | 6 | 5 | 5 | 5 | 4 | 4 | 4 | 3 | 3 | 3 | 2 |
| | 녀 | 9 | 9 | 10 | 10 | 10 | 종 | 1 | 1 | 1 | 1 | 2 | 2 | 2 | 3 | 3 | 3 | 4 | 4 | 4 | 5 | 5 | 5 | 6 | 6 | 6 | 7 | 7 | 7 | 8 | 8 |

서머타임 시작 : 5월31일 23시를 24시로 조정

## 7 · 己未月(양 7.7~8.7)

소서 7일 15시44분 대서 23일 09시08분

| 양력 | 1 | 2 | 3 | 4 | 5 | 6 | 7 | 8 | 9 | 10 | 11 | 12 | 13 | 14 | 15 | 16 | 17 | 18 | 19 | 20 | 21 | 22 | 23 | 24 | 25 | 26 | 27 | 28 | 29 | 30 | 31 |
|---|---|---|---|---|---|---|---|---|---|---|---|---|---|---|---|---|---|---|---|---|---|---|---|---|---|---|---|---|---|---|---|
| 음력 | 25 | 26 | 27 | 28 | 29 | 30 | 6.1 | 2 | 3 | 4 | 5 | 6 | 7 | 8 | 9 | 10 | 11 | 12 | 13 | 14 | 15 | 16 | 17 | 18 | 19 | 20 | 21 | 22 | 23 | 24 | 25 |
| 요일 | 木 | 金 | 土 | 日 | 月 | 火 | 水 | 木 | 金 | 土 | 日 | 月 | 火 | 水 | 木 | 金 | 土 | 日 | 月 | 火 | 水 | 木 | 金 | 土 | 日 | 月 | 火 | 水 | 木 | 金 | 土 |
| 일진 | 丁亥 | 戊子 | 己丑 | 庚寅 | 辛卯 | 壬辰 | 癸巳 | 甲午 | 乙未 | 丙申 | 丁酉 | 戊戌 | 己亥 | 庚子 | 辛丑 | 壬寅 | 癸卯 | 甲辰 | 乙巳 | 丙午 | 丁未 | 戊申 | 己酉 | 庚戌 | 辛亥 | 壬子 | 癸丑 | 甲寅 | 乙卯 | 丙辰 | 丁巳 |
| 대운 남 | 2 | 2 | 1 | 1 | 1 | 1 | 소 | 10 | 10 | 10 | 9 | 9 | 9 | 8 | 8 | 8 | 7 | 7 | 7 | 6 | 6 | 6 | 5 | 5 | 5 | 4 | 4 | 4 | 3 | 3 | 3 |
| 대운 녀 | 8 | 9 | 9 | 9 | 10 | 10 | 서 | 1 | 1 | 1 | 1 | 2 | 2 | 2 | 3 | 3 | 3 | 4 | 4 | 4 | 5 | 5 | 5 | 6 | 6 | 6 | 7 | 7 | 7 | 8 | 8 |

## 8 · 庚申月(양 8.8~9.7)

입추 8일 01시26분 처서 23일 16시03분

| 양력 | 1 | 2 | 3 | 4 | 5 | 6 | 7 | 8 | 9 | 10 | 11 | 12 | 13 | 14 | 15 | 16 | 17 | 18 | 19 | 20 | 21 | 22 | 23 | 24 | 25 | 26 | 27 | 28 | 29 | 30 | 31 |
|---|---|---|---|---|---|---|---|---|---|---|---|---|---|---|---|---|---|---|---|---|---|---|---|---|---|---|---|---|---|---|---|
| 음력 | 26 | 27 | 28 | 29 | 7.1 | 2 | 3 | 4 | 5 | 6 | 7 | 8 | 9 | 10 | 11 | 12 | 13 | 14 | 15 | 16 | 17 | 18 | 19 | 20 | 21 | 22 | 23 | 24 | 25 | 26 | 27 |
| 요일 | 日 | 月 | 火 | 水 | 木 | 金 | 土 | 日 | 月 | 火 | 水 | 木 | 金 | 土 | 日 | 月 | 火 | 水 | 木 | 金 | 土 | 日 | 月 | 火 | 水 | 木 | 金 | 土 | 日 | 月 | 火 |
| 일진 | 戊午 | 己未 | 庚申 | 辛酉 | 壬戌 | 癸亥 | 甲子 | 乙丑 | 丙寅 | 丁卯 | 戊辰 | 己巳 | 庚午 | 辛未 | 壬申 | 癸酉 | 甲戌 | 乙亥 | 丙子 | 丁丑 | 戊寅 | 己卯 | 庚辰 | 辛巳 | 壬午 | 癸未 | 甲申 | 乙酉 | 丙戌 | 丁亥 | 戊子 |
| 대운 남 | 2 | 2 | 2 | 1 | 1 | 1 | 1 | 입 | 10 | 10 | 9 | 9 | 9 | 8 | 8 | 8 | 7 | 7 | 7 | 6 | 6 | 6 | 5 | 5 | 5 | 4 | 4 | 4 | 3 | 3 | 3 |
| 대운 녀 | 8 | 9 | 9 | 9 | 10 | 10 | 10 | 추 | 1 | 1 | 1 | 1 | 2 | 2 | 2 | 3 | 3 | 3 | 4 | 4 | 4 | 5 | 5 | 5 | 6 | 6 | 6 | 7 | 7 | 7 | 8 |

## 9 · 辛酉月(양 9.8~10.7)

백로 8일 04시05분 추분 23일 13시22분

| 양력 | 1 | 2 | 3 | 4 | 5 | 6 | 7 | 8 | 9 | 10 | 11 | 12 | 13 | 14 | 15 | 16 | 17 | 18 | 19 | 20 | 21 | 22 | 23 | 24 | 25 | 26 | 27 | 28 | 29 | 30 |
|---|---|---|---|---|---|---|---|---|---|---|---|---|---|---|---|---|---|---|---|---|---|---|---|---|---|---|---|---|---|---|
| 음력 | 28 | 29 | 8.1 | 2 | 3 | 4 | 5 | 6 | 7 | 8 | 9 | 10 | 11 | 12 | 13 | 14 | 15 | 16 | 17 | 18 | 19 | 20 | 21 | 22 | 23 | 24 | 25 | 26 | 27 | 28 |
| 요일 | 水 | 木 | 金 | 土 | 日 | 月 | 火 | 水 | 木 | 金 | 土 | 日 | 月 | 火 | 水 | 木 | 金 | 土 | 日 | 月 | 火 | 水 | 木 | 金 | 土 | 日 | 月 | 火 | 水 | 木 |
| 일진 | 己丑 | 庚寅 | 辛卯 | 壬辰 | 癸巳 | 甲午 | 乙未 | 丙申 | 丁酉 | 戊戌 | 己亥 | 庚子 | 辛丑 | 壬寅 | 癸卯 | 甲辰 | 乙巳 | 丙午 | 丁未 | 戊申 | 己酉 | 庚戌 | 辛亥 | 壬子 | 癸丑 | 甲寅 | 乙卯 | 丙辰 | 丁巳 | 戊午 |
| 대운 남 | 2 | 2 | 2 | 1 | 1 | 1 | 1 | 백 | 10 | 9 | 9 | 9 | 8 | 8 | 8 | 7 | 7 | 7 | 6 | 6 | 6 | 5 | 5 | 5 | 4 | 4 | 4 | 3 | 3 | 3 |
| 대운 녀 | 8 | 8 | 9 | 9 | 9 | 10 | 10 | 로 | 1 | 1 | 1 | 1 | 2 | 2 | 2 | 3 | 3 | 3 | 4 | 4 | 4 | 5 | 5 | 5 | 6 | 6 | 6 | 7 | 7 | 7 |

## 10 · 壬戌月(양 10.8~11.6)

한로 8일 18시20분 상강 23일 21시18분

| 양력 | 1 | 2 | 3 | 4 | 5 | 6 | 7 | 8 | 9 | 10 | 11 | 12 | 13 | 14 | 15 | 16 | 17 | 18 | 19 | 20 | 21 | 22 | 23 | 24 | 25 | 26 | 27 | 28 | 29 | 30 | 31 |
|---|---|---|---|---|---|---|---|---|---|---|---|---|---|---|---|---|---|---|---|---|---|---|---|---|---|---|---|---|---|---|---|
| 음력 | 29 | 30 | 9.1 | 2 | 3 | 4 | 5 | 6 | 7 | 8 | 9 | 10 | 11 | 12 | 13 | 14 | 15 | 16 | 17 | 18 | 19 | 20 | 21 | 22 | 23 | 24 | 25 | 26 | 27 | 28 | 29 |
| 요일 | 金 | 土 | 日 | 月 | 火 | 水 | 木 | 金 | 土 | 日 | 月 | 火 | 水 | 木 | 金 | 土 | 日 | 月 | 火 | 水 | 木 | 金 | 土 | 日 | 月 | 火 | 水 | 木 | 金 | 土 | 日 |
| 일진 | 己未 | 庚申 | 辛酉 | 壬戌 | 癸亥 | 甲子 | 乙丑 | 丙寅 | 丁卯 | 戊辰 | 己巳 | 庚午 | 辛未 | 壬申 | 癸酉 | 甲戌 | 乙亥 | 丙子 | 丁丑 | 戊寅 | 己卯 | 庚辰 | 辛巳 | 壬午 | 癸未 | 甲申 | 乙酉 | 丙戌 | 丁亥 | 戊子 | 己丑 |
| 대운 남 | 2 | 2 | 2 | 1 | 1 | 1 | 1 | 한 | 10 | 9 | 9 | 9 | 8 | 8 | 8 | 7 | 7 | 7 | 6 | 6 | 6 | 5 | 5 | 5 | 4 | 4 | 4 | 3 | 3 | 3 | 2 |
| 대운 녀 | 8 | 8 | 8 | 9 | 9 | 9 | 10 | 로 | 1 | 1 | 1 | 1 | 2 | 2 | 2 | 3 | 3 | 3 | 4 | 4 | 4 | 5 | 5 | 5 | 6 | 6 | 6 | 7 | 7 | 7 | 8 |

## 11 · 癸亥月(양 11.7~12.6)

입동 7일 21시07분 소설 22일 18시29분

| 양력 | 1 | 2 | 3 | 4 | 5 | 6 | 7 | 8 | 9 | 10 | 11 | 12 | 13 | 14 | 15 | 16 | 17 | 18 | 19 | 20 | 21 | 22 | 23 | 24 | 25 | 26 | 27 | 28 | 29 | 30 |
|---|---|---|---|---|---|---|---|---|---|---|---|---|---|---|---|---|---|---|---|---|---|---|---|---|---|---|---|---|---|---|
| 음력 | 10.1 | 2 | 3 | 4 | 5 | 6 | 7 | 8 | 9 | 10 | 11 | 12 | 13 | 14 | 15 | 16 | 17 | 18 | 19 | 20 | 21 | 22 | 23 | 24 | 25 | 26 | 27 | 28 | 29 | 30 |
| 요일 | 月 | 火 | 水 | 木 | 金 | 土 | 日 | 月 | 火 | 水 | 木 | 金 | 土 | 日 | 月 | 火 | 水 | 木 | 金 | 土 | 日 | 月 | 火 | 水 | 木 | 金 | 土 | 日 | 月 | 火 |
| 일진 | 庚寅 | 辛卯 | 壬辰 | 癸巳 | 甲午 | 乙未 | 丙申 | 丁酉 | 戊戌 | 己亥 | 庚子 | 辛丑 | 壬寅 | 癸卯 | 甲辰 | 乙巳 | 丙午 | 丁未 | 戊申 | 己酉 | 庚戌 | 辛亥 | 壬子 | 癸丑 | 甲寅 | 乙卯 | 丙辰 | 丁巳 | 戊午 | 己未 |
| 대운 남 | 2 | 2 | 1 | 1 | 1 | 1 | 입 | 10 | 9 | 9 | 9 | 8 | 8 | 8 | 7 | 7 | 7 | 6 | 6 | 6 | 5 | 5 | 5 | 4 | 4 | 4 | 3 | 3 | 3 | 2 |
| 대운 녀 | 8 | 8 | 9 | 9 | 9 | 10 | 동 | 1 | 1 | 1 | 1 | 2 | 2 | 2 | 3 | 3 | 3 | 4 | 4 | 4 | 5 | 5 | 5 | 6 | 6 | 6 | 7 | 7 | 7 | 8 |

## 12 · 甲子月(양 12.7~1.5)

대설 7일 13시38분 동지 22일 07시33분

| 양력 | 1 | 2 | 3 | 4 | 5 | 6 | 7 | 8 | 9 | 10 | 11 | 12 | 13 | 14 | 15 | 16 | 17 | 18 | 19 | 20 | 21 | 22 | 23 | 24 | 25 | 26 | 27 | 28 | 29 | 30 | 31 |
|---|---|---|---|---|---|---|---|---|---|---|---|---|---|---|---|---|---|---|---|---|---|---|---|---|---|---|---|---|---|---|---|
| 음력 | 11.1 | 2 | 3 | 4 | 5 | 6 | 7 | 8 | 9 | 10 | 11 | 12 | 13 | 14 | 15 | 16 | 17 | 18 | 19 | 20 | 21 | 22 | 23 | 24 | 25 | 26 | 27 | 28 | 29 | 12.1 | 2 |
| 요일 | 水 | 木 | 金 | 土 | 日 | 月 | 火 | 水 | 木 | 金 | 土 | 日 | 月 | 火 | 水 | 木 | 金 | 土 | 日 | 月 | 火 | 水 | 木 | 金 | 土 | 日 | 月 | 火 | 水 | 木 | 金 |
| 일진 | 庚申 | 辛酉 | 壬戌 | 癸亥 | 甲子 | 乙丑 | 丙寅 | 丁卯 | 戊辰 | 己巳 | 庚午 | 辛未 | 壬申 | 癸酉 | 甲戌 | 乙亥 | 丙子 | 丁丑 | 戊寅 | 己卯 | 庚辰 | 辛巳 | 壬午 | 癸未 | 甲申 | 乙酉 | 丙戌 | 丁亥 | 戊子 | 己丑 | 庚寅 |
| 대운 남 | 2 | 2 | 1 | 1 | 1 | 1 | 대 | 10 | 9 | 9 | 9 | 8 | 8 | 8 | 7 | 7 | 7 | 6 | 6 | 6 | 5 | 5 | 5 | 4 | 4 | 4 | 3 | 3 | 3 | 2 | 2 |
| 대운 녀 | 8 | 8 | 9 | 9 | 9 | 10 | 설 | 1 | 1 | 1 | 1 | 2 | 2 | 2 | 3 | 3 | 3 | 4 | 4 | 4 | 5 | 5 | 5 | 6 | 6 | 6 | 7 | 7 | 7 | 8 | 8 |

서머타임 종료 : 9월12일 24시를 23시로 조정

단기 4282년

# 1949년(윤7월)

## 1 · 乙丑月(양 1.6~2.3)

소한 6일 00시41분 | 대한 20일 18시09분

| 양력 | | 1 | 2 | 3 | 4 | 5 | 6 | 7 | 8 | 9 | 10 | 11 | 12 | 13 | 14 | 15 | 16 | 17 | 18 | 19 | 20 | 21 | 22 | 23 | 24 | 25 | 26 | 27 | 28 | 29 | 30 | 31 |
|---|---|---|---|---|---|---|---|---|---|---|---|---|---|---|---|---|---|---|---|---|---|---|---|---|---|---|---|---|---|---|---|---|
| 음력 | | 3 | 4 | 5 | 6 | 7 | 8 | 9 | 10 | 11 | 12 | 13 | 14 | 15 | 16 | 17 | 18 | 19 | 20 | 21 | 22 | 23 | 24 | 25 | 26 | 27 | 28 | 29 | 30 | 1.1 | 2 | 3 |
| 요일 | | 土 | 日 | 月 | 火 | 水 | 木 | 金 | 土 | 日 | 月 | 火 | 水 | 木 | 金 | 土 | 日 | 月 | 火 | 水 | 木 | 金 | 土 | 日 | 月 | 火 | 水 | 木 | 金 | 土 | 日 | 月 |
| 일진 | | 辛卯 | 壬辰 | 癸巳 | 甲午 | 乙未 | 丙申 | 丁酉 | 戊戌 | 己亥 | 庚子 | 辛丑 | 壬寅 | 癸卯 | 甲辰 | 乙巳 | 丙午 | 丁未 | 戊申 | 己酉 | 庚戌 | 辛亥 | 壬子 | 癸丑 | 甲寅 | 乙卯 | 丙辰 | 丁巳 | 戊午 | 己未 | 庚申 | 辛酉 |
| 대운 | 남 | 2 | 1 | 1 | 1 | 1 | 소 | 9 | 9 | 9 | 8 | 8 | 8 | 7 | 7 | 7 | 6 | 6 | 6 | 5 | 5 | 5 | 4 | 4 | 4 | 3 | 3 | 3 | 2 | 2 | 2 | 1 |
| | 녀 | 8 | 9 | 9 | 9 | 10 | 한 | 1 | 1 | 1 | 1 | 2 | 2 | 2 | 3 | 3 | 3 | 4 | 4 | 4 | 5 | 5 | 5 | 6 | 6 | 6 | 7 | 7 | 7 | 8 | 8 | 8 |

## 2 · 丙寅月(양 2.4~3.5)

입춘 4일 12시23분 | 우수 19일 08시27분

| 양력 | | 1 | 2 | 3 | 4 | 5 | 6 | 7 | 8 | 9 | 10 | 11 | 12 | 13 | 14 | 15 | 16 | 17 | 18 | 19 | 20 | 21 | 22 | 23 | 24 | 25 | 26 | 27 | 28 |
|---|---|---|---|---|---|---|---|---|---|---|---|---|---|---|---|---|---|---|---|---|---|---|---|---|---|---|---|---|---|
| 음력 | | 4 | 5 | 6 | 7 | 8 | 9 | 10 | 11 | 12 | 13 | 14 | 15 | 16 | 17 | 18 | 19 | 20 | 21 | 22 | 23 | 24 | 25 | 26 | 27 | 28 | 29 | 30 | 2.1 |
| 요일 | | 火 | 水 | 木 | 金 | 土 | 日 | 月 | 火 | 水 | 木 | 金 | 土 | 日 | 月 | 火 | 水 | 木 | 金 | 土 | 日 | 月 | 火 | 水 | 木 | 金 | 土 | 日 | 月 |
| 일진 | | 壬戌 | 癸亥 | 甲子 | 乙丑 | 丙寅 | 丁卯 | 戊辰 | 己巳 | 庚午 | 辛未 | 壬申 | 癸酉 | 甲戌 | 乙亥 | 丙子 | 丁丑 | 戊寅 | 己卯 | 庚辰 | 辛巳 | 壬午 | 癸未 | 甲申 | 乙酉 | 丙戌 | 丁亥 | 戊子 | 己丑 |
| 대운 | 남 | 1 | 1 | 1 | 입 | 1 | 1 | 1 | 1 | 2 | 2 | 2 | 3 | 3 | 3 | 4 | 4 | 4 | 5 | 5 | 5 | 6 | 6 | 6 | 7 | 7 | 7 | 8 | 8 |
| | 녀 | 9 | 9 | 9 | 춘 | 10 | 9 | 9 | 9 | 8 | 8 | 8 | 7 | 7 | 7 | 6 | 6 | 6 | 5 | 5 | 5 | 4 | 4 | 4 | 3 | 3 | 3 | 2 | 2 |

## 3 · 丁卯月(양 3.6~4.4)

경칩 6일 06시39분 | 춘분 21일 07시48분

| 양력 | | 1 | 2 | 3 | 4 | 5 | 6 | 7 | 8 | 9 | 10 | 11 | 12 | 13 | 14 | 15 | 16 | 17 | 18 | 19 | 20 | 21 | 22 | 23 | 24 | 25 | 26 | 27 | 28 | 29 | 30 | 31 |
|---|---|---|---|---|---|---|---|---|---|---|---|---|---|---|---|---|---|---|---|---|---|---|---|---|---|---|---|---|---|---|---|---|
| 음력 | | 2 | 3 | 4 | 5 | 6 | 7 | 8 | 9 | 10 | 11 | 12 | 13 | 14 | 15 | 16 | 17 | 18 | 19 | 20 | 21 | 22 | 23 | 24 | 25 | 26 | 27 | 28 | 29 | 30 | 3.1 | 2 |
| 요일 | | 火 | 水 | 木 | 金 | 土 | 日 | 月 | 火 | 水 | 木 | 金 | 土 | 日 | 月 | 火 | 水 | 木 | 金 | 土 | 日 | 月 | 火 | 水 | 木 | 金 | 土 | 日 | 月 | 火 | 水 | 木 |
| 일진 | | 庚寅 | 辛卯 | 壬辰 | 癸巳 | 甲午 | 乙未 | 丙申 | 丁酉 | 戊戌 | 己亥 | 庚子 | 辛丑 | 壬寅 | 癸卯 | 甲辰 | 乙巳 | 丙午 | 丁未 | 戊申 | 己酉 | 庚戌 | 辛亥 | 壬子 | 癸丑 | 甲寅 | 乙卯 | 丙辰 | 丁巳 | 戊午 | 己未 | 庚申 |
| 대운 | 남 | 8 | 9 | 9 | 9 | 10 | 경 | 1 | 1 | 1 | 1 | 2 | 2 | 2 | 3 | 3 | 3 | 4 | 4 | 4 | 5 | 5 | 5 | 6 | 6 | 6 | 7 | 7 | 7 | 8 | 8 | 8 |
| | 녀 | 2 | 1 | 1 | 1 | 1 | 칩 | 10 | 9 | 9 | 9 | 8 | 8 | 8 | 7 | 7 | 7 | 6 | 6 | 6 | 5 | 5 | 5 | 4 | 4 | 4 | 3 | 3 | 3 | 2 | 2 | 2 |

## 4 · 戊辰月(양 4.5~5.5)

청명 5일 12시52분 | 곡우 20일 20시17분

| 양력 | | 1 | 2 | 3 | 4 | 5 | 6 | 7 | 8 | 9 | 10 | 11 | 12 | 13 | 14 | 15 | 16 | 17 | 18 | 19 | 20 | 21 | 22 | 23 | 24 | 25 | 26 | 27 | 28 | 29 | 30 |
|---|---|---|---|---|---|---|---|---|---|---|---|---|---|---|---|---|---|---|---|---|---|---|---|---|---|---|---|---|---|---|---|
| 음력 | | 3 | 4 | 5 | 6 | 7 | 8 | 9 | 10 | 11 | 12 | 13 | 14 | 15 | 16 | 17 | 18 | 19 | 20 | 21 | 22 | 23 | 24 | 25 | 26 | 27 | 28 | 29 | 4.1 | 2 | 3 |
| 요일 | | 金 | 土 | 日 | 月 | 火 | 水 | 木 | 金 | 土 | 日 | 月 | 火 | 水 | 木 | 金 | 土 | 日 | 月 | 火 | 水 | 木 | 金 | 土 | 日 | 月 | 火 | 水 | 木 | 金 | 土 |
| 일진 | | 辛酉 | 壬戌 | 癸亥 | 甲子 | 乙丑 | 丙寅 | 丁卯 | 戊辰 | 己巳 | 庚午 | 辛未 | 壬申 | 癸酉 | 甲戌 | 乙亥 | 丙子 | 丁丑 | 戊寅 | 己卯 | 庚辰 | 辛巳 | 壬午 | 癸未 | 甲申 | 乙酉 | 丙戌 | 丁亥 | 戊子 | 己丑 | 庚寅 |
| 대운 | 남 | 9 | 9 | 9 | 10 | 청 | 1 | 1 | 1 | 1 | 2 | 2 | 2 | 3 | 3 | 3 | 4 | 4 | 4 | 5 | 5 | 5 | 6 | 6 | 6 | 7 | 7 | 7 | 8 | 8 | 8 |
| | 녀 | 1 | 1 | 1 | 1 | 명 | 10 | 10 | 9 | 9 | 9 | 8 | 8 | 8 | 7 | 7 | 7 | 6 | 6 | 6 | 5 | 5 | 5 | 4 | 4 | 4 | 3 | 3 | 3 | 2 | 2 |

## 5 · 己巳月(양 5.6~6.5)

입하 6일 06시37분 | 소만 21일 19시51분

| 양력 | | 1 | 2 | 3 | 4 | 5 | 6 | 7 | 8 | 9 | 10 | 11 | 12 | 13 | 14 | 15 | 16 | 17 | 18 | 19 | 20 | 21 | 22 | 23 | 24 | 25 | 26 | 27 | 28 | 29 | 30 | 31 |
|---|---|---|---|---|---|---|---|---|---|---|---|---|---|---|---|---|---|---|---|---|---|---|---|---|---|---|---|---|---|---|---|---|
| 음력 | | 4 | 5 | 6 | 7 | 8 | 9 | 10 | 11 | 12 | 13 | 14 | 15 | 16 | 17 | 18 | 19 | 20 | 21 | 22 | 23 | 24 | 25 | 26 | 27 | 28 | 29 | 30 | 5.1 | 2 | 3 | 4 |
| 요일 | | 日 | 月 | 火 | 水 | 木 | 金 | 土 | 日 | 月 | 火 | 水 | 木 | 金 | 土 | 日 | 月 | 火 | 水 | 木 | 金 | 土 | 日 | 月 | 火 | 水 | 木 | 金 | 土 | 日 | 月 | 火 |
| 일진 | | 辛卯 | 壬辰 | 癸巳 | 甲午 | 乙未 | 丙申 | 丁酉 | 戊戌 | 己亥 | 庚子 | 辛丑 | 壬寅 | 癸卯 | 甲辰 | 乙巳 | 丙午 | 丁未 | 戊申 | 己酉 | 庚戌 | 辛亥 | 壬子 | 癸丑 | 甲寅 | 乙卯 | 丙辰 | 丁巳 | 戊午 | 己未 | 庚申 | 辛酉 |
| 대운 | 남 | 9 | 9 | 9 | 10 | 10 | 입 | 1 | 1 | 1 | 1 | 2 | 2 | 2 | 3 | 3 | 3 | 4 | 4 | 4 | 5 | 5 | 5 | 6 | 6 | 6 | 7 | 7 | 7 | 8 | 8 | 8 |
| | 녀 | 2 | 1 | 1 | 1 | 1 | 하 | 10 | 10 | 9 | 9 | 9 | 8 | 8 | 8 | 7 | 7 | 7 | 6 | 6 | 6 | 5 | 5 | 5 | 4 | 4 | 4 | 3 | 3 | 3 | 2 | 2 |

## 6 · 庚午月(양 6.6~7.6)

망종 6일 11시07분 | 하지 22일 04시03분

| 양력 | | 1 | 2 | 3 | 4 | 5 | 6 | 7 | 8 | 9 | 10 | 11 | 12 | 13 | 14 | 15 | 16 | 17 | 18 | 19 | 20 | 21 | 22 | 23 | 24 | 25 | 26 | 27 | 28 | 29 | 30 |
|---|---|---|---|---|---|---|---|---|---|---|---|---|---|---|---|---|---|---|---|---|---|---|---|---|---|---|---|---|---|---|---|
| 음력 | | 5 | 6 | 7 | 8 | 9 | 10 | 11 | 12 | 13 | 14 | 15 | 16 | 17 | 18 | 19 | 20 | 21 | 22 | 23 | 24 | 25 | 26 | 27 | 28 | 29 | 6.1 | 2 | 3 | 4 | 5 |
| 요일 | | 水 | 木 | 金 | 土 | 日 | 月 | 火 | 水 | 木 | 金 | 土 | 日 | 月 | 火 | 水 | 木 | 金 | 土 | 日 | 月 | 火 | 水 | 木 | 金 | 土 | 日 | 月 | 火 | 水 | 木 |
| 일진 | | 壬戌 | 癸亥 | 甲子 | 乙丑 | 丙寅 | 丁卯 | 戊辰 | 己巳 | 庚午 | 辛未 | 壬申 | 癸酉 | 甲戌 | 乙亥 | 丙子 | 丁丑 | 戊寅 | 己卯 | 庚辰 | 辛巳 | 壬午 | 癸未 | 甲申 | 乙酉 | 丙戌 | 丁亥 | 戊子 | 己丑 | 庚寅 | 辛卯 |
| 대운 | 남 | 9 | 9 | 9 | 10 | 10 | 망 | 1 | 1 | 1 | 1 | 2 | 2 | 2 | 3 | 3 | 3 | 4 | 4 | 4 | 5 | 5 | 5 | 6 | 6 | 6 | 7 | 7 | 7 | 8 | 8 |
| | 녀 | 2 | 1 | 1 | 1 | 1 | 종 | 10 | 10 | 9 | 9 | 9 | 8 | 8 | 8 | 7 | 7 | 7 | 6 | 6 | 6 | 5 | 5 | 5 | 4 | 4 | 4 | 3 | 3 | 3 | 2 |

서머타임 시작 : 4월2일 23시를 24시로 조정

## 7 · 辛未月(양 7.7~8.7)

소서 7일 21시32분 / 대서 23일 14시57분

| 양력 | 1 | 2 | 3 | 4 | 5 | 6 | 7 | 8 | 9 | 10 | 11 | 12 | 13 | 14 | 15 | 16 | 17 | 18 | 19 | 20 | 21 | 22 | 23 | 24 | 25 | 26 | 27 | 28 | 29 | 30 | 31 |
|---|---|---|---|---|---|---|---|---|---|---|---|---|---|---|---|---|---|---|---|---|---|---|---|---|---|---|---|---|---|---|---|
| 음력 | 6 | 7 | 8 | 9 | 10 | 11 | 12 | 13 | 14 | 15 | 16 | 17 | 18 | 19 | 20 | 21 | 22 | 23 | 24 | 25 | 26 | 27 | 28 | 29 | 30 | 7.1 | 2 | 3 | 4 | 5 | 6 |
| 요일 | 金 | 土 | 日 | 月 | 火 | 水 | 木 | 金 | 土 | 日 | 月 | 火 | 水 | 木 | 金 | 土 | 日 | 月 | 火 | 水 | 木 | 金 | 土 | 日 | 月 | 火 | 水 | 木 | 金 | 土 | 日 |
| 일진 | 壬辰 | 癸巳 | 甲午 | 乙未 | 丙申 | 丁酉 | 戊戌 | 己亥 | 庚子 | 辛丑 | 壬寅 | 癸卯 | 甲辰 | 乙巳 | 丙午 | 丁未 | 戊申 | 己酉 | 庚戌 | 辛亥 | 壬子 | 癸丑 | 甲寅 | 乙卯 | 丙辰 | 丁巳 | 戊午 | 己未 | 庚申 | 辛酉 | 壬戌 |
| 대운 남 | 8 | 9 | 9 | 9 | 10 | 10 | 소 | 1 | 1 | 1 | 1 | 2 | 2 | 2 | 3 | 3 | 3 | 4 | 4 | 4 | 5 | 5 | 5 | 6 | 6 | 6 | 7 | 7 | 7 | 8 | 8 |
| 대운 녀 | 2 | 2 | 1 | 1 | 1 | 1 | 서 | 10 | 10 | 10 | 9 | 9 | 9 | 8 | 8 | 8 | 7 | 7 | 7 | 6 | 6 | 6 | 5 | 5 | 5 | 4 | 4 | 4 | 3 | 3 | 3 |

## 8 · 壬申月(양 8.8~9.7)

입추 8일 07시15분 / 처서 23일 21시48분

| 양력 | 1 | 2 | 3 | 4 | 5 | 6 | 7 | 8 | 9 | 10 | 11 | 12 | 13 | 14 | 15 | 16 | 17 | 18 | 19 | 20 | 21 | 22 | 23 | 24 | 25 | 26 | 27 | 28 | 29 | 30 | 31 |
|---|---|---|---|---|---|---|---|---|---|---|---|---|---|---|---|---|---|---|---|---|---|---|---|---|---|---|---|---|---|---|---|
| 음력 | 7 | 8 | 9 | 10 | 11 | 12 | 13 | 14 | 15 | 16 | 17 | 18 | 19 | 20 | 21 | 22 | 23 | 24 | 25 | 26 | 27 | 28 | 29 | 윤 | 7.2 | 3 | 4 | 5 | 6 | 7 | 8 |
| 요일 | 月 | 火 | 水 | 木 | 金 | 土 | 日 | 月 | 火 | 水 | 木 | 金 | 土 | 日 | 月 | 火 | 水 | 木 | 金 | 土 | 日 | 月 | 火 | 水 | 木 | 金 | 土 | 日 | 月 | 火 | 水 |
| 일진 | 癸亥 | 甲子 | 乙丑 | 丙寅 | 丁卯 | 戊辰 | 己巳 | 庚午 | 辛未 | 壬申 | 癸酉 | 甲戌 | 乙亥 | 丙子 | 丁丑 | 戊寅 | 己卯 | 庚辰 | 辛巳 | 壬午 | 癸未 | 甲申 | 乙酉 | 丙戌 | 丁亥 | 戊子 | 己丑 | 庚寅 | 辛卯 | 壬辰 | 癸巳 |
| 대운 남 | 8 | 9 | 9 | 9 | 10 | 10 | 10 | 입 | 1 | 1 | 1 | 1 | 2 | 2 | 2 | 3 | 3 | 3 | 4 | 4 | 4 | 5 | 5 | 5 | 6 | 6 | 6 | 7 | 7 | 7 | 8 |
| 대운 녀 | 2 | 2 | 2 | 1 | 1 | 1 | 1 | 추 | 10 | 10 | 9 | 9 | 9 | 8 | 8 | 8 | 7 | 7 | 7 | 6 | 6 | 6 | 5 | 5 | 5 | 4 | 4 | 4 | 3 | 3 | 3 |

## 9 · 癸酉月(양 9.8~10.8)

백로 8일 09시54분 / 추분 23일 18시06분

| 양력 | 1 | 2 | 3 | 4 | 5 | 6 | 7 | 8 | 9 | 10 | 11 | 12 | 13 | 14 | 15 | 16 | 17 | 18 | 19 | 20 | 21 | 22 | 23 | 24 | 25 | 26 | 27 | 28 | 29 | 30 |
|---|---|---|---|---|---|---|---|---|---|---|---|---|---|---|---|---|---|---|---|---|---|---|---|---|---|---|---|---|---|---|
| 음력 | 9 | 10 | 11 | 12 | 13 | 14 | 15 | 16 | 17 | 18 | 19 | 20 | 21 | 22 | 23 | 24 | 25 | 26 | 27 | 28 | 29 | 8.1 | 2 | 3 | 4 | 5 | 6 | 7 | 8 | 9 |
| 요일 | 木 | 金 | 土 | 日 | 月 | 火 | 水 | 木 | 金 | 土 | 日 | 月 | 火 | 水 | 木 | 金 | 土 | 日 | 月 | 火 | 水 | 木 | 金 | 土 | 日 | 月 | 火 | 水 | 木 | 金 |
| 일진 | 甲午 | 乙未 | 丙申 | 丁酉 | 戊戌 | 己亥 | 庚子 | 辛丑 | 壬寅 | 癸卯 | 甲辰 | 乙巳 | 丙午 | 丁未 | 戊申 | 己酉 | 庚戌 | 辛亥 | 壬子 | 癸丑 | 甲寅 | 乙卯 | 丙辰 | 丁巳 | 戊午 | 己未 | 庚申 | 辛酉 | 壬戌 | 癸亥 |
| 대운 남 | 8 | 8 | 9 | 9 | 9 | 10 | 10 | 백 | 1 | 1 | 1 | 1 | 2 | 2 | 2 | 3 | 3 | 3 | 4 | 4 | 4 | 5 | 5 | 5 | 6 | 6 | 6 | 7 | 7 | 7 |
| 대운 녀 | 2 | 2 | 2 | 1 | 1 | 1 | 1 | 로 | 10 | 10 | 9 | 9 | 9 | 8 | 8 | 8 | 7 | 7 | 7 | 6 | 6 | 6 | 5 | 5 | 5 | 4 | 4 | 4 | 3 | 3 |

## 10 · 甲戌月(양 10.9~11.7)

한로 9일 00시11분 / 상강 24일 03시03분

| 양력 | 1 | 2 | 3 | 4 | 5 | 6 | 7 | 8 | 9 | 10 | 11 | 12 | 13 | 14 | 15 | 16 | 17 | 18 | 19 | 20 | 21 | 22 | 23 | 24 | 25 | 26 | 27 | 28 | 29 | 30 | 31 |
|---|---|---|---|---|---|---|---|---|---|---|---|---|---|---|---|---|---|---|---|---|---|---|---|---|---|---|---|---|---|---|---|
| 음력 | 10 | 11 | 12 | 13 | 14 | 15 | 16 | 17 | 18 | 19 | 20 | 21 | 22 | 23 | 24 | 25 | 26 | 27 | 28 | 29 | 30 | 9.1 | 2 | 3 | 4 | 5 | 6 | 7 | 8 | 9 | 10 |
| 요일 | 土 | 日 | 月 | 火 | 水 | 木 | 金 | 土 | 日 | 月 | 火 | 水 | 木 | 金 | 土 | 日 | 月 | 火 | 水 | 木 | 金 | 土 | 日 | 月 | 火 | 水 | 木 | 金 | 土 | 日 | 月 |
| 일진 | 甲子 | 乙丑 | 丙寅 | 丁卯 | 戊辰 | 己巳 | 庚午 | 辛未 | 壬申 | 癸酉 | 甲戌 | 乙亥 | 丙子 | 丁丑 | 戊寅 | 己卯 | 庚辰 | 辛巳 | 壬午 | 癸未 | 甲申 | 乙酉 | 丙戌 | 丁亥 | 戊子 | 己丑 | 庚寅 | 辛卯 | 壬辰 | 癸巳 | 甲午 |
| 대운 남 | 8 | 8 | 8 | 9 | 9 | 9 | 10 | 10 | 한 | 1 | 1 | 1 | 1 | 2 | 2 | 2 | 3 | 3 | 3 | 4 | 4 | 4 | 5 | 5 | 5 | 6 | 6 | 6 | 7 | 7 | 7 |
| 대운 녀 | 3 | 2 | 2 | 2 | 1 | 1 | 1 | 1 | 로 | 10 | 9 | 9 | 9 | 8 | 8 | 8 | 7 | 7 | 7 | 6 | 6 | 6 | 5 | 5 | 5 | 4 | 4 | 4 | 3 | 3 | 3 |

## 11 · 乙亥月(양 11.8~12.6)

입동 8일 03시00분 / 소설 23일 00시16분

| 양력 | 1 | 2 | 3 | 4 | 5 | 6 | 7 | 8 | 9 | 10 | 11 | 12 | 13 | 14 | 15 | 16 | 17 | 18 | 19 | 20 | 21 | 22 | 23 | 24 | 25 | 26 | 27 | 28 | 29 | 30 |
|---|---|---|---|---|---|---|---|---|---|---|---|---|---|---|---|---|---|---|---|---|---|---|---|---|---|---|---|---|---|---|
| 음력 | 11 | 12 | 13 | 14 | 15 | 16 | 17 | 18 | 19 | 20 | 21 | 22 | 23 | 24 | 25 | 26 | 27 | 28 | 29 | 10.1 | 2 | 3 | 4 | 5 | 6 | 7 | 8 | 9 | 10 | 11 |
| 요일 | 火 | 水 | 木 | 金 | 土 | 日 | 月 | 火 | 水 | 木 | 金 | 土 | 日 | 月 | 火 | 水 | 木 | 金 | 土 | 日 | 月 | 火 | 水 | 木 | 金 | 土 | 日 | 月 | 火 | 水 |
| 일진 | 乙未 | 丙申 | 丁酉 | 戊戌 | 己亥 | 庚子 | 辛丑 | 壬寅 | 癸卯 | 甲辰 | 乙巳 | 丙午 | 丁未 | 戊申 | 己酉 | 庚戌 | 辛亥 | 壬子 | 癸丑 | 甲寅 | 乙卯 | 丙辰 | 丁巳 | 戊午 | 己未 | 庚申 | 辛酉 | 壬戌 | 癸亥 | 甲子 |
| 대운 남 | 8 | 8 | 8 | 9 | 9 | 9 | 10 | 입 | 1 | 1 | 1 | 1 | 2 | 2 | 2 | 3 | 3 | 3 | 4 | 4 | 4 | 5 | 5 | 5 | 6 | 6 | 6 | 7 | 7 | 7 |
| 대운 녀 | 2 | 2 | 2 | 1 | 1 | 1 | 1 | 동 | 9 | 9 | 9 | 8 | 8 | 8 | 7 | 7 | 7 | 6 | 6 | 6 | 5 | 5 | 5 | 4 | 4 | 4 | 3 | 3 | 3 | 2 |

## 12 · 丙子月(양 12.7~1.5)

대설 7일 19시33분 / 동지 22일 13시23분

| 양력 | 1 | 2 | 3 | 4 | 5 | 6 | 7 | 8 | 9 | 10 | 11 | 12 | 13 | 14 | 15 | 16 | 17 | 18 | 19 | 20 | 21 | 22 | 23 | 24 | 25 | 26 | 27 | 28 | 29 | 30 | 31 |
|---|---|---|---|---|---|---|---|---|---|---|---|---|---|---|---|---|---|---|---|---|---|---|---|---|---|---|---|---|---|---|---|
| 음력 | 12 | 13 | 14 | 15 | 16 | 17 | 18 | 19 | 20 | 21 | 22 | 23 | 24 | 25 | 26 | 27 | 28 | 29 | 30 | 11.1 | 2 | 3 | 4 | 5 | 6 | 7 | 8 | 9 | 10 | 11 | 12 |
| 요일 | 木 | 金 | 土 | 日 | 月 | 火 | 水 | 木 | 金 | 土 | 日 | 月 | 火 | 水 | 木 | 金 | 土 | 日 | 月 | 火 | 水 | 木 | 金 | 土 | 日 | 月 | 火 | 水 | 木 | 金 | 土 |
| 일진 | 乙丑 | 丙寅 | 丁卯 | 戊辰 | 己巳 | 庚午 | 辛未 | 壬申 | 癸酉 | 甲戌 | 乙亥 | 丙子 | 丁丑 | 戊寅 | 己卯 | 庚辰 | 辛巳 | 壬午 | 癸未 | 甲申 | 乙酉 | 丙戌 | 丁亥 | 戊子 | 己丑 | 庚寅 | 辛卯 | 壬辰 | 癸巳 | 甲午 | 乙未 |
| 대운 남 | 8 | 8 | 8 | 9 | 9 | 9 | 대 | 1 | 1 | 1 | 1 | 2 | 2 | 2 | 3 | 3 | 3 | 4 | 4 | 4 | 5 | 5 | 5 | 6 | 6 | 6 | 7 | 7 | 7 | 8 | 8 |
| 대운 녀 | 2 | 2 | 1 | 1 | 1 | 1 | 설 | 10 | 9 | 9 | 9 | 8 | 8 | 8 | 7 | 7 | 7 | 6 | 6 | 6 | 5 | 5 | 5 | 4 | 4 | 4 | 3 | 3 | 3 | 2 | 2 |

서머타임 종료 : 9월10일 24시를 23시로 조정

# 1950년

## 1 · 丁丑月(양 1.6~2.3)

소한 6일 06시39분 / 대한 21일 00시00분

| 양력 | 1 | 2 | 3 | 4 | 5 | 6 | 7 | 8 | 9 | 10 | 11 | 12 | 13 | 14 | 15 | 16 | 17 | 18 | 19 | 20 | 21 | 22 | 23 | 24 | 25 | 26 | 27 | 28 | 29 | 30 | 31 |
|---|---|---|---|---|---|---|---|---|---|---|---|---|---|---|---|---|---|---|---|---|---|---|---|---|---|---|---|---|---|---|---|
| 음력 | 13 | 14 | 15 | 16 | 17 | 18 | 19 | 20 | 21 | 22 | 23 | 24 | 25 | 26 | 27 | 28 | 29 | 12.1 | 2 | 3 | 4 | 5 | 6 | 7 | 8 | 9 | 10 | 11 | 12 | 13 | 14 |
| 요일 | 日 | 月 | 火 | 水 | 木 | 金 | 土 | 日 | 月 | 火 | 水 | 木 | 金 | 土 | 日 | 月 | 火 | 水 | 木 | 金 | 土 | 日 | 月 | 火 | 水 | 木 | 金 | 土 | 日 | 月 | 火 |
| 일진 | 丙申 | 丁酉 | 戊戌 | 己亥 | 庚子 | 辛丑 | 壬寅 | 癸卯 | 甲辰 | 乙巳 | 丙午 | 丁未 | 戊申 | 己酉 | 庚戌 | 辛亥 | 壬子 | 癸丑 | 甲寅 | 乙卯 | 丙辰 | 丁巳 | 戊午 | 己未 | 庚申 | 辛酉 | 壬戌 | 癸亥 | 甲子 | 乙丑 | 丙寅 |
| 대운 남 | 8 | 9 | 9 | 9 | 10 | 소 | 1 | 1 | 1 | 1 | 2 | 2 | 2 | 3 | 3 | 3 | 4 | 4 | 4 | 5 | 5 | 5 | 6 | 6 | 6 | 7 | 7 | 7 | 8 | 8 | 8 |
| 대운 녀 | 2 | 1 | 1 | 1 | 1 | 한 | 9 | 9 | 9 | 8 | 8 | 8 | 7 | 7 | 7 | 6 | 6 | 6 | 5 | 5 | 5 | 4 | 4 | 4 | 3 | 3 | 3 | 2 | 2 | 2 | 1 |

## 2 · 戊寅月(양 2.4~3.5)

입춘 4일 18시21분 / 우수 19일 14시18분

| 양력 | 1 | 2 | 3 | 4 | 5 | 6 | 7 | 8 | 9 | 10 | 11 | 12 | 13 | 14 | 15 | 16 | 17 | 18 | 19 | 20 | 21 | 22 | 23 | 24 | 25 | 26 | 27 | 28 |
|---|---|---|---|---|---|---|---|---|---|---|---|---|---|---|---|---|---|---|---|---|---|---|---|---|---|---|---|---|
| 음력 | 15 | 16 | 17 | 18 | 19 | 20 | 21 | 22 | 23 | 24 | 25 | 26 | 27 | 28 | 29 | 30 | 1.1 | 2 | 3 | 4 | 5 | 6 | 7 | 8 | 9 | 10 | 11 | 12 |
| 요일 | 水 | 木 | 金 | 土 | 日 | 月 | 火 | 水 | 木 | 金 | 土 | 日 | 月 | 火 | 水 | 木 | 金 | 土 | 日 | 月 | 火 | 水 | 木 | 金 | 土 | 日 | 月 | 火 |
| 일진 | 丁卯 | 戊辰 | 己巳 | 庚午 | 辛未 | 壬申 | 癸酉 | 甲戌 | 乙亥 | 丙子 | 丁丑 | 戊寅 | 己卯 | 庚辰 | 辛巳 | 壬午 | 癸未 | 甲申 | 乙酉 | 丙戌 | 丁亥 | 戊子 | 己丑 | 庚寅 | 辛卯 | 壬辰 | 癸巳 | 甲午 |
| 대운 남 | 9 | 9 | 9 | 입 | 10 | 9 | 9 | 9 | 8 | 8 | 8 | 7 | 7 | 7 | 6 | 6 | 6 | 5 | 5 | 5 | 4 | 4 | 4 | 3 | 3 | 3 | 2 | 2 |
| 대운 녀 | 1 | 1 | 1 | 춘 | 1 | 1 | 1 | 1 | 2 | 2 | 2 | 3 | 3 | 3 | 4 | 4 | 4 | 5 | 5 | 5 | 6 | 6 | 6 | 7 | 7 | 7 | 8 | 8 |

## 3 · 己卯月(양 3.6~4.4)

경칩 6일 12시35분 / 춘분 21일 13시35분

| 양력 | 1 | 2 | 3 | 4 | 5 | 6 | 7 | 8 | 9 | 10 | 11 | 12 | 13 | 14 | 15 | 16 | 17 | 18 | 19 | 20 | 21 | 22 | 23 | 24 | 25 | 26 | 27 | 28 | 29 | 30 | 31 |
|---|---|---|---|---|---|---|---|---|---|---|---|---|---|---|---|---|---|---|---|---|---|---|---|---|---|---|---|---|---|---|---|
| 음력 | 13 | 14 | 15 | 16 | 17 | 18 | 19 | 20 | 21 | 22 | 23 | 24 | 25 | 26 | 27 | 28 | 29 | 30 | 2.1 | 2 | 3 | 4 | 5 | 6 | 7 | 8 | 9 | 10 | 11 | 12 | 13 |
| 요일 | 水 | 木 | 金 | 土 | 日 | 月 | 火 | 水 | 木 | 金 | 土 | 日 | 月 | 火 | 水 | 木 | 金 | 土 | 日 | 月 | 火 | 水 | 木 | 金 | 土 | 日 | 月 | 火 | 水 | 木 | 金 |
| 일진 | 乙未 | 丙申 | 丁酉 | 戊戌 | 己亥 | 庚子 | 辛丑 | 壬寅 | 癸卯 | 甲辰 | 乙巳 | 丙午 | 丁未 | 戊申 | 己酉 | 庚戌 | 辛亥 | 壬子 | 癸丑 | 甲寅 | 乙卯 | 丙辰 | 丁巳 | 戊午 | 己未 | 庚申 | 辛酉 | 壬戌 | 癸亥 | 甲子 | 乙丑 |
| 대운 남 | 2 | 1 | 1 | 1 | 1 | 경 | 10 | 9 | 9 | 9 | 8 | 8 | 8 | 7 | 7 | 7 | 6 | 6 | 6 | 5 | 5 | 5 | 4 | 4 | 4 | 3 | 3 | 3 | 2 | 2 | 2 |
| 대운 녀 | 8 | 9 | 9 | 9 | 10 | 칩 | 1 | 1 | 1 | 1 | 2 | 2 | 2 | 3 | 3 | 3 | 4 | 4 | 4 | 5 | 5 | 5 | 6 | 6 | 6 | 7 | 7 | 7 | 8 | 8 | 8 |

## 4 · 庚辰月(양 4.5~5.5)

청명 5일 18시44분 / 곡우 21일 01시59분

| 양력 | 1 | 2 | 3 | 4 | 5 | 6 | 7 | 8 | 9 | 10 | 11 | 12 | 13 | 14 | 15 | 16 | 17 | 18 | 19 | 20 | 21 | 22 | 23 | 24 | 25 | 26 | 27 | 28 | 29 | 30 |
|---|---|---|---|---|---|---|---|---|---|---|---|---|---|---|---|---|---|---|---|---|---|---|---|---|---|---|---|---|---|---|
| 음력 | 14 | 15 | 16 | 17 | 18 | 19 | 20 | 21 | 22 | 23 | 24 | 25 | 26 | 27 | 28 | 29 | 3.1 | 2 | 3 | 4 | 5 | 6 | 7 | 8 | 9 | 10 | 11 | 12 | 13 | 14 |
| 요일 | 土 | 日 | 月 | 火 | 水 | 木 | 金 | 土 | 日 | 月 | 火 | 水 | 木 | 金 | 土 | 日 | 月 | 火 | 水 | 木 | 金 | 土 | 日 | 月 | 火 | 水 | 木 | 金 | 土 | 日 |
| 일진 | 丙寅 | 丁卯 | 戊辰 | 己巳 | 庚午 | 辛未 | 壬申 | 癸酉 | 甲戌 | 乙亥 | 丙子 | 丁丑 | 戊寅 | 己卯 | 庚辰 | 辛巳 | 壬午 | 癸未 | 甲申 | 乙酉 | 丙戌 | 丁亥 | 戊子 | 己丑 | 庚寅 | 辛卯 | 壬辰 | 癸巳 | 甲午 | 乙未 |
| 대운 남 | 1 | 1 | 1 | 1 | 청 | 10 | 10 | 9 | 9 | 9 | 8 | 8 | 8 | 7 | 7 | 7 | 6 | 6 | 6 | 5 | 5 | 5 | 4 | 4 | 4 | 3 | 3 | 3 | 2 | 2 |
| 대운 녀 | 9 | 9 | 9 | 10 | 명 | 1 | 1 | 1 | 1 | 2 | 2 | 2 | 3 | 3 | 3 | 4 | 4 | 4 | 5 | 5 | 5 | 6 | 6 | 6 | 7 | 7 | 7 | 8 | 8 | 8 |

## 5 · 辛巳月(양 5.6~6.5)

입하 6일 12시25분 / 소만 22일 01시27분

| 양력 | 1 | 2 | 3 | 4 | 5 | 6 | 7 | 8 | 9 | 10 | 11 | 12 | 13 | 14 | 15 | 16 | 17 | 18 | 19 | 20 | 21 | 22 | 23 | 24 | 25 | 26 | 27 | 28 | 29 | 30 | 31 |
|---|---|---|---|---|---|---|---|---|---|---|---|---|---|---|---|---|---|---|---|---|---|---|---|---|---|---|---|---|---|---|---|
| 음력 | 15 | 16 | 17 | 18 | 19 | 20 | 21 | 22 | 23 | 24 | 25 | 26 | 27 | 28 | 29 | 30 | 4.1 | 2 | 3 | 4 | 5 | 6 | 7 | 8 | 9 | 10 | 11 | 12 | 13 | 14 | 15 |
| 요일 | 月 | 火 | 水 | 木 | 金 | 土 | 日 | 月 | 火 | 水 | 木 | 金 | 土 | 日 | 月 | 火 | 水 | 木 | 金 | 土 | 日 | 月 | 火 | 水 | 木 | 金 | 土 | 日 | 月 | 火 | 水 |
| 일진 | 丙申 | 丁酉 | 戊戌 | 己亥 | 庚子 | 辛丑 | 壬寅 | 癸卯 | 甲辰 | 乙巳 | 丙午 | 丁未 | 戊申 | 己酉 | 庚戌 | 辛亥 | 壬子 | 癸丑 | 甲寅 | 乙卯 | 丙辰 | 丁巳 | 戊午 | 己未 | 庚申 | 辛酉 | 壬戌 | 癸亥 | 甲子 | 乙丑 | 丙寅 |
| 대운 남 | 2 | 1 | 1 | 1 | 1 | 입 | 10 | 10 | 9 | 9 | 9 | 8 | 8 | 8 | 7 | 7 | 7 | 6 | 6 | 6 | 5 | 5 | 5 | 4 | 4 | 4 | 3 | 3 | 3 | 2 | 2 |
| 대운 녀 | 9 | 9 | 9 | 10 | 10 | 하 | 1 | 1 | 1 | 1 | 2 | 2 | 2 | 3 | 3 | 3 | 4 | 4 | 4 | 5 | 5 | 5 | 6 | 6 | 6 | 7 | 7 | 7 | 8 | 8 | 8 |

## 6 · 壬午月(양 6.6~7.7)

망종 6일 16시51분 / 하지 22일 09시36분

| 양력 | 1 | 2 | 3 | 4 | 5 | 6 | 7 | 8 | 9 | 10 | 11 | 12 | 13 | 14 | 15 | 16 | 17 | 18 | 19 | 20 | 21 | 22 | 23 | 24 | 25 | 26 | 27 | 28 | 29 | 30 |
|---|---|---|---|---|---|---|---|---|---|---|---|---|---|---|---|---|---|---|---|---|---|---|---|---|---|---|---|---|---|---|
| 음력 | 16 | 17 | 18 | 19 | 20 | 21 | 22 | 23 | 24 | 25 | 26 | 27 | 28 | 29 | 30 | 5.1 | 2 | 3 | 4 | 5 | 6 | 7 | 8 | 9 | 10 | 11 | 12 | 13 | 14 | 15 |
| 요일 | 木 | 金 | 土 | 日 | 月 | 火 | 水 | 木 | 金 | 土 | 日 | 月 | 火 | 水 | 木 | 金 | 土 | 日 | 月 | 火 | 水 | 木 | 金 | 土 | 日 | 月 | 火 | 水 | 木 | 金 |
| 일진 | 丁卯 | 戊辰 | 己巳 | 庚午 | 辛未 | 壬申 | 癸酉 | 甲戌 | 乙亥 | 丙子 | 丁丑 | 戊寅 | 己卯 | 庚辰 | 辛巳 | 壬午 | 癸未 | 甲申 | 乙酉 | 丙戌 | 丁亥 | 戊子 | 己丑 | 庚寅 | 辛卯 | 壬辰 | 癸巳 | 甲午 | 乙未 | 丙申 |
| 대운 남 | 2 | 1 | 1 | 1 | 1 | 망 | 10 | 10 | 10 | 9 | 9 | 9 | 8 | 8 | 8 | 7 | 7 | 7 | 6 | 6 | 6 | 5 | 5 | 5 | 4 | 4 | 4 | 3 | 3 | 3 |
| 대운 녀 | 9 | 9 | 9 | 10 | 10 | 종 | 1 | 1 | 1 | 1 | 2 | 2 | 2 | 3 | 3 | 3 | 4 | 4 | 4 | 5 | 5 | 5 | 6 | 6 | 6 | 7 | 7 | 7 | 8 | 8 |

서머타임 시작 : 3월31일 23시를 24시로 조정

## 7 · 癸未月(양 7.8~8.7)

소서 8일 03시13분 / 대서 23일 20시30분

| 양력 | 1 | 2 | 3 | 4 | 5 | 6 | 7 | 8 | 9 | 10 | 11 | 12 | 13 | 14 | 15 | 16 | 17 | 18 | 19 | 20 | 21 | 22 | 23 | 24 | 25 | 26 | 27 | 28 | 29 | 30 | 31 |
|---|---|---|---|---|---|---|---|---|---|---|---|---|---|---|---|---|---|---|---|---|---|---|---|---|---|---|---|---|---|---|---|
| 음력 | 16 | 17 | 18 | 19 | 20 | 21 | 22 | 23 | 24 | 25 | 26 | 27 | 28 | 29 | 6.1 | 2 | 3 | 4 | 5 | 6 | 7 | 8 | 9 | 10 | 11 | 12 | 13 | 14 | 15 | 16 | 17 |
| 요일 | 土 | 日 | 月 | 火 | 水 | 木 | 金 | 土 | 日 | 月 | 火 | 水 | 木 | 金 | 土 | 日 | 月 | 火 | 水 | 木 | 金 | 土 | 日 | 月 | 火 | 水 | 木 | 金 | 土 | 日 | 月 |
| 일진 | 丁酉 | 戊戌 | 己亥 | 庚子 | 辛丑 | 壬寅 | 癸卯 | 甲辰 | 乙巳 | 丙午 | 丁未 | 戊申 | 己酉 | 庚戌 | 辛亥 | 壬子 | 癸丑 | 甲寅 | 乙卯 | 丙辰 | 丁巳 | 戊午 | 己未 | 庚申 | 辛酉 | 壬戌 | 癸亥 | 甲子 | 乙丑 | 丙寅 | 丁卯 |
| 대운 남 | 2 | 2 | 2 | 1 | 1 | 1 | 1 | 소 | 10 | 10 | 9 | 9 | 9 | 8 | 8 | 8 | 7 | 7 | 7 | 6 | 6 | 6 | 5 | 5 | 5 | 4 | 4 | 4 | 3 | 3 | 3 |
| 대운 녀 | 8 | 9 | 9 | 9 | 10 | 10 | 10 | 서 | 1 | 1 | 1 | 1 | 2 | 2 | 2 | 3 | 3 | 3 | 4 | 4 | 4 | 5 | 5 | 5 | 6 | 6 | 6 | 7 | 7 | 7 | 8 |

## 8 · 甲申月(양 8.8~9.7)

입추 8일 12시55분 / 처서 24일 03시23분

| 양력 | 1 | 2 | 3 | 4 | 5 | 6 | 7 | 8 | 9 | 10 | 11 | 12 | 13 | 14 | 15 | 16 | 17 | 18 | 19 | 20 | 21 | 22 | 23 | 24 | 25 | 26 | 27 | 28 | 29 | 30 | 31 |
|---|---|---|---|---|---|---|---|---|---|---|---|---|---|---|---|---|---|---|---|---|---|---|---|---|---|---|---|---|---|---|---|
| 음력 | 18 | 19 | 20 | 21 | 22 | 23 | 24 | 25 | 26 | 27 | 28 | 29 | 30 | 7.1 | 2 | 3 | 4 | 5 | 6 | 7 | 8 | 9 | 10 | 11 | 12 | 13 | 14 | 15 | 16 | 17 | 18 |
| 요일 | 火 | 水 | 木 | 金 | 土 | 日 | 月 | 火 | 水 | 木 | 金 | 土 | 日 | 月 | 火 | 水 | 木 | 金 | 土 | 日 | 月 | 火 | 水 | 木 | 金 | 土 | 日 | 月 | 火 | 水 | 木 |
| 일진 | 戊辰 | 己巳 | 庚午 | 辛未 | 壬申 | 癸酉 | 甲戌 | 乙亥 | 丙子 | 丁丑 | 戊寅 | 己卯 | 庚辰 | 辛巳 | 壬午 | 癸未 | 甲申 | 乙酉 | 丙戌 | 丁亥 | 戊子 | 己丑 | 庚寅 | 辛卯 | 壬辰 | 癸巳 | 甲午 | 乙未 | 丙申 | 丁酉 | 戊戌 |
| 대운 남 | 2 | 2 | 2 | 1 | 1 | 1 | 1 | 입 | 10 | 10 | 9 | 9 | 9 | 8 | 8 | 8 | 7 | 7 | 7 | 6 | 6 | 6 | 5 | 5 | 5 | 4 | 4 | 4 | 3 | 3 | 3 |
| 대운 녀 | 8 | 8 | 9 | 9 | 9 | 10 | 10 | 추 | 1 | 1 | 1 | 1 | 2 | 2 | 2 | 3 | 3 | 3 | 4 | 4 | 4 | 5 | 5 | 5 | 6 | 6 | 6 | 7 | 7 | 7 | 8 |

## 9 · 乙酉月(양 9.8~10.8)

백로 8일 15시34분 / 추분 23일 23시44분

| 양력 | 1 | 2 | 3 | 4 | 5 | 6 | 7 | 8 | 9 | 10 | 11 | 12 | 13 | 14 | 15 | 16 | 17 | 18 | 19 | 20 | 21 | 22 | 23 | 24 | 25 | 26 | 27 | 28 | 29 | 30 |
|---|---|---|---|---|---|---|---|---|---|---|---|---|---|---|---|---|---|---|---|---|---|---|---|---|---|---|---|---|---|---|
| 음력 | 19 | 20 | 21 | 22 | 23 | 24 | 25 | 26 | 27 | 28 | 29 | 8.1 | 2 | 3 | 4 | 5 | 6 | 7 | 8 | 9 | 10 | 11 | 12 | 13 | 14 | 15 | 16 | 17 | 18 | 19 |
| 요일 | 金 | 土 | 日 | 月 | 火 | 水 | 木 | 金 | 土 | 日 | 月 | 火 | 水 | 木 | 金 | 土 | 日 | 月 | 火 | 水 | 木 | 金 | 土 | 日 | 月 | 火 | 水 | 木 | 金 | 土 |
| 일진 | 己亥 | 庚子 | 辛丑 | 壬寅 | 癸卯 | 甲辰 | 乙巳 | 丙午 | 丁未 | 戊申 | 己酉 | 庚戌 | 辛亥 | 壬子 | 癸丑 | 甲寅 | 乙卯 | 丙辰 | 丁巳 | 戊午 | 己未 | 庚申 | 辛酉 | 壬戌 | 癸亥 | 甲子 | 乙丑 | 丙寅 | 丁卯 | 戊辰 |
| 대운 남 | 2 | 2 | 2 | 1 | 1 | 1 | 1 | 백 | 10 | 10 | 9 | 9 | 9 | 8 | 8 | 8 | 7 | 7 | 7 | 6 | 6 | 6 | 5 | 5 | 5 | 4 | 4 | 4 | 3 | 3 |
| 대운 녀 | 8 | 8 | 9 | 9 | 9 | 10 | 10 | 로 | 1 | 1 | 1 | 1 | 2 | 2 | 2 | 3 | 3 | 3 | 4 | 4 | 4 | 5 | 5 | 5 | 6 | 6 | 6 | 7 | 7 | 7 |

## 10 · 丙戌月(양 10.9~11.7)

한로 9일 05시52분 / 상강 24일 08시45분

| 양력 | 1 | 2 | 3 | 4 | 5 | 6 | 7 | 8 | 9 | 10 | 11 | 12 | 13 | 14 | 15 | 16 | 17 | 18 | 19 | 20 | 21 | 22 | 23 | 24 | 25 | 26 | 27 | 28 | 29 | 30 | 31 |
|---|---|---|---|---|---|---|---|---|---|---|---|---|---|---|---|---|---|---|---|---|---|---|---|---|---|---|---|---|---|---|---|
| 음력 | 20 | 21 | 22 | 23 | 24 | 25 | 26 | 27 | 28 | 29 | 9.1 | 2 | 3 | 4 | 5 | 6 | 7 | 8 | 9 | 10 | 11 | 12 | 13 | 14 | 15 | 16 | 17 | 18 | 19 | 20 | 21 |
| 요일 | 日 | 月 | 火 | 水 | 木 | 金 | 土 | 日 | 月 | 火 | 水 | 木 | 金 | 土 | 日 | 月 | 火 | 水 | 木 | 金 | 土 | 日 | 月 | 火 | 水 | 木 | 金 | 土 | 日 | 月 | 火 |
| 일진 | 己巳 | 庚午 | 辛未 | 壬申 | 癸酉 | 甲戌 | 乙亥 | 丙子 | 丁丑 | 戊寅 | 己卯 | 庚辰 | 辛巳 | 壬午 | 癸未 | 甲申 | 乙酉 | 丙戌 | 丁亥 | 戊子 | 己丑 | 庚寅 | 辛卯 | 壬辰 | 癸巳 | 甲午 | 乙未 | 丙申 | 丁酉 | 戊戌 | 己亥 |
| 대운 남 | 3 | 2 | 2 | 2 | 1 | 1 | 1 | 1 | 한 | 10 | 9 | 9 | 9 | 8 | 8 | 8 | 7 | 7 | 7 | 6 | 6 | 6 | 5 | 5 | 5 | 4 | 4 | 4 | 3 | 3 | 3 |
| 대운 녀 | 8 | 8 | 8 | 9 | 9 | 9 | 10 | 10 | 로 | 1 | 1 | 1 | 1 | 2 | 2 | 2 | 3 | 3 | 3 | 4 | 4 | 4 | 5 | 5 | 5 | 6 | 6 | 6 | 7 | 7 | 7 |

## 11 · 丁亥月(양 11.8~12.7)

입동 8일 08시44분 / 소설 23일 06시03분

| 양력 | 1 | 2 | 3 | 4 | 5 | 6 | 7 | 8 | 9 | 10 | 11 | 12 | 13 | 14 | 15 | 16 | 17 | 18 | 19 | 20 | 21 | 22 | 23 | 24 | 25 | 26 | 27 | 28 | 29 | 30 |
|---|---|---|---|---|---|---|---|---|---|---|---|---|---|---|---|---|---|---|---|---|---|---|---|---|---|---|---|---|---|---|
| 음력 | 22 | 23 | 24 | 25 | 26 | 27 | 28 | 29 | 30 | 10.1 | 2 | 3 | 4 | 5 | 6 | 7 | 8 | 9 | 10 | 11 | 12 | 13 | 14 | 15 | 16 | 17 | 18 | 19 | 20 | 21 |
| 요일 | 水 | 木 | 金 | 土 | 日 | 月 | 火 | 水 | 木 | 金 | 土 | 日 | 月 | 火 | 水 | 木 | 金 | 土 | 日 | 月 | 火 | 水 | 木 | 金 | 土 | 日 | 月 | 火 | 水 | 木 |
| 일진 | 庚子 | 辛丑 | 壬寅 | 癸卯 | 甲辰 | 乙巳 | 丙午 | 丁未 | 戊申 | 己酉 | 庚戌 | 辛亥 | 壬子 | 癸丑 | 甲寅 | 乙卯 | 丙辰 | 丁巳 | 戊午 | 己未 | 庚申 | 辛酉 | 壬戌 | 癸亥 | 甲子 | 乙丑 | 丙寅 | 丁卯 | 戊辰 | 己巳 |
| 대운 남 | 2 | 2 | 2 | 1 | 1 | 1 | 1 | 입 | 10 | 9 | 9 | 9 | 8 | 8 | 8 | 7 | 7 | 7 | 6 | 6 | 6 | 5 | 5 | 5 | 4 | 4 | 4 | 3 | 3 | 3 |
| 대운 녀 | 8 | 8 | 8 | 9 | 9 | 9 | 10 | 동 | 1 | 1 | 1 | 1 | 2 | 2 | 2 | 3 | 3 | 3 | 4 | 4 | 4 | 5 | 5 | 5 | 6 | 6 | 6 | 7 | 7 | 7 |

## 12 · 戊子月(양 12.8~1.5)

대설 8일 01시22분 / 동지 22일 19시13분

| 양력 | 1 | 2 | 3 | 4 | 5 | 6 | 7 | 8 | 9 | 10 | 11 | 12 | 13 | 14 | 15 | 16 | 17 | 18 | 19 | 20 | 21 | 22 | 23 | 24 | 25 | 26 | 27 | 28 | 29 | 30 | 31 |
|---|---|---|---|---|---|---|---|---|---|---|---|---|---|---|---|---|---|---|---|---|---|---|---|---|---|---|---|---|---|---|---|
| 음력 | 22 | 23 | 24 | 25 | 26 | 27 | 28 | 29 | 11.1 | 2 | 3 | 4 | 5 | 6 | 7 | 8 | 9 | 10 | 11 | 12 | 13 | 14 | 15 | 16 | 17 | 18 | 19 | 20 | 21 | 22 | 23 |
| 요일 | 金 | 土 | 日 | 月 | 火 | 水 | 木 | 金 | 土 | 日 | 月 | 火 | 水 | 木 | 金 | 土 | 日 | 月 | 火 | 水 | 木 | 金 | 土 | 日 | 月 | 火 | 水 | 木 | 金 | 土 | 日 |
| 일진 | 庚午 | 辛未 | 壬申 | 癸酉 | 甲戌 | 乙亥 | 丙子 | 丁丑 | 戊寅 | 己卯 | 庚辰 | 辛巳 | 壬午 | 癸未 | 甲申 | 乙酉 | 丙戌 | 丁亥 | 戊子 | 己丑 | 庚寅 | 辛卯 | 壬辰 | 癸巳 | 甲午 | 乙未 | 丙申 | 丁酉 | 戊戌 | 己亥 | 庚子 |
| 대운 남 | 2 | 2 | 2 | 1 | 1 | 1 | 1 | 대 | 9 | 9 | 9 | 8 | 8 | 8 | 7 | 7 | 7 | 6 | 6 | 6 | 5 | 5 | 5 | 4 | 4 | 4 | 3 | 3 | 3 | 2 | 2 |
| 대운 녀 | 8 | 8 | 8 | 9 | 9 | 9 | 10 | 설 | 1 | 1 | 1 | 1 | 2 | 2 | 2 | 3 | 3 | 3 | 4 | 4 | 4 | 5 | 5 | 5 | 6 | 6 | 6 | 7 | 7 | 7 | 8 |

서머타임 종료 : 9월9일 24시를 23시로 조정

단기 4284년

# 1951년

소한 6일 12시30분

## 1 · 己丑月(양 1.6~2.4)

대한 21일 05시52분

| 양력 | 1 | 2 | 3 | 4 | 5 | 6 | 7 | 8 | 9 | 10 | 11 | 12 | 13 | 14 | 15 | 16 | 17 | 18 | 19 | 20 | 21 | 22 | 23 | 24 | 25 | 26 | 27 | 28 | 29 | 30 | 31 |
|---|---|---|---|---|---|---|---|---|---|---|---|---|---|---|---|---|---|---|---|---|---|---|---|---|---|---|---|---|---|---|---|
| 음력 | 24 | 25 | 26 | 27 | 28 | 29 | 30 | 12.1 | 2 | 3 | 4 | 5 | 6 | 7 | 8 | 9 | 10 | 11 | 12 | 13 | 14 | 15 | 16 | 17 | 18 | 19 | 20 | 21 | 22 | 23 | 24 |
| 요일 | 月 | 火 | 水 | 木 | 金 | 土 | 日 | 月 | 火 | 水 | 木 | 金 | 土 | 日 | 月 | 火 | 水 | 木 | 金 | 土 | 日 | 月 | 火 | 水 | 木 | 金 | 土 | 日 | 月 | 火 | 水 |
| 일진 | 辛丑 | 壬寅 | 癸卯 | 甲辰 | 乙巳 | 丙午 | 丁未 | 戊申 | 己酉 | 庚戌 | 辛亥 | 壬子 | 癸丑 | 甲寅 | 乙卯 | 丙辰 | 丁巳 | 戊午 | 己未 | 庚申 | 辛酉 | 壬戌 | 癸亥 | 甲子 | 乙丑 | 丙寅 | 丁卯 | 戊辰 | 己巳 | 庚午 | 辛未 |
| 대운 남 | 2 | 1 | 1 | 1 | 1 | 소 | 10 | 9 | 9 | 9 | 8 | 8 | 8 | 7 | 7 | 7 | 6 | 6 | 6 | 5 | 5 | 5 | 4 | 4 | 4 | 3 | 3 | 3 | 2 | 2 | 2 |
| 대운 녀 | 8 | 8 | 9 | 9 | 9 | 한 | 1 | 1 | 1 | 1 | 2 | 2 | 2 | 3 | 3 | 3 | 4 | 4 | 4 | 5 | 5 | 5 | 6 | 6 | 6 | 7 | 7 | 7 | 8 | 8 | 8 |

입춘 5일 00시13분

## 2 · 庚寅月(양 2.5~3.5)

우수 19일 20시10분

| 양력 | 1 | 2 | 3 | 4 | 5 | 6 | 7 | 8 | 9 | 10 | 11 | 12 | 13 | 14 | 15 | 16 | 17 | 18 | 19 | 20 | 21 | 22 | 23 | 24 | 25 | 26 | 27 | 28 |
|---|---|---|---|---|---|---|---|---|---|---|---|---|---|---|---|---|---|---|---|---|---|---|---|---|---|---|---|---|
| 음력 | 25 | 26 | 27 | 28 | 29 | 1.1 | 2 | 3 | 4 | 5 | 6 | 7 | 8 | 9 | 10 | 11 | 12 | 13 | 14 | 15 | 16 | 17 | 18 | 19 | 20 | 21 | 22 | 23 |
| 요일 | 木 | 金 | 土 | 日 | 月 | 火 | 水 | 木 | 金 | 土 | 日 | 月 | 火 | 水 | 木 | 金 | 土 | 日 | 月 | 火 | 水 | 木 | 金 | 土 | 日 | 月 | 火 | 水 |
| 일진 | 壬申 | 癸酉 | 甲戌 | 乙亥 | 丙子 | 丁丑 | 戊寅 | 己卯 | 庚辰 | 辛巳 | 壬午 | 癸未 | 甲申 | 乙酉 | 丙戌 | 丁亥 | 戊子 | 己丑 | 庚寅 | 辛卯 | 壬辰 | 癸巳 | 甲午 | 乙未 | 丙申 | 丁酉 | 戊戌 | 己亥 |
| 대운 남 | 1 | 1 | 1 | 1 | 입 | 1 | 1 | 1 | 1 | 2 | 2 | 2 | 3 | 3 | 3 | 4 | 4 | 4 | 5 | 5 | 5 | 6 | 6 | 6 | 7 | 7 | 7 | 8 |
| 대운 녀 | 9 | 9 | 9 | 10 | 춘 | 9 | 9 | 9 | 8 | 8 | 8 | 7 | 7 | 7 | 6 | 6 | 6 | 5 | 5 | 5 | 4 | 4 | 4 | 3 | 3 | 3 | 2 | 2 |

경칩 6일 18시27분

## 3 · 辛卯月(양 3.6~4.4)

춘분 21일 19시26분

| 양력 | 1 | 2 | 3 | 4 | 5 | 6 | 7 | 8 | 9 | 10 | 11 | 12 | 13 | 14 | 15 | 16 | 17 | 18 | 19 | 20 | 21 | 22 | 23 | 24 | 25 | 26 | 27 | 28 | 29 | 30 | 31 |
|---|---|---|---|---|---|---|---|---|---|---|---|---|---|---|---|---|---|---|---|---|---|---|---|---|---|---|---|---|---|---|---|
| 음력 | 24 | 25 | 26 | 27 | 28 | 29 | 30 | 2.1 | 2 | 3 | 4 | 5 | 6 | 7 | 8 | 9 | 10 | 11 | 12 | 13 | 14 | 15 | 16 | 17 | 18 | 19 | 20 | 21 | 22 | 23 | 24 |
| 요일 | 木 | 金 | 土 | 日 | 月 | 火 | 水 | 木 | 金 | 土 | 日 | 月 | 火 | 水 | 木 | 金 | 土 | 日 | 月 | 火 | 水 | 木 | 金 | 土 | 日 | 月 | 火 | 水 | 木 | 金 | 土 |
| 일진 | 庚子 | 辛丑 | 壬寅 | 癸卯 | 甲辰 | 乙巳 | 丙午 | 丁未 | 戊申 | 己酉 | 庚戌 | 辛亥 | 壬子 | 癸丑 | 甲寅 | 乙卯 | 丙辰 | 丁巳 | 戊午 | 己未 | 庚申 | 辛酉 | 壬戌 | 癸亥 | 甲子 | 乙丑 | 丙寅 | 丁卯 | 戊辰 | 己巳 | 庚午 |
| 대운 남 | 8 | 8 | 9 | 9 | 9 | 경 | 1 | 1 | 1 | 1 | 2 | 2 | 2 | 3 | 3 | 3 | 4 | 4 | 4 | 5 | 5 | 5 | 6 | 6 | 6 | 7 | 7 | 7 | 8 | 8 | 8 |
| 대운 녀 | 2 | 1 | 1 | 1 | 1 | 칩 | 10 | 9 | 9 | 9 | 8 | 8 | 8 | 7 | 7 | 7 | 6 | 6 | 6 | 5 | 5 | 5 | 4 | 4 | 4 | 3 | 3 | 3 | 2 | 2 | 2 |

청명 5일 23시33분

## 4 · 壬辰月(양 4.5~5.5)

곡우 21일 06시48분

| 양력 | 1 | 2 | 3 | 4 | 5 | 6 | 7 | 8 | 9 | 10 | 11 | 12 | 13 | 14 | 15 | 16 | 17 | 18 | 19 | 20 | 21 | 22 | 23 | 24 | 25 | 26 | 27 | 28 | 29 | 30 |
|---|---|---|---|---|---|---|---|---|---|---|---|---|---|---|---|---|---|---|---|---|---|---|---|---|---|---|---|---|---|---|
| 음력 | 25 | 26 | 27 | 28 | 29 | 3.1 | 2 | 3 | 4 | 5 | 6 | 7 | 8 | 9 | 10 | 11 | 12 | 13 | 14 | 15 | 16 | 17 | 18 | 19 | 20 | 21 | 22 | 23 | 24 | 25 |
| 요일 | 日 | 月 | 火 | 水 | 木 | 金 | 土 | 日 | 月 | 火 | 水 | 木 | 金 | 土 | 日 | 月 | 火 | 水 | 木 | 金 | 土 | 日 | 月 | 火 | 水 | 木 | 金 | 土 | 日 | 月 |
| 일진 | 辛未 | 壬申 | 癸酉 | 甲戌 | 乙亥 | 丙子 | 丁丑 | 戊寅 | 己卯 | 庚辰 | 辛巳 | 壬午 | 癸未 | 甲申 | 乙酉 | 丙戌 | 丁亥 | 戊子 | 己丑 | 庚寅 | 辛卯 | 壬辰 | 癸巳 | 甲午 | 乙未 | 丙申 | 丁酉 | 戊戌 | 己亥 | 庚子 |
| 대운 남 | 9 | 9 | 9 | 10 | 청 | 1 | 1 | 1 | 1 | 2 | 2 | 2 | 3 | 3 | 3 | 4 | 4 | 4 | 5 | 5 | 5 | 6 | 6 | 6 | 7 | 7 | 7 | 8 | 8 | 8 |
| 대운 녀 | 1 | 1 | 1 | 1 | 명 | 10 | 10 | 9 | 9 | 9 | 8 | 8 | 8 | 7 | 7 | 7 | 6 | 6 | 6 | 5 | 5 | 5 | 4 | 4 | 4 | 3 | 3 | 3 | 2 | 2 |

입하 6일 17시09분

## 5 · 癸巳月(양 5.6~6.5)

소만 22일 07시15분

| 양력 | 1 | 2 | 3 | 4 | 5 | 6 | 7 | 8 | 9 | 10 | 11 | 12 | 13 | 14 | 15 | 16 | 17 | 18 | 19 | 20 | 21 | 22 | 23 | 24 | 25 | 26 | 27 | 28 | 29 | 30 | 31 |
|---|---|---|---|---|---|---|---|---|---|---|---|---|---|---|---|---|---|---|---|---|---|---|---|---|---|---|---|---|---|---|---|
| 음력 | 26 | 27 | 28 | 29 | 30 | 4.1 | 2 | 3 | 4 | 5 | 6 | 7 | 8 | 9 | 10 | 11 | 12 | 13 | 14 | 15 | 16 | 17 | 18 | 19 | 20 | 21 | 22 | 23 | 24 | 25 | 26 |
| 요일 | 火 | 水 | 木 | 金 | 土 | 日 | 月 | 火 | 水 | 木 | 金 | 土 | 日 | 月 | 火 | 水 | 木 | 金 | 土 | 日 | 月 | 火 | 水 | 木 | 金 | 土 | 日 | 月 | 火 | 水 | 木 |
| 일진 | 辛丑 | 壬寅 | 癸卯 | 甲辰 | 乙巳 | 丙午 | 丁未 | 戊申 | 己酉 | 庚戌 | 辛亥 | 壬子 | 癸丑 | 甲寅 | 乙卯 | 丙辰 | 丁巳 | 戊午 | 己未 | 庚申 | 辛酉 | 壬戌 | 癸亥 | 甲子 | 乙丑 | 丙寅 | 丁卯 | 戊辰 | 己巳 | 庚午 | 辛未 |
| 대운 남 | 9 | 9 | 9 | 10 | 10 | 입 | 1 | 1 | 1 | 1 | 2 | 2 | 2 | 3 | 3 | 3 | 4 | 4 | 4 | 5 | 5 | 5 | 6 | 6 | 6 | 7 | 7 | 7 | 8 | 8 | 8 |
| 대운 녀 | 2 | 1 | 1 | 1 | 1 | 하 | 10 | 10 | 9 | 9 | 9 | 8 | 8 | 8 | 7 | 7 | 7 | 6 | 6 | 6 | 5 | 5 | 5 | 4 | 4 | 4 | 3 | 3 | 3 | 2 | 2 |

망종 6일 22시33분

## 6 · 甲午月(양 6.6~7.7)

하지 22일 15시25분

| 양력 | 1 | 2 | 3 | 4 | 5 | 6 | 7 | 8 | 9 | 10 | 11 | 12 | 13 | 14 | 15 | 16 | 17 | 18 | 19 | 20 | 21 | 22 | 23 | 24 | 25 | 26 | 27 | 28 | 29 | 30 |
|---|---|---|---|---|---|---|---|---|---|---|---|---|---|---|---|---|---|---|---|---|---|---|---|---|---|---|---|---|---|---|
| 음력 | 27 | 28 | 29 | 30 | 5.1 | 2 | 3 | 4 | 5 | 6 | 7 | 8 | 9 | 10 | 11 | 12 | 13 | 14 | 15 | 16 | 17 | 18 | 19 | 20 | 21 | 22 | 23 | 24 | 25 | 26 |
| 요일 | 金 | 土 | 日 | 月 | 火 | 水 | 木 | 金 | 土 | 日 | 月 | 火 | 水 | 木 | 金 | 土 | 日 | 月 | 火 | 水 | 木 | 金 | 土 | 日 | 月 | 火 | 水 | 木 | 金 | 土 |
| 일진 | 壬申 | 癸酉 | 甲戌 | 乙亥 | 丙子 | 丁丑 | 戊寅 | 己卯 | 庚辰 | 辛巳 | 壬午 | 癸未 | 甲申 | 乙酉 | 丙戌 | 丁亥 | 戊子 | 己丑 | 庚寅 | 辛卯 | 壬辰 | 癸巳 | 甲午 | 乙未 | 丙申 | 丁酉 | 戊戌 | 己亥 | 庚子 | 辛丑 |
| 대운 남 | 9 | 9 | 9 | 10 | 10 | 망 | 1 | 1 | 1 | 1 | 2 | 2 | 2 | 3 | 3 | 3 | 4 | 4 | 4 | 5 | 5 | 5 | 6 | 6 | 6 | 7 | 7 | 7 | 8 | 8 |
| 대운 녀 | 2 | 1 | 1 | 1 | 1 | 종 | 10 | 10 | 10 | 9 | 9 | 9 | 8 | 8 | 8 | 7 | 7 | 7 | 6 | 6 | 6 | 5 | 5 | 5 | 4 | 4 | 4 | 3 | 3 | 3 |



서머타임 시작 : 5월6일 23시를 24시로 조정

# 辛卯年

동경135도표준시

소서 8일 08시54분 | **7 · 乙未月(양 7.8~8.7)** | 대서 24일 02시21분

| 양력 | 1 | 2 | 3 | 4 | 5 | 6 | 7 | 8 | 9 | 10 | 11 | 12 | 13 | 14 | 15 | 16 | 17 | 18 | 19 | 20 | 21 | 22 | 23 | 24 | 25 | 26 | 27 | 28 | 29 | 30 | 31 |
|---|---|---|---|---|---|---|---|---|---|---|---|---|---|---|---|---|---|---|---|---|---|---|---|---|---|---|---|---|---|---|---|
| 음력 | 27 | 28 | 29 | 6.1 | 2 | 3 | 4 | 5 | 6 | 7 | 8 | 9 | 10 | 11 | 12 | 13 | 14 | 15 | 16 | 17 | 18 | 19 | 20 | 21 | 22 | 23 | 24 | 25 | 26 | 27 | 28 |
| 요일 | 日 | 月 | 火 | 水 | 木 | 金 | 土 | 日 | 月 | 火 | 水 | 木 | 金 | 土 | 日 | 月 | 火 | 水 | 木 | 金 | 土 | 日 | 月 | 火 | 水 | 木 | 金 | 土 | 日 | 月 | 火 |
| 일진 | 壬寅 | 癸卯 | 甲辰 | 乙巳 | 丙午 | 丁未 | 戊申 | 己酉 | 庚戌 | 辛亥 | 壬子 | 癸丑 | 甲寅 | 乙卯 | 丙辰 | 丁巳 | 戊午 | 己未 | 庚申 | 辛酉 | 壬戌 | 癸亥 | 甲子 | 乙丑 | 丙寅 | 丁卯 | 戊辰 | 己巳 | 庚午 | 辛未 | 壬申 |
| 대운 남 | 8 | 9 | 9 | 9 | 10 | 10 | 10 | 소 | 1 | 1 | 1 | 1 | 2 | 2 | 2 | 3 | 3 | 3 | 4 | 4 | 4 | 5 | 5 | 5 | 6 | 6 | 6 | 7 | 7 | 7 | 8 |
| 대운 녀 | 2 | 2 | 2 | 1 | 1 | 1 | 1 | 서 | 10 | 10 | 9 | 9 | 9 | 8 | 8 | 8 | 7 | 7 | 7 | 6 | 6 | 6 | 5 | 5 | 5 | 4 | 4 | 4 | 3 | 3 | 3 |

입추 8일 18시37분 | **8 · 丙申月(양 8.8~9.7)** | 처서 24일 09시16분

| 양력 | 1 | 2 | 3 | 4 | 5 | 6 | 7 | 8 | 9 | 10 | 11 | 12 | 13 | 14 | 15 | 16 | 17 | 18 | 19 | 20 | 21 | 22 | 23 | 24 | 25 | 26 | 27 | 28 | 29 | 30 | 31 |
|---|---|---|---|---|---|---|---|---|---|---|---|---|---|---|---|---|---|---|---|---|---|---|---|---|---|---|---|---|---|---|---|
| 음력 | 29 | 30 | 7.1 | 2 | 3 | 4 | 5 | 6 | 7 | 8 | 9 | 10 | 11 | 12 | 13 | 14 | 15 | 16 | 17 | 18 | 19 | 20 | 21 | 22 | 23 | 24 | 25 | 26 | 27 | 28 | 29 |
| 요일 | 水 | 木 | 金 | 土 | 日 | 月 | 火 | 水 | 木 | 金 | 土 | 日 | 月 | 火 | 水 | 木 | 金 | 土 | 日 | 月 | 火 | 水 | 木 | 金 | 土 | 日 | 月 | 火 | 水 | 木 | 金 |
| 일진 | 癸酉 | 甲戌 | 乙亥 | 丙子 | 丁丑 | 戊寅 | 己卯 | 庚辰 | 辛巳 | 壬午 | 癸未 | 甲申 | 乙酉 | 丙戌 | 丁亥 | 戊子 | 己丑 | 庚寅 | 辛卯 | 壬辰 | 癸巳 | 甲午 | 乙未 | 丙申 | 丁酉 | 戊戌 | 己亥 | 庚子 | 辛丑 | 壬寅 | 癸卯 |
| 대운 남 | 8 | 8 | 9 | 9 | 9 | 10 | 10 | 입 | 1 | 1 | 1 | 1 | 2 | 2 | 2 | 3 | 3 | 3 | 4 | 4 | 4 | 5 | 5 | 5 | 6 | 6 | 6 | 7 | 7 | 7 | 8 |
| 대운 녀 | 2 | 2 | 2 | 1 | 1 | 1 | 1 | 추 | 10 | 10 | 9 | 9 | 9 | 8 | 8 | 8 | 7 | 7 | 7 | 6 | 6 | 6 | 5 | 5 | 5 | 4 | 4 | 4 | 3 | 3 | 3 |

백로 8일 21시18분 | **9 · 丁酉月(양 9.8~10.8)** | 추분 24일 05시37분

| 양력 | 1 | 2 | 3 | 4 | 5 | 6 | 7 | 8 | 9 | 10 | 11 | 12 | 13 | 14 | 15 | 16 | 17 | 18 | 19 | 20 | 21 | 22 | 23 | 24 | 25 | 26 | 27 | 28 | 29 | 30 |
|---|---|---|---|---|---|---|---|---|---|---|---|---|---|---|---|---|---|---|---|---|---|---|---|---|---|---|---|---|---|---|
| 음력 | 8.1 | 2 | 3 | 4 | 5 | 6 | 7 | 8 | 9 | 10 | 11 | 12 | 13 | 14 | 15 | 16 | 17 | 18 | 19 | 20 | 21 | 22 | 23 | 24 | 25 | 26 | 27 | 28 | 29 | 30 |
| 요일 | 土 | 日 | 月 | 火 | 水 | 木 | 金 | 土 | 日 | 月 | 火 | 水 | 木 | 金 | 土 | 日 | 月 | 火 | 水 | 木 | 金 | 土 | 日 | 月 | 火 | 水 | 木 | 金 | 土 | 日 |
| 일진 | 甲辰 | 乙巳 | 丙午 | 丁未 | 戊申 | 己酉 | 庚戌 | 辛亥 | 壬子 | 癸丑 | 甲寅 | 乙卯 | 丙辰 | 丁巳 | 戊午 | 己未 | 庚申 | 辛酉 | 壬戌 | 癸亥 | 甲子 | 乙丑 | 丙寅 | 丁卯 | 戊辰 | 己巳 | 庚午 | 辛未 | 壬申 | 癸酉 |
| 대운 남 | 8 | 8 | 9 | 9 | 9 | 10 | 10 | 백 | 1 | 1 | 1 | 1 | 2 | 2 | 2 | 3 | 3 | 3 | 4 | 4 | 4 | 5 | 5 | 5 | 6 | 6 | 6 | 7 | 7 | 7 |
| 대운 녀 | 2 | 2 | 2 | 1 | 1 | 1 | 1 | 로 | 10 | 10 | 9 | 9 | 9 | 8 | 8 | 8 | 7 | 7 | 7 | 6 | 6 | 6 | 5 | 5 | 5 | 4 | 4 | 4 | 3 | 3 |

한로 9일 11시36분 | **10 · 戊戌月(양 10.9~11.7)** | 상강 24일 14시36분

| 양력 | 1 | 2 | 3 | 4 | 5 | 6 | 7 | 8 | 9 | 10 | 11 | 12 | 13 | 14 | 15 | 16 | 17 | 18 | 19 | 20 | 21 | 22 | 23 | 24 | 25 | 26 | 27 | 28 | 29 | 30 | 31 |
|---|---|---|---|---|---|---|---|---|---|---|---|---|---|---|---|---|---|---|---|---|---|---|---|---|---|---|---|---|---|---|---|
| 음력 | 9.1 | 2 | 3 | 4 | 5 | 6 | 7 | 8 | 9 | 10 | 11 | 12 | 13 | 14 | 15 | 16 | 17 | 18 | 19 | 20 | 21 | 22 | 23 | 24 | 25 | 26 | 27 | 28 | 29 | 10.1 | 2 |
| 요일 | 月 | 火 | 水 | 木 | 金 | 土 | 日 | 月 | 火 | 水 | 木 | 金 | 土 | 日 | 月 | 火 | 水 | 木 | 金 | 土 | 日 | 月 | 火 | 水 | 木 | 金 | 土 | 日 | 月 | 火 | 水 |
| 일진 | 甲戌 | 乙亥 | 丙子 | 丁丑 | 戊寅 | 己卯 | 庚辰 | 辛巳 | 壬午 | 癸未 | 甲申 | 乙酉 | 丙戌 | 丁亥 | 戊子 | 己丑 | 庚寅 | 辛卯 | 壬辰 | 癸巳 | 甲午 | 乙未 | 丙申 | 丁酉 | 戊戌 | 己亥 | 庚子 | 辛丑 | 壬寅 | 癸卯 | 甲辰 |
| 대운 남 | 8 | 8 | 8 | 9 | 9 | 9 | 10 | 10 | 한 | 1 | 1 | 1 | 1 | 2 | 2 | 2 | 3 | 3 | 3 | 4 | 4 | 4 | 5 | 5 | 5 | 6 | 6 | 6 | 7 | 7 | 7 |
| 대운 녀 | 3 | 2 | 2 | 2 | 1 | 1 | 1 | 1 | 로 | 10 | 9 | 9 | 9 | 8 | 8 | 8 | 7 | 7 | 7 | 6 | 6 | 6 | 5 | 5 | 5 | 4 | 4 | 4 | 3 | 3 | 3 |

입동 8일 14시27분 | **11 · 己亥月(양 11.8~12.7)** | 소설 23일 11시51분

| 양력 | 1 | 2 | 3 | 4 | 5 | 6 | 7 | 8 | 9 | 10 | 11 | 12 | 13 | 14 | 15 | 16 | 17 | 18 | 19 | 20 | 21 | 22 | 23 | 24 | 25 | 26 | 27 | 28 | 29 | 30 |
|---|---|---|---|---|---|---|---|---|---|---|---|---|---|---|---|---|---|---|---|---|---|---|---|---|---|---|---|---|---|---|
| 음력 | 3 | 4 | 5 | 6 | 7 | 8 | 9 | 10 | 11 | 12 | 13 | 14 | 15 | 16 | 17 | 18 | 19 | 20 | 21 | 22 | 23 | 24 | 25 | 26 | 27 | 28 | 29 | 30 | 11.1 | 2 |
| 요일 | 木 | 金 | 土 | 日 | 月 | 火 | 水 | 木 | 金 | 土 | 日 | 月 | 火 | 水 | 木 | 金 | 土 | 日 | 月 | 火 | 水 | 木 | 金 | 土 | 日 | 月 | 火 | 水 | 木 | 金 |
| 일진 | 乙巳 | 丙午 | 丁未 | 戊申 | 己酉 | 庚戌 | 辛亥 | 壬子 | 癸丑 | 甲寅 | 乙卯 | 丙辰 | 丁巳 | 戊午 | 己未 | 庚申 | 辛酉 | 壬戌 | 癸亥 | 甲子 | 乙丑 | 丙寅 | 丁卯 | 戊辰 | 己巳 | 庚午 | 辛未 | 壬申 | 癸酉 | 甲戌 |
| 대운 남 | 8 | 8 | 8 | 9 | 9 | 9 | 10 | 입 | 1 | 1 | 1 | 1 | 2 | 2 | 2 | 3 | 3 | 3 | 4 | 4 | 4 | 5 | 5 | 5 | 6 | 6 | 6 | 7 | 7 | 7 |
| 대운 녀 | 2 | 2 | 2 | 1 | 1 | 1 | 1 | 동 | 10 | 9 | 9 | 9 | 8 | 8 | 8 | 7 | 7 | 7 | 6 | 6 | 6 | 5 | 5 | 5 | 4 | 4 | 4 | 3 | 3 | 3 |

대설 8일 07시02분 | **12 · 庚子月(양 12.8~1.5)** | 동지 23일 01시00분

| 양력 | 1 | 2 | 3 | 4 | 5 | 6 | 7 | 8 | 9 | 10 | 11 | 12 | 13 | 14 | 15 | 16 | 17 | 18 | 19 | 20 | 21 | 22 | 23 | 24 | 25 | 26 | 27 | 28 | 29 | 30 | 31 |
|---|---|---|---|---|---|---|---|---|---|---|---|---|---|---|---|---|---|---|---|---|---|---|---|---|---|---|---|---|---|---|---|
| 음력 | 3 | 4 | 5 | 6 | 7 | 8 | 9 | 10 | 11 | 12 | 13 | 14 | 15 | 16 | 17 | 18 | 19 | 20 | 21 | 22 | 23 | 24 | 25 | 26 | 27 | 28 | 29 | 12.1 | 2 | 3 | 4 |
| 요일 | 土 | 日 | 月 | 火 | 水 | 木 | 金 | 土 | 日 | 月 | 火 | 水 | 木 | 金 | 土 | 日 | 月 | 火 | 水 | 木 | 金 | 土 | 日 | 月 | 火 | 水 | 木 | 金 | 土 | 日 | 月 |
| 일진 | 乙亥 | 丙子 | 丁丑 | 戊寅 | 己卯 | 庚辰 | 辛巳 | 壬午 | 癸未 | 甲申 | 乙酉 | 丙戌 | 丁亥 | 戊子 | 己丑 | 庚寅 | 辛卯 | 壬辰 | 癸巳 | 甲午 | 乙未 | 丙申 | 丁酉 | 戊戌 | 己亥 | 庚子 | 辛丑 | 壬寅 | 癸卯 | 甲辰 | 乙巳 |
| 대운 남 | 8 | 8 | 8 | 9 | 9 | 9 | 10 | 대 | 1 | 1 | 1 | 1 | 2 | 2 | 2 | 3 | 3 | 3 | 4 | 4 | 4 | 5 | 5 | 5 | 6 | 6 | 6 | 7 | 7 | 7 | 8 |
| 대운 녀 | 2 | 2 | 2 | 1 | 1 | 1 | 1 | 설 | 9 | 9 | 9 | 8 | 8 | 8 | 7 | 7 | 7 | 6 | 6 | 6 | 5 | 5 | 5 | 4 | 4 | 4 | 3 | 3 | 3 | 2 | 2 |

서머타임 종료 : 9월8일 24시를 23시로 조정

# 1952년(윤5월)

소한 6일 18시10분

## 1 · 辛丑月(양 1.6~2.4)

대한 21일 11시38분

| 양력 | 1 | 2 | 3 | 4 | 5 | 6 | 7 | 8 | 9 | 10 | 11 | 12 | 13 | 14 | 15 | 16 | 17 | 18 | 19 | 20 | 21 | 22 | 23 | 24 | 25 | 26 | 27 | 28 | 29 | 30 | 31 |
|---|---|---|---|---|---|---|---|---|---|---|---|---|---|---|---|---|---|---|---|---|---|---|---|---|---|---|---|---|---|---|---|
| 음력 | 5 | 6 | 7 | 8 | 9 | 10 | 11 | 12 | 13 | 14 | 15 | 16 | 17 | 18 | 19 | 20 | 21 | 22 | 23 | 24 | 25 | 26 | 27 | 28 | 29 | 30 | 1.1 | 2 | 3 | 4 | 5 |
| 요일 | 火 | 水 | 木 | 金 | 土 | 日 | 月 | 火 | 水 | 木 | 金 | 土 | 日 | 月 | 火 | 水 | 木 | 金 | 土 | 日 | 月 | 火 | 水 | 木 | 金 | 土 | 日 | 月 | 火 | 水 | 木 |
| 일진 | 丙午 | 丁未 | 戊申 | 己酉 | 庚戌 | 辛亥 | 壬子 | 癸丑 | 甲寅 | 乙卯 | 丙辰 | 丁巳 | 戊午 | 己未 | 庚申 | 辛酉 | 壬戌 | 癸亥 | 甲子 | 乙丑 | 丙寅 | 丁卯 | 戊辰 | 己巳 | 庚午 | 辛未 | 壬申 | 癸酉 | 甲戌 | 乙亥 | 丙子 |
| 대운 남 | 8 | 8 | 9 | 9 | 9 | 소 | 1 | 1 | 1 | 1 | 2 | 2 | 2 | 3 | 3 | 3 | 4 | 4 | 4 | 5 | 5 | 5 | 6 | 6 | 6 | 7 | 7 | 7 | 8 | 8 | 8 |
| 대운 녀 | 2 | 1 | 1 | 1 | 1 | 한 | 10 | 9 | 9 | 9 | 8 | 8 | 8 | 7 | 7 | 7 | 6 | 6 | 6 | 5 | 5 | 5 | 4 | 4 | 4 | 3 | 3 | 3 | 2 | 2 | 2 |

입춘 5일 05시53분

## 2 · 壬寅月(양 2.5~3.5)

우수 20일 01시57분

| 양력 | 1 | 2 | 3 | 4 | 5 | 6 | 7 | 8 | 9 | 10 | 11 | 12 | 13 | 14 | 15 | 16 | 17 | 18 | 19 | 20 | 21 | 22 | 23 | 24 | 25 | 26 | 27 | 28 | 29 |
|---|---|---|---|---|---|---|---|---|---|---|---|---|---|---|---|---|---|---|---|---|---|---|---|---|---|---|---|---|---|
| 음력 | 6 | 7 | 8 | 9 | 10 | 11 | 12 | 13 | 14 | 15 | 16 | 17 | 18 | 19 | 20 | 21 | 22 | 23 | 24 | 25 | 26 | 27 | 28 | 29 | 2.1 | 2 | 3 | 4 | 5 |
| 요일 | 金 | 土 | 日 | 月 | 火 | 水 | 木 | 金 | 土 | 日 | 月 | 火 | 水 | 木 | 金 | 土 | 日 | 月 | 火 | 水 | 木 | 金 | 土 | 日 | 月 | 火 | 水 | 木 | 金 |
| 일진 | 丁丑 | 戊寅 | 己卯 | 庚辰 | 辛巳 | 壬午 | 癸未 | 甲申 | 乙酉 | 丙戌 | 丁亥 | 戊子 | 己丑 | 庚寅 | 辛卯 | 壬辰 | 癸巳 | 甲午 | 乙未 | 丙申 | 丁酉 | 戊戌 | 己亥 | 庚子 | 辛丑 | 壬寅 | 癸卯 | 甲辰 | 乙巳 |
| 대운 남 | 9 | 9 | 9 | 10 | 입 | 10 | 9 | 9 | 9 | 8 | 8 | 8 | 7 | 7 | 7 | 6 | 6 | 6 | 5 | 5 | 5 | 4 | 4 | 4 | 3 | 3 | 3 | 2 | 2 |
| 대운 녀 | 1 | 1 | 1 | 1 | 춘 | 1 | 1 | 1 | 1 | 2 | 2 | 2 | 3 | 3 | 3 | 4 | 4 | 4 | 5 | 5 | 5 | 6 | 6 | 6 | 7 | 7 | 7 | 8 | 8 |

경칩 6일 00시07분

## 3 · 癸卯月(양 3.6~4.4)

춘분 21일 01시14분

| 양력 | 1 | 2 | 3 | 4 | 5 | 6 | 7 | 8 | 9 | 10 | 11 | 12 | 13 | 14 | 15 | 16 | 17 | 18 | 19 | 20 | 21 | 22 | 23 | 24 | 25 | 26 | 27 | 28 | 29 | 30 | 31 |
|---|---|---|---|---|---|---|---|---|---|---|---|---|---|---|---|---|---|---|---|---|---|---|---|---|---|---|---|---|---|---|---|
| 음력 | 6 | 7 | 8 | 9 | 10 | 11 | 12 | 13 | 14 | 15 | 16 | 17 | 18 | 19 | 20 | 21 | 22 | 23 | 24 | 25 | 26 | 27 | 28 | 29 | 30 | 3.1 | 2 | 3 | 4 | 5 | 6 |
| 요일 | 土 | 日 | 月 | 火 | 水 | 木 | 金 | 土 | 日 | 月 | 火 | 水 | 木 | 金 | 土 | 日 | 月 | 火 | 水 | 木 | 金 | 土 | 日 | 月 | 火 | 水 | 木 | 金 | 土 | 日 | 月 |
| 일진 | 丙午 | 丁未 | 戊申 | 己酉 | 庚戌 | 辛亥 | 壬子 | 癸丑 | 甲寅 | 乙卯 | 丙辰 | 丁巳 | 戊午 | 己未 | 庚申 | 辛酉 | 壬戌 | 癸亥 | 甲子 | 乙丑 | 丙寅 | 丁卯 | 戊辰 | 己巳 | 庚午 | 辛未 | 壬申 | 癸酉 | 甲戌 | 乙亥 | 丙子 |
| 대운 남 | 2 | 1 | 1 | 1 | 1 | 경 | 10 | 9 | 9 | 9 | 8 | 8 | 8 | 7 | 7 | 7 | 6 | 6 | 6 | 5 | 5 | 5 | 4 | 4 | 4 | 3 | 3 | 3 | 2 | 2 | 2 |
| 대운 녀 | 8 | 9 | 9 | 9 | 10 | 칩 | 1 | 1 | 1 | 1 | 2 | 2 | 2 | 3 | 3 | 3 | 4 | 4 | 4 | 5 | 5 | 5 | 6 | 6 | 6 | 7 | 7 | 7 | 8 | 8 | 8 |

청명 5일 05시15분

## 4 · 甲辰月(양 4.5~5.4)

곡우 20일 12시37분

| 양력 | 1 | 2 | 3 | 4 | 5 | 6 | 7 | 8 | 9 | 10 | 11 | 12 | 13 | 14 | 15 | 16 | 17 | 18 | 19 | 20 | 21 | 22 | 23 | 24 | 25 | 26 | 27 | 28 | 29 | 30 |
|---|---|---|---|---|---|---|---|---|---|---|---|---|---|---|---|---|---|---|---|---|---|---|---|---|---|---|---|---|---|---|
| 음력 | 7 | 8 | 9 | 10 | 11 | 12 | 13 | 14 | 15 | 16 | 17 | 18 | 19 | 20 | 21 | 22 | 23 | 24 | 25 | 26 | 27 | 28 | 29 | 4.1 | 2 | 3 | 4 | 5 | 6 | 7 |
| 요일 | 火 | 水 | 木 | 金 | 土 | 日 | 月 | 火 | 水 | 木 | 金 | 土 | 日 | 月 | 火 | 水 | 木 | 金 | 土 | 日 | 月 | 火 | 水 | 木 | 金 | 土 | 日 | 月 | 火 | 水 |
| 일진 | 丁丑 | 戊寅 | 己卯 | 庚辰 | 辛巳 | 壬午 | 癸未 | 甲申 | 乙酉 | 丙戌 | 丁亥 | 戊子 | 己丑 | 庚寅 | 辛卯 | 壬辰 | 癸巳 | 甲午 | 乙未 | 丙申 | 丁酉 | 戊戌 | 己亥 | 庚子 | 辛丑 | 壬寅 | 癸卯 | 甲辰 | 乙巳 | 丙午 |
| 대운 남 | 1 | 1 | 1 | 1 | 청 | 10 | 9 | 9 | 9 | 8 | 8 | 8 | 7 | 7 | 7 | 6 | 6 | 6 | 5 | 5 | 5 | 4 | 4 | 4 | 3 | 3 | 3 | 2 | 2 | 2 |
| 대운 녀 | 9 | 9 | 9 | 10 | 명 | 1 | 1 | 1 | 1 | 2 | 2 | 2 | 3 | 3 | 3 | 4 | 4 | 4 | 5 | 5 | 5 | 6 | 6 | 6 | 7 | 7 | 7 | 8 | 8 | 8 |

입하 5일 22시54분

## 5 · 乙巳月(양 5.5~6.5)

소만 21일 12시04분

| 양력 | 1 | 2 | 3 | 4 | 5 | 6 | 7 | 8 | 9 | 10 | 11 | 12 | 13 | 14 | 15 | 16 | 17 | 18 | 19 | 20 | 21 | 22 | 23 | 24 | 25 | 26 | 27 | 28 | 29 | 30 | 31 |
|---|---|---|---|---|---|---|---|---|---|---|---|---|---|---|---|---|---|---|---|---|---|---|---|---|---|---|---|---|---|---|---|
| 음력 | 8 | 9 | 10 | 11 | 12 | 13 | 14 | 15 | 16 | 17 | 18 | 19 | 20 | 21 | 22 | 23 | 24 | 25 | 26 | 27 | 28 | 29 | 30 | 5.1 | 2 | 3 | 4 | 5 | 6 | 7 | 8 |
| 요일 | 木 | 金 | 土 | 日 | 月 | 火 | 水 | 木 | 金 | 土 | 日 | 月 | 火 | 水 | 木 | 金 | 土 | 日 | 月 | 火 | 水 | 木 | 金 | 土 | 日 | 月 | 火 | 水 | 木 | 金 | 土 |
| 일진 | 丁未 | 戊申 | 己酉 | 庚戌 | 辛亥 | 壬子 | 癸丑 | 甲寅 | 乙卯 | 丙辰 | 丁巳 | 戊午 | 己未 | 庚申 | 辛酉 | 壬戌 | 癸亥 | 甲子 | 乙丑 | 丙寅 | 丁卯 | 戊辰 | 己巳 | 庚午 | 辛未 | 壬申 | 癸酉 | 甲戌 | 乙亥 | 丙子 | 丁丑 |
| 대운 남 | 1 | 1 | 1 | 1 | 입 | 10 | 10 | 10 | 9 | 9 | 9 | 8 | 8 | 8 | 7 | 7 | 7 | 6 | 6 | 6 | 5 | 5 | 5 | 4 | 4 | 4 | 3 | 3 | 3 | 2 | 2 |
| 대운 녀 | 9 | 9 | 9 | 10 | 하 | 1 | 1 | 1 | 1 | 2 | 2 | 2 | 3 | 3 | 3 | 4 | 4 | 4 | 5 | 5 | 5 | 6 | 6 | 6 | 7 | 7 | 7 | 8 | 8 | 8 | 9 |

망종 6일 03시20분

## 6 · 丙午月(양 6.6~7.6)

하지 21일 20시13분

| 양력 | 1 | 2 | 3 | 4 | 5 | 6 | 7 | 8 | 9 | 10 | 11 | 12 | 13 | 14 | 15 | 16 | 17 | 18 | 19 | 20 | 21 | 22 | 23 | 24 | 25 | 26 | 27 | 28 | 29 | 30 |
|---|---|---|---|---|---|---|---|---|---|---|---|---|---|---|---|---|---|---|---|---|---|---|---|---|---|---|---|---|---|---|
| 음력 | 9 | 10 | 11 | 12 | 13 | 14 | 15 | 16 | 17 | 18 | 19 | 20 | 21 | 22 | 23 | 24 | 25 | 26 | 27 | 28 | 29 | 윤 | 5.2 | 3 | 4 | 5 | 6 | 7 | 8 | 9 |
| 요일 | 日 | 月 | 火 | 水 | 木 | 金 | 土 | 日 | 月 | 火 | 水 | 木 | 金 | 土 | 日 | 月 | 火 | 水 | 木 | 金 | 土 | 日 | 月 | 火 | 水 | 木 | 金 | 土 | 日 | 月 |
| 일진 | 戊寅 | 己卯 | 庚辰 | 辛巳 | 壬午 | 癸未 | 甲申 | 乙酉 | 丙戌 | 丁亥 | 戊子 | 己丑 | 庚寅 | 辛卯 | 壬辰 | 癸巳 | 甲午 | 乙未 | 丙申 | 丁酉 | 戊戌 | 己亥 | 庚子 | 辛丑 | 壬寅 | 癸卯 | 甲辰 | 乙巳 | 丙午 | 丁未 |
| 대운 남 | 2 | 1 | 1 | 1 | 1 | 망 | 10 | 10 | 9 | 9 | 9 | 8 | 8 | 8 | 7 | 7 | 7 | 6 | 6 | 6 | 5 | 5 | 5 | 4 | 4 | 4 | 3 | 3 | 3 | 2 |
| 대운 녀 | 9 | 9 | 10 | 10 | 10 | 종 | 1 | 1 | 1 | 1 | 2 | 2 | 2 | 3 | 3 | 3 | 4 | 4 | 4 | 5 | 5 | 5 | 6 | 6 | 6 | 7 | 7 | 7 | 8 | 8 |

## 7 · 丁未月(양 7.7~8.6)

소서 7일 13시45분 / 대서 23일 07시07분

| 양력 | 1 | 2 | 3 | 4 | 5 | 6 | 7 | 8 | 9 | 10 | 11 | 12 | 13 | 14 | 15 | 16 | 17 | 18 | 19 | 20 | 21 | 22 | 23 | 24 | 25 | 26 | 27 | 28 | 29 | 30 | 31 |
|---|---|---|---|---|---|---|---|---|---|---|---|---|---|---|---|---|---|---|---|---|---|---|---|---|---|---|---|---|---|---|---|
| 음력 | 10 | 11 | 12 | 13 | 14 | 15 | 16 | 17 | 18 | 19 | 20 | 21 | 22 | 23 | 24 | 25 | 26 | 27 | 28 | 29 | 30 | 6.1 | 2 | 3 | 4 | 5 | 6 | 7 | 8 | 9 | 10 |
| 요일 | 火 | 水 | 木 | 金 | 土 | 日 | 月 | 火 | 水 | 木 | 金 | 土 | 日 | 月 | 火 | 水 | 木 | 金 | 土 | 日 | 月 | 火 | 水 | 木 | 金 | 土 | 日 | 月 | 火 | 水 | 木 |
| 일진 | 戊申 | 己酉 | 庚戌 | 辛亥 | 壬子 | 癸丑 | 甲寅 | 乙卯 | 丙辰 | 丁巳 | 戊午 | 己未 | 庚申 | 辛酉 | 壬戌 | 癸亥 | 甲子 | 乙丑 | 丙寅 | 丁卯 | 戊辰 | 己巳 | 庚午 | 辛未 | 壬申 | 癸酉 | 甲戌 | 乙亥 | 丙子 | 丁丑 | 戊寅 |
| 대운 남 | 2 | 2 | 1 | 1 | 1 | 1 | 소 | 10 | 10 | 9 | 9 | 9 | 8 | 8 | 8 | 7 | 7 | 7 | 6 | 6 | 6 | 5 | 5 | 5 | 4 | 4 | 4 | 3 | 3 | 3 | 2 |
| 대운 녀 | 8 | 9 | 9 | 9 | 10 | 10 | 서 | 1 | 1 | 1 | 1 | 2 | 2 | 2 | 3 | 3 | 3 | 4 | 4 | 4 | 5 | 5 | 5 | 6 | 6 | 6 | 7 | 7 | 7 | 8 | 8 |

## 8 · 戊申月(양 8.7~9.7)

입추 7일 23시31분 / 처서 23일 14시03분

| 양력 | 1 | 2 | 3 | 4 | 5 | 6 | 7 | 8 | 9 | 10 | 11 | 12 | 13 | 14 | 15 | 16 | 17 | 18 | 19 | 20 | 21 | 22 | 23 | 24 | 25 | 26 | 27 | 28 | 29 | 30 | 31 |
|---|---|---|---|---|---|---|---|---|---|---|---|---|---|---|---|---|---|---|---|---|---|---|---|---|---|---|---|---|---|---|---|
| 음력 | 11 | 12 | 13 | 14 | 15 | 16 | 17 | 18 | 19 | 20 | 21 | 22 | 23 | 24 | 25 | 26 | 27 | 28 | 29 | 30 | 7.1 | 2 | 3 | 4 | 5 | 6 | 7 | 8 | 9 | 10 | 11 |
| 요일 | 金 | 土 | 日 | 月 | 火 | 水 | 木 | 金 | 土 | 日 | 月 | 火 | 水 | 木 | 金 | 土 | 日 | 月 | 火 | 水 | 木 | 金 | 土 | 日 | 月 | 火 | 水 | 木 | 金 | 土 | 日 |
| 일진 | 己卯 | 庚辰 | 辛巳 | 壬午 | 癸未 | 甲申 | 乙酉 | 丙戌 | 丁亥 | 戊子 | 己丑 | 庚寅 | 辛卯 | 壬辰 | 癸巳 | 甲午 | 乙未 | 丙申 | 丁酉 | 戊戌 | 己亥 | 庚子 | 辛丑 | 壬寅 | 癸卯 | 甲辰 | 乙巳 | 丙午 | 丁未 | 戊申 | 己酉 |
| 대운 남 | 2 | 2 | 1 | 1 | 1 | 1 | 입 | 10 | 10 | 10 | 9 | 9 | 9 | 8 | 8 | 8 | 7 | 7 | 7 | 6 | 6 | 6 | 5 | 5 | 5 | 4 | 4 | 4 | 3 | 3 | 3 |
| 대운 녀 | 8 | 9 | 9 | 9 | 10 | 10 | 추 | 1 | 1 | 1 | 1 | 2 | 2 | 2 | 3 | 3 | 3 | 4 | 4 | 4 | 5 | 5 | 5 | 6 | 6 | 6 | 7 | 7 | 7 | 8 | 8 |

## 9 · 己酉月(양 9.8~10.7)

백로 8일 02시14분 / 추분 23일 11시24분

| 양력 | 1 | 2 | 3 | 4 | 5 | 6 | 7 | 8 | 9 | 10 | 11 | 12 | 13 | 14 | 15 | 16 | 17 | 18 | 19 | 20 | 21 | 22 | 23 | 24 | 25 | 26 | 27 | 28 | 29 | 30 |
|---|---|---|---|---|---|---|---|---|---|---|---|---|---|---|---|---|---|---|---|---|---|---|---|---|---|---|---|---|---|---|
| 음력 | 12 | 13 | 14 | 15 | 16 | 17 | 18 | 19 | 20 | 21 | 22 | 23 | 24 | 25 | 26 | 27 | 28 | 29 | 8.1 | 2 | 3 | 4 | 5 | 6 | 7 | 8 | 9 | 10 | 11 | 12 |
| 요일 | 月 | 火 | 水 | 木 | 金 | 土 | 日 | 月 | 火 | 水 | 木 | 金 | 土 | 日 | 月 | 火 | 水 | 木 | 金 | 土 | 日 | 月 | 火 | 水 | 木 | 金 | 土 | 日 | 月 | 火 |
| 일진 | 庚戌 | 辛亥 | 壬子 | 癸丑 | 甲寅 | 乙卯 | 丙辰 | 丁巳 | 戊午 | 己未 | 庚申 | 辛酉 | 壬戌 | 癸亥 | 甲子 | 乙丑 | 丙寅 | 丁卯 | 戊辰 | 己巳 | 庚午 | 辛未 | 壬申 | 癸酉 | 甲戌 | 乙亥 | 丙子 | 丁丑 | 戊寅 | 己卯 |
| 대운 남 | 2 | 2 | 2 | 1 | 1 | 1 | 1 | 백 | 10 | 9 | 9 | 9 | 8 | 8 | 8 | 7 | 7 | 7 | 6 | 6 | 6 | 5 | 5 | 5 | 4 | 4 | 4 | 3 | 3 | 3 |
| 대운 녀 | 8 | 9 | 9 | 9 | 10 | 10 | 10 | 로 | 1 | 1 | 1 | 1 | 2 | 2 | 2 | 3 | 3 | 3 | 4 | 4 | 4 | 5 | 5 | 5 | 6 | 6 | 6 | 7 | 7 | 7 |

## 10 · 庚戌月(양 10.8~11.6)

한로 8일 17시32분 / 상강 23일 20시22분

| 양력 | 1 | 2 | 3 | 4 | 5 | 6 | 7 | 8 | 9 | 10 | 11 | 12 | 13 | 14 | 15 | 16 | 17 | 18 | 19 | 20 | 21 | 22 | 23 | 24 | 25 | 26 | 27 | 28 | 29 | 30 | 31 |
|---|---|---|---|---|---|---|---|---|---|---|---|---|---|---|---|---|---|---|---|---|---|---|---|---|---|---|---|---|---|---|---|
| 음력 | 13 | 14 | 15 | 16 | 17 | 18 | 19 | 20 | 21 | 22 | 23 | 24 | 25 | 26 | 27 | 28 | 29 | 30 | 9.1 | 2 | 3 | 4 | 5 | 6 | 7 | 8 | 9 | 10 | 11 | 12 | 13 |
| 요일 | 水 | 木 | 金 | 土 | 日 | 月 | 火 | 水 | 木 | 金 | 土 | 日 | 月 | 火 | 水 | 木 | 金 | 土 | 日 | 月 | 火 | 水 | 木 | 金 | 土 | 日 | 月 | 火 | 水 | 木 | 金 |
| 일진 | 庚辰 | 辛巳 | 壬午 | 癸未 | 甲申 | 乙酉 | 丙戌 | 丁亥 | 戊子 | 己丑 | 庚寅 | 辛卯 | 壬辰 | 癸巳 | 甲午 | 乙未 | 丙申 | 丁酉 | 戊戌 | 己亥 | 庚子 | 辛丑 | 壬寅 | 癸卯 | 甲辰 | 乙巳 | 丙午 | 丁未 | 戊申 | 己酉 | 庚戌 |
| 대운 남 | 2 | 2 | 2 | 1 | 1 | 1 | 1 | 한 | 10 | 9 | 9 | 9 | 8 | 8 | 8 | 7 | 7 | 7 | 6 | 6 | 6 | 5 | 5 | 5 | 4 | 4 | 4 | 3 | 3 | 3 | 2 |
| 대운 녀 | 8 | 8 | 8 | 9 | 9 | 9 | 10 | 로 | 1 | 1 | 1 | 1 | 2 | 2 | 2 | 3 | 3 | 3 | 4 | 4 | 4 | 5 | 5 | 5 | 6 | 6 | 6 | 7 | 7 | 7 | 8 |

## 11 · 辛亥月(양 11.7~12.6)

입동 7일 20시22분 / 소설 22일 17시36분

| 양력 | 1 | 2 | 3 | 4 | 5 | 6 | 7 | 8 | 9 | 10 | 11 | 12 | 13 | 14 | 15 | 16 | 17 | 18 | 19 | 20 | 21 | 22 | 23 | 24 | 25 | 26 | 27 | 28 | 29 | 30 |
|---|---|---|---|---|---|---|---|---|---|---|---|---|---|---|---|---|---|---|---|---|---|---|---|---|---|---|---|---|---|---|
| 음력 | 14 | 15 | 16 | 17 | 18 | 19 | 20 | 21 | 22 | 23 | 24 | 25 | 26 | 27 | 28 | 29 | 10.1 | 2 | 3 | 4 | 5 | 6 | 7 | 8 | 9 | 10 | 11 | 12 | 13 | 14 |
| 요일 | 土 | 日 | 月 | 火 | 水 | 木 | 金 | 土 | 日 | 月 | 火 | 水 | 木 | 金 | 土 | 日 | 月 | 火 | 水 | 木 | 金 | 土 | 日 | 月 | 火 | 水 | 木 | 金 | 土 | 日 |
| 일진 | 辛亥 | 壬子 | 癸丑 | 甲寅 | 乙卯 | 丙辰 | 丁巳 | 戊午 | 己未 | 庚申 | 辛酉 | 壬戌 | 癸亥 | 甲子 | 乙丑 | 丙寅 | 丁卯 | 戊辰 | 己巳 | 庚午 | 辛未 | 壬申 | 癸酉 | 甲戌 | 乙亥 | 丙子 | 丁丑 | 戊寅 | 己卯 | 庚辰 |
| 대운 남 | 2 | 2 | 1 | 1 | 1 | 1 | 입 | 10 | 9 | 9 | 9 | 8 | 8 | 8 | 7 | 7 | 7 | 6 | 6 | 6 | 5 | 5 | 5 | 4 | 4 | 4 | 3 | 3 | 3 | 2 |
| 대운 녀 | 8 | 8 | 9 | 9 | 9 | 10 | 동 | 1 | 1 | 1 | 1 | 2 | 2 | 2 | 3 | 3 | 3 | 4 | 4 | 4 | 5 | 5 | 5 | 6 | 6 | 6 | 7 | 7 | 7 | 8 |

## 12 · 壬子月(양 12.7~1.5)

대설 7일 12시56분 / 동지 22일 06시43분

| 양력 | 1 | 2 | 3 | 4 | 5 | 6 | 7 | 8 | 9 | 10 | 11 | 12 | 13 | 14 | 15 | 16 | 17 | 18 | 19 | 20 | 21 | 22 | 23 | 24 | 25 | 26 | 27 | 28 | 29 | 30 | 31 |
|---|---|---|---|---|---|---|---|---|---|---|---|---|---|---|---|---|---|---|---|---|---|---|---|---|---|---|---|---|---|---|---|
| 음력 | 15 | 16 | 17 | 18 | 19 | 20 | 21 | 22 | 23 | 24 | 25 | 26 | 27 | 28 | 29 | 30 | 11.1 | 2 | 3 | 4 | 5 | 6 | 7 | 8 | 9 | 10 | 11 | 12 | 13 | 14 | 15 |
| 요일 | 月 | 火 | 水 | 木 | 金 | 土 | 日 | 月 | 火 | 水 | 木 | 金 | 土 | 日 | 月 | 火 | 水 | 木 | 金 | 土 | 日 | 月 | 火 | 水 | 木 | 金 | 土 | 日 | 月 | 火 | 水 |
| 일진 | 辛巳 | 壬午 | 癸未 | 甲申 | 乙酉 | 丙戌 | 丁亥 | 戊子 | 己丑 | 庚寅 | 辛卯 | 壬辰 | 癸巳 | 甲午 | 乙未 | 丙申 | 丁酉 | 戊戌 | 己亥 | 庚子 | 辛丑 | 壬寅 | 癸卯 | 甲辰 | 乙巳 | 丙午 | 丁未 | 戊申 | 己酉 | 庚戌 | 辛亥 |
| 대운 남 | 2 | 2 | 1 | 1 | 1 | 1 | 대 | 10 | 9 | 9 | 9 | 8 | 8 | 8 | 7 | 7 | 7 | 6 | 6 | 6 | 5 | 5 | 5 | 4 | 4 | 4 | 3 | 3 | 3 | 2 | 2 |
| 대운 녀 | 8 | 8 | 9 | 9 | 9 | 10 | 설 | 1 | 1 | 1 | 1 | 2 | 2 | 2 | 3 | 3 | 3 | 4 | 4 | 4 | 5 | 5 | 5 | 6 | 6 | 6 | 7 | 7 | 7 | 8 | 8 |

단기 4286년

# 1953년

소한 6일 00시02분

## 1 · 癸丑月(㉧ 1.6~2.3)

대한 20일 17시21분

| 양력 | 1 | 2 | 3 | 4 | 5 | 6 | 7 | 8 | 9 | 10 | 11 | 12 | 13 | 14 | 15 | 16 | 17 | 18 | 19 | 20 | 21 | 22 | 23 | 24 | 25 | 26 | 27 | 28 | 29 | 30 | 31 |
|---|---|---|---|---|---|---|---|---|---|---|---|---|---|---|---|---|---|---|---|---|---|---|---|---|---|---|---|---|---|---|---|
| 음력 | 16 | 17 | 18 | 19 | 20 | 21 | 22 | 23 | 24 | 25 | 26 | 27 | 28 | 29 | 12.1 | 2 | 3 | 4 | 5 | 6 | 7 | 8 | 9 | 10 | 11 | 12 | 13 | 14 | 15 | 16 | 17 |
| 요일 | 木 | 金 | 土 | 日 | 月 | 火 | 水 | 木 | 金 | 土 | 日 | 月 | 火 | 水 | 木 | 金 | 土 | 日 | 月 | 火 | 水 | 木 | 金 | 土 | 日 | 月 | 火 | 水 | 木 | 金 | 土 |
| 일진 | 壬子 | 癸丑 | 甲寅 | 乙卯 | 丙辰 | 丁巳 | 戊午 | 己未 | 庚申 | 辛酉 | 壬戌 | 癸亥 | 甲子 | 乙丑 | 丙寅 | 丁卯 | 戊辰 | 己巳 | 庚午 | 辛未 | 壬申 | 癸酉 | 甲戌 | 乙亥 | 丙子 | 丁丑 | 戊寅 | 己卯 | 庚辰 | 辛巳 | 壬午 |
| 대운 남 | 2 | 1 | 1 | 1 | 1 | 소 | 9 | 9 | 9 | 8 | 8 | 8 | 7 | 7 | 7 | 6 | 6 | 6 | 5 | 5 | 5 | 4 | 4 | 4 | 3 | 3 | 3 | 2 | 2 | 2 | 1 |
| 대운 녀 | 8 | 9 | 9 | 9 | 10 | 한 | 1 | 1 | 1 | 1 | 2 | 2 | 2 | 3 | 3 | 3 | 4 | 4 | 4 | 5 | 5 | 5 | 6 | 6 | 6 | 7 | 7 | 7 | 8 | 8 | 8 |

입춘 4일 11시46분

## 2 · 甲寅月(㉧ 2.4~3.5)

우수 19일 07시41분

| 양력 | 1 | 2 | 3 | 4 | 5 | 6 | 7 | 8 | 9 | 10 | 11 | 12 | 13 | 14 | 15 | 16 | 17 | 18 | 19 | 20 | 21 | 22 | 23 | 24 | 25 | 26 | 27 | 28 |
|---|---|---|---|---|---|---|---|---|---|---|---|---|---|---|---|---|---|---|---|---|---|---|---|---|---|---|---|---|
| 음력 | 18 | 19 | 20 | 21 | 22 | 23 | 24 | 25 | 26 | 27 | 28 | 29 | 30 | 1.1 | 2 | 3 | 4 | 5 | 6 | 7 | 8 | 9 | 10 | 11 | 12 | 13 | 14 | 15 |
| 요일 | 日 | 月 | 火 | 水 | 木 | 金 | 土 | 日 | 月 | 火 | 水 | 木 | 金 | 土 | 日 | 月 | 火 | 水 | 木 | 金 | 土 | 日 | 月 | 火 | 水 | 木 | 金 | 土 |
| 일진 | 癸未 | 甲申 | 乙酉 | 丙戌 | 丁亥 | 戊子 | 己丑 | 庚寅 | 辛卯 | 壬辰 | 癸巳 | 甲午 | 乙未 | 丙申 | 丁酉 | 戊戌 | 己亥 | 庚子 | 辛丑 | 壬寅 | 癸卯 | 甲辰 | 乙巳 | 丙午 | 丁未 | 戊申 | 己酉 | 庚戌 |
| 대운 남 | 1 | 1 | 1 | 입 | 1 | 1 | 1 | 1 | 2 | 2 | 2 | 3 | 3 | 3 | 4 | 4 | 4 | 5 | 5 | 5 | 6 | 6 | 6 | 7 | 7 | 7 | 8 | 8 |
| 대운 녀 | 9 | 9 | 9 | 춘 | 10 | 9 | 9 | 9 | 8 | 8 | 8 | 7 | 7 | 7 | 6 | 6 | 6 | 5 | 5 | 5 | 4 | 4 | 4 | 3 | 3 | 3 | 2 | 2 |

경칩 6일 06시02분

## 3 · 乙卯月(㉧ 3.6~4.4)

춘분 21일 07시01분

| 양력 | 1 | 2 | 3 | 4 | 5 | 6 | 7 | 8 | 9 | 10 | 11 | 12 | 13 | 14 | 15 | 16 | 17 | 18 | 19 | 20 | 21 | 22 | 23 | 24 | 25 | 26 | 27 | 28 | 29 | 30 | 31 |
|---|---|---|---|---|---|---|---|---|---|---|---|---|---|---|---|---|---|---|---|---|---|---|---|---|---|---|---|---|---|---|---|
| 음력 | 16 | 17 | 18 | 19 | 20 | 21 | 22 | 23 | 24 | 25 | 26 | 27 | 28 | 29 | 2.1 | 2 | 3 | 4 | 5 | 6 | 7 | 8 | 9 | 10 | 11 | 12 | 13 | 14 | 15 | 16 | 17 |
| 요일 | 日 | 月 | 火 | 水 | 木 | 金 | 土 | 日 | 月 | 火 | 水 | 木 | 金 | 土 | 日 | 月 | 火 | 水 | 木 | 金 | 土 | 日 | 月 | 火 | 水 | 木 | 金 | 土 | 日 | 月 | 火 |
| 일진 | 辛亥 | 壬子 | 癸丑 | 甲寅 | 乙卯 | 丙辰 | 丁巳 | 戊午 | 己未 | 庚申 | 辛酉 | 壬戌 | 癸亥 | 甲子 | 乙丑 | 丙寅 | 丁卯 | 戊辰 | 己巳 | 庚午 | 辛未 | 壬申 | 癸酉 | 甲戌 | 乙亥 | 丙子 | 丁丑 | 戊寅 | 己卯 | 庚辰 | 辛巳 |
| 대운 남 | 8 | 9 | 9 | 9 | 10 | 경 | 1 | 1 | 1 | 1 | 2 | 2 | 2 | 3 | 3 | 3 | 4 | 4 | 4 | 5 | 5 | 5 | 6 | 6 | 6 | 7 | 7 | 7 | 8 | 8 | 8 |
| 대운 녀 | 2 | 1 | 1 | 1 | 1 | 칩 | 10 | 9 | 9 | 9 | 8 | 8 | 8 | 7 | 7 | 7 | 6 | 6 | 6 | 5 | 5 | 5 | 4 | 4 | 4 | 3 | 3 | 3 | 2 | 2 | 2 |

청명 5일 11시13분

## 4 · 丙辰月(㉧ 4.5~5.5)

곡우 20일 18시25분

| 양력 | 1 | 2 | 3 | 4 | 5 | 6 | 7 | 8 | 9 | 10 | 11 | 12 | 13 | 14 | 15 | 16 | 17 | 18 | 19 | 20 | 21 | 22 | 23 | 24 | 25 | 26 | 27 | 28 | 29 | 30 |
|---|---|---|---|---|---|---|---|---|---|---|---|---|---|---|---|---|---|---|---|---|---|---|---|---|---|---|---|---|---|---|
| 음력 | 18 | 19 | 20 | 21 | 22 | 23 | 24 | 25 | 26 | 27 | 28 | 29 | 30 | 3.1 | 2 | 3 | 4 | 5 | 6 | 7 | 8 | 9 | 10 | 11 | 12 | 13 | 14 | 15 | 16 | 17 |
| 요일 | 水 | 木 | 金 | 土 | 日 | 月 | 火 | 水 | 木 | 金 | 土 | 日 | 月 | 火 | 水 | 木 | 金 | 土 | 日 | 月 | 火 | 水 | 木 | 金 | 土 | 日 | 月 | 火 | 水 | 木 |
| 일진 | 壬午 | 癸未 | 甲申 | 乙酉 | 丙戌 | 丁亥 | 戊子 | 己丑 | 庚寅 | 辛卯 | 壬辰 | 癸巳 | 甲午 | 乙未 | 丙申 | 丁酉 | 戊戌 | 己亥 | 庚子 | 辛丑 | 壬寅 | 癸卯 | 甲辰 | 乙巳 | 丙午 | 丁未 | 戊申 | 己酉 | 庚戌 | 辛亥 |
| 대운 남 | 9 | 9 | 9 | 10 | 청 | 1 | 1 | 1 | 1 | 2 | 2 | 2 | 3 | 3 | 3 | 4 | 4 | 4 | 5 | 5 | 5 | 6 | 6 | 6 | 7 | 7 | 7 | 8 | 8 | 8 |
| 대운 녀 | 1 | 1 | 1 | 1 | 명 | 10 | 10 | 9 | 9 | 9 | 8 | 8 | 8 | 7 | 7 | 7 | 6 | 6 | 6 | 5 | 5 | 5 | 4 | 4 | 4 | 3 | 3 | 3 | 2 | 2 |

입하 6일 04시52분

## 5 · 丁巳月(㉧ 5.6~6.5)

소만 21일 17시53분

| 양력 | 1 | 2 | 3 | 4 | 5 | 6 | 7 | 8 | 9 | 10 | 11 | 12 | 13 | 14 | 15 | 16 | 17 | 18 | 19 | 20 | 21 | 22 | 23 | 24 | 25 | 26 | 27 | 28 | 29 | 30 | 31 |
|---|---|---|---|---|---|---|---|---|---|---|---|---|---|---|---|---|---|---|---|---|---|---|---|---|---|---|---|---|---|---|---|
| 음력 | 18 | 19 | 20 | 21 | 22 | 23 | 24 | 25 | 26 | 27 | 28 | 29 | 4.1 | 2 | 3 | 4 | 5 | 6 | 7 | 8 | 9 | 10 | 11 | 12 | 13 | 14 | 15 | 16 | 17 | 18 | 19 |
| 요일 | 金 | 土 | 日 | 月 | 火 | 水 | 木 | 金 | 土 | 日 | 月 | 火 | 水 | 木 | 金 | 土 | 日 | 月 | 火 | 水 | 木 | 金 | 土 | 日 | 月 | 火 | 水 | 木 | 金 | 土 | 日 |
| 일진 | 壬子 | 癸丑 | 甲寅 | 乙卯 | 丙辰 | 丁巳 | 戊午 | 己未 | 庚申 | 辛酉 | 壬戌 | 癸亥 | 甲子 | 乙丑 | 丙寅 | 丁卯 | 戊辰 | 己巳 | 庚午 | 辛未 | 壬申 | 癸酉 | 甲戌 | 乙亥 | 丙子 | 丁丑 | 戊寅 | 己卯 | 庚辰 | 辛巳 | 壬午 |
| 대운 남 | 9 | 9 | 9 | 10 | 10 | 입 | 1 | 1 | 1 | 1 | 2 | 2 | 2 | 3 | 3 | 3 | 4 | 4 | 4 | 5 | 5 | 5 | 6 | 6 | 6 | 7 | 7 | 7 | 8 | 8 | 8 |
| 대운 녀 | 2 | 1 | 1 | 1 | 1 | 하 | 10 | 10 | 9 | 9 | 9 | 8 | 8 | 8 | 7 | 7 | 7 | 6 | 6 | 6 | 5 | 5 | 5 | 4 | 4 | 4 | 3 | 3 | 3 | 2 | 2 |

망종 6일 09시16분

## 6 · 戊午月(㉧ 6.6~7.6)

하지 22일 02시00분

| 양력 | 1 | 2 | 3 | 4 | 5 | 6 | 7 | 8 | 9 | 10 | 11 | 12 | 13 | 14 | 15 | 16 | 17 | 18 | 19 | 20 | 21 | 22 | 23 | 24 | 25 | 26 | 27 | 28 | 29 | 30 |
|---|---|---|---|---|---|---|---|---|---|---|---|---|---|---|---|---|---|---|---|---|---|---|---|---|---|---|---|---|---|---|
| 음력 | 20 | 21 | 22 | 23 | 24 | 25 | 26 | 27 | 28 | 29 | 5.1 | 2 | 3 | 4 | 5 | 6 | 7 | 8 | 9 | 10 | 11 | 12 | 13 | 14 | 15 | 16 | 17 | 18 | 19 | 20 |
| 요일 | 月 | 火 | 水 | 木 | 金 | 土 | 日 | 月 | 火 | 水 | 木 | 金 | 土 | 日 | 月 | 火 | 水 | 木 | 金 | 土 | 日 | 月 | 火 | 水 | 木 | 金 | 土 | 日 | 月 | 火 |
| 일진 | 癸未 | 甲申 | 乙酉 | 丙戌 | 丁亥 | 戊子 | 己丑 | 庚寅 | 辛卯 | 壬辰 | 癸巳 | 甲午 | 乙未 | 丙申 | 丁酉 | 戊戌 | 己亥 | 庚子 | 辛丑 | 壬寅 | 癸卯 | 甲辰 | 乙巳 | 丙午 | 丁未 | 戊申 | 己酉 | 庚戌 | 辛亥 | 壬子 |
| 대운 남 | 9 | 9 | 9 | 10 | 10 | 망 | 1 | 1 | 1 | 1 | 2 | 2 | 2 | 3 | 3 | 3 | 4 | 4 | 4 | 5 | 5 | 5 | 6 | 6 | 6 | 7 | 7 | 7 | 8 | 8 |
| 대운 녀 | 2 | 1 | 1 | 1 | 1 | 종 | 10 | 10 | 9 | 9 | 9 | 8 | 8 | 8 | 7 | 7 | 7 | 6 | 6 | 6 | 5 | 5 | 5 | 4 | 4 | 4 | 3 | 3 | 3 | 2 |

소서 7일 19시35분 **7 · 己未月(양 7.7~8.7)** 대서 23일 12시52분

| 양력 | 1 | 2 | 3 | 4 | 5 | 6 | 7 | 8 | 9 | 10 | 11 | 12 | 13 | 14 | 15 | 16 | 17 | 18 | 19 | 20 | 21 | 22 | 23 | 24 | 25 | 26 | 27 | 28 | 29 | 30 | 31 |
|---|---|---|---|---|---|---|---|---|---|---|---|---|---|---|---|---|---|---|---|---|---|---|---|---|---|---|---|---|---|---|---|
| 음력 | 21 | 22 | 23 | 24 | 25 | 26 | 27 | 28 | 29 | 30 | 6.1 | 2 | 3 | 4 | 5 | 6 | 7 | 8 | 9 | 10 | 11 | 12 | 13 | 14 | 15 | 16 | 17 | 18 | 19 | 20 | 21 |
| 요일 | 水 | 木 | 金 | 土 | 日 | 月 | 火 | 水 | 木 | 金 | 土 | 日 | 月 | 火 | 水 | 木 | 金 | 土 | 日 | 月 | 火 | 水 | 木 | 金 | 土 | 日 | 月 | 火 | 水 | 木 | 金 |
| 일진 | 癸 | 甲 | 乙 | 丙 | 丁 | 戊 | 己 | 庚 | 辛 | 壬 | 癸 | 甲 | 乙 | 丙 | 丁 | 戊 | 己 | 庚 | 辛 | 壬 | 癸 | 甲 | 乙 | 丙 | 丁 | 戊 | 己 | 庚 | 辛 | 壬 | 癸 |
|  | 丑 | 寅 | 卯 | 辰 | 巳 | 午 | 未 | 申 | 酉 | 戌 | 亥 | 子 | 丑 | 寅 | 卯 | 辰 | 巳 | 午 | 未 | 申 | 酉 | 戌 | 亥 | 子 | 丑 | 寅 | 卯 | 辰 | 巳 | 午 | 未 |
| 대운 남 | 8 | 9 | 9 | 9 | 10 | 10 | 소 | 1 | 1 | 1 | 1 | 2 | 2 | 2 | 3 | 3 | 3 | 4 | 4 | 4 | 5 | 5 | 5 | 6 | 6 | 6 | 7 | 7 | 7 | 8 | 8 |
| 대운 녀 | 2 | 2 | 1 | 1 | 1 | 1 | 서 | 10 | 10 | 10 | 9 | 9 | 9 | 8 | 8 | 8 | 7 | 7 | 7 | 6 | 6 | 6 | 5 | 5 | 5 | 4 | 4 | 4 | 3 | 3 | 3 |

입추 8일 05시15분 **8 · 庚申月(양 8.8~9.7)** 처서 23일 19시45분

| 양력 | 1 | 2 | 3 | 4 | 5 | 6 | 7 | 8 | 9 | 10 | 11 | 12 | 13 | 14 | 15 | 16 | 17 | 18 | 19 | 20 | 21 | 22 | 23 | 24 | 25 | 26 | 27 | 28 | 29 | 30 | 31 |
|---|---|---|---|---|---|---|---|---|---|---|---|---|---|---|---|---|---|---|---|---|---|---|---|---|---|---|---|---|---|---|---|
| 음력 | 22 | 23 | 24 | 25 | 26 | 27 | 28 | 29 | 30 | 7.1 | 2 | 3 | 4 | 5 | 6 | 7 | 8 | 9 | 10 | 11 | 12 | 13 | 14 | 15 | 16 | 17 | 18 | 19 | 20 | 21 | 22 |
| 요일 | 土 | 日 | 月 | 火 | 水 | 木 | 金 | 土 | 日 | 月 | 火 | 水 | 木 | 金 | 土 | 日 | 月 | 火 | 水 | 木 | 金 | 土 | 日 | 月 | 火 | 水 | 木 | 金 | 土 | 日 | 月 |
| 일진 | 甲 | 乙 | 丙 | 丁 | 戊 | 己 | 庚 | 辛 | 壬 | 癸 | 甲 | 乙 | 丙 | 丁 | 戊 | 己 | 庚 | 辛 | 壬 | 癸 | 甲 | 乙 | 丙 | 丁 | 戊 | 己 | 庚 | 辛 | 壬 | 癸 | 甲 |
|  | 申 | 酉 | 戌 | 亥 | 子 | 丑 | 寅 | 卯 | 辰 | 巳 | 午 | 未 | 申 | 酉 | 戌 | 亥 | 子 | 丑 | 寅 | 卯 | 辰 | 巳 | 午 | 未 | 申 | 酉 | 戌 | 亥 | 子 | 丑 | 寅 |
| 대운 남 | 8 | 9 | 9 | 9 | 10 | 10 | 10 | 입 | 1 | 1 | 1 | 1 | 2 | 2 | 2 | 3 | 3 | 3 | 4 | 4 | 4 | 5 | 5 | 5 | 6 | 6 | 6 | 7 | 7 | 7 | 8 |
| 대운 녀 | 2 | 2 | 2 | 1 | 1 | 1 | 1 | 추 | 10 | 10 | 9 | 9 | 9 | 8 | 8 | 8 | 7 | 7 | 7 | 6 | 6 | 6 | 5 | 5 | 5 | 4 | 4 | 4 | 3 | 3 | 3 |

백로 8일 07시53분 **9 · 辛酉月(양 9.8~10.7)** 추분 23일 17시06분

| 양력 | 1 | 2 | 3 | 4 | 5 | 6 | 7 | 8 | 9 | 10 | 11 | 12 | 13 | 14 | 15 | 16 | 17 | 18 | 19 | 20 | 21 | 22 | 23 | 24 | 25 | 26 | 27 | 28 | 29 | 30 |
|---|---|---|---|---|---|---|---|---|---|---|---|---|---|---|---|---|---|---|---|---|---|---|---|---|---|---|---|---|---|---|
| 음력 | 23 | 24 | 25 | 26 | 27 | 28 | 29 | 8.1 | 2 | 3 | 4 | 5 | 6 | 7 | 8 | 9 | 10 | 11 | 12 | 13 | 14 | 15 | 16 | 17 | 18 | 19 | 20 | 21 | 22 | 23 |
| 요일 | 火 | 水 | 木 | 金 | 土 | 日 | 月 | 火 | 水 | 木 | 金 | 土 | 日 | 月 | 火 | 水 | 木 | 金 | 土 | 日 | 月 | 火 | 水 | 木 | 金 | 土 | 日 | 月 | 火 | 水 |
| 일진 | 乙 | 丙 | 丁 | 戊 | 己 | 庚 | 辛 | 壬 | 癸 | 甲 | 乙 | 丙 | 丁 | 戊 | 己 | 庚 | 辛 | 壬 | 癸 | 甲 | 乙 | 丙 | 丁 | 戊 | 己 | 庚 | 辛 | 壬 | 癸 | 甲 |
|  | 卯 | 辰 | 巳 | 午 | 未 | 申 | 酉 | 戌 | 亥 | 子 | 丑 | 寅 | 卯 | 辰 | 巳 | 午 | 未 | 申 | 酉 | 戌 | 亥 | 子 | 丑 | 寅 | 卯 | 辰 | 巳 | 午 | 未 | 申 |
| 대운 남 | 8 | 8 | 9 | 9 | 9 | 10 | 10 | 백 | 1 | 1 | 1 | 1 | 2 | 2 | 2 | 3 | 3 | 3 | 4 | 4 | 4 | 5 | 5 | 5 | 6 | 6 | 6 | 7 | 7 | 7 |
| 대운 녀 | 2 | 2 | 2 | 1 | 1 | 1 | 1 | 로 | 10 | 9 | 9 | 9 | 8 | 8 | 8 | 7 | 7 | 7 | 6 | 6 | 6 | 5 | 5 | 5 | 4 | 4 | 4 | 3 | 3 | 3 |

한로 8일 23시10분 **10 · 壬戌月(양 10.8~11.7)** 상강 24일 02시06분

| 양력 | 1 | 2 | 3 | 4 | 5 | 6 | 7 | 8 | 9 | 10 | 11 | 12 | 13 | 14 | 15 | 16 | 17 | 18 | 19 | 20 | 21 | 22 | 23 | 24 | 25 | 26 | 27 | 28 | 29 | 30 | 31 |
|---|---|---|---|---|---|---|---|---|---|---|---|---|---|---|---|---|---|---|---|---|---|---|---|---|---|---|---|---|---|---|---|
| 음력 | 24 | 25 | 26 | 27 | 28 | 29 | 30 | 9.1 | 2 | 3 | 4 | 5 | 6 | 7 | 8 | 9 | 10 | 11 | 12 | 13 | 14 | 15 | 16 | 17 | 18 | 19 | 20 | 21 | 22 | 23 | 24 |
| 요일 | 木 | 金 | 土 | 日 | 月 | 火 | 水 | 木 | 金 | 土 | 日 | 月 | 火 | 水 | 木 | 金 | 土 | 日 | 月 | 火 | 水 | 木 | 金 | 土 | 日 | 月 | 火 | 水 | 木 | 金 | 土 |
| 일진 | 乙 | 丙 | 丁 | 戊 | 己 | 庚 | 辛 | 壬 | 癸 | 甲 | 乙 | 丙 | 丁 | 戊 | 己 | 庚 | 辛 | 壬 | 癸 | 甲 | 乙 | 丙 | 丁 | 戊 | 己 | 庚 | 辛 | 壬 | 癸 | 甲 | 乙 |
|  | 酉 | 戌 | 亥 | 子 | 丑 | 寅 | 卯 | 辰 | 巳 | 午 | 未 | 申 | 酉 | 戌 | 亥 | 子 | 丑 | 寅 | 卯 | 辰 | 巳 | 午 | 未 | 申 | 酉 | 戌 | 亥 | 子 | 丑 | 寅 | 卯 |
| 대운 남 | 8 | 8 | 8 | 9 | 9 | 9 | 10 | 한 | 1 | 1 | 1 | 1 | 2 | 2 | 2 | 3 | 3 | 3 | 4 | 4 | 4 | 5 | 5 | 5 | 6 | 6 | 6 | 7 | 7 | 7 | 8 |
| 대운 녀 | 2 | 2 | 2 | 1 | 1 | 1 | 1 | 로 | 10 | 10 | 9 | 9 | 9 | 8 | 8 | 8 | 7 | 7 | 7 | 6 | 6 | 6 | 5 | 5 | 5 | 4 | 4 | 4 | 3 | 3 | 3 |

입동 8일 02시01분 **11 · 癸亥月(양 11.8~12.6)** 소설 22일 23시22분

| 양력 | 1 | 2 | 3 | 4 | 5 | 6 | 7 | 8 | 9 | 10 | 11 | 12 | 13 | 14 | 15 | 16 | 17 | 18 | 19 | 20 | 21 | 22 | 23 | 24 | 25 | 26 | 27 | 28 | 29 | 30 |
|---|---|---|---|---|---|---|---|---|---|---|---|---|---|---|---|---|---|---|---|---|---|---|---|---|---|---|---|---|---|---|
| 음력 | 25 | 26 | 27 | 28 | 29 | 30 | 10.1 | 2 | 3 | 4 | 5 | 6 | 7 | 8 | 9 | 10 | 11 | 12 | 13 | 14 | 15 | 16 | 17 | 18 | 19 | 20 | 21 | 22 | 23 | 24 |
| 요일 | 日 | 月 | 火 | 水 | 木 | 金 | 土 | 日 | 月 | 火 | 水 | 木 | 金 | 土 | 日 | 月 | 火 | 水 | 木 | 金 | 土 | 日 | 月 | 火 | 水 | 木 | 金 | 土 | 日 | 月 |
| 일진 | 丙 | 丁 | 戊 | 己 | 庚 | 辛 | 壬 | 癸 | 甲 | 乙 | 丙 | 丁 | 戊 | 己 | 庚 | 辛 | 壬 | 癸 | 甲 | 乙 | 丙 | 丁 | 戊 | 己 | 庚 | 辛 | 壬 | 癸 | 甲 | 乙 |
|  | 辰 | 巳 | 午 | 未 | 申 | 酉 | 戌 | 亥 | 子 | 丑 | 寅 | 卯 | 辰 | 巳 | 午 | 未 | 申 | 酉 | 戌 | 亥 | 子 | 丑 | 寅 | 卯 | 辰 | 巳 | 午 | 未 | 申 | 酉 |
| 대운 남 | 8 | 8 | 9 | 9 | 9 | 10 | 10 | 입 | 1 | 1 | 1 | 1 | 2 | 2 | 2 | 3 | 3 | 3 | 4 | 4 | 4 | 5 | 5 | 5 | 6 | 6 | 6 | 7 | 7 | 7 |
| 대운 녀 | 2 | 2 | 2 | 1 | 1 | 1 | 1 | 동 | 9 | 9 | 9 | 8 | 8 | 8 | 7 | 7 | 7 | 6 | 6 | 6 | 5 | 5 | 5 | 4 | 4 | 4 | 3 | 3 | 3 | 2 |

대설 7일 18시37분 **12 · 甲子月(양 12.7~1.5)** 동지 22일 12시31분

| 양력 | 1 | 2 | 3 | 4 | 5 | 6 | 7 | 8 | 9 | 10 | 11 | 12 | 13 | 14 | 15 | 16 | 17 | 18 | 19 | 20 | 21 | 22 | 23 | 24 | 25 | 26 | 27 | 28 | 29 | 30 | 31 |
|---|---|---|---|---|---|---|---|---|---|---|---|---|---|---|---|---|---|---|---|---|---|---|---|---|---|---|---|---|---|---|---|
| 음력 | 25 | 26 | 27 | 28 | 29 | 11.1 | 2 | 3 | 4 | 5 | 6 | 7 | 8 | 9 | 10 | 11 | 12 | 13 | 14 | 15 | 16 | 17 | 18 | 19 | 20 | 21 | 22 | 23 | 24 | 25 | 26 |
| 요일 | 火 | 水 | 木 | 金 | 土 | 日 | 月 | 火 | 水 | 木 | 金 | 土 | 日 | 月 | 火 | 水 | 木 | 金 | 土 | 日 | 月 | 火 | 水 | 木 | 金 | 土 | 日 | 月 | 火 | 水 | 木 |
| 일진 | 丙 | 丁 | 戊 | 己 | 庚 | 辛 | 壬 | 癸 | 甲 | 乙 | 丙 | 丁 | 戊 | 己 | 庚 | 辛 | 壬 | 癸 | 甲 | 乙 | 丙 | 丁 | 戊 | 己 | 庚 | 辛 | 壬 | 癸 | 甲 | 乙 | 丙 |
|  | 戌 | 亥 | 子 | 丑 | 寅 | 卯 | 辰 | 巳 | 午 | 未 | 申 | 酉 | 戌 | 亥 | 子 | 丑 | 寅 | 卯 | 辰 | 巳 | 午 | 未 | 申 | 酉 | 戌 | 亥 | 子 | 丑 | 寅 | 卯 | 辰 |
| 대운 남 | 8 | 8 | 8 | 9 | 9 | 9 | 대 | 1 | 1 | 1 | 1 | 2 | 2 | 2 | 3 | 3 | 3 | 4 | 4 | 4 | 5 | 5 | 5 | 6 | 6 | 6 | 7 | 7 | 7 | 8 | 8 |
| 대운 녀 | 2 | 2 | 1 | 1 | 1 | 1 | 설 | 10 | 9 | 9 | 9 | 8 | 8 | 8 | 7 | 7 | 7 | 6 | 6 | 6 | 5 | 5 | 5 | 4 | 4 | 4 | 3 | 3 | 3 | 2 | 2 |

# 1954년

## 1 · 乙丑月(양 1.6~2.3)

소한 6일 05시45분 　 대한 20일 23시11분

| 양력 | 1 | 2 | 3 | 4 | 5 | 6 | 7 | 8 | 9 | 10 | 11 | 12 | 13 | 14 | 15 | 16 | 17 | 18 | 19 | 20 | 21 | 22 | 23 | 24 | 25 | 26 | 27 | 28 | 29 | 30 | 31 |
|---|---|---|---|---|---|---|---|---|---|---|---|---|---|---|---|---|---|---|---|---|---|---|---|---|---|---|---|---|---|---|---|
| 음력 | 27 | 28 | 29 | 30 | 12.1 | 2 | 3 | 4 | 5 | 6 | 7 | 8 | 9 | 10 | 11 | 12 | 13 | 14 | 15 | 16 | 17 | 18 | 19 | 20 | 21 | 22 | 23 | 24 | 25 | 26 | 27 |
| 요일 | 金 | 土 | 日 | 月 | 火 | 水 | 木 | 金 | 土 | 日 | 月 | 火 | 水 | 木 | 金 | 土 | 日 | 月 | 火 | 水 | 木 | 金 | 土 | 日 | 月 | 火 | 水 | 木 | 金 | 土 | 日 |
| 일진 | 丁巳 | 戊午 | 己未 | 庚申 | 辛酉 | 壬戌 | 癸亥 | 甲子 | 乙丑 | 丙寅 | 丁卯 | 戊辰 | 己巳 | 庚午 | 辛未 | 壬申 | 癸酉 | 甲戌 | 乙亥 | 丙子 | 丁丑 | 戊寅 | 己卯 | 庚辰 | 辛巳 | 壬午 | 癸未 | 甲申 | 乙酉 | 丙戌 | 丁亥 |
| 대운 남 | 8 | 9 | 9 | 9 | 10 | 소 | 1 | 1 | 1 | 1 | 2 | 2 | 2 | 3 | 3 | 3 | 4 | 4 | 4 | 5 | 5 | 5 | 6 | 6 | 6 | 7 | 7 | 7 | 8 | 8 | 8 |
| 대운 녀 | 2 | 1 | 1 | 1 | 1 | 한 | 9 | 9 | 9 | 8 | 8 | 8 | 7 | 7 | 7 | 6 | 6 | 6 | 5 | 5 | 5 | 4 | 4 | 4 | 3 | 3 | 3 | 2 | 2 | 2 | 1 |

## 2 · 丙寅月(양 2.4~3.5)

입춘 4일 17시31분 　 우수 19일 13시32분

| 양력 | 1 | 2 | 3 | 4 | 5 | 6 | 7 | 8 | 9 | 10 | 11 | 12 | 13 | 14 | 15 | 16 | 17 | 18 | 19 | 20 | 21 | 22 | 23 | 24 | 25 | 26 | 27 | 28 |
|---|---|---|---|---|---|---|---|---|---|---|---|---|---|---|---|---|---|---|---|---|---|---|---|---|---|---|---|---|
| 음력 | 28 | 29 | 30 | 1.1 | 2 | 3 | 4 | 5 | 6 | 7 | 8 | 9 | 10 | 11 | 12 | 13 | 14 | 15 | 16 | 17 | 18 | 19 | 20 | 21 | 22 | 23 | 24 | 25 |
| 요일 | 月 | 火 | 水 | 木 | 金 | 土 | 日 | 月 | 火 | 水 | 木 | 金 | 土 | 日 | 月 | 火 | 水 | 木 | 金 | 土 | 日 | 月 | 火 | 水 | 木 | 金 | 土 | 日 |
| 일진 | 戊子 | 己丑 | 庚寅 | 辛卯 | 壬辰 | 癸巳 | 甲午 | 乙未 | 丙申 | 丁酉 | 戊戌 | 己亥 | 庚子 | 辛丑 | 壬寅 | 癸卯 | 甲辰 | 乙巳 | 丙午 | 丁未 | 戊申 | 己酉 | 庚戌 | 辛亥 | 壬子 | 癸丑 | 甲寅 | 乙卯 |
| 대운 남 | 9 | 9 | 9 | 입 | 10 | 9 | 9 | 9 | 8 | 8 | 8 | 7 | 7 | 7 | 6 | 6 | 6 | 5 | 5 | 5 | 4 | 4 | 4 | 3 | 3 | 3 | 2 | 2 |
| 대운 녀 | 1 | 1 | 1 | 춘 | 1 | 1 | 1 | 1 | 2 | 2 | 2 | 3 | 3 | 3 | 4 | 4 | 4 | 5 | 5 | 5 | 6 | 6 | 6 | 7 | 7 | 7 | 8 | 8 |

## 3 · 丁卯月(양 3.6~4.4)

경칩 6일 11시49분 　 춘분 21일 12시23분

| 양력 | 1 | 2 | 3 | 4 | 5 | 6 | 7 | 8 | 9 | 10 | 11 | 12 | 13 | 14 | 15 | 16 | 17 | 18 | 19 | 20 | 21 | 22 | 23 | 24 | 25 | 26 | 27 | 28 | 29 | 30 | 31 |
|---|---|---|---|---|---|---|---|---|---|---|---|---|---|---|---|---|---|---|---|---|---|---|---|---|---|---|---|---|---|---|---|
| 음력 | 26 | 27 | 28 | 29 | 2.1 | 2 | 3 | 4 | 5 | 6 | 7 | 8 | 9 | 10 | 11 | 12 | 13 | 14 | 15 | 16 | 17 | 18 | 19 | 20 | 21 | 22 | 23 | 24 | 25 | 26 | 27 |
| 요일 | 月 | 火 | 水 | 木 | 金 | 土 | 日 | 月 | 火 | 水 | 木 | 金 | 土 | 日 | 月 | 火 | 水 | 木 | 金 | 土 | 日 | 月 | 火 | 水 | 木 | 金 | 土 | 日 | 月 | 火 | 水 |
| 일진 | 丙辰 | 丁巳 | 戊午 | 己未 | 庚申 | 辛酉 | 壬戌 | 癸亥 | 甲子 | 乙丑 | 丙寅 | 丁卯 | 戊辰 | 己巳 | 庚午 | 辛未 | 壬申 | 癸酉 | 甲戌 | 乙亥 | 丙子 | 丁丑 | 戊寅 | 己卯 | 庚辰 | 辛巳 | 壬午 | 癸未 | 甲申 | 乙酉 | 丙戌 |
| 대운 남 | 2 | 1 | 1 | 1 | 1 | 경 | 10 | 9 | 9 | 9 | 8 | 8 | 8 | 7 | 7 | 7 | 6 | 6 | 6 | 5 | 5 | 5 | 4 | 4 | 4 | 3 | 3 | 3 | 2 | 2 | 2 |
| 대운 녀 | 8 | 9 | 9 | 9 | 10 | 칩 | 1 | 1 | 1 | 1 | 2 | 2 | 2 | 3 | 3 | 3 | 4 | 4 | 4 | 5 | 5 | 5 | 6 | 6 | 6 | 7 | 7 | 7 | 8 | 8 | 8 |

## 4 · 戊辰月(양 4.5~5.5)

청명 5일 16시29분 　 곡우 20일 23시50분

| 양력 | 1 | 2 | 3 | 4 | 5 | 6 | 7 | 8 | 9 | 10 | 11 | 12 | 13 | 14 | 15 | 16 | 17 | 18 | 19 | 20 | 21 | 22 | 23 | 24 | 25 | 26 | 27 | 28 | 29 | 30 |
|---|---|---|---|---|---|---|---|---|---|---|---|---|---|---|---|---|---|---|---|---|---|---|---|---|---|---|---|---|---|---|
| 음력 | 28 | 29 | 3.1 | 2 | 3 | 4 | 5 | 6 | 7 | 8 | 9 | 10 | 11 | 12 | 13 | 14 | 15 | 16 | 17 | 18 | 19 | 20 | 21 | 22 | 23 | 24 | 25 | 26 | 27 | 28 |
| 요일 | 木 | 金 | 土 | 日 | 月 | 火 | 水 | 木 | 金 | 土 | 日 | 月 | 火 | 水 | 木 | 金 | 土 | 日 | 月 | 火 | 水 | 木 | 金 | 土 | 日 | 月 | 火 | 水 | 木 | 金 |
| 일진 | 丁亥 | 戊子 | 己丑 | 庚寅 | 辛卯 | 壬辰 | 癸巳 | 甲午 | 乙未 | 丙申 | 丁酉 | 戊戌 | 己亥 | 庚子 | 辛丑 | 壬寅 | 癸卯 | 甲辰 | 乙巳 | 丙午 | 丁未 | 戊申 | 己酉 | 庚戌 | 辛亥 | 壬子 | 癸丑 | 甲寅 | 乙卯 | 丙辰 |
| 대운 남 | 1 | 1 | 1 | 1 | 청 | 10 | 10 | 9 | 9 | 9 | 8 | 8 | 8 | 7 | 7 | 7 | 6 | 6 | 6 | 5 | 5 | 5 | 4 | 4 | 4 | 3 | 3 | 3 | 2 | 2 |
| 대운 녀 | 9 | 9 | 9 | 10 | 명 | 1 | 1 | 1 | 1 | 2 | 2 | 2 | 3 | 3 | 3 | 4 | 4 | 4 | 5 | 5 | 5 | 6 | 6 | 6 | 7 | 7 | 7 | 8 | 8 | 8 |

## 5 · 己巳月(양 5.6~6.5)

입하 6일 10시08분 　 소만 21일 23시17분

| 양력 | 1 | 2 | 3 | 4 | 5 | 6 | 7 | 8 | 9 | 10 | 11 | 12 | 13 | 14 | 15 | 16 | 17 | 18 | 19 | 20 | 21 | 22 | 23 | 24 | 25 | 26 | 27 | 28 | 29 | 30 | 31 |
|---|---|---|---|---|---|---|---|---|---|---|---|---|---|---|---|---|---|---|---|---|---|---|---|---|---|---|---|---|---|---|---|
| 음력 | 29 | 30 | 4.1 | 2 | 3 | 4 | 5 | 6 | 7 | 8 | 9 | 10 | 11 | 12 | 13 | 14 | 15 | 16 | 17 | 18 | 19 | 20 | 21 | 22 | 23 | 24 | 25 | 26 | 27 | 28 | 29 |
| 요일 | 土 | 日 | 月 | 火 | 水 | 木 | 金 | 土 | 日 | 月 | 火 | 水 | 木 | 金 | 土 | 日 | 月 | 火 | 水 | 木 | 金 | 土 | 日 | 月 | 火 | 水 | 木 | 金 | 土 | 日 | 月 |
| 일진 | 丁巳 | 戊午 | 己未 | 庚申 | 辛酉 | 壬戌 | 癸亥 | 甲子 | 乙丑 | 丙寅 | 丁卯 | 戊辰 | 己巳 | 庚午 | 辛未 | 壬申 | 癸酉 | 甲戌 | 乙亥 | 丙子 | 丁丑 | 戊寅 | 己卯 | 庚辰 | 辛巳 | 壬午 | 癸未 | 甲申 | 乙酉 | 丙戌 | 丁亥 |
| 대운 남 | 2 | 1 | 1 | 1 | 1 | 입 | 10 | 10 | 9 | 9 | 9 | 8 | 8 | 8 | 7 | 7 | 7 | 6 | 6 | 6 | 5 | 5 | 5 | 4 | 4 | 4 | 3 | 3 | 3 | 2 | 2 |
| 대운 녀 | 9 | 9 | 9 | 10 | 10 | 하 | 1 | 1 | 1 | 1 | 2 | 2 | 2 | 3 | 3 | 3 | 4 | 4 | 4 | 5 | 5 | 5 | 6 | 6 | 6 | 7 | 7 | 7 | 8 | 8 | 8 |

## 6 · 庚午月(양 6.6~7.7)

망종 6일 14시31분 　 하지 22일 07시24분

| 양력 | 1 | 2 | 3 | 4 | 5 | 6 | 7 | 8 | 9 | 10 | 11 | 12 | 13 | 14 | 15 | 16 | 17 | 18 | 19 | 20 | 21 | 22 | 23 | 24 | 25 | 26 | 27 | 28 | 29 | 30 |
|---|---|---|---|---|---|---|---|---|---|---|---|---|---|---|---|---|---|---|---|---|---|---|---|---|---|---|---|---|---|---|
| 음력 | 5.1 | 2 | 3 | 4 | 5 | 6 | 7 | 8 | 9 | 10 | 11 | 12 | 13 | 14 | 15 | 16 | 17 | 18 | 19 | 20 | 21 | 22 | 23 | 24 | 25 | 26 | 27 | 28 | 29 | 6.1 |
| 요일 | 火 | 水 | 木 | 金 | 土 | 日 | 月 | 火 | 水 | 木 | 金 | 土 | 日 | 月 | 火 | 水 | 木 | 金 | 土 | 日 | 月 | 火 | 水 | 木 | 金 | 土 | 日 | 月 | 火 | 水 |
| 일진 | 戊子 | 己丑 | 庚寅 | 辛卯 | 壬辰 | 癸巳 | 甲午 | 乙未 | 丙申 | 丁酉 | 戊戌 | 己亥 | 庚子 | 辛丑 | 壬寅 | 癸卯 | 甲辰 | 乙巳 | 丙午 | 丁未 | 戊申 | 己酉 | 庚戌 | 辛亥 | 壬子 | 癸丑 | 甲寅 | 乙卯 | 丙辰 | 丁巳 |
| 대운 남 | 2 | 1 | 1 | 1 | 1 | 망 | 10 | 10 | 10 | 9 | 9 | 9 | 8 | 8 | 8 | 7 | 7 | 7 | 6 | 6 | 6 | 5 | 5 | 5 | 4 | 4 | 4 | 3 | 3 | 3 |
| 대운 녀 | 9 | 9 | 9 | 10 | 10 | 종 | 1 | 1 | 1 | 1 | 2 | 2 | 2 | 3 | 3 | 3 | 4 | 4 | 4 | 5 | 5 | 5 | 6 | 6 | 6 | 7 | 7 | 7 | 8 | 8 |

표준시 변경 : 3월21일 00시30분을 00시로 조정

소서 8일 00시49분

## 7 · 辛未月(양 7.8~8.7)

대서 23일 18시15분

| 양력 | 1 | 2 | 3 | 4 | 5 | 6 | 7 | 8 | 9 | 10 | 11 | 12 | 13 | 14 | 15 | 16 | 17 | 18 | 19 | 20 | 21 | 22 | 23 | 24 | 25 | 26 | 27 | 28 | 29 | 30 | 31 |
|---|---|---|---|---|---|---|---|---|---|---|---|---|---|---|---|---|---|---|---|---|---|---|---|---|---|---|---|---|---|---|---|
| 음력 | 2 | 3 | 4 | 5 | 6 | 7 | 8 | 9 | 10 | 11 | 12 | 13 | 14 | 15 | 16 | 17 | 18 | 19 | 20 | 21 | 22 | 23 | 24 | 25 | 26 | 27 | 28 | 29 | 30 | 7.1 | 2 |
| 요일 | 木 | 金 | 土 | 日 | 月 | 火 | 水 | 木 | 金 | 土 | 日 | 月 | 火 | 水 | 木 | 金 | 土 | 日 | 月 | 火 | 水 | 木 | 金 | 土 | 日 | 月 | 火 | 水 | 木 | 金 | 土 |
| 일진 | 戊午 | 己未 | 庚申 | 辛酉 | 壬戌 | 癸亥 | 甲子 | 乙丑 | 丙寅 | 丁卯 | 戊辰 | 己巳 | 庚午 | 辛未 | 壬申 | 癸酉 | 甲戌 | 乙亥 | 丙子 | 丁丑 | 戊寅 | 己卯 | 庚辰 | 辛巳 | 壬午 | 癸未 | 甲申 | 乙酉 | 丙戌 | 丁亥 | 戊子 |
| 대운 남 | 2 | 2 | 2 | 1 | 1 | 1 | 1 | 소 | 10 | 10 | 9 | 9 | 9 | 8 | 8 | 8 | 7 | 7 | 7 | 6 | 6 | 6 | 5 | 5 | 5 | 4 | 4 | 4 | 3 | 3 | 3 |
| 대운 녀 | 8 | 9 | 9 | 9 | 10 | 10 | 10 | 서 | 1 | 1 | 1 | 1 | 2 | 2 | 2 | 3 | 3 | 3 | 4 | 4 | 4 | 5 | 5 | 5 | 6 | 6 | 6 | 7 | 7 | 7 | 8 |

입추 8일 10시29분

## 8 · 壬申月(양 8.8~9.7)

처서 24일 01시06분

| 양력 | 1 | 2 | 3 | 4 | 5 | 6 | 7 | 8 | 9 | 10 | 11 | 12 | 13 | 14 | 15 | 16 | 17 | 18 | 19 | 20 | 21 | 22 | 23 | 24 | 25 | 26 | 27 | 28 | 29 | 30 | 31 |
|---|---|---|---|---|---|---|---|---|---|---|---|---|---|---|---|---|---|---|---|---|---|---|---|---|---|---|---|---|---|---|---|
| 음력 | 3 | 4 | 5 | 6 | 7 | 8 | 9 | 10 | 11 | 12 | 13 | 14 | 15 | 16 | 17 | 18 | 19 | 20 | 21 | 22 | 23 | 24 | 25 | 26 | 27 | 28 | 29 | 8.1 | 2 | 3 | 4 |
| 요일 | 日 | 月 | 火 | 水 | 木 | 金 | 土 | 日 | 月 | 火 | 水 | 木 | 金 | 土 | 日 | 月 | 火 | 水 | 木 | 金 | 土 | 日 | 月 | 火 | 水 | 木 | 金 | 土 | 日 | 月 | 火 |
| 일진 | 己丑 | 庚寅 | 辛卯 | 壬辰 | 癸巳 | 甲午 | 乙未 | 丙申 | 丁酉 | 戊戌 | 己亥 | 庚子 | 辛丑 | 壬寅 | 癸卯 | 甲辰 | 乙巳 | 丙午 | 丁未 | 戊申 | 己酉 | 庚戌 | 辛亥 | 壬子 | 癸丑 | 甲寅 | 乙卯 | 丙辰 | 丁巳 | 戊午 | 己未 |
| 대운 남 | 2 | 2 | 2 | 1 | 1 | 1 | 1 | 입 | 10 | 10 | 9 | 9 | 9 | 8 | 8 | 8 | 7 | 7 | 7 | 6 | 6 | 6 | 5 | 5 | 5 | 4 | 4 | 4 | 3 | 3 | 3 |
| 대운 녀 | 8 | 8 | 9 | 9 | 9 | 10 | 10 | 추 | 1 | 1 | 1 | 1 | 2 | 2 | 2 | 3 | 3 | 3 | 4 | 4 | 4 | 5 | 5 | 5 | 6 | 6 | 6 | 7 | 7 | 7 | 8 |

백로 8일 13시08분

## 9 · 癸酉月(양 9.8~10.8)

추분 23일 22시25분

| 양력 | 1 | 2 | 3 | 4 | 5 | 6 | 7 | 8 | 9 | 10 | 11 | 12 | 13 | 14 | 15 | 16 | 17 | 18 | 19 | 20 | 21 | 22 | 23 | 24 | 25 | 26 | 27 | 28 | 29 | 30 |
|---|---|---|---|---|---|---|---|---|---|---|---|---|---|---|---|---|---|---|---|---|---|---|---|---|---|---|---|---|---|---|
| 음력 | 5 | 6 | 7 | 8 | 9 | 10 | 11 | 12 | 13 | 14 | 15 | 16 | 17 | 18 | 19 | 20 | 21 | 22 | 23 | 24 | 25 | 26 | 27 | 28 | 29 | 30 | 9.1 | 2 | 3 | 4 |
| 요일 | 水 | 木 | 金 | 土 | 日 | 月 | 火 | 水 | 木 | 金 | 土 | 日 | 月 | 火 | 水 | 木 | 金 | 土 | 日 | 月 | 火 | 水 | 木 | 金 | 土 | 日 | 月 | 火 | 水 | 木 |
| 일진 | 庚申 | 辛酉 | 壬戌 | 癸亥 | 甲子 | 乙丑 | 丙寅 | 丁卯 | 戊辰 | 己巳 | 庚午 | 辛未 | 壬申 | 癸酉 | 甲戌 | 乙亥 | 丙子 | 丁丑 | 戊寅 | 己卯 | 庚辰 | 辛巳 | 壬午 | 癸未 | 甲申 | 乙酉 | 丙戌 | 丁亥 | 戊子 | 己丑 |
| 대운 남 | 2 | 2 | 2 | 1 | 1 | 1 | 1 | 백 | 10 | 10 | 9 | 9 | 9 | 8 | 8 | 8 | 7 | 7 | 7 | 6 | 6 | 6 | 5 | 5 | 5 | 4 | 4 | 4 | 3 | 3 |
| 대운 녀 | 8 | 8 | 9 | 9 | 9 | 10 | 10 | 로 | 1 | 1 | 1 | 1 | 2 | 2 | 2 | 3 | 3 | 3 | 4 | 4 | 4 | 5 | 5 | 5 | 6 | 6 | 6 | 7 | 7 | 7 |

한로 9일 04시27분

## 10 · 甲戌月(양 10.9~11.7)

상강 24일 07시26분

| 양력 | 1 | 2 | 3 | 4 | 5 | 6 | 7 | 8 | 9 | 10 | 11 | 12 | 13 | 14 | 15 | 16 | 17 | 18 | 19 | 20 | 21 | 22 | 23 | 24 | 25 | 26 | 27 | 28 | 29 | 30 | 31 |
|---|---|---|---|---|---|---|---|---|---|---|---|---|---|---|---|---|---|---|---|---|---|---|---|---|---|---|---|---|---|---|---|
| 음력 | 5 | 6 | 7 | 8 | 9 | 10 | 11 | 12 | 13 | 14 | 15 | 16 | 17 | 18 | 19 | 20 | 21 | 22 | 23 | 24 | 25 | 26 | 27 | 28 | 29 | 30 | 10.1 | 2 | 3 | 4 | 5 |
| 요일 | 金 | 土 | 日 | 月 | 火 | 水 | 木 | 金 | 土 | 日 | 月 | 火 | 水 | 木 | 金 | 土 | 日 | 月 | 火 | 水 | 木 | 金 | 土 | 日 | 月 | 火 | 水 | 木 | 金 | 土 | 日 |
| 일진 | 庚寅 | 辛卯 | 壬辰 | 癸巳 | 甲午 | 乙未 | 丙申 | 丁酉 | 戊戌 | 己亥 | 庚子 | 辛丑 | 壬寅 | 癸卯 | 甲辰 | 乙巳 | 丙午 | 丁未 | 戊申 | 己酉 | 庚戌 | 辛亥 | 壬子 | 癸丑 | 甲寅 | 乙卯 | 丙辰 | 丁巳 | 戊午 | 己未 | 庚申 |
| 대운 남 | 3 | 2 | 2 | 2 | 1 | 1 | 1 | 1 | 한 | 10 | 9 | 9 | 9 | 8 | 8 | 8 | 7 | 7 | 7 | 6 | 6 | 6 | 5 | 5 | 5 | 4 | 4 | 4 | 3 | 3 | 3 |
| 대운 녀 | 8 | 8 | 8 | 9 | 9 | 9 | 10 | 10 | 로 | 1 | 1 | 1 | 1 | 2 | 2 | 2 | 3 | 3 | 3 | 4 | 4 | 4 | 5 | 5 | 5 | 6 | 6 | 6 | 7 | 7 | 7 |

입동 8일 07시21분

## 11 · 乙亥月(양 11.8~12.6)

소설 23일 04시44분

| 양력 | 1 | 2 | 3 | 4 | 5 | 6 | 7 | 8 | 9 | 10 | 11 | 12 | 13 | 14 | 15 | 16 | 17 | 18 | 19 | 20 | 21 | 22 | 23 | 24 | 25 | 26 | 27 | 28 | 29 | 30 |
|---|---|---|---|---|---|---|---|---|---|---|---|---|---|---|---|---|---|---|---|---|---|---|---|---|---|---|---|---|---|---|
| 음력 | 6 | 7 | 8 | 9 | 10 | 11 | 12 | 13 | 14 | 15 | 16 | 17 | 18 | 19 | 20 | 21 | 22 | 23 | 24 | 25 | 26 | 27 | 28 | 29 | 11.1 | 2 | 3 | 4 | 5 | 6 |
| 요일 | 月 | 火 | 水 | 木 | 金 | 土 | 日 | 月 | 火 | 水 | 木 | 金 | 土 | 日 | 月 | 火 | 水 | 木 | 金 | 土 | 日 | 月 | 火 | 水 | 木 | 金 | 土 | 日 | 月 | 火 |
| 일진 | 辛酉 | 壬戌 | 癸亥 | 甲子 | 乙丑 | 丙寅 | 丁卯 | 戊辰 | 己巳 | 庚午 | 辛未 | 壬申 | 癸酉 | 甲戌 | 乙亥 | 丙子 | 丁丑 | 戊寅 | 己卯 | 庚辰 | 辛巳 | 壬午 | 癸未 | 甲申 | 乙酉 | 丙戌 | 丁亥 | 戊子 | 己丑 | 庚寅 |
| 대운 남 | 2 | 2 | 2 | 1 | 1 | 1 | 1 | 입 | 9 | 9 | 9 | 8 | 8 | 8 | 7 | 7 | 7 | 6 | 6 | 6 | 5 | 5 | 5 | 4 | 4 | 4 | 3 | 3 | 3 | 2 |
| 대운 녀 | 8 | 8 | 8 | 9 | 9 | 9 | 10 | 동 | 1 | 1 | 1 | 1 | 2 | 2 | 2 | 3 | 3 | 3 | 4 | 4 | 4 | 5 | 5 | 5 | 6 | 6 | 6 | 7 | 7 | 7 |

대설 7일 23시59분

## 12 · 丙子月(양 12.7~1.5)

동지 22일 17시54분

| 양력 | 1 | 2 | 3 | 4 | 5 | 6 | 7 | 8 | 9 | 10 | 11 | 12 | 13 | 14 | 15 | 16 | 17 | 18 | 19 | 20 | 21 | 22 | 23 | 24 | 25 | 26 | 27 | 28 | 29 | 30 | 31 |
|---|---|---|---|---|---|---|---|---|---|---|---|---|---|---|---|---|---|---|---|---|---|---|---|---|---|---|---|---|---|---|---|
| 음력 | 7 | 8 | 9 | 10 | 11 | 12 | 13 | 14 | 15 | 16 | 17 | 18 | 19 | 20 | 21 | 22 | 23 | 24 | 25 | 26 | 27 | 28 | 29 | 30 | 12.1 | 2 | 3 | 4 | 5 | 6 | 7 |
| 요일 | 水 | 木 | 金 | 土 | 日 | 月 | 火 | 水 | 木 | 金 | 土 | 日 | 月 | 火 | 水 | 木 | 金 | 土 | 日 | 月 | 火 | 水 | 木 | 金 | 土 | 日 | 月 | 火 | 水 | 木 | 金 |
| 일진 | 辛卯 | 壬辰 | 癸巳 | 甲午 | 乙未 | 丙申 | 丁酉 | 戊戌 | 己亥 | 庚子 | 辛丑 | 壬寅 | 癸卯 | 甲辰 | 乙巳 | 丙午 | 丁未 | 戊申 | 己酉 | 庚戌 | 辛亥 | 壬子 | 癸丑 | 甲寅 | 乙卯 | 丙辰 | 丁巳 | 戊午 | 己未 | 庚申 | 辛酉 |
| 대운 남 | 2 | 2 | 1 | 1 | 1 | 1 | 대 | 10 | 9 | 9 | 9 | 8 | 8 | 8 | 7 | 7 | 7 | 6 | 6 | 6 | 5 | 5 | 5 | 4 | 4 | 4 | 3 | 3 | 3 | 2 | 2 |
| 대운 녀 | 8 | 8 | 8 | 9 | 9 | 9 | 설 | 1 | 1 | 1 | 1 | 2 | 2 | 2 | 3 | 3 | 3 | 4 | 4 | 4 | 5 | 5 | 5 | 6 | 6 | 6 | 7 | 7 | 7 | 8 | 8 |

# 1955년(윤3월)

## 1 · 丁丑月(양 1.6~2.3)

소한 6일 11시06분 · 대한 21일 04시32분

| 양력 | 1 | 2 | 3 | 4 | 5 | 6 | 7 | 8 | 9 | 10 | 11 | 12 | 13 | 14 | 15 | 16 | 17 | 18 | 19 | 20 | 21 | 22 | 23 | 24 | 25 | 26 | 27 | 28 | 29 | 30 | 31 |
|---|---|---|---|---|---|---|---|---|---|---|---|---|---|---|---|---|---|---|---|---|---|---|---|---|---|---|---|---|---|---|---|
| 음력 | 8 | 9 | 10 | 11 | 12 | 13 | 14 | 15 | 16 | 17 | 18 | 19 | 20 | 21 | 22 | 23 | 24 | 25 | 26 | 27 | 28 | 29 | 30 | 1.1 | 2 | 3 | 4 | 5 | 6 | 7 | 8 |
| 요일 | 土 | 日 | 月 | 火 | 水 | 木 | 金 | 土 | 日 | 月 | 火 | 水 | 木 | 金 | 土 | 日 | 月 | 火 | 水 | 木 | 金 | 土 | 日 | 月 | 火 | 水 | 木 | 金 | 土 | 日 | 月 |
| 일진 | 壬戌 | 癸亥 | 甲子 | 乙丑 | 丙寅 | 丁卯 | 戊辰 | 己巳 | 庚午 | 辛未 | 壬申 | 癸酉 | 甲戌 | 乙亥 | 丙子 | 丁丑 | 戊寅 | 己卯 | 庚辰 | 辛巳 | 壬午 | 癸未 | 甲申 | 乙酉 | 丙戌 | 丁亥 | 戊子 | 己丑 | 庚寅 | 辛卯 | 壬辰 |
| 대운 남 | 2 | 1 | 1 | 1 | 1 | 소 | 9 | 9 | 9 | 8 | 8 | 8 | 7 | 7 | 7 | 6 | 6 | 6 | 5 | 5 | 5 | 4 | 4 | 4 | 3 | 3 | 3 | 2 | 2 | 2 | 1 |
| 대운 녀 | 8 | 9 | 9 | 9 | 10 | 한 | 1 | 1 | 1 | 1 | 2 | 2 | 2 | 3 | 3 | 3 | 4 | 4 | 4 | 5 | 5 | 5 | 6 | 6 | 6 | 7 | 7 | 7 | 8 | 8 | 8 |

## 2 · 戊寅月(양 2.4~3.5)

입춘 4일 22시48분 · 우수 19일 18시49분

| 양력 | 1 | 2 | 3 | 4 | 5 | 6 | 7 | 8 | 9 | 10 | 11 | 12 | 13 | 14 | 15 | 16 | 17 | 18 | 19 | 20 | 21 | 22 | 23 | 24 | 25 | 26 | 27 | 28 |
|---|---|---|---|---|---|---|---|---|---|---|---|---|---|---|---|---|---|---|---|---|---|---|---|---|---|---|---|---|
| 음력 | 9 | 10 | 11 | 12 | 13 | 14 | 15 | 16 | 17 | 18 | 19 | 20 | 21 | 22 | 23 | 24 | 25 | 26 | 27 | 28 | 29 | 30 | 2.1 | 2 | 3 | 4 | 5 | 6 |
| 요일 | 火 | 水 | 木 | 金 | 土 | 日 | 月 | 火 | 水 | 木 | 金 | 土 | 日 | 月 | 火 | 水 | 木 | 金 | 土 | 日 | 月 | 火 | 水 | 木 | 金 | 土 | 日 | 月 |
| 일진 | 癸巳 | 甲午 | 乙未 | 丙申 | 丁酉 | 戊戌 | 己亥 | 庚子 | 辛丑 | 壬寅 | 癸卯 | 甲辰 | 乙巳 | 丙午 | 丁未 | 戊申 | 己酉 | 庚戌 | 辛亥 | 壬子 | 癸丑 | 甲寅 | 乙卯 | 丙辰 | 丁巳 | 戊午 | 己未 | 庚申 |
| 대운 남 | 1 | 1 | 1 | 입 | 1 | 1 | 1 | 1 | 2 | 2 | 2 | 3 | 3 | 3 | 4 | 4 | 4 | 5 | 5 | 5 | 6 | 6 | 6 | 7 | 7 | 7 | 8 | 8 |
| 대운 녀 | 9 | 9 | 9 | 춘 | 10 | 9 | 9 | 9 | 8 | 8 | 8 | 7 | 7 | 7 | 6 | 6 | 6 | 5 | 5 | 5 | 4 | 4 | 4 | 3 | 3 | 3 | 2 | 2 |

## 3 · 己卯月(양 3.6~4.4)

경칩 6일 17시01분 · 춘분 21일 18시05분

| 양력 | 1 | 2 | 3 | 4 | 5 | 6 | 7 | 8 | 9 | 10 | 11 | 12 | 13 | 14 | 15 | 16 | 17 | 18 | 19 | 20 | 21 | 22 | 23 | 24 | 25 | 26 | 27 | 28 | 29 | 30 | 31 |
|---|---|---|---|---|---|---|---|---|---|---|---|---|---|---|---|---|---|---|---|---|---|---|---|---|---|---|---|---|---|---|---|
| 음력 | 7 | 8 | 9 | 10 | 11 | 12 | 13 | 14 | 15 | 16 | 17 | 18 | 19 | 20 | 21 | 22 | 23 | 24 | 25 | 26 | 27 | 28 | 29 | 3.1 | 2 | 3 | 4 | 5 | 6 | 7 | 8 |
| 요일 | 火 | 水 | 木 | 金 | 土 | 日 | 月 | 火 | 水 | 木 | 金 | 土 | 日 | 月 | 火 | 水 | 木 | 金 | 土 | 日 | 月 | 火 | 水 | 木 | 金 | 土 | 日 | 月 | 火 | 水 | 木 |
| 일진 | 辛酉 | 壬戌 | 癸亥 | 甲子 | 乙丑 | 丙寅 | 丁卯 | 戊辰 | 己巳 | 庚午 | 辛未 | 壬申 | 癸酉 | 甲戌 | 乙亥 | 丙子 | 丁丑 | 戊寅 | 己卯 | 庚辰 | 辛巳 | 壬午 | 癸未 | 甲申 | 乙酉 | 丙戌 | 丁亥 | 戊子 | 己丑 | 庚寅 | 辛卯 |
| 대운 남 | 8 | 9 | 9 | 9 | 10 | 경 | 1 | 1 | 1 | 1 | 2 | 2 | 2 | 3 | 3 | 3 | 4 | 4 | 4 | 5 | 5 | 5 | 6 | 6 | 6 | 7 | 7 | 7 | 8 | 8 | 8 |
| 대운 녀 | 2 | 1 | 1 | 1 | 1 | 칩 | 10 | 9 | 9 | 9 | 8 | 8 | 8 | 7 | 7 | 7 | 6 | 6 | 6 | 5 | 5 | 5 | 4 | 4 | 4 | 3 | 3 | 3 | 2 | 2 | 2 |

## 4 · 庚辰月(양 4.5~5.5)

청명 5일 22시09분 · 곡우 21일 05시28분

| 양력 | 1 | 2 | 3 | 4 | 5 | 6 | 7 | 8 | 9 | 10 | 11 | 12 | 13 | 14 | 15 | 16 | 17 | 18 | 19 | 20 | 21 | 22 | 23 | 24 | 25 | 26 | 27 | 28 | 29 | 30 |
|---|---|---|---|---|---|---|---|---|---|---|---|---|---|---|---|---|---|---|---|---|---|---|---|---|---|---|---|---|---|---|
| 음력 | 9 | 10 | 11 | 12 | 13 | 14 | 15 | 16 | 17 | 18 | 19 | 20 | 21 | 22 | 23 | 24 | 25 | 26 | 27 | 28 | 29 | 윤 | 3.2 | 3 | 4 | 5 | 6 | 7 | 8 | 9 |
| 요일 | 金 | 土 | 日 | 月 | 火 | 水 | 木 | 金 | 土 | 日 | 月 | 火 | 水 | 木 | 金 | 土 | 日 | 月 | 火 | 水 | 木 | 金 | 土 | 日 | 月 | 火 | 水 | 木 | 金 | 土 |
| 일진 | 壬辰 | 癸巳 | 甲午 | 乙未 | 丙申 | 丁酉 | 戊戌 | 己亥 | 庚子 | 辛丑 | 壬寅 | 癸卯 | 甲辰 | 乙巳 | 丙午 | 丁未 | 戊申 | 己酉 | 庚戌 | 辛亥 | 壬子 | 癸丑 | 甲寅 | 乙卯 | 丙辰 | 丁巳 | 戊午 | 己未 | 庚申 | 辛酉 |
| 대운 남 | 9 | 9 | 9 | 10 | 청 | 1 | 1 | 1 | 1 | 2 | 2 | 2 | 3 | 3 | 3 | 4 | 4 | 4 | 5 | 5 | 5 | 6 | 6 | 6 | 7 | 7 | 7 | 8 | 8 | 8 |
| 대운 녀 | 1 | 1 | 1 | 1 | 명 | 10 | 10 | 9 | 9 | 9 | 8 | 8 | 8 | 7 | 7 | 7 | 6 | 6 | 6 | 5 | 5 | 5 | 4 | 4 | 4 | 3 | 3 | 3 | 2 | 2 |

## 5 · 辛巳月(양 5.6~6.5)

입하 6일 16시48분 · 소만 22일 05시54분

| 양력 | 1 | 2 | 3 | 4 | 5 | 6 | 7 | 8 | 9 | 10 | 11 | 12 | 13 | 14 | 15 | 16 | 17 | 18 | 19 | 20 | 21 | 22 | 23 | 24 | 25 | 26 | 27 | 28 | 29 | 30 | 31 |
|---|---|---|---|---|---|---|---|---|---|---|---|---|---|---|---|---|---|---|---|---|---|---|---|---|---|---|---|---|---|---|---|
| 음력 | 10 | 11 | 12 | 13 | 14 | 15 | 16 | 17 | 18 | 19 | 20 | 21 | 22 | 23 | 24 | 25 | 26 | 27 | 28 | 29 | 30 | 4.1 | 2 | 3 | 4 | 5 | 6 | 7 | 8 | 9 | 10 |
| 요일 | 日 | 月 | 火 | 水 | 木 | 金 | 土 | 日 | 月 | 火 | 水 | 木 | 金 | 土 | 日 | 月 | 火 | 水 | 木 | 金 | 土 | 日 | 月 | 火 | 水 | 木 | 金 | 土 | 日 | 月 | 火 |
| 일진 | 壬戌 | 癸亥 | 甲子 | 乙丑 | 丙寅 | 丁卯 | 戊辰 | 己巳 | 庚午 | 辛未 | 壬申 | 癸酉 | 甲戌 | 乙亥 | 丙子 | 丁丑 | 戊寅 | 己卯 | 庚辰 | 辛巳 | 壬午 | 癸未 | 甲申 | 乙酉 | 丙戌 | 丁亥 | 戊子 | 己丑 | 庚寅 | 辛卯 | 壬辰 |
| 대운 남 | 9 | 9 | 9 | 10 | 10 | 입 | 1 | 1 | 1 | 1 | 2 | 2 | 2 | 3 | 3 | 3 | 4 | 4 | 4 | 5 | 5 | 5 | 6 | 6 | 6 | 7 | 7 | 7 | 8 | 8 | 8 |
| 대운 녀 | 2 | 1 | 1 | 1 | 1 | 하 | 10 | 10 | 9 | 9 | 9 | 8 | 8 | 8 | 7 | 7 | 7 | 6 | 6 | 6 | 5 | 5 | 5 | 4 | 4 | 4 | 3 | 3 | 3 | 2 | 2 |

## 6 · 壬午月(양 6.6~7.7)

망종 6일 21시13분 · 하지 22일 14시01분

| 양력 | 1 | 2 | 3 | 4 | 5 | 6 | 7 | 8 | 9 | 10 | 11 | 12 | 13 | 14 | 15 | 16 | 17 | 18 | 19 | 20 | 21 | 22 | 23 | 24 | 25 | 26 | 27 | 28 | 29 | 30 |
|---|---|---|---|---|---|---|---|---|---|---|---|---|---|---|---|---|---|---|---|---|---|---|---|---|---|---|---|---|---|---|
| 음력 | 11 | 12 | 13 | 14 | 15 | 16 | 17 | 18 | 19 | 20 | 21 | 22 | 23 | 24 | 25 | 26 | 27 | 28 | 29 | 5.1 | 2 | 3 | 4 | 5 | 6 | 7 | 8 | 9 | 10 | 11 |
| 요일 | 水 | 木 | 金 | 土 | 日 | 月 | 火 | 水 | 木 | 金 | 土 | 日 | 月 | 火 | 水 | 木 | 金 | 土 | 日 | 月 | 火 | 水 | 木 | 金 | 土 | 日 | 月 | 火 | 水 | 木 |
| 일진 | 癸巳 | 甲午 | 乙未 | 丙申 | 丁酉 | 戊戌 | 己亥 | 庚子 | 辛丑 | 壬寅 | 癸卯 | 甲辰 | 乙巳 | 丙午 | 丁未 | 戊申 | 己酉 | 庚戌 | 辛亥 | 壬子 | 癸丑 | 甲寅 | 乙卯 | 丙辰 | 丁巳 | 戊午 | 己未 | 庚申 | 辛酉 | 壬戌 |
| 대운 남 | 9 | 9 | 9 | 10 | 10 | 망 | 1 | 1 | 1 | 1 | 2 | 2 | 2 | 3 | 3 | 3 | 4 | 4 | 4 | 5 | 5 | 5 | 6 | 6 | 6 | 7 | 7 | 7 | 8 | 8 |
| 대운 녀 | 2 | 1 | 1 | 1 | 1 | 종 | 10 | 10 | 10 | 9 | 9 | 9 | 8 | 8 | 8 | 7 | 7 | 7 | 6 | 6 | 6 | 5 | 5 | 5 | 4 | 4 | 4 | 3 | 3 | 3 |

서머타임 시작 : 5월5일 00시를 01시로 조정

소서 8일 07시36분

## 7 · 癸未月(양 7.8~8.7)

대서 24일 00시55분

| 양력 | 1 | 2 | 3 | 4 | 5 | 6 | 7 | 8 | 9 | 10 | 11 | 12 | 13 | 14 | 15 | 16 | 17 | 18 | 19 | 20 | 21 | 22 | 23 | 24 | 25 | 26 | 27 | 28 | 29 | 30 | 31 |
|---|---|---|---|---|---|---|---|---|---|---|---|---|---|---|---|---|---|---|---|---|---|---|---|---|---|---|---|---|---|---|---|
| 음력 | 12 | 13 | 14 | 15 | 16 | 17 | 18 | 19 | 20 | 21 | 22 | 23 | 24 | 25 | 26 | 27 | 28 | 29 | 6.1 | 2 | 3 | 4 | 5 | 6 | 7 | 8 | 9 | 10 | 11 | 12 | 13 |
| 요일 | 金 | 土 | 日 | 月 | 火 | 水 | 木 | 金 | 土 | 日 | 月 | 火 | 水 | 木 | 金 | 土 | 日 | 月 | 火 | 水 | 木 | 金 | 土 | 日 | 月 | 火 | 水 | 木 | 金 | 土 | 日 |
| 일진 | 癸亥 | 甲子 | 乙丑 | 丙寅 | 丁卯 | 戊辰 | 己巳 | 庚午 | 辛未 | 壬申 | 癸酉 | 甲戌 | 乙亥 | 丙子 | 丁丑 | 戊寅 | 己卯 | 庚辰 | 辛巳 | 壬午 | 癸未 | 甲申 | 乙酉 | 丙戌 | 丁亥 | 戊子 | 己丑 | 庚寅 | 辛卯 | 壬辰 | 癸巳 |
| 대운 남 | 8 | 9 | 9 | 9 | 10 | 10 | 10 | 소 | 1 | 1 | 1 | 1 | 2 | 2 | 2 | 3 | 3 | 3 | 4 | 4 | 4 | 5 | 5 | 5 | 6 | 6 | 6 | 7 | 7 | 7 | 8 |
| 대운 녀 | 2 | 2 | 2 | 1 | 1 | 1 | 1 | 서 | 10 | 10 | 9 | 9 | 9 | 8 | 8 | 8 | 7 | 7 | 7 | 6 | 6 | 6 | 5 | 5 | 5 | 4 | 4 | 4 | 3 | 3 | 3 |

입추 8일 17시20분

## 8 · 甲申月(양 8.8~9.7)

처서 24일 07시49분

| 양력 | 1 | 2 | 3 | 4 | 5 | 6 | 7 | 8 | 9 | 10 | 11 | 12 | 13 | 14 | 15 | 16 | 17 | 18 | 19 | 20 | 21 | 22 | 23 | 24 | 25 | 26 | 27 | 28 | 29 | 30 | 31 |
|---|---|---|---|---|---|---|---|---|---|---|---|---|---|---|---|---|---|---|---|---|---|---|---|---|---|---|---|---|---|---|---|
| 음력 | 14 | 15 | 16 | 17 | 18 | 19 | 20 | 21 | 22 | 23 | 24 | 25 | 26 | 27 | 28 | 29 | 30 | 7.1 | 2 | 3 | 4 | 5 | 6 | 7 | 8 | 9 | 10 | 11 | 12 | 13 | 14 |
| 요일 | 月 | 火 | 水 | 木 | 金 | 土 | 日 | 月 | 火 | 水 | 木 | 金 | 土 | 日 | 月 | 火 | 水 | 木 | 金 | 土 | 日 | 月 | 火 | 水 | 木 | 金 | 土 | 日 | 月 | 火 | 水 |
| 일진 | 甲午 | 乙未 | 丙申 | 丁酉 | 戊戌 | 己亥 | 庚子 | 辛丑 | 壬寅 | 癸卯 | 甲辰 | 乙巳 | 丙午 | 丁未 | 戊申 | 己酉 | 庚戌 | 辛亥 | 壬子 | 癸丑 | 甲寅 | 乙卯 | 丙辰 | 丁巳 | 戊午 | 己未 | 庚申 | 辛酉 | 壬戌 | 癸亥 | 甲子 |
| 대운 남 | 8 | 8 | 9 | 9 | 9 | 10 | 10 | 입 | 1 | 1 | 1 | 1 | 2 | 2 | 2 | 3 | 3 | 3 | 4 | 4 | 4 | 5 | 5 | 5 | 6 | 6 | 6 | 7 | 7 | 7 | 8 |
| 대운 녀 | 2 | 2 | 2 | 1 | 1 | 1 | 1 | 추 | 10 | 10 | 9 | 9 | 9 | 8 | 8 | 8 | 7 | 7 | 7 | 6 | 6 | 6 | 5 | 5 | 5 | 4 | 4 | 4 | 3 | 3 | 3 |

백로 8일 20시02분

## 9 · 乙酉月(양 9.8~10.8)

추분 24일 04시11분

| 양력 | 1 | 2 | 3 | 4 | 5 | 6 | 7 | 8 | 9 | 10 | 11 | 12 | 13 | 14 | 15 | 16 | 17 | 18 | 19 | 20 | 21 | 22 | 23 | 24 | 25 | 26 | 27 | 28 | 29 | 30 |
|---|---|---|---|---|---|---|---|---|---|---|---|---|---|---|---|---|---|---|---|---|---|---|---|---|---|---|---|---|---|---|
| 음력 | 15 | 16 | 17 | 18 | 19 | 20 | 21 | 22 | 23 | 24 | 25 | 26 | 27 | 28 | 29 | 8.1 | 2 | 3 | 4 | 5 | 6 | 7 | 8 | 9 | 10 | 11 | 12 | 13 | 14 | 15 |
| 요일 | 木 | 金 | 土 | 日 | 月 | 火 | 水 | 木 | 金 | 土 | 日 | 月 | 火 | 水 | 木 | 金 | 土 | 日 | 月 | 火 | 水 | 木 | 金 | 土 | 日 | 月 | 火 | 水 | 木 | 金 |
| 일진 | 乙丑 | 丙寅 | 丁卯 | 戊辰 | 己巳 | 庚午 | 辛未 | 壬申 | 癸酉 | 甲戌 | 乙亥 | 丙子 | 丁丑 | 戊寅 | 己卯 | 庚辰 | 辛巳 | 壬午 | 癸未 | 甲申 | 乙酉 | 丙戌 | 丁亥 | 戊子 | 己丑 | 庚寅 | 辛卯 | 壬辰 | 癸巳 | 甲午 |
| 대운 남 | 8 | 8 | 9 | 9 | 9 | 10 | 10 | 백 | 1 | 1 | 1 | 1 | 2 | 2 | 2 | 3 | 3 | 3 | 4 | 4 | 4 | 5 | 5 | 5 | 6 | 6 | 6 | 7 | 7 | 7 |
| 대운 녀 | 2 | 2 | 2 | 1 | 1 | 1 | 1 | 로 | 10 | 10 | 9 | 9 | 9 | 8 | 8 | 8 | 7 | 7 | 7 | 6 | 6 | 6 | 5 | 5 | 5 | 4 | 4 | 4 | 3 | 3 |

한로 9일 10시22분

## 10 · 丙戌月(양 10.9~11.7)

상강 24일 13시13분

| 양력 | 1 | 2 | 3 | 4 | 5 | 6 | 7 | 8 | 9 | 10 | 11 | 12 | 13 | 14 | 15 | 16 | 17 | 18 | 19 | 20 | 21 | 22 | 23 | 24 | 25 | 26 | 27 | 28 | 29 | 30 | 31 |
|---|---|---|---|---|---|---|---|---|---|---|---|---|---|---|---|---|---|---|---|---|---|---|---|---|---|---|---|---|---|---|---|
| 음력 | 16 | 17 | 18 | 19 | 20 | 21 | 22 | 23 | 24 | 25 | 26 | 27 | 28 | 29 | 30 | 9.1 | 2 | 3 | 4 | 5 | 6 | 7 | 8 | 9 | 10 | 11 | 12 | 13 | 14 | 15 | 16 |
| 요일 | 土 | 日 | 月 | 火 | 水 | 木 | 金 | 土 | 日 | 月 | 火 | 水 | 木 | 金 | 土 | 日 | 月 | 火 | 水 | 木 | 金 | 土 | 日 | 月 | 火 | 水 | 木 | 金 | 土 | 日 | 月 |
| 일진 | 乙未 | 丙申 | 丁酉 | 戊戌 | 己亥 | 庚子 | 辛丑 | 壬寅 | 癸卯 | 甲辰 | 乙巳 | 丙午 | 丁未 | 戊申 | 己酉 | 庚戌 | 辛亥 | 壬子 | 癸丑 | 甲寅 | 乙卯 | 丙辰 | 丁巳 | 戊午 | 己未 | 庚申 | 辛酉 | 壬戌 | 癸亥 | 甲子 | 乙丑 |
| 대운 남 | 8 | 8 | 8 | 9 | 9 | 9 | 10 | 10 | 한 | 1 | 1 | 1 | 1 | 2 | 2 | 2 | 3 | 3 | 3 | 4 | 4 | 4 | 5 | 5 | 5 | 6 | 6 | 6 | 7 | 7 | 7 |
| 대운 녀 | 3 | 2 | 2 | 2 | 1 | 1 | 1 | 1 | 로 | 10 | 9 | 9 | 9 | 8 | 8 | 8 | 7 | 7 | 7 | 6 | 6 | 6 | 5 | 5 | 5 | 4 | 4 | 4 | 3 | 3 | 3 |

입동 8일 13시15분

## 11 · 丁亥月(양 11.8~12.7)

소설 23일 10시31분

| 양력 | 1 | 2 | 3 | 4 | 5 | 6 | 7 | 8 | 9 | 10 | 11 | 12 | 13 | 14 | 15 | 16 | 17 | 18 | 19 | 20 | 21 | 22 | 23 | 24 | 25 | 26 | 27 | 28 | 29 | 30 |
|---|---|---|---|---|---|---|---|---|---|---|---|---|---|---|---|---|---|---|---|---|---|---|---|---|---|---|---|---|---|---|
| 음력 | 17 | 18 | 19 | 20 | 21 | 22 | 23 | 24 | 25 | 26 | 27 | 28 | 29 | 10.1 | 2 | 3 | 4 | 5 | 6 | 7 | 8 | 9 | 10 | 11 | 12 | 13 | 14 | 15 | 16 | 17 |
| 요일 | 火 | 水 | 木 | 金 | 土 | 日 | 月 | 火 | 水 | 木 | 金 | 土 | 日 | 月 | 火 | 水 | 木 | 金 | 土 | 日 | 月 | 火 | 水 | 木 | 金 | 土 | 日 | 月 | 火 | 水 |
| 일진 | 丙寅 | 丁卯 | 戊辰 | 己巳 | 庚午 | 辛未 | 壬申 | 癸酉 | 甲戌 | 乙亥 | 丙子 | 丁丑 | 戊寅 | 己卯 | 庚辰 | 辛巳 | 壬午 | 癸未 | 甲申 | 乙酉 | 丙戌 | 丁亥 | 戊子 | 己丑 | 庚寅 | 辛卯 | 壬辰 | 癸巳 | 甲午 | 乙未 |
| 대운 남 | 8 | 8 | 8 | 9 | 9 | 9 | 10 | 입 | 1 | 1 | 1 | 1 | 2 | 2 | 2 | 3 | 3 | 3 | 4 | 4 | 4 | 5 | 5 | 5 | 6 | 6 | 6 | 7 | 7 | 7 |
| 대운 녀 | 2 | 2 | 2 | 1 | 1 | 1 | 1 | 동 | 10 | 9 | 9 | 9 | 8 | 8 | 8 | 7 | 7 | 7 | 6 | 6 | 6 | 5 | 5 | 5 | 4 | 4 | 4 | 3 | 3 | 3 |

대설 8일 05시53분

## 12 · 戊子月(양 12.8~1.5)

동지 22일 23시41분

| 양력 | 1 | 2 | 3 | 4 | 5 | 6 | 7 | 8 | 9 | 10 | 11 | 12 | 13 | 14 | 15 | 16 | 17 | 18 | 19 | 20 | 21 | 22 | 23 | 24 | 25 | 26 | 27 | 28 | 29 | 30 | 31 |
|---|---|---|---|---|---|---|---|---|---|---|---|---|---|---|---|---|---|---|---|---|---|---|---|---|---|---|---|---|---|---|---|
| 음력 | 18 | 19 | 20 | 21 | 22 | 23 | 24 | 25 | 26 | 27 | 28 | 29 | 30 | 11.1 | 2 | 3 | 4 | 5 | 6 | 7 | 8 | 9 | 10 | 11 | 12 | 13 | 14 | 15 | 16 | 17 | 18 |
| 요일 | 木 | 金 | 土 | 日 | 月 | 火 | 水 | 木 | 金 | 土 | 日 | 月 | 火 | 水 | 木 | 金 | 土 | 日 | 月 | 火 | 水 | 木 | 金 | 土 | 日 | 月 | 火 | 水 | 木 | 金 | 土 |
| 일진 | 丙申 | 丁酉 | 戊戌 | 己亥 | 庚子 | 辛丑 | 壬寅 | 癸卯 | 甲辰 | 乙巳 | 丙午 | 丁未 | 戊申 | 己酉 | 庚戌 | 辛亥 | 壬子 | 癸丑 | 甲寅 | 乙卯 | 丙辰 | 丁巳 | 戊午 | 己未 | 庚申 | 辛酉 | 壬戌 | 癸亥 | 甲子 | 乙丑 | 丙寅 |
| 대운 남 | 8 | 8 | 8 | 9 | 9 | 9 | 10 | 대 | 1 | 1 | 1 | 1 | 2 | 2 | 2 | 3 | 3 | 3 | 4 | 4 | 4 | 5 | 5 | 5 | 6 | 6 | 6 | 7 | 7 | 7 | 8 |
| 대운 녀 | 2 | 2 | 2 | 1 | 1 | 1 | 1 | 설 | 9 | 9 | 9 | 8 | 8 | 8 | 7 | 7 | 7 | 6 | 6 | 6 | 5 | 5 | 5 | 4 | 4 | 4 | 3 | 3 | 3 | 2 | 2 |

서머타임 종료 : 9월9일 01시를 00시로 조정

단기 4289년

# 1956년

소한 6일 17시00분 | **1 · 己丑月(양 1.6~2.4)** | 대한 21일 10시18분

| 양력 | 1 | 2 | 3 | 4 | 5 | 6 | 7 | 8 | 9 | 10 | 11 | 12 | 13 | 14 | 15 | 16 | 17 | 18 | 19 | 20 | 21 | 22 | 23 | 24 | 25 | 26 | 27 | 28 | 29 | 30 | 31 |
|---|---|---|---|---|---|---|---|---|---|---|---|---|---|---|---|---|---|---|---|---|---|---|---|---|---|---|---|---|---|---|---|
| 음력 | 19 | 20 | 21 | 22 | 23 | 24 | 25 | 26 | 27 | 28 | 29 | 30 | 12.1 | 2 | 3 | 4 | 5 | 6 | 7 | 8 | 9 | 10 | 11 | 12 | 13 | 14 | 15 | 16 | 17 | 18 | 19 |
| 요일 | 日 | 月 | 火 | 水 | 木 | 金 | 土 | 日 | 月 | 火 | 水 | 木 | 金 | 土 | 日 | 月 | 火 | 水 | 木 | 金 | 土 | 日 | 月 | 火 | 水 | 木 | 金 | 土 | 日 | 月 | 火 |
| 일진 | 丁卯 | 戊辰 | 己巳 | 庚午 | 辛未 | 壬申 | 癸酉 | 甲戌 | 乙亥 | 丙子 | 丁丑 | 戊寅 | 己卯 | 庚辰 | 辛巳 | 壬午 | 癸未 | 甲申 | 乙酉 | 丙戌 | 丁亥 | 戊子 | 己丑 | 庚寅 | 辛卯 | 壬辰 | 癸巳 | 甲午 | 乙未 | 丙申 | 丁酉 |
| 대운 남 | 8 | 8 | 9 | 9 | 9 | 소 | 1 | 1 | 1 | 1 | 2 | 2 | 2 | 3 | 3 | 3 | 4 | 4 | 4 | 5 | 5 | 5 | 6 | 6 | 6 | 7 | 7 | 7 | 8 | 8 | 8 |
| 대운 녀 | 2 | 1 | 1 | 1 | 1 | 한 | 10 | 9 | 9 | 9 | 8 | 8 | 8 | 7 | 7 | 7 | 6 | 6 | 6 | 5 | 5 | 5 | 4 | 4 | 4 | 3 | 3 | 3 | 2 | 2 | 2 |

입춘 5일 04시42분 | **2 · 庚寅月(양 2.5~3.4)** | 우수 20일 00시35분

| 양력 | 1 | 2 | 3 | 4 | 5 | 6 | 7 | 8 | 9 | 10 | 11 | 12 | 13 | 14 | 15 | 16 | 17 | 18 | 19 | 20 | 21 | 22 | 23 | 24 | 25 | 26 | 27 | 28 | 29 |
|---|---|---|---|---|---|---|---|---|---|---|---|---|---|---|---|---|---|---|---|---|---|---|---|---|---|---|---|---|---|
| 음력 | 20 | 21 | 22 | 23 | 24 | 25 | 26 | 27 | 28 | 29 | 30 | 1.1 | 2 | 3 | 4 | 5 | 6 | 7 | 8 | 9 | 10 | 11 | 12 | 13 | 14 | 15 | 16 | 17 | 18 |
| 요일 | 水 | 木 | 金 | 土 | 日 | 月 | 火 | 水 | 木 | 金 | 土 | 日 | 月 | 火 | 水 | 木 | 金 | 土 | 日 | 月 | 火 | 水 | 木 | 金 | 土 | 日 | 月 | 火 | 水 |
| 일진 | 戊戌 | 己亥 | 庚子 | 辛丑 | 壬寅 | 癸卯 | 甲辰 | 乙巳 | 丙午 | 丁未 | 戊申 | 己酉 | 庚戌 | 辛亥 | 壬子 | 癸丑 | 甲寅 | 乙卯 | 丙辰 | 丁巳 | 戊午 | 己未 | 庚申 | 辛酉 | 壬戌 | 癸亥 | 甲子 | 乙丑 | 丙寅 |
| 대운 남 | 9 | 9 | 9 | 10 | 입 | 9 | 9 | 9 | 8 | 8 | 8 | 7 | 7 | 7 | 6 | 6 | 6 | 5 | 5 | 5 | 4 | 4 | 4 | 3 | 3 | 3 | 2 | 2 | 2 |
| 대운 녀 | 1 | 1 | 1 | 1 | 춘 | 1 | 1 | 1 | 1 | 2 | 2 | 2 | 3 | 3 | 3 | 4 | 4 | 4 | 5 | 5 | 5 | 6 | 6 | 6 | 7 | 7 | 7 | 8 | 8 |

경칩 5일 22시54분 | **3 · 辛卯月(양 3.5~4.4)** | 춘분 20일 23시50분

| 양력 | 1 | 2 | 3 | 4 | 5 | 6 | 7 | 8 | 9 | 10 | 11 | 12 | 13 | 14 | 15 | 16 | 17 | 18 | 19 | 20 | 21 | 22 | 23 | 24 | 25 | 26 | 27 | 28 | 29 | 30 | 31 |
|---|---|---|---|---|---|---|---|---|---|---|---|---|---|---|---|---|---|---|---|---|---|---|---|---|---|---|---|---|---|---|---|
| 음력 | 19 | 20 | 21 | 22 | 23 | 24 | 25 | 26 | 27 | 28 | 29 | 2.1 | 2 | 3 | 4 | 5 | 6 | 7 | 8 | 9 | 10 | 11 | 12 | 13 | 14 | 15 | 16 | 17 | 18 | 19 | 20 |
| 요일 | 木 | 金 | 土 | 日 | 月 | 火 | 水 | 木 | 金 | 土 | 日 | 月 | 火 | 水 | 木 | 金 | 土 | 日 | 月 | 火 | 水 | 木 | 金 | 土 | 日 | 月 | 火 | 水 | 木 | 金 | 土 |
| 일진 | 丁卯 | 戊辰 | 己巳 | 庚午 | 辛未 | 壬申 | 癸酉 | 甲戌 | 乙亥 | 丙子 | 丁丑 | 戊寅 | 己卯 | 庚辰 | 辛巳 | 壬午 | 癸未 | 甲申 | 乙酉 | 丙戌 | 丁亥 | 戊子 | 己丑 | 庚寅 | 辛卯 | 壬辰 | 癸巳 | 甲午 | 乙未 | 丙申 | 丁酉 |
| 대운 남 | 1 | 1 | 1 | 1 | 경 | 10 | 10 | 9 | 9 | 9 | 8 | 8 | 8 | 7 | 7 | 7 | 6 | 6 | 6 | 5 | 5 | 5 | 4 | 4 | 4 | 3 | 3 | 3 | 2 | 2 | 2 |
| 대운 녀 | 8 | 9 | 9 | 9 | 칩 | 1 | 1 | 1 | 1 | 2 | 2 | 2 | 3 | 3 | 3 | 4 | 4 | 4 | 5 | 5 | 5 | 6 | 6 | 6 | 7 | 7 | 7 | 8 | 8 | 8 | 9 |

청명 5일 04시01분 | **4 · 壬辰月(양 4.5~5.4)** | 곡우 20일 11시13분

| 양력 | 1 | 2 | 3 | 4 | 5 | 6 | 7 | 8 | 9 | 10 | 11 | 12 | 13 | 14 | 15 | 16 | 17 | 18 | 19 | 20 | 21 | 22 | 23 | 24 | 25 | 26 | 27 | 28 | 29 | 30 |
|---|---|---|---|---|---|---|---|---|---|---|---|---|---|---|---|---|---|---|---|---|---|---|---|---|---|---|---|---|---|---|
| 음력 | 21 | 22 | 23 | 24 | 25 | 26 | 27 | 28 | 29 | 30 | 3.1 | 2 | 3 | 4 | 5 | 6 | 7 | 8 | 9 | 10 | 11 | 12 | 13 | 14 | 15 | 16 | 17 | 18 | 19 | 20 |
| 요일 | 日 | 月 | 火 | 水 | 木 | 金 | 土 | 日 | 月 | 火 | 水 | 木 | 金 | 土 | 日 | 月 | 火 | 水 | 木 | 金 | 土 | 日 | 月 | 火 | 水 | 木 | 金 | 土 | 日 | 月 |
| 일진 | 戊戌 | 己亥 | 庚子 | 辛丑 | 壬寅 | 癸卯 | 甲辰 | 乙巳 | 丙午 | 丁未 | 戊申 | 己酉 | 庚戌 | 辛亥 | 壬子 | 癸丑 | 甲寅 | 乙卯 | 丙辰 | 丁巳 | 戊午 | 己未 | 庚申 | 辛酉 | 壬戌 | 癸亥 | 甲子 | 乙丑 | 丙寅 | 丁卯 |
| 대운 남 | 1 | 1 | 1 | 1 | 청 | 10 | 9 | 9 | 9 | 8 | 8 | 8 | 7 | 7 | 7 | 6 | 6 | 6 | 5 | 5 | 5 | 4 | 4 | 4 | 3 | 3 | 3 | 2 | 2 | 2 |
| 대운 녀 | 9 | 9 | 10 | 10 | 명 | 1 | 1 | 1 | 1 | 2 | 2 | 2 | 3 | 3 | 3 | 4 | 4 | 4 | 5 | 5 | 5 | 6 | 6 | 6 | 7 | 7 | 7 | 8 | 8 | 8 |

입하 5일 21시40분 | **5 · 癸巳月(양 5.5~6.5)** | 소만 21일 11시43분

| 양력 | 1 | 2 | 3 | 4 | 5 | 6 | 7 | 8 | 9 | 10 | 11 | 12 | 13 | 14 | 15 | 16 | 17 | 18 | 19 | 20 | 21 | 22 | 23 | 24 | 25 | 26 | 27 | 28 | 29 | 30 | 31 |
|---|---|---|---|---|---|---|---|---|---|---|---|---|---|---|---|---|---|---|---|---|---|---|---|---|---|---|---|---|---|---|---|
| 음력 | 21 | 22 | 23 | 24 | 25 | 26 | 27 | 28 | 29 | 4.1 | 2 | 3 | 4 | 5 | 6 | 7 | 8 | 9 | 10 | 11 | 12 | 13 | 14 | 15 | 16 | 17 | 18 | 19 | 20 | 21 | 22 |
| 요일 | 火 | 水 | 木 | 金 | 土 | 日 | 月 | 火 | 水 | 木 | 金 | 土 | 日 | 月 | 火 | 水 | 木 | 金 | 土 | 日 | 月 | 火 | 水 | 木 | 金 | 土 | 日 | 月 | 火 | 水 | 木 |
| 일진 | 戊辰 | 己巳 | 庚午 | 辛未 | 壬申 | 癸酉 | 甲戌 | 乙亥 | 丙子 | 丁丑 | 戊寅 | 己卯 | 庚辰 | 辛巳 | 壬午 | 癸未 | 甲申 | 乙酉 | 丙戌 | 丁亥 | 戊子 | 己丑 | 庚寅 | 辛卯 | 壬辰 | 癸巳 | 甲午 | 乙未 | 丙申 | 丁酉 | 戊戌 |
| 대운 남 | 1 | 1 | 1 | 1 | 입 | 10 | 10 | 10 | 9 | 9 | 9 | 8 | 8 | 8 | 7 | 7 | 7 | 6 | 6 | 6 | 5 | 5 | 5 | 4 | 4 | 4 | 3 | 3 | 3 | 2 | 2 |
| 대운 녀 | 9 | 9 | 9 | 10 | 하 | 1 | 1 | 1 | 1 | 2 | 2 | 2 | 3 | 3 | 3 | 4 | 4 | 4 | 5 | 5 | 5 | 6 | 6 | 6 | 7 | 7 | 7 | 8 | 8 | 8 | 9 |

망종 6일 03시06분 | **6 · 甲午月(양 6.6~7.6)** | 하지 21일 19시54분

| 양력 | 1 | 2 | 3 | 4 | 5 | 6 | 7 | 8 | 9 | 10 | 11 | 12 | 13 | 14 | 15 | 16 | 17 | 18 | 19 | 20 | 21 | 22 | 23 | 24 | 25 | 26 | 27 | 28 | 29 | 30 |
|---|---|---|---|---|---|---|---|---|---|---|---|---|---|---|---|---|---|---|---|---|---|---|---|---|---|---|---|---|---|---|
| 음력 | 23 | 24 | 25 | 26 | 27 | 28 | 29 | 30 | 5.1 | 2 | 3 | 4 | 5 | 6 | 7 | 8 | 9 | 10 | 11 | 12 | 13 | 14 | 15 | 16 | 17 | 18 | 19 | 20 | 21 | 22 |
| 요일 | 金 | 土 | 日 | 月 | 火 | 水 | 木 | 金 | 土 | 日 | 月 | 火 | 水 | 木 | 金 | 土 | 日 | 月 | 火 | 水 | 木 | 金 | 土 | 日 | 月 | 火 | 水 | 木 | 金 | 土 |
| 일진 | 己亥 | 庚子 | 辛丑 | 壬寅 | 癸卯 | 甲辰 | 乙巳 | 丙午 | 丁未 | 戊申 | 己酉 | 庚戌 | 辛亥 | 壬子 | 癸丑 | 甲寅 | 乙卯 | 丙辰 | 丁巳 | 戊午 | 己未 | 庚申 | 辛酉 | 壬戌 | 癸亥 | 甲子 | 乙丑 | 丙寅 | 丁卯 | 戊辰 |
| 대운 남 | 2 | 1 | 1 | 1 | 1 | 망 | 10 | 10 | 9 | 9 | 9 | 8 | 8 | 8 | 7 | 7 | 7 | 6 | 6 | 6 | 5 | 5 | 5 | 4 | 4 | 4 | 3 | 3 | 3 | 2 |
| 대운 녀 | 9 | 9 | 10 | 10 | 10 | 종 | 1 | 1 | 1 | 1 | 2 | 2 | 2 | 3 | 3 | 3 | 4 | 4 | 4 | 5 | 5 | 5 | 6 | 6 | 6 | 7 | 7 | 7 | 8 | 8 |

서머타임 시작 : 5월20일 00시를 01시로 조정

## 7 · 乙未月(양 7.7~8.6)

소서 7일 13시28분 | 대서 23일 06시50분

| 양력 | 1 | 2 | 3 | 4 | 5 | 6 | 7 | 8 | 9 | 10 | 11 | 12 | 13 | 14 | 15 | 16 | 17 | 18 | 19 | 20 | 21 | 22 | 23 | 24 | 25 | 26 | 27 | 28 | 29 | 30 | 31 |
|---|---|---|---|---|---|---|---|---|---|---|---|---|---|---|---|---|---|---|---|---|---|---|---|---|---|---|---|---|---|---|---|
| 음력 | 23 | 24 | 25 | 26 | 27 | 28 | 29 | 6.1 | 2 | 3 | 4 | 5 | 6 | 7 | 8 | 9 | 10 | 11 | 12 | 13 | 14 | 15 | 16 | 17 | 18 | 19 | 20 | 21 | 22 | 23 | 24 |
| 요일 | 日 | 月 | 火 | 水 | 木 | 金 | 土 | 日 | 月 | 火 | 水 | 木 | 金 | 土 | 日 | 月 | 火 | 水 | 木 | 金 | 土 | 日 | 月 | 火 | 水 | 木 | 金 | 土 | 日 | 月 | 火 |
| 일진 | 己巳 | 庚午 | 辛未 | 壬申 | 癸酉 | 甲戌 | 乙亥 | 丙子 | 丁丑 | 戊寅 | 己卯 | 庚辰 | 辛巳 | 壬午 | 癸未 | 甲申 | 乙酉 | 丙戌 | 丁亥 | 戊子 | 己丑 | 庚寅 | 辛卯 | 壬辰 | 癸巳 | 甲午 | 乙未 | 丙申 | 丁酉 | 戊戌 | 己亥 |
| 대운 남 | 2 | 2 | 1 | 1 | 1 | 1 | 소 | 10 | 10 | 9 | 9 | 9 | 8 | 8 | 8 | 7 | 7 | 7 | 6 | 6 | 6 | 5 | 5 | 5 | 4 | 4 | 4 | 3 | 3 | 3 | 2 |
| 대운 녀 | 8 | 9 | 9 | 9 | 10 | 10 | 서 | 1 | 1 | 1 | 1 | 2 | 2 | 2 | 3 | 3 | 3 | 4 | 4 | 4 | 5 | 5 | 5 | 6 | 6 | 6 | 7 | 7 | 7 | 8 | 8 |

## 8 · 丙申月(양 8.7~9.7)

입추 7일 23시10분 | 처서 23일 13시45분

| 양력 | 1 | 2 | 3 | 4 | 5 | 6 | 7 | 8 | 9 | 10 | 11 | 12 | 13 | 14 | 15 | 16 | 17 | 18 | 19 | 20 | 21 | 22 | 23 | 24 | 25 | 26 | 27 | 28 | 29 | 30 | 31 |
|---|---|---|---|---|---|---|---|---|---|---|---|---|---|---|---|---|---|---|---|---|---|---|---|---|---|---|---|---|---|---|---|
| 음력 | 25 | 26 | 27 | 28 | 29 | 7.1 | 2 | 3 | 4 | 5 | 6 | 7 | 8 | 9 | 10 | 11 | 12 | 13 | 14 | 15 | 16 | 17 | 18 | 19 | 20 | 21 | 22 | 23 | 24 | 25 | 26 |
| 요일 | 水 | 木 | 金 | 土 | 日 | 月 | 火 | 水 | 木 | 金 | 土 | 日 | 月 | 火 | 水 | 木 | 金 | 土 | 日 | 月 | 火 | 水 | 木 | 金 | 土 | 日 | 月 | 火 | 水 | 木 | 金 |
| 일진 | 庚子 | 辛丑 | 壬寅 | 癸卯 | 甲辰 | 乙巳 | 丙午 | 丁未 | 戊申 | 己酉 | 庚戌 | 辛亥 | 壬子 | 癸丑 | 甲寅 | 乙卯 | 丙辰 | 丁巳 | 戊午 | 己未 | 庚申 | 辛酉 | 壬戌 | 癸亥 | 甲子 | 乙丑 | 丙寅 | 丁卯 | 戊辰 | 己巳 | 庚午 |
| 대운 남 | 2 | 2 | 1 | 1 | 1 | 1 | 입 | 10 | 10 | 10 | 9 | 9 | 9 | 8 | 8 | 8 | 7 | 7 | 7 | 6 | 6 | 6 | 5 | 5 | 5 | 4 | 4 | 4 | 3 | 3 | 3 |
| 대운 녀 | 8 | 9 | 9 | 9 | 10 | 10 | 추 | 1 | 1 | 1 | 1 | 2 | 2 | 2 | 3 | 3 | 3 | 4 | 4 | 4 | 5 | 5 | 5 | 6 | 6 | 6 | 7 | 7 | 7 | 8 | 8 |

## 9 · 丁酉月(양 9.8~10.7)

백로 8일 01시49분 | 추분 23일 11시05분

| 양력 | 1 | 2 | 3 | 4 | 5 | 6 | 7 | 8 | 9 | 10 | 11 | 12 | 13 | 14 | 15 | 16 | 17 | 18 | 19 | 20 | 21 | 22 | 23 | 24 | 25 | 26 | 27 | 28 | 29 | 30 |
|---|---|---|---|---|---|---|---|---|---|---|---|---|---|---|---|---|---|---|---|---|---|---|---|---|---|---|---|---|---|---|
| 음력 | 27 | 28 | 29 | 30 | 8.1 | 2 | 3 | 4 | 5 | 6 | 7 | 8 | 9 | 10 | 11 | 12 | 13 | 14 | 15 | 16 | 17 | 18 | 19 | 20 | 21 | 22 | 23 | 24 | 25 | 26 |
| 요일 | 土 | 日 | 月 | 火 | 水 | 木 | 金 | 土 | 日 | 月 | 火 | 水 | 木 | 金 | 土 | 日 | 月 | 火 | 水 | 木 | 金 | 土 | 日 | 月 | 火 | 水 | 木 | 金 | 土 | 日 |
| 일진 | 辛未 | 壬申 | 癸酉 | 甲戌 | 乙亥 | 丙子 | 丁丑 | 戊寅 | 己卯 | 庚辰 | 辛巳 | 壬午 | 癸未 | 甲申 | 乙酉 | 丙戌 | 丁亥 | 戊子 | 己丑 | 庚寅 | 辛卯 | 壬辰 | 癸巳 | 甲午 | 乙未 | 丙申 | 丁酉 | 戊戌 | 己亥 | 庚子 |
| 대운 남 | 2 | 2 | 2 | 1 | 1 | 1 | 1 | 백 | 10 | 9 | 9 | 9 | 8 | 8 | 8 | 7 | 7 | 7 | 6 | 6 | 6 | 5 | 5 | 5 | 4 | 4 | 4 | 3 | 3 | 3 |
| 대운 녀 | 8 | 9 | 9 | 9 | 10 | 10 | 10 | 로 | 1 | 1 | 1 | 1 | 2 | 2 | 2 | 3 | 3 | 3 | 4 | 4 | 4 | 5 | 5 | 5 | 6 | 6 | 6 | 7 | 7 | 7 |

## 10 · 戊戌月(양 10.8~11.6)

한로 8일 16시06분 | 상강 23일 19시04분

| 양력 | 1 | 2 | 3 | 4 | 5 | 6 | 7 | 8 | 9 | 10 | 11 | 12 | 13 | 14 | 15 | 16 | 17 | 18 | 19 | 20 | 21 | 22 | 23 | 24 | 25 | 26 | 27 | 28 | 29 | 30 | 31 |
|---|---|---|---|---|---|---|---|---|---|---|---|---|---|---|---|---|---|---|---|---|---|---|---|---|---|---|---|---|---|---|---|
| 음력 | 27 | 28 | 29 | 9.1 | 2 | 3 | 4 | 5 | 6 | 7 | 8 | 9 | 10 | 11 | 12 | 13 | 14 | 15 | 16 | 17 | 18 | 19 | 20 | 21 | 22 | 23 | 24 | 25 | 26 | 27 | 28 |
| 요일 | 月 | 火 | 水 | 木 | 金 | 土 | 日 | 月 | 火 | 水 | 木 | 金 | 土 | 日 | 月 | 火 | 水 | 木 | 金 | 土 | 日 | 月 | 火 | 水 | 木 | 金 | 土 | 日 | 月 | 火 | 水 |
| 일진 | 辛丑 | 壬寅 | 癸卯 | 甲辰 | 乙巳 | 丙午 | 丁未 | 戊申 | 己酉 | 庚戌 | 辛亥 | 壬子 | 癸丑 | 甲寅 | 乙卯 | 丙辰 | 丁巳 | 戊午 | 己未 | 庚申 | 辛酉 | 壬戌 | 癸亥 | 甲子 | 乙丑 | 丙寅 | 丁卯 | 戊辰 | 己巳 | 庚午 | 辛未 |
| 대운 남 | 2 | 2 | 2 | 1 | 1 | 1 | 1 | 한 | 10 | 9 | 9 | 9 | 8 | 8 | 8 | 7 | 7 | 7 | 6 | 6 | 6 | 5 | 5 | 5 | 4 | 4 | 4 | 3 | 3 | 3 | 2 |
| 대운 녀 | 8 | 8 | 8 | 9 | 9 | 9 | 10 | 로 | 1 | 1 | 1 | 1 | 2 | 2 | 2 | 3 | 3 | 3 | 4 | 4 | 4 | 5 | 5 | 5 | 6 | 6 | 6 | 7 | 7 | 7 | 8 |

## 11 · 己亥月(양 11.7~12.6)

입동 7일 18시56분 | 소설 22일 16시20분

| 양력 | 1 | 2 | 3 | 4 | 5 | 6 | 7 | 8 | 9 | 10 | 11 | 12 | 13 | 14 | 15 | 16 | 17 | 18 | 19 | 20 | 21 | 22 | 23 | 24 | 25 | 26 | 27 | 28 | 29 | 30 |
|---|---|---|---|---|---|---|---|---|---|---|---|---|---|---|---|---|---|---|---|---|---|---|---|---|---|---|---|---|---|---|
| 음력 | 29 | 30 | 10.1 | 2 | 3 | 4 | 5 | 6 | 7 | 8 | 9 | 10 | 11 | 12 | 13 | 14 | 15 | 16 | 17 | 18 | 19 | 20 | 21 | 22 | 23 | 24 | 25 | 26 | 27 | 28 |
| 요일 | 木 | 金 | 土 | 日 | 月 | 火 | 水 | 木 | 金 | 土 | 日 | 月 | 火 | 水 | 木 | 金 | 土 | 日 | 月 | 火 | 水 | 木 | 金 | 土 | 日 | 月 | 火 | 水 | 木 | 金 |
| 일진 | 壬申 | 癸酉 | 甲戌 | 乙亥 | 丙子 | 丁丑 | 戊寅 | 己卯 | 庚辰 | 辛巳 | 壬午 | 癸未 | 甲申 | 乙酉 | 丙戌 | 丁亥 | 戊子 | 己丑 | 庚寅 | 辛卯 | 壬辰 | 癸巳 | 甲午 | 乙未 | 丙申 | 丁酉 | 戊戌 | 己亥 | 庚子 | 辛丑 |
| 대운 남 | 2 | 2 | 1 | 1 | 1 | 1 | 입 | 10 | 9 | 9 | 9 | 8 | 8 | 8 | 7 | 7 | 7 | 6 | 6 | 6 | 5 | 5 | 5 | 4 | 4 | 4 | 3 | 3 | 3 | 2 |
| 대운 녀 | 8 | 8 | 9 | 9 | 9 | 10 | 동 | 1 | 1 | 1 | 1 | 2 | 2 | 2 | 3 | 3 | 3 | 4 | 4 | 4 | 5 | 5 | 5 | 6 | 6 | 6 | 7 | 7 | 7 | 8 |

## 12 · 庚子月(양 12.7~1.4)

대설 7일 11시32분 | 동지 22일 05시29분

| 양력 | 1 | 2 | 3 | 4 | 5 | 6 | 7 | 8 | 9 | 10 | 11 | 12 | 13 | 14 | 15 | 16 | 17 | 18 | 19 | 20 | 21 | 22 | 23 | 24 | 25 | 26 | 27 | 28 | 29 | 30 | 31 |
|---|---|---|---|---|---|---|---|---|---|---|---|---|---|---|---|---|---|---|---|---|---|---|---|---|---|---|---|---|---|---|---|
| 음력 | 29 | 11.1 | 2 | 3 | 4 | 5 | 6 | 7 | 8 | 9 | 10 | 11 | 12 | 13 | 14 | 15 | 16 | 17 | 18 | 19 | 20 | 21 | 22 | 23 | 24 | 25 | 26 | 27 | 28 | 29 | 30 |
| 요일 | 土 | 日 | 月 | 火 | 水 | 木 | 金 | 土 | 日 | 月 | 火 | 水 | 木 | 金 | 土 | 日 | 月 | 火 | 水 | 木 | 金 | 土 | 日 | 月 | 火 | 水 | 木 | 金 | 土 | 日 | 月 |
| 일진 | 壬寅 | 癸卯 | 甲辰 | 乙巳 | 丙午 | 丁未 | 戊申 | 己酉 | 庚戌 | 辛亥 | 壬子 | 癸丑 | 甲寅 | 乙卯 | 丙辰 | 丁巳 | 戊午 | 己未 | 庚申 | 辛酉 | 壬戌 | 癸亥 | 甲子 | 乙丑 | 丙寅 | 丁卯 | 戊辰 | 己巳 | 庚午 | 辛未 | 壬申 |
| 대운 남 | 2 | 2 | 1 | 1 | 1 | 1 | 대 | 9 | 9 | 9 | 8 | 8 | 8 | 7 | 7 | 7 | 6 | 6 | 6 | 5 | 5 | 5 | 4 | 4 | 4 | 3 | 3 | 3 | 2 | 2 | 2 |
| 대운 녀 | 8 | 8 | 9 | 9 | 9 | 10 | 설 | 1 | 1 | 1 | 1 | 2 | 2 | 2 | 3 | 3 | 3 | 4 | 4 | 4 | 5 | 5 | 5 | 6 | 6 | 6 | 7 | 7 | 7 | 8 | 8 |

서머타임 종료 : 9월30일 01시를 00시로 조정

단기 4290년

# 1957년(윤8월)

소한 5일 22시40분

## 1 · 辛丑月(양 1.5~2.3)

대한 20일 16시09분

| 양력 | 1 | 2 | 3 | 4 | 5 | 6 | 7 | 8 | 9 | 10 | 11 | 12 | 13 | 14 | 15 | 16 | 17 | 18 | 19 | 20 | 21 | 22 | 23 | 24 | 25 | 26 | 27 | 28 | 29 | 30 | 31 |
|---|---|---|---|---|---|---|---|---|---|---|---|---|---|---|---|---|---|---|---|---|---|---|---|---|---|---|---|---|---|---|---|
| 음력 | 12.1 | 2 | 3 | 4 | 5 | 6 | 7 | 8 | 9 | 10 | 11 | 12 | 13 | 14 | 15 | 16 | 17 | 18 | 19 | 20 | 21 | 22 | 23 | 24 | 25 | 26 | 27 | 28 | 29 | 30 | 1.1 |
| 요일 | 火 | 水 | 木 | 金 | 土 | 日 | 月 | 火 | 水 | 木 | 金 | 土 | 日 | 月 | 火 | 水 | 木 | 金 | 土 | 日 | 月 | 火 | 水 | 木 | 金 | 土 | 日 | 月 | 火 | 水 | 木 |
| 일진 | 癸酉 | 甲戌 | 乙亥 | 丙子 | 丁丑 | 戊寅 | 己卯 | 庚辰 | 辛巳 | 壬午 | 癸未 | 甲申 | 乙酉 | 丙戌 | 丁亥 | 戊子 | 己丑 | 庚寅 | 辛卯 | 壬辰 | 癸巳 | 甲午 | 乙未 | 丙申 | 丁酉 | 戊戌 | 己亥 | 庚子 | 辛丑 | 壬寅 | 癸卯 |
| 대운 남 | 1 | 1 | 1 | 1 | 소 | 10 | 9 | 9 | 9 | 8 | 8 | 8 | 7 | 7 | 7 | 6 | 6 | 6 | 5 | 5 | 5 | 4 | 4 | 4 | 3 | 3 | 3 | 2 | 2 | 2 | 1 |
| 대운 녀 | 8 | 9 | 9 | 9 | 한 | 1 | 1 | 1 | 1 | 2 | 2 | 2 | 3 | 3 | 3 | 4 | 4 | 4 | 5 | 5 | 5 | 6 | 6 | 6 | 7 | 7 | 7 | 8 | 8 | 8 | 9 |

입춘 4일 10시25분

## 2 · 壬寅月(양 2.4~3.5)

우수 19일 06시28분

| 양력 | 1 | 2 | 3 | 4 | 5 | 6 | 7 | 8 | 9 | 10 | 11 | 12 | 13 | 14 | 15 | 16 | 17 | 18 | 19 | 20 | 21 | 22 | 23 | 24 | 25 | 26 | 27 | 28 |
|---|---|---|---|---|---|---|---|---|---|---|---|---|---|---|---|---|---|---|---|---|---|---|---|---|---|---|---|---|
| 음력 | 2 | 3 | 4 | 5 | 6 | 7 | 8 | 9 | 10 | 11 | 12 | 13 | 14 | 15 | 16 | 17 | 18 | 19 | 20 | 21 | 22 | 23 | 24 | 25 | 26 | 27 | 28 | 29 |
| 요일 | 金 | 土 | 日 | 月 | 火 | 水 | 木 | 金 | 土 | 日 | 月 | 火 | 水 | 木 | 金 | 土 | 日 | 月 | 火 | 水 | 木 | 金 | 土 | 日 | 月 | 火 | 水 | 木 |
| 일진 | 甲辰 | 乙巳 | 丙午 | 丁未 | 戊申 | 己酉 | 庚戌 | 辛亥 | 壬子 | 癸丑 | 甲寅 | 乙卯 | 丙辰 | 丁巳 | 戊午 | 己未 | 庚申 | 辛酉 | 壬戌 | 癸亥 | 甲子 | 乙丑 | 丙寅 | 丁卯 | 戊辰 | 己巳 | 庚午 | 辛未 |
| 대운 남 | 1 | 1 | 1 | 입 | 1 | 1 | 1 | 1 | 2 | 2 | 2 | 3 | 3 | 3 | 4 | 4 | 4 | 5 | 5 | 5 | 6 | 6 | 6 | 7 | 7 | 7 | 8 | 8 |
| 대운 녀 | 9 | 9 | 10 | 춘 | 10 | 9 | 9 | 9 | 8 | 8 | 8 | 7 | 7 | 7 | 6 | 6 | 6 | 5 | 5 | 5 | 4 | 4 | 4 | 3 | 3 | 3 | 2 | 2 |

경칩 6일 04시40분

## 3 · 癸卯月(양 3.6~4.4)

춘분 21일 05시46분

| 양력 | 1 | 2 | 3 | 4 | 5 | 6 | 7 | 8 | 9 | 10 | 11 | 12 | 13 | 14 | 15 | 16 | 17 | 18 | 19 | 20 | 21 | 22 | 23 | 24 | 25 | 26 | 27 | 28 | 29 | 30 | 31 |
|---|---|---|---|---|---|---|---|---|---|---|---|---|---|---|---|---|---|---|---|---|---|---|---|---|---|---|---|---|---|---|---|
| 음력 | 30 | 2.1 | 2 | 3 | 4 | 5 | 6 | 7 | 8 | 9 | 10 | 11 | 12 | 13 | 14 | 15 | 16 | 17 | 18 | 19 | 20 | 21 | 22 | 23 | 24 | 25 | 26 | 27 | 28 | 29 | 3.1 |
| 요일 | 金 | 土 | 日 | 月 | 火 | 水 | 木 | 金 | 土 | 日 | 月 | 火 | 水 | 木 | 金 | 土 | 日 | 月 | 火 | 水 | 木 | 金 | 土 | 日 | 月 | 火 | 水 | 木 | 金 | 土 | 日 |
| 일진 | 壬申 | 癸酉 | 甲戌 | 乙亥 | 丙子 | 丁丑 | 戊寅 | 己卯 | 庚辰 | 辛巳 | 壬午 | 癸未 | 甲申 | 乙酉 | 丙戌 | 丁亥 | 戊子 | 己丑 | 庚寅 | 辛卯 | 壬辰 | 癸巳 | 甲午 | 乙未 | 丙申 | 丁酉 | 戊戌 | 己亥 | 庚子 | 辛丑 | 壬寅 |
| 대운 남 | 8 | 9 | 9 | 9 | 10 | 경 | 1 | 1 | 1 | 1 | 2 | 2 | 2 | 3 | 3 | 3 | 4 | 4 | 4 | 5 | 5 | 5 | 6 | 6 | 6 | 7 | 7 | 7 | 8 | 8 | 8 |
| 대운 녀 | 2 | 1 | 1 | 1 | 1 | 칩 | 10 | 9 | 9 | 9 | 8 | 8 | 8 | 7 | 7 | 7 | 6 | 6 | 6 | 5 | 5 | 5 | 4 | 4 | 4 | 3 | 3 | 3 | 2 | 2 | 2 |

청명 5일 09시49분

## 4 · 甲辰月(양 4.5~5.5)

곡우 20일 17시11분

| 양력 | 1 | 2 | 3 | 4 | 5 | 6 | 7 | 8 | 9 | 10 | 11 | 12 | 13 | 14 | 15 | 16 | 17 | 18 | 19 | 20 | 21 | 22 | 23 | 24 | 25 | 26 | 27 | 28 | 29 | 30 |
|---|---|---|---|---|---|---|---|---|---|---|---|---|---|---|---|---|---|---|---|---|---|---|---|---|---|---|---|---|---|---|
| 음력 | 2 | 3 | 4 | 5 | 6 | 7 | 8 | 9 | 10 | 11 | 12 | 13 | 14 | 15 | 16 | 17 | 18 | 19 | 20 | 21 | 22 | 23 | 24 | 25 | 26 | 27 | 28 | 29 | 30 | 4.1 |
| 요일 | 月 | 火 | 水 | 木 | 金 | 土 | 日 | 月 | 火 | 水 | 木 | 金 | 土 | 日 | 月 | 火 | 水 | 木 | 金 | 土 | 日 | 月 | 火 | 水 | 木 | 金 | 土 | 日 | 月 | 火 |
| 일진 | 癸卯 | 甲辰 | 乙巳 | 丙午 | 丁未 | 戊申 | 己酉 | 庚戌 | 辛亥 | 壬子 | 癸丑 | 甲寅 | 乙卯 | 丙辰 | 丁巳 | 戊午 | 己未 | 庚申 | 辛酉 | 壬戌 | 癸亥 | 甲子 | 乙丑 | 丙寅 | 丁卯 | 戊辰 | 己巳 | 庚午 | 辛未 | 壬申 |
| 대운 남 | 9 | 9 | 9 | 10 | 청 | 1 | 1 | 1 | 1 | 2 | 2 | 2 | 3 | 3 | 3 | 4 | 4 | 4 | 5 | 5 | 5 | 6 | 6 | 6 | 7 | 7 | 7 | 8 | 8 | 8 |
| 대운 녀 | 1 | 1 | 1 | 1 | 명 | 10 | 10 | 9 | 9 | 9 | 8 | 8 | 8 | 7 | 7 | 7 | 6 | 6 | 6 | 5 | 5 | 5 | 4 | 4 | 4 | 3 | 3 | 3 | 2 | 2 |

입하 6일 04시28분

## 5 · 乙巳月(양 5.6~6.5)

소만 21일 17시40분

| 양력 | 1 | 2 | 3 | 4 | 5 | 6 | 7 | 8 | 9 | 10 | 11 | 12 | 13 | 14 | 15 | 16 | 17 | 18 | 19 | 20 | 21 | 22 | 23 | 24 | 25 | 26 | 27 | 28 | 29 | 30 | 31 |
|---|---|---|---|---|---|---|---|---|---|---|---|---|---|---|---|---|---|---|---|---|---|---|---|---|---|---|---|---|---|---|---|
| 음력 | 2 | 3 | 4 | 5 | 6 | 7 | 8 | 9 | 10 | 11 | 12 | 13 | 14 | 15 | 16 | 17 | 18 | 19 | 20 | 21 | 22 | 23 | 24 | 25 | 26 | 27 | 28 | 29 | 5.1 | 2 | 3 |
| 요일 | 水 | 木 | 金 | 土 | 日 | 月 | 火 | 水 | 木 | 金 | 土 | 日 | 月 | 火 | 水 | 木 | 金 | 土 | 日 | 月 | 火 | 水 | 木 | 金 | 土 | 日 | 月 | 火 | 水 | 木 | 金 |
| 일진 | 癸酉 | 甲戌 | 乙亥 | 丙子 | 丁丑 | 戊寅 | 己卯 | 庚辰 | 辛巳 | 壬午 | 癸未 | 甲申 | 乙酉 | 丙戌 | 丁亥 | 戊子 | 己丑 | 庚寅 | 辛卯 | 壬辰 | 癸巳 | 甲午 | 乙未 | 丙申 | 丁酉 | 戊戌 | 己亥 | 庚子 | 辛丑 | 壬寅 | 癸卯 |
| 대운 남 | 9 | 9 | 9 | 10 | 10 | 입 | 1 | 1 | 1 | 1 | 2 | 2 | 2 | 3 | 3 | 3 | 4 | 4 | 4 | 5 | 5 | 5 | 6 | 6 | 6 | 7 | 7 | 7 | 8 | 8 | 8 |
| 대운 녀 | 2 | 1 | 1 | 1 | 1 | 하 | 10 | 10 | 9 | 9 | 9 | 8 | 8 | 8 | 7 | 7 | 7 | 6 | 6 | 6 | 5 | 5 | 5 | 4 | 4 | 4 | 3 | 3 | 3 | 2 | 2 |

망종 6일 08시55분

## 6 · 丙午月(양 6.6~7.6)

하지 22일 01시51분

| 양력 | 1 | 2 | 3 | 4 | 5 | 6 | 7 | 8 | 9 | 10 | 11 | 12 | 13 | 14 | 15 | 16 | 17 | 18 | 19 | 20 | 21 | 22 | 23 | 24 | 25 | 26 | 27 | 28 | 29 | 30 |
|---|---|---|---|---|---|---|---|---|---|---|---|---|---|---|---|---|---|---|---|---|---|---|---|---|---|---|---|---|---|---|
| 음력 | 4 | 5 | 6 | 7 | 8 | 9 | 10 | 11 | 12 | 13 | 14 | 15 | 16 | 17 | 18 | 19 | 20 | 21 | 22 | 23 | 24 | 25 | 26 | 27 | 28 | 29 | 30 | 6.1 | 2 | 3 |
| 요일 | 土 | 日 | 月 | 火 | 水 | 木 | 金 | 土 | 日 | 月 | 火 | 水 | 木 | 金 | 土 | 日 | 月 | 火 | 水 | 木 | 金 | 土 | 日 | 月 | 火 | 水 | 木 | 金 | 土 | 日 |
| 일진 | 甲辰 | 乙巳 | 丙午 | 丁未 | 戊申 | 己酉 | 庚戌 | 辛亥 | 壬子 | 癸丑 | 甲寅 | 乙卯 | 丙辰 | 丁巳 | 戊午 | 己未 | 庚申 | 辛酉 | 壬戌 | 癸亥 | 甲子 | 乙丑 | 丙寅 | 丁卯 | 戊辰 | 己巳 | 庚午 | 辛未 | 壬申 | 癸酉 |
| 대운 남 | 9 | 9 | 9 | 10 | 10 | 망 | 1 | 1 | 1 | 1 | 2 | 2 | 2 | 3 | 3 | 3 | 4 | 4 | 4 | 5 | 5 | 5 | 6 | 6 | 6 | 7 | 7 | 7 | 8 | 8 |
| 대운 녀 | 2 | 1 | 1 | 1 | 1 | 종 | 10 | 10 | 9 | 9 | 9 | 8 | 8 | 8 | 7 | 7 | 7 | 6 | 6 | 6 | 5 | 5 | 5 | 4 | 4 | 4 | 3 | 3 | 3 | 2 |



서머타임 시작 : 5월5일 00시를 01시로 조정

소서 7일 19시18분

## 7 · 丁未月(양 7.7~8.7)

대서 23일 12시45분

| 양력 | 1 | 2 | 3 | 4 | 5 | 6 | 7 | 8 | 9 | 10 | 11 | 12 | 13 | 14 | 15 | 16 | 17 | 18 | 19 | 20 | 21 | 22 | 23 | 24 | 25 | 26 | 27 | 28 | 29 | 30 | 31 |
|---|---|---|---|---|---|---|---|---|---|---|---|---|---|---|---|---|---|---|---|---|---|---|---|---|---|---|---|---|---|---|---|
| 음력 | 4 | 5 | 6 | 7 | 8 | 9 | 10 | 11 | 12 | 13 | 14 | 15 | 16 | 17 | 18 | 19 | 20 | 21 | 22 | 23 | 24 | 25 | 26 | 27 | 28 | 29 | 7.1 | 2 | 3 | 4 | 5 |
| 요일 | 月 | 火 | 水 | 木 | 金 | 土 | 日 | 月 | 火 | 水 | 木 | 金 | 土 | 日 | 月 | 火 | 水 | 木 | 金 | 土 | 日 | 月 | 火 | 水 | 木 | 金 | 土 | 日 | 月 | 火 | 水 |
| 일진 | 甲戌 | 乙亥 | 丙子 | 丁丑 | 戊寅 | 己卯 | 庚辰 | 辛巳 | 壬午 | 癸未 | 甲申 | 乙酉 | 丙戌 | 丁亥 | 戊子 | 己丑 | 庚寅 | 辛卯 | 壬辰 | 癸巳 | 甲午 | 乙未 | 丙申 | 丁酉 | 戊戌 | 己亥 | 庚子 | 辛丑 | 壬寅 | 癸卯 | 甲辰 |
| 대운 남 | 8 | 9 | 9 | 9 | 10 | 10 | 소 | 1 | 1 | 1 | 1 | 2 | 2 | 2 | 3 | 3 | 3 | 4 | 4 | 4 | 5 | 5 | 5 | 6 | 6 | 6 | 7 | 7 | 7 | 8 | 8 |
| 대운 녀 | 2 | 2 | 1 | 1 | 1 | 1 | 서 | 10 | 10 | 10 | 9 | 9 | 9 | 8 | 8 | 8 | 7 | 7 | 7 | 6 | 6 | 6 | 5 | 5 | 5 | 4 | 4 | 4 | 3 | 3 | 3 |

입추 8일 05시02분

## 8 · 戊申月(양 8.8~9.7)

처서 23일 19시38분

| 양력 | 1 | 2 | 3 | 4 | 5 | 6 | 7 | 8 | 9 | 10 | 11 | 12 | 13 | 14 | 15 | 16 | 17 | 18 | 19 | 20 | 21 | 22 | 23 | 24 | 25 | 26 | 27 | 28 | 29 | 30 | 31 |
|---|---|---|---|---|---|---|---|---|---|---|---|---|---|---|---|---|---|---|---|---|---|---|---|---|---|---|---|---|---|---|---|
| 음력 | 6 | 7 | 8 | 9 | 10 | 11 | 12 | 13 | 14 | 15 | 16 | 17 | 18 | 19 | 20 | 21 | 22 | 23 | 24 | 25 | 26 | 27 | 28 | 29 | 8.1 | 2 | 3 | 4 | 5 | 6 | 7 |
| 요일 | 木 | 金 | 土 | 日 | 月 | 火 | 水 | 木 | 金 | 土 | 日 | 月 | 火 | 水 | 木 | 金 | 土 | 日 | 月 | 火 | 水 | 木 | 金 | 土 | 日 | 月 | 火 | 水 | 木 | 金 | 土 |
| 일진 | 乙巳 | 丙午 | 丁未 | 戊申 | 己酉 | 庚戌 | 辛亥 | 壬子 | 癸丑 | 甲寅 | 乙卯 | 丙辰 | 丁巳 | 戊午 | 己未 | 庚申 | 辛酉 | 壬戌 | 癸亥 | 甲子 | 乙丑 | 丙寅 | 丁卯 | 戊辰 | 己巳 | 庚午 | 辛未 | 壬申 | 癸酉 | 甲戌 | 乙亥 |
| 대운 남 | 8 | 9 | 9 | 9 | 10 | 10 | 10 | 입 | 1 | 1 | 1 | 1 | 2 | 2 | 2 | 3 | 3 | 3 | 4 | 4 | 4 | 5 | 5 | 5 | 6 | 6 | 6 | 7 | 7 | 7 | 8 |
| 대운 녀 | 2 | 2 | 2 | 1 | 1 | 1 | 1 | 추 | 10 | 10 | 9 | 9 | 9 | 8 | 8 | 8 | 7 | 7 | 7 | 6 | 6 | 6 | 5 | 5 | 5 | 4 | 4 | 4 | 3 | 3 | 3 |

백로 8일 07시42분

## 9 · 己酉月(양 9.8~10.7)

추분 23일 15시56분

| 양력 | 1 | 2 | 3 | 4 | 5 | 6 | 7 | 8 | 9 | 10 | 11 | 12 | 13 | 14 | 15 | 16 | 17 | 18 | 19 | 20 | 21 | 22 | 23 | 24 | 25 | 26 | 27 | 28 | 29 | 30 |
|---|---|---|---|---|---|---|---|---|---|---|---|---|---|---|---|---|---|---|---|---|---|---|---|---|---|---|---|---|---|---|
| 음력 | 8 | 9 | 10 | 11 | 12 | 13 | 14 | 15 | 16 | 17 | 18 | 19 | 20 | 21 | 22 | 23 | 24 | 25 | 26 | 27 | 28 | 29 | 30 | 윤 | 8.2 | 3 | 4 | 5 | 6 | 7 |
| 요일 | 日 | 月 | 火 | 水 | 木 | 金 | 土 | 日 | 月 | 火 | 水 | 木 | 金 | 土 | 日 | 月 | 火 | 水 | 木 | 金 | 土 | 日 | 月 | 火 | 水 | 木 | 金 | 土 | 日 | 月 |
| 일진 | 丙子 | 丁丑 | 戊寅 | 己卯 | 庚辰 | 辛巳 | 壬午 | 癸未 | 甲申 | 乙酉 | 丙戌 | 丁亥 | 戊子 | 己丑 | 庚寅 | 辛卯 | 壬辰 | 癸巳 | 甲午 | 乙未 | 丙申 | 丁酉 | 戊戌 | 己亥 | 庚子 | 辛丑 | 壬寅 | 癸卯 | 甲辰 | 乙巳 |
| 대운 남 | 8 | 8 | 9 | 9 | 9 | 10 | 10 | 백 | 1 | 1 | 1 | 1 | 2 | 2 | 2 | 3 | 3 | 3 | 4 | 4 | 4 | 5 | 5 | 5 | 6 | 6 | 6 | 7 | 7 | 7 |
| 대운 녀 | 2 | 2 | 2 | 1 | 1 | 1 | 1 | 로 | 10 | 9 | 9 | 9 | 8 | 8 | 8 | 7 | 7 | 7 | 6 | 6 | 6 | 5 | 5 | 5 | 4 | 4 | 4 | 3 | 3 | 3 |

한로 8일 22시00분

## 10 · 庚戌月(양 10.8~11.7)

상강 24일 00시54분

| 양력 | 1 | 2 | 3 | 4 | 5 | 6 | 7 | 8 | 9 | 10 | 11 | 12 | 13 | 14 | 15 | 16 | 17 | 18 | 19 | 20 | 21 | 22 | 23 | 24 | 25 | 26 | 27 | 28 | 29 | 30 | 31 |
|---|---|---|---|---|---|---|---|---|---|---|---|---|---|---|---|---|---|---|---|---|---|---|---|---|---|---|---|---|---|---|---|
| 음력 | 8 | 9 | 10 | 11 | 12 | 13 | 14 | 15 | 16 | 17 | 18 | 19 | 20 | 21 | 22 | 23 | 24 | 25 | 26 | 27 | 28 | 29 | 9.1 | 2 | 3 | 4 | 5 | 6 | 7 | 8 | 9 |
| 요일 | 火 | 水 | 木 | 金 | 土 | 日 | 月 | 火 | 水 | 木 | 金 | 土 | 日 | 月 | 火 | 水 | 木 | 金 | 土 | 日 | 月 | 火 | 水 | 木 | 金 | 土 | 日 | 月 | 火 | 水 | 木 |
| 일진 | 丙午 | 丁未 | 戊申 | 己酉 | 庚戌 | 辛亥 | 壬子 | 癸丑 | 甲寅 | 乙卯 | 丙辰 | 丁巳 | 戊午 | 己未 | 庚申 | 辛酉 | 壬戌 | 癸亥 | 甲子 | 乙丑 | 丙寅 | 丁卯 | 戊辰 | 己巳 | 庚午 | 辛未 | 壬申 | 癸酉 | 甲戌 | 乙亥 | 丙子 |
| 대운 남 | 8 | 8 | 8 | 9 | 9 | 9 | 10 | 한 | 1 | 1 | 1 | 1 | 2 | 2 | 2 | 3 | 3 | 3 | 4 | 4 | 4 | 5 | 5 | 5 | 6 | 6 | 6 | 7 | 7 | 7 | 8 |
| 대운 녀 | 2 | 2 | 2 | 1 | 1 | 1 | 1 | 로 | 10 | 10 | 9 | 9 | 9 | 8 | 8 | 8 | 7 | 7 | 7 | 6 | 6 | 6 | 5 | 5 | 5 | 4 | 4 | 4 | 3 | 3 | 3 |

입동 8일 00시50분

## 11 · 辛亥月(양 11.8~12.6)

소설 22일 22시09분

| 양력 | 1 | 2 | 3 | 4 | 5 | 6 | 7 | 8 | 9 | 10 | 11 | 12 | 13 | 14 | 15 | 16 | 17 | 18 | 19 | 20 | 21 | 22 | 23 | 24 | 25 | 26 | 27 | 28 | 29 | 30 |
|---|---|---|---|---|---|---|---|---|---|---|---|---|---|---|---|---|---|---|---|---|---|---|---|---|---|---|---|---|---|---|
| 음력 | 10 | 11 | 12 | 13 | 14 | 15 | 16 | 17 | 18 | 19 | 20 | 21 | 22 | 23 | 24 | 25 | 26 | 27 | 28 | 29 | 30 | 10.1 | 2 | 3 | 4 | 5 | 6 | 7 | 8 | 9 |
| 요일 | 金 | 土 | 日 | 月 | 火 | 水 | 木 | 金 | 土 | 日 | 月 | 火 | 水 | 木 | 金 | 土 | 日 | 月 | 火 | 水 | 木 | 金 | 土 | 日 | 月 | 火 | 水 | 木 | 金 | 土 |
| 일진 | 丁丑 | 戊寅 | 己卯 | 庚辰 | 辛巳 | 壬午 | 癸未 | 甲申 | 乙酉 | 丙戌 | 丁亥 | 戊子 | 己丑 | 庚寅 | 辛卯 | 壬辰 | 癸巳 | 甲午 | 乙未 | 丙申 | 丁酉 | 戊戌 | 己亥 | 庚子 | 辛丑 | 壬寅 | 癸卯 | 甲辰 | 乙巳 | 丙午 |
| 대운 남 | 8 | 8 | 9 | 9 | 9 | 10 | 10 | 입 | 1 | 1 | 1 | 1 | 2 | 2 | 2 | 3 | 3 | 3 | 4 | 4 | 4 | 5 | 5 | 5 | 6 | 6 | 6 | 7 | 7 | 7 |
| 대운 녀 | 2 | 2 | 2 | 1 | 1 | 1 | 1 | 동 | 9 | 9 | 9 | 8 | 8 | 8 | 7 | 7 | 7 | 6 | 6 | 6 | 5 | 5 | 5 | 4 | 4 | 4 | 3 | 3 | 3 | 2 |

대설 7일 17시26분

## 12 · 壬子月(양 12.7~1.5)

동지 22일 11시19분

| 양력 | 1 | 2 | 3 | 4 | 5 | 6 | 7 | 8 | 9 | 10 | 11 | 12 | 13 | 14 | 15 | 16 | 17 | 18 | 19 | 20 | 21 | 22 | 23 | 24 | 25 | 26 | 27 | 28 | 29 | 30 | 31 |
|---|---|---|---|---|---|---|---|---|---|---|---|---|---|---|---|---|---|---|---|---|---|---|---|---|---|---|---|---|---|---|---|
| 음력 | 10 | 11 | 12 | 13 | 14 | 15 | 16 | 17 | 18 | 19 | 20 | 21 | 22 | 23 | 24 | 25 | 26 | 27 | 28 | 29 | 11.1 | 2 | 3 | 4 | 5 | 6 | 7 | 8 | 9 | 10 | 11 |
| 요일 | 日 | 月 | 火 | 水 | 木 | 金 | 土 | 日 | 月 | 火 | 水 | 木 | 金 | 土 | 日 | 月 | 火 | 水 | 木 | 金 | 土 | 日 | 月 | 火 | 水 | 木 | 金 | 土 | 日 | 月 | 火 |
| 일진 | 丁未 | 戊申 | 己酉 | 庚戌 | 辛亥 | 壬子 | 癸丑 | 甲寅 | 乙卯 | 丙辰 | 丁巳 | 戊午 | 己未 | 庚申 | 辛酉 | 壬戌 | 癸亥 | 甲子 | 乙丑 | 丙寅 | 丁卯 | 戊辰 | 己巳 | 庚午 | 辛未 | 壬申 | 癸酉 | 甲戌 | 乙亥 | 丙子 | 丁丑 |
| 대운 남 | 8 | 8 | 8 | 9 | 9 | 9 | 대 | 1 | 1 | 1 | 1 | 2 | 2 | 2 | 3 | 3 | 3 | 4 | 4 | 4 | 5 | 5 | 5 | 6 | 6 | 6 | 7 | 7 | 7 | 8 | 8 |
| 대운 녀 | 2 | 2 | 1 | 1 | 1 | 1 | 설 | 10 | 9 | 9 | 9 | 8 | 8 | 8 | 7 | 7 | 7 | 6 | 6 | 6 | 5 | 5 | 5 | 4 | 4 | 4 | 3 | 3 | 3 | 2 | 2 |

서머타임 종료 : 9월22일 01시를 00시로 조정

# 1958년

소한 6일 04시34분 **1 · 癸丑月(양 1.6~2.3)** 대한 20일 21시58분

| 양력 | 1 | 2 | 3 | 4 | 5 | 6 | 7 | 8 | 9 | 10 | 11 | 12 | 13 | 14 | 15 | 16 | 17 | 18 | 19 | 20 | 21 | 22 | 23 | 24 | 25 | 26 | 27 | 28 | 29 | 30 | 31 |
|---|---|---|---|---|---|---|---|---|---|---|---|---|---|---|---|---|---|---|---|---|---|---|---|---|---|---|---|---|---|---|---|
| 음력 | 12 | 13 | 14 | 15 | 16 | 17 | 18 | 19 | 20 | 21 | 22 | 23 | 24 | 25 | 26 | 27 | 28 | 29 | 30 | 12.1 | 2 | 3 | 4 | 5 | 6 | 7 | 8 | 9 | 10 | 11 | 12 |
| 요일 | 水 | 木 | 金 | 土 | 日 | 月 | 火 | 水 | 木 | 金 | 土 | 日 | 月 | 火 | 水 | 木 | 金 | 土 | 日 | 月 | 火 | 水 | 木 | 金 | 土 | 日 | 月 | 火 | 水 | 木 | 金 |
| 일진 | 戊寅 | 己卯 | 庚辰 | 辛巳 | 壬午 | 癸未 | 甲申 | 乙酉 | 丙戌 | 丁亥 | 戊子 | 己丑 | 庚寅 | 辛卯 | 壬辰 | 癸巳 | 甲午 | 乙未 | 丙申 | 丁酉 | 戊戌 | 己亥 | 庚子 | 辛丑 | 壬寅 | 癸卯 | 甲辰 | 乙巳 | 丙午 | 丁未 | 戊申 |
| 대운 남 | 8 | 9 | 9 | 9 | 10 | 소 | 1 | 1 | 1 | 1 | 2 | 2 | 2 | 3 | 3 | 3 | 4 | 4 | 4 | 5 | 5 | 5 | 6 | 6 | 6 | 7 | 7 | 7 | 8 | 8 | 8 |
| 대운 녀 | 2 | 1 | 1 | 1 | 1 | 한 | 9 | 9 | 9 | 8 | 8 | 8 | 7 | 7 | 7 | 6 | 6 | 6 | 5 | 5 | 5 | 4 | 4 | 4 | 3 | 3 | 3 | 2 | 2 | 2 | 1 |

입춘 4일 16시19분 **2 · 甲寅月(양 2.4~3.5)** 우수 19일 12시18분

| 양력 | 1 | 2 | 3 | 4 | 5 | 6 | 7 | 8 | 9 | 10 | 11 | 12 | 13 | 14 | 15 | 16 | 17 | 18 | 19 | 20 | 21 | 22 | 23 | 24 | 25 | 26 | 27 | 28 |
|---|---|---|---|---|---|---|---|---|---|---|---|---|---|---|---|---|---|---|---|---|---|---|---|---|---|---|---|---|
| 음력 | 13 | 14 | 15 | 16 | 17 | 18 | 19 | 20 | 21 | 22 | 23 | 24 | 25 | 26 | 27 | 28 | 29 | 30 | 1.1 | 2 | 3 | 4 | 5 | 6 | 7 | 8 | 9 | 10 |
| 요일 | 土 | 日 | 月 | 火 | 水 | 木 | 金 | 土 | 日 | 月 | 火 | 水 | 木 | 金 | 土 | 日 | 月 | 火 | 水 | 木 | 金 | 土 | 日 | 月 | 火 | 水 | 木 | 金 |
| 일진 | 己酉 | 庚戌 | 辛亥 | 壬子 | 癸丑 | 甲寅 | 乙卯 | 丙辰 | 丁巳 | 戊午 | 己未 | 庚申 | 辛酉 | 壬戌 | 癸亥 | 甲子 | 乙丑 | 丙寅 | 丁卯 | 戊辰 | 己巳 | 庚午 | 辛未 | 壬申 | 癸酉 | 甲戌 | 乙亥 | 丙子 |
| 대운 남 | 9 | 9 | 9 | 입 | 10 | 9 | 9 | 9 | 8 | 8 | 8 | 7 | 7 | 7 | 6 | 6 | 6 | 5 | 5 | 5 | 4 | 4 | 4 | 3 | 3 | 3 | 2 | 2 |
| 대운 녀 | 1 | 1 | 1 | 춘 | 1 | 1 | 1 | 1 | 2 | 2 | 2 | 3 | 3 | 3 | 4 | 4 | 4 | 5 | 5 | 5 | 6 | 6 | 6 | 7 | 7 | 7 | 8 | 8 |

경칩 6일 10시35분 **3 · 乙卯月(양 3.6~4.4)** 춘분 21일 11시36분

| 양력 | 1 | 2 | 3 | 4 | 5 | 6 | 7 | 8 | 9 | 10 | 11 | 12 | 13 | 14 | 15 | 16 | 17 | 18 | 19 | 20 | 21 | 22 | 23 | 24 | 25 | 26 | 27 | 28 | 29 | 30 | 31 |
|---|---|---|---|---|---|---|---|---|---|---|---|---|---|---|---|---|---|---|---|---|---|---|---|---|---|---|---|---|---|---|---|
| 음력 | 11 | 12 | 13 | 14 | 15 | 16 | 17 | 18 | 19 | 20 | 21 | 22 | 23 | 24 | 25 | 26 | 27 | 28 | 29 | 2.1 | 2 | 3 | 4 | 5 | 6 | 7 | 8 | 9 | 10 | 11 | 12 |
| 요일 | 土 | 日 | 月 | 火 | 水 | 木 | 金 | 土 | 日 | 月 | 火 | 水 | 木 | 金 | 土 | 日 | 月 | 火 | 水 | 木 | 金 | 土 | 日 | 月 | 火 | 水 | 木 | 金 | 土 | 日 | 月 |
| 일진 | 丁丑 | 戊寅 | 己卯 | 庚辰 | 辛巳 | 壬午 | 癸未 | 甲申 | 乙酉 | 丙戌 | 丁亥 | 戊子 | 己丑 | 庚寅 | 辛卯 | 壬辰 | 癸巳 | 甲午 | 乙未 | 丙申 | 丁酉 | 戊戌 | 己亥 | 庚子 | 辛丑 | 壬寅 | 癸卯 | 甲辰 | 乙巳 | 丙午 | 丁未 |
| 대운 남 | 2 | 1 | 1 | 1 | 1 | 경 | 10 | 9 | 9 | 9 | 8 | 8 | 8 | 7 | 7 | 7 | 6 | 6 | 6 | 5 | 5 | 5 | 4 | 4 | 4 | 3 | 3 | 3 | 2 | 2 | 2 |
| 대운 녀 | 8 | 9 | 9 | 9 | 10 | 칩 | 1 | 1 | 1 | 1 | 2 | 2 | 2 | 3 | 3 | 3 | 4 | 4 | 4 | 5 | 5 | 5 | 6 | 6 | 6 | 7 | 7 | 7 | 8 | 8 | 8 |

청명 5일 15시42분 **4 · 丙辰月(양 4.5~5.5)** 곡우 20일 22시57분

| 양력 | 1 | 2 | 3 | 4 | 5 | 6 | 7 | 8 | 9 | 10 | 11 | 12 | 13 | 14 | 15 | 16 | 17 | 18 | 19 | 20 | 21 | 22 | 23 | 24 | 25 | 26 | 27 | 28 | 29 | 30 |
|---|---|---|---|---|---|---|---|---|---|---|---|---|---|---|---|---|---|---|---|---|---|---|---|---|---|---|---|---|---|---|
| 음력 | 13 | 14 | 15 | 16 | 17 | 18 | 19 | 20 | 21 | 22 | 23 | 24 | 25 | 26 | 27 | 28 | 29 | 30 | 3.1 | 2 | 3 | 4 | 5 | 6 | 7 | 8 | 9 | 10 | 11 | 12 |
| 요일 | 火 | 水 | 木 | 金 | 土 | 日 | 月 | 火 | 水 | 木 | 金 | 土 | 日 | 月 | 火 | 水 | 木 | 金 | 土 | 日 | 月 | 火 | 水 | 木 | 金 | 土 | 日 | 月 | 火 | 水 |
| 일진 | 戊申 | 己酉 | 庚戌 | 辛亥 | 壬子 | 癸丑 | 甲寅 | 乙卯 | 丙辰 | 丁巳 | 戊午 | 己未 | 庚申 | 辛酉 | 壬戌 | 癸亥 | 甲子 | 乙丑 | 丙寅 | 丁卯 | 戊辰 | 己巳 | 庚午 | 辛未 | 壬申 | 癸酉 | 甲戌 | 乙亥 | 丙子 | 丁丑 |
| 대운 남 | 1 | 1 | 1 | 1 | 청 | 10 | 10 | 9 | 9 | 9 | 8 | 8 | 8 | 7 | 7 | 7 | 6 | 6 | 6 | 5 | 5 | 5 | 4 | 4 | 4 | 3 | 3 | 3 | 2 | 2 |
| 대운 녀 | 9 | 9 | 9 | 10 | 명 | 1 | 1 | 1 | 1 | 2 | 2 | 2 | 3 | 3 | 3 | 4 | 4 | 4 | 5 | 5 | 5 | 6 | 6 | 6 | 7 | 7 | 7 | 8 | 8 | 8 |

입하 6일 10시19분 **5 · 丁巳月(양 5.6~6.5)** 소만 21일 23시21분

| 양력 | 1 | 2 | 3 | 4 | 5 | 6 | 7 | 8 | 9 | 10 | 11 | 12 | 13 | 14 | 15 | 16 | 17 | 18 | 19 | 20 | 21 | 22 | 23 | 24 | 25 | 26 | 27 | 28 | 29 | 30 | 31 |
|---|---|---|---|---|---|---|---|---|---|---|---|---|---|---|---|---|---|---|---|---|---|---|---|---|---|---|---|---|---|---|---|
| 음력 | 13 | 14 | 15 | 16 | 17 | 18 | 19 | 20 | 21 | 22 | 23 | 24 | 25 | 26 | 27 | 28 | 29 | 30 | 4.1 | 2 | 3 | 4 | 5 | 6 | 7 | 8 | 9 | 10 | 11 | 12 | 13 |
| 요일 | 木 | 金 | 土 | 日 | 月 | 火 | 水 | 木 | 金 | 土 | 日 | 月 | 火 | 水 | 木 | 金 | 土 | 日 | 月 | 火 | 水 | 木 | 金 | 土 | 日 | 月 | 火 | 水 | 木 | 金 | 土 |
| 일진 | 戊寅 | 己卯 | 庚辰 | 辛巳 | 壬午 | 癸未 | 甲申 | 乙酉 | 丙戌 | 丁亥 | 戊子 | 己丑 | 庚寅 | 辛卯 | 壬辰 | 癸巳 | 甲午 | 乙未 | 丙申 | 丁酉 | 戊戌 | 己亥 | 庚子 | 辛丑 | 壬寅 | 癸卯 | 甲辰 | 乙巳 | 丙午 | 丁未 | 戊申 |
| 대운 남 | 2 | 1 | 1 | 1 | 1 | 입 | 10 | 10 | 9 | 9 | 9 | 8 | 8 | 8 | 7 | 7 | 7 | 6 | 6 | 6 | 5 | 5 | 5 | 4 | 4 | 4 | 3 | 3 | 3 | 2 | 2 |
| 대운 녀 | 9 | 9 | 9 | 10 | 10 | 하 | 1 | 1 | 1 | 1 | 2 | 2 | 2 | 3 | 3 | 3 | 4 | 4 | 4 | 5 | 5 | 5 | 6 | 6 | 6 | 7 | 7 | 7 | 8 | 8 | 8 |

망종 6일 14시42분 **6 · 戊午月(양 6.6~7.7)** 하지 22일 07시27분

| 양력 | 1 | 2 | 3 | 4 | 5 | 6 | 7 | 8 | 9 | 10 | 11 | 12 | 13 | 14 | 15 | 16 | 17 | 18 | 19 | 20 | 21 | 22 | 23 | 24 | 25 | 26 | 27 | 28 | 29 | 30 |
|---|---|---|---|---|---|---|---|---|---|---|---|---|---|---|---|---|---|---|---|---|---|---|---|---|---|---|---|---|---|---|
| 음력 | 14 | 15 | 16 | 17 | 18 | 19 | 20 | 21 | 22 | 23 | 24 | 25 | 26 | 27 | 28 | 29 | 5.1 | 2 | 3 | 4 | 5 | 6 | 7 | 8 | 9 | 10 | 11 | 12 | 13 | 14 |
| 요일 | 日 | 月 | 火 | 水 | 木 | 金 | 土 | 日 | 月 | 火 | 水 | 木 | 金 | 土 | 日 | 月 | 火 | 水 | 木 | 金 | 土 | 日 | 月 | 火 | 水 | 木 | 金 | 土 | 日 | 月 |
| 일진 | 己酉 | 庚戌 | 辛亥 | 壬子 | 癸丑 | 甲寅 | 乙卯 | 丙辰 | 丁巳 | 戊午 | 己未 | 庚申 | 辛酉 | 壬戌 | 癸亥 | 甲子 | 乙丑 | 丙寅 | 丁卯 | 戊辰 | 己巳 | 庚午 | 辛未 | 壬申 | 癸酉 | 甲戌 | 乙亥 | 丙子 | 丁丑 | 戊寅 |
| 대운 남 | 2 | 1 | 1 | 1 | 1 | 망 | 10 | 10 | 10 | 9 | 9 | 9 | 8 | 8 | 8 | 7 | 7 | 7 | 6 | 6 | 6 | 5 | 5 | 5 | 4 | 4 | 4 | 3 | 3 | 3 |
| 대운 녀 | 9 | 9 | 9 | 10 | 10 | 종 | 1 | 1 | 1 | 1 | 2 | 2 | 2 | 3 | 3 | 3 | 4 | 4 | 4 | 5 | 5 | 5 | 6 | 6 | 6 | 7 | 7 | 7 | 8 | 8 |



서머타임 시작 : 5월4일 00시를 01시로 조정

## 7 · 己未月(양 7.8~8.7)

소서 8일 01시03분 / 대서 23일 18시20분

| 양력 | 1 | 2 | 3 | 4 | 5 | 6 | 7 | 8 | 9 | 10 | 11 | 12 | 13 | 14 | 15 | 16 | 17 | 18 | 19 | 20 | 21 | 22 | 23 | 24 | 25 | 26 | 27 | 28 | 29 | 30 | 31 |
|---|---|---|---|---|---|---|---|---|---|---|---|---|---|---|---|---|---|---|---|---|---|---|---|---|---|---|---|---|---|---|---|
| 음력 | 15 | 16 | 17 | 18 | 19 | 20 | 21 | 22 | 23 | 24 | 25 | 26 | 27 | 28 | 29 | 30 | 6.1 | 2 | 3 | 4 | 5 | 6 | 7 | 8 | 9 | 10 | 11 | 12 | 13 | 14 | 15 |
| 요일 | 火 | 水 | 木 | 金 | 土 | 日 | 月 | 火 | 水 | 木 | 金 | 土 | 日 | 月 | 火 | 水 | 木 | 金 | 土 | 日 | 月 | 火 | 水 | 木 | 金 | 土 | 日 | 月 | 火 | 水 | 木 |
| 일진 | 己卯 | 庚辰 | 辛巳 | 壬午 | 癸未 | 甲申 | 乙酉 | 丙戌 | 丁亥 | 戊子 | 己丑 | 庚寅 | 辛卯 | 壬辰 | 癸巳 | 甲午 | 乙未 | 丙申 | 丁酉 | 戊戌 | 己亥 | 庚子 | 辛丑 | 壬寅 | 癸卯 | 甲辰 | 乙巳 | 丙午 | 丁未 | 戊申 | 己酉 |
| 대운 남 | 2 | 2 | 2 | 1 | 1 | 1 | 1 | 소 | 10 | 10 | 9 | 9 | 9 | 8 | 8 | 8 | 7 | 7 | 7 | 6 | 6 | 6 | 5 | 5 | 5 | 4 | 4 | 4 | 3 | 3 | 3 |
| 대운 녀 | 8 | 9 | 9 | 9 | 10 | 10 | 10 | 서 | 1 | 1 | 1 | 1 | 2 | 2 | 2 | 3 | 3 | 3 | 4 | 4 | 4 | 5 | 5 | 5 | 6 | 6 | 6 | 7 | 7 | 7 | 8 |

## 8 · 庚申月(양 8.8~9.7)

입추 8일 10시47분 / 처서 24일 01시16분

| 양력 | 1 | 2 | 3 | 4 | 5 | 6 | 7 | 8 | 9 | 10 | 11 | 12 | 13 | 14 | 15 | 16 | 17 | 18 | 19 | 20 | 21 | 22 | 23 | 24 | 25 | 26 | 27 | 28 | 29 | 30 | 31 |
|---|---|---|---|---|---|---|---|---|---|---|---|---|---|---|---|---|---|---|---|---|---|---|---|---|---|---|---|---|---|---|---|
| 음력 | 16 | 17 | 18 | 19 | 20 | 21 | 22 | 23 | 24 | 25 | 26 | 27 | 28 | 29 | 7.1 | 2 | 3 | 4 | 5 | 6 | 7 | 8 | 9 | 10 | 11 | 12 | 13 | 14 | 15 | 16 | 17 |
| 요일 | 金 | 土 | 日 | 月 | 火 | 水 | 木 | 金 | 土 | 日 | 月 | 火 | 水 | 木 | 金 | 土 | 日 | 月 | 火 | 水 | 木 | 金 | 土 | 日 | 月 | 火 | 水 | 木 | 金 | 土 | 日 |
| 일진 | 庚戌 | 辛亥 | 壬子 | 癸丑 | 甲寅 | 乙卯 | 丙辰 | 丁巳 | 戊午 | 己未 | 庚申 | 辛酉 | 壬戌 | 癸亥 | 甲子 | 乙丑 | 丙寅 | 丁卯 | 戊辰 | 己巳 | 庚午 | 辛未 | 壬申 | 癸酉 | 甲戌 | 乙亥 | 丙子 | 丁丑 | 戊寅 | 己卯 | 庚辰 |
| 대운 남 | 2 | 2 | 2 | 1 | 1 | 1 | 1 | 입 | 10 | 10 | 9 | 9 | 9 | 8 | 8 | 8 | 7 | 7 | 7 | 6 | 6 | 6 | 5 | 5 | 5 | 4 | 4 | 4 | 3 | 3 | 3 |
| 대운 녀 | 8 | 8 | 9 | 9 | 9 | 10 | 10 | 추 | 1 | 1 | 1 | 1 | 2 | 2 | 2 | 3 | 3 | 3 | 4 | 4 | 4 | 5 | 5 | 5 | 6 | 6 | 6 | 7 | 7 | 7 | 8 |

## 9 · 辛酉月(양 9.8~10.8)

백로 8일 13시29분 / 추분 23일 21시39분

| 양력 | 1 | 2 | 3 | 4 | 5 | 6 | 7 | 8 | 9 | 10 | 11 | 12 | 13 | 14 | 15 | 16 | 17 | 18 | 19 | 20 | 21 | 22 | 23 | 24 | 25 | 26 | 27 | 28 | 29 | 30 |
|---|---|---|---|---|---|---|---|---|---|---|---|---|---|---|---|---|---|---|---|---|---|---|---|---|---|---|---|---|---|---|
| 음력 | 18 | 19 | 20 | 21 | 22 | 23 | 24 | 25 | 26 | 27 | 28 | 29 | 8.1 | 2 | 3 | 4 | 5 | 6 | 7 | 8 | 9 | 10 | 11 | 12 | 13 | 14 | 15 | 16 | 17 | 18 |
| 요일 | 月 | 火 | 水 | 木 | 金 | 土 | 日 | 月 | 火 | 水 | 木 | 金 | 土 | 日 | 月 | 火 | 水 | 木 | 金 | 土 | 日 | 月 | 火 | 水 | 木 | 金 | 土 | 日 | 月 | 火 |
| 일진 | 辛巳 | 壬午 | 癸未 | 甲申 | 乙酉 | 丙戌 | 丁亥 | 戊子 | 己丑 | 庚寅 | 辛卯 | 壬辰 | 癸巳 | 甲午 | 乙未 | 丙申 | 丁酉 | 戊戌 | 己亥 | 庚子 | 辛丑 | 壬寅 | 癸卯 | 甲辰 | 乙巳 | 丙午 | 丁未 | 戊申 | 己酉 | 庚戌 |
| 대운 남 | 2 | 2 | 2 | 1 | 1 | 1 | 1 | 백 | 10 | 10 | 9 | 9 | 9 | 8 | 8 | 8 | 7 | 7 | 7 | 6 | 6 | 6 | 5 | 5 | 5 | 4 | 4 | 4 | 3 | 3 |
| 대운 녀 | 8 | 8 | 9 | 9 | 9 | 10 | 10 | 로 | 1 | 1 | 1 | 1 | 2 | 2 | 2 | 3 | 3 | 3 | 4 | 4 | 4 | 5 | 5 | 5 | 6 | 6 | 6 | 7 | 7 | 7 |

## 10 · 壬戌月(양 10.9~11.7)

한로 9일 03시49분 / 상강 24일 06시41분

| 양력 | 1 | 2 | 3 | 4 | 5 | 6 | 7 | 8 | 9 | 10 | 11 | 12 | 13 | 14 | 15 | 16 | 17 | 18 | 19 | 20 | 21 | 22 | 23 | 24 | 25 | 26 | 27 | 28 | 29 | 30 | 31 |
|---|---|---|---|---|---|---|---|---|---|---|---|---|---|---|---|---|---|---|---|---|---|---|---|---|---|---|---|---|---|---|---|
| 음력 | 19 | 20 | 21 | 22 | 23 | 24 | 25 | 26 | 27 | 28 | 29 | 30 | 9.1 | 2 | 3 | 4 | 5 | 6 | 7 | 8 | 9 | 10 | 11 | 12 | 13 | 14 | 15 | 16 | 17 | 18 | 19 |
| 요일 | 水 | 木 | 金 | 土 | 日 | 月 | 火 | 水 | 木 | 金 | 土 | 日 | 月 | 火 | 水 | 木 | 金 | 土 | 日 | 月 | 火 | 水 | 木 | 金 | 土 | 日 | 月 | 火 | 水 | 木 | 金 |
| 일진 | 辛亥 | 壬子 | 癸丑 | 甲寅 | 乙卯 | 丙辰 | 丁巳 | 戊午 | 己未 | 庚申 | 辛酉 | 壬戌 | 癸亥 | 甲子 | 乙丑 | 丙寅 | 丁卯 | 戊辰 | 己巳 | 庚午 | 辛未 | 壬申 | 癸酉 | 甲戌 | 乙亥 | 丙子 | 丁丑 | 戊寅 | 己卯 | 庚辰 | 辛巳 |
| 대운 남 | 3 | 2 | 2 | 2 | 1 | 1 | 1 | 1 | 한 | 10 | 9 | 9 | 9 | 8 | 8 | 8 | 7 | 7 | 7 | 6 | 6 | 6 | 5 | 5 | 5 | 4 | 4 | 4 | 3 | 3 | 3 |
| 대운 녀 | 8 | 8 | 8 | 9 | 9 | 9 | 10 | 10 | 로 | 1 | 1 | 1 | 1 | 2 | 2 | 2 | 3 | 3 | 3 | 4 | 4 | 4 | 5 | 5 | 5 | 6 | 6 | 6 | 7 | 7 | 7 |

## 11 · 癸亥月(양 11.8~12.6)

입동 8일 06시42분 / 소설 23일 03시59분

| 양력 | 1 | 2 | 3 | 4 | 5 | 6 | 7 | 8 | 9 | 10 | 11 | 12 | 13 | 14 | 15 | 16 | 17 | 18 | 19 | 20 | 21 | 22 | 23 | 24 | 25 | 26 | 27 | 28 | 29 | 30 |
|---|---|---|---|---|---|---|---|---|---|---|---|---|---|---|---|---|---|---|---|---|---|---|---|---|---|---|---|---|---|---|
| 음력 | 20 | 21 | 22 | 23 | 24 | 25 | 26 | 27 | 28 | 29 | 10.1 | 2 | 3 | 4 | 5 | 6 | 7 | 8 | 9 | 10 | 11 | 12 | 13 | 14 | 15 | 16 | 17 | 18 | 19 | 20 |
| 요일 | 土 | 日 | 月 | 火 | 水 | 木 | 金 | 土 | 日 | 月 | 火 | 水 | 木 | 金 | 土 | 日 | 月 | 火 | 水 | 木 | 金 | 土 | 日 | 月 | 火 | 水 | 木 | 金 | 土 | 日 |
| 일진 | 壬午 | 癸未 | 甲申 | 乙酉 | 丙戌 | 丁亥 | 戊子 | 己丑 | 庚寅 | 辛卯 | 壬辰 | 癸巳 | 甲午 | 乙未 | 丙申 | 丁酉 | 戊戌 | 己亥 | 庚子 | 辛丑 | 壬寅 | 癸卯 | 甲辰 | 乙巳 | 丙午 | 丁未 | 戊申 | 己酉 | 庚戌 | 辛亥 |
| 대운 남 | 2 | 2 | 2 | 1 | 1 | 1 | 1 | 입 | 9 | 9 | 9 | 8 | 8 | 8 | 7 | 7 | 7 | 6 | 6 | 6 | 5 | 5 | 5 | 4 | 4 | 4 | 3 | 3 | 3 | 2 |
| 대운 녀 | 8 | 8 | 8 | 9 | 9 | 9 | 10 | 동 | 1 | 1 | 1 | 1 | 2 | 2 | 2 | 3 | 3 | 3 | 4 | 4 | 4 | 5 | 5 | 5 | 6 | 6 | 6 | 7 | 7 | 7 |

## 12 · 甲子月(양 12.7~1.5)

대설 7일 23시20분 / 동지 22일 17시10분

| 양력 | 1 | 2 | 3 | 4 | 5 | 6 | 7 | 8 | 9 | 10 | 11 | 12 | 13 | 14 | 15 | 16 | 17 | 18 | 19 | 20 | 21 | 22 | 23 | 24 | 25 | 26 | 27 | 28 | 29 | 30 | 31 |
|---|---|---|---|---|---|---|---|---|---|---|---|---|---|---|---|---|---|---|---|---|---|---|---|---|---|---|---|---|---|---|---|
| 음력 | 21 | 22 | 23 | 24 | 25 | 26 | 27 | 28 | 29 | 30 | 11.1 | 2 | 3 | 4 | 5 | 6 | 7 | 8 | 9 | 10 | 11 | 12 | 13 | 14 | 15 | 16 | 17 | 18 | 19 | 20 | 21 |
| 요일 | 月 | 火 | 水 | 木 | 金 | 土 | 日 | 月 | 火 | 水 | 木 | 金 | 土 | 日 | 月 | 火 | 水 | 木 | 金 | 土 | 日 | 月 | 火 | 水 | 木 | 金 | 土 | 日 | 月 | 火 | 水 |
| 일진 | 壬子 | 癸丑 | 甲寅 | 乙卯 | 丙辰 | 丁巳 | 戊午 | 己未 | 庚申 | 辛酉 | 壬戌 | 癸亥 | 甲子 | 乙丑 | 丙寅 | 丁卯 | 戊辰 | 己巳 | 庚午 | 辛未 | 壬申 | 癸酉 | 甲戌 | 乙亥 | 丙子 | 丁丑 | 戊寅 | 己卯 | 庚辰 | 辛巳 | 壬午 |
| 대운 남 | 2 | 2 | 1 | 1 | 1 | 1 | 대 | 10 | 9 | 9 | 9 | 8 | 8 | 8 | 7 | 7 | 7 | 6 | 6 | 6 | 5 | 5 | 5 | 4 | 4 | 4 | 3 | 3 | 3 | 2 | 2 |
| 대운 녀 | 8 | 8 | 8 | 9 | 9 | 9 | 설 | 1 | 1 | 1 | 1 | 2 | 2 | 2 | 3 | 3 | 3 | 4 | 4 | 4 | 5 | 5 | 5 | 6 | 6 | 6 | 7 | 7 | 7 | 8 | 8 |

서머타임 종료 : 9월21일 01시를 00시로 조정

단기 4292년

# 1959년

소한 6일 10시28분

## 1 · 乙丑月(양 1.6~2.3)

대한 21일 03시49분

| 양력 | 1 | 2 | 3 | 4 | 5 | 6 | 7 | 8 | 9 | 10 | 11 | 12 | 13 | 14 | 15 | 16 | 17 | 18 | 19 | 20 | 21 | 22 | 23 | 24 | 25 | 26 | 27 | 28 | 29 | 30 | 31 |
|---|---|---|---|---|---|---|---|---|---|---|---|---|---|---|---|---|---|---|---|---|---|---|---|---|---|---|---|---|---|---|---|
| 음력 | 22 | 23 | 24 | 25 | 26 | 27 | 28 | 29 | 12.1 | 2 | 3 | 4 | 5 | 6 | 7 | 8 | 9 | 10 | 11 | 12 | 13 | 14 | 15 | 16 | 17 | 18 | 19 | 20 | 21 | 22 | 23 |
| 요일 | 木 | 金 | 土 | 日 | 月 | 火 | 水 | 木 | 金 | 土 | 日 | 月 | 火 | 水 | 木 | 金 | 土 | 日 | 月 | 火 | 水 | 木 | 金 | 土 | 日 | 月 | 火 | 水 | 木 | 金 | 土 |
| 일진 | 癸未 | 甲申 | 乙酉 | 丙戌 | 丁亥 | 戊子 | 己丑 | 庚寅 | 辛卯 | 壬辰 | 癸巳 | 甲午 | 乙未 | 丙申 | 丁酉 | 戊戌 | 己亥 | 庚子 | 辛丑 | 壬寅 | 癸卯 | 甲辰 | 乙巳 | 丙午 | 丁未 | 戊申 | 己酉 | 庚戌 | 辛亥 | 壬子 | 癸丑 |
| 대운 남 | 2 | 1 | 1 | 1 | 1 | 소 | 9 | 9 | 9 | 8 | 8 | 8 | 7 | 7 | 7 | 6 | 6 | 6 | 5 | 5 | 5 | 4 | 4 | 4 | 3 | 3 | 3 | 2 | 2 | 2 | 1 |
| 대운 녀 | 8 | 9 | 9 | 9 | 10 | 한 | 1 | 1 | 1 | 1 | 2 | 2 | 2 | 3 | 3 | 3 | 4 | 4 | 4 | 5 | 5 | 5 | 6 | 6 | 6 | 7 | 7 | 7 | 8 | 8 | 8 |

입춘 4일 22시12분

## 2 · 丙寅月(양 2.4~3.5)

우수 19일 18시08분

| 양력 | 1 | 2 | 3 | 4 | 5 | 6 | 7 | 8 | 9 | 10 | 11 | 12 | 13 | 14 | 15 | 16 | 17 | 18 | 19 | 20 | 21 | 22 | 23 | 24 | 25 | 26 | 27 | 28 |
|---|---|---|---|---|---|---|---|---|---|---|---|---|---|---|---|---|---|---|---|---|---|---|---|---|---|---|---|---|
| 음력 | 24 | 25 | 26 | 27 | 28 | 29 | 30 | 1.1 | 2 | 3 | 4 | 5 | 6 | 7 | 8 | 9 | 10 | 11 | 12 | 13 | 14 | 15 | 16 | 17 | 18 | 19 | 20 | 21 |
| 요일 | 日 | 月 | 火 | 水 | 木 | 金 | 土 | 日 | 月 | 火 | 水 | 木 | 金 | 土 | 日 | 月 | 火 | 水 | 木 | 金 | 土 | 日 | 月 | 火 | 水 | 木 | 金 | 土 |
| 일진 | 甲寅 | 乙卯 | 丙辰 | 丁巳 | 戊午 | 己未 | 庚申 | 辛酉 | 壬戌 | 癸亥 | 甲子 | 乙丑 | 丙寅 | 丁卯 | 戊辰 | 己巳 | 庚午 | 辛未 | 壬申 | 癸酉 | 甲戌 | 乙亥 | 丙子 | 丁丑 | 戊寅 | 己卯 | 庚辰 | 辛巳 |
| 대운 남 | 1 | 1 | 1 | 입 | 1 | 1 | 1 | 1 | 2 | 2 | 2 | 3 | 3 | 3 | 4 | 4 | 4 | 5 | 5 | 5 | 6 | 6 | 6 | 7 | 7 | 7 | 8 | 8 |
| 대운 녀 | 9 | 9 | 9 | 춘 | 10 | 9 | 9 | 9 | 8 | 8 | 8 | 7 | 7 | 7 | 6 | 6 | 6 | 5 | 5 | 5 | 4 | 4 | 4 | 3 | 3 | 3 | 2 | 2 |

경칩 6일 16시27분

## 3 · 丁卯月(양 3.6~4.4)

춘분 21일 17시25분

| 양력 | 1 | 2 | 3 | 4 | 5 | 6 | 7 | 8 | 9 | 10 | 11 | 12 | 13 | 14 | 15 | 16 | 17 | 18 | 19 | 20 | 21 | 22 | 23 | 24 | 25 | 26 | 27 | 28 | 29 | 30 | 31 |
|---|---|---|---|---|---|---|---|---|---|---|---|---|---|---|---|---|---|---|---|---|---|---|---|---|---|---|---|---|---|---|---|
| 음력 | 22 | 23 | 24 | 25 | 26 | 27 | 28 | 29 | 2.1 | 2 | 3 | 4 | 5 | 6 | 7 | 8 | 9 | 10 | 11 | 12 | 13 | 14 | 15 | 16 | 17 | 18 | 19 | 20 | 21 | 22 | 23 |
| 요일 | 日 | 月 | 火 | 水 | 木 | 金 | 土 | 日 | 月 | 火 | 水 | 木 | 金 | 土 | 日 | 月 | 火 | 水 | 木 | 金 | 土 | 日 | 月 | 火 | 水 | 木 | 金 | 土 | 日 | 月 | 火 |
| 일진 | 壬午 | 癸未 | 甲申 | 乙酉 | 丙戌 | 丁亥 | 戊子 | 己丑 | 庚寅 | 辛卯 | 壬辰 | 癸巳 | 甲午 | 乙未 | 丙申 | 丁酉 | 戊戌 | 己亥 | 庚子 | 辛丑 | 壬寅 | 癸卯 | 甲辰 | 乙巳 | 丙午 | 丁未 | 戊申 | 己酉 | 庚戌 | 辛亥 | 壬子 |
| 대운 남 | 8 | 9 | 9 | 9 | 10 | 경 | 1 | 1 | 1 | 1 | 2 | 2 | 2 | 3 | 3 | 3 | 4 | 4 | 4 | 5 | 5 | 5 | 6 | 6 | 6 | 7 | 7 | 7 | 8 | 8 | 8 |
| 대운 녀 | 2 | 1 | 1 | 1 | 1 | 칩 | 10 | 9 | 9 | 9 | 8 | 8 | 8 | 7 | 7 | 7 | 6 | 6 | 6 | 5 | 5 | 5 | 4 | 4 | 4 | 3 | 3 | 3 | 2 | 2 | 2 |

청명 5일 21시33분

## 4 · 戊辰月(양 4.5~5.5)

곡우 21일 04시46분

| 양력 | 1 | 2 | 3 | 4 | 5 | 6 | 7 | 8 | 9 | 10 | 11 | 12 | 13 | 14 | 15 | 16 | 17 | 18 | 19 | 20 | 21 | 22 | 23 | 24 | 25 | 26 | 27 | 28 | 29 | 30 |
|---|---|---|---|---|---|---|---|---|---|---|---|---|---|---|---|---|---|---|---|---|---|---|---|---|---|---|---|---|---|---|
| 음력 | 24 | 25 | 26 | 27 | 28 | 29 | 30 | 3.1 | 2 | 3 | 4 | 5 | 6 | 7 | 8 | 9 | 10 | 11 | 12 | 13 | 14 | 15 | 16 | 17 | 18 | 19 | 20 | 21 | 22 | 23 |
| 요일 | 水 | 木 | 金 | 土 | 日 | 月 | 火 | 水 | 木 | 金 | 土 | 日 | 月 | 火 | 水 | 木 | 金 | 土 | 日 | 月 | 火 | 水 | 木 | 金 | 土 | 日 | 月 | 火 | 水 | 木 |
| 일진 | 癸丑 | 甲寅 | 乙卯 | 丙辰 | 丁巳 | 戊午 | 己未 | 庚申 | 辛酉 | 壬戌 | 癸亥 | 甲子 | 乙丑 | 丙寅 | 丁卯 | 戊辰 | 己巳 | 庚午 | 辛未 | 壬申 | 癸酉 | 甲戌 | 乙亥 | 丙子 | 丁丑 | 戊寅 | 己卯 | 庚辰 | 辛巳 | 壬午 |
| 대운 남 | 9 | 9 | 9 | 10 | 청 | 1 | 1 | 1 | 1 | 2 | 2 | 2 | 3 | 3 | 3 | 4 | 4 | 4 | 5 | 5 | 5 | 6 | 6 | 6 | 7 | 7 | 7 | 8 | 8 | 8 |
| 대운 녀 | 1 | 1 | 1 | 1 | 명 | 10 | 10 | 9 | 9 | 9 | 8 | 8 | 8 | 7 | 7 | 7 | 6 | 6 | 6 | 5 | 5 | 5 | 4 | 4 | 4 | 3 | 3 | 3 | 2 | 2 |

입하 6일 16시09분

## 5 · 己巳月(양 5.6~6.5)

소만 22일 05시12분

| 양력 | 1 | 2 | 3 | 4 | 5 | 6 | 7 | 8 | 9 | 10 | 11 | 12 | 13 | 14 | 15 | 16 | 17 | 18 | 19 | 20 | 21 | 22 | 23 | 24 | 25 | 26 | 27 | 28 | 29 | 30 | 31 |
|---|---|---|---|---|---|---|---|---|---|---|---|---|---|---|---|---|---|---|---|---|---|---|---|---|---|---|---|---|---|---|---|
| 음력 | 24 | 25 | 26 | 27 | 28 | 29 | 30 | 4.1 | 2 | 3 | 4 | 5 | 6 | 7 | 8 | 9 | 10 | 11 | 12 | 13 | 14 | 15 | 16 | 17 | 18 | 19 | 20 | 21 | 22 | 23 | 24 |
| 요일 | 金 | 土 | 日 | 月 | 火 | 水 | 木 | 金 | 土 | 日 | 月 | 火 | 水 | 木 | 金 | 土 | 日 | 月 | 火 | 水 | 木 | 金 | 土 | 日 | 月 | 火 | 水 | 木 | 金 | 土 | 日 |
| 일진 | 癸未 | 甲申 | 乙酉 | 丙戌 | 丁亥 | 戊子 | 己丑 | 庚寅 | 辛卯 | 壬辰 | 癸巳 | 甲午 | 乙未 | 丙申 | 丁酉 | 戊戌 | 己亥 | 庚子 | 辛丑 | 壬寅 | 癸卯 | 甲辰 | 乙巳 | 丙午 | 丁未 | 戊申 | 己酉 | 庚戌 | 辛亥 | 壬子 | 癸丑 |
| 대운 남 | 9 | 9 | 9 | 10 | 10 | 입 | 1 | 1 | 1 | 1 | 2 | 2 | 2 | 3 | 3 | 3 | 4 | 4 | 4 | 5 | 5 | 5 | 6 | 6 | 6 | 7 | 7 | 7 | 8 | 8 | 8 |
| 대운 녀 | 2 | 1 | 1 | 1 | 1 | 하 | 10 | 10 | 9 | 9 | 9 | 8 | 8 | 8 | 7 | 7 | 7 | 6 | 6 | 6 | 5 | 5 | 5 | 4 | 4 | 4 | 3 | 3 | 3 | 2 | 2 |

망종 6일 20시30분

## 6 · 庚午月(양 6.6~7.7)

하지 22일 13시20분

| 양력 | 1 | 2 | 3 | 4 | 5 | 6 | 7 | 8 | 9 | 10 | 11 | 12 | 13 | 14 | 15 | 16 | 17 | 18 | 19 | 20 | 21 | 22 | 23 | 24 | 25 | 26 | 27 | 28 | 29 | 30 |
|---|---|---|---|---|---|---|---|---|---|---|---|---|---|---|---|---|---|---|---|---|---|---|---|---|---|---|---|---|---|---|
| 음력 | 25 | 26 | 27 | 28 | 29 | 5.1 | 2 | 3 | 4 | 5 | 6 | 7 | 8 | 9 | 10 | 11 | 12 | 13 | 14 | 15 | 16 | 17 | 18 | 19 | 20 | 21 | 22 | 23 | 24 | 25 |
| 요일 | 月 | 火 | 水 | 木 | 金 | 土 | 日 | 月 | 火 | 水 | 木 | 金 | 土 | 日 | 月 | 火 | 水 | 木 | 金 | 土 | 日 | 月 | 火 | 水 | 木 | 金 | 土 | 日 | 月 | 火 |
| 일진 | 甲寅 | 乙卯 | 丙辰 | 丁巳 | 戊午 | 己未 | 庚申 | 辛酉 | 壬戌 | 癸亥 | 甲子 | 乙丑 | 丙寅 | 丁卯 | 戊辰 | 己巳 | 庚午 | 辛未 | 壬申 | 癸酉 | 甲戌 | 乙亥 | 丙子 | 丁丑 | 戊寅 | 己卯 | 庚辰 | 辛巳 | 壬午 | 癸未 |
| 대운 남 | 9 | 9 | 9 | 10 | 10 | 망 | 1 | 1 | 1 | 1 | 2 | 2 | 2 | 3 | 3 | 3 | 4 | 4 | 4 | 5 | 5 | 5 | 6 | 6 | 6 | 7 | 7 | 7 | 8 | 8 |
| 대운 녀 | 2 | 1 | 1 | 1 | 1 | 종 | 10 | 10 | 10 | 9 | 9 | 9 | 8 | 8 | 8 | 7 | 7 | 7 | 6 | 6 | 6 | 5 | 5 | 5 | 4 | 4 | 4 | 3 | 3 | 3 |

서머타임 시작 : 5월3일 00시를 01시로 조정

# 己亥年

동경127도30분표준시

소서 8일 06시50분

## 7 · 辛未月(양 7.8~8.7)

대서 24일 00시15분

| 양력 | 1 | 2 | 3 | 4 | 5 | 6 | 7 | 8 | 9 | 10 | 11 | 12 | 13 | 14 | 15 | 16 | 17 | 18 | 19 | 20 | 21 | 22 | 23 | 24 | 25 | 26 | 27 | 28 | 29 | 30 | 31 |
|---|---|---|---|---|---|---|---|---|---|---|---|---|---|---|---|---|---|---|---|---|---|---|---|---|---|---|---|---|---|---|---|
| 음력 | 26 | 27 | 28 | 29 | 30 | 6.1 | 2 | 3 | 4 | 5 | 6 | 7 | 8 | 9 | 10 | 11 | 12 | 13 | 14 | 15 | 16 | 17 | 18 | 19 | 20 | 21 | 22 | 23 | 24 | 25 | 26 |
| 요일 | 水 | 木 | 金 | 土 | 日 | 月 | 火 | 水 | 木 | 金 | 土 | 日 | 月 | 火 | 水 | 木 | 金 | 土 | 日 | 月 | 火 | 水 | 木 | 金 | 土 | 日 | 月 | 火 | 水 | 木 | 金 |
| 일진 | 甲申 | 乙酉 | 丙戌 | 丁亥 | 戊子 | 己丑 | 庚寅 | 辛卯 | 壬辰 | 癸巳 | 甲午 | 乙未 | 丙申 | 丁酉 | 戊戌 | 己亥 | 庚子 | 辛丑 | 壬寅 | 癸卯 | 甲辰 | 乙巳 | 丙午 | 丁未 | 戊申 | 己酉 | 庚戌 | 辛亥 | 壬子 | 癸丑 | 甲寅 |
| 대운 남 | 8 | 9 | 9 | 9 | 10 | 10 | 10 | 소 | 1 | 1 | 1 | 1 | 2 | 2 | 2 | 3 | 3 | 3 | 4 | 4 | 4 | 5 | 5 | 5 | 6 | 6 | 6 | 7 | 7 | 7 | 8 |
| 대운 녀 | 2 | 2 | 2 | 1 | 1 | 1 | 1 | 서 | 10 | 10 | 9 | 9 | 9 | 8 | 8 | 8 | 7 | 7 | 7 | 6 | 6 | 6 | 5 | 5 | 5 | 4 | 4 | 4 | 3 | 3 | 3 |

입추 8일 16시34분

## 8 · 壬申月(양 8.8~9.7)

처서 24일 07시14분

| 양력 | 1 | 2 | 3 | 4 | 5 | 6 | 7 | 8 | 9 | 10 | 11 | 12 | 13 | 14 | 15 | 16 | 17 | 18 | 19 | 20 | 21 | 22 | 23 | 24 | 25 | 26 | 27 | 28 | 29 | 30 | 31 |
|---|---|---|---|---|---|---|---|---|---|---|---|---|---|---|---|---|---|---|---|---|---|---|---|---|---|---|---|---|---|---|---|
| 음력 | 27 | 28 | 29 | 7.1 | 2 | 3 | 4 | 5 | 6 | 7 | 8 | 9 | 10 | 11 | 12 | 13 | 14 | 15 | 16 | 17 | 18 | 19 | 20 | 21 | 22 | 23 | 24 | 25 | 26 | 27 | 28 |
| 요일 | 土 | 日 | 月 | 火 | 水 | 木 | 金 | 土 | 日 | 月 | 火 | 水 | 木 | 金 | 土 | 日 | 月 | 火 | 水 | 木 | 金 | 土 | 日 | 月 | 火 | 水 | 木 | 金 | 土 | 日 | 月 |
| 일진 | 乙卯 | 丙辰 | 丁巳 | 戊午 | 己未 | 庚申 | 辛酉 | 壬戌 | 癸亥 | 甲子 | 乙丑 | 丙寅 | 丁卯 | 戊辰 | 己巳 | 庚午 | 辛未 | 壬申 | 癸酉 | 甲戌 | 乙亥 | 丙子 | 丁丑 | 戊寅 | 己卯 | 庚辰 | 辛巳 | 壬午 | 癸未 | 甲申 | 乙酉 |
| 대운 남 | 8 | 8 | 9 | 9 | 9 | 10 | 10 | 입 | 1 | 1 | 1 | 1 | 2 | 2 | 2 | 3 | 3 | 3 | 4 | 4 | 4 | 5 | 5 | 5 | 6 | 6 | 6 | 7 | 7 | 7 | 8 |
| 대운 녀 | 2 | 2 | 2 | 1 | 1 | 1 | 1 | 추 | 10 | 10 | 9 | 9 | 9 | 8 | 8 | 8 | 7 | 7 | 7 | 6 | 6 | 6 | 5 | 5 | 5 | 4 | 4 | 4 | 3 | 3 | 3 |

백로 8일 19시18분

## 9 · 癸酉月(양 9.8~10.8)

추분 24일 03시38분

| 양력 | 1 | 2 | 3 | 4 | 5 | 6 | 7 | 8 | 9 | 10 | 11 | 12 | 13 | 14 | 15 | 16 | 17 | 18 | 19 | 20 | 21 | 22 | 23 | 24 | 25 | 26 | 27 | 28 | 29 | 30 |
|---|---|---|---|---|---|---|---|---|---|---|---|---|---|---|---|---|---|---|---|---|---|---|---|---|---|---|---|---|---|---|
| 음력 | 29 | 30 | 8.1 | 2 | 3 | 4 | 5 | 6 | 7 | 8 | 9 | 10 | 11 | 12 | 13 | 14 | 15 | 16 | 17 | 18 | 19 | 20 | 21 | 22 | 23 | 24 | 25 | 26 | 27 | 28 |
| 요일 | 火 | 水 | 木 | 金 | 土 | 日 | 月 | 火 | 水 | 木 | 金 | 土 | 日 | 月 | 火 | 水 | 木 | 金 | 土 | 日 | 月 | 火 | 水 | 木 | 金 | 土 | 日 | 月 | 火 | 水 |
| 일진 | 丙戌 | 丁亥 | 戊子 | 己丑 | 庚寅 | 辛卯 | 壬辰 | 癸巳 | 甲午 | 乙未 | 丙申 | 丁酉 | 戊戌 | 己亥 | 庚子 | 辛丑 | 壬寅 | 癸卯 | 甲辰 | 乙巳 | 丙午 | 丁未 | 戊申 | 己酉 | 庚戌 | 辛亥 | 壬子 | 癸丑 | 甲寅 | 乙卯 |
| 대운 남 | 8 | 8 | 9 | 9 | 9 | 10 | 10 | 백 | 1 | 1 | 1 | 1 | 2 | 2 | 2 | 3 | 3 | 3 | 4 | 4 | 4 | 5 | 5 | 5 | 6 | 6 | 6 | 7 | 7 | 7 |
| 대운 녀 | 2 | 2 | 2 | 1 | 1 | 1 | 1 | 로 | 10 | 10 | 9 | 9 | 9 | 8 | 8 | 8 | 7 | 7 | 7 | 6 | 6 | 6 | 5 | 5 | 5 | 4 | 4 | 4 | 3 | 3 |

한로 9일 09시40분

## 10 · 甲戌月(양 10.9~11.7)

상강 24일 12시41분

| 양력 | 1 | 2 | 3 | 4 | 5 | 6 | 7 | 8 | 9 | 10 | 11 | 12 | 13 | 14 | 15 | 16 | 17 | 18 | 19 | 20 | 21 | 22 | 23 | 24 | 25 | 26 | 27 | 28 | 29 | 30 | 31 |
|---|---|---|---|---|---|---|---|---|---|---|---|---|---|---|---|---|---|---|---|---|---|---|---|---|---|---|---|---|---|---|---|
| 음력 | 29 | 9.1 | 2 | 3 | 4 | 5 | 6 | 7 | 8 | 9 | 10 | 11 | 12 | 13 | 14 | 15 | 16 | 17 | 18 | 19 | 20 | 21 | 22 | 23 | 24 | 25 | 26 | 27 | 28 | 29 | 30 |
| 요일 | 木 | 金 | 土 | 日 | 月 | 火 | 水 | 木 | 金 | 土 | 日 | 月 | 火 | 水 | 木 | 金 | 土 | 日 | 月 | 火 | 水 | 木 | 金 | 土 | 日 | 月 | 火 | 水 | 木 | 金 | 土 |
| 일진 | 丙辰 | 丁巳 | 戊午 | 己未 | 庚申 | 辛酉 | 壬戌 | 癸亥 | 甲子 | 乙丑 | 丙寅 | 丁卯 | 戊辰 | 己巳 | 庚午 | 辛未 | 壬申 | 癸酉 | 甲戌 | 乙亥 | 丙子 | 丁丑 | 戊寅 | 己卯 | 庚辰 | 辛巳 | 壬午 | 癸未 | 甲申 | 乙酉 | 丙戌 |
| 대운 남 | 8 | 8 | 8 | 9 | 9 | 9 | 10 | 10 | 한 | 1 | 1 | 1 | 1 | 2 | 2 | 2 | 3 | 3 | 3 | 4 | 4 | 4 | 5 | 5 | 5 | 6 | 6 | 6 | 7 | 7 | 7 |
| 대운 녀 | 3 | 2 | 2 | 2 | 1 | 1 | 1 | 1 | 로 | 10 | 9 | 9 | 9 | 8 | 8 | 8 | 7 | 7 | 7 | 6 | 6 | 6 | 5 | 5 | 5 | 4 | 4 | 4 | 3 | 3 | 3 |

입동 8일 12시32분

## 11 · 乙亥月(양 11.8~12.7)

소설 23일 09시57분

| 양력 | 1 | 2 | 3 | 4 | 5 | 6 | 7 | 8 | 9 | 10 | 11 | 12 | 13 | 14 | 15 | 16 | 17 | 18 | 19 | 20 | 21 | 22 | 23 | 24 | 25 | 26 | 27 | 28 | 29 | 30 |
|---|---|---|---|---|---|---|---|---|---|---|---|---|---|---|---|---|---|---|---|---|---|---|---|---|---|---|---|---|---|---|
| 음력 | 10.1 | 2 | 3 | 4 | 5 | 6 | 7 | 8 | 9 | 10 | 11 | 12 | 13 | 14 | 15 | 16 | 17 | 18 | 19 | 20 | 21 | 22 | 23 | 24 | 25 | 26 | 27 | 28 | 29 | 11.1 |
| 요일 | 日 | 月 | 火 | 水 | 木 | 金 | 土 | 日 | 月 | 火 | 水 | 木 | 金 | 土 | 日 | 月 | 火 | 水 | 木 | 金 | 土 | 日 | 月 | 火 | 水 | 木 | 金 | 土 | 日 | 月 |
| 일진 | 丁亥 | 戊子 | 己丑 | 庚寅 | 辛卯 | 壬辰 | 癸巳 | 甲午 | 乙未 | 丙申 | 丁酉 | 戊戌 | 己亥 | 庚子 | 辛丑 | 壬寅 | 癸卯 | 甲辰 | 乙巳 | 丙午 | 丁未 | 戊申 | 己酉 | 庚戌 | 辛亥 | 壬子 | 癸丑 | 甲寅 | 乙卯 | 丙辰 |
| 대운 남 | 8 | 8 | 8 | 9 | 9 | 9 | 10 | 입 | 1 | 1 | 1 | 1 | 2 | 2 | 2 | 3 | 3 | 3 | 4 | 4 | 4 | 5 | 5 | 5 | 6 | 6 | 6 | 7 | 7 | 7 |
| 대운 녀 | 2 | 2 | 2 | 1 | 1 | 1 | 1 | 동 | 10 | 9 | 9 | 9 | 8 | 8 | 8 | 7 | 7 | 7 | 6 | 6 | 6 | 5 | 5 | 5 | 4 | 4 | 4 | 3 | 3 | 3 |

대설 8일 05시07분

## 12 · 丙子月(양 12.8~1.5)

동지 22일 23시04분

| 양력 | 1 | 2 | 3 | 4 | 5 | 6 | 7 | 8 | 9 | 10 | 11 | 12 | 13 | 14 | 15 | 16 | 17 | 18 | 19 | 20 | 21 | 22 | 23 | 24 | 25 | 26 | 27 | 28 | 29 | 30 | 31 |
|---|---|---|---|---|---|---|---|---|---|---|---|---|---|---|---|---|---|---|---|---|---|---|---|---|---|---|---|---|---|---|---|
| 음력 | 2 | 3 | 4 | 5 | 6 | 7 | 8 | 9 | 10 | 11 | 12 | 13 | 14 | 15 | 16 | 17 | 18 | 19 | 20 | 21 | 22 | 23 | 24 | 25 | 26 | 27 | 28 | 29 | 30 | 12.1 | 2 |
| 요일 | 火 | 水 | 木 | 金 | 土 | 日 | 月 | 火 | 水 | 木 | 金 | 土 | 日 | 月 | 火 | 水 | 木 | 金 | 土 | 日 | 月 | 火 | 水 | 木 | 金 | 土 | 日 | 月 | 火 | 水 | 木 |
| 일진 | 丁巳 | 戊午 | 己未 | 庚申 | 辛酉 | 壬戌 | 癸亥 | 甲子 | 乙丑 | 丙寅 | 丁卯 | 戊辰 | 己巳 | 庚午 | 辛未 | 壬申 | 癸酉 | 甲戌 | 乙亥 | 丙子 | 丁丑 | 戊寅 | 己卯 | 庚辰 | 辛巳 | 壬午 | 癸未 | 甲申 | 乙酉 | 丙戌 | 丁亥 |
| 대운 남 | 8 | 8 | 8 | 9 | 9 | 9 | 10 | 대 | 1 | 1 | 1 | 1 | 2 | 2 | 2 | 3 | 3 | 3 | 4 | 4 | 4 | 5 | 5 | 5 | 6 | 6 | 6 | 7 | 7 | 7 | 8 |
| 대운 녀 | 2 | 2 | 2 | 1 | 1 | 1 | 1 | 설 | 9 | 9 | 9 | 8 | 8 | 8 | 7 | 7 | 7 | 6 | 6 | 6 | 5 | 5 | 5 | 4 | 4 | 4 | 3 | 3 | 3 | 2 | 2 |

서머타임 종료 : 9월20일 01시를 00시로 조정

# 1960년(윤6월)

## 1 · 丁丑月(양 1.6~2.4)

소한 6일 16시12분 | 대한 21일 09시40분

| 양력 | 1 | 2 | 3 | 4 | 5 | 6 | 7 | 8 | 9 | 10 | 11 | 12 | 13 | 14 | 15 | 16 | 17 | 18 | 19 | 20 | 21 | 22 | 23 | 24 | 25 | 26 | 27 | 28 | 29 | 30 | 31 |
|---|---|---|---|---|---|---|---|---|---|---|---|---|---|---|---|---|---|---|---|---|---|---|---|---|---|---|---|---|---|---|---|
| 음력 | 3 | 4 | 5 | 6 | 7 | 8 | 9 | 10 | 11 | 12 | 13 | 14 | 15 | 16 | 17 | 18 | 19 | 20 | 21 | 22 | 23 | 24 | 25 | 26 | 27 | 28 | 29 | 1.1 | 2 | 3 | 4 |
| 요일 | 金 | 土 | 日 | 月 | 火 | 水 | 木 | 金 | 土 | 日 | 月 | 火 | 水 | 木 | 金 | 土 | 日 | 月 | 火 | 水 | 木 | 金 | 土 | 日 | 月 | 火 | 水 | 木 | 金 | 土 | 日 |
| 일진 | 戊子 | 己丑 | 庚寅 | 辛卯 | 壬辰 | 癸巳 | 甲午 | 乙未 | 丙申 | 丁酉 | 戊戌 | 己亥 | 庚子 | 辛丑 | 壬寅 | 癸卯 | 甲辰 | 乙巳 | 丙午 | 丁未 | 戊申 | 己酉 | 庚戌 | 辛亥 | 壬子 | 癸丑 | 甲寅 | 乙卯 | 丙辰 | 丁巳 | 戊午 |
| 대운 남 | 8 | 8 | 9 | 9 | 9 | 소 | 1 | 1 | 1 | 1 | 2 | 2 | 2 | 3 | 3 | 3 | 4 | 4 | 4 | 5 | 5 | 5 | 6 | 6 | 6 | 7 | 7 | 7 | 8 | 8 | 8 |
| 대운 녀 | 2 | 1 | 1 | 1 | 1 | 한 | 10 | 9 | 9 | 9 | 8 | 8 | 8 | 7 | 7 | 7 | 6 | 6 | 6 | 5 | 5 | 5 | 4 | 4 | 4 | 3 | 3 | 3 | 2 | 2 | 2 |

## 2 · 戊寅月(양 2.5~3.4)

입춘 5일 03시53분 | 우수 18일 23시56분

| 양력 | 1 | 2 | 3 | 4 | 5 | 6 | 7 | 8 | 9 | 10 | 11 | 12 | 13 | 14 | 15 | 16 | 17 | 18 | 19 | 20 | 21 | 22 | 23 | 24 | 25 | 26 | 27 | 28 | 29 |
|---|---|---|---|---|---|---|---|---|---|---|---|---|---|---|---|---|---|---|---|---|---|---|---|---|---|---|---|---|---|
| 음력 | 5 | 6 | 7 | 8 | 9 | 10 | 11 | 12 | 13 | 14 | 15 | 16 | 17 | 18 | 19 | 20 | 21 | 22 | 23 | 24 | 25 | 26 | 27 | 28 | 29 | 30 | 2.1 | 2 | 3 |
| 요일 | 月 | 火 | 水 | 木 | 金 | 土 | 日 | 月 | 火 | 水 | 木 | 金 | 土 | 日 | 月 | 火 | 水 | 木 | 金 | 土 | 日 | 月 | 火 | 水 | 木 | 金 | 土 | 日 | 月 |
| 일진 | 己未 | 庚申 | 辛酉 | 壬戌 | 癸亥 | 甲子 | 乙丑 | 丙寅 | 丁卯 | 戊辰 | 己巳 | 庚午 | 辛未 | 壬申 | 癸酉 | 甲戌 | 乙亥 | 丙子 | 丁丑 | 戊寅 | 己卯 | 庚辰 | 辛巳 | 壬午 | 癸未 | 甲申 | 乙酉 | 丙戌 | 丁亥 |
| 대운 남 | 9 | 9 | 9 | 10 | 입 | 9 | 9 | 9 | 8 | 8 | 8 | 7 | 7 | 7 | 6 | 6 | 6 | 5 | 5 | 5 | 4 | 4 | 4 | 3 | 3 | 3 | 2 | 2 | 2 |
| 대운 녀 | 1 | 1 | 1 | 1 | 춘 | 1 | 1 | 1 | 1 | 2 | 2 | 2 | 3 | 3 | 3 | 4 | 4 | 4 | 5 | 5 | 5 | 6 | 6 | 6 | 7 | 7 | 7 | 8 | 8 |

## 3 · 己卯月(양 3.5~4.4)

경칩 5일 22시06분 | 춘분 20일 23시13분

| 양력 | 1 | 2 | 3 | 4 | 5 | 6 | 7 | 8 | 9 | 10 | 11 | 12 | 13 | 14 | 15 | 16 | 17 | 18 | 19 | 20 | 21 | 22 | 23 | 24 | 25 | 26 | 27 | 28 | 29 | 30 | 31 |
|---|---|---|---|---|---|---|---|---|---|---|---|---|---|---|---|---|---|---|---|---|---|---|---|---|---|---|---|---|---|---|---|
| 음력 | 4 | 5 | 6 | 7 | 8 | 9 | 10 | 11 | 12 | 13 | 14 | 15 | 16 | 17 | 18 | 19 | 20 | 21 | 22 | 23 | 24 | 25 | 26 | 27 | 28 | 29 | 3.1 | 2 | 3 | 4 | 5 |
| 요일 | 火 | 水 | 木 | 金 | 土 | 日 | 月 | 火 | 水 | 木 | 金 | 土 | 日 | 月 | 火 | 水 | 木 | 金 | 土 | 日 | 月 | 火 | 水 | 木 | 金 | 土 | 日 | 月 | 火 | 水 | 木 |
| 일진 | 戊子 | 己丑 | 庚寅 | 辛卯 | 壬辰 | 癸巳 | 甲午 | 乙未 | 丙申 | 丁酉 | 戊戌 | 己亥 | 庚子 | 辛丑 | 壬寅 | 癸卯 | 甲辰 | 乙巳 | 丙午 | 丁未 | 戊申 | 己酉 | 庚戌 | 辛亥 | 壬子 | 癸丑 | 甲寅 | 乙卯 | 丙辰 | 丁巳 | 戊午 |
| 대운 남 | 1 | 1 | 1 | 1 | 경 | 10 | 10 | 9 | 9 | 9 | 8 | 8 | 8 | 7 | 7 | 7 | 6 | 6 | 6 | 5 | 5 | 5 | 4 | 4 | 4 | 3 | 3 | 3 | 2 | 2 | 2 |
| 대운 녀 | 8 | 9 | 9 | 9 | 칩 | 1 | 1 | 1 | 1 | 2 | 2 | 2 | 3 | 3 | 3 | 4 | 4 | 4 | 5 | 5 | 5 | 6 | 6 | 6 | 7 | 7 | 7 | 8 | 8 | 8 | 9 |

## 4 · 庚辰月(양 4.5~5.4)

청명 5일 03시14분 | 곡우 20일 10시36분

| 양력 | 1 | 2 | 3 | 4 | 5 | 6 | 7 | 8 | 9 | 10 | 11 | 12 | 13 | 14 | 15 | 16 | 17 | 18 | 19 | 20 | 21 | 22 | 23 | 24 | 25 | 26 | 27 | 28 | 29 | 30 |
|---|---|---|---|---|---|---|---|---|---|---|---|---|---|---|---|---|---|---|---|---|---|---|---|---|---|---|---|---|---|---|
| 음력 | 6 | 7 | 8 | 9 | 10 | 11 | 12 | 13 | 14 | 15 | 16 | 17 | 18 | 19 | 20 | 21 | 22 | 23 | 24 | 25 | 26 | 27 | 28 | 29 | 30 | 4.1 | 2 | 3 | 4 | 5 |
| 요일 | 金 | 土 | 日 | 月 | 火 | 水 | 木 | 金 | 土 | 日 | 月 | 火 | 水 | 木 | 金 | 土 | 日 | 月 | 火 | 水 | 木 | 金 | 土 | 日 | 月 | 火 | 水 | 木 | 金 | 土 |
| 일진 | 己未 | 庚申 | 辛酉 | 壬戌 | 癸亥 | 甲子 | 乙丑 | 丙寅 | 丁卯 | 戊辰 | 己巳 | 庚午 | 辛未 | 壬申 | 癸酉 | 甲戌 | 乙亥 | 丙子 | 丁丑 | 戊寅 | 己卯 | 庚辰 | 辛巳 | 壬午 | 癸未 | 甲申 | 乙酉 | 丙戌 | 丁亥 | 戊子 |
| 대운 남 | 1 | 1 | 1 | 1 | 청 | 10 | 9 | 9 | 9 | 8 | 8 | 8 | 7 | 7 | 7 | 6 | 6 | 6 | 5 | 5 | 5 | 4 | 4 | 4 | 3 | 3 | 3 | 2 | 2 | 2 |
| 대운 녀 | 9 | 9 | 10 | 10 | 명 | 1 | 1 | 1 | 1 | 2 | 2 | 2 | 3 | 3 | 3 | 4 | 4 | 4 | 5 | 5 | 5 | 6 | 6 | 6 | 7 | 7 | 7 | 8 | 8 | 8 |

## 5 · 辛巳月(양 5.5~6.5)

입하 5일 21시53분 | 소만 21일 11시04분

| 양력 | 1 | 2 | 3 | 4 | 5 | 6 | 7 | 8 | 9 | 10 | 11 | 12 | 13 | 14 | 15 | 16 | 17 | 18 | 19 | 20 | 21 | 22 | 23 | 24 | 25 | 26 | 27 | 28 | 29 | 30 | 31 |
|---|---|---|---|---|---|---|---|---|---|---|---|---|---|---|---|---|---|---|---|---|---|---|---|---|---|---|---|---|---|---|---|
| 음력 | 6 | 7 | 8 | 9 | 10 | 11 | 12 | 13 | 14 | 15 | 16 | 17 | 18 | 19 | 20 | 21 | 22 | 23 | 24 | 25 | 26 | 27 | 28 | 29 | 5.1 | 2 | 3 | 4 | 5 | 6 | 7 |
| 요일 | 日 | 月 | 火 | 水 | 木 | 金 | 土 | 日 | 月 | 火 | 水 | 木 | 金 | 土 | 日 | 月 | 火 | 水 | 木 | 金 | 土 | 日 | 月 | 火 | 水 | 木 | 金 | 土 | 日 | 月 | 火 |
| 일진 | 己丑 | 庚寅 | 辛卯 | 壬辰 | 癸巳 | 甲午 | 乙未 | 丙申 | 丁酉 | 戊戌 | 己亥 | 庚子 | 辛丑 | 壬寅 | 癸卯 | 甲辰 | 乙巳 | 丙午 | 丁未 | 戊申 | 己酉 | 庚戌 | 辛亥 | 壬子 | 癸丑 | 甲寅 | 乙卯 | 丙辰 | 丁巳 | 戊午 | 己未 |
| 대운 남 | 1 | 1 | 1 | 1 | 입 | 10 | 10 | 10 | 9 | 9 | 9 | 8 | 8 | 8 | 7 | 7 | 7 | 6 | 6 | 6 | 5 | 5 | 5 | 4 | 4 | 4 | 3 | 3 | 3 | 2 | 2 |
| 대운 녀 | 9 | 9 | 9 | 10 | 하 | 1 | 1 | 1 | 1 | 2 | 2 | 2 | 3 | 3 | 3 | 4 | 4 | 4 | 5 | 5 | 5 | 6 | 6 | 6 | 7 | 7 | 7 | 8 | 8 | 8 | 9 |

## 6 · 壬午月(양 6.6~7.6)

망종 6일 02시19분 | 하지 21일 19시12분

| 양력 | 1 | 2 | 3 | 4 | 5 | 6 | 7 | 8 | 9 | 10 | 11 | 12 | 13 | 14 | 15 | 16 | 17 | 18 | 19 | 20 | 21 | 22 | 23 | 24 | 25 | 26 | 27 | 28 | 29 | 30 |
|---|---|---|---|---|---|---|---|---|---|---|---|---|---|---|---|---|---|---|---|---|---|---|---|---|---|---|---|---|---|---|
| 음력 | 8 | 9 | 10 | 11 | 12 | 13 | 14 | 15 | 16 | 17 | 18 | 19 | 20 | 21 | 22 | 23 | 24 | 25 | 26 | 27 | 28 | 29 | 30 | 6.1 | 2 | 3 | 4 | 5 | 6 | 7 |
| 요일 | 水 | 木 | 金 | 土 | 日 | 月 | 火 | 水 | 木 | 金 | 土 | 日 | 月 | 火 | 水 | 木 | 金 | 土 | 日 | 月 | 火 | 水 | 木 | 金 | 土 | 日 | 月 | 火 | 水 | 木 |
| 일진 | 庚申 | 辛酉 | 壬戌 | 癸亥 | 甲子 | 乙丑 | 丙寅 | 丁卯 | 戊辰 | 己巳 | 庚午 | 辛未 | 壬申 | 癸酉 | 甲戌 | 乙亥 | 丙子 | 丁丑 | 戊寅 | 己卯 | 庚辰 | 辛巳 | 壬午 | 癸未 | 甲申 | 乙酉 | 丙戌 | 丁亥 | 戊子 | 己丑 |
| 대운 남 | 2 | 1 | 1 | 1 | 1 | 망 | 10 | 10 | 9 | 9 | 9 | 8 | 8 | 8 | 7 | 7 | 7 | 6 | 6 | 6 | 5 | 5 | 5 | 4 | 4 | 4 | 3 | 3 | 3 | 2 |
| 대운 녀 | 9 | 9 | 10 | 10 | 10 | 종 | 1 | 1 | 1 | 1 | 2 | 2 | 2 | 3 | 3 | 3 | 4 | 4 | 4 | 5 | 5 | 5 | 6 | 6 | 6 | 7 | 7 | 7 | 8 | 8 |

서머타임 시작 : 5월1일 00시를 01시로 조정

# 庚子年

동경127도30분표준시

소서 7일 12시43분

## 7 · 癸未月(양 7.7~8.6)

대서 23일 06시07분

| 양력 | 1 | 2 | 3 | 4 | 5 | 6 | 7 | 8 | 9 | 10 | 11 | 12 | 13 | 14 | 15 | 16 | 17 | 18 | 19 | 20 | 21 | 22 | 23 | 24 | 25 | 26 | 27 | 28 | 29 | 30 | 31 |
|---|---|---|---|---|---|---|---|---|---|---|---|---|---|---|---|---|---|---|---|---|---|---|---|---|---|---|---|---|---|---|---|
| 음력 | 8 | 9 | 10 | 11 | 12 | 13 | 14 | 15 | 16 | 17 | 18 | 19 | 20 | 21 | 22 | 23 | 24 | 25 | 26 | 27 | 28 | 29 | 30 | 윤 | 6.2 | 3 | 4 | 5 | 6 | 7 | 8 |
| 요일 | 金 | 土 | 日 | 月 | 火 | 水 | 木 | 金 | 土 | 日 | 月 | 火 | 水 | 木 | 金 | 土 | 日 | 月 | 火 | 水 | 木 | 金 | 土 | 日 | 月 | 火 | 水 | 木 | 金 | 土 | 日 |
| 일진 | 庚寅 | 辛卯 | 壬辰 | 癸巳 | 甲午 | 乙未 | 丙申 | 丁酉 | 戊戌 | 己亥 | 庚子 | 辛丑 | 壬寅 | 癸卯 | 甲辰 | 乙巳 | 丙午 | 丁未 | 戊申 | 己酉 | 庚戌 | 辛亥 | 壬子 | 癸丑 | 甲寅 | 乙卯 | 丙辰 | 丁巳 | 戊午 | 己未 | 庚申 |
| 대운 남 | 2 | 2 | 1 | 1 | 1 | 1 | 소 | 10 | 10 | 9 | 9 | 9 | 8 | 8 | 8 | 7 | 7 | 7 | 6 | 6 | 6 | 5 | 5 | 5 | 4 | 4 | 4 | 3 | 3 | 3 | 2 |
| 대운 녀 | 8 | 9 | 9 | 9 | 10 | 10 | 서 | 1 | 1 | 1 | 1 | 2 | 2 | 2 | 3 | 3 | 3 | 4 | 4 | 4 | 5 | 5 | 5 | 6 | 6 | 6 | 7 | 7 | 7 | 8 | 8 |

입추 7일 22시30분

## 8 · 甲申月(양 8.7~9.7)

처서 23일 13시04분

| 양력 | 1 | 2 | 3 | 4 | 5 | 6 | 7 | 8 | 9 | 10 | 11 | 12 | 13 | 14 | 15 | 16 | 17 | 18 | 19 | 20 | 21 | 22 | 23 | 24 | 25 | 26 | 27 | 28 | 29 | 30 | 31 |
|---|---|---|---|---|---|---|---|---|---|---|---|---|---|---|---|---|---|---|---|---|---|---|---|---|---|---|---|---|---|---|---|
| 음력 | 9 | 10 | 11 | 12 | 13 | 14 | 15 | 16 | 17 | 18 | 19 | 20 | 21 | 22 | 23 | 24 | 25 | 26 | 27 | 28 | 29 | 7.1 | 2 | 3 | 4 | 5 | 6 | 7 | 8 | 9 | 10 |
| 요일 | 月 | 火 | 水 | 木 | 金 | 土 | 日 | 月 | 火 | 水 | 木 | 金 | 土 | 日 | 月 | 火 | 水 | 木 | 金 | 土 | 日 | 月 | 火 | 水 | 木 | 金 | 土 | 日 | 月 | 火 | 水 |
| 일진 | 辛酉 | 壬戌 | 癸亥 | 甲子 | 乙丑 | 丙寅 | 丁卯 | 戊辰 | 己巳 | 庚午 | 辛未 | 壬申 | 癸酉 | 甲戌 | 乙亥 | 丙子 | 丁丑 | 戊寅 | 己卯 | 庚辰 | 辛巳 | 壬午 | 癸未 | 甲申 | 乙酉 | 丙戌 | 丁亥 | 戊子 | 己丑 | 庚寅 | 辛卯 |
| 대운 남 | 2 | 2 | 1 | 1 | 1 | 1 | 입 | 10 | 10 | 10 | 9 | 9 | 9 | 8 | 8 | 8 | 7 | 7 | 7 | 6 | 6 | 6 | 5 | 5 | 5 | 4 | 4 | 4 | 3 | 3 | 3 |
| 대운 녀 | 8 | 9 | 9 | 9 | 10 | 10 | 추 | 1 | 1 | 1 | 1 | 2 | 2 | 2 | 3 | 3 | 3 | 4 | 4 | 4 | 5 | 5 | 5 | 6 | 6 | 6 | 7 | 7 | 7 | 8 | 8 |

백로 8일 01시15분

## 9 · 乙酉月(양 9.8~10.7)

추분 23일 09시29분

| 양력 | 1 | 2 | 3 | 4 | 5 | 6 | 7 | 8 | 9 | 10 | 11 | 12 | 13 | 14 | 15 | 16 | 17 | 18 | 19 | 20 | 21 | 22 | 23 | 24 | 25 | 26 | 27 | 28 | 29 | 30 |
|---|---|---|---|---|---|---|---|---|---|---|---|---|---|---|---|---|---|---|---|---|---|---|---|---|---|---|---|---|---|---|
| 음력 | 11 | 12 | 13 | 14 | 15 | 16 | 17 | 18 | 19 | 20 | 21 | 22 | 23 | 24 | 25 | 26 | 27 | 28 | 29 | 30 | 8.1 | 2 | 3 | 4 | 5 | 6 | 7 | 8 | 9 | 10 |
| 요일 | 木 | 金 | 土 | 日 | 月 | 火 | 水 | 木 | 金 | 土 | 日 | 月 | 火 | 水 | 木 | 金 | 土 | 日 | 月 | 火 | 水 | 木 | 金 | 土 | 日 | 月 | 火 | 水 | 木 | 金 |
| 일진 | 壬辰 | 癸巳 | 甲午 | 乙未 | 丙申 | 丁酉 | 戊戌 | 己亥 | 庚子 | 辛丑 | 壬寅 | 癸卯 | 甲辰 | 乙巳 | 丙午 | 丁未 | 戊申 | 己酉 | 庚戌 | 辛亥 | 壬子 | 癸丑 | 甲寅 | 乙卯 | 丙辰 | 丁巳 | 戊午 | 己未 | 庚申 | 辛酉 |
| 대운 남 | 2 | 2 | 2 | 1 | 1 | 1 | 1 | 백 | 10 | 9 | 9 | 9 | 8 | 8 | 8 | 7 | 7 | 7 | 6 | 6 | 6 | 5 | 5 | 5 | 4 | 4 | 4 | 3 | 3 | 3 |
| 대운 녀 | 8 | 9 | 9 | 9 | 10 | 10 | 10 | 로 | 1 | 1 | 1 | 1 | 2 | 2 | 2 | 3 | 3 | 3 | 4 | 4 | 4 | 5 | 5 | 5 | 6 | 6 | 6 | 7 | 7 | 7 |

한로 8일 15시39분

## 10 · 丙戌月(양 10.8~11.6)

상강 23일 18시32분

| 양력 | 1 | 2 | 3 | 4 | 5 | 6 | 7 | 8 | 9 | 10 | 11 | 12 | 13 | 14 | 15 | 16 | 17 | 18 | 19 | 20 | 21 | 22 | 23 | 24 | 25 | 26 | 27 | 28 | 29 | 30 | 31 |
|---|---|---|---|---|---|---|---|---|---|---|---|---|---|---|---|---|---|---|---|---|---|---|---|---|---|---|---|---|---|---|---|
| 음력 | 11 | 12 | 13 | 14 | 15 | 16 | 17 | 18 | 19 | 20 | 21 | 22 | 23 | 24 | 25 | 26 | 27 | 28 | 29 | 9.1 | 2 | 3 | 4 | 5 | 6 | 7 | 8 | 9 | 10 | 11 | 12 |
| 요일 | 土 | 日 | 月 | 火 | 水 | 木 | 金 | 土 | 日 | 月 | 火 | 水 | 木 | 金 | 土 | 日 | 月 | 火 | 水 | 木 | 金 | 土 | 日 | 月 | 火 | 水 | 木 | 金 | 土 | 日 | 月 |
| 일진 | 壬戌 | 癸亥 | 甲子 | 乙丑 | 丙寅 | 丁卯 | 戊辰 | 己巳 | 庚午 | 辛未 | 壬申 | 癸酉 | 甲戌 | 乙亥 | 丙子 | 丁丑 | 戊寅 | 己卯 | 庚辰 | 辛巳 | 壬午 | 癸未 | 甲申 | 乙酉 | 丙戌 | 丁亥 | 戊子 | 己丑 | 庚寅 | 辛卯 | 壬辰 |
| 대운 남 | 2 | 2 | 2 | 1 | 1 | 1 | 1 | 한 | 10 | 9 | 9 | 9 | 8 | 8 | 8 | 7 | 7 | 7 | 6 | 6 | 6 | 5 | 5 | 5 | 4 | 4 | 4 | 3 | 3 | 3 | 2 |
| 대운 녀 | 8 | 8 | 8 | 9 | 9 | 9 | 10 | 로 | 1 | 1 | 1 | 1 | 2 | 2 | 2 | 3 | 3 | 3 | 4 | 4 | 4 | 5 | 5 | 5 | 6 | 6 | 6 | 7 | 7 | 7 | 8 |

입동 7일 18시32분

## 11 · 丁亥月(양 11.7~12.6)

소설 22일 15시48분

| 양력 | 1 | 2 | 3 | 4 | 5 | 6 | 7 | 8 | 9 | 10 | 11 | 12 | 13 | 14 | 15 | 16 | 17 | 18 | 19 | 20 | 21 | 22 | 23 | 24 | 25 | 26 | 27 | 28 | 29 | 30 |
|---|---|---|---|---|---|---|---|---|---|---|---|---|---|---|---|---|---|---|---|---|---|---|---|---|---|---|---|---|---|---|
| 음력 | 13 | 14 | 15 | 16 | 17 | 18 | 19 | 20 | 21 | 22 | 23 | 24 | 25 | 26 | 27 | 28 | 29 | 30 | 10.1 | 2 | 3 | 4 | 5 | 6 | 7 | 8 | 9 | 10 | 11 | 12 |
| 요일 | 火 | 水 | 木 | 金 | 土 | 日 | 月 | 火 | 水 | 木 | 金 | 土 | 日 | 月 | 火 | 水 | 木 | 金 | 土 | 日 | 月 | 火 | 水 | 木 | 金 | 土 | 日 | 月 | 火 | 水 |
| 일진 | 癸巳 | 甲午 | 乙未 | 丙申 | 丁酉 | 戊戌 | 己亥 | 庚子 | 辛丑 | 壬寅 | 癸卯 | 甲辰 | 乙巳 | 丙午 | 丁未 | 戊申 | 己酉 | 庚戌 | 辛亥 | 壬子 | 癸丑 | 甲寅 | 乙卯 | 丙辰 | 丁巳 | 戊午 | 己未 | 庚申 | 辛酉 | 壬戌 |
| 대운 남 | 2 | 2 | 1 | 1 | 1 | 1 | 입 | 10 | 9 | 9 | 9 | 8 | 8 | 8 | 7 | 7 | 7 | 6 | 6 | 6 | 5 | 5 | 5 | 4 | 4 | 4 | 3 | 3 | 3 | 2 |
| 대운 녀 | 8 | 8 | 9 | 9 | 9 | 10 | 동 | 1 | 1 | 1 | 1 | 2 | 2 | 2 | 3 | 3 | 3 | 4 | 4 | 4 | 5 | 5 | 5 | 6 | 6 | 6 | 7 | 7 | 7 | 8 |

대설 7일 11시08분

## 12 · 戊子月(양 12.7~1.4)

동지 22일 04시56분

| 양력 | 1 | 2 | 3 | 4 | 5 | 6 | 7 | 8 | 9 | 10 | 11 | 12 | 13 | 14 | 15 | 16 | 17 | 18 | 19 | 20 | 21 | 22 | 23 | 24 | 25 | 26 | 27 | 28 | 29 | 30 | 31 |
|---|---|---|---|---|---|---|---|---|---|---|---|---|---|---|---|---|---|---|---|---|---|---|---|---|---|---|---|---|---|---|---|
| 음력 | 13 | 14 | 15 | 16 | 17 | 18 | 19 | 20 | 21 | 22 | 23 | 24 | 25 | 26 | 27 | 28 | 29 | 11.1 | 2 | 3 | 4 | 5 | 6 | 7 | 8 | 9 | 10 | 11 | 12 | 13 | 14 |
| 요일 | 木 | 金 | 土 | 日 | 月 | 火 | 水 | 木 | 金 | 土 | 日 | 月 | 火 | 水 | 木 | 金 | 土 | 日 | 月 | 火 | 水 | 木 | 金 | 土 | 日 | 月 | 火 | 水 | 木 | 金 | 土 |
| 일진 | 癸亥 | 甲子 | 乙丑 | 丙寅 | 丁卯 | 戊辰 | 己巳 | 庚午 | 辛未 | 壬申 | 癸酉 | 甲戌 | 乙亥 | 丙子 | 丁丑 | 戊寅 | 己卯 | 庚辰 | 辛巳 | 壬午 | 癸未 | 甲申 | 乙酉 | 丙戌 | 丁亥 | 戊子 | 己丑 | 庚寅 | 辛卯 | 壬辰 | 癸巳 |
| 대운 남 | 2 | 2 | 1 | 1 | 1 | 1 | 대 | 9 | 9 | 9 | 8 | 8 | 8 | 7 | 7 | 7 | 6 | 6 | 6 | 5 | 5 | 5 | 4 | 4 | 4 | 3 | 3 | 3 | 2 | 2 | 2 |
| 대운 녀 | 8 | 8 | 9 | 9 | 9 | 10 | 설 | 1 | 1 | 1 | 1 | 2 | 2 | 2 | 3 | 3 | 3 | 4 | 4 | 4 | 5 | 5 | 5 | 6 | 6 | 6 | 7 | 7 | 7 | 8 | 8 |

서머타임 종료 : 9월18일 01시를 00시로 조정

단기 4294년

# 1961년

소한 5일 22시13분 **1 · 己丑月(양 1.5~2.3)** 대한 20일 15시31분

| 양력 | | 1 | 2 | 3 | 4 | 5 | 6 | 7 | 8 | 9 | 10 | 11 | 12 | 13 | 14 | 15 | 16 | 17 | 18 | 19 | 20 | 21 | 22 | 23 | 24 | 25 | 26 | 27 | 28 | 29 | 30 | 31 |
|---|---|---|---|---|---|---|---|---|---|---|---|---|---|---|---|---|---|---|---|---|---|---|---|---|---|---|---|---|---|---|---|---|
| 음력 | | 15 | 16 | 17 | 18 | 19 | 20 | 21 | 22 | 23 | 24 | 25 | 26 | 27 | 28 | 29 | 30 | 12.1 | 2 | 3 | 4 | 5 | 6 | 7 | 8 | 9 | 10 | 11 | 12 | 13 | 14 | 15 |
| 요일 | | 日 | 月 | 火 | 水 | 木 | 金 | 土 | 日 | 月 | 火 | 水 | 木 | 金 | 土 | 日 | 月 | 火 | 水 | 木 | 金 | 土 | 日 | 月 | 火 | 水 | 木 | 金 | 土 | 日 | 月 | 火 |
| 일진 | | 甲午 | 乙未 | 丙申 | 丁酉 | 戊戌 | 己亥 | 庚子 | 辛丑 | 壬寅 | 癸卯 | 甲辰 | 乙巳 | 丙午 | 丁未 | 戊申 | 己酉 | 庚戌 | 辛亥 | 壬子 | 癸丑 | 甲寅 | 乙卯 | 丙辰 | 丁巳 | 戊午 | 己未 | 庚申 | 辛酉 | 壬戌 | 癸亥 | 甲子 |
| 대운 | 남 | 1 | 1 | 1 | 1 | 소 | 10 | 9 | 9 | 9 | 8 | 8 | 8 | 7 | 7 | 7 | 6 | 6 | 6 | 5 | 5 | 5 | 4 | 4 | 4 | 3 | 3 | 3 | 2 | 2 | 2 | 1 |
| | 녀 | 8 | 9 | 9 | 9 | 한 | 1 | 1 | 1 | 1 | 2 | 2 | 2 | 3 | 3 | 3 | 4 | 4 | 4 | 5 | 5 | 5 | 6 | 6 | 6 | 7 | 7 | 7 | 8 | 8 | 8 | 9 |

입춘 4일 09시52분 **2 · 庚寅月(양 2.4~3.5)** 우수 19일 05시46분

| 양력 | | 1 | 2 | 3 | 4 | 5 | 6 | 7 | 8 | 9 | 10 | 11 | 12 | 13 | 14 | 15 | 16 | 17 | 18 | 19 | 20 | 21 | 22 | 23 | 24 | 25 | 26 | 27 | 28 |
|---|---|---|---|---|---|---|---|---|---|---|---|---|---|---|---|---|---|---|---|---|---|---|---|---|---|---|---|---|---|
| 음력 | | 16 | 17 | 18 | 19 | 20 | 21 | 22 | 23 | 24 | 25 | 26 | 27 | 28 | 29 | 1.1 | 2 | 3 | 4 | 5 | 6 | 7 | 8 | 9 | 10 | 11 | 12 | 13 | 14 |
| 요일 | | 水 | 木 | 金 | 土 | 日 | 月 | 火 | 水 | 木 | 金 | 土 | 日 | 月 | 火 | 水 | 木 | 金 | 土 | 日 | 月 | 火 | 水 | 木 | 金 | 土 | 日 | 月 | 火 |
| 일진 | | 乙丑 | 丙寅 | 丁卯 | 戊辰 | 己巳 | 庚午 | 辛未 | 壬申 | 癸酉 | 甲戌 | 乙亥 | 丙子 | 丁丑 | 戊寅 | 己卯 | 庚辰 | 辛巳 | 壬午 | 癸未 | 甲申 | 乙酉 | 丙戌 | 丁亥 | 戊子 | 己丑 | 庚寅 | 辛卯 | 壬辰 |
| 대운 | 남 | 1 | 1 | 1 | 입 | 1 | 1 | 1 | 1 | 2 | 2 | 2 | 3 | 3 | 3 | 4 | 4 | 4 | 5 | 5 | 5 | 6 | 6 | 6 | 7 | 7 | 7 | 8 | 8 |
| | 녀 | 9 | 9 | 10 | 춘 | 10 | 9 | 9 | 9 | 8 | 8 | 8 | 7 | 7 | 7 | 6 | 6 | 6 | 5 | 5 | 5 | 4 | 4 | 4 | 3 | 3 | 3 | 2 | 2 |

경칩 6일 04시05분 **3 · 辛卯月(양 3.6~4.4)** 춘분 21일 05시02분

| 양력 | | 1 | 2 | 3 | 4 | 5 | 6 | 7 | 8 | 9 | 10 | 11 | 12 | 13 | 14 | 15 | 16 | 17 | 18 | 19 | 20 | 21 | 22 | 23 | 24 | 25 | 26 | 27 | 28 | 29 | 30 | 31 |
|---|---|---|---|---|---|---|---|---|---|---|---|---|---|---|---|---|---|---|---|---|---|---|---|---|---|---|---|---|---|---|---|---|
| 음력 | | 15 | 16 | 17 | 18 | 19 | 20 | 21 | 22 | 23 | 24 | 25 | 26 | 27 | 28 | 29 | 30 | 2.1 | 2 | 3 | 4 | 5 | 6 | 7 | 8 | 9 | 10 | 11 | 12 | 13 | 14 | 15 |
| 요일 | | 水 | 木 | 金 | 土 | 日 | 月 | 火 | 水 | 木 | 金 | 土 | 日 | 月 | 火 | 水 | 木 | 金 | 土 | 日 | 月 | 火 | 水 | 木 | 金 | 土 | 日 | 月 | 火 | 水 | 木 | 金 |
| 일진 | | 癸巳 | 甲午 | 乙未 | 丙申 | 丁酉 | 戊戌 | 己亥 | 庚子 | 辛丑 | 壬寅 | 癸卯 | 甲辰 | 乙巳 | 丙午 | 丁未 | 戊申 | 己酉 | 庚戌 | 辛亥 | 壬子 | 癸丑 | 甲寅 | 乙卯 | 丙辰 | 丁巳 | 戊午 | 己未 | 庚申 | 辛酉 | 壬戌 | 癸亥 |
| 대운 | 남 | 8 | 9 | 9 | 9 | 10 | 경 | 1 | 1 | 1 | 1 | 2 | 2 | 2 | 3 | 3 | 3 | 4 | 4 | 4 | 5 | 5 | 5 | 6 | 6 | 6 | 7 | 7 | 7 | 8 | 8 | 8 |
| | 녀 | 2 | 1 | 1 | 1 | 1 | 칩 | 10 | 9 | 9 | 9 | 8 | 8 | 8 | 7 | 7 | 7 | 6 | 6 | 6 | 5 | 5 | 5 | 4 | 4 | 4 | 3 | 3 | 3 | 2 | 2 | 2 |

청명 5일 09시12분 **4 · 壬辰月(양 4.5~5.5)** 곡우 20일 16시25분

| 양력 | | 1 | 2 | 3 | 4 | 5 | 6 | 7 | 8 | 9 | 10 | 11 | 12 | 13 | 14 | 15 | 16 | 17 | 18 | 19 | 20 | 21 | 22 | 23 | 24 | 25 | 26 | 27 | 28 | 29 | 30 |
|---|---|---|---|---|---|---|---|---|---|---|---|---|---|---|---|---|---|---|---|---|---|---|---|---|---|---|---|---|---|---|---|
| 음력 | | 16 | 17 | 18 | 19 | 20 | 21 | 22 | 23 | 24 | 25 | 26 | 27 | 28 | 29 | 3.1 | 2 | 3 | 4 | 5 | 6 | 7 | 8 | 9 | 10 | 11 | 12 | 13 | 14 | 15 | 16 |
| 요일 | | 土 | 日 | 月 | 火 | 水 | 木 | 金 | 土 | 日 | 月 | 火 | 水 | 木 | 金 | 土 | 日 | 月 | 火 | 水 | 木 | 金 | 土 | 日 | 月 | 火 | 水 | 木 | 金 | 土 | 日 |
| 일진 | | 甲子 | 乙丑 | 丙寅 | 丁卯 | 戊辰 | 己巳 | 庚午 | 辛未 | 壬申 | 癸酉 | 甲戌 | 乙亥 | 丙子 | 丁丑 | 戊寅 | 己卯 | 庚辰 | 辛巳 | 壬午 | 癸未 | 甲申 | 乙酉 | 丙戌 | 丁亥 | 戊子 | 己丑 | 庚寅 | 辛卯 | 壬辰 | 癸巳 |
| 대운 | 남 | 9 | 9 | 9 | 10 | 청 | 1 | 1 | 1 | 1 | 2 | 2 | 2 | 3 | 3 | 3 | 4 | 4 | 4 | 5 | 5 | 5 | 6 | 6 | 6 | 7 | 7 | 7 | 8 | 8 | 8 |
| | 녀 | 1 | 1 | 1 | 1 | 명 | 10 | 10 | 9 | 9 | 9 | 8 | 8 | 8 | 7 | 7 | 7 | 6 | 6 | 6 | 5 | 5 | 5 | 4 | 4 | 4 | 3 | 3 | 3 | 2 | 2 |

입하 6일 02시51분 **5 · 癸巳月(양 5.6~6.5)** 소만 21일 15시52분

| 양력 | | 1 | 2 | 3 | 4 | 5 | 6 | 7 | 8 | 9 | 10 | 11 | 12 | 13 | 14 | 15 | 16 | 17 | 18 | 19 | 20 | 21 | 22 | 23 | 24 | 25 | 26 | 27 | 28 | 29 | 30 | 31 |
|---|---|---|---|---|---|---|---|---|---|---|---|---|---|---|---|---|---|---|---|---|---|---|---|---|---|---|---|---|---|---|---|---|
| 음력 | | 17 | 18 | 19 | 20 | 21 | 22 | 23 | 24 | 25 | 26 | 27 | 28 | 29 | 30 | 4.1 | 2 | 3 | 4 | 5 | 6 | 7 | 8 | 9 | 10 | 11 | 12 | 13 | 14 | 15 | 16 | 17 |
| 요일 | | 月 | 火 | 水 | 木 | 金 | 土 | 日 | 月 | 火 | 水 | 木 | 金 | 土 | 日 | 月 | 火 | 水 | 木 | 金 | 土 | 日 | 月 | 火 | 水 | 木 | 金 | 土 | 日 | 月 | 火 | 水 |
| 일진 | | 甲午 | 乙未 | 丙申 | 丁酉 | 戊戌 | 己亥 | 庚子 | 辛丑 | 壬寅 | 癸卯 | 甲辰 | 乙巳 | 丙午 | 丁未 | 戊申 | 己酉 | 庚戌 | 辛亥 | 壬子 | 癸丑 | 甲寅 | 乙卯 | 丙辰 | 丁巳 | 戊午 | 己未 | 庚申 | 辛酉 | 壬戌 | 癸亥 | 甲子 |
| 대운 | 남 | 9 | 9 | 9 | 10 | 10 | 입 | 1 | 1 | 1 | 1 | 2 | 2 | 2 | 3 | 3 | 3 | 4 | 4 | 4 | 5 | 5 | 5 | 6 | 6 | 6 | 7 | 7 | 7 | 8 | 8 | 8 |
| | 녀 | 2 | 1 | 1 | 1 | 1 | 하 | 10 | 10 | 9 | 9 | 9 | 8 | 8 | 8 | 7 | 7 | 7 | 6 | 6 | 6 | 5 | 5 | 5 | 4 | 4 | 4 | 3 | 3 | 3 | 2 | 2 |

망종 6일 07시16분 **6 · 甲午月(양 6.6~7.6)** 하지 22일 00시00분

| 양력 | | 1 | 2 | 3 | 4 | 5 | 6 | 7 | 8 | 9 | 10 | 11 | 12 | 13 | 14 | 15 | 16 | 17 | 18 | 19 | 20 | 21 | 22 | 23 | 24 | 25 | 26 | 27 | 28 | 29 | 30 |
|---|---|---|---|---|---|---|---|---|---|---|---|---|---|---|---|---|---|---|---|---|---|---|---|---|---|---|---|---|---|---|---|
| 음력 | | 18 | 19 | 20 | 21 | 22 | 23 | 24 | 25 | 26 | 27 | 28 | 29 | 5.1 | 2 | 3 | 4 | 5 | 6 | 7 | 8 | 9 | 10 | 11 | 12 | 13 | 14 | 15 | 16 | 17 | 18 |
| 요일 | | 木 | 金 | 土 | 日 | 月 | 火 | 水 | 木 | 金 | 土 | 日 | 月 | 火 | 水 | 木 | 金 | 土 | 日 | 月 | 火 | 水 | 木 | 金 | 土 | 日 | 月 | 火 | 水 | 木 | 金 |
| 일진 | | 乙丑 | 丙寅 | 丁卯 | 戊辰 | 己巳 | 庚午 | 辛未 | 壬申 | 癸酉 | 甲戌 | 乙亥 | 丙子 | 丁丑 | 戊寅 | 己卯 | 庚辰 | 辛巳 | 壬午 | 癸未 | 甲申 | 乙酉 | 丙戌 | 丁亥 | 戊子 | 己丑 | 庚寅 | 辛卯 | 壬辰 | 癸巳 | 甲午 |
| 대운 | 남 | 9 | 9 | 9 | 10 | 10 | 망 | 1 | 1 | 1 | 1 | 2 | 2 | 2 | 3 | 3 | 3 | 4 | 4 | 4 | 5 | 5 | 5 | 6 | 6 | 6 | 7 | 7 | 7 | 8 | 8 |
| | 녀 | 2 | 1 | 1 | 1 | 1 | 종 | 10 | 10 | 9 | 9 | 9 | 8 | 8 | 8 | 7 | 7 | 7 | 6 | 6 | 6 | 5 | 5 | 5 | 4 | 4 | 4 | 3 | 3 | 3 | 2 |



표준시 변경 : 8월10일 00시를 00시30분으로 조정

# 辛丑年

동경135도표준시

소서 7일 17시37분 | **7 · 乙未月**(양 7.7~8.7) | 대서 23일 10시54분

| 양력 | 1 | 2 | 3 | 4 | 5 | 6 | 7 | 8 | 9 | 10 | 11 | 12 | 13 | 14 | 15 | 16 | 17 | 18 | 19 | 20 | 21 | 22 | 23 | 24 | 25 | 26 | 27 | 28 | 29 | 30 | 31 |
|---|---|---|---|---|---|---|---|---|---|---|---|---|---|---|---|---|---|---|---|---|---|---|---|---|---|---|---|---|---|---|---|
| 음력 | 19 | 20 | 21 | 22 | 23 | 24 | 25 | 26 | 27 | 28 | 29 | 30 | 6.1 | 2 | 3 | 4 | 5 | 6 | 7 | 8 | 9 | 10 | 11 | 12 | 13 | 14 | 15 | 16 | 17 | 18 | 19 |
| 요일 | 土 | 日 | 月 | 火 | 水 | 木 | 金 | 土 | 日 | 月 | 火 | 水 | 木 | 金 | 土 | 日 | 月 | 火 | 水 | 木 | 金 | 土 | 日 | 月 | 火 | 水 | 木 | 金 | 土 | 日 | 月 |
| 일진 | 乙未 | 丙申 | 丁酉 | 戊戌 | 己亥 | 庚子 | 辛丑 | 壬寅 | 癸卯 | 甲辰 | 乙巳 | 丙午 | 丁未 | 戊申 | 己酉 | 庚戌 | 辛亥 | 壬子 | 癸丑 | 甲寅 | 乙卯 | 丙辰 | 丁巳 | 戊午 | 己未 | 庚申 | 辛酉 | 壬戌 | 癸亥 | 甲子 | 乙丑 |
| 대운 남 | 8 | 9 | 9 | 9 | 10 | 10 | 소 | 1 | 1 | 1 | 1 | 2 | 2 | 2 | 3 | 3 | 3 | 4 | 4 | 4 | 5 | 5 | 5 | 6 | 6 | 6 | 7 | 7 | 7 | 8 | 8 |
| 대운 녀 | 2 | 2 | 1 | 1 | 1 | 1 | 서 | 10 | 10 | 10 | 9 | 9 | 9 | 8 | 8 | 8 | 7 | 7 | 7 | 6 | 6 | 6 | 5 | 5 | 5 | 4 | 4 | 4 | 3 | 3 | 3 |

입추 8일 03시18분 | **8 · 丙申月**(양 8.8~9.7) | 처서 23일 18시19분

| 양력 | 1 | 2 | 3 | 4 | 5 | 6 | 7 | 8 | 9 | 10 | 11 | 12 | 13 | 14 | 15 | 16 | 17 | 18 | 19 | 20 | 21 | 22 | 23 | 24 | 25 | 26 | 27 | 28 | 29 | 30 | 31 |
|---|---|---|---|---|---|---|---|---|---|---|---|---|---|---|---|---|---|---|---|---|---|---|---|---|---|---|---|---|---|---|---|
| 음력 | 20 | 21 | 22 | 23 | 24 | 25 | 26 | 27 | 28 | 29 | 7.1 | 2 | 3 | 4 | 5 | 6 | 7 | 8 | 9 | 10 | 11 | 12 | 13 | 14 | 15 | 16 | 17 | 18 | 19 | 20 | 21 |
| 요일 | 火 | 水 | 木 | 金 | 土 | 日 | 月 | 火 | 水 | 木 | 金 | 土 | 日 | 月 | 火 | 水 | 木 | 金 | 土 | 日 | 月 | 火 | 水 | 木 | 金 | 土 | 日 | 月 | 火 | 水 | 木 |
| 일진 | 丙寅 | 丁卯 | 戊辰 | 己巳 | 庚午 | 辛未 | 壬申 | 癸酉 | 甲戌 | 乙亥 | 丙子 | 丁丑 | 戊寅 | 己卯 | 庚辰 | 辛巳 | 壬午 | 癸未 | 甲申 | 乙酉 | 丙戌 | 丁亥 | 戊子 | 己丑 | 庚寅 | 辛卯 | 壬辰 | 癸巳 | 甲午 | 乙未 | 丙申 |
| 대운 남 | 8 | 9 | 9 | 9 | 10 | 10 | 10 | 입 | 1 | 1 | 1 | 1 | 2 | 2 | 2 | 3 | 3 | 3 | 4 | 4 | 4 | 5 | 5 | 5 | 6 | 6 | 6 | 7 | 7 | 7 | 8 |
| 대운 녀 | 2 | 2 | 2 | 1 | 1 | 1 | 1 | 추 | 10 | 10 | 9 | 9 | 9 | 8 | 8 | 8 | 7 | 7 | 7 | 6 | 6 | 6 | 5 | 5 | 5 | 4 | 4 | 4 | 3 | 3 | 3 |

백로 8일 06시29분 | **9 · 丁酉月**(양 9.8~10.7) | 추분 23일 15시42분

| 양력 | 1 | 2 | 3 | 4 | 5 | 6 | 7 | 8 | 9 | 10 | 11 | 12 | 13 | 14 | 15 | 16 | 17 | 18 | 19 | 20 | 21 | 22 | 23 | 24 | 25 | 26 | 27 | 28 | 29 | 30 |
|---|---|---|---|---|---|---|---|---|---|---|---|---|---|---|---|---|---|---|---|---|---|---|---|---|---|---|---|---|---|---|
| 음력 | 22 | 23 | 24 | 25 | 26 | 27 | 28 | 29 | 30 | 8.1 | 2 | 3 | 4 | 5 | 6 | 7 | 8 | 9 | 10 | 11 | 12 | 13 | 14 | 15 | 16 | 17 | 18 | 19 | 20 | 21 |
| 요일 | 金 | 土 | 日 | 月 | 火 | 水 | 木 | 金 | 土 | 日 | 月 | 火 | 水 | 木 | 金 | 土 | 日 | 月 | 火 | 水 | 木 | 金 | 土 | 日 | 月 | 火 | 水 | 木 | 金 | 土 |
| 일진 | 丁酉 | 戊戌 | 己亥 | 庚子 | 辛丑 | 壬寅 | 癸卯 | 甲辰 | 乙巳 | 丙午 | 丁未 | 戊申 | 己酉 | 庚戌 | 辛亥 | 壬子 | 癸丑 | 甲寅 | 乙卯 | 丙辰 | 丁巳 | 戊午 | 己未 | 庚申 | 辛酉 | 壬戌 | 癸亥 | 甲子 | 乙丑 | 丙寅 |
| 대운 남 | 8 | 8 | 9 | 9 | 9 | 10 | 10 | 백 | 1 | 1 | 1 | 1 | 2 | 2 | 2 | 3 | 3 | 3 | 4 | 4 | 4 | 5 | 5 | 5 | 6 | 6 | 6 | 7 | 7 | 7 |
| 대운 녀 | 2 | 2 | 2 | 1 | 1 | 1 | 1 | 로 | 10 | 9 | 9 | 9 | 8 | 8 | 8 | 7 | 7 | 7 | 6 | 6 | 6 | 5 | 5 | 5 | 4 | 4 | 4 | 3 | 3 | 3 |

한로 8일 21시51분 | **10 · 戊戌月**(양 10.8~11.7) | 상강 24일 00시47분

| 양력 | 1 | 2 | 3 | 4 | 5 | 6 | 7 | 8 | 9 | 10 | 11 | 12 | 13 | 14 | 15 | 16 | 17 | 18 | 19 | 20 | 21 | 22 | 23 | 24 | 25 | 26 | 27 | 28 | 29 | 30 | 31 |
|---|---|---|---|---|---|---|---|---|---|---|---|---|---|---|---|---|---|---|---|---|---|---|---|---|---|---|---|---|---|---|---|
| 음력 | 22 | 23 | 24 | 25 | 26 | 27 | 28 | 29 | 30 | 9.1 | 2 | 3 | 4 | 5 | 6 | 7 | 8 | 9 | 10 | 11 | 12 | 13 | 14 | 15 | 16 | 17 | 18 | 19 | 20 | 21 | 22 |
| 요일 | 日 | 月 | 火 | 水 | 木 | 金 | 土 | 日 | 月 | 火 | 水 | 木 | 金 | 土 | 日 | 月 | 火 | 水 | 木 | 金 | 土 | 日 | 月 | 火 | 水 | 木 | 金 | 土 | 日 | 月 | 火 |
| 일진 | 丁卯 | 戊辰 | 己巳 | 庚午 | 辛未 | 壬申 | 癸酉 | 甲戌 | 乙亥 | 丙子 | 丁丑 | 戊寅 | 己卯 | 庚辰 | 辛巳 | 壬午 | 癸未 | 甲申 | 乙酉 | 丙戌 | 丁亥 | 戊子 | 己丑 | 庚寅 | 辛卯 | 壬辰 | 癸巳 | 甲午 | 乙未 | 丙申 | 丁酉 |
| 대운 남 | 8 | 8 | 8 | 9 | 9 | 9 | 10 | 한 | 1 | 1 | 1 | 1 | 2 | 2 | 2 | 3 | 3 | 3 | 4 | 4 | 4 | 5 | 5 | 5 | 6 | 6 | 6 | 7 | 7 | 7 | 8 |
| 대운 녀 | 2 | 2 | 2 | 1 | 1 | 1 | 1 | 로 | 10 | 10 | 9 | 9 | 9 | 8 | 8 | 8 | 7 | 7 | 7 | 6 | 6 | 6 | 5 | 5 | 5 | 4 | 4 | 4 | 3 | 3 | 3 |

입동 8일 00시46분 | **11 · 己亥月**(양 11.8~12.6) | 소설 22일 22시08분

| 양력 | 1 | 2 | 3 | 4 | 5 | 6 | 7 | 8 | 9 | 10 | 11 | 12 | 13 | 14 | 15 | 16 | 17 | 18 | 19 | 20 | 21 | 22 | 23 | 24 | 25 | 26 | 27 | 28 | 29 | 30 |
|---|---|---|---|---|---|---|---|---|---|---|---|---|---|---|---|---|---|---|---|---|---|---|---|---|---|---|---|---|---|---|
| 음력 | 23 | 24 | 25 | 26 | 27 | 28 | 29 | 10.1 | 2 | 3 | 4 | 5 | 6 | 7 | 8 | 9 | 10 | 11 | 12 | 13 | 14 | 15 | 16 | 17 | 18 | 19 | 20 | 21 | 22 | 23 |
| 요일 | 水 | 木 | 金 | 土 | 日 | 月 | 火 | 水 | 木 | 金 | 土 | 日 | 月 | 火 | 水 | 木 | 金 | 土 | 日 | 月 | 火 | 水 | 木 | 金 | 土 | 日 | 月 | 火 | 水 | 木 |
| 일진 | 戊戌 | 己亥 | 庚子 | 辛丑 | 壬寅 | 癸卯 | 甲辰 | 乙巳 | 丙午 | 丁未 | 戊申 | 己酉 | 庚戌 | 辛亥 | 壬子 | 癸丑 | 甲寅 | 乙卯 | 丙辰 | 丁巳 | 戊午 | 己未 | 庚申 | 辛酉 | 壬戌 | 癸亥 | 甲子 | 乙丑 | 丙寅 | 丁卯 |
| 대운 남 | 8 | 8 | 9 | 9 | 9 | 10 | 10 | 입 | 1 | 1 | 1 | 1 | 2 | 2 | 2 | 3 | 3 | 3 | 4 | 4 | 4 | 5 | 5 | 5 | 6 | 6 | 6 | 7 | 7 | 7 |
| 대운 녀 | 2 | 2 | 2 | 1 | 1 | 1 | 1 | 동 | 9 | 9 | 9 | 8 | 8 | 8 | 7 | 7 | 7 | 6 | 6 | 6 | 5 | 5 | 5 | 4 | 4 | 4 | 3 | 3 | 3 | 2 |

대설 7일 17시26분 | **12 · 庚子月**(양 12.7~1.5) | 동지 22일 11시19분

| 양력 | 1 | 2 | 3 | 4 | 5 | 6 | 7 | 8 | 9 | 10 | 11 | 12 | 13 | 14 | 15 | 16 | 17 | 18 | 19 | 20 | 21 | 22 | 23 | 24 | 25 | 26 | 27 | 28 | 29 | 30 | 31 |
|---|---|---|---|---|---|---|---|---|---|---|---|---|---|---|---|---|---|---|---|---|---|---|---|---|---|---|---|---|---|---|---|
| 음력 | 24 | 25 | 26 | 27 | 28 | 29 | 30 | 11.1 | 2 | 3 | 4 | 5 | 6 | 7 | 8 | 9 | 10 | 11 | 12 | 13 | 14 | 15 | 16 | 17 | 18 | 19 | 20 | 21 | 22 | 23 | 24 |
| 요일 | 金 | 土 | 日 | 月 | 火 | 水 | 木 | 金 | 土 | 日 | 月 | 火 | 水 | 木 | 金 | 土 | 日 | 月 | 火 | 水 | 木 | 金 | 土 | 日 | 月 | 火 | 水 | 木 | 金 | 土 | 日 |
| 일진 | 戊辰 | 己巳 | 庚午 | 辛未 | 壬申 | 癸酉 | 甲戌 | 乙亥 | 丙子 | 丁丑 | 戊寅 | 己卯 | 庚辰 | 辛巳 | 壬午 | 癸未 | 甲申 | 乙酉 | 丙戌 | 丁亥 | 戊子 | 己丑 | 庚寅 | 辛卯 | 壬辰 | 癸巳 | 甲午 | 乙未 | 丙申 | 丁酉 | 戊戌 |
| 대운 남 | 8 | 8 | 8 | 9 | 9 | 9 | 대 | 1 | 1 | 1 | 1 | 2 | 2 | 2 | 3 | 3 | 3 | 4 | 4 | 4 | 5 | 5 | 5 | 6 | 6 | 6 | 7 | 7 | 7 | 8 | 8 |
| 대운 녀 | 2 | 2 | 1 | 1 | 1 | 1 | 설 | 10 | 9 | 9 | 9 | 8 | 8 | 8 | 7 | 7 | 7 | 6 | 6 | 6 | 5 | 5 | 5 | 4 | 4 | 4 | 3 | 3 | 3 | 2 | 2 |

# 1962년

소한 6일 04시35분 | 1 · 辛丑月(양 1.6~2.3) | 대한 20일 21시58분

| 양력 | 1 | 2 | 3 | 4 | 5 | 6 | 7 | 8 | 9 | 10 | 11 | 12 | 13 | 14 | 15 | 16 | 17 | 18 | 19 | 20 | 21 | 22 | 23 | 24 | 25 | 26 | 27 | 28 | 29 | 30 | 31 |
|---|---|---|---|---|---|---|---|---|---|---|---|---|---|---|---|---|---|---|---|---|---|---|---|---|---|---|---|---|---|---|---|
| 음력 | 25 | 26 | 27 | 28 | 29 | 12.1 | 2 | 3 | 4 | 5 | 6 | 7 | 8 | 9 | 10 | 11 | 12 | 13 | 14 | 15 | 16 | 17 | 18 | 19 | 20 | 21 | 22 | 23 | 24 | 25 | 26 |
| 요일 | 月 | 火 | 水 | 木 | 金 | 土 | 日 | 月 | 火 | 水 | 木 | 金 | 土 | 日 | 月 | 火 | 水 | 木 | 金 | 土 | 日 | 月 | 火 | 水 | 木 | 金 | 土 | 日 | 月 | 火 | 水 |
| 일진 | 己亥 | 庚子 | 辛丑 | 壬寅 | 癸卯 | 甲辰 | 乙巳 | 丙午 | 丁未 | 戊申 | 己酉 | 庚戌 | 辛亥 | 壬子 | 癸丑 | 甲寅 | 乙卯 | 丙辰 | 丁巳 | 戊午 | 己未 | 庚申 | 辛酉 | 壬戌 | 癸亥 | 甲子 | 乙丑 | 丙寅 | 丁卯 | 戊辰 | 己巳 |
| 대운 남 | 8 | 9 | 9 | 9 | 10 | 소 | 1 | 1 | 1 | 1 | 2 | 2 | 2 | 3 | 3 | 3 | 4 | 4 | 4 | 5 | 5 | 5 | 6 | 6 | 6 | 7 | 7 | 7 | 8 | 8 | 8 |
| 대운 녀 | 2 | 1 | 1 | 1 | 1 | 한 | 9 | 9 | 9 | 8 | 8 | 8 | 7 | 7 | 7 | 6 | 6 | 6 | 5 | 5 | 5 | 4 | 4 | 4 | 3 | 3 | 3 | 2 | 2 | 2 | 1 |

입춘 4일 16시17분 | 2 · 壬寅月(양 2.4~3.5) | 우수 19일 12시15분

| 양력 | 1 | 2 | 3 | 4 | 5 | 6 | 7 | 8 | 9 | 10 | 11 | 12 | 13 | 14 | 15 | 16 | 17 | 18 | 19 | 20 | 21 | 22 | 23 | 24 | 25 | 26 | 27 | 28 |
|---|---|---|---|---|---|---|---|---|---|---|---|---|---|---|---|---|---|---|---|---|---|---|---|---|---|---|---|---|
| 음력 | 27 | 28 | 29 | 30 | 1.1 | 2 | 3 | 4 | 5 | 6 | 7 | 8 | 9 | 10 | 11 | 12 | 13 | 14 | 15 | 16 | 17 | 18 | 19 | 20 | 21 | 22 | 23 | 24 |
| 요일 | 木 | 金 | 土 | 日 | 月 | 火 | 水 | 木 | 金 | 土 | 日 | 月 | 火 | 水 | 木 | 金 | 土 | 日 | 月 | 火 | 水 | 木 | 金 | 土 | 日 | 月 | 火 | 水 |
| 일진 | 庚午 | 辛未 | 壬申 | 癸酉 | 甲戌 | 乙亥 | 丙子 | 丁丑 | 戊寅 | 己卯 | 庚辰 | 辛巳 | 壬午 | 癸未 | 甲申 | 乙酉 | 丙戌 | 丁亥 | 戊子 | 己丑 | 庚寅 | 辛卯 | 壬辰 | 癸巳 | 甲午 | 乙未 | 丙申 | 丁酉 |
| 대운 남 | 9 | 9 | 9 | 입 | 10 | 9 | 9 | 9 | 8 | 8 | 8 | 7 | 7 | 7 | 6 | 6 | 6 | 5 | 5 | 5 | 4 | 4 | 4 | 3 | 3 | 3 | 2 | 2 |
| 대운 녀 | 1 | 1 | 1 | 춘 | 1 | 1 | 1 | 1 | 2 | 2 | 2 | 3 | 3 | 3 | 4 | 4 | 4 | 5 | 5 | 5 | 6 | 6 | 6 | 7 | 7 | 7 | 8 | 8 |

경칩 6일 10시30분 | 3 · 癸卯月(양 3.6~4.4) | 춘분 21일 11시30분

| 양력 | 1 | 2 | 3 | 4 | 5 | 6 | 7 | 8 | 9 | 10 | 11 | 12 | 13 | 14 | 15 | 16 | 17 | 18 | 19 | 20 | 21 | 22 | 23 | 24 | 25 | 26 | 27 | 28 | 29 | 30 | 31 |
|---|---|---|---|---|---|---|---|---|---|---|---|---|---|---|---|---|---|---|---|---|---|---|---|---|---|---|---|---|---|---|---|
| 음력 | 25 | 26 | 27 | 28 | 29 | 2.1 | 2 | 3 | 4 | 5 | 6 | 7 | 8 | 9 | 10 | 11 | 12 | 13 | 14 | 15 | 16 | 17 | 18 | 19 | 20 | 21 | 22 | 23 | 24 | 25 | 26 |
| 요일 | 木 | 金 | 土 | 日 | 月 | 火 | 水 | 木 | 金 | 土 | 日 | 月 | 火 | 水 | 木 | 金 | 土 | 日 | 月 | 火 | 水 | 木 | 金 | 土 | 日 | 月 | 火 | 水 | 木 | 金 | 土 |
| 일진 | 戊戌 | 己亥 | 庚子 | 辛丑 | 壬寅 | 癸卯 | 甲辰 | 乙巳 | 丙午 | 丁未 | 戊申 | 己酉 | 庚戌 | 辛亥 | 壬子 | 癸丑 | 甲寅 | 乙卯 | 丙辰 | 丁巳 | 戊午 | 己未 | 庚申 | 辛酉 | 壬戌 | 癸亥 | 甲子 | 乙丑 | 丙寅 | 丁卯 | 戊辰 |
| 대운 남 | 2 | 1 | 1 | 1 | 1 | 경 | 10 | 9 | 9 | 9 | 8 | 8 | 8 | 7 | 7 | 7 | 6 | 6 | 6 | 5 | 5 | 5 | 4 | 4 | 4 | 3 | 3 | 3 | 2 | 2 | 2 |
| 대운 녀 | 8 | 9 | 9 | 9 | 10 | 칩 | 1 | 1 | 1 | 1 | 2 | 2 | 2 | 3 | 3 | 3 | 4 | 4 | 4 | 5 | 5 | 5 | 6 | 6 | 6 | 7 | 7 | 7 | 8 | 8 | 8 |

청명 5일 15시34분 | 4 · 甲辰月(양 4.5~5.5) | 곡우 20일 22시51분

| 양력 | 1 | 2 | 3 | 4 | 5 | 6 | 7 | 8 | 9 | 10 | 11 | 12 | 13 | 14 | 15 | 16 | 17 | 18 | 19 | 20 | 21 | 22 | 23 | 24 | 25 | 26 | 27 | 28 | 29 | 30 |
|---|---|---|---|---|---|---|---|---|---|---|---|---|---|---|---|---|---|---|---|---|---|---|---|---|---|---|---|---|---|---|
| 음력 | 27 | 28 | 29 | 30 | 3.1 | 2 | 3 | 4 | 5 | 6 | 7 | 8 | 9 | 10 | 11 | 12 | 13 | 14 | 15 | 16 | 17 | 18 | 19 | 20 | 21 | 22 | 23 | 24 | 25 | 26 |
| 요일 | 日 | 月 | 火 | 水 | 木 | 金 | 土 | 日 | 月 | 火 | 水 | 木 | 金 | 土 | 日 | 月 | 火 | 水 | 木 | 金 | 土 | 日 | 月 | 火 | 水 | 木 | 金 | 土 | 日 | 月 |
| 일진 | 己巳 | 庚午 | 辛未 | 壬申 | 癸酉 | 甲戌 | 乙亥 | 丙子 | 丁丑 | 戊寅 | 己卯 | 庚辰 | 辛巳 | 壬午 | 癸未 | 甲申 | 乙酉 | 丙戌 | 丁亥 | 戊子 | 己丑 | 庚寅 | 辛卯 | 壬辰 | 癸巳 | 甲午 | 乙未 | 丙申 | 丁酉 | 戊戌 |
| 대운 남 | 1 | 1 | 1 | 1 | 청 | 10 | 10 | 9 | 9 | 9 | 8 | 8 | 8 | 7 | 7 | 7 | 6 | 6 | 6 | 5 | 5 | 5 | 4 | 4 | 4 | 3 | 3 | 3 | 2 | 2 |
| 대운 녀 | 9 | 9 | 9 | 10 | 명 | 1 | 1 | 1 | 1 | 2 | 2 | 2 | 3 | 3 | 3 | 4 | 4 | 4 | 5 | 5 | 5 | 6 | 6 | 6 | 7 | 7 | 7 | 8 | 8 | 8 |

입하 6일 09시10분 | 5 · 乙巳月(양 5.6~6.5) | 소만 21일 22시17분

| 양력 | 1 | 2 | 3 | 4 | 5 | 6 | 7 | 8 | 9 | 10 | 11 | 12 | 13 | 14 | 15 | 16 | 17 | 18 | 19 | 20 | 21 | 22 | 23 | 24 | 25 | 26 | 27 | 28 | 29 | 30 | 31 |
|---|---|---|---|---|---|---|---|---|---|---|---|---|---|---|---|---|---|---|---|---|---|---|---|---|---|---|---|---|---|---|---|
| 음력 | 27 | 28 | 29 | 4.1 | 2 | 3 | 4 | 5 | 6 | 7 | 8 | 9 | 10 | 11 | 12 | 13 | 14 | 15 | 16 | 17 | 18 | 19 | 20 | 21 | 22 | 23 | 24 | 25 | 26 | 27 | 28 |
| 요일 | 火 | 水 | 木 | 金 | 土 | 日 | 月 | 火 | 水 | 木 | 金 | 土 | 日 | 月 | 火 | 水 | 木 | 金 | 土 | 日 | 月 | 火 | 水 | 木 | 金 | 土 | 日 | 月 | 火 | 水 | 木 |
| 일진 | 己亥 | 庚子 | 辛丑 | 壬寅 | 癸卯 | 甲辰 | 乙巳 | 丙午 | 丁未 | 戊申 | 己酉 | 庚戌 | 辛亥 | 壬子 | 癸丑 | 甲寅 | 乙卯 | 丙辰 | 丁巳 | 戊午 | 己未 | 庚申 | 辛酉 | 壬戌 | 癸亥 | 甲子 | 乙丑 | 丙寅 | 丁卯 | 戊辰 | 己巳 |
| 대운 남 | 2 | 1 | 1 | 1 | 1 | 입 | 10 | 10 | 9 | 9 | 9 | 8 | 8 | 8 | 7 | 7 | 7 | 6 | 6 | 6 | 5 | 5 | 5 | 4 | 4 | 4 | 3 | 3 | 3 | 2 | 2 |
| 대운 녀 | 9 | 9 | 9 | 10 | 10 | 하 | 1 | 1 | 1 | 1 | 2 | 2 | 2 | 3 | 3 | 3 | 4 | 4 | 4 | 5 | 5 | 5 | 6 | 6 | 6 | 7 | 7 | 7 | 8 | 8 | 8 |

망종 6일 13시31분 | 6 · 丙午月(양 6.6~7.6) | 하지 22일 06시24분

| 양력 | 1 | 2 | 3 | 4 | 5 | 6 | 7 | 8 | 9 | 10 | 11 | 12 | 13 | 14 | 15 | 16 | 17 | 18 | 19 | 20 | 21 | 22 | 23 | 24 | 25 | 26 | 27 | 28 | 29 | 30 |
|---|---|---|---|---|---|---|---|---|---|---|---|---|---|---|---|---|---|---|---|---|---|---|---|---|---|---|---|---|---|---|
| 음력 | 29 | 5.1 | 2 | 3 | 4 | 5 | 6 | 7 | 8 | 9 | 10 | 11 | 12 | 13 | 14 | 15 | 16 | 17 | 18 | 19 | 20 | 21 | 22 | 23 | 24 | 25 | 26 | 27 | 28 | 29 |
| 요일 | 金 | 土 | 日 | 月 | 火 | 水 | 木 | 金 | 土 | 日 | 月 | 火 | 水 | 木 | 金 | 土 | 日 | 月 | 火 | 水 | 木 | 金 | 土 | 日 | 月 | 火 | 水 | 木 | 金 | 土 |
| 일진 | 庚午 | 辛未 | 壬申 | 癸酉 | 甲戌 | 乙亥 | 丙子 | 丁丑 | 戊寅 | 己卯 | 庚辰 | 辛巳 | 壬午 | 癸未 | 甲申 | 乙酉 | 丙戌 | 丁亥 | 戊子 | 己丑 | 庚寅 | 辛卯 | 壬辰 | 癸巳 | 甲午 | 乙未 | 丙申 | 丁酉 | 戊戌 | 己亥 |
| 대운 남 | 2 | 1 | 1 | 1 | 1 | 망 | 10 | 10 | 9 | 9 | 9 | 8 | 8 | 8 | 7 | 7 | 7 | 6 | 6 | 6 | 5 | 5 | 5 | 4 | 4 | 4 | 3 | 3 | 3 | 2 |
| 대운 녀 | 9 | 9 | 9 | 10 | 10 | 종 | 1 | 1 | 1 | 1 | 2 | 2 | 2 | 3 | 3 | 3 | 4 | 4 | 4 | 5 | 5 | 5 | 6 | 6 | 6 | 7 | 7 | 7 | 8 | 8 |

소서 7일 23시51분 **7 · 丁未月(양 7.7~8.7)** 대서 23일 17시18분

| 양력 | | 1 | 2 | 3 | 4 | 5 | 6 | 7 | 8 | 9 | 10 | 11 | 12 | 13 | 14 | 15 | 16 | 17 | 18 | 19 | 20 | 21 | 22 | 23 | 24 | 25 | 26 | 27 | 28 | 29 | 30 | 31 |
|---|---|---|---|---|---|---|---|---|---|---|---|---|---|---|---|---|---|---|---|---|---|---|---|---|---|---|---|---|---|---|---|---|
| 음력 | | 30 | 6.1 | 2 | 3 | 4 | 5 | 6 | 7 | 8 | 9 | 10 | 11 | 12 | 13 | 14 | 15 | 16 | 17 | 18 | 19 | 20 | 21 | 22 | 23 | 24 | 25 | 26 | 27 | 28 | 29 | 7.1 |
| 요일 | | 日 | 月 | 火 | 水 | 木 | 金 | 土 | 日 | 月 | 火 | 水 | 木 | 金 | 土 | 日 | 月 | 火 | 水 | 木 | 金 | 土 | 日 | 月 | 火 | 水 | 木 | 金 | 土 | 日 | 月 | 火 |
| 일진 | | 庚子 | 辛丑 | 壬寅 | 癸卯 | 甲辰 | 乙巳 | 丙午 | 丁未 | 戊申 | 己酉 | 庚戌 | 辛亥 | 壬子 | 癸丑 | 甲寅 | 乙卯 | 丙辰 | 丁巳 | 戊午 | 己未 | 庚申 | 辛酉 | 壬戌 | 癸亥 | 甲子 | 乙丑 | 丙寅 | 丁卯 | 戊辰 | 己巳 | 庚午 |
| 대운 | 남 | 2 | 2 | 1 | 1 | 1 | 1 | 소 | 10 | 10 | 10 | 9 | 9 | 9 | 8 | 8 | 8 | 7 | 7 | 7 | 6 | 6 | 6 | 5 | 5 | 5 | 4 | 4 | 4 | 3 | 3 | 3 |
| | 녀 | 8 | 9 | 9 | 9 | 10 | 10 | 서 | 1 | 1 | 1 | 1 | 2 | 2 | 2 | 3 | 3 | 3 | 4 | 4 | 4 | 5 | 5 | 5 | 6 | 6 | 6 | 7 | 7 | 7 | 8 | 8 |

입추 8일 09시34분 **8 · 戊申月(양 8.8~9.7)** 처서 24일 00시12분

| 양력 | | 1 | 2 | 3 | 4 | 5 | 6 | 7 | 8 | 9 | 10 | 11 | 12 | 13 | 14 | 15 | 16 | 17 | 18 | 19 | 20 | 21 | 22 | 23 | 24 | 25 | 26 | 27 | 28 | 29 | 30 | 31 |
|---|---|---|---|---|---|---|---|---|---|---|---|---|---|---|---|---|---|---|---|---|---|---|---|---|---|---|---|---|---|---|---|---|
| 음력 | | 2 | 3 | 4 | 5 | 6 | 7 | 8 | 9 | 10 | 11 | 12 | 13 | 14 | 15 | 16 | 17 | 18 | 19 | 20 | 21 | 22 | 23 | 24 | 25 | 26 | 27 | 28 | 29 | 30 | 8.1 | 2 |
| 요일 | | 水 | 木 | 金 | 土 | 日 | 月 | 火 | 水 | 木 | 金 | 土 | 日 | 月 | 火 | 水 | 木 | 金 | 土 | 日 | 月 | 火 | 水 | 木 | 金 | 土 | 日 | 月 | 火 | 水 | 木 | 金 |
| 일진 | | 辛未 | 壬申 | 癸酉 | 甲戌 | 乙亥 | 丙子 | 丁丑 | 戊寅 | 己卯 | 庚辰 | 辛巳 | 壬午 | 癸未 | 甲申 | 乙酉 | 丙戌 | 丁亥 | 戊子 | 己丑 | 庚寅 | 辛卯 | 壬辰 | 癸巳 | 甲午 | 乙未 | 丙申 | 丁酉 | 戊戌 | 己亥 | 庚子 | 辛丑 |
| 대운 | 남 | 2 | 2 | 2 | 1 | 1 | 1 | 1 | 입 | 10 | 10 | 9 | 9 | 9 | 8 | 8 | 8 | 7 | 7 | 7 | 6 | 6 | 6 | 5 | 5 | 5 | 4 | 4 | 4 | 3 | 3 | 3 |
| | 녀 | 8 | 9 | 9 | 9 | 10 | 10 | 10 | 추 | 1 | 1 | 1 | 1 | 2 | 2 | 2 | 3 | 3 | 3 | 4 | 4 | 4 | 5 | 5 | 5 | 6 | 6 | 6 | 7 | 7 | 7 | 8 |

백로 8일 12시15분 **9 · 己酉月(양 9.8~10.8)** 추분 23일 21시35분

| 양력 | | 1 | 2 | 3 | 4 | 5 | 6 | 7 | 8 | 9 | 10 | 11 | 12 | 13 | 14 | 15 | 16 | 17 | 18 | 19 | 20 | 21 | 22 | 23 | 24 | 25 | 26 | 27 | 28 | 29 | 30 |
|---|---|---|---|---|---|---|---|---|---|---|---|---|---|---|---|---|---|---|---|---|---|---|---|---|---|---|---|---|---|---|---|
| 음력 | | 3 | 4 | 5 | 6 | 7 | 8 | 9 | 10 | 11 | 12 | 13 | 14 | 15 | 16 | 17 | 18 | 19 | 20 | 21 | 22 | 23 | 24 | 25 | 26 | 27 | 28 | 29 | 30 | 9.1 | 2 |
| 요일 | | 土 | 日 | 月 | 火 | 水 | 木 | 金 | 土 | 日 | 月 | 火 | 水 | 木 | 金 | 土 | 日 | 月 | 火 | 水 | 木 | 金 | 土 | 日 | 月 | 火 | 水 | 木 | 金 | 土 | 日 |
| 일진 | | 壬寅 | 癸卯 | 甲辰 | 乙巳 | 丙午 | 丁未 | 戊申 | 己酉 | 庚戌 | 辛亥 | 壬子 | 癸丑 | 甲寅 | 乙卯 | 丙辰 | 丁巳 | 戊午 | 己未 | 庚申 | 辛酉 | 壬戌 | 癸亥 | 甲子 | 乙丑 | 丙寅 | 丁卯 | 戊辰 | 己巳 | 庚午 | 辛未 |
| 대운 | 남 | 2 | 2 | 2 | 1 | 1 | 1 | 1 | 백 | 10 | 10 | 9 | 9 | 9 | 8 | 8 | 8 | 7 | 7 | 7 | 6 | 6 | 6 | 5 | 5 | 5 | 4 | 4 | 4 | 3 | 3 |
| | 녀 | 8 | 8 | 9 | 9 | 9 | 10 | 10 | 로 | 1 | 1 | 1 | 1 | 2 | 2 | 2 | 3 | 3 | 3 | 4 | 4 | 4 | 5 | 5 | 5 | 6 | 6 | 6 | 7 | 7 | 7 |

한로 9일 03시38분 **10 · 庚戌月(양 10.9~11.7)** 상강 24일 06시40분

| 양력 | | 1 | 2 | 3 | 4 | 5 | 6 | 7 | 8 | 9 | 10 | 11 | 12 | 13 | 14 | 15 | 16 | 17 | 18 | 19 | 20 | 21 | 22 | 23 | 24 | 25 | 26 | 27 | 28 | 29 | 30 | 31 |
|---|---|---|---|---|---|---|---|---|---|---|---|---|---|---|---|---|---|---|---|---|---|---|---|---|---|---|---|---|---|---|---|---|
| 음력 | | 3 | 4 | 5 | 6 | 7 | 8 | 9 | 10 | 11 | 12 | 13 | 14 | 15 | 16 | 17 | 18 | 19 | 20 | 21 | 22 | 23 | 24 | 25 | 26 | 27 | 28 | 29 | 10.1 | 2 | 3 | 4 |
| 요일 | | 月 | 火 | 水 | 木 | 金 | 土 | 日 | 月 | 火 | 水 | 木 | 金 | 土 | 日 | 月 | 火 | 水 | 木 | 金 | 土 | 日 | 月 | 火 | 水 | 木 | 金 | 土 | 日 | 月 | 火 | 水 |
| 일진 | | 壬申 | 癸酉 | 甲戌 | 乙亥 | 丙子 | 丁丑 | 戊寅 | 己卯 | 庚辰 | 辛巳 | 壬午 | 癸未 | 甲申 | 乙酉 | 丙戌 | 丁亥 | 戊子 | 己丑 | 庚寅 | 辛卯 | 壬辰 | 癸巳 | 甲午 | 乙未 | 丙申 | 丁酉 | 戊戌 | 己亥 | 庚子 | 辛丑 | 壬寅 |
| 대운 | 남 | 3 | 2 | 2 | 2 | 1 | 1 | 1 | 1 | 한 | 10 | 9 | 9 | 9 | 8 | 8 | 8 | 7 | 7 | 7 | 6 | 6 | 6 | 5 | 5 | 5 | 4 | 4 | 4 | 3 | 3 | 3 |
| | 녀 | 8 | 8 | 8 | 9 | 9 | 9 | 10 | 10 | 로 | 1 | 1 | 1 | 1 | 2 | 2 | 2 | 3 | 3 | 3 | 4 | 4 | 4 | 5 | 5 | 5 | 6 | 6 | 6 | 7 | 7 | 7 |

입동 8일 06시35분 **11 · 辛亥月(양 11.8~12.6)** 소설 23일 04시02분

| 양력 | | 1 | 2 | 3 | 4 | 5 | 6 | 7 | 8 | 9 | 10 | 11 | 12 | 13 | 14 | 15 | 16 | 17 | 18 | 19 | 20 | 21 | 22 | 23 | 24 | 25 | 26 | 27 | 28 | 29 | 30 |
|---|---|---|---|---|---|---|---|---|---|---|---|---|---|---|---|---|---|---|---|---|---|---|---|---|---|---|---|---|---|---|---|
| 음력 | | 5 | 6 | 7 | 8 | 9 | 10 | 11 | 12 | 13 | 14 | 15 | 16 | 17 | 18 | 19 | 20 | 21 | 22 | 23 | 24 | 25 | 26 | 27 | 28 | 29 | 30 | 11.1 | 2 | 3 | 4 |
| 요일 | | 木 | 金 | 土 | 日 | 月 | 火 | 水 | 木 | 金 | 土 | 日 | 月 | 火 | 水 | 木 | 金 | 土 | 日 | 月 | 火 | 水 | 木 | 金 | 土 | 日 | 月 | 火 | 水 | 木 | 金 |
| 일진 | | 癸卯 | 甲辰 | 乙巳 | 丙午 | 丁未 | 戊申 | 己酉 | 庚戌 | 辛亥 | 壬子 | 癸丑 | 甲寅 | 乙卯 | 丙辰 | 丁巳 | 戊午 | 己未 | 庚申 | 辛酉 | 壬戌 | 癸亥 | 甲子 | 乙丑 | 丙寅 | 丁卯 | 戊辰 | 己巳 | 庚午 | 辛未 | 壬申 |
| 대운 | 남 | 2 | 2 | 2 | 1 | 1 | 1 | 1 | 입 | 9 | 9 | 9 | 8 | 8 | 8 | 7 | 7 | 7 | 6 | 6 | 6 | 5 | 5 | 5 | 4 | 4 | 4 | 3 | 3 | 3 | 2 |
| | 녀 | 8 | 8 | 8 | 9 | 9 | 9 | 10 | 동 | 1 | 1 | 1 | 1 | 2 | 2 | 2 | 3 | 3 | 3 | 4 | 4 | 4 | 5 | 5 | 5 | 6 | 6 | 6 | 7 | 7 | 7 |

대설 7일 23시17분 **12 · 壬子月(양 12.7~1.5)** 동지 22일 17시15분

| 양력 | | 1 | 2 | 3 | 4 | 5 | 6 | 7 | 8 | 9 | 10 | 11 | 12 | 13 | 14 | 15 | 16 | 17 | 18 | 19 | 20 | 21 | 22 | 23 | 24 | 25 | 26 | 27 | 28 | 29 | 30 | 31 |
|---|---|---|---|---|---|---|---|---|---|---|---|---|---|---|---|---|---|---|---|---|---|---|---|---|---|---|---|---|---|---|---|---|
| 음력 | | 5 | 6 | 7 | 8 | 9 | 10 | 11 | 12 | 13 | 14 | 15 | 16 | 17 | 18 | 19 | 20 | 21 | 22 | 23 | 24 | 25 | 26 | 27 | 28 | 29 | 30 | 12.1 | 2 | 3 | 4 | 5 |
| 요일 | | 土 | 日 | 月 | 火 | 水 | 木 | 金 | 土 | 日 | 月 | 火 | 水 | 木 | 金 | 土 | 日 | 月 | 火 | 水 | 木 | 金 | 土 | 日 | 月 | 火 | 水 | 木 | 金 | 土 | 日 | 月 |
| 일진 | | 癸酉 | 甲戌 | 乙亥 | 丙子 | 丁丑 | 戊寅 | 己卯 | 庚辰 | 辛巳 | 壬午 | 癸未 | 甲申 | 乙酉 | 丙戌 | 丁亥 | 戊子 | 己丑 | 庚寅 | 辛卯 | 壬辰 | 癸巳 | 甲午 | 乙未 | 丙申 | 丁酉 | 戊戌 | 己亥 | 庚子 | 辛丑 | 壬寅 | 癸卯 |
| 대운 | 남 | 2 | 2 | 1 | 1 | 1 | 1 | 대 | 10 | 9 | 9 | 9 | 8 | 8 | 8 | 7 | 7 | 7 | 6 | 6 | 6 | 5 | 5 | 5 | 4 | 4 | 4 | 3 | 3 | 3 | 2 | 2 |
| | 녀 | 8 | 8 | 8 | 9 | 9 | 9 | 설 | 1 | 1 | 1 | 1 | 2 | 2 | 2 | 3 | 3 | 3 | 4 | 4 | 4 | 5 | 5 | 5 | 6 | 6 | 6 | 7 | 7 | 7 | 8 | 8 |

# 1963년(윤4월)

소한 6일 10시26분

## 1 · 癸丑月(양 1.6~2.3)

대한 21일 03시54분

| 양력 | 1 | 2 | 3 | 4 | 5 | 6 | 7 | 8 | 9 | 10 | 11 | 12 | 13 | 14 | 15 | 16 | 17 | 18 | 19 | 20 | 21 | 22 | 23 | 24 | 25 | 26 | 27 | 28 | 29 | 30 | 31 |
|---|---|---|---|---|---|---|---|---|---|---|---|---|---|---|---|---|---|---|---|---|---|---|---|---|---|---|---|---|---|---|---|
| 음력 | 6 | 7 | 8 | 9 | 10 | 11 | 12 | 13 | 14 | 15 | 16 | 17 | 18 | 19 | 20 | 21 | 22 | 23 | 24 | 25 | 26 | 27 | 28 | 29 | 1.1 | 2 | 3 | 4 | 5 | 6 | 7 |
| 요일 | 火 | 水 | 木 | 金 | 土 | 日 | 月 | 火 | 水 | 木 | 金 | 土 | 日 | 月 | 火 | 水 | 木 | 金 | 土 | 日 | 月 | 火 | 水 | 木 | 金 | 土 | 日 | 月 | 火 | 水 | 木 |
| 일진 | 甲辰 | 乙巳 | 丙午 | 丁未 | 戊申 | 己酉 | 庚戌 | 辛亥 | 壬子 | 癸丑 | 甲寅 | 乙卯 | 丙辰 | 丁巳 | 戊午 | 己未 | 庚申 | 辛酉 | 壬戌 | 癸亥 | 甲子 | 乙丑 | 丙寅 | 丁卯 | 戊辰 | 己巳 | 庚午 | 辛未 | 壬申 | 癸酉 | 甲戌 |
| 대운 남 | 2 | 1 | 1 | 1 | 1 | 소 | 9 | 9 | 9 | 8 | 8 | 8 | 7 | 7 | 7 | 6 | 6 | 6 | 5 | 5 | 5 | 4 | 4 | 4 | 3 | 3 | 3 | 2 | 2 | 2 | 1 |
| 대운 녀 | 8 | 9 | 9 | 9 | 10 | 한 | 1 | 1 | 1 | 1 | 2 | 2 | 2 | 3 | 3 | 3 | 4 | 4 | 4 | 5 | 5 | 5 | 6 | 6 | 6 | 7 | 7 | 7 | 8 | 8 | 8 |

입춘 4일 22시08분

## 2 · 甲寅月(양 2.4~3.5)

우수 19일 18시09분

| 양력 | 1 | 2 | 3 | 4 | 5 | 6 | 7 | 8 | 9 | 10 | 11 | 12 | 13 | 14 | 15 | 16 | 17 | 18 | 19 | 20 | 21 | 22 | 23 | 24 | 25 | 26 | 27 | 28 |
|---|---|---|---|---|---|---|---|---|---|---|---|---|---|---|---|---|---|---|---|---|---|---|---|---|---|---|---|---|
| 음력 | 8 | 9 | 10 | 11 | 12 | 13 | 14 | 15 | 16 | 17 | 18 | 19 | 20 | 21 | 22 | 23 | 24 | 25 | 26 | 27 | 28 | 29 | 30 | 2.1 | 2 | 3 | 4 | 5 |
| 요일 | 金 | 土 | 日 | 月 | 火 | 水 | 木 | 金 | 土 | 日 | 月 | 火 | 水 | 木 | 金 | 土 | 日 | 月 | 火 | 水 | 木 | 金 | 土 | 日 | 月 | 火 | 水 | 木 |
| 일진 | 乙亥 | 丙子 | 丁丑 | 戊寅 | 己卯 | 庚辰 | 辛巳 | 壬午 | 癸未 | 甲申 | 乙酉 | 丙戌 | 丁亥 | 戊子 | 己丑 | 庚寅 | 辛卯 | 壬辰 | 癸巳 | 甲午 | 乙未 | 丙申 | 丁酉 | 戊戌 | 己亥 | 庚子 | 辛丑 | 壬寅 |
| 대운 남 | 1 | 1 | 1 | 입 | 1 | 1 | 1 | 1 | 2 | 2 | 2 | 3 | 3 | 3 | 4 | 4 | 4 | 5 | 5 | 5 | 6 | 6 | 6 | 7 | 7 | 7 | 8 | 8 |
| 대운 녀 | 9 | 9 | 9 | 춘 | 10 | 9 | 9 | 9 | 8 | 8 | 8 | 7 | 7 | 7 | 6 | 6 | 6 | 5 | 5 | 5 | 4 | 4 | 4 | 3 | 3 | 3 | 2 | 2 |

경칩 6일 16시17분

## 3 · 乙卯月(양 3.6~4.4)

춘분 21일 17시20분

| 양력 | 1 | 2 | 3 | 4 | 5 | 6 | 7 | 8 | 9 | 10 | 11 | 12 | 13 | 14 | 15 | 16 | 17 | 18 | 19 | 20 | 21 | 22 | 23 | 24 | 25 | 26 | 27 | 28 | 29 | 30 | 31 |
|---|---|---|---|---|---|---|---|---|---|---|---|---|---|---|---|---|---|---|---|---|---|---|---|---|---|---|---|---|---|---|---|
| 음력 | 6 | 7 | 8 | 9 | 10 | 11 | 12 | 13 | 14 | 15 | 16 | 17 | 18 | 19 | 20 | 21 | 22 | 23 | 24 | 25 | 26 | 27 | 28 | 29 | 3.1 | 2 | 3 | 4 | 5 | 6 | 7 |
| 요일 | 金 | 土 | 日 | 月 | 火 | 水 | 木 | 金 | 土 | 日 | 月 | 火 | 水 | 木 | 金 | 土 | 日 | 月 | 火 | 水 | 木 | 金 | 土 | 日 | 月 | 火 | 水 | 木 | 金 | 土 | 日 |
| 일진 | 癸卯 | 甲辰 | 乙巳 | 丙午 | 丁未 | 戊申 | 己酉 | 庚戌 | 辛亥 | 壬子 | 癸丑 | 甲寅 | 乙卯 | 丙辰 | 丁巳 | 戊午 | 己未 | 庚申 | 辛酉 | 壬戌 | 癸亥 | 甲子 | 乙丑 | 丙寅 | 丁卯 | 戊辰 | 己巳 | 庚午 | 辛未 | 壬申 | 癸酉 |
| 대운 남 | 8 | 9 | 9 | 9 | 10 | 경 | 1 | 1 | 1 | 1 | 2 | 2 | 2 | 3 | 3 | 3 | 4 | 4 | 4 | 5 | 5 | 5 | 6 | 6 | 6 | 7 | 7 | 7 | 8 | 8 | 8 |
| 대운 녀 | 2 | 1 | 1 | 1 | 1 | 칩 | 10 | 9 | 9 | 9 | 8 | 8 | 8 | 7 | 7 | 7 | 6 | 6 | 6 | 5 | 5 | 5 | 4 | 4 | 4 | 3 | 3 | 3 | 2 | 2 | 2 |

청명 5일 21시19분

## 4 · 丙辰月(양 4.5~5.5)

곡우 21일 04시36분

| 양력 | 1 | 2 | 3 | 4 | 5 | 6 | 7 | 8 | 9 | 10 | 11 | 12 | 13 | 14 | 15 | 16 | 17 | 18 | 19 | 20 | 21 | 22 | 23 | 24 | 25 | 26 | 27 | 28 | 29 | 30 |
|---|---|---|---|---|---|---|---|---|---|---|---|---|---|---|---|---|---|---|---|---|---|---|---|---|---|---|---|---|---|---|
| 음력 | 8 | 9 | 10 | 11 | 12 | 13 | 14 | 15 | 16 | 17 | 18 | 19 | 20 | 21 | 22 | 23 | 24 | 25 | 26 | 27 | 28 | 29 | 30 | 4.1 | 2 | 3 | 4 | 5 | 6 | 7 |
| 요일 | 月 | 火 | 水 | 木 | 金 | 土 | 日 | 月 | 火 | 水 | 木 | 金 | 土 | 日 | 月 | 火 | 水 | 木 | 金 | 土 | 日 | 月 | 火 | 水 | 木 | 金 | 土 | 日 | 月 | 火 |
| 일진 | 甲戌 | 乙亥 | 丙子 | 丁丑 | 戊寅 | 己卯 | 庚辰 | 辛巳 | 壬午 | 癸未 | 甲申 | 乙酉 | 丙戌 | 丁亥 | 戊子 | 己丑 | 庚寅 | 辛卯 | 壬辰 | 癸巳 | 甲午 | 乙未 | 丙申 | 丁酉 | 戊戌 | 己亥 | 庚子 | 辛丑 | 壬寅 | 癸卯 |
| 대운 남 | 9 | 9 | 9 | 10 | 청 | 1 | 1 | 1 | 1 | 2 | 2 | 2 | 3 | 3 | 3 | 4 | 4 | 4 | 5 | 5 | 5 | 6 | 6 | 6 | 7 | 7 | 7 | 8 | 8 | 8 |
| 대운 녀 | 1 | 1 | 1 | 1 | 명 | 10 | 10 | 9 | 9 | 9 | 8 | 8 | 8 | 7 | 7 | 7 | 6 | 6 | 6 | 5 | 5 | 5 | 4 | 4 | 4 | 3 | 3 | 3 | 2 | 2 |

입하 6일 14시52분

## 5 · 丁巳月(양 5.6~6.5)

소만 22일 03시58분

| 양력 | 1 | 2 | 3 | 4 | 5 | 6 | 7 | 8 | 9 | 10 | 11 | 12 | 13 | 14 | 15 | 16 | 17 | 18 | 19 | 20 | 21 | 22 | 23 | 24 | 25 | 26 | 27 | 28 | 29 | 30 | 31 |
|---|---|---|---|---|---|---|---|---|---|---|---|---|---|---|---|---|---|---|---|---|---|---|---|---|---|---|---|---|---|---|---|
| 음력 | 8 | 9 | 10 | 11 | 12 | 13 | 14 | 15 | 16 | 17 | 18 | 19 | 20 | 21 | 22 | 23 | 24 | 25 | 26 | 27 | 28 | 29 | 윤 | 4.2 | 3 | 4 | 5 | 6 | 7 | 8 | 9 |
| 요일 | 水 | 木 | 金 | 土 | 日 | 月 | 火 | 水 | 木 | 金 | 土 | 日 | 月 | 火 | 水 | 木 | 金 | 土 | 日 | 月 | 火 | 水 | 木 | 金 | 土 | 日 | 月 | 火 | 水 | 木 | 金 |
| 일진 | 甲辰 | 乙巳 | 丙午 | 丁未 | 戊申 | 己酉 | 庚戌 | 辛亥 | 壬子 | 癸丑 | 甲寅 | 乙卯 | 丙辰 | 丁巳 | 戊午 | 己未 | 庚申 | 辛酉 | 壬戌 | 癸亥 | 甲子 | 乙丑 | 丙寅 | 丁卯 | 戊辰 | 己巳 | 庚午 | 辛未 | 壬申 | 癸酉 | 甲戌 |
| 대운 남 | 9 | 9 | 9 | 10 | 10 | 입 | 1 | 1 | 1 | 1 | 2 | 2 | 2 | 3 | 3 | 3 | 4 | 4 | 4 | 5 | 5 | 5 | 6 | 6 | 6 | 7 | 7 | 7 | 8 | 8 | 8 |
| 대운 녀 | 2 | 1 | 1 | 1 | 1 | 하 | 10 | 10 | 9 | 9 | 9 | 8 | 8 | 8 | 7 | 7 | 7 | 6 | 6 | 6 | 5 | 5 | 5 | 4 | 4 | 4 | 3 | 3 | 3 | 2 | 2 |

망종 6일 19시14분

## 6 · 戊午月(양 6.6~7.7)

하지 22일 12시04분

| 양력 | 1 | 2 | 3 | 4 | 5 | 6 | 7 | 8 | 9 | 10 | 11 | 12 | 13 | 14 | 15 | 16 | 17 | 18 | 19 | 20 | 21 | 22 | 23 | 24 | 25 | 26 | 27 | 28 | 29 | 30 |
|---|---|---|---|---|---|---|---|---|---|---|---|---|---|---|---|---|---|---|---|---|---|---|---|---|---|---|---|---|---|---|
| 음력 | 10 | 11 | 12 | 13 | 14 | 15 | 16 | 17 | 18 | 19 | 20 | 21 | 22 | 23 | 24 | 25 | 26 | 27 | 28 | 29 | 5.1 | 2 | 3 | 4 | 5 | 6 | 7 | 8 | 9 | 10 |
| 요일 | 土 | 日 | 月 | 火 | 水 | 木 | 金 | 土 | 日 | 月 | 火 | 水 | 木 | 金 | 土 | 日 | 月 | 火 | 水 | 木 | 金 | 土 | 日 | 月 | 火 | 水 | 木 | 金 | 土 | 日 |
| 일진 | 乙亥 | 丙子 | 丁丑 | 戊寅 | 己卯 | 庚辰 | 辛巳 | 壬午 | 癸未 | 甲申 | 乙酉 | 丙戌 | 丁亥 | 戊子 | 己丑 | 庚寅 | 辛卯 | 壬辰 | 癸巳 | 甲午 | 乙未 | 丙申 | 丁酉 | 戊戌 | 己亥 | 庚子 | 辛丑 | 壬寅 | 癸卯 | 甲辰 |
| 대운 남 | 9 | 9 | 9 | 10 | 10 | 망 | 1 | 1 | 1 | 1 | 2 | 2 | 2 | 3 | 3 | 3 | 4 | 4 | 4 | 5 | 5 | 5 | 6 | 6 | 6 | 7 | 7 | 7 | 8 | 8 |
| 대운 녀 | 2 | 1 | 1 | 1 | 1 | 종 | 10 | 10 | 10 | 9 | 9 | 9 | 8 | 8 | 8 | 7 | 7 | 7 | 6 | 6 | 6 | 5 | 5 | 5 | 4 | 4 | 4 | 3 | 3 | 3 |

소서 8일 05시38분 **7 · 己未月(양 7.8~8.7)** 대서 23일 22시59분

| 양력 | 1 | 2 | 3 | 4 | 5 | 6 | 7 | 8 | 9 | 10 | 11 | 12 | 13 | 14 | 15 | 16 | 17 | 18 | 19 | 20 | 21 | 22 | 23 | 24 | 25 | 26 | 27 | 28 | 29 | 30 | 31 |
|---|---|---|---|---|---|---|---|---|---|---|---|---|---|---|---|---|---|---|---|---|---|---|---|---|---|---|---|---|---|---|---|
| 음력 | 11 | 12 | 13 | 14 | 15 | 16 | 17 | 18 | 19 | 20 | 21 | 22 | 23 | 24 | 25 | 26 | 27 | 28 | 29 | 30 | 6.1 | 2 | 3 | 4 | 5 | 6 | 7 | 8 | 9 | 10 | 11 |
| 요일 | 月 | 火 | 水 | 木 | 金 | 土 | 日 | 月 | 火 | 水 | 木 | 金 | 土 | 日 | 月 | 火 | 水 | 木 | 金 | 土 | 日 | 月 | 火 | 水 | 木 | 金 | 土 | 日 | 月 | 火 | 水 |
| 일진 | 乙巳 | 丙午 | 丁未 | 戊申 | 己酉 | 庚戌 | 辛亥 | 壬子 | 癸丑 | 甲寅 | 乙卯 | 丙辰 | 丁巳 | 戊午 | 己未 | 庚申 | 辛酉 | 壬戌 | 癸亥 | 甲子 | 乙丑 | 丙寅 | 丁卯 | 戊辰 | 己巳 | 庚午 | 辛未 | 壬申 | 癸酉 | 甲戌 | 乙亥 |
| 대운 남 | 8 | 9 | 9 | 9 | 10 | 10 | 10 | 소 | 1 | 1 | 1 | 1 | 2 | 2 | 2 | 3 | 3 | 3 | 4 | 4 | 4 | 5 | 5 | 5 | 6 | 6 | 6 | 7 | 7 | 7 | 8 |
| 대운 녀 | 2 | 2 | 2 | 1 | 1 | 1 | 1 | 서 | 10 | 10 | 9 | 9 | 9 | 8 | 8 | 8 | 7 | 7 | 7 | 6 | 6 | 6 | 5 | 5 | 5 | 4 | 4 | 4 | 3 | 3 | 3 |

입추 8일 15시25분 **8 · 庚申月(양 8.8~9.7)** 처서 24일 05시58분

| 양력 | 1 | 2 | 3 | 4 | 5 | 6 | 7 | 8 | 9 | 10 | 11 | 12 | 13 | 14 | 15 | 16 | 17 | 18 | 19 | 20 | 21 | 22 | 23 | 24 | 25 | 26 | 27 | 28 | 29 | 30 | 31 |
|---|---|---|---|---|---|---|---|---|---|---|---|---|---|---|---|---|---|---|---|---|---|---|---|---|---|---|---|---|---|---|---|
| 음력 | 12 | 13 | 14 | 15 | 16 | 17 | 18 | 19 | 20 | 21 | 22 | 23 | 24 | 25 | 26 | 27 | 28 | 29 | 7.1 | 2 | 3 | 4 | 5 | 6 | 7 | 8 | 9 | 10 | 11 | 12 | 13 |
| 요일 | 木 | 金 | 土 | 日 | 月 | 火 | 水 | 木 | 金 | 土 | 日 | 月 | 火 | 水 | 木 | 金 | 土 | 日 | 月 | 火 | 水 | 木 | 金 | 土 | 日 | 月 | 火 | 水 | 木 | 金 | 土 |
| 일진 | 丙子 | 丁丑 | 戊寅 | 己卯 | 庚辰 | 辛巳 | 壬午 | 癸未 | 甲申 | 乙酉 | 丙戌 | 丁亥 | 戊子 | 己丑 | 庚寅 | 辛卯 | 壬辰 | 癸巳 | 甲午 | 乙未 | 丙申 | 丁酉 | 戊戌 | 己亥 | 庚子 | 辛丑 | 壬寅 | 癸卯 | 甲辰 | 乙巳 | 丙午 |
| 대운 남 | 8 | 8 | 9 | 9 | 9 | 10 | 10 | 입 | 1 | 1 | 1 | 1 | 2 | 2 | 2 | 3 | 3 | 3 | 4 | 4 | 4 | 5 | 5 | 5 | 6 | 6 | 6 | 7 | 7 | 7 | 8 |
| 대운 녀 | 2 | 2 | 2 | 1 | 1 | 1 | 1 | 추 | 10 | 10 | 9 | 9 | 9 | 8 | 8 | 8 | 7 | 7 | 7 | 6 | 6 | 6 | 5 | 5 | 5 | 4 | 4 | 4 | 3 | 3 | 3 |

백로 8일 18시12분 **9 · 辛酉月(양 9.8~10.8)** 추분 24일 03시24분

| 양력 | 1 | 2 | 3 | 4 | 5 | 6 | 7 | 8 | 9 | 10 | 11 | 12 | 13 | 14 | 15 | 16 | 17 | 18 | 19 | 20 | 21 | 22 | 23 | 24 | 25 | 26 | 27 | 28 | 29 | 30 |
|---|---|---|---|---|---|---|---|---|---|---|---|---|---|---|---|---|---|---|---|---|---|---|---|---|---|---|---|---|---|---|
| 음력 | 14 | 15 | 16 | 17 | 18 | 19 | 20 | 21 | 22 | 23 | 24 | 25 | 26 | 27 | 28 | 29 | 30 | 8.1 | 2 | 3 | 4 | 5 | 6 | 7 | 8 | 9 | 10 | 11 | 12 | 13 |
| 요일 | 日 | 月 | 火 | 水 | 木 | 金 | 土 | 日 | 月 | 火 | 水 | 木 | 金 | 土 | 日 | 月 | 火 | 水 | 木 | 金 | 土 | 日 | 月 | 火 | 水 | 木 | 金 | 土 | 日 | 月 |
| 일진 | 丁未 | 戊申 | 己酉 | 庚戌 | 辛亥 | 壬子 | 癸丑 | 甲寅 | 乙卯 | 丙辰 | 丁巳 | 戊午 | 己未 | 庚申 | 辛酉 | 壬戌 | 癸亥 | 甲子 | 乙丑 | 丙寅 | 丁卯 | 戊辰 | 己巳 | 庚午 | 辛未 | 壬申 | 癸酉 | 甲戌 | 乙亥 | 丙子 |
| 대운 남 | 8 | 8 | 9 | 9 | 9 | 10 | 10 | 백 | 1 | 1 | 1 | 1 | 2 | 2 | 2 | 3 | 3 | 3 | 4 | 4 | 4 | 5 | 5 | 5 | 6 | 6 | 6 | 7 | 7 | 7 |
| 대운 녀 | 2 | 2 | 2 | 1 | 1 | 1 | 1 | 로 | 10 | 10 | 9 | 9 | 9 | 8 | 8 | 8 | 7 | 7 | 7 | 6 | 6 | 6 | 5 | 5 | 5 | 4 | 4 | 4 | 3 | 3 |

한로 9일 09시36분 **10 · 壬戌月(양 10.9~11.7)** 상강 24일 12시29분

| 양력 | 1 | 2 | 3 | 4 | 5 | 6 | 7 | 8 | 9 | 10 | 11 | 12 | 13 | 14 | 15 | 16 | 17 | 18 | 19 | 20 | 21 | 22 | 23 | 24 | 25 | 26 | 27 | 28 | 29 | 30 | 31 |
|---|---|---|---|---|---|---|---|---|---|---|---|---|---|---|---|---|---|---|---|---|---|---|---|---|---|---|---|---|---|---|---|
| 음력 | 14 | 15 | 16 | 17 | 18 | 19 | 20 | 21 | 22 | 23 | 24 | 25 | 26 | 27 | 28 | 29 | 9.1 | 2 | 3 | 4 | 5 | 6 | 7 | 8 | 9 | 10 | 11 | 12 | 13 | 14 | 15 |
| 요일 | 火 | 水 | 木 | 金 | 土 | 日 | 月 | 火 | 水 | 木 | 金 | 土 | 日 | 月 | 火 | 水 | 木 | 金 | 土 | 日 | 月 | 火 | 水 | 木 | 金 | 土 | 日 | 月 | 火 | 水 | 木 |
| 일진 | 丁丑 | 戊寅 | 己卯 | 庚辰 | 辛巳 | 壬午 | 癸未 | 甲申 | 乙酉 | 丙戌 | 丁亥 | 戊子 | 己丑 | 庚寅 | 辛卯 | 壬辰 | 癸巳 | 甲午 | 乙未 | 丙申 | 丁酉 | 戊戌 | 己亥 | 庚子 | 辛丑 | 壬寅 | 癸卯 | 甲辰 | 乙巳 | 丙午 | 丁未 |
| 대운 남 | 8 | 8 | 8 | 9 | 9 | 9 | 10 | 10 | 한 | 1 | 1 | 1 | 1 | 2 | 2 | 2 | 3 | 3 | 3 | 4 | 4 | 4 | 5 | 5 | 5 | 6 | 6 | 6 | 7 | 7 | 7 |
| 대운 녀 | 3 | 2 | 2 | 2 | 1 | 1 | 1 | 1 | 로 | 10 | 9 | 9 | 9 | 8 | 8 | 8 | 7 | 7 | 7 | 6 | 6 | 6 | 5 | 5 | 5 | 4 | 4 | 4 | 3 | 3 | 3 |

입동 8일 12시32분 **11 · 癸亥月(양 11.8~12.7)** 소설 23일 09시49분

| 양력 | 1 | 2 | 3 | 4 | 5 | 6 | 7 | 8 | 9 | 10 | 11 | 12 | 13 | 14 | 15 | 16 | 17 | 18 | 19 | 20 | 21 | 22 | 23 | 24 | 25 | 26 | 27 | 28 | 29 | 30 |
|---|---|---|---|---|---|---|---|---|---|---|---|---|---|---|---|---|---|---|---|---|---|---|---|---|---|---|---|---|---|---|
| 음력 | 16 | 17 | 18 | 19 | 20 | 21 | 22 | 23 | 24 | 25 | 26 | 27 | 28 | 29 | 30 | 10.1 | 2 | 3 | 4 | 5 | 6 | 7 | 8 | 9 | 10 | 11 | 12 | 13 | 14 | 15 |
| 요일 | 金 | 土 | 日 | 月 | 火 | 水 | 木 | 金 | 土 | 日 | 月 | 火 | 水 | 木 | 金 | 土 | 日 | 月 | 火 | 水 | 木 | 金 | 土 | 日 | 月 | 火 | 水 | 木 | 金 | 土 |
| 일진 | 戊申 | 己酉 | 庚戌 | 辛亥 | 壬子 | 癸丑 | 甲寅 | 乙卯 | 丙辰 | 丁巳 | 戊午 | 己未 | 庚申 | 辛酉 | 壬戌 | 癸亥 | 甲子 | 乙丑 | 丙寅 | 丁卯 | 戊辰 | 己巳 | 庚午 | 辛未 | 壬申 | 癸酉 | 甲戌 | 乙亥 | 丙子 | 丁丑 |
| 대운 남 | 8 | 8 | 8 | 9 | 9 | 9 | 10 | 입 | 1 | 1 | 1 | 1 | 2 | 2 | 2 | 3 | 3 | 3 | 4 | 4 | 4 | 5 | 5 | 5 | 6 | 6 | 6 | 7 | 7 | 7 |
| 대운 녀 | 2 | 2 | 2 | 1 | 1 | 1 | 1 | 동 | 10 | 9 | 9 | 9 | 8 | 8 | 8 | 7 | 7 | 7 | 6 | 6 | 6 | 5 | 5 | 5 | 4 | 4 | 4 | 3 | 3 | 3 |

대설 8일 05시13분 **12 · 甲子月(양 12.8~1.5)** 동지 22일 23시02분

| 양력 | 1 | 2 | 3 | 4 | 5 | 6 | 7 | 8 | 9 | 10 | 11 | 12 | 13 | 14 | 15 | 16 | 17 | 18 | 19 | 20 | 21 | 22 | 23 | 24 | 25 | 26 | 27 | 28 | 29 | 30 | 31 |
|---|---|---|---|---|---|---|---|---|---|---|---|---|---|---|---|---|---|---|---|---|---|---|---|---|---|---|---|---|---|---|---|
| 음력 | 16 | 17 | 18 | 19 | 20 | 21 | 22 | 23 | 24 | 25 | 26 | 27 | 28 | 29 | 30 | 11.1 | 2 | 3 | 4 | 5 | 6 | 7 | 8 | 9 | 10 | 11 | 12 | 13 | 14 | 15 | 16 |
| 요일 | 日 | 月 | 火 | 水 | 木 | 金 | 土 | 日 | 月 | 火 | 水 | 木 | 金 | 土 | 日 | 月 | 火 | 水 | 木 | 金 | 土 | 日 | 月 | 火 | 水 | 木 | 金 | 土 | 日 | 月 | 火 |
| 일진 | 戊寅 | 己卯 | 庚辰 | 辛巳 | 壬午 | 癸未 | 甲申 | 乙酉 | 丙戌 | 丁亥 | 戊子 | 己丑 | 庚寅 | 辛卯 | 壬辰 | 癸巳 | 甲午 | 乙未 | 丙申 | 丁酉 | 戊戌 | 己亥 | 庚子 | 辛丑 | 壬寅 | 癸卯 | 甲辰 | 乙巳 | 丙午 | 丁未 | 戊申 |
| 대운 남 | 8 | 8 | 8 | 9 | 9 | 9 | 10 | 대 | 1 | 1 | 1 | 1 | 2 | 2 | 2 | 3 | 3 | 3 | 4 | 4 | 4 | 5 | 5 | 5 | 6 | 6 | 6 | 7 | 7 | 7 | 8 |
| 대운 녀 | 2 | 2 | 2 | 1 | 1 | 1 | 1 | 설 | 9 | 9 | 9 | 8 | 8 | 8 | 7 | 7 | 7 | 6 | 6 | 6 | 5 | 5 | 5 | 4 | 4 | 4 | 3 | 3 | 3 | 2 | 2 |

단기 4297년

# 1964년

소한 6일 16시22분

## 1 · 乙丑月(양 1.6~2.4)

대한 21일 09시41분

| 양력 | 1 | 2 | 3 | 4 | 5 | 6 | 7 | 8 | 9 | 10 | 11 | 12 | 13 | 14 | 15 | 16 | 17 | 18 | 19 | 20 | 21 | 22 | 23 | 24 | 25 | 26 | 27 | 28 | 29 | 30 | 31 |
|---|---|---|---|---|---|---|---|---|---|---|---|---|---|---|---|---|---|---|---|---|---|---|---|---|---|---|---|---|---|---|---|
| 음력 | 17 | 18 | 19 | 20 | 21 | 22 | 23 | 24 | 25 | 26 | 27 | 28 | 29 | 30 | 12.1 | 2 | 3 | 4 | 5 | 6 | 7 | 8 | 9 | 10 | 11 | 12 | 13 | 14 | 15 | 16 | 17 |
| 요일 | 水 | 木 | 金 | 土 | 日 | 月 | 火 | 水 | 木 | 金 | 土 | 日 | 月 | 火 | 水 | 木 | 金 | 土 | 日 | 月 | 火 | 水 | 木 | 金 | 土 | 日 | 月 | 火 | 水 | 木 | 金 |
| 일진 | 己酉 | 庚戌 | 辛亥 | 壬子 | 癸丑 | 甲寅 | 乙卯 | 丙辰 | 丁巳 | 戊午 | 己未 | 庚申 | 辛酉 | 壬戌 | 癸亥 | 甲子 | 乙丑 | 丙寅 | 丁卯 | 戊辰 | 己巳 | 庚午 | 辛未 | 壬申 | 癸酉 | 甲戌 | 乙亥 | 丙子 | 丁丑 | 戊寅 | 己卯 |
| 대운 남 | 8 | 8 | 9 | 9 | 9 | 소 | 1 | 1 | 1 | 1 | 2 | 2 | 2 | 3 | 3 | 3 | 4 | 4 | 4 | 5 | 5 | 5 | 6 | 6 | 6 | 7 | 7 | 7 | 8 | 8 | 8 |
| 대운 녀 | 2 | 1 | 1 | 1 | 1 | 한 | 10 | 9 | 9 | 9 | 8 | 8 | 8 | 7 | 7 | 7 | 6 | 6 | 6 | 5 | 5 | 5 | 4 | 4 | 4 | 3 | 3 | 3 | 2 | 2 | 2 |

입춘 5일 04시05분

## 2 · 丙寅月(양 2.5~3.4)

우수 19일 23시57분

| 양력 | 1 | 2 | 3 | 4 | 5 | 6 | 7 | 8 | 9 | 10 | 11 | 12 | 13 | 14 | 15 | 16 | 17 | 18 | 19 | 20 | 21 | 22 | 23 | 24 | 25 | 26 | 27 | 28 | 29 |
|---|---|---|---|---|---|---|---|---|---|---|---|---|---|---|---|---|---|---|---|---|---|---|---|---|---|---|---|---|---|
| 음력 | 18 | 19 | 20 | 21 | 22 | 23 | 24 | 25 | 26 | 27 | 28 | 29 | 1.1 | 2 | 3 | 4 | 5 | 6 | 7 | 8 | 9 | 10 | 11 | 12 | 13 | 14 | 15 | 16 | 17 |
| 요일 | 土 | 日 | 月 | 火 | 水 | 木 | 金 | 土 | 日 | 月 | 火 | 水 | 木 | 金 | 土 | 日 | 月 | 火 | 水 | 木 | 金 | 土 | 日 | 月 | 火 | 水 | 木 | 金 | 土 |
| 일진 | 庚辰 | 辛巳 | 壬午 | 癸未 | 甲申 | 乙酉 | 丙戌 | 丁亥 | 戊子 | 己丑 | 庚寅 | 辛卯 | 壬辰 | 癸巳 | 甲午 | 乙未 | 丙申 | 丁酉 | 戊戌 | 己亥 | 庚子 | 辛丑 | 壬寅 | 癸卯 | 甲辰 | 乙巳 | 丙午 | 丁未 | 戊申 |
| 대운 남 | 9 | 9 | 9 | 10 | 입 | 9 | 9 | 9 | 8 | 8 | 8 | 7 | 7 | 7 | 6 | 6 | 6 | 5 | 5 | 5 | 4 | 4 | 4 | 3 | 3 | 3 | 2 | 2 | 2 |
| 대운 녀 | 1 | 1 | 1 | 1 | 춘 | 1 | 1 | 1 | 1 | 2 | 2 | 2 | 3 | 3 | 3 | 4 | 4 | 4 | 5 | 5 | 5 | 6 | 6 | 6 | 7 | 7 | 7 | 8 | 8 |

경칩 5일 22시16분

## 3 · 丁卯月(양 3.5~4.4)

춘분 20일 23시10분

| 양력 | 1 | 2 | 3 | 4 | 5 | 6 | 7 | 8 | 9 | 10 | 11 | 12 | 13 | 14 | 15 | 16 | 17 | 18 | 19 | 20 | 21 | 22 | 23 | 24 | 25 | 26 | 27 | 28 | 29 | 30 | 31 |
|---|---|---|---|---|---|---|---|---|---|---|---|---|---|---|---|---|---|---|---|---|---|---|---|---|---|---|---|---|---|---|---|
| 음력 | 18 | 19 | 20 | 21 | 22 | 23 | 24 | 25 | 26 | 27 | 28 | 29 | 30 | 2.1 | 2 | 3 | 4 | 5 | 6 | 7 | 8 | 9 | 10 | 11 | 12 | 13 | 14 | 15 | 16 | 17 | 18 |
| 요일 | 日 | 月 | 火 | 水 | 木 | 金 | 土 | 日 | 月 | 火 | 水 | 木 | 金 | 土 | 日 | 月 | 火 | 水 | 木 | 金 | 土 | 日 | 月 | 火 | 水 | 木 | 金 | 土 | 日 | 月 | 火 |
| 일진 | 己酉 | 庚戌 | 辛亥 | 壬子 | 癸丑 | 甲寅 | 乙卯 | 丙辰 | 丁巳 | 戊午 | 己未 | 庚申 | 辛酉 | 壬戌 | 癸亥 | 甲子 | 乙丑 | 丙寅 | 丁卯 | 戊辰 | 己巳 | 庚午 | 辛未 | 壬申 | 癸酉 | 甲戌 | 乙亥 | 丙子 | 丁丑 | 戊寅 | 己卯 |
| 대운 남 | 1 | 1 | 1 | 1 | 경 | 10 | 10 | 9 | 9 | 9 | 8 | 8 | 8 | 7 | 7 | 7 | 6 | 6 | 6 | 5 | 5 | 5 | 4 | 4 | 4 | 3 | 3 | 3 | 2 | 2 | 2 |
| 대운 녀 | 8 | 9 | 9 | 9 | 칩 | 1 | 1 | 1 | 1 | 2 | 2 | 2 | 3 | 3 | 3 | 4 | 4 | 4 | 5 | 5 | 5 | 6 | 6 | 6 | 7 | 7 | 7 | 8 | 8 | 8 | 9 |

청명 5일 03시18분

## 4 · 戊辰月(양 4.5~5.4)

곡우 20일 10시27분

| 양력 | 1 | 2 | 3 | 4 | 5 | 6 | 7 | 8 | 9 | 10 | 11 | 12 | 13 | 14 | 15 | 16 | 17 | 18 | 19 | 20 | 21 | 22 | 23 | 24 | 25 | 26 | 27 | 28 | 29 | 30 |
|---|---|---|---|---|---|---|---|---|---|---|---|---|---|---|---|---|---|---|---|---|---|---|---|---|---|---|---|---|---|---|
| 음력 | 19 | 20 | 21 | 22 | 23 | 24 | 25 | 26 | 27 | 28 | 29 | 3.1 | 2 | 3 | 4 | 5 | 6 | 7 | 8 | 9 | 10 | 11 | 12 | 13 | 14 | 15 | 16 | 17 | 18 | 19 |
| 요일 | 水 | 木 | 金 | 土 | 日 | 月 | 火 | 水 | 木 | 金 | 土 | 日 | 月 | 火 | 水 | 木 | 金 | 土 | 日 | 月 | 火 | 水 | 木 | 金 | 土 | 日 | 月 | 火 | 水 | 木 |
| 일진 | 庚辰 | 辛巳 | 壬午 | 癸未 | 甲申 | 乙酉 | 丙戌 | 丁亥 | 戊子 | 己丑 | 庚寅 | 辛卯 | 壬辰 | 癸巳 | 甲午 | 乙未 | 丙申 | 丁酉 | 戊戌 | 己亥 | 庚子 | 辛丑 | 壬寅 | 癸卯 | 甲辰 | 乙巳 | 丙午 | 丁未 | 戊申 | 己酉 |
| 대운 남 | 1 | 1 | 1 | 1 | 청 | 10 | 9 | 9 | 9 | 8 | 8 | 8 | 7 | 7 | 7 | 6 | 6 | 6 | 5 | 5 | 5 | 4 | 4 | 4 | 3 | 3 | 3 | 2 | 2 | 2 |
| 대운 녀 | 9 | 9 | 10 | 10 | 명 | 1 | 1 | 1 | 1 | 2 | 2 | 2 | 3 | 3 | 3 | 4 | 4 | 4 | 5 | 5 | 5 | 6 | 6 | 6 | 7 | 7 | 7 | 8 | 8 | 8 |

입하 5일 20시51분

## 5 · 己巳月(양 5.5~6.5)

소만 21일 09시50분

| 양력 | 1 | 2 | 3 | 4 | 5 | 6 | 7 | 8 | 9 | 10 | 11 | 12 | 13 | 14 | 15 | 16 | 17 | 18 | 19 | 20 | 21 | 22 | 23 | 24 | 25 | 26 | 27 | 28 | 29 | 30 | 31 |
|---|---|---|---|---|---|---|---|---|---|---|---|---|---|---|---|---|---|---|---|---|---|---|---|---|---|---|---|---|---|---|---|
| 음력 | 20 | 21 | 22 | 23 | 24 | 25 | 26 | 27 | 28 | 29 | 30 | 4.1 | 2 | 3 | 4 | 5 | 6 | 7 | 8 | 9 | 10 | 11 | 12 | 13 | 14 | 15 | 16 | 17 | 18 | 19 | 20 |
| 요일 | 金 | 土 | 日 | 月 | 火 | 水 | 木 | 金 | 土 | 日 | 月 | 火 | 水 | 木 | 金 | 土 | 日 | 月 | 火 | 水 | 木 | 金 | 土 | 日 | 月 | 火 | 水 | 木 | 金 | 土 | 日 |
| 일진 | 庚戌 | 辛亥 | 壬子 | 癸丑 | 甲寅 | 乙卯 | 丙辰 | 丁巳 | 戊午 | 己未 | 庚申 | 辛酉 | 壬戌 | 癸亥 | 甲子 | 乙丑 | 丙寅 | 丁卯 | 戊辰 | 己巳 | 庚午 | 辛未 | 壬申 | 癸酉 | 甲戌 | 乙亥 | 丙子 | 丁丑 | 戊寅 | 己卯 | 庚辰 |
| 대운 남 | 1 | 1 | 1 | 1 | 입 | 10 | 10 | 10 | 9 | 9 | 9 | 8 | 8 | 8 | 7 | 7 | 7 | 6 | 6 | 6 | 5 | 5 | 5 | 4 | 4 | 4 | 3 | 3 | 3 | 2 | 2 |
| 대운 녀 | 9 | 9 | 9 | 10 | 하 | 1 | 1 | 1 | 1 | 2 | 2 | 2 | 3 | 3 | 3 | 4 | 4 | 4 | 5 | 5 | 5 | 6 | 6 | 6 | 7 | 7 | 7 | 8 | 8 | 8 | 9 |

망종 6일 01시12분

## 6 · 庚午月(양 6.6~7.6)

하지 21일 17시57분

| 양력 | 1 | 2 | 3 | 4 | 5 | 6 | 7 | 8 | 9 | 10 | 11 | 12 | 13 | 14 | 15 | 16 | 17 | 18 | 19 | 20 | 21 | 22 | 23 | 24 | 25 | 26 | 27 | 28 | 29 | 30 |
|---|---|---|---|---|---|---|---|---|---|---|---|---|---|---|---|---|---|---|---|---|---|---|---|---|---|---|---|---|---|---|
| 음력 | 21 | 22 | 23 | 24 | 25 | 26 | 27 | 28 | 29 | 5.1 | 2 | 3 | 4 | 5 | 6 | 7 | 8 | 9 | 10 | 11 | 12 | 13 | 14 | 15 | 16 | 17 | 18 | 19 | 20 | 21 |
| 요일 | 月 | 火 | 水 | 木 | 金 | 土 | 日 | 月 | 火 | 水 | 木 | 金 | 土 | 日 | 月 | 火 | 水 | 木 | 金 | 土 | 日 | 月 | 火 | 水 | 木 | 金 | 土 | 日 | 月 | 火 |
| 일진 | 辛巳 | 壬午 | 癸未 | 甲申 | 乙酉 | 丙戌 | 丁亥 | 戊子 | 己丑 | 庚寅 | 辛卯 | 壬辰 | 癸巳 | 甲午 | 乙未 | 丙申 | 丁酉 | 戊戌 | 己亥 | 庚子 | 辛丑 | 壬寅 | 癸卯 | 甲辰 | 乙巳 | 丙午 | 丁未 | 戊申 | 己酉 | 庚戌 |
| 대운 남 | 2 | 1 | 1 | 1 | 1 | 망 | 10 | 10 | 9 | 9 | 9 | 8 | 8 | 8 | 7 | 7 | 7 | 6 | 6 | 6 | 5 | 5 | 5 | 4 | 4 | 4 | 3 | 3 | 3 | 2 |
| 대운 녀 | 9 | 9 | 10 | 10 | 10 | 종 | 1 | 1 | 1 | 1 | 2 | 2 | 2 | 3 | 3 | 3 | 4 | 4 | 4 | 5 | 5 | 5 | 6 | 6 | 6 | 7 | 7 | 7 | 8 | 8 |

## 7 · 辛未月(양 7.7~8.6)

소서 7일 11시32분 대서 23일 04시53분

| 양력 | 1 | 2 | 3 | 4 | 5 | 6 | 7 | 8 | 9 | 10 | 11 | 12 | 13 | 14 | 15 | 16 | 17 | 18 | 19 | 20 | 21 | 22 | 23 | 24 | 25 | 26 | 27 | 28 | 29 | 30 | 31 |
|---|---|---|---|---|---|---|---|---|---|---|---|---|---|---|---|---|---|---|---|---|---|---|---|---|---|---|---|---|---|---|---|
| 음력 | 22 | 23 | 24 | 25 | 26 | 27 | 28 | 29 | 6.1 | 2 | 3 | 4 | 5 | 6 | 7 | 8 | 9 | 10 | 11 | 12 | 13 | 14 | 15 | 16 | 17 | 18 | 19 | 20 | 21 | 22 | 23 |
| 요일 | 水 | 木 | 金 | 土 | 日 | 月 | 火 | 水 | 木 | 金 | 土 | 日 | 月 | 火 | 水 | 木 | 金 | 土 | 日 | 月 | 火 | 水 | 木 | 金 | 土 | 日 | 月 | 火 | 水 | 木 | 金 |
| 일진 | 辛亥 | 壬子 | 癸丑 | 甲寅 | 乙卯 | 丙辰 | 丁巳 | 戊午 | 己未 | 庚申 | 辛酉 | 壬戌 | 癸亥 | 甲子 | 乙丑 | 丙寅 | 丁卯 | 戊辰 | 己巳 | 庚午 | 辛未 | 壬申 | 癸酉 | 甲戌 | 乙亥 | 丙子 | 丁丑 | 戊寅 | 己卯 | 庚辰 | 辛巳 |
| 대운 남 | 2 | 2 | 1 | 1 | 1 | 1 | 소 | 10 | 10 | 9 | 9 | 9 | 8 | 8 | 8 | 7 | 7 | 7 | 6 | 6 | 6 | 5 | 5 | 5 | 4 | 4 | 4 | 3 | 3 | 3 | 2 |
| 대운 녀 | 8 | 9 | 9 | 9 | 10 | 10 | 서 | 1 | 1 | 1 | 1 | 2 | 2 | 2 | 3 | 3 | 3 | 4 | 4 | 4 | 5 | 5 | 5 | 6 | 6 | 6 | 7 | 7 | 7 | 8 | 8 |

## 8 · 壬申月(양 8.7~9.6)

입추 7일 21시16분 처서 23일 11시51분

| 양력 | 1 | 2 | 3 | 4 | 5 | 6 | 7 | 8 | 9 | 10 | 11 | 12 | 13 | 14 | 15 | 16 | 17 | 18 | 19 | 20 | 21 | 22 | 23 | 24 | 25 | 26 | 27 | 28 | 29 | 30 | 31 |
|---|---|---|---|---|---|---|---|---|---|---|---|---|---|---|---|---|---|---|---|---|---|---|---|---|---|---|---|---|---|---|---|
| 음력 | 24 | 25 | 26 | 27 | 28 | 29 | 30 | 7.1 | 2 | 3 | 4 | 5 | 6 | 7 | 8 | 9 | 10 | 11 | 12 | 13 | 14 | 15 | 16 | 17 | 18 | 19 | 20 | 21 | 22 | 23 | 24 |
| 요일 | 土 | 日 | 月 | 火 | 水 | 木 | 金 | 土 | 日 | 月 | 火 | 水 | 木 | 金 | 土 | 日 | 月 | 火 | 水 | 木 | 金 | 土 | 日 | 月 | 火 | 水 | 木 | 金 | 土 | 日 | 月 |
| 일진 | 壬午 | 癸未 | 甲申 | 乙酉 | 丙戌 | 丁亥 | 戊子 | 己丑 | 庚寅 | 辛卯 | 壬辰 | 癸巳 | 甲午 | 乙未 | 丙申 | 丁酉 | 戊戌 | 己亥 | 庚子 | 辛丑 | 壬寅 | 癸卯 | 甲辰 | 乙巳 | 丙午 | 丁未 | 戊申 | 己酉 | 庚戌 | 辛亥 | 壬子 |
| 대운 남 | 2 | 2 | 1 | 1 | 1 | 1 | 입 | 10 | 10 | 9 | 9 | 9 | 8 | 8 | 8 | 7 | 7 | 7 | 6 | 6 | 6 | 5 | 5 | 5 | 4 | 4 | 4 | 3 | 3 | 3 | 2 |
| 대운 녀 | 8 | 9 | 9 | 9 | 10 | 10 | 추 | 1 | 1 | 1 | 1 | 2 | 2 | 2 | 3 | 3 | 3 | 4 | 4 | 4 | 5 | 5 | 5 | 6 | 6 | 6 | 7 | 7 | 7 | 8 | 8 |

## 9 · 癸酉月(양 9.7~10.7)

백로 7일 23시59분 추분 23일 09시17분

| 양력 | 1 | 2 | 3 | 4 | 5 | 6 | 7 | 8 | 9 | 10 | 11 | 12 | 13 | 14 | 15 | 16 | 17 | 18 | 19 | 20 | 21 | 22 | 23 | 24 | 25 | 26 | 27 | 28 | 29 | 30 |
|---|---|---|---|---|---|---|---|---|---|---|---|---|---|---|---|---|---|---|---|---|---|---|---|---|---|---|---|---|---|---|
| 음력 | 25 | 26 | 27 | 28 | 29 | 8.1 | 2 | 3 | 4 | 5 | 6 | 7 | 8 | 9 | 10 | 11 | 12 | 13 | 14 | 15 | 16 | 17 | 18 | 19 | 20 | 21 | 22 | 23 | 24 | 25 |
| 요일 | 火 | 水 | 木 | 金 | 土 | 日 | 月 | 火 | 水 | 木 | 金 | 土 | 日 | 月 | 火 | 水 | 木 | 金 | 土 | 日 | 月 | 火 | 水 | 木 | 金 | 土 | 日 | 月 | 火 | 水 |
| 일진 | 癸丑 | 甲寅 | 乙卯 | 丙辰 | 丁巳 | 戊午 | 己未 | 庚申 | 辛酉 | 壬戌 | 癸亥 | 甲子 | 乙丑 | 丙寅 | 丁卯 | 戊辰 | 己巳 | 庚午 | 辛未 | 壬申 | 癸酉 | 甲戌 | 乙亥 | 丙子 | 丁丑 | 戊寅 | 己卯 | 庚辰 | 辛巳 | 壬午 |
| 대운 남 | 2 | 2 | 1 | 1 | 1 | 1 | 백 | 10 | 10 | 9 | 9 | 9 | 8 | 8 | 8 | 7 | 7 | 7 | 6 | 6 | 6 | 5 | 5 | 5 | 4 | 4 | 4 | 3 | 3 | 3 |
| 대운 녀 | 8 | 9 | 9 | 9 | 10 | 10 | 로 | 1 | 1 | 1 | 1 | 2 | 2 | 2 | 3 | 3 | 3 | 4 | 4 | 4 | 5 | 5 | 5 | 6 | 6 | 6 | 7 | 7 | 7 | 8 |

## 10 · 甲戌月(양 10.8~11.6)

한로 8일 15시22분 상강 23일 18시21분

| 양력 | 1 | 2 | 3 | 4 | 5 | 6 | 7 | 8 | 9 | 10 | 11 | 12 | 13 | 14 | 15 | 16 | 17 | 18 | 19 | 20 | 21 | 22 | 23 | 24 | 25 | 26 | 27 | 28 | 29 | 30 | 31 |
|---|---|---|---|---|---|---|---|---|---|---|---|---|---|---|---|---|---|---|---|---|---|---|---|---|---|---|---|---|---|---|---|
| 음력 | 26 | 27 | 28 | 29 | 30 | 9.1 | 2 | 3 | 4 | 5 | 6 | 7 | 8 | 9 | 10 | 11 | 12 | 13 | 14 | 15 | 16 | 17 | 18 | 19 | 20 | 21 | 22 | 23 | 24 | 25 | 26 |
| 요일 | 木 | 金 | 土 | 日 | 月 | 火 | 水 | 木 | 金 | 土 | 日 | 月 | 火 | 水 | 木 | 金 | 土 | 日 | 月 | 火 | 水 | 木 | 金 | 土 | 日 | 月 | 火 | 水 | 木 | 金 | 土 |
| 일진 | 癸未 | 甲申 | 乙酉 | 丙戌 | 丁亥 | 戊子 | 己丑 | 庚寅 | 辛卯 | 壬辰 | 癸巳 | 甲午 | 乙未 | 丙申 | 丁酉 | 戊戌 | 己亥 | 庚子 | 辛丑 | 壬寅 | 癸卯 | 甲辰 | 乙巳 | 丙午 | 丁未 | 戊申 | 己酉 | 庚戌 | 辛亥 | 壬子 | 癸丑 |
| 대운 남 | 2 | 2 | 2 | 1 | 1 | 1 | 1 | 한 | 10 | 9 | 9 | 9 | 8 | 8 | 8 | 7 | 7 | 7 | 6 | 6 | 6 | 5 | 5 | 5 | 4 | 4 | 4 | 3 | 3 | 3 | 2 |
| 대운 녀 | 8 | 8 | 9 | 9 | 9 | 10 | 10 | 로 | 1 | 1 | 1 | 1 | 2 | 2 | 2 | 3 | 3 | 3 | 4 | 4 | 4 | 5 | 5 | 5 | 6 | 6 | 6 | 7 | 7 | 7 | 8 |

## 11 · 乙亥月(양 11.7~12.6)

입동 7일 18시15분 소설 22일 15시39분

| 양력 | 1 | 2 | 3 | 4 | 5 | 6 | 7 | 8 | 9 | 10 | 11 | 12 | 13 | 14 | 15 | 16 | 17 | 18 | 19 | 20 | 21 | 22 | 23 | 24 | 25 | 26 | 27 | 28 | 29 | 30 |
|---|---|---|---|---|---|---|---|---|---|---|---|---|---|---|---|---|---|---|---|---|---|---|---|---|---|---|---|---|---|---|
| 음력 | 27 | 28 | 29 | 10.1 | 2 | 3 | 4 | 5 | 6 | 7 | 8 | 9 | 10 | 11 | 12 | 13 | 14 | 15 | 16 | 17 | 18 | 19 | 20 | 21 | 22 | 23 | 24 | 25 | 26 | 27 |
| 요일 | 日 | 月 | 火 | 水 | 木 | 金 | 土 | 日 | 月 | 火 | 水 | 木 | 金 | 土 | 日 | 月 | 火 | 水 | 木 | 金 | 土 | 日 | 月 | 火 | 水 | 木 | 金 | 土 | 日 | 月 |
| 일진 | 甲寅 | 乙卯 | 丙辰 | 丁巳 | 戊午 | 己未 | 庚申 | 辛酉 | 壬戌 | 癸亥 | 甲子 | 乙丑 | 丙寅 | 丁卯 | 戊辰 | 己巳 | 庚午 | 辛未 | 壬申 | 癸酉 | 甲戌 | 乙亥 | 丙子 | 丁丑 | 戊寅 | 己卯 | 庚辰 | 辛巳 | 壬午 | 癸未 |
| 대운 남 | 2 | 2 | 1 | 1 | 1 | 1 | 입 | 10 | 9 | 9 | 9 | 8 | 8 | 8 | 7 | 7 | 7 | 6 | 6 | 6 | 5 | 5 | 5 | 4 | 4 | 4 | 3 | 3 | 3 | 2 |
| 대운 녀 | 8 | 8 | 9 | 9 | 9 | 10 | 동 | 1 | 1 | 1 | 1 | 2 | 2 | 2 | 3 | 3 | 3 | 4 | 4 | 4 | 5 | 5 | 5 | 6 | 6 | 6 | 7 | 7 | 7 | 8 |

## 12 · 丙子月(양 12.7~1.4)

대설 7일 10시53분 동지 22일 04시50분

| 양력 | 1 | 2 | 3 | 4 | 5 | 6 | 7 | 8 | 9 | 10 | 11 | 12 | 13 | 14 | 15 | 16 | 17 | 18 | 19 | 20 | 21 | 22 | 23 | 24 | 25 | 26 | 27 | 28 | 29 | 30 | 31 |
|---|---|---|---|---|---|---|---|---|---|---|---|---|---|---|---|---|---|---|---|---|---|---|---|---|---|---|---|---|---|---|---|
| 음력 | 28 | 29 | 30 | 11.1 | 2 | 3 | 4 | 5 | 6 | 7 | 8 | 9 | 10 | 11 | 12 | 13 | 14 | 15 | 16 | 17 | 18 | 19 | 20 | 21 | 22 | 23 | 24 | 25 | 26 | 27 | 28 |
| 요일 | 火 | 水 | 木 | 金 | 土 | 日 | 月 | 火 | 水 | 木 | 金 | 土 | 日 | 月 | 火 | 水 | 木 | 金 | 土 | 日 | 月 | 火 | 水 | 木 | 金 | 土 | 日 | 月 | 火 | 水 | 木 |
| 일진 | 甲申 | 乙酉 | 丙戌 | 丁亥 | 戊子 | 己丑 | 庚寅 | 辛卯 | 壬辰 | 癸巳 | 甲午 | 乙未 | 丙申 | 丁酉 | 戊戌 | 己亥 | 庚子 | 辛丑 | 壬寅 | 癸卯 | 甲辰 | 乙巳 | 丙午 | 丁未 | 戊申 | 己酉 | 庚戌 | 辛亥 | 壬子 | 癸丑 | 甲寅 |
| 대운 남 | 2 | 2 | 1 | 1 | 1 | 1 | 대 | 9 | 9 | 9 | 8 | 8 | 8 | 7 | 7 | 7 | 6 | 6 | 6 | 5 | 5 | 5 | 4 | 4 | 4 | 3 | 3 | 3 | 2 | 2 | 2 |
| 대운 녀 | 8 | 8 | 9 | 9 | 9 | 10 | 설 | 1 | 1 | 1 | 1 | 2 | 2 | 2 | 3 | 3 | 3 | 4 | 4 | 4 | 5 | 5 | 5 | 6 | 6 | 6 | 7 | 7 | 7 | 8 | 8 |

소한 5일 22시02분

## 1 · 丁丑月(양 1.5~2.3)

대한 20일 15시29분

| 양력 | 1 | 2 | 3 | 4 | 5 | 6 | 7 | 8 | 9 | 10 | 11 | 12 | 13 | 14 | 15 | 16 | 17 | 18 | 19 | 20 | 21 | 22 | 23 | 24 | 25 | 26 | 27 | 28 | 29 | 30 | 31 |
|---|---|---|---|---|---|---|---|---|---|---|---|---|---|---|---|---|---|---|---|---|---|---|---|---|---|---|---|---|---|---|---|
| 음력 | 29 | 30 | 12.1 | 2 | 3 | 4 | 5 | 6 | 7 | 8 | 9 | 10 | 11 | 12 | 13 | 14 | 15 | 16 | 17 | 18 | 19 | 20 | 21 | 22 | 23 | 24 | 25 | 26 | 27 | 28 | 29 |
| 요일 | 金 | 土 | 日 | 月 | 火 | 水 | 木 | 金 | 土 | 日 | 月 | 火 | 水 | 木 | 金 | 土 | 日 | 月 | 火 | 水 | 木 | 金 | 土 | 日 | 月 | 火 | 水 | 木 | 金 | 土 | 日 |
| 일진 | 乙卯 | 丙辰 | 丁巳 | 戊午 | 己未 | 庚申 | 辛酉 | 壬戌 | 癸亥 | 甲子 | 乙丑 | 丙寅 | 丁卯 | 戊辰 | 己巳 | 庚午 | 辛未 | 壬申 | 癸酉 | 甲戌 | 乙亥 | 丙子 | 丁丑 | 戊寅 | 己卯 | 庚辰 | 辛巳 | 壬午 | 癸未 | 甲申 | 乙酉 |
| 대운 남 | 1 | 1 | 1 | 1 | 소 | 10 | 9 | 9 | 9 | 8 | 8 | 8 | 7 | 7 | 7 | 6 | 6 | 6 | 5 | 5 | 5 | 4 | 4 | 4 | 3 | 3 | 3 | 2 | 2 | 2 | 1 |
| 대운 녀 | 8 | 9 | 9 | 9 | 한 | 1 | 1 | 1 | 1 | 2 | 2 | 2 | 3 | 3 | 3 | 4 | 4 | 4 | 5 | 5 | 5 | 6 | 6 | 6 | 7 | 7 | 7 | 8 | 8 | 8 | 9 |

입춘 4일 09시46분

## 2 · 戊寅月(양 2.4~3.5)

우수 19일 05시48분

| 양력 | 1 | 2 | 3 | 4 | 5 | 6 | 7 | 8 | 9 | 10 | 11 | 12 | 13 | 14 | 15 | 16 | 17 | 18 | 19 | 20 | 21 | 22 | 23 | 24 | 25 | 26 | 27 | 28 |
|---|---|---|---|---|---|---|---|---|---|---|---|---|---|---|---|---|---|---|---|---|---|---|---|---|---|---|---|---|
| 음력 | 30 | 1.1 | 2 | 3 | 4 | 5 | 6 | 7 | 8 | 9 | 10 | 11 | 12 | 13 | 14 | 15 | 16 | 17 | 18 | 19 | 20 | 21 | 22 | 23 | 24 | 25 | 26 | 27 |
| 요일 | 月 | 火 | 水 | 木 | 金 | 土 | 日 | 月 | 火 | 水 | 木 | 金 | 土 | 日 | 月 | 火 | 水 | 木 | 金 | 土 | 日 | 月 | 火 | 水 | 木 | 金 | 土 | 日 |
| 일진 | 丙戌 | 丁亥 | 戊子 | 己丑 | 庚寅 | 辛卯 | 壬辰 | 癸巳 | 甲午 | 乙未 | 丙申 | 丁酉 | 戊戌 | 己亥 | 庚子 | 辛丑 | 壬寅 | 癸卯 | 甲辰 | 乙巳 | 丙午 | 丁未 | 戊申 | 己酉 | 庚戌 | 辛亥 | 壬子 | 癸丑 |
| 대운 남 | 1 | 1 | 1 | 입 | 1 | 1 | 1 | 1 | 2 | 2 | 2 | 3 | 3 | 3 | 4 | 4 | 4 | 5 | 5 | 5 | 6 | 6 | 6 | 7 | 7 | 7 | 8 | 8 |
| 대운 녀 | 9 | 9 | 10 | 춘 | 10 | 9 | 9 | 9 | 8 | 8 | 8 | 7 | 7 | 7 | 6 | 6 | 6 | 5 | 5 | 5 | 4 | 4 | 4 | 3 | 3 | 3 | 2 | 2 |

경칩 6일 04시01분

## 3 · 己卯月(양 3.6~4.4)

춘분 21일 05시05분

| 양력 | 1 | 2 | 3 | 4 | 5 | 6 | 7 | 8 | 9 | 10 | 11 | 12 | 13 | 14 | 15 | 16 | 17 | 18 | 19 | 20 | 21 | 22 | 23 | 24 | 25 | 26 | 27 | 28 | 29 | 30 | 31 |
|---|---|---|---|---|---|---|---|---|---|---|---|---|---|---|---|---|---|---|---|---|---|---|---|---|---|---|---|---|---|---|---|
| 음력 | 28 | 29 | 2.1 | 2 | 3 | 4 | 5 | 6 | 7 | 8 | 9 | 10 | 11 | 12 | 13 | 14 | 15 | 16 | 17 | 18 | 19 | 20 | 21 | 22 | 23 | 24 | 25 | 26 | 27 | 28 | 29 |
| 요일 | 月 | 火 | 水 | 木 | 金 | 土 | 日 | 月 | 火 | 水 | 木 | 金 | 土 | 日 | 月 | 火 | 水 | 木 | 金 | 土 | 日 | 月 | 火 | 水 | 木 | 金 | 土 | 日 | 月 | 火 | 水 |
| 일진 | 甲寅 | 乙卯 | 丙辰 | 丁巳 | 戊午 | 己未 | 庚申 | 辛酉 | 壬戌 | 癸亥 | 甲子 | 乙丑 | 丙寅 | 丁卯 | 戊辰 | 己巳 | 庚午 | 辛未 | 壬申 | 癸酉 | 甲戌 | 乙亥 | 丙子 | 丁丑 | 戊寅 | 己卯 | 庚辰 | 辛巳 | 壬午 | 癸未 | 甲申 |
| 대운 남 | 8 | 9 | 9 | 9 | 10 | 경 | 1 | 1 | 1 | 1 | 2 | 2 | 2 | 3 | 3 | 3 | 4 | 4 | 4 | 5 | 5 | 5 | 6 | 6 | 6 | 7 | 7 | 7 | 8 | 8 | 8 |
| 대운 녀 | 2 | 1 | 1 | 1 | 1 | 칩 | 10 | 9 | 9 | 9 | 8 | 8 | 8 | 7 | 7 | 7 | 6 | 6 | 6 | 5 | 5 | 5 | 4 | 4 | 4 | 3 | 3 | 3 | 2 | 2 | 2 |

청명 5일 09시07분

## 4 · 庚辰月(양 4.5~5.5)

곡우 20일 16시26분

| 양력 | 1 | 2 | 3 | 4 | 5 | 6 | 7 | 8 | 9 | 10 | 11 | 12 | 13 | 14 | 15 | 16 | 17 | 18 | 19 | 20 | 21 | 22 | 23 | 24 | 25 | 26 | 27 | 28 | 29 | 30 |
|---|---|---|---|---|---|---|---|---|---|---|---|---|---|---|---|---|---|---|---|---|---|---|---|---|---|---|---|---|---|---|
| 음력 | 30 | 3.1 | 2 | 3 | 4 | 5 | 6 | 7 | 8 | 9 | 10 | 11 | 12 | 13 | 14 | 15 | 16 | 17 | 18 | 19 | 20 | 21 | 22 | 23 | 24 | 25 | 26 | 27 | 28 | 29 |
| 요일 | 木 | 金 | 土 | 日 | 月 | 火 | 水 | 木 | 金 | 土 | 日 | 月 | 火 | 水 | 木 | 金 | 土 | 日 | 月 | 火 | 水 | 木 | 金 | 土 | 日 | 月 | 火 | 水 | 木 | 金 |
| 일진 | 乙酉 | 丙戌 | 丁亥 | 戊子 | 己丑 | 庚寅 | 辛卯 | 壬辰 | 癸巳 | 甲午 | 乙未 | 丙申 | 丁酉 | 戊戌 | 己亥 | 庚子 | 辛丑 | 壬寅 | 癸卯 | 甲辰 | 乙巳 | 丙午 | 丁未 | 戊申 | 己酉 | 庚戌 | 辛亥 | 壬子 | 癸丑 | 甲寅 |
| 대운 남 | 9 | 9 | 9 | 10 | 청 | 1 | 1 | 1 | 1 | 2 | 2 | 2 | 3 | 3 | 3 | 4 | 4 | 4 | 5 | 5 | 5 | 6 | 6 | 6 | 7 | 7 | 7 | 8 | 8 | 8 |
| 대운 녀 | 1 | 1 | 1 | 1 | 명 | 10 | 10 | 9 | 9 | 9 | 8 | 8 | 8 | 7 | 7 | 7 | 6 | 6 | 6 | 5 | 5 | 5 | 4 | 4 | 4 | 3 | 3 | 3 | 2 | 2 |

입하 6일 02시42분

## 5 · 辛巳月(양 5.6~6.5)

소만 21일 15시50분

| 양력 | 1 | 2 | 3 | 4 | 5 | 6 | 7 | 8 | 9 | 10 | 11 | 12 | 13 | 14 | 15 | 16 | 17 | 18 | 19 | 20 | 21 | 22 | 23 | 24 | 25 | 26 | 27 | 28 | 29 | 30 | 31 |
|---|---|---|---|---|---|---|---|---|---|---|---|---|---|---|---|---|---|---|---|---|---|---|---|---|---|---|---|---|---|---|---|
| 음력 | 4.1 | 2 | 3 | 4 | 5 | 6 | 7 | 8 | 9 | 10 | 11 | 12 | 13 | 14 | 15 | 16 | 17 | 18 | 19 | 20 | 21 | 22 | 23 | 24 | 25 | 26 | 27 | 28 | 29 | 30 | 5.1 |
| 요일 | 土 | 日 | 月 | 火 | 水 | 木 | 金 | 土 | 日 | 月 | 火 | 水 | 木 | 金 | 土 | 日 | 月 | 火 | 水 | 木 | 金 | 土 | 日 | 月 | 火 | 水 | 木 | 金 | 土 | 日 | 月 |
| 일진 | 乙卯 | 丙辰 | 丁巳 | 戊午 | 己未 | 庚申 | 辛酉 | 壬戌 | 癸亥 | 甲子 | 乙丑 | 丙寅 | 丁卯 | 戊辰 | 己巳 | 庚午 | 辛未 | 壬申 | 癸酉 | 甲戌 | 乙亥 | 丙子 | 丁丑 | 戊寅 | 己卯 | 庚辰 | 辛巳 | 壬午 | 癸未 | 甲申 | 乙酉 |
| 대운 남 | 9 | 9 | 9 | 10 | 10 | 입 | 1 | 1 | 1 | 1 | 2 | 2 | 2 | 3 | 3 | 3 | 4 | 4 | 4 | 5 | 5 | 5 | 6 | 6 | 6 | 7 | 7 | 7 | 8 | 8 | 8 |
| 대운 녀 | 2 | 1 | 1 | 1 | 1 | 하 | 10 | 10 | 9 | 9 | 9 | 8 | 8 | 8 | 7 | 7 | 7 | 6 | 6 | 6 | 5 | 5 | 5 | 4 | 4 | 4 | 3 | 3 | 3 | 2 | 2 |

망종 6일 07시02분

## 6 · 壬午月(양 6.6~7.6)

하지 21일 23시56분

| 양력 | 1 | 2 | 3 | 4 | 5 | 6 | 7 | 8 | 9 | 10 | 11 | 12 | 13 | 14 | 15 | 16 | 17 | 18 | 19 | 20 | 21 | 22 | 23 | 24 | 25 | 26 | 27 | 28 | 29 | 30 |
|---|---|---|---|---|---|---|---|---|---|---|---|---|---|---|---|---|---|---|---|---|---|---|---|---|---|---|---|---|---|---|
| 음력 | 2 | 3 | 4 | 5 | 6 | 7 | 8 | 9 | 10 | 11 | 12 | 13 | 14 | 15 | 16 | 17 | 18 | 19 | 20 | 21 | 22 | 23 | 24 | 25 | 26 | 27 | 28 | 29 | 6.1 | 2 |
| 요일 | 火 | 水 | 木 | 金 | 土 | 日 | 月 | 火 | 水 | 木 | 金 | 土 | 日 | 月 | 火 | 水 | 木 | 金 | 土 | 日 | 月 | 火 | 水 | 木 | 金 | 土 | 日 | 月 | 火 | 水 |
| 일진 | 丙戌 | 丁亥 | 戊子 | 己丑 | 庚寅 | 辛卯 | 壬辰 | 癸巳 | 甲午 | 乙未 | 丙申 | 丁酉 | 戊戌 | 己亥 | 庚子 | 辛丑 | 壬寅 | 癸卯 | 甲辰 | 乙巳 | 丙午 | 丁未 | 戊申 | 己酉 | 庚戌 | 辛亥 | 壬子 | 癸丑 | 甲寅 | 乙卯 |
| 대운 남 | 9 | 9 | 9 | 10 | 10 | 망 | 1 | 1 | 1 | 1 | 2 | 2 | 2 | 3 | 3 | 3 | 4 | 4 | 4 | 5 | 5 | 5 | 6 | 6 | 6 | 7 | 7 | 7 | 8 | 8 |
| 대운 녀 | 2 | 1 | 1 | 1 | 1 | 종 | 10 | 10 | 9 | 9 | 9 | 8 | 8 | 8 | 7 | 7 | 7 | 6 | 6 | 6 | 5 | 5 | 5 | 4 | 4 | 4 | 3 | 3 | 3 | 2 |

소서 7일 17시21분

## 7 · 癸未月(양 7.7~8.7)

대서 23일 10시48분

| 양력 | 1 | 2 | 3 | 4 | 5 | 6 | 7 | 8 | 9 | 10 | 11 | 12 | 13 | 14 | 15 | 16 | 17 | 18 | 19 | 20 | 21 | 22 | 23 | 24 | 25 | 26 | 27 | 28 | 29 | 30 | 31 |
|---|---|---|---|---|---|---|---|---|---|---|---|---|---|---|---|---|---|---|---|---|---|---|---|---|---|---|---|---|---|---|---|
| 음력 | 3 | 4 | 5 | 6 | 7 | 8 | 9 | 10 | 11 | 12 | 13 | 14 | 15 | 16 | 17 | 18 | 19 | 20 | 21 | 22 | 23 | 24 | 25 | 26 | 27 | 28 | 29 | 7.1 | 2 | 3 | 4 |
| 요일 | 木 | 金 | 土 | 日 | 月 | 火 | 水 | 木 | 金 | 土 | 日 | 月 | 火 | 水 | 木 | 金 | 土 | 日 | 月 | 火 | 水 | 木 | 金 | 土 | 日 | 月 | 火 | 水 | 木 | 金 | 土 |
| 일진 | 丙辰 | 丁巳 | 戊午 | 己未 | 庚申 | 辛酉 | 壬戌 | 癸亥 | 甲子 | 乙丑 | 丙寅 | 丁卯 | 戊辰 | 己巳 | 庚午 | 辛未 | 壬申 | 癸酉 | 甲戌 | 乙亥 | 丙子 | 丁丑 | 戊寅 | 己卯 | 庚辰 | 辛巳 | 壬午 | 癸未 | 甲申 | 乙酉 | 丙戌 |
| 대운 남 | 8 | 9 | 9 | 9 | 10 | 10 | 소 | 1 | 1 | 1 | 1 | 2 | 2 | 2 | 3 | 3 | 3 | 4 | 4 | 4 | 5 | 5 | 5 | 6 | 6 | 6 | 7 | 7 | 7 | 8 | 8 |
| 대운 녀 | 2 | 2 | 1 | 1 | 1 | 1 | 서 | 10 | 10 | 10 | 9 | 9 | 9 | 8 | 8 | 8 | 7 | 7 | 7 | 6 | 6 | 6 | 5 | 5 | 5 | 4 | 4 | 4 | 3 | 3 | 3 |

입추 8일 03시05분

## 8 · 甲申月(양 8.8~9.7)

처서 23일 17시43분

| 양력 | 1 | 2 | 3 | 4 | 5 | 6 | 7 | 8 | 9 | 10 | 11 | 12 | 13 | 14 | 15 | 16 | 17 | 18 | 19 | 20 | 21 | 22 | 23 | 24 | 25 | 26 | 27 | 28 | 29 | 30 | 31 |
|---|---|---|---|---|---|---|---|---|---|---|---|---|---|---|---|---|---|---|---|---|---|---|---|---|---|---|---|---|---|---|---|
| 음력 | 5 | 6 | 7 | 8 | 9 | 10 | 11 | 12 | 13 | 14 | 15 | 16 | 17 | 18 | 19 | 20 | 21 | 22 | 23 | 24 | 25 | 26 | 27 | 28 | 29 | 30 | 8.1 | 2 | 3 | 4 | 5 |
| 요일 | 日 | 月 | 火 | 水 | 木 | 金 | 土 | 日 | 月 | 火 | 水 | 木 | 金 | 土 | 日 | 月 | 火 | 水 | 木 | 金 | 土 | 日 | 月 | 火 | 水 | 木 | 金 | 土 | 日 | 月 | 火 |
| 일진 | 丁亥 | 戊子 | 己丑 | 庚寅 | 辛卯 | 壬辰 | 癸巳 | 甲午 | 乙未 | 丙申 | 丁酉 | 戊戌 | 己亥 | 庚子 | 辛丑 | 壬寅 | 癸卯 | 甲辰 | 乙巳 | 丙午 | 丁未 | 戊申 | 己酉 | 庚戌 | 辛亥 | 壬子 | 癸丑 | 甲寅 | 乙卯 | 丙辰 | 丁巳 |
| 대운 남 | 8 | 9 | 9 | 9 | 10 | 10 | 10 | 입 | 1 | 1 | 1 | 1 | 2 | 2 | 2 | 3 | 3 | 3 | 4 | 4 | 4 | 5 | 5 | 5 | 6 | 6 | 6 | 7 | 7 | 7 | 8 |
| 대운 녀 | 2 | 2 | 2 | 1 | 1 | 1 | 1 | 추 | 10 | 10 | 9 | 9 | 9 | 8 | 8 | 8 | 7 | 7 | 7 | 6 | 6 | 6 | 5 | 5 | 5 | 4 | 4 | 4 | 3 | 3 | 3 |

백로 8일 05시48분

## 9 · 乙酉月(양 9.8~10.7)

추분 23일 15시06분

| 양력 | 1 | 2 | 3 | 4 | 5 | 6 | 7 | 8 | 9 | 10 | 11 | 12 | 13 | 14 | 15 | 16 | 17 | 18 | 19 | 20 | 21 | 22 | 23 | 24 | 25 | 26 | 27 | 28 | 29 | 30 |
|---|---|---|---|---|---|---|---|---|---|---|---|---|---|---|---|---|---|---|---|---|---|---|---|---|---|---|---|---|---|---|
| 음력 | 6 | 7 | 8 | 9 | 10 | 11 | 12 | 13 | 14 | 15 | 16 | 17 | 18 | 19 | 20 | 21 | 22 | 23 | 24 | 25 | 26 | 27 | 28 | 29 | 9.1 | 2 | 3 | 4 | 5 | 6 |
| 요일 | 水 | 木 | 金 | 土 | 日 | 月 | 火 | 水 | 木 | 金 | 土 | 日 | 月 | 火 | 水 | 木 | 金 | 土 | 日 | 月 | 火 | 水 | 木 | 金 | 土 | 日 | 月 | 火 | 水 | 木 |
| 일진 | 戊午 | 己未 | 庚申 | 辛酉 | 壬戌 | 癸亥 | 甲子 | 乙丑 | 丙寅 | 丁卯 | 戊辰 | 己巳 | 庚午 | 辛未 | 壬申 | 癸酉 | 甲戌 | 乙亥 | 丙子 | 丁丑 | 戊寅 | 己卯 | 庚辰 | 辛巳 | 壬午 | 癸未 | 甲申 | 乙酉 | 丙戌 | 丁亥 |
| 대운 남 | 8 | 8 | 9 | 9 | 9 | 10 | 10 | 백 | 1 | 1 | 1 | 1 | 2 | 2 | 2 | 3 | 3 | 3 | 4 | 4 | 4 | 5 | 5 | 5 | 6 | 6 | 6 | 7 | 7 | 7 |
| 대운 녀 | 2 | 2 | 2 | 1 | 1 | 1 | 1 | 로 | 10 | 9 | 9 | 9 | 8 | 8 | 8 | 7 | 7 | 7 | 6 | 6 | 6 | 5 | 5 | 5 | 4 | 4 | 4 | 3 | 3 | 3 |

한로 8일 21시11분

## 10 · 丙戌月(양 10.8~11.7)

상강 24일 00시10분

| 양력 | 1 | 2 | 3 | 4 | 5 | 6 | 7 | 8 | 9 | 10 | 11 | 12 | 13 | 14 | 15 | 16 | 17 | 18 | 19 | 20 | 21 | 22 | 23 | 24 | 25 | 26 | 27 | 28 | 29 | 30 | 31 |
|---|---|---|---|---|---|---|---|---|---|---|---|---|---|---|---|---|---|---|---|---|---|---|---|---|---|---|---|---|---|---|---|
| 음력 | 7 | 8 | 9 | 10 | 11 | 12 | 13 | 14 | 15 | 16 | 17 | 18 | 19 | 20 | 21 | 22 | 23 | 24 | 25 | 26 | 27 | 28 | 29 | 10.1 | 2 | 3 | 4 | 5 | 6 | 7 | 8 |
| 요일 | 金 | 土 | 日 | 月 | 火 | 水 | 木 | 金 | 土 | 日 | 月 | 火 | 水 | 木 | 金 | 土 | 日 | 月 | 火 | 水 | 木 | 金 | 土 | 日 | 月 | 火 | 水 | 木 | 金 | 土 | 日 |
| 일진 | 戊子 | 己丑 | 庚寅 | 辛卯 | 壬辰 | 癸巳 | 甲午 | 乙未 | 丙申 | 丁酉 | 戊戌 | 己亥 | 庚子 | 辛丑 | 壬寅 | 癸卯 | 甲辰 | 乙巳 | 丙午 | 丁未 | 戊申 | 己酉 | 庚戌 | 辛亥 | 壬子 | 癸丑 | 甲寅 | 乙卯 | 丙辰 | 丁巳 | 戊午 |
| 대운 남 | 8 | 8 | 8 | 9 | 9 | 9 | 10 | 한 | 1 | 1 | 1 | 1 | 2 | 2 | 2 | 3 | 3 | 3 | 4 | 4 | 4 | 5 | 5 | 5 | 6 | 6 | 6 | 7 | 7 | 7 | 8 |
| 대운 녀 | 2 | 2 | 2 | 1 | 1 | 1 | 1 | 로 | 10 | 10 | 9 | 9 | 9 | 8 | 8 | 8 | 7 | 7 | 7 | 6 | 6 | 6 | 5 | 5 | 5 | 4 | 4 | 4 | 3 | 3 | 3 |

입동 8일 00시07분

## 11 · 丁亥月(양 11.8~12.6)

소설 22일 21시29분

| 양력 | 1 | 2 | 3 | 4 | 5 | 6 | 7 | 8 | 9 | 10 | 11 | 12 | 13 | 14 | 15 | 16 | 17 | 18 | 19 | 20 | 21 | 22 | 23 | 24 | 25 | 26 | 27 | 28 | 29 | 30 |
|---|---|---|---|---|---|---|---|---|---|---|---|---|---|---|---|---|---|---|---|---|---|---|---|---|---|---|---|---|---|---|
| 음력 | 9 | 10 | 11 | 12 | 13 | 14 | 15 | 16 | 17 | 18 | 19 | 20 | 21 | 22 | 23 | 24 | 25 | 26 | 27 | 28 | 29 | 30 | 11.1 | 2 | 3 | 4 | 5 | 6 | 7 | 8 |
| 요일 | 月 | 火 | 水 | 木 | 金 | 土 | 日 | 月 | 火 | 水 | 木 | 金 | 土 | 日 | 月 | 火 | 水 | 木 | 金 | 土 | 日 | 月 | 火 | 水 | 木 | 金 | 土 | 日 | 月 | 火 |
| 일진 | 己未 | 庚申 | 辛酉 | 壬戌 | 癸亥 | 甲子 | 乙丑 | 丙寅 | 丁卯 | 戊辰 | 己巳 | 庚午 | 辛未 | 壬申 | 癸酉 | 甲戌 | 乙亥 | 丙子 | 丁丑 | 戊寅 | 己卯 | 庚辰 | 辛巳 | 壬午 | 癸未 | 甲申 | 乙酉 | 丙戌 | 丁亥 | 戊子 |
| 대운 남 | 8 | 8 | 9 | 9 | 9 | 10 | 10 | 입 | 1 | 1 | 1 | 1 | 2 | 2 | 2 | 3 | 3 | 3 | 4 | 4 | 4 | 5 | 5 | 5 | 6 | 6 | 6 | 7 | 7 | 7 |
| 대운 녀 | 2 | 2 | 2 | 1 | 1 | 1 | 1 | 동 | 9 | 9 | 9 | 8 | 8 | 8 | 7 | 7 | 7 | 6 | 6 | 6 | 5 | 5 | 5 | 4 | 4 | 4 | 3 | 3 | 3 | 2 |

대설 7일 16시46분

## 12 · 戊子月(양 12.7~1.5)

동지 22일 10시40분

| 양력 | 1 | 2 | 3 | 4 | 5 | 6 | 7 | 8 | 9 | 10 | 11 | 12 | 13 | 14 | 15 | 16 | 17 | 18 | 19 | 20 | 21 | 22 | 23 | 24 | 25 | 26 | 27 | 28 | 29 | 30 | 31 |
|---|---|---|---|---|---|---|---|---|---|---|---|---|---|---|---|---|---|---|---|---|---|---|---|---|---|---|---|---|---|---|---|
| 음력 | 9 | 10 | 11 | 12 | 13 | 14 | 15 | 16 | 17 | 18 | 19 | 20 | 21 | 22 | 23 | 24 | 25 | 26 | 27 | 28 | 29 | 30 | 12.1 | 2 | 3 | 4 | 5 | 6 | 7 | 8 | 9 |
| 요일 | 水 | 木 | 金 | 土 | 日 | 月 | 火 | 水 | 木 | 金 | 土 | 日 | 月 | 火 | 水 | 木 | 金 | 土 | 日 | 月 | 火 | 水 | 木 | 金 | 土 | 日 | 月 | 火 | 水 | 木 | 金 |
| 일진 | 己丑 | 庚寅 | 辛卯 | 壬辰 | 癸巳 | 甲午 | 乙未 | 丙申 | 丁酉 | 戊戌 | 己亥 | 庚子 | 辛丑 | 壬寅 | 癸卯 | 甲辰 | 乙巳 | 丙午 | 丁未 | 戊申 | 己酉 | 庚戌 | 辛亥 | 壬子 | 癸丑 | 甲寅 | 乙卯 | 丙辰 | 丁巳 | 戊午 | 己未 |
| 대운 남 | 8 | 8 | 8 | 9 | 9 | 9 | 대 | 1 | 1 | 1 | 1 | 2 | 2 | 2 | 3 | 3 | 3 | 4 | 4 | 4 | 5 | 5 | 5 | 6 | 6 | 6 | 7 | 7 | 7 | 8 | 8 |
| 대운 녀 | 2 | 2 | 1 | 1 | 1 | 1 | 설 | 10 | 9 | 9 | 9 | 8 | 8 | 8 | 7 | 7 | 7 | 6 | 6 | 6 | 5 | 5 | 5 | 4 | 4 | 4 | 3 | 3 | 3 | 2 | 2 |

## 단기 4299년 | 1966년(윤3월)

### 1 · 己丑月(양 1.6~2.3)

소한 6일 03시54분 / 대한 20일 21시20분

| 양력 | 1 | 2 | 3 | 4 | 5 | 6 | 7 | 8 | 9 | 10 | 11 | 12 | 13 | 14 | 15 | 16 | 17 | 18 | 19 | 20 | 21 | 22 | 23 | 24 | 25 | 26 | 27 | 28 | 29 | 30 | 31 |
|---|---|---|---|---|---|---|---|---|---|---|---|---|---|---|---|---|---|---|---|---|---|---|---|---|---|---|---|---|---|---|---|
| 음력 | 10 | 11 | 12 | 13 | 14 | 15 | 16 | 17 | 18 | 19 | 20 | 21 | 22 | 23 | 24 | 25 | 26 | 27 | 28 | 29 | 30 | 1.1 | 2 | 3 | 4 | 5 | 6 | 7 | 8 | 9 | 10 |
| 요일 | 土 | 日 | 月 | 火 | 水 | 木 | 金 | 土 | 日 | 月 | 火 | 水 | 木 | 金 | 土 | 日 | 月 | 火 | 水 | 木 | 金 | 土 | 日 | 月 | 火 | 水 | 木 | 金 | 土 | 日 | 月 |
| 일진 | 庚申 | 辛酉 | 壬戌 | 癸亥 | 甲子 | 乙丑 | 丙寅 | 丁卯 | 戊辰 | 己巳 | 庚午 | 辛未 | 壬申 | 癸酉 | 甲戌 | 乙亥 | 丙子 | 丁丑 | 戊寅 | 己卯 | 庚辰 | 辛巳 | 壬午 | 癸未 | 甲申 | 乙酉 | 丙戌 | 丁亥 | 戊子 | 己丑 | 庚寅 |
| 대운 남 | 8 | 9 | 9 | 9 | 10 | 소 | 1 | 1 | 1 | 1 | 2 | 2 | 2 | 3 | 3 | 3 | 4 | 4 | 4 | 5 | 5 | 5 | 6 | 6 | 6 | 7 | 7 | 7 | 8 | 8 | 8 |
| 대운 녀 | 2 | 1 | 1 | 1 | 1 | 한 | 9 | 9 | 9 | 8 | 8 | 8 | 7 | 7 | 7 | 6 | 6 | 6 | 5 | 5 | 5 | 4 | 4 | 4 | 3 | 3 | 3 | 2 | 2 | 2 | 1 |

### 2 · 庚寅月(양 2.4~3.5)

입춘 4일 15시38분 / 우수 19일 11시38분

| 양력 | 1 | 2 | 3 | 4 | 5 | 6 | 7 | 8 | 9 | 10 | 11 | 12 | 13 | 14 | 15 | 16 | 17 | 18 | 19 | 20 | 21 | 22 | 23 | 24 | 25 | 26 | 27 | 28 |
|---|---|---|---|---|---|---|---|---|---|---|---|---|---|---|---|---|---|---|---|---|---|---|---|---|---|---|---|---|
| 음력 | 11 | 12 | 13 | 14 | 15 | 16 | 17 | 18 | 19 | 20 | 21 | 22 | 23 | 24 | 25 | 26 | 27 | 28 | 29 | 2.1 | 2 | 3 | 4 | 5 | 6 | 7 | 8 | 9 |
| 요일 | 火 | 水 | 木 | 金 | 土 | 日 | 月 | 火 | 水 | 木 | 金 | 土 | 日 | 月 | 火 | 水 | 木 | 金 | 土 | 日 | 月 | 火 | 水 | 木 | 金 | 土 | 日 | 月 |
| 일진 | 辛卯 | 壬辰 | 癸巳 | 甲午 | 乙未 | 丙申 | 丁酉 | 戊戌 | 己亥 | 庚子 | 辛丑 | 壬寅 | 癸卯 | 甲辰 | 乙巳 | 丙午 | 丁未 | 戊申 | 己酉 | 庚戌 | 辛亥 | 壬子 | 癸丑 | 甲寅 | 乙卯 | 丙辰 | 丁巳 | 戊午 |
| 대운 남 | 9 | 9 | 9 | 입 | 10 | 9 | 9 | 9 | 8 | 8 | 8 | 7 | 7 | 7 | 6 | 6 | 6 | 5 | 5 | 5 | 4 | 4 | 4 | 3 | 3 | 3 | 2 | 2 |
| 대운 녀 | 1 | 1 | 1 | 춘 | 1 | 1 | 1 | 1 | 2 | 2 | 2 | 3 | 3 | 3 | 4 | 4 | 4 | 5 | 5 | 5 | 6 | 6 | 6 | 7 | 7 | 7 | 8 | 8 |

### 3 · 辛卯月(양 3.6~4.4)

경칩 6일 09시51분 / 춘분 21일 10시53분

| 양력 | 1 | 2 | 3 | 4 | 5 | 6 | 7 | 8 | 9 | 10 | 11 | 12 | 13 | 14 | 15 | 16 | 17 | 18 | 19 | 20 | 21 | 22 | 23 | 24 | 25 | 26 | 27 | 28 | 29 | 30 | 31 |
|---|---|---|---|---|---|---|---|---|---|---|---|---|---|---|---|---|---|---|---|---|---|---|---|---|---|---|---|---|---|---|---|
| 음력 | 10 | 11 | 12 | 13 | 14 | 15 | 16 | 17 | 18 | 19 | 20 | 21 | 22 | 23 | 24 | 25 | 26 | 27 | 28 | 29 | 30 | 3.1 | 2 | 3 | 4 | 5 | 6 | 7 | 8 | 9 | 10 |
| 요일 | 火 | 水 | 木 | 金 | 土 | 日 | 月 | 火 | 水 | 木 | 金 | 土 | 日 | 月 | 火 | 水 | 木 | 金 | 土 | 日 | 月 | 火 | 水 | 木 | 金 | 土 | 日 | 月 | 火 | 水 | 木 |
| 일진 | 己未 | 庚申 | 辛酉 | 壬戌 | 癸亥 | 甲子 | 乙丑 | 丙寅 | 丁卯 | 戊辰 | 己巳 | 庚午 | 辛未 | 壬申 | 癸酉 | 甲戌 | 乙亥 | 丙子 | 丁丑 | 戊寅 | 己卯 | 庚辰 | 辛巳 | 壬午 | 癸未 | 甲申 | 乙酉 | 丙戌 | 丁亥 | 戊子 | 己丑 |
| 대운 남 | 2 | 1 | 1 | 1 | 1 | 경 | 10 | 9 | 9 | 9 | 8 | 8 | 8 | 7 | 7 | 7 | 6 | 6 | 6 | 5 | 5 | 5 | 4 | 4 | 4 | 3 | 3 | 3 | 2 | 2 | 2 |
| 대운 녀 | 8 | 9 | 9 | 9 | 10 | 칩 | 1 | 1 | 1 | 1 | 2 | 2 | 2 | 3 | 3 | 3 | 4 | 4 | 4 | 5 | 5 | 5 | 6 | 6 | 6 | 7 | 7 | 7 | 8 | 8 | 8 |

### 4 · 壬辰月(양 4.5~5.5)

청명 5일 14시57분 / 곡우 20일 22시12분

| 양력 | 1 | 2 | 3 | 4 | 5 | 6 | 7 | 8 | 9 | 10 | 11 | 12 | 13 | 14 | 15 | 16 | 17 | 18 | 19 | 20 | 21 | 22 | 23 | 24 | 25 | 26 | 27 | 28 | 29 | 30 |
|---|---|---|---|---|---|---|---|---|---|---|---|---|---|---|---|---|---|---|---|---|---|---|---|---|---|---|---|---|---|---|
| 음력 | 11 | 12 | 13 | 14 | 15 | 16 | 17 | 18 | 19 | 20 | 21 | 22 | 23 | 24 | 25 | 26 | 27 | 28 | 29 | 30 | 윤 | 3.2 | 3 | 4 | 5 | 6 | 7 | 8 | 9 | 10 |
| 요일 | 金 | 土 | 日 | 月 | 火 | 水 | 木 | 金 | 土 | 日 | 月 | 火 | 水 | 木 | 金 | 土 | 日 | 月 | 火 | 水 | 木 | 金 | 土 | 日 | 月 | 火 | 水 | 木 | 金 | 土 |
| 일진 | 庚寅 | 辛卯 | 壬辰 | 癸巳 | 甲午 | 乙未 | 丙申 | 丁酉 | 戊戌 | 己亥 | 庚子 | 辛丑 | 壬寅 | 癸卯 | 甲辰 | 乙巳 | 丙午 | 丁未 | 戊申 | 己酉 | 庚戌 | 辛亥 | 壬子 | 癸丑 | 甲寅 | 乙卯 | 丙辰 | 丁巳 | 戊午 | 己未 |
| 대운 남 | 1 | 1 | 1 | 1 | 청 | 10 | 10 | 9 | 9 | 9 | 8 | 8 | 8 | 7 | 7 | 7 | 6 | 6 | 6 | 5 | 5 | 5 | 4 | 4 | 4 | 3 | 3 | 3 | 2 | 2 |
| 대운 녀 | 9 | 9 | 9 | 10 | 명 | 1 | 1 | 1 | 1 | 2 | 2 | 2 | 3 | 3 | 3 | 4 | 4 | 4 | 5 | 5 | 5 | 6 | 6 | 6 | 7 | 7 | 7 | 8 | 8 | 8 |

### 5 · 癸巳月(양 5.6~6.5)

입하 6일 08시30분 / 소만 21일 21시32분

| 양력 | 1 | 2 | 3 | 4 | 5 | 6 | 7 | 8 | 9 | 10 | 11 | 12 | 13 | 14 | 15 | 16 | 17 | 18 | 19 | 20 | 21 | 22 | 23 | 24 | 25 | 26 | 27 | 28 | 29 | 30 | 31 |
|---|---|---|---|---|---|---|---|---|---|---|---|---|---|---|---|---|---|---|---|---|---|---|---|---|---|---|---|---|---|---|---|
| 음력 | 11 | 12 | 13 | 14 | 15 | 16 | 17 | 18 | 19 | 20 | 21 | 22 | 23 | 24 | 25 | 26 | 27 | 28 | 29 | 4.1 | 2 | 3 | 4 | 5 | 6 | 7 | 8 | 9 | 10 | 11 | 12 |
| 요일 | 日 | 月 | 火 | 水 | 木 | 金 | 土 | 日 | 月 | 火 | 水 | 木 | 金 | 土 | 日 | 月 | 火 | 水 | 木 | 金 | 土 | 日 | 月 | 火 | 水 | 木 | 金 | 土 | 日 | 月 | 火 |
| 일진 | 庚申 | 辛酉 | 壬戌 | 癸亥 | 甲子 | 乙丑 | 丙寅 | 丁卯 | 戊辰 | 己巳 | 庚午 | 辛未 | 壬申 | 癸酉 | 甲戌 | 乙亥 | 丙子 | 丁丑 | 戊寅 | 己卯 | 庚辰 | 辛巳 | 壬午 | 癸未 | 甲申 | 乙酉 | 丙戌 | 丁亥 | 戊子 | 己丑 | 庚寅 |
| 대운 남 | 2 | 1 | 1 | 1 | 1 | 입 | 10 | 10 | 9 | 9 | 9 | 8 | 8 | 8 | 7 | 7 | 7 | 6 | 6 | 6 | 5 | 5 | 5 | 4 | 4 | 4 | 3 | 3 | 3 | 2 | 2 |
| 대운 녀 | 9 | 9 | 9 | 10 | 10 | 하 | 1 | 1 | 1 | 1 | 2 | 2 | 2 | 3 | 3 | 3 | 4 | 4 | 4 | 5 | 5 | 5 | 6 | 6 | 6 | 7 | 7 | 7 | 8 | 8 | 8 |

### 6 · 甲午月(양 6.6~7.6)

망종 6일 12시50분 / 하지 22일 05시33분

| 양력 | 1 | 2 | 3 | 4 | 5 | 6 | 7 | 8 | 9 | 10 | 11 | 12 | 13 | 14 | 15 | 16 | 17 | 18 | 19 | 20 | 21 | 22 | 23 | 24 | 25 | 26 | 27 | 28 | 29 | 30 |
|---|---|---|---|---|---|---|---|---|---|---|---|---|---|---|---|---|---|---|---|---|---|---|---|---|---|---|---|---|---|---|
| 음력 | 13 | 14 | 15 | 16 | 17 | 18 | 19 | 20 | 21 | 22 | 23 | 24 | 25 | 26 | 27 | 28 | 29 | 30 | 5.1 | 2 | 3 | 4 | 5 | 6 | 7 | 8 | 9 | 10 | 11 | 12 |
| 요일 | 水 | 木 | 金 | 土 | 日 | 月 | 火 | 水 | 木 | 金 | 土 | 日 | 月 | 火 | 水 | 木 | 金 | 土 | 日 | 月 | 火 | 水 | 木 | 金 | 土 | 日 | 月 | 火 | 水 | 木 |
| 일진 | 辛卯 | 壬辰 | 癸巳 | 甲午 | 乙未 | 丙申 | 丁酉 | 戊戌 | 己亥 | 庚子 | 辛丑 | 壬寅 | 癸卯 | 甲辰 | 乙巳 | 丙午 | 丁未 | 戊申 | 己酉 | 庚戌 | 辛亥 | 壬子 | 癸丑 | 甲寅 | 乙卯 | 丙辰 | 丁巳 | 戊午 | 己未 | 庚申 |
| 대운 남 | 2 | 1 | 1 | 1 | 1 | 망 | 10 | 10 | 9 | 9 | 9 | 8 | 8 | 8 | 7 | 7 | 7 | 6 | 6 | 6 | 5 | 5 | 5 | 4 | 4 | 4 | 3 | 3 | 3 | 2 |
| 대운 녀 | 9 | 9 | 9 | 10 | 10 | 종 | 1 | 1 | 1 | 1 | 2 | 2 | 2 | 3 | 3 | 3 | 4 | 4 | 4 | 5 | 5 | 5 | 6 | 6 | 6 | 7 | 7 | 7 | 8 | 8 |

## 7 · 乙未月(㊣ 7.7~8.7)

소서 7일 23시07분 　 대서 23일 16시23분

| 양력 | 1 | 2 | 3 | 4 | 5 | 6 | 7 | 8 | 9 | 10 | 11 | 12 | 13 | 14 | 15 | 16 | 17 | 18 | 19 | 20 | 21 | 22 | 23 | 24 | 25 | 26 | 27 | 28 | 29 | 30 | 31 |
|---|---|---|---|---|---|---|---|---|---|---|---|---|---|---|---|---|---|---|---|---|---|---|---|---|---|---|---|---|---|---|---|
| 음력 | 13 | 14 | 15 | 16 | 17 | 18 | 19 | 20 | 21 | 22 | 23 | 24 | 25 | 26 | 27 | 28 | 29 | 6.1 | 2 | 3 | 4 | 5 | 6 | 7 | 8 | 9 | 10 | 11 | 12 | 13 | 14 |
| 요일 | 金 | 土 | 日 | 月 | 火 | 水 | 木 | 金 | 土 | 日 | 月 | 火 | 水 | 木 | 金 | 土 | 日 | 月 | 火 | 水 | 木 | 金 | 土 | 日 | 月 | 火 | 水 | 木 | 金 | 土 | 日 |
| 일진 | 辛<br>酉 | 壬<br>戌 | 癸<br>亥 | 甲<br>子 | 乙<br>丑 | 丙<br>寅 | 丁<br>卯 | 戊<br>辰 | 己<br>巳 | 庚<br>午 | 辛<br>未 | 壬<br>申 | 癸<br>酉 | 甲<br>戌 | 乙<br>亥 | 丙<br>子 | 丁<br>丑 | 戊<br>寅 | 己<br>卯 | 庚<br>辰 | 辛<br>巳 | 壬<br>午 | 癸<br>未 | 甲<br>申 | 乙<br>酉 | 丙<br>戌 | 丁<br>亥 | 戊<br>子 | 己<br>丑 | 庚<br>寅 | 辛<br>卯 |
| 대운 남 | 2 | 2 | 1 | 1 | 1 | 1 | 소 | 10 | 10 | 10 | 9 | 9 | 9 | 8 | 8 | 8 | 7 | 7 | 7 | 6 | 6 | 6 | 5 | 5 | 5 | 4 | 4 | 4 | 3 | 3 | 3 |
| 대운 녀 | 8 | 9 | 9 | 9 | 10 | 10 | 서 | 1 | 1 | 1 | 1 | 2 | 2 | 2 | 3 | 3 | 3 | 4 | 4 | 4 | 5 | 5 | 5 | 6 | 6 | 6 | 7 | 7 | 7 | 8 | 8 |

## 8 · 丙申月(㊣ 8.8~9.7)

입추 8일 08시49분 　 처서 23일 23시18분

| 양력 | 1 | 2 | 3 | 4 | 5 | 6 | 7 | 8 | 9 | 10 | 11 | 12 | 13 | 14 | 15 | 16 | 17 | 18 | 19 | 20 | 21 | 22 | 23 | 24 | 25 | 26 | 27 | 28 | 29 | 30 | 31 |
|---|---|---|---|---|---|---|---|---|---|---|---|---|---|---|---|---|---|---|---|---|---|---|---|---|---|---|---|---|---|---|---|
| 음력 | 15 | 16 | 17 | 18 | 19 | 20 | 21 | 22 | 23 | 24 | 25 | 26 | 27 | 28 | 29 | 7.1 | 2 | 3 | 4 | 5 | 6 | 7 | 8 | 9 | 10 | 11 | 12 | 13 | 14 | 15 | 16 |
| 요일 | 月 | 火 | 水 | 木 | 金 | 土 | 日 | 月 | 火 | 水 | 木 | 金 | 土 | 日 | 月 | 火 | 水 | 木 | 金 | 土 | 日 | 月 | 火 | 水 | 木 | 金 | 土 | 日 | 月 | 火 | 水 |
| 일진 | 壬<br>辰 | 癸<br>巳 | 甲<br>午 | 乙<br>未 | 丙<br>申 | 丁<br>酉 | 戊<br>戌 | 己<br>亥 | 庚<br>子 | 辛<br>丑 | 壬<br>寅 | 癸<br>卯 | 甲<br>辰 | 乙<br>巳 | 丙<br>午 | 丁<br>未 | 戊<br>申 | 己<br>酉 | 庚<br>戌 | 辛<br>亥 | 壬<br>子 | 癸<br>丑 | 甲<br>寅 | 乙<br>卯 | 丙<br>辰 | 丁<br>巳 | 戊<br>午 | 己<br>未 | 庚<br>申 | 辛<br>酉 | 壬<br>戌 |
| 대운 남 | 2 | 2 | 2 | 1 | 1 | 1 | 1 | 입 | 10 | 10 | 9 | 9 | 9 | 8 | 8 | 8 | 7 | 7 | 7 | 6 | 6 | 6 | 5 | 5 | 5 | 4 | 4 | 4 | 3 | 3 | 3 |
| 대운 녀 | 8 | 9 | 9 | 9 | 10 | 10 | 10 | 추 | 1 | 1 | 1 | 1 | 2 | 2 | 2 | 3 | 3 | 3 | 4 | 4 | 4 | 5 | 5 | 5 | 6 | 6 | 6 | 7 | 7 | 7 | 8 |

## 9 · 丁酉月(㊣ 9.8~10.8)

백로 8일 11시32분 　 추분 23일 20시43분

| 양력 | 1 | 2 | 3 | 4 | 5 | 6 | 7 | 8 | 9 | 10 | 11 | 12 | 13 | 14 | 15 | 16 | 17 | 18 | 19 | 20 | 21 | 22 | 23 | 24 | 25 | 26 | 27 | 28 | 29 | 30 |
|---|---|---|---|---|---|---|---|---|---|---|---|---|---|---|---|---|---|---|---|---|---|---|---|---|---|---|---|---|---|---|
| 음력 | 17 | 18 | 19 | 20 | 21 | 22 | 23 | 24 | 25 | 26 | 27 | 28 | 29 | 30 | 8.1 | 2 | 3 | 4 | 5 | 6 | 7 | 8 | 9 | 10 | 11 | 12 | 13 | 14 | 15 | 16 |
| 요일 | 木 | 金 | 土 | 日 | 月 | 火 | 水 | 木 | 金 | 土 | 日 | 月 | 火 | 水 | 木 | 金 | 土 | 日 | 月 | 火 | 水 | 木 | 金 | 土 | 日 | 月 | 火 | 水 | 木 | 金 |
| 일진 | 癸<br>亥 | 甲<br>子 | 乙<br>丑 | 丙<br>寅 | 丁<br>卯 | 戊<br>辰 | 己<br>巳 | 庚<br>午 | 辛<br>未 | 壬<br>申 | 癸<br>酉 | 甲<br>戌 | 乙<br>亥 | 丙<br>子 | 丁<br>丑 | 戊<br>寅 | 己<br>卯 | 庚<br>辰 | 辛<br>巳 | 壬<br>午 | 癸<br>未 | 甲<br>申 | 乙<br>酉 | 丙<br>戌 | 丁<br>亥 | 戊<br>子 | 己<br>丑 | 庚<br>寅 | 辛<br>卯 | 壬<br>辰 |
| 대운 남 | 2 | 2 | 2 | 1 | 1 | 1 | 1 | 백 | 10 | 10 | 9 | 9 | 9 | 8 | 8 | 8 | 7 | 7 | 7 | 6 | 6 | 6 | 5 | 5 | 5 | 4 | 4 | 4 | 3 | 3 |
| 대운 녀 | 8 | 8 | 9 | 9 | 9 | 10 | 10 | 로 | 1 | 1 | 1 | 1 | 2 | 2 | 2 | 3 | 3 | 3 | 4 | 4 | 4 | 5 | 5 | 5 | 6 | 6 | 6 | 7 | 7 | 7 |

## 10 · 戊戌月(㊣ 10.9~11.7)

한로 9일 02시57분 　 상강 24일 05시51분

| 양력 | 1 | 2 | 3 | 4 | 5 | 6 | 7 | 8 | 9 | 10 | 11 | 12 | 13 | 14 | 15 | 16 | 17 | 18 | 19 | 20 | 21 | 22 | 23 | 24 | 25 | 26 | 27 | 28 | 29 | 30 | 31 |
|---|---|---|---|---|---|---|---|---|---|---|---|---|---|---|---|---|---|---|---|---|---|---|---|---|---|---|---|---|---|---|---|
| 음력 | 17 | 18 | 19 | 20 | 21 | 22 | 23 | 24 | 25 | 26 | 27 | 28 | 29 | 9.1 | 2 | 3 | 4 | 5 | 6 | 7 | 8 | 9 | 10 | 11 | 12 | 13 | 14 | 15 | 16 | 17 | 18 |
| 요일 | 土 | 日 | 月 | 火 | 水 | 木 | 金 | 土 | 日 | 月 | 火 | 水 | 木 | 金 | 土 | 日 | 月 | 火 | 水 | 木 | 金 | 土 | 日 | 月 | 火 | 水 | 木 | 金 | 土 | 日 | 月 |
| 일진 | 癸<br>巳 | 甲<br>午 | 乙<br>未 | 丙<br>申 | 丁<br>酉 | 戊<br>戌 | 己<br>亥 | 庚<br>子 | 辛<br>丑 | 壬<br>寅 | 癸<br>卯 | 甲<br>辰 | 乙<br>巳 | 丙<br>午 | 丁<br>未 | 戊<br>申 | 己<br>酉 | 庚<br>戌 | 辛<br>亥 | 壬<br>子 | 癸<br>丑 | 甲<br>寅 | 乙<br>卯 | 丙<br>辰 | 丁<br>巳 | 戊<br>午 | 己<br>未 | 庚<br>申 | 辛<br>酉 | 壬<br>戌 | 癸<br>亥 |
| 대운 남 | 3 | 2 | 2 | 2 | 1 | 1 | 1 | 1 | 한 | 10 | 9 | 9 | 9 | 8 | 8 | 8 | 7 | 7 | 7 | 6 | 6 | 6 | 5 | 5 | 5 | 4 | 4 | 4 | 3 | 3 | 3 |
| 대운 녀 | 8 | 8 | 8 | 9 | 9 | 9 | 10 | 10 | 로 | 1 | 1 | 1 | 1 | 2 | 2 | 2 | 3 | 3 | 3 | 4 | 4 | 4 | 5 | 5 | 5 | 6 | 6 | 6 | 7 | 7 | 7 |

## 11 · 己亥月(㊣ 11.8~12.6)

입동 8일 05시55분 　 소설 23일 03시14분

| 양력 | 1 | 2 | 3 | 4 | 5 | 6 | 7 | 8 | 9 | 10 | 11 | 12 | 13 | 14 | 15 | 16 | 17 | 18 | 19 | 20 | 21 | 22 | 23 | 24 | 25 | 26 | 27 | 28 | 29 | 30 |
|---|---|---|---|---|---|---|---|---|---|---|---|---|---|---|---|---|---|---|---|---|---|---|---|---|---|---|---|---|---|---|
| 음력 | 19 | 20 | 21 | 22 | 23 | 24 | 25 | 26 | 27 | 28 | 29 | 10.1 | 2 | 3 | 4 | 5 | 6 | 7 | 8 | 9 | 10 | 11 | 12 | 13 | 14 | 15 | 16 | 17 | 18 | 19 |
| 요일 | 火 | 水 | 木 | 金 | 土 | 日 | 月 | 火 | 水 | 木 | 金 | 土 | 日 | 月 | 火 | 水 | 木 | 金 | 土 | 日 | 月 | 火 | 水 | 木 | 金 | 土 | 日 | 月 | 火 | 水 |
| 일진 | 甲<br>子 | 乙<br>丑 | 丙<br>寅 | 丁<br>卯 | 戊<br>辰 | 己<br>巳 | 庚<br>午 | 辛<br>未 | 壬<br>申 | 癸<br>酉 | 甲<br>戌 | 乙<br>亥 | 丙<br>子 | 丁<br>丑 | 戊<br>寅 | 己<br>卯 | 庚<br>辰 | 辛<br>巳 | 壬<br>午 | 癸<br>未 | 甲<br>申 | 乙<br>酉 | 丙<br>戌 | 丁<br>亥 | 戊<br>子 | 己<br>丑 | 庚<br>寅 | 辛<br>卯 | 壬<br>辰 | 癸<br>巳 |
| 대운 남 | 2 | 2 | 2 | 1 | 1 | 1 | 1 | 입 | 9 | 9 | 9 | 8 | 8 | 8 | 7 | 7 | 7 | 6 | 6 | 6 | 5 | 5 | 5 | 4 | 4 | 4 | 3 | 3 | 3 | 2 |
| 대운 녀 | 8 | 8 | 8 | 9 | 9 | 9 | 10 | 동 | 1 | 1 | 1 | 1 | 2 | 2 | 2 | 3 | 3 | 3 | 4 | 4 | 4 | 5 | 5 | 5 | 6 | 6 | 6 | 7 | 7 | 7 |

## 12 · 庚子月(㊣ 12.7~1.5)

대설 7일 22시38분 　 동지 22일 16시28분

| 양력 | 1 | 2 | 3 | 4 | 5 | 6 | 7 | 8 | 9 | 10 | 11 | 12 | 13 | 14 | 15 | 16 | 17 | 18 | 19 | 20 | 21 | 22 | 23 | 24 | 25 | 26 | 27 | 28 | 29 | 30 | 31 |
|---|---|---|---|---|---|---|---|---|---|---|---|---|---|---|---|---|---|---|---|---|---|---|---|---|---|---|---|---|---|---|---|
| 음력 | 20 | 21 | 22 | 23 | 24 | 25 | 26 | 27 | 28 | 29 | 30 | 11.1 | 2 | 3 | 4 | 5 | 6 | 7 | 8 | 9 | 10 | 11 | 12 | 13 | 14 | 15 | 16 | 17 | 18 | 19 | 20 |
| 요일 | 木 | 金 | 土 | 日 | 月 | 火 | 水 | 木 | 金 | 土 | 日 | 月 | 火 | 水 | 木 | 金 | 土 | 日 | 月 | 火 | 水 | 木 | 金 | 土 | 日 | 月 | 火 | 水 | 木 | 金 | 土 |
| 일진 | 甲<br>午 | 乙<br>未 | 丙<br>申 | 丁<br>酉 | 戊<br>戌 | 己<br>亥 | 庚<br>子 | 辛<br>丑 | 壬<br>寅 | 癸<br>卯 | 甲<br>辰 | 乙<br>巳 | 丙<br>午 | 丁<br>未 | 戊<br>申 | 己<br>酉 | 庚<br>戌 | 辛<br>亥 | 壬<br>子 | 癸<br>丑 | 甲<br>寅 | 乙<br>卯 | 丙<br>辰 | 丁<br>巳 | 戊<br>午 | 己<br>未 | 庚<br>申 | 辛<br>酉 | 壬<br>戌 | 癸<br>亥 | 甲<br>子 |
| 대운 남 | 2 | 2 | 1 | 1 | 1 | 1 | 대 | 10 | 9 | 9 | 9 | 8 | 8 | 8 | 7 | 7 | 7 | 6 | 6 | 6 | 5 | 5 | 5 | 4 | 4 | 4 | 3 | 3 | 3 | 2 | 2 |
| 대운 녀 | 8 | 8 | 8 | 9 | 9 | 9 | 설 | 1 | 1 | 1 | 1 | 2 | 2 | 2 | 3 | 3 | 3 | 4 | 4 | 4 | 5 | 5 | 5 | 6 | 6 | 6 | 7 | 7 | 7 | 8 | 8 |

# 1967년

소한 6일 09시48분

## 1 · 辛丑月(양 1.6~2.3)

대한 21일 03시08분

| 양력 | 1 | 2 | 3 | 4 | 5 | 6 | 7 | 8 | 9 | 10 | 11 | 12 | 13 | 14 | 15 | 16 | 17 | 18 | 19 | 20 | 21 | 22 | 23 | 24 | 25 | 26 | 27 | 28 | 29 | 30 | 31 |
|---|---|---|---|---|---|---|---|---|---|---|---|---|---|---|---|---|---|---|---|---|---|---|---|---|---|---|---|---|---|---|---|
| 음력 | 21 | 22 | 23 | 24 | 25 | 26 | 27 | 28 | 29 | 30 | 12.1 | 2 | 3 | 4 | 5 | 6 | 7 | 8 | 9 | 10 | 11 | 12 | 13 | 14 | 15 | 16 | 17 | 18 | 19 | 20 | 21 |
| 요일 | 日 | 月 | 火 | 水 | 木 | 金 | 土 | 日 | 月 | 火 | 水 | 木 | 金 | 土 | 日 | 月 | 火 | 水 | 木 | 金 | 土 | 日 | 月 | 火 | 水 | 木 | 金 | 土 | 日 | 月 | 火 |
| 일진 | 乙丑 | 丙寅 | 丁卯 | 戊辰 | 己巳 | 庚午 | 辛未 | 壬申 | 癸酉 | 甲戌 | 乙亥 | 丙子 | 丁丑 | 戊寅 | 己卯 | 庚辰 | 辛巳 | 壬午 | 癸未 | 甲申 | 乙酉 | 丙戌 | 丁亥 | 戊子 | 己丑 | 庚寅 | 辛卯 | 壬辰 | 癸巳 | 甲午 | 乙未 |
| 대운 남 | 2 | 1 | 1 | 1 | 1 | 소 | 9 | 9 | 9 | 8 | 8 | 8 | 7 | 7 | 7 | 6 | 6 | 6 | 5 | 5 | 5 | 4 | 4 | 4 | 3 | 3 | 3 | 2 | 2 | 2 | 1 |
| 대운 녀 | 8 | 9 | 9 | 9 | 10 | 한 | 1 | 1 | 1 | 1 | 2 | 2 | 2 | 3 | 3 | 3 | 4 | 4 | 4 | 5 | 5 | 5 | 6 | 6 | 6 | 7 | 7 | 7 | 8 | 8 | 8 |

입춘 4일 21시31분

## 2 · 壬寅月(양 2.4~3.5)

우수 19일 17시24분

| 양력 | 1 | 2 | 3 | 4 | 5 | 6 | 7 | 8 | 9 | 10 | 11 | 12 | 13 | 14 | 15 | 16 | 17 | 18 | 19 | 20 | 21 | 22 | 23 | 24 | 25 | 26 | 27 | 28 |
|---|---|---|---|---|---|---|---|---|---|---|---|---|---|---|---|---|---|---|---|---|---|---|---|---|---|---|---|---|
| 음력 | 22 | 23 | 24 | 25 | 26 | 27 | 28 | 29 | 1.1 | 2 | 3 | 4 | 5 | 6 | 7 | 8 | 9 | 10 | 11 | 12 | 13 | 14 | 15 | 16 | 17 | 18 | 19 | 20 |
| 요일 | 水 | 木 | 金 | 土 | 日 | 月 | 火 | 水 | 木 | 金 | 土 | 日 | 月 | 火 | 水 | 木 | 金 | 土 | 日 | 月 | 火 | 水 | 木 | 金 | 土 | 日 | 月 | 火 |
| 일진 | 丙申 | 丁酉 | 戊戌 | 己亥 | 庚子 | 辛丑 | 壬寅 | 癸卯 | 甲辰 | 乙巳 | 丙午 | 丁未 | 戊申 | 己酉 | 庚戌 | 辛亥 | 壬子 | 癸丑 | 甲寅 | 乙卯 | 丙辰 | 丁巳 | 戊午 | 己未 | 庚申 | 辛酉 | 壬戌 | 癸亥 |
| 대운 남 | 1 | 1 | 1 | 입 | 1 | 1 | 1 | 1 | 2 | 2 | 2 | 3 | 3 | 3 | 4 | 4 | 4 | 5 | 5 | 5 | 6 | 6 | 6 | 7 | 7 | 7 | 8 | 8 |
| 대운 녀 | 9 | 9 | 9 | 춘 | 10 | 9 | 9 | 9 | 8 | 8 | 8 | 7 | 7 | 7 | 6 | 6 | 6 | 5 | 5 | 5 | 4 | 4 | 4 | 3 | 3 | 3 | 2 | 2 |

경칩 6일 15시42분

## 3 · 癸卯月(양 3.6~4.4)

춘분 21일 16시37분

| 양력 | 1 | 2 | 3 | 4 | 5 | 6 | 7 | 8 | 9 | 10 | 11 | 12 | 13 | 14 | 15 | 16 | 17 | 18 | 19 | 20 | 21 | 22 | 23 | 24 | 25 | 26 | 27 | 28 | 29 | 30 | 31 |
|---|---|---|---|---|---|---|---|---|---|---|---|---|---|---|---|---|---|---|---|---|---|---|---|---|---|---|---|---|---|---|---|
| 음력 | 21 | 22 | 23 | 24 | 25 | 26 | 27 | 28 | 29 | 30 | 2.1 | 2 | 3 | 4 | 5 | 6 | 7 | 8 | 9 | 10 | 11 | 12 | 13 | 14 | 15 | 16 | 17 | 18 | 19 | 20 | 21 |
| 요일 | 水 | 木 | 金 | 土 | 日 | 月 | 火 | 水 | 木 | 金 | 土 | 日 | 月 | 火 | 水 | 木 | 金 | 土 | 日 | 月 | 火 | 水 | 木 | 金 | 土 | 日 | 月 | 火 | 水 | 木 | 金 |
| 일진 | 甲子 | 乙丑 | 丙寅 | 丁卯 | 戊辰 | 己巳 | 庚午 | 辛未 | 壬申 | 癸酉 | 甲戌 | 乙亥 | 丙子 | 丁丑 | 戊寅 | 己卯 | 庚辰 | 辛巳 | 壬午 | 癸未 | 甲申 | 乙酉 | 丙戌 | 丁亥 | 戊子 | 己丑 | 庚寅 | 辛卯 | 壬辰 | 癸巳 | 甲午 |
| 대운 남 | 8 | 9 | 9 | 9 | 10 | 경 | 1 | 1 | 1 | 1 | 2 | 2 | 2 | 3 | 3 | 3 | 4 | 4 | 4 | 5 | 5 | 5 | 6 | 6 | 6 | 7 | 7 | 7 | 8 | 8 | 8 |
| 대운 녀 | 2 | 1 | 1 | 1 | 1 | 칩 | 10 | 9 | 9 | 9 | 8 | 8 | 8 | 7 | 7 | 7 | 6 | 6 | 6 | 5 | 5 | 5 | 4 | 4 | 4 | 3 | 3 | 3 | 2 | 2 | 2 |

청명 5일 20시45분

## 4 · 甲辰月(양 4.5~5.5)

곡우 21일 03시55분

| 양력 | 1 | 2 | 3 | 4 | 5 | 6 | 7 | 8 | 9 | 10 | 11 | 12 | 13 | 14 | 15 | 16 | 17 | 18 | 19 | 20 | 21 | 22 | 23 | 24 | 25 | 26 | 27 | 28 | 29 | 30 |
|---|---|---|---|---|---|---|---|---|---|---|---|---|---|---|---|---|---|---|---|---|---|---|---|---|---|---|---|---|---|---|
| 음력 | 22 | 23 | 24 | 25 | 26 | 27 | 28 | 29 | 30 | 3.1 | 2 | 3 | 4 | 5 | 6 | 7 | 8 | 9 | 10 | 11 | 12 | 13 | 14 | 15 | 16 | 17 | 18 | 19 | 20 | 21 |
| 요일 | 土 | 日 | 月 | 火 | 水 | 木 | 金 | 土 | 日 | 月 | 火 | 水 | 木 | 金 | 土 | 日 | 月 | 火 | 水 | 木 | 金 | 土 | 日 | 月 | 火 | 水 | 木 | 金 | 土 | 日 |
| 일진 | 乙未 | 丙申 | 丁酉 | 戊戌 | 己亥 | 庚子 | 辛丑 | 壬寅 | 癸卯 | 甲辰 | 乙巳 | 丙午 | 丁未 | 戊申 | 己酉 | 庚戌 | 辛亥 | 壬子 | 癸丑 | 甲寅 | 乙卯 | 丙辰 | 丁巳 | 戊午 | 己未 | 庚申 | 辛酉 | 壬戌 | 癸亥 | 甲子 |
| 대운 남 | 9 | 9 | 9 | 10 | 청 | 1 | 1 | 1 | 1 | 2 | 2 | 2 | 3 | 3 | 3 | 4 | 4 | 4 | 5 | 5 | 5 | 6 | 6 | 6 | 7 | 7 | 7 | 8 | 8 | 8 |
| 대운 녀 | 1 | 1 | 1 | 1 | 명 | 10 | 10 | 9 | 9 | 9 | 8 | 8 | 8 | 7 | 7 | 7 | 6 | 6 | 6 | 5 | 5 | 5 | 4 | 4 | 4 | 3 | 3 | 3 | 2 | 2 |

입하 6일 14시17분

## 5 · 乙巳月(양 5.6~6.5)

소만 22일 03시18분

| 양력 | 1 | 2 | 3 | 4 | 5 | 6 | 7 | 8 | 9 | 10 | 11 | 12 | 13 | 14 | 15 | 16 | 17 | 18 | 19 | 20 | 21 | 22 | 23 | 24 | 25 | 26 | 27 | 28 | 29 | 30 | 31 |
|---|---|---|---|---|---|---|---|---|---|---|---|---|---|---|---|---|---|---|---|---|---|---|---|---|---|---|---|---|---|---|---|
| 음력 | 22 | 23 | 24 | 25 | 26 | 27 | 28 | 29 | 4.1 | 2 | 3 | 4 | 5 | 6 | 7 | 8 | 9 | 10 | 11 | 12 | 13 | 14 | 15 | 16 | 17 | 18 | 19 | 20 | 21 | 22 | 23 |
| 요일 | 月 | 火 | 水 | 木 | 金 | 土 | 日 | 月 | 火 | 水 | 木 | 金 | 土 | 日 | 月 | 火 | 水 | 木 | 金 | 土 | 日 | 月 | 火 | 水 | 木 | 金 | 土 | 日 | 月 | 火 | 水 |
| 일진 | 乙丑 | 丙寅 | 丁卯 | 戊辰 | 己巳 | 庚午 | 辛未 | 壬申 | 癸酉 | 甲戌 | 乙亥 | 丙子 | 丁丑 | 戊寅 | 己卯 | 庚辰 | 辛巳 | 壬午 | 癸未 | 甲申 | 乙酉 | 丙戌 | 丁亥 | 戊子 | 己丑 | 庚寅 | 辛卯 | 壬辰 | 癸巳 | 甲午 | 乙未 |
| 대운 남 | 9 | 9 | 9 | 10 | 10 | 입 | 1 | 1 | 1 | 1 | 2 | 2 | 2 | 3 | 3 | 3 | 4 | 4 | 4 | 5 | 5 | 5 | 6 | 6 | 6 | 7 | 7 | 7 | 8 | 8 | 8 |
| 대운 녀 | 2 | 1 | 1 | 1 | 1 | 하 | 10 | 10 | 9 | 9 | 9 | 8 | 8 | 8 | 7 | 7 | 7 | 6 | 6 | 6 | 5 | 5 | 5 | 4 | 4 | 4 | 3 | 3 | 3 | 2 | 2 |

망종 6일 18시36분

## 6 · 丙午月(양 6.6~7.7)

하지 22일 11시23분

| 양력 | 1 | 2 | 3 | 4 | 5 | 6 | 7 | 8 | 9 | 10 | 11 | 12 | 13 | 14 | 15 | 16 | 17 | 18 | 19 | 20 | 21 | 22 | 23 | 24 | 25 | 26 | 27 | 28 | 29 | 30 |
|---|---|---|---|---|---|---|---|---|---|---|---|---|---|---|---|---|---|---|---|---|---|---|---|---|---|---|---|---|---|---|
| 음력 | 24 | 25 | 26 | 27 | 28 | 29 | 30 | 5.1 | 2 | 3 | 4 | 5 | 6 | 7 | 8 | 9 | 10 | 11 | 12 | 13 | 14 | 15 | 16 | 17 | 18 | 19 | 20 | 21 | 22 | 23 |
| 요일 | 木 | 金 | 土 | 日 | 月 | 火 | 水 | 木 | 金 | 土 | 日 | 月 | 火 | 水 | 木 | 金 | 土 | 日 | 月 | 火 | 水 | 木 | 金 | 土 | 日 | 月 | 火 | 水 | 木 | 金 |
| 일진 | 丙申 | 丁酉 | 戊戌 | 己亥 | 庚子 | 辛丑 | 壬寅 | 癸卯 | 甲辰 | 乙巳 | 丙午 | 丁未 | 戊申 | 己酉 | 庚戌 | 辛亥 | 壬子 | 癸丑 | 甲寅 | 乙卯 | 丙辰 | 丁巳 | 戊午 | 己未 | 庚申 | 辛酉 | 壬戌 | 癸亥 | 甲子 | 乙丑 |
| 대운 남 | 9 | 9 | 9 | 10 | 10 | 망 | 1 | 1 | 1 | 1 | 2 | 2 | 2 | 3 | 3 | 3 | 4 | 4 | 4 | 5 | 5 | 5 | 6 | 6 | 6 | 7 | 7 | 7 | 8 | 8 |
| 대운 녀 | 2 | 1 | 1 | 1 | 1 | 종 | 10 | 10 | 10 | 9 | 9 | 9 | 8 | 8 | 8 | 7 | 7 | 7 | 6 | 6 | 6 | 5 | 5 | 5 | 4 | 4 | 4 | 3 | 3 | 3 |

소서 8일 04시53분

## 7 · 丁未月(양 7.8~8.7)

대서 23일 22시16분

| 양력 | 1 | 2 | 3 | 4 | 5 | 6 | 7 | 8 | 9 | 10 | 11 | 12 | 13 | 14 | 15 | 16 | 17 | 18 | 19 | 20 | 21 | 22 | 23 | 24 | 25 | 26 | 27 | 28 | 29 | 30 | 31 |
|---|---|---|---|---|---|---|---|---|---|---|---|---|---|---|---|---|---|---|---|---|---|---|---|---|---|---|---|---|---|---|---|
| 음력 | 24 | 25 | 26 | 27 | 28 | 29 | 30 | 6.1 | 2 | 3 | 4 | 5 | 6 | 7 | 8 | 9 | 10 | 11 | 12 | 13 | 14 | 15 | 16 | 17 | 18 | 19 | 20 | 21 | 22 | 23 | 24 |
| 요일 | 土 | 日 | 月 | 火 | 水 | 木 | 金 | 土 | 日 | 月 | 火 | 水 | 木 | 金 | 土 | 日 | 月 | 火 | 水 | 木 | 金 | 土 | 日 | 月 | 火 | 水 | 木 | 金 | 土 | 日 | 月 |
| 일진 | 丙寅 | 丁卯 | 戊辰 | 己巳 | 庚午 | 辛未 | 壬申 | 癸酉 | 甲戌 | 乙亥 | 丙子 | 丁丑 | 戊寅 | 己卯 | 庚辰 | 辛巳 | 壬午 | 癸未 | 甲申 | 乙酉 | 丙戌 | 丁亥 | 戊子 | 己丑 | 庚寅 | 辛卯 | 壬辰 | 癸巳 | 甲午 | 乙未 | 丙申 |
| 대운 남 | 8 | 9 | 9 | 9 | 10 | 10 | 10 | 소 | 1 | 1 | 1 | 1 | 2 | 2 | 2 | 3 | 3 | 3 | 4 | 4 | 4 | 5 | 5 | 5 | 6 | 6 | 6 | 7 | 7 | 7 | 8 |
| 대운 녀 | 2 | 2 | 2 | 1 | 1 | 1 | 1 | 서 | 10 | 10 | 9 | 9 | 9 | 8 | 8 | 8 | 7 | 7 | 7 | 6 | 6 | 6 | 5 | 5 | 5 | 4 | 4 | 4 | 3 | 3 | 3 |

입추 8일 14시35분

## 8 · 戊申月(양 8.8~9.7)

처서 24일 05시12분

| 양력 | 1 | 2 | 3 | 4 | 5 | 6 | 7 | 8 | 9 | 10 | 11 | 12 | 13 | 14 | 15 | 16 | 17 | 18 | 19 | 20 | 21 | 22 | 23 | 24 | 25 | 26 | 27 | 28 | 29 | 30 | 31 |
|---|---|---|---|---|---|---|---|---|---|---|---|---|---|---|---|---|---|---|---|---|---|---|---|---|---|---|---|---|---|---|---|
| 음력 | 25 | 26 | 27 | 28 | 29 | 7.1 | 2 | 3 | 4 | 5 | 6 | 7 | 8 | 9 | 10 | 11 | 12 | 13 | 14 | 15 | 16 | 17 | 18 | 19 | 20 | 21 | 22 | 23 | 24 | 25 | 26 |
| 요일 | 火 | 水 | 木 | 金 | 土 | 日 | 月 | 火 | 水 | 木 | 金 | 土 | 日 | 月 | 火 | 水 | 木 | 金 | 土 | 日 | 月 | 火 | 水 | 木 | 金 | 土 | 日 | 月 | 火 | 水 | 木 |
| 일진 | 丁酉 | 戊戌 | 己亥 | 庚子 | 辛丑 | 壬寅 | 癸卯 | 甲辰 | 乙巳 | 丙午 | 丁未 | 戊申 | 己酉 | 庚戌 | 辛亥 | 壬子 | 癸丑 | 甲寅 | 乙卯 | 丙辰 | 丁巳 | 戊午 | 己未 | 庚申 | 辛酉 | 壬戌 | 癸亥 | 甲子 | 乙丑 | 丙寅 | 丁卯 |
| 대운 남 | 8 | 8 | 9 | 9 | 9 | 10 | 10 | 입 | 1 | 1 | 1 | 1 | 2 | 2 | 2 | 3 | 3 | 3 | 4 | 4 | 4 | 5 | 5 | 5 | 6 | 6 | 6 | 7 | 7 | 7 | 8 |
| 대운 녀 | 2 | 2 | 2 | 1 | 1 | 1 | 1 | 추 | 10 | 10 | 9 | 9 | 9 | 8 | 8 | 8 | 7 | 7 | 7 | 6 | 6 | 6 | 5 | 5 | 5 | 4 | 4 | 4 | 3 | 3 | 3 |

백로 8일 17시18분

## 9 · 己酉月(양 9.8~10.8)

추분 24일 02시38분

| 양력 | 1 | 2 | 3 | 4 | 5 | 6 | 7 | 8 | 9 | 10 | 11 | 12 | 13 | 14 | 15 | 16 | 17 | 18 | 19 | 20 | 21 | 22 | 23 | 24 | 25 | 26 | 27 | 28 | 29 | 30 |
|---|---|---|---|---|---|---|---|---|---|---|---|---|---|---|---|---|---|---|---|---|---|---|---|---|---|---|---|---|---|---|
| 음력 | 27 | 28 | 29 | 8.1 | 2 | 3 | 4 | 5 | 6 | 7 | 8 | 9 | 10 | 11 | 12 | 13 | 14 | 15 | 16 | 17 | 18 | 19 | 20 | 21 | 22 | 23 | 24 | 25 | 26 | 27 |
| 요일 | 金 | 土 | 日 | 月 | 火 | 水 | 木 | 金 | 土 | 日 | 月 | 火 | 水 | 木 | 金 | 土 | 日 | 月 | 火 | 水 | 木 | 金 | 土 | 日 | 月 | 火 | 水 | 木 | 金 | 土 |
| 일진 | 戊辰 | 己巳 | 庚午 | 辛未 | 壬申 | 癸酉 | 甲戌 | 乙亥 | 丙子 | 丁丑 | 戊寅 | 己卯 | 庚辰 | 辛巳 | 壬午 | 癸未 | 甲申 | 乙酉 | 丙戌 | 丁亥 | 戊子 | 己丑 | 庚寅 | 辛卯 | 壬辰 | 癸巳 | 甲午 | 乙未 | 丙申 | 丁酉 |
| 대운 남 | 8 | 8 | 9 | 9 | 9 | 10 | 10 | 백 | 1 | 1 | 1 | 1 | 2 | 2 | 2 | 3 | 3 | 3 | 4 | 4 | 4 | 5 | 5 | 5 | 6 | 6 | 6 | 7 | 7 | 7 |
| 대운 녀 | 2 | 2 | 2 | 1 | 1 | 1 | 1 | 로 | 10 | 10 | 9 | 9 | 9 | 8 | 8 | 8 | 7 | 7 | 7 | 6 | 6 | 6 | 5 | 5 | 5 | 4 | 4 | 4 | 3 | 3 |

한로 9일 08시41분

## 10 · 庚戌月(양 10.9~11.7)

상강 24일 11시44분

| 양력 | 1 | 2 | 3 | 4 | 5 | 6 | 7 | 8 | 9 | 10 | 11 | 12 | 13 | 14 | 15 | 16 | 17 | 18 | 19 | 20 | 21 | 22 | 23 | 24 | 25 | 26 | 27 | 28 | 29 | 30 | 31 |
|---|---|---|---|---|---|---|---|---|---|---|---|---|---|---|---|---|---|---|---|---|---|---|---|---|---|---|---|---|---|---|---|
| 음력 | 28 | 29 | 30 | 9.1 | 2 | 3 | 4 | 5 | 6 | 7 | 8 | 9 | 10 | 11 | 12 | 13 | 14 | 15 | 16 | 17 | 18 | 19 | 20 | 21 | 22 | 23 | 24 | 25 | 26 | 27 | 28 |
| 요일 | 日 | 月 | 火 | 水 | 木 | 金 | 土 | 日 | 月 | 火 | 水 | 木 | 金 | 土 | 日 | 月 | 火 | 水 | 木 | 金 | 土 | 日 | 月 | 火 | 水 | 木 | 金 | 土 | 日 | 月 | 火 |
| 일진 | 戊戌 | 己亥 | 庚子 | 辛丑 | 壬寅 | 癸卯 | 甲辰 | 乙巳 | 丙午 | 丁未 | 戊申 | 己酉 | 庚戌 | 辛亥 | 壬子 | 癸丑 | 甲寅 | 乙卯 | 丙辰 | 丁巳 | 戊午 | 己未 | 庚申 | 辛酉 | 壬戌 | 癸亥 | 甲子 | 乙丑 | 丙寅 | 丁卯 | 戊辰 |
| 대운 남 | 8 | 8 | 8 | 9 | 9 | 9 | 10 | 10 | 한 | 1 | 1 | 1 | 1 | 2 | 2 | 2 | 3 | 3 | 3 | 4 | 4 | 4 | 5 | 5 | 5 | 6 | 6 | 6 | 7 | 7 | 7 |
| 대운 녀 | 3 | 2 | 2 | 2 | 1 | 1 | 1 | 1 | 로 | 10 | 9 | 9 | 9 | 8 | 8 | 8 | 7 | 7 | 7 | 6 | 6 | 6 | 5 | 5 | 5 | 4 | 4 | 4 | 3 | 3 | 3 |

입동 8일 11시37분

## 11 · 辛亥月(양 11.8~12.7)

소설 23일 09시04분

| 양력 | 1 | 2 | 3 | 4 | 5 | 6 | 7 | 8 | 9 | 10 | 11 | 12 | 13 | 14 | 15 | 16 | 17 | 18 | 19 | 20 | 21 | 22 | 23 | 24 | 25 | 26 | 27 | 28 | 29 | 30 |
|---|---|---|---|---|---|---|---|---|---|---|---|---|---|---|---|---|---|---|---|---|---|---|---|---|---|---|---|---|---|---|
| 음력 | 29 | 10.1 | 2 | 3 | 4 | 5 | 6 | 7 | 8 | 9 | 10 | 11 | 12 | 13 | 14 | 15 | 16 | 17 | 18 | 19 | 20 | 21 | 22 | 23 | 24 | 25 | 26 | 27 | 28 | 29 |
| 요일 | 水 | 木 | 金 | 土 | 日 | 月 | 火 | 水 | 木 | 金 | 土 | 日 | 月 | 火 | 水 | 木 | 金 | 土 | 日 | 月 | 火 | 水 | 木 | 金 | 土 | 日 | 月 | 火 | 水 | 木 |
| 일진 | 己巳 | 庚午 | 辛未 | 壬申 | 癸酉 | 甲戌 | 乙亥 | 丙子 | 丁丑 | 戊寅 | 己卯 | 庚辰 | 辛巳 | 壬午 | 癸未 | 甲申 | 乙酉 | 丙戌 | 丁亥 | 戊子 | 己丑 | 庚寅 | 辛卯 | 壬辰 | 癸巳 | 甲午 | 乙未 | 丙申 | 丁酉 | 戊戌 |
| 대운 남 | 8 | 8 | 8 | 9 | 9 | 9 | 10 | 입 | 1 | 1 | 1 | 1 | 2 | 2 | 2 | 3 | 3 | 3 | 4 | 4 | 4 | 5 | 5 | 5 | 6 | 6 | 6 | 7 | 7 | 7 |
| 대운 녀 | 2 | 2 | 2 | 1 | 1 | 1 | 1 | 동 | 10 | 9 | 9 | 9 | 8 | 8 | 8 | 7 | 7 | 7 | 6 | 6 | 6 | 5 | 5 | 5 | 4 | 4 | 4 | 3 | 3 | 3 |

대설 8일 04시18분

## 12 · 壬子月(양 12.8~1.5)

동지 22일 22시16분

| 양력 | 1 | 2 | 3 | 4 | 5 | 6 | 7 | 8 | 9 | 10 | 11 | 12 | 13 | 14 | 15 | 16 | 17 | 18 | 19 | 20 | 21 | 22 | 23 | 24 | 25 | 26 | 27 | 28 | 29 | 30 | 31 |
|---|---|---|---|---|---|---|---|---|---|---|---|---|---|---|---|---|---|---|---|---|---|---|---|---|---|---|---|---|---|---|---|
| 음력 | 30 | 11.1 | 2 | 3 | 4 | 5 | 6 | 7 | 8 | 9 | 10 | 11 | 12 | 13 | 14 | 15 | 16 | 17 | 18 | 19 | 20 | 21 | 22 | 23 | 24 | 25 | 26 | 27 | 28 | 29 | 12.1 |
| 요일 | 金 | 土 | 日 | 月 | 火 | 水 | 木 | 金 | 土 | 日 | 月 | 火 | 水 | 木 | 金 | 土 | 日 | 月 | 火 | 水 | 木 | 金 | 土 | 日 | 月 | 火 | 水 | 木 | 金 | 土 | 日 |
| 일진 | 己亥 | 庚子 | 辛丑 | 壬寅 | 癸卯 | 甲辰 | 乙巳 | 丙午 | 丁未 | 戊申 | 己酉 | 庚戌 | 辛亥 | 壬子 | 癸丑 | 甲寅 | 乙卯 | 丙辰 | 丁巳 | 戊午 | 己未 | 庚申 | 辛酉 | 壬戌 | 癸亥 | 甲子 | 乙丑 | 丙寅 | 丁卯 | 戊辰 | 己巳 |
| 대운 남 | 8 | 8 | 8 | 9 | 9 | 9 | 10 | 대 | 1 | 1 | 1 | 1 | 2 | 2 | 2 | 3 | 3 | 3 | 4 | 4 | 4 | 5 | 5 | 5 | 6 | 6 | 6 | 7 | 7 | 7 | 8 |
| 대운 녀 | 2 | 2 | 2 | 1 | 1 | 1 | 1 | 설 | 9 | 9 | 9 | 8 | 8 | 8 | 7 | 7 | 7 | 6 | 6 | 6 | 5 | 5 | 5 | 4 | 4 | 4 | 3 | 3 | 3 | 2 | 2 |

단기 4301년

# 1968년(윤7월)

소한 6일 15시26분

## 1 · 癸丑月(양 1.6~2.4)

대한 21일 08시54분

| 양력 | 1 | 2 | 3 | 4 | 5 | 6 | 7 | 8 | 9 | 10 | 11 | 12 | 13 | 14 | 15 | 16 | 17 | 18 | 19 | 20 | 21 | 22 | 23 | 24 | 25 | 26 | 27 | 28 | 29 | 30 | 31 |
|---|---|---|---|---|---|---|---|---|---|---|---|---|---|---|---|---|---|---|---|---|---|---|---|---|---|---|---|---|---|---|---|
| 음력 | 2 | 3 | 4 | 5 | 6 | 7 | 8 | 9 | 10 | 11 | 12 | 13 | 14 | 15 | 16 | 17 | 18 | 19 | 20 | 21 | 22 | 23 | 24 | 25 | 26 | 27 | 28 | 29 | 30 | 1.1 | 2 |
| 요일 | 月 | 火 | 水 | 木 | 金 | 土 | 日 | 月 | 火 | 水 | 木 | 金 | 土 | 日 | 月 | 火 | 水 | 木 | 金 | 土 | 日 | 月 | 火 | 水 | 木 | 金 | 土 | 日 | 月 | 火 | 水 |
| 일진 | 庚 | 辛 | 壬 | 癸 | 甲 | 乙 | 丙 | 丁 | 戊 | 己 | 庚 | 辛 | 壬 | 癸 | 甲 | 乙 | 丙 | 丁 | 戊 | 己 | 庚 | 辛 | 壬 | 癸 | 甲 | 乙 | 丙 | 丁 | 戊 | 己 | 庚 |
|  | 午 | 未 | 申 | 酉 | 戌 | 亥 | 子 | 丑 | 寅 | 卯 | 辰 | 巳 | 午 | 未 | 申 | 酉 | 戌 | 亥 | 子 | 丑 | 寅 | 卯 | 辰 | 巳 | 午 | 未 | 申 | 酉 | 戌 | 亥 | 子 |
| 대운 남 | 8 | 8 | 9 | 9 | 9 | 소 | 1 | 1 | 1 | 1 | 2 | 2 | 2 | 3 | 3 | 3 | 4 | 4 | 4 | 5 | 5 | 5 | 6 | 6 | 6 | 7 | 7 | 7 | 8 | 8 | 8 |
| 대운 녀 | 2 | 1 | 1 | 1 | 1 | 한 | 10 | 9 | 9 | 9 | 8 | 8 | 8 | 7 | 7 | 7 | 6 | 6 | 6 | 5 | 5 | 5 | 4 | 4 | 4 | 3 | 3 | 3 | 2 | 2 | 2 |

입춘 5일 03시07분

## 2 · 甲寅月(양 2.5~3.4)

우수 19일 23시09분

| 양력 | 1 | 2 | 3 | 4 | 5 | 6 | 7 | 8 | 9 | 10 | 11 | 12 | 13 | 14 | 15 | 16 | 17 | 18 | 19 | 20 | 21 | 22 | 23 | 24 | 25 | 26 | 27 | 28 | 29 |
|---|---|---|---|---|---|---|---|---|---|---|---|---|---|---|---|---|---|---|---|---|---|---|---|---|---|---|---|---|---|
| 음력 | 3 | 4 | 5 | 6 | 7 | 8 | 9 | 10 | 11 | 12 | 13 | 14 | 15 | 16 | 17 | 18 | 19 | 20 | 21 | 22 | 23 | 24 | 25 | 26 | 27 | 28 | 29 | 2.1 | 2 |
| 요일 | 木 | 金 | 土 | 日 | 月 | 火 | 水 | 木 | 金 | 土 | 日 | 月 | 火 | 水 | 木 | 金 | 土 | 日 | 月 | 火 | 水 | 木 | 金 | 土 | 日 | 月 | 火 | 水 | 木 |
| 일진 | 辛 | 壬 | 癸 | 甲 | 乙 | 丙 | 丁 | 戊 | 己 | 庚 | 辛 | 壬 | 癸 | 甲 | 乙 | 丙 | 丁 | 戊 | 己 | 庚 | 辛 | 壬 | 癸 | 甲 | 乙 | 丙 | 丁 | 戊 | 己 |
|  | 丑 | 寅 | 卯 | 辰 | 巳 | 午 | 未 | 申 | 酉 | 戌 | 亥 | 子 | 丑 | 寅 | 卯 | 辰 | 巳 | 午 | 未 | 申 | 酉 | 戌 | 亥 | 子 | 丑 | 寅 | 卯 | 辰 | 巳 |
| 대운 남 | 9 | 9 | 9 | 10 | 입 | 9 | 9 | 9 | 8 | 8 | 8 | 7 | 7 | 7 | 6 | 6 | 6 | 5 | 5 | 5 | 4 | 4 | 4 | 3 | 3 | 3 | 2 | 2 | 2 |
| 대운 녀 | 1 | 1 | 1 | 1 | 춘 | 1 | 1 | 1 | 2 | 2 | 2 | 3 | 3 | 3 | 4 | 4 | 4 | 5 | 5 | 5 | 6 | 6 | 6 | 7 | 7 | 7 | 8 | 8 | 8 |

경칩 5일 21시18분

## 3 · 乙卯月(양 3.5~4.4)

춘분 20일 22시22분

| 양력 | 1 | 2 | 3 | 4 | 5 | 6 | 7 | 8 | 9 | 10 | 11 | 12 | 13 | 14 | 15 | 16 | 17 | 18 | 19 | 20 | 21 | 22 | 23 | 24 | 25 | 26 | 27 | 28 | 29 | 30 | 31 |
|---|---|---|---|---|---|---|---|---|---|---|---|---|---|---|---|---|---|---|---|---|---|---|---|---|---|---|---|---|---|---|---|
| 음력 | 3 | 4 | 5 | 6 | 7 | 8 | 9 | 10 | 11 | 12 | 13 | 14 | 15 | 16 | 17 | 18 | 19 | 20 | 21 | 22 | 23 | 24 | 25 | 26 | 27 | 28 | 29 | 30 | 3.1 | 2 | 3 |
| 요일 | 金 | 土 | 日 | 月 | 火 | 水 | 木 | 金 | 土 | 日 | 月 | 火 | 水 | 木 | 金 | 土 | 日 | 月 | 火 | 水 | 木 | 金 | 土 | 日 | 月 | 火 | 水 | 木 | 金 | 土 | 日 |
| 일진 | 庚 | 辛 | 壬 | 癸 | 甲 | 乙 | 丙 | 丁 | 戊 | 己 | 庚 | 辛 | 壬 | 癸 | 甲 | 乙 | 丙 | 丁 | 戊 | 己 | 庚 | 辛 | 壬 | 癸 | 甲 | 乙 | 丙 | 丁 | 戊 | 己 | 庚 |
|  | 午 | 未 | 申 | 酉 | 戌 | 亥 | 子 | 丑 | 寅 | 卯 | 辰 | 巳 | 午 | 未 | 申 | 酉 | 戌 | 亥 | 子 | 丑 | 寅 | 卯 | 辰 | 巳 | 午 | 未 | 申 | 酉 | 戌 | 亥 | 子 |
| 대운 남 | 1 | 1 | 1 | 1 | 경 | 10 | 10 | 9 | 9 | 9 | 8 | 8 | 8 | 7 | 7 | 7 | 6 | 6 | 6 | 5 | 5 | 5 | 4 | 4 | 4 | 3 | 3 | 3 | 2 | 2 | 2 |
| 대운 녀 | 8 | 9 | 9 | 9 | 칩 | 1 | 1 | 1 | 1 | 2 | 2 | 2 | 3 | 3 | 3 | 4 | 4 | 4 | 5 | 5 | 5 | 6 | 6 | 6 | 7 | 7 | 7 | 8 | 8 | 8 | 9 |

청명 5일 02시21분

## 4 · 丙辰月(양 4.5~5.4)

곡우 20일 09시41분

| 양력 | 1 | 2 | 3 | 4 | 5 | 6 | 7 | 8 | 9 | 10 | 11 | 12 | 13 | 14 | 15 | 16 | 17 | 18 | 19 | 20 | 21 | 22 | 23 | 24 | 25 | 26 | 27 | 28 | 29 | 30 |
|---|---|---|---|---|---|---|---|---|---|---|---|---|---|---|---|---|---|---|---|---|---|---|---|---|---|---|---|---|---|---|
| 음력 | 4 | 5 | 6 | 7 | 8 | 9 | 10 | 11 | 12 | 13 | 14 | 15 | 16 | 17 | 18 | 19 | 20 | 21 | 22 | 23 | 24 | 25 | 26 | 27 | 28 | 29 | 30 | 4.1 | 2 | 3 |
| 요일 | 月 | 火 | 水 | 木 | 金 | 土 | 日 | 月 | 火 | 水 | 木 | 金 | 土 | 日 | 月 | 火 | 水 | 木 | 金 | 土 | 日 | 月 | 火 | 水 | 木 | 金 | 土 | 日 | 月 | 火 |
| 일진 | 辛 | 壬 | 癸 | 甲 | 乙 | 丙 | 丁 | 戊 | 己 | 庚 | 辛 | 壬 | 癸 | 甲 | 乙 | 丙 | 丁 | 戊 | 己 | 庚 | 辛 | 壬 | 癸 | 甲 | 乙 | 丙 | 丁 | 戊 | 己 | 庚 |
|  | 丑 | 寅 | 卯 | 辰 | 巳 | 午 | 未 | 申 | 酉 | 戌 | 亥 | 子 | 丑 | 寅 | 卯 | 辰 | 巳 | 午 | 未 | 申 | 酉 | 戌 | 亥 | 子 | 丑 | 寅 | 卯 | 辰 | 巳 | 午 |
| 대운 남 | 1 | 1 | 1 | 1 | 청 | 10 | 9 | 9 | 9 | 8 | 8 | 8 | 7 | 7 | 7 | 6 | 6 | 6 | 5 | 5 | 5 | 4 | 4 | 4 | 3 | 3 | 3 | 2 | 2 | 2 |
| 대운 녀 | 9 | 9 | 10 | 10 | 명 | 1 | 1 | 1 | 1 | 2 | 2 | 2 | 3 | 3 | 3 | 4 | 4 | 4 | 5 | 5 | 5 | 6 | 6 | 6 | 7 | 7 | 7 | 8 | 8 | 8 |

입하 5일 19시56분

## 5 · 丁巳月(양 5.5~6.5)

소만 21일 09시06분

| 양력 | 1 | 2 | 3 | 4 | 5 | 6 | 7 | 8 | 9 | 10 | 11 | 12 | 13 | 14 | 15 | 16 | 17 | 18 | 19 | 20 | 21 | 22 | 23 | 24 | 25 | 26 | 27 | 28 | 29 | 30 | 31 |
|---|---|---|---|---|---|---|---|---|---|---|---|---|---|---|---|---|---|---|---|---|---|---|---|---|---|---|---|---|---|---|---|
| 음력 | 4 | 5 | 6 | 7 | 8 | 9 | 10 | 11 | 12 | 13 | 14 | 15 | 16 | 17 | 18 | 19 | 20 | 21 | 22 | 23 | 24 | 25 | 26 | 27 | 28 | 29 | 5.1 | 2 | 3 | 4 | 5 |
| 요일 | 水 | 木 | 金 | 土 | 日 | 月 | 火 | 水 | 木 | 金 | 土 | 日 | 月 | 火 | 水 | 木 | 金 | 土 | 日 | 月 | 火 | 水 | 木 | 金 | 土 | 日 | 月 | 火 | 水 | 木 | 金 |
| 일진 | 辛 | 壬 | 癸 | 甲 | 乙 | 丙 | 丁 | 戊 | 己 | 庚 | 辛 | 壬 | 癸 | 甲 | 乙 | 丙 | 丁 | 戊 | 己 | 庚 | 辛 | 壬 | 癸 | 甲 | 乙 | 丙 | 丁 | 戊 | 己 | 庚 | 辛 |
|  | 未 | 申 | 酉 | 戌 | 亥 | 子 | 丑 | 寅 | 卯 | 辰 | 巳 | 午 | 未 | 申 | 酉 | 戌 | 亥 | 子 | 丑 | 寅 | 卯 | 辰 | 巳 | 午 | 未 | 申 | 酉 | 戌 | 亥 | 子 | 丑 |
| 대운 남 | 1 | 1 | 1 | 1 | 입 | 10 | 10 | 10 | 9 | 9 | 9 | 8 | 8 | 8 | 7 | 7 | 7 | 6 | 6 | 6 | 5 | 5 | 5 | 4 | 4 | 4 | 3 | 3 | 3 | 2 | 2 |
| 대운 녀 | 9 | 9 | 9 | 10 | 하 | 1 | 1 | 1 | 1 | 2 | 2 | 2 | 3 | 3 | 3 | 4 | 4 | 4 | 5 | 5 | 5 | 6 | 6 | 6 | 7 | 7 | 7 | 8 | 8 | 8 | 9 |

망종 6일 00시19분

## 6 · 戊午月(양 6.6~7.6)

하지 21일 17시13분

| 양력 | 1 | 2 | 3 | 4 | 5 | 6 | 7 | 8 | 9 | 10 | 11 | 12 | 13 | 14 | 15 | 16 | 17 | 18 | 19 | 20 | 21 | 22 | 23 | 24 | 25 | 26 | 27 | 28 | 29 | 30 |
|---|---|---|---|---|---|---|---|---|---|---|---|---|---|---|---|---|---|---|---|---|---|---|---|---|---|---|---|---|---|---|
| 음력 | 6 | 7 | 8 | 9 | 10 | 11 | 12 | 13 | 14 | 15 | 16 | 17 | 18 | 19 | 20 | 21 | 22 | 23 | 24 | 25 | 26 | 27 | 28 | 29 | 30 | 6.1 | 2 | 3 | 4 | 5 |
| 요일 | 土 | 日 | 月 | 火 | 水 | 木 | 金 | 土 | 日 | 月 | 火 | 水 | 木 | 金 | 土 | 日 | 月 | 火 | 水 | 木 | 金 | 土 | 日 | 月 | 火 | 水 | 木 | 金 | 土 | 日 |
| 일진 | 壬 | 癸 | 甲 | 乙 | 丙 | 丁 | 戊 | 己 | 庚 | 辛 | 壬 | 癸 | 甲 | 乙 | 丙 | 丁 | 戊 | 己 | 庚 | 辛 | 壬 | 癸 | 甲 | 乙 | 丙 | 丁 | 戊 | 己 | 庚 | 辛 |
|  | 寅 | 卯 | 辰 | 巳 | 午 | 未 | 申 | 酉 | 戌 | 亥 | 子 | 丑 | 寅 | 卯 | 辰 | 巳 | 午 | 未 | 申 | 酉 | 戌 | 亥 | 子 | 丑 | 寅 | 卯 | 辰 | 巳 | 午 | 未 |
| 대운 남 | 2 | 1 | 1 | 1 | 1 | 망 | 10 | 10 | 9 | 9 | 9 | 8 | 8 | 8 | 7 | 7 | 7 | 6 | 6 | 6 | 5 | 5 | 5 | 4 | 4 | 4 | 3 | 3 | 3 | 2 |
| 대운 녀 | 9 | 9 | 10 | 10 | 10 | 종 | 1 | 1 | 1 | 1 | 2 | 2 | 2 | 3 | 3 | 3 | 4 | 4 | 4 | 5 | 5 | 5 | 6 | 6 | 6 | 7 | 7 | 7 | 8 | 8 |

# 戊申年

동경135도표준시

소서 7일 10시42분 **7 · 己未月(양 7.7~8.6)** 대서 23일 04시07분

| 양력 | | 1 | 2 | 3 | 4 | 5 | 6 | 7 | 8 | 9 | 10 | 11 | 12 | 13 | 14 | 15 | 16 | 17 | 18 | 19 | 20 | 21 | 22 | 23 | 24 | 25 | 26 | 27 | 28 | 29 | 30 | 31 |
|---|---|---|---|---|---|---|---|---|---|---|---|---|---|---|---|---|---|---|---|---|---|---|---|---|---|---|---|---|---|---|---|---|
| 음력 | | 6 | 7 | 8 | 9 | 10 | 11 | 12 | 13 | 14 | 15 | 16 | 17 | 18 | 19 | 20 | 21 | 22 | 23 | 24 | 25 | 26 | 27 | 28 | 29 | 7.1 | 2 | 3 | 4 | 5 | 6 | 7 |
| 요일 | | 月 | 火 | 水 | 木 | 金 | 土 | 日 | 月 | 火 | 水 | 木 | 金 | 土 | 日 | 月 | 火 | 水 | 木 | 金 | 土 | 日 | 月 | 火 | 水 | 木 | 金 | 土 | 日 | 月 | 火 | 水 |
| 일진 | | 壬申 | 癸酉 | 甲戌 | 乙亥 | 丙子 | 丁丑 | 戊寅 | 己卯 | 庚辰 | 辛巳 | 壬午 | 癸未 | 甲申 | 乙酉 | 丙戌 | 丁亥 | 戊子 | 己丑 | 庚寅 | 辛卯 | 壬辰 | 癸巳 | 甲午 | 乙未 | 丙申 | 丁酉 | 戊戌 | 己亥 | 庚子 | 辛丑 | 壬寅 |
| 대운 | 남 | 2 | 2 | 1 | 1 | 1 | 1 | 소 | 10 | 10 | 9 | 9 | 9 | 8 | 8 | 8 | 7 | 7 | 7 | 6 | 6 | 6 | 5 | 5 | 5 | 4 | 4 | 4 | 3 | 3 | 3 | 2 |
| | 녀 | 8 | 9 | 9 | 9 | 10 | 10 | 서 | 1 | 1 | 1 | 1 | 2 | 2 | 2 | 3 | 3 | 3 | 4 | 4 | 4 | 5 | 5 | 5 | 6 | 6 | 6 | 7 | 7 | 7 | 8 | 8 |

입추 7일 20시27분 **8 · 庚申月(양 8.7~9.6)** 처서 23일 11시03분

| 양력 | | 1 | 2 | 3 | 4 | 5 | 6 | 7 | 8 | 9 | 10 | 11 | 12 | 13 | 14 | 15 | 16 | 17 | 18 | 19 | 20 | 21 | 22 | 23 | 24 | 25 | 26 | 27 | 28 | 29 | 30 | 31 |
|---|---|---|---|---|---|---|---|---|---|---|---|---|---|---|---|---|---|---|---|---|---|---|---|---|---|---|---|---|---|---|---|---|
| 음력 | | 8 | 9 | 10 | 11 | 12 | 13 | 14 | 15 | 16 | 17 | 18 | 19 | 20 | 21 | 22 | 23 | 24 | 25 | 26 | 27 | 28 | 29 | 30 | 윤 | 7.2 | 3 | 4 | 5 | 6 | 7 | 8 |
| 요일 | | 木 | 金 | 土 | 日 | 月 | 火 | 水 | 木 | 金 | 土 | 日 | 月 | 火 | 水 | 木 | 金 | 土 | 日 | 月 | 火 | 水 | 木 | 金 | 土 | 日 | 月 | 火 | 水 | 木 | 金 | 土 |
| 일진 | | 癸卯 | 甲辰 | 乙巳 | 丙午 | 丁未 | 戊申 | 己酉 | 庚戌 | 辛亥 | 壬子 | 癸丑 | 甲寅 | 乙卯 | 丙辰 | 丁巳 | 戊午 | 己未 | 庚申 | 辛酉 | 壬戌 | 癸亥 | 甲子 | 乙丑 | 丙寅 | 丁卯 | 戊辰 | 己巳 | 庚午 | 辛未 | 壬申 | 癸酉 |
| 대운 | 남 | 2 | 2 | 1 | 1 | 1 | 1 | 입 | 10 | 10 | 9 | 9 | 9 | 8 | 8 | 8 | 7 | 7 | 7 | 6 | 6 | 6 | 5 | 5 | 5 | 4 | 4 | 4 | 3 | 3 | 3 | 2 |
| | 녀 | 8 | 9 | 9 | 9 | 10 | 10 | 추 | 1 | 1 | 1 | 1 | 2 | 2 | 2 | 3 | 3 | 3 | 4 | 4 | 4 | 5 | 5 | 5 | 6 | 6 | 6 | 7 | 7 | 7 | 8 | 8 |

백로 7일 23시11분 **9 · 辛酉月(양 9.7~10.7)** 추분 23일 08시26분

| 양력 | | 1 | 2 | 3 | 4 | 5 | 6 | 7 | 8 | 9 | 10 | 11 | 12 | 13 | 14 | 15 | 16 | 17 | 18 | 19 | 20 | 21 | 22 | 23 | 24 | 25 | 26 | 27 | 28 | 29 | 30 |
|---|---|---|---|---|---|---|---|---|---|---|---|---|---|---|---|---|---|---|---|---|---|---|---|---|---|---|---|---|---|---|---|
| 음력 | | 9 | 10 | 11 | 12 | 13 | 14 | 15 | 16 | 17 | 18 | 19 | 20 | 21 | 22 | 23 | 24 | 25 | 26 | 27 | 28 | 29 | 8.1 | 2 | 3 | 4 | 5 | 6 | 7 | 8 | 9 |
| 요일 | | 日 | 月 | 火 | 水 | 木 | 金 | 土 | 日 | 月 | 火 | 水 | 木 | 金 | 土 | 日 | 月 | 火 | 水 | 木 | 金 | 土 | 日 | 月 | 火 | 水 | 木 | 金 | 土 | 日 | 月 |
| 일진 | | 甲戌 | 乙亥 | 丙子 | 丁丑 | 戊寅 | 己卯 | 庚辰 | 辛巳 | 壬午 | 癸未 | 甲申 | 乙酉 | 丙戌 | 丁亥 | 戊子 | 己丑 | 庚寅 | 辛卯 | 壬辰 | 癸巳 | 甲午 | 乙未 | 丙申 | 丁酉 | 戊戌 | 己亥 | 庚子 | 辛丑 | 壬寅 | 癸卯 |
| 대운 | 남 | 2 | 2 | 1 | 1 | 1 | 1 | 백 | 10 | 10 | 9 | 9 | 9 | 8 | 8 | 8 | 7 | 7 | 7 | 6 | 6 | 6 | 5 | 5 | 5 | 4 | 4 | 4 | 3 | 3 | 3 |
| | 녀 | 8 | 9 | 9 | 9 | 10 | 10 | 로 | 1 | 1 | 1 | 1 | 2 | 2 | 2 | 3 | 3 | 3 | 4 | 4 | 4 | 5 | 5 | 5 | 6 | 6 | 6 | 7 | 7 | 7 | 8 |

한로 8일 14시34분 **10 · 壬戌月(양 10.8~11.6)** 상강 23일 17시30분

| 양력 | | 1 | 2 | 3 | 4 | 5 | 6 | 7 | 8 | 9 | 10 | 11 | 12 | 13 | 14 | 15 | 16 | 17 | 18 | 19 | 20 | 21 | 22 | 23 | 24 | 25 | 26 | 27 | 28 | 29 | 30 | 31 |
|---|---|---|---|---|---|---|---|---|---|---|---|---|---|---|---|---|---|---|---|---|---|---|---|---|---|---|---|---|---|---|---|---|
| 음력 | | 10 | 11 | 12 | 13 | 14 | 15 | 16 | 17 | 18 | 19 | 20 | 21 | 22 | 23 | 24 | 25 | 26 | 27 | 28 | 29 | 30 | 9.1 | 2 | 3 | 4 | 5 | 6 | 7 | 8 | 9 | 10 |
| 요일 | | 火 | 水 | 木 | 金 | 土 | 日 | 月 | 火 | 水 | 木 | 金 | 土 | 日 | 月 | 火 | 水 | 木 | 金 | 土 | 日 | 月 | 火 | 水 | 木 | 金 | 土 | 日 | 月 | 火 | 水 | 木 |
| 일진 | | 甲辰 | 乙巳 | 丙午 | 丁未 | 戊申 | 己酉 | 庚戌 | 辛亥 | 壬子 | 癸丑 | 甲寅 | 乙卯 | 丙辰 | 丁巳 | 戊午 | 己未 | 庚申 | 辛酉 | 壬戌 | 癸亥 | 甲子 | 乙丑 | 丙寅 | 丁卯 | 戊辰 | 己巳 | 庚午 | 辛未 | 壬申 | 癸酉 | 甲戌 |
| 대운 | 남 | 2 | 2 | 2 | 1 | 1 | 1 | 1 | 한 | 10 | 9 | 9 | 9 | 8 | 8 | 8 | 7 | 7 | 7 | 6 | 6 | 6 | 5 | 5 | 5 | 4 | 4 | 4 | 3 | 3 | 3 | 2 |
| | 녀 | 8 | 8 | 9 | 9 | 9 | 10 | 10 | 로 | 1 | 1 | 1 | 1 | 2 | 2 | 2 | 3 | 3 | 3 | 4 | 4 | 4 | 5 | 5 | 5 | 6 | 6 | 6 | 7 | 7 | 7 | 8 |

입동 7일 17시29분 **11 · 癸亥月(양 11.7~12.6)** 소설 22일 14시49분

| 양력 | | 1 | 2 | 3 | 4 | 5 | 6 | 7 | 8 | 9 | 10 | 11 | 12 | 13 | 14 | 15 | 16 | 17 | 18 | 19 | 20 | 21 | 22 | 23 | 24 | 25 | 26 | 27 | 28 | 29 | 30 |
|---|---|---|---|---|---|---|---|---|---|---|---|---|---|---|---|---|---|---|---|---|---|---|---|---|---|---|---|---|---|---|---|
| 음력 | | 11 | 12 | 13 | 14 | 15 | 16 | 17 | 18 | 19 | 20 | 21 | 22 | 23 | 24 | 25 | 26 | 27 | 28 | 29 | 10.1 | 2 | 3 | 4 | 5 | 6 | 7 | 8 | 9 | 10 | 11 |
| 요일 | | 金 | 土 | 日 | 月 | 火 | 水 | 木 | 金 | 土 | 日 | 月 | 火 | 水 | 木 | 金 | 土 | 日 | 月 | 火 | 水 | 木 | 金 | 土 | 日 | 月 | 火 | 水 | 木 | 金 | 土 |
| 일진 | | 乙亥 | 丙子 | 丁丑 | 戊寅 | 己卯 | 庚辰 | 辛巳 | 壬午 | 癸未 | 甲申 | 乙酉 | 丙戌 | 丁亥 | 戊子 | 己丑 | 庚寅 | 辛卯 | 壬辰 | 癸巳 | 甲午 | 乙未 | 丙申 | 丁酉 | 戊戌 | 己亥 | 庚子 | 辛丑 | 壬寅 | 癸卯 | 甲辰 |
| 대운 | 남 | 2 | 2 | 1 | 1 | 1 | 1 | 입 | 10 | 9 | 9 | 9 | 8 | 8 | 8 | 7 | 7 | 7 | 6 | 6 | 6 | 5 | 5 | 5 | 4 | 4 | 4 | 3 | 3 | 3 | 2 |
| | 녀 | 8 | 8 | 9 | 9 | 9 | 10 | 동 | 1 | 1 | 1 | 1 | 2 | 2 | 2 | 3 | 3 | 3 | 4 | 4 | 4 | 5 | 5 | 5 | 6 | 6 | 6 | 7 | 7 | 7 | 8 |

대설 7일 10시08분 **12 · 甲子月(양 12.7~1.4)** 동지 22일 04시00분

| 양력 | | 1 | 2 | 3 | 4 | 5 | 6 | 7 | 8 | 9 | 10 | 11 | 12 | 13 | 14 | 15 | 16 | 17 | 18 | 19 | 20 | 21 | 22 | 23 | 24 | 25 | 26 | 27 | 28 | 29 | 30 | 31 |
|---|---|---|---|---|---|---|---|---|---|---|---|---|---|---|---|---|---|---|---|---|---|---|---|---|---|---|---|---|---|---|---|---|
| 음력 | | 12 | 13 | 14 | 15 | 16 | 17 | 18 | 19 | 20 | 21 | 22 | 23 | 24 | 25 | 26 | 27 | 28 | 29 | 30 | 11.1 | 2 | 3 | 4 | 5 | 6 | 7 | 8 | 9 | 10 | 11 | 12 |
| 요일 | | 日 | 月 | 火 | 水 | 木 | 金 | 土 | 日 | 月 | 火 | 水 | 木 | 金 | 土 | 日 | 月 | 火 | 水 | 木 | 金 | 土 | 日 | 月 | 火 | 水 | 木 | 金 | 土 | 日 | 月 | 火 |
| 일진 | | 乙巳 | 丙午 | 丁未 | 戊申 | 己酉 | 庚戌 | 辛亥 | 壬子 | 癸丑 | 甲寅 | 乙卯 | 丙辰 | 丁巳 | 戊午 | 己未 | 庚申 | 辛酉 | 壬戌 | 癸亥 | 甲子 | 乙丑 | 丙寅 | 丁卯 | 戊辰 | 己巳 | 庚午 | 辛未 | 壬申 | 癸酉 | 甲戌 | 乙亥 |
| 대운 | 남 | 2 | 2 | 1 | 1 | 1 | 1 | 대 | 9 | 9 | 9 | 8 | 8 | 8 | 7 | 7 | 7 | 6 | 6 | 6 | 5 | 5 | 5 | 4 | 4 | 4 | 3 | 3 | 3 | 2 | 2 | 2 |
| | 녀 | 8 | 8 | 9 | 9 | 9 | 10 | 설 | 1 | 1 | 1 | 1 | 2 | 2 | 2 | 3 | 3 | 3 | 4 | 4 | 4 | 5 | 5 | 5 | 6 | 6 | 6 | 7 | 7 | 7 | 8 | 8 |

# 1969년

소한 5일 21시17분 — **1 · 乙丑月(양 1.5~2.3)** — 대한 20일 14시38분

| 양력 | | 1 | 2 | 3 | 4 | 5 | 6 | 7 | 8 | 9 | 10 | 11 | 12 | 13 | 14 | 15 | 16 | 17 | 18 | 19 | 20 | 21 | 22 | 23 | 24 | 25 | 26 | 27 | 28 | 29 | 30 | 31 |
|---|---|---|---|---|---|---|---|---|---|---|---|---|---|---|---|---|---|---|---|---|---|---|---|---|---|---|---|---|---|---|---|---|
| 음력 | | 13 | 14 | 15 | 16 | 17 | 18 | 19 | 20 | 21 | 22 | 23 | 24 | 25 | 26 | 27 | 28 | 29 | 12.1 | 2 | 3 | 4 | 5 | 6 | 7 | 8 | 9 | 10 | 11 | 12 | 13 | 14 |
| 요일 | | 水 | 木 | 金 | 土 | 日 | 月 | 火 | 水 | 木 | 金 | 土 | 日 | 月 | 火 | 水 | 木 | 金 | 土 | 日 | 月 | 火 | 水 | 木 | 金 | 土 | 日 | 月 | 火 | 水 | 木 | 金 |
| 일진 | | 丙 | 丁 | 戊 | 己 | 庚 | 辛 | 壬 | 癸 | 甲 | 乙 | 丙 | 丁 | 戊 | 己 | 庚 | 辛 | 壬 | 癸 | 甲 | 乙 | 丙 | 丁 | 戊 | 己 | 庚 | 辛 | 壬 | 癸 | 甲 | 乙 | 丙 |
| | | 子 | 丑 | 寅 | 卯 | 辰 | 巳 | 午 | 未 | 申 | 酉 | 戌 | 亥 | 子 | 丑 | 寅 | 卯 | 辰 | 巳 | 午 | 未 | 申 | 酉 | 戌 | 亥 | 子 | 丑 | 寅 | 卯 | 辰 | 巳 | 午 |
| 대운 | 남 | 1 | 1 | 1 | 1 | 소 | 10 | 9 | 9 | 9 | 8 | 8 | 8 | 7 | 7 | 7 | 6 | 6 | 6 | 5 | 5 | 5 | 4 | 4 | 4 | 3 | 3 | 3 | 2 | 2 | 2 | 1 |
| | 녀 | 8 | 9 | 9 | 9 | 한 | 1 | 1 | 1 | 1 | 2 | 2 | 2 | 3 | 3 | 3 | 4 | 4 | 4 | 5 | 5 | 5 | 6 | 6 | 6 | 7 | 7 | 7 | 8 | 8 | 8 | 9 |

입춘 4일 08시59분 — **2 · 丙寅月(양 2.4~3.5)** — 우수 19일 04시55분

| 양력 | | 1 | 2 | 3 | 4 | 5 | 6 | 7 | 8 | 9 | 10 | 11 | 12 | 13 | 14 | 15 | 16 | 17 | 18 | 19 | 20 | 21 | 22 | 23 | 24 | 25 | 26 | 27 | 28 |
|---|---|---|---|---|---|---|---|---|---|---|---|---|---|---|---|---|---|---|---|---|---|---|---|---|---|---|---|---|---|
| 음력 | | 15 | 16 | 17 | 18 | 19 | 20 | 21 | 22 | 23 | 24 | 25 | 26 | 27 | 28 | 29 | 30 | 1.1 | 2 | 3 | 4 | 5 | 6 | 7 | 8 | 9 | 10 | 11 | 12 |
| 요일 | | 土 | 日 | 月 | 火 | 水 | 木 | 金 | 土 | 日 | 月 | 火 | 水 | 木 | 金 | 土 | 日 | 月 | 火 | 水 | 木 | 金 | 土 | 日 | 月 | 火 | 水 | 木 | 金 |
| 일진 | | 丁 | 戊 | 己 | 庚 | 辛 | 壬 | 癸 | 甲 | 乙 | 丙 | 丁 | 戊 | 己 | 庚 | 辛 | 壬 | 癸 | 甲 | 乙 | 丙 | 丁 | 戊 | 己 | 庚 | 辛 | 壬 | 癸 | 甲 |
| | | 未 | 申 | 酉 | 戌 | 亥 | 子 | 丑 | 寅 | 卯 | 辰 | 巳 | 午 | 未 | 申 | 酉 | 戌 | 亥 | 子 | 丑 | 寅 | 卯 | 辰 | 巳 | 午 | 未 | 申 | 酉 | 戌 |
| 대운 | 남 | 1 | 1 | 1 | 입 | 1 | 1 | 1 | 1 | 2 | 2 | 2 | 3 | 3 | 3 | 4 | 4 | 4 | 5 | 5 | 5 | 6 | 6 | 6 | 7 | 7 | 7 | 8 | 8 |
| | 녀 | 9 | 9 | 10 | 춘 | 10 | 9 | 9 | 9 | 8 | 8 | 8 | 7 | 7 | 7 | 6 | 6 | 6 | 5 | 5 | 5 | 4 | 4 | 4 | 3 | 3 | 3 | 2 | 2 |

경칩 6일 03시11분 — **3 · 丁卯月(양 3.6~4.4)** — 춘분 21일 04시08분

| 양력 | | 1 | 2 | 3 | 4 | 5 | 6 | 7 | 8 | 9 | 10 | 11 | 12 | 13 | 14 | 15 | 16 | 17 | 18 | 19 | 20 | 21 | 22 | 23 | 24 | 25 | 26 | 27 | 28 | 29 | 30 | 31 |
|---|---|---|---|---|---|---|---|---|---|---|---|---|---|---|---|---|---|---|---|---|---|---|---|---|---|---|---|---|---|---|---|---|
| 음력 | | 13 | 14 | 15 | 16 | 17 | 18 | 19 | 20 | 21 | 22 | 23 | 24 | 25 | 26 | 27 | 28 | 29 | 2.1 | 2 | 3 | 4 | 5 | 6 | 7 | 8 | 9 | 10 | 11 | 12 | 13 | 14 |
| 요일 | | 土 | 日 | 月 | 火 | 水 | 木 | 金 | 土 | 日 | 月 | 火 | 水 | 木 | 金 | 土 | 日 | 月 | 火 | 水 | 木 | 金 | 土 | 日 | 月 | 火 | 水 | 木 | 金 | 土 | 日 | 月 |
| 일진 | | 乙 | 丙 | 丁 | 戊 | 己 | 庚 | 辛 | 壬 | 癸 | 甲 | 乙 | 丙 | 丁 | 戊 | 己 | 庚 | 辛 | 壬 | 癸 | 甲 | 乙 | 丙 | 丁 | 戊 | 己 | 庚 | 辛 | 壬 | 癸 | 甲 | 乙 |
| | | 亥 | 子 | 丑 | 寅 | 卯 | 辰 | 巳 | 午 | 未 | 申 | 酉 | 戌 | 亥 | 子 | 丑 | 寅 | 卯 | 辰 | 巳 | 午 | 未 | 申 | 酉 | 戌 | 亥 | 子 | 丑 | 寅 | 卯 | 辰 | 巳 |
| 대운 | 남 | 8 | 9 | 9 | 9 | 10 | 경 | 1 | 1 | 1 | 1 | 2 | 2 | 2 | 3 | 3 | 3 | 4 | 4 | 4 | 5 | 5 | 5 | 6 | 6 | 6 | 7 | 7 | 7 | 8 | 8 | 8 |
| | 녀 | 2 | 1 | 1 | 1 | 1 | 칩 | 10 | 9 | 9 | 9 | 8 | 8 | 8 | 7 | 7 | 7 | 6 | 6 | 6 | 5 | 5 | 5 | 4 | 4 | 4 | 3 | 3 | 3 | 2 | 2 | 2 |

청명 5일 08시15분 — **4 · 戊辰月(양 4.5~5.5)** — 곡우 20일 15시27분

| 양력 | | 1 | 2 | 3 | 4 | 5 | 6 | 7 | 8 | 9 | 10 | 11 | 12 | 13 | 14 | 15 | 16 | 17 | 18 | 19 | 20 | 21 | 22 | 23 | 24 | 25 | 26 | 27 | 28 | 29 | 30 |
|---|---|---|---|---|---|---|---|---|---|---|---|---|---|---|---|---|---|---|---|---|---|---|---|---|---|---|---|---|---|---|---|
| 음력 | | 15 | 16 | 17 | 18 | 19 | 20 | 21 | 22 | 23 | 24 | 25 | 26 | 27 | 28 | 29 | 30 | 3.1 | 2 | 3 | 4 | 5 | 6 | 7 | 8 | 9 | 10 | 11 | 12 | 13 | 14 |
| 요일 | | 火 | 水 | 木 | 金 | 土 | 日 | 月 | 火 | 水 | 木 | 金 | 土 | 日 | 月 | 火 | 水 | 木 | 金 | 土 | 日 | 月 | 火 | 水 | 木 | 金 | 土 | 日 | 月 | 火 | 水 |
| 일진 | | 丙 | 丁 | 戊 | 己 | 庚 | 辛 | 壬 | 癸 | 甲 | 乙 | 丙 | 丁 | 戊 | 己 | 庚 | 辛 | 壬 | 癸 | 甲 | 乙 | 丙 | 丁 | 戊 | 己 | 庚 | 辛 | 壬 | 癸 | 甲 | 乙 |
| | | 午 | 未 | 申 | 酉 | 戌 | 亥 | 子 | 丑 | 寅 | 卯 | 辰 | 巳 | 午 | 未 | 申 | 酉 | 戌 | 亥 | 子 | 丑 | 寅 | 卯 | 辰 | 巳 | 午 | 未 | 申 | 酉 | 戌 | 亥 |
| 대운 | 남 | 9 | 9 | 9 | 10 | 청 | 1 | 1 | 1 | 1 | 2 | 2 | 2 | 3 | 3 | 3 | 4 | 4 | 4 | 5 | 5 | 5 | 6 | 6 | 6 | 7 | 7 | 7 | 8 | 8 | 8 |
| | 녀 | 1 | 1 | 1 | 1 | 명 | 10 | 10 | 9 | 9 | 9 | 8 | 8 | 8 | 7 | 7 | 7 | 6 | 6 | 6 | 5 | 5 | 5 | 4 | 4 | 4 | 3 | 3 | 3 | 2 | 2 |

입하 6일 01시50분 — **5 · 己巳月(양 5.6~6.5)** — 소만 21일 14시50분

| 양력 | | 1 | 2 | 3 | 4 | 5 | 6 | 7 | 8 | 9 | 10 | 11 | 12 | 13 | 14 | 15 | 16 | 17 | 18 | 19 | 20 | 21 | 22 | 23 | 24 | 25 | 26 | 27 | 28 | 29 | 30 | 31 |
|---|---|---|---|---|---|---|---|---|---|---|---|---|---|---|---|---|---|---|---|---|---|---|---|---|---|---|---|---|---|---|---|---|
| 음력 | | 15 | 16 | 17 | 18 | 19 | 20 | 21 | 22 | 23 | 24 | 25 | 26 | 27 | 28 | 29 | 4.1 | 2 | 3 | 4 | 5 | 6 | 7 | 8 | 9 | 10 | 11 | 12 | 13 | 14 | 15 | 16 |
| 요일 | | 木 | 金 | 土 | 日 | 月 | 火 | 水 | 木 | 金 | 土 | 日 | 月 | 火 | 水 | 木 | 金 | 土 | 日 | 月 | 火 | 水 | 木 | 金 | 土 | 日 | 月 | 火 | 水 | 木 | 金 | 土 |
| 일진 | | 丙 | 丁 | 戊 | 己 | 庚 | 辛 | 壬 | 癸 | 甲 | 乙 | 丙 | 丁 | 戊 | 己 | 庚 | 辛 | 壬 | 癸 | 甲 | 乙 | 丙 | 丁 | 戊 | 己 | 庚 | 辛 | 壬 | 癸 | 甲 | 乙 | 丙 |
| | | 子 | 丑 | 寅 | 卯 | 辰 | 巳 | 午 | 未 | 申 | 酉 | 戌 | 亥 | 子 | 丑 | 寅 | 卯 | 辰 | 巳 | 午 | 未 | 申 | 酉 | 戌 | 亥 | 子 | 丑 | 寅 | 卯 | 辰 | 巳 | 午 |
| 대운 | 남 | 9 | 9 | 9 | 10 | 10 | 입 | 1 | 1 | 1 | 1 | 2 | 2 | 2 | 3 | 3 | 3 | 4 | 4 | 4 | 5 | 5 | 5 | 6 | 6 | 6 | 7 | 7 | 7 | 8 | 8 | 8 |
| | 녀 | 2 | 1 | 1 | 1 | 1 | 하 | 10 | 10 | 9 | 9 | 9 | 8 | 8 | 8 | 7 | 7 | 7 | 6 | 6 | 6 | 5 | 5 | 5 | 4 | 4 | 4 | 3 | 3 | 3 | 2 | 2 |

망종 6일 06시12분 — **6 · 庚午月(양 6.6~7.6)** — 하지 21일 22시55분

| 양력 | | 1 | 2 | 3 | 4 | 5 | 6 | 7 | 8 | 9 | 10 | 11 | 12 | 13 | 14 | 15 | 16 | 17 | 18 | 19 | 20 | 21 | 22 | 23 | 24 | 25 | 26 | 27 | 28 | 29 | 30 |
|---|---|---|---|---|---|---|---|---|---|---|---|---|---|---|---|---|---|---|---|---|---|---|---|---|---|---|---|---|---|---|---|
| 음력 | | 17 | 18 | 19 | 20 | 21 | 22 | 23 | 24 | 25 | 26 | 27 | 28 | 29 | 30 | 5.1 | 2 | 3 | 4 | 5 | 6 | 7 | 8 | 9 | 10 | 11 | 12 | 13 | 14 | 15 | 16 |
| 요일 | | 日 | 月 | 火 | 水 | 木 | 金 | 土 | 日 | 月 | 火 | 水 | 木 | 金 | 土 | 日 | 月 | 火 | 水 | 木 | 金 | 土 | 日 | 月 | 火 | 水 | 木 | 金 | 土 | 日 | 月 |
| 일진 | | 丁 | 戊 | 己 | 庚 | 辛 | 壬 | 癸 | 甲 | 乙 | 丙 | 丁 | 戊 | 己 | 庚 | 辛 | 壬 | 癸 | 甲 | 乙 | 丙 | 丁 | 戊 | 己 | 庚 | 辛 | 壬 | 癸 | 甲 | 乙 | 丙 |
| | | 未 | 申 | 酉 | 戌 | 亥 | 子 | 丑 | 寅 | 卯 | 辰 | 巳 | 午 | 未 | 申 | 酉 | 戌 | 亥 | 子 | 丑 | 寅 | 卯 | 辰 | 巳 | 午 | 未 | 申 | 酉 | 戌 | 亥 | 子 |
| 대운 | 남 | 9 | 9 | 9 | 10 | 10 | 망 | 1 | 1 | 1 | 1 | 2 | 2 | 2 | 3 | 3 | 3 | 4 | 4 | 4 | 5 | 5 | 5 | 6 | 6 | 6 | 7 | 7 | 7 | 8 | 8 |
| | 녀 | 2 | 1 | 1 | 1 | 1 | 종 | 10 | 10 | 9 | 9 | 9 | 8 | 8 | 8 | 7 | 7 | 7 | 6 | 6 | 6 | 5 | 5 | 5 | 4 | 4 | 4 | 3 | 3 | 3 | 2 |

# 己酉年

동경135도 표준시

소서 7일 16시32분

## 7 · 辛未月(양 7.7~8.7)

대서 23일 09시48분

| 양력 | 1 | 2 | 3 | 4 | 5 | 6 | 7 | 8 | 9 | 10 | 11 | 12 | 13 | 14 | 15 | 16 | 17 | 18 | 19 | 20 | 21 | 22 | 23 | 24 | 25 | 26 | 27 | 28 | 29 | 30 | 31 |
|---|---|---|---|---|---|---|---|---|---|---|---|---|---|---|---|---|---|---|---|---|---|---|---|---|---|---|---|---|---|---|---|
| 음력 | 17 | 18 | 19 | 20 | 21 | 22 | 23 | 24 | 25 | 26 | 27 | 28 | 29 | 6.1 | 2 | 3 | 4 | 5 | 6 | 7 | 8 | 9 | 10 | 11 | 12 | 13 | 14 | 15 | 16 | 17 | 18 |
| 요일 | 火 | 水 | 木 | 金 | 土 | 日 | 月 | 火 | 水 | 木 | 金 | 土 | 日 | 月 | 火 | 水 | 木 | 金 | 土 | 日 | 月 | 火 | 水 | 木 | 金 | 土 | 日 | 月 | 火 | 水 | 木 |
| 일진 | 丁丑 | 戊寅 | 己卯 | 庚辰 | 辛巳 | 壬午 | 癸未 | 甲申 | 乙酉 | 丙戌 | 丁亥 | 戊子 | 己丑 | 庚寅 | 辛卯 | 壬辰 | 癸巳 | 甲午 | 乙未 | 丙申 | 丁酉 | 戊戌 | 己亥 | 庚子 | 辛丑 | 壬寅 | 癸卯 | 甲辰 | 乙巳 | 丙午 | 丁未 |
| 대운 남 | 8 | 9 | 9 | 9 | 10 | 10 | 소 | 1 | 1 | 1 | 1 | 2 | 2 | 2 | 3 | 3 | 3 | 4 | 4 | 4 | 5 | 5 | 5 | 6 | 6 | 6 | 7 | 7 | 7 | 8 | 8 |
| 대운 녀 | 2 | 2 | 1 | 1 | 1 | 1 | 서 | 10 | 10 | 10 | 9 | 9 | 9 | 8 | 8 | 8 | 7 | 7 | 7 | 6 | 6 | 6 | 5 | 5 | 5 | 4 | 4 | 4 | 3 | 3 | 3 |

입추 8일 02시14분

## 8 · 壬申月(양 8.8~9.7)

처서 23일 16시43분

| 양력 | 1 | 2 | 3 | 4 | 5 | 6 | 7 | 8 | 9 | 10 | 11 | 12 | 13 | 14 | 15 | 16 | 17 | 18 | 19 | 20 | 21 | 22 | 23 | 24 | 25 | 26 | 27 | 28 | 29 | 30 | 31 |
|---|---|---|---|---|---|---|---|---|---|---|---|---|---|---|---|---|---|---|---|---|---|---|---|---|---|---|---|---|---|---|---|
| 음력 | 19 | 20 | 21 | 22 | 23 | 24 | 25 | 26 | 27 | 28 | 29 | 30 | 7.1 | 2 | 3 | 4 | 5 | 6 | 7 | 8 | 9 | 10 | 11 | 12 | 13 | 14 | 15 | 16 | 17 | 18 | 19 |
| 요일 | 金 | 土 | 日 | 月 | 火 | 水 | 木 | 金 | 土 | 日 | 月 | 火 | 水 | 木 | 金 | 土 | 日 | 月 | 火 | 水 | 木 | 金 | 土 | 日 | 月 | 火 | 水 | 木 | 金 | 土 | 日 |
| 일진 | 戊申 | 己酉 | 庚戌 | 辛亥 | 壬子 | 癸丑 | 甲寅 | 乙卯 | 丙辰 | 丁巳 | 戊午 | 己未 | 庚申 | 辛酉 | 壬戌 | 癸亥 | 甲子 | 乙丑 | 丙寅 | 丁卯 | 戊辰 | 己巳 | 庚午 | 辛未 | 壬申 | 癸酉 | 甲戌 | 乙亥 | 丙子 | 丁丑 | 戊寅 |
| 대운 남 | 8 | 9 | 9 | 9 | 10 | 10 | 10 | 입 | 1 | 1 | 1 | 1 | 2 | 2 | 2 | 3 | 3 | 3 | 4 | 4 | 4 | 5 | 5 | 5 | 6 | 6 | 6 | 7 | 7 | 7 | 8 |
| 대운 녀 | 2 | 2 | 2 | 1 | 1 | 1 | 1 | 추 | 10 | 10 | 9 | 9 | 9 | 8 | 8 | 8 | 7 | 7 | 7 | 6 | 6 | 6 | 5 | 5 | 5 | 4 | 4 | 4 | 3 | 3 | 3 |

백로 8일 04시55분

## 9 · 癸酉月(양 9.8~10.7)

추분 23일 14시07분

| 양력 | 1 | 2 | 3 | 4 | 5 | 6 | 7 | 8 | 9 | 10 | 11 | 12 | 13 | 14 | 15 | 16 | 17 | 18 | 19 | 20 | 21 | 22 | 23 | 24 | 25 | 26 | 27 | 28 | 29 | 30 |
|---|---|---|---|---|---|---|---|---|---|---|---|---|---|---|---|---|---|---|---|---|---|---|---|---|---|---|---|---|---|---|
| 음력 | 20 | 21 | 22 | 23 | 24 | 25 | 26 | 27 | 28 | 29 | 30 | 8.1 | 2 | 3 | 4 | 5 | 6 | 7 | 8 | 9 | 10 | 11 | 12 | 13 | 14 | 15 | 16 | 17 | 18 | 19 |
| 요일 | 月 | 火 | 水 | 木 | 金 | 土 | 日 | 月 | 火 | 水 | 木 | 金 | 土 | 日 | 月 | 火 | 水 | 木 | 金 | 土 | 日 | 月 | 火 | 水 | 木 | 金 | 土 | 日 | 月 | 火 |
| 일진 | 己卯 | 庚辰 | 辛巳 | 壬午 | 癸未 | 甲申 | 乙酉 | 丙戌 | 丁亥 | 戊子 | 己丑 | 庚寅 | 辛卯 | 壬辰 | 癸巳 | 甲午 | 乙未 | 丙申 | 丁酉 | 戊戌 | 己亥 | 庚子 | 辛丑 | 壬寅 | 癸卯 | 甲辰 | 乙巳 | 丙午 | 丁未 | 戊申 |
| 대운 남 | 8 | 8 | 9 | 9 | 9 | 10 | 10 | 백 | 1 | 1 | 1 | 1 | 2 | 2 | 2 | 3 | 3 | 3 | 4 | 4 | 4 | 5 | 5 | 5 | 6 | 6 | 6 | 7 | 7 | 7 |
| 대운 녀 | 2 | 2 | 2 | 1 | 1 | 1 | 1 | 로 | 10 | 9 | 9 | 9 | 8 | 8 | 8 | 7 | 7 | 7 | 6 | 6 | 6 | 5 | 5 | 5 | 4 | 4 | 4 | 3 | 3 | 3 |

한로 8일 20시17분

## 10 · 甲戌月(양 10.8~11.6)

상강 23일 23시11분

| 양력 | 1 | 2 | 3 | 4 | 5 | 6 | 7 | 8 | 9 | 10 | 11 | 12 | 13 | 14 | 15 | 16 | 17 | 18 | 19 | 20 | 21 | 22 | 23 | 24 | 25 | 26 | 27 | 28 | 29 | 30 | 31 |
|---|---|---|---|---|---|---|---|---|---|---|---|---|---|---|---|---|---|---|---|---|---|---|---|---|---|---|---|---|---|---|---|
| 음력 | 20 | 21 | 22 | 23 | 24 | 25 | 26 | 27 | 28 | 29 | 9.1 | 2 | 3 | 4 | 5 | 6 | 7 | 8 | 9 | 10 | 11 | 12 | 13 | 14 | 15 | 16 | 17 | 18 | 19 | 20 | 21 |
| 요일 | 水 | 木 | 金 | 土 | 日 | 月 | 火 | 水 | 木 | 金 | 土 | 日 | 月 | 火 | 水 | 木 | 金 | 土 | 日 | 月 | 火 | 水 | 木 | 金 | 土 | 日 | 月 | 火 | 水 | 木 | 金 |
| 일진 | 己酉 | 庚戌 | 辛亥 | 壬子 | 癸丑 | 甲寅 | 乙卯 | 丙辰 | 丁巳 | 戊午 | 己未 | 庚申 | 辛酉 | 壬戌 | 癸亥 | 甲子 | 乙丑 | 丙寅 | 丁卯 | 戊辰 | 己巳 | 庚午 | 辛未 | 壬申 | 癸酉 | 甲戌 | 乙亥 | 丙子 | 丁丑 | 戊寅 | 己卯 |
| 대운 남 | 8 | 8 | 8 | 9 | 9 | 9 | 10 | 한 | 1 | 1 | 1 | 1 | 2 | 2 | 2 | 3 | 3 | 3 | 4 | 4 | 4 | 5 | 5 | 5 | 6 | 6 | 6 | 7 | 7 | 7 | 8 |
| 대운 녀 | 2 | 2 | 2 | 1 | 1 | 1 | 1 | 로 | 10 | 9 | 9 | 9 | 8 | 8 | 8 | 7 | 7 | 7 | 6 | 6 | 6 | 5 | 5 | 5 | 4 | 4 | 4 | 3 | 3 | 3 | 2 |

입동 7일 23시11분

## 11 · 乙亥月(양 11.7~12.6)

소설 22일 20시31분

| 양력 | 1 | 2 | 3 | 4 | 5 | 6 | 7 | 8 | 9 | 10 | 11 | 12 | 13 | 14 | 15 | 16 | 17 | 18 | 19 | 20 | 21 | 22 | 23 | 24 | 25 | 26 | 27 | 28 | 29 | 30 |
|---|---|---|---|---|---|---|---|---|---|---|---|---|---|---|---|---|---|---|---|---|---|---|---|---|---|---|---|---|---|---|
| 음력 | 22 | 23 | 24 | 25 | 26 | 27 | 28 | 29 | 30 | 10.1 | 2 | 3 | 4 | 5 | 6 | 7 | 8 | 9 | 10 | 11 | 12 | 13 | 14 | 15 | 16 | 17 | 18 | 19 | 20 | 21 |
| 요일 | 土 | 日 | 月 | 火 | 水 | 木 | 金 | 土 | 日 | 月 | 火 | 水 | 木 | 金 | 土 | 日 | 月 | 火 | 水 | 木 | 金 | 土 | 日 | 月 | 火 | 水 | 木 | 金 | 土 | 日 |
| 일진 | 庚辰 | 辛巳 | 壬午 | 癸未 | 甲申 | 乙酉 | 丙戌 | 丁亥 | 戊子 | 己丑 | 庚寅 | 辛卯 | 壬辰 | 癸巳 | 甲午 | 乙未 | 丙申 | 丁酉 | 戊戌 | 己亥 | 庚子 | 辛丑 | 壬寅 | 癸卯 | 甲辰 | 乙巳 | 丙午 | 丁未 | 戊申 | 己酉 |
| 대운 남 | 8 | 8 | 9 | 9 | 9 | 10 | 입 | 1 | 1 | 1 | 1 | 2 | 2 | 2 | 3 | 3 | 3 | 4 | 4 | 4 | 5 | 5 | 5 | 6 | 6 | 6 | 7 | 7 | 7 | 8 |
| 대운 녀 | 2 | 2 | 1 | 1 | 1 | 1 | 동 | 10 | 9 | 9 | 9 | 8 | 8 | 8 | 7 | 7 | 7 | 6 | 6 | 6 | 5 | 5 | 5 | 4 | 4 | 4 | 3 | 3 | 3 | 2 |

대설 7일 15시51분

## 12 · 丙子月(양 12.7~1.5)

동지 22일 09시44분

| 양력 | 1 | 2 | 3 | 4 | 5 | 6 | 7 | 8 | 9 | 10 | 11 | 12 | 13 | 14 | 15 | 16 | 17 | 18 | 19 | 20 | 21 | 22 | 23 | 24 | 25 | 26 | 27 | 28 | 29 | 30 | 31 |
|---|---|---|---|---|---|---|---|---|---|---|---|---|---|---|---|---|---|---|---|---|---|---|---|---|---|---|---|---|---|---|---|
| 음력 | 22 | 23 | 24 | 25 | 26 | 27 | 28 | 29 | 11.1 | 2 | 3 | 4 | 5 | 6 | 7 | 8 | 9 | 10 | 11 | 12 | 13 | 14 | 15 | 16 | 17 | 18 | 19 | 20 | 21 | 22 | 23 |
| 요일 | 月 | 火 | 水 | 木 | 金 | 土 | 日 | 月 | 火 | 水 | 木 | 金 | 土 | 日 | 月 | 火 | 水 | 木 | 金 | 土 | 日 | 月 | 火 | 水 | 木 | 金 | 土 | 日 | 月 | 火 | 水 |
| 일진 | 庚戌 | 辛亥 | 壬子 | 癸丑 | 甲寅 | 乙卯 | 丙辰 | 丁巳 | 戊午 | 己未 | 庚申 | 辛酉 | 壬戌 | 癸亥 | 甲子 | 乙丑 | 丙寅 | 丁卯 | 戊辰 | 己巳 | 庚午 | 辛未 | 壬申 | 癸酉 | 甲戌 | 乙亥 | 丙子 | 丁丑 | 戊寅 | 己卯 | 庚辰 |
| 대운 남 | 8 | 8 | 9 | 9 | 9 | 10 | 대 | 1 | 1 | 1 | 1 | 2 | 2 | 2 | 3 | 3 | 3 | 4 | 4 | 4 | 5 | 5 | 5 | 6 | 6 | 6 | 7 | 7 | 7 | 8 | 8 |
| 대운 녀 | 2 | 2 | 1 | 1 | 1 | 1 | 설 | 10 | 9 | 9 | 9 | 8 | 8 | 8 | 7 | 7 | 7 | 6 | 6 | 6 | 5 | 5 | 5 | 4 | 4 | 4 | 3 | 3 | 3 | 2 | 2 |

# 1970년

소한 6일 03시02분 **1 · 丁丑月**(양 1.6~2.3) 대한 20일 20시24분

| 양력 | | 1 | 2 | 3 | 4 | 5 | 6 | 7 | 8 | 9 | 10 | 11 | 12 | 13 | 14 | 15 | 16 | 17 | 18 | 19 | 20 | 21 | 22 | 23 | 24 | 25 | 26 | 27 | 28 | 29 | 30 | 31 |
|---|---|---|---|---|---|---|---|---|---|---|---|---|---|---|---|---|---|---|---|---|---|---|---|---|---|---|---|---|---|---|---|---|
| 음력 | | 24 | 25 | 26 | 27 | 28 | 29 | 30 | 12.1 | 2 | 3 | 4 | 5 | 6 | 7 | 8 | 9 | 10 | 11 | 12 | 13 | 14 | 15 | 16 | 17 | 18 | 19 | 20 | 21 | 22 | 23 | 24 |
| 요일 | | 木 | 金 | 土 | 日 | 月 | 火 | 水 | 木 | 金 | 土 | 日 | 月 | 火 | 水 | 木 | 金 | 土 | 日 | 月 | 火 | 水 | 木 | 金 | 土 | 日 | 月 | 火 | 水 | 木 | 金 | 土 |
| 일진 | | 辛巳 | 壬午 | 癸未 | 甲申 | 乙酉 | 丙戌 | 丁亥 | 戊子 | 己丑 | 庚寅 | 辛卯 | 壬辰 | 癸巳 | 甲午 | 乙未 | 丙申 | 丁酉 | 戊戌 | 己亥 | 庚子 | 辛丑 | 壬寅 | 癸卯 | 甲辰 | 乙巳 | 丙午 | 丁未 | 戊申 | 己酉 | 庚戌 | 辛亥 |
| 대운 | 남 | 8 | 9 | 9 | 9 | 10 | 소 | 1 | 1 | 1 | 1 | 2 | 2 | 2 | 3 | 3 | 3 | 4 | 4 | 4 | 5 | 5 | 5 | 6 | 6 | 6 | 7 | 7 | 7 | 8 | 8 | 8 |
| | 녀 | 2 | 1 | 1 | 1 | 1 | 한 | 9 | 9 | 9 | 8 | 8 | 8 | 7 | 7 | 7 | 6 | 6 | 6 | 5 | 5 | 5 | 4 | 4 | 4 | 3 | 3 | 3 | 2 | 2 | 2 | 1 |

입춘 4일 14시46분 **2 · 戊寅月**(양 2.4~3.5) 우수 19일 10시42분

| 양력 | | 1 | 2 | 3 | 4 | 5 | 6 | 7 | 8 | 9 | 10 | 11 | 12 | 13 | 14 | 15 | 16 | 17 | 18 | 19 | 20 | 21 | 22 | 23 | 24 | 25 | 26 | 27 | 28 |
|---|---|---|---|---|---|---|---|---|---|---|---|---|---|---|---|---|---|---|---|---|---|---|---|---|---|---|---|---|---|
| 음력 | | 25 | 26 | 27 | 28 | 29 | 1.1 | 2 | 3 | 4 | 5 | 6 | 7 | 8 | 9 | 10 | 11 | 12 | 13 | 14 | 15 | 16 | 17 | 18 | 19 | 20 | 21 | 22 | 23 |
| 요일 | | 日 | 月 | 火 | 水 | 木 | 金 | 土 | 日 | 月 | 火 | 水 | 木 | 金 | 土 | 日 | 月 | 火 | 水 | 木 | 金 | 土 | 日 | 月 | 火 | 水 | 木 | 金 | 土 |
| 일진 | | 壬子 | 癸丑 | 甲寅 | 乙卯 | 丙辰 | 丁巳 | 戊午 | 己未 | 庚申 | 辛酉 | 壬戌 | 癸亥 | 甲子 | 乙丑 | 丙寅 | 丁卯 | 戊辰 | 己巳 | 庚午 | 辛未 | 壬申 | 癸酉 | 甲戌 | 乙亥 | 丙子 | 丁丑 | 戊寅 | 己卯 |
| 대운 | 남 | 9 | 9 | 9 | 입 | 10 | 9 | 9 | 9 | 8 | 8 | 8 | 7 | 7 | 7 | 6 | 6 | 6 | 5 | 5 | 5 | 4 | 4 | 4 | 3 | 3 | 3 | 2 | 2 |
| | 녀 | 1 | 1 | 1 | 춘 | 1 | 1 | 1 | 1 | 2 | 2 | 2 | 3 | 3 | 3 | 4 | 4 | 4 | 5 | 5 | 5 | 6 | 6 | 6 | 7 | 7 | 7 | 8 | 8 |

경칩 6일 08시58분 **3 · 己卯月**(양 3.6~4.4) 춘분 21일 09시56분

| 양력 | | 1 | 2 | 3 | 4 | 5 | 6 | 7 | 8 | 9 | 10 | 11 | 12 | 13 | 14 | 15 | 16 | 17 | 18 | 19 | 20 | 21 | 22 | 23 | 24 | 25 | 26 | 27 | 28 | 29 | 30 | 31 |
|---|---|---|---|---|---|---|---|---|---|---|---|---|---|---|---|---|---|---|---|---|---|---|---|---|---|---|---|---|---|---|---|---|
| 음력 | | 24 | 25 | 26 | 27 | 28 | 29 | 30 | 2.1 | 2 | 3 | 4 | 5 | 6 | 7 | 8 | 9 | 10 | 11 | 12 | 13 | 14 | 15 | 16 | 17 | 18 | 19 | 20 | 21 | 22 | 23 | 24 |
| 요일 | | 日 | 月 | 火 | 水 | 木 | 金 | 土 | 日 | 月 | 火 | 水 | 木 | 金 | 土 | 日 | 月 | 火 | 水 | 木 | 金 | 土 | 日 | 月 | 火 | 水 | 木 | 金 | 土 | 日 | 月 | 火 |
| 일진 | | 庚辰 | 辛巳 | 壬午 | 癸未 | 甲申 | 乙酉 | 丙戌 | 丁亥 | 戊子 | 己丑 | 庚寅 | 辛卯 | 壬辰 | 癸巳 | 甲午 | 乙未 | 丙申 | 丁酉 | 戊戌 | 己亥 | 庚子 | 辛丑 | 壬寅 | 癸卯 | 甲辰 | 乙巳 | 丙午 | 丁未 | 戊申 | 己酉 | 庚戌 |
| 대운 | 남 | 2 | 1 | 1 | 1 | 1 | 경 | 10 | 9 | 9 | 9 | 8 | 8 | 8 | 7 | 7 | 7 | 6 | 6 | 6 | 5 | 5 | 5 | 4 | 4 | 4 | 3 | 3 | 3 | 2 | 2 | 2 |
| | 녀 | 8 | 9 | 9 | 9 | 10 | 칩 | 1 | 1 | 1 | 1 | 2 | 2 | 2 | 3 | 3 | 3 | 4 | 4 | 4 | 5 | 5 | 5 | 6 | 6 | 6 | 7 | 7 | 7 | 8 | 8 | 8 |

청명 5일 14시02분 **4 · 庚辰月**(양 4.5~5.5) 곡우 20일 21시15분

| 양력 | | 1 | 2 | 3 | 4 | 5 | 6 | 7 | 8 | 9 | 10 | 11 | 12 | 13 | 14 | 15 | 16 | 17 | 18 | 19 | 20 | 21 | 22 | 23 | 24 | 25 | 26 | 27 | 28 | 29 | 30 |
|---|---|---|---|---|---|---|---|---|---|---|---|---|---|---|---|---|---|---|---|---|---|---|---|---|---|---|---|---|---|---|---|
| 음력 | | 25 | 26 | 27 | 28 | 29 | 3.1 | 2 | 3 | 4 | 5 | 6 | 7 | 8 | 9 | 10 | 11 | 12 | 13 | 14 | 15 | 16 | 17 | 18 | 19 | 20 | 21 | 22 | 23 | 24 | 25 |
| 요일 | | 水 | 木 | 金 | 土 | 日 | 月 | 火 | 水 | 木 | 金 | 土 | 日 | 月 | 火 | 水 | 木 | 金 | 土 | 日 | 月 | 火 | 水 | 木 | 金 | 土 | 日 | 月 | 火 | 水 | 木 |
| 일진 | | 辛亥 | 壬子 | 癸丑 | 甲寅 | 乙卯 | 丙辰 | 丁巳 | 戊午 | 己未 | 庚申 | 辛酉 | 壬戌 | 癸亥 | 甲子 | 乙丑 | 丙寅 | 丁卯 | 戊辰 | 己巳 | 庚午 | 辛未 | 壬申 | 癸酉 | 甲戌 | 乙亥 | 丙子 | 丁丑 | 戊寅 | 己卯 | 庚辰 |
| 대운 | 남 | 1 | 1 | 1 | 1 | 청 | 10 | 10 | 9 | 9 | 9 | 8 | 8 | 8 | 7 | 7 | 7 | 6 | 6 | 6 | 5 | 5 | 5 | 4 | 4 | 4 | 3 | 3 | 3 | 2 | 2 |
| | 녀 | 9 | 9 | 9 | 10 | 명 | 1 | 1 | 1 | 1 | 2 | 2 | 2 | 3 | 3 | 3 | 4 | 4 | 4 | 5 | 5 | 5 | 6 | 6 | 6 | 7 | 7 | 7 | 8 | 8 | 8 |

입하 6일 07시34분 **5 · 辛巳月**(양 5.6~6.5) 소만 21일 20시37분

| 양력 | | 1 | 2 | 3 | 4 | 5 | 6 | 7 | 8 | 9 | 10 | 11 | 12 | 13 | 14 | 15 | 16 | 17 | 18 | 19 | 20 | 21 | 22 | 23 | 24 | 25 | 26 | 27 | 28 | 29 | 30 | 31 |
|---|---|---|---|---|---|---|---|---|---|---|---|---|---|---|---|---|---|---|---|---|---|---|---|---|---|---|---|---|---|---|---|---|
| 음력 | | 26 | 27 | 28 | 29 | 4.1 | 2 | 3 | 4 | 5 | 6 | 7 | 8 | 9 | 10 | 11 | 12 | 13 | 14 | 15 | 16 | 17 | 18 | 19 | 20 | 21 | 22 | 23 | 24 | 25 | 26 | 27 |
| 요일 | | 金 | 土 | 日 | 月 | 火 | 水 | 木 | 金 | 土 | 日 | 月 | 火 | 水 | 木 | 金 | 土 | 日 | 月 | 火 | 水 | 木 | 金 | 土 | 日 | 月 | 火 | 水 | 木 | 金 | 土 | 日 |
| 일진 | | 辛巳 | 壬午 | 癸未 | 甲申 | 乙酉 | 丙戌 | 丁亥 | 戊子 | 己丑 | 庚寅 | 辛卯 | 壬辰 | 癸巳 | 甲午 | 乙未 | 丙申 | 丁酉 | 戊戌 | 己亥 | 庚子 | 辛丑 | 壬寅 | 癸卯 | 甲辰 | 乙巳 | 丙午 | 丁未 | 戊申 | 己酉 | 庚戌 | 辛亥 |
| 대운 | 남 | 2 | 1 | 1 | 1 | 1 | 입 | 10 | 10 | 9 | 9 | 9 | 8 | 8 | 8 | 7 | 7 | 7 | 6 | 6 | 6 | 5 | 5 | 5 | 4 | 4 | 4 | 3 | 3 | 3 | 2 | 2 |
| | 녀 | 9 | 9 | 9 | 10 | 10 | 하 | 1 | 1 | 1 | 1 | 2 | 2 | 2 | 3 | 3 | 3 | 4 | 4 | 4 | 5 | 5 | 5 | 6 | 6 | 6 | 7 | 7 | 7 | 8 | 8 | 8 |

망종 6일 11시52분 **6 · 壬午月**(양 6.6~7.6) 하지 22일 04시43분

| 양력 | | 1 | 2 | 3 | 4 | 5 | 6 | 7 | 8 | 9 | 10 | 11 | 12 | 13 | 14 | 15 | 16 | 17 | 18 | 19 | 20 | 21 | 22 | 23 | 24 | 25 | 26 | 27 | 28 | 29 | 30 |
|---|---|---|---|---|---|---|---|---|---|---|---|---|---|---|---|---|---|---|---|---|---|---|---|---|---|---|---|---|---|---|---|
| 음력 | | 28 | 29 | 30 | 5.1 | 2 | 3 | 4 | 5 | 6 | 7 | 8 | 9 | 10 | 11 | 12 | 13 | 14 | 15 | 16 | 17 | 18 | 19 | 20 | 21 | 22 | 23 | 24 | 25 | 26 | 27 |
| 요일 | | 月 | 火 | 水 | 木 | 金 | 土 | 日 | 月 | 火 | 水 | 木 | 金 | 土 | 日 | 月 | 火 | 水 | 木 | 金 | 土 | 日 | 月 | 火 | 水 | 木 | 金 | 土 | 日 | 月 | 火 |
| 일진 | | 壬子 | 癸丑 | 甲寅 | 乙卯 | 丙辰 | 丁巳 | 戊午 | 己未 | 庚申 | 辛酉 | 壬戌 | 癸亥 | 甲子 | 乙丑 | 丙寅 | 丁卯 | 戊辰 | 己巳 | 庚午 | 辛未 | 壬申 | 癸酉 | 甲戌 | 乙亥 | 丙子 | 丁丑 | 戊寅 | 己卯 | 庚辰 | 辛巳 |
| 대운 | 남 | 2 | 1 | 1 | 1 | 1 | 망 | 10 | 10 | 9 | 9 | 9 | 8 | 8 | 8 | 7 | 7 | 7 | 6 | 6 | 6 | 5 | 5 | 5 | 4 | 4 | 4 | 3 | 3 | 3 | 2 |
| | 녀 | 9 | 9 | 9 | 10 | 10 | 종 | 1 | 1 | 1 | 1 | 2 | 2 | 2 | 3 | 3 | 3 | 4 | 4 | 4 | 5 | 5 | 5 | 6 | 6 | 6 | 7 | 7 | 7 | 8 | 8 |

# 庚戌年

동경135도표준시

소서 7일 22시11분

## 7 · 癸未月(양 7.7~8.7)

대서 23일 15시37분

| 양력 | 1 | 2 | 3 | 4 | 5 | 6 | 7 | 8 | 9 | 10 | 11 | 12 | 13 | 14 | 15 | 16 | 17 | 18 | 19 | 20 | 21 | 22 | 23 | 24 | 25 | 26 | 27 | 28 | 29 | 30 | 31 |
|---|---|---|---|---|---|---|---|---|---|---|---|---|---|---|---|---|---|---|---|---|---|---|---|---|---|---|---|---|---|---|---|
| 음력 | 28 | 29 | 30 | 6.1 | 2 | 3 | 4 | 5 | 6 | 7 | 8 | 9 | 10 | 11 | 12 | 13 | 14 | 15 | 16 | 17 | 18 | 19 | 20 | 21 | 22 | 23 | 24 | 25 | 26 | 27 | 28 |
| 요일 | 水 | 木 | 金 | 土 | 日 | 月 | 火 | 水 | 木 | 金 | 土 | 日 | 月 | 火 | 水 | 木 | 金 | 土 | 日 | 月 | 火 | 水 | 木 | 金 | 土 | 日 | 月 | 火 | 水 | 木 | 金 |
| 일진 | 壬午 | 癸未 | 甲申 | 乙酉 | 丙戌 | 丁亥 | 戊子 | 己丑 | 庚寅 | 辛卯 | 壬辰 | 癸巳 | 甲午 | 乙未 | 丙申 | 丁酉 | 戊戌 | 己亥 | 庚子 | 辛丑 | 壬寅 | 癸卯 | 甲辰 | 乙巳 | 丙午 | 丁未 | 戊申 | 己酉 | 庚戌 | 辛亥 | 壬子 |
| 대운 남 | 2 | 2 | 1 | 1 | 1 | 1 | 소 | 10 | 10 | 10 | 9 | 9 | 9 | 8 | 8 | 8 | 7 | 7 | 7 | 6 | 6 | 6 | 5 | 5 | 5 | 4 | 4 | 4 | 3 | 3 | 3 |
| 대운 녀 | 8 | 9 | 9 | 9 | 10 | 10 | 서 | 1 | 1 | 1 | 1 | 2 | 2 | 2 | 3 | 3 | 3 | 4 | 4 | 4 | 5 | 5 | 5 | 6 | 6 | 6 | 7 | 7 | 7 | 8 | 8 |

입추 8일 07시54분

## 8 · 甲申月(양 8.8~9.7)

처서 23일 22시34분

| 양력 | 1 | 2 | 3 | 4 | 5 | 6 | 7 | 8 | 9 | 10 | 11 | 12 | 13 | 14 | 15 | 16 | 17 | 18 | 19 | 20 | 21 | 22 | 23 | 24 | 25 | 26 | 27 | 28 | 29 | 30 | 31 |
|---|---|---|---|---|---|---|---|---|---|---|---|---|---|---|---|---|---|---|---|---|---|---|---|---|---|---|---|---|---|---|---|
| 음력 | 29 | 7.1 | 2 | 3 | 4 | 5 | 6 | 7 | 8 | 9 | 10 | 11 | 12 | 13 | 14 | 15 | 16 | 17 | 18 | 19 | 20 | 21 | 22 | 23 | 24 | 25 | 26 | 27 | 28 | 29 | 30 |
| 요일 | 土 | 日 | 月 | 火 | 水 | 木 | 金 | 土 | 日 | 月 | 火 | 水 | 木 | 金 | 土 | 日 | 月 | 火 | 水 | 木 | 金 | 土 | 日 | 月 | 火 | 水 | 木 | 金 | 土 | 日 | 月 |
| 일진 | 癸丑 | 甲寅 | 乙卯 | 丙辰 | 丁巳 | 戊午 | 己未 | 庚申 | 辛酉 | 壬戌 | 癸亥 | 甲子 | 乙丑 | 丙寅 | 丁卯 | 戊辰 | 己巳 | 庚午 | 辛未 | 壬申 | 癸酉 | 甲戌 | 乙亥 | 丙子 | 丁丑 | 戊寅 | 己卯 | 庚辰 | 辛巳 | 壬午 | 癸未 |
| 대운 남 | 2 | 2 | 2 | 1 | 1 | 1 | 1 | 입 | 10 | 10 | 9 | 9 | 9 | 8 | 8 | 8 | 7 | 7 | 7 | 6 | 6 | 6 | 5 | 5 | 5 | 4 | 4 | 4 | 3 | 3 | 3 |
| 대운 녀 | 8 | 9 | 9 | 9 | 10 | 10 | 10 | 추 | 1 | 1 | 1 | 1 | 2 | 2 | 2 | 3 | 3 | 3 | 4 | 4 | 4 | 5 | 5 | 5 | 6 | 6 | 6 | 7 | 7 | 7 | 8 |

백로 8일 10시38분

## 9 · 乙酉月(양 9.8~10.8)

추분 23일 19시59분

| 양력 | 1 | 2 | 3 | 4 | 5 | 6 | 7 | 8 | 9 | 10 | 11 | 12 | 13 | 14 | 15 | 16 | 17 | 18 | 19 | 20 | 21 | 22 | 23 | 24 | 25 | 26 | 27 | 28 | 29 | 30 |
|---|---|---|---|---|---|---|---|---|---|---|---|---|---|---|---|---|---|---|---|---|---|---|---|---|---|---|---|---|---|---|
| 음력 | 8.1 | 2 | 3 | 4 | 5 | 6 | 7 | 8 | 9 | 10 | 11 | 12 | 13 | 14 | 15 | 16 | 17 | 18 | 19 | 20 | 21 | 22 | 23 | 24 | 25 | 26 | 27 | 28 | 29 | 9.1 |
| 요일 | 火 | 水 | 木 | 金 | 土 | 日 | 月 | 火 | 水 | 木 | 金 | 土 | 日 | 月 | 火 | 水 | 木 | 金 | 土 | 日 | 月 | 火 | 水 | 木 | 金 | 土 | 日 | 月 | 火 | 水 |
| 일진 | 甲申 | 乙酉 | 丙戌 | 丁亥 | 戊子 | 己丑 | 庚寅 | 辛卯 | 壬辰 | 癸巳 | 甲午 | 乙未 | 丙申 | 丁酉 | 戊戌 | 己亥 | 庚子 | 辛丑 | 壬寅 | 癸卯 | 甲辰 | 乙巳 | 丙午 | 丁未 | 戊申 | 己酉 | 庚戌 | 辛亥 | 壬子 | 癸丑 |
| 대운 남 | 2 | 2 | 2 | 1 | 1 | 1 | 1 | 백 | 10 | 10 | 9 | 9 | 9 | 8 | 8 | 8 | 7 | 7 | 7 | 6 | 6 | 6 | 5 | 5 | 5 | 4 | 4 | 4 | 3 | 3 |
| 대운 녀 | 8 | 8 | 9 | 9 | 9 | 10 | 10 | 로 | 1 | 1 | 1 | 1 | 2 | 2 | 2 | 3 | 3 | 3 | 4 | 4 | 4 | 5 | 5 | 5 | 6 | 6 | 6 | 7 | 7 | 7 |

한로 9일 02시02분

## 10 · 丙戌月(양 10.9~11.7)

상강 24일 05시04분

| 양력 | 1 | 2 | 3 | 4 | 5 | 6 | 7 | 8 | 9 | 10 | 11 | 12 | 13 | 14 | 15 | 16 | 17 | 18 | 19 | 20 | 21 | 22 | 23 | 24 | 25 | 26 | 27 | 28 | 29 | 30 | 31 |
|---|---|---|---|---|---|---|---|---|---|---|---|---|---|---|---|---|---|---|---|---|---|---|---|---|---|---|---|---|---|---|---|
| 음력 | 2 | 3 | 4 | 5 | 6 | 7 | 8 | 9 | 10 | 11 | 12 | 13 | 14 | 15 | 16 | 17 | 18 | 19 | 20 | 21 | 22 | 23 | 24 | 25 | 26 | 27 | 28 | 29 | 30 | 10.1 | 2 |
| 요일 | 木 | 金 | 土 | 日 | 月 | 火 | 水 | 木 | 金 | 土 | 日 | 月 | 火 | 水 | 木 | 金 | 土 | 日 | 月 | 火 | 水 | 木 | 金 | 土 | 日 | 月 | 火 | 水 | 木 | 金 | 土 |
| 일진 | 甲寅 | 乙卯 | 丙辰 | 丁巳 | 戊午 | 己未 | 庚申 | 辛酉 | 壬戌 | 癸亥 | 甲子 | 乙丑 | 丙寅 | 丁卯 | 戊辰 | 己巳 | 庚午 | 辛未 | 壬申 | 癸酉 | 甲戌 | 乙亥 | 丙子 | 丁丑 | 戊寅 | 己卯 | 庚辰 | 辛巳 | 壬午 | 癸未 | 甲申 |
| 대운 남 | 3 | 2 | 2 | 2 | 1 | 1 | 1 | 1 | 한 | 10 | 9 | 9 | 9 | 8 | 8 | 8 | 7 | 7 | 7 | 6 | 6 | 6 | 5 | 5 | 5 | 4 | 4 | 4 | 3 | 3 | 3 |
| 대운 녀 | 8 | 8 | 8 | 9 | 9 | 9 | 10 | 10 | 로 | 1 | 1 | 1 | 1 | 2 | 2 | 2 | 3 | 3 | 3 | 4 | 4 | 4 | 5 | 5 | 5 | 6 | 6 | 6 | 7 | 7 | 7 |

입동 8일 04시58분

## 11 · 丁亥月(양 11.8~12.6)

소설 23일 02시25분

| 양력 | 1 | 2 | 3 | 4 | 5 | 6 | 7 | 8 | 9 | 10 | 11 | 12 | 13 | 14 | 15 | 16 | 17 | 18 | 19 | 20 | 21 | 22 | 23 | 24 | 25 | 26 | 27 | 28 | 29 | 30 |
|---|---|---|---|---|---|---|---|---|---|---|---|---|---|---|---|---|---|---|---|---|---|---|---|---|---|---|---|---|---|---|
| 음력 | 3 | 4 | 5 | 6 | 7 | 8 | 9 | 10 | 11 | 12 | 13 | 14 | 15 | 16 | 17 | 18 | 19 | 20 | 21 | 22 | 23 | 24 | 25 | 26 | 27 | 28 | 29 | 30 | 11.1 | 2 |
| 요일 | 日 | 月 | 火 | 水 | 木 | 金 | 土 | 日 | 月 | 火 | 水 | 木 | 金 | 土 | 日 | 月 | 火 | 水 | 木 | 金 | 土 | 日 | 月 | 火 | 水 | 木 | 金 | 土 | 日 | 月 |
| 일진 | 乙酉 | 丙戌 | 丁亥 | 戊子 | 己丑 | 庚寅 | 辛卯 | 壬辰 | 癸巳 | 甲午 | 乙未 | 丙申 | 丁酉 | 戊戌 | 己亥 | 庚子 | 辛丑 | 壬寅 | 癸卯 | 甲辰 | 乙巳 | 丙午 | 丁未 | 戊申 | 己酉 | 庚戌 | 辛亥 | 壬子 | 癸丑 | 甲寅 |
| 대운 남 | 2 | 2 | 2 | 1 | 1 | 1 | 1 | 입 | 9 | 9 | 9 | 8 | 8 | 8 | 7 | 7 | 7 | 6 | 6 | 6 | 5 | 5 | 5 | 4 | 4 | 4 | 3 | 3 | 3 | 2 |
| 대운 녀 | 8 | 8 | 8 | 9 | 9 | 9 | 10 | 동 | 1 | 1 | 1 | 1 | 2 | 2 | 2 | 3 | 3 | 3 | 4 | 4 | 4 | 5 | 5 | 5 | 6 | 6 | 6 | 7 | 7 | 7 |

대설 7일 21시37분

## 12 · 戊子月(양 12.7~1.5)

동지 22일 15시36분

| 양력 | 1 | 2 | 3 | 4 | 5 | 6 | 7 | 8 | 9 | 10 | 11 | 12 | 13 | 14 | 15 | 16 | 17 | 18 | 19 | 20 | 21 | 22 | 23 | 24 | 25 | 26 | 27 | 28 | 29 | 30 | 31 |
|---|---|---|---|---|---|---|---|---|---|---|---|---|---|---|---|---|---|---|---|---|---|---|---|---|---|---|---|---|---|---|---|
| 음력 | 3 | 4 | 5 | 6 | 7 | 8 | 9 | 10 | 11 | 12 | 13 | 14 | 15 | 16 | 17 | 18 | 19 | 20 | 21 | 22 | 23 | 24 | 25 | 26 | 27 | 28 | 29 | 12.1 | 2 | 3 | 4 |
| 요일 | 火 | 水 | 木 | 金 | 土 | 日 | 月 | 火 | 水 | 木 | 金 | 土 | 日 | 月 | 火 | 水 | 木 | 金 | 土 | 日 | 月 | 火 | 水 | 木 | 金 | 土 | 日 | 月 | 火 | 水 | 木 |
| 일진 | 乙卯 | 丙辰 | 丁巳 | 戊午 | 己未 | 庚申 | 辛酉 | 壬戌 | 癸亥 | 甲子 | 乙丑 | 丙寅 | 丁卯 | 戊辰 | 己巳 | 庚午 | 辛未 | 壬申 | 癸酉 | 甲戌 | 乙亥 | 丙子 | 丁丑 | 戊寅 | 己卯 | 庚辰 | 辛巳 | 壬午 | 癸未 | 甲申 | 乙酉 |
| 대운 남 | 2 | 2 | 1 | 1 | 1 | 1 | 대 | 10 | 9 | 9 | 9 | 8 | 8 | 8 | 7 | 7 | 7 | 6 | 6 | 6 | 5 | 5 | 5 | 4 | 4 | 4 | 3 | 3 | 3 | 2 | 2 |
| 대운 녀 | 8 | 8 | 8 | 9 | 9 | 9 | 설 | 1 | 1 | 1 | 1 | 2 | 2 | 2 | 3 | 3 | 3 | 4 | 4 | 4 | 5 | 5 | 5 | 6 | 6 | 6 | 7 | 7 | 7 | 8 | 8 |

# 1971년(윤5월)

소한 6일 08시45분 | **1 · 己丑月(양 1.6~2.3)** | 대한 21일 02시13분

| 양력 | 1 | 2 | 3 | 4 | 5 | 6 | 7 | 8 | 9 | 10 | 11 | 12 | 13 | 14 | 15 | 16 | 17 | 18 | 19 | 20 | 21 | 22 | 23 | 24 | 25 | 26 | 27 | 28 | 29 | 30 | 31 |
|---|---|---|---|---|---|---|---|---|---|---|---|---|---|---|---|---|---|---|---|---|---|---|---|---|---|---|---|---|---|---|---|
| 음력 | 5 | 6 | 7 | 8 | 9 | 10 | 11 | 12 | 13 | 14 | 15 | 16 | 17 | 18 | 19 | 20 | 21 | 22 | 23 | 24 | 25 | 26 | 27 | 28 | 29 | 30 | 1.1 | 2 | 3 | 4 | 5 |
| 요일 | 金 | 土 | 日 | 月 | 火 | 水 | 木 | 金 | 土 | 日 | 月 | 火 | 水 | 木 | 金 | 土 | 日 | 月 | 火 | 水 | 木 | 金 | 土 | 日 | 月 | 火 | 水 | 木 | 金 | 土 | 日 |
| 일진 | 丙戌 | 丁亥 | 戊子 | 己丑 | 庚寅 | 辛卯 | 壬辰 | 癸巳 | 甲午 | 乙未 | 丙申 | 丁酉 | 戊戌 | 己亥 | 庚子 | 辛丑 | 壬寅 | 癸卯 | 甲辰 | 乙巳 | 丙午 | 丁未 | 戊申 | 己酉 | 庚戌 | 辛亥 | 壬子 | 癸丑 | 甲寅 | 乙卯 | 丙辰 |
| 대운 남 | 2 | 1 | 1 | 1 | 1 | 소 | 9 | 9 | 9 | 8 | 8 | 8 | 7 | 7 | 7 | 6 | 6 | 6 | 5 | 5 | 5 | 4 | 4 | 4 | 3 | 3 | 3 | 2 | 2 | 2 | 1 |
| 대운 녀 | 8 | 9 | 9 | 9 | 10 | 한 | 1 | 1 | 1 | 1 | 2 | 2 | 2 | 3 | 3 | 3 | 4 | 4 | 4 | 5 | 5 | 5 | 6 | 6 | 6 | 7 | 7 | 7 | 8 | 8 | 8 |

입춘 4일 20시25분 | **2 · 庚寅月(양 2.4~3.5)** | 우수 19일 16시27분

| 양력 | 1 | 2 | 3 | 4 | 5 | 6 | 7 | 8 | 9 | 10 | 11 | 12 | 13 | 14 | 15 | 16 | 17 | 18 | 19 | 20 | 21 | 22 | 23 | 24 | 25 | 26 | 27 | 28 |
|---|---|---|---|---|---|---|---|---|---|---|---|---|---|---|---|---|---|---|---|---|---|---|---|---|---|---|---|---|
| 음력 | 6 | 7 | 8 | 9 | 10 | 11 | 12 | 13 | 14 | 15 | 16 | 17 | 18 | 19 | 20 | 21 | 22 | 23 | 24 | 25 | 26 | 27 | 28 | 29 | 2.1 | 2 | 3 | 4 |
| 요일 | 月 | 火 | 水 | 木 | 金 | 土 | 日 | 月 | 火 | 水 | 木 | 金 | 土 | 日 | 月 | 火 | 水 | 木 | 金 | 土 | 日 | 月 | 火 | 水 | 木 | 金 | 土 | 日 |
| 일진 | 丁巳 | 戊午 | 己未 | 庚申 | 辛酉 | 壬戌 | 癸亥 | 甲子 | 乙丑 | 丙寅 | 丁卯 | 戊辰 | 己巳 | 庚午 | 辛未 | 壬申 | 癸酉 | 甲戌 | 乙亥 | 丙子 | 丁丑 | 戊寅 | 己卯 | 庚辰 | 辛巳 | 壬午 | 癸未 | 甲申 |
| 대운 남 | 1 | 1 | 1 | 입 | 1 | 1 | 1 | 1 | 2 | 2 | 2 | 3 | 3 | 3 | 4 | 4 | 4 | 5 | 5 | 5 | 6 | 6 | 6 | 7 | 7 | 7 | 8 | 8 |
| 대운 녀 | 9 | 9 | 9 | 춘 | 10 | 9 | 9 | 9 | 8 | 8 | 8 | 7 | 7 | 7 | 6 | 6 | 6 | 5 | 5 | 5 | 4 | 4 | 4 | 3 | 3 | 3 | 2 | 2 |

경칩 6일 14시35분 | **3 · 辛卯月(양 3.6~4.4)** | 춘분 21일 15시38분

| 양력 | 1 | 2 | 3 | 4 | 5 | 6 | 7 | 8 | 9 | 10 | 11 | 12 | 13 | 14 | 15 | 16 | 17 | 18 | 19 | 20 | 21 | 22 | 23 | 24 | 25 | 26 | 27 | 28 | 29 | 30 | 31 |
|---|---|---|---|---|---|---|---|---|---|---|---|---|---|---|---|---|---|---|---|---|---|---|---|---|---|---|---|---|---|---|---|
| 음력 | 5 | 6 | 7 | 8 | 9 | 10 | 11 | 12 | 13 | 14 | 15 | 16 | 17 | 18 | 19 | 20 | 21 | 22 | 23 | 24 | 25 | 26 | 27 | 28 | 29 | 30 | 3.1 | 2 | 3 | 4 | 5 |
| 요일 | 月 | 火 | 水 | 木 | 金 | 土 | 日 | 月 | 火 | 水 | 木 | 金 | 土 | 日 | 月 | 火 | 水 | 木 | 金 | 土 | 日 | 月 | 火 | 水 | 木 | 金 | 土 | 日 | 月 | 火 | 水 |
| 일진 | 乙酉 | 丙戌 | 丁亥 | 戊子 | 己丑 | 庚寅 | 辛卯 | 壬辰 | 癸巳 | 甲午 | 乙未 | 丙申 | 丁酉 | 戊戌 | 己亥 | 庚子 | 辛丑 | 壬寅 | 癸卯 | 甲辰 | 乙巳 | 丙午 | 丁未 | 戊申 | 己酉 | 庚戌 | 辛亥 | 壬子 | 癸丑 | 甲寅 | 乙卯 |
| 대운 남 | 8 | 9 | 9 | 9 | 10 | 경 | 1 | 1 | 1 | 1 | 2 | 2 | 2 | 3 | 3 | 3 | 4 | 4 | 4 | 5 | 5 | 5 | 6 | 6 | 6 | 7 | 7 | 7 | 8 | 8 | 8 |
| 대운 녀 | 2 | 1 | 1 | 1 | 1 | 칩 | 10 | 9 | 9 | 9 | 8 | 8 | 8 | 7 | 7 | 7 | 6 | 6 | 6 | 5 | 5 | 5 | 4 | 4 | 4 | 3 | 3 | 3 | 2 | 2 | 2 |

청명 5일 19시36분 | **4 · 壬辰月(양 4.5~5.5)** | 곡우 21일 02시54분

| 양력 | 1 | 2 | 3 | 4 | 5 | 6 | 7 | 8 | 9 | 10 | 11 | 12 | 13 | 14 | 15 | 16 | 17 | 18 | 19 | 20 | 21 | 22 | 23 | 24 | 25 | 26 | 27 | 28 | 29 | 30 |
|---|---|---|---|---|---|---|---|---|---|---|---|---|---|---|---|---|---|---|---|---|---|---|---|---|---|---|---|---|---|---|
| 음력 | 6 | 7 | 8 | 9 | 10 | 11 | 12 | 13 | 14 | 15 | 16 | 17 | 18 | 19 | 20 | 21 | 22 | 23 | 24 | 25 | 26 | 27 | 28 | 29 | 4.1 | 2 | 3 | 4 | 5 | 6 |
| 요일 | 木 | 金 | 土 | 日 | 月 | 火 | 水 | 木 | 金 | 土 | 日 | 月 | 火 | 水 | 木 | 金 | 土 | 日 | 月 | 火 | 水 | 木 | 金 | 土 | 日 | 月 | 火 | 水 | 木 | 金 |
| 일진 | 丙辰 | 丁巳 | 戊午 | 己未 | 庚申 | 辛酉 | 壬戌 | 癸亥 | 甲子 | 乙丑 | 丙寅 | 丁卯 | 戊辰 | 己巳 | 庚午 | 辛未 | 壬申 | 癸酉 | 甲戌 | 乙亥 | 丙子 | 丁丑 | 戊寅 | 己卯 | 庚辰 | 辛巳 | 壬午 | 癸未 | 甲申 | 乙酉 |
| 대운 남 | 9 | 9 | 9 | 10 | 청 | 1 | 1 | 1 | 1 | 2 | 2 | 2 | 3 | 3 | 3 | 4 | 4 | 4 | 5 | 5 | 5 | 6 | 6 | 6 | 7 | 7 | 7 | 8 | 8 | 8 |
| 대운 녀 | 1 | 1 | 1 | 1 | 명 | 10 | 10 | 9 | 9 | 9 | 8 | 8 | 8 | 7 | 7 | 7 | 6 | 6 | 6 | 5 | 5 | 5 | 4 | 4 | 4 | 3 | 3 | 3 | 2 | 2 |

입하 6일 13시08분 | **5 · 癸巳月(양 5.6~6.5)** | 소만 22일 02시15분

| 양력 | 1 | 2 | 3 | 4 | 5 | 6 | 7 | 8 | 9 | 10 | 11 | 12 | 13 | 14 | 15 | 16 | 17 | 18 | 19 | 20 | 21 | 22 | 23 | 24 | 25 | 26 | 27 | 28 | 29 | 30 | 31 |
|---|---|---|---|---|---|---|---|---|---|---|---|---|---|---|---|---|---|---|---|---|---|---|---|---|---|---|---|---|---|---|---|
| 음력 | 7 | 8 | 9 | 10 | 11 | 12 | 13 | 14 | 15 | 16 | 17 | 18 | 19 | 20 | 21 | 22 | 23 | 24 | 25 | 26 | 27 | 28 | 29 | 5.1 | 2 | 3 | 4 | 5 | 6 | 7 | 8 |
| 요일 | 土 | 日 | 月 | 火 | 水 | 木 | 金 | 土 | 日 | 月 | 火 | 水 | 木 | 金 | 土 | 日 | 月 | 火 | 水 | 木 | 金 | 土 | 日 | 月 | 火 | 水 | 木 | 金 | 土 | 日 | 月 |
| 일진 | 丙戌 | 丁亥 | 戊子 | 己丑 | 庚寅 | 辛卯 | 壬辰 | 癸巳 | 甲午 | 乙未 | 丙申 | 丁酉 | 戊戌 | 己亥 | 庚子 | 辛丑 | 壬寅 | 癸卯 | 甲辰 | 乙巳 | 丙午 | 丁未 | 戊申 | 己酉 | 庚戌 | 辛亥 | 壬子 | 癸丑 | 甲寅 | 乙卯 | 丙辰 |
| 대운 남 | 9 | 9 | 9 | 10 | 10 | 입 | 1 | 1 | 1 | 1 | 2 | 2 | 2 | 3 | 3 | 3 | 4 | 4 | 4 | 5 | 5 | 5 | 6 | 6 | 6 | 7 | 7 | 7 | 8 | 8 | 8 |
| 대운 녀 | 2 | 1 | 1 | 1 | 1 | 하 | 10 | 10 | 9 | 9 | 9 | 8 | 8 | 8 | 7 | 7 | 7 | 6 | 6 | 6 | 5 | 5 | 5 | 4 | 4 | 4 | 3 | 3 | 3 | 2 | 2 |

망종 6일 17시29분 | **6 · 甲午月(양 6.6~7.7)** | 하지 22일 10시20분

| 양력 | 1 | 2 | 3 | 4 | 5 | 6 | 7 | 8 | 9 | 10 | 11 | 12 | 13 | 14 | 15 | 16 | 17 | 18 | 19 | 20 | 21 | 22 | 23 | 24 | 25 | 26 | 27 | 28 | 29 | 30 |
|---|---|---|---|---|---|---|---|---|---|---|---|---|---|---|---|---|---|---|---|---|---|---|---|---|---|---|---|---|---|---|
| 음력 | 9 | 10 | 11 | 12 | 13 | 14 | 15 | 16 | 17 | 18 | 19 | 20 | 21 | 22 | 23 | 24 | 25 | 26 | 27 | 28 | 29 | 30 | 윤 | 5.2 | 3 | 4 | 5 | 6 | 7 | 8 |
| 요일 | 火 | 水 | 木 | 金 | 土 | 日 | 月 | 火 | 水 | 木 | 金 | 土 | 日 | 月 | 火 | 水 | 木 | 金 | 土 | 日 | 月 | 火 | 水 | 木 | 金 | 土 | 日 | 月 | 火 | 水 |
| 일진 | 丁巳 | 戊午 | 己未 | 庚申 | 辛酉 | 壬戌 | 癸亥 | 甲子 | 乙丑 | 丙寅 | 丁卯 | 戊辰 | 己巳 | 庚午 | 辛未 | 壬申 | 癸酉 | 甲戌 | 乙亥 | 丙子 | 丁丑 | 戊寅 | 己卯 | 庚辰 | 辛巳 | 壬午 | 癸未 | 甲申 | 乙酉 | 丙戌 |
| 대운 남 | 9 | 9 | 9 | 10 | 10 | 망 | 1 | 1 | 1 | 1 | 2 | 2 | 2 | 3 | 3 | 3 | 4 | 4 | 4 | 5 | 5 | 5 | 6 | 6 | 6 | 7 | 7 | 7 | 8 | 8 |
| 대운 녀 | 2 | 1 | 1 | 1 | 1 | 종 | 10 | 10 | 10 | 9 | 9 | 9 | 8 | 8 | 8 | 7 | 7 | 7 | 6 | 6 | 6 | 5 | 5 | 5 | 4 | 4 | 4 | 3 | 3 | 3 |

소서 8일 03시51분 **7 · 乙未月(양 7.8~8.7)** 대서 23일 21시15분

| 양력 | 1 | 2 | 3 | 4 | 5 | 6 | 7 | 8 | 9 | 10 | 11 | 12 | 13 | 14 | 15 | 16 | 17 | 18 | 19 | 20 | 21 | 22 | 23 | 24 | 25 | 26 | 27 | 28 | 29 | 30 | 31 |
|---|---|---|---|---|---|---|---|---|---|---|---|---|---|---|---|---|---|---|---|---|---|---|---|---|---|---|---|---|---|---|---|
| 음력 | 9 | 10 | 11 | 12 | 13 | 14 | 15 | 16 | 17 | 18 | 19 | 20 | 21 | 22 | 23 | 24 | 25 | 26 | 27 | 28 | 29 | 6.1 | 2 | 3 | 4 | 5 | 6 | 7 | 8 | 9 | 10 |
| 요일 | 木 | 金 | 土 | 日 | 月 | 火 | 水 | 木 | 金 | 土 | 日 | 月 | 火 | 水 | 木 | 金 | 土 | 日 | 月 | 火 | 水 | 木 | 金 | 土 | 日 | 月 | 火 | 水 | 木 | 金 | 土 |
| 일진 | 丁亥 | 戊子 | 己丑 | 庚寅 | 辛卯 | 壬辰 | 癸巳 | 甲午 | 乙未 | 丙申 | 丁酉 | 戊戌 | 己亥 | 庚子 | 辛丑 | 壬寅 | 癸卯 | 甲辰 | 乙巳 | 丙午 | 丁未 | 戊申 | 己酉 | 庚戌 | 辛亥 | 壬子 | 癸丑 | 甲寅 | 乙卯 | 丙辰 | 丁巳 |
| 대운 남 | 8 | 9 | 9 | 9 | 10 | 10 | 10 | 소 | 1 | 1 | 1 | 1 | 2 | 2 | 2 | 3 | 3 | 3 | 4 | 4 | 4 | 5 | 5 | 5 | 6 | 6 | 6 | 7 | 7 | 7 | 8 |
| 대운 녀 | 2 | 2 | 2 | 1 | 1 | 1 | 1 | 서 | 10 | 10 | 9 | 9 | 9 | 8 | 8 | 8 | 7 | 7 | 7 | 6 | 6 | 6 | 5 | 5 | 5 | 4 | 4 | 4 | 3 | 3 | 3 |

입추 8일 13시40분 **8 · 丙申月(양 8.8~9.7)** 처서 24일 04시15분

| 양력 | 1 | 2 | 3 | 4 | 5 | 6 | 7 | 8 | 9 | 10 | 11 | 12 | 13 | 14 | 15 | 16 | 17 | 18 | 19 | 20 | 21 | 22 | 23 | 24 | 25 | 26 | 27 | 28 | 29 | 30 | 31 |
|---|---|---|---|---|---|---|---|---|---|---|---|---|---|---|---|---|---|---|---|---|---|---|---|---|---|---|---|---|---|---|---|
| 음력 | 11 | 12 | 13 | 14 | 15 | 16 | 17 | 18 | 19 | 20 | 21 | 22 | 23 | 24 | 25 | 26 | 27 | 28 | 29 | 30 | 7.1 | 2 | 3 | 4 | 5 | 6 | 7 | 8 | 9 | 10 | 11 |
| 요일 | 日 | 月 | 火 | 水 | 木 | 金 | 土 | 日 | 月 | 火 | 水 | 木 | 金 | 土 | 日 | 月 | 火 | 水 | 木 | 金 | 土 | 日 | 月 | 火 | 水 | 木 | 金 | 土 | 日 | 月 | 火 |
| 일진 | 戊午 | 己未 | 庚申 | 辛酉 | 壬戌 | 癸亥 | 甲子 | 乙丑 | 丙寅 | 丁卯 | 戊辰 | 己巳 | 庚午 | 辛未 | 壬申 | 癸酉 | 甲戌 | 乙亥 | 丙子 | 丁丑 | 戊寅 | 己卯 | 庚辰 | 辛巳 | 壬午 | 癸未 | 甲申 | 乙酉 | 丙戌 | 丁亥 | 戊子 |
| 대운 남 | 8 | 8 | 9 | 9 | 9 | 10 | 10 | 입 | 1 | 1 | 1 | 1 | 2 | 2 | 2 | 3 | 3 | 3 | 4 | 4 | 4 | 5 | 5 | 5 | 6 | 6 | 6 | 7 | 7 | 7 | 8 |
| 대운 녀 | 2 | 2 | 2 | 1 | 1 | 1 | 1 | 추 | 10 | 10 | 9 | 9 | 9 | 8 | 8 | 8 | 7 | 7 | 7 | 6 | 6 | 6 | 5 | 5 | 5 | 4 | 4 | 4 | 3 | 3 | 3 |

백로 8일 16시30분 **9 · 丁酉月(양 9.8~10.8)** 추분 24일 01시45분

| 양력 | 1 | 2 | 3 | 4 | 5 | 6 | 7 | 8 | 9 | 10 | 11 | 12 | 13 | 14 | 15 | 16 | 17 | 18 | 19 | 20 | 21 | 22 | 23 | 24 | 25 | 26 | 27 | 28 | 29 | 30 |
|---|---|---|---|---|---|---|---|---|---|---|---|---|---|---|---|---|---|---|---|---|---|---|---|---|---|---|---|---|---|---|
| 음력 | 12 | 13 | 14 | 15 | 16 | 17 | 18 | 19 | 20 | 21 | 22 | 23 | 24 | 25 | 26 | 27 | 28 | 29 | 8.1 | 2 | 3 | 4 | 5 | 6 | 7 | 8 | 9 | 10 | 11 | 12 |
| 요일 | 水 | 木 | 金 | 土 | 日 | 月 | 火 | 水 | 木 | 金 | 土 | 日 | 月 | 火 | 水 | 木 | 金 | 土 | 日 | 月 | 火 | 水 | 木 | 金 | 土 | 日 | 月 | 火 | 水 | 木 |
| 일진 | 己丑 | 庚寅 | 辛卯 | 壬辰 | 癸巳 | 甲午 | 乙未 | 丙申 | 丁酉 | 戊戌 | 己亥 | 庚子 | 辛丑 | 壬寅 | 癸卯 | 甲辰 | 乙巳 | 丙午 | 丁未 | 戊申 | 己酉 | 庚戌 | 辛亥 | 壬子 | 癸丑 | 甲寅 | 乙卯 | 丙辰 | 丁巳 | 戊午 |
| 대운 남 | 8 | 8 | 9 | 9 | 9 | 10 | 10 | 백 | 1 | 1 | 1 | 1 | 2 | 2 | 2 | 3 | 3 | 3 | 4 | 4 | 4 | 5 | 5 | 5 | 6 | 6 | 6 | 7 | 7 | 7 |
| 대운 녀 | 2 | 2 | 2 | 1 | 1 | 1 | 1 | 로 | 10 | 10 | 9 | 9 | 9 | 8 | 8 | 8 | 7 | 7 | 7 | 6 | 6 | 6 | 5 | 5 | 5 | 4 | 4 | 4 | 3 | 3 |

한로 9일 07시59분 **10 · 戊戌月(양 10.9~11.7)** 상강 24일 10시53분

| 양력 | 1 | 2 | 3 | 4 | 5 | 6 | 7 | 8 | 9 | 10 | 11 | 12 | 13 | 14 | 15 | 16 | 17 | 18 | 19 | 20 | 21 | 22 | 23 | 24 | 25 | 26 | 27 | 28 | 29 | 30 | 31 |
|---|---|---|---|---|---|---|---|---|---|---|---|---|---|---|---|---|---|---|---|---|---|---|---|---|---|---|---|---|---|---|---|
| 음력 | 13 | 14 | 15 | 16 | 17 | 18 | 19 | 20 | 21 | 22 | 23 | 24 | 25 | 26 | 27 | 28 | 29 | 30 | 9.1 | 2 | 3 | 4 | 5 | 6 | 7 | 8 | 9 | 10 | 11 | 12 | 13 |
| 요일 | 金 | 土 | 日 | 月 | 火 | 水 | 木 | 金 | 土 | 日 | 月 | 火 | 水 | 木 | 金 | 土 | 日 | 月 | 火 | 水 | 木 | 金 | 土 | 日 | 月 | 火 | 水 | 木 | 金 | 土 | 日 |
| 일진 | 己未 | 庚申 | 辛酉 | 壬戌 | 癸亥 | 甲子 | 乙丑 | 丙寅 | 丁卯 | 戊辰 | 己巳 | 庚午 | 辛未 | 壬申 | 癸酉 | 甲戌 | 乙亥 | 丙子 | 丁丑 | 戊寅 | 己卯 | 庚辰 | 辛巳 | 壬午 | 癸未 | 甲申 | 乙酉 | 丙戌 | 丁亥 | 戊子 | 己丑 |
| 대운 남 | 8 | 8 | 8 | 9 | 9 | 9 | 10 | 10 | 한 | 1 | 1 | 1 | 1 | 2 | 2 | 2 | 3 | 3 | 3 | 4 | 4 | 4 | 5 | 5 | 5 | 6 | 6 | 6 | 7 | 7 | 7 |
| 대운 녀 | 3 | 2 | 2 | 2 | 1 | 1 | 1 | 1 | 로 | 10 | 9 | 9 | 9 | 8 | 8 | 8 | 7 | 7 | 7 | 6 | 6 | 6 | 5 | 5 | 5 | 4 | 4 | 4 | 3 | 3 | 3 |

입동 8일 10시57분 **11 · 己亥月(양 11.8~12.7)** 소설 23일 08시14분

| 양력 | 1 | 2 | 3 | 4 | 5 | 6 | 7 | 8 | 9 | 10 | 11 | 12 | 13 | 14 | 15 | 16 | 17 | 18 | 19 | 20 | 21 | 22 | 23 | 24 | 25 | 26 | 27 | 28 | 29 | 30 |
|---|---|---|---|---|---|---|---|---|---|---|---|---|---|---|---|---|---|---|---|---|---|---|---|---|---|---|---|---|---|---|
| 음력 | 14 | 15 | 16 | 17 | 18 | 19 | 20 | 21 | 22 | 23 | 24 | 25 | 26 | 27 | 28 | 29 | 30 | 10.1 | 2 | 3 | 4 | 5 | 6 | 7 | 8 | 9 | 10 | 11 | 12 | 13 |
| 요일 | 月 | 火 | 水 | 木 | 金 | 土 | 日 | 月 | 火 | 水 | 木 | 金 | 土 | 日 | 月 | 火 | 水 | 木 | 金 | 土 | 日 | 月 | 火 | 水 | 木 | 金 | 土 | 日 | 月 | 火 |
| 일진 | 庚寅 | 辛卯 | 壬辰 | 癸巳 | 甲午 | 乙未 | 丙申 | 丁酉 | 戊戌 | 己亥 | 庚子 | 辛丑 | 壬寅 | 癸卯 | 甲辰 | 乙巳 | 丙午 | 丁未 | 戊申 | 己酉 | 庚戌 | 辛亥 | 壬子 | 癸丑 | 甲寅 | 乙卯 | 丙辰 | 丁巳 | 戊午 | 己未 |
| 대운 남 | 8 | 8 | 8 | 9 | 9 | 9 | 10 | 입 | 1 | 1 | 1 | 1 | 2 | 2 | 2 | 3 | 3 | 3 | 4 | 4 | 4 | 5 | 5 | 5 | 6 | 6 | 6 | 7 | 7 | 7 |
| 대운 녀 | 2 | 2 | 2 | 1 | 1 | 1 | 1 | 동 | 10 | 9 | 9 | 9 | 8 | 8 | 8 | 7 | 7 | 7 | 6 | 6 | 6 | 5 | 5 | 5 | 4 | 4 | 4 | 3 | 3 | 3 |

대설 8일 03시36분 **12 · 庚子月(양 12.8~1.5)** 동지 22일 21시24분

| 양력 | 1 | 2 | 3 | 4 | 5 | 6 | 7 | 8 | 9 | 10 | 11 | 12 | 13 | 14 | 15 | 16 | 17 | 18 | 19 | 20 | 21 | 22 | 23 | 24 | 25 | 26 | 27 | 28 | 29 | 30 | 31 |
|---|---|---|---|---|---|---|---|---|---|---|---|---|---|---|---|---|---|---|---|---|---|---|---|---|---|---|---|---|---|---|---|
| 음력 | 14 | 15 | 16 | 17 | 18 | 19 | 20 | 21 | 22 | 23 | 24 | 25 | 26 | 27 | 28 | 29 | 30 | 11.1 | 2 | 3 | 4 | 5 | 6 | 7 | 8 | 9 | 10 | 11 | 12 | 13 | 14 |
| 요일 | 水 | 木 | 金 | 土 | 日 | 月 | 火 | 水 | 木 | 金 | 土 | 日 | 月 | 火 | 水 | 木 | 金 | 土 | 日 | 月 | 火 | 水 | 木 | 金 | 土 | 日 | 月 | 火 | 水 | 木 | 金 |
| 일진 | 庚申 | 辛酉 | 壬戌 | 癸亥 | 甲子 | 乙丑 | 丙寅 | 丁卯 | 戊辰 | 己巳 | 庚午 | 辛未 | 壬申 | 癸酉 | 甲戌 | 乙亥 | 丙子 | 丁丑 | 戊寅 | 己卯 | 庚辰 | 辛巳 | 壬午 | 癸未 | 甲申 | 乙酉 | 丙戌 | 丁亥 | 戊子 | 己丑 | 庚寅 |
| 대운 남 | 8 | 8 | 8 | 9 | 9 | 9 | 10 | 대 | 1 | 1 | 1 | 1 | 2 | 2 | 2 | 3 | 3 | 3 | 4 | 4 | 4 | 5 | 5 | 5 | 6 | 6 | 6 | 7 | 7 | 7 | 8 |
| 대운 녀 | 2 | 2 | 2 | 1 | 1 | 1 | 1 | 설 | 9 | 9 | 9 | 8 | 8 | 8 | 7 | 7 | 7 | 6 | 6 | 6 | 5 | 5 | 5 | 4 | 4 | 4 | 3 | 3 | 3 | 2 | 2 |

# 1972년

소한 6일 14시42분

## 1 · 辛丑月(양 1.6~2.4)

대한 21일 07시59분

| 양력 | | 1 | 2 | 3 | 4 | 5 | 6 | 7 | 8 | 9 | 10 | 11 | 12 | 13 | 14 | 15 | 16 | 17 | 18 | 19 | 20 | 21 | 22 | 23 | 24 | 25 | 26 | 27 | 28 | 29 | 30 | 31 |
|---|---|---|---|---|---|---|---|---|---|---|---|---|---|---|---|---|---|---|---|---|---|---|---|---|---|---|---|---|---|---|---|---|
| 음력 | | 15 | 16 | 17 | 18 | 19 | 20 | 21 | 22 | 23 | 24 | 25 | 26 | 27 | 28 | 29 | 12.1 | 2 | 3 | 4 | 5 | 6 | 7 | 8 | 9 | 10 | 11 | 12 | 13 | 14 | 15 | 16 |
| 요일 | | 土 | 日 | 月 | 火 | 水 | 木 | 金 | 土 | 日 | 月 | 火 | 水 | 木 | 金 | 土 | 日 | 月 | 火 | 水 | 木 | 金 | 土 | 日 | 月 | 火 | 水 | 木 | 金 | 土 | 日 | 月 |
| 일진 | | 辛卯 | 壬辰 | 癸巳 | 甲午 | 乙未 | 丙申 | 丁酉 | 戊戌 | 己亥 | 庚子 | 辛丑 | 壬寅 | 癸卯 | 甲辰 | 乙巳 | 丙午 | 丁未 | 戊申 | 己酉 | 庚戌 | 辛亥 | 壬子 | 癸丑 | 甲寅 | 乙卯 | 丙辰 | 丁巳 | 戊午 | 己未 | 庚申 | 辛酉 |
| 대운 | 남 | 8 | 8 | 9 | 9 | 9 | 소 | 1 | 1 | 1 | 1 | 2 | 2 | 2 | 3 | 3 | 3 | 4 | 4 | 4 | 5 | 5 | 5 | 6 | 6 | 6 | 7 | 7 | 7 | 8 | 8 | 8 |
| | 녀 | 2 | 1 | 1 | 1 | 1 | 한 | 10 | 9 | 9 | 9 | 8 | 8 | 8 | 7 | 7 | 7 | 6 | 6 | 6 | 5 | 5 | 5 | 4 | 4 | 4 | 3 | 3 | 3 | 2 | 2 | 2 |

입춘 5일 02시20분

## 2 · 壬寅月(양 2.5~3.4)

우수 19일 22시11분

| 양력 | | 1 | 2 | 3 | 4 | 5 | 6 | 7 | 8 | 9 | 10 | 11 | 12 | 13 | 14 | 15 | 16 | 17 | 18 | 19 | 20 | 21 | 22 | 23 | 24 | 25 | 26 | 27 | 28 | 29 |
|---|---|---|---|---|---|---|---|---|---|---|---|---|---|---|---|---|---|---|---|---|---|---|---|---|---|---|---|---|---|---|
| 음력 | | 17 | 18 | 19 | 20 | 21 | 22 | 23 | 24 | 25 | 26 | 27 | 28 | 29 | 30 | 1.1 | 2 | 3 | 4 | 5 | 6 | 7 | 8 | 9 | 10 | 11 | 12 | 13 | 14 | 15 |
| 요일 | | 火 | 水 | 木 | 金 | 土 | 日 | 月 | 火 | 水 | 木 | 金 | 土 | 日 | 月 | 火 | 水 | 木 | 金 | 土 | 日 | 月 | 火 | 水 | 木 | 金 | 土 | 日 | 月 | 火 |
| 일진 | | 壬戌 | 癸亥 | 甲子 | 乙丑 | 丙寅 | 丁卯 | 戊辰 | 己巳 | 庚午 | 辛未 | 壬申 | 癸酉 | 甲戌 | 乙亥 | 丙子 | 丁丑 | 戊寅 | 己卯 | 庚辰 | 辛巳 | 壬午 | 癸未 | 甲申 | 乙酉 | 丙戌 | 丁亥 | 戊子 | 己丑 | 庚寅 |
| 대운 | 남 | 9 | 9 | 9 | 10 | 입 | 9 | 9 | 9 | 8 | 8 | 8 | 7 | 7 | 7 | 6 | 6 | 6 | 5 | 5 | 5 | 4 | 4 | 4 | 3 | 3 | 3 | 2 | 2 | 2 |
| | 녀 | 1 | 1 | 1 | 1 | 춘 | 1 | 1 | 1 | 2 | 2 | 2 | 3 | 3 | 3 | 4 | 4 | 4 | 5 | 5 | 5 | 6 | 6 | 6 | 7 | 7 | 7 | 8 | 8 | 8 |

경칩 5일 20시28분

## 3 · 癸卯月(양 3.5~4.4)

춘분 20일 21시21분

| 양력 | | 1 | 2 | 3 | 4 | 5 | 6 | 7 | 8 | 9 | 10 | 11 | 12 | 13 | 14 | 15 | 16 | 17 | 18 | 19 | 20 | 21 | 22 | 23 | 24 | 25 | 26 | 27 | 28 | 29 | 30 | 31 |
|---|---|---|---|---|---|---|---|---|---|---|---|---|---|---|---|---|---|---|---|---|---|---|---|---|---|---|---|---|---|---|---|---|
| 음력 | | 16 | 17 | 18 | 19 | 20 | 21 | 22 | 23 | 24 | 25 | 26 | 27 | 28 | 29 | 2.1 | 2 | 3 | 4 | 5 | 6 | 7 | 8 | 9 | 10 | 11 | 12 | 13 | 14 | 15 | 16 | 17 |
| 요일 | | 水 | 木 | 金 | 土 | 日 | 月 | 火 | 水 | 木 | 金 | 土 | 日 | 月 | 火 | 水 | 木 | 金 | 土 | 日 | 月 | 火 | 水 | 木 | 金 | 土 | 日 | 月 | 火 | 水 | 木 | 金 |
| 일진 | | 辛卯 | 壬辰 | 癸巳 | 甲午 | 乙未 | 丙申 | 丁酉 | 戊戌 | 己亥 | 庚子 | 辛丑 | 壬寅 | 癸卯 | 甲辰 | 乙巳 | 丙午 | 丁未 | 戊申 | 己酉 | 庚戌 | 辛亥 | 壬子 | 癸丑 | 甲寅 | 乙卯 | 丙辰 | 丁巳 | 戊午 | 己未 | 庚申 | 辛酉 |
| 대운 | 남 | 1 | 1 | 1 | 1 | 경 | 10 | 10 | 9 | 9 | 9 | 8 | 8 | 8 | 7 | 7 | 7 | 6 | 6 | 6 | 5 | 5 | 5 | 4 | 4 | 4 | 3 | 3 | 3 | 2 | 2 | 2 |
| | 녀 | 8 | 9 | 9 | 9 | 칩 | 1 | 1 | 1 | 1 | 2 | 2 | 2 | 3 | 3 | 3 | 4 | 4 | 4 | 5 | 5 | 5 | 6 | 6 | 6 | 7 | 7 | 7 | 8 | 8 | 8 | 9 |

청명 5일 01시29분

## 4 · 甲辰月(양 4.5~5.4)

곡우 20일 08시37분

| 양력 | | 1 | 2 | 3 | 4 | 5 | 6 | 7 | 8 | 9 | 10 | 11 | 12 | 13 | 14 | 15 | 16 | 17 | 18 | 19 | 20 | 21 | 22 | 23 | 24 | 25 | 26 | 27 | 28 | 29 | 30 |
|---|---|---|---|---|---|---|---|---|---|---|---|---|---|---|---|---|---|---|---|---|---|---|---|---|---|---|---|---|---|---|---|
| 음력 | | 18 | 19 | 20 | 21 | 22 | 23 | 24 | 25 | 26 | 27 | 28 | 29 | 30 | 3.1 | 2 | 3 | 4 | 5 | 6 | 7 | 8 | 9 | 10 | 11 | 12 | 13 | 14 | 15 | 16 | 17 |
| 요일 | | 土 | 日 | 月 | 火 | 水 | 木 | 金 | 土 | 日 | 月 | 火 | 水 | 木 | 金 | 土 | 日 | 月 | 火 | 水 | 木 | 金 | 土 | 日 | 月 | 火 | 水 | 木 | 金 | 土 | 日 |
| 일진 | | 壬戌 | 癸亥 | 甲子 | 乙丑 | 丙寅 | 丁卯 | 戊辰 | 己巳 | 庚午 | 辛未 | 壬申 | 癸酉 | 甲戌 | 乙亥 | 丙子 | 丁丑 | 戊寅 | 己卯 | 庚辰 | 辛巳 | 壬午 | 癸未 | 甲申 | 乙酉 | 丙戌 | 丁亥 | 戊子 | 己丑 | 庚寅 | 辛卯 |
| 대운 | 남 | 1 | 1 | 1 | 1 | 청 | 10 | 9 | 9 | 9 | 8 | 8 | 8 | 7 | 7 | 7 | 6 | 6 | 6 | 5 | 5 | 5 | 4 | 4 | 4 | 3 | 3 | 3 | 2 | 2 | 2 |
| | 녀 | 9 | 9 | 10 | 10 | 명 | 1 | 1 | 1 | 1 | 2 | 2 | 2 | 3 | 3 | 3 | 4 | 4 | 4 | 5 | 5 | 5 | 6 | 6 | 6 | 7 | 7 | 7 | 8 | 8 | 8 |

입하 5일 19시01분

## 5 · 乙巳月(양 5.5~6.4)

소만 21일 08시00분

| 양력 | | 1 | 2 | 3 | 4 | 5 | 6 | 7 | 8 | 9 | 10 | 11 | 12 | 13 | 14 | 15 | 16 | 17 | 18 | 19 | 20 | 21 | 22 | 23 | 24 | 25 | 26 | 27 | 28 | 29 | 30 | 31 |
|---|---|---|---|---|---|---|---|---|---|---|---|---|---|---|---|---|---|---|---|---|---|---|---|---|---|---|---|---|---|---|---|---|
| 음력 | | 18 | 19 | 20 | 21 | 22 | 23 | 24 | 25 | 26 | 27 | 28 | 29 | 4.1 | 2 | 3 | 4 | 5 | 6 | 7 | 8 | 9 | 10 | 11 | 12 | 13 | 14 | 15 | 16 | 17 | 18 | 19 |
| 요일 | | 月 | 火 | 水 | 木 | 金 | 土 | 日 | 月 | 火 | 水 | 木 | 金 | 土 | 日 | 月 | 火 | 水 | 木 | 金 | 土 | 日 | 月 | 火 | 水 | 木 | 金 | 土 | 日 | 月 | 火 | 水 |
| 일진 | | 壬辰 | 癸巳 | 甲午 | 乙未 | 丙申 | 丁酉 | 戊戌 | 己亥 | 庚子 | 辛丑 | 壬寅 | 癸卯 | 甲辰 | 乙巳 | 丙午 | 丁未 | 戊申 | 己酉 | 庚戌 | 辛亥 | 壬子 | 癸丑 | 甲寅 | 乙卯 | 丙辰 | 丁巳 | 戊午 | 己未 | 庚申 | 辛酉 | 壬戌 |
| 대운 | 남 | 1 | 1 | 1 | 1 | 입 | 10 | 10 | 9 | 9 | 9 | 8 | 8 | 8 | 7 | 7 | 7 | 6 | 6 | 6 | 5 | 5 | 5 | 4 | 4 | 4 | 3 | 3 | 3 | 2 | 2 | 2 |
| | 녀 | 9 | 9 | 9 | 10 | 하 | 1 | 1 | 1 | 1 | 2 | 2 | 2 | 3 | 3 | 3 | 4 | 4 | 4 | 5 | 5 | 5 | 6 | 6 | 6 | 7 | 7 | 7 | 8 | 8 | 8 | 9 |

망종 5일 23시22분

## 6 · 丙午月(양 6.5~7.6)

하지 21일 16시06분

| 양력 | | 1 | 2 | 3 | 4 | 5 | 6 | 7 | 8 | 9 | 10 | 11 | 12 | 13 | 14 | 15 | 16 | 17 | 18 | 19 | 20 | 21 | 22 | 23 | 24 | 25 | 26 | 27 | 28 | 29 | 30 |
|---|---|---|---|---|---|---|---|---|---|---|---|---|---|---|---|---|---|---|---|---|---|---|---|---|---|---|---|---|---|---|---|
| 음력 | | 20 | 21 | 22 | 23 | 24 | 25 | 26 | 27 | 28 | 29 | 5.1 | 2 | 3 | 4 | 5 | 6 | 7 | 8 | 9 | 10 | 11 | 12 | 13 | 14 | 15 | 16 | 17 | 18 | 19 | 20 |
| 요일 | | 木 | 金 | 土 | 日 | 月 | 火 | 水 | 木 | 金 | 土 | 日 | 月 | 火 | 水 | 木 | 金 | 土 | 日 | 月 | 火 | 水 | 木 | 金 | 土 | 日 | 月 | 火 | 水 | 木 | 金 |
| 일진 | | 癸亥 | 甲子 | 乙丑 | 丙寅 | 丁卯 | 戊辰 | 己巳 | 庚午 | 辛未 | 壬申 | 癸酉 | 甲戌 | 乙亥 | 丙子 | 丁丑 | 戊寅 | 己卯 | 庚辰 | 辛巳 | 壬午 | 癸未 | 甲申 | 乙酉 | 丙戌 | 丁亥 | 戊子 | 己丑 | 庚寅 | 辛卯 | 壬辰 |
| 대운 | 남 | 1 | 1 | 1 | 1 | 망 | 10 | 10 | 10 | 9 | 9 | 9 | 8 | 8 | 8 | 7 | 7 | 7 | 6 | 6 | 6 | 5 | 5 | 5 | 4 | 4 | 4 | 3 | 3 | 3 | 2 |
| | 녀 | 9 | 9 | 10 | 10 | 종 | 1 | 1 | 1 | 1 | 2 | 2 | 2 | 3 | 3 | 3 | 4 | 4 | 4 | 5 | 5 | 5 | 6 | 6 | 6 | 7 | 7 | 7 | 8 | 8 | 8 |

# 壬子年

동경135도표준시

소서 7일 09시43분 **7 · 丁未月**(양 7.7~8.6) 대서 23일 03시03분

| 양력 | 1 | 2 | 3 | 4 | 5 | 6 | 7 | 8 | 9 | 10 | 11 | 12 | 13 | 14 | 15 | 16 | 17 | 18 | 19 | 20 | 21 | 22 | 23 | 24 | 25 | 26 | 27 | 28 | 29 | 30 | 31 |
|---|---|---|---|---|---|---|---|---|---|---|---|---|---|---|---|---|---|---|---|---|---|---|---|---|---|---|---|---|---|---|---|
| 음력 | 21 | 22 | 23 | 24 | 25 | 26 | 27 | 28 | 29 | 30 | 6.1 | 2 | 3 | 4 | 5 | 6 | 7 | 8 | 9 | 10 | 11 | 12 | 13 | 14 | 15 | 16 | 17 | 18 | 19 | 20 | 21 |
| 요일 | 土 | 日 | 月 | 火 | 水 | 木 | 金 | 土 | 日 | 月 | 火 | 水 | 木 | 金 | 土 | 日 | 月 | 火 | 水 | 木 | 金 | 土 | 日 | 月 | 火 | 水 | 木 | 金 | 土 | 日 | 月 |
| 일진 | 癸巳 | 甲午 | 乙未 | 丙申 | 丁酉 | 戊戌 | 己亥 | 庚子 | 辛丑 | 壬寅 | 癸卯 | 甲辰 | 乙巳 | 丙午 | 丁未 | 戊申 | 己酉 | 庚戌 | 辛亥 | 壬子 | 癸丑 | 甲寅 | 乙卯 | 丙辰 | 丁巳 | 戊午 | 己未 | 庚申 | 辛酉 | 壬戌 | 癸亥 |
| 대운 남 | 2 | 2 | 1 | 1 | 1 | 1 | 소 | 10 | 10 | 9 | 9 | 9 | 8 | 8 | 8 | 7 | 7 | 7 | 6 | 6 | 6 | 5 | 5 | 5 | 4 | 4 | 4 | 3 | 3 | 3 | 2 |
| 대운 녀 | 9 | 9 | 9 | 10 | 10 | 10 | 서 | 1 | 1 | 1 | 1 | 2 | 2 | 2 | 3 | 3 | 3 | 4 | 4 | 4 | 5 | 5 | 5 | 6 | 6 | 6 | 7 | 7 | 7 | 8 | 8 |

입추 7일 19시29분 **8 · 戊申月**(양 8.7~9.6) 처서 23일 10시03분

| 양력 | 1 | 2 | 3 | 4 | 5 | 6 | 7 | 8 | 9 | 10 | 11 | 12 | 13 | 14 | 15 | 16 | 17 | 18 | 19 | 20 | 21 | 22 | 23 | 24 | 25 | 26 | 27 | 28 | 29 | 30 | 31 |
|---|---|---|---|---|---|---|---|---|---|---|---|---|---|---|---|---|---|---|---|---|---|---|---|---|---|---|---|---|---|---|---|
| 음력 | 22 | 23 | 24 | 25 | 26 | 27 | 28 | 29 | 7.1 | 2 | 3 | 4 | 5 | 6 | 7 | 8 | 9 | 10 | 11 | 12 | 13 | 14 | 15 | 16 | 17 | 18 | 19 | 20 | 21 | 22 | 23 |
| 요일 | 火 | 水 | 木 | 金 | 土 | 日 | 月 | 火 | 水 | 木 | 金 | 土 | 日 | 月 | 火 | 水 | 木 | 金 | 土 | 日 | 月 | 火 | 水 | 木 | 金 | 土 | 日 | 月 | 火 | 水 | 木 |
| 일진 | 甲子 | 乙丑 | 丙寅 | 丁卯 | 戊辰 | 己巳 | 庚午 | 辛未 | 壬申 | 癸酉 | 甲戌 | 乙亥 | 丙子 | 丁丑 | 戊寅 | 己卯 | 庚辰 | 辛巳 | 壬午 | 癸未 | 甲申 | 乙酉 | 丙戌 | 丁亥 | 戊子 | 己丑 | 庚寅 | 辛卯 | 壬辰 | 癸巳 | 甲午 |
| 대운 남 | 2 | 2 | 1 | 1 | 1 | 1 | 입 | 10 | 10 | 9 | 9 | 9 | 8 | 8 | 8 | 7 | 7 | 7 | 6 | 6 | 6 | 5 | 5 | 5 | 4 | 4 | 4 | 3 | 3 | 3 | 2 |
| 대운 녀 | 8 | 9 | 9 | 9 | 10 | 10 | 추 | 1 | 1 | 1 | 1 | 2 | 2 | 2 | 3 | 3 | 3 | 4 | 4 | 4 | 5 | 5 | 5 | 6 | 6 | 6 | 7 | 7 | 7 | 8 | 8 |

백로 7일 22시15분 **9 · 己酉月**(양 9.7~10.7) 추분 23일 07시33분

| 양력 | 1 | 2 | 3 | 4 | 5 | 6 | 7 | 8 | 9 | 10 | 11 | 12 | 13 | 14 | 15 | 16 | 17 | 18 | 19 | 20 | 21 | 22 | 23 | 24 | 25 | 26 | 27 | 28 | 29 | 30 |
|---|---|---|---|---|---|---|---|---|---|---|---|---|---|---|---|---|---|---|---|---|---|---|---|---|---|---|---|---|---|---|
| 음력 | 24 | 25 | 26 | 27 | 28 | 29 | 30 | 8.1 | 2 | 3 | 4 | 5 | 6 | 7 | 8 | 9 | 10 | 11 | 12 | 13 | 14 | 15 | 16 | 17 | 18 | 19 | 20 | 21 | 22 | 23 |
| 요일 | 金 | 土 | 日 | 月 | 火 | 水 | 木 | 金 | 土 | 日 | 月 | 火 | 水 | 木 | 金 | 土 | 日 | 月 | 火 | 水 | 木 | 金 | 土 | 日 | 月 | 火 | 水 | 木 | 金 | 土 |
| 일진 | 乙未 | 丙申 | 丁酉 | 戊戌 | 己亥 | 庚子 | 辛丑 | 壬寅 | 癸卯 | 甲辰 | 乙巳 | 丙午 | 丁未 | 戊申 | 己酉 | 庚戌 | 辛亥 | 壬子 | 癸丑 | 甲寅 | 乙卯 | 丙辰 | 丁巳 | 戊午 | 己未 | 庚申 | 辛酉 | 壬戌 | 癸亥 | 甲子 |
| 대운 남 | 2 | 2 | 1 | 1 | 1 | 1 | 백 | 10 | 10 | 9 | 9 | 9 | 8 | 8 | 8 | 7 | 7 | 7 | 6 | 6 | 6 | 5 | 5 | 5 | 4 | 4 | 4 | 3 | 3 | 3 |
| 대운 녀 | 8 | 9 | 9 | 9 | 10 | 10 | 로 | 1 | 1 | 1 | 1 | 2 | 2 | 2 | 3 | 3 | 3 | 4 | 4 | 4 | 5 | 5 | 5 | 6 | 6 | 6 | 7 | 7 | 7 | 8 |

한로 8일 13시42분 **10 · 庚戌月**(양 10.8~11.6) 상강 23일 16시41분

| 양력 | 1 | 2 | 3 | 4 | 5 | 6 | 7 | 8 | 9 | 10 | 11 | 12 | 13 | 14 | 15 | 16 | 17 | 18 | 19 | 20 | 21 | 22 | 23 | 24 | 25 | 26 | 27 | 28 | 29 | 30 | 31 |
|---|---|---|---|---|---|---|---|---|---|---|---|---|---|---|---|---|---|---|---|---|---|---|---|---|---|---|---|---|---|---|---|
| 음력 | 24 | 25 | 26 | 27 | 28 | 29 | 9.1 | 2 | 3 | 4 | 5 | 6 | 7 | 8 | 9 | 10 | 11 | 12 | 13 | 14 | 15 | 16 | 17 | 18 | 19 | 20 | 21 | 22 | 23 | 24 | 25 |
| 요일 | 日 | 月 | 火 | 水 | 木 | 金 | 土 | 日 | 月 | 火 | 水 | 木 | 金 | 土 | 日 | 月 | 火 | 水 | 木 | 金 | 土 | 日 | 月 | 火 | 水 | 木 | 金 | 土 | 日 | 月 | 火 |
| 일진 | 乙丑 | 丙寅 | 丁卯 | 戊辰 | 己巳 | 庚午 | 辛未 | 壬申 | 癸酉 | 甲戌 | 乙亥 | 丙子 | 丁丑 | 戊寅 | 己卯 | 庚辰 | 辛巳 | 壬午 | 癸未 | 甲申 | 乙酉 | 丙戌 | 丁亥 | 戊子 | 己丑 | 庚寅 | 辛卯 | 壬辰 | 癸巳 | 甲午 | 乙未 |
| 대운 남 | 2 | 2 | 2 | 1 | 1 | 1 | 1 | 한 | 10 | 9 | 9 | 9 | 8 | 8 | 8 | 7 | 7 | 7 | 6 | 6 | 6 | 5 | 5 | 5 | 4 | 4 | 4 | 3 | 3 | 3 | 2 |
| 대운 녀 | 8 | 8 | 9 | 9 | 9 | 10 | 10 | 로 | 1 | 1 | 1 | 1 | 2 | 2 | 2 | 3 | 3 | 3 | 4 | 4 | 4 | 5 | 5 | 5 | 6 | 6 | 6 | 7 | 7 | 7 | 8 |

입동 7일 16시39분 **11 · 辛亥月**(양 11.7~12.6) 소설 22일 14시03분

| 양력 | 1 | 2 | 3 | 4 | 5 | 6 | 7 | 8 | 9 | 10 | 11 | 12 | 13 | 14 | 15 | 16 | 17 | 18 | 19 | 20 | 21 | 22 | 23 | 24 | 25 | 26 | 27 | 28 | 29 | 30 |
|---|---|---|---|---|---|---|---|---|---|---|---|---|---|---|---|---|---|---|---|---|---|---|---|---|---|---|---|---|---|---|
| 음력 | 26 | 27 | 28 | 29 | 30 | 10.1 | 2 | 3 | 4 | 5 | 6 | 7 | 8 | 9 | 10 | 11 | 12 | 13 | 14 | 15 | 16 | 17 | 18 | 19 | 20 | 21 | 22 | 23 | 24 | 25 |
| 요일 | 水 | 木 | 金 | 土 | 日 | 月 | 火 | 水 | 木 | 金 | 土 | 日 | 月 | 火 | 水 | 木 | 金 | 土 | 日 | 月 | 火 | 水 | 木 | 金 | 土 | 日 | 月 | 火 | 水 | 木 |
| 일진 | 丙申 | 丁酉 | 戊戌 | 己亥 | 庚子 | 辛丑 | 壬寅 | 癸卯 | 甲辰 | 乙巳 | 丙午 | 丁未 | 戊申 | 己酉 | 庚戌 | 辛亥 | 壬子 | 癸丑 | 甲寅 | 乙卯 | 丙辰 | 丁巳 | 戊午 | 己未 | 庚申 | 辛酉 | 壬戌 | 癸亥 | 甲子 | 乙丑 |
| 대운 남 | 2 | 2 | 1 | 1 | 1 | 1 | 입 | 10 | 9 | 9 | 9 | 8 | 8 | 8 | 7 | 7 | 7 | 6 | 6 | 6 | 5 | 5 | 5 | 4 | 4 | 4 | 3 | 3 | 3 | 2 |
| 대운 녀 | 8 | 8 | 9 | 9 | 9 | 10 | 동 | 1 | 1 | 1 | 1 | 2 | 2 | 2 | 3 | 3 | 3 | 4 | 4 | 4 | 5 | 5 | 5 | 6 | 6 | 6 | 7 | 7 | 7 | 8 |

대설 7일 09시19분 **12 · 壬子月**(양 12.7~1.4) 동지 22일 03시13분

| 양력 | 1 | 2 | 3 | 4 | 5 | 6 | 7 | 8 | 9 | 10 | 11 | 12 | 13 | 14 | 15 | 16 | 17 | 18 | 19 | 20 | 21 | 22 | 23 | 24 | 25 | 26 | 27 | 28 | 29 | 30 | 31 |
|---|---|---|---|---|---|---|---|---|---|---|---|---|---|---|---|---|---|---|---|---|---|---|---|---|---|---|---|---|---|---|---|
| 음력 | 26 | 27 | 28 | 29 | 30 | 11.1 | 2 | 3 | 4 | 5 | 6 | 7 | 8 | 9 | 10 | 11 | 12 | 13 | 14 | 15 | 16 | 17 | 18 | 19 | 20 | 21 | 22 | 23 | 24 | 25 | 26 |
| 요일 | 金 | 土 | 日 | 月 | 火 | 水 | 木 | 金 | 土 | 日 | 月 | 火 | 水 | 木 | 金 | 土 | 日 | 月 | 火 | 水 | 木 | 金 | 土 | 日 | 月 | 火 | 水 | 木 | 金 | 土 | 日 |
| 일진 | 丙寅 | 丁卯 | 戊辰 | 己巳 | 庚午 | 辛未 | 壬申 | 癸酉 | 甲戌 | 乙亥 | 丙子 | 丁丑 | 戊寅 | 己卯 | 庚辰 | 辛巳 | 壬午 | 癸未 | 甲申 | 乙酉 | 丙戌 | 丁亥 | 戊子 | 己丑 | 庚寅 | 辛卯 | 壬辰 | 癸巳 | 甲午 | 乙未 | 丙申 |
| 대운 남 | 2 | 2 | 1 | 1 | 1 | 1 | 대 | 9 | 9 | 9 | 8 | 8 | 8 | 7 | 7 | 7 | 6 | 6 | 6 | 5 | 5 | 5 | 4 | 4 | 4 | 3 | 3 | 3 | 2 | 2 | 2 |
| 대운 녀 | 8 | 8 | 9 | 9 | 9 | 10 | 설 | 1 | 1 | 1 | 1 | 2 | 2 | 2 | 3 | 3 | 3 | 4 | 4 | 4 | 5 | 5 | 5 | 6 | 6 | 6 | 7 | 7 | 7 | 8 | 8 |

# 1973년

소한 5일 20시25분

## 1 · 癸丑月(양 1.5~2.3)

대한 20일 13시48분

| 양력 | 1 | 2 | 3 | 4 | 5 | 6 | 7 | 8 | 9 | 10 | 11 | 12 | 13 | 14 | 15 | 16 | 17 | 18 | 19 | 20 | 21 | 22 | 23 | 24 | 25 | 26 | 27 | 28 | 29 | 30 | 31 |
|---|---|---|---|---|---|---|---|---|---|---|---|---|---|---|---|---|---|---|---|---|---|---|---|---|---|---|---|---|---|---|---|
| 음력 | 27 | 28 | 29 | 30 | 12.1 | 2 | 3 | 4 | 5 | 6 | 7 | 8 | 9 | 10 | 11 | 12 | 13 | 14 | 15 | 16 | 17 | 18 | 19 | 20 | 21 | 22 | 23 | 24 | 25 | 26 | 27 |
| 요일 | 月 | 火 | 水 | 木 | 金 | 土 | 日 | 月 | 火 | 水 | 木 | 金 | 土 | 日 | 月 | 火 | 水 | 木 | 金 | 土 | 日 | 月 | 火 | 水 | 木 | 金 | 土 | 日 | 月 | 火 | 水 |
| 일진 | 丁酉 | 戊戌 | 己亥 | 庚子 | 辛丑 | 壬寅 | 癸卯 | 甲辰 | 乙巳 | 丙午 | 丁未 | 戊申 | 己酉 | 庚戌 | 辛亥 | 壬子 | 癸丑 | 甲寅 | 乙卯 | 丙辰 | 丁巳 | 戊午 | 己未 | 庚申 | 辛酉 | 壬戌 | 癸亥 | 甲子 | 乙丑 | 丙寅 | 丁卯 |
| 대운 남 | 1 | 1 | 1 | 1 | 소 | 10 | 9 | 9 | 9 | 8 | 8 | 8 | 7 | 7 | 7 | 6 | 6 | 6 | 5 | 5 | 5 | 4 | 4 | 4 | 3 | 3 | 3 | 2 | 2 | 2 | 1 |
| 대운 녀 | 8 | 9 | 9 | 9 | 한 | 1 | 1 | 1 | 1 | 2 | 2 | 2 | 3 | 3 | 3 | 4 | 4 | 4 | 5 | 5 | 5 | 6 | 6 | 6 | 7 | 7 | 7 | 8 | 8 | 8 | 9 |

입춘 4일 08시04분

## 2 · 甲寅月(양 2.4~3.5)

우수 19일 04시01분

| 양력 | 1 | 2 | 3 | 4 | 5 | 6 | 7 | 8 | 9 | 10 | 11 | 12 | 13 | 14 | 15 | 16 | 17 | 18 | 19 | 20 | 21 | 22 | 23 | 24 | 25 | 26 | 27 | 28 |
|---|---|---|---|---|---|---|---|---|---|---|---|---|---|---|---|---|---|---|---|---|---|---|---|---|---|---|---|---|
| 음력 | 28 | 29 | 1.1 | 2 | 3 | 4 | 5 | 6 | 7 | 8 | 9 | 10 | 11 | 12 | 13 | 14 | 15 | 16 | 17 | 18 | 19 | 20 | 21 | 22 | 23 | 24 | 25 | 26 |
| 요일 | 木 | 金 | 土 | 日 | 月 | 火 | 水 | 木 | 金 | 土 | 日 | 月 | 火 | 水 | 木 | 金 | 土 | 日 | 月 | 火 | 水 | 木 | 金 | 土 | 日 | 月 | 火 | 水 |
| 일진 | 戊辰 | 己巳 | 庚午 | 辛未 | 壬申 | 癸酉 | 甲戌 | 乙亥 | 丙子 | 丁丑 | 戊寅 | 己卯 | 庚辰 | 辛巳 | 壬午 | 癸未 | 甲申 | 乙酉 | 丙戌 | 丁亥 | 戊子 | 己丑 | 庚寅 | 辛卯 | 壬辰 | 癸巳 | 甲午 | 乙未 |
| 대운 남 | 1 | 1 | 1 | 입 | 1 | 1 | 1 | 1 | 2 | 2 | 2 | 3 | 3 | 3 | 4 | 4 | 4 | 5 | 5 | 5 | 6 | 6 | 6 | 7 | 7 | 7 | 8 | 8 |
| 대운 녀 | 9 | 9 | 10 | 춘 | 10 | 9 | 9 | 9 | 8 | 8 | 8 | 7 | 7 | 7 | 6 | 6 | 6 | 5 | 5 | 5 | 4 | 4 | 4 | 3 | 3 | 3 | 2 | 2 |

경칩 6일 02시13분

## 3 · 乙卯月(양 3.6~4.4)

춘분 21일 03시12분

| 양력 | 1 | 2 | 3 | 4 | 5 | 6 | 7 | 8 | 9 | 10 | 11 | 12 | 13 | 14 | 15 | 16 | 17 | 18 | 19 | 20 | 21 | 22 | 23 | 24 | 25 | 26 | 27 | 28 | 29 | 30 | 31 |
|---|---|---|---|---|---|---|---|---|---|---|---|---|---|---|---|---|---|---|---|---|---|---|---|---|---|---|---|---|---|---|---|
| 음력 | 27 | 28 | 29 | 30 | 2.1 | 2 | 3 | 4 | 5 | 6 | 7 | 8 | 9 | 10 | 11 | 12 | 13 | 14 | 15 | 16 | 17 | 18 | 19 | 20 | 21 | 22 | 23 | 24 | 25 | 26 | 27 |
| 요일 | 木 | 金 | 土 | 日 | 月 | 火 | 水 | 木 | 金 | 土 | 日 | 月 | 火 | 水 | 木 | 金 | 土 | 日 | 月 | 火 | 水 | 木 | 金 | 土 | 日 | 月 | 火 | 水 | 木 | 金 | 土 |
| 일진 | 丙申 | 丁酉 | 戊戌 | 己亥 | 庚子 | 辛丑 | 壬寅 | 癸卯 | 甲辰 | 乙巳 | 丙午 | 丁未 | 戊申 | 己酉 | 庚戌 | 辛亥 | 壬子 | 癸丑 | 甲寅 | 乙卯 | 丙辰 | 丁巳 | 戊午 | 己未 | 庚申 | 辛酉 | 壬戌 | 癸亥 | 甲子 | 乙丑 | 丙寅 |
| 대운 남 | 8 | 9 | 9 | 9 | 10 | 경 | 1 | 1 | 1 | 1 | 2 | 2 | 2 | 3 | 3 | 3 | 4 | 4 | 4 | 5 | 5 | 5 | 6 | 6 | 6 | 7 | 7 | 7 | 8 | 8 | 8 |
| 대운 녀 | 2 | 1 | 1 | 1 | 1 | 칩 | 10 | 9 | 9 | 9 | 8 | 8 | 8 | 7 | 7 | 7 | 6 | 6 | 6 | 5 | 5 | 5 | 4 | 4 | 4 | 3 | 3 | 3 | 2 | 2 | 2 |

청명 5일 07시14분

## 4 · 丙辰月(양 4.5~5.5)

곡우 20일 14시30분

| 양력 | 1 | 2 | 3 | 4 | 5 | 6 | 7 | 8 | 9 | 10 | 11 | 12 | 13 | 14 | 15 | 16 | 17 | 18 | 19 | 20 | 21 | 22 | 23 | 24 | 25 | 26 | 27 | 28 | 29 | 30 |
|---|---|---|---|---|---|---|---|---|---|---|---|---|---|---|---|---|---|---|---|---|---|---|---|---|---|---|---|---|---|---|
| 음력 | 28 | 29 | 3.1 | 2 | 3 | 4 | 5 | 6 | 7 | 8 | 9 | 10 | 11 | 12 | 13 | 14 | 15 | 16 | 17 | 18 | 19 | 20 | 21 | 22 | 23 | 24 | 25 | 26 | 27 | 28 |
| 요일 | 日 | 月 | 火 | 水 | 木 | 金 | 土 | 日 | 月 | 火 | 水 | 木 | 金 | 土 | 日 | 月 | 火 | 水 | 木 | 金 | 土 | 日 | 月 | 火 | 水 | 木 | 金 | 土 | 日 | 月 |
| 일진 | 丁卯 | 戊辰 | 己巳 | 庚午 | 辛未 | 壬申 | 癸酉 | 甲戌 | 乙亥 | 丙子 | 丁丑 | 戊寅 | 己卯 | 庚辰 | 辛巳 | 壬午 | 癸未 | 甲申 | 乙酉 | 丙戌 | 丁亥 | 戊子 | 己丑 | 庚寅 | 辛卯 | 壬辰 | 癸巳 | 甲午 | 乙未 | 丙申 |
| 대운 남 | 9 | 9 | 9 | 10 | 청 | 1 | 1 | 1 | 1 | 2 | 2 | 2 | 3 | 3 | 3 | 4 | 4 | 4 | 5 | 5 | 5 | 6 | 6 | 6 | 7 | 7 | 7 | 8 | 8 | 8 |
| 대운 녀 | 1 | 1 | 1 | 1 | 명 | 10 | 10 | 9 | 9 | 9 | 8 | 8 | 8 | 7 | 7 | 7 | 6 | 6 | 6 | 5 | 5 | 5 | 4 | 4 | 4 | 3 | 3 | 3 | 2 | 2 |

입하 6일 00시46분

## 5 · 丁巳月(양 5.6~6.5)

소만 21일 13시54분

| 양력 | 1 | 2 | 3 | 4 | 5 | 6 | 7 | 8 | 9 | 10 | 11 | 12 | 13 | 14 | 15 | 16 | 17 | 18 | 19 | 20 | 21 | 22 | 23 | 24 | 25 | 26 | 27 | 28 | 29 | 30 | 31 |
|---|---|---|---|---|---|---|---|---|---|---|---|---|---|---|---|---|---|---|---|---|---|---|---|---|---|---|---|---|---|---|---|
| 음력 | 29 | 30 | 4.1 | 2 | 3 | 4 | 5 | 6 | 7 | 8 | 9 | 10 | 11 | 12 | 13 | 14 | 15 | 16 | 17 | 18 | 19 | 20 | 21 | 22 | 23 | 24 | 25 | 26 | 27 | 28 | 29 |
| 요일 | 火 | 水 | 木 | 金 | 土 | 日 | 月 | 火 | 水 | 木 | 金 | 土 | 日 | 月 | 火 | 水 | 木 | 金 | 土 | 日 | 月 | 火 | 水 | 木 | 金 | 土 | 日 | 月 | 火 | 水 | 木 |
| 일진 | 丁酉 | 戊戌 | 己亥 | 庚子 | 辛丑 | 壬寅 | 癸卯 | 甲辰 | 乙巳 | 丙午 | 丁未 | 戊申 | 己酉 | 庚戌 | 辛亥 | 壬子 | 癸丑 | 甲寅 | 乙卯 | 丙辰 | 丁巳 | 戊午 | 己未 | 庚申 | 辛酉 | 壬戌 | 癸亥 | 甲子 | 乙丑 | 丙寅 | 丁卯 |
| 대운 남 | 9 | 9 | 9 | 10 | 10 | 입 | 1 | 1 | 1 | 1 | 2 | 2 | 2 | 3 | 3 | 3 | 4 | 4 | 4 | 5 | 5 | 5 | 6 | 6 | 6 | 7 | 7 | 7 | 8 | 8 | 8 |
| 대운 녀 | 2 | 1 | 1 | 1 | 1 | 하 | 10 | 10 | 9 | 9 | 9 | 8 | 8 | 8 | 7 | 7 | 7 | 6 | 6 | 6 | 5 | 5 | 5 | 4 | 4 | 4 | 3 | 3 | 3 | 2 | 2 |

망종 6일 05시07분

## 6 · 戊午月(양 6.6~7.6)

하지 21일 22시01분

| 양력 | 1 | 2 | 3 | 4 | 5 | 6 | 7 | 8 | 9 | 10 | 11 | 12 | 13 | 14 | 15 | 16 | 17 | 18 | 19 | 20 | 21 | 22 | 23 | 24 | 25 | 26 | 27 | 28 | 29 | 30 |
|---|---|---|---|---|---|---|---|---|---|---|---|---|---|---|---|---|---|---|---|---|---|---|---|---|---|---|---|---|---|---|
| 음력 | 5.1 | 2 | 3 | 4 | 5 | 6 | 7 | 8 | 9 | 10 | 11 | 12 | 13 | 14 | 15 | 16 | 17 | 18 | 19 | 20 | 21 | 22 | 23 | 24 | 25 | 26 | 27 | 28 | 29 | 6.1 |
| 요일 | 金 | 土 | 日 | 月 | 火 | 水 | 木 | 金 | 土 | 日 | 月 | 火 | 水 | 木 | 金 | 土 | 日 | 月 | 火 | 水 | 木 | 金 | 土 | 日 | 月 | 火 | 水 | 木 | 金 | 土 |
| 일진 | 戊辰 | 己巳 | 庚午 | 辛未 | 壬申 | 癸酉 | 甲戌 | 乙亥 | 丙子 | 丁丑 | 戊寅 | 己卯 | 庚辰 | 辛巳 | 壬午 | 癸未 | 甲申 | 乙酉 | 丙戌 | 丁亥 | 戊子 | 己丑 | 庚寅 | 辛卯 | 壬辰 | 癸巳 | 甲午 | 乙未 | 丙申 | 丁酉 |
| 대운 남 | 9 | 9 | 9 | 10 | 10 | 망 | 1 | 1 | 1 | 1 | 2 | 2 | 2 | 3 | 3 | 3 | 4 | 4 | 4 | 5 | 5 | 5 | 6 | 6 | 6 | 7 | 7 | 7 | 8 | 8 |
| 대운 녀 | 2 | 1 | 1 | 1 | 1 | 종 | 10 | 10 | 9 | 9 | 9 | 8 | 8 | 8 | 7 | 7 | 7 | 6 | 6 | 6 | 5 | 5 | 5 | 4 | 4 | 4 | 3 | 3 | 3 | 2 |

## 7 · 己未月(양 7.7~8.7)

소서 7일 15시27분 / 대서 23일 08시56분

| 양력 | 1 | 2 | 3 | 4 | 5 | 6 | 7 | 8 | 9 | 10 | 11 | 12 | 13 | 14 | 15 | 16 | 17 | 18 | 19 | 20 | 21 | 22 | 23 | 24 | 25 | 26 | 27 | 28 | 29 | 30 | 31 |
|---|---|---|---|---|---|---|---|---|---|---|---|---|---|---|---|---|---|---|---|---|---|---|---|---|---|---|---|---|---|---|---|
| 음력 | 2 | 3 | 4 | 5 | 6 | 7 | 8 | 9 | 10 | 11 | 12 | 13 | 14 | 15 | 16 | 17 | 18 | 19 | 20 | 21 | 22 | 23 | 24 | 25 | 26 | 27 | 28 | 29 | 30 | 7.1 | 2 |
| 요일 | 日 | 月 | 火 | 水 | 木 | 金 | 土 | 日 | 月 | 火 | 水 | 木 | 金 | 土 | 日 | 月 | 火 | 水 | 木 | 金 | 土 | 日 | 月 | 火 | 水 | 木 | 金 | 土 | 日 | 月 | 火 |
| 일진 | 戊戌 | 己亥 | 庚子 | 辛丑 | 壬寅 | 癸卯 | 甲辰 | 乙巳 | 丙午 | 丁未 | 戊申 | 己酉 | 庚戌 | 辛亥 | 壬子 | 癸丑 | 甲寅 | 乙卯 | 丙辰 | 丁巳 | 戊午 | 己未 | 庚申 | 辛酉 | 壬戌 | 癸亥 | 甲子 | 乙丑 | 丙寅 | 丁卯 | 戊辰 |
| 대운 남 | 8 | 9 | 9 | 9 | 10 | 10 | 소 | 1 | 1 | 1 | 1 | 2 | 2 | 2 | 3 | 3 | 3 | 4 | 4 | 4 | 5 | 5 | 5 | 6 | 6 | 6 | 7 | 7 | 7 | 8 | 8 |
| 대운 녀 | 2 | 2 | 1 | 1 | 1 | 1 | 서 | 10 | 10 | 10 | 9 | 9 | 9 | 8 | 8 | 8 | 7 | 7 | 7 | 6 | 6 | 6 | 5 | 5 | 5 | 4 | 4 | 4 | 3 | 3 | 3 |

## 8 · 庚申月(양 8.8~9.7)

입추 8일 01시13분 / 처서 23일 15시53분

| 양력 | 1 | 2 | 3 | 4 | 5 | 6 | 7 | 8 | 9 | 10 | 11 | 12 | 13 | 14 | 15 | 16 | 17 | 18 | 19 | 20 | 21 | 22 | 23 | 24 | 25 | 26 | 27 | 28 | 29 | 30 | 31 |
|---|---|---|---|---|---|---|---|---|---|---|---|---|---|---|---|---|---|---|---|---|---|---|---|---|---|---|---|---|---|---|---|
| 음력 | 3 | 4 | 5 | 6 | 7 | 8 | 9 | 10 | 11 | 12 | 13 | 14 | 15 | 16 | 17 | 18 | 19 | 20 | 21 | 22 | 23 | 24 | 25 | 26 | 27 | 28 | 29 | 8.1 | 2 | 3 | 4 |
| 요일 | 水 | 木 | 金 | 土 | 日 | 月 | 火 | 水 | 木 | 金 | 土 | 日 | 月 | 火 | 水 | 木 | 金 | 土 | 日 | 月 | 火 | 水 | 木 | 金 | 土 | 日 | 月 | 火 | 水 | 木 | 金 |
| 일진 | 己巳 | 庚午 | 辛未 | 壬申 | 癸酉 | 甲戌 | 乙亥 | 丙子 | 丁丑 | 戊寅 | 己卯 | 庚辰 | 辛巳 | 壬午 | 癸未 | 甲申 | 乙酉 | 丙戌 | 丁亥 | 戊子 | 己丑 | 庚寅 | 辛卯 | 壬辰 | 癸巳 | 甲午 | 乙未 | 丙申 | 丁酉 | 戊戌 | 己亥 |
| 대운 남 | 8 | 9 | 9 | 9 | 10 | 10 | 10 | 입 | 1 | 1 | 1 | 1 | 2 | 2 | 2 | 3 | 3 | 3 | 4 | 4 | 4 | 5 | 5 | 5 | 6 | 6 | 6 | 7 | 7 | 7 | 8 |
| 대운 녀 | 2 | 2 | 2 | 1 | 1 | 1 | 1 | 추 | 10 | 10 | 9 | 9 | 9 | 8 | 8 | 8 | 7 | 7 | 7 | 6 | 6 | 6 | 5 | 5 | 5 | 4 | 4 | 4 | 3 | 3 | 3 |

## 9 · 辛酉月(양 9.8~10.7)

백로 8일 03시59분 / 추분 23일 13시21분

| 양력 | 1 | 2 | 3 | 4 | 5 | 6 | 7 | 8 | 9 | 10 | 11 | 12 | 13 | 14 | 15 | 16 | 17 | 18 | 19 | 20 | 21 | 22 | 23 | 24 | 25 | 26 | 27 | 28 | 29 | 30 |
|---|---|---|---|---|---|---|---|---|---|---|---|---|---|---|---|---|---|---|---|---|---|---|---|---|---|---|---|---|---|---|
| 음력 | 5 | 6 | 7 | 8 | 9 | 10 | 11 | 12 | 13 | 14 | 15 | 16 | 17 | 18 | 19 | 20 | 21 | 22 | 23 | 24 | 25 | 26 | 27 | 28 | 29 | 9.1 | 2 | 3 | 4 | 5 |
| 요일 | 土 | 日 | 月 | 火 | 水 | 木 | 金 | 土 | 日 | 月 | 火 | 水 | 木 | 金 | 土 | 日 | 月 | 火 | 水 | 木 | 金 | 土 | 日 | 月 | 火 | 水 | 木 | 金 | 土 | 日 |
| 일진 | 庚子 | 辛丑 | 壬寅 | 癸卯 | 甲辰 | 乙巳 | 丙午 | 丁未 | 戊申 | 己酉 | 庚戌 | 辛亥 | 壬子 | 癸丑 | 甲寅 | 乙卯 | 丙辰 | 丁巳 | 戊午 | 己未 | 庚申 | 辛酉 | 壬戌 | 癸亥 | 甲子 | 乙丑 | 丙寅 | 丁卯 | 戊辰 | 己巳 |
| 대운 남 | 8 | 8 | 9 | 9 | 9 | 10 | 10 | 백 | 1 | 1 | 1 | 1 | 2 | 2 | 2 | 3 | 3 | 3 | 4 | 4 | 4 | 5 | 5 | 5 | 6 | 6 | 6 | 7 | 7 | 7 |
| 대운 녀 | 2 | 2 | 2 | 1 | 1 | 1 | 1 | 로 | 10 | 9 | 9 | 9 | 8 | 8 | 8 | 7 | 7 | 7 | 6 | 6 | 6 | 5 | 5 | 5 | 4 | 4 | 4 | 3 | 3 | 3 |

## 10 · 壬戌月(양 10.8~11.6)

한로 8일 19시27분 / 상강 23일 22시30분

| 양력 | 1 | 2 | 3 | 4 | 5 | 6 | 7 | 8 | 9 | 10 | 11 | 12 | 13 | 14 | 15 | 16 | 17 | 18 | 19 | 20 | 21 | 22 | 23 | 24 | 25 | 26 | 27 | 28 | 29 | 30 | 31 |
|---|---|---|---|---|---|---|---|---|---|---|---|---|---|---|---|---|---|---|---|---|---|---|---|---|---|---|---|---|---|---|---|
| 음력 | 6 | 7 | 8 | 9 | 10 | 11 | 12 | 13 | 14 | 15 | 16 | 17 | 18 | 19 | 20 | 21 | 22 | 23 | 24 | 25 | 26 | 27 | 28 | 29 | 30 | 10.1 | 2 | 3 | 4 | 5 | 6 |
| 요일 | 月 | 火 | 水 | 木 | 金 | 土 | 日 | 月 | 火 | 水 | 木 | 金 | 土 | 日 | 月 | 火 | 水 | 木 | 金 | 土 | 日 | 月 | 火 | 水 | 木 | 金 | 土 | 日 | 月 | 火 | 水 |
| 일진 | 庚午 | 辛未 | 壬申 | 癸酉 | 甲戌 | 乙亥 | 丙子 | 丁丑 | 戊寅 | 己卯 | 庚辰 | 辛巳 | 壬午 | 癸未 | 甲申 | 乙酉 | 丙戌 | 丁亥 | 戊子 | 己丑 | 庚寅 | 辛卯 | 壬辰 | 癸巳 | 甲午 | 乙未 | 丙申 | 丁酉 | 戊戌 | 己亥 | 庚子 |
| 대운 남 | 8 | 8 | 8 | 9 | 9 | 9 | 10 | 한 | 1 | 1 | 1 | 1 | 2 | 2 | 2 | 3 | 3 | 3 | 4 | 4 | 4 | 5 | 5 | 5 | 6 | 6 | 6 | 7 | 7 | 7 | 8 |
| 대운 녀 | 2 | 2 | 2 | 1 | 1 | 1 | 1 | 로 | 10 | 9 | 9 | 9 | 8 | 8 | 8 | 7 | 7 | 7 | 6 | 6 | 6 | 5 | 5 | 5 | 4 | 4 | 4 | 3 | 3 | 3 | 2 |

## 11 · 癸亥月(양 11.7~12.6)

입동 7일 22시28분 / 소설 22일 19시54분

| 양력 | 1 | 2 | 3 | 4 | 5 | 6 | 7 | 8 | 9 | 10 | 11 | 12 | 13 | 14 | 15 | 16 | 17 | 18 | 19 | 20 | 21 | 22 | 23 | 24 | 25 | 26 | 27 | 28 | 29 | 30 |
|---|---|---|---|---|---|---|---|---|---|---|---|---|---|---|---|---|---|---|---|---|---|---|---|---|---|---|---|---|---|---|
| 음력 | 7 | 8 | 9 | 10 | 11 | 12 | 13 | 14 | 15 | 16 | 17 | 18 | 19 | 20 | 21 | 22 | 23 | 24 | 25 | 26 | 27 | 28 | 29 | 30 | 11.1 | 2 | 3 | 4 | 5 | 6 |
| 요일 | 木 | 金 | 土 | 日 | 月 | 火 | 水 | 木 | 金 | 土 | 日 | 月 | 火 | 水 | 木 | 金 | 土 | 日 | 月 | 火 | 水 | 木 | 金 | 土 | 日 | 月 | 火 | 水 | 木 | 金 |
| 일진 | 辛丑 | 壬寅 | 癸卯 | 甲辰 | 乙巳 | 丙午 | 丁未 | 戊申 | 己酉 | 庚戌 | 辛亥 | 壬子 | 癸丑 | 甲寅 | 乙卯 | 丙辰 | 丁巳 | 戊午 | 己未 | 庚申 | 辛酉 | 壬戌 | 癸亥 | 甲子 | 乙丑 | 丙寅 | 丁卯 | 戊辰 | 己巳 | 庚午 |
| 대운 남 | 8 | 8 | 9 | 9 | 9 | 10 | 입 | 1 | 1 | 1 | 1 | 2 | 2 | 2 | 3 | 3 | 3 | 4 | 4 | 4 | 5 | 5 | 5 | 6 | 6 | 6 | 7 | 7 | 7 | 8 |
| 대운 녀 | 2 | 2 | 1 | 1 | 1 | 1 | 동 | 10 | 9 | 9 | 9 | 8 | 8 | 8 | 7 | 7 | 7 | 6 | 6 | 6 | 5 | 5 | 5 | 4 | 4 | 4 | 3 | 3 | 3 | 2 |

## 12 · 甲子月(양 12.7~1.5)

대설 7일 15시10분 / 동지 22일 09시08분

| 양력 | 1 | 2 | 3 | 4 | 5 | 6 | 7 | 8 | 9 | 10 | 11 | 12 | 13 | 14 | 15 | 16 | 17 | 18 | 19 | 20 | 21 | 22 | 23 | 24 | 25 | 26 | 27 | 28 | 29 | 30 | 31 |
|---|---|---|---|---|---|---|---|---|---|---|---|---|---|---|---|---|---|---|---|---|---|---|---|---|---|---|---|---|---|---|---|
| 음력 | 7 | 8 | 9 | 10 | 11 | 12 | 13 | 14 | 15 | 16 | 17 | 18 | 19 | 20 | 21 | 22 | 23 | 24 | 25 | 26 | 27 | 28 | 29 | 30 | 12.1 | 2 | 3 | 4 | 5 | 6 | 7 |
| 요일 | 土 | 日 | 月 | 火 | 水 | 木 | 金 | 土 | 日 | 月 | 火 | 水 | 木 | 金 | 土 | 日 | 月 | 火 | 水 | 木 | 金 | 土 | 日 | 月 | 火 | 水 | 木 | 金 | 土 | 日 | 月 |
| 일진 | 辛未 | 壬申 | 癸酉 | 甲戌 | 乙亥 | 丙子 | 丁丑 | 戊寅 | 己卯 | 庚辰 | 辛巳 | 壬午 | 癸未 | 甲申 | 乙酉 | 丙戌 | 丁亥 | 戊子 | 己丑 | 庚寅 | 辛卯 | 壬辰 | 癸巳 | 甲午 | 乙未 | 丙申 | 丁酉 | 戊戌 | 己亥 | 庚子 | 辛丑 |
| 대운 남 | 8 | 8 | 9 | 9 | 9 | 10 | 대 | 1 | 1 | 1 | 1 | 2 | 2 | 2 | 3 | 3 | 3 | 4 | 4 | 4 | 5 | 5 | 5 | 6 | 6 | 6 | 7 | 7 | 7 | 8 | 8 |
| 대운 녀 | 2 | 2 | 1 | 1 | 1 | 1 | 설 | 10 | 9 | 9 | 9 | 8 | 8 | 8 | 7 | 7 | 7 | 6 | 6 | 6 | 5 | 5 | 5 | 4 | 4 | 4 | 3 | 3 | 3 | 2 | 2 |

단기 4307년

# 1974년(윤4월)

소한 6일 02시20분

## 1 · 乙丑月(양 1.6~2.3)

대한 20일 19시46분

| 양력 | 1 | 2 | 3 | 4 | 5 | 6 | 7 | 8 | 9 | 10 | 11 | 12 | 13 | 14 | 15 | 16 | 17 | 18 | 19 | 20 | 21 | 22 | 23 | 24 | 25 | 26 | 27 | 28 | 29 | 30 | 31 |
|---|---|---|---|---|---|---|---|---|---|---|---|---|---|---|---|---|---|---|---|---|---|---|---|---|---|---|---|---|---|---|---|
| 음력 | 8 | 9 | 10 | 11 | 12 | 13 | 14 | 15 | 16 | 17 | 18 | 19 | 20 | 21 | 22 | 23 | 24 | 25 | 26 | 27 | 28 | 29 | 1.1 | 2 | 3 | 4 | 5 | 6 | 7 | 8 | 9 |
| 요일 | 火 | 水 | 木 | 金 | 土 | 日 | 月 | 火 | 水 | 木 | 金 | 土 | 日 | 月 | 火 | 水 | 木 | 金 | 土 | 日 | 月 | 火 | 水 | 木 | 金 | 土 | 日 | 月 | 火 | 水 | 木 |
| 일진 | 壬寅 | 癸卯 | 甲辰 | 乙巳 | 丙午 | 丁未 | 戊申 | 己酉 | 庚戌 | 辛亥 | 壬子 | 癸丑 | 甲寅 | 乙卯 | 丙辰 | 丁巳 | 戊午 | 己未 | 庚申 | 辛酉 | 壬戌 | 癸亥 | 甲子 | 乙丑 | 丙寅 | 丁卯 | 戊辰 | 己巳 | 庚午 | 辛未 | 壬申 |
| 대운 남 | 8 | 9 | 9 | 9 | 10 | 소 | 1 | 1 | 1 | 1 | 2 | 2 | 2 | 3 | 3 | 3 | 4 | 4 | 4 | 5 | 5 | 5 | 6 | 6 | 6 | 7 | 7 | 7 | 8 | 8 | 8 |
| 대운 녀 | 2 | 1 | 1 | 1 | 1 | 한 | 9 | 9 | 9 | 8 | 8 | 8 | 7 | 7 | 7 | 6 | 6 | 6 | 5 | 5 | 5 | 4 | 4 | 4 | 3 | 3 | 3 | 2 | 2 | 2 | 1 |

입춘 4일 14시00분

## 2 · 丙寅月(양 2.4~3.5)

우수 19일 09시59분

| 양력 | 1 | 2 | 3 | 4 | 5 | 6 | 7 | 8 | 9 | 10 | 11 | 12 | 13 | 14 | 15 | 16 | 17 | 18 | 19 | 20 | 21 | 22 | 23 | 24 | 25 | 26 | 27 | 28 |
|---|---|---|---|---|---|---|---|---|---|---|---|---|---|---|---|---|---|---|---|---|---|---|---|---|---|---|---|---|
| 음력 | 10 | 11 | 12 | 13 | 14 | 15 | 16 | 17 | 18 | 19 | 20 | 21 | 22 | 23 | 24 | 25 | 26 | 27 | 28 | 29 | 30 | 2.1 | 2 | 3 | 4 | 5 | 6 | 7 |
| 요일 | 金 | 土 | 日 | 月 | 火 | 水 | 木 | 金 | 土 | 日 | 月 | 火 | 水 | 木 | 金 | 土 | 日 | 月 | 火 | 水 | 木 | 金 | 土 | 日 | 月 | 火 | 水 | 木 |
| 일진 | 癸酉 | 甲戌 | 乙亥 | 丙子 | 丁丑 | 戊寅 | 己卯 | 庚辰 | 辛巳 | 壬午 | 癸未 | 甲申 | 乙酉 | 丙戌 | 丁亥 | 戊子 | 己丑 | 庚寅 | 辛卯 | 壬辰 | 癸巳 | 甲午 | 乙未 | 丙申 | 丁酉 | 戊戌 | 己亥 | 庚子 |
| 대운 남 | 9 | 9 | 9 | 입 | 10 | 9 | 9 | 9 | 8 | 8 | 8 | 7 | 7 | 7 | 6 | 6 | 6 | 5 | 5 | 5 | 4 | 4 | 4 | 3 | 3 | 3 | 2 | 2 |
| 대운 녀 | 1 | 1 | 1 | 춘 | 1 | 1 | 1 | 1 | 2 | 2 | 2 | 3 | 3 | 3 | 4 | 4 | 4 | 5 | 5 | 5 | 6 | 6 | 6 | 7 | 7 | 7 | 8 | 8 |

경칩 6일 08시07분

## 3 · 丁卯月(양 3.6~4.4)

춘분 21일 09시07분

| 양력 | 1 | 2 | 3 | 4 | 5 | 6 | 7 | 8 | 9 | 10 | 11 | 12 | 13 | 14 | 15 | 16 | 17 | 18 | 19 | 20 | 21 | 22 | 23 | 24 | 25 | 26 | 27 | 28 | 29 | 30 | 31 |
|---|---|---|---|---|---|---|---|---|---|---|---|---|---|---|---|---|---|---|---|---|---|---|---|---|---|---|---|---|---|---|---|
| 음력 | 8 | 9 | 10 | 11 | 12 | 13 | 14 | 15 | 16 | 17 | 18 | 19 | 20 | 21 | 22 | 23 | 24 | 25 | 26 | 27 | 28 | 29 | 30 | 3.1 | 2 | 3 | 4 | 5 | 6 | 7 | 8 |
| 요일 | 金 | 土 | 日 | 月 | 火 | 水 | 木 | 金 | 土 | 日 | 月 | 火 | 水 | 木 | 金 | 土 | 日 | 月 | 火 | 水 | 木 | 金 | 土 | 日 | 月 | 火 | 水 | 木 | 金 | 土 | 日 |
| 일진 | 辛丑 | 壬寅 | 癸卯 | 甲辰 | 乙巳 | 丙午 | 丁未 | 戊申 | 己酉 | 庚戌 | 辛亥 | 壬子 | 癸丑 | 甲寅 | 乙卯 | 丙辰 | 丁巳 | 戊午 | 己未 | 庚申 | 辛酉 | 壬戌 | 癸亥 | 甲子 | 乙丑 | 丙寅 | 丁卯 | 戊辰 | 己巳 | 庚午 | 辛未 |
| 대운 남 | 2 | 1 | 1 | 1 | 1 | 경 | 10 | 9 | 9 | 9 | 8 | 8 | 8 | 7 | 7 | 7 | 6 | 6 | 6 | 5 | 5 | 5 | 4 | 4 | 4 | 3 | 3 | 3 | 2 | 2 | 2 |
| 대운 녀 | 8 | 9 | 9 | 9 | 10 | 칩 | 1 | 1 | 1 | 1 | 2 | 2 | 2 | 3 | 3 | 3 | 4 | 4 | 4 | 5 | 5 | 5 | 6 | 6 | 6 | 7 | 7 | 7 | 8 | 8 | 8 |

청명 5일 13시05분

## 4 · 戊辰月(양 4.5~5.5)

곡우 20일 20시19분

| 양력 | 1 | 2 | 3 | 4 | 5 | 6 | 7 | 8 | 9 | 10 | 11 | 12 | 13 | 14 | 15 | 16 | 17 | 18 | 19 | 20 | 21 | 22 | 23 | 24 | 25 | 26 | 27 | 28 | 29 | 30 |
|---|---|---|---|---|---|---|---|---|---|---|---|---|---|---|---|---|---|---|---|---|---|---|---|---|---|---|---|---|---|---|
| 음력 | 9 | 10 | 11 | 12 | 13 | 14 | 15 | 16 | 17 | 18 | 19 | 20 | 21 | 22 | 23 | 24 | 25 | 26 | 27 | 28 | 29 | 4.1 | 2 | 3 | 4 | 5 | 6 | 7 | 8 | 9 |
| 요일 | 月 | 火 | 水 | 木 | 金 | 土 | 日 | 月 | 火 | 水 | 木 | 金 | 土 | 日 | 月 | 火 | 水 | 木 | 金 | 土 | 日 | 月 | 火 | 水 | 木 | 金 | 土 | 日 | 月 | 火 |
| 일진 | 壬申 | 癸酉 | 甲戌 | 乙亥 | 丙子 | 丁丑 | 戊寅 | 己卯 | 庚辰 | 辛巳 | 壬午 | 癸未 | 甲申 | 乙酉 | 丙戌 | 丁亥 | 戊子 | 己丑 | 庚寅 | 辛卯 | 壬辰 | 癸巳 | 甲午 | 乙未 | 丙申 | 丁酉 | 戊戌 | 己亥 | 庚子 | 辛丑 |
| 대운 남 | 1 | 1 | 1 | 1 | 청 | 10 | 10 | 9 | 9 | 9 | 8 | 8 | 8 | 7 | 7 | 7 | 6 | 6 | 6 | 5 | 5 | 5 | 4 | 4 | 4 | 3 | 3 | 3 | 2 | 2 |
| 대운 녀 | 9 | 9 | 9 | 10 | 명 | 1 | 1 | 1 | 1 | 2 | 2 | 2 | 3 | 3 | 3 | 4 | 4 | 4 | 5 | 5 | 5 | 6 | 6 | 6 | 7 | 7 | 7 | 8 | 8 | 8 |

입하 6일 06시34분

## 5 · 己巳月(양 5.6~6.5)

소만 21일 19시36분

| 양력 | 1 | 2 | 3 | 4 | 5 | 6 | 7 | 8 | 9 | 10 | 11 | 12 | 13 | 14 | 15 | 16 | 17 | 18 | 19 | 20 | 21 | 22 | 23 | 24 | 25 | 26 | 27 | 28 | 29 | 30 | 31 |
|---|---|---|---|---|---|---|---|---|---|---|---|---|---|---|---|---|---|---|---|---|---|---|---|---|---|---|---|---|---|---|---|
| 음력 | 10 | 11 | 12 | 13 | 14 | 15 | 16 | 17 | 18 | 19 | 20 | 21 | 22 | 23 | 24 | 25 | 26 | 27 | 28 | 29 | 30 | 윤 | 4.2 | 3 | 4 | 5 | 6 | 7 | 8 | 9 | 10 |
| 요일 | 水 | 木 | 金 | 土 | 日 | 月 | 火 | 水 | 木 | 金 | 土 | 日 | 月 | 火 | 水 | 木 | 金 | 土 | 日 | 月 | 火 | 水 | 木 | 金 | 土 | 日 | 月 | 火 | 水 | 木 | 金 |
| 일진 | 壬寅 | 癸卯 | 甲辰 | 乙巳 | 丙午 | 丁未 | 戊申 | 己酉 | 庚戌 | 辛亥 | 壬子 | 癸丑 | 甲寅 | 乙卯 | 丙辰 | 丁巳 | 戊午 | 己未 | 庚申 | 辛酉 | 壬戌 | 癸亥 | 甲子 | 乙丑 | 丙寅 | 丁卯 | 戊辰 | 己巳 | 庚午 | 辛未 | 壬申 |
| 대운 남 | 2 | 1 | 1 | 1 | 1 | 입 | 10 | 10 | 9 | 9 | 9 | 8 | 8 | 8 | 7 | 7 | 7 | 6 | 6 | 6 | 5 | 5 | 5 | 4 | 4 | 4 | 3 | 3 | 3 | 2 | 2 |
| 대운 녀 | 9 | 9 | 9 | 10 | 10 | 하 | 1 | 1 | 1 | 1 | 2 | 2 | 2 | 3 | 3 | 3 | 4 | 4 | 4 | 5 | 5 | 5 | 6 | 6 | 6 | 7 | 7 | 7 | 8 | 8 | 8 |

망종 6일 10시52분

## 6 · 庚午月(양 6.6~7.6)

하지 22일 03시38분

| 양력 | 1 | 2 | 3 | 4 | 5 | 6 | 7 | 8 | 9 | 10 | 11 | 12 | 13 | 14 | 15 | 16 | 17 | 18 | 19 | 20 | 21 | 22 | 23 | 24 | 25 | 26 | 27 | 28 | 29 | 30 |
|---|---|---|---|---|---|---|---|---|---|---|---|---|---|---|---|---|---|---|---|---|---|---|---|---|---|---|---|---|---|---|
| 음력 | 11 | 12 | 13 | 14 | 15 | 16 | 17 | 18 | 19 | 20 | 21 | 22 | 23 | 24 | 25 | 26 | 27 | 28 | 29 | 5.1 | 2 | 3 | 4 | 5 | 6 | 7 | 8 | 9 | 10 | 11 |
| 요일 | 土 | 日 | 月 | 火 | 水 | 木 | 金 | 土 | 日 | 月 | 火 | 水 | 木 | 金 | 土 | 日 | 月 | 火 | 水 | 木 | 金 | 土 | 日 | 月 | 火 | 水 | 木 | 金 | 土 | 日 |
| 일진 | 癸酉 | 甲戌 | 乙亥 | 丙子 | 丁丑 | 戊寅 | 己卯 | 庚辰 | 辛巳 | 壬午 | 癸未 | 甲申 | 乙酉 | 丙戌 | 丁亥 | 戊子 | 己丑 | 庚寅 | 辛卯 | 壬辰 | 癸巳 | 甲午 | 乙未 | 丙申 | 丁酉 | 戊戌 | 己亥 | 庚子 | 辛丑 | 壬寅 |
| 대운 남 | 2 | 1 | 1 | 1 | 1 | 망 | 10 | 10 | 9 | 9 | 9 | 8 | 8 | 8 | 7 | 7 | 7 | 6 | 6 | 6 | 5 | 5 | 5 | 4 | 4 | 4 | 3 | 3 | 3 | 2 |
| 대운 녀 | 9 | 9 | 9 | 10 | 10 | 종 | 1 | 1 | 1 | 1 | 2 | 2 | 2 | 3 | 3 | 3 | 4 | 4 | 4 | 5 | 5 | 5 | 6 | 6 | 6 | 7 | 7 | 7 | 8 | 8 |

## 7 · 辛未月(양 7.7~8.7)

소서 7일 21시11분 / 대서 23일 14시30분

| 양력 | 1 | 2 | 3 | 4 | 5 | 6 | 7 | 8 | 9 | 10 | 11 | 12 | 13 | 14 | 15 | 16 | 17 | 18 | 19 | 20 | 21 | 22 | 23 | 24 | 25 | 26 | 27 | 28 | 29 | 30 | 31 |
|---|---|---|---|---|---|---|---|---|---|---|---|---|---|---|---|---|---|---|---|---|---|---|---|---|---|---|---|---|---|---|---|
| 음력 | 12 | 13 | 14 | 15 | 16 | 17 | 18 | 19 | 20 | 21 | 22 | 23 | 24 | 25 | 26 | 27 | 28 | 29 | 6.1 | 2 | 3 | 4 | 5 | 6 | 7 | 8 | 9 | 10 | 11 | 12 | 13 |
| 요일 | 月 | 火 | 水 | 木 | 金 | 土 | 日 | 月 | 火 | 水 | 木 | 金 | 土 | 日 | 月 | 火 | 水 | 木 | 金 | 土 | 日 | 月 | 火 | 水 | 木 | 金 | 土 | 日 | 月 | 火 | 水 |
| 일진 | 癸卯 | 甲辰 | 乙巳 | 丙午 | 丁未 | 戊申 | 己酉 | 庚戌 | 辛亥 | 壬子 | 癸丑 | 甲寅 | 乙卯 | 丙辰 | 丁巳 | 戊午 | 己未 | 庚申 | 辛酉 | 壬戌 | 癸亥 | 甲子 | 乙丑 | 丙寅 | 丁卯 | 戊辰 | 己巳 | 庚午 | 辛未 | 壬申 | 癸酉 |
| 대운 남 | 2 | 2 | 1 | 1 | 1 | 1 | 소 | 10 | 10 | 10 | 9 | 9 | 9 | 8 | 8 | 8 | 7 | 7 | 7 | 6 | 6 | 6 | 5 | 5 | 5 | 4 | 4 | 4 | 3 | 3 | 3 |
| 대운 녀 | 8 | 9 | 9 | 9 | 10 | 10 | 서 | 1 | 1 | 1 | 1 | 2 | 2 | 2 | 3 | 3 | 3 | 4 | 4 | 4 | 5 | 5 | 5 | 6 | 6 | 6 | 7 | 7 | 7 | 8 | 8 |

## 8 · 壬申月(양 8.8~9.7)

입추 8일 06시57분 / 처서 23일 21시29분

| 양력 | 1 | 2 | 3 | 4 | 5 | 6 | 7 | 8 | 9 | 10 | 11 | 12 | 13 | 14 | 15 | 16 | 17 | 18 | 19 | 20 | 21 | 22 | 23 | 24 | 25 | 26 | 27 | 28 | 29 | 30 | 31 |
|---|---|---|---|---|---|---|---|---|---|---|---|---|---|---|---|---|---|---|---|---|---|---|---|---|---|---|---|---|---|---|---|
| 음력 | 14 | 15 | 16 | 17 | 18 | 19 | 20 | 21 | 22 | 23 | 24 | 25 | 26 | 27 | 28 | 29 | 30 | 7.1 | 2 | 3 | 4 | 5 | 6 | 7 | 8 | 9 | 10 | 11 | 12 | 13 | 14 |
| 요일 | 木 | 金 | 土 | 日 | 月 | 火 | 水 | 木 | 金 | 土 | 日 | 月 | 火 | 水 | 木 | 金 | 土 | 日 | 月 | 火 | 水 | 木 | 金 | 土 | 日 | 月 | 火 | 水 | 木 | 金 | 土 |
| 일진 | 甲戌 | 乙亥 | 丙子 | 丁丑 | 戊寅 | 己卯 | 庚辰 | 辛巳 | 壬午 | 癸未 | 甲申 | 乙酉 | 丙戌 | 丁亥 | 戊子 | 己丑 | 庚寅 | 辛卯 | 壬辰 | 癸巳 | 甲午 | 乙未 | 丙申 | 丁酉 | 戊戌 | 己亥 | 庚子 | 辛丑 | 壬寅 | 癸卯 | 甲辰 |
| 대운 남 | 2 | 2 | 2 | 1 | 1 | 1 | 1 | 입 | 10 | 10 | 9 | 9 | 9 | 8 | 8 | 8 | 7 | 7 | 7 | 6 | 6 | 6 | 5 | 5 | 5 | 4 | 4 | 4 | 3 | 3 | 3 |
| 대운 녀 | 8 | 9 | 9 | 9 | 10 | 10 | 10 | 추 | 1 | 1 | 1 | 1 | 2 | 2 | 2 | 3 | 3 | 3 | 4 | 4 | 4 | 5 | 5 | 5 | 6 | 6 | 6 | 7 | 7 | 7 | 8 |

## 9 · 癸酉月(양 9.8~10.8)

백로 8일 09시45분 / 추분 23일 18시58분

| 양력 | 1 | 2 | 3 | 4 | 5 | 6 | 7 | 8 | 9 | 10 | 11 | 12 | 13 | 14 | 15 | 16 | 17 | 18 | 19 | 20 | 21 | 22 | 23 | 24 | 25 | 26 | 27 | 28 | 29 | 30 |
|---|---|---|---|---|---|---|---|---|---|---|---|---|---|---|---|---|---|---|---|---|---|---|---|---|---|---|---|---|---|---|
| 음력 | 15 | 16 | 17 | 18 | 19 | 20 | 21 | 22 | 23 | 24 | 25 | 26 | 27 | 28 | 29 | 8.1 | 2 | 3 | 4 | 5 | 6 | 7 | 8 | 9 | 10 | 11 | 12 | 13 | 14 | 15 |
| 요일 | 日 | 月 | 火 | 水 | 木 | 金 | 土 | 日 | 月 | 火 | 水 | 木 | 金 | 土 | 日 | 月 | 火 | 水 | 木 | 金 | 土 | 日 | 月 | 火 | 水 | 木 | 金 | 土 | 日 | 月 |
| 일진 | 乙巳 | 丙午 | 丁未 | 戊申 | 己酉 | 庚戌 | 辛亥 | 壬子 | 癸丑 | 甲寅 | 乙卯 | 丙辰 | 丁巳 | 戊午 | 己未 | 庚申 | 辛酉 | 壬戌 | 癸亥 | 甲子 | 乙丑 | 丙寅 | 丁卯 | 戊辰 | 己巳 | 庚午 | 辛未 | 壬申 | 癸酉 | 甲戌 |
| 대운 남 | 2 | 2 | 2 | 1 | 1 | 1 | 1 | 백 | 10 | 10 | 9 | 9 | 9 | 8 | 8 | 8 | 7 | 7 | 7 | 6 | 6 | 6 | 5 | 5 | 5 | 4 | 4 | 4 | 3 | 3 |
| 대운 녀 | 8 | 8 | 9 | 9 | 9 | 10 | 10 | 로 | 1 | 1 | 1 | 1 | 2 | 2 | 2 | 3 | 3 | 3 | 4 | 4 | 4 | 5 | 5 | 5 | 6 | 6 | 6 | 7 | 7 | 7 |

## 10 · 甲戌月(양 10.9~11.7)

한로 9일 01시15분 / 상강 24일 04시11분

| 양력 | 1 | 2 | 3 | 4 | 5 | 6 | 7 | 8 | 9 | 10 | 11 | 12 | 13 | 14 | 15 | 16 | 17 | 18 | 19 | 20 | 21 | 22 | 23 | 24 | 25 | 26 | 27 | 28 | 29 | 30 | 31 |
|---|---|---|---|---|---|---|---|---|---|---|---|---|---|---|---|---|---|---|---|---|---|---|---|---|---|---|---|---|---|---|---|
| 음력 | 16 | 17 | 18 | 19 | 20 | 21 | 22 | 23 | 24 | 25 | 26 | 27 | 28 | 29 | 9.1 | 2 | 3 | 4 | 5 | 6 | 7 | 8 | 9 | 10 | 11 | 12 | 13 | 14 | 15 | 16 | 17 |
| 요일 | 火 | 水 | 木 | 金 | 土 | 日 | 月 | 火 | 水 | 木 | 金 | 土 | 日 | 月 | 火 | 水 | 木 | 金 | 土 | 日 | 月 | 火 | 水 | 木 | 金 | 土 | 日 | 月 | 火 | 水 | 木 |
| 일진 | 乙亥 | 丙子 | 丁丑 | 戊寅 | 己卯 | 庚辰 | 辛巳 | 壬午 | 癸未 | 甲申 | 乙酉 | 丙戌 | 丁亥 | 戊子 | 己丑 | 庚寅 | 辛卯 | 壬辰 | 癸巳 | 甲午 | 乙未 | 丙申 | 丁酉 | 戊戌 | 己亥 | 庚子 | 辛丑 | 壬寅 | 癸卯 | 甲辰 | 乙巳 |
| 대운 남 | 3 | 2 | 2 | 2 | 1 | 1 | 1 | 1 | 한 | 10 | 9 | 9 | 9 | 8 | 8 | 8 | 7 | 7 | 7 | 6 | 6 | 6 | 5 | 5 | 5 | 4 | 4 | 4 | 3 | 3 | 3 |
| 대운 녀 | 8 | 8 | 8 | 9 | 9 | 9 | 10 | 10 | 로 | 1 | 1 | 1 | 1 | 2 | 2 | 2 | 3 | 3 | 3 | 4 | 4 | 4 | 5 | 5 | 5 | 6 | 6 | 6 | 7 | 7 | 7 |

## 11 · 乙亥月(양 11.8~12.6)

입동 8일 04시18분 / 소설 23일 01시38분

| 양력 | 1 | 2 | 3 | 4 | 5 | 6 | 7 | 8 | 9 | 10 | 11 | 12 | 13 | 14 | 15 | 16 | 17 | 18 | 19 | 20 | 21 | 22 | 23 | 24 | 25 | 26 | 27 | 28 | 29 | 30 |
|---|---|---|---|---|---|---|---|---|---|---|---|---|---|---|---|---|---|---|---|---|---|---|---|---|---|---|---|---|---|---|
| 음력 | 18 | 19 | 20 | 21 | 22 | 23 | 24 | 25 | 26 | 27 | 28 | 29 | 30 | 10.1 | 2 | 3 | 4 | 5 | 6 | 7 | 8 | 9 | 10 | 11 | 12 | 13 | 14 | 15 | 16 | 17 |
| 요일 | 金 | 土 | 日 | 月 | 火 | 水 | 木 | 金 | 土 | 日 | 月 | 火 | 水 | 木 | 金 | 土 | 日 | 月 | 火 | 水 | 木 | 金 | 土 | 日 | 月 | 火 | 水 | 木 | 金 | 土 |
| 일진 | 丙午 | 丁未 | 戊申 | 己酉 | 庚戌 | 辛亥 | 壬子 | 癸丑 | 甲寅 | 乙卯 | 丙辰 | 丁巳 | 戊午 | 己未 | 庚申 | 辛酉 | 壬戌 | 癸亥 | 甲子 | 乙丑 | 丙寅 | 丁卯 | 戊辰 | 己巳 | 庚午 | 辛未 | 壬申 | 癸酉 | 甲戌 | 乙亥 |
| 대운 남 | 2 | 2 | 2 | 1 | 1 | 1 | 1 | 입 | 9 | 9 | 9 | 8 | 8 | 8 | 7 | 7 | 7 | 6 | 6 | 6 | 5 | 5 | 5 | 4 | 4 | 4 | 3 | 3 | 3 | 2 |
| 대운 녀 | 8 | 8 | 8 | 9 | 9 | 9 | 10 | 동 | 1 | 1 | 1 | 1 | 2 | 2 | 2 | 3 | 3 | 3 | 4 | 4 | 4 | 5 | 5 | 5 | 6 | 6 | 6 | 7 | 7 | 7 |

## 12 · 丙子月(양 12.7~1.5)

대설 7일 21시05분 / 동지 22일 14시56분

| 양력 | 1 | 2 | 3 | 4 | 5 | 6 | 7 | 8 | 9 | 10 | 11 | 12 | 13 | 14 | 15 | 16 | 17 | 18 | 19 | 20 | 21 | 22 | 23 | 24 | 25 | 26 | 27 | 28 | 29 | 30 | 31 |
|---|---|---|---|---|---|---|---|---|---|---|---|---|---|---|---|---|---|---|---|---|---|---|---|---|---|---|---|---|---|---|---|
| 음력 | 18 | 19 | 20 | 21 | 22 | 23 | 24 | 25 | 26 | 27 | 28 | 29 | 30 | 11.1 | 2 | 3 | 4 | 5 | 6 | 7 | 8 | 9 | 10 | 11 | 12 | 13 | 14 | 15 | 16 | 17 | 18 |
| 요일 | 日 | 月 | 火 | 水 | 木 | 金 | 土 | 日 | 月 | 火 | 水 | 木 | 金 | 土 | 日 | 月 | 火 | 水 | 木 | 金 | 土 | 日 | 月 | 火 | 水 | 木 | 金 | 土 | 日 | 月 | 火 |
| 일진 | 丙子 | 丁丑 | 戊寅 | 己卯 | 庚辰 | 辛巳 | 壬午 | 癸未 | 甲申 | 乙酉 | 丙戌 | 丁亥 | 戊子 | 己丑 | 庚寅 | 辛卯 | 壬辰 | 癸巳 | 甲午 | 乙未 | 丙申 | 丁酉 | 戊戌 | 己亥 | 庚子 | 辛丑 | 壬寅 | 癸卯 | 甲辰 | 乙巳 | 丙午 |
| 대운 남 | 2 | 2 | 1 | 1 | 1 | 1 | 대 | 10 | 9 | 9 | 9 | 8 | 8 | 8 | 7 | 7 | 7 | 6 | 6 | 6 | 5 | 5 | 5 | 4 | 4 | 4 | 3 | 3 | 3 | 2 | 2 |
| 대운 녀 | 8 | 8 | 8 | 9 | 9 | 9 | 설 | 1 | 1 | 1 | 1 | 2 | 2 | 2 | 3 | 3 | 3 | 4 | 4 | 4 | 5 | 5 | 5 | 6 | 6 | 6 | 7 | 7 | 7 | 8 | 8 |

단기 4308년

# 1975년

소한 6일 08시18분

## 1 · 丁丑月(양 1.6~2.3)

대한 21일 01시36분

| 양력 | 1 | 2 | 3 | 4 | 5 | 6 | 7 | 8 | 9 | 10 | 11 | 12 | 13 | 14 | 15 | 16 | 17 | 18 | 19 | 20 | 21 | 22 | 23 | 24 | 25 | 26 | 27 | 28 | 29 | 30 | 31 |
|---|---|---|---|---|---|---|---|---|---|---|---|---|---|---|---|---|---|---|---|---|---|---|---|---|---|---|---|---|---|---|---|
| 음력 | 19 | 20 | 21 | 22 | 23 | 24 | 25 | 26 | 27 | 28 | 29 | 12.1 | 2 | 3 | 4 | 5 | 6 | 7 | 8 | 9 | 10 | 11 | 12 | 13 | 14 | 15 | 16 | 17 | 18 | 19 | 20 |
| 요일 | 水 | 木 | 金 | 土 | 日 | 月 | 火 | 水 | 木 | 金 | 土 | 日 | 月 | 火 | 水 | 木 | 金 | 土 | 日 | 月 | 火 | 水 | 木 | 金 | 土 | 日 | 月 | 火 | 水 | 木 | 金 |
| 일진 | 丁未 | 戊申 | 己酉 | 庚戌 | 辛亥 | 壬子 | 癸丑 | 甲寅 | 乙卯 | 丙辰 | 丁巳 | 戊午 | 己未 | 庚申 | 辛酉 | 壬戌 | 癸亥 | 甲子 | 乙丑 | 丙寅 | 丁卯 | 戊辰 | 己巳 | 庚午 | 辛未 | 壬申 | 癸酉 | 甲戌 | 乙亥 | 丙子 | 丁丑 |
| 대운 남 | 2 | 1 | 1 | 1 | 1 | 소 | 9 | 9 | 9 | 8 | 8 | 8 | 7 | 7 | 7 | 6 | 6 | 6 | 5 | 5 | 5 | 4 | 4 | 4 | 3 | 3 | 3 | 2 | 2 | 2 | 1 |
| 대운 녀 | 8 | 9 | 9 | 9 | 10 | 한 | 1 | 1 | 1 | 1 | 2 | 2 | 2 | 3 | 3 | 3 | 4 | 4 | 4 | 5 | 5 | 5 | 6 | 6 | 6 | 7 | 7 | 7 | 8 | 8 | 8 |

입춘 4일 19시59분

## 2 · 戊寅月(양 2.4~3.5)

우수 19일 15시50분

| 양력 | 1 | 2 | 3 | 4 | 5 | 6 | 7 | 8 | 9 | 10 | 11 | 12 | 13 | 14 | 15 | 16 | 17 | 18 | 19 | 20 | 21 | 22 | 23 | 24 | 25 | 26 | 27 | 28 |
|---|---|---|---|---|---|---|---|---|---|---|---|---|---|---|---|---|---|---|---|---|---|---|---|---|---|---|---|---|
| 음력 | 21 | 22 | 23 | 24 | 25 | 26 | 27 | 28 | 29 | 30 | 1.1 | 2 | 3 | 4 | 5 | 6 | 7 | 8 | 9 | 10 | 11 | 12 | 13 | 14 | 15 | 16 | 17 | 18 |
| 요일 | 土 | 日 | 月 | 火 | 水 | 木 | 金 | 土 | 日 | 月 | 火 | 水 | 木 | 金 | 土 | 日 | 月 | 火 | 水 | 木 | 金 | 土 | 日 | 月 | 火 | 水 | 木 | 金 |
| 일진 | 戊寅 | 己卯 | 庚辰 | 辛巳 | 壬午 | 癸未 | 甲申 | 乙酉 | 丙戌 | 丁亥 | 戊子 | 己丑 | 庚寅 | 辛卯 | 壬辰 | 癸巳 | 甲午 | 乙未 | 丙申 | 丁酉 | 戊戌 | 己亥 | 庚子 | 辛丑 | 壬寅 | 癸卯 | 甲辰 | 乙巳 |
| 대운 남 | 1 | 1 | 1 | 입 | 1 | 1 | 1 | 1 | 2 | 2 | 2 | 3 | 3 | 3 | 4 | 4 | 4 | 5 | 5 | 5 | 6 | 6 | 6 | 7 | 7 | 7 | 8 | 8 |
| 대운 녀 | 9 | 9 | 9 | 춘 | 10 | 9 | 9 | 9 | 8 | 8 | 8 | 7 | 7 | 7 | 6 | 6 | 6 | 5 | 5 | 5 | 4 | 4 | 4 | 3 | 3 | 3 | 2 | 2 |

경칩 6일 14시06분

## 3 · 己卯月(양 3.6~4.4)

춘분 21일 14시57분

| 양력 | 1 | 2 | 3 | 4 | 5 | 6 | 7 | 8 | 9 | 10 | 11 | 12 | 13 | 14 | 15 | 16 | 17 | 18 | 19 | 20 | 21 | 22 | 23 | 24 | 25 | 26 | 27 | 28 | 29 | 30 | 31 |
|---|---|---|---|---|---|---|---|---|---|---|---|---|---|---|---|---|---|---|---|---|---|---|---|---|---|---|---|---|---|---|---|
| 음력 | 19 | 20 | 21 | 22 | 23 | 24 | 25 | 26 | 27 | 28 | 29 | 30 | 2.1 | 2 | 3 | 4 | 5 | 6 | 7 | 8 | 9 | 10 | 11 | 12 | 13 | 14 | 15 | 16 | 17 | 18 | 19 |
| 요일 | 土 | 日 | 月 | 火 | 水 | 木 | 金 | 土 | 日 | 月 | 火 | 水 | 木 | 金 | 土 | 日 | 月 | 火 | 水 | 木 | 金 | 土 | 日 | 月 | 火 | 水 | 木 | 金 | 土 | 日 | 月 |
| 일진 | 丙午 | 丁未 | 戊申 | 己酉 | 庚戌 | 辛亥 | 壬子 | 癸丑 | 甲寅 | 乙卯 | 丙辰 | 丁巳 | 戊午 | 己未 | 庚申 | 辛酉 | 壬戌 | 癸亥 | 甲子 | 乙丑 | 丙寅 | 丁卯 | 戊辰 | 己巳 | 庚午 | 辛未 | 壬申 | 癸酉 | 甲戌 | 乙亥 | 丙子 |
| 대운 남 | 8 | 9 | 9 | 9 | 10 | 경 | 1 | 1 | 1 | 1 | 2 | 2 | 2 | 3 | 3 | 3 | 4 | 4 | 4 | 5 | 5 | 5 | 6 | 6 | 6 | 7 | 7 | 7 | 8 | 8 | 8 |
| 대운 녀 | 2 | 1 | 1 | 1 | 1 | 칩 | 10 | 9 | 9 | 9 | 8 | 8 | 8 | 7 | 7 | 7 | 6 | 6 | 6 | 5 | 5 | 5 | 4 | 4 | 4 | 3 | 3 | 3 | 2 | 2 | 2 |

청명 5일 19시02분

## 4 · 庚辰月(양 4.5~5.5)

곡우 21일 02시07분

| 양력 | 1 | 2 | 3 | 4 | 5 | 6 | 7 | 8 | 9 | 10 | 11 | 12 | 13 | 14 | 15 | 16 | 17 | 18 | 19 | 20 | 21 | 22 | 23 | 24 | 25 | 26 | 27 | 28 | 29 | 30 |
|---|---|---|---|---|---|---|---|---|---|---|---|---|---|---|---|---|---|---|---|---|---|---|---|---|---|---|---|---|---|---|
| 음력 | 20 | 21 | 22 | 23 | 24 | 25 | 26 | 27 | 28 | 29 | 30 | 3.1 | 2 | 3 | 4 | 5 | 6 | 7 | 8 | 9 | 10 | 11 | 12 | 13 | 14 | 15 | 16 | 17 | 18 | 19 |
| 요일 | 火 | 水 | 木 | 金 | 土 | 日 | 月 | 火 | 水 | 木 | 金 | 土 | 日 | 月 | 火 | 水 | 木 | 金 | 土 | 日 | 月 | 火 | 水 | 木 | 金 | 土 | 日 | 月 | 火 | 水 |
| 일진 | 丁丑 | 戊寅 | 己卯 | 庚辰 | 辛巳 | 壬午 | 癸未 | 甲申 | 乙酉 | 丙戌 | 丁亥 | 戊子 | 己丑 | 庚寅 | 辛卯 | 壬辰 | 癸巳 | 甲午 | 乙未 | 丙申 | 丁酉 | 戊戌 | 己亥 | 庚子 | 辛丑 | 壬寅 | 癸卯 | 甲辰 | 乙巳 | 丙午 |
| 대운 남 | 9 | 9 | 9 | 10 | 청 | 1 | 1 | 1 | 1 | 2 | 2 | 2 | 3 | 3 | 3 | 4 | 4 | 4 | 5 | 5 | 5 | 6 | 6 | 6 | 7 | 7 | 7 | 8 | 8 | 8 |
| 대운 녀 | 1 | 1 | 1 | 1 | 명 | 10 | 10 | 9 | 9 | 9 | 8 | 8 | 8 | 7 | 7 | 7 | 6 | 6 | 6 | 5 | 5 | 5 | 4 | 4 | 4 | 3 | 3 | 3 | 2 | 2 |

입하 6일 12시27분

## 5 · 辛巳月(양 5.6~6.5)

소만 22일 01시24분

| 양력 | 1 | 2 | 3 | 4 | 5 | 6 | 7 | 8 | 9 | 10 | 11 | 12 | 13 | 14 | 15 | 16 | 17 | 18 | 19 | 20 | 21 | 22 | 23 | 24 | 25 | 26 | 27 | 28 | 29 | 30 | 31 |
|---|---|---|---|---|---|---|---|---|---|---|---|---|---|---|---|---|---|---|---|---|---|---|---|---|---|---|---|---|---|---|---|
| 음력 | 20 | 21 | 22 | 23 | 24 | 25 | 26 | 27 | 28 | 29 | 4.1 | 2 | 3 | 4 | 5 | 6 | 7 | 8 | 9 | 10 | 11 | 12 | 13 | 14 | 15 | 16 | 17 | 18 | 19 | 20 | 21 |
| 요일 | 木 | 金 | 土 | 日 | 月 | 火 | 水 | 木 | 金 | 土 | 日 | 月 | 火 | 水 | 木 | 金 | 土 | 日 | 月 | 火 | 水 | 木 | 金 | 土 | 日 | 月 | 火 | 水 | 木 | 金 | 土 |
| 일진 | 丁未 | 戊申 | 己酉 | 庚戌 | 辛亥 | 壬子 | 癸丑 | 甲寅 | 乙卯 | 丙辰 | 丁巳 | 戊午 | 己未 | 庚申 | 辛酉 | 壬戌 | 癸亥 | 甲子 | 乙丑 | 丙寅 | 丁卯 | 戊辰 | 己巳 | 庚午 | 辛未 | 壬申 | 癸酉 | 甲戌 | 乙亥 | 丙子 | 丁丑 |
| 대운 남 | 9 | 9 | 9 | 10 | 10 | 입 | 1 | 1 | 1 | 1 | 2 | 2 | 2 | 3 | 3 | 3 | 4 | 4 | 4 | 5 | 5 | 5 | 6 | 6 | 6 | 7 | 7 | 7 | 8 | 8 | 8 |
| 대운 녀 | 2 | 1 | 1 | 1 | 1 | 하 | 10 | 10 | 9 | 9 | 9 | 8 | 8 | 8 | 7 | 7 | 7 | 6 | 6 | 6 | 5 | 5 | 5 | 4 | 4 | 4 | 3 | 3 | 3 | 2 | 2 |

망종 6일 16시42분

## 6 · 壬午月(양 6.6~7.7)

하지 22일 09시26분

| 양력 | 1 | 2 | 3 | 4 | 5 | 6 | 7 | 8 | 9 | 10 | 11 | 12 | 13 | 14 | 15 | 16 | 17 | 18 | 19 | 20 | 21 | 22 | 23 | 24 | 25 | 26 | 27 | 28 | 29 | 30 |
|---|---|---|---|---|---|---|---|---|---|---|---|---|---|---|---|---|---|---|---|---|---|---|---|---|---|---|---|---|---|---|
| 음력 | 22 | 23 | 24 | 25 | 26 | 27 | 28 | 29 | 30 | 5.1 | 2 | 3 | 4 | 5 | 6 | 7 | 8 | 9 | 10 | 11 | 12 | 13 | 14 | 15 | 16 | 17 | 18 | 19 | 20 | 21 |
| 요일 | 日 | 月 | 火 | 水 | 木 | 金 | 土 | 日 | 月 | 火 | 水 | 木 | 金 | 土 | 日 | 月 | 火 | 水 | 木 | 金 | 土 | 日 | 月 | 火 | 水 | 木 | 金 | 土 | 日 | 月 |
| 일진 | 戊寅 | 己卯 | 庚辰 | 辛巳 | 壬午 | 癸未 | 甲申 | 乙酉 | 丙戌 | 丁亥 | 戊子 | 己丑 | 庚寅 | 辛卯 | 壬辰 | 癸巳 | 甲午 | 乙未 | 丙申 | 丁酉 | 戊戌 | 己亥 | 庚子 | 辛丑 | 壬寅 | 癸卯 | 甲辰 | 乙巳 | 丙午 | 丁未 |
| 대운 남 | 9 | 9 | 9 | 10 | 10 | 망 | 1 | 1 | 1 | 1 | 2 | 2 | 2 | 3 | 3 | 3 | 4 | 4 | 4 | 5 | 5 | 5 | 6 | 6 | 6 | 7 | 7 | 7 | 8 | 8 |
| 대운 녀 | 2 | 1 | 1 | 1 | 1 | 종 | 10 | 10 | 10 | 9 | 9 | 9 | 8 | 8 | 8 | 7 | 7 | 7 | 6 | 6 | 6 | 5 | 5 | 5 | 4 | 4 | 4 | 3 | 3 | 3 |

# 乙卯年

동경135도표준시

소서 8일 02시59분 **7 · 癸未月**(양 7.8~8.7) 대서 23일 20시22분

| 양력 | 1 | 2 | 3 | 4 | 5 | 6 | 7 | 8 | 9 | 10 | 11 | 12 | 13 | 14 | 15 | 16 | 17 | 18 | 19 | 20 | 21 | 22 | 23 | 24 | 25 | 26 | 27 | 28 | 29 | 30 | 31 |
|---|---|---|---|---|---|---|---|---|---|---|---|---|---|---|---|---|---|---|---|---|---|---|---|---|---|---|---|---|---|---|---|
| 음력 | 22 | 23 | 24 | 25 | 26 | 27 | 28 | 29 | 6.1 | 2 | 3 | 4 | 5 | 6 | 7 | 8 | 9 | 10 | 11 | 12 | 13 | 14 | 15 | 16 | 17 | 18 | 19 | 20 | 21 | 22 | 23 |
| 요일 | 火 | 水 | 木 | 金 | 土 | 日 | 月 | 火 | 水 | 木 | 金 | 土 | 日 | 月 | 火 | 水 | 木 | 金 | 土 | 日 | 月 | 火 | 水 | 木 | 金 | 土 | 日 | 月 | 火 | 水 | 木 |
| 일진 | 戊申 | 己酉 | 庚戌 | 辛亥 | 壬子 | 癸丑 | 甲寅 | 乙卯 | 丙辰 | 丁巳 | 戊午 | 己未 | 庚申 | 辛酉 | 壬戌 | 癸亥 | 甲子 | 乙丑 | 丙寅 | 丁卯 | 戊辰 | 己巳 | 庚午 | 辛未 | 壬申 | 癸酉 | 甲戌 | 乙亥 | 丙子 | 丁丑 | 戊寅 |
| 대운 남 | 8 | 9 | 9 | 9 | 10 | 10 | 10 | 소 | 1 | 1 | 1 | 1 | 2 | 2 | 2 | 3 | 3 | 3 | 4 | 4 | 4 | 5 | 5 | 5 | 6 | 6 | 6 | 7 | 7 | 7 | 8 |
| 대운 녀 | 2 | 2 | 2 | 1 | 1 | 1 | 1 | 서 | 10 | 10 | 9 | 9 | 9 | 8 | 8 | 8 | 7 | 7 | 7 | 6 | 6 | 6 | 5 | 5 | 5 | 4 | 4 | 4 | 3 | 3 | 3 |

입추 8일 12시45분 **8 · 甲申月**(양 8.8~9.7) 처서 24일 03시24분

| 양력 | 1 | 2 | 3 | 4 | 5 | 6 | 7 | 8 | 9 | 10 | 11 | 12 | 13 | 14 | 15 | 16 | 17 | 18 | 19 | 20 | 21 | 22 | 23 | 24 | 25 | 26 | 27 | 28 | 29 | 30 | 31 |
|---|---|---|---|---|---|---|---|---|---|---|---|---|---|---|---|---|---|---|---|---|---|---|---|---|---|---|---|---|---|---|---|
| 음력 | 24 | 25 | 26 | 27 | 28 | 29 | 7.1 | 2 | 3 | 4 | 5 | 6 | 7 | 8 | 9 | 10 | 11 | 12 | 13 | 14 | 15 | 16 | 17 | 18 | 19 | 20 | 21 | 22 | 23 | 24 | 25 |
| 요일 | 金 | 土 | 日 | 月 | 火 | 水 | 木 | 金 | 土 | 日 | 月 | 火 | 水 | 木 | 金 | 土 | 日 | 月 | 火 | 水 | 木 | 金 | 土 | 日 | 月 | 火 | 水 | 木 | 金 | 土 | 日 |
| 일진 | 己卯 | 庚辰 | 辛巳 | 壬午 | 癸未 | 甲申 | 乙酉 | 丙戌 | 丁亥 | 戊子 | 己丑 | 庚寅 | 辛卯 | 壬辰 | 癸巳 | 甲午 | 乙未 | 丙申 | 丁酉 | 戊戌 | 己亥 | 庚子 | 辛丑 | 壬寅 | 癸卯 | 甲辰 | 乙巳 | 丙午 | 丁未 | 戊申 | 己酉 |
| 대운 남 | 8 | 8 | 9 | 9 | 9 | 10 | 10 | 입 | 1 | 1 | 1 | 1 | 2 | 2 | 2 | 3 | 3 | 3 | 4 | 4 | 4 | 5 | 5 | 5 | 6 | 6 | 6 | 7 | 7 | 7 | 8 |
| 대운 녀 | 2 | 2 | 2 | 1 | 1 | 1 | 1 | 추 | 10 | 10 | 9 | 9 | 9 | 8 | 8 | 8 | 7 | 7 | 7 | 6 | 6 | 6 | 5 | 5 | 5 | 4 | 4 | 4 | 3 | 3 | 3 |

백로 8일 15시33분 **9 · 乙酉月**(양 9.8~10.8) 추분 24일 00시55분

| 양력 | 1 | 2 | 3 | 4 | 5 | 6 | 7 | 8 | 9 | 10 | 11 | 12 | 13 | 14 | 15 | 16 | 17 | 18 | 19 | 20 | 21 | 22 | 23 | 24 | 25 | 26 | 27 | 28 | 29 | 30 |
|---|---|---|---|---|---|---|---|---|---|---|---|---|---|---|---|---|---|---|---|---|---|---|---|---|---|---|---|---|---|---|
| 음력 | 26 | 27 | 28 | 29 | 30 | 8.1 | 2 | 3 | 4 | 5 | 6 | 7 | 8 | 9 | 10 | 11 | 12 | 13 | 14 | 15 | 16 | 17 | 18 | 19 | 20 | 21 | 22 | 23 | 24 | 25 |
| 요일 | 月 | 火 | 水 | 木 | 金 | 土 | 日 | 月 | 火 | 水 | 木 | 金 | 土 | 日 | 月 | 火 | 水 | 木 | 金 | 土 | 日 | 月 | 火 | 水 | 木 | 金 | 土 | 日 | 月 | 火 |
| 일진 | 庚戌 | 辛亥 | 壬子 | 癸丑 | 甲寅 | 乙卯 | 丙辰 | 丁巳 | 戊午 | 己未 | 庚申 | 辛酉 | 壬戌 | 癸亥 | 甲子 | 乙丑 | 丙寅 | 丁卯 | 戊辰 | 己巳 | 庚午 | 辛未 | 壬申 | 癸酉 | 甲戌 | 乙亥 | 丙子 | 丁丑 | 戊寅 | 己卯 |
| 대운 남 | 8 | 8 | 9 | 9 | 9 | 10 | 10 | 백 | 1 | 1 | 1 | 1 | 2 | 2 | 2 | 3 | 3 | 3 | 4 | 4 | 4 | 5 | 5 | 5 | 6 | 6 | 6 | 7 | 7 | 7 |
| 대운 녀 | 2 | 2 | 2 | 1 | 1 | 1 | 1 | 로 | 10 | 10 | 9 | 9 | 9 | 8 | 8 | 8 | 7 | 7 | 7 | 6 | 6 | 6 | 5 | 5 | 5 | 4 | 4 | 4 | 3 | 3 |

한로 9일 07시02분 **10 · 丙戌月**(양 10.9~11.7) 상강 24일 10시06분

| 양력 | 1 | 2 | 3 | 4 | 5 | 6 | 7 | 8 | 9 | 10 | 11 | 12 | 13 | 14 | 15 | 16 | 17 | 18 | 19 | 20 | 21 | 22 | 23 | 24 | 25 | 26 | 27 | 28 | 29 | 30 | 31 |
|---|---|---|---|---|---|---|---|---|---|---|---|---|---|---|---|---|---|---|---|---|---|---|---|---|---|---|---|---|---|---|---|
| 음력 | 26 | 27 | 28 | 29 | 9.1 | 2 | 3 | 4 | 5 | 6 | 7 | 8 | 9 | 10 | 11 | 12 | 13 | 14 | 15 | 16 | 17 | 18 | 19 | 20 | 21 | 22 | 23 | 24 | 25 | 26 | 27 |
| 요일 | 水 | 木 | 金 | 土 | 日 | 月 | 火 | 水 | 木 | 金 | 土 | 日 | 月 | 火 | 水 | 木 | 金 | 土 | 日 | 月 | 火 | 水 | 木 | 金 | 土 | 日 | 月 | 火 | 水 | 木 | 金 |
| 일진 | 庚辰 | 辛巳 | 壬午 | 癸未 | 甲申 | 乙酉 | 丙戌 | 丁亥 | 戊子 | 己丑 | 庚寅 | 辛卯 | 壬辰 | 癸巳 | 甲午 | 乙未 | 丙申 | 丁酉 | 戊戌 | 己亥 | 庚子 | 辛丑 | 壬寅 | 癸卯 | 甲辰 | 乙巳 | 丙午 | 丁未 | 戊申 | 己酉 | 庚戌 |
| 대운 남 | 8 | 8 | 8 | 9 | 9 | 9 | 10 | 10 | 한 | 1 | 1 | 1 | 1 | 2 | 2 | 2 | 3 | 3 | 3 | 4 | 4 | 4 | 5 | 5 | 5 | 6 | 6 | 6 | 7 | 7 | 7 |
| 대운 녀 | 3 | 2 | 2 | 2 | 1 | 1 | 1 | 1 | 로 | 10 | 9 | 9 | 9 | 8 | 8 | 8 | 7 | 7 | 7 | 6 | 6 | 6 | 5 | 5 | 5 | 4 | 4 | 4 | 3 | 3 | 3 |

입동 8일 10시03분 **11 · 丁亥月**(양 11.8~12.7) 소설 23일 07시31분

| 양력 | 1 | 2 | 3 | 4 | 5 | 6 | 7 | 8 | 9 | 10 | 11 | 12 | 13 | 14 | 15 | 16 | 17 | 18 | 19 | 20 | 21 | 22 | 23 | 24 | 25 | 26 | 27 | 28 | 29 | 30 |
|---|---|---|---|---|---|---|---|---|---|---|---|---|---|---|---|---|---|---|---|---|---|---|---|---|---|---|---|---|---|---|
| 음력 | 28 | 29 | 10.1 | 2 | 3 | 4 | 5 | 6 | 7 | 8 | 9 | 10 | 11 | 12 | 13 | 14 | 15 | 16 | 17 | 18 | 19 | 20 | 21 | 22 | 23 | 24 | 25 | 26 | 27 | 28 |
| 요일 | 土 | 日 | 月 | 火 | 水 | 木 | 金 | 土 | 日 | 月 | 火 | 水 | 木 | 金 | 土 | 日 | 月 | 火 | 水 | 木 | 金 | 土 | 日 | 月 | 火 | 水 | 木 | 金 | 土 | 日 |
| 일진 | 辛亥 | 壬子 | 癸丑 | 甲寅 | 乙卯 | 丙辰 | 丁巳 | 戊午 | 己未 | 庚申 | 辛酉 | 壬戌 | 癸亥 | 甲子 | 乙丑 | 丙寅 | 丁卯 | 戊辰 | 己巳 | 庚午 | 辛未 | 壬申 | 癸酉 | 甲戌 | 乙亥 | 丙子 | 丁丑 | 戊寅 | 己卯 | 庚辰 |
| 대운 남 | 8 | 8 | 8 | 9 | 9 | 9 | 10 | 입 | 1 | 1 | 1 | 1 | 2 | 2 | 2 | 3 | 3 | 3 | 4 | 4 | 4 | 5 | 5 | 5 | 6 | 6 | 6 | 7 | 7 | 7 |
| 대운 녀 | 2 | 2 | 2 | 1 | 1 | 1 | 1 | 동 | 10 | 9 | 9 | 9 | 8 | 8 | 8 | 7 | 7 | 7 | 6 | 6 | 6 | 5 | 5 | 5 | 4 | 4 | 4 | 3 | 3 | 3 |

대설 8일 02시46분 **12 · 戊子月**(양 12.8~1.5) 동지 22일 20시46분

| 양력 | 1 | 2 | 3 | 4 | 5 | 6 | 7 | 8 | 9 | 10 | 11 | 12 | 13 | 14 | 15 | 16 | 17 | 18 | 19 | 20 | 21 | 22 | 23 | 24 | 25 | 26 | 27 | 28 | 29 | 30 | 31 |
|---|---|---|---|---|---|---|---|---|---|---|---|---|---|---|---|---|---|---|---|---|---|---|---|---|---|---|---|---|---|---|---|
| 음력 | 29 | 30 | 11.1 | 2 | 3 | 4 | 5 | 6 | 7 | 8 | 9 | 10 | 11 | 12 | 13 | 14 | 15 | 16 | 17 | 18 | 19 | 20 | 21 | 22 | 23 | 24 | 25 | 26 | 27 | 28 | 29 |
| 요일 | 月 | 火 | 水 | 木 | 金 | 土 | 日 | 月 | 火 | 水 | 木 | 金 | 土 | 日 | 月 | 火 | 水 | 木 | 金 | 土 | 日 | 月 | 火 | 水 | 木 | 金 | 土 | 日 | 月 | 火 | 水 |
| 일진 | 辛巳 | 壬午 | 癸未 | 甲申 | 乙酉 | 丙戌 | 丁亥 | 戊子 | 己丑 | 庚寅 | 辛卯 | 壬辰 | 癸巳 | 甲午 | 乙未 | 丙申 | 丁酉 | 戊戌 | 己亥 | 庚子 | 辛丑 | 壬寅 | 癸卯 | 甲辰 | 乙巳 | 丙午 | 丁未 | 戊申 | 己酉 | 庚戌 | 辛亥 |
| 대운 남 | 8 | 8 | 8 | 9 | 9 | 9 | 10 | 대 | 1 | 1 | 1 | 1 | 2 | 2 | 2 | 3 | 3 | 3 | 4 | 4 | 4 | 5 | 5 | 5 | 6 | 6 | 6 | 7 | 7 | 7 | 8 |
| 대운 녀 | 2 | 2 | 2 | 1 | 1 | 1 | 1 | 설 | 9 | 9 | 9 | 8 | 8 | 8 | 7 | 7 | 7 | 6 | 6 | 6 | 5 | 5 | 5 | 4 | 4 | 4 | 3 | 3 | 3 | 2 | 2 |

# 1976년(윤8월)

소한 6일 13시57분

## 1 · 己丑月(양 1.6~2.4)

대한 21일 07시25분

| 양력 | 1 | 2 | 3 | 4 | 5 | 6 | 7 | 8 | 9 | 10 | 11 | 12 | 13 | 14 | 15 | 16 | 17 | 18 | 19 | 20 | 21 | 22 | 23 | 24 | 25 | 26 | 27 | 28 | 29 | 30 | 31 |
|---|---|---|---|---|---|---|---|---|---|---|---|---|---|---|---|---|---|---|---|---|---|---|---|---|---|---|---|---|---|---|---|
| 음력 | 12.1 | 2 | 3 | 4 | 5 | 6 | 7 | 8 | 9 | 10 | 11 | 12 | 13 | 14 | 15 | 16 | 17 | 18 | 19 | 20 | 21 | 22 | 23 | 24 | 25 | 26 | 27 | 28 | 29 | 30 | 1.1 |
| 요일 | 木 | 金 | 土 | 日 | 月 | 火 | 水 | 木 | 金 | 土 | 日 | 月 | 火 | 水 | 木 | 金 | 土 | 日 | 月 | 火 | 水 | 木 | 金 | 土 | 日 | 月 | 火 | 水 | 木 | 金 | 土 |
| 일진 | 壬子 | 癸丑 | 甲寅 | 乙卯 | 丙辰 | 丁巳 | 戊午 | 己未 | 庚申 | 辛酉 | 壬戌 | 癸亥 | 甲子 | 乙丑 | 丙寅 | 丁卯 | 戊辰 | 己巳 | 庚午 | 辛未 | 壬申 | 癸酉 | 甲戌 | 乙亥 | 丙子 | 丁丑 | 戊寅 | 己卯 | 庚辰 | 辛巳 | 壬午 |
| 대운 남 | 8 | 8 | 9 | 9 | 9 | 소 | 1 | 1 | 1 | 1 | 2 | 2 | 2 | 3 | 3 | 3 | 4 | 4 | 4 | 5 | 5 | 5 | 6 | 6 | 6 | 7 | 7 | 7 | 8 | 8 | 8 |
| 대운 녀 | 2 | 1 | 1 | 1 | 1 | 한 | 10 | 9 | 9 | 9 | 8 | 8 | 8 | 7 | 7 | 7 | 6 | 6 | 6 | 5 | 5 | 5 | 4 | 4 | 4 | 3 | 3 | 3 | 2 | 2 | 2 |

입춘 5일 01시39분

## 2 · 庚寅月(양 2.5~3.4)

우수 19일 21시40분

| 양력 | 1 | 2 | 3 | 4 | 5 | 6 | 7 | 8 | 9 | 10 | 11 | 12 | 13 | 14 | 15 | 16 | 17 | 18 | 19 | 20 | 21 | 22 | 23 | 24 | 25 | 26 | 27 | 28 | 29 |
|---|---|---|---|---|---|---|---|---|---|---|---|---|---|---|---|---|---|---|---|---|---|---|---|---|---|---|---|---|---|
| 음력 | 2 | 3 | 4 | 5 | 6 | 7 | 8 | 9 | 10 | 11 | 12 | 13 | 14 | 15 | 16 | 17 | 18 | 19 | 20 | 21 | 22 | 23 | 24 | 25 | 26 | 27 | 28 | 29 | 30 |
| 요일 | 日 | 月 | 火 | 水 | 木 | 金 | 土 | 日 | 月 | 火 | 水 | 木 | 金 | 土 | 日 | 月 | 火 | 水 | 木 | 金 | 土 | 日 | 月 | 火 | 水 | 木 | 金 | 土 | 日 |
| 일진 | 癸未 | 甲申 | 乙酉 | 丙戌 | 丁亥 | 戊子 | 己丑 | 庚寅 | 辛卯 | 壬辰 | 癸巳 | 甲午 | 乙未 | 丙申 | 丁酉 | 戊戌 | 己亥 | 庚子 | 辛丑 | 壬寅 | 癸卯 | 甲辰 | 乙巳 | 丙午 | 丁未 | 戊申 | 己酉 | 庚戌 | 辛亥 |
| 대운 남 | 9 | 9 | 9 | 10 | 입 | 9 | 9 | 9 | 8 | 8 | 8 | 7 | 7 | 7 | 6 | 6 | 6 | 5 | 5 | 5 | 4 | 4 | 4 | 3 | 3 | 3 | 2 | 2 | 2 |
| 대운 녀 | 1 | 1 | 1 | 1 | 춘 | 1 | 1 | 1 | 1 | 2 | 2 | 2 | 3 | 3 | 3 | 4 | 4 | 4 | 5 | 5 | 5 | 6 | 6 | 6 | 7 | 7 | 7 | 8 | 8 |

경칩 5일 19시48분

## 3 · 辛卯月(양 3.5~4.4)

춘분 20일 20시50분

| 양력 | 1 | 2 | 3 | 4 | 5 | 6 | 7 | 8 | 9 | 10 | 11 | 12 | 13 | 14 | 15 | 16 | 17 | 18 | 19 | 20 | 21 | 22 | 23 | 24 | 25 | 26 | 27 | 28 | 29 | 30 | 31 |
|---|---|---|---|---|---|---|---|---|---|---|---|---|---|---|---|---|---|---|---|---|---|---|---|---|---|---|---|---|---|---|---|
| 음력 | 2.1 | 2 | 3 | 4 | 5 | 6 | 7 | 8 | 9 | 10 | 11 | 12 | 13 | 14 | 15 | 16 | 17 | 18 | 19 | 20 | 21 | 22 | 23 | 24 | 25 | 26 | 27 | 28 | 29 | 30 | 3.1 |
| 요일 | 月 | 火 | 水 | 木 | 金 | 土 | 日 | 月 | 火 | 水 | 木 | 金 | 土 | 日 | 月 | 火 | 水 | 木 | 金 | 土 | 日 | 月 | 火 | 水 | 木 | 金 | 土 | 日 | 月 | 火 | 水 |
| 일진 | 壬子 | 癸丑 | 甲寅 | 乙卯 | 丙辰 | 丁巳 | 戊午 | 己未 | 庚申 | 辛酉 | 壬戌 | 癸亥 | 甲子 | 乙丑 | 丙寅 | 丁卯 | 戊辰 | 己巳 | 庚午 | 辛未 | 壬申 | 癸酉 | 甲戌 | 乙亥 | 丙子 | 丁丑 | 戊寅 | 己卯 | 庚辰 | 辛巳 | 壬午 |
| 대운 남 | 1 | 1 | 1 | 1 | 경 | 10 | 10 | 9 | 9 | 9 | 8 | 8 | 8 | 7 | 7 | 7 | 6 | 6 | 6 | 5 | 5 | 5 | 4 | 4 | 4 | 3 | 3 | 3 | 2 | 2 | 2 |
| 대운 녀 | 8 | 9 | 9 | 9 | 칩 | 1 | 1 | 1 | 1 | 2 | 2 | 2 | 3 | 3 | 3 | 4 | 4 | 4 | 5 | 5 | 5 | 6 | 6 | 6 | 7 | 7 | 7 | 8 | 8 | 8 | 9 |

청명 5일 00시46분

## 4 · 壬辰月(양 4.5~5.4)

곡우 20일 08시03분

| 양력 | 1 | 2 | 3 | 4 | 5 | 6 | 7 | 8 | 9 | 10 | 11 | 12 | 13 | 14 | 15 | 16 | 17 | 18 | 19 | 20 | 21 | 22 | 23 | 24 | 25 | 26 | 27 | 28 | 29 | 30 |
|---|---|---|---|---|---|---|---|---|---|---|---|---|---|---|---|---|---|---|---|---|---|---|---|---|---|---|---|---|---|---|
| 음력 | 2 | 3 | 4 | 5 | 6 | 7 | 8 | 9 | 10 | 11 | 12 | 13 | 14 | 15 | 16 | 17 | 18 | 19 | 20 | 21 | 22 | 23 | 24 | 25 | 26 | 27 | 28 | 29 | 4.1 | 2 |
| 요일 | 木 | 金 | 土 | 日 | 月 | 火 | 水 | 木 | 金 | 土 | 日 | 月 | 火 | 水 | 木 | 金 | 土 | 日 | 月 | 火 | 水 | 木 | 金 | 土 | 日 | 月 | 火 | 水 | 木 | 金 |
| 일진 | 癸未 | 甲申 | 乙酉 | 丙戌 | 丁亥 | 戊子 | 己丑 | 庚寅 | 辛卯 | 壬辰 | 癸巳 | 甲午 | 乙未 | 丙申 | 丁酉 | 戊戌 | 己亥 | 庚子 | 辛丑 | 壬寅 | 癸卯 | 甲辰 | 乙巳 | 丙午 | 丁未 | 戊申 | 己酉 | 庚戌 | 辛亥 | 壬子 |
| 대운 남 | 1 | 1 | 1 | 1 | 청 | 10 | 9 | 9 | 9 | 8 | 8 | 8 | 7 | 7 | 7 | 6 | 6 | 6 | 5 | 5 | 5 | 4 | 4 | 4 | 3 | 3 | 3 | 2 | 2 | 2 |
| 대운 녀 | 9 | 9 | 10 | 10 | 명 | 1 | 1 | 1 | 1 | 2 | 2 | 2 | 3 | 3 | 3 | 4 | 4 | 4 | 5 | 5 | 5 | 6 | 6 | 6 | 7 | 7 | 7 | 8 | 8 | 8 |

입하 5일 18시14분

## 5 · 癸巳月(양 5.5~6.4)

소만 21일 07시21분

| 양력 | 1 | 2 | 3 | 4 | 5 | 6 | 7 | 8 | 9 | 10 | 11 | 12 | 13 | 14 | 15 | 16 | 17 | 18 | 19 | 20 | 21 | 22 | 23 | 24 | 25 | 26 | 27 | 28 | 29 | 30 | 31 |
|---|---|---|---|---|---|---|---|---|---|---|---|---|---|---|---|---|---|---|---|---|---|---|---|---|---|---|---|---|---|---|---|
| 음력 | 3 | 4 | 5 | 6 | 7 | 8 | 9 | 10 | 11 | 12 | 13 | 14 | 15 | 16 | 17 | 18 | 19 | 20 | 21 | 22 | 23 | 24 | 25 | 26 | 27 | 28 | 29 | 30 | 5.1 | 2 | 3 |
| 요일 | 土 | 日 | 月 | 火 | 水 | 木 | 金 | 土 | 日 | 月 | 火 | 水 | 木 | 金 | 土 | 日 | 月 | 火 | 水 | 木 | 金 | 土 | 日 | 月 | 火 | 水 | 木 | 金 | 土 | 日 | 月 |
| 일진 | 癸丑 | 甲寅 | 乙卯 | 丙辰 | 丁巳 | 戊午 | 己未 | 庚申 | 辛酉 | 壬戌 | 癸亥 | 甲子 | 乙丑 | 丙寅 | 丁卯 | 戊辰 | 己巳 | 庚午 | 辛未 | 壬申 | 癸酉 | 甲戌 | 乙亥 | 丙子 | 丁丑 | 戊寅 | 己卯 | 庚辰 | 辛巳 | 壬午 | 癸未 |
| 대운 남 | 1 | 1 | 1 | 1 | 입 | 10 | 10 | 9 | 9 | 9 | 8 | 8 | 8 | 7 | 7 | 7 | 6 | 6 | 6 | 5 | 5 | 5 | 4 | 4 | 4 | 3 | 3 | 3 | 2 | 2 | 2 |
| 대운 녀 | 9 | 9 | 9 | 10 | 하 | 1 | 1 | 1 | 1 | 2 | 2 | 2 | 3 | 3 | 3 | 4 | 4 | 4 | 5 | 5 | 5 | 6 | 6 | 6 | 7 | 7 | 7 | 8 | 8 | 8 | 9 |

망종 5일 22시31분

## 6 · 甲午月(양 6.5~7.6)

하지 21일 15시24분

| 양력 | 1 | 2 | 3 | 4 | 5 | 6 | 7 | 8 | 9 | 10 | 11 | 12 | 13 | 14 | 15 | 16 | 17 | 18 | 19 | 20 | 21 | 22 | 23 | 24 | 25 | 26 | 27 | 28 | 29 | 30 |
|---|---|---|---|---|---|---|---|---|---|---|---|---|---|---|---|---|---|---|---|---|---|---|---|---|---|---|---|---|---|---|
| 음력 | 4 | 5 | 6 | 7 | 8 | 9 | 10 | 11 | 12 | 13 | 14 | 15 | 16 | 17 | 18 | 19 | 20 | 21 | 22 | 23 | 24 | 25 | 26 | 27 | 28 | 29 | 6.1 | 2 | 3 | 4 |
| 요일 | 火 | 水 | 木 | 金 | 土 | 日 | 月 | 火 | 水 | 木 | 金 | 土 | 日 | 月 | 火 | 水 | 木 | 金 | 土 | 日 | 月 | 火 | 水 | 木 | 金 | 土 | 日 | 月 | 火 | 水 |
| 일진 | 甲申 | 乙酉 | 丙戌 | 丁亥 | 戊子 | 己丑 | 庚寅 | 辛卯 | 壬辰 | 癸巳 | 甲午 | 乙未 | 丙申 | 丁酉 | 戊戌 | 己亥 | 庚子 | 辛丑 | 壬寅 | 癸卯 | 甲辰 | 乙巳 | 丙午 | 丁未 | 戊申 | 己酉 | 庚戌 | 辛亥 | 壬子 | 癸丑 |
| 대운 남 | 1 | 1 | 1 | 1 | 망 | 10 | 10 | 10 | 9 | 9 | 9 | 8 | 8 | 8 | 7 | 7 | 7 | 6 | 6 | 6 | 5 | 5 | 5 | 4 | 4 | 4 | 3 | 3 | 3 | 2 |
| 대운 녀 | 9 | 9 | 10 | 10 | 종 | 1 | 1 | 1 | 1 | 2 | 2 | 2 | 3 | 3 | 3 | 4 | 4 | 4 | 5 | 5 | 5 | 6 | 6 | 6 | 7 | 7 | 7 | 8 | 8 | 8 |

| 丙辰年 | 동경135도표준시 |
|---|---|

소서 7일 08시51분 — **7 · 乙未月(양 7.7~8.6)** — 대서 23일 02시18분

| 양력 | 1 | 2 | 3 | 4 | 5 | 6 | 7 | 8 | 9 | 10 | 11 | 12 | 13 | 14 | 15 | 16 | 17 | 18 | 19 | 20 | 21 | 22 | 23 | 24 | 25 | 26 | 27 | 28 | 29 | 30 | 31 |
|---|---|---|---|---|---|---|---|---|---|---|---|---|---|---|---|---|---|---|---|---|---|---|---|---|---|---|---|---|---|---|---|
| 음력 | 5 | 6 | 7 | 8 | 9 | 10 | 11 | 12 | 13 | 14 | 15 | 16 | 17 | 18 | 19 | 20 | 21 | 22 | 23 | 24 | 25 | 26 | 27 | 28 | 29 | 30 | 7.1 | 2 | 3 | 4 | 5 |
| 요일 | 木 | 金 | 土 | 日 | 月 | 火 | 水 | 木 | 金 | 土 | 日 | 月 | 火 | 水 | 木 | 金 | 土 | 日 | 月 | 火 | 水 | 木 | 金 | 土 | 日 | 月 | 火 | 水 | 木 | 金 | 土 |
| 일진 | 甲寅 | 乙卯 | 丙辰 | 丁巳 | 戊午 | 己未 | 庚申 | 辛酉 | 壬戌 | 癸亥 | 甲子 | 乙丑 | 丙寅 | 丁卯 | 戊辰 | 己巳 | 庚午 | 辛未 | 壬申 | 癸酉 | 甲戌 | 乙亥 | 丙子 | 丁丑 | 戊寅 | 己卯 | 庚辰 | 辛巳 | 壬午 | 癸未 | 甲申 |
| 대운 남 | 2 | 2 | 1 | 1 | 1 | 1 | 소 | 10 | 10 | 9 | 9 | 9 | 8 | 8 | 8 | 7 | 7 | 7 | 6 | 6 | 6 | 5 | 5 | 5 | 4 | 4 | 4 | 3 | 3 | 3 | 2 |
| 대운 녀 | 9 | 9 | 9 | 10 | 10 | 10 | 서 | 1 | 1 | 1 | 1 | 2 | 2 | 2 | 3 | 3 | 3 | 4 | 4 | 4 | 5 | 5 | 5 | 6 | 6 | 6 | 7 | 7 | 7 | 8 | 8 |

입추 7일 18시38분 — **8 · 丙申月(양 8.7~9.6)** — 처서 23일 09시18분

| 양력 | 1 | 2 | 3 | 4 | 5 | 6 | 7 | 8 | 9 | 10 | 11 | 12 | 13 | 14 | 15 | 16 | 17 | 18 | 19 | 20 | 21 | 22 | 23 | 24 | 25 | 26 | 27 | 28 | 29 | 30 | 31 |
|---|---|---|---|---|---|---|---|---|---|---|---|---|---|---|---|---|---|---|---|---|---|---|---|---|---|---|---|---|---|---|---|
| 음력 | 6 | 7 | 8 | 9 | 10 | 11 | 12 | 13 | 14 | 15 | 16 | 17 | 18 | 19 | 20 | 21 | 22 | 23 | 24 | 25 | 26 | 27 | 28 | 29 | 8.1 | 2 | 3 | 4 | 5 | 6 | 7 |
| 요일 | 日 | 月 | 火 | 水 | 木 | 金 | 土 | 日 | 月 | 火 | 水 | 木 | 金 | 土 | 日 | 月 | 火 | 水 | 木 | 金 | 土 | 日 | 月 | 火 | 水 | 木 | 金 | 土 | 日 | 月 | 火 |
| 일진 | 乙酉 | 丙戌 | 丁亥 | 戊子 | 己丑 | 庚寅 | 辛卯 | 壬辰 | 癸巳 | 甲午 | 乙未 | 丙申 | 丁酉 | 戊戌 | 己亥 | 庚子 | 辛丑 | 壬寅 | 癸卯 | 甲辰 | 乙巳 | 丙午 | 丁未 | 戊申 | 己酉 | 庚戌 | 辛亥 | 壬子 | 癸丑 | 甲寅 | 乙卯 |
| 대운 남 | 2 | 2 | 1 | 1 | 1 | 1 | 입 | 10 | 10 | 9 | 9 | 9 | 8 | 8 | 8 | 7 | 7 | 7 | 6 | 6 | 6 | 5 | 5 | 5 | 4 | 4 | 4 | 3 | 3 | 3 | 2 |
| 대운 녀 | 8 | 9 | 9 | 9 | 10 | 10 | 추 | 1 | 1 | 1 | 1 | 2 | 2 | 2 | 3 | 3 | 3 | 4 | 4 | 4 | 5 | 5 | 5 | 6 | 6 | 6 | 7 | 7 | 7 | 8 | 8 |

백로 7일 21시28분 — **9 · 丁酉月(양 9.7~10.7)** — 추분 23일 06시48분

| 양력 | 1 | 2 | 3 | 4 | 5 | 6 | 7 | 8 | 9 | 10 | 11 | 12 | 13 | 14 | 15 | 16 | 17 | 18 | 19 | 20 | 21 | 22 | 23 | 24 | 25 | 26 | 27 | 28 | 29 | 30 |
|---|---|---|---|---|---|---|---|---|---|---|---|---|---|---|---|---|---|---|---|---|---|---|---|---|---|---|---|---|---|---|
| 음력 | 8 | 9 | 10 | 11 | 12 | 13 | 14 | 15 | 16 | 17 | 18 | 19 | 20 | 21 | 22 | 23 | 24 | 25 | 26 | 27 | 28 | 29 | 30 | 윤 | 8.2 | 3 | 4 | 5 | 6 | 7 |
| 요일 | 水 | 木 | 金 | 土 | 日 | 月 | 火 | 水 | 木 | 金 | 土 | 日 | 月 | 火 | 水 | 木 | 金 | 土 | 日 | 月 | 火 | 水 | 木 | 金 | 土 | 日 | 月 | 火 | 水 | 木 |
| 일진 | 丙辰 | 丁巳 | 戊午 | 己未 | 庚申 | 辛酉 | 壬戌 | 癸亥 | 甲子 | 乙丑 | 丙寅 | 丁卯 | 戊辰 | 己巳 | 庚午 | 辛未 | 壬申 | 癸酉 | 甲戌 | 乙亥 | 丙子 | 丁丑 | 戊寅 | 己卯 | 庚辰 | 辛巳 | 壬午 | 癸未 | 甲申 | 乙酉 |
| 대운 남 | 2 | 2 | 1 | 1 | 1 | 1 | 백 | 10 | 10 | 9 | 9 | 9 | 8 | 8 | 8 | 7 | 7 | 7 | 6 | 6 | 6 | 5 | 5 | 5 | 4 | 4 | 4 | 3 | 3 | 3 |
| 대운 녀 | 8 | 9 | 9 | 9 | 10 | 10 | 로 | 1 | 1 | 1 | 1 | 2 | 2 | 2 | 3 | 3 | 3 | 4 | 4 | 4 | 5 | 5 | 5 | 6 | 6 | 6 | 7 | 7 | 7 | 8 |

한로 8일 12시58분 — **10 · 戊戌月(양 10.8~11.6)** — 상강 23일 15시58분

| 양력 | 1 | 2 | 3 | 4 | 5 | 6 | 7 | 8 | 9 | 10 | 11 | 12 | 13 | 14 | 15 | 16 | 17 | 18 | 19 | 20 | 21 | 22 | 23 | 24 | 25 | 26 | 27 | 28 | 29 | 30 | 31 |
|---|---|---|---|---|---|---|---|---|---|---|---|---|---|---|---|---|---|---|---|---|---|---|---|---|---|---|---|---|---|---|---|
| 음력 | 8 | 9 | 10 | 11 | 12 | 13 | 14 | 15 | 16 | 17 | 18 | 19 | 20 | 21 | 22 | 23 | 24 | 25 | 26 | 27 | 28 | 29 | 9.1 | 2 | 3 | 4 | 5 | 6 | 7 | 8 | 9 |
| 요일 | 金 | 土 | 日 | 月 | 火 | 水 | 木 | 金 | 土 | 日 | 月 | 火 | 水 | 木 | 金 | 土 | 日 | 月 | 火 | 水 | 木 | 金 | 土 | 日 | 月 | 火 | 水 | 木 | 金 | 土 | 日 |
| 일진 | 丙戌 | 丁亥 | 戊子 | 己丑 | 庚寅 | 辛卯 | 壬辰 | 癸巳 | 甲午 | 乙未 | 丙申 | 丁酉 | 戊戌 | 己亥 | 庚子 | 辛丑 | 壬寅 | 癸卯 | 甲辰 | 乙巳 | 丙午 | 丁未 | 戊申 | 己酉 | 庚戌 | 辛亥 | 壬子 | 癸丑 | 甲寅 | 乙卯 | 丙辰 |
| 대운 남 | 2 | 2 | 2 | 1 | 1 | 1 | 1 | 한 | 10 | 9 | 9 | 9 | 8 | 8 | 8 | 7 | 7 | 7 | 6 | 6 | 6 | 5 | 5 | 5 | 4 | 4 | 4 | 3 | 3 | 3 | 2 |
| 대운 녀 | 8 | 8 | 9 | 9 | 9 | 10 | 10 | 로 | 1 | 1 | 1 | 1 | 2 | 2 | 2 | 3 | 3 | 3 | 4 | 4 | 4 | 5 | 5 | 5 | 6 | 6 | 6 | 7 | 7 | 7 | 8 |

입동 7일 15시59분 — **11 · 己亥月(양 11.7~12.6)** — 소설 22일 13시22분

| 양력 | 1 | 2 | 3 | 4 | 5 | 6 | 7 | 8 | 9 | 10 | 11 | 12 | 13 | 14 | 15 | 16 | 17 | 18 | 19 | 20 | 21 | 22 | 23 | 24 | 25 | 26 | 27 | 28 | 29 | 30 |
|---|---|---|---|---|---|---|---|---|---|---|---|---|---|---|---|---|---|---|---|---|---|---|---|---|---|---|---|---|---|---|
| 음력 | 10 | 11 | 12 | 13 | 14 | 15 | 16 | 17 | 18 | 19 | 20 | 21 | 22 | 23 | 24 | 25 | 26 | 27 | 28 | 29 | 30 | 10.1 | 2 | 3 | 4 | 5 | 6 | 7 | 8 | 9 |
| 요일 | 月 | 火 | 水 | 木 | 金 | 土 | 日 | 月 | 火 | 水 | 木 | 金 | 土 | 日 | 月 | 火 | 水 | 木 | 金 | 土 | 日 | 月 | 火 | 水 | 木 | 金 | 土 | 日 | 月 | 火 |
| 일진 | 丁巳 | 戊午 | 己未 | 庚申 | 辛酉 | 壬戌 | 癸亥 | 甲子 | 乙丑 | 丙寅 | 丁卯 | 戊辰 | 己巳 | 庚午 | 辛未 | 壬申 | 癸酉 | 甲戌 | 乙亥 | 丙子 | 丁丑 | 戊寅 | 己卯 | 庚辰 | 辛巳 | 壬午 | 癸未 | 甲申 | 乙酉 | 丙戌 |
| 대운 남 | 2 | 2 | 1 | 1 | 1 | 1 | 입 | 10 | 9 | 9 | 9 | 8 | 8 | 8 | 7 | 7 | 7 | 6 | 6 | 6 | 5 | 5 | 5 | 4 | 4 | 4 | 3 | 3 | 3 | 2 |
| 대운 녀 | 8 | 8 | 9 | 9 | 9 | 10 | 동 | 1 | 1 | 1 | 1 | 2 | 2 | 2 | 3 | 3 | 3 | 4 | 4 | 4 | 5 | 5 | 5 | 6 | 6 | 6 | 7 | 7 | 7 | 8 |

대설 7일 08시41분 — **12 · 庚子月(양 12.7~1.4)** — 동지 22일 02시35분

| 양력 | 1 | 2 | 3 | 4 | 5 | 6 | 7 | 8 | 9 | 10 | 11 | 12 | 13 | 14 | 15 | 16 | 17 | 18 | 19 | 20 | 21 | 22 | 23 | 24 | 25 | 26 | 27 | 28 | 29 | 30 | 31 |
|---|---|---|---|---|---|---|---|---|---|---|---|---|---|---|---|---|---|---|---|---|---|---|---|---|---|---|---|---|---|---|---|
| 음력 | 10 | 11 | 12 | 13 | 14 | 15 | 16 | 17 | 18 | 19 | 20 | 21 | 22 | 23 | 24 | 25 | 26 | 27 | 28 | 29 | 11.1 | 2 | 3 | 4 | 5 | 6 | 7 | 8 | 9 | 10 | 11 |
| 요일 | 水 | 木 | 金 | 土 | 日 | 月 | 火 | 水 | 木 | 金 | 土 | 日 | 月 | 火 | 水 | 木 | 金 | 土 | 日 | 月 | 火 | 水 | 木 | 金 | 土 | 日 | 月 | 火 | 水 | 木 | 金 |
| 일진 | 丁亥 | 戊子 | 己丑 | 庚寅 | 辛卯 | 壬辰 | 癸巳 | 甲午 | 乙未 | 丙申 | 丁酉 | 戊戌 | 己亥 | 庚子 | 辛丑 | 壬寅 | 癸卯 | 甲辰 | 乙巳 | 丙午 | 丁未 | 戊申 | 己酉 | 庚戌 | 辛亥 | 壬子 | 癸丑 | 甲寅 | 乙卯 | 丙辰 | 丁巳 |
| 대운 남 | 2 | 2 | 1 | 1 | 1 | 1 | 대 | 9 | 9 | 9 | 8 | 8 | 8 | 7 | 7 | 7 | 6 | 6 | 6 | 5 | 5 | 5 | 4 | 4 | 4 | 3 | 3 | 3 | 2 | 2 | 2 |
| 대운 녀 | 8 | 8 | 9 | 9 | 9 | 10 | 설 | 1 | 1 | 1 | 1 | 2 | 2 | 2 | 3 | 3 | 3 | 4 | 4 | 4 | 5 | 5 | 5 | 6 | 6 | 6 | 7 | 7 | 7 | 8 | 8 |

단기 4310년

# 1977년

소한 5일 19시51분

## 1 · 辛丑月(양 1.5~2.3)

대한 20일 13시14분

| 양력 | | 1 | 2 | 3 | 4 | 5 | 6 | 7 | 8 | 9 | 10 | 11 | 12 | 13 | 14 | 15 | 16 | 17 | 18 | 19 | 20 | 21 | 22 | 23 | 24 | 25 | 26 | 27 | 28 | 29 | 30 | 31 |
|---|---|---|---|---|---|---|---|---|---|---|---|---|---|---|---|---|---|---|---|---|---|---|---|---|---|---|---|---|---|---|---|---|
| 음력 | | 12 | 13 | 14 | 15 | 16 | 17 | 18 | 19 | 20 | 21 | 22 | 23 | 24 | 25 | 26 | 27 | 28 | 29 | 12.1 | 2 | 3 | 4 | 5 | 6 | 7 | 8 | 9 | 10 | 11 | 12 | 13 |
| 요일 | | 土 | 日 | 月 | 火 | 水 | 木 | 金 | 土 | 日 | 月 | 火 | 水 | 木 | 金 | 土 | 日 | 月 | 火 | 水 | 木 | 金 | 土 | 日 | 月 | 火 | 水 | 木 | 金 | 土 | 日 | 月 |
| 일진 | | 戊 | 己 | 庚 | 辛 | 壬 | 癸 | 甲 | 乙 | 丙 | 丁 | 戊 | 己 | 庚 | 辛 | 壬 | 癸 | 甲 | 乙 | 丙 | 丁 | 戊 | 己 | 庚 | 辛 | 壬 | 癸 | 甲 | 乙 | 丙 | 丁 | 戊 |
| | | 午 | 未 | 申 | 酉 | 戌 | 亥 | 子 | 丑 | 寅 | 卯 | 辰 | 巳 | 午 | 未 | 申 | 酉 | 戌 | 亥 | 子 | 丑 | 寅 | 卯 | 辰 | 巳 | 午 | 未 | 申 | 酉 | 戌 | 亥 | 子 |
| 대운 | 남 | 1 | 1 | 1 | 1 | 소 | 10 | 9 | 9 | 9 | 8 | 8 | 8 | 7 | 7 | 7 | 6 | 6 | 6 | 5 | 5 | 5 | 4 | 4 | 4 | 3 | 3 | 3 | 2 | 2 | 2 | 1 |
| | 녀 | 8 | 9 | 9 | 9 | 한 | 1 | 1 | 1 | 1 | 2 | 2 | 2 | 3 | 3 | 3 | 4 | 4 | 4 | 5 | 5 | 5 | 6 | 6 | 6 | 7 | 7 | 7 | 8 | 8 | 8 | 9 |

입춘 4일 07시33분

## 2 · 壬寅月(양 2.4~3.5)

우수 19일 03시30분

| 양력 | | 1 | 2 | 3 | 4 | 5 | 6 | 7 | 8 | 9 | 10 | 11 | 12 | 13 | 14 | 15 | 16 | 17 | 18 | 19 | 20 | 21 | 22 | 23 | 24 | 25 | 26 | 27 | 28 |
|---|---|---|---|---|---|---|---|---|---|---|---|---|---|---|---|---|---|---|---|---|---|---|---|---|---|---|---|---|---|
| 음력 | | 14 | 15 | 16 | 17 | 18 | 19 | 20 | 21 | 22 | 23 | 24 | 25 | 26 | 27 | 28 | 29 | 30 | 1.1 | 2 | 3 | 4 | 5 | 6 | 7 | 8 | 9 | 10 | 11 |
| 요일 | | 火 | 水 | 木 | 金 | 土 | 日 | 月 | 火 | 水 | 木 | 金 | 土 | 日 | 月 | 火 | 水 | 木 | 金 | 土 | 日 | 月 | 火 | 水 | 木 | 金 | 土 | 日 | 月 |
| 일진 | | 己 | 庚 | 辛 | 壬 | 癸 | 甲 | 乙 | 丙 | 丁 | 戊 | 己 | 庚 | 辛 | 壬 | 癸 | 甲 | 乙 | 丙 | 丁 | 戊 | 己 | 庚 | 辛 | 壬 | 癸 | 甲 | 乙 | 丙 |
| | | 丑 | 寅 | 卯 | 辰 | 巳 | 午 | 未 | 申 | 酉 | 戌 | 亥 | 子 | 丑 | 寅 | 卯 | 辰 | 巳 | 午 | 未 | 申 | 酉 | 戌 | 亥 | 子 | 丑 | 寅 | 卯 | 辰 |
| 대운 | 남 | 1 | 1 | 1 | 입 | 1 | 1 | 1 | 1 | 2 | 2 | 2 | 3 | 3 | 3 | 4 | 4 | 4 | 5 | 5 | 5 | 6 | 6 | 6 | 7 | 7 | 7 | 8 | 8 |
| | 녀 | 9 | 9 | 10 | 춘 | 10 | 9 | 9 | 9 | 8 | 8 | 8 | 7 | 7 | 7 | 6 | 6 | 6 | 5 | 5 | 5 | 4 | 4 | 4 | 3 | 3 | 3 | 2 | 2 |

경칩 6일 01시44분

## 3 · 癸卯月(양 3.6~4.4)

춘분 21일 02시42분

| 양력 | | 1 | 2 | 3 | 4 | 5 | 6 | 7 | 8 | 9 | 10 | 11 | 12 | 13 | 14 | 15 | 16 | 17 | 18 | 19 | 20 | 21 | 22 | 23 | 24 | 25 | 26 | 27 | 28 | 29 | 30 | 31 |
|---|---|---|---|---|---|---|---|---|---|---|---|---|---|---|---|---|---|---|---|---|---|---|---|---|---|---|---|---|---|---|---|---|
| 음력 | | 12 | 13 | 14 | 15 | 16 | 17 | 18 | 19 | 20 | 21 | 22 | 23 | 24 | 25 | 26 | 27 | 28 | 29 | 30 | 2.1 | 2 | 3 | 4 | 5 | 6 | 7 | 8 | 9 | 10 | 11 | 12 |
| 요일 | | 火 | 水 | 木 | 金 | 土 | 日 | 月 | 火 | 水 | 木 | 金 | 土 | 日 | 月 | 火 | 水 | 木 | 金 | 土 | 日 | 月 | 火 | 水 | 木 | 金 | 土 | 日 | 月 | 火 | 水 | 木 |
| 일진 | | 丁 | 戊 | 己 | 庚 | 辛 | 壬 | 癸 | 甲 | 乙 | 丙 | 丁 | 戊 | 己 | 庚 | 辛 | 壬 | 癸 | 甲 | 乙 | 丙 | 丁 | 戊 | 己 | 庚 | 辛 | 壬 | 癸 | 甲 | 乙 | 丙 | 丁 |
| | | 巳 | 午 | 未 | 申 | 酉 | 戌 | 亥 | 子 | 丑 | 寅 | 卯 | 辰 | 巳 | 午 | 未 | 申 | 酉 | 戌 | 亥 | 子 | 丑 | 寅 | 卯 | 辰 | 巳 | 午 | 未 | 申 | 酉 | 戌 | 亥 |
| 대운 | 남 | 8 | 9 | 9 | 9 | 10 | 경 | 1 | 1 | 1 | 1 | 2 | 2 | 2 | 3 | 3 | 3 | 4 | 4 | 4 | 5 | 5 | 5 | 6 | 6 | 6 | 7 | 7 | 7 | 8 | 8 | 8 |
| | 녀 | 2 | 1 | 1 | 1 | 1 | 칩 | 10 | 9 | 9 | 9 | 8 | 8 | 8 | 7 | 7 | 7 | 6 | 6 | 6 | 5 | 5 | 5 | 4 | 4 | 4 | 3 | 3 | 3 | 2 | 2 | 2 |

청명 5일 06시46분

## 4 · 甲辰月(양 4.5~5.5)

곡우 20일 13시57분

| 양력 | | 1 | 2 | 3 | 4 | 5 | 6 | 7 | 8 | 9 | 10 | 11 | 12 | 13 | 14 | 15 | 16 | 17 | 18 | 19 | 20 | 21 | 22 | 23 | 24 | 25 | 26 | 27 | 28 | 29 | 30 |
|---|---|---|---|---|---|---|---|---|---|---|---|---|---|---|---|---|---|---|---|---|---|---|---|---|---|---|---|---|---|---|---|
| 음력 | | 13 | 14 | 15 | 16 | 17 | 18 | 19 | 20 | 21 | 22 | 23 | 24 | 25 | 26 | 27 | 28 | 29 | 3.1 | 2 | 3 | 4 | 5 | 6 | 7 | 8 | 9 | 10 | 11 | 12 | 13 |
| 요일 | | 金 | 土 | 日 | 月 | 火 | 水 | 木 | 金 | 土 | 日 | 月 | 火 | 水 | 木 | 金 | 土 | 日 | 月 | 火 | 水 | 木 | 金 | 土 | 日 | 月 | 火 | 水 | 木 | 金 | 土 |
| 일진 | | 戊 | 己 | 庚 | 辛 | 壬 | 癸 | 甲 | 乙 | 丙 | 丁 | 戊 | 己 | 庚 | 辛 | 壬 | 癸 | 甲 | 乙 | 丙 | 丁 | 戊 | 己 | 庚 | 辛 | 壬 | 癸 | 甲 | 乙 | 丙 | 丁 |
| | | 子 | 丑 | 寅 | 卯 | 辰 | 巳 | 午 | 未 | 申 | 酉 | 戌 | 亥 | 子 | 丑 | 寅 | 卯 | 辰 | 巳 | 午 | 未 | 申 | 酉 | 戌 | 亥 | 子 | 丑 | 寅 | 卯 | 辰 | 巳 |
| 대운 | 남 | 9 | 9 | 9 | 10 | 청 | 1 | 1 | 1 | 1 | 2 | 2 | 2 | 3 | 3 | 3 | 4 | 4 | 4 | 5 | 5 | 5 | 6 | 6 | 6 | 7 | 7 | 7 | 8 | 8 | 8 |
| | 녀 | 1 | 1 | 1 | 1 | 명 | 10 | 10 | 9 | 9 | 9 | 8 | 8 | 8 | 7 | 7 | 7 | 6 | 6 | 6 | 5 | 5 | 5 | 4 | 4 | 4 | 3 | 3 | 3 | 2 | 2 |

입하 6일 00시16분

## 5 · 乙巳月(양 5.6~6.5)

소만 21일 13시14분

| 양력 | | 1 | 2 | 3 | 4 | 5 | 6 | 7 | 8 | 9 | 10 | 11 | 12 | 13 | 14 | 15 | 16 | 17 | 18 | 19 | 20 | 21 | 22 | 23 | 24 | 25 | 26 | 27 | 28 | 29 | 30 | 31 |
|---|---|---|---|---|---|---|---|---|---|---|---|---|---|---|---|---|---|---|---|---|---|---|---|---|---|---|---|---|---|---|---|---|
| 음력 | | 14 | 15 | 16 | 17 | 18 | 19 | 20 | 21 | 22 | 23 | 24 | 25 | 26 | 27 | 28 | 29 | 30 | 4.1 | 2 | 3 | 4 | 5 | 6 | 7 | 8 | 9 | 10 | 11 | 12 | 13 | 14 |
| 요일 | | 日 | 月 | 火 | 水 | 木 | 金 | 土 | 日 | 月 | 火 | 水 | 木 | 金 | 土 | 日 | 月 | 火 | 水 | 木 | 金 | 土 | 日 | 月 | 火 | 水 | 木 | 金 | 土 | 日 | 月 | 火 |
| 일진 | | 戊 | 己 | 庚 | 辛 | 壬 | 癸 | 甲 | 乙 | 丙 | 丁 | 戊 | 己 | 庚 | 辛 | 壬 | 癸 | 甲 | 乙 | 丙 | 丁 | 戊 | 己 | 庚 | 辛 | 壬 | 癸 | 甲 | 乙 | 丙 | 丁 | 戊 |
| | | 午 | 未 | 申 | 酉 | 戌 | 亥 | 子 | 丑 | 寅 | 卯 | 辰 | 巳 | 午 | 未 | 申 | 酉 | 戌 | 亥 | 子 | 丑 | 寅 | 卯 | 辰 | 巳 | 午 | 未 | 申 | 酉 | 戌 | 亥 | 子 |
| 대운 | 남 | 9 | 9 | 9 | 10 | 10 | 입 | 1 | 1 | 1 | 1 | 2 | 2 | 2 | 3 | 3 | 3 | 4 | 4 | 4 | 5 | 5 | 5 | 6 | 6 | 6 | 7 | 7 | 7 | 8 | 8 | 8 |
| | 녀 | 2 | 1 | 1 | 1 | 1 | 하 | 10 | 10 | 9 | 9 | 9 | 8 | 8 | 8 | 7 | 7 | 7 | 6 | 6 | 6 | 5 | 5 | 5 | 4 | 4 | 4 | 3 | 3 | 3 | 2 | 2 |

망종 6일 04시32분

## 6 · 丙午月(양 6.6~7.6)

하지 21일 21시14분

| 양력 | | 1 | 2 | 3 | 4 | 5 | 6 | 7 | 8 | 9 | 10 | 11 | 12 | 13 | 14 | 15 | 16 | 17 | 18 | 19 | 20 | 21 | 22 | 23 | 24 | 25 | 26 | 27 | 28 | 29 | 30 |
|---|---|---|---|---|---|---|---|---|---|---|---|---|---|---|---|---|---|---|---|---|---|---|---|---|---|---|---|---|---|---|---|
| 음력 | | 15 | 16 | 17 | 18 | 19 | 20 | 21 | 22 | 23 | 24 | 25 | 26 | 27 | 28 | 29 | 30 | 5.1 | 2 | 3 | 4 | 5 | 6 | 7 | 8 | 9 | 10 | 11 | 12 | 13 | 14 |
| 요일 | | 水 | 木 | 金 | 土 | 日 | 月 | 火 | 水 | 木 | 金 | 土 | 日 | 月 | 火 | 水 | 木 | 金 | 土 | 日 | 月 | 火 | 水 | 木 | 金 | 土 | 日 | 月 | 火 | 水 | 木 |
| 일진 | | 己 | 庚 | 辛 | 壬 | 癸 | 甲 | 乙 | 丙 | 丁 | 戊 | 己 | 庚 | 辛 | 壬 | 癸 | 甲 | 乙 | 丙 | 丁 | 戊 | 己 | 庚 | 辛 | 壬 | 癸 | 甲 | 乙 | 丙 | 丁 | 戊 |
| | | 丑 | 寅 | 卯 | 辰 | 巳 | 午 | 未 | 申 | 酉 | 戌 | 亥 | 子 | 丑 | 寅 | 卯 | 辰 | 巳 | 午 | 未 | 申 | 酉 | 戌 | 亥 | 子 | 丑 | 寅 | 卯 | 辰 | 巳 | 午 |
| 대운 | 남 | 9 | 9 | 9 | 10 | 10 | 망 | 1 | 1 | 1 | 1 | 2 | 2 | 2 | 3 | 3 | 3 | 4 | 4 | 4 | 5 | 5 | 5 | 6 | 6 | 6 | 7 | 7 | 7 | 8 | 8 |
| | 녀 | 2 | 1 | 1 | 1 | 1 | 종 | 10 | 10 | 9 | 9 | 9 | 8 | 8 | 8 | 7 | 7 | 7 | 6 | 6 | 6 | 5 | 5 | 5 | 4 | 4 | 4 | 3 | 3 | 3 | 2 |

# 丁巳年

동경135도표준시

## 7 · 丁未月(양 7.7~8.7)

소서 7일 14시48분 대서 23일 08시04분

| 양력 | 1 | 2 | 3 | 4 | 5 | 6 | 7 | 8 | 9 | 10 | 11 | 12 | 13 | 14 | 15 | 16 | 17 | 18 | 19 | 20 | 21 | 22 | 23 | 24 | 25 | 26 | 27 | 28 | 29 | 30 | 31 |
|---|---|---|---|---|---|---|---|---|---|---|---|---|---|---|---|---|---|---|---|---|---|---|---|---|---|---|---|---|---|---|---|
| 음력 | 15 | 16 | 17 | 18 | 19 | 20 | 21 | 22 | 23 | 24 | 25 | 26 | 27 | 28 | 29 | 6.1 | 2 | 3 | 4 | 5 | 6 | 7 | 8 | 9 | 10 | 11 | 12 | 13 | 14 | 15 | 16 |
| 요일 | 金 | 土 | 日 | 月 | 火 | 水 | 木 | 金 | 土 | 日 | 月 | 火 | 水 | 木 | 金 | 土 | 日 | 月 | 火 | 水 | 木 | 金 | 土 | 日 | 月 | 火 | 水 | 木 | 金 | 土 | 日 |
| 일진 | 己未 | 庚申 | 辛酉 | 壬戌 | 癸亥 | 甲子 | 乙丑 | 丙寅 | 丁卯 | 戊辰 | 己巳 | 庚午 | 辛未 | 壬申 | 癸酉 | 甲戌 | 乙亥 | 丙子 | 丁丑 | 戊寅 | 己卯 | 庚辰 | 辛巳 | 壬午 | 癸未 | 甲申 | 乙酉 | 丙戌 | 丁亥 | 戊子 | 己丑 |
| 대운 남 | 8 | 9 | 9 | 9 | 10 | 10 | 소 | 1 | 1 | 1 | 1 | 2 | 2 | 2 | 3 | 3 | 3 | 4 | 4 | 4 | 5 | 5 | 5 | 6 | 6 | 6 | 7 | 7 | 7 | 8 | 8 |
| 대운 녀 | 2 | 2 | 1 | 1 | 1 | 1 | 서 | 10 | 10 | 10 | 9 | 9 | 9 | 8 | 8 | 8 | 7 | 7 | 7 | 6 | 6 | 6 | 5 | 5 | 5 | 4 | 4 | 4 | 3 | 3 | 3 |

## 8 · 戊申月(양 8.8~9.7)

입추 8일 00시30분 처서 23일 15시00분

| 양력 | 1 | 2 | 3 | 4 | 5 | 6 | 7 | 8 | 9 | 10 | 11 | 12 | 13 | 14 | 15 | 16 | 17 | 18 | 19 | 20 | 21 | 22 | 23 | 24 | 25 | 26 | 27 | 28 | 29 | 30 | 31 |
|---|---|---|---|---|---|---|---|---|---|---|---|---|---|---|---|---|---|---|---|---|---|---|---|---|---|---|---|---|---|---|---|
| 음력 | 17 | 18 | 19 | 20 | 21 | 22 | 23 | 24 | 25 | 26 | 27 | 28 | 29 | 30 | 7.1 | 2 | 3 | 4 | 5 | 6 | 7 | 8 | 9 | 10 | 11 | 12 | 13 | 14 | 15 | 16 | 17 |
| 요일 | 月 | 火 | 水 | 木 | 金 | 土 | 日 | 月 | 火 | 水 | 木 | 金 | 土 | 日 | 月 | 火 | 水 | 木 | 金 | 土 | 日 | 月 | 火 | 水 | 木 | 金 | 土 | 日 | 月 | 火 | 水 |
| 일진 | 庚寅 | 辛卯 | 壬辰 | 癸巳 | 甲午 | 乙未 | 丙申 | 丁酉 | 戊戌 | 己亥 | 庚子 | 辛丑 | 壬寅 | 癸卯 | 甲辰 | 乙巳 | 丙午 | 丁未 | 戊申 | 己酉 | 庚戌 | 辛亥 | 壬子 | 癸丑 | 甲寅 | 乙卯 | 丙辰 | 丁巳 | 戊午 | 己未 | 庚申 |
| 대운 남 | 8 | 9 | 9 | 9 | 10 | 10 | 10 | 입 | 1 | 1 | 1 | 1 | 2 | 2 | 2 | 3 | 3 | 3 | 4 | 4 | 4 | 5 | 5 | 5 | 6 | 6 | 6 | 7 | 7 | 7 | 8 |
| 대운 녀 | 2 | 2 | 2 | 1 | 1 | 1 | 1 | 추 | 10 | 10 | 9 | 9 | 9 | 8 | 8 | 8 | 7 | 7 | 7 | 6 | 6 | 6 | 5 | 5 | 5 | 4 | 4 | 4 | 3 | 3 | 3 |

## 9 · 己酉月(양 9.8~10.7)

백로 8일 03시16분 추분 23일 12시29분

| 양력 | 1 | 2 | 3 | 4 | 5 | 6 | 7 | 8 | 9 | 10 | 11 | 12 | 13 | 14 | 15 | 16 | 17 | 18 | 19 | 20 | 21 | 22 | 23 | 24 | 25 | 26 | 27 | 28 | 29 | 30 |
|---|---|---|---|---|---|---|---|---|---|---|---|---|---|---|---|---|---|---|---|---|---|---|---|---|---|---|---|---|---|---|
| 음력 | 18 | 19 | 20 | 21 | 22 | 23 | 24 | 25 | 26 | 27 | 28 | 29 | 8.1 | 2 | 3 | 4 | 5 | 6 | 7 | 8 | 9 | 10 | 11 | 12 | 13 | 14 | 15 | 16 | 17 | 18 |
| 요일 | 木 | 金 | 土 | 日 | 月 | 火 | 水 | 木 | 金 | 土 | 日 | 月 | 火 | 水 | 木 | 金 | 土 | 日 | 月 | 火 | 水 | 木 | 金 | 土 | 日 | 月 | 火 | 水 | 木 | 金 |
| 일진 | 辛酉 | 壬戌 | 癸亥 | 甲子 | 乙丑 | 丙寅 | 丁卯 | 戊辰 | 己巳 | 庚午 | 辛未 | 壬申 | 癸酉 | 甲戌 | 乙亥 | 丙子 | 丁丑 | 戊寅 | 己卯 | 庚辰 | 辛巳 | 壬午 | 癸未 | 甲申 | 乙酉 | 丙戌 | 丁亥 | 戊子 | 己丑 | 庚寅 |
| 대운 남 | 8 | 8 | 9 | 9 | 9 | 10 | 10 | 백 | 1 | 1 | 1 | 1 | 2 | 2 | 2 | 3 | 3 | 3 | 4 | 4 | 4 | 5 | 5 | 5 | 6 | 6 | 6 | 7 | 7 | 7 |
| 대운 녀 | 2 | 2 | 2 | 1 | 1 | 1 | 1 | 로 | 10 | 9 | 9 | 9 | 8 | 8 | 8 | 7 | 7 | 7 | 6 | 6 | 6 | 5 | 5 | 5 | 4 | 4 | 4 | 3 | 3 | 3 |

## 10 · 庚戌月(양 10.8~11.6)

한로 8일 18시44분 상강 23일 21시41분

| 양력 | 1 | 2 | 3 | 4 | 5 | 6 | 7 | 8 | 9 | 10 | 11 | 12 | 13 | 14 | 15 | 16 | 17 | 18 | 19 | 20 | 21 | 22 | 23 | 24 | 25 | 26 | 27 | 28 | 29 | 30 | 31 |
|---|---|---|---|---|---|---|---|---|---|---|---|---|---|---|---|---|---|---|---|---|---|---|---|---|---|---|---|---|---|---|---|
| 음력 | 19 | 20 | 21 | 22 | 23 | 24 | 25 | 26 | 27 | 28 | 29 | 30 | 9.1 | 2 | 3 | 4 | 5 | 6 | 7 | 8 | 9 | 10 | 11 | 12 | 13 | 14 | 15 | 16 | 17 | 18 | 19 |
| 요일 | 土 | 日 | 月 | 火 | 水 | 木 | 金 | 土 | 日 | 月 | 火 | 水 | 木 | 金 | 土 | 日 | 月 | 火 | 水 | 木 | 金 | 土 | 日 | 月 | 火 | 水 | 木 | 金 | 土 | 日 | 月 |
| 일진 | 辛卯 | 壬辰 | 癸巳 | 甲午 | 乙未 | 丙申 | 丁酉 | 戊戌 | 己亥 | 庚子 | 辛丑 | 壬寅 | 癸卯 | 甲辰 | 乙巳 | 丙午 | 丁未 | 戊申 | 己酉 | 庚戌 | 辛亥 | 壬子 | 癸丑 | 甲寅 | 乙卯 | 丙辰 | 丁巳 | 戊午 | 己未 | 庚申 | 辛酉 |
| 대운 남 | 8 | 8 | 8 | 9 | 9 | 9 | 10 | 한 | 1 | 1 | 1 | 1 | 2 | 2 | 2 | 3 | 3 | 3 | 4 | 4 | 4 | 5 | 5 | 5 | 6 | 6 | 6 | 7 | 7 | 7 | 8 |
| 대운 녀 | 2 | 2 | 2 | 1 | 1 | 1 | 1 | 로 | 10 | 9 | 9 | 9 | 8 | 8 | 8 | 7 | 7 | 7 | 6 | 6 | 6 | 5 | 5 | 5 | 4 | 4 | 4 | 3 | 3 | 3 | 2 |

## 11 · 辛亥月(양 11.7~12.6)

입동 7일 21시46분 소설 22일 19시07분

| 양력 | 1 | 2 | 3 | 4 | 5 | 6 | 7 | 8 | 9 | 10 | 11 | 12 | 13 | 14 | 15 | 16 | 17 | 18 | 19 | 20 | 21 | 22 | 23 | 24 | 25 | 26 | 27 | 28 | 29 | 30 |
|---|---|---|---|---|---|---|---|---|---|---|---|---|---|---|---|---|---|---|---|---|---|---|---|---|---|---|---|---|---|---|
| 음력 | 20 | 21 | 22 | 23 | 24 | 25 | 26 | 27 | 28 | 29 | 10.1 | 2 | 3 | 4 | 5 | 6 | 7 | 8 | 9 | 10 | 11 | 12 | 13 | 14 | 15 | 16 | 17 | 18 | 19 | 20 |
| 요일 | 火 | 水 | 木 | 金 | 土 | 日 | 月 | 火 | 水 | 木 | 金 | 土 | 日 | 月 | 火 | 水 | 木 | 金 | 土 | 日 | 月 | 火 | 水 | 木 | 金 | 土 | 日 | 月 | 火 | 水 |
| 일진 | 壬戌 | 癸亥 | 甲子 | 乙丑 | 丙寅 | 丁卯 | 戊辰 | 己巳 | 庚午 | 辛未 | 壬申 | 癸酉 | 甲戌 | 乙亥 | 丙子 | 丁丑 | 戊寅 | 己卯 | 庚辰 | 辛巳 | 壬午 | 癸未 | 甲申 | 乙酉 | 丙戌 | 丁亥 | 戊子 | 己丑 | 庚寅 | 辛卯 |
| 대운 남 | 8 | 8 | 9 | 9 | 9 | 10 | 입 | 1 | 1 | 1 | 1 | 2 | 2 | 2 | 3 | 3 | 3 | 4 | 4 | 4 | 5 | 5 | 5 | 6 | 6 | 6 | 7 | 7 | 7 | 8 |
| 대운 녀 | 2 | 2 | 1 | 1 | 1 | 1 | 동 | 10 | 9 | 9 | 9 | 8 | 8 | 8 | 7 | 7 | 7 | 6 | 6 | 6 | 5 | 5 | 5 | 4 | 4 | 4 | 3 | 3 | 3 | 2 |

## 12 · 壬子月(양 12.7~1.5)

대설 7일 14시31분 동지 22일 08시23분

| 양력 | 1 | 2 | 3 | 4 | 5 | 6 | 7 | 8 | 9 | 10 | 11 | 12 | 13 | 14 | 15 | 16 | 17 | 18 | 19 | 20 | 21 | 22 | 23 | 24 | 25 | 26 | 27 | 28 | 29 | 30 | 31 |
|---|---|---|---|---|---|---|---|---|---|---|---|---|---|---|---|---|---|---|---|---|---|---|---|---|---|---|---|---|---|---|---|
| 음력 | 21 | 22 | 23 | 24 | 25 | 26 | 27 | 28 | 29 | 30 | 11.1 | 2 | 3 | 4 | 5 | 6 | 7 | 8 | 9 | 10 | 11 | 12 | 13 | 14 | 15 | 16 | 17 | 18 | 19 | 20 | 21 |
| 요일 | 木 | 金 | 土 | 日 | 月 | 火 | 水 | 木 | 金 | 土 | 日 | 月 | 火 | 水 | 木 | 金 | 土 | 日 | 月 | 火 | 水 | 木 | 金 | 土 | 日 | 月 | 火 | 水 | 木 | 金 | 土 |
| 일진 | 壬辰 | 癸巳 | 甲午 | 乙未 | 丙申 | 丁酉 | 戊戌 | 己亥 | 庚子 | 辛丑 | 壬寅 | 癸卯 | 甲辰 | 乙巳 | 丙午 | 丁未 | 戊申 | 己酉 | 庚戌 | 辛亥 | 壬子 | 癸丑 | 甲寅 | 乙卯 | 丙辰 | 丁巳 | 戊午 | 己未 | 庚申 | 辛酉 | 壬戌 |
| 대운 남 | 8 | 8 | 9 | 9 | 9 | 10 | 대 | 1 | 1 | 1 | 1 | 2 | 2 | 2 | 3 | 3 | 3 | 4 | 4 | 4 | 5 | 5 | 5 | 6 | 6 | 6 | 7 | 7 | 7 | 8 | 8 |
| 대운 녀 | 2 | 2 | 1 | 1 | 1 | 1 | 설 | 10 | 9 | 9 | 9 | 8 | 8 | 8 | 7 | 7 | 7 | 6 | 6 | 6 | 5 | 5 | 5 | 4 | 4 | 4 | 3 | 3 | 3 | 2 | 2 |

단기 4311년

# 1978년

소한 6일 01시43분

## 1 · 癸丑月(양 1.6~2.3)

대한 20일 19시04분

| 양력 | 1 | 2 | 3 | 4 | 5 | 6 | 7 | 8 | 9 | 10 | 11 | 12 | 13 | 14 | 15 | 16 | 17 | 18 | 19 | 20 | 21 | 22 | 23 | 24 | 25 | 26 | 27 | 28 | 29 | 30 | 31 |
|---|---|---|---|---|---|---|---|---|---|---|---|---|---|---|---|---|---|---|---|---|---|---|---|---|---|---|---|---|---|---|---|
| 음력 | 22 | 23 | 24 | 25 | 26 | 27 | 28 | 29 | 12.1 | 2 | 3 | 4 | 5 | 6 | 7 | 8 | 9 | 10 | 11 | 12 | 13 | 14 | 15 | 16 | 17 | 18 | 19 | 20 | 21 | 22 | 23 |
| 요일 | 日 | 月 | 火 | 水 | 木 | 金 | 土 | 日 | 月 | 火 | 水 | 木 | 金 | 土 | 日 | 月 | 火 | 水 | 木 | 金 | 土 | 日 | 月 | 火 | 水 | 木 | 金 | 土 | 日 | 月 | 火 |
| 일진 | 癸亥 | 甲子 | 乙丑 | 丙寅 | 丁卯 | 戊辰 | 己巳 | 庚午 | 辛未 | 壬申 | 癸酉 | 甲戌 | 乙亥 | 丙子 | 丁丑 | 戊寅 | 己卯 | 庚辰 | 辛巳 | 壬午 | 癸未 | 甲申 | 乙酉 | 丙戌 | 丁亥 | 戊子 | 己丑 | 庚寅 | 辛卯 | 壬辰 | 癸巳 |
| 대운 남 | 8 | 9 | 9 | 9 | 10 | 소 | 1 | 1 | 1 | 1 | 2 | 2 | 2 | 3 | 3 | 3 | 4 | 4 | 4 | 5 | 5 | 5 | 6 | 6 | 6 | 7 | 7 | 7 | 8 | 8 | 8 |
| 대운 녀 | 2 | 1 | 1 | 1 | 1 | 한 | 9 | 9 | 9 | 8 | 8 | 8 | 7 | 7 | 7 | 6 | 6 | 6 | 5 | 5 | 5 | 4 | 4 | 4 | 3 | 3 | 3 | 2 | 2 | 2 | 1 |

입춘 4일 13시27분

## 2 · 甲寅月(양 2.4~3.5)

우수 19일 09시21분

| 양력 | 1 | 2 | 3 | 4 | 5 | 6 | 7 | 8 | 9 | 10 | 11 | 12 | 13 | 14 | 15 | 16 | 17 | 18 | 19 | 20 | 21 | 22 | 23 | 24 | 25 | 26 | 27 | 28 |
|---|---|---|---|---|---|---|---|---|---|---|---|---|---|---|---|---|---|---|---|---|---|---|---|---|---|---|---|---|
| 음력 | 24 | 25 | 26 | 27 | 28 | 29 | 1.1 | 2 | 3 | 4 | 5 | 6 | 7 | 8 | 9 | 10 | 11 | 12 | 13 | 14 | 15 | 16 | 17 | 18 | 19 | 20 | 21 | 22 |
| 요일 | 水 | 木 | 金 | 土 | 日 | 月 | 火 | 水 | 木 | 金 | 土 | 日 | 月 | 火 | 水 | 木 | 金 | 土 | 日 | 月 | 火 | 水 | 木 | 金 | 土 | 日 | 月 | 火 |
| 일진 | 甲午 | 乙未 | 丙申 | 丁酉 | 戊戌 | 己亥 | 庚子 | 辛丑 | 壬寅 | 癸卯 | 甲辰 | 乙巳 | 丙午 | 丁未 | 戊申 | 己酉 | 庚戌 | 辛亥 | 壬子 | 癸丑 | 甲寅 | 乙卯 | 丙辰 | 丁巳 | 戊午 | 己未 | 庚申 | 辛酉 |
| 대운 남 | 9 | 9 | 9 | 입 | 10 | 9 | 9 | 9 | 8 | 8 | 8 | 7 | 7 | 7 | 6 | 6 | 6 | 5 | 5 | 5 | 4 | 4 | 4 | 3 | 3 | 3 | 2 | 2 |
| 대운 녀 | 1 | 1 | 1 | 춘 | 1 | 1 | 1 | 1 | 2 | 2 | 2 | 3 | 3 | 3 | 4 | 4 | 4 | 5 | 5 | 5 | 6 | 6 | 6 | 7 | 7 | 7 | 8 | 8 |

경칩 6일 07시38분

## 3 · 乙卯月(양 3.6~4.4)

춘분 21일 08시34분

| 양력 | 1 | 2 | 3 | 4 | 5 | 6 | 7 | 8 | 9 | 10 | 11 | 12 | 13 | 14 | 15 | 16 | 17 | 18 | 19 | 20 | 21 | 22 | 23 | 24 | 25 | 26 | 27 | 28 | 29 | 30 | 31 |
|---|---|---|---|---|---|---|---|---|---|---|---|---|---|---|---|---|---|---|---|---|---|---|---|---|---|---|---|---|---|---|---|
| 음력 | 23 | 24 | 25 | 26 | 27 | 28 | 29 | 30 | 2.1 | 2 | 3 | 4 | 5 | 6 | 7 | 8 | 9 | 10 | 11 | 12 | 13 | 14 | 15 | 16 | 17 | 18 | 19 | 20 | 21 | 22 | 23 |
| 요일 | 水 | 木 | 金 | 土 | 日 | 月 | 火 | 水 | 木 | 金 | 土 | 日 | 月 | 火 | 水 | 木 | 金 | 土 | 日 | 月 | 火 | 水 | 木 | 金 | 土 | 日 | 月 | 火 | 水 | 木 | 金 |
| 일진 | 壬戌 | 癸亥 | 甲子 | 乙丑 | 丙寅 | 丁卯 | 戊辰 | 己巳 | 庚午 | 辛未 | 壬申 | 癸酉 | 甲戌 | 乙亥 | 丙子 | 丁丑 | 戊寅 | 己卯 | 庚辰 | 辛巳 | 壬午 | 癸未 | 甲申 | 乙酉 | 丙戌 | 丁亥 | 戊子 | 己丑 | 庚寅 | 辛卯 | 壬辰 |
| 대운 남 | 2 | 1 | 1 | 1 | 1 | 경 | 10 | 9 | 9 | 9 | 8 | 8 | 8 | 7 | 7 | 7 | 6 | 6 | 6 | 5 | 5 | 5 | 4 | 4 | 4 | 3 | 3 | 3 | 2 | 2 | 2 |
| 대운 녀 | 8 | 9 | 9 | 9 | 10 | 칩 | 1 | 1 | 1 | 1 | 2 | 2 | 2 | 3 | 3 | 3 | 4 | 4 | 4 | 5 | 5 | 5 | 6 | 6 | 6 | 7 | 7 | 7 | 8 | 8 | 8 |

청명 5일 12시39분

## 4 · 丙辰月(양 4.5~5.5)

곡우 20일 19시50분

| 양력 | 1 | 2 | 3 | 4 | 5 | 6 | 7 | 8 | 9 | 10 | 11 | 12 | 13 | 14 | 15 | 16 | 17 | 18 | 19 | 20 | 21 | 22 | 23 | 24 | 25 | 26 | 27 | 28 | 29 | 30 |
|---|---|---|---|---|---|---|---|---|---|---|---|---|---|---|---|---|---|---|---|---|---|---|---|---|---|---|---|---|---|---|
| 음력 | 24 | 25 | 26 | 27 | 28 | 29 | 30 | 3.1 | 2 | 3 | 4 | 5 | 6 | 7 | 8 | 9 | 10 | 11 | 12 | 13 | 14 | 15 | 16 | 17 | 18 | 19 | 20 | 21 | 22 | 23 |
| 요일 | 土 | 日 | 月 | 火 | 水 | 木 | 金 | 土 | 日 | 月 | 火 | 水 | 木 | 金 | 土 | 日 | 月 | 火 | 水 | 木 | 金 | 土 | 日 | 月 | 火 | 水 | 木 | 金 | 土 | 日 |
| 일진 | 癸巳 | 甲午 | 乙未 | 丙申 | 丁酉 | 戊戌 | 己亥 | 庚子 | 辛丑 | 壬寅 | 癸卯 | 甲辰 | 乙巳 | 丙午 | 丁未 | 戊申 | 己酉 | 庚戌 | 辛亥 | 壬子 | 癸丑 | 甲寅 | 乙卯 | 丙辰 | 丁巳 | 戊午 | 己未 | 庚申 | 辛酉 | 壬戌 |
| 대운 남 | 1 | 1 | 1 | 1 | 청 | 10 | 10 | 9 | 9 | 9 | 8 | 8 | 8 | 7 | 7 | 7 | 6 | 6 | 6 | 5 | 5 | 5 | 4 | 4 | 4 | 3 | 3 | 3 | 2 | 2 |
| 대운 녀 | 9 | 9 | 9 | 10 | 명 | 1 | 1 | 1 | 1 | 2 | 2 | 2 | 3 | 3 | 3 | 4 | 4 | 4 | 5 | 5 | 5 | 6 | 6 | 6 | 7 | 7 | 7 | 8 | 8 | 8 |

입하 6일 06시09분

## 5 · 丁巳月(양 5.6~6.5)

소만 21일 19시08분

| 양력 | 1 | 2 | 3 | 4 | 5 | 6 | 7 | 8 | 9 | 10 | 11 | 12 | 13 | 14 | 15 | 16 | 17 | 18 | 19 | 20 | 21 | 22 | 23 | 24 | 25 | 26 | 27 | 28 | 29 | 30 | 31 |
|---|---|---|---|---|---|---|---|---|---|---|---|---|---|---|---|---|---|---|---|---|---|---|---|---|---|---|---|---|---|---|---|
| 음력 | 24 | 25 | 26 | 27 | 28 | 29 | 4.1 | 2 | 3 | 4 | 5 | 6 | 7 | 8 | 9 | 10 | 11 | 12 | 13 | 14 | 15 | 16 | 17 | 18 | 19 | 20 | 21 | 22 | 23 | 24 | 25 |
| 요일 | 月 | 火 | 水 | 木 | 金 | 土 | 日 | 月 | 火 | 水 | 木 | 金 | 土 | 日 | 月 | 火 | 水 | 木 | 金 | 土 | 日 | 月 | 火 | 水 | 木 | 金 | 土 | 日 | 月 | 火 | 水 |
| 일진 | 癸亥 | 甲子 | 乙丑 | 丙寅 | 丁卯 | 戊辰 | 己巳 | 庚午 | 辛未 | 壬申 | 癸酉 | 甲戌 | 乙亥 | 丙子 | 丁丑 | 戊寅 | 己卯 | 庚辰 | 辛巳 | 壬午 | 癸未 | 甲申 | 乙酉 | 丙戌 | 丁亥 | 戊子 | 己丑 | 庚寅 | 辛卯 | 壬辰 | 癸巳 |
| 대운 남 | 2 | 1 | 1 | 1 | 1 | 입 | 10 | 10 | 9 | 9 | 9 | 8 | 8 | 8 | 7 | 7 | 7 | 6 | 6 | 6 | 5 | 5 | 5 | 4 | 4 | 4 | 3 | 3 | 3 | 2 | 2 |
| 대운 녀 | 9 | 9 | 9 | 10 | 10 | 하 | 1 | 1 | 1 | 1 | 2 | 2 | 2 | 3 | 3 | 3 | 4 | 4 | 4 | 5 | 5 | 5 | 6 | 6 | 6 | 7 | 7 | 7 | 8 | 8 | 8 |

망종 6일 10시23분

## 6 · 戊午月(양 6.6~7.6)

하지 22일 03시10분

| 양력 | 1 | 2 | 3 | 4 | 5 | 6 | 7 | 8 | 9 | 10 | 11 | 12 | 13 | 14 | 15 | 16 | 17 | 18 | 19 | 20 | 21 | 22 | 23 | 24 | 25 | 26 | 27 | 28 | 29 | 30 |
|---|---|---|---|---|---|---|---|---|---|---|---|---|---|---|---|---|---|---|---|---|---|---|---|---|---|---|---|---|---|---|
| 음력 | 26 | 27 | 28 | 29 | 30 | 5.1 | 2 | 3 | 4 | 5 | 6 | 7 | 8 | 9 | 10 | 11 | 12 | 13 | 14 | 15 | 16 | 17 | 18 | 19 | 20 | 21 | 22 | 23 | 24 | 25 |
| 요일 | 木 | 金 | 土 | 日 | 月 | 火 | 水 | 木 | 金 | 土 | 日 | 月 | 火 | 水 | 木 | 金 | 土 | 日 | 月 | 火 | 水 | 木 | 金 | 土 | 日 | 月 | 火 | 水 | 木 | 金 |
| 일진 | 甲午 | 乙未 | 丙申 | 丁酉 | 戊戌 | 己亥 | 庚子 | 辛丑 | 壬寅 | 癸卯 | 甲辰 | 乙巳 | 丙午 | 丁未 | 戊申 | 己酉 | 庚戌 | 辛亥 | 壬子 | 癸丑 | 甲寅 | 乙卯 | 丙辰 | 丁巳 | 戊午 | 己未 | 庚申 | 辛酉 | 壬戌 | 癸亥 |
| 대운 남 | 2 | 1 | 1 | 1 | 1 | 망 | 10 | 10 | 9 | 9 | 9 | 8 | 8 | 8 | 7 | 7 | 7 | 6 | 6 | 6 | 5 | 5 | 5 | 4 | 4 | 4 | 3 | 3 | 3 | 2 |
| 대운 녀 | 9 | 9 | 9 | 10 | 10 | 종 | 1 | 1 | 1 | 1 | 2 | 2 | 2 | 3 | 3 | 3 | 4 | 4 | 4 | 5 | 5 | 5 | 6 | 6 | 6 | 7 | 7 | 7 | 8 | 8 |

## 7 · 己未月(양 7.7~8.7)

소서 7일 20시37분 / 대서 23일 14시00분

| 양력 | 1 | 2 | 3 | 4 | 5 | 6 | 7 | 8 | 9 | 10 | 11 | 12 | 13 | 14 | 15 | 16 | 17 | 18 | 19 | 20 | 21 | 22 | 23 | 24 | 25 | 26 | 27 | 28 | 29 | 30 | 31 |
|---|---|---|---|---|---|---|---|---|---|---|---|---|---|---|---|---|---|---|---|---|---|---|---|---|---|---|---|---|---|---|---|
| 음력 | 26 | 27 | 28 | 29 | 6.1 | 2 | 3 | 4 | 5 | 6 | 7 | 8 | 9 | 10 | 11 | 12 | 13 | 14 | 15 | 16 | 17 | 18 | 19 | 20 | 21 | 22 | 23 | 24 | 25 | 26 | 27 |
| 요일 | 土 | 日 | 月 | 火 | 水 | 木 | 金 | 土 | 日 | 月 | 火 | 水 | 木 | 金 | 土 | 日 | 月 | 火 | 水 | 木 | 金 | 土 | 日 | 月 | 火 | 水 | 木 | 金 | 土 | 日 | 月 |
| 일진 | 甲子 | 乙丑 | 丙寅 | 丁卯 | 戊辰 | 己巳 | 庚午 | 辛未 | 壬申 | 癸酉 | 甲戌 | 乙亥 | 丙子 | 丁丑 | 戊寅 | 己卯 | 庚辰 | 辛巳 | 壬午 | 癸未 | 甲申 | 乙酉 | 丙戌 | 丁亥 | 戊子 | 己丑 | 庚寅 | 辛卯 | 壬辰 | 癸巳 | 甲午 |
| 대운 남 | 2 | 2 | 1 | 1 | 1 | 1 | 소 | 10 | 10 | 10 | 9 | 9 | 9 | 8 | 8 | 8 | 7 | 7 | 7 | 6 | 6 | 6 | 5 | 5 | 5 | 4 | 4 | 4 | 3 | 3 | 3 |
| 대운 녀 | 8 | 9 | 9 | 9 | 10 | 10 | 서 | 1 | 1 | 1 | 1 | 2 | 2 | 2 | 3 | 3 | 3 | 4 | 4 | 4 | 5 | 5 | 5 | 6 | 6 | 6 | 7 | 7 | 7 | 8 | 8 |

## 8 · 庚申月(양 8.8~9.7)

입추 8일 06시18분 / 처서 23일 20시57분

| 양력 | 1 | 2 | 3 | 4 | 5 | 6 | 7 | 8 | 9 | 10 | 11 | 12 | 13 | 14 | 15 | 16 | 17 | 18 | 19 | 20 | 21 | 22 | 23 | 24 | 25 | 26 | 27 | 28 | 29 | 30 | 31 |
|---|---|---|---|---|---|---|---|---|---|---|---|---|---|---|---|---|---|---|---|---|---|---|---|---|---|---|---|---|---|---|---|
| 음력 | 28 | 29 | 30 | 7.1 | 2 | 3 | 4 | 5 | 6 | 7 | 8 | 9 | 10 | 11 | 12 | 13 | 14 | 15 | 16 | 17 | 18 | 19 | 20 | 21 | 22 | 23 | 24 | 25 | 26 | 27 | 28 |
| 요일 | 火 | 水 | 木 | 金 | 土 | 日 | 月 | 火 | 水 | 木 | 金 | 土 | 日 | 月 | 火 | 水 | 木 | 金 | 土 | 日 | 月 | 火 | 水 | 木 | 金 | 土 | 日 | 月 | 火 | 水 | 木 |
| 일진 | 乙未 | 丙申 | 丁酉 | 戊戌 | 己亥 | 庚子 | 辛丑 | 壬寅 | 癸卯 | 甲辰 | 乙巳 | 丙午 | 丁未 | 戊申 | 己酉 | 庚戌 | 辛亥 | 壬子 | 癸丑 | 甲寅 | 乙卯 | 丙辰 | 丁巳 | 戊午 | 己未 | 庚申 | 辛酉 | 壬戌 | 癸亥 | 甲子 | 乙丑 |
| 대운 남 | 2 | 2 | 2 | 1 | 1 | 1 | 1 | 입 | 10 | 10 | 9 | 9 | 9 | 8 | 8 | 8 | 7 | 7 | 7 | 6 | 6 | 6 | 5 | 5 | 5 | 4 | 4 | 4 | 3 | 3 | 3 |
| 대운 녀 | 8 | 9 | 9 | 9 | 10 | 10 | 10 | 추 | 1 | 1 | 1 | 1 | 2 | 2 | 2 | 3 | 3 | 3 | 4 | 4 | 4 | 5 | 5 | 5 | 6 | 6 | 6 | 7 | 7 | 7 | 8 |

## 9 · 辛酉月(양 9.8~10.8)

백로 8일 09시02분 / 추분 23일 18시25분

| 양력 | 1 | 2 | 3 | 4 | 5 | 6 | 7 | 8 | 9 | 10 | 11 | 12 | 13 | 14 | 15 | 16 | 17 | 18 | 19 | 20 | 21 | 22 | 23 | 24 | 25 | 26 | 27 | 28 | 29 | 30 |
|---|---|---|---|---|---|---|---|---|---|---|---|---|---|---|---|---|---|---|---|---|---|---|---|---|---|---|---|---|---|---|
| 음력 | 29 | 30 | 8.1 | 2 | 3 | 4 | 5 | 6 | 7 | 8 | 9 | 10 | 11 | 12 | 13 | 14 | 15 | 16 | 17 | 18 | 19 | 20 | 21 | 22 | 23 | 24 | 25 | 26 | 27 | 28 |
| 요일 | 金 | 土 | 日 | 月 | 火 | 水 | 木 | 金 | 土 | 日 | 月 | 火 | 水 | 木 | 金 | 土 | 日 | 月 | 火 | 水 | 木 | 金 | 土 | 日 | 月 | 火 | 水 | 木 | 金 | 土 |
| 일진 | 丙寅 | 丁卯 | 戊辰 | 己巳 | 庚午 | 辛未 | 壬申 | 癸酉 | 甲戌 | 乙亥 | 丙子 | 丁丑 | 戊寅 | 己卯 | 庚辰 | 辛巳 | 壬午 | 癸未 | 甲申 | 乙酉 | 丙戌 | 丁亥 | 戊子 | 己丑 | 庚寅 | 辛卯 | 壬辰 | 癸巳 | 甲午 | 乙未 |
| 대운 남 | 2 | 2 | 2 | 1 | 1 | 1 | 1 | 백 | 10 | 10 | 9 | 9 | 9 | 8 | 8 | 8 | 7 | 7 | 7 | 6 | 6 | 6 | 5 | 5 | 5 | 4 | 4 | 4 | 3 | 3 |
| 대운 녀 | 8 | 8 | 9 | 9 | 9 | 10 | 10 | 로 | 1 | 1 | 1 | 1 | 2 | 2 | 2 | 3 | 3 | 3 | 4 | 4 | 4 | 5 | 5 | 5 | 6 | 6 | 6 | 7 | 7 | 7 |

## 10 · 壬戌月(양 10.9~11.7)

한로 9일 00시31분 / 상강 24일 03시37분

| 양력 | 1 | 2 | 3 | 4 | 5 | 6 | 7 | 8 | 9 | 10 | 11 | 12 | 13 | 14 | 15 | 16 | 17 | 18 | 19 | 20 | 21 | 22 | 23 | 24 | 25 | 26 | 27 | 28 | 29 | 30 | 31 |
|---|---|---|---|---|---|---|---|---|---|---|---|---|---|---|---|---|---|---|---|---|---|---|---|---|---|---|---|---|---|---|---|
| 음력 | 29 | 9.1 | 2 | 3 | 4 | 5 | 6 | 7 | 8 | 9 | 10 | 11 | 12 | 13 | 14 | 15 | 16 | 17 | 18 | 19 | 20 | 21 | 22 | 23 | 24 | 25 | 26 | 27 | 28 | 29 | 30 |
| 요일 | 日 | 月 | 火 | 水 | 木 | 金 | 土 | 日 | 月 | 火 | 水 | 木 | 金 | 土 | 日 | 月 | 火 | 水 | 木 | 金 | 土 | 日 | 月 | 火 | 水 | 木 | 金 | 土 | 日 | 月 | 火 |
| 일진 | 丙申 | 丁酉 | 戊戌 | 己亥 | 庚子 | 辛丑 | 壬寅 | 癸卯 | 甲辰 | 乙巳 | 丙午 | 丁未 | 戊申 | 己酉 | 庚戌 | 辛亥 | 壬子 | 癸丑 | 甲寅 | 乙卯 | 丙辰 | 丁巳 | 戊午 | 己未 | 庚申 | 辛酉 | 壬戌 | 癸亥 | 甲子 | 乙丑 | 丙寅 |
| 대운 남 | 3 | 2 | 2 | 2 | 1 | 1 | 1 | 1 | 한 | 10 | 9 | 9 | 9 | 8 | 8 | 8 | 7 | 7 | 7 | 6 | 6 | 6 | 5 | 5 | 5 | 4 | 4 | 4 | 3 | 3 | 3 |
| 대운 녀 | 8 | 8 | 8 | 9 | 9 | 9 | 10 | 10 | 로 | 1 | 1 | 1 | 1 | 2 | 2 | 2 | 3 | 3 | 3 | 4 | 4 | 4 | 5 | 5 | 5 | 6 | 6 | 6 | 7 | 7 | 7 |

## 11 · 癸亥月(양 11.8~12.6)

입동 8일 03시34분 / 소설 23일 01시05분

| 양력 | 1 | 2 | 3 | 4 | 5 | 6 | 7 | 8 | 9 | 10 | 11 | 12 | 13 | 14 | 15 | 16 | 17 | 18 | 19 | 20 | 21 | 22 | 23 | 24 | 25 | 26 | 27 | 28 | 29 | 30 |
|---|---|---|---|---|---|---|---|---|---|---|---|---|---|---|---|---|---|---|---|---|---|---|---|---|---|---|---|---|---|---|
| 음력 | 10.1 | 2 | 3 | 4 | 5 | 6 | 7 | 8 | 9 | 10 | 11 | 12 | 13 | 14 | 15 | 16 | 17 | 18 | 19 | 20 | 21 | 22 | 23 | 24 | 25 | 26 | 27 | 28 | 29 | 11.1 |
| 요일 | 水 | 木 | 金 | 土 | 日 | 月 | 火 | 水 | 木 | 金 | 土 | 日 | 月 | 火 | 水 | 木 | 金 | 土 | 日 | 月 | 火 | 水 | 木 | 金 | 土 | 日 | 月 | 火 | 水 | 木 |
| 일진 | 丁卯 | 戊辰 | 己巳 | 庚午 | 辛未 | 壬申 | 癸酉 | 甲戌 | 乙亥 | 丙子 | 丁丑 | 戊寅 | 己卯 | 庚辰 | 辛巳 | 壬午 | 癸未 | 甲申 | 乙酉 | 丙戌 | 丁亥 | 戊子 | 己丑 | 庚寅 | 辛卯 | 壬辰 | 癸巳 | 甲午 | 乙未 | 丙申 |
| 대운 남 | 2 | 2 | 2 | 1 | 1 | 1 | 1 | 입 | 9 | 9 | 9 | 8 | 8 | 8 | 7 | 7 | 7 | 6 | 6 | 6 | 5 | 5 | 5 | 4 | 4 | 4 | 3 | 3 | 3 | 2 |
| 대운 녀 | 8 | 8 | 8 | 9 | 9 | 9 | 10 | 동 | 1 | 1 | 1 | 1 | 2 | 2 | 2 | 3 | 3 | 3 | 4 | 4 | 4 | 5 | 5 | 5 | 6 | 6 | 6 | 7 | 7 | 7 |

## 12 · 甲子月(양 12.7~1.5)

대설 7일 20시20분 / 동지 22일 14시21분

| 양력 | 1 | 2 | 3 | 4 | 5 | 6 | 7 | 8 | 9 | 10 | 11 | 12 | 13 | 14 | 15 | 16 | 17 | 18 | 19 | 20 | 21 | 22 | 23 | 24 | 25 | 26 | 27 | 28 | 29 | 30 | 31 |
|---|---|---|---|---|---|---|---|---|---|---|---|---|---|---|---|---|---|---|---|---|---|---|---|---|---|---|---|---|---|---|---|
| 음력 | 2 | 3 | 4 | 5 | 6 | 7 | 8 | 9 | 10 | 11 | 12 | 13 | 14 | 15 | 16 | 17 | 18 | 19 | 20 | 21 | 22 | 23 | 24 | 25 | 26 | 27 | 28 | 29 | 30 | 12.1 | 2 |
| 요일 | 金 | 土 | 日 | 月 | 火 | 水 | 木 | 金 | 土 | 日 | 月 | 火 | 水 | 木 | 金 | 土 | 日 | 月 | 火 | 水 | 木 | 金 | 土 | 日 | 月 | 火 | 水 | 木 | 金 | 土 | 日 |
| 일진 | 丁酉 | 戊戌 | 己亥 | 庚子 | 辛丑 | 壬寅 | 癸卯 | 甲辰 | 乙巳 | 丙午 | 丁未 | 戊申 | 己酉 | 庚戌 | 辛亥 | 壬子 | 癸丑 | 甲寅 | 乙卯 | 丙辰 | 丁巳 | 戊午 | 己未 | 庚申 | 辛酉 | 壬戌 | 癸亥 | 甲子 | 乙丑 | 丙寅 | 丁卯 |
| 대운 남 | 2 | 2 | 1 | 1 | 1 | 1 | 대 | 10 | 9 | 9 | 9 | 8 | 8 | 8 | 7 | 7 | 7 | 6 | 6 | 6 | 5 | 5 | 5 | 4 | 4 | 4 | 3 | 3 | 3 | 2 | 2 |
| 대운 녀 | 8 | 8 | 8 | 9 | 9 | 9 | 설 | 1 | 1 | 1 | 1 | 2 | 2 | 2 | 3 | 3 | 3 | 4 | 4 | 4 | 5 | 5 | 5 | 6 | 6 | 6 | 7 | 7 | 7 | 8 | 8 |

단기 4312년

# 1979년(윤6월)

## 1 · 乙丑月(양 1.6~2.3)

소한 6일 07시32분 / 대한 21일 01시00분

| 양력 | 1 | 2 | 3 | 4 | 5 | 6 | 7 | 8 | 9 | 10 | 11 | 12 | 13 | 14 | 15 | 16 | 17 | 18 | 19 | 20 | 21 | 22 | 23 | 24 | 25 | 26 | 27 | 28 | 29 | 30 | 31 |
|---|---|---|---|---|---|---|---|---|---|---|---|---|---|---|---|---|---|---|---|---|---|---|---|---|---|---|---|---|---|---|---|
| 음력 | 3 | 4 | 5 | 6 | 7 | 8 | 9 | 10 | 11 | 12 | 13 | 14 | 15 | 16 | 17 | 18 | 19 | 20 | 21 | 22 | 23 | 24 | 25 | 26 | 27 | 28 | 29 | 1.1 | 2 | 3 | 4 |
| 요일 | 月 | 火 | 水 | 木 | 金 | 土 | 日 | 月 | 火 | 水 | 木 | 金 | 土 | 日 | 月 | 火 | 水 | 木 | 金 | 土 | 日 | 月 | 火 | 水 | 木 | 金 | 土 | 日 | 月 | 火 | 水 |
| 일진 | 戊辰 | 己巳 | 庚午 | 辛未 | 壬申 | 癸酉 | 甲戌 | 乙亥 | 丙子 | 丁丑 | 戊寅 | 己卯 | 庚辰 | 辛巳 | 壬午 | 癸未 | 甲申 | 乙酉 | 丙戌 | 丁亥 | 戊子 | 己丑 | 庚寅 | 辛卯 | 壬辰 | 癸巳 | 甲午 | 乙未 | 丙申 | 丁酉 | 戊戌 |
| 대운 남 | 2 | 1 | 1 | 1 | 1 | 소 | 9 | 9 | 9 | 8 | 8 | 8 | 7 | 7 | 7 | 6 | 6 | 6 | 5 | 5 | 5 | 4 | 4 | 4 | 3 | 3 | 3 | 2 | 2 | 2 | 1 |
| 대운 녀 | 8 | 9 | 9 | 9 | 10 | 한 | 1 | 1 | 1 | 1 | 2 | 2 | 2 | 3 | 3 | 3 | 4 | 4 | 4 | 5 | 5 | 5 | 6 | 6 | 6 | 7 | 7 | 7 | 8 | 8 | 8 |

## 2 · 丙寅月(양 2.4~3.5)

입춘 4일 19시12분 / 우수 19일 15시13분

| 양력 | 1 | 2 | 3 | 4 | 5 | 6 | 7 | 8 | 9 | 10 | 11 | 12 | 13 | 14 | 15 | 16 | 17 | 18 | 19 | 20 | 21 | 22 | 23 | 24 | 25 | 26 | 27 | 28 |
|---|---|---|---|---|---|---|---|---|---|---|---|---|---|---|---|---|---|---|---|---|---|---|---|---|---|---|---|---|
| 음력 | 5 | 6 | 7 | 8 | 9 | 10 | 11 | 12 | 13 | 14 | 15 | 16 | 17 | 18 | 19 | 20 | 21 | 22 | 23 | 24 | 25 | 26 | 27 | 28 | 29 | 30 | 2.1 | 2 |
| 요일 | 木 | 金 | 土 | 日 | 月 | 火 | 水 | 木 | 金 | 土 | 日 | 月 | 火 | 水 | 木 | 金 | 土 | 日 | 月 | 火 | 水 | 木 | 金 | 土 | 日 | 月 | 火 | 水 |
| 일진 | 己亥 | 庚子 | 辛丑 | 壬寅 | 癸卯 | 甲辰 | 乙巳 | 丙午 | 丁未 | 戊申 | 己酉 | 庚戌 | 辛亥 | 壬子 | 癸丑 | 甲寅 | 乙卯 | 丙辰 | 丁巳 | 戊午 | 己未 | 庚申 | 辛酉 | 壬戌 | 癸亥 | 甲子 | 乙丑 | 丙寅 |
| 대운 남 | 1 | 1 | 1 | 입 | 1 | 1 | 1 | 1 | 2 | 2 | 2 | 3 | 3 | 3 | 4 | 4 | 4 | 5 | 5 | 5 | 6 | 6 | 6 | 7 | 7 | 7 | 8 | 8 |
| 대운 녀 | 9 | 9 | 9 | 춘 | 10 | 9 | 9 | 9 | 8 | 8 | 8 | 7 | 7 | 7 | 6 | 6 | 6 | 5 | 5 | 5 | 4 | 4 | 4 | 3 | 3 | 3 | 2 | 2 |

## 3 · 丁卯月(양 3.6~4.4)

경칩 6일 13시20분 / 춘분 21일 14시22분

| 양력 | 1 | 2 | 3 | 4 | 5 | 6 | 7 | 8 | 9 | 10 | 11 | 12 | 13 | 14 | 15 | 16 | 17 | 18 | 19 | 20 | 21 | 22 | 23 | 24 | 25 | 26 | 27 | 28 | 29 | 30 | 31 |
|---|---|---|---|---|---|---|---|---|---|---|---|---|---|---|---|---|---|---|---|---|---|---|---|---|---|---|---|---|---|---|---|
| 음력 | 3 | 4 | 5 | 6 | 7 | 8 | 9 | 10 | 11 | 12 | 13 | 14 | 15 | 16 | 17 | 18 | 19 | 20 | 21 | 22 | 23 | 24 | 25 | 26 | 27 | 28 | 29 | 3.1 | 2 | 3 | 4 |
| 요일 | 木 | 金 | 土 | 日 | 月 | 火 | 水 | 木 | 金 | 土 | 日 | 月 | 火 | 水 | 木 | 金 | 土 | 日 | 月 | 火 | 水 | 木 | 金 | 土 | 日 | 月 | 火 | 水 | 木 | 金 | 土 |
| 일진 | 丁卯 | 戊辰 | 己巳 | 庚午 | 辛未 | 壬申 | 癸酉 | 甲戌 | 乙亥 | 丙子 | 丁丑 | 戊寅 | 己卯 | 庚辰 | 辛巳 | 壬午 | 癸未 | 甲申 | 乙酉 | 丙戌 | 丁亥 | 戊子 | 己丑 | 庚寅 | 辛卯 | 壬辰 | 癸巳 | 甲午 | 乙未 | 丙申 | 丁酉 |
| 대운 남 | 8 | 9 | 9 | 9 | 10 | 경 | 1 | 1 | 1 | 1 | 2 | 2 | 2 | 3 | 3 | 3 | 4 | 4 | 4 | 5 | 5 | 5 | 6 | 6 | 6 | 7 | 7 | 7 | 8 | 8 | 8 |
| 대운 녀 | 2 | 1 | 1 | 1 | 1 | 칩 | 10 | 9 | 9 | 9 | 8 | 8 | 8 | 7 | 7 | 7 | 6 | 6 | 6 | 5 | 5 | 5 | 4 | 4 | 4 | 3 | 3 | 3 | 2 | 2 | 2 |

## 4 · 戊辰月(양 4.5~5.5)

청명 5일 18시18분 / 곡우 21일 01시35분

| 양력 | 1 | 2 | 3 | 4 | 5 | 6 | 7 | 8 | 9 | 10 | 11 | 12 | 13 | 14 | 15 | 16 | 17 | 18 | 19 | 20 | 21 | 22 | 23 | 24 | 25 | 26 | 27 | 28 | 29 | 30 |
|---|---|---|---|---|---|---|---|---|---|---|---|---|---|---|---|---|---|---|---|---|---|---|---|---|---|---|---|---|---|---|
| 음력 | 5 | 6 | 7 | 8 | 9 | 10 | 11 | 12 | 13 | 14 | 15 | 16 | 17 | 18 | 19 | 20 | 21 | 22 | 23 | 24 | 25 | 26 | 27 | 28 | 29 | 4.1 | 2 | 3 | 4 | 5 |
| 요일 | 日 | 月 | 火 | 水 | 木 | 金 | 土 | 日 | 月 | 火 | 水 | 木 | 金 | 土 | 日 | 月 | 火 | 水 | 木 | 金 | 土 | 日 | 月 | 火 | 水 | 木 | 金 | 土 | 日 | 月 |
| 일진 | 戊戌 | 己亥 | 庚子 | 辛丑 | 壬寅 | 癸卯 | 甲辰 | 乙巳 | 丙午 | 丁未 | 戊申 | 己酉 | 庚戌 | 辛亥 | 壬子 | 癸丑 | 甲寅 | 乙卯 | 丙辰 | 丁巳 | 戊午 | 己未 | 庚申 | 辛酉 | 壬戌 | 癸亥 | 甲子 | 乙丑 | 丙寅 | 丁卯 |
| 대운 남 | 9 | 9 | 9 | 10 | 청 | 1 | 1 | 1 | 1 | 2 | 2 | 2 | 3 | 3 | 3 | 4 | 4 | 4 | 5 | 5 | 5 | 6 | 6 | 6 | 7 | 7 | 7 | 8 | 8 | 8 |
| 대운 녀 | 1 | 1 | 1 | 1 | 명 | 10 | 10 | 9 | 9 | 9 | 8 | 8 | 8 | 7 | 7 | 7 | 6 | 6 | 6 | 5 | 5 | 5 | 4 | 4 | 4 | 3 | 3 | 3 | 2 | 2 |

## 5 · 己巳月(양 5.6~6.5)

입하 6일 11시47분 / 소만 22일 00시54분

| 양력 | 1 | 2 | 3 | 4 | 5 | 6 | 7 | 8 | 9 | 10 | 11 | 12 | 13 | 14 | 15 | 16 | 17 | 18 | 19 | 20 | 21 | 22 | 23 | 24 | 25 | 26 | 27 | 28 | 29 | 30 | 31 |
|---|---|---|---|---|---|---|---|---|---|---|---|---|---|---|---|---|---|---|---|---|---|---|---|---|---|---|---|---|---|---|---|
| 음력 | 6 | 7 | 8 | 9 | 10 | 11 | 12 | 13 | 14 | 15 | 16 | 17 | 18 | 19 | 20 | 21 | 22 | 23 | 24 | 25 | 26 | 27 | 28 | 29 | 30 | 5.1 | 2 | 3 | 4 | 5 | 6 |
| 요일 | 火 | 水 | 木 | 金 | 土 | 日 | 月 | 火 | 水 | 木 | 金 | 土 | 日 | 月 | 火 | 水 | 木 | 金 | 土 | 日 | 月 | 火 | 水 | 木 | 金 | 土 | 日 | 月 | 火 | 水 | 木 |
| 일진 | 戊辰 | 己巳 | 庚午 | 辛未 | 壬申 | 癸酉 | 甲戌 | 乙亥 | 丙子 | 丁丑 | 戊寅 | 己卯 | 庚辰 | 辛巳 | 壬午 | 癸未 | 甲申 | 乙酉 | 丙戌 | 丁亥 | 戊子 | 己丑 | 庚寅 | 辛卯 | 壬辰 | 癸巳 | 甲午 | 乙未 | 丙申 | 丁酉 | 戊戌 |
| 대운 남 | 9 | 9 | 9 | 10 | 10 | 입 | 1 | 1 | 1 | 1 | 2 | 2 | 2 | 3 | 3 | 3 | 4 | 4 | 4 | 5 | 5 | 5 | 6 | 6 | 6 | 7 | 7 | 7 | 8 | 8 | 8 |
| 대운 녀 | 2 | 1 | 1 | 1 | 1 | 하 | 10 | 10 | 9 | 9 | 9 | 8 | 8 | 8 | 7 | 7 | 7 | 6 | 6 | 6 | 5 | 5 | 5 | 4 | 4 | 4 | 3 | 3 | 3 | 2 | 2 |

## 6 · 庚午月(양 6.6~7.7)

망종 6일 16시05분 / 하지 22일 08시56분

| 양력 | 1 | 2 | 3 | 4 | 5 | 6 | 7 | 8 | 9 | 10 | 11 | 12 | 13 | 14 | 15 | 16 | 17 | 18 | 19 | 20 | 21 | 22 | 23 | 24 | 25 | 26 | 27 | 28 | 29 | 30 |
|---|---|---|---|---|---|---|---|---|---|---|---|---|---|---|---|---|---|---|---|---|---|---|---|---|---|---|---|---|---|---|
| 음력 | 7 | 8 | 9 | 10 | 11 | 12 | 13 | 14 | 15 | 16 | 17 | 18 | 19 | 20 | 21 | 22 | 23 | 24 | 25 | 26 | 27 | 28 | 29 | 6.1 | 2 | 3 | 4 | 5 | 6 | 7 |
| 요일 | 金 | 土 | 日 | 月 | 火 | 水 | 木 | 金 | 土 | 日 | 月 | 火 | 水 | 木 | 金 | 土 | 日 | 月 | 火 | 水 | 木 | 金 | 土 | 日 | 月 | 火 | 水 | 木 | 金 | 土 |
| 일진 | 己亥 | 庚子 | 辛丑 | 壬寅 | 癸卯 | 甲辰 | 乙巳 | 丙午 | 丁未 | 戊申 | 己酉 | 庚戌 | 辛亥 | 壬子 | 癸丑 | 甲寅 | 乙卯 | 丙辰 | 丁巳 | 戊午 | 己未 | 庚申 | 辛酉 | 壬戌 | 癸亥 | 甲子 | 乙丑 | 丙寅 | 丁卯 | 戊辰 |
| 대운 남 | 9 | 9 | 9 | 10 | 10 | 망 | 1 | 1 | 1 | 1 | 2 | 2 | 2 | 3 | 3 | 3 | 4 | 4 | 4 | 5 | 5 | 5 | 6 | 6 | 6 | 7 | 7 | 7 | 8 | 8 |
| 대운 녀 | 2 | 1 | 1 | 1 | 1 | 종 | 10 | 10 | 10 | 9 | 9 | 9 | 8 | 8 | 8 | 7 | 7 | 7 | 6 | 6 | 6 | 5 | 5 | 5 | 4 | 4 | 4 | 3 | 3 | 3 |

# 己未年

동경135도표준시

## 7 · 辛未月(양 7.8~8.7)

소서 8일 02시25분 　 대서 23일 19시49분

| 양력 | 1 | 2 | 3 | 4 | 5 | 6 | 7 | 8 | 9 | 10 | 11 | 12 | 13 | 14 | 15 | 16 | 17 | 18 | 19 | 20 | 21 | 22 | 23 | 24 | 25 | 26 | 27 | 28 | 29 | 30 | 31 |
|---|---|---|---|---|---|---|---|---|---|---|---|---|---|---|---|---|---|---|---|---|---|---|---|---|---|---|---|---|---|---|---|
| 음력 | 8 | 9 | 10 | 11 | 12 | 13 | 14 | 15 | 16 | 17 | 18 | 19 | 20 | 21 | 22 | 23 | 24 | 25 | 26 | 27 | 28 | 29 | 30 | 윤 | 6.2 | 3 | 4 | 5 | 6 | 7 | 8 |
| 요일 | 日 | 月 | 火 | 水 | 木 | 金 | 土 | 日 | 月 | 火 | 水 | 木 | 金 | 土 | 日 | 月 | 火 | 水 | 木 | 金 | 土 | 日 | 月 | 火 | 水 | 木 | 金 | 土 | 日 | 月 | 火 |
| 일진 | 己巳 | 庚午 | 辛未 | 壬申 | 癸酉 | 甲戌 | 乙亥 | 丙子 | 丁丑 | 戊寅 | 己卯 | 庚辰 | 辛巳 | 壬午 | 癸未 | 甲申 | 乙酉 | 丙戌 | 丁亥 | 戊子 | 己丑 | 庚寅 | 辛卯 | 壬辰 | 癸巳 | 甲午 | 乙未 | 丙申 | 丁酉 | 戊戌 | 己亥 |
| 대운 남 | 8 | 9 | 9 | 9 | 10 | 10 | 10 | 소 | 1 | 1 | 1 | 1 | 2 | 2 | 2 | 3 | 3 | 3 | 4 | 4 | 4 | 5 | 5 | 5 | 6 | 6 | 6 | 7 | 7 | 7 | 8 |
| 대운 녀 | 2 | 2 | 2 | 1 | 1 | 1 | 1 | 서 | 10 | 10 | 9 | 9 | 9 | 8 | 8 | 8 | 7 | 7 | 7 | 6 | 6 | 6 | 5 | 5 | 5 | 4 | 4 | 4 | 3 | 3 | 3 |

## 8 · 壬申月(양 8.8~9.7)

입추 8일 12시11분 　 처서 24일 02시47분

| 양력 | 1 | 2 | 3 | 4 | 5 | 6 | 7 | 8 | 9 | 10 | 11 | 12 | 13 | 14 | 15 | 16 | 17 | 18 | 19 | 20 | 21 | 22 | 23 | 24 | 25 | 26 | 27 | 28 | 29 | 30 | 31 |
|---|---|---|---|---|---|---|---|---|---|---|---|---|---|---|---|---|---|---|---|---|---|---|---|---|---|---|---|---|---|---|---|
| 음력 | 9 | 10 | 11 | 12 | 13 | 14 | 15 | 16 | 17 | 18 | 19 | 20 | 21 | 22 | 23 | 24 | 25 | 26 | 27 | 28 | 29 | 30 | 7.1 | 2 | 3 | 4 | 5 | 6 | 7 | 8 | 9 |
| 요일 | 水 | 木 | 金 | 土 | 日 | 月 | 火 | 水 | 木 | 金 | 土 | 日 | 月 | 火 | 水 | 木 | 金 | 土 | 日 | 月 | 火 | 水 | 木 | 金 | 土 | 日 | 月 | 火 | 水 | 木 | 金 |
| 일진 | 庚子 | 辛丑 | 壬寅 | 癸卯 | 甲辰 | 乙巳 | 丙午 | 丁未 | 戊申 | 己酉 | 庚戌 | 辛亥 | 壬子 | 癸丑 | 甲寅 | 乙卯 | 丙辰 | 丁巳 | 戊午 | 己未 | 庚申 | 辛酉 | 壬戌 | 癸亥 | 甲子 | 乙丑 | 丙寅 | 丁卯 | 戊辰 | 己巳 | 庚午 |
| 대운 남 | 8 | 8 | 9 | 9 | 9 | 10 | 10 | 입 | 1 | 1 | 1 | 1 | 2 | 2 | 2 | 3 | 3 | 3 | 4 | 4 | 4 | 5 | 5 | 5 | 6 | 6 | 6 | 7 | 7 | 7 | 8 |
| 대운 녀 | 2 | 2 | 2 | 1 | 1 | 1 | 1 | 추 | 10 | 10 | 9 | 9 | 9 | 8 | 8 | 8 | 7 | 7 | 7 | 6 | 6 | 6 | 5 | 5 | 5 | 4 | 4 | 4 | 3 | 3 | 3 |

## 9 · 癸酉月(양 9.8~10.8)

백로 8일 15시00분 　 추분 24일 00시16분

| 양력 | 1 | 2 | 3 | 4 | 5 | 6 | 7 | 8 | 9 | 10 | 11 | 12 | 13 | 14 | 15 | 16 | 17 | 18 | 19 | 20 | 21 | 22 | 23 | 24 | 25 | 26 | 27 | 28 | 29 | 30 |
|---|---|---|---|---|---|---|---|---|---|---|---|---|---|---|---|---|---|---|---|---|---|---|---|---|---|---|---|---|---|---|
| 음력 | 10 | 11 | 12 | 13 | 14 | 15 | 16 | 17 | 18 | 19 | 20 | 21 | 22 | 23 | 24 | 25 | 26 | 27 | 28 | 29 | 8.1 | 2 | 3 | 4 | 5 | 6 | 7 | 8 | 9 | 10 |
| 요일 | 土 | 日 | 月 | 火 | 水 | 木 | 金 | 土 | 日 | 月 | 火 | 水 | 木 | 金 | 土 | 日 | 月 | 火 | 水 | 木 | 金 | 土 | 日 | 月 | 火 | 水 | 木 | 金 | 土 | 日 |
| 일진 | 辛未 | 壬申 | 癸酉 | 甲戌 | 乙亥 | 丙子 | 丁丑 | 戊寅 | 己卯 | 庚辰 | 辛巳 | 壬午 | 癸未 | 甲申 | 乙酉 | 丙戌 | 丁亥 | 戊子 | 己丑 | 庚寅 | 辛卯 | 壬辰 | 癸巳 | 甲午 | 乙未 | 丙申 | 丁酉 | 戊戌 | 己亥 | 庚子 |
| 대운 남 | 8 | 8 | 9 | 9 | 9 | 10 | 10 | 백 | 1 | 1 | 1 | 1 | 2 | 2 | 2 | 3 | 3 | 3 | 4 | 4 | 4 | 5 | 5 | 5 | 6 | 6 | 6 | 7 | 7 | 7 |
| 대운 녀 | 2 | 2 | 2 | 1 | 1 | 1 | 1 | 로 | 10 | 10 | 9 | 9 | 9 | 8 | 8 | 8 | 7 | 7 | 7 | 6 | 6 | 6 | 5 | 5 | 5 | 4 | 4 | 4 | 3 | 3 |

## 10 · 甲戌月(양 10.9~11.7)

한로 9일 06시30분 　 상강 24일 09시28분

| 양력 | 1 | 2 | 3 | 4 | 5 | 6 | 7 | 8 | 9 | 10 | 11 | 12 | 13 | 14 | 15 | 16 | 17 | 18 | 19 | 20 | 21 | 22 | 23 | 24 | 25 | 26 | 27 | 28 | 29 | 30 | 31 |
|---|---|---|---|---|---|---|---|---|---|---|---|---|---|---|---|---|---|---|---|---|---|---|---|---|---|---|---|---|---|---|---|
| 음력 | 11 | 12 | 13 | 14 | 15 | 16 | 17 | 18 | 19 | 20 | 21 | 22 | 23 | 24 | 25 | 26 | 27 | 28 | 29 | 30 | 9.1 | 2 | 3 | 4 | 5 | 6 | 7 | 8 | 9 | 10 | 11 |
| 요일 | 月 | 火 | 水 | 木 | 金 | 土 | 日 | 月 | 火 | 水 | 木 | 金 | 土 | 日 | 月 | 火 | 水 | 木 | 金 | 土 | 日 | 月 | 火 | 水 | 木 | 金 | 土 | 日 | 月 | 火 | 水 |
| 일진 | 辛丑 | 壬寅 | 癸卯 | 甲辰 | 乙巳 | 丙午 | 丁未 | 戊申 | 己酉 | 庚戌 | 辛亥 | 壬子 | 癸丑 | 甲寅 | 乙卯 | 丙辰 | 丁巳 | 戊午 | 己未 | 庚申 | 辛酉 | 壬戌 | 癸亥 | 甲子 | 乙丑 | 丙寅 | 丁卯 | 戊辰 | 己巳 | 庚午 | 辛未 |
| 대운 남 | 8 | 8 | 8 | 9 | 9 | 9 | 10 | 10 | 한 | 1 | 1 | 1 | 1 | 2 | 2 | 2 | 3 | 3 | 3 | 4 | 4 | 4 | 5 | 5 | 5 | 6 | 6 | 6 | 7 | 7 | 7 |
| 대운 녀 | 3 | 2 | 2 | 2 | 1 | 1 | 1 | 1 | 로 | 10 | 9 | 9 | 9 | 8 | 8 | 8 | 7 | 7 | 7 | 6 | 6 | 6 | 5 | 5 | 5 | 4 | 4 | 4 | 3 | 3 | 3 |

## 11 · 乙亥月(양 11.8~12.7)

입동 8일 09시33분 　 소설 23일 06시54분

| 양력 | 1 | 2 | 3 | 4 | 5 | 6 | 7 | 8 | 9 | 10 | 11 | 12 | 13 | 14 | 15 | 16 | 17 | 18 | 19 | 20 | 21 | 22 | 23 | 24 | 25 | 26 | 27 | 28 | 29 | 30 |
|---|---|---|---|---|---|---|---|---|---|---|---|---|---|---|---|---|---|---|---|---|---|---|---|---|---|---|---|---|---|---|
| 음력 | 12 | 13 | 14 | 15 | 16 | 17 | 18 | 19 | 20 | 21 | 22 | 23 | 24 | 25 | 26 | 27 | 28 | 29 | 30 | 10.1 | 2 | 3 | 4 | 5 | 6 | 7 | 8 | 9 | 10 | 11 |
| 요일 | 木 | 金 | 土 | 日 | 月 | 火 | 水 | 木 | 金 | 土 | 日 | 月 | 火 | 水 | 木 | 金 | 土 | 日 | 月 | 火 | 水 | 木 | 金 | 土 | 日 | 月 | 火 | 水 | 木 | 金 |
| 일진 | 壬申 | 癸酉 | 甲戌 | 乙亥 | 丙子 | 丁丑 | 戊寅 | 己卯 | 庚辰 | 辛巳 | 壬午 | 癸未 | 甲申 | 乙酉 | 丙戌 | 丁亥 | 戊子 | 己丑 | 庚寅 | 辛卯 | 壬辰 | 癸巳 | 甲午 | 乙未 | 丙申 | 丁酉 | 戊戌 | 己亥 | 庚子 | 辛丑 |
| 대운 남 | 8 | 8 | 8 | 9 | 9 | 9 | 10 | 입 | 1 | 1 | 1 | 1 | 2 | 2 | 2 | 3 | 3 | 3 | 4 | 4 | 4 | 5 | 5 | 5 | 6 | 6 | 6 | 7 | 7 | 7 |
| 대운 녀 | 2 | 2 | 2 | 1 | 1 | 1 | 1 | 동 | 10 | 9 | 9 | 9 | 8 | 8 | 8 | 7 | 7 | 7 | 6 | 6 | 6 | 5 | 5 | 5 | 4 | 4 | 4 | 3 | 3 | 3 |

## 12 · 丙子月(양 12.8~1.5)

대설 8일 02시18분 　 동지 22일 20시10분

| 양력 | 1 | 2 | 3 | 4 | 5 | 6 | 7 | 8 | 9 | 10 | 11 | 12 | 13 | 14 | 15 | 16 | 17 | 18 | 19 | 20 | 21 | 22 | 23 | 24 | 25 | 26 | 27 | 28 | 29 | 30 | 31 |
|---|---|---|---|---|---|---|---|---|---|---|---|---|---|---|---|---|---|---|---|---|---|---|---|---|---|---|---|---|---|---|---|
| 음력 | 12 | 13 | 14 | 15 | 16 | 17 | 18 | 19 | 20 | 21 | 22 | 23 | 24 | 25 | 26 | 27 | 28 | 29 | 11.1 | 2 | 3 | 4 | 5 | 6 | 7 | 8 | 9 | 10 | 11 | 12 | 13 |
| 요일 | 土 | 日 | 月 | 火 | 水 | 木 | 金 | 土 | 日 | 月 | 火 | 水 | 木 | 金 | 土 | 日 | 月 | 火 | 水 | 木 | 金 | 土 | 日 | 月 | 火 | 水 | 木 | 金 | 土 | 日 | 月 |
| 일진 | 壬寅 | 癸卯 | 甲辰 | 乙巳 | 丙午 | 丁未 | 戊申 | 己酉 | 庚戌 | 辛亥 | 壬子 | 癸丑 | 甲寅 | 乙卯 | 丙辰 | 丁巳 | 戊午 | 己未 | 庚申 | 辛酉 | 壬戌 | 癸亥 | 甲子 | 乙丑 | 丙寅 | 丁卯 | 戊辰 | 己巳 | 庚午 | 辛未 | 壬申 |
| 대운 남 | 8 | 8 | 8 | 9 | 9 | 9 | 10 | 대 | 1 | 1 | 1 | 1 | 2 | 2 | 2 | 3 | 3 | 3 | 4 | 4 | 4 | 5 | 5 | 5 | 6 | 6 | 6 | 7 | 7 | 7 | 8 |
| 대운 녀 | 2 | 2 | 2 | 1 | 1 | 1 | 1 | 설 | 9 | 9 | 9 | 8 | 8 | 8 | 7 | 7 | 7 | 6 | 6 | 6 | 5 | 5 | 5 | 4 | 4 | 4 | 3 | 3 | 3 | 2 | 2 |

# 1980년

소한 6일 13시29분

## 1 · 丁丑月(양 1.6~2.4)

대한 21일 06시49분

| 양력 | | 1 | 2 | 3 | 4 | 5 | 6 | 7 | 8 | 9 | 10 | 11 | 12 | 13 | 14 | 15 | 16 | 17 | 18 | 19 | 20 | 21 | 22 | 23 | 24 | 25 | 26 | 27 | 28 | 29 | 30 | 31 |
|---|---|---|---|---|---|---|---|---|---|---|---|---|---|---|---|---|---|---|---|---|---|---|---|---|---|---|---|---|---|---|---|---|
| 음력 | | 14 | 15 | 16 | 17 | 18 | 19 | 20 | 21 | 22 | 23 | 24 | 25 | 26 | 27 | 28 | 29 | 30 | 12.1 | 2 | 3 | 4 | 5 | 6 | 7 | 8 | 9 | 10 | 11 | 12 | 13 | 14 |
| 요일 | | 火 | 水 | 木 | 金 | 土 | 日 | 月 | 火 | 水 | 木 | 金 | 土 | 日 | 月 | 火 | 水 | 木 | 金 | 土 | 日 | 月 | 火 | 水 | 木 | 金 | 土 | 日 | 月 | 火 | 水 | 木 |
| 일진 | | 癸酉 | 甲戌 | 乙亥 | 丙子 | 丁丑 | 戊寅 | 己卯 | 庚辰 | 辛巳 | 壬午 | 癸未 | 甲申 | 乙酉 | 丙戌 | 丁亥 | 戊子 | 己丑 | 庚寅 | 辛卯 | 壬辰 | 癸巳 | 甲午 | 乙未 | 丙申 | 丁酉 | 戊戌 | 己亥 | 庚子 | 辛丑 | 壬寅 | 癸卯 |
| 대운 | 남 | 8 | 8 | 9 | 9 | 9 | 소 | 1 | 1 | 1 | 1 | 2 | 2 | 2 | 3 | 3 | 3 | 4 | 4 | 4 | 5 | 5 | 5 | 6 | 6 | 6 | 7 | 7 | 7 | 8 | 8 | 8 |
| | 녀 | 2 | 1 | 1 | 1 | 1 | 한 | 10 | 9 | 9 | 9 | 8 | 8 | 8 | 7 | 7 | 7 | 6 | 6 | 6 | 5 | 5 | 5 | 4 | 4 | 4 | 3 | 3 | 3 | 2 | 2 | 2 |

입춘 5일 01시09분

## 2 · 戊寅月(양 2.5~3.4)

우수 19일 21시02분

| 양력 | | 1 | 2 | 3 | 4 | 5 | 6 | 7 | 8 | 9 | 10 | 11 | 12 | 13 | 14 | 15 | 16 | 17 | 18 | 19 | 20 | 21 | 22 | 23 | 24 | 25 | 26 | 27 | 28 | 29 |
|---|---|---|---|---|---|---|---|---|---|---|---|---|---|---|---|---|---|---|---|---|---|---|---|---|---|---|---|---|---|---|
| 음력 | | 15 | 16 | 17 | 18 | 19 | 20 | 21 | 22 | 23 | 24 | 25 | 26 | 27 | 28 | 29 | 1.1 | 2 | 3 | 4 | 5 | 6 | 7 | 8 | 9 | 10 | 11 | 12 | 13 | 14 |
| 요일 | | 金 | 土 | 日 | 月 | 火 | 水 | 木 | 金 | 土 | 日 | 月 | 火 | 水 | 木 | 金 | 土 | 日 | 月 | 火 | 水 | 木 | 金 | 土 | 日 | 月 | 火 | 水 | 木 | 金 |
| 일진 | | 甲辰 | 乙巳 | 丙午 | 丁未 | 戊申 | 己酉 | 庚戌 | 辛亥 | 壬子 | 癸丑 | 甲寅 | 乙卯 | 丙辰 | 丁巳 | 戊午 | 己未 | 庚申 | 辛酉 | 壬戌 | 癸亥 | 甲子 | 乙丑 | 丙寅 | 丁卯 | 戊辰 | 己巳 | 庚午 | 辛未 | 壬申 |
| 대운 | 남 | 9 | 9 | 9 | 10 | 입 | 9 | 9 | 9 | 8 | 8 | 8 | 7 | 7 | 7 | 6 | 6 | 6 | 5 | 5 | 5 | 4 | 4 | 4 | 3 | 3 | 3 | 2 | 2 | 2 |
| | 녀 | 1 | 1 | 1 | 1 | 춘 | 1 | 1 | 1 | 1 | 2 | 2 | 2 | 3 | 3 | 3 | 4 | 4 | 4 | 5 | 5 | 5 | 6 | 6 | 6 | 7 | 7 | 7 | 8 | 8 |

경칩 5일 19시17분

## 3 · 己卯月(양 3.5~4.4)

춘분 20일 20시10분

| 양력 | | 1 | 2 | 3 | 4 | 5 | 6 | 7 | 8 | 9 | 10 | 11 | 12 | 13 | 14 | 15 | 16 | 17 | 18 | 19 | 20 | 21 | 22 | 23 | 24 | 25 | 26 | 27 | 28 | 29 | 30 | 31 |
|---|---|---|---|---|---|---|---|---|---|---|---|---|---|---|---|---|---|---|---|---|---|---|---|---|---|---|---|---|---|---|---|---|
| 음력 | | 15 | 16 | 17 | 18 | 19 | 20 | 21 | 22 | 23 | 24 | 25 | 26 | 27 | 28 | 29 | 30 | 2.1 | 2 | 3 | 4 | 5 | 6 | 7 | 8 | 9 | 10 | 11 | 12 | 13 | 14 | 15 |
| 요일 | | 土 | 日 | 月 | 火 | 水 | 木 | 金 | 土 | 日 | 月 | 火 | 水 | 木 | 金 | 土 | 日 | 月 | 火 | 水 | 木 | 金 | 土 | 日 | 月 | 火 | 水 | 木 | 金 | 土 | 日 | 月 |
| 일진 | | 癸酉 | 甲戌 | 乙亥 | 丙子 | 丁丑 | 戊寅 | 己卯 | 庚辰 | 辛巳 | 壬午 | 癸未 | 甲申 | 乙酉 | 丙戌 | 丁亥 | 戊子 | 己丑 | 庚寅 | 辛卯 | 壬辰 | 癸巳 | 甲午 | 乙未 | 丙申 | 丁酉 | 戊戌 | 己亥 | 庚子 | 辛丑 | 壬寅 | 癸卯 |
| 대운 | 남 | 1 | 1 | 1 | 1 | 경 | 10 | 10 | 9 | 9 | 9 | 8 | 8 | 8 | 7 | 7 | 7 | 6 | 6 | 6 | 5 | 5 | 5 | 4 | 4 | 4 | 3 | 3 | 3 | 2 | 2 | 2 |
| | 녀 | 8 | 9 | 9 | 9 | 칩 | 1 | 1 | 1 | 1 | 2 | 2 | 2 | 3 | 3 | 3 | 4 | 4 | 4 | 5 | 5 | 5 | 6 | 6 | 6 | 7 | 7 | 7 | 8 | 8 | 8 | 9 |

청명 5일 00시15분

## 4 · 庚辰月(양 4.5~5.4)

곡우 20일 07시23분

| 양력 | | 1 | 2 | 3 | 4 | 5 | 6 | 7 | 8 | 9 | 10 | 11 | 12 | 13 | 14 | 15 | 16 | 17 | 18 | 19 | 20 | 21 | 22 | 23 | 24 | 25 | 26 | 27 | 28 | 29 | 30 |
|---|---|---|---|---|---|---|---|---|---|---|---|---|---|---|---|---|---|---|---|---|---|---|---|---|---|---|---|---|---|---|---|
| 음력 | | 16 | 17 | 18 | 19 | 20 | 21 | 22 | 23 | 24 | 25 | 26 | 27 | 28 | 29 | 3.1 | 2 | 3 | 4 | 5 | 6 | 7 | 8 | 9 | 10 | 11 | 12 | 13 | 14 | 15 | 16 |
| 요일 | | 火 | 水 | 木 | 金 | 土 | 日 | 月 | 火 | 水 | 木 | 金 | 土 | 日 | 月 | 火 | 水 | 木 | 金 | 土 | 日 | 月 | 火 | 水 | 木 | 金 | 土 | 日 | 月 | 火 | 水 |
| 일진 | | 甲辰 | 乙巳 | 丙午 | 丁未 | 戊申 | 己酉 | 庚戌 | 辛亥 | 壬子 | 癸丑 | 甲寅 | 乙卯 | 丙辰 | 丁巳 | 戊午 | 己未 | 庚申 | 辛酉 | 壬戌 | 癸亥 | 甲子 | 乙丑 | 丙寅 | 丁卯 | 戊辰 | 己巳 | 庚午 | 辛未 | 壬申 | 癸酉 |
| 대운 | 남 | 1 | 1 | 1 | 1 | 청 | 10 | 9 | 9 | 9 | 8 | 8 | 8 | 7 | 7 | 7 | 6 | 6 | 6 | 5 | 5 | 5 | 4 | 4 | 4 | 3 | 3 | 3 | 2 | 2 | 2 |
| | 녀 | 9 | 9 | 10 | 10 | 명 | 1 | 1 | 1 | 1 | 2 | 2 | 2 | 3 | 3 | 3 | 4 | 4 | 4 | 5 | 5 | 5 | 6 | 6 | 6 | 7 | 7 | 7 | 8 | 8 | 8 |

입하 5일 17시45분

## 5 · 辛巳月(양 5.5~6.4)

소만 21일 06시42분

| 양력 | | 1 | 2 | 3 | 4 | 5 | 6 | 7 | 8 | 9 | 10 | 11 | 12 | 13 | 14 | 15 | 16 | 17 | 18 | 19 | 20 | 21 | 22 | 23 | 24 | 25 | 26 | 27 | 28 | 29 | 30 | 31 |
|---|---|---|---|---|---|---|---|---|---|---|---|---|---|---|---|---|---|---|---|---|---|---|---|---|---|---|---|---|---|---|---|---|
| 음력 | | 17 | 18 | 19 | 20 | 21 | 22 | 23 | 24 | 25 | 26 | 27 | 28 | 29 | 4.1 | 2 | 3 | 4 | 5 | 6 | 7 | 8 | 9 | 10 | 11 | 12 | 13 | 14 | 15 | 16 | 17 | 18 |
| 요일 | | 木 | 金 | 土 | 日 | 月 | 火 | 水 | 木 | 金 | 土 | 日 | 月 | 火 | 水 | 木 | 金 | 土 | 日 | 月 | 火 | 水 | 木 | 金 | 土 | 日 | 月 | 火 | 水 | 木 | 金 | 土 |
| 일진 | | 甲戌 | 乙亥 | 丙子 | 丁丑 | 戊寅 | 己卯 | 庚辰 | 辛巳 | 壬午 | 癸未 | 甲申 | 乙酉 | 丙戌 | 丁亥 | 戊子 | 己丑 | 庚寅 | 辛卯 | 壬辰 | 癸巳 | 甲午 | 乙未 | 丙申 | 丁酉 | 戊戌 | 己亥 | 庚子 | 辛丑 | 壬寅 | 癸卯 | 甲辰 |
| 대운 | 남 | 1 | 1 | 1 | 1 | 입 | 10 | 10 | 9 | 9 | 9 | 8 | 8 | 8 | 7 | 7 | 7 | 6 | 6 | 6 | 5 | 5 | 5 | 4 | 4 | 4 | 3 | 3 | 3 | 2 | 2 | 2 |
| | 녀 | 9 | 9 | 9 | 10 | 하 | 1 | 1 | 1 | 1 | 2 | 2 | 2 | 3 | 3 | 3 | 4 | 4 | 4 | 5 | 5 | 5 | 6 | 6 | 6 | 7 | 7 | 7 | 8 | 8 | 8 | 9 |

망종 5일 22시04분

## 6 · 壬午月(양 6.5~7.6)

하지 21일 14시47분

| 양력 | | 1 | 2 | 3 | 4 | 5 | 6 | 7 | 8 | 9 | 10 | 11 | 12 | 13 | 14 | 15 | 16 | 17 | 18 | 19 | 20 | 21 | 22 | 23 | 24 | 25 | 26 | 27 | 28 | 29 | 30 |
|---|---|---|---|---|---|---|---|---|---|---|---|---|---|---|---|---|---|---|---|---|---|---|---|---|---|---|---|---|---|---|---|
| 음력 | | 19 | 20 | 21 | 22 | 23 | 24 | 25 | 26 | 27 | 28 | 29 | 30 | 5.1 | 2 | 3 | 4 | 5 | 6 | 7 | 8 | 9 | 10 | 11 | 12 | 13 | 14 | 15 | 16 | 17 | 18 |
| 요일 | | 日 | 月 | 火 | 水 | 木 | 金 | 土 | 日 | 月 | 火 | 水 | 木 | 金 | 土 | 日 | 月 | 火 | 水 | 木 | 金 | 土 | 日 | 月 | 火 | 水 | 木 | 金 | 土 | 日 | 月 |
| 일진 | | 乙巳 | 丙午 | 丁未 | 戊申 | 己酉 | 庚戌 | 辛亥 | 壬子 | 癸丑 | 甲寅 | 乙卯 | 丙辰 | 丁巳 | 戊午 | 己未 | 庚申 | 辛酉 | 壬戌 | 癸亥 | 甲子 | 乙丑 | 丙寅 | 丁卯 | 戊辰 | 己巳 | 庚午 | 辛未 | 壬申 | 癸酉 | 甲戌 |
| 대운 | 남 | 1 | 1 | 1 | 1 | 망 | 10 | 10 | 10 | 9 | 9 | 9 | 8 | 8 | 8 | 7 | 7 | 7 | 6 | 6 | 6 | 5 | 5 | 5 | 4 | 4 | 4 | 3 | 3 | 3 | 2 |
| | 녀 | 9 | 9 | 10 | 10 | 종 | 1 | 1 | 1 | 1 | 2 | 2 | 2 | 3 | 3 | 3 | 4 | 4 | 4 | 5 | 5 | 5 | 6 | 6 | 6 | 7 | 7 | 7 | 8 | 8 | 8 |

## 7 · 癸未月(양 7.7~8.6)

소서 7일 08시24분 / 대서 23일 01시42분

| 양력 | 1 | 2 | 3 | 4 | 5 | 6 | 7 | 8 | 9 | 10 | 11 | 12 | 13 | 14 | 15 | 16 | 17 | 18 | 19 | 20 | 21 | 22 | 23 | 24 | 25 | 26 | 27 | 28 | 29 | 30 | 31 |
|---|---|---|---|---|---|---|---|---|---|---|---|---|---|---|---|---|---|---|---|---|---|---|---|---|---|---|---|---|---|---|---|
| 음력 | 19 | 20 | 21 | 22 | 23 | 24 | 25 | 26 | 27 | 28 | 29 | 6.1 | 2 | 3 | 4 | 5 | 6 | 7 | 8 | 9 | 10 | 11 | 12 | 13 | 14 | 15 | 16 | 17 | 18 | 19 | 20 |
| 요일 | 火 | 水 | 木 | 金 | 土 | 日 | 月 | 火 | 水 | 木 | 金 | 土 | 日 | 月 | 火 | 水 | 木 | 金 | 土 | 日 | 月 | 火 | 水 | 木 | 金 | 土 | 日 | 月 | 火 | 水 | 木 |
| 일진 | 乙亥 | 丙子 | 丁丑 | 戊寅 | 己卯 | 庚辰 | 辛巳 | 壬午 | 癸未 | 甲申 | 乙酉 | 丙戌 | 丁亥 | 戊子 | 己丑 | 庚寅 | 辛卯 | 壬辰 | 癸巳 | 甲午 | 乙未 | 丙申 | 丁酉 | 戊戌 | 己亥 | 庚子 | 辛丑 | 壬寅 | 癸卯 | 甲辰 | 乙巳 |
| 대운 남 | 2 | 2 | 1 | 1 | 1 | 1 | 소 | 10 | 10 | 9 | 9 | 9 | 8 | 8 | 8 | 7 | 7 | 7 | 6 | 6 | 6 | 5 | 5 | 5 | 4 | 4 | 4 | 3 | 3 | 3 | 2 |
| 대운 녀 | 9 | 9 | 9 | 10 | 10 | 10 | 서 | 1 | 1 | 1 | 1 | 2 | 2 | 2 | 3 | 3 | 3 | 4 | 4 | 4 | 5 | 5 | 5 | 6 | 6 | 6 | 7 | 7 | 7 | 8 | 8 |

## 8 · 甲申月(양 8.7~9.6)

입추 7일 18시09분 / 처서 23일 08시41분

| 양력 | 1 | 2 | 3 | 4 | 5 | 6 | 7 | 8 | 9 | 10 | 11 | 12 | 13 | 14 | 15 | 16 | 17 | 18 | 19 | 20 | 21 | 22 | 23 | 24 | 25 | 26 | 27 | 28 | 29 | 30 | 31 |
|---|---|---|---|---|---|---|---|---|---|---|---|---|---|---|---|---|---|---|---|---|---|---|---|---|---|---|---|---|---|---|---|
| 음력 | 21 | 22 | 23 | 24 | 25 | 26 | 27 | 28 | 29 | 30 | 7.1 | 2 | 3 | 4 | 5 | 6 | 7 | 8 | 9 | 10 | 11 | 12 | 13 | 14 | 15 | 16 | 17 | 18 | 19 | 20 | 21 |
| 요일 | 金 | 土 | 日 | 月 | 火 | 水 | 木 | 金 | 土 | 日 | 月 | 火 | 水 | 木 | 金 | 土 | 日 | 月 | 火 | 水 | 木 | 金 | 土 | 日 | 月 | 火 | 水 | 木 | 金 | 土 | 日 |
| 일진 | 丙午 | 丁未 | 戊申 | 己酉 | 庚戌 | 辛亥 | 壬子 | 癸丑 | 甲寅 | 乙卯 | 丙辰 | 丁巳 | 戊午 | 己未 | 庚申 | 辛酉 | 壬戌 | 癸亥 | 甲子 | 乙丑 | 丙寅 | 丁卯 | 戊辰 | 己巳 | 庚午 | 辛未 | 壬申 | 癸酉 | 甲戌 | 乙亥 | 丙子 |
| 대운 남 | 2 | 2 | 1 | 1 | 1 | 1 | 입 | 10 | 10 | 9 | 9 | 9 | 8 | 8 | 8 | 7 | 7 | 7 | 6 | 6 | 6 | 5 | 5 | 5 | 4 | 4 | 4 | 3 | 3 | 3 | 2 |
| 대운 녀 | 8 | 9 | 9 | 9 | 10 | 10 | 추 | 1 | 1 | 1 | 1 | 2 | 2 | 2 | 3 | 3 | 3 | 4 | 4 | 4 | 5 | 5 | 5 | 6 | 6 | 6 | 7 | 7 | 7 | 8 | 8 |

## 9 · 乙酉月(양 9.7~10.7)

백로 7일 20시53분 / 추분 23일 06시09분

| 양력 | 1 | 2 | 3 | 4 | 5 | 6 | 7 | 8 | 9 | 10 | 11 | 12 | 13 | 14 | 15 | 16 | 17 | 18 | 19 | 20 | 21 | 22 | 23 | 24 | 25 | 26 | 27 | 28 | 29 | 30 |
|---|---|---|---|---|---|---|---|---|---|---|---|---|---|---|---|---|---|---|---|---|---|---|---|---|---|---|---|---|---|---|
| 음력 | 22 | 23 | 24 | 25 | 26 | 27 | 28 | 29 | 8.1 | 2 | 3 | 4 | 5 | 6 | 7 | 8 | 9 | 10 | 11 | 12 | 13 | 14 | 15 | 16 | 17 | 18 | 19 | 20 | 21 | 22 |
| 요일 | 月 | 火 | 水 | 木 | 金 | 土 | 日 | 月 | 火 | 水 | 木 | 金 | 土 | 日 | 月 | 火 | 水 | 木 | 金 | 土 | 日 | 月 | 火 | 水 | 木 | 金 | 土 | 日 | 月 | 火 |
| 일진 | 丁丑 | 戊寅 | 己卯 | 庚辰 | 辛巳 | 壬午 | 癸未 | 甲申 | 乙酉 | 丙戌 | 丁亥 | 戊子 | 己丑 | 庚寅 | 辛卯 | 壬辰 | 癸巳 | 甲午 | 乙未 | 丙申 | 丁酉 | 戊戌 | 己亥 | 庚子 | 辛丑 | 壬寅 | 癸卯 | 甲辰 | 乙巳 | 丙午 |
| 대운 남 | 2 | 2 | 1 | 1 | 1 | 1 | 백 | 10 | 10 | 9 | 9 | 9 | 8 | 8 | 8 | 7 | 7 | 7 | 6 | 6 | 6 | 5 | 5 | 5 | 4 | 4 | 4 | 3 | 3 | 3 |
| 대운 녀 | 8 | 9 | 9 | 9 | 10 | 10 | 로 | 1 | 1 | 1 | 1 | 2 | 2 | 2 | 3 | 3 | 3 | 4 | 4 | 4 | 5 | 5 | 5 | 6 | 6 | 6 | 7 | 7 | 7 | 8 |

## 10 · 丙戌月(양 10.8~11.6)

한로 8일 12시19분 / 상강 23일 15시18분

| 양력 | 1 | 2 | 3 | 4 | 5 | 6 | 7 | 8 | 9 | 10 | 11 | 12 | 13 | 14 | 15 | 16 | 17 | 18 | 19 | 20 | 21 | 22 | 23 | 24 | 25 | 26 | 27 | 28 | 29 | 30 | 31 |
|---|---|---|---|---|---|---|---|---|---|---|---|---|---|---|---|---|---|---|---|---|---|---|---|---|---|---|---|---|---|---|---|
| 음력 | 23 | 24 | 25 | 26 | 27 | 28 | 29 | 30 | 9.1 | 2 | 3 | 4 | 5 | 6 | 7 | 8 | 9 | 10 | 11 | 12 | 13 | 14 | 15 | 16 | 17 | 18 | 19 | 20 | 21 | 22 | 23 |
| 요일 | 水 | 木 | 金 | 土 | 日 | 月 | 火 | 水 | 木 | 金 | 土 | 日 | 月 | 火 | 水 | 木 | 金 | 土 | 日 | 月 | 火 | 水 | 木 | 金 | 土 | 日 | 月 | 火 | 水 | 木 | 金 |
| 일진 | 丁未 | 戊申 | 己酉 | 庚戌 | 辛亥 | 壬子 | 癸丑 | 甲寅 | 乙卯 | 丙辰 | 丁巳 | 戊午 | 己未 | 庚申 | 辛酉 | 壬戌 | 癸亥 | 甲子 | 乙丑 | 丙寅 | 丁卯 | 戊辰 | 己巳 | 庚午 | 辛未 | 壬申 | 癸酉 | 甲戌 | 乙亥 | 丙子 | 丁丑 |
| 대운 남 | 2 | 2 | 2 | 1 | 1 | 1 | 1 | 한 | 10 | 9 | 9 | 9 | 8 | 8 | 8 | 7 | 7 | 7 | 6 | 6 | 6 | 5 | 5 | 5 | 4 | 4 | 4 | 3 | 3 | 3 | 2 |
| 대운 녀 | 8 | 8 | 9 | 9 | 9 | 10 | 10 | 로 | 1 | 1 | 1 | 1 | 2 | 2 | 2 | 3 | 3 | 3 | 4 | 4 | 4 | 5 | 5 | 5 | 6 | 6 | 6 | 7 | 7 | 7 | 8 |

## 11 · 丁亥月(양 11.7~12.6)

입동 7일 15시18분 / 소설 22일 12시41분

| 양력 | 1 | 2 | 3 | 4 | 5 | 6 | 7 | 8 | 9 | 10 | 11 | 12 | 13 | 14 | 15 | 16 | 17 | 18 | 19 | 20 | 21 | 22 | 23 | 24 | 25 | 26 | 27 | 28 | 29 | 30 |
|---|---|---|---|---|---|---|---|---|---|---|---|---|---|---|---|---|---|---|---|---|---|---|---|---|---|---|---|---|---|---|
| 음력 | 24 | 25 | 26 | 27 | 28 | 29 | 30 | 10.1 | 2 | 3 | 4 | 5 | 6 | 7 | 8 | 9 | 10 | 11 | 12 | 13 | 14 | 15 | 16 | 17 | 18 | 19 | 20 | 21 | 22 | 23 |
| 요일 | 土 | 日 | 月 | 火 | 水 | 木 | 金 | 土 | 日 | 月 | 火 | 水 | 木 | 金 | 土 | 日 | 月 | 火 | 水 | 木 | 金 | 土 | 日 | 月 | 火 | 水 | 木 | 金 | 土 | 日 |
| 일진 | 戊寅 | 己卯 | 庚辰 | 辛巳 | 壬午 | 癸未 | 甲申 | 乙酉 | 丙戌 | 丁亥 | 戊子 | 己丑 | 庚寅 | 辛卯 | 壬辰 | 癸巳 | 甲午 | 乙未 | 丙申 | 丁酉 | 戊戌 | 己亥 | 庚子 | 辛丑 | 壬寅 | 癸卯 | 甲辰 | 乙巳 | 丙午 | 丁未 |
| 대운 남 | 2 | 2 | 1 | 1 | 1 | 1 | 입 | 10 | 9 | 9 | 9 | 8 | 8 | 8 | 7 | 7 | 7 | 6 | 6 | 6 | 5 | 5 | 5 | 4 | 4 | 4 | 3 | 3 | 3 | 2 |
| 대운 녀 | 8 | 8 | 9 | 9 | 9 | 10 | 동 | 1 | 1 | 1 | 1 | 2 | 2 | 2 | 3 | 3 | 3 | 4 | 4 | 4 | 5 | 5 | 5 | 6 | 6 | 6 | 7 | 7 | 7 | 8 |

## 12 · 戊子月(양 12.7~1.4)

대설 7일 08시01분 / 동지 22일 01시56분

| 양력 | 1 | 2 | 3 | 4 | 5 | 6 | 7 | 8 | 9 | 10 | 11 | 12 | 13 | 14 | 15 | 16 | 17 | 18 | 19 | 20 | 21 | 22 | 23 | 24 | 25 | 26 | 27 | 28 | 29 | 30 | 31 |
|---|---|---|---|---|---|---|---|---|---|---|---|---|---|---|---|---|---|---|---|---|---|---|---|---|---|---|---|---|---|---|---|
| 음력 | 24 | 25 | 26 | 27 | 28 | 29 | 11.1 | 2 | 3 | 4 | 5 | 6 | 7 | 8 | 9 | 10 | 11 | 12 | 13 | 14 | 15 | 16 | 17 | 18 | 19 | 20 | 21 | 22 | 23 | 24 | 25 |
| 요일 | 月 | 火 | 水 | 木 | 金 | 土 | 日 | 月 | 火 | 水 | 木 | 金 | 土 | 日 | 月 | 火 | 水 | 木 | 金 | 土 | 日 | 月 | 火 | 水 | 木 | 金 | 土 | 日 | 月 | 火 | 水 |
| 일진 | 戊申 | 己酉 | 庚戌 | 辛亥 | 壬子 | 癸丑 | 甲寅 | 乙卯 | 丙辰 | 丁巳 | 戊午 | 己未 | 庚申 | 辛酉 | 壬戌 | 癸亥 | 甲子 | 乙丑 | 丙寅 | 丁卯 | 戊辰 | 己巳 | 庚午 | 辛未 | 壬申 | 癸酉 | 甲戌 | 乙亥 | 丙子 | 丁丑 | 戊寅 |
| 대운 남 | 2 | 2 | 1 | 1 | 1 | 1 | 대 | 9 | 9 | 9 | 8 | 8 | 8 | 7 | 7 | 7 | 6 | 6 | 6 | 5 | 5 | 5 | 4 | 4 | 4 | 3 | 3 | 3 | 2 | 2 | 2 |
| 대운 녀 | 8 | 8 | 9 | 9 | 9 | 10 | 설 | 1 | 1 | 1 | 1 | 2 | 2 | 2 | 3 | 3 | 3 | 4 | 4 | 4 | 5 | 5 | 5 | 6 | 6 | 6 | 7 | 7 | 7 | 8 | 8 |

단기 4314년

# 1981년

소한 5일 19시13분

## 1 · 己丑月(양 1.5~2.3)

대한 20일 12시36분

| 양력 | 1 | 2 | 3 | 4 | 5 | 6 | 7 | 8 | 9 | 10 | 11 | 12 | 13 | 14 | 15 | 16 | 17 | 18 | 19 | 20 | 21 | 22 | 23 | 24 | 25 | 26 | 27 | 28 | 29 | 30 | 31 |
|---|---|---|---|---|---|---|---|---|---|---|---|---|---|---|---|---|---|---|---|---|---|---|---|---|---|---|---|---|---|---|---|
| 음력 | 26 | 27 | 28 | 29 | 30 | 12.1 | 2 | 3 | 4 | 5 | 6 | 7 | 8 | 9 | 10 | 11 | 12 | 13 | 14 | 15 | 16 | 17 | 18 | 19 | 20 | 21 | 22 | 23 | 24 | 25 | 26 |
| 요일 | 木 | 金 | 土 | 日 | 月 | 火 | 水 | 木 | 金 | 土 | 日 | 月 | 火 | 水 | 木 | 金 | 土 | 日 | 月 | 火 | 水 | 木 | 金 | 土 | 日 | 月 | 火 | 水 | 木 | 金 | 土 |
| 일진 | 己卯 | 庚辰 | 辛巳 | 壬午 | 癸未 | 甲申 | 乙酉 | 丙戌 | 丁亥 | 戊子 | 己丑 | 庚寅 | 辛卯 | 壬辰 | 癸巳 | 甲午 | 乙未 | 丙申 | 丁酉 | 戊戌 | 己亥 | 庚子 | 辛丑 | 壬寅 | 癸卯 | 甲辰 | 乙巳 | 丙午 | 丁未 | 戊申 | 己酉 |
| 대운 남 | 1 | 1 | 1 | 1 | 소 | 10 | 9 | 9 | 9 | 8 | 8 | 8 | 7 | 7 | 7 | 6 | 6 | 6 | 5 | 5 | 5 | 4 | 4 | 4 | 3 | 3 | 3 | 2 | 2 | 2 | 1 |
| 대운 녀 | 8 | 9 | 9 | 9 | 한 | 1 | 1 | 1 | 1 | 2 | 2 | 2 | 3 | 3 | 3 | 4 | 4 | 4 | 5 | 5 | 5 | 6 | 6 | 6 | 7 | 7 | 7 | 8 | 8 | 8 | 9 |

입춘 4일 06시55분

## 2 · 庚寅月(양 2.4~3.5)

우수 19일 02시52분

| 양력 | 1 | 2 | 3 | 4 | 5 | 6 | 7 | 8 | 9 | 10 | 11 | 12 | 13 | 14 | 15 | 16 | 17 | 18 | 19 | 20 | 21 | 22 | 23 | 24 | 25 | 26 | 27 | 28 |
|---|---|---|---|---|---|---|---|---|---|---|---|---|---|---|---|---|---|---|---|---|---|---|---|---|---|---|---|---|
| 음력 | 27 | 28 | 29 | 30 | 1.1 | 2 | 3 | 4 | 5 | 6 | 7 | 8 | 9 | 10 | 11 | 12 | 13 | 14 | 15 | 16 | 17 | 18 | 19 | 20 | 21 | 22 | 23 | 24 |
| 요일 | 日 | 月 | 火 | 水 | 木 | 金 | 土 | 日 | 月 | 火 | 水 | 木 | 金 | 土 | 日 | 月 | 火 | 水 | 木 | 金 | 土 | 日 | 月 | 火 | 水 | 木 | 金 | 土 |
| 일진 | 庚戌 | 辛亥 | 壬子 | 癸丑 | 甲寅 | 乙卯 | 丙辰 | 丁巳 | 戊午 | 己未 | 庚申 | 辛酉 | 壬戌 | 癸亥 | 甲子 | 乙丑 | 丙寅 | 丁卯 | 戊辰 | 己巳 | 庚午 | 辛未 | 壬申 | 癸酉 | 甲戌 | 乙亥 | 丙子 | 丁丑 |
| 대운 남 | 1 | 1 | 1 | 입 | 1 | 1 | 1 | 1 | 2 | 2 | 2 | 3 | 3 | 3 | 4 | 4 | 4 | 5 | 5 | 5 | 6 | 6 | 6 | 7 | 7 | 7 | 8 | 8 |
| 대운 녀 | 9 | 9 | 10 | 춘 | 10 | 9 | 9 | 9 | 8 | 8 | 8 | 7 | 7 | 7 | 6 | 6 | 6 | 5 | 5 | 5 | 4 | 4 | 4 | 3 | 3 | 3 | 2 | 2 |

경칩 6일 01시05분

## 3 · 辛卯月(양 3.6~4.4)

춘분 21일 02시03분

| 양력 | 1 | 2 | 3 | 4 | 5 | 6 | 7 | 8 | 9 | 10 | 11 | 12 | 13 | 14 | 15 | 16 | 17 | 18 | 19 | 20 | 21 | 22 | 23 | 24 | 25 | 26 | 27 | 28 | 29 | 30 | 31 |
|---|---|---|---|---|---|---|---|---|---|---|---|---|---|---|---|---|---|---|---|---|---|---|---|---|---|---|---|---|---|---|---|
| 음력 | 25 | 26 | 27 | 28 | 29 | 2.1 | 2 | 3 | 4 | 5 | 6 | 7 | 8 | 9 | 10 | 11 | 12 | 13 | 14 | 15 | 16 | 17 | 18 | 19 | 20 | 21 | 22 | 23 | 24 | 25 | 26 |
| 요일 | 日 | 月 | 火 | 水 | 木 | 金 | 土 | 日 | 月 | 火 | 水 | 木 | 金 | 土 | 日 | 月 | 火 | 水 | 木 | 金 | 土 | 日 | 月 | 火 | 水 | 木 | 金 | 土 | 日 | 月 | 火 |
| 일진 | 戊寅 | 己卯 | 庚辰 | 辛巳 | 壬午 | 癸未 | 甲申 | 乙酉 | 丙戌 | 丁亥 | 戊子 | 己丑 | 庚寅 | 辛卯 | 壬辰 | 癸巳 | 甲午 | 乙未 | 丙申 | 丁酉 | 戊戌 | 己亥 | 庚子 | 辛丑 | 壬寅 | 癸卯 | 甲辰 | 乙巳 | 丙午 | 丁未 | 戊申 |
| 대운 남 | 8 | 9 | 9 | 9 | 10 | 경 | 1 | 1 | 1 | 1 | 2 | 2 | 2 | 3 | 3 | 3 | 4 | 4 | 4 | 5 | 5 | 5 | 6 | 6 | 6 | 7 | 7 | 7 | 8 | 8 | 8 |
| 대운 녀 | 2 | 1 | 1 | 1 | 1 | 칩 | 10 | 9 | 9 | 9 | 8 | 8 | 8 | 7 | 7 | 7 | 6 | 6 | 6 | 5 | 5 | 5 | 4 | 4 | 4 | 3 | 3 | 3 | 2 | 2 | 2 |

청명 5일 06시05분

## 4 · 壬辰月(양 4.5~5.4)

곡우 20일 13시19분

| 양력 | 1 | 2 | 3 | 4 | 5 | 6 | 7 | 8 | 9 | 10 | 11 | 12 | 13 | 14 | 15 | 16 | 17 | 18 | 19 | 20 | 21 | 22 | 23 | 24 | 25 | 26 | 27 | 28 | 29 | 30 |
|---|---|---|---|---|---|---|---|---|---|---|---|---|---|---|---|---|---|---|---|---|---|---|---|---|---|---|---|---|---|---|
| 음력 | 27 | 28 | 29 | 30 | 3.1 | 2 | 3 | 4 | 5 | 6 | 7 | 8 | 9 | 10 | 11 | 12 | 13 | 14 | 15 | 16 | 17 | 18 | 19 | 20 | 21 | 22 | 23 | 24 | 25 | 26 |
| 요일 | 水 | 木 | 金 | 土 | 日 | 月 | 火 | 水 | 木 | 金 | 土 | 日 | 月 | 火 | 水 | 木 | 金 | 土 | 日 | 月 | 火 | 水 | 木 | 金 | 土 | 日 | 月 | 火 | 水 | 木 |
| 일진 | 己酉 | 庚戌 | 辛亥 | 壬子 | 癸丑 | 甲寅 | 乙卯 | 丙辰 | 丁巳 | 戊午 | 己未 | 庚申 | 辛酉 | 壬戌 | 癸亥 | 甲子 | 乙丑 | 丙寅 | 丁卯 | 戊辰 | 己巳 | 庚午 | 辛未 | 壬申 | 癸酉 | 甲戌 | 乙亥 | 丙子 | 丁丑 | 戊寅 |
| 대운 남 | 9 | 9 | 9 | 10 | 청 | 1 | 1 | 1 | 1 | 2 | 2 | 2 | 3 | 3 | 3 | 4 | 4 | 4 | 5 | 5 | 5 | 6 | 6 | 6 | 7 | 7 | 7 | 8 | 8 | 8 |
| 대운 녀 | 1 | 1 | 1 | 1 | 명 | 10 | 9 | 9 | 9 | 8 | 8 | 8 | 7 | 7 | 7 | 6 | 6 | 6 | 5 | 5 | 5 | 4 | 4 | 4 | 3 | 3 | 3 | 2 | 2 | 2 |

입하 5일 23시35분

## 5 · 癸巳月(양 5.5~6.5)

소만 21일 12시39분

| 양력 | 1 | 2 | 3 | 4 | 5 | 6 | 7 | 8 | 9 | 10 | 11 | 12 | 13 | 14 | 15 | 16 | 17 | 18 | 19 | 20 | 21 | 22 | 23 | 24 | 25 | 26 | 27 | 28 | 29 | 30 | 31 |
|---|---|---|---|---|---|---|---|---|---|---|---|---|---|---|---|---|---|---|---|---|---|---|---|---|---|---|---|---|---|---|---|
| 음력 | 27 | 28 | 29 | 4.1 | 2 | 3 | 4 | 5 | 6 | 7 | 8 | 9 | 10 | 11 | 12 | 13 | 14 | 15 | 16 | 17 | 18 | 19 | 20 | 21 | 22 | 23 | 24 | 25 | 26 | 27 | 28 |
| 요일 | 金 | 土 | 日 | 月 | 火 | 水 | 木 | 金 | 土 | 日 | 月 | 火 | 水 | 木 | 金 | 土 | 日 | 月 | 火 | 水 | 木 | 金 | 土 | 日 | 月 | 火 | 水 | 木 | 金 | 土 | 日 |
| 일진 | 己卯 | 庚辰 | 辛巳 | 壬午 | 癸未 | 甲申 | 乙酉 | 丙戌 | 丁亥 | 戊子 | 己丑 | 庚寅 | 辛卯 | 壬辰 | 癸巳 | 甲午 | 乙未 | 丙申 | 丁酉 | 戊戌 | 己亥 | 庚子 | 辛丑 | 壬寅 | 癸卯 | 甲辰 | 乙巳 | 丙午 | 丁未 | 戊申 | 己酉 |
| 대운 남 | 9 | 9 | 9 | 10 | 입 | 1 | 1 | 1 | 1 | 2 | 2 | 2 | 3 | 3 | 3 | 4 | 4 | 4 | 5 | 5 | 5 | 6 | 6 | 6 | 7 | 7 | 7 | 8 | 8 | 8 | 9 |
| 대운 녀 | 1 | 1 | 1 | 1 | 하 | 10 | 10 | 10 | 9 | 9 | 9 | 8 | 8 | 8 | 7 | 7 | 7 | 6 | 6 | 6 | 5 | 5 | 5 | 4 | 4 | 4 | 3 | 3 | 3 | 2 | 2 |

망종 6일 03시53분

## 6 · 甲午月(양 6.6~7.6)

하지 21일 20시45분

| 양력 | 1 | 2 | 3 | 4 | 5 | 6 | 7 | 8 | 9 | 10 | 11 | 12 | 13 | 14 | 15 | 16 | 17 | 18 | 19 | 20 | 21 | 22 | 23 | 24 | 25 | 26 | 27 | 28 | 29 | 30 |
|---|---|---|---|---|---|---|---|---|---|---|---|---|---|---|---|---|---|---|---|---|---|---|---|---|---|---|---|---|---|---|
| 음력 | 29 | 5.1 | 2 | 3 | 4 | 5 | 6 | 7 | 8 | 9 | 10 | 11 | 12 | 13 | 14 | 15 | 16 | 17 | 18 | 19 | 20 | 21 | 22 | 23 | 24 | 25 | 26 | 27 | 28 | 29 |
| 요일 | 月 | 火 | 水 | 木 | 金 | 土 | 日 | 月 | 火 | 水 | 木 | 金 | 土 | 日 | 月 | 火 | 水 | 木 | 金 | 土 | 日 | 月 | 火 | 水 | 木 | 金 | 土 | 日 | 月 | 火 |
| 일진 | 庚戌 | 辛亥 | 壬子 | 癸丑 | 甲寅 | 乙卯 | 丙辰 | 丁巳 | 戊午 | 己未 | 庚申 | 辛酉 | 壬戌 | 癸亥 | 甲子 | 乙丑 | 丙寅 | 丁卯 | 戊辰 | 己巳 | 庚午 | 辛未 | 壬申 | 癸酉 | 甲戌 | 乙亥 | 丙子 | 丁丑 | 戊寅 | 己卯 |
| 대운 남 | 9 | 9 | 10 | 10 | 10 | 망 | 1 | 1 | 1 | 1 | 2 | 2 | 2 | 3 | 3 | 3 | 4 | 4 | 4 | 5 | 5 | 5 | 6 | 6 | 6 | 7 | 7 | 7 | 8 | 8 |
| 대운 녀 | 2 | 1 | 1 | 1 | 1 | 종 | 10 | 10 | 9 | 9 | 9 | 8 | 8 | 8 | 7 | 7 | 7 | 6 | 6 | 6 | 5 | 5 | 5 | 4 | 4 | 4 | 3 | 3 | 3 | 2 |

# 辛酉年

동경135도표준시

소서 7일 14시12분

## 7 · 乙未月(양 7.7~8.6)

대서 23일 07시40분

| 양력 | 1 | 2 | 3 | 4 | 5 | 6 | 7 | 8 | 9 | 10 | 11 | 12 | 13 | 14 | 15 | 16 | 17 | 18 | 19 | 20 | 21 | 22 | 23 | 24 | 25 | 26 | 27 | 28 | 29 | 30 | 31 |
|---|---|---|---|---|---|---|---|---|---|---|---|---|---|---|---|---|---|---|---|---|---|---|---|---|---|---|---|---|---|---|---|
| 음력 | 30 | 6.1 | 2 | 3 | 4 | 5 | 6 | 7 | 8 | 9 | 10 | 11 | 12 | 13 | 14 | 15 | 16 | 17 | 18 | 19 | 20 | 21 | 22 | 23 | 24 | 25 | 26 | 27 | 28 | 29 | 7.1 |
| 요일 | 水 | 木 | 金 | 土 | 日 | 月 | 火 | 水 | 木 | 金 | 土 | 日 | 月 | 火 | 水 | 木 | 金 | 土 | 日 | 月 | 火 | 水 | 木 | 金 | 土 | 日 | 月 | 火 | 水 | 木 | 金 |
| 일진 | 庚辰 | 辛巳 | 壬午 | 癸未 | 甲申 | 乙酉 | 丙戌 | 丁亥 | 戊子 | 己丑 | 庚寅 | 辛卯 | 壬辰 | 癸巳 | 甲午 | 乙未 | 丙申 | 丁酉 | 戊戌 | 己亥 | 庚子 | 辛丑 | 壬寅 | 癸卯 | 甲辰 | 乙巳 | 丙午 | 丁未 | 戊申 | 己酉 | 庚戌 |
| 대운 남 | 8 | 9 | 9 | 9 | 10 | 10 | 소 | 1 | 1 | 1 | 1 | 2 | 2 | 2 | 3 | 3 | 3 | 4 | 4 | 4 | 5 | 5 | 5 | 6 | 6 | 6 | 7 | 7 | 7 | 8 | 8 |
| 대운 녀 | 2 | 2 | 1 | 1 | 1 | 1 | 서 | 10 | 10 | 9 | 9 | 9 | 8 | 8 | 8 | 7 | 7 | 7 | 6 | 6 | 6 | 5 | 5 | 5 | 4 | 4 | 4 | 3 | 3 | 3 | 2 |

입추 7일 23시57분

## 8 · 丙申月(양 8.7~9.7)

처서 23일 14시38분

| 양력 | 1 | 2 | 3 | 4 | 5 | 6 | 7 | 8 | 9 | 10 | 11 | 12 | 13 | 14 | 15 | 16 | 17 | 18 | 19 | 20 | 21 | 22 | 23 | 24 | 25 | 26 | 27 | 28 | 29 | 30 | 31 |
|---|---|---|---|---|---|---|---|---|---|---|---|---|---|---|---|---|---|---|---|---|---|---|---|---|---|---|---|---|---|---|---|
| 음력 | 2 | 3 | 4 | 5 | 6 | 7 | 8 | 9 | 10 | 11 | 12 | 13 | 14 | 15 | 16 | 17 | 18 | 19 | 20 | 21 | 22 | 23 | 24 | 25 | 26 | 27 | 28 | 29 | 8.1 | 2 | 3 |
| 요일 | 土 | 日 | 月 | 火 | 水 | 木 | 金 | 土 | 日 | 月 | 火 | 水 | 木 | 金 | 土 | 日 | 月 | 火 | 水 | 木 | 金 | 土 | 日 | 月 | 火 | 水 | 木 | 金 | 土 | 日 | 月 |
| 일진 | 辛亥 | 壬子 | 癸丑 | 甲寅 | 乙卯 | 丙辰 | 丁巳 | 戊午 | 己未 | 庚申 | 辛酉 | 壬戌 | 癸亥 | 甲子 | 乙丑 | 丙寅 | 丁卯 | 戊辰 | 己巳 | 庚午 | 辛未 | 壬申 | 癸酉 | 甲戌 | 乙亥 | 丙子 | 丁丑 | 戊寅 | 己卯 | 庚辰 | 辛巳 |
| 대운 남 | 8 | 9 | 9 | 9 | 10 | 10 | 입 | 1 | 1 | 1 | 1 | 2 | 2 | 2 | 3 | 3 | 3 | 4 | 4 | 4 | 5 | 5 | 5 | 6 | 6 | 6 | 7 | 7 | 7 | 8 | 8 |
| 대운 녀 | 2 | 2 | 1 | 1 | 1 | 1 | 추 | 10 | 10 | 10 | 9 | 9 | 9 | 8 | 8 | 8 | 7 | 7 | 7 | 6 | 6 | 6 | 5 | 5 | 5 | 4 | 4 | 4 | 3 | 3 | 3 |

백로 8일 02시43분

## 9 · 丁酉月(양 9.8~10.7)

추분 23일 12시05분

| 양력 | 1 | 2 | 3 | 4 | 5 | 6 | 7 | 8 | 9 | 10 | 11 | 12 | 13 | 14 | 15 | 16 | 17 | 18 | 19 | 20 | 21 | 22 | 23 | 24 | 25 | 26 | 27 | 28 | 29 | 30 |
|---|---|---|---|---|---|---|---|---|---|---|---|---|---|---|---|---|---|---|---|---|---|---|---|---|---|---|---|---|---|---|
| 음력 | 4 | 5 | 6 | 7 | 8 | 9 | 10 | 11 | 12 | 13 | 14 | 15 | 16 | 17 | 18 | 19 | 20 | 21 | 22 | 23 | 24 | 25 | 26 | 27 | 28 | 29 | 30 | 9.1 | 2 | 3 |
| 요일 | 火 | 水 | 木 | 金 | 土 | 日 | 月 | 火 | 水 | 木 | 金 | 土 | 日 | 月 | 火 | 水 | 木 | 金 | 土 | 日 | 月 | 火 | 水 | 木 | 金 | 土 | 日 | 月 | 火 | 水 |
| 일진 | 壬午 | 癸未 | 甲申 | 乙酉 | 丙戌 | 丁亥 | 戊子 | 己丑 | 庚寅 | 辛卯 | 壬辰 | 癸巳 | 甲午 | 乙未 | 丙申 | 丁酉 | 戊戌 | 己亥 | 庚子 | 辛丑 | 壬寅 | 癸卯 | 甲辰 | 乙巳 | 丙午 | 丁未 | 戊申 | 己酉 | 庚戌 | 辛亥 |
| 대운 남 | 8 | 9 | 9 | 9 | 10 | 10 | 10 | 백 | 1 | 1 | 1 | 1 | 2 | 2 | 2 | 3 | 3 | 3 | 4 | 4 | 4 | 5 | 5 | 5 | 6 | 6 | 6 | 7 | 7 | 7 |
| 대운 녀 | 2 | 2 | 2 | 1 | 1 | 1 | 1 | 로 | 10 | 9 | 9 | 9 | 8 | 8 | 8 | 7 | 7 | 7 | 6 | 6 | 6 | 5 | 5 | 5 | 4 | 4 | 4 | 3 | 3 | 3 |

한로 8일 18시10분

## 10 · 戊戌月(양 10.8~11.6)

상강 23일 21시13분

| 양력 | 1 | 2 | 3 | 4 | 5 | 6 | 7 | 8 | 9 | 10 | 11 | 12 | 13 | 14 | 15 | 16 | 17 | 18 | 19 | 20 | 21 | 22 | 23 | 24 | 25 | 26 | 27 | 28 | 29 | 30 | 31 |
|---|---|---|---|---|---|---|---|---|---|---|---|---|---|---|---|---|---|---|---|---|---|---|---|---|---|---|---|---|---|---|---|
| 음력 | 4 | 5 | 6 | 7 | 8 | 9 | 10 | 11 | 12 | 13 | 14 | 15 | 16 | 17 | 18 | 19 | 20 | 21 | 22 | 23 | 24 | 25 | 26 | 27 | 28 | 29 | 30 | 10.1 | 2 | 3 | 4 |
| 요일 | 木 | 金 | 土 | 日 | 月 | 火 | 水 | 木 | 金 | 土 | 日 | 月 | 火 | 水 | 木 | 金 | 土 | 日 | 月 | 火 | 水 | 木 | 金 | 土 | 日 | 月 | 火 | 水 | 木 | 金 | 土 |
| 일진 | 壬子 | 癸丑 | 甲寅 | 乙卯 | 丙辰 | 丁巳 | 戊午 | 己未 | 庚申 | 辛酉 | 壬戌 | 癸亥 | 甲子 | 乙丑 | 丙寅 | 丁卯 | 戊辰 | 己巳 | 庚午 | 辛未 | 壬申 | 癸酉 | 甲戌 | 乙亥 | 丙子 | 丁丑 | 戊寅 | 己卯 | 庚辰 | 辛巳 | 壬午 |
| 대운 남 | 8 | 8 | 8 | 9 | 9 | 9 | 10 | 한 | 1 | 1 | 1 | 1 | 2 | 2 | 2 | 3 | 3 | 3 | 4 | 4 | 4 | 5 | 5 | 5 | 6 | 6 | 6 | 7 | 7 | 7 | 8 |
| 대운 녀 | 2 | 2 | 2 | 1 | 1 | 1 | 1 | 로 | 10 | 9 | 9 | 9 | 8 | 8 | 8 | 7 | 7 | 7 | 6 | 6 | 6 | 5 | 5 | 5 | 4 | 4 | 4 | 3 | 3 | 3 | 2 |

입동 7일 21시09분

## 11 · 己亥月(양 11.7~12.6)

소설 22일 18시36분

| 양력 | 1 | 2 | 3 | 4 | 5 | 6 | 7 | 8 | 9 | 10 | 11 | 12 | 13 | 14 | 15 | 16 | 17 | 18 | 19 | 20 | 21 | 22 | 23 | 24 | 25 | 26 | 27 | 28 | 29 | 30 |
|---|---|---|---|---|---|---|---|---|---|---|---|---|---|---|---|---|---|---|---|---|---|---|---|---|---|---|---|---|---|---|
| 음력 | 5 | 6 | 7 | 8 | 9 | 10 | 11 | 12 | 13 | 14 | 15 | 16 | 17 | 18 | 19 | 20 | 21 | 22 | 23 | 24 | 25 | 26 | 27 | 28 | 29 | 11.1 | 2 | 3 | 4 | 5 |
| 요일 | 日 | 月 | 火 | 水 | 木 | 金 | 土 | 日 | 月 | 火 | 水 | 木 | 金 | 土 | 日 | 月 | 火 | 水 | 木 | 金 | 土 | 日 | 月 | 火 | 水 | 木 | 金 | 土 | 日 | 月 |
| 일진 | 癸未 | 甲申 | 乙酉 | 丙戌 | 丁亥 | 戊子 | 己丑 | 庚寅 | 辛卯 | 壬辰 | 癸巳 | 甲午 | 乙未 | 丙申 | 丁酉 | 戊戌 | 己亥 | 庚子 | 辛丑 | 壬寅 | 癸卯 | 甲辰 | 乙巳 | 丙午 | 丁未 | 戊申 | 己酉 | 庚戌 | 辛亥 | 壬子 |
| 대운 남 | 8 | 8 | 9 | 9 | 9 | 10 | 입 | 1 | 1 | 1 | 1 | 2 | 2 | 2 | 3 | 3 | 3 | 4 | 4 | 4 | 5 | 5 | 5 | 6 | 6 | 6 | 7 | 7 | 7 | 8 |
| 대운 녀 | 2 | 2 | 1 | 1 | 1 | 1 | 동 | 10 | 9 | 9 | 9 | 8 | 8 | 8 | 7 | 7 | 7 | 6 | 6 | 6 | 5 | 5 | 5 | 4 | 4 | 4 | 3 | 3 | 3 | 2 |

대설 7일 13시51분

## 12 · 庚子月(양 12.7~1.5)

동지 22일 07시51분

| 양력 | 1 | 2 | 3 | 4 | 5 | 6 | 7 | 8 | 9 | 10 | 11 | 12 | 13 | 14 | 15 | 16 | 17 | 18 | 19 | 20 | 21 | 22 | 23 | 24 | 25 | 26 | 27 | 28 | 29 | 30 | 31 |
|---|---|---|---|---|---|---|---|---|---|---|---|---|---|---|---|---|---|---|---|---|---|---|---|---|---|---|---|---|---|---|---|
| 음력 | 6 | 7 | 8 | 9 | 10 | 11 | 12 | 13 | 14 | 15 | 16 | 17 | 18 | 19 | 20 | 21 | 22 | 23 | 24 | 25 | 26 | 27 | 28 | 29 | 30 | 12.1 | 2 | 3 | 4 | 5 | 6 |
| 요일 | 火 | 水 | 木 | 金 | 土 | 日 | 月 | 火 | 水 | 木 | 金 | 土 | 日 | 月 | 火 | 水 | 木 | 金 | 土 | 日 | 月 | 火 | 水 | 木 | 金 | 土 | 日 | 月 | 火 | 水 | 木 |
| 일진 | 癸丑 | 甲寅 | 乙卯 | 丙辰 | 丁巳 | 戊午 | 己未 | 庚申 | 辛酉 | 壬戌 | 癸亥 | 甲子 | 乙丑 | 丙寅 | 丁卯 | 戊辰 | 己巳 | 庚午 | 辛未 | 壬申 | 癸酉 | 甲戌 | 乙亥 | 丙子 | 丁丑 | 戊寅 | 己卯 | 庚辰 | 辛巳 | 壬午 | 癸未 |
| 대운 남 | 8 | 8 | 9 | 9 | 9 | 10 | 대 | 1 | 1 | 1 | 1 | 2 | 2 | 2 | 3 | 3 | 3 | 4 | 4 | 4 | 5 | 5 | 5 | 6 | 6 | 6 | 7 | 7 | 7 | 8 | 8 |
| 대운 녀 | 2 | 2 | 1 | 1 | 1 | 1 | 설 | 10 | 9 | 9 | 9 | 8 | 8 | 8 | 7 | 7 | 7 | 6 | 6 | 6 | 5 | 5 | 5 | 4 | 4 | 4 | 3 | 3 | 3 | 2 | 2 |

단기 4315년

# 1982년(윤4월)

소한 6일 01시03분

## 1 · 辛丑月(양 1.6~2.3)

대한 20일 18시31분

| 양력 | 1 | 2 | 3 | 4 | 5 | 6 | 7 | 8 | 9 | 10 | 11 | 12 | 13 | 14 | 15 | 16 | 17 | 18 | 19 | 20 | 21 | 22 | 23 | 24 | 25 | 26 | 27 | 28 | 29 | 30 | 31 |
|---|---|---|---|---|---|---|---|---|---|---|---|---|---|---|---|---|---|---|---|---|---|---|---|---|---|---|---|---|---|---|---|
| 음력 | 7 | 8 | 9 | 10 | 11 | 12 | 13 | 14 | 15 | 16 | 17 | 18 | 19 | 20 | 21 | 22 | 23 | 24 | 25 | 26 | 27 | 28 | 29 | 30 | 1.1 | 2 | 3 | 4 | 5 | 6 | 7 |
| 요일 | 金 | 土 | 日 | 月 | 火 | 水 | 木 | 金 | 土 | 日 | 月 | 火 | 水 | 木 | 金 | 土 | 日 | 月 | 火 | 水 | 木 | 金 | 土 | 日 | 月 | 火 | 水 | 木 | 金 | 土 | 日 |
| 일진 | 甲申 | 乙酉 | 丙戌 | 丁亥 | 戊子 | 己丑 | 庚寅 | 辛卯 | 壬辰 | 癸巳 | 甲午 | 乙未 | 丙申 | 丁酉 | 戊戌 | 己亥 | 庚子 | 辛丑 | 壬寅 | 癸卯 | 甲辰 | 乙巳 | 丙午 | 丁未 | 戊申 | 己酉 | 庚戌 | 辛亥 | 壬子 | 癸丑 | 甲寅 |
| 대운 남 | 8 | 9 | 9 | 9 | 10 | 소 | 1 | 1 | 1 | 1 | 2 | 2 | 2 | 3 | 3 | 3 | 4 | 4 | 4 | 5 | 5 | 5 | 6 | 6 | 6 | 7 | 7 | 7 | 8 | 8 | 8 |
| 대운 녀 | 2 | 1 | 1 | 1 | 1 | 한 | 9 | 9 | 9 | 8 | 8 | 8 | 7 | 7 | 7 | 6 | 6 | 6 | 5 | 5 | 5 | 4 | 4 | 4 | 3 | 3 | 3 | 2 | 2 | 2 | 1 |

입춘 4일 12시45분

## 2 · 壬寅月(양 2.4~3.5)

우수 19일 08시47분

| 양력 | 1 | 2 | 3 | 4 | 5 | 6 | 7 | 8 | 9 | 10 | 11 | 12 | 13 | 14 | 15 | 16 | 17 | 18 | 19 | 20 | 21 | 22 | 23 | 24 | 25 | 26 | 27 | 28 |
|---|---|---|---|---|---|---|---|---|---|---|---|---|---|---|---|---|---|---|---|---|---|---|---|---|---|---|---|---|
| 음력 | 8 | 9 | 10 | 11 | 12 | 13 | 14 | 15 | 16 | 17 | 18 | 19 | 20 | 21 | 22 | 23 | 24 | 25 | 26 | 27 | 28 | 29 | 30 | 2.1 | 2 | 3 | 4 | 5 |
| 요일 | 月 | 火 | 水 | 木 | 金 | 土 | 日 | 月 | 火 | 水 | 木 | 金 | 土 | 日 | 月 | 火 | 水 | 木 | 金 | 土 | 日 | 月 | 火 | 水 | 木 | 金 | 土 | 日 |
| 일진 | 乙卯 | 丙辰 | 丁巳 | 戊午 | 己未 | 庚申 | 辛酉 | 壬戌 | 癸亥 | 甲子 | 乙丑 | 丙寅 | 丁卯 | 戊辰 | 己巳 | 庚午 | 辛未 | 壬申 | 癸酉 | 甲戌 | 乙亥 | 丙子 | 丁丑 | 戊寅 | 己卯 | 庚辰 | 辛巳 | 壬午 |
| 대운 남 | 9 | 9 | 9 | 입 | 10 | 9 | 9 | 9 | 8 | 8 | 8 | 7 | 7 | 7 | 6 | 6 | 6 | 5 | 5 | 5 | 4 | 4 | 4 | 3 | 3 | 3 | 2 | 2 |
| 대운 녀 | 1 | 1 | 1 | 춘 | 1 | 1 | 1 | 1 | 2 | 2 | 2 | 3 | 3 | 3 | 4 | 4 | 4 | 5 | 5 | 5 | 6 | 6 | 6 | 7 | 7 | 7 | 8 | 8 |

경칩 6일 06시55분

## 3 · 癸卯月(양 3.6~4.4)

춘분 21일 07시56분

| 양력 | 1 | 2 | 3 | 4 | 5 | 6 | 7 | 8 | 9 | 10 | 11 | 12 | 13 | 14 | 15 | 16 | 17 | 18 | 19 | 20 | 21 | 22 | 23 | 24 | 25 | 26 | 27 | 28 | 29 | 30 | 31 |
|---|---|---|---|---|---|---|---|---|---|---|---|---|---|---|---|---|---|---|---|---|---|---|---|---|---|---|---|---|---|---|---|
| 음력 | 6 | 7 | 8 | 9 | 10 | 11 | 12 | 13 | 14 | 15 | 16 | 17 | 18 | 19 | 20 | 21 | 22 | 23 | 24 | 25 | 26 | 27 | 28 | 29 | 3.1 | 2 | 3 | 4 | 5 | 6 | 7 |
| 요일 | 月 | 火 | 水 | 木 | 金 | 土 | 日 | 月 | 火 | 水 | 木 | 金 | 土 | 日 | 月 | 火 | 水 | 木 | 金 | 土 | 日 | 月 | 火 | 水 | 木 | 金 | 土 | 日 | 月 | 火 | 水 |
| 일진 | 癸未 | 甲申 | 乙酉 | 丙戌 | 丁亥 | 戊子 | 己丑 | 庚寅 | 辛卯 | 壬辰 | 癸巳 | 甲午 | 乙未 | 丙申 | 丁酉 | 戊戌 | 己亥 | 庚子 | 辛丑 | 壬寅 | 癸卯 | 甲辰 | 乙巳 | 丙午 | 丁未 | 戊申 | 己酉 | 庚戌 | 辛亥 | 壬子 | 癸丑 |
| 대운 남 | 2 | 1 | 1 | 1 | 1 | 경 | 10 | 9 | 9 | 9 | 8 | 8 | 8 | 7 | 7 | 7 | 6 | 6 | 6 | 5 | 5 | 5 | 4 | 4 | 4 | 3 | 3 | 3 | 2 | 2 | 2 |
| 대운 녀 | 8 | 9 | 9 | 9 | 10 | 칩 | 1 | 1 | 1 | 1 | 2 | 2 | 2 | 3 | 3 | 3 | 4 | 4 | 4 | 5 | 5 | 5 | 6 | 6 | 6 | 7 | 7 | 7 | 8 | 8 | 8 |

청명 5일 11시53분

## 4 · 甲辰月(양 4.5~5.5)

곡우 20일 19시07분

| 양력 | 1 | 2 | 3 | 4 | 5 | 6 | 7 | 8 | 9 | 10 | 11 | 12 | 13 | 14 | 15 | 16 | 17 | 18 | 19 | 20 | 21 | 22 | 23 | 24 | 25 | 26 | 27 | 28 | 29 | 30 |
|---|---|---|---|---|---|---|---|---|---|---|---|---|---|---|---|---|---|---|---|---|---|---|---|---|---|---|---|---|---|---|
| 음력 | 8 | 9 | 10 | 11 | 12 | 13 | 14 | 15 | 16 | 17 | 18 | 19 | 20 | 21 | 22 | 23 | 24 | 25 | 26 | 27 | 28 | 29 | 30 | 4.1 | 2 | 3 | 4 | 5 | 6 | 7 |
| 요일 | 木 | 金 | 土 | 日 | 月 | 火 | 水 | 木 | 金 | 土 | 日 | 月 | 火 | 水 | 木 | 金 | 土 | 日 | 月 | 火 | 水 | 木 | 金 | 土 | 日 | 月 | 火 | 水 | 木 | 金 |
| 일진 | 甲寅 | 乙卯 | 丙辰 | 丁巳 | 戊午 | 己未 | 庚申 | 辛酉 | 壬戌 | 癸亥 | 甲子 | 乙丑 | 丙寅 | 丁卯 | 戊辰 | 己巳 | 庚午 | 辛未 | 壬申 | 癸酉 | 甲戌 | 乙亥 | 丙子 | 丁丑 | 戊寅 | 己卯 | 庚辰 | 辛巳 | 壬午 | 癸未 |
| 대운 남 | 1 | 1 | 1 | 1 | 청 | 10 | 10 | 9 | 9 | 9 | 8 | 8 | 8 | 7 | 7 | 7 | 6 | 6 | 6 | 5 | 5 | 5 | 4 | 4 | 4 | 3 | 3 | 3 | 2 | 2 |
| 대운 녀 | 9 | 9 | 9 | 10 | 명 | 1 | 1 | 1 | 1 | 2 | 2 | 2 | 3 | 3 | 3 | 4 | 4 | 4 | 5 | 5 | 5 | 6 | 6 | 6 | 7 | 7 | 7 | 8 | 8 | 8 |

입하 6일 05시20분

## 5 · 乙巳月(양 5.6~6.5)

소만 21일 18시23분

| 양력 | 1 | 2 | 3 | 4 | 5 | 6 | 7 | 8 | 9 | 10 | 11 | 12 | 13 | 14 | 15 | 16 | 17 | 18 | 19 | 20 | 21 | 22 | 23 | 24 | 25 | 26 | 27 | 28 | 29 | 30 | 31 |
|---|---|---|---|---|---|---|---|---|---|---|---|---|---|---|---|---|---|---|---|---|---|---|---|---|---|---|---|---|---|---|---|
| 음력 | 8 | 9 | 10 | 11 | 12 | 13 | 14 | 15 | 16 | 17 | 18 | 19 | 20 | 21 | 22 | 23 | 24 | 25 | 26 | 27 | 28 | 29 | 윤 | 4.2 | 3 | 4 | 5 | 6 | 7 | 8 | 9 |
| 요일 | 土 | 日 | 月 | 火 | 水 | 木 | 金 | 土 | 日 | 月 | 火 | 水 | 木 | 金 | 土 | 日 | 月 | 火 | 水 | 木 | 金 | 土 | 日 | 月 | 火 | 水 | 木 | 金 | 土 | 日 | 月 |
| 일진 | 甲申 | 乙酉 | 丙戌 | 丁亥 | 戊子 | 己丑 | 庚寅 | 辛卯 | 壬辰 | 癸巳 | 甲午 | 乙未 | 丙申 | 丁酉 | 戊戌 | 己亥 | 庚子 | 辛丑 | 壬寅 | 癸卯 | 甲辰 | 乙巳 | 丙午 | 丁未 | 戊申 | 己酉 | 庚戌 | 辛亥 | 壬子 | 癸丑 | 甲寅 |
| 대운 남 | 2 | 1 | 1 | 1 | 1 | 입 | 10 | 10 | 9 | 9 | 9 | 8 | 8 | 8 | 7 | 7 | 7 | 6 | 6 | 6 | 5 | 5 | 5 | 4 | 4 | 4 | 3 | 3 | 3 | 2 | 2 |
| 대운 녀 | 9 | 9 | 9 | 10 | 10 | 하 | 1 | 1 | 1 | 1 | 2 | 2 | 2 | 3 | 3 | 3 | 4 | 4 | 4 | 5 | 5 | 5 | 6 | 6 | 6 | 7 | 7 | 7 | 8 | 8 | 8 |

망종 6일 09시36분

## 6 · 丙午月(양 6.6~7.6)

하지 22일 02시23분

| 양력 | 1 | 2 | 3 | 4 | 5 | 6 | 7 | 8 | 9 | 10 | 11 | 12 | 13 | 14 | 15 | 16 | 17 | 18 | 19 | 20 | 21 | 22 | 23 | 24 | 25 | 26 | 27 | 28 | 29 | 30 |
|---|---|---|---|---|---|---|---|---|---|---|---|---|---|---|---|---|---|---|---|---|---|---|---|---|---|---|---|---|---|---|
| 음력 | 10 | 11 | 12 | 13 | 14 | 15 | 16 | 17 | 18 | 19 | 20 | 21 | 22 | 23 | 24 | 25 | 26 | 27 | 28 | 29 | 5.1 | 2 | 3 | 4 | 5 | 6 | 7 | 8 | 9 | 10 |
| 요일 | 火 | 水 | 木 | 金 | 土 | 日 | 月 | 火 | 水 | 木 | 金 | 土 | 日 | 月 | 火 | 水 | 木 | 金 | 土 | 日 | 月 | 火 | 水 | 木 | 金 | 土 | 日 | 月 | 火 | 水 |
| 일진 | 乙卯 | 丙辰 | 丁巳 | 戊午 | 己未 | 庚申 | 辛酉 | 壬戌 | 癸亥 | 甲子 | 乙丑 | 丙寅 | 丁卯 | 戊辰 | 己巳 | 庚午 | 辛未 | 壬申 | 癸酉 | 甲戌 | 乙亥 | 丙子 | 丁丑 | 戊寅 | 己卯 | 庚辰 | 辛巳 | 壬午 | 癸未 | 甲申 |
| 대운 남 | 2 | 1 | 1 | 1 | 1 | 망 | 10 | 10 | 9 | 9 | 9 | 8 | 8 | 8 | 7 | 7 | 7 | 6 | 6 | 6 | 5 | 5 | 5 | 4 | 4 | 4 | 3 | 3 | 3 | 2 |
| 대운 녀 | 9 | 9 | 9 | 10 | 10 | 종 | 1 | 1 | 1 | 1 | 2 | 2 | 2 | 3 | 3 | 3 | 4 | 4 | 4 | 5 | 5 | 5 | 6 | 6 | 6 | 7 | 7 | 7 | 8 | 8 |

## 7 · 丁未月(양 7.7~8.7)

소서 7일 19시55분 / 대서 23일 13시15분

| 양력 | 1 | 2 | 3 | 4 | 5 | 6 | 7 | 8 | 9 | 10 | 11 | 12 | 13 | 14 | 15 | 16 | 17 | 18 | 19 | 20 | 21 | 22 | 23 | 24 | 25 | 26 | 27 | 28 | 29 | 30 | 31 |
|---|---|---|---|---|---|---|---|---|---|---|---|---|---|---|---|---|---|---|---|---|---|---|---|---|---|---|---|---|---|---|---|
| 음력 | 11 | 12 | 13 | 14 | 15 | 16 | 17 | 18 | 19 | 20 | 21 | 22 | 23 | 24 | 25 | 26 | 27 | 28 | 29 | 30 | 6.1 | 2 | 3 | 4 | 5 | 6 | 7 | 8 | 9 | 10 | 11 |
| 요일 | 木 | 金 | 土 | 日 | 月 | 火 | 水 | 木 | 金 | 土 | 日 | 月 | 火 | 水 | 木 | 金 | 土 | 日 | 月 | 火 | 水 | 木 | 金 | 土 | 日 | 月 | 火 | 水 | 木 | 金 | 土 |
| 일진 | 乙酉 | 丙戌 | 丁亥 | 戊子 | 己丑 | 庚寅 | 辛卯 | 壬辰 | 癸巳 | 甲午 | 乙未 | 丙申 | 丁酉 | 戊戌 | 己亥 | 庚子 | 辛丑 | 壬寅 | 癸卯 | 甲辰 | 乙巳 | 丙午 | 丁未 | 戊申 | 己酉 | 庚戌 | 辛亥 | 壬子 | 癸丑 | 甲寅 | 乙卯 |
| 대운 남 | 2 | 2 | 1 | 1 | 1 | 1 | 소 | 10 | 10 | 10 | 9 | 9 | 9 | 8 | 8 | 8 | 7 | 7 | 7 | 6 | 6 | 6 | 5 | 5 | 5 | 4 | 4 | 4 | 3 | 3 | 3 |
| 대운 녀 | 8 | 9 | 9 | 9 | 10 | 10 | 서 | 1 | 1 | 1 | 1 | 2 | 2 | 2 | 3 | 3 | 3 | 4 | 4 | 4 | 5 | 5 | 5 | 6 | 6 | 6 | 7 | 7 | 7 | 8 | 8 |

## 8 · 戊申月(양 8.8~9.7)

입추 8일 05시42분 / 처서 23일 20시15분

| 양력 | 1 | 2 | 3 | 4 | 5 | 6 | 7 | 8 | 9 | 10 | 11 | 12 | 13 | 14 | 15 | 16 | 17 | 18 | 19 | 20 | 21 | 22 | 23 | 24 | 25 | 26 | 27 | 28 | 29 | 30 | 31 |
|---|---|---|---|---|---|---|---|---|---|---|---|---|---|---|---|---|---|---|---|---|---|---|---|---|---|---|---|---|---|---|---|
| 음력 | 12 | 13 | 14 | 15 | 16 | 17 | 18 | 19 | 20 | 21 | 22 | 23 | 24 | 25 | 26 | 27 | 28 | 29 | 7.1 | 2 | 3 | 4 | 5 | 6 | 7 | 8 | 9 | 10 | 11 | 12 | 13 |
| 요일 | 日 | 月 | 火 | 水 | 木 | 金 | 土 | 日 | 月 | 火 | 水 | 木 | 金 | 土 | 日 | 月 | 火 | 水 | 木 | 金 | 土 | 日 | 月 | 火 | 水 | 木 | 金 | 土 | 日 | 月 | 火 |
| 일진 | 丙辰 | 丁巳 | 戊午 | 己未 | 庚申 | 辛酉 | 壬戌 | 癸亥 | 甲子 | 乙丑 | 丙寅 | 丁卯 | 戊辰 | 己巳 | 庚午 | 辛未 | 壬申 | 癸酉 | 甲戌 | 乙亥 | 丙子 | 丁丑 | 戊寅 | 己卯 | 庚辰 | 辛巳 | 壬午 | 癸未 | 甲申 | 乙酉 | 丙戌 |
| 대운 남 | 2 | 2 | 2 | 1 | 1 | 1 | 1 | 입 | 10 | 10 | 9 | 9 | 9 | 8 | 8 | 8 | 7 | 7 | 7 | 6 | 6 | 6 | 5 | 5 | 5 | 4 | 4 | 4 | 3 | 3 | 3 |
| 대운 녀 | 8 | 9 | 9 | 9 | 10 | 10 | 10 | 추 | 1 | 1 | 1 | 1 | 2 | 2 | 2 | 3 | 3 | 3 | 4 | 4 | 4 | 5 | 5 | 5 | 6 | 6 | 6 | 7 | 7 | 7 | 8 |

## 9 · 己酉月(양 9.8~10.8)

백로 8일 08시32분 / 추분 23일 17시46분

| 양력 | 1 | 2 | 3 | 4 | 5 | 6 | 7 | 8 | 9 | 10 | 11 | 12 | 13 | 14 | 15 | 16 | 17 | 18 | 19 | 20 | 21 | 22 | 23 | 24 | 25 | 26 | 27 | 28 | 29 | 30 |
|---|---|---|---|---|---|---|---|---|---|---|---|---|---|---|---|---|---|---|---|---|---|---|---|---|---|---|---|---|---|---|
| 음력 | 14 | 15 | 16 | 17 | 18 | 19 | 20 | 21 | 22 | 23 | 24 | 25 | 26 | 27 | 28 | 29 | 8.1 | 2 | 3 | 4 | 5 | 6 | 7 | 8 | 9 | 10 | 11 | 12 | 13 | 14 |
| 요일 | 水 | 木 | 金 | 土 | 日 | 月 | 火 | 水 | 木 | 金 | 土 | 日 | 月 | 火 | 水 | 木 | 金 | 土 | 日 | 月 | 火 | 水 | 木 | 金 | 土 | 日 | 月 | 火 | 水 | 木 |
| 일진 | 丁亥 | 戊子 | 己丑 | 庚寅 | 辛卯 | 壬辰 | 癸巳 | 甲午 | 乙未 | 丙申 | 丁酉 | 戊戌 | 己亥 | 庚子 | 辛丑 | 壬寅 | 癸卯 | 甲辰 | 乙巳 | 丙午 | 丁未 | 戊申 | 己酉 | 庚戌 | 辛亥 | 壬子 | 癸丑 | 甲寅 | 乙卯 | 丙辰 |
| 대운 남 | 2 | 2 | 2 | 1 | 1 | 1 | 1 | 백 | 10 | 10 | 9 | 9 | 9 | 8 | 8 | 8 | 7 | 7 | 7 | 6 | 6 | 6 | 5 | 5 | 5 | 4 | 4 | 4 | 3 | 3 |
| 대운 녀 | 8 | 8 | 9 | 9 | 9 | 10 | 10 | 로 | 1 | 1 | 1 | 1 | 2 | 2 | 2 | 3 | 3 | 3 | 4 | 4 | 4 | 5 | 5 | 5 | 6 | 6 | 6 | 7 | 7 | 7 |

## 10 · 庚戌月(양 10.9~11.7)

한로 9일 00시02분 / 상강 24일 02시58분

| 양력 | 1 | 2 | 3 | 4 | 5 | 6 | 7 | 8 | 9 | 10 | 11 | 12 | 13 | 14 | 15 | 16 | 17 | 18 | 19 | 20 | 21 | 22 | 23 | 24 | 25 | 26 | 27 | 28 | 29 | 30 | 31 |
|---|---|---|---|---|---|---|---|---|---|---|---|---|---|---|---|---|---|---|---|---|---|---|---|---|---|---|---|---|---|---|---|
| 음력 | 15 | 16 | 17 | 18 | 19 | 20 | 21 | 22 | 23 | 24 | 25 | 26 | 27 | 28 | 29 | 30 | 9.1 | 2 | 3 | 4 | 5 | 6 | 7 | 8 | 9 | 10 | 11 | 12 | 13 | 14 | 15 |
| 요일 | 金 | 土 | 日 | 月 | 火 | 水 | 木 | 金 | 土 | 日 | 月 | 火 | 水 | 木 | 金 | 土 | 日 | 月 | 火 | 水 | 木 | 金 | 土 | 日 | 月 | 火 | 水 | 木 | 金 | 土 | 日 |
| 일진 | 丁巳 | 戊午 | 己未 | 庚申 | 辛酉 | 壬戌 | 癸亥 | 甲子 | 乙丑 | 丙寅 | 丁卯 | 戊辰 | 己巳 | 庚午 | 辛未 | 壬申 | 癸酉 | 甲戌 | 乙亥 | 丙子 | 丁丑 | 戊寅 | 己卯 | 庚辰 | 辛巳 | 壬午 | 癸未 | 甲申 | 乙酉 | 丙戌 | 丁亥 |
| 대운 남 | 3 | 2 | 2 | 2 | 1 | 1 | 1 | 1 | 한 | 10 | 9 | 9 | 9 | 8 | 8 | 8 | 7 | 7 | 7 | 6 | 6 | 6 | 5 | 5 | 5 | 4 | 4 | 4 | 3 | 3 | 3 |
| 대운 녀 | 8 | 8 | 8 | 9 | 9 | 9 | 10 | 10 | 로 | 1 | 1 | 1 | 1 | 2 | 2 | 2 | 3 | 3 | 3 | 4 | 4 | 4 | 5 | 5 | 5 | 6 | 6 | 6 | 7 | 7 | 7 |

## 11 · 辛亥月(양 11.8~12.6)

입동 8일 03시04분 / 소설 23일 00시23분

| 양력 | 1 | 2 | 3 | 4 | 5 | 6 | 7 | 8 | 9 | 10 | 11 | 12 | 13 | 14 | 15 | 16 | 17 | 18 | 19 | 20 | 21 | 22 | 23 | 24 | 25 | 26 | 27 | 28 | 29 | 30 |
|---|---|---|---|---|---|---|---|---|---|---|---|---|---|---|---|---|---|---|---|---|---|---|---|---|---|---|---|---|---|---|
| 음력 | 16 | 17 | 18 | 19 | 20 | 21 | 22 | 23 | 24 | 25 | 26 | 27 | 28 | 29 | 30 | 10.1 | 2 | 3 | 4 | 5 | 6 | 7 | 8 | 9 | 10 | 11 | 12 | 13 | 14 | 15 |
| 요일 | 月 | 火 | 水 | 木 | 金 | 土 | 日 | 月 | 火 | 水 | 木 | 金 | 土 | 日 | 月 | 火 | 水 | 木 | 金 | 土 | 日 | 月 | 火 | 水 | 木 | 金 | 土 | 日 | 月 | 火 |
| 일진 | 戊子 | 己丑 | 庚寅 | 辛卯 | 壬辰 | 癸巳 | 甲午 | 乙未 | 丙申 | 丁酉 | 戊戌 | 己亥 | 庚子 | 辛丑 | 壬寅 | 癸卯 | 甲辰 | 乙巳 | 丙午 | 丁未 | 戊申 | 己酉 | 庚戌 | 辛亥 | 壬子 | 癸丑 | 甲寅 | 乙卯 | 丙辰 | 丁巳 |
| 대운 남 | 2 | 2 | 2 | 1 | 1 | 1 | 1 | 입 | 9 | 9 | 9 | 8 | 8 | 8 | 7 | 7 | 7 | 6 | 6 | 6 | 5 | 5 | 5 | 4 | 4 | 4 | 3 | 3 | 3 | 2 |
| 대운 녀 | 8 | 8 | 8 | 9 | 9 | 9 | 10 | 동 | 1 | 1 | 1 | 1 | 2 | 2 | 2 | 3 | 3 | 3 | 4 | 4 | 4 | 5 | 5 | 5 | 6 | 6 | 6 | 7 | 7 | 7 |

## 12 · 壬子月(양 12.7~1.5)

대설 7일 19시48분 / 동지 22일 13시38분

| 양력 | 1 | 2 | 3 | 4 | 5 | 6 | 7 | 8 | 9 | 10 | 11 | 12 | 13 | 14 | 15 | 16 | 17 | 18 | 19 | 20 | 21 | 22 | 23 | 24 | 25 | 26 | 27 | 28 | 29 | 30 | 31 |
|---|---|---|---|---|---|---|---|---|---|---|---|---|---|---|---|---|---|---|---|---|---|---|---|---|---|---|---|---|---|---|---|
| 음력 | 16 | 17 | 18 | 19 | 20 | 21 | 22 | 23 | 24 | 25 | 26 | 27 | 28 | 29 | 11.1 | 2 | 3 | 4 | 5 | 6 | 7 | 8 | 9 | 10 | 11 | 12 | 13 | 14 | 15 | 16 | 17 |
| 요일 | 水 | 木 | 金 | 土 | 日 | 月 | 火 | 水 | 木 | 金 | 土 | 日 | 月 | 火 | 水 | 木 | 金 | 土 | 日 | 月 | 火 | 水 | 木 | 金 | 土 | 日 | 月 | 火 | 水 | 木 | 金 |
| 일진 | 戊午 | 己未 | 庚申 | 辛酉 | 壬戌 | 癸亥 | 甲子 | 乙丑 | 丙寅 | 丁卯 | 戊辰 | 己巳 | 庚午 | 辛未 | 壬申 | 癸酉 | 甲戌 | 乙亥 | 丙子 | 丁丑 | 戊寅 | 己卯 | 庚辰 | 辛巳 | 壬午 | 癸未 | 甲申 | 乙酉 | 丙戌 | 丁亥 | 戊子 |
| 대운 남 | 2 | 2 | 1 | 1 | 1 | 1 | 대 | 10 | 9 | 9 | 9 | 8 | 8 | 8 | 7 | 7 | 7 | 6 | 6 | 6 | 5 | 5 | 5 | 4 | 4 | 4 | 3 | 3 | 3 | 2 | 2 |
| 대운 녀 | 8 | 8 | 8 | 9 | 9 | 9 | 설 | 1 | 1 | 1 | 1 | 2 | 2 | 2 | 3 | 3 | 3 | 4 | 4 | 4 | 5 | 5 | 5 | 6 | 6 | 6 | 7 | 7 | 7 | 8 | 8 |

단기 4316년 | 1983년

소한 6일 06시59분

## 1 · 癸丑月(양 1.6~2.3)

대한 21일 00시17분

| 양력 | 1 | 2 | 3 | 4 | 5 | 6 | 7 | 8 | 9 | 10 | 11 | 12 | 13 | 14 | 15 | 16 | 17 | 18 | 19 | 20 | 21 | 22 | 23 | 24 | 25 | 26 | 27 | 28 | 29 | 30 | 31 |
|---|---|---|---|---|---|---|---|---|---|---|---|---|---|---|---|---|---|---|---|---|---|---|---|---|---|---|---|---|---|---|---|
| 음력 | 18 | 19 | 20 | 21 | 22 | 23 | 24 | 25 | 26 | 27 | 28 | 29 | 30 | 12.1 | 2 | 3 | 4 | 5 | 6 | 7 | 8 | 9 | 10 | 11 | 12 | 13 | 14 | 15 | 16 | 17 | 18 |
| 요일 | 土 | 日 | 月 | 火 | 水 | 木 | 金 | 土 | 日 | 月 | 火 | 水 | 木 | 金 | 土 | 日 | 月 | 火 | 水 | 木 | 金 | 土 | 日 | 月 | 火 | 水 | 木 | 金 | 土 | 日 | 月 |
| 일진 | 己丑 | 庚寅 | 辛卯 | 壬辰 | 癸巳 | 甲午 | 乙未 | 丙申 | 丁酉 | 戊戌 | 己亥 | 庚子 | 辛丑 | 壬寅 | 癸卯 | 甲辰 | 乙巳 | 丙午 | 丁未 | 戊申 | 己酉 | 庚戌 | 辛亥 | 壬子 | 癸丑 | 甲寅 | 乙卯 | 丙辰 | 丁巳 | 戊午 | 己未 |
| 대운 남 | 2 | 1 | 1 | 1 | 1 | 소 | 9 | 9 | 9 | 8 | 8 | 8 | 7 | 7 | 7 | 6 | 6 | 6 | 5 | 5 | 5 | 4 | 4 | 4 | 3 | 3 | 3 | 2 | 2 | 2 | 1 |
| 대운 녀 | 8 | 9 | 9 | 9 | 10 | 한 | 1 | 1 | 1 | 1 | 2 | 2 | 2 | 3 | 3 | 3 | 4 | 4 | 4 | 5 | 5 | 5 | 6 | 6 | 6 | 7 | 7 | 7 | 8 | 8 | 8 |

입춘 4일 18시40분

## 2 · 甲寅月(양 2.4~3.5)

우수 19일 14시31분

| 양력 | 1 | 2 | 3 | 4 | 5 | 6 | 7 | 8 | 9 | 10 | 11 | 12 | 13 | 14 | 15 | 16 | 17 | 18 | 19 | 20 | 21 | 22 | 23 | 24 | 25 | 26 | 27 | 28 |
|---|---|---|---|---|---|---|---|---|---|---|---|---|---|---|---|---|---|---|---|---|---|---|---|---|---|---|---|---|
| 음력 | 19 | 20 | 21 | 22 | 23 | 24 | 25 | 26 | 27 | 28 | 29 | 30 | 1.1 | 2 | 3 | 4 | 5 | 6 | 7 | 8 | 9 | 10 | 11 | 12 | 13 | 14 | 15 | 16 |
| 요일 | 火 | 水 | 木 | 金 | 土 | 日 | 月 | 火 | 水 | 木 | 金 | 土 | 日 | 月 | 火 | 水 | 木 | 金 | 土 | 日 | 月 | 火 | 水 | 木 | 金 | 土 | 日 | 月 |
| 일진 | 庚申 | 辛酉 | 壬戌 | 癸亥 | 甲子 | 乙丑 | 丙寅 | 丁卯 | 戊辰 | 己巳 | 庚午 | 辛未 | 壬申 | 癸酉 | 甲戌 | 乙亥 | 丙子 | 丁丑 | 戊寅 | 己卯 | 庚辰 | 辛巳 | 壬午 | 癸未 | 甲申 | 乙酉 | 丙戌 | 丁亥 |
| 대운 남 | 1 | 1 | 1 | 입 | 1 | 1 | 1 | 1 | 2 | 2 | 2 | 3 | 3 | 3 | 4 | 4 | 4 | 5 | 5 | 5 | 6 | 6 | 6 | 7 | 7 | 7 | 8 | 8 |
| 대운 녀 | 9 | 9 | 9 | 춘 | 10 | 9 | 9 | 9 | 8 | 8 | 8 | 7 | 7 | 7 | 6 | 6 | 6 | 5 | 5 | 5 | 4 | 4 | 4 | 3 | 3 | 3 | 2 | 2 |

경칩 6일 12시47분

## 3 · 乙卯月(양 3.6~4.4)

춘분 21일 13시39분

| 양력 | 1 | 2 | 3 | 4 | 5 | 6 | 7 | 8 | 9 | 10 | 11 | 12 | 13 | 14 | 15 | 16 | 17 | 18 | 19 | 20 | 21 | 22 | 23 | 24 | 25 | 26 | 27 | 28 | 29 | 30 | 31 |
|---|---|---|---|---|---|---|---|---|---|---|---|---|---|---|---|---|---|---|---|---|---|---|---|---|---|---|---|---|---|---|---|
| 음력 | 17 | 18 | 19 | 20 | 21 | 22 | 23 | 24 | 25 | 26 | 27 | 28 | 29 | 30 | 2.1 | 2 | 3 | 4 | 5 | 6 | 7 | 8 | 9 | 10 | 11 | 12 | 13 | 14 | 15 | 16 | 17 |
| 요일 | 火 | 水 | 木 | 金 | 土 | 日 | 月 | 火 | 水 | 木 | 金 | 土 | 日 | 月 | 火 | 水 | 木 | 金 | 土 | 日 | 月 | 火 | 水 | 木 | 金 | 土 | 日 | 月 | 火 | 水 | 木 |
| 일진 | 戊子 | 己丑 | 庚寅 | 辛卯 | 壬辰 | 癸巳 | 甲午 | 乙未 | 丙申 | 丁酉 | 戊戌 | 己亥 | 庚子 | 辛丑 | 壬寅 | 癸卯 | 甲辰 | 乙巳 | 丙午 | 丁未 | 戊申 | 己酉 | 庚戌 | 辛亥 | 壬子 | 癸丑 | 甲寅 | 乙卯 | 丙辰 | 丁巳 | 戊午 |
| 대운 남 | 8 | 9 | 9 | 9 | 10 | 경 | 1 | 1 | 1 | 1 | 2 | 2 | 2 | 3 | 3 | 3 | 4 | 4 | 4 | 5 | 5 | 5 | 6 | 6 | 6 | 7 | 7 | 7 | 8 | 8 | 8 |
| 대운 녀 | 2 | 1 | 1 | 1 | 1 | 칩 | 10 | 9 | 9 | 9 | 8 | 8 | 8 | 7 | 7 | 7 | 6 | 6 | 6 | 5 | 5 | 5 | 4 | 4 | 4 | 3 | 3 | 3 | 2 | 2 | 2 |

청명 5일 17시44분

## 4 · 丙辰月(양 4.5~5.5)

곡우 21일 00시50분

| 양력 | 1 | 2 | 3 | 4 | 5 | 6 | 7 | 8 | 9 | 10 | 11 | 12 | 13 | 14 | 15 | 16 | 17 | 18 | 19 | 20 | 21 | 22 | 23 | 24 | 25 | 26 | 27 | 28 | 29 | 30 |
|---|---|---|---|---|---|---|---|---|---|---|---|---|---|---|---|---|---|---|---|---|---|---|---|---|---|---|---|---|---|---|
| 음력 | 18 | 19 | 20 | 21 | 22 | 23 | 24 | 25 | 26 | 27 | 28 | 29 | 3.1 | 2 | 3 | 4 | 5 | 6 | 7 | 8 | 9 | 10 | 11 | 12 | 13 | 14 | 15 | 16 | 17 | 18 |
| 요일 | 金 | 土 | 日 | 月 | 火 | 水 | 木 | 金 | 土 | 日 | 月 | 火 | 水 | 木 | 金 | 土 | 日 | 月 | 火 | 水 | 木 | 金 | 土 | 日 | 月 | 火 | 水 | 木 | 金 | 土 |
| 일진 | 己未 | 庚申 | 辛酉 | 壬戌 | 癸亥 | 甲子 | 乙丑 | 丙寅 | 丁卯 | 戊辰 | 己巳 | 庚午 | 辛未 | 壬申 | 癸酉 | 甲戌 | 乙亥 | 丙子 | 丁丑 | 戊寅 | 己卯 | 庚辰 | 辛巳 | 壬午 | 癸未 | 甲申 | 乙酉 | 丙戌 | 丁亥 | 戊子 |
| 대운 남 | 9 | 9 | 9 | 10 | 청 | 1 | 1 | 1 | 1 | 2 | 2 | 2 | 3 | 3 | 3 | 4 | 4 | 4 | 5 | 5 | 5 | 6 | 6 | 6 | 7 | 7 | 7 | 8 | 8 | 8 |
| 대운 녀 | 1 | 1 | 1 | 1 | 명 | 10 | 10 | 9 | 9 | 9 | 8 | 8 | 8 | 7 | 7 | 7 | 6 | 6 | 6 | 5 | 5 | 5 | 4 | 4 | 4 | 3 | 3 | 3 | 2 | 2 |

입하 6일 11시11분

## 5 · 丁巳月(양 5.6~6.5)

소만 22일 00시06분

| 양력 | 1 | 2 | 3 | 4 | 5 | 6 | 7 | 8 | 9 | 10 | 11 | 12 | 13 | 14 | 15 | 16 | 17 | 18 | 19 | 20 | 21 | 22 | 23 | 24 | 25 | 26 | 27 | 28 | 29 | 30 | 31 |
|---|---|---|---|---|---|---|---|---|---|---|---|---|---|---|---|---|---|---|---|---|---|---|---|---|---|---|---|---|---|---|---|
| 음력 | 19 | 20 | 21 | 22 | 23 | 24 | 25 | 26 | 27 | 28 | 29 | 30 | 4.1 | 2 | 3 | 4 | 5 | 6 | 7 | 8 | 9 | 10 | 11 | 12 | 13 | 14 | 15 | 16 | 17 | 18 | 19 |
| 요일 | 日 | 月 | 火 | 水 | 木 | 金 | 土 | 日 | 月 | 火 | 水 | 木 | 金 | 土 | 日 | 月 | 火 | 水 | 木 | 金 | 土 | 日 | 月 | 火 | 水 | 木 | 金 | 土 | 日 | 月 | 火 |
| 일진 | 己丑 | 庚寅 | 辛卯 | 壬辰 | 癸巳 | 甲午 | 乙未 | 丙申 | 丁酉 | 戊戌 | 己亥 | 庚子 | 辛丑 | 壬寅 | 癸卯 | 甲辰 | 乙巳 | 丙午 | 丁未 | 戊申 | 己酉 | 庚戌 | 辛亥 | 壬子 | 癸丑 | 甲寅 | 乙卯 | 丙辰 | 丁巳 | 戊午 | 己未 |
| 대운 남 | 9 | 9 | 9 | 10 | 10 | 입 | 1 | 1 | 1 | 1 | 2 | 2 | 2 | 3 | 3 | 3 | 4 | 4 | 4 | 5 | 5 | 5 | 6 | 6 | 6 | 7 | 7 | 7 | 8 | 8 | 8 |
| 대운 녀 | 2 | 1 | 1 | 1 | 1 | 하 | 10 | 10 | 9 | 9 | 9 | 8 | 8 | 8 | 7 | 7 | 7 | 6 | 6 | 6 | 5 | 5 | 5 | 4 | 4 | 4 | 3 | 3 | 3 | 2 | 2 |

망종 6일 15시26분

## 6 · 戊午月(양 6.6~7.7)

하지 22일 08시09분

| 양력 | 1 | 2 | 3 | 4 | 5 | 6 | 7 | 8 | 9 | 10 | 11 | 12 | 13 | 14 | 15 | 16 | 17 | 18 | 19 | 20 | 21 | 22 | 23 | 24 | 25 | 26 | 27 | 28 | 29 | 30 |
|---|---|---|---|---|---|---|---|---|---|---|---|---|---|---|---|---|---|---|---|---|---|---|---|---|---|---|---|---|---|---|
| 음력 | 20 | 21 | 22 | 23 | 24 | 25 | 26 | 27 | 28 | 29 | 5.1 | 2 | 3 | 4 | 5 | 6 | 7 | 8 | 9 | 10 | 11 | 12 | 13 | 14 | 15 | 16 | 17 | 18 | 19 | 20 |
| 요일 | 水 | 木 | 金 | 土 | 日 | 月 | 火 | 水 | 木 | 金 | 土 | 日 | 月 | 火 | 水 | 木 | 金 | 土 | 日 | 月 | 火 | 水 | 木 | 金 | 土 | 日 | 月 | 火 | 水 | 木 |
| 일진 | 庚申 | 辛酉 | 壬戌 | 癸亥 | 甲子 | 乙丑 | 丙寅 | 丁卯 | 戊辰 | 己巳 | 庚午 | 辛未 | 壬申 | 癸酉 | 甲戌 | 乙亥 | 丙子 | 丁丑 | 戊寅 | 己卯 | 庚辰 | 辛巳 | 壬午 | 癸未 | 甲申 | 乙酉 | 丙戌 | 丁亥 | 戊子 | 己丑 |
| 대운 남 | 9 | 9 | 9 | 10 | 10 | 망 | 1 | 1 | 1 | 1 | 2 | 2 | 2 | 3 | 3 | 3 | 4 | 4 | 4 | 5 | 5 | 5 | 6 | 6 | 6 | 7 | 7 | 7 | 8 | 8 |
| 대운 녀 | 2 | 1 | 1 | 1 | 1 | 종 | 10 | 10 | 10 | 9 | 9 | 9 | 8 | 8 | 8 | 7 | 7 | 7 | 6 | 6 | 6 | 5 | 5 | 5 | 4 | 4 | 4 | 3 | 3 | 3 |

## 7 · 己未月(양 7.8~8.7)

소서 8일 01시43분 / 대서 23일 19시04분

| 양력 | 1 | 2 | 3 | 4 | 5 | 6 | 7 | 8 | 9 | 10 | 11 | 12 | 13 | 14 | 15 | 16 | 17 | 18 | 19 | 20 | 21 | 22 | 23 | 24 | 25 | 26 | 27 | 28 | 29 | 30 | 31 |
|---|---|---|---|---|---|---|---|---|---|---|---|---|---|---|---|---|---|---|---|---|---|---|---|---|---|---|---|---|---|---|---|
| 음력 | 21 | 22 | 23 | 24 | 25 | 26 | 27 | 28 | 29 | 6.1 | 2 | 3 | 4 | 5 | 6 | 7 | 8 | 9 | 10 | 11 | 12 | 13 | 14 | 15 | 16 | 17 | 18 | 19 | 20 | 21 | 22 |
| 요일 | 金 | 土 | 日 | 月 | 火 | 水 | 木 | 金 | 土 | 日 | 月 | 火 | 水 | 木 | 金 | 土 | 日 | 月 | 火 | 水 | 木 | 金 | 土 | 日 | 月 | 火 | 水 | 木 | 金 | 土 | 日 |
| 일진 | 庚寅 | 辛卯 | 壬辰 | 癸巳 | 甲午 | 乙未 | 丙申 | 丁酉 | 戊戌 | 己亥 | 庚子 | 辛丑 | 壬寅 | 癸卯 | 甲辰 | 乙巳 | 丙午 | 丁未 | 戊申 | 己酉 | 庚戌 | 辛亥 | 壬子 | 癸丑 | 甲寅 | 乙卯 | 丙辰 | 丁巳 | 戊午 | 己未 | 庚申 |
| 대운 남 | 8 | 9 | 9 | 9 | 10 | 10 | 10 | 소 | 1 | 1 | 1 | 1 | 2 | 2 | 2 | 3 | 3 | 3 | 4 | 4 | 4 | 5 | 5 | 5 | 6 | 6 | 6 | 7 | 7 | 7 | 8 |
| 대운 녀 | 2 | 2 | 2 | 1 | 1 | 1 | 1 | 서 | 10 | 10 | 9 | 9 | 9 | 8 | 8 | 8 | 7 | 7 | 7 | 6 | 6 | 6 | 5 | 5 | 5 | 4 | 4 | 4 | 3 | 3 | 3 |

## 8 · 庚申月(양 8.8~9.7)

입추 8일 11시30분 / 처서 24일 02시07분

| 양력 | 1 | 2 | 3 | 4 | 5 | 6 | 7 | 8 | 9 | 10 | 11 | 12 | 13 | 14 | 15 | 16 | 17 | 18 | 19 | 20 | 21 | 22 | 23 | 24 | 25 | 26 | 27 | 28 | 29 | 30 | 31 |
|---|---|---|---|---|---|---|---|---|---|---|---|---|---|---|---|---|---|---|---|---|---|---|---|---|---|---|---|---|---|---|---|
| 음력 | 23 | 24 | 25 | 26 | 27 | 28 | 29 | 30 | 7.1 | 2 | 3 | 4 | 5 | 6 | 7 | 8 | 9 | 10 | 11 | 12 | 13 | 14 | 15 | 16 | 17 | 18 | 19 | 20 | 21 | 22 | 23 |
| 요일 | 月 | 火 | 水 | 木 | 金 | 土 | 日 | 月 | 火 | 水 | 木 | 金 | 土 | 日 | 月 | 火 | 水 | 木 | 金 | 土 | 日 | 月 | 火 | 水 | 木 | 金 | 土 | 日 | 月 | 火 | 水 |
| 일진 | 辛酉 | 壬戌 | 癸亥 | 甲子 | 乙丑 | 丙寅 | 丁卯 | 戊辰 | 己巳 | 庚午 | 辛未 | 壬申 | 癸酉 | 甲戌 | 乙亥 | 丙子 | 丁丑 | 戊寅 | 己卯 | 庚辰 | 辛巳 | 壬午 | 癸未 | 甲申 | 乙酉 | 丙戌 | 丁亥 | 戊子 | 己丑 | 庚寅 | 辛卯 |
| 대운 남 | 8 | 8 | 9 | 9 | 9 | 10 | 10 | 입 | 1 | 1 | 1 | 1 | 2 | 2 | 2 | 3 | 3 | 3 | 4 | 4 | 4 | 5 | 5 | 5 | 6 | 6 | 6 | 7 | 7 | 7 | 8 |
| 대운 녀 | 2 | 2 | 2 | 1 | 1 | 1 | 1 | 추 | 10 | 10 | 9 | 9 | 9 | 8 | 8 | 8 | 7 | 7 | 7 | 6 | 6 | 6 | 5 | 5 | 5 | 4 | 4 | 4 | 3 | 3 | 3 |

## 9 · 辛酉月(양 9.8~10.8)

백로 8일 14시20분 / 추분 23일 23시42분

| 양력 | 1 | 2 | 3 | 4 | 5 | 6 | 7 | 8 | 9 | 10 | 11 | 12 | 13 | 14 | 15 | 16 | 17 | 18 | 19 | 20 | 21 | 22 | 23 | 24 | 25 | 26 | 27 | 28 | 29 | 30 |
|---|---|---|---|---|---|---|---|---|---|---|---|---|---|---|---|---|---|---|---|---|---|---|---|---|---|---|---|---|---|---|
| 음력 | 24 | 25 | 26 | 27 | 28 | 29 | 8.1 | 2 | 3 | 4 | 5 | 6 | 7 | 8 | 9 | 10 | 11 | 12 | 13 | 14 | 15 | 16 | 17 | 18 | 19 | 20 | 21 | 22 | 23 | 24 |
| 요일 | 木 | 金 | 土 | 日 | 月 | 火 | 水 | 木 | 金 | 土 | 日 | 月 | 火 | 水 | 木 | 金 | 土 | 日 | 月 | 火 | 水 | 木 | 金 | 土 | 日 | 月 | 火 | 水 | 木 | 金 |
| 일진 | 壬辰 | 癸巳 | 甲午 | 乙未 | 丙申 | 丁酉 | 戊戌 | 己亥 | 庚子 | 辛丑 | 壬寅 | 癸卯 | 甲辰 | 乙巳 | 丙午 | 丁未 | 戊申 | 己酉 | 庚戌 | 辛亥 | 壬子 | 癸丑 | 甲寅 | 乙卯 | 丙辰 | 丁巳 | 戊午 | 己未 | 庚申 | 辛酉 |
| 대운 남 | 8 | 8 | 9 | 9 | 9 | 10 | 10 | 백 | 1 | 1 | 1 | 1 | 2 | 2 | 2 | 3 | 3 | 3 | 4 | 4 | 4 | 5 | 5 | 5 | 6 | 6 | 6 | 7 | 7 | 7 |
| 대운 녀 | 2 | 2 | 2 | 1 | 1 | 1 | 1 | 로 | 10 | 10 | 9 | 9 | 9 | 8 | 8 | 8 | 7 | 7 | 7 | 6 | 6 | 6 | 5 | 5 | 5 | 4 | 4 | 4 | 3 | 3 |

## 10 · 壬戌月(양 10.9~11.7)

한로 9일 05시51분 / 상강 24일 08시54분

| 양력 | 1 | 2 | 3 | 4 | 5 | 6 | 7 | 8 | 9 | 10 | 11 | 12 | 13 | 14 | 15 | 16 | 17 | 18 | 19 | 20 | 21 | 22 | 23 | 24 | 25 | 26 | 27 | 28 | 29 | 30 | 31 |
|---|---|---|---|---|---|---|---|---|---|---|---|---|---|---|---|---|---|---|---|---|---|---|---|---|---|---|---|---|---|---|---|
| 음력 | 25 | 26 | 27 | 28 | 29 | 9.1 | 2 | 3 | 4 | 5 | 6 | 7 | 8 | 9 | 10 | 11 | 12 | 13 | 14 | 15 | 16 | 17 | 18 | 19 | 20 | 21 | 22 | 23 | 24 | 25 | 26 |
| 요일 | 土 | 日 | 月 | 火 | 水 | 木 | 金 | 土 | 日 | 月 | 火 | 水 | 木 | 金 | 土 | 日 | 月 | 火 | 水 | 木 | 金 | 土 | 日 | 月 | 火 | 水 | 木 | 金 | 土 | 日 | 月 |
| 일진 | 壬戌 | 癸亥 | 甲子 | 乙丑 | 丙寅 | 丁卯 | 戊辰 | 己巳 | 庚午 | 辛未 | 壬申 | 癸酉 | 甲戌 | 乙亥 | 丙子 | 丁丑 | 戊寅 | 己卯 | 庚辰 | 辛巳 | 壬午 | 癸未 | 甲申 | 乙酉 | 丙戌 | 丁亥 | 戊子 | 己丑 | 庚寅 | 辛卯 | 壬辰 |
| 대운 남 | 8 | 8 | 8 | 9 | 9 | 9 | 10 | 10 | 한 | 1 | 1 | 1 | 1 | 2 | 2 | 2 | 3 | 3 | 3 | 4 | 4 | 4 | 5 | 5 | 5 | 6 | 6 | 6 | 7 | 7 | 7 |
| 대운 녀 | 3 | 2 | 2 | 2 | 1 | 1 | 1 | 1 | 로 | 10 | 9 | 9 | 9 | 8 | 8 | 8 | 7 | 7 | 7 | 6 | 6 | 6 | 5 | 5 | 5 | 4 | 4 | 4 | 3 | 3 | 3 |

## 11 · 癸亥月(양 11.8~12.7)

입동 8일 08시52분 / 소설 23일 06시18분

| 양력 | 1 | 2 | 3 | 4 | 5 | 6 | 7 | 8 | 9 | 10 | 11 | 12 | 13 | 14 | 15 | 16 | 17 | 18 | 19 | 20 | 21 | 22 | 23 | 24 | 25 | 26 | 27 | 28 | 29 | 30 |
|---|---|---|---|---|---|---|---|---|---|---|---|---|---|---|---|---|---|---|---|---|---|---|---|---|---|---|---|---|---|---|
| 음력 | 27 | 28 | 29 | 30 | 10.1 | 2 | 3 | 4 | 5 | 6 | 7 | 8 | 9 | 10 | 11 | 12 | 13 | 14 | 15 | 16 | 17 | 18 | 19 | 20 | 21 | 22 | 23 | 24 | 25 | 26 |
| 요일 | 火 | 水 | 木 | 金 | 土 | 日 | 月 | 火 | 水 | 木 | 金 | 土 | 日 | 月 | 火 | 水 | 木 | 金 | 土 | 日 | 月 | 火 | 水 | 木 | 金 | 土 | 日 | 月 | 火 | 水 |
| 일진 | 癸巳 | 甲午 | 乙未 | 丙申 | 丁酉 | 戊戌 | 己亥 | 庚子 | 辛丑 | 壬寅 | 癸卯 | 甲辰 | 乙巳 | 丙午 | 丁未 | 戊申 | 己酉 | 庚戌 | 辛亥 | 壬子 | 癸丑 | 甲寅 | 乙卯 | 丙辰 | 丁巳 | 戊午 | 己未 | 庚申 | 辛酉 | 壬戌 |
| 대운 남 | 8 | 8 | 8 | 9 | 9 | 9 | 10 | 입 | 1 | 1 | 1 | 1 | 2 | 2 | 2 | 3 | 3 | 3 | 4 | 4 | 4 | 5 | 5 | 5 | 6 | 6 | 6 | 7 | 7 | 7 |
| 대운 녀 | 2 | 2 | 2 | 1 | 1 | 1 | 1 | 동 | 10 | 9 | 9 | 9 | 8 | 8 | 8 | 7 | 7 | 7 | 6 | 6 | 6 | 5 | 5 | 5 | 4 | 4 | 4 | 3 | 3 | 3 |

## 12 · 甲子月(양 12.8~1.5)

대설 8일 01시34분 / 동지 22일 19시30분

| 양력 | 1 | 2 | 3 | 4 | 5 | 6 | 7 | 8 | 9 | 10 | 11 | 12 | 13 | 14 | 15 | 16 | 17 | 18 | 19 | 20 | 21 | 22 | 23 | 24 | 25 | 26 | 27 | 28 | 29 | 30 | 31 |
|---|---|---|---|---|---|---|---|---|---|---|---|---|---|---|---|---|---|---|---|---|---|---|---|---|---|---|---|---|---|---|---|
| 음력 | 27 | 28 | 29 | 11.1 | 2 | 3 | 4 | 5 | 6 | 7 | 8 | 9 | 10 | 11 | 12 | 13 | 14 | 15 | 16 | 17 | 18 | 19 | 20 | 21 | 22 | 23 | 24 | 25 | 26 | 27 | 28 |
| 요일 | 木 | 金 | 土 | 日 | 月 | 火 | 水 | 木 | 金 | 土 | 日 | 月 | 火 | 水 | 木 | 金 | 土 | 日 | 月 | 火 | 水 | 木 | 金 | 土 | 日 | 月 | 火 | 水 | 木 | 金 | 土 |
| 일진 | 癸亥 | 甲子 | 乙丑 | 丙寅 | 丁卯 | 戊辰 | 己巳 | 庚午 | 辛未 | 壬申 | 癸酉 | 甲戌 | 乙亥 | 丙子 | 丁丑 | 戊寅 | 己卯 | 庚辰 | 辛巳 | 壬午 | 癸未 | 甲申 | 乙酉 | 丙戌 | 丁亥 | 戊子 | 己丑 | 庚寅 | 辛卯 | 壬辰 | 癸巳 |
| 대운 남 | 8 | 8 | 8 | 9 | 9 | 9 | 10 | 대 | 1 | 1 | 1 | 1 | 2 | 2 | 2 | 3 | 3 | 3 | 4 | 4 | 4 | 5 | 5 | 5 | 6 | 6 | 6 | 7 | 7 | 7 | 8 |
| 대운 녀 | 2 | 2 | 2 | 1 | 1 | 1 | 1 | 설 | 9 | 9 | 9 | 8 | 8 | 8 | 7 | 7 | 7 | 6 | 6 | 6 | 5 | 5 | 5 | 4 | 4 | 4 | 3 | 3 | 3 | 2 | 2 |

# 1984년(윤10월)

## 1 · 乙丑月(양 1.6~2.4)

소한 6일 12시41분 / 대한 21일 06시05분

| 양력 | 1 | 2 | 3 | 4 | 5 | 6 | 7 | 8 | 9 | 10 | 11 | 12 | 13 | 14 | 15 | 16 | 17 | 18 | 19 | 20 | 21 | 22 | 23 | 24 | 25 | 26 | 27 | 28 | 29 | 30 | 31 |
|---|---|---|---|---|---|---|---|---|---|---|---|---|---|---|---|---|---|---|---|---|---|---|---|---|---|---|---|---|---|---|---|
| 음력 | 29 | 30 | 12.1 | 2 | 3 | 4 | 5 | 6 | 7 | 8 | 9 | 10 | 11 | 12 | 13 | 14 | 15 | 16 | 17 | 18 | 19 | 20 | 21 | 22 | 23 | 24 | 25 | 26 | 27 | 28 | 29 |
| 요일 | 日 | 月 | 火 | 水 | 木 | 金 | 土 | 日 | 月 | 火 | 水 | 木 | 金 | 土 | 日 | 月 | 火 | 水 | 木 | 金 | 土 | 日 | 月 | 火 | 水 | 木 | 金 | 土 | 日 | 月 | 火 |
| 일진 | 甲午 | 乙未 | 丙申 | 丁酉 | 戊戌 | 己亥 | 庚子 | 辛丑 | 壬寅 | 癸卯 | 甲辰 | 乙巳 | 丙午 | 丁未 | 戊申 | 己酉 | 庚戌 | 辛亥 | 壬子 | 癸丑 | 甲寅 | 乙卯 | 丙辰 | 丁巳 | 戊午 | 己未 | 庚申 | 辛酉 | 壬戌 | 癸亥 | 甲子 |
| 대운 남 | 8 | 8 | 9 | 9 | 9 | 소 | 1 | 1 | 1 | 1 | 2 | 2 | 2 | 3 | 3 | 3 | 4 | 4 | 4 | 5 | 5 | 5 | 6 | 6 | 6 | 7 | 7 | 7 | 8 | 8 | 8 |
| 대운 녀 | 2 | 1 | 1 | 1 | 1 | 한 | 10 | 9 | 9 | 9 | 8 | 8 | 8 | 7 | 7 | 7 | 6 | 6 | 6 | 5 | 5 | 5 | 4 | 4 | 4 | 3 | 3 | 3 | 2 | 2 | 2 |

## 2 · 丙寅月(양 2.5~3.4)

입춘 5일 00시19분 / 우수 19일 20시16분

| 양력 | 1 | 2 | 3 | 4 | 5 | 6 | 7 | 8 | 9 | 10 | 11 | 12 | 13 | 14 | 15 | 16 | 17 | 18 | 19 | 20 | 21 | 22 | 23 | 24 | 25 | 26 | 27 | 28 | 29 |
|---|---|---|---|---|---|---|---|---|---|---|---|---|---|---|---|---|---|---|---|---|---|---|---|---|---|---|---|---|---|
| 음력 | 30 | 1.1 | 2 | 3 | 4 | 5 | 6 | 7 | 8 | 9 | 10 | 11 | 12 | 13 | 14 | 15 | 16 | 17 | 18 | 19 | 20 | 21 | 22 | 23 | 24 | 25 | 26 | 27 | 28 |
| 요일 | 水 | 木 | 金 | 土 | 日 | 月 | 火 | 水 | 木 | 金 | 土 | 日 | 月 | 火 | 水 | 木 | 金 | 土 | 日 | 月 | 火 | 水 | 木 | 金 | 土 | 日 | 月 | 火 | 水 |
| 일진 | 乙丑 | 丙寅 | 丁卯 | 戊辰 | 己巳 | 庚午 | 辛未 | 壬申 | 癸酉 | 甲戌 | 乙亥 | 丙子 | 丁丑 | 戊寅 | 己卯 | 庚辰 | 辛巳 | 壬午 | 癸未 | 甲申 | 乙酉 | 丙戌 | 丁亥 | 戊子 | 己丑 | 庚寅 | 辛卯 | 壬辰 | 癸巳 |
| 대운 남 | 9 | 9 | 9 | 10 | 입 | 9 | 9 | 9 | 8 | 8 | 8 | 7 | 7 | 7 | 6 | 6 | 6 | 5 | 5 | 5 | 4 | 4 | 4 | 3 | 3 | 3 | 2 | 2 | 2 |
| 대운 녀 | 1 | 1 | 1 | 1 | 춘 | 1 | 1 | 1 | 1 | 2 | 2 | 2 | 3 | 3 | 3 | 4 | 4 | 4 | 5 | 5 | 5 | 6 | 6 | 6 | 7 | 7 | 7 | 8 | 8 |

## 3 · 丁卯月(양 3.5~4.3)

경칩 5일 18시25분 / 춘분 20일 19시24분

| 양력 | 1 | 2 | 3 | 4 | 5 | 6 | 7 | 8 | 9 | 10 | 11 | 12 | 13 | 14 | 15 | 16 | 17 | 18 | 19 | 20 | 21 | 22 | 23 | 24 | 25 | 26 | 27 | 28 | 29 | 30 | 31 |
|---|---|---|---|---|---|---|---|---|---|---|---|---|---|---|---|---|---|---|---|---|---|---|---|---|---|---|---|---|---|---|---|
| 음력 | 29 | 30 | 2.1 | 2 | 3 | 4 | 5 | 6 | 7 | 8 | 9 | 10 | 11 | 12 | 13 | 14 | 15 | 16 | 17 | 18 | 19 | 20 | 21 | 22 | 23 | 24 | 25 | 26 | 27 | 28 | 29 |
| 요일 | 木 | 金 | 土 | 日 | 月 | 火 | 水 | 木 | 金 | 土 | 日 | 月 | 火 | 水 | 木 | 金 | 土 | 日 | 月 | 火 | 水 | 木 | 金 | 土 | 日 | 月 | 火 | 水 | 木 | 金 | 土 |
| 일진 | 甲午 | 乙未 | 丙申 | 丁酉 | 戊戌 | 己亥 | 庚子 | 辛丑 | 壬寅 | 癸卯 | 甲辰 | 乙巳 | 丙午 | 丁未 | 戊申 | 己酉 | 庚戌 | 辛亥 | 壬子 | 癸丑 | 甲寅 | 乙卯 | 丙辰 | 丁巳 | 戊午 | 己未 | 庚申 | 辛酉 | 壬戌 | 癸亥 | 甲子 |
| 대운 남 | 1 | 1 | 1 | 1 | 경 | 10 | 9 | 9 | 9 | 8 | 8 | 8 | 7 | 7 | 7 | 6 | 6 | 6 | 5 | 5 | 5 | 4 | 4 | 4 | 3 | 3 | 3 | 2 | 2 | 2 | 1 |
| 대운 녀 | 8 | 9 | 9 | 9 | 칩 | 1 | 1 | 1 | 1 | 2 | 2 | 2 | 3 | 3 | 3 | 4 | 4 | 4 | 5 | 5 | 5 | 6 | 6 | 6 | 7 | 7 | 7 | 8 | 8 | 8 | 9 |

## 4 · 戊辰月(양 4.4~5.4)

청명 4일 23시22분 / 곡우 20일 06시38분

| 양력 | 1 | 2 | 3 | 4 | 5 | 6 | 7 | 8 | 9 | 10 | 11 | 12 | 13 | 14 | 15 | 16 | 17 | 18 | 19 | 20 | 21 | 22 | 23 | 24 | 25 | 26 | 27 | 28 | 29 | 30 |
|---|---|---|---|---|---|---|---|---|---|---|---|---|---|---|---|---|---|---|---|---|---|---|---|---|---|---|---|---|---|---|
| 음력 | 3.1 | 2 | 3 | 4 | 5 | 6 | 7 | 8 | 9 | 10 | 11 | 12 | 13 | 14 | 15 | 16 | 17 | 18 | 19 | 20 | 21 | 22 | 23 | 24 | 25 | 26 | 27 | 28 | 29 | 30 |
| 요일 | 日 | 月 | 火 | 水 | 木 | 金 | 土 | 日 | 月 | 火 | 水 | 木 | 金 | 土 | 日 | 月 | 火 | 水 | 木 | 金 | 土 | 日 | 月 | 火 | 水 | 木 | 金 | 土 | 日 | 月 |
| 일진 | 乙丑 | 丙寅 | 丁卯 | 戊辰 | 己巳 | 庚午 | 辛未 | 壬申 | 癸酉 | 甲戌 | 乙亥 | 丙子 | 丁丑 | 戊寅 | 己卯 | 庚辰 | 辛巳 | 壬午 | 癸未 | 甲申 | 乙酉 | 丙戌 | 丁亥 | 戊子 | 己丑 | 庚寅 | 辛卯 | 壬辰 | 癸巳 | 甲午 |
| 대운 남 | 1 | 1 | 1 | 청 | 10 | 10 | 9 | 9 | 9 | 8 | 8 | 8 | 7 | 7 | 7 | 6 | 6 | 6 | 5 | 5 | 5 | 4 | 4 | 4 | 3 | 3 | 3 | 2 | 2 | 2 |
| 대운 녀 | 9 | 9 | 10 | 명 | 1 | 1 | 1 | 1 | 2 | 2 | 2 | 3 | 3 | 3 | 4 | 4 | 4 | 5 | 5 | 5 | 6 | 6 | 6 | 7 | 7 | 7 | 8 | 8 | 8 | 9 |

## 5 · 己巳月(양 5.5~6.4)

입하 5일 16시51분 / 소만 21일 05시58분

| 양력 | 1 | 2 | 3 | 4 | 5 | 6 | 7 | 8 | 9 | 10 | 11 | 12 | 13 | 14 | 15 | 16 | 17 | 18 | 19 | 20 | 21 | 22 | 23 | 24 | 25 | 26 | 27 | 28 | 29 | 30 | 31 |
|---|---|---|---|---|---|---|---|---|---|---|---|---|---|---|---|---|---|---|---|---|---|---|---|---|---|---|---|---|---|---|---|
| 음력 | 4.1 | 2 | 3 | 4 | 5 | 6 | 7 | 8 | 9 | 10 | 11 | 12 | 13 | 14 | 15 | 16 | 17 | 18 | 19 | 20 | 21 | 22 | 23 | 24 | 25 | 26 | 27 | 28 | 29 | 30 | 5.1 |
| 요일 | 火 | 水 | 木 | 金 | 土 | 日 | 月 | 火 | 水 | 木 | 金 | 土 | 日 | 月 | 火 | 水 | 木 | 金 | 土 | 日 | 月 | 火 | 水 | 木 | 金 | 土 | 日 | 月 | 火 | 水 | 木 |
| 일진 | 乙未 | 丙申 | 丁酉 | 戊戌 | 己亥 | 庚子 | 辛丑 | 壬寅 | 癸卯 | 甲辰 | 乙巳 | 丙午 | 丁未 | 戊申 | 己酉 | 庚戌 | 辛亥 | 壬子 | 癸丑 | 甲寅 | 乙卯 | 丙辰 | 丁巳 | 戊午 | 己未 | 庚申 | 辛酉 | 壬戌 | 癸亥 | 甲子 | 乙丑 |
| 대운 남 | 1 | 1 | 1 | 1 | 입 | 10 | 10 | 9 | 9 | 9 | 8 | 8 | 8 | 7 | 7 | 7 | 6 | 6 | 6 | 5 | 5 | 5 | 4 | 4 | 4 | 3 | 3 | 3 | 2 | 2 | 2 |
| 대운 녀 | 9 | 9 | 10 | 10 | 하 | 1 | 1 | 1 | 1 | 2 | 2 | 2 | 3 | 3 | 3 | 4 | 4 | 4 | 5 | 5 | 5 | 6 | 6 | 6 | 7 | 7 | 7 | 8 | 8 | 8 | 9 |

## 6 · 庚午月(양 6.5~7.6)

망종 5일 21시09분 / 하지 21일 14시02분

| 양력 | 1 | 2 | 3 | 4 | 5 | 6 | 7 | 8 | 9 | 10 | 11 | 12 | 13 | 14 | 15 | 16 | 17 | 18 | 19 | 20 | 21 | 22 | 23 | 24 | 25 | 26 | 27 | 28 | 29 | 30 |
|---|---|---|---|---|---|---|---|---|---|---|---|---|---|---|---|---|---|---|---|---|---|---|---|---|---|---|---|---|---|---|
| 음력 | 2 | 3 | 4 | 5 | 6 | 7 | 8 | 9 | 10 | 11 | 12 | 13 | 14 | 15 | 16 | 17 | 18 | 19 | 20 | 21 | 22 | 23 | 24 | 25 | 26 | 27 | 28 | 29 | 6.1 | 2 |
| 요일 | 金 | 土 | 日 | 月 | 火 | 水 | 木 | 金 | 土 | 日 | 月 | 火 | 水 | 木 | 金 | 土 | 日 | 月 | 火 | 水 | 木 | 金 | 土 | 日 | 月 | 火 | 水 | 木 | 金 | 土 |
| 일진 | 丙寅 | 丁卯 | 戊辰 | 己巳 | 庚午 | 辛未 | 壬申 | 癸酉 | 甲戌 | 乙亥 | 丙子 | 丁丑 | 戊寅 | 己卯 | 庚辰 | 辛巳 | 壬午 | 癸未 | 甲申 | 乙酉 | 丙戌 | 丁亥 | 戊子 | 己丑 | 庚寅 | 辛卯 | 壬辰 | 癸巳 | 甲午 | 乙未 |
| 대운 남 | 1 | 1 | 1 | 1 | 망 | 10 | 10 | 10 | 9 | 9 | 9 | 8 | 8 | 8 | 7 | 7 | 7 | 6 | 6 | 6 | 5 | 5 | 5 | 4 | 4 | 4 | 3 | 3 | 3 | 2 |
| 대운 녀 | 9 | 9 | 10 | 10 | 종 | 1 | 1 | 1 | 1 | 2 | 2 | 2 | 3 | 3 | 3 | 4 | 4 | 4 | 5 | 5 | 5 | 6 | 6 | 6 | 7 | 7 | 7 | 8 | 8 | 8 |

## 7 · 辛未月(양 7.7~8.6)

소서 7일 07시29분 / 대서 23일 00시58분

| 양력 | 1 | 2 | 3 | 4 | 5 | 6 | 7 | 8 | 9 | 10 | 11 | 12 | 13 | 14 | 15 | 16 | 17 | 18 | 19 | 20 | 21 | 22 | 23 | 24 | 25 | 26 | 27 | 28 | 29 | 30 | 31 |
|---|---|---|---|---|---|---|---|---|---|---|---|---|---|---|---|---|---|---|---|---|---|---|---|---|---|---|---|---|---|---|---|
| 음력 | 3 | 4 | 5 | 6 | 7 | 8 | 9 | 10 | 11 | 12 | 13 | 14 | 15 | 16 | 17 | 18 | 19 | 20 | 21 | 22 | 23 | 24 | 25 | 26 | 27 | 28 | 29 | 7.1 | 2 | 3 | 4 |
| 요일 | 日 | 月 | 火 | 水 | 木 | 金 | 土 | 日 | 月 | 火 | 水 | 木 | 金 | 土 | 日 | 月 | 火 | 水 | 木 | 金 | 土 | 日 | 月 | 火 | 水 | 木 | 金 | 土 | 日 | 月 | 火 |
| 일진 | 丙申 | 丁酉 | 戊戌 | 己亥 | 庚子 | 辛丑 | 壬寅 | 癸卯 | 甲辰 | 乙巳 | 丙午 | 丁未 | 戊申 | 己酉 | 庚戌 | 辛亥 | 壬子 | 癸丑 | 甲寅 | 乙卯 | 丙辰 | 丁巳 | 戊午 | 己未 | 庚申 | 辛酉 | 壬戌 | 癸亥 | 甲子 | 乙丑 | 丙寅 |
| 대운 남 | 2 | 2 | 1 | 1 | 1 | 1 | 소 | 10 | 10 | 9 | 9 | 9 | 8 | 8 | 8 | 7 | 7 | 7 | 6 | 6 | 6 | 5 | 5 | 5 | 4 | 4 | 4 | 3 | 3 | 3 | 2 |
| 대운 녀 | 9 | 9 | 9 | 10 | 10 | 10 | 서 | 1 | 1 | 1 | 1 | 2 | 2 | 2 | 3 | 3 | 3 | 4 | 4 | 4 | 5 | 5 | 5 | 6 | 6 | 6 | 7 | 7 | 7 | 8 | 8 |

## 8 · 壬申月(양 8.7~9.6)

입추 7일 17시18분 / 처서 23일 08시00분

| 양력 | 1 | 2 | 3 | 4 | 5 | 6 | 7 | 8 | 9 | 10 | 11 | 12 | 13 | 14 | 15 | 16 | 17 | 18 | 19 | 20 | 21 | 22 | 23 | 24 | 25 | 26 | 27 | 28 | 29 | 30 | 31 |
|---|---|---|---|---|---|---|---|---|---|---|---|---|---|---|---|---|---|---|---|---|---|---|---|---|---|---|---|---|---|---|---|
| 음력 | 5 | 6 | 7 | 8 | 9 | 10 | 11 | 12 | 13 | 14 | 15 | 16 | 17 | 18 | 19 | 20 | 21 | 22 | 23 | 24 | 25 | 26 | 27 | 28 | 29 | 30 | 8.1 | 2 | 3 | 4 | 5 |
| 요일 | 水 | 木 | 金 | 土 | 日 | 月 | 火 | 水 | 木 | 金 | 土 | 日 | 月 | 火 | 水 | 木 | 金 | 土 | 日 | 月 | 火 | 水 | 木 | 金 | 土 | 日 | 月 | 火 | 水 | 木 | 金 |
| 일진 | 丁卯 | 戊辰 | 己巳 | 庚午 | 辛未 | 壬申 | 癸酉 | 甲戌 | 乙亥 | 丙子 | 丁丑 | 戊寅 | 己卯 | 庚辰 | 辛巳 | 壬午 | 癸未 | 甲申 | 乙酉 | 丙戌 | 丁亥 | 戊子 | 己丑 | 庚寅 | 辛卯 | 壬辰 | 癸巳 | 甲午 | 乙未 | 丙申 | 丁酉 |
| 대운 남 | 2 | 2 | 1 | 1 | 1 | 1 | 입 | 10 | 10 | 9 | 9 | 9 | 8 | 8 | 8 | 7 | 7 | 7 | 6 | 6 | 6 | 5 | 5 | 5 | 4 | 4 | 4 | 3 | 3 | 3 | 2 |
| 대운 녀 | 8 | 9 | 9 | 9 | 10 | 10 | 추 | 1 | 1 | 1 | 1 | 2 | 2 | 2 | 3 | 3 | 3 | 4 | 4 | 4 | 5 | 5 | 5 | 6 | 6 | 6 | 7 | 7 | 7 | 8 | 8 |

## 9 · 癸酉月(양 9.7~10.7)

백로 7일 20시10분 / 추분 23일 05시33분

| 양력 | 1 | 2 | 3 | 4 | 5 | 6 | 7 | 8 | 9 | 10 | 11 | 12 | 13 | 14 | 15 | 16 | 17 | 18 | 19 | 20 | 21 | 22 | 23 | 24 | 25 | 26 | 27 | 28 | 29 | 30 |
|---|---|---|---|---|---|---|---|---|---|---|---|---|---|---|---|---|---|---|---|---|---|---|---|---|---|---|---|---|---|---|
| 음력 | 6 | 7 | 8 | 9 | 10 | 11 | 12 | 13 | 14 | 15 | 16 | 17 | 18 | 19 | 20 | 21 | 22 | 23 | 24 | 25 | 26 | 27 | 28 | 29 | 9.1 | 2 | 3 | 4 | 5 | 6 |
| 요일 | 土 | 日 | 月 | 火 | 水 | 木 | 金 | 土 | 日 | 月 | 火 | 水 | 木 | 金 | 土 | 日 | 月 | 火 | 水 | 木 | 金 | 土 | 日 | 月 | 火 | 水 | 木 | 金 | 土 | 日 |
| 일진 | 戊戌 | 己亥 | 庚子 | 辛丑 | 壬寅 | 癸卯 | 甲辰 | 乙巳 | 丙午 | 丁未 | 戊申 | 己酉 | 庚戌 | 辛亥 | 壬子 | 癸丑 | 甲寅 | 乙卯 | 丙辰 | 丁巳 | 戊午 | 己未 | 庚申 | 辛酉 | 壬戌 | 癸亥 | 甲子 | 乙丑 | 丙寅 | 丁卯 |
| 대운 남 | 2 | 2 | 1 | 1 | 1 | 1 | 백 | 10 | 10 | 9 | 9 | 9 | 8 | 8 | 8 | 7 | 7 | 7 | 6 | 6 | 6 | 5 | 5 | 5 | 4 | 4 | 4 | 3 | 3 | 3 |
| 대운 녀 | 8 | 9 | 9 | 9 | 10 | 10 | 로 | 1 | 1 | 1 | 1 | 2 | 2 | 2 | 3 | 3 | 3 | 4 | 4 | 4 | 5 | 5 | 5 | 6 | 6 | 6 | 7 | 7 | 7 | 8 |

## 10 · 甲戌月(양 10.8~11.6)

한로 8일 11시43분 / 상강 23일 14시46분

| 양력 | 1 | 2 | 3 | 4 | 5 | 6 | 7 | 8 | 9 | 10 | 11 | 12 | 13 | 14 | 15 | 16 | 17 | 18 | 19 | 20 | 21 | 22 | 23 | 24 | 25 | 26 | 27 | 28 | 29 | 30 | 31 |
|---|---|---|---|---|---|---|---|---|---|---|---|---|---|---|---|---|---|---|---|---|---|---|---|---|---|---|---|---|---|---|---|
| 음력 | 7 | 8 | 9 | 10 | 11 | 12 | 13 | 14 | 15 | 16 | 17 | 18 | 19 | 20 | 21 | 22 | 23 | 24 | 25 | 26 | 27 | 28 | 29 | 10.1 | 2 | 3 | 4 | 5 | 6 | 7 | 8 |
| 요일 | 月 | 火 | 水 | 木 | 金 | 土 | 日 | 月 | 火 | 水 | 木 | 金 | 土 | 日 | 月 | 火 | 水 | 木 | 金 | 土 | 日 | 月 | 火 | 水 | 木 | 金 | 土 | 日 | 月 | 火 | 水 |
| 일진 | 戊辰 | 己巳 | 庚午 | 辛未 | 壬申 | 癸酉 | 甲戌 | 乙亥 | 丙子 | 丁丑 | 戊寅 | 己卯 | 庚辰 | 辛巳 | 壬午 | 癸未 | 甲申 | 乙酉 | 丙戌 | 丁亥 | 戊子 | 己丑 | 庚寅 | 辛卯 | 壬辰 | 癸巳 | 甲午 | 乙未 | 丙申 | 丁酉 | 戊戌 |
| 대운 남 | 2 | 2 | 2 | 1 | 1 | 1 | 1 | 한 | 10 | 9 | 9 | 9 | 8 | 8 | 8 | 7 | 7 | 7 | 6 | 6 | 6 | 5 | 5 | 5 | 4 | 4 | 4 | 3 | 3 | 3 | 2 |
| 대운 녀 | 8 | 8 | 9 | 9 | 9 | 10 | 10 | 로 | 1 | 1 | 1 | 1 | 2 | 2 | 2 | 3 | 3 | 3 | 4 | 4 | 4 | 5 | 5 | 5 | 6 | 6 | 6 | 7 | 7 | 7 | 8 |

## 11 · 乙亥月(양 11.7~12.6)

입동 7일 14시46분 / 소설 22일 12시11분

| 양력 | 1 | 2 | 3 | 4 | 5 | 6 | 7 | 8 | 9 | 10 | 11 | 12 | 13 | 14 | 15 | 16 | 17 | 18 | 19 | 20 | 21 | 22 | 23 | 24 | 25 | 26 | 27 | 28 | 29 | 30 |
|---|---|---|---|---|---|---|---|---|---|---|---|---|---|---|---|---|---|---|---|---|---|---|---|---|---|---|---|---|---|---|
| 음력 | 9 | 10 | 11 | 12 | 13 | 14 | 15 | 16 | 17 | 18 | 19 | 20 | 21 | 22 | 23 | 24 | 25 | 26 | 27 | 28 | 29 | 30 | 윤 | 10.2 | 3 | 4 | 5 | 6 | 7 | 8 |
| 요일 | 木 | 金 | 土 | 日 | 月 | 火 | 水 | 木 | 金 | 土 | 日 | 月 | 火 | 水 | 木 | 金 | 土 | 日 | 月 | 火 | 水 | 木 | 金 | 土 | 日 | 月 | 火 | 水 | 木 | 金 |
| 일진 | 己亥 | 庚子 | 辛丑 | 壬寅 | 癸卯 | 甲辰 | 乙巳 | 丙午 | 丁未 | 戊申 | 己酉 | 庚戌 | 辛亥 | 壬子 | 癸丑 | 甲寅 | 乙卯 | 丙辰 | 丁巳 | 戊午 | 己未 | 庚申 | 辛酉 | 壬戌 | 癸亥 | 甲子 | 乙丑 | 丙寅 | 丁卯 | 戊辰 |
| 대운 남 | 2 | 2 | 1 | 1 | 1 | 1 | 입 | 10 | 9 | 9 | 9 | 8 | 8 | 8 | 7 | 7 | 7 | 6 | 6 | 6 | 5 | 5 | 5 | 4 | 4 | 4 | 3 | 3 | 3 | 2 |
| 대운 녀 | 8 | 8 | 9 | 9 | 9 | 10 | 동 | 1 | 1 | 1 | 1 | 2 | 2 | 2 | 3 | 3 | 3 | 4 | 4 | 4 | 5 | 5 | 5 | 6 | 6 | 6 | 7 | 7 | 7 | 8 |

## 12 · 丙子月(양 12.7~1.4)

대설 7일 07시28분 / 동지 22일 01시23분

| 양력 | 1 | 2 | 3 | 4 | 5 | 6 | 7 | 8 | 9 | 10 | 11 | 12 | 13 | 14 | 15 | 16 | 17 | 18 | 19 | 20 | 21 | 22 | 23 | 24 | 25 | 26 | 27 | 28 | 29 | 30 | 31 |
|---|---|---|---|---|---|---|---|---|---|---|---|---|---|---|---|---|---|---|---|---|---|---|---|---|---|---|---|---|---|---|---|
| 음력 | 9 | 10 | 11 | 12 | 13 | 14 | 15 | 16 | 17 | 18 | 19 | 20 | 21 | 22 | 23 | 24 | 25 | 26 | 27 | 28 | 29 | 11.1 | 2 | 3 | 4 | 5 | 6 | 7 | 8 | 9 | 10 |
| 요일 | 土 | 日 | 月 | 火 | 水 | 木 | 金 | 土 | 日 | 月 | 火 | 水 | 木 | 金 | 土 | 日 | 月 | 火 | 水 | 木 | 金 | 土 | 日 | 月 | 火 | 水 | 木 | 金 | 土 | 日 | 月 |
| 일진 | 己巳 | 庚午 | 辛未 | 壬申 | 癸酉 | 甲戌 | 乙亥 | 丙子 | 丁丑 | 戊寅 | 己卯 | 庚辰 | 辛巳 | 壬午 | 癸未 | 甲申 | 乙酉 | 丙戌 | 丁亥 | 戊子 | 己丑 | 庚寅 | 辛卯 | 壬辰 | 癸巳 | 甲午 | 乙未 | 丙申 | 丁酉 | 戊戌 | 己亥 |
| 대운 남 | 2 | 2 | 1 | 1 | 1 | 1 | 대 | 9 | 9 | 9 | 8 | 8 | 8 | 7 | 7 | 7 | 6 | 6 | 6 | 5 | 5 | 5 | 4 | 4 | 4 | 3 | 3 | 3 | 2 | 2 | 2 |
| 대운 녀 | 8 | 8 | 9 | 9 | 9 | 10 | 설 | 1 | 1 | 1 | 1 | 2 | 2 | 2 | 3 | 3 | 3 | 4 | 4 | 4 | 5 | 5 | 5 | 6 | 6 | 6 | 7 | 7 | 7 | 8 | 8 |

단기 4318년

# 1985년

## 1 · 丁丑月(양 1.5~2.3)

소한 5일 18시35분 | 대한 20일 11시58분

| 양력 | | 1 | 2 | 3 | 4 | 5 | 6 | 7 | 8 | 9 | 10 | 11 | 12 | 13 | 14 | 15 | 16 | 17 | 18 | 19 | 20 | 21 | 22 | 23 | 24 | 25 | 26 | 27 | 28 | 29 | 30 | 31 |
|---|---|---|---|---|---|---|---|---|---|---|---|---|---|---|---|---|---|---|---|---|---|---|---|---|---|---|---|---|---|---|---|---|
| 음력 | | 11 | 12 | 13 | 14 | 15 | 16 | 17 | 18 | 19 | 20 | 21 | 22 | 23 | 24 | 25 | 26 | 27 | 28 | 29 | 30 | 12.1 | 2 | 3 | 4 | 5 | 6 | 7 | 8 | 9 | 10 | 11 |
| 요일 | | 火 | 水 | 木 | 金 | 土 | 日 | 月 | 火 | 水 | 木 | 金 | 土 | 日 | 月 | 火 | 水 | 木 | 金 | 土 | 日 | 月 | 火 | 水 | 木 | 金 | 土 | 日 | 月 | 火 | 水 | 木 |
| 일진 | | 庚子 | 辛丑 | 壬寅 | 癸卯 | 甲辰 | 乙巳 | 丙午 | 丁未 | 戊申 | 己酉 | 庚戌 | 辛亥 | 壬子 | 癸丑 | 甲寅 | 乙卯 | 丙辰 | 丁巳 | 戊午 | 己未 | 庚申 | 辛酉 | 壬戌 | 癸亥 | 甲子 | 乙丑 | 丙寅 | 丁卯 | 戊辰 | 己巳 | 庚午 |
| 대운 | 남 | 1 | 1 | 1 | 1 | 소 | 10 | 9 | 9 | 9 | 8 | 8 | 8 | 7 | 7 | 7 | 6 | 6 | 6 | 5 | 5 | 5 | 4 | 4 | 4 | 3 | 3 | 3 | 2 | 2 | 2 | 1 |
| | 녀 | 8 | 9 | 9 | 9 | 한 | 1 | 1 | 1 | 1 | 2 | 2 | 2 | 3 | 3 | 3 | 4 | 4 | 4 | 5 | 5 | 5 | 6 | 6 | 6 | 7 | 7 | 7 | 8 | 8 | 8 | 9 |

## 2 · 戊寅月(양 2.4~3.5)

입춘 4일 06시12분 | 우수 19일 02시07분

| 양력 | | 1 | 2 | 3 | 4 | 5 | 6 | 7 | 8 | 9 | 10 | 11 | 12 | 13 | 14 | 15 | 16 | 17 | 18 | 19 | 20 | 21 | 22 | 23 | 24 | 25 | 26 | 27 | 28 |
|---|---|---|---|---|---|---|---|---|---|---|---|---|---|---|---|---|---|---|---|---|---|---|---|---|---|---|---|---|---|
| 음력 | | 12 | 13 | 14 | 15 | 16 | 17 | 18 | 19 | 20 | 21 | 22 | 23 | 24 | 25 | 26 | 27 | 28 | 29 | 30 | 1.1 | 2 | 3 | 4 | 5 | 6 | 7 | 8 | 9 |
| 요일 | | 金 | 土 | 日 | 月 | 火 | 水 | 木 | 金 | 土 | 日 | 月 | 火 | 水 | 木 | 金 | 土 | 日 | 月 | 火 | 水 | 木 | 金 | 土 | 日 | 月 | 火 | 水 | 木 |
| 일진 | | 辛未 | 壬申 | 癸酉 | 甲戌 | 乙亥 | 丙子 | 丁丑 | 戊寅 | 己卯 | 庚辰 | 辛巳 | 壬午 | 癸未 | 甲申 | 乙酉 | 丙戌 | 丁亥 | 戊子 | 己丑 | 庚寅 | 辛卯 | 壬辰 | 癸巳 | 甲午 | 乙未 | 丙申 | 丁酉 | 戊戌 |
| 대운 | 남 | 1 | 1 | 1 | 입 | 1 | 1 | 1 | 1 | 2 | 2 | 2 | 3 | 3 | 3 | 4 | 4 | 4 | 5 | 5 | 5 | 6 | 6 | 6 | 7 | 7 | 7 | 8 | 8 |
| | 녀 | 9 | 9 | 10 | 춘 | 10 | 9 | 9 | 9 | 8 | 8 | 8 | 7 | 7 | 7 | 6 | 6 | 6 | 5 | 5 | 5 | 4 | 4 | 4 | 3 | 3 | 3 | 2 | 2 |

## 3 · 己卯月(양 3.6~4.4)

경칩 6일 00시16분 | 춘분 21일 01시14분

| 양력 | | 1 | 2 | 3 | 4 | 5 | 6 | 7 | 8 | 9 | 10 | 11 | 12 | 13 | 14 | 15 | 16 | 17 | 18 | 19 | 20 | 21 | 22 | 23 | 24 | 25 | 26 | 27 | 28 | 29 | 30 | 31 |
|---|---|---|---|---|---|---|---|---|---|---|---|---|---|---|---|---|---|---|---|---|---|---|---|---|---|---|---|---|---|---|---|---|
| 음력 | | 10 | 11 | 12 | 13 | 14 | 15 | 16 | 17 | 18 | 19 | 20 | 21 | 22 | 23 | 24 | 25 | 26 | 27 | 28 | 29 | 2.1 | 2 | 3 | 4 | 5 | 6 | 7 | 8 | 9 | 10 | 11 |
| 요일 | | 金 | 土 | 日 | 月 | 火 | 水 | 木 | 金 | 土 | 日 | 月 | 火 | 水 | 木 | 金 | 土 | 日 | 月 | 火 | 水 | 木 | 金 | 土 | 日 | 月 | 火 | 水 | 木 | 金 | 土 | 日 |
| 일진 | | 己亥 | 庚子 | 辛丑 | 壬寅 | 癸卯 | 甲辰 | 乙巳 | 丙午 | 丁未 | 戊申 | 己酉 | 庚戌 | 辛亥 | 壬子 | 癸丑 | 甲寅 | 乙卯 | 丙辰 | 丁巳 | 戊午 | 己未 | 庚申 | 辛酉 | 壬戌 | 癸亥 | 甲子 | 乙丑 | 丙寅 | 丁卯 | 戊辰 | 己巳 |
| 대운 | 남 | 8 | 9 | 9 | 9 | 10 | 경 | 1 | 1 | 1 | 1 | 2 | 2 | 2 | 3 | 3 | 3 | 4 | 4 | 4 | 5 | 5 | 5 | 6 | 6 | 6 | 7 | 7 | 7 | 8 | 8 | 8 |
| | 녀 | 2 | 1 | 1 | 1 | 1 | 칩 | 10 | 9 | 9 | 9 | 8 | 8 | 8 | 7 | 7 | 7 | 6 | 6 | 6 | 5 | 5 | 5 | 4 | 4 | 4 | 3 | 3 | 3 | 2 | 2 | 2 |

## 4 · 庚辰月(양 4.5~5.4)

청명 5일 05시14분 | 곡우 20일 12시26분

| 양력 | | 1 | 2 | 3 | 4 | 5 | 6 | 7 | 8 | 9 | 10 | 11 | 12 | 13 | 14 | 15 | 16 | 17 | 18 | 19 | 20 | 21 | 22 | 23 | 24 | 25 | 26 | 27 | 28 | 29 | 30 |
|---|---|---|---|---|---|---|---|---|---|---|---|---|---|---|---|---|---|---|---|---|---|---|---|---|---|---|---|---|---|---|---|
| 음력 | | 12 | 13 | 14 | 15 | 16 | 17 | 18 | 19 | 20 | 21 | 22 | 23 | 24 | 25 | 26 | 27 | 28 | 29 | 30 | 3.1 | 2 | 3 | 4 | 5 | 6 | 7 | 8 | 9 | 10 | 11 |
| 요일 | | 月 | 火 | 水 | 木 | 金 | 土 | 日 | 月 | 火 | 水 | 木 | 金 | 土 | 日 | 月 | 火 | 水 | 木 | 金 | 土 | 日 | 月 | 火 | 水 | 木 | 金 | 土 | 日 | 月 | 火 |
| 일진 | | 庚午 | 辛未 | 壬申 | 癸酉 | 甲戌 | 乙亥 | 丙子 | 丁丑 | 戊寅 | 己卯 | 庚辰 | 辛巳 | 壬午 | 癸未 | 甲申 | 乙酉 | 丙戌 | 丁亥 | 戊子 | 己丑 | 庚寅 | 辛卯 | 壬辰 | 癸巳 | 甲午 | 乙未 | 丙申 | 丁酉 | 戊戌 | 己亥 |
| 대운 | 남 | 9 | 9 | 9 | 10 | 청 | 1 | 1 | 1 | 1 | 2 | 2 | 2 | 3 | 3 | 3 | 4 | 4 | 4 | 5 | 5 | 5 | 6 | 6 | 6 | 7 | 7 | 7 | 8 | 8 | 8 |
| | 녀 | 1 | 1 | 1 | 1 | 명 | 10 | 9 | 9 | 9 | 8 | 8 | 8 | 7 | 7 | 7 | 6 | 6 | 6 | 5 | 5 | 5 | 4 | 4 | 4 | 3 | 3 | 3 | 2 | 2 | 2 |

## 5 · 辛巳月(양 5.5~6.5)

입하 5일 22시43분 | 소만 21일 11시43분

| 양력 | | 1 | 2 | 3 | 4 | 5 | 6 | 7 | 8 | 9 | 10 | 11 | 12 | 13 | 14 | 15 | 16 | 17 | 18 | 19 | 20 | 21 | 22 | 23 | 24 | 25 | 26 | 27 | 28 | 29 | 30 | 31 |
|---|---|---|---|---|---|---|---|---|---|---|---|---|---|---|---|---|---|---|---|---|---|---|---|---|---|---|---|---|---|---|---|---|
| 음력 | | 12 | 13 | 14 | 15 | 16 | 17 | 18 | 19 | 20 | 21 | 22 | 23 | 24 | 25 | 26 | 27 | 28 | 29 | 30 | 4.1 | 2 | 3 | 4 | 5 | 6 | 7 | 8 | 9 | 10 | 11 | 12 |
| 요일 | | 水 | 木 | 金 | 土 | 日 | 月 | 火 | 水 | 木 | 金 | 土 | 日 | 月 | 火 | 水 | 木 | 金 | 土 | 日 | 月 | 火 | 水 | 木 | 金 | 土 | 日 | 月 | 火 | 水 | 木 | 金 |
| 일진 | | 庚子 | 辛丑 | 壬寅 | 癸卯 | 甲辰 | 乙巳 | 丙午 | 丁未 | 戊申 | 己酉 | 庚戌 | 辛亥 | 壬子 | 癸丑 | 甲寅 | 乙卯 | 丙辰 | 丁巳 | 戊午 | 己未 | 庚申 | 辛酉 | 壬戌 | 癸亥 | 甲子 | 乙丑 | 丙寅 | 丁卯 | 戊辰 | 己巳 | 庚午 |
| 대운 | 남 | 9 | 9 | 9 | 10 | 입 | 1 | 1 | 1 | 1 | 2 | 2 | 2 | 3 | 3 | 3 | 4 | 4 | 4 | 5 | 5 | 5 | 6 | 6 | 6 | 7 | 7 | 7 | 8 | 8 | 8 | 9 |
| | 녀 | 1 | 1 | 1 | 1 | 하 | 10 | 10 | 10 | 9 | 9 | 9 | 8 | 8 | 8 | 7 | 7 | 7 | 6 | 6 | 6 | 5 | 5 | 5 | 4 | 4 | 4 | 3 | 3 | 3 | 2 | 2 |

## 6 · 壬午月(양 6.6~7.6)

망종 6일 03시00분 | 하지 21일 19시44분

| 양력 | | 1 | 2 | 3 | 4 | 5 | 6 | 7 | 8 | 9 | 10 | 11 | 12 | 13 | 14 | 15 | 16 | 17 | 18 | 19 | 20 | 21 | 22 | 23 | 24 | 25 | 26 | 27 | 28 | 29 | 30 |
|---|---|---|---|---|---|---|---|---|---|---|---|---|---|---|---|---|---|---|---|---|---|---|---|---|---|---|---|---|---|---|---|
| 음력 | | 13 | 14 | 15 | 16 | 17 | 18 | 19 | 20 | 21 | 22 | 23 | 24 | 25 | 26 | 27 | 28 | 29 | 5.1 | 2 | 3 | 4 | 5 | 6 | 7 | 8 | 9 | 10 | 11 | 12 | 13 |
| 요일 | | 土 | 日 | 月 | 火 | 水 | 木 | 金 | 土 | 日 | 月 | 火 | 水 | 木 | 金 | 土 | 日 | 月 | 火 | 水 | 木 | 金 | 土 | 日 | 月 | 火 | 水 | 木 | 金 | 土 | 日 |
| 일진 | | 辛未 | 壬申 | 癸酉 | 甲戌 | 乙亥 | 丙子 | 丁丑 | 戊寅 | 己卯 | 庚辰 | 辛巳 | 壬午 | 癸未 | 甲申 | 乙酉 | 丙戌 | 丁亥 | 戊子 | 己丑 | 庚寅 | 辛卯 | 壬辰 | 癸巳 | 甲午 | 乙未 | 丙申 | 丁酉 | 戊戌 | 己亥 | 庚子 |
| 대운 | 남 | 9 | 9 | 10 | 10 | 10 | 망 | 1 | 1 | 1 | 1 | 2 | 2 | 2 | 3 | 3 | 3 | 4 | 4 | 4 | 5 | 5 | 5 | 6 | 6 | 6 | 7 | 7 | 7 | 8 | 8 |
| | 녀 | 2 | 1 | 1 | 1 | 1 | 종 | 10 | 10 | 9 | 9 | 9 | 8 | 8 | 8 | 7 | 7 | 7 | 6 | 6 | 6 | 5 | 5 | 5 | 4 | 4 | 4 | 3 | 3 | 3 | 2 |

소서 7일 13시19분 **7 · 癸未月(양 7.7~8.6)** 대서 23일 06시36분

| 양력 | 1 | 2 | 3 | 4 | 5 | 6 | 7 | 8 | 9 | 10 | 11 | 12 | 13 | 14 | 15 | 16 | 17 | 18 | 19 | 20 | 21 | 22 | 23 | 24 | 25 | 26 | 27 | 28 | 29 | 30 | 31 |
|---|---|---|---|---|---|---|---|---|---|---|---|---|---|---|---|---|---|---|---|---|---|---|---|---|---|---|---|---|---|---|---|
| 음력 | 14 | 15 | 16 | 17 | 18 | 19 | 20 | 21 | 22 | 23 | 24 | 25 | 26 | 27 | 28 | 29 | 30 | 6.1 | 2 | 3 | 4 | 5 | 6 | 7 | 8 | 9 | 10 | 11 | 12 | 13 | 14 |
| 요일 | 月 | 火 | 水 | 木 | 金 | 土 | 日 | 月 | 火 | 水 | 木 | 金 | 土 | 日 | 月 | 火 | 水 | 木 | 金 | 土 | 日 | 月 | 火 | 水 | 木 | 金 | 土 | 日 | 月 | 火 | 水 |
| 일진 | 辛丑 | 壬寅 | 癸卯 | 甲辰 | 乙巳 | 丙午 | 丁未 | 戊申 | 己酉 | 庚戌 | 辛亥 | 壬子 | 癸丑 | 甲寅 | 乙卯 | 丙辰 | 丁巳 | 戊午 | 己未 | 庚申 | 辛酉 | 壬戌 | 癸亥 | 甲子 | 乙丑 | 丙寅 | 丁卯 | 戊辰 | 己巳 | 庚午 | 辛未 |
| 대운 남 | 8 | 9 | 9 | 9 | 10 | 10 | 소 | 1 | 1 | 1 | 1 | 2 | 2 | 2 | 3 | 3 | 3 | 4 | 4 | 4 | 5 | 5 | 5 | 6 | 6 | 6 | 7 | 7 | 7 | 8 | 8 |
| 대운 녀 | 2 | 2 | 1 | 1 | 1 | 1 | 서 | 10 | 10 | 9 | 9 | 9 | 8 | 8 | 8 | 7 | 7 | 7 | 6 | 6 | 6 | 5 | 5 | 5 | 4 | 4 | 4 | 3 | 3 | 3 | 2 |

입추 7일 23시04분 **8 · 甲申月(양 8.7~9.7)** 처서 23일 13시36분

| 양력 | 1 | 2 | 3 | 4 | 5 | 6 | 7 | 8 | 9 | 10 | 11 | 12 | 13 | 14 | 15 | 16 | 17 | 18 | 19 | 20 | 21 | 22 | 23 | 24 | 25 | 26 | 27 | 28 | 29 | 30 | 31 |
|---|---|---|---|---|---|---|---|---|---|---|---|---|---|---|---|---|---|---|---|---|---|---|---|---|---|---|---|---|---|---|---|
| 음력 | 15 | 16 | 17 | 18 | 19 | 20 | 21 | 22 | 23 | 24 | 25 | 26 | 27 | 28 | 29 | 7.1 | 2 | 3 | 4 | 5 | 6 | 7 | 8 | 9 | 10 | 11 | 12 | 13 | 14 | 15 | 16 |
| 요일 | 木 | 金 | 土 | 日 | 月 | 火 | 水 | 木 | 金 | 土 | 日 | 月 | 火 | 水 | 木 | 金 | 土 | 日 | 月 | 火 | 水 | 木 | 金 | 土 | 日 | 月 | 火 | 水 | 木 | 金 | 土 |
| 일진 | 壬申 | 癸酉 | 甲戌 | 乙亥 | 丙子 | 丁丑 | 戊寅 | 己卯 | 庚辰 | 辛巳 | 壬午 | 癸未 | 甲申 | 乙酉 | 丙戌 | 丁亥 | 戊子 | 己丑 | 庚寅 | 辛卯 | 壬辰 | 癸巳 | 甲午 | 乙未 | 丙申 | 丁酉 | 戊戌 | 己亥 | 庚子 | 辛丑 | 壬寅 |
| 대운 남 | 8 | 9 | 9 | 9 | 10 | 10 | 입 | 1 | 1 | 1 | 1 | 2 | 2 | 2 | 3 | 3 | 3 | 4 | 4 | 4 | 5 | 5 | 5 | 6 | 6 | 6 | 7 | 7 | 7 | 8 | 8 |
| 대운 녀 | 2 | 2 | 1 | 1 | 1 | 1 | 추 | 10 | 10 | 10 | 9 | 9 | 9 | 8 | 8 | 8 | 7 | 7 | 7 | 6 | 6 | 6 | 5 | 5 | 5 | 4 | 4 | 4 | 3 | 3 | 3 |

백로 8일 01시53분 **9 · 乙酉月(양 9.8~10.7)** 추분 23일 11시07분

| 양력 | 1 | 2 | 3 | 4 | 5 | 6 | 7 | 8 | 9 | 10 | 11 | 12 | 13 | 14 | 15 | 16 | 17 | 18 | 19 | 20 | 21 | 22 | 23 | 24 | 25 | 26 | 27 | 28 | 29 | 30 |
|---|---|---|---|---|---|---|---|---|---|---|---|---|---|---|---|---|---|---|---|---|---|---|---|---|---|---|---|---|---|---|
| 음력 | 17 | 18 | 19 | 20 | 21 | 22 | 23 | 24 | 25 | 26 | 27 | 28 | 29 | 30 | 8.1 | 2 | 3 | 4 | 5 | 6 | 7 | 8 | 9 | 10 | 11 | 12 | 13 | 14 | 15 | 16 |
| 요일 | 日 | 月 | 火 | 水 | 木 | 金 | 土 | 日 | 月 | 火 | 水 | 木 | 金 | 土 | 日 | 月 | 火 | 水 | 木 | 金 | 土 | 日 | 月 | 火 | 水 | 木 | 金 | 土 | 日 | 月 |
| 일진 | 癸卯 | 甲辰 | 乙巳 | 丙午 | 丁未 | 戊申 | 己酉 | 庚戌 | 辛亥 | 壬子 | 癸丑 | 甲寅 | 乙卯 | 丙辰 | 丁巳 | 戊午 | 己未 | 庚申 | 辛酉 | 壬戌 | 癸亥 | 甲子 | 乙丑 | 丙寅 | 丁卯 | 戊辰 | 己巳 | 庚午 | 辛未 | 壬申 |
| 대운 남 | 8 | 9 | 9 | 9 | 10 | 10 | 10 | 백 | 1 | 1 | 1 | 1 | 2 | 2 | 2 | 3 | 3 | 3 | 4 | 4 | 4 | 5 | 5 | 5 | 6 | 6 | 6 | 7 | 7 | 7 |
| 대운 녀 | 2 | 2 | 2 | 1 | 1 | 1 | 1 | 로 | 10 | 9 | 9 | 9 | 8 | 8 | 8 | 7 | 7 | 7 | 6 | 6 | 6 | 5 | 5 | 5 | 4 | 4 | 4 | 3 | 3 | 3 |

한로 8일 17시25분 **10 · 丙戌月(양 10.8~11.6)** 상강 23일 20시22분

| 양력 | 1 | 2 | 3 | 4 | 5 | 6 | 7 | 8 | 9 | 10 | 11 | 12 | 13 | 14 | 15 | 16 | 17 | 18 | 19 | 20 | 21 | 22 | 23 | 24 | 25 | 26 | 27 | 28 | 29 | 30 | 31 |
|---|---|---|---|---|---|---|---|---|---|---|---|---|---|---|---|---|---|---|---|---|---|---|---|---|---|---|---|---|---|---|---|
| 음력 | 17 | 18 | 19 | 20 | 21 | 22 | 23 | 24 | 25 | 26 | 27 | 28 | 29 | 9.1 | 2 | 3 | 4 | 5 | 6 | 7 | 8 | 9 | 10 | 11 | 12 | 13 | 14 | 15 | 16 | 17 | 18 |
| 요일 | 火 | 水 | 木 | 金 | 土 | 日 | 月 | 火 | 水 | 木 | 金 | 土 | 日 | 月 | 火 | 水 | 木 | 金 | 土 | 日 | 月 | 火 | 水 | 木 | 金 | 土 | 日 | 月 | 火 | 水 | 木 |
| 일진 | 癸酉 | 甲戌 | 乙亥 | 丙子 | 丁丑 | 戊寅 | 己卯 | 庚辰 | 辛巳 | 壬午 | 癸未 | 甲申 | 乙酉 | 丙戌 | 丁亥 | 戊子 | 己丑 | 庚寅 | 辛卯 | 壬辰 | 癸巳 | 甲午 | 乙未 | 丙申 | 丁酉 | 戊戌 | 己亥 | 庚子 | 辛丑 | 壬寅 | 癸卯 |
| 대운 남 | 8 | 8 | 8 | 9 | 9 | 9 | 10 | 한 | 1 | 1 | 1 | 1 | 2 | 2 | 2 | 3 | 3 | 3 | 4 | 4 | 4 | 5 | 5 | 5 | 6 | 6 | 6 | 7 | 7 | 7 | 8 |
| 대운 녀 | 2 | 2 | 2 | 1 | 1 | 1 | 1 | 로 | 10 | 9 | 9 | 9 | 8 | 8 | 8 | 7 | 7 | 7 | 6 | 6 | 6 | 5 | 5 | 5 | 4 | 4 | 4 | 3 | 3 | 3 | 2 |

입동 7일 20시29분 **11 · 丁亥月(양 11.7~12.6)** 소설 22일 17시51분

| 양력 | 1 | 2 | 3 | 4 | 5 | 6 | 7 | 8 | 9 | 10 | 11 | 12 | 13 | 14 | 15 | 16 | 17 | 18 | 19 | 20 | 21 | 22 | 23 | 24 | 25 | 26 | 27 | 28 | 29 | 30 |
|---|---|---|---|---|---|---|---|---|---|---|---|---|---|---|---|---|---|---|---|---|---|---|---|---|---|---|---|---|---|---|
| 음력 | 19 | 20 | 21 | 22 | 23 | 24 | 25 | 26 | 27 | 28 | 29 | 10.1 | 2 | 3 | 4 | 5 | 6 | 7 | 8 | 9 | 10 | 11 | 12 | 13 | 14 | 15 | 16 | 17 | 18 | 19 |
| 요일 | 金 | 土 | 日 | 月 | 火 | 水 | 木 | 金 | 土 | 日 | 月 | 火 | 水 | 木 | 金 | 土 | 日 | 月 | 火 | 水 | 木 | 金 | 土 | 日 | 月 | 火 | 水 | 木 | 金 | 土 |
| 일진 | 甲辰 | 乙巳 | 丙午 | 丁未 | 戊申 | 己酉 | 庚戌 | 辛亥 | 壬子 | 癸丑 | 甲寅 | 乙卯 | 丙辰 | 丁巳 | 戊午 | 己未 | 庚申 | 辛酉 | 壬戌 | 癸亥 | 甲子 | 乙丑 | 丙寅 | 丁卯 | 戊辰 | 己巳 | 庚午 | 辛未 | 壬申 | 癸酉 |
| 대운 남 | 8 | 8 | 9 | 9 | 9 | 10 | 입 | 1 | 1 | 1 | 1 | 2 | 2 | 2 | 3 | 3 | 3 | 4 | 4 | 4 | 5 | 5 | 5 | 6 | 6 | 6 | 7 | 7 | 7 | 8 |
| 대운 녀 | 2 | 2 | 1 | 1 | 1 | 1 | 동 | 10 | 9 | 9 | 9 | 8 | 8 | 8 | 7 | 7 | 7 | 6 | 6 | 6 | 5 | 5 | 5 | 4 | 4 | 4 | 3 | 3 | 3 | 2 |

대설 7일 13시16분 **12 · 戊子月(양 12.7~1.5)** 동지 22일 07시08분

| 양력 | 1 | 2 | 3 | 4 | 5 | 6 | 7 | 8 | 9 | 10 | 11 | 12 | 13 | 14 | 15 | 16 | 17 | 18 | 19 | 20 | 21 | 22 | 23 | 24 | 25 | 26 | 27 | 28 | 29 | 30 | 31 |
|---|---|---|---|---|---|---|---|---|---|---|---|---|---|---|---|---|---|---|---|---|---|---|---|---|---|---|---|---|---|---|---|
| 음력 | 20 | 21 | 22 | 23 | 24 | 25 | 26 | 27 | 28 | 29 | 30 | 11.1 | 2 | 3 | 4 | 5 | 6 | 7 | 8 | 9 | 10 | 11 | 12 | 13 | 14 | 15 | 16 | 17 | 18 | 19 | 20 |
| 요일 | 日 | 月 | 火 | 水 | 木 | 金 | 土 | 日 | 月 | 火 | 水 | 木 | 金 | 土 | 日 | 月 | 火 | 水 | 木 | 金 | 土 | 日 | 月 | 火 | 水 | 木 | 金 | 土 | 日 | 月 | 火 |
| 일진 | 甲戌 | 乙亥 | 丙子 | 丁丑 | 戊寅 | 己卯 | 庚辰 | 辛巳 | 壬午 | 癸未 | 甲申 | 乙酉 | 丙戌 | 丁亥 | 戊子 | 己丑 | 庚寅 | 辛卯 | 壬辰 | 癸巳 | 甲午 | 乙未 | 丙申 | 丁酉 | 戊戌 | 己亥 | 庚子 | 辛丑 | 壬寅 | 癸卯 | 甲辰 |
| 대운 남 | 8 | 8 | 9 | 9 | 9 | 10 | 대 | 1 | 1 | 1 | 1 | 2 | 2 | 2 | 3 | 3 | 3 | 4 | 4 | 4 | 5 | 5 | 5 | 6 | 6 | 6 | 7 | 7 | 7 | 8 | 8 |
| 대운 녀 | 2 | 2 | 1 | 1 | 1 | 1 | 설 | 10 | 9 | 9 | 9 | 8 | 8 | 8 | 7 | 7 | 7 | 6 | 6 | 6 | 5 | 5 | 5 | 4 | 4 | 4 | 3 | 3 | 3 | 2 | 2 |

단기 4319년

# 1986년

소한 6일 00시28분

## 1 · 己丑月(양 1.6~2.3)

대한 20일 17시46분

| 양력 | 1 | 2 | 3 | 4 | 5 | 6 | 7 | 8 | 9 | 10 | 11 | 12 | 13 | 14 | 15 | 16 | 17 | 18 | 19 | 20 | 21 | 22 | 23 | 24 | 25 | 26 | 27 | 28 | 29 | 30 | 31 |
|---|---|---|---|---|---|---|---|---|---|---|---|---|---|---|---|---|---|---|---|---|---|---|---|---|---|---|---|---|---|---|---|
| 음력 | 21 | 22 | 23 | 24 | 25 | 26 | 27 | 28 | 29 | 12.1 | 2 | 3 | 4 | 5 | 6 | 7 | 8 | 9 | 10 | 11 | 12 | 13 | 14 | 15 | 16 | 17 | 18 | 19 | 20 | 21 | 22 |
| 요일 | 水 | 木 | 金 | 土 | 日 | 月 | 火 | 水 | 木 | 金 | 土 | 日 | 月 | 火 | 水 | 木 | 金 | 土 | 日 | 月 | 火 | 水 | 木 | 金 | 土 | 日 | 月 | 火 | 水 | 木 | 金 |
| 일진 | 乙巳 | 丙午 | 丁未 | 戊申 | 己酉 | 庚戌 | 辛亥 | 壬子 | 癸丑 | 甲寅 | 乙卯 | 丙辰 | 丁巳 | 戊午 | 己未 | 庚申 | 辛酉 | 壬戌 | 癸亥 | 甲子 | 乙丑 | 丙寅 | 丁卯 | 戊辰 | 己巳 | 庚午 | 辛未 | 壬申 | 癸酉 | 甲戌 | 乙亥 |
| 대운 남 | 8 | 9 | 9 | 9 | 10 | 소 | 1 | 1 | 1 | 1 | 2 | 2 | 2 | 3 | 3 | 3 | 4 | 4 | 4 | 5 | 5 | 5 | 6 | 6 | 6 | 7 | 7 | 7 | 8 | 8 | 8 |
| 대운 녀 | 2 | 1 | 1 | 1 | 1 | 한 | 9 | 9 | 9 | 8 | 8 | 8 | 7 | 7 | 7 | 6 | 6 | 6 | 5 | 5 | 5 | 4 | 4 | 4 | 3 | 3 | 3 | 2 | 2 | 2 | 1 |

입춘 4일 12시08분

## 2 · 庚寅月(양 2.4~3.5)

우수 19일 07시58분

| 양력 | 1 | 2 | 3 | 4 | 5 | 6 | 7 | 8 | 9 | 10 | 11 | 12 | 13 | 14 | 15 | 16 | 17 | 18 | 19 | 20 | 21 | 22 | 23 | 24 | 25 | 26 | 27 | 28 |
|---|---|---|---|---|---|---|---|---|---|---|---|---|---|---|---|---|---|---|---|---|---|---|---|---|---|---|---|---|
| 음력 | 23 | 24 | 25 | 26 | 27 | 28 | 29 | 30 | 1.1 | 2 | 3 | 4 | 5 | 6 | 7 | 8 | 9 | 10 | 11 | 12 | 13 | 14 | 15 | 16 | 17 | 18 | 19 | 20 |
| 요일 | 土 | 日 | 月 | 火 | 水 | 木 | 金 | 土 | 日 | 月 | 火 | 水 | 木 | 金 | 土 | 日 | 月 | 火 | 水 | 木 | 金 | 土 | 日 | 月 | 火 | 水 | 木 | 金 |
| 일진 | 丙子 | 丁丑 | 戊寅 | 己卯 | 庚辰 | 辛巳 | 壬午 | 癸未 | 甲申 | 乙酉 | 丙戌 | 丁亥 | 戊子 | 己丑 | 庚寅 | 辛卯 | 壬辰 | 癸巳 | 甲午 | 乙未 | 丙申 | 丁酉 | 戊戌 | 己亥 | 庚子 | 辛丑 | 壬寅 | 癸卯 |
| 대운 남 | 9 | 9 | 9 | 입 | 10 | 9 | 9 | 9 | 8 | 8 | 8 | 7 | 7 | 7 | 6 | 6 | 6 | 5 | 5 | 5 | 4 | 4 | 4 | 3 | 3 | 3 | 2 | 2 |
| 대운 녀 | 1 | 1 | 1 | 춘 | 1 | 1 | 1 | 1 | 2 | 2 | 2 | 3 | 3 | 3 | 4 | 4 | 4 | 5 | 5 | 5 | 6 | 6 | 6 | 7 | 7 | 7 | 8 | 8 |

경칩 6일 06시12분

## 3 · 辛卯月(양 3.6~4.4)

춘분 21일 07시03분

| 양력 | 1 | 2 | 3 | 4 | 5 | 6 | 7 | 8 | 9 | 10 | 11 | 12 | 13 | 14 | 15 | 16 | 17 | 18 | 19 | 20 | 21 | 22 | 23 | 24 | 25 | 26 | 27 | 28 | 29 | 30 | 31 |
|---|---|---|---|---|---|---|---|---|---|---|---|---|---|---|---|---|---|---|---|---|---|---|---|---|---|---|---|---|---|---|---|
| 음력 | 21 | 22 | 23 | 24 | 25 | 26 | 27 | 28 | 29 | 2.1 | 2 | 3 | 4 | 5 | 6 | 7 | 8 | 9 | 10 | 11 | 12 | 13 | 14 | 15 | 16 | 17 | 18 | 19 | 20 | 21 | 22 |
| 요일 | 土 | 日 | 月 | 火 | 水 | 木 | 金 | 土 | 日 | 月 | 火 | 水 | 木 | 金 | 土 | 日 | 月 | 火 | 水 | 木 | 金 | 土 | 日 | 月 | 火 | 水 | 木 | 金 | 土 | 日 | 月 |
| 일진 | 甲辰 | 乙巳 | 丙午 | 丁未 | 戊申 | 己酉 | 庚戌 | 辛亥 | 壬子 | 癸丑 | 甲寅 | 乙卯 | 丙辰 | 丁巳 | 戊午 | 己未 | 庚申 | 辛酉 | 壬戌 | 癸亥 | 甲子 | 乙丑 | 丙寅 | 丁卯 | 戊辰 | 己巳 | 庚午 | 辛未 | 壬申 | 癸酉 | 甲戌 |
| 대운 남 | 2 | 1 | 1 | 1 | 1 | 경 | 10 | 9 | 9 | 9 | 8 | 8 | 8 | 7 | 7 | 7 | 6 | 6 | 6 | 5 | 5 | 5 | 4 | 4 | 4 | 3 | 3 | 3 | 2 | 2 | 2 |
| 대운 녀 | 8 | 9 | 9 | 9 | 10 | 칩 | 1 | 1 | 1 | 1 | 2 | 2 | 2 | 3 | 3 | 3 | 4 | 4 | 4 | 5 | 5 | 5 | 6 | 6 | 6 | 7 | 7 | 7 | 8 | 8 | 8 |

청명 5일 11시06분

## 4 · 壬辰月(양 4.5~5.5)

곡우 20일 18시12분

| 양력 | 1 | 2 | 3 | 4 | 5 | 6 | 7 | 8 | 9 | 10 | 11 | 12 | 13 | 14 | 15 | 16 | 17 | 18 | 19 | 20 | 21 | 22 | 23 | 24 | 25 | 26 | 27 | 28 | 29 | 30 |
|---|---|---|---|---|---|---|---|---|---|---|---|---|---|---|---|---|---|---|---|---|---|---|---|---|---|---|---|---|---|---|
| 음력 | 23 | 24 | 25 | 26 | 27 | 28 | 29 | 30 | 3.1 | 2 | 3 | 4 | 5 | 6 | 7 | 8 | 9 | 10 | 11 | 12 | 13 | 14 | 15 | 16 | 17 | 18 | 19 | 20 | 21 | 22 |
| 요일 | 火 | 水 | 木 | 金 | 土 | 日 | 月 | 火 | 水 | 木 | 金 | 土 | 日 | 月 | 火 | 水 | 木 | 金 | 土 | 日 | 月 | 火 | 水 | 木 | 金 | 土 | 日 | 月 | 火 | 水 |
| 일진 | 乙亥 | 丙子 | 丁丑 | 戊寅 | 己卯 | 庚辰 | 辛巳 | 壬午 | 癸未 | 甲申 | 乙酉 | 丙戌 | 丁亥 | 戊子 | 己丑 | 庚寅 | 辛卯 | 壬辰 | 癸巳 | 甲午 | 乙未 | 丙申 | 丁酉 | 戊戌 | 己亥 | 庚子 | 辛丑 | 壬寅 | 癸卯 | 甲辰 |
| 대운 남 | 1 | 1 | 1 | 1 | 청 | 10 | 10 | 9 | 9 | 9 | 8 | 8 | 8 | 7 | 7 | 7 | 6 | 6 | 6 | 5 | 5 | 5 | 4 | 4 | 4 | 3 | 3 | 3 | 2 | 2 |
| 대운 녀 | 9 | 9 | 9 | 10 | 명 | 1 | 1 | 1 | 1 | 2 | 2 | 2 | 3 | 3 | 3 | 4 | 4 | 4 | 5 | 5 | 5 | 6 | 6 | 6 | 7 | 7 | 7 | 8 | 8 | 8 |

입하 6일 04시31분

## 5 · 癸巳月(양 5.6~6.5)

소만 21일 17시28분

| 양력 | 1 | 2 | 3 | 4 | 5 | 6 | 7 | 8 | 9 | 10 | 11 | 12 | 13 | 14 | 15 | 16 | 17 | 18 | 19 | 20 | 21 | 22 | 23 | 24 | 25 | 26 | 27 | 28 | 29 | 30 | 31 |
|---|---|---|---|---|---|---|---|---|---|---|---|---|---|---|---|---|---|---|---|---|---|---|---|---|---|---|---|---|---|---|---|
| 음력 | 23 | 24 | 25 | 26 | 27 | 28 | 29 | 30 | 4.1 | 2 | 3 | 4 | 5 | 6 | 7 | 8 | 9 | 10 | 11 | 12 | 13 | 14 | 15 | 16 | 17 | 18 | 19 | 20 | 21 | 22 | 23 |
| 요일 | 木 | 金 | 土 | 日 | 月 | 火 | 水 | 木 | 金 | 土 | 日 | 月 | 火 | 水 | 木 | 金 | 土 | 日 | 月 | 火 | 水 | 木 | 金 | 土 | 日 | 月 | 火 | 水 | 木 | 金 | 土 |
| 일진 | 乙巳 | 丙午 | 丁未 | 戊申 | 己酉 | 庚戌 | 辛亥 | 壬子 | 癸丑 | 甲寅 | 乙卯 | 丙辰 | 丁巳 | 戊午 | 己未 | 庚申 | 辛酉 | 壬戌 | 癸亥 | 甲子 | 乙丑 | 丙寅 | 丁卯 | 戊辰 | 己巳 | 庚午 | 辛未 | 壬申 | 癸酉 | 甲戌 | 乙亥 |
| 대운 남 | 2 | 1 | 1 | 1 | 1 | 입 | 10 | 10 | 9 | 9 | 9 | 8 | 8 | 8 | 7 | 7 | 7 | 6 | 6 | 6 | 5 | 5 | 5 | 4 | 4 | 4 | 3 | 3 | 3 | 2 | 2 |
| 대운 녀 | 9 | 9 | 9 | 10 | 10 | 하 | 1 | 1 | 1 | 1 | 2 | 2 | 2 | 3 | 3 | 3 | 4 | 4 | 4 | 5 | 5 | 5 | 6 | 6 | 6 | 7 | 7 | 7 | 8 | 8 | 8 |

망종 6일 08시44분

## 6 · 甲午月(양 6.6~7.6)

하지 22일 01시30분

| 양력 | 1 | 2 | 3 | 4 | 5 | 6 | 7 | 8 | 9 | 10 | 11 | 12 | 13 | 14 | 15 | 16 | 17 | 18 | 19 | 20 | 21 | 22 | 23 | 24 | 25 | 26 | 27 | 28 | 29 | 30 |
|---|---|---|---|---|---|---|---|---|---|---|---|---|---|---|---|---|---|---|---|---|---|---|---|---|---|---|---|---|---|---|
| 음력 | 24 | 25 | 26 | 27 | 28 | 29 | 5.1 | 2 | 3 | 4 | 5 | 6 | 7 | 8 | 9 | 10 | 11 | 12 | 13 | 14 | 15 | 16 | 17 | 18 | 19 | 20 | 21 | 22 | 23 | 24 |
| 요일 | 日 | 月 | 火 | 水 | 木 | 金 | 土 | 日 | 月 | 火 | 水 | 木 | 金 | 土 | 日 | 月 | 火 | 水 | 木 | 金 | 土 | 日 | 月 | 火 | 水 | 木 | 金 | 土 | 日 | 月 |
| 일진 | 丙子 | 丁丑 | 戊寅 | 己卯 | 庚辰 | 辛巳 | 壬午 | 癸未 | 甲申 | 乙酉 | 丙戌 | 丁亥 | 戊子 | 己丑 | 庚寅 | 辛卯 | 壬辰 | 癸巳 | 甲午 | 乙未 | 丙申 | 丁酉 | 戊戌 | 己亥 | 庚子 | 辛丑 | 壬寅 | 癸卯 | 甲辰 | 乙巳 |
| 대운 남 | 2 | 1 | 1 | 1 | 1 | 망 | 10 | 10 | 9 | 9 | 9 | 8 | 8 | 8 | 7 | 7 | 7 | 6 | 6 | 6 | 5 | 5 | 5 | 4 | 4 | 4 | 3 | 3 | 3 | 2 |
| 대운 녀 | 9 | 9 | 9 | 10 | 10 | 종 | 1 | 1 | 1 | 1 | 2 | 2 | 2 | 3 | 3 | 3 | 4 | 4 | 4 | 5 | 5 | 5 | 6 | 6 | 6 | 7 | 7 | 7 | 8 | 8 |

# 丙寅年 동경135도표준시

소서 7일 19시01분 **7 · 乙未月(양 7.7~8.7)** 대서 23일 12시24분

| 양력 | 1 | 2 | 3 | 4 | 5 | 6 | 7 | 8 | 9 | 10 | 11 | 12 | 13 | 14 | 15 | 16 | 17 | 18 | 19 | 20 | 21 | 22 | 23 | 24 | 25 | 26 | 27 | 28 | 29 | 30 | 31 |
|---|---|---|---|---|---|---|---|---|---|---|---|---|---|---|---|---|---|---|---|---|---|---|---|---|---|---|---|---|---|---|---|
| 음력 | 25 | 26 | 27 | 28 | 29 | 30 | 6.1 | 2 | 3 | 4 | 5 | 6 | 7 | 8 | 9 | 10 | 11 | 12 | 13 | 14 | 15 | 16 | 17 | 18 | 19 | 20 | 21 | 22 | 23 | 24 | 25 |
| 요일 | 火 | 水 | 木 | 金 | 土 | 日 | 月 | 火 | 水 | 木 | 金 | 土 | 日 | 月 | 火 | 水 | 木 | 金 | 土 | 日 | 月 | 火 | 水 | 木 | 金 | 土 | 日 | 月 | 火 | 水 | 木 |
| 일진 | 丙午 | 丁未 | 戊申 | 己酉 | 庚戌 | 辛亥 | 壬子 | 癸丑 | 甲寅 | 乙卯 | 丙辰 | 丁巳 | 戊午 | 己未 | 庚申 | 辛酉 | 壬戌 | 癸亥 | 甲子 | 乙丑 | 丙寅 | 丁卯 | 戊辰 | 己巳 | 庚午 | 辛未 | 壬申 | 癸酉 | 甲戌 | 乙亥 | 丙子 |
| 대운 남 | 2 | 2 | 1 | 1 | 1 | 1 | 소 | 10 | 10 | 10 | 9 | 9 | 9 | 8 | 8 | 8 | 7 | 7 | 7 | 6 | 6 | 6 | 5 | 5 | 5 | 4 | 4 | 4 | 3 | 3 | 3 |
| 대운 녀 | 8 | 9 | 9 | 9 | 10 | 10 | 서 | 1 | 1 | 1 | 1 | 2 | 2 | 2 | 3 | 3 | 3 | 4 | 4 | 4 | 5 | 5 | 5 | 6 | 6 | 6 | 7 | 7 | 7 | 8 | 8 |

입추 8일 04시46분 **8 · 丙申月(양 8.8~9.7)** 처서 23일 19시26분

| 양력 | 1 | 2 | 3 | 4 | 5 | 6 | 7 | 8 | 9 | 10 | 11 | 12 | 13 | 14 | 15 | 16 | 17 | 18 | 19 | 20 | 21 | 22 | 23 | 24 | 25 | 26 | 27 | 28 | 29 | 30 | 31 |
|---|---|---|---|---|---|---|---|---|---|---|---|---|---|---|---|---|---|---|---|---|---|---|---|---|---|---|---|---|---|---|---|
| 음력 | 26 | 27 | 28 | 29 | 30 | 7.1 | 2 | 3 | 4 | 5 | 6 | 7 | 8 | 9 | 10 | 11 | 12 | 13 | 14 | 15 | 16 | 17 | 18 | 19 | 20 | 21 | 22 | 23 | 24 | 25 | 26 |
| 요일 | 金 | 土 | 日 | 月 | 火 | 水 | 木 | 金 | 土 | 日 | 月 | 火 | 水 | 木 | 金 | 土 | 日 | 月 | 火 | 水 | 木 | 金 | 土 | 日 | 月 | 火 | 水 | 木 | 金 | 土 | 日 |
| 일진 | 丁丑 | 戊寅 | 己卯 | 庚辰 | 辛巳 | 壬午 | 癸未 | 甲申 | 乙酉 | 丙戌 | 丁亥 | 戊子 | 己丑 | 庚寅 | 辛卯 | 壬辰 | 癸巳 | 甲午 | 乙未 | 丙申 | 丁酉 | 戊戌 | 己亥 | 庚子 | 辛丑 | 壬寅 | 癸卯 | 甲辰 | 乙巳 | 丙午 | 丁未 |
| 대운 남 | 2 | 2 | 2 | 1 | 1 | 1 | 1 | 입 | 10 | 10 | 9 | 9 | 9 | 8 | 8 | 8 | 7 | 7 | 7 | 6 | 6 | 6 | 5 | 5 | 5 | 4 | 4 | 4 | 3 | 3 | 3 |
| 대운 녀 | 8 | 9 | 9 | 9 | 10 | 10 | 10 | 추 | 1 | 1 | 1 | 1 | 2 | 2 | 2 | 3 | 3 | 3 | 4 | 4 | 4 | 5 | 5 | 5 | 6 | 6 | 6 | 7 | 7 | 7 | 8 |

백로 8일 07시35분 **9 · 丁酉月(양 9.8~10.7)** 추분 23일 16시59분

| 양력 | 1 | 2 | 3 | 4 | 5 | 6 | 7 | 8 | 9 | 10 | 11 | 12 | 13 | 14 | 15 | 16 | 17 | 18 | 19 | 20 | 21 | 22 | 23 | 24 | 25 | 26 | 27 | 28 | 29 | 30 |
|---|---|---|---|---|---|---|---|---|---|---|---|---|---|---|---|---|---|---|---|---|---|---|---|---|---|---|---|---|---|---|
| 음력 | 27 | 28 | 29 | 8.1 | 2 | 3 | 4 | 5 | 6 | 7 | 8 | 9 | 10 | 11 | 12 | 13 | 14 | 15 | 16 | 17 | 18 | 19 | 20 | 21 | 22 | 23 | 24 | 25 | 26 | 27 |
| 요일 | 月 | 火 | 水 | 木 | 金 | 土 | 日 | 月 | 火 | 水 | 木 | 金 | 土 | 日 | 月 | 火 | 水 | 木 | 金 | 土 | 日 | 月 | 火 | 水 | 木 | 金 | 土 | 日 | 月 | 火 |
| 일진 | 戊申 | 己酉 | 庚戌 | 辛亥 | 壬子 | 癸丑 | 甲寅 | 乙卯 | 丙辰 | 丁巳 | 戊午 | 己未 | 庚申 | 辛酉 | 壬戌 | 癸亥 | 甲子 | 乙丑 | 丙寅 | 丁卯 | 戊辰 | 己巳 | 庚午 | 辛未 | 壬申 | 癸酉 | 甲戌 | 乙亥 | 丙子 | 丁丑 |
| 대운 남 | 2 | 2 | 2 | 1 | 1 | 1 | 1 | 백 | 10 | 9 | 9 | 9 | 8 | 8 | 8 | 7 | 7 | 7 | 6 | 6 | 6 | 5 | 5 | 5 | 4 | 4 | 4 | 3 | 3 | 3 |
| 대운 녀 | 8 | 8 | 9 | 9 | 9 | 10 | 10 | 로 | 1 | 1 | 1 | 1 | 2 | 2 | 2 | 3 | 3 | 3 | 4 | 4 | 4 | 5 | 5 | 5 | 6 | 6 | 6 | 7 | 7 | 7 |

한로 8일 23시07분 **10 · 戊戌月(양 10.8~11.7)** 상강 24일 02시14분

| 양력 | 1 | 2 | 3 | 4 | 5 | 6 | 7 | 8 | 9 | 10 | 11 | 12 | 13 | 14 | 15 | 16 | 17 | 18 | 19 | 20 | 21 | 22 | 23 | 24 | 25 | 26 | 27 | 28 | 29 | 30 | 31 |
|---|---|---|---|---|---|---|---|---|---|---|---|---|---|---|---|---|---|---|---|---|---|---|---|---|---|---|---|---|---|---|---|
| 음력 | 28 | 29 | 30 | 9.1 | 2 | 3 | 4 | 5 | 6 | 7 | 8 | 9 | 10 | 11 | 12 | 13 | 14 | 15 | 16 | 17 | 18 | 19 | 20 | 21 | 22 | 23 | 24 | 25 | 26 | 27 | 28 |
| 요일 | 水 | 木 | 金 | 土 | 日 | 月 | 火 | 水 | 木 | 金 | 土 | 日 | 月 | 火 | 水 | 木 | 金 | 土 | 日 | 月 | 火 | 水 | 木 | 金 | 土 | 日 | 月 | 火 | 水 | 木 | 金 |
| 일진 | 戊寅 | 己卯 | 庚辰 | 辛巳 | 壬午 | 癸未 | 甲申 | 乙酉 | 丙戌 | 丁亥 | 戊子 | 己丑 | 庚寅 | 辛卯 | 壬辰 | 癸巳 | 甲午 | 乙未 | 丙申 | 丁酉 | 戊戌 | 己亥 | 庚子 | 辛丑 | 壬寅 | 癸卯 | 甲辰 | 乙巳 | 丙午 | 丁未 | 戊申 |
| 대운 남 | 2 | 2 | 2 | 1 | 1 | 1 | 1 | 한 | 10 | 10 | 9 | 9 | 9 | 8 | 8 | 8 | 7 | 7 | 7 | 6 | 6 | 6 | 5 | 5 | 5 | 4 | 4 | 4 | 3 | 3 | 3 |
| 대운 녀 | 8 | 8 | 8 | 9 | 9 | 9 | 10 | 로 | 1 | 1 | 1 | 1 | 2 | 2 | 2 | 3 | 3 | 3 | 4 | 4 | 4 | 5 | 5 | 5 | 6 | 6 | 6 | 7 | 7 | 7 | 8 |

입동 8일 02시13분 **11 · 己亥月(양 11.8~12.6)** 소설 22일 23시44분

| 양력 | 1 | 2 | 3 | 4 | 5 | 6 | 7 | 8 | 9 | 10 | 11 | 12 | 13 | 14 | 15 | 16 | 17 | 18 | 19 | 20 | 21 | 22 | 23 | 24 | 25 | 26 | 27 | 28 | 29 | 30 |
|---|---|---|---|---|---|---|---|---|---|---|---|---|---|---|---|---|---|---|---|---|---|---|---|---|---|---|---|---|---|---|
| 음력 | 29 | 10.1 | 2 | 3 | 4 | 5 | 6 | 7 | 8 | 9 | 10 | 11 | 12 | 13 | 14 | 15 | 16 | 17 | 18 | 19 | 20 | 21 | 22 | 23 | 24 | 25 | 26 | 27 | 28 | 29 |
| 요일 | 土 | 日 | 月 | 火 | 水 | 木 | 金 | 土 | 日 | 月 | 火 | 水 | 木 | 金 | 土 | 日 | 月 | 火 | 水 | 木 | 金 | 土 | 日 | 月 | 火 | 水 | 木 | 金 | 土 | 日 |
| 일진 | 己酉 | 庚戌 | 辛亥 | 壬子 | 癸丑 | 甲寅 | 乙卯 | 丙辰 | 丁巳 | 戊午 | 己未 | 庚申 | 辛酉 | 壬戌 | 癸亥 | 甲子 | 乙丑 | 丙寅 | 丁卯 | 戊辰 | 己巳 | 庚午 | 辛未 | 壬申 | 癸酉 | 甲戌 | 乙亥 | 丙子 | 丁丑 | 戊寅 |
| 대운 남 | 2 | 2 | 2 | 1 | 1 | 1 | 1 | 입 | 9 | 9 | 9 | 8 | 8 | 8 | 7 | 7 | 7 | 6 | 6 | 6 | 5 | 5 | 5 | 4 | 4 | 4 | 3 | 3 | 3 | 2 |
| 대운 녀 | 8 | 8 | 9 | 9 | 9 | 10 | 10 | 동 | 1 | 1 | 1 | 1 | 2 | 2 | 2 | 3 | 3 | 3 | 4 | 4 | 4 | 5 | 5 | 5 | 6 | 6 | 6 | 7 | 7 | 7 |

대설 7일 19시01분 **12 · 庚子月(양 12.7~1.5)** 동지 22일 13시02분

| 양력 | 1 | 2 | 3 | 4 | 5 | 6 | 7 | 8 | 9 | 10 | 11 | 12 | 13 | 14 | 15 | 16 | 17 | 18 | 19 | 20 | 21 | 22 | 23 | 24 | 25 | 26 | 27 | 28 | 29 | 30 | 31 |
|---|---|---|---|---|---|---|---|---|---|---|---|---|---|---|---|---|---|---|---|---|---|---|---|---|---|---|---|---|---|---|---|
| 음력 | 30 | 11.1 | 2 | 3 | 4 | 5 | 6 | 7 | 8 | 9 | 10 | 11 | 12 | 13 | 14 | 15 | 16 | 17 | 18 | 19 | 20 | 21 | 22 | 23 | 24 | 25 | 26 | 27 | 28 | 29 | 12.1 |
| 요일 | 月 | 火 | 水 | 木 | 金 | 土 | 日 | 月 | 火 | 水 | 木 | 金 | 土 | 日 | 月 | 火 | 水 | 木 | 金 | 土 | 日 | 月 | 火 | 水 | 木 | 金 | 土 | 日 | 月 | 火 | 水 |
| 일진 | 己卯 | 庚辰 | 辛巳 | 壬午 | 癸未 | 甲申 | 乙酉 | 丙戌 | 丁亥 | 戊子 | 己丑 | 庚寅 | 辛卯 | 壬辰 | 癸巳 | 甲午 | 乙未 | 丙申 | 丁酉 | 戊戌 | 己亥 | 庚子 | 辛丑 | 壬寅 | 癸卯 | 甲辰 | 乙巳 | 丙午 | 丁未 | 戊申 | 己酉 |
| 대운 남 | 2 | 2 | 1 | 1 | 1 | 1 | 대 | 10 | 9 | 9 | 9 | 8 | 8 | 8 | 7 | 7 | 7 | 6 | 6 | 6 | 5 | 5 | 5 | 4 | 4 | 4 | 3 | 3 | 3 | 2 | 2 |
| 대운 녀 | 8 | 8 | 8 | 9 | 9 | 9 | 설 | 1 | 1 | 1 | 1 | 2 | 2 | 2 | 3 | 3 | 3 | 4 | 4 | 4 | 5 | 5 | 5 | 6 | 6 | 6 | 7 | 7 | 7 | 8 | 8 |

단기 4320년

# 1987년(윤6월)

소한 6일 06시13분 | **1 · 辛丑月(양 1.6~2.3)** | 대한 20일 23시40분

| 양력 | 1 | 2 | 3 | 4 | 5 | 6 | 7 | 8 | 9 | 10 | 11 | 12 | 13 | 14 | 15 | 16 | 17 | 18 | 19 | 20 | 21 | 22 | 23 | 24 | 25 | 26 | 27 | 28 | 29 | 30 | 31 |
|---|---|---|---|---|---|---|---|---|---|---|---|---|---|---|---|---|---|---|---|---|---|---|---|---|---|---|---|---|---|---|---|
| 음력 | 2 | 3 | 4 | 5 | 6 | 7 | 8 | 9 | 10 | 11 | 12 | 13 | 14 | 15 | 16 | 17 | 18 | 19 | 20 | 21 | 22 | 23 | 24 | 25 | 26 | 27 | 28 | 29 | 1.1 | 2 | 3 |
| 요일 | 木 | 金 | 土 | 日 | 月 | 火 | 水 | 木 | 金 | 土 | 日 | 月 | 火 | 水 | 木 | 金 | 土 | 日 | 月 | 火 | 水 | 木 | 金 | 土 | 日 | 月 | 火 | 水 | 木 | 金 | 土 |
| 일진 | 庚戌 | 辛亥 | 壬子 | 癸丑 | 甲寅 | 乙卯 | 丙辰 | 丁巳 | 戊午 | 己未 | 庚申 | 辛酉 | 壬戌 | 癸亥 | 甲子 | 乙丑 | 丙寅 | 丁卯 | 戊辰 | 己巳 | 庚午 | 辛未 | 壬申 | 癸酉 | 甲戌 | 乙亥 | 丙子 | 丁丑 | 戊寅 | 己卯 | 庚辰 |
| 대운 남 | 2 | 1 | 1 | 1 | 1 | 소 | 9 | 9 | 9 | 8 | 8 | 8 | 7 | 7 | 7 | 6 | 6 | 6 | 5 | 5 | 5 | 4 | 4 | 4 | 3 | 3 | 3 | 2 | 2 | 2 | 1 |
| 대운 녀 | 8 | 9 | 9 | 9 | 10 | 한 | 1 | 1 | 1 | 1 | 2 | 2 | 2 | 3 | 3 | 3 | 4 | 4 | 4 | 5 | 5 | 5 | 6 | 6 | 6 | 7 | 7 | 7 | 8 | 8 | 8 |

입춘 4일 17시52분 | **2 · 壬寅月(양 2.4~3.5)** | 우수 19일 13시50분

| 양력 | 1 | 2 | 3 | 4 | 5 | 6 | 7 | 8 | 9 | 10 | 11 | 12 | 13 | 14 | 15 | 16 | 17 | 18 | 19 | 20 | 21 | 22 | 23 | 24 | 25 | 26 | 27 | 28 |
|---|---|---|---|---|---|---|---|---|---|---|---|---|---|---|---|---|---|---|---|---|---|---|---|---|---|---|---|---|
| 음력 | 4 | 5 | 6 | 7 | 8 | 9 | 10 | 11 | 12 | 13 | 14 | 15 | 16 | 17 | 18 | 19 | 20 | 21 | 22 | 23 | 24 | 25 | 26 | 27 | 28 | 29 | 30 | 2.1 |
| 요일 | 日 | 月 | 火 | 水 | 木 | 金 | 土 | 日 | 月 | 火 | 水 | 木 | 金 | 土 | 日 | 月 | 火 | 水 | 木 | 金 | 土 | 日 | 月 | 火 | 水 | 木 | 金 | 土 |
| 일진 | 辛巳 | 壬午 | 癸未 | 甲申 | 乙酉 | 丙戌 | 丁亥 | 戊子 | 己丑 | 庚寅 | 辛卯 | 壬辰 | 癸巳 | 甲午 | 乙未 | 丙申 | 丁酉 | 戊戌 | 己亥 | 庚子 | 辛丑 | 壬寅 | 癸卯 | 甲辰 | 乙巳 | 丙午 | 丁未 | 戊申 |
| 대운 남 | 1 | 1 | 1 | 입 | 1 | 1 | 1 | 1 | 2 | 2 | 2 | 3 | 3 | 3 | 4 | 4 | 4 | 5 | 5 | 5 | 6 | 6 | 6 | 7 | 7 | 7 | 8 | 8 |
| 대운 녀 | 9 | 9 | 9 | 춘 | 10 | 9 | 9 | 9 | 8 | 8 | 8 | 7 | 7 | 7 | 6 | 6 | 6 | 5 | 5 | 5 | 4 | 4 | 4 | 3 | 3 | 3 | 2 | 2 |

경칩 6일 11시54분 | **3 · 癸卯月(양 3.6~4.4)** | 춘분 21일 12시52분

| 양력 | 1 | 2 | 3 | 4 | 5 | 6 | 7 | 8 | 9 | 10 | 11 | 12 | 13 | 14 | 15 | 16 | 17 | 18 | 19 | 20 | 21 | 22 | 23 | 24 | 25 | 26 | 27 | 28 | 29 | 30 | 31 |
|---|---|---|---|---|---|---|---|---|---|---|---|---|---|---|---|---|---|---|---|---|---|---|---|---|---|---|---|---|---|---|---|
| 음력 | 2 | 3 | 4 | 5 | 6 | 7 | 8 | 9 | 10 | 11 | 12 | 13 | 14 | 15 | 16 | 17 | 18 | 19 | 20 | 21 | 22 | 23 | 24 | 25 | 26 | 27 | 28 | 29 | 3.1 | 2 | 3 |
| 요일 | 日 | 月 | 火 | 水 | 木 | 金 | 土 | 日 | 月 | 火 | 水 | 木 | 金 | 土 | 日 | 月 | 火 | 水 | 木 | 金 | 土 | 日 | 月 | 火 | 水 | 木 | 金 | 土 | 日 | 月 | 火 |
| 일진 | 己酉 | 庚戌 | 辛亥 | 壬子 | 癸丑 | 甲寅 | 乙卯 | 丙辰 | 丁巳 | 戊午 | 己未 | 庚申 | 辛酉 | 壬戌 | 癸亥 | 甲子 | 乙丑 | 丙寅 | 丁卯 | 戊辰 | 己巳 | 庚午 | 辛未 | 壬申 | 癸酉 | 甲戌 | 乙亥 | 丙子 | 丁丑 | 戊寅 | 己卯 |
| 대운 남 | 8 | 9 | 9 | 9 | 10 | 경 | 1 | 1 | 1 | 1 | 2 | 2 | 2 | 3 | 3 | 3 | 4 | 4 | 4 | 5 | 5 | 5 | 6 | 6 | 6 | 7 | 7 | 7 | 8 | 8 | 8 |
| 대운 녀 | 2 | 1 | 1 | 1 | 1 | 칩 | 10 | 9 | 9 | 9 | 8 | 8 | 8 | 7 | 7 | 7 | 6 | 6 | 6 | 5 | 5 | 5 | 4 | 4 | 4 | 3 | 3 | 3 | 2 | 2 | 2 |

청명 5일 16시44분 | **4 · 甲辰月(양 4.5~5.5)** | 곡우 20일 23시58분

| 양력 | 1 | 2 | 3 | 4 | 5 | 6 | 7 | 8 | 9 | 10 | 11 | 12 | 13 | 14 | 15 | 16 | 17 | 18 | 19 | 20 | 21 | 22 | 23 | 24 | 25 | 26 | 27 | 28 | 29 | 30 |
|---|---|---|---|---|---|---|---|---|---|---|---|---|---|---|---|---|---|---|---|---|---|---|---|---|---|---|---|---|---|---|
| 음력 | 4 | 5 | 6 | 7 | 8 | 9 | 10 | 11 | 12 | 13 | 14 | 15 | 16 | 17 | 18 | 19 | 20 | 21 | 22 | 23 | 24 | 25 | 26 | 27 | 28 | 29 | 30 | 4.1 | 2 | 3 |
| 요일 | 水 | 木 | 金 | 土 | 日 | 月 | 火 | 水 | 木 | 金 | 土 | 日 | 月 | 火 | 水 | 木 | 金 | 土 | 日 | 月 | 火 | 水 | 木 | 金 | 土 | 日 | 月 | 火 | 水 | 木 |
| 일진 | 庚辰 | 辛巳 | 壬午 | 癸未 | 甲申 | 乙酉 | 丙戌 | 丁亥 | 戊子 | 己丑 | 庚寅 | 辛卯 | 壬辰 | 癸巳 | 甲午 | 乙未 | 丙申 | 丁酉 | 戊戌 | 己亥 | 庚子 | 辛丑 | 壬寅 | 癸卯 | 甲辰 | 乙巳 | 丙午 | 丁未 | 戊申 | 己酉 |
| 대운 남 | 9 | 9 | 9 | 10 | 청 | 1 | 1 | 1 | 1 | 2 | 2 | 2 | 3 | 3 | 3 | 4 | 4 | 4 | 5 | 5 | 5 | 6 | 6 | 6 | 7 | 7 | 7 | 8 | 8 | 8 |
| 대운 녀 | 1 | 1 | 1 | 1 | 명 | 10 | 10 | 9 | 9 | 9 | 8 | 8 | 8 | 7 | 7 | 7 | 6 | 6 | 6 | 5 | 5 | 5 | 4 | 4 | 4 | 3 | 3 | 3 | 2 | 2 |

입하 6일 10시06분 | **5 · 乙巳月(양 5.6~6.5)** | 소만 22일 00시10분

| 양력 | 1 | 2 | 3 | 4 | 5 | 6 | 7 | 8 | 9 | 10 | 11 | 12 | 13 | 14 | 15 | 16 | 17 | 18 | 19 | 20 | 21 | 22 | 23 | 24 | 25 | 26 | 27 | 28 | 29 | 30 | 31 |
|---|---|---|---|---|---|---|---|---|---|---|---|---|---|---|---|---|---|---|---|---|---|---|---|---|---|---|---|---|---|---|---|
| 음력 | 4 | 5 | 6 | 7 | 8 | 9 | 10 | 11 | 12 | 13 | 14 | 15 | 16 | 17 | 18 | 19 | 20 | 21 | 22 | 23 | 24 | 25 | 26 | 27 | 28 | 29 | 30 | 5.1 | 2 | 3 | 4 |
| 요일 | 金 | 土 | 日 | 月 | 火 | 水 | 木 | 金 | 土 | 日 | 月 | 火 | 水 | 木 | 金 | 土 | 日 | 月 | 火 | 水 | 木 | 金 | 土 | 日 | 月 | 火 | 水 | 木 | 金 | 土 | 日 |
| 일진 | 庚戌 | 辛亥 | 壬子 | 癸丑 | 甲寅 | 乙卯 | 丙辰 | 丁巳 | 戊午 | 己未 | 庚申 | 辛酉 | 壬戌 | 癸亥 | 甲子 | 乙丑 | 丙寅 | 丁卯 | 戊辰 | 己巳 | 庚午 | 辛未 | 壬申 | 癸酉 | 甲戌 | 乙亥 | 丙子 | 丁丑 | 戊寅 | 己卯 | 庚辰 |
| 대운 남 | 9 | 9 | 9 | 10 | 10 | 입 | 1 | 1 | 1 | 1 | 2 | 2 | 2 | 3 | 3 | 3 | 4 | 4 | 4 | 5 | 5 | 5 | 6 | 6 | 6 | 7 | 7 | 7 | 8 | 8 | 8 |
| 대운 녀 | 2 | 1 | 1 | 1 | 1 | 하 | 10 | 10 | 9 | 9 | 9 | 8 | 8 | 8 | 7 | 7 | 7 | 6 | 6 | 6 | 5 | 5 | 5 | 4 | 4 | 4 | 3 | 3 | 3 | 2 | 2 |

망종 6일 15시19분 | **6 · 丙午月(양 6.6~7.7)** | 하지 22일 08시11분

| 양력 | 1 | 2 | 3 | 4 | 5 | 6 | 7 | 8 | 9 | 10 | 11 | 12 | 13 | 14 | 15 | 16 | 17 | 18 | 19 | 20 | 21 | 22 | 23 | 24 | 25 | 26 | 27 | 28 | 29 | 30 |
|---|---|---|---|---|---|---|---|---|---|---|---|---|---|---|---|---|---|---|---|---|---|---|---|---|---|---|---|---|---|---|
| 음력 | 5 | 6 | 7 | 8 | 9 | 10 | 11 | 12 | 13 | 14 | 15 | 16 | 17 | 18 | 19 | 20 | 21 | 22 | 23 | 24 | 25 | 26 | 27 | 28 | 29 | 6.1 | 2 | 3 | 4 | 5 |
| 요일 | 月 | 火 | 水 | 木 | 金 | 土 | 日 | 月 | 火 | 水 | 木 | 金 | 土 | 日 | 月 | 火 | 水 | 木 | 金 | 土 | 日 | 月 | 火 | 水 | 木 | 金 | 土 | 日 | 月 | 火 |
| 일진 | 辛巳 | 壬午 | 癸未 | 甲申 | 乙酉 | 丙戌 | 丁亥 | 戊子 | 己丑 | 庚寅 | 辛卯 | 壬辰 | 癸巳 | 甲午 | 乙未 | 丙申 | 丁酉 | 戊戌 | 己亥 | 庚子 | 辛丑 | 壬寅 | 癸卯 | 甲辰 | 乙巳 | 丙午 | 丁未 | 戊申 | 己酉 | 庚戌 |
| 대운 남 | 9 | 9 | 9 | 10 | 10 | 망 | 1 | 1 | 1 | 1 | 2 | 2 | 2 | 3 | 3 | 3 | 4 | 4 | 4 | 5 | 5 | 5 | 6 | 6 | 6 | 7 | 7 | 7 | 8 | 8 |
| 대운 녀 | 2 | 1 | 1 | 1 | 1 | 종 | 10 | 10 | 10 | 9 | 9 | 9 | 8 | 8 | 8 | 7 | 7 | 7 | 6 | 6 | 6 | 5 | 5 | 5 | 4 | 4 | 4 | 3 | 3 | 3 |



서머타임 시작 : 5월10일 02시를 03시로 조정

## 7 · 丁未月(양 7.8~8.7)

소서 8일 01시39분 대서 23일 19시06분

| 양력 | | 1 | 2 | 3 | 4 | 5 | 6 | 7 | 8 | 9 | 10 | 11 | 12 | 13 | 14 | 15 | 16 | 17 | 18 | 19 | 20 | 21 | 22 | 23 | 24 | 25 | 26 | 27 | 28 | 29 | 30 | 31 |
|---|---|---|---|---|---|---|---|---|---|---|---|---|---|---|---|---|---|---|---|---|---|---|---|---|---|---|---|---|---|---|---|---|
| 음력 | | 6 | 7 | 8 | 9 | 10 | 11 | 12 | 13 | 14 | 15 | 16 | 17 | 18 | 19 | 20 | 21 | 22 | 23 | 24 | 25 | 26 | 27 | 28 | 29 | 30 | 윤 | 6.2 | 3 | 4 | 5 | 6 |
| 요일 | | 水 | 木 | 金 | 土 | 日 | 月 | 火 | 水 | 木 | 金 | 土 | 日 | 月 | 火 | 水 | 木 | 金 | 土 | 日 | 月 | 火 | 水 | 木 | 金 | 土 | 日 | 月 | 火 | 水 | 木 | 金 |
| 일진 | | 辛亥 | 壬子 | 癸丑 | 甲寅 | 乙卯 | 丙辰 | 丁巳 | 戊午 | 己未 | 庚申 | 辛酉 | 壬戌 | 癸亥 | 甲子 | 乙丑 | 丙寅 | 丁卯 | 戊辰 | 己巳 | 庚午 | 辛未 | 壬申 | 癸酉 | 甲戌 | 乙亥 | 丙子 | 丁丑 | 戊寅 | 己卯 | 庚辰 | 辛巳 |
| 대운 | 남 | 8 | 9 | 9 | 9 | 10 | 10 | 10 | 소 | 1 | 1 | 1 | 1 | 2 | 2 | 2 | 3 | 3 | 3 | 4 | 4 | 4 | 5 | 5 | 5 | 6 | 6 | 6 | 7 | 7 | 7 | 8 |
| | 녀 | 2 | 2 | 2 | 1 | 1 | 1 | 1 | 서 | 10 | 10 | 9 | 9 | 9 | 8 | 8 | 8 | 7 | 7 | 7 | 6 | 6 | 6 | 5 | 5 | 5 | 4 | 4 | 4 | 3 | 3 | 3 |

## 8 · 戊申月(양 8.8~9.7)

입추 8일 11시29분 처서 24일 02시10분

| 양력 | | 1 | 2 | 3 | 4 | 5 | 6 | 7 | 8 | 9 | 10 | 11 | 12 | 13 | 14 | 15 | 16 | 17 | 18 | 19 | 20 | 21 | 22 | 23 | 24 | 25 | 26 | 27 | 28 | 29 | 30 | 31 |
|---|---|---|---|---|---|---|---|---|---|---|---|---|---|---|---|---|---|---|---|---|---|---|---|---|---|---|---|---|---|---|---|---|
| 음력 | | 7 | 8 | 9 | 10 | 11 | 12 | 13 | 14 | 15 | 16 | 17 | 18 | 19 | 20 | 21 | 22 | 23 | 24 | 25 | 26 | 27 | 28 | 29 | 7.1 | 2 | 3 | 4 | 5 | 6 | 7 | 8 |
| 요일 | | 土 | 日 | 月 | 火 | 水 | 木 | 金 | 土 | 日 | 月 | 火 | 水 | 木 | 金 | 土 | 日 | 月 | 火 | 水 | 木 | 金 | 土 | 日 | 月 | 火 | 水 | 木 | 金 | 土 | 日 | 月 |
| 일진 | | 壬午 | 癸未 | 甲申 | 乙酉 | 丙戌 | 丁亥 | 戊子 | 己丑 | 庚寅 | 辛卯 | 壬辰 | 癸巳 | 甲午 | 乙未 | 丙申 | 丁酉 | 戊戌 | 己亥 | 庚子 | 辛丑 | 壬寅 | 癸卯 | 甲辰 | 乙巳 | 丙午 | 丁未 | 戊申 | 己酉 | 庚戌 | 辛亥 | 壬子 |
| 대운 | 남 | 8 | 8 | 9 | 9 | 9 | 10 | 10 | 입 | 1 | 1 | 1 | 1 | 2 | 2 | 2 | 3 | 3 | 3 | 4 | 4 | 4 | 5 | 5 | 5 | 6 | 6 | 6 | 7 | 7 | 7 | 8 |
| | 녀 | 2 | 2 | 2 | 1 | 1 | 1 | 1 | 추 | 10 | 10 | 9 | 9 | 9 | 8 | 8 | 8 | 7 | 7 | 7 | 6 | 6 | 6 | 5 | 5 | 5 | 4 | 4 | 4 | 3 | 3 | 3 |

## 9 · 己酉月(양 9.8~10.8)

백로 8일 14시24분 추분 23일 23시45분

| 양력 | | 1 | 2 | 3 | 4 | 5 | 6 | 7 | 8 | 9 | 10 | 11 | 12 | 13 | 14 | 15 | 16 | 17 | 18 | 19 | 20 | 21 | 22 | 23 | 24 | 25 | 26 | 27 | 28 | 29 | 30 |
|---|---|---|---|---|---|---|---|---|---|---|---|---|---|---|---|---|---|---|---|---|---|---|---|---|---|---|---|---|---|---|---|
| 음력 | | 9 | 10 | 11 | 12 | 13 | 14 | 15 | 16 | 17 | 18 | 19 | 20 | 21 | 22 | 23 | 24 | 25 | 26 | 27 | 28 | 29 | 30 | 8.1 | 2 | 3 | 4 | 5 | 6 | 7 | 8 |
| 요일 | | 火 | 水 | 木 | 金 | 土 | 日 | 月 | 火 | 水 | 木 | 金 | 土 | 日 | 月 | 火 | 水 | 木 | 金 | 土 | 日 | 月 | 火 | 水 | 木 | 金 | 土 | 日 | 月 | 火 | 水 |
| 일진 | | 癸丑 | 甲寅 | 乙卯 | 丙辰 | 丁巳 | 戊午 | 己未 | 庚申 | 辛酉 | 壬戌 | 癸亥 | 甲子 | 乙丑 | 丙寅 | 丁卯 | 戊辰 | 己巳 | 庚午 | 辛未 | 壬申 | 癸酉 | 甲戌 | 乙亥 | 丙子 | 丁丑 | 戊寅 | 己卯 | 庚辰 | 辛巳 | 壬午 |
| 대운 | 남 | 8 | 8 | 9 | 9 | 9 | 10 | 10 | 백 | 1 | 1 | 1 | 1 | 2 | 2 | 2 | 3 | 3 | 3 | 4 | 4 | 4 | 5 | 5 | 5 | 6 | 6 | 6 | 7 | 7 | 7 |
| | 녀 | 2 | 2 | 2 | 1 | 1 | 1 | 1 | 로 | 10 | 10 | 9 | 9 | 9 | 8 | 8 | 8 | 7 | 7 | 7 | 6 | 6 | 6 | 5 | 5 | 5 | 4 | 4 | 4 | 3 | 3 |

## 10 · 庚戌月(양 10.9~11.7)

한로 9일 06시00분 상강 24일 08시01분

| 양력 | | 1 | 2 | 3 | 4 | 5 | 6 | 7 | 8 | 9 | 10 | 11 | 12 | 13 | 14 | 15 | 16 | 17 | 18 | 19 | 20 | 21 | 22 | 23 | 24 | 25 | 26 | 27 | 28 | 29 | 30 | 31 |
|---|---|---|---|---|---|---|---|---|---|---|---|---|---|---|---|---|---|---|---|---|---|---|---|---|---|---|---|---|---|---|---|---|
| 음력 | | 9 | 10 | 11 | 12 | 13 | 14 | 15 | 16 | 17 | 18 | 19 | 20 | 21 | 22 | 23 | 24 | 25 | 26 | 27 | 28 | 29 | 30 | 9.1 | 2 | 3 | 4 | 5 | 6 | 7 | 8 | 9 |
| 요일 | | 木 | 金 | 土 | 日 | 月 | 火 | 水 | 木 | 金 | 土 | 日 | 月 | 火 | 水 | 木 | 金 | 土 | 日 | 月 | 火 | 水 | 木 | 金 | 土 | 日 | 月 | 火 | 水 | 木 | 金 | 土 |
| 일진 | | 癸未 | 甲申 | 乙酉 | 丙戌 | 丁亥 | 戊子 | 己丑 | 庚寅 | 辛卯 | 壬辰 | 癸巳 | 甲午 | 乙未 | 丙申 | 丁酉 | 戊戌 | 己亥 | 庚子 | 辛丑 | 壬寅 | 癸卯 | 甲辰 | 乙巳 | 丙午 | 丁未 | 戊申 | 己酉 | 庚戌 | 辛亥 | 壬子 | 癸丑 |
| 대운 | 남 | 8 | 8 | 8 | 9 | 9 | 9 | 10 | 10 | 한 | 1 | 1 | 1 | 1 | 2 | 2 | 2 | 3 | 3 | 3 | 4 | 4 | 4 | 5 | 5 | 5 | 6 | 6 | 6 | 7 | 7 | 7 |
| | 녀 | 3 | 2 | 2 | 2 | 1 | 1 | 1 | 1 | 로 | 10 | 9 | 9 | 9 | 8 | 8 | 8 | 7 | 7 | 7 | 6 | 6 | 6 | 5 | 5 | 5 | 4 | 4 | 4 | 3 | 3 | 3 |

## 11 · 辛亥月(양 11.8~12.7)

입동 8일 08시06분 소설 23일 05시29분

| 양력 | | 1 | 2 | 3 | 4 | 5 | 6 | 7 | 8 | 9 | 10 | 11 | 12 | 13 | 14 | 15 | 16 | 17 | 18 | 19 | 20 | 21 | 22 | 23 | 24 | 25 | 26 | 27 | 28 | 29 | 30 |
|---|---|---|---|---|---|---|---|---|---|---|---|---|---|---|---|---|---|---|---|---|---|---|---|---|---|---|---|---|---|---|---|
| 음력 | | 10 | 11 | 12 | 13 | 14 | 15 | 16 | 17 | 18 | 19 | 20 | 21 | 22 | 23 | 24 | 25 | 26 | 27 | 28 | 29 | 10.1 | 2 | 3 | 4 | 5 | 6 | 7 | 8 | 9 | 10 |
| 요일 | | 日 | 月 | 火 | 水 | 木 | 金 | 土 | 日 | 月 | 火 | 水 | 木 | 金 | 土 | 日 | 月 | 火 | 水 | 木 | 金 | 土 | 日 | 月 | 火 | 水 | 木 | 金 | 土 | 日 | 月 |
| 일진 | | 甲寅 | 乙卯 | 丙辰 | 丁巳 | 戊午 | 己未 | 庚申 | 辛酉 | 壬戌 | 癸亥 | 甲子 | 乙丑 | 丙寅 | 丁卯 | 戊辰 | 己巳 | 庚午 | 辛未 | 壬申 | 癸酉 | 甲戌 | 乙亥 | 丙子 | 丁丑 | 戊寅 | 己卯 | 庚辰 | 辛巳 | 壬午 | 癸未 |
| 대운 | 남 | 8 | 8 | 8 | 9 | 9 | 9 | 10 | 입 | 1 | 1 | 1 | 1 | 2 | 2 | 2 | 3 | 3 | 3 | 4 | 4 | 4 | 5 | 5 | 5 | 6 | 6 | 6 | 7 | 7 | 7 |
| | 녀 | 2 | 2 | 2 | 1 | 1 | 1 | 1 | 동 | 10 | 9 | 9 | 9 | 8 | 8 | 8 | 7 | 7 | 7 | 6 | 6 | 6 | 5 | 5 | 5 | 4 | 4 | 4 | 3 | 3 | 3 |

## 12 · 壬子月(양 12.8~1.5)

대설 8일 00시52분 동지 22일 18시46분

| 양력 | | 1 | 2 | 3 | 4 | 5 | 6 | 7 | 8 | 9 | 10 | 11 | 12 | 13 | 14 | 15 | 16 | 17 | 18 | 19 | 20 | 21 | 22 | 23 | 24 | 25 | 26 | 27 | 28 | 29 | 30 | 31 |
|---|---|---|---|---|---|---|---|---|---|---|---|---|---|---|---|---|---|---|---|---|---|---|---|---|---|---|---|---|---|---|---|---|
| 음력 | | 11 | 12 | 13 | 14 | 15 | 16 | 17 | 18 | 19 | 20 | 21 | 22 | 23 | 24 | 25 | 26 | 27 | 28 | 29 | 30 | 11.1 | 2 | 3 | 4 | 5 | 6 | 7 | 8 | 9 | 10 | 11 |
| 요일 | | 火 | 水 | 木 | 金 | 土 | 日 | 月 | 火 | 水 | 木 | 金 | 土 | 日 | 月 | 火 | 水 | 木 | 金 | 土 | 日 | 月 | 火 | 水 | 木 | 金 | 土 | 日 | 月 | 火 | 水 | 木 |
| 일진 | | 甲申 | 乙酉 | 丙戌 | 丁亥 | 戊子 | 己丑 | 庚寅 | 辛卯 | 壬辰 | 癸巳 | 甲午 | 乙未 | 丙申 | 丁酉 | 戊戌 | 己亥 | 庚子 | 辛丑 | 壬寅 | 癸卯 | 甲辰 | 乙巳 | 丙午 | 丁未 | 戊申 | 己酉 | 庚戌 | 辛亥 | 壬子 | 癸丑 | 甲寅 |
| 대운 | 남 | 8 | 8 | 8 | 9 | 9 | 9 | 10 | 대 | 1 | 1 | 1 | 1 | 2 | 2 | 2 | 3 | 3 | 3 | 4 | 4 | 4 | 5 | 5 | 5 | 6 | 6 | 6 | 7 | 7 | 7 | 8 |
| | 녀 | 2 | 2 | 2 | 1 | 1 | 1 | 1 | 설 | 9 | 9 | 9 | 8 | 8 | 8 | 7 | 7 | 7 | 6 | 6 | 6 | 5 | 5 | 5 | 4 | 4 | 4 | 3 | 3 | 3 | 2 | 2 |

서머타임 종료 : 10월11일 03시를 02시로 조정

# 1988년

소한 6일 12시04분 **1 · 癸丑月(양 1.6~2.3)** 대한 21일 05시24분

| 양력 | 1 | 2 | 3 | 4 | 5 | 6 | 7 | 8 | 9 | 10 | 11 | 12 | 13 | 14 | 15 | 16 | 17 | 18 | 19 | 20 | 21 | 22 | 23 | 24 | 25 | 26 | 27 | 28 | 29 | 30 | 31 |
|---|---|---|---|---|---|---|---|---|---|---|---|---|---|---|---|---|---|---|---|---|---|---|---|---|---|---|---|---|---|---|---|
| 음력 | 12 | 13 | 14 | 15 | 16 | 17 | 18 | 19 | 20 | 21 | 22 | 23 | 24 | 25 | 26 | 27 | 28 | 29 | 12.1 | 2 | 3 | 4 | 5 | 6 | 7 | 8 | 9 | 10 | 11 | 12 | 13 |
| 요일 | 金 | 土 | 日 | 月 | 火 | 水 | 木 | 金 | 土 | 日 | 月 | 火 | 水 | 木 | 金 | 土 | 日 | 月 | 火 | 水 | 木 | 金 | 土 | 日 | 月 | 火 | 水 | 木 | 金 | 土 | 日 |
| 일진 | 乙卯 | 丙辰 | 丁巳 | 戊午 | 己未 | 庚申 | 辛酉 | 壬戌 | 癸亥 | 甲子 | 乙丑 | 丙寅 | 丁卯 | 戊辰 | 己巳 | 庚午 | 辛未 | 壬申 | 癸酉 | 甲戌 | 乙亥 | 丙子 | 丁丑 | 戊寅 | 己卯 | 庚辰 | 辛巳 | 壬午 | 癸未 | 甲申 | 乙酉 |
| 대운 남 | 8 | 8 | 9 | 9 | 9 | 소 | 1 | 1 | 1 | 1 | 2 | 2 | 2 | 3 | 3 | 3 | 4 | 4 | 4 | 5 | 5 | 5 | 6 | 6 | 6 | 7 | 7 | 7 | 8 | 8 | 8 |
| 대운 녀 | 2 | 1 | 1 | 1 | 1 | 한 | 9 | 9 | 9 | 8 | 8 | 8 | 7 | 7 | 7 | 6 | 6 | 6 | 5 | 5 | 5 | 4 | 4 | 4 | 3 | 3 | 3 | 2 | 2 | 2 | 1 |

입춘 4일 23시43분 **2 · 甲寅月(양 2.4~3.4)** 우수 19일 19시35분

| 양력 | 1 | 2 | 3 | 4 | 5 | 6 | 7 | 8 | 9 | 10 | 11 | 12 | 13 | 14 | 15 | 16 | 17 | 18 | 19 | 20 | 21 | 22 | 23 | 24 | 25 | 26 | 27 | 28 | 29 |
|---|---|---|---|---|---|---|---|---|---|---|---|---|---|---|---|---|---|---|---|---|---|---|---|---|---|---|---|---|---|
| 음력 | 14 | 15 | 16 | 17 | 18 | 19 | 20 | 21 | 22 | 23 | 24 | 25 | 26 | 27 | 28 | 29 | 30 | 1.1 | 2 | 3 | 4 | 5 | 6 | 7 | 8 | 9 | 10 | 11 | 12 |
| 요일 | 月 | 火 | 水 | 木 | 金 | 土 | 日 | 月 | 火 | 水 | 木 | 金 | 土 | 日 | 月 | 火 | 水 | 木 | 金 | 土 | 日 | 月 | 火 | 水 | 木 | 金 | 土 | 日 | 月 |
| 일진 | 丙戌 | 丁亥 | 戊子 | 己丑 | 庚寅 | 辛卯 | 壬辰 | 癸巳 | 甲午 | 乙未 | 丙申 | 丁酉 | 戊戌 | 己亥 | 庚子 | 辛丑 | 壬寅 | 癸卯 | 甲辰 | 乙巳 | 丙午 | 丁未 | 戊申 | 己酉 | 庚戌 | 辛亥 | 壬子 | 癸丑 | 甲寅 |
| 대운 남 | 9 | 9 | 9 | 입 | 10 | 9 | 9 | 9 | 8 | 8 | 8 | 7 | 7 | 7 | 6 | 6 | 6 | 5 | 5 | 5 | 4 | 4 | 4 | 3 | 3 | 3 | 2 | 2 | 2 |
| 대운 녀 | 1 | 1 | 1 | 춘 | 1 | 1 | 1 | 1 | 2 | 2 | 2 | 3 | 3 | 3 | 4 | 4 | 4 | 5 | 5 | 5 | 6 | 6 | 6 | 7 | 7 | 7 | 8 | 8 | 8 |

경칩 5일 17시47분 **3 · 乙卯月(양 3.5~4.3)** 춘분 20일 18시39분

| 양력 | 1 | 2 | 3 | 4 | 5 | 6 | 7 | 8 | 9 | 10 | 11 | 12 | 13 | 14 | 15 | 16 | 17 | 18 | 19 | 20 | 21 | 22 | 23 | 24 | 25 | 26 | 27 | 28 | 29 | 30 | 31 |
|---|---|---|---|---|---|---|---|---|---|---|---|---|---|---|---|---|---|---|---|---|---|---|---|---|---|---|---|---|---|---|---|
| 음력 | 13 | 14 | 15 | 16 | 17 | 18 | 19 | 20 | 21 | 22 | 23 | 24 | 25 | 26 | 27 | 28 | 29 | 2.1 | 2 | 3 | 4 | 5 | 6 | 7 | 8 | 9 | 10 | 11 | 12 | 13 | 14 |
| 요일 | 火 | 水 | 木 | 金 | 土 | 日 | 月 | 火 | 水 | 木 | 金 | 土 | 日 | 月 | 火 | 水 | 木 | 金 | 土 | 日 | 月 | 火 | 水 | 木 | 金 | 土 | 日 | 月 | 火 | 水 | 木 |
| 일진 | 乙卯 | 丙辰 | 丁巳 | 戊午 | 己未 | 庚申 | 辛酉 | 壬戌 | 癸亥 | 甲子 | 乙丑 | 丙寅 | 丁卯 | 戊辰 | 己巳 | 庚午 | 辛未 | 壬申 | 癸酉 | 甲戌 | 乙亥 | 丙子 | 丁丑 | 戊寅 | 己卯 | 庚辰 | 辛巳 | 壬午 | 癸未 | 甲申 | 乙酉 |
| 대운 남 | 1 | 1 | 1 | 1 | 경 | 10 | 9 | 9 | 9 | 8 | 8 | 8 | 7 | 7 | 7 | 6 | 6 | 6 | 5 | 5 | 5 | 4 | 4 | 4 | 3 | 3 | 3 | 2 | 2 | 2 | 1 |
| 대운 녀 | 9 | 9 | 9 | 10 | 칩 | 1 | 1 | 1 | 1 | 2 | 2 | 2 | 3 | 3 | 3 | 4 | 4 | 4 | 5 | 5 | 5 | 6 | 6 | 6 | 7 | 7 | 7 | 8 | 8 | 8 | 9 |

청명 4일 22시39분 **4 · 丙辰月(양 4.4~5.4)** 곡우 20일 05시45분

| 양력 | 1 | 2 | 3 | 4 | 5 | 6 | 7 | 8 | 9 | 10 | 11 | 12 | 13 | 14 | 15 | 16 | 17 | 18 | 19 | 20 | 21 | 22 | 23 | 24 | 25 | 26 | 27 | 28 | 29 | 30 |
|---|---|---|---|---|---|---|---|---|---|---|---|---|---|---|---|---|---|---|---|---|---|---|---|---|---|---|---|---|---|---|
| 음력 | 15 | 16 | 17 | 18 | 19 | 20 | 21 | 22 | 23 | 24 | 25 | 26 | 27 | 28 | 29 | 3.1 | 2 | 3 | 4 | 5 | 6 | 7 | 8 | 9 | 10 | 11 | 12 | 13 | 14 | 15 |
| 요일 | 金 | 土 | 日 | 月 | 火 | 水 | 木 | 金 | 土 | 日 | 月 | 火 | 水 | 木 | 金 | 土 | 日 | 月 | 火 | 水 | 木 | 金 | 土 | 日 | 月 | 火 | 水 | 木 | 金 | 土 |
| 일진 | 丙戌 | 丁亥 | 戊子 | 己丑 | 庚寅 | 辛卯 | 壬辰 | 癸巳 | 甲午 | 乙未 | 丙申 | 丁酉 | 戊戌 | 己亥 | 庚子 | 辛丑 | 壬寅 | 癸卯 | 甲辰 | 乙巳 | 丙午 | 丁未 | 戊申 | 己酉 | 庚戌 | 辛亥 | 壬子 | 癸丑 | 甲寅 | 乙卯 |
| 대운 남 | 1 | 1 | 1 | 청 | 10 | 10 | 9 | 9 | 9 | 8 | 8 | 8 | 7 | 7 | 7 | 6 | 6 | 6 | 5 | 5 | 5 | 4 | 4 | 4 | 3 | 3 | 3 | 2 | 2 | 2 |
| 대운 녀 | 9 | 9 | 10 | 명 | 1 | 1 | 1 | 1 | 2 | 2 | 2 | 3 | 3 | 3 | 4 | 4 | 4 | 5 | 5 | 5 | 6 | 6 | 6 | 7 | 7 | 7 | 8 | 8 | 8 | 9 |

입하 5일 16시02분 **5 · 丁巳月(양 5.5~6.4)** 소만 21일 05시57분

| 양력 | 1 | 2 | 3 | 4 | 5 | 6 | 7 | 8 | 9 | 10 | 11 | 12 | 13 | 14 | 15 | 16 | 17 | 18 | 19 | 20 | 21 | 22 | 23 | 24 | 25 | 26 | 27 | 28 | 29 | 30 | 31 |
|---|---|---|---|---|---|---|---|---|---|---|---|---|---|---|---|---|---|---|---|---|---|---|---|---|---|---|---|---|---|---|---|
| 음력 | 16 | 17 | 18 | 19 | 20 | 21 | 22 | 23 | 24 | 25 | 26 | 27 | 28 | 29 | 30 | 4.1 | 2 | 3 | 4 | 5 | 6 | 7 | 8 | 9 | 10 | 11 | 12 | 13 | 14 | 15 | 16 |
| 요일 | 日 | 月 | 火 | 水 | 木 | 金 | 土 | 日 | 月 | 火 | 水 | 木 | 金 | 土 | 日 | 月 | 火 | 水 | 木 | 金 | 土 | 日 | 月 | 火 | 水 | 木 | 金 | 土 | 日 | 月 | 火 |
| 일진 | 丙辰 | 丁巳 | 戊午 | 己未 | 庚申 | 辛酉 | 壬戌 | 癸亥 | 甲子 | 乙丑 | 丙寅 | 丁卯 | 戊辰 | 己巳 | 庚午 | 辛未 | 壬申 | 癸酉 | 甲戌 | 乙亥 | 丙子 | 丁丑 | 戊寅 | 己卯 | 庚辰 | 辛巳 | 壬午 | 癸未 | 甲申 | 乙酉 | 丙戌 |
| 대운 남 | 1 | 1 | 1 | 1 | 입 | 10 | 10 | 9 | 9 | 9 | 8 | 8 | 8 | 7 | 7 | 7 | 6 | 6 | 6 | 5 | 5 | 5 | 4 | 4 | 4 | 3 | 3 | 3 | 2 | 2 | 2 |
| 대운 녀 | 9 | 9 | 10 | 10 | 하 | 1 | 1 | 1 | 1 | 2 | 2 | 2 | 3 | 3 | 3 | 4 | 4 | 4 | 5 | 5 | 5 | 6 | 6 | 6 | 7 | 7 | 7 | 8 | 8 | 8 | 9 |

망종 5일 21시15분 **6 · 戊午月(양 6.5~7.6)** 하지 21일 13시57분

| 양력 | 1 | 2 | 3 | 4 | 5 | 6 | 7 | 8 | 9 | 10 | 11 | 12 | 13 | 14 | 15 | 16 | 17 | 18 | 19 | 20 | 21 | 22 | 23 | 24 | 25 | 26 | 27 | 28 | 29 | 30 |
|---|---|---|---|---|---|---|---|---|---|---|---|---|---|---|---|---|---|---|---|---|---|---|---|---|---|---|---|---|---|---|
| 음력 | 17 | 18 | 19 | 20 | 21 | 22 | 23 | 24 | 25 | 26 | 27 | 28 | 29 | 5.1 | 2 | 3 | 4 | 5 | 6 | 7 | 8 | 9 | 10 | 11 | 12 | 13 | 14 | 15 | 16 | 17 |
| 요일 | 水 | 木 | 金 | 土 | 日 | 月 | 火 | 水 | 木 | 金 | 土 | 日 | 月 | 火 | 水 | 木 | 金 | 土 | 日 | 月 | 火 | 水 | 木 | 金 | 土 | 日 | 月 | 火 | 水 | 木 |
| 일진 | 丁亥 | 戊子 | 己丑 | 庚寅 | 辛卯 | 壬辰 | 癸巳 | 甲午 | 乙未 | 丙申 | 丁酉 | 戊戌 | 己亥 | 庚子 | 辛丑 | 壬寅 | 癸卯 | 甲辰 | 乙巳 | 丙午 | 丁未 | 戊申 | 己酉 | 庚戌 | 辛亥 | 壬子 | 癸丑 | 甲寅 | 乙卯 | 丙辰 |
| 대운 남 | 1 | 1 | 1 | 1 | 망 | 10 | 10 | 10 | 9 | 9 | 9 | 8 | 8 | 8 | 7 | 7 | 7 | 6 | 6 | 6 | 5 | 5 | 5 | 4 | 4 | 4 | 3 | 3 | 3 | 2 |
| 대운 녀 | 9 | 9 | 10 | 10 | 종 | 1 | 1 | 1 | 1 | 2 | 2 | 2 | 3 | 3 | 3 | 4 | 4 | 4 | 5 | 5 | 5 | 6 | 6 | 6 | 7 | 7 | 7 | 8 | 8 | 8 |

서머타임 시작 : 5월8일 02시를 03시로 조정

소서 7일 07시33분 **7 · 己未月(양 7.7~8.6)** 대서 23일 00시51분

| 양력 | 1 | 2 | 3 | 4 | 5 | 6 | 7 | 8 | 9 | 10 | 11 | 12 | 13 | 14 | 15 | 16 | 17 | 18 | 19 | 20 | 21 | 22 | 23 | 24 | 25 | 26 | 27 | 28 | 29 | 30 | 31 |
|---|---|---|---|---|---|---|---|---|---|---|---|---|---|---|---|---|---|---|---|---|---|---|---|---|---|---|---|---|---|---|---|
| 음력 | 18 | 19 | 20 | 21 | 22 | 23 | 24 | 25 | 26 | 27 | 28 | 29 | 30 | 6.1 | 2 | 3 | 4 | 5 | 6 | 7 | 8 | 9 | 10 | 11 | 12 | 13 | 14 | 15 | 16 | 17 | 18 |
| 요일 | 金 | 土 | 日 | 月 | 火 | 水 | 木 | 金 | 土 | 日 | 月 | 火 | 水 | 木 | 金 | 土 | 日 | 月 | 火 | 水 | 木 | 金 | 土 | 日 | 月 | 火 | 水 | 木 | 金 | 土 | 日 |
| 일진 | 丁巳 | 戊午 | 己未 | 庚申 | 辛酉 | 壬戌 | 癸亥 | 甲子 | 乙丑 | 丙寅 | 丁卯 | 戊辰 | 己巳 | 庚午 | 辛未 | 壬申 | 癸酉 | 甲戌 | 乙亥 | 丙子 | 丁丑 | 戊寅 | 己卯 | 庚辰 | 辛巳 | 壬午 | 癸未 | 甲申 | 乙酉 | 丙戌 | 丁亥 |
| 대운 남 | 2 | 2 | 1 | 1 | 1 | 1 | 소 | 10 | 10 | 9 | 9 | 9 | 8 | 8 | 8 | 7 | 7 | 7 | 6 | 6 | 6 | 5 | 5 | 5 | 4 | 4 | 4 | 3 | 3 | 3 | 2 |
| 대운 녀 | 9 | 9 | 9 | 10 | 10 | 10 | 서 | 1 | 1 | 1 | 1 | 2 | 2 | 2 | 3 | 3 | 3 | 4 | 4 | 4 | 5 | 5 | 5 | 6 | 6 | 6 | 7 | 7 | 7 | 8 | 8 |

입추 7일 17시20분 **8 · 庚申月(양 8.7~9.6)** 처서 23일 07시54분

| 양력 | 1 | 2 | 3 | 4 | 5 | 6 | 7 | 8 | 9 | 10 | 11 | 12 | 13 | 14 | 15 | 16 | 17 | 18 | 19 | 20 | 21 | 22 | 23 | 24 | 25 | 26 | 27 | 28 | 29 | 30 | 31 |
|---|---|---|---|---|---|---|---|---|---|---|---|---|---|---|---|---|---|---|---|---|---|---|---|---|---|---|---|---|---|---|---|
| 음력 | 19 | 20 | 21 | 22 | 23 | 24 | 25 | 26 | 27 | 28 | 29 | 7.1 | 2 | 3 | 4 | 5 | 6 | 7 | 8 | 9 | 10 | 11 | 12 | 13 | 14 | 15 | 16 | 17 | 18 | 19 | 20 |
| 요일 | 月 | 火 | 水 | 木 | 金 | 土 | 日 | 月 | 火 | 水 | 木 | 金 | 土 | 日 | 月 | 火 | 水 | 木 | 金 | 土 | 日 | 月 | 火 | 水 | 木 | 金 | 土 | 日 | 月 | 火 | 水 |
| 일진 | 戊子 | 己丑 | 庚寅 | 辛卯 | 壬辰 | 癸巳 | 甲午 | 乙未 | 丙申 | 丁酉 | 戊戌 | 己亥 | 庚子 | 辛丑 | 壬寅 | 癸卯 | 甲辰 | 乙巳 | 丙午 | 丁未 | 戊申 | 己酉 | 庚戌 | 辛亥 | 壬子 | 癸丑 | 甲寅 | 乙卯 | 丙辰 | 丁巳 | 戊午 |
| 대운 남 | 2 | 2 | 1 | 1 | 1 | 1 | 입 | 10 | 10 | 9 | 9 | 9 | 8 | 8 | 8 | 7 | 7 | 7 | 6 | 6 | 6 | 5 | 5 | 5 | 4 | 4 | 4 | 3 | 3 | 3 | 2 |
| 대운 녀 | 8 | 9 | 9 | 9 | 10 | 10 | 추 | 1 | 1 | 1 | 1 | 2 | 2 | 2 | 3 | 3 | 3 | 4 | 4 | 4 | 5 | 5 | 5 | 6 | 6 | 6 | 7 | 7 | 7 | 8 | 8 |

백로 7일 20시12분 **9 · 辛酉月(양 9.7~10.7)** 추분 23일 05시29분

| 양력 | 1 | 2 | 3 | 4 | 5 | 6 | 7 | 8 | 9 | 10 | 11 | 12 | 13 | 14 | 15 | 16 | 17 | 18 | 19 | 20 | 21 | 22 | 23 | 24 | 25 | 26 | 27 | 28 | 29 | 30 |
|---|---|---|---|---|---|---|---|---|---|---|---|---|---|---|---|---|---|---|---|---|---|---|---|---|---|---|---|---|---|---|
| 음력 | 21 | 22 | 23 | 24 | 25 | 26 | 27 | 28 | 29 | 30 | 8.1 | 2 | 3 | 4 | 5 | 6 | 7 | 8 | 9 | 10 | 11 | 12 | 13 | 14 | 15 | 16 | 17 | 18 | 19 | 20 |
| 요일 | 木 | 金 | 土 | 日 | 月 | 火 | 水 | 木 | 金 | 土 | 日 | 月 | 火 | 水 | 木 | 金 | 土 | 日 | 月 | 火 | 水 | 木 | 金 | 土 | 日 | 月 | 火 | 水 | 木 | 金 |
| 일진 | 己未 | 庚申 | 辛酉 | 壬戌 | 癸亥 | 甲子 | 乙丑 | 丙寅 | 丁卯 | 戊辰 | 己巳 | 庚午 | 辛未 | 壬申 | 癸酉 | 甲戌 | 乙亥 | 丙子 | 丁丑 | 戊寅 | 己卯 | 庚辰 | 辛巳 | 壬午 | 癸未 | 甲申 | 乙酉 | 丙戌 | 丁亥 | 戊子 |
| 대운 남 | 2 | 2 | 1 | 1 | 1 | 1 | 백 | 10 | 10 | 9 | 9 | 9 | 8 | 8 | 8 | 7 | 7 | 7 | 6 | 6 | 6 | 5 | 5 | 5 | 4 | 4 | 4 | 3 | 3 | 3 |
| 대운 녀 | 8 | 9 | 9 | 9 | 10 | 10 | 로 | 1 | 1 | 1 | 1 | 2 | 2 | 2 | 3 | 3 | 3 | 4 | 4 | 4 | 5 | 5 | 5 | 6 | 6 | 6 | 7 | 7 | 7 | 8 |

한로 8일 11시45분 **10 · 壬戌月(양 10.8~11.6)** 상강 23일 13시44분

| 양력 | 1 | 2 | 3 | 4 | 5 | 6 | 7 | 8 | 9 | 10 | 11 | 12 | 13 | 14 | 15 | 16 | 17 | 18 | 19 | 20 | 21 | 22 | 23 | 24 | 25 | 26 | 27 | 28 | 29 | 30 | 31 |
|---|---|---|---|---|---|---|---|---|---|---|---|---|---|---|---|---|---|---|---|---|---|---|---|---|---|---|---|---|---|---|---|
| 음력 | 21 | 22 | 23 | 24 | 25 | 26 | 27 | 28 | 29 | 30 | 9.1 | 2 | 3 | 4 | 5 | 6 | 7 | 8 | 9 | 10 | 11 | 12 | 13 | 14 | 15 | 16 | 17 | 18 | 19 | 20 | 21 |
| 요일 | 土 | 日 | 月 | 火 | 水 | 木 | 金 | 土 | 日 | 月 | 火 | 水 | 木 | 金 | 土 | 日 | 月 | 火 | 水 | 木 | 金 | 土 | 日 | 月 | 火 | 水 | 木 | 金 | 土 | 日 | 月 |
| 일진 | 己丑 | 庚寅 | 辛卯 | 壬辰 | 癸巳 | 甲午 | 乙未 | 丙申 | 丁酉 | 戊戌 | 己亥 | 庚子 | 辛丑 | 壬寅 | 癸卯 | 甲辰 | 乙巳 | 丙午 | 丁未 | 戊申 | 己酉 | 庚戌 | 辛亥 | 壬子 | 癸丑 | 甲寅 | 乙卯 | 丙辰 | 丁巳 | 戊午 | 己未 |
| 대운 남 | 2 | 2 | 2 | 1 | 1 | 1 | 1 | 한 | 10 | 9 | 9 | 9 | 8 | 8 | 8 | 7 | 7 | 7 | 6 | 6 | 6 | 5 | 5 | 5 | 4 | 4 | 4 | 3 | 3 | 3 | 2 |
| 대운 녀 | 8 | 8 | 9 | 9 | 9 | 10 | 10 | 로 | 1 | 1 | 1 | 1 | 2 | 2 | 2 | 3 | 3 | 3 | 4 | 4 | 4 | 5 | 5 | 5 | 6 | 6 | 6 | 7 | 7 | 7 | 8 |

입동 7일 13시49분 **11 · 癸亥月(양 11.7~12.6)** 소설 22일 11시12분

| 양력 | 1 | 2 | 3 | 4 | 5 | 6 | 7 | 8 | 9 | 10 | 11 | 12 | 13 | 14 | 15 | 16 | 17 | 18 | 19 | 20 | 21 | 22 | 23 | 24 | 25 | 26 | 27 | 28 | 29 | 30 |
|---|---|---|---|---|---|---|---|---|---|---|---|---|---|---|---|---|---|---|---|---|---|---|---|---|---|---|---|---|---|---|
| 음력 | 22 | 23 | 24 | 25 | 26 | 27 | 28 | 29 | 10.1 | 2 | 3 | 4 | 5 | 6 | 7 | 8 | 9 | 10 | 11 | 12 | 13 | 14 | 15 | 16 | 17 | 18 | 19 | 20 | 21 | 22 |
| 요일 | 火 | 水 | 木 | 金 | 土 | 日 | 月 | 火 | 水 | 木 | 金 | 土 | 日 | 月 | 火 | 水 | 木 | 金 | 土 | 日 | 月 | 火 | 水 | 木 | 金 | 土 | 日 | 月 | 火 | 水 |
| 일진 | 庚申 | 辛酉 | 壬戌 | 癸亥 | 甲子 | 乙丑 | 丙寅 | 丁卯 | 戊辰 | 己巳 | 庚午 | 辛未 | 壬申 | 癸酉 | 甲戌 | 乙亥 | 丙子 | 丁丑 | 戊寅 | 己卯 | 庚辰 | 辛巳 | 壬午 | 癸未 | 甲申 | 乙酉 | 丙戌 | 丁亥 | 戊子 | 己丑 |
| 대운 남 | 2 | 2 | 1 | 1 | 1 | 1 | 입 | 10 | 9 | 9 | 9 | 8 | 8 | 8 | 7 | 7 | 7 | 6 | 6 | 6 | 5 | 5 | 5 | 4 | 4 | 4 | 3 | 3 | 3 | 2 |
| 대운 녀 | 8 | 8 | 9 | 9 | 9 | 10 | 동 | 1 | 1 | 1 | 1 | 2 | 2 | 2 | 3 | 3 | 3 | 4 | 4 | 4 | 5 | 5 | 5 | 6 | 6 | 6 | 7 | 7 | 7 | 8 |

대설 7일 06시34분 **12 · 甲子月(양 12.7~1.4)** 동지 22일 00시28분

| 양력 | 1 | 2 | 3 | 4 | 5 | 6 | 7 | 8 | 9 | 10 | 11 | 12 | 13 | 14 | 15 | 16 | 17 | 18 | 19 | 20 | 21 | 22 | 23 | 24 | 25 | 26 | 27 | 28 | 29 | 30 | 31 |
|---|---|---|---|---|---|---|---|---|---|---|---|---|---|---|---|---|---|---|---|---|---|---|---|---|---|---|---|---|---|---|---|
| 음력 | 23 | 24 | 25 | 26 | 27 | 28 | 29 | 30 | 11.1 | 2 | 3 | 4 | 5 | 6 | 7 | 8 | 9 | 10 | 11 | 12 | 13 | 14 | 15 | 16 | 17 | 18 | 19 | 20 | 21 | 22 | 23 |
| 요일 | 木 | 金 | 土 | 日 | 月 | 火 | 水 | 木 | 金 | 土 | 日 | 月 | 火 | 水 | 木 | 金 | 土 | 日 | 月 | 火 | 水 | 木 | 金 | 土 | 日 | 月 | 火 | 水 | 木 | 金 | 土 |
| 일진 | 庚寅 | 辛卯 | 壬辰 | 癸巳 | 甲午 | 乙未 | 丙申 | 丁酉 | 戊戌 | 己亥 | 庚子 | 辛丑 | 壬寅 | 癸卯 | 甲辰 | 乙巳 | 丙午 | 丁未 | 戊申 | 己酉 | 庚戌 | 辛亥 | 壬子 | 癸丑 | 甲寅 | 乙卯 | 丙辰 | 丁巳 | 戊午 | 己未 | 庚申 |
| 대운 남 | 2 | 2 | 1 | 1 | 1 | 1 | 대 | 9 | 9 | 9 | 8 | 8 | 8 | 7 | 7 | 7 | 6 | 6 | 6 | 5 | 5 | 5 | 4 | 4 | 4 | 3 | 3 | 3 | 2 | 2 | 2 |
| 대운 녀 | 8 | 8 | 9 | 9 | 9 | 10 | 설 | 1 | 1 | 1 | 1 | 2 | 2 | 2 | 3 | 3 | 3 | 4 | 4 | 4 | 5 | 5 | 5 | 6 | 6 | 6 | 7 | 7 | 7 | 8 | 8 |

서머타임 종료 : 10월9일 03시를 02시로 조정

# 단기 4322년 　 1989년

## 1 · 乙丑月(양 1.5~2.3)

소한 5일 17시46분 　 대한 20일 11시07분

| 양력 | 1 | 2 | 3 | 4 | 5 | 6 | 7 | 8 | 9 | 10 | 11 | 12 | 13 | 14 | 15 | 16 | 17 | 18 | 19 | 20 | 21 | 22 | 23 | 24 | 25 | 26 | 27 | 28 | 29 | 30 | 31 |
|---|---|---|---|---|---|---|---|---|---|---|---|---|---|---|---|---|---|---|---|---|---|---|---|---|---|---|---|---|---|---|---|
| 음력 | 24 | 25 | 26 | 27 | 28 | 29 | 30 | 12.1 | 2 | 3 | 4 | 5 | 6 | 7 | 8 | 9 | 10 | 11 | 12 | 13 | 14 | 15 | 16 | 17 | 18 | 19 | 20 | 21 | 22 | 23 | 24 |
| 요일 | 日 | 月 | 火 | 水 | 木 | 金 | 土 | 日 | 月 | 火 | 水 | 木 | 金 | 土 | 日 | 月 | 火 | 水 | 木 | 金 | 土 | 日 | 月 | 火 | 水 | 木 | 金 | 土 | 日 | 月 | 火 |
| 일진 | 辛酉 | 壬戌 | 癸亥 | 甲子 | 乙丑 | 丙寅 | 丁卯 | 戊辰 | 己巳 | 庚午 | 辛未 | 壬申 | 癸酉 | 甲戌 | 乙亥 | 丙子 | 丁丑 | 戊寅 | 己卯 | 庚辰 | 辛巳 | 壬午 | 癸未 | 甲申 | 乙酉 | 丙戌 | 丁亥 | 戊子 | 己丑 | 庚寅 | 辛卯 |
| 대운 남 | 1 | 1 | 1 | 1 | 소 | 10 | 9 | 9 | 9 | 8 | 8 | 8 | 7 | 7 | 7 | 6 | 6 | 6 | 5 | 5 | 5 | 4 | 4 | 4 | 3 | 3 | 3 | 2 | 2 | 2 | 1 |
| 대운 녀 | 8 | 9 | 9 | 9 | 한 | 1 | 1 | 1 | 1 | 2 | 2 | 2 | 3 | 3 | 3 | 4 | 4 | 4 | 5 | 5 | 5 | 6 | 6 | 6 | 7 | 7 | 7 | 8 | 8 | 8 | 9 |

## 2 · 丙寅月(양 2.4~3.4)

입춘 4일 05시27분 　 우수 19일 01시21분

| 양력 | 1 | 2 | 3 | 4 | 5 | 6 | 7 | 8 | 9 | 10 | 11 | 12 | 13 | 14 | 15 | 16 | 17 | 18 | 19 | 20 | 21 | 22 | 23 | 24 | 25 | 26 | 27 | 28 |
|---|---|---|---|---|---|---|---|---|---|---|---|---|---|---|---|---|---|---|---|---|---|---|---|---|---|---|---|---|
| 음력 | 25 | 26 | 27 | 28 | 29 | 1.1 | 2 | 3 | 4 | 5 | 6 | 7 | 8 | 9 | 10 | 11 | 12 | 13 | 14 | 15 | 16 | 17 | 18 | 19 | 20 | 21 | 22 | 23 |
| 요일 | 水 | 木 | 金 | 土 | 日 | 月 | 火 | 水 | 木 | 金 | 土 | 日 | 月 | 火 | 水 | 木 | 金 | 土 | 日 | 月 | 火 | 水 | 木 | 金 | 土 | 日 | 月 | 火 |
| 일진 | 壬辰 | 癸巳 | 甲午 | 乙未 | 丙申 | 丁酉 | 戊戌 | 己亥 | 庚子 | 辛丑 | 壬寅 | 癸卯 | 甲辰 | 乙巳 | 丙午 | 丁未 | 戊申 | 己酉 | 庚戌 | 辛亥 | 壬子 | 癸丑 | 甲寅 | 乙卯 | 丙辰 | 丁巳 | 戊午 | 己未 |
| 대운 남 | 1 | 1 | 1 | 입 | 1 | 1 | 1 | 1 | 2 | 2 | 2 | 3 | 3 | 3 | 4 | 4 | 4 | 5 | 5 | 5 | 6 | 6 | 6 | 7 | 7 | 7 | 8 | 8 |
| 대운 녀 | 9 | 9 | 10 | 춘 | 9 | 9 | 9 | 8 | 8 | 8 | 7 | 7 | 7 | 6 | 6 | 6 | 5 | 5 | 5 | 4 | 4 | 4 | 3 | 3 | 3 | 2 | 2 | 2 |

## 3 · 丁卯月(양 3.5~4.4)

경칩 5일 23시34분 　 춘분 21일 00시28분

| 양력 | 1 | 2 | 3 | 4 | 5 | 6 | 7 | 8 | 9 | 10 | 11 | 12 | 13 | 14 | 15 | 16 | 17 | 18 | 19 | 20 | 21 | 22 | 23 | 24 | 25 | 26 | 27 | 28 | 29 | 30 | 31 |
|---|---|---|---|---|---|---|---|---|---|---|---|---|---|---|---|---|---|---|---|---|---|---|---|---|---|---|---|---|---|---|---|
| 음력 | 24 | 25 | 26 | 27 | 28 | 29 | 30 | 2.1 | 2 | 3 | 4 | 5 | 6 | 7 | 8 | 9 | 10 | 11 | 12 | 13 | 14 | 15 | 16 | 17 | 18 | 19 | 20 | 21 | 22 | 23 | 24 |
| 요일 | 水 | 木 | 金 | 土 | 日 | 月 | 火 | 水 | 木 | 金 | 土 | 日 | 月 | 火 | 水 | 木 | 金 | 土 | 日 | 月 | 火 | 水 | 木 | 金 | 土 | 日 | 月 | 火 | 水 | 木 | 金 |
| 일진 | 庚申 | 辛酉 | 壬戌 | 癸亥 | 甲子 | 乙丑 | 丙寅 | 丁卯 | 戊辰 | 己巳 | 庚午 | 辛未 | 壬申 | 癸酉 | 甲戌 | 乙亥 | 丙子 | 丁丑 | 戊寅 | 己卯 | 庚辰 | 辛巳 | 壬午 | 癸未 | 甲申 | 乙酉 | 丙戌 | 丁亥 | 戊子 | 己丑 | 庚寅 |
| 대운 남 | 8 | 9 | 9 | 9 | 경 | 1 | 1 | 1 | 1 | 2 | 2 | 2 | 3 | 3 | 3 | 4 | 4 | 4 | 5 | 5 | 5 | 6 | 6 | 6 | 7 | 7 | 7 | 8 | 8 | 8 | 9 |
| 대운 녀 | 1 | 1 | 1 | 1 | 칩 | 10 | 10 | 9 | 9 | 9 | 8 | 8 | 8 | 7 | 7 | 7 | 6 | 6 | 6 | 5 | 5 | 5 | 4 | 4 | 4 | 3 | 3 | 3 | 2 | 2 | 2 |

## 4 · 戊辰月(양 4.5~5.4)

청명 5일 04시30분 　 곡우 20일 11시39분

| 양력 | 1 | 2 | 3 | 4 | 5 | 6 | 7 | 8 | 9 | 10 | 11 | 12 | 13 | 14 | 15 | 16 | 17 | 18 | 19 | 20 | 21 | 22 | 23 | 24 | 25 | 26 | 27 | 28 | 29 | 30 |
|---|---|---|---|---|---|---|---|---|---|---|---|---|---|---|---|---|---|---|---|---|---|---|---|---|---|---|---|---|---|---|
| 음력 | 25 | 26 | 27 | 28 | 29 | 3.1 | 2 | 3 | 4 | 5 | 6 | 7 | 8 | 9 | 10 | 11 | 12 | 13 | 14 | 15 | 16 | 17 | 18 | 19 | 20 | 21 | 22 | 23 | 24 | 25 |
| 요일 | 土 | 日 | 月 | 火 | 水 | 木 | 金 | 土 | 日 | 月 | 火 | 水 | 木 | 金 | 土 | 日 | 月 | 火 | 水 | 木 | 金 | 土 | 日 | 月 | 火 | 水 | 木 | 金 | 土 | 日 |
| 일진 | 辛卯 | 壬辰 | 癸巳 | 甲午 | 乙未 | 丙申 | 丁酉 | 戊戌 | 己亥 | 庚子 | 辛丑 | 壬寅 | 癸卯 | 甲辰 | 乙巳 | 丙午 | 丁未 | 戊申 | 己酉 | 庚戌 | 辛亥 | 壬子 | 癸丑 | 甲寅 | 乙卯 | 丙辰 | 丁巳 | 戊午 | 己未 | 庚申 |
| 대운 남 | 9 | 9 | 10 | 10 | 청 | 1 | 1 | 1 | 1 | 2 | 2 | 2 | 3 | 3 | 3 | 4 | 4 | 4 | 5 | 5 | 5 | 6 | 6 | 6 | 7 | 7 | 7 | 8 | 8 | 8 |
| 대운 녀 | 1 | 1 | 1 | 1 | 명 | 10 | 9 | 9 | 9 | 8 | 8 | 8 | 7 | 7 | 7 | 6 | 6 | 6 | 5 | 5 | 5 | 4 | 4 | 4 | 3 | 3 | 3 | 2 | 2 | 2 |

## 5 · 己巳月(양 5.5~6.5)

입하 5일 21시54분 　 소만 21일 10시54분

| 양력 | 1 | 2 | 3 | 4 | 5 | 6 | 7 | 8 | 9 | 10 | 11 | 12 | 13 | 14 | 15 | 16 | 17 | 18 | 19 | 20 | 21 | 22 | 23 | 24 | 25 | 26 | 27 | 28 | 29 | 30 | 31 |
|---|---|---|---|---|---|---|---|---|---|---|---|---|---|---|---|---|---|---|---|---|---|---|---|---|---|---|---|---|---|---|---|
| 음력 | 26 | 27 | 28 | 29 | 4.1 | 2 | 3 | 4 | 5 | 6 | 7 | 8 | 9 | 10 | 11 | 12 | 13 | 14 | 15 | 16 | 17 | 18 | 19 | 20 | 21 | 22 | 23 | 24 | 25 | 26 | 27 |
| 요일 | 月 | 火 | 水 | 木 | 金 | 土 | 日 | 月 | 火 | 水 | 木 | 金 | 土 | 日 | 月 | 火 | 水 | 木 | 金 | 土 | 日 | 月 | 火 | 水 | 木 | 金 | 土 | 日 | 月 | 火 | 水 |
| 일진 | 辛酉 | 壬戌 | 癸亥 | 甲子 | 乙丑 | 丙寅 | 丁卯 | 戊辰 | 己巳 | 庚午 | 辛未 | 壬申 | 癸酉 | 甲戌 | 乙亥 | 丙子 | 丁丑 | 戊寅 | 己卯 | 庚辰 | 辛巳 | 壬午 | 癸未 | 甲申 | 乙酉 | 丙戌 | 丁亥 | 戊子 | 己丑 | 庚寅 | 辛卯 |
| 대운 남 | 9 | 9 | 9 | 10 | 입 | 1 | 1 | 1 | 1 | 2 | 2 | 2 | 3 | 3 | 3 | 4 | 4 | 4 | 5 | 5 | 5 | 6 | 6 | 6 | 7 | 7 | 7 | 8 | 8 | 8 | 9 |
| 대운 녀 | 1 | 1 | 1 | 1 | 하 | 10 | 10 | 10 | 9 | 9 | 9 | 8 | 8 | 8 | 7 | 7 | 7 | 6 | 6 | 6 | 5 | 5 | 5 | 4 | 4 | 4 | 3 | 3 | 3 | 2 | 2 |

## 6 · 庚午月(양 6.6~7.6)

망종 6일 02시05분 　 하지 21일 18시53분

| 양력 | 1 | 2 | 3 | 4 | 5 | 6 | 7 | 8 | 9 | 10 | 11 | 12 | 13 | 14 | 15 | 16 | 17 | 18 | 19 | 20 | 21 | 22 | 23 | 24 | 25 | 26 | 27 | 28 | 29 | 30 |
|---|---|---|---|---|---|---|---|---|---|---|---|---|---|---|---|---|---|---|---|---|---|---|---|---|---|---|---|---|---|---|
| 음력 | 28 | 29 | 30 | 5.1 | 2 | 3 | 4 | 5 | 6 | 7 | 8 | 9 | 10 | 11 | 12 | 13 | 14 | 15 | 16 | 17 | 18 | 19 | 20 | 21 | 22 | 23 | 24 | 25 | 26 | 27 |
| 요일 | 木 | 金 | 土 | 日 | 月 | 火 | 水 | 木 | 金 | 土 | 日 | 月 | 火 | 水 | 木 | 金 | 土 | 日 | 月 | 火 | 水 | 木 | 金 | 土 | 日 | 月 | 火 | 水 | 木 | 金 |
| 일진 | 壬辰 | 癸巳 | 甲午 | 乙未 | 丙申 | 丁酉 | 戊戌 | 己亥 | 庚子 | 辛丑 | 壬寅 | 癸卯 | 甲辰 | 乙巳 | 丙午 | 丁未 | 戊申 | 己酉 | 庚戌 | 辛亥 | 壬子 | 癸丑 | 甲寅 | 乙卯 | 丙辰 | 丁巳 | 戊午 | 己未 | 庚申 | 辛酉 |
| 대운 남 | 9 | 9 | 10 | 10 | 10 | 망 | 1 | 1 | 1 | 1 | 2 | 2 | 2 | 3 | 3 | 3 | 4 | 4 | 4 | 5 | 5 | 5 | 6 | 6 | 6 | 7 | 7 | 7 | 8 | 8 |
| 대운 녀 | 2 | 1 | 1 | 1 | 1 | 종 | 10 | 10 | 9 | 9 | 9 | 8 | 8 | 8 | 7 | 7 | 7 | 6 | 6 | 6 | 5 | 5 | 5 | 4 | 4 | 4 | 3 | 3 | 3 | 2 |

# 己巳年

동경135도표준시

## 7 · 辛未月(양 7.7~8.6)

소서 7일 12시19분 / 대서 23일 05시45분

| 양력 | 1 | 2 | 3 | 4 | 5 | 6 | 7 | 8 | 9 | 10 | 11 | 12 | 13 | 14 | 15 | 16 | 17 | 18 | 19 | 20 | 21 | 22 | 23 | 24 | 25 | 26 | 27 | 28 | 29 | 30 | 31 |
|---|---|---|---|---|---|---|---|---|---|---|---|---|---|---|---|---|---|---|---|---|---|---|---|---|---|---|---|---|---|---|---|
| 음력 | 28 | 29 | 6.1 | 2 | 3 | 4 | 5 | 6 | 7 | 8 | 9 | 10 | 11 | 12 | 13 | 14 | 15 | 16 | 17 | 18 | 19 | 20 | 21 | 22 | 23 | 24 | 25 | 26 | 27 | 28 | 29 |
| 요일 | 土 | 日 | 月 | 火 | 水 | 木 | 金 | 土 | 日 | 月 | 火 | 水 | 木 | 金 | 土 | 日 | 月 | 火 | 水 | 木 | 金 | 土 | 日 | 月 | 火 | 水 | 木 | 金 | 土 | 日 | 月 |
| 일진 | 壬戌 | 癸亥 | 甲子 | 乙丑 | 丙寅 | 丁卯 | 戊辰 | 己巳 | 庚午 | 辛未 | 壬申 | 癸酉 | 甲戌 | 乙亥 | 丙子 | 丁丑 | 戊寅 | 己卯 | 庚辰 | 辛巳 | 壬午 | 癸未 | 甲申 | 乙酉 | 丙戌 | 丁亥 | 戊子 | 己丑 | 庚寅 | 辛卯 | 壬辰 |
| 대운 남 | 8 | 9 | 9 | 9 | 10 | 10 | 소 | 1 | 1 | 1 | 1 | 2 | 2 | 2 | 3 | 3 | 3 | 4 | 4 | 4 | 5 | 5 | 5 | 6 | 6 | 6 | 7 | 7 | 7 | 8 | 8 |
| 대운 녀 | 2 | 2 | 1 | 1 | 1 | 1 | 서 | 10 | 10 | 9 | 9 | 9 | 8 | 8 | 8 | 7 | 7 | 7 | 6 | 6 | 6 | 5 | 5 | 5 | 4 | 4 | 4 | 3 | 3 | 3 | 2 |

## 8 · 壬申月(양 8.7~9.7)

입추 7일 22시04분 / 처서 23일 12시46분

| 양력 | 1 | 2 | 3 | 4 | 5 | 6 | 7 | 8 | 9 | 10 | 11 | 12 | 13 | 14 | 15 | 16 | 17 | 18 | 19 | 20 | 21 | 22 | 23 | 24 | 25 | 26 | 27 | 28 | 29 | 30 | 31 |
|---|---|---|---|---|---|---|---|---|---|---|---|---|---|---|---|---|---|---|---|---|---|---|---|---|---|---|---|---|---|---|---|
| 음력 | 30 | 7.1 | 2 | 3 | 4 | 5 | 6 | 7 | 8 | 9 | 10 | 11 | 12 | 13 | 14 | 15 | 16 | 17 | 18 | 19 | 20 | 21 | 22 | 23 | 24 | 25 | 26 | 27 | 28 | 29 | 8.1 |
| 요일 | 火 | 水 | 木 | 金 | 土 | 日 | 月 | 火 | 水 | 木 | 金 | 土 | 日 | 月 | 火 | 水 | 木 | 金 | 土 | 日 | 月 | 火 | 水 | 木 | 金 | 土 | 日 | 月 | 火 | 水 | 木 |
| 일진 | 癸巳 | 甲午 | 乙未 | 丙申 | 丁酉 | 戊戌 | 己亥 | 庚子 | 辛丑 | 壬寅 | 癸卯 | 甲辰 | 乙巳 | 丙午 | 丁未 | 戊申 | 己酉 | 庚戌 | 辛亥 | 壬子 | 癸丑 | 甲寅 | 乙卯 | 丙辰 | 丁巳 | 戊午 | 己未 | 庚申 | 辛酉 | 壬戌 | 癸亥 |
| 대운 남 | 8 | 9 | 9 | 9 | 10 | 10 | 입 | 1 | 1 | 1 | 1 | 2 | 2 | 2 | 3 | 3 | 3 | 4 | 4 | 4 | 5 | 5 | 5 | 6 | 6 | 6 | 7 | 7 | 7 | 8 | 8 |
| 대운 녀 | 2 | 2 | 1 | 1 | 1 | 1 | 추 | 10 | 10 | 10 | 9 | 9 | 9 | 8 | 8 | 8 | 7 | 7 | 7 | 6 | 6 | 6 | 5 | 5 | 5 | 4 | 4 | 4 | 3 | 3 | 3 |

## 9 · 癸酉月(양 9.8~10.7)

백로 8일 00시54분 / 추분 23일 10시20분

| 양력 | 1 | 2 | 3 | 4 | 5 | 6 | 7 | 8 | 9 | 10 | 11 | 12 | 13 | 14 | 15 | 16 | 17 | 18 | 19 | 20 | 21 | 22 | 23 | 24 | 25 | 26 | 27 | 28 | 29 | 30 |
|---|---|---|---|---|---|---|---|---|---|---|---|---|---|---|---|---|---|---|---|---|---|---|---|---|---|---|---|---|---|---|
| 음력 | 2 | 3 | 4 | 5 | 6 | 7 | 8 | 9 | 10 | 11 | 12 | 13 | 14 | 15 | 16 | 17 | 18 | 19 | 20 | 21 | 22 | 23 | 24 | 25 | 26 | 27 | 28 | 29 | 30 | 9.1 |
| 요일 | 金 | 土 | 日 | 月 | 火 | 水 | 木 | 金 | 土 | 日 | 月 | 火 | 水 | 木 | 金 | 土 | 日 | 月 | 火 | 水 | 木 | 金 | 土 | 日 | 月 | 火 | 水 | 木 | 金 | 土 |
| 일진 | 甲子 | 乙丑 | 丙寅 | 丁卯 | 戊辰 | 己巳 | 庚午 | 辛未 | 壬申 | 癸酉 | 甲戌 | 乙亥 | 丙子 | 丁丑 | 戊寅 | 己卯 | 庚辰 | 辛巳 | 壬午 | 癸未 | 甲申 | 乙酉 | 丙戌 | 丁亥 | 戊子 | 己丑 | 庚寅 | 辛卯 | 壬辰 | 癸巳 |
| 대운 남 | 8 | 9 | 9 | 9 | 10 | 10 | 10 | 백 | 1 | 1 | 1 | 1 | 2 | 2 | 2 | 3 | 3 | 3 | 4 | 4 | 4 | 5 | 5 | 5 | 6 | 6 | 6 | 7 | 7 | 7 |
| 대운 녀 | 2 | 2 | 2 | 1 | 1 | 1 | 1 | 로 | 10 | 9 | 9 | 9 | 8 | 8 | 8 | 7 | 7 | 7 | 6 | 6 | 6 | 5 | 5 | 5 | 4 | 4 | 4 | 3 | 3 | 3 |

## 10 · 甲戌月(양 10.8~11.6)

한로 8일 16시27분 / 상강 23일 19시35분

| 양력 | 1 | 2 | 3 | 4 | 5 | 6 | 7 | 8 | 9 | 10 | 11 | 12 | 13 | 14 | 15 | 16 | 17 | 18 | 19 | 20 | 21 | 22 | 23 | 24 | 25 | 26 | 27 | 28 | 29 | 30 | 31 |
|---|---|---|---|---|---|---|---|---|---|---|---|---|---|---|---|---|---|---|---|---|---|---|---|---|---|---|---|---|---|---|---|
| 음력 | 2 | 3 | 4 | 5 | 6 | 7 | 8 | 9 | 10 | 11 | 12 | 13 | 14 | 15 | 16 | 17 | 18 | 19 | 20 | 21 | 22 | 23 | 24 | 25 | 26 | 27 | 28 | 29 | 30 | 10.1 | 2 |
| 요일 | 日 | 月 | 火 | 水 | 木 | 金 | 土 | 日 | 月 | 火 | 水 | 木 | 金 | 土 | 日 | 月 | 火 | 水 | 木 | 金 | 土 | 日 | 月 | 火 | 水 | 木 | 金 | 土 | 日 | 月 | 火 |
| 일진 | 甲午 | 乙未 | 丙申 | 丁酉 | 戊戌 | 己亥 | 庚子 | 辛丑 | 壬寅 | 癸卯 | 甲辰 | 乙巳 | 丙午 | 丁未 | 戊申 | 己酉 | 庚戌 | 辛亥 | 壬子 | 癸丑 | 甲寅 | 乙卯 | 丙辰 | 丁巳 | 戊午 | 己未 | 庚申 | 辛酉 | 壬戌 | 癸亥 | 甲子 |
| 대운 남 | 8 | 8 | 8 | 9 | 9 | 9 | 10 | 한 | 1 | 1 | 1 | 1 | 2 | 2 | 2 | 3 | 3 | 3 | 4 | 4 | 4 | 5 | 5 | 5 | 6 | 6 | 6 | 7 | 7 | 7 | 8 |
| 대운 녀 | 2 | 2 | 2 | 1 | 1 | 1 | 1 | 로 | 10 | 9 | 9 | 9 | 8 | 8 | 8 | 7 | 7 | 7 | 6 | 6 | 6 | 5 | 5 | 5 | 4 | 4 | 4 | 3 | 3 | 3 | 2 |

## 11 · 乙亥月(양 11.7~12.6)

입동 7일 19시34분 / 소설 22일 17시05분

| 양력 | 1 | 2 | 3 | 4 | 5 | 6 | 7 | 8 | 9 | 10 | 11 | 12 | 13 | 14 | 15 | 16 | 17 | 18 | 19 | 20 | 21 | 22 | 23 | 24 | 25 | 26 | 27 | 28 | 29 | 30 |
|---|---|---|---|---|---|---|---|---|---|---|---|---|---|---|---|---|---|---|---|---|---|---|---|---|---|---|---|---|---|---|
| 음력 | 3 | 4 | 5 | 6 | 7 | 8 | 9 | 10 | 11 | 12 | 13 | 14 | 15 | 16 | 17 | 18 | 19 | 20 | 21 | 22 | 23 | 24 | 25 | 26 | 27 | 28 | 29 | 11.1 | 2 | 3 |
| 요일 | 水 | 木 | 金 | 土 | 日 | 月 | 火 | 水 | 木 | 金 | 土 | 日 | 月 | 火 | 水 | 木 | 金 | 土 | 日 | 月 | 火 | 水 | 木 | 金 | 土 | 日 | 月 | 火 | 水 | 木 |
| 일진 | 乙丑 | 丙寅 | 丁卯 | 戊辰 | 己巳 | 庚午 | 辛未 | 壬申 | 癸酉 | 甲戌 | 乙亥 | 丙子 | 丁丑 | 戊寅 | 己卯 | 庚辰 | 辛巳 | 壬午 | 癸未 | 甲申 | 乙酉 | 丙戌 | 丁亥 | 戊子 | 己丑 | 庚寅 | 辛卯 | 壬辰 | 癸巳 | 甲午 |
| 대운 남 | 8 | 8 | 9 | 9 | 9 | 10 | 입 | 1 | 1 | 1 | 1 | 2 | 2 | 2 | 3 | 3 | 3 | 4 | 4 | 4 | 5 | 5 | 5 | 6 | 6 | 6 | 7 | 7 | 7 | 8 |
| 대운 녀 | 2 | 2 | 1 | 1 | 1 | 1 | 동 | 10 | 9 | 9 | 9 | 8 | 8 | 8 | 7 | 7 | 7 | 6 | 6 | 6 | 5 | 5 | 5 | 4 | 4 | 4 | 3 | 3 | 3 | 2 |

## 12 · 丙子月(양 12.7~1.4)

대설 7일 12시21분 / 동지 22일 06시22분

| 양력 | 1 | 2 | 3 | 4 | 5 | 6 | 7 | 8 | 9 | 10 | 11 | 12 | 13 | 14 | 15 | 16 | 17 | 18 | 19 | 20 | 21 | 22 | 23 | 24 | 25 | 26 | 27 | 28 | 29 | 30 | 31 |
|---|---|---|---|---|---|---|---|---|---|---|---|---|---|---|---|---|---|---|---|---|---|---|---|---|---|---|---|---|---|---|---|
| 음력 | 4 | 5 | 6 | 7 | 8 | 9 | 10 | 11 | 12 | 13 | 14 | 15 | 16 | 17 | 18 | 19 | 20 | 21 | 22 | 23 | 24 | 25 | 26 | 27 | 28 | 29 | 30 | 12.1 | 2 | 3 | 4 |
| 요일 | 金 | 土 | 日 | 月 | 火 | 水 | 木 | 金 | 土 | 日 | 月 | 火 | 水 | 木 | 金 | 土 | 日 | 月 | 火 | 水 | 木 | 金 | 土 | 日 | 月 | 火 | 水 | 木 | 金 | 土 | 日 |
| 일진 | 乙未 | 丙申 | 丁酉 | 戊戌 | 己亥 | 庚子 | 辛丑 | 壬寅 | 癸卯 | 甲辰 | 乙巳 | 丙午 | 丁未 | 戊申 | 己酉 | 庚戌 | 辛亥 | 壬子 | 癸丑 | 甲寅 | 乙卯 | 丙辰 | 丁巳 | 戊午 | 己未 | 庚申 | 辛酉 | 壬戌 | 癸亥 | 甲子 | 乙丑 |
| 대운 남 | 8 | 8 | 9 | 9 | 9 | 10 | 대 | 1 | 1 | 1 | 1 | 2 | 2 | 2 | 3 | 3 | 3 | 4 | 4 | 4 | 5 | 5 | 5 | 6 | 6 | 6 | 7 | 7 | 7 | 8 | 8 |
| 대운 녀 | 2 | 2 | 1 | 1 | 1 | 1 | 설 | 9 | 9 | 9 | 8 | 8 | 8 | 7 | 7 | 7 | 6 | 6 | 6 | 5 | 5 | 5 | 4 | 4 | 4 | 3 | 3 | 3 | 2 | 2 | 2 |

# 1990년(윤5월)

소한 5일 23시33분

## 1 · 丁丑月(양 1.5~2.3)

대한 20일 17시02분

| 양력 | 1 | 2 | 3 | 4 | 5 | 6 | 7 | 8 | 9 | 10 | 11 | 12 | 13 | 14 | 15 | 16 | 17 | 18 | 19 | 20 | 21 | 22 | 23 | 24 | 25 | 26 | 27 | 28 | 29 | 30 | 31 |
|---|---|---|---|---|---|---|---|---|---|---|---|---|---|---|---|---|---|---|---|---|---|---|---|---|---|---|---|---|---|---|---|
| 음력 | 5 | 6 | 7 | 8 | 9 | 10 | 11 | 12 | 13 | 14 | 15 | 16 | 17 | 18 | 19 | 20 | 21 | 22 | 23 | 24 | 25 | 26 | 27 | 28 | 29 | 30 | 1.1 | 2 | 3 | 4 | 5 |
| 요일 | 月 | 火 | 水 | 木 | 金 | 土 | 日 | 月 | 火 | 水 | 木 | 金 | 土 | 日 | 月 | 火 | 水 | 木 | 金 | 土 | 日 | 月 | 火 | 水 | 木 | 金 | 土 | 日 | 月 | 火 | 水 |
| 일진 | 丙 | 丁 | 戊 | 己 | 庚 | 辛 | 壬 | 癸 | 甲 | 乙 | 丙 | 丁 | 戊 | 己 | 庚 | 辛 | 壬 | 癸 | 甲 | 乙 | 丙 | 丁 | 戊 | 己 | 庚 | 辛 | 壬 | 癸 | 甲 | 乙 | 丙 |
|  | 寅 | 卯 | 辰 | 巳 | 午 | 未 | 申 | 酉 | 戌 | 亥 | 子 | 丑 | 寅 | 卯 | 辰 | 巳 | 午 | 未 | 申 | 酉 | 戌 | 亥 | 子 | 丑 | 寅 | 卯 | 辰 | 巳 | 午 | 未 | 申 |
| 대운 남 | 8 | 9 | 9 | 9 | 소 | 1 | 1 | 1 | 1 | 2 | 2 | 2 | 3 | 3 | 3 | 4 | 4 | 4 | 5 | 5 | 5 | 6 | 6 | 6 | 7 | 7 | 7 | 8 | 8 | 8 | 9 |
| 대운 녀 | 1 | 1 | 1 | 1 | 한 | 10 | 9 | 9 | 9 | 8 | 8 | 8 | 7 | 7 | 7 | 6 | 6 | 6 | 5 | 5 | 5 | 4 | 4 | 4 | 3 | 3 | 3 | 2 | 2 | 2 | 1 |

입춘 4일 11시14분

## 2 · 戊寅月(양 2.4~3.5)

우수 19일 07시14분

| 양력 | 1 | 2 | 3 | 4 | 5 | 6 | 7 | 8 | 9 | 10 | 11 | 12 | 13 | 14 | 15 | 16 | 17 | 18 | 19 | 20 | 21 | 22 | 23 | 24 | 25 | 26 | 27 | 28 |
|---|---|---|---|---|---|---|---|---|---|---|---|---|---|---|---|---|---|---|---|---|---|---|---|---|---|---|---|---|
| 음력 | 6 | 7 | 8 | 9 | 10 | 11 | 12 | 13 | 14 | 15 | 16 | 17 | 18 | 19 | 20 | 21 | 22 | 23 | 24 | 25 | 26 | 27 | 28 | 29 | 2.1 | 2 | 3 | 4 |
| 요일 | 木 | 金 | 土 | 日 | 月 | 火 | 水 | 木 | 金 | 土 | 日 | 月 | 火 | 水 | 木 | 金 | 土 | 日 | 月 | 火 | 水 | 木 | 金 | 土 | 日 | 月 | 火 | 水 |
| 일진 | 丁 | 戊 | 己 | 庚 | 辛 | 壬 | 癸 | 甲 | 乙 | 丙 | 丁 | 戊 | 己 | 庚 | 辛 | 壬 | 癸 | 甲 | 乙 | 丙 | 丁 | 戊 | 己 | 庚 | 辛 | 壬 | 癸 | 甲 |
|  | 酉 | 戌 | 亥 | 子 | 丑 | 寅 | 卯 | 辰 | 巳 | 午 | 未 | 申 | 酉 | 戌 | 亥 | 子 | 丑 | 寅 | 卯 | 辰 | 巳 | 午 | 未 | 申 | 酉 | 戌 | 亥 | 子 |
| 대운 남 | 9 | 9 | 10 | 입 | 10 | 9 | 9 | 9 | 8 | 8 | 8 | 7 | 7 | 7 | 6 | 6 | 6 | 5 | 5 | 5 | 4 | 4 | 4 | 3 | 3 | 3 | 2 | 2 |
| 대운 녀 | 1 | 1 | 1 | 춘 | 1 | 1 | 1 | 1 | 2 | 2 | 2 | 3 | 3 | 3 | 4 | 4 | 4 | 5 | 5 | 5 | 6 | 6 | 6 | 7 | 7 | 7 | 8 | 8 |

경칩 6일 05시19분

## 3 · 己卯月(양 3.6~4.4)

춘분 21일 06시19분

| 양력 | 1 | 2 | 3 | 4 | 5 | 6 | 7 | 8 | 9 | 10 | 11 | 12 | 13 | 14 | 15 | 16 | 17 | 18 | 19 | 20 | 21 | 22 | 23 | 24 | 25 | 26 | 27 | 28 | 29 | 30 | 31 |
|---|---|---|---|---|---|---|---|---|---|---|---|---|---|---|---|---|---|---|---|---|---|---|---|---|---|---|---|---|---|---|---|
| 음력 | 5 | 6 | 7 | 8 | 9 | 10 | 11 | 12 | 13 | 14 | 15 | 16 | 17 | 18 | 19 | 20 | 21 | 22 | 23 | 24 | 25 | 26 | 27 | 28 | 29 | 30 | 3.1 | 2 | 3 | 4 | 5 |
| 요일 | 木 | 金 | 土 | 日 | 月 | 火 | 水 | 木 | 金 | 土 | 日 | 月 | 火 | 水 | 木 | 金 | 土 | 日 | 月 | 火 | 水 | 木 | 金 | 土 | 日 | 月 | 火 | 水 | 木 | 金 | 土 |
| 일진 | 乙 | 丙 | 丁 | 戊 | 己 | 庚 | 辛 | 壬 | 癸 | 甲 | 乙 | 丙 | 丁 | 戊 | 己 | 庚 | 辛 | 壬 | 癸 | 甲 | 乙 | 丙 | 丁 | 戊 | 己 | 庚 | 辛 | 壬 | 癸 | 甲 | 乙 |
|  | 丑 | 寅 | 卯 | 辰 | 巳 | 午 | 未 | 申 | 酉 | 戌 | 亥 | 子 | 丑 | 寅 | 卯 | 辰 | 巳 | 午 | 未 | 申 | 酉 | 戌 | 亥 | 子 | 丑 | 寅 | 卯 | 辰 | 巳 | 午 | 未 |
| 대운 남 | 2 | 1 | 1 | 1 | 1 | 경 | 10 | 9 | 9 | 9 | 8 | 8 | 8 | 7 | 7 | 7 | 6 | 6 | 6 | 5 | 5 | 5 | 4 | 4 | 4 | 3 | 3 | 3 | 2 | 2 | 2 |
| 대운 녀 | 8 | 9 | 9 | 9 | 10 | 칩 | 1 | 1 | 1 | 1 | 2 | 2 | 2 | 3 | 3 | 3 | 4 | 4 | 4 | 5 | 5 | 5 | 6 | 6 | 6 | 7 | 7 | 7 | 8 | 8 | 8 |

청명 5일 10시13분

## 4 · 庚辰月(양 4.5~5.5)

곡우 20일 17시27분

| 양력 | 1 | 2 | 3 | 4 | 5 | 6 | 7 | 8 | 9 | 10 | 11 | 12 | 13 | 14 | 15 | 16 | 17 | 18 | 19 | 20 | 21 | 22 | 23 | 24 | 25 | 26 | 27 | 28 | 29 | 30 |
|---|---|---|---|---|---|---|---|---|---|---|---|---|---|---|---|---|---|---|---|---|---|---|---|---|---|---|---|---|---|---|
| 음력 | 6 | 7 | 8 | 9 | 10 | 11 | 12 | 13 | 14 | 15 | 16 | 17 | 18 | 19 | 20 | 21 | 22 | 23 | 24 | 25 | 26 | 27 | 28 | 29 | 4.1 | 2 | 3 | 4 | 5 | 6 |
| 요일 | 日 | 月 | 火 | 水 | 木 | 金 | 土 | 日 | 月 | 火 | 水 | 木 | 金 | 土 | 日 | 月 | 火 | 水 | 木 | 金 | 土 | 日 | 月 | 火 | 水 | 木 | 金 | 土 | 日 | 月 |
| 일진 | 丙 | 丁 | 戊 | 己 | 庚 | 辛 | 壬 | 癸 | 甲 | 乙 | 丙 | 丁 | 戊 | 己 | 庚 | 辛 | 壬 | 癸 | 甲 | 乙 | 丙 | 丁 | 戊 | 己 | 庚 | 辛 | 壬 | 癸 | 甲 | 乙 |
|  | 申 | 酉 | 戌 | 亥 | 子 | 丑 | 寅 | 卯 | 辰 | 巳 | 午 | 未 | 申 | 酉 | 戌 | 亥 | 子 | 丑 | 寅 | 卯 | 辰 | 巳 | 午 | 未 | 申 | 酉 | 戌 | 亥 | 子 | 丑 |
| 대운 남 | 1 | 1 | 1 | 1 | 청 | 10 | 10 | 9 | 9 | 9 | 8 | 8 | 8 | 7 | 7 | 7 | 6 | 6 | 6 | 5 | 5 | 5 | 4 | 4 | 4 | 3 | 3 | 3 | 2 | 2 |
| 대운 녀 | 9 | 9 | 9 | 10 | 명 | 1 | 1 | 1 | 1 | 2 | 2 | 2 | 3 | 3 | 3 | 4 | 4 | 4 | 5 | 5 | 5 | 6 | 6 | 6 | 7 | 7 | 7 | 8 | 8 | 8 |

입하 6일 03시35분

## 5 · 辛巳月(양 5.6~6.5)

소만 21일 16시37분

| 양력 | 1 | 2 | 3 | 4 | 5 | 6 | 7 | 8 | 9 | 10 | 11 | 12 | 13 | 14 | 15 | 16 | 17 | 18 | 19 | 20 | 21 | 22 | 23 | 24 | 25 | 26 | 27 | 28 | 29 | 30 | 31 |
|---|---|---|---|---|---|---|---|---|---|---|---|---|---|---|---|---|---|---|---|---|---|---|---|---|---|---|---|---|---|---|---|
| 음력 | 7 | 8 | 9 | 10 | 11 | 12 | 13 | 14 | 15 | 16 | 17 | 18 | 19 | 20 | 21 | 22 | 23 | 24 | 25 | 26 | 27 | 28 | 29 | 5.1 | 2 | 3 | 4 | 5 | 6 | 7 | 8 |
| 요일 | 火 | 水 | 木 | 金 | 土 | 日 | 月 | 火 | 水 | 木 | 金 | 土 | 日 | 月 | 火 | 水 | 木 | 金 | 土 | 日 | 月 | 火 | 水 | 木 | 金 | 土 | 日 | 月 | 火 | 水 | 木 |
| 일진 | 丙 | 丁 | 戊 | 己 | 庚 | 辛 | 壬 | 癸 | 甲 | 乙 | 丙 | 丁 | 戊 | 己 | 庚 | 辛 | 壬 | 癸 | 甲 | 乙 | 丙 | 丁 | 戊 | 己 | 庚 | 辛 | 壬 | 癸 | 甲 | 乙 | 丙 |
|  | 寅 | 卯 | 辰 | 巳 | 午 | 未 | 申 | 酉 | 戌 | 亥 | 子 | 丑 | 寅 | 卯 | 辰 | 巳 | 午 | 未 | 申 | 酉 | 戌 | 亥 | 子 | 丑 | 寅 | 卯 | 辰 | 巳 | 午 | 未 | 申 |
| 대운 남 | 2 | 1 | 1 | 1 | 1 | 입 | 10 | 10 | 9 | 9 | 9 | 8 | 8 | 8 | 7 | 7 | 7 | 6 | 6 | 6 | 5 | 5 | 5 | 4 | 4 | 4 | 3 | 3 | 3 | 2 | 2 |
| 대운 녀 | 9 | 9 | 9 | 10 | 10 | 하 | 1 | 1 | 1 | 1 | 2 | 2 | 2 | 3 | 3 | 3 | 4 | 4 | 4 | 5 | 5 | 5 | 6 | 6 | 6 | 7 | 7 | 7 | 8 | 8 | 8 |

망종 6일 07시46분

## 6 · 壬午月(양 6.6~7.6)

하지 22일 00시33분

| 양력 | 1 | 2 | 3 | 4 | 5 | 6 | 7 | 8 | 9 | 10 | 11 | 12 | 13 | 14 | 15 | 16 | 17 | 18 | 19 | 20 | 21 | 22 | 23 | 24 | 25 | 26 | 27 | 28 | 29 | 30 |
|---|---|---|---|---|---|---|---|---|---|---|---|---|---|---|---|---|---|---|---|---|---|---|---|---|---|---|---|---|---|---|
| 음력 | 9 | 10 | 11 | 12 | 13 | 14 | 15 | 16 | 17 | 18 | 19 | 20 | 21 | 22 | 23 | 24 | 25 | 26 | 27 | 28 | 29 | 30 | 윤 | 5.2 | 3 | 4 | 5 | 6 | 7 | 8 |
| 요일 | 金 | 土 | 日 | 月 | 火 | 水 | 木 | 金 | 土 | 日 | 月 | 火 | 水 | 木 | 金 | 土 | 日 | 月 | 火 | 水 | 木 | 金 | 土 | 日 | 月 | 火 | 水 | 木 | 金 | 土 |
| 일진 | 丁 | 戊 | 己 | 庚 | 辛 | 壬 | 癸 | 甲 | 乙 | 丙 | 丁 | 戊 | 己 | 庚 | 辛 | 壬 | 癸 | 甲 | 乙 | 丙 | 丁 | 戊 | 己 | 庚 | 辛 | 壬 | 癸 | 甲 | 乙 | 丙 |
|  | 酉 | 戌 | 亥 | 子 | 丑 | 寅 | 卯 | 辰 | 巳 | 午 | 未 | 申 | 酉 | 戌 | 亥 | 子 | 丑 | 寅 | 卯 | 辰 | 巳 | 午 | 未 | 申 | 酉 | 戌 | 亥 | 子 | 丑 | 寅 |
| 대운 남 | 2 | 1 | 1 | 1 | 1 | 망 | 10 | 10 | 9 | 9 | 9 | 8 | 8 | 8 | 7 | 7 | 7 | 6 | 6 | 6 | 5 | 5 | 5 | 4 | 4 | 4 | 3 | 3 | 3 | 2 |
| 대운 녀 | 9 | 9 | 9 | 10 | 10 | 종 | 1 | 1 | 1 | 1 | 2 | 2 | 2 | 3 | 3 | 3 | 4 | 4 | 4 | 5 | 5 | 5 | 6 | 6 | 6 | 7 | 7 | 7 | 8 | 8 |

## 7 · 癸未月(양 7.7~8.7)

소서 7일 18시00분 | 대서 23일 11시22분

| 양력 | 1 | 2 | 3 | 4 | 5 | 6 | 7 | 8 | 9 | 10 | 11 | 12 | 13 | 14 | 15 | 16 | 17 | 18 | 19 | 20 | 21 | 22 | 23 | 24 | 25 | 26 | 27 | 28 | 29 | 30 | 31 |
|---|---|---|---|---|---|---|---|---|---|---|---|---|---|---|---|---|---|---|---|---|---|---|---|---|---|---|---|---|---|---|---|
| 음력 | 9 | 10 | 11 | 12 | 13 | 14 | 15 | 16 | 17 | 18 | 19 | 20 | 21 | 22 | 23 | 24 | 25 | 26 | 27 | 28 | 29 | 6.1 | 2 | 3 | 4 | 5 | 6 | 7 | 8 | 9 | 10 |
| 요일 | 日 | 月 | 火 | 水 | 木 | 金 | 土 | 日 | 月 | 火 | 水 | 木 | 金 | 土 | 日 | 月 | 火 | 水 | 木 | 金 | 土 | 日 | 月 | 火 | 水 | 木 | 金 | 土 | 日 | 月 | 火 |
| 일진 | 丁卯 | 戊辰 | 己巳 | 庚午 | 辛未 | 壬申 | 癸酉 | 甲戌 | 乙亥 | 丙子 | 丁丑 | 戊寅 | 己卯 | 庚辰 | 辛巳 | 壬午 | 癸未 | 甲申 | 乙酉 | 丙戌 | 丁亥 | 戊子 | 己丑 | 庚寅 | 辛卯 | 壬辰 | 癸巳 | 甲午 | 乙未 | 丙申 | 丁酉 |
| 대운 남 | 2 | 2 | 1 | 1 | 1 | 1 | 소 | 10 | 10 | 10 | 9 | 9 | 9 | 8 | 8 | 8 | 7 | 7 | 7 | 6 | 6 | 6 | 5 | 5 | 5 | 4 | 4 | 4 | 3 | 3 | 3 |
| 대운 녀 | 8 | 9 | 9 | 9 | 10 | 10 | 서 | 1 | 1 | 1 | 1 | 2 | 2 | 2 | 3 | 3 | 3 | 4 | 4 | 4 | 5 | 5 | 5 | 6 | 6 | 6 | 7 | 7 | 7 | 8 | 8 |

## 8 · 甲申月(양 8.8~9.7)

입추 8일 03시46분 | 처서 23일 18시21분

| 양력 | 1 | 2 | 3 | 4 | 5 | 6 | 7 | 8 | 9 | 10 | 11 | 12 | 13 | 14 | 15 | 16 | 17 | 18 | 19 | 20 | 21 | 22 | 23 | 24 | 25 | 26 | 27 | 28 | 29 | 30 | 31 |
|---|---|---|---|---|---|---|---|---|---|---|---|---|---|---|---|---|---|---|---|---|---|---|---|---|---|---|---|---|---|---|---|
| 음력 | 11 | 12 | 13 | 14 | 15 | 16 | 17 | 18 | 19 | 20 | 21 | 22 | 23 | 24 | 25 | 26 | 27 | 28 | 29 | 7.1 | 2 | 3 | 4 | 5 | 6 | 7 | 8 | 9 | 10 | 11 | 12 |
| 요일 | 水 | 木 | 金 | 土 | 日 | 月 | 火 | 水 | 木 | 金 | 土 | 日 | 月 | 火 | 水 | 木 | 金 | 土 | 日 | 月 | 火 | 水 | 木 | 金 | 土 | 日 | 月 | 火 | 水 | 木 | 金 |
| 일진 | 戊戌 | 己亥 | 庚子 | 辛丑 | 壬寅 | 癸卯 | 甲辰 | 乙巳 | 丙午 | 丁未 | 戊申 | 己酉 | 庚戌 | 辛亥 | 壬子 | 癸丑 | 甲寅 | 乙卯 | 丙辰 | 丁巳 | 戊午 | 己未 | 庚申 | 辛酉 | 壬戌 | 癸亥 | 甲子 | 乙丑 | 丙寅 | 丁卯 | 戊辰 |
| 대운 남 | 2 | 2 | 2 | 1 | 1 | 1 | 1 | 입 | 10 | 10 | 9 | 9 | 9 | 8 | 8 | 8 | 7 | 7 | 7 | 6 | 6 | 6 | 5 | 5 | 5 | 4 | 4 | 4 | 3 | 3 | 3 |
| 대운 녀 | 8 | 9 | 9 | 9 | 10 | 10 | 10 | 추 | 1 | 1 | 1 | 1 | 2 | 2 | 2 | 3 | 3 | 3 | 4 | 4 | 4 | 5 | 5 | 5 | 6 | 6 | 6 | 7 | 7 | 7 | 8 |

## 9 · 乙酉月(양 9.8~10.7)

백로 8일 06시37분 | 추분 23일 15시56분

| 양력 | 1 | 2 | 3 | 4 | 5 | 6 | 7 | 8 | 9 | 10 | 11 | 12 | 13 | 14 | 15 | 16 | 17 | 18 | 19 | 20 | 21 | 22 | 23 | 24 | 25 | 26 | 27 | 28 | 29 | 30 |
|---|---|---|---|---|---|---|---|---|---|---|---|---|---|---|---|---|---|---|---|---|---|---|---|---|---|---|---|---|---|---|
| 음력 | 13 | 14 | 15 | 16 | 17 | 18 | 19 | 20 | 21 | 22 | 23 | 24 | 25 | 26 | 27 | 28 | 29 | 30 | 8.1 | 2 | 3 | 4 | 5 | 6 | 7 | 8 | 9 | 10 | 11 | 12 |
| 요일 | 土 | 日 | 月 | 火 | 水 | 木 | 金 | 土 | 日 | 月 | 火 | 水 | 木 | 金 | 土 | 日 | 月 | 火 | 水 | 木 | 金 | 土 | 日 | 月 | 火 | 水 | 木 | 金 | 土 | 日 |
| 일진 | 己巳 | 庚午 | 辛未 | 壬申 | 癸酉 | 甲戌 | 乙亥 | 丙子 | 丁丑 | 戊寅 | 己卯 | 庚辰 | 辛巳 | 壬午 | 癸未 | 甲申 | 乙酉 | 丙戌 | 丁亥 | 戊子 | 己丑 | 庚寅 | 辛卯 | 壬辰 | 癸巳 | 甲午 | 乙未 | 丙申 | 丁酉 | 戊戌 |
| 대운 남 | 2 | 2 | 2 | 1 | 1 | 1 | 1 | 백 | 10 | 9 | 9 | 9 | 8 | 8 | 8 | 7 | 7 | 7 | 6 | 6 | 6 | 5 | 5 | 5 | 4 | 4 | 4 | 3 | 3 | 3 |
| 대운 녀 | 8 | 8 | 9 | 9 | 9 | 10 | 10 | 로 | 1 | 1 | 1 | 1 | 2 | 2 | 2 | 3 | 3 | 3 | 4 | 4 | 4 | 5 | 5 | 5 | 6 | 6 | 6 | 7 | 7 | 7 |

## 10 · 丙戌月(양 10.8~11.7)

한로 8일 22시14분 | 상강 24일 01시14분

| 양력 | 1 | 2 | 3 | 4 | 5 | 6 | 7 | 8 | 9 | 10 | 11 | 12 | 13 | 14 | 15 | 16 | 17 | 18 | 19 | 20 | 21 | 22 | 23 | 24 | 25 | 26 | 27 | 28 | 29 | 30 | 31 |
|---|---|---|---|---|---|---|---|---|---|---|---|---|---|---|---|---|---|---|---|---|---|---|---|---|---|---|---|---|---|---|---|
| 음력 | 13 | 14 | 15 | 16 | 17 | 18 | 19 | 20 | 21 | 22 | 23 | 24 | 25 | 26 | 27 | 28 | 29 | 30 | 9.1 | 2 | 3 | 4 | 5 | 6 | 7 | 8 | 9 | 10 | 11 | 12 | 13 |
| 요일 | 月 | 火 | 水 | 木 | 金 | 土 | 日 | 月 | 火 | 水 | 木 | 金 | 土 | 日 | 月 | 火 | 水 | 木 | 金 | 土 | 日 | 月 | 火 | 水 | 木 | 金 | 土 | 日 | 月 | 火 | 水 |
| 일진 | 己亥 | 庚子 | 辛丑 | 壬寅 | 癸卯 | 甲辰 | 乙巳 | 丙午 | 丁未 | 戊申 | 己酉 | 庚戌 | 辛亥 | 壬子 | 癸丑 | 甲寅 | 乙卯 | 丙辰 | 丁巳 | 戊午 | 己未 | 庚申 | 辛酉 | 壬戌 | 癸亥 | 甲子 | 乙丑 | 丙寅 | 丁卯 | 戊辰 | 己巳 |
| 대운 남 | 2 | 2 | 2 | 1 | 1 | 1 | 1 | 한 | 10 | 10 | 9 | 9 | 9 | 8 | 8 | 8 | 7 | 7 | 7 | 6 | 6 | 6 | 5 | 5 | 5 | 4 | 4 | 4 | 3 | 3 | 3 |
| 대운 녀 | 8 | 8 | 8 | 9 | 9 | 9 | 10 | 로 | 1 | 1 | 1 | 1 | 2 | 2 | 2 | 3 | 3 | 3 | 4 | 4 | 4 | 5 | 5 | 5 | 6 | 6 | 6 | 7 | 7 | 7 | 8 |

## 11 · 丁亥月(양 11.8~12.6)

입동 8일 01시23분 | 소설 22일 22시47분

| 양력 | 1 | 2 | 3 | 4 | 5 | 6 | 7 | 8 | 9 | 10 | 11 | 12 | 13 | 14 | 15 | 16 | 17 | 18 | 19 | 20 | 21 | 22 | 23 | 24 | 25 | 26 | 27 | 28 | 29 | 30 |
|---|---|---|---|---|---|---|---|---|---|---|---|---|---|---|---|---|---|---|---|---|---|---|---|---|---|---|---|---|---|---|
| 음력 | 14 | 15 | 16 | 17 | 18 | 19 | 20 | 21 | 22 | 23 | 24 | 25 | 26 | 27 | 28 | 29 | 10.1 | 2 | 3 | 4 | 5 | 6 | 7 | 8 | 9 | 10 | 11 | 12 | 13 | 14 |
| 요일 | 木 | 金 | 土 | 日 | 月 | 火 | 水 | 木 | 金 | 土 | 日 | 月 | 火 | 水 | 木 | 金 | 土 | 日 | 月 | 火 | 水 | 木 | 金 | 土 | 日 | 月 | 火 | 水 | 木 | 金 |
| 일진 | 庚午 | 辛未 | 壬申 | 癸酉 | 甲戌 | 乙亥 | 丙子 | 丁丑 | 戊寅 | 己卯 | 庚辰 | 辛巳 | 壬午 | 癸未 | 甲申 | 乙酉 | 丙戌 | 丁亥 | 戊子 | 己丑 | 庚寅 | 辛卯 | 壬辰 | 癸巳 | 甲午 | 乙未 | 丙申 | 丁酉 | 戊戌 | 己亥 |
| 대운 남 | 2 | 2 | 2 | 1 | 1 | 1 | 1 | 입 | 9 | 9 | 9 | 8 | 8 | 8 | 7 | 7 | 7 | 6 | 6 | 6 | 5 | 5 | 5 | 4 | 4 | 4 | 3 | 3 | 3 | 2 |
| 대운 녀 | 8 | 8 | 9 | 9 | 9 | 10 | 10 | 동 | 1 | 1 | 1 | 1 | 2 | 2 | 2 | 3 | 3 | 3 | 4 | 4 | 4 | 5 | 5 | 5 | 6 | 6 | 6 | 7 | 7 | 7 |

## 12 · 戊子月(양 12.7~1.5)

대설 7일 18시14분 | 동지 22일 12시07분

| 양력 | 1 | 2 | 3 | 4 | 5 | 6 | 7 | 8 | 9 | 10 | 11 | 12 | 13 | 14 | 15 | 16 | 17 | 18 | 19 | 20 | 21 | 22 | 23 | 24 | 25 | 26 | 27 | 28 | 29 | 30 | 31 |
|---|---|---|---|---|---|---|---|---|---|---|---|---|---|---|---|---|---|---|---|---|---|---|---|---|---|---|---|---|---|---|---|
| 음력 | 15 | 16 | 17 | 18 | 19 | 20 | 21 | 22 | 23 | 24 | 25 | 26 | 27 | 28 | 29 | 30 | 11.1 | 2 | 3 | 4 | 5 | 6 | 7 | 8 | 9 | 10 | 11 | 12 | 13 | 14 | 15 |
| 요일 | 土 | 日 | 月 | 火 | 水 | 木 | 金 | 土 | 日 | 月 | 火 | 水 | 木 | 金 | 土 | 日 | 月 | 火 | 水 | 木 | 金 | 土 | 日 | 月 | 火 | 水 | 木 | 金 | 土 | 日 | 月 |
| 일진 | 庚子 | 辛丑 | 壬寅 | 癸卯 | 甲辰 | 乙巳 | 丙午 | 丁未 | 戊申 | 己酉 | 庚戌 | 辛亥 | 壬子 | 癸丑 | 甲寅 | 乙卯 | 丙辰 | 丁巳 | 戊午 | 己未 | 庚申 | 辛酉 | 壬戌 | 癸亥 | 甲子 | 乙丑 | 丙寅 | 丁卯 | 戊辰 | 己巳 | 庚午 |
| 대운 남 | 2 | 2 | 1 | 1 | 1 | 1 | 대 | 10 | 9 | 9 | 9 | 8 | 8 | 8 | 7 | 7 | 7 | 6 | 6 | 6 | 5 | 5 | 5 | 4 | 4 | 4 | 3 | 3 | 3 | 2 | 2 |
| 대운 녀 | 8 | 8 | 8 | 9 | 9 | 9 | 설 | 1 | 1 | 1 | 1 | 2 | 2 | 2 | 3 | 3 | 3 | 4 | 4 | 4 | 5 | 5 | 5 | 6 | 6 | 6 | 7 | 7 | 7 | 8 | 8 |

# 1991년

## 1 · 己丑月(양 1.6~2.3)

소한 6일 05시28분 | 대한 20일 22시47분

| 양력 | | 1 | 2 | 3 | 4 | 5 | 6 | 7 | 8 | 9 | 10 | 11 | 12 | 13 | 14 | 15 | 16 | 17 | 18 | 19 | 20 | 21 | 22 | 23 | 24 | 25 | 26 | 27 | 28 | 29 | 30 | 31 |
|---|---|---|---|---|---|---|---|---|---|---|---|---|---|---|---|---|---|---|---|---|---|---|---|---|---|---|---|---|---|---|---|---|
| 음력 | | 16 | 17 | 18 | 19 | 20 | 21 | 22 | 23 | 24 | 25 | 26 | 27 | 28 | 29 | 30 | 12.1 | 2 | 3 | 4 | 5 | 6 | 7 | 8 | 9 | 10 | 11 | 12 | 13 | 14 | 15 | 16 |
| 요일 | | 火 | 水 | 木 | 金 | 土 | 日 | 月 | 火 | 水 | 木 | 金 | 土 | 日 | 月 | 火 | 水 | 木 | 金 | 土 | 日 | 月 | 火 | 水 | 木 | 金 | 土 | 日 | 月 | 火 | 水 | 木 |
| 일진 | | 辛 | 壬 | 癸 | 甲 | 乙 | 丙 | 丁 | 戊 | 己 | 庚 | 辛 | 壬 | 癸 | 甲 | 乙 | 丙 | 丁 | 戊 | 己 | 庚 | 辛 | 壬 | 癸 | 甲 | 乙 | 丙 | 丁 | 戊 | 己 | 庚 | 辛 |
| | | 未 | 申 | 酉 | 戌 | 亥 | 子 | 丑 | 寅 | 卯 | 辰 | 巳 | 午 | 未 | 申 | 酉 | 戌 | 亥 | 子 | 丑 | 寅 | 卯 | 辰 | 巳 | 午 | 未 | 申 | 酉 | 戌 | 亥 | 子 | 丑 |
| 대운 | 남 | 2 | 1 | 1 | 1 | 1 | 소 | 9 | 9 | 9 | 8 | 8 | 8 | 7 | 7 | 7 | 6 | 6 | 6 | 5 | 5 | 5 | 4 | 4 | 4 | 3 | 3 | 3 | 2 | 2 | 2 | 1 |
| | 녀 | 8 | 9 | 9 | 9 | 10 | 한 | 1 | 1 | 1 | 1 | 2 | 2 | 2 | 3 | 3 | 3 | 4 | 4 | 4 | 5 | 5 | 5 | 6 | 6 | 6 | 7 | 7 | 7 | 8 | 8 | 8 |

## 2 · 庚寅月(양 2.4~3.5)

입춘 4일 17시08분 | 우수 19일 12시58분

| 양력 | | 1 | 2 | 3 | 4 | 5 | 6 | 7 | 8 | 9 | 10 | 11 | 12 | 13 | 14 | 15 | 16 | 17 | 18 | 19 | 20 | 21 | 22 | 23 | 24 | 25 | 26 | 27 | 28 |
|---|---|---|---|---|---|---|---|---|---|---|---|---|---|---|---|---|---|---|---|---|---|---|---|---|---|---|---|---|---|
| 음력 | | 17 | 18 | 19 | 20 | 21 | 22 | 23 | 24 | 25 | 26 | 27 | 28 | 29 | 30 | 1.1 | 2 | 3 | 4 | 5 | 6 | 7 | 8 | 9 | 10 | 11 | 12 | 13 | 14 |
| 요일 | | 金 | 土 | 日 | 月 | 火 | 水 | 木 | 金 | 土 | 日 | 月 | 火 | 水 | 木 | 金 | 土 | 日 | 月 | 火 | 水 | 木 | 金 | 土 | 日 | 月 | 火 | 水 | 木 |
| 일진 | | 壬 | 癸 | 甲 | 乙 | 丙 | 丁 | 戊 | 己 | 庚 | 辛 | 壬 | 癸 | 甲 | 乙 | 丙 | 丁 | 戊 | 己 | 庚 | 辛 | 壬 | 癸 | 甲 | 乙 | 丙 | 丁 | 戊 | 己 |
| | | 寅 | 卯 | 辰 | 巳 | 午 | 未 | 申 | 酉 | 戌 | 亥 | 子 | 丑 | 寅 | 卯 | 辰 | 巳 | 午 | 未 | 申 | 酉 | 戌 | 亥 | 子 | 丑 | 寅 | 卯 | 辰 | 巳 |
| 대운 | 남 | 1 | 1 | 1 | 입 | 1 | 1 | 1 | 1 | 2 | 2 | 2 | 3 | 3 | 3 | 4 | 4 | 4 | 5 | 5 | 5 | 6 | 6 | 6 | 7 | 7 | 7 | 8 | 8 |
| | 녀 | 9 | 9 | 9 | 춘 | 10 | 9 | 9 | 9 | 8 | 8 | 8 | 7 | 7 | 7 | 6 | 6 | 6 | 5 | 5 | 5 | 4 | 4 | 4 | 3 | 3 | 3 | 2 | 2 |

## 3 · 辛卯月(양 3.6~4.4)

경칩 6일 11시12분 | 춘분 21일 12시02분

| 양력 | | 1 | 2 | 3 | 4 | 5 | 6 | 7 | 8 | 9 | 10 | 11 | 12 | 13 | 14 | 15 | 16 | 17 | 18 | 19 | 20 | 21 | 22 | 23 | 24 | 25 | 26 | 27 | 28 | 29 | 30 | 31 |
|---|---|---|---|---|---|---|---|---|---|---|---|---|---|---|---|---|---|---|---|---|---|---|---|---|---|---|---|---|---|---|---|---|
| 음력 | | 15 | 16 | 17 | 18 | 19 | 20 | 21 | 22 | 23 | 24 | 25 | 26 | 27 | 28 | 29 | 2.1 | 2 | 3 | 4 | 5 | 6 | 7 | 8 | 9 | 10 | 11 | 12 | 13 | 14 | 15 | 16 |
| 요일 | | 金 | 土 | 日 | 月 | 火 | 水 | 木 | 金 | 土 | 日 | 月 | 火 | 水 | 木 | 金 | 土 | 日 | 月 | 火 | 水 | 木 | 金 | 土 | 日 | 月 | 火 | 水 | 木 | 金 | 土 | 日 |
| 일진 | | 庚 | 辛 | 壬 | 癸 | 甲 | 乙 | 丙 | 丁 | 戊 | 己 | 庚 | 辛 | 壬 | 癸 | 甲 | 乙 | 丙 | 丁 | 戊 | 己 | 庚 | 辛 | 壬 | 癸 | 甲 | 乙 | 丙 | 丁 | 戊 | 己 | 庚 |
| | | 午 | 未 | 申 | 酉 | 戌 | 亥 | 子 | 丑 | 寅 | 卯 | 辰 | 巳 | 午 | 未 | 申 | 酉 | 戌 | 亥 | 子 | 丑 | 寅 | 卯 | 辰 | 巳 | 午 | 未 | 申 | 酉 | 戌 | 亥 | 子 |
| 대운 | 남 | 8 | 9 | 9 | 9 | 10 | 경 | 1 | 1 | 1 | 1 | 2 | 2 | 2 | 3 | 3 | 3 | 4 | 4 | 4 | 5 | 5 | 5 | 6 | 6 | 6 | 7 | 7 | 7 | 8 | 8 | 8 |
| | 녀 | 2 | 1 | 1 | 1 | 1 | 칩 | 10 | 9 | 9 | 9 | 8 | 8 | 8 | 7 | 7 | 7 | 6 | 6 | 6 | 5 | 5 | 5 | 4 | 4 | 4 | 3 | 3 | 3 | 2 | 2 | 2 |

## 4 · 壬辰月(양 4.5~5.5)

청명 5일 16시05분 | 곡우 20일 23시08분

| 양력 | | 1 | 2 | 3 | 4 | 5 | 6 | 7 | 8 | 9 | 10 | 11 | 12 | 13 | 14 | 15 | 16 | 17 | 18 | 19 | 20 | 21 | 22 | 23 | 24 | 25 | 26 | 27 | 28 | 29 | 30 |
|---|---|---|---|---|---|---|---|---|---|---|---|---|---|---|---|---|---|---|---|---|---|---|---|---|---|---|---|---|---|---|---|
| 음력 | | 17 | 18 | 19 | 20 | 21 | 22 | 23 | 24 | 25 | 26 | 27 | 28 | 29 | 30 | 3.1 | 2 | 3 | 4 | 5 | 6 | 7 | 8 | 9 | 10 | 11 | 12 | 13 | 14 | 15 | 16 |
| 요일 | | 月 | 火 | 水 | 木 | 金 | 土 | 日 | 月 | 火 | 水 | 木 | 金 | 土 | 日 | 月 | 火 | 水 | 木 | 金 | 土 | 日 | 月 | 火 | 水 | 木 | 金 | 土 | 日 | 月 | 火 |
| 일진 | | 辛 | 壬 | 癸 | 甲 | 乙 | 丙 | 丁 | 戊 | 己 | 庚 | 辛 | 壬 | 癸 | 甲 | 乙 | 丙 | 丁 | 戊 | 己 | 庚 | 辛 | 壬 | 癸 | 甲 | 乙 | 丙 | 丁 | 戊 | 己 | 庚 |
| | | 丑 | 寅 | 卯 | 辰 | 巳 | 午 | 未 | 申 | 酉 | 戌 | 亥 | 子 | 丑 | 寅 | 卯 | 辰 | 巳 | 午 | 未 | 申 | 酉 | 戌 | 亥 | 子 | 丑 | 寅 | 卯 | 辰 | 巳 | 午 |
| 대운 | 남 | 9 | 9 | 9 | 10 | 청 | 1 | 1 | 1 | 1 | 2 | 2 | 2 | 3 | 3 | 3 | 4 | 4 | 4 | 5 | 5 | 5 | 6 | 6 | 6 | 7 | 7 | 7 | 8 | 8 | 8 |
| | 녀 | 1 | 1 | 1 | 1 | 명 | 10 | 10 | 9 | 9 | 9 | 8 | 8 | 8 | 7 | 7 | 7 | 6 | 6 | 6 | 5 | 5 | 5 | 4 | 4 | 4 | 3 | 3 | 3 | 2 | 2 |

## 5 · 癸巳月(양 5.6~6.5)

입하 6일 09시27분 | 소만 21일 22시20분

| 양력 | | 1 | 2 | 3 | 4 | 5 | 6 | 7 | 8 | 9 | 10 | 11 | 12 | 13 | 14 | 15 | 16 | 17 | 18 | 19 | 20 | 21 | 22 | 23 | 24 | 25 | 26 | 27 | 28 | 29 | 30 | 31 |
|---|---|---|---|---|---|---|---|---|---|---|---|---|---|---|---|---|---|---|---|---|---|---|---|---|---|---|---|---|---|---|---|---|
| 음력 | | 17 | 18 | 19 | 20 | 21 | 22 | 23 | 24 | 25 | 26 | 27 | 28 | 29 | 4.1 | 2 | 3 | 4 | 5 | 6 | 7 | 8 | 9 | 10 | 11 | 12 | 13 | 14 | 15 | 16 | 17 | 18 |
| 요일 | | 水 | 木 | 金 | 土 | 日 | 月 | 火 | 水 | 木 | 金 | 土 | 日 | 月 | 火 | 水 | 木 | 金 | 土 | 日 | 月 | 火 | 水 | 木 | 金 | 土 | 日 | 月 | 火 | 水 | 木 | 金 |
| 일진 | | 辛 | 壬 | 癸 | 甲 | 乙 | 丙 | 丁 | 戊 | 己 | 庚 | 辛 | 壬 | 癸 | 甲 | 乙 | 丙 | 丁 | 戊 | 己 | 庚 | 辛 | 壬 | 癸 | 甲 | 乙 | 丙 | 丁 | 戊 | 己 | 庚 | 辛 |
| | | 未 | 申 | 酉 | 戌 | 亥 | 子 | 丑 | 寅 | 卯 | 辰 | 巳 | 午 | 未 | 申 | 酉 | 戌 | 亥 | 子 | 丑 | 寅 | 卯 | 辰 | 巳 | 午 | 未 | 申 | 酉 | 戌 | 亥 | 子 | 丑 |
| 대운 | 남 | 9 | 9 | 9 | 10 | 10 | 입 | 1 | 1 | 1 | 1 | 2 | 2 | 2 | 3 | 3 | 3 | 4 | 4 | 4 | 5 | 5 | 5 | 6 | 6 | 6 | 7 | 7 | 7 | 8 | 8 | 8 |
| | 녀 | 2 | 1 | 1 | 1 | 1 | 하 | 10 | 10 | 9 | 9 | 9 | 8 | 8 | 8 | 7 | 7 | 7 | 6 | 6 | 6 | 5 | 5 | 5 | 4 | 4 | 4 | 3 | 3 | 3 | 2 | 2 |

## 6 · 甲午月(양 6.6~7.6)

망종 6일 13시38분 | 하지 22일 06시19분

| 양력 | | 1 | 2 | 3 | 4 | 5 | 6 | 7 | 8 | 9 | 10 | 11 | 12 | 13 | 14 | 15 | 16 | 17 | 18 | 19 | 20 | 21 | 22 | 23 | 24 | 25 | 26 | 27 | 28 | 29 | 30 |
|---|---|---|---|---|---|---|---|---|---|---|---|---|---|---|---|---|---|---|---|---|---|---|---|---|---|---|---|---|---|---|---|
| 음력 | | 19 | 20 | 21 | 22 | 23 | 24 | 25 | 26 | 27 | 28 | 29 | 5.1 | 2 | 3 | 4 | 5 | 6 | 7 | 8 | 9 | 10 | 11 | 12 | 13 | 14 | 15 | 16 | 17 | 18 | 19 |
| 요일 | | 土 | 日 | 月 | 火 | 水 | 木 | 金 | 土 | 日 | 月 | 火 | 水 | 木 | 金 | 土 | 日 | 月 | 火 | 水 | 木 | 金 | 土 | 日 | 月 | 火 | 水 | 木 | 金 | 土 | 日 |
| 일진 | | 壬 | 癸 | 甲 | 乙 | 丙 | 丁 | 戊 | 己 | 庚 | 辛 | 壬 | 癸 | 甲 | 乙 | 丙 | 丁 | 戊 | 己 | 庚 | 辛 | 壬 | 癸 | 甲 | 乙 | 丙 | 丁 | 戊 | 己 | 庚 | 辛 |
| | | 寅 | 卯 | 辰 | 巳 | 午 | 未 | 申 | 酉 | 戌 | 亥 | 子 | 丑 | 寅 | 卯 | 辰 | 巳 | 午 | 未 | 申 | 酉 | 戌 | 亥 | 子 | 丑 | 寅 | 卯 | 辰 | 巳 | 午 | 未 |
| 대운 | 남 | 9 | 9 | 9 | 10 | 10 | 망 | 1 | 1 | 1 | 1 | 2 | 2 | 2 | 3 | 3 | 3 | 4 | 4 | 4 | 5 | 5 | 5 | 6 | 6 | 6 | 7 | 7 | 7 | 8 | 8 |
| | 녀 | 2 | 1 | 1 | 1 | 1 | 종 | 10 | 10 | 9 | 9 | 9 | 8 | 8 | 8 | 7 | 7 | 7 | 6 | 6 | 6 | 5 | 5 | 5 | 4 | 4 | 4 | 3 | 3 | 3 | 2 |

## 7 · 乙未月(양 7.7~8.7)

소서 7일 23시53분 / 대서 23일 17시11분

| 양력 | 1 | 2 | 3 | 4 | 5 | 6 | 7 | 8 | 9 | 10 | 11 | 12 | 13 | 14 | 15 | 16 | 17 | 18 | 19 | 20 | 21 | 22 | 23 | 24 | 25 | 26 | 27 | 28 | 29 | 30 | 31 |
|---|---|---|---|---|---|---|---|---|---|---|---|---|---|---|---|---|---|---|---|---|---|---|---|---|---|---|---|---|---|---|---|
| 음력 | 20 | 21 | 22 | 23 | 24 | 25 | 26 | 27 | 28 | 29 | 30 | 6.1 | 2 | 3 | 4 | 5 | 6 | 7 | 8 | 9 | 10 | 11 | 12 | 13 | 14 | 15 | 16 | 17 | 18 | 19 | 20 |
| 요일 | 月 | 火 | 水 | 木 | 金 | 土 | 日 | 月 | 火 | 水 | 木 | 金 | 土 | 日 | 月 | 火 | 水 | 木 | 金 | 土 | 日 | 月 | 火 | 水 | 木 | 金 | 土 | 日 | 月 | 火 | 水 |
| 일진 | 壬申 | 癸酉 | 甲戌 | 乙亥 | 丙子 | 丁丑 | 戊寅 | 己卯 | 庚辰 | 辛巳 | 壬午 | 癸未 | 甲申 | 乙酉 | 丙戌 | 丁亥 | 戊子 | 己丑 | 庚寅 | 辛卯 | 壬辰 | 癸巳 | 甲午 | 乙未 | 丙申 | 丁酉 | 戊戌 | 己亥 | 庚子 | 辛丑 | 壬寅 |
| 대운 남 | 8 | 9 | 9 | 9 | 10 | 10 | 소 | 1 | 1 | 1 | 1 | 2 | 2 | 2 | 3 | 3 | 3 | 4 | 4 | 4 | 5 | 5 | 5 | 6 | 6 | 6 | 7 | 7 | 7 | 8 | 8 |
| 대운 녀 | 2 | 2 | 1 | 1 | 1 | 1 | 서 | 10 | 10 | 10 | 9 | 9 | 9 | 8 | 8 | 8 | 7 | 7 | 7 | 6 | 6 | 6 | 5 | 5 | 5 | 4 | 4 | 4 | 3 | 3 | 3 |

## 8 · 丙申月(양 8.8~9.7)

입추 8일 09시37분 / 처서 24일 00시13분

| 양력 | 1 | 2 | 3 | 4 | 5 | 6 | 7 | 8 | 9 | 10 | 11 | 12 | 13 | 14 | 15 | 16 | 17 | 18 | 19 | 20 | 21 | 22 | 23 | 24 | 25 | 26 | 27 | 28 | 29 | 30 | 31 |
|---|---|---|---|---|---|---|---|---|---|---|---|---|---|---|---|---|---|---|---|---|---|---|---|---|---|---|---|---|---|---|---|
| 음력 | 21 | 22 | 23 | 24 | 25 | 26 | 27 | 28 | 29 | 7.1 | 2 | 3 | 4 | 5 | 6 | 7 | 8 | 9 | 10 | 11 | 12 | 13 | 14 | 15 | 16 | 17 | 18 | 19 | 20 | 21 | 22 |
| 요일 | 木 | 金 | 土 | 日 | 月 | 火 | 水 | 木 | 金 | 土 | 日 | 月 | 火 | 水 | 木 | 金 | 土 | 日 | 月 | 火 | 水 | 木 | 金 | 土 | 日 | 月 | 火 | 水 | 木 | 金 | 土 |
| 일진 | 癸卯 | 甲辰 | 乙巳 | 丙午 | 丁未 | 戊申 | 己酉 | 庚戌 | 辛亥 | 壬子 | 癸丑 | 甲寅 | 乙卯 | 丙辰 | 丁巳 | 戊午 | 己未 | 庚申 | 辛酉 | 壬戌 | 癸亥 | 甲子 | 乙丑 | 丙寅 | 丁卯 | 戊辰 | 己巳 | 庚午 | 辛未 | 壬申 | 癸酉 |
| 대운 남 | 8 | 9 | 9 | 9 | 10 | 10 | 10 | 입 | 1 | 1 | 1 | 1 | 2 | 2 | 2 | 3 | 3 | 3 | 4 | 4 | 4 | 5 | 5 | 5 | 6 | 6 | 6 | 7 | 7 | 7 | 8 |
| 대운 녀 | 2 | 2 | 2 | 1 | 1 | 1 | 1 | 추 | 10 | 10 | 9 | 9 | 9 | 8 | 8 | 8 | 7 | 7 | 7 | 6 | 6 | 6 | 5 | 5 | 5 | 4 | 4 | 4 | 3 | 3 | 3 |

## 9 · 丁酉月(양 9.8~10.8)

백로 8일 12시27분 / 추분 23일 21시48분

| 양력 | 1 | 2 | 3 | 4 | 5 | 6 | 7 | 8 | 9 | 10 | 11 | 12 | 13 | 14 | 15 | 16 | 17 | 18 | 19 | 20 | 21 | 22 | 23 | 24 | 25 | 26 | 27 | 28 | 29 | 30 |
|---|---|---|---|---|---|---|---|---|---|---|---|---|---|---|---|---|---|---|---|---|---|---|---|---|---|---|---|---|---|---|
| 음력 | 23 | 24 | 25 | 26 | 27 | 28 | 29 | 8.1 | 2 | 3 | 4 | 5 | 6 | 7 | 8 | 9 | 10 | 11 | 12 | 13 | 14 | 15 | 16 | 17 | 18 | 19 | 20 | 21 | 22 | 23 |
| 요일 | 日 | 月 | 火 | 水 | 木 | 金 | 土 | 日 | 月 | 火 | 水 | 木 | 金 | 土 | 日 | 月 | 火 | 水 | 木 | 金 | 土 | 日 | 月 | 火 | 水 | 木 | 金 | 土 | 日 | 月 |
| 일진 | 甲戌 | 乙亥 | 丙子 | 丁丑 | 戊寅 | 己卯 | 庚辰 | 辛巳 | 壬午 | 癸未 | 甲申 | 乙酉 | 丙戌 | 丁亥 | 戊子 | 己丑 | 庚寅 | 辛卯 | 壬辰 | 癸巳 | 甲午 | 乙未 | 丙申 | 丁酉 | 戊戌 | 己亥 | 庚子 | 辛丑 | 壬寅 | 癸卯 |
| 대운 남 | 8 | 8 | 9 | 9 | 9 | 10 | 10 | 백 | 1 | 1 | 1 | 1 | 2 | 2 | 2 | 3 | 3 | 3 | 4 | 4 | 4 | 5 | 5 | 5 | 6 | 6 | 6 | 7 | 7 | 7 |
| 대운 녀 | 2 | 2 | 2 | 1 | 1 | 1 | 1 | 로 | 10 | 10 | 9 | 9 | 9 | 8 | 8 | 8 | 7 | 7 | 7 | 6 | 6 | 6 | 5 | 5 | 5 | 4 | 4 | 4 | 3 | 3 |

## 10 · 戊戌月(양 10.9~11.7)

한로 9일 04시01분 / 상강 24일 07시05분

| 양력 | 1 | 2 | 3 | 4 | 5 | 6 | 7 | 8 | 9 | 10 | 11 | 12 | 13 | 14 | 15 | 16 | 17 | 18 | 19 | 20 | 21 | 22 | 23 | 24 | 25 | 26 | 27 | 28 | 29 | 30 | 31 |
|---|---|---|---|---|---|---|---|---|---|---|---|---|---|---|---|---|---|---|---|---|---|---|---|---|---|---|---|---|---|---|---|
| 음력 | 24 | 25 | 26 | 27 | 28 | 29 | 30 | 9.1 | 2 | 3 | 4 | 5 | 6 | 7 | 8 | 9 | 10 | 11 | 12 | 13 | 14 | 15 | 16 | 17 | 18 | 19 | 20 | 21 | 22 | 23 | 24 |
| 요일 | 火 | 水 | 木 | 金 | 土 | 日 | 月 | 火 | 水 | 木 | 金 | 土 | 日 | 月 | 火 | 水 | 木 | 金 | 土 | 日 | 月 | 火 | 水 | 木 | 金 | 土 | 日 | 月 | 火 | 水 | 木 |
| 일진 | 甲辰 | 乙巳 | 丙午 | 丁未 | 戊申 | 己酉 | 庚戌 | 辛亥 | 壬子 | 癸丑 | 甲寅 | 乙卯 | 丙辰 | 丁巳 | 戊午 | 己未 | 庚申 | 辛酉 | 壬戌 | 癸亥 | 甲子 | 乙丑 | 丙寅 | 丁卯 | 戊辰 | 己巳 | 庚午 | 辛未 | 壬申 | 癸酉 | 甲戌 |
| 대운 남 | 8 | 8 | 8 | 9 | 9 | 9 | 10 | 10 | 한 | 1 | 1 | 1 | 1 | 2 | 2 | 2 | 3 | 3 | 3 | 4 | 4 | 4 | 5 | 5 | 5 | 6 | 6 | 6 | 7 | 7 | 7 |
| 대운 녀 | 3 | 2 | 2 | 2 | 1 | 1 | 1 | 1 | 로 | 10 | 9 | 9 | 9 | 8 | 8 | 8 | 7 | 7 | 7 | 6 | 6 | 6 | 5 | 5 | 5 | 4 | 4 | 4 | 3 | 3 | 3 |

## 11 · 己亥月(양 11.8~12.6)

입동 8일 07시08분 / 소설 23일 04시36분

| 양력 | 1 | 2 | 3 | 4 | 5 | 6 | 7 | 8 | 9 | 10 | 11 | 12 | 13 | 14 | 15 | 16 | 17 | 18 | 19 | 20 | 21 | 22 | 23 | 24 | 25 | 26 | 27 | 28 | 29 | 30 |
|---|---|---|---|---|---|---|---|---|---|---|---|---|---|---|---|---|---|---|---|---|---|---|---|---|---|---|---|---|---|---|
| 음력 | 25 | 26 | 27 | 28 | 29 | 10.1 | 2 | 3 | 4 | 5 | 6 | 7 | 8 | 9 | 10 | 11 | 12 | 13 | 14 | 15 | 16 | 17 | 18 | 19 | 20 | 21 | 22 | 23 | 24 | 25 |
| 요일 | 金 | 土 | 日 | 月 | 火 | 水 | 木 | 金 | 土 | 日 | 月 | 火 | 水 | 木 | 金 | 土 | 日 | 月 | 火 | 水 | 木 | 金 | 土 | 日 | 月 | 火 | 水 | 木 | 金 | 土 |
| 일진 | 乙亥 | 丙子 | 丁丑 | 戊寅 | 己卯 | 庚辰 | 辛巳 | 壬午 | 癸未 | 甲申 | 乙酉 | 丙戌 | 丁亥 | 戊子 | 己丑 | 庚寅 | 辛卯 | 壬辰 | 癸巳 | 甲午 | 乙未 | 丙申 | 丁酉 | 戊戌 | 己亥 | 庚子 | 辛丑 | 壬寅 | 癸卯 | 甲辰 |
| 대운 남 | 8 | 8 | 8 | 9 | 9 | 9 | 10 | 입 | 1 | 1 | 1 | 1 | 2 | 2 | 2 | 3 | 3 | 3 | 4 | 4 | 4 | 5 | 5 | 5 | 6 | 6 | 6 | 7 | 7 | 7 |
| 대운 녀 | 2 | 2 | 2 | 1 | 1 | 1 | 1 | 동 | 9 | 9 | 9 | 8 | 8 | 8 | 7 | 7 | 7 | 6 | 6 | 6 | 5 | 5 | 5 | 4 | 4 | 4 | 3 | 3 | 3 | 2 |

## 12 · 庚子月(양 12.7~1.5)

대설 7일 23시56분 / 동지 22일 17시54분

| 양력 | 1 | 2 | 3 | 4 | 5 | 6 | 7 | 8 | 9 | 10 | 11 | 12 | 13 | 14 | 15 | 16 | 17 | 18 | 19 | 20 | 21 | 22 | 23 | 24 | 25 | 26 | 27 | 28 | 29 | 30 | 31 |
|---|---|---|---|---|---|---|---|---|---|---|---|---|---|---|---|---|---|---|---|---|---|---|---|---|---|---|---|---|---|---|---|
| 음력 | 26 | 27 | 28 | 29 | 30 | 11.1 | 2 | 3 | 4 | 5 | 6 | 7 | 8 | 9 | 10 | 11 | 12 | 13 | 14 | 15 | 16 | 17 | 18 | 19 | 20 | 21 | 22 | 23 | 24 | 25 | 26 |
| 요일 | 日 | 月 | 火 | 水 | 木 | 金 | 土 | 日 | 月 | 火 | 水 | 木 | 金 | 土 | 日 | 月 | 火 | 水 | 木 | 金 | 土 | 日 | 月 | 火 | 水 | 木 | 金 | 土 | 日 | 月 | 火 |
| 일진 | 乙巳 | 丙午 | 丁未 | 戊申 | 己酉 | 庚戌 | 辛亥 | 壬子 | 癸丑 | 甲寅 | 乙卯 | 丙辰 | 丁巳 | 戊午 | 己未 | 庚申 | 辛酉 | 壬戌 | 癸亥 | 甲子 | 乙丑 | 丙寅 | 丁卯 | 戊辰 | 己巳 | 庚午 | 辛未 | 壬申 | 癸酉 | 甲戌 | 乙亥 |
| 대운 남 | 8 | 8 | 8 | 9 | 9 | 9 | 대 | 1 | 1 | 1 | 1 | 2 | 2 | 2 | 3 | 3 | 3 | 4 | 4 | 4 | 5 | 5 | 5 | 6 | 6 | 6 | 7 | 7 | 7 | 8 | 8 |
| 대운 녀 | 2 | 2 | 1 | 1 | 1 | 1 | 설 | 10 | 9 | 9 | 9 | 8 | 8 | 8 | 7 | 7 | 7 | 6 | 6 | 6 | 5 | 5 | 5 | 4 | 4 | 4 | 3 | 3 | 3 | 2 | 2 |

# 1992년

소한 6일 11시09분

## 1 · 辛丑月(양 1.6~2.3)

대한 21일 04시32분

| 양력 | 1 | 2 | 3 | 4 | 5 | 6 | 7 | 8 | 9 | 10 | 11 | 12 | 13 | 14 | 15 | 16 | 17 | 18 | 19 | 20 | 21 | 22 | 23 | 24 | 25 | 26 | 27 | 28 | 29 | 30 | 31 |
|---|---|---|---|---|---|---|---|---|---|---|---|---|---|---|---|---|---|---|---|---|---|---|---|---|---|---|---|---|---|---|---|
| 음력 | 27 | 28 | 29 | 30 | 12.1 | 2 | 3 | 4 | 5 | 6 | 7 | 8 | 9 | 10 | 11 | 12 | 13 | 14 | 15 | 16 | 17 | 18 | 19 | 20 | 21 | 22 | 23 | 24 | 25 | 26 | 27 |
| 요일 | 水 | 木 | 金 | 土 | 日 | 月 | 火 | 水 | 木 | 金 | 土 | 日 | 月 | 火 | 水 | 木 | 金 | 土 | 日 | 月 | 火 | 水 | 木 | 金 | 土 | 日 | 月 | 火 | 水 | 木 | 金 |
| 일진 | 丙子 | 丁丑 | 戊寅 | 己卯 | 庚辰 | 辛巳 | 壬午 | 癸未 | 甲申 | 乙酉 | 丙戌 | 丁亥 | 戊子 | 己丑 | 庚寅 | 辛卯 | 壬辰 | 癸巳 | 甲午 | 乙未 | 丙申 | 丁酉 | 戊戌 | 己亥 | 庚子 | 辛丑 | 壬寅 | 癸卯 | 甲辰 | 乙巳 | 丙午 |
| 대운 남 | 8 | 9 | 9 | 9 | 10 | 소 | 1 | 1 | 1 | 1 | 2 | 2 | 2 | 3 | 3 | 3 | 4 | 4 | 4 | 5 | 5 | 5 | 6 | 6 | 6 | 7 | 7 | 7 | 8 | 8 | 8 |
| 대운 녀 | 2 | 1 | 1 | 1 | 1 | 한 | 9 | 9 | 9 | 8 | 8 | 8 | 7 | 7 | 7 | 6 | 6 | 6 | 5 | 5 | 5 | 4 | 4 | 4 | 3 | 3 | 3 | 2 | 2 | 2 | 1 |

입춘 4일 22시48분

## 2 · 壬寅月(양 2.4~3.4)

우수 19일 18시44분

| 양력 | 1 | 2 | 3 | 4 | 5 | 6 | 7 | 8 | 9 | 10 | 11 | 12 | 13 | 14 | 15 | 16 | 17 | 18 | 19 | 20 | 21 | 22 | 23 | 24 | 25 | 26 | 27 | 28 | 29 |
|---|---|---|---|---|---|---|---|---|---|---|---|---|---|---|---|---|---|---|---|---|---|---|---|---|---|---|---|---|---|
| 음력 | 28 | 29 | 30 | 1.1 | 2 | 3 | 4 | 5 | 6 | 7 | 8 | 9 | 10 | 11 | 12 | 13 | 14 | 15 | 16 | 17 | 18 | 19 | 20 | 21 | 22 | 23 | 24 | 25 | 26 |
| 요일 | 土 | 日 | 月 | 火 | 水 | 木 | 金 | 土 | 日 | 月 | 火 | 水 | 木 | 金 | 土 | 日 | 月 | 火 | 水 | 木 | 金 | 土 | 日 | 月 | 火 | 水 | 木 | 金 | 土 |
| 일진 | 丁未 | 戊申 | 己酉 | 庚戌 | 辛亥 | 壬子 | 癸丑 | 甲寅 | 乙卯 | 丙辰 | 丁巳 | 戊午 | 己未 | 庚申 | 辛酉 | 壬戌 | 癸亥 | 甲子 | 乙丑 | 丙寅 | 丁卯 | 戊辰 | 己巳 | 庚午 | 辛未 | 壬申 | 癸酉 | 甲戌 | 乙亥 |
| 대운 남 | 9 | 9 | 9 | 입 | 10 | 9 | 9 | 9 | 8 | 8 | 8 | 7 | 7 | 7 | 6 | 6 | 6 | 5 | 5 | 5 | 4 | 4 | 4 | 3 | 3 | 3 | 2 | 2 | 2 |
| 대운 녀 | 1 | 1 | 1 | 춘 | 1 | 1 | 1 | 1 | 2 | 2 | 2 | 3 | 3 | 3 | 4 | 4 | 4 | 5 | 5 | 5 | 6 | 6 | 6 | 7 | 7 | 7 | 8 | 8 | 8 |

경칩 5일 16시52분

## 3 · 癸卯月(양 3.5~4.3)

춘분 20일 17시48분

| 양력 | 1 | 2 | 3 | 4 | 5 | 6 | 7 | 8 | 9 | 10 | 11 | 12 | 13 | 14 | 15 | 16 | 17 | 18 | 19 | 20 | 21 | 22 | 23 | 24 | 25 | 26 | 27 | 28 | 29 | 30 | 31 |
|---|---|---|---|---|---|---|---|---|---|---|---|---|---|---|---|---|---|---|---|---|---|---|---|---|---|---|---|---|---|---|---|
| 음력 | 27 | 28 | 29 | 2.1 | 2 | 3 | 4 | 5 | 6 | 7 | 8 | 9 | 10 | 11 | 12 | 13 | 14 | 15 | 16 | 17 | 18 | 19 | 20 | 21 | 22 | 23 | 24 | 25 | 26 | 27 | 28 |
| 요일 | 日 | 月 | 火 | 水 | 木 | 金 | 土 | 日 | 月 | 火 | 水 | 木 | 金 | 土 | 日 | 月 | 火 | 水 | 木 | 金 | 土 | 日 | 月 | 火 | 水 | 木 | 金 | 土 | 日 | 月 | 火 |
| 일진 | 丙子 | 丁丑 | 戊寅 | 己卯 | 庚辰 | 辛巳 | 壬午 | 癸未 | 甲申 | 乙酉 | 丙戌 | 丁亥 | 戊子 | 己丑 | 庚寅 | 辛卯 | 壬辰 | 癸巳 | 甲午 | 乙未 | 丙申 | 丁酉 | 戊戌 | 己亥 | 庚子 | 辛丑 | 壬寅 | 癸卯 | 甲辰 | 乙巳 | 丙午 |
| 대운 남 | 1 | 1 | 1 | 1 | 경 | 10 | 9 | 9 | 9 | 8 | 8 | 8 | 7 | 7 | 7 | 6 | 6 | 6 | 5 | 5 | 5 | 4 | 4 | 4 | 3 | 3 | 3 | 2 | 2 | 2 | 1 |
| 대운 녀 | 9 | 9 | 9 | 10 | 칩 | 1 | 1 | 1 | 1 | 2 | 2 | 2 | 3 | 3 | 3 | 4 | 4 | 4 | 5 | 5 | 5 | 6 | 6 | 6 | 7 | 7 | 7 | 8 | 8 | 8 | 9 |

청명 4일 21시45분

## 4 · 甲辰月(양 4.4~5.4)

곡우 20일 04시57분

| 양력 | 1 | 2 | 3 | 4 | 5 | 6 | 7 | 8 | 9 | 10 | 11 | 12 | 13 | 14 | 15 | 16 | 17 | 18 | 19 | 20 | 21 | 22 | 23 | 24 | 25 | 26 | 27 | 28 | 29 | 30 |
|---|---|---|---|---|---|---|---|---|---|---|---|---|---|---|---|---|---|---|---|---|---|---|---|---|---|---|---|---|---|---|
| 음력 | 29 | 30 | 3.1 | 2 | 3 | 4 | 5 | 6 | 7 | 8 | 9 | 10 | 11 | 12 | 13 | 14 | 15 | 16 | 17 | 18 | 19 | 20 | 21 | 22 | 23 | 24 | 25 | 26 | 27 | 28 |
| 요일 | 水 | 木 | 金 | 土 | 日 | 月 | 火 | 水 | 木 | 金 | 土 | 日 | 月 | 火 | 水 | 木 | 金 | 土 | 日 | 月 | 火 | 水 | 木 | 金 | 土 | 日 | 月 | 火 | 水 | 木 |
| 일진 | 丁未 | 戊申 | 己酉 | 庚戌 | 辛亥 | 壬子 | 癸丑 | 甲寅 | 乙卯 | 丙辰 | 丁巳 | 戊午 | 己未 | 庚申 | 辛酉 | 壬戌 | 癸亥 | 甲子 | 乙丑 | 丙寅 | 丁卯 | 戊辰 | 己巳 | 庚午 | 辛未 | 壬申 | 癸酉 | 甲戌 | 乙亥 | 丙子 |
| 대운 남 | 1 | 1 | 1 | 청 | 10 | 10 | 9 | 9 | 9 | 8 | 8 | 8 | 7 | 7 | 7 | 6 | 6 | 6 | 5 | 5 | 5 | 4 | 4 | 4 | 3 | 3 | 3 | 2 | 2 | 2 |
| 대운 녀 | 9 | 9 | 10 | 명 | 1 | 1 | 1 | 1 | 2 | 2 | 2 | 3 | 3 | 3 | 4 | 4 | 4 | 5 | 5 | 5 | 6 | 6 | 6 | 7 | 7 | 7 | 8 | 8 | 8 | 9 |

입하 5일 15시09분

## 5 · 乙巳月(양 5.5~6.4)

소만 21일 04시12분

| 양력 | 1 | 2 | 3 | 4 | 5 | 6 | 7 | 8 | 9 | 10 | 11 | 12 | 13 | 14 | 15 | 16 | 17 | 18 | 19 | 20 | 21 | 22 | 23 | 24 | 25 | 26 | 27 | 28 | 29 | 30 | 31 |
|---|---|---|---|---|---|---|---|---|---|---|---|---|---|---|---|---|---|---|---|---|---|---|---|---|---|---|---|---|---|---|---|
| 음력 | 29 | 30 | 4.1 | 2 | 3 | 4 | 5 | 6 | 7 | 8 | 9 | 10 | 11 | 12 | 13 | 14 | 15 | 16 | 17 | 18 | 19 | 20 | 21 | 22 | 23 | 24 | 25 | 26 | 27 | 28 | 29 |
| 요일 | 金 | 土 | 日 | 月 | 火 | 水 | 木 | 金 | 土 | 日 | 月 | 火 | 水 | 木 | 金 | 土 | 日 | 月 | 火 | 水 | 木 | 金 | 土 | 日 | 月 | 火 | 水 | 木 | 金 | 土 | 日 |
| 일진 | 丁丑 | 戊寅 | 己卯 | 庚辰 | 辛巳 | 壬午 | 癸未 | 甲申 | 乙酉 | 丙戌 | 丁亥 | 戊子 | 己丑 | 庚寅 | 辛卯 | 壬辰 | 癸巳 | 甲午 | 乙未 | 丙申 | 丁酉 | 戊戌 | 己亥 | 庚子 | 辛丑 | 壬寅 | 癸卯 | 甲辰 | 乙巳 | 丙午 | 丁未 |
| 대운 남 | 1 | 1 | 1 | 1 | 입 | 10 | 10 | 9 | 9 | 9 | 8 | 8 | 8 | 7 | 7 | 7 | 6 | 6 | 6 | 5 | 5 | 5 | 4 | 4 | 4 | 3 | 3 | 3 | 2 | 2 | 2 |
| 대운 녀 | 9 | 9 | 10 | 10 | 하 | 1 | 1 | 1 | 1 | 2 | 2 | 2 | 3 | 3 | 3 | 4 | 4 | 4 | 5 | 5 | 5 | 6 | 6 | 6 | 7 | 7 | 7 | 8 | 8 | 8 | 9 |

망종 5일 19시22분

## 6 · 丙午月(양 6.5~7.6)

하지 21일 12시14분

| 양력 | 1 | 2 | 3 | 4 | 5 | 6 | 7 | 8 | 9 | 10 | 11 | 12 | 13 | 14 | 15 | 16 | 17 | 18 | 19 | 20 | 21 | 22 | 23 | 24 | 25 | 26 | 27 | 28 | 29 | 30 |
|---|---|---|---|---|---|---|---|---|---|---|---|---|---|---|---|---|---|---|---|---|---|---|---|---|---|---|---|---|---|---|
| 음력 | 5.1 | 2 | 3 | 4 | 5 | 6 | 7 | 8 | 9 | 10 | 11 | 12 | 13 | 14 | 15 | 16 | 17 | 18 | 19 | 20 | 21 | 22 | 23 | 24 | 25 | 26 | 27 | 28 | 29 | 6.1 |
| 요일 | 月 | 火 | 水 | 木 | 金 | 土 | 日 | 月 | 火 | 水 | 木 | 金 | 土 | 日 | 月 | 火 | 水 | 木 | 金 | 土 | 日 | 月 | 火 | 水 | 木 | 金 | 土 | 日 | 月 | 火 |
| 일진 | 戊申 | 己酉 | 庚戌 | 辛亥 | 壬子 | 癸丑 | 甲寅 | 乙卯 | 丙辰 | 丁巳 | 戊午 | 己未 | 庚申 | 辛酉 | 壬戌 | 癸亥 | 甲子 | 乙丑 | 丙寅 | 丁卯 | 戊辰 | 己巳 | 庚午 | 辛未 | 壬申 | 癸酉 | 甲戌 | 乙亥 | 丙子 | 丁丑 |
| 대운 남 | 1 | 1 | 1 | 1 | 망 | 10 | 10 | 10 | 9 | 9 | 9 | 8 | 8 | 8 | 7 | 7 | 7 | 6 | 6 | 6 | 5 | 5 | 5 | 4 | 4 | 4 | 3 | 3 | 3 | 2 |
| 대운 녀 | 9 | 9 | 10 | 10 | 종 | 1 | 1 | 1 | 1 | 2 | 2 | 2 | 3 | 3 | 3 | 4 | 4 | 4 | 5 | 5 | 5 | 6 | 6 | 6 | 7 | 7 | 7 | 8 | 8 | 8 |

# 壬申年

동경135도표준시

## 7 · 丁未月(양 7.7~8.6)

소서 7일 05시40분 대서 22일 23시09분

| 양력 | 1 | 2 | 3 | 4 | 5 | 6 | 7 | 8 | 9 | 10 | 11 | 12 | 13 | 14 | 15 | 16 | 17 | 18 | 19 | 20 | 21 | 22 | 23 | 24 | 25 | 26 | 27 | 28 | 29 | 30 | 31 |
|---|---|---|---|---|---|---|---|---|---|---|---|---|---|---|---|---|---|---|---|---|---|---|---|---|---|---|---|---|---|---|---|
| 음력 | 2 | 3 | 4 | 5 | 6 | 7 | 8 | 9 | 10 | 11 | 12 | 13 | 14 | 15 | 16 | 17 | 18 | 19 | 20 | 21 | 22 | 23 | 24 | 25 | 26 | 27 | 28 | 29 | 30 | 7.1 | 2 |
| 요일 | 水 | 木 | 金 | 土 | 日 | 月 | 火 | 水 | 木 | 金 | 土 | 日 | 月 | 火 | 水 | 木 | 金 | 土 | 日 | 月 | 火 | 水 | 木 | 金 | 土 | 日 | 月 | 火 | 水 | 木 | 金 |
| 일진 | 戊寅 | 己卯 | 庚辰 | 辛巳 | 壬午 | 癸未 | 甲申 | 乙酉 | 丙戌 | 丁亥 | 戊子 | 己丑 | 庚寅 | 辛卯 | 壬辰 | 癸巳 | 甲午 | 乙未 | 丙申 | 丁酉 | 戊戌 | 己亥 | 庚子 | 辛丑 | 壬寅 | 癸卯 | 甲辰 | 乙巳 | 丙午 | 丁未 | 戊申 |
| 대운 남 | 2 | 2 | 1 | 1 | 1 | 1 | 소 | 10 | 10 | 9 | 9 | 9 | 8 | 8 | 8 | 7 | 7 | 7 | 6 | 6 | 6 | 5 | 5 | 5 | 4 | 4 | 4 | 3 | 3 | 3 | 2 |
| 대운 녀 | 9 | 9 | 9 | 10 | 10 | 10 | 서 | 1 | 1 | 1 | 1 | 2 | 2 | 2 | 3 | 3 | 3 | 4 | 4 | 4 | 5 | 5 | 5 | 6 | 6 | 6 | 7 | 7 | 7 | 8 | 8 |

## 8 · 戊申月(양 8.7~9.6)

입추 7일 15시27분 처서 23일 06시10분

| 양력 | 1 | 2 | 3 | 4 | 5 | 6 | 7 | 8 | 9 | 10 | 11 | 12 | 13 | 14 | 15 | 16 | 17 | 18 | 19 | 20 | 21 | 22 | 23 | 24 | 25 | 26 | 27 | 28 | 29 | 30 | 31 |
|---|---|---|---|---|---|---|---|---|---|---|---|---|---|---|---|---|---|---|---|---|---|---|---|---|---|---|---|---|---|---|---|
| 음력 | 3 | 4 | 5 | 6 | 7 | 8 | 9 | 10 | 11 | 12 | 13 | 14 | 15 | 16 | 17 | 18 | 19 | 20 | 21 | 22 | 23 | 24 | 25 | 26 | 27 | 28 | 29 | 8.1 | 2 | 3 | 4 |
| 요일 | 土 | 日 | 月 | 火 | 水 | 木 | 金 | 土 | 日 | 月 | 火 | 水 | 木 | 金 | 土 | 日 | 月 | 火 | 水 | 木 | 金 | 土 | 日 | 月 | 火 | 水 | 木 | 金 | 土 | 日 | 月 |
| 일진 | 己酉 | 庚戌 | 辛亥 | 壬子 | 癸丑 | 甲寅 | 乙卯 | 丙辰 | 丁巳 | 戊午 | 己未 | 庚申 | 辛酉 | 壬戌 | 癸亥 | 甲子 | 乙丑 | 丙寅 | 丁卯 | 戊辰 | 己巳 | 庚午 | 辛未 | 壬申 | 癸酉 | 甲戌 | 乙亥 | 丙子 | 丁丑 | 戊寅 | 己卯 |
| 대운 남 | 2 | 2 | 1 | 1 | 1 | 1 | 입 | 10 | 10 | 9 | 9 | 9 | 8 | 8 | 8 | 7 | 7 | 7 | 6 | 6 | 6 | 5 | 5 | 5 | 4 | 4 | 4 | 3 | 3 | 3 | 2 |
| 대운 녀 | 8 | 9 | 9 | 9 | 10 | 10 | 추 | 1 | 1 | 1 | 1 | 2 | 2 | 2 | 3 | 3 | 3 | 4 | 4 | 4 | 5 | 5 | 5 | 6 | 6 | 6 | 7 | 7 | 7 | 8 | 8 |

## 9 · 己酉月(양 9.7~10.7)

백로 7일 18시18분 추분 23일 03시43분

| 양력 | 1 | 2 | 3 | 4 | 5 | 6 | 7 | 8 | 9 | 10 | 11 | 12 | 13 | 14 | 15 | 16 | 17 | 18 | 19 | 20 | 21 | 22 | 23 | 24 | 25 | 26 | 27 | 28 | 29 | 30 |
|---|---|---|---|---|---|---|---|---|---|---|---|---|---|---|---|---|---|---|---|---|---|---|---|---|---|---|---|---|---|---|
| 음력 | 5 | 6 | 7 | 8 | 9 | 10 | 11 | 12 | 13 | 14 | 15 | 16 | 17 | 18 | 19 | 20 | 21 | 22 | 23 | 24 | 25 | 26 | 27 | 28 | 29 | 9.1 | 2 | 3 | 4 | 5 |
| 요일 | 火 | 水 | 木 | 金 | 土 | 日 | 月 | 火 | 水 | 木 | 金 | 土 | 日 | 月 | 火 | 水 | 木 | 金 | 土 | 日 | 月 | 火 | 水 | 木 | 金 | 土 | 日 | 月 | 火 | 水 |
| 일진 | 庚辰 | 辛巳 | 壬午 | 癸未 | 甲申 | 乙酉 | 丙戌 | 丁亥 | 戊子 | 己丑 | 庚寅 | 辛卯 | 壬辰 | 癸巳 | 甲午 | 乙未 | 丙申 | 丁酉 | 戊戌 | 己亥 | 庚子 | 辛丑 | 壬寅 | 癸卯 | 甲辰 | 乙巳 | 丙午 | 丁未 | 戊申 | 己酉 |
| 대운 남 | 2 | 2 | 1 | 1 | 1 | 1 | 백 | 10 | 10 | 9 | 9 | 9 | 8 | 8 | 8 | 7 | 7 | 7 | 6 | 6 | 6 | 5 | 5 | 5 | 4 | 4 | 4 | 3 | 3 | 3 |
| 대운 녀 | 8 | 9 | 9 | 9 | 10 | 10 | 로 | 1 | 1 | 1 | 1 | 2 | 2 | 2 | 3 | 3 | 3 | 4 | 4 | 4 | 5 | 5 | 5 | 6 | 6 | 6 | 7 | 7 | 7 | 8 |

## 10 · 庚戌月(양 10.8~11.6)

한로 8일 09시51분 상강 23일 12시57분

| 양력 | 1 | 2 | 3 | 4 | 5 | 6 | 7 | 8 | 9 | 10 | 11 | 12 | 13 | 14 | 15 | 16 | 17 | 18 | 19 | 20 | 21 | 22 | 23 | 24 | 25 | 26 | 27 | 28 | 29 | 30 | 31 |
|---|---|---|---|---|---|---|---|---|---|---|---|---|---|---|---|---|---|---|---|---|---|---|---|---|---|---|---|---|---|---|---|
| 음력 | 6 | 7 | 8 | 9 | 10 | 11 | 12 | 13 | 14 | 15 | 16 | 17 | 18 | 19 | 20 | 21 | 22 | 23 | 24 | 25 | 26 | 27 | 28 | 29 | 30 | 10.1 | 2 | 3 | 4 | 5 | 6 |
| 요일 | 木 | 金 | 土 | 日 | 月 | 火 | 水 | 木 | 金 | 土 | 日 | 月 | 火 | 水 | 木 | 金 | 土 | 日 | 月 | 火 | 水 | 木 | 金 | 土 | 日 | 月 | 火 | 水 | 木 | 金 | 土 |
| 일진 | 庚戌 | 辛亥 | 壬子 | 癸丑 | 甲寅 | 乙卯 | 丙辰 | 丁巳 | 戊午 | 己未 | 庚申 | 辛酉 | 壬戌 | 癸亥 | 甲子 | 乙丑 | 丙寅 | 丁卯 | 戊辰 | 己巳 | 庚午 | 辛未 | 壬申 | 癸酉 | 甲戌 | 乙亥 | 丙子 | 丁丑 | 戊寅 | 己卯 | 庚辰 |
| 대운 남 | 2 | 2 | 2 | 1 | 1 | 1 | 1 | 한 | 10 | 9 | 9 | 9 | 8 | 8 | 8 | 7 | 7 | 7 | 6 | 6 | 6 | 5 | 5 | 5 | 4 | 4 | 4 | 3 | 3 | 3 | 2 |
| 대운 녀 | 8 | 8 | 9 | 9 | 9 | 10 | 10 | 로 | 1 | 1 | 1 | 1 | 2 | 2 | 2 | 3 | 3 | 3 | 4 | 4 | 4 | 5 | 5 | 5 | 6 | 6 | 6 | 7 | 7 | 7 | 8 |

## 11 · 辛亥月(양 11.7~12.6)

입동 7일 12시57분 소설 22일 10시26분

| 양력 | 1 | 2 | 3 | 4 | 5 | 6 | 7 | 8 | 9 | 10 | 11 | 12 | 13 | 14 | 15 | 16 | 17 | 18 | 19 | 20 | 21 | 22 | 23 | 24 | 25 | 26 | 27 | 28 | 29 | 30 |
|---|---|---|---|---|---|---|---|---|---|---|---|---|---|---|---|---|---|---|---|---|---|---|---|---|---|---|---|---|---|---|
| 음력 | 7 | 8 | 9 | 10 | 11 | 12 | 13 | 14 | 15 | 16 | 17 | 18 | 19 | 20 | 21 | 22 | 23 | 24 | 25 | 26 | 27 | 28 | 29 | 11.1 | 2 | 3 | 4 | 5 | 6 | 7 |
| 요일 | 日 | 月 | 火 | 水 | 木 | 金 | 土 | 日 | 月 | 火 | 水 | 木 | 金 | 土 | 日 | 月 | 火 | 水 | 木 | 金 | 土 | 日 | 月 | 火 | 水 | 木 | 金 | 土 | 日 | 月 |
| 일진 | 辛巳 | 壬午 | 癸未 | 甲申 | 乙酉 | 丙戌 | 丁亥 | 戊子 | 己丑 | 庚寅 | 辛卯 | 壬辰 | 癸巳 | 甲午 | 乙未 | 丙申 | 丁酉 | 戊戌 | 己亥 | 庚子 | 辛丑 | 壬寅 | 癸卯 | 甲辰 | 乙巳 | 丙午 | 丁未 | 戊申 | 己酉 | 庚戌 |
| 대운 남 | 2 | 2 | 1 | 1 | 1 | 1 | 입 | 10 | 9 | 9 | 9 | 8 | 8 | 8 | 7 | 7 | 7 | 6 | 6 | 6 | 5 | 5 | 5 | 4 | 4 | 4 | 3 | 3 | 3 | 2 |
| 대운 녀 | 8 | 8 | 9 | 9 | 9 | 10 | 동 | 1 | 1 | 1 | 1 | 2 | 2 | 2 | 3 | 3 | 3 | 4 | 4 | 4 | 5 | 5 | 5 | 6 | 6 | 6 | 7 | 7 | 7 | 8 |

## 12 · 壬子月(양 12.7~1.4)

대설 7일 05시44분 동지 21일 23시43분

| 양력 | 1 | 2 | 3 | 4 | 5 | 6 | 7 | 8 | 9 | 10 | 11 | 12 | 13 | 14 | 15 | 16 | 17 | 18 | 19 | 20 | 21 | 22 | 23 | 24 | 25 | 26 | 27 | 28 | 29 | 30 | 31 |
|---|---|---|---|---|---|---|---|---|---|---|---|---|---|---|---|---|---|---|---|---|---|---|---|---|---|---|---|---|---|---|---|
| 음력 | 8 | 9 | 10 | 11 | 12 | 13 | 14 | 15 | 16 | 17 | 18 | 19 | 20 | 21 | 22 | 23 | 24 | 25 | 26 | 27 | 28 | 29 | 30 | 12.1 | 2 | 3 | 4 | 5 | 6 | 7 | 8 |
| 요일 | 火 | 水 | 木 | 金 | 土 | 日 | 月 | 火 | 水 | 木 | 金 | 土 | 日 | 月 | 火 | 水 | 木 | 金 | 土 | 日 | 月 | 火 | 水 | 木 | 金 | 土 | 日 | 月 | 火 | 水 | 木 |
| 일진 | 辛亥 | 壬子 | 癸丑 | 甲寅 | 乙卯 | 丙辰 | 丁巳 | 戊午 | 己未 | 庚申 | 辛酉 | 壬戌 | 癸亥 | 甲子 | 乙丑 | 丙寅 | 丁卯 | 戊辰 | 己巳 | 庚午 | 辛未 | 壬申 | 癸酉 | 甲戌 | 乙亥 | 丙子 | 丁丑 | 戊寅 | 己卯 | 庚辰 | 辛巳 |
| 대운 남 | 2 | 2 | 1 | 1 | 1 | 1 | 대 | 9 | 9 | 9 | 8 | 8 | 8 | 7 | 7 | 7 | 6 | 6 | 6 | 5 | 5 | 5 | 4 | 4 | 4 | 3 | 3 | 3 | 2 | 2 | 2 |
| 대운 녀 | 8 | 8 | 9 | 9 | 9 | 10 | 설 | 1 | 1 | 1 | 1 | 2 | 2 | 2 | 3 | 3 | 3 | 4 | 4 | 4 | 5 | 5 | 5 | 6 | 6 | 6 | 7 | 7 | 7 | 8 | 8 |

# 1993년(윤3월)

소한 5일 16시57분

## 1 · 癸丑月(양 1.5~2.3)

대한 20일 10시23분

| 양력 | | 1 | 2 | 3 | 4 | 5 | 6 | 7 | 8 | 9 | 10 | 11 | 12 | 13 | 14 | 15 | 16 | 17 | 18 | 19 | 20 | 21 | 22 | 23 | 24 | 25 | 26 | 27 | 28 | 29 | 30 | 31 |
|---|---|---|---|---|---|---|---|---|---|---|---|---|---|---|---|---|---|---|---|---|---|---|---|---|---|---|---|---|---|---|---|---|
| 음력 | | 9 | 10 | 11 | 12 | 13 | 14 | 15 | 16 | 17 | 18 | 19 | 20 | 21 | 22 | 23 | 24 | 25 | 26 | 27 | 28 | 29 | 30 | 1.1 | 2 | 3 | 4 | 5 | 6 | 7 | 8 | 9 |
| 요일 | | 金 | 土 | 日 | 月 | 火 | 水 | 木 | 金 | 土 | 日 | 月 | 火 | 水 | 木 | 金 | 土 | 日 | 月 | 火 | 水 | 木 | 金 | 土 | 日 | 月 | 火 | 水 | 木 | 金 | 土 | 日 |
| 일진 | | 壬 | 癸 | 甲 | 乙 | 丙 | 丁 | 戊 | 己 | 庚 | 辛 | 壬 | 癸 | 甲 | 乙 | 丙 | 丁 | 戊 | 己 | 庚 | 辛 | 壬 | 癸 | 甲 | 乙 | 丙 | 丁 | 戊 | 己 | 庚 | 辛 | 壬 |
| | | 午 | 未 | 申 | 酉 | 戌 | 亥 | 子 | 丑 | 寅 | 卯 | 辰 | 巳 | 午 | 未 | 申 | 酉 | 戌 | 亥 | 子 | 丑 | 寅 | 卯 | 辰 | 巳 | 午 | 未 | 申 | 酉 | 戌 | 亥 | 子 |
| 대운 | 남 | 1 | 1 | 1 | 1 | 소 | 10 | 9 | 9 | 9 | 8 | 8 | 8 | 7 | 7 | 7 | 6 | 6 | 6 | 5 | 5 | 5 | 4 | 4 | 4 | 3 | 3 | 3 | 2 | 2 | 2 | 1 |
| | 녀 | 8 | 9 | 9 | 9 | 한 | 1 | 1 | 1 | 1 | 2 | 2 | 2 | 3 | 3 | 3 | 4 | 4 | 4 | 5 | 5 | 5 | 6 | 6 | 6 | 7 | 7 | 7 | 8 | 8 | 8 | 9 |

입춘 4일 04시37분

## 2 · 甲寅月(양 2.4~3.4)

우수 19일 00시35분

| 양력 | | 1 | 2 | 3 | 4 | 5 | 6 | 7 | 8 | 9 | 10 | 11 | 12 | 13 | 14 | 15 | 16 | 17 | 18 | 19 | 20 | 21 | 22 | 23 | 24 | 25 | 26 | 27 | 28 |
|---|---|---|---|---|---|---|---|---|---|---|---|---|---|---|---|---|---|---|---|---|---|---|---|---|---|---|---|---|---|
| 음력 | | 10 | 11 | 12 | 13 | 14 | 15 | 16 | 17 | 18 | 19 | 20 | 21 | 22 | 23 | 24 | 25 | 26 | 27 | 28 | 29 | 2.1 | 2 | 3 | 4 | 5 | 6 | 7 | 8 |
| 요일 | | 月 | 火 | 水 | 木 | 金 | 土 | 日 | 月 | 火 | 水 | 木 | 金 | 土 | 日 | 月 | 火 | 水 | 木 | 金 | 土 | 日 | 月 | 火 | 水 | 木 | 金 | 土 | 日 |
| 일진 | | 癸 | 甲 | 乙 | 丙 | 丁 | 戊 | 己 | 庚 | 辛 | 壬 | 癸 | 甲 | 乙 | 丙 | 丁 | 戊 | 己 | 庚 | 辛 | 壬 | 癸 | 甲 | 乙 | 丙 | 丁 | 戊 | 己 | 庚 |
| | | 丑 | 寅 | 卯 | 辰 | 巳 | 午 | 未 | 申 | 酉 | 戌 | 亥 | 子 | 丑 | 寅 | 卯 | 辰 | 巳 | 午 | 未 | 申 | 酉 | 戌 | 亥 | 子 | 丑 | 寅 | 卯 | 辰 |
| 대운 | 남 | 1 | 1 | 1 | 입 | 1 | 1 | 1 | 1 | 2 | 2 | 2 | 3 | 3 | 3 | 4 | 4 | 4 | 5 | 5 | 5 | 6 | 6 | 6 | 7 | 7 | 7 | 8 | 8 |
| | 녀 | 9 | 9 | 10 | 춘 | 9 | 9 | 9 | 8 | 8 | 8 | 7 | 7 | 7 | 6 | 6 | 6 | 5 | 5 | 5 | 4 | 4 | 4 | 3 | 3 | 3 | 2 | 2 | 2 |

경칩 5일 22시43분

## 3 · 乙卯月(양 3.5~4.4)

춘분 20일 23시41분

| 양력 | | 1 | 2 | 3 | 4 | 5 | 6 | 7 | 8 | 9 | 10 | 11 | 12 | 13 | 14 | 15 | 16 | 17 | 18 | 19 | 20 | 21 | 22 | 23 | 24 | 25 | 26 | 27 | 28 | 29 | 30 | 31 |
|---|---|---|---|---|---|---|---|---|---|---|---|---|---|---|---|---|---|---|---|---|---|---|---|---|---|---|---|---|---|---|---|---|
| 음력 | | 9 | 10 | 11 | 12 | 13 | 14 | 15 | 16 | 17 | 18 | 19 | 20 | 21 | 22 | 23 | 24 | 25 | 26 | 27 | 28 | 29 | 30 | 3.1 | 2 | 3 | 4 | 5 | 6 | 7 | 8 | 9 |
| 요일 | | 月 | 火 | 水 | 木 | 金 | 土 | 日 | 月 | 火 | 水 | 木 | 金 | 土 | 日 | 月 | 火 | 水 | 木 | 金 | 土 | 日 | 月 | 火 | 水 | 木 | 金 | 土 | 日 | 月 | 火 | 水 |
| 일진 | | 辛 | 壬 | 癸 | 甲 | 乙 | 丙 | 丁 | 戊 | 己 | 庚 | 辛 | 壬 | 癸 | 甲 | 乙 | 丙 | 丁 | 戊 | 己 | 庚 | 辛 | 壬 | 癸 | 甲 | 乙 | 丙 | 丁 | 戊 | 己 | 庚 | 辛 |
| | | 巳 | 午 | 未 | 申 | 酉 | 戌 | 亥 | 子 | 丑 | 寅 | 卯 | 辰 | 巳 | 午 | 未 | 申 | 酉 | 戌 | 亥 | 子 | 丑 | 寅 | 卯 | 辰 | 巳 | 午 | 未 | 申 | 酉 | 戌 | 亥 |
| 대운 | 남 | 8 | 9 | 9 | 9 | 경 | 1 | 1 | 1 | 1 | 2 | 2 | 2 | 3 | 3 | 3 | 4 | 4 | 4 | 5 | 5 | 5 | 6 | 6 | 6 | 7 | 7 | 7 | 8 | 8 | 8 | 9 |
| | 녀 | 1 | 1 | 1 | 1 | 칩 | 10 | 10 | 9 | 9 | 9 | 8 | 8 | 8 | 7 | 7 | 7 | 6 | 6 | 6 | 5 | 5 | 5 | 4 | 4 | 4 | 3 | 3 | 3 | 2 | 2 | 2 |

청명 5일 03시37분

## 4 · 丙辰月(양 4.5~5.4)

곡우 20일 10시49분

| 양력 | | 1 | 2 | 3 | 4 | 5 | 6 | 7 | 8 | 9 | 10 | 11 | 12 | 13 | 14 | 15 | 16 | 17 | 18 | 19 | 20 | 21 | 22 | 23 | 24 | 25 | 26 | 27 | 28 | 29 | 30 |
|---|---|---|---|---|---|---|---|---|---|---|---|---|---|---|---|---|---|---|---|---|---|---|---|---|---|---|---|---|---|---|---|
| 음력 | | 10 | 11 | 12 | 13 | 14 | 15 | 16 | 17 | 18 | 19 | 20 | 21 | 22 | 23 | 24 | 25 | 26 | 27 | 28 | 29 | 30 | 윤 | 3.2 | 3 | 4 | 5 | 6 | 7 | 8 | 9 |
| 요일 | | 木 | 金 | 土 | 日 | 月 | 火 | 水 | 木 | 金 | 土 | 日 | 月 | 火 | 水 | 木 | 金 | 土 | 日 | 月 | 火 | 水 | 木 | 金 | 土 | 日 | 月 | 火 | 水 | 木 | 金 |
| 일진 | | 壬 | 癸 | 甲 | 乙 | 丙 | 丁 | 戊 | 己 | 庚 | 辛 | 壬 | 癸 | 甲 | 乙 | 丙 | 丁 | 戊 | 己 | 庚 | 辛 | 壬 | 癸 | 甲 | 乙 | 丙 | 丁 | 戊 | 己 | 庚 | 辛 |
| | | 子 | 丑 | 寅 | 卯 | 辰 | 巳 | 午 | 未 | 申 | 酉 | 戌 | 亥 | 子 | 丑 | 寅 | 卯 | 辰 | 巳 | 午 | 未 | 申 | 酉 | 戌 | 亥 | 子 | 丑 | 寅 | 卯 | 辰 | 巳 |
| 대운 | 남 | 9 | 9 | 10 | 10 | 청 | 1 | 1 | 1 | 1 | 2 | 2 | 2 | 3 | 3 | 3 | 4 | 4 | 4 | 5 | 5 | 5 | 6 | 6 | 6 | 7 | 7 | 7 | 8 | 8 | 8 |
| | 녀 | 1 | 1 | 1 | 1 | 명 | 10 | 9 | 9 | 9 | 8 | 8 | 8 | 7 | 7 | 7 | 6 | 6 | 6 | 5 | 5 | 5 | 4 | 4 | 4 | 3 | 3 | 3 | 2 | 2 | 2 |

입하 5일 21시02분

## 5 · 丁巳月(양 5.5~6.5)

소만 21일 10시02분

| 양력 | | 1 | 2 | 3 | 4 | 5 | 6 | 7 | 8 | 9 | 10 | 11 | 12 | 13 | 14 | 15 | 16 | 17 | 18 | 19 | 20 | 21 | 22 | 23 | 24 | 25 | 26 | 27 | 28 | 29 | 30 | 31 |
|---|---|---|---|---|---|---|---|---|---|---|---|---|---|---|---|---|---|---|---|---|---|---|---|---|---|---|---|---|---|---|---|---|
| 음력 | | 10 | 11 | 12 | 13 | 14 | 15 | 16 | 17 | 18 | 19 | 20 | 21 | 22 | 23 | 24 | 25 | 26 | 27 | 28 | 29 | 4.1 | 2 | 3 | 4 | 5 | 6 | 7 | 8 | 9 | 10 | 11 |
| 요일 | | 土 | 日 | 月 | 火 | 水 | 木 | 金 | 土 | 日 | 月 | 火 | 水 | 木 | 金 | 土 | 日 | 月 | 火 | 水 | 木 | 金 | 土 | 日 | 月 | 火 | 水 | 木 | 金 | 土 | 日 | 月 |
| 일진 | | 壬 | 癸 | 甲 | 乙 | 丙 | 丁 | 戊 | 己 | 庚 | 辛 | 壬 | 癸 | 甲 | 乙 | 丙 | 丁 | 戊 | 己 | 庚 | 辛 | 壬 | 癸 | 甲 | 乙 | 丙 | 丁 | 戊 | 己 | 庚 | 辛 | 壬 |
| | | 午 | 未 | 申 | 酉 | 戌 | 亥 | 子 | 丑 | 寅 | 卯 | 辰 | 巳 | 午 | 未 | 申 | 酉 | 戌 | 亥 | 子 | 丑 | 寅 | 卯 | 辰 | 巳 | 午 | 未 | 申 | 酉 | 戌 | 亥 | 子 |
| 대운 | 남 | 9 | 9 | 9 | 10 | 입 | 1 | 1 | 1 | 1 | 2 | 2 | 2 | 3 | 3 | 3 | 4 | 4 | 4 | 5 | 5 | 5 | 6 | 6 | 6 | 7 | 7 | 7 | 8 | 8 | 8 | 9 |
| | 녀 | 1 | 1 | 1 | 1 | 하 | 10 | 10 | 10 | 9 | 9 | 9 | 8 | 8 | 8 | 7 | 7 | 7 | 6 | 6 | 6 | 5 | 5 | 5 | 4 | 4 | 4 | 3 | 3 | 3 | 2 | 2 |

망종 6일 01시15분

## 6 · 戊午月(양 6.6~7.6)

하지 21일 18시00분

| 양력 | | 1 | 2 | 3 | 4 | 5 | 6 | 7 | 8 | 9 | 10 | 11 | 12 | 13 | 14 | 15 | 16 | 17 | 18 | 19 | 20 | 21 | 22 | 23 | 24 | 25 | 26 | 27 | 28 | 29 | 30 |
|---|---|---|---|---|---|---|---|---|---|---|---|---|---|---|---|---|---|---|---|---|---|---|---|---|---|---|---|---|---|---|---|
| 음력 | | 12 | 13 | 14 | 15 | 16 | 17 | 18 | 19 | 20 | 21 | 22 | 23 | 24 | 25 | 26 | 27 | 28 | 29 | 30 | 5.1 | 2 | 3 | 4 | 5 | 6 | 7 | 8 | 9 | 10 | 11 |
| 요일 | | 火 | 水 | 木 | 金 | 土 | 日 | 月 | 火 | 水 | 木 | 金 | 土 | 日 | 月 | 火 | 水 | 木 | 金 | 土 | 日 | 月 | 火 | 水 | 木 | 金 | 土 | 日 | 月 | 火 | 水 |
| 일진 | | 癸 | 甲 | 乙 | 丙 | 丁 | 戊 | 己 | 庚 | 辛 | 壬 | 癸 | 甲 | 乙 | 丙 | 丁 | 戊 | 己 | 庚 | 辛 | 壬 | 癸 | 甲 | 乙 | 丙 | 丁 | 戊 | 己 | 庚 | 辛 | 壬 |
| | | 丑 | 寅 | 卯 | 辰 | 巳 | 午 | 未 | 申 | 酉 | 戌 | 亥 | 子 | 丑 | 寅 | 卯 | 辰 | 巳 | 午 | 未 | 申 | 酉 | 戌 | 亥 | 子 | 丑 | 寅 | 卯 | 辰 | 巳 | 午 |
| 대운 | 남 | 9 | 9 | 10 | 10 | 10 | 망 | 1 | 1 | 1 | 1 | 2 | 2 | 2 | 3 | 3 | 3 | 4 | 4 | 4 | 5 | 5 | 5 | 6 | 6 | 6 | 7 | 7 | 7 | 8 | 8 |
| | 녀 | 2 | 1 | 1 | 1 | 1 | 종 | 10 | 10 | 9 | 9 | 9 | 8 | 8 | 8 | 7 | 7 | 7 | 6 | 6 | 6 | 5 | 5 | 5 | 4 | 4 | 4 | 3 | 3 | 3 | 2 |

# 癸酉年

동경135도표준시

소서 7일 11시32분 **7 · 己未月(양 7.7~8.6)** 대서 23일 04시51분

| 양력 | 1 | 2 | 3 | 4 | 5 | 6 | 7 | 8 | 9 | 10 | 11 | 12 | 13 | 14 | 15 | 16 | 17 | 18 | 19 | 20 | 21 | 22 | 23 | 24 | 25 | 26 | 27 | 28 | 29 | 30 | 31 |
|---|---|---|---|---|---|---|---|---|---|---|---|---|---|---|---|---|---|---|---|---|---|---|---|---|---|---|---|---|---|---|---|
| 음력 | 12 | 13 | 14 | 15 | 16 | 17 | 18 | 19 | 20 | 21 | 22 | 23 | 24 | 25 | 26 | 27 | 28 | 29 | 6.1 | 2 | 3 | 4 | 5 | 6 | 7 | 8 | 9 | 10 | 11 | 12 | 13 |
| 요일 | 木 | 金 | 土 | 日 | 月 | 火 | 水 | 木 | 金 | 土 | 日 | 月 | 火 | 水 | 木 | 金 | 土 | 日 | 月 | 火 | 水 | 木 | 金 | 土 | 日 | 月 | 火 | 水 | 木 | 金 | 土 |
| 일진 | 癸未 | 甲申 | 乙酉 | 丙戌 | 丁亥 | 戊子 | 己丑 | 庚寅 | 辛卯 | 壬辰 | 癸巳 | 甲午 | 乙未 | 丙申 | 丁酉 | 戊戌 | 己亥 | 庚子 | 辛丑 | 壬寅 | 癸卯 | 甲辰 | 乙巳 | 丙午 | 丁未 | 戊申 | 己酉 | 庚戌 | 辛亥 | 壬子 | 癸丑 |
| 대운 남 | 8 | 9 | 9 | 9 | 10 | 10 | 소 | 1 | 1 | 1 | 1 | 2 | 2 | 2 | 3 | 3 | 3 | 4 | 4 | 4 | 5 | 5 | 5 | 6 | 6 | 6 | 7 | 7 | 7 | 8 | 8 |
| 대운 녀 | 2 | 2 | 1 | 1 | 1 | 1 | 서 | 10 | 10 | 9 | 9 | 9 | 8 | 8 | 8 | 7 | 7 | 7 | 6 | 6 | 6 | 5 | 5 | 5 | 4 | 4 | 4 | 3 | 3 | 3 | 2 |

입추 7일 21시18분 **8 · 庚申月(양 8.7~9.7)** 처서 23일 11시50분

| 양력 | 1 | 2 | 3 | 4 | 5 | 6 | 7 | 8 | 9 | 10 | 11 | 12 | 13 | 14 | 15 | 16 | 17 | 18 | 19 | 20 | 21 | 22 | 23 | 24 | 25 | 26 | 27 | 28 | 29 | 30 | 31 |
|---|---|---|---|---|---|---|---|---|---|---|---|---|---|---|---|---|---|---|---|---|---|---|---|---|---|---|---|---|---|---|---|
| 음력 | 14 | 15 | 16 | 17 | 18 | 19 | 20 | 21 | 22 | 23 | 24 | 25 | 26 | 27 | 28 | 29 | 30 | 7.1 | 2 | 3 | 4 | 5 | 6 | 7 | 8 | 9 | 10 | 11 | 12 | 13 | 14 |
| 요일 | 日 | 月 | 火 | 水 | 木 | 金 | 土 | 日 | 月 | 火 | 水 | 木 | 金 | 土 | 日 | 月 | 火 | 水 | 木 | 金 | 土 | 日 | 月 | 火 | 水 | 木 | 金 | 土 | 日 | 月 | 火 |
| 일진 | 甲寅 | 乙卯 | 丙辰 | 丁巳 | 戊午 | 己未 | 庚申 | 辛酉 | 壬戌 | 癸亥 | 甲子 | 乙丑 | 丙寅 | 丁卯 | 戊辰 | 己巳 | 庚午 | 辛未 | 壬申 | 癸酉 | 甲戌 | 乙亥 | 丙子 | 丁丑 | 戊寅 | 己卯 | 庚辰 | 辛巳 | 壬午 | 癸未 | 甲申 |
| 대운 남 | 8 | 9 | 9 | 9 | 10 | 10 | 입 | 1 | 1 | 1 | 1 | 2 | 2 | 2 | 3 | 3 | 3 | 4 | 4 | 4 | 5 | 5 | 5 | 6 | 6 | 6 | 7 | 7 | 7 | 8 | 8 |
| 대운 녀 | 2 | 2 | 1 | 1 | 1 | 1 | 추 | 10 | 10 | 10 | 9 | 9 | 9 | 8 | 8 | 8 | 7 | 7 | 7 | 6 | 6 | 6 | 5 | 5 | 5 | 4 | 4 | 4 | 3 | 3 | 3 |

백로 8일 00시08분 **9 · 辛酉月(양 9.8~10.7)** 추분 23일 09시22분

| 양력 | 1 | 2 | 3 | 4 | 5 | 6 | 7 | 8 | 9 | 10 | 11 | 12 | 13 | 14 | 15 | 16 | 17 | 18 | 19 | 20 | 21 | 22 | 23 | 24 | 25 | 26 | 27 | 28 | 29 | 30 |
|---|---|---|---|---|---|---|---|---|---|---|---|---|---|---|---|---|---|---|---|---|---|---|---|---|---|---|---|---|---|---|
| 음력 | 15 | 16 | 17 | 18 | 19 | 20 | 21 | 22 | 23 | 24 | 25 | 26 | 27 | 28 | 29 | 8.1 | 2 | 3 | 4 | 5 | 6 | 7 | 8 | 9 | 10 | 11 | 12 | 13 | 14 | 15 |
| 요일 | 水 | 木 | 金 | 土 | 日 | 月 | 火 | 水 | 木 | 金 | 土 | 日 | 月 | 火 | 水 | 木 | 金 | 土 | 日 | 月 | 火 | 水 | 木 | 金 | 土 | 日 | 月 | 火 | 水 | 木 |
| 일진 | 乙酉 | 丙戌 | 丁亥 | 戊子 | 己丑 | 庚寅 | 辛卯 | 壬辰 | 癸巳 | 甲午 | 乙未 | 丙申 | 丁酉 | 戊戌 | 己亥 | 庚子 | 辛丑 | 壬寅 | 癸卯 | 甲辰 | 乙巳 | 丙午 | 丁未 | 戊申 | 己酉 | 庚戌 | 辛亥 | 壬子 | 癸丑 | 甲寅 |
| 대운 남 | 8 | 9 | 9 | 9 | 10 | 10 | 10 | 백 | 1 | 1 | 1 | 1 | 2 | 2 | 2 | 3 | 3 | 3 | 4 | 4 | 4 | 5 | 5 | 5 | 6 | 6 | 6 | 7 | 7 | 7 |
| 대운 녀 | 2 | 2 | 2 | 1 | 1 | 1 | 1 | 로 | 10 | 9 | 9 | 9 | 8 | 8 | 8 | 7 | 7 | 7 | 6 | 6 | 6 | 5 | 5 | 5 | 4 | 4 | 4 | 3 | 3 | 3 |

한로 8일 15시40분 **10 · 壬戌月(양 10.8~11.6)** 상강 23일 18시37분

| 양력 | 1 | 2 | 3 | 4 | 5 | 6 | 7 | 8 | 9 | 10 | 11 | 12 | 13 | 14 | 15 | 16 | 17 | 18 | 19 | 20 | 21 | 22 | 23 | 24 | 25 | 26 | 27 | 28 | 29 | 30 | 31 |
|---|---|---|---|---|---|---|---|---|---|---|---|---|---|---|---|---|---|---|---|---|---|---|---|---|---|---|---|---|---|---|---|
| 음력 | 16 | 17 | 18 | 19 | 20 | 21 | 22 | 23 | 24 | 25 | 26 | 27 | 28 | 29 | 9.1 | 2 | 3 | 4 | 5 | 6 | 7 | 8 | 9 | 10 | 11 | 12 | 13 | 14 | 15 | 16 | 17 |
| 요일 | 金 | 土 | 日 | 月 | 火 | 水 | 木 | 金 | 土 | 日 | 月 | 火 | 水 | 木 | 金 | 土 | 日 | 月 | 火 | 水 | 木 | 金 | 土 | 日 | 月 | 火 | 水 | 木 | 金 | 土 | 日 |
| 일진 | 乙卯 | 丙辰 | 丁巳 | 戊午 | 己未 | 庚申 | 辛酉 | 壬戌 | 癸亥 | 甲子 | 乙丑 | 丙寅 | 丁卯 | 戊辰 | 己巳 | 庚午 | 辛未 | 壬申 | 癸酉 | 甲戌 | 乙亥 | 丙子 | 丁丑 | 戊寅 | 己卯 | 庚辰 | 辛巳 | 壬午 | 癸未 | 甲申 | 乙酉 |
| 대운 남 | 8 | 8 | 8 | 9 | 9 | 9 | 10 | 한 | 1 | 1 | 1 | 1 | 2 | 2 | 2 | 3 | 3 | 3 | 4 | 4 | 4 | 5 | 5 | 5 | 6 | 6 | 6 | 7 | 7 | 7 | 8 |
| 대운 녀 | 2 | 2 | 2 | 1 | 1 | 1 | 1 | 로 | 10 | 9 | 9 | 9 | 8 | 8 | 8 | 7 | 7 | 7 | 6 | 6 | 6 | 5 | 5 | 5 | 4 | 4 | 4 | 3 | 3 | 3 | 2 |

입동 7일 18시46분 **11 · 癸亥月(양 11.7~12.6)** 소설 22일 16시07분

| 양력 | 1 | 2 | 3 | 4 | 5 | 6 | 7 | 8 | 9 | 10 | 11 | 12 | 13 | 14 | 15 | 16 | 17 | 18 | 19 | 20 | 21 | 22 | 23 | 24 | 25 | 26 | 27 | 28 | 29 | 30 |
|---|---|---|---|---|---|---|---|---|---|---|---|---|---|---|---|---|---|---|---|---|---|---|---|---|---|---|---|---|---|---|
| 음력 | 18 | 19 | 20 | 21 | 22 | 23 | 24 | 25 | 26 | 27 | 28 | 29 | 30 | 10.1 | 2 | 3 | 4 | 5 | 6 | 7 | 8 | 9 | 10 | 11 | 12 | 13 | 14 | 15 | 16 | 17 |
| 요일 | 月 | 火 | 水 | 木 | 金 | 土 | 日 | 月 | 火 | 水 | 木 | 金 | 土 | 日 | 月 | 火 | 水 | 木 | 金 | 土 | 日 | 月 | 火 | 水 | 木 | 金 | 土 | 日 | 月 | 火 |
| 일진 | 丙戌 | 丁亥 | 戊子 | 己丑 | 庚寅 | 辛卯 | 壬辰 | 癸巳 | 甲午 | 乙未 | 丙申 | 丁酉 | 戊戌 | 己亥 | 庚子 | 辛丑 | 壬寅 | 癸卯 | 甲辰 | 乙巳 | 丙午 | 丁未 | 戊申 | 己酉 | 庚戌 | 辛亥 | 壬子 | 癸丑 | 甲寅 | 乙卯 |
| 대운 남 | 8 | 8 | 9 | 9 | 9 | 10 | 입 | 1 | 1 | 1 | 1 | 2 | 2 | 2 | 3 | 3 | 3 | 4 | 4 | 4 | 5 | 5 | 5 | 6 | 6 | 6 | 7 | 7 | 7 | 8 |
| 대운 녀 | 2 | 2 | 1 | 1 | 1 | 1 | 동 | 10 | 9 | 9 | 9 | 8 | 8 | 8 | 7 | 7 | 7 | 6 | 6 | 6 | 5 | 5 | 5 | 4 | 4 | 4 | 3 | 3 | 3 | 2 |

대설 7일 11시34분 **12 · 甲子月(양 12.7~1.4)** 동지 22일 05시26분

| 양력 | 1 | 2 | 3 | 4 | 5 | 6 | 7 | 8 | 9 | 10 | 11 | 12 | 13 | 14 | 15 | 16 | 17 | 18 | 19 | 20 | 21 | 22 | 23 | 24 | 25 | 26 | 27 | 28 | 29 | 30 | 31 |
|---|---|---|---|---|---|---|---|---|---|---|---|---|---|---|---|---|---|---|---|---|---|---|---|---|---|---|---|---|---|---|---|
| 음력 | 18 | 19 | 20 | 21 | 22 | 23 | 24 | 25 | 26 | 27 | 28 | 29 | 11.1 | 2 | 3 | 4 | 5 | 6 | 7 | 8 | 9 | 10 | 11 | 12 | 13 | 14 | 15 | 16 | 17 | 18 | 19 |
| 요일 | 水 | 木 | 金 | 土 | 日 | 月 | 火 | 水 | 木 | 金 | 土 | 日 | 月 | 火 | 水 | 木 | 金 | 土 | 日 | 月 | 火 | 水 | 木 | 金 | 土 | 日 | 月 | 火 | 水 | 木 | 金 |
| 일진 | 丙辰 | 丁巳 | 戊午 | 己未 | 庚申 | 辛酉 | 壬戌 | 癸亥 | 甲子 | 乙丑 | 丙寅 | 丁卯 | 戊辰 | 己巳 | 庚午 | 辛未 | 壬申 | 癸酉 | 甲戌 | 乙亥 | 丙子 | 丁丑 | 戊寅 | 己卯 | 庚辰 | 辛巳 | 壬午 | 癸未 | 甲申 | 乙酉 | 丙戌 |
| 대운 남 | 8 | 8 | 9 | 9 | 9 | 10 | 대 | 1 | 1 | 1 | 1 | 2 | 2 | 2 | 3 | 3 | 3 | 4 | 4 | 4 | 5 | 5 | 5 | 6 | 6 | 6 | 7 | 7 | 7 | 8 | 8 |
| 대운 녀 | 2 | 2 | 1 | 1 | 1 | 1 | 설 | 9 | 9 | 9 | 8 | 8 | 8 | 7 | 7 | 7 | 6 | 6 | 6 | 5 | 5 | 5 | 4 | 4 | 4 | 3 | 3 | 3 | 2 | 2 | 2 |

소한 5일 22시48분

## 1 · 乙丑月(양 1.5~2.3)

대한 20일 16시07분

| 양력 | 1 | 2 | 3 | 4 | 5 | 6 | 7 | 8 | 9 | 10 | 11 | 12 | 13 | 14 | 15 | 16 | 17 | 18 | 19 | 20 | 21 | 22 | 23 | 24 | 25 | 26 | 27 | 28 | 29 | 30 | 31 |
|---|---|---|---|---|---|---|---|---|---|---|---|---|---|---|---|---|---|---|---|---|---|---|---|---|---|---|---|---|---|---|---|
| 음력 | 20 | 21 | 22 | 23 | 24 | 25 | 26 | 27 | 28 | 29 | 30 | 12.1 | 2 | 3 | 4 | 5 | 6 | 7 | 8 | 9 | 10 | 11 | 12 | 13 | 14 | 15 | 16 | 17 | 18 | 19 | 20 |
| 요일 | 土 | 日 | 月 | 火 | 水 | 木 | 金 | 土 | 日 | 月 | 火 | 水 | 木 | 金 | 土 | 日 | 月 | 火 | 水 | 木 | 金 | 土 | 日 | 月 | 火 | 水 | 木 | 金 | 土 | 日 | 月 |
| 일진 | 丁亥 | 戊子 | 己丑 | 庚寅 | 辛卯 | 壬辰 | 癸巳 | 甲午 | 乙未 | 丙申 | 丁酉 | 戊戌 | 己亥 | 庚子 | 辛丑 | 壬寅 | 癸卯 | 甲辰 | 乙巳 | 丙午 | 丁未 | 戊申 | 己酉 | 庚戌 | 辛亥 | 壬子 | 癸丑 | 甲寅 | 乙卯 | 丙辰 | 丁巳 |
| 대운 남 | 8 | 9 | 9 | 9 | 소 | 1 | 1 | 1 | 1 | 2 | 2 | 2 | 3 | 3 | 3 | 4 | 4 | 4 | 5 | 5 | 5 | 6 | 6 | 6 | 7 | 7 | 7 | 8 | 8 | 8 | 9 |
| 대운 녀 | 1 | 1 | 1 | 1 | 한 | 10 | 9 | 9 | 9 | 8 | 8 | 8 | 7 | 7 | 7 | 6 | 6 | 6 | 5 | 5 | 5 | 4 | 4 | 4 | 3 | 3 | 3 | 2 | 2 | 2 | 1 |

입춘 4일 10시31분

## 2 · 丙寅月(양 2.4~3.5)

우수 19일 06시22분

| 양력 | 1 | 2 | 3 | 4 | 5 | 6 | 7 | 8 | 9 | 10 | 11 | 12 | 13 | 14 | 15 | 16 | 17 | 18 | 19 | 20 | 21 | 22 | 23 | 24 | 25 | 26 | 27 | 28 |
|---|---|---|---|---|---|---|---|---|---|---|---|---|---|---|---|---|---|---|---|---|---|---|---|---|---|---|---|---|
| 음력 | 21 | 22 | 23 | 24 | 25 | 26 | 27 | 28 | 29 | 1.1 | 2 | 3 | 4 | 5 | 6 | 7 | 8 | 9 | 10 | 11 | 12 | 13 | 14 | 15 | 16 | 17 | 18 | 19 |
| 요일 | 火 | 水 | 木 | 金 | 土 | 日 | 月 | 火 | 水 | 木 | 金 | 土 | 日 | 月 | 火 | 水 | 木 | 金 | 土 | 日 | 月 | 火 | 水 | 木 | 金 | 土 | 日 | 月 |
| 일진 | 戊午 | 己未 | 庚申 | 辛酉 | 壬戌 | 癸亥 | 甲子 | 乙丑 | 丙寅 | 丁卯 | 戊辰 | 己巳 | 庚午 | 辛未 | 壬申 | 癸酉 | 甲戌 | 乙亥 | 丙子 | 丁丑 | 戊寅 | 己卯 | 庚辰 | 辛巳 | 壬午 | 癸未 | 甲申 | 乙酉 |
| 대운 남 | 9 | 9 | 10 | 입 | 10 | 9 | 9 | 9 | 8 | 8 | 8 | 7 | 7 | 7 | 6 | 6 | 6 | 5 | 5 | 5 | 4 | 4 | 4 | 3 | 3 | 3 | 2 | 2 |
| 대운 녀 | 1 | 1 | 1 | 춘 | 1 | 1 | 1 | 1 | 2 | 2 | 2 | 3 | 3 | 3 | 4 | 4 | 4 | 5 | 5 | 5 | 6 | 6 | 6 | 7 | 7 | 7 | 8 | 8 |

경칩 6일 04시38분

## 3 · 丁卯月(양 3.6~4.4)

춘분 21일 05시28분

| 양력 | 1 | 2 | 3 | 4 | 5 | 6 | 7 | 8 | 9 | 10 | 11 | 12 | 13 | 14 | 15 | 16 | 17 | 18 | 19 | 20 | 21 | 22 | 23 | 24 | 25 | 26 | 27 | 28 | 29 | 30 | 31 |
|---|---|---|---|---|---|---|---|---|---|---|---|---|---|---|---|---|---|---|---|---|---|---|---|---|---|---|---|---|---|---|---|
| 음력 | 20 | 21 | 22 | 23 | 24 | 25 | 26 | 27 | 28 | 29 | 30 | 2.1 | 2 | 3 | 4 | 5 | 6 | 7 | 8 | 9 | 10 | 11 | 12 | 13 | 14 | 15 | 16 | 17 | 18 | 19 | 20 |
| 요일 | 火 | 水 | 木 | 金 | 土 | 日 | 月 | 火 | 水 | 木 | 金 | 土 | 日 | 月 | 火 | 水 | 木 | 金 | 土 | 日 | 月 | 火 | 水 | 木 | 金 | 土 | 日 | 月 | 火 | 水 | 木 |
| 일진 | 丙戌 | 丁亥 | 戊子 | 己丑 | 庚寅 | 辛卯 | 壬辰 | 癸巳 | 甲午 | 乙未 | 丙申 | 丁酉 | 戊戌 | 己亥 | 庚子 | 辛丑 | 壬寅 | 癸卯 | 甲辰 | 乙巳 | 丙午 | 丁未 | 戊申 | 己酉 | 庚戌 | 辛亥 | 壬子 | 癸丑 | 甲寅 | 乙卯 | 丙辰 |
| 대운 남 | 2 | 1 | 1 | 1 | 1 | 경 | 10 | 9 | 9 | 9 | 8 | 8 | 8 | 7 | 7 | 7 | 6 | 6 | 6 | 5 | 5 | 5 | 4 | 4 | 4 | 3 | 3 | 3 | 2 | 2 | 2 |
| 대운 녀 | 8 | 9 | 9 | 9 | 10 | 칩 | 1 | 1 | 1 | 1 | 2 | 2 | 2 | 3 | 3 | 3 | 4 | 4 | 4 | 5 | 5 | 5 | 6 | 6 | 6 | 7 | 7 | 7 | 8 | 8 | 8 |

청명 5일 09시32분

## 4 · 戊辰月(양 4.5~5.5)

곡우 20일 16시36분

| 양력 | 1 | 2 | 3 | 4 | 5 | 6 | 7 | 8 | 9 | 10 | 11 | 12 | 13 | 14 | 15 | 16 | 17 | 18 | 19 | 20 | 21 | 22 | 23 | 24 | 25 | 26 | 27 | 28 | 29 | 30 |
|---|---|---|---|---|---|---|---|---|---|---|---|---|---|---|---|---|---|---|---|---|---|---|---|---|---|---|---|---|---|---|
| 음력 | 21 | 22 | 23 | 24 | 25 | 26 | 27 | 28 | 29 | 30 | 3.1 | 2 | 3 | 4 | 5 | 6 | 7 | 8 | 9 | 10 | 11 | 12 | 13 | 14 | 15 | 16 | 17 | 18 | 19 | 20 |
| 요일 | 金 | 土 | 日 | 月 | 火 | 水 | 木 | 金 | 土 | 日 | 月 | 火 | 水 | 木 | 金 | 土 | 日 | 月 | 火 | 水 | 木 | 金 | 土 | 日 | 月 | 火 | 水 | 木 | 金 | 土 |
| 일진 | 丁巳 | 戊午 | 己未 | 庚申 | 辛酉 | 壬戌 | 癸亥 | 甲子 | 乙丑 | 丙寅 | 丁卯 | 戊辰 | 己巳 | 庚午 | 辛未 | 壬申 | 癸酉 | 甲戌 | 乙亥 | 丙子 | 丁丑 | 戊寅 | 己卯 | 庚辰 | 辛巳 | 壬午 | 癸未 | 甲申 | 乙酉 | 丙戌 |
| 대운 남 | 1 | 1 | 1 | 1 | 청 | 10 | 10 | 9 | 9 | 9 | 8 | 8 | 8 | 7 | 7 | 7 | 6 | 6 | 6 | 5 | 5 | 5 | 4 | 4 | 4 | 3 | 3 | 3 | 2 | 2 |
| 대운 녀 | 9 | 9 | 9 | 10 | 명 | 1 | 1 | 1 | 1 | 2 | 2 | 2 | 3 | 3 | 3 | 4 | 4 | 4 | 5 | 5 | 5 | 6 | 6 | 6 | 7 | 7 | 7 | 8 | 8 | 8 |

입하 6일 02시54분

## 5 · 己巳月(양 5.6~6.5)

소만 21일 15시48분

| 양력 | 1 | 2 | 3 | 4 | 5 | 6 | 7 | 8 | 9 | 10 | 11 | 12 | 13 | 14 | 15 | 16 | 17 | 18 | 19 | 20 | 21 | 22 | 23 | 24 | 25 | 26 | 27 | 28 | 29 | 30 | 31 |
|---|---|---|---|---|---|---|---|---|---|---|---|---|---|---|---|---|---|---|---|---|---|---|---|---|---|---|---|---|---|---|---|
| 음력 | 21 | 22 | 23 | 24 | 25 | 26 | 27 | 28 | 29 | 30 | 4.1 | 2 | 3 | 4 | 5 | 6 | 7 | 8 | 9 | 10 | 11 | 12 | 13 | 14 | 15 | 16 | 17 | 18 | 19 | 20 | 21 |
| 요일 | 日 | 月 | 火 | 水 | 木 | 金 | 土 | 日 | 月 | 火 | 水 | 木 | 金 | 土 | 日 | 月 | 火 | 水 | 木 | 金 | 土 | 日 | 月 | 火 | 水 | 木 | 金 | 土 | 日 | 月 | 火 |
| 일진 | 丁亥 | 戊子 | 己丑 | 庚寅 | 辛卯 | 壬辰 | 癸巳 | 甲午 | 乙未 | 丙申 | 丁酉 | 戊戌 | 己亥 | 庚子 | 辛丑 | 壬寅 | 癸卯 | 甲辰 | 乙巳 | 丙午 | 丁未 | 戊申 | 己酉 | 庚戌 | 辛亥 | 壬子 | 癸丑 | 甲寅 | 乙卯 | 丙辰 | 丁巳 |
| 대운 남 | 2 | 1 | 1 | 1 | 1 | 입 | 10 | 10 | 9 | 9 | 9 | 8 | 8 | 8 | 7 | 7 | 7 | 6 | 6 | 6 | 5 | 5 | 5 | 4 | 4 | 4 | 3 | 3 | 3 | 2 | 2 |
| 대운 녀 | 9 | 9 | 9 | 10 | 10 | 하 | 1 | 1 | 1 | 1 | 2 | 2 | 2 | 3 | 3 | 3 | 4 | 4 | 4 | 5 | 5 | 5 | 6 | 6 | 6 | 7 | 7 | 7 | 8 | 8 | 8 |

망종 6일 07시05분

## 6 · 庚午月(양 6.6~7.6)

하지 21일 23시48분

| 양력 | 1 | 2 | 3 | 4 | 5 | 6 | 7 | 8 | 9 | 10 | 11 | 12 | 13 | 14 | 15 | 16 | 17 | 18 | 19 | 20 | 21 | 22 | 23 | 24 | 25 | 26 | 27 | 28 | 29 | 30 |
|---|---|---|---|---|---|---|---|---|---|---|---|---|---|---|---|---|---|---|---|---|---|---|---|---|---|---|---|---|---|---|
| 음력 | 22 | 23 | 24 | 25 | 26 | 27 | 28 | 29 | 5.1 | 2 | 3 | 4 | 5 | 6 | 7 | 8 | 9 | 10 | 11 | 12 | 13 | 14 | 15 | 16 | 17 | 18 | 19 | 20 | 21 | 22 |
| 요일 | 水 | 木 | 金 | 土 | 日 | 月 | 火 | 水 | 木 | 金 | 土 | 日 | 月 | 火 | 水 | 木 | 金 | 土 | 日 | 月 | 火 | 水 | 木 | 金 | 土 | 日 | 月 | 火 | 水 | 木 |
| 일진 | 戊午 | 己未 | 庚申 | 辛酉 | 壬戌 | 癸亥 | 甲子 | 乙丑 | 丙寅 | 丁卯 | 戊辰 | 己巳 | 庚午 | 辛未 | 壬申 | 癸酉 | 甲戌 | 乙亥 | 丙子 | 丁丑 | 戊寅 | 己卯 | 庚辰 | 辛巳 | 壬午 | 癸未 | 甲申 | 乙酉 | 丙戌 | 丁亥 |
| 대운 남 | 2 | 1 | 1 | 1 | 1 | 망 | 10 | 10 | 9 | 9 | 9 | 8 | 8 | 8 | 7 | 7 | 7 | 6 | 6 | 6 | 5 | 5 | 5 | 4 | 4 | 4 | 3 | 3 | 3 | 2 |
| 대운 녀 | 9 | 9 | 9 | 10 | 10 | 종 | 1 | 1 | 1 | 1 | 2 | 2 | 2 | 3 | 3 | 3 | 4 | 4 | 4 | 5 | 5 | 5 | 6 | 6 | 6 | 7 | 7 | 7 | 8 | 8 |

소서 7일 17시19분 **7 · 辛未月(양 7.7~8.7)** 대서 23일 10시41분

| 양력 | 1 | 2 | 3 | 4 | 5 | 6 | 7 | 8 | 9 | 10 | 11 | 12 | 13 | 14 | 15 | 16 | 17 | 18 | 19 | 20 | 21 | 22 | 23 | 24 | 25 | 26 | 27 | 28 | 29 | 30 | 31 |
|---|---|---|---|---|---|---|---|---|---|---|---|---|---|---|---|---|---|---|---|---|---|---|---|---|---|---|---|---|---|---|---|
| 음력 | 23 | 24 | 25 | 26 | 27 | 28 | 29 | 30 | 6.1 | 2 | 3 | 4 | 5 | 6 | 7 | 8 | 9 | 10 | 11 | 12 | 13 | 14 | 15 | 16 | 17 | 18 | 19 | 20 | 21 | 22 | 23 |
| 요일 | 金 | 土 | 日 | 月 | 火 | 水 | 木 | 金 | 土 | 日 | 月 | 火 | 水 | 木 | 金 | 土 | 日 | 月 | 火 | 水 | 木 | 金 | 土 | 日 | 月 | 火 | 水 | 木 | 金 | 土 | 日 |
| 일진 | 戊子 | 己丑 | 庚寅 | 辛卯 | 壬辰 | 癸巳 | 甲午 | 乙未 | 丙申 | 丁酉 | 戊戌 | 己亥 | 庚子 | 辛丑 | 壬寅 | 癸卯 | 甲辰 | 乙巳 | 丙午 | 丁未 | 戊申 | 己酉 | 庚戌 | 辛亥 | 壬子 | 癸丑 | 甲寅 | 乙卯 | 丙辰 | 丁巳 | 戊午 |
| 대운 남 | 2 | 2 | 1 | 1 | 1 | 1 | 소 | 10 | 10 | 10 | 9 | 9 | 9 | 8 | 8 | 8 | 7 | 7 | 7 | 6 | 6 | 6 | 5 | 5 | 5 | 4 | 4 | 4 | 3 | 3 | 3 |
| 대운 녀 | 8 | 9 | 9 | 9 | 10 | 10 | 서 | 1 | 1 | 1 | 1 | 2 | 2 | 2 | 3 | 3 | 3 | 4 | 4 | 4 | 5 | 5 | 5 | 6 | 6 | 6 | 7 | 7 | 7 | 8 | 8 |

입추 8일 03시04분 **8 · 壬申月(양 8.8~9.7)** 처서 23일 17시44분

| 양력 | 1 | 2 | 3 | 4 | 5 | 6 | 7 | 8 | 9 | 10 | 11 | 12 | 13 | 14 | 15 | 16 | 17 | 18 | 19 | 20 | 21 | 22 | 23 | 24 | 25 | 26 | 27 | 28 | 29 | 30 | 31 |
|---|---|---|---|---|---|---|---|---|---|---|---|---|---|---|---|---|---|---|---|---|---|---|---|---|---|---|---|---|---|---|---|
| 음력 | 24 | 25 | 26 | 27 | 28 | 29 | 7.1 | 2 | 3 | 4 | 5 | 6 | 7 | 8 | 9 | 10 | 11 | 12 | 13 | 14 | 15 | 16 | 17 | 18 | 19 | 20 | 21 | 22 | 23 | 24 | 25 |
| 요일 | 月 | 火 | 水 | 木 | 金 | 土 | 日 | 月 | 火 | 水 | 木 | 金 | 土 | 日 | 月 | 火 | 水 | 木 | 金 | 土 | 日 | 月 | 火 | 水 | 木 | 金 | 土 | 日 | 月 | 火 | 水 |
| 일진 | 己未 | 庚申 | 辛酉 | 壬戌 | 癸亥 | 甲子 | 乙丑 | 丙寅 | 丁卯 | 戊辰 | 己巳 | 庚午 | 辛未 | 壬申 | 癸酉 | 甲戌 | 乙亥 | 丙子 | 丁丑 | 戊寅 | 己卯 | 庚辰 | 辛巳 | 壬午 | 癸未 | 甲申 | 乙酉 | 丙戌 | 丁亥 | 戊子 | 己丑 |
| 대운 남 | 2 | 2 | 2 | 1 | 1 | 1 | 1 | 입 | 10 | 10 | 9 | 9 | 9 | 8 | 8 | 8 | 7 | 7 | 7 | 6 | 6 | 6 | 5 | 5 | 5 | 4 | 4 | 4 | 3 | 3 | 3 |
| 대운 녀 | 8 | 9 | 9 | 9 | 10 | 10 | 10 | 추 | 1 | 1 | 1 | 1 | 2 | 2 | 2 | 3 | 3 | 3 | 4 | 4 | 4 | 5 | 5 | 5 | 6 | 6 | 6 | 7 | 7 | 7 | 8 |

백로 8일 05시55분 **9 · 癸酉月(양 9.8~10.7)** 추분 23일 15시19분

| 양력 | 1 | 2 | 3 | 4 | 5 | 6 | 7 | 8 | 9 | 10 | 11 | 12 | 13 | 14 | 15 | 16 | 17 | 18 | 19 | 20 | 21 | 22 | 23 | 24 | 25 | 26 | 27 | 28 | 29 | 30 |
|---|---|---|---|---|---|---|---|---|---|---|---|---|---|---|---|---|---|---|---|---|---|---|---|---|---|---|---|---|---|---|
| 음력 | 26 | 27 | 28 | 29 | 30 | 8.1 | 2 | 3 | 4 | 5 | 6 | 7 | 8 | 9 | 10 | 11 | 12 | 13 | 14 | 15 | 16 | 17 | 18 | 19 | 20 | 21 | 22 | 23 | 24 | 25 |
| 요일 | 木 | 金 | 土 | 日 | 月 | 火 | 水 | 木 | 金 | 土 | 日 | 月 | 火 | 水 | 木 | 金 | 土 | 日 | 月 | 火 | 水 | 木 | 金 | 土 | 日 | 月 | 火 | 水 | 木 | 金 |
| 일진 | 庚寅 | 辛卯 | 壬辰 | 癸巳 | 甲午 | 乙未 | 丙申 | 丁酉 | 戊戌 | 己亥 | 庚子 | 辛丑 | 壬寅 | 癸卯 | 甲辰 | 乙巳 | 丙午 | 丁未 | 戊申 | 己酉 | 庚戌 | 辛亥 | 壬子 | 癸丑 | 甲寅 | 乙卯 | 丙辰 | 丁巳 | 戊午 | 己未 |
| 대운 남 | 2 | 2 | 2 | 1 | 1 | 1 | 1 | 백 | 10 | 9 | 9 | 9 | 8 | 8 | 8 | 7 | 7 | 7 | 6 | 6 | 6 | 5 | 5 | 5 | 4 | 4 | 4 | 3 | 3 | 3 |
| 대운 녀 | 8 | 8 | 9 | 9 | 9 | 10 | 10 | 로 | 1 | 1 | 1 | 1 | 2 | 2 | 2 | 3 | 3 | 3 | 4 | 4 | 4 | 5 | 5 | 5 | 6 | 6 | 6 | 7 | 7 | 7 |

한로 8일 21시29분 **10 · 甲戌月(양 10.8~11.7)** 상강 24일 00시36분

| 양력 | 1 | 2 | 3 | 4 | 5 | 6 | 7 | 8 | 9 | 10 | 11 | 12 | 13 | 14 | 15 | 16 | 17 | 18 | 19 | 20 | 21 | 22 | 23 | 24 | 25 | 26 | 27 | 28 | 29 | 30 | 31 |
|---|---|---|---|---|---|---|---|---|---|---|---|---|---|---|---|---|---|---|---|---|---|---|---|---|---|---|---|---|---|---|---|
| 음력 | 26 | 27 | 28 | 29 | 9.1 | 2 | 3 | 4 | 5 | 6 | 7 | 8 | 9 | 10 | 11 | 12 | 13 | 14 | 15 | 16 | 17 | 18 | 19 | 20 | 21 | 22 | 23 | 24 | 25 | 26 | 27 |
| 요일 | 土 | 日 | 月 | 火 | 水 | 木 | 金 | 土 | 日 | 月 | 火 | 水 | 木 | 金 | 土 | 日 | 月 | 火 | 水 | 木 | 金 | 土 | 日 | 月 | 火 | 水 | 木 | 金 | 土 | 日 | 月 |
| 일진 | 庚申 | 辛酉 | 壬戌 | 癸亥 | 甲子 | 乙丑 | 丙寅 | 丁卯 | 戊辰 | 己巳 | 庚午 | 辛未 | 壬申 | 癸酉 | 甲戌 | 乙亥 | 丙子 | 丁丑 | 戊寅 | 己卯 | 庚辰 | 辛巳 | 壬午 | 癸未 | 甲申 | 乙酉 | 丙戌 | 丁亥 | 戊子 | 己丑 | 庚寅 |
| 대운 남 | 2 | 2 | 2 | 1 | 1 | 1 | 1 | 한 | 10 | 10 | 9 | 9 | 9 | 8 | 8 | 8 | 7 | 7 | 7 | 6 | 6 | 6 | 5 | 5 | 5 | 4 | 4 | 4 | 3 | 3 | 3 |
| 대운 녀 | 8 | 8 | 8 | 9 | 9 | 9 | 10 | 로 | 1 | 1 | 1 | 1 | 2 | 2 | 2 | 3 | 3 | 3 | 4 | 4 | 4 | 5 | 5 | 5 | 6 | 6 | 6 | 7 | 7 | 7 | 8 |

입동 8일 00시36분 **11 · 乙亥月(양 11.8~12.6)** 소설 22일 22시06분

| 양력 | 1 | 2 | 3 | 4 | 5 | 6 | 7 | 8 | 9 | 10 | 11 | 12 | 13 | 14 | 15 | 16 | 17 | 18 | 19 | 20 | 21 | 22 | 23 | 24 | 25 | 26 | 27 | 28 | 29 | 30 |
|---|---|---|---|---|---|---|---|---|---|---|---|---|---|---|---|---|---|---|---|---|---|---|---|---|---|---|---|---|---|---|
| 음력 | 28 | 29 | 10.1 | 2 | 3 | 4 | 5 | 6 | 7 | 8 | 9 | 10 | 11 | 12 | 13 | 14 | 15 | 16 | 17 | 18 | 19 | 20 | 21 | 22 | 23 | 24 | 25 | 26 | 27 | 28 |
| 요일 | 火 | 水 | 木 | 金 | 土 | 日 | 月 | 火 | 水 | 木 | 金 | 土 | 日 | 月 | 火 | 水 | 木 | 金 | 土 | 日 | 月 | 火 | 水 | 木 | 金 | 土 | 日 | 月 | 火 | 水 |
| 일진 | 辛卯 | 壬辰 | 癸巳 | 甲午 | 乙未 | 丙申 | 丁酉 | 戊戌 | 己亥 | 庚子 | 辛丑 | 壬寅 | 癸卯 | 甲辰 | 乙巳 | 丙午 | 丁未 | 戊申 | 己酉 | 庚戌 | 辛亥 | 壬子 | 癸丑 | 甲寅 | 乙卯 | 丙辰 | 丁巳 | 戊午 | 己未 | 庚申 |
| 대운 남 | 2 | 2 | 2 | 1 | 1 | 1 | 1 | 입 | 9 | 9 | 9 | 8 | 8 | 8 | 7 | 7 | 7 | 6 | 6 | 6 | 5 | 5 | 5 | 4 | 4 | 4 | 3 | 3 | 3 | 2 |
| 대운 녀 | 8 | 8 | 9 | 9 | 9 | 10 | 10 | 동 | 1 | 1 | 1 | 1 | 2 | 2 | 2 | 3 | 3 | 3 | 4 | 4 | 4 | 5 | 5 | 5 | 6 | 6 | 6 | 7 | 7 | 7 |

대설 7일 17시23분 **12 · 丙子月(양 12.7~1.5)** 동지 22일 11시23분

| 양력 | 1 | 2 | 3 | 4 | 5 | 6 | 7 | 8 | 9 | 10 | 11 | 12 | 13 | 14 | 15 | 16 | 17 | 18 | 19 | 20 | 21 | 22 | 23 | 24 | 25 | 26 | 27 | 28 | 29 | 30 | 31 |
|---|---|---|---|---|---|---|---|---|---|---|---|---|---|---|---|---|---|---|---|---|---|---|---|---|---|---|---|---|---|---|---|
| 음력 | 29 | 30 | 11.1 | 2 | 3 | 4 | 5 | 6 | 7 | 8 | 9 | 10 | 11 | 12 | 13 | 14 | 15 | 16 | 17 | 18 | 19 | 20 | 21 | 22 | 23 | 24 | 25 | 26 | 27 | 28 | 29 |
| 요일 | 木 | 金 | 土 | 日 | 月 | 火 | 水 | 木 | 金 | 土 | 日 | 月 | 火 | 水 | 木 | 金 | 土 | 日 | 月 | 火 | 水 | 木 | 金 | 土 | 日 | 月 | 火 | 水 | 木 | 金 | 土 |
| 일진 | 辛酉 | 壬戌 | 癸亥 | 甲子 | 乙丑 | 丙寅 | 丁卯 | 戊辰 | 己巳 | 庚午 | 辛未 | 壬申 | 癸酉 | 甲戌 | 乙亥 | 丙子 | 丁丑 | 戊寅 | 己卯 | 庚辰 | 辛巳 | 壬午 | 癸未 | 甲申 | 乙酉 | 丙戌 | 丁亥 | 戊子 | 己丑 | 庚寅 | 辛卯 |
| 대운 남 | 2 | 2 | 1 | 1 | 1 | 1 | 대 | 10 | 9 | 9 | 9 | 8 | 8 | 8 | 7 | 7 | 7 | 6 | 6 | 6 | 5 | 5 | 5 | 4 | 4 | 4 | 3 | 3 | 3 | 2 | 2 |
| 대운 녀 | 8 | 8 | 8 | 9 | 9 | 9 | 설 | 1 | 1 | 1 | 1 | 2 | 2 | 2 | 3 | 3 | 3 | 4 | 4 | 4 | 5 | 5 | 5 | 6 | 6 | 6 | 7 | 7 | 7 | 8 | 8 |

## 1 · 丁丑月(양 1.6~2.3)

소한 6일 04시34분 · 대한 20일 22시00분

| 양력 | 1 | 2 | 3 | 4 | 5 | 6 | 7 | 8 | 9 | 10 | 11 | 12 | 13 | 14 | 15 | 16 | 17 | 18 | 19 | 20 | 21 | 22 | 23 | 24 | 25 | 26 | 27 | 28 | 29 | 30 | 31 |
|---|---|---|---|---|---|---|---|---|---|---|---|---|---|---|---|---|---|---|---|---|---|---|---|---|---|---|---|---|---|---|---|
| 음력 | 12.1 | 2 | 3 | 4 | 5 | 6 | 7 | 8 | 9 | 10 | 11 | 12 | 13 | 14 | 15 | 16 | 17 | 18 | 19 | 20 | 21 | 22 | 23 | 24 | 25 | 26 | 27 | 28 | 29 | 30 | 1.1 |
| 요일 | 日 | 月 | 火 | 水 | 木 | 金 | 土 | 日 | 月 | 火 | 水 | 木 | 金 | 土 | 日 | 月 | 火 | 水 | 木 | 金 | 土 | 日 | 月 | 火 | 水 | 木 | 金 | 土 | 日 | 月 | 火 |
| 일진 | 壬辰 | 癸巳 | 甲午 | 乙未 | 丙申 | 丁酉 | 戊戌 | 己亥 | 庚子 | 辛丑 | 壬寅 | 癸卯 | 甲辰 | 乙巳 | 丙午 | 丁未 | 戊申 | 己酉 | 庚戌 | 辛亥 | 壬子 | 癸丑 | 甲寅 | 乙卯 | 丙辰 | 丁巳 | 戊午 | 己未 | 庚申 | 辛酉 | 壬戌 |
| 대운 남 | 2 | 1 | 1 | 1 | 1 | 소 | 9 | 9 | 9 | 8 | 8 | 8 | 7 | 7 | 7 | 6 | 6 | 6 | 5 | 5 | 5 | 4 | 4 | 4 | 3 | 3 | 3 | 2 | 2 | 2 | 1 |
| 대운 녀 | 8 | 9 | 9 | 9 | 10 | 한 | 1 | 1 | 1 | 1 | 2 | 2 | 2 | 3 | 3 | 3 | 4 | 4 | 4 | 5 | 5 | 5 | 6 | 6 | 6 | 7 | 7 | 7 | 8 | 8 | 8 |

## 2 · 戊寅月(양 2.4~3.5)

입춘 4일 16시13분 · 우수 19일 12시11분

| 양력 | 1 | 2 | 3 | 4 | 5 | 6 | 7 | 8 | 9 | 10 | 11 | 12 | 13 | 14 | 15 | 16 | 17 | 18 | 19 | 20 | 21 | 22 | 23 | 24 | 25 | 26 | 27 | 28 |
|---|---|---|---|---|---|---|---|---|---|---|---|---|---|---|---|---|---|---|---|---|---|---|---|---|---|---|---|---|
| 음력 | 2 | 3 | 4 | 5 | 6 | 7 | 8 | 9 | 10 | 11 | 12 | 13 | 14 | 15 | 16 | 17 | 18 | 19 | 20 | 21 | 22 | 23 | 24 | 25 | 26 | 27 | 28 | 29 |
| 요일 | 水 | 木 | 金 | 土 | 日 | 月 | 火 | 水 | 木 | 金 | 土 | 日 | 月 | 火 | 水 | 木 | 金 | 土 | 日 | 月 | 火 | 水 | 木 | 金 | 土 | 日 | 月 | 火 |
| 일진 | 癸亥 | 甲子 | 乙丑 | 丙寅 | 丁卯 | 戊辰 | 己巳 | 庚午 | 辛未 | 壬申 | 癸酉 | 甲戌 | 乙亥 | 丙子 | 丁丑 | 戊寅 | 己卯 | 庚辰 | 辛巳 | 壬午 | 癸未 | 甲申 | 乙酉 | 丙戌 | 丁亥 | 戊子 | 己丑 | 庚寅 |
| 대운 남 | 1 | 1 | 1 | 입 | 1 | 1 | 1 | 1 | 2 | 2 | 2 | 3 | 3 | 3 | 4 | 4 | 4 | 5 | 5 | 5 | 6 | 6 | 6 | 7 | 7 | 7 | 8 | 8 |
| 대운 녀 | 9 | 9 | 9 | 춘 | 10 | 9 | 9 | 9 | 8 | 8 | 8 | 7 | 7 | 7 | 6 | 6 | 6 | 5 | 5 | 5 | 4 | 4 | 4 | 3 | 3 | 3 | 2 | 2 |

## 3 · 己卯月(양 3.6~4.4)

경칩 6일 10시16분 · 춘분 21일 11시14분

| 양력 | 1 | 2 | 3 | 4 | 5 | 6 | 7 | 8 | 9 | 10 | 11 | 12 | 13 | 14 | 15 | 16 | 17 | 18 | 19 | 20 | 21 | 22 | 23 | 24 | 25 | 26 | 27 | 28 | 29 | 30 | 31 |
|---|---|---|---|---|---|---|---|---|---|---|---|---|---|---|---|---|---|---|---|---|---|---|---|---|---|---|---|---|---|---|---|
| 음력 | 2.1 | 2 | 3 | 4 | 5 | 6 | 7 | 8 | 9 | 10 | 11 | 12 | 13 | 14 | 15 | 16 | 17 | 18 | 19 | 20 | 21 | 22 | 23 | 24 | 25 | 26 | 27 | 28 | 29 | 30 | 3.1 |
| 요일 | 水 | 木 | 金 | 土 | 日 | 月 | 火 | 水 | 木 | 金 | 土 | 日 | 月 | 火 | 水 | 木 | 金 | 土 | 日 | 月 | 火 | 水 | 木 | 金 | 土 | 日 | 月 | 火 | 水 | 木 | 金 |
| 일진 | 辛卯 | 壬辰 | 癸巳 | 甲午 | 乙未 | 丙申 | 丁酉 | 戊戌 | 己亥 | 庚子 | 辛丑 | 壬寅 | 癸卯 | 甲辰 | 乙巳 | 丙午 | 丁未 | 戊申 | 己酉 | 庚戌 | 辛亥 | 壬子 | 癸丑 | 甲寅 | 乙卯 | 丙辰 | 丁巳 | 戊午 | 己未 | 庚申 | 辛酉 |
| 대운 남 | 8 | 9 | 9 | 9 | 10 | 경 | 1 | 1 | 1 | 1 | 2 | 2 | 2 | 3 | 3 | 3 | 4 | 4 | 4 | 5 | 5 | 5 | 6 | 6 | 6 | 7 | 7 | 7 | 8 | 8 | 8 |
| 대운 녀 | 2 | 1 | 1 | 1 | 1 | 칩 | 10 | 9 | 9 | 9 | 8 | 8 | 8 | 7 | 7 | 7 | 6 | 6 | 6 | 5 | 5 | 5 | 4 | 4 | 4 | 3 | 3 | 3 | 2 | 2 | 2 |

## 4 · 庚辰月(양 4.5~5.5)

청명 5일 15시08분 · 곡우 20일 22시21분

| 양력 | 1 | 2 | 3 | 4 | 5 | 6 | 7 | 8 | 9 | 10 | 11 | 12 | 13 | 14 | 15 | 16 | 17 | 18 | 19 | 20 | 21 | 22 | 23 | 24 | 25 | 26 | 27 | 28 | 29 | 30 |
|---|---|---|---|---|---|---|---|---|---|---|---|---|---|---|---|---|---|---|---|---|---|---|---|---|---|---|---|---|---|---|
| 음력 | 2 | 3 | 4 | 5 | 6 | 7 | 8 | 9 | 10 | 11 | 12 | 13 | 14 | 15 | 16 | 17 | 18 | 19 | 20 | 21 | 22 | 23 | 24 | 25 | 26 | 27 | 28 | 29 | 30 | 4.1 |
| 요일 | 土 | 日 | 月 | 火 | 水 | 木 | 金 | 土 | 日 | 月 | 火 | 水 | 木 | 金 | 土 | 日 | 月 | 火 | 水 | 木 | 金 | 土 | 日 | 月 | 火 | 水 | 木 | 金 | 土 | 日 |
| 일진 | 壬戌 | 癸亥 | 甲子 | 乙丑 | 丙寅 | 丁卯 | 戊辰 | 己巳 | 庚午 | 辛未 | 壬申 | 癸酉 | 甲戌 | 乙亥 | 丙子 | 丁丑 | 戊寅 | 己卯 | 庚辰 | 辛巳 | 壬午 | 癸未 | 甲申 | 乙酉 | 丙戌 | 丁亥 | 戊子 | 己丑 | 庚寅 | 辛卯 |
| 대운 남 | 9 | 9 | 9 | 10 | 청 | 1 | 1 | 1 | 1 | 2 | 2 | 2 | 3 | 3 | 3 | 4 | 4 | 4 | 5 | 5 | 5 | 6 | 6 | 6 | 7 | 7 | 7 | 8 | 8 | 8 |
| 대운 녀 | 1 | 1 | 1 | 1 | 명 | 10 | 10 | 9 | 9 | 9 | 8 | 8 | 8 | 7 | 7 | 7 | 6 | 6 | 6 | 5 | 5 | 5 | 4 | 4 | 4 | 3 | 3 | 3 | 2 | 2 |

## 5 · 辛巳月(양 5.6~6.5)

입하 6일 08시30분 · 소만 21일 21시34분

| 양력 | 1 | 2 | 3 | 4 | 5 | 6 | 7 | 8 | 9 | 10 | 11 | 12 | 13 | 14 | 15 | 16 | 17 | 18 | 19 | 20 | 21 | 22 | 23 | 24 | 25 | 26 | 27 | 28 | 29 | 30 | 31 |
|---|---|---|---|---|---|---|---|---|---|---|---|---|---|---|---|---|---|---|---|---|---|---|---|---|---|---|---|---|---|---|---|
| 음력 | 2 | 3 | 4 | 5 | 6 | 7 | 8 | 9 | 10 | 11 | 12 | 13 | 14 | 15 | 16 | 17 | 18 | 19 | 20 | 21 | 22 | 23 | 24 | 25 | 26 | 27 | 28 | 29 | 5.1 | 2 | 3 |
| 요일 | 月 | 火 | 水 | 木 | 金 | 土 | 日 | 月 | 火 | 水 | 木 | 金 | 土 | 日 | 月 | 火 | 水 | 木 | 金 | 土 | 日 | 月 | 火 | 水 | 木 | 金 | 土 | 日 | 月 | 火 | 水 |
| 일진 | 壬辰 | 癸巳 | 甲午 | 乙未 | 丙申 | 丁酉 | 戊戌 | 己亥 | 庚子 | 辛丑 | 壬寅 | 癸卯 | 甲辰 | 乙巳 | 丙午 | 丁未 | 戊申 | 己酉 | 庚戌 | 辛亥 | 壬子 | 癸丑 | 甲寅 | 乙卯 | 丙辰 | 丁巳 | 戊午 | 己未 | 庚申 | 辛酉 | 壬戌 |
| 대운 남 | 9 | 9 | 9 | 10 | 10 | 입 | 1 | 1 | 1 | 1 | 2 | 2 | 2 | 3 | 3 | 3 | 4 | 4 | 4 | 5 | 5 | 5 | 6 | 6 | 6 | 7 | 7 | 7 | 8 | 8 | 8 |
| 대운 녀 | 2 | 1 | 1 | 1 | 1 | 하 | 10 | 10 | 9 | 9 | 9 | 8 | 8 | 8 | 7 | 7 | 7 | 6 | 6 | 6 | 5 | 5 | 5 | 4 | 4 | 4 | 3 | 3 | 3 | 2 | 2 |

## 6 · 壬午月(양 6.6~7.6)

망종 6일 12시43분 · 하지 22일 05시34분

| 양력 | 1 | 2 | 3 | 4 | 5 | 6 | 7 | 8 | 9 | 10 | 11 | 12 | 13 | 14 | 15 | 16 | 17 | 18 | 19 | 20 | 21 | 22 | 23 | 24 | 25 | 26 | 27 | 28 | 29 | 30 |
|---|---|---|---|---|---|---|---|---|---|---|---|---|---|---|---|---|---|---|---|---|---|---|---|---|---|---|---|---|---|---|
| 음력 | 4 | 5 | 6 | 7 | 8 | 9 | 10 | 11 | 12 | 13 | 14 | 15 | 16 | 17 | 18 | 19 | 20 | 21 | 22 | 23 | 24 | 25 | 26 | 27 | 28 | 29 | 30 | 6.1 | 2 | 3 |
| 요일 | 木 | 金 | 土 | 日 | 月 | 火 | 水 | 木 | 金 | 土 | 日 | 月 | 火 | 水 | 木 | 金 | 土 | 日 | 月 | 火 | 水 | 木 | 金 | 土 | 日 | 月 | 火 | 水 | 木 | 金 |
| 일진 | 癸亥 | 甲子 | 乙丑 | 丙寅 | 丁卯 | 戊辰 | 己巳 | 庚午 | 辛未 | 壬申 | 癸酉 | 甲戌 | 乙亥 | 丙子 | 丁丑 | 戊寅 | 己卯 | 庚辰 | 辛巳 | 壬午 | 癸未 | 甲申 | 乙酉 | 丙戌 | 丁亥 | 戊子 | 己丑 | 庚寅 | 辛卯 | 壬辰 |
| 대운 남 | 9 | 9 | 9 | 10 | 10 | 망 | 1 | 1 | 1 | 1 | 2 | 2 | 2 | 3 | 3 | 3 | 4 | 4 | 4 | 5 | 5 | 5 | 6 | 6 | 6 | 7 | 7 | 7 | 8 | 8 |
| 대운 녀 | 2 | 1 | 1 | 1 | 1 | 종 | 10 | 10 | 9 | 9 | 9 | 8 | 8 | 8 | 7 | 7 | 7 | 6 | 6 | 6 | 5 | 5 | 5 | 4 | 4 | 4 | 3 | 3 | 3 | 2 |

# 乙亥年

동경135도표준시

## 7 · 癸未月(양 7.7~8.7)

소서 7일 23시01분 　 대서 23일 16시30분

| 양력 | | 1 | 2 | 3 | 4 | 5 | 6 | 7 | 8 | 9 | 10 | 11 | 12 | 13 | 14 | 15 | 16 | 17 | 18 | 19 | 20 | 21 | 22 | 23 | 24 | 25 | 26 | 27 | 28 | 29 | 30 | 31 |
|---|---|---|---|---|---|---|---|---|---|---|---|---|---|---|---|---|---|---|---|---|---|---|---|---|---|---|---|---|---|---|---|---|
| 음력 | | 4 | 5 | 6 | 7 | 8 | 9 | 10 | 11 | 12 | 13 | 14 | 15 | 16 | 17 | 18 | 19 | 20 | 21 | 22 | 23 | 24 | 25 | 26 | 27 | 28 | 29 | 30 | 7.1 | 2 | 3 | 4 |
| 요일 | | 土 | 日 | 月 | 火 | 水 | 木 | 金 | 土 | 日 | 月 | 火 | 水 | 木 | 金 | 土 | 日 | 月 | 火 | 水 | 木 | 金 | 土 | 日 | 月 | 火 | 水 | 木 | 金 | 土 | 日 | 月 |
| 일진 | | 癸巳 | 甲午 | 乙未 | 丙申 | 丁酉 | 戊戌 | 己亥 | 庚子 | 辛丑 | 壬寅 | 癸卯 | 甲辰 | 乙巳 | 丙午 | 丁未 | 戊申 | 己酉 | 庚戌 | 辛亥 | 壬子 | 癸丑 | 甲寅 | 乙卯 | 丙辰 | 丁巳 | 戊午 | 己未 | 庚申 | 辛酉 | 壬戌 | 癸亥 |
| 대운 | 남 | 8 | 9 | 9 | 9 | 10 | 10 | 소 | 1 | 1 | 1 | 1 | 2 | 2 | 2 | 3 | 3 | 3 | 4 | 4 | 4 | 5 | 5 | 5 | 6 | 6 | 6 | 7 | 7 | 7 | 8 | 8 |
| | 녀 | 2 | 2 | 1 | 1 | 1 | 1 | 서 | 10 | 10 | 10 | 9 | 9 | 9 | 8 | 8 | 8 | 7 | 7 | 7 | 6 | 6 | 6 | 5 | 5 | 5 | 4 | 4 | 4 | 3 | 3 | 3 |

## 8 · 甲申月(양 8.8~9.7)

입추 8일 08시52분 　 처서 23일 23시35분

| 양력 | | 1 | 2 | 3 | 4 | 5 | 6 | 7 | 8 | 9 | 10 | 11 | 12 | 13 | 14 | 15 | 16 | 17 | 18 | 19 | 20 | 21 | 22 | 23 | 24 | 25 | 26 | 27 | 28 | 29 | 30 | 31 |
|---|---|---|---|---|---|---|---|---|---|---|---|---|---|---|---|---|---|---|---|---|---|---|---|---|---|---|---|---|---|---|---|---|
| 음력 | | 5 | 6 | 7 | 8 | 9 | 10 | 11 | 12 | 13 | 14 | 15 | 16 | 17 | 18 | 19 | 20 | 21 | 22 | 23 | 24 | 25 | 26 | 27 | 28 | 29 | 8.1 | 2 | 3 | 4 | 5 | 6 |
| 요일 | | 火 | 水 | 木 | 金 | 土 | 日 | 月 | 火 | 水 | 木 | 金 | 土 | 日 | 月 | 火 | 水 | 木 | 金 | 土 | 日 | 月 | 火 | 水 | 木 | 金 | 土 | 日 | 月 | 火 | 水 | 木 |
| 일진 | | 甲子 | 乙丑 | 丙寅 | 丁卯 | 戊辰 | 己巳 | 庚午 | 辛未 | 壬申 | 癸酉 | 甲戌 | 乙亥 | 丙子 | 丁丑 | 戊寅 | 己卯 | 庚辰 | 辛巳 | 壬午 | 癸未 | 甲申 | 乙酉 | 丙戌 | 丁亥 | 戊子 | 己丑 | 庚寅 | 辛卯 | 壬辰 | 癸巳 | 甲午 |
| 대운 | 남 | 8 | 9 | 9 | 9 | 10 | 10 | 10 | 입 | 1 | 1 | 1 | 1 | 2 | 2 | 2 | 3 | 3 | 3 | 4 | 4 | 4 | 5 | 5 | 5 | 6 | 6 | 6 | 7 | 7 | 7 | 8 |
| | 녀 | 2 | 2 | 2 | 1 | 1 | 1 | 1 | 추 | 10 | 10 | 9 | 9 | 9 | 8 | 8 | 8 | 7 | 7 | 7 | 6 | 6 | 6 | 5 | 5 | 5 | 4 | 4 | 4 | 3 | 3 | 3 |

## 9 · 乙酉月(양 9.8~10.8)

백로 8일 11시49분 　 추분 23일 21시13분

| 양력 | | 1 | 2 | 3 | 4 | 5 | 6 | 7 | 8 | 9 | 10 | 11 | 12 | 13 | 14 | 15 | 16 | 17 | 18 | 19 | 20 | 21 | 22 | 23 | 24 | 25 | 26 | 27 | 28 | 29 | 30 |
|---|---|---|---|---|---|---|---|---|---|---|---|---|---|---|---|---|---|---|---|---|---|---|---|---|---|---|---|---|---|---|---|
| 음력 | | 7 | 8 | 9 | 10 | 11 | 12 | 13 | 14 | 15 | 16 | 17 | 18 | 19 | 20 | 21 | 22 | 23 | 24 | 25 | 26 | 27 | 28 | 29 | 30 | 윤 | 8.2 | 3 | 4 | 5 | 6 |
| 요일 | | 金 | 土 | 日 | 月 | 火 | 水 | 木 | 金 | 土 | 日 | 月 | 火 | 水 | 木 | 金 | 土 | 日 | 月 | 火 | 水 | 木 | 金 | 土 | 日 | 月 | 火 | 水 | 木 | 金 | 土 |
| 일진 | | 乙未 | 丙申 | 丁酉 | 戊戌 | 己亥 | 庚子 | 辛丑 | 壬寅 | 癸卯 | 甲辰 | 乙巳 | 丙午 | 丁未 | 戊申 | 己酉 | 庚戌 | 辛亥 | 壬子 | 癸丑 | 甲寅 | 乙卯 | 丙辰 | 丁巳 | 戊午 | 己未 | 庚申 | 辛酉 | 壬戌 | 癸亥 | 甲子 |
| 대운 | 남 | 8 | 8 | 9 | 9 | 9 | 10 | 10 | 백 | 1 | 1 | 1 | 1 | 2 | 2 | 2 | 3 | 3 | 3 | 4 | 4 | 4 | 5 | 5 | 5 | 6 | 6 | 6 | 7 | 7 | 7 |
| | 녀 | 2 | 2 | 2 | 1 | 1 | 1 | 1 | 로 | 10 | 10 | 9 | 9 | 9 | 8 | 8 | 8 | 7 | 7 | 7 | 6 | 6 | 6 | 5 | 5 | 5 | 4 | 4 | 4 | 3 | 3 |

## 10 · 丙戌月(양 10.9~11.7)

한로 9일 03시27분 　 상강 24일 06시32분

| 양력 | | 1 | 2 | 3 | 4 | 5 | 6 | 7 | 8 | 9 | 10 | 11 | 12 | 13 | 14 | 15 | 16 | 17 | 18 | 19 | 20 | 21 | 22 | 23 | 24 | 25 | 26 | 27 | 28 | 29 | 30 | 31 |
|---|---|---|---|---|---|---|---|---|---|---|---|---|---|---|---|---|---|---|---|---|---|---|---|---|---|---|---|---|---|---|---|---|
| 음력 | | 7 | 8 | 9 | 10 | 11 | 12 | 13 | 14 | 15 | 16 | 17 | 18 | 19 | 20 | 21 | 22 | 23 | 24 | 25 | 26 | 27 | 28 | 29 | 9.1 | 2 | 3 | 4 | 5 | 6 | 7 | 8 |
| 요일 | | 日 | 月 | 火 | 水 | 木 | 金 | 土 | 日 | 月 | 火 | 水 | 木 | 金 | 土 | 日 | 月 | 火 | 水 | 木 | 金 | 土 | 日 | 月 | 火 | 水 | 木 | 金 | 土 | 日 | 月 | 火 |
| 일진 | | 乙丑 | 丙寅 | 丁卯 | 戊辰 | 己巳 | 庚午 | 辛未 | 壬申 | 癸酉 | 甲戌 | 乙亥 | 丙子 | 丁丑 | 戊寅 | 己卯 | 庚辰 | 辛巳 | 壬午 | 癸未 | 甲申 | 乙酉 | 丙戌 | 丁亥 | 戊子 | 己丑 | 庚寅 | 辛卯 | 壬辰 | 癸巳 | 甲午 | 乙未 |
| 대운 | 남 | 8 | 8 | 8 | 9 | 9 | 9 | 10 | 10 | 한 | 1 | 1 | 1 | 1 | 2 | 2 | 2 | 3 | 3 | 3 | 4 | 4 | 4 | 5 | 5 | 5 | 6 | 6 | 6 | 7 | 7 | 7 |
| | 녀 | 3 | 2 | 2 | 2 | 1 | 1 | 1 | 1 | 로 | 10 | 9 | 9 | 9 | 8 | 8 | 8 | 7 | 7 | 7 | 6 | 6 | 6 | 5 | 5 | 5 | 4 | 4 | 4 | 3 | 3 | 3 |

## 11 · 丁亥月(양 11.8~12.6)

입동 8일 06시36분 　 소설 23일 04시01분

| 양력 | | 1 | 2 | 3 | 4 | 5 | 6 | 7 | 8 | 9 | 10 | 11 | 12 | 13 | 14 | 15 | 16 | 17 | 18 | 19 | 20 | 21 | 22 | 23 | 24 | 25 | 26 | 27 | 28 | 29 | 30 |
|---|---|---|---|---|---|---|---|---|---|---|---|---|---|---|---|---|---|---|---|---|---|---|---|---|---|---|---|---|---|---|---|
| 음력 | | 9 | 10 | 11 | 12 | 13 | 14 | 15 | 16 | 17 | 18 | 19 | 20 | 21 | 22 | 23 | 24 | 25 | 26 | 27 | 28 | 29 | 30 | 10.1 | 2 | 3 | 4 | 5 | 6 | 7 | 8 |
| 요일 | | 水 | 木 | 金 | 土 | 日 | 月 | 火 | 水 | 木 | 金 | 土 | 日 | 月 | 火 | 水 | 木 | 金 | 土 | 日 | 月 | 火 | 水 | 木 | 金 | 土 | 日 | 月 | 火 | 水 | 木 |
| 일진 | | 丙申 | 丁酉 | 戊戌 | 己亥 | 庚子 | 辛丑 | 壬寅 | 癸卯 | 甲辰 | 乙巳 | 丙午 | 丁未 | 戊申 | 己酉 | 庚戌 | 辛亥 | 壬子 | 癸丑 | 甲寅 | 乙卯 | 丙辰 | 丁巳 | 戊午 | 己未 | 庚申 | 辛酉 | 壬戌 | 癸亥 | 甲子 | 乙丑 |
| 대운 | 남 | 8 | 8 | 8 | 9 | 9 | 9 | 10 | 입 | 1 | 1 | 1 | 1 | 2 | 2 | 2 | 3 | 3 | 3 | 4 | 4 | 4 | 5 | 5 | 5 | 6 | 6 | 6 | 7 | 7 | 7 |
| | 녀 | 2 | 2 | 2 | 1 | 1 | 1 | 1 | 동 | 9 | 9 | 9 | 8 | 8 | 8 | 7 | 7 | 7 | 6 | 6 | 6 | 5 | 5 | 5 | 4 | 4 | 4 | 3 | 3 | 3 | 2 |

## 12 · 戊子月(양 12.7~1.5)

대설 7일 23시22분 　 동지 22일 17시17분

| 양력 | | 1 | 2 | 3 | 4 | 5 | 6 | 7 | 8 | 9 | 10 | 11 | 12 | 13 | 14 | 15 | 16 | 17 | 18 | 19 | 20 | 21 | 22 | 23 | 24 | 25 | 26 | 27 | 28 | 29 | 30 | 31 |
|---|---|---|---|---|---|---|---|---|---|---|---|---|---|---|---|---|---|---|---|---|---|---|---|---|---|---|---|---|---|---|---|---|
| 음력 | | 9 | 10 | 11 | 12 | 13 | 14 | 15 | 16 | 17 | 18 | 19 | 20 | 21 | 22 | 23 | 24 | 25 | 26 | 27 | 28 | 29 | 11.1 | 2 | 3 | 4 | 5 | 6 | 7 | 8 | 9 | 10 |
| 요일 | | 金 | 土 | 日 | 月 | 火 | 水 | 木 | 金 | 土 | 日 | 月 | 火 | 水 | 木 | 金 | 土 | 日 | 月 | 火 | 水 | 木 | 金 | 土 | 日 | 月 | 火 | 水 | 木 | 金 | 土 | 日 |
| 일진 | | 丙寅 | 丁卯 | 戊辰 | 己巳 | 庚午 | 辛未 | 壬申 | 癸酉 | 甲戌 | 乙亥 | 丙子 | 丁丑 | 戊寅 | 己卯 | 庚辰 | 辛巳 | 壬午 | 癸未 | 甲申 | 乙酉 | 丙戌 | 丁亥 | 戊子 | 己丑 | 庚寅 | 辛卯 | 壬辰 | 癸巳 | 甲午 | 乙未 | 丙申 |
| 대운 | 남 | 8 | 8 | 8 | 9 | 9 | 9 | 대 | 1 | 1 | 1 | 1 | 2 | 2 | 2 | 3 | 3 | 3 | 4 | 4 | 4 | 5 | 5 | 5 | 6 | 6 | 6 | 7 | 7 | 7 | 8 | 8 |
| | 녀 | 2 | 2 | 1 | 1 | 1 | 1 | 설 | 10 | 9 | 9 | 9 | 8 | 8 | 8 | 7 | 7 | 7 | 6 | 6 | 6 | 5 | 5 | 5 | 4 | 4 | 4 | 3 | 3 | 3 | 2 | 2 |

단기 4329년

# 1996년

소한 6일 10시31분

## 1 · 己丑月(양 1.6~2.3)

대한 21일 03시53분

| 양력 | 1 | 2 | 3 | 4 | 5 | 6 | 7 | 8 | 9 | 10 | 11 | 12 | 13 | 14 | 15 | 16 | 17 | 18 | 19 | 20 | 21 | 22 | 23 | 24 | 25 | 26 | 27 | 28 | 29 | 30 | 31 |
|---|---|---|---|---|---|---|---|---|---|---|---|---|---|---|---|---|---|---|---|---|---|---|---|---|---|---|---|---|---|---|---|
| 음력 | 11 | 12 | 13 | 14 | 15 | 16 | 17 | 18 | 19 | 20 | 21 | 22 | 23 | 24 | 25 | 26 | 27 | 28 | 29 | 12.1 | 2 | 3 | 4 | 5 | 6 | 7 | 8 | 9 | 10 | 11 | 12 |
| 요일 | 月 | 火 | 水 | 木 | 金 | 土 | 日 | 月 | 火 | 水 | 木 | 金 | 土 | 日 | 月 | 火 | 水 | 木 | 金 | 土 | 日 | 月 | 火 | 水 | 木 | 金 | 土 | 日 | 月 | 火 | 水 |
| 일진 | 丁酉 | 戊戌 | 己亥 | 庚子 | 辛丑 | 壬寅 | 癸卯 | 甲辰 | 乙巳 | 丙午 | 丁未 | 戊申 | 己酉 | 庚戌 | 辛亥 | 壬子 | 癸丑 | 甲寅 | 乙卯 | 丙辰 | 丁巳 | 戊午 | 己未 | 庚申 | 辛酉 | 壬戌 | 癸亥 | 甲子 | 乙丑 | 丙寅 | 丁卯 |
| 대운 남 | 8 | 9 | 9 | 9 | 10 | 소 | 1 | 1 | 1 | 1 | 2 | 2 | 2 | 3 | 3 | 3 | 4 | 4 | 4 | 5 | 5 | 5 | 6 | 6 | 6 | 7 | 7 | 7 | 8 | 8 | 8 |
| 대운 녀 | 2 | 1 | 1 | 1 | 1 | 한 | 9 | 9 | 9 | 8 | 8 | 8 | 7 | 7 | 7 | 6 | 6 | 6 | 5 | 5 | 5 | 4 | 4 | 4 | 3 | 3 | 3 | 2 | 2 | 2 | 1 |

입춘 4일 22시08분

## 2 · 庚寅月(양 2.4~3.4)

우수 19일 18시01분

| 양력 | 1 | 2 | 3 | 4 | 5 | 6 | 7 | 8 | 9 | 10 | 11 | 12 | 13 | 14 | 15 | 16 | 17 | 18 | 19 | 20 | 21 | 22 | 23 | 24 | 25 | 26 | 27 | 28 | 29 |
|---|---|---|---|---|---|---|---|---|---|---|---|---|---|---|---|---|---|---|---|---|---|---|---|---|---|---|---|---|---|
| 음력 | 13 | 14 | 15 | 16 | 17 | 18 | 19 | 20 | 21 | 22 | 23 | 24 | 25 | 26 | 27 | 28 | 29 | 30 | 1.1 | 2 | 3 | 4 | 5 | 6 | 7 | 8 | 9 | 10 | 11 |
| 요일 | 木 | 金 | 土 | 日 | 月 | 火 | 水 | 木 | 金 | 土 | 日 | 月 | 火 | 水 | 木 | 金 | 土 | 日 | 月 | 火 | 水 | 木 | 金 | 土 | 日 | 月 | 火 | 水 | 木 |
| 일진 | 戊辰 | 己巳 | 庚午 | 辛未 | 壬申 | 癸酉 | 甲戌 | 乙亥 | 丙子 | 丁丑 | 戊寅 | 己卯 | 庚辰 | 辛巳 | 壬午 | 癸未 | 甲申 | 乙酉 | 丙戌 | 丁亥 | 戊子 | 己丑 | 庚寅 | 辛卯 | 壬辰 | 癸巳 | 甲午 | 乙未 | 丙申 |
| 대운 남 | 9 | 9 | 9 | 입 | 10 | 9 | 9 | 9 | 8 | 8 | 8 | 7 | 7 | 7 | 6 | 6 | 6 | 5 | 5 | 5 | 4 | 4 | 4 | 3 | 3 | 3 | 2 | 2 | 2 |
| 대운 녀 | 1 | 1 | 1 | 춘 | 1 | 1 | 1 | 1 | 2 | 2 | 2 | 3 | 3 | 3 | 4 | 4 | 4 | 5 | 5 | 5 | 6 | 6 | 6 | 7 | 7 | 7 | 8 | 8 | 8 |

경칩 5일 16시10분

## 3 · 辛卯月(양 3.5~4.3)

춘분 20일 17시03분

| 양력 | 1 | 2 | 3 | 4 | 5 | 6 | 7 | 8 | 9 | 10 | 11 | 12 | 13 | 14 | 15 | 16 | 17 | 18 | 19 | 20 | 21 | 22 | 23 | 24 | 25 | 26 | 27 | 28 | 29 | 30 | 31 |
|---|---|---|---|---|---|---|---|---|---|---|---|---|---|---|---|---|---|---|---|---|---|---|---|---|---|---|---|---|---|---|---|
| 음력 | 12 | 13 | 14 | 15 | 16 | 17 | 18 | 19 | 20 | 21 | 22 | 23 | 24 | 25 | 26 | 27 | 28 | 29 | 2.1 | 2 | 3 | 4 | 5 | 6 | 7 | 8 | 9 | 10 | 11 | 12 | 13 |
| 요일 | 金 | 土 | 日 | 月 | 火 | 水 | 木 | 金 | 土 | 日 | 月 | 火 | 水 | 木 | 金 | 土 | 日 | 月 | 火 | 水 | 木 | 金 | 土 | 日 | 月 | 火 | 水 | 木 | 金 | 土 | 日 |
| 일진 | 丁酉 | 戊戌 | 己亥 | 庚子 | 辛丑 | 壬寅 | 癸卯 | 甲辰 | 乙巳 | 丙午 | 丁未 | 戊申 | 己酉 | 庚戌 | 辛亥 | 壬子 | 癸丑 | 甲寅 | 乙卯 | 丙辰 | 丁巳 | 戊午 | 己未 | 庚申 | 辛酉 | 壬戌 | 癸亥 | 甲子 | 乙丑 | 丙寅 | 丁卯 |
| 대운 남 | 1 | 1 | 1 | 1 | 경 | 10 | 9 | 9 | 9 | 8 | 8 | 8 | 7 | 7 | 7 | 6 | 6 | 6 | 5 | 5 | 5 | 4 | 4 | 4 | 3 | 3 | 3 | 2 | 2 | 2 | 1 |
| 대운 녀 | 9 | 9 | 9 | 10 | 칩 | 1 | 1 | 1 | 1 | 2 | 2 | 2 | 3 | 3 | 3 | 4 | 4 | 4 | 5 | 5 | 5 | 6 | 6 | 6 | 7 | 7 | 7 | 8 | 8 | 8 | 9 |

청명 4일 21시02분

## 4 · 壬辰月(양 4.4~5.4)

곡우 20일 04시10분

| 양력 | 1 | 2 | 3 | 4 | 5 | 6 | 7 | 8 | 9 | 10 | 11 | 12 | 13 | 14 | 15 | 16 | 17 | 18 | 19 | 20 | 21 | 22 | 23 | 24 | 25 | 26 | 27 | 28 | 29 | 30 |
|---|---|---|---|---|---|---|---|---|---|---|---|---|---|---|---|---|---|---|---|---|---|---|---|---|---|---|---|---|---|---|
| 음력 | 14 | 15 | 16 | 17 | 18 | 19 | 20 | 21 | 22 | 23 | 24 | 25 | 26 | 27 | 28 | 29 | 30 | 3.1 | 2 | 3 | 4 | 5 | 6 | 7 | 8 | 9 | 10 | 11 | 12 | 13 |
| 요일 | 月 | 火 | 水 | 木 | 金 | 土 | 日 | 月 | 火 | 水 | 木 | 金 | 土 | 日 | 月 | 火 | 水 | 木 | 金 | 土 | 日 | 月 | 火 | 水 | 木 | 金 | 土 | 日 | 月 | 火 |
| 일진 | 戊辰 | 己巳 | 庚午 | 辛未 | 壬申 | 癸酉 | 甲戌 | 乙亥 | 丙子 | 丁丑 | 戊寅 | 己卯 | 庚辰 | 辛巳 | 壬午 | 癸未 | 甲申 | 乙酉 | 丙戌 | 丁亥 | 戊子 | 己丑 | 庚寅 | 辛卯 | 壬辰 | 癸巳 | 甲午 | 乙未 | 丙申 | 丁酉 |
| 대운 남 | 1 | 1 | 1 | 청 | 10 | 10 | 9 | 9 | 9 | 8 | 8 | 8 | 7 | 7 | 7 | 6 | 6 | 6 | 5 | 5 | 5 | 4 | 4 | 4 | 3 | 3 | 3 | 2 | 2 | 2 |
| 대운 녀 | 9 | 9 | 10 | 명 | 1 | 1 | 1 | 1 | 2 | 2 | 2 | 3 | 3 | 3 | 4 | 4 | 4 | 5 | 5 | 5 | 6 | 6 | 6 | 7 | 7 | 7 | 8 | 8 | 8 | 9 |

입하 5일 14시26분

## 5 · 癸巳月(양 5.5~6.4)

소만 21일 03시23분

| 양력 | 1 | 2 | 3 | 4 | 5 | 6 | 7 | 8 | 9 | 10 | 11 | 12 | 13 | 14 | 15 | 16 | 17 | 18 | 19 | 20 | 21 | 22 | 23 | 24 | 25 | 26 | 27 | 28 | 29 | 30 | 31 |
|---|---|---|---|---|---|---|---|---|---|---|---|---|---|---|---|---|---|---|---|---|---|---|---|---|---|---|---|---|---|---|---|
| 음력 | 14 | 15 | 16 | 17 | 18 | 19 | 20 | 21 | 22 | 23 | 24 | 25 | 26 | 27 | 28 | 29 | 4.1 | 2 | 3 | 4 | 5 | 6 | 7 | 8 | 9 | 10 | 11 | 12 | 13 | 14 | 15 |
| 요일 | 水 | 木 | 金 | 土 | 日 | 月 | 火 | 水 | 木 | 金 | 土 | 日 | 月 | 火 | 水 | 木 | 金 | 土 | 日 | 月 | 火 | 水 | 木 | 金 | 土 | 日 | 月 | 火 | 水 | 木 | 金 |
| 일진 | 戊戌 | 己亥 | 庚子 | 辛丑 | 壬寅 | 癸卯 | 甲辰 | 乙巳 | 丙午 | 丁未 | 戊申 | 己酉 | 庚戌 | 辛亥 | 壬子 | 癸丑 | 甲寅 | 乙卯 | 丙辰 | 丁巳 | 戊午 | 己未 | 庚申 | 辛酉 | 壬戌 | 癸亥 | 甲子 | 乙丑 | 丙寅 | 丁卯 | 戊辰 |
| 대운 남 | 1 | 1 | 1 | 1 | 입 | 10 | 10 | 9 | 9 | 9 | 8 | 8 | 8 | 7 | 7 | 7 | 6 | 6 | 6 | 5 | 5 | 5 | 4 | 4 | 4 | 3 | 3 | 3 | 2 | 2 | 2 |
| 대운 녀 | 9 | 9 | 10 | 10 | 하 | 1 | 1 | 1 | 1 | 2 | 2 | 2 | 3 | 3 | 3 | 4 | 4 | 4 | 5 | 5 | 5 | 6 | 6 | 6 | 7 | 7 | 7 | 8 | 8 | 8 | 9 |

망종 5일 18시41분

## 6 · 甲午月(양 6.5~7.6)

하지 21일 11시24분

| 양력 | 1 | 2 | 3 | 4 | 5 | 6 | 7 | 8 | 9 | 10 | 11 | 12 | 13 | 14 | 15 | 16 | 17 | 18 | 19 | 20 | 21 | 22 | 23 | 24 | 25 | 26 | 27 | 28 | 29 | 30 |
|---|---|---|---|---|---|---|---|---|---|---|---|---|---|---|---|---|---|---|---|---|---|---|---|---|---|---|---|---|---|---|
| 음력 | 16 | 17 | 18 | 19 | 20 | 21 | 22 | 23 | 24 | 25 | 26 | 27 | 28 | 29 | 30 | 5.1 | 2 | 3 | 4 | 5 | 6 | 7 | 8 | 9 | 10 | 11 | 12 | 13 | 14 | 15 |
| 요일 | 土 | 日 | 月 | 火 | 水 | 木 | 金 | 土 | 日 | 月 | 火 | 水 | 木 | 金 | 土 | 日 | 月 | 火 | 水 | 木 | 金 | 土 | 日 | 月 | 火 | 水 | 木 | 金 | 土 | 日 |
| 일진 | 己巳 | 庚午 | 辛未 | 壬申 | 癸酉 | 甲戌 | 乙亥 | 丙子 | 丁丑 | 戊寅 | 己卯 | 庚辰 | 辛巳 | 壬午 | 癸未 | 甲申 | 乙酉 | 丙戌 | 丁亥 | 戊子 | 己丑 | 庚寅 | 辛卯 | 壬辰 | 癸巳 | 甲午 | 乙未 | 丙申 | 丁酉 | 戊戌 |
| 대운 남 | 1 | 1 | 1 | 1 | 망 | 10 | 10 | 10 | 9 | 9 | 9 | 8 | 8 | 8 | 7 | 7 | 7 | 6 | 6 | 6 | 5 | 5 | 5 | 4 | 4 | 4 | 3 | 3 | 3 | 2 |
| 대운 녀 | 9 | 9 | 10 | 10 | 종 | 1 | 1 | 1 | 1 | 2 | 2 | 2 | 3 | 3 | 3 | 4 | 4 | 4 | 5 | 5 | 5 | 6 | 6 | 6 | 7 | 7 | 7 | 8 | 8 | 8 |

## 7 · 乙未月(양 7.7~8.6)

소서 7일 05시00분 / 대서 22일 22시19분

| 양력 | 1 | 2 | 3 | 4 | 5 | 6 | 7 | 8 | 9 | 10 | 11 | 12 | 13 | 14 | 15 | 16 | 17 | 18 | 19 | 20 | 21 | 22 | 23 | 24 | 25 | 26 | 27 | 28 | 29 | 30 | 31 |
|---|---|---|---|---|---|---|---|---|---|---|---|---|---|---|---|---|---|---|---|---|---|---|---|---|---|---|---|---|---|---|---|
| 음력 | 16 | 17 | 18 | 19 | 20 | 21 | 22 | 23 | 24 | 25 | 26 | 27 | 28 | 29 | 30 | 6.1 | 2 | 3 | 4 | 5 | 6 | 7 | 8 | 9 | 10 | 11 | 12 | 13 | 14 | 15 | 16 |
| 요일 | 月 | 火 | 水 | 木 | 金 | 土 | 日 | 月 | 火 | 水 | 木 | 金 | 土 | 日 | 月 | 火 | 水 | 木 | 金 | 土 | 日 | 月 | 火 | 水 | 木 | 金 | 土 | 日 | 月 | 火 | 水 |
| 일진 | 己亥 | 庚子 | 辛丑 | 壬寅 | 癸卯 | 甲辰 | 乙巳 | 丙午 | 丁未 | 戊申 | 己酉 | 庚戌 | 辛亥 | 壬子 | 癸丑 | 甲寅 | 乙卯 | 丙辰 | 丁巳 | 戊午 | 己未 | 庚申 | 辛酉 | 壬戌 | 癸亥 | 甲子 | 乙丑 | 丙寅 | 丁卯 | 戊辰 | 己巳 |
| 대운 남 | 2 | 2 | 1 | 1 | 1 | 1 | 소 | 10 | 10 | 9 | 9 | 9 | 8 | 8 | 8 | 7 | 7 | 7 | 6 | 6 | 6 | 5 | 5 | 5 | 4 | 4 | 4 | 3 | 3 | 3 | 2 |
| 대운 녀 | 9 | 9 | 9 | 10 | 10 | 10 | 서 | 1 | 1 | 1 | 1 | 2 | 2 | 2 | 3 | 3 | 3 | 4 | 4 | 4 | 5 | 5 | 5 | 6 | 6 | 6 | 7 | 7 | 7 | 8 | 8 |

## 8 · 丙申月(양 8.7~9.6)

입추 7일 14시49분 / 처서 23일 05시23분

| 양력 | 1 | 2 | 3 | 4 | 5 | 6 | 7 | 8 | 9 | 10 | 11 | 12 | 13 | 14 | 15 | 16 | 17 | 18 | 19 | 20 | 21 | 22 | 23 | 24 | 25 | 26 | 27 | 28 | 29 | 30 | 31 |
|---|---|---|---|---|---|---|---|---|---|---|---|---|---|---|---|---|---|---|---|---|---|---|---|---|---|---|---|---|---|---|---|
| 음력 | 17 | 18 | 19 | 20 | 21 | 22 | 23 | 24 | 25 | 26 | 27 | 28 | 29 | 7.1 | 2 | 3 | 4 | 5 | 6 | 7 | 8 | 9 | 10 | 11 | 12 | 13 | 14 | 15 | 16 | 17 | 18 |
| 요일 | 木 | 金 | 土 | 日 | 月 | 火 | 水 | 木 | 金 | 土 | 日 | 月 | 火 | 水 | 木 | 金 | 土 | 日 | 月 | 火 | 水 | 木 | 金 | 土 | 日 | 月 | 火 | 水 | 木 | 金 | 土 |
| 일진 | 庚午 | 辛未 | 壬申 | 癸酉 | 甲戌 | 乙亥 | 丙子 | 丁丑 | 戊寅 | 己卯 | 庚辰 | 辛巳 | 壬午 | 癸未 | 甲申 | 乙酉 | 丙戌 | 丁亥 | 戊子 | 己丑 | 庚寅 | 辛卯 | 壬辰 | 癸巳 | 甲午 | 乙未 | 丙申 | 丁酉 | 戊戌 | 己亥 | 庚子 |
| 대운 남 | 2 | 2 | 1 | 1 | 1 | 1 | 입 | 10 | 10 | 9 | 9 | 9 | 8 | 8 | 8 | 7 | 7 | 7 | 6 | 6 | 6 | 5 | 5 | 5 | 4 | 4 | 4 | 3 | 3 | 3 | 2 |
| 대운 녀 | 8 | 9 | 9 | 9 | 10 | 10 | 추 | 1 | 1 | 1 | 1 | 2 | 2 | 2 | 3 | 3 | 3 | 4 | 4 | 4 | 5 | 5 | 5 | 6 | 6 | 6 | 7 | 7 | 7 | 8 | 8 |

## 9 · 丁酉月(양 9.7~10.7)

백로 7일 17시42분 / 추분 23일 03시00분

| 양력 | 1 | 2 | 3 | 4 | 5 | 6 | 7 | 8 | 9 | 10 | 11 | 12 | 13 | 14 | 15 | 16 | 17 | 18 | 19 | 20 | 21 | 22 | 23 | 24 | 25 | 26 | 27 | 28 | 29 | 30 |
|---|---|---|---|---|---|---|---|---|---|---|---|---|---|---|---|---|---|---|---|---|---|---|---|---|---|---|---|---|---|---|
| 음력 | 19 | 20 | 21 | 22 | 23 | 24 | 25 | 26 | 27 | 28 | 29 | 30 | 8.1 | 2 | 3 | 4 | 5 | 6 | 7 | 8 | 9 | 10 | 11 | 12 | 13 | 14 | 15 | 16 | 17 | 18 |
| 요일 | 日 | 月 | 火 | 水 | 木 | 金 | 土 | 日 | 月 | 火 | 水 | 木 | 金 | 土 | 日 | 月 | 火 | 水 | 木 | 金 | 土 | 日 | 月 | 火 | 水 | 木 | 金 | 土 | 日 | 月 |
| 일진 | 辛丑 | 壬寅 | 癸卯 | 甲辰 | 乙巳 | 丙午 | 丁未 | 戊申 | 己酉 | 庚戌 | 辛亥 | 壬子 | 癸丑 | 甲寅 | 乙卯 | 丙辰 | 丁巳 | 戊午 | 己未 | 庚申 | 辛酉 | 壬戌 | 癸亥 | 甲子 | 乙丑 | 丙寅 | 丁卯 | 戊辰 | 己巳 | 庚午 |
| 대운 남 | 2 | 2 | 1 | 1 | 1 | 1 | 백 | 10 | 10 | 9 | 9 | 9 | 8 | 8 | 8 | 7 | 7 | 7 | 6 | 6 | 6 | 5 | 5 | 5 | 4 | 4 | 4 | 3 | 3 | 3 |
| 대운 녀 | 8 | 9 | 9 | 9 | 10 | 10 | 로 | 1 | 1 | 1 | 1 | 2 | 2 | 2 | 3 | 3 | 3 | 4 | 4 | 4 | 5 | 5 | 5 | 6 | 6 | 6 | 7 | 7 | 7 | 8 |

## 10 · 戊戌月(양 10.8~11.6)

한로 8일 09시19분 / 상강 23일 12시19분

| 양력 | 1 | 2 | 3 | 4 | 5 | 6 | 7 | 8 | 9 | 10 | 11 | 12 | 13 | 14 | 15 | 16 | 17 | 18 | 19 | 20 | 21 | 22 | 23 | 24 | 25 | 26 | 27 | 28 | 29 | 30 | 31 |
|---|---|---|---|---|---|---|---|---|---|---|---|---|---|---|---|---|---|---|---|---|---|---|---|---|---|---|---|---|---|---|---|
| 음력 | 19 | 20 | 21 | 22 | 23 | 24 | 25 | 26 | 27 | 28 | 29 | 9.1 | 2 | 3 | 4 | 5 | 6 | 7 | 8 | 9 | 10 | 11 | 12 | 13 | 14 | 15 | 16 | 17 | 18 | 19 | 20 |
| 요일 | 火 | 水 | 木 | 金 | 土 | 日 | 月 | 火 | 水 | 木 | 金 | 土 | 日 | 月 | 火 | 水 | 木 | 金 | 土 | 日 | 月 | 火 | 水 | 木 | 金 | 土 | 日 | 月 | 火 | 水 | 木 |
| 일진 | 辛未 | 壬申 | 癸酉 | 甲戌 | 乙亥 | 丙子 | 丁丑 | 戊寅 | 己卯 | 庚辰 | 辛巳 | 壬午 | 癸未 | 甲申 | 乙酉 | 丙戌 | 丁亥 | 戊子 | 己丑 | 庚寅 | 辛卯 | 壬辰 | 癸巳 | 甲午 | 乙未 | 丙申 | 丁酉 | 戊戌 | 己亥 | 庚子 | 辛丑 |
| 대운 남 | 2 | 2 | 2 | 1 | 1 | 1 | 1 | 한 | 10 | 9 | 9 | 9 | 8 | 8 | 8 | 7 | 7 | 7 | 6 | 6 | 6 | 5 | 5 | 5 | 4 | 4 | 4 | 3 | 3 | 3 | 2 |
| 대운 녀 | 8 | 8 | 9 | 9 | 9 | 10 | 10 | 로 | 1 | 1 | 1 | 1 | 2 | 2 | 2 | 3 | 3 | 3 | 4 | 4 | 4 | 5 | 5 | 5 | 6 | 6 | 6 | 7 | 7 | 7 | 8 |

## 11 · 己亥月(양 11.7~12.6)

입동 7일 12시27분 / 소설 22일 09시49분

| 양력 | 1 | 2 | 3 | 4 | 5 | 6 | 7 | 8 | 9 | 10 | 11 | 12 | 13 | 14 | 15 | 16 | 17 | 18 | 19 | 20 | 21 | 22 | 23 | 24 | 25 | 26 | 27 | 28 | 29 | 30 |
|---|---|---|---|---|---|---|---|---|---|---|---|---|---|---|---|---|---|---|---|---|---|---|---|---|---|---|---|---|---|---|
| 음력 | 21 | 22 | 23 | 24 | 25 | 26 | 27 | 28 | 29 | 30 | 10.1 | 2 | 3 | 4 | 5 | 6 | 7 | 8 | 9 | 10 | 11 | 12 | 13 | 14 | 15 | 16 | 17 | 18 | 19 | 20 |
| 요일 | 金 | 土 | 日 | 月 | 火 | 水 | 木 | 金 | 土 | 日 | 月 | 火 | 水 | 木 | 金 | 土 | 日 | 月 | 火 | 水 | 木 | 金 | 土 | 日 | 月 | 火 | 水 | 木 | 金 | 土 |
| 일진 | 壬寅 | 癸卯 | 甲辰 | 乙巳 | 丙午 | 丁未 | 戊申 | 己酉 | 庚戌 | 辛亥 | 壬子 | 癸丑 | 甲寅 | 乙卯 | 丙辰 | 丁巳 | 戊午 | 己未 | 庚申 | 辛酉 | 壬戌 | 癸亥 | 甲子 | 乙丑 | 丙寅 | 丁卯 | 戊辰 | 己巳 | 庚午 | 辛未 |
| 대운 남 | 2 | 2 | 1 | 1 | 1 | 1 | 입 | 10 | 9 | 9 | 9 | 8 | 8 | 8 | 7 | 7 | 7 | 6 | 6 | 6 | 5 | 5 | 5 | 4 | 4 | 4 | 3 | 3 | 3 | 2 |
| 대운 녀 | 8 | 8 | 9 | 9 | 9 | 10 | 동 | 1 | 1 | 1 | 1 | 2 | 2 | 2 | 3 | 3 | 3 | 4 | 4 | 4 | 5 | 5 | 5 | 6 | 6 | 6 | 7 | 7 | 7 | 8 |

## 12 · 庚子月(양 12.7~1.4)

대설 7일 05시14분 / 동지 21일 23시06분

| 양력 | 1 | 2 | 3 | 4 | 5 | 6 | 7 | 8 | 9 | 10 | 11 | 12 | 13 | 14 | 15 | 16 | 17 | 18 | 19 | 20 | 21 | 22 | 23 | 24 | 25 | 26 | 27 | 28 | 29 | 30 | 31 |
|---|---|---|---|---|---|---|---|---|---|---|---|---|---|---|---|---|---|---|---|---|---|---|---|---|---|---|---|---|---|---|---|
| 음력 | 21 | 22 | 23 | 24 | 25 | 26 | 27 | 28 | 29 | 30 | 11.1 | 2 | 3 | 4 | 5 | 6 | 7 | 8 | 9 | 10 | 11 | 12 | 13 | 14 | 15 | 16 | 17 | 18 | 19 | 20 | 21 |
| 요일 | 日 | 月 | 火 | 水 | 木 | 金 | 土 | 日 | 月 | 火 | 水 | 木 | 金 | 土 | 日 | 月 | 火 | 水 | 木 | 金 | 土 | 日 | 月 | 火 | 水 | 木 | 金 | 土 | 日 | 月 | 火 |
| 일진 | 壬申 | 癸酉 | 甲戌 | 乙亥 | 丙子 | 丁丑 | 戊寅 | 己卯 | 庚辰 | 辛巳 | 壬午 | 癸未 | 甲申 | 乙酉 | 丙戌 | 丁亥 | 戊子 | 己丑 | 庚寅 | 辛卯 | 壬辰 | 癸巳 | 甲午 | 乙未 | 丙申 | 丁酉 | 戊戌 | 己亥 | 庚子 | 辛丑 | 壬寅 |
| 대운 남 | 2 | 2 | 1 | 1 | 1 | 1 | 대 | 9 | 9 | 9 | 8 | 8 | 8 | 7 | 7 | 7 | 6 | 6 | 6 | 5 | 5 | 5 | 4 | 4 | 4 | 3 | 3 | 3 | 2 | 2 | 2 |
| 대운 녀 | 8 | 8 | 9 | 9 | 9 | 10 | 설 | 1 | 1 | 1 | 1 | 2 | 2 | 2 | 3 | 3 | 3 | 4 | 4 | 4 | 5 | 5 | 5 | 6 | 6 | 6 | 7 | 7 | 7 | 8 | 8 |

단기 4330년

# 1997년

## 1 · 辛丑月(양 1.5~2.3)

소한 5일 16시24분 / 대한 20일 09시43분

| 양력 | 1 | 2 | 3 | 4 | 5 | 6 | 7 | 8 | 9 | 10 | 11 | 12 | 13 | 14 | 15 | 16 | 17 | 18 | 19 | 20 | 21 | 22 | 23 | 24 | 25 | 26 | 27 | 28 | 29 | 30 | 31 |
|---|---|---|---|---|---|---|---|---|---|---|---|---|---|---|---|---|---|---|---|---|---|---|---|---|---|---|---|---|---|---|---|
| 음력 | 22 | 23 | 24 | 25 | 26 | 27 | 28 | 29 | 12.1 | 2 | 3 | 4 | 5 | 6 | 7 | 8 | 9 | 10 | 11 | 12 | 13 | 14 | 15 | 16 | 17 | 18 | 19 | 20 | 21 | 22 | 23 |
| 요일 | 水 | 木 | 金 | 土 | 日 | 月 | 火 | 水 | 木 | 金 | 土 | 日 | 月 | 火 | 水 | 木 | 金 | 土 | 日 | 月 | 火 | 水 | 木 | 金 | 土 | 日 | 月 | 火 | 水 | 木 | 金 |
| 일진 | 癸 | 甲 | 乙 | 丙 | 丁 | 戊 | 己 | 庚 | 辛 | 壬 | 癸 | 甲 | 乙 | 丙 | 丁 | 戊 | 己 | 庚 | 辛 | 壬 | 癸 | 甲 | 乙 | 丙 | 丁 | 戊 | 己 | 庚 | 辛 | 壬 | 癸 |
| | 卯 | 辰 | 巳 | 午 | 未 | 申 | 酉 | 戌 | 亥 | 子 | 丑 | 寅 | 卯 | 辰 | 巳 | 午 | 未 | 申 | 酉 | 戌 | 亥 | 子 | 丑 | 寅 | 卯 | 辰 | 巳 | 午 | 未 | 申 | 酉 |
| 대운 남 | 1 | 1 | 1 | 1 | 소 | 10 | 9 | 9 | 9 | 8 | 8 | 8 | 7 | 7 | 7 | 6 | 6 | 6 | 5 | 5 | 5 | 4 | 4 | 4 | 3 | 3 | 3 | 2 | 2 | 2 | 1 |
| 대운 녀 | 8 | 9 | 9 | 9 | 한 | 1 | 1 | 1 | 1 | 2 | 2 | 2 | 3 | 3 | 3 | 4 | 4 | 4 | 5 | 5 | 5 | 6 | 6 | 6 | 7 | 7 | 7 | 8 | 8 | 8 | 9 |

## 2 · 壬寅月(양 2.4~3.4)

입춘 4일 04시02분 / 우수 18일 23시51분

| 양력 | 1 | 2 | 3 | 4 | 5 | 6 | 7 | 8 | 9 | 10 | 11 | 12 | 13 | 14 | 15 | 16 | 17 | 18 | 19 | 20 | 21 | 22 | 23 | 24 | 25 | 26 | 27 | 28 |
|---|---|---|---|---|---|---|---|---|---|---|---|---|---|---|---|---|---|---|---|---|---|---|---|---|---|---|---|---|
| 음력 | 24 | 25 | 26 | 27 | 28 | 29 | 30 | 1.1 | 2 | 3 | 4 | 5 | 6 | 7 | 8 | 9 | 10 | 11 | 12 | 13 | 14 | 15 | 16 | 17 | 18 | 19 | 20 | 21 |
| 요일 | 土 | 日 | 月 | 火 | 水 | 木 | 金 | 土 | 日 | 月 | 火 | 水 | 木 | 金 | 土 | 日 | 月 | 火 | 水 | 木 | 金 | 土 | 日 | 月 | 火 | 水 | 木 | 金 |
| 일진 | 甲 | 乙 | 丙 | 丁 | 戊 | 己 | 庚 | 辛 | 壬 | 癸 | 甲 | 乙 | 丙 | 丁 | 戊 | 己 | 庚 | 辛 | 壬 | 癸 | 甲 | 乙 | 丙 | 丁 | 戊 | 己 | 庚 | 辛 |
| | 戌 | 亥 | 子 | 丑 | 寅 | 卯 | 辰 | 巳 | 午 | 未 | 申 | 酉 | 戌 | 亥 | 子 | 丑 | 寅 | 卯 | 辰 | 巳 | 午 | 未 | 申 | 酉 | 戌 | 亥 | 子 | 丑 |
| 대운 남 | 1 | 1 | 1 | 입 | 1 | 1 | 1 | 1 | 2 | 2 | 2 | 3 | 3 | 3 | 4 | 4 | 4 | 5 | 5 | 5 | 6 | 6 | 6 | 7 | 7 | 7 | 8 | 8 |
| 대운 녀 | 9 | 9 | 10 | 춘 | 9 | 9 | 9 | 8 | 8 | 8 | 7 | 7 | 7 | 6 | 6 | 6 | 5 | 5 | 5 | 4 | 4 | 4 | 3 | 3 | 3 | 2 | 2 | 2 |

## 3 · 癸卯月(양 3.5~4.4)

경칩 5일 22시04분 / 춘분 20일 22시55분

| 양력 | 1 | 2 | 3 | 4 | 5 | 6 | 7 | 8 | 9 | 10 | 11 | 12 | 13 | 14 | 15 | 16 | 17 | 18 | 19 | 20 | 21 | 22 | 23 | 24 | 25 | 26 | 27 | 28 | 29 | 30 | 31 |
|---|---|---|---|---|---|---|---|---|---|---|---|---|---|---|---|---|---|---|---|---|---|---|---|---|---|---|---|---|---|---|---|
| 음력 | 22 | 23 | 24 | 25 | 26 | 27 | 28 | 29 | 2.1 | 2 | 3 | 4 | 5 | 6 | 7 | 8 | 9 | 10 | 11 | 12 | 13 | 14 | 15 | 16 | 17 | 18 | 19 | 20 | 21 | 22 | 23 |
| 요일 | 土 | 日 | 月 | 火 | 水 | 木 | 金 | 土 | 日 | 月 | 火 | 水 | 木 | 金 | 土 | 日 | 月 | 火 | 水 | 木 | 金 | 土 | 日 | 月 | 火 | 水 | 木 | 金 | 土 | 日 | 月 |
| 일진 | 壬 | 癸 | 甲 | 乙 | 丙 | 丁 | 戊 | 己 | 庚 | 辛 | 壬 | 癸 | 甲 | 乙 | 丙 | 丁 | 戊 | 己 | 庚 | 辛 | 壬 | 癸 | 甲 | 乙 | 丙 | 丁 | 戊 | 己 | 庚 | 辛 | 壬 |
| | 寅 | 卯 | 辰 | 巳 | 午 | 未 | 申 | 酉 | 戌 | 亥 | 子 | 丑 | 寅 | 卯 | 辰 | 巳 | 午 | 未 | 申 | 酉 | 戌 | 亥 | 子 | 丑 | 寅 | 卯 | 辰 | 巳 | 午 | 未 | 申 |
| 대운 남 | 8 | 9 | 9 | 9 | 경 | 1 | 1 | 1 | 1 | 2 | 2 | 2 | 3 | 3 | 3 | 4 | 4 | 4 | 5 | 5 | 5 | 6 | 6 | 6 | 7 | 7 | 7 | 8 | 8 | 8 | 9 |
| 대운 녀 | 1 | 1 | 1 | 1 | 칩 | 10 | 10 | 9 | 9 | 9 | 8 | 8 | 8 | 7 | 7 | 7 | 6 | 6 | 6 | 5 | 5 | 5 | 4 | 4 | 4 | 3 | 3 | 3 | 2 | 2 | 2 |

## 4 · 甲辰月(양 4.5~5.4)

청명 5일 02시56분 / 곡우 20일 10시03분

| 양력 | 1 | 2 | 3 | 4 | 5 | 6 | 7 | 8 | 9 | 10 | 11 | 12 | 13 | 14 | 15 | 16 | 17 | 18 | 19 | 20 | 21 | 22 | 23 | 24 | 25 | 26 | 27 | 28 | 29 | 30 |
|---|---|---|---|---|---|---|---|---|---|---|---|---|---|---|---|---|---|---|---|---|---|---|---|---|---|---|---|---|---|---|
| 음력 | 24 | 25 | 26 | 27 | 28 | 29 | 3.1 | 2 | 3 | 4 | 5 | 6 | 7 | 8 | 9 | 10 | 11 | 12 | 13 | 14 | 15 | 16 | 17 | 18 | 19 | 20 | 21 | 22 | 23 | 24 |
| 요일 | 火 | 水 | 木 | 金 | 土 | 日 | 月 | 火 | 水 | 木 | 金 | 土 | 日 | 月 | 火 | 水 | 木 | 金 | 土 | 日 | 月 | 火 | 水 | 木 | 金 | 土 | 日 | 月 | 火 | 水 |
| 일진 | 癸 | 甲 | 乙 | 丙 | 丁 | 戊 | 己 | 庚 | 辛 | 壬 | 癸 | 甲 | 乙 | 丙 | 丁 | 戊 | 己 | 庚 | 辛 | 壬 | 癸 | 甲 | 乙 | 丙 | 丁 | 戊 | 己 | 庚 | 辛 | 壬 |
| | 酉 | 戌 | 亥 | 子 | 丑 | 寅 | 卯 | 辰 | 巳 | 午 | 未 | 申 | 酉 | 戌 | 亥 | 子 | 丑 | 寅 | 卯 | 辰 | 巳 | 午 | 未 | 申 | 酉 | 戌 | 亥 | 子 | 丑 | 寅 |
| 대운 남 | 9 | 9 | 10 | 10 | 청 | 1 | 1 | 1 | 1 | 2 | 2 | 2 | 3 | 3 | 3 | 4 | 4 | 4 | 5 | 5 | 5 | 6 | 6 | 6 | 7 | 7 | 7 | 8 | 8 | 8 |
| 대운 녀 | 1 | 1 | 1 | 1 | 명 | 10 | 9 | 9 | 9 | 8 | 8 | 8 | 7 | 7 | 7 | 6 | 6 | 6 | 5 | 5 | 5 | 4 | 4 | 4 | 3 | 3 | 3 | 2 | 2 | 2 |

## 5 · 乙巳月(양 5.5~6.5)

입하 5일 20시19분 / 소만 21일 09시18분

| 양력 | 1 | 2 | 3 | 4 | 5 | 6 | 7 | 8 | 9 | 10 | 11 | 12 | 13 | 14 | 15 | 16 | 17 | 18 | 19 | 20 | 21 | 22 | 23 | 24 | 25 | 26 | 27 | 28 | 29 | 30 | 31 |
|---|---|---|---|---|---|---|---|---|---|---|---|---|---|---|---|---|---|---|---|---|---|---|---|---|---|---|---|---|---|---|---|
| 음력 | 25 | 26 | 27 | 28 | 29 | 30 | 4.1 | 2 | 3 | 4 | 5 | 6 | 7 | 8 | 9 | 10 | 11 | 12 | 13 | 14 | 15 | 16 | 17 | 18 | 19 | 20 | 21 | 22 | 23 | 24 | 25 |
| 요일 | 木 | 金 | 土 | 日 | 月 | 火 | 水 | 木 | 金 | 土 | 日 | 月 | 火 | 水 | 木 | 金 | 土 | 日 | 月 | 火 | 水 | 木 | 金 | 土 | 日 | 月 | 火 | 水 | 木 | 金 | 土 |
| 일진 | 癸 | 甲 | 乙 | 丙 | 丁 | 戊 | 己 | 庚 | 辛 | 壬 | 癸 | 甲 | 乙 | 丙 | 丁 | 戊 | 己 | 庚 | 辛 | 壬 | 癸 | 甲 | 乙 | 丙 | 丁 | 戊 | 己 | 庚 | 辛 | 壬 | 癸 |
| | 卯 | 辰 | 巳 | 午 | 未 | 申 | 酉 | 戌 | 亥 | 子 | 丑 | 寅 | 卯 | 辰 | 巳 | 午 | 未 | 申 | 酉 | 戌 | 亥 | 子 | 丑 | 寅 | 卯 | 辰 | 巳 | 午 | 未 | 申 | 酉 |
| 대운 남 | 9 | 9 | 9 | 10 | 입 | 1 | 1 | 1 | 1 | 2 | 2 | 2 | 3 | 3 | 3 | 4 | 4 | 4 | 5 | 5 | 5 | 6 | 6 | 6 | 7 | 7 | 7 | 8 | 8 | 8 | 9 |
| 대운 녀 | 1 | 1 | 1 | 1 | 하 | 10 | 10 | 10 | 9 | 9 | 9 | 8 | 8 | 8 | 7 | 7 | 7 | 6 | 6 | 6 | 5 | 5 | 5 | 4 | 4 | 4 | 3 | 3 | 3 | 2 | 2 |

## 6 · 丙午月(양 6.6~7.6)

망종 6일 00시33분 / 하지 21일 17시20분

| 양력 | 1 | 2 | 3 | 4 | 5 | 6 | 7 | 8 | 9 | 10 | 11 | 12 | 13 | 14 | 15 | 16 | 17 | 18 | 19 | 20 | 21 | 22 | 23 | 24 | 25 | 26 | 27 | 28 | 29 | 30 |
|---|---|---|---|---|---|---|---|---|---|---|---|---|---|---|---|---|---|---|---|---|---|---|---|---|---|---|---|---|---|---|
| 음력 | 26 | 27 | 28 | 29 | 5.1 | 2 | 3 | 4 | 5 | 6 | 7 | 8 | 9 | 10 | 11 | 12 | 13 | 14 | 15 | 16 | 17 | 18 | 19 | 20 | 21 | 22 | 23 | 24 | 25 | 26 |
| 요일 | 日 | 月 | 火 | 水 | 木 | 金 | 土 | 日 | 月 | 火 | 水 | 木 | 金 | 土 | 日 | 月 | 火 | 水 | 木 | 金 | 土 | 日 | 月 | 火 | 水 | 木 | 金 | 土 | 日 | 月 |
| 일진 | 甲 | 乙 | 丙 | 丁 | 戊 | 己 | 庚 | 辛 | 壬 | 癸 | 甲 | 乙 | 丙 | 丁 | 戊 | 己 | 庚 | 辛 | 壬 | 癸 | 甲 | 乙 | 丙 | 丁 | 戊 | 己 | 庚 | 辛 | 壬 | 癸 |
| | 戌 | 亥 | 子 | 丑 | 寅 | 卯 | 辰 | 巳 | 午 | 未 | 申 | 酉 | 戌 | 亥 | 子 | 丑 | 寅 | 卯 | 辰 | 巳 | 午 | 未 | 申 | 酉 | 戌 | 亥 | 子 | 丑 | 寅 | 卯 |
| 대운 남 | 9 | 9 | 10 | 10 | 10 | 망 | 1 | 1 | 1 | 1 | 2 | 2 | 2 | 3 | 3 | 3 | 4 | 4 | 4 | 5 | 5 | 5 | 6 | 6 | 6 | 7 | 7 | 7 | 8 | 8 |
| 대운 녀 | 2 | 1 | 1 | 1 | 1 | 종 | 10 | 10 | 9 | 9 | 9 | 8 | 8 | 8 | 7 | 7 | 7 | 6 | 6 | 6 | 5 | 5 | 5 | 4 | 4 | 4 | 3 | 3 | 3 | 2 |

## 7 · 丁未月(양 7.7~8.6)

소서 7일 10시49분 / 대서 23일 04시15분

| 양력 | | 1 | 2 | 3 | 4 | 5 | 6 | 7 | 8 | 9 | 10 | 11 | 12 | 13 | 14 | 15 | 16 | 17 | 18 | 19 | 20 | 21 | 22 | 23 | 24 | 25 | 26 | 27 | 28 | 29 | 30 | 31 |
|---|---|---|---|---|---|---|---|---|---|---|---|---|---|---|---|---|---|---|---|---|---|---|---|---|---|---|---|---|---|---|---|---|
| 음력 | | 27 | 28 | 29 | 30 | 6.1 | 2 | 3 | 4 | 5 | 6 | 7 | 8 | 9 | 10 | 11 | 12 | 13 | 14 | 15 | 16 | 17 | 18 | 19 | 20 | 21 | 22 | 23 | 24 | 25 | 26 | 27 |
| 요일 | | 火 | 水 | 木 | 金 | 土 | 日 | 月 | 火 | 水 | 木 | 金 | 土 | 日 | 月 | 火 | 水 | 木 | 金 | 土 | 日 | 月 | 火 | 水 | 木 | 金 | 土 | 日 | 月 | 火 | 水 | 木 |
| 일진 | | 甲辰 | 乙巳 | 丙午 | 丁未 | 戊申 | 己酉 | 庚戌 | 辛亥 | 壬子 | 癸丑 | 甲寅 | 乙卯 | 丙辰 | 丁巳 | 戊午 | 己未 | 庚申 | 辛酉 | 壬戌 | 癸亥 | 甲子 | 乙丑 | 丙寅 | 丁卯 | 戊辰 | 己巳 | 庚午 | 辛未 | 壬申 | 癸酉 | 甲戌 |
| 대운 | 남 | 8 | 9 | 9 | 9 | 10 | 10 | 소 | 1 | 1 | 1 | 1 | 2 | 2 | 2 | 3 | 3 | 3 | 4 | 4 | 4 | 5 | 5 | 5 | 6 | 6 | 6 | 7 | 7 | 7 | 8 | 8 |
| | 녀 | 2 | 2 | 1 | 1 | 1 | 1 | 서 | 10 | 10 | 9 | 9 | 9 | 8 | 8 | 8 | 7 | 7 | 7 | 6 | 6 | 6 | 5 | 5 | 5 | 4 | 4 | 4 | 3 | 3 | 3 | 2 |

## 8 · 戊申月(양 8.7~9.6)

입추 7일 20시36분 / 처서 23일 11시19분

| 양력 | | 1 | 2 | 3 | 4 | 5 | 6 | 7 | 8 | 9 | 10 | 11 | 12 | 13 | 14 | 15 | 16 | 17 | 18 | 19 | 20 | 21 | 22 | 23 | 24 | 25 | 26 | 27 | 28 | 29 | 30 | 31 |
|---|---|---|---|---|---|---|---|---|---|---|---|---|---|---|---|---|---|---|---|---|---|---|---|---|---|---|---|---|---|---|---|---|
| 음력 | | 28 | 29 | 7.1 | 2 | 3 | 4 | 5 | 6 | 7 | 8 | 9 | 10 | 11 | 12 | 13 | 14 | 15 | 16 | 17 | 18 | 19 | 20 | 21 | 22 | 23 | 24 | 25 | 26 | 27 | 28 | 29 |
| 요일 | | 金 | 土 | 日 | 月 | 火 | 水 | 木 | 金 | 土 | 日 | 月 | 火 | 水 | 木 | 金 | 土 | 日 | 月 | 火 | 水 | 木 | 金 | 土 | 日 | 月 | 火 | 水 | 木 | 金 | 土 | 日 |
| 일진 | | 乙亥 | 丙子 | 丁丑 | 戊寅 | 己卯 | 庚辰 | 辛巳 | 壬午 | 癸未 | 甲申 | 乙酉 | 丙戌 | 丁亥 | 戊子 | 己丑 | 庚寅 | 辛卯 | 壬辰 | 癸巳 | 甲午 | 乙未 | 丙申 | 丁酉 | 戊戌 | 己亥 | 庚子 | 辛丑 | 壬寅 | 癸卯 | 甲辰 | 乙巳 |
| 대운 | 남 | 8 | 9 | 9 | 9 | 10 | 10 | 입 | 1 | 1 | 1 | 1 | 2 | 2 | 2 | 3 | 3 | 3 | 4 | 4 | 4 | 5 | 5 | 5 | 6 | 6 | 6 | 7 | 7 | 7 | 8 | 8 |
| | 녀 | 2 | 2 | 1 | 1 | 1 | 1 | 추 | 10 | 10 | 9 | 9 | 9 | 8 | 8 | 8 | 7 | 7 | 7 | 6 | 6 | 6 | 5 | 5 | 5 | 4 | 4 | 4 | 3 | 3 | 3 | 2 |

## 9 · 己酉月(양 9.7~10.7)

백로 7일 23시29분 / 추분 23일 08시29분

| 양력 | | 1 | 2 | 3 | 4 | 5 | 6 | 7 | 8 | 9 | 10 | 11 | 12 | 13 | 14 | 15 | 16 | 17 | 18 | 19 | 20 | 21 | 22 | 23 | 24 | 25 | 26 | 27 | 28 | 29 | 30 |
|---|---|---|---|---|---|---|---|---|---|---|---|---|---|---|---|---|---|---|---|---|---|---|---|---|---|---|---|---|---|---|---|
| 음력 | | 30 | 8.1 | 2 | 3 | 4 | 5 | 6 | 7 | 8 | 9 | 10 | 11 | 12 | 13 | 14 | 15 | 16 | 17 | 18 | 19 | 20 | 21 | 22 | 23 | 24 | 25 | 26 | 27 | 28 | 29 |
| 요일 | | 月 | 火 | 水 | 木 | 金 | 土 | 日 | 月 | 火 | 水 | 木 | 金 | 土 | 日 | 月 | 火 | 水 | 木 | 金 | 土 | 日 | 月 | 火 | 水 | 木 | 金 | 土 | 日 | 月 | 火 |
| 일진 | | 丙午 | 丁未 | 戊申 | 己酉 | 庚戌 | 辛亥 | 壬子 | 癸丑 | 甲寅 | 乙卯 | 丙辰 | 丁巳 | 戊午 | 己未 | 庚申 | 辛酉 | 壬戌 | 癸亥 | 甲子 | 乙丑 | 丙寅 | 丁卯 | 戊辰 | 己巳 | 庚午 | 辛未 | 壬申 | 癸酉 | 甲戌 | 乙亥 |
| 대운 | 남 | 8 | 9 | 9 | 9 | 10 | 10 | 백 | 1 | 1 | 1 | 1 | 2 | 2 | 2 | 3 | 3 | 3 | 4 | 4 | 4 | 5 | 5 | 5 | 6 | 6 | 6 | 7 | 7 | 7 | 8 |
| | 녀 | 2 | 2 | 1 | 1 | 1 | 1 | 로 | 10 | 10 | 9 | 9 | 9 | 8 | 8 | 8 | 7 | 7 | 7 | 6 | 6 | 6 | 5 | 5 | 5 | 4 | 4 | 4 | 3 | 3 | 3 |

## 10 · 庚戌月(양 10.8~11.6)

한로 8일 15시05분 / 상강 23일 18시15분

| 양력 | | 1 | 2 | 3 | 4 | 5 | 6 | 7 | 8 | 9 | 10 | 11 | 12 | 13 | 14 | 15 | 16 | 17 | 18 | 19 | 20 | 21 | 22 | 23 | 24 | 25 | 26 | 27 | 28 | 29 | 30 | 31 |
|---|---|---|---|---|---|---|---|---|---|---|---|---|---|---|---|---|---|---|---|---|---|---|---|---|---|---|---|---|---|---|---|---|
| 음력 | | 30 | 9.1 | 2 | 3 | 4 | 5 | 6 | 7 | 8 | 9 | 10 | 11 | 12 | 13 | 14 | 15 | 16 | 17 | 18 | 19 | 20 | 21 | 22 | 23 | 24 | 25 | 26 | 27 | 28 | 29 | 10.1 |
| 요일 | | 水 | 木 | 金 | 土 | 日 | 月 | 火 | 水 | 木 | 金 | 土 | 日 | 月 | 火 | 水 | 木 | 金 | 土 | 日 | 月 | 火 | 水 | 木 | 金 | 土 | 日 | 月 | 火 | 水 | 木 | 金 |
| 일진 | | 丙子 | 丁丑 | 戊寅 | 己卯 | 庚辰 | 辛巳 | 壬午 | 癸未 | 甲申 | 乙酉 | 丙戌 | 丁亥 | 戊子 | 己丑 | 庚寅 | 辛卯 | 壬辰 | 癸巳 | 甲午 | 乙未 | 丙申 | 丁酉 | 戊戌 | 己亥 | 庚子 | 辛丑 | 壬寅 | 癸卯 | 甲辰 | 乙巳 | 丙午 |
| 대운 | 남 | 8 | 8 | 9 | 9 | 9 | 10 | 10 | 한 | 1 | 1 | 1 | 1 | 2 | 2 | 2 | 3 | 3 | 3 | 4 | 4 | 4 | 5 | 5 | 5 | 6 | 6 | 6 | 7 | 7 | 7 | 8 |
| | 녀 | 2 | 2 | 2 | 1 | 1 | 1 | 1 | 로 | 10 | 9 | 9 | 9 | 8 | 8 | 8 | 7 | 7 | 7 | 6 | 6 | 6 | 5 | 5 | 5 | 4 | 4 | 4 | 3 | 3 | 3 | 2 |

## 11 · 辛亥月(양 11.7~12.6)

입동 7일 18시15분 / 소설 22일 15시48분

| 양력 | | 1 | 2 | 3 | 4 | 5 | 6 | 7 | 8 | 9 | 10 | 11 | 12 | 13 | 14 | 15 | 16 | 17 | 18 | 19 | 20 | 21 | 22 | 23 | 24 | 25 | 26 | 27 | 28 | 29 | 30 |
|---|---|---|---|---|---|---|---|---|---|---|---|---|---|---|---|---|---|---|---|---|---|---|---|---|---|---|---|---|---|---|---|
| 음력 | | 2 | 3 | 4 | 5 | 6 | 7 | 8 | 9 | 10 | 11 | 12 | 13 | 14 | 15 | 16 | 17 | 18 | 19 | 20 | 21 | 22 | 23 | 24 | 25 | 26 | 27 | 28 | 29 | 30 | 11.1 |
| 요일 | | 土 | 日 | 月 | 火 | 水 | 木 | 金 | 土 | 日 | 月 | 火 | 水 | 木 | 金 | 土 | 日 | 月 | 火 | 水 | 木 | 金 | 土 | 日 | 月 | 火 | 水 | 木 | 金 | 土 | 日 |
| 일진 | | 丁未 | 戊申 | 己酉 | 庚戌 | 辛亥 | 壬子 | 癸丑 | 甲寅 | 乙卯 | 丙辰 | 丁巳 | 戊午 | 己未 | 庚申 | 辛酉 | 壬戌 | 癸亥 | 甲子 | 乙丑 | 丙寅 | 丁卯 | 戊辰 | 己巳 | 庚午 | 辛未 | 壬申 | 癸酉 | 甲戌 | 乙亥 | 丙子 |
| 대운 | 남 | 8 | 8 | 9 | 9 | 9 | 10 | 입 | 1 | 1 | 1 | 1 | 2 | 2 | 2 | 3 | 3 | 3 | 4 | 4 | 4 | 5 | 5 | 5 | 6 | 6 | 6 | 7 | 7 | 7 | 8 |
| | 녀 | 2 | 2 | 1 | 1 | 1 | 1 | 동 | 10 | 9 | 9 | 9 | 8 | 8 | 8 | 7 | 7 | 7 | 6 | 6 | 6 | 5 | 5 | 5 | 4 | 4 | 4 | 3 | 3 | 3 | 2 |

## 12 · 壬子月(양 12.7~1.4)

대설 7일 11시05분 / 동지 22일 05시07분

| 양력 | | 1 | 2 | 3 | 4 | 5 | 6 | 7 | 8 | 9 | 10 | 11 | 12 | 13 | 14 | 15 | 16 | 17 | 18 | 19 | 20 | 21 | 22 | 23 | 24 | 25 | 26 | 27 | 28 | 29 | 30 | 31 |
|---|---|---|---|---|---|---|---|---|---|---|---|---|---|---|---|---|---|---|---|---|---|---|---|---|---|---|---|---|---|---|---|---|
| 음력 | | 2 | 3 | 4 | 5 | 6 | 7 | 8 | 9 | 10 | 11 | 12 | 13 | 14 | 15 | 16 | 17 | 18 | 19 | 20 | 21 | 22 | 23 | 24 | 25 | 26 | 27 | 28 | 29 | 30 | 12.1 | 2 |
| 요일 | | 月 | 火 | 水 | 木 | 金 | 土 | 日 | 月 | 火 | 水 | 木 | 金 | 土 | 日 | 月 | 火 | 水 | 木 | 金 | 土 | 日 | 月 | 火 | 水 | 木 | 金 | 土 | 日 | 月 | 火 | 水 |
| 일진 | | 丁丑 | 戊寅 | 己卯 | 庚辰 | 辛巳 | 壬午 | 癸未 | 甲申 | 乙酉 | 丙戌 | 丁亥 | 戊子 | 己丑 | 庚寅 | 辛卯 | 壬辰 | 癸巳 | 甲午 | 乙未 | 丙申 | 丁酉 | 戊戌 | 己亥 | 庚子 | 辛丑 | 壬寅 | 癸卯 | 甲辰 | 乙巳 | 丙午 | 丁未 |
| 대운 | 남 | 8 | 8 | 9 | 9 | 9 | 10 | 대 | 1 | 1 | 1 | 1 | 2 | 2 | 2 | 3 | 3 | 3 | 4 | 4 | 4 | 5 | 5 | 5 | 6 | 6 | 6 | 7 | 7 | 7 | 8 | 8 |
| | 녀 | 2 | 2 | 1 | 1 | 1 | 1 | 설 | 9 | 9 | 9 | 8 | 8 | 8 | 7 | 7 | 7 | 6 | 6 | 6 | 5 | 5 | 5 | 4 | 4 | 4 | 3 | 3 | 3 | 2 | 2 | 2 |

소한 5일 22시18분

## 1 · 癸丑月(양 1.5~2.3)

대한 20일 15시46분

| 양력 | 1 | 2 | 3 | 4 | 5 | 6 | 7 | 8 | 9 | 10 | 11 | 12 | 13 | 14 | 15 | 16 | 17 | 18 | 19 | 20 | 21 | 22 | 23 | 24 | 25 | 26 | 27 | 28 | 29 | 30 | 31 |
|---|---|---|---|---|---|---|---|---|---|---|---|---|---|---|---|---|---|---|---|---|---|---|---|---|---|---|---|---|---|---|---|
| 음력 | 3 | 4 | 5 | 6 | 7 | 8 | 9 | 10 | 11 | 12 | 13 | 14 | 15 | 16 | 17 | 18 | 19 | 20 | 21 | 22 | 23 | 24 | 25 | 26 | 27 | 28 | 29 | 1.1 | 2 | 3 | 4 |
| 요일 | 木 | 金 | 土 | 日 | 月 | 火 | 水 | 木 | 金 | 土 | 日 | 月 | 火 | 水 | 木 | 金 | 土 | 日 | 月 | 火 | 水 | 木 | 金 | 土 | 日 | 月 | 火 | 水 | 木 | 金 | 土 |
| 일진 | 戊申 | 己酉 | 庚戌 | 辛亥 | 壬子 | 癸丑 | 甲寅 | 乙卯 | 丙辰 | 丁巳 | 戊午 | 己未 | 庚申 | 辛酉 | 壬戌 | 癸亥 | 甲子 | 乙丑 | 丙寅 | 丁卯 | 戊辰 | 己巳 | 庚午 | 辛未 | 壬申 | 癸酉 | 甲戌 | 乙亥 | 丙子 | 丁丑 | 戊寅 |
| 대운 남 | 8 | 9 | 9 | 9 | 소 | 1 | 1 | 1 | 1 | 2 | 2 | 2 | 3 | 3 | 3 | 4 | 4 | 4 | 5 | 5 | 5 | 6 | 6 | 6 | 7 | 7 | 7 | 8 | 8 | 8 | 9 |
| 대운 녀 | 1 | 1 | 1 | 1 | 한 | 10 | 9 | 9 | 9 | 8 | 8 | 8 | 7 | 7 | 7 | 6 | 6 | 6 | 5 | 5 | 5 | 4 | 4 | 4 | 3 | 3 | 3 | 2 | 2 | 2 | 1 |

입춘 4일 09시57분

## 2 · 甲寅月(양 2.4~3.5)

우수 19일 05시55분

| 양력 | 1 | 2 | 3 | 4 | 5 | 6 | 7 | 8 | 9 | 10 | 11 | 12 | 13 | 14 | 15 | 16 | 17 | 18 | 19 | 20 | 21 | 22 | 23 | 24 | 25 | 26 | 27 | 28 |
|---|---|---|---|---|---|---|---|---|---|---|---|---|---|---|---|---|---|---|---|---|---|---|---|---|---|---|---|---|
| 음력 | 5 | 6 | 7 | 8 | 9 | 10 | 11 | 12 | 13 | 14 | 15 | 16 | 17 | 18 | 19 | 20 | 21 | 22 | 23 | 24 | 25 | 26 | 27 | 28 | 29 | 30 | 2.1 | 2 |
| 요일 | 日 | 月 | 火 | 水 | 木 | 金 | 土 | 日 | 月 | 火 | 水 | 木 | 金 | 土 | 日 | 月 | 火 | 水 | 木 | 金 | 土 | 日 | 月 | 火 | 水 | 木 | 金 | 土 |
| 일진 | 己卯 | 庚辰 | 辛巳 | 壬午 | 癸未 | 甲申 | 乙酉 | 丙戌 | 丁亥 | 戊子 | 己丑 | 庚寅 | 辛卯 | 壬辰 | 癸巳 | 甲午 | 乙未 | 丙申 | 丁酉 | 戊戌 | 己亥 | 庚子 | 辛丑 | 壬寅 | 癸卯 | 甲辰 | 乙巳 | 丙午 |
| 대운 남 | 9 | 9 | 10 | 입 | 10 | 9 | 9 | 9 | 8 | 8 | 8 | 7 | 7 | 7 | 6 | 6 | 6 | 5 | 5 | 5 | 4 | 4 | 4 | 3 | 3 | 3 | 2 | 2 |
| 대운 녀 | 1 | 1 | 1 | 춘 | 1 | 1 | 1 | 1 | 2 | 2 | 2 | 3 | 3 | 3 | 4 | 4 | 4 | 5 | 5 | 5 | 6 | 6 | 6 | 7 | 7 | 7 | 8 | 8 |

경칩 6일 03시57분

## 3 · 乙卯月(양 3.6~4.4)

춘분 21일 04시55분

| 양력 | 1 | 2 | 3 | 4 | 5 | 6 | 7 | 8 | 9 | 10 | 11 | 12 | 13 | 14 | 15 | 16 | 17 | 18 | 19 | 20 | 21 | 22 | 23 | 24 | 25 | 26 | 27 | 28 | 29 | 30 | 31 |
|---|---|---|---|---|---|---|---|---|---|---|---|---|---|---|---|---|---|---|---|---|---|---|---|---|---|---|---|---|---|---|---|
| 음력 | 3 | 4 | 5 | 6 | 7 | 8 | 9 | 10 | 11 | 12 | 13 | 14 | 15 | 16 | 17 | 18 | 19 | 20 | 21 | 22 | 23 | 24 | 25 | 26 | 27 | 28 | 29 | 3.1 | 2 | 3 | 4 |
| 요일 | 日 | 月 | 火 | 水 | 木 | 金 | 土 | 日 | 月 | 火 | 水 | 木 | 金 | 土 | 日 | 月 | 火 | 水 | 木 | 金 | 土 | 日 | 月 | 火 | 水 | 木 | 金 | 土 | 日 | 月 | 火 |
| 일진 | 丁未 | 戊申 | 己酉 | 庚戌 | 辛亥 | 壬子 | 癸丑 | 甲寅 | 乙卯 | 丙辰 | 丁巳 | 戊午 | 己未 | 庚申 | 辛酉 | 壬戌 | 癸亥 | 甲子 | 乙丑 | 丙寅 | 丁卯 | 戊辰 | 己巳 | 庚午 | 辛未 | 壬申 | 癸酉 | 甲戌 | 乙亥 | 丙子 | 丁丑 |
| 대운 남 | 2 | 1 | 1 | 1 | 1 | 경 | 10 | 9 | 9 | 9 | 8 | 8 | 8 | 7 | 7 | 7 | 6 | 6 | 6 | 5 | 5 | 5 | 4 | 4 | 4 | 3 | 3 | 3 | 2 | 2 | 2 |
| 대운 녀 | 8 | 9 | 9 | 9 | 10 | 칩 | 1 | 1 | 1 | 1 | 2 | 2 | 2 | 3 | 3 | 3 | 4 | 4 | 4 | 5 | 5 | 5 | 6 | 6 | 6 | 7 | 7 | 7 | 8 | 8 | 8 |

청명 5일 08시45분

## 4 · 丙辰月(양 4.5~5.5)

곡우 20일 15시57분

| 양력 | 1 | 2 | 3 | 4 | 5 | 6 | 7 | 8 | 9 | 10 | 11 | 12 | 13 | 14 | 15 | 16 | 17 | 18 | 19 | 20 | 21 | 22 | 23 | 24 | 25 | 26 | 27 | 28 | 29 | 30 |
|---|---|---|---|---|---|---|---|---|---|---|---|---|---|---|---|---|---|---|---|---|---|---|---|---|---|---|---|---|---|---|
| 음력 | 5 | 6 | 7 | 8 | 9 | 10 | 11 | 12 | 13 | 14 | 15 | 16 | 17 | 18 | 19 | 20 | 21 | 22 | 23 | 24 | 25 | 26 | 27 | 28 | 29 | 4.1 | 2 | 3 | 4 | 5 |
| 요일 | 水 | 木 | 金 | 土 | 日 | 月 | 火 | 水 | 木 | 金 | 土 | 日 | 月 | 火 | 水 | 木 | 金 | 土 | 日 | 月 | 火 | 水 | 木 | 金 | 土 | 日 | 月 | 火 | 水 | 木 |
| 일진 | 戊寅 | 己卯 | 庚辰 | 辛巳 | 壬午 | 癸未 | 甲申 | 乙酉 | 丙戌 | 丁亥 | 戊子 | 己丑 | 庚寅 | 辛卯 | 壬辰 | 癸巳 | 甲午 | 乙未 | 丙申 | 丁酉 | 戊戌 | 己亥 | 庚子 | 辛丑 | 壬寅 | 癸卯 | 甲辰 | 乙巳 | 丙午 | 丁未 |
| 대운 남 | 1 | 1 | 1 | 1 | 청 | 10 | 10 | 9 | 9 | 9 | 8 | 8 | 8 | 7 | 7 | 7 | 6 | 6 | 6 | 5 | 5 | 5 | 4 | 4 | 4 | 3 | 3 | 3 | 2 | 2 |
| 대운 녀 | 9 | 9 | 9 | 10 | 명 | 1 | 1 | 1 | 1 | 2 | 2 | 2 | 3 | 3 | 3 | 4 | 4 | 4 | 5 | 5 | 5 | 6 | 6 | 6 | 7 | 7 | 7 | 8 | 8 | 8 |

입하 6일 02시03분

## 5 · 丁巳月(양 5.6~6.5)

소만 21일 15시05분

| 양력 | 1 | 2 | 3 | 4 | 5 | 6 | 7 | 8 | 9 | 10 | 11 | 12 | 13 | 14 | 15 | 16 | 17 | 18 | 19 | 20 | 21 | 22 | 23 | 24 | 25 | 26 | 27 | 28 | 29 | 30 | 31 |
|---|---|---|---|---|---|---|---|---|---|---|---|---|---|---|---|---|---|---|---|---|---|---|---|---|---|---|---|---|---|---|---|
| 음력 | 6 | 7 | 8 | 9 | 10 | 11 | 12 | 13 | 14 | 15 | 16 | 17 | 18 | 19 | 20 | 21 | 22 | 23 | 24 | 25 | 26 | 27 | 28 | 29 | 30 | 5.1 | 2 | 3 | 4 | 5 | 6 |
| 요일 | 金 | 土 | 日 | 月 | 火 | 水 | 木 | 金 | 土 | 日 | 月 | 火 | 水 | 木 | 金 | 土 | 日 | 月 | 火 | 水 | 木 | 金 | 土 | 日 | 月 | 火 | 水 | 木 | 金 | 土 | 日 |
| 일진 | 戊申 | 己酉 | 庚戌 | 辛亥 | 壬子 | 癸丑 | 甲寅 | 乙卯 | 丙辰 | 丁巳 | 戊午 | 己未 | 庚申 | 辛酉 | 壬戌 | 癸亥 | 甲子 | 乙丑 | 丙寅 | 丁卯 | 戊辰 | 己巳 | 庚午 | 辛未 | 壬申 | 癸酉 | 甲戌 | 乙亥 | 丙子 | 丁丑 | 戊寅 |
| 대운 남 | 2 | 1 | 1 | 1 | 1 | 입 | 10 | 10 | 9 | 9 | 9 | 8 | 8 | 8 | 7 | 7 | 7 | 6 | 6 | 6 | 5 | 5 | 5 | 4 | 4 | 4 | 3 | 3 | 3 | 2 | 2 |
| 대운 녀 | 9 | 9 | 9 | 10 | 10 | 하 | 1 | 1 | 1 | 1 | 2 | 2 | 2 | 3 | 3 | 3 | 4 | 4 | 4 | 5 | 5 | 5 | 6 | 6 | 6 | 7 | 7 | 7 | 8 | 8 | 8 |

망종 6일 06시13분

## 6 · 戊午月(양 6.6~7.6)

하지 21일 23시03분

| 양력 | 1 | 2 | 3 | 4 | 5 | 6 | 7 | 8 | 9 | 10 | 11 | 12 | 13 | 14 | 15 | 16 | 17 | 18 | 19 | 20 | 21 | 22 | 23 | 24 | 25 | 26 | 27 | 28 | 29 | 30 |
|---|---|---|---|---|---|---|---|---|---|---|---|---|---|---|---|---|---|---|---|---|---|---|---|---|---|---|---|---|---|---|
| 음력 | 7 | 8 | 9 | 10 | 11 | 12 | 13 | 14 | 15 | 16 | 17 | 18 | 19 | 20 | 21 | 22 | 23 | 24 | 25 | 26 | 27 | 28 | 29 | 윤 | 5.2 | 3 | 4 | 5 | 6 | 7 |
| 요일 | 月 | 火 | 水 | 木 | 金 | 土 | 日 | 月 | 火 | 水 | 木 | 金 | 土 | 日 | 月 | 火 | 水 | 木 | 金 | 土 | 日 | 月 | 火 | 水 | 木 | 金 | 土 | 日 | 月 | 火 |
| 일진 | 己卯 | 庚辰 | 辛巳 | 壬午 | 癸未 | 甲申 | 乙酉 | 丙戌 | 丁亥 | 戊子 | 己丑 | 庚寅 | 辛卯 | 壬辰 | 癸巳 | 甲午 | 乙未 | 丙申 | 丁酉 | 戊戌 | 己亥 | 庚子 | 辛丑 | 壬寅 | 癸卯 | 甲辰 | 乙巳 | 丙午 | 丁未 | 戊申 |
| 대운 남 | 2 | 1 | 1 | 1 | 1 | 망 | 10 | 10 | 9 | 9 | 9 | 8 | 8 | 8 | 7 | 7 | 7 | 6 | 6 | 6 | 5 | 5 | 5 | 4 | 4 | 4 | 3 | 3 | 3 | 2 |
| 대운 녀 | 9 | 9 | 9 | 10 | 10 | 종 | 1 | 1 | 1 | 1 | 2 | 2 | 2 | 3 | 3 | 3 | 4 | 4 | 4 | 5 | 5 | 5 | 6 | 6 | 6 | 7 | 7 | 7 | 8 | 8 |

## 7 · 己未月(양 7.7~8.7)

소서 7일 16시30분 / 대서 23일 09시55분

| 양력 | 1 | 2 | 3 | 4 | 5 | 6 | 7 | 8 | 9 | 10 | 11 | 12 | 13 | 14 | 15 | 16 | 17 | 18 | 19 | 20 | 21 | 22 | 23 | 24 | 25 | 26 | 27 | 28 | 29 | 30 | 31 |
|---|---|---|---|---|---|---|---|---|---|---|---|---|---|---|---|---|---|---|---|---|---|---|---|---|---|---|---|---|---|---|---|
| 음력 | 8 | 9 | 10 | 11 | 12 | 13 | 14 | 15 | 16 | 17 | 18 | 19 | 20 | 21 | 22 | 23 | 24 | 25 | 26 | 27 | 28 | 29 | 6.1 | 2 | 3 | 4 | 5 | 6 | 7 | 8 | 9 |
| 요일 | 水 | 木 | 金 | 土 | 日 | 月 | 火 | 水 | 木 | 金 | 土 | 日 | 月 | 火 | 水 | 木 | 金 | 土 | 日 | 月 | 火 | 水 | 木 | 金 | 土 | 日 | 月 | 火 | 水 | 木 | 金 |
| 일진 | 己酉 | 庚戌 | 辛亥 | 壬子 | 癸丑 | 甲寅 | 乙卯 | 丙辰 | 丁巳 | 戊午 | 己未 | 庚申 | 辛酉 | 壬戌 | 癸亥 | 甲子 | 乙丑 | 丙寅 | 丁卯 | 戊辰 | 己巳 | 庚午 | 辛未 | 壬申 | 癸酉 | 甲戌 | 乙亥 | 丙子 | 丁丑 | 戊寅 | 己卯 |
| 대운 남 | 2 | 2 | 1 | 1 | 1 | 1 | 소 | 10 | 10 | 10 | 9 | 9 | 9 | 8 | 8 | 8 | 7 | 7 | 7 | 6 | 6 | 6 | 5 | 5 | 5 | 4 | 4 | 4 | 3 | 3 | 3 |
| 대운 녀 | 8 | 9 | 9 | 9 | 10 | 10 | 서 | 1 | 1 | 1 | 1 | 2 | 2 | 2 | 3 | 3 | 3 | 4 | 4 | 4 | 5 | 5 | 5 | 6 | 6 | 6 | 7 | 7 | 7 | 8 | 8 |

## 8 · 庚申月(양 8.8~9.7)

입추 8일 02시20분 / 처서 23일 16시59분

| 양력 | 1 | 2 | 3 | 4 | 5 | 6 | 7 | 8 | 9 | 10 | 11 | 12 | 13 | 14 | 15 | 16 | 17 | 18 | 19 | 20 | 21 | 22 | 23 | 24 | 25 | 26 | 27 | 28 | 29 | 30 | 31 |
|---|---|---|---|---|---|---|---|---|---|---|---|---|---|---|---|---|---|---|---|---|---|---|---|---|---|---|---|---|---|---|---|
| 음력 | 10 | 11 | 12 | 13 | 14 | 15 | 16 | 17 | 18 | 19 | 20 | 21 | 22 | 23 | 24 | 25 | 26 | 27 | 28 | 29 | 30 | 7.1 | 2 | 3 | 4 | 5 | 6 | 7 | 8 | 9 | 10 |
| 요일 | 土 | 日 | 月 | 火 | 水 | 木 | 金 | 土 | 日 | 月 | 火 | 水 | 木 | 金 | 土 | 日 | 月 | 火 | 水 | 木 | 金 | 土 | 日 | 月 | 火 | 水 | 木 | 金 | 土 | 日 | 月 |
| 일진 | 庚辰 | 辛巳 | 壬午 | 癸未 | 甲申 | 乙酉 | 丙戌 | 丁亥 | 戊子 | 己丑 | 庚寅 | 辛卯 | 壬辰 | 癸巳 | 甲午 | 乙未 | 丙申 | 丁酉 | 戊戌 | 己亥 | 庚子 | 辛丑 | 壬寅 | 癸卯 | 甲辰 | 乙巳 | 丙午 | 丁未 | 戊申 | 己酉 | 庚戌 |
| 대운 남 | 2 | 2 | 2 | 1 | 1 | 1 | 1 | 입 | 10 | 10 | 9 | 9 | 9 | 8 | 8 | 8 | 7 | 7 | 7 | 6 | 6 | 6 | 5 | 5 | 5 | 4 | 4 | 4 | 3 | 3 | 3 |
| 대운 녀 | 8 | 9 | 9 | 9 | 10 | 10 | 10 | 추 | 1 | 1 | 1 | 1 | 2 | 2 | 2 | 3 | 3 | 3 | 4 | 4 | 4 | 5 | 5 | 5 | 6 | 6 | 6 | 7 | 7 | 7 | 8 |

## 9 · 辛酉月(양 9.8~10.7)

백로 8일 05시16분 / 추분 23일 14시37분

| 양력 | 1 | 2 | 3 | 4 | 5 | 6 | 7 | 8 | 9 | 10 | 11 | 12 | 13 | 14 | 15 | 16 | 17 | 18 | 19 | 20 | 21 | 22 | 23 | 24 | 25 | 26 | 27 | 28 | 29 | 30 |
|---|---|---|---|---|---|---|---|---|---|---|---|---|---|---|---|---|---|---|---|---|---|---|---|---|---|---|---|---|---|---|
| 음력 | 11 | 12 | 13 | 14 | 15 | 16 | 17 | 18 | 19 | 20 | 21 | 22 | 23 | 24 | 25 | 26 | 27 | 28 | 29 | 30 | 8.1 | 2 | 3 | 4 | 5 | 6 | 7 | 8 | 9 | 10 |
| 요일 | 火 | 水 | 木 | 金 | 土 | 日 | 月 | 火 | 水 | 木 | 金 | 土 | 日 | 月 | 火 | 水 | 木 | 金 | 土 | 日 | 月 | 火 | 水 | 木 | 金 | 土 | 日 | 月 | 火 | 水 |
| 일진 | 辛亥 | 壬子 | 癸丑 | 甲寅 | 乙卯 | 丙辰 | 丁巳 | 戊午 | 己未 | 庚申 | 辛酉 | 壬戌 | 癸亥 | 甲子 | 乙丑 | 丙寅 | 丁卯 | 戊辰 | 己巳 | 庚午 | 辛未 | 壬申 | 癸酉 | 甲戌 | 乙亥 | 丙子 | 丁丑 | 戊寅 | 己卯 | 庚辰 |
| 대운 남 | 2 | 2 | 2 | 1 | 1 | 1 | 1 | 백 | 10 | 9 | 9 | 9 | 8 | 8 | 8 | 7 | 7 | 7 | 6 | 6 | 6 | 5 | 5 | 5 | 4 | 4 | 4 | 3 | 3 | 3 |
| 대운 녀 | 8 | 8 | 9 | 9 | 9 | 10 | 10 | 로 | 1 | 1 | 1 | 1 | 2 | 2 | 2 | 3 | 3 | 3 | 4 | 4 | 4 | 5 | 5 | 5 | 6 | 6 | 6 | 7 | 7 | 7 |

## 10 · 壬戌月(양 10.8~11.7)

한로 8일 20시56분 / 상강 23일 23시59분

| 양력 | 1 | 2 | 3 | 4 | 5 | 6 | 7 | 8 | 9 | 10 | 11 | 12 | 13 | 14 | 15 | 16 | 17 | 18 | 19 | 20 | 21 | 22 | 23 | 24 | 25 | 26 | 27 | 28 | 29 | 30 | 31 |
|---|---|---|---|---|---|---|---|---|---|---|---|---|---|---|---|---|---|---|---|---|---|---|---|---|---|---|---|---|---|---|---|
| 음력 | 11 | 12 | 13 | 14 | 15 | 16 | 17 | 18 | 19 | 20 | 21 | 22 | 23 | 24 | 25 | 26 | 27 | 28 | 29 | 9.1 | 2 | 3 | 4 | 5 | 6 | 7 | 8 | 9 | 10 | 11 | 12 |
| 요일 | 木 | 金 | 土 | 日 | 月 | 火 | 水 | 木 | 金 | 土 | 日 | 月 | 火 | 水 | 木 | 金 | 土 | 日 | 月 | 火 | 水 | 木 | 金 | 土 | 日 | 月 | 火 | 水 | 木 | 金 | 土 |
| 일진 | 辛巳 | 壬午 | 癸未 | 甲申 | 乙酉 | 丙戌 | 丁亥 | 戊子 | 己丑 | 庚寅 | 辛卯 | 壬辰 | 癸巳 | 甲午 | 乙未 | 丙申 | 丁酉 | 戊戌 | 己亥 | 庚子 | 辛丑 | 壬寅 | 癸卯 | 甲辰 | 乙巳 | 丙午 | 丁未 | 戊申 | 己酉 | 庚戌 | 辛亥 |
| 대운 남 | 2 | 2 | 2 | 1 | 1 | 1 | 1 | 한 | 10 | 10 | 9 | 9 | 9 | 8 | 8 | 8 | 7 | 7 | 7 | 6 | 6 | 6 | 5 | 5 | 5 | 4 | 4 | 4 | 3 | 3 | 3 |
| 대운 녀 | 8 | 8 | 8 | 9 | 9 | 9 | 10 | 로 | 1 | 1 | 1 | 1 | 2 | 2 | 2 | 3 | 3 | 3 | 4 | 4 | 4 | 5 | 5 | 5 | 6 | 6 | 6 | 7 | 7 | 7 | 8 |

## 11 · 癸亥月(양 11.8~12.6)

입동 8일 00시08분 / 소설 22일 21시34분

| 양력 | 1 | 2 | 3 | 4 | 5 | 6 | 7 | 8 | 9 | 10 | 11 | 12 | 13 | 14 | 15 | 16 | 17 | 18 | 19 | 20 | 21 | 22 | 23 | 24 | 25 | 26 | 27 | 28 | 29 | 30 |
|---|---|---|---|---|---|---|---|---|---|---|---|---|---|---|---|---|---|---|---|---|---|---|---|---|---|---|---|---|---|---|
| 음력 | 13 | 14 | 15 | 16 | 17 | 18 | 19 | 20 | 21 | 22 | 23 | 24 | 25 | 26 | 27 | 28 | 29 | 30 | 10.1 | 2 | 3 | 4 | 5 | 6 | 7 | 8 | 9 | 10 | 11 | 12 |
| 요일 | 日 | 月 | 火 | 水 | 木 | 金 | 土 | 日 | 月 | 火 | 水 | 木 | 金 | 土 | 日 | 月 | 火 | 水 | 木 | 金 | 土 | 日 | 月 | 火 | 水 | 木 | 金 | 土 | 日 | 月 |
| 일진 | 壬子 | 癸丑 | 甲寅 | 乙卯 | 丙辰 | 丁巳 | 戊午 | 己未 | 庚申 | 辛酉 | 壬戌 | 癸亥 | 甲子 | 乙丑 | 丙寅 | 丁卯 | 戊辰 | 己巳 | 庚午 | 辛未 | 壬申 | 癸酉 | 甲戌 | 乙亥 | 丙子 | 丁丑 | 戊寅 | 己卯 | 庚辰 | 辛巳 |
| 대운 남 | 2 | 2 | 2 | 1 | 1 | 1 | 1 | 입 | 9 | 9 | 9 | 8 | 8 | 8 | 7 | 7 | 7 | 6 | 6 | 6 | 5 | 5 | 5 | 4 | 4 | 4 | 3 | 3 | 3 | 2 |
| 대운 녀 | 8 | 8 | 9 | 9 | 9 | 10 | 10 | 동 | 1 | 1 | 1 | 1 | 2 | 2 | 2 | 3 | 3 | 3 | 4 | 4 | 4 | 5 | 5 | 5 | 6 | 6 | 6 | 7 | 7 | 7 |

## 12 · 甲子月(양 12.7~1.5)

대설 7일 17시02분 / 동지 22일 10시56분

| 양력 | 1 | 2 | 3 | 4 | 5 | 6 | 7 | 8 | 9 | 10 | 11 | 12 | 13 | 14 | 15 | 16 | 17 | 18 | 19 | 20 | 21 | 22 | 23 | 24 | 25 | 26 | 27 | 28 | 29 | 30 | 31 |
|---|---|---|---|---|---|---|---|---|---|---|---|---|---|---|---|---|---|---|---|---|---|---|---|---|---|---|---|---|---|---|---|
| 음력 | 13 | 14 | 15 | 16 | 17 | 18 | 19 | 20 | 21 | 22 | 23 | 24 | 25 | 26 | 27 | 28 | 29 | 30 | 11.1 | 2 | 3 | 4 | 5 | 6 | 7 | 8 | 9 | 10 | 11 | 12 | 13 |
| 요일 | 火 | 水 | 木 | 金 | 土 | 日 | 月 | 火 | 水 | 木 | 金 | 土 | 日 | 月 | 火 | 水 | 木 | 金 | 土 | 日 | 月 | 火 | 水 | 木 | 金 | 土 | 日 | 月 | 火 | 水 | 木 |
| 일진 | 壬午 | 癸未 | 甲申 | 乙酉 | 丙戌 | 丁亥 | 戊子 | 己丑 | 庚寅 | 辛卯 | 壬辰 | 癸巳 | 甲午 | 乙未 | 丙申 | 丁酉 | 戊戌 | 己亥 | 庚子 | 辛丑 | 壬寅 | 癸卯 | 甲辰 | 乙巳 | 丙午 | 丁未 | 戊申 | 己酉 | 庚戌 | 辛亥 | 壬子 |
| 대운 남 | 2 | 2 | 1 | 1 | 1 | 1 | 대 | 10 | 9 | 9 | 9 | 8 | 8 | 8 | 7 | 7 | 7 | 6 | 6 | 6 | 5 | 5 | 5 | 4 | 4 | 4 | 3 | 3 | 3 | 2 | 2 |
| 대운 녀 | 8 | 8 | 8 | 9 | 9 | 9 | 설 | 1 | 1 | 1 | 1 | 2 | 2 | 2 | 3 | 3 | 3 | 4 | 4 | 4 | 5 | 5 | 5 | 6 | 6 | 6 | 7 | 7 | 7 | 8 | 8 |

단기 4332년

# 1999년

소한 6일 04시17분

## 1 · 乙丑月(양 1.6~2.3)

대한 20일 21시37분

| 양력 | 1 | 2 | 3 | 4 | 5 | 6 | 7 | 8 | 9 | 10 | 11 | 12 | 13 | 14 | 15 | 16 | 17 | 18 | 19 | 20 | 21 | 22 | 23 | 24 | 25 | 26 | 27 | 28 | 29 | 30 | 31 |
|---|---|---|---|---|---|---|---|---|---|---|---|---|---|---|---|---|---|---|---|---|---|---|---|---|---|---|---|---|---|---|---|
| 음력 | 14 | 15 | 16 | 17 | 18 | 19 | 20 | 21 | 22 | 23 | 24 | 25 | 26 | 27 | 28 | 29 | 30 | 12.1 | 2 | 3 | 4 | 5 | 6 | 7 | 8 | 9 | 10 | 11 | 12 | 13 | 14 |
| 요일 | 金 | 土 | 日 | 月 | 火 | 水 | 木 | 金 | 土 | 日 | 月 | 火 | 水 | 木 | 金 | 土 | 日 | 月 | 火 | 水 | 木 | 金 | 土 | 日 | 月 | 火 | 水 | 木 | 金 | 土 | 日 |
| 일진 | 癸丑 | 甲寅 | 乙卯 | 丙辰 | 丁巳 | 戊午 | 己未 | 庚申 | 辛酉 | 壬戌 | 癸亥 | 甲子 | 乙丑 | 丙寅 | 丁卯 | 戊辰 | 己巳 | 庚午 | 辛未 | 壬申 | 癸酉 | 甲戌 | 乙亥 | 丙子 | 丁丑 | 戊寅 | 己卯 | 庚辰 | 辛巳 | 壬午 | 癸未 |
| 대운 남 | 2 | 1 | 1 | 1 | 1 | 소 | 9 | 9 | 9 | 8 | 8 | 8 | 7 | 7 | 7 | 6 | 6 | 6 | 5 | 5 | 5 | 4 | 4 | 4 | 3 | 3 | 3 | 2 | 2 | 2 | 1 |
| 대운 녀 | 8 | 9 | 9 | 9 | 10 | 한 | 1 | 1 | 1 | 1 | 2 | 2 | 2 | 3 | 3 | 3 | 4 | 4 | 4 | 5 | 5 | 5 | 6 | 6 | 6 | 7 | 7 | 7 | 8 | 8 | 8 |

입춘 4일 15시57분

## 2 · 丙寅月(양 2.4~3.5)

우수 19일 11시47분

| 양력 | 1 | 2 | 3 | 4 | 5 | 6 | 7 | 8 | 9 | 10 | 11 | 12 | 13 | 14 | 15 | 16 | 17 | 18 | 19 | 20 | 21 | 22 | 23 | 24 | 25 | 26 | 27 | 28 |
|---|---|---|---|---|---|---|---|---|---|---|---|---|---|---|---|---|---|---|---|---|---|---|---|---|---|---|---|---|
| 음력 | 15 | 16 | 17 | 18 | 19 | 20 | 21 | 22 | 23 | 24 | 25 | 26 | 27 | 28 | 29 | 1.1 | 2 | 3 | 4 | 5 | 6 | 7 | 8 | 9 | 10 | 11 | 12 | 13 |
| 요일 | 月 | 火 | 水 | 木 | 金 | 土 | 日 | 月 | 火 | 水 | 木 | 金 | 土 | 日 | 月 | 火 | 水 | 木 | 金 | 土 | 日 | 月 | 火 | 水 | 木 | 金 | 土 | 日 |
| 일진 | 甲申 | 乙酉 | 丙戌 | 丁亥 | 戊子 | 己丑 | 庚寅 | 辛卯 | 壬辰 | 癸巳 | 甲午 | 乙未 | 丙申 | 丁酉 | 戊戌 | 己亥 | 庚子 | 辛丑 | 壬寅 | 癸卯 | 甲辰 | 乙巳 | 丙午 | 丁未 | 戊申 | 己酉 | 庚戌 | 辛亥 |
| 대운 남 | 1 | 1 | 1 | 입 | 1 | 1 | 1 | 1 | 2 | 2 | 2 | 3 | 3 | 3 | 4 | 4 | 4 | 5 | 5 | 5 | 6 | 6 | 6 | 7 | 7 | 7 | 8 | 8 |
| 대운 녀 | 9 | 9 | 9 | 춘 | 10 | 9 | 9 | 9 | 8 | 8 | 8 | 7 | 7 | 7 | 6 | 6 | 6 | 5 | 5 | 5 | 4 | 4 | 4 | 3 | 3 | 3 | 2 | 2 |

경칩 6일 09시58분

## 3 · 丁卯月(양 3.6~4.4)

춘분 21일 10시46분

| 양력 | 1 | 2 | 3 | 4 | 5 | 6 | 7 | 8 | 9 | 10 | 11 | 12 | 13 | 14 | 15 | 16 | 17 | 18 | 19 | 20 | 21 | 22 | 23 | 24 | 25 | 26 | 27 | 28 | 29 | 30 | 31 |
|---|---|---|---|---|---|---|---|---|---|---|---|---|---|---|---|---|---|---|---|---|---|---|---|---|---|---|---|---|---|---|---|
| 음력 | 14 | 15 | 16 | 17 | 18 | 19 | 20 | 21 | 22 | 23 | 24 | 25 | 26 | 27 | 28 | 29 | 30 | 2.1 | 2 | 3 | 4 | 5 | 6 | 7 | 8 | 9 | 10 | 11 | 12 | 13 | 14 |
| 요일 | 月 | 火 | 水 | 木 | 金 | 土 | 日 | 月 | 火 | 水 | 木 | 金 | 土 | 日 | 月 | 火 | 水 | 木 | 金 | 土 | 日 | 月 | 火 | 水 | 木 | 金 | 土 | 日 | 月 | 火 | 水 |
| 일진 | 壬子 | 癸丑 | 甲寅 | 乙卯 | 丙辰 | 丁巳 | 戊午 | 己未 | 庚申 | 辛酉 | 壬戌 | 癸亥 | 甲子 | 乙丑 | 丙寅 | 丁卯 | 戊辰 | 己巳 | 庚午 | 辛未 | 壬申 | 癸酉 | 甲戌 | 乙亥 | 丙子 | 丁丑 | 戊寅 | 己卯 | 庚辰 | 辛巳 | 壬午 |
| 대운 남 | 8 | 9 | 9 | 9 | 10 | 경 | 1 | 1 | 1 | 1 | 2 | 2 | 2 | 3 | 3 | 3 | 4 | 4 | 4 | 5 | 5 | 5 | 6 | 6 | 6 | 7 | 7 | 7 | 8 | 8 | 8 |
| 대운 녀 | 2 | 1 | 1 | 1 | 1 | 칩 | 10 | 9 | 9 | 9 | 8 | 8 | 8 | 7 | 7 | 7 | 6 | 6 | 6 | 5 | 5 | 5 | 4 | 4 | 4 | 3 | 3 | 3 | 2 | 2 | 2 |

청명 5일 14시45분

## 4 · 戊辰月(양 4.5~5.5)

곡우 20일 21시46분

| 양력 | 1 | 2 | 3 | 4 | 5 | 6 | 7 | 8 | 9 | 10 | 11 | 12 | 13 | 14 | 15 | 16 | 17 | 18 | 19 | 20 | 21 | 22 | 23 | 24 | 25 | 26 | 27 | 28 | 29 | 30 |
|---|---|---|---|---|---|---|---|---|---|---|---|---|---|---|---|---|---|---|---|---|---|---|---|---|---|---|---|---|---|---|
| 음력 | 15 | 16 | 17 | 18 | 19 | 20 | 21 | 22 | 23 | 24 | 25 | 26 | 27 | 28 | 29 | 3.1 | 2 | 3 | 4 | 5 | 6 | 7 | 8 | 9 | 10 | 11 | 12 | 13 | 14 | 15 |
| 요일 | 木 | 金 | 土 | 日 | 月 | 火 | 水 | 木 | 金 | 土 | 日 | 月 | 火 | 水 | 木 | 金 | 土 | 日 | 月 | 火 | 水 | 木 | 金 | 土 | 日 | 月 | 火 | 水 | 木 | 金 |
| 일진 | 癸未 | 甲申 | 乙酉 | 丙戌 | 丁亥 | 戊子 | 己丑 | 庚寅 | 辛卯 | 壬辰 | 癸巳 | 甲午 | 乙未 | 丙申 | 丁酉 | 戊戌 | 己亥 | 庚子 | 辛丑 | 壬寅 | 癸卯 | 甲辰 | 乙巳 | 丙午 | 丁未 | 戊申 | 己酉 | 庚戌 | 辛亥 | 壬子 |
| 대운 남 | 9 | 9 | 9 | 10 | 청 | 1 | 1 | 1 | 1 | 2 | 2 | 2 | 3 | 3 | 3 | 4 | 4 | 4 | 5 | 5 | 5 | 6 | 6 | 6 | 7 | 7 | 7 | 8 | 8 | 8 |
| 대운 녀 | 1 | 1 | 1 | 1 | 명 | 10 | 10 | 9 | 9 | 9 | 8 | 8 | 8 | 7 | 7 | 7 | 6 | 6 | 6 | 5 | 5 | 5 | 4 | 4 | 4 | 3 | 3 | 3 | 2 | 2 |

입하 6일 08시01분

## 5 · 己巳月(양 5.6~6.5)

소만 21일 20시52분

| 양력 | 1 | 2 | 3 | 4 | 5 | 6 | 7 | 8 | 9 | 10 | 11 | 12 | 13 | 14 | 15 | 16 | 17 | 18 | 19 | 20 | 21 | 22 | 23 | 24 | 25 | 26 | 27 | 28 | 29 | 30 | 31 |
|---|---|---|---|---|---|---|---|---|---|---|---|---|---|---|---|---|---|---|---|---|---|---|---|---|---|---|---|---|---|---|---|
| 음력 | 16 | 17 | 18 | 19 | 20 | 21 | 22 | 23 | 24 | 25 | 26 | 27 | 28 | 29 | 4.1 | 2 | 3 | 4 | 5 | 6 | 7 | 8 | 9 | 10 | 11 | 12 | 13 | 14 | 15 | 16 | 17 |
| 요일 | 土 | 日 | 月 | 火 | 水 | 木 | 金 | 土 | 日 | 月 | 火 | 水 | 木 | 金 | 土 | 日 | 月 | 火 | 水 | 木 | 金 | 土 | 日 | 月 | 火 | 水 | 木 | 金 | 土 | 日 | 月 |
| 일진 | 癸丑 | 甲寅 | 乙卯 | 丙辰 | 丁巳 | 戊午 | 己未 | 庚申 | 辛酉 | 壬戌 | 癸亥 | 甲子 | 乙丑 | 丙寅 | 丁卯 | 戊辰 | 己巳 | 庚午 | 辛未 | 壬申 | 癸酉 | 甲戌 | 乙亥 | 丙子 | 丁丑 | 戊寅 | 己卯 | 庚辰 | 辛巳 | 壬午 | 癸未 |
| 대운 남 | 9 | 9 | 9 | 10 | 10 | 입 | 1 | 1 | 1 | 1 | 2 | 2 | 2 | 3 | 3 | 3 | 4 | 4 | 4 | 5 | 5 | 5 | 6 | 6 | 6 | 7 | 7 | 7 | 8 | 8 | 8 |
| 대운 녀 | 2 | 1 | 1 | 1 | 1 | 하 | 10 | 10 | 9 | 9 | 9 | 8 | 8 | 8 | 7 | 7 | 7 | 6 | 6 | 6 | 5 | 5 | 5 | 4 | 4 | 4 | 3 | 3 | 3 | 2 | 2 |

망종 6일 12시09분

## 6 · 庚午月(양 6.6~7.6)

하지 22일 04시49분

| 양력 | 1 | 2 | 3 | 4 | 5 | 6 | 7 | 8 | 9 | 10 | 11 | 12 | 13 | 14 | 15 | 16 | 17 | 18 | 19 | 20 | 21 | 22 | 23 | 24 | 25 | 26 | 27 | 28 | 29 | 30 |
|---|---|---|---|---|---|---|---|---|---|---|---|---|---|---|---|---|---|---|---|---|---|---|---|---|---|---|---|---|---|---|
| 음력 | 18 | 19 | 20 | 21 | 22 | 23 | 24 | 25 | 26 | 27 | 28 | 29 | 30 | 5.1 | 2 | 3 | 4 | 5 | 6 | 7 | 8 | 9 | 10 | 11 | 12 | 13 | 14 | 15 | 16 | 17 |
| 요일 | 火 | 水 | 木 | 金 | 土 | 日 | 月 | 火 | 水 | 木 | 金 | 土 | 日 | 月 | 火 | 水 | 木 | 金 | 土 | 日 | 月 | 火 | 水 | 木 | 金 | 土 | 日 | 月 | 火 | 水 |
| 일진 | 甲申 | 乙酉 | 丙戌 | 丁亥 | 戊子 | 己丑 | 庚寅 | 辛卯 | 壬辰 | 癸巳 | 甲午 | 乙未 | 丙申 | 丁酉 | 戊戌 | 己亥 | 庚子 | 辛丑 | 壬寅 | 癸卯 | 甲辰 | 乙巳 | 丙午 | 丁未 | 戊申 | 己酉 | 庚戌 | 辛亥 | 壬子 | 癸丑 |
| 대운 남 | 9 | 9 | 9 | 10 | 10 | 망 | 1 | 1 | 1 | 1 | 2 | 2 | 2 | 3 | 3 | 3 | 4 | 4 | 4 | 5 | 5 | 5 | 6 | 6 | 6 | 7 | 7 | 7 | 8 | 8 |
| 대운 녀 | 2 | 1 | 1 | 1 | 1 | 종 | 10 | 10 | 9 | 9 | 9 | 8 | 8 | 8 | 7 | 7 | 7 | 6 | 6 | 6 | 5 | 5 | 5 | 4 | 4 | 4 | 3 | 3 | 3 | 2 |

# 己卯年

동경135도표준시

소서 7일 22시25분 **7 · 辛未月(양 7.7~8.7)** 대서 23일 15시44분

| 양력 | 1 | 2 | 3 | 4 | 5 | 6 | 7 | 8 | 9 | 10 | 11 | 12 | 13 | 14 | 15 | 16 | 17 | 18 | 19 | 20 | 21 | 22 | 23 | 24 | 25 | 26 | 27 | 28 | 29 | 30 | 31 |
|---|---|---|---|---|---|---|---|---|---|---|---|---|---|---|---|---|---|---|---|---|---|---|---|---|---|---|---|---|---|---|---|
| 음력 | 18 | 19 | 20 | 21 | 22 | 23 | 24 | 25 | 26 | 27 | 28 | 29 | 6.1 | 2 | 3 | 4 | 5 | 6 | 7 | 8 | 9 | 10 | 11 | 12 | 13 | 14 | 15 | 16 | 17 | 18 | 19 |
| 요일 | 木 | 金 | 土 | 日 | 月 | 火 | 水 | 木 | 金 | 土 | 日 | 月 | 火 | 水 | 木 | 金 | 土 | 日 | 月 | 火 | 水 | 木 | 金 | 土 | 日 | 月 | 火 | 水 | 木 | 金 | 土 |
| 일진 | 甲寅 | 乙卯 | 丙辰 | 丁巳 | 戊午 | 己未 | 庚申 | 辛酉 | 壬戌 | 癸亥 | 甲子 | 乙丑 | 丙寅 | 丁卯 | 戊辰 | 己巳 | 庚午 | 辛未 | 壬申 | 癸酉 | 甲戌 | 乙亥 | 丙子 | 丁丑 | 戊寅 | 己卯 | 庚辰 | 辛巳 | 壬午 | 癸未 | 甲申 |
| 대운 남 | 8 | 9 | 9 | 9 | 10 | 10 | 소 | 1 | 1 | 1 | 1 | 2 | 2 | 2 | 3 | 3 | 3 | 4 | 4 | 4 | 5 | 5 | 5 | 6 | 6 | 6 | 7 | 7 | 7 | 8 | 8 |
| 대운 녀 | 2 | 2 | 1 | 1 | 1 | 1 | 서 | 10 | 10 | 10 | 9 | 9 | 9 | 8 | 8 | 8 | 7 | 7 | 7 | 6 | 6 | 6 | 5 | 5 | 5 | 4 | 4 | 4 | 3 | 3 | 3 |

입추 8일 08시14분 **8 · 壬申月(양 8.8~9.7)** 처서 23일 22시51분

| 양력 | 1 | 2 | 3 | 4 | 5 | 6 | 7 | 8 | 9 | 10 | 11 | 12 | 13 | 14 | 15 | 16 | 17 | 18 | 19 | 20 | 21 | 22 | 23 | 24 | 25 | 26 | 27 | 28 | 29 | 30 | 31 |
|---|---|---|---|---|---|---|---|---|---|---|---|---|---|---|---|---|---|---|---|---|---|---|---|---|---|---|---|---|---|---|---|
| 음력 | 20 | 21 | 22 | 23 | 24 | 25 | 26 | 27 | 28 | 29 | 7.1 | 2 | 3 | 4 | 5 | 6 | 7 | 8 | 9 | 10 | 11 | 12 | 13 | 14 | 15 | 16 | 17 | 18 | 19 | 20 | 21 |
| 요일 | 日 | 月 | 火 | 水 | 木 | 金 | 土 | 日 | 月 | 火 | 水 | 木 | 金 | 土 | 日 | 月 | 火 | 水 | 木 | 金 | 土 | 日 | 月 | 火 | 水 | 木 | 金 | 土 | 日 | 月 | 火 |
| 일진 | 乙酉 | 丙戌 | 丁亥 | 戊子 | 己丑 | 庚寅 | 辛卯 | 壬辰 | 癸巳 | 甲午 | 乙未 | 丙申 | 丁酉 | 戊戌 | 己亥 | 庚子 | 辛丑 | 壬寅 | 癸卯 | 甲辰 | 乙巳 | 丙午 | 丁未 | 戊申 | 己酉 | 庚戌 | 辛亥 | 壬子 | 癸丑 | 甲寅 | 乙卯 |
| 대운 남 | 8 | 9 | 9 | 9 | 10 | 10 | 10 | 입 | 1 | 1 | 1 | 1 | 2 | 2 | 2 | 3 | 3 | 3 | 4 | 4 | 4 | 5 | 5 | 5 | 6 | 6 | 6 | 7 | 7 | 7 | 8 |
| 대운 녀 | 2 | 2 | 2 | 1 | 1 | 1 | 1 | 추 | 10 | 10 | 9 | 9 | 9 | 8 | 8 | 8 | 7 | 7 | 7 | 6 | 6 | 6 | 5 | 5 | 5 | 4 | 4 | 4 | 3 | 3 | 3 |

백로 8일 11시10분 **9 · 癸酉月(양 9.8~10.8)** 추분 23일 20시32분

| 양력 | 1 | 2 | 3 | 4 | 5 | 6 | 7 | 8 | 9 | 10 | 11 | 12 | 13 | 14 | 15 | 16 | 17 | 18 | 19 | 20 | 21 | 22 | 23 | 24 | 25 | 26 | 27 | 28 | 29 | 30 |
|---|---|---|---|---|---|---|---|---|---|---|---|---|---|---|---|---|---|---|---|---|---|---|---|---|---|---|---|---|---|---|
| 음력 | 22 | 23 | 24 | 25 | 26 | 27 | 28 | 29 | 30 | 8.1 | 2 | 3 | 4 | 5 | 6 | 7 | 8 | 9 | 10 | 11 | 12 | 13 | 14 | 15 | 16 | 17 | 18 | 19 | 20 | 21 |
| 요일 | 水 | 木 | 金 | 土 | 日 | 月 | 火 | 水 | 木 | 金 | 土 | 日 | 月 | 火 | 水 | 木 | 金 | 土 | 日 | 月 | 火 | 水 | 木 | 金 | 土 | 日 | 月 | 火 | 水 | 木 |
| 일진 | 丙辰 | 丁巳 | 戊午 | 己未 | 庚申 | 辛酉 | 壬戌 | 癸亥 | 甲子 | 乙丑 | 丙寅 | 丁卯 | 戊辰 | 己巳 | 庚午 | 辛未 | 壬申 | 癸酉 | 甲戌 | 乙亥 | 丙子 | 丁丑 | 戊寅 | 己卯 | 庚辰 | 辛巳 | 壬午 | 癸未 | 甲申 | 乙酉 |
| 대운 남 | 8 | 8 | 9 | 9 | 9 | 10 | 10 | 백 | 1 | 1 | 1 | 1 | 2 | 2 | 2 | 3 | 3 | 3 | 4 | 4 | 4 | 5 | 5 | 5 | 6 | 6 | 6 | 7 | 7 | 7 |
| 대운 녀 | 2 | 2 | 2 | 1 | 1 | 1 | 1 | 로 | 10 | 10 | 9 | 9 | 9 | 8 | 8 | 8 | 7 | 7 | 7 | 6 | 6 | 6 | 5 | 5 | 5 | 4 | 4 | 4 | 3 | 3 |

한로 9일 02시48분 **10 · 甲戌月(양 10.9~11.7)** 상강 24일 05시52분

| 양력 | 1 | 2 | 3 | 4 | 5 | 6 | 7 | 8 | 9 | 10 | 11 | 12 | 13 | 14 | 15 | 16 | 17 | 18 | 19 | 20 | 21 | 22 | 23 | 24 | 25 | 26 | 27 | 28 | 29 | 30 | 31 |
|---|---|---|---|---|---|---|---|---|---|---|---|---|---|---|---|---|---|---|---|---|---|---|---|---|---|---|---|---|---|---|---|
| 음력 | 22 | 23 | 24 | 25 | 26 | 27 | 28 | 29 | 9.1 | 2 | 3 | 4 | 5 | 6 | 7 | 8 | 9 | 10 | 11 | 12 | 13 | 14 | 15 | 16 | 17 | 18 | 19 | 20 | 21 | 22 | 23 |
| 요일 | 金 | 土 | 日 | 月 | 火 | 水 | 木 | 金 | 土 | 日 | 月 | 火 | 水 | 木 | 金 | 土 | 日 | 月 | 火 | 水 | 木 | 金 | 土 | 日 | 月 | 火 | 水 | 木 | 金 | 土 | 日 |
| 일진 | 丙戌 | 丁亥 | 戊子 | 己丑 | 庚寅 | 辛卯 | 壬辰 | 癸巳 | 甲午 | 乙未 | 丙申 | 丁酉 | 戊戌 | 己亥 | 庚子 | 辛丑 | 壬寅 | 癸卯 | 甲辰 | 乙巳 | 丙午 | 丁未 | 戊申 | 己酉 | 庚戌 | 辛亥 | 壬子 | 癸丑 | 甲寅 | 乙卯 | 丙辰 |
| 대운 남 | 8 | 8 | 8 | 9 | 9 | 9 | 10 | 10 | 한 | 1 | 1 | 1 | 1 | 2 | 2 | 2 | 3 | 3 | 3 | 4 | 4 | 4 | 5 | 5 | 5 | 6 | 6 | 6 | 7 | 7 | 7 |
| 대운 녀 | 3 | 2 | 2 | 2 | 1 | 1 | 1 | 1 | 로 | 10 | 9 | 9 | 9 | 8 | 8 | 8 | 7 | 7 | 7 | 6 | 6 | 6 | 5 | 5 | 5 | 4 | 4 | 4 | 3 | 3 | 3 |

입동 8일 05시58분 **11 · 乙亥月(양 11.8~12.6)** 소설 23일 03시25분

| 양력 | 1 | 2 | 3 | 4 | 5 | 6 | 7 | 8 | 9 | 10 | 11 | 12 | 13 | 14 | 15 | 16 | 17 | 18 | 19 | 20 | 21 | 22 | 23 | 24 | 25 | 26 | 27 | 28 | 29 | 30 |
|---|---|---|---|---|---|---|---|---|---|---|---|---|---|---|---|---|---|---|---|---|---|---|---|---|---|---|---|---|---|---|
| 음력 | 24 | 25 | 26 | 27 | 28 | 29 | 30 | 10.1 | 2 | 3 | 4 | 5 | 6 | 7 | 8 | 9 | 10 | 11 | 12 | 13 | 14 | 15 | 16 | 17 | 18 | 19 | 20 | 21 | 22 | 23 |
| 요일 | 月 | 火 | 水 | 木 | 金 | 土 | 日 | 月 | 火 | 水 | 木 | 金 | 土 | 日 | 月 | 火 | 水 | 木 | 金 | 土 | 日 | 月 | 火 | 水 | 木 | 金 | 土 | 日 | 月 | 火 |
| 일진 | 丁巳 | 戊午 | 己未 | 庚申 | 辛酉 | 壬戌 | 癸亥 | 甲子 | 乙丑 | 丙寅 | 丁卯 | 戊辰 | 己巳 | 庚午 | 辛未 | 壬申 | 癸酉 | 甲戌 | 乙亥 | 丙子 | 丁丑 | 戊寅 | 己卯 | 庚辰 | 辛巳 | 壬午 | 癸未 | 甲申 | 乙酉 | 丙戌 |
| 대운 남 | 8 | 8 | 8 | 9 | 9 | 9 | 10 | 입 | 1 | 1 | 1 | 1 | 2 | 2 | 2 | 3 | 3 | 3 | 4 | 4 | 4 | 5 | 5 | 5 | 6 | 6 | 6 | 7 | 7 | 7 |
| 대운 녀 | 2 | 2 | 2 | 1 | 1 | 1 | 1 | 동 | 9 | 9 | 9 | 8 | 8 | 8 | 7 | 7 | 7 | 6 | 6 | 6 | 5 | 5 | 5 | 4 | 4 | 4 | 3 | 3 | 3 | 2 |

대설 7일 22시47분 **12 · 丙子月(양 12.7~1.5)** 동지 22일 16시44분

| 양력 | 1 | 2 | 3 | 4 | 5 | 6 | 7 | 8 | 9 | 10 | 11 | 12 | 13 | 14 | 15 | 16 | 17 | 18 | 19 | 20 | 21 | 22 | 23 | 24 | 25 | 26 | 27 | 28 | 29 | 30 | 31 |
|---|---|---|---|---|---|---|---|---|---|---|---|---|---|---|---|---|---|---|---|---|---|---|---|---|---|---|---|---|---|---|---|
| 음력 | 24 | 25 | 26 | 27 | 28 | 29 | 30 | 11.1 | 2 | 3 | 4 | 5 | 6 | 7 | 8 | 9 | 10 | 11 | 12 | 13 | 14 | 15 | 16 | 17 | 18 | 19 | 20 | 21 | 22 | 23 | 24 |
| 요일 | 水 | 木 | 金 | 土 | 日 | 月 | 火 | 水 | 木 | 金 | 土 | 日 | 月 | 火 | 水 | 木 | 金 | 土 | 日 | 月 | 火 | 水 | 木 | 金 | 土 | 日 | 月 | 火 | 水 | 木 | 金 |
| 일진 | 丁亥 | 戊子 | 己丑 | 庚寅 | 辛卯 | 壬辰 | 癸巳 | 甲午 | 乙未 | 丙申 | 丁酉 | 戊戌 | 己亥 | 庚子 | 辛丑 | 壬寅 | 癸卯 | 甲辰 | 乙巳 | 丙午 | 丁未 | 戊申 | 己酉 | 庚戌 | 辛亥 | 壬子 | 癸丑 | 甲寅 | 乙卯 | 丙辰 | 丁巳 |
| 대운 남 | 8 | 8 | 8 | 9 | 9 | 9 | 대 | 1 | 1 | 1 | 1 | 2 | 2 | 2 | 3 | 3 | 3 | 4 | 4 | 4 | 5 | 5 | 5 | 6 | 6 | 6 | 7 | 7 | 7 | 8 | 8 |
| 대운 녀 | 2 | 2 | 1 | 1 | 1 | 1 | 설 | 10 | 9 | 9 | 9 | 8 | 8 | 8 | 7 | 7 | 7 | 6 | 6 | 6 | 5 | 5 | 5 | 4 | 4 | 4 | 3 | 3 | 3 | 2 | 2 |

# 2000년

소한 6일 10시00분

## 1 · 丁丑月(양 1.6~2.3)

대한 21일 03시22분

| 양력 | 1 | 2 | 3 | 4 | 5 | 6 | 7 | 8 | 9 | 10 | 11 | 12 | 13 | 14 | 15 | 16 | 17 | 18 | 19 | 20 | 21 | 22 | 23 | 24 | 25 | 26 | 27 | 28 | 29 | 30 | 31 |
|---|---|---|---|---|---|---|---|---|---|---|---|---|---|---|---|---|---|---|---|---|---|---|---|---|---|---|---|---|---|---|---|
| 음력 | 25 | 26 | 27 | 28 | 29 | 30 | 12.1 | 2 | 3 | 4 | 5 | 6 | 7 | 8 | 9 | 10 | 11 | 12 | 13 | 14 | 15 | 16 | 17 | 18 | 19 | 20 | 21 | 22 | 23 | 24 | 25 |
| 요일 | 土 | 日 | 月 | 火 | 水 | 木 | 金 | 土 | 日 | 月 | 火 | 水 | 木 | 金 | 土 | 日 | 月 | 火 | 水 | 木 | 金 | 土 | 日 | 月 | 火 | 水 | 木 | 金 | 土 | 日 | 月 |
| 일진 | 戊 | 己 | 庚 | 辛 | 壬 | 癸 | 甲 | 乙 | 丙 | 丁 | 戊 | 己 | 庚 | 辛 | 壬 | 癸 | 甲 | 乙 | 丙 | 丁 | 戊 | 己 | 庚 | 辛 | 壬 | 癸 | 甲 | 乙 | 丙 | 丁 | 戊 |
| | 午 | 未 | 申 | 酉 | 戌 | 亥 | 子 | 丑 | 寅 | 卯 | 辰 | 巳 | 午 | 未 | 申 | 酉 | 戌 | 亥 | 子 | 丑 | 寅 | 卯 | 辰 | 巳 | 午 | 未 | 申 | 酉 | 戌 | 亥 | 子 |
| 대운 남 | 8 | 9 | 9 | 9 | 10 | 소 | 1 | 1 | 1 | 1 | 2 | 2 | 2 | 3 | 3 | 3 | 4 | 4 | 4 | 5 | 5 | 5 | 6 | 6 | 6 | 7 | 7 | 7 | 8 | 8 | 8 |
| 대운 녀 | 2 | 1 | 1 | 1 | 1 | 한 | 9 | 9 | 9 | 8 | 8 | 8 | 7 | 7 | 7 | 6 | 6 | 6 | 5 | 5 | 5 | 4 | 4 | 4 | 3 | 3 | 3 | 2 | 2 | 2 | 1 |

입춘 4일 21시40분

## 2 · 戊寅月(양 2.4~3.4)

우수 19일 17시33분

| 양력 | 1 | 2 | 3 | 4 | 5 | 6 | 7 | 8 | 9 | 10 | 11 | 12 | 13 | 14 | 15 | 16 | 17 | 18 | 19 | 20 | 21 | 22 | 23 | 24 | 25 | 26 | 27 | 28 | 29 |
|---|---|---|---|---|---|---|---|---|---|---|---|---|---|---|---|---|---|---|---|---|---|---|---|---|---|---|---|---|---|
| 음력 | 26 | 27 | 28 | 29 | 1.1 | 2 | 3 | 4 | 5 | 6 | 7 | 8 | 9 | 10 | 11 | 12 | 13 | 14 | 15 | 16 | 17 | 18 | 19 | 20 | 21 | 22 | 23 | 24 | 25 |
| 요일 | 火 | 水 | 木 | 金 | 土 | 日 | 月 | 火 | 水 | 木 | 金 | 土 | 日 | 月 | 火 | 水 | 木 | 金 | 土 | 日 | 月 | 火 | 水 | 木 | 金 | 土 | 日 | 月 | 火 |
| 일진 | 己 | 庚 | 辛 | 壬 | 癸 | 甲 | 乙 | 丙 | 丁 | 戊 | 己 | 庚 | 辛 | 壬 | 癸 | 甲 | 乙 | 丙 | 丁 | 戊 | 己 | 庚 | 辛 | 壬 | 癸 | 甲 | 乙 | 丙 | 丁 |
| | 丑 | 寅 | 卯 | 辰 | 巳 | 午 | 未 | 申 | 酉 | 戌 | 亥 | 子 | 丑 | 寅 | 卯 | 辰 | 巳 | 午 | 未 | 申 | 酉 | 戌 | 亥 | 子 | 丑 | 寅 | 卯 | 辰 | 巳 |
| 대운 남 | 9 | 9 | 9 | 입 | 10 | 9 | 9 | 9 | 8 | 8 | 8 | 7 | 7 | 7 | 6 | 6 | 6 | 5 | 5 | 5 | 4 | 4 | 4 | 3 | 3 | 3 | 2 | 2 | 2 |
| 대운 녀 | 1 | 1 | 1 | 춘 | 1 | 1 | 1 | 1 | 2 | 2 | 2 | 3 | 3 | 3 | 4 | 4 | 4 | 5 | 5 | 5 | 6 | 6 | 6 | 7 | 7 | 7 | 8 | 8 | 8 |

경칩 5일 15시42분

## 3 · 己卯月(양 3.5~4.3)

춘분 20일 16시35분

| 양력 | 1 | 2 | 3 | 4 | 5 | 6 | 7 | 8 | 9 | 10 | 11 | 12 | 13 | 14 | 15 | 16 | 17 | 18 | 19 | 20 | 21 | 22 | 23 | 24 | 25 | 26 | 27 | 28 | 29 | 30 | 31 |
|---|---|---|---|---|---|---|---|---|---|---|---|---|---|---|---|---|---|---|---|---|---|---|---|---|---|---|---|---|---|---|---|
| 음력 | 26 | 27 | 28 | 29 | 30 | 2.1 | 2 | 3 | 4 | 5 | 6 | 7 | 8 | 9 | 10 | 11 | 12 | 13 | 14 | 15 | 16 | 17 | 18 | 19 | 20 | 21 | 22 | 23 | 24 | 25 | 26 |
| 요일 | 水 | 木 | 金 | 土 | 日 | 月 | 火 | 水 | 木 | 金 | 土 | 日 | 月 | 火 | 水 | 木 | 金 | 土 | 日 | 月 | 火 | 水 | 木 | 金 | 土 | 日 | 月 | 火 | 水 | 木 | 金 |
| 일진 | 戊 | 己 | 庚 | 辛 | 壬 | 癸 | 甲 | 乙 | 丙 | 丁 | 戊 | 己 | 庚 | 辛 | 壬 | 癸 | 甲 | 乙 | 丙 | 丁 | 戊 | 己 | 庚 | 辛 | 壬 | 癸 | 甲 | 乙 | 丙 | 丁 | 戊 |
| | 午 | 未 | 申 | 酉 | 戌 | 亥 | 子 | 丑 | 寅 | 卯 | 辰 | 巳 | 午 | 未 | 申 | 酉 | 戌 | 亥 | 子 | 丑 | 寅 | 卯 | 辰 | 巳 | 午 | 未 | 申 | 酉 | 戌 | 亥 | 子 |
| 대운 남 | 1 | 1 | 1 | 1 | 경 | 10 | 9 | 9 | 9 | 8 | 8 | 8 | 7 | 7 | 7 | 6 | 6 | 6 | 5 | 5 | 5 | 4 | 4 | 4 | 3 | 3 | 3 | 2 | 2 | 2 | 1 |
| 대운 녀 | 9 | 9 | 9 | 10 | 칩 | 1 | 1 | 1 | 1 | 2 | 2 | 2 | 3 | 3 | 3 | 4 | 4 | 4 | 5 | 5 | 5 | 6 | 6 | 6 | 7 | 7 | 7 | 8 | 8 | 8 | 9 |

청명 4일 20시31분

## 4 · 庚辰月(양 4.4~5.4)

곡우 20일 03시39분

| 양력 | 1 | 2 | 3 | 4 | 5 | 6 | 7 | 8 | 9 | 10 | 11 | 12 | 13 | 14 | 15 | 16 | 17 | 18 | 19 | 20 | 21 | 22 | 23 | 24 | 25 | 26 | 27 | 28 | 29 | 30 |
|---|---|---|---|---|---|---|---|---|---|---|---|---|---|---|---|---|---|---|---|---|---|---|---|---|---|---|---|---|---|---|
| 음력 | 27 | 28 | 29 | 30 | 3.1 | 2 | 3 | 4 | 5 | 6 | 7 | 8 | 9 | 10 | 11 | 12 | 13 | 14 | 15 | 16 | 17 | 18 | 19 | 20 | 21 | 22 | 23 | 24 | 25 | 26 |
| 요일 | 土 | 日 | 月 | 火 | 水 | 木 | 金 | 土 | 日 | 月 | 火 | 水 | 木 | 金 | 土 | 日 | 月 | 火 | 水 | 木 | 金 | 土 | 日 | 月 | 火 | 水 | 木 | 金 | 土 | 日 |
| 일진 | 己 | 庚 | 辛 | 壬 | 癸 | 甲 | 乙 | 丙 | 丁 | 戊 | 己 | 庚 | 辛 | 壬 | 癸 | 甲 | 乙 | 丙 | 丁 | 戊 | 己 | 庚 | 辛 | 壬 | 癸 | 甲 | 乙 | 丙 | 丁 | 戊 |
| | 丑 | 寅 | 卯 | 辰 | 巳 | 午 | 未 | 申 | 酉 | 戌 | 亥 | 子 | 丑 | 寅 | 卯 | 辰 | 巳 | 午 | 未 | 申 | 酉 | 戌 | 亥 | 子 | 丑 | 寅 | 卯 | 辰 | 巳 | 午 |
| 대운 남 | 1 | 1 | 1 | 청 | 10 | 10 | 9 | 9 | 9 | 8 | 8 | 8 | 7 | 7 | 7 | 6 | 6 | 6 | 5 | 5 | 5 | 4 | 4 | 4 | 3 | 3 | 3 | 2 | 2 | 2 |
| 대운 녀 | 9 | 9 | 10 | 명 | 1 | 1 | 1 | 1 | 2 | 2 | 2 | 3 | 3 | 3 | 4 | 4 | 4 | 5 | 5 | 5 | 6 | 6 | 6 | 7 | 7 | 7 | 8 | 8 | 8 | 9 |

입하 5일 13시50분

## 5 · 辛巳月(양 5.5~6.4)

소만 21일 02시49분

| 양력 | 1 | 2 | 3 | 4 | 5 | 6 | 7 | 8 | 9 | 10 | 11 | 12 | 13 | 14 | 15 | 16 | 17 | 18 | 19 | 20 | 21 | 22 | 23 | 24 | 25 | 26 | 27 | 28 | 29 | 30 | 31 |
|---|---|---|---|---|---|---|---|---|---|---|---|---|---|---|---|---|---|---|---|---|---|---|---|---|---|---|---|---|---|---|---|
| 음력 | 27 | 28 | 29 | 4.1 | 2 | 3 | 4 | 5 | 6 | 7 | 8 | 9 | 10 | 11 | 12 | 13 | 14 | 15 | 16 | 17 | 18 | 19 | 20 | 21 | 22 | 23 | 24 | 25 | 26 | 27 | 28 |
| 요일 | 月 | 火 | 水 | 木 | 金 | 土 | 日 | 月 | 火 | 水 | 木 | 金 | 土 | 日 | 月 | 火 | 水 | 木 | 金 | 土 | 日 | 月 | 火 | 水 | 木 | 金 | 土 | 日 | 月 | 火 | 水 |
| 일진 | 己 | 庚 | 辛 | 壬 | 癸 | 甲 | 乙 | 丙 | 丁 | 戊 | 己 | 庚 | 辛 | 壬 | 癸 | 甲 | 乙 | 丙 | 丁 | 戊 | 己 | 庚 | 辛 | 壬 | 癸 | 甲 | 乙 | 丙 | 丁 | 戊 | 己 |
| | 未 | 申 | 酉 | 戌 | 亥 | 子 | 丑 | 寅 | 卯 | 辰 | 巳 | 午 | 未 | 申 | 酉 | 戌 | 亥 | 子 | 丑 | 寅 | 卯 | 辰 | 巳 | 午 | 未 | 申 | 酉 | 戌 | 亥 | 子 | 丑 |
| 대운 남 | 1 | 1 | 1 | 1 | 입 | 10 | 10 | 9 | 9 | 9 | 8 | 8 | 8 | 7 | 7 | 7 | 6 | 6 | 6 | 5 | 5 | 5 | 4 | 4 | 4 | 3 | 3 | 3 | 2 | 2 | 2 |
| 대운 녀 | 9 | 9 | 10 | 10 | 하 | 1 | 1 | 1 | 1 | 2 | 2 | 2 | 3 | 3 | 3 | 4 | 4 | 4 | 5 | 5 | 5 | 6 | 6 | 6 | 7 | 7 | 7 | 8 | 8 | 8 | 9 |

망종 5일 17시58분

## 6 · 壬午月(양 6.5~7.6)

하지 21일 10시47분

| 양력 | 1 | 2 | 3 | 4 | 5 | 6 | 7 | 8 | 9 | 10 | 11 | 12 | 13 | 14 | 15 | 16 | 17 | 18 | 19 | 20 | 21 | 22 | 23 | 24 | 25 | 26 | 27 | 28 | 29 | 30 |
|---|---|---|---|---|---|---|---|---|---|---|---|---|---|---|---|---|---|---|---|---|---|---|---|---|---|---|---|---|---|---|
| 음력 | 29 | 5.1 | 2 | 3 | 4 | 5 | 6 | 7 | 8 | 9 | 10 | 11 | 12 | 13 | 14 | 15 | 16 | 17 | 18 | 19 | 20 | 21 | 22 | 23 | 24 | 25 | 26 | 27 | 28 | 29 |
| 요일 | 木 | 金 | 土 | 日 | 月 | 火 | 水 | 木 | 金 | 土 | 日 | 月 | 火 | 水 | 木 | 金 | 土 | 日 | 月 | 火 | 水 | 木 | 金 | 土 | 日 | 月 | 火 | 水 | 木 | 金 |
| 일진 | 庚 | 辛 | 壬 | 癸 | 甲 | 乙 | 丙 | 丁 | 戊 | 己 | 庚 | 辛 | 壬 | 癸 | 甲 | 乙 | 丙 | 丁 | 戊 | 己 | 庚 | 辛 | 壬 | 癸 | 甲 | 乙 | 丙 | 丁 | 戊 | 己 |
| | 寅 | 卯 | 辰 | 巳 | 午 | 未 | 申 | 酉 | 戌 | 亥 | 子 | 丑 | 寅 | 卯 | 辰 | 巳 | 午 | 未 | 申 | 酉 | 戌 | 亥 | 子 | 丑 | 寅 | 卯 | 辰 | 巳 | 午 | 未 |
| 대운 남 | 1 | 1 | 1 | 1 | 망 | 10 | 10 | 10 | 9 | 9 | 9 | 8 | 8 | 8 | 7 | 7 | 7 | 6 | 6 | 6 | 5 | 5 | 5 | 4 | 4 | 4 | 3 | 3 | 3 | 2 |
| 대운 녀 | 9 | 9 | 10 | 10 | 종 | 1 | 1 | 1 | 1 | 2 | 2 | 2 | 3 | 3 | 3 | 4 | 4 | 4 | 5 | 5 | 5 | 6 | 6 | 6 | 7 | 7 | 7 | 8 | 8 | 8 |

## 7 · 癸未月(양 7.7~8.6)

소서 7일 04시13분 대서 22일 21시42분

| 양력 | 1 | 2 | 3 | 4 | 5 | 6 | 7 | 8 | 9 | 10 | 11 | 12 | 13 | 14 | 15 | 16 | 17 | 18 | 19 | 20 | 21 | 22 | 23 | 24 | 25 | 26 | 27 | 28 | 29 | 30 | 31 |
|---|---|---|---|---|---|---|---|---|---|---|---|---|---|---|---|---|---|---|---|---|---|---|---|---|---|---|---|---|---|---|---|
| 음력 | 30 | 6.1 | 2 | 3 | 4 | 5 | 6 | 7 | 8 | 9 | 10 | 11 | 12 | 13 | 14 | 15 | 16 | 17 | 18 | 19 | 20 | 21 | 22 | 23 | 24 | 25 | 26 | 27 | 28 | 29 | 7.1 |
| 요일 | 土 | 日 | 月 | 火 | 水 | 木 | 金 | 土 | 日 | 月 | 火 | 水 | 木 | 金 | 土 | 日 | 月 | 火 | 水 | 木 | 金 | 土 | 日 | 月 | 火 | 水 | 木 | 金 | 土 | 日 | 月 |
| 일진 | 庚申 | 辛酉 | 壬戌 | 癸亥 | 甲子 | 乙丑 | 丙寅 | 丁卯 | 戊辰 | 己巳 | 庚午 | 辛未 | 壬申 | 癸酉 | 甲戌 | 乙亥 | 丙子 | 丁丑 | 戊寅 | 己卯 | 庚辰 | 辛巳 | 壬午 | 癸未 | 甲申 | 乙酉 | 丙戌 | 丁亥 | 戊子 | 己丑 | 庚寅 |
| 대운 남 | 2 | 2 | 1 | 1 | 1 | 1 | 소 | 10 | 10 | 9 | 9 | 9 | 8 | 8 | 8 | 7 | 7 | 7 | 6 | 6 | 6 | 5 | 5 | 5 | 4 | 4 | 4 | 3 | 3 | 3 | 2 |
| 대운 녀 | 9 | 9 | 9 | 10 | 10 | 10 | 서 | 1 | 1 | 1 | 1 | 2 | 2 | 2 | 3 | 3 | 3 | 4 | 4 | 4 | 5 | 5 | 5 | 6 | 6 | 6 | 7 | 7 | 7 | 8 | 8 |

## 8 · 甲申月(양 8.7~9.6)

입추 7일 14시02분 처서 23일 04시48분

| 양력 | 1 | 2 | 3 | 4 | 5 | 6 | 7 | 8 | 9 | 10 | 11 | 12 | 13 | 14 | 15 | 16 | 17 | 18 | 19 | 20 | 21 | 22 | 23 | 24 | 25 | 26 | 27 | 28 | 29 | 30 | 31 |
|---|---|---|---|---|---|---|---|---|---|---|---|---|---|---|---|---|---|---|---|---|---|---|---|---|---|---|---|---|---|---|---|
| 음력 | 2 | 3 | 4 | 5 | 6 | 7 | 8 | 9 | 10 | 11 | 12 | 13 | 14 | 15 | 16 | 17 | 18 | 19 | 20 | 21 | 22 | 23 | 24 | 25 | 26 | 27 | 28 | 29 | 8.1 | 2 | 3 |
| 요일 | 火 | 水 | 木 | 金 | 土 | 日 | 月 | 火 | 水 | 木 | 金 | 土 | 日 | 月 | 火 | 水 | 木 | 金 | 土 | 日 | 月 | 火 | 水 | 木 | 金 | 土 | 日 | 月 | 火 | 水 | 木 |
| 일진 | 辛卯 | 壬辰 | 癸巳 | 甲午 | 乙未 | 丙申 | 丁酉 | 戊戌 | 己亥 | 庚子 | 辛丑 | 壬寅 | 癸卯 | 甲辰 | 乙巳 | 丙午 | 丁未 | 戊申 | 己酉 | 庚戌 | 辛亥 | 壬子 | 癸丑 | 甲寅 | 乙卯 | 丙辰 | 丁巳 | 戊午 | 己未 | 庚申 | 辛酉 |
| 대운 남 | 2 | 2 | 1 | 1 | 1 | 1 | 입 | 10 | 10 | 9 | 9 | 9 | 8 | 8 | 8 | 7 | 7 | 7 | 6 | 6 | 6 | 5 | 5 | 5 | 4 | 4 | 4 | 3 | 3 | 3 | 2 |
| 대운 녀 | 8 | 9 | 9 | 9 | 10 | 10 | 추 | 1 | 1 | 1 | 1 | 2 | 2 | 2 | 3 | 3 | 3 | 4 | 4 | 4 | 5 | 5 | 5 | 6 | 6 | 6 | 7 | 7 | 7 | 8 | 8 |

## 9 · 乙酉月(양 9.7~10.7)

백로 7일 16시59분 추분 23일 02시27분

| 양력 | 1 | 2 | 3 | 4 | 5 | 6 | 7 | 8 | 9 | 10 | 11 | 12 | 13 | 14 | 15 | 16 | 17 | 18 | 19 | 20 | 21 | 22 | 23 | 24 | 25 | 26 | 27 | 28 | 29 | 30 |
|---|---|---|---|---|---|---|---|---|---|---|---|---|---|---|---|---|---|---|---|---|---|---|---|---|---|---|---|---|---|---|
| 음력 | 4 | 5 | 6 | 7 | 8 | 9 | 10 | 11 | 12 | 13 | 14 | 15 | 16 | 17 | 18 | 19 | 20 | 21 | 22 | 23 | 24 | 25 | 26 | 27 | 28 | 29 | 30 | 9.1 | 2 | 3 |
| 요일 | 金 | 土 | 日 | 月 | 火 | 水 | 木 | 金 | 土 | 日 | 月 | 火 | 水 | 木 | 金 | 土 | 日 | 月 | 火 | 水 | 木 | 金 | 土 | 日 | 月 | 火 | 水 | 木 | 金 | 土 |
| 일진 | 壬戌 | 癸亥 | 甲子 | 乙丑 | 丙寅 | 丁卯 | 戊辰 | 己巳 | 庚午 | 辛未 | 壬申 | 癸酉 | 甲戌 | 乙亥 | 丙子 | 丁丑 | 戊寅 | 己卯 | 庚辰 | 辛巳 | 壬午 | 癸未 | 甲申 | 乙酉 | 丙戌 | 丁亥 | 戊子 | 己丑 | 庚寅 | 辛卯 |
| 대운 남 | 2 | 2 | 1 | 1 | 1 | 1 | 백 | 10 | 10 | 9 | 9 | 9 | 8 | 8 | 8 | 7 | 7 | 7 | 6 | 6 | 6 | 5 | 5 | 5 | 4 | 4 | 4 | 3 | 3 | 3 |
| 대운 녀 | 8 | 9 | 9 | 9 | 10 | 10 | 로 | 1 | 1 | 1 | 1 | 2 | 2 | 2 | 3 | 3 | 3 | 4 | 4 | 4 | 5 | 5 | 5 | 6 | 6 | 6 | 7 | 7 | 7 | 8 |

## 10 · 丙戌月(양 10.8~11.6)

한로 8일 08시38분 상강 23일 11시47분

| 양력 | 1 | 2 | 3 | 4 | 5 | 6 | 7 | 8 | 9 | 10 | 11 | 12 | 13 | 14 | 15 | 16 | 17 | 18 | 19 | 20 | 21 | 22 | 23 | 24 | 25 | 26 | 27 | 28 | 29 | 30 | 31 |
|---|---|---|---|---|---|---|---|---|---|---|---|---|---|---|---|---|---|---|---|---|---|---|---|---|---|---|---|---|---|---|---|
| 음력 | 4 | 5 | 6 | 7 | 8 | 9 | 10 | 11 | 12 | 13 | 14 | 15 | 16 | 17 | 18 | 19 | 20 | 21 | 22 | 23 | 24 | 25 | 26 | 27 | 28 | 29 | 10.1 | 2 | 3 | 4 | 5 |
| 요일 | 日 | 月 | 火 | 水 | 木 | 金 | 土 | 日 | 月 | 火 | 水 | 木 | 金 | 土 | 日 | 月 | 火 | 水 | 木 | 金 | 土 | 日 | 月 | 火 | 水 | 木 | 金 | 土 | 日 | 月 | 火 |
| 일진 | 壬辰 | 癸巳 | 甲午 | 乙未 | 丙申 | 丁酉 | 戊戌 | 己亥 | 庚子 | 辛丑 | 壬寅 | 癸卯 | 甲辰 | 乙巳 | 丙午 | 丁未 | 戊申 | 己酉 | 庚戌 | 辛亥 | 壬子 | 癸丑 | 甲寅 | 乙卯 | 丙辰 | 丁巳 | 戊午 | 己未 | 庚申 | 辛酉 | 壬戌 |
| 대운 남 | 2 | 2 | 2 | 1 | 1 | 1 | 1 | 한 | 10 | 9 | 9 | 9 | 8 | 8 | 8 | 7 | 7 | 7 | 6 | 6 | 6 | 5 | 5 | 5 | 4 | 4 | 4 | 3 | 3 | 3 | 2 |
| 대운 녀 | 8 | 8 | 9 | 9 | 9 | 10 | 10 | 로 | 1 | 1 | 1 | 1 | 2 | 2 | 2 | 3 | 3 | 3 | 4 | 4 | 4 | 5 | 5 | 5 | 6 | 6 | 6 | 7 | 7 | 7 | 8 |

## 11 · 丁亥月(양 11.7~12.6)

입동 7일 11시47분 소설 22일 09시19분

| 양력 | 1 | 2 | 3 | 4 | 5 | 6 | 7 | 8 | 9 | 10 | 11 | 12 | 13 | 14 | 15 | 16 | 17 | 18 | 19 | 20 | 21 | 22 | 23 | 24 | 25 | 26 | 27 | 28 | 29 | 30 |
|---|---|---|---|---|---|---|---|---|---|---|---|---|---|---|---|---|---|---|---|---|---|---|---|---|---|---|---|---|---|---|
| 음력 | 6 | 7 | 8 | 9 | 10 | 11 | 12 | 13 | 14 | 15 | 16 | 17 | 18 | 19 | 20 | 21 | 22 | 23 | 24 | 25 | 26 | 27 | 28 | 29 | 30 | 11.1 | 2 | 3 | 4 | 5 |
| 요일 | 水 | 木 | 金 | 土 | 日 | 月 | 火 | 水 | 木 | 金 | 土 | 日 | 月 | 火 | 水 | 木 | 金 | 土 | 日 | 月 | 火 | 水 | 木 | 金 | 土 | 日 | 月 | 火 | 水 | 木 |
| 일진 | 癸亥 | 甲子 | 乙丑 | 丙寅 | 丁卯 | 戊辰 | 己巳 | 庚午 | 辛未 | 壬申 | 癸酉 | 甲戌 | 乙亥 | 丙子 | 丁丑 | 戊寅 | 己卯 | 庚辰 | 辛巳 | 壬午 | 癸未 | 甲申 | 乙酉 | 丙戌 | 丁亥 | 戊子 | 己丑 | 庚寅 | 辛卯 | 壬辰 |
| 대운 남 | 2 | 2 | 1 | 1 | 1 | 1 | 입 | 10 | 9 | 9 | 9 | 8 | 8 | 8 | 7 | 7 | 7 | 6 | 6 | 6 | 5 | 5 | 5 | 4 | 4 | 4 | 3 | 3 | 3 | 2 |
| 대운 녀 | 8 | 8 | 9 | 9 | 9 | 10 | 동 | 1 | 1 | 1 | 1 | 2 | 2 | 2 | 3 | 3 | 3 | 4 | 4 | 4 | 5 | 5 | 5 | 6 | 6 | 6 | 7 | 7 | 7 | 8 |

## 12 · 戊子月(양 12.7~1.4)

대설 7일 04시36분 동지 21일 22시37분

| 양력 | 1 | 2 | 3 | 4 | 5 | 6 | 7 | 8 | 9 | 10 | 11 | 12 | 13 | 14 | 15 | 16 | 17 | 18 | 19 | 20 | 21 | 22 | 23 | 24 | 25 | 26 | 27 | 28 | 29 | 30 | 31 |
|---|---|---|---|---|---|---|---|---|---|---|---|---|---|---|---|---|---|---|---|---|---|---|---|---|---|---|---|---|---|---|---|
| 음력 | 6 | 7 | 8 | 9 | 10 | 11 | 12 | 13 | 14 | 15 | 16 | 17 | 18 | 19 | 20 | 21 | 22 | 23 | 24 | 25 | 26 | 27 | 28 | 29 | 30 | 12.1 | 2 | 3 | 4 | 5 | 6 |
| 요일 | 金 | 土 | 日 | 月 | 火 | 水 | 木 | 金 | 土 | 日 | 月 | 火 | 水 | 木 | 金 | 土 | 日 | 月 | 火 | 水 | 木 | 金 | 土 | 日 | 月 | 火 | 水 | 木 | 金 | 土 | 日 |
| 일진 | 癸巳 | 甲午 | 乙未 | 丙申 | 丁酉 | 戊戌 | 己亥 | 庚子 | 辛丑 | 壬寅 | 癸卯 | 甲辰 | 乙巳 | 丙午 | 丁未 | 戊申 | 己酉 | 庚戌 | 辛亥 | 壬子 | 癸丑 | 甲寅 | 乙卯 | 丙辰 | 丁巳 | 戊午 | 己未 | 庚申 | 辛酉 | 壬戌 | 癸亥 |
| 대운 남 | 2 | 2 | 1 | 1 | 1 | 1 | 대 | 9 | 9 | 9 | 8 | 8 | 8 | 7 | 7 | 7 | 6 | 6 | 6 | 5 | 5 | 5 | 4 | 4 | 4 | 3 | 3 | 3 | 2 | 2 | 2 |
| 대운 녀 | 8 | 8 | 9 | 9 | 9 | 10 | 설 | 1 | 1 | 1 | 1 | 2 | 2 | 2 | 3 | 3 | 3 | 4 | 4 | 4 | 5 | 5 | 5 | 6 | 6 | 6 | 7 | 7 | 7 | 8 | 8 |

단기 4334년

# 2001년(윤4월)

소한 5일 15시49분

## 1 · 己丑月(양 1.5~2.3)

대한 20일 09시16분

| 양력 | 1 | 2 | 3 | 4 | 5 | 6 | 7 | 8 | 9 | 10 | 11 | 12 | 13 | 14 | 15 | 16 | 17 | 18 | 19 | 20 | 21 | 22 | 23 | 24 | 25 | 26 | 27 | 28 | 29 | 30 | 31 |
|---|---|---|---|---|---|---|---|---|---|---|---|---|---|---|---|---|---|---|---|---|---|---|---|---|---|---|---|---|---|---|---|
| 음력 | 7 | 8 | 9 | 10 | 11 | 12 | 13 | 14 | 15 | 16 | 17 | 18 | 19 | 20 | 21 | 22 | 23 | 24 | 25 | 26 | 27 | 28 | 29 | 1.1 | 2 | 3 | 4 | 5 | 6 | 7 | 8 |
| 요일 | 月 | 火 | 水 | 木 | 金 | 土 | 日 | 月 | 火 | 水 | 木 | 金 | 土 | 日 | 月 | 火 | 水 | 木 | 金 | 土 | 日 | 月 | 火 | 水 | 木 | 金 | 土 | 日 | 月 | 火 | 水 |
| 일진 | 甲子 | 乙丑 | 丙寅 | 丁卯 | 戊辰 | 己巳 | 庚午 | 辛未 | 壬申 | 癸酉 | 甲戌 | 乙亥 | 丙子 | 丁丑 | 戊寅 | 己卯 | 庚辰 | 辛巳 | 壬午 | 癸未 | 甲申 | 乙酉 | 丙戌 | 丁亥 | 戊子 | 己丑 | 庚寅 | 辛卯 | 壬辰 | 癸巳 | 甲午 |
| 대운 남 | 1 | 1 | 1 | 1 | 소 | 10 | 9 | 9 | 9 | 8 | 8 | 8 | 7 | 7 | 7 | 6 | 6 | 6 | 5 | 5 | 5 | 4 | 4 | 4 | 3 | 3 | 3 | 2 | 2 | 2 | 1 |
| 대운 녀 | 8 | 9 | 9 | 9 | 한 | 1 | 1 | 1 | 1 | 2 | 2 | 2 | 3 | 3 | 3 | 4 | 4 | 4 | 5 | 5 | 5 | 6 | 6 | 6 | 7 | 7 | 7 | 8 | 8 | 8 | 9 |

입춘 4일 03시28분

## 2 · 庚寅月(양 2.4~3.4)

우수 18일 23시27분

| 양력 | 1 | 2 | 3 | 4 | 5 | 6 | 7 | 8 | 9 | 10 | 11 | 12 | 13 | 14 | 15 | 16 | 17 | 18 | 19 | 20 | 21 | 22 | 23 | 24 | 25 | 26 | 27 | 28 |
|---|---|---|---|---|---|---|---|---|---|---|---|---|---|---|---|---|---|---|---|---|---|---|---|---|---|---|---|---|
| 음력 | 9 | 10 | 11 | 12 | 13 | 14 | 15 | 16 | 17 | 18 | 19 | 20 | 21 | 22 | 23 | 24 | 25 | 26 | 27 | 28 | 29 | 30 | 2.1 | 2 | 3 | 4 | 5 | 6 |
| 요일 | 木 | 金 | 土 | 日 | 月 | 火 | 水 | 木 | 金 | 土 | 日 | 月 | 火 | 水 | 木 | 金 | 土 | 日 | 月 | 火 | 水 | 木 | 金 | 土 | 日 | 月 | 火 | 水 |
| 일진 | 乙未 | 丙申 | 丁酉 | 戊戌 | 己亥 | 庚子 | 辛丑 | 壬寅 | 癸卯 | 甲辰 | 乙巳 | 丙午 | 丁未 | 戊申 | 己酉 | 庚戌 | 辛亥 | 壬子 | 癸丑 | 甲寅 | 乙卯 | 丙辰 | 丁巳 | 戊午 | 己未 | 庚申 | 辛酉 | 壬戌 |
| 대운 남 | 1 | 1 | 1 | 입 | 1 | 1 | 1 | 1 | 2 | 2 | 2 | 3 | 3 | 3 | 4 | 4 | 4 | 5 | 5 | 5 | 6 | 6 | 6 | 7 | 7 | 7 | 8 | 8 |
| 대운 녀 | 9 | 9 | 10 | 춘 | 9 | 9 | 9 | 8 | 8 | 8 | 7 | 7 | 7 | 6 | 6 | 6 | 5 | 5 | 5 | 4 | 4 | 4 | 3 | 3 | 3 | 2 | 2 | 2 |

경칩 5일 21시32분

## 3 · 辛卯月(양 3.5~4.4)

춘분 20일 22시30분

| 양력 | 1 | 2 | 3 | 4 | 5 | 6 | 7 | 8 | 9 | 10 | 11 | 12 | 13 | 14 | 15 | 16 | 17 | 18 | 19 | 20 | 21 | 22 | 23 | 24 | 25 | 26 | 27 | 28 | 29 | 30 | 31 |
|---|---|---|---|---|---|---|---|---|---|---|---|---|---|---|---|---|---|---|---|---|---|---|---|---|---|---|---|---|---|---|---|
| 음력 | 7 | 8 | 9 | 10 | 11 | 12 | 13 | 14 | 15 | 16 | 17 | 18 | 19 | 20 | 21 | 22 | 23 | 24 | 25 | 26 | 27 | 28 | 29 | 30 | 3.1 | 2 | 3 | 4 | 5 | 6 | 7 |
| 요일 | 木 | 金 | 土 | 日 | 月 | 火 | 水 | 木 | 金 | 土 | 日 | 月 | 火 | 水 | 木 | 金 | 土 | 日 | 月 | 火 | 水 | 木 | 金 | 土 | 日 | 月 | 火 | 水 | 木 | 金 | 土 |
| 일진 | 癸亥 | 甲子 | 乙丑 | 丙寅 | 丁卯 | 戊辰 | 己巳 | 庚午 | 辛未 | 壬申 | 癸酉 | 甲戌 | 乙亥 | 丙子 | 丁丑 | 戊寅 | 己卯 | 庚辰 | 辛巳 | 壬午 | 癸未 | 甲申 | 乙酉 | 丙戌 | 丁亥 | 戊子 | 己丑 | 庚寅 | 辛卯 | 壬辰 | 癸巳 |
| 대운 남 | 8 | 9 | 9 | 9 | 경 | 1 | 1 | 1 | 1 | 2 | 2 | 2 | 3 | 3 | 3 | 4 | 4 | 4 | 5 | 5 | 5 | 6 | 6 | 6 | 7 | 7 | 7 | 8 | 8 | 8 | 9 |
| 대운 녀 | 1 | 1 | 1 | 1 | 칩 | 10 | 10 | 9 | 9 | 9 | 8 | 8 | 8 | 7 | 7 | 7 | 6 | 6 | 6 | 5 | 5 | 5 | 4 | 4 | 4 | 3 | 3 | 3 | 2 | 2 | 2 |

청명 5일 02시24분

## 4 · 壬辰月(양 4.5~5.4)

곡우 20일 09시35분

| 양력 | 1 | 2 | 3 | 4 | 5 | 6 | 7 | 8 | 9 | 10 | 11 | 12 | 13 | 14 | 15 | 16 | 17 | 18 | 19 | 20 | 21 | 22 | 23 | 24 | 25 | 26 | 27 | 28 | 29 | 30 |
|---|---|---|---|---|---|---|---|---|---|---|---|---|---|---|---|---|---|---|---|---|---|---|---|---|---|---|---|---|---|---|
| 음력 | 8 | 9 | 10 | 11 | 12 | 13 | 14 | 15 | 16 | 17 | 18 | 19 | 20 | 21 | 22 | 23 | 24 | 25 | 26 | 27 | 28 | 29 | 30 | 4.1 | 2 | 3 | 4 | 5 | 6 | 7 |
| 요일 | 日 | 月 | 火 | 水 | 木 | 金 | 土 | 日 | 月 | 火 | 水 | 木 | 金 | 土 | 日 | 月 | 火 | 水 | 木 | 金 | 土 | 日 | 月 | 火 | 水 | 木 | 金 | 土 | 日 | 月 |
| 일진 | 甲午 | 乙未 | 丙申 | 丁酉 | 戊戌 | 己亥 | 庚子 | 辛丑 | 壬寅 | 癸卯 | 甲辰 | 乙巳 | 丙午 | 丁未 | 戊申 | 己酉 | 庚戌 | 辛亥 | 壬子 | 癸丑 | 甲寅 | 乙卯 | 丙辰 | 丁巳 | 戊午 | 己未 | 庚申 | 辛酉 | 壬戌 | 癸亥 |
| 대운 남 | 9 | 9 | 10 | 10 | 청 | 1 | 1 | 1 | 1 | 2 | 2 | 2 | 3 | 3 | 3 | 4 | 4 | 4 | 5 | 5 | 5 | 6 | 6 | 6 | 7 | 7 | 7 | 8 | 8 | 8 |
| 대운 녀 | 1 | 1 | 1 | 1 | 명 | 10 | 9 | 9 | 9 | 8 | 8 | 8 | 7 | 7 | 7 | 6 | 6 | 6 | 5 | 5 | 5 | 4 | 4 | 4 | 3 | 3 | 3 | 2 | 2 | 2 |

입하 5일 19시44분

## 5 · 癸巳月(양 5.5~6.4)

소만 21일 08시44분

| 양력 | 1 | 2 | 3 | 4 | 5 | 6 | 7 | 8 | 9 | 10 | 11 | 12 | 13 | 14 | 15 | 16 | 17 | 18 | 19 | 20 | 21 | 22 | 23 | 24 | 25 | 26 | 27 | 28 | 29 | 30 | 31 |
|---|---|---|---|---|---|---|---|---|---|---|---|---|---|---|---|---|---|---|---|---|---|---|---|---|---|---|---|---|---|---|---|
| 음력 | 8 | 9 | 10 | 11 | 12 | 13 | 14 | 15 | 16 | 17 | 18 | 19 | 20 | 21 | 22 | 23 | 24 | 25 | 26 | 27 | 28 | 29 | 윤 | 4.2 | 3 | 4 | 5 | 6 | 7 | 8 | 9 |
| 요일 | 火 | 水 | 木 | 金 | 土 | 日 | 月 | 火 | 水 | 木 | 金 | 土 | 日 | 月 | 火 | 水 | 木 | 金 | 土 | 日 | 月 | 火 | 水 | 木 | 金 | 土 | 日 | 月 | 火 | 水 | 木 |
| 일진 | 甲子 | 乙丑 | 丙寅 | 丁卯 | 戊辰 | 己巳 | 庚午 | 辛未 | 壬申 | 癸酉 | 甲戌 | 乙亥 | 丙子 | 丁丑 | 戊寅 | 己卯 | 庚辰 | 辛巳 | 壬午 | 癸未 | 甲申 | 乙酉 | 丙戌 | 丁亥 | 戊子 | 己丑 | 庚寅 | 辛卯 | 壬辰 | 癸巳 | 甲午 |
| 대운 남 | 9 | 9 | 9 | 10 | 입 | 1 | 1 | 1 | 1 | 2 | 2 | 2 | 3 | 3 | 3 | 4 | 4 | 4 | 5 | 5 | 5 | 6 | 6 | 6 | 7 | 7 | 7 | 8 | 8 | 8 | 9 |
| 대운 녀 | 1 | 1 | 1 | 1 | 하 | 10 | 10 | 9 | 9 | 9 | 8 | 8 | 8 | 7 | 7 | 7 | 6 | 6 | 6 | 5 | 5 | 5 | 4 | 4 | 4 | 3 | 3 | 3 | 2 | 2 | 2 |

망종 5일 23시53분

## 6 · 甲午月(양 6.5~7.6)

하지 21일 16시37분

| 양력 | 1 | 2 | 3 | 4 | 5 | 6 | 7 | 8 | 9 | 10 | 11 | 12 | 13 | 14 | 15 | 16 | 17 | 18 | 19 | 20 | 21 | 22 | 23 | 24 | 25 | 26 | 27 | 28 | 29 | 30 |
|---|---|---|---|---|---|---|---|---|---|---|---|---|---|---|---|---|---|---|---|---|---|---|---|---|---|---|---|---|---|---|
| 음력 | 10 | 11 | 12 | 13 | 14 | 15 | 16 | 17 | 18 | 19 | 20 | 21 | 22 | 23 | 24 | 25 | 26 | 27 | 28 | 29 | 5.1 | 2 | 3 | 4 | 5 | 6 | 7 | 8 | 9 | 10 |
| 요일 | 金 | 土 | 日 | 月 | 火 | 水 | 木 | 金 | 土 | 日 | 月 | 火 | 水 | 木 | 金 | 土 | 日 | 月 | 火 | 水 | 木 | 金 | 土 | 日 | 月 | 火 | 水 | 木 | 金 | 土 |
| 일진 | 乙未 | 丙申 | 丁酉 | 戊戌 | 己亥 | 庚子 | 辛丑 | 壬寅 | 癸卯 | 甲辰 | 乙巳 | 丙午 | 丁未 | 戊申 | 己酉 | 庚戌 | 辛亥 | 壬子 | 癸丑 | 甲寅 | 乙卯 | 丙辰 | 丁巳 | 戊午 | 己未 | 庚申 | 辛酉 | 壬戌 | 癸亥 | 甲子 |
| 대운 남 | 9 | 9 | 10 | 10 | 망 | 1 | 1 | 1 | 1 | 2 | 2 | 2 | 3 | 3 | 3 | 4 | 4 | 4 | 5 | 5 | 5 | 6 | 6 | 6 | 7 | 7 | 7 | 8 | 8 | 8 |
| 대운 녀 | 1 | 1 | 1 | 1 | 종 | 10 | 10 | 10 | 9 | 9 | 9 | 8 | 8 | 8 | 7 | 7 | 7 | 6 | 6 | 6 | 5 | 5 | 5 | 4 | 4 | 4 | 3 | 3 | 3 | 2 |

소서 7일 10시06분

## 7 · 乙未月(양 7.7~8.6)

대서 23일 03시26분

| 양력 | | 1 | 2 | 3 | 4 | 5 | 6 | 7 | 8 | 9 | 10 | 11 | 12 | 13 | 14 | 15 | 16 | 17 | 18 | 19 | 20 | 21 | 22 | 23 | 24 | 25 | 26 | 27 | 28 | 29 | 30 | 31 |
|---|---|---|---|---|---|---|---|---|---|---|---|---|---|---|---|---|---|---|---|---|---|---|---|---|---|---|---|---|---|---|---|---|
| 음력 | | 11 | 12 | 13 | 14 | 15 | 16 | 17 | 18 | 19 | 20 | 21 | 22 | 23 | 24 | 25 | 26 | 27 | 28 | 29 | 30 | 6.1 | 2 | 3 | 4 | 5 | 6 | 7 | 8 | 9 | 10 | 11 |
| 요일 | | 日 | 月 | 火 | 水 | 木 | 金 | 土 | 日 | 月 | 火 | 水 | 木 | 金 | 土 | 日 | 月 | 火 | 水 | 木 | 金 | 土 | 日 | 月 | 火 | 水 | 木 | 金 | 土 | 日 | 月 | 火 |
| 일진 | | 乙丑 | 丙寅 | 丁卯 | 戊辰 | 己巳 | 庚午 | 辛未 | 壬申 | 癸酉 | 甲戌 | 乙亥 | 丙子 | 丁丑 | 戊寅 | 己卯 | 庚辰 | 辛巳 | 壬午 | 癸未 | 甲申 | 乙酉 | 丙戌 | 丁亥 | 戊子 | 己丑 | 庚寅 | 辛卯 | 壬辰 | 癸巳 | 甲午 | 乙未 |
| 대운 | 남 | 9 | 9 | 9 | 10 | 10 | 10 | 소 | 1 | 1 | 1 | 1 | 2 | 2 | 2 | 3 | 3 | 3 | 4 | 4 | 4 | 5 | 5 | 5 | 6 | 6 | 6 | 7 | 7 | 7 | 8 | 8 |
| | 녀 | 2 | 2 | 1 | 1 | 1 | 1 | 서 | 10 | 10 | 9 | 9 | 9 | 8 | 8 | 8 | 7 | 7 | 7 | 6 | 6 | 6 | 5 | 5 | 5 | 4 | 4 | 4 | 3 | 3 | 3 | 2 |

입추 7일 19시52분

## 8 · 丙申月(양 8.7~9.6)

처서 23일 10시26분

| 양력 | | 1 | 2 | 3 | 4 | 5 | 6 | 7 | 8 | 9 | 10 | 11 | 12 | 13 | 14 | 15 | 16 | 17 | 18 | 19 | 20 | 21 | 22 | 23 | 24 | 25 | 26 | 27 | 28 | 29 | 30 | 31 |
|---|---|---|---|---|---|---|---|---|---|---|---|---|---|---|---|---|---|---|---|---|---|---|---|---|---|---|---|---|---|---|---|---|
| 음력 | | 12 | 13 | 14 | 15 | 16 | 17 | 18 | 19 | 20 | 21 | 22 | 23 | 24 | 25 | 26 | 27 | 28 | 29 | 7.1 | 2 | 3 | 4 | 5 | 6 | 7 | 8 | 9 | 10 | 11 | 12 | 13 |
| 요일 | | 水 | 木 | 金 | 土 | 日 | 月 | 火 | 水 | 木 | 金 | 土 | 日 | 月 | 火 | 水 | 木 | 金 | 土 | 日 | 月 | 火 | 水 | 木 | 金 | 土 | 日 | 月 | 火 | 水 | 木 | 金 |
| 일진 | | 丙申 | 丁酉 | 戊戌 | 己亥 | 庚子 | 辛丑 | 壬寅 | 癸卯 | 甲辰 | 乙巳 | 丙午 | 丁未 | 戊申 | 己酉 | 庚戌 | 辛亥 | 壬子 | 癸丑 | 甲寅 | 乙卯 | 丙辰 | 丁巳 | 戊午 | 己未 | 庚申 | 辛酉 | 壬戌 | 癸亥 | 甲子 | 乙丑 | 丙寅 |
| 대운 | 남 | 8 | 9 | 9 | 9 | 10 | 10 | 입 | 1 | 1 | 1 | 1 | 2 | 2 | 2 | 3 | 3 | 3 | 4 | 4 | 4 | 5 | 5 | 5 | 6 | 6 | 6 | 7 | 7 | 7 | 8 | 8 |
| | 녀 | 2 | 2 | 1 | 1 | 1 | 1 | 추 | 10 | 10 | 9 | 9 | 9 | 8 | 8 | 8 | 7 | 7 | 7 | 6 | 6 | 6 | 5 | 5 | 5 | 4 | 4 | 4 | 3 | 3 | 3 | 2 |

백로 7일 22시46분

## 9 · 丁酉月(양 9.7~10.7)

추분 23일 08시04분

| 양력 | | 1 | 2 | 3 | 4 | 5 | 6 | 7 | 8 | 9 | 10 | 11 | 12 | 13 | 14 | 15 | 16 | 17 | 18 | 19 | 20 | 21 | 22 | 23 | 24 | 25 | 26 | 27 | 28 | 29 | 30 |
|---|---|---|---|---|---|---|---|---|---|---|---|---|---|---|---|---|---|---|---|---|---|---|---|---|---|---|---|---|---|---|---|
| 음력 | | 14 | 15 | 16 | 17 | 18 | 19 | 20 | 21 | 22 | 23 | 24 | 25 | 26 | 27 | 28 | 29 | 8.1 | 2 | 3 | 4 | 5 | 6 | 7 | 8 | 9 | 10 | 11 | 12 | 13 | 14 |
| 요일 | | 土 | 日 | 月 | 火 | 水 | 木 | 金 | 土 | 日 | 月 | 火 | 水 | 木 | 金 | 土 | 日 | 月 | 火 | 水 | 木 | 金 | 土 | 日 | 月 | 火 | 水 | 木 | 金 | 土 | 日 |
| 일진 | | 丁卯 | 戊辰 | 己巳 | 庚午 | 辛未 | 壬申 | 癸酉 | 甲戌 | 乙亥 | 丙子 | 丁丑 | 戊寅 | 己卯 | 庚辰 | 辛巳 | 壬午 | 癸未 | 甲申 | 乙酉 | 丙戌 | 丁亥 | 戊子 | 己丑 | 庚寅 | 辛卯 | 壬辰 | 癸巳 | 甲午 | 乙未 | 丙申 |
| 대운 | 남 | 8 | 9 | 9 | 9 | 10 | 10 | 백 | 1 | 1 | 1 | 1 | 2 | 2 | 2 | 3 | 3 | 3 | 4 | 4 | 4 | 5 | 5 | 5 | 6 | 6 | 6 | 7 | 7 | 7 | 8 |
| | 녀 | 2 | 2 | 1 | 1 | 1 | 1 | 로 | 10 | 10 | 9 | 9 | 9 | 8 | 8 | 8 | 7 | 7 | 7 | 6 | 6 | 6 | 5 | 5 | 5 | 4 | 4 | 4 | 3 | 3 | 3 |

한로 8일 14시24분

## 10 · 戊戌月(양 10.8~11.6)

상강 23일 17시25분

| 양력 | | 1 | 2 | 3 | 4 | 5 | 6 | 7 | 8 | 9 | 10 | 11 | 12 | 13 | 14 | 15 | 16 | 17 | 18 | 19 | 20 | 21 | 22 | 23 | 24 | 25 | 26 | 27 | 28 | 29 | 30 | 31 |
|---|---|---|---|---|---|---|---|---|---|---|---|---|---|---|---|---|---|---|---|---|---|---|---|---|---|---|---|---|---|---|---|---|
| 음력 | | 15 | 16 | 17 | 18 | 19 | 20 | 21 | 22 | 23 | 24 | 25 | 26 | 27 | 28 | 29 | 30 | 9.1 | 2 | 3 | 4 | 5 | 6 | 7 | 8 | 9 | 10 | 11 | 12 | 13 | 14 | 15 |
| 요일 | | 月 | 火 | 水 | 木 | 金 | 土 | 日 | 月 | 火 | 水 | 木 | 金 | 土 | 日 | 月 | 火 | 水 | 木 | 金 | 土 | 日 | 月 | 火 | 水 | 木 | 金 | 土 | 日 | 月 | 火 | 水 |
| 일진 | | 丁酉 | 戊戌 | 己亥 | 庚子 | 辛丑 | 壬寅 | 癸卯 | 甲辰 | 乙巳 | 丙午 | 丁未 | 戊申 | 己酉 | 庚戌 | 辛亥 | 壬子 | 癸丑 | 甲寅 | 乙卯 | 丙辰 | 丁巳 | 戊午 | 己未 | 庚申 | 辛酉 | 壬戌 | 癸亥 | 甲子 | 乙丑 | 丙寅 | 丁卯 |
| 대운 | 남 | 8 | 8 | 9 | 9 | 9 | 10 | 10 | 한 | 1 | 1 | 1 | 1 | 2 | 2 | 2 | 3 | 3 | 3 | 4 | 4 | 4 | 5 | 5 | 5 | 6 | 6 | 6 | 7 | 7 | 7 | 8 |
| | 녀 | 2 | 2 | 2 | 1 | 1 | 1 | 1 | 로 | 10 | 9 | 9 | 9 | 8 | 8 | 8 | 7 | 7 | 7 | 6 | 6 | 6 | 5 | 5 | 5 | 4 | 4 | 4 | 3 | 3 | 3 | 2 |

입동 7일 17시36분

## 11 · 己亥月(양 11.7~12.6)

소설 22일 15시00분

| 양력 | | 1 | 2 | 3 | 4 | 5 | 6 | 7 | 8 | 9 | 10 | 11 | 12 | 13 | 14 | 15 | 16 | 17 | 18 | 19 | 20 | 21 | 22 | 23 | 24 | 25 | 26 | 27 | 28 | 29 | 30 |
|---|---|---|---|---|---|---|---|---|---|---|---|---|---|---|---|---|---|---|---|---|---|---|---|---|---|---|---|---|---|---|---|
| 음력 | | 16 | 17 | 18 | 19 | 20 | 21 | 22 | 23 | 24 | 25 | 26 | 27 | 28 | 29 | 10.1 | 2 | 3 | 4 | 5 | 6 | 7 | 8 | 9 | 10 | 11 | 12 | 13 | 14 | 15 | 16 |
| 요일 | | 木 | 金 | 土 | 日 | 月 | 火 | 水 | 木 | 金 | 土 | 日 | 月 | 火 | 水 | 木 | 金 | 土 | 日 | 月 | 火 | 水 | 木 | 金 | 土 | 日 | 月 | 火 | 水 | 木 | 金 |
| 일진 | | 戊辰 | 己巳 | 庚午 | 辛未 | 壬申 | 癸酉 | 甲戌 | 乙亥 | 丙子 | 丁丑 | 戊寅 | 己卯 | 庚辰 | 辛巳 | 壬午 | 癸未 | 甲申 | 乙酉 | 丙戌 | 丁亥 | 戊子 | 己丑 | 庚寅 | 辛卯 | 壬辰 | 癸巳 | 甲午 | 乙未 | 丙申 | 丁酉 |
| 대운 | 남 | 8 | 8 | 9 | 9 | 9 | 10 | 입 | 1 | 1 | 1 | 1 | 2 | 2 | 2 | 3 | 3 | 3 | 4 | 4 | 4 | 5 | 5 | 5 | 6 | 6 | 6 | 7 | 7 | 7 | 8 |
| | 녀 | 2 | 2 | 1 | 1 | 1 | 1 | 동 | 10 | 9 | 9 | 9 | 8 | 8 | 8 | 7 | 7 | 7 | 6 | 6 | 6 | 5 | 5 | 5 | 4 | 4 | 4 | 3 | 3 | 3 | 2 |

대설 7일 10시28분

## 12 · 庚子月(양 12.7~1.4)

동지 22일 04시21분

| 양력 | | 1 | 2 | 3 | 4 | 5 | 6 | 7 | 8 | 9 | 10 | 11 | 12 | 13 | 14 | 15 | 16 | 17 | 18 | 19 | 20 | 21 | 22 | 23 | 24 | 25 | 26 | 27 | 28 | 29 | 30 | 31 |
|---|---|---|---|---|---|---|---|---|---|---|---|---|---|---|---|---|---|---|---|---|---|---|---|---|---|---|---|---|---|---|---|---|
| 음력 | | 17 | 18 | 19 | 20 | 21 | 22 | 23 | 24 | 25 | 26 | 27 | 28 | 29 | 30 | 11.1 | 2 | 3 | 4 | 5 | 6 | 7 | 8 | 9 | 10 | 11 | 12 | 13 | 14 | 15 | 16 | 17 |
| 요일 | | 土 | 日 | 月 | 火 | 水 | 木 | 金 | 土 | 日 | 月 | 火 | 水 | 木 | 金 | 土 | 日 | 月 | 火 | 水 | 木 | 金 | 土 | 日 | 月 | 火 | 水 | 木 | 金 | 土 | 日 | 月 |
| 일진 | | 戊戌 | 己亥 | 庚子 | 辛丑 | 壬寅 | 癸卯 | 甲辰 | 乙巳 | 丙午 | 丁未 | 戊申 | 己酉 | 庚戌 | 辛亥 | 壬子 | 癸丑 | 甲寅 | 乙卯 | 丙辰 | 丁巳 | 戊午 | 己未 | 庚申 | 辛酉 | 壬戌 | 癸亥 | 甲子 | 乙丑 | 丙寅 | 丁卯 | 戊辰 |
| 대운 | 남 | 8 | 8 | 9 | 9 | 9 | 10 | 대 | 1 | 1 | 1 | 1 | 2 | 2 | 2 | 3 | 3 | 3 | 4 | 4 | 4 | 5 | 5 | 5 | 6 | 6 | 6 | 7 | 7 | 7 | 8 | 8 |
| | 녀 | 2 | 2 | 1 | 1 | 1 | 1 | 설 | 9 | 9 | 9 | 8 | 8 | 8 | 7 | 7 | 7 | 6 | 6 | 6 | 5 | 5 | 5 | 4 | 4 | 4 | 3 | 3 | 3 | 2 | 2 | 2 |

# 2002년

소한 5일 21시43분

## 1 · 辛丑月(양 1.5~2.3)

대한 20일 15시01분

| 양력 | | 1 | 2 | 3 | 4 | 5 | 6 | 7 | 8 | 9 | 10 | 11 | 12 | 13 | 14 | 15 | 16 | 17 | 18 | 19 | 20 | 21 | 22 | 23 | 24 | 25 | 26 | 27 | 28 | 29 | 30 | 31 |
|---|---|---|---|---|---|---|---|---|---|---|---|---|---|---|---|---|---|---|---|---|---|---|---|---|---|---|---|---|---|---|---|---|
| 음력 | | 18 | 19 | 20 | 21 | 22 | 23 | 24 | 25 | 26 | 27 | 28 | 29 | 12.1 | 2 | 3 | 4 | 5 | 6 | 7 | 8 | 9 | 10 | 11 | 12 | 13 | 14 | 15 | 16 | 17 | 18 | 19 |
| 요일 | | 火 | 水 | 木 | 金 | 土 | 日 | 月 | 火 | 水 | 木 | 金 | 土 | 日 | 月 | 火 | 水 | 木 | 金 | 土 | 日 | 月 | 火 | 水 | 木 | 金 | 土 | 日 | 月 | 火 | 水 | 木 |
| 일진 | | 己巳 | 庚午 | 辛未 | 壬申 | 癸酉 | 甲戌 | 乙亥 | 丙子 | 丁丑 | 戊寅 | 己卯 | 庚辰 | 辛巳 | 壬午 | 癸未 | 甲申 | 乙酉 | 丙戌 | 丁亥 | 戊子 | 己丑 | 庚寅 | 辛卯 | 壬辰 | 癸巳 | 甲午 | 乙未 | 丙申 | 丁酉 | 戊戌 | 己亥 |
| 대운 | 남 | 8 | 9 | 9 | 9 | 소 | 1 | 1 | 1 | 1 | 2 | 2 | 2 | 3 | 3 | 3 | 4 | 4 | 4 | 5 | 5 | 5 | 6 | 6 | 6 | 7 | 7 | 7 | 8 | 8 | 8 | 9 |
| | 녀 | 1 | 1 | 1 | 1 | 한 | 10 | 9 | 9 | 9 | 8 | 8 | 8 | 7 | 7 | 7 | 6 | 6 | 6 | 5 | 5 | 5 | 4 | 4 | 4 | 3 | 3 | 3 | 2 | 2 | 2 | 1 |

입춘 4일 09시23분

## 2 · 壬寅月(양 2.4~3.5)

우수 19일 05시13분

| 양력 | | 1 | 2 | 3 | 4 | 5 | 6 | 7 | 8 | 9 | 10 | 11 | 12 | 13 | 14 | 15 | 16 | 17 | 18 | 19 | 20 | 21 | 22 | 23 | 24 | 25 | 26 | 27 | 28 |
|---|---|---|---|---|---|---|---|---|---|---|---|---|---|---|---|---|---|---|---|---|---|---|---|---|---|---|---|---|---|
| 음력 | | 20 | 21 | 22 | 23 | 24 | 25 | 26 | 27 | 28 | 29 | 30 | 1.1 | 2 | 3 | 4 | 5 | 6 | 7 | 8 | 9 | 10 | 11 | 12 | 13 | 14 | 15 | 16 | 17 |
| 요일 | | 金 | 土 | 日 | 月 | 火 | 水 | 木 | 金 | 土 | 日 | 月 | 火 | 水 | 木 | 金 | 土 | 日 | 月 | 火 | 水 | 木 | 金 | 土 | 日 | 月 | 火 | 水 | 木 |
| 일진 | | 庚子 | 辛丑 | 壬寅 | 癸卯 | 甲辰 | 乙巳 | 丙午 | 丁未 | 戊申 | 己酉 | 庚戌 | 辛亥 | 壬子 | 癸丑 | 甲寅 | 乙卯 | 丙辰 | 丁巳 | 戊午 | 己未 | 庚申 | 辛酉 | 壬戌 | 癸亥 | 甲子 | 乙丑 | 丙寅 | 丁卯 |
| 대운 | 남 | 9 | 9 | 10 | 입 | 10 | 9 | 9 | 9 | 8 | 8 | 8 | 7 | 7 | 7 | 6 | 6 | 6 | 5 | 5 | 5 | 4 | 4 | 4 | 3 | 3 | 3 | 2 | 2 |
| | 녀 | 1 | 1 | 1 | 춘 | 1 | 1 | 1 | 1 | 2 | 2 | 2 | 3 | 3 | 3 | 4 | 4 | 4 | 5 | 5 | 5 | 6 | 6 | 6 | 7 | 7 | 7 | 8 | 8 |

경칩 6일 03시27분

## 3 · 癸卯月(양 3.6~4.4)

춘분 21일 04시15분

| 양력 | | 1 | 2 | 3 | 4 | 5 | 6 | 7 | 8 | 9 | 10 | 11 | 12 | 13 | 14 | 15 | 16 | 17 | 18 | 19 | 20 | 21 | 22 | 23 | 24 | 25 | 26 | 27 | 28 | 29 | 30 | 31 |
|---|---|---|---|---|---|---|---|---|---|---|---|---|---|---|---|---|---|---|---|---|---|---|---|---|---|---|---|---|---|---|---|---|
| 음력 | | 18 | 19 | 20 | 21 | 22 | 23 | 24 | 25 | 26 | 27 | 28 | 29 | 30 | 2.1 | 2 | 3 | 4 | 5 | 6 | 7 | 8 | 9 | 10 | 11 | 12 | 13 | 14 | 15 | 16 | 17 | 18 |
| 요일 | | 金 | 土 | 日 | 月 | 火 | 水 | 木 | 金 | 土 | 日 | 月 | 火 | 水 | 木 | 金 | 土 | 日 | 月 | 火 | 水 | 木 | 金 | 土 | 日 | 月 | 火 | 水 | 木 | 金 | 土 | 日 |
| 일진 | | 戊辰 | 己巳 | 庚午 | 辛未 | 壬申 | 癸酉 | 甲戌 | 乙亥 | 丙子 | 丁丑 | 戊寅 | 己卯 | 庚辰 | 辛巳 | 壬午 | 癸未 | 甲申 | 乙酉 | 丙戌 | 丁亥 | 戊子 | 己丑 | 庚寅 | 辛卯 | 壬辰 | 癸巳 | 甲午 | 乙未 | 丙申 | 丁酉 | 戊戌 |
| 대운 | 남 | 2 | 1 | 1 | 1 | 1 | 경 | 10 | 9 | 9 | 9 | 8 | 8 | 8 | 7 | 7 | 7 | 6 | 6 | 6 | 5 | 5 | 5 | 4 | 4 | 4 | 3 | 3 | 3 | 2 | 2 | 2 |
| | 녀 | 8 | 9 | 9 | 9 | 10 | 칩 | 1 | 1 | 1 | 1 | 2 | 2 | 2 | 3 | 3 | 3 | 4 | 4 | 4 | 5 | 5 | 5 | 6 | 6 | 6 | 7 | 7 | 7 | 8 | 8 | 8 |

청명 5일 08시18분

## 4 · 甲辰月(양 4.5~5.5)

곡우 20일 15시20분

| 양력 | | 1 | 2 | 3 | 4 | 5 | 6 | 7 | 8 | 9 | 10 | 11 | 12 | 13 | 14 | 15 | 16 | 17 | 18 | 19 | 20 | 21 | 22 | 23 | 24 | 25 | 26 | 27 | 28 | 29 | 30 |
|---|---|---|---|---|---|---|---|---|---|---|---|---|---|---|---|---|---|---|---|---|---|---|---|---|---|---|---|---|---|---|---|
| 음력 | | 19 | 20 | 21 | 22 | 23 | 24 | 25 | 26 | 27 | 28 | 29 | 30 | 3.1 | 2 | 3 | 4 | 5 | 6 | 7 | 8 | 9 | 10 | 11 | 12 | 13 | 14 | 15 | 16 | 17 | 18 |
| 요일 | | 月 | 火 | 水 | 木 | 金 | 土 | 日 | 月 | 火 | 水 | 木 | 金 | 土 | 日 | 月 | 火 | 水 | 木 | 金 | 土 | 日 | 月 | 火 | 水 | 木 | 金 | 土 | 日 | 月 | 火 |
| 일진 | | 己亥 | 庚子 | 辛丑 | 壬寅 | 癸卯 | 甲辰 | 乙巳 | 丙午 | 丁未 | 戊申 | 己酉 | 庚戌 | 辛亥 | 壬子 | 癸丑 | 甲寅 | 乙卯 | 丙辰 | 丁巳 | 戊午 | 己未 | 庚申 | 辛酉 | 壬戌 | 癸亥 | 甲子 | 乙丑 | 丙寅 | 丁卯 | 戊辰 |
| 대운 | 남 | 1 | 1 | 1 | 1 | 청 | 10 | 10 | 9 | 9 | 9 | 8 | 8 | 8 | 7 | 7 | 7 | 6 | 6 | 6 | 5 | 5 | 5 | 4 | 4 | 4 | 3 | 3 | 3 | 2 | 2 |
| | 녀 | 9 | 9 | 9 | 10 | 명 | 1 | 1 | 1 | 1 | 2 | 2 | 2 | 3 | 3 | 3 | 4 | 4 | 4 | 5 | 5 | 5 | 6 | 6 | 6 | 7 | 7 | 7 | 8 | 8 | 8 |

입하 6일 01시37분

## 5 · 乙巳月(양 5.6~6.5)

소만 21일 14시28분

| 양력 | | 1 | 2 | 3 | 4 | 5 | 6 | 7 | 8 | 9 | 10 | 11 | 12 | 13 | 14 | 15 | 16 | 17 | 18 | 19 | 20 | 21 | 22 | 23 | 24 | 25 | 26 | 27 | 28 | 29 | 30 | 31 |
|---|---|---|---|---|---|---|---|---|---|---|---|---|---|---|---|---|---|---|---|---|---|---|---|---|---|---|---|---|---|---|---|---|
| 음력 | | 19 | 20 | 21 | 22 | 23 | 24 | 25 | 26 | 27 | 28 | 29 | 4.1 | 2 | 3 | 4 | 5 | 6 | 7 | 8 | 9 | 10 | 11 | 12 | 13 | 14 | 15 | 16 | 17 | 18 | 19 | 20 |
| 요일 | | 水 | 木 | 金 | 土 | 日 | 月 | 火 | 水 | 木 | 金 | 土 | 日 | 月 | 火 | 水 | 木 | 金 | 土 | 日 | 月 | 火 | 水 | 木 | 金 | 土 | 日 | 月 | 火 | 水 | 木 | 金 |
| 일진 | | 己巳 | 庚午 | 辛未 | 壬申 | 癸酉 | 甲戌 | 乙亥 | 丙子 | 丁丑 | 戊寅 | 己卯 | 庚辰 | 辛巳 | 壬午 | 癸未 | 甲申 | 乙酉 | 丙戌 | 丁亥 | 戊子 | 己丑 | 庚寅 | 辛卯 | 壬辰 | 癸巳 | 甲午 | 乙未 | 丙申 | 丁酉 | 戊戌 | 己亥 |
| 대운 | 남 | 2 | 1 | 1 | 1 | 1 | 입 | 10 | 10 | 9 | 9 | 9 | 8 | 8 | 8 | 7 | 7 | 7 | 6 | 6 | 6 | 5 | 5 | 5 | 4 | 4 | 4 | 3 | 3 | 3 | 2 | 2 |
| | 녀 | 9 | 9 | 9 | 10 | 10 | 하 | 1 | 1 | 1 | 1 | 2 | 2 | 2 | 3 | 3 | 3 | 4 | 4 | 4 | 5 | 5 | 5 | 6 | 6 | 6 | 7 | 7 | 7 | 8 | 8 | 8 |

망종 6일 05시44분

## 6 · 丙午月(양 6.6~7.6)

하지 21일 22시24분

| 양력 | | 1 | 2 | 3 | 4 | 5 | 6 | 7 | 8 | 9 | 10 | 11 | 12 | 13 | 14 | 15 | 16 | 17 | 18 | 19 | 20 | 21 | 22 | 23 | 24 | 25 | 26 | 27 | 28 | 29 | 30 |
|---|---|---|---|---|---|---|---|---|---|---|---|---|---|---|---|---|---|---|---|---|---|---|---|---|---|---|---|---|---|---|---|
| 음력 | | 21 | 22 | 23 | 24 | 25 | 26 | 27 | 28 | 29 | 30 | 5.1 | 2 | 3 | 4 | 5 | 6 | 7 | 8 | 9 | 10 | 11 | 12 | 13 | 14 | 15 | 16 | 17 | 18 | 19 | 20 |
| 요일 | | 土 | 日 | 月 | 火 | 水 | 木 | 金 | 土 | 日 | 月 | 火 | 水 | 木 | 金 | 土 | 日 | 月 | 火 | 水 | 木 | 金 | 土 | 日 | 月 | 火 | 水 | 木 | 金 | 土 | 日 |
| 일진 | | 庚子 | 辛丑 | 壬寅 | 癸卯 | 甲辰 | 乙巳 | 丙午 | 丁未 | 戊申 | 己酉 | 庚戌 | 辛亥 | 壬子 | 癸丑 | 甲寅 | 乙卯 | 丙辰 | 丁巳 | 戊午 | 己未 | 庚申 | 辛酉 | 壬戌 | 癸亥 | 甲子 | 乙丑 | 丙寅 | 丁卯 | 戊辰 | 己巳 |
| 대운 | 남 | 2 | 1 | 1 | 1 | 1 | 망 | 10 | 10 | 9 | 9 | 9 | 8 | 8 | 8 | 7 | 7 | 7 | 6 | 6 | 6 | 5 | 5 | 5 | 4 | 4 | 4 | 3 | 3 | 3 | 2 |
| | 녀 | 9 | 9 | 9 | 10 | 10 | 종 | 1 | 1 | 1 | 1 | 2 | 2 | 2 | 3 | 3 | 3 | 4 | 4 | 4 | 5 | 5 | 5 | 6 | 6 | 6 | 7 | 7 | 7 | 8 | 8 |

소서 7일 15시56분

## 7 · 丁未月(양 7.7~8.7)

대서 23일 09시14분

| 양력 | 1 | 2 | 3 | 4 | 5 | 6 | 7 | 8 | 9 | 10 | 11 | 12 | 13 | 14 | 15 | 16 | 17 | 18 | 19 | 20 | 21 | 22 | 23 | 24 | 25 | 26 | 27 | 28 | 29 | 30 | 31 |
|---|---|---|---|---|---|---|---|---|---|---|---|---|---|---|---|---|---|---|---|---|---|---|---|---|---|---|---|---|---|---|---|
| 음력 | 21 | 22 | 23 | 24 | 25 | 26 | 27 | 28 | 29 | 6.1 | 2 | 3 | 4 | 5 | 6 | 7 | 8 | 9 | 10 | 11 | 12 | 13 | 14 | 15 | 16 | 17 | 18 | 19 | 20 | 21 | 22 |
| 요일 | 月 | 火 | 水 | 木 | 金 | 土 | 日 | 月 | 火 | 水 | 木 | 金 | 土 | 日 | 月 | 火 | 水 | 木 | 金 | 土 | 日 | 月 | 火 | 水 | 木 | 金 | 土 | 日 | 月 | 火 | 水 |
| 일진 | 庚午 | 辛未 | 壬申 | 癸酉 | 甲戌 | 乙亥 | 丙子 | 丁丑 | 戊寅 | 己卯 | 庚辰 | 辛巳 | 壬午 | 癸未 | 甲申 | 乙酉 | 丙戌 | 丁亥 | 戊子 | 己丑 | 庚寅 | 辛卯 | 壬辰 | 癸巳 | 甲午 | 乙未 | 丙申 | 丁酉 | 戊戌 | 己亥 | 庚子 |
| 대운 남 | 2 | 2 | 1 | 1 | 1 | 1 | 소 | 10 | 10 | 10 | 9 | 9 | 9 | 8 | 8 | 8 | 7 | 7 | 7 | 6 | 6 | 6 | 5 | 5 | 5 | 4 | 4 | 4 | 3 | 3 | 3 |
| 대운 녀 | 8 | 9 | 9 | 9 | 10 | 10 | 서 | 1 | 1 | 1 | 1 | 2 | 2 | 2 | 3 | 3 | 3 | 4 | 4 | 4 | 5 | 5 | 5 | 6 | 6 | 6 | 7 | 7 | 7 | 8 | 8 |

입추 8일 01시39분

## 8 · 戊申月(양 8.8~9.7)

처서 23일 16시16분

| 양력 | 1 | 2 | 3 | 4 | 5 | 6 | 7 | 8 | 9 | 10 | 11 | 12 | 13 | 14 | 15 | 16 | 17 | 18 | 19 | 20 | 21 | 22 | 23 | 24 | 25 | 26 | 27 | 28 | 29 | 30 | 31 |
|---|---|---|---|---|---|---|---|---|---|---|---|---|---|---|---|---|---|---|---|---|---|---|---|---|---|---|---|---|---|---|---|
| 음력 | 23 | 24 | 25 | 26 | 27 | 28 | 29 | 30 | 7.1 | 2 | 3 | 4 | 5 | 6 | 7 | 8 | 9 | 10 | 11 | 12 | 13 | 14 | 15 | 16 | 17 | 18 | 19 | 20 | 21 | 22 | 23 |
| 요일 | 木 | 金 | 土 | 日 | 月 | 火 | 水 | 木 | 金 | 土 | 日 | 月 | 火 | 水 | 木 | 金 | 土 | 日 | 月 | 火 | 水 | 木 | 金 | 土 | 日 | 月 | 火 | 水 | 木 | 金 | 土 |
| 일진 | 辛丑 | 壬寅 | 癸卯 | 甲辰 | 乙巳 | 丙午 | 丁未 | 戊申 | 己酉 | 庚戌 | 辛亥 | 壬子 | 癸丑 | 甲寅 | 乙卯 | 丙辰 | 丁巳 | 戊午 | 己未 | 庚申 | 辛酉 | 壬戌 | 癸亥 | 甲子 | 乙丑 | 丙寅 | 丁卯 | 戊辰 | 己巳 | 庚午 | 辛未 |
| 대운 남 | 2 | 2 | 2 | 1 | 1 | 1 | 1 | 입 | 10 | 10 | 9 | 9 | 9 | 8 | 8 | 8 | 7 | 7 | 7 | 6 | 6 | 6 | 5 | 5 | 5 | 4 | 4 | 4 | 3 | 3 | 3 |
| 대운 녀 | 8 | 9 | 9 | 9 | 10 | 10 | 10 | 추 | 1 | 1 | 1 | 1 | 2 | 2 | 2 | 3 | 3 | 3 | 4 | 4 | 4 | 5 | 5 | 5 | 6 | 6 | 6 | 7 | 7 | 7 | 8 |

백로 8일 04시30분

## 9 · 己酉月(양 9.8~10.7)

추분 23일 13시55분

| 양력 | 1 | 2 | 3 | 4 | 5 | 6 | 7 | 8 | 9 | 10 | 11 | 12 | 13 | 14 | 15 | 16 | 17 | 18 | 19 | 20 | 21 | 22 | 23 | 24 | 25 | 26 | 27 | 28 | 29 | 30 |
|---|---|---|---|---|---|---|---|---|---|---|---|---|---|---|---|---|---|---|---|---|---|---|---|---|---|---|---|---|---|---|
| 음력 | 24 | 25 | 26 | 27 | 28 | 29 | 8.1 | 2 | 3 | 4 | 5 | 6 | 7 | 8 | 9 | 10 | 11 | 12 | 13 | 14 | 15 | 16 | 17 | 18 | 19 | 20 | 21 | 22 | 23 | 24 |
| 요일 | 日 | 月 | 火 | 水 | 木 | 金 | 土 | 日 | 月 | 火 | 水 | 木 | 金 | 土 | 日 | 月 | 火 | 水 | 木 | 金 | 土 | 日 | 月 | 火 | 水 | 木 | 金 | 土 | 日 | 月 |
| 일진 | 壬申 | 癸酉 | 甲戌 | 乙亥 | 丙子 | 丁丑 | 戊寅 | 己卯 | 庚辰 | 辛巳 | 壬午 | 癸未 | 甲申 | 乙酉 | 丙戌 | 丁亥 | 戊子 | 己丑 | 庚寅 | 辛卯 | 壬辰 | 癸巳 | 甲午 | 乙未 | 丙申 | 丁酉 | 戊戌 | 己亥 | 庚子 | 辛丑 |
| 대운 남 | 2 | 2 | 2 | 1 | 1 | 1 | 1 | 백 | 10 | 9 | 9 | 9 | 8 | 8 | 8 | 7 | 7 | 7 | 6 | 6 | 6 | 5 | 5 | 5 | 4 | 4 | 4 | 3 | 3 | 3 |
| 대운 녀 | 8 | 8 | 9 | 9 | 9 | 10 | 10 | 로 | 1 | 1 | 1 | 1 | 2 | 2 | 2 | 3 | 3 | 3 | 4 | 4 | 4 | 5 | 5 | 5 | 6 | 6 | 6 | 7 | 7 | 7 |

한로 8일 20시09분

## 10 · 庚戌月(양 10.8~11.6)

상강 23일 23시17분

| 양력 | 1 | 2 | 3 | 4 | 5 | 6 | 7 | 8 | 9 | 10 | 11 | 12 | 13 | 14 | 15 | 16 | 17 | 18 | 19 | 20 | 21 | 22 | 23 | 24 | 25 | 26 | 27 | 28 | 29 | 30 | 31 |
|---|---|---|---|---|---|---|---|---|---|---|---|---|---|---|---|---|---|---|---|---|---|---|---|---|---|---|---|---|---|---|---|
| 음력 | 25 | 26 | 27 | 28 | 29 | 9.1 | 2 | 3 | 4 | 5 | 6 | 7 | 8 | 9 | 10 | 11 | 12 | 13 | 14 | 15 | 16 | 17 | 18 | 19 | 20 | 21 | 22 | 23 | 24 | 25 | 26 |
| 요일 | 火 | 水 | 木 | 金 | 土 | 日 | 月 | 火 | 水 | 木 | 金 | 土 | 日 | 月 | 火 | 水 | 木 | 金 | 土 | 日 | 月 | 火 | 水 | 木 | 金 | 土 | 日 | 月 | 火 | 水 | 木 |
| 일진 | 壬寅 | 癸卯 | 甲辰 | 乙巳 | 丙午 | 丁未 | 戊申 | 己酉 | 庚戌 | 辛亥 | 壬子 | 癸丑 | 甲寅 | 乙卯 | 丙辰 | 丁巳 | 戊午 | 己未 | 庚申 | 辛酉 | 壬戌 | 癸亥 | 甲子 | 乙丑 | 丙寅 | 丁卯 | 戊辰 | 己巳 | 庚午 | 辛未 | 壬申 |
| 대운 남 | 2 | 2 | 2 | 1 | 1 | 1 | 1 | 한 | 10 | 9 | 9 | 9 | 8 | 8 | 8 | 7 | 7 | 7 | 6 | 6 | 6 | 5 | 5 | 5 | 4 | 4 | 4 | 3 | 3 | 3 | 2 |
| 대운 녀 | 8 | 8 | 8 | 9 | 9 | 9 | 10 | 로 | 1 | 1 | 1 | 1 | 2 | 2 | 2 | 3 | 3 | 3 | 4 | 4 | 4 | 5 | 5 | 5 | 6 | 6 | 6 | 7 | 7 | 7 | 8 |

입동 7일 23시21분

## 11 · 辛亥月(양 11.7~12.6)

소설 22일 20시53분

| 양력 | 1 | 2 | 3 | 4 | 5 | 6 | 7 | 8 | 9 | 10 | 11 | 12 | 13 | 14 | 15 | 16 | 17 | 18 | 19 | 20 | 21 | 22 | 23 | 24 | 25 | 26 | 27 | 28 | 29 | 30 |
|---|---|---|---|---|---|---|---|---|---|---|---|---|---|---|---|---|---|---|---|---|---|---|---|---|---|---|---|---|---|---|
| 음력 | 27 | 28 | 29 | 30 | 10.1 | 2 | 3 | 4 | 5 | 6 | 7 | 8 | 9 | 10 | 11 | 12 | 13 | 14 | 15 | 16 | 17 | 18 | 19 | 20 | 21 | 22 | 23 | 24 | 25 | 26 |
| 요일 | 金 | 土 | 日 | 月 | 火 | 水 | 木 | 金 | 土 | 日 | 月 | 火 | 水 | 木 | 金 | 土 | 日 | 月 | 火 | 水 | 木 | 金 | 土 | 日 | 月 | 火 | 水 | 木 | 金 | 土 |
| 일진 | 癸酉 | 甲戌 | 乙亥 | 丙子 | 丁丑 | 戊寅 | 己卯 | 庚辰 | 辛巳 | 壬午 | 癸未 | 甲申 | 乙酉 | 丙戌 | 丁亥 | 戊子 | 己丑 | 庚寅 | 辛卯 | 壬辰 | 癸巳 | 甲午 | 乙未 | 丙申 | 丁酉 | 戊戌 | 己亥 | 庚子 | 辛丑 | 壬寅 |
| 대운 남 | 2 | 2 | 1 | 1 | 1 | 1 | 입 | 10 | 9 | 9 | 9 | 8 | 8 | 8 | 7 | 7 | 7 | 6 | 6 | 6 | 5 | 5 | 5 | 4 | 4 | 4 | 3 | 3 | 3 | 2 |
| 대운 녀 | 8 | 8 | 9 | 9 | 9 | 10 | 동 | 1 | 1 | 1 | 1 | 2 | 2 | 2 | 3 | 3 | 3 | 4 | 4 | 4 | 5 | 5 | 5 | 6 | 6 | 6 | 7 | 7 | 7 | 8 |

대설 7일 16시14분

## 12 · 壬子月(양 12.7~1.5)

동지 22일 10시14분

| 양력 | 1 | 2 | 3 | 4 | 5 | 6 | 7 | 8 | 9 | 10 | 11 | 12 | 13 | 14 | 15 | 16 | 17 | 18 | 19 | 20 | 21 | 22 | 23 | 24 | 25 | 26 | 27 | 28 | 29 | 30 | 31 |
|---|---|---|---|---|---|---|---|---|---|---|---|---|---|---|---|---|---|---|---|---|---|---|---|---|---|---|---|---|---|---|---|
| 음력 | 27 | 28 | 29 | 11.1 | 2 | 3 | 4 | 5 | 6 | 7 | 8 | 9 | 10 | 11 | 12 | 13 | 14 | 15 | 16 | 17 | 18 | 19 | 20 | 21 | 22 | 23 | 24 | 25 | 26 | 27 | 28 |
| 요일 | 日 | 月 | 火 | 水 | 木 | 金 | 土 | 日 | 月 | 火 | 水 | 木 | 金 | 土 | 日 | 月 | 火 | 水 | 木 | 金 | 土 | 日 | 月 | 火 | 水 | 木 | 金 | 土 | 日 | 月 | 火 |
| 일진 | 癸卯 | 甲辰 | 乙巳 | 丙午 | 丁未 | 戊申 | 己酉 | 庚戌 | 辛亥 | 壬子 | 癸丑 | 甲寅 | 乙卯 | 丙辰 | 丁巳 | 戊午 | 己未 | 庚申 | 辛酉 | 壬戌 | 癸亥 | 甲子 | 乙丑 | 丙寅 | 丁卯 | 戊辰 | 己巳 | 庚午 | 辛未 | 壬申 | 癸酉 |
| 대운 남 | 2 | 2 | 1 | 1 | 1 | 1 | 대 | 10 | 9 | 9 | 9 | 8 | 8 | 8 | 7 | 7 | 7 | 6 | 6 | 6 | 5 | 5 | 5 | 4 | 4 | 4 | 3 | 3 | 3 | 2 | 2 |
| 대운 녀 | 8 | 8 | 9 | 9 | 9 | 10 | 설 | 1 | 1 | 1 | 1 | 2 | 2 | 2 | 3 | 3 | 3 | 4 | 4 | 4 | 5 | 5 | 5 | 6 | 6 | 6 | 7 | 7 | 7 | 8 | 8 |

# 2003년

소한 6일 03시27분 | **1 · 癸丑月(양 1.6~2.3)** | 대한 20일 20시52분

| 양력 | 1 | 2 | 3 | 4 | 5 | 6 | 7 | 8 | 9 | 10 | 11 | 12 | 13 | 14 | 15 | 16 | 17 | 18 | 19 | 20 | 21 | 22 | 23 | 24 | 25 | 26 | 27 | 28 | 29 | 30 | 31 |
|---|---|---|---|---|---|---|---|---|---|---|---|---|---|---|---|---|---|---|---|---|---|---|---|---|---|---|---|---|---|---|---|
| 음력 | 29 | 30 | 12.1 | 2 | 3 | 4 | 5 | 6 | 7 | 8 | 9 | 10 | 11 | 12 | 13 | 14 | 15 | 16 | 17 | 18 | 19 | 20 | 21 | 22 | 23 | 24 | 25 | 26 | 27 | 28 | 29 |
| 요일 | 水 | 木 | 金 | 土 | 日 | 月 | 火 | 水 | 木 | 金 | 土 | 日 | 月 | 火 | 水 | 木 | 金 | 土 | 日 | 月 | 火 | 水 | 木 | 金 | 土 | 日 | 月 | 火 | 水 | 木 | 金 |
| 일진 | 甲戌 | 乙亥 | 丙子 | 丁丑 | 戊寅 | 己卯 | 庚辰 | 辛巳 | 壬午 | 癸未 | 甲申 | 乙酉 | 丙戌 | 丁亥 | 戊子 | 己丑 | 庚寅 | 辛卯 | 壬辰 | 癸巳 | 甲午 | 乙未 | 丙申 | 丁酉 | 戊戌 | 己亥 | 庚子 | 辛丑 | 壬寅 | 癸卯 | 甲辰 |
| 대운 남 | 2 | 1 | 1 | 1 | 1 | 소 | 9 | 9 | 9 | 8 | 8 | 8 | 7 | 7 | 7 | 6 | 6 | 6 | 5 | 5 | 5 | 4 | 4 | 4 | 3 | 3 | 3 | 2 | 2 | 2 | 1 |
| 대운 녀 | 8 | 9 | 9 | 9 | 10 | 한 | 1 | 1 | 1 | 1 | 2 | 2 | 2 | 3 | 3 | 3 | 4 | 4 | 4 | 5 | 5 | 5 | 6 | 6 | 6 | 7 | 7 | 7 | 8 | 8 | 8 |

입춘 4일 15시05분 | **2 · 甲寅月(양 2.4~3.5)** | 우수 19일 11시00분

| 양력 | 1 | 2 | 3 | 4 | 5 | 6 | 7 | 8 | 9 | 10 | 11 | 12 | 13 | 14 | 15 | 16 | 17 | 18 | 19 | 20 | 21 | 22 | 23 | 24 | 25 | 26 | 27 | 28 |
|---|---|---|---|---|---|---|---|---|---|---|---|---|---|---|---|---|---|---|---|---|---|---|---|---|---|---|---|---|
| 음력 | 1.1 | 2 | 3 | 4 | 5 | 6 | 7 | 8 | 9 | 10 | 11 | 12 | 13 | 14 | 15 | 16 | 17 | 18 | 19 | 20 | 21 | 22 | 23 | 24 | 25 | 26 | 27 | 28 |
| 요일 | 土 | 日 | 月 | 火 | 水 | 木 | 金 | 土 | 日 | 月 | 火 | 水 | 木 | 金 | 土 | 日 | 月 | 火 | 水 | 木 | 金 | 土 | 日 | 月 | 火 | 水 | 木 | 金 |
| 일진 | 乙巳 | 丙午 | 丁未 | 戊申 | 己酉 | 庚戌 | 辛亥 | 壬子 | 癸丑 | 甲寅 | 乙卯 | 丙辰 | 丁巳 | 戊午 | 己未 | 庚申 | 辛酉 | 壬戌 | 癸亥 | 甲子 | 乙丑 | 丙寅 | 丁卯 | 戊辰 | 己巳 | 庚午 | 辛未 | 壬申 |
| 대운 남 | 1 | 1 | 1 | 입 | 1 | 1 | 1 | 1 | 2 | 2 | 2 | 3 | 3 | 3 | 4 | 4 | 4 | 5 | 5 | 5 | 6 | 6 | 6 | 7 | 7 | 7 | 8 | 8 |
| 대운 녀 | 9 | 9 | 9 | 춘 | 10 | 9 | 9 | 9 | 8 | 8 | 8 | 7 | 7 | 7 | 6 | 6 | 6 | 5 | 5 | 5 | 4 | 4 | 4 | 3 | 3 | 3 | 2 | 2 |

경칩 6일 09시04분 | **3 · 乙卯月(양 3.6~4.4)** | 춘분 21일 09시59분

| 양력 | 1 | 2 | 3 | 4 | 5 | 6 | 7 | 8 | 9 | 10 | 11 | 12 | 13 | 14 | 15 | 16 | 17 | 18 | 19 | 20 | 21 | 22 | 23 | 24 | 25 | 26 | 27 | 28 | 29 | 30 | 31 |
|---|---|---|---|---|---|---|---|---|---|---|---|---|---|---|---|---|---|---|---|---|---|---|---|---|---|---|---|---|---|---|---|
| 음력 | 29 | 30 | 2.1 | 2 | 3 | 4 | 5 | 6 | 7 | 8 | 9 | 10 | 11 | 12 | 13 | 14 | 15 | 16 | 17 | 18 | 19 | 20 | 21 | 22 | 23 | 24 | 25 | 26 | 27 | 28 | 29 |
| 요일 | 土 | 日 | 月 | 火 | 水 | 木 | 金 | 土 | 日 | 月 | 火 | 水 | 木 | 金 | 土 | 日 | 月 | 火 | 水 | 木 | 金 | 土 | 日 | 月 | 火 | 水 | 木 | 金 | 土 | 日 | 月 |
| 일진 | 癸酉 | 甲戌 | 乙亥 | 丙子 | 丁丑 | 戊寅 | 己卯 | 庚辰 | 辛巳 | 壬午 | 癸未 | 甲申 | 乙酉 | 丙戌 | 丁亥 | 戊子 | 己丑 | 庚寅 | 辛卯 | 壬辰 | 癸巳 | 甲午 | 乙未 | 丙申 | 丁酉 | 戊戌 | 己亥 | 庚子 | 辛丑 | 壬寅 | 癸卯 |
| 대운 남 | 8 | 9 | 9 | 9 | 10 | 경 | 1 | 1 | 1 | 1 | 2 | 2 | 2 | 3 | 3 | 3 | 4 | 4 | 4 | 5 | 5 | 5 | 6 | 6 | 6 | 7 | 7 | 7 | 8 | 8 | 8 |
| 대운 녀 | 2 | 1 | 1 | 1 | 1 | 칩 | 10 | 9 | 9 | 9 | 8 | 8 | 8 | 7 | 7 | 7 | 6 | 6 | 6 | 5 | 5 | 5 | 4 | 4 | 4 | 3 | 3 | 3 | 2 | 2 | 2 |

청명 5일 13시52분 | **4 · 丙辰月(양 4.5~5.5)** | 곡우 20일 21시02분

| 양력 | 1 | 2 | 3 | 4 | 5 | 6 | 7 | 8 | 9 | 10 | 11 | 12 | 13 | 14 | 15 | 16 | 17 | 18 | 19 | 20 | 21 | 22 | 23 | 24 | 25 | 26 | 27 | 28 | 29 | 30 |
|---|---|---|---|---|---|---|---|---|---|---|---|---|---|---|---|---|---|---|---|---|---|---|---|---|---|---|---|---|---|---|
| 음력 | 30 | 3.1 | 2 | 3 | 4 | 5 | 6 | 7 | 8 | 9 | 10 | 11 | 12 | 13 | 14 | 15 | 16 | 17 | 18 | 19 | 20 | 21 | 22 | 23 | 24 | 25 | 26 | 27 | 28 | 29 |
| 요일 | 火 | 水 | 木 | 金 | 土 | 日 | 月 | 火 | 水 | 木 | 金 | 土 | 日 | 月 | 火 | 水 | 木 | 金 | 土 | 日 | 月 | 火 | 水 | 木 | 金 | 土 | 日 | 月 | 火 | 水 |
| 일진 | 甲辰 | 乙巳 | 丙午 | 丁未 | 戊申 | 己酉 | 庚戌 | 辛亥 | 壬子 | 癸丑 | 甲寅 | 乙卯 | 丙辰 | 丁巳 | 戊午 | 己未 | 庚申 | 辛酉 | 壬戌 | 癸亥 | 甲子 | 乙丑 | 丙寅 | 丁卯 | 戊辰 | 己巳 | 庚午 | 辛未 | 壬申 | 癸酉 |
| 대운 남 | 9 | 9 | 9 | 10 | 청 | 1 | 1 | 1 | 1 | 2 | 2 | 2 | 3 | 3 | 3 | 4 | 4 | 4 | 5 | 5 | 5 | 6 | 6 | 6 | 7 | 7 | 7 | 8 | 8 | 8 |
| 대운 녀 | 1 | 1 | 1 | 1 | 명 | 10 | 10 | 9 | 9 | 9 | 8 | 8 | 8 | 7 | 7 | 7 | 6 | 6 | 6 | 5 | 5 | 5 | 4 | 4 | 4 | 3 | 3 | 3 | 2 | 2 |

입하 6일 07시10분 | **5 · 丁巳月(양 5.6~6.5)** | 소만 21일 20시12분

| 양력 | 1 | 2 | 3 | 4 | 5 | 6 | 7 | 8 | 9 | 10 | 11 | 12 | 13 | 14 | 15 | 16 | 17 | 18 | 19 | 20 | 21 | 22 | 23 | 24 | 25 | 26 | 27 | 28 | 29 | 30 | 31 |
|---|---|---|---|---|---|---|---|---|---|---|---|---|---|---|---|---|---|---|---|---|---|---|---|---|---|---|---|---|---|---|---|
| 음력 | 4.1 | 2 | 3 | 4 | 5 | 6 | 7 | 8 | 9 | 10 | 11 | 12 | 13 | 14 | 15 | 16 | 17 | 18 | 19 | 20 | 21 | 22 | 23 | 24 | 25 | 26 | 27 | 28 | 29 | 30 | 5.1 |
| 요일 | 木 | 金 | 土 | 日 | 月 | 火 | 水 | 木 | 金 | 土 | 日 | 月 | 火 | 水 | 木 | 金 | 土 | 日 | 月 | 火 | 水 | 木 | 金 | 土 | 日 | 月 | 火 | 水 | 木 | 金 | 土 |
| 일진 | 甲戌 | 乙亥 | 丙子 | 丁丑 | 戊寅 | 己卯 | 庚辰 | 辛巳 | 壬午 | 癸未 | 甲申 | 乙酉 | 丙戌 | 丁亥 | 戊子 | 己丑 | 庚寅 | 辛卯 | 壬辰 | 癸巳 | 甲午 | 乙未 | 丙申 | 丁酉 | 戊戌 | 己亥 | 庚子 | 辛丑 | 壬寅 | 癸卯 | 甲辰 |
| 대운 남 | 9 | 9 | 9 | 10 | 10 | 입 | 1 | 1 | 1 | 1 | 2 | 2 | 2 | 3 | 3 | 3 | 4 | 4 | 4 | 5 | 5 | 5 | 6 | 6 | 6 | 7 | 7 | 7 | 8 | 8 | 8 |
| 대운 녀 | 2 | 1 | 1 | 1 | 1 | 하 | 10 | 10 | 9 | 9 | 9 | 8 | 8 | 8 | 7 | 7 | 7 | 6 | 6 | 6 | 5 | 5 | 5 | 4 | 4 | 4 | 3 | 3 | 3 | 2 | 2 |

망종 6일 11시19분 | **6 · 戊午月(양 6.6~7.6)** | 하지 22일 04시10분

| 양력 | 1 | 2 | 3 | 4 | 5 | 6 | 7 | 8 | 9 | 10 | 11 | 12 | 13 | 14 | 15 | 16 | 17 | 18 | 19 | 20 | 21 | 22 | 23 | 24 | 25 | 26 | 27 | 28 | 29 | 30 |
|---|---|---|---|---|---|---|---|---|---|---|---|---|---|---|---|---|---|---|---|---|---|---|---|---|---|---|---|---|---|---|
| 음력 | 2 | 3 | 4 | 5 | 6 | 7 | 8 | 9 | 10 | 11 | 12 | 13 | 14 | 15 | 16 | 17 | 18 | 19 | 20 | 21 | 22 | 23 | 24 | 25 | 26 | 27 | 28 | 29 | 30 | 6.1 |
| 요일 | 日 | 月 | 火 | 水 | 木 | 金 | 土 | 日 | 月 | 火 | 水 | 木 | 金 | 土 | 日 | 月 | 火 | 水 | 木 | 金 | 土 | 日 | 月 | 火 | 水 | 木 | 金 | 土 | 日 | 月 |
| 일진 | 乙巳 | 丙午 | 丁未 | 戊申 | 己酉 | 庚戌 | 辛亥 | 壬子 | 癸丑 | 甲寅 | 乙卯 | 丙辰 | 丁巳 | 戊午 | 己未 | 庚申 | 辛酉 | 壬戌 | 癸亥 | 甲子 | 乙丑 | 丙寅 | 丁卯 | 戊辰 | 己巳 | 庚午 | 辛未 | 壬申 | 癸酉 | 甲戌 |
| 대운 남 | 9 | 9 | 9 | 10 | 10 | 망 | 1 | 1 | 1 | 1 | 2 | 2 | 2 | 3 | 3 | 3 | 4 | 4 | 4 | 5 | 5 | 5 | 6 | 6 | 6 | 7 | 7 | 7 | 8 | 8 |
| 대운 녀 | 2 | 1 | 1 | 1 | 1 | 종 | 10 | 10 | 9 | 9 | 9 | 8 | 8 | 8 | 7 | 7 | 7 | 6 | 6 | 6 | 5 | 5 | 5 | 4 | 4 | 4 | 3 | 3 | 3 | 2 |

## 7 · 己未月(양 7.7~8.7)

소서 7일 21시35분 대서 23일 15시03분

| 양력 | 1 | 2 | 3 | 4 | 5 | 6 | 7 | 8 | 9 | 10 | 11 | 12 | 13 | 14 | 15 | 16 | 17 | 18 | 19 | 20 | 21 | 22 | 23 | 24 | 25 | 26 | 27 | 28 | 29 | 30 | 31 |
|---|---|---|---|---|---|---|---|---|---|---|---|---|---|---|---|---|---|---|---|---|---|---|---|---|---|---|---|---|---|---|---|
| 음력 | 2 | 3 | 4 | 5 | 6 | 7 | 8 | 9 | 10 | 11 | 12 | 13 | 14 | 15 | 16 | 17 | 18 | 19 | 20 | 21 | 22 | 23 | 24 | 25 | 26 | 27 | 28 | 29 | 7.1 | 2 | 3 |
| 요일 | 火 | 水 | 木 | 金 | 土 | 日 | 月 | 火 | 水 | 木 | 金 | 土 | 日 | 月 | 火 | 水 | 木 | 金 | 土 | 日 | 月 | 火 | 水 | 木 | 金 | 土 | 日 | 月 | 火 | 水 | 木 |
| 일진 | 乙亥 | 丙子 | 丁丑 | 戊寅 | 己卯 | 庚辰 | 辛巳 | 壬午 | 癸未 | 甲申 | 乙酉 | 丙戌 | 丁亥 | 戊子 | 己丑 | 庚寅 | 辛卯 | 壬辰 | 癸巳 | 甲午 | 乙未 | 丙申 | 丁酉 | 戊戌 | 己亥 | 庚子 | 辛丑 | 壬寅 | 癸卯 | 甲辰 | 乙巳 |
| 대운 남 | 8 | 9 | 9 | 9 | 10 | 10 | 소 | 1 | 1 | 1 | 1 | 2 | 2 | 2 | 3 | 3 | 3 | 4 | 4 | 4 | 5 | 5 | 5 | 6 | 6 | 6 | 7 | 7 | 7 | 8 | 8 |
| 대운 녀 | 2 | 2 | 1 | 1 | 1 | 1 | 서 | 10 | 10 | 10 | 9 | 9 | 9 | 8 | 8 | 8 | 7 | 7 | 7 | 6 | 6 | 6 | 5 | 5 | 5 | 4 | 4 | 4 | 3 | 3 | 3 |

## 8 · 庚申月(양 8.8~9.7)

입추 8일 07시24분 처서 23일 22시07분

| 양력 | 1 | 2 | 3 | 4 | 5 | 6 | 7 | 8 | 9 | 10 | 11 | 12 | 13 | 14 | 15 | 16 | 17 | 18 | 19 | 20 | 21 | 22 | 23 | 24 | 25 | 26 | 27 | 28 | 29 | 30 | 31 |
|---|---|---|---|---|---|---|---|---|---|---|---|---|---|---|---|---|---|---|---|---|---|---|---|---|---|---|---|---|---|---|---|
| 음력 | 4 | 5 | 6 | 7 | 8 | 9 | 10 | 11 | 12 | 13 | 14 | 15 | 16 | 17 | 18 | 19 | 20 | 21 | 22 | 23 | 24 | 25 | 26 | 27 | 28 | 29 | 30 | 8.1 | 2 | 3 | 4 |
| 요일 | 金 | 土 | 日 | 月 | 火 | 水 | 木 | 金 | 土 | 日 | 月 | 火 | 水 | 木 | 金 | 土 | 日 | 月 | 火 | 水 | 木 | 金 | 土 | 日 | 月 | 火 | 水 | 木 | 金 | 土 | 日 |
| 일진 | 丙午 | 丁未 | 戊申 | 己酉 | 庚戌 | 辛亥 | 壬子 | 癸丑 | 甲寅 | 乙卯 | 丙辰 | 丁巳 | 戊午 | 己未 | 庚申 | 辛酉 | 壬戌 | 癸亥 | 甲子 | 乙丑 | 丙寅 | 丁卯 | 戊辰 | 己巳 | 庚午 | 辛未 | 壬申 | 癸酉 | 甲戌 | 乙亥 | 丙子 |
| 대운 남 | 8 | 9 | 9 | 9 | 10 | 10 | 10 | 입 | 1 | 1 | 1 | 1 | 2 | 2 | 2 | 3 | 3 | 3 | 4 | 4 | 4 | 5 | 5 | 5 | 6 | 6 | 6 | 7 | 7 | 7 | 8 |
| 대운 녀 | 2 | 2 | 2 | 1 | 1 | 1 | 1 | 추 | 10 | 10 | 9 | 9 | 9 | 8 | 8 | 8 | 7 | 7 | 7 | 6 | 6 | 6 | 5 | 5 | 5 | 4 | 4 | 4 | 3 | 3 | 3 |

## 9 · 辛酉月(양 9.8~10.8)

백로 8일 10시20분 추분 23일 19시46분

| 양력 | 1 | 2 | 3 | 4 | 5 | 6 | 7 | 8 | 9 | 10 | 11 | 12 | 13 | 14 | 15 | 16 | 17 | 18 | 19 | 20 | 21 | 22 | 23 | 24 | 25 | 26 | 27 | 28 | 29 | 30 |
|---|---|---|---|---|---|---|---|---|---|---|---|---|---|---|---|---|---|---|---|---|---|---|---|---|---|---|---|---|---|---|
| 음력 | 5 | 6 | 7 | 8 | 9 | 10 | 11 | 12 | 13 | 14 | 15 | 16 | 17 | 18 | 19 | 20 | 21 | 22 | 23 | 24 | 25 | 26 | 27 | 28 | 29 | 9.1 | 2 | 3 | 4 | 5 |
| 요일 | 月 | 火 | 水 | 木 | 金 | 土 | 日 | 月 | 火 | 水 | 木 | 金 | 土 | 日 | 月 | 火 | 水 | 木 | 金 | 土 | 日 | 月 | 火 | 水 | 木 | 金 | 土 | 日 | 月 | 火 |
| 일진 | 丁丑 | 戊寅 | 己卯 | 庚辰 | 辛巳 | 壬午 | 癸未 | 甲申 | 乙酉 | 丙戌 | 丁亥 | 戊子 | 己丑 | 庚寅 | 辛卯 | 壬辰 | 癸巳 | 甲午 | 乙未 | 丙申 | 丁酉 | 戊戌 | 己亥 | 庚子 | 辛丑 | 壬寅 | 癸卯 | 甲辰 | 乙巳 | 丙午 |
| 대운 남 | 8 | 8 | 9 | 9 | 9 | 10 | 10 | 백 | 1 | 1 | 1 | 1 | 2 | 2 | 2 | 3 | 3 | 3 | 4 | 4 | 4 | 5 | 5 | 5 | 6 | 6 | 6 | 7 | 7 | 7 |
| 대운 녀 | 2 | 2 | 2 | 1 | 1 | 1 | 1 | 로 | 10 | 10 | 9 | 9 | 9 | 8 | 8 | 8 | 7 | 7 | 7 | 6 | 6 | 6 | 5 | 5 | 5 | 4 | 4 | 4 | 3 | 3 |

## 10 · 壬戌月(양 10.9~11.7)

한로 9일 02시00분 상강 24일 05시08분

| 양력 | 1 | 2 | 3 | 4 | 5 | 6 | 7 | 8 | 9 | 10 | 11 | 12 | 13 | 14 | 15 | 16 | 17 | 18 | 19 | 20 | 21 | 22 | 23 | 24 | 25 | 26 | 27 | 28 | 29 | 30 | 31 |
|---|---|---|---|---|---|---|---|---|---|---|---|---|---|---|---|---|---|---|---|---|---|---|---|---|---|---|---|---|---|---|---|
| 음력 | 6 | 7 | 8 | 9 | 10 | 11 | 12 | 13 | 14 | 15 | 16 | 17 | 18 | 19 | 20 | 21 | 22 | 23 | 24 | 25 | 26 | 27 | 28 | 29 | 10.1 | 2 | 3 | 4 | 5 | 6 | 7 |
| 요일 | 水 | 木 | 金 | 土 | 日 | 月 | 火 | 水 | 木 | 金 | 土 | 日 | 月 | 火 | 水 | 木 | 金 | 土 | 日 | 月 | 火 | 水 | 木 | 金 | 土 | 日 | 月 | 火 | 水 | 木 | 金 |
| 일진 | 丁未 | 戊申 | 己酉 | 庚戌 | 辛亥 | 壬子 | 癸丑 | 甲寅 | 乙卯 | 丙辰 | 丁巳 | 戊午 | 己未 | 庚申 | 辛酉 | 壬戌 | 癸亥 | 甲子 | 乙丑 | 丙寅 | 丁卯 | 戊辰 | 己巳 | 庚午 | 辛未 | 壬申 | 癸酉 | 甲戌 | 乙亥 | 丙子 | 丁丑 |
| 대운 남 | 8 | 8 | 8 | 9 | 9 | 9 | 10 | 10 | 한 | 1 | 1 | 1 | 1 | 2 | 2 | 2 | 3 | 3 | 3 | 4 | 4 | 4 | 5 | 5 | 5 | 6 | 6 | 6 | 7 | 7 | 7 |
| 대운 녀 | 3 | 2 | 2 | 2 | 1 | 1 | 1 | 1 | 로 | 10 | 9 | 9 | 9 | 8 | 8 | 8 | 7 | 7 | 7 | 6 | 6 | 6 | 5 | 5 | 5 | 4 | 4 | 4 | 3 | 3 | 3 |

## 11 · 癸亥月(양 11.8~12.6)

입동 8일 05시12분 소설 23일 02시43분

| 양력 | 1 | 2 | 3 | 4 | 5 | 6 | 7 | 8 | 9 | 10 | 11 | 12 | 13 | 14 | 15 | 16 | 17 | 18 | 19 | 20 | 21 | 22 | 23 | 24 | 25 | 26 | 27 | 28 | 29 | 30 |
|---|---|---|---|---|---|---|---|---|---|---|---|---|---|---|---|---|---|---|---|---|---|---|---|---|---|---|---|---|---|---|
| 음력 | 8 | 9 | 10 | 11 | 12 | 13 | 14 | 15 | 16 | 17 | 18 | 19 | 20 | 21 | 22 | 23 | 24 | 25 | 26 | 27 | 28 | 29 | 30 | 11.1 | 2 | 3 | 4 | 5 | 6 | 7 |
| 요일 | 土 | 日 | 月 | 火 | 水 | 木 | 金 | 土 | 日 | 月 | 火 | 水 | 木 | 金 | 土 | 日 | 月 | 火 | 水 | 木 | 金 | 土 | 日 | 月 | 火 | 水 | 木 | 金 | 土 | 日 |
| 일진 | 戊寅 | 己卯 | 庚辰 | 辛巳 | 壬午 | 癸未 | 甲申 | 乙酉 | 丙戌 | 丁亥 | 戊子 | 己丑 | 庚寅 | 辛卯 | 壬辰 | 癸巳 | 甲午 | 乙未 | 丙申 | 丁酉 | 戊戌 | 己亥 | 庚子 | 辛丑 | 壬寅 | 癸卯 | 甲辰 | 乙巳 | 丙午 | 丁未 |
| 대운 남 | 8 | 8 | 8 | 9 | 9 | 9 | 10 | 입 | 1 | 1 | 1 | 1 | 2 | 2 | 2 | 3 | 3 | 3 | 4 | 4 | 4 | 5 | 5 | 5 | 6 | 6 | 6 | 7 | 7 | 7 |
| 대운 녀 | 2 | 2 | 2 | 1 | 1 | 1 | 1 | 동 | 9 | 9 | 9 | 8 | 8 | 8 | 7 | 7 | 7 | 6 | 6 | 6 | 5 | 5 | 5 | 4 | 4 | 4 | 3 | 3 | 3 | 2 |

## 12 · 甲子月(양 12.7~1.5)

대설 7일 22시04분 동지 22일 16시03분

| 양력 | 1 | 2 | 3 | 4 | 5 | 6 | 7 | 8 | 9 | 10 | 11 | 12 | 13 | 14 | 15 | 16 | 17 | 18 | 19 | 20 | 21 | 22 | 23 | 24 | 25 | 26 | 27 | 28 | 29 | 30 | 31 |
|---|---|---|---|---|---|---|---|---|---|---|---|---|---|---|---|---|---|---|---|---|---|---|---|---|---|---|---|---|---|---|---|
| 음력 | 8 | 9 | 10 | 11 | 12 | 13 | 14 | 15 | 16 | 17 | 18 | 19 | 20 | 21 | 22 | 23 | 24 | 25 | 26 | 27 | 28 | 29 | 12.1 | 2 | 3 | 4 | 5 | 6 | 7 | 8 | 9 |
| 요일 | 月 | 火 | 水 | 木 | 金 | 土 | 日 | 月 | 火 | 水 | 木 | 金 | 土 | 日 | 月 | 火 | 水 | 木 | 金 | 土 | 日 | 月 | 火 | 水 | 木 | 金 | 土 | 日 | 月 | 火 | 水 |
| 일진 | 戊申 | 己酉 | 庚戌 | 辛亥 | 壬子 | 癸丑 | 甲寅 | 乙卯 | 丙辰 | 丁巳 | 戊午 | 己未 | 庚申 | 辛酉 | 壬戌 | 癸亥 | 甲子 | 乙丑 | 丙寅 | 丁卯 | 戊辰 | 己巳 | 庚午 | 辛未 | 壬申 | 癸酉 | 甲戌 | 乙亥 | 丙子 | 丁丑 | 戊寅 |
| 대운 남 | 8 | 8 | 8 | 9 | 9 | 9 | 대 | 1 | 1 | 1 | 1 | 2 | 2 | 2 | 3 | 3 | 3 | 4 | 4 | 4 | 5 | 5 | 5 | 6 | 6 | 6 | 7 | 7 | 7 | 8 | 8 |
| 대운 녀 | 2 | 2 | 1 | 1 | 1 | 1 | 설 | 10 | 9 | 9 | 9 | 8 | 8 | 8 | 7 | 7 | 7 | 6 | 6 | 6 | 5 | 5 | 5 | 4 | 4 | 4 | 3 | 3 | 3 | 2 | 2 |

소한 6일 09시18분

## 1 · 乙丑月(양 1.6~2.3)

대한 21일 02시42분

| 양력 | 1 | 2 | 3 | 4 | 5 | 6 | 7 | 8 | 9 | 10 | 11 | 12 | 13 | 14 | 15 | 16 | 17 | 18 | 19 | 20 | 21 | 22 | 23 | 24 | 25 | 26 | 27 | 28 | 29 | 30 | 31 |
|---|---|---|---|---|---|---|---|---|---|---|---|---|---|---|---|---|---|---|---|---|---|---|---|---|---|---|---|---|---|---|---|
| 음력 | 10 | 11 | 12 | 13 | 14 | 15 | 16 | 17 | 18 | 19 | 20 | 21 | 22 | 23 | 24 | 25 | 26 | 27 | 28 | 29 | 30 | 1.1 | 2 | 3 | 4 | 5 | 6 | 7 | 8 | 9 | 10 |
| 요일 | 木 | 金 | 土 | 日 | 月 | 火 | 水 | 木 | 金 | 土 | 日 | 月 | 火 | 水 | 木 | 金 | 土 | 日 | 月 | 火 | 水 | 木 | 金 | 土 | 日 | 月 | 火 | 水 | 木 | 金 | 土 |
| 일진 | 己卯 | 庚辰 | 辛巳 | 壬午 | 癸未 | 甲申 | 乙酉 | 丙戌 | 丁亥 | 戊子 | 己丑 | 庚寅 | 辛卯 | 壬辰 | 癸巳 | 甲午 | 乙未 | 丙申 | 丁酉 | 戊戌 | 己亥 | 庚子 | 辛丑 | 壬寅 | 癸卯 | 甲辰 | 乙巳 | 丙午 | 丁未 | 戊申 | 己酉 |
| 대운 남 | 8 | 9 | 9 | 9 | 10 | 소 | 1 | 1 | 1 | 1 | 2 | 2 | 2 | 3 | 3 | 3 | 4 | 4 | 4 | 5 | 5 | 5 | 6 | 6 | 6 | 7 | 7 | 7 | 8 | 8 | 8 |
| 대운 녀 | 2 | 1 | 1 | 1 | 1 | 한 | 9 | 9 | 9 | 8 | 8 | 8 | 7 | 7 | 7 | 6 | 6 | 6 | 5 | 5 | 5 | 4 | 4 | 4 | 3 | 3 | 3 | 2 | 2 | 2 | 1 |

입춘 4일 20시55분

## 2 · 丙寅月(양 2.4~3.4)

우수 19일 16시49분

| 양력 | 1 | 2 | 3 | 4 | 5 | 6 | 7 | 8 | 9 | 10 | 11 | 12 | 13 | 14 | 15 | 16 | 17 | 18 | 19 | 20 | 21 | 22 | 23 | 24 | 25 | 26 | 27 | 28 | 29 |
|---|---|---|---|---|---|---|---|---|---|---|---|---|---|---|---|---|---|---|---|---|---|---|---|---|---|---|---|---|---|
| 음력 | 11 | 12 | 13 | 14 | 15 | 16 | 17 | 18 | 19 | 20 | 21 | 22 | 23 | 24 | 25 | 26 | 27 | 28 | 29 | 2.1 | 2 | 3 | 4 | 5 | 6 | 7 | 8 | 9 | 10 |
| 요일 | 日 | 月 | 火 | 水 | 木 | 金 | 土 | 日 | 月 | 火 | 水 | 木 | 金 | 土 | 日 | 月 | 火 | 水 | 木 | 金 | 土 | 日 | 月 | 火 | 水 | 木 | 金 | 土 | 日 |
| 일진 | 庚戌 | 辛亥 | 壬子 | 癸丑 | 甲寅 | 乙卯 | 丙辰 | 丁巳 | 戊午 | 己未 | 庚申 | 辛酉 | 壬戌 | 癸亥 | 甲子 | 乙丑 | 丙寅 | 丁卯 | 戊辰 | 己巳 | 庚午 | 辛未 | 壬申 | 癸酉 | 甲戌 | 乙亥 | 丙子 | 丁丑 | 戊寅 |
| 대운 남 | 9 | 9 | 9 | 입 | 10 | 9 | 9 | 9 | 8 | 8 | 8 | 7 | 7 | 7 | 6 | 6 | 6 | 5 | 5 | 5 | 4 | 4 | 4 | 3 | 3 | 3 | 2 | 2 | 2 |
| 대운 녀 | 1 | 1 | 1 | 춘 | 1 | 1 | 1 | 1 | 2 | 2 | 2 | 3 | 3 | 3 | 4 | 4 | 4 | 5 | 5 | 5 | 6 | 6 | 6 | 7 | 7 | 7 | 8 | 8 | 8 |

경칩 5일 14시55분

## 3 · 丁卯月(양 3.5~4.3)

춘분 20일 15시48분

| 양력 | 1 | 2 | 3 | 4 | 5 | 6 | 7 | 8 | 9 | 10 | 11 | 12 | 13 | 14 | 15 | 16 | 17 | 18 | 19 | 20 | 21 | 22 | 23 | 24 | 25 | 26 | 27 | 28 | 29 | 30 | 31 |
|---|---|---|---|---|---|---|---|---|---|---|---|---|---|---|---|---|---|---|---|---|---|---|---|---|---|---|---|---|---|---|---|
| 음력 | 11 | 12 | 13 | 14 | 15 | 16 | 17 | 18 | 19 | 20 | 21 | 22 | 23 | 24 | 25 | 26 | 27 | 28 | 29 | 30 | 윤 | 2.2 | 3 | 4 | 5 | 6 | 7 | 8 | 9 | 10 | 11 |
| 요일 | 月 | 火 | 水 | 木 | 金 | 土 | 日 | 月 | 火 | 水 | 木 | 金 | 土 | 日 | 月 | 火 | 水 | 木 | 金 | 土 | 日 | 月 | 火 | 水 | 木 | 金 | 土 | 日 | 月 | 火 | 水 |
| 일진 | 己卯 | 庚辰 | 辛巳 | 壬午 | 癸未 | 甲申 | 乙酉 | 丙戌 | 丁亥 | 戊子 | 己丑 | 庚寅 | 辛卯 | 壬辰 | 癸巳 | 甲午 | 乙未 | 丙申 | 丁酉 | 戊戌 | 己亥 | 庚子 | 辛丑 | 壬寅 | 癸卯 | 甲辰 | 乙巳 | 丙午 | 丁未 | 戊申 | 己酉 |
| 대운 남 | 1 | 1 | 1 | 1 | 경 | 10 | 9 | 9 | 9 | 8 | 8 | 8 | 7 | 7 | 7 | 6 | 6 | 6 | 5 | 5 | 5 | 4 | 4 | 4 | 3 | 3 | 3 | 2 | 2 | 2 | 1 |
| 대운 녀 | 9 | 9 | 9 | 10 | 칩 | 1 | 1 | 1 | 1 | 2 | 2 | 2 | 3 | 3 | 3 | 4 | 4 | 4 | 5 | 5 | 5 | 6 | 6 | 6 | 7 | 7 | 7 | 8 | 8 | 8 | 9 |

청명 4일 19시43분

## 4 · 戊辰月(양 4.4~5.4)

곡우 20일 02시50분

| 양력 | 1 | 2 | 3 | 4 | 5 | 6 | 7 | 8 | 9 | 10 | 11 | 12 | 13 | 14 | 15 | 16 | 17 | 18 | 19 | 20 | 21 | 22 | 23 | 24 | 25 | 26 | 27 | 28 | 29 | 30 |
|---|---|---|---|---|---|---|---|---|---|---|---|---|---|---|---|---|---|---|---|---|---|---|---|---|---|---|---|---|---|---|
| 음력 | 12 | 13 | 14 | 15 | 16 | 17 | 18 | 19 | 20 | 21 | 22 | 23 | 24 | 25 | 26 | 27 | 28 | 29 | 3.1 | 2 | 3 | 4 | 5 | 6 | 7 | 8 | 9 | 10 | 11 | 12 |
| 요일 | 木 | 金 | 土 | 日 | 月 | 火 | 水 | 木 | 金 | 土 | 日 | 月 | 火 | 水 | 木 | 金 | 土 | 日 | 月 | 火 | 水 | 木 | 金 | 土 | 日 | 月 | 火 | 水 | 木 | 金 |
| 일진 | 庚戌 | 辛亥 | 壬子 | 癸丑 | 甲寅 | 乙卯 | 丙辰 | 丁巳 | 戊午 | 己未 | 庚申 | 辛酉 | 壬戌 | 癸亥 | 甲子 | 乙丑 | 丙寅 | 丁卯 | 戊辰 | 己巳 | 庚午 | 辛未 | 壬申 | 癸酉 | 甲戌 | 乙亥 | 丙子 | 丁丑 | 戊寅 | 己卯 |
| 대운 남 | 1 | 1 | 1 | 청 | 10 | 10 | 9 | 9 | 9 | 8 | 8 | 8 | 7 | 7 | 7 | 6 | 6 | 6 | 5 | 5 | 5 | 4 | 4 | 4 | 3 | 3 | 3 | 2 | 2 | 2 |
| 대운 녀 | 9 | 9 | 10 | 명 | 1 | 1 | 1 | 1 | 2 | 2 | 2 | 3 | 3 | 3 | 4 | 4 | 4 | 5 | 5 | 5 | 6 | 6 | 6 | 7 | 7 | 7 | 8 | 8 | 8 | 9 |

입하 5일 13시02분

## 5 · 己巳月(양 5.5~6.4)

소만 21일 01시58분

| 양력 | 1 | 2 | 3 | 4 | 5 | 6 | 7 | 8 | 9 | 10 | 11 | 12 | 13 | 14 | 15 | 16 | 17 | 18 | 19 | 20 | 21 | 22 | 23 | 24 | 25 | 26 | 27 | 28 | 29 | 30 | 31 |
|---|---|---|---|---|---|---|---|---|---|---|---|---|---|---|---|---|---|---|---|---|---|---|---|---|---|---|---|---|---|---|---|
| 음력 | 13 | 14 | 15 | 16 | 17 | 18 | 19 | 20 | 21 | 22 | 23 | 24 | 25 | 26 | 27 | 28 | 29 | 30 | 4.1 | 2 | 3 | 4 | 5 | 6 | 7 | 8 | 9 | 10 | 11 | 12 | 13 |
| 요일 | 土 | 日 | 月 | 火 | 水 | 木 | 金 | 土 | 日 | 月 | 火 | 水 | 木 | 金 | 土 | 日 | 月 | 火 | 水 | 木 | 金 | 土 | 日 | 月 | 火 | 水 | 木 | 金 | 土 | 日 | 月 |
| 일진 | 庚辰 | 辛巳 | 壬午 | 癸未 | 甲申 | 乙酉 | 丙戌 | 丁亥 | 戊子 | 己丑 | 庚寅 | 辛卯 | 壬辰 | 癸巳 | 甲午 | 乙未 | 丙申 | 丁酉 | 戊戌 | 己亥 | 庚子 | 辛丑 | 壬寅 | 癸卯 | 甲辰 | 乙巳 | 丙午 | 丁未 | 戊申 | 己酉 | 庚戌 |
| 대운 남 | 1 | 1 | 1 | 1 | 입 | 10 | 10 | 9 | 9 | 9 | 8 | 8 | 8 | 7 | 7 | 7 | 6 | 6 | 6 | 5 | 5 | 5 | 4 | 4 | 4 | 3 | 3 | 3 | 2 | 2 | 2 |
| 대운 녀 | 9 | 9 | 10 | 10 | 하 | 1 | 1 | 1 | 1 | 2 | 2 | 2 | 3 | 3 | 3 | 4 | 4 | 4 | 5 | 5 | 5 | 6 | 6 | 6 | 7 | 7 | 7 | 8 | 8 | 8 | 9 |

망종 5일 17시13분

## 6 · 庚午月(양 6.5~7.6)

하지 21일 09시56분

| 양력 | 1 | 2 | 3 | 4 | 5 | 6 | 7 | 8 | 9 | 10 | 11 | 12 | 13 | 14 | 15 | 16 | 17 | 18 | 19 | 20 | 21 | 22 | 23 | 24 | 25 | 26 | 27 | 28 | 29 | 30 |
|---|---|---|---|---|---|---|---|---|---|---|---|---|---|---|---|---|---|---|---|---|---|---|---|---|---|---|---|---|---|---|
| 음력 | 14 | 15 | 16 | 17 | 18 | 19 | 20 | 21 | 22 | 23 | 24 | 25 | 26 | 27 | 28 | 29 | 30 | 5.1 | 2 | 3 | 4 | 5 | 6 | 7 | 8 | 9 | 10 | 11 | 12 | 13 |
| 요일 | 火 | 水 | 木 | 金 | 土 | 日 | 月 | 火 | 水 | 木 | 金 | 土 | 日 | 月 | 火 | 水 | 木 | 金 | 土 | 日 | 月 | 火 | 水 | 木 | 金 | 土 | 日 | 月 | 火 | 水 |
| 일진 | 辛亥 | 壬子 | 癸丑 | 甲寅 | 乙卯 | 丙辰 | 丁巳 | 戊午 | 己未 | 庚申 | 辛酉 | 壬戌 | 癸亥 | 甲子 | 乙丑 | 丙寅 | 丁卯 | 戊辰 | 己巳 | 庚午 | 辛未 | 壬申 | 癸酉 | 甲戌 | 乙亥 | 丙子 | 丁丑 | 戊寅 | 己卯 | 庚辰 |
| 대운 남 | 1 | 1 | 1 | 1 | 망 | 10 | 10 | 10 | 9 | 9 | 9 | 8 | 8 | 8 | 7 | 7 | 7 | 6 | 6 | 6 | 5 | 5 | 5 | 4 | 4 | 4 | 3 | 3 | 3 | 2 |
| 대운 녀 | 9 | 9 | 10 | 10 | 종 | 1 | 1 | 1 | 1 | 2 | 2 | 2 | 3 | 3 | 3 | 4 | 4 | 4 | 5 | 5 | 5 | 6 | 6 | 6 | 7 | 7 | 7 | 8 | 8 | 8 |

## 7 · 辛未月(양 7.7~8.6)

소서 7일 03시31분 · 대서 22일 20시49분

| 양력 | 1 | 2 | 3 | 4 | 5 | 6 | 7 | 8 | 9 | 10 | 11 | 12 | 13 | 14 | 15 | 16 | 17 | 18 | 19 | 20 | 21 | 22 | 23 | 24 | 25 | 26 | 27 | 28 | 29 | 30 | 31 |
|---|---|---|---|---|---|---|---|---|---|---|---|---|---|---|---|---|---|---|---|---|---|---|---|---|---|---|---|---|---|---|---|
| 음력 | 14 | 15 | 16 | 17 | 18 | 19 | 20 | 21 | 22 | 23 | 24 | 25 | 26 | 27 | 28 | 29 | 6.1 | 2 | 3 | 4 | 5 | 6 | 7 | 8 | 9 | 10 | 11 | 12 | 13 | 14 | 15 |
| 요일 | 木 | 金 | 土 | 日 | 月 | 火 | 水 | 木 | 金 | 土 | 日 | 月 | 火 | 水 | 木 | 金 | 土 | 日 | 月 | 火 | 水 | 木 | 金 | 土 | 日 | 月 | 火 | 水 | 木 | 金 | 土 |
| 일진 | 辛巳 | 壬午 | 癸未 | 甲申 | 乙酉 | 丙戌 | 丁亥 | 戊子 | 己丑 | 庚寅 | 辛卯 | 壬辰 | 癸巳 | 甲午 | 乙未 | 丙申 | 丁酉 | 戊戌 | 己亥 | 庚子 | 辛丑 | 壬寅 | 癸卯 | 甲辰 | 乙巳 | 丙午 | 丁未 | 戊申 | 己酉 | 庚戌 | 辛亥 |
| 대운 남 | 2 | 2 | 1 | 1 | 1 | 1 | 소 | 10 | 10 | 9 | 9 | 9 | 8 | 8 | 8 | 7 | 7 | 7 | 6 | 6 | 6 | 5 | 5 | 5 | 4 | 4 | 4 | 3 | 3 | 3 | 2 |
| 대운 녀 | 9 | 9 | 9 | 10 | 10 | 10 | 서 | 1 | 1 | 1 | 1 | 2 | 2 | 2 | 3 | 3 | 3 | 4 | 4 | 4 | 5 | 5 | 5 | 6 | 6 | 6 | 7 | 7 | 7 | 8 | 8 |

## 8 · 壬申月(양 8.7~9.6)

입추 7일 13시19분 · 처서 23일 03시53분

| 양력 | 1 | 2 | 3 | 4 | 5 | 6 | 7 | 8 | 9 | 10 | 11 | 12 | 13 | 14 | 15 | 16 | 17 | 18 | 19 | 20 | 21 | 22 | 23 | 24 | 25 | 26 | 27 | 28 | 29 | 30 | 31 |
|---|---|---|---|---|---|---|---|---|---|---|---|---|---|---|---|---|---|---|---|---|---|---|---|---|---|---|---|---|---|---|---|
| 음력 | 16 | 17 | 18 | 19 | 20 | 21 | 22 | 23 | 24 | 25 | 26 | 27 | 28 | 29 | 30 | 7.1 | 2 | 3 | 4 | 5 | 6 | 7 | 8 | 9 | 10 | 11 | 12 | 13 | 14 | 15 | 16 |
| 요일 | 日 | 月 | 火 | 水 | 木 | 金 | 土 | 日 | 月 | 火 | 水 | 木 | 金 | 土 | 日 | 月 | 火 | 水 | 木 | 金 | 土 | 日 | 月 | 火 | 水 | 木 | 金 | 土 | 日 | 月 | 火 |
| 일진 | 壬子 | 癸丑 | 甲寅 | 乙卯 | 丙辰 | 丁巳 | 戊午 | 己未 | 庚申 | 辛酉 | 壬戌 | 癸亥 | 甲子 | 乙丑 | 丙寅 | 丁卯 | 戊辰 | 己巳 | 庚午 | 辛未 | 壬申 | 癸酉 | 甲戌 | 乙亥 | 丙子 | 丁丑 | 戊寅 | 己卯 | 庚辰 | 辛巳 | 壬午 |
| 대운 남 | 2 | 2 | 1 | 1 | 1 | 1 | 입 | 10 | 10 | 9 | 9 | 9 | 8 | 8 | 8 | 7 | 7 | 7 | 6 | 6 | 6 | 5 | 5 | 5 | 4 | 4 | 4 | 3 | 3 | 3 | 2 |
| 대운 녀 | 8 | 9 | 9 | 9 | 10 | 10 | 추 | 1 | 1 | 1 | 1 | 2 | 2 | 2 | 3 | 3 | 3 | 4 | 4 | 4 | 5 | 5 | 5 | 6 | 6 | 6 | 7 | 7 | 7 | 8 | 8 |

## 9 · 癸酉月(양 9.7~10.7)

백로 7일 16시12분 · 추분 23일 01시29분

| 양력 | 1 | 2 | 3 | 4 | 5 | 6 | 7 | 8 | 9 | 10 | 11 | 12 | 13 | 14 | 15 | 16 | 17 | 18 | 19 | 20 | 21 | 22 | 23 | 24 | 25 | 26 | 27 | 28 | 29 | 30 |
|---|---|---|---|---|---|---|---|---|---|---|---|---|---|---|---|---|---|---|---|---|---|---|---|---|---|---|---|---|---|---|
| 음력 | 17 | 18 | 19 | 20 | 21 | 22 | 23 | 24 | 25 | 26 | 27 | 28 | 29 | 8.1 | 2 | 3 | 4 | 5 | 6 | 7 | 8 | 9 | 10 | 11 | 12 | 13 | 14 | 15 | 16 | 17 |
| 요일 | 水 | 木 | 金 | 土 | 日 | 月 | 火 | 水 | 木 | 金 | 土 | 日 | 月 | 火 | 水 | 木 | 金 | 土 | 日 | 月 | 火 | 水 | 木 | 金 | 土 | 日 | 月 | 火 | 水 | 木 |
| 일진 | 癸未 | 甲申 | 乙酉 | 丙戌 | 丁亥 | 戊子 | 己丑 | 庚寅 | 辛卯 | 壬辰 | 癸巳 | 甲午 | 乙未 | 丙申 | 丁酉 | 戊戌 | 己亥 | 庚子 | 辛丑 | 壬寅 | 癸卯 | 甲辰 | 乙巳 | 丙午 | 丁未 | 戊申 | 己酉 | 庚戌 | 辛亥 | 壬子 |
| 대운 남 | 2 | 2 | 1 | 1 | 1 | 1 | 백 | 10 | 10 | 9 | 9 | 9 | 8 | 8 | 8 | 7 | 7 | 7 | 6 | 6 | 6 | 5 | 5 | 5 | 4 | 4 | 4 | 3 | 3 | 3 |
| 대운 녀 | 8 | 9 | 9 | 9 | 10 | 10 | 로 | 1 | 1 | 1 | 1 | 2 | 2 | 2 | 3 | 3 | 3 | 4 | 4 | 4 | 5 | 5 | 5 | 6 | 6 | 6 | 7 | 7 | 7 | 8 |

## 10 · 甲戌月(양 10.8~11.6)

한로 8일 07시49분 · 상강 23일 10시48분

| 양력 | 1 | 2 | 3 | 4 | 5 | 6 | 7 | 8 | 9 | 10 | 11 | 12 | 13 | 14 | 15 | 16 | 17 | 18 | 19 | 20 | 21 | 22 | 23 | 24 | 25 | 26 | 27 | 28 | 29 | 30 | 31 |
|---|---|---|---|---|---|---|---|---|---|---|---|---|---|---|---|---|---|---|---|---|---|---|---|---|---|---|---|---|---|---|---|
| 음력 | 18 | 19 | 20 | 21 | 22 | 23 | 24 | 25 | 26 | 27 | 28 | 29 | 30 | 9.1 | 2 | 3 | 4 | 5 | 6 | 7 | 8 | 9 | 10 | 11 | 12 | 13 | 14 | 15 | 16 | 17 | 18 |
| 요일 | 金 | 土 | 日 | 月 | 火 | 水 | 木 | 金 | 土 | 日 | 月 | 火 | 水 | 木 | 金 | 土 | 日 | 月 | 火 | 水 | 木 | 金 | 土 | 日 | 月 | 火 | 水 | 木 | 金 | 土 | 日 |
| 일진 | 癸丑 | 甲寅 | 乙卯 | 丙辰 | 丁巳 | 戊午 | 己未 | 庚申 | 辛酉 | 壬戌 | 癸亥 | 甲子 | 乙丑 | 丙寅 | 丁卯 | 戊辰 | 己巳 | 庚午 | 辛未 | 壬申 | 癸酉 | 甲戌 | 乙亥 | 丙子 | 丁丑 | 戊寅 | 己卯 | 庚辰 | 辛巳 | 壬午 | 癸未 |
| 대운 남 | 2 | 2 | 2 | 1 | 1 | 1 | 1 | 한 | 10 | 9 | 9 | 9 | 8 | 8 | 8 | 7 | 7 | 7 | 6 | 6 | 6 | 5 | 5 | 5 | 4 | 4 | 4 | 3 | 3 | 3 | 2 |
| 대운 녀 | 8 | 8 | 9 | 9 | 9 | 10 | 10 | 로 | 1 | 1 | 1 | 1 | 2 | 2 | 2 | 3 | 3 | 3 | 4 | 4 | 4 | 5 | 5 | 5 | 6 | 6 | 6 | 7 | 7 | 7 | 8 |

## 11 · 乙亥月(양 11.7~12.6)

입동 7일 10시58분 · 소설 22일 08시21분

| 양력 | 1 | 2 | 3 | 4 | 5 | 6 | 7 | 8 | 9 | 10 | 11 | 12 | 13 | 14 | 15 | 16 | 17 | 18 | 19 | 20 | 21 | 22 | 23 | 24 | 25 | 26 | 27 | 28 | 29 | 30 |
|---|---|---|---|---|---|---|---|---|---|---|---|---|---|---|---|---|---|---|---|---|---|---|---|---|---|---|---|---|---|---|
| 음력 | 19 | 20 | 21 | 22 | 23 | 24 | 25 | 26 | 27 | 28 | 29 | 10.1 | 2 | 3 | 4 | 5 | 6 | 7 | 8 | 9 | 10 | 11 | 12 | 13 | 14 | 15 | 16 | 17 | 18 | 19 |
| 요일 | 月 | 火 | 水 | 木 | 金 | 土 | 日 | 月 | 火 | 水 | 木 | 金 | 土 | 日 | 月 | 火 | 水 | 木 | 金 | 土 | 日 | 月 | 火 | 水 | 木 | 金 | 土 | 日 | 月 | 火 |
| 일진 | 甲申 | 乙酉 | 丙戌 | 丁亥 | 戊子 | 己丑 | 庚寅 | 辛卯 | 壬辰 | 癸巳 | 甲午 | 乙未 | 丙申 | 丁酉 | 戊戌 | 己亥 | 庚子 | 辛丑 | 壬寅 | 癸卯 | 甲辰 | 乙巳 | 丙午 | 丁未 | 戊申 | 己酉 | 庚戌 | 辛亥 | 壬子 | 癸丑 |
| 대운 남 | 2 | 2 | 1 | 1 | 1 | 1 | 입 | 10 | 9 | 9 | 9 | 8 | 8 | 8 | 7 | 7 | 7 | 6 | 6 | 6 | 5 | 5 | 5 | 4 | 4 | 4 | 3 | 3 | 3 | 2 |
| 대운 녀 | 8 | 8 | 9 | 9 | 9 | 10 | 동 | 1 | 1 | 1 | 1 | 2 | 2 | 2 | 3 | 3 | 3 | 4 | 4 | 4 | 5 | 5 | 5 | 6 | 6 | 6 | 7 | 7 | 7 | 8 |

## 12 · 丙子月(양 12.7~1.4)

대설 7일 03시48분 · 동지 21일 21시41분

| 양력 | 1 | 2 | 3 | 4 | 5 | 6 | 7 | 8 | 9 | 10 | 11 | 12 | 13 | 14 | 15 | 16 | 17 | 18 | 19 | 20 | 21 | 22 | 23 | 24 | 25 | 26 | 27 | 28 | 29 | 30 | 31 |
|---|---|---|---|---|---|---|---|---|---|---|---|---|---|---|---|---|---|---|---|---|---|---|---|---|---|---|---|---|---|---|---|
| 음력 | 20 | 21 | 22 | 23 | 24 | 25 | 26 | 27 | 28 | 29 | 30 | 11.1 | 2 | 3 | 4 | 5 | 6 | 7 | 8 | 9 | 10 | 11 | 12 | 13 | 14 | 15 | 16 | 17 | 18 | 19 | 20 |
| 요일 | 水 | 木 | 金 | 土 | 日 | 月 | 火 | 水 | 木 | 金 | 土 | 日 | 月 | 火 | 水 | 木 | 金 | 土 | 日 | 月 | 火 | 水 | 木 | 金 | 土 | 日 | 月 | 火 | 水 | 木 | 金 |
| 일진 | 甲寅 | 乙卯 | 丙辰 | 丁巳 | 戊午 | 己未 | 庚申 | 辛酉 | 壬戌 | 癸亥 | 甲子 | 乙丑 | 丙寅 | 丁卯 | 戊辰 | 己巳 | 庚午 | 辛未 | 壬申 | 癸酉 | 甲戌 | 乙亥 | 丙子 | 丁丑 | 戊寅 | 己卯 | 庚辰 | 辛巳 | 壬午 | 癸未 | 甲申 |
| 대운 남 | 2 | 2 | 1 | 1 | 1 | 1 | 대 | 9 | 9 | 9 | 8 | 8 | 8 | 7 | 7 | 7 | 6 | 6 | 6 | 5 | 5 | 5 | 4 | 4 | 4 | 3 | 3 | 3 | 2 | 2 | 2 |
| 대운 녀 | 8 | 8 | 9 | 9 | 9 | 10 | 설 | 1 | 1 | 1 | 1 | 2 | 2 | 2 | 3 | 3 | 3 | 4 | 4 | 4 | 5 | 5 | 5 | 6 | 6 | 6 | 7 | 7 | 7 | 8 | 8 |

단기 4338년

# 2005년

소한 5일 15시02분

## 1 · 丁丑月(양 1.5~2.3)

대한 20일 08시21분

| 양력 | 1 | 2 | 3 | 4 | 5 | 6 | 7 | 8 | 9 | 10 | 11 | 12 | 13 | 14 | 15 | 16 | 17 | 18 | 19 | 20 | 21 | 22 | 23 | 24 | 25 | 26 | 27 | 28 | 29 | 30 | 31 |
|---|---|---|---|---|---|---|---|---|---|---|---|---|---|---|---|---|---|---|---|---|---|---|---|---|---|---|---|---|---|---|---|
| 음력 | 21 | 22 | 23 | 24 | 25 | 26 | 27 | 28 | 29 | 12.1 | 2 | 3 | 4 | 5 | 6 | 7 | 8 | 9 | 10 | 11 | 12 | 13 | 14 | 15 | 16 | 17 | 18 | 19 | 20 | 21 | 22 |
| 요일 | 土 | 日 | 月 | 火 | 水 | 木 | 金 | 土 | 日 | 月 | 火 | 水 | 木 | 金 | 土 | 日 | 月 | 火 | 水 | 木 | 金 | 土 | 日 | 月 | 火 | 水 | 木 | 金 | 土 | 日 | 月 |
| 일진 | 乙酉 | 丙戌 | 丁亥 | 戊子 | 己丑 | 庚寅 | 辛卯 | 壬辰 | 癸巳 | 甲午 | 乙未 | 丙申 | 丁酉 | 戊戌 | 己亥 | 庚子 | 辛丑 | 壬寅 | 癸卯 | 甲辰 | 乙巳 | 丙午 | 丁未 | 戊申 | 己酉 | 庚戌 | 辛亥 | 壬子 | 癸丑 | 甲寅 | 乙卯 |
| 대운 남 | 1 | 1 | 1 | 1 | 소 | 10 | 9 | 9 | 9 | 8 | 8 | 8 | 7 | 7 | 7 | 6 | 6 | 6 | 5 | 5 | 5 | 4 | 4 | 4 | 3 | 3 | 3 | 2 | 2 | 2 | 1 |
| 대운 녀 | 8 | 9 | 9 | 9 | 한 | 1 | 1 | 1 | 1 | 2 | 2 | 2 | 3 | 3 | 3 | 4 | 4 | 4 | 5 | 5 | 5 | 6 | 6 | 6 | 7 | 7 | 7 | 8 | 8 | 8 | 9 |

입춘 4일 02시42분

## 2 · 戊寅月(양 2.4~3.4)

우수 18일 22시31분

| 양력 | 1 | 2 | 3 | 4 | 5 | 6 | 7 | 8 | 9 | 10 | 11 | 12 | 13 | 14 | 15 | 16 | 17 | 18 | 19 | 20 | 21 | 22 | 23 | 24 | 25 | 26 | 27 | 28 |
|---|---|---|---|---|---|---|---|---|---|---|---|---|---|---|---|---|---|---|---|---|---|---|---|---|---|---|---|---|
| 음력 | 23 | 24 | 25 | 26 | 27 | 28 | 29 | 30 | 1.1 | 2 | 3 | 4 | 5 | 6 | 7 | 8 | 9 | 10 | 11 | 12 | 13 | 14 | 15 | 16 | 17 | 18 | 19 | 20 |
| 요일 | 火 | 水 | 木 | 金 | 土 | 日 | 月 | 火 | 水 | 木 | 金 | 土 | 日 | 月 | 火 | 水 | 木 | 金 | 土 | 日 | 月 | 火 | 水 | 木 | 金 | 土 | 日 | 月 |
| 일진 | 丙辰 | 丁巳 | 戊午 | 己未 | 庚申 | 辛酉 | 壬戌 | 癸亥 | 甲子 | 乙丑 | 丙寅 | 丁卯 | 戊辰 | 己巳 | 庚午 | 辛未 | 壬申 | 癸酉 | 甲戌 | 乙亥 | 丙子 | 丁丑 | 戊寅 | 己卯 | 庚辰 | 辛巳 | 壬午 | 癸未 |
| 대운 남 | 1 | 1 | 1 | 입 | 1 | 1 | 1 | 1 | 2 | 2 | 2 | 3 | 3 | 3 | 4 | 4 | 4 | 5 | 5 | 5 | 6 | 6 | 6 | 7 | 7 | 7 | 8 | 8 |
| 대운 녀 | 9 | 9 | 10 | 춘 | 9 | 9 | 9 | 8 | 8 | 8 | 7 | 7 | 7 | 6 | 6 | 6 | 5 | 5 | 5 | 4 | 4 | 4 | 3 | 3 | 3 | 2 | 2 | 2 |

경칩 5일 20시44분

## 3 · 己卯月(양 3.5~4.4)

춘분 20일 21시33분

| 양력 | 1 | 2 | 3 | 4 | 5 | 6 | 7 | 8 | 9 | 10 | 11 | 12 | 13 | 14 | 15 | 16 | 17 | 18 | 19 | 20 | 21 | 22 | 23 | 24 | 25 | 26 | 27 | 28 | 29 | 30 | 31 |
|---|---|---|---|---|---|---|---|---|---|---|---|---|---|---|---|---|---|---|---|---|---|---|---|---|---|---|---|---|---|---|---|
| 음력 | 21 | 22 | 23 | 24 | 25 | 26 | 27 | 28 | 29 | 2.1 | 2 | 3 | 4 | 5 | 6 | 7 | 8 | 9 | 10 | 11 | 12 | 13 | 14 | 15 | 16 | 17 | 18 | 19 | 20 | 21 | 22 |
| 요일 | 火 | 水 | 木 | 金 | 土 | 日 | 月 | 火 | 水 | 木 | 金 | 土 | 日 | 月 | 火 | 水 | 木 | 金 | 土 | 日 | 月 | 火 | 水 | 木 | 金 | 土 | 日 | 月 | 火 | 水 | 木 |
| 일진 | 甲申 | 乙酉 | 丙戌 | 丁亥 | 戊子 | 己丑 | 庚寅 | 辛卯 | 壬辰 | 癸巳 | 甲午 | 乙未 | 丙申 | 丁酉 | 戊戌 | 己亥 | 庚子 | 辛丑 | 壬寅 | 癸卯 | 甲辰 | 乙巳 | 丙午 | 丁未 | 戊申 | 己酉 | 庚戌 | 辛亥 | 壬子 | 癸丑 | 甲寅 |
| 대운 남 | 8 | 9 | 9 | 9 | 경 | 1 | 1 | 1 | 1 | 2 | 2 | 2 | 3 | 3 | 3 | 4 | 4 | 4 | 5 | 5 | 5 | 6 | 6 | 6 | 7 | 7 | 7 | 8 | 8 | 8 | 9 |
| 대운 녀 | 1 | 1 | 1 | 1 | 칩 | 10 | 10 | 9 | 9 | 9 | 8 | 8 | 8 | 7 | 7 | 7 | 6 | 6 | 6 | 5 | 5 | 5 | 4 | 4 | 4 | 3 | 3 | 3 | 2 | 2 | 2 |

청명 5일 01시34분

## 4 · 庚辰月(양 4.5~5.4)

곡우 20일 08시36분

| 양력 | 1 | 2 | 3 | 4 | 5 | 6 | 7 | 8 | 9 | 10 | 11 | 12 | 13 | 14 | 15 | 16 | 17 | 18 | 19 | 20 | 21 | 22 | 23 | 24 | 25 | 26 | 27 | 28 | 29 | 30 |
|---|---|---|---|---|---|---|---|---|---|---|---|---|---|---|---|---|---|---|---|---|---|---|---|---|---|---|---|---|---|---|
| 음력 | 23 | 24 | 25 | 26 | 27 | 28 | 29 | 30 | 3.1 | 2 | 3 | 4 | 5 | 6 | 7 | 8 | 9 | 10 | 11 | 12 | 13 | 14 | 15 | 16 | 17 | 18 | 19 | 20 | 21 | 22 |
| 요일 | 金 | 土 | 日 | 月 | 火 | 水 | 木 | 金 | 土 | 日 | 月 | 火 | 水 | 木 | 金 | 土 | 日 | 月 | 火 | 水 | 木 | 金 | 土 | 日 | 月 | 火 | 水 | 木 | 金 | 土 |
| 일진 | 乙卯 | 丙辰 | 丁巳 | 戊午 | 己未 | 庚申 | 辛酉 | 壬戌 | 癸亥 | 甲子 | 乙丑 | 丙寅 | 丁卯 | 戊辰 | 己巳 | 庚午 | 辛未 | 壬申 | 癸酉 | 甲戌 | 乙亥 | 丙子 | 丁丑 | 戊寅 | 己卯 | 庚辰 | 辛巳 | 壬午 | 癸未 | 甲申 |
| 대운 남 | 9 | 9 | 10 | 10 | 청 | 1 | 1 | 1 | 1 | 2 | 2 | 2 | 3 | 3 | 3 | 4 | 4 | 4 | 5 | 5 | 5 | 6 | 6 | 6 | 7 | 7 | 7 | 8 | 8 | 8 |
| 대운 녀 | 1 | 1 | 1 | 1 | 명 | 10 | 9 | 9 | 9 | 8 | 8 | 8 | 7 | 7 | 7 | 6 | 6 | 6 | 5 | 5 | 5 | 4 | 4 | 4 | 3 | 3 | 3 | 2 | 2 | 2 |

입하 5일 18시52분

## 5 · 辛巳月(양 5.5~6.4)

소만 21일 07시47분

| 양력 | 1 | 2 | 3 | 4 | 5 | 6 | 7 | 8 | 9 | 10 | 11 | 12 | 13 | 14 | 15 | 16 | 17 | 18 | 19 | 20 | 21 | 22 | 23 | 24 | 25 | 26 | 27 | 28 | 29 | 30 | 31 |
|---|---|---|---|---|---|---|---|---|---|---|---|---|---|---|---|---|---|---|---|---|---|---|---|---|---|---|---|---|---|---|---|
| 음력 | 23 | 24 | 25 | 26 | 27 | 28 | 29 | 4.1 | 2 | 3 | 4 | 5 | 6 | 7 | 8 | 9 | 10 | 11 | 12 | 13 | 14 | 15 | 16 | 17 | 18 | 19 | 20 | 21 | 22 | 23 | 24 |
| 요일 | 日 | 月 | 火 | 水 | 木 | 金 | 土 | 日 | 月 | 火 | 水 | 木 | 金 | 土 | 日 | 月 | 火 | 水 | 木 | 金 | 土 | 日 | 月 | 火 | 水 | 木 | 金 | 土 | 日 | 月 | 火 |
| 일진 | 乙酉 | 丙戌 | 丁亥 | 戊子 | 己丑 | 庚寅 | 辛卯 | 壬辰 | 癸巳 | 甲午 | 乙未 | 丙申 | 丁酉 | 戊戌 | 己亥 | 庚子 | 辛丑 | 壬寅 | 癸卯 | 甲辰 | 乙巳 | 丙午 | 丁未 | 戊申 | 己酉 | 庚戌 | 辛亥 | 壬子 | 癸丑 | 甲寅 | 乙卯 |
| 대운 남 | 9 | 9 | 9 | 10 | 입 | 1 | 1 | 1 | 1 | 2 | 2 | 2 | 3 | 3 | 3 | 4 | 4 | 4 | 5 | 5 | 5 | 6 | 6 | 6 | 7 | 7 | 7 | 8 | 8 | 8 | 9 |
| 대운 녀 | 1 | 1 | 1 | 1 | 하 | 10 | 10 | 9 | 9 | 9 | 8 | 8 | 8 | 7 | 7 | 7 | 6 | 6 | 6 | 5 | 5 | 5 | 4 | 4 | 4 | 3 | 3 | 3 | 2 | 2 | 2 |

망종 5일 23시01분

## 6 · 壬午月(양 6.5~7.6)

하지 21일 15시45분

| 양력 | 1 | 2 | 3 | 4 | 5 | 6 | 7 | 8 | 9 | 10 | 11 | 12 | 13 | 14 | 15 | 16 | 17 | 18 | 19 | 20 | 21 | 22 | 23 | 24 | 25 | 26 | 27 | 28 | 29 | 30 |
|---|---|---|---|---|---|---|---|---|---|---|---|---|---|---|---|---|---|---|---|---|---|---|---|---|---|---|---|---|---|---|
| 음력 | 25 | 26 | 27 | 28 | 29 | 30 | 5.1 | 2 | 3 | 4 | 5 | 6 | 7 | 8 | 9 | 10 | 11 | 12 | 13 | 14 | 15 | 16 | 17 | 18 | 19 | 20 | 21 | 22 | 23 | 24 |
| 요일 | 水 | 木 | 金 | 土 | 日 | 月 | 火 | 水 | 木 | 金 | 土 | 日 | 月 | 火 | 水 | 木 | 金 | 土 | 日 | 月 | 火 | 水 | 木 | 金 | 土 | 日 | 月 | 火 | 水 | 木 |
| 일진 | 丙辰 | 丁巳 | 戊午 | 己未 | 庚申 | 辛酉 | 壬戌 | 癸亥 | 甲子 | 乙丑 | 丙寅 | 丁卯 | 戊辰 | 己巳 | 庚午 | 辛未 | 壬申 | 癸酉 | 甲戌 | 乙亥 | 丙子 | 丁丑 | 戊寅 | 己卯 | 庚辰 | 辛巳 | 壬午 | 癸未 | 甲申 | 乙酉 |
| 대운 남 | 9 | 9 | 10 | 10 | 망 | 1 | 1 | 1 | 1 | 2 | 2 | 2 | 3 | 3 | 3 | 4 | 4 | 4 | 5 | 5 | 5 | 6 | 6 | 6 | 7 | 7 | 7 | 8 | 8 | 8 |
| 대운 녀 | 1 | 1 | 1 | 1 | 종 | 10 | 10 | 10 | 9 | 9 | 9 | 8 | 8 | 8 | 7 | 7 | 7 | 6 | 6 | 6 | 5 | 5 | 5 | 4 | 4 | 4 | 3 | 3 | 3 | 2 |

## 7 · 癸未月(양 7.7~8.6)

소서 7일 09시16분 　 대서 23일 02시40분

| 양력 | 1 | 2 | 3 | 4 | 5 | 6 | 7 | 8 | 9 | 10 | 11 | 12 | 13 | 14 | 15 | 16 | 17 | 18 | 19 | 20 | 21 | 22 | 23 | 24 | 25 | 26 | 27 | 28 | 29 | 30 | 31 |
|---|---|---|---|---|---|---|---|---|---|---|---|---|---|---|---|---|---|---|---|---|---|---|---|---|---|---|---|---|---|---|---|
| 음력 | 25 | 26 | 27 | 28 | 29 | 6.1 | 2 | 3 | 4 | 5 | 6 | 7 | 8 | 9 | 10 | 11 | 12 | 13 | 14 | 15 | 16 | 17 | 18 | 19 | 20 | 21 | 22 | 23 | 24 | 25 | 26 |
| 요일 | 金 | 土 | 日 | 月 | 火 | 水 | 木 | 金 | 土 | 日 | 月 | 火 | 水 | 木 | 金 | 土 | 日 | 月 | 火 | 水 | 木 | 金 | 土 | 日 | 月 | 火 | 水 | 木 | 金 | 土 | 日 |
| 일진 | 丙戌 | 丁亥 | 戊子 | 己丑 | 庚寅 | 辛卯 | 壬辰 | 癸巳 | 甲午 | 乙未 | 丙申 | 丁酉 | 戊戌 | 己亥 | 庚子 | 辛丑 | 壬寅 | 癸卯 | 甲辰 | 乙巳 | 丙午 | 丁未 | 戊申 | 己酉 | 庚戌 | 辛亥 | 壬子 | 癸丑 | 甲寅 | 乙卯 | 丙辰 |
| 대운 남 | 9 | 9 | 9 | 10 | 10 | 10 | 소 | 1 | 1 | 1 | 1 | 2 | 2 | 2 | 3 | 3 | 3 | 4 | 4 | 4 | 5 | 5 | 5 | 6 | 6 | 6 | 7 | 7 | 7 | 8 | 8 |
| 대운 녀 | 2 | 2 | 1 | 1 | 1 | 1 | 서 | 10 | 10 | 9 | 9 | 9 | 8 | 8 | 8 | 7 | 7 | 7 | 6 | 6 | 6 | 5 | 5 | 5 | 4 | 4 | 4 | 3 | 3 | 3 | 2 |

## 8 · 甲申月(양 8.7~9.6)

입추 7일 19시03분 　 처서 23일 09시45분

| 양력 | 1 | 2 | 3 | 4 | 5 | 6 | 7 | 8 | 9 | 10 | 11 | 12 | 13 | 14 | 15 | 16 | 17 | 18 | 19 | 20 | 21 | 22 | 23 | 24 | 25 | 26 | 27 | 28 | 29 | 30 | 31 |
|---|---|---|---|---|---|---|---|---|---|---|---|---|---|---|---|---|---|---|---|---|---|---|---|---|---|---|---|---|---|---|---|
| 음력 | 27 | 28 | 29 | 30 | 7.1 | 2 | 3 | 4 | 5 | 6 | 7 | 8 | 9 | 10 | 11 | 12 | 13 | 14 | 15 | 16 | 17 | 18 | 19 | 20 | 21 | 22 | 23 | 24 | 25 | 26 | 27 |
| 요일 | 月 | 火 | 水 | 木 | 金 | 土 | 日 | 月 | 火 | 水 | 木 | 金 | 土 | 日 | 月 | 火 | 水 | 木 | 金 | 土 | 日 | 月 | 火 | 水 | 木 | 金 | 土 | 日 | 月 | 火 | 水 |
| 일진 | 丁巳 | 戊午 | 己未 | 庚申 | 辛酉 | 壬戌 | 癸亥 | 甲子 | 乙丑 | 丙寅 | 丁卯 | 戊辰 | 己巳 | 庚午 | 辛未 | 壬申 | 癸酉 | 甲戌 | 乙亥 | 丙子 | 丁丑 | 戊寅 | 己卯 | 庚辰 | 辛巳 | 壬午 | 癸未 | 甲申 | 乙酉 | 丙戌 | 丁亥 |
| 대운 남 | 8 | 9 | 9 | 9 | 10 | 10 | 입 | 1 | 1 | 1 | 1 | 2 | 2 | 2 | 3 | 3 | 3 | 4 | 4 | 4 | 5 | 5 | 5 | 6 | 6 | 6 | 7 | 7 | 7 | 8 | 8 |
| 대운 녀 | 2 | 2 | 1 | 1 | 1 | 1 | 추 | 10 | 10 | 9 | 9 | 9 | 8 | 8 | 8 | 7 | 7 | 7 | 6 | 6 | 6 | 5 | 5 | 5 | 4 | 4 | 4 | 3 | 3 | 3 | 2 |

## 9 · 乙酉月(양 9.7~10.7)

백로 7일 21시56분 　 추분 23일 07시22분

| 양력 | 1 | 2 | 3 | 4 | 5 | 6 | 7 | 8 | 9 | 10 | 11 | 12 | 13 | 14 | 15 | 16 | 17 | 18 | 19 | 20 | 21 | 22 | 23 | 24 | 25 | 26 | 27 | 28 | 29 | 30 |
|---|---|---|---|---|---|---|---|---|---|---|---|---|---|---|---|---|---|---|---|---|---|---|---|---|---|---|---|---|---|---|
| 음력 | 28 | 29 | 30 | 8.1 | 2 | 3 | 4 | 5 | 6 | 7 | 8 | 9 | 10 | 11 | 12 | 13 | 14 | 15 | 16 | 17 | 18 | 19 | 20 | 21 | 22 | 23 | 24 | 25 | 26 | 27 |
| 요일 | 木 | 金 | 土 | 日 | 月 | 火 | 水 | 木 | 金 | 土 | 日 | 月 | 火 | 水 | 木 | 金 | 土 | 日 | 月 | 火 | 水 | 木 | 金 | 土 | 日 | 月 | 火 | 水 | 木 | 金 |
| 일진 | 戊子 | 己丑 | 庚寅 | 辛卯 | 壬辰 | 癸巳 | 甲午 | 乙未 | 丙申 | 丁酉 | 戊戌 | 己亥 | 庚子 | 辛丑 | 壬寅 | 癸卯 | 甲辰 | 乙巳 | 丙午 | 丁未 | 戊申 | 己酉 | 庚戌 | 辛亥 | 壬子 | 癸丑 | 甲寅 | 乙卯 | 丙辰 | 丁巳 |
| 대운 남 | 8 | 9 | 9 | 9 | 10 | 10 | 백 | 1 | 1 | 1 | 1 | 2 | 2 | 2 | 3 | 3 | 3 | 4 | 4 | 4 | 5 | 5 | 5 | 6 | 6 | 6 | 7 | 7 | 7 | 8 |
| 대운 녀 | 2 | 2 | 1 | 1 | 1 | 1 | 로 | 10 | 10 | 9 | 9 | 9 | 8 | 8 | 8 | 7 | 7 | 7 | 6 | 6 | 6 | 5 | 5 | 5 | 4 | 4 | 4 | 3 | 3 | 3 |

## 10 · 丙戌月(양 10.8~11.6)

한로 8일 13시33분 　 상강 23일 16시42분

| 양력 | 1 | 2 | 3 | 4 | 5 | 6 | 7 | 8 | 9 | 10 | 11 | 12 | 13 | 14 | 15 | 16 | 17 | 18 | 19 | 20 | 21 | 22 | 23 | 24 | 25 | 26 | 27 | 28 | 29 | 30 | 31 |
|---|---|---|---|---|---|---|---|---|---|---|---|---|---|---|---|---|---|---|---|---|---|---|---|---|---|---|---|---|---|---|---|
| 음력 | 28 | 29 | 9.1 | 2 | 3 | 4 | 5 | 6 | 7 | 8 | 9 | 10 | 11 | 12 | 13 | 14 | 15 | 16 | 17 | 18 | 19 | 20 | 21 | 22 | 23 | 24 | 25 | 26 | 27 | 28 | 29 |
| 요일 | 土 | 日 | 月 | 火 | 水 | 木 | 金 | 土 | 日 | 月 | 火 | 水 | 木 | 金 | 土 | 日 | 月 | 火 | 水 | 木 | 金 | 土 | 日 | 月 | 火 | 水 | 木 | 金 | 土 | 日 | 月 |
| 일진 | 戊午 | 己未 | 庚申 | 辛酉 | 壬戌 | 癸亥 | 甲子 | 乙丑 | 丙寅 | 丁卯 | 戊辰 | 己巳 | 庚午 | 辛未 | 壬申 | 癸酉 | 甲戌 | 乙亥 | 丙子 | 丁丑 | 戊寅 | 己卯 | 庚辰 | 辛巳 | 壬午 | 癸未 | 甲申 | 乙酉 | 丙戌 | 丁亥 | 戊子 |
| 대운 남 | 8 | 8 | 9 | 9 | 9 | 10 | 10 | 한 | 1 | 1 | 1 | 1 | 2 | 2 | 2 | 3 | 3 | 3 | 4 | 4 | 4 | 5 | 5 | 5 | 6 | 6 | 6 | 7 | 7 | 7 | 8 |
| 대운 녀 | 2 | 2 | 2 | 1 | 1 | 1 | 1 | 로 | 10 | 9 | 9 | 9 | 8 | 8 | 8 | 7 | 7 | 7 | 6 | 6 | 6 | 5 | 5 | 5 | 4 | 4 | 4 | 3 | 3 | 3 | 2 |

## 11 · 丁亥月(양 11.7~12.6)

입동 7일 16시42분 　 소설 22일 14시14분

| 양력 | 1 | 2 | 3 | 4 | 5 | 6 | 7 | 8 | 9 | 10 | 11 | 12 | 13 | 14 | 15 | 16 | 17 | 18 | 19 | 20 | 21 | 22 | 23 | 24 | 25 | 26 | 27 | 28 | 29 | 30 |
|---|---|---|---|---|---|---|---|---|---|---|---|---|---|---|---|---|---|---|---|---|---|---|---|---|---|---|---|---|---|---|
| 음력 | 30 | 10.1 | 2 | 3 | 4 | 5 | 6 | 7 | 8 | 9 | 10 | 11 | 12 | 13 | 14 | 15 | 16 | 17 | 18 | 19 | 20 | 21 | 22 | 23 | 24 | 25 | 26 | 27 | 28 | 29 |
| 요일 | 火 | 水 | 木 | 金 | 土 | 日 | 月 | 火 | 水 | 木 | 金 | 土 | 日 | 月 | 火 | 水 | 木 | 金 | 土 | 日 | 月 | 火 | 水 | 木 | 金 | 土 | 日 | 月 | 火 | 水 |
| 일진 | 己丑 | 庚寅 | 辛卯 | 壬辰 | 癸巳 | 甲午 | 乙未 | 丙申 | 丁酉 | 戊戌 | 己亥 | 庚子 | 辛丑 | 壬寅 | 癸卯 | 甲辰 | 乙巳 | 丙午 | 丁未 | 戊申 | 己酉 | 庚戌 | 辛亥 | 壬子 | 癸丑 | 甲寅 | 乙卯 | 丙辰 | 丁巳 | 戊午 |
| 대운 남 | 8 | 8 | 9 | 9 | 9 | 10 | 입 | 1 | 1 | 1 | 1 | 2 | 2 | 2 | 3 | 3 | 3 | 4 | 4 | 4 | 5 | 5 | 5 | 6 | 6 | 6 | 7 | 7 | 7 | 8 |
| 대운 녀 | 2 | 2 | 1 | 1 | 1 | 1 | 동 | 10 | 9 | 9 | 9 | 8 | 8 | 8 | 7 | 7 | 7 | 6 | 6 | 6 | 5 | 5 | 5 | 4 | 4 | 4 | 3 | 3 | 3 | 2 |

## 12 · 戊子月(양 12.7~1.4)

대설 7일 09시32분 　 동지 22일 03시34분

| 양력 | 1 | 2 | 3 | 4 | 5 | 6 | 7 | 8 | 9 | 10 | 11 | 12 | 13 | 14 | 15 | 16 | 17 | 18 | 19 | 20 | 21 | 22 | 23 | 24 | 25 | 26 | 27 | 28 | 29 | 30 | 31 |
|---|---|---|---|---|---|---|---|---|---|---|---|---|---|---|---|---|---|---|---|---|---|---|---|---|---|---|---|---|---|---|---|
| 음력 | 30 | 11.1 | 2 | 3 | 4 | 5 | 6 | 7 | 8 | 9 | 10 | 11 | 12 | 13 | 14 | 15 | 16 | 17 | 18 | 19 | 20 | 21 | 22 | 23 | 24 | 25 | 26 | 27 | 28 | 29 | 12.1 |
| 요일 | 木 | 金 | 土 | 日 | 月 | 火 | 水 | 木 | 金 | 土 | 日 | 月 | 火 | 水 | 木 | 金 | 土 | 日 | 月 | 火 | 水 | 木 | 金 | 土 | 日 | 月 | 火 | 水 | 木 | 金 | 土 |
| 일진 | 己未 | 庚申 | 辛酉 | 壬戌 | 癸亥 | 甲子 | 乙丑 | 丙寅 | 丁卯 | 戊辰 | 己巳 | 庚午 | 辛未 | 壬申 | 癸酉 | 甲戌 | 乙亥 | 丙子 | 丁丑 | 戊寅 | 己卯 | 庚辰 | 辛巳 | 壬午 | 癸未 | 甲申 | 乙酉 | 丙戌 | 丁亥 | 戊子 | 己丑 |
| 대운 남 | 8 | 8 | 9 | 9 | 9 | 10 | 대 | 1 | 1 | 1 | 1 | 2 | 2 | 2 | 3 | 3 | 3 | 4 | 4 | 4 | 5 | 5 | 5 | 6 | 6 | 6 | 7 | 7 | 7 | 8 | 8 |
| 대운 녀 | 2 | 2 | 1 | 1 | 1 | 1 | 설 | 9 | 9 | 9 | 8 | 8 | 8 | 7 | 7 | 7 | 6 | 6 | 6 | 5 | 5 | 5 | 4 | 4 | 4 | 3 | 3 | 3 | 2 | 2 | 2 |

# 2006년(윤7월)

소한 5일 20시46분

## 1 · 己丑月(양 1.5~2.3)

대한 20일 14시15분

| 양력 | 1 | 2 | 3 | 4 | 5 | 6 | 7 | 8 | 9 | 10 | 11 | 12 | 13 | 14 | 15 | 16 | 17 | 18 | 19 | 20 | 21 | 22 | 23 | 24 | 25 | 26 | 27 | 28 | 29 | 30 | 31 |
|---|---|---|---|---|---|---|---|---|---|---|---|---|---|---|---|---|---|---|---|---|---|---|---|---|---|---|---|---|---|---|---|
| 음력 | 2 | 3 | 4 | 5 | 6 | 7 | 8 | 9 | 10 | 11 | 12 | 13 | 14 | 15 | 16 | 17 | 18 | 19 | 20 | 21 | 22 | 23 | 24 | 25 | 26 | 27 | 28 | 29 | 1.1 | 2 | 3 |
| 요일 | 日 | 月 | 火 | 水 | 木 | 金 | 土 | 日 | 月 | 火 | 水 | 木 | 金 | 土 | 日 | 月 | 火 | 水 | 木 | 金 | 土 | 日 | 月 | 火 | 水 | 木 | 金 | 土 | 日 | 月 | 火 |
| 일진 | 庚寅 | 辛卯 | 壬辰 | 癸巳 | 甲午 | 乙未 | 丙申 | 丁酉 | 戊戌 | 己亥 | 庚子 | 辛丑 | 壬寅 | 癸卯 | 甲辰 | 乙巳 | 丙午 | 丁未 | 戊申 | 己酉 | 庚戌 | 辛亥 | 壬子 | 癸丑 | 甲寅 | 乙卯 | 丙辰 | 丁巳 | 戊午 | 己未 | 庚申 |
| 대운 남 | 8 | 9 | 9 | 9 | 소 | 1 | 1 | 1 | 1 | 2 | 2 | 2 | 3 | 3 | 3 | 4 | 4 | 4 | 5 | 5 | 5 | 6 | 6 | 6 | 7 | 7 | 7 | 8 | 8 | 8 | 9 |
| 대운 녀 | 1 | 1 | 1 | 1 | 한 | 10 | 9 | 9 | 9 | 8 | 8 | 8 | 7 | 7 | 7 | 6 | 6 | 6 | 5 | 5 | 5 | 4 | 4 | 4 | 3 | 3 | 3 | 2 | 2 | 2 | 1 |

입춘 4일 08시27분

## 2 · 庚寅月(양 2.4~3.5)

우수 19일 04시25분

| 양력 | 1 | 2 | 3 | 4 | 5 | 6 | 7 | 8 | 9 | 10 | 11 | 12 | 13 | 14 | 15 | 16 | 17 | 18 | 19 | 20 | 21 | 22 | 23 | 24 | 25 | 26 | 27 | 28 |
|---|---|---|---|---|---|---|---|---|---|---|---|---|---|---|---|---|---|---|---|---|---|---|---|---|---|---|---|---|
| 음력 | 4 | 5 | 6 | 7 | 8 | 9 | 10 | 11 | 12 | 13 | 14 | 15 | 16 | 17 | 18 | 19 | 20 | 21 | 22 | 23 | 24 | 25 | 26 | 27 | 28 | 29 | 30 | 2.1 |
| 요일 | 水 | 木 | 金 | 土 | 日 | 月 | 火 | 水 | 木 | 金 | 土 | 日 | 月 | 火 | 水 | 木 | 金 | 土 | 日 | 月 | 火 | 水 | 木 | 金 | 土 | 日 | 月 | 火 |
| 일진 | 辛酉 | 壬戌 | 癸亥 | 甲子 | 乙丑 | 丙寅 | 丁卯 | 戊辰 | 己巳 | 庚午 | 辛未 | 壬申 | 癸酉 | 甲戌 | 乙亥 | 丙子 | 丁丑 | 戊寅 | 己卯 | 庚辰 | 辛巳 | 壬午 | 癸未 | 甲申 | 乙酉 | 丙戌 | 丁亥 | 戊子 |
| 대운 남 | 9 | 9 | 10 | 입 | 10 | 9 | 9 | 9 | 8 | 8 | 8 | 7 | 7 | 7 | 6 | 6 | 6 | 5 | 5 | 5 | 4 | 4 | 4 | 3 | 3 | 3 | 2 | 2 |
| 대운 녀 | 1 | 1 | 1 | 춘 | 1 | 1 | 1 | 1 | 2 | 2 | 2 | 3 | 3 | 3 | 4 | 4 | 4 | 5 | 5 | 5 | 6 | 6 | 6 | 7 | 7 | 7 | 8 | 8 |

경칩 6일 02시28분

## 3 · 辛卯月(양 3.6~4.4)

춘분 21일 03시25분

| 양력 | 1 | 2 | 3 | 4 | 5 | 6 | 7 | 8 | 9 | 10 | 11 | 12 | 13 | 14 | 15 | 16 | 17 | 18 | 19 | 20 | 21 | 22 | 23 | 24 | 25 | 26 | 27 | 28 | 29 | 30 | 31 |
|---|---|---|---|---|---|---|---|---|---|---|---|---|---|---|---|---|---|---|---|---|---|---|---|---|---|---|---|---|---|---|---|
| 음력 | 2 | 3 | 4 | 5 | 6 | 7 | 8 | 9 | 10 | 11 | 12 | 13 | 14 | 15 | 16 | 17 | 18 | 19 | 20 | 21 | 22 | 23 | 24 | 25 | 26 | 27 | 28 | 29 | 3.1 | 2 | 3 |
| 요일 | 水 | 木 | 金 | 土 | 日 | 月 | 火 | 水 | 木 | 金 | 土 | 日 | 月 | 火 | 水 | 木 | 金 | 土 | 日 | 月 | 火 | 水 | 木 | 金 | 土 | 日 | 月 | 火 | 水 | 木 | 金 |
| 일진 | 己丑 | 庚寅 | 辛卯 | 壬辰 | 癸巳 | 甲午 | 乙未 | 丙申 | 丁酉 | 戊戌 | 己亥 | 庚子 | 辛丑 | 壬寅 | 癸卯 | 甲辰 | 乙巳 | 丙午 | 丁未 | 戊申 | 己酉 | 庚戌 | 辛亥 | 壬子 | 癸丑 | 甲寅 | 乙卯 | 丙辰 | 丁巳 | 戊午 | 己未 |
| 대운 남 | 2 | 1 | 1 | 1 | 1 | 경 | 10 | 9 | 9 | 9 | 8 | 8 | 8 | 7 | 7 | 7 | 6 | 6 | 6 | 5 | 5 | 5 | 4 | 4 | 4 | 3 | 3 | 3 | 2 | 2 | 2 |
| 대운 녀 | 8 | 9 | 9 | 9 | 10 | 칩 | 1 | 1 | 1 | 1 | 2 | 2 | 2 | 3 | 3 | 3 | 4 | 4 | 4 | 5 | 5 | 5 | 6 | 6 | 6 | 7 | 7 | 7 | 8 | 8 | 8 |

청명 5일 07시15분

## 4 · 壬辰月(양 4.5~5.5)

곡우 20일 14시25분

| 양력 | 1 | 2 | 3 | 4 | 5 | 6 | 7 | 8 | 9 | 10 | 11 | 12 | 13 | 14 | 15 | 16 | 17 | 18 | 19 | 20 | 21 | 22 | 23 | 24 | 25 | 26 | 27 | 28 | 29 | 30 |
|---|---|---|---|---|---|---|---|---|---|---|---|---|---|---|---|---|---|---|---|---|---|---|---|---|---|---|---|---|---|---|
| 음력 | 4 | 5 | 6 | 7 | 8 | 9 | 10 | 11 | 12 | 13 | 14 | 15 | 16 | 17 | 18 | 19 | 20 | 21 | 22 | 23 | 24 | 25 | 26 | 27 | 28 | 29 | 30 | 4.1 | 2 | 3 |
| 요일 | 土 | 日 | 月 | 火 | 水 | 木 | 金 | 土 | 日 | 月 | 火 | 水 | 木 | 金 | 土 | 日 | 月 | 火 | 水 | 木 | 金 | 土 | 日 | 月 | 火 | 水 | 木 | 金 | 土 | 日 |
| 일진 | 庚申 | 辛酉 | 壬戌 | 癸亥 | 甲子 | 乙丑 | 丙寅 | 丁卯 | 戊辰 | 己巳 | 庚午 | 辛未 | 壬申 | 癸酉 | 甲戌 | 乙亥 | 丙子 | 丁丑 | 戊寅 | 己卯 | 庚辰 | 辛巳 | 壬午 | 癸未 | 甲申 | 乙酉 | 丙戌 | 丁亥 | 戊子 | 己丑 |
| 대운 남 | 1 | 1 | 1 | 1 | 청 | 10 | 10 | 9 | 9 | 9 | 8 | 8 | 8 | 7 | 7 | 7 | 6 | 6 | 6 | 5 | 5 | 5 | 4 | 4 | 4 | 3 | 3 | 3 | 2 | 2 |
| 대운 녀 | 9 | 9 | 9 | 10 | 명 | 1 | 1 | 1 | 1 | 2 | 2 | 2 | 3 | 3 | 3 | 4 | 4 | 4 | 5 | 5 | 5 | 6 | 6 | 6 | 7 | 7 | 7 | 8 | 8 | 8 |

입하 6일 00시30분

## 5 · 癸巳月(양 5.6~6.5)

소만 21일 13시31분

| 양력 | 1 | 2 | 3 | 4 | 5 | 6 | 7 | 8 | 9 | 10 | 11 | 12 | 13 | 14 | 15 | 16 | 17 | 18 | 19 | 20 | 21 | 22 | 23 | 24 | 25 | 26 | 27 | 28 | 29 | 30 | 31 |
|---|---|---|---|---|---|---|---|---|---|---|---|---|---|---|---|---|---|---|---|---|---|---|---|---|---|---|---|---|---|---|---|
| 음력 | 4 | 5 | 6 | 7 | 8 | 9 | 10 | 11 | 12 | 13 | 14 | 15 | 16 | 17 | 18 | 19 | 20 | 21 | 22 | 23 | 24 | 25 | 26 | 27 | 28 | 29 | 5.1 | 2 | 3 | 4 | 5 |
| 요일 | 月 | 火 | 水 | 木 | 金 | 土 | 日 | 月 | 火 | 水 | 木 | 金 | 土 | 日 | 月 | 火 | 水 | 木 | 金 | 土 | 日 | 月 | 火 | 水 | 木 | 金 | 土 | 日 | 月 | 火 | 水 |
| 일진 | 庚寅 | 辛卯 | 壬辰 | 癸巳 | 甲午 | 乙未 | 丙申 | 丁酉 | 戊戌 | 己亥 | 庚子 | 辛丑 | 壬寅 | 癸卯 | 甲辰 | 乙巳 | 丙午 | 丁未 | 戊申 | 己酉 | 庚戌 | 辛亥 | 壬子 | 癸丑 | 甲寅 | 乙卯 | 丙辰 | 丁巳 | 戊午 | 己未 | 庚申 |
| 대운 남 | 2 | 1 | 1 | 1 | 1 | 입 | 10 | 10 | 9 | 9 | 9 | 8 | 8 | 8 | 7 | 7 | 7 | 6 | 6 | 6 | 5 | 5 | 5 | 4 | 4 | 4 | 3 | 3 | 3 | 2 | 2 |
| 대운 녀 | 9 | 9 | 9 | 10 | 10 | 하 | 1 | 1 | 1 | 1 | 2 | 2 | 2 | 3 | 3 | 3 | 4 | 4 | 4 | 5 | 5 | 5 | 6 | 6 | 6 | 7 | 7 | 7 | 8 | 8 | 8 |

망종 6일 04시36분

## 6 · 甲午月(양 6.6~7.6)

하지 21일 21시25분

| 양력 | 1 | 2 | 3 | 4 | 5 | 6 | 7 | 8 | 9 | 10 | 11 | 12 | 13 | 14 | 15 | 16 | 17 | 18 | 19 | 20 | 21 | 22 | 23 | 24 | 25 | 26 | 27 | 28 | 29 | 30 |
|---|---|---|---|---|---|---|---|---|---|---|---|---|---|---|---|---|---|---|---|---|---|---|---|---|---|---|---|---|---|---|
| 음력 | 6 | 7 | 8 | 9 | 10 | 11 | 12 | 13 | 14 | 15 | 16 | 17 | 18 | 19 | 20 | 21 | 22 | 23 | 24 | 25 | 26 | 27 | 28 | 29 | 30 | 6.1 | 2 | 3 | 4 | 5 |
| 요일 | 木 | 金 | 土 | 日 | 月 | 火 | 水 | 木 | 金 | 土 | 日 | 月 | 火 | 水 | 木 | 金 | 土 | 日 | 月 | 火 | 水 | 木 | 金 | 土 | 日 | 月 | 火 | 水 | 木 | 金 |
| 일진 | 辛酉 | 壬戌 | 癸亥 | 甲子 | 乙丑 | 丙寅 | 丁卯 | 戊辰 | 己巳 | 庚午 | 辛未 | 壬申 | 癸酉 | 甲戌 | 乙亥 | 丙子 | 丁丑 | 戊寅 | 己卯 | 庚辰 | 辛巳 | 壬午 | 癸未 | 甲申 | 乙酉 | 丙戌 | 丁亥 | 戊子 | 己丑 | 庚寅 |
| 대운 남 | 2 | 1 | 1 | 1 | 1 | 망 | 10 | 10 | 9 | 9 | 9 | 8 | 8 | 8 | 7 | 7 | 7 | 6 | 6 | 6 | 5 | 5 | 5 | 4 | 4 | 4 | 3 | 3 | 3 | 2 |
| 대운 녀 | 9 | 9 | 9 | 10 | 10 | 종 | 1 | 1 | 1 | 1 | 2 | 2 | 2 | 3 | 3 | 3 | 4 | 4 | 4 | 5 | 5 | 5 | 6 | 6 | 6 | 7 | 7 | 7 | 8 | 8 |

소서 7일 14시51분

## 7 · 乙未月(양 7.7~8.7)

대서 23일 08시17분

| 양력 | 1 | 2 | 3 | 4 | 5 | 6 | 7 | 8 | 9 | 10 | 11 | 12 | 13 | 14 | 15 | 16 | 17 | 18 | 19 | 20 | 21 | 22 | 23 | 24 | 25 | 26 | 27 | 28 | 29 | 30 | 31 |
|---|---|---|---|---|---|---|---|---|---|---|---|---|---|---|---|---|---|---|---|---|---|---|---|---|---|---|---|---|---|---|---|
| 음력 | 6 | 7 | 8 | 9 | 10 | 11 | 12 | 13 | 14 | 15 | 16 | 17 | 18 | 19 | 20 | 21 | 22 | 23 | 24 | 25 | 26 | 27 | 28 | 29 | 7.1 | 2 | 3 | 4 | 5 | 6 | 7 |
| 요일 | 土 | 日 | 月 | 火 | 水 | 木 | 金 | 土 | 日 | 月 | 火 | 水 | 木 | 金 | 土 | 日 | 月 | 火 | 水 | 木 | 金 | 土 | 日 | 月 | 火 | 水 | 木 | 金 | 土 | 日 | 月 |
| 일진 | 辛 | 壬 | 癸 | 甲 | 乙 | 丙 | 丁 | 戊 | 己 | 庚 | 辛 | 壬 | 癸 | 甲 | 乙 | 丙 | 丁 | 戊 | 己 | 庚 | 辛 | 壬 | 癸 | 甲 | 乙 | 丙 | 丁 | 戊 | 己 | 庚 | 辛 |
|  | 卯 | 辰 | 巳 | 午 | 未 | 申 | 酉 | 戌 | 亥 | 子 | 丑 | 寅 | 卯 | 辰 | 巳 | 午 | 未 | 申 | 酉 | 戌 | 亥 | 子 | 丑 | 寅 | 卯 | 辰 | 巳 | 午 | 未 | 申 | 酉 |
| 대운 남 | 2 | 2 | 1 | 1 | 1 | 1 | 소 | 10 | 10 | 10 | 9 | 9 | 9 | 8 | 8 | 8 | 7 | 7 | 7 | 6 | 6 | 6 | 5 | 5 | 5 | 4 | 4 | 4 | 3 | 3 | 3 |
| 대운 녀 | 8 | 9 | 9 | 9 | 10 | 10 | 서 | 1 | 1 | 1 | 1 | 2 | 2 | 2 | 3 | 3 | 3 | 4 | 4 | 4 | 5 | 5 | 5 | 6 | 6 | 6 | 7 | 7 | 7 | 8 | 8 |

입추 8일 00시40분

## 8 · 丙申月(양 8.8~9.7)

처서 23일 15시22분

| 양력 | 1 | 2 | 3 | 4 | 5 | 6 | 7 | 8 | 9 | 10 | 11 | 12 | 13 | 14 | 15 | 16 | 17 | 18 | 19 | 20 | 21 | 22 | 23 | 24 | 25 | 26 | 27 | 28 | 29 | 30 | 31 |
|---|---|---|---|---|---|---|---|---|---|---|---|---|---|---|---|---|---|---|---|---|---|---|---|---|---|---|---|---|---|---|---|
| 음력 | 8 | 9 | 10 | 11 | 12 | 13 | 14 | 15 | 16 | 17 | 18 | 19 | 20 | 21 | 22 | 23 | 24 | 25 | 26 | 27 | 28 | 29 | 30 | 윤 | 7.2 | 3 | 4 | 5 | 6 | 7 | 8 |
| 요일 | 火 | 水 | 木 | 金 | 土 | 日 | 月 | 火 | 水 | 木 | 金 | 土 | 日 | 月 | 火 | 水 | 木 | 金 | 土 | 日 | 月 | 火 | 水 | 木 | 金 | 土 | 日 | 月 | 火 | 水 | 木 |
| 일진 | 壬 | 癸 | 甲 | 乙 | 丙 | 丁 | 戊 | 己 | 庚 | 辛 | 壬 | 癸 | 甲 | 乙 | 丙 | 丁 | 戊 | 己 | 庚 | 辛 | 壬 | 癸 | 甲 | 乙 | 丙 | 丁 | 戊 | 己 | 庚 | 辛 | 壬 |
|  | 戌 | 亥 | 子 | 丑 | 寅 | 卯 | 辰 | 巳 | 午 | 未 | 申 | 酉 | 戌 | 亥 | 子 | 丑 | 寅 | 卯 | 辰 | 巳 | 午 | 未 | 申 | 酉 | 戌 | 亥 | 子 | 丑 | 寅 | 卯 | 辰 |
| 대운 남 | 2 | 2 | 2 | 1 | 1 | 1 | 1 | 입 | 10 | 10 | 9 | 9 | 9 | 8 | 8 | 8 | 7 | 7 | 7 | 6 | 6 | 6 | 5 | 5 | 5 | 4 | 4 | 4 | 3 | 3 | 3 |
| 대운 녀 | 8 | 9 | 9 | 9 | 10 | 10 | 10 | 추 | 1 | 1 | 1 | 1 | 2 | 2 | 2 | 3 | 3 | 3 | 4 | 4 | 4 | 5 | 5 | 5 | 6 | 6 | 6 | 7 | 7 | 7 | 8 |

백로 8일 03시38분

## 9 · 丁酉月(양 9.8~10.7)

추분 23일 13시03분

| 양력 | 1 | 2 | 3 | 4 | 5 | 6 | 7 | 8 | 9 | 10 | 11 | 12 | 13 | 14 | 15 | 16 | 17 | 18 | 19 | 20 | 21 | 22 | 23 | 24 | 25 | 26 | 27 | 28 | 29 | 30 |
|---|---|---|---|---|---|---|---|---|---|---|---|---|---|---|---|---|---|---|---|---|---|---|---|---|---|---|---|---|---|---|
| 음력 | 9 | 10 | 11 | 12 | 13 | 14 | 15 | 16 | 17 | 18 | 19 | 20 | 21 | 22 | 23 | 24 | 25 | 26 | 27 | 28 | 29 | 8.1 | 2 | 3 | 4 | 5 | 6 | 7 | 8 | 9 |
| 요일 | 金 | 土 | 日 | 月 | 火 | 水 | 木 | 金 | 土 | 日 | 月 | 火 | 水 | 木 | 金 | 土 | 日 | 月 | 火 | 水 | 木 | 金 | 土 | 日 | 月 | 火 | 水 | 木 | 金 | 土 |
| 일진 | 癸 | 甲 | 乙 | 丙 | 丁 | 戊 | 己 | 庚 | 辛 | 壬 | 癸 | 甲 | 乙 | 丙 | 丁 | 戊 | 己 | 庚 | 辛 | 壬 | 癸 | 甲 | 乙 | 丙 | 丁 | 戊 | 己 | 庚 | 辛 | 壬 |
|  | 巳 | 午 | 未 | 申 | 酉 | 戌 | 亥 | 子 | 丑 | 寅 | 卯 | 辰 | 巳 | 午 | 未 | 申 | 酉 | 戌 | 亥 | 子 | 丑 | 寅 | 卯 | 辰 | 巳 | 午 | 未 | 申 | 酉 | 戌 |
| 대운 남 | 2 | 2 | 2 | 1 | 1 | 1 | 1 | 백 | 10 | 9 | 9 | 9 | 8 | 8 | 8 | 7 | 7 | 7 | 6 | 6 | 6 | 5 | 5 | 5 | 4 | 4 | 4 | 3 | 3 | 3 |
| 대운 녀 | 8 | 8 | 9 | 9 | 9 | 10 | 10 | 로 | 1 | 1 | 1 | 1 | 2 | 2 | 2 | 3 | 3 | 3 | 4 | 4 | 4 | 5 | 5 | 5 | 6 | 6 | 6 | 7 | 7 | 7 |

한로 8일 19시21분

## 10 · 戊戌月(양 10.8~11.6)

상강 23일 22시26분

| 양력 | 1 | 2 | 3 | 4 | 5 | 6 | 7 | 8 | 9 | 10 | 11 | 12 | 13 | 14 | 15 | 16 | 17 | 18 | 19 | 20 | 21 | 22 | 23 | 24 | 25 | 26 | 27 | 28 | 29 | 30 | 31 |
|---|---|---|---|---|---|---|---|---|---|---|---|---|---|---|---|---|---|---|---|---|---|---|---|---|---|---|---|---|---|---|---|
| 음력 | 10 | 11 | 12 | 13 | 14 | 15 | 16 | 17 | 18 | 19 | 20 | 21 | 22 | 23 | 24 | 25 | 26 | 27 | 28 | 29 | 30 | 9.1 | 2 | 3 | 4 | 5 | 6 | 7 | 8 | 9 | 10 |
| 요일 | 日 | 月 | 火 | 水 | 木 | 金 | 土 | 日 | 月 | 火 | 水 | 木 | 金 | 土 | 日 | 月 | 火 | 水 | 木 | 金 | 土 | 日 | 月 | 火 | 水 | 木 | 金 | 土 | 日 | 月 | 火 |
| 일진 | 癸 | 甲 | 乙 | 丙 | 丁 | 戊 | 己 | 庚 | 辛 | 壬 | 癸 | 甲 | 乙 | 丙 | 丁 | 戊 | 己 | 庚 | 辛 | 壬 | 癸 | 甲 | 乙 | 丙 | 丁 | 戊 | 己 | 庚 | 辛 | 壬 | 癸 |
|  | 亥 | 子 | 丑 | 寅 | 卯 | 辰 | 巳 | 午 | 未 | 申 | 酉 | 戌 | 亥 | 子 | 丑 | 寅 | 卯 | 辰 | 巳 | 午 | 未 | 申 | 酉 | 戌 | 亥 | 子 | 丑 | 寅 | 卯 | 辰 | 巳 |
| 대운 남 | 2 | 2 | 2 | 1 | 1 | 1 | 1 | 한 | 10 | 9 | 9 | 9 | 8 | 8 | 8 | 7 | 7 | 7 | 6 | 6 | 6 | 5 | 5 | 5 | 4 | 4 | 4 | 3 | 3 | 3 | 2 |
| 대운 녀 | 8 | 8 | 8 | 9 | 9 | 9 | 10 | 로 | 1 | 1 | 1 | 1 | 2 | 2 | 2 | 3 | 3 | 3 | 4 | 4 | 4 | 5 | 5 | 5 | 6 | 6 | 6 | 7 | 7 | 7 | 8 |

입동 7일 22시34분

## 11 · 己亥月(양 11.7~12.6)

소설 22일 20시01분

| 양력 | 1 | 2 | 3 | 4 | 5 | 6 | 7 | 8 | 9 | 10 | 11 | 12 | 13 | 14 | 15 | 16 | 17 | 18 | 19 | 20 | 21 | 22 | 23 | 24 | 25 | 26 | 27 | 28 | 29 | 30 |
|---|---|---|---|---|---|---|---|---|---|---|---|---|---|---|---|---|---|---|---|---|---|---|---|---|---|---|---|---|---|---|
| 음력 | 11 | 12 | 13 | 14 | 15 | 16 | 17 | 18 | 19 | 20 | 21 | 22 | 23 | 24 | 25 | 26 | 27 | 28 | 29 | 30 | 10.1 | 2 | 3 | 4 | 5 | 6 | 7 | 8 | 9 | 10 |
| 요일 | 水 | 木 | 金 | 土 | 日 | 月 | 火 | 水 | 木 | 金 | 土 | 日 | 月 | 火 | 水 | 木 | 金 | 土 | 日 | 月 | 火 | 水 | 木 | 金 | 土 | 日 | 月 | 火 | 水 | 木 |
| 일진 | 甲 | 乙 | 丙 | 丁 | 戊 | 己 | 庚 | 辛 | 壬 | 癸 | 甲 | 乙 | 丙 | 丁 | 戊 | 己 | 庚 | 辛 | 壬 | 癸 | 甲 | 乙 | 丙 | 丁 | 戊 | 己 | 庚 | 辛 | 壬 | 癸 |
|  | 午 | 未 | 申 | 酉 | 戌 | 亥 | 子 | 丑 | 寅 | 卯 | 辰 | 巳 | 午 | 未 | 申 | 酉 | 戌 | 亥 | 子 | 丑 | 寅 | 卯 | 辰 | 巳 | 午 | 未 | 申 | 酉 | 戌 | 亥 |
| 대운 남 | 2 | 2 | 1 | 1 | 1 | 1 | 입 | 10 | 9 | 9 | 9 | 8 | 8 | 8 | 7 | 7 | 7 | 6 | 6 | 6 | 5 | 5 | 5 | 4 | 4 | 4 | 3 | 3 | 3 | 2 |
| 대운 녀 | 8 | 8 | 9 | 9 | 9 | 10 | 동 | 1 | 1 | 1 | 1 | 2 | 2 | 2 | 3 | 3 | 3 | 4 | 4 | 4 | 5 | 5 | 5 | 6 | 6 | 6 | 7 | 7 | 7 | 8 |

대설 7일 15시26분

## 12 · 庚子月(양 12.7~1.5)

동지 22일 09시21분

| 양력 | 1 | 2 | 3 | 4 | 5 | 6 | 7 | 8 | 9 | 10 | 11 | 12 | 13 | 14 | 15 | 16 | 17 | 18 | 19 | 20 | 21 | 22 | 23 | 24 | 25 | 26 | 27 | 28 | 29 | 30 | 31 |
|---|---|---|---|---|---|---|---|---|---|---|---|---|---|---|---|---|---|---|---|---|---|---|---|---|---|---|---|---|---|---|---|
| 음력 | 11 | 12 | 13 | 14 | 15 | 16 | 17 | 18 | 19 | 20 | 21 | 22 | 23 | 24 | 25 | 26 | 27 | 28 | 29 | 11.1 | 2 | 3 | 4 | 5 | 6 | 7 | 8 | 9 | 10 | 11 | 12 |
| 요일 | 金 | 土 | 日 | 月 | 火 | 水 | 木 | 金 | 土 | 日 | 月 | 火 | 水 | 木 | 金 | 土 | 日 | 月 | 火 | 水 | 木 | 金 | 土 | 日 | 月 | 火 | 水 | 木 | 金 | 土 | 日 |
| 일진 | 甲 | 乙 | 丙 | 丁 | 戊 | 己 | 庚 | 辛 | 壬 | 癸 | 甲 | 乙 | 丙 | 丁 | 戊 | 己 | 庚 | 辛 | 壬 | 癸 | 甲 | 乙 | 丙 | 丁 | 戊 | 己 | 庚 | 辛 | 壬 | 癸 | 甲 |
|  | 子 | 丑 | 寅 | 卯 | 辰 | 巳 | 午 | 未 | 申 | 酉 | 戌 | 亥 | 子 | 丑 | 寅 | 卯 | 辰 | 巳 | 午 | 未 | 申 | 酉 | 戌 | 亥 | 子 | 丑 | 寅 | 卯 | 辰 | 巳 | 午 |
| 대운 남 | 2 | 2 | 1 | 1 | 1 | 1 | 대 | 10 | 9 | 9 | 9 | 8 | 8 | 8 | 7 | 7 | 7 | 6 | 6 | 6 | 5 | 5 | 5 | 4 | 4 | 4 | 3 | 3 | 3 | 2 | 2 |
| 대운 녀 | 8 | 8 | 9 | 9 | 9 | 10 | 설 | 1 | 1 | 1 | 1 | 2 | 2 | 2 | 3 | 3 | 3 | 4 | 4 | 4 | 5 | 5 | 5 | 6 | 6 | 6 | 7 | 7 | 7 | 8 | 8 |

단기 4340년

# 2007년

소한 6일 02시39분

## 1 · 辛丑月(양 1.6~2.3)

대한 20일 20시00분

| 양력 | 1 | 2 | 3 | 4 | 5 | 6 | 7 | 8 | 9 | 10 | 11 | 12 | 13 | 14 | 15 | 16 | 17 | 18 | 19 | 20 | 21 | 22 | 23 | 24 | 25 | 26 | 27 | 28 | 29 | 30 | 31 |
|---|---|---|---|---|---|---|---|---|---|---|---|---|---|---|---|---|---|---|---|---|---|---|---|---|---|---|---|---|---|---|---|
| 음력 | 13 | 14 | 15 | 16 | 17 | 18 | 19 | 20 | 21 | 22 | 23 | 24 | 25 | 26 | 27 | 28 | 29 | 30 | 12.1 | 2 | 3 | 4 | 5 | 6 | 7 | 8 | 9 | 10 | 11 | 12 | 13 |
| 요일 | 月 | 火 | 水 | 木 | 金 | 土 | 日 | 月 | 火 | 水 | 木 | 金 | 土 | 日 | 月 | 火 | 水 | 木 | 金 | 土 | 日 | 月 | 火 | 水 | 木 | 金 | 土 | 日 | 月 | 火 | 水 |
| 일진 | 乙未 | 丙申 | 丁酉 | 戊戌 | 己亥 | 庚子 | 辛丑 | 壬寅 | 癸卯 | 甲辰 | 乙巳 | 丙午 | 丁未 | 戊申 | 己酉 | 庚戌 | 辛亥 | 壬子 | 癸丑 | 甲寅 | 乙卯 | 丙辰 | 丁巳 | 戊午 | 己未 | 庚申 | 辛酉 | 壬戌 | 癸亥 | 甲子 | 乙丑 |
| 대운 남 | 2 | 1 | 1 | 1 | 1 | 소 | 9 | 9 | 9 | 8 | 8 | 8 | 7 | 7 | 7 | 6 | 6 | 6 | 5 | 5 | 5 | 4 | 4 | 4 | 3 | 3 | 3 | 2 | 2 | 2 | 1 |
| 대운 녀 | 8 | 9 | 9 | 9 | 10 | 한 | 1 | 1 | 1 | 1 | 2 | 2 | 2 | 3 | 3 | 3 | 4 | 4 | 4 | 5 | 5 | 5 | 6 | 6 | 6 | 7 | 7 | 7 | 8 | 8 | 8 |

입춘 4일 14시17분

## 2 · 壬寅月(양 2.4~3.5)

우수 19일 10시08분

| 양력 | 1 | 2 | 3 | 4 | 5 | 6 | 7 | 8 | 9 | 10 | 11 | 12 | 13 | 14 | 15 | 16 | 17 | 18 | 19 | 20 | 21 | 22 | 23 | 24 | 25 | 26 | 27 | 28 |
|---|---|---|---|---|---|---|---|---|---|---|---|---|---|---|---|---|---|---|---|---|---|---|---|---|---|---|---|---|
| 음력 | 14 | 15 | 16 | 17 | 18 | 19 | 20 | 21 | 22 | 23 | 24 | 25 | 26 | 27 | 28 | 29 | 30 | 1.1 | 2 | 3 | 4 | 5 | 6 | 7 | 8 | 9 | 10 | 11 |
| 요일 | 木 | 金 | 土 | 日 | 月 | 火 | 水 | 木 | 金 | 土 | 日 | 月 | 火 | 水 | 木 | 金 | 土 | 日 | 月 | 火 | 水 | 木 | 金 | 土 | 日 | 月 | 火 | 水 |
| 일진 | 丙寅 | 丁卯 | 戊辰 | 己巳 | 庚午 | 辛未 | 壬申 | 癸酉 | 甲戌 | 乙亥 | 丙子 | 丁丑 | 戊寅 | 己卯 | 庚辰 | 辛巳 | 壬午 | 癸未 | 甲申 | 乙酉 | 丙戌 | 丁亥 | 戊子 | 己丑 | 庚寅 | 辛卯 | 壬辰 | 癸巳 |
| 대운 남 | 1 | 1 | 1 | 입 | 1 | 1 | 1 | 1 | 2 | 2 | 2 | 3 | 3 | 3 | 4 | 4 | 4 | 5 | 5 | 5 | 6 | 6 | 6 | 7 | 7 | 7 | 8 | 8 |
| 대운 녀 | 9 | 9 | 9 | 춘 | 10 | 9 | 9 | 9 | 8 | 8 | 8 | 7 | 7 | 7 | 6 | 6 | 6 | 5 | 5 | 5 | 4 | 4 | 4 | 3 | 3 | 3 | 2 | 2 |

경칩 6일 08시17분

## 3 · 癸卯月(양 3.6~4.4)

춘분 21일 09시07분

| 양력 | 1 | 2 | 3 | 4 | 5 | 6 | 7 | 8 | 9 | 10 | 11 | 12 | 13 | 14 | 15 | 16 | 17 | 18 | 19 | 20 | 21 | 22 | 23 | 24 | 25 | 26 | 27 | 28 | 29 | 30 | 31 |
|---|---|---|---|---|---|---|---|---|---|---|---|---|---|---|---|---|---|---|---|---|---|---|---|---|---|---|---|---|---|---|---|
| 음력 | 12 | 13 | 14 | 15 | 16 | 17 | 18 | 19 | 20 | 21 | 22 | 23 | 24 | 25 | 26 | 27 | 28 | 29 | 2.1 | 2 | 3 | 4 | 5 | 6 | 7 | 8 | 9 | 10 | 11 | 12 | 13 |
| 요일 | 木 | 金 | 土 | 日 | 月 | 火 | 水 | 木 | 金 | 土 | 日 | 月 | 火 | 水 | 木 | 金 | 土 | 日 | 月 | 火 | 水 | 木 | 金 | 土 | 日 | 月 | 火 | 水 | 木 | 金 | 土 |
| 일진 | 甲午 | 乙未 | 丙申 | 丁酉 | 戊戌 | 己亥 | 庚子 | 辛丑 | 壬寅 | 癸卯 | 甲辰 | 乙巳 | 丙午 | 丁未 | 戊申 | 己酉 | 庚戌 | 辛亥 | 壬子 | 癸丑 | 甲寅 | 乙卯 | 丙辰 | 丁巳 | 戊午 | 己未 | 庚申 | 辛酉 | 壬戌 | 癸亥 | 甲子 |
| 대운 남 | 8 | 9 | 9 | 9 | 10 | 경 | 1 | 1 | 1 | 1 | 2 | 2 | 2 | 3 | 3 | 3 | 4 | 4 | 4 | 5 | 5 | 5 | 6 | 6 | 6 | 7 | 7 | 7 | 8 | 8 | 8 |
| 대운 녀 | 2 | 1 | 1 | 1 | 1 | 칩 | 10 | 9 | 9 | 9 | 8 | 8 | 8 | 7 | 7 | 7 | 6 | 6 | 6 | 5 | 5 | 5 | 4 | 4 | 4 | 3 | 3 | 3 | 2 | 2 | 2 |

청명 5일 13시04분

## 4 · 甲辰月(양 4.5~5.5)

곡우 20일 20시06분

| 양력 | 1 | 2 | 3 | 4 | 5 | 6 | 7 | 8 | 9 | 10 | 11 | 12 | 13 | 14 | 15 | 16 | 17 | 18 | 19 | 20 | 21 | 22 | 23 | 24 | 25 | 26 | 27 | 28 | 29 | 30 |
|---|---|---|---|---|---|---|---|---|---|---|---|---|---|---|---|---|---|---|---|---|---|---|---|---|---|---|---|---|---|---|
| 음력 | 14 | 15 | 16 | 17 | 18 | 19 | 20 | 21 | 22 | 23 | 24 | 25 | 26 | 27 | 28 | 29 | 3.1 | 2 | 3 | 4 | 5 | 6 | 7 | 8 | 9 | 10 | 11 | 12 | 13 | 14 |
| 요일 | 日 | 月 | 火 | 水 | 木 | 金 | 土 | 日 | 月 | 火 | 水 | 木 | 金 | 土 | 日 | 月 | 火 | 水 | 木 | 金 | 土 | 日 | 月 | 火 | 水 | 木 | 金 | 土 | 日 | 月 |
| 일진 | 乙丑 | 丙寅 | 丁卯 | 戊辰 | 己巳 | 庚午 | 辛未 | 壬申 | 癸酉 | 甲戌 | 乙亥 | 丙子 | 丁丑 | 戊寅 | 己卯 | 庚辰 | 辛巳 | 壬午 | 癸未 | 甲申 | 乙酉 | 丙戌 | 丁亥 | 戊子 | 己丑 | 庚寅 | 辛卯 | 壬辰 | 癸巳 | 甲午 |
| 대운 남 | 9 | 9 | 9 | 10 | 청 | 1 | 1 | 1 | 1 | 2 | 2 | 2 | 3 | 3 | 3 | 4 | 4 | 4 | 5 | 5 | 5 | 6 | 6 | 6 | 7 | 7 | 7 | 8 | 8 | 8 |
| 대운 녀 | 1 | 1 | 1 | 1 | 명 | 10 | 10 | 9 | 9 | 9 | 8 | 8 | 8 | 7 | 7 | 7 | 6 | 6 | 6 | 5 | 5 | 5 | 4 | 4 | 4 | 3 | 3 | 3 | 2 | 2 |

입하 6일 06시20분

## 5 · 乙巳月(양 5.6~6.5)

소만 21일 19시11분

| 양력 | 1 | 2 | 3 | 4 | 5 | 6 | 7 | 8 | 9 | 10 | 11 | 12 | 13 | 14 | 15 | 16 | 17 | 18 | 19 | 20 | 21 | 22 | 23 | 24 | 25 | 26 | 27 | 28 | 29 | 30 | 31 |
|---|---|---|---|---|---|---|---|---|---|---|---|---|---|---|---|---|---|---|---|---|---|---|---|---|---|---|---|---|---|---|---|
| 음력 | 15 | 16 | 17 | 18 | 19 | 20 | 21 | 22 | 23 | 24 | 25 | 26 | 27 | 28 | 29 | 30 | 4.1 | 2 | 3 | 4 | 5 | 6 | 7 | 8 | 9 | 10 | 11 | 12 | 13 | 14 | 15 |
| 요일 | 火 | 水 | 木 | 金 | 土 | 日 | 月 | 火 | 水 | 木 | 金 | 土 | 日 | 月 | 火 | 水 | 木 | 金 | 土 | 日 | 月 | 火 | 水 | 木 | 金 | 土 | 日 | 月 | 火 | 水 | 木 |
| 일진 | 乙未 | 丙申 | 丁酉 | 戊戌 | 己亥 | 庚子 | 辛丑 | 壬寅 | 癸卯 | 甲辰 | 乙巳 | 丙午 | 丁未 | 戊申 | 己酉 | 庚戌 | 辛亥 | 壬子 | 癸丑 | 甲寅 | 乙卯 | 丙辰 | 丁巳 | 戊午 | 己未 | 庚申 | 辛酉 | 壬戌 | 癸亥 | 甲子 | 乙丑 |
| 대운 남 | 9 | 9 | 9 | 10 | 10 | 입 | 1 | 1 | 1 | 1 | 2 | 2 | 2 | 3 | 3 | 3 | 4 | 4 | 4 | 5 | 5 | 5 | 6 | 6 | 6 | 7 | 7 | 7 | 8 | 8 | 8 |
| 대운 녀 | 2 | 1 | 1 | 1 | 1 | 하 | 10 | 10 | 9 | 9 | 9 | 8 | 8 | 8 | 7 | 7 | 7 | 6 | 6 | 6 | 5 | 5 | 5 | 4 | 4 | 4 | 3 | 3 | 3 | 2 | 2 |

망종 6일 10시26분

## 6 · 丙午月(양 6.6~7.6)

하지 22일 03시06분

| 양력 | 1 | 2 | 3 | 4 | 5 | 6 | 7 | 8 | 9 | 10 | 11 | 12 | 13 | 14 | 15 | 16 | 17 | 18 | 19 | 20 | 21 | 22 | 23 | 24 | 25 | 26 | 27 | 28 | 29 | 30 |
|---|---|---|---|---|---|---|---|---|---|---|---|---|---|---|---|---|---|---|---|---|---|---|---|---|---|---|---|---|---|---|
| 음력 | 16 | 17 | 18 | 19 | 20 | 21 | 22 | 23 | 24 | 25 | 26 | 27 | 28 | 29 | 5.1 | 2 | 3 | 4 | 5 | 6 | 7 | 8 | 9 | 10 | 11 | 12 | 13 | 14 | 15 | 16 |
| 요일 | 金 | 土 | 日 | 月 | 火 | 水 | 木 | 金 | 土 | 日 | 月 | 火 | 水 | 木 | 金 | 土 | 日 | 月 | 火 | 水 | 木 | 金 | 土 | 日 | 月 | 火 | 水 | 木 | 金 | 土 |
| 일진 | 丙寅 | 丁卯 | 戊辰 | 己巳 | 庚午 | 辛未 | 壬申 | 癸酉 | 甲戌 | 乙亥 | 丙子 | 丁丑 | 戊寅 | 己卯 | 庚辰 | 辛巳 | 壬午 | 癸未 | 甲申 | 乙酉 | 丙戌 | 丁亥 | 戊子 | 己丑 | 庚寅 | 辛卯 | 壬辰 | 癸巳 | 甲午 | 乙未 |
| 대운 남 | 9 | 9 | 9 | 10 | 10 | 망 | 1 | 1 | 1 | 1 | 2 | 2 | 2 | 3 | 3 | 3 | 4 | 4 | 4 | 5 | 5 | 5 | 6 | 6 | 6 | 7 | 7 | 7 | 8 | 8 |
| 대운 녀 | 2 | 1 | 1 | 1 | 1 | 종 | 10 | 10 | 9 | 9 | 9 | 8 | 8 | 8 | 7 | 7 | 7 | 6 | 6 | 6 | 5 | 5 | 5 | 4 | 4 | 4 | 3 | 3 | 3 | 2 |

소서 7일 20시41분 **7 · 丁未月**(양 7.7~8.7) 대서 23일 13시59분

| 양력 | | 1 | 2 | 3 | 4 | 5 | 6 | 7 | 8 | 9 | 10 | 11 | 12 | 13 | 14 | 15 | 16 | 17 | 18 | 19 | 20 | 21 | 22 | 23 | 24 | 25 | 26 | 27 | 28 | 29 | 30 | 31 |
|---|---|---|---|---|---|---|---|---|---|---|---|---|---|---|---|---|---|---|---|---|---|---|---|---|---|---|---|---|---|---|---|---|
| 음력 | | 17 | 18 | 19 | 20 | 21 | 22 | 23 | 24 | 25 | 26 | 27 | 28 | 29 | 6.1 | 2 | 3 | 4 | 5 | 6 | 7 | 8 | 9 | 10 | 11 | 12 | 13 | 14 | 15 | 16 | 17 | 18 |
| 요일 | | 日 | 月 | 火 | 水 | 木 | 金 | 土 | 日 | 月 | 火 | 水 | 木 | 金 | 土 | 日 | 月 | 火 | 水 | 木 | 金 | 土 | 日 | 月 | 火 | 水 | 木 | 金 | 土 | 日 | 月 | 火 |
| 일진 | | 丙 | 丁 | 戊 | 己 | 庚 | 辛 | 壬 | 癸 | 甲 | 乙 | 丙 | 丁 | 戊 | 己 | 庚 | 辛 | 壬 | 癸 | 甲 | 乙 | 丙 | 丁 | 戊 | 己 | 庚 | 辛 | 壬 | 癸 | 甲 | 乙 | 丙 |
| | | 申 | 酉 | 戌 | 亥 | 子 | 丑 | 寅 | 卯 | 辰 | 巳 | 午 | 未 | 申 | 酉 | 戌 | 亥 | 子 | 丑 | 寅 | 卯 | 辰 | 巳 | 午 | 未 | 申 | 酉 | 戌 | 亥 | 子 | 丑 | 寅 |
| 대운 | 남 | 8 | 9 | 9 | 9 | 10 | 10 | 소 | 1 | 1 | 1 | 1 | 2 | 2 | 2 | 3 | 3 | 3 | 4 | 4 | 4 | 5 | 5 | 5 | 6 | 6 | 6 | 7 | 7 | 7 | 8 | 8 |
| | 녀 | 2 | 2 | 1 | 1 | 1 | 1 | 서 | 10 | 10 | 10 | 9 | 9 | 9 | 8 | 8 | 8 | 7 | 7 | 7 | 6 | 6 | 6 | 5 | 5 | 5 | 4 | 4 | 4 | 3 | 3 | 3 |

입추 8일 06시30분 **8 · 戊申月**(양 8.8~9.7) 처서 23일 21시07분

| 양력 | | 1 | 2 | 3 | 4 | 5 | 6 | 7 | 8 | 9 | 10 | 11 | 12 | 13 | 14 | 15 | 16 | 17 | 18 | 19 | 20 | 21 | 22 | 23 | 24 | 25 | 26 | 27 | 28 | 29 | 30 | 31 |
|---|---|---|---|---|---|---|---|---|---|---|---|---|---|---|---|---|---|---|---|---|---|---|---|---|---|---|---|---|---|---|---|---|
| 음력 | | 19 | 20 | 21 | 22 | 23 | 24 | 25 | 26 | 27 | 28 | 29 | 30 | 7.1 | 2 | 3 | 4 | 5 | 6 | 7 | 8 | 9 | 10 | 11 | 12 | 13 | 14 | 15 | 16 | 17 | 18 | 19 |
| 요일 | | 水 | 木 | 金 | 土 | 日 | 月 | 火 | 水 | 木 | 金 | 土 | 日 | 月 | 火 | 水 | 木 | 金 | 土 | 日 | 月 | 火 | 水 | 木 | 金 | 土 | 日 | 月 | 火 | 水 | 木 | 金 |
| 일진 | | 丁 | 戊 | 己 | 庚 | 辛 | 壬 | 癸 | 甲 | 乙 | 丙 | 丁 | 戊 | 己 | 庚 | 辛 | 壬 | 癸 | 甲 | 乙 | 丙 | 丁 | 戊 | 己 | 庚 | 辛 | 壬 | 癸 | 甲 | 乙 | 丙 | 丁 |
| | | 卯 | 辰 | 巳 | 午 | 未 | 申 | 酉 | 戌 | 亥 | 子 | 丑 | 寅 | 卯 | 辰 | 巳 | 午 | 未 | 申 | 酉 | 戌 | 亥 | 子 | 丑 | 寅 | 卯 | 辰 | 巳 | 午 | 未 | 申 | 酉 |
| 대운 | 남 | 8 | 9 | 9 | 9 | 10 | 10 | 10 | 입 | 1 | 1 | 1 | 1 | 2 | 2 | 2 | 3 | 3 | 3 | 4 | 4 | 4 | 5 | 5 | 5 | 6 | 6 | 6 | 7 | 7 | 7 | 8 |
| | 녀 | 2 | 2 | 2 | 1 | 1 | 1 | 1 | 추 | 10 | 10 | 9 | 9 | 9 | 8 | 8 | 8 | 7 | 7 | 7 | 6 | 6 | 6 | 5 | 5 | 5 | 4 | 4 | 4 | 3 | 3 | 3 |

백로 8일 09시29분 **9 · 己酉月**(양 9.8~10.8) 추분 23일 18시50분

| 양력 | | 1 | 2 | 3 | 4 | 5 | 6 | 7 | 8 | 9 | 10 | 11 | 12 | 13 | 14 | 15 | 16 | 17 | 18 | 19 | 20 | 21 | 22 | 23 | 24 | 25 | 26 | 27 | 28 | 29 | 30 |
|---|---|---|---|---|---|---|---|---|---|---|---|---|---|---|---|---|---|---|---|---|---|---|---|---|---|---|---|---|---|---|---|
| 음력 | | 20 | 21 | 22 | 23 | 24 | 25 | 26 | 27 | 28 | 29 | 8.1 | 2 | 3 | 4 | 5 | 6 | 7 | 8 | 9 | 10 | 11 | 12 | 13 | 14 | 15 | 16 | 17 | 18 | 19 | 20 |
| 요일 | | 土 | 日 | 月 | 火 | 水 | 木 | 金 | 土 | 日 | 月 | 火 | 水 | 木 | 金 | 土 | 日 | 月 | 火 | 水 | 木 | 金 | 土 | 日 | 月 | 火 | 水 | 木 | 金 | 土 | 日 |
| 일진 | | 戊 | 己 | 庚 | 辛 | 壬 | 癸 | 甲 | 乙 | 丙 | 丁 | 戊 | 己 | 庚 | 辛 | 壬 | 癸 | 甲 | 乙 | 丙 | 丁 | 戊 | 己 | 庚 | 辛 | 壬 | 癸 | 甲 | 乙 | 丙 | 丁 |
| | | 戌 | 亥 | 子 | 丑 | 寅 | 卯 | 辰 | 巳 | 午 | 未 | 申 | 酉 | 戌 | 亥 | 子 | 丑 | 寅 | 卯 | 辰 | 巳 | 午 | 未 | 申 | 酉 | 戌 | 亥 | 子 | 丑 | 寅 | 卯 |
| 대운 | 남 | 8 | 8 | 9 | 9 | 9 | 10 | 10 | 백 | 1 | 1 | 1 | 1 | 2 | 2 | 2 | 3 | 3 | 3 | 4 | 4 | 4 | 5 | 5 | 5 | 6 | 6 | 6 | 7 | 7 | 7 |
| | 녀 | 2 | 2 | 2 | 1 | 1 | 1 | 1 | 로 | 10 | 10 | 9 | 9 | 9 | 8 | 8 | 8 | 7 | 7 | 7 | 6 | 6 | 6 | 5 | 5 | 5 | 4 | 4 | 4 | 3 | 3 |

한로 9일 01시11분 **10 · 庚戌月**(양 10.9~11.7) 상강 24일 04시15분

| 양력 | | 1 | 2 | 3 | 4 | 5 | 6 | 7 | 8 | 9 | 10 | 11 | 12 | 13 | 14 | 15 | 16 | 17 | 18 | 19 | 20 | 21 | 22 | 23 | 24 | 25 | 26 | 27 | 28 | 29 | 30 | 31 |
|---|---|---|---|---|---|---|---|---|---|---|---|---|---|---|---|---|---|---|---|---|---|---|---|---|---|---|---|---|---|---|---|---|
| 음력 | | 21 | 22 | 23 | 24 | 25 | 26 | 27 | 28 | 29 | 30 | 9.1 | 2 | 3 | 4 | 5 | 6 | 7 | 8 | 9 | 10 | 11 | 12 | 13 | 14 | 15 | 16 | 17 | 18 | 19 | 20 | 21 |
| 요일 | | 月 | 火 | 水 | 木 | 金 | 土 | 日 | 月 | 火 | 水 | 木 | 金 | 土 | 日 | 月 | 火 | 水 | 木 | 金 | 土 | 日 | 月 | 火 | 水 | 木 | 金 | 土 | 日 | 月 | 火 | 水 |
| 일진 | | 戊 | 己 | 庚 | 辛 | 壬 | 癸 | 甲 | 乙 | 丙 | 丁 | 戊 | 己 | 庚 | 辛 | 壬 | 癸 | 甲 | 乙 | 丙 | 丁 | 戊 | 己 | 庚 | 辛 | 壬 | 癸 | 甲 | 乙 | 丙 | 丁 | 戊 |
| | | 辰 | 巳 | 午 | 未 | 申 | 酉 | 戌 | 亥 | 子 | 丑 | 寅 | 卯 | 辰 | 巳 | 午 | 未 | 申 | 酉 | 戌 | 亥 | 子 | 丑 | 寅 | 卯 | 辰 | 巳 | 午 | 未 | 申 | 酉 | 戌 |
| 대운 | 남 | 8 | 8 | 8 | 9 | 9 | 9 | 10 | 10 | 한 | 1 | 1 | 1 | 1 | 2 | 2 | 2 | 3 | 3 | 3 | 4 | 4 | 4 | 5 | 5 | 5 | 6 | 6 | 6 | 7 | 7 | 7 |
| | 녀 | 3 | 2 | 2 | 2 | 1 | 1 | 1 | 1 | 로 | 10 | 9 | 9 | 9 | 8 | 8 | 8 | 7 | 7 | 7 | 6 | 6 | 6 | 5 | 5 | 5 | 4 | 4 | 4 | 3 | 3 | 3 |

입동 8일 04시23분 **11 · 辛亥月**(양 11.8~12.6) 소설 23일 01시49분

| 양력 | | 1 | 2 | 3 | 4 | 5 | 6 | 7 | 8 | 9 | 10 | 11 | 12 | 13 | 14 | 15 | 16 | 17 | 18 | 19 | 20 | 21 | 22 | 23 | 24 | 25 | 26 | 27 | 28 | 29 | 30 |
|---|---|---|---|---|---|---|---|---|---|---|---|---|---|---|---|---|---|---|---|---|---|---|---|---|---|---|---|---|---|---|---|
| 음력 | | 22 | 23 | 24 | 25 | 26 | 27 | 28 | 29 | 30 | 10.1 | 2 | 3 | 4 | 5 | 6 | 7 | 8 | 9 | 10 | 11 | 12 | 13 | 14 | 15 | 16 | 17 | 18 | 19 | 20 | 21 |
| 요일 | | 木 | 金 | 土 | 日 | 月 | 火 | 水 | 木 | 金 | 土 | 日 | 月 | 火 | 水 | 木 | 金 | 土 | 日 | 月 | 火 | 水 | 木 | 金 | 土 | 日 | 月 | 火 | 水 | 木 | 金 |
| 일진 | | 己 | 庚 | 辛 | 壬 | 癸 | 甲 | 乙 | 丙 | 丁 | 戊 | 己 | 庚 | 辛 | 壬 | 癸 | 甲 | 乙 | 丙 | 丁 | 戊 | 己 | 庚 | 辛 | 壬 | 癸 | 甲 | 乙 | 丙 | 丁 | 戊 |
| | | 亥 | 子 | 丑 | 寅 | 卯 | 辰 | 巳 | 午 | 未 | 申 | 酉 | 戌 | 亥 | 子 | 丑 | 寅 | 卯 | 辰 | 巳 | 午 | 未 | 申 | 酉 | 戌 | 亥 | 子 | 丑 | 寅 | 卯 | 辰 |
| 대운 | 남 | 8 | 8 | 8 | 9 | 9 | 9 | 10 | 입 | 1 | 1 | 1 | 1 | 2 | 2 | 2 | 3 | 3 | 3 | 4 | 4 | 4 | 5 | 5 | 5 | 6 | 6 | 6 | 7 | 7 | 7 |
| | 녀 | 2 | 2 | 2 | 1 | 1 | 1 | 1 | 동 | 9 | 9 | 9 | 8 | 8 | 8 | 7 | 7 | 7 | 6 | 6 | 6 | 5 | 5 | 5 | 4 | 4 | 4 | 3 | 3 | 3 | 2 |

대설 7일 21시13분 **12 · 壬子月**(양 12.7~1.5) 동지 22일 15시07분

| 양력 | | 1 | 2 | 3 | 4 | 5 | 6 | 7 | 8 | 9 | 10 | 11 | 12 | 13 | 14 | 15 | 16 | 17 | 18 | 19 | 20 | 21 | 22 | 23 | 24 | 25 | 26 | 27 | 28 | 29 | 30 | 31 |
|---|---|---|---|---|---|---|---|---|---|---|---|---|---|---|---|---|---|---|---|---|---|---|---|---|---|---|---|---|---|---|---|---|
| 음력 | | 22 | 23 | 24 | 25 | 26 | 27 | 28 | 29 | 30 | 11.1 | 2 | 3 | 4 | 5 | 6 | 7 | 8 | 9 | 10 | 11 | 12 | 13 | 14 | 15 | 16 | 17 | 18 | 19 | 20 | 21 | 22 |
| 요일 | | 土 | 日 | 月 | 火 | 水 | 木 | 金 | 土 | 日 | 月 | 火 | 水 | 木 | 金 | 土 | 日 | 月 | 火 | 水 | 木 | 金 | 土 | 日 | 月 | 火 | 水 | 木 | 金 | 土 | 日 | 月 |
| 일진 | | 己 | 庚 | 辛 | 壬 | 癸 | 甲 | 乙 | 丙 | 丁 | 戊 | 己 | 庚 | 辛 | 壬 | 癸 | 甲 | 乙 | 丙 | 丁 | 戊 | 己 | 庚 | 辛 | 壬 | 癸 | 甲 | 乙 | 丙 | 丁 | 戊 | 己 |
| | | 巳 | 午 | 未 | 申 | 酉 | 戌 | 亥 | 子 | 丑 | 寅 | 卯 | 辰 | 巳 | 午 | 未 | 申 | 酉 | 戌 | 亥 | 子 | 丑 | 寅 | 卯 | 辰 | 巳 | 午 | 未 | 申 | 酉 | 戌 | 亥 |
| 대운 | 남 | 8 | 8 | 8 | 9 | 9 | 9 | 대 | 1 | 1 | 1 | 1 | 2 | 2 | 2 | 3 | 3 | 3 | 4 | 4 | 4 | 5 | 5 | 5 | 6 | 6 | 6 | 7 | 7 | 7 | 8 | 8 |
| | 녀 | 2 | 2 | 1 | 1 | 1 | 1 | 설 | 10 | 9 | 9 | 9 | 8 | 8 | 8 | 7 | 7 | 7 | 6 | 6 | 6 | 5 | 5 | 5 | 4 | 4 | 4 | 3 | 3 | 3 | 2 | 2 |

단기 4341년

# 2008년

소한 6일 08시24분

## 1 · 癸丑月(양 1.6~2.3)

대한 21일 01시43분

| 양력 | 1 | 2 | 3 | 4 | 5 | 6 | 7 | 8 | 9 | 10 | 11 | 12 | 13 | 14 | 15 | 16 | 17 | 18 | 19 | 20 | 21 | 22 | 23 | 24 | 25 | 26 | 27 | 28 | 29 | 30 | 31 |
|---|---|---|---|---|---|---|---|---|---|---|---|---|---|---|---|---|---|---|---|---|---|---|---|---|---|---|---|---|---|---|---|
| 음력 | 23 | 24 | 25 | 26 | 27 | 28 | 29 | 12.1 | 2 | 3 | 4 | 5 | 6 | 7 | 8 | 9 | 10 | 11 | 12 | 13 | 14 | 15 | 16 | 17 | 18 | 19 | 20 | 21 | 22 | 23 | 24 |
| 요일 | 火 | 水 | 木 | 金 | 土 | 日 | 月 | 火 | 水 | 木 | 金 | 土 | 日 | 月 | 火 | 水 | 木 | 金 | 土 | 日 | 月 | 火 | 水 | 木 | 金 | 土 | 日 | 月 | 火 | 水 | 木 |
| 일진 | 庚子 | 辛丑 | 壬寅 | 癸卯 | 甲辰 | 乙巳 | 丙午 | 丁未 | 戊申 | 己酉 | 庚戌 | 辛亥 | 壬子 | 癸丑 | 甲寅 | 乙卯 | 丙辰 | 丁巳 | 戊午 | 己未 | 庚申 | 辛酉 | 壬戌 | 癸亥 | 甲子 | 乙丑 | 丙寅 | 丁卯 | 戊辰 | 己巳 | 庚午 |
| 대운 남 | 8 | 9 | 9 | 9 | 10 | 소 | 1 | 1 | 1 | 1 | 2 | 2 | 2 | 3 | 3 | 3 | 4 | 4 | 4 | 5 | 5 | 5 | 6 | 6 | 6 | 7 | 7 | 7 | 8 | 8 | 8 |
| 대운 녀 | 2 | 1 | 1 | 1 | 1 | 한 | 9 | 9 | 9 | 8 | 8 | 8 | 7 | 7 | 7 | 6 | 6 | 6 | 5 | 5 | 5 | 4 | 4 | 4 | 3 | 3 | 3 | 2 | 2 | 2 | 1 |

입춘 4일 20시00분

## 2 · 甲寅月(양 2.4~3.4)

우수 19일 15시49분

| 양력 | 1 | 2 | 3 | 4 | 5 | 6 | 7 | 8 | 9 | 10 | 11 | 12 | 13 | 14 | 15 | 16 | 17 | 18 | 19 | 20 | 21 | 22 | 23 | 24 | 25 | 26 | 27 | 28 | 29 |
|---|---|---|---|---|---|---|---|---|---|---|---|---|---|---|---|---|---|---|---|---|---|---|---|---|---|---|---|---|---|
| 음력 | 25 | 26 | 27 | 28 | 29 | 30 | 1.1 | 2 | 3 | 4 | 5 | 6 | 7 | 8 | 9 | 10 | 11 | 12 | 13 | 14 | 15 | 16 | 17 | 18 | 19 | 20 | 21 | 22 | 23 |
| 요일 | 金 | 土 | 日 | 月 | 火 | 水 | 木 | 金 | 土 | 日 | 月 | 火 | 水 | 木 | 金 | 土 | 日 | 月 | 火 | 水 | 木 | 金 | 土 | 日 | 月 | 火 | 水 | 木 | 金 |
| 일진 | 辛未 | 壬申 | 癸酉 | 甲戌 | 乙亥 | 丙子 | 丁丑 | 戊寅 | 己卯 | 庚辰 | 辛巳 | 壬午 | 癸未 | 甲申 | 乙酉 | 丙戌 | 丁亥 | 戊子 | 己丑 | 庚寅 | 辛卯 | 壬辰 | 癸巳 | 甲午 | 乙未 | 丙申 | 丁酉 | 戊戌 | 己亥 |
| 대운 남 | 9 | 9 | 9 | 입 | 10 | 9 | 9 | 9 | 8 | 8 | 8 | 7 | 7 | 7 | 6 | 6 | 6 | 5 | 5 | 5 | 4 | 4 | 4 | 3 | 3 | 3 | 2 | 2 | 2 |
| 대운 녀 | 1 | 1 | 1 | 춘 | 1 | 1 | 1 | 1 | 2 | 2 | 2 | 3 | 3 | 3 | 4 | 4 | 4 | 5 | 5 | 5 | 6 | 6 | 6 | 7 | 7 | 7 | 8 | 8 | 8 |

경칩 5일 13시58분

## 3 · 乙卯月(양 3.5~4.3)

춘분 20일 14시47분

| 양력 | 1 | 2 | 3 | 4 | 5 | 6 | 7 | 8 | 9 | 10 | 11 | 12 | 13 | 14 | 15 | 16 | 17 | 18 | 19 | 20 | 21 | 22 | 23 | 24 | 25 | 26 | 27 | 28 | 29 | 30 | 31 |
|---|---|---|---|---|---|---|---|---|---|---|---|---|---|---|---|---|---|---|---|---|---|---|---|---|---|---|---|---|---|---|---|
| 음력 | 24 | 25 | 26 | 27 | 28 | 29 | 30 | 2.1 | 2 | 3 | 4 | 5 | 6 | 7 | 8 | 9 | 10 | 11 | 12 | 13 | 14 | 15 | 16 | 17 | 18 | 19 | 20 | 21 | 22 | 23 | 24 |
| 요일 | 土 | 日 | 月 | 火 | 水 | 木 | 金 | 土 | 日 | 月 | 火 | 水 | 木 | 金 | 土 | 日 | 月 | 火 | 水 | 木 | 金 | 土 | 日 | 月 | 火 | 水 | 木 | 金 | 土 | 日 | 月 |
| 일진 | 庚子 | 辛丑 | 壬寅 | 癸卯 | 甲辰 | 乙巳 | 丙午 | 丁未 | 戊申 | 己酉 | 庚戌 | 辛亥 | 壬子 | 癸丑 | 甲寅 | 乙卯 | 丙辰 | 丁巳 | 戊午 | 己未 | 庚申 | 辛酉 | 壬戌 | 癸亥 | 甲子 | 乙丑 | 丙寅 | 丁卯 | 戊辰 | 己巳 | 庚午 |
| 대운 남 | 1 | 1 | 1 | 1 | 경 | 10 | 9 | 9 | 9 | 8 | 8 | 8 | 7 | 7 | 7 | 6 | 6 | 6 | 5 | 5 | 5 | 4 | 4 | 4 | 3 | 3 | 3 | 2 | 2 | 2 | 1 |
| 대운 녀 | 9 | 9 | 9 | 10 | 칩 | 1 | 1 | 1 | 1 | 2 | 2 | 2 | 3 | 3 | 3 | 4 | 4 | 4 | 5 | 5 | 5 | 6 | 6 | 6 | 7 | 7 | 7 | 8 | 8 | 8 | 9 |

청명 4일 18시45분

## 4 · 丙辰月(양 4.4~5.4)

곡우 20일 01시50분

| 양력 | 1 | 2 | 3 | 4 | 5 | 6 | 7 | 8 | 9 | 10 | 11 | 12 | 13 | 14 | 15 | 16 | 17 | 18 | 19 | 20 | 21 | 22 | 23 | 24 | 25 | 26 | 27 | 28 | 29 | 30 |
|---|---|---|---|---|---|---|---|---|---|---|---|---|---|---|---|---|---|---|---|---|---|---|---|---|---|---|---|---|---|---|
| 음력 | 25 | 26 | 27 | 28 | 29 | 3.1 | 2 | 3 | 4 | 5 | 6 | 7 | 8 | 9 | 10 | 11 | 12 | 13 | 14 | 15 | 16 | 17 | 18 | 19 | 20 | 21 | 22 | 23 | 24 | 25 |
| 요일 | 火 | 水 | 木 | 金 | 土 | 日 | 月 | 火 | 水 | 木 | 金 | 土 | 日 | 月 | 火 | 水 | 木 | 金 | 土 | 日 | 月 | 火 | 水 | 木 | 金 | 土 | 日 | 月 | 火 | 水 |
| 일진 | 辛未 | 壬申 | 癸酉 | 甲戌 | 乙亥 | 丙子 | 丁丑 | 戊寅 | 己卯 | 庚辰 | 辛巳 | 壬午 | 癸未 | 甲申 | 乙酉 | 丙戌 | 丁亥 | 戊子 | 己丑 | 庚寅 | 辛卯 | 壬辰 | 癸巳 | 甲午 | 乙未 | 丙申 | 丁酉 | 戊戌 | 己亥 | 庚子 |
| 대운 남 | 1 | 1 | 1 | 청 | 10 | 10 | 9 | 9 | 9 | 8 | 8 | 8 | 7 | 7 | 7 | 6 | 6 | 6 | 5 | 5 | 5 | 4 | 4 | 4 | 3 | 3 | 3 | 2 | 2 | 2 |
| 대운 녀 | 9 | 9 | 10 | 명 | 1 | 1 | 1 | 1 | 2 | 2 | 2 | 3 | 3 | 3 | 4 | 4 | 4 | 5 | 5 | 5 | 6 | 6 | 6 | 7 | 7 | 7 | 8 | 8 | 8 | 9 |

입하 5일 12시03분

## 5 · 丁巳月(양 5.5~6.4)

소만 21일 01시00분

| 양력 | 1 | 2 | 3 | 4 | 5 | 6 | 7 | 8 | 9 | 10 | 11 | 12 | 13 | 14 | 15 | 16 | 17 | 18 | 19 | 20 | 21 | 22 | 23 | 24 | 25 | 26 | 27 | 28 | 29 | 30 | 31 |
|---|---|---|---|---|---|---|---|---|---|---|---|---|---|---|---|---|---|---|---|---|---|---|---|---|---|---|---|---|---|---|---|
| 음력 | 26 | 27 | 28 | 29 | 4.1 | 2 | 3 | 4 | 5 | 6 | 7 | 8 | 9 | 10 | 11 | 12 | 13 | 14 | 15 | 16 | 17 | 18 | 19 | 20 | 21 | 22 | 23 | 24 | 25 | 26 | 27 |
| 요일 | 木 | 金 | 土 | 日 | 月 | 火 | 水 | 木 | 金 | 土 | 日 | 月 | 火 | 水 | 木 | 金 | 土 | 日 | 月 | 火 | 水 | 木 | 金 | 土 | 日 | 月 | 火 | 水 | 木 | 金 | 土 |
| 일진 | 辛丑 | 壬寅 | 癸卯 | 甲辰 | 乙巳 | 丙午 | 丁未 | 戊申 | 己酉 | 庚戌 | 辛亥 | 壬子 | 癸丑 | 甲寅 | 乙卯 | 丙辰 | 丁巳 | 戊午 | 己未 | 庚申 | 辛酉 | 壬戌 | 癸亥 | 甲子 | 乙丑 | 丙寅 | 丁卯 | 戊辰 | 己巳 | 庚午 | 辛未 |
| 대운 남 | 1 | 1 | 1 | 1 | 입 | 10 | 10 | 9 | 9 | 9 | 8 | 8 | 8 | 7 | 7 | 7 | 6 | 6 | 6 | 5 | 5 | 5 | 4 | 4 | 4 | 3 | 3 | 3 | 2 | 2 | 2 |
| 대운 녀 | 9 | 9 | 10 | 10 | 하 | 1 | 1 | 1 | 1 | 2 | 2 | 2 | 3 | 3 | 3 | 4 | 4 | 4 | 5 | 5 | 5 | 6 | 6 | 6 | 7 | 7 | 7 | 8 | 8 | 8 | 9 |

망종 5일 16시11분

## 6 · 戊午月(양 6.5~7.6)

하지 21일 08시59분

| 양력 | 1 | 2 | 3 | 4 | 5 | 6 | 7 | 8 | 9 | 10 | 11 | 12 | 13 | 14 | 15 | 16 | 17 | 18 | 19 | 20 | 21 | 22 | 23 | 24 | 25 | 26 | 27 | 28 | 29 | 30 |
|---|---|---|---|---|---|---|---|---|---|---|---|---|---|---|---|---|---|---|---|---|---|---|---|---|---|---|---|---|---|---|
| 음력 | 28 | 29 | 30 | 5.1 | 2 | 3 | 4 | 5 | 6 | 7 | 8 | 9 | 10 | 11 | 12 | 13 | 14 | 15 | 16 | 17 | 18 | 19 | 20 | 21 | 22 | 23 | 24 | 25 | 26 | 27 |
| 요일 | 日 | 月 | 火 | 水 | 木 | 金 | 土 | 日 | 月 | 火 | 水 | 木 | 金 | 土 | 日 | 月 | 火 | 水 | 木 | 金 | 土 | 日 | 月 | 火 | 水 | 木 | 金 | 土 | 日 | 月 |
| 일진 | 壬申 | 癸酉 | 甲戌 | 乙亥 | 丙子 | 丁丑 | 戊寅 | 己卯 | 庚辰 | 辛巳 | 壬午 | 癸未 | 甲申 | 乙酉 | 丙戌 | 丁亥 | 戊子 | 己丑 | 庚寅 | 辛卯 | 壬辰 | 癸巳 | 甲午 | 乙未 | 丙申 | 丁酉 | 戊戌 | 己亥 | 庚子 | 辛丑 |
| 대운 남 | 1 | 1 | 1 | 1 | 망 | 10 | 10 | 10 | 9 | 9 | 9 | 8 | 8 | 8 | 7 | 7 | 7 | 6 | 6 | 6 | 5 | 5 | 5 | 4 | 4 | 4 | 3 | 3 | 3 | 2 |
| 대운 녀 | 9 | 9 | 10 | 10 | 종 | 1 | 1 | 1 | 1 | 2 | 2 | 2 | 3 | 3 | 3 | 4 | 4 | 4 | 5 | 5 | 5 | 6 | 6 | 6 | 7 | 7 | 7 | 8 | 8 | 8 |

# 戊子年

동경135도표준시

소서 7일 02시26분

## 7 · 己未月(양 7.7~8.6)

대서 22일 19시54분

| 양력 | 1 | 2 | 3 | 4 | 5 | 6 | 7 | 8 | 9 | 10 | 11 | 12 | 13 | 14 | 15 | 16 | 17 | 18 | 19 | 20 | 21 | 22 | 23 | 24 | 25 | 26 | 27 | 28 | 29 | 30 | 31 |
|---|---|---|---|---|---|---|---|---|---|---|---|---|---|---|---|---|---|---|---|---|---|---|---|---|---|---|---|---|---|---|---|
| 음력 | 28 | 29 | 6.1 | 2 | 3 | 4 | 5 | 6 | 7 | 8 | 9 | 10 | 11 | 12 | 13 | 14 | 15 | 16 | 17 | 18 | 19 | 20 | 21 | 22 | 23 | 24 | 25 | 26 | 27 | 28 | 29 |
| 요일 | 火 | 水 | 木 | 金 | 土 | 日 | 月 | 火 | 水 | 木 | 金 | 土 | 日 | 月 | 火 | 水 | 木 | 金 | 土 | 日 | 月 | 火 | 水 | 木 | 金 | 土 | 日 | 月 | 火 | 水 | 木 |
| 일진 | 壬寅 | 癸卯 | 甲辰 | 乙巳 | 丙午 | 丁未 | 戊申 | 己酉 | 庚戌 | 辛亥 | 壬子 | 癸丑 | 甲寅 | 乙卯 | 丙辰 | 丁巳 | 戊午 | 己未 | 庚申 | 辛酉 | 壬戌 | 癸亥 | 甲子 | 乙丑 | 丙寅 | 丁卯 | 戊辰 | 己巳 | 庚午 | 辛未 | 壬申 |
| 대운 남 | 2 | 2 | 1 | 1 | 1 | 1 | 소 | 10 | 10 | 9 | 9 | 9 | 8 | 8 | 8 | 7 | 7 | 7 | 6 | 6 | 6 | 5 | 5 | 5 | 4 | 4 | 4 | 3 | 3 | 3 | 2 |
| 대운 녀 | 9 | 9 | 9 | 10 | 10 | 10 | 서 | 1 | 1 | 1 | 1 | 2 | 2 | 2 | 3 | 3 | 3 | 4 | 4 | 4 | 5 | 5 | 5 | 6 | 6 | 6 | 7 | 7 | 7 | 8 | 8 |

입추 7일 12시15분

## 8 · 庚申月(양 8.7~9.6)

처서 23일 03시01분

| 양력 | 1 | 2 | 3 | 4 | 5 | 6 | 7 | 8 | 9 | 10 | 11 | 12 | 13 | 14 | 15 | 16 | 17 | 18 | 19 | 20 | 21 | 22 | 23 | 24 | 25 | 26 | 27 | 28 | 29 | 30 | 31 |
|---|---|---|---|---|---|---|---|---|---|---|---|---|---|---|---|---|---|---|---|---|---|---|---|---|---|---|---|---|---|---|---|
| 음력 | 7.1 | 2 | 3 | 4 | 5 | 6 | 7 | 8 | 9 | 10 | 11 | 12 | 13 | 14 | 15 | 16 | 17 | 18 | 19 | 20 | 21 | 22 | 23 | 24 | 25 | 26 | 27 | 28 | 29 | 30 | 8.1 |
| 요일 | 金 | 土 | 日 | 月 | 火 | 水 | 木 | 金 | 土 | 日 | 月 | 火 | 水 | 木 | 金 | 土 | 日 | 月 | 火 | 水 | 木 | 金 | 土 | 日 | 月 | 火 | 水 | 木 | 金 | 土 | 日 |
| 일진 | 癸酉 | 甲戌 | 乙亥 | 丙子 | 丁丑 | 戊寅 | 己卯 | 庚辰 | 辛巳 | 壬午 | 癸未 | 甲申 | 乙酉 | 丙戌 | 丁亥 | 戊子 | 己丑 | 庚寅 | 辛卯 | 壬辰 | 癸巳 | 甲午 | 乙未 | 丙申 | 丁酉 | 戊戌 | 己亥 | 庚子 | 辛丑 | 壬寅 | 癸卯 |
| 대운 남 | 2 | 2 | 1 | 1 | 1 | 1 | 입 | 10 | 10 | 9 | 9 | 9 | 8 | 8 | 8 | 7 | 7 | 7 | 6 | 6 | 6 | 5 | 5 | 5 | 4 | 4 | 4 | 3 | 3 | 3 | 2 |
| 대운 녀 | 8 | 9 | 9 | 9 | 10 | 10 | 추 | 1 | 1 | 1 | 1 | 2 | 2 | 2 | 3 | 3 | 3 | 4 | 4 | 4 | 5 | 5 | 5 | 6 | 6 | 6 | 7 | 7 | 7 | 8 | 8 |

백로 7일 15시13분

## 9 · 辛酉月(양 9.7~10.7)

추분 23일 00시44분

| 양력 | 1 | 2 | 3 | 4 | 5 | 6 | 7 | 8 | 9 | 10 | 11 | 12 | 13 | 14 | 15 | 16 | 17 | 18 | 19 | 20 | 21 | 22 | 23 | 24 | 25 | 26 | 27 | 28 | 29 | 30 |
|---|---|---|---|---|---|---|---|---|---|---|---|---|---|---|---|---|---|---|---|---|---|---|---|---|---|---|---|---|---|---|
| 음력 | 2 | 3 | 4 | 5 | 6 | 7 | 8 | 9 | 10 | 11 | 12 | 13 | 14 | 15 | 16 | 17 | 18 | 19 | 20 | 21 | 22 | 23 | 24 | 25 | 26 | 27 | 28 | 29 | 9.1 | 2 |
| 요일 | 月 | 火 | 水 | 木 | 金 | 土 | 日 | 月 | 火 | 水 | 木 | 金 | 土 | 日 | 月 | 火 | 水 | 木 | 金 | 土 | 日 | 月 | 火 | 水 | 木 | 金 | 土 | 日 | 月 | 火 |
| 일진 | 甲辰 | 乙巳 | 丙午 | 丁未 | 戊申 | 己酉 | 庚戌 | 辛亥 | 壬子 | 癸丑 | 甲寅 | 乙卯 | 丙辰 | 丁巳 | 戊午 | 己未 | 庚申 | 辛酉 | 壬戌 | 癸亥 | 甲子 | 乙丑 | 丙寅 | 丁卯 | 戊辰 | 己巳 | 庚午 | 辛未 | 壬申 | 癸酉 |
| 대운 남 | 2 | 2 | 1 | 1 | 1 | 1 | 백 | 10 | 10 | 9 | 9 | 9 | 8 | 8 | 8 | 7 | 7 | 7 | 6 | 6 | 6 | 5 | 5 | 5 | 4 | 4 | 4 | 3 | 3 | 3 |
| 대운 녀 | 8 | 9 | 9 | 9 | 10 | 10 | 로 | 1 | 1 | 1 | 1 | 2 | 2 | 2 | 3 | 3 | 3 | 4 | 4 | 4 | 5 | 5 | 5 | 6 | 6 | 6 | 7 | 7 | 7 | 8 |

한로 8일 06시56분

## 10 · 壬戌月(양 10.8~11.6)

상강 23일 10시08분

| 양력 | 1 | 2 | 3 | 4 | 5 | 6 | 7 | 8 | 9 | 10 | 11 | 12 | 13 | 14 | 15 | 16 | 17 | 18 | 19 | 20 | 21 | 22 | 23 | 24 | 25 | 26 | 27 | 28 | 29 | 30 | 31 |
|---|---|---|---|---|---|---|---|---|---|---|---|---|---|---|---|---|---|---|---|---|---|---|---|---|---|---|---|---|---|---|---|
| 음력 | 3 | 4 | 5 | 6 | 7 | 8 | 9 | 10 | 11 | 12 | 13 | 14 | 15 | 16 | 17 | 18 | 19 | 20 | 21 | 22 | 23 | 24 | 25 | 26 | 27 | 28 | 29 | 30 | 10.1 | 2 | 3 |
| 요일 | 水 | 木 | 金 | 土 | 日 | 月 | 火 | 水 | 木 | 金 | 土 | 日 | 月 | 火 | 水 | 木 | 金 | 土 | 日 | 月 | 火 | 水 | 木 | 金 | 土 | 日 | 月 | 火 | 水 | 木 | 金 |
| 일진 | 甲戌 | 乙亥 | 丙子 | 丁丑 | 戊寅 | 己卯 | 庚辰 | 辛巳 | 壬午 | 癸未 | 甲申 | 乙酉 | 丙戌 | 丁亥 | 戊子 | 己丑 | 庚寅 | 辛卯 | 壬辰 | 癸巳 | 甲午 | 乙未 | 丙申 | 丁酉 | 戊戌 | 己亥 | 庚子 | 辛丑 | 壬寅 | 癸卯 | 甲辰 |
| 대운 남 | 2 | 2 | 2 | 1 | 1 | 1 | 1 | 한 | 10 | 9 | 9 | 9 | 8 | 8 | 8 | 7 | 7 | 7 | 6 | 6 | 6 | 5 | 5 | 5 | 4 | 4 | 4 | 3 | 3 | 3 | 2 |
| 대운 녀 | 8 | 8 | 9 | 9 | 9 | 10 | 10 | 로 | 1 | 1 | 1 | 1 | 2 | 2 | 2 | 3 | 3 | 3 | 4 | 4 | 4 | 5 | 5 | 5 | 6 | 6 | 6 | 7 | 7 | 7 | 8 |

입동 7일 10시10분

## 11 · 癸亥月(양 11.7~12.6)

소설 22일 07시44분

| 양력 | 1 | 2 | 3 | 4 | 5 | 6 | 7 | 8 | 9 | 10 | 11 | 12 | 13 | 14 | 15 | 16 | 17 | 18 | 19 | 20 | 21 | 22 | 23 | 24 | 25 | 26 | 27 | 28 | 29 | 30 |
|---|---|---|---|---|---|---|---|---|---|---|---|---|---|---|---|---|---|---|---|---|---|---|---|---|---|---|---|---|---|---|
| 음력 | 4 | 5 | 6 | 7 | 8 | 9 | 10 | 11 | 12 | 13 | 14 | 15 | 16 | 17 | 18 | 19 | 20 | 21 | 22 | 23 | 24 | 25 | 26 | 27 | 28 | 29 | 30 | 11.1 | 2 | 3 |
| 요일 | 土 | 日 | 月 | 火 | 水 | 木 | 金 | 土 | 日 | 月 | 火 | 水 | 木 | 金 | 土 | 日 | 月 | 火 | 水 | 木 | 金 | 土 | 日 | 月 | 火 | 水 | 木 | 金 | 土 | 日 |
| 일진 | 乙巳 | 丙午 | 丁未 | 戊申 | 己酉 | 庚戌 | 辛亥 | 壬子 | 癸丑 | 甲寅 | 乙卯 | 丙辰 | 丁巳 | 戊午 | 己未 | 庚申 | 辛酉 | 壬戌 | 癸亥 | 甲子 | 乙丑 | 丙寅 | 丁卯 | 戊辰 | 己巳 | 庚午 | 辛未 | 壬申 | 癸酉 | 甲戌 |
| 대운 남 | 2 | 2 | 1 | 1 | 1 | 1 | 입 | 10 | 9 | 9 | 9 | 8 | 8 | 8 | 7 | 7 | 7 | 6 | 6 | 6 | 5 | 5 | 5 | 4 | 4 | 4 | 3 | 3 | 3 | 2 |
| 대운 녀 | 8 | 8 | 9 | 9 | 9 | 10 | 동 | 1 | 1 | 1 | 1 | 2 | 2 | 2 | 3 | 3 | 3 | 4 | 4 | 4 | 5 | 5 | 5 | 6 | 6 | 6 | 7 | 7 | 7 | 8 |

대설 7일 03시02분

## 12 · 甲子月(양 12.7~1.4)

동지 21일 21시03분

| 양력 | 1 | 2 | 3 | 4 | 5 | 6 | 7 | 8 | 9 | 10 | 11 | 12 | 13 | 14 | 15 | 16 | 17 | 18 | 19 | 20 | 21 | 22 | 23 | 24 | 25 | 26 | 27 | 28 | 29 | 30 | 31 |
|---|---|---|---|---|---|---|---|---|---|---|---|---|---|---|---|---|---|---|---|---|---|---|---|---|---|---|---|---|---|---|---|
| 음력 | 4 | 5 | 6 | 7 | 8 | 9 | 10 | 11 | 12 | 13 | 14 | 15 | 16 | 17 | 18 | 19 | 20 | 21 | 22 | 23 | 24 | 25 | 26 | 27 | 28 | 29 | 12.1 | 2 | 3 | 4 | 5 |
| 요일 | 月 | 火 | 水 | 木 | 金 | 土 | 日 | 月 | 火 | 水 | 木 | 金 | 土 | 日 | 月 | 火 | 水 | 木 | 金 | 土 | 日 | 月 | 火 | 水 | 木 | 金 | 土 | 日 | 月 | 火 | 水 |
| 일진 | 乙亥 | 丙子 | 丁丑 | 戊寅 | 己卯 | 庚辰 | 辛巳 | 壬午 | 癸未 | 甲申 | 乙酉 | 丙戌 | 丁亥 | 戊子 | 己丑 | 庚寅 | 辛卯 | 壬辰 | 癸巳 | 甲午 | 乙未 | 丙申 | 丁酉 | 戊戌 | 己亥 | 庚子 | 辛丑 | 壬寅 | 癸卯 | 甲辰 | 乙巳 |
| 대운 남 | 2 | 2 | 1 | 1 | 1 | 1 | 대 | 9 | 9 | 9 | 8 | 8 | 8 | 7 | 7 | 7 | 6 | 6 | 6 | 5 | 5 | 5 | 4 | 4 | 4 | 3 | 3 | 3 | 2 | 2 | 2 |
| 대운 녀 | 8 | 8 | 9 | 9 | 9 | 10 | 설 | 1 | 1 | 1 | 1 | 2 | 2 | 2 | 3 | 3 | 3 | 4 | 4 | 4 | 5 | 5 | 5 | 6 | 6 | 6 | 7 | 7 | 7 | 8 | 8 |

단기 4342년

# 2009년(윤5월)

## 1 · 乙丑月(양 1.5~2.3)

소한 5일 14시13분 　 대한 20일 07시40분

| 양력 | 1 | 2 | 3 | 4 | 5 | 6 | 7 | 8 | 9 | 10 | 11 | 12 | 13 | 14 | 15 | 16 | 17 | 18 | 19 | 20 | 21 | 22 | 23 | 24 | 25 | 26 | 27 | 28 | 29 | 30 | 31 |
|---|---|---|---|---|---|---|---|---|---|---|---|---|---|---|---|---|---|---|---|---|---|---|---|---|---|---|---|---|---|---|---|
| 음력 | 6 | 7 | 8 | 9 | 10 | 11 | 12 | 13 | 14 | 15 | 16 | 17 | 18 | 19 | 20 | 21 | 22 | 23 | 24 | 25 | 26 | 27 | 28 | 29 | 30 | 1.1 | 2 | 3 | 4 | 5 | 6 |
| 요일 | 木 | 金 | 土 | 日 | 月 | 火 | 水 | 木 | 金 | 土 | 日 | 月 | 火 | 水 | 木 | 金 | 土 | 日 | 月 | 火 | 水 | 木 | 金 | 土 | 日 | 月 | 火 | 水 | 木 | 金 | 土 |
| 일진 | 丙午 | 丁未 | 戊申 | 己酉 | 庚戌 | 辛亥 | 壬子 | 癸丑 | 甲寅 | 乙卯 | 丙辰 | 丁巳 | 戊午 | 己未 | 庚申 | 辛酉 | 壬戌 | 癸亥 | 甲子 | 乙丑 | 丙寅 | 丁卯 | 戊辰 | 己巳 | 庚午 | 辛未 | 壬申 | 癸酉 | 甲戌 | 乙亥 | 丙子 |
| 대운 남 | 1 | 1 | 1 | 1 | 소 | 10 | 9 | 9 | 9 | 8 | 8 | 8 | 7 | 7 | 7 | 6 | 6 | 6 | 5 | 5 | 5 | 4 | 4 | 4 | 3 | 3 | 3 | 2 | 2 | 2 | 1 |
| 대운 녀 | 8 | 9 | 9 | 9 | 한 | 1 | 1 | 1 | 1 | 2 | 2 | 2 | 3 | 3 | 3 | 4 | 4 | 4 | 5 | 5 | 5 | 6 | 6 | 6 | 7 | 7 | 7 | 8 | 8 | 8 | 9 |

## 2 · 丙寅月(양 2.4~3.4)

입춘 4일 01시49분 　 우수 18일 21시45분

| 양력 | 1 | 2 | 3 | 4 | 5 | 6 | 7 | 8 | 9 | 10 | 11 | 12 | 13 | 14 | 15 | 16 | 17 | 18 | 19 | 20 | 21 | 22 | 23 | 24 | 25 | 26 | 27 | 28 |
|---|---|---|---|---|---|---|---|---|---|---|---|---|---|---|---|---|---|---|---|---|---|---|---|---|---|---|---|---|
| 음력 | 7 | 8 | 9 | 10 | 11 | 12 | 13 | 14 | 15 | 16 | 17 | 18 | 19 | 20 | 21 | 22 | 23 | 24 | 25 | 26 | 27 | 28 | 29 | 30 | 2.1 | 2 | 3 | 4 |
| 요일 | 日 | 月 | 火 | 水 | 木 | 金 | 土 | 日 | 月 | 火 | 水 | 木 | 金 | 土 | 日 | 月 | 火 | 水 | 木 | 金 | 土 | 日 | 月 | 火 | 水 | 木 | 金 | 土 |
| 일진 | 丁丑 | 戊寅 | 己卯 | 庚辰 | 辛巳 | 壬午 | 癸未 | 甲申 | 乙酉 | 丙戌 | 丁亥 | 戊子 | 己丑 | 庚寅 | 辛卯 | 壬辰 | 癸巳 | 甲午 | 乙未 | 丙申 | 丁酉 | 戊戌 | 己亥 | 庚子 | 辛丑 | 壬寅 | 癸卯 | 甲辰 |
| 대운 남 | 1 | 1 | 1 | 입 | 1 | 1 | 1 | 1 | 2 | 2 | 2 | 3 | 3 | 3 | 4 | 4 | 4 | 5 | 5 | 5 | 6 | 6 | 6 | 7 | 7 | 7 | 8 | 8 |
| 대운 녀 | 9 | 9 | 10 | 춘 | 9 | 9 | 9 | 8 | 8 | 8 | 7 | 7 | 7 | 6 | 6 | 6 | 5 | 5 | 5 | 4 | 4 | 4 | 3 | 3 | 3 | 2 | 2 | 2 |

## 3 · 丁卯月(양 3.5~4.4)

경칩 5일 19시47분 　 춘분 20일 20시43분

| 양력 | 1 | 2 | 3 | 4 | 5 | 6 | 7 | 8 | 9 | 10 | 11 | 12 | 13 | 14 | 15 | 16 | 17 | 18 | 19 | 20 | 21 | 22 | 23 | 24 | 25 | 26 | 27 | 28 | 29 | 30 | 31 |
|---|---|---|---|---|---|---|---|---|---|---|---|---|---|---|---|---|---|---|---|---|---|---|---|---|---|---|---|---|---|---|---|
| 음력 | 5 | 6 | 7 | 8 | 9 | 10 | 11 | 12 | 13 | 14 | 15 | 16 | 17 | 18 | 19 | 20 | 21 | 22 | 23 | 24 | 25 | 26 | 27 | 28 | 29 | 30 | 3.1 | 2 | 3 | 4 | 5 |
| 요일 | 日 | 月 | 火 | 水 | 木 | 金 | 土 | 日 | 月 | 火 | 水 | 木 | 金 | 土 | 日 | 月 | 火 | 水 | 木 | 金 | 土 | 日 | 月 | 火 | 水 | 木 | 金 | 土 | 日 | 月 | 火 |
| 일진 | 乙巳 | 丙午 | 丁未 | 戊申 | 己酉 | 庚戌 | 辛亥 | 壬子 | 癸丑 | 甲寅 | 乙卯 | 丙辰 | 丁巳 | 戊午 | 己未 | 庚申 | 辛酉 | 壬戌 | 癸亥 | 甲子 | 乙丑 | 丙寅 | 丁卯 | 戊辰 | 己巳 | 庚午 | 辛未 | 壬申 | 癸酉 | 甲戌 | 乙亥 |
| 대운 남 | 8 | 9 | 9 | 9 | 경 | 1 | 1 | 1 | 1 | 2 | 2 | 2 | 3 | 3 | 3 | 4 | 4 | 4 | 5 | 5 | 5 | 6 | 6 | 6 | 7 | 7 | 7 | 8 | 8 | 8 | 9 |
| 대운 녀 | 1 | 1 | 1 | 1 | 칩 | 10 | 10 | 9 | 9 | 9 | 8 | 8 | 8 | 7 | 7 | 7 | 6 | 6 | 6 | 5 | 5 | 5 | 4 | 4 | 4 | 3 | 3 | 3 | 2 | 2 | 2 |

## 4 · 戊辰月(양 4.5~5.4)

청명 5일 00시33분 　 곡우 20일 07시44분

| 양력 | 1 | 2 | 3 | 4 | 5 | 6 | 7 | 8 | 9 | 10 | 11 | 12 | 13 | 14 | 15 | 16 | 17 | 18 | 19 | 20 | 21 | 22 | 23 | 24 | 25 | 26 | 27 | 28 | 29 | 30 |
|---|---|---|---|---|---|---|---|---|---|---|---|---|---|---|---|---|---|---|---|---|---|---|---|---|---|---|---|---|---|---|
| 음력 | 6 | 7 | 8 | 9 | 10 | 11 | 12 | 13 | 14 | 15 | 16 | 17 | 18 | 19 | 20 | 21 | 22 | 23 | 24 | 25 | 26 | 27 | 28 | 29 | 4.1 | 2 | 3 | 4 | 5 | 6 |
| 요일 | 水 | 木 | 金 | 土 | 日 | 月 | 火 | 水 | 木 | 金 | 土 | 日 | 月 | 火 | 水 | 木 | 金 | 土 | 日 | 月 | 火 | 水 | 木 | 金 | 土 | 日 | 月 | 火 | 水 | 木 |
| 일진 | 丙子 | 丁丑 | 戊寅 | 己卯 | 庚辰 | 辛巳 | 壬午 | 癸未 | 甲申 | 乙酉 | 丙戌 | 丁亥 | 戊子 | 己丑 | 庚寅 | 辛卯 | 壬辰 | 癸巳 | 甲午 | 乙未 | 丙申 | 丁酉 | 戊戌 | 己亥 | 庚子 | 辛丑 | 壬寅 | 癸卯 | 甲辰 | 乙巳 |
| 대운 남 | 9 | 9 | 10 | 10 | 청 | 1 | 1 | 1 | 1 | 2 | 2 | 2 | 3 | 3 | 3 | 4 | 4 | 4 | 5 | 5 | 5 | 6 | 6 | 6 | 7 | 7 | 7 | 8 | 8 | 8 |
| 대운 녀 | 1 | 1 | 1 | 1 | 명 | 10 | 9 | 9 | 9 | 8 | 8 | 8 | 7 | 7 | 7 | 6 | 6 | 6 | 5 | 5 | 5 | 4 | 4 | 4 | 3 | 3 | 3 | 2 | 2 | 2 |

## 5 · 己巳月(양 5.5~6.4)

입하 5일 17시50분 　 소만 21일 06시50분

| 양력 | 1 | 2 | 3 | 4 | 5 | 6 | 7 | 8 | 9 | 10 | 11 | 12 | 13 | 14 | 15 | 16 | 17 | 18 | 19 | 20 | 21 | 22 | 23 | 24 | 25 | 26 | 27 | 28 | 29 | 30 | 31 |
|---|---|---|---|---|---|---|---|---|---|---|---|---|---|---|---|---|---|---|---|---|---|---|---|---|---|---|---|---|---|---|---|
| 음력 | 7 | 8 | 9 | 10 | 11 | 12 | 13 | 14 | 15 | 16 | 17 | 18 | 19 | 20 | 21 | 22 | 23 | 24 | 25 | 26 | 27 | 28 | 29 | 5.1 | 2 | 3 | 4 | 5 | 6 | 7 | 8 |
| 요일 | 金 | 土 | 日 | 月 | 火 | 水 | 木 | 金 | 土 | 日 | 月 | 火 | 水 | 木 | 金 | 土 | 日 | 月 | 火 | 水 | 木 | 金 | 土 | 日 | 月 | 火 | 水 | 木 | 金 | 土 | 日 |
| 일진 | 丙午 | 丁未 | 戊申 | 己酉 | 庚戌 | 辛亥 | 壬子 | 癸丑 | 甲寅 | 乙卯 | 丙辰 | 丁巳 | 戊午 | 己未 | 庚申 | 辛酉 | 壬戌 | 癸亥 | 甲子 | 乙丑 | 丙寅 | 丁卯 | 戊辰 | 己巳 | 庚午 | 辛未 | 壬申 | 癸酉 | 甲戌 | 乙亥 | 丙子 |
| 대운 남 | 9 | 9 | 9 | 10 | 입 | 1 | 1 | 1 | 1 | 2 | 2 | 2 | 3 | 3 | 3 | 4 | 4 | 4 | 5 | 5 | 5 | 6 | 6 | 6 | 7 | 7 | 7 | 8 | 8 | 8 | 9 |
| 대운 녀 | 1 | 1 | 1 | 1 | 하 | 10 | 10 | 9 | 9 | 9 | 8 | 8 | 8 | 7 | 7 | 7 | 6 | 6 | 6 | 5 | 5 | 5 | 4 | 4 | 4 | 3 | 3 | 3 | 2 | 2 | 2 |

## 6 · 庚午月(양 6.5~7.6)

망종 5일 21시58분 　 하지 21일 14시45분

| 양력 | 1 | 2 | 3 | 4 | 5 | 6 | 7 | 8 | 9 | 10 | 11 | 12 | 13 | 14 | 15 | 16 | 17 | 18 | 19 | 20 | 21 | 22 | 23 | 24 | 25 | 26 | 27 | 28 | 29 | 30 |
|---|---|---|---|---|---|---|---|---|---|---|---|---|---|---|---|---|---|---|---|---|---|---|---|---|---|---|---|---|---|---|
| 음력 | 9 | 10 | 11 | 12 | 13 | 14 | 15 | 16 | 17 | 18 | 19 | 20 | 21 | 22 | 23 | 24 | 25 | 26 | 27 | 28 | 29 | 30 | 윤 | 5.2 | 3 | 4 | 5 | 6 | 7 | 8 |
| 요일 | 月 | 火 | 水 | 木 | 金 | 土 | 日 | 月 | 火 | 水 | 木 | 金 | 土 | 日 | 月 | 火 | 水 | 木 | 金 | 土 | 日 | 月 | 火 | 水 | 木 | 金 | 土 | 日 | 月 | 火 |
| 일진 | 丁丑 | 戊寅 | 己卯 | 庚辰 | 辛巳 | 壬午 | 癸未 | 甲申 | 乙酉 | 丙戌 | 丁亥 | 戊子 | 己丑 | 庚寅 | 辛卯 | 壬辰 | 癸巳 | 甲午 | 乙未 | 丙申 | 丁酉 | 戊戌 | 己亥 | 庚子 | 辛丑 | 壬寅 | 癸卯 | 甲辰 | 乙巳 | 丙午 |
| 대운 남 | 9 | 9 | 10 | 10 | 망 | 1 | 1 | 1 | 1 | 2 | 2 | 2 | 3 | 3 | 3 | 4 | 4 | 4 | 5 | 5 | 5 | 6 | 6 | 6 | 7 | 7 | 7 | 8 | 8 | 8 |
| 대운 녀 | 1 | 1 | 1 | 1 | 종 | 10 | 10 | 10 | 9 | 9 | 9 | 8 | 8 | 8 | 7 | 7 | 7 | 6 | 6 | 6 | 5 | 5 | 5 | 4 | 4 | 4 | 3 | 3 | 3 | 2 |

# 己丑年

동경135도표준시

소서 7일 08시13분

## 7 · 辛未月(양 7.7~8.6)

대서 23일 01시35분

| 양력 | 1 | 2 | 3 | 4 | 5 | 6 | 7 | 8 | 9 | 10 | 11 | 12 | 13 | 14 | 15 | 16 | 17 | 18 | 19 | 20 | 21 | 22 | 23 | 24 | 25 | 26 | 27 | 28 | 29 | 30 | 31 |
|---|---|---|---|---|---|---|---|---|---|---|---|---|---|---|---|---|---|---|---|---|---|---|---|---|---|---|---|---|---|---|---|
| 음력 | 9 | 10 | 11 | 12 | 13 | 14 | 15 | 16 | 17 | 18 | 19 | 20 | 21 | 22 | 23 | 24 | 25 | 26 | 27 | 28 | 29 | 6.1 | 2 | 3 | 4 | 5 | 6 | 7 | 8 | 9 | 10 |
| 요일 | 水 | 木 | 金 | 土 | 日 | 月 | 火 | 水 | 木 | 金 | 土 | 日 | 月 | 火 | 水 | 木 | 金 | 土 | 日 | 月 | 火 | 水 | 木 | 金 | 土 | 日 | 月 | 火 | 水 | 木 | 金 |
| 일진 | 丁未 | 戊申 | 己酉 | 庚戌 | 辛亥 | 壬子 | 癸丑 | 甲寅 | 乙卯 | 丙辰 | 丁巳 | 戊午 | 己未 | 庚申 | 辛酉 | 壬戌 | 癸亥 | 甲子 | 乙丑 | 丙寅 | 丁卯 | 戊辰 | 己巳 | 庚午 | 辛未 | 壬申 | 癸酉 | 甲戌 | 乙亥 | 丙子 | 丁丑 |
| 대운 남 | 9 | 9 | 9 | 10 | 10 | 10 | 소 | 1 | 1 | 1 | 1 | 2 | 2 | 2 | 3 | 3 | 3 | 4 | 4 | 4 | 5 | 5 | 5 | 6 | 6 | 6 | 7 | 7 | 7 | 8 | 8 |
| 대운 녀 | 2 | 2 | 1 | 1 | 1 | 1 | 서 | 10 | 10 | 9 | 9 | 9 | 8 | 8 | 8 | 7 | 7 | 7 | 6 | 6 | 6 | 5 | 5 | 5 | 4 | 4 | 4 | 3 | 3 | 3 | 2 |

입추 7일 18시00분

## 8 · 壬申月(양 8.7~9.6)

처서 23일 08시38분

| 양력 | 1 | 2 | 3 | 4 | 5 | 6 | 7 | 8 | 9 | 10 | 11 | 12 | 13 | 14 | 15 | 16 | 17 | 18 | 19 | 20 | 21 | 22 | 23 | 24 | 25 | 26 | 27 | 28 | 29 | 30 | 31 |
|---|---|---|---|---|---|---|---|---|---|---|---|---|---|---|---|---|---|---|---|---|---|---|---|---|---|---|---|---|---|---|---|
| 음력 | 11 | 12 | 13 | 14 | 15 | 16 | 17 | 18 | 19 | 20 | 21 | 22 | 23 | 24 | 25 | 26 | 27 | 28 | 29 | 7.1 | 2 | 3 | 4 | 5 | 6 | 7 | 8 | 9 | 10 | 11 | 12 |
| 요일 | 土 | 日 | 月 | 火 | 水 | 木 | 金 | 土 | 日 | 月 | 火 | 水 | 木 | 金 | 土 | 日 | 月 | 火 | 水 | 木 | 金 | 土 | 日 | 月 | 火 | 水 | 木 | 金 | 土 | 日 | 月 |
| 일진 | 戊寅 | 己卯 | 庚辰 | 辛巳 | 壬午 | 癸未 | 甲申 | 乙酉 | 丙戌 | 丁亥 | 戊子 | 己丑 | 庚寅 | 辛卯 | 壬辰 | 癸巳 | 甲午 | 乙未 | 丙申 | 丁酉 | 戊戌 | 己亥 | 庚子 | 辛丑 | 壬寅 | 癸卯 | 甲辰 | 乙巳 | 丙午 | 丁未 | 戊申 |
| 대운 남 | 8 | 9 | 9 | 9 | 10 | 10 | 입 | 1 | 1 | 1 | 1 | 2 | 2 | 2 | 3 | 3 | 3 | 4 | 4 | 4 | 5 | 5 | 5 | 6 | 6 | 6 | 7 | 7 | 7 | 8 | 8 |
| 대운 녀 | 2 | 2 | 1 | 1 | 1 | 1 | 추 | 10 | 10 | 9 | 9 | 9 | 8 | 8 | 8 | 7 | 7 | 7 | 6 | 6 | 6 | 5 | 5 | 5 | 4 | 4 | 4 | 3 | 3 | 3 | 2 |

백로 7일 20시57분

## 9 · 癸酉月(양 9.7~10.7)

추분 23일 06시18분

| 양력 | 1 | 2 | 3 | 4 | 5 | 6 | 7 | 8 | 9 | 10 | 11 | 12 | 13 | 14 | 15 | 16 | 17 | 18 | 19 | 20 | 21 | 22 | 23 | 24 | 25 | 26 | 27 | 28 | 29 | 30 |
|---|---|---|---|---|---|---|---|---|---|---|---|---|---|---|---|---|---|---|---|---|---|---|---|---|---|---|---|---|---|---|
| 음력 | 13 | 14 | 15 | 16 | 17 | 18 | 19 | 20 | 21 | 22 | 23 | 24 | 25 | 26 | 27 | 28 | 29 | 30 | 8.1 | 2 | 3 | 4 | 5 | 6 | 7 | 8 | 9 | 10 | 11 | 12 |
| 요일 | 火 | 水 | 木 | 金 | 土 | 日 | 月 | 火 | 水 | 木 | 金 | 土 | 日 | 月 | 火 | 水 | 木 | 金 | 土 | 日 | 月 | 火 | 水 | 木 | 金 | 土 | 日 | 月 | 火 | 水 |
| 일진 | 己酉 | 庚戌 | 辛亥 | 壬子 | 癸丑 | 甲寅 | 乙卯 | 丙辰 | 丁巳 | 戊午 | 己未 | 庚申 | 辛酉 | 壬戌 | 癸亥 | 甲子 | 乙丑 | 丙寅 | 丁卯 | 戊辰 | 己巳 | 庚午 | 辛未 | 壬申 | 癸酉 | 甲戌 | 乙亥 | 丙子 | 丁丑 | 戊寅 |
| 대운 남 | 8 | 9 | 9 | 9 | 10 | 10 | 백 | 1 | 1 | 1 | 1 | 2 | 2 | 2 | 3 | 3 | 3 | 4 | 4 | 4 | 5 | 5 | 5 | 6 | 6 | 6 | 7 | 7 | 7 | 8 |
| 대운 녀 | 2 | 2 | 1 | 1 | 1 | 1 | 로 | 10 | 10 | 9 | 9 | 9 | 8 | 8 | 8 | 7 | 7 | 7 | 6 | 6 | 6 | 5 | 5 | 5 | 4 | 4 | 4 | 3 | 3 | 3 |

한로 8일 12시39분

## 10 · 甲戌月(양 10.8~11.6)

상강 23일 15시43분

| 양력 | 1 | 2 | 3 | 4 | 5 | 6 | 7 | 8 | 9 | 10 | 11 | 12 | 13 | 14 | 15 | 16 | 17 | 18 | 19 | 20 | 21 | 22 | 23 | 24 | 25 | 26 | 27 | 28 | 29 | 30 | 31 |
|---|---|---|---|---|---|---|---|---|---|---|---|---|---|---|---|---|---|---|---|---|---|---|---|---|---|---|---|---|---|---|---|
| 음력 | 13 | 14 | 15 | 16 | 17 | 18 | 19 | 20 | 21 | 22 | 23 | 24 | 25 | 26 | 27 | 28 | 29 | 9.1 | 2 | 3 | 4 | 5 | 6 | 7 | 8 | 9 | 10 | 11 | 12 | 13 | 14 |
| 요일 | 木 | 金 | 土 | 日 | 月 | 火 | 水 | 木 | 金 | 土 | 日 | 月 | 火 | 水 | 木 | 金 | 土 | 日 | 月 | 火 | 水 | 木 | 金 | 土 | 日 | 月 | 火 | 水 | 木 | 金 | 土 |
| 일진 | 己卯 | 庚辰 | 辛巳 | 壬午 | 癸未 | 甲申 | 乙酉 | 丙戌 | 丁亥 | 戊子 | 己丑 | 庚寅 | 辛卯 | 壬辰 | 癸巳 | 甲午 | 乙未 | 丙申 | 丁酉 | 戊戌 | 己亥 | 庚子 | 辛丑 | 壬寅 | 癸卯 | 甲辰 | 乙巳 | 丙午 | 丁未 | 戊申 | 己酉 |
| 대운 남 | 8 | 8 | 9 | 9 | 9 | 10 | 10 | 한 | 1 | 1 | 1 | 1 | 2 | 2 | 2 | 3 | 3 | 3 | 4 | 4 | 4 | 5 | 5 | 5 | 6 | 6 | 6 | 7 | 7 | 7 | 8 |
| 대운 녀 | 2 | 2 | 2 | 1 | 1 | 1 | 1 | 로 | 10 | 9 | 9 | 9 | 8 | 8 | 8 | 7 | 7 | 7 | 6 | 6 | 6 | 5 | 5 | 5 | 4 | 4 | 4 | 3 | 3 | 3 | 2 |

입동 7일 15시55분

## 11 · 乙亥月(양 11.7~12.6)

소설 22일 13시22분

| 양력 | 1 | 2 | 3 | 4 | 5 | 6 | 7 | 8 | 9 | 10 | 11 | 12 | 13 | 14 | 15 | 16 | 17 | 18 | 19 | 20 | 21 | 22 | 23 | 24 | 25 | 26 | 27 | 28 | 29 | 30 |
|---|---|---|---|---|---|---|---|---|---|---|---|---|---|---|---|---|---|---|---|---|---|---|---|---|---|---|---|---|---|---|
| 음력 | 15 | 16 | 17 | 18 | 19 | 20 | 21 | 22 | 23 | 24 | 25 | 26 | 27 | 28 | 29 | 30 | 10.1 | 2 | 3 | 4 | 5 | 6 | 7 | 8 | 9 | 10 | 11 | 12 | 13 | 14 |
| 요일 | 日 | 月 | 火 | 水 | 木 | 金 | 土 | 日 | 月 | 火 | 水 | 木 | 金 | 土 | 日 | 月 | 火 | 水 | 木 | 金 | 土 | 日 | 月 | 火 | 水 | 木 | 金 | 土 | 日 | 月 |
| 일진 | 庚戌 | 辛亥 | 壬子 | 癸丑 | 甲寅 | 乙卯 | 丙辰 | 丁巳 | 戊午 | 己未 | 庚申 | 辛酉 | 壬戌 | 癸亥 | 甲子 | 乙丑 | 丙寅 | 丁卯 | 戊辰 | 己巳 | 庚午 | 辛未 | 壬申 | 癸酉 | 甲戌 | 乙亥 | 丙子 | 丁丑 | 戊寅 | 己卯 |
| 대운 남 | 8 | 8 | 9 | 9 | 9 | 10 | 입 | 1 | 1 | 1 | 1 | 2 | 2 | 2 | 3 | 3 | 3 | 4 | 4 | 4 | 5 | 5 | 5 | 6 | 6 | 6 | 7 | 7 | 7 | 8 |
| 대운 녀 | 2 | 2 | 1 | 1 | 1 | 1 | 동 | 10 | 9 | 9 | 9 | 8 | 8 | 8 | 7 | 7 | 7 | 6 | 6 | 6 | 5 | 5 | 5 | 4 | 4 | 4 | 3 | 3 | 3 | 2 |

대설 7일 08시51분

## 12 · 丙子月(양 12.7~1.4)

동지 22일 02시46분

| 양력 | 1 | 2 | 3 | 4 | 5 | 6 | 7 | 8 | 9 | 10 | 11 | 12 | 13 | 14 | 15 | 16 | 17 | 18 | 19 | 20 | 21 | 22 | 23 | 24 | 25 | 26 | 27 | 28 | 29 | 30 | 31 |
|---|---|---|---|---|---|---|---|---|---|---|---|---|---|---|---|---|---|---|---|---|---|---|---|---|---|---|---|---|---|---|---|
| 음력 | 15 | 16 | 17 | 18 | 19 | 20 | 21 | 22 | 23 | 24 | 25 | 26 | 27 | 28 | 29 | 11.1 | 2 | 3 | 4 | 5 | 6 | 7 | 8 | 9 | 10 | 11 | 12 | 13 | 14 | 15 | 16 |
| 요일 | 火 | 水 | 木 | 金 | 土 | 日 | 月 | 火 | 水 | 木 | 金 | 土 | 日 | 月 | 火 | 水 | 木 | 金 | 土 | 日 | 月 | 火 | 水 | 木 | 金 | 土 | 日 | 月 | 火 | 水 | 木 |
| 일진 | 庚辰 | 辛巳 | 壬午 | 癸未 | 甲申 | 乙酉 | 丙戌 | 丁亥 | 戊子 | 己丑 | 庚寅 | 辛卯 | 壬辰 | 癸巳 | 甲午 | 乙未 | 丙申 | 丁酉 | 戊戌 | 己亥 | 庚子 | 辛丑 | 壬寅 | 癸卯 | 甲辰 | 乙巳 | 丙午 | 丁未 | 戊申 | 己酉 | 庚戌 |
| 대운 남 | 8 | 8 | 9 | 9 | 9 | 10 | 대 | 1 | 1 | 1 | 1 | 2 | 2 | 2 | 3 | 3 | 3 | 4 | 4 | 4 | 5 | 5 | 5 | 6 | 6 | 6 | 7 | 7 | 7 | 8 | 8 |
| 대운 녀 | 2 | 2 | 1 | 1 | 1 | 1 | 설 | 9 | 9 | 9 | 8 | 8 | 8 | 7 | 7 | 7 | 6 | 6 | 6 | 5 | 5 | 5 | 4 | 4 | 4 | 3 | 3 | 3 | 2 | 2 | 2 |

# 2010년

소한 5일 20시08분

## 1 · 丁丑月(양 1.5~2.3)

대한 20일 13시27분

| 양력 | 1 | 2 | 3 | 4 | 5 | 6 | 7 | 8 | 9 | 10 | 11 | 12 | 13 | 14 | 15 | 16 | 17 | 18 | 19 | 20 | 21 | 22 | 23 | 24 | 25 | 26 | 27 | 28 | 29 | 30 | 31 |
|---|---|---|---|---|---|---|---|---|---|---|---|---|---|---|---|---|---|---|---|---|---|---|---|---|---|---|---|---|---|---|---|
| 음력 | 17 | 18 | 19 | 20 | 21 | 22 | 23 | 24 | 25 | 26 | 27 | 28 | 29 | 30 | 12.1 | 2 | 3 | 4 | 5 | 6 | 7 | 8 | 9 | 10 | 11 | 12 | 13 | 14 | 15 | 16 | 17 |
| 요일 | 金 | 土 | 日 | 月 | 火 | 水 | 木 | 金 | 土 | 日 | 月 | 火 | 水 | 木 | 金 | 土 | 日 | 月 | 火 | 水 | 木 | 金 | 土 | 日 | 月 | 火 | 水 | 木 | 金 | 土 | 日 |
| 일진 | 辛亥 | 壬子 | 癸丑 | 甲寅 | 乙卯 | 丙辰 | 丁巳 | 戊午 | 己未 | 庚申 | 辛酉 | 壬戌 | 癸亥 | 甲子 | 乙丑 | 丙寅 | 丁卯 | 戊辰 | 己巳 | 庚午 | 辛未 | 壬申 | 癸酉 | 甲戌 | 乙亥 | 丙子 | 丁丑 | 戊寅 | 己卯 | 庚辰 | 辛巳 |
| 대운 남 | 8 | 9 | 9 | 9 | 소 | 1 | 1 | 1 | 1 | 2 | 2 | 2 | 3 | 3 | 3 | 4 | 4 | 4 | 5 | 5 | 5 | 6 | 6 | 6 | 7 | 7 | 7 | 8 | 8 | 8 | 9 |
| 대운 녀 | 1 | 1 | 1 | 1 | 한 | 10 | 9 | 9 | 9 | 8 | 8 | 8 | 7 | 7 | 7 | 6 | 6 | 6 | 5 | 5 | 5 | 4 | 4 | 4 | 3 | 3 | 3 | 2 | 2 | 2 | 1 |

입춘 4일 07시47분

## 2 · 戊寅月(양 2.4~3.5)

우수 19일 03시35분

| 양력 | 1 | 2 | 3 | 4 | 5 | 6 | 7 | 8 | 9 | 10 | 11 | 12 | 13 | 14 | 15 | 16 | 17 | 18 | 19 | 20 | 21 | 22 | 23 | 24 | 25 | 26 | 27 | 28 |
|---|---|---|---|---|---|---|---|---|---|---|---|---|---|---|---|---|---|---|---|---|---|---|---|---|---|---|---|---|
| 음력 | 18 | 19 | 20 | 21 | 22 | 23 | 24 | 25 | 26 | 27 | 28 | 29 | 30 | 1.1 | 2 | 3 | 4 | 5 | 6 | 7 | 8 | 9 | 10 | 11 | 12 | 13 | 14 | 15 |
| 요일 | 月 | 火 | 水 | 木 | 金 | 土 | 日 | 月 | 火 | 水 | 木 | 金 | 土 | 日 | 月 | 火 | 水 | 木 | 金 | 土 | 日 | 月 | 火 | 水 | 木 | 金 | 土 | 日 |
| 일진 | 壬午 | 癸未 | 甲申 | 乙酉 | 丙戌 | 丁亥 | 戊子 | 己丑 | 庚寅 | 辛卯 | 壬辰 | 癸巳 | 甲午 | 乙未 | 丙申 | 丁酉 | 戊戌 | 己亥 | 庚子 | 辛丑 | 壬寅 | 癸卯 | 甲辰 | 乙巳 | 丙午 | 丁未 | 戊申 | 己酉 |
| 대운 남 | 9 | 9 | 10 | 입 | 10 | 9 | 9 | 9 | 8 | 8 | 8 | 7 | 7 | 7 | 6 | 6 | 6 | 5 | 5 | 5 | 4 | 4 | 4 | 3 | 3 | 3 | 2 | 2 |
| 대운 녀 | 1 | 1 | 1 | 춘 | 1 | 1 | 1 | 1 | 2 | 2 | 2 | 3 | 3 | 3 | 4 | 4 | 4 | 5 | 5 | 5 | 6 | 6 | 6 | 7 | 7 | 7 | 8 | 8 |

경칩 6일 01시46분

## 3 · 己卯月(양 3.6~4.4)

춘분 21일 02시31분

| 양력 | 1 | 2 | 3 | 4 | 5 | 6 | 7 | 8 | 9 | 10 | 11 | 12 | 13 | 14 | 15 | 16 | 17 | 18 | 19 | 20 | 21 | 22 | 23 | 24 | 25 | 26 | 27 | 28 | 29 | 30 | 31 |
|---|---|---|---|---|---|---|---|---|---|---|---|---|---|---|---|---|---|---|---|---|---|---|---|---|---|---|---|---|---|---|---|
| 음력 | 16 | 17 | 18 | 19 | 20 | 21 | 22 | 23 | 24 | 25 | 26 | 27 | 28 | 29 | 30 | 2.1 | 2 | 3 | 4 | 5 | 6 | 7 | 8 | 9 | 10 | 11 | 12 | 13 | 14 | 15 | 16 |
| 요일 | 月 | 火 | 水 | 木 | 金 | 土 | 日 | 月 | 火 | 水 | 木 | 金 | 土 | 日 | 月 | 火 | 水 | 木 | 金 | 土 | 日 | 月 | 火 | 水 | 木 | 金 | 土 | 日 | 月 | 火 | 水 |
| 일진 | 庚戌 | 辛亥 | 壬子 | 癸丑 | 甲寅 | 乙卯 | 丙辰 | 丁巳 | 戊午 | 己未 | 庚申 | 辛酉 | 壬戌 | 癸亥 | 甲子 | 乙丑 | 丙寅 | 丁卯 | 戊辰 | 己巳 | 庚午 | 辛未 | 壬申 | 癸酉 | 甲戌 | 乙亥 | 丙子 | 丁丑 | 戊寅 | 己卯 | 庚辰 |
| 대운 남 | 2 | 1 | 1 | 1 | 1 | 경 | 10 | 9 | 9 | 9 | 8 | 8 | 8 | 7 | 7 | 7 | 6 | 6 | 6 | 5 | 5 | 5 | 4 | 4 | 4 | 3 | 3 | 3 | 2 | 2 | 2 |
| 대운 녀 | 8 | 9 | 9 | 9 | 10 | 칩 | 1 | 1 | 1 | 1 | 2 | 2 | 2 | 3 | 3 | 3 | 4 | 4 | 4 | 5 | 5 | 5 | 6 | 6 | 6 | 7 | 7 | 7 | 8 | 8 | 8 |

청명 5일 06시30분

## 4 · 庚辰月(양 4.5~5.4)

곡우 20일 13시29분

| 양력 | 1 | 2 | 3 | 4 | 5 | 6 | 7 | 8 | 9 | 10 | 11 | 12 | 13 | 14 | 15 | 16 | 17 | 18 | 19 | 20 | 21 | 22 | 23 | 24 | 25 | 26 | 27 | 28 | 29 | 30 |
|---|---|---|---|---|---|---|---|---|---|---|---|---|---|---|---|---|---|---|---|---|---|---|---|---|---|---|---|---|---|---|
| 음력 | 17 | 18 | 19 | 20 | 21 | 22 | 23 | 24 | 25 | 26 | 27 | 28 | 29 | 3.1 | 2 | 3 | 4 | 5 | 6 | 7 | 8 | 9 | 10 | 11 | 12 | 13 | 14 | 15 | 16 | 17 |
| 요일 | 木 | 金 | 土 | 日 | 月 | 火 | 水 | 木 | 金 | 土 | 日 | 月 | 火 | 水 | 木 | 金 | 土 | 日 | 月 | 火 | 水 | 木 | 金 | 土 | 日 | 月 | 火 | 水 | 木 | 金 |
| 일진 | 辛巳 | 壬午 | 癸未 | 甲申 | 乙酉 | 丙戌 | 丁亥 | 戊子 | 己丑 | 庚寅 | 辛卯 | 壬辰 | 癸巳 | 甲午 | 乙未 | 丙申 | 丁酉 | 戊戌 | 己亥 | 庚子 | 辛丑 | 壬寅 | 癸卯 | 甲辰 | 乙巳 | 丙午 | 丁未 | 戊申 | 己酉 | 庚戌 |
| 대운 남 | 1 | 1 | 1 | 1 | 청 | 10 | 9 | 9 | 9 | 8 | 8 | 8 | 7 | 7 | 7 | 6 | 6 | 6 | 5 | 5 | 5 | 4 | 4 | 4 | 3 | 3 | 3 | 2 | 2 | 2 |
| 대운 녀 | 9 | 9 | 9 | 10 | 명 | 1 | 1 | 1 | 1 | 2 | 2 | 2 | 3 | 3 | 3 | 4 | 4 | 4 | 5 | 5 | 5 | 6 | 6 | 6 | 7 | 7 | 7 | 8 | 8 | 8 |

입하 5일 23시43분

## 5 · 辛巳月(양 5.5~6.5)

소만 21일 12시33분

| 양력 | 1 | 2 | 3 | 4 | 5 | 6 | 7 | 8 | 9 | 10 | 11 | 12 | 13 | 14 | 15 | 16 | 17 | 18 | 19 | 20 | 21 | 22 | 23 | 24 | 25 | 26 | 27 | 28 | 29 | 30 | 31 |
|---|---|---|---|---|---|---|---|---|---|---|---|---|---|---|---|---|---|---|---|---|---|---|---|---|---|---|---|---|---|---|---|
| 음력 | 18 | 19 | 20 | 21 | 22 | 23 | 24 | 25 | 26 | 27 | 28 | 29 | 30 | 4.1 | 2 | 3 | 4 | 5 | 6 | 7 | 8 | 9 | 10 | 11 | 12 | 13 | 14 | 15 | 16 | 17 | 18 |
| 요일 | 土 | 日 | 月 | 火 | 水 | 木 | 金 | 土 | 日 | 月 | 火 | 水 | 木 | 金 | 土 | 日 | 月 | 火 | 水 | 木 | 金 | 土 | 日 | 月 | 火 | 水 | 木 | 金 | 土 | 日 | 月 |
| 일진 | 辛亥 | 壬子 | 癸丑 | 甲寅 | 乙卯 | 丙辰 | 丁巳 | 戊午 | 己未 | 庚申 | 辛酉 | 壬戌 | 癸亥 | 甲子 | 乙丑 | 丙寅 | 丁卯 | 戊辰 | 己巳 | 庚午 | 辛未 | 壬申 | 癸酉 | 甲戌 | 乙亥 | 丙子 | 丁丑 | 戊寅 | 己卯 | 庚辰 | 辛巳 |
| 대운 남 | 1 | 1 | 1 | 1 | 입 | 10 | 10 | 10 | 9 | 9 | 9 | 8 | 8 | 8 | 7 | 7 | 7 | 6 | 6 | 6 | 5 | 5 | 5 | 4 | 4 | 4 | 3 | 3 | 3 | 2 | 2 |
| 대운 녀 | 9 | 9 | 9 | 10 | 하 | 1 | 1 | 1 | 1 | 2 | 2 | 2 | 3 | 3 | 3 | 4 | 4 | 4 | 5 | 5 | 5 | 6 | 6 | 6 | 7 | 7 | 7 | 8 | 8 | 8 | 9 |

망종 6일 03시49분

## 6 · 壬午月(양 6.6~7.6)

하지 21일 20시28분

| 양력 | 1 | 2 | 3 | 4 | 5 | 6 | 7 | 8 | 9 | 10 | 11 | 12 | 13 | 14 | 15 | 16 | 17 | 18 | 19 | 20 | 21 | 22 | 23 | 24 | 25 | 26 | 27 | 28 | 29 | 30 |
|---|---|---|---|---|---|---|---|---|---|---|---|---|---|---|---|---|---|---|---|---|---|---|---|---|---|---|---|---|---|---|
| 음력 | 19 | 20 | 21 | 22 | 23 | 24 | 25 | 26 | 27 | 28 | 29 | 5.1 | 2 | 3 | 4 | 5 | 6 | 7 | 8 | 9 | 10 | 11 | 12 | 13 | 14 | 15 | 16 | 17 | 18 | 19 |
| 요일 | 火 | 水 | 木 | 金 | 土 | 日 | 月 | 火 | 水 | 木 | 金 | 土 | 日 | 月 | 火 | 水 | 木 | 金 | 土 | 日 | 月 | 火 | 水 | 木 | 金 | 土 | 日 | 月 | 火 | 水 |
| 일진 | 壬午 | 癸未 | 甲申 | 乙酉 | 丙戌 | 丁亥 | 戊子 | 己丑 | 庚寅 | 辛卯 | 壬辰 | 癸巳 | 甲午 | 乙未 | 丙申 | 丁酉 | 戊戌 | 己亥 | 庚子 | 辛丑 | 壬寅 | 癸卯 | 甲辰 | 乙巳 | 丙午 | 丁未 | 戊申 | 己酉 | 庚戌 | 辛亥 |
| 대운 남 | 2 | 1 | 1 | 1 | 1 | 망 | 10 | 10 | 9 | 9 | 9 | 8 | 8 | 8 | 7 | 7 | 7 | 6 | 6 | 6 | 5 | 5 | 5 | 4 | 4 | 4 | 3 | 3 | 3 | 2 |
| 대운 녀 | 9 | 9 | 10 | 10 | 10 | 종 | 1 | 1 | 1 | 1 | 2 | 2 | 2 | 3 | 3 | 3 | 4 | 4 | 4 | 5 | 5 | 5 | 6 | 6 | 6 | 7 | 7 | 7 | 8 | 8 |

소서 7일 14시02분

## 7 · 癸未月(양 7.7~8.6)

대서 23일 07시20분

| 양력 | 1 | 2 | 3 | 4 | 5 | 6 | 7 | 8 | 9 | 10 | 11 | 12 | 13 | 14 | 15 | 16 | 17 | 18 | 19 | 20 | 21 | 22 | 23 | 24 | 25 | 26 | 27 | 28 | 29 | 30 | 31 |
|---|---|---|---|---|---|---|---|---|---|---|---|---|---|---|---|---|---|---|---|---|---|---|---|---|---|---|---|---|---|---|---|
| 음력 | 20 | 21 | 22 | 23 | 24 | 25 | 26 | 27 | 28 | 29 | 30 | 6.1 | 2 | 3 | 4 | 5 | 6 | 7 | 8 | 9 | 10 | 11 | 12 | 13 | 14 | 15 | 16 | 17 | 18 | 19 | 20 |
| 요일 | 木 | 金 | 土 | 日 | 月 | 火 | 水 | 木 | 金 | 土 | 日 | 月 | 火 | 水 | 木 | 金 | 土 | 日 | 月 | 火 | 水 | 木 | 金 | 土 | 日 | 月 | 火 | 水 | 木 | 金 | 土 |
| 일진 | 壬子 | 癸丑 | 甲寅 | 乙卯 | 丙辰 | 丁巳 | 戊午 | 己未 | 庚申 | 辛酉 | 壬戌 | 癸亥 | 甲子 | 乙丑 | 丙寅 | 丁卯 | 戊辰 | 己巳 | 庚午 | 辛未 | 壬申 | 癸酉 | 甲戌 | 乙亥 | 丙子 | 丁丑 | 戊寅 | 己卯 | 庚辰 | 辛巳 | 壬午 |
| 대운 남 | 2 | 2 | 1 | 1 | 1 | 1 | 소 | 10 | 10 | 9 | 9 | 9 | 8 | 8 | 8 | 7 | 7 | 7 | 6 | 6 | 6 | 5 | 5 | 5 | 4 | 4 | 4 | 3 | 3 | 3 | 2 |
| 대운 녀 | 8 | 9 | 9 | 9 | 10 | 10 | 서 | 1 | 1 | 1 | 1 | 2 | 2 | 2 | 3 | 3 | 3 | 4 | 4 | 4 | 5 | 5 | 5 | 6 | 6 | 6 | 7 | 7 | 7 | 8 | 8 |

입추 7일 23시48분

## 8 · 甲申月(양 8.7~9.7)

처서 23일 14시26분

| 양력 | 1 | 2 | 3 | 4 | 5 | 6 | 7 | 8 | 9 | 10 | 11 | 12 | 13 | 14 | 15 | 16 | 17 | 18 | 19 | 20 | 21 | 22 | 23 | 24 | 25 | 26 | 27 | 28 | 29 | 30 | 31 |
|---|---|---|---|---|---|---|---|---|---|---|---|---|---|---|---|---|---|---|---|---|---|---|---|---|---|---|---|---|---|---|---|
| 음력 | 21 | 22 | 23 | 24 | 25 | 26 | 27 | 28 | 29 | 7.1 | 2 | 3 | 4 | 5 | 6 | 7 | 8 | 9 | 10 | 11 | 12 | 13 | 14 | 15 | 16 | 17 | 18 | 19 | 20 | 21 | 22 |
| 요일 | 日 | 月 | 火 | 水 | 木 | 金 | 土 | 日 | 月 | 火 | 水 | 木 | 金 | 土 | 日 | 月 | 火 | 水 | 木 | 金 | 土 | 日 | 月 | 火 | 水 | 木 | 金 | 土 | 日 | 月 | 火 |
| 일진 | 癸未 | 甲申 | 乙酉 | 丙戌 | 丁亥 | 戊子 | 己丑 | 庚寅 | 辛卯 | 壬辰 | 癸巳 | 甲午 | 乙未 | 丙申 | 丁酉 | 戊戌 | 己亥 | 庚子 | 辛丑 | 壬寅 | 癸卯 | 甲辰 | 乙巳 | 丙午 | 丁未 | 戊申 | 己酉 | 庚戌 | 辛亥 | 壬子 | 癸丑 |
| 대운 남 | 2 | 2 | 1 | 1 | 1 | 1 | 입 | 10 | 10 | 10 | 9 | 9 | 9 | 8 | 8 | 8 | 7 | 7 | 7 | 6 | 6 | 6 | 5 | 5 | 5 | 4 | 4 | 4 | 3 | 3 | 3 |
| 대운 녀 | 8 | 9 | 9 | 9 | 10 | 10 | 추 | 1 | 1 | 1 | 1 | 2 | 2 | 2 | 3 | 3 | 3 | 4 | 4 | 4 | 5 | 5 | 5 | 6 | 6 | 6 | 7 | 7 | 7 | 8 | 8 |

백로 8일 02시44분

## 9 · 乙酉月(양 9.8~10.7)

추분 23일 12시08분

| 양력 | 1 | 2 | 3 | 4 | 5 | 6 | 7 | 8 | 9 | 10 | 11 | 12 | 13 | 14 | 15 | 16 | 17 | 18 | 19 | 20 | 21 | 22 | 23 | 24 | 25 | 26 | 27 | 28 | 29 | 30 |
|---|---|---|---|---|---|---|---|---|---|---|---|---|---|---|---|---|---|---|---|---|---|---|---|---|---|---|---|---|---|---|
| 음력 | 23 | 24 | 25 | 26 | 27 | 28 | 29 | 8.1 | 2 | 3 | 4 | 5 | 6 | 7 | 8 | 9 | 10 | 11 | 12 | 13 | 14 | 15 | 16 | 17 | 18 | 19 | 20 | 21 | 22 | 23 |
| 요일 | 水 | 木 | 金 | 土 | 日 | 月 | 火 | 水 | 木 | 金 | 土 | 日 | 月 | 火 | 水 | 木 | 金 | 土 | 日 | 月 | 火 | 水 | 木 | 金 | 土 | 日 | 月 | 火 | 水 | 木 |
| 일진 | 甲寅 | 乙卯 | 丙辰 | 丁巳 | 戊午 | 己未 | 庚申 | 辛酉 | 壬戌 | 癸亥 | 甲子 | 乙丑 | 丙寅 | 丁卯 | 戊辰 | 己巳 | 庚午 | 辛未 | 壬申 | 癸酉 | 甲戌 | 乙亥 | 丙子 | 丁丑 | 戊寅 | 己卯 | 庚辰 | 辛巳 | 壬午 | 癸未 |
| 대운 남 | 2 | 2 | 2 | 1 | 1 | 1 | 1 | 백 | 10 | 9 | 9 | 9 | 8 | 8 | 8 | 7 | 7 | 7 | 6 | 6 | 6 | 5 | 5 | 5 | 4 | 4 | 4 | 3 | 3 | 3 |
| 대운 녀 | 8 | 9 | 9 | 9 | 10 | 10 | 10 | 로 | 1 | 1 | 1 | 1 | 2 | 2 | 2 | 3 | 3 | 3 | 4 | 4 | 4 | 5 | 5 | 5 | 6 | 6 | 6 | 7 | 7 | 7 |

한로 8일 18시26분

## 10 · 丙戌月(양 10.8~11.6)

상강 23일 21시34분

| 양력 | 1 | 2 | 3 | 4 | 5 | 6 | 7 | 8 | 9 | 10 | 11 | 12 | 13 | 14 | 15 | 16 | 17 | 18 | 19 | 20 | 21 | 22 | 23 | 24 | 25 | 26 | 27 | 28 | 29 | 30 | 31 |
|---|---|---|---|---|---|---|---|---|---|---|---|---|---|---|---|---|---|---|---|---|---|---|---|---|---|---|---|---|---|---|---|
| 음력 | 24 | 25 | 26 | 27 | 28 | 29 | 30 | 9.1 | 2 | 3 | 4 | 5 | 6 | 7 | 8 | 9 | 10 | 11 | 12 | 13 | 14 | 15 | 16 | 17 | 18 | 19 | 20 | 21 | 22 | 23 | 24 |
| 요일 | 金 | 土 | 日 | 月 | 火 | 水 | 木 | 金 | 土 | 日 | 月 | 火 | 水 | 木 | 金 | 土 | 日 | 月 | 火 | 水 | 木 | 金 | 土 | 日 | 月 | 火 | 水 | 木 | 金 | 土 | 日 |
| 일진 | 甲申 | 乙酉 | 丙戌 | 丁亥 | 戊子 | 己丑 | 庚寅 | 辛卯 | 壬辰 | 癸巳 | 甲午 | 乙未 | 丙申 | 丁酉 | 戊戌 | 己亥 | 庚子 | 辛丑 | 壬寅 | 癸卯 | 甲辰 | 乙巳 | 丙午 | 丁未 | 戊申 | 己酉 | 庚戌 | 辛亥 | 壬子 | 癸丑 | 甲寅 |
| 대운 남 | 2 | 2 | 2 | 1 | 1 | 1 | 1 | 한 | 10 | 9 | 9 | 9 | 8 | 8 | 8 | 7 | 7 | 7 | 6 | 6 | 6 | 5 | 5 | 5 | 4 | 4 | 4 | 3 | 3 | 3 | 2 |
| 대운 녀 | 8 | 8 | 8 | 9 | 9 | 9 | 10 | 로 | 1 | 1 | 1 | 1 | 2 | 2 | 2 | 3 | 3 | 3 | 4 | 4 | 4 | 5 | 5 | 5 | 6 | 6 | 6 | 7 | 7 | 7 | 8 |

입동 7일 21시42분

## 11 · 丁亥月(양 11.7~12.6)

소설 22일 19시14분

| 양력 | 1 | 2 | 3 | 4 | 5 | 6 | 7 | 8 | 9 | 10 | 11 | 12 | 13 | 14 | 15 | 16 | 17 | 18 | 19 | 20 | 21 | 22 | 23 | 24 | 25 | 26 | 27 | 28 | 29 | 30 |
|---|---|---|---|---|---|---|---|---|---|---|---|---|---|---|---|---|---|---|---|---|---|---|---|---|---|---|---|---|---|---|
| 음력 | 25 | 26 | 27 | 28 | 29 | 10.1 | 2 | 3 | 4 | 5 | 6 | 7 | 8 | 9 | 10 | 11 | 12 | 13 | 14 | 15 | 16 | 17 | 18 | 19 | 20 | 21 | 22 | 23 | 24 | 25 |
| 요일 | 月 | 火 | 水 | 木 | 金 | 土 | 日 | 月 | 火 | 水 | 木 | 金 | 土 | 日 | 月 | 火 | 水 | 木 | 金 | 土 | 日 | 月 | 火 | 水 | 木 | 金 | 土 | 日 | 月 | 火 |
| 일진 | 乙卯 | 丙辰 | 丁巳 | 戊午 | 己未 | 庚申 | 辛酉 | 壬戌 | 癸亥 | 甲子 | 乙丑 | 丙寅 | 丁卯 | 戊辰 | 己巳 | 庚午 | 辛未 | 壬申 | 癸酉 | 甲戌 | 乙亥 | 丙子 | 丁丑 | 戊寅 | 己卯 | 庚辰 | 辛巳 | 壬午 | 癸未 | 甲申 |
| 대운 남 | 2 | 2 | 1 | 1 | 1 | 1 | 입 | 10 | 9 | 9 | 9 | 8 | 8 | 8 | 7 | 7 | 7 | 6 | 6 | 6 | 5 | 5 | 5 | 4 | 4 | 4 | 3 | 3 | 3 | 2 |
| 대운 녀 | 8 | 8 | 9 | 9 | 9 | 10 | 동 | 1 | 1 | 1 | 1 | 2 | 2 | 2 | 3 | 3 | 3 | 4 | 4 | 4 | 5 | 5 | 5 | 6 | 6 | 6 | 7 | 7 | 7 | 8 |

대설 7일 14시38분

## 12 · 戊子月(양 12.7~1.5)

동지 22일 08시38분

| 양력 | 1 | 2 | 3 | 4 | 5 | 6 | 7 | 8 | 9 | 10 | 11 | 12 | 13 | 14 | 15 | 16 | 17 | 18 | 19 | 20 | 21 | 22 | 23 | 24 | 25 | 26 | 27 | 28 | 29 | 30 | 31 |
|---|---|---|---|---|---|---|---|---|---|---|---|---|---|---|---|---|---|---|---|---|---|---|---|---|---|---|---|---|---|---|---|
| 음력 | 26 | 27 | 28 | 29 | 30 | 11.1 | 2 | 3 | 4 | 5 | 6 | 7 | 8 | 9 | 10 | 11 | 12 | 13 | 14 | 15 | 16 | 17 | 18 | 19 | 20 | 21 | 22 | 23 | 24 | 25 | 26 |
| 요일 | 水 | 木 | 金 | 土 | 日 | 月 | 火 | 水 | 木 | 金 | 土 | 日 | 月 | 火 | 水 | 木 | 金 | 土 | 日 | 月 | 火 | 水 | 木 | 金 | 土 | 日 | 月 | 火 | 水 | 木 | 金 |
| 일진 | 乙酉 | 丙戌 | 丁亥 | 戊子 | 己丑 | 庚寅 | 辛卯 | 壬辰 | 癸巳 | 甲午 | 乙未 | 丙申 | 丁酉 | 戊戌 | 己亥 | 庚子 | 辛丑 | 壬寅 | 癸卯 | 甲辰 | 乙巳 | 丙午 | 丁未 | 戊申 | 己酉 | 庚戌 | 辛亥 | 壬子 | 癸丑 | 甲寅 | 乙卯 |
| 대운 남 | 2 | 2 | 1 | 1 | 1 | 1 | 대 | 10 | 9 | 9 | 9 | 8 | 8 | 8 | 7 | 7 | 7 | 6 | 6 | 6 | 5 | 5 | 5 | 4 | 4 | 4 | 3 | 3 | 3 | 2 | 2 |
| 대운 녀 | 8 | 8 | 9 | 9 | 9 | 10 | 설 | 1 | 1 | 1 | 1 | 2 | 2 | 2 | 3 | 3 | 3 | 4 | 4 | 4 | 5 | 5 | 5 | 6 | 6 | 6 | 7 | 7 | 7 | 8 | 8 |

# 2011년

소한 6일 01시54분

## 1 · 己丑月(양 1.6~2.3)

대한 20일 19시18분

| 양력 | 1 | 2 | 3 | 4 | 5 | 6 | 7 | 8 | 9 | 10 | 11 | 12 | 13 | 14 | 15 | 16 | 17 | 18 | 19 | 20 | 21 | 22 | 23 | 24 | 25 | 26 | 27 | 28 | 29 | 30 | 31 |
|---|---|---|---|---|---|---|---|---|---|---|---|---|---|---|---|---|---|---|---|---|---|---|---|---|---|---|---|---|---|---|---|
| 음력 | 27 | 28 | 29 | 12.1 | 2 | 3 | 4 | 5 | 6 | 7 | 8 | 9 | 10 | 11 | 12 | 13 | 14 | 15 | 16 | 17 | 18 | 19 | 20 | 21 | 22 | 23 | 24 | 25 | 26 | 27 | 28 |
| 요일 | 土 | 日 | 月 | 火 | 水 | 木 | 金 | 土 | 日 | 月 | 火 | 水 | 木 | 金 | 土 | 日 | 月 | 火 | 水 | 木 | 金 | 土 | 日 | 月 | 火 | 水 | 木 | 金 | 土 | 日 | 月 |
| 일진 | 丙辰 | 丁巳 | 戊午 | 己未 | 庚申 | 辛酉 | 壬戌 | 癸亥 | 甲子 | 乙丑 | 丙寅 | 丁卯 | 戊辰 | 己巳 | 庚午 | 辛未 | 壬申 | 癸酉 | 甲戌 | 乙亥 | 丙子 | 丁丑 | 戊寅 | 己卯 | 庚辰 | 辛巳 | 壬午 | 癸未 | 甲申 | 乙酉 | 丙戌 |
| 대운 남 | 2 | 1 | 1 | 1 | 1 | 소 | 9 | 9 | 9 | 8 | 8 | 8 | 7 | 7 | 7 | 6 | 6 | 6 | 5 | 5 | 5 | 4 | 4 | 4 | 3 | 3 | 3 | 2 | 2 | 2 | 1 |
| 대운 녀 | 8 | 9 | 9 | 9 | 10 | 한 | 1 | 1 | 1 | 1 | 2 | 2 | 2 | 3 | 3 | 3 | 4 | 4 | 4 | 5 | 5 | 5 | 6 | 6 | 6 | 7 | 7 | 7 | 8 | 8 | 8 |

입춘 4일 13시32분

## 2 · 庚寅月(양 2.4~3.5)

우수 19일 09시24분

| 양력 | 1 | 2 | 3 | 4 | 5 | 6 | 7 | 8 | 9 | 10 | 11 | 12 | 13 | 14 | 15 | 16 | 17 | 18 | 19 | 20 | 21 | 22 | 23 | 24 | 25 | 26 | 27 | 28 |
|---|---|---|---|---|---|---|---|---|---|---|---|---|---|---|---|---|---|---|---|---|---|---|---|---|---|---|---|---|
| 음력 | 29 | 30 | 1.1 | 2 | 3 | 4 | 5 | 6 | 7 | 8 | 9 | 10 | 11 | 12 | 13 | 14 | 15 | 16 | 17 | 18 | 19 | 20 | 21 | 22 | 23 | 24 | 25 | 26 |
| 요일 | 火 | 水 | 木 | 金 | 土 | 日 | 月 | 火 | 水 | 木 | 金 | 土 | 日 | 月 | 火 | 水 | 木 | 金 | 土 | 日 | 月 | 火 | 水 | 木 | 金 | 土 | 日 | 月 |
| 일진 | 丁亥 | 戊子 | 己丑 | 庚寅 | 辛卯 | 壬辰 | 癸巳 | 甲午 | 乙未 | 丙申 | 丁酉 | 戊戌 | 己亥 | 庚子 | 辛丑 | 壬寅 | 癸卯 | 甲辰 | 乙巳 | 丙午 | 丁未 | 戊申 | 己酉 | 庚戌 | 辛亥 | 壬子 | 癸丑 | 甲寅 |
| 대운 남 | 1 | 1 | 1 | 입 | 1 | 1 | 1 | 1 | 2 | 2 | 2 | 3 | 3 | 3 | 4 | 4 | 4 | 5 | 5 | 5 | 6 | 6 | 6 | 7 | 7 | 7 | 8 | 8 |
| 대운 녀 | 9 | 9 | 9 | 춘 | 10 | 9 | 9 | 9 | 8 | 8 | 8 | 7 | 7 | 7 | 6 | 6 | 6 | 5 | 5 | 5 | 4 | 4 | 4 | 3 | 3 | 3 | 2 | 2 |

경칩 6일 07시29분

## 3 · 辛卯月(양 3.6~4.4)

춘분 21일 08시20분

| 양력 | 1 | 2 | 3 | 4 | 5 | 6 | 7 | 8 | 9 | 10 | 11 | 12 | 13 | 14 | 15 | 16 | 17 | 18 | 19 | 20 | 21 | 22 | 23 | 24 | 25 | 26 | 27 | 28 | 29 | 30 | 31 |
|---|---|---|---|---|---|---|---|---|---|---|---|---|---|---|---|---|---|---|---|---|---|---|---|---|---|---|---|---|---|---|---|
| 음력 | 27 | 28 | 29 | 30 | 2.1 | 2 | 3 | 4 | 5 | 6 | 7 | 8 | 9 | 10 | 11 | 12 | 13 | 14 | 15 | 16 | 17 | 18 | 19 | 20 | 21 | 22 | 23 | 24 | 25 | 26 | 27 |
| 요일 | 火 | 水 | 木 | 金 | 土 | 日 | 月 | 火 | 水 | 木 | 金 | 土 | 日 | 月 | 火 | 水 | 木 | 金 | 土 | 日 | 月 | 火 | 水 | 木 | 金 | 土 | 日 | 月 | 火 | 水 | 木 |
| 일진 | 乙卯 | 丙辰 | 丁巳 | 戊午 | 己未 | 庚申 | 辛酉 | 壬戌 | 癸亥 | 甲子 | 乙丑 | 丙寅 | 丁卯 | 戊辰 | 己巳 | 庚午 | 辛未 | 壬申 | 癸酉 | 甲戌 | 乙亥 | 丙子 | 丁丑 | 戊寅 | 己卯 | 庚辰 | 辛巳 | 壬午 | 癸未 | 甲申 | 乙酉 |
| 대운 남 | 8 | 9 | 9 | 9 | 10 | 경 | 1 | 1 | 1 | 1 | 2 | 2 | 2 | 3 | 3 | 3 | 4 | 4 | 4 | 5 | 5 | 5 | 6 | 6 | 6 | 7 | 7 | 7 | 8 | 8 | 8 |
| 대운 녀 | 2 | 1 | 1 | 1 | 1 | 칩 | 10 | 9 | 9 | 9 | 8 | 8 | 8 | 7 | 7 | 7 | 6 | 6 | 6 | 5 | 5 | 5 | 4 | 4 | 4 | 3 | 3 | 3 | 2 | 2 | 2 |

청명 5일 12시11분

## 4 · 壬辰月(양 4.5~5.5)

곡우 20일 19시17분

| 양력 | 1 | 2 | 3 | 4 | 5 | 6 | 7 | 8 | 9 | 10 | 11 | 12 | 13 | 14 | 15 | 16 | 17 | 18 | 19 | 20 | 21 | 22 | 23 | 24 | 25 | 26 | 27 | 28 | 29 | 30 |
|---|---|---|---|---|---|---|---|---|---|---|---|---|---|---|---|---|---|---|---|---|---|---|---|---|---|---|---|---|---|---|
| 음력 | 28 | 29 | 3.1 | 2 | 3 | 4 | 5 | 6 | 7 | 8 | 9 | 10 | 11 | 12 | 13 | 14 | 15 | 16 | 17 | 18 | 19 | 20 | 21 | 22 | 23 | 24 | 25 | 26 | 27 | 28 |
| 요일 | 金 | 土 | 日 | 月 | 火 | 水 | 木 | 金 | 土 | 日 | 月 | 火 | 水 | 木 | 金 | 土 | 日 | 月 | 火 | 水 | 木 | 金 | 土 | 日 | 月 | 火 | 水 | 木 | 金 | 土 |
| 일진 | 丙戌 | 丁亥 | 戊子 | 己丑 | 庚寅 | 辛卯 | 壬辰 | 癸巳 | 甲午 | 乙未 | 丙申 | 丁酉 | 戊戌 | 己亥 | 庚子 | 辛丑 | 壬寅 | 癸卯 | 甲辰 | 乙巳 | 丙午 | 丁未 | 戊申 | 己酉 | 庚戌 | 辛亥 | 壬子 | 癸丑 | 甲寅 | 乙卯 |
| 대운 남 | 9 | 9 | 9 | 10 | 청 | 1 | 1 | 1 | 1 | 2 | 2 | 2 | 3 | 3 | 3 | 4 | 4 | 4 | 5 | 5 | 5 | 6 | 6 | 6 | 7 | 7 | 7 | 8 | 8 | 8 |
| 대운 녀 | 1 | 1 | 1 | 1 | 명 | 10 | 10 | 9 | 9 | 9 | 8 | 8 | 8 | 7 | 7 | 7 | 6 | 6 | 6 | 5 | 5 | 5 | 4 | 4 | 4 | 3 | 3 | 3 | 2 | 2 |

입하 6일 05시22분

## 5 · 癸巳月(양 5.6~6.5)

소만 21일 18시20분

| 양력 | 1 | 2 | 3 | 4 | 5 | 6 | 7 | 8 | 9 | 10 | 11 | 12 | 13 | 14 | 15 | 16 | 17 | 18 | 19 | 20 | 21 | 22 | 23 | 24 | 25 | 26 | 27 | 28 | 29 | 30 | 31 |
|---|---|---|---|---|---|---|---|---|---|---|---|---|---|---|---|---|---|---|---|---|---|---|---|---|---|---|---|---|---|---|---|
| 음력 | 29 | 30 | 4.1 | 2 | 3 | 4 | 5 | 6 | 7 | 8 | 9 | 10 | 11 | 12 | 13 | 14 | 15 | 16 | 17 | 18 | 19 | 20 | 21 | 22 | 23 | 24 | 25 | 26 | 27 | 28 | 29 |
| 요일 | 日 | 月 | 火 | 水 | 木 | 金 | 土 | 日 | 月 | 火 | 水 | 木 | 金 | 土 | 日 | 月 | 火 | 水 | 木 | 金 | 土 | 日 | 月 | 火 | 水 | 木 | 金 | 土 | 日 | 月 | 火 |
| 일진 | 丙辰 | 丁巳 | 戊午 | 己未 | 庚申 | 辛酉 | 壬戌 | 癸亥 | 甲子 | 乙丑 | 丙寅 | 丁卯 | 戊辰 | 己巳 | 庚午 | 辛未 | 壬申 | 癸酉 | 甲戌 | 乙亥 | 丙子 | 丁丑 | 戊寅 | 己卯 | 庚辰 | 辛巳 | 壬午 | 癸未 | 甲申 | 乙酉 | 丙戌 |
| 대운 남 | 9 | 9 | 9 | 10 | 10 | 입 | 1 | 1 | 1 | 1 | 2 | 2 | 2 | 3 | 3 | 3 | 4 | 4 | 4 | 5 | 5 | 5 | 6 | 6 | 6 | 7 | 7 | 7 | 8 | 8 | 8 |
| 대운 녀 | 2 | 1 | 1 | 1 | 1 | 하 | 10 | 10 | 9 | 9 | 9 | 8 | 8 | 8 | 7 | 7 | 7 | 6 | 6 | 6 | 5 | 5 | 5 | 4 | 4 | 4 | 3 | 3 | 3 | 2 | 2 |

망종 6일 09시26분

## 6 · 甲午月(양 6.6~7.6)

하지 22일 02시16분

| 양력 | 1 | 2 | 3 | 4 | 5 | 6 | 7 | 8 | 9 | 10 | 11 | 12 | 13 | 14 | 15 | 16 | 17 | 18 | 19 | 20 | 21 | 22 | 23 | 24 | 25 | 26 | 27 | 28 | 29 | 30 |
|---|---|---|---|---|---|---|---|---|---|---|---|---|---|---|---|---|---|---|---|---|---|---|---|---|---|---|---|---|---|---|
| 음력 | 30 | 5.1 | 2 | 3 | 4 | 5 | 6 | 7 | 8 | 9 | 10 | 11 | 12 | 13 | 14 | 15 | 16 | 17 | 18 | 19 | 20 | 21 | 22 | 23 | 24 | 25 | 26 | 27 | 28 | 29 |
| 요일 | 水 | 木 | 金 | 土 | 日 | 月 | 火 | 水 | 木 | 金 | 土 | 日 | 月 | 火 | 水 | 木 | 金 | 土 | 日 | 月 | 火 | 水 | 木 | 金 | 土 | 日 | 月 | 火 | 水 | 木 |
| 일진 | 丁亥 | 戊子 | 己丑 | 庚寅 | 辛卯 | 壬辰 | 癸巳 | 甲午 | 乙未 | 丙申 | 丁酉 | 戊戌 | 己亥 | 庚子 | 辛丑 | 壬寅 | 癸卯 | 甲辰 | 乙巳 | 丙午 | 丁未 | 戊申 | 己酉 | 庚戌 | 辛亥 | 壬子 | 癸丑 | 甲寅 | 乙卯 | 丙辰 |
| 대운 남 | 9 | 9 | 9 | 10 | 10 | 망 | 1 | 1 | 1 | 1 | 2 | 2 | 2 | 3 | 3 | 3 | 4 | 4 | 4 | 5 | 5 | 5 | 6 | 6 | 6 | 7 | 7 | 7 | 8 | 8 |
| 대운 녀 | 2 | 1 | 1 | 1 | 1 | 종 | 10 | 10 | 9 | 9 | 9 | 8 | 8 | 8 | 7 | 7 | 7 | 6 | 6 | 6 | 5 | 5 | 5 | 4 | 4 | 4 | 3 | 3 | 3 | 2 |

소서 7일 19시41분 | **7 · 乙未月(양 7.7~8.7)** | 대서 23일 13시11분

| 양력 | | 1 | 2 | 3 | 4 | 5 | 6 | 7 | 8 | 9 | 10 | 11 | 12 | 13 | 14 | 15 | 16 | 17 | 18 | 19 | 20 | 21 | 22 | 23 | 24 | 25 | 26 | 27 | 28 | 29 | 30 | 31 |
|---|---|---|---|---|---|---|---|---|---|---|---|---|---|---|---|---|---|---|---|---|---|---|---|---|---|---|---|---|---|---|---|---|
| 음력 | | 6.1 | 2 | 3 | 4 | 5 | 6 | 7 | 8 | 9 | 10 | 11 | 12 | 13 | 14 | 15 | 16 | 17 | 18 | 19 | 20 | 21 | 22 | 23 | 24 | 25 | 26 | 27 | 28 | 29 | 30 | 7.1 |
| 요일 | | 金 | 土 | 日 | 月 | 火 | 水 | 木 | 金 | 土 | 日 | 月 | 火 | 水 | 木 | 金 | 土 | 日 | 月 | 火 | 水 | 木 | 金 | 土 | 日 | 月 | 火 | 水 | 木 | 金 | 土 | 日 |
| 일진 | | 丁巳 | 戊午 | 己未 | 庚申 | 辛酉 | 壬戌 | 癸亥 | 甲子 | 乙丑 | 丙寅 | 丁卯 | 戊辰 | 己巳 | 庚午 | 辛未 | 壬申 | 癸酉 | 甲戌 | 乙亥 | 丙子 | 丁丑 | 戊寅 | 己卯 | 庚辰 | 辛巳 | 壬午 | 癸未 | 甲申 | 乙酉 | 丙戌 | 丁亥 |
| 대운 | 남 | 8 | 9 | 9 | 9 | 10 | 10 | 소 | 1 | 1 | 1 | 1 | 2 | 2 | 2 | 3 | 3 | 3 | 4 | 4 | 4 | 5 | 5 | 5 | 6 | 6 | 6 | 7 | 7 | 7 | 8 | 8 |
| | 녀 | 2 | 2 | 1 | 1 | 1 | 1 | 서 | 10 | 10 | 10 | 9 | 9 | 9 | 8 | 8 | 8 | 7 | 7 | 7 | 6 | 6 | 6 | 5 | 5 | 5 | 4 | 4 | 4 | 3 | 3 | 3 |

입추 8일 05시33분 | **8 · 丙申月(양 8.8~9.7)** | 처서 23일 20시20분

| 양력 | | 1 | 2 | 3 | 4 | 5 | 6 | 7 | 8 | 9 | 10 | 11 | 12 | 13 | 14 | 15 | 16 | 17 | 18 | 19 | 20 | 21 | 22 | 23 | 24 | 25 | 26 | 27 | 28 | 29 | 30 | 31 |
|---|---|---|---|---|---|---|---|---|---|---|---|---|---|---|---|---|---|---|---|---|---|---|---|---|---|---|---|---|---|---|---|---|
| 음력 | | 2 | 3 | 4 | 5 | 6 | 7 | 8 | 9 | 10 | 11 | 12 | 13 | 14 | 15 | 16 | 17 | 18 | 19 | 20 | 21 | 22 | 23 | 24 | 25 | 26 | 27 | 28 | 29 | 8.1 | 2 | 3 |
| 요일 | | 月 | 火 | 水 | 木 | 金 | 土 | 日 | 月 | 火 | 水 | 木 | 金 | 土 | 日 | 月 | 火 | 水 | 木 | 金 | 土 | 日 | 月 | 火 | 水 | 木 | 金 | 土 | 日 | 月 | 火 | 水 |
| 일진 | | 戊子 | 己丑 | 庚寅 | 辛卯 | 壬辰 | 癸巳 | 甲午 | 乙未 | 丙申 | 丁酉 | 戊戌 | 己亥 | 庚子 | 辛丑 | 壬寅 | 癸卯 | 甲辰 | 乙巳 | 丙午 | 丁未 | 戊申 | 己酉 | 庚戌 | 辛亥 | 壬子 | 癸丑 | 甲寅 | 乙卯 | 丙辰 | 丁巳 | 戊午 |
| 대운 | 남 | 8 | 9 | 9 | 9 | 10 | 10 | 10 | 입 | 1 | 1 | 1 | 1 | 2 | 2 | 2 | 3 | 3 | 3 | 4 | 4 | 4 | 5 | 5 | 5 | 6 | 6 | 6 | 7 | 7 | 7 | 8 |
| | 녀 | 2 | 2 | 2 | 1 | 1 | 1 | 1 | 추 | 10 | 10 | 9 | 9 | 9 | 8 | 8 | 8 | 7 | 7 | 7 | 6 | 6 | 6 | 5 | 5 | 5 | 4 | 4 | 4 | 3 | 3 | 3 |

백로 8일 08시33분 | **9 · 丁酉月(양 9.8~10.8)** | 추분 23일 18시04분

| 양력 | | 1 | 2 | 3 | 4 | 5 | 6 | 7 | 8 | 9 | 10 | 11 | 12 | 13 | 14 | 15 | 16 | 17 | 18 | 19 | 20 | 21 | 22 | 23 | 24 | 25 | 26 | 27 | 28 | 29 | 30 |
|---|---|---|---|---|---|---|---|---|---|---|---|---|---|---|---|---|---|---|---|---|---|---|---|---|---|---|---|---|---|---|---|
| 음력 | | 4 | 5 | 6 | 7 | 8 | 9 | 10 | 11 | 12 | 13 | 14 | 15 | 16 | 17 | 18 | 19 | 20 | 21 | 22 | 23 | 24 | 25 | 26 | 27 | 28 | 29 | 9.1 | 2 | 3 | 4 |
| 요일 | | 木 | 金 | 土 | 日 | 月 | 火 | 水 | 木 | 金 | 土 | 日 | 月 | 火 | 水 | 木 | 金 | 土 | 日 | 月 | 火 | 水 | 木 | 金 | 土 | 日 | 月 | 火 | 水 | 木 | 金 |
| 일진 | | 己未 | 庚申 | 辛酉 | 壬戌 | 癸亥 | 甲子 | 乙丑 | 丙寅 | 丁卯 | 戊辰 | 己巳 | 庚午 | 辛未 | 壬申 | 癸酉 | 甲戌 | 乙亥 | 丙子 | 丁丑 | 戊寅 | 己卯 | 庚辰 | 辛巳 | 壬午 | 癸未 | 甲申 | 乙酉 | 丙戌 | 丁亥 | 戊子 |
| 대운 | 남 | 8 | 8 | 9 | 9 | 9 | 10 | 10 | 백 | 1 | 1 | 1 | 1 | 2 | 2 | 2 | 3 | 3 | 3 | 4 | 4 | 4 | 5 | 5 | 5 | 6 | 6 | 6 | 7 | 7 | 7 |
| | 녀 | 2 | 2 | 2 | 1 | 1 | 1 | 1 | 로 | 10 | 10 | 9 | 9 | 9 | 8 | 8 | 8 | 7 | 7 | 7 | 6 | 6 | 6 | 5 | 5 | 5 | 4 | 4 | 4 | 3 | 3 |

한로 9일 00시18분 | **10 · 戊戌月(양 10.9~11.7)** | 상강 24일 03시29분

| 양력 | | 1 | 2 | 3 | 4 | 5 | 6 | 7 | 8 | 9 | 10 | 11 | 12 | 13 | 14 | 15 | 16 | 17 | 18 | 19 | 20 | 21 | 22 | 23 | 24 | 25 | 26 | 27 | 28 | 29 | 30 | 31 |
|---|---|---|---|---|---|---|---|---|---|---|---|---|---|---|---|---|---|---|---|---|---|---|---|---|---|---|---|---|---|---|---|---|
| 음력 | | 5 | 6 | 7 | 8 | 9 | 10 | 11 | 12 | 13 | 14 | 15 | 16 | 17 | 18 | 19 | 20 | 21 | 22 | 23 | 24 | 25 | 26 | 27 | 28 | 29 | 30 | 10.1 | 2 | 3 | 4 | 5 |
| 요일 | | 土 | 日 | 月 | 火 | 水 | 木 | 金 | 土 | 日 | 月 | 火 | 水 | 木 | 金 | 土 | 日 | 月 | 火 | 水 | 木 | 金 | 土 | 日 | 月 | 火 | 水 | 木 | 金 | 土 | 日 | 月 |
| 일진 | | 己丑 | 庚寅 | 辛卯 | 壬辰 | 癸巳 | 甲午 | 乙未 | 丙申 | 丁酉 | 戊戌 | 己亥 | 庚子 | 辛丑 | 壬寅 | 癸卯 | 甲辰 | 乙巳 | 丙午 | 丁未 | 戊申 | 己酉 | 庚戌 | 辛亥 | 壬子 | 癸丑 | 甲寅 | 乙卯 | 丙辰 | 丁巳 | 戊午 | 己未 |
| 대운 | 남 | 8 | 8 | 8 | 9 | 9 | 9 | 10 | 10 | 한 | 1 | 1 | 1 | 1 | 2 | 2 | 2 | 3 | 3 | 3 | 4 | 4 | 4 | 5 | 5 | 5 | 6 | 6 | 6 | 7 | 7 | 7 |
| | 녀 | 3 | 2 | 2 | 2 | 1 | 1 | 1 | 1 | 로 | 10 | 9 | 9 | 9 | 8 | 8 | 8 | 7 | 7 | 7 | 6 | 6 | 6 | 5 | 5 | 5 | 4 | 4 | 4 | 3 | 3 | 3 |

입동 8일 03시34분 | **11 · 己亥月(양 11.8~12.6)** | 소설 23일 01시07분

| 양력 | | 1 | 2 | 3 | 4 | 5 | 6 | 7 | 8 | 9 | 10 | 11 | 12 | 13 | 14 | 15 | 16 | 17 | 18 | 19 | 20 | 21 | 22 | 23 | 24 | 25 | 26 | 27 | 28 | 29 | 30 |
|---|---|---|---|---|---|---|---|---|---|---|---|---|---|---|---|---|---|---|---|---|---|---|---|---|---|---|---|---|---|---|---|
| 음력 | | 6 | 7 | 8 | 9 | 10 | 11 | 12 | 13 | 14 | 15 | 16 | 17 | 18 | 19 | 20 | 21 | 22 | 23 | 24 | 25 | 26 | 27 | 28 | 29 | 11.1 | 2 | 3 | 4 | 5 | 6 |
| 요일 | | 火 | 水 | 木 | 金 | 土 | 日 | 月 | 火 | 水 | 木 | 金 | 土 | 日 | 月 | 火 | 水 | 木 | 金 | 土 | 日 | 月 | 火 | 水 | 木 | 金 | 土 | 日 | 月 | 火 | 水 |
| 일진 | | 庚申 | 辛酉 | 壬戌 | 癸亥 | 甲子 | 乙丑 | 丙寅 | 丁卯 | 戊辰 | 己巳 | 庚午 | 辛未 | 壬申 | 癸酉 | 甲戌 | 乙亥 | 丙子 | 丁丑 | 戊寅 | 己卯 | 庚辰 | 辛巳 | 壬午 | 癸未 | 甲申 | 乙酉 | 丙戌 | 丁亥 | 戊子 | 己丑 |
| 대운 | 남 | 8 | 8 | 8 | 9 | 9 | 9 | 10 | 입 | 1 | 1 | 1 | 1 | 2 | 2 | 2 | 3 | 3 | 3 | 4 | 4 | 4 | 5 | 5 | 5 | 6 | 6 | 6 | 7 | 7 | 7 |
| | 녀 | 2 | 2 | 2 | 1 | 1 | 1 | 1 | 동 | 9 | 9 | 9 | 8 | 8 | 8 | 7 | 7 | 7 | 6 | 6 | 6 | 5 | 5 | 5 | 4 | 4 | 4 | 3 | 3 | 3 | 2 |

대설 7일 20시28분 | **12 · 庚子月(양 12.7~1.5)** | 동지 22일 14시29분

| 양력 | | 1 | 2 | 3 | 4 | 5 | 6 | 7 | 8 | 9 | 10 | 11 | 12 | 13 | 14 | 15 | 16 | 17 | 18 | 19 | 20 | 21 | 22 | 23 | 24 | 25 | 26 | 27 | 28 | 29 | 30 | 31 |
|---|---|---|---|---|---|---|---|---|---|---|---|---|---|---|---|---|---|---|---|---|---|---|---|---|---|---|---|---|---|---|---|---|
| 음력 | | 7 | 8 | 9 | 10 | 11 | 12 | 13 | 14 | 15 | 16 | 17 | 18 | 19 | 20 | 21 | 22 | 23 | 24 | 25 | 26 | 27 | 28 | 29 | 30 | 12.1 | 2 | 3 | 4 | 5 | 6 | 7 |
| 요일 | | 木 | 金 | 土 | 日 | 月 | 火 | 水 | 木 | 金 | 土 | 日 | 月 | 火 | 水 | 木 | 金 | 土 | 日 | 月 | 火 | 水 | 木 | 金 | 土 | 日 | 月 | 火 | 水 | 木 | 金 | 土 |
| 일진 | | 庚寅 | 辛卯 | 壬辰 | 癸巳 | 甲午 | 乙未 | 丙申 | 丁酉 | 戊戌 | 己亥 | 庚子 | 辛丑 | 壬寅 | 癸卯 | 甲辰 | 乙巳 | 丙午 | 丁未 | 戊申 | 己酉 | 庚戌 | 辛亥 | 壬子 | 癸丑 | 甲寅 | 乙卯 | 丙辰 | 丁巳 | 戊午 | 己未 | 庚申 |
| 대운 | 남 | 8 | 8 | 8 | 9 | 9 | 9 | 대 | 1 | 1 | 1 | 1 | 2 | 2 | 2 | 3 | 3 | 3 | 4 | 4 | 4 | 5 | 5 | 5 | 6 | 6 | 6 | 7 | 7 | 7 | 8 | 8 |
| | 녀 | 2 | 2 | 1 | 1 | 1 | 1 | 설 | 10 | 9 | 9 | 9 | 8 | 8 | 8 | 7 | 7 | 7 | 6 | 6 | 6 | 5 | 5 | 5 | 4 | 4 | 4 | 3 | 3 | 3 | 2 | 2 |

# 2012년(윤3월)

소한 6일 07시43분 **1 · 辛丑月(양 1.6~2.3)** 대한 21일 01시09분

| 양력 | 1 | 2 | 3 | 4 | 5 | 6 | 7 | 8 | 9 | 10 | 11 | 12 | 13 | 14 | 15 | 16 | 17 | 18 | 19 | 20 | 21 | 22 | 23 | 24 | 25 | 26 | 27 | 28 | 29 | 30 | 31 |
|---|---|---|---|---|---|---|---|---|---|---|---|---|---|---|---|---|---|---|---|---|---|---|---|---|---|---|---|---|---|---|---|
| 음력 | 8 | 9 | 10 | 11 | 12 | 13 | 14 | 15 | 16 | 17 | 18 | 19 | 20 | 21 | 22 | 23 | 24 | 25 | 26 | 27 | 28 | 29 | 1.1 | 2 | 3 | 4 | 5 | 6 | 7 | 8 | 9 |
| 요일 | 日 | 月 | 火 | 水 | 木 | 金 | 土 | 日 | 月 | 火 | 水 | 木 | 金 | 土 | 日 | 月 | 火 | 水 | 木 | 金 | 土 | 日 | 月 | 火 | 水 | 木 | 金 | 土 | 日 | 月 | 火 |
| 일진 | 辛酉 | 壬戌 | 癸亥 | 甲子 | 乙丑 | 丙寅 | 丁卯 | 戊辰 | 己巳 | 庚午 | 辛未 | 壬申 | 癸酉 | 甲戌 | 乙亥 | 丙子 | 丁丑 | 戊寅 | 己卯 | 庚辰 | 辛巳 | 壬午 | 癸未 | 甲申 | 乙酉 | 丙戌 | 丁亥 | 戊子 | 己丑 | 庚寅 | 辛卯 |
| 대운 남 | 8 | 9 | 9 | 9 | 10 | 소 | 1 | 1 | 1 | 1 | 2 | 2 | 2 | 3 | 3 | 3 | 4 | 4 | 4 | 5 | 5 | 5 | 6 | 6 | 6 | 7 | 7 | 7 | 8 | 8 | 8 |
| 대운 녀 | 2 | 1 | 1 | 1 | 1 | 한 | 9 | 9 | 9 | 8 | 8 | 8 | 7 | 7 | 7 | 6 | 6 | 6 | 5 | 5 | 5 | 4 | 4 | 4 | 3 | 3 | 3 | 2 | 2 | 2 | 1 |

입춘 4일 19시22분 **2 · 壬寅月(양 2.4~3.4)** 우수 19일 15시17분

| 양력 | 1 | 2 | 3 | 4 | 5 | 6 | 7 | 8 | 9 | 10 | 11 | 12 | 13 | 14 | 15 | 16 | 17 | 18 | 19 | 20 | 21 | 22 | 23 | 24 | 25 | 26 | 27 | 28 | 29 |
|---|---|---|---|---|---|---|---|---|---|---|---|---|---|---|---|---|---|---|---|---|---|---|---|---|---|---|---|---|---|
| 음력 | 10 | 11 | 12 | 13 | 14 | 15 | 16 | 17 | 18 | 19 | 20 | 21 | 22 | 23 | 24 | 25 | 26 | 27 | 28 | 29 | 30 | 2.1 | 2 | 3 | 4 | 5 | 6 | 7 | 8 |
| 요일 | 水 | 木 | 金 | 土 | 日 | 月 | 火 | 水 | 木 | 金 | 土 | 日 | 月 | 火 | 水 | 木 | 金 | 土 | 日 | 月 | 火 | 水 | 木 | 金 | 土 | 日 | 月 | 火 | 水 |
| 일진 | 壬辰 | 癸巳 | 甲午 | 乙未 | 丙申 | 丁酉 | 戊戌 | 己亥 | 庚子 | 辛丑 | 壬寅 | 癸卯 | 甲辰 | 乙巳 | 丙午 | 丁未 | 戊申 | 己酉 | 庚戌 | 辛亥 | 壬子 | 癸丑 | 甲寅 | 乙卯 | 丙辰 | 丁巳 | 戊午 | 己未 | 庚申 |
| 대운 남 | 9 | 9 | 9 | 입 | 10 | 9 | 9 | 9 | 8 | 8 | 8 | 7 | 7 | 7 | 6 | 6 | 6 | 5 | 5 | 5 | 4 | 4 | 4 | 3 | 3 | 3 | 2 | 2 | 2 |
| 대운 녀 | 1 | 1 | 1 | 춘 | 1 | 1 | 1 | 1 | 2 | 2 | 2 | 3 | 3 | 3 | 4 | 4 | 4 | 5 | 5 | 5 | 6 | 6 | 6 | 7 | 7 | 7 | 8 | 8 | 8 |

경칩 5일 13시20분 **3 · 癸卯月(양 3.5~4.3)** 춘분 20일 14시14분

| 양력 | 1 | 2 | 3 | 4 | 5 | 6 | 7 | 8 | 9 | 10 | 11 | 12 | 13 | 14 | 15 | 16 | 17 | 18 | 19 | 20 | 21 | 22 | 23 | 24 | 25 | 26 | 27 | 28 | 29 | 30 | 31 |
|---|---|---|---|---|---|---|---|---|---|---|---|---|---|---|---|---|---|---|---|---|---|---|---|---|---|---|---|---|---|---|---|
| 음력 | 9 | 10 | 11 | 12 | 13 | 14 | 15 | 16 | 17 | 18 | 19 | 20 | 21 | 22 | 23 | 24 | 25 | 26 | 27 | 28 | 29 | 3.1 | 2 | 3 | 4 | 5 | 6 | 7 | 8 | 9 | 10 |
| 요일 | 木 | 金 | 土 | 日 | 月 | 火 | 水 | 木 | 金 | 土 | 日 | 月 | 火 | 水 | 木 | 金 | 土 | 日 | 月 | 火 | 水 | 木 | 金 | 土 | 日 | 月 | 火 | 水 | 木 | 金 | 土 |
| 일진 | 辛酉 | 壬戌 | 癸亥 | 甲子 | 乙丑 | 丙寅 | 丁卯 | 戊辰 | 己巳 | 庚午 | 辛未 | 壬申 | 癸酉 | 甲戌 | 乙亥 | 丙子 | 丁丑 | 戊寅 | 己卯 | 庚辰 | 辛巳 | 壬午 | 癸未 | 甲申 | 乙酉 | 丙戌 | 丁亥 | 戊子 | 己丑 | 庚寅 | 辛卯 |
| 대운 남 | 1 | 1 | 1 | 1 | 경 | 10 | 9 | 9 | 9 | 8 | 8 | 8 | 7 | 7 | 7 | 6 | 6 | 6 | 5 | 5 | 5 | 4 | 4 | 4 | 3 | 3 | 3 | 2 | 2 | 2 | 1 |
| 대운 녀 | 9 | 9 | 9 | 10 | 칩 | 1 | 1 | 1 | 1 | 2 | 2 | 2 | 3 | 3 | 3 | 4 | 4 | 4 | 5 | 5 | 5 | 6 | 6 | 6 | 7 | 7 | 7 | 8 | 8 | 8 | 9 |

청명 4일 18시05분 **4 · 甲辰月(양 4.4~5.4)** 곡우 20일 01시11분

| 양력 | 1 | 2 | 3 | 4 | 5 | 6 | 7 | 8 | 9 | 10 | 11 | 12 | 13 | 14 | 15 | 16 | 17 | 18 | 19 | 20 | 21 | 22 | 23 | 24 | 25 | 26 | 27 | 28 | 29 | 30 |
|---|---|---|---|---|---|---|---|---|---|---|---|---|---|---|---|---|---|---|---|---|---|---|---|---|---|---|---|---|---|---|
| 음력 | 11 | 12 | 13 | 14 | 15 | 16 | 17 | 18 | 19 | 20 | 21 | 22 | 23 | 24 | 25 | 26 | 27 | 28 | 29 | 30 | 윤 | 3.2 | 3 | 4 | 5 | 6 | 7 | 8 | 9 | 10 |
| 요일 | 日 | 月 | 火 | 水 | 木 | 金 | 土 | 日 | 月 | 火 | 水 | 木 | 金 | 土 | 日 | 月 | 火 | 水 | 木 | 金 | 土 | 日 | 月 | 火 | 水 | 木 | 金 | 土 | 日 | 月 |
| 일진 | 壬辰 | 癸巳 | 甲午 | 乙未 | 丙申 | 丁酉 | 戊戌 | 己亥 | 庚子 | 辛丑 | 壬寅 | 癸卯 | 甲辰 | 乙巳 | 丙午 | 丁未 | 戊申 | 己酉 | 庚戌 | 辛亥 | 壬子 | 癸丑 | 甲寅 | 乙卯 | 丙辰 | 丁巳 | 戊午 | 己未 | 庚申 | 辛酉 |
| 대운 남 | 1 | 1 | 1 | 청 | 10 | 10 | 9 | 9 | 9 | 8 | 8 | 8 | 7 | 7 | 7 | 6 | 6 | 6 | 5 | 5 | 5 | 4 | 4 | 4 | 3 | 3 | 3 | 2 | 2 | 2 |
| 대운 녀 | 9 | 9 | 10 | 명 | 1 | 1 | 1 | 1 | 2 | 2 | 2 | 3 | 3 | 3 | 4 | 4 | 4 | 5 | 5 | 5 | 6 | 6 | 6 | 7 | 7 | 7 | 8 | 8 | 8 | 9 |

입하 5일 11시19분 **5 · 乙巳月(양 5.5~6.4)** 소만 21일 00시15분

| 양력 | 1 | 2 | 3 | 4 | 5 | 6 | 7 | 8 | 9 | 10 | 11 | 12 | 13 | 14 | 15 | 16 | 17 | 18 | 19 | 20 | 21 | 22 | 23 | 24 | 25 | 26 | 27 | 28 | 29 | 30 | 31 |
|---|---|---|---|---|---|---|---|---|---|---|---|---|---|---|---|---|---|---|---|---|---|---|---|---|---|---|---|---|---|---|---|
| 음력 | 11 | 12 | 13 | 14 | 15 | 16 | 17 | 18 | 19 | 20 | 21 | 22 | 23 | 24 | 25 | 26 | 27 | 28 | 29 | 30 | 4.1 | 2 | 3 | 4 | 5 | 6 | 7 | 8 | 9 | 10 | 11 |
| 요일 | 火 | 水 | 木 | 金 | 土 | 日 | 月 | 火 | 水 | 木 | 金 | 土 | 日 | 月 | 火 | 水 | 木 | 金 | 土 | 日 | 月 | 火 | 水 | 木 | 金 | 土 | 日 | 月 | 火 | 水 | 木 |
| 일진 | 壬戌 | 癸亥 | 甲子 | 乙丑 | 丙寅 | 丁卯 | 戊辰 | 己巳 | 庚午 | 辛未 | 壬申 | 癸酉 | 甲戌 | 乙亥 | 丙子 | 丁丑 | 戊寅 | 己卯 | 庚辰 | 辛巳 | 壬午 | 癸未 | 甲申 | 乙酉 | 丙戌 | 丁亥 | 戊子 | 己丑 | 庚寅 | 辛卯 | 壬辰 |
| 대운 남 | 1 | 1 | 1 | 1 | 입 | 10 | 10 | 9 | 9 | 9 | 8 | 8 | 8 | 7 | 7 | 7 | 6 | 6 | 6 | 5 | 5 | 5 | 4 | 4 | 4 | 3 | 3 | 3 | 2 | 2 | 2 |
| 대운 녀 | 9 | 9 | 10 | 10 | 하 | 1 | 1 | 1 | 1 | 2 | 2 | 2 | 3 | 3 | 3 | 4 | 4 | 4 | 5 | 5 | 5 | 6 | 6 | 6 | 7 | 7 | 7 | 8 | 8 | 8 | 9 |

망종 5일 15시25분 **6 · 丙午月(양 6.5~7.6)** 하지 21일 08시08분

| 양력 | 1 | 2 | 3 | 4 | 5 | 6 | 7 | 8 | 9 | 10 | 11 | 12 | 13 | 14 | 15 | 16 | 17 | 18 | 19 | 20 | 21 | 22 | 23 | 24 | 25 | 26 | 27 | 28 | 29 | 30 |
|---|---|---|---|---|---|---|---|---|---|---|---|---|---|---|---|---|---|---|---|---|---|---|---|---|---|---|---|---|---|---|
| 음력 | 12 | 13 | 14 | 15 | 16 | 17 | 18 | 19 | 20 | 21 | 22 | 23 | 24 | 25 | 26 | 27 | 28 | 29 | 30 | 5.1 | 2 | 3 | 4 | 5 | 6 | 7 | 8 | 9 | 10 | 11 |
| 요일 | 金 | 土 | 日 | 月 | 火 | 水 | 木 | 金 | 土 | 日 | 月 | 火 | 水 | 木 | 金 | 土 | 日 | 月 | 火 | 水 | 木 | 金 | 土 | 日 | 月 | 火 | 水 | 木 | 金 | 土 |
| 일진 | 癸巳 | 甲午 | 乙未 | 丙申 | 丁酉 | 戊戌 | 己亥 | 庚子 | 辛丑 | 壬寅 | 癸卯 | 甲辰 | 乙巳 | 丙午 | 丁未 | 戊申 | 己酉 | 庚戌 | 辛亥 | 壬子 | 癸丑 | 甲寅 | 乙卯 | 丙辰 | 丁巳 | 戊午 | 己未 | 庚申 | 辛酉 | 壬戌 |
| 대운 남 | 1 | 1 | 1 | 1 | 망 | 10 | 10 | 10 | 9 | 9 | 9 | 8 | 8 | 8 | 7 | 7 | 7 | 6 | 6 | 6 | 5 | 5 | 5 | 4 | 4 | 4 | 3 | 3 | 3 | 2 |
| 대운 녀 | 9 | 9 | 10 | 10 | 종 | 1 | 1 | 1 | 1 | 2 | 2 | 2 | 3 | 3 | 3 | 4 | 4 | 4 | 5 | 5 | 5 | 6 | 6 | 6 | 7 | 7 | 7 | 8 | 8 | 8 |

## 7 · 丁未月(양 7.7~8.6)

소서 7일 01시40분 대서 22일 19시00분

| 양력 | 1 | 2 | 3 | 4 | 5 | 6 | 7 | 8 | 9 | 10 | 11 | 12 | 13 | 14 | 15 | 16 | 17 | 18 | 19 | 20 | 21 | 22 | 23 | 24 | 25 | 26 | 27 | 28 | 29 | 30 | 31 |
|---|---|---|---|---|---|---|---|---|---|---|---|---|---|---|---|---|---|---|---|---|---|---|---|---|---|---|---|---|---|---|---|
| 음력 | 12 | 13 | 14 | 15 | 16 | 17 | 18 | 19 | 20 | 21 | 22 | 23 | 24 | 25 | 26 | 27 | 28 | 29 | 6.1 | 2 | 3 | 4 | 5 | 6 | 7 | 8 | 9 | 10 | 11 | 12 | 13 |
| 요일 | 日 | 月 | 火 | 水 | 木 | 金 | 土 | 日 | 月 | 火 | 水 | 木 | 金 | 土 | 日 | 月 | 火 | 水 | 木 | 金 | 土 | 日 | 月 | 火 | 水 | 木 | 金 | 土 | 日 | 月 | 火 |
| 일진 | 癸亥 | 甲子 | 乙丑 | 丙寅 | 丁卯 | 戊辰 | 己巳 | 庚午 | 辛未 | 壬申 | 癸酉 | 甲戌 | 乙亥 | 丙子 | 丁丑 | 戊寅 | 己卯 | 庚辰 | 辛巳 | 壬午 | 癸未 | 甲申 | 乙酉 | 丙戌 | 丁亥 | 戊子 | 己丑 | 庚寅 | 辛卯 | 壬辰 | 癸巳 |
| 대운 남 | 2 | 2 | 1 | 1 | 1 | 1 | 소 | 10 | 10 | 9 | 9 | 9 | 8 | 8 | 8 | 7 | 7 | 7 | 6 | 6 | 6 | 5 | 5 | 5 | 4 | 4 | 4 | 3 | 3 | 3 | 2 |
| 대운 녀 | 9 | 9 | 9 | 10 | 10 | 10 | 서 | 1 | 1 | 1 | 1 | 2 | 2 | 2 | 3 | 3 | 3 | 4 | 4 | 4 | 5 | 5 | 5 | 6 | 6 | 6 | 7 | 7 | 7 | 8 | 8 |

## 8 · 戊申月(양 8.7~9.6)

입추 7일 11시30분 처서 23일 02시06분

| 양력 | 1 | 2 | 3 | 4 | 5 | 6 | 7 | 8 | 9 | 10 | 11 | 12 | 13 | 14 | 15 | 16 | 17 | 18 | 19 | 20 | 21 | 22 | 23 | 24 | 25 | 26 | 27 | 28 | 29 | 30 | 31 |
|---|---|---|---|---|---|---|---|---|---|---|---|---|---|---|---|---|---|---|---|---|---|---|---|---|---|---|---|---|---|---|---|
| 음력 | 14 | 15 | 16 | 17 | 18 | 19 | 20 | 21 | 22 | 23 | 24 | 25 | 26 | 27 | 28 | 29 | 30 | 7.1 | 2 | 3 | 4 | 5 | 6 | 7 | 8 | 9 | 10 | 11 | 12 | 13 | 14 |
| 요일 | 水 | 木 | 金 | 土 | 日 | 月 | 火 | 水 | 木 | 金 | 土 | 日 | 月 | 火 | 水 | 木 | 金 | 土 | 日 | 月 | 火 | 水 | 木 | 金 | 土 | 日 | 月 | 火 | 水 | 木 | 金 |
| 일진 | 甲午 | 乙未 | 丙申 | 丁酉 | 戊戌 | 己亥 | 庚子 | 辛丑 | 壬寅 | 癸卯 | 甲辰 | 乙巳 | 丙午 | 丁未 | 戊申 | 己酉 | 庚戌 | 辛亥 | 壬子 | 癸丑 | 甲寅 | 乙卯 | 丙辰 | 丁巳 | 戊午 | 己未 | 庚申 | 辛酉 | 壬戌 | 癸亥 | 甲子 |
| 대운 남 | 2 | 2 | 1 | 1 | 1 | 1 | 입 | 10 | 10 | 9 | 9 | 9 | 8 | 8 | 8 | 7 | 7 | 7 | 6 | 6 | 6 | 5 | 5 | 5 | 4 | 4 | 4 | 3 | 3 | 3 | 2 |
| 대운 녀 | 8 | 9 | 9 | 9 | 10 | 10 | 추 | 1 | 1 | 1 | 1 | 2 | 2 | 2 | 3 | 3 | 3 | 4 | 4 | 4 | 5 | 5 | 5 | 6 | 6 | 6 | 7 | 7 | 7 | 8 | 8 |

## 9 · 己酉月(양 9.7~10.7)

백로 7일 14시28분 추분 22일 23시48분

| 양력 | 1 | 2 | 3 | 4 | 5 | 6 | 7 | 8 | 9 | 10 | 11 | 12 | 13 | 14 | 15 | 16 | 17 | 18 | 19 | 20 | 21 | 22 | 23 | 24 | 25 | 26 | 27 | 28 | 29 | 30 |
|---|---|---|---|---|---|---|---|---|---|---|---|---|---|---|---|---|---|---|---|---|---|---|---|---|---|---|---|---|---|---|
| 음력 | 15 | 16 | 17 | 18 | 19 | 20 | 21 | 22 | 23 | 24 | 25 | 26 | 27 | 28 | 29 | 8.1 | 2 | 3 | 4 | 5 | 6 | 7 | 8 | 9 | 10 | 11 | 12 | 13 | 14 | 15 |
| 요일 | 土 | 日 | 月 | 火 | 水 | 木 | 金 | 土 | 日 | 月 | 火 | 水 | 木 | 金 | 土 | 日 | 月 | 火 | 水 | 木 | 金 | 土 | 日 | 月 | 火 | 水 | 木 | 金 | 土 | 日 |
| 일진 | 乙丑 | 丙寅 | 丁卯 | 戊辰 | 己巳 | 庚午 | 辛未 | 壬申 | 癸酉 | 甲戌 | 乙亥 | 丙子 | 丁丑 | 戊寅 | 己卯 | 庚辰 | 辛巳 | 壬午 | 癸未 | 甲申 | 乙酉 | 丙戌 | 丁亥 | 戊子 | 己丑 | 庚寅 | 辛卯 | 壬辰 | 癸巳 | 甲午 |
| 대운 남 | 2 | 2 | 1 | 1 | 1 | 1 | 백 | 10 | 10 | 9 | 9 | 9 | 8 | 8 | 8 | 7 | 7 | 7 | 6 | 6 | 6 | 5 | 5 | 5 | 4 | 4 | 4 | 3 | 3 | 3 |
| 대운 녀 | 8 | 9 | 9 | 9 | 10 | 10 | 로 | 1 | 1 | 1 | 1 | 2 | 2 | 2 | 3 | 3 | 3 | 4 | 4 | 4 | 5 | 5 | 5 | 6 | 6 | 6 | 7 | 7 | 7 | 8 |

## 10 · 庚戌月(양 10.8~11.6)

한로 8일 06시11분 상강 23일 09시13분

| 양력 | 1 | 2 | 3 | 4 | 5 | 6 | 7 | 8 | 9 | 10 | 11 | 12 | 13 | 14 | 15 | 16 | 17 | 18 | 19 | 20 | 21 | 22 | 23 | 24 | 25 | 26 | 27 | 28 | 29 | 30 | 31 |
|---|---|---|---|---|---|---|---|---|---|---|---|---|---|---|---|---|---|---|---|---|---|---|---|---|---|---|---|---|---|---|---|
| 음력 | 16 | 17 | 18 | 19 | 20 | 21 | 22 | 23 | 24 | 25 | 26 | 27 | 28 | 29 | 9.1 | 2 | 3 | 4 | 5 | 6 | 7 | 8 | 9 | 10 | 11 | 12 | 13 | 14 | 15 | 16 | 17 |
| 요일 | 月 | 火 | 水 | 木 | 金 | 土 | 日 | 月 | 火 | 水 | 木 | 金 | 土 | 日 | 月 | 火 | 水 | 木 | 金 | 土 | 日 | 月 | 火 | 水 | 木 | 金 | 土 | 日 | 月 | 火 | 水 |
| 일진 | 乙未 | 丙申 | 丁酉 | 戊戌 | 己亥 | 庚子 | 辛丑 | 壬寅 | 癸卯 | 甲辰 | 乙巳 | 丙午 | 丁未 | 戊申 | 己酉 | 庚戌 | 辛亥 | 壬子 | 癸丑 | 甲寅 | 乙卯 | 丙辰 | 丁巳 | 戊午 | 己未 | 庚申 | 辛酉 | 壬戌 | 癸亥 | 甲子 | 乙丑 |
| 대운 남 | 2 | 2 | 2 | 1 | 1 | 1 | 1 | 한 | 10 | 9 | 9 | 9 | 8 | 8 | 8 | 7 | 7 | 7 | 6 | 6 | 6 | 5 | 5 | 5 | 4 | 4 | 4 | 3 | 3 | 3 | 2 |
| 대운 녀 | 8 | 8 | 9 | 9 | 9 | 10 | 10 | 로 | 1 | 1 | 1 | 1 | 2 | 2 | 2 | 3 | 3 | 3 | 4 | 4 | 4 | 5 | 5 | 5 | 6 | 6 | 6 | 7 | 7 | 7 | 8 |

## 11 · 辛亥月(양 11.7~12.6)

입동 7일 09시25분 소설 22일 06시49분

| 양력 | 1 | 2 | 3 | 4 | 5 | 6 | 7 | 8 | 9 | 10 | 11 | 12 | 13 | 14 | 15 | 16 | 17 | 18 | 19 | 20 | 21 | 22 | 23 | 24 | 25 | 26 | 27 | 28 | 29 | 30 |
|---|---|---|---|---|---|---|---|---|---|---|---|---|---|---|---|---|---|---|---|---|---|---|---|---|---|---|---|---|---|---|
| 음력 | 18 | 19 | 20 | 21 | 22 | 23 | 24 | 25 | 26 | 27 | 28 | 29 | 30 | 10.1 | 2 | 3 | 4 | 5 | 6 | 7 | 8 | 9 | 10 | 11 | 12 | 13 | 14 | 15 | 16 | 17 |
| 요일 | 木 | 金 | 土 | 日 | 月 | 火 | 水 | 木 | 金 | 土 | 日 | 月 | 火 | 水 | 木 | 金 | 土 | 日 | 月 | 火 | 水 | 木 | 金 | 土 | 日 | 月 | 火 | 水 | 木 | 金 |
| 일진 | 丙寅 | 丁卯 | 戊辰 | 己巳 | 庚午 | 辛未 | 壬申 | 癸酉 | 甲戌 | 乙亥 | 丙子 | 丁丑 | 戊寅 | 己卯 | 庚辰 | 辛巳 | 壬午 | 癸未 | 甲申 | 乙酉 | 丙戌 | 丁亥 | 戊子 | 己丑 | 庚寅 | 辛卯 | 壬辰 | 癸巳 | 甲午 | 乙未 |
| 대운 남 | 2 | 2 | 1 | 1 | 1 | 1 | 입 | 10 | 9 | 9 | 9 | 8 | 8 | 8 | 7 | 7 | 7 | 6 | 6 | 6 | 5 | 5 | 5 | 4 | 4 | 4 | 3 | 3 | 3 | 2 |
| 대운 녀 | 8 | 8 | 9 | 9 | 9 | 10 | 동 | 1 | 1 | 1 | 1 | 2 | 2 | 2 | 3 | 3 | 3 | 4 | 4 | 4 | 5 | 5 | 5 | 6 | 6 | 6 | 7 | 7 | 7 | 8 |

## 12 · 壬子月(양 12.7~1.4)

대설 7일 02시18분 동지 21일 20시11분

| 양력 | 1 | 2 | 3 | 4 | 5 | 6 | 7 | 8 | 9 | 10 | 11 | 12 | 13 | 14 | 15 | 16 | 17 | 18 | 19 | 20 | 21 | 22 | 23 | 24 | 25 | 26 | 27 | 28 | 29 | 30 | 31 |
|---|---|---|---|---|---|---|---|---|---|---|---|---|---|---|---|---|---|---|---|---|---|---|---|---|---|---|---|---|---|---|---|
| 음력 | 18 | 19 | 20 | 21 | 22 | 23 | 24 | 25 | 26 | 27 | 28 | 29 | 11.1 | 2 | 3 | 4 | 5 | 6 | 7 | 8 | 9 | 10 | 11 | 12 | 13 | 14 | 15 | 16 | 17 | 18 | 19 |
| 요일 | 土 | 日 | 月 | 火 | 水 | 木 | 金 | 土 | 日 | 月 | 火 | 水 | 木 | 金 | 土 | 日 | 月 | 火 | 水 | 木 | 金 | 土 | 日 | 月 | 火 | 水 | 木 | 金 | 土 | 日 | 月 |
| 일진 | 丙申 | 丁酉 | 戊戌 | 己亥 | 庚子 | 辛丑 | 壬寅 | 癸卯 | 甲辰 | 乙巳 | 丙午 | 丁未 | 戊申 | 己酉 | 庚戌 | 辛亥 | 壬子 | 癸丑 | 甲寅 | 乙卯 | 丙辰 | 丁巳 | 戊午 | 己未 | 庚申 | 辛酉 | 壬戌 | 癸亥 | 甲子 | 乙丑 | 丙寅 |
| 대운 남 | 2 | 2 | 1 | 1 | 1 | 1 | 대 | 9 | 9 | 9 | 8 | 8 | 8 | 7 | 7 | 7 | 6 | 6 | 6 | 5 | 5 | 5 | 4 | 4 | 4 | 3 | 3 | 3 | 2 | 2 | 2 |
| 대운 녀 | 8 | 8 | 9 | 9 | 9 | 10 | 설 | 1 | 1 | 1 | 1 | 2 | 2 | 2 | 3 | 3 | 3 | 4 | 4 | 4 | 5 | 5 | 5 | 6 | 6 | 6 | 7 | 7 | 7 | 8 | 8 |

# 2013년

소한 5일 13시33분 | **1 · 癸丑月(양 1.5~2.3)** | 대한 20일 06시51분

| 양력 | 1 | 2 | 3 | 4 | 5 | 6 | 7 | 8 | 9 | 10 | 11 | 12 | 13 | 14 | 15 | 16 | 17 | 18 | 19 | 20 | 21 | 22 | 23 | 24 | 25 | 26 | 27 | 28 | 29 | 30 | 31 |
|---|---|---|---|---|---|---|---|---|---|---|---|---|---|---|---|---|---|---|---|---|---|---|---|---|---|---|---|---|---|---|---|
| 음력 | 20 | 21 | 22 | 23 | 24 | 25 | 26 | 27 | 28 | 29 | 30 | 12.1 | 2 | 3 | 4 | 5 | 6 | 7 | 8 | 9 | 10 | 11 | 12 | 13 | 14 | 15 | 16 | 17 | 18 | 19 | 20 |
| 요일 | 火 | 水 | 木 | 金 | 土 | 日 | 月 | 火 | 水 | 木 | 金 | 土 | 日 | 月 | 火 | 水 | 木 | 金 | 土 | 日 | 月 | 火 | 水 | 木 | 金 | 土 | 日 | 月 | 火 | 水 | 木 |
| 일진 | 丁卯 | 戊辰 | 己巳 | 庚午 | 辛未 | 壬申 | 癸酉 | 甲戌 | 乙亥 | 丙子 | 丁丑 | 戊寅 | 己卯 | 庚辰 | 辛巳 | 壬午 | 癸未 | 甲申 | 乙酉 | 丙戌 | 丁亥 | 戊子 | 己丑 | 庚寅 | 辛卯 | 壬辰 | 癸巳 | 甲午 | 乙未 | 丙申 | 丁酉 |
| 대운 남 | 1 | 1 | 1 | 1 | 소 | 10 | 9 | 9 | 9 | 8 | 8 | 8 | 7 | 7 | 7 | 6 | 6 | 6 | 5 | 5 | 5 | 4 | 4 | 4 | 3 | 3 | 3 | 2 | 2 | 2 | 1 |
| 대운 녀 | 8 | 9 | 9 | 9 | 한 | 1 | 1 | 1 | 1 | 2 | 2 | 2 | 3 | 3 | 3 | 4 | 4 | 4 | 5 | 5 | 5 | 6 | 6 | 6 | 7 | 7 | 7 | 8 | 8 | 8 | 9 |

입춘 4일 01시13분 | **2 · 甲寅月(양 2.4~3.4)** | 우수 18일 21시01분

| 양력 | 1 | 2 | 3 | 4 | 5 | 6 | 7 | 8 | 9 | 10 | 11 | 12 | 13 | 14 | 15 | 16 | 17 | 18 | 19 | 20 | 21 | 22 | 23 | 24 | 25 | 26 | 27 | 28 |
|---|---|---|---|---|---|---|---|---|---|---|---|---|---|---|---|---|---|---|---|---|---|---|---|---|---|---|---|---|
| 음력 | 21 | 22 | 23 | 24 | 25 | 26 | 27 | 28 | 29 | 1.1 | 2 | 3 | 4 | 5 | 6 | 7 | 8 | 9 | 10 | 11 | 12 | 13 | 14 | 15 | 16 | 17 | 18 | 19 |
| 요일 | 金 | 土 | 日 | 月 | 火 | 水 | 木 | 金 | 土 | 日 | 月 | 火 | 水 | 木 | 金 | 土 | 日 | 月 | 火 | 水 | 木 | 金 | 土 | 日 | 月 | 火 | 水 | 木 |
| 일진 | 戊戌 | 己亥 | 庚子 | 辛丑 | 壬寅 | 癸卯 | 甲辰 | 乙巳 | 丙午 | 丁未 | 戊申 | 己酉 | 庚戌 | 辛亥 | 壬子 | 癸丑 | 甲寅 | 乙卯 | 丙辰 | 丁巳 | 戊午 | 己未 | 庚申 | 辛酉 | 壬戌 | 癸亥 | 甲子 | 乙丑 |
| 대운 남 | 1 | 1 | 1 | 입 | 1 | 1 | 1 | 1 | 2 | 2 | 2 | 3 | 3 | 3 | 4 | 4 | 4 | 5 | 5 | 5 | 6 | 6 | 6 | 7 | 7 | 7 | 8 | 8 |
| 대운 녀 | 9 | 9 | 10 | 춘 | 9 | 9 | 9 | 8 | 8 | 8 | 7 | 7 | 7 | 6 | 6 | 6 | 5 | 5 | 5 | 4 | 4 | 4 | 3 | 3 | 3 | 2 | 2 | 2 |

경칩 5일 19시14분 | **3 · 乙卯月(양 3.5~4.4)** | 춘분 20일 20시01분

| 양력 | 1 | 2 | 3 | 4 | 5 | 6 | 7 | 8 | 9 | 10 | 11 | 12 | 13 | 14 | 15 | 16 | 17 | 18 | 19 | 20 | 21 | 22 | 23 | 24 | 25 | 26 | 27 | 28 | 29 | 30 | 31 |
|---|---|---|---|---|---|---|---|---|---|---|---|---|---|---|---|---|---|---|---|---|---|---|---|---|---|---|---|---|---|---|---|
| 음력 | 20 | 21 | 22 | 23 | 24 | 25 | 26 | 27 | 28 | 29 | 30 | 2.1 | 2 | 3 | 4 | 5 | 6 | 7 | 8 | 9 | 10 | 11 | 12 | 13 | 14 | 15 | 16 | 17 | 18 | 19 | 20 |
| 요일 | 金 | 土 | 日 | 月 | 火 | 水 | 木 | 金 | 土 | 日 | 月 | 火 | 水 | 木 | 金 | 土 | 日 | 月 | 火 | 水 | 木 | 金 | 土 | 日 | 月 | 火 | 水 | 木 | 金 | 土 | 日 |
| 일진 | 丙寅 | 丁卯 | 戊辰 | 己巳 | 庚午 | 辛未 | 壬申 | 癸酉 | 甲戌 | 乙亥 | 丙子 | 丁丑 | 戊寅 | 己卯 | 庚辰 | 辛巳 | 壬午 | 癸未 | 甲申 | 乙酉 | 丙戌 | 丁亥 | 戊子 | 己丑 | 庚寅 | 辛卯 | 壬辰 | 癸巳 | 甲午 | 乙未 | 丙申 |
| 대운 남 | 8 | 9 | 9 | 9 | 경 | 1 | 1 | 1 | 1 | 2 | 2 | 2 | 3 | 3 | 3 | 4 | 4 | 4 | 5 | 5 | 5 | 6 | 6 | 6 | 7 | 7 | 7 | 8 | 8 | 8 | 9 |
| 대운 녀 | 1 | 1 | 1 | 1 | 칩 | 10 | 10 | 9 | 9 | 9 | 8 | 8 | 8 | 7 | 7 | 7 | 6 | 6 | 6 | 5 | 5 | 5 | 4 | 4 | 4 | 3 | 3 | 3 | 2 | 2 | 2 |

청명 5일 00시02분 | **4 · 丙辰月(양 4.5~5.4)** | 곡우 20일 07시02분

| 양력 | 1 | 2 | 3 | 4 | 5 | 6 | 7 | 8 | 9 | 10 | 11 | 12 | 13 | 14 | 15 | 16 | 17 | 18 | 19 | 20 | 21 | 22 | 23 | 24 | 25 | 26 | 27 | 28 | 29 | 30 |
|---|---|---|---|---|---|---|---|---|---|---|---|---|---|---|---|---|---|---|---|---|---|---|---|---|---|---|---|---|---|---|
| 음력 | 21 | 22 | 23 | 24 | 25 | 26 | 27 | 28 | 29 | 3.1 | 2 | 3 | 4 | 5 | 6 | 7 | 8 | 9 | 10 | 11 | 12 | 13 | 14 | 15 | 16 | 17 | 18 | 19 | 20 | 21 |
| 요일 | 月 | 火 | 水 | 木 | 金 | 土 | 日 | 月 | 火 | 水 | 木 | 金 | 土 | 日 | 月 | 火 | 水 | 木 | 金 | 土 | 日 | 月 | 火 | 水 | 木 | 金 | 土 | 日 | 月 | 火 |
| 일진 | 丁酉 | 戊戌 | 己亥 | 庚子 | 辛丑 | 壬寅 | 癸卯 | 甲辰 | 乙巳 | 丙午 | 丁未 | 戊申 | 己酉 | 庚戌 | 辛亥 | 壬子 | 癸丑 | 甲寅 | 乙卯 | 丙辰 | 丁巳 | 戊午 | 己未 | 庚申 | 辛酉 | 壬戌 | 癸亥 | 甲子 | 乙丑 | 丙寅 |
| 대운 남 | 9 | 9 | 10 | 10 | 청 | 1 | 1 | 1 | 1 | 2 | 2 | 2 | 3 | 3 | 3 | 4 | 4 | 4 | 5 | 5 | 5 | 6 | 6 | 6 | 7 | 7 | 7 | 8 | 8 | 8 |
| 대운 녀 | 1 | 1 | 1 | 1 | 명 | 10 | 9 | 9 | 9 | 8 | 8 | 8 | 7 | 7 | 7 | 6 | 6 | 6 | 5 | 5 | 5 | 4 | 4 | 4 | 3 | 3 | 3 | 2 | 2 | 2 |

입하 5일 17시17분 | **5 · 丁巳月(양 5.5~6.4)** | 소만 21일 06시09분

| 양력 | 1 | 2 | 3 | 4 | 5 | 6 | 7 | 8 | 9 | 10 | 11 | 12 | 13 | 14 | 15 | 16 | 17 | 18 | 19 | 20 | 21 | 22 | 23 | 24 | 25 | 26 | 27 | 28 | 29 | 30 | 31 |
|---|---|---|---|---|---|---|---|---|---|---|---|---|---|---|---|---|---|---|---|---|---|---|---|---|---|---|---|---|---|---|---|
| 음력 | 22 | 23 | 24 | 25 | 26 | 27 | 28 | 29 | 30 | 4.1 | 2 | 3 | 4 | 5 | 6 | 7 | 8 | 9 | 10 | 11 | 12 | 13 | 14 | 15 | 16 | 17 | 18 | 19 | 20 | 21 | 22 |
| 요일 | 水 | 木 | 金 | 土 | 日 | 月 | 火 | 水 | 木 | 金 | 土 | 日 | 月 | 火 | 水 | 木 | 金 | 土 | 日 | 月 | 火 | 水 | 木 | 金 | 土 | 日 | 月 | 火 | 水 | 木 | 金 |
| 일진 | 丁卯 | 戊辰 | 己巳 | 庚午 | 辛未 | 壬申 | 癸酉 | 甲戌 | 乙亥 | 丙子 | 丁丑 | 戊寅 | 己卯 | 庚辰 | 辛巳 | 壬午 | 癸未 | 甲申 | 乙酉 | 丙戌 | 丁亥 | 戊子 | 己丑 | 庚寅 | 辛卯 | 壬辰 | 癸巳 | 甲午 | 乙未 | 丙申 | 丁酉 |
| 대운 남 | 9 | 9 | 9 | 10 | 입 | 1 | 1 | 1 | 1 | 2 | 2 | 2 | 3 | 3 | 3 | 4 | 4 | 4 | 5 | 5 | 5 | 6 | 6 | 6 | 7 | 7 | 7 | 8 | 8 | 8 | 9 |
| 대운 녀 | 1 | 1 | 1 | 1 | 하 | 10 | 10 | 9 | 9 | 9 | 8 | 8 | 8 | 7 | 7 | 7 | 6 | 6 | 6 | 5 | 5 | 5 | 4 | 4 | 4 | 3 | 3 | 3 | 2 | 2 | 2 |

망종 5일 21시22분 | **6 · 戊午月(양 6.5~7.6)** | 하지 21일 14시03분

| 양력 | 1 | 2 | 3 | 4 | 5 | 6 | 7 | 8 | 9 | 10 | 11 | 12 | 13 | 14 | 15 | 16 | 17 | 18 | 19 | 20 | 21 | 22 | 23 | 24 | 25 | 26 | 27 | 28 | 29 | 30 |
|---|---|---|---|---|---|---|---|---|---|---|---|---|---|---|---|---|---|---|---|---|---|---|---|---|---|---|---|---|---|---|
| 음력 | 23 | 24 | 25 | 26 | 27 | 28 | 29 | 30 | 5.1 | 2 | 3 | 4 | 5 | 6 | 7 | 8 | 9 | 10 | 11 | 12 | 13 | 14 | 15 | 16 | 17 | 18 | 19 | 20 | 21 | 22 |
| 요일 | 土 | 日 | 月 | 火 | 水 | 木 | 金 | 土 | 日 | 月 | 火 | 水 | 木 | 金 | 土 | 日 | 月 | 火 | 水 | 木 | 金 | 土 | 日 | 月 | 火 | 水 | 木 | 金 | 土 | 日 |
| 일진 | 戊戌 | 己亥 | 庚子 | 辛丑 | 壬寅 | 癸卯 | 甲辰 | 乙巳 | 丙午 | 丁未 | 戊申 | 己酉 | 庚戌 | 辛亥 | 壬子 | 癸丑 | 甲寅 | 乙卯 | 丙辰 | 丁巳 | 戊午 | 己未 | 庚申 | 辛酉 | 壬戌 | 癸亥 | 甲子 | 乙丑 | 丙寅 | 丁卯 |
| 대운 남 | 9 | 9 | 10 | 10 | 망 | 1 | 1 | 1 | 1 | 2 | 2 | 2 | 3 | 3 | 3 | 4 | 4 | 4 | 5 | 5 | 5 | 6 | 6 | 6 | 7 | 7 | 7 | 8 | 8 | 8 |
| 대운 녀 | 1 | 1 | 1 | 1 | 종 | 10 | 10 | 10 | 9 | 9 | 9 | 8 | 8 | 8 | 7 | 7 | 7 | 6 | 6 | 6 | 5 | 5 | 5 | 4 | 4 | 4 | 3 | 3 | 3 | 2 |

소서 7일 07시34분

## 7 · 己未月(양 7.7~8.6)

대서 23일 00시55분

| 양력 | 1 | 2 | 3 | 4 | 5 | 6 | 7 | 8 | 9 | 10 | 11 | 12 | 13 | 14 | 15 | 16 | 17 | 18 | 19 | 20 | 21 | 22 | 23 | 24 | 25 | 26 | 27 | 28 | 29 | 30 | 31 |
|---|---|---|---|---|---|---|---|---|---|---|---|---|---|---|---|---|---|---|---|---|---|---|---|---|---|---|---|---|---|---|---|
| 음력 | 23 | 24 | 25 | 26 | 27 | 28 | 29 | 6.1 | 2 | 3 | 4 | 5 | 6 | 7 | 8 | 9 | 10 | 11 | 12 | 13 | 14 | 15 | 16 | 17 | 18 | 19 | 20 | 21 | 22 | 23 | 24 |
| 요일 | 月 | 火 | 水 | 木 | 金 | 土 | 日 | 月 | 火 | 水 | 木 | 金 | 土 | 日 | 月 | 火 | 水 | 木 | 金 | 土 | 日 | 月 | 火 | 水 | 木 | 金 | 土 | 日 | 月 | 火 | 水 |
| 일진 | 戊辰 | 己巳 | 庚午 | 辛未 | 壬申 | 癸酉 | 甲戌 | 乙亥 | 丙子 | 丁丑 | 戊寅 | 己卯 | 庚辰 | 辛巳 | 壬午 | 癸未 | 甲申 | 乙酉 | 丙戌 | 丁亥 | 戊子 | 己丑 | 庚寅 | 辛卯 | 壬辰 | 癸巳 | 甲午 | 乙未 | 丙申 | 丁酉 | 戊戌 |
| 대운 남 | 9 | 9 | 9 | 10 | 10 | 10 | 소 | 1 | 1 | 1 | 1 | 2 | 2 | 2 | 3 | 3 | 3 | 4 | 4 | 4 | 5 | 5 | 5 | 6 | 6 | 6 | 7 | 7 | 7 | 8 | 8 |
| 대운 녀 | 2 | 2 | 1 | 1 | 1 | 1 | 서 | 10 | 10 | 9 | 9 | 9 | 8 | 8 | 8 | 7 | 7 | 7 | 6 | 6 | 6 | 5 | 5 | 5 | 4 | 4 | 4 | 3 | 3 | 3 | 2 |

입추 7일 17시19분

## 8 · 庚申月(양 8.7~9.6)

처서 23일 08시01분

| 양력 | 1 | 2 | 3 | 4 | 5 | 6 | 7 | 8 | 9 | 10 | 11 | 12 | 13 | 14 | 15 | 16 | 17 | 18 | 19 | 20 | 21 | 22 | 23 | 24 | 25 | 26 | 27 | 28 | 29 | 30 | 31 |
|---|---|---|---|---|---|---|---|---|---|---|---|---|---|---|---|---|---|---|---|---|---|---|---|---|---|---|---|---|---|---|---|
| 음력 | 25 | 26 | 27 | 28 | 29 | 30 | 7.1 | 2 | 3 | 4 | 5 | 6 | 7 | 8 | 9 | 10 | 11 | 12 | 13 | 14 | 15 | 16 | 17 | 18 | 19 | 20 | 21 | 22 | 23 | 24 | 25 |
| 요일 | 木 | 金 | 土 | 日 | 月 | 火 | 水 | 木 | 金 | 土 | 日 | 月 | 火 | 水 | 木 | 金 | 土 | 日 | 月 | 火 | 水 | 木 | 金 | 土 | 日 | 月 | 火 | 水 | 木 | 金 | 土 |
| 일진 | 己亥 | 庚子 | 辛丑 | 壬寅 | 癸卯 | 甲辰 | 乙巳 | 丙午 | 丁未 | 戊申 | 己酉 | 庚戌 | 辛亥 | 壬子 | 癸丑 | 甲寅 | 乙卯 | 丙辰 | 丁巳 | 戊午 | 己未 | 庚申 | 辛酉 | 壬戌 | 癸亥 | 甲子 | 乙丑 | 丙寅 | 丁卯 | 戊辰 | 己巳 |
| 대운 남 | 8 | 9 | 9 | 9 | 10 | 10 | 입 | 1 | 1 | 1 | 1 | 2 | 2 | 2 | 3 | 3 | 3 | 4 | 4 | 4 | 5 | 5 | 5 | 6 | 6 | 6 | 7 | 7 | 7 | 8 | 8 |
| 대운 녀 | 2 | 2 | 1 | 1 | 1 | 1 | 추 | 10 | 10 | 9 | 9 | 9 | 8 | 8 | 8 | 7 | 7 | 7 | 6 | 6 | 6 | 5 | 5 | 5 | 4 | 4 | 4 | 3 | 3 | 3 | 2 |

백로 7일 20시15분

## 9 · 辛酉月(양 9.7~10.7)

추분 23일 05시43분

| 양력 | 1 | 2 | 3 | 4 | 5 | 6 | 7 | 8 | 9 | 10 | 11 | 12 | 13 | 14 | 15 | 16 | 17 | 18 | 19 | 20 | 21 | 22 | 23 | 24 | 25 | 26 | 27 | 28 | 29 | 30 |
|---|---|---|---|---|---|---|---|---|---|---|---|---|---|---|---|---|---|---|---|---|---|---|---|---|---|---|---|---|---|---|
| 음력 | 26 | 27 | 28 | 29 | 8.1 | 2 | 3 | 4 | 5 | 6 | 7 | 8 | 9 | 10 | 11 | 12 | 13 | 14 | 15 | 16 | 17 | 18 | 19 | 20 | 21 | 22 | 23 | 24 | 25 | 26 |
| 요일 | 日 | 月 | 火 | 水 | 木 | 金 | 土 | 日 | 月 | 火 | 水 | 木 | 金 | 土 | 日 | 月 | 火 | 水 | 木 | 金 | 土 | 日 | 月 | 火 | 水 | 木 | 金 | 土 | 日 | 月 |
| 일진 | 庚午 | 辛未 | 壬申 | 癸酉 | 甲戌 | 乙亥 | 丙子 | 丁丑 | 戊寅 | 己卯 | 庚辰 | 辛巳 | 壬午 | 癸未 | 甲申 | 乙酉 | 丙戌 | 丁亥 | 戊子 | 己丑 | 庚寅 | 辛卯 | 壬辰 | 癸巳 | 甲午 | 乙未 | 丙申 | 丁酉 | 戊戌 | 己亥 |
| 대운 남 | 8 | 9 | 9 | 9 | 10 | 10 | 백 | 1 | 1 | 1 | 1 | 2 | 2 | 2 | 3 | 3 | 3 | 4 | 4 | 4 | 5 | 5 | 5 | 6 | 6 | 6 | 7 | 7 | 7 | 8 |
| 대운 녀 | 2 | 2 | 1 | 1 | 1 | 1 | 로 | 10 | 10 | 9 | 9 | 9 | 8 | 8 | 8 | 7 | 7 | 7 | 6 | 6 | 6 | 5 | 5 | 5 | 4 | 4 | 4 | 3 | 3 | 3 |

한로 8일 11시58분

## 10 · 壬戌月(양 10.8~11.6)

상강 23일 15시09분

| 양력 | 1 | 2 | 3 | 4 | 5 | 6 | 7 | 8 | 9 | 10 | 11 | 12 | 13 | 14 | 15 | 16 | 17 | 18 | 19 | 20 | 21 | 22 | 23 | 24 | 25 | 26 | 27 | 28 | 29 | 30 | 31 |
|---|---|---|---|---|---|---|---|---|---|---|---|---|---|---|---|---|---|---|---|---|---|---|---|---|---|---|---|---|---|---|---|
| 음력 | 27 | 28 | 29 | 30 | 9.1 | 2 | 3 | 4 | 5 | 6 | 7 | 8 | 9 | 10 | 11 | 12 | 13 | 14 | 15 | 16 | 17 | 18 | 19 | 20 | 21 | 22 | 23 | 24 | 25 | 26 | 27 |
| 요일 | 火 | 水 | 木 | 金 | 土 | 日 | 月 | 火 | 水 | 木 | 金 | 土 | 日 | 月 | 火 | 水 | 木 | 金 | 土 | 日 | 月 | 火 | 水 | 木 | 金 | 土 | 日 | 月 | 火 | 水 | 木 |
| 일진 | 庚子 | 辛丑 | 壬寅 | 癸卯 | 甲辰 | 乙巳 | 丙午 | 丁未 | 戊申 | 己酉 | 庚戌 | 辛亥 | 壬子 | 癸丑 | 甲寅 | 乙卯 | 丙辰 | 丁巳 | 戊午 | 己未 | 庚申 | 辛酉 | 壬戌 | 癸亥 | 甲子 | 乙丑 | 丙寅 | 丁卯 | 戊辰 | 己巳 | 庚午 |
| 대운 남 | 8 | 8 | 9 | 9 | 9 | 10 | 10 | 한 | 1 | 1 | 1 | 1 | 2 | 2 | 2 | 3 | 3 | 3 | 4 | 4 | 4 | 5 | 5 | 5 | 6 | 6 | 6 | 7 | 7 | 7 | 8 |
| 대운 녀 | 2 | 2 | 2 | 1 | 1 | 1 | 1 | 로 | 10 | 9 | 9 | 9 | 8 | 8 | 8 | 7 | 7 | 7 | 6 | 6 | 6 | 5 | 5 | 5 | 4 | 4 | 4 | 3 | 3 | 3 | 2 |

입동 7일 15시13분

## 11 · 癸亥月(양 11.7~12.6)

소설 22일 12시47분

| 양력 | 1 | 2 | 3 | 4 | 5 | 6 | 7 | 8 | 9 | 10 | 11 | 12 | 13 | 14 | 15 | 16 | 17 | 18 | 19 | 20 | 21 | 22 | 23 | 24 | 25 | 26 | 27 | 28 | 29 | 30 |
|---|---|---|---|---|---|---|---|---|---|---|---|---|---|---|---|---|---|---|---|---|---|---|---|---|---|---|---|---|---|---|
| 음력 | 28 | 29 | 10.1 | 2 | 3 | 4 | 5 | 6 | 7 | 8 | 9 | 10 | 11 | 12 | 13 | 14 | 15 | 16 | 17 | 18 | 19 | 20 | 21 | 22 | 23 | 24 | 25 | 26 | 27 | 28 |
| 요일 | 金 | 土 | 日 | 月 | 火 | 水 | 木 | 金 | 土 | 日 | 月 | 火 | 水 | 木 | 金 | 土 | 日 | 月 | 火 | 水 | 木 | 金 | 土 | 日 | 月 | 火 | 水 | 木 | 金 | 土 |
| 일진 | 辛未 | 壬申 | 癸酉 | 甲戌 | 乙亥 | 丙子 | 丁丑 | 戊寅 | 己卯 | 庚辰 | 辛巳 | 壬午 | 癸未 | 甲申 | 乙酉 | 丙戌 | 丁亥 | 戊子 | 己丑 | 庚寅 | 辛卯 | 壬辰 | 癸巳 | 甲午 | 乙未 | 丙申 | 丁酉 | 戊戌 | 己亥 | 庚子 |
| 대운 남 | 8 | 8 | 9 | 9 | 9 | 10 | 입 | 1 | 1 | 1 | 1 | 2 | 2 | 2 | 3 | 3 | 3 | 4 | 4 | 4 | 5 | 5 | 5 | 6 | 6 | 6 | 7 | 7 | 7 | 8 |
| 대운 녀 | 2 | 2 | 1 | 1 | 1 | 1 | 동 | 10 | 9 | 9 | 9 | 8 | 8 | 8 | 7 | 7 | 7 | 6 | 6 | 6 | 5 | 5 | 5 | 4 | 4 | 4 | 3 | 3 | 3 | 2 |

대설 7일 08시08분

## 12 · 甲子月(양 12.7~1.4)

동지 22일 02시10분

| 양력 | 1 | 2 | 3 | 4 | 5 | 6 | 7 | 8 | 9 | 10 | 11 | 12 | 13 | 14 | 15 | 16 | 17 | 18 | 19 | 20 | 21 | 22 | 23 | 24 | 25 | 26 | 27 | 28 | 29 | 30 | 31 |
|---|---|---|---|---|---|---|---|---|---|---|---|---|---|---|---|---|---|---|---|---|---|---|---|---|---|---|---|---|---|---|---|
| 음력 | 29 | 30 | 11.1 | 2 | 3 | 4 | 5 | 6 | 7 | 8 | 9 | 10 | 11 | 12 | 13 | 14 | 15 | 16 | 17 | 18 | 19 | 20 | 21 | 22 | 23 | 24 | 25 | 26 | 27 | 28 | 29 |
| 요일 | 日 | 月 | 火 | 水 | 木 | 金 | 土 | 日 | 月 | 火 | 水 | 木 | 金 | 土 | 日 | 月 | 火 | 水 | 木 | 金 | 土 | 日 | 月 | 火 | 水 | 木 | 金 | 土 | 日 | 月 | 火 |
| 일진 | 辛丑 | 壬寅 | 癸卯 | 甲辰 | 乙巳 | 丙午 | 丁未 | 戊申 | 己酉 | 庚戌 | 辛亥 | 壬子 | 癸丑 | 甲寅 | 乙卯 | 丙辰 | 丁巳 | 戊午 | 己未 | 庚申 | 辛酉 | 壬戌 | 癸亥 | 甲子 | 乙丑 | 丙寅 | 丁卯 | 戊辰 | 己巳 | 庚午 | 辛未 |
| 대운 남 | 8 | 8 | 9 | 9 | 9 | 10 | 대 | 1 | 1 | 1 | 1 | 2 | 2 | 2 | 3 | 3 | 3 | 4 | 4 | 4 | 5 | 5 | 5 | 6 | 6 | 6 | 7 | 7 | 7 | 8 | 8 |
| 대운 녀 | 2 | 2 | 1 | 1 | 1 | 1 | 설 | 9 | 9 | 9 | 8 | 8 | 8 | 7 | 7 | 7 | 6 | 6 | 6 | 5 | 5 | 5 | 4 | 4 | 4 | 3 | 3 | 3 | 2 | 2 | 2 |

# 2014년(윤9월)

소한 5일 19시23분 **1 · 乙丑月(양 1.5~2.3)** 대한 20일 12시50분

| 양력 | 1 | 2 | 3 | 4 | 5 | 6 | 7 | 8 | 9 | 10 | 11 | 12 | 13 | 14 | 15 | 16 | 17 | 18 | 19 | 20 | 21 | 22 | 23 | 24 | 25 | 26 | 27 | 28 | 29 | 30 | 31 |
|---|---|---|---|---|---|---|---|---|---|---|---|---|---|---|---|---|---|---|---|---|---|---|---|---|---|---|---|---|---|---|---|
| 음력 | 12.1 | 2 | 3 | 4 | 5 | 6 | 7 | 8 | 9 | 10 | 11 | 12 | 13 | 14 | 15 | 16 | 17 | 18 | 19 | 20 | 21 | 22 | 23 | 24 | 25 | 26 | 27 | 28 | 29 | 30 | 1.1 |
| 요일 | 水 | 木 | 金 | 土 | 日 | 月 | 火 | 水 | 木 | 金 | 土 | 日 | 月 | 火 | 水 | 木 | 金 | 土 | 日 | 月 | 火 | 水 | 木 | 金 | 土 | 日 | 月 | 火 | 水 | 木 | 金 |
| 일진 | 壬申 | 癸酉 | 甲戌 | 乙亥 | 丙子 | 丁丑 | 戊寅 | 己卯 | 庚辰 | 辛巳 | 壬午 | 癸未 | 甲申 | 乙酉 | 丙戌 | 丁亥 | 戊子 | 己丑 | 庚寅 | 辛卯 | 壬辰 | 癸巳 | 甲午 | 乙未 | 丙申 | 丁酉 | 戊戌 | 己亥 | 庚子 | 辛丑 | 壬寅 |
| 대운 남 | 8 | 9 | 9 | 9 | 소 | 1 | 1 | 1 | 1 | 2 | 2 | 2 | 3 | 3 | 3 | 4 | 4 | 4 | 5 | 5 | 5 | 6 | 6 | 6 | 7 | 7 | 7 | 8 | 8 | 8 | 9 |
| 대운 녀 | 1 | 1 | 1 | 1 | 한 | 10 | 9 | 9 | 9 | 8 | 8 | 8 | 7 | 7 | 7 | 6 | 6 | 6 | 5 | 5 | 5 | 4 | 4 | 4 | 3 | 3 | 3 | 2 | 2 | 2 | 1 |

입춘 4일 07시02분 **2 · 丙寅月(양 2.4~3.5)** 우수 19일 02시59분

| 양력 | 1 | 2 | 3 | 4 | 5 | 6 | 7 | 8 | 9 | 10 | 11 | 12 | 13 | 14 | 15 | 16 | 17 | 18 | 19 | 20 | 21 | 22 | 23 | 24 | 25 | 26 | 27 | 28 |
|---|---|---|---|---|---|---|---|---|---|---|---|---|---|---|---|---|---|---|---|---|---|---|---|---|---|---|---|---|
| 음력 | 2 | 3 | 4 | 5 | 6 | 7 | 8 | 9 | 10 | 11 | 12 | 13 | 14 | 15 | 16 | 17 | 18 | 19 | 20 | 21 | 22 | 23 | 24 | 25 | 26 | 27 | 28 | 29 |
| 요일 | 土 | 日 | 月 | 火 | 水 | 木 | 金 | 土 | 日 | 月 | 火 | 水 | 木 | 金 | 土 | 日 | 月 | 火 | 水 | 木 | 金 | 土 | 日 | 月 | 火 | 水 | 木 | 金 |
| 일진 | 癸卯 | 甲辰 | 乙巳 | 丙午 | 丁未 | 戊申 | 己酉 | 庚戌 | 辛亥 | 壬子 | 癸丑 | 甲寅 | 乙卯 | 丙辰 | 丁巳 | 戊午 | 己未 | 庚申 | 辛酉 | 壬戌 | 癸亥 | 甲子 | 乙丑 | 丙寅 | 丁卯 | 戊辰 | 己巳 | 庚午 |
| 대운 남 | 9 | 9 | 10 | 입 | 10 | 9 | 9 | 9 | 8 | 8 | 8 | 7 | 7 | 7 | 6 | 6 | 6 | 5 | 5 | 5 | 4 | 4 | 4 | 3 | 3 | 3 | 2 | 2 |
| 대운 녀 | 1 | 1 | 1 | 춘 | 1 | 1 | 1 | 1 | 2 | 2 | 2 | 3 | 3 | 3 | 4 | 4 | 4 | 5 | 5 | 5 | 6 | 6 | 6 | 7 | 7 | 7 | 8 | 8 |

경칩 6일 01시01분 **3 · 丁卯月(양 3.6~4.4)** 춘분 21일 01시56분

| 양력 | 1 | 2 | 3 | 4 | 5 | 6 | 7 | 8 | 9 | 10 | 11 | 12 | 13 | 14 | 15 | 16 | 17 | 18 | 19 | 20 | 21 | 22 | 23 | 24 | 25 | 26 | 27 | 28 | 29 | 30 | 31 |
|---|---|---|---|---|---|---|---|---|---|---|---|---|---|---|---|---|---|---|---|---|---|---|---|---|---|---|---|---|---|---|---|
| 음력 | 2.1 | 2 | 3 | 4 | 5 | 6 | 7 | 8 | 9 | 10 | 11 | 12 | 13 | 14 | 15 | 16 | 17 | 18 | 19 | 20 | 21 | 22 | 23 | 24 | 25 | 26 | 27 | 28 | 29 | 30 | 3.1 |
| 요일 | 土 | 日 | 月 | 火 | 水 | 木 | 金 | 土 | 日 | 月 | 火 | 水 | 木 | 金 | 土 | 日 | 月 | 火 | 水 | 木 | 金 | 土 | 日 | 月 | 火 | 水 | 木 | 金 | 土 | 日 | 月 |
| 일진 | 辛未 | 壬申 | 癸酉 | 甲戌 | 乙亥 | 丙子 | 丁丑 | 戊寅 | 己卯 | 庚辰 | 辛巳 | 壬午 | 癸未 | 甲申 | 乙酉 | 丙戌 | 丁亥 | 戊子 | 己丑 | 庚寅 | 辛卯 | 壬辰 | 癸巳 | 甲午 | 乙未 | 丙申 | 丁酉 | 戊戌 | 己亥 | 庚子 | 辛丑 |
| 대운 남 | 2 | 1 | 1 | 1 | 1 | 경 | 10 | 9 | 9 | 9 | 8 | 8 | 8 | 7 | 7 | 7 | 6 | 6 | 6 | 5 | 5 | 5 | 4 | 4 | 4 | 3 | 3 | 3 | 2 | 2 | 2 |
| 대운 녀 | 8 | 9 | 9 | 9 | 10 | 칩 | 1 | 1 | 1 | 1 | 2 | 2 | 2 | 3 | 3 | 3 | 4 | 4 | 4 | 5 | 5 | 5 | 6 | 6 | 6 | 7 | 7 | 7 | 8 | 8 | 8 |

청명 5일 05시46분 **4 · 戊辰月(양 4.5~5.4)** 곡우 20일 12시55분

| 양력 | 1 | 2 | 3 | 4 | 5 | 6 | 7 | 8 | 9 | 10 | 11 | 12 | 13 | 14 | 15 | 16 | 17 | 18 | 19 | 20 | 21 | 22 | 23 | 24 | 25 | 26 | 27 | 28 | 29 | 30 |
|---|---|---|---|---|---|---|---|---|---|---|---|---|---|---|---|---|---|---|---|---|---|---|---|---|---|---|---|---|---|---|
| 음력 | 2 | 3 | 4 | 5 | 6 | 7 | 8 | 9 | 10 | 11 | 12 | 13 | 14 | 15 | 16 | 17 | 18 | 19 | 20 | 21 | 22 | 23 | 24 | 25 | 26 | 27 | 28 | 29 | 4.1 | 2 |
| 요일 | 火 | 水 | 木 | 金 | 土 | 日 | 月 | 火 | 水 | 木 | 金 | 土 | 日 | 月 | 火 | 水 | 木 | 金 | 土 | 日 | 月 | 火 | 水 | 木 | 金 | 土 | 日 | 月 | 火 | 水 |
| 일진 | 壬寅 | 癸卯 | 甲辰 | 乙巳 | 丙午 | 丁未 | 戊申 | 己酉 | 庚戌 | 辛亥 | 壬子 | 癸丑 | 甲寅 | 乙卯 | 丙辰 | 丁巳 | 戊午 | 己未 | 庚申 | 辛酉 | 壬戌 | 癸亥 | 甲子 | 乙丑 | 丙寅 | 丁卯 | 戊辰 | 己巳 | 庚午 | 辛未 |
| 대운 남 | 1 | 1 | 1 | 1 | 청 | 10 | 9 | 9 | 9 | 8 | 8 | 8 | 7 | 7 | 7 | 6 | 6 | 6 | 5 | 5 | 5 | 4 | 4 | 4 | 3 | 3 | 3 | 2 | 2 | 2 |
| 대운 녀 | 9 | 9 | 9 | 10 | 명 | 1 | 1 | 1 | 1 | 2 | 2 | 2 | 3 | 3 | 3 | 4 | 4 | 4 | 5 | 5 | 5 | 6 | 6 | 6 | 7 | 7 | 7 | 8 | 8 | 8 |

입하 5일 22시59분 **5 · 己巳月(양 5.5~6.5)** 소만 21일 11시58분

| 양력 | 1 | 2 | 3 | 4 | 5 | 6 | 7 | 8 | 9 | 10 | 11 | 12 | 13 | 14 | 15 | 16 | 17 | 18 | 19 | 20 | 21 | 22 | 23 | 24 | 25 | 26 | 27 | 28 | 29 | 30 | 31 |
|---|---|---|---|---|---|---|---|---|---|---|---|---|---|---|---|---|---|---|---|---|---|---|---|---|---|---|---|---|---|---|---|
| 음력 | 3 | 4 | 5 | 6 | 7 | 8 | 9 | 10 | 11 | 12 | 13 | 14 | 15 | 16 | 17 | 18 | 19 | 20 | 21 | 22 | 23 | 24 | 25 | 26 | 27 | 28 | 29 | 30 | 5.1 | 2 | 3 |
| 요일 | 木 | 金 | 土 | 日 | 月 | 火 | 水 | 木 | 金 | 土 | 日 | 月 | 火 | 水 | 木 | 金 | 土 | 日 | 月 | 火 | 水 | 木 | 金 | 土 | 日 | 月 | 火 | 水 | 木 | 金 | 土 |
| 일진 | 壬申 | 癸酉 | 甲戌 | 乙亥 | 丙子 | 丁丑 | 戊寅 | 己卯 | 庚辰 | 辛巳 | 壬午 | 癸未 | 甲申 | 乙酉 | 丙戌 | 丁亥 | 戊子 | 己丑 | 庚寅 | 辛卯 | 壬辰 | 癸巳 | 甲午 | 乙未 | 丙申 | 丁酉 | 戊戌 | 己亥 | 庚子 | 辛丑 | 壬寅 |
| 대운 남 | 1 | 1 | 1 | 1 | 입 | 10 | 10 | 10 | 9 | 9 | 9 | 8 | 8 | 8 | 7 | 7 | 7 | 6 | 6 | 6 | 5 | 5 | 5 | 4 | 4 | 4 | 3 | 3 | 3 | 2 | 2 |
| 대운 녀 | 9 | 9 | 9 | 10 | 하 | 1 | 1 | 1 | 1 | 2 | 2 | 2 | 3 | 3 | 3 | 4 | 4 | 4 | 5 | 5 | 5 | 6 | 6 | 6 | 7 | 7 | 7 | 8 | 8 | 8 | 9 |

망종 6일 03시02분 **6 · 庚午月(양 6.6~7.6)** 하지 21일 19시50분

| 양력 | 1 | 2 | 3 | 4 | 5 | 6 | 7 | 8 | 9 | 10 | 11 | 12 | 13 | 14 | 15 | 16 | 17 | 18 | 19 | 20 | 21 | 22 | 23 | 24 | 25 | 26 | 27 | 28 | 29 | 30 |
|---|---|---|---|---|---|---|---|---|---|---|---|---|---|---|---|---|---|---|---|---|---|---|---|---|---|---|---|---|---|---|
| 음력 | 4 | 5 | 6 | 7 | 8 | 9 | 10 | 11 | 12 | 13 | 14 | 15 | 16 | 17 | 18 | 19 | 20 | 21 | 22 | 23 | 24 | 25 | 26 | 27 | 28 | 29 | 6.1 | 2 | 3 | 4 |
| 요일 | 日 | 月 | 火 | 水 | 木 | 金 | 土 | 日 | 月 | 火 | 水 | 木 | 金 | 土 | 日 | 月 | 火 | 水 | 木 | 金 | 土 | 日 | 月 | 火 | 水 | 木 | 金 | 土 | 日 | 月 |
| 일진 | 癸卯 | 甲辰 | 乙巳 | 丙午 | 丁未 | 戊申 | 己酉 | 庚戌 | 辛亥 | 壬子 | 癸丑 | 甲寅 | 乙卯 | 丙辰 | 丁巳 | 戊午 | 己未 | 庚申 | 辛酉 | 壬戌 | 癸亥 | 甲子 | 乙丑 | 丙寅 | 丁卯 | 戊辰 | 己巳 | 庚午 | 辛未 | 壬申 |
| 대운 남 | 2 | 1 | 1 | 1 | 1 | 망 | 10 | 10 | 9 | 9 | 9 | 8 | 8 | 8 | 7 | 7 | 7 | 6 | 6 | 6 | 5 | 5 | 5 | 4 | 4 | 4 | 3 | 3 | 3 | 2 |
| 대운 녀 | 9 | 9 | 10 | 10 | 10 | 종 | 1 | 1 | 1 | 1 | 2 | 2 | 2 | 3 | 3 | 3 | 4 | 4 | 4 | 5 | 5 | 5 | 6 | 6 | 6 | 7 | 7 | 7 | 8 | 8 |

소서 7일 13시14분 **7 · 辛未月(양 7.7~8.6)** 대서 23일 06시40분

| 양력 | 1 | 2 | 3 | 4 | 5 | 6 | 7 | 8 | 9 | 10 | 11 | 12 | 13 | 14 | 15 | 16 | 17 | 18 | 19 | 20 | 21 | 22 | 23 | 24 | 25 | 26 | 27 | 28 | 29 | 30 | 31 |
|---|---|---|---|---|---|---|---|---|---|---|---|---|---|---|---|---|---|---|---|---|---|---|---|---|---|---|---|---|---|---|---|
| 음력 | 5 | 6 | 7 | 8 | 9 | 10 | 11 | 12 | 13 | 14 | 15 | 16 | 17 | 18 | 19 | 20 | 21 | 22 | 23 | 24 | 25 | 26 | 27 | 28 | 29 | 30 | 7.1 | 2 | 3 | 4 | 5 |
| 요일 | 火 | 水 | 木 | 金 | 土 | 日 | 月 | 火 | 水 | 木 | 金 | 土 | 日 | 月 | 火 | 水 | 木 | 金 | 土 | 日 | 月 | 火 | 水 | 木 | 金 | 土 | 日 | 月 | 火 | 水 | 木 |
| 일진 | 癸酉 | 甲戌 | 乙亥 | 丙子 | 丁丑 | 戊寅 | 己卯 | 庚辰 | 辛巳 | 壬午 | 癸未 | 甲申 | 乙酉 | 丙戌 | 丁亥 | 戊子 | 己丑 | 庚寅 | 辛卯 | 壬辰 | 癸巳 | 甲午 | 乙未 | 丙申 | 丁酉 | 戊戌 | 己亥 | 庚子 | 辛丑 | 壬寅 | 癸卯 |
| 대운 남 | 2 | 2 | 1 | 1 | 1 | 1 | 소 | 10 | 10 | 9 | 9 | 9 | 8 | 8 | 8 | 7 | 7 | 7 | 6 | 6 | 6 | 5 | 5 | 5 | 4 | 4 | 4 | 3 | 3 | 3 | 2 |
| 대운 녀 | 8 | 9 | 9 | 9 | 10 | 10 | 서 | 1 | 1 | 1 | 1 | 2 | 2 | 2 | 3 | 3 | 3 | 4 | 4 | 4 | 5 | 5 | 5 | 6 | 6 | 6 | 7 | 7 | 7 | 8 | 8 |

입추 7일 23시02분 **8 · 壬申月(양 8.7~9.7)** 처서 23일 13시45분

| 양력 | 1 | 2 | 3 | 4 | 5 | 6 | 7 | 8 | 9 | 10 | 11 | 12 | 13 | 14 | 15 | 16 | 17 | 18 | 19 | 20 | 21 | 22 | 23 | 24 | 25 | 26 | 27 | 28 | 29 | 30 | 31 |
|---|---|---|---|---|---|---|---|---|---|---|---|---|---|---|---|---|---|---|---|---|---|---|---|---|---|---|---|---|---|---|---|
| 음력 | 6 | 7 | 8 | 9 | 10 | 11 | 12 | 13 | 14 | 15 | 16 | 17 | 18 | 19 | 20 | 21 | 22 | 23 | 24 | 25 | 26 | 27 | 28 | 29 | 8.1 | 2 | 3 | 4 | 5 | 6 | 7 |
| 요일 | 金 | 土 | 日 | 月 | 火 | 水 | 木 | 金 | 土 | 日 | 月 | 火 | 水 | 木 | 金 | 土 | 日 | 月 | 火 | 水 | 木 | 金 | 土 | 日 | 月 | 火 | 水 | 木 | 金 | 土 | 日 |
| 일진 | 甲辰 | 乙巳 | 丙午 | 丁未 | 戊申 | 己酉 | 庚戌 | 辛亥 | 壬子 | 癸丑 | 甲寅 | 乙卯 | 丙辰 | 丁巳 | 戊午 | 己未 | 庚申 | 辛酉 | 壬戌 | 癸亥 | 甲子 | 乙丑 | 丙寅 | 丁卯 | 戊辰 | 己巳 | 庚午 | 辛未 | 壬申 | 癸酉 | 甲戌 |
| 대운 남 | 2 | 2 | 1 | 1 | 1 | 1 | 입 | 10 | 10 | 10 | 9 | 9 | 9 | 8 | 8 | 8 | 7 | 7 | 7 | 6 | 6 | 6 | 5 | 5 | 5 | 4 | 4 | 4 | 3 | 3 | 3 |
| 대운 녀 | 8 | 9 | 9 | 9 | 10 | 10 | 추 | 1 | 1 | 1 | 1 | 2 | 2 | 2 | 3 | 3 | 3 | 4 | 4 | 4 | 5 | 5 | 5 | 6 | 6 | 6 | 7 | 7 | 7 | 8 | 8 |

백로 8일 02시01분 **9 · 癸酉月(양 9.8~10.7)** 추분 23일 11시28분

| 양력 | 1 | 2 | 3 | 4 | 5 | 6 | 7 | 8 | 9 | 10 | 11 | 12 | 13 | 14 | 15 | 16 | 17 | 18 | 19 | 20 | 21 | 22 | 23 | 24 | 25 | 26 | 27 | 28 | 29 | 30 |
|---|---|---|---|---|---|---|---|---|---|---|---|---|---|---|---|---|---|---|---|---|---|---|---|---|---|---|---|---|---|---|
| 음력 | 8 | 9 | 10 | 11 | 12 | 13 | 14 | 15 | 16 | 17 | 18 | 19 | 20 | 21 | 22 | 23 | 24 | 25 | 26 | 27 | 28 | 29 | 30 | 9.1 | 2 | 3 | 4 | 5 | 6 | 7 |
| 요일 | 月 | 火 | 水 | 木 | 金 | 土 | 日 | 月 | 火 | 水 | 木 | 金 | 土 | 日 | 月 | 火 | 水 | 木 | 金 | 土 | 日 | 月 | 火 | 水 | 木 | 金 | 土 | 日 | 月 | 火 |
| 일진 | 乙亥 | 丙子 | 丁丑 | 戊寅 | 己卯 | 庚辰 | 辛巳 | 壬午 | 癸未 | 甲申 | 乙酉 | 丙戌 | 丁亥 | 戊子 | 己丑 | 庚寅 | 辛卯 | 壬辰 | 癸巳 | 甲午 | 乙未 | 丙申 | 丁酉 | 戊戌 | 己亥 | 庚子 | 辛丑 | 壬寅 | 癸卯 | 甲辰 |
| 대운 남 | 2 | 2 | 2 | 1 | 1 | 1 | 1 | 백 | 10 | 9 | 9 | 9 | 8 | 8 | 8 | 7 | 7 | 7 | 6 | 6 | 6 | 5 | 5 | 5 | 4 | 4 | 4 | 3 | 3 | 3 |
| 대운 녀 | 8 | 9 | 9 | 9 | 10 | 10 | 10 | 로 | 1 | 1 | 1 | 1 | 2 | 2 | 2 | 3 | 3 | 3 | 4 | 4 | 4 | 5 | 5 | 5 | 6 | 6 | 6 | 7 | 7 | 7 |

한로 8일 17시47분 **10 · 甲戌月(양 10.8~11.6)** 상강 23일 20시56분

| 양력 | 1 | 2 | 3 | 4 | 5 | 6 | 7 | 8 | 9 | 10 | 11 | 12 | 13 | 14 | 15 | 16 | 17 | 18 | 19 | 20 | 21 | 22 | 23 | 24 | 25 | 26 | 27 | 28 | 29 | 30 | 31 |
|---|---|---|---|---|---|---|---|---|---|---|---|---|---|---|---|---|---|---|---|---|---|---|---|---|---|---|---|---|---|---|---|
| 음력 | 8 | 9 | 10 | 11 | 12 | 13 | 14 | 15 | 16 | 17 | 18 | 19 | 20 | 21 | 22 | 23 | 24 | 25 | 26 | 27 | 28 | 29 | 30 | 윤 | 9.2 | 3 | 4 | 5 | 6 | 7 | 8 |
| 요일 | 水 | 木 | 金 | 土 | 日 | 月 | 火 | 水 | 木 | 金 | 土 | 日 | 月 | 火 | 水 | 木 | 金 | 土 | 日 | 月 | 火 | 水 | 木 | 金 | 土 | 日 | 月 | 火 | 水 | 木 | 金 |
| 일진 | 乙巳 | 丙午 | 丁未 | 戊申 | 己酉 | 庚戌 | 辛亥 | 壬子 | 癸丑 | 甲寅 | 乙卯 | 丙辰 | 丁巳 | 戊午 | 己未 | 庚申 | 辛酉 | 壬戌 | 癸亥 | 甲子 | 乙丑 | 丙寅 | 丁卯 | 戊辰 | 己巳 | 庚午 | 辛未 | 壬申 | 癸酉 | 甲戌 | 乙亥 |
| 대운 남 | 2 | 2 | 2 | 1 | 1 | 1 | 1 | 한 | 10 | 9 | 9 | 9 | 8 | 8 | 8 | 7 | 7 | 7 | 6 | 6 | 6 | 5 | 5 | 5 | 4 | 4 | 4 | 3 | 3 | 3 | 2 |
| 대운 녀 | 8 | 8 | 8 | 9 | 9 | 9 | 10 | 로 | 1 | 1 | 1 | 1 | 2 | 2 | 2 | 3 | 3 | 3 | 4 | 4 | 4 | 5 | 5 | 5 | 6 | 6 | 6 | 7 | 7 | 7 | 8 |

입동 7일 21시06분 **11 · 乙亥月(양 11.7~12.6)** 소설 22일 18시37분

| 양력 | 1 | 2 | 3 | 4 | 5 | 6 | 7 | 8 | 9 | 10 | 11 | 12 | 13 | 14 | 15 | 16 | 17 | 18 | 19 | 20 | 21 | 22 | 23 | 24 | 25 | 26 | 27 | 28 | 29 | 30 |
|---|---|---|---|---|---|---|---|---|---|---|---|---|---|---|---|---|---|---|---|---|---|---|---|---|---|---|---|---|---|---|
| 음력 | 9 | 10 | 11 | 12 | 13 | 14 | 15 | 16 | 17 | 18 | 19 | 20 | 21 | 22 | 23 | 24 | 25 | 26 | 27 | 28 | 29 | 10.1 | 2 | 3 | 4 | 5 | 6 | 7 | 8 | 9 |
| 요일 | 土 | 日 | 月 | 火 | 水 | 木 | 金 | 土 | 日 | 月 | 火 | 水 | 木 | 金 | 土 | 日 | 月 | 火 | 水 | 木 | 金 | 土 | 日 | 月 | 火 | 水 | 木 | 金 | 土 | 日 |
| 일진 | 丙子 | 丁丑 | 戊寅 | 己卯 | 庚辰 | 辛巳 | 壬午 | 癸未 | 甲申 | 乙酉 | 丙戌 | 丁亥 | 戊子 | 己丑 | 庚寅 | 辛卯 | 壬辰 | 癸巳 | 甲午 | 乙未 | 丙申 | 丁酉 | 戊戌 | 己亥 | 庚子 | 辛丑 | 壬寅 | 癸卯 | 甲辰 | 乙巳 |
| 대운 남 | 2 | 2 | 1 | 1 | 1 | 1 | 입 | 10 | 9 | 9 | 9 | 8 | 8 | 8 | 7 | 7 | 7 | 6 | 6 | 6 | 5 | 5 | 5 | 4 | 4 | 4 | 3 | 3 | 3 | 2 |
| 대운 녀 | 8 | 8 | 9 | 9 | 9 | 10 | 동 | 1 | 1 | 1 | 1 | 2 | 2 | 2 | 3 | 3 | 3 | 4 | 4 | 4 | 5 | 5 | 5 | 6 | 6 | 6 | 7 | 7 | 7 | 8 |

대설 7일 14시03분 **12 · 丙子月(양 12.7~1.5)** 동지 22일 08시02분

| 양력 | 1 | 2 | 3 | 4 | 5 | 6 | 7 | 8 | 9 | 10 | 11 | 12 | 13 | 14 | 15 | 16 | 17 | 18 | 19 | 20 | 21 | 22 | 23 | 24 | 25 | 26 | 27 | 28 | 29 | 30 | 31 |
|---|---|---|---|---|---|---|---|---|---|---|---|---|---|---|---|---|---|---|---|---|---|---|---|---|---|---|---|---|---|---|---|
| 음력 | 10 | 11 | 12 | 13 | 14 | 15 | 16 | 17 | 18 | 19 | 20 | 21 | 22 | 23 | 24 | 25 | 26 | 27 | 28 | 29 | 30 | 11.1 | 2 | 3 | 4 | 5 | 6 | 7 | 8 | 9 | 10 |
| 요일 | 月 | 火 | 水 | 木 | 金 | 土 | 日 | 月 | 火 | 水 | 木 | 金 | 土 | 日 | 月 | 火 | 水 | 木 | 金 | 土 | 日 | 月 | 火 | 水 | 木 | 金 | 土 | 日 | 月 | 火 | 水 |
| 일진 | 丙午 | 丁未 | 戊申 | 己酉 | 庚戌 | 辛亥 | 壬子 | 癸丑 | 甲寅 | 乙卯 | 丙辰 | 丁巳 | 戊午 | 己未 | 庚申 | 辛酉 | 壬戌 | 癸亥 | 甲子 | 乙丑 | 丙寅 | 丁卯 | 戊辰 | 己巳 | 庚午 | 辛未 | 壬申 | 癸酉 | 甲戌 | 乙亥 | 丙子 |
| 대운 남 | 2 | 2 | 1 | 1 | 1 | 1 | 대 | 10 | 9 | 9 | 9 | 8 | 8 | 8 | 7 | 7 | 7 | 6 | 6 | 6 | 5 | 5 | 5 | 4 | 4 | 4 | 3 | 3 | 3 | 2 | 2 |
| 대운 녀 | 8 | 8 | 9 | 9 | 9 | 10 | 설 | 1 | 1 | 1 | 1 | 2 | 2 | 2 | 3 | 3 | 3 | 4 | 4 | 4 | 5 | 5 | 5 | 6 | 6 | 6 | 7 | 7 | 7 | 8 | 8 |

# 2015년

소한 6일 01시20분 | 대한 20일 18시42분

## 1 · 丁丑月(양 1.6~2.3)

| 양력 | 1 | 2 | 3 | 4 | 5 | 6 | 7 | 8 | 9 | 10 | 11 | 12 | 13 | 14 | 15 | 16 | 17 | 18 | 19 | 20 | 21 | 22 | 23 | 24 | 25 | 26 | 27 | 28 | 29 | 30 | 31 |
|---|---|---|---|---|---|---|---|---|---|---|---|---|---|---|---|---|---|---|---|---|---|---|---|---|---|---|---|---|---|---|---|
| 음력 | 11 | 12 | 13 | 14 | 15 | 16 | 17 | 18 | 19 | 20 | 21 | 22 | 23 | 24 | 25 | 26 | 27 | 28 | 29 | 12.1 | 2 | 3 | 4 | 5 | 6 | 7 | 8 | 9 | 10 | 11 | 12 |
| 요일 | 木 | 金 | 土 | 日 | 月 | 火 | 水 | 木 | 金 | 土 | 日 | 月 | 火 | 水 | 木 | 金 | 土 | 日 | 月 | 火 | 水 | 木 | 金 | 土 | 日 | 月 | 火 | 水 | 木 | 金 | 土 |
| 일진 | 丁丑 | 戊寅 | 己卯 | 庚辰 | 辛巳 | 壬午 | 癸未 | 甲申 | 乙酉 | 丙戌 | 丁亥 | 戊子 | 己丑 | 庚寅 | 辛卯 | 壬辰 | 癸巳 | 甲午 | 乙未 | 丙申 | 丁酉 | 戊戌 | 己亥 | 庚子 | 辛丑 | 壬寅 | 癸卯 | 甲辰 | 乙巳 | 丙午 | 丁未 |
| 대운 남 | 2 | 1 | 1 | 1 | 1 | 소 | 9 | 9 | 9 | 8 | 8 | 8 | 7 | 7 | 7 | 6 | 6 | 6 | 5 | 5 | 5 | 4 | 4 | 4 | 3 | 3 | 3 | 2 | 2 | 2 | 1 |
| 대운 녀 | 8 | 9 | 9 | 9 | 10 | 한 | 1 | 1 | 1 | 1 | 2 | 2 | 2 | 3 | 3 | 3 | 4 | 4 | 4 | 5 | 5 | 5 | 6 | 6 | 6 | 7 | 7 | 7 | 8 | 8 | 8 |

입춘 4일 12시58분 | 우수 19일 08시49분

## 2 · 戊寅月(양 2.4~3.5)

| 양력 | 1 | 2 | 3 | 4 | 5 | 6 | 7 | 8 | 9 | 10 | 11 | 12 | 13 | 14 | 15 | 16 | 17 | 18 | 19 | 20 | 21 | 22 | 23 | 24 | 25 | 26 | 27 | 28 |
|---|---|---|---|---|---|---|---|---|---|---|---|---|---|---|---|---|---|---|---|---|---|---|---|---|---|---|---|---|
| 음력 | 13 | 14 | 15 | 16 | 17 | 18 | 19 | 20 | 21 | 22 | 23 | 24 | 25 | 26 | 27 | 28 | 29 | 30 | 1.1 | 2 | 3 | 4 | 5 | 6 | 7 | 8 | 9 | 10 |
| 요일 | 日 | 月 | 火 | 水 | 木 | 金 | 土 | 日 | 月 | 火 | 水 | 木 | 金 | 土 | 日 | 月 | 火 | 水 | 木 | 金 | 土 | 日 | 月 | 火 | 水 | 木 | 金 | 土 |
| 일진 | 戊申 | 己酉 | 庚戌 | 辛亥 | 壬子 | 癸丑 | 甲寅 | 乙卯 | 丙辰 | 丁巳 | 戊午 | 己未 | 庚申 | 辛酉 | 壬戌 | 癸亥 | 甲子 | 乙丑 | 丙寅 | 丁卯 | 戊辰 | 己巳 | 庚午 | 辛未 | 壬申 | 癸酉 | 甲戌 | 乙亥 |
| 대운 남 | 1 | 1 | 1 | 입 | 1 | 1 | 1 | 1 | 2 | 2 | 2 | 3 | 3 | 3 | 4 | 4 | 4 | 5 | 5 | 5 | 6 | 6 | 6 | 7 | 7 | 7 | 8 | 8 |
| 대운 녀 | 9 | 9 | 9 | 춘 | 10 | 9 | 9 | 9 | 8 | 8 | 8 | 7 | 7 | 7 | 6 | 6 | 6 | 5 | 5 | 5 | 4 | 4 | 4 | 3 | 3 | 3 | 2 | 2 |

경칩 6일 06시55분 | 춘분 21일 07시44분

## 3 · 己卯月(양 3.6~4.4)

| 양력 | 1 | 2 | 3 | 4 | 5 | 6 | 7 | 8 | 9 | 10 | 11 | 12 | 13 | 14 | 15 | 16 | 17 | 18 | 19 | 20 | 21 | 22 | 23 | 24 | 25 | 26 | 27 | 28 | 29 | 30 | 31 |
|---|---|---|---|---|---|---|---|---|---|---|---|---|---|---|---|---|---|---|---|---|---|---|---|---|---|---|---|---|---|---|---|
| 음력 | 11 | 12 | 13 | 14 | 15 | 16 | 17 | 18 | 19 | 20 | 21 | 22 | 23 | 24 | 25 | 26 | 27 | 28 | 29 | 2.1 | 2 | 3 | 4 | 5 | 6 | 7 | 8 | 9 | 10 | 11 | 12 |
| 요일 | 日 | 月 | 火 | 水 | 木 | 金 | 土 | 日 | 月 | 火 | 水 | 木 | 金 | 土 | 日 | 月 | 火 | 水 | 木 | 金 | 土 | 日 | 月 | 火 | 水 | 木 | 金 | 土 | 日 | 月 | 火 |
| 일진 | 丙子 | 丁丑 | 戊寅 | 己卯 | 庚辰 | 辛巳 | 壬午 | 癸未 | 甲申 | 乙酉 | 丙戌 | 丁亥 | 戊子 | 己丑 | 庚寅 | 辛卯 | 壬辰 | 癸巳 | 甲午 | 乙未 | 丙申 | 丁酉 | 戊戌 | 己亥 | 庚子 | 辛丑 | 壬寅 | 癸卯 | 甲辰 | 乙巳 | 丙午 |
| 대운 남 | 8 | 9 | 9 | 9 | 10 | 경 | 1 | 1 | 1 | 1 | 2 | 2 | 2 | 3 | 3 | 3 | 4 | 4 | 4 | 5 | 5 | 5 | 6 | 6 | 6 | 7 | 7 | 7 | 8 | 8 | 8 |
| 대운 녀 | 2 | 1 | 1 | 1 | 1 | 칩 | 10 | 9 | 9 | 9 | 8 | 8 | 8 | 7 | 7 | 7 | 6 | 6 | 6 | 5 | 5 | 5 | 4 | 4 | 4 | 3 | 3 | 3 | 2 | 2 | 2 |

청명 5일 11시38분 | 곡우 20일 18시41분

## 4 · 庚辰月(양 4.5~5.5)

| 양력 | 1 | 2 | 3 | 4 | 5 | 6 | 7 | 8 | 9 | 10 | 11 | 12 | 13 | 14 | 15 | 16 | 17 | 18 | 19 | 20 | 21 | 22 | 23 | 24 | 25 | 26 | 27 | 28 | 29 | 30 |
|---|---|---|---|---|---|---|---|---|---|---|---|---|---|---|---|---|---|---|---|---|---|---|---|---|---|---|---|---|---|---|
| 음력 | 13 | 14 | 15 | 16 | 17 | 18 | 19 | 20 | 21 | 22 | 23 | 24 | 25 | 26 | 27 | 28 | 29 | 30 | 3.1 | 2 | 3 | 4 | 5 | 6 | 7 | 8 | 9 | 10 | 11 | 12 |
| 요일 | 水 | 木 | 金 | 土 | 日 | 月 | 火 | 水 | 木 | 金 | 土 | 日 | 月 | 火 | 水 | 木 | 金 | 土 | 日 | 月 | 火 | 水 | 木 | 金 | 土 | 日 | 月 | 火 | 水 | 木 |
| 일진 | 丁未 | 戊申 | 己酉 | 庚戌 | 辛亥 | 壬子 | 癸丑 | 甲寅 | 乙卯 | 丙辰 | 丁巳 | 戊午 | 己未 | 庚申 | 辛酉 | 壬戌 | 癸亥 | 甲子 | 乙丑 | 丙寅 | 丁卯 | 戊辰 | 己巳 | 庚午 | 辛未 | 壬申 | 癸酉 | 甲戌 | 乙亥 | 丙子 |
| 대운 남 | 9 | 9 | 9 | 10 | 청 | 1 | 1 | 1 | 1 | 2 | 2 | 2 | 3 | 3 | 3 | 4 | 4 | 4 | 5 | 5 | 5 | 6 | 6 | 6 | 7 | 7 | 7 | 8 | 8 | 8 |
| 대운 녀 | 1 | 1 | 1 | 1 | 명 | 10 | 10 | 9 | 9 | 9 | 8 | 8 | 8 | 7 | 7 | 7 | 6 | 6 | 6 | 5 | 5 | 5 | 4 | 4 | 4 | 3 | 3 | 3 | 2 | 2 |

입하 6일 04시52분 | 소만 21일 17시44분

## 5 · 辛巳月(양 5.6~6.5)

| 양력 | 1 | 2 | 3 | 4 | 5 | 6 | 7 | 8 | 9 | 10 | 11 | 12 | 13 | 14 | 15 | 16 | 17 | 18 | 19 | 20 | 21 | 22 | 23 | 24 | 25 | 26 | 27 | 28 | 29 | 30 | 31 |
|---|---|---|---|---|---|---|---|---|---|---|---|---|---|---|---|---|---|---|---|---|---|---|---|---|---|---|---|---|---|---|---|
| 음력 | 13 | 14 | 15 | 16 | 17 | 18 | 19 | 20 | 21 | 22 | 23 | 24 | 25 | 26 | 27 | 28 | 29 | 4.1 | 2 | 3 | 4 | 5 | 6 | 7 | 8 | 9 | 10 | 11 | 12 | 13 | 14 |
| 요일 | 金 | 土 | 日 | 月 | 火 | 水 | 木 | 金 | 土 | 日 | 月 | 火 | 水 | 木 | 金 | 土 | 日 | 月 | 火 | 水 | 木 | 金 | 土 | 日 | 月 | 火 | 水 | 木 | 金 | 土 | 日 |
| 일진 | 丁丑 | 戊寅 | 己卯 | 庚辰 | 辛巳 | 壬午 | 癸未 | 甲申 | 乙酉 | 丙戌 | 丁亥 | 戊子 | 己丑 | 庚寅 | 辛卯 | 壬辰 | 癸巳 | 甲午 | 乙未 | 丙申 | 丁酉 | 戊戌 | 己亥 | 庚子 | 辛丑 | 壬寅 | 癸卯 | 甲辰 | 乙巳 | 丙午 | 丁未 |
| 대운 남 | 9 | 9 | 9 | 10 | 10 | 입 | 1 | 1 | 1 | 1 | 2 | 2 | 2 | 3 | 3 | 3 | 4 | 4 | 4 | 5 | 5 | 5 | 6 | 6 | 6 | 7 | 7 | 7 | 8 | 8 | 8 |
| 대운 녀 | 2 | 1 | 1 | 1 | 1 | 하 | 10 | 10 | 9 | 9 | 9 | 8 | 8 | 8 | 7 | 7 | 7 | 6 | 6 | 6 | 5 | 5 | 5 | 4 | 4 | 4 | 3 | 3 | 3 | 2 | 2 |

망종 6일 08시57분 | 하지 22일 01시37분

## 6 · 壬午月(양 6.6~7.6)

| 양력 | 1 | 2 | 3 | 4 | 5 | 6 | 7 | 8 | 9 | 10 | 11 | 12 | 13 | 14 | 15 | 16 | 17 | 18 | 19 | 20 | 21 | 22 | 23 | 24 | 25 | 26 | 27 | 28 | 29 | 30 |
|---|---|---|---|---|---|---|---|---|---|---|---|---|---|---|---|---|---|---|---|---|---|---|---|---|---|---|---|---|---|---|
| 음력 | 15 | 16 | 17 | 18 | 19 | 20 | 21 | 22 | 23 | 24 | 25 | 26 | 27 | 28 | 29 | 5.1 | 2 | 3 | 4 | 5 | 6 | 7 | 8 | 9 | 10 | 11 | 12 | 13 | 14 | 15 |
| 요일 | 月 | 火 | 水 | 木 | 金 | 土 | 日 | 月 | 火 | 水 | 木 | 金 | 土 | 日 | 月 | 火 | 水 | 木 | 金 | 土 | 日 | 月 | 火 | 水 | 木 | 金 | 土 | 日 | 月 | 火 |
| 일진 | 戊申 | 己酉 | 庚戌 | 辛亥 | 壬子 | 癸丑 | 甲寅 | 乙卯 | 丙辰 | 丁巳 | 戊午 | 己未 | 庚申 | 辛酉 | 壬戌 | 癸亥 | 甲子 | 乙丑 | 丙寅 | 丁卯 | 戊辰 | 己巳 | 庚午 | 辛未 | 壬申 | 癸酉 | 甲戌 | 乙亥 | 丙子 | 丁丑 |
| 대운 남 | 9 | 9 | 9 | 10 | 10 | 망 | 1 | 1 | 1 | 1 | 2 | 2 | 2 | 3 | 3 | 3 | 4 | 4 | 4 | 5 | 5 | 5 | 6 | 6 | 6 | 7 | 7 | 7 | 8 | 8 |
| 대운 녀 | 2 | 1 | 1 | 1 | 1 | 종 | 10 | 10 | 9 | 9 | 9 | 8 | 8 | 8 | 7 | 7 | 7 | 6 | 6 | 6 | 5 | 5 | 5 | 4 | 4 | 4 | 3 | 3 | 3 | 2 |

소서 7일 19시11분

## 7 · 癸未月(양 7.7~8.7)

대서 23일 12시30분

| 양력 | 1 | 2 | 3 | 4 | 5 | 6 | 7 | 8 | 9 | 10 | 11 | 12 | 13 | 14 | 15 | 16 | 17 | 18 | 19 | 20 | 21 | 22 | 23 | 24 | 25 | 26 | 27 | 28 | 29 | 30 | 31 |
|---|---|---|---|---|---|---|---|---|---|---|---|---|---|---|---|---|---|---|---|---|---|---|---|---|---|---|---|---|---|---|---|
| 음력 | 16 | 17 | 18 | 19 | 20 | 21 | 22 | 23 | 24 | 25 | 26 | 27 | 28 | 29 | 30 | 6.1 | 2 | 3 | 4 | 5 | 6 | 7 | 8 | 9 | 10 | 11 | 12 | 13 | 14 | 15 | 16 |
| 요일 | 水 | 木 | 金 | 土 | 日 | 月 | 火 | 水 | 木 | 金 | 土 | 日 | 月 | 火 | 水 | 木 | 金 | 土 | 日 | 月 | 火 | 水 | 木 | 金 | 土 | 日 | 月 | 火 | 水 | 木 | 金 |
| 일진 | 戊寅 | 己卯 | 庚辰 | 辛巳 | 壬午 | 癸未 | 甲申 | 乙酉 | 丙戌 | 丁亥 | 戊子 | 己丑 | 庚寅 | 辛卯 | 壬辰 | 癸巳 | 甲午 | 乙未 | 丙申 | 丁酉 | 戊戌 | 己亥 | 庚子 | 辛丑 | 壬寅 | 癸卯 | 甲辰 | 乙巳 | 丙午 | 丁未 | 戊申 |
| 대운 남 | 8 | 9 | 9 | 9 | 10 | 10 | 소 | 1 | 1 | 1 | 1 | 2 | 2 | 2 | 3 | 3 | 3 | 4 | 4 | 4 | 5 | 5 | 5 | 6 | 6 | 6 | 7 | 7 | 7 | 8 | 8 |
| 대운 녀 | 2 | 2 | 1 | 1 | 1 | 1 | 서 | 10 | 10 | 10 | 9 | 9 | 9 | 8 | 8 | 8 | 7 | 7 | 7 | 6 | 6 | 6 | 5 | 5 | 5 | 4 | 4 | 4 | 3 | 3 | 3 |

입추 8일 05시00분

## 8 · 甲申月(양 8.8~9.7)

처서 23일 19시36분

| 양력 | 1 | 2 | 3 | 4 | 5 | 6 | 7 | 8 | 9 | 10 | 11 | 12 | 13 | 14 | 15 | 16 | 17 | 18 | 19 | 20 | 21 | 22 | 23 | 24 | 25 | 26 | 27 | 28 | 29 | 30 | 31 |
|---|---|---|---|---|---|---|---|---|---|---|---|---|---|---|---|---|---|---|---|---|---|---|---|---|---|---|---|---|---|---|---|
| 음력 | 17 | 18 | 19 | 20 | 21 | 22 | 23 | 24 | 25 | 26 | 27 | 28 | 29 | 7.1 | 2 | 3 | 4 | 5 | 6 | 7 | 8 | 9 | 10 | 11 | 12 | 13 | 14 | 15 | 16 | 17 | 18 |
| 요일 | 土 | 日 | 月 | 火 | 水 | 木 | 金 | 土 | 日 | 月 | 火 | 水 | 木 | 金 | 土 | 日 | 月 | 火 | 水 | 木 | 金 | 土 | 日 | 月 | 火 | 水 | 木 | 金 | 土 | 日 | 月 |
| 일진 | 己酉 | 庚戌 | 辛亥 | 壬子 | 癸丑 | 甲寅 | 乙卯 | 丙辰 | 丁巳 | 戊午 | 己未 | 庚申 | 辛酉 | 壬戌 | 癸亥 | 甲子 | 乙丑 | 丙寅 | 丁卯 | 戊辰 | 己巳 | 庚午 | 辛未 | 壬申 | 癸酉 | 甲戌 | 乙亥 | 丙子 | 丁丑 | 戊寅 | 己卯 |
| 대운 남 | 8 | 9 | 9 | 9 | 10 | 10 | 10 | 입 | 1 | 1 | 1 | 1 | 2 | 2 | 2 | 3 | 3 | 3 | 4 | 4 | 4 | 5 | 5 | 5 | 6 | 6 | 6 | 7 | 7 | 7 | 8 |
| 대운 녀 | 2 | 2 | 2 | 1 | 1 | 1 | 1 | 추 | 10 | 10 | 9 | 9 | 9 | 8 | 8 | 8 | 7 | 7 | 7 | 6 | 6 | 6 | 5 | 5 | 5 | 4 | 4 | 4 | 3 | 3 | 3 |

백로 8일 07시59분

## 9 · 乙酉月(양 9.8~10.7)

추분 23일 17시20분

| 양력 | 1 | 2 | 3 | 4 | 5 | 6 | 7 | 8 | 9 | 10 | 11 | 12 | 13 | 14 | 15 | 16 | 17 | 18 | 19 | 20 | 21 | 22 | 23 | 24 | 25 | 26 | 27 | 28 | 29 | 30 |
|---|---|---|---|---|---|---|---|---|---|---|---|---|---|---|---|---|---|---|---|---|---|---|---|---|---|---|---|---|---|---|
| 음력 | 19 | 20 | 21 | 22 | 23 | 24 | 25 | 26 | 27 | 28 | 29 | 30 | 8.1 | 2 | 3 | 4 | 5 | 6 | 7 | 8 | 9 | 10 | 11 | 12 | 13 | 14 | 15 | 16 | 17 | 18 |
| 요일 | 火 | 水 | 木 | 金 | 土 | 日 | 月 | 火 | 水 | 木 | 金 | 土 | 日 | 月 | 火 | 水 | 木 | 金 | 土 | 日 | 月 | 火 | 水 | 木 | 金 | 土 | 日 | 月 | 火 | 水 |
| 일진 | 庚辰 | 辛巳 | 壬午 | 癸未 | 甲申 | 乙酉 | 丙戌 | 丁亥 | 戊子 | 己丑 | 庚寅 | 辛卯 | 壬辰 | 癸巳 | 甲午 | 乙未 | 丙申 | 丁酉 | 戊戌 | 己亥 | 庚子 | 辛丑 | 壬寅 | 癸卯 | 甲辰 | 乙巳 | 丙午 | 丁未 | 戊申 | 己酉 |
| 대운 남 | 8 | 8 | 9 | 9 | 9 | 10 | 10 | 백 | 1 | 1 | 1 | 1 | 2 | 2 | 2 | 3 | 3 | 3 | 4 | 4 | 4 | 5 | 5 | 5 | 6 | 6 | 6 | 7 | 7 | 7 |
| 대운 녀 | 2 | 2 | 2 | 1 | 1 | 1 | 1 | 로 | 10 | 9 | 9 | 9 | 8 | 8 | 8 | 7 | 7 | 7 | 6 | 6 | 6 | 5 | 5 | 5 | 4 | 4 | 4 | 3 | 3 | 3 |

한로 8일 23시42분

## 10 · 丙戌月(양 10.8~11.7)

상강 24일 02시46분

| 양력 | 1 | 2 | 3 | 4 | 5 | 6 | 7 | 8 | 9 | 10 | 11 | 12 | 13 | 14 | 15 | 16 | 17 | 18 | 19 | 20 | 21 | 22 | 23 | 24 | 25 | 26 | 27 | 28 | 29 | 30 | 31 |
|---|---|---|---|---|---|---|---|---|---|---|---|---|---|---|---|---|---|---|---|---|---|---|---|---|---|---|---|---|---|---|---|
| 음력 | 19 | 20 | 21 | 22 | 23 | 24 | 25 | 26 | 27 | 28 | 29 | 30 | 9.1 | 2 | 3 | 4 | 5 | 6 | 7 | 8 | 9 | 10 | 11 | 12 | 13 | 14 | 15 | 16 | 17 | 18 | 19 |
| 요일 | 木 | 金 | 土 | 日 | 月 | 火 | 水 | 木 | 金 | 土 | 日 | 月 | 火 | 水 | 木 | 金 | 土 | 日 | 月 | 火 | 水 | 木 | 金 | 土 | 日 | 月 | 火 | 水 | 木 | 金 | 土 |
| 일진 | 庚戌 | 辛亥 | 壬子 | 癸丑 | 甲寅 | 乙卯 | 丙辰 | 丁巳 | 戊午 | 己未 | 庚申 | 辛酉 | 壬戌 | 癸亥 | 甲子 | 乙丑 | 丙寅 | 丁卯 | 戊辰 | 己巳 | 庚午 | 辛未 | 壬申 | 癸酉 | 甲戌 | 乙亥 | 丙子 | 丁丑 | 戊寅 | 己卯 | 庚辰 |
| 대운 남 | 8 | 8 | 8 | 9 | 9 | 9 | 10 | 한 | 1 | 1 | 1 | 1 | 2 | 2 | 2 | 3 | 3 | 3 | 4 | 4 | 4 | 5 | 5 | 5 | 6 | 6 | 6 | 7 | 7 | 7 | 8 |
| 대운 녀 | 2 | 2 | 2 | 1 | 1 | 1 | 1 | 로 | 10 | 10 | 9 | 9 | 9 | 8 | 8 | 8 | 7 | 7 | 7 | 6 | 6 | 6 | 5 | 5 | 5 | 4 | 4 | 4 | 3 | 3 | 3 |

입동 8일 02시58분

## 11 · 丁亥月(양 11.8~12.6)

소설 23일 00시24분

| 양력 | 1 | 2 | 3 | 4 | 5 | 6 | 7 | 8 | 9 | 10 | 11 | 12 | 13 | 14 | 15 | 16 | 17 | 18 | 19 | 20 | 21 | 22 | 23 | 24 | 25 | 26 | 27 | 28 | 29 | 30 |
|---|---|---|---|---|---|---|---|---|---|---|---|---|---|---|---|---|---|---|---|---|---|---|---|---|---|---|---|---|---|---|
| 음력 | 20 | 21 | 22 | 23 | 24 | 25 | 26 | 27 | 28 | 29 | 30 | 10.1 | 2 | 3 | 4 | 5 | 6 | 7 | 8 | 9 | 10 | 11 | 12 | 13 | 14 | 15 | 16 | 17 | 18 | 19 |
| 요일 | 日 | 月 | 火 | 水 | 木 | 金 | 土 | 日 | 月 | 火 | 水 | 木 | 金 | 土 | 日 | 月 | 火 | 水 | 木 | 金 | 土 | 日 | 月 | 火 | 水 | 木 | 金 | 土 | 日 | 月 |
| 일진 | 辛巳 | 壬午 | 癸未 | 甲申 | 乙酉 | 丙戌 | 丁亥 | 戊子 | 己丑 | 庚寅 | 辛卯 | 壬辰 | 癸巳 | 甲午 | 乙未 | 丙申 | 丁酉 | 戊戌 | 己亥 | 庚子 | 辛丑 | 壬寅 | 癸卯 | 甲辰 | 乙巳 | 丙午 | 丁未 | 戊申 | 己酉 | 庚戌 |
| 대운 남 | 8 | 8 | 9 | 9 | 9 | 10 | 10 | 입 | 1 | 1 | 1 | 1 | 2 | 2 | 2 | 3 | 3 | 3 | 4 | 4 | 4 | 5 | 5 | 5 | 6 | 6 | 6 | 7 | 7 | 7 |
| 대운 녀 | 2 | 2 | 2 | 1 | 1 | 1 | 1 | 동 | 9 | 9 | 9 | 8 | 8 | 8 | 7 | 7 | 7 | 6 | 6 | 6 | 5 | 5 | 5 | 4 | 4 | 4 | 3 | 3 | 3 | 2 |

대설 7일 19시52분

## 12 · 戊子月(양 12.7~1.5)

동지 22일 13시47분

| 양력 | 1 | 2 | 3 | 4 | 5 | 6 | 7 | 8 | 9 | 10 | 11 | 12 | 13 | 14 | 15 | 16 | 17 | 18 | 19 | 20 | 21 | 22 | 23 | 24 | 25 | 26 | 27 | 28 | 29 | 30 | 31 |
|---|---|---|---|---|---|---|---|---|---|---|---|---|---|---|---|---|---|---|---|---|---|---|---|---|---|---|---|---|---|---|---|
| 음력 | 20 | 21 | 22 | 23 | 24 | 25 | 26 | 27 | 28 | 29 | 11.1 | 2 | 3 | 4 | 5 | 6 | 7 | 8 | 9 | 10 | 11 | 12 | 13 | 14 | 15 | 16 | 17 | 18 | 19 | 20 | 21 |
| 요일 | 火 | 水 | 木 | 金 | 土 | 日 | 月 | 火 | 水 | 木 | 金 | 土 | 日 | 月 | 火 | 水 | 木 | 金 | 土 | 日 | 月 | 火 | 水 | 木 | 金 | 土 | 日 | 月 | 火 | 水 | 木 |
| 일진 | 辛亥 | 壬子 | 癸丑 | 甲寅 | 乙卯 | 丙辰 | 丁巳 | 戊午 | 己未 | 庚申 | 辛酉 | 壬戌 | 癸亥 | 甲子 | 乙丑 | 丙寅 | 丁卯 | 戊辰 | 己巳 | 庚午 | 辛未 | 壬申 | 癸酉 | 甲戌 | 乙亥 | 丙子 | 丁丑 | 戊寅 | 己卯 | 庚辰 | 辛巳 |
| 대운 남 | 8 | 8 | 8 | 9 | 9 | 9 | 대 | 1 | 1 | 1 | 1 | 2 | 2 | 2 | 3 | 3 | 3 | 4 | 4 | 4 | 5 | 5 | 5 | 6 | 6 | 6 | 7 | 7 | 7 | 8 | 8 |
| 대운 녀 | 2 | 2 | 1 | 1 | 1 | 1 | 설 | 10 | 9 | 9 | 9 | 8 | 8 | 8 | 7 | 7 | 7 | 6 | 6 | 6 | 5 | 5 | 5 | 4 | 4 | 4 | 3 | 3 | 3 | 2 | 2 |

단기 4349년

# 2016년

소한 6일 07시07분 **1 · 己丑月(양 1.6~2.3)** 대한 21일 00시26분

| 양력 | 1 | 2 | 3 | 4 | 5 | 6 | 7 | 8 | 9 | 10 | 11 | 12 | 13 | 14 | 15 | 16 | 17 | 18 | 19 | 20 | 21 | 22 | 23 | 24 | 25 | 26 | 27 | 28 | 29 | 30 | 31 |
|---|---|---|---|---|---|---|---|---|---|---|---|---|---|---|---|---|---|---|---|---|---|---|---|---|---|---|---|---|---|---|---|
| 음력 | 22 | 23 | 24 | 25 | 26 | 27 | 28 | 29 | 30 | 12.1 | 2 | 3 | 4 | 5 | 6 | 7 | 8 | 9 | 10 | 11 | 12 | 13 | 14 | 15 | 16 | 17 | 18 | 19 | 20 | 21 | 22 |
| 요일 | 金 | 土 | 日 | 月 | 火 | 水 | 木 | 金 | 土 | 日 | 月 | 火 | 水 | 木 | 金 | 土 | 日 | 月 | 火 | 水 | 木 | 金 | 土 | 日 | 月 | 火 | 水 | 木 | 金 | 土 | 日 |
| 일진 | 壬午 | 癸未 | 甲申 | 乙酉 | 丙戌 | 丁亥 | 戊子 | 己丑 | 庚寅 | 辛卯 | 壬辰 | 癸巳 | 甲午 | 乙未 | 丙申 | 丁酉 | 戊戌 | 己亥 | 庚子 | 辛丑 | 壬寅 | 癸卯 | 甲辰 | 乙巳 | 丙午 | 丁未 | 戊申 | 己酉 | 庚戌 | 辛亥 | 壬子 |
| 대운 남 | 8 | 9 | 9 | 9 | 10 | 소 | 1 | 1 | 1 | 1 | 2 | 2 | 2 | 3 | 3 | 3 | 4 | 4 | 4 | 5 | 5 | 5 | 6 | 6 | 6 | 7 | 7 | 7 | 8 | 8 | 8 |
| 대운 녀 | 2 | 1 | 1 | 1 | 1 | 한 | 9 | 9 | 9 | 8 | 8 | 8 | 7 | 7 | 7 | 6 | 6 | 6 | 5 | 5 | 5 | 4 | 4 | 4 | 3 | 3 | 3 | 2 | 2 | 2 | 1 |

입춘 4일 18시45분 **2 · 庚寅月(양 2.4~3.4)** 우수 19일 14시33분

| 양력 | 1 | 2 | 3 | 4 | 5 | 6 | 7 | 8 | 9 | 10 | 11 | 12 | 13 | 14 | 15 | 16 | 17 | 18 | 19 | 20 | 21 | 22 | 23 | 24 | 25 | 26 | 27 | 28 | 29 |
|---|---|---|---|---|---|---|---|---|---|---|---|---|---|---|---|---|---|---|---|---|---|---|---|---|---|---|---|---|---|
| 음력 | 23 | 24 | 25 | 26 | 27 | 28 | 29 | 1.1 | 2 | 3 | 4 | 5 | 6 | 7 | 8 | 9 | 10 | 11 | 12 | 13 | 14 | 15 | 16 | 17 | 18 | 19 | 20 | 21 | 22 |
| 요일 | 月 | 火 | 水 | 木 | 金 | 土 | 日 | 月 | 火 | 水 | 木 | 金 | 土 | 日 | 月 | 火 | 水 | 木 | 金 | 土 | 日 | 月 | 火 | 水 | 木 | 金 | 土 | 日 | 月 |
| 일진 | 癸丑 | 甲寅 | 乙卯 | 丙辰 | 丁巳 | 戊午 | 己未 | 庚申 | 辛酉 | 壬戌 | 癸亥 | 甲子 | 乙丑 | 丙寅 | 丁卯 | 戊辰 | 己巳 | 庚午 | 辛未 | 壬申 | 癸酉 | 甲戌 | 乙亥 | 丙子 | 丁丑 | 戊寅 | 己卯 | 庚辰 | 辛巳 |
| 대운 남 | 9 | 9 | 9 | 입 | 10 | 9 | 9 | 9 | 8 | 8 | 8 | 7 | 7 | 7 | 6 | 6 | 6 | 5 | 5 | 5 | 4 | 4 | 4 | 3 | 3 | 3 | 2 | 2 | 2 |
| 대운 녀 | 1 | 1 | 1 | 춘 | 1 | 1 | 1 | 1 | 2 | 2 | 2 | 3 | 3 | 3 | 4 | 4 | 4 | 5 | 5 | 5 | 6 | 6 | 6 | 7 | 7 | 7 | 8 | 8 | 8 |

경칩 5일 12시43분 **3 · 辛卯月(양 3.5~4.3)** 춘분 20일 13시29분

| 양력 | 1 | 2 | 3 | 4 | 5 | 6 | 7 | 8 | 9 | 10 | 11 | 12 | 13 | 14 | 15 | 16 | 17 | 18 | 19 | 20 | 21 | 22 | 23 | 24 | 25 | 26 | 27 | 28 | 29 | 30 | 31 |
|---|---|---|---|---|---|---|---|---|---|---|---|---|---|---|---|---|---|---|---|---|---|---|---|---|---|---|---|---|---|---|---|
| 음력 | 23 | 24 | 25 | 26 | 27 | 28 | 29 | 30 | 2.1 | 2 | 3 | 4 | 5 | 6 | 7 | 8 | 9 | 10 | 11 | 12 | 13 | 14 | 15 | 16 | 17 | 18 | 19 | 20 | 21 | 22 | 23 |
| 요일 | 火 | 水 | 木 | 金 | 土 | 日 | 月 | 火 | 水 | 木 | 金 | 土 | 日 | 月 | 火 | 水 | 木 | 金 | 土 | 日 | 月 | 火 | 水 | 木 | 金 | 土 | 日 | 月 | 火 | 水 | 木 |
| 일진 | 壬午 | 癸未 | 甲申 | 乙酉 | 丙戌 | 丁亥 | 戊子 | 己丑 | 庚寅 | 辛卯 | 壬辰 | 癸巳 | 甲午 | 乙未 | 丙申 | 丁酉 | 戊戌 | 己亥 | 庚子 | 辛丑 | 壬寅 | 癸卯 | 甲辰 | 乙巳 | 丙午 | 丁未 | 戊申 | 己酉 | 庚戌 | 辛亥 | 壬子 |
| 대운 남 | 1 | 1 | 1 | 1 | 경 | 10 | 9 | 9 | 9 | 8 | 8 | 8 | 7 | 7 | 7 | 6 | 6 | 6 | 5 | 5 | 5 | 4 | 4 | 4 | 3 | 3 | 3 | 2 | 2 | 2 | 1 |
| 대운 녀 | 9 | 9 | 9 | 10 | 칩 | 1 | 1 | 1 | 1 | 2 | 2 | 2 | 3 | 3 | 3 | 4 | 4 | 4 | 5 | 5 | 5 | 6 | 6 | 6 | 7 | 7 | 7 | 8 | 8 | 8 | 9 |

청명 4일 17시27분 **4 · 壬辰月(양 4.4~5.4)** 곡우 20일 00시29분

| 양력 | 1 | 2 | 3 | 4 | 5 | 6 | 7 | 8 | 9 | 10 | 11 | 12 | 13 | 14 | 15 | 16 | 17 | 18 | 19 | 20 | 21 | 22 | 23 | 24 | 25 | 26 | 27 | 28 | 29 | 30 |
|---|---|---|---|---|---|---|---|---|---|---|---|---|---|---|---|---|---|---|---|---|---|---|---|---|---|---|---|---|---|---|
| 음력 | 24 | 25 | 26 | 27 | 28 | 29 | 3.1 | 2 | 3 | 4 | 5 | 6 | 7 | 8 | 9 | 10 | 11 | 12 | 13 | 14 | 15 | 16 | 17 | 18 | 19 | 20 | 21 | 22 | 23 | 24 |
| 요일 | 金 | 土 | 日 | 月 | 火 | 水 | 木 | 金 | 土 | 日 | 月 | 火 | 水 | 木 | 金 | 土 | 日 | 月 | 火 | 水 | 木 | 金 | 土 | 日 | 月 | 火 | 水 | 木 | 金 | 土 |
| 일진 | 癸丑 | 甲寅 | 乙卯 | 丙辰 | 丁巳 | 戊午 | 己未 | 庚申 | 辛酉 | 壬戌 | 癸亥 | 甲子 | 乙丑 | 丙寅 | 丁卯 | 戊辰 | 己巳 | 庚午 | 辛未 | 壬申 | 癸酉 | 甲戌 | 乙亥 | 丙子 | 丁丑 | 戊寅 | 己卯 | 庚辰 | 辛巳 | 壬午 |
| 대운 남 | 1 | 1 | 1 | 청 | 10 | 10 | 9 | 9 | 9 | 8 | 8 | 8 | 7 | 7 | 7 | 6 | 6 | 6 | 5 | 5 | 5 | 4 | 4 | 4 | 3 | 3 | 3 | 2 | 2 | 2 |
| 대운 녀 | 9 | 9 | 10 | 명 | 1 | 1 | 1 | 1 | 2 | 2 | 2 | 3 | 3 | 3 | 4 | 4 | 4 | 5 | 5 | 5 | 6 | 6 | 6 | 7 | 7 | 7 | 8 | 8 | 8 | 9 |

입하 5일 10시41분 **5 · 癸巳月(양 5.5~6.4)** 소만 20일 23시36분

| 양력 | 1 | 2 | 3 | 4 | 5 | 6 | 7 | 8 | 9 | 10 | 11 | 12 | 13 | 14 | 15 | 16 | 17 | 18 | 19 | 20 | 21 | 22 | 23 | 24 | 25 | 26 | 27 | 28 | 29 | 30 | 31 |
|---|---|---|---|---|---|---|---|---|---|---|---|---|---|---|---|---|---|---|---|---|---|---|---|---|---|---|---|---|---|---|---|
| 음력 | 25 | 26 | 27 | 28 | 29 | 30 | 4.1 | 2 | 3 | 4 | 5 | 6 | 7 | 8 | 9 | 10 | 11 | 12 | 13 | 14 | 15 | 16 | 17 | 18 | 19 | 20 | 21 | 22 | 23 | 24 | 25 |
| 요일 | 日 | 月 | 火 | 水 | 木 | 金 | 土 | 日 | 月 | 火 | 水 | 木 | 金 | 土 | 日 | 月 | 火 | 水 | 木 | 金 | 土 | 日 | 月 | 火 | 水 | 木 | 金 | 土 | 日 | 月 | 火 |
| 일진 | 癸未 | 甲申 | 乙酉 | 丙戌 | 丁亥 | 戊子 | 己丑 | 庚寅 | 辛卯 | 壬辰 | 癸巳 | 甲午 | 乙未 | 丙申 | 丁酉 | 戊戌 | 己亥 | 庚子 | 辛丑 | 壬寅 | 癸卯 | 甲辰 | 乙巳 | 丙午 | 丁未 | 戊申 | 己酉 | 庚戌 | 辛亥 | 壬子 | 癸丑 |
| 대운 남 | 1 | 1 | 1 | 1 | 입 | 10 | 10 | 9 | 9 | 9 | 8 | 8 | 8 | 7 | 7 | 7 | 6 | 6 | 6 | 5 | 5 | 5 | 4 | 4 | 4 | 3 | 3 | 3 | 2 | 2 | 2 |
| 대운 녀 | 9 | 9 | 10 | 10 | 하 | 1 | 1 | 1 | 1 | 2 | 2 | 2 | 3 | 3 | 3 | 4 | 4 | 4 | 5 | 5 | 5 | 6 | 6 | 6 | 7 | 7 | 7 | 8 | 8 | 8 | 9 |

망종 5일 14시48분 **6 · 甲午月(양 6.5~7.6)** 하지 21일 07시33분

| 양력 | 1 | 2 | 3 | 4 | 5 | 6 | 7 | 8 | 9 | 10 | 11 | 12 | 13 | 14 | 15 | 16 | 17 | 18 | 19 | 20 | 21 | 22 | 23 | 24 | 25 | 26 | 27 | 28 | 29 | 30 |
|---|---|---|---|---|---|---|---|---|---|---|---|---|---|---|---|---|---|---|---|---|---|---|---|---|---|---|---|---|---|---|
| 음력 | 26 | 27 | 28 | 29 | 5.1 | 2 | 3 | 4 | 5 | 6 | 7 | 8 | 9 | 10 | 11 | 12 | 13 | 14 | 15 | 16 | 17 | 18 | 19 | 20 | 21 | 22 | 23 | 24 | 25 | 26 |
| 요일 | 水 | 木 | 金 | 土 | 日 | 月 | 火 | 水 | 木 | 金 | 土 | 日 | 月 | 火 | 水 | 木 | 金 | 土 | 日 | 月 | 火 | 水 | 木 | 金 | 土 | 日 | 月 | 火 | 水 | 木 |
| 일진 | 甲寅 | 乙卯 | 丙辰 | 丁巳 | 戊午 | 己未 | 庚申 | 辛酉 | 壬戌 | 癸亥 | 甲子 | 乙丑 | 丙寅 | 丁卯 | 戊辰 | 己巳 | 庚午 | 辛未 | 壬申 | 癸酉 | 甲戌 | 乙亥 | 丙子 | 丁丑 | 戊寅 | 己卯 | 庚辰 | 辛巳 | 壬午 | 癸未 |
| 대운 남 | 1 | 1 | 1 | 1 | 망 | 10 | 10 | 10 | 9 | 9 | 9 | 8 | 8 | 8 | 7 | 7 | 7 | 6 | 6 | 6 | 5 | 5 | 5 | 4 | 4 | 4 | 3 | 3 | 3 | 2 |
| 대운 녀 | 9 | 9 | 10 | 10 | 종 | 1 | 1 | 1 | 1 | 2 | 2 | 2 | 3 | 3 | 3 | 4 | 4 | 4 | 5 | 5 | 5 | 6 | 6 | 6 | 7 | 7 | 7 | 8 | 8 | 8 |

소서 7일 01시02분

## 7 · 乙未月(양 7.7~8.6)

대서 22일 18시29분

| 양력 | 1 | 2 | 3 | 4 | 5 | 6 | 7 | 8 | 9 | 10 | 11 | 12 | 13 | 14 | 15 | 16 | 17 | 18 | 19 | 20 | 21 | 22 | 23 | 24 | 25 | 26 | 27 | 28 | 29 | 30 | 31 |
|---|---|---|---|---|---|---|---|---|---|---|---|---|---|---|---|---|---|---|---|---|---|---|---|---|---|---|---|---|---|---|---|
| 음력 | 27 | 28 | 29 | 6.1 | 2 | 3 | 4 | 5 | 6 | 7 | 8 | 9 | 10 | 11 | 12 | 13 | 14 | 15 | 16 | 17 | 18 | 19 | 20 | 21 | 22 | 23 | 24 | 25 | 26 | 27 | 28 |
| 요일 | 金 | 土 | 日 | 月 | 火 | 水 | 木 | 金 | 土 | 日 | 月 | 火 | 水 | 木 | 金 | 土 | 日 | 月 | 火 | 水 | 木 | 金 | 土 | 日 | 月 | 火 | 水 | 木 | 金 | 土 | 日 |
| 일진 | 甲申 | 乙酉 | 丙戌 | 丁亥 | 戊子 | 己丑 | 庚寅 | 辛卯 | 壬辰 | 癸巳 | 甲午 | 乙未 | 丙申 | 丁酉 | 戊戌 | 己亥 | 庚子 | 辛丑 | 壬寅 | 癸卯 | 甲辰 | 乙巳 | 丙午 | 丁未 | 戊申 | 己酉 | 庚戌 | 辛亥 | 壬子 | 癸丑 | 甲寅 |
| 대운 남 | 2 | 2 | 1 | 1 | 1 | 1 | 소 | 10 | 10 | 9 | 9 | 9 | 8 | 8 | 8 | 7 | 7 | 7 | 6 | 6 | 6 | 5 | 5 | 5 | 4 | 4 | 4 | 3 | 3 | 3 | 2 |
| 대운 녀 | 9 | 9 | 9 | 10 | 10 | 10 | 서 | 1 | 1 | 1 | 1 | 2 | 2 | 2 | 3 | 3 | 3 | 4 | 4 | 4 | 5 | 5 | 5 | 6 | 6 | 6 | 7 | 7 | 7 | 8 | 8 |

입추 7일 10시52분

## 8 · 丙申月(양 8.7~9.6)

처서 23일 01시38분

| 양력 | 1 | 2 | 3 | 4 | 5 | 6 | 7 | 8 | 9 | 10 | 11 | 12 | 13 | 14 | 15 | 16 | 17 | 18 | 19 | 20 | 21 | 22 | 23 | 24 | 25 | 26 | 27 | 28 | 29 | 30 | 31 |
|---|---|---|---|---|---|---|---|---|---|---|---|---|---|---|---|---|---|---|---|---|---|---|---|---|---|---|---|---|---|---|---|
| 음력 | 29 | 30 | 7.1 | 2 | 3 | 4 | 5 | 6 | 7 | 8 | 9 | 10 | 11 | 12 | 13 | 14 | 15 | 16 | 17 | 18 | 19 | 20 | 21 | 22 | 23 | 24 | 25 | 26 | 27 | 28 | 29 |
| 요일 | 月 | 火 | 水 | 木 | 金 | 土 | 日 | 月 | 火 | 水 | 木 | 金 | 土 | 日 | 月 | 火 | 水 | 木 | 金 | 土 | 日 | 月 | 火 | 水 | 木 | 金 | 土 | 日 | 月 | 火 | 水 |
| 일진 | 乙卯 | 丙辰 | 丁巳 | 戊午 | 己未 | 庚申 | 辛酉 | 壬戌 | 癸亥 | 甲子 | 乙丑 | 丙寅 | 丁卯 | 戊辰 | 己巳 | 庚午 | 辛未 | 壬申 | 癸酉 | 甲戌 | 乙亥 | 丙子 | 丁丑 | 戊寅 | 己卯 | 庚辰 | 辛巳 | 壬午 | 癸未 | 甲申 | 乙酉 |
| 대운 남 | 2 | 2 | 1 | 1 | 1 | 1 | 입 | 10 | 10 | 9 | 9 | 9 | 8 | 8 | 8 | 7 | 7 | 7 | 6 | 6 | 6 | 5 | 5 | 5 | 4 | 4 | 4 | 3 | 3 | 3 | 2 |
| 대운 녀 | 8 | 9 | 9 | 9 | 10 | 10 | 추 | 1 | 1 | 1 | 1 | 2 | 2 | 2 | 3 | 3 | 3 | 4 | 4 | 4 | 5 | 5 | 5 | 6 | 6 | 6 | 7 | 7 | 7 | 8 | 8 |

백로 7일 13시50분

## 9 · 丁酉月(양 9.7~10.7)

추분 22일 23시20분

| 양력 | 1 | 2 | 3 | 4 | 5 | 6 | 7 | 8 | 9 | 10 | 11 | 12 | 13 | 14 | 15 | 16 | 17 | 18 | 19 | 20 | 21 | 22 | 23 | 24 | 25 | 26 | 27 | 28 | 29 | 30 |
|---|---|---|---|---|---|---|---|---|---|---|---|---|---|---|---|---|---|---|---|---|---|---|---|---|---|---|---|---|---|---|
| 음력 | 8.1 | 2 | 3 | 4 | 5 | 6 | 7 | 8 | 9 | 10 | 11 | 12 | 13 | 14 | 15 | 16 | 17 | 18 | 19 | 20 | 21 | 22 | 23 | 24 | 25 | 26 | 27 | 28 | 29 | 30 |
| 요일 | 木 | 金 | 土 | 日 | 月 | 火 | 水 | 木 | 金 | 土 | 日 | 月 | 火 | 水 | 木 | 金 | 土 | 日 | 月 | 火 | 水 | 木 | 金 | 土 | 日 | 月 | 火 | 水 | 木 | 金 |
| 일진 | 丙戌 | 丁亥 | 戊子 | 己丑 | 庚寅 | 辛卯 | 壬辰 | 癸巳 | 甲午 | 乙未 | 丙申 | 丁酉 | 戊戌 | 己亥 | 庚子 | 辛丑 | 壬寅 | 癸卯 | 甲辰 | 乙巳 | 丙午 | 丁未 | 戊申 | 己酉 | 庚戌 | 辛亥 | 壬子 | 癸丑 | 甲寅 | 乙卯 |
| 대운 남 | 2 | 2 | 1 | 1 | 1 | 1 | 백 | 10 | 10 | 9 | 9 | 9 | 8 | 8 | 8 | 7 | 7 | 7 | 6 | 6 | 6 | 5 | 5 | 5 | 4 | 4 | 4 | 3 | 3 | 3 |
| 대운 녀 | 8 | 9 | 9 | 9 | 10 | 10 | 로 | 1 | 1 | 1 | 1 | 2 | 2 | 2 | 3 | 3 | 3 | 4 | 4 | 4 | 5 | 5 | 5 | 6 | 6 | 6 | 7 | 7 | 7 | 8 |

한로 8일 05시32분

## 10 · 戊戌月(양 10.8~11.6)

상강 23일 08시45분

| 양력 | 1 | 2 | 3 | 4 | 5 | 6 | 7 | 8 | 9 | 10 | 11 | 12 | 13 | 14 | 15 | 16 | 17 | 18 | 19 | 20 | 21 | 22 | 23 | 24 | 25 | 26 | 27 | 28 | 29 | 30 | 31 |
|---|---|---|---|---|---|---|---|---|---|---|---|---|---|---|---|---|---|---|---|---|---|---|---|---|---|---|---|---|---|---|---|
| 음력 | 9.1 | 2 | 3 | 4 | 5 | 6 | 7 | 8 | 9 | 10 | 11 | 12 | 13 | 14 | 15 | 16 | 17 | 18 | 19 | 20 | 21 | 22 | 23 | 24 | 25 | 26 | 27 | 28 | 29 | 30 | 10.1 |
| 요일 | 土 | 日 | 月 | 火 | 水 | 木 | 金 | 土 | 日 | 月 | 火 | 水 | 木 | 金 | 土 | 日 | 月 | 火 | 水 | 木 | 金 | 土 | 日 | 月 | 火 | 水 | 木 | 金 | 土 | 日 | 月 |
| 일진 | 丙辰 | 丁巳 | 戊午 | 己未 | 庚申 | 辛酉 | 壬戌 | 癸亥 | 甲子 | 乙丑 | 丙寅 | 丁卯 | 戊辰 | 己巳 | 庚午 | 辛未 | 壬申 | 癸酉 | 甲戌 | 乙亥 | 丙子 | 丁丑 | 戊寅 | 己卯 | 庚辰 | 辛巳 | 壬午 | 癸未 | 甲申 | 乙酉 | 丙戌 |
| 대운 남 | 2 | 2 | 2 | 1 | 1 | 1 | 1 | 한 | 10 | 9 | 9 | 9 | 8 | 8 | 8 | 7 | 7 | 7 | 6 | 6 | 6 | 5 | 5 | 5 | 4 | 4 | 4 | 3 | 3 | 3 | 2 |
| 대운 녀 | 8 | 8 | 9 | 9 | 9 | 10 | 10 | 로 | 1 | 1 | 1 | 1 | 2 | 2 | 2 | 3 | 3 | 3 | 4 | 4 | 4 | 5 | 5 | 5 | 6 | 6 | 6 | 7 | 7 | 7 | 8 |

입동 6일 08시47분

## 11 · 己亥月(양 11.7~12.6)

소설 22일 06시21분

| 양력 | 1 | 2 | 3 | 4 | 5 | 6 | 7 | 8 | 9 | 10 | 11 | 12 | 13 | 14 | 15 | 16 | 17 | 18 | 19 | 20 | 21 | 22 | 23 | 24 | 25 | 26 | 27 | 28 | 29 | 30 |
|---|---|---|---|---|---|---|---|---|---|---|---|---|---|---|---|---|---|---|---|---|---|---|---|---|---|---|---|---|---|---|
| 음력 | 2 | 3 | 4 | 5 | 6 | 7 | 8 | 9 | 10 | 11 | 12 | 13 | 14 | 15 | 16 | 17 | 18 | 19 | 20 | 21 | 22 | 23 | 24 | 25 | 26 | 27 | 28 | 29 | 11.1 | 2 |
| 요일 | 火 | 水 | 木 | 金 | 土 | 日 | 月 | 火 | 水 | 木 | 金 | 土 | 日 | 月 | 火 | 水 | 木 | 金 | 土 | 日 | 月 | 火 | 水 | 木 | 金 | 土 | 日 | 月 | 火 | 水 |
| 일진 | 丁亥 | 戊子 | 己丑 | 庚寅 | 辛卯 | 壬辰 | 癸巳 | 甲午 | 乙未 | 丙申 | 丁酉 | 戊戌 | 己亥 | 庚子 | 辛丑 | 壬寅 | 癸卯 | 甲辰 | 乙巳 | 丙午 | 丁未 | 戊申 | 己酉 | 庚戌 | 辛亥 | 壬子 | 癸丑 | 甲寅 | 乙卯 | 丙辰 |
| 대운 남 | 2 | 2 | 1 | 1 | 1 | 1 | 입 | 10 | 9 | 9 | 9 | 8 | 8 | 8 | 7 | 7 | 7 | 6 | 6 | 6 | 5 | 5 | 5 | 4 | 4 | 4 | 3 | 3 | 3 | 2 |
| 대운 녀 | 8 | 8 | 9 | 9 | 9 | 10 | 동 | 1 | 1 | 1 | 1 | 2 | 2 | 2 | 3 | 3 | 3 | 4 | 4 | 4 | 5 | 5 | 5 | 6 | 6 | 6 | 7 | 7 | 7 | 8 |

대설 7일 01시40분

## 12 · 庚子月(양 12.7~1.4)

동지 21일 19시43분

| 양력 | 1 | 2 | 3 | 4 | 5 | 6 | 7 | 8 | 9 | 10 | 11 | 12 | 13 | 14 | 15 | 16 | 17 | 18 | 19 | 20 | 21 | 22 | 23 | 24 | 25 | 26 | 27 | 28 | 29 | 30 | 31 |
|---|---|---|---|---|---|---|---|---|---|---|---|---|---|---|---|---|---|---|---|---|---|---|---|---|---|---|---|---|---|---|---|
| 음력 | 3 | 4 | 5 | 6 | 7 | 8 | 9 | 10 | 11 | 12 | 13 | 14 | 15 | 16 | 17 | 18 | 19 | 20 | 21 | 22 | 23 | 24 | 25 | 26 | 27 | 28 | 29 | 30 | 12.1 | 2 | 3 |
| 요일 | 木 | 金 | 土 | 日 | 月 | 火 | 水 | 木 | 金 | 土 | 日 | 月 | 火 | 水 | 木 | 金 | 土 | 日 | 月 | 火 | 水 | 木 | 金 | 土 | 日 | 月 | 火 | 水 | 木 | 金 | 土 |
| 일진 | 丁巳 | 戊午 | 己未 | 庚申 | 辛酉 | 壬戌 | 癸亥 | 甲子 | 乙丑 | 丙寅 | 丁卯 | 戊辰 | 己巳 | 庚午 | 辛未 | 壬申 | 癸酉 | 甲戌 | 乙亥 | 丙子 | 丁丑 | 戊寅 | 己卯 | 庚辰 | 辛巳 | 壬午 | 癸未 | 甲申 | 乙酉 | 丙戌 | 丁亥 |
| 대운 남 | 2 | 2 | 1 | 1 | 1 | 1 | 대 | 9 | 9 | 9 | 8 | 8 | 8 | 7 | 7 | 7 | 6 | 6 | 6 | 5 | 5 | 5 | 4 | 4 | 4 | 3 | 3 | 3 | 2 | 2 | 2 |
| 대운 녀 | 8 | 8 | 9 | 9 | 9 | 10 | 설 | 1 | 1 | 1 | 1 | 2 | 2 | 2 | 3 | 3 | 3 | 4 | 4 | 4 | 5 | 5 | 5 | 6 | 6 | 6 | 7 | 7 | 7 | 8 | 8 |

단기 4350년

# 2017년(윤5월)

## 1 · 辛丑月(양 1.5~2.3)

소한 5일 12시55분 / 대한 20일 06시23분

| 양력 | 1 | 2 | 3 | 4 | 5 | 6 | 7 | 8 | 9 | 10 | 11 | 12 | 13 | 14 | 15 | 16 | 17 | 18 | 19 | 20 | 21 | 22 | 23 | 24 | 25 | 26 | 27 | 28 | 29 | 30 | 31 |
|---|---|---|---|---|---|---|---|---|---|---|---|---|---|---|---|---|---|---|---|---|---|---|---|---|---|---|---|---|---|---|---|
| 음력 | 4 | 5 | 6 | 7 | 8 | 9 | 10 | 11 | 12 | 13 | 14 | 15 | 16 | 17 | 18 | 19 | 20 | 21 | 22 | 23 | 24 | 25 | 26 | 27 | 28 | 29 | 30 | 1.1 | 2 | 3 | 4 |
| 요일 | 日 | 月 | 火 | 水 | 木 | 金 | 土 | 日 | 月 | 火 | 水 | 木 | 金 | 土 | 日 | 月 | 火 | 水 | 木 | 金 | 土 | 日 | 月 | 火 | 水 | 木 | 金 | 土 | 日 | 月 | 火 |
| 일진 | 戊子 | 己丑 | 庚寅 | 辛卯 | 壬辰 | 癸巳 | 甲午 | 乙未 | 丙申 | 丁酉 | 戊戌 | 己亥 | 庚子 | 辛丑 | 壬寅 | 癸卯 | 甲辰 | 乙巳 | 丙午 | 丁未 | 戊申 | 己酉 | 庚戌 | 辛亥 | 壬子 | 癸丑 | 甲寅 | 乙卯 | 丙辰 | 丁巳 | 戊午 |
| 대운 남 | 1 | 1 | 1 | 1 | 소 | 10 | 9 | 9 | 9 | 8 | 8 | 8 | 7 | 7 | 7 | 6 | 6 | 6 | 5 | 5 | 5 | 4 | 4 | 4 | 3 | 3 | 3 | 2 | 2 | 2 | 1 |
| 대운 녀 | 8 | 9 | 9 | 9 | 한 | 1 | 1 | 1 | 1 | 2 | 2 | 2 | 3 | 3 | 3 | 4 | 4 | 4 | 5 | 5 | 5 | 6 | 6 | 6 | 7 | 7 | 7 | 8 | 8 | 8 | 9 |

## 2 · 壬寅月(양 2.4~3.4)

입춘 4일 00시33분 / 우수 18일 20시30분

| 양력 | 1 | 2 | 3 | 4 | 5 | 6 | 7 | 8 | 9 | 10 | 11 | 12 | 13 | 14 | 15 | 16 | 17 | 18 | 19 | 20 | 21 | 22 | 23 | 24 | 25 | 26 | 27 | 28 |
|---|---|---|---|---|---|---|---|---|---|---|---|---|---|---|---|---|---|---|---|---|---|---|---|---|---|---|---|---|
| 음력 | 5 | 6 | 7 | 8 | 9 | 10 | 11 | 12 | 13 | 14 | 15 | 16 | 17 | 18 | 19 | 20 | 21 | 22 | 23 | 24 | 25 | 26 | 27 | 28 | 29 | 2.1 | 2 | 3 |
| 요일 | 水 | 木 | 金 | 土 | 日 | 月 | 火 | 水 | 木 | 金 | 土 | 日 | 月 | 火 | 水 | 木 | 金 | 土 | 日 | 月 | 火 | 水 | 木 | 金 | 土 | 日 | 月 | 火 |
| 일진 | 己未 | 庚申 | 辛酉 | 壬戌 | 癸亥 | 甲子 | 乙丑 | 丙寅 | 丁卯 | 戊辰 | 己巳 | 庚午 | 辛未 | 壬申 | 癸酉 | 甲戌 | 乙亥 | 丙子 | 丁丑 | 戊寅 | 己卯 | 庚辰 | 辛巳 | 壬午 | 癸未 | 甲申 | 乙酉 | 丙戌 |
| 대운 남 | 1 | 1 | 1 | 입 | 1 | 1 | 1 | 1 | 2 | 2 | 2 | 3 | 3 | 3 | 4 | 4 | 4 | 5 | 5 | 5 | 6 | 6 | 6 | 7 | 7 | 7 | 8 | 8 |
| 대운 녀 | 9 | 9 | 10 | 춘 | 9 | 9 | 9 | 8 | 8 | 8 | 7 | 7 | 7 | 6 | 6 | 6 | 5 | 5 | 5 | 4 | 4 | 4 | 3 | 3 | 3 | 2 | 2 | 2 |

## 3 · 癸卯月(양 3.5~4.3)

경칩 5일 18시32분 / 춘분 20일 19시28분

| 양력 | 1 | 2 | 3 | 4 | 5 | 6 | 7 | 8 | 9 | 10 | 11 | 12 | 13 | 14 | 15 | 16 | 17 | 18 | 19 | 20 | 21 | 22 | 23 | 24 | 25 | 26 | 27 | 28 | 29 | 30 | 31 |
|---|---|---|---|---|---|---|---|---|---|---|---|---|---|---|---|---|---|---|---|---|---|---|---|---|---|---|---|---|---|---|---|
| 음력 | 4 | 5 | 6 | 7 | 8 | 9 | 10 | 11 | 12 | 13 | 14 | 15 | 16 | 17 | 18 | 19 | 20 | 21 | 22 | 23 | 24 | 25 | 26 | 27 | 28 | 29 | 30 | 3.1 | 2 | 3 | 4 |
| 요일 | 水 | 木 | 金 | 土 | 日 | 月 | 火 | 水 | 木 | 金 | 土 | 日 | 月 | 火 | 水 | 木 | 金 | 土 | 日 | 月 | 火 | 水 | 木 | 金 | 土 | 日 | 月 | 火 | 水 | 木 | 金 |
| 일진 | 丁亥 | 戊子 | 己丑 | 庚寅 | 辛卯 | 壬辰 | 癸巳 | 甲午 | 乙未 | 丙申 | 丁酉 | 戊戌 | 己亥 | 庚子 | 辛丑 | 壬寅 | 癸卯 | 甲辰 | 乙巳 | 丙午 | 丁未 | 戊申 | 己酉 | 庚戌 | 辛亥 | 壬子 | 癸丑 | 甲寅 | 乙卯 | 丙辰 | 丁巳 |
| 대운 남 | 8 | 9 | 9 | 9 | 경 | 1 | 1 | 1 | 1 | 2 | 2 | 2 | 3 | 3 | 3 | 4 | 4 | 4 | 5 | 5 | 5 | 6 | 6 | 6 | 7 | 7 | 7 | 8 | 8 | 8 | 9 |
| 대운 녀 | 1 | 1 | 1 | 1 | 칩 | 10 | 9 | 9 | 9 | 8 | 8 | 8 | 7 | 7 | 7 | 6 | 6 | 6 | 5 | 5 | 5 | 4 | 4 | 4 | 3 | 3 | 3 | 2 | 2 | 2 | 1 |

## 4 · 甲辰月(양 4.4~5.4)

청명 4일 23시16분 / 곡우 20일 06시26분

| 양력 | 1 | 2 | 3 | 4 | 5 | 6 | 7 | 8 | 9 | 10 | 11 | 12 | 13 | 14 | 15 | 16 | 17 | 18 | 19 | 20 | 21 | 22 | 23 | 24 | 25 | 26 | 27 | 28 | 29 | 30 |
|---|---|---|---|---|---|---|---|---|---|---|---|---|---|---|---|---|---|---|---|---|---|---|---|---|---|---|---|---|---|---|
| 음력 | 5 | 6 | 7 | 8 | 9 | 10 | 11 | 12 | 13 | 14 | 15 | 16 | 17 | 18 | 19 | 20 | 21 | 22 | 23 | 24 | 25 | 26 | 27 | 28 | 29 | 4.1 | 2 | 3 | 4 | 5 |
| 요일 | 土 | 日 | 月 | 火 | 水 | 木 | 金 | 土 | 日 | 月 | 火 | 水 | 木 | 金 | 土 | 日 | 月 | 火 | 水 | 木 | 金 | 土 | 日 | 月 | 火 | 水 | 木 | 金 | 土 | 日 |
| 일진 | 戊午 | 己未 | 庚申 | 辛酉 | 壬戌 | 癸亥 | 甲子 | 乙丑 | 丙寅 | 丁卯 | 戊辰 | 己巳 | 庚午 | 辛未 | 壬申 | 癸酉 | 甲戌 | 乙亥 | 丙子 | 丁丑 | 戊寅 | 己卯 | 庚辰 | 辛巳 | 壬午 | 癸未 | 甲申 | 乙酉 | 丙戌 | 丁亥 |
| 대운 남 | 9 | 9 | 10 | 청 | 1 | 1 | 1 | 1 | 2 | 2 | 2 | 3 | 3 | 3 | 4 | 4 | 4 | 5 | 5 | 5 | 6 | 6 | 6 | 7 | 7 | 7 | 8 | 8 | 8 | 9 |
| 대운 녀 | 1 | 1 | 1 | 명 | 10 | 10 | 9 | 9 | 9 | 8 | 8 | 8 | 7 | 7 | 7 | 6 | 6 | 6 | 5 | 5 | 5 | 4 | 4 | 4 | 3 | 3 | 3 | 2 | 2 | 2 |

## 5 · 乙巳月(양 5.5~6.4)

입하 5일 16시30분 / 소만 21일 05시30분

| 양력 | 1 | 2 | 3 | 4 | 5 | 6 | 7 | 8 | 9 | 10 | 11 | 12 | 13 | 14 | 15 | 16 | 17 | 18 | 19 | 20 | 21 | 22 | 23 | 24 | 25 | 26 | 27 | 28 | 29 | 30 | 31 |
|---|---|---|---|---|---|---|---|---|---|---|---|---|---|---|---|---|---|---|---|---|---|---|---|---|---|---|---|---|---|---|---|
| 음력 | 6 | 7 | 8 | 9 | 10 | 11 | 12 | 13 | 14 | 15 | 16 | 17 | 18 | 19 | 20 | 21 | 22 | 23 | 24 | 25 | 26 | 27 | 28 | 29 | 30 | 5.1 | 2 | 3 | 4 | 5 | 6 |
| 요일 | 月 | 火 | 水 | 木 | 金 | 土 | 日 | 月 | 火 | 水 | 木 | 金 | 土 | 日 | 月 | 火 | 水 | 木 | 金 | 土 | 日 | 月 | 火 | 水 | 木 | 金 | 土 | 日 | 月 | 火 | 水 |
| 일진 | 戊子 | 己丑 | 庚寅 | 辛卯 | 壬辰 | 癸巳 | 甲午 | 乙未 | 丙申 | 丁酉 | 戊戌 | 己亥 | 庚子 | 辛丑 | 壬寅 | 癸卯 | 甲辰 | 乙巳 | 丙午 | 丁未 | 戊申 | 己酉 | 庚戌 | 辛亥 | 壬子 | 癸丑 | 甲寅 | 乙卯 | 丙辰 | 丁巳 | 戊午 |
| 대운 남 | 9 | 9 | 10 | 10 | 입 | 1 | 1 | 1 | 1 | 2 | 2 | 2 | 3 | 3 | 3 | 4 | 4 | 4 | 5 | 5 | 5 | 6 | 6 | 6 | 7 | 7 | 7 | 8 | 8 | 8 | 9 |
| 대운 녀 | 1 | 1 | 1 | 1 | 하 | 10 | 10 | 9 | 9 | 9 | 8 | 8 | 8 | 7 | 7 | 7 | 6 | 6 | 6 | 5 | 5 | 5 | 4 | 4 | 4 | 3 | 3 | 3 | 2 | 2 | 2 |

## 6 · 丙午月(양 6.5~7.6)

망종 5일 20시36분 / 하지 21일 13시23분

| 양력 | 1 | 2 | 3 | 4 | 5 | 6 | 7 | 8 | 9 | 10 | 11 | 12 | 13 | 14 | 15 | 16 | 17 | 18 | 19 | 20 | 21 | 22 | 23 | 24 | 25 | 26 | 27 | 28 | 29 | 30 |
|---|---|---|---|---|---|---|---|---|---|---|---|---|---|---|---|---|---|---|---|---|---|---|---|---|---|---|---|---|---|---|
| 음력 | 7 | 8 | 9 | 10 | 11 | 12 | 13 | 14 | 15 | 16 | 17 | 18 | 19 | 20 | 21 | 22 | 23 | 24 | 25 | 26 | 27 | 28 | 29 | 윤 | 5.2 | 3 | 4 | 5 | 6 | 7 |
| 요일 | 木 | 金 | 土 | 日 | 月 | 火 | 水 | 木 | 金 | 土 | 日 | 月 | 火 | 水 | 木 | 金 | 土 | 日 | 月 | 火 | 水 | 木 | 金 | 土 | 日 | 月 | 火 | 水 | 木 | 金 |
| 일진 | 己未 | 庚申 | 辛酉 | 壬戌 | 癸亥 | 甲子 | 乙丑 | 丙寅 | 丁卯 | 戊辰 | 己巳 | 庚午 | 辛未 | 壬申 | 癸酉 | 甲戌 | 乙亥 | 丙子 | 丁丑 | 戊寅 | 己卯 | 庚辰 | 辛巳 | 壬午 | 癸未 | 甲申 | 乙酉 | 丙戌 | 丁亥 | 戊子 |
| 대운 남 | 9 | 9 | 10 | 10 | 망 | 1 | 1 | 1 | 1 | 2 | 2 | 2 | 3 | 3 | 3 | 4 | 4 | 4 | 5 | 5 | 5 | 6 | 6 | 6 | 7 | 7 | 7 | 8 | 8 | 8 |
| 대운 녀 | 1 | 1 | 1 | 1 | 종 | 10 | 10 | 10 | 9 | 9 | 9 | 8 | 8 | 8 | 7 | 7 | 7 | 6 | 6 | 6 | 5 | 5 | 5 | 4 | 4 | 4 | 3 | 3 | 3 | 2 |

## 7 · 丁未月(양 7.7~8.6)

소서 7일 06시50분 / 대서 23일 00시14분

| 양력 | 1 | 2 | 3 | 4 | 5 | 6 | 7 | 8 | 9 | 10 | 11 | 12 | 13 | 14 | 15 | 16 | 17 | 18 | 19 | 20 | 21 | 22 | 23 | 24 | 25 | 26 | 27 | 28 | 29 | 30 | 31 |
|---|---|---|---|---|---|---|---|---|---|---|---|---|---|---|---|---|---|---|---|---|---|---|---|---|---|---|---|---|---|---|---|
| 음력 | 8 | 9 | 10 | 11 | 12 | 13 | 14 | 15 | 16 | 17 | 18 | 19 | 20 | 21 | 22 | 23 | 24 | 25 | 26 | 27 | 28 | 29 | 6.1 | 2 | 3 | 4 | 5 | 6 | 7 | 8 | 9 |
| 요일 | 土 | 日 | 月 | 火 | 水 | 木 | 金 | 土 | 日 | 月 | 火 | 水 | 木 | 金 | 土 | 日 | 月 | 火 | 水 | 木 | 金 | 土 | 日 | 月 | 火 | 水 | 木 | 金 | 土 | 日 | 月 |
| 일진 | 己丑 | 庚寅 | 辛卯 | 壬辰 | 癸巳 | 甲午 | 乙未 | 丙申 | 丁酉 | 戊戌 | 己亥 | 庚子 | 辛丑 | 壬寅 | 癸卯 | 甲辰 | 乙巳 | 丙午 | 丁未 | 戊申 | 己酉 | 庚戌 | 辛亥 | 壬子 | 癸丑 | 甲寅 | 乙卯 | 丙辰 | 丁巳 | 戊午 | 己未 |
| 대운 남 | 9 | 9 | 9 | 10 | 10 | 10 | 소 | 1 | 1 | 1 | 1 | 2 | 2 | 2 | 3 | 3 | 3 | 4 | 4 | 4 | 5 | 5 | 5 | 6 | 6 | 6 | 7 | 7 | 7 | 8 | 8 |
| 대운 녀 | 2 | 2 | 1 | 1 | 1 | 1 | 서 | 10 | 10 | 9 | 9 | 9 | 8 | 8 | 8 | 7 | 7 | 7 | 6 | 6 | 6 | 5 | 5 | 5 | 4 | 4 | 4 | 3 | 3 | 3 | 2 |

## 8 · 戊申月(양 8.7~9.6)

입추 7일 16시39분 / 처서 23일 07시19분

| 양력 | 1 | 2 | 3 | 4 | 5 | 6 | 7 | 8 | 9 | 10 | 11 | 12 | 13 | 14 | 15 | 16 | 17 | 18 | 19 | 20 | 21 | 22 | 23 | 24 | 25 | 26 | 27 | 28 | 29 | 30 | 31 |
|---|---|---|---|---|---|---|---|---|---|---|---|---|---|---|---|---|---|---|---|---|---|---|---|---|---|---|---|---|---|---|---|
| 음력 | 10 | 11 | 12 | 13 | 14 | 15 | 16 | 17 | 18 | 19 | 20 | 21 | 22 | 23 | 24 | 25 | 26 | 27 | 28 | 29 | 30 | 7.1 | 2 | 3 | 4 | 5 | 6 | 7 | 8 | 9 | 10 |
| 요일 | 火 | 水 | 木 | 金 | 土 | 日 | 月 | 火 | 水 | 木 | 金 | 土 | 日 | 月 | 火 | 水 | 木 | 金 | 土 | 日 | 月 | 火 | 水 | 木 | 金 | 土 | 日 | 月 | 火 | 水 | 木 |
| 일진 | 庚申 | 辛酉 | 壬戌 | 癸亥 | 甲子 | 乙丑 | 丙寅 | 丁卯 | 戊辰 | 己巳 | 庚午 | 辛未 | 壬申 | 癸酉 | 甲戌 | 乙亥 | 丙子 | 丁丑 | 戊寅 | 己卯 | 庚辰 | 辛巳 | 壬午 | 癸未 | 甲申 | 乙酉 | 丙戌 | 丁亥 | 戊子 | 己丑 | 庚寅 |
| 대운 남 | 8 | 9 | 9 | 9 | 10 | 10 | 입 | 1 | 1 | 1 | 1 | 2 | 2 | 2 | 3 | 3 | 3 | 4 | 4 | 4 | 5 | 5 | 5 | 6 | 6 | 6 | 7 | 7 | 7 | 8 | 8 |
| 대운 녀 | 2 | 2 | 1 | 1 | 1 | 1 | 추 | 10 | 10 | 9 | 9 | 9 | 8 | 8 | 8 | 7 | 7 | 7 | 6 | 6 | 6 | 5 | 5 | 5 | 4 | 4 | 4 | 3 | 3 | 3 | 2 |

## 9 · 己酉月(양 9.7~10.7)

백로 7일 19시38분 / 추분 23일 05시01분

| 양력 | 1 | 2 | 3 | 4 | 5 | 6 | 7 | 8 | 9 | 10 | 11 | 12 | 13 | 14 | 15 | 16 | 17 | 18 | 19 | 20 | 21 | 22 | 23 | 24 | 25 | 26 | 27 | 28 | 29 | 30 |
|---|---|---|---|---|---|---|---|---|---|---|---|---|---|---|---|---|---|---|---|---|---|---|---|---|---|---|---|---|---|---|
| 음력 | 11 | 12 | 13 | 14 | 15 | 16 | 17 | 18 | 19 | 20 | 21 | 22 | 23 | 24 | 25 | 26 | 27 | 28 | 29 | 8.1 | 2 | 3 | 4 | 5 | 6 | 7 | 8 | 9 | 10 | 11 |
| 요일 | 金 | 土 | 日 | 月 | 火 | 水 | 木 | 金 | 土 | 日 | 月 | 火 | 水 | 木 | 金 | 土 | 日 | 月 | 火 | 水 | 木 | 金 | 土 | 日 | 月 | 火 | 水 | 木 | 金 | 土 |
| 일진 | 辛卯 | 壬辰 | 癸巳 | 甲午 | 乙未 | 丙申 | 丁酉 | 戊戌 | 己亥 | 庚子 | 辛丑 | 壬寅 | 癸卯 | 甲辰 | 乙巳 | 丙午 | 丁未 | 戊申 | 己酉 | 庚戌 | 辛亥 | 壬子 | 癸丑 | 甲寅 | 乙卯 | 丙辰 | 丁巳 | 戊午 | 己未 | 庚申 |
| 대운 남 | 8 | 9 | 9 | 9 | 10 | 10 | 백 | 1 | 1 | 1 | 1 | 2 | 2 | 2 | 3 | 3 | 3 | 4 | 4 | 4 | 5 | 5 | 5 | 6 | 6 | 6 | 7 | 7 | 7 | 8 |
| 대운 녀 | 2 | 2 | 1 | 1 | 1 | 1 | 로 | 10 | 10 | 9 | 9 | 9 | 8 | 8 | 8 | 7 | 7 | 7 | 6 | 6 | 6 | 5 | 5 | 5 | 4 | 4 | 4 | 3 | 3 | 3 |

## 10 · 庚戌月(양 10.8~11.6)

한로 8일 11시21분 / 상강 23일 14시26분

| 양력 | 1 | 2 | 3 | 4 | 5 | 6 | 7 | 8 | 9 | 10 | 11 | 12 | 13 | 14 | 15 | 16 | 17 | 18 | 19 | 20 | 21 | 22 | 23 | 24 | 25 | 26 | 27 | 28 | 29 | 30 | 31 |
|---|---|---|---|---|---|---|---|---|---|---|---|---|---|---|---|---|---|---|---|---|---|---|---|---|---|---|---|---|---|---|---|
| 음력 | 12 | 13 | 14 | 15 | 16 | 17 | 18 | 19 | 20 | 21 | 22 | 23 | 24 | 25 | 26 | 27 | 28 | 29 | 30 | 9.1 | 2 | 3 | 4 | 5 | 6 | 7 | 8 | 9 | 10 | 11 | 12 |
| 요일 | 日 | 月 | 火 | 水 | 木 | 金 | 土 | 日 | 月 | 火 | 水 | 木 | 金 | 土 | 日 | 月 | 火 | 水 | 木 | 金 | 土 | 日 | 月 | 火 | 水 | 木 | 金 | 土 | 日 | 月 | 火 |
| 일진 | 辛酉 | 壬戌 | 癸亥 | 甲子 | 乙丑 | 丙寅 | 丁卯 | 戊辰 | 己巳 | 庚午 | 辛未 | 壬申 | 癸酉 | 甲戌 | 乙亥 | 丙子 | 丁丑 | 戊寅 | 己卯 | 庚辰 | 辛巳 | 壬午 | 癸未 | 甲申 | 乙酉 | 丙戌 | 丁亥 | 戊子 | 己丑 | 庚寅 | 辛卯 |
| 대운 남 | 8 | 8 | 9 | 9 | 9 | 10 | 10 | 한 | 1 | 1 | 1 | 1 | 2 | 2 | 2 | 3 | 3 | 3 | 4 | 4 | 4 | 5 | 5 | 5 | 6 | 6 | 6 | 7 | 7 | 7 | 8 |
| 대운 녀 | 2 | 2 | 2 | 1 | 1 | 1 | 1 | 로 | 10 | 9 | 9 | 9 | 8 | 8 | 8 | 7 | 7 | 7 | 6 | 6 | 6 | 5 | 5 | 5 | 4 | 4 | 4 | 3 | 3 | 3 | 2 |

## 11 · 辛亥月(양 11.7~12.6)

입동 7일 14시37분 / 소설 22일 12시04분

| 양력 | 1 | 2 | 3 | 4 | 5 | 6 | 7 | 8 | 9 | 10 | 11 | 12 | 13 | 14 | 15 | 16 | 17 | 18 | 19 | 20 | 21 | 22 | 23 | 24 | 25 | 26 | 27 | 28 | 29 | 30 |
|---|---|---|---|---|---|---|---|---|---|---|---|---|---|---|---|---|---|---|---|---|---|---|---|---|---|---|---|---|---|---|
| 음력 | 13 | 14 | 15 | 16 | 17 | 18 | 19 | 20 | 21 | 22 | 23 | 24 | 25 | 26 | 27 | 28 | 29 | 10.1 | 2 | 3 | 4 | 5 | 6 | 7 | 8 | 9 | 10 | 11 | 12 | 13 |
| 요일 | 水 | 木 | 金 | 土 | 日 | 月 | 火 | 水 | 木 | 金 | 土 | 日 | 月 | 火 | 水 | 木 | 金 | 土 | 日 | 月 | 火 | 水 | 木 | 金 | 土 | 日 | 月 | 火 | 水 | 木 |
| 일진 | 壬辰 | 癸巳 | 甲午 | 乙未 | 丙申 | 丁酉 | 戊戌 | 己亥 | 庚子 | 辛丑 | 壬寅 | 癸卯 | 甲辰 | 乙巳 | 丙午 | 丁未 | 戊申 | 己酉 | 庚戌 | 辛亥 | 壬子 | 癸丑 | 甲寅 | 乙卯 | 丙辰 | 丁巳 | 戊午 | 己未 | 庚申 | 辛酉 |
| 대운 남 | 8 | 8 | 9 | 9 | 9 | 10 | 입 | 1 | 1 | 1 | 1 | 2 | 2 | 2 | 3 | 3 | 3 | 4 | 4 | 4 | 5 | 5 | 5 | 6 | 6 | 6 | 7 | 7 | 7 | 8 |
| 대운 녀 | 2 | 2 | 1 | 1 | 1 | 1 | 동 | 10 | 9 | 9 | 9 | 8 | 8 | 8 | 7 | 7 | 7 | 6 | 6 | 6 | 5 | 5 | 5 | 4 | 4 | 4 | 3 | 3 | 3 | 2 |

## 12 · 壬子月(양 12.7~1.4)

대설 7일 07시32분 / 동지 22일 01시27분

| 양력 | 1 | 2 | 3 | 4 | 5 | 6 | 7 | 8 | 9 | 10 | 11 | 12 | 13 | 14 | 15 | 16 | 17 | 18 | 19 | 20 | 21 | 22 | 23 | 24 | 25 | 26 | 27 | 28 | 29 | 30 | 31 |
|---|---|---|---|---|---|---|---|---|---|---|---|---|---|---|---|---|---|---|---|---|---|---|---|---|---|---|---|---|---|---|---|
| 음력 | 14 | 15 | 16 | 17 | 18 | 19 | 20 | 21 | 22 | 23 | 24 | 25 | 26 | 27 | 28 | 29 | 30 | 11.1 | 2 | 3 | 4 | 5 | 6 | 7 | 8 | 9 | 10 | 11 | 12 | 13 | 14 |
| 요일 | 金 | 土 | 日 | 月 | 火 | 水 | 木 | 金 | 土 | 日 | 月 | 火 | 水 | 木 | 金 | 土 | 日 | 月 | 火 | 水 | 木 | 金 | 土 | 日 | 月 | 火 | 水 | 木 | 金 | 土 | 日 |
| 일진 | 壬戌 | 癸亥 | 甲子 | 乙丑 | 丙寅 | 丁卯 | 戊辰 | 己巳 | 庚午 | 辛未 | 壬申 | 癸酉 | 甲戌 | 乙亥 | 丙子 | 丁丑 | 戊寅 | 己卯 | 庚辰 | 辛巳 | 壬午 | 癸未 | 甲申 | 乙酉 | 丙戌 | 丁亥 | 戊子 | 己丑 | 庚寅 | 辛卯 | 壬辰 |
| 대운 남 | 8 | 8 | 9 | 9 | 9 | 10 | 대 | 1 | 1 | 1 | 1 | 2 | 2 | 2 | 3 | 3 | 3 | 4 | 4 | 4 | 5 | 5 | 5 | 6 | 6 | 6 | 7 | 7 | 7 | 8 | 8 |
| 대운 녀 | 2 | 2 | 1 | 1 | 1 | 1 | 설 | 9 | 9 | 9 | 8 | 8 | 8 | 7 | 7 | 7 | 6 | 6 | 6 | 5 | 5 | 5 | 4 | 4 | 4 | 3 | 3 | 3 | 2 | 2 | 2 |

# 2018년

소한 5일 18시48분 — **1 · 癸丑月(양 1.5~2.3)** — 대한 20일 12시08분

| 양력 | 1 | 2 | 3 | 4 | 5 | 6 | 7 | 8 | 9 | 10 | 11 | 12 | 13 | 14 | 15 | 16 | 17 | 18 | 19 | 20 | 21 | 22 | 23 | 24 | 25 | 26 | 27 | 28 | 29 | 30 | 31 |
|---|---|---|---|---|---|---|---|---|---|---|---|---|---|---|---|---|---|---|---|---|---|---|---|---|---|---|---|---|---|---|---|
| 음력 | 15 | 16 | 17 | 18 | 19 | 20 | 21 | 22 | 23 | 24 | 25 | 26 | 27 | 28 | 29 | 30 | 12.1 | 2 | 3 | 4 | 5 | 6 | 7 | 8 | 9 | 10 | 11 | 12 | 13 | 14 | 15 |
| 요일 | 月 | 火 | 水 | 木 | 金 | 土 | 日 | 月 | 火 | 水 | 木 | 金 | 土 | 日 | 月 | 火 | 水 | 木 | 金 | 土 | 日 | 月 | 火 | 水 | 木 | 金 | 土 | 日 | 月 | 火 | 水 |
| 일진 | 癸巳 | 甲午 | 乙未 | 丙申 | 丁酉 | 戊戌 | 己亥 | 庚子 | 辛丑 | 壬寅 | 癸卯 | 甲辰 | 乙巳 | 丙午 | 丁未 | 戊申 | 己酉 | 庚戌 | 辛亥 | 壬子 | 癸丑 | 甲寅 | 乙卯 | 丙辰 | 丁巳 | 戊午 | 己未 | 庚申 | 辛酉 | 壬戌 | 癸亥 |
| 대운 남 | 8 | 9 | 9 | 9 | 소 | 1 | 1 | 1 | 1 | 2 | 2 | 2 | 3 | 3 | 3 | 4 | 4 | 4 | 5 | 5 | 5 | 6 | 6 | 6 | 7 | 7 | 7 | 8 | 8 | 8 | 9 |
| 대운 녀 | 1 | 1 | 1 | 1 | 한 | 10 | 9 | 9 | 9 | 8 | 8 | 8 | 7 | 7 | 7 | 6 | 6 | 6 | 5 | 5 | 5 | 4 | 4 | 4 | 3 | 3 | 3 | 2 | 2 | 2 | 1 |

입춘 4일 06시28분 — **2 · 甲寅月(양 2.4~3.5)** — 우수 19일 02시17분

| 양력 | 1 | 2 | 3 | 4 | 5 | 6 | 7 | 8 | 9 | 10 | 11 | 12 | 13 | 14 | 15 | 16 | 17 | 18 | 19 | 20 | 21 | 22 | 23 | 24 | 25 | 26 | 27 | 28 |
|---|---|---|---|---|---|---|---|---|---|---|---|---|---|---|---|---|---|---|---|---|---|---|---|---|---|---|---|---|
| 음력 | 16 | 17 | 18 | 19 | 20 | 21 | 22 | 23 | 24 | 25 | 26 | 27 | 28 | 29 | 30 | 1.1 | 2 | 3 | 4 | 5 | 6 | 7 | 8 | 9 | 10 | 11 | 12 | 13 |
| 요일 | 木 | 金 | 土 | 日 | 月 | 火 | 水 | 木 | 金 | 土 | 日 | 月 | 火 | 水 | 木 | 金 | 土 | 日 | 月 | 火 | 水 | 木 | 金 | 土 | 日 | 月 | 火 | 水 |
| 일진 | 甲子 | 乙丑 | 丙寅 | 丁卯 | 戊辰 | 己巳 | 庚午 | 辛未 | 壬申 | 癸酉 | 甲戌 | 乙亥 | 丙子 | 丁丑 | 戊寅 | 己卯 | 庚辰 | 辛巳 | 壬午 | 癸未 | 甲申 | 乙酉 | 丙戌 | 丁亥 | 戊子 | 己丑 | 庚寅 | 辛卯 |
| 대운 남 | 9 | 9 | 10 | 입 | 10 | 9 | 9 | 9 | 8 | 8 | 8 | 7 | 7 | 7 | 6 | 6 | 6 | 5 | 5 | 5 | 4 | 4 | 4 | 3 | 3 | 3 | 2 | 2 |
| 대운 녀 | 1 | 1 | 1 | 춘 | 1 | 1 | 1 | 1 | 2 | 2 | 2 | 3 | 3 | 3 | 4 | 4 | 4 | 5 | 5 | 5 | 6 | 6 | 6 | 7 | 7 | 7 | 8 | 8 |

경칩 6일 00시27분 — **3 · 乙卯月(양 3.6~4.4)** — 춘분 21일 01시14분

| 양력 | 1 | 2 | 3 | 4 | 5 | 6 | 7 | 8 | 9 | 10 | 11 | 12 | 13 | 14 | 15 | 16 | 17 | 18 | 19 | 20 | 21 | 22 | 23 | 24 | 25 | 26 | 27 | 28 | 29 | 30 | 31 |
|---|---|---|---|---|---|---|---|---|---|---|---|---|---|---|---|---|---|---|---|---|---|---|---|---|---|---|---|---|---|---|---|
| 음력 | 14 | 15 | 16 | 17 | 18 | 19 | 20 | 21 | 22 | 23 | 24 | 25 | 26 | 27 | 28 | 29 | 2.1 | 2 | 3 | 4 | 5 | 6 | 7 | 8 | 9 | 10 | 11 | 12 | 13 | 14 | 15 |
| 요일 | 木 | 金 | 土 | 日 | 月 | 火 | 水 | 木 | 金 | 土 | 日 | 月 | 火 | 水 | 木 | 金 | 土 | 日 | 月 | 火 | 水 | 木 | 金 | 土 | 日 | 月 | 火 | 水 | 木 | 金 | 土 |
| 일진 | 壬辰 | 癸巳 | 甲午 | 乙未 | 丙申 | 丁酉 | 戊戌 | 己亥 | 庚子 | 辛丑 | 壬寅 | 癸卯 | 甲辰 | 乙巳 | 丙午 | 丁未 | 戊申 | 己酉 | 庚戌 | 辛亥 | 壬子 | 癸丑 | 甲寅 | 乙卯 | 丙辰 | 丁巳 | 戊午 | 己未 | 庚申 | 辛酉 | 壬戌 |
| 대운 남 | 2 | 1 | 1 | 1 | 1 | 경 | 10 | 9 | 9 | 9 | 8 | 8 | 8 | 7 | 7 | 7 | 6 | 6 | 6 | 5 | 5 | 5 | 4 | 4 | 4 | 3 | 3 | 3 | 2 | 2 | 2 |
| 대운 녀 | 8 | 9 | 9 | 9 | 10 | 칩 | 1 | 1 | 1 | 1 | 2 | 2 | 2 | 3 | 3 | 3 | 4 | 4 | 4 | 5 | 5 | 5 | 6 | 6 | 6 | 7 | 7 | 7 | 8 | 8 | 8 |

청명 5일 05시12분 — **4 · 丙辰月(양 4.5~5.4)** — 곡우 20일 12시12분

| 양력 | 1 | 2 | 3 | 4 | 5 | 6 | 7 | 8 | 9 | 10 | 11 | 12 | 13 | 14 | 15 | 16 | 17 | 18 | 19 | 20 | 21 | 22 | 23 | 24 | 25 | 26 | 27 | 28 | 29 | 30 |
|---|---|---|---|---|---|---|---|---|---|---|---|---|---|---|---|---|---|---|---|---|---|---|---|---|---|---|---|---|---|---|
| 음력 | 16 | 17 | 18 | 19 | 20 | 21 | 22 | 23 | 24 | 25 | 26 | 27 | 28 | 29 | 30 | 3.1 | 2 | 3 | 4 | 5 | 6 | 7 | 8 | 9 | 10 | 11 | 12 | 13 | 14 | 15 |
| 요일 | 日 | 月 | 火 | 水 | 木 | 金 | 土 | 日 | 月 | 火 | 水 | 木 | 金 | 土 | 日 | 月 | 火 | 水 | 木 | 金 | 土 | 日 | 月 | 火 | 水 | 木 | 金 | 土 | 日 | 月 |
| 일진 | 癸亥 | 甲子 | 乙丑 | 丙寅 | 丁卯 | 戊辰 | 己巳 | 庚午 | 辛未 | 壬申 | 癸酉 | 甲戌 | 乙亥 | 丙子 | 丁丑 | 戊寅 | 己卯 | 庚辰 | 辛巳 | 壬午 | 癸未 | 甲申 | 乙酉 | 丙戌 | 丁亥 | 戊子 | 己丑 | 庚寅 | 辛卯 | 壬辰 |
| 대운 남 | 1 | 1 | 1 | 1 | 청 | 10 | 9 | 9 | 9 | 8 | 8 | 8 | 7 | 7 | 7 | 6 | 6 | 6 | 5 | 5 | 5 | 4 | 4 | 4 | 3 | 3 | 3 | 2 | 2 | 2 |
| 대운 녀 | 9 | 9 | 9 | 10 | 명 | 1 | 1 | 1 | 1 | 2 | 2 | 2 | 3 | 3 | 3 | 4 | 4 | 4 | 5 | 5 | 5 | 6 | 6 | 6 | 7 | 7 | 7 | 8 | 8 | 8 |

입하 5일 22시24분 — **5 · 丁巳月(양 5.5~6.5)** — 소만 21일 11시14분

| 양력 | 1 | 2 | 3 | 4 | 5 | 6 | 7 | 8 | 9 | 10 | 11 | 12 | 13 | 14 | 15 | 16 | 17 | 18 | 19 | 20 | 21 | 22 | 23 | 24 | 25 | 26 | 27 | 28 | 29 | 30 | 31 |
|---|---|---|---|---|---|---|---|---|---|---|---|---|---|---|---|---|---|---|---|---|---|---|---|---|---|---|---|---|---|---|---|
| 음력 | 16 | 17 | 18 | 19 | 20 | 21 | 22 | 23 | 24 | 25 | 26 | 27 | 28 | 29 | 4.1 | 2 | 3 | 4 | 5 | 6 | 7 | 8 | 9 | 10 | 11 | 12 | 13 | 14 | 15 | 16 | 17 |
| 요일 | 火 | 水 | 木 | 金 | 土 | 日 | 月 | 火 | 水 | 木 | 金 | 土 | 日 | 月 | 火 | 水 | 木 | 金 | 土 | 日 | 月 | 火 | 水 | 木 | 金 | 土 | 日 | 月 | 火 | 水 | 木 |
| 일진 | 癸巳 | 甲午 | 乙未 | 丙申 | 丁酉 | 戊戌 | 己亥 | 庚子 | 辛丑 | 壬寅 | 癸卯 | 甲辰 | 乙巳 | 丙午 | 丁未 | 戊申 | 己酉 | 庚戌 | 辛亥 | 壬子 | 癸丑 | 甲寅 | 乙卯 | 丙辰 | 丁巳 | 戊午 | 己未 | 庚申 | 辛酉 | 壬戌 | 癸亥 |
| 대운 남 | 1 | 1 | 1 | 1 | 입 | 10 | 10 | 10 | 9 | 9 | 9 | 8 | 8 | 8 | 7 | 7 | 7 | 6 | 6 | 6 | 5 | 5 | 5 | 4 | 4 | 4 | 3 | 3 | 3 | 2 | 2 |
| 대운 녀 | 9 | 9 | 9 | 10 | 하 | 1 | 1 | 1 | 1 | 2 | 2 | 2 | 3 | 3 | 3 | 4 | 4 | 4 | 5 | 5 | 5 | 6 | 6 | 6 | 7 | 7 | 7 | 8 | 8 | 8 | 9 |

망종 6일 02시28분 — **6 · 戊午月(양 6.6~7.6)** — 하지 21일 19시06분

| 양력 | 1 | 2 | 3 | 4 | 5 | 6 | 7 | 8 | 9 | 10 | 11 | 12 | 13 | 14 | 15 | 16 | 17 | 18 | 19 | 20 | 21 | 22 | 23 | 24 | 25 | 26 | 27 | 28 | 29 | 30 |
|---|---|---|---|---|---|---|---|---|---|---|---|---|---|---|---|---|---|---|---|---|---|---|---|---|---|---|---|---|---|---|
| 음력 | 18 | 19 | 20 | 21 | 22 | 23 | 24 | 25 | 26 | 27 | 28 | 29 | 30 | 5.1 | 2 | 3 | 4 | 5 | 6 | 7 | 8 | 9 | 10 | 11 | 12 | 13 | 14 | 15 | 16 | 17 |
| 요일 | 金 | 土 | 日 | 月 | 火 | 水 | 木 | 金 | 土 | 日 | 月 | 火 | 水 | 木 | 金 | 土 | 日 | 月 | 火 | 水 | 木 | 金 | 土 | 日 | 月 | 火 | 水 | 木 | 金 | 土 |
| 일진 | 甲子 | 乙丑 | 丙寅 | 丁卯 | 戊辰 | 己巳 | 庚午 | 辛未 | 壬申 | 癸酉 | 甲戌 | 乙亥 | 丙子 | 丁丑 | 戊寅 | 己卯 | 庚辰 | 辛巳 | 壬午 | 癸未 | 甲申 | 乙酉 | 丙戌 | 丁亥 | 戊子 | 己丑 | 庚寅 | 辛卯 | 壬辰 | 癸巳 |
| 대운 남 | 2 | 1 | 1 | 1 | 1 | 망 | 10 | 10 | 9 | 9 | 9 | 8 | 8 | 8 | 7 | 7 | 7 | 6 | 6 | 6 | 5 | 5 | 5 | 4 | 4 | 4 | 3 | 3 | 3 | 2 |
| 대운 녀 | 9 | 9 | 10 | 10 | 10 | 종 | 1 | 1 | 1 | 1 | 2 | 2 | 2 | 3 | 3 | 3 | 4 | 4 | 4 | 5 | 5 | 5 | 6 | 6 | 6 | 7 | 7 | 7 | 8 | 8 |

# 戊戌年

동경135도표준시

소서 7일 12시41분

## 7 · 己未月(양 7.7~8.6)

대서 23일 05시59분

| 양력 | | 1 | 2 | 3 | 4 | 5 | 6 | 7 | 8 | 9 | 10 | 11 | 12 | 13 | 14 | 15 | 16 | 17 | 18 | 19 | 20 | 21 | 22 | 23 | 24 | 25 | 26 | 27 | 28 | 29 | 30 | 31 |
|---|---|---|---|---|---|---|---|---|---|---|---|---|---|---|---|---|---|---|---|---|---|---|---|---|---|---|---|---|---|---|---|---|
| 음력 | | 18 | 19 | 20 | 21 | 22 | 23 | 24 | 25 | 26 | 27 | 28 | 29 | 6.1 | 2 | 3 | 4 | 5 | 6 | 7 | 8 | 9 | 10 | 11 | 12 | 13 | 14 | 15 | 16 | 17 | 18 | 19 |
| 요일 | | 日 | 月 | 火 | 水 | 木 | 金 | 土 | 日 | 月 | 火 | 水 | 木 | 金 | 土 | 日 | 月 | 火 | 水 | 木 | 金 | 土 | 日 | 月 | 火 | 水 | 木 | 金 | 土 | 日 | 月 | 火 |
| 일진 | | 甲午 | 乙未 | 丙申 | 丁酉 | 戊戌 | 己亥 | 庚子 | 辛丑 | 壬寅 | 癸卯 | 甲辰 | 乙巳 | 丙午 | 丁未 | 戊申 | 己酉 | 庚戌 | 辛亥 | 壬子 | 癸丑 | 甲寅 | 乙卯 | 丙辰 | 丁巳 | 戊午 | 己未 | 庚申 | 辛酉 | 壬戌 | 癸亥 | 甲子 |
| 대운 | 남 | 2 | 2 | 1 | 1 | 1 | 1 | 소 | 10 | 10 | 9 | 9 | 9 | 8 | 8 | 8 | 7 | 7 | 7 | 6 | 6 | 6 | 5 | 5 | 5 | 4 | 4 | 4 | 3 | 3 | 3 | 2 |
| | 녀 | 8 | 9 | 9 | 9 | 10 | 10 | 서 | 1 | 1 | 1 | 1 | 2 | 2 | 2 | 3 | 3 | 3 | 4 | 4 | 4 | 5 | 5 | 5 | 6 | 6 | 6 | 7 | 7 | 7 | 8 | 8 |

입추 7일 22시30분

## 8 · 庚申月(양 8.7~9.7)

처서 23일 13시08분

| 양력 | | 1 | 2 | 3 | 4 | 5 | 6 | 7 | 8 | 9 | 10 | 11 | 12 | 13 | 14 | 15 | 16 | 17 | 18 | 19 | 20 | 21 | 22 | 23 | 24 | 25 | 26 | 27 | 28 | 29 | 30 | 31 |
|---|---|---|---|---|---|---|---|---|---|---|---|---|---|---|---|---|---|---|---|---|---|---|---|---|---|---|---|---|---|---|---|---|
| 음력 | | 20 | 21 | 22 | 23 | 24 | 25 | 26 | 27 | 28 | 29 | 7.1 | 2 | 3 | 4 | 5 | 6 | 7 | 8 | 9 | 10 | 11 | 12 | 13 | 14 | 15 | 16 | 17 | 18 | 19 | 20 | 21 |
| 요일 | | 水 | 木 | 金 | 土 | 日 | 月 | 火 | 水 | 木 | 金 | 土 | 日 | 月 | 火 | 水 | 木 | 金 | 土 | 日 | 月 | 火 | 水 | 木 | 金 | 土 | 日 | 月 | 火 | 水 | 木 | 金 |
| 일진 | | 乙丑 | 丙寅 | 丁卯 | 戊辰 | 己巳 | 庚午 | 辛未 | 壬申 | 癸酉 | 甲戌 | 乙亥 | 丙子 | 丁丑 | 戊寅 | 己卯 | 庚辰 | 辛巳 | 壬午 | 癸未 | 甲申 | 乙酉 | 丙戌 | 丁亥 | 戊子 | 己丑 | 庚寅 | 辛卯 | 壬辰 | 癸巳 | 甲午 | 乙未 |
| 대운 | 남 | 2 | 2 | 1 | 1 | 1 | 1 | 입 | 10 | 10 | 10 | 9 | 9 | 9 | 8 | 8 | 8 | 7 | 7 | 7 | 6 | 6 | 6 | 5 | 5 | 5 | 4 | 4 | 4 | 3 | 3 | 3 |
| | 녀 | 8 | 9 | 9 | 9 | 10 | 10 | 추 | 1 | 1 | 1 | 1 | 2 | 2 | 2 | 3 | 3 | 3 | 4 | 4 | 4 | 5 | 5 | 5 | 6 | 6 | 6 | 7 | 7 | 7 | 8 | 8 |

백로 8일 01시29분

## 9 · 辛酉月(양 9.8~10.7)

추분 23일 10시53분

| 양력 | | 1 | 2 | 3 | 4 | 5 | 6 | 7 | 8 | 9 | 10 | 11 | 12 | 13 | 14 | 15 | 16 | 17 | 18 | 19 | 20 | 21 | 22 | 23 | 24 | 25 | 26 | 27 | 28 | 29 | 30 |
|---|---|---|---|---|---|---|---|---|---|---|---|---|---|---|---|---|---|---|---|---|---|---|---|---|---|---|---|---|---|---|---|
| 음력 | | 22 | 23 | 24 | 25 | 26 | 27 | 28 | 29 | 30 | 8.1 | 2 | 3 | 4 | 5 | 6 | 7 | 8 | 9 | 10 | 11 | 12 | 13 | 14 | 15 | 16 | 17 | 18 | 19 | 20 | 21 |
| 요일 | | 土 | 日 | 月 | 火 | 水 | 木 | 金 | 土 | 日 | 月 | 火 | 水 | 木 | 金 | 土 | 日 | 月 | 火 | 水 | 木 | 金 | 土 | 日 | 月 | 火 | 水 | 木 | 金 | 土 | 日 |
| 일진 | | 丙申 | 丁酉 | 戊戌 | 己亥 | 庚子 | 辛丑 | 壬寅 | 癸卯 | 甲辰 | 乙巳 | 丙午 | 丁未 | 戊申 | 己酉 | 庚戌 | 辛亥 | 壬子 | 癸丑 | 甲寅 | 乙卯 | 丙辰 | 丁巳 | 戊午 | 己未 | 庚申 | 辛酉 | 壬戌 | 癸亥 | 甲子 | 乙丑 |
| 대운 | 남 | 2 | 2 | 2 | 1 | 1 | 1 | 1 | 백 | 10 | 9 | 9 | 9 | 8 | 8 | 8 | 7 | 7 | 7 | 6 | 6 | 6 | 5 | 5 | 5 | 4 | 4 | 4 | 3 | 3 | 3 |
| | 녀 | 8 | 9 | 9 | 9 | 10 | 10 | 10 | 로 | 1 | 1 | 1 | 1 | 2 | 2 | 2 | 3 | 3 | 3 | 4 | 4 | 4 | 5 | 5 | 5 | 6 | 6 | 6 | 7 | 7 | 7 |

한로 8일 17시14분

## 10 · 壬戌月(양 10.8~11.6)

상강 23일 20시21분

| 양력 | | 1 | 2 | 3 | 4 | 5 | 6 | 7 | 8 | 9 | 10 | 11 | 12 | 13 | 14 | 15 | 16 | 17 | 18 | 19 | 20 | 21 | 22 | 23 | 24 | 25 | 26 | 27 | 28 | 29 | 30 | 31 |
|---|---|---|---|---|---|---|---|---|---|---|---|---|---|---|---|---|---|---|---|---|---|---|---|---|---|---|---|---|---|---|---|---|
| 음력 | | 22 | 23 | 24 | 25 | 26 | 27 | 28 | 29 | 9.1 | 2 | 3 | 4 | 5 | 6 | 7 | 8 | 9 | 10 | 11 | 12 | 13 | 14 | 15 | 16 | 17 | 18 | 19 | 20 | 21 | 22 | 23 |
| 요일 | | 月 | 火 | 水 | 木 | 金 | 土 | 日 | 月 | 火 | 水 | 木 | 金 | 土 | 日 | 月 | 火 | 水 | 木 | 金 | 土 | 日 | 月 | 火 | 水 | 木 | 金 | 土 | 日 | 月 | 火 | 水 |
| 일진 | | 丙寅 | 丁卯 | 戊辰 | 己巳 | 庚午 | 辛未 | 壬申 | 癸酉 | 甲戌 | 乙亥 | 丙子 | 丁丑 | 戊寅 | 己卯 | 庚辰 | 辛巳 | 壬午 | 癸未 | 甲申 | 乙酉 | 丙戌 | 丁亥 | 戊子 | 己丑 | 庚寅 | 辛卯 | 壬辰 | 癸巳 | 甲午 | 乙未 | 丙申 |
| 대운 | 남 | 2 | 2 | 2 | 1 | 1 | 1 | 1 | 한 | 10 | 9 | 9 | 9 | 8 | 8 | 8 | 7 | 7 | 7 | 6 | 6 | 6 | 5 | 5 | 5 | 4 | 4 | 4 | 3 | 3 | 3 | 2 |
| | 녀 | 8 | 8 | 8 | 9 | 9 | 9 | 10 | 로 | 1 | 1 | 1 | 1 | 2 | 2 | 2 | 3 | 3 | 3 | 4 | 4 | 4 | 5 | 5 | 5 | 6 | 6 | 6 | 7 | 7 | 7 | 8 |

입동 7일 20시31분

## 11 · 癸亥月(양 11.7~12.6)

소설 22일 18시01분

| 양력 | | 1 | 2 | 3 | 4 | 5 | 6 | 7 | 8 | 9 | 10 | 11 | 12 | 13 | 14 | 15 | 16 | 17 | 18 | 19 | 20 | 21 | 22 | 23 | 24 | 25 | 26 | 27 | 28 | 29 | 30 |
|---|---|---|---|---|---|---|---|---|---|---|---|---|---|---|---|---|---|---|---|---|---|---|---|---|---|---|---|---|---|---|---|
| 음력 | | 24 | 25 | 26 | 27 | 28 | 29 | 30 | 10.1 | 2 | 3 | 4 | 5 | 6 | 7 | 8 | 9 | 10 | 11 | 12 | 13 | 14 | 15 | 16 | 17 | 18 | 19 | 20 | 21 | 22 | 23 |
| 요일 | | 木 | 金 | 土 | 日 | 月 | 火 | 水 | 木 | 金 | 土 | 日 | 月 | 火 | 水 | 木 | 金 | 土 | 日 | 月 | 火 | 水 | 木 | 金 | 土 | 日 | 月 | 火 | 水 | 木 | 金 |
| 일진 | | 丁酉 | 戊戌 | 己亥 | 庚子 | 辛丑 | 壬寅 | 癸卯 | 甲辰 | 乙巳 | 丙午 | 丁未 | 戊申 | 己酉 | 庚戌 | 辛亥 | 壬子 | 癸丑 | 甲寅 | 乙卯 | 丙辰 | 丁巳 | 戊午 | 己未 | 庚申 | 辛酉 | 壬戌 | 癸亥 | 甲子 | 乙丑 | 丙寅 |
| 대운 | 남 | 2 | 2 | 1 | 1 | 1 | 1 | 입 | 10 | 9 | 9 | 9 | 8 | 8 | 8 | 7 | 7 | 7 | 6 | 6 | 6 | 5 | 5 | 5 | 4 | 4 | 4 | 3 | 3 | 3 | 2 |
| | 녀 | 8 | 8 | 9 | 9 | 9 | 10 | 동 | 1 | 1 | 1 | 1 | 2 | 2 | 2 | 3 | 3 | 3 | 4 | 4 | 4 | 5 | 5 | 5 | 6 | 6 | 6 | 7 | 7 | 7 | 8 |

대설 7일 13시25분

## 12 · 甲子月(양 12.7~1.5)

동지 22일 07시22분

| 양력 | | 1 | 2 | 3 | 4 | 5 | 6 | 7 | 8 | 9 | 10 | 11 | 12 | 13 | 14 | 15 | 16 | 17 | 18 | 19 | 20 | 21 | 22 | 23 | 24 | 25 | 26 | 27 | 28 | 29 | 30 | 31 |
|---|---|---|---|---|---|---|---|---|---|---|---|---|---|---|---|---|---|---|---|---|---|---|---|---|---|---|---|---|---|---|---|---|
| 음력 | | 24 | 25 | 26 | 27 | 28 | 29 | 11.1 | 2 | 3 | 4 | 5 | 6 | 7 | 8 | 9 | 10 | 11 | 12 | 13 | 14 | 15 | 16 | 17 | 18 | 19 | 20 | 21 | 22 | 23 | 24 | 25 |
| 요일 | | 土 | 日 | 月 | 火 | 水 | 木 | 金 | 土 | 日 | 月 | 火 | 水 | 木 | 金 | 土 | 日 | 月 | 火 | 水 | 木 | 金 | 土 | 日 | 月 | 火 | 水 | 木 | 金 | 土 | 日 | 月 |
| 일진 | | 丁卯 | 戊辰 | 己巳 | 庚午 | 辛未 | 壬申 | 癸酉 | 甲戌 | 乙亥 | 丙子 | 丁丑 | 戊寅 | 己卯 | 庚辰 | 辛巳 | 壬午 | 癸未 | 甲申 | 乙酉 | 丙戌 | 丁亥 | 戊子 | 己丑 | 庚寅 | 辛卯 | 壬辰 | 癸巳 | 甲午 | 乙未 | 丙申 | 丁酉 |
| 대운 | 남 | 2 | 2 | 1 | 1 | 1 | 1 | 대 | 10 | 9 | 9 | 9 | 8 | 8 | 8 | 7 | 7 | 7 | 6 | 6 | 6 | 5 | 5 | 5 | 4 | 4 | 4 | 3 | 3 | 3 | 2 | 2 |
| | 녀 | 8 | 8 | 9 | 9 | 9 | 10 | 설 | 1 | 1 | 1 | 1 | 2 | 2 | 2 | 3 | 3 | 3 | 4 | 4 | 4 | 5 | 5 | 5 | 6 | 6 | 6 | 7 | 7 | 7 | 8 | 8 |

| 단기 4352년 | 2019년 | |
|---|---|---|

소한 6일 00시38분 **1 · 乙丑月(양 1.6~2.3)** 대한 20일 17시59분

| 양력 | 1 | 2 | 3 | 4 | 5 | 6 | 7 | 8 | 9 | 10 | 11 | 12 | 13 | 14 | 15 | 16 | 17 | 18 | 19 | 20 | 21 | 22 | 23 | 24 | 25 | 26 | 27 | 28 | 29 | 30 | 31 |
|---|---|---|---|---|---|---|---|---|---|---|---|---|---|---|---|---|---|---|---|---|---|---|---|---|---|---|---|---|---|---|---|
| 음력 | 26 | 27 | 28 | 29 | 30 | 12.1 | 2 | 3 | 4 | 5 | 6 | 7 | 8 | 9 | 10 | 11 | 12 | 13 | 14 | 15 | 16 | 17 | 18 | 19 | 20 | 21 | 22 | 23 | 24 | 25 | 26 |
| 요일 | 火 | 水 | 木 | 金 | 土 | 日 | 月 | 火 | 水 | 木 | 金 | 土 | 日 | 月 | 火 | 水 | 木 | 金 | 土 | 日 | 月 | 火 | 水 | 木 | 金 | 土 | 日 | 月 | 火 | 水 | 木 |
| 일진 | 戊戌 | 己亥 | 庚子 | 辛丑 | 壬寅 | 癸卯 | 甲辰 | 乙巳 | 丙午 | 丁未 | 戊申 | 己酉 | 庚戌 | 辛亥 | 壬子 | 癸丑 | 甲寅 | 乙卯 | 丙辰 | 丁巳 | 戊午 | 己未 | 庚申 | 辛酉 | 壬戌 | 癸亥 | 甲子 | 乙丑 | 丙寅 | 丁卯 | 戊辰 |
| 대운 남 | 2 | 1 | 1 | 1 | 1 | 소 | 9 | 9 | 9 | 8 | 8 | 8 | 7 | 7 | 7 | 6 | 6 | 6 | 5 | 5 | 5 | 4 | 4 | 4 | 3 | 3 | 3 | 2 | 2 | 2 | 1 |
| 대운 녀 | 8 | 9 | 9 | 9 | 10 | 한 | 1 | 1 | 1 | 1 | 2 | 2 | 2 | 3 | 3 | 3 | 4 | 4 | 4 | 5 | 5 | 5 | 6 | 6 | 6 | 7 | 7 | 7 | 8 | 8 | 8 |

입춘 4일 12시13분 **2 · 丙寅月(양 2.4~3.5)** 우수 19일 08시03분

| 양력 | 1 | 2 | 3 | 4 | 5 | 6 | 7 | 8 | 9 | 10 | 11 | 12 | 13 | 14 | 15 | 16 | 17 | 18 | 19 | 20 | 21 | 22 | 23 | 24 | 25 | 26 | 27 | 28 |
|---|---|---|---|---|---|---|---|---|---|---|---|---|---|---|---|---|---|---|---|---|---|---|---|---|---|---|---|---|
| 음력 | 27 | 28 | 29 | 30 | 1.1 | 2 | 3 | 4 | 5 | 6 | 7 | 8 | 9 | 10 | 11 | 12 | 13 | 14 | 15 | 16 | 17 | 18 | 19 | 20 | 21 | 22 | 23 | 24 |
| 요일 | 金 | 土 | 日 | 月 | 火 | 水 | 木 | 金 | 土 | 日 | 月 | 火 | 水 | 木 | 金 | 土 | 日 | 月 | 火 | 水 | 木 | 金 | 土 | 日 | 月 | 火 | 水 | 木 |
| 일진 | 己巳 | 庚午 | 辛未 | 壬申 | 癸酉 | 甲戌 | 乙亥 | 丙子 | 丁丑 | 戊寅 | 己卯 | 庚辰 | 辛巳 | 壬午 | 癸未 | 甲申 | 乙酉 | 丙戌 | 丁亥 | 戊子 | 己丑 | 庚寅 | 辛卯 | 壬辰 | 癸巳 | 甲午 | 乙未 | 丙申 |
| 대운 남 | 1 | 1 | 1 | 입 | 1 | 1 | 1 | 1 | 2 | 2 | 2 | 3 | 3 | 3 | 4 | 4 | 4 | 5 | 5 | 5 | 6 | 6 | 6 | 7 | 7 | 7 | 8 | 8 |
| 대운 녀 | 9 | 9 | 9 | 춘 | 10 | 9 | 9 | 9 | 8 | 8 | 8 | 7 | 7 | 7 | 6 | 6 | 6 | 5 | 5 | 5 | 4 | 4 | 4 | 3 | 3 | 3 | 2 | 2 |

경칩 6일 06시09분 **3 · 丁卯月(양 3.6~4.4)** 춘분 21일 06시57분

| 양력 | 1 | 2 | 3 | 4 | 5 | 6 | 7 | 8 | 9 | 10 | 11 | 12 | 13 | 14 | 15 | 16 | 17 | 18 | 19 | 20 | 21 | 22 | 23 | 24 | 25 | 26 | 27 | 28 | 29 | 30 | 31 |
|---|---|---|---|---|---|---|---|---|---|---|---|---|---|---|---|---|---|---|---|---|---|---|---|---|---|---|---|---|---|---|---|
| 음력 | 25 | 26 | 27 | 28 | 29 | 30 | 2.1 | 2 | 3 | 4 | 5 | 6 | 7 | 8 | 9 | 10 | 11 | 12 | 13 | 14 | 15 | 16 | 17 | 18 | 19 | 20 | 21 | 22 | 23 | 24 | 25 |
| 요일 | 金 | 土 | 日 | 月 | 火 | 水 | 木 | 金 | 土 | 日 | 月 | 火 | 水 | 木 | 金 | 土 | 日 | 月 | 火 | 水 | 木 | 金 | 土 | 日 | 月 | 火 | 水 | 木 | 金 | 土 | 日 |
| 일진 | 丁酉 | 戊戌 | 己亥 | 庚子 | 辛丑 | 壬寅 | 癸卯 | 甲辰 | 乙巳 | 丙午 | 丁未 | 戊申 | 己酉 | 庚戌 | 辛亥 | 壬子 | 癸丑 | 甲寅 | 乙卯 | 丙辰 | 丁巳 | 戊午 | 己未 | 庚申 | 辛酉 | 壬戌 | 癸亥 | 甲子 | 乙丑 | 丙寅 | 丁卯 |
| 대운 남 | 8 | 9 | 9 | 9 | 10 | 경 | 1 | 1 | 1 | 1 | 2 | 2 | 2 | 3 | 3 | 3 | 4 | 4 | 4 | 5 | 5 | 5 | 6 | 6 | 6 | 7 | 7 | 7 | 8 | 8 | 8 |
| 대운 녀 | 2 | 1 | 1 | 1 | 1 | 칩 | 10 | 9 | 9 | 9 | 8 | 8 | 8 | 7 | 7 | 7 | 6 | 6 | 6 | 5 | 5 | 5 | 4 | 4 | 4 | 3 | 3 | 3 | 2 | 2 | 2 |

청명 5일 10시50분 **4 · 戊辰月(양 4.5~5.5)** 곡우 20일 17시54분

| 양력 | 1 | 2 | 3 | 4 | 5 | 6 | 7 | 8 | 9 | 10 | 11 | 12 | 13 | 14 | 15 | 16 | 17 | 18 | 19 | 20 | 21 | 22 | 23 | 24 | 25 | 26 | 27 | 28 | 29 | 30 |
|---|---|---|---|---|---|---|---|---|---|---|---|---|---|---|---|---|---|---|---|---|---|---|---|---|---|---|---|---|---|---|
| 음력 | 26 | 27 | 28 | 29 | 3.1 | 2 | 3 | 4 | 5 | 6 | 7 | 8 | 9 | 10 | 11 | 12 | 13 | 14 | 15 | 16 | 17 | 18 | 19 | 20 | 21 | 22 | 23 | 24 | 25 | 26 |
| 요일 | 月 | 火 | 水 | 木 | 金 | 土 | 日 | 月 | 火 | 水 | 木 | 金 | 土 | 日 | 月 | 火 | 水 | 木 | 金 | 土 | 日 | 月 | 火 | 水 | 木 | 金 | 土 | 日 | 月 | 火 |
| 일진 | 戊辰 | 己巳 | 庚午 | 辛未 | 壬申 | 癸酉 | 甲戌 | 乙亥 | 丙子 | 丁丑 | 戊寅 | 己卯 | 庚辰 | 辛巳 | 壬午 | 癸未 | 甲申 | 乙酉 | 丙戌 | 丁亥 | 戊子 | 己丑 | 庚寅 | 辛卯 | 壬辰 | 癸巳 | 甲午 | 乙未 | 丙申 | 丁酉 |
| 대운 남 | 9 | 9 | 9 | 10 | 청 | 1 | 1 | 1 | 1 | 2 | 2 | 2 | 3 | 3 | 3 | 4 | 4 | 4 | 5 | 5 | 5 | 6 | 6 | 6 | 7 | 7 | 7 | 8 | 8 | 8 |
| 대운 녀 | 1 | 1 | 1 | 1 | 명 | 10 | 10 | 9 | 9 | 9 | 8 | 8 | 8 | 7 | 7 | 7 | 6 | 6 | 6 | 5 | 5 | 5 | 4 | 4 | 4 | 3 | 3 | 3 | 2 | 2 |

입하 6일 04시02분 **5 · 己巳月(양 5.6~6.5)** 소만 21일 16시58분

| 양력 | 1 | 2 | 3 | 4 | 5 | 6 | 7 | 8 | 9 | 10 | 11 | 12 | 13 | 14 | 15 | 16 | 17 | 18 | 19 | 20 | 21 | 22 | 23 | 24 | 25 | 26 | 27 | 28 | 29 | 30 | 31 |
|---|---|---|---|---|---|---|---|---|---|---|---|---|---|---|---|---|---|---|---|---|---|---|---|---|---|---|---|---|---|---|---|
| 음력 | 27 | 28 | 29 | 30 | 4.1 | 2 | 3 | 4 | 5 | 6 | 7 | 8 | 9 | 10 | 11 | 12 | 13 | 14 | 15 | 16 | 17 | 18 | 19 | 20 | 21 | 22 | 23 | 24 | 25 | 26 | 27 |
| 요일 | 水 | 木 | 金 | 土 | 日 | 月 | 火 | 水 | 木 | 金 | 土 | 日 | 月 | 火 | 水 | 木 | 金 | 土 | 日 | 月 | 火 | 水 | 木 | 金 | 土 | 日 | 月 | 火 | 水 | 木 | 金 |
| 일진 | 戊戌 | 己亥 | 庚子 | 辛丑 | 壬寅 | 癸卯 | 甲辰 | 乙巳 | 丙午 | 丁未 | 戊申 | 己酉 | 庚戌 | 辛亥 | 壬子 | 癸丑 | 甲寅 | 乙卯 | 丙辰 | 丁巳 | 戊午 | 己未 | 庚申 | 辛酉 | 壬戌 | 癸亥 | 甲子 | 乙丑 | 丙寅 | 丁卯 | 戊辰 |
| 대운 남 | 9 | 9 | 9 | 10 | 10 | 입 | 1 | 1 | 1 | 1 | 2 | 2 | 2 | 3 | 3 | 3 | 4 | 4 | 4 | 5 | 5 | 5 | 6 | 6 | 6 | 7 | 7 | 7 | 8 | 8 | 8 |
| 대운 녀 | 2 | 1 | 1 | 1 | 1 | 하 | 10 | 10 | 9 | 9 | 9 | 8 | 8 | 8 | 7 | 7 | 7 | 6 | 6 | 6 | 5 | 5 | 5 | 4 | 4 | 4 | 3 | 3 | 3 | 2 | 2 |

망종 6일 08시05분 **6 · 庚午月(양 6.6~7.6)** 하지 22일 00시53분

| 양력 | 1 | 2 | 3 | 4 | 5 | 6 | 7 | 8 | 9 | 10 | 11 | 12 | 13 | 14 | 15 | 16 | 17 | 18 | 19 | 20 | 21 | 22 | 23 | 24 | 25 | 26 | 27 | 28 | 29 | 30 |
|---|---|---|---|---|---|---|---|---|---|---|---|---|---|---|---|---|---|---|---|---|---|---|---|---|---|---|---|---|---|---|
| 음력 | 28 | 29 | 5.1 | 2 | 3 | 4 | 5 | 6 | 7 | 8 | 9 | 10 | 11 | 12 | 13 | 14 | 15 | 16 | 17 | 18 | 19 | 20 | 21 | 22 | 23 | 24 | 25 | 26 | 27 | 28 |
| 요일 | 土 | 日 | 月 | 火 | 水 | 木 | 金 | 土 | 日 | 月 | 火 | 水 | 木 | 金 | 土 | 日 | 月 | 火 | 水 | 木 | 金 | 土 | 日 | 月 | 火 | 水 | 木 | 金 | 土 | 日 |
| 일진 | 己巳 | 庚午 | 辛未 | 壬申 | 癸酉 | 甲戌 | 乙亥 | 丙子 | 丁丑 | 戊寅 | 己卯 | 庚辰 | 辛巳 | 壬午 | 癸未 | 甲申 | 乙酉 | 丙戌 | 丁亥 | 戊子 | 己丑 | 庚寅 | 辛卯 | 壬辰 | 癸巳 | 甲午 | 乙未 | 丙申 | 丁酉 | 戊戌 |
| 대운 남 | 9 | 9 | 9 | 10 | 10 | 망 | 1 | 1 | 1 | 1 | 2 | 2 | 2 | 3 | 3 | 3 | 4 | 4 | 4 | 5 | 5 | 5 | 6 | 6 | 6 | 7 | 7 | 7 | 8 | 8 |
| 대운 녀 | 2 | 1 | 1 | 1 | 1 | 종 | 10 | 10 | 9 | 9 | 9 | 8 | 8 | 8 | 7 | 7 | 7 | 6 | 6 | 6 | 5 | 5 | 5 | 4 | 4 | 4 | 3 | 3 | 3 | 2 |

# 己亥年

동경135도표준시

소서 7일 18시20분

## 7 · 辛未月(양 7.7~8.7)

대서 23일 11시49분

| 양력 | 1 | 2 | 3 | 4 | 5 | 6 | 7 | 8 | 9 | 10 | 11 | 12 | 13 | 14 | 15 | 16 | 17 | 18 | 19 | 20 | 21 | 22 | 23 | 24 | 25 | 26 | 27 | 28 | 29 | 30 | 31 |
|---|---|---|---|---|---|---|---|---|---|---|---|---|---|---|---|---|---|---|---|---|---|---|---|---|---|---|---|---|---|---|---|
| 음력 | 29 | 30 | 6.1 | 2 | 3 | 4 | 5 | 6 | 7 | 8 | 9 | 10 | 11 | 12 | 13 | 14 | 15 | 16 | 17 | 18 | 19 | 20 | 21 | 22 | 23 | 24 | 25 | 26 | 27 | 28 | 29 |
| 요일 | 月 | 火 | 水 | 木 | 金 | 土 | 日 | 月 | 火 | 水 | 木 | 金 | 土 | 日 | 月 | 火 | 水 | 木 | 金 | 土 | 日 | 月 | 火 | 水 | 木 | 金 | 土 | 日 | 月 | 火 | 水 |
| 일진 | 己亥 | 庚子 | 辛丑 | 壬寅 | 癸卯 | 甲辰 | 乙巳 | 丙午 | 丁未 | 戊申 | 己酉 | 庚戌 | 辛亥 | 壬子 | 癸丑 | 甲寅 | 乙卯 | 丙辰 | 丁巳 | 戊午 | 己未 | 庚申 | 辛酉 | 壬戌 | 癸亥 | 甲子 | 乙丑 | 丙寅 | 丁卯 | 戊辰 | 己巳 |
| 대운 남 | 8 | 9 | 9 | 9 | 10 | 10 | 소 | 1 | 1 | 1 | 1 | 2 | 2 | 2 | 3 | 3 | 3 | 4 | 4 | 4 | 5 | 5 | 5 | 6 | 6 | 6 | 7 | 7 | 7 | 8 | 8 |
| 대운 녀 | 2 | 2 | 1 | 1 | 1 | 1 | 서 | 10 | 10 | 10 | 9 | 9 | 9 | 8 | 8 | 8 | 7 | 7 | 7 | 6 | 6 | 6 | 5 | 5 | 5 | 4 | 4 | 4 | 3 | 3 | 3 |

입추 8일 04시12분

## 8 · 壬申月(양 8.8~9.7)

처서 23일 19시01분

| 양력 | 1 | 2 | 3 | 4 | 5 | 6 | 7 | 8 | 9 | 10 | 11 | 12 | 13 | 14 | 15 | 16 | 17 | 18 | 19 | 20 | 21 | 22 | 23 | 24 | 25 | 26 | 27 | 28 | 29 | 30 | 31 |
|---|---|---|---|---|---|---|---|---|---|---|---|---|---|---|---|---|---|---|---|---|---|---|---|---|---|---|---|---|---|---|---|
| 음력 | 7.1 | 2 | 3 | 4 | 5 | 6 | 7 | 8 | 9 | 10 | 11 | 12 | 13 | 14 | 15 | 16 | 17 | 18 | 19 | 20 | 21 | 22 | 23 | 24 | 25 | 26 | 27 | 28 | 29 | 8.1 | 2 |
| 요일 | 木 | 金 | 土 | 日 | 月 | 火 | 水 | 木 | 金 | 土 | 日 | 月 | 火 | 水 | 木 | 金 | 土 | 日 | 月 | 火 | 水 | 木 | 金 | 土 | 日 | 月 | 火 | 水 | 木 | 金 | 土 |
| 일진 | 庚午 | 辛未 | 壬申 | 癸酉 | 甲戌 | 乙亥 | 丙子 | 丁丑 | 戊寅 | 己卯 | 庚辰 | 辛巳 | 壬午 | 癸未 | 甲申 | 乙酉 | 丙戌 | 丁亥 | 戊子 | 己丑 | 庚寅 | 辛卯 | 壬辰 | 癸巳 | 甲午 | 乙未 | 丙申 | 丁酉 | 戊戌 | 己亥 | 庚子 |
| 대운 남 | 8 | 9 | 9 | 9 | 10 | 10 | 10 | 입 | 1 | 1 | 1 | 1 | 2 | 2 | 2 | 3 | 3 | 3 | 4 | 4 | 4 | 5 | 5 | 5 | 6 | 6 | 6 | 7 | 7 | 7 | 8 |
| 대운 녀 | 2 | 2 | 2 | 1 | 1 | 1 | 1 | 추 | 10 | 10 | 9 | 9 | 9 | 8 | 8 | 8 | 7 | 7 | 7 | 6 | 6 | 6 | 5 | 5 | 5 | 4 | 4 | 4 | 3 | 3 | 3 |

백로 8일 07시16분

## 9 · 癸酉月(양 9.8~10.7)

추분 23일 16시49분

| 양력 | 1 | 2 | 3 | 4 | 5 | 6 | 7 | 8 | 9 | 10 | 11 | 12 | 13 | 14 | 15 | 16 | 17 | 18 | 19 | 20 | 21 | 22 | 23 | 24 | 25 | 26 | 27 | 28 | 29 | 30 |
|---|---|---|---|---|---|---|---|---|---|---|---|---|---|---|---|---|---|---|---|---|---|---|---|---|---|---|---|---|---|---|
| 음력 | 3 | 4 | 5 | 6 | 7 | 8 | 9 | 10 | 11 | 12 | 13 | 14 | 15 | 16 | 17 | 18 | 19 | 20 | 21 | 22 | 23 | 24 | 25 | 26 | 27 | 28 | 29 | 30 | 9.1 | 2 |
| 요일 | 日 | 月 | 火 | 水 | 木 | 金 | 土 | 日 | 月 | 火 | 水 | 木 | 金 | 土 | 日 | 月 | 火 | 水 | 木 | 金 | 土 | 日 | 月 | 火 | 水 | 木 | 金 | 土 | 日 | 月 |
| 일진 | 辛丑 | 壬寅 | 癸卯 | 甲辰 | 乙巳 | 丙午 | 丁未 | 戊申 | 己酉 | 庚戌 | 辛亥 | 壬子 | 癸丑 | 甲寅 | 乙卯 | 丙辰 | 丁巳 | 戊午 | 己未 | 庚申 | 辛酉 | 壬戌 | 癸亥 | 甲子 | 乙丑 | 丙寅 | 丁卯 | 戊辰 | 己巳 | 庚午 |
| 대운 남 | 8 | 8 | 9 | 9 | 9 | 10 | 10 | 백 | 1 | 1 | 1 | 1 | 2 | 2 | 2 | 3 | 3 | 3 | 4 | 4 | 4 | 5 | 5 | 5 | 6 | 6 | 6 | 7 | 7 | 7 |
| 대운 녀 | 2 | 2 | 2 | 1 | 1 | 1 | 1 | 로 | 10 | 9 | 9 | 9 | 8 | 8 | 8 | 7 | 7 | 7 | 6 | 6 | 6 | 5 | 5 | 5 | 4 | 4 | 4 | 3 | 3 | 3 |

한로 8일 23시05분

## 10 · 甲戌月(양 10.8~11.7)

상강 24일 02시19분

| 양력 | 1 | 2 | 3 | 4 | 5 | 6 | 7 | 8 | 9 | 10 | 11 | 12 | 13 | 14 | 15 | 16 | 17 | 18 | 19 | 20 | 21 | 22 | 23 | 24 | 25 | 26 | 27 | 28 | 29 | 30 | 31 |
|---|---|---|---|---|---|---|---|---|---|---|---|---|---|---|---|---|---|---|---|---|---|---|---|---|---|---|---|---|---|---|---|
| 음력 | 3 | 4 | 5 | 6 | 7 | 8 | 9 | 10 | 11 | 12 | 13 | 14 | 15 | 16 | 17 | 18 | 19 | 20 | 21 | 22 | 23 | 24 | 25 | 26 | 27 | 28 | 29 | 10.1 | 2 | 3 | 4 |
| 요일 | 火 | 水 | 木 | 金 | 土 | 日 | 月 | 火 | 水 | 木 | 金 | 土 | 日 | 月 | 火 | 水 | 木 | 金 | 土 | 日 | 月 | 火 | 水 | 木 | 金 | 土 | 日 | 月 | 火 | 水 | 木 |
| 일진 | 辛未 | 壬申 | 癸酉 | 甲戌 | 乙亥 | 丙子 | 丁丑 | 戊寅 | 己卯 | 庚辰 | 辛巳 | 壬午 | 癸未 | 甲申 | 乙酉 | 丙戌 | 丁亥 | 戊子 | 己丑 | 庚寅 | 辛卯 | 壬辰 | 癸巳 | 甲午 | 乙未 | 丙申 | 丁酉 | 戊戌 | 己亥 | 庚子 | 辛丑 |
| 대운 남 | 8 | 8 | 8 | 9 | 9 | 9 | 10 | 한 | 1 | 1 | 1 | 1 | 2 | 2 | 2 | 3 | 3 | 3 | 4 | 4 | 4 | 5 | 5 | 5 | 6 | 6 | 6 | 7 | 7 | 7 | 8 |
| 대운 녀 | 2 | 2 | 2 | 1 | 1 | 1 | 1 | 로 | 10 | 10 | 9 | 9 | 9 | 8 | 8 | 8 | 7 | 7 | 7 | 6 | 6 | 6 | 5 | 5 | 5 | 4 | 4 | 4 | 3 | 3 | 3 |

입동 8일 02시23분

## 11 · 乙亥月(양 11.8~12.6)

소설 22일 23시58분

| 양력 | 1 | 2 | 3 | 4 | 5 | 6 | 7 | 8 | 9 | 10 | 11 | 12 | 13 | 14 | 15 | 16 | 17 | 18 | 19 | 20 | 21 | 22 | 23 | 24 | 25 | 26 | 27 | 28 | 29 | 30 |
|---|---|---|---|---|---|---|---|---|---|---|---|---|---|---|---|---|---|---|---|---|---|---|---|---|---|---|---|---|---|---|
| 음력 | 5 | 6 | 7 | 8 | 9 | 10 | 11 | 12 | 13 | 14 | 15 | 16 | 17 | 18 | 19 | 20 | 21 | 22 | 23 | 24 | 25 | 26 | 27 | 28 | 29 | 30 | 11.1 | 2 | 3 | 4 |
| 요일 | 金 | 土 | 日 | 月 | 火 | 水 | 木 | 金 | 土 | 日 | 月 | 火 | 水 | 木 | 金 | 土 | 日 | 月 | 火 | 水 | 木 | 金 | 土 | 日 | 月 | 火 | 水 | 木 | 金 | 土 |
| 일진 | 壬寅 | 癸卯 | 甲辰 | 乙巳 | 丙午 | 丁未 | 戊申 | 己酉 | 庚戌 | 辛亥 | 壬子 | 癸丑 | 甲寅 | 乙卯 | 丙辰 | 丁巳 | 戊午 | 己未 | 庚申 | 辛酉 | 壬戌 | 癸亥 | 甲子 | 乙丑 | 丙寅 | 丁卯 | 戊辰 | 己巳 | 庚午 | 辛未 |
| 대운 남 | 8 | 8 | 9 | 9 | 9 | 10 | 10 | 입 | 1 | 1 | 1 | 1 | 2 | 2 | 2 | 3 | 3 | 3 | 4 | 4 | 4 | 5 | 5 | 5 | 6 | 6 | 6 | 7 | 7 | 7 |
| 대운 녀 | 2 | 2 | 2 | 1 | 1 | 1 | 1 | 동 | 9 | 9 | 9 | 8 | 8 | 8 | 7 | 7 | 7 | 6 | 6 | 6 | 5 | 5 | 5 | 4 | 4 | 4 | 3 | 3 | 3 | 2 |

대설 7일 19시17분

## 12 · 丙子月(양 12.7~1.5)

동지 22일 13시18분

| 양력 | 1 | 2 | 3 | 4 | 5 | 6 | 7 | 8 | 9 | 10 | 11 | 12 | 13 | 14 | 15 | 16 | 17 | 18 | 19 | 20 | 21 | 22 | 23 | 24 | 25 | 26 | 27 | 28 | 29 | 30 | 31 |
|---|---|---|---|---|---|---|---|---|---|---|---|---|---|---|---|---|---|---|---|---|---|---|---|---|---|---|---|---|---|---|---|
| 음력 | 5 | 6 | 7 | 8 | 9 | 10 | 11 | 12 | 13 | 14 | 15 | 16 | 17 | 18 | 19 | 20 | 21 | 22 | 23 | 24 | 25 | 26 | 27 | 28 | 29 | 12.1 | 2 | 3 | 4 | 5 | 6 |
| 요일 | 日 | 月 | 火 | 水 | 木 | 金 | 土 | 日 | 月 | 火 | 水 | 木 | 金 | 土 | 日 | 月 | 火 | 水 | 木 | 金 | 土 | 日 | 月 | 火 | 水 | 木 | 金 | 土 | 日 | 月 | 火 |
| 일진 | 壬申 | 癸酉 | 甲戌 | 乙亥 | 丙子 | 丁丑 | 戊寅 | 己卯 | 庚辰 | 辛巳 | 壬午 | 癸未 | 甲申 | 乙酉 | 丙戌 | 丁亥 | 戊子 | 己丑 | 庚寅 | 辛卯 | 壬辰 | 癸巳 | 甲午 | 乙未 | 丙申 | 丁酉 | 戊戌 | 己亥 | 庚子 | 辛丑 | 壬寅 |
| 대운 남 | 8 | 8 | 8 | 9 | 9 | 9 | 대 | 1 | 1 | 1 | 1 | 2 | 2 | 2 | 3 | 3 | 3 | 4 | 4 | 4 | 5 | 5 | 5 | 6 | 6 | 6 | 7 | 7 | 7 | 8 | 8 |
| 대운 녀 | 2 | 2 | 1 | 1 | 1 | 1 | 설 | 10 | 9 | 9 | 9 | 8 | 8 | 8 | 7 | 7 | 7 | 6 | 6 | 6 | 5 | 5 | 5 | 4 | 4 | 4 | 3 | 3 | 3 | 2 | 2 |

# 2020년(윤4월)

소한 6일 06시29분

## 1 · 丁丑月(양 1.6~2.3)

대한 20일 23시54분

| 양력 | 1 | 2 | 3 | 4 | 5 | 6 | 7 | 8 | 9 | 10 | 11 | 12 | 13 | 14 | 15 | 16 | 17 | 18 | 19 | 20 | 21 | 22 | 23 | 24 | 25 | 26 | 27 | 28 | 29 | 30 | 31 |
|---|---|---|---|---|---|---|---|---|---|---|---|---|---|---|---|---|---|---|---|---|---|---|---|---|---|---|---|---|---|---|---|
| 음력 | 7 | 8 | 9 | 10 | 11 | 12 | 13 | 14 | 15 | 16 | 17 | 18 | 19 | 20 | 21 | 22 | 23 | 24 | 25 | 26 | 27 | 28 | 29 | 30 | 1.1 | 2 | 3 | 4 | 5 | 6 | 7 |
| 요일 | 水 | 木 | 金 | 土 | 日 | 月 | 火 | 水 | 木 | 金 | 土 | 日 | 月 | 火 | 水 | 木 | 金 | 土 | 日 | 月 | 火 | 水 | 木 | 金 | 土 | 日 | 月 | 火 | 水 | 木 | 金 |
| 일진 | 癸卯 | 甲辰 | 乙巳 | 丙午 | 丁未 | 戊申 | 己酉 | 庚戌 | 辛亥 | 壬子 | 癸丑 | 甲寅 | 乙卯 | 丙辰 | 丁巳 | 戊午 | 己未 | 庚申 | 辛酉 | 壬戌 | 癸亥 | 甲子 | 乙丑 | 丙寅 | 丁卯 | 戊辰 | 己巳 | 庚午 | 辛未 | 壬申 | 癸酉 |
| 대운 남 | 8 | 9 | 9 | 9 | 10 | 소 | 1 | 1 | 1 | 1 | 2 | 2 | 2 | 3 | 3 | 3 | 4 | 4 | 4 | 5 | 5 | 5 | 6 | 6 | 6 | 7 | 7 | 7 | 8 | 8 | 8 |
| 대운 녀 | 2 | 1 | 1 | 1 | 1 | 한 | 9 | 9 | 9 | 8 | 8 | 8 | 7 | 7 | 7 | 6 | 6 | 6 | 5 | 5 | 5 | 4 | 4 | 4 | 3 | 3 | 3 | 2 | 2 | 2 | 1 |

입춘 4일 18시02분

## 2 · 戊寅月(양 2.4~3.4)

우수 19일 13시56분

| 양력 | 1 | 2 | 3 | 4 | 5 | 6 | 7 | 8 | 9 | 10 | 11 | 12 | 13 | 14 | 15 | 16 | 17 | 18 | 19 | 20 | 21 | 22 | 23 | 24 | 25 | 26 | 27 | 28 | 29 |
|---|---|---|---|---|---|---|---|---|---|---|---|---|---|---|---|---|---|---|---|---|---|---|---|---|---|---|---|---|---|
| 음력 | 8 | 9 | 10 | 11 | 12 | 13 | 14 | 15 | 16 | 17 | 18 | 19 | 20 | 21 | 22 | 23 | 24 | 25 | 26 | 27 | 28 | 29 | 30 | 2.1 | 2 | 3 | 4 | 5 | 6 |
| 요일 | 土 | 日 | 月 | 火 | 水 | 木 | 金 | 土 | 日 | 月 | 火 | 水 | 木 | 金 | 土 | 日 | 月 | 火 | 水 | 木 | 金 | 土 | 日 | 月 | 火 | 水 | 木 | 金 | 土 |
| 일진 | 甲戌 | 乙亥 | 丙子 | 丁丑 | 戊寅 | 己卯 | 庚辰 | 辛巳 | 壬午 | 癸未 | 甲申 | 乙酉 | 丙戌 | 丁亥 | 戊子 | 己丑 | 庚寅 | 辛卯 | 壬辰 | 癸巳 | 甲午 | 乙未 | 丙申 | 丁酉 | 戊戌 | 己亥 | 庚子 | 辛丑 | 壬寅 |
| 대운 남 | 9 | 9 | 9 | 입 | 10 | 9 | 9 | 9 | 8 | 8 | 8 | 7 | 7 | 7 | 6 | 6 | 6 | 5 | 5 | 5 | 4 | 4 | 4 | 3 | 3 | 3 | 2 | 2 | 2 |
| 대운 녀 | 1 | 1 | 1 | 춘 | 1 | 1 | 1 | 1 | 2 | 2 | 2 | 3 | 3 | 3 | 4 | 4 | 4 | 5 | 5 | 5 | 6 | 6 | 6 | 7 | 7 | 7 | 8 | 8 | 8 |

경칩 5일 11시56분

## 3 · 己卯月(양 3.5~4.3)

춘분 20일 12시49분

| 양력 | 1 | 2 | 3 | 4 | 5 | 6 | 7 | 8 | 9 | 10 | 11 | 12 | 13 | 14 | 15 | 16 | 17 | 18 | 19 | 20 | 21 | 22 | 23 | 24 | 25 | 26 | 27 | 28 | 29 | 30 | 31 |
|---|---|---|---|---|---|---|---|---|---|---|---|---|---|---|---|---|---|---|---|---|---|---|---|---|---|---|---|---|---|---|---|
| 음력 | 7 | 8 | 9 | 10 | 11 | 12 | 13 | 14 | 15 | 16 | 17 | 18 | 19 | 20 | 21 | 22 | 23 | 24 | 25 | 26 | 27 | 28 | 29 | 3.1 | 2 | 3 | 4 | 5 | 6 | 7 | 8 |
| 요일 | 日 | 月 | 火 | 水 | 木 | 金 | 土 | 日 | 月 | 火 | 水 | 木 | 金 | 土 | 日 | 月 | 火 | 水 | 木 | 金 | 土 | 日 | 月 | 火 | 水 | 木 | 金 | 土 | 日 | 月 | 火 |
| 일진 | 癸卯 | 甲辰 | 乙巳 | 丙午 | 丁未 | 戊申 | 己酉 | 庚戌 | 辛亥 | 壬子 | 癸丑 | 甲寅 | 乙卯 | 丙辰 | 丁巳 | 戊午 | 己未 | 庚申 | 辛酉 | 壬戌 | 癸亥 | 甲子 | 乙丑 | 丙寅 | 丁卯 | 戊辰 | 己巳 | 庚午 | 辛未 | 壬申 | 癸酉 |
| 대운 남 | 1 | 1 | 1 | 1 | 경 | 10 | 9 | 9 | 9 | 8 | 8 | 8 | 7 | 7 | 7 | 6 | 6 | 6 | 5 | 5 | 5 | 4 | 4 | 4 | 3 | 3 | 3 | 2 | 2 | 2 | 1 |
| 대운 녀 | 9 | 9 | 9 | 10 | 칩 | 1 | 1 | 1 | 1 | 2 | 2 | 2 | 3 | 3 | 3 | 4 | 4 | 4 | 5 | 5 | 5 | 6 | 6 | 6 | 7 | 7 | 7 | 8 | 8 | 8 | 9 |

청명 4일 16시37분

## 4 · 庚辰月(양 4.4~5.4)

곡우 19일 23시44분

| 양력 | 1 | 2 | 3 | 4 | 5 | 6 | 7 | 8 | 9 | 10 | 11 | 12 | 13 | 14 | 15 | 16 | 17 | 18 | 19 | 20 | 21 | 22 | 23 | 24 | 25 | 26 | 27 | 28 | 29 | 30 |
|---|---|---|---|---|---|---|---|---|---|---|---|---|---|---|---|---|---|---|---|---|---|---|---|---|---|---|---|---|---|---|
| 음력 | 9 | 10 | 11 | 12 | 13 | 14 | 15 | 16 | 17 | 18 | 19 | 20 | 21 | 22 | 23 | 24 | 25 | 26 | 27 | 28 | 29 | 30 | 4.1 | 2 | 3 | 4 | 5 | 6 | 7 | 8 |
| 요일 | 水 | 木 | 金 | 土 | 日 | 月 | 火 | 水 | 木 | 金 | 土 | 日 | 月 | 火 | 水 | 木 | 金 | 土 | 日 | 月 | 火 | 水 | 木 | 金 | 土 | 日 | 月 | 火 | 水 | 木 |
| 일진 | 甲戌 | 乙亥 | 丙子 | 丁丑 | 戊寅 | 己卯 | 庚辰 | 辛巳 | 壬午 | 癸未 | 甲申 | 乙酉 | 丙戌 | 丁亥 | 戊子 | 己丑 | 庚寅 | 辛卯 | 壬辰 | 癸巳 | 甲午 | 乙未 | 丙申 | 丁酉 | 戊戌 | 己亥 | 庚子 | 辛丑 | 壬寅 | 癸卯 |
| 대운 남 | 1 | 1 | 1 | 청 | 10 | 10 | 9 | 9 | 9 | 8 | 8 | 8 | 7 | 7 | 7 | 6 | 6 | 6 | 5 | 5 | 5 | 4 | 4 | 4 | 3 | 3 | 3 | 2 | 2 | 2 |
| 대운 녀 | 9 | 9 | 10 | 명 | 1 | 1 | 1 | 1 | 2 | 2 | 2 | 3 | 3 | 3 | 4 | 4 | 4 | 5 | 5 | 5 | 6 | 6 | 6 | 7 | 7 | 7 | 8 | 8 | 8 | 9 |

입하 5일 09시50분

## 5 · 辛巳月(양 5.5~6.4)

소만 20일 22시48분

| 양력 | 1 | 2 | 3 | 4 | 5 | 6 | 7 | 8 | 9 | 10 | 11 | 12 | 13 | 14 | 15 | 16 | 17 | 18 | 19 | 20 | 21 | 22 | 23 | 24 | 25 | 26 | 27 | 28 | 29 | 30 | 31 |
|---|---|---|---|---|---|---|---|---|---|---|---|---|---|---|---|---|---|---|---|---|---|---|---|---|---|---|---|---|---|---|---|
| 음력 | 9 | 10 | 11 | 12 | 13 | 14 | 15 | 16 | 17 | 18 | 19 | 20 | 21 | 22 | 23 | 24 | 25 | 26 | 27 | 28 | 29 | 30 | 윤 | 4.2 | 3 | 4 | 5 | 6 | 7 | 8 | 9 |
| 요일 | 金 | 土 | 日 | 月 | 火 | 水 | 木 | 金 | 土 | 日 | 月 | 火 | 水 | 木 | 金 | 土 | 日 | 月 | 火 | 水 | 木 | 金 | 土 | 日 | 月 | 火 | 水 | 木 | 金 | 土 | 日 |
| 일진 | 甲辰 | 乙巳 | 丙午 | 丁未 | 戊申 | 己酉 | 庚戌 | 辛亥 | 壬子 | 癸丑 | 甲寅 | 乙卯 | 丙辰 | 丁巳 | 戊午 | 己未 | 庚申 | 辛酉 | 壬戌 | 癸亥 | 甲子 | 乙丑 | 丙寅 | 丁卯 | 戊辰 | 己巳 | 庚午 | 辛未 | 壬申 | 癸酉 | 甲戌 |
| 대운 남 | 1 | 1 | 1 | 1 | 입 | 10 | 10 | 9 | 9 | 9 | 8 | 8 | 8 | 7 | 7 | 7 | 6 | 6 | 6 | 5 | 5 | 5 | 4 | 4 | 4 | 3 | 3 | 3 | 2 | 2 | 2 |
| 대운 녀 | 9 | 9 | 10 | 10 | 하 | 1 | 1 | 1 | 1 | 2 | 2 | 2 | 3 | 3 | 3 | 4 | 4 | 4 | 5 | 5 | 5 | 6 | 6 | 6 | 7 | 7 | 7 | 8 | 8 | 8 | 9 |

망종 5일 13시57분

## 6 · 壬午月(양 6.5~7.6)

하지 21일 06시43분

| 양력 | 1 | 2 | 3 | 4 | 5 | 6 | 7 | 8 | 9 | 10 | 11 | 12 | 13 | 14 | 15 | 16 | 17 | 18 | 19 | 20 | 21 | 22 | 23 | 24 | 25 | 26 | 27 | 28 | 29 | 30 |
|---|---|---|---|---|---|---|---|---|---|---|---|---|---|---|---|---|---|---|---|---|---|---|---|---|---|---|---|---|---|---|
| 음력 | 10 | 11 | 12 | 13 | 14 | 15 | 16 | 17 | 18 | 19 | 20 | 21 | 22 | 23 | 24 | 25 | 26 | 27 | 28 | 29 | 5.1 | 2 | 3 | 4 | 5 | 6 | 7 | 8 | 9 | 10 |
| 요일 | 月 | 火 | 水 | 木 | 金 | 土 | 日 | 月 | 火 | 水 | 木 | 金 | 土 | 日 | 月 | 火 | 水 | 木 | 金 | 土 | 日 | 月 | 火 | 水 | 木 | 金 | 土 | 日 | 月 | 火 |
| 일진 | 乙亥 | 丙子 | 丁丑 | 戊寅 | 己卯 | 庚辰 | 辛巳 | 壬午 | 癸未 | 甲申 | 乙酉 | 丙戌 | 丁亥 | 戊子 | 己丑 | 庚寅 | 辛卯 | 壬辰 | 癸巳 | 甲午 | 乙未 | 丙申 | 丁酉 | 戊戌 | 己亥 | 庚子 | 辛丑 | 壬寅 | 癸卯 | 甲辰 |
| 대운 남 | 1 | 1 | 1 | 1 | 망 | 10 | 10 | 10 | 9 | 9 | 9 | 8 | 8 | 8 | 7 | 7 | 7 | 6 | 6 | 6 | 5 | 5 | 5 | 4 | 4 | 4 | 3 | 3 | 3 | 2 |
| 대운 녀 | 9 | 9 | 10 | 10 | 종 | 1 | 1 | 1 | 1 | 2 | 2 | 2 | 3 | 3 | 3 | 4 | 4 | 4 | 5 | 5 | 5 | 6 | 6 | 6 | 7 | 7 | 7 | 8 | 8 | 8 |

# 庚子年

동경135도표준시

## 7 · 癸未月(양 7.7~8.6)

소서 7일 00시13분　　대서 22일 17시36분

| 양력 | 1 | 2 | 3 | 4 | 5 | 6 | 7 | 8 | 9 | 10 | 11 | 12 | 13 | 14 | 15 | 16 | 17 | 18 | 19 | 20 | 21 | 22 | 23 | 24 | 25 | 26 | 27 | 28 | 29 | 30 | 31 |
|---|---|---|---|---|---|---|---|---|---|---|---|---|---|---|---|---|---|---|---|---|---|---|---|---|---|---|---|---|---|---|---|
| 음력 | 11 | 12 | 13 | 14 | 15 | 16 | 17 | 18 | 19 | 20 | 21 | 22 | 23 | 24 | 25 | 26 | 27 | 28 | 29 | 30 | 6.1 | 2 | 3 | 4 | 5 | 6 | 7 | 8 | 9 | 10 | 11 |
| 요일 | 水 | 木 | 金 | 土 | 日 | 月 | 火 | 水 | 木 | 金 | 土 | 日 | 月 | 火 | 水 | 木 | 金 | 土 | 日 | 月 | 火 | 水 | 木 | 金 | 土 | 日 | 月 | 火 | 水 | 木 | 金 |
| 일진 | 乙巳 | 丙午 | 丁未 | 戊申 | 己酉 | 庚戌 | 辛亥 | 壬子 | 癸丑 | 甲寅 | 乙卯 | 丙辰 | 丁巳 | 戊午 | 己未 | 庚申 | 辛酉 | 壬戌 | 癸亥 | 甲子 | 乙丑 | 丙寅 | 丁卯 | 戊辰 | 己巳 | 庚午 | 辛未 | 壬申 | 癸酉 | 甲戌 | 乙亥 |
| 대운 남 | 2 | 2 | 1 | 1 | 1 | 1 | 소 | 10 | 10 | 9 | 9 | 9 | 8 | 8 | 8 | 7 | 7 | 7 | 6 | 6 | 6 | 5 | 5 | 5 | 4 | 4 | 4 | 3 | 3 | 3 | 2 |
| 대운 녀 | 9 | 9 | 9 | 10 | 10 | 10 | 서 | 1 | 1 | 1 | 1 | 2 | 2 | 2 | 3 | 3 | 3 | 4 | 4 | 4 | 5 | 5 | 5 | 6 | 6 | 6 | 7 | 7 | 7 | 8 | 8 |

## 8 · 甲申月(양 8.7~9.6)

입추 7일 10시05분　　처서 23일 00시44분

| 양력 | 1 | 2 | 3 | 4 | 5 | 6 | 7 | 8 | 9 | 10 | 11 | 12 | 13 | 14 | 15 | 16 | 17 | 18 | 19 | 20 | 21 | 22 | 23 | 24 | 25 | 26 | 27 | 28 | 29 | 30 | 31 |
|---|---|---|---|---|---|---|---|---|---|---|---|---|---|---|---|---|---|---|---|---|---|---|---|---|---|---|---|---|---|---|---|
| 음력 | 12 | 13 | 14 | 15 | 16 | 17 | 18 | 19 | 20 | 21 | 22 | 23 | 24 | 25 | 26 | 27 | 28 | 29 | 7.1 | 2 | 3 | 4 | 5 | 6 | 7 | 8 | 9 | 10 | 11 | 12 | 13 |
| 요일 | 土 | 日 | 月 | 火 | 水 | 木 | 金 | 土 | 日 | 月 | 火 | 水 | 木 | 金 | 土 | 日 | 月 | 火 | 水 | 木 | 金 | 土 | 日 | 月 | 火 | 水 | 木 | 金 | 土 | 日 | 月 |
| 일진 | 丙子 | 丁丑 | 戊寅 | 己卯 | 庚辰 | 辛巳 | 壬午 | 癸未 | 甲申 | 乙酉 | 丙戌 | 丁亥 | 戊子 | 己丑 | 庚寅 | 辛卯 | 壬辰 | 癸巳 | 甲午 | 乙未 | 丙申 | 丁酉 | 戊戌 | 己亥 | 庚子 | 辛丑 | 壬寅 | 癸卯 | 甲辰 | 乙巳 | 丙午 |
| 대운 남 | 2 | 2 | 1 | 1 | 1 | 1 | 입 | 10 | 10 | 9 | 9 | 9 | 8 | 8 | 8 | 7 | 7 | 7 | 6 | 6 | 6 | 5 | 5 | 5 | 4 | 4 | 4 | 3 | 3 | 3 | 2 |
| 대운 녀 | 8 | 9 | 9 | 9 | 10 | 10 | 추 | 1 | 1 | 1 | 1 | 2 | 2 | 2 | 3 | 3 | 3 | 4 | 4 | 4 | 5 | 5 | 5 | 6 | 6 | 6 | 7 | 7 | 7 | 8 | 8 |

## 9 · 乙酉月(양 9.7~10.7)

백로 7일 13시07분　　추분 22일 22시30분

| 양력 | 1 | 2 | 3 | 4 | 5 | 6 | 7 | 8 | 9 | 10 | 11 | 12 | 13 | 14 | 15 | 16 | 17 | 18 | 19 | 20 | 21 | 22 | 23 | 24 | 25 | 26 | 27 | 28 | 29 | 30 |
|---|---|---|---|---|---|---|---|---|---|---|---|---|---|---|---|---|---|---|---|---|---|---|---|---|---|---|---|---|---|---|
| 음력 | 14 | 15 | 16 | 17 | 18 | 19 | 20 | 21 | 22 | 23 | 24 | 25 | 26 | 27 | 28 | 29 | 8.1 | 2 | 3 | 4 | 5 | 6 | 7 | 8 | 9 | 10 | 11 | 12 | 13 | 14 |
| 요일 | 火 | 水 | 木 | 金 | 土 | 日 | 月 | 火 | 水 | 木 | 金 | 土 | 日 | 月 | 火 | 水 | 木 | 金 | 土 | 日 | 月 | 火 | 水 | 木 | 金 | 土 | 日 | 月 | 火 | 水 |
| 일진 | 丁未 | 戊申 | 己酉 | 庚戌 | 辛亥 | 壬子 | 癸丑 | 甲寅 | 乙卯 | 丙辰 | 丁巳 | 戊午 | 己未 | 庚申 | 辛酉 | 壬戌 | 癸亥 | 甲子 | 乙丑 | 丙寅 | 丁卯 | 戊辰 | 己巳 | 庚午 | 辛未 | 壬申 | 癸酉 | 甲戌 | 乙亥 | 丙子 |
| 대운 남 | 2 | 2 | 1 | 1 | 1 | 1 | 백 | 10 | 10 | 9 | 9 | 9 | 8 | 8 | 8 | 7 | 7 | 7 | 6 | 6 | 6 | 5 | 5 | 5 | 4 | 4 | 4 | 3 | 3 | 3 |
| 대운 녀 | 8 | 9 | 9 | 9 | 10 | 10 | 로 | 1 | 1 | 1 | 1 | 2 | 2 | 2 | 3 | 3 | 3 | 4 | 4 | 4 | 5 | 5 | 5 | 6 | 6 | 6 | 7 | 7 | 7 | 8 |

## 10 · 丙戌月(양 10.8~11.6)

한로 8일 04시54분　　상강 23일 07시59분

| 양력 | 1 | 2 | 3 | 4 | 5 | 6 | 7 | 8 | 9 | 10 | 11 | 12 | 13 | 14 | 15 | 16 | 17 | 18 | 19 | 20 | 21 | 22 | 23 | 24 | 25 | 26 | 27 | 28 | 29 | 30 | 31 |
|---|---|---|---|---|---|---|---|---|---|---|---|---|---|---|---|---|---|---|---|---|---|---|---|---|---|---|---|---|---|---|---|
| 음력 | 15 | 16 | 17 | 18 | 19 | 20 | 21 | 22 | 23 | 24 | 25 | 26 | 27 | 28 | 29 | 30 | 9.1 | 2 | 3 | 4 | 5 | 6 | 7 | 8 | 9 | 10 | 11 | 12 | 13 | 14 | 15 |
| 요일 | 木 | 金 | 土 | 日 | 月 | 火 | 水 | 木 | 金 | 土 | 日 | 月 | 火 | 水 | 木 | 金 | 土 | 日 | 月 | 火 | 水 | 木 | 金 | 土 | 日 | 月 | 火 | 水 | 木 | 金 | 土 |
| 일진 | 丁丑 | 戊寅 | 己卯 | 庚辰 | 辛巳 | 壬午 | 癸未 | 甲申 | 乙酉 | 丙戌 | 丁亥 | 戊子 | 己丑 | 庚寅 | 辛卯 | 壬辰 | 癸巳 | 甲午 | 乙未 | 丙申 | 丁酉 | 戊戌 | 己亥 | 庚子 | 辛丑 | 壬寅 | 癸卯 | 甲辰 | 乙巳 | 丙午 | 丁未 |
| 대운 남 | 2 | 2 | 2 | 1 | 1 | 1 | 1 | 한 | 10 | 9 | 9 | 9 | 8 | 8 | 8 | 7 | 7 | 7 | 6 | 6 | 6 | 5 | 5 | 5 | 4 | 4 | 4 | 3 | 3 | 3 | 2 |
| 대운 녀 | 8 | 8 | 9 | 9 | 9 | 10 | 10 | 로 | 1 | 1 | 1 | 1 | 2 | 2 | 2 | 3 | 3 | 3 | 4 | 4 | 4 | 5 | 5 | 5 | 6 | 6 | 6 | 7 | 7 | 7 | 8 |

## 11 · 丁亥月(양 11.7~12.6)

입동 7일 08시13분　　소설 22일 05시39분

| 양력 | 1 | 2 | 3 | 4 | 5 | 6 | 7 | 8 | 9 | 10 | 11 | 12 | 13 | 14 | 15 | 16 | 17 | 18 | 19 | 20 | 21 | 22 | 23 | 24 | 25 | 26 | 27 | 28 | 29 | 30 |
|---|---|---|---|---|---|---|---|---|---|---|---|---|---|---|---|---|---|---|---|---|---|---|---|---|---|---|---|---|---|---|
| 음력 | 16 | 17 | 18 | 19 | 20 | 21 | 22 | 23 | 24 | 25 | 26 | 27 | 28 | 29 | 10.1 | 2 | 3 | 4 | 5 | 6 | 7 | 8 | 9 | 10 | 11 | 12 | 13 | 14 | 15 | 16 |
| 요일 | 日 | 月 | 火 | 水 | 木 | 金 | 土 | 日 | 月 | 火 | 水 | 木 | 金 | 土 | 日 | 月 | 火 | 水 | 木 | 金 | 土 | 日 | 月 | 火 | 水 | 木 | 金 | 土 | 日 | 月 |
| 일진 | 戊申 | 己酉 | 庚戌 | 辛亥 | 壬子 | 癸丑 | 甲寅 | 乙卯 | 丙辰 | 丁巳 | 戊午 | 己未 | 庚申 | 辛酉 | 壬戌 | 癸亥 | 甲子 | 乙丑 | 丙寅 | 丁卯 | 戊辰 | 己巳 | 庚午 | 辛未 | 壬申 | 癸酉 | 甲戌 | 乙亥 | 丙子 | 丁丑 |
| 대운 남 | 2 | 2 | 1 | 1 | 1 | 1 | 입 | 10 | 9 | 9 | 9 | 8 | 8 | 8 | 7 | 7 | 7 | 6 | 6 | 6 | 5 | 5 | 5 | 4 | 4 | 4 | 3 | 3 | 3 | 2 |
| 대운 녀 | 8 | 8 | 9 | 9 | 9 | 10 | 동 | 1 | 1 | 1 | 1 | 2 | 2 | 2 | 3 | 3 | 3 | 4 | 4 | 4 | 5 | 5 | 5 | 6 | 6 | 6 | 7 | 7 | 7 | 8 |

## 12 · 戊子月(양 12.7~1.4)

대설 7일 01시08분　　동지 21일 19시01분

| 양력 | 1 | 2 | 3 | 4 | 5 | 6 | 7 | 8 | 9 | 10 | 11 | 12 | 13 | 14 | 15 | 16 | 17 | 18 | 19 | 20 | 21 | 22 | 23 | 24 | 25 | 26 | 27 | 28 | 29 | 30 | 31 |
|---|---|---|---|---|---|---|---|---|---|---|---|---|---|---|---|---|---|---|---|---|---|---|---|---|---|---|---|---|---|---|---|
| 음력 | 17 | 18 | 19 | 20 | 21 | 22 | 23 | 24 | 25 | 26 | 27 | 28 | 29 | 30 | 11.1 | 2 | 3 | 4 | 5 | 6 | 7 | 8 | 9 | 10 | 11 | 12 | 13 | 14 | 15 | 16 | 17 |
| 요일 | 火 | 水 | 木 | 金 | 土 | 日 | 月 | 火 | 水 | 木 | 金 | 土 | 日 | 月 | 火 | 水 | 木 | 金 | 土 | 日 | 月 | 火 | 水 | 木 | 金 | 土 | 日 | 月 | 火 | 水 | 木 |
| 일진 | 戊寅 | 己卯 | 庚辰 | 辛巳 | 壬午 | 癸未 | 甲申 | 乙酉 | 丙戌 | 丁亥 | 戊子 | 己丑 | 庚寅 | 辛卯 | 壬辰 | 癸巳 | 甲午 | 乙未 | 丙申 | 丁酉 | 戊戌 | 己亥 | 庚子 | 辛丑 | 壬寅 | 癸卯 | 甲辰 | 乙巳 | 丙午 | 丁未 | 戊申 |
| 대운 남 | 2 | 2 | 1 | 1 | 1 | 1 | 대 | 9 | 9 | 9 | 8 | 8 | 8 | 7 | 7 | 7 | 6 | 6 | 6 | 5 | 5 | 5 | 4 | 4 | 4 | 3 | 3 | 3 | 2 | 2 | 2 |
| 대운 녀 | 8 | 8 | 9 | 9 | 9 | 10 | 설 | 1 | 1 | 1 | 1 | 2 | 2 | 2 | 3 | 3 | 3 | 4 | 4 | 4 | 5 | 5 | 5 | 6 | 6 | 6 | 7 | 7 | 7 | 8 | 8 |

# 2021년

## 1 · 己丑月(양 1.5~2.2)

소한 5일 12시22분 | 대한 20일 05시39분

| 양력 | 1 | 2 | 3 | 4 | 5 | 6 | 7 | 8 | 9 | 10 | 11 | 12 | 13 | 14 | 15 | 16 | 17 | 18 | 19 | 20 | 21 | 22 | 23 | 24 | 25 | 26 | 27 | 28 | 29 | 30 | 31 |
|---|---|---|---|---|---|---|---|---|---|---|---|---|---|---|---|---|---|---|---|---|---|---|---|---|---|---|---|---|---|---|---|
| 음력 | 18 | 19 | 20 | 21 | 22 | 23 | 24 | 25 | 26 | 27 | 28 | 29 | 12.1 | 2 | 3 | 4 | 5 | 6 | 7 | 8 | 9 | 10 | 11 | 12 | 13 | 14 | 15 | 16 | 17 | 18 | 19 |
| 요일 | 金 | 土 | 日 | 月 | 火 | 水 | 木 | 金 | 土 | 日 | 月 | 火 | 水 | 木 | 金 | 土 | 日 | 月 | 火 | 水 | 木 | 金 | 土 | 日 | 月 | 火 | 水 | 木 | 金 | 土 | 日 |
| 일진 | 己酉 | 庚戌 | 辛亥 | 壬子 | 癸丑 | 甲寅 | 乙卯 | 丙辰 | 丁巳 | 戊午 | 己未 | 庚申 | 辛酉 | 壬戌 | 癸亥 | 甲子 | 乙丑 | 丙寅 | 丁卯 | 戊辰 | 己巳 | 庚午 | 辛未 | 壬申 | 癸酉 | 甲戌 | 乙亥 | 丙子 | 丁丑 | 戊寅 | 己卯 |
| 대운 남 | 1 | 1 | 1 | 1 | 소 | 9 | 9 | 9 | 8 | 8 | 8 | 7 | 7 | 7 | 6 | 6 | 6 | 5 | 5 | 5 | 4 | 4 | 4 | 3 | 3 | 3 | 2 | 2 | 2 | 1 | 1 |
| 대운 녀 | 8 | 9 | 9 | 9 | 한 | 1 | 1 | 1 | 1 | 2 | 2 | 2 | 3 | 3 | 3 | 4 | 4 | 4 | 5 | 5 | 5 | 6 | 6 | 6 | 7 | 7 | 7 | 8 | 8 | 8 | 9 |

## 2 · 庚寅月(양 2.3~3.4)

입춘 3일 23시58분 | 우수 18일 19시43분

| 양력 | 1 | 2 | 3 | 4 | 5 | 6 | 7 | 8 | 9 | 10 | 11 | 12 | 13 | 14 | 15 | 16 | 17 | 18 | 19 | 20 | 21 | 22 | 23 | 24 | 25 | 26 | 27 | 28 |
|---|---|---|---|---|---|---|---|---|---|---|---|---|---|---|---|---|---|---|---|---|---|---|---|---|---|---|---|---|
| 음력 | 20 | 21 | 22 | 23 | 24 | 25 | 26 | 27 | 28 | 29 | 30 | 1.1 | 2 | 3 | 4 | 5 | 6 | 7 | 8 | 9 | 10 | 11 | 12 | 13 | 14 | 15 | 16 | 17 |
| 요일 | 月 | 火 | 水 | 木 | 金 | 土 | 日 | 月 | 火 | 水 | 木 | 金 | 土 | 日 | 月 | 火 | 水 | 木 | 金 | 土 | 日 | 月 | 火 | 水 | 木 | 金 | 土 | 日 |
| 일진 | 庚辰 | 辛巳 | 壬午 | 癸未 | 甲申 | 乙酉 | 丙戌 | 丁亥 | 戊子 | 己丑 | 庚寅 | 辛卯 | 壬辰 | 癸巳 | 甲午 | 乙未 | 丙申 | 丁酉 | 戊戌 | 己亥 | 庚子 | 辛丑 | 壬寅 | 癸卯 | 甲辰 | 乙巳 | 丙午 | 丁未 |
| 대운 남 | 1 | 1 | 입 | 1 | 1 | 1 | 1 | 2 | 2 | 2 | 3 | 3 | 3 | 4 | 4 | 4 | 5 | 5 | 5 | 6 | 6 | 6 | 7 | 7 | 7 | 8 | 8 | 8 |
| 대운 녀 | 9 | 9 | 춘 | 10 | 9 | 9 | 9 | 8 | 8 | 8 | 7 | 7 | 7 | 6 | 6 | 6 | 5 | 5 | 5 | 4 | 4 | 4 | 3 | 3 | 3 | 2 | 2 | 2 |

## 3 · 辛卯月(양 3.5~4.3)

경칩 5일 17시53분 | 춘분 20일 18시36분

| 양력 | 1 | 2 | 3 | 4 | 5 | 6 | 7 | 8 | 9 | 10 | 11 | 12 | 13 | 14 | 15 | 16 | 17 | 18 | 19 | 20 | 21 | 22 | 23 | 24 | 25 | 26 | 27 | 28 | 29 | 30 | 31 |
|---|---|---|---|---|---|---|---|---|---|---|---|---|---|---|---|---|---|---|---|---|---|---|---|---|---|---|---|---|---|---|---|
| 음력 | 18 | 19 | 20 | 21 | 22 | 23 | 24 | 25 | 26 | 27 | 28 | 29 | 2.1 | 2 | 3 | 4 | 5 | 6 | 7 | 8 | 9 | 10 | 11 | 12 | 13 | 14 | 15 | 16 | 17 | 18 | 19 |
| 요일 | 月 | 火 | 水 | 木 | 金 | 土 | 日 | 月 | 火 | 水 | 木 | 金 | 土 | 日 | 月 | 火 | 水 | 木 | 金 | 土 | 日 | 月 | 火 | 水 | 木 | 金 | 土 | 日 | 月 | 火 | 水 |
| 일진 | 戊申 | 己酉 | 庚戌 | 辛亥 | 壬子 | 癸丑 | 甲寅 | 乙卯 | 丙辰 | 丁巳 | 戊午 | 己未 | 庚申 | 辛酉 | 壬戌 | 癸亥 | 甲子 | 乙丑 | 丙寅 | 丁卯 | 戊辰 | 己巳 | 庚午 | 辛未 | 壬申 | 癸酉 | 甲戌 | 乙亥 | 丙子 | 丁丑 | 戊寅 |
| 대운 남 | 9 | 9 | 9 | 10 | 경 | 1 | 1 | 1 | 1 | 2 | 2 | 2 | 3 | 3 | 3 | 4 | 4 | 4 | 5 | 5 | 5 | 6 | 6 | 6 | 7 | 7 | 7 | 8 | 8 | 8 | 9 |
| 대운 녀 | 1 | 1 | 1 | 1 | 칩 | 10 | 9 | 9 | 9 | 8 | 8 | 8 | 7 | 7 | 7 | 6 | 6 | 6 | 5 | 5 | 5 | 4 | 4 | 4 | 3 | 3 | 3 | 2 | 2 | 2 | 1 |

## 4 · 壬辰月(양 4.4~5.4)

청명 4일 22시34분 | 곡우 20일 05시32분

| 양력 | 1 | 2 | 3 | 4 | 5 | 6 | 7 | 8 | 9 | 10 | 11 | 12 | 13 | 14 | 15 | 16 | 17 | 18 | 19 | 20 | 21 | 22 | 23 | 24 | 25 | 26 | 27 | 28 | 29 | 30 |
|---|---|---|---|---|---|---|---|---|---|---|---|---|---|---|---|---|---|---|---|---|---|---|---|---|---|---|---|---|---|---|
| 음력 | 20 | 21 | 22 | 23 | 24 | 25 | 26 | 27 | 28 | 29 | 30 | 3.1 | 2 | 3 | 4 | 5 | 6 | 7 | 8 | 9 | 10 | 11 | 12 | 13 | 14 | 15 | 16 | 17 | 18 | 19 |
| 요일 | 木 | 金 | 土 | 日 | 月 | 火 | 水 | 木 | 金 | 土 | 日 | 月 | 火 | 水 | 木 | 金 | 土 | 日 | 月 | 火 | 水 | 木 | 金 | 土 | 日 | 月 | 火 | 水 | 木 | 金 |
| 일진 | 己卯 | 庚辰 | 辛巳 | 壬午 | 癸未 | 甲申 | 乙酉 | 丙戌 | 丁亥 | 戊子 | 己丑 | 庚寅 | 辛卯 | 壬辰 | 癸巳 | 甲午 | 乙未 | 丙申 | 丁酉 | 戊戌 | 己亥 | 庚子 | 辛丑 | 壬寅 | 癸卯 | 甲辰 | 乙巳 | 丙午 | 丁未 | 戊申 |
| 대운 남 | 9 | 9 | 10 | 청 | 1 | 1 | 1 | 1 | 2 | 2 | 2 | 3 | 3 | 3 | 4 | 4 | 4 | 5 | 5 | 5 | 6 | 6 | 6 | 7 | 7 | 7 | 8 | 8 | 8 | 9 |
| 대운 녀 | 1 | 1 | 1 | 명 | 10 | 10 | 9 | 9 | 9 | 8 | 8 | 8 | 7 | 7 | 7 | 6 | 6 | 6 | 5 | 5 | 5 | 4 | 4 | 4 | 3 | 3 | 3 | 2 | 2 | 2 |

## 5 · 癸巳月(양 5.5~6.4)

입하 5일 15시46분 | 소만 21일 04시36분

| 양력 | 1 | 2 | 3 | 4 | 5 | 6 | 7 | 8 | 9 | 10 | 11 | 12 | 13 | 14 | 15 | 16 | 17 | 18 | 19 | 20 | 21 | 22 | 23 | 24 | 25 | 26 | 27 | 28 | 29 | 30 | 31 |
|---|---|---|---|---|---|---|---|---|---|---|---|---|---|---|---|---|---|---|---|---|---|---|---|---|---|---|---|---|---|---|---|
| 음력 | 20 | 21 | 22 | 23 | 24 | 25 | 26 | 27 | 28 | 29 | 30 | 4.1 | 2 | 3 | 4 | 5 | 6 | 7 | 8 | 9 | 10 | 11 | 12 | 13 | 14 | 15 | 16 | 17 | 18 | 19 | 20 |
| 요일 | 土 | 日 | 月 | 火 | 水 | 木 | 金 | 土 | 日 | 月 | 火 | 水 | 木 | 金 | 土 | 日 | 月 | 火 | 水 | 木 | 金 | 土 | 日 | 月 | 火 | 水 | 木 | 金 | 土 | 日 | 月 |
| 일진 | 己酉 | 庚戌 | 辛亥 | 壬子 | 癸丑 | 甲寅 | 乙卯 | 丙辰 | 丁巳 | 戊午 | 己未 | 庚申 | 辛酉 | 壬戌 | 癸亥 | 甲子 | 乙丑 | 丙寅 | 丁卯 | 戊辰 | 己巳 | 庚午 | 辛未 | 壬申 | 癸酉 | 甲戌 | 乙亥 | 丙子 | 丁丑 | 戊寅 | 己卯 |
| 대운 남 | 9 | 9 | 10 | 10 | 입 | 1 | 1 | 1 | 1 | 2 | 2 | 2 | 3 | 3 | 3 | 4 | 4 | 4 | 5 | 5 | 5 | 6 | 6 | 6 | 7 | 7 | 7 | 8 | 8 | 8 | 9 |
| 대운 녀 | 1 | 1 | 1 | 1 | 하 | 10 | 10 | 9 | 9 | 9 | 8 | 8 | 8 | 7 | 7 | 7 | 6 | 6 | 6 | 5 | 5 | 5 | 4 | 4 | 4 | 3 | 3 | 3 | 2 | 2 | 2 |

## 6 · 甲午月(양 6.5~7.6)

망종 5일 19시51분 | 하지 21일 12시31분

| 양력 | 1 | 2 | 3 | 4 | 5 | 6 | 7 | 8 | 9 | 10 | 11 | 12 | 13 | 14 | 15 | 16 | 17 | 18 | 19 | 20 | 21 | 22 | 23 | 24 | 25 | 26 | 27 | 28 | 29 | 30 |
|---|---|---|---|---|---|---|---|---|---|---|---|---|---|---|---|---|---|---|---|---|---|---|---|---|---|---|---|---|---|---|
| 음력 | 21 | 22 | 23 | 24 | 25 | 26 | 27 | 28 | 29 | 5.1 | 2 | 3 | 4 | 5 | 6 | 7 | 8 | 9 | 10 | 11 | 12 | 13 | 14 | 15 | 16 | 17 | 18 | 19 | 20 | 21 |
| 요일 | 火 | 水 | 木 | 金 | 土 | 日 | 月 | 火 | 水 | 木 | 金 | 土 | 日 | 月 | 火 | 水 | 木 | 金 | 土 | 日 | 月 | 火 | 水 | 木 | 金 | 土 | 日 | 月 | 火 | 水 |
| 일진 | 庚辰 | 辛巳 | 壬午 | 癸未 | 甲申 | 乙酉 | 丙戌 | 丁亥 | 戊子 | 己丑 | 庚寅 | 辛卯 | 壬辰 | 癸巳 | 甲午 | 乙未 | 丙申 | 丁酉 | 戊戌 | 己亥 | 庚子 | 辛丑 | 壬寅 | 癸卯 | 甲辰 | 乙巳 | 丙午 | 丁未 | 戊申 | 己酉 |
| 대운 남 | 9 | 9 | 10 | 10 | 망 | 1 | 1 | 1 | 1 | 2 | 2 | 2 | 3 | 3 | 3 | 4 | 4 | 4 | 5 | 5 | 5 | 6 | 6 | 6 | 7 | 7 | 7 | 8 | 8 | 8 |
| 대운 녀 | 1 | 1 | 1 | 1 | 종 | 10 | 10 | 10 | 9 | 9 | 9 | 8 | 8 | 8 | 7 | 7 | 7 | 6 | 6 | 6 | 5 | 5 | 5 | 4 | 4 | 4 | 3 | 3 | 3 | 2 |

# 辛丑年

동경135도표준시

소서 7일 06시04분 | **7 · 乙未月(양 7.7~8.6)** | 대서 22일 23시25분

| 양력 | 1 | 2 | 3 | 4 | 5 | 6 | 7 | 8 | 9 | 10 | 11 | 12 | 13 | 14 | 15 | 16 | 17 | 18 | 19 | 20 | 21 | 22 | 23 | 24 | 25 | 26 | 27 | 28 | 29 | 30 | 31 |
|---|---|---|---|---|---|---|---|---|---|---|---|---|---|---|---|---|---|---|---|---|---|---|---|---|---|---|---|---|---|---|---|
| 음력 | 22 | 23 | 24 | 25 | 26 | 27 | 28 | 29 | 30 | 6.1 | 2 | 3 | 4 | 5 | 6 | 7 | 8 | 9 | 10 | 11 | 12 | 13 | 14 | 15 | 16 | 17 | 18 | 19 | 20 | 21 | 22 |
| 요일 | 木 | 金 | 土 | 日 | 月 | 火 | 水 | 木 | 金 | 土 | 日 | 月 | 火 | 水 | 木 | 金 | 土 | 日 | 月 | 火 | 水 | 木 | 金 | 土 | 日 | 月 | 火 | 水 | 木 | 金 | 土 |
| 일진 | 庚戌 | 辛亥 | 壬子 | 癸丑 | 甲寅 | 乙卯 | 丙辰 | 丁巳 | 戊午 | 己未 | 庚申 | 辛酉 | 壬戌 | 癸亥 | 甲子 | 乙丑 | 丙寅 | 丁卯 | 戊辰 | 己巳 | 庚午 | 辛未 | 壬申 | 癸酉 | 甲戌 | 乙亥 | 丙子 | 丁丑 | 戊寅 | 己卯 | 庚辰 |
| 대운 남 | 9 | 9 | 9 | 10 | 10 | 10 | 소 | 1 | 1 | 1 | 1 | 2 | 2 | 2 | 3 | 3 | 3 | 4 | 4 | 4 | 5 | 5 | 5 | 6 | 6 | 6 | 7 | 7 | 7 | 8 | 8 |
| 대운 녀 | 2 | 2 | 1 | 1 | 1 | 1 | 서 | 10 | 10 | 9 | 9 | 9 | 8 | 8 | 8 | 7 | 7 | 7 | 6 | 6 | 6 | 5 | 5 | 5 | 4 | 4 | 4 | 3 | 3 | 3 | 2 |

입추 7일 15시53분 | **8 · 丙申月(양 8.7~9.6)** | 처서 23일 06시34분

| 양력 | 1 | 2 | 3 | 4 | 5 | 6 | 7 | 8 | 9 | 10 | 11 | 12 | 13 | 14 | 15 | 16 | 17 | 18 | 19 | 20 | 21 | 22 | 23 | 24 | 25 | 26 | 27 | 28 | 29 | 30 | 31 |
|---|---|---|---|---|---|---|---|---|---|---|---|---|---|---|---|---|---|---|---|---|---|---|---|---|---|---|---|---|---|---|---|
| 음력 | 23 | 24 | 25 | 26 | 27 | 28 | 29 | 7.1 | 2 | 3 | 4 | 5 | 6 | 7 | 8 | 9 | 10 | 11 | 12 | 13 | 14 | 15 | 16 | 17 | 18 | 19 | 20 | 21 | 22 | 23 | 24 |
| 요일 | 日 | 月 | 火 | 水 | 木 | 金 | 土 | 日 | 月 | 火 | 水 | 木 | 金 | 土 | 日 | 月 | 火 | 水 | 木 | 金 | 土 | 日 | 月 | 火 | 水 | 木 | 金 | 土 | 日 | 月 | 火 |
| 일진 | 辛巳 | 壬午 | 癸未 | 甲申 | 乙酉 | 丙戌 | 丁亥 | 戊子 | 己丑 | 庚寅 | 辛卯 | 壬辰 | 癸巳 | 甲午 | 乙未 | 丙申 | 丁酉 | 戊戌 | 己亥 | 庚子 | 辛丑 | 壬寅 | 癸卯 | 甲辰 | 乙巳 | 丙午 | 丁未 | 戊申 | 己酉 | 庚戌 | 辛亥 |
| 대운 남 | 8 | 9 | 9 | 9 | 10 | 10 | 입 | 1 | 1 | 1 | 1 | 2 | 2 | 2 | 3 | 3 | 3 | 4 | 4 | 4 | 5 | 5 | 5 | 6 | 6 | 6 | 7 | 7 | 7 | 8 | 8 |
| 대운 녀 | 2 | 2 | 1 | 1 | 1 | 1 | 추 | 10 | 10 | 9 | 9 | 9 | 8 | 8 | 8 | 7 | 7 | 7 | 6 | 6 | 6 | 5 | 5 | 5 | 4 | 4 | 4 | 3 | 3 | 3 | 2 |

백로 7일 18시52분 | **9 · 丁酉月(양 9.7~10.7)** | 추분 23일 04시20분

| 양력 | 1 | 2 | 3 | 4 | 5 | 6 | 7 | 8 | 9 | 10 | 11 | 12 | 13 | 14 | 15 | 16 | 17 | 18 | 19 | 20 | 21 | 22 | 23 | 24 | 25 | 26 | 27 | 28 | 29 | 30 | |
|---|---|---|---|---|---|---|---|---|---|---|---|---|---|---|---|---|---|---|---|---|---|---|---|---|---|---|---|---|---|---|---|
| 음력 | 25 | 26 | 27 | 28 | 29 | 30 | 8.1 | 2 | 3 | 4 | 5 | 6 | 7 | 8 | 9 | 10 | 11 | 12 | 13 | 14 | 15 | 16 | 17 | 18 | 19 | 20 | 21 | 22 | 23 | 24 | |
| 요일 | 水 | 木 | 金 | 土 | 日 | 月 | 火 | 水 | 木 | 金 | 土 | 日 | 月 | 火 | 水 | 木 | 金 | 土 | 日 | 月 | 火 | 水 | 木 | 金 | 土 | 日 | 月 | 火 | 水 | 木 | |
| 일진 | 壬子 | 癸丑 | 甲寅 | 乙卯 | 丙辰 | 丁巳 | 戊午 | 己未 | 庚申 | 辛酉 | 壬戌 | 癸亥 | 甲子 | 乙丑 | 丙寅 | 丁卯 | 戊辰 | 己巳 | 庚午 | 辛未 | 壬申 | 癸酉 | 甲戌 | 乙亥 | 丙子 | 丁丑 | 戊寅 | 己卯 | 庚辰 | 辛巳 | |
| 대운 남 | 8 | 9 | 9 | 9 | 10 | 10 | 백 | 1 | 1 | 1 | 1 | 2 | 2 | 2 | 3 | 3 | 3 | 4 | 4 | 4 | 5 | 5 | 5 | 6 | 6 | 6 | 7 | 7 | 7 | 8 | |
| 대운 녀 | 2 | 2 | 1 | 1 | 1 | 1 | 로 | 10 | 10 | 9 | 9 | 9 | 8 | 8 | 8 | 7 | 7 | 7 | 6 | 6 | 6 | 5 | 5 | 5 | 4 | 4 | 4 | 3 | 3 | 3 | |

한로 8일 10시38분 | **10 · 戊戌月(양 10.8~11.6)** | 상강 23일 13시50분

| 양력 | 1 | 2 | 3 | 4 | 5 | 6 | 7 | 8 | 9 | 10 | 11 | 12 | 13 | 14 | 15 | 16 | 17 | 18 | 19 | 20 | 21 | 22 | 23 | 24 | 25 | 26 | 27 | 28 | 29 | 30 | 31 |
|---|---|---|---|---|---|---|---|---|---|---|---|---|---|---|---|---|---|---|---|---|---|---|---|---|---|---|---|---|---|---|---|
| 음력 | 25 | 26 | 27 | 28 | 29 | 9.1 | 2 | 3 | 4 | 5 | 6 | 7 | 8 | 9 | 10 | 11 | 12 | 13 | 14 | 15 | 16 | 17 | 18 | 19 | 20 | 21 | 22 | 23 | 24 | 25 | 26 |
| 요일 | 金 | 土 | 日 | 月 | 火 | 水 | 木 | 金 | 土 | 日 | 月 | 火 | 水 | 木 | 金 | 土 | 日 | 月 | 火 | 水 | 木 | 金 | 土 | 日 | 月 | 火 | 水 | 木 | 金 | 土 | 日 |
| 일진 | 壬午 | 癸未 | 甲申 | 乙酉 | 丙戌 | 丁亥 | 戊子 | 己丑 | 庚寅 | 辛卯 | 壬辰 | 癸巳 | 甲午 | 乙未 | 丙申 | 丁酉 | 戊戌 | 己亥 | 庚子 | 辛丑 | 壬寅 | 癸卯 | 甲辰 | 乙巳 | 丙午 | 丁未 | 戊申 | 己酉 | 庚戌 | 辛亥 | 壬子 |
| 대운 남 | 8 | 8 | 9 | 9 | 9 | 10 | 10 | 한 | 1 | 1 | 1 | 1 | 2 | 2 | 2 | 3 | 3 | 3 | 4 | 4 | 4 | 5 | 5 | 5 | 6 | 6 | 6 | 7 | 7 | 7 | 8 |
| 대운 녀 | 2 | 2 | 2 | 1 | 1 | 1 | 1 | 로 | 10 | 9 | 9 | 9 | 8 | 8 | 8 | 7 | 7 | 7 | 6 | 6 | 6 | 5 | 5 | 5 | 4 | 4 | 4 | 3 | 3 | 3 | 2 |

입동 7일 13시58분 | **11 · 己亥月(양 11.7~12.6)** | 소설 22일 11시33분

| 양력 | 1 | 2 | 3 | 4 | 5 | 6 | 7 | 8 | 9 | 10 | 11 | 12 | 13 | 14 | 15 | 16 | 17 | 18 | 19 | 20 | 21 | 22 | 23 | 24 | 25 | 26 | 27 | 28 | 29 | 30 | |
|---|---|---|---|---|---|---|---|---|---|---|---|---|---|---|---|---|---|---|---|---|---|---|---|---|---|---|---|---|---|---|---|
| 음력 | 27 | 28 | 29 | 30 | 10.1 | 2 | 3 | 4 | 5 | 6 | 7 | 8 | 9 | 10 | 11 | 12 | 13 | 14 | 15 | 16 | 17 | 18 | 19 | 20 | 21 | 22 | 23 | 24 | 25 | 26 | |
| 요일 | 月 | 火 | 水 | 木 | 金 | 土 | 日 | 月 | 火 | 水 | 木 | 金 | 土 | 日 | 月 | 火 | 水 | 木 | 金 | 土 | 日 | 月 | 火 | 水 | 木 | 金 | 土 | 日 | 月 | 火 | |
| 일진 | 癸丑 | 甲寅 | 乙卯 | 丙辰 | 丁巳 | 戊午 | 己未 | 庚申 | 辛酉 | 壬戌 | 癸亥 | 甲子 | 乙丑 | 丙寅 | 丁卯 | 戊辰 | 己巳 | 庚午 | 辛未 | 壬申 | 癸酉 | 甲戌 | 乙亥 | 丙子 | 丁丑 | 戊寅 | 己卯 | 庚辰 | 辛巳 | 壬午 | |
| 대운 남 | 8 | 8 | 9 | 9 | 9 | 10 | 입 | 1 | 1 | 1 | 1 | 2 | 2 | 2 | 3 | 3 | 3 | 4 | 4 | 4 | 5 | 5 | 5 | 6 | 6 | 6 | 7 | 7 | 7 | 8 | |
| 대운 녀 | 2 | 2 | 1 | 1 | 1 | 1 | 동 | 10 | 9 | 9 | 9 | 8 | 8 | 8 | 7 | 7 | 7 | 6 | 6 | 6 | 5 | 5 | 5 | 4 | 4 | 4 | 3 | 3 | 3 | 2 | |

대설 7일 06시56분 | **12 · 庚子月(양 12.7~1.4)** | 동지 22일 00시58분

| 양력 | 1 | 2 | 3 | 4 | 5 | 6 | 7 | 8 | 9 | 10 | 11 | 12 | 13 | 14 | 15 | 16 | 17 | 18 | 19 | 20 | 21 | 22 | 23 | 24 | 25 | 26 | 27 | 28 | 29 | 30 | 31 |
|---|---|---|---|---|---|---|---|---|---|---|---|---|---|---|---|---|---|---|---|---|---|---|---|---|---|---|---|---|---|---|---|
| 음력 | 27 | 28 | 29 | 11.1 | 2 | 3 | 4 | 5 | 6 | 7 | 8 | 9 | 10 | 11 | 12 | 13 | 14 | 15 | 16 | 17 | 18 | 19 | 20 | 21 | 22 | 23 | 24 | 25 | 26 | 27 | 28 |
| 요일 | 水 | 木 | 金 | 土 | 日 | 月 | 火 | 水 | 木 | 金 | 土 | 日 | 月 | 火 | 水 | 木 | 金 | 土 | 日 | 月 | 火 | 水 | 木 | 金 | 土 | 日 | 月 | 火 | 水 | 木 | 金 |
| 일진 | 癸未 | 甲申 | 乙酉 | 丙戌 | 丁亥 | 戊子 | 己丑 | 庚寅 | 辛卯 | 壬辰 | 癸巳 | 甲午 | 乙未 | 丙申 | 丁酉 | 戊戌 | 己亥 | 庚子 | 辛丑 | 壬寅 | 癸卯 | 甲辰 | 乙巳 | 丙午 | 丁未 | 戊申 | 己酉 | 庚戌 | 辛亥 | 壬子 | 癸丑 |
| 대운 남 | 8 | 8 | 9 | 9 | 9 | 10 | 대 | 1 | 1 | 1 | 1 | 2 | 2 | 2 | 3 | 3 | 3 | 4 | 4 | 4 | 5 | 5 | 5 | 6 | 6 | 6 | 7 | 7 | 7 | 8 | 8 |
| 대운 녀 | 2 | 2 | 1 | 1 | 1 | 1 | 설 | 9 | 9 | 9 | 8 | 8 | 8 | 7 | 7 | 7 | 6 | 6 | 6 | 5 | 5 | 5 | 4 | 4 | 4 | 3 | 3 | 3 | 2 | 2 | 2 |

단기 4355년

# 2022년

소한 5일 18시13분

## 1 · 辛丑月(양 1.5~2.3)

대한 20일 11시38분

| 양력 | | 1 | 2 | 3 | 4 | 5 | 6 | 7 | 8 | 9 | 10 | 11 | 12 | 13 | 14 | 15 | 16 | 17 | 18 | 19 | 20 | 21 | 22 | 23 | 24 | 25 | 26 | 27 | 28 | 29 | 30 | 31 |
|---|---|---|---|---|---|---|---|---|---|---|---|---|---|---|---|---|---|---|---|---|---|---|---|---|---|---|---|---|---|---|---|---|
| 음력 | | 29 | 30 | 12.1 | 2 | 3 | 4 | 5 | 6 | 7 | 8 | 9 | 10 | 11 | 12 | 13 | 14 | 15 | 16 | 17 | 18 | 19 | 20 | 21 | 22 | 23 | 24 | 25 | 26 | 27 | 28 | 29 |
| 요일 | | 土 | 日 | 月 | 火 | 水 | 木 | 金 | 土 | 日 | 月 | 火 | 水 | 木 | 金 | 土 | 日 | 月 | 火 | 水 | 木 | 金 | 土 | 日 | 月 | 火 | 水 | 木 | 金 | 土 | 日 | 月 |
| 일진 | | 甲寅 | 乙卯 | 丙辰 | 丁巳 | 戊午 | 己未 | 庚申 | 辛酉 | 壬戌 | 癸亥 | 甲子 | 乙丑 | 丙寅 | 丁卯 | 戊辰 | 己巳 | 庚午 | 辛未 | 壬申 | 癸酉 | 甲戌 | 乙亥 | 丙子 | 丁丑 | 戊寅 | 己卯 | 庚辰 | 辛巳 | 壬午 | 癸未 | 甲申 |
| 대운 | 남 | 8 | 9 | 9 | 9 | 소 | 1 | 1 | 1 | 1 | 2 | 2 | 2 | 3 | 3 | 3 | 4 | 4 | 4 | 5 | 5 | 5 | 6 | 6 | 6 | 7 | 7 | 7 | 8 | 8 | 8 | 9 |
| | 녀 | 1 | 1 | 1 | 1 | 한 | 10 | 9 | 9 | 9 | 8 | 8 | 8 | 7 | 7 | 7 | 6 | 6 | 6 | 5 | 5 | 5 | 4 | 4 | 4 | 3 | 3 | 3 | 2 | 2 | 2 | 1 |

입춘 4일 05시50분

## 2 · 壬寅月(양 2.4~3.4)

우수 19일 01시42분

| 양력 | | 1 | 2 | 3 | 4 | 5 | 6 | 7 | 8 | 9 | 10 | 11 | 12 | 13 | 14 | 15 | 16 | 17 | 18 | 19 | 20 | 21 | 22 | 23 | 24 | 25 | 26 | 27 | 28 |
|---|---|---|---|---|---|---|---|---|---|---|---|---|---|---|---|---|---|---|---|---|---|---|---|---|---|---|---|---|---|
| 음력 | | 1.1 | 2 | 3 | 4 | 5 | 6 | 7 | 8 | 9 | 10 | 11 | 12 | 13 | 14 | 15 | 16 | 17 | 18 | 19 | 20 | 21 | 22 | 23 | 24 | 25 | 26 | 27 | 28 |
| 요일 | | 火 | 水 | 木 | 金 | 土 | 日 | 月 | 火 | 水 | 木 | 金 | 土 | 日 | 月 | 火 | 水 | 木 | 金 | 土 | 日 | 月 | 火 | 水 | 木 | 金 | 土 | 日 | 月 |
| 일진 | | 乙酉 | 丙戌 | 丁亥 | 戊子 | 己丑 | 庚寅 | 辛卯 | 壬辰 | 癸巳 | 甲午 | 乙未 | 丙申 | 丁酉 | 戊戌 | 己亥 | 庚子 | 辛丑 | 壬寅 | 癸卯 | 甲辰 | 乙巳 | 丙午 | 丁未 | 戊申 | 己酉 | 庚戌 | 辛亥 | 壬子 |
| 대운 | 남 | 9 | 9 | 10 | 입 | 9 | 9 | 9 | 8 | 8 | 8 | 7 | 7 | 7 | 6 | 6 | 6 | 5 | 5 | 5 | 4 | 4 | 4 | 3 | 3 | 3 | 2 | 2 | 2 |
| | 녀 | 1 | 1 | 1 | 춘 | 1 | 1 | 1 | 1 | 2 | 2 | 2 | 3 | 3 | 3 | 4 | 4 | 4 | 5 | 5 | 5 | 6 | 6 | 6 | 7 | 7 | 7 | 8 | 8 |

경칩 5일 23시43분

## 3 · 癸卯月(양 3.5~4.4)

춘분 21일 00시32분

| 양력 | | 1 | 2 | 3 | 4 | 5 | 6 | 7 | 8 | 9 | 10 | 11 | 12 | 13 | 14 | 15 | 16 | 17 | 18 | 19 | 20 | 21 | 22 | 23 | 24 | 25 | 26 | 27 | 28 | 29 | 30 | 31 |
|---|---|---|---|---|---|---|---|---|---|---|---|---|---|---|---|---|---|---|---|---|---|---|---|---|---|---|---|---|---|---|---|---|
| 음력 | | 29 | 30 | 2.1 | 2 | 3 | 4 | 5 | 6 | 7 | 8 | 9 | 10 | 11 | 12 | 13 | 14 | 15 | 16 | 17 | 18 | 19 | 20 | 21 | 22 | 23 | 24 | 25 | 26 | 27 | 28 | 29 |
| 요일 | | 火 | 水 | 木 | 金 | 土 | 日 | 月 | 火 | 水 | 木 | 金 | 土 | 日 | 月 | 火 | 水 | 木 | 金 | 土 | 日 | 月 | 火 | 水 | 木 | 金 | 土 | 日 | 月 | 火 | 水 | 木 |
| 일진 | | 癸丑 | 甲寅 | 乙卯 | 丙辰 | 丁巳 | 戊午 | 己未 | 庚申 | 辛酉 | 壬戌 | 癸亥 | 甲子 | 乙丑 | 丙寅 | 丁卯 | 戊辰 | 己巳 | 庚午 | 辛未 | 壬申 | 癸酉 | 甲戌 | 乙亥 | 丙子 | 丁丑 | 戊寅 | 己卯 | 庚辰 | 辛巳 | 壬午 | 癸未 |
| 대운 | 남 | 1 | 1 | 1 | 1 | 경 | 10 | 10 | 9 | 9 | 9 | 8 | 8 | 8 | 7 | 7 | 7 | 6 | 6 | 6 | 5 | 5 | 5 | 4 | 4 | 4 | 3 | 3 | 3 | 2 | 2 | 2 |
| | 녀 | 8 | 9 | 9 | 9 | 칩 | 1 | 1 | 1 | 1 | 2 | 2 | 2 | 3 | 3 | 3 | 4 | 4 | 4 | 5 | 5 | 5 | 6 | 6 | 6 | 7 | 7 | 7 | 8 | 8 | 8 | 9 |

청명 5일 04시19분

## 4 · 甲辰月(양 4.5~5.4)

곡우 20일 11시23분

| 양력 | | 1 | 2 | 3 | 4 | 5 | 6 | 7 | 8 | 9 | 10 | 11 | 12 | 13 | 14 | 15 | 16 | 17 | 18 | 19 | 20 | 21 | 22 | 23 | 24 | 25 | 26 | 27 | 28 | 29 | 30 |
|---|---|---|---|---|---|---|---|---|---|---|---|---|---|---|---|---|---|---|---|---|---|---|---|---|---|---|---|---|---|---|---|
| 음력 | | 3.1 | 2 | 3 | 4 | 5 | 6 | 7 | 8 | 9 | 10 | 11 | 12 | 13 | 14 | 15 | 16 | 17 | 18 | 19 | 20 | 21 | 22 | 23 | 24 | 25 | 26 | 27 | 28 | 29 | 30 |
| 요일 | | 金 | 土 | 日 | 月 | 火 | 水 | 木 | 金 | 土 | 日 | 月 | 火 | 水 | 木 | 金 | 土 | 日 | 月 | 火 | 水 | 木 | 金 | 土 | 日 | 月 | 火 | 水 | 木 | 金 | 土 |
| 일진 | | 甲申 | 乙酉 | 丙戌 | 丁亥 | 戊子 | 己丑 | 庚寅 | 辛卯 | 壬辰 | 癸巳 | 甲午 | 乙未 | 丙申 | 丁酉 | 戊戌 | 己亥 | 庚子 | 辛丑 | 壬寅 | 癸卯 | 甲辰 | 乙巳 | 丙午 | 丁未 | 戊申 | 己酉 | 庚戌 | 辛亥 | 壬子 | 癸丑 |
| 대운 | 남 | 1 | 1 | 1 | 1 | 청 | 10 | 9 | 9 | 9 | 8 | 8 | 8 | 7 | 7 | 7 | 6 | 6 | 6 | 5 | 5 | 5 | 4 | 4 | 4 | 3 | 3 | 3 | 2 | 2 | 2 |
| | 녀 | 9 | 9 | 10 | 10 | 명 | 1 | 1 | 1 | 1 | 2 | 2 | 2 | 3 | 3 | 3 | 4 | 4 | 4 | 5 | 5 | 5 | 6 | 6 | 6 | 7 | 7 | 7 | 8 | 8 | 8 |

입하 5일 21시25분

## 5 · 乙巳月(양 5.5~6.5)

소만 21일 10시22분

| 양력 | | 1 | 2 | 3 | 4 | 5 | 6 | 7 | 8 | 9 | 10 | 11 | 12 | 13 | 14 | 15 | 16 | 17 | 18 | 19 | 20 | 21 | 22 | 23 | 24 | 25 | 26 | 27 | 28 | 29 | 30 | 31 |
|---|---|---|---|---|---|---|---|---|---|---|---|---|---|---|---|---|---|---|---|---|---|---|---|---|---|---|---|---|---|---|---|---|
| 음력 | | 4.1 | 2 | 3 | 4 | 5 | 6 | 7 | 8 | 9 | 10 | 11 | 12 | 13 | 14 | 15 | 16 | 17 | 18 | 19 | 20 | 21 | 22 | 23 | 24 | 25 | 26 | 27 | 28 | 29 | 5.1 | 2 |
| 요일 | | 日 | 月 | 火 | 水 | 木 | 金 | 土 | 日 | 月 | 火 | 水 | 木 | 金 | 土 | 日 | 月 | 火 | 水 | 木 | 金 | 土 | 日 | 月 | 火 | 水 | 木 | 金 | 土 | 日 | 月 | 火 |
| 일진 | | 甲寅 | 乙卯 | 丙辰 | 丁巳 | 戊午 | 己未 | 庚申 | 辛酉 | 壬戌 | 癸亥 | 甲子 | 乙丑 | 丙寅 | 丁卯 | 戊辰 | 己巳 | 庚午 | 辛未 | 壬申 | 癸酉 | 甲戌 | 乙亥 | 丙子 | 丁丑 | 戊寅 | 己卯 | 庚辰 | 辛巳 | 壬午 | 癸未 | 甲申 |
| 대운 | 남 | 1 | 1 | 1 | 1 | 입 | 10 | 10 | 10 | 9 | 9 | 9 | 8 | 8 | 8 | 7 | 7 | 7 | 6 | 6 | 6 | 5 | 5 | 5 | 4 | 4 | 4 | 3 | 3 | 3 | 2 | 2 |
| | 녀 | 9 | 9 | 9 | 10 | 하 | 1 | 1 | 1 | 1 | 2 | 2 | 2 | 3 | 3 | 3 | 4 | 4 | 4 | 5 | 5 | 5 | 6 | 6 | 6 | 7 | 7 | 7 | 8 | 8 | 8 | 9 |

망종 6일 01시25분

## 6 · 丙午月(양 6.6~7.6)

하지 21일 18시13분

| 양력 | | 1 | 2 | 3 | 4 | 5 | 6 | 7 | 8 | 9 | 10 | 11 | 12 | 13 | 14 | 15 | 16 | 17 | 18 | 19 | 20 | 21 | 22 | 23 | 24 | 25 | 26 | 27 | 28 | 29 | 30 |
|---|---|---|---|---|---|---|---|---|---|---|---|---|---|---|---|---|---|---|---|---|---|---|---|---|---|---|---|---|---|---|---|
| 음력 | | 3 | 4 | 5 | 6 | 7 | 8 | 9 | 10 | 11 | 12 | 13 | 14 | 15 | 16 | 17 | 18 | 19 | 20 | 21 | 22 | 23 | 24 | 25 | 26 | 27 | 28 | 29 | 30 | 6.1 | 2 |
| 요일 | | 水 | 木 | 金 | 土 | 日 | 月 | 火 | 水 | 木 | 金 | 土 | 日 | 月 | 火 | 水 | 木 | 金 | 土 | 日 | 月 | 火 | 水 | 木 | 金 | 土 | 日 | 月 | 火 | 水 | 木 |
| 일진 | | 乙酉 | 丙戌 | 丁亥 | 戊子 | 己丑 | 庚寅 | 辛卯 | 壬辰 | 癸巳 | 甲午 | 乙未 | 丙申 | 丁酉 | 戊戌 | 己亥 | 庚子 | 辛丑 | 壬寅 | 癸卯 | 甲辰 | 乙巳 | 丙午 | 丁未 | 戊申 | 己酉 | 庚戌 | 辛亥 | 壬子 | 癸丑 | 甲寅 |
| 대운 | 남 | 2 | 1 | 1 | 1 | 1 | 망 | 10 | 10 | 9 | 9 | 9 | 8 | 8 | 8 | 7 | 7 | 7 | 6 | 6 | 6 | 5 | 5 | 5 | 4 | 4 | 4 | 3 | 3 | 3 | 2 |
| | 녀 | 9 | 9 | 10 | 10 | 10 | 종 | 1 | 1 | 1 | 1 | 2 | 2 | 2 | 3 | 3 | 3 | 4 | 4 | 4 | 5 | 5 | 5 | 6 | 6 | 6 | 7 | 7 | 7 | 8 | 8 |

# 壬寅年

동경135도 표준시

소서 7일 11시37분 **7 · 丁未月(양 7.7~8.6)** 대서 23일 05시06분

| 양력 | 1 | 2 | 3 | 4 | 5 | 6 | 7 | 8 | 9 | 10 | 11 | 12 | 13 | 14 | 15 | 16 | 17 | 18 | 19 | 20 | 21 | 22 | 23 | 24 | 25 | 26 | 27 | 28 | 29 | 30 | 31 |
|---|---|---|---|---|---|---|---|---|---|---|---|---|---|---|---|---|---|---|---|---|---|---|---|---|---|---|---|---|---|---|---|
| 음력 | 3 | 4 | 5 | 6 | 7 | 8 | 9 | 10 | 11 | 12 | 13 | 14 | 15 | 16 | 17 | 18 | 19 | 20 | 21 | 22 | 23 | 24 | 25 | 26 | 27 | 28 | 29 | 30 | 7.1 | 2 | 3 |
| 요일 | 金 | 土 | 日 | 月 | 火 | 水 | 木 | 金 | 土 | 日 | 月 | 火 | 水 | 木 | 金 | 土 | 日 | 月 | 火 | 水 | 木 | 金 | 土 | 日 | 月 | 火 | 水 | 木 | 金 | 土 | 日 |
| 일진 | 乙卯 | 丙辰 | 丁巳 | 戊午 | 己未 | 庚申 | 辛酉 | 壬戌 | 癸亥 | 甲子 | 乙丑 | 丙寅 | 丁卯 | 戊辰 | 己巳 | 庚午 | 辛未 | 壬申 | 癸酉 | 甲戌 | 乙亥 | 丙子 | 丁丑 | 戊寅 | 己卯 | 庚辰 | 辛巳 | 壬午 | 癸未 | 甲申 | 乙酉 |
| 대운 남 | 2 | 2 | 1 | 1 | 1 | 1 | 소 | 10 | 10 | 9 | 9 | 9 | 8 | 8 | 8 | 7 | 7 | 7 | 6 | 6 | 6 | 5 | 5 | 5 | 4 | 4 | 4 | 3 | 3 | 3 | 2 |
| 대운 녀 | 8 | 9 | 9 | 9 | 10 | 10 | 서 | 1 | 1 | 1 | 1 | 2 | 2 | 2 | 3 | 3 | 3 | 4 | 4 | 4 | 5 | 5 | 5 | 6 | 6 | 6 | 7 | 7 | 7 | 8 | 8 |

입추 7일 21시28분 **8 · 戊申月(양 8.7~9.7)** 처서 23일 12시15분

| 양력 | 1 | 2 | 3 | 4 | 5 | 6 | 7 | 8 | 9 | 10 | 11 | 12 | 13 | 14 | 15 | 16 | 17 | 18 | 19 | 20 | 21 | 22 | 23 | 24 | 25 | 26 | 27 | 28 | 29 | 30 | 31 |
|---|---|---|---|---|---|---|---|---|---|---|---|---|---|---|---|---|---|---|---|---|---|---|---|---|---|---|---|---|---|---|---|
| 음력 | 4 | 5 | 6 | 7 | 8 | 9 | 10 | 11 | 12 | 13 | 14 | 15 | 16 | 17 | 18 | 19 | 20 | 21 | 22 | 23 | 24 | 25 | 26 | 27 | 28 | 29 | 8.1 | 2 | 3 | 4 | 5 |
| 요일 | 月 | 火 | 水 | 木 | 金 | 土 | 日 | 月 | 火 | 水 | 木 | 金 | 土 | 日 | 月 | 火 | 水 | 木 | 金 | 土 | 日 | 月 | 火 | 水 | 木 | 金 | 土 | 日 | 月 | 火 | 水 |
| 일진 | 丙戌 | 丁亥 | 戊子 | 己丑 | 庚寅 | 辛卯 | 壬辰 | 癸巳 | 甲午 | 乙未 | 丙申 | 丁酉 | 戊戌 | 己亥 | 庚子 | 辛丑 | 壬寅 | 癸卯 | 甲辰 | 乙巳 | 丙午 | 丁未 | 戊申 | 己酉 | 庚戌 | 辛亥 | 壬子 | 癸丑 | 甲寅 | 乙卯 | 丙辰 |
| 대운 남 | 2 | 2 | 1 | 1 | 1 | 1 | 입 | 10 | 10 | 10 | 9 | 9 | 9 | 8 | 8 | 8 | 7 | 7 | 7 | 6 | 6 | 6 | 5 | 5 | 5 | 4 | 4 | 4 | 3 | 3 | 3 |
| 대운 녀 | 8 | 9 | 9 | 9 | 10 | 10 | 추 | 1 | 1 | 1 | 1 | 2 | 2 | 2 | 3 | 3 | 3 | 4 | 4 | 4 | 5 | 5 | 5 | 6 | 6 | 6 | 7 | 7 | 7 | 8 | 8 |

백로 8일 00시31분 **9 · 己酉月(양 9.8~10.7)** 추분 23일 10시03분

| 양력 | 1 | 2 | 3 | 4 | 5 | 6 | 7 | 8 | 9 | 10 | 11 | 12 | 13 | 14 | 15 | 16 | 17 | 18 | 19 | 20 | 21 | 22 | 23 | 24 | 25 | 26 | 27 | 28 | 29 | 30 |
|---|---|---|---|---|---|---|---|---|---|---|---|---|---|---|---|---|---|---|---|---|---|---|---|---|---|---|---|---|---|---|
| 음력 | 6 | 7 | 8 | 9 | 10 | 11 | 12 | 13 | 14 | 15 | 16 | 17 | 18 | 19 | 20 | 21 | 22 | 23 | 24 | 25 | 26 | 27 | 28 | 29 | 30 | 9.1 | 2 | 3 | 4 | 5 |
| 요일 | 木 | 金 | 土 | 日 | 月 | 火 | 水 | 木 | 金 | 土 | 日 | 月 | 火 | 水 | 木 | 金 | 土 | 日 | 月 | 火 | 水 | 木 | 金 | 土 | 日 | 月 | 火 | 水 | 木 | 金 |
| 일진 | 丁巳 | 戊午 | 己未 | 庚申 | 辛酉 | 壬戌 | 癸亥 | 甲子 | 乙丑 | 丙寅 | 丁卯 | 戊辰 | 己巳 | 庚午 | 辛未 | 壬申 | 癸酉 | 甲戌 | 乙亥 | 丙子 | 丁丑 | 戊寅 | 己卯 | 庚辰 | 辛巳 | 壬午 | 癸未 | 甲申 | 乙酉 | 丙戌 |
| 대운 남 | 2 | 2 | 2 | 1 | 1 | 1 | 1 | 백 | 10 | 9 | 9 | 9 | 8 | 8 | 8 | 7 | 7 | 7 | 6 | 6 | 6 | 5 | 5 | 5 | 4 | 4 | 4 | 3 | 3 | 3 |
| 대운 녀 | 8 | 9 | 9 | 9 | 10 | 10 | 10 | 로 | 1 | 1 | 1 | 1 | 2 | 2 | 2 | 3 | 3 | 3 | 4 | 4 | 4 | 5 | 5 | 5 | 6 | 6 | 6 | 7 | 7 | 7 |

한로 8일 16시21분 **10 · 庚戌月(양 10.8~11.6)** 상강 23일 19시35분

| 양력 | 1 | 2 | 3 | 4 | 5 | 6 | 7 | 8 | 9 | 10 | 11 | 12 | 13 | 14 | 15 | 16 | 17 | 18 | 19 | 20 | 21 | 22 | 23 | 24 | 25 | 26 | 27 | 28 | 29 | 30 | 31 |
|---|---|---|---|---|---|---|---|---|---|---|---|---|---|---|---|---|---|---|---|---|---|---|---|---|---|---|---|---|---|---|---|
| 음력 | 6 | 7 | 8 | 9 | 10 | 11 | 12 | 13 | 14 | 15 | 16 | 17 | 18 | 19 | 20 | 21 | 22 | 23 | 24 | 25 | 26 | 27 | 28 | 29 | 10.1 | 2 | 3 | 4 | 5 | 6 | 7 |
| 요일 | 土 | 日 | 月 | 火 | 水 | 木 | 金 | 土 | 日 | 月 | 火 | 水 | 木 | 金 | 土 | 日 | 月 | 火 | 水 | 木 | 金 | 土 | 日 | 月 | 火 | 水 | 木 | 金 | 土 | 日 | 月 |
| 일진 | 丁亥 | 戊子 | 己丑 | 庚寅 | 辛卯 | 壬辰 | 癸巳 | 甲午 | 乙未 | 丙申 | 丁酉 | 戊戌 | 己亥 | 庚子 | 辛丑 | 壬寅 | 癸卯 | 甲辰 | 乙巳 | 丙午 | 丁未 | 戊申 | 己酉 | 庚戌 | 辛亥 | 壬子 | 癸丑 | 甲寅 | 乙卯 | 丙辰 | 丁巳 |
| 대운 남 | 2 | 2 | 2 | 1 | 1 | 1 | 1 | 한 | 10 | 9 | 9 | 9 | 8 | 8 | 8 | 7 | 7 | 7 | 6 | 6 | 6 | 5 | 5 | 5 | 4 | 4 | 4 | 3 | 3 | 3 | 2 |
| 대운 녀 | 8 | 8 | 8 | 9 | 9 | 9 | 10 | 로 | 1 | 1 | 1 | 1 | 2 | 2 | 2 | 3 | 3 | 3 | 4 | 4 | 4 | 5 | 5 | 5 | 6 | 6 | 6 | 7 | 7 | 7 | 8 |

입동 7일 19시44분 **11 · 辛亥月(양 11.7~12.6)** 소설 22일 17시19분

| 양력 | 1 | 2 | 3 | 4 | 5 | 6 | 7 | 8 | 9 | 10 | 11 | 12 | 13 | 14 | 15 | 16 | 17 | 18 | 19 | 20 | 21 | 22 | 23 | 24 | 25 | 26 | 27 | 28 | 29 | 30 |
|---|---|---|---|---|---|---|---|---|---|---|---|---|---|---|---|---|---|---|---|---|---|---|---|---|---|---|---|---|---|---|
| 음력 | 8 | 9 | 10 | 11 | 12 | 13 | 14 | 15 | 16 | 17 | 18 | 19 | 20 | 21 | 22 | 23 | 24 | 25 | 26 | 27 | 28 | 29 | 30 | 11.1 | 2 | 3 | 4 | 5 | 6 | 7 |
| 요일 | 火 | 水 | 木 | 金 | 土 | 日 | 月 | 火 | 水 | 木 | 金 | 土 | 日 | 月 | 火 | 水 | 木 | 金 | 土 | 日 | 月 | 火 | 水 | 木 | 金 | 土 | 日 | 月 | 火 | 水 |
| 일진 | 戊午 | 己未 | 庚申 | 辛酉 | 壬戌 | 癸亥 | 甲子 | 乙丑 | 丙寅 | 丁卯 | 戊辰 | 己巳 | 庚午 | 辛未 | 壬申 | 癸酉 | 甲戌 | 乙亥 | 丙子 | 丁丑 | 戊寅 | 己卯 | 庚辰 | 辛巳 | 壬午 | 癸未 | 甲申 | 乙酉 | 丙戌 | 丁亥 |
| 대운 남 | 2 | 2 | 1 | 1 | 1 | 1 | 입 | 10 | 9 | 9 | 9 | 8 | 8 | 8 | 7 | 7 | 7 | 6 | 6 | 6 | 5 | 5 | 5 | 4 | 4 | 4 | 3 | 3 | 3 | 2 |
| 대운 녀 | 8 | 8 | 9 | 9 | 9 | 10 | 동 | 1 | 1 | 1 | 1 | 2 | 2 | 2 | 3 | 3 | 3 | 4 | 4 | 4 | 5 | 5 | 5 | 6 | 6 | 6 | 7 | 7 | 7 | 8 |

대설 7일 12시45분 **12 · 壬子月(양 12.7~1.5)** 동지 22일 06시47분

| 양력 | 1 | 2 | 3 | 4 | 5 | 6 | 7 | 8 | 9 | 10 | 11 | 12 | 13 | 14 | 15 | 16 | 17 | 18 | 19 | 20 | 21 | 22 | 23 | 24 | 25 | 26 | 27 | 28 | 29 | 30 | 31 |
|---|---|---|---|---|---|---|---|---|---|---|---|---|---|---|---|---|---|---|---|---|---|---|---|---|---|---|---|---|---|---|---|
| 음력 | 8 | 9 | 10 | 11 | 12 | 13 | 14 | 15 | 16 | 17 | 18 | 19 | 20 | 21 | 22 | 23 | 24 | 25 | 26 | 27 | 28 | 29 | 12.1 | 2 | 3 | 4 | 5 | 6 | 7 | 8 | 9 |
| 요일 | 木 | 金 | 土 | 日 | 月 | 火 | 水 | 木 | 金 | 土 | 日 | 月 | 火 | 水 | 木 | 金 | 土 | 日 | 月 | 火 | 水 | 木 | 金 | 土 | 日 | 月 | 火 | 水 | 木 | 金 | 土 |
| 일진 | 戊子 | 己丑 | 庚寅 | 辛卯 | 壬辰 | 癸巳 | 甲午 | 乙未 | 丙申 | 丁酉 | 戊戌 | 己亥 | 庚子 | 辛丑 | 壬寅 | 癸卯 | 甲辰 | 乙巳 | 丙午 | 丁未 | 戊申 | 己酉 | 庚戌 | 辛亥 | 壬子 | 癸丑 | 甲寅 | 乙卯 | 丙辰 | 丁巳 | 戊午 |
| 대운 남 | 2 | 2 | 1 | 1 | 1 | 1 | 대 | 10 | 9 | 9 | 9 | 8 | 8 | 8 | 7 | 7 | 7 | 6 | 6 | 6 | 5 | 5 | 5 | 4 | 4 | 4 | 3 | 3 | 3 | 2 | 2 |
| 대운 녀 | 8 | 8 | 9 | 9 | 9 | 10 | 설 | 1 | 1 | 1 | 1 | 2 | 2 | 2 | 3 | 3 | 3 | 4 | 4 | 4 | 5 | 5 | 5 | 6 | 6 | 6 | 7 | 7 | 7 | 8 | 8 |

소한 6일 00시04분

## 1 · 癸丑月(양 1.6~2.3)

대한 20일 17시28분

| 양력 | 1 | 2 | 3 | 4 | 5 | 6 | 7 | 8 | 9 | 10 | 11 | 12 | 13 | 14 | 15 | 16 | 17 | 18 | 19 | 20 | 21 | 22 | 23 | 24 | 25 | 26 | 27 | 28 | 29 | 30 | 31 |
|---|---|---|---|---|---|---|---|---|---|---|---|---|---|---|---|---|---|---|---|---|---|---|---|---|---|---|---|---|---|---|---|
| 음력 | 10 | 11 | 12 | 13 | 14 | 15 | 16 | 17 | 18 | 19 | 20 | 21 | 22 | 23 | 24 | 25 | 26 | 27 | 28 | 29 | 30 | 1.1 | 2 | 3 | 4 | 5 | 6 | 7 | 8 | 9 | 10 |
| 요일 | 日 | 月 | 火 | 水 | 木 | 金 | 土 | 日 | 月 | 火 | 水 | 木 | 金 | 土 | 日 | 月 | 火 | 水 | 木 | 金 | 土 | 日 | 月 | 火 | 水 | 木 | 金 | 土 | 日 | 月 | 火 |
| 일진 | 己未 | 庚申 | 辛酉 | 壬戌 | 癸亥 | 甲子 | 乙丑 | 丙寅 | 丁卯 | 戊辰 | 己巳 | 庚午 | 辛未 | 壬申 | 癸酉 | 甲戌 | 乙亥 | 丙子 | 丁丑 | 戊寅 | 己卯 | 庚辰 | 辛巳 | 壬午 | 癸未 | 甲申 | 乙酉 | 丙戌 | 丁亥 | 戊子 | 己丑 |
| 대운 남 | 2 | 1 | 1 | 1 | 1 | 소 | 9 | 9 | 9 | 8 | 8 | 8 | 7 | 7 | 7 | 6 | 6 | 6 | 5 | 5 | 5 | 4 | 4 | 4 | 3 | 3 | 3 | 2 | 2 | 2 | 1 |
| 대운 녀 | 8 | 9 | 9 | 9 | 10 | 한 | 1 | 1 | 1 | 1 | 2 | 2 | 2 | 3 | 3 | 3 | 4 | 4 | 4 | 5 | 5 | 5 | 6 | 6 | 6 | 7 | 7 | 7 | 8 | 8 | 8 |

입춘 4일 11시41분

## 2 · 甲寅月(양 2.4~3.5)

우수 19일 07시33분

| 양력 | 1 | 2 | 3 | 4 | 5 | 6 | 7 | 8 | 9 | 10 | 11 | 12 | 13 | 14 | 15 | 16 | 17 | 18 | 19 | 20 | 21 | 22 | 23 | 24 | 25 | 26 | 27 | 28 |
|---|---|---|---|---|---|---|---|---|---|---|---|---|---|---|---|---|---|---|---|---|---|---|---|---|---|---|---|---|
| 음력 | 11 | 12 | 13 | 14 | 15 | 16 | 17 | 18 | 19 | 20 | 21 | 22 | 23 | 24 | 25 | 26 | 27 | 28 | 29 | 2.1 | 2 | 3 | 4 | 5 | 6 | 7 | 8 | 9 |
| 요일 | 水 | 木 | 金 | 土 | 日 | 月 | 火 | 水 | 木 | 金 | 土 | 日 | 月 | 火 | 水 | 木 | 金 | 土 | 日 | 月 | 火 | 水 | 木 | 金 | 土 | 日 | 月 | 火 |
| 일진 | 庚寅 | 辛卯 | 壬辰 | 癸巳 | 甲午 | 乙未 | 丙申 | 丁酉 | 戊戌 | 己亥 | 庚子 | 辛丑 | 壬寅 | 癸卯 | 甲辰 | 乙巳 | 丙午 | 丁未 | 戊申 | 己酉 | 庚戌 | 辛亥 | 壬子 | 癸丑 | 甲寅 | 乙卯 | 丙辰 | 丁巳 |
| 대운 남 | 1 | 1 | 1 | 입 | 1 | 1 | 1 | 1 | 2 | 2 | 2 | 3 | 3 | 3 | 4 | 4 | 4 | 5 | 5 | 5 | 6 | 6 | 6 | 7 | 7 | 7 | 8 | 8 |
| 대운 녀 | 9 | 9 | 9 | 춘 | 10 | 9 | 9 | 9 | 8 | 8 | 8 | 7 | 7 | 7 | 6 | 6 | 6 | 5 | 5 | 5 | 4 | 4 | 4 | 3 | 3 | 3 | 2 | 2 |

경칩 6일 05시35분

## 3 · 乙卯月(양 3.6~4.4)

춘분 21일 06시23분

| 양력 | 1 | 2 | 3 | 4 | 5 | 6 | 7 | 8 | 9 | 10 | 11 | 12 | 13 | 14 | 15 | 16 | 17 | 18 | 19 | 20 | 21 | 22 | 23 | 24 | 25 | 26 | 27 | 28 | 29 | 30 | 31 |
|---|---|---|---|---|---|---|---|---|---|---|---|---|---|---|---|---|---|---|---|---|---|---|---|---|---|---|---|---|---|---|---|
| 음력 | 10 | 11 | 12 | 13 | 14 | 15 | 16 | 17 | 18 | 19 | 20 | 21 | 22 | 23 | 24 | 25 | 26 | 27 | 28 | 29 | 30 | 윤 | 2.2 | 3 | 4 | 5 | 6 | 7 | 8 | 9 | 10 |
| 요일 | 水 | 木 | 金 | 土 | 日 | 月 | 火 | 水 | 木 | 金 | 土 | 日 | 月 | 火 | 水 | 木 | 金 | 土 | 日 | 月 | 火 | 水 | 木 | 金 | 土 | 日 | 月 | 火 | 水 | 木 | 金 |
| 일진 | 戊午 | 己未 | 庚申 | 辛酉 | 壬戌 | 癸亥 | 甲子 | 乙丑 | 丙寅 | 丁卯 | 戊辰 | 己巳 | 庚午 | 辛未 | 壬申 | 癸酉 | 甲戌 | 乙亥 | 丙子 | 丁丑 | 戊寅 | 己卯 | 庚辰 | 辛巳 | 壬午 | 癸未 | 甲申 | 乙酉 | 丙戌 | 丁亥 | 戊子 |
| 대운 남 | 8 | 9 | 9 | 9 | 10 | 경 | 1 | 1 | 1 | 1 | 2 | 2 | 2 | 3 | 3 | 3 | 4 | 4 | 4 | 5 | 5 | 5 | 6 | 6 | 6 | 7 | 7 | 7 | 8 | 8 | 8 |
| 대운 녀 | 2 | 1 | 1 | 1 | 1 | 칩 | 10 | 9 | 9 | 9 | 8 | 8 | 8 | 7 | 7 | 7 | 6 | 6 | 6 | 5 | 5 | 5 | 4 | 4 | 4 | 3 | 3 | 3 | 2 | 2 | 2 |

청명 5일 10시12분

## 4 · 丙辰月(양 4.5~5.5)

곡우 20일 17시13분

| 양력 | 1 | 2 | 3 | 4 | 5 | 6 | 7 | 8 | 9 | 10 | 11 | 12 | 13 | 14 | 15 | 16 | 17 | 18 | 19 | 20 | 21 | 22 | 23 | 24 | 25 | 26 | 27 | 28 | 29 | 30 |
|---|---|---|---|---|---|---|---|---|---|---|---|---|---|---|---|---|---|---|---|---|---|---|---|---|---|---|---|---|---|---|
| 음력 | 11 | 12 | 13 | 14 | 15 | 16 | 17 | 18 | 19 | 20 | 21 | 22 | 23 | 24 | 25 | 26 | 27 | 28 | 29 | 3.1 | 2 | 3 | 4 | 5 | 6 | 7 | 8 | 9 | 10 | 11 |
| 요일 | 土 | 日 | 月 | 火 | 水 | 木 | 金 | 土 | 日 | 月 | 火 | 水 | 木 | 金 | 土 | 日 | 月 | 火 | 水 | 木 | 金 | 土 | 日 | 月 | 火 | 水 | 木 | 金 | 土 | 日 |
| 일진 | 己丑 | 庚寅 | 辛卯 | 壬辰 | 癸巳 | 甲午 | 乙未 | 丙申 | 丁酉 | 戊戌 | 己亥 | 庚子 | 辛丑 | 壬寅 | 癸卯 | 甲辰 | 乙巳 | 丙午 | 丁未 | 戊申 | 己酉 | 庚戌 | 辛亥 | 壬子 | 癸丑 | 甲寅 | 乙卯 | 丙辰 | 丁巳 | 戊午 |
| 대운 남 | 9 | 9 | 9 | 10 | 청 | 1 | 1 | 1 | 1 | 2 | 2 | 2 | 3 | 3 | 3 | 4 | 4 | 4 | 5 | 5 | 5 | 6 | 6 | 6 | 7 | 7 | 7 | 8 | 8 | 8 |
| 대운 녀 | 1 | 1 | 1 | 1 | 명 | 10 | 10 | 9 | 9 | 9 | 8 | 8 | 8 | 7 | 7 | 7 | 6 | 6 | 6 | 5 | 5 | 5 | 4 | 4 | 4 | 3 | 3 | 3 | 2 | 2 |

입하 6일 03시18분

## 5 · 丁巳月(양 5.6~6.5)

소만 21일 16시08분

| 양력 | 1 | 2 | 3 | 4 | 5 | 6 | 7 | 8 | 9 | 10 | 11 | 12 | 13 | 14 | 15 | 16 | 17 | 18 | 19 | 20 | 21 | 22 | 23 | 24 | 25 | 26 | 27 | 28 | 29 | 30 | 31 |
|---|---|---|---|---|---|---|---|---|---|---|---|---|---|---|---|---|---|---|---|---|---|---|---|---|---|---|---|---|---|---|---|
| 음력 | 12 | 13 | 14 | 15 | 16 | 17 | 18 | 19 | 20 | 21 | 22 | 23 | 24 | 25 | 26 | 27 | 28 | 29 | 30 | 4.1 | 2 | 3 | 4 | 5 | 6 | 7 | 8 | 9 | 10 | 11 | 12 |
| 요일 | 月 | 火 | 水 | 木 | 金 | 土 | 日 | 月 | 火 | 水 | 木 | 金 | 土 | 日 | 月 | 火 | 水 | 木 | 金 | 土 | 日 | 月 | 火 | 水 | 木 | 金 | 土 | 日 | 月 | 火 | 水 |
| 일진 | 己未 | 庚申 | 辛酉 | 壬戌 | 癸亥 | 甲子 | 乙丑 | 丙寅 | 丁卯 | 戊辰 | 己巳 | 庚午 | 辛未 | 壬申 | 癸酉 | 甲戌 | 乙亥 | 丙子 | 丁丑 | 戊寅 | 己卯 | 庚辰 | 辛巳 | 壬午 | 癸未 | 甲申 | 乙酉 | 丙戌 | 丁亥 | 戊子 | 己丑 |
| 대운 남 | 9 | 9 | 9 | 10 | 10 | 입 | 1 | 1 | 1 | 1 | 2 | 2 | 2 | 3 | 3 | 3 | 4 | 4 | 4 | 5 | 5 | 5 | 6 | 6 | 6 | 7 | 7 | 7 | 8 | 8 | 8 |
| 대운 녀 | 2 | 1 | 1 | 1 | 1 | 하 | 10 | 10 | 9 | 9 | 9 | 8 | 8 | 8 | 7 | 7 | 7 | 6 | 6 | 6 | 5 | 5 | 5 | 4 | 4 | 4 | 3 | 3 | 3 | 2 | 2 |

망종 6일 07시17분

## 6 · 戊午月(양 6.6~7.6)

하지 21일 23시57분

| 양력 | 1 | 2 | 3 | 4 | 5 | 6 | 7 | 8 | 9 | 10 | 11 | 12 | 13 | 14 | 15 | 16 | 17 | 18 | 19 | 20 | 21 | 22 | 23 | 24 | 25 | 26 | 27 | 28 | 29 | 30 |
|---|---|---|---|---|---|---|---|---|---|---|---|---|---|---|---|---|---|---|---|---|---|---|---|---|---|---|---|---|---|---|
| 음력 | 13 | 14 | 15 | 16 | 17 | 18 | 19 | 20 | 21 | 22 | 23 | 24 | 25 | 26 | 27 | 28 | 29 | 5.1 | 2 | 3 | 4 | 5 | 6 | 7 | 8 | 9 | 10 | 11 | 12 | 13 |
| 요일 | 木 | 金 | 土 | 日 | 月 | 火 | 水 | 木 | 金 | 土 | 日 | 月 | 火 | 水 | 木 | 金 | 土 | 日 | 月 | 火 | 水 | 木 | 金 | 土 | 日 | 月 | 火 | 水 | 木 | 金 |
| 일진 | 庚寅 | 辛卯 | 壬辰 | 癸巳 | 甲午 | 乙未 | 丙申 | 丁酉 | 戊戌 | 己亥 | 庚子 | 辛丑 | 壬寅 | 癸卯 | 甲辰 | 乙巳 | 丙午 | 丁未 | 戊申 | 己酉 | 庚戌 | 辛亥 | 壬子 | 癸丑 | 甲寅 | 乙卯 | 丙辰 | 丁巳 | 戊午 | 己未 |
| 대운 남 | 9 | 9 | 9 | 10 | 10 | 망 | 1 | 1 | 1 | 1 | 2 | 2 | 2 | 3 | 3 | 3 | 4 | 4 | 4 | 5 | 5 | 5 | 6 | 6 | 6 | 7 | 7 | 7 | 8 | 8 |
| 대운 녀 | 2 | 1 | 1 | 1 | 1 | 종 | 10 | 10 | 9 | 9 | 9 | 8 | 8 | 8 | 7 | 7 | 7 | 6 | 6 | 6 | 5 | 5 | 5 | 4 | 4 | 4 | 3 | 3 | 3 | 2 |

## 7 · 己未月(양 7.7~8.7)

소서 7일 17시30분 / 대서 23일 10시49분

| 양력 | 1 | 2 | 3 | 4 | 5 | 6 | 7 | 8 | 9 | 10 | 11 | 12 | 13 | 14 | 15 | 16 | 17 | 18 | 19 | 20 | 21 | 22 | 23 | 24 | 25 | 26 | 27 | 28 | 29 | 30 | 31 |
|---|---|---|---|---|---|---|---|---|---|---|---|---|---|---|---|---|---|---|---|---|---|---|---|---|---|---|---|---|---|---|---|
| 음력 | 14 | 15 | 16 | 17 | 18 | 19 | 20 | 21 | 22 | 23 | 24 | 25 | 26 | 27 | 28 | 29 | 30 | 6.1 | 2 | 3 | 4 | 5 | 6 | 7 | 8 | 9 | 10 | 11 | 12 | 13 | 14 |
| 요일 | 土 | 日 | 月 | 火 | 水 | 木 | 金 | 土 | 日 | 月 | 火 | 水 | 木 | 金 | 土 | 日 | 月 | 火 | 水 | 木 | 金 | 土 | 日 | 月 | 火 | 水 | 木 | 金 | 土 | 日 | 月 |
| 일진 | 庚申 | 辛酉 | 壬戌 | 癸亥 | 甲子 | 乙丑 | 丙寅 | 丁卯 | 戊辰 | 己巳 | 庚午 | 辛未 | 壬申 | 癸酉 | 甲戌 | 乙亥 | 丙子 | 丁丑 | 戊寅 | 己卯 | 庚辰 | 辛巳 | 壬午 | 癸未 | 甲申 | 乙酉 | 丙戌 | 丁亥 | 戊子 | 己丑 | 庚寅 |
| 대운 남 | 8 | 9 | 9 | 9 | 10 | 10 | 소 | 1 | 1 | 1 | 1 | 2 | 2 | 2 | 3 | 3 | 3 | 4 | 4 | 4 | 5 | 5 | 5 | 6 | 6 | 6 | 7 | 7 | 7 | 8 | 8 |
| 대운 녀 | 2 | 2 | 1 | 1 | 1 | 1 | 서 | 10 | 10 | 10 | 9 | 9 | 9 | 8 | 8 | 8 | 7 | 7 | 7 | 6 | 6 | 6 | 5 | 5 | 5 | 4 | 4 | 4 | 3 | 3 | 3 |

## 8 · 庚申月(양 8.8~9.7)

입추 8일 03시22분 / 처서 23일 18시00분

| 양력 | 1 | 2 | 3 | 4 | 5 | 6 | 7 | 8 | 9 | 10 | 11 | 12 | 13 | 14 | 15 | 16 | 17 | 18 | 19 | 20 | 21 | 22 | 23 | 24 | 25 | 26 | 27 | 28 | 29 | 30 | 31 |
|---|---|---|---|---|---|---|---|---|---|---|---|---|---|---|---|---|---|---|---|---|---|---|---|---|---|---|---|---|---|---|---|
| 음력 | 15 | 16 | 17 | 18 | 19 | 20 | 21 | 22 | 23 | 24 | 25 | 26 | 27 | 28 | 29 | 7.1 | 2 | 3 | 4 | 5 | 6 | 7 | 8 | 9 | 10 | 11 | 12 | 13 | 14 | 15 | 16 |
| 요일 | 火 | 水 | 木 | 金 | 土 | 日 | 月 | 火 | 水 | 木 | 金 | 土 | 日 | 月 | 火 | 水 | 木 | 金 | 土 | 日 | 月 | 火 | 水 | 木 | 金 | 土 | 日 | 月 | 火 | 水 | 木 |
| 일진 | 辛卯 | 壬辰 | 癸巳 | 甲午 | 乙未 | 丙申 | 丁酉 | 戊戌 | 己亥 | 庚子 | 辛丑 | 壬寅 | 癸卯 | 甲辰 | 乙巳 | 丙午 | 丁未 | 戊申 | 己酉 | 庚戌 | 辛亥 | 壬子 | 癸丑 | 甲寅 | 乙卯 | 丙辰 | 丁巳 | 戊午 | 己未 | 庚申 | 辛酉 |
| 대운 남 | 8 | 9 | 9 | 9 | 10 | 10 | 10 | 입 | 1 | 1 | 1 | 1 | 2 | 2 | 2 | 3 | 3 | 3 | 4 | 4 | 4 | 5 | 5 | 5 | 6 | 6 | 6 | 7 | 7 | 7 | 8 |
| 대운 녀 | 2 | 2 | 2 | 1 | 1 | 1 | 1 | 추 | 10 | 10 | 9 | 9 | 9 | 8 | 8 | 8 | 7 | 7 | 7 | 6 | 6 | 6 | 5 | 5 | 5 | 4 | 4 | 4 | 3 | 3 | 3 |

## 9 · 辛酉月(양 9.8~10.7)

백로 8일 06시26분 / 추분 23일 15시49분

| 양력 | 1 | 2 | 3 | 4 | 5 | 6 | 7 | 8 | 9 | 10 | 11 | 12 | 13 | 14 | 15 | 16 | 17 | 18 | 19 | 20 | 21 | 22 | 23 | 24 | 25 | 26 | 27 | 28 | 29 | 30 |
|---|---|---|---|---|---|---|---|---|---|---|---|---|---|---|---|---|---|---|---|---|---|---|---|---|---|---|---|---|---|---|
| 음력 | 17 | 18 | 19 | 20 | 21 | 22 | 23 | 24 | 25 | 26 | 27 | 28 | 29 | 30 | 8.1 | 2 | 3 | 4 | 5 | 6 | 7 | 8 | 9 | 10 | 11 | 12 | 13 | 14 | 15 | 16 |
| 요일 | 金 | 土 | 日 | 月 | 火 | 水 | 木 | 金 | 土 | 日 | 月 | 火 | 水 | 木 | 金 | 土 | 日 | 月 | 火 | 水 | 木 | 金 | 土 | 日 | 月 | 火 | 水 | 木 | 金 | 土 |
| 일진 | 壬戌 | 癸亥 | 甲子 | 乙丑 | 丙寅 | 丁卯 | 戊辰 | 己巳 | 庚午 | 辛未 | 壬申 | 癸酉 | 甲戌 | 乙亥 | 丙子 | 丁丑 | 戊寅 | 己卯 | 庚辰 | 辛巳 | 壬午 | 癸未 | 甲申 | 乙酉 | 丙戌 | 丁亥 | 戊子 | 己丑 | 庚寅 | 辛卯 |
| 대운 남 | 8 | 8 | 9 | 9 | 9 | 10 | 10 | 백 | 1 | 1 | 1 | 1 | 2 | 2 | 2 | 3 | 3 | 3 | 4 | 4 | 4 | 5 | 5 | 5 | 6 | 6 | 6 | 7 | 7 | 7 |
| 대운 녀 | 2 | 2 | 2 | 1 | 1 | 1 | 1 | 로 | 10 | 9 | 9 | 9 | 8 | 8 | 8 | 7 | 7 | 7 | 6 | 6 | 6 | 5 | 5 | 5 | 4 | 4 | 4 | 3 | 3 | 3 |

## 10 · 壬戌月(양 10.8~11.7)

한로 8일 22시14분 / 상강 24일 01시20분

| 양력 | 1 | 2 | 3 | 4 | 5 | 6 | 7 | 8 | 9 | 10 | 11 | 12 | 13 | 14 | 15 | 16 | 17 | 18 | 19 | 20 | 21 | 22 | 23 | 24 | 25 | 26 | 27 | 28 | 29 | 30 | 31 |
|---|---|---|---|---|---|---|---|---|---|---|---|---|---|---|---|---|---|---|---|---|---|---|---|---|---|---|---|---|---|---|---|
| 음력 | 17 | 18 | 19 | 20 | 21 | 22 | 23 | 24 | 25 | 26 | 27 | 28 | 29 | 30 | 9.1 | 2 | 3 | 4 | 5 | 6 | 7 | 8 | 9 | 10 | 11 | 12 | 13 | 14 | 15 | 16 | 17 |
| 요일 | 日 | 月 | 火 | 水 | 木 | 金 | 土 | 日 | 月 | 火 | 水 | 木 | 金 | 土 | 日 | 月 | 火 | 水 | 木 | 金 | 土 | 日 | 月 | 火 | 水 | 木 | 金 | 土 | 日 | 月 | 火 |
| 일진 | 壬辰 | 癸巳 | 甲午 | 乙未 | 丙申 | 丁酉 | 戊戌 | 己亥 | 庚子 | 辛丑 | 壬寅 | 癸卯 | 甲辰 | 乙巳 | 丙午 | 丁未 | 戊申 | 己酉 | 庚戌 | 辛亥 | 壬子 | 癸丑 | 甲寅 | 乙卯 | 丙辰 | 丁巳 | 戊午 | 己未 | 庚申 | 辛酉 | 壬戌 |
| 대운 남 | 8 | 8 | 8 | 9 | 9 | 9 | 10 | 한 | 1 | 1 | 1 | 1 | 2 | 2 | 2 | 3 | 3 | 3 | 4 | 4 | 4 | 5 | 5 | 5 | 6 | 6 | 6 | 7 | 7 | 7 | 8 |
| 대운 녀 | 2 | 2 | 2 | 1 | 1 | 1 | 1 | 로 | 10 | 10 | 9 | 9 | 9 | 8 | 8 | 8 | 7 | 7 | 7 | 6 | 6 | 6 | 5 | 5 | 5 | 4 | 4 | 4 | 3 | 3 | 3 |

## 11 · 癸亥月(양 11.8~12.6)

입동 8일 01시35분 / 소설 22일 23시02분

| 양력 | 1 | 2 | 3 | 4 | 5 | 6 | 7 | 8 | 9 | 10 | 11 | 12 | 13 | 14 | 15 | 16 | 17 | 18 | 19 | 20 | 21 | 22 | 23 | 24 | 25 | 26 | 27 | 28 | 29 | 30 |
|---|---|---|---|---|---|---|---|---|---|---|---|---|---|---|---|---|---|---|---|---|---|---|---|---|---|---|---|---|---|---|
| 음력 | 18 | 19 | 20 | 21 | 22 | 23 | 24 | 25 | 26 | 27 | 28 | 29 | 10.1 | 2 | 3 | 4 | 5 | 6 | 7 | 8 | 9 | 10 | 11 | 12 | 13 | 14 | 15 | 16 | 17 | 18 |
| 요일 | 水 | 木 | 金 | 土 | 日 | 月 | 火 | 水 | 木 | 金 | 土 | 日 | 月 | 火 | 水 | 木 | 金 | 土 | 日 | 月 | 火 | 水 | 木 | 金 | 土 | 日 | 月 | 火 | 水 | 木 |
| 일진 | 癸亥 | 甲子 | 乙丑 | 丙寅 | 丁卯 | 戊辰 | 己巳 | 庚午 | 辛未 | 壬申 | 癸酉 | 甲戌 | 乙亥 | 丙子 | 丁丑 | 戊寅 | 己卯 | 庚辰 | 辛巳 | 壬午 | 癸未 | 甲申 | 乙酉 | 丙戌 | 丁亥 | 戊子 | 己丑 | 庚寅 | 辛卯 | 壬辰 |
| 대운 남 | 8 | 8 | 9 | 9 | 9 | 10 | 10 | 입 | 1 | 1 | 1 | 1 | 2 | 2 | 2 | 3 | 3 | 3 | 4 | 4 | 4 | 5 | 5 | 5 | 6 | 6 | 6 | 7 | 7 | 7 |
| 대운 녀 | 2 | 2 | 2 | 1 | 1 | 1 | 1 | 동 | 9 | 9 | 9 | 8 | 8 | 8 | 7 | 7 | 7 | 6 | 6 | 6 | 5 | 5 | 5 | 4 | 4 | 4 | 3 | 3 | 3 | 2 |

## 12 · 甲子月(양 12.7~1.5)

대설 7일 18시32분 / 동지 22일 12시26분

| 양력 | 1 | 2 | 3 | 4 | 5 | 6 | 7 | 8 | 9 | 10 | 11 | 12 | 13 | 14 | 15 | 16 | 17 | 18 | 19 | 20 | 21 | 22 | 23 | 24 | 25 | 26 | 27 | 28 | 29 | 30 | 31 |
|---|---|---|---|---|---|---|---|---|---|---|---|---|---|---|---|---|---|---|---|---|---|---|---|---|---|---|---|---|---|---|---|
| 음력 | 19 | 20 | 21 | 22 | 23 | 24 | 25 | 26 | 27 | 28 | 29 | 30 | 11.1 | 2 | 3 | 4 | 5 | 6 | 7 | 8 | 9 | 10 | 11 | 12 | 13 | 14 | 15 | 16 | 17 | 18 | 19 |
| 요일 | 金 | 土 | 日 | 月 | 火 | 水 | 木 | 金 | 土 | 日 | 月 | 火 | 水 | 木 | 金 | 土 | 日 | 月 | 火 | 水 | 木 | 金 | 土 | 日 | 月 | 火 | 水 | 木 | 金 | 土 | 日 |
| 일진 | 癸巳 | 甲午 | 乙未 | 丙申 | 丁酉 | 戊戌 | 己亥 | 庚子 | 辛丑 | 壬寅 | 癸卯 | 甲辰 | 乙巳 | 丙午 | 丁未 | 戊申 | 己酉 | 庚戌 | 辛亥 | 壬子 | 癸丑 | 甲寅 | 乙卯 | 丙辰 | 丁巳 | 戊午 | 己未 | 庚申 | 辛酉 | 壬戌 | 癸亥 |
| 대운 남 | 8 | 8 | 8 | 9 | 9 | 9 | 대 | 1 | 1 | 1 | 1 | 2 | 2 | 2 | 3 | 3 | 3 | 4 | 4 | 4 | 5 | 5 | 5 | 6 | 6 | 6 | 7 | 7 | 7 | 8 | 8 |
| 대운 녀 | 2 | 2 | 1 | 1 | 1 | 1 | 설 | 10 | 9 | 9 | 9 | 8 | 8 | 8 | 7 | 7 | 7 | 6 | 6 | 6 | 5 | 5 | 5 | 4 | 4 | 4 | 3 | 3 | 3 | 2 | 2 |

# 2024년

소한 6일 05시48분

## 1 · 乙丑月(양 1.6~2.3)

대한 20일 23시06분

| 양력 | 1 | 2 | 3 | 4 | 5 | 6 | 7 | 8 | 9 | 10 | 11 | 12 | 13 | 14 | 15 | 16 | 17 | 18 | 19 | 20 | 21 | 22 | 23 | 24 | 25 | 26 | 27 | 28 | 29 | 30 | 31 |
|---|---|---|---|---|---|---|---|---|---|---|---|---|---|---|---|---|---|---|---|---|---|---|---|---|---|---|---|---|---|---|---|
| 음력 | 20 | 21 | 22 | 23 | 24 | 25 | 26 | 27 | 28 | 29 | 12.1 | 2 | 3 | 4 | 5 | 6 | 7 | 8 | 9 | 10 | 11 | 12 | 13 | 14 | 15 | 16 | 17 | 18 | 19 | 20 | 21 |
| 요일 | 月 | 火 | 水 | 木 | 金 | 土 | 日 | 月 | 火 | 水 | 木 | 金 | 土 | 日 | 月 | 火 | 水 | 木 | 金 | 土 | 日 | 月 | 火 | 水 | 木 | 金 | 土 | 日 | 月 | 火 | 水 |
| 일진 | 甲子 | 乙丑 | 丙寅 | 丁卯 | 戊辰 | 己巳 | 庚午 | 辛未 | 壬申 | 癸酉 | 甲戌 | 乙亥 | 丙子 | 丁丑 | 戊寅 | 己卯 | 庚辰 | 辛巳 | 壬午 | 癸未 | 甲申 | 乙酉 | 丙戌 | 丁亥 | 戊子 | 己丑 | 庚寅 | 辛卯 | 壬辰 | 癸巳 | 甲午 |
| 대운 남 | 8 | 9 | 9 | 9 | 10 | 소 | 1 | 1 | 1 | 1 | 2 | 2 | 2 | 3 | 3 | 3 | 4 | 4 | 4 | 5 | 5 | 5 | 6 | 6 | 6 | 7 | 7 | 7 | 8 | 8 | 8 |
| 대운 녀 | 2 | 1 | 1 | 1 | 1 | 한 | 9 | 9 | 9 | 8 | 8 | 8 | 7 | 7 | 7 | 6 | 6 | 6 | 5 | 5 | 5 | 4 | 4 | 4 | 3 | 3 | 3 | 2 | 2 | 2 | 1 |

입춘 4일 17시26분

## 2 · 丙寅月(양 2.4~3.4)

우수 19일 13시12분

| 양력 | 1 | 2 | 3 | 4 | 5 | 6 | 7 | 8 | 9 | 10 | 11 | 12 | 13 | 14 | 15 | 16 | 17 | 18 | 19 | 20 | 21 | 22 | 23 | 24 | 25 | 26 | 27 | 28 | 29 |
|---|---|---|---|---|---|---|---|---|---|---|---|---|---|---|---|---|---|---|---|---|---|---|---|---|---|---|---|---|---|
| 음력 | 22 | 23 | 24 | 25 | 26 | 27 | 28 | 29 | 30 | 1.1 | 2 | 3 | 4 | 5 | 6 | 7 | 8 | 9 | 10 | 11 | 12 | 13 | 14 | 15 | 16 | 17 | 18 | 19 | 20 |
| 요일 | 木 | 金 | 土 | 日 | 月 | 火 | 水 | 木 | 金 | 土 | 日 | 月 | 火 | 水 | 木 | 金 | 土 | 日 | 月 | 火 | 水 | 木 | 金 | 土 | 日 | 月 | 火 | 水 | 木 |
| 일진 | 乙未 | 丙申 | 丁酉 | 戊戌 | 己亥 | 庚子 | 辛丑 | 壬寅 | 癸卯 | 甲辰 | 乙巳 | 丙午 | 丁未 | 戊申 | 己酉 | 庚戌 | 辛亥 | 壬子 | 癸丑 | 甲寅 | 乙卯 | 丙辰 | 丁巳 | 戊午 | 己未 | 庚申 | 辛酉 | 壬戌 | 癸亥 |
| 대운 남 | 9 | 9 | 9 | 입 | 10 | 9 | 9 | 9 | 8 | 8 | 8 | 7 | 7 | 7 | 6 | 6 | 6 | 5 | 5 | 5 | 4 | 4 | 4 | 3 | 3 | 3 | 2 | 2 | 2 |
| 대운 녀 | 1 | 1 | 1 | 춘 | 1 | 1 | 1 | 1 | 2 | 2 | 2 | 3 | 3 | 3 | 4 | 4 | 4 | 5 | 5 | 5 | 6 | 6 | 6 | 7 | 7 | 7 | 8 | 8 | 8 |

경칩 5일 11시22분

## 3 · 丁卯月(양 3.5~4.3)

춘분 20일 12시05분

| 양력 | 1 | 2 | 3 | 4 | 5 | 6 | 7 | 8 | 9 | 10 | 11 | 12 | 13 | 14 | 15 | 16 | 17 | 18 | 19 | 20 | 21 | 22 | 23 | 24 | 25 | 26 | 27 | 28 | 29 | 30 | 31 |
|---|---|---|---|---|---|---|---|---|---|---|---|---|---|---|---|---|---|---|---|---|---|---|---|---|---|---|---|---|---|---|---|
| 음력 | 21 | 22 | 23 | 24 | 25 | 26 | 27 | 28 | 29 | 2.1 | 2 | 3 | 4 | 5 | 6 | 7 | 8 | 9 | 10 | 11 | 12 | 13 | 14 | 15 | 16 | 17 | 18 | 19 | 20 | 21 | 22 |
| 요일 | 金 | 土 | 日 | 月 | 火 | 水 | 木 | 金 | 土 | 日 | 月 | 火 | 水 | 木 | 金 | 土 | 日 | 月 | 火 | 水 | 木 | 金 | 土 | 日 | 月 | 火 | 水 | 木 | 金 | 土 | 日 |
| 일진 | 甲子 | 乙丑 | 丙寅 | 丁卯 | 戊辰 | 己巳 | 庚午 | 辛未 | 壬申 | 癸酉 | 甲戌 | 乙亥 | 丙子 | 丁丑 | 戊寅 | 己卯 | 庚辰 | 辛巳 | 壬午 | 癸未 | 甲申 | 乙酉 | 丙戌 | 丁亥 | 戊子 | 己丑 | 庚寅 | 辛卯 | 壬辰 | 癸巳 | 甲午 |
| 대운 남 | 1 | 1 | 1 | 1 | 경 | 10 | 9 | 9 | 9 | 8 | 8 | 8 | 7 | 7 | 7 | 6 | 6 | 6 | 5 | 5 | 5 | 4 | 4 | 4 | 3 | 3 | 3 | 2 | 2 | 2 | 1 |
| 대운 녀 | 9 | 9 | 9 | 10 | 칩 | 1 | 1 | 1 | 1 | 2 | 2 | 2 | 3 | 3 | 3 | 4 | 4 | 4 | 5 | 5 | 5 | 6 | 6 | 6 | 7 | 7 | 7 | 8 | 8 | 8 | 9 |

청명 4일 16시01분

## 4 · 戊辰月(양 4.4~5.4)

곡우 19일 22시59분

| 양력 | 1 | 2 | 3 | 4 | 5 | 6 | 7 | 8 | 9 | 10 | 11 | 12 | 13 | 14 | 15 | 16 | 17 | 18 | 19 | 20 | 21 | 22 | 23 | 24 | 25 | 26 | 27 | 28 | 29 | 30 |
|---|---|---|---|---|---|---|---|---|---|---|---|---|---|---|---|---|---|---|---|---|---|---|---|---|---|---|---|---|---|---|
| 음력 | 23 | 24 | 25 | 26 | 27 | 28 | 29 | 30 | 3.1 | 2 | 3 | 4 | 5 | 6 | 7 | 8 | 9 | 10 | 11 | 12 | 13 | 14 | 15 | 16 | 17 | 18 | 19 | 20 | 21 | 22 |
| 요일 | 月 | 火 | 水 | 木 | 金 | 土 | 日 | 月 | 火 | 水 | 木 | 金 | 土 | 日 | 月 | 火 | 水 | 木 | 金 | 土 | 日 | 月 | 火 | 水 | 木 | 金 | 土 | 日 | 月 | 火 |
| 일진 | 乙未 | 丙申 | 丁酉 | 戊戌 | 己亥 | 庚子 | 辛丑 | 壬寅 | 癸卯 | 甲辰 | 乙巳 | 丙午 | 丁未 | 戊申 | 己酉 | 庚戌 | 辛亥 | 壬子 | 癸丑 | 甲寅 | 乙卯 | 丙辰 | 丁巳 | 戊午 | 己未 | 庚申 | 辛酉 | 壬戌 | 癸亥 | 甲子 |
| 대운 남 | 1 | 1 | 1 | 청 | 10 | 10 | 9 | 9 | 9 | 8 | 8 | 8 | 7 | 7 | 7 | 6 | 6 | 6 | 5 | 5 | 5 | 4 | 4 | 4 | 3 | 3 | 3 | 2 | 2 | 2 |
| 대운 녀 | 9 | 9 | 10 | 명 | 1 | 1 | 1 | 1 | 2 | 2 | 2 | 3 | 3 | 3 | 4 | 4 | 4 | 5 | 5 | 5 | 6 | 6 | 6 | 7 | 7 | 7 | 8 | 8 | 8 | 9 |

입하 5일 09시09분

## 5 · 己巳月(양 5.5~6.4)

소만 20일 21시58분

| 양력 | 1 | 2 | 3 | 4 | 5 | 6 | 7 | 8 | 9 | 10 | 11 | 12 | 13 | 14 | 15 | 16 | 17 | 18 | 19 | 20 | 21 | 22 | 23 | 24 | 25 | 26 | 27 | 28 | 29 | 30 | 31 |
|---|---|---|---|---|---|---|---|---|---|---|---|---|---|---|---|---|---|---|---|---|---|---|---|---|---|---|---|---|---|---|---|
| 음력 | 23 | 24 | 25 | 26 | 27 | 28 | 29 | 4.1 | 2 | 3 | 4 | 5 | 6 | 7 | 8 | 9 | 10 | 11 | 12 | 13 | 14 | 15 | 16 | 17 | 18 | 19 | 20 | 21 | 22 | 23 | 24 |
| 요일 | 水 | 木 | 金 | 土 | 日 | 月 | 火 | 水 | 木 | 金 | 土 | 日 | 月 | 火 | 水 | 木 | 金 | 土 | 日 | 月 | 火 | 水 | 木 | 金 | 土 | 日 | 月 | 火 | 水 | 木 | 金 |
| 일진 | 乙丑 | 丙寅 | 丁卯 | 戊辰 | 己巳 | 庚午 | 辛未 | 壬申 | 癸酉 | 甲戌 | 乙亥 | 丙子 | 丁丑 | 戊寅 | 己卯 | 庚辰 | 辛巳 | 壬午 | 癸未 | 甲申 | 乙酉 | 丙戌 | 丁亥 | 戊子 | 己丑 | 庚寅 | 辛卯 | 壬辰 | 癸巳 | 甲午 | 乙未 |
| 대운 남 | 1 | 1 | 1 | 1 | 입 | 10 | 10 | 9 | 9 | 9 | 8 | 8 | 8 | 7 | 7 | 7 | 6 | 6 | 6 | 5 | 5 | 5 | 4 | 4 | 4 | 3 | 3 | 3 | 2 | 2 | 2 |
| 대운 녀 | 9 | 9 | 10 | 10 | 하 | 1 | 1 | 1 | 1 | 2 | 2 | 2 | 3 | 3 | 3 | 4 | 4 | 4 | 5 | 5 | 5 | 6 | 6 | 6 | 7 | 7 | 7 | 8 | 8 | 8 | 9 |

망종 5일 13시09분

## 6 · 庚午月(양 6.5~7.5)

하지 21일 05시50분

| 양력 | 1 | 2 | 3 | 4 | 5 | 6 | 7 | 8 | 9 | 10 | 11 | 12 | 13 | 14 | 15 | 16 | 17 | 18 | 19 | 20 | 21 | 22 | 23 | 24 | 25 | 26 | 27 | 28 | 29 | 30 |
|---|---|---|---|---|---|---|---|---|---|---|---|---|---|---|---|---|---|---|---|---|---|---|---|---|---|---|---|---|---|---|
| 음력 | 25 | 26 | 27 | 28 | 29 | 5.1 | 2 | 3 | 4 | 5 | 6 | 7 | 8 | 9 | 10 | 11 | 12 | 13 | 14 | 15 | 16 | 17 | 18 | 19 | 20 | 21 | 22 | 23 | 24 | 25 |
| 요일 | 土 | 日 | 月 | 火 | 水 | 木 | 金 | 土 | 日 | 月 | 火 | 水 | 木 | 金 | 土 | 日 | 月 | 火 | 水 | 木 | 金 | 土 | 日 | 月 | 火 | 水 | 木 | 金 | 土 | 日 |
| 일진 | 丙申 | 丁酉 | 戊戌 | 己亥 | 庚子 | 辛丑 | 壬寅 | 癸卯 | 甲辰 | 乙巳 | 丙午 | 丁未 | 戊申 | 己酉 | 庚戌 | 辛亥 | 壬子 | 癸丑 | 甲寅 | 乙卯 | 丙辰 | 丁巳 | 戊午 | 己未 | 庚申 | 辛酉 | 壬戌 | 癸亥 | 甲子 | 乙丑 |
| 대운 남 | 1 | 1 | 1 | 1 | 망 | 10 | 10 | 9 | 9 | 9 | 8 | 8 | 8 | 7 | 7 | 7 | 6 | 6 | 6 | 5 | 5 | 5 | 4 | 4 | 4 | 3 | 3 | 3 | 2 | 2 |
| 대운 녀 | 9 | 9 | 10 | 10 | 종 | 1 | 1 | 1 | 1 | 2 | 2 | 2 | 3 | 3 | 3 | 4 | 4 | 4 | 5 | 5 | 5 | 6 | 6 | 6 | 7 | 7 | 7 | 8 | 8 | 8 |

소서 6일 23시19분 **7 · 辛未月**(양 7.6~8.6) 대서 22일 16시43분

| 양력 | 1 | 2 | 3 | 4 | 5 | 6 | 7 | 8 | 9 | 10 | 11 | 12 | 13 | 14 | 15 | 16 | 17 | 18 | 19 | 20 | 21 | 22 | 23 | 24 | 25 | 26 | 27 | 28 | 29 | 30 | 31 |
|---|---|---|---|---|---|---|---|---|---|---|---|---|---|---|---|---|---|---|---|---|---|---|---|---|---|---|---|---|---|---|---|
| 음력 | 26 | 27 | 28 | 29 | 30 | 6.1 | 2 | 3 | 4 | 5 | 6 | 7 | 8 | 9 | 10 | 11 | 12 | 13 | 14 | 15 | 16 | 17 | 18 | 19 | 20 | 21 | 22 | 23 | 24 | 25 | 26 |
| 요일 | 月 | 火 | 水 | 木 | 金 | 土 | 日 | 月 | 火 | 水 | 木 | 金 | 土 | 日 | 月 | 火 | 水 | 木 | 金 | 土 | 日 | 月 | 火 | 水 | 木 | 金 | 土 | 日 | 月 | 火 | 水 |
| 일진 | 丙寅 | 丁卯 | 戊辰 | 己巳 | 庚午 | 辛未 | 壬申 | 癸酉 | 甲戌 | 乙亥 | 丙子 | 丁丑 | 戊寅 | 己卯 | 庚辰 | 辛巳 | 壬午 | 癸未 | 甲申 | 乙酉 | 丙戌 | 丁亥 | 戊子 | 己丑 | 庚寅 | 辛卯 | 壬辰 | 癸巳 | 甲午 | 乙未 | 丙申 |
| 대운 남 | 2 | 1 | 1 | 1 | 1 | 소 | 10 | 10 | 10 | 9 | 9 | 9 | 8 | 8 | 8 | 7 | 7 | 7 | 6 | 6 | 6 | 5 | 5 | 5 | 4 | 4 | 4 | 3 | 3 | 3 | 2 |
| 대운 녀 | 9 | 9 | 9 | 10 | 10 | 서 | 1 | 1 | 1 | 1 | 2 | 2 | 2 | 3 | 3 | 3 | 4 | 4 | 4 | 5 | 5 | 5 | 6 | 6 | 6 | 7 | 7 | 7 | 8 | 8 | 8 |

입추 7일 09시08분 **8 · 壬申月**(양 8.7~9.6) 처서 22일 23시54분

| 양력 | 1 | 2 | 3 | 4 | 5 | 6 | 7 | 8 | 9 | 10 | 11 | 12 | 13 | 14 | 15 | 16 | 17 | 18 | 19 | 20 | 21 | 22 | 23 | 24 | 25 | 26 | 27 | 28 | 29 | 30 | 31 |
|---|---|---|---|---|---|---|---|---|---|---|---|---|---|---|---|---|---|---|---|---|---|---|---|---|---|---|---|---|---|---|---|
| 음력 | 27 | 28 | 29 | 7.1 | 2 | 3 | 4 | 5 | 6 | 7 | 8 | 9 | 10 | 11 | 12 | 13 | 14 | 15 | 16 | 17 | 18 | 19 | 20 | 21 | 22 | 23 | 24 | 25 | 26 | 27 | 28 |
| 요일 | 木 | 金 | 土 | 日 | 月 | 火 | 水 | 木 | 金 | 土 | 日 | 月 | 火 | 水 | 木 | 金 | 土 | 日 | 月 | 火 | 水 | 木 | 金 | 土 | 日 | 月 | 火 | 水 | 木 | 金 | 土 |
| 일진 | 丁酉 | 戊戌 | 己亥 | 庚子 | 辛丑 | 壬寅 | 癸卯 | 甲辰 | 乙巳 | 丙午 | 丁未 | 戊申 | 己酉 | 庚戌 | 辛亥 | 壬子 | 癸丑 | 甲寅 | 乙卯 | 丙辰 | 丁巳 | 戊午 | 己未 | 庚申 | 辛酉 | 壬戌 | 癸亥 | 甲子 | 乙丑 | 丙寅 | 丁卯 |
| 대운 남 | 2 | 2 | 1 | 1 | 1 | 1 | 입 | 10 | 10 | 9 | 9 | 9 | 8 | 8 | 8 | 7 | 7 | 7 | 6 | 6 | 6 | 5 | 5 | 5 | 4 | 4 | 4 | 3 | 3 | 3 | 2 |
| 대운 녀 | 9 | 9 | 9 | 10 | 10 | 10 | 추 | 1 | 1 | 1 | 1 | 2 | 2 | 2 | 3 | 3 | 3 | 4 | 4 | 4 | 5 | 5 | 5 | 6 | 6 | 6 | 7 | 7 | 7 | 8 | 8 |

백로 7일 12시10분 **9 · 癸酉月**(양 9.7~10.7) 추분 22일 21시43분

| 양력 | 1 | 2 | 3 | 4 | 5 | 6 | 7 | 8 | 9 | 10 | 11 | 12 | 13 | 14 | 15 | 16 | 17 | 18 | 19 | 20 | 21 | 22 | 23 | 24 | 25 | 26 | 27 | 28 | 29 | 30 |
|---|---|---|---|---|---|---|---|---|---|---|---|---|---|---|---|---|---|---|---|---|---|---|---|---|---|---|---|---|---|---|
| 음력 | 29 | 30 | 8.1 | 2 | 3 | 4 | 5 | 6 | 7 | 8 | 9 | 10 | 11 | 12 | 13 | 14 | 15 | 16 | 17 | 18 | 19 | 20 | 21 | 22 | 23 | 24 | 25 | 26 | 27 | 28 |
| 요일 | 日 | 月 | 火 | 水 | 木 | 金 | 土 | 日 | 月 | 火 | 水 | 木 | 金 | 土 | 日 | 月 | 火 | 水 | 木 | 金 | 土 | 日 | 月 | 火 | 水 | 木 | 金 | 土 | 日 | 月 |
| 일진 | 戊辰 | 己巳 | 庚午 | 辛未 | 壬申 | 癸酉 | 甲戌 | 乙亥 | 丙子 | 丁丑 | 戊寅 | 己卯 | 庚辰 | 辛巳 | 壬午 | 癸未 | 甲申 | 乙酉 | 丙戌 | 丁亥 | 戊子 | 己丑 | 庚寅 | 辛卯 | 壬辰 | 癸巳 | 甲午 | 乙未 | 丙申 | 丁酉 |
| 대운 남 | 2 | 2 | 1 | 1 | 1 | 1 | 백 | 10 | 10 | 9 | 9 | 9 | 8 | 8 | 8 | 7 | 7 | 7 | 6 | 6 | 6 | 5 | 5 | 5 | 4 | 4 | 4 | 3 | 3 | 3 |
| 대운 녀 | 8 | 9 | 9 | 9 | 10 | 10 | 로 | 1 | 1 | 1 | 1 | 2 | 2 | 2 | 3 | 3 | 3 | 4 | 4 | 4 | 5 | 5 | 5 | 6 | 6 | 6 | 7 | 7 | 7 | 8 |

한로 8일 03시59분 **10 · 甲戌月**(양 10.8~11.6) 상강 23일 07시14분

| 양력 | 1 | 2 | 3 | 4 | 5 | 6 | 7 | 8 | 9 | 10 | 11 | 12 | 13 | 14 | 15 | 16 | 17 | 18 | 19 | 20 | 21 | 22 | 23 | 24 | 25 | 26 | 27 | 28 | 29 | 30 | 31 |
|---|---|---|---|---|---|---|---|---|---|---|---|---|---|---|---|---|---|---|---|---|---|---|---|---|---|---|---|---|---|---|---|
| 음력 | 29 | 30 | 9.1 | 2 | 3 | 4 | 5 | 6 | 7 | 8 | 9 | 10 | 11 | 12 | 13 | 14 | 15 | 16 | 17 | 18 | 19 | 20 | 21 | 22 | 23 | 24 | 25 | 26 | 27 | 28 | 29 |
| 요일 | 火 | 水 | 木 | 金 | 土 | 日 | 月 | 火 | 水 | 木 | 金 | 土 | 日 | 月 | 火 | 水 | 木 | 金 | 土 | 日 | 月 | 火 | 水 | 木 | 金 | 土 | 日 | 月 | 火 | 水 | 木 |
| 일진 | 戊戌 | 己亥 | 庚子 | 辛丑 | 壬寅 | 癸卯 | 甲辰 | 乙巳 | 丙午 | 丁未 | 戊申 | 己酉 | 庚戌 | 辛亥 | 壬子 | 癸丑 | 甲寅 | 乙卯 | 丙辰 | 丁巳 | 戊午 | 己未 | 庚申 | 辛酉 | 壬戌 | 癸亥 | 甲子 | 乙丑 | 丙寅 | 丁卯 | 戊辰 |
| 대운 남 | 2 | 2 | 2 | 1 | 1 | 1 | 1 | 한 | 10 | 9 | 9 | 9 | 8 | 8 | 8 | 7 | 7 | 7 | 6 | 6 | 6 | 5 | 5 | 5 | 4 | 4 | 4 | 3 | 3 | 3 | 2 |
| 대운 녀 | 8 | 8 | 9 | 9 | 9 | 10 | 10 | 로 | 1 | 1 | 1 | 1 | 2 | 2 | 2 | 3 | 3 | 3 | 4 | 4 | 4 | 5 | 5 | 5 | 6 | 6 | 6 | 7 | 7 | 7 | 8 |

입동 7일 07시19분 **11 · 乙亥月**(양 11.7~12.6) 소설 22일 04시55분

| 양력 | 1 | 2 | 3 | 4 | 5 | 6 | 7 | 8 | 9 | 10 | 11 | 12 | 13 | 14 | 15 | 16 | 17 | 18 | 19 | 20 | 21 | 22 | 23 | 24 | 25 | 26 | 27 | 28 | 29 | 30 |
|---|---|---|---|---|---|---|---|---|---|---|---|---|---|---|---|---|---|---|---|---|---|---|---|---|---|---|---|---|---|---|
| 음력 | 10.1 | 2 | 3 | 4 | 5 | 6 | 7 | 8 | 9 | 10 | 11 | 12 | 13 | 14 | 15 | 16 | 17 | 18 | 19 | 20 | 21 | 22 | 23 | 24 | 25 | 26 | 27 | 28 | 29 | 30 |
| 요일 | 金 | 土 | 日 | 月 | 火 | 水 | 木 | 金 | 土 | 日 | 月 | 火 | 水 | 木 | 金 | 土 | 日 | 月 | 火 | 水 | 木 | 金 | 土 | 日 | 月 | 火 | 水 | 木 | 金 | 土 |
| 일진 | 己巳 | 庚午 | 辛未 | 壬申 | 癸酉 | 甲戌 | 乙亥 | 丙子 | 丁丑 | 戊寅 | 己卯 | 庚辰 | 辛巳 | 壬午 | 癸未 | 甲申 | 乙酉 | 丙戌 | 丁亥 | 戊子 | 己丑 | 庚寅 | 辛卯 | 壬辰 | 癸巳 | 甲午 | 乙未 | 丙申 | 丁酉 | 戊戌 |
| 대운 남 | 2 | 2 | 1 | 1 | 1 | 1 | 입 | 10 | 9 | 9 | 9 | 8 | 8 | 8 | 7 | 7 | 7 | 6 | 6 | 6 | 5 | 5 | 5 | 4 | 4 | 4 | 3 | 3 | 3 | 2 |
| 대운 녀 | 8 | 8 | 9 | 9 | 9 | 10 | 동 | 1 | 1 | 1 | 1 | 2 | 2 | 2 | 3 | 3 | 3 | 4 | 4 | 4 | 5 | 5 | 5 | 6 | 6 | 6 | 7 | 7 | 7 | 8 |

대설 7일 00시16분 **12 · 丙子月**(양 12.7~1.4) 동지 21일 18시19분

| 양력 | 1 | 2 | 3 | 4 | 5 | 6 | 7 | 8 | 9 | 10 | 11 | 12 | 13 | 14 | 15 | 16 | 17 | 18 | 19 | 20 | 21 | 22 | 23 | 24 | 25 | 26 | 27 | 28 | 29 | 30 | 31 |
|---|---|---|---|---|---|---|---|---|---|---|---|---|---|---|---|---|---|---|---|---|---|---|---|---|---|---|---|---|---|---|---|
| 음력 | 11.1 | 2 | 3 | 4 | 5 | 6 | 7 | 8 | 9 | 10 | 11 | 12 | 13 | 14 | 15 | 16 | 17 | 18 | 19 | 20 | 21 | 22 | 23 | 24 | 25 | 26 | 27 | 28 | 29 | 30 | 12.1 |
| 요일 | 日 | 月 | 火 | 水 | 木 | 金 | 土 | 日 | 月 | 火 | 水 | 木 | 金 | 土 | 日 | 月 | 火 | 水 | 木 | 金 | 土 | 日 | 月 | 火 | 水 | 木 | 金 | 土 | 日 | 月 | 火 |
| 일진 | 己亥 | 庚子 | 辛丑 | 壬寅 | 癸卯 | 甲辰 | 乙巳 | 丙午 | 丁未 | 戊申 | 己酉 | 庚戌 | 辛亥 | 壬子 | 癸丑 | 甲寅 | 乙卯 | 丙辰 | 丁巳 | 戊午 | 己未 | 庚申 | 辛酉 | 壬戌 | 癸亥 | 甲子 | 乙丑 | 丙寅 | 丁卯 | 戊辰 | 己巳 |
| 대운 남 | 2 | 2 | 1 | 1 | 1 | 1 | 대 | 9 | 9 | 9 | 8 | 8 | 8 | 7 | 7 | 7 | 6 | 6 | 6 | 5 | 5 | 5 | 4 | 4 | 4 | 3 | 3 | 3 | 2 | 2 | 2 |
| 대운 녀 | 8 | 8 | 9 | 9 | 9 | 10 | 설 | 1 | 1 | 1 | 1 | 2 | 2 | 2 | 3 | 3 | 3 | 4 | 4 | 4 | 5 | 5 | 5 | 6 | 6 | 6 | 7 | 7 | 7 | 8 | 8 |

소한 5일 11시32분 **1 · 丁丑月(양 1.5~2.2)** 대한 20일 04시59분

| 양력 | 1 | 2 | 3 | 4 | 5 | 6 | 7 | 8 | 9 | 10 | 11 | 12 | 13 | 14 | 15 | 16 | 17 | 18 | 19 | 20 | 21 | 22 | 23 | 24 | 25 | 26 | 27 | 28 | 29 | 30 | 31 |
|---|---|---|---|---|---|---|---|---|---|---|---|---|---|---|---|---|---|---|---|---|---|---|---|---|---|---|---|---|---|---|---|
| 음력 | 2 | 3 | 4 | 5 | 6 | 7 | 8 | 9 | 10 | 11 | 12 | 13 | 14 | 15 | 16 | 17 | 18 | 19 | 20 | 21 | 22 | 23 | 24 | 25 | 26 | 27 | 28 | 29 | 1.1 | 2 | 3 |
| 요일 | 水 | 木 | 金 | 土 | 日 | 月 | 火 | 水 | 木 | 金 | 土 | 日 | 月 | 火 | 水 | 木 | 金 | 土 | 日 | 月 | 火 | 水 | 木 | 金 | 土 | 日 | 月 | 火 | 水 | 木 | 金 |
| 일진 | 庚午 | 辛未 | 壬申 | 癸酉 | 甲戌 | 乙亥 | 丙子 | 丁丑 | 戊寅 | 己卯 | 庚辰 | 辛巳 | 壬午 | 癸未 | 甲申 | 乙酉 | 丙戌 | 丁亥 | 戊子 | 己丑 | 庚寅 | 辛卯 | 壬辰 | 癸巳 | 甲午 | 乙未 | 丙申 | 丁酉 | 戊戌 | 己亥 | 庚子 |
| 대운 남 | 1 | 1 | 1 | 1 | 소 | 9 | 9 | 9 | 8 | 8 | 8 | 7 | 7 | 7 | 6 | 6 | 6 | 5 | 5 | 5 | 4 | 4 | 4 | 3 | 3 | 3 | 2 | 2 | 2 | 1 | 1 |
| 대운 녀 | 8 | 9 | 9 | 9 | 한 | 1 | 1 | 1 | 1 | 2 | 2 | 2 | 3 | 3 | 3 | 4 | 4 | 4 | 5 | 5 | 5 | 6 | 6 | 6 | 7 | 7 | 7 | 8 | 8 | 8 | 9 |

입춘 3일 23시09분 **2 · 戊寅月(양 2.3~3.4)** 우수 18일 19시05분

| 양력 | 1 | 2 | 3 | 4 | 5 | 6 | 7 | 8 | 9 | 10 | 11 | 12 | 13 | 14 | 15 | 16 | 17 | 18 | 19 | 20 | 21 | 22 | 23 | 24 | 25 | 26 | 27 | 28 |
|---|---|---|---|---|---|---|---|---|---|---|---|---|---|---|---|---|---|---|---|---|---|---|---|---|---|---|---|---|
| 음력 | 4 | 5 | 6 | 7 | 8 | 9 | 10 | 11 | 12 | 13 | 14 | 15 | 16 | 17 | 18 | 19 | 20 | 21 | 22 | 23 | 24 | 25 | 26 | 27 | 28 | 29 | 30 | 2.1 |
| 요일 | 土 | 日 | 月 | 火 | 水 | 木 | 金 | 土 | 日 | 月 | 火 | 水 | 木 | 金 | 土 | 日 | 月 | 火 | 水 | 木 | 金 | 土 | 日 | 月 | 火 | 水 | 木 | 金 |
| 일진 | 辛丑 | 壬寅 | 癸卯 | 甲辰 | 乙巳 | 丙午 | 丁未 | 戊申 | 己酉 | 庚戌 | 辛亥 | 壬子 | 癸丑 | 甲寅 | 乙卯 | 丙辰 | 丁巳 | 戊午 | 己未 | 庚申 | 辛酉 | 壬戌 | 癸亥 | 甲子 | 乙丑 | 丙寅 | 丁卯 | 戊辰 |
| 대운 남 | 1 | 1 | 입 | 1 | 1 | 1 | 1 | 2 | 2 | 2 | 3 | 3 | 3 | 4 | 4 | 4 | 5 | 5 | 5 | 6 | 6 | 6 | 7 | 7 | 7 | 8 | 8 | 8 |
| 대운 녀 | 9 | 9 | 춘 | 10 | 9 | 9 | 9 | 8 | 8 | 8 | 7 | 7 | 7 | 6 | 6 | 6 | 5 | 5 | 5 | 4 | 4 | 4 | 3 | 3 | 3 | 2 | 2 | 2 |

경칩 5일 17시06분 **3 · 己卯月(양 3.5~4.3)** 춘분 20일 18시00분

| 양력 | 1 | 2 | 3 | 4 | 5 | 6 | 7 | 8 | 9 | 10 | 11 | 12 | 13 | 14 | 15 | 16 | 17 | 18 | 19 | 20 | 21 | 22 | 23 | 24 | 25 | 26 | 27 | 28 | 29 | 30 | 31 |
|---|---|---|---|---|---|---|---|---|---|---|---|---|---|---|---|---|---|---|---|---|---|---|---|---|---|---|---|---|---|---|---|
| 음력 | 2 | 3 | 4 | 5 | 6 | 7 | 8 | 9 | 10 | 11 | 12 | 13 | 14 | 15 | 16 | 17 | 18 | 19 | 20 | 21 | 22 | 23 | 24 | 25 | 26 | 27 | 28 | 29 | 3.1 | 2 | 3 |
| 요일 | 土 | 日 | 月 | 火 | 水 | 木 | 金 | 土 | 日 | 月 | 火 | 水 | 木 | 金 | 土 | 日 | 月 | 火 | 水 | 木 | 金 | 土 | 日 | 月 | 火 | 水 | 木 | 金 | 土 | 日 | 月 |
| 일진 | 己巳 | 庚午 | 辛未 | 壬申 | 癸酉 | 甲戌 | 乙亥 | 丙子 | 丁丑 | 戊寅 | 己卯 | 庚辰 | 辛巳 | 壬午 | 癸未 | 甲申 | 乙酉 | 丙戌 | 丁亥 | 戊子 | 己丑 | 庚寅 | 辛卯 | 壬辰 | 癸巳 | 甲午 | 乙未 | 丙申 | 丁酉 | 戊戌 | 己亥 |
| 대운 남 | 9 | 9 | 9 | 10 | 경 | 1 | 1 | 1 | 1 | 2 | 2 | 2 | 3 | 3 | 3 | 4 | 4 | 4 | 5 | 5 | 5 | 6 | 6 | 6 | 7 | 7 | 7 | 8 | 8 | 8 | 9 |
| 대운 녀 | 1 | 1 | 1 | 1 | 칩 | 10 | 9 | 9 | 9 | 8 | 8 | 8 | 7 | 7 | 7 | 6 | 6 | 6 | 5 | 5 | 5 | 4 | 4 | 4 | 3 | 3 | 3 | 2 | 2 | 2 | 1 |

청명 4일 21시47분 **4 · 庚辰月(양 4.4~5.4)** 곡우 20일 04시55분

| 양력 | 1 | 2 | 3 | 4 | 5 | 6 | 7 | 8 | 9 | 10 | 11 | 12 | 13 | 14 | 15 | 16 | 17 | 18 | 19 | 20 | 21 | 22 | 23 | 24 | 25 | 26 | 27 | 28 | 29 | 30 |
|---|---|---|---|---|---|---|---|---|---|---|---|---|---|---|---|---|---|---|---|---|---|---|---|---|---|---|---|---|---|---|
| 음력 | 4 | 5 | 6 | 7 | 8 | 9 | 10 | 11 | 12 | 13 | 14 | 15 | 16 | 17 | 18 | 19 | 20 | 21 | 22 | 23 | 24 | 25 | 26 | 27 | 28 | 29 | 30 | 4.1 | 2 | 3 |
| 요일 | 火 | 水 | 木 | 金 | 土 | 日 | 月 | 火 | 水 | 木 | 金 | 土 | 日 | 月 | 火 | 水 | 木 | 金 | 土 | 日 | 月 | 火 | 水 | 木 | 金 | 土 | 日 | 月 | 火 | 水 |
| 일진 | 庚子 | 辛丑 | 壬寅 | 癸卯 | 甲辰 | 乙巳 | 丙午 | 丁未 | 戊申 | 己酉 | 庚戌 | 辛亥 | 壬子 | 癸丑 | 甲寅 | 乙卯 | 丙辰 | 丁巳 | 戊午 | 己未 | 庚申 | 辛酉 | 壬戌 | 癸亥 | 甲子 | 乙丑 | 丙寅 | 丁卯 | 戊辰 | 己巳 |
| 대운 남 | 9 | 9 | 10 | 청 | 1 | 1 | 1 | 1 | 2 | 2 | 2 | 3 | 3 | 3 | 4 | 4 | 4 | 5 | 5 | 5 | 6 | 6 | 6 | 7 | 7 | 7 | 8 | 8 | 8 | 9 |
| 대운 녀 | 1 | 1 | 1 | 명 | 10 | 10 | 9 | 9 | 9 | 8 | 8 | 8 | 7 | 7 | 7 | 6 | 6 | 6 | 5 | 5 | 5 | 4 | 4 | 4 | 3 | 3 | 3 | 2 | 2 | 2 |

입하 5일 14시56분 **5 · 辛巳月(양 5.5~6.4)** 소만 21일 03시54분

| 양력 | 1 | 2 | 3 | 4 | 5 | 6 | 7 | 8 | 9 | 10 | 11 | 12 | 13 | 14 | 15 | 16 | 17 | 18 | 19 | 20 | 21 | 22 | 23 | 24 | 25 | 26 | 27 | 28 | 29 | 30 | 31 |
|---|---|---|---|---|---|---|---|---|---|---|---|---|---|---|---|---|---|---|---|---|---|---|---|---|---|---|---|---|---|---|---|
| 음력 | 4 | 5 | 6 | 7 | 8 | 9 | 10 | 11 | 12 | 13 | 14 | 15 | 16 | 17 | 18 | 19 | 20 | 21 | 22 | 23 | 24 | 25 | 26 | 27 | 28 | 29 | 5.1 | 2 | 3 | 4 | 5 |
| 요일 | 木 | 金 | 土 | 日 | 月 | 火 | 水 | 木 | 金 | 土 | 日 | 月 | 火 | 水 | 木 | 金 | 土 | 日 | 月 | 火 | 水 | 木 | 金 | 土 | 日 | 月 | 火 | 水 | 木 | 金 | 土 |
| 일진 | 庚午 | 辛未 | 壬申 | 癸酉 | 甲戌 | 乙亥 | 丙子 | 丁丑 | 戊寅 | 己卯 | 庚辰 | 辛巳 | 壬午 | 癸未 | 甲申 | 乙酉 | 丙戌 | 丁亥 | 戊子 | 己丑 | 庚寅 | 辛卯 | 壬辰 | 癸巳 | 甲午 | 乙未 | 丙申 | 丁酉 | 戊戌 | 己亥 | 庚子 |
| 대운 남 | 9 | 9 | 10 | 10 | 입 | 1 | 1 | 1 | 1 | 2 | 2 | 2 | 3 | 3 | 3 | 4 | 4 | 4 | 5 | 5 | 5 | 6 | 6 | 6 | 7 | 7 | 7 | 8 | 8 | 8 | 9 |
| 대운 녀 | 1 | 1 | 1 | 1 | 하 | 10 | 10 | 9 | 9 | 9 | 8 | 8 | 8 | 7 | 7 | 7 | 6 | 6 | 6 | 5 | 5 | 5 | 4 | 4 | 4 | 3 | 3 | 3 | 2 | 2 | 2 |

망종 5일 18시55분 **6 · 壬午月(양 6.5~7.6)** 하지 21일 11시41분

| 양력 | 1 | 2 | 3 | 4 | 5 | 6 | 7 | 8 | 9 | 10 | 11 | 12 | 13 | 14 | 15 | 16 | 17 | 18 | 19 | 20 | 21 | 22 | 23 | 24 | 25 | 26 | 27 | 28 | 29 | 30 |
|---|---|---|---|---|---|---|---|---|---|---|---|---|---|---|---|---|---|---|---|---|---|---|---|---|---|---|---|---|---|---|
| 음력 | 6 | 7 | 8 | 9 | 10 | 11 | 12 | 13 | 14 | 15 | 16 | 17 | 18 | 19 | 20 | 21 | 22 | 23 | 24 | 25 | 26 | 27 | 28 | 29 | 6.1 | 2 | 3 | 4 | 5 | 6 |
| 요일 | 日 | 月 | 火 | 水 | 木 | 金 | 土 | 日 | 月 | 火 | 水 | 木 | 金 | 土 | 日 | 月 | 火 | 水 | 木 | 金 | 土 | 日 | 月 | 火 | 水 | 木 | 金 | 土 | 日 | 月 |
| 일진 | 辛丑 | 壬寅 | 癸卯 | 甲辰 | 乙巳 | 丙午 | 丁未 | 戊申 | 己酉 | 庚戌 | 辛亥 | 壬子 | 癸丑 | 甲寅 | 乙卯 | 丙辰 | 丁巳 | 戊午 | 己未 | 庚申 | 辛酉 | 壬戌 | 癸亥 | 甲子 | 乙丑 | 丙寅 | 丁卯 | 戊辰 | 己巳 | 庚午 |
| 대운 남 | 9 | 9 | 10 | 10 | 망 | 1 | 1 | 1 | 1 | 2 | 2 | 2 | 3 | 3 | 3 | 4 | 4 | 4 | 5 | 5 | 5 | 6 | 6 | 6 | 7 | 7 | 7 | 8 | 8 | 8 |
| 대운 녀 | 1 | 1 | 1 | 1 | 종 | 10 | 10 | 10 | 9 | 9 | 9 | 8 | 8 | 8 | 7 | 7 | 7 | 6 | 6 | 6 | 5 | 5 | 5 | 4 | 4 | 4 | 3 | 3 | 3 | 2 |

# 乙巳年

동경135도표준시

소서 7일 05시04분

## 7 · 癸未月(양 7.7~8.6)

대서 22일 22시28분

| 양력 | 1 | 2 | 3 | 4 | 5 | 6 | 7 | 8 | 9 | 10 | 11 | 12 | 13 | 14 | 15 | 16 | 17 | 18 | 19 | 20 | 21 | 22 | 23 | 24 | 25 | 26 | 27 | 28 | 29 | 30 | 31 |
|---|---|---|---|---|---|---|---|---|---|---|---|---|---|---|---|---|---|---|---|---|---|---|---|---|---|---|---|---|---|---|---|
| 음력 | 7 | 8 | 9 | 10 | 11 | 12 | 13 | 14 | 15 | 16 | 17 | 18 | 19 | 20 | 21 | 22 | 23 | 24 | 25 | 26 | 27 | 28 | 29 | 30 | 윤 | 6.2 | 3 | 4 | 5 | 6 | 7 |
| 요일 | 火 | 水 | 木 | 金 | 土 | 日 | 月 | 火 | 水 | 木 | 金 | 土 | 日 | 月 | 火 | 水 | 木 | 金 | 土 | 日 | 月 | 火 | 水 | 木 | 金 | 土 | 日 | 月 | 火 | 水 | 木 |
| 일진 | 辛未 | 壬申 | 癸酉 | 甲戌 | 乙亥 | 丙子 | 丁丑 | 戊寅 | 己卯 | 庚辰 | 辛巳 | 壬午 | 癸未 | 甲申 | 乙酉 | 丙戌 | 丁亥 | 戊子 | 己丑 | 庚寅 | 辛卯 | 壬辰 | 癸巳 | 甲午 | 乙未 | 丙申 | 丁酉 | 戊戌 | 己亥 | 庚子 | 辛丑 |
| 대운 남 | 9 | 9 | 9 | 10 | 10 | 10 | 소 | 1 | 1 | 1 | 1 | 2 | 2 | 2 | 3 | 3 | 3 | 4 | 4 | 4 | 5 | 5 | 5 | 6 | 6 | 6 | 7 | 7 | 7 | 8 | 8 |
| 대운 녀 | 2 | 2 | 1 | 1 | 1 | 1 | 서 | 10 | 10 | 9 | 9 | 9 | 8 | 8 | 8 | 7 | 7 | 7 | 6 | 6 | 6 | 5 | 5 | 5 | 4 | 4 | 4 | 3 | 3 | 3 | 2 |

입추 7일 14시50분

## 8 · 甲申月(양 8.7~9.6)

처서 23일 05시33분

| 양력 | 1 | 2 | 3 | 4 | 5 | 6 | 7 | 8 | 9 | 10 | 11 | 12 | 13 | 14 | 15 | 16 | 17 | 18 | 19 | 20 | 21 | 22 | 23 | 24 | 25 | 26 | 27 | 28 | 29 | 30 | 31 |
|---|---|---|---|---|---|---|---|---|---|---|---|---|---|---|---|---|---|---|---|---|---|---|---|---|---|---|---|---|---|---|---|
| 음력 | 8 | 9 | 10 | 11 | 12 | 13 | 14 | 15 | 16 | 17 | 18 | 19 | 20 | 21 | 22 | 23 | 24 | 25 | 26 | 27 | 28 | 29 | 7.1 | 2 | 3 | 4 | 5 | 6 | 7 | 8 | 9 |
| 요일 | 金 | 土 | 日 | 月 | 火 | 水 | 木 | 金 | 土 | 日 | 月 | 火 | 水 | 木 | 金 | 土 | 日 | 月 | 火 | 水 | 木 | 金 | 土 | 日 | 月 | 火 | 水 | 木 | 金 | 土 | 日 |
| 일진 | 壬寅 | 癸卯 | 甲辰 | 乙巳 | 丙午 | 丁未 | 戊申 | 己酉 | 庚戌 | 辛亥 | 壬子 | 癸丑 | 甲寅 | 乙卯 | 丙辰 | 丁巳 | 戊午 | 己未 | 庚申 | 辛酉 | 壬戌 | 癸亥 | 甲子 | 乙丑 | 丙寅 | 丁卯 | 戊辰 | 己巳 | 庚午 | 辛未 | 壬申 |
| 대운 남 | 8 | 9 | 9 | 9 | 10 | 10 | 입 | 1 | 1 | 1 | 1 | 2 | 2 | 2 | 3 | 3 | 3 | 4 | 4 | 4 | 5 | 5 | 5 | 6 | 6 | 6 | 7 | 7 | 7 | 8 | 8 |
| 대운 녀 | 2 | 2 | 1 | 1 | 1 | 1 | 추 | 10 | 10 | 9 | 9 | 9 | 8 | 8 | 8 | 7 | 7 | 7 | 6 | 6 | 6 | 5 | 5 | 5 | 4 | 4 | 4 | 3 | 3 | 3 | 2 |

백로 7일 17시51분

## 9 · 乙酉月(양 9.7~10.7)

추분 23일 03시18분

| 양력 | 1 | 2 | 3 | 4 | 5 | 6 | 7 | 8 | 9 | 10 | 11 | 12 | 13 | 14 | 15 | 16 | 17 | 18 | 19 | 20 | 21 | 22 | 23 | 24 | 25 | 26 | 27 | 28 | 29 | 30 |
|---|---|---|---|---|---|---|---|---|---|---|---|---|---|---|---|---|---|---|---|---|---|---|---|---|---|---|---|---|---|---|
| 음력 | 10 | 11 | 12 | 13 | 14 | 15 | 16 | 17 | 18 | 19 | 20 | 21 | 22 | 23 | 24 | 25 | 26 | 27 | 28 | 29 | 30 | 8.1 | 2 | 3 | 4 | 5 | 6 | 7 | 8 | 9 |
| 요일 | 月 | 火 | 水 | 木 | 金 | 土 | 日 | 月 | 火 | 水 | 木 | 金 | 土 | 日 | 月 | 火 | 水 | 木 | 金 | 土 | 日 | 月 | 火 | 水 | 木 | 金 | 土 | 日 | 月 | 火 |
| 일진 | 癸酉 | 甲戌 | 乙亥 | 丙子 | 丁丑 | 戊寅 | 己卯 | 庚辰 | 辛巳 | 壬午 | 癸未 | 甲申 | 乙酉 | 丙戌 | 丁亥 | 戊子 | 己丑 | 庚寅 | 辛卯 | 壬辰 | 癸巳 | 甲午 | 乙未 | 丙申 | 丁酉 | 戊戌 | 己亥 | 庚子 | 辛丑 | 壬寅 |
| 대운 남 | 8 | 9 | 9 | 9 | 10 | 10 | 백 | 1 | 1 | 1 | 1 | 2 | 2 | 2 | 3 | 3 | 3 | 4 | 4 | 4 | 5 | 5 | 5 | 6 | 6 | 6 | 7 | 7 | 7 | 8 |
| 대운 녀 | 2 | 2 | 1 | 1 | 1 | 1 | 로 | 10 | 10 | 9 | 9 | 9 | 8 | 8 | 8 | 7 | 7 | 7 | 6 | 6 | 6 | 5 | 5 | 5 | 4 | 4 | 4 | 3 | 3 | 3 |

한로 8일 09시40분

## 10 · 丙戌月(양 10.8~11.6)

상강 23일 12시50분

| 양력 | 1 | 2 | 3 | 4 | 5 | 6 | 7 | 8 | 9 | 10 | 11 | 12 | 13 | 14 | 15 | 16 | 17 | 18 | 19 | 20 | 21 | 22 | 23 | 24 | 25 | 26 | 27 | 28 | 29 | 30 | 31 |
|---|---|---|---|---|---|---|---|---|---|---|---|---|---|---|---|---|---|---|---|---|---|---|---|---|---|---|---|---|---|---|---|
| 음력 | 10 | 11 | 12 | 13 | 14 | 15 | 16 | 17 | 18 | 19 | 20 | 21 | 22 | 23 | 24 | 25 | 26 | 27 | 28 | 29 | 9.1 | 2 | 3 | 4 | 5 | 6 | 7 | 8 | 9 | 10 | 11 |
| 요일 | 水 | 木 | 金 | 土 | 日 | 月 | 火 | 水 | 木 | 金 | 土 | 日 | 月 | 火 | 水 | 木 | 金 | 土 | 日 | 月 | 火 | 水 | 木 | 金 | 土 | 日 | 月 | 火 | 水 | 木 | 金 |
| 일진 | 癸卯 | 甲辰 | 乙巳 | 丙午 | 丁未 | 戊申 | 己酉 | 庚戌 | 辛亥 | 壬子 | 癸丑 | 甲寅 | 乙卯 | 丙辰 | 丁巳 | 戊午 | 己未 | 庚申 | 辛酉 | 壬戌 | 癸亥 | 甲子 | 乙丑 | 丙寅 | 丁卯 | 戊辰 | 己巳 | 庚午 | 辛未 | 壬申 | 癸酉 |
| 대운 남 | 8 | 8 | 9 | 9 | 9 | 10 | 10 | 한 | 1 | 1 | 1 | 1 | 2 | 2 | 2 | 3 | 3 | 3 | 4 | 4 | 4 | 5 | 5 | 5 | 6 | 6 | 6 | 7 | 7 | 7 | 8 |
| 대운 녀 | 2 | 2 | 2 | 1 | 1 | 1 | 1 | 로 | 10 | 9 | 9 | 9 | 8 | 8 | 8 | 7 | 7 | 7 | 6 | 6 | 6 | 5 | 5 | 5 | 4 | 4 | 4 | 3 | 3 | 3 | 2 |

입동 7일 13시03분

## 11 · 丁亥月(양 11.7~12.6)

소설 22일 10시34분

| 양력 | 1 | 2 | 3 | 4 | 5 | 6 | 7 | 8 | 9 | 10 | 11 | 12 | 13 | 14 | 15 | 16 | 17 | 18 | 19 | 20 | 21 | 22 | 23 | 24 | 25 | 26 | 27 | 28 | 29 | 30 |
|---|---|---|---|---|---|---|---|---|---|---|---|---|---|---|---|---|---|---|---|---|---|---|---|---|---|---|---|---|---|---|
| 음력 | 12 | 13 | 14 | 15 | 16 | 17 | 18 | 19 | 20 | 21 | 22 | 23 | 24 | 25 | 26 | 27 | 28 | 29 | 30 | 10.1 | 2 | 3 | 4 | 5 | 6 | 7 | 8 | 9 | 10 | 11 |
| 요일 | 土 | 日 | 月 | 火 | 水 | 木 | 金 | 土 | 日 | 月 | 火 | 水 | 木 | 金 | 土 | 日 | 月 | 火 | 水 | 木 | 金 | 土 | 日 | 月 | 火 | 水 | 木 | 金 | 土 | 日 |
| 일진 | 甲戌 | 乙亥 | 丙子 | 丁丑 | 戊寅 | 己卯 | 庚辰 | 辛巳 | 壬午 | 癸未 | 甲申 | 乙酉 | 丙戌 | 丁亥 | 戊子 | 己丑 | 庚寅 | 辛卯 | 壬辰 | 癸巳 | 甲午 | 乙未 | 丙申 | 丁酉 | 戊戌 | 己亥 | 庚子 | 辛丑 | 壬寅 | 癸卯 |
| 대운 남 | 8 | 8 | 9 | 9 | 9 | 10 | 입 | 1 | 1 | 1 | 1 | 2 | 2 | 2 | 3 | 3 | 3 | 4 | 4 | 4 | 5 | 5 | 5 | 6 | 6 | 6 | 7 | 7 | 7 | 8 |
| 대운 녀 | 2 | 2 | 1 | 1 | 1 | 1 | 동 | 10 | 9 | 9 | 9 | 8 | 8 | 8 | 7 | 7 | 7 | 6 | 6 | 6 | 5 | 5 | 5 | 4 | 4 | 4 | 3 | 3 | 3 | 2 |

대설 7일 06시03분

## 12 · 戊子月(양 12.7~1.4)

동지 21일 00시02분

| 양력 | 1 | 2 | 3 | 4 | 5 | 6 | 7 | 8 | 9 | 10 | 11 | 12 | 13 | 14 | 15 | 16 | 17 | 18 | 19 | 20 | 21 | 22 | 23 | 24 | 25 | 26 | 27 | 28 | 29 | 30 | 31 |
|---|---|---|---|---|---|---|---|---|---|---|---|---|---|---|---|---|---|---|---|---|---|---|---|---|---|---|---|---|---|---|---|
| 음력 | 12 | 13 | 14 | 15 | 16 | 17 | 18 | 19 | 20 | 21 | 22 | 23 | 24 | 25 | 26 | 27 | 28 | 29 | 30 | 11.1 | 2 | 3 | 4 | 5 | 6 | 7 | 8 | 9 | 10 | 11 | 12 |
| 요일 | 月 | 火 | 水 | 木 | 金 | 土 | 日 | 月 | 火 | 水 | 木 | 金 | 土 | 日 | 月 | 火 | 水 | 木 | 金 | 土 | 日 | 月 | 火 | 水 | 木 | 金 | 土 | 日 | 月 | 火 | 水 |
| 일진 | 甲辰 | 乙巳 | 丙午 | 丁未 | 戊申 | 己酉 | 庚戌 | 辛亥 | 壬子 | 癸丑 | 甲寅 | 乙卯 | 丙辰 | 丁巳 | 戊午 | 己未 | 庚申 | 辛酉 | 壬戌 | 癸亥 | 甲子 | 乙丑 | 丙寅 | 丁卯 | 戊辰 | 己巳 | 庚午 | 辛未 | 壬申 | 癸酉 | 甲戌 |
| 대운 남 | 8 | 8 | 9 | 9 | 9 | 10 | 대 | 1 | 1 | 1 | 1 | 2 | 2 | 2 | 3 | 3 | 3 | 4 | 4 | 4 | 5 | 5 | 5 | 6 | 6 | 6 | 7 | 7 | 7 | 8 | 8 |
| 대운 녀 | 2 | 2 | 1 | 1 | 1 | 1 | 설 | 9 | 9 | 9 | 8 | 8 | 8 | 7 | 7 | 7 | 6 | 6 | 6 | 5 | 5 | 5 | 4 | 4 | 4 | 3 | 3 | 3 | 2 | 2 | 2 |

단기 4359년

# 2026년

소한 5일 17시22분 | **1 · 己丑月(양 1.5~2.3)** | 대한 20일 10시44분

| 양력 | | 1 | 2 | 3 | 4 | 5 | 6 | 7 | 8 | 9 | 10 | 11 | 12 | 13 | 14 | 15 | 16 | 17 | 18 | 19 | 20 | 21 | 22 | 23 | 24 | 25 | 26 | 27 | 28 | 29 | 30 | 31 |
|---|---|---|---|---|---|---|---|---|---|---|---|---|---|---|---|---|---|---|---|---|---|---|---|---|---|---|---|---|---|---|---|---|
| 음력 | | 13 | 14 | 15 | 16 | 17 | 18 | 19 | 20 | 21 | 22 | 23 | 24 | 25 | 26 | 27 | 28 | 29 | 30 | 12.1 | 2 | 3 | 4 | 5 | 6 | 7 | 8 | 9 | 10 | 11 | 12 | 13 |
| 요일 | | 木 | 金 | 土 | 日 | 月 | 火 | 水 | 木 | 金 | 土 | 日 | 月 | 火 | 水 | 木 | 金 | 土 | 日 | 月 | 火 | 水 | 木 | 金 | 土 | 日 | 月 | 火 | 水 | 木 | 金 | 土 |
| 일진 | | 乙亥 | 丙子 | 丁丑 | 戊寅 | 己卯 | 庚辰 | 辛巳 | 壬午 | 癸未 | 甲申 | 乙酉 | 丙戌 | 丁亥 | 戊子 | 己丑 | 庚寅 | 辛卯 | 壬辰 | 癸巳 | 甲午 | 乙未 | 丙申 | 丁酉 | 戊戌 | 己亥 | 庚子 | 辛丑 | 壬寅 | 癸卯 | 甲辰 | 乙巳 |
| 대운 | 남 | 8 | 9 | 9 | 9 | 소 | 1 | 1 | 1 | 1 | 2 | 2 | 2 | 3 | 3 | 3 | 4 | 4 | 4 | 5 | 5 | 5 | 6 | 6 | 6 | 7 | 7 | 7 | 8 | 8 | 8 | 9 |
| | 녀 | 1 | 1 | 1 | 1 | 한 | 10 | 9 | 9 | 9 | 8 | 8 | 8 | 7 | 7 | 7 | 6 | 6 | 6 | 5 | 5 | 5 | 4 | 4 | 4 | 3 | 3 | 3 | 2 | 2 | 2 | 1 |

입춘 4일 05시01분 | **2 · 庚寅月(양 2.4~3.4)** | 우수 19일 00시51분

| 양력 | | 1 | 2 | 3 | 4 | 5 | 6 | 7 | 8 | 9 | 10 | 11 | 12 | 13 | 14 | 15 | 16 | 17 | 18 | 19 | 20 | 21 | 22 | 23 | 24 | 25 | 26 | 27 | 28 |
|---|---|---|---|---|---|---|---|---|---|---|---|---|---|---|---|---|---|---|---|---|---|---|---|---|---|---|---|---|---|
| 음력 | | 14 | 15 | 16 | 17 | 18 | 19 | 20 | 21 | 22 | 23 | 24 | 25 | 26 | 27 | 28 | 29 | 1.1 | 2 | 3 | 4 | 5 | 6 | 7 | 8 | 9 | 10 | 11 | 12 |
| 요일 | | 日 | 月 | 火 | 水 | 木 | 金 | 土 | 日 | 月 | 火 | 水 | 木 | 金 | 土 | 日 | 月 | 火 | 水 | 木 | 金 | 土 | 日 | 月 | 火 | 水 | 木 | 金 | 土 |
| 일진 | | 丙午 | 丁未 | 戊申 | 己酉 | 庚戌 | 辛亥 | 壬子 | 癸丑 | 甲寅 | 乙卯 | 丙辰 | 丁巳 | 戊午 | 己未 | 庚申 | 辛酉 | 壬戌 | 癸亥 | 甲子 | 乙丑 | 丙寅 | 丁卯 | 戊辰 | 己巳 | 庚午 | 辛未 | 壬申 | 癸酉 |
| 대운 | 남 | 9 | 9 | 10 | 입 | 9 | 9 | 9 | 8 | 8 | 8 | 7 | 7 | 7 | 6 | 6 | 6 | 5 | 5 | 5 | 4 | 4 | 4 | 3 | 3 | 3 | 2 | 2 | 2 |
| | 녀 | 1 | 1 | 1 | 춘 | 1 | 1 | 1 | 1 | 2 | 2 | 2 | 3 | 3 | 3 | 4 | 4 | 4 | 5 | 5 | 5 | 6 | 6 | 6 | 7 | 7 | 7 | 8 | 8 |

경칩 5일 22시58분 | **3 · 辛卯月(양 3.5~4.4)** | 춘분 20일 23시45분

| 양력 | | 1 | 2 | 3 | 4 | 5 | 6 | 7 | 8 | 9 | 10 | 11 | 12 | 13 | 14 | 15 | 16 | 17 | 18 | 19 | 20 | 21 | 22 | 23 | 24 | 25 | 26 | 27 | 28 | 29 | 30 | 31 |
|---|---|---|---|---|---|---|---|---|---|---|---|---|---|---|---|---|---|---|---|---|---|---|---|---|---|---|---|---|---|---|---|---|
| 음력 | | 13 | 14 | 15 | 16 | 17 | 18 | 19 | 20 | 21 | 22 | 23 | 24 | 25 | 26 | 27 | 28 | 29 | 30 | 2.1 | 2 | 3 | 4 | 5 | 6 | 7 | 8 | 9 | 10 | 11 | 12 | 13 |
| 요일 | | 日 | 月 | 火 | 水 | 木 | 金 | 土 | 日 | 月 | 火 | 水 | 木 | 金 | 土 | 日 | 月 | 火 | 水 | 木 | 金 | 土 | 日 | 月 | 火 | 水 | 木 | 金 | 土 | 日 | 月 | 火 |
| 일진 | | 甲戌 | 乙亥 | 丙子 | 丁丑 | 戊寅 | 己卯 | 庚辰 | 辛巳 | 壬午 | 癸未 | 甲申 | 乙酉 | 丙戌 | 丁亥 | 戊子 | 己丑 | 庚寅 | 辛卯 | 壬辰 | 癸巳 | 甲午 | 乙未 | 丙申 | 丁酉 | 戊戌 | 己亥 | 庚子 | 辛丑 | 壬寅 | 癸卯 | 甲辰 |
| 대운 | 남 | 1 | 1 | 1 | 1 | 경 | 10 | 10 | 9 | 9 | 9 | 8 | 8 | 8 | 7 | 7 | 7 | 6 | 6 | 6 | 5 | 5 | 5 | 4 | 4 | 4 | 3 | 3 | 3 | 2 | 2 | 2 |
| | 녀 | 8 | 9 | 9 | 9 | 칩 | 1 | 1 | 1 | 1 | 2 | 2 | 2 | 3 | 3 | 3 | 4 | 4 | 4 | 5 | 5 | 5 | 6 | 6 | 6 | 7 | 7 | 7 | 8 | 8 | 8 | 9 |

청명 5일 03시39분 | **4 · 壬辰月(양 4.5~5.4)** | 곡우 20일 10시38분

| 양력 | | 1 | 2 | 3 | 4 | 5 | 6 | 7 | 8 | 9 | 10 | 11 | 12 | 13 | 14 | 15 | 16 | 17 | 18 | 19 | 20 | 21 | 22 | 23 | 24 | 25 | 26 | 27 | 28 | 29 | 30 |
|---|---|---|---|---|---|---|---|---|---|---|---|---|---|---|---|---|---|---|---|---|---|---|---|---|---|---|---|---|---|---|---|
| 음력 | | 14 | 15 | 16 | 17 | 18 | 19 | 20 | 21 | 22 | 23 | 24 | 25 | 26 | 27 | 28 | 29 | 3.1 | 2 | 3 | 4 | 5 | 6 | 7 | 8 | 9 | 10 | 11 | 12 | 13 | 14 |
| 요일 | | 水 | 木 | 金 | 土 | 日 | 月 | 火 | 水 | 木 | 金 | 土 | 日 | 月 | 火 | 水 | 木 | 金 | 土 | 日 | 月 | 火 | 水 | 木 | 金 | 土 | 日 | 月 | 火 | 水 | 木 |
| 일진 | | 乙巳 | 丙午 | 丁未 | 戊申 | 己酉 | 庚戌 | 辛亥 | 壬子 | 癸丑 | 甲寅 | 乙卯 | 丙辰 | 丁巳 | 戊午 | 己未 | 庚申 | 辛酉 | 壬戌 | 癸亥 | 甲子 | 乙丑 | 丙寅 | 丁卯 | 戊辰 | 己巳 | 庚午 | 辛未 | 壬申 | 癸酉 | 甲戌 |
| 대운 | 남 | 1 | 1 | 1 | 1 | 청 | 10 | 9 | 9 | 9 | 8 | 8 | 8 | 7 | 7 | 7 | 6 | 6 | 6 | 5 | 5 | 5 | 4 | 4 | 4 | 3 | 3 | 3 | 2 | 2 | 2 |
| | 녀 | 9 | 9 | 10 | 10 | 명 | 1 | 1 | 1 | 1 | 2 | 2 | 2 | 3 | 3 | 3 | 4 | 4 | 4 | 5 | 5 | 5 | 6 | 6 | 6 | 7 | 7 | 7 | 8 | 8 | 8 |

입하 5일 20시48분 | **5 · 癸巳月(양 5.5~6.5)** | 소만 21일 09시36분

| 양력 | | 1 | 2 | 3 | 4 | 5 | 6 | 7 | 8 | 9 | 10 | 11 | 12 | 13 | 14 | 15 | 16 | 17 | 18 | 19 | 20 | 21 | 22 | 23 | 24 | 25 | 26 | 27 | 28 | 29 | 30 | 31 |
|---|---|---|---|---|---|---|---|---|---|---|---|---|---|---|---|---|---|---|---|---|---|---|---|---|---|---|---|---|---|---|---|---|
| 음력 | | 15 | 16 | 17 | 18 | 19 | 20 | 21 | 22 | 23 | 24 | 25 | 26 | 27 | 28 | 29 | 30 | 4.1 | 2 | 3 | 4 | 5 | 6 | 7 | 8 | 9 | 10 | 11 | 12 | 13 | 14 | 15 |
| 요일 | | 金 | 土 | 日 | 月 | 火 | 水 | 木 | 金 | 土 | 日 | 月 | 火 | 水 | 木 | 金 | 土 | 日 | 月 | 火 | 水 | 木 | 金 | 土 | 日 | 月 | 火 | 水 | 木 | 金 | 土 | 日 |
| 일진 | | 乙亥 | 丙子 | 丁丑 | 戊寅 | 己卯 | 庚辰 | 辛巳 | 壬午 | 癸未 | 甲申 | 乙酉 | 丙戌 | 丁亥 | 戊子 | 己丑 | 庚寅 | 辛卯 | 壬辰 | 癸巳 | 甲午 | 乙未 | 丙申 | 丁酉 | 戊戌 | 己亥 | 庚子 | 辛丑 | 壬寅 | 癸卯 | 甲辰 | 乙巳 |
| 대운 | 남 | 1 | 1 | 1 | 1 | 입 | 10 | 10 | 10 | 9 | 9 | 9 | 8 | 8 | 8 | 7 | 7 | 7 | 6 | 6 | 6 | 5 | 5 | 5 | 4 | 4 | 4 | 3 | 3 | 3 | 2 | 2 |
| | 녀 | 9 | 9 | 9 | 10 | 하 | 1 | 1 | 1 | 1 | 2 | 2 | 2 | 3 | 3 | 3 | 4 | 4 | 4 | 5 | 5 | 5 | 6 | 6 | 6 | 7 | 7 | 7 | 8 | 8 | 8 | 9 |

망종 6일 00시47분 | **6 · 甲午月(양 6.6~7.6)** | 하지 21일 17시23분

| 양력 | | 1 | 2 | 3 | 4 | 5 | 6 | 7 | 8 | 9 | 10 | 11 | 12 | 13 | 14 | 15 | 16 | 17 | 18 | 19 | 20 | 21 | 22 | 23 | 24 | 25 | 26 | 27 | 28 | 29 | 30 |
|---|---|---|---|---|---|---|---|---|---|---|---|---|---|---|---|---|---|---|---|---|---|---|---|---|---|---|---|---|---|---|---|
| 음력 | | 16 | 17 | 18 | 19 | 20 | 21 | 22 | 23 | 24 | 25 | 26 | 27 | 28 | 29 | 5.1 | 2 | 3 | 4 | 5 | 6 | 7 | 8 | 9 | 10 | 11 | 12 | 13 | 14 | 15 | 16 |
| 요일 | | 月 | 火 | 水 | 木 | 金 | 土 | 日 | 月 | 火 | 水 | 木 | 金 | 土 | 日 | 月 | 火 | 水 | 木 | 金 | 土 | 日 | 月 | 火 | 水 | 木 | 金 | 土 | 日 | 月 | 火 |
| 일진 | | 丙午 | 丁未 | 戊申 | 己酉 | 庚戌 | 辛亥 | 壬子 | 癸丑 | 甲寅 | 乙卯 | 丙辰 | 丁巳 | 戊午 | 己未 | 庚申 | 辛酉 | 壬戌 | 癸亥 | 甲子 | 乙丑 | 丙寅 | 丁卯 | 戊辰 | 己巳 | 庚午 | 辛未 | 壬申 | 癸酉 | 甲戌 | 乙亥 |
| 대운 | 남 | 2 | 1 | 1 | 1 | 1 | 망 | 10 | 10 | 9 | 9 | 9 | 8 | 8 | 8 | 7 | 7 | 7 | 6 | 6 | 6 | 5 | 5 | 5 | 4 | 4 | 4 | 3 | 3 | 3 | 2 |
| | 녀 | 9 | 9 | 10 | 10 | 10 | 종 | 1 | 1 | 1 | 1 | 2 | 2 | 2 | 3 | 3 | 3 | 4 | 4 | 4 | 5 | 5 | 5 | 6 | 6 | 6 | 7 | 7 | 7 | 8 | 8 |

소서 7일 10시56분

## 7 · 乙未月(양 7.7~8.6)

대서 23일 04시12분

| 양력 | 1 | 2 | 3 | 4 | 5 | 6 | 7 | 8 | 9 | 10 | 11 | 12 | 13 | 14 | 15 | 16 | 17 | 18 | 19 | 20 | 21 | 22 | 23 | 24 | 25 | 26 | 27 | 28 | 29 | 30 | 31 |
|---|---|---|---|---|---|---|---|---|---|---|---|---|---|---|---|---|---|---|---|---|---|---|---|---|---|---|---|---|---|---|---|
| 음력 | 17 | 18 | 19 | 20 | 21 | 22 | 23 | 24 | 25 | 26 | 27 | 28 | 29 | 6.1 | 2 | 3 | 4 | 5 | 6 | 7 | 8 | 9 | 10 | 11 | 12 | 13 | 14 | 15 | 16 | 17 | 18 |
| 요일 | 水 | 木 | 金 | 土 | 日 | 月 | 火 | 水 | 木 | 金 | 土 | 日 | 月 | 火 | 水 | 木 | 金 | 土 | 日 | 月 | 火 | 水 | 木 | 金 | 土 | 日 | 月 | 火 | 水 | 木 | 金 |
| 일진 | 丙子 | 丁丑 | 戊寅 | 己卯 | 庚辰 | 辛巳 | 壬午 | 癸未 | 甲申 | 乙酉 | 丙戌 | 丁亥 | 戊子 | 己丑 | 庚寅 | 辛卯 | 壬辰 | 癸巳 | 甲午 | 乙未 | 丙申 | 丁酉 | 戊戌 | 己亥 | 庚子 | 辛丑 | 壬寅 | 癸卯 | 甲辰 | 乙巳 | 丙午 |
| 대운 남 | 2 | 2 | 1 | 1 | 1 | 1 | 소 | 10 | 10 | 9 | 9 | 9 | 8 | 8 | 8 | 7 | 7 | 7 | 6 | 6 | 6 | 5 | 5 | 5 | 4 | 4 | 4 | 3 | 3 | 3 | 2 |
| 대운 녀 | 8 | 9 | 9 | 9 | 10 | 10 | 서 | 1 | 1 | 1 | 1 | 2 | 2 | 2 | 3 | 3 | 3 | 4 | 4 | 4 | 5 | 5 | 5 | 6 | 6 | 6 | 7 | 7 | 7 | 8 | 8 |

입추 7일 20시42분

## 8 · 丙申月(양 8.7~9.6)

처서 23일 11시18분

| 양력 | 1 | 2 | 3 | 4 | 5 | 6 | 7 | 8 | 9 | 10 | 11 | 12 | 13 | 14 | 15 | 16 | 17 | 18 | 19 | 20 | 21 | 22 | 23 | 24 | 25 | 26 | 27 | 28 | 29 | 30 | 31 |
|---|---|---|---|---|---|---|---|---|---|---|---|---|---|---|---|---|---|---|---|---|---|---|---|---|---|---|---|---|---|---|---|
| 음력 | 19 | 20 | 21 | 22 | 23 | 24 | 25 | 26 | 27 | 28 | 29 | 30 | 7.1 | 2 | 3 | 4 | 5 | 6 | 7 | 8 | 9 | 10 | 11 | 12 | 13 | 14 | 15 | 16 | 17 | 18 | 19 |
| 요일 | 土 | 日 | 月 | 火 | 水 | 木 | 金 | 土 | 日 | 月 | 火 | 水 | 木 | 金 | 土 | 日 | 月 | 火 | 水 | 木 | 金 | 土 | 日 | 月 | 火 | 水 | 木 | 金 | 土 | 日 | 月 |
| 일진 | 丁未 | 戊申 | 己酉 | 庚戌 | 辛亥 | 壬子 | 癸丑 | 甲寅 | 乙卯 | 丙辰 | 丁巳 | 戊午 | 己未 | 庚申 | 辛酉 | 壬戌 | 癸亥 | 甲子 | 乙丑 | 丙寅 | 丁卯 | 戊辰 | 己巳 | 庚午 | 辛未 | 壬申 | 癸酉 | 甲戌 | 乙亥 | 丙子 | 丁丑 |
| 대운 남 | 2 | 2 | 1 | 1 | 1 | 1 | 입 | 10 | 10 | 9 | 9 | 9 | 8 | 8 | 8 | 7 | 7 | 7 | 6 | 6 | 6 | 5 | 5 | 5 | 4 | 4 | 4 | 3 | 3 | 3 | 2 |
| 대운 녀 | 8 | 9 | 9 | 9 | 10 | 10 | 추 | 1 | 1 | 1 | 1 | 2 | 2 | 2 | 3 | 3 | 3 | 4 | 4 | 4 | 5 | 5 | 5 | 6 | 6 | 6 | 7 | 7 | 7 | 8 | 8 |

백로 7일 23시40분

## 9 · 丁酉月(양 9.7~10.7)

추분 23일 09시04분

| 양력 | 1 | 2 | 3 | 4 | 5 | 6 | 7 | 8 | 9 | 10 | 11 | 12 | 13 | 14 | 15 | 16 | 17 | 18 | 19 | 20 | 21 | 22 | 23 | 24 | 25 | 26 | 27 | 28 | 29 | 30 |
|---|---|---|---|---|---|---|---|---|---|---|---|---|---|---|---|---|---|---|---|---|---|---|---|---|---|---|---|---|---|---|
| 음력 | 20 | 21 | 22 | 23 | 24 | 25 | 26 | 27 | 28 | 29 | 8.1 | 2 | 3 | 4 | 5 | 6 | 7 | 8 | 9 | 10 | 11 | 12 | 13 | 14 | 15 | 16 | 17 | 18 | 19 | 20 |
| 요일 | 火 | 水 | 木 | 金 | 土 | 日 | 月 | 火 | 水 | 木 | 金 | 土 | 日 | 月 | 火 | 水 | 木 | 金 | 土 | 日 | 月 | 火 | 水 | 木 | 金 | 土 | 日 | 月 | 火 | 水 |
| 일진 | 戊寅 | 己卯 | 庚辰 | 辛巳 | 壬午 | 癸未 | 甲申 | 乙酉 | 丙戌 | 丁亥 | 戊子 | 己丑 | 庚寅 | 辛卯 | 壬辰 | 癸巳 | 甲午 | 乙未 | 丙申 | 丁酉 | 戊戌 | 己亥 | 庚子 | 辛丑 | 壬寅 | 癸卯 | 甲辰 | 乙巳 | 丙午 | 丁未 |
| 대운 남 | 2 | 2 | 1 | 1 | 1 | 1 | 백 | 10 | 10 | 9 | 9 | 9 | 8 | 8 | 8 | 7 | 7 | 7 | 6 | 6 | 6 | 5 | 5 | 5 | 4 | 4 | 4 | 3 | 3 | 3 |
| 대운 녀 | 8 | 9 | 9 | 9 | 10 | 10 | 로 | 1 | 1 | 1 | 1 | 2 | 2 | 2 | 3 | 3 | 3 | 4 | 4 | 4 | 5 | 5 | 5 | 6 | 6 | 6 | 7 | 7 | 7 | 8 |

한로 8일 15시28분

## 10 · 戊戌月(양 10.8~11.6)

상강 23일 18시37분

| 양력 | 1 | 2 | 3 | 4 | 5 | 6 | 7 | 8 | 9 | 10 | 11 | 12 | 13 | 14 | 15 | 16 | 17 | 18 | 19 | 20 | 21 | 22 | 23 | 24 | 25 | 26 | 27 | 28 | 29 | 30 | 31 |
|---|---|---|---|---|---|---|---|---|---|---|---|---|---|---|---|---|---|---|---|---|---|---|---|---|---|---|---|---|---|---|---|
| 음력 | 21 | 22 | 23 | 24 | 25 | 26 | 27 | 28 | 29 | 30 | 9.1 | 2 | 3 | 4 | 5 | 6 | 7 | 8 | 9 | 10 | 11 | 12 | 13 | 14 | 15 | 16 | 17 | 18 | 19 | 20 | 21 |
| 요일 | 木 | 金 | 土 | 日 | 月 | 火 | 水 | 木 | 金 | 土 | 日 | 月 | 火 | 水 | 木 | 金 | 土 | 日 | 月 | 火 | 水 | 木 | 金 | 土 | 日 | 月 | 火 | 水 | 木 | 金 | 土 |
| 일진 | 戊申 | 己酉 | 庚戌 | 辛亥 | 壬子 | 癸丑 | 甲寅 | 乙卯 | 丙辰 | 丁巳 | 戊午 | 己未 | 庚申 | 辛酉 | 壬戌 | 癸亥 | 甲子 | 乙丑 | 丙寅 | 丁卯 | 戊辰 | 己巳 | 庚午 | 辛未 | 壬申 | 癸酉 | 甲戌 | 乙亥 | 丙子 | 丁丑 | 戊寅 |
| 대운 남 | 2 | 2 | 2 | 1 | 1 | 1 | 1 | 한 | 10 | 9 | 9 | 9 | 8 | 8 | 8 | 7 | 7 | 7 | 6 | 6 | 6 | 5 | 5 | 5 | 4 | 4 | 4 | 3 | 3 | 3 | 2 |
| 대운 녀 | 8 | 8 | 9 | 9 | 9 | 10 | 10 | 로 | 1 | 1 | 1 | 1 | 2 | 2 | 2 | 3 | 3 | 3 | 4 | 4 | 4 | 5 | 5 | 5 | 6 | 6 | 6 | 7 | 7 | 7 | 8 |

입동 7일 18시51분

## 11 · 己亥月(양 11.7~12.6)

소설 22일 16시22분

| 양력 | 1 | 2 | 3 | 4 | 5 | 6 | 7 | 8 | 9 | 10 | 11 | 12 | 13 | 14 | 15 | 16 | 17 | 18 | 19 | 20 | 21 | 22 | 23 | 24 | 25 | 26 | 27 | 28 | 29 | 30 |
|---|---|---|---|---|---|---|---|---|---|---|---|---|---|---|---|---|---|---|---|---|---|---|---|---|---|---|---|---|---|---|
| 음력 | 22 | 23 | 24 | 25 | 26 | 27 | 28 | 29 | 10.1 | 2 | 3 | 4 | 5 | 6 | 7 | 8 | 9 | 10 | 11 | 12 | 13 | 14 | 15 | 16 | 17 | 18 | 19 | 20 | 21 | 22 |
| 요일 | 日 | 月 | 火 | 水 | 木 | 金 | 土 | 日 | 月 | 火 | 水 | 木 | 金 | 土 | 日 | 月 | 火 | 水 | 木 | 金 | 土 | 日 | 月 | 火 | 水 | 木 | 金 | 土 | 日 | 月 |
| 일진 | 己卯 | 庚辰 | 辛巳 | 壬午 | 癸未 | 甲申 | 乙酉 | 丙戌 | 丁亥 | 戊子 | 己丑 | 庚寅 | 辛卯 | 壬辰 | 癸巳 | 甲午 | 乙未 | 丙申 | 丁酉 | 戊戌 | 己亥 | 庚子 | 辛丑 | 壬寅 | 癸卯 | 甲辰 | 乙巳 | 丙午 | 丁未 | 戊申 |
| 대운 남 | 2 | 2 | 1 | 1 | 1 | 1 | 입 | 10 | 9 | 9 | 9 | 8 | 8 | 8 | 7 | 7 | 7 | 6 | 6 | 6 | 5 | 5 | 5 | 4 | 4 | 4 | 3 | 3 | 3 | 2 |
| 대운 녀 | 8 | 8 | 9 | 9 | 9 | 10 | 동 | 1 | 1 | 1 | 1 | 2 | 2 | 2 | 3 | 3 | 3 | 4 | 4 | 4 | 5 | 5 | 5 | 6 | 6 | 6 | 7 | 7 | 7 | 8 |

대설 7일 11시51분

## 12 · 庚子月(양 12.7~1.4)

동지 22일 05시49분

| 양력 | 1 | 2 | 3 | 4 | 5 | 6 | 7 | 8 | 9 | 10 | 11 | 12 | 13 | 14 | 15 | 16 | 17 | 18 | 19 | 20 | 21 | 22 | 23 | 24 | 25 | 26 | 27 | 28 | 29 | 30 | 31 |
|---|---|---|---|---|---|---|---|---|---|---|---|---|---|---|---|---|---|---|---|---|---|---|---|---|---|---|---|---|---|---|---|
| 음력 | 23 | 24 | 25 | 26 | 27 | 28 | 29 | 30 | 11.1 | 2 | 3 | 4 | 5 | 6 | 7 | 8 | 9 | 10 | 11 | 12 | 13 | 14 | 15 | 16 | 17 | 18 | 19 | 20 | 21 | 22 | 23 |
| 요일 | 火 | 水 | 木 | 金 | 土 | 日 | 月 | 火 | 水 | 木 | 金 | 土 | 日 | 月 | 火 | 水 | 木 | 金 | 土 | 日 | 月 | 火 | 水 | 木 | 金 | 土 | 日 | 月 | 火 | 水 | 木 |
| 일진 | 己酉 | 庚戌 | 辛亥 | 壬子 | 癸丑 | 甲寅 | 乙卯 | 丙辰 | 丁巳 | 戊午 | 己未 | 庚申 | 辛酉 | 壬戌 | 癸亥 | 甲子 | 乙丑 | 丙寅 | 丁卯 | 戊辰 | 己巳 | 庚午 | 辛未 | 壬申 | 癸酉 | 甲戌 | 乙亥 | 丙子 | 丁丑 | 戊寅 | 己卯 |
| 대운 남 | 2 | 2 | 1 | 1 | 1 | 1 | 대 | 9 | 9 | 9 | 8 | 8 | 8 | 7 | 7 | 7 | 6 | 6 | 6 | 5 | 5 | 5 | 4 | 4 | 4 | 3 | 3 | 3 | 2 | 2 | 2 |
| 대운 녀 | 8 | 8 | 9 | 9 | 9 | 10 | 설 | 1 | 1 | 1 | 1 | 2 | 2 | 2 | 3 | 3 | 3 | 4 | 4 | 4 | 5 | 5 | 5 | 6 | 6 | 6 | 7 | 7 | 7 | 8 | 8 |

# 2027년

소한 5일 23시09분

## 1 · 辛丑月(양 1.5~2.3)

대한 20일 16시29분

| 양력 | 1 | 2 | 3 | 4 | 5 | 6 | 7 | 8 | 9 | 10 | 11 | 12 | 13 | 14 | 15 | 16 | 17 | 18 | 19 | 20 | 21 | 22 | 23 | 24 | 25 | 26 | 27 | 28 | 29 | 30 | 31 |
|---|---|---|---|---|---|---|---|---|---|---|---|---|---|---|---|---|---|---|---|---|---|---|---|---|---|---|---|---|---|---|---|
| 음력 | 24 | 25 | 26 | 27 | 28 | 29 | 30 | 12.1 | 2 | 3 | 4 | 5 | 6 | 7 | 8 | 9 | 10 | 11 | 12 | 13 | 14 | 15 | 16 | 17 | 18 | 19 | 20 | 21 | 22 | 23 | 24 |
| 요일 | 金 | 土 | 日 | 月 | 火 | 水 | 木 | 金 | 土 | 日 | 月 | 火 | 水 | 木 | 金 | 土 | 日 | 月 | 火 | 水 | 木 | 金 | 土 | 日 | 月 | 火 | 水 | 木 | 金 | 土 | 日 |
| 일진 | 庚辰 | 辛巳 | 壬午 | 癸未 | 甲申 | 乙酉 | 丙戌 | 丁亥 | 戊子 | 己丑 | 庚寅 | 辛卯 | 壬辰 | 癸巳 | 甲午 | 乙未 | 丙申 | 丁酉 | 戊戌 | 己亥 | 庚子 | 辛丑 | 壬寅 | 癸卯 | 甲辰 | 乙巳 | 丙午 | 丁未 | 戊申 | 己酉 | 庚戌 |
| 대운 남 | 1 | 1 | 1 | 1 | 소 | 10 | 9 | 9 | 9 | 8 | 8 | 8 | 7 | 7 | 7 | 6 | 6 | 6 | 5 | 5 | 5 | 4 | 4 | 4 | 3 | 3 | 3 | 2 | 2 | 2 | 1 |
| 대운 녀 | 8 | 9 | 9 | 9 | 한 | 1 | 1 | 1 | 1 | 2 | 2 | 2 | 3 | 3 | 3 | 4 | 4 | 4 | 5 | 5 | 5 | 6 | 6 | 6 | 7 | 7 | 7 | 8 | 8 | 8 | 9 |

입춘 4일 10시45분

## 2 · 壬寅月(양 2.4~3.5)

우수 19일 06시32분

| 양력 | 1 | 2 | 3 | 4 | 5 | 6 | 7 | 8 | 9 | 10 | 11 | 12 | 13 | 14 | 15 | 16 | 17 | 18 | 19 | 20 | 21 | 22 | 23 | 24 | 25 | 26 | 27 | 28 |
|---|---|---|---|---|---|---|---|---|---|---|---|---|---|---|---|---|---|---|---|---|---|---|---|---|---|---|---|---|
| 음력 | 25 | 26 | 27 | 28 | 29 | 30 | 1.1 | 2 | 3 | 4 | 5 | 6 | 7 | 8 | 9 | 10 | 11 | 12 | 13 | 14 | 15 | 16 | 17 | 18 | 19 | 20 | 21 | 22 |
| 요일 | 月 | 火 | 水 | 木 | 金 | 土 | 日 | 月 | 火 | 水 | 木 | 金 | 土 | 日 | 月 | 火 | 水 | 木 | 金 | 土 | 日 | 月 | 火 | 水 | 木 | 金 | 土 | 日 |
| 일진 | 辛亥 | 壬子 | 癸丑 | 甲寅 | 乙卯 | 丙辰 | 丁巳 | 戊午 | 己未 | 庚申 | 辛酉 | 壬戌 | 癸亥 | 甲子 | 乙丑 | 丙寅 | 丁卯 | 戊辰 | 己巳 | 庚午 | 辛未 | 壬申 | 癸酉 | 甲戌 | 乙亥 | 丙子 | 丁丑 | 戊寅 |
| 대운 남 | 1 | 1 | 1 | 입 | 1 | 1 | 1 | 1 | 2 | 2 | 2 | 3 | 3 | 3 | 4 | 4 | 4 | 5 | 5 | 5 | 6 | 6 | 6 | 7 | 7 | 7 | 8 | 8 |
| 대운 녀 | 9 | 9 | 10 | 춘 | 10 | 9 | 9 | 9 | 8 | 8 | 8 | 7 | 7 | 7 | 6 | 6 | 6 | 5 | 5 | 5 | 4 | 4 | 4 | 3 | 3 | 3 | 2 | 2 |

경칩 6일 04시38분

## 3 · 癸卯月(양 3.6~4.4)

춘분 21일 05시24분

| 양력 | 1 | 2 | 3 | 4 | 5 | 6 | 7 | 8 | 9 | 10 | 11 | 12 | 13 | 14 | 15 | 16 | 17 | 18 | 19 | 20 | 21 | 22 | 23 | 24 | 25 | 26 | 27 | 28 | 29 | 30 | 31 |
|---|---|---|---|---|---|---|---|---|---|---|---|---|---|---|---|---|---|---|---|---|---|---|---|---|---|---|---|---|---|---|---|
| 음력 | 23 | 24 | 25 | 26 | 27 | 28 | 29 | 2.1 | 2 | 3 | 4 | 5 | 6 | 7 | 8 | 9 | 10 | 11 | 12 | 13 | 14 | 15 | 16 | 17 | 18 | 19 | 20 | 21 | 22 | 23 | 24 |
| 요일 | 月 | 火 | 水 | 木 | 金 | 土 | 日 | 月 | 火 | 水 | 木 | 金 | 土 | 日 | 月 | 火 | 水 | 木 | 金 | 土 | 日 | 月 | 火 | 水 | 木 | 金 | 土 | 日 | 月 | 火 | 水 |
| 일진 | 己卯 | 庚辰 | 辛巳 | 壬午 | 癸未 | 甲申 | 乙酉 | 丙戌 | 丁亥 | 戊子 | 己丑 | 庚寅 | 辛卯 | 壬辰 | 癸巳 | 甲午 | 乙未 | 丙申 | 丁酉 | 戊戌 | 己亥 | 庚子 | 辛丑 | 壬寅 | 癸卯 | 甲辰 | 乙巳 | 丙午 | 丁未 | 戊申 | 己酉 |
| 대운 남 | 8 | 9 | 9 | 9 | 10 | 경 | 1 | 1 | 1 | 1 | 2 | 2 | 2 | 3 | 3 | 3 | 4 | 4 | 4 | 5 | 5 | 5 | 6 | 6 | 6 | 7 | 7 | 7 | 8 | 8 | 8 |
| 대운 녀 | 2 | 1 | 1 | 1 | 1 | 칩 | 10 | 9 | 9 | 9 | 8 | 8 | 8 | 7 | 7 | 7 | 6 | 6 | 6 | 5 | 5 | 5 | 4 | 4 | 4 | 3 | 3 | 3 | 2 | 2 | 2 |

청명 5일 09시16분

## 4 · 甲辰月(양 4.5~5.5)

곡우 20일 16시16분

| 양력 | 1 | 2 | 3 | 4 | 5 | 6 | 7 | 8 | 9 | 10 | 11 | 12 | 13 | 14 | 15 | 16 | 17 | 18 | 19 | 20 | 21 | 22 | 23 | 24 | 25 | 26 | 27 | 28 | 29 | 30 |
|---|---|---|---|---|---|---|---|---|---|---|---|---|---|---|---|---|---|---|---|---|---|---|---|---|---|---|---|---|---|---|
| 음력 | 25 | 26 | 27 | 28 | 29 | 30 | 3.1 | 2 | 3 | 4 | 5 | 6 | 7 | 8 | 9 | 10 | 11 | 12 | 13 | 14 | 15 | 16 | 17 | 18 | 19 | 20 | 21 | 22 | 23 | 24 |
| 요일 | 木 | 金 | 土 | 日 | 月 | 火 | 水 | 木 | 金 | 土 | 日 | 月 | 火 | 水 | 木 | 金 | 土 | 日 | 月 | 火 | 水 | 木 | 金 | 土 | 日 | 月 | 火 | 水 | 木 | 金 |
| 일진 | 庚戌 | 辛亥 | 壬子 | 癸丑 | 甲寅 | 乙卯 | 丙辰 | 丁巳 | 戊午 | 己未 | 庚申 | 辛酉 | 壬戌 | 癸亥 | 甲子 | 乙丑 | 丙寅 | 丁卯 | 戊辰 | 己巳 | 庚午 | 辛未 | 壬申 | 癸酉 | 甲戌 | 乙亥 | 丙子 | 丁丑 | 戊寅 | 己卯 |
| 대운 남 | 9 | 9 | 9 | 10 | 청 | 1 | 1 | 1 | 1 | 2 | 2 | 2 | 3 | 3 | 3 | 4 | 4 | 4 | 5 | 5 | 5 | 6 | 6 | 6 | 7 | 7 | 7 | 8 | 8 | 8 |
| 대운 녀 | 1 | 1 | 1 | 1 | 명 | 10 | 10 | 9 | 9 | 9 | 8 | 8 | 8 | 7 | 7 | 7 | 6 | 6 | 6 | 5 | 5 | 5 | 4 | 4 | 4 | 3 | 3 | 3 | 2 | 2 |

입하 6일 02시24분

## 5 · 乙巳月(양 5.6~6.5)

소만 21일 15시17분

| 양력 | 1 | 2 | 3 | 4 | 5 | 6 | 7 | 8 | 9 | 10 | 11 | 12 | 13 | 14 | 15 | 16 | 17 | 18 | 19 | 20 | 21 | 22 | 23 | 24 | 25 | 26 | 27 | 28 | 29 | 30 | 31 |
|---|---|---|---|---|---|---|---|---|---|---|---|---|---|---|---|---|---|---|---|---|---|---|---|---|---|---|---|---|---|---|---|
| 음력 | 25 | 26 | 27 | 28 | 29 | 4.1 | 2 | 3 | 4 | 5 | 6 | 7 | 8 | 9 | 10 | 11 | 12 | 13 | 14 | 15 | 16 | 17 | 18 | 19 | 20 | 21 | 22 | 23 | 24 | 25 | 26 |
| 요일 | 土 | 日 | 月 | 火 | 水 | 木 | 金 | 土 | 日 | 月 | 火 | 水 | 木 | 金 | 土 | 日 | 月 | 火 | 水 | 木 | 金 | 土 | 日 | 月 | 火 | 水 | 木 | 金 | 土 | 日 | 月 |
| 일진 | 庚辰 | 辛巳 | 壬午 | 癸未 | 甲申 | 乙酉 | 丙戌 | 丁亥 | 戊子 | 己丑 | 庚寅 | 辛卯 | 壬辰 | 癸巳 | 甲午 | 乙未 | 丙申 | 丁酉 | 戊戌 | 己亥 | 庚子 | 辛丑 | 壬寅 | 癸卯 | 甲辰 | 乙巳 | 丙午 | 丁未 | 戊申 | 己酉 | 庚戌 |
| 대운 남 | 9 | 9 | 9 | 10 | 10 | 입 | 1 | 1 | 1 | 1 | 2 | 2 | 2 | 3 | 3 | 3 | 4 | 4 | 4 | 5 | 5 | 5 | 6 | 6 | 6 | 7 | 7 | 7 | 8 | 8 | 8 |
| 대운 녀 | 2 | 1 | 1 | 1 | 1 | 하 | 10 | 10 | 9 | 9 | 9 | 8 | 8 | 8 | 7 | 7 | 7 | 6 | 6 | 6 | 5 | 5 | 5 | 4 | 4 | 4 | 3 | 3 | 3 | 2 | 2 |

망종 6일 06시25분

## 6 · 丙午月(양 6.6~7.6)

하지 21일 23시10분

| 양력 | 1 | 2 | 3 | 4 | 5 | 6 | 7 | 8 | 9 | 10 | 11 | 12 | 13 | 14 | 15 | 16 | 17 | 18 | 19 | 20 | 21 | 22 | 23 | 24 | 25 | 26 | 27 | 28 | 29 | 30 |
|---|---|---|---|---|---|---|---|---|---|---|---|---|---|---|---|---|---|---|---|---|---|---|---|---|---|---|---|---|---|---|
| 음력 | 27 | 28 | 29 | 30 | 5.1 | 2 | 3 | 4 | 5 | 6 | 7 | 8 | 9 | 10 | 11 | 12 | 13 | 14 | 15 | 16 | 17 | 18 | 19 | 20 | 21 | 22 | 23 | 24 | 25 | 26 |
| 요일 | 火 | 水 | 木 | 金 | 土 | 日 | 月 | 火 | 水 | 木 | 金 | 土 | 日 | 月 | 火 | 水 | 木 | 金 | 土 | 日 | 月 | 火 | 水 | 木 | 金 | 土 | 日 | 月 | 火 | 水 |
| 일진 | 辛亥 | 壬子 | 癸丑 | 甲寅 | 乙卯 | 丙辰 | 丁巳 | 戊午 | 己未 | 庚申 | 辛酉 | 壬戌 | 癸亥 | 甲子 | 乙丑 | 丙寅 | 丁卯 | 戊辰 | 己巳 | 庚午 | 辛未 | 壬申 | 癸酉 | 甲戌 | 乙亥 | 丙子 | 丁丑 | 戊寅 | 己卯 | 庚辰 |
| 대운 남 | 9 | 9 | 9 | 10 | 10 | 망 | 1 | 1 | 1 | 1 | 2 | 2 | 2 | 3 | 3 | 3 | 4 | 4 | 4 | 5 | 5 | 5 | 6 | 6 | 6 | 7 | 7 | 7 | 8 | 8 |
| 대운 녀 | 2 | 1 | 1 | 1 | 1 | 종 | 10 | 10 | 9 | 9 | 9 | 8 | 8 | 8 | 7 | 7 | 7 | 6 | 6 | 6 | 5 | 5 | 5 | 4 | 4 | 4 | 3 | 3 | 3 | 2 |

소서 7일 16시36분

## 7 · 丁未月(양 7.7~8.7)

대서 23일 10시03분

| 양력 | 1 | 2 | 3 | 4 | 5 | 6 | 7 | 8 | 9 | 10 | 11 | 12 | 13 | 14 | 15 | 16 | 17 | 18 | 19 | 20 | 21 | 22 | 23 | 24 | 25 | 26 | 27 | 28 | 29 | 30 | 31 |
|---|---|---|---|---|---|---|---|---|---|---|---|---|---|---|---|---|---|---|---|---|---|---|---|---|---|---|---|---|---|---|---|
| 음력 | 27 | 28 | 29 | 6.1 | 2 | 3 | 4 | 5 | 6 | 7 | 8 | 9 | 10 | 11 | 12 | 13 | 14 | 15 | 16 | 17 | 18 | 19 | 20 | 21 | 22 | 23 | 24 | 25 | 26 | 27 | 28 |
| 요일 | 木 | 金 | 土 | 日 | 月 | 火 | 水 | 木 | 金 | 土 | 日 | 月 | 火 | 水 | 木 | 金 | 土 | 日 | 月 | 火 | 水 | 木 | 金 | 土 | 日 | 月 | 火 | 水 | 木 | 金 | 土 |
| 일진 | 辛巳 | 壬午 | 癸未 | 甲申 | 乙酉 | 丙戌 | 丁亥 | 戊子 | 己丑 | 庚寅 | 辛卯 | 壬辰 | 癸巳 | 甲午 | 乙未 | 丙申 | 丁酉 | 戊戌 | 己亥 | 庚子 | 辛丑 | 壬寅 | 癸卯 | 甲辰 | 乙巳 | 丙午 | 丁未 | 戊申 | 己酉 | 庚戌 | 辛亥 |
| 대운 남 | 8 | 9 | 9 | 9 | 10 | 10 | 소 | 1 | 1 | 1 | 1 | 2 | 2 | 2 | 3 | 3 | 3 | 4 | 4 | 4 | 5 | 5 | 5 | 6 | 6 | 6 | 7 | 7 | 7 | 8 | 8 |
| 대운 녀 | 2 | 2 | 1 | 1 | 1 | 1 | 서 | 10 | 10 | 10 | 9 | 9 | 9 | 8 | 8 | 8 | 7 | 7 | 7 | 6 | 6 | 6 | 5 | 5 | 5 | 4 | 4 | 4 | 3 | 3 | 3 |

입추 8일 02시26분

## 8 · 戊申月(양 8.8~9.7)

처서 23일 17시13분

| 양력 | 1 | 2 | 3 | 4 | 5 | 6 | 7 | 8 | 9 | 10 | 11 | 12 | 13 | 14 | 15 | 16 | 17 | 18 | 19 | 20 | 21 | 22 | 23 | 24 | 25 | 26 | 27 | 28 | 29 | 30 | 31 |
|---|---|---|---|---|---|---|---|---|---|---|---|---|---|---|---|---|---|---|---|---|---|---|---|---|---|---|---|---|---|---|---|
| 음력 | 29 | 7.1 | 2 | 3 | 4 | 5 | 6 | 7 | 8 | 9 | 10 | 11 | 12 | 13 | 14 | 15 | 16 | 17 | 18 | 19 | 20 | 21 | 22 | 23 | 24 | 25 | 26 | 27 | 28 | 29 | 30 |
| 요일 | 日 | 月 | 火 | 水 | 木 | 金 | 土 | 日 | 月 | 火 | 水 | 木 | 金 | 土 | 日 | 月 | 火 | 水 | 木 | 金 | 土 | 日 | 月 | 火 | 水 | 木 | 金 | 土 | 日 | 月 | 火 |
| 일진 | 壬子 | 癸丑 | 甲寅 | 乙卯 | 丙辰 | 丁巳 | 戊午 | 己未 | 庚申 | 辛酉 | 壬戌 | 癸亥 | 甲子 | 乙丑 | 丙寅 | 丁卯 | 戊辰 | 己巳 | 庚午 | 辛未 | 壬申 | 癸酉 | 甲戌 | 乙亥 | 丙子 | 丁丑 | 戊寅 | 己卯 | 庚辰 | 辛巳 | 壬午 |
| 대운 남 | 8 | 9 | 9 | 9 | 10 | 10 | 10 | 입 | 1 | 1 | 1 | 1 | 2 | 2 | 2 | 3 | 3 | 3 | 4 | 4 | 4 | 5 | 5 | 5 | 6 | 6 | 6 | 7 | 7 | 7 | 8 |
| 대운 녀 | 2 | 2 | 2 | 1 | 1 | 1 | 1 | 추 | 10 | 10 | 9 | 9 | 9 | 8 | 8 | 8 | 7 | 7 | 7 | 6 | 6 | 6 | 5 | 5 | 5 | 4 | 4 | 4 | 3 | 3 | 3 |

백로 8일 05시27분

## 9 · 己酉月(양 9.8~10.7)

추분 23일 15시01분

| 양력 | 1 | 2 | 3 | 4 | 5 | 6 | 7 | 8 | 9 | 10 | 11 | 12 | 13 | 14 | 15 | 16 | 17 | 18 | 19 | 20 | 21 | 22 | 23 | 24 | 25 | 26 | 27 | 28 | 29 | 30 |
|---|---|---|---|---|---|---|---|---|---|---|---|---|---|---|---|---|---|---|---|---|---|---|---|---|---|---|---|---|---|---|
| 음력 | 8.1 | 2 | 3 | 4 | 5 | 6 | 7 | 8 | 9 | 10 | 11 | 12 | 13 | 14 | 15 | 16 | 17 | 18 | 19 | 20 | 21 | 22 | 23 | 24 | 25 | 26 | 27 | 28 | 29 | 9.1 |
| 요일 | 水 | 木 | 金 | 土 | 日 | 月 | 火 | 水 | 木 | 金 | 土 | 日 | 月 | 火 | 水 | 木 | 金 | 土 | 日 | 月 | 火 | 水 | 木 | 金 | 土 | 日 | 月 | 火 | 水 | 木 |
| 일진 | 癸未 | 甲申 | 乙酉 | 丙戌 | 丁亥 | 戊子 | 己丑 | 庚寅 | 辛卯 | 壬辰 | 癸巳 | 甲午 | 乙未 | 丙申 | 丁酉 | 戊戌 | 己亥 | 庚子 | 辛丑 | 壬寅 | 癸卯 | 甲辰 | 乙巳 | 丙午 | 丁未 | 戊申 | 己酉 | 庚戌 | 辛亥 | 壬子 |
| 대운 남 | 8 | 8 | 9 | 9 | 9 | 10 | 10 | 백 | 1 | 1 | 1 | 1 | 2 | 2 | 2 | 3 | 3 | 3 | 4 | 4 | 4 | 5 | 5 | 5 | 6 | 6 | 6 | 7 | 7 | 7 |
| 대운 녀 | 2 | 2 | 2 | 1 | 1 | 1 | 1 | 로 | 10 | 9 | 9 | 9 | 8 | 8 | 8 | 7 | 7 | 7 | 6 | 6 | 6 | 5 | 5 | 5 | 4 | 4 | 4 | 3 | 3 | 3 |

한로 8일 21시16분

## 10 · 庚戌月(양 10.8~11.7)

상강 24일 00시32분

| 양력 | 1 | 2 | 3 | 4 | 5 | 6 | 7 | 8 | 9 | 10 | 11 | 12 | 13 | 14 | 15 | 16 | 17 | 18 | 19 | 20 | 21 | 22 | 23 | 24 | 25 | 26 | 27 | 28 | 29 | 30 | 31 |
|---|---|---|---|---|---|---|---|---|---|---|---|---|---|---|---|---|---|---|---|---|---|---|---|---|---|---|---|---|---|---|---|
| 음력 | 2 | 3 | 4 | 5 | 6 | 7 | 8 | 9 | 10 | 11 | 12 | 13 | 14 | 15 | 16 | 17 | 18 | 19 | 20 | 21 | 22 | 23 | 24 | 25 | 26 | 27 | 28 | 29 | 10.1 | 2 | 3 |
| 요일 | 金 | 土 | 日 | 月 | 火 | 水 | 木 | 金 | 土 | 日 | 月 | 火 | 水 | 木 | 金 | 土 | 日 | 月 | 火 | 水 | 木 | 金 | 土 | 日 | 月 | 火 | 水 | 木 | 金 | 土 | 日 |
| 일진 | 癸丑 | 甲寅 | 乙卯 | 丙辰 | 丁巳 | 戊午 | 己未 | 庚申 | 辛酉 | 壬戌 | 癸亥 | 甲子 | 乙丑 | 丙寅 | 丁卯 | 戊辰 | 己巳 | 庚午 | 辛未 | 壬申 | 癸酉 | 甲戌 | 乙亥 | 丙子 | 丁丑 | 戊寅 | 己卯 | 庚辰 | 辛巳 | 壬午 | 癸未 |
| 대운 남 | 8 | 8 | 8 | 9 | 9 | 9 | 10 | 한 | 1 | 1 | 1 | 1 | 2 | 2 | 2 | 3 | 3 | 3 | 4 | 4 | 4 | 5 | 5 | 5 | 6 | 6 | 6 | 7 | 7 | 7 | 8 |
| 대운 녀 | 2 | 2 | 2 | 1 | 1 | 1 | 1 | 로 | 10 | 10 | 9 | 9 | 9 | 8 | 8 | 8 | 7 | 7 | 7 | 6 | 6 | 6 | 5 | 5 | 5 | 4 | 4 | 4 | 3 | 3 | 3 |

입동 8일 00시37분

## 11 · 辛亥月(양 11.8~12.6)

소설 22일 22시15분

| 양력 | 1 | 2 | 3 | 4 | 5 | 6 | 7 | 8 | 9 | 10 | 11 | 12 | 13 | 14 | 15 | 16 | 17 | 18 | 19 | 20 | 21 | 22 | 23 | 24 | 25 | 26 | 27 | 28 | 29 | 30 |
|---|---|---|---|---|---|---|---|---|---|---|---|---|---|---|---|---|---|---|---|---|---|---|---|---|---|---|---|---|---|---|
| 음력 | 4 | 5 | 6 | 7 | 8 | 9 | 10 | 11 | 12 | 13 | 14 | 15 | 16 | 17 | 18 | 19 | 20 | 21 | 22 | 23 | 24 | 25 | 26 | 27 | 28 | 29 | 30 | 11.1 | 2 | 3 |
| 요일 | 月 | 火 | 水 | 木 | 金 | 土 | 日 | 月 | 火 | 水 | 木 | 金 | 土 | 日 | 月 | 火 | 水 | 木 | 金 | 土 | 日 | 月 | 火 | 水 | 木 | 金 | 土 | 日 | 月 | 火 |
| 일진 | 甲申 | 乙酉 | 丙戌 | 丁亥 | 戊子 | 己丑 | 庚寅 | 辛卯 | 壬辰 | 癸巳 | 甲午 | 乙未 | 丙申 | 丁酉 | 戊戌 | 己亥 | 庚子 | 辛丑 | 壬寅 | 癸卯 | 甲辰 | 乙巳 | 丙午 | 丁未 | 戊申 | 己酉 | 庚戌 | 辛亥 | 壬子 | 癸丑 |
| 대운 남 | 8 | 8 | 9 | 9 | 9 | 10 | 10 | 입 | 1 | 1 | 1 | 1 | 2 | 2 | 2 | 3 | 3 | 3 | 4 | 4 | 4 | 5 | 5 | 5 | 6 | 6 | 6 | 7 | 7 | 7 |
| 대운 녀 | 2 | 2 | 2 | 1 | 1 | 1 | 1 | 동 | 9 | 9 | 9 | 8 | 8 | 8 | 7 | 7 | 7 | 6 | 6 | 6 | 5 | 5 | 5 | 4 | 4 | 4 | 3 | 3 | 3 | 2 |

대설 7일 17시36분

## 12 · 壬子月(양 12.7~1.5)

동지 22일 11시41분

| 양력 | 1 | 2 | 3 | 4 | 5 | 6 | 7 | 8 | 9 | 10 | 11 | 12 | 13 | 14 | 15 | 16 | 17 | 18 | 19 | 20 | 21 | 22 | 23 | 24 | 25 | 26 | 27 | 28 | 29 | 30 | 31 |
|---|---|---|---|---|---|---|---|---|---|---|---|---|---|---|---|---|---|---|---|---|---|---|---|---|---|---|---|---|---|---|---|
| 음력 | 4 | 5 | 6 | 7 | 8 | 9 | 10 | 11 | 12 | 13 | 14 | 15 | 16 | 17 | 18 | 19 | 20 | 21 | 22 | 23 | 24 | 25 | 26 | 27 | 28 | 29 | 30 | 12.1 | 2 | 3 | 4 |
| 요일 | 水 | 木 | 金 | 土 | 日 | 月 | 火 | 水 | 木 | 金 | 土 | 日 | 月 | 火 | 水 | 木 | 金 | 土 | 日 | 月 | 火 | 水 | 木 | 金 | 土 | 日 | 月 | 火 | 水 | 木 | 金 |
| 일진 | 甲寅 | 乙卯 | 丙辰 | 丁巳 | 戊午 | 己未 | 庚申 | 辛酉 | 壬戌 | 癸亥 | 甲子 | 乙丑 | 丙寅 | 丁卯 | 戊辰 | 己巳 | 庚午 | 辛未 | 壬申 | 癸酉 | 甲戌 | 乙亥 | 丙子 | 丁丑 | 戊寅 | 己卯 | 庚辰 | 辛巳 | 壬午 | 癸未 | 甲申 |
| 대운 남 | 8 | 8 | 8 | 9 | 9 | 9 | 대 | 1 | 1 | 1 | 1 | 2 | 2 | 2 | 3 | 3 | 3 | 4 | 4 | 4 | 5 | 5 | 5 | 6 | 6 | 6 | 7 | 7 | 7 | 8 | 8 |
| 대운 녀 | 2 | 2 | 1 | 1 | 1 | 1 | 설 | 10 | 9 | 9 | 9 | 8 | 8 | 8 | 7 | 7 | 7 | 6 | 6 | 6 | 5 | 5 | 5 | 4 | 4 | 4 | 3 | 3 | 3 | 2 | 2 |

# 2028년(윤5월)

소한 6일 04시53분

## 1 · 癸丑月(양 1.6~2.3)

대한 20일 22시21분

| 양력 | 1 | 2 | 3 | 4 | 5 | 6 | 7 | 8 | 9 | 10 | 11 | 12 | 13 | 14 | 15 | 16 | 17 | 18 | 19 | 20 | 21 | 22 | 23 | 24 | 25 | 26 | 27 | 28 | 29 | 30 | 31 |
|---|---|---|---|---|---|---|---|---|---|---|---|---|---|---|---|---|---|---|---|---|---|---|---|---|---|---|---|---|---|---|---|
| 음력 | 5 | 6 | 7 | 8 | 9 | 10 | 11 | 12 | 13 | 14 | 15 | 16 | 17 | 18 | 19 | 20 | 21 | 22 | 23 | 24 | 25 | 26 | 27 | 28 | 29 | 30 | 1.1 | 2 | 3 | 4 | 5 |
| 요일 | 土 | 日 | 月 | 火 | 水 | 木 | 金 | 土 | 日 | 月 | 火 | 水 | 木 | 金 | 土 | 日 | 月 | 火 | 水 | 木 | 金 | 土 | 日 | 月 | 火 | 水 | 木 | 金 | 土 | 日 | 月 |
| 일진 | 乙酉 | 丙戌 | 丁亥 | 戊子 | 己丑 | 庚寅 | 辛卯 | 壬辰 | 癸巳 | 甲午 | 乙未 | 丙申 | 丁酉 | 戊戌 | 己亥 | 庚子 | 辛丑 | 壬寅 | 癸卯 | 甲辰 | 乙巳 | 丙午 | 丁未 | 戊申 | 己酉 | 庚戌 | 辛亥 | 壬子 | 癸丑 | 甲寅 | 乙卯 |
| 대운 남 | 8 | 9 | 9 | 9 | 10 | 소 | 1 | 1 | 1 | 1 | 2 | 2 | 2 | 3 | 3 | 3 | 4 | 4 | 4 | 5 | 5 | 5 | 6 | 6 | 6 | 7 | 7 | 7 | 8 | 8 | 8 |
| 대운 녀 | 2 | 1 | 1 | 1 | 1 | 한 | 9 | 9 | 9 | 8 | 8 | 8 | 7 | 7 | 7 | 6 | 6 | 6 | 5 | 5 | 5 | 4 | 4 | 4 | 3 | 3 | 3 | 2 | 2 | 2 | 1 |

입춘 4일 16시30분

## 2 · 甲寅月(양 2.4~3.4)

우수 19일 12시25분

| 양력 | 1 | 2 | 3 | 4 | 5 | 6 | 7 | 8 | 9 | 10 | 11 | 12 | 13 | 14 | 15 | 16 | 17 | 18 | 19 | 20 | 21 | 22 | 23 | 24 | 25 | 26 | 27 | 28 | 29 |
|---|---|---|---|---|---|---|---|---|---|---|---|---|---|---|---|---|---|---|---|---|---|---|---|---|---|---|---|---|---|
| 음력 | 6 | 7 | 8 | 9 | 10 | 11 | 12 | 13 | 14 | 15 | 16 | 17 | 18 | 19 | 20 | 21 | 22 | 23 | 24 | 25 | 26 | 27 | 28 | 29 | 2.1 | 2 | 3 | 4 | 5 |
| 요일 | 火 | 水 | 木 | 金 | 土 | 日 | 月 | 火 | 水 | 木 | 金 | 土 | 日 | 月 | 火 | 水 | 木 | 金 | 土 | 日 | 月 | 火 | 水 | 木 | 金 | 土 | 日 | 月 | 火 |
| 일진 | 丙辰 | 丁巳 | 戊午 | 己未 | 庚申 | 辛酉 | 壬戌 | 癸亥 | 甲子 | 乙丑 | 丙寅 | 丁卯 | 戊辰 | 己巳 | 庚午 | 辛未 | 壬申 | 癸酉 | 甲戌 | 乙亥 | 丙子 | 丁丑 | 戊寅 | 己卯 | 庚辰 | 辛巳 | 壬午 | 癸未 | 甲申 |
| 대운 남 | 9 | 9 | 9 | 입 | 10 | 9 | 9 | 9 | 8 | 8 | 8 | 7 | 7 | 7 | 6 | 6 | 6 | 5 | 5 | 5 | 4 | 4 | 4 | 3 | 3 | 3 | 2 | 2 | 2 |
| 대운 녀 | 1 | 1 | 1 | 춘 | 1 | 1 | 1 | 1 | 2 | 2 | 2 | 3 | 3 | 3 | 4 | 4 | 4 | 5 | 5 | 5 | 6 | 6 | 6 | 7 | 7 | 7 | 8 | 8 | 8 |

경칩 5일 10시24분

## 3 · 乙卯月(양 3.5~4.3)

춘분 20일 11시16분

| 양력 | 1 | 2 | 3 | 4 | 5 | 6 | 7 | 8 | 9 | 10 | 11 | 12 | 13 | 14 | 15 | 16 | 17 | 18 | 19 | 20 | 21 | 22 | 23 | 24 | 25 | 26 | 27 | 28 | 29 | 30 | 31 |
|---|---|---|---|---|---|---|---|---|---|---|---|---|---|---|---|---|---|---|---|---|---|---|---|---|---|---|---|---|---|---|---|
| 음력 | 6 | 7 | 8 | 9 | 10 | 11 | 12 | 13 | 14 | 15 | 16 | 17 | 18 | 19 | 20 | 21 | 22 | 23 | 24 | 25 | 26 | 27 | 28 | 29 | 30 | 3.1 | 2 | 3 | 4 | 5 | 6 |
| 요일 | 水 | 木 | 金 | 土 | 日 | 月 | 火 | 水 | 木 | 金 | 土 | 日 | 月 | 火 | 水 | 木 | 金 | 土 | 日 | 月 | 火 | 水 | 木 | 金 | 土 | 日 | 月 | 火 | 水 | 木 | 金 |
| 일진 | 乙酉 | 丙戌 | 丁亥 | 戊子 | 己丑 | 庚寅 | 辛卯 | 壬辰 | 癸巳 | 甲午 | 乙未 | 丙申 | 丁酉 | 戊戌 | 己亥 | 庚子 | 辛丑 | 壬寅 | 癸卯 | 甲辰 | 乙巳 | 丙午 | 丁未 | 戊申 | 己酉 | 庚戌 | 辛亥 | 壬子 | 癸丑 | 甲寅 | 乙卯 |
| 대운 남 | 1 | 1 | 1 | 1 | 경 | 10 | 9 | 9 | 9 | 8 | 8 | 8 | 7 | 7 | 7 | 6 | 6 | 6 | 5 | 5 | 5 | 4 | 4 | 4 | 3 | 3 | 3 | 2 | 2 | 2 | 1 |
| 대운 녀 | 9 | 9 | 9 | 10 | 칩 | 1 | 1 | 1 | 1 | 2 | 2 | 2 | 3 | 3 | 3 | 4 | 4 | 4 | 5 | 5 | 5 | 6 | 6 | 6 | 7 | 7 | 7 | 8 | 8 | 8 | 9 |

청명 4일 15시02분

## 4 · 丙辰月(양 4.4~5.4)

곡우 19일 22시08분

| 양력 | 1 | 2 | 3 | 4 | 5 | 6 | 7 | 8 | 9 | 10 | 11 | 12 | 13 | 14 | 15 | 16 | 17 | 18 | 19 | 20 | 21 | 22 | 23 | 24 | 25 | 26 | 27 | 28 | 29 | 30 |
|---|---|---|---|---|---|---|---|---|---|---|---|---|---|---|---|---|---|---|---|---|---|---|---|---|---|---|---|---|---|---|
| 음력 | 7 | 8 | 9 | 10 | 11 | 12 | 13 | 14 | 15 | 16 | 17 | 18 | 19 | 20 | 21 | 22 | 23 | 24 | 25 | 26 | 27 | 28 | 29 | 30 | 4.1 | 2 | 3 | 4 | 5 | 6 |
| 요일 | 土 | 日 | 月 | 火 | 水 | 木 | 金 | 土 | 日 | 月 | 火 | 水 | 木 | 金 | 土 | 日 | 月 | 火 | 水 | 木 | 金 | 土 | 日 | 月 | 火 | 水 | 木 | 金 | 土 | 日 |
| 일진 | 丙辰 | 丁巳 | 戊午 | 己未 | 庚申 | 辛酉 | 壬戌 | 癸亥 | 甲子 | 乙丑 | 丙寅 | 丁卯 | 戊辰 | 己巳 | 庚午 | 辛未 | 壬申 | 癸酉 | 甲戌 | 乙亥 | 丙子 | 丁丑 | 戊寅 | 己卯 | 庚辰 | 辛巳 | 壬午 | 癸未 | 甲申 | 乙酉 |
| 대운 남 | 1 | 1 | 1 | 청 | 10 | 10 | 9 | 9 | 9 | 8 | 8 | 8 | 7 | 7 | 7 | 6 | 6 | 6 | 5 | 5 | 5 | 4 | 4 | 4 | 3 | 3 | 3 | 2 | 2 | 2 |
| 대운 녀 | 9 | 9 | 10 | 명 | 1 | 1 | 1 | 1 | 2 | 2 | 2 | 3 | 3 | 3 | 4 | 4 | 4 | 5 | 5 | 5 | 6 | 6 | 6 | 7 | 7 | 7 | 8 | 8 | 8 | 9 |

입하 5일 08시11분

## 5 · 丁巳月(양 5.5~6.4)

소만 20일 21시09분

| 양력 | 1 | 2 | 3 | 4 | 5 | 6 | 7 | 8 | 9 | 10 | 11 | 12 | 13 | 14 | 15 | 16 | 17 | 18 | 19 | 20 | 21 | 22 | 23 | 24 | 25 | 26 | 27 | 28 | 29 | 30 | 31 |
|---|---|---|---|---|---|---|---|---|---|---|---|---|---|---|---|---|---|---|---|---|---|---|---|---|---|---|---|---|---|---|---|
| 음력 | 7 | 8 | 9 | 10 | 11 | 12 | 13 | 14 | 15 | 16 | 17 | 18 | 19 | 20 | 21 | 22 | 23 | 24 | 25 | 26 | 27 | 28 | 29 | 5.1 | 2 | 3 | 4 | 5 | 6 | 7 | 8 |
| 요일 | 月 | 火 | 水 | 木 | 金 | 土 | 日 | 月 | 火 | 水 | 木 | 金 | 土 | 日 | 月 | 火 | 水 | 木 | 金 | 土 | 日 | 月 | 火 | 水 | 木 | 金 | 土 | 日 | 月 | 火 | 水 |
| 일진 | 丙戌 | 丁亥 | 戊子 | 己丑 | 庚寅 | 辛卯 | 壬辰 | 癸巳 | 甲午 | 乙未 | 丙申 | 丁酉 | 戊戌 | 己亥 | 庚子 | 辛丑 | 壬寅 | 癸卯 | 甲辰 | 乙巳 | 丙午 | 丁未 | 戊申 | 己酉 | 庚戌 | 辛亥 | 壬子 | 癸丑 | 甲寅 | 乙卯 | 丙辰 |
| 대운 남 | 1 | 1 | 1 | 1 | 입 | 10 | 10 | 9 | 9 | 9 | 8 | 8 | 8 | 7 | 7 | 7 | 6 | 6 | 6 | 5 | 5 | 5 | 4 | 4 | 4 | 3 | 3 | 3 | 2 | 2 | 2 |
| 대운 녀 | 9 | 9 | 10 | 10 | 하 | 1 | 1 | 1 | 1 | 2 | 2 | 2 | 3 | 3 | 3 | 4 | 4 | 4 | 5 | 5 | 5 | 6 | 6 | 6 | 7 | 7 | 7 | 8 | 8 | 8 | 9 |

망종 5일 12시15분

## 6 · 戊午月(양 6.5~7.5)

하지 21일 05시01분

| 양력 | 1 | 2 | 3 | 4 | 5 | 6 | 7 | 8 | 9 | 10 | 11 | 12 | 13 | 14 | 15 | 16 | 17 | 18 | 19 | 20 | 21 | 22 | 23 | 24 | 25 | 26 | 27 | 28 | 29 | 30 |
|---|---|---|---|---|---|---|---|---|---|---|---|---|---|---|---|---|---|---|---|---|---|---|---|---|---|---|---|---|---|---|
| 음력 | 9 | 10 | 11 | 12 | 13 | 14 | 15 | 16 | 17 | 18 | 19 | 20 | 21 | 22 | 23 | 24 | 25 | 26 | 27 | 28 | 29 | 30 | 윤 | 5.2 | 3 | 4 | 5 | 6 | 7 | 8 |
| 요일 | 木 | 金 | 土 | 日 | 月 | 火 | 水 | 木 | 金 | 土 | 日 | 月 | 火 | 水 | 木 | 金 | 土 | 日 | 月 | 火 | 水 | 木 | 金 | 土 | 日 | 月 | 火 | 水 | 木 | 金 |
| 일진 | 丁巳 | 戊午 | 己未 | 庚申 | 辛酉 | 壬戌 | 癸亥 | 甲子 | 乙丑 | 丙寅 | 丁卯 | 戊辰 | 己巳 | 庚午 | 辛未 | 壬申 | 癸酉 | 甲戌 | 乙亥 | 丙子 | 丁丑 | 戊寅 | 己卯 | 庚辰 | 辛巳 | 壬午 | 癸未 | 甲申 | 乙酉 | 丙戌 |
| 대운 남 | 1 | 1 | 1 | 1 | 망 | 10 | 10 | 9 | 9 | 9 | 8 | 8 | 8 | 7 | 7 | 7 | 6 | 6 | 6 | 5 | 5 | 5 | 4 | 4 | 4 | 3 | 3 | 3 | 2 | 2 |
| 대운 녀 | 9 | 9 | 10 | 10 | 종 | 1 | 1 | 1 | 1 | 2 | 2 | 2 | 3 | 3 | 3 | 4 | 4 | 4 | 5 | 5 | 5 | 6 | 6 | 6 | 7 | 7 | 7 | 8 | 8 | 8 |

# 戊申年

동경135도표준시

## 7 · 己未月(양 7.6~8.6)

소서 6일 22시29분 | 대서 22일 15시53분

| 양력 | 1 | 2 | 3 | 4 | 5 | 6 | 7 | 8 | 9 | 10 | 11 | 12 | 13 | 14 | 15 | 16 | 17 | 18 | 19 | 20 | 21 | 22 | 23 | 24 | 25 | 26 | 27 | 28 | 29 | 30 | 31 |
|---|---|---|---|---|---|---|---|---|---|---|---|---|---|---|---|---|---|---|---|---|---|---|---|---|---|---|---|---|---|---|---|
| 음력 | 9 | 10 | 11 | 12 | 13 | 14 | 15 | 16 | 17 | 18 | 19 | 20 | 21 | 22 | 23 | 24 | 25 | 26 | 27 | 28 | 29 | 6.1 | 2 | 3 | 4 | 5 | 6 | 7 | 8 | 9 | 10 |
| 요일 | 土 | 日 | 月 | 火 | 水 | 木 | 金 | 土 | 日 | 月 | 火 | 水 | 木 | 金 | 土 | 日 | 月 | 火 | 水 | 木 | 金 | 土 | 日 | 月 | 火 | 水 | 木 | 金 | 土 | 日 | 月 |
| 일진 | 丁亥 | 戊子 | 己丑 | 庚寅 | 辛卯 | 壬辰 | 癸巳 | 甲午 | 乙未 | 丙申 | 丁酉 | 戊戌 | 己亥 | 庚子 | 辛丑 | 壬寅 | 癸卯 | 甲辰 | 乙巳 | 丙午 | 丁未 | 戊申 | 己酉 | 庚戌 | 辛亥 | 壬子 | 癸丑 | 甲寅 | 乙卯 | 丙辰 | 丁巳 |
| 대운 남 | 2 | 1 | 1 | 1 | 1 | 소 | 10 | 10 | 10 | 9 | 9 | 9 | 8 | 8 | 8 | 7 | 7 | 7 | 6 | 6 | 6 | 5 | 5 | 5 | 4 | 4 | 4 | 3 | 3 | 3 | 2 |
| 대운 녀 | 9 | 9 | 9 | 10 | 10 | 서 | 1 | 1 | 1 | 1 | 2 | 2 | 2 | 3 | 3 | 3 | 4 | 4 | 4 | 5 | 5 | 5 | 6 | 6 | 6 | 7 | 7 | 7 | 8 | 8 | 8 |

## 8 · 庚申月(양 8.7~9.6)

입추 7일 08시20분 | 처서 22일 23시00분

| 양력 | 1 | 2 | 3 | 4 | 5 | 6 | 7 | 8 | 9 | 10 | 11 | 12 | 13 | 14 | 15 | 16 | 17 | 18 | 19 | 20 | 21 | 22 | 23 | 24 | 25 | 26 | 27 | 28 | 29 | 30 | 31 |
|---|---|---|---|---|---|---|---|---|---|---|---|---|---|---|---|---|---|---|---|---|---|---|---|---|---|---|---|---|---|---|---|
| 음력 | 11 | 12 | 13 | 14 | 15 | 16 | 17 | 18 | 19 | 20 | 21 | 22 | 23 | 24 | 25 | 26 | 27 | 28 | 29 | 7.1 | 2 | 3 | 4 | 5 | 6 | 7 | 8 | 9 | 10 | 11 | 12 |
| 요일 | 火 | 水 | 木 | 金 | 土 | 日 | 月 | 火 | 水 | 木 | 金 | 土 | 日 | 月 | 火 | 水 | 木 | 金 | 土 | 日 | 月 | 火 | 水 | 木 | 金 | 土 | 日 | 月 | 火 | 水 | 木 |
| 일진 | 戊午 | 己未 | 庚申 | 辛酉 | 壬戌 | 癸亥 | 甲子 | 乙丑 | 丙寅 | 丁卯 | 戊辰 | 己巳 | 庚午 | 辛未 | 壬申 | 癸酉 | 甲戌 | 乙亥 | 丙子 | 丁丑 | 戊寅 | 己卯 | 庚辰 | 辛巳 | 壬午 | 癸未 | 甲申 | 乙酉 | 丙戌 | 丁亥 | 戊子 |
| 대운 남 | 2 | 2 | 1 | 1 | 1 | 1 | 입 | 10 | 10 | 9 | 9 | 9 | 8 | 8 | 8 | 7 | 7 | 7 | 6 | 6 | 6 | 5 | 5 | 5 | 4 | 4 | 4 | 3 | 3 | 3 | 2 |
| 대운 녀 | 9 | 9 | 9 | 10 | 10 | 10 | 추 | 1 | 1 | 1 | 1 | 2 | 2 | 2 | 3 | 3 | 3 | 4 | 4 | 4 | 5 | 5 | 5 | 6 | 6 | 6 | 7 | 7 | 7 | 8 | 8 |

## 9 · 辛酉月(양 9.7~10.7)

백로 7일 11시21분 | 추분 22일 20시44분

| 양력 | 1 | 2 | 3 | 4 | 5 | 6 | 7 | 8 | 9 | 10 | 11 | 12 | 13 | 14 | 15 | 16 | 17 | 18 | 19 | 20 | 21 | 22 | 23 | 24 | 25 | 26 | 27 | 28 | 29 | 30 |
|---|---|---|---|---|---|---|---|---|---|---|---|---|---|---|---|---|---|---|---|---|---|---|---|---|---|---|---|---|---|---|
| 음력 | 13 | 14 | 15 | 16 | 17 | 18 | 19 | 20 | 21 | 22 | 23 | 24 | 25 | 26 | 27 | 28 | 29 | 30 | 8.1 | 2 | 3 | 4 | 5 | 6 | 7 | 8 | 9 | 10 | 11 | 12 |
| 요일 | 金 | 土 | 日 | 月 | 火 | 水 | 木 | 金 | 土 | 日 | 月 | 火 | 水 | 木 | 金 | 土 | 日 | 月 | 火 | 水 | 木 | 金 | 土 | 日 | 月 | 火 | 水 | 木 | 金 | 土 |
| 일진 | 己丑 | 庚寅 | 辛卯 | 壬辰 | 癸巳 | 甲午 | 乙未 | 丙申 | 丁酉 | 戊戌 | 己亥 | 庚子 | 辛丑 | 壬寅 | 癸卯 | 甲辰 | 乙巳 | 丙午 | 丁未 | 戊申 | 己酉 | 庚戌 | 辛亥 | 壬子 | 癸丑 | 甲寅 | 乙卯 | 丙辰 | 丁巳 | 戊午 |
| 대운 남 | 2 | 2 | 1 | 1 | 1 | 1 | 백 | 10 | 10 | 9 | 9 | 9 | 8 | 8 | 8 | 7 | 7 | 7 | 6 | 6 | 6 | 5 | 5 | 5 | 4 | 4 | 4 | 3 | 3 | 3 |
| 대운 녀 | 8 | 9 | 9 | 9 | 10 | 10 | 로 | 1 | 1 | 1 | 1 | 2 | 2 | 2 | 3 | 3 | 3 | 4 | 4 | 4 | 5 | 5 | 5 | 6 | 6 | 6 | 7 | 7 | 7 | 8 |

## 10 · 壬戌月(양 10.8~11.6)

한로 8일 03시07분 | 상강 23일 06시12분

| 양력 | 1 | 2 | 3 | 4 | 5 | 6 | 7 | 8 | 9 | 10 | 11 | 12 | 13 | 14 | 15 | 16 | 17 | 18 | 19 | 20 | 21 | 22 | 23 | 24 | 25 | 26 | 27 | 28 | 29 | 30 | 31 |
|---|---|---|---|---|---|---|---|---|---|---|---|---|---|---|---|---|---|---|---|---|---|---|---|---|---|---|---|---|---|---|---|
| 음력 | 13 | 14 | 15 | 16 | 17 | 18 | 19 | 20 | 21 | 22 | 23 | 24 | 25 | 26 | 27 | 28 | 29 | 9.1 | 2 | 3 | 4 | 5 | 6 | 7 | 8 | 9 | 10 | 11 | 12 | 13 | 14 |
| 요일 | 日 | 月 | 火 | 水 | 木 | 金 | 土 | 日 | 月 | 火 | 水 | 木 | 金 | 土 | 日 | 月 | 火 | 水 | 木 | 金 | 土 | 日 | 月 | 火 | 水 | 木 | 金 | 土 | 日 | 月 | 火 |
| 일진 | 己未 | 庚申 | 辛酉 | 壬戌 | 癸亥 | 甲子 | 乙丑 | 丙寅 | 丁卯 | 戊辰 | 己巳 | 庚午 | 辛未 | 壬申 | 癸酉 | 甲戌 | 乙亥 | 丙子 | 丁丑 | 戊寅 | 己卯 | 庚辰 | 辛巳 | 壬午 | 癸未 | 甲申 | 乙酉 | 丙戌 | 丁亥 | 戊子 | 己丑 |
| 대운 남 | 2 | 2 | 2 | 1 | 1 | 1 | 1 | 한 | 10 | 9 | 9 | 9 | 8 | 8 | 8 | 7 | 7 | 7 | 6 | 6 | 6 | 5 | 5 | 5 | 4 | 4 | 4 | 3 | 3 | 3 | 2 |
| 대운 녀 | 8 | 8 | 9 | 9 | 9 | 10 | 10 | 로 | 1 | 1 | 1 | 1 | 2 | 2 | 2 | 3 | 3 | 3 | 4 | 4 | 4 | 5 | 5 | 5 | 6 | 6 | 6 | 7 | 7 | 7 | 8 |

## 11 · 癸亥月(양 11.7~12.5)

입동 7일 06시26분 | 소설 22일 03시53분

| 양력 | 1 | 2 | 3 | 4 | 5 | 6 | 7 | 8 | 9 | 10 | 11 | 12 | 13 | 14 | 15 | 16 | 17 | 18 | 19 | 20 | 21 | 22 | 23 | 24 | 25 | 26 | 27 | 28 | 29 | 30 |
|---|---|---|---|---|---|---|---|---|---|---|---|---|---|---|---|---|---|---|---|---|---|---|---|---|---|---|---|---|---|---|
| 음력 | 15 | 16 | 17 | 18 | 19 | 20 | 21 | 22 | 23 | 24 | 25 | 26 | 27 | 28 | 29 | 10.1 | 2 | 3 | 4 | 5 | 6 | 7 | 8 | 9 | 10 | 11 | 12 | 13 | 14 | 15 |
| 요일 | 水 | 木 | 金 | 土 | 日 | 月 | 火 | 水 | 木 | 金 | 土 | 日 | 月 | 火 | 水 | 木 | 金 | 土 | 日 | 月 | 火 | 水 | 木 | 金 | 土 | 日 | 月 | 火 | 水 | 木 |
| 일진 | 庚寅 | 辛卯 | 壬辰 | 癸巳 | 甲午 | 乙未 | 丙申 | 丁酉 | 戊戌 | 己亥 | 庚子 | 辛丑 | 壬寅 | 癸卯 | 甲辰 | 乙巳 | 丙午 | 丁未 | 戊申 | 己酉 | 庚戌 | 辛亥 | 壬子 | 癸丑 | 甲寅 | 乙卯 | 丙辰 | 丁巳 | 戊午 | 己未 |
| 대운 남 | 2 | 2 | 1 | 1 | 1 | 1 | 입 | 9 | 9 | 9 | 8 | 8 | 8 | 7 | 7 | 7 | 6 | 6 | 6 | 5 | 5 | 5 | 4 | 4 | 4 | 3 | 3 | 3 | 2 | 2 |
| 대운 녀 | 8 | 8 | 9 | 9 | 9 | 10 | 동 | 1 | 1 | 1 | 1 | 2 | 2 | 2 | 3 | 3 | 3 | 4 | 4 | 4 | 5 | 5 | 5 | 6 | 6 | 6 | 7 | 7 | 7 | 8 |

## 12 · 甲子月(양 12.6~1.4)

대설 6일 23시23분 | 동지 21일 17시18분

| 양력 | 1 | 2 | 3 | 4 | 5 | 6 | 7 | 8 | 9 | 10 | 11 | 12 | 13 | 14 | 15 | 16 | 17 | 18 | 19 | 20 | 21 | 22 | 23 | 24 | 25 | 26 | 27 | 28 | 29 | 30 | 31 |
|---|---|---|---|---|---|---|---|---|---|---|---|---|---|---|---|---|---|---|---|---|---|---|---|---|---|---|---|---|---|---|---|
| 음력 | 16 | 17 | 18 | 19 | 20 | 21 | 22 | 23 | 24 | 25 | 26 | 27 | 28 | 29 | 30 | 11.1 | 2 | 3 | 4 | 5 | 6 | 7 | 8 | 9 | 10 | 11 | 12 | 13 | 14 | 15 | 16 |
| 요일 | 金 | 土 | 日 | 月 | 火 | 水 | 木 | 金 | 土 | 日 | 月 | 火 | 水 | 木 | 金 | 土 | 日 | 月 | 火 | 水 | 木 | 金 | 土 | 日 | 月 | 火 | 水 | 木 | 金 | 土 | 日 |
| 일진 | 庚申 | 辛酉 | 壬戌 | 癸亥 | 甲子 | 乙丑 | 丙寅 | 丁卯 | 戊辰 | 己巳 | 庚午 | 辛未 | 壬申 | 癸酉 | 甲戌 | 乙亥 | 丙子 | 丁丑 | 戊寅 | 己卯 | 庚辰 | 辛巳 | 壬午 | 癸未 | 甲申 | 乙酉 | 丙戌 | 丁亥 | 戊子 | 己丑 | 庚寅 |
| 대운 남 | 2 | 1 | 1 | 1 | 1 | 대 | 10 | 9 | 9 | 9 | 8 | 8 | 8 | 7 | 7 | 7 | 6 | 6 | 6 | 5 | 5 | 5 | 4 | 4 | 4 | 3 | 3 | 3 | 2 | 2 | 2 |
| 대운 녀 | 8 | 8 | 9 | 9 | 9 | 설 | 1 | 1 | 1 | 1 | 2 | 2 | 2 | 3 | 3 | 3 | 4 | 4 | 4 | 5 | 5 | 5 | 6 | 6 | 6 | 7 | 7 | 7 | 8 | 8 | 8 |

# 2029년

소한 5일 10시41분

## 1 · 乙丑月(양 1.5~2.2)

대한 20일 04시00분

| 양력 | 1 | 2 | 3 | 4 | 5 | 6 | 7 | 8 | 9 | 10 | 11 | 12 | 13 | 14 | 15 | 16 | 17 | 18 | 19 | 20 | 21 | 22 | 23 | 24 | 25 | 26 | 27 | 28 | 29 | 30 | 31 |
|---|---|---|---|---|---|---|---|---|---|---|---|---|---|---|---|---|---|---|---|---|---|---|---|---|---|---|---|---|---|---|---|
| 음력 | 17 | 18 | 19 | 20 | 21 | 22 | 23 | 24 | 25 | 26 | 27 | 28 | 29 | 30 | 12.1 | 2 | 3 | 4 | 5 | 6 | 7 | 8 | 9 | 10 | 11 | 12 | 13 | 14 | 15 | 16 | 17 |
| 요일 | 月 | 火 | 水 | 木 | 金 | 土 | 日 | 月 | 火 | 水 | 木 | 金 | 土 | 日 | 月 | 火 | 水 | 木 | 金 | 土 | 日 | 月 | 火 | 水 | 木 | 金 | 土 | 日 | 月 | 火 | 水 |
| 일진 | 辛 | 壬 | 癸 | 甲 | 乙 | 丙 | 丁 | 戊 | 己 | 庚 | 辛 | 壬 | 癸 | 甲 | 乙 | 丙 | 丁 | 戊 | 己 | 庚 | 辛 | 壬 | 癸 | 甲 | 乙 | 丙 | 丁 | 戊 | 己 | 庚 | 辛 |
| | 卯 | 辰 | 巳 | 午 | 未 | 申 | 酉 | 戌 | 亥 | 子 | 丑 | 寅 | 卯 | 辰 | 巳 | 午 | 未 | 申 | 酉 | 戌 | 亥 | 子 | 丑 | 寅 | 卯 | 辰 | 巳 | 午 | 未 | 申 | 酉 |
| 대운 남 | 1 | 1 | 1 | 1 | 소 | 9 | 9 | 9 | 8 | 8 | 8 | 7 | 7 | 7 | 6 | 6 | 6 | 5 | 5 | 5 | 4 | 4 | 4 | 3 | 3 | 3 | 2 | 2 | 2 | 1 | 1 |
| 대운 녀 | 9 | 9 | 9 | 10 | 한 | 1 | 1 | 1 | 1 | 2 | 2 | 2 | 3 | 3 | 3 | 4 | 4 | 4 | 5 | 5 | 5 | 6 | 6 | 6 | 7 | 7 | 7 | 8 | 8 | 8 | 9 |

입춘 3일 22시20분

## 2 · 丙寅月(양 2.3~3.4)

우수 18일 18시07분

| 양력 | 1 | 2 | 3 | 4 | 5 | 6 | 7 | 8 | 9 | 10 | 11 | 12 | 13 | 14 | 15 | 16 | 17 | 18 | 19 | 20 | 21 | 22 | 23 | 24 | 25 | 26 | 27 | 28 |
|---|---|---|---|---|---|---|---|---|---|---|---|---|---|---|---|---|---|---|---|---|---|---|---|---|---|---|---|---|
| 음력 | 18 | 19 | 20 | 21 | 22 | 23 | 24 | 25 | 26 | 27 | 28 | 29 | 1.1 | 2 | 3 | 4 | 5 | 6 | 7 | 8 | 9 | 10 | 11 | 12 | 13 | 14 | 15 | 16 |
| 요일 | 木 | 金 | 土 | 日 | 月 | 火 | 水 | 木 | 金 | 土 | 日 | 月 | 火 | 水 | 木 | 金 | 土 | 日 | 月 | 火 | 水 | 木 | 金 | 土 | 日 | 月 | 火 | 水 |
| 일진 | 壬 | 癸 | 甲 | 乙 | 丙 | 丁 | 戊 | 己 | 庚 | 辛 | 壬 | 癸 | 甲 | 乙 | 丙 | 丁 | 戊 | 己 | 庚 | 辛 | 壬 | 癸 | 甲 | 乙 | 丙 | 丁 | 戊 | 己 |
| | 戌 | 亥 | 子 | 丑 | 寅 | 卯 | 辰 | 巳 | 午 | 未 | 申 | 酉 | 戌 | 亥 | 子 | 丑 | 寅 | 卯 | 辰 | 巳 | 午 | 未 | 申 | 酉 | 戌 | 亥 | 子 | 丑 |
| 대운 남 | 1 | 1 | 입 | 1 | 1 | 1 | 1 | 2 | 2 | 2 | 3 | 3 | 3 | 4 | 4 | 4 | 5 | 5 | 5 | 6 | 6 | 6 | 7 | 7 | 7 | 8 | 8 | 8 |
| 대운 녀 | 9 | 9 | 춘 | 10 | 9 | 9 | 9 | 8 | 8 | 8 | 7 | 7 | 7 | 6 | 6 | 6 | 5 | 5 | 5 | 4 | 4 | 4 | 3 | 3 | 3 | 2 | 2 | 2 |

경칩 5일 16시16분

## 3 · 丁卯月(양 3.5~4.3)

춘분 20일 17시01분

| 양력 | 1 | 2 | 3 | 4 | 5 | 6 | 7 | 8 | 9 | 10 | 11 | 12 | 13 | 14 | 15 | 16 | 17 | 18 | 19 | 20 | 21 | 22 | 23 | 24 | 25 | 26 | 27 | 28 | 29 | 30 | 31 |
|---|---|---|---|---|---|---|---|---|---|---|---|---|---|---|---|---|---|---|---|---|---|---|---|---|---|---|---|---|---|---|---|
| 음력 | 17 | 18 | 19 | 20 | 21 | 22 | 23 | 24 | 25 | 26 | 27 | 28 | 29 | 30 | 2.1 | 2 | 3 | 4 | 5 | 6 | 7 | 8 | 9 | 10 | 11 | 12 | 13 | 14 | 15 | 16 | 17 |
| 요일 | 木 | 金 | 土 | 日 | 月 | 火 | 水 | 木 | 金 | 土 | 日 | 月 | 火 | 水 | 木 | 金 | 土 | 日 | 月 | 火 | 水 | 木 | 金 | 土 | 日 | 月 | 火 | 水 | 木 | 金 | 土 |
| 일진 | 庚 | 辛 | 壬 | 癸 | 甲 | 乙 | 丙 | 丁 | 戊 | 己 | 庚 | 辛 | 壬 | 癸 | 甲 | 乙 | 丙 | 丁 | 戊 | 己 | 庚 | 辛 | 壬 | 癸 | 甲 | 乙 | 丙 | 丁 | 戊 | 己 | 庚 |
| | 寅 | 卯 | 辰 | 巳 | 午 | 未 | 申 | 酉 | 戌 | 亥 | 子 | 丑 | 寅 | 卯 | 辰 | 巳 | 午 | 未 | 申 | 酉 | 戌 | 亥 | 子 | 丑 | 寅 | 卯 | 辰 | 巳 | 午 | 未 | 申 |
| 대운 남 | 9 | 9 | 9 | 10 | 경 | 1 | 1 | 1 | 1 | 2 | 2 | 2 | 3 | 3 | 3 | 4 | 4 | 4 | 5 | 5 | 5 | 6 | 6 | 6 | 7 | 7 | 7 | 8 | 8 | 8 | 9 |
| 대운 녀 | 1 | 1 | 1 | 1 | 칩 | 10 | 9 | 9 | 9 | 8 | 8 | 8 | 7 | 7 | 7 | 6 | 6 | 6 | 5 | 5 | 5 | 4 | 4 | 4 | 3 | 3 | 3 | 2 | 2 | 2 | 1 |

청명 4일 20시57분

## 4 · 戊辰月(양 4.4~5.4)

곡우 20일 03시54분

| 양력 | 1 | 2 | 3 | 4 | 5 | 6 | 7 | 8 | 9 | 10 | 11 | 12 | 13 | 14 | 15 | 16 | 17 | 18 | 19 | 20 | 21 | 22 | 23 | 24 | 25 | 26 | 27 | 28 | 29 | 30 |
|---|---|---|---|---|---|---|---|---|---|---|---|---|---|---|---|---|---|---|---|---|---|---|---|---|---|---|---|---|---|---|
| 음력 | 18 | 19 | 20 | 21 | 22 | 23 | 24 | 25 | 26 | 27 | 28 | 29 | 30 | 3.1 | 2 | 3 | 4 | 5 | 6 | 7 | 8 | 9 | 10 | 11 | 12 | 13 | 14 | 15 | 16 | 17 |
| 요일 | 日 | 月 | 火 | 水 | 木 | 金 | 土 | 日 | 月 | 火 | 水 | 木 | 金 | 土 | 日 | 月 | 火 | 水 | 木 | 金 | 土 | 日 | 月 | 火 | 水 | 木 | 金 | 土 | 日 | 月 |
| 일진 | 辛 | 壬 | 癸 | 甲 | 乙 | 丙 | 丁 | 戊 | 己 | 庚 | 辛 | 壬 | 癸 | 甲 | 乙 | 丙 | 丁 | 戊 | 己 | 庚 | 辛 | 壬 | 癸 | 甲 | 乙 | 丙 | 丁 | 戊 | 己 | 庚 |
| | 酉 | 戌 | 亥 | 子 | 丑 | 寅 | 卯 | 辰 | 巳 | 午 | 未 | 申 | 酉 | 戌 | 亥 | 子 | 丑 | 寅 | 卯 | 辰 | 巳 | 午 | 未 | 申 | 酉 | 戌 | 亥 | 子 | 丑 | 寅 |
| 대운 남 | 9 | 9 | 10 | 청 | 1 | 1 | 1 | 1 | 2 | 2 | 2 | 3 | 3 | 3 | 4 | 4 | 4 | 5 | 5 | 5 | 6 | 6 | 6 | 7 | 7 | 7 | 8 | 8 | 8 | 9 |
| 대운 녀 | 1 | 1 | 1 | 명 | 10 | 10 | 9 | 9 | 9 | 8 | 8 | 8 | 7 | 7 | 7 | 6 | 6 | 6 | 5 | 5 | 5 | 4 | 4 | 4 | 3 | 3 | 3 | 2 | 2 | 2 |

입하 5일 14시07분

## 5 · 己巳月(양 5.5~6.4)

소만 21일 02시56분

| 양력 | 1 | 2 | 3 | 4 | 5 | 6 | 7 | 8 | 9 | 10 | 11 | 12 | 13 | 14 | 15 | 16 | 17 | 18 | 19 | 20 | 21 | 22 | 23 | 24 | 25 | 26 | 27 | 28 | 29 | 30 | 31 |
|---|---|---|---|---|---|---|---|---|---|---|---|---|---|---|---|---|---|---|---|---|---|---|---|---|---|---|---|---|---|---|---|
| 음력 | 18 | 19 | 20 | 21 | 22 | 23 | 24 | 25 | 26 | 27 | 28 | 29 | 4.1 | 2 | 3 | 4 | 5 | 6 | 7 | 8 | 9 | 10 | 11 | 12 | 13 | 14 | 15 | 16 | 17 | 18 | 19 |
| 요일 | 火 | 水 | 木 | 金 | 土 | 日 | 月 | 火 | 水 | 木 | 金 | 土 | 日 | 月 | 火 | 水 | 木 | 金 | 土 | 日 | 月 | 火 | 水 | 木 | 金 | 土 | 日 | 月 | 火 | 水 | 木 |
| 일진 | 辛 | 壬 | 癸 | 甲 | 乙 | 丙 | 丁 | 戊 | 己 | 庚 | 辛 | 壬 | 癸 | 甲 | 乙 | 丙 | 丁 | 戊 | 己 | 庚 | 辛 | 壬 | 癸 | 甲 | 乙 | 丙 | 丁 | 戊 | 己 | 庚 | 辛 |
| | 卯 | 辰 | 巳 | 午 | 未 | 申 | 酉 | 戌 | 亥 | 子 | 丑 | 寅 | 卯 | 辰 | 巳 | 午 | 未 | 申 | 酉 | 戌 | 亥 | 子 | 丑 | 寅 | 卯 | 辰 | 巳 | 午 | 未 | 申 | 酉 |
| 대운 남 | 9 | 9 | 10 | 10 | 입 | 1 | 1 | 1 | 1 | 2 | 2 | 2 | 3 | 3 | 3 | 4 | 4 | 4 | 5 | 5 | 5 | 6 | 6 | 6 | 7 | 7 | 7 | 8 | 8 | 8 | 9 |
| 대운 녀 | 1 | 1 | 1 | 1 | 하 | 10 | 10 | 9 | 9 | 9 | 8 | 8 | 8 | 7 | 7 | 7 | 6 | 6 | 6 | 5 | 5 | 5 | 4 | 4 | 4 | 3 | 3 | 3 | 2 | 2 | 2 |

망종 5일 18시09분

## 6 · 庚午月(양 6.5~7.6)

하지 21일 10시47분

| 양력 | 1 | 2 | 3 | 4 | 5 | 6 | 7 | 8 | 9 | 10 | 11 | 12 | 13 | 14 | 15 | 16 | 17 | 18 | 19 | 20 | 21 | 22 | 23 | 24 | 25 | 26 | 27 | 28 | 29 | 30 |
|---|---|---|---|---|---|---|---|---|---|---|---|---|---|---|---|---|---|---|---|---|---|---|---|---|---|---|---|---|---|---|
| 음력 | 20 | 21 | 22 | 23 | 24 | 25 | 26 | 27 | 28 | 29 | 30 | 5.1 | 2 | 3 | 4 | 5 | 6 | 7 | 8 | 9 | 10 | 11 | 12 | 13 | 14 | 15 | 16 | 17 | 18 | 19 |
| 요일 | 金 | 土 | 日 | 月 | 火 | 水 | 木 | 金 | 土 | 日 | 月 | 火 | 水 | 木 | 金 | 土 | 日 | 月 | 火 | 水 | 木 | 金 | 土 | 日 | 月 | 火 | 水 | 木 | 金 | 土 |
| 일진 | 壬 | 癸 | 甲 | 乙 | 丙 | 丁 | 戊 | 己 | 庚 | 辛 | 壬 | 癸 | 甲 | 乙 | 丙 | 丁 | 戊 | 己 | 庚 | 辛 | 壬 | 癸 | 甲 | 乙 | 丙 | 丁 | 戊 | 己 | 庚 | 辛 |
| | 戌 | 亥 | 子 | 丑 | 寅 | 卯 | 辰 | 巳 | 午 | 未 | 申 | 酉 | 戌 | 亥 | 子 | 丑 | 寅 | 卯 | 辰 | 巳 | 午 | 未 | 申 | 酉 | 戌 | 亥 | 子 | 丑 | 寅 | 卯 |
| 대운 남 | 9 | 9 | 10 | 10 | 망 | 1 | 1 | 1 | 1 | 2 | 2 | 2 | 3 | 3 | 3 | 4 | 4 | 4 | 5 | 5 | 5 | 6 | 6 | 6 | 7 | 7 | 7 | 8 | 8 | 8 |
| 대운 녀 | 1 | 1 | 1 | 1 | 종 | 10 | 10 | 10 | 9 | 9 | 9 | 8 | 8 | 8 | 7 | 7 | 7 | 6 | 6 | 6 | 5 | 5 | 5 | 4 | 4 | 4 | 3 | 3 | 3 | 2 |

# 己酉年

동경135도표준시

소서 7일 04시21분

## 7 · 辛未月(양 7.7~8.6)

대서 22일 21시41분

| 양력 | 1 | 2 | 3 | 4 | 5 | 6 | 7 | 8 | 9 | 10 | 11 | 12 | 13 | 14 | 15 | 16 | 17 | 18 | 19 | 20 | 21 | 22 | 23 | 24 | 25 | 26 | 27 | 28 | 29 | 30 | 31 |
|---|---|---|---|---|---|---|---|---|---|---|---|---|---|---|---|---|---|---|---|---|---|---|---|---|---|---|---|---|---|---|---|
| 음력 | 20 | 21 | 22 | 23 | 24 | 25 | 26 | 27 | 28 | 29 | 30 | 6.1 | 2 | 3 | 4 | 5 | 6 | 7 | 8 | 9 | 10 | 11 | 12 | 13 | 14 | 15 | 16 | 17 | 18 | 19 | 20 |
| 요일 | 日 | 月 | 火 | 水 | 木 | 金 | 土 | 日 | 月 | 火 | 水 | 木 | 金 | 土 | 日 | 月 | 火 | 水 | 木 | 金 | 土 | 日 | 月 | 火 | 水 | 木 | 金 | 土 | 日 | 月 | 火 |
| 일진 | 壬辰 | 癸巳 | 甲午 | 乙未 | 丙申 | 丁酉 | 戊戌 | 己亥 | 庚子 | 辛丑 | 壬寅 | 癸卯 | 甲辰 | 乙巳 | 丙午 | 丁未 | 戊申 | 己酉 | 庚戌 | 辛亥 | 壬子 | 癸丑 | 甲寅 | 乙卯 | 丙辰 | 丁巳 | 戊午 | 己未 | 庚申 | 辛酉 | 壬戌 |
| 대운 남 | 9 | 9 | 9 | 10 | 10 | 10 | 소 | 1 | 1 | 1 | 1 | 2 | 2 | 2 | 3 | 3 | 3 | 4 | 4 | 4 | 5 | 5 | 5 | 6 | 6 | 6 | 7 | 7 | 7 | 8 | 8 |
| 대운 녀 | 2 | 2 | 1 | 1 | 1 | 1 | 서 | 10 | 10 | 9 | 9 | 9 | 8 | 8 | 8 | 7 | 7 | 7 | 6 | 6 | 6 | 5 | 5 | 5 | 4 | 4 | 4 | 3 | 3 | 3 | 2 |

입추 7일 14시11분

## 8 · 壬申月(양 8.7~9.6)

처서 23일 04시50분

| 양력 | 1 | 2 | 3 | 4 | 5 | 6 | 7 | 8 | 9 | 10 | 11 | 12 | 13 | 14 | 15 | 16 | 17 | 18 | 19 | 20 | 21 | 22 | 23 | 24 | 25 | 26 | 27 | 28 | 29 | 30 | 31 |
|---|---|---|---|---|---|---|---|---|---|---|---|---|---|---|---|---|---|---|---|---|---|---|---|---|---|---|---|---|---|---|---|
| 음력 | 21 | 22 | 23 | 24 | 25 | 26 | 27 | 28 | 29 | 7.1 | 2 | 3 | 4 | 5 | 6 | 7 | 8 | 9 | 10 | 11 | 12 | 13 | 14 | 15 | 16 | 17 | 18 | 19 | 20 | 21 | 22 |
| 요일 | 水 | 木 | 金 | 土 | 日 | 月 | 火 | 水 | 木 | 金 | 土 | 日 | 月 | 火 | 水 | 木 | 金 | 土 | 日 | 月 | 火 | 水 | 木 | 金 | 土 | 日 | 月 | 火 | 水 | 木 | 金 |
| 일진 | 癸亥 | 甲子 | 乙丑 | 丙寅 | 丁卯 | 戊辰 | 己巳 | 庚午 | 辛未 | 壬申 | 癸酉 | 甲戌 | 乙亥 | 丙子 | 丁丑 | 戊寅 | 己卯 | 庚辰 | 辛巳 | 壬午 | 癸未 | 甲申 | 乙酉 | 丙戌 | 丁亥 | 戊子 | 己丑 | 庚寅 | 辛卯 | 壬辰 | 癸巳 |
| 대운 남 | 8 | 9 | 9 | 9 | 10 | 10 | 입 | 1 | 1 | 1 | 1 | 2 | 2 | 2 | 3 | 3 | 3 | 4 | 4 | 4 | 5 | 5 | 5 | 6 | 6 | 6 | 7 | 7 | 7 | 8 | 8 |
| 대운 녀 | 2 | 2 | 1 | 1 | 1 | 1 | 추 | 10 | 10 | 9 | 9 | 9 | 8 | 8 | 8 | 7 | 7 | 7 | 6 | 6 | 6 | 5 | 5 | 5 | 4 | 4 | 4 | 3 | 3 | 3 | 2 |

백로 7일 17시11분

## 9 · 癸酉月(양 9.7~10.7)

추분 23일 02시37분

| 양력 | 1 | 2 | 3 | 4 | 5 | 6 | 7 | 8 | 9 | 10 | 11 | 12 | 13 | 14 | 15 | 16 | 17 | 18 | 19 | 20 | 21 | 22 | 23 | 24 | 25 | 26 | 27 | 28 | 29 | 30 |
|---|---|---|---|---|---|---|---|---|---|---|---|---|---|---|---|---|---|---|---|---|---|---|---|---|---|---|---|---|---|---|
| 음력 | 23 | 24 | 25 | 26 | 27 | 28 | 29 | 8.1 | 2 | 3 | 4 | 5 | 6 | 7 | 8 | 9 | 10 | 11 | 12 | 13 | 14 | 15 | 16 | 17 | 18 | 19 | 20 | 21 | 22 | 23 |
| 요일 | 土 | 日 | 月 | 火 | 水 | 木 | 金 | 土 | 日 | 月 | 火 | 水 | 木 | 金 | 土 | 日 | 月 | 火 | 水 | 木 | 金 | 土 | 日 | 月 | 火 | 水 | 木 | 金 | 土 | 日 |
| 일진 | 甲午 | 乙未 | 丙申 | 丁酉 | 戊戌 | 己亥 | 庚子 | 辛丑 | 壬寅 | 癸卯 | 甲辰 | 乙巳 | 丙午 | 丁未 | 戊申 | 己酉 | 庚戌 | 辛亥 | 壬子 | 癸丑 | 甲寅 | 乙卯 | 丙辰 | 丁巳 | 戊午 | 己未 | 庚申 | 辛酉 | 壬戌 | 癸亥 |
| 대운 남 | 8 | 9 | 9 | 9 | 10 | 10 | 백 | 1 | 1 | 1 | 1 | 2 | 2 | 2 | 3 | 3 | 3 | 4 | 4 | 4 | 5 | 5 | 5 | 6 | 6 | 6 | 7 | 7 | 7 | 8 |
| 대운 녀 | 2 | 2 | 1 | 1 | 1 | 1 | 로 | 10 | 10 | 9 | 9 | 9 | 8 | 8 | 8 | 7 | 7 | 7 | 6 | 6 | 6 | 5 | 5 | 5 | 4 | 4 | 4 | 3 | 3 | 3 |

한로 8일 08시57분

## 10 · 甲戌月(양 10.8~11.6)

상강 23일 12시07분

| 양력 | 1 | 2 | 3 | 4 | 5 | 6 | 7 | 8 | 9 | 10 | 11 | 12 | 13 | 14 | 15 | 16 | 17 | 18 | 19 | 20 | 21 | 22 | 23 | 24 | 25 | 26 | 27 | 28 | 29 | 30 | 31 |
|---|---|---|---|---|---|---|---|---|---|---|---|---|---|---|---|---|---|---|---|---|---|---|---|---|---|---|---|---|---|---|---|
| 음력 | 24 | 25 | 26 | 27 | 28 | 29 | 30 | 9.1 | 2 | 3 | 4 | 5 | 6 | 7 | 8 | 9 | 10 | 11 | 12 | 13 | 14 | 15 | 16 | 17 | 18 | 19 | 20 | 21 | 22 | 23 | 24 |
| 요일 | 月 | 火 | 水 | 木 | 金 | 土 | 日 | 月 | 火 | 水 | 木 | 金 | 土 | 日 | 月 | 火 | 水 | 木 | 金 | 土 | 日 | 月 | 火 | 水 | 木 | 金 | 土 | 日 | 月 | 火 | 水 |
| 일진 | 甲子 | 乙丑 | 丙寅 | 丁卯 | 戊辰 | 己巳 | 庚午 | 辛未 | 壬申 | 癸酉 | 甲戌 | 乙亥 | 丙子 | 丁丑 | 戊寅 | 己卯 | 庚辰 | 辛巳 | 壬午 | 癸未 | 甲申 | 乙酉 | 丙戌 | 丁亥 | 戊子 | 己丑 | 庚寅 | 辛卯 | 壬辰 | 癸巳 | 甲午 |
| 대운 남 | 8 | 8 | 9 | 9 | 9 | 10 | 10 | 한 | 1 | 1 | 1 | 1 | 2 | 2 | 2 | 3 | 3 | 3 | 4 | 4 | 4 | 5 | 5 | 5 | 6 | 6 | 6 | 7 | 7 | 7 | 8 |
| 대운 녀 | 2 | 2 | 2 | 1 | 1 | 1 | 1 | 로 | 10 | 9 | 9 | 9 | 8 | 8 | 8 | 7 | 7 | 7 | 6 | 6 | 6 | 5 | 5 | 5 | 4 | 4 | 4 | 3 | 3 | 3 | 2 |

입동 7일 12시16분

## 11 · 乙亥月(양 11.7~12.6)

소설 22일 09시48분

| 양력 | 1 | 2 | 3 | 4 | 5 | 6 | 7 | 8 | 9 | 10 | 11 | 12 | 13 | 14 | 15 | 16 | 17 | 18 | 19 | 20 | 21 | 22 | 23 | 24 | 25 | 26 | 27 | 28 | 29 | 30 |
|---|---|---|---|---|---|---|---|---|---|---|---|---|---|---|---|---|---|---|---|---|---|---|---|---|---|---|---|---|---|---|
| 음력 | 25 | 26 | 27 | 28 | 29 | 10.1 | 2 | 3 | 4 | 5 | 6 | 7 | 8 | 9 | 10 | 11 | 12 | 13 | 14 | 15 | 16 | 17 | 18 | 19 | 20 | 21 | 22 | 23 | 24 | 25 |
| 요일 | 木 | 金 | 土 | 日 | 月 | 火 | 水 | 木 | 金 | 土 | 日 | 月 | 火 | 水 | 木 | 金 | 土 | 日 | 月 | 火 | 水 | 木 | 金 | 土 | 日 | 月 | 火 | 水 | 木 | 金 |
| 일진 | 乙未 | 丙申 | 丁酉 | 戊戌 | 己亥 | 庚子 | 辛丑 | 壬寅 | 癸卯 | 甲辰 | 乙巳 | 丙午 | 丁未 | 戊申 | 己酉 | 庚戌 | 辛亥 | 壬子 | 癸丑 | 甲寅 | 乙卯 | 丙辰 | 丁巳 | 戊午 | 己未 | 庚申 | 辛酉 | 壬戌 | 癸亥 | 甲子 |
| 대운 남 | 8 | 8 | 9 | 9 | 9 | 10 | 입 | 1 | 1 | 1 | 1 | 2 | 2 | 2 | 3 | 3 | 3 | 4 | 4 | 4 | 5 | 5 | 5 | 6 | 6 | 6 | 7 | 7 | 7 | 8 |
| 대운 녀 | 2 | 2 | 1 | 1 | 1 | 1 | 동 | 10 | 9 | 9 | 9 | 8 | 8 | 8 | 7 | 7 | 7 | 6 | 6 | 6 | 5 | 5 | 5 | 4 | 4 | 4 | 3 | 3 | 3 | 2 |

대설 7일 05시13분

## 12 · 丙子月(양 12.7~1.4)

동지 21일 23시13분

| 양력 | 1 | 2 | 3 | 4 | 5 | 6 | 7 | 8 | 9 | 10 | 11 | 12 | 13 | 14 | 15 | 16 | 17 | 18 | 19 | 20 | 21 | 22 | 23 | 24 | 25 | 26 | 27 | 28 | 29 | 30 | 31 |
|---|---|---|---|---|---|---|---|---|---|---|---|---|---|---|---|---|---|---|---|---|---|---|---|---|---|---|---|---|---|---|---|
| 음력 | 26 | 27 | 28 | 29 | 11.1 | 2 | 3 | 4 | 5 | 6 | 7 | 8 | 9 | 10 | 11 | 12 | 13 | 14 | 15 | 16 | 17 | 18 | 19 | 20 | 21 | 22 | 23 | 24 | 25 | 26 | 27 |
| 요일 | 土 | 日 | 月 | 火 | 水 | 木 | 金 | 土 | 日 | 月 | 火 | 水 | 木 | 金 | 土 | 日 | 月 | 火 | 水 | 木 | 金 | 土 | 日 | 月 | 火 | 水 | 木 | 金 | 土 | 日 | 月 |
| 일진 | 乙丑 | 丙寅 | 丁卯 | 戊辰 | 己巳 | 庚午 | 辛未 | 壬申 | 癸酉 | 甲戌 | 乙亥 | 丙子 | 丁丑 | 戊寅 | 己卯 | 庚辰 | 辛巳 | 壬午 | 癸未 | 甲申 | 乙酉 | 丙戌 | 丁亥 | 戊子 | 己丑 | 庚寅 | 辛卯 | 壬辰 | 癸巳 | 甲午 | 乙未 |
| 대운 남 | 8 | 8 | 9 | 9 | 9 | 10 | 대 | 1 | 1 | 1 | 1 | 2 | 2 | 2 | 3 | 3 | 3 | 4 | 4 | 4 | 5 | 5 | 5 | 6 | 6 | 6 | 7 | 7 | 7 | 8 | 8 |
| 대운 녀 | 2 | 2 | 1 | 1 | 1 | 1 | 설 | 9 | 9 | 9 | 8 | 8 | 8 | 7 | 7 | 7 | 6 | 6 | 6 | 5 | 5 | 5 | 4 | 4 | 4 | 3 | 3 | 3 | 2 | 2 | 2 |

단기 4363년

# 2030년

소한 5일 16시29분 **1 · 丁丑月(양 1.5~2.3)** 대한 20일 09시53분

| 양력 | 1 | 2 | 3 | 4 | 5 | 6 | 7 | 8 | 9 | 10 | 11 | 12 | 13 | 14 | 15 | 16 | 17 | 18 | 19 | 20 | 21 | 22 | 23 | 24 | 25 | 26 | 27 | 28 | 29 | 30 | 31 |
|---|---|---|---|---|---|---|---|---|---|---|---|---|---|---|---|---|---|---|---|---|---|---|---|---|---|---|---|---|---|---|---|
| 음력 | 28 | 29 | 30 | 12.1 | 2 | 3 | 4 | 5 | 6 | 7 | 8 | 9 | 10 | 11 | 12 | 13 | 14 | 15 | 16 | 17 | 18 | 19 | 20 | 21 | 22 | 23 | 24 | 25 | 26 | 27 | 28 |
| 요일 | 火 | 水 | 木 | 金 | 土 | 日 | 月 | 火 | 水 | 木 | 金 | 土 | 日 | 月 | 火 | 水 | 木 | 金 | 土 | 日 | 月 | 火 | 水 | 木 | 金 | 土 | 日 | 月 | 火 | 水 | 木 |
| 일진 | 丙申 | 丁酉 | 戊戌 | 己亥 | 庚子 | 辛丑 | 壬寅 | 癸卯 | 甲辰 | 乙巳 | 丙午 | 丁未 | 戊申 | 己酉 | 庚戌 | 辛亥 | 壬子 | 癸丑 | 甲寅 | 乙卯 | 丙辰 | 丁巳 | 戊午 | 己未 | 庚申 | 辛酉 | 壬戌 | 癸亥 | 甲子 | 乙丑 | 丙寅 |
| 대운 남 | 8 | 9 | 9 | 9 | 소 | 1 | 1 | 1 | 1 | 2 | 2 | 2 | 3 | 3 | 3 | 4 | 4 | 4 | 5 | 5 | 5 | 6 | 6 | 6 | 7 | 7 | 7 | 8 | 8 | 8 | 9 |
| 대운 녀 | 1 | 1 | 1 | 1 | 한 | 10 | 9 | 9 | 9 | 8 | 8 | 8 | 7 | 7 | 7 | 6 | 6 | 6 | 5 | 5 | 5 | 4 | 4 | 4 | 3 | 3 | 3 | 2 | 2 | 2 | 1 |

입춘 4일 04시07분 **2 · 戊寅月(양 2.4~3.4)** 우수 18일 23시59분

| 양력 | 1 | 2 | 3 | 4 | 5 | 6 | 7 | 8 | 9 | 10 | 11 | 12 | 13 | 14 | 15 | 16 | 17 | 18 | 19 | 20 | 21 | 22 | 23 | 24 | 25 | 26 | 27 | 28 |
|---|---|---|---|---|---|---|---|---|---|---|---|---|---|---|---|---|---|---|---|---|---|---|---|---|---|---|---|---|
| 음력 | 29 | 30 | 1.1 | 2 | 3 | 4 | 5 | 6 | 7 | 8 | 9 | 10 | 11 | 12 | 13 | 14 | 15 | 16 | 17 | 18 | 19 | 20 | 21 | 22 | 23 | 24 | 25 | 26 |
| 요일 | 金 | 土 | 日 | 月 | 火 | 水 | 木 | 金 | 土 | 日 | 月 | 火 | 水 | 木 | 金 | 土 | 日 | 月 | 火 | 水 | 木 | 金 | 土 | 日 | 月 | 火 | 水 | 木 |
| 일진 | 丁卯 | 戊辰 | 己巳 | 庚午 | 辛未 | 壬申 | 癸酉 | 甲戌 | 乙亥 | 丙子 | 丁丑 | 戊寅 | 己卯 | 庚辰 | 辛巳 | 壬午 | 癸未 | 甲申 | 乙酉 | 丙戌 | 丁亥 | 戊子 | 己丑 | 庚寅 | 辛卯 | 壬辰 | 癸巳 | 甲午 |
| 대운 남 | 9 | 9 | 10 | 입 | 9 | 9 | 9 | 8 | 8 | 8 | 7 | 7 | 7 | 6 | 6 | 6 | 5 | 5 | 5 | 4 | 4 | 4 | 3 | 3 | 3 | 2 | 2 | 2 |
| 대운 녀 | 1 | 1 | 1 | 춘 | 1 | 1 | 1 | 1 | 2 | 2 | 2 | 3 | 3 | 3 | 4 | 4 | 4 | 5 | 5 | 5 | 6 | 6 | 6 | 7 | 7 | 7 | 8 | 8 |

경칩 5일 22시02분 **3 · 己卯月(양 3.5~4.4)** 춘분 20일 22시51분

| 양력 | 1 | 2 | 3 | 4 | 5 | 6 | 7 | 8 | 9 | 10 | 11 | 12 | 13 | 14 | 15 | 16 | 17 | 18 | 19 | 20 | 21 | 22 | 23 | 24 | 25 | 26 | 27 | 28 | 29 | 30 | 31 |
|---|---|---|---|---|---|---|---|---|---|---|---|---|---|---|---|---|---|---|---|---|---|---|---|---|---|---|---|---|---|---|---|
| 음력 | 27 | 28 | 29 | 2.1 | 2 | 3 | 4 | 5 | 6 | 7 | 8 | 9 | 10 | 11 | 12 | 13 | 14 | 15 | 16 | 17 | 18 | 19 | 20 | 21 | 22 | 23 | 24 | 25 | 26 | 27 | 28 |
| 요일 | 金 | 土 | 日 | 月 | 火 | 水 | 木 | 金 | 土 | 日 | 月 | 火 | 水 | 木 | 金 | 土 | 日 | 月 | 火 | 水 | 木 | 金 | 土 | 日 | 月 | 火 | 水 | 木 | 金 | 土 | 日 |
| 일진 | 乙未 | 丙申 | 丁酉 | 戊戌 | 己亥 | 庚子 | 辛丑 | 壬寅 | 癸卯 | 甲辰 | 乙巳 | 丙午 | 丁未 | 戊申 | 己酉 | 庚戌 | 辛亥 | 壬子 | 癸丑 | 甲寅 | 乙卯 | 丙辰 | 丁巳 | 戊午 | 己未 | 庚申 | 辛酉 | 壬戌 | 癸亥 | 甲子 | 乙丑 |
| 대운 남 | 1 | 1 | 1 | 1 | 경 | 10 | 10 | 9 | 9 | 9 | 8 | 8 | 8 | 7 | 7 | 7 | 6 | 6 | 6 | 5 | 5 | 5 | 4 | 4 | 4 | 3 | 3 | 3 | 2 | 2 | 2 |
| 대운 녀 | 8 | 9 | 9 | 9 | 칩 | 1 | 1 | 1 | 1 | 2 | 2 | 2 | 3 | 3 | 3 | 4 | 4 | 4 | 5 | 5 | 5 | 6 | 6 | 6 | 7 | 7 | 7 | 8 | 8 | 8 | 9 |

청명 5일 02시40분 **4 · 庚辰月(양 4.5~5.4)** 곡우 20일 09시42분

| 양력 | 1 | 2 | 3 | 4 | 5 | 6 | 7 | 8 | 9 | 10 | 11 | 12 | 13 | 14 | 15 | 16 | 17 | 18 | 19 | 20 | 21 | 22 | 23 | 24 | 25 | 26 | 27 | 28 | 29 | 30 |
|---|---|---|---|---|---|---|---|---|---|---|---|---|---|---|---|---|---|---|---|---|---|---|---|---|---|---|---|---|---|---|
| 음력 | 29 | 30 | 3.1 | 2 | 3 | 4 | 5 | 6 | 7 | 8 | 9 | 10 | 11 | 12 | 13 | 14 | 15 | 16 | 17 | 18 | 19 | 20 | 21 | 22 | 23 | 24 | 25 | 26 | 27 | 28 |
| 요일 | 月 | 火 | 水 | 木 | 金 | 土 | 日 | 月 | 火 | 水 | 木 | 金 | 土 | 日 | 月 | 火 | 水 | 木 | 金 | 土 | 日 | 月 | 火 | 水 | 木 | 金 | 土 | 日 | 月 | 火 |
| 일진 | 丙寅 | 丁卯 | 戊辰 | 己巳 | 庚午 | 辛未 | 壬申 | 癸酉 | 甲戌 | 乙亥 | 丙子 | 丁丑 | 戊寅 | 己卯 | 庚辰 | 辛巳 | 壬午 | 癸未 | 甲申 | 乙酉 | 丙戌 | 丁亥 | 戊子 | 己丑 | 庚寅 | 辛卯 | 壬辰 | 癸巳 | 甲午 | 乙未 |
| 대운 남 | 1 | 1 | 1 | 1 | 청 | 10 | 9 | 9 | 9 | 8 | 8 | 8 | 7 | 7 | 7 | 6 | 6 | 6 | 5 | 5 | 5 | 4 | 4 | 4 | 3 | 3 | 3 | 2 | 2 | 2 |
| 대운 녀 | 9 | 9 | 10 | 10 | 명 | 1 | 1 | 1 | 1 | 2 | 2 | 2 | 3 | 3 | 3 | 4 | 4 | 4 | 5 | 5 | 5 | 6 | 6 | 6 | 7 | 7 | 7 | 8 | 8 | 8 |

입하 5일 19시45분 **5 · 辛巳月(양 5.5~6.4)** 소만 21일 08시40분

| 양력 | 1 | 2 | 3 | 4 | 5 | 6 | 7 | 8 | 9 | 10 | 11 | 12 | 13 | 14 | 15 | 16 | 17 | 18 | 19 | 20 | 21 | 22 | 23 | 24 | 25 | 26 | 27 | 28 | 29 | 30 | 31 |
|---|---|---|---|---|---|---|---|---|---|---|---|---|---|---|---|---|---|---|---|---|---|---|---|---|---|---|---|---|---|---|---|
| 음력 | 29 | 4.1 | 2 | 3 | 4 | 5 | 6 | 7 | 8 | 9 | 10 | 11 | 12 | 13 | 14 | 15 | 16 | 17 | 18 | 19 | 20 | 21 | 22 | 23 | 24 | 25 | 26 | 27 | 28 | 29 | 30 |
| 요일 | 水 | 木 | 金 | 土 | 日 | 月 | 火 | 水 | 木 | 金 | 土 | 日 | 月 | 火 | 水 | 木 | 金 | 土 | 日 | 月 | 火 | 水 | 木 | 金 | 土 | 日 | 月 | 火 | 水 | 木 | 金 |
| 일진 | 丙申 | 丁酉 | 戊戌 | 己亥 | 庚子 | 辛丑 | 壬寅 | 癸卯 | 甲辰 | 乙巳 | 丙午 | 丁未 | 戊申 | 己酉 | 庚戌 | 辛亥 | 壬子 | 癸丑 | 甲寅 | 乙卯 | 丙辰 | 丁巳 | 戊午 | 己未 | 庚申 | 辛酉 | 壬戌 | 癸亥 | 甲子 | 乙丑 | 丙寅 |
| 대운 남 | 1 | 1 | 1 | 1 | 입 | 10 | 10 | 9 | 9 | 9 | 8 | 8 | 8 | 7 | 7 | 7 | 6 | 6 | 6 | 5 | 5 | 5 | 4 | 4 | 4 | 3 | 3 | 3 | 2 | 2 | 2 |
| 대운 녀 | 9 | 9 | 9 | 10 | 하 | 1 | 1 | 1 | 1 | 2 | 2 | 2 | 3 | 3 | 3 | 4 | 4 | 4 | 5 | 5 | 5 | 6 | 6 | 6 | 7 | 7 | 7 | 8 | 8 | 8 | 9 |

망종 5일 23시43분 **6 · 壬午月(양 6.5~7.6)** 하지 21일 16시30분

| 양력 | 1 | 2 | 3 | 4 | 5 | 6 | 7 | 8 | 9 | 10 | 11 | 12 | 13 | 14 | 15 | 16 | 17 | 18 | 19 | 20 | 21 | 22 | 23 | 24 | 25 | 26 | 27 | 28 | 29 | 30 |
|---|---|---|---|---|---|---|---|---|---|---|---|---|---|---|---|---|---|---|---|---|---|---|---|---|---|---|---|---|---|---|
| 음력 | 5.1 | 2 | 3 | 4 | 5 | 6 | 7 | 8 | 9 | 10 | 11 | 12 | 13 | 14 | 15 | 16 | 17 | 18 | 19 | 20 | 21 | 22 | 23 | 24 | 25 | 26 | 27 | 28 | 29 | 30 |
| 요일 | 土 | 日 | 月 | 火 | 水 | 木 | 金 | 土 | 日 | 月 | 火 | 水 | 木 | 金 | 土 | 日 | 月 | 火 | 水 | 木 | 金 | 土 | 日 | 月 | 火 | 水 | 木 | 金 | 土 | 日 |
| 일진 | 丁卯 | 戊辰 | 己巳 | 庚午 | 辛未 | 壬申 | 癸酉 | 甲戌 | 乙亥 | 丙子 | 丁丑 | 戊寅 | 己卯 | 庚辰 | 辛巳 | 壬午 | 癸未 | 甲申 | 乙酉 | 丙戌 | 丁亥 | 戊子 | 己丑 | 庚寅 | 辛卯 | 壬辰 | 癸巳 | 甲午 | 乙未 | 丙申 |
| 대운 남 | 1 | 1 | 1 | 1 | 망 | 10 | 10 | 10 | 9 | 9 | 9 | 8 | 8 | 8 | 7 | 7 | 7 | 6 | 6 | 6 | 5 | 5 | 5 | 4 | 4 | 4 | 3 | 3 | 3 | 2 |
| 대운 녀 | 9 | 9 | 10 | 10 | 종 | 1 | 1 | 1 | 1 | 2 | 2 | 2 | 3 | 3 | 3 | 4 | 4 | 4 | 5 | 5 | 5 | 6 | 6 | 6 | 7 | 7 | 7 | 8 | 8 | 8 |

## 7 · 癸未月(양 7.7~8.6)

소서 7일 09시54분 | 대서 23일 03시24분

| 양력 | 1 | 2 | 3 | 4 | 5 | 6 | 7 | 8 | 9 | 10 | 11 | 12 | 13 | 14 | 15 | 16 | 17 | 18 | 19 | 20 | 21 | 22 | 23 | 24 | 25 | 26 | 27 | 28 | 29 | 30 | 31 |
|---|---|---|---|---|---|---|---|---|---|---|---|---|---|---|---|---|---|---|---|---|---|---|---|---|---|---|---|---|---|---|---|
| 음력 | 6.1 | 2 | 3 | 4 | 5 | 6 | 7 | 8 | 9 | 10 | 11 | 12 | 13 | 14 | 15 | 16 | 17 | 18 | 19 | 20 | 21 | 22 | 23 | 24 | 25 | 26 | 27 | 28 | 29 | 7.1 | 2 |
| 요일 | 月 | 火 | 水 | 木 | 金 | 土 | 日 | 月 | 火 | 水 | 木 | 金 | 土 | 日 | 月 | 火 | 水 | 木 | 金 | 土 | 日 | 月 | 火 | 水 | 木 | 金 | 土 | 日 | 月 | 火 | 水 |
| 일진 | 丁酉 | 戊戌 | 己亥 | 庚子 | 辛丑 | 壬寅 | 癸卯 | 甲辰 | 乙巳 | 丙午 | 丁未 | 戊申 | 己酉 | 庚戌 | 辛亥 | 壬子 | 癸丑 | 甲寅 | 乙卯 | 丙辰 | 丁巳 | 戊午 | 己未 | 庚申 | 辛酉 | 壬戌 | 癸亥 | 甲子 | 乙丑 | 丙寅 | 丁卯 |
| 대운 남 | 2 | 2 | 1 | 1 | 1 | 1 | 소 | 10 | 10 | 9 | 9 | 9 | 8 | 8 | 8 | 7 | 7 | 7 | 6 | 6 | 6 | 5 | 5 | 5 | 4 | 4 | 4 | 3 | 3 | 3 | 2 |
| 대운 녀 | 9 | 9 | 9 | 10 | 10 | 10 | 서 | 1 | 1 | 1 | 1 | 2 | 2 | 2 | 3 | 3 | 3 | 4 | 4 | 4 | 5 | 5 | 5 | 6 | 6 | 6 | 7 | 7 | 7 | 8 | 8 |

## 8 · 甲申月(양 8.7~9.6)

입추 7일 19시46분 | 처서 23일 10시35분

| 양력 | 1 | 2 | 3 | 4 | 5 | 6 | 7 | 8 | 9 | 10 | 11 | 12 | 13 | 14 | 15 | 16 | 17 | 18 | 19 | 20 | 21 | 22 | 23 | 24 | 25 | 26 | 27 | 28 | 29 | 30 | 31 |
|---|---|---|---|---|---|---|---|---|---|---|---|---|---|---|---|---|---|---|---|---|---|---|---|---|---|---|---|---|---|---|---|
| 음력 | 3 | 4 | 5 | 6 | 7 | 8 | 9 | 10 | 11 | 12 | 13 | 14 | 15 | 16 | 17 | 18 | 19 | 20 | 21 | 22 | 23 | 24 | 25 | 26 | 27 | 28 | 29 | 30 | 8.1 | 2 | 3 |
| 요일 | 木 | 金 | 土 | 日 | 月 | 火 | 水 | 木 | 金 | 土 | 日 | 月 | 火 | 水 | 木 | 金 | 土 | 日 | 月 | 火 | 水 | 木 | 金 | 土 | 日 | 月 | 火 | 水 | 木 | 金 | 土 |
| 일진 | 戊辰 | 己巳 | 庚午 | 辛未 | 壬申 | 癸酉 | 甲戌 | 乙亥 | 丙子 | 丁丑 | 戊寅 | 己卯 | 庚辰 | 辛巳 | 壬午 | 癸未 | 甲申 | 乙酉 | 丙戌 | 丁亥 | 戊子 | 己丑 | 庚寅 | 辛卯 | 壬辰 | 癸巳 | 甲午 | 乙未 | 丙申 | 丁酉 | 戊戌 |
| 대운 남 | 2 | 2 | 1 | 1 | 1 | 1 | 입 | 10 | 10 | 9 | 9 | 9 | 8 | 8 | 8 | 7 | 7 | 7 | 6 | 6 | 6 | 5 | 5 | 5 | 4 | 4 | 4 | 3 | 3 | 3 | 2 |
| 대운 녀 | 8 | 9 | 9 | 9 | 10 | 10 | 추 | 1 | 1 | 1 | 1 | 2 | 2 | 2 | 3 | 3 | 3 | 4 | 4 | 4 | 5 | 5 | 5 | 6 | 6 | 6 | 7 | 7 | 7 | 8 | 8 |

## 9 · 乙酉月(양 9.7~10.7)

백로 7일 22시52분 | 추분 23일 08시26분

| 양력 | 1 | 2 | 3 | 4 | 5 | 6 | 7 | 8 | 9 | 10 | 11 | 12 | 13 | 14 | 15 | 16 | 17 | 18 | 19 | 20 | 21 | 22 | 23 | 24 | 25 | 26 | 27 | 28 | 29 | 30 |
|---|---|---|---|---|---|---|---|---|---|---|---|---|---|---|---|---|---|---|---|---|---|---|---|---|---|---|---|---|---|---|
| 음력 | 4 | 5 | 6 | 7 | 8 | 9 | 10 | 11 | 12 | 13 | 14 | 15 | 16 | 17 | 18 | 19 | 20 | 21 | 22 | 23 | 24 | 25 | 26 | 27 | 28 | 29 | 9.1 | 2 | 3 | 4 |
| 요일 | 日 | 月 | 火 | 水 | 木 | 金 | 土 | 日 | 月 | 火 | 水 | 木 | 金 | 土 | 日 | 月 | 火 | 水 | 木 | 金 | 土 | 日 | 月 | 火 | 水 | 木 | 金 | 土 | 日 | 月 |
| 일진 | 己亥 | 庚子 | 辛丑 | 壬寅 | 癸卯 | 甲辰 | 乙巳 | 丙午 | 丁未 | 戊申 | 己酉 | 庚戌 | 辛亥 | 壬子 | 癸丑 | 甲寅 | 乙卯 | 丙辰 | 丁巳 | 戊午 | 己未 | 庚申 | 辛酉 | 壬戌 | 癸亥 | 甲子 | 乙丑 | 丙寅 | 丁卯 | 戊辰 |
| 대운 남 | 2 | 2 | 1 | 1 | 1 | 1 | 백 | 10 | 10 | 9 | 9 | 9 | 8 | 8 | 8 | 7 | 7 | 7 | 6 | 6 | 6 | 5 | 5 | 5 | 4 | 4 | 4 | 3 | 3 | 3 |
| 대운 녀 | 8 | 9 | 9 | 9 | 10 | 10 | 로 | 1 | 1 | 1 | 1 | 2 | 2 | 2 | 3 | 3 | 3 | 4 | 4 | 4 | 5 | 5 | 5 | 6 | 6 | 6 | 7 | 7 | 7 | 8 |

## 10 · 丙戌月(양 10.8~11.6)

한로 8일 14시44분 | 상강 23일 17시59분

| 양력 | 1 | 2 | 3 | 4 | 5 | 6 | 7 | 8 | 9 | 10 | 11 | 12 | 13 | 14 | 15 | 16 | 17 | 18 | 19 | 20 | 21 | 22 | 23 | 24 | 25 | 26 | 27 | 28 | 29 | 30 | 31 |
|---|---|---|---|---|---|---|---|---|---|---|---|---|---|---|---|---|---|---|---|---|---|---|---|---|---|---|---|---|---|---|---|
| 음력 | 5 | 6 | 7 | 8 | 9 | 10 | 11 | 12 | 13 | 14 | 15 | 16 | 17 | 18 | 19 | 20 | 21 | 22 | 23 | 24 | 25 | 26 | 27 | 28 | 29 | 30 | 10.1 | 2 | 3 | 4 | 5 |
| 요일 | 火 | 水 | 木 | 金 | 土 | 日 | 月 | 火 | 水 | 木 | 金 | 土 | 日 | 月 | 火 | 水 | 木 | 金 | 土 | 日 | 月 | 火 | 水 | 木 | 金 | 土 | 日 | 月 | 火 | 水 | 木 |
| 일진 | 己巳 | 庚午 | 辛未 | 壬申 | 癸酉 | 甲戌 | 乙亥 | 丙子 | 丁丑 | 戊寅 | 己卯 | 庚辰 | 辛巳 | 壬午 | 癸未 | 甲申 | 乙酉 | 丙戌 | 丁亥 | 戊子 | 己丑 | 庚寅 | 辛卯 | 壬辰 | 癸巳 | 甲午 | 乙未 | 丙申 | 丁酉 | 戊戌 | 己亥 |
| 대운 남 | 2 | 2 | 2 | 1 | 1 | 1 | 1 | 한 | 10 | 9 | 9 | 9 | 8 | 8 | 8 | 7 | 7 | 7 | 6 | 6 | 6 | 5 | 5 | 5 | 4 | 4 | 4 | 3 | 3 | 3 | 2 |
| 대운 녀 | 8 | 8 | 9 | 9 | 9 | 10 | 10 | 로 | 1 | 1 | 1 | 1 | 2 | 2 | 2 | 3 | 3 | 3 | 4 | 4 | 4 | 5 | 5 | 5 | 6 | 6 | 6 | 7 | 7 | 7 | 8 |

## 11 · 丁亥月(양 11.7~12.6)

입동 7일 18시07분 | 소설 22일 15시43분

| 양력 | 1 | 2 | 3 | 4 | 5 | 6 | 7 | 8 | 9 | 10 | 11 | 12 | 13 | 14 | 15 | 16 | 17 | 18 | 19 | 20 | 21 | 22 | 23 | 24 | 25 | 26 | 27 | 28 | 29 | 30 |
|---|---|---|---|---|---|---|---|---|---|---|---|---|---|---|---|---|---|---|---|---|---|---|---|---|---|---|---|---|---|---|
| 음력 | 6 | 7 | 8 | 9 | 10 | 11 | 12 | 13 | 14 | 15 | 16 | 17 | 18 | 19 | 20 | 21 | 22 | 23 | 24 | 25 | 26 | 27 | 28 | 29 | 11.1 | 2 | 3 | 4 | 5 | 6 |
| 요일 | 金 | 土 | 日 | 月 | 火 | 水 | 木 | 金 | 土 | 日 | 月 | 火 | 水 | 木 | 金 | 土 | 日 | 月 | 火 | 水 | 木 | 金 | 土 | 日 | 月 | 火 | 水 | 木 | 金 | 土 |
| 일진 | 庚子 | 辛丑 | 壬寅 | 癸卯 | 甲辰 | 乙巳 | 丙午 | 丁未 | 戊申 | 己酉 | 庚戌 | 辛亥 | 壬子 | 癸丑 | 甲寅 | 乙卯 | 丙辰 | 丁巳 | 戊午 | 己未 | 庚申 | 辛酉 | 壬戌 | 癸亥 | 甲子 | 乙丑 | 丙寅 | 丁卯 | 戊辰 | 己巳 |
| 대운 남 | 2 | 2 | 1 | 1 | 1 | 1 | 입 | 10 | 9 | 9 | 9 | 8 | 8 | 8 | 7 | 7 | 7 | 6 | 6 | 6 | 5 | 5 | 5 | 4 | 4 | 4 | 3 | 3 | 3 | 2 |
| 대운 녀 | 8 | 8 | 9 | 9 | 9 | 10 | 동 | 1 | 1 | 1 | 1 | 2 | 2 | 2 | 3 | 3 | 3 | 4 | 4 | 4 | 5 | 5 | 5 | 6 | 6 | 6 | 7 | 7 | 7 | 8 |

## 12 · 戊子月(양 12.7~1.4)

대설 7일 11시06분 | 동지 22일 05시08분

| 양력 | 1 | 2 | 3 | 4 | 5 | 6 | 7 | 8 | 9 | 10 | 11 | 12 | 13 | 14 | 15 | 16 | 17 | 18 | 19 | 20 | 21 | 22 | 23 | 24 | 25 | 26 | 27 | 28 | 29 | 30 | 31 |
|---|---|---|---|---|---|---|---|---|---|---|---|---|---|---|---|---|---|---|---|---|---|---|---|---|---|---|---|---|---|---|---|
| 음력 | 7 | 8 | 9 | 10 | 11 | 12 | 13 | 14 | 15 | 16 | 17 | 18 | 19 | 20 | 21 | 22 | 23 | 24 | 25 | 26 | 27 | 28 | 29 | 30 | 12.1 | 2 | 3 | 4 | 5 | 6 | 7 |
| 요일 | 日 | 月 | 火 | 水 | 木 | 金 | 土 | 日 | 月 | 火 | 水 | 木 | 金 | 土 | 日 | 月 | 火 | 水 | 木 | 金 | 土 | 日 | 月 | 火 | 水 | 木 | 金 | 土 | 日 | 月 | 火 |
| 일진 | 庚午 | 辛未 | 壬申 | 癸酉 | 甲戌 | 乙亥 | 丙子 | 丁丑 | 戊寅 | 己卯 | 庚辰 | 辛巳 | 壬午 | 癸未 | 甲申 | 乙酉 | 丙戌 | 丁亥 | 戊子 | 己丑 | 庚寅 | 辛卯 | 壬辰 | 癸巳 | 甲午 | 乙未 | 丙申 | 丁酉 | 戊戌 | 己亥 | 庚子 |
| 대운 남 | 2 | 2 | 1 | 1 | 1 | 1 | 대 | 9 | 9 | 9 | 8 | 8 | 8 | 7 | 7 | 7 | 6 | 6 | 6 | 5 | 5 | 5 | 4 | 4 | 4 | 3 | 3 | 3 | 2 | 2 | 2 |
| 대운 녀 | 8 | 8 | 9 | 9 | 9 | 10 | 설 | 1 | 1 | 1 | 1 | 2 | 2 | 2 | 3 | 3 | 3 | 4 | 4 | 4 | 5 | 5 | 5 | 6 | 6 | 6 | 7 | 7 | 7 | 8 | 8 |

# 2031년(윤3월)

## 1 · 己丑月(양 1.5~2.3)

소한 5일 22시22분 · 대한 20일 15시47분

| 양력 | 1 | 2 | 3 | 4 | 5 | 6 | 7 | 8 | 9 | 10 | 11 | 12 | 13 | 14 | 15 | 16 | 17 | 18 | 19 | 20 | 21 | 22 | 23 | 24 | 25 | 26 | 27 | 28 | 29 | 30 | 31 |
|---|---|---|---|---|---|---|---|---|---|---|---|---|---|---|---|---|---|---|---|---|---|---|---|---|---|---|---|---|---|---|---|
| 음력 | 8 | 9 | 10 | 11 | 12 | 13 | 14 | 15 | 16 | 17 | 18 | 19 | 20 | 21 | 22 | 23 | 24 | 25 | 26 | 27 | 28 | 29 | 1.1 | 2 | 3 | 4 | 5 | 6 | 7 | 8 | 9 |
| 요일 | 水 | 木 | 金 | 土 | 日 | 月 | 火 | 水 | 木 | 金 | 土 | 日 | 月 | 火 | 水 | 木 | 金 | 土 | 日 | 月 | 火 | 水 | 木 | 金 | 土 | 日 | 月 | 火 | 水 | 木 | 金 |
| 일진 | 辛 | 壬 | 癸 | 甲 | 乙 | 丙 | 丁 | 戊 | 己 | 庚 | 辛 | 壬 | 癸 | 甲 | 乙 | 丙 | 丁 | 戊 | 己 | 庚 | 辛 | 壬 | 癸 | 甲 | 乙 | 丙 | 丁 | 戊 | 己 | 庚 | 辛 |
|  | 丑 | 寅 | 卯 | 辰 | 巳 | 午 | 未 | 申 | 酉 | 戌 | 亥 | 子 | 丑 | 寅 | 卯 | 辰 | 巳 | 午 | 未 | 申 | 酉 | 戌 | 亥 | 子 | 丑 | 寅 | 卯 | 辰 | 巳 | 午 | 未 |
| 대운 남 | 1 | 1 | 1 | 1 | 소 | 10 | 9 | 9 | 9 | 8 | 8 | 8 | 7 | 7 | 7 | 6 | 6 | 6 | 5 | 5 | 5 | 4 | 4 | 4 | 3 | 3 | 3 | 2 | 2 | 2 | 1 |
| 대운 녀 | 8 | 9 | 9 | 9 | 한 | 1 | 1 | 1 | 1 | 2 | 2 | 2 | 3 | 3 | 3 | 4 | 4 | 4 | 5 | 5 | 5 | 6 | 6 | 6 | 7 | 7 | 7 | 8 | 8 | 8 | 9 |

## 2 · 庚寅月(양 2.4~3.5)

입춘 4일 09시57분 · 우수 19일 05시50분

| 양력 | 1 | 2 | 3 | 4 | 5 | 6 | 7 | 8 | 9 | 10 | 11 | 12 | 13 | 14 | 15 | 16 | 17 | 18 | 19 | 20 | 21 | 22 | 23 | 24 | 25 | 26 | 27 | 28 |
|---|---|---|---|---|---|---|---|---|---|---|---|---|---|---|---|---|---|---|---|---|---|---|---|---|---|---|---|---|
| 음력 | 10 | 11 | 12 | 13 | 14 | 15 | 16 | 17 | 18 | 19 | 20 | 21 | 22 | 23 | 24 | 25 | 26 | 27 | 28 | 29 | 30 | 2.1 | 2 | 3 | 4 | 5 | 6 | 7 |
| 요일 | 土 | 日 | 月 | 火 | 水 | 木 | 金 | 土 | 日 | 月 | 火 | 水 | 木 | 금 | 土 | 日 | 月 | 火 | 水 | 木 | 金 | 土 | 日 | 月 | 火 | 水 | 木 | 金 |
| 일진 | 壬 | 癸 | 甲 | 乙 | 丙 | 丁 | 戊 | 己 | 庚 | 辛 | 壬 | 癸 | 甲 | 乙 | 丙 | 丁 | 戊 | 己 | 庚 | 辛 | 壬 | 癸 | 甲 | 乙 | 丙 | 丁 | 戊 | 己 |
|  | 申 | 酉 | 戌 | 亥 | 子 | 丑 | 寅 | 卯 | 辰 | 巳 | 午 | 未 | 申 | 酉 | 戌 | 亥 | 子 | 丑 | 寅 | 卯 | 辰 | 巳 | 午 | 未 | 申 | 酉 | 戌 | 亥 |
| 대운 남 | 1 | 1 | 1 | 입 | 1 | 1 | 1 | 1 | 2 | 2 | 2 | 3 | 3 | 3 | 4 | 4 | 4 | 5 | 5 | 5 | 6 | 6 | 6 | 7 | 7 | 7 | 8 | 8 |
| 대운 녀 | 9 | 9 | 10 | 춘 | 10 | 9 | 9 | 9 | 8 | 8 | 8 | 7 | 7 | 7 | 6 | 6 | 6 | 5 | 5 | 5 | 4 | 4 | 4 | 3 | 3 | 3 | 2 | 2 |

## 3 · 辛卯月(양 3.6~4.4)

경칩 6일 03시50분 · 춘분 21일 04시40분

| 양력 | 1 | 2 | 3 | 4 | 5 | 6 | 7 | 8 | 9 | 10 | 11 | 12 | 13 | 14 | 15 | 16 | 17 | 18 | 19 | 20 | 21 | 22 | 23 | 24 | 25 | 26 | 27 | 28 | 29 | 30 | 31 |
|---|---|---|---|---|---|---|---|---|---|---|---|---|---|---|---|---|---|---|---|---|---|---|---|---|---|---|---|---|---|---|---|
| 음력 | 8 | 9 | 10 | 11 | 12 | 13 | 14 | 15 | 16 | 17 | 18 | 19 | 20 | 21 | 22 | 23 | 24 | 25 | 26 | 27 | 28 | 29 | 3.1 | 2 | 3 | 4 | 5 | 6 | 7 | 8 | 9 |
| 요일 | 土 | 日 | 月 | 火 | 水 | 木 | 金 | 土 | 日 | 月 | 火 | 水 | 木 | 金 | 土 | 日 | 月 | 火 | 水 | 木 | 金 | 土 | 日 | 月 | 火 | 水 | 木 | 金 | 土 | 日 | 月 |
| 일진 | 庚 | 辛 | 壬 | 癸 | 甲 | 乙 | 丙 | 丁 | 戊 | 己 | 庚 | 辛 | 壬 | 癸 | 甲 | 乙 | 丙 | 丁 | 戊 | 己 | 庚 | 辛 | 壬 | 癸 | 甲 | 乙 | 丙 | 丁 | 戊 | 己 | 庚 |
|  | 子 | 丑 | 寅 | 卯 | 辰 | 巳 | 午 | 未 | 申 | 酉 | 戌 | 亥 | 子 | 丑 | 寅 | 卯 | 辰 | 巳 | 午 | 未 | 申 | 酉 | 戌 | 亥 | 子 | 丑 | 寅 | 卯 | 辰 | 巳 | 午 |
| 대운 남 | 8 | 9 | 9 | 9 | 10 | 경 | 1 | 1 | 1 | 1 | 2 | 2 | 2 | 3 | 3 | 3 | 4 | 4 | 4 | 5 | 5 | 5 | 6 | 6 | 6 | 7 | 7 | 7 | 8 | 8 | 8 |
| 대운 녀 | 2 | 1 | 1 | 1 | 1 | 칩 | 10 | 9 | 9 | 9 | 8 | 8 | 8 | 7 | 7 | 7 | 6 | 6 | 6 | 5 | 5 | 5 | 4 | 4 | 4 | 3 | 3 | 3 | 2 | 2 | 2 |

## 4 · 壬辰月(양 4.5~5.5)

청명 5일 08시27분 · 곡우 20일 15시30분

| 양력 | 1 | 2 | 3 | 4 | 5 | 6 | 7 | 8 | 9 | 10 | 11 | 12 | 13 | 14 | 15 | 16 | 17 | 18 | 19 | 20 | 21 | 22 | 23 | 24 | 25 | 26 | 27 | 28 | 29 | 30 |
|---|---|---|---|---|---|---|---|---|---|---|---|---|---|---|---|---|---|---|---|---|---|---|---|---|---|---|---|---|---|---|
| 음력 | 10 | 11 | 12 | 13 | 14 | 15 | 16 | 17 | 18 | 19 | 20 | 21 | 22 | 23 | 24 | 25 | 26 | 27 | 28 | 29 | 30 | 윤 | 3.2 | 3 | 4 | 5 | 6 | 7 | 8 | 9 |
| 요일 | 火 | 水 | 木 | 金 | 土 | 日 | 月 | 火 | 水 | 木 | 金 | 土 | 日 | 月 | 火 | 水 | 木 | 金 | 土 | 日 | 月 | 火 | 水 | 木 | 金 | 土 | 日 | 月 | 火 | 水 |
| 일진 | 辛 | 壬 | 癸 | 甲 | 乙 | 丙 | 丁 | 戊 | 己 | 庚 | 辛 | 壬 | 癸 | 甲 | 乙 | 丙 | 丁 | 戊 | 己 | 庚 | 辛 | 壬 | 癸 | 甲 | 乙 | 丙 | 丁 | 戊 | 己 | 庚 |
|  | 未 | 申 | 酉 | 戌 | 亥 | 子 | 丑 | 寅 | 卯 | 辰 | 巳 | 午 | 未 | 申 | 酉 | 戌 | 亥 | 子 | 丑 | 寅 | 卯 | 辰 | 巳 | 午 | 未 | 申 | 酉 | 戌 | 亥 | 子 |
| 대운 남 | 9 | 9 | 9 | 10 | 청 | 1 | 1 | 1 | 1 | 2 | 2 | 2 | 3 | 3 | 3 | 4 | 4 | 4 | 5 | 5 | 5 | 6 | 6 | 6 | 7 | 7 | 7 | 8 | 8 | 8 |
| 대운 녀 | 1 | 1 | 1 | 1 | 명 | 10 | 10 | 9 | 9 | 9 | 8 | 8 | 8 | 7 | 7 | 7 | 6 | 6 | 6 | 5 | 5 | 5 | 4 | 4 | 4 | 3 | 3 | 3 | 2 | 2 |

## 5 · 癸巳月(양 5.6~6.5)

입하 6일 01시34분 · 소만 21일 14시27분

| 양력 | 1 | 2 | 3 | 4 | 5 | 6 | 7 | 8 | 9 | 10 | 11 | 12 | 13 | 14 | 15 | 16 | 17 | 18 | 19 | 20 | 21 | 22 | 23 | 24 | 25 | 26 | 27 | 28 | 29 | 30 | 31 |
|---|---|---|---|---|---|---|---|---|---|---|---|---|---|---|---|---|---|---|---|---|---|---|---|---|---|---|---|---|---|---|---|
| 음력 | 10 | 11 | 12 | 13 | 14 | 15 | 16 | 17 | 18 | 19 | 20 | 21 | 22 | 23 | 24 | 25 | 26 | 27 | 28 | 29 | 4.1 | 2 | 3 | 4 | 5 | 6 | 7 | 8 | 9 | 10 | 11 |
| 요일 | 木 | 金 | 土 | 日 | 月 | 火 | 水 | 木 | 金 | 土 | 日 | 月 | 火 | 水 | 木 | 金 | 土 | 日 | 月 | 火 | 水 | 木 | 金 | 土 | 日 | 月 | 火 | 水 | 木 | 金 | 土 |
| 일진 | 辛 | 壬 | 癸 | 甲 | 乙 | 丙 | 丁 | 戊 | 己 | 庚 | 辛 | 壬 | 癸 | 甲 | 乙 | 丙 | 丁 | 戊 | 己 | 庚 | 辛 | 壬 | 癸 | 甲 | 乙 | 丙 | 丁 | 戊 | 己 | 庚 | 辛 |
|  | 丑 | 寅 | 卯 | 辰 | 巳 | 午 | 未 | 申 | 酉 | 戌 | 亥 | 子 | 丑 | 寅 | 卯 | 辰 | 巳 | 午 | 未 | 申 | 酉 | 戌 | 亥 | 子 | 丑 | 寅 | 卯 | 辰 | 巳 | 午 | 未 |
| 대운 남 | 9 | 9 | 9 | 10 | 10 | 입 | 1 | 1 | 1 | 1 | 2 | 2 | 2 | 3 | 3 | 3 | 4 | 4 | 4 | 5 | 5 | 5 | 6 | 6 | 6 | 7 | 7 | 7 | 8 | 8 | 8 |
| 대운 녀 | 2 | 1 | 1 | 1 | 1 | 하 | 10 | 10 | 9 | 9 | 9 | 8 | 8 | 8 | 7 | 7 | 7 | 6 | 6 | 6 | 5 | 5 | 5 | 4 | 4 | 4 | 3 | 3 | 3 | 2 | 2 |

## 6 · 甲午月(양 6.6~7.6)

망종 6일 05시34분 · 하지 21일 22시16분

| 양력 | 1 | 2 | 3 | 4 | 5 | 6 | 7 | 8 | 9 | 10 | 11 | 12 | 13 | 14 | 15 | 16 | 17 | 18 | 19 | 20 | 21 | 22 | 23 | 24 | 25 | 26 | 27 | 28 | 29 | 30 |
|---|---|---|---|---|---|---|---|---|---|---|---|---|---|---|---|---|---|---|---|---|---|---|---|---|---|---|---|---|---|---|
| 음력 | 12 | 13 | 14 | 15 | 16 | 17 | 18 | 19 | 20 | 21 | 22 | 23 | 24 | 25 | 26 | 27 | 28 | 29 | 30 | 5.1 | 2 | 3 | 4 | 5 | 6 | 7 | 8 | 9 | 10 | 11 |
| 요일 | 日 | 月 | 火 | 水 | 木 | 金 | 土 | 日 | 月 | 火 | 水 | 木 | 金 | 土 | 日 | 月 | 火 | 水 | 木 | 金 | 土 | 日 | 月 | 火 | 水 | 木 | 金 | 土 | 日 | 月 |
| 일진 | 壬 | 癸 | 甲 | 乙 | 丙 | 丁 | 戊 | 己 | 庚 | 辛 | 壬 | 癸 | 甲 | 乙 | 丙 | 丁 | 戊 | 己 | 庚 | 辛 | 壬 | 癸 | 甲 | 乙 | 丙 | 丁 | 戊 | 己 | 庚 | 辛 |
|  | 申 | 酉 | 戌 | 亥 | 子 | 丑 | 寅 | 卯 | 辰 | 巳 | 午 | 未 | 申 | 酉 | 戌 | 亥 | 子 | 丑 | 寅 | 卯 | 辰 | 巳 | 午 | 未 | 申 | 酉 | 戌 | 亥 | 子 | 丑 |
| 대운 남 | 9 | 9 | 9 | 10 | 10 | 망 | 1 | 1 | 1 | 1 | 2 | 2 | 2 | 3 | 3 | 3 | 4 | 4 | 4 | 5 | 5 | 5 | 6 | 6 | 6 | 7 | 7 | 7 | 8 | 8 |
| 대운 녀 | 2 | 1 | 1 | 1 | 1 | 종 | 10 | 10 | 9 | 9 | 9 | 8 | 8 | 8 | 7 | 7 | 7 | 6 | 6 | 6 | 5 | 5 | 5 | 4 | 4 | 4 | 3 | 3 | 3 | 2 |

소서 7일 15시48분 **7 · 乙未月(양 7.7~8.7)** 대서 23일 09시09분

| 양력 | | 1 | 2 | 3 | 4 | 5 | 6 | 7 | 8 | 9 | 10 | 11 | 12 | 13 | 14 | 15 | 16 | 17 | 18 | 19 | 20 | 21 | 22 | 23 | 24 | 25 | 26 | 27 | 28 | 29 | 30 | 31 |
|---|---|---|---|---|---|---|---|---|---|---|---|---|---|---|---|---|---|---|---|---|---|---|---|---|---|---|---|---|---|---|---|---|
| 음력 | | 12 | 13 | 14 | 15 | 16 | 17 | 18 | 19 | 20 | 21 | 22 | 23 | 24 | 25 | 26 | 27 | 28 | 29 | 6.1 | 2 | 3 | 4 | 5 | 6 | 7 | 8 | 9 | 10 | 11 | 12 | 13 |
| 요일 | | 火 | 水 | 木 | 金 | 土 | 日 | 月 | 火 | 水 | 木 | 金 | 土 | 日 | 月 | 火 | 水 | 木 | 金 | 土 | 日 | 月 | 火 | 水 | 木 | 金 | 土 | 日 | 月 | 火 | 水 | 木 |
| 일진 | | 壬寅 | 癸卯 | 甲辰 | 乙巳 | 丙午 | 丁未 | 戊申 | 己酉 | 庚戌 | 辛亥 | 壬子 | 癸丑 | 甲寅 | 乙卯 | 丙辰 | 丁巳 | 戊午 | 己未 | 庚申 | 辛酉 | 壬戌 | 癸亥 | 甲子 | 乙丑 | 丙寅 | 丁卯 | 戊辰 | 己巳 | 庚午 | 辛未 | 壬申 |
| 대운 | 남 | 8 | 9 | 9 | 9 | 10 | 10 | 소 | 1 | 1 | 1 | 1 | 2 | 2 | 2 | 3 | 3 | 3 | 4 | 4 | 4 | 5 | 5 | 5 | 6 | 6 | 6 | 7 | 7 | 7 | 8 | 8 |
| | 녀 | 2 | 2 | 1 | 1 | 1 | 1 | 서 | 10 | 10 | 10 | 9 | 9 | 9 | 8 | 8 | 8 | 7 | 7 | 7 | 6 | 6 | 6 | 5 | 5 | 5 | 4 | 4 | 4 | 3 | 3 | 3 |

입추 8일 01시42분 **8 · 丙申月(양 8.8~9.7)** 처서 23일 16시22분

| 양력 | | 1 | 2 | 3 | 4 | 5 | 6 | 7 | 8 | 9 | 10 | 11 | 12 | 13 | 14 | 15 | 16 | 17 | 18 | 19 | 20 | 21 | 22 | 23 | 24 | 25 | 26 | 27 | 28 | 29 | 30 | 31 |
|---|---|---|---|---|---|---|---|---|---|---|---|---|---|---|---|---|---|---|---|---|---|---|---|---|---|---|---|---|---|---|---|---|
| 음력 | | 14 | 15 | 16 | 17 | 18 | 19 | 20 | 21 | 22 | 23 | 24 | 25 | 26 | 27 | 28 | 29 | 30 | 7.1 | 2 | 3 | 4 | 5 | 6 | 7 | 8 | 9 | 10 | 11 | 12 | 13 | 14 |
| 요일 | | 金 | 土 | 日 | 月 | 火 | 水 | 木 | 金 | 土 | 日 | 月 | 火 | 水 | 木 | 金 | 土 | 日 | 月 | 火 | 水 | 木 | 金 | 土 | 日 | 月 | 火 | 水 | 木 | 金 | 土 | 日 |
| 일진 | | 癸酉 | 甲戌 | 乙亥 | 丙子 | 丁丑 | 戊寅 | 己卯 | 庚辰 | 辛巳 | 壬午 | 癸未 | 甲申 | 乙酉 | 丙戌 | 丁亥 | 戊子 | 己丑 | 庚寅 | 辛卯 | 壬辰 | 癸巳 | 甲午 | 乙未 | 丙申 | 丁酉 | 戊戌 | 己亥 | 庚子 | 辛丑 | 壬寅 | 癸卯 |
| 대운 | 남 | 8 | 9 | 9 | 9 | 10 | 10 | 10 | 입 | 1 | 1 | 1 | 1 | 2 | 2 | 2 | 3 | 3 | 3 | 4 | 4 | 4 | 5 | 5 | 5 | 6 | 6 | 6 | 7 | 7 | 7 | 8 |
| | 녀 | 2 | 2 | 2 | 1 | 1 | 1 | 1 | 추 | 10 | 10 | 9 | 9 | 9 | 8 | 8 | 8 | 7 | 7 | 7 | 6 | 6 | 6 | 5 | 5 | 5 | 4 | 4 | 4 | 3 | 3 | 3 |

백로 8일 04시49분 **9 · 丁酉月(양 9.8~10.7)** 추분 23일 14시14분

| 양력 | | 1 | 2 | 3 | 4 | 5 | 6 | 7 | 8 | 9 | 10 | 11 | 12 | 13 | 14 | 15 | 16 | 17 | 18 | 19 | 20 | 21 | 22 | 23 | 24 | 25 | 26 | 27 | 28 | 29 | 30 |
|---|---|---|---|---|---|---|---|---|---|---|---|---|---|---|---|---|---|---|---|---|---|---|---|---|---|---|---|---|---|---|---|
| 음력 | | 15 | 16 | 17 | 18 | 19 | 20 | 21 | 22 | 23 | 24 | 25 | 26 | 27 | 28 | 29 | 30 | 8.1 | 2 | 3 | 4 | 5 | 6 | 7 | 8 | 9 | 10 | 11 | 12 | 13 | 14 |
| 요일 | | 月 | 火 | 水 | 木 | 金 | 土 | 日 | 月 | 火 | 水 | 木 | 金 | 土 | 日 | 月 | 火 | 水 | 木 | 金 | 土 | 日 | 月 | 火 | 水 | 木 | 金 | 土 | 日 | 月 | 火 |
| 일진 | | 甲辰 | 乙巳 | 丙午 | 丁未 | 戊申 | 己酉 | 庚戌 | 辛亥 | 壬子 | 癸丑 | 甲寅 | 乙卯 | 丙辰 | 丁巳 | 戊午 | 己未 | 庚申 | 辛酉 | 壬戌 | 癸亥 | 甲子 | 乙丑 | 丙寅 | 丁卯 | 戊辰 | 己巳 | 庚午 | 辛未 | 壬申 | 癸酉 |
| 대운 | 남 | 8 | 8 | 9 | 9 | 9 | 10 | 10 | 백 | 1 | 1 | 1 | 1 | 2 | 2 | 2 | 3 | 3 | 3 | 4 | 4 | 4 | 5 | 5 | 5 | 6 | 6 | 6 | 7 | 7 | 7 |
| | 녀 | 2 | 2 | 2 | 1 | 1 | 1 | 1 | 로 | 10 | 9 | 9 | 9 | 8 | 8 | 8 | 7 | 7 | 7 | 6 | 6 | 6 | 5 | 5 | 5 | 4 | 4 | 4 | 3 | 3 | 3 |

한로 8일 20시42분 **10 · 戊戌月(양 10.8~11.7)** 상강 23일 23시48분

| 양력 | | 1 | 2 | 3 | 4 | 5 | 6 | 7 | 8 | 9 | 10 | 11 | 12 | 13 | 14 | 15 | 16 | 17 | 18 | 19 | 20 | 21 | 22 | 23 | 24 | 25 | 26 | 27 | 28 | 29 | 30 | 31 |
|---|---|---|---|---|---|---|---|---|---|---|---|---|---|---|---|---|---|---|---|---|---|---|---|---|---|---|---|---|---|---|---|---|
| 음력 | | 15 | 16 | 17 | 18 | 19 | 20 | 21 | 22 | 23 | 24 | 25 | 26 | 27 | 28 | 29 | 9.1 | 2 | 3 | 4 | 5 | 6 | 7 | 8 | 9 | 10 | 11 | 12 | 13 | 14 | 15 | 16 |
| 요일 | | 水 | 木 | 金 | 土 | 日 | 月 | 火 | 水 | 木 | 金 | 土 | 日 | 月 | 火 | 水 | 木 | 金 | 土 | 日 | 月 | 火 | 水 | 木 | 金 | 土 | 日 | 月 | 火 | 水 | 木 | 金 |
| 일진 | | 甲戌 | 乙亥 | 丙子 | 丁丑 | 戊寅 | 己卯 | 庚辰 | 辛巳 | 壬午 | 癸未 | 甲申 | 乙酉 | 丙戌 | 丁亥 | 戊子 | 己丑 | 庚寅 | 辛卯 | 壬辰 | 癸巳 | 甲午 | 乙未 | 丙申 | 丁酉 | 戊戌 | 己亥 | 庚子 | 辛丑 | 壬寅 | 癸卯 | 甲辰 |
| 대운 | 남 | 8 | 8 | 8 | 9 | 9 | 9 | 10 | 한 | 1 | 1 | 1 | 1 | 2 | 2 | 2 | 3 | 3 | 3 | 4 | 4 | 4 | 5 | 5 | 5 | 6 | 6 | 6 | 7 | 7 | 7 | 8 |
| | 녀 | 2 | 2 | 2 | 1 | 1 | 1 | 1 | 로 | 10 | 10 | 9 | 9 | 9 | 8 | 8 | 8 | 7 | 7 | 7 | 6 | 6 | 6 | 5 | 5 | 5 | 4 | 4 | 4 | 3 | 3 | 3 |

입동 8일 00시04분 **11 · 己亥月(양 11.8~12.6)** 소설 22일 21시31분

| 양력 | | 1 | 2 | 3 | 4 | 5 | 6 | 7 | 8 | 9 | 10 | 11 | 12 | 13 | 14 | 15 | 16 | 17 | 18 | 19 | 20 | 21 | 22 | 23 | 24 | 25 | 26 | 27 | 28 | 29 | 30 |
|---|---|---|---|---|---|---|---|---|---|---|---|---|---|---|---|---|---|---|---|---|---|---|---|---|---|---|---|---|---|---|---|
| 음력 | | 17 | 18 | 19 | 20 | 21 | 22 | 23 | 24 | 25 | 26 | 27 | 28 | 29 | 30 | 10.1 | 2 | 3 | 4 | 5 | 6 | 7 | 8 | 9 | 10 | 11 | 12 | 13 | 14 | 15 | 16 |
| 요일 | | 土 | 日 | 月 | 火 | 水 | 木 | 金 | | 日 | 月 | 火 | 水 | 木 | 金 | 土 | 日 | 月 | 火 | 水 | 木 | 金 | 土 | 日 | 月 | 火 | 水 | 木 | 金 | 土 | 日 |
| 일진 | | 乙巳 | 丙午 | 丁未 | 戊申 | 己酉 | 庚戌 | 辛亥 | 壬子 | 癸丑 | 甲寅 | 乙卯 | 丙辰 | 丁巳 | 戊午 | 己未 | 庚申 | 辛酉 | 壬戌 | 癸亥 | 甲子 | 乙丑 | 丙寅 | 丁卯 | 戊辰 | 己巳 | 庚午 | 辛未 | 壬申 | 癸酉 | 甲戌 |
| 대운 | 남 | 8 | 8 | 9 | 9 | 9 | 10 | 10 | 입 | 1 | 1 | 1 | 1 | 2 | 2 | 2 | 3 | 3 | 3 | 4 | 4 | 4 | 5 | 5 | 5 | 6 | 6 | 6 | 7 | 7 | 7 |
| | 녀 | 2 | 2 | 2 | 1 | 1 | 1 | 1 | 동 | 9 | 9 | 9 | 8 | 8 | 8 | 7 | 7 | 7 | 6 | 6 | 6 | 5 | 5 | 5 | 4 | 4 | 4 | 3 | 3 | 3 | 2 |

대설 7일 17시02분 **12 · 庚子月(양 12.7~1.5)** 동지 22일 10시54분

| 양력 | | 1 | 2 | 3 | 4 | 5 | 6 | 7 | 8 | 9 | 10 | 11 | 12 | 13 | 14 | 15 | 16 | 17 | 18 | 19 | 20 | 21 | 22 | 23 | 24 | 25 | 26 | 27 | 28 | 29 | 30 | 31 |
|---|---|---|---|---|---|---|---|---|---|---|---|---|---|---|---|---|---|---|---|---|---|---|---|---|---|---|---|---|---|---|---|---|
| 음력 | | 17 | 18 | 19 | 20 | 21 | 22 | 23 | 24 | 25 | 26 | 27 | 28 | 29 | 11.1 | 2 | 3 | 4 | 5 | 6 | 7 | 8 | 9 | 10 | 11 | 12 | 13 | 14 | 15 | 16 | 17 | 18 |
| 요일 | | 月 | 火 | 水 | 木 | 金 | 土 | 日 | 月 | 火 | 水 | 木 | 金 | 土 | 日 | 月 | 火 | 水 | 木 | 金 | 土 | 日 | 月 | 火 | 水 | 木 | 金 | 土 | 日 | 月 | 火 | 水 |
| 일진 | | 乙亥 | 丙子 | 丁丑 | 戊寅 | 己卯 | 庚辰 | 辛巳 | 壬午 | 癸未 | 甲申 | 乙酉 | 丙戌 | 丁亥 | 戊子 | 己丑 | 庚寅 | 辛卯 | 壬辰 | 癸巳 | 甲午 | 乙未 | 丙申 | 丁酉 | 戊戌 | 己亥 | 庚子 | 辛丑 | 壬寅 | 癸卯 | 甲辰 | 乙巳 |
| 대운 | 남 | 8 | 8 | 8 | 9 | 9 | 9 | 대 | 1 | 1 | 1 | 1 | 2 | 2 | 2 | 3 | 3 | 3 | 4 | 4 | 4 | 5 | 5 | 5 | 6 | 6 | 6 | 7 | 7 | 7 | 8 | 8 |
| | 녀 | 2 | 2 | 1 | 1 | 1 | 1 | 설 | 10 | 9 | 9 | 9 | 8 | 8 | 8 | 7 | 7 | 7 | 6 | 6 | 6 | 5 | 5 | 5 | 4 | 4 | 4 | 3 | 3 | 3 | 2 | 2 |

단기 4365년

# 2032년

소한 6일 04시15분

## 1 · 辛丑月(양 1.6~2.3)

대한 20일 21시30분

| 양력 | 1 | 2 | 3 | 4 | 5 | 6 | 7 | 8 | 9 | 10 | 11 | 12 | 13 | 14 | 15 | 16 | 17 | 18 | 19 | 20 | 21 | 22 | 23 | 24 | 25 | 26 | 27 | 28 | 29 | 30 | 31 |
|---|---|---|---|---|---|---|---|---|---|---|---|---|---|---|---|---|---|---|---|---|---|---|---|---|---|---|---|---|---|---|---|
| 음력 | 19 | 20 | 21 | 22 | 23 | 24 | 25 | 26 | 27 | 28 | 29 | 30 | 12.1 | 2 | 3 | 4 | 5 | 6 | 7 | 8 | 9 | 10 | 11 | 12 | 13 | 14 | 15 | 16 | 17 | 18 | 19 |
| 요일 | 木 | 金 | 土 | 日 | 月 | 火 | 水 | 木 | 金 | 土 | 日 | 月 | 火 | 水 | 木 | 金 | 土 | 日 | 月 | 火 | 水 | 木 | 金 | 土 | 日 | 月 | 火 | 水 | 木 | 金 | 土 |
| 일진 | 丙午 | 丁未 | 戊申 | 己酉 | 庚戌 | 辛亥 | 壬子 | 癸丑 | 甲寅 | 乙卯 | 丙辰 | 丁巳 | 戊午 | 己未 | 庚申 | 辛酉 | 壬戌 | 癸亥 | 甲子 | 乙丑 | 丙寅 | 丁卯 | 戊辰 | 己巳 | 庚午 | 辛未 | 壬申 | 癸酉 | 甲戌 | 乙亥 | 丙子 |
| 대운 남 | 8 | 9 | 9 | 9 | 10 | 소 | 1 | 1 | 1 | 1 | 2 | 2 | 2 | 3 | 3 | 3 | 4 | 4 | 4 | 5 | 5 | 5 | 6 | 6 | 6 | 7 | 7 | 7 | 8 | 8 | 8 |
| 대운 녀 | 2 | 1 | 1 | 1 | 1 | 한 | 9 | 9 | 9 | 8 | 8 | 8 | 7 | 7 | 7 | 6 | 6 | 6 | 5 | 5 | 5 | 4 | 4 | 4 | 3 | 3 | 3 | 2 | 2 | 2 | 1 |

입춘 4일 15시48분

## 2 · 壬寅月(양 2.4~3.4)

우수 19일 11시31분

| 양력 | 1 | 2 | 3 | 4 | 5 | 6 | 7 | 8 | 9 | 10 | 11 | 12 | 13 | 14 | 15 | 16 | 17 | 18 | 19 | 20 | 21 | 22 | 23 | 24 | 25 | 26 | 27 | 28 | 29 |
|---|---|---|---|---|---|---|---|---|---|---|---|---|---|---|---|---|---|---|---|---|---|---|---|---|---|---|---|---|---|
| 음력 | 20 | 21 | 22 | 23 | 24 | 25 | 26 | 27 | 28 | 29 | 1.1 | 2 | 3 | 4 | 5 | 6 | 7 | 8 | 9 | 10 | 11 | 12 | 13 | 14 | 15 | 16 | 17 | 18 | 19 |
| 요일 | 日 | 月 | 火 | 水 | 木 | 金 | 土 | 日 | 月 | 火 | 水 | 木 | 金 | 土 | 日 | 月 | 火 | 水 | 木 | 金 | 土 | 日 | 月 | 火 | 水 | 木 | 金 | 土 | 日 |
| 일진 | 丁丑 | 戊寅 | 己卯 | 庚辰 | 辛巳 | 壬午 | 癸未 | 甲申 | 乙酉 | 丙戌 | 丁亥 | 戊子 | 己丑 | 庚寅 | 辛卯 | 壬辰 | 癸巳 | 甲午 | 乙未 | 丙申 | 丁酉 | 戊戌 | 己亥 | 庚子 | 辛丑 | 壬寅 | 癸卯 | 甲辰 | 乙巳 |
| 대운 남 | 9 | 9 | 9 | 입 | 10 | 9 | 9 | 9 | 8 | 8 | 8 | 7 | 7 | 7 | 6 | 6 | 6 | 5 | 5 | 5 | 4 | 4 | 4 | 3 | 3 | 3 | 2 | 2 | 2 |
| 대운 녀 | 1 | 1 | 1 | 춘 | 1 | 1 | 1 | 1 | 2 | 2 | 2 | 3 | 3 | 3 | 4 | 4 | 4 | 5 | 5 | 5 | 6 | 6 | 6 | 7 | 7 | 7 | 8 | 8 | 8 |

경칩 5일 09시39분

## 3 · 癸卯月(양 3.5~4.3)

춘분 20일 10시21분

| 양력 | 1 | 2 | 3 | 4 | 5 | 6 | 7 | 8 | 9 | 10 | 11 | 12 | 13 | 14 | 15 | 16 | 17 | 18 | 19 | 20 | 21 | 22 | 23 | 24 | 25 | 26 | 27 | 28 | 29 | 30 | 31 |
|---|---|---|---|---|---|---|---|---|---|---|---|---|---|---|---|---|---|---|---|---|---|---|---|---|---|---|---|---|---|---|---|
| 음력 | 20 | 21 | 22 | 23 | 24 | 25 | 26 | 27 | 28 | 29 | 30 | 2.1 | 2 | 3 | 4 | 5 | 6 | 7 | 8 | 9 | 10 | 11 | 12 | 13 | 14 | 15 | 16 | 17 | 18 | 19 | 20 |
| 요일 | 月 | 火 | 水 | 木 | 金 | 土 | 日 | 月 | 火 | 水 | 木 | 金 | 土 | 日 | 月 | 火 | 水 | 木 | 金 | 土 | 日 | 月 | 火 | 水 | 木 | 金 | 土 | 日 | 月 | 火 | 水 |
| 일진 | 丙午 | 丁未 | 戊申 | 己酉 | 庚戌 | 辛亥 | 壬子 | 癸丑 | 甲寅 | 乙卯 | 丙辰 | 丁巳 | 戊午 | 己未 | 庚申 | 辛酉 | 壬戌 | 癸亥 | 甲子 | 乙丑 | 丙寅 | 丁卯 | 戊辰 | 己巳 | 庚午 | 辛未 | 壬申 | 癸酉 | 甲戌 | 乙亥 | 丙子 |
| 대운 남 | 1 | 1 | 1 | 1 | 경 | 10 | 9 | 9 | 9 | 8 | 8 | 8 | 7 | 7 | 7 | 6 | 6 | 6 | 5 | 5 | 5 | 4 | 4 | 4 | 3 | 3 | 3 | 2 | 2 | 2 | 1 |
| 대운 녀 | 9 | 9 | 9 | 10 | 칩 | 1 | 1 | 1 | 1 | 2 | 2 | 2 | 3 | 3 | 3 | 4 | 4 | 4 | 5 | 5 | 5 | 6 | 6 | 6 | 7 | 7 | 7 | 8 | 8 | 8 | 9 |

청명 4일 14시16분

## 4 · 甲辰月(양 4.4~5.4)

곡우 19일 21시13분

| 양력 | 1 | 2 | 3 | 4 | 5 | 6 | 7 | 8 | 9 | 10 | 11 | 12 | 13 | 14 | 15 | 16 | 17 | 18 | 19 | 20 | 21 | 22 | 23 | 24 | 25 | 26 | 27 | 28 | 29 | 30 |
|---|---|---|---|---|---|---|---|---|---|---|---|---|---|---|---|---|---|---|---|---|---|---|---|---|---|---|---|---|---|---|
| 음력 | 21 | 22 | 23 | 24 | 25 | 26 | 27 | 28 | 29 | 3.1 | 2 | 3 | 4 | 5 | 6 | 7 | 8 | 9 | 10 | 11 | 12 | 13 | 14 | 15 | 16 | 17 | 18 | 19 | 20 | 21 |
| 요일 | 木 | 金 | 土 | 日 | 月 | 火 | 水 | 木 | 金 | 土 | 日 | 月 | 火 | 水 | 木 | 金 | 土 | 日 | 月 | 火 | 水 | 木 | 金 | 土 | 日 | 月 | 火 | 水 | 木 | 金 |
| 일진 | 丁丑 | 戊寅 | 己卯 | 庚辰 | 辛巳 | 壬午 | 癸未 | 甲申 | 乙酉 | 丙戌 | 丁亥 | 戊子 | 己丑 | 庚寅 | 辛卯 | 壬辰 | 癸巳 | 甲午 | 乙未 | 丙申 | 丁酉 | 戊戌 | 己亥 | 庚子 | 辛丑 | 壬寅 | 癸卯 | 甲辰 | 乙巳 | 丙午 |
| 대운 남 | 1 | 1 | 1 | 청 | 10 | 10 | 9 | 9 | 9 | 8 | 8 | 8 | 7 | 7 | 7 | 6 | 6 | 6 | 5 | 5 | 5 | 4 | 4 | 4 | 3 | 3 | 3 | 2 | 2 | 2 |
| 대운 녀 | 9 | 9 | 10 | 명 | 1 | 1 | 1 | 1 | 2 | 2 | 2 | 3 | 3 | 3 | 4 | 4 | 4 | 5 | 5 | 5 | 6 | 6 | 6 | 7 | 7 | 7 | 8 | 8 | 8 | 9 |

입하 5일 07시25분

## 5 · 乙巳月(양 5.5~6.4)

소만 20일 20시14분

| 양력 | 1 | 2 | 3 | 4 | 5 | 6 | 7 | 8 | 9 | 10 | 11 | 12 | 13 | 14 | 15 | 16 | 17 | 18 | 19 | 20 | 21 | 22 | 23 | 24 | 25 | 26 | 27 | 28 | 29 | 30 | 31 |
|---|---|---|---|---|---|---|---|---|---|---|---|---|---|---|---|---|---|---|---|---|---|---|---|---|---|---|---|---|---|---|---|
| 음력 | 22 | 23 | 24 | 25 | 26 | 27 | 28 | 29 | 4.1 | 2 | 3 | 4 | 5 | 6 | 7 | 8 | 9 | 10 | 11 | 12 | 13 | 14 | 15 | 16 | 17 | 18 | 19 | 20 | 21 | 22 | 23 |
| 요일 | 土 | 日 | 月 | 火 | 水 | 木 | 金 | 土 | 日 | 月 | 火 | 水 | 木 | 金 | 土 | 日 | 月 | 火 | 水 | 木 | 金 | 土 | 日 | 月 | 火 | 水 | 木 | 金 | 土 | 日 | 月 |
| 일진 | 丁未 | 戊申 | 己酉 | 庚戌 | 辛亥 | 壬子 | 癸丑 | 甲寅 | 乙卯 | 丙辰 | 丁巳 | 戊午 | 己未 | 庚申 | 辛酉 | 壬戌 | 癸亥 | 甲子 | 乙丑 | 丙寅 | 丁卯 | 戊辰 | 己巳 | 庚午 | 辛未 | 壬申 | 癸酉 | 甲戌 | 乙亥 | 丙子 | 丁丑 |
| 대운 남 | 1 | 1 | 1 | 1 | 입 | 10 | 10 | 9 | 9 | 9 | 8 | 8 | 8 | 7 | 7 | 7 | 6 | 6 | 6 | 5 | 5 | 5 | 4 | 4 | 4 | 3 | 3 | 3 | 2 | 2 | 2 |
| 대운 녀 | 9 | 9 | 10 | 10 | 하 | 1 | 1 | 1 | 1 | 2 | 2 | 2 | 3 | 3 | 3 | 4 | 4 | 4 | 5 | 5 | 5 | 6 | 6 | 6 | 7 | 7 | 7 | 8 | 8 | 8 | 9 |

망종 5일 11시27분

## 6 · 丙午月(양 6.5~7.5)

하지 21일 04시07분

| 양력 | 1 | 2 | 3 | 4 | 5 | 6 | 7 | 8 | 9 | 10 | 11 | 12 | 13 | 14 | 15 | 16 | 17 | 18 | 19 | 20 | 21 | 22 | 23 | 24 | 25 | 26 | 27 | 28 | 29 | 30 |
|---|---|---|---|---|---|---|---|---|---|---|---|---|---|---|---|---|---|---|---|---|---|---|---|---|---|---|---|---|---|---|
| 음력 | 24 | 25 | 26 | 27 | 28 | 29 | 30 | 5.1 | 2 | 3 | 4 | 5 | 6 | 7 | 8 | 9 | 10 | 11 | 12 | 13 | 14 | 15 | 16 | 17 | 18 | 19 | 20 | 21 | 22 | 23 |
| 요일 | 火 | 水 | 木 | 金 | 土 | 日 | 月 | 火 | 水 | 木 | 金 | 土 | 日 | 月 | 火 | 水 | 木 | 金 | 土 | 日 | 月 | 火 | 水 | 木 | 金 | 土 | 日 | 月 | 火 | 水 |
| 일진 | 戊寅 | 己卯 | 庚辰 | 辛巳 | 壬午 | 癸未 | 甲申 | 乙酉 | 丙戌 | 丁亥 | 戊子 | 己丑 | 庚寅 | 辛卯 | 壬辰 | 癸巳 | 甲午 | 乙未 | 丙申 | 丁酉 | 戊戌 | 己亥 | 庚子 | 辛丑 | 壬寅 | 癸卯 | 甲辰 | 乙巳 | 丙午 | 丁未 |
| 대운 남 | 1 | 1 | 1 | 1 | 망 | 10 | 10 | 9 | 9 | 9 | 8 | 8 | 8 | 7 | 7 | 7 | 6 | 6 | 6 | 5 | 5 | 5 | 4 | 4 | 4 | 3 | 3 | 3 | 2 | 2 |
| 대운 녀 | 9 | 9 | 10 | 10 | 종 | 1 | 1 | 1 | 1 | 2 | 2 | 2 | 3 | 3 | 3 | 4 | 4 | 4 | 5 | 5 | 5 | 6 | 6 | 6 | 7 | 7 | 7 | 8 | 8 | 8 |

소서 6일 21시40분

## 7 · 丁未月(양 7.6~8.6)

대서 22일 15시03분

| 양력 | 1 | 2 | 3 | 4 | 5 | 6 | 7 | 8 | 9 | 10 | 11 | 12 | 13 | 14 | 15 | 16 | 17 | 18 | 19 | 20 | 21 | 22 | 23 | 24 | 25 | 26 | 27 | 28 | 29 | 30 | 31 |
|---|---|---|---|---|---|---|---|---|---|---|---|---|---|---|---|---|---|---|---|---|---|---|---|---|---|---|---|---|---|---|---|
| 음력 | 24 | 25 | 26 | 27 | 28 | 29 | 6.1 | 2 | 3 | 4 | 5 | 6 | 7 | 8 | 9 | 10 | 11 | 12 | 13 | 14 | 15 | 16 | 17 | 18 | 19 | 20 | 21 | 22 | 23 | 24 | 25 |
| 요일 | 木 | 金 | 土 | 日 | 月 | 火 | 水 | 木 | 金 | 土 | 日 | 月 | 火 | 水 | 木 | 金 | 土 | 日 | 月 | 火 | 水 | 木 | 金 | 土 | 日 | 月 | 火 | 水 | 木 | 金 | 土 |
| 일진 | 戊申 | 己酉 | 庚戌 | 辛亥 | 壬子 | 癸丑 | 甲寅 | 乙卯 | 丙辰 | 丁巳 | 戊午 | 己未 | 庚申 | 辛酉 | 壬戌 | 癸亥 | 甲子 | 乙丑 | 丙寅 | 丁卯 | 戊辰 | 己巳 | 庚午 | 辛未 | 壬申 | 癸酉 | 甲戌 | 乙亥 | 丙子 | 丁丑 | 戊寅 |
| 대운 남 | 2 | 1 | 1 | 1 | 1 | 소 | 10 | 10 | 10 | 9 | 9 | 9 | 8 | 8 | 8 | 7 | 7 | 7 | 6 | 6 | 6 | 5 | 5 | 5 | 4 | 4 | 4 | 3 | 3 | 3 | 2 |
| 대운 녀 | 9 | 9 | 9 | 10 | 10 | 서 | 1 | 1 | 1 | 1 | 2 | 2 | 2 | 3 | 3 | 3 | 4 | 4 | 4 | 5 | 5 | 5 | 6 | 6 | 6 | 7 | 7 | 7 | 8 | 8 | 8 |

입추 7일 07시31분

## 8 · 戊申月(양 8.7~9.6)

처서 22일 22시17분

| 양력 | 1 | 2 | 3 | 4 | 5 | 6 | 7 | 8 | 9 | 10 | 11 | 12 | 13 | 14 | 15 | 16 | 17 | 18 | 19 | 20 | 21 | 22 | 23 | 24 | 25 | 26 | 27 | 28 | 29 | 30 | 31 |
|---|---|---|---|---|---|---|---|---|---|---|---|---|---|---|---|---|---|---|---|---|---|---|---|---|---|---|---|---|---|---|---|
| 음력 | 26 | 27 | 28 | 29 | 30 | 7.1 | 2 | 3 | 4 | 5 | 6 | 7 | 8 | 9 | 10 | 11 | 12 | 13 | 14 | 15 | 16 | 17 | 18 | 19 | 20 | 21 | 22 | 23 | 24 | 25 | 26 |
| 요일 | 日 | 月 | 火 | 水 | 木 | 金 | 土 | 日 | 月 | 火 | 水 | 木 | 金 | 土 | 日 | 月 | 火 | 水 | 木 | 金 | 土 | 日 | 月 | 火 | 水 | 木 | 金 | 土 | 日 | 月 | 火 |
| 일진 | 己卯 | 庚辰 | 辛巳 | 壬午 | 癸未 | 甲申 | 乙酉 | 丙戌 | 丁亥 | 戊子 | 己丑 | 庚寅 | 辛卯 | 壬辰 | 癸巳 | 甲午 | 乙未 | 丙申 | 丁酉 | 戊戌 | 己亥 | 庚子 | 辛丑 | 壬寅 | 癸卯 | 甲辰 | 乙巳 | 丙午 | 丁未 | 戊申 | 己酉 |
| 대운 남 | 2 | 2 | 1 | 1 | 1 | 1 | 입 | 10 | 10 | 9 | 9 | 9 | 8 | 8 | 8 | 7 | 7 | 7 | 6 | 6 | 6 | 5 | 5 | 5 | 4 | 4 | 4 | 3 | 3 | 3 | 2 |
| 대운 녀 | 9 | 9 | 9 | 10 | 10 | 10 | 추 | 1 | 1 | 1 | 1 | 2 | 2 | 2 | 3 | 3 | 3 | 4 | 4 | 4 | 5 | 5 | 5 | 6 | 6 | 6 | 7 | 7 | 7 | 8 | 8 |

백로 7일 10시37분

## 9 · 己酉月(양 9.7~10.7)

추분 22일 20시10분

| 양력 | 1 | 2 | 3 | 4 | 5 | 6 | 7 | 8 | 9 | 10 | 11 | 12 | 13 | 14 | 15 | 16 | 17 | 18 | 19 | 20 | 21 | 22 | 23 | 24 | 25 | 26 | 27 | 28 | 29 | 30 |
|---|---|---|---|---|---|---|---|---|---|---|---|---|---|---|---|---|---|---|---|---|---|---|---|---|---|---|---|---|---|---|
| 음력 | 27 | 28 | 29 | 30 | 8.1 | 2 | 3 | 4 | 5 | 6 | 7 | 8 | 9 | 10 | 11 | 12 | 13 | 14 | 15 | 16 | 17 | 18 | 19 | 20 | 21 | 22 | 23 | 24 | 25 | 26 |
| 요일 | 水 | 木 | 金 | 土 | 日 | 月 | 火 | 水 | 木 | 金 | 土 | 日 | 月 | 火 | 水 | 木 | 金 | 土 | 日 | 月 | 火 | 水 | 木 | 金 | 土 | 日 | 月 | 火 | 水 | 木 |
| 일진 | 庚戌 | 辛亥 | 壬子 | 癸丑 | 甲寅 | 乙卯 | 丙辰 | 丁巳 | 戊午 | 己未 | 庚申 | 辛酉 | 壬戌 | 癸亥 | 甲子 | 乙丑 | 丙寅 | 丁卯 | 戊辰 | 己巳 | 庚午 | 辛未 | 壬申 | 癸酉 | 甲戌 | 乙亥 | 丙子 | 丁丑 | 戊寅 | 己卯 |
| 대운 남 | 2 | 2 | 1 | 1 | 1 | 1 | 백 | 10 | 10 | 9 | 9 | 9 | 8 | 8 | 8 | 7 | 7 | 7 | 6 | 6 | 6 | 5 | 5 | 5 | 4 | 4 | 4 | 3 | 3 | 3 |
| 대운 녀 | 8 | 9 | 9 | 9 | 10 | 10 | 로 | 1 | 1 | 1 | 1 | 2 | 2 | 2 | 3 | 3 | 3 | 4 | 4 | 4 | 5 | 5 | 5 | 6 | 6 | 6 | 7 | 7 | 7 | 8 |

한로 8일 02시29분

## 10 · 庚戌月(양 10.8~11.6)

상강 23일 05시45분

| 양력 | 1 | 2 | 3 | 4 | 5 | 6 | 7 | 8 | 9 | 10 | 11 | 12 | 13 | 14 | 15 | 16 | 17 | 18 | 19 | 20 | 21 | 22 | 23 | 24 | 25 | 26 | 27 | 28 | 29 | 30 | 31 |
|---|---|---|---|---|---|---|---|---|---|---|---|---|---|---|---|---|---|---|---|---|---|---|---|---|---|---|---|---|---|---|---|
| 음력 | 27 | 28 | 29 | 9.1 | 2 | 3 | 4 | 5 | 6 | 7 | 8 | 9 | 10 | 11 | 12 | 13 | 14 | 15 | 16 | 17 | 18 | 19 | 20 | 21 | 22 | 23 | 24 | 25 | 26 | 27 | 28 |
| 요일 | 金 | 土 | 日 | 月 | 火 | 水 | 木 | 金 | 土 | 日 | 月 | 火 | 水 | 木 | 金 | 土 | 日 | 月 | 火 | 水 | 木 | 金 | 土 | 日 | 月 | 火 | 水 | 木 | 金 | 土 | 日 |
| 일진 | 庚辰 | 辛巳 | 壬午 | 癸未 | 甲申 | 乙酉 | 丙戌 | 丁亥 | 戊子 | 己丑 | 庚寅 | 辛卯 | 壬辰 | 癸巳 | 甲午 | 乙未 | 丙申 | 丁酉 | 戊戌 | 己亥 | 庚子 | 辛丑 | 壬寅 | 癸卯 | 甲辰 | 乙巳 | 丙午 | 丁未 | 戊申 | 己酉 | 庚戌 |
| 대운 남 | 2 | 2 | 2 | 1 | 1 | 1 | 1 | 한 | 10 | 9 | 9 | 9 | 8 | 8 | 8 | 7 | 7 | 7 | 6 | 6 | 6 | 5 | 5 | 5 | 4 | 4 | 4 | 3 | 3 | 3 | 2 |
| 대운 녀 | 8 | 8 | 9 | 9 | 9 | 10 | 10 | 로 | 1 | 1 | 1 | 1 | 2 | 2 | 2 | 3 | 3 | 3 | 4 | 4 | 4 | 5 | 5 | 5 | 6 | 6 | 6 | 7 | 7 | 7 | 8 |

입동 7일 05시53분

## 11 · 辛亥月(양 11.7~12.5)

소설 22일 03시30분

| 양력 | 1 | 2 | 3 | 4 | 5 | 6 | 7 | 8 | 9 | 10 | 11 | 12 | 13 | 14 | 15 | 16 | 17 | 18 | 19 | 20 | 21 | 22 | 23 | 24 | 25 | 26 | 27 | 28 | 29 | 30 |
|---|---|---|---|---|---|---|---|---|---|---|---|---|---|---|---|---|---|---|---|---|---|---|---|---|---|---|---|---|---|---|
| 음력 | 29 | 30 | 10.1 | 2 | 3 | 4 | 5 | 6 | 7 | 8 | 9 | 10 | 11 | 12 | 13 | 14 | 15 | 16 | 17 | 18 | 19 | 20 | 21 | 22 | 23 | 24 | 25 | 26 | 27 | 28 |
| 요일 | 月 | 火 | 水 | 木 | 金 | 土 | 日 | 月 | 火 | 水 | 木 | 金 | 土 | 日 | 月 | 火 | 水 | 木 | 金 | 土 | 日 | 月 | 火 | 水 | 木 | 金 | 土 | 日 | 月 | 火 |
| 일진 | 辛亥 | 壬子 | 癸丑 | 甲寅 | 乙卯 | 丙辰 | 丁巳 | 戊午 | 己未 | 庚申 | 辛酉 | 壬戌 | 癸亥 | 甲子 | 乙丑 | 丙寅 | 丁卯 | 戊辰 | 己巳 | 庚午 | 辛未 | 壬申 | 癸酉 | 甲戌 | 乙亥 | 丙子 | 丁丑 | 戊寅 | 己卯 | 庚辰 |
| 대운 남 | 2 | 2 | 1 | 1 | 1 | 1 | 입 | 9 | 9 | 9 | 8 | 8 | 8 | 7 | 7 | 7 | 6 | 6 | 6 | 5 | 5 | 5 | 4 | 4 | 4 | 3 | 3 | 3 | 2 | 2 |
| 대운 녀 | 8 | 8 | 9 | 9 | 9 | 10 | 동 | 1 | 1 | 1 | 1 | 2 | 2 | 2 | 3 | 3 | 3 | 4 | 4 | 4 | 5 | 5 | 5 | 6 | 6 | 6 | 7 | 7 | 7 | 8 |

대설 6일 22시52분

## 12 · 壬子月(양 12.6~1.4)

동지 21일 16시55분

| 양력 | 1 | 2 | 3 | 4 | 5 | 6 | 7 | 8 | 9 | 10 | 11 | 12 | 13 | 14 | 15 | 16 | 17 | 18 | 19 | 20 | 21 | 22 | 23 | 24 | 25 | 26 | 27 | 28 | 29 | 30 | 31 |
|---|---|---|---|---|---|---|---|---|---|---|---|---|---|---|---|---|---|---|---|---|---|---|---|---|---|---|---|---|---|---|---|
| 음력 | 29 | 30 | 11.1 | 2 | 3 | 4 | 5 | 6 | 7 | 8 | 9 | 10 | 11 | 12 | 13 | 14 | 15 | 16 | 17 | 18 | 19 | 20 | 21 | 22 | 23 | 24 | 25 | 26 | 27 | 28 | 29 |
| 요일 | 水 | 木 | 金 | 土 | 日 | 月 | 火 | 水 | 木 | 金 | 土 | 日 | 月 | 火 | 水 | 木 | 金 | 土 | 日 | 月 | 火 | 水 | 木 | 金 | 土 | 日 | 月 | 火 | 水 | 木 | 金 |
| 일진 | 辛巳 | 壬午 | 癸未 | 甲申 | 乙酉 | 丙戌 | 丁亥 | 戊子 | 己丑 | 庚寅 | 辛卯 | 壬辰 | 癸巳 | 甲午 | 乙未 | 丙申 | 丁酉 | 戊戌 | 己亥 | 庚子 | 辛丑 | 壬寅 | 癸卯 | 甲辰 | 乙巳 | 丙午 | 丁未 | 戊申 | 己酉 | 庚戌 | 辛亥 |
| 대운 남 | 2 | 1 | 1 | 1 | 1 | 대 | 10 | 9 | 9 | 9 | 8 | 8 | 8 | 7 | 7 | 7 | 6 | 6 | 6 | 5 | 5 | 5 | 4 | 4 | 4 | 3 | 3 | 3 | 2 | 2 | 2 |
| 대운 녀 | 8 | 8 | 9 | 9 | 9 | 설 | 1 | 1 | 1 | 1 | 2 | 2 | 2 | 3 | 3 | 3 | 4 | 4 | 4 | 5 | 5 | 5 | 6 | 6 | 6 | 7 | 7 | 7 | 8 | 8 | 8 |

소한 5일 10시07분

## 1 · 癸丑月(양 1.5~2.2)

대한 20일 03시31분

| 양력 | 1 | 2 | 3 | 4 | 5 | 6 | 7 | 8 | 9 | 10 | 11 | 12 | 13 | 14 | 15 | 16 | 17 | 18 | 19 | 20 | 21 | 22 | 23 | 24 | 25 | 26 | 27 | 28 | 29 | 30 | 31 |
|---|---|---|---|---|---|---|---|---|---|---|---|---|---|---|---|---|---|---|---|---|---|---|---|---|---|---|---|---|---|---|---|
| 음력 | 12.1 | 2 | 3 | 4 | 5 | 6 | 7 | 8 | 9 | 10 | 11 | 12 | 13 | 14 | 15 | 16 | 17 | 18 | 19 | 20 | 21 | 22 | 23 | 24 | 25 | 26 | 27 | 28 | 29 | 30 | 1.1 |
| 요일 | 土 | 日 | 月 | 火 | 水 | 木 | 金 | 土 | 日 | 月 | 火 | 水 | 木 | 金 | 土 | 日 | 月 | 火 | 水 | 木 | 金 | 土 | 日 | 月 | 火 | 水 | 木 | 金 | 土 | 日 | 月 |
| 일진 | 壬子 | 癸丑 | 甲寅 | 乙卯 | 丙辰 | 丁巳 | 戊午 | 己未 | 庚申 | 辛酉 | 壬戌 | 癸亥 | 甲子 | 乙丑 | 丙寅 | 丁卯 | 戊辰 | 己巳 | 庚午 | 辛未 | 壬申 | 癸酉 | 甲戌 | 乙亥 | 丙子 | 丁丑 | 戊寅 | 己卯 | 庚辰 | 辛巳 | 壬午 |
| 대운 남 | 1 | 1 | 1 | 1 | 소 | 9 | 9 | 9 | 8 | 8 | 8 | 7 | 7 | 7 | 6 | 6 | 6 | 5 | 5 | 5 | 4 | 4 | 4 | 3 | 3 | 3 | 2 | 2 | 2 | 1 | 1 |
| 대운 녀 | 9 | 9 | 9 | 10 | 한 | 1 | 1 | 1 | 1 | 2 | 2 | 2 | 3 | 3 | 3 | 4 | 4 | 4 | 5 | 5 | 5 | 6 | 6 | 6 | 7 | 7 | 7 | 8 | 8 | 8 | 9 |

입춘 3일 21시40분

## 2 · 甲寅月(양 2.3~3.4)

우수 18일 17시32분

| 양력 | 1 | 2 | 3 | 4 | 5 | 6 | 7 | 8 | 9 | 10 | 11 | 12 | 13 | 14 | 15 | 16 | 17 | 18 | 19 | 20 | 21 | 22 | 23 | 24 | 25 | 26 | 27 | 28 |
|---|---|---|---|---|---|---|---|---|---|---|---|---|---|---|---|---|---|---|---|---|---|---|---|---|---|---|---|---|
| 음력 | 2 | 3 | 4 | 5 | 6 | 7 | 8 | 9 | 10 | 11 | 12 | 13 | 14 | 15 | 16 | 17 | 18 | 19 | 20 | 21 | 22 | 23 | 24 | 25 | 26 | 27 | 28 | 29 |
| 요일 | 火 | 水 | 木 | 金 | 土 | 日 | 月 | 火 | 水 | 木 | 金 | 土 | 日 | 月 | 火 | 水 | 木 | 金 | 土 | 日 | 月 | 火 | 水 | 木 | 金 | 土 | 日 | 月 |
| 일진 | 癸未 | 甲申 | 乙酉 | 丙戌 | 丁亥 | 戊子 | 己丑 | 庚寅 | 辛卯 | 壬辰 | 癸巳 | 甲午 | 乙未 | 丙申 | 丁酉 | 戊戌 | 己亥 | 庚子 | 辛丑 | 壬寅 | 癸卯 | 甲辰 | 乙巳 | 丙午 | 丁未 | 戊申 | 己酉 | 庚戌 |
| 대운 남 | 1 | 1 | 입 | 1 | 1 | 1 | 1 | 2 | 2 | 2 | 3 | 3 | 3 | 4 | 4 | 4 | 5 | 5 | 5 | 6 | 6 | 6 | 7 | 7 | 7 | 8 | 8 | 8 |
| 대운 녀 | 9 | 9 | 춘 | 10 | 9 | 9 | 9 | 8 | 8 | 8 | 7 | 7 | 7 | 6 | 6 | 6 | 5 | 5 | 5 | 4 | 4 | 4 | 3 | 3 | 3 | 2 | 2 | 2 |

경칩 5일 15시31분

## 3 · 乙卯月(양 3.5~4.3)

춘분 20일 16시21분

| 양력 | 1 | 2 | 3 | 4 | 5 | 6 | 7 | 8 | 9 | 10 | 11 | 12 | 13 | 14 | 15 | 16 | 17 | 18 | 19 | 20 | 21 | 22 | 23 | 24 | 25 | 26 | 27 | 28 | 29 | 30 | 31 |
|---|---|---|---|---|---|---|---|---|---|---|---|---|---|---|---|---|---|---|---|---|---|---|---|---|---|---|---|---|---|---|---|
| 음력 | 2.1 | 2 | 3 | 4 | 5 | 6 | 7 | 8 | 9 | 10 | 11 | 12 | 13 | 14 | 15 | 16 | 17 | 18 | 19 | 20 | 21 | 22 | 23 | 24 | 25 | 26 | 27 | 28 | 29 | 30 | 3.1 |
| 요일 | 火 | 水 | 木 | 金 | 土 | 日 | 月 | 火 | 水 | 木 | 金 | 土 | 日 | 月 | 火 | 水 | 木 | 金 | 土 | 日 | 月 | 火 | 水 | 木 | 金 | 土 | 日 | 月 | 火 | 水 | 木 |
| 일진 | 辛亥 | 壬子 | 癸丑 | 甲寅 | 乙卯 | 丙辰 | 丁巳 | 戊午 | 己未 | 庚申 | 辛酉 | 壬戌 | 癸亥 | 甲子 | 乙丑 | 丙寅 | 丁卯 | 戊辰 | 己巳 | 庚午 | 辛未 | 壬申 | 癸酉 | 甲戌 | 乙亥 | 丙子 | 丁丑 | 戊寅 | 己卯 | 庚辰 | 辛巳 |
| 대운 남 | 9 | 9 | 9 | 10 | 경 | 1 | 1 | 1 | 1 | 2 | 2 | 2 | 3 | 3 | 3 | 4 | 4 | 4 | 5 | 5 | 5 | 6 | 6 | 6 | 7 | 7 | 7 | 8 | 8 | 8 | 9 |
| 대운 녀 | 1 | 1 | 1 | 1 | 칩 | 10 | 9 | 9 | 9 | 8 | 8 | 8 | 7 | 7 | 7 | 6 | 6 | 6 | 5 | 5 | 5 | 4 | 4 | 4 | 3 | 3 | 3 | 2 | 2 | 2 | 1 |

청명 4일 20시07분

## 4 · 丙辰月(양 4.4~5.4)

곡우 20일 03시12분

| 양력 | 1 | 2 | 3 | 4 | 5 | 6 | 7 | 8 | 9 | 10 | 11 | 12 | 13 | 14 | 15 | 16 | 17 | 18 | 19 | 20 | 21 | 22 | 23 | 24 | 25 | 26 | 27 | 28 | 29 | 30 |
|---|---|---|---|---|---|---|---|---|---|---|---|---|---|---|---|---|---|---|---|---|---|---|---|---|---|---|---|---|---|---|
| 음력 | 2 | 3 | 4 | 5 | 6 | 7 | 8 | 9 | 10 | 11 | 12 | 13 | 14 | 15 | 16 | 17 | 18 | 19 | 20 | 21 | 22 | 23 | 24 | 25 | 26 | 27 | 28 | 29 | 4.1 | 2 |
| 요일 | 金 | 土 | 日 | 月 | 火 | 水 | 木 | 金 | 土 | 日 | 月 | 火 | 水 | 木 | 金 | 土 | 日 | 月 | 火 | 水 | 木 | 金 | 土 | 日 | 月 | 火 | 水 | 木 | 金 | 土 |
| 일진 | 壬午 | 癸未 | 甲申 | 乙酉 | 丙戌 | 丁亥 | 戊子 | 己丑 | 庚寅 | 辛卯 | 壬辰 | 癸巳 | 甲午 | 乙未 | 丙申 | 丁酉 | 戊戌 | 己亥 | 庚子 | 辛丑 | 壬寅 | 癸卯 | 甲辰 | 乙巳 | 丙午 | 丁未 | 戊申 | 己酉 | 庚戌 | 辛亥 |
| 대운 남 | 9 | 9 | 10 | 청 | 1 | 1 | 1 | 1 | 2 | 2 | 2 | 3 | 3 | 3 | 4 | 4 | 4 | 5 | 5 | 5 | 6 | 6 | 6 | 7 | 7 | 7 | 8 | 8 | 8 | 9 |
| 대운 녀 | 1 | 1 | 1 | 명 | 10 | 10 | 9 | 9 | 9 | 8 | 8 | 8 | 7 | 7 | 7 | 6 | 6 | 6 | 5 | 5 | 5 | 4 | 4 | 4 | 3 | 3 | 3 | 2 | 2 | 2 |

입하 5일 13시12분

## 5 · 丁巳月(양 5.5~6.4)

소만 21일 02시10분

| 양력 | 1 | 2 | 3 | 4 | 5 | 6 | 7 | 8 | 9 | 10 | 11 | 12 | 13 | 14 | 15 | 16 | 17 | 18 | 19 | 20 | 21 | 22 | 23 | 24 | 25 | 26 | 27 | 28 | 29 | 30 | 31 |
|---|---|---|---|---|---|---|---|---|---|---|---|---|---|---|---|---|---|---|---|---|---|---|---|---|---|---|---|---|---|---|---|
| 음력 | 3 | 4 | 5 | 6 | 7 | 8 | 9 | 10 | 11 | 12 | 13 | 14 | 15 | 16 | 17 | 18 | 19 | 20 | 21 | 22 | 23 | 24 | 25 | 26 | 27 | 28 | 29 | 5.1 | 2 | 3 | 4 |
| 요일 | 日 | 月 | 火 | 水 | 木 | 金 | 土 | 日 | 月 | 火 | 水 | 木 | 金 | 土 | 日 | 月 | 火 | 水 | 木 | 金 | 土 | 日 | 月 | 火 | 水 | 木 | 金 | 土 | 日 | 月 | 火 |
| 일진 | 壬子 | 癸丑 | 甲寅 | 乙卯 | 丙辰 | 丁巳 | 戊午 | 己未 | 庚申 | 辛酉 | 壬戌 | 癸亥 | 甲子 | 乙丑 | 丙寅 | 丁卯 | 戊辰 | 己巳 | 庚午 | 辛未 | 壬申 | 癸酉 | 甲戌 | 乙亥 | 丙子 | 丁丑 | 戊寅 | 己卯 | 庚辰 | 辛巳 | 壬午 |
| 대운 남 | 9 | 9 | 10 | 10 | 입 | 1 | 1 | 1 | 1 | 2 | 2 | 2 | 3 | 3 | 3 | 4 | 4 | 4 | 5 | 5 | 5 | 6 | 6 | 6 | 7 | 7 | 7 | 8 | 8 | 8 | 9 |
| 대운 녀 | 1 | 1 | 1 | 1 | 하 | 10 | 10 | 9 | 9 | 9 | 8 | 8 | 8 | 7 | 7 | 7 | 6 | 6 | 6 | 5 | 5 | 5 | 4 | 4 | 4 | 3 | 3 | 3 | 2 | 2 | 2 |

망종 5일 17시12분

## 6 · 戊午月(양 6.5~7.6)

하지 21일 10시00분

| 양력 | 1 | 2 | 3 | 4 | 5 | 6 | 7 | 8 | 9 | 10 | 11 | 12 | 13 | 14 | 15 | 16 | 17 | 18 | 19 | 20 | 21 | 22 | 23 | 24 | 25 | 26 | 27 | 28 | 29 | 30 |
|---|---|---|---|---|---|---|---|---|---|---|---|---|---|---|---|---|---|---|---|---|---|---|---|---|---|---|---|---|---|---|
| 음력 | 5 | 6 | 7 | 8 | 9 | 10 | 11 | 12 | 13 | 14 | 15 | 16 | 17 | 18 | 19 | 20 | 21 | 22 | 23 | 24 | 25 | 26 | 27 | 28 | 29 | 30 | 6.1 | 2 | 3 | 4 |
| 요일 | 水 | 木 | 金 | 土 | 日 | 月 | 火 | 水 | 木 | 金 | 土 | 日 | 月 | 火 | 水 | 木 | 金 | 土 | 日 | 月 | 火 | 水 | 木 | 金 | 土 | 日 | 月 | 火 | 水 | 木 |
| 일진 | 癸未 | 甲申 | 乙酉 | 丙戌 | 丁亥 | 戊子 | 己丑 | 庚寅 | 辛卯 | 壬辰 | 癸巳 | 甲午 | 乙未 | 丙申 | 丁酉 | 戊戌 | 己亥 | 庚子 | 辛丑 | 壬寅 | 癸卯 | 甲辰 | 乙巳 | 丙午 | 丁未 | 戊申 | 己酉 | 庚戌 | 辛亥 | 壬子 |
| 대운 남 | 9 | 9 | 10 | 10 | 망 | 1 | 1 | 1 | 1 | 2 | 2 | 2 | 3 | 3 | 3 | 4 | 4 | 4 | 5 | 5 | 5 | 6 | 6 | 6 | 7 | 7 | 7 | 8 | 8 | 8 |
| 대운 녀 | 1 | 1 | 1 | 1 | 종 | 10 | 10 | 10 | 9 | 9 | 9 | 8 | 8 | 8 | 7 | 7 | 7 | 6 | 6 | 6 | 5 | 5 | 5 | 4 | 4 | 4 | 3 | 3 | 3 | 2 |

## 7 · 己未月(양 7.7~8.6)

소서 7일 03시24분 / 대서 22일 20시51분

| 양력 | 1 | 2 | 3 | 4 | 5 | 6 | 7 | 8 | 9 | 10 | 11 | 12 | 13 | 14 | 15 | 16 | 17 | 18 | 19 | 20 | 21 | 22 | 23 | 24 | 25 | 26 | 27 | 28 | 29 | 30 | 31 |
|---|---|---|---|---|---|---|---|---|---|---|---|---|---|---|---|---|---|---|---|---|---|---|---|---|---|---|---|---|---|---|---|
| 음력 | 5 | 6 | 7 | 8 | 9 | 10 | 11 | 12 | 13 | 14 | 15 | 16 | 17 | 18 | 19 | 20 | 21 | 22 | 23 | 24 | 25 | 26 | 27 | 28 | 29 | 7.1 | 2 | 3 | 4 | 5 | 6 |
| 요일 | 金 | 土 | 日 | 月 | 火 | 水 | 木 | 金 | 土 | 日 | 月 | 火 | 水 | 木 | 金 | 土 | 日 | 月 | 火 | 水 | 木 | 金 | 土 | 日 | 月 | 火 | 水 | 木 | 金 | 土 | 日 |
| 일진 | 癸丑 | 甲寅 | 乙卯 | 丙辰 | 丁巳 | 戊午 | 己未 | 庚申 | 辛酉 | 壬戌 | 癸亥 | 甲子 | 乙丑 | 丙寅 | 丁卯 | 戊辰 | 己巳 | 庚午 | 辛未 | 壬申 | 癸酉 | 甲戌 | 乙亥 | 丙子 | 丁丑 | 戊寅 | 己卯 | 庚辰 | 辛巳 | 壬午 | 癸未 |
| 대운 남 | 9 | 9 | 9 | 10 | 10 | 10 | 소 | 1 | 1 | 1 | 1 | 2 | 2 | 2 | 3 | 3 | 3 | 4 | 4 | 4 | 5 | 5 | 5 | 6 | 6 | 6 | 7 | 7 | 7 | 8 | 8 |
| 대운 녀 | 2 | 2 | 1 | 1 | 1 | 1 | 서 | 10 | 10 | 9 | 9 | 9 | 8 | 8 | 8 | 7 | 7 | 7 | 6 | 6 | 6 | 5 | 5 | 5 | 4 | 4 | 4 | 3 | 3 | 3 | 2 |

## 8 · 庚申月(양 8.7~9.6)

입추 7일 13시14분 / 처서 23일 04시01분

| 양력 | 1 | 2 | 3 | 4 | 5 | 6 | 7 | 8 | 9 | 10 | 11 | 12 | 13 | 14 | 15 | 16 | 17 | 18 | 19 | 20 | 21 | 22 | 23 | 24 | 25 | 26 | 27 | 28 | 29 | 30 | 31 |
|---|---|---|---|---|---|---|---|---|---|---|---|---|---|---|---|---|---|---|---|---|---|---|---|---|---|---|---|---|---|---|---|
| 음력 | 7 | 8 | 9 | 10 | 11 | 12 | 13 | 14 | 15 | 16 | 17 | 18 | 19 | 20 | 21 | 22 | 23 | 24 | 25 | 26 | 27 | 28 | 29 | 30 | 8.1 | 2 | 3 | 4 | 5 | 6 | 7 |
| 요일 | 月 | 火 | 水 | 木 | 金 | 土 | 日 | 月 | 火 | 水 | 木 | 金 | 土 | 日 | 月 | 火 | 水 | 木 | 金 | 土 | 日 | 月 | 火 | 水 | 木 | 金 | 土 | 日 | 月 | 火 | 水 |
| 일진 | 甲申 | 乙酉 | 丙戌 | 丁亥 | 戊子 | 己丑 | 庚寅 | 辛卯 | 壬辰 | 癸巳 | 甲午 | 乙未 | 丙申 | 丁酉 | 戊戌 | 己亥 | 庚子 | 辛丑 | 壬寅 | 癸卯 | 甲辰 | 乙巳 | 丙午 | 丁未 | 戊申 | 己酉 | 庚戌 | 辛亥 | 壬子 | 癸丑 | 甲寅 |
| 대운 남 | 8 | 9 | 9 | 9 | 10 | 10 | 입 | 1 | 1 | 1 | 1 | 2 | 2 | 2 | 3 | 3 | 3 | 4 | 4 | 4 | 5 | 5 | 5 | 6 | 6 | 6 | 7 | 7 | 7 | 8 | 8 |
| 대운 녀 | 2 | 2 | 1 | 1 | 1 | 1 | 추 | 10 | 10 | 9 | 9 | 9 | 8 | 8 | 8 | 7 | 7 | 7 | 6 | 6 | 6 | 5 | 5 | 5 | 4 | 4 | 4 | 3 | 3 | 3 | 2 |

## 9 · 辛酉月(양 9.7~10.7)

백로 7일 16시19분 / 추분 23일 01시50분

| 양력 | 1 | 2 | 3 | 4 | 5 | 6 | 7 | 8 | 9 | 10 | 11 | 12 | 13 | 14 | 15 | 16 | 17 | 18 | 19 | 20 | 21 | 22 | 23 | 24 | 25 | 26 | 27 | 28 | 29 | 30 |
|---|---|---|---|---|---|---|---|---|---|---|---|---|---|---|---|---|---|---|---|---|---|---|---|---|---|---|---|---|---|---|
| 음력 | 8 | 9 | 10 | 11 | 12 | 13 | 14 | 15 | 16 | 17 | 18 | 19 | 20 | 21 | 22 | 23 | 24 | 25 | 26 | 27 | 28 | 29 | 9.1 | 2 | 3 | 4 | 5 | 6 | 7 | 8 |
| 요일 | 木 | 金 | 土 | 日 | 月 | 火 | 水 | 木 | 金 | 土 | 日 | 月 | 火 | 水 | 木 | 金 | 土 | 日 | 月 | 火 | 水 | 木 | 金 | 土 | 日 | 月 | 火 | 水 | 木 | 金 |
| 일진 | 乙卯 | 丙辰 | 丁巳 | 戊午 | 己未 | 庚申 | 辛酉 | 壬戌 | 癸亥 | 甲子 | 乙丑 | 丙寅 | 丁卯 | 戊辰 | 己巳 | 庚午 | 辛未 | 壬申 | 癸酉 | 甲戌 | 乙亥 | 丙子 | 丁丑 | 戊寅 | 己卯 | 庚辰 | 辛巳 | 壬午 | 癸未 | 甲申 |
| 대운 남 | 8 | 9 | 9 | 9 | 10 | 10 | 백 | 1 | 1 | 1 | 1 | 2 | 2 | 2 | 3 | 3 | 3 | 4 | 4 | 4 | 5 | 5 | 5 | 6 | 6 | 6 | 7 | 7 | 7 | 8 |
| 대운 녀 | 2 | 2 | 1 | 1 | 1 | 1 | 로 | 10 | 10 | 9 | 9 | 9 | 8 | 8 | 8 | 7 | 7 | 7 | 6 | 6 | 6 | 5 | 5 | 5 | 4 | 4 | 4 | 3 | 3 | 3 |

## 10 · 壬戌月(양 10.8~11.6)

한로 8일 08시13분 / 상강 23일 11시26분

| 양력 | 1 | 2 | 3 | 4 | 5 | 6 | 7 | 8 | 9 | 10 | 11 | 12 | 13 | 14 | 15 | 16 | 17 | 18 | 19 | 20 | 21 | 22 | 23 | 24 | 25 | 26 | 27 | 28 | 29 | 30 | 31 |
|---|---|---|---|---|---|---|---|---|---|---|---|---|---|---|---|---|---|---|---|---|---|---|---|---|---|---|---|---|---|---|---|
| 음력 | 9 | 10 | 11 | 12 | 13 | 14 | 15 | 16 | 17 | 18 | 19 | 20 | 21 | 22 | 23 | 24 | 25 | 26 | 27 | 28 | 29 | 30 | 10.1 | 2 | 3 | 4 | 5 | 6 | 7 | 8 | 9 |
| 요일 | 土 | 日 | 月 | 火 | 水 | 木 | 金 | 土 | 日 | 月 | 火 | 水 | 木 | 金 | 土 | 日 | 月 | 火 | 水 | 木 | 金 | 土 | 日 | 月 | 火 | 水 | 木 | 金 | 土 | 日 | 月 |
| 일진 | 乙酉 | 丙戌 | 丁亥 | 戊子 | 己丑 | 庚寅 | 辛卯 | 壬辰 | 癸巳 | 甲午 | 乙未 | 丙申 | 丁酉 | 戊戌 | 己亥 | 庚子 | 辛丑 | 壬寅 | 癸卯 | 甲辰 | 乙巳 | 丙午 | 丁未 | 戊申 | 己酉 | 庚戌 | 辛亥 | 壬子 | 癸丑 | 甲寅 | 乙卯 |
| 대운 남 | 8 | 8 | 9 | 9 | 9 | 10 | 10 | 한 | 1 | 1 | 1 | 1 | 2 | 2 | 2 | 3 | 3 | 3 | 4 | 4 | 4 | 5 | 5 | 5 | 6 | 6 | 6 | 7 | 7 | 7 | 8 |
| 대운 녀 | 2 | 2 | 2 | 1 | 1 | 1 | 1 | 로 | 10 | 9 | 9 | 9 | 8 | 8 | 8 | 7 | 7 | 7 | 6 | 6 | 6 | 5 | 5 | 5 | 4 | 4 | 4 | 3 | 3 | 3 | 2 |

## 11 · 癸亥月(양 11.7~12.6)

입동 7일 11시40분 / 소설 22일 09시15분

| 양력 | 1 | 2 | 3 | 4 | 5 | 6 | 7 | 8 | 9 | 10 | 11 | 12 | 13 | 14 | 15 | 16 | 17 | 18 | 19 | 20 | 21 | 22 | 23 | 24 | 25 | 26 | 27 | 28 | 29 | 30 |
|---|---|---|---|---|---|---|---|---|---|---|---|---|---|---|---|---|---|---|---|---|---|---|---|---|---|---|---|---|---|---|
| 음력 | 10 | 11 | 12 | 13 | 14 | 15 | 16 | 17 | 18 | 19 | 20 | 21 | 22 | 23 | 24 | 25 | 26 | 27 | 28 | 29 | 30 | 11.1 | 2 | 3 | 4 | 5 | 6 | 7 | 8 | 9 |
| 요일 | 火 | 水 | 木 | 金 | 土 | 日 | 月 | 火 | 水 | 木 | 金 | 土 | 日 | 月 | 火 | 水 | 木 | 金 | 土 | 日 | 月 | 火 | 水 | 木 | 金 | 土 | 日 | 月 | 火 | 水 |
| 일진 | 丙辰 | 丁巳 | 戊午 | 己未 | 庚申 | 辛酉 | 壬戌 | 癸亥 | 甲子 | 乙丑 | 丙寅 | 丁卯 | 戊辰 | 己巳 | 庚午 | 辛未 | 壬申 | 癸酉 | 甲戌 | 乙亥 | 丙子 | 丁丑 | 戊寅 | 己卯 | 庚辰 | 辛巳 | 壬午 | 癸未 | 甲申 | 乙酉 |
| 대운 남 | 8 | 8 | 9 | 9 | 9 | 10 | 입 | 1 | 1 | 1 | 1 | 2 | 2 | 2 | 3 | 3 | 3 | 4 | 4 | 4 | 5 | 5 | 5 | 6 | 6 | 6 | 7 | 7 | 7 | 8 |
| 대운 녀 | 2 | 2 | 1 | 1 | 1 | 1 | 동 | 10 | 9 | 9 | 9 | 8 | 8 | 8 | 7 | 7 | 7 | 6 | 6 | 6 | 5 | 5 | 5 | 4 | 4 | 4 | 3 | 3 | 3 | 2 |

## 12 · 甲子月(양 12.7~1.4)

대설 7일 04시44분 / 동지 21일 22시45분

| 양력 | 1 | 2 | 3 | 4 | 5 | 6 | 7 | 8 | 9 | 10 | 11 | 12 | 13 | 14 | 15 | 16 | 17 | 18 | 19 | 20 | 21 | 22 | 23 | 24 | 25 | 26 | 27 | 28 | 29 | 30 | 31 |
|---|---|---|---|---|---|---|---|---|---|---|---|---|---|---|---|---|---|---|---|---|---|---|---|---|---|---|---|---|---|---|---|
| 음력 | 10 | 11 | 12 | 13 | 14 | 15 | 16 | 17 | 18 | 19 | 20 | 21 | 22 | 23 | 24 | 25 | 26 | 27 | 28 | 29 | 30 | 윤 | 11.2 | 3 | 4 | 5 | 6 | 7 | 8 | 9 | 10 |
| 요일 | 木 | 金 | 土 | 日 | 月 | 火 | 水 | 木 | 金 | 土 | 日 | 月 | 火 | 水 | 木 | 金 | 土 | 日 | 月 | 火 | 水 | 木 | 金 | 土 | 日 | 月 | 火 | 水 | 木 | 金 | 土 |
| 일진 | 丙戌 | 丁亥 | 戊子 | 己丑 | 庚寅 | 辛卯 | 壬辰 | 癸巳 | 甲午 | 乙未 | 丙申 | 丁酉 | 戊戌 | 己亥 | 庚子 | 辛丑 | 壬寅 | 癸卯 | 甲辰 | 乙巳 | 丙午 | 丁未 | 戊申 | 己酉 | 庚戌 | 辛亥 | 壬子 | 癸丑 | 甲寅 | 乙卯 | 丙辰 |
| 대운 남 | 8 | 8 | 9 | 9 | 9 | 10 | 대 | 1 | 1 | 1 | 1 | 2 | 2 | 2 | 3 | 3 | 3 | 4 | 4 | 4 | 5 | 5 | 5 | 6 | 6 | 6 | 7 | 7 | 7 | 8 | 8 |
| 대운 녀 | 2 | 2 | 1 | 1 | 1 | 1 | 설 | 9 | 9 | 9 | 8 | 8 | 8 | 7 | 7 | 7 | 6 | 6 | 6 | 5 | 5 | 5 | 4 | 4 | 4 | 3 | 3 | 3 | 2 | 2 | 2 |

단기 4367년 **2034년**

소한 5일 16시03분

## 1 · 乙丑月(양 1.5~2.3)

대한 20일 09시26분

| 양력 | 1 | 2 | 3 | 4 | 5 | 6 | 7 | 8 | 9 | 10 | 11 | 12 | 13 | 14 | 15 | 16 | 17 | 18 | 19 | 20 | 21 | 22 | 23 | 24 | 25 | 26 | 27 | 28 | 29 | 30 | 31 |
|---|---|---|---|---|---|---|---|---|---|---|---|---|---|---|---|---|---|---|---|---|---|---|---|---|---|---|---|---|---|---|---|
| 음력 | 11 | 12 | 13 | 14 | 15 | 16 | 17 | 18 | 19 | 20 | 21 | 22 | 23 | 24 | 25 | 26 | 27 | 28 | 29 | 12.1 | 2 | 3 | 4 | 5 | 6 | 7 | 8 | 9 | 10 | 11 | 12 |
| 요일 | 日 | 月 | 火 | 水 | 木 | 金 | 土 | 日 | 月 | 火 | 水 | 木 | 金 | 土 | 日 | 月 | 火 | 水 | 木 | 金 | 土 | 日 | 月 | 火 | 水 | 木 | 金 | 土 | 日 | 月 | 火 |
| 일진 | 丁 | 戊 | 己 | 庚 | 辛 | 壬 | 癸 | 甲 | 乙 | 丙 | 丁 | 戊 | 己 | 庚 | 辛 | 壬 | 癸 | 甲 | 乙 | 丙 | 丁 | 戊 | 己 | 庚 | 辛 | 壬 | 癸 | 甲 | 乙 | 丙 | 丁 |
| | 巳 | 午 | 未 | 申 | 酉 | 戌 | 亥 | 子 | 丑 | 寅 | 卯 | 辰 | 巳 | 午 | 未 | 申 | 酉 | 戌 | 亥 | 子 | 丑 | 寅 | 卯 | 辰 | 巳 | 午 | 未 | 申 | 酉 | 戌 | 亥 |
| 대운 남 | 8 | 9 | 9 | 9 | 소 | 1 | 1 | 1 | 1 | 2 | 2 | 2 | 3 | 3 | 3 | 4 | 4 | 4 | 5 | 5 | 5 | 6 | 6 | 6 | 7 | 7 | 7 | 8 | 8 | 8 | 9 |
| 대운 녀 | 1 | 1 | 1 | 1 | 한 | 10 | 9 | 9 | 9 | 8 | 8 | 8 | 7 | 7 | 7 | 6 | 6 | 6 | 5 | 5 | 5 | 4 | 4 | 4 | 3 | 3 | 3 | 2 | 2 | 2 | 1 |

입춘 4일 03시40분

## 2 · 丙寅月(양 2.4~3.4)

우수 18일 23시29분

| 양력 | 1 | 2 | 3 | 4 | 5 | 6 | 7 | 8 | 9 | 10 | 11 | 12 | 13 | 14 | 15 | 16 | 17 | 18 | 19 | 20 | 21 | 22 | 23 | 24 | 25 | 26 | 27 | 28 |
|---|---|---|---|---|---|---|---|---|---|---|---|---|---|---|---|---|---|---|---|---|---|---|---|---|---|---|---|---|
| 음력 | 13 | 14 | 15 | 16 | 17 | 18 | 19 | 20 | 21 | 22 | 23 | 24 | 25 | 26 | 27 | 28 | 29 | 30 | 1.1 | 2 | 3 | 4 | 5 | 6 | 7 | 8 | 9 | 10 |
| 요일 | 水 | 木 | 金 | 土 | 日 | 月 | 火 | 水 | 木 | 金 | 土 | 日 | 月 | 火 | 水 | 木 | 金 | 土 | 日 | 月 | 火 | 水 | 木 | 金 | 土 | 日 | 月 | 火 |
| 일진 | 戊 | 己 | 庚 | 辛 | 壬 | 癸 | 甲 | 乙 | 丙 | 丁 | 戊 | 己 | 庚 | 辛 | 壬 | 癸 | 甲 | 乙 | 丙 | 丁 | 戊 | 己 | 庚 | 辛 | 壬 | 癸 | 甲 | 乙 |
| | 子 | 丑 | 寅 | 卯 | 辰 | 巳 | 午 | 未 | 申 | 酉 | 戌 | 亥 | 子 | 丑 | 寅 | 卯 | 辰 | 巳 | 午 | 未 | 申 | 酉 | 戌 | 亥 | 子 | 丑 | 寅 | 卯 |
| 대운 남 | 9 | 9 | 10 | 입 | 9 | 9 | 9 | 8 | 8 | 8 | 7 | 7 | 7 | 6 | 6 | 6 | 5 | 5 | 5 | 4 | 4 | 4 | 3 | 3 | 3 | 2 | 2 | 2 |
| 대운 녀 | 1 | 1 | 1 | 춘 | 1 | 1 | 1 | 1 | 2 | 2 | 2 | 3 | 3 | 3 | 4 | 4 | 4 | 5 | 5 | 5 | 6 | 6 | 6 | 7 | 7 | 7 | 8 | 8 |

경칩 5일 21시31분

## 3 · 丁卯月(양 3.5~4.4)

춘분 20일 22시16분

| 양력 | 1 | 2 | 3 | 4 | 5 | 6 | 7 | 8 | 9 | 10 | 11 | 12 | 13 | 14 | 15 | 16 | 17 | 18 | 19 | 20 | 21 | 22 | 23 | 24 | 25 | 26 | 27 | 28 | 29 | 30 | 31 |
|---|---|---|---|---|---|---|---|---|---|---|---|---|---|---|---|---|---|---|---|---|---|---|---|---|---|---|---|---|---|---|---|
| 음력 | 11 | 12 | 13 | 14 | 15 | 16 | 17 | 18 | 19 | 20 | 21 | 22 | 23 | 24 | 25 | 26 | 27 | 28 | 29 | 2.1 | 2 | 3 | 4 | 5 | 6 | 7 | 8 | 9 | 10 | 11 | 12 |
| 요일 | 水 | 木 | 金 | 土 | 日 | 月 | 火 | 水 | 木 | 金 | 土 | 日 | 月 | 火 | 水 | 木 | 金 | 土 | 日 | 月 | 火 | 水 | 木 | 金 | 土 | 日 | 月 | 火 | 水 | 木 | 金 |
| 일진 | 丙 | 丁 | 戊 | 己 | 庚 | 辛 | 壬 | 癸 | 甲 | 乙 | 丙 | 丁 | 戊 | 己 | 庚 | 辛 | 壬 | 癸 | 甲 | 乙 | 丙 | 丁 | 戊 | 己 | 庚 | 辛 | 壬 | 癸 | 甲 | 乙 | 丙 |
| | 辰 | 巳 | 午 | 未 | 申 | 酉 | 戌 | 亥 | 子 | 丑 | 寅 | 卯 | 辰 | 巳 | 午 | 未 | 申 | 酉 | 戌 | 亥 | 子 | 丑 | 寅 | 卯 | 辰 | 巳 | 午 | 未 | 申 | 酉 | 戌 |
| 대운 남 | 1 | 1 | 1 | 1 | 경 | 10 | 10 | 9 | 9 | 9 | 8 | 8 | 8 | 7 | 7 | 7 | 6 | 6 | 6 | 5 | 5 | 5 | 4 | 4 | 4 | 3 | 3 | 3 | 2 | 2 | 2 |
| 대운 녀 | 8 | 9 | 9 | 9 | 칩 | 1 | 1 | 1 | 1 | 2 | 2 | 2 | 3 | 3 | 3 | 4 | 4 | 4 | 5 | 5 | 5 | 6 | 6 | 6 | 7 | 7 | 7 | 8 | 8 | 8 | 9 |

청명 5일 02시05분

## 4 · 戊辰月(양 4.5~5.4)

곡우 20일 09시02분

| 양력 | 1 | 2 | 3 | 4 | 5 | 6 | 7 | 8 | 9 | 10 | 11 | 12 | 13 | 14 | 15 | 16 | 17 | 18 | 19 | 20 | 21 | 22 | 23 | 24 | 25 | 26 | 27 | 28 | 29 | 30 |
|---|---|---|---|---|---|---|---|---|---|---|---|---|---|---|---|---|---|---|---|---|---|---|---|---|---|---|---|---|---|---|
| 음력 | 13 | 14 | 15 | 16 | 17 | 18 | 19 | 20 | 21 | 22 | 23 | 24 | 25 | 26 | 27 | 28 | 29 | 30 | 3.1 | 2 | 3 | 4 | 5 | 6 | 7 | 8 | 9 | 10 | 11 | 12 |
| 요일 | 土 | 日 | 月 | 火 | 水 | 木 | 金 | 土 | 日 | 月 | 火 | 水 | 木 | 金 | 土 | 日 | 月 | 火 | 水 | 木 | 金 | 土 | 日 | 月 | 火 | 水 | 木 | 金 | 土 | 日 |
| 일진 | 丁 | 戊 | 己 | 庚 | 辛 | 壬 | 癸 | 甲 | 乙 | 丙 | 丁 | 戊 | 己 | 庚 | 辛 | 壬 | 癸 | 甲 | 乙 | 丙 | 丁 | 戊 | 己 | 庚 | 辛 | 壬 | 癸 | 甲 | 乙 | 丙 |
| | 亥 | 子 | 丑 | 寅 | 卯 | 辰 | 巳 | 午 | 未 | 申 | 酉 | 戌 | 亥 | 子 | 丑 | 寅 | 卯 | 辰 | 巳 | 午 | 未 | 申 | 酉 | 戌 | 亥 | 子 | 丑 | 寅 | 卯 | 辰 |
| 대운 남 | 1 | 1 | 1 | 1 | 청 | 10 | 9 | 9 | 9 | 8 | 8 | 8 | 7 | 7 | 7 | 6 | 6 | 6 | 5 | 5 | 5 | 4 | 4 | 4 | 3 | 3 | 3 | 2 | 2 | 2 |
| 대운 녀 | 9 | 9 | 10 | 10 | 명 | 1 | 1 | 1 | 1 | 2 | 2 | 2 | 3 | 3 | 3 | 4 | 4 | 4 | 5 | 5 | 5 | 6 | 6 | 6 | 7 | 7 | 7 | 8 | 8 | 8 |

입하 5일 19시08분

## 5 · 己巳月(양 5.5~6.4)

소만 21일 07시56분

| 양력 | 1 | 2 | 3 | 4 | 5 | 6 | 7 | 8 | 9 | 10 | 11 | 12 | 13 | 14 | 15 | 16 | 17 | 18 | 19 | 20 | 21 | 22 | 23 | 24 | 25 | 26 | 27 | 28 | 29 | 30 | 31 |
|---|---|---|---|---|---|---|---|---|---|---|---|---|---|---|---|---|---|---|---|---|---|---|---|---|---|---|---|---|---|---|---|
| 음력 | 13 | 14 | 15 | 16 | 17 | 18 | 19 | 20 | 21 | 22 | 23 | 24 | 25 | 26 | 27 | 28 | 29 | 4.1 | 2 | 3 | 4 | 5 | 6 | 7 | 8 | 9 | 10 | 11 | 12 | 13 | 14 |
| 요일 | 月 | 火 | 水 | 木 | 金 | 土 | 日 | 月 | 火 | 水 | 木 | 金 | 土 | 日 | 月 | 火 | 水 | 木 | 金 | 土 | 日 | 月 | 火 | 水 | 木 | 金 | 土 | 日 | 月 | 火 | 水 |
| 일진 | 丁 | 戊 | 己 | 庚 | 辛 | 壬 | 癸 | 甲 | 乙 | 丙 | 丁 | 戊 | 己 | 庚 | 辛 | 壬 | 癸 | 甲 | 乙 | 丙 | 丁 | 戊 | 己 | 庚 | 辛 | 壬 | 癸 | 甲 | 乙 | 丙 | 丁 |
| | 巳 | 午 | 未 | 申 | 酉 | 戌 | 亥 | 子 | 丑 | 寅 | 卯 | 辰 | 巳 | 午 | 未 | 申 | 酉 | 戌 | 亥 | 子 | 丑 | 寅 | 卯 | 辰 | 巳 | 午 | 未 | 申 | 酉 | 戌 | 亥 |
| 대운 남 | 1 | 1 | 1 | 1 | 입 | 10 | 10 | 9 | 9 | 9 | 8 | 8 | 8 | 7 | 7 | 7 | 6 | 6 | 6 | 5 | 5 | 5 | 4 | 4 | 4 | 3 | 3 | 3 | 2 | 2 | 2 |
| 대운 녀 | 9 | 9 | 9 | 10 | 하 | 1 | 1 | 1 | 1 | 2 | 2 | 2 | 3 | 3 | 3 | 4 | 4 | 4 | 5 | 5 | 5 | 6 | 6 | 6 | 7 | 7 | 7 | 8 | 8 | 8 | 9 |

망종 5일 23시05분

## 6 · 庚午月(양 6.5~7.6)

하지 21일 15시43분

| 양력 | 1 | 2 | 3 | 4 | 5 | 6 | 7 | 8 | 9 | 10 | 11 | 12 | 13 | 14 | 15 | 16 | 17 | 18 | 19 | 20 | 21 | 22 | 23 | 24 | 25 | 26 | 27 | 28 | 29 | 30 |
|---|---|---|---|---|---|---|---|---|---|---|---|---|---|---|---|---|---|---|---|---|---|---|---|---|---|---|---|---|---|---|
| 음력 | 15 | 16 | 17 | 18 | 19 | 20 | 21 | 22 | 23 | 24 | 25 | 26 | 27 | 28 | 29 | 5.1 | 2 | 3 | 4 | 5 | 6 | 7 | 8 | 9 | 10 | 11 | 12 | 13 | 14 | 15 |
| 요일 | 木 | 金 | 土 | 日 | 月 | 火 | 水 | 木 | 金 | 土 | 日 | 月 | 火 | 水 | 木 | 金 | 土 | 日 | 月 | 火 | 水 | 木 | 金 | 土 | 日 | 月 | 火 | 水 | 木 | 金 |
| 일진 | 戊 | 己 | 庚 | 辛 | 壬 | 癸 | 甲 | 乙 | 丙 | 丁 | 戊 | 己 | 庚 | 辛 | 壬 | 癸 | 甲 | 乙 | 丙 | 丁 | 戊 | 己 | 庚 | 辛 | 壬 | 癸 | 甲 | 乙 | 丙 | 丁 |
| | 子 | 丑 | 寅 | 卯 | 辰 | 巳 | 午 | 未 | 申 | 酉 | 戌 | 亥 | 子 | 丑 | 寅 | 卯 | 辰 | 巳 | 午 | 未 | 申 | 酉 | 戌 | 亥 | 子 | 丑 | 寅 | 卯 | 辰 | 巳 |
| 대운 남 | 1 | 1 | 1 | 1 | 망 | 10 | 10 | 10 | 9 | 9 | 9 | 8 | 8 | 8 | 7 | 7 | 7 | 6 | 6 | 6 | 5 | 5 | 5 | 4 | 4 | 4 | 3 | 3 | 3 | 2 |
| 대운 녀 | 9 | 9 | 10 | 10 | 종 | 1 | 1 | 1 | 1 | 2 | 2 | 2 | 3 | 3 | 3 | 4 | 4 | 4 | 5 | 5 | 5 | 6 | 6 | 6 | 7 | 7 | 7 | 8 | 8 | 8 |

# 甲寅年

동경135도표준시

소서 7일 09시16분 **7 · 辛未月(양 7.7~8.6)** 대서 23일 02시35분

| 양력 | | 1 | 2 | 3 | 4 | 5 | 6 | 7 | 8 | 9 | 10 | 11 | 12 | 13 | 14 | 15 | 16 | 17 | 18 | 19 | 20 | 21 | 22 | 23 | 24 | 25 | 26 | 27 | 28 | 29 | 30 | 31 |
|---|---|---|---|---|---|---|---|---|---|---|---|---|---|---|---|---|---|---|---|---|---|---|---|---|---|---|---|---|---|---|---|---|
| 음력 | | 16 | 17 | 18 | 19 | 20 | 21 | 22 | 23 | 24 | 25 | 26 | 27 | 28 | 29 | 30 | 6.1 | 2 | 3 | 4 | 5 | 6 | 7 | 8 | 9 | 10 | 11 | 12 | 13 | 14 | 15 | 16 |
| 요일 | | 土 | 日 | 月 | 火 | 水 | 木 | 金 | 土 | 日 | 月 | 火 | 水 | 木 | 金 | 土 | 日 | 月 | 火 | 水 | 木 | 金 | 土 | 日 | 月 | 火 | 水 | 木 | 金 | 土 | 日 | 月 |
| 일진 | | 戊午 | 己未 | 庚申 | 辛酉 | 壬戌 | 癸亥 | 甲子 | 乙丑 | 丙寅 | 丁卯 | 戊辰 | 己巳 | 庚午 | 辛未 | 壬申 | 癸酉 | 甲戌 | 乙亥 | 丙子 | 丁丑 | 戊寅 | 己卯 | 庚辰 | 辛巳 | 壬午 | 癸未 | 甲申 | 乙酉 | 丙戌 | 丁亥 | 戊子 |
| 대운 | 남 | 2 | 2 | 1 | 1 | 1 | 1 | 소 | 10 | 10 | 9 | 9 | 9 | 8 | 8 | 8 | 7 | 7 | 7 | 6 | 6 | 6 | 5 | 5 | 5 | 4 | 4 | 4 | 3 | 3 | 3 | 2 |
| | 녀 | 9 | 9 | 9 | 10 | 10 | 10 | 서 | 1 | 1 | 1 | 1 | 2 | 2 | 2 | 3 | 3 | 3 | 4 | 4 | 4 | 5 | 5 | 5 | 6 | 6 | 6 | 7 | 7 | 7 | 8 | 8 |

입추 7일 19시08분 **8 · 壬申月(양 8.7~9.6)** 처서 23일 09시46분

| 양력 | | 1 | 2 | 3 | 4 | 5 | 6 | 7 | 8 | 9 | 10 | 11 | 12 | 13 | 14 | 15 | 16 | 17 | 18 | 19 | 20 | 21 | 22 | 23 | 24 | 25 | 26 | 27 | 28 | 29 | 30 | 31 |
|---|---|---|---|---|---|---|---|---|---|---|---|---|---|---|---|---|---|---|---|---|---|---|---|---|---|---|---|---|---|---|---|---|
| 음력 | | 17 | 18 | 19 | 20 | 21 | 22 | 23 | 24 | 25 | 26 | 27 | 28 | 29 | 7.1 | 2 | 3 | 4 | 5 | 6 | 7 | 8 | 9 | 10 | 11 | 12 | 13 | 14 | 15 | 16 | 17 | 18 |
| 요일 | | 火 | 水 | 木 | 金 | 土 | 日 | 月 | 火 | 水 | 木 | 金 | 土 | 日 | 月 | 火 | 水 | 木 | 金 | 土 | 日 | 月 | 火 | 水 | 木 | 金 | 土 | 日 | 月 | 火 | 水 | 木 |
| 일진 | | 己丑 | 庚寅 | 辛卯 | 壬辰 | 癸巳 | 甲午 | 乙未 | 丙申 | 丁酉 | 戊戌 | 己亥 | 庚子 | 辛丑 | 壬寅 | 癸卯 | 甲辰 | 乙巳 | 丙午 | 丁未 | 戊申 | 己酉 | 庚戌 | 辛亥 | 壬子 | 癸丑 | 甲寅 | 乙卯 | 丙辰 | 丁巳 | 戊午 | 己未 |
| 대운 | 남 | 2 | 2 | 1 | 1 | 1 | 1 | 입 | 10 | 10 | 9 | 9 | 9 | 8 | 8 | 8 | 7 | 7 | 7 | 6 | 6 | 6 | 5 | 5 | 5 | 4 | 4 | 4 | 3 | 3 | 3 | 2 |
| | 녀 | 8 | 9 | 9 | 9 | 10 | 10 | 추 | 1 | 1 | 1 | 1 | 2 | 2 | 2 | 3 | 3 | 3 | 4 | 4 | 4 | 5 | 5 | 5 | 6 | 6 | 6 | 7 | 7 | 7 | 8 | 8 |

백로 7일 22시13분 **9 · 癸酉月(양 9.7~10.7)** 추분 23일 07시38분

| 양력 | | 1 | 2 | 3 | 4 | 5 | 6 | 7 | 8 | 9 | 10 | 11 | 12 | 13 | 14 | 15 | 16 | 17 | 18 | 19 | 20 | 21 | 22 | 23 | 24 | 25 | 26 | 27 | 28 | 29 | 30 |
|---|---|---|---|---|---|---|---|---|---|---|---|---|---|---|---|---|---|---|---|---|---|---|---|---|---|---|---|---|---|---|---|
| 음력 | | 19 | 20 | 21 | 22 | 23 | 24 | 25 | 26 | 27 | 28 | 29 | 30 | 8.1 | 2 | 3 | 4 | 5 | 6 | 7 | 8 | 9 | 10 | 11 | 12 | 13 | 14 | 15 | 16 | 17 | 18 |
| 요일 | | 金 | 土 | 日 | 月 | 火 | 水 | 木 | 金 | 土 | 日 | 月 | 火 | 水 | 木 | 金 | 土 | 日 | 月 | 火 | 水 | 木 | 金 | 土 | 日 | 月 | 火 | 水 | 木 | 金 | 土 |
| 일진 | | 庚申 | 辛酉 | 壬戌 | 癸亥 | 甲子 | 乙丑 | 丙寅 | 丁卯 | 戊辰 | 己巳 | 庚午 | 辛未 | 壬申 | 癸酉 | 甲戌 | 乙亥 | 丙子 | 丁丑 | 戊寅 | 己卯 | 庚辰 | 辛巳 | 壬午 | 癸未 | 甲申 | 乙酉 | 丙戌 | 丁亥 | 戊子 | 己丑 |
| 대운 | 남 | 2 | 2 | 1 | 1 | 1 | 1 | 백 | 10 | 10 | 9 | 9 | 9 | 8 | 8 | 8 | 7 | 7 | 7 | 6 | 6 | 6 | 5 | 5 | 5 | 4 | 4 | 4 | 3 | 3 | 3 |
| | 녀 | 8 | 9 | 9 | 9 | 10 | 10 | 로 | 1 | 1 | 1 | 1 | 2 | 2 | 2 | 3 | 3 | 3 | 4 | 4 | 4 | 5 | 5 | 5 | 6 | 6 | 6 | 7 | 7 | 7 | 8 |

한로 8일 14시06분 **10 · 甲戌月(양 10.8~11.6)** 상강 23일 17시15분

| 양력 | | 1 | 2 | 3 | 4 | 5 | 6 | 7 | 8 | 9 | 10 | 11 | 12 | 13 | 14 | 15 | 16 | 17 | 18 | 19 | 20 | 21 | 22 | 23 | 24 | 25 | 26 | 27 | 28 | 29 | 30 | 31 |
|---|---|---|---|---|---|---|---|---|---|---|---|---|---|---|---|---|---|---|---|---|---|---|---|---|---|---|---|---|---|---|---|---|
| 음력 | | 19 | 20 | 21 | 22 | 23 | 24 | 25 | 26 | 27 | 28 | 29 | 9.1 | 2 | 3 | 4 | 5 | 6 | 7 | 8 | 9 | 10 | 11 | 12 | 13 | 14 | 15 | 16 | 17 | 18 | 19 | 20 |
| 요일 | | 日 | 月 | 火 | 水 | 木 | 金 | 土 | 日 | 月 | 火 | 水 | 木 | 金 | 土 | 日 | 月 | 火 | 水 | 木 | 金 | 土 | 日 | 月 | 火 | 水 | 木 | 金 | 土 | 日 | 月 | 火 |
| 일진 | | 庚寅 | 辛卯 | 壬辰 | 癸巳 | 甲午 | 乙未 | 丙申 | 丁酉 | 戊戌 | 己亥 | 庚子 | 辛丑 | 壬寅 | 癸卯 | 甲辰 | 乙巳 | 丙午 | 丁未 | 戊申 | 己酉 | 庚戌 | 辛亥 | 壬子 | 癸丑 | 甲寅 | 乙卯 | 丙辰 | 丁巳 | 戊午 | 己未 | 庚申 |
| 대운 | 남 | 2 | 2 | 2 | 1 | 1 | 1 | 1 | 한 | 10 | 9 | 9 | 9 | 8 | 8 | 8 | 7 | 7 | 7 | 6 | 6 | 6 | 5 | 5 | 5 | 4 | 4 | 4 | 3 | 3 | 3 | 2 |
| | 녀 | 8 | 8 | 9 | 9 | 9 | 10 | 10 | 로 | 1 | 1 | 1 | 1 | 2 | 2 | 2 | 3 | 3 | 3 | 4 | 4 | 4 | 5 | 5 | 5 | 6 | 6 | 6 | 7 | 7 | 7 | 8 |

입동 7일 17시32분 **11 · 乙亥月(양 11.7~12.6)** 소설 22일 15시04분

| 양력 | | 1 | 2 | 3 | 4 | 5 | 6 | 7 | 8 | 9 | 10 | 11 | 12 | 13 | 14 | 15 | 16 | 17 | 18 | 19 | 20 | 21 | 22 | 23 | 24 | 25 | 26 | 27 | 28 | 29 | 30 |
|---|---|---|---|---|---|---|---|---|---|---|---|---|---|---|---|---|---|---|---|---|---|---|---|---|---|---|---|---|---|---|---|
| 음력 | | 21 | 22 | 23 | 24 | 25 | 26 | 27 | 28 | 29 | 30 | 10.1 | 2 | 3 | 4 | 5 | 6 | 7 | 8 | 9 | 10 | 11 | 12 | 13 | 14 | 15 | 16 | 17 | 18 | 19 | 20 |
| 요일 | | 水 | 木 | 金 | 土 | 日 | 月 | 火 | 水 | 木 | 金 | 土 | 日 | 月 | 火 | 水 | 木 | 金 | 土 | 日 | 月 | 火 | 水 | 木 | 金 | 土 | 日 | 月 | 火 | 水 | 木 |
| 일진 | | 辛酉 | 壬戌 | 癸亥 | 甲子 | 乙丑 | 丙寅 | 丁卯 | 戊辰 | 己巳 | 庚午 | 辛未 | 壬申 | 癸酉 | 甲戌 | 乙亥 | 丙子 | 丁丑 | 戊寅 | 己卯 | 庚辰 | 辛巳 | 壬午 | 癸未 | 甲申 | 乙酉 | 丙戌 | 丁亥 | 戊子 | 己丑 | 庚寅 |
| 대운 | 남 | 2 | 2 | 1 | 1 | 1 | 1 | 입 | 10 | 9 | 9 | 9 | 8 | 8 | 8 | 7 | 7 | 7 | 6 | 6 | 6 | 5 | 5 | 5 | 4 | 4 | 4 | 3 | 3 | 3 | 2 |
| | 녀 | 8 | 8 | 9 | 9 | 9 | 10 | 동 | 1 | 1 | 1 | 1 | 2 | 2 | 2 | 3 | 3 | 3 | 4 | 4 | 4 | 5 | 5 | 5 | 6 | 6 | 6 | 7 | 7 | 7 | 8 |

대설 7일 10시35분 **12 · 丙子月(양 12.7~1.4)** 동지 22일 04시33분

| 양력 | | 1 | 2 | 3 | 4 | 5 | 6 | 7 | 8 | 9 | 10 | 11 | 12 | 13 | 14 | 15 | 16 | 17 | 18 | 19 | 20 | 21 | 22 | 23 | 24 | 25 | 26 | 27 | 28 | 29 | 30 | 31 |
|---|---|---|---|---|---|---|---|---|---|---|---|---|---|---|---|---|---|---|---|---|---|---|---|---|---|---|---|---|---|---|---|---|
| 음력 | | 21 | 22 | 23 | 24 | 25 | 26 | 27 | 28 | 29 | 30 | 11.1 | 2 | 3 | 4 | 5 | 6 | 7 | 8 | 9 | 10 | 11 | 12 | 13 | 14 | 15 | 16 | 17 | 18 | 19 | 20 | 21 |
| 요일 | | 金 | 土 | 日 | 月 | 火 | 水 | 木 | 金 | 土 | 日 | 月 | 火 | 水 | 木 | 金 | 土 | 日 | 月 | 火 | 水 | 木 | 金 | 土 | 日 | 月 | 火 | 水 | 木 | 金 | 土 | 日 |
| 일진 | | 辛卯 | 壬辰 | 癸巳 | 甲午 | 乙未 | 丙申 | 丁酉 | 戊戌 | 己亥 | 庚子 | 辛丑 | 壬寅 | 癸卯 | 甲辰 | 乙巳 | 丙午 | 丁未 | 戊申 | 己酉 | 庚戌 | 辛亥 | 壬子 | 癸丑 | 甲寅 | 乙卯 | 丙辰 | 丁巳 | 戊午 | 己未 | 庚申 | 辛酉 |
| 대운 | 남 | 2 | 2 | 1 | 1 | 1 | 1 | 대 | 9 | 9 | 9 | 8 | 8 | 8 | 7 | 7 | 7 | 6 | 6 | 6 | 5 | 5 | 5 | 4 | 4 | 4 | 3 | 3 | 3 | 2 | 2 | 2 |
| | 녀 | 8 | 8 | 9 | 9 | 9 | 10 | 설 | 1 | 1 | 1 | 1 | 2 | 2 | 2 | 3 | 3 | 3 | 4 | 4 | 4 | 5 | 5 | 5 | 6 | 6 | 6 | 7 | 7 | 7 | 8 | 8 |

단기 4368년

# 2035년

## 1 · 丁丑月(양 1.5~2.3)

소한 5일 21시54분 / 대한 20일 15시13분

| 양력 | 1 | 2 | 3 | 4 | 5 | 6 | 7 | 8 | 9 | 10 | 11 | 12 | 13 | 14 | 15 | 16 | 17 | 18 | 19 | 20 | 21 | 22 | 23 | 24 | 25 | 26 | 27 | 28 | 29 | 30 | 31 |
|---|---|---|---|---|---|---|---|---|---|---|---|---|---|---|---|---|---|---|---|---|---|---|---|---|---|---|---|---|---|---|---|
| 음력 | 22 | 23 | 24 | 25 | 26 | 27 | 28 | 29 | 30 | 12.1 | 2 | 3 | 4 | 5 | 6 | 7 | 8 | 9 | 10 | 11 | 12 | 13 | 14 | 15 | 16 | 17 | 18 | 19 | 20 | 21 | 22 |
| 요일 | 月 | 火 | 水 | 木 | 金 | 土 | 日 | 月 | 火 | 水 | 木 | 金 | 土 | 日 | 月 | 火 | 水 | 木 | 金 | 土 | 日 | 月 | 火 | 水 | 木 | 金 | 土 | 日 | 月 | 火 | 水 |
| 일진 | 壬戌 | 癸亥 | 甲子 | 乙丑 | 丙寅 | 丁卯 | 戊辰 | 己巳 | 庚午 | 辛未 | 壬申 | 癸酉 | 甲戌 | 乙亥 | 丙子 | 丁丑 | 戊寅 | 己卯 | 庚辰 | 辛巳 | 壬午 | 癸未 | 甲申 | 乙酉 | 丙戌 | 丁亥 | 戊子 | 己丑 | 庚寅 | 辛卯 | 壬辰 |
| 대운 남 | 1 | 1 | 1 | 1 | 소 | 10 | 9 | 9 | 9 | 8 | 8 | 8 | 7 | 7 | 7 | 6 | 6 | 6 | 5 | 5 | 5 | 4 | 4 | 4 | 3 | 3 | 3 | 2 | 2 | 2 | 1 |
| 대운 녀 | 8 | 9 | 9 | 9 | 한 | 1 | 1 | 1 | 1 | 2 | 2 | 2 | 3 | 3 | 3 | 4 | 4 | 4 | 5 | 5 | 5 | 6 | 6 | 6 | 7 | 7 | 7 | 8 | 8 | 8 | 9 |

## 2 · 戊寅月(양 2.4~3.5)

입춘 4일 09시30분 / 우수 19일 05시15분

| 양력 | 1 | 2 | 3 | 4 | 5 | 6 | 7 | 8 | 9 | 10 | 11 | 12 | 13 | 14 | 15 | 16 | 17 | 18 | 19 | 20 | 21 | 22 | 23 | 24 | 25 | 26 | 27 | 28 |
|---|---|---|---|---|---|---|---|---|---|---|---|---|---|---|---|---|---|---|---|---|---|---|---|---|---|---|---|---|
| 음력 | 23 | 24 | 25 | 26 | 27 | 28 | 29 | 1.1 | 2 | 3 | 4 | 5 | 6 | 7 | 8 | 9 | 10 | 11 | 12 | 13 | 14 | 15 | 16 | 17 | 18 | 19 | 20 | 21 |
| 요일 | 木 | 金 | 土 | 日 | 月 | 火 | 水 | 木 | 金 | 土 | 日 | 月 | 火 | 水 | 木 | 金 | 土 | 日 | 月 | 火 | 水 | 木 | 金 | 土 | 日 | 月 | 火 | 水 |
| 일진 | 癸巳 | 甲午 | 乙未 | 丙申 | 丁酉 | 戊戌 | 己亥 | 庚子 | 辛丑 | 壬寅 | 癸卯 | 甲辰 | 乙巳 | 丙午 | 丁未 | 戊申 | 己酉 | 庚戌 | 辛亥 | 壬子 | 癸丑 | 甲寅 | 乙卯 | 丙辰 | 丁巳 | 戊午 | 己未 | 庚申 |
| 대운 남 | 1 | 1 | 1 | 입 | 1 | 1 | 1 | 1 | 2 | 2 | 2 | 3 | 3 | 3 | 4 | 4 | 4 | 5 | 5 | 5 | 6 | 6 | 6 | 7 | 7 | 7 | 8 | 8 |
| 대운 녀 | 9 | 9 | 10 | 춘 | 10 | 9 | 9 | 9 | 8 | 8 | 8 | 7 | 7 | 7 | 6 | 6 | 6 | 5 | 5 | 5 | 4 | 4 | 4 | 3 | 3 | 3 | 2 | 2 |

## 3 · 己卯月(양 3.6~4.4)

경칩 6일 03시20분 / 춘분 21일 04시01분

| 양력 | 1 | 2 | 3 | 4 | 5 | 6 | 7 | 8 | 9 | 10 | 11 | 12 | 13 | 14 | 15 | 16 | 17 | 18 | 19 | 20 | 21 | 22 | 23 | 24 | 25 | 26 | 27 | 28 | 29 | 30 | 31 |
|---|---|---|---|---|---|---|---|---|---|---|---|---|---|---|---|---|---|---|---|---|---|---|---|---|---|---|---|---|---|---|---|
| 음력 | 22 | 23 | 24 | 25 | 26 | 27 | 28 | 29 | 30 | 2.1 | 2 | 3 | 4 | 5 | 6 | 7 | 8 | 9 | 10 | 11 | 12 | 13 | 14 | 15 | 16 | 17 | 18 | 19 | 20 | 21 | 22 |
| 요일 | 木 | 金 | 土 | 日 | 月 | 火 | 水 | 木 | 金 | 土 | 日 | 月 | 火 | 水 | 木 | 金 | 土 | 日 | 月 | 火 | 水 | 木 | 金 | 土 | 日 | 月 | 火 | 水 | 木 | 金 | 土 |
| 일진 | 辛酉 | 壬戌 | 癸亥 | 甲子 | 乙丑 | 丙寅 | 丁卯 | 戊辰 | 己巳 | 庚午 | 辛未 | 壬申 | 癸酉 | 甲戌 | 乙亥 | 丙子 | 丁丑 | 戊寅 | 己卯 | 庚辰 | 辛巳 | 壬午 | 癸未 | 甲申 | 乙酉 | 丙戌 | 丁亥 | 戊子 | 己丑 | 庚寅 | 辛卯 |
| 대운 남 | 8 | 9 | 9 | 9 | 10 | 경 | 1 | 1 | 1 | 1 | 2 | 2 | 2 | 3 | 3 | 3 | 4 | 4 | 4 | 5 | 5 | 5 | 6 | 6 | 6 | 7 | 7 | 7 | 8 | 8 | 8 |
| 대운 녀 | 2 | 1 | 1 | 1 | 1 | 칩 | 10 | 9 | 9 | 9 | 8 | 8 | 8 | 7 | 7 | 7 | 6 | 6 | 6 | 5 | 5 | 5 | 4 | 4 | 4 | 3 | 3 | 3 | 2 | 2 | 2 |

## 4 · 庚辰月(양 4.5~5.5)

청명 5일 07시52분 / 곡우 20일 14시48분

| 양력 | 1 | 2 | 3 | 4 | 5 | 6 | 7 | 8 | 9 | 10 | 11 | 12 | 13 | 14 | 15 | 16 | 17 | 18 | 19 | 20 | 21 | 22 | 23 | 24 | 25 | 26 | 27 | 28 | 29 | 30 |
|---|---|---|---|---|---|---|---|---|---|---|---|---|---|---|---|---|---|---|---|---|---|---|---|---|---|---|---|---|---|---|
| 음력 | 23 | 24 | 25 | 26 | 27 | 28 | 29 | 3.1 | 2 | 3 | 4 | 5 | 6 | 7 | 8 | 9 | 10 | 11 | 12 | 13 | 14 | 15 | 16 | 17 | 18 | 19 | 20 | 21 | 22 | 23 |
| 요일 | 日 | 月 | 火 | 水 | 木 | 金 | 土 | 日 | 月 | 火 | 水 | 木 | 金 | 土 | 日 | 月 | 火 | 水 | 木 | 金 | 土 | 日 | 月 | 火 | 水 | 木 | 金 | 土 | 日 | 月 |
| 일진 | 壬辰 | 癸巳 | 甲午 | 乙未 | 丙申 | 丁酉 | 戊戌 | 己亥 | 庚子 | 辛丑 | 壬寅 | 癸卯 | 甲辰 | 乙巳 | 丙午 | 丁未 | 戊申 | 己酉 | 庚戌 | 辛亥 | 壬子 | 癸丑 | 甲寅 | 乙卯 | 丙辰 | 丁巳 | 戊午 | 己未 | 庚申 | 辛酉 |
| 대운 남 | 9 | 9 | 9 | 10 | 청 | 1 | 1 | 1 | 1 | 2 | 2 | 2 | 3 | 3 | 3 | 4 | 4 | 4 | 5 | 5 | 5 | 6 | 6 | 6 | 7 | 7 | 7 | 8 | 8 | 8 |
| 대운 녀 | 1 | 1 | 1 | 1 | 명 | 10 | 10 | 9 | 9 | 9 | 8 | 8 | 8 | 7 | 7 | 7 | 6 | 6 | 6 | 5 | 5 | 5 | 4 | 4 | 4 | 3 | 3 | 3 | 2 | 2 |

## 5 · 辛巳月(양 5.6~6.5)

입하 6일 00시54분 / 소만 21일 13시42분

| 양력 | 1 | 2 | 3 | 4 | 5 | 6 | 7 | 8 | 9 | 10 | 11 | 12 | 13 | 14 | 15 | 16 | 17 | 18 | 19 | 20 | 21 | 22 | 23 | 24 | 25 | 26 | 27 | 28 | 29 | 30 | 31 |
|---|---|---|---|---|---|---|---|---|---|---|---|---|---|---|---|---|---|---|---|---|---|---|---|---|---|---|---|---|---|---|---|
| 음력 | 24 | 25 | 26 | 27 | 28 | 29 | 30 | 4.1 | 2 | 3 | 4 | 5 | 6 | 7 | 8 | 9 | 10 | 11 | 12 | 13 | 14 | 15 | 16 | 17 | 18 | 19 | 20 | 21 | 22 | 23 | 24 |
| 요일 | 火 | 水 | 木 | 金 | 土 | 日 | 月 | 火 | 水 | 木 | 金 | 土 | 日 | 月 | 火 | 水 | 木 | 金 | 土 | 日 | 月 | 火 | 水 | 木 | 金 | 土 | 日 | 月 | 火 | 水 | 木 |
| 일진 | 壬戌 | 癸亥 | 甲子 | 乙丑 | 丙寅 | 丁卯 | 戊辰 | 己巳 | 庚午 | 辛未 | 壬申 | 癸酉 | 甲戌 | 乙亥 | 丙子 | 丁丑 | 戊寅 | 己卯 | 庚辰 | 辛巳 | 壬午 | 癸未 | 甲申 | 乙酉 | 丙戌 | 丁亥 | 戊子 | 己丑 | 庚寅 | 辛卯 | 壬辰 |
| 대운 남 | 9 | 9 | 9 | 10 | 10 | 입 | 1 | 1 | 1 | 1 | 2 | 2 | 2 | 3 | 3 | 3 | 4 | 4 | 4 | 5 | 5 | 5 | 6 | 6 | 6 | 7 | 7 | 7 | 8 | 8 | 8 |
| 대운 녀 | 2 | 1 | 1 | 1 | 1 | 하 | 10 | 10 | 9 | 9 | 9 | 8 | 8 | 8 | 7 | 7 | 7 | 6 | 6 | 6 | 5 | 5 | 5 | 4 | 4 | 4 | 3 | 3 | 3 | 2 | 2 |

## 6 · 壬午月(양 6.6~7.6)

망종 6일 04시49분 / 하지 21일 21시32분

| 양력 | 1 | 2 | 3 | 4 | 5 | 6 | 7 | 8 | 9 | 10 | 11 | 12 | 13 | 14 | 15 | 16 | 17 | 18 | 19 | 20 | 21 | 22 | 23 | 24 | 25 | 26 | 27 | 28 | 29 | 30 |
|---|---|---|---|---|---|---|---|---|---|---|---|---|---|---|---|---|---|---|---|---|---|---|---|---|---|---|---|---|---|---|
| 음력 | 25 | 26 | 27 | 28 | 29 | 5.1 | 2 | 3 | 4 | 5 | 6 | 7 | 8 | 9 | 10 | 11 | 12 | 13 | 14 | 15 | 16 | 17 | 18 | 19 | 20 | 21 | 22 | 23 | 24 | 25 |
| 요일 | 金 | 土 | 日 | 月 | 火 | 水 | 木 | 金 | 土 | 日 | 月 | 火 | 水 | 木 | 金 | 土 | 日 | 月 | 火 | 水 | 木 | 金 | 土 | 日 | 月 | 火 | 水 | 木 | 金 | 土 |
| 일진 | 癸巳 | 甲午 | 乙未 | 丙申 | 丁酉 | 戊戌 | 己亥 | 庚子 | 辛丑 | 壬寅 | 癸卯 | 甲辰 | 乙巳 | 丙午 | 丁未 | 戊申 | 己酉 | 庚戌 | 辛亥 | 壬子 | 癸丑 | 甲寅 | 乙卯 | 丙辰 | 丁巳 | 戊午 | 己未 | 庚申 | 辛酉 | 壬戌 |
| 대운 남 | 9 | 9 | 9 | 10 | 10 | 망 | 1 | 1 | 1 | 1 | 2 | 2 | 2 | 3 | 3 | 3 | 4 | 4 | 4 | 5 | 5 | 5 | 6 | 6 | 6 | 7 | 7 | 7 | 8 | 8 |
| 대운 녀 | 2 | 1 | 1 | 1 | 1 | 종 | 10 | 10 | 9 | 9 | 9 | 8 | 8 | 8 | 7 | 7 | 7 | 6 | 6 | 6 | 5 | 5 | 5 | 4 | 4 | 4 | 3 | 3 | 3 | 2 |

## 7 · 癸未月(양 7.7~8.7)

소서 7일 15시00분 / 대서 23일 08시27분

| 양력 | 1 | 2 | 3 | 4 | 5 | 6 | 7 | 8 | 9 | 10 | 11 | 12 | 13 | 14 | 15 | 16 | 17 | 18 | 19 | 20 | 21 | 22 | 23 | 24 | 25 | 26 | 27 | 28 | 29 | 30 | 31 |
|---|---|---|---|---|---|---|---|---|---|---|---|---|---|---|---|---|---|---|---|---|---|---|---|---|---|---|---|---|---|---|---|
| 음력 | 26 | 27 | 28 | 29 | 6.1 | 2 | 3 | 4 | 5 | 6 | 7 | 8 | 9 | 10 | 11 | 12 | 13 | 14 | 15 | 16 | 17 | 18 | 19 | 20 | 21 | 22 | 23 | 24 | 25 | 26 | 27 |
| 요일 | 日 | 月 | 火 | 水 | 木 | 金 | 土 | 日 | 月 | 火 | 水 | 木 | 金 | 土 | 日 | 月 | 火 | 水 | 木 | 金 | 土 | 日 | 月 | 火 | 水 | 木 | 金 | 土 | 日 | 月 | 火 |
| 일진 | 癸亥 | 甲子 | 乙丑 | 丙寅 | 丁卯 | 戊辰 | 己巳 | 庚午 | 辛未 | 壬申 | 癸酉 | 甲戌 | 乙亥 | 丙子 | 丁丑 | 戊寅 | 己卯 | 庚辰 | 辛巳 | 壬午 | 癸未 | 甲申 | 乙酉 | 丙戌 | 丁亥 | 戊子 | 己丑 | 庚寅 | 辛卯 | 壬辰 | 癸巳 |
| 대운 남 | 8 | 9 | 9 | 9 | 10 | 10 | 소 | 1 | 1 | 1 | 1 | 2 | 2 | 2 | 3 | 3 | 3 | 4 | 4 | 4 | 5 | 5 | 5 | 6 | 6 | 6 | 7 | 7 | 7 | 8 | 8 |
| 대운 녀 | 2 | 2 | 1 | 1 | 1 | 1 | 서 | 10 | 10 | 10 | 9 | 9 | 9 | 8 | 8 | 8 | 7 | 7 | 7 | 6 | 6 | 6 | 5 | 5 | 5 | 4 | 4 | 4 | 3 | 3 | 3 |

## 8 · 甲申月(양 8.8~9.7)

입추 8일 00시53분 / 처서 23일 15시43분

| 양력 | 1 | 2 | 3 | 4 | 5 | 6 | 7 | 8 | 9 | 10 | 11 | 12 | 13 | 14 | 15 | 16 | 17 | 18 | 19 | 20 | 21 | 22 | 23 | 24 | 25 | 26 | 27 | 28 | 29 | 30 | 31 |
|---|---|---|---|---|---|---|---|---|---|---|---|---|---|---|---|---|---|---|---|---|---|---|---|---|---|---|---|---|---|---|---|
| 음력 | 28 | 29 | 30 | 7.1 | 2 | 3 | 4 | 5 | 6 | 7 | 8 | 9 | 10 | 11 | 12 | 13 | 14 | 15 | 16 | 17 | 18 | 19 | 20 | 21 | 22 | 23 | 24 | 25 | 26 | 27 | 28 |
| 요일 | 水 | 木 | 金 | 土 | 日 | 月 | 火 | 水 | 木 | 金 | 土 | 日 | 月 | 火 | 水 | 木 | 金 | 土 | 日 | 月 | 火 | 水 | 木 | 金 | 土 | 日 | 月 | 火 | 水 | 木 | 金 |
| 일진 | 甲午 | 乙未 | 丙申 | 丁酉 | 戊戌 | 己亥 | 庚子 | 辛丑 | 壬寅 | 癸卯 | 甲辰 | 乙巳 | 丙午 | 丁未 | 戊申 | 己酉 | 庚戌 | 辛亥 | 壬子 | 癸丑 | 甲寅 | 乙卯 | 丙辰 | 丁巳 | 戊午 | 己未 | 庚申 | 辛酉 | 壬戌 | 癸亥 | 甲子 |
| 대운 남 | 8 | 9 | 9 | 9 | 10 | 10 | 10 | 입 | 1 | 1 | 1 | 1 | 2 | 2 | 2 | 3 | 3 | 3 | 4 | 4 | 4 | 5 | 5 | 5 | 6 | 6 | 6 | 7 | 7 | 7 | 8 |
| 대운 녀 | 2 | 2 | 2 | 1 | 1 | 1 | 1 | 추 | 10 | 10 | 9 | 9 | 9 | 8 | 8 | 8 | 7 | 7 | 7 | 6 | 6 | 6 | 5 | 5 | 5 | 4 | 4 | 4 | 3 | 3 | 3 |

## 9 · 乙酉月(양 9.8~10.7)

백로 8일 04시01분 / 추분 23일 13시38분

| 양력 | 1 | 2 | 3 | 4 | 5 | 6 | 7 | 8 | 9 | 10 | 11 | 12 | 13 | 14 | 15 | 16 | 17 | 18 | 19 | 20 | 21 | 22 | 23 | 24 | 25 | 26 | 27 | 28 | 29 | 30 |
|---|---|---|---|---|---|---|---|---|---|---|---|---|---|---|---|---|---|---|---|---|---|---|---|---|---|---|---|---|---|---|
| 음력 | 29 | 8.1 | 2 | 3 | 4 | 5 | 6 | 7 | 8 | 9 | 10 | 11 | 12 | 13 | 14 | 15 | 16 | 17 | 18 | 19 | 20 | 21 | 22 | 23 | 24 | 25 | 26 | 27 | 28 | 29 |
| 요일 | 土 | 日 | 月 | 火 | 水 | 木 | 金 | 土 | 日 | 月 | 火 | 水 | 木 | 金 | 土 | 日 | 月 | 火 | 水 | 木 | 金 | 土 | 日 | 月 | 火 | 水 | 木 | 金 | 土 | 日 |
| 일진 | 乙丑 | 丙寅 | 丁卯 | 戊辰 | 己巳 | 庚午 | 辛未 | 壬申 | 癸酉 | 甲戌 | 乙亥 | 丙子 | 丁丑 | 戊寅 | 己卯 | 庚辰 | 辛巳 | 壬午 | 癸未 | 甲申 | 乙酉 | 丙戌 | 丁亥 | 戊子 | 己丑 | 庚寅 | 辛卯 | 壬辰 | 癸巳 | 甲午 |
| 대운 남 | 8 | 8 | 9 | 9 | 9 | 10 | 10 | 백 | 1 | 1 | 1 | 1 | 2 | 2 | 2 | 3 | 3 | 3 | 4 | 4 | 4 | 5 | 5 | 5 | 6 | 6 | 6 | 7 | 7 | 7 |
| 대운 녀 | 2 | 2 | 2 | 1 | 1 | 1 | 1 | 로 | 10 | 9 | 9 | 9 | 8 | 8 | 8 | 7 | 7 | 7 | 6 | 6 | 6 | 5 | 5 | 5 | 4 | 4 | 4 | 3 | 3 | 3 |

## 10 · 丙戌月(양 10.8~11.6)

한로 8일 19시56분 / 상강 23일 23시15분

| 양력 | 1 | 2 | 3 | 4 | 5 | 6 | 7 | 8 | 9 | 10 | 11 | 12 | 13 | 14 | 15 | 16 | 17 | 18 | 19 | 20 | 21 | 22 | 23 | 24 | 25 | 26 | 27 | 28 | 29 | 30 | 31 |
|---|---|---|---|---|---|---|---|---|---|---|---|---|---|---|---|---|---|---|---|---|---|---|---|---|---|---|---|---|---|---|---|
| 음력 | 9.1 | 2 | 3 | 4 | 5 | 6 | 7 | 8 | 9 | 10 | 11 | 12 | 13 | 14 | 15 | 16 | 17 | 18 | 19 | 20 | 21 | 22 | 23 | 24 | 25 | 26 | 27 | 28 | 29 | 30 | 10.1 |
| 요일 | 月 | 火 | 水 | 木 | 金 | 土 | 日 | 月 | 火 | 水 | 木 | 金 | 土 | 日 | 月 | 火 | 水 | 木 | 金 | 土 | 日 | 月 | 火 | 水 | 木 | 金 | 土 | 日 | 月 | 火 | 水 |
| 일진 | 乙未 | 丙申 | 丁酉 | 戊戌 | 己亥 | 庚子 | 辛丑 | 壬寅 | 癸卯 | 甲辰 | 乙巳 | 丙午 | 丁未 | 戊申 | 己酉 | 庚戌 | 辛亥 | 壬子 | 癸丑 | 甲寅 | 乙卯 | 丙辰 | 丁巳 | 戊午 | 己未 | 庚申 | 辛酉 | 壬戌 | 癸亥 | 甲子 | 乙丑 |
| 대운 남 | 8 | 8 | 8 | 9 | 9 | 9 | 10 | 한 | 1 | 1 | 1 | 1 | 2 | 2 | 2 | 3 | 3 | 3 | 4 | 4 | 4 | 5 | 5 | 5 | 6 | 6 | 6 | 7 | 7 | 7 | 8 |
| 대운 녀 | 2 | 2 | 2 | 1 | 1 | 1 | 1 | 로 | 10 | 9 | 9 | 9 | 8 | 8 | 8 | 7 | 7 | 7 | 6 | 6 | 6 | 5 | 5 | 5 | 4 | 4 | 4 | 3 | 3 | 3 | 2 |

## 11 · 丁亥月(양 11.7~12.6)

입동 7일 23시22분 / 소설 22일 21시02분

| 양력 | 1 | 2 | 3 | 4 | 5 | 6 | 7 | 8 | 9 | 10 | 11 | 12 | 13 | 14 | 15 | 16 | 17 | 18 | 19 | 20 | 21 | 22 | 23 | 24 | 25 | 26 | 27 | 28 | 29 | 30 |
|---|---|---|---|---|---|---|---|---|---|---|---|---|---|---|---|---|---|---|---|---|---|---|---|---|---|---|---|---|---|---|
| 음력 | 2 | 3 | 4 | 5 | 6 | 7 | 8 | 9 | 10 | 11 | 12 | 13 | 14 | 15 | 16 | 17 | 18 | 19 | 20 | 21 | 22 | 23 | 24 | 25 | 26 | 27 | 28 | 29 | 30 | 11.1 |
| 요일 | 木 | 金 | 土 | 日 | 月 | 火 | 水 | 木 | 金 | 土 | 日 | 月 | 火 | 水 | 木 | 金 | 土 | 日 | 月 | 火 | 水 | 木 | 金 | 土 | 日 | 月 | 火 | 水 | 木 | 金 |
| 일진 | 丙寅 | 丁卯 | 戊辰 | 己巳 | 庚午 | 辛未 | 壬申 | 癸酉 | 甲戌 | 乙亥 | 丙子 | 丁丑 | 戊寅 | 己卯 | 庚辰 | 辛巳 | 壬午 | 癸未 | 甲申 | 乙酉 | 丙戌 | 丁亥 | 戊子 | 己丑 | 庚寅 | 辛卯 | 壬辰 | 癸巳 | 甲午 | 乙未 |
| 대운 남 | 8 | 8 | 9 | 9 | 9 | 10 | 입 | 1 | 1 | 1 | 1 | 2 | 2 | 2 | 3 | 3 | 3 | 4 | 4 | 4 | 5 | 5 | 5 | 6 | 6 | 6 | 7 | 7 | 7 | 8 |
| 대운 녀 | 2 | 2 | 1 | 1 | 1 | 1 | 동 | 10 | 9 | 9 | 9 | 8 | 8 | 8 | 7 | 7 | 7 | 6 | 6 | 6 | 5 | 5 | 5 | 4 | 4 | 4 | 3 | 3 | 3 | 2 |

## 12 · 戊子月(양 12.7~1.5)

대설 7일 16시24분 / 동지 22일 10시30분

| 양력 | 1 | 2 | 3 | 4 | 5 | 6 | 7 | 8 | 9 | 10 | 11 | 12 | 13 | 14 | 15 | 16 | 17 | 18 | 19 | 20 | 21 | 22 | 23 | 24 | 25 | 26 | 27 | 28 | 29 | 30 | 31 |
|---|---|---|---|---|---|---|---|---|---|---|---|---|---|---|---|---|---|---|---|---|---|---|---|---|---|---|---|---|---|---|---|
| 음력 | 2 | 3 | 4 | 5 | 6 | 7 | 8 | 9 | 10 | 11 | 12 | 13 | 14 | 15 | 16 | 17 | 18 | 19 | 20 | 21 | 22 | 23 | 24 | 25 | 26 | 27 | 28 | 29 | 12.1 | 2 | 3 |
| 요일 | 土 | 日 | 月 | 火 | 水 | 木 | 金 | 土 | 日 | 月 | 火 | 水 | 木 | 金 | 土 | 日 | 月 | 火 | 水 | 木 | 金 | 土 | 日 | 月 | 火 | 水 | 木 | 金 | 土 | 日 | 月 |
| 일진 | 丙申 | 丁酉 | 戊戌 | 己亥 | 庚子 | 辛丑 | 壬寅 | 癸卯 | 甲辰 | 乙巳 | 丙午 | 丁未 | 戊申 | 己酉 | 庚戌 | 辛亥 | 壬子 | 癸丑 | 甲寅 | 乙卯 | 丙辰 | 丁巳 | 戊午 | 己未 | 庚申 | 辛酉 | 壬戌 | 癸亥 | 甲子 | 乙丑 | 丙寅 |
| 대운 남 | 8 | 8 | 9 | 9 | 9 | 10 | 대 | 1 | 1 | 1 | 1 | 2 | 2 | 2 | 3 | 3 | 3 | 4 | 4 | 4 | 5 | 5 | 5 | 6 | 6 | 6 | 7 | 7 | 7 | 8 | 8 |
| 대운 녀 | 2 | 2 | 1 | 1 | 1 | 1 | 설 | 10 | 9 | 9 | 9 | 8 | 8 | 8 | 7 | 7 | 7 | 6 | 6 | 6 | 5 | 5 | 5 | 4 | 4 | 4 | 3 | 3 | 3 | 2 | 2 |

단기 4369년

# 2036년(윤6월)

## 1 · 己丑月(양 1.6~2.3)

소한 6일 03시42분 / 대한 20일 21시10분

| 양력 | 1 | 2 | 3 | 4 | 5 | 6 | 7 | 8 | 9 | 10 | 11 | 12 | 13 | 14 | 15 | 16 | 17 | 18 | 19 | 20 | 21 | 22 | 23 | 24 | 25 | 26 | 27 | 28 | 29 | 30 | 31 |
|---|---|---|---|---|---|---|---|---|---|---|---|---|---|---|---|---|---|---|---|---|---|---|---|---|---|---|---|---|---|---|---|
| 음력 | 4 | 5 | 6 | 7 | 8 | 9 | 10 | 11 | 12 | 13 | 14 | 15 | 16 | 17 | 18 | 19 | 20 | 21 | 22 | 23 | 24 | 25 | 26 | 27 | 28 | 29 | 30 | 1.1 | 2 | 3 | 4 |
| 요일 | 火 | 水 | 木 | 金 | 土 | 日 | 月 | 火 | 水 | 木 | 金 | 土 | 日 | 月 | 火 | 水 | 木 | 金 | 土 | 日 | 月 | 火 | 水 | 木 | 金 | 土 | 日 | 月 | 火 | 水 | 木 |
| 일진 | 丁卯 | 戊辰 | 己巳 | 庚午 | 辛未 | 壬申 | 癸酉 | 甲戌 | 乙亥 | 丙子 | 丁丑 | 戊寅 | 己卯 | 庚辰 | 辛巳 | 壬午 | 癸未 | 甲申 | 乙酉 | 丙戌 | 丁亥 | 戊子 | 己丑 | 庚寅 | 辛卯 | 壬辰 | 癸巳 | 甲午 | 乙未 | 丙申 | 丁酉 |
| 대운 남 | 8 | 9 | 9 | 9 | 10 | 소 | 1 | 1 | 1 | 1 | 2 | 2 | 2 | 3 | 3 | 3 | 4 | 4 | 4 | 5 | 5 | 5 | 6 | 6 | 6 | 7 | 7 | 7 | 8 | 8 | 8 |
| 대운 녀 | 2 | 1 | 1 | 1 | 1 | 한 | 9 | 9 | 9 | 8 | 8 | 8 | 7 | 7 | 7 | 6 | 6 | 6 | 5 | 5 | 5 | 4 | 4 | 4 | 3 | 3 | 3 | 2 | 2 | 2 | 1 |

## 2 · 庚寅月(양 2.4~3.4)

입춘 4일 15시19분 / 우수 19일 11시13분

| 양력 | 1 | 2 | 3 | 4 | 5 | 6 | 7 | 8 | 9 | 10 | 11 | 12 | 13 | 14 | 15 | 16 | 17 | 18 | 19 | 20 | 21 | 22 | 23 | 24 | 25 | 26 | 27 | 28 | 29 |
|---|---|---|---|---|---|---|---|---|---|---|---|---|---|---|---|---|---|---|---|---|---|---|---|---|---|---|---|---|---|
| 음력 | 5 | 6 | 7 | 8 | 9 | 10 | 11 | 12 | 13 | 14 | 15 | 16 | 17 | 18 | 19 | 20 | 21 | 22 | 23 | 24 | 25 | 26 | 27 | 28 | 29 | 30 | 2.1 | 2 | 3 |
| 요일 | 金 | 土 | 日 | 月 | 火 | 水 | 木 | 金 | 土 | 日 | 月 | 火 | 水 | 木 | 金 | 土 | 日 | 月 | 火 | 水 | 木 | 金 | 土 | 日 | 月 | 火 | 水 | 木 | 金 |
| 일진 | 戊戌 | 己亥 | 庚子 | 辛丑 | 壬寅 | 癸卯 | 甲辰 | 乙巳 | 丙午 | 丁未 | 戊申 | 己酉 | 庚戌 | 辛亥 | 壬子 | 癸丑 | 甲寅 | 乙卯 | 丙辰 | 丁巳 | 戊午 | 己未 | 庚申 | 辛酉 | 壬戌 | 癸亥 | 甲子 | 乙丑 | 丙寅 |
| 대운 남 | 9 | 9 | 9 | 입 | 10 | 9 | 9 | 9 | 8 | 8 | 8 | 7 | 7 | 7 | 6 | 6 | 6 | 5 | 5 | 5 | 4 | 4 | 4 | 3 | 3 | 3 | 2 | 2 | 2 |
| 대운 녀 | 1 | 1 | 1 | 춘 | 1 | 1 | 1 | 1 | 2 | 2 | 2 | 3 | 3 | 3 | 4 | 4 | 4 | 5 | 5 | 5 | 6 | 6 | 6 | 7 | 7 | 7 | 8 | 8 | 8 |

## 3 · 辛卯月(양 3.5~4.3)

경칩 5일 09시10분 / 춘분 20일 10시01분

| 양력 | 1 | 2 | 3 | 4 | 5 | 6 | 7 | 8 | 9 | 10 | 11 | 12 | 13 | 14 | 15 | 16 | 17 | 18 | 19 | 20 | 21 | 22 | 23 | 24 | 25 | 26 | 27 | 28 | 29 | 30 | 31 |
|---|---|---|---|---|---|---|---|---|---|---|---|---|---|---|---|---|---|---|---|---|---|---|---|---|---|---|---|---|---|---|---|
| 음력 | 4 | 5 | 6 | 7 | 8 | 9 | 10 | 11 | 12 | 13 | 14 | 15 | 16 | 17 | 18 | 19 | 20 | 21 | 22 | 23 | 24 | 25 | 26 | 27 | 28 | 29 | 30 | 3.1 | 2 | 3 | 4 |
| 요일 | 土 | 日 | 月 | 火 | 水 | 木 | 金 | 土 | 日 | 月 | 火 | 水 | 木 | 金 | 土 | 日 | 月 | 火 | 水 | 木 | 金 | 土 | 日 | 月 | 火 | 水 | 木 | 金 | 土 | 日 | 月 |
| 일진 | 丁卯 | 戊辰 | 己巳 | 庚午 | 辛未 | 壬申 | 癸酉 | 甲戌 | 乙亥 | 丙子 | 丁丑 | 戊寅 | 己卯 | 庚辰 | 辛巳 | 壬午 | 癸未 | 甲申 | 乙酉 | 丙戌 | 丁亥 | 戊子 | 己丑 | 庚寅 | 辛卯 | 壬辰 | 癸巳 | 甲午 | 乙未 | 丙申 | 丁酉 |
| 대운 남 | 1 | 1 | 1 | 1 | 경 | 10 | 9 | 9 | 9 | 8 | 8 | 8 | 7 | 7 | 7 | 6 | 6 | 6 | 5 | 5 | 5 | 4 | 4 | 4 | 3 | 3 | 3 | 2 | 2 | 2 | 1 |
| 대운 녀 | 9 | 9 | 9 | 10 | 칩 | 1 | 1 | 1 | 1 | 2 | 2 | 2 | 3 | 3 | 3 | 4 | 4 | 4 | 5 | 5 | 5 | 6 | 6 | 6 | 7 | 7 | 7 | 8 | 8 | 8 | 9 |

## 4 · 壬辰月(양 4.4~5.4)

청명 4일 13시45분 / 곡우 19일 20시49분

| 양력 | 1 | 2 | 3 | 4 | 5 | 6 | 7 | 8 | 9 | 10 | 11 | 12 | 13 | 14 | 15 | 16 | 17 | 18 | 19 | 20 | 21 | 22 | 23 | 24 | 25 | 26 | 27 | 28 | 29 | 30 |
|---|---|---|---|---|---|---|---|---|---|---|---|---|---|---|---|---|---|---|---|---|---|---|---|---|---|---|---|---|---|---|
| 음력 | 5 | 6 | 7 | 8 | 9 | 10 | 11 | 12 | 13 | 14 | 15 | 16 | 17 | 18 | 19 | 20 | 21 | 22 | 23 | 24 | 25 | 26 | 27 | 28 | 29 | 4.1 | 2 | 3 | 4 | 5 |
| 요일 | 火 | 水 | 木 | 金 | 土 | 日 | 月 | 火 | 水 | 木 | 金 | 土 | 日 | 月 | 火 | 水 | 木 | 金 | 土 | 日 | 月 | 火 | 水 | 木 | 金 | 土 | 日 | 月 | 火 | 水 |
| 일진 | 戊戌 | 己亥 | 庚子 | 辛丑 | 壬寅 | 癸卯 | 甲辰 | 乙巳 | 丙午 | 丁未 | 戊申 | 己酉 | 庚戌 | 辛亥 | 壬子 | 癸丑 | 甲寅 | 乙卯 | 丙辰 | 丁巳 | 戊午 | 己未 | 庚申 | 辛酉 | 壬戌 | 癸亥 | 甲子 | 乙丑 | 丙寅 | 丁卯 |
| 대운 남 | 1 | 1 | 1 | 청 | 10 | 10 | 9 | 9 | 9 | 8 | 8 | 8 | 7 | 7 | 7 | 6 | 6 | 6 | 5 | 5 | 5 | 4 | 4 | 4 | 3 | 3 | 3 | 2 | 2 | 2 |
| 대운 녀 | 9 | 9 | 10 | 명 | 1 | 1 | 1 | 1 | 2 | 2 | 2 | 3 | 3 | 3 | 4 | 4 | 4 | 5 | 5 | 5 | 6 | 6 | 6 | 7 | 7 | 7 | 8 | 8 | 8 | 9 |

## 5 · 癸巳月(양 5.5~6.4)

입하 5일 06시48분 / 소만 20일 19시43분

| 양력 | 1 | 2 | 3 | 4 | 5 | 6 | 7 | 8 | 9 | 10 | 11 | 12 | 13 | 14 | 15 | 16 | 17 | 18 | 19 | 20 | 21 | 22 | 23 | 24 | 25 | 26 | 27 | 28 | 29 | 30 | 31 |
|---|---|---|---|---|---|---|---|---|---|---|---|---|---|---|---|---|---|---|---|---|---|---|---|---|---|---|---|---|---|---|---|
| 음력 | 6 | 7 | 8 | 9 | 10 | 11 | 12 | 13 | 14 | 15 | 16 | 17 | 18 | 19 | 20 | 21 | 22 | 23 | 24 | 25 | 26 | 27 | 28 | 29 | 30 | 5.1 | 2 | 3 | 4 | 5 | 6 |
| 요일 | 木 | 金 | 土 | 日 | 月 | 火 | 水 | 木 | 金 | 土 | 日 | 月 | 火 | 水 | 木 | 金 | 土 | 日 | 月 | 火 | 水 | 木 | 金 | 土 | 日 | 月 | 火 | 水 | 木 | 金 | 土 |
| 일진 | 戊辰 | 己巳 | 庚午 | 辛未 | 壬申 | 癸酉 | 甲戌 | 乙亥 | 丙子 | 丁丑 | 戊寅 | 己卯 | 庚辰 | 辛巳 | 壬午 | 癸未 | 甲申 | 乙酉 | 丙戌 | 丁亥 | 戊子 | 己丑 | 庚寅 | 辛卯 | 壬辰 | 癸巳 | 甲午 | 乙未 | 丙申 | 丁酉 | 戊戌 |
| 대운 남 | 1 | 1 | 1 | 1 | 입 | 10 | 10 | 9 | 9 | 9 | 8 | 8 | 8 | 7 | 7 | 7 | 6 | 6 | 6 | 5 | 5 | 5 | 4 | 4 | 4 | 3 | 3 | 3 | 2 | 2 | 2 |
| 대운 녀 | 9 | 9 | 10 | 10 | 하 | 1 | 1 | 1 | 1 | 2 | 2 | 2 | 3 | 3 | 3 | 4 | 4 | 4 | 5 | 5 | 5 | 6 | 6 | 6 | 7 | 7 | 7 | 8 | 8 | 8 | 9 |

## 6 · 甲午月(양 6.5~7.5)

망종 5일 10시46분 / 하지 21일 03시31분

| 양력 | 1 | 2 | 3 | 4 | 5 | 6 | 7 | 8 | 9 | 10 | 11 | 12 | 13 | 14 | 15 | 16 | 17 | 18 | 19 | 20 | 21 | 22 | 23 | 24 | 25 | 26 | 27 | 28 | 29 | 30 |
|---|---|---|---|---|---|---|---|---|---|---|---|---|---|---|---|---|---|---|---|---|---|---|---|---|---|---|---|---|---|---|
| 음력 | 7 | 8 | 9 | 10 | 11 | 12 | 13 | 14 | 15 | 16 | 17 | 18 | 19 | 20 | 21 | 22 | 23 | 24 | 25 | 26 | 27 | 28 | 29 | 6.1 | 2 | 3 | 4 | 5 | 6 | 7 |
| 요일 | 日 | 月 | 火 | 水 | 木 | 金 | 土 | 日 | 月 | 火 | 水 | 木 | 金 | 土 | 日 | 月 | 火 | 水 | 木 | 金 | 土 | 日 | 月 | 火 | 水 | 木 | 金 | 土 | 日 | 月 |
| 일진 | 己亥 | 庚子 | 辛丑 | 壬寅 | 癸卯 | 甲辰 | 乙巳 | 丙午 | 丁未 | 戊申 | 己酉 | 庚戌 | 辛亥 | 壬子 | 癸丑 | 甲寅 | 乙卯 | 丙辰 | 丁巳 | 戊午 | 己未 | 庚申 | 辛酉 | 壬戌 | 癸亥 | 甲子 | 乙丑 | 丙寅 | 丁卯 | 戊辰 |
| 대운 남 | 1 | 1 | 1 | 1 | 망 | 10 | 10 | 9 | 9 | 9 | 8 | 8 | 8 | 7 | 7 | 7 | 6 | 6 | 6 | 5 | 5 | 5 | 4 | 4 | 4 | 3 | 3 | 3 | 2 | 2 |
| 대운 녀 | 9 | 9 | 10 | 10 | 종 | 1 | 1 | 1 | 1 | 2 | 2 | 2 | 3 | 3 | 3 | 4 | 4 | 4 | 5 | 5 | 5 | 6 | 6 | 6 | 7 | 7 | 7 | 8 | 8 | 8 |

소서 6일 20시56분

## 7 · 乙未月(양 7.6~8.6)

대서 22일 14시21분

| 양력 | | 1 | 2 | 3 | 4 | 5 | 6 | 7 | 8 | 9 | 10 | 11 | 12 | 13 | 14 | 15 | 16 | 17 | 18 | 19 | 20 | 21 | 22 | 23 | 24 | 25 | 26 | 27 | 28 | 29 | 30 | 31 |
|---|---|---|---|---|---|---|---|---|---|---|---|---|---|---|---|---|---|---|---|---|---|---|---|---|---|---|---|---|---|---|---|---|
| 음력 | | 8 | 9 | 10 | 11 | 12 | 13 | 14 | 15 | 16 | 17 | 18 | 19 | 20 | 21 | 22 | 23 | 24 | 25 | 26 | 27 | 28 | 29 | 윤 | 6.2 | 3 | 4 | 5 | 6 | 7 | 8 | 9 |
| 요일 | | 火 | 水 | 木 | 金 | 土 | 日 | 月 | 火 | 水 | 木 | 金 | 土 | 日 | 月 | 火 | 水 | 木 | 金 | 土 | 日 | 月 | 火 | 水 | 木 | 金 | 土 | 日 | 月 | 火 | 水 | 木 |
| 일진 | | 己巳 | 庚午 | 辛未 | 壬申 | 癸酉 | 甲戌 | 乙亥 | 丙子 | 丁丑 | 戊寅 | 己卯 | 庚辰 | 辛巳 | 壬午 | 癸未 | 甲申 | 乙酉 | 丙戌 | 丁亥 | 戊子 | 己丑 | 庚寅 | 辛卯 | 壬辰 | 癸巳 | 甲午 | 乙未 | 丙申 | 丁酉 | 戊戌 | 己亥 |
| 대운 | 남 | 2 | 1 | 1 | 1 | 1 | 소 | 10 | 10 | 10 | 9 | 9 | 9 | 8 | 8 | 8 | 7 | 7 | 7 | 6 | 6 | 6 | 5 | 5 | 5 | 4 | 4 | 4 | 3 | 3 | 3 | 2 |
| | 녀 | 9 | 9 | 9 | 10 | 10 | 서 | 1 | 1 | 1 | 1 | 2 | 2 | 2 | 3 | 3 | 3 | 4 | 4 | 4 | 5 | 5 | 5 | 6 | 6 | 6 | 7 | 7 | 7 | 8 | 8 | 8 |

입추 7일 06시48분

## 8 · 丙申月(양 8.7~9.6)

처서 22일 21시31분

| 양력 | | 1 | 2 | 3 | 4 | 5 | 6 | 7 | 8 | 9 | 10 | 11 | 12 | 13 | 14 | 15 | 16 | 17 | 18 | 19 | 20 | 21 | 22 | 23 | 24 | 25 | 26 | 27 | 28 | 29 | 30 | 31 |
|---|---|---|---|---|---|---|---|---|---|---|---|---|---|---|---|---|---|---|---|---|---|---|---|---|---|---|---|---|---|---|---|---|
| 음력 | | 10 | 11 | 12 | 13 | 14 | 15 | 16 | 17 | 18 | 19 | 20 | 21 | 22 | 23 | 24 | 25 | 26 | 27 | 28 | 29 | 30 | 7.1 | 2 | 3 | 4 | 5 | 6 | 7 | 8 | 9 | 10 |
| 요일 | | 金 | 土 | 日 | 月 | 火 | 水 | 木 | 金 | 土 | 日 | 月 | 火 | 水 | 木 | 金 | 土 | 日 | 月 | 火 | 水 | 木 | 金 | 土 | 日 | 月 | 火 | 水 | 木 | 金 | 土 | 日 |
| 일진 | | 庚子 | 辛丑 | 壬寅 | 癸卯 | 甲辰 | 乙巳 | 丙午 | 丁未 | 戊申 | 己酉 | 庚戌 | 辛亥 | 壬子 | 癸丑 | 甲寅 | 乙卯 | 丙辰 | 丁巳 | 戊午 | 己未 | 庚申 | 辛酉 | 壬戌 | 癸亥 | 甲子 | 乙丑 | 丙寅 | 丁卯 | 戊辰 | 己巳 | 庚午 |
| 대운 | 남 | 2 | 2 | 1 | 1 | 1 | 1 | 입 | 10 | 10 | 9 | 9 | 9 | 8 | 8 | 8 | 7 | 7 | 7 | 6 | 6 | 6 | 5 | 5 | 5 | 4 | 4 | 4 | 3 | 3 | 3 | 2 |
| | 녀 | 9 | 9 | 9 | 10 | 10 | 10 | 추 | 1 | 1 | 1 | 1 | 2 | 2 | 2 | 3 | 3 | 3 | 4 | 4 | 4 | 5 | 5 | 5 | 6 | 6 | 6 | 7 | 7 | 7 | 8 | 8 |

백로 7일 09시54분

## 9 · 丁酉月(양 9.7~10.7)

추분 22일 19시22분

| 양력 | | 1 | 2 | 3 | 4 | 5 | 6 | 7 | 8 | 9 | 10 | 11 | 12 | 13 | 14 | 15 | 16 | 17 | 18 | 19 | 20 | 21 | 22 | 23 | 24 | 25 | 26 | 27 | 28 | 29 | 30 |
|---|---|---|---|---|---|---|---|---|---|---|---|---|---|---|---|---|---|---|---|---|---|---|---|---|---|---|---|---|---|---|---|
| 음력 | | 11 | 12 | 13 | 14 | 15 | 16 | 17 | 18 | 19 | 20 | 21 | 22 | 23 | 24 | 25 | 26 | 27 | 28 | 29 | 8.1 | 2 | 3 | 4 | 5 | 6 | 7 | 8 | 9 | 10 | 11 |
| 요일 | | 月 | 火 | 水 | 木 | 金 | 土 | 日 | 月 | 火 | 水 | 木 | 金 | 土 | 日 | 月 | 火 | 水 | 木 | 金 | 土 | 日 | 月 | 火 | 水 | 木 | 金 | 土 | 日 | 月 | 火 |
| 일진 | | 辛未 | 壬申 | 癸酉 | 甲戌 | 乙亥 | 丙子 | 丁丑 | 戊寅 | 己卯 | 庚辰 | 辛巳 | 壬午 | 癸未 | 甲申 | 乙酉 | 丙戌 | 丁亥 | 戊子 | 己丑 | 庚寅 | 辛卯 | 壬辰 | 癸巳 | 甲午 | 乙未 | 丙申 | 丁酉 | 戊戌 | 己亥 | 庚子 |
| 대운 | 남 | 2 | 2 | 1 | 1 | 1 | 1 | 백 | 10 | 10 | 9 | 9 | 9 | 8 | 8 | 8 | 7 | 7 | 7 | 6 | 6 | 6 | 5 | 5 | 5 | 4 | 4 | 4 | 3 | 3 | 3 |
| | 녀 | 8 | 9 | 9 | 9 | 10 | 10 | 로 | 1 | 1 | 1 | 1 | 2 | 2 | 2 | 3 | 3 | 3 | 4 | 4 | 4 | 5 | 5 | 5 | 6 | 6 | 6 | 7 | 7 | 7 | 8 |

한로 8일 01시48분

## 10 · 戊戌月(양 10.8~11.6)

상강 23일 04시57분

| 양력 | | 1 | 2 | 3 | 4 | 5 | 6 | 7 | 8 | 9 | 10 | 11 | 12 | 13 | 14 | 15 | 16 | 17 | 18 | 19 | 20 | 21 | 22 | 23 | 24 | 25 | 26 | 27 | 28 | 29 | 30 | 31 |
|---|---|---|---|---|---|---|---|---|---|---|---|---|---|---|---|---|---|---|---|---|---|---|---|---|---|---|---|---|---|---|---|---|
| 음력 | | 12 | 13 | 14 | 15 | 16 | 17 | 18 | 19 | 20 | 21 | 22 | 23 | 24 | 25 | 26 | 27 | 28 | 29 | 9.1 | 2 | 3 | 4 | 5 | 6 | 7 | 8 | 9 | 10 | 11 | 12 | 13 |
| 요일 | | 水 | 木 | 金 | 土 | 日 | 月 | 火 | 水 | 木 | 金 | 土 | 日 | 月 | 火 | 水 | 木 | 金 | 土 | 日 | 月 | 火 | 水 | 木 | 金 | 土 | 日 | 月 | 火 | 水 | 木 | 金 |
| 일진 | | 辛丑 | 壬寅 | 癸卯 | 甲辰 | 乙巳 | 丙午 | 丁未 | 戊申 | 己酉 | 庚戌 | 辛亥 | 壬子 | 癸丑 | 甲寅 | 乙卯 | 丙辰 | 丁巳 | 戊午 | 己未 | 庚申 | 辛酉 | 壬戌 | 癸亥 | 甲子 | 乙丑 | 丙寅 | 丁卯 | 戊辰 | 己巳 | 庚午 | 辛未 |
| 대운 | 남 | 2 | 2 | 2 | 1 | 1 | 1 | 1 | 한 | 10 | 9 | 9 | 9 | 8 | 8 | 8 | 7 | 7 | 7 | 6 | 6 | 6 | 5 | 5 | 5 | 4 | 4 | 4 | 3 | 3 | 3 | 2 |
| | 녀 | 8 | 8 | 9 | 9 | 9 | 10 | 10 | 로 | 1 | 1 | 1 | 1 | 2 | 2 | 2 | 3 | 3 | 3 | 4 | 4 | 4 | 5 | 5 | 5 | 6 | 6 | 6 | 7 | 7 | 7 | 8 |

입동 7일 05시13분

## 11 · 己亥月(양 11.7~12.5)

소설 22일 02시44분

| 양력 | | 1 | 2 | 3 | 4 | 5 | 6 | 7 | 8 | 9 | 10 | 11 | 12 | 13 | 14 | 15 | 16 | 17 | 18 | 19 | 20 | 21 | 22 | 23 | 24 | 25 | 26 | 27 | 28 | 29 | 30 |
|---|---|---|---|---|---|---|---|---|---|---|---|---|---|---|---|---|---|---|---|---|---|---|---|---|---|---|---|---|---|---|---|
| 음력 | | 14 | 15 | 16 | 17 | 18 | 19 | 20 | 21 | 22 | 23 | 24 | 25 | 26 | 27 | 28 | 29 | 30 | 10.1 | 2 | 3 | 4 | 5 | 6 | 7 | 8 | 9 | 10 | 11 | 12 | 13 |
| 요일 | | 土 | 日 | 月 | 火 | 水 | 木 | 金 | 土 | 日 | 月 | 火 | 水 | 木 | 金 | 土 | 日 | 月 | 火 | 水 | 木 | 金 | 土 | 日 | 月 | 火 | 水 | 木 | 金 | 土 | 日 |
| 일진 | | 壬申 | 癸酉 | 甲戌 | 乙亥 | 丙子 | 丁丑 | 戊寅 | 己卯 | 庚辰 | 辛巳 | 壬午 | 癸未 | 甲申 | 乙酉 | 丙戌 | 丁亥 | 戊子 | 己丑 | 庚寅 | 辛卯 | 壬辰 | 癸巳 | 甲午 | 乙未 | 丙申 | 丁酉 | 戊戌 | 己亥 | 庚子 | 辛丑 |
| 대운 | 남 | 2 | 2 | 1 | 1 | 1 | 1 | 입 | 9 | 9 | 9 | 8 | 8 | 8 | 7 | 7 | 7 | 6 | 6 | 6 | 5 | 5 | 5 | 4 | 4 | 4 | 3 | 3 | 3 | 2 | 2 |
| | 녀 | 8 | 8 | 9 | 9 | 9 | 10 | 동 | 1 | 1 | 1 | 1 | 2 | 2 | 2 | 3 | 3 | 3 | 4 | 4 | 4 | 5 | 5 | 5 | 6 | 6 | 6 | 7 | 7 | 7 | 8 |

대설 6일 22시15분

## 12 · 庚子月(양 12.6~1.4)

동지 21일 16시11분

| 양력 | | 1 | 2 | 3 | 4 | 5 | 6 | 7 | 8 | 9 | 10 | 11 | 12 | 13 | 14 | 15 | 16 | 17 | 18 | 19 | 20 | 21 | 22 | 23 | 24 | 25 | 26 | 27 | 28 | 29 | 30 | 31 |
|---|---|---|---|---|---|---|---|---|---|---|---|---|---|---|---|---|---|---|---|---|---|---|---|---|---|---|---|---|---|---|---|---|
| 음력 | | 14 | 15 | 16 | 17 | 18 | 19 | 20 | 21 | 22 | 23 | 24 | 25 | 26 | 27 | 28 | 29 | 30 | 11.1 | 2 | 3 | 4 | 5 | 6 | 7 | 8 | 9 | 10 | 11 | 12 | 13 | 14 |
| 요일 | | 月 | 火 | 水 | 木 | 金 | 土 | 日 | 月 | 火 | 水 | 木 | 金 | 土 | 日 | 月 | 火 | 水 | 木 | 金 | 土 | 日 | 月 | 火 | 水 | 木 | 金 | 土 | 日 | 月 | 火 | 水 |
| 일진 | | 壬寅 | 癸卯 | 甲辰 | 乙巳 | 丙午 | 丁未 | 戊申 | 己酉 | 庚戌 | 辛亥 | 壬子 | 癸丑 | 甲寅 | 乙卯 | 丙辰 | 丁巳 | 戊午 | 己未 | 庚申 | 辛酉 | 壬戌 | 癸亥 | 甲子 | 乙丑 | 丙寅 | 丁卯 | 戊辰 | 己巳 | 庚午 | 辛未 | 壬申 |
| 대운 | 남 | 2 | 1 | 1 | 1 | 1 | 대 | 10 | 9 | 9 | 9 | 8 | 8 | 8 | 7 | 7 | 7 | 6 | 6 | 6 | 5 | 5 | 5 | 4 | 4 | 4 | 3 | 3 | 3 | 2 | 2 | 2 |
| | 녀 | 8 | 8 | 9 | 9 | 9 | 설 | 1 | 1 | 1 | 1 | 2 | 2 | 2 | 3 | 3 | 3 | 4 | 4 | 4 | 5 | 5 | 5 | 6 | 6 | 6 | 7 | 7 | 7 | 8 | 8 | 8 |

단기 4370년

# 2037년

소한 5일 09시33분

## 1 · 辛丑月(양 1.5~2.2)

대한 20일 02시52분

| 양력 | 1 | 2 | 3 | 4 | 5 | 6 | 7 | 8 | 9 | 10 | 11 | 12 | 13 | 14 | 15 | 16 | 17 | 18 | 19 | 20 | 21 | 22 | 23 | 24 | 25 | 26 | 27 | 28 | 29 | 30 | 31 |
|---|---|---|---|---|---|---|---|---|---|---|---|---|---|---|---|---|---|---|---|---|---|---|---|---|---|---|---|---|---|---|---|
| 음력 | 15 | 16 | 17 | 18 | 19 | 20 | 21 | 22 | 23 | 24 | 25 | 26 | 27 | 28 | 29 | 12.1 | 2 | 3 | 4 | 5 | 6 | 7 | 8 | 9 | 10 | 11 | 12 | 13 | 14 | 15 | 16 |
| 요일 | 木 | 金 | 土 | 日 | 月 | 火 | 水 | 木 | 金 | 土 | 日 | 月 | 火 | 水 | 木 | 金 | 土 | 日 | 月 | 火 | 水 | 木 | 金 | 土 | 日 | 月 | 火 | 水 | 木 | 金 | 土 |
| 일진 | 癸酉 | 甲戌 | 乙亥 | 丙子 | 丁丑 | 戊寅 | 己卯 | 庚辰 | 辛巳 | 壬午 | 癸未 | 甲申 | 乙酉 | 丙戌 | 丁亥 | 戊子 | 己丑 | 庚寅 | 辛卯 | 壬辰 | 癸巳 | 甲午 | 乙未 | 丙申 | 丁酉 | 戊戌 | 己亥 | 庚子 | 辛丑 | 壬寅 | 癸卯 |
| 대운 남 | 1 | 1 | 1 | 1 | 소 | 9 | 9 | 9 | 8 | 8 | 8 | 7 | 7 | 7 | 6 | 6 | 6 | 5 | 5 | 5 | 4 | 4 | 4 | 3 | 3 | 3 | 2 | 2 | 2 | 1 | 1 |
| 대운 녀 | 9 | 9 | 9 | 10 | 한 | 1 | 1 | 1 | 1 | 2 | 2 | 2 | 3 | 3 | 3 | 4 | 4 | 4 | 5 | 5 | 5 | 6 | 6 | 6 | 7 | 7 | 7 | 8 | 8 | 8 | 9 |

입춘 3일 21시10분

## 2 · 壬寅月(양 2.3~3.4)

우수 18일 16시57분

| 양력 | 1 | 2 | 3 | 4 | 5 | 6 | 7 | 8 | 9 | 10 | 11 | 12 | 13 | 14 | 15 | 16 | 17 | 18 | 19 | 20 | 21 | 22 | 23 | 24 | 25 | 26 | 27 | 28 |
|---|---|---|---|---|---|---|---|---|---|---|---|---|---|---|---|---|---|---|---|---|---|---|---|---|---|---|---|---|
| 음력 | 17 | 18 | 19 | 20 | 21 | 22 | 23 | 24 | 25 | 26 | 27 | 28 | 29 | 30 | 1.1 | 2 | 3 | 4 | 5 | 6 | 7 | 8 | 9 | 10 | 11 | 12 | 13 | 14 |
| 요일 | 日 | 月 | 火 | 水 | 木 | 金 | 土 | 日 | 月 | 火 | 水 | 木 | 金 | 土 | 日 | 月 | 火 | 水 | 木 | 金 | 土 | 日 | 月 | 火 | 水 | 木 | 金 | 土 |
| 일진 | 甲辰 | 乙巳 | 丙午 | 丁未 | 戊申 | 己酉 | 庚戌 | 辛亥 | 壬子 | 癸丑 | 甲寅 | 乙卯 | 丙辰 | 丁巳 | 戊午 | 己未 | 庚申 | 辛酉 | 壬戌 | 癸亥 | 甲子 | 乙丑 | 丙寅 | 丁卯 | 戊辰 | 己巳 | 庚午 | 辛未 |
| 대운 남 | 1 | 1 | 입 | 1 | 1 | 1 | 1 | 2 | 2 | 2 | 3 | 3 | 3 | 4 | 4 | 4 | 5 | 5 | 5 | 6 | 6 | 6 | 7 | 7 | 7 | 8 | 8 | 8 |
| 대운 녀 | 9 | 9 | 춘 | 10 | 9 | 9 | 9 | 8 | 8 | 8 | 7 | 7 | 7 | 6 | 6 | 6 | 5 | 5 | 5 | 4 | 4 | 4 | 3 | 3 | 3 | 2 | 2 | 2 |

경칩 5일 15시05분

## 3 · 癸卯月(양 3.5~4.3)

춘분 20일 15시49분

| 양력 | 1 | 2 | 3 | 4 | 5 | 6 | 7 | 8 | 9 | 10 | 11 | 12 | 13 | 14 | 15 | 16 | 17 | 18 | 19 | 20 | 21 | 22 | 23 | 24 | 25 | 26 | 27 | 28 | 29 | 30 | 31 |
|---|---|---|---|---|---|---|---|---|---|---|---|---|---|---|---|---|---|---|---|---|---|---|---|---|---|---|---|---|---|---|---|
| 음력 | 15 | 16 | 17 | 18 | 19 | 20 | 21 | 22 | 23 | 24 | 25 | 26 | 27 | 28 | 29 | 30 | 2.1 | 2 | 3 | 4 | 5 | 6 | 7 | 8 | 9 | 10 | 11 | 12 | 13 | 14 | 15 |
| 요일 | 日 | 月 | 火 | 水 | 木 | 金 | 土 | 日 | 月 | 火 | 水 | 木 | 金 | 土 | 日 | 月 | 火 | 水 | 木 | 金 | 土 | 日 | 月 | 火 | 水 | 木 | 金 | 土 | 日 | 月 | 火 |
| 일진 | 壬申 | 癸酉 | 甲戌 | 乙亥 | 丙子 | 丁丑 | 戊寅 | 己卯 | 庚辰 | 辛巳 | 壬午 | 癸未 | 甲申 | 乙酉 | 丙戌 | 丁亥 | 戊子 | 己丑 | 庚寅 | 辛卯 | 壬辰 | 癸巳 | 甲午 | 乙未 | 丙申 | 丁酉 | 戊戌 | 己亥 | 庚子 | 辛丑 | 壬寅 |
| 대운 남 | 9 | 9 | 9 | 10 | 경 | 1 | 1 | 1 | 1 | 2 | 2 | 2 | 3 | 3 | 3 | 4 | 4 | 4 | 5 | 5 | 5 | 6 | 6 | 6 | 7 | 7 | 7 | 8 | 8 | 8 | 9 |
| 대운 녀 | 1 | 1 | 1 | 1 | 칩 | 10 | 9 | 9 | 9 | 8 | 8 | 8 | 7 | 7 | 7 | 6 | 6 | 6 | 5 | 5 | 5 | 4 | 4 | 4 | 3 | 3 | 3 | 2 | 2 | 2 | 1 |

청명 4일 19시43분

## 4 · 甲辰月(양 4.4~5.4)

곡우 20일 02시39분

| 양력 | 1 | 2 | 3 | 4 | 5 | 6 | 7 | 8 | 9 | 10 | 11 | 12 | 13 | 14 | 15 | 16 | 17 | 18 | 19 | 20 | 21 | 22 | 23 | 24 | 25 | 26 | 27 | 28 | 29 | 30 |
|---|---|---|---|---|---|---|---|---|---|---|---|---|---|---|---|---|---|---|---|---|---|---|---|---|---|---|---|---|---|---|
| 음력 | 16 | 17 | 18 | 19 | 20 | 21 | 22 | 23 | 24 | 25 | 26 | 27 | 28 | 29 | 30 | 3.1 | 2 | 3 | 4 | 5 | 6 | 7 | 8 | 9 | 10 | 11 | 12 | 13 | 14 | 15 |
| 요일 | 水 | 木 | 金 | 土 | 日 | 月 | 火 | 水 | 木 | 金 | 土 | 日 | 月 | 火 | 水 | 木 | 金 | 土 | 日 | 月 | 火 | 水 | 木 | 金 | 土 | 日 | 月 | 火 | 水 | 木 |
| 일진 | 癸卯 | 甲辰 | 乙巳 | 丙午 | 丁未 | 戊申 | 己酉 | 庚戌 | 辛亥 | 壬子 | 癸丑 | 甲寅 | 乙卯 | 丙辰 | 丁巳 | 戊午 | 己未 | 庚申 | 辛酉 | 壬戌 | 癸亥 | 甲子 | 乙丑 | 丙寅 | 丁卯 | 戊辰 | 己巳 | 庚午 | 辛未 | 壬申 |
| 대운 남 | 9 | 9 | 10 | 청 | 1 | 1 | 1 | 1 | 2 | 2 | 2 | 3 | 3 | 3 | 4 | 4 | 4 | 5 | 5 | 5 | 6 | 6 | 6 | 7 | 7 | 7 | 8 | 8 | 8 | 9 |
| 대운 녀 | 1 | 1 | 1 | 명 | 10 | 10 | 9 | 9 | 9 | 8 | 8 | 8 | 7 | 7 | 7 | 6 | 6 | 6 | 5 | 5 | 5 | 4 | 4 | 4 | 3 | 3 | 3 | 2 | 2 | 2 |

입하 5일 12시48분

## 5 · 乙巳月(양 5.5~6.4)

소만 21일 01시34분

| 양력 | 1 | 2 | 3 | 4 | 5 | 6 | 7 | 8 | 9 | 10 | 11 | 12 | 13 | 14 | 15 | 16 | 17 | 18 | 19 | 20 | 21 | 22 | 23 | 24 | 25 | 26 | 27 | 28 | 29 | 30 | 31 |
|---|---|---|---|---|---|---|---|---|---|---|---|---|---|---|---|---|---|---|---|---|---|---|---|---|---|---|---|---|---|---|---|
| 음력 | 16 | 17 | 18 | 19 | 20 | 21 | 22 | 23 | 24 | 25 | 26 | 27 | 28 | 29 | 4.1 | 2 | 3 | 4 | 5 | 6 | 7 | 8 | 9 | 10 | 11 | 12 | 13 | 14 | 15 | 16 | 17 |
| 요일 | 金 | 土 | 日 | 月 | 火 | 水 | 木 | 金 | 土 | 日 | 月 | 火 | 水 | 木 | 金 | 土 | 日 | 月 | 火 | 水 | 木 | 金 | 土 | 日 | 月 | 火 | 水 | 木 | 金 | 土 | 日 |
| 일진 | 癸酉 | 甲戌 | 乙亥 | 丙子 | 丁丑 | 戊寅 | 己卯 | 庚辰 | 辛巳 | 壬午 | 癸未 | 甲申 | 乙酉 | 丙戌 | 丁亥 | 戊子 | 己丑 | 庚寅 | 辛卯 | 壬辰 | 癸巳 | 甲午 | 乙未 | 丙申 | 丁酉 | 戊戌 | 己亥 | 庚子 | 辛丑 | 壬寅 | 癸卯 |
| 대운 남 | 9 | 9 | 10 | 10 | 입 | 1 | 1 | 1 | 1 | 2 | 2 | 2 | 3 | 3 | 3 | 4 | 4 | 4 | 5 | 5 | 5 | 6 | 6 | 6 | 7 | 7 | 7 | 8 | 8 | 8 | 9 |
| 대운 녀 | 1 | 1 | 1 | 1 | 하 | 10 | 10 | 9 | 9 | 9 | 8 | 8 | 8 | 7 | 7 | 7 | 6 | 6 | 6 | 5 | 5 | 5 | 4 | 4 | 4 | 3 | 3 | 3 | 2 | 2 | 2 |

망종 5일 16시45분

## 6 · 丙午月(양 6.5~7.6)

하지 21일 09시21분

| 양력 | 1 | 2 | 3 | 4 | 5 | 6 | 7 | 8 | 9 | 10 | 11 | 12 | 13 | 14 | 15 | 16 | 17 | 18 | 19 | 20 | 21 | 22 | 23 | 24 | 25 | 26 | 27 | 28 | 29 | 30 |
|---|---|---|---|---|---|---|---|---|---|---|---|---|---|---|---|---|---|---|---|---|---|---|---|---|---|---|---|---|---|---|
| 음력 | 18 | 19 | 20 | 21 | 22 | 23 | 24 | 25 | 26 | 27 | 28 | 29 | 30 | 5.1 | 2 | 3 | 4 | 5 | 6 | 7 | 8 | 9 | 10 | 11 | 12 | 13 | 14 | 15 | 16 | 17 |
| 요일 | 月 | 火 | 水 | 木 | 金 | 土 | 日 | 月 | 火 | 水 | 木 | 金 | 土 | 日 | 月 | 火 | 水 | 木 | 金 | 土 | 日 | 月 | 火 | 水 | 木 | 金 | 土 | 日 | 月 | 火 |
| 일진 | 甲辰 | 乙巳 | 丙午 | 丁未 | 戊申 | 己酉 | 庚戌 | 辛亥 | 壬子 | 癸丑 | 甲寅 | 乙卯 | 丙辰 | 丁巳 | 戊午 | 己未 | 庚申 | 辛酉 | 壬戌 | 癸亥 | 甲子 | 乙丑 | 丙寅 | 丁卯 | 戊辰 | 己巳 | 庚午 | 辛未 | 壬申 | 癸酉 |
| 대운 남 | 9 | 9 | 10 | 10 | 망 | 1 | 1 | 1 | 1 | 2 | 2 | 2 | 3 | 3 | 3 | 4 | 4 | 4 | 5 | 5 | 5 | 6 | 6 | 6 | 7 | 7 | 7 | 8 | 8 | 8 |
| 대운 녀 | 1 | 1 | 1 | 1 | 종 | 10 | 10 | 10 | 9 | 9 | 9 | 8 | 8 | 8 | 7 | 7 | 7 | 6 | 6 | 6 | 5 | 5 | 5 | 4 | 4 | 4 | 3 | 3 | 3 | 2 |

## 7 · 丁未月(양 7.7~8.6)

소서 7일 02시54분　　대서 22일 20시11분

| 양력 | 1 | 2 | 3 | 4 | 5 | 6 | 7 | 8 | 9 | 10 | 11 | 12 | 13 | 14 | 15 | 16 | 17 | 18 | 19 | 20 | 21 | 22 | 23 | 24 | 25 | 26 | 27 | 28 | 29 | 30 | 31 |
|---|---|---|---|---|---|---|---|---|---|---|---|---|---|---|---|---|---|---|---|---|---|---|---|---|---|---|---|---|---|---|---|
| 음력 | 18 | 19 | 20 | 21 | 22 | 23 | 24 | 25 | 26 | 27 | 28 | 29 | 6.1 | 2 | 3 | 4 | 5 | 6 | 7 | 8 | 9 | 10 | 11 | 12 | 13 | 14 | 15 | 16 | 17 | 18 | 19 |
| 요일 | 水 | 木 | 金 | 土 | 日 | 月 | 火 | 水 | 木 | 金 | 土 | 日 | 月 | 火 | 水 | 木 | 金 | 土 | 日 | 月 | 火 | 水 | 木 | 金 | 土 | 日 | 月 | 火 | 水 | 木 | 金 |
| 일진 | 甲戌 | 乙亥 | 丙子 | 丁丑 | 戊寅 | 己卯 | 庚辰 | 辛巳 | 壬午 | 癸未 | 甲申 | 乙酉 | 丙戌 | 丁亥 | 戊子 | 己丑 | 庚寅 | 辛卯 | 壬辰 | 癸巳 | 甲午 | 乙未 | 丙申 | 丁酉 | 戊戌 | 己亥 | 庚子 | 辛丑 | 壬寅 | 癸卯 | 甲辰 |
| 대운 남 | 9 | 9 | 9 | 10 | 10 | 10 | 소 | 1 | 1 | 1 | 1 | 2 | 2 | 2 | 3 | 3 | 3 | 4 | 4 | 4 | 5 | 5 | 5 | 6 | 6 | 6 | 7 | 7 | 7 | 8 | 8 |
| 대운 녀 | 2 | 2 | 1 | 1 | 1 | 1 | 서 | 10 | 10 | 9 | 9 | 9 | 8 | 8 | 8 | 7 | 7 | 7 | 6 | 6 | 6 | 5 | 5 | 5 | 4 | 4 | 4 | 3 | 3 | 3 | 2 |

## 8 · 戊申月(양 8.7~9.6)

입추 7일 12시42분　　처서 23일 03시21분

| 양력 | 1 | 2 | 3 | 4 | 5 | 6 | 7 | 8 | 9 | 10 | 11 | 12 | 13 | 14 | 15 | 16 | 17 | 18 | 19 | 20 | 21 | 22 | 23 | 24 | 25 | 26 | 27 | 28 | 29 | 30 | 31 |
|---|---|---|---|---|---|---|---|---|---|---|---|---|---|---|---|---|---|---|---|---|---|---|---|---|---|---|---|---|---|---|---|
| 음력 | 20 | 21 | 22 | 23 | 24 | 25 | 26 | 27 | 28 | 29 | 7.1 | 2 | 3 | 4 | 5 | 6 | 7 | 8 | 9 | 10 | 11 | 12 | 13 | 14 | 15 | 16 | 17 | 18 | 19 | 20 | 21 |
| 요일 | 土 | 日 | 月 | 火 | 水 | 木 | 金 | 土 | 日 | 月 | 火 | 水 | 木 | 金 | 土 | 日 | 月 | 火 | 水 | 木 | 金 | 土 | 日 | 月 | 火 | 水 | 木 | 金 | 土 | 日 | 月 |
| 일진 | 乙巳 | 丙午 | 丁未 | 戊申 | 己酉 | 庚戌 | 辛亥 | 壬子 | 癸丑 | 甲寅 | 乙卯 | 丙辰 | 丁巳 | 戊午 | 己未 | 庚申 | 辛酉 | 壬戌 | 癸亥 | 甲子 | 乙丑 | 丙寅 | 丁卯 | 戊辰 | 己巳 | 庚午 | 辛未 | 壬申 | 癸酉 | 甲戌 | 乙亥 |
| 대운 남 | 8 | 9 | 9 | 9 | 10 | 10 | 입 | 1 | 1 | 1 | 1 | 2 | 2 | 2 | 3 | 3 | 3 | 4 | 4 | 4 | 5 | 5 | 5 | 6 | 6 | 6 | 7 | 7 | 7 | 8 | 8 |
| 대운 녀 | 2 | 2 | 1 | 1 | 1 | 1 | 추 | 10 | 10 | 9 | 9 | 9 | 8 | 8 | 8 | 7 | 7 | 7 | 6 | 6 | 6 | 5 | 5 | 5 | 4 | 4 | 4 | 3 | 3 | 3 | 2 |

## 9 · 己酉月(양 9.7~10.7)

백로 7일 15시44분　　추분 23일 01시22분

| 양력 | 1 | 2 | 3 | 4 | 5 | 6 | 7 | 8 | 9 | 10 | 11 | 12 | 13 | 14 | 15 | 16 | 17 | 18 | 19 | 20 | 21 | 22 | 23 | 24 | 25 | 26 | 27 | 28 | 29 | 30 | |
|---|---|---|---|---|---|---|---|---|---|---|---|---|---|---|---|---|---|---|---|---|---|---|---|---|---|---|---|---|---|---|---|
| 음력 | 22 | 23 | 24 | 25 | 26 | 27 | 28 | 29 | 30 | 8.1 | 2 | 3 | 4 | 5 | 6 | 7 | 8 | 9 | 10 | 11 | 12 | 13 | 14 | 15 | 16 | 17 | 18 | 19 | 20 | 21 | |
| 요일 | 火 | 水 | 木 | 金 | 土 | 日 | 月 | 火 | 水 | 木 | 金 | 土 | 日 | 月 | 火 | 水 | 木 | 金 | 土 | 日 | 月 | 火 | 水 | 木 | 金 | 土 | 日 | 月 | 火 | 水 | |
| 일진 | 丙子 | 丁丑 | 戊寅 | 己卯 | 庚辰 | 辛巳 | 壬午 | 癸未 | 甲申 | 乙酉 | 丙戌 | 丁亥 | 戊子 | 己丑 | 庚寅 | 辛卯 | 壬辰 | 癸巳 | 甲午 | 乙未 | 丙申 | 丁酉 | 戊戌 | 己亥 | 庚子 | 辛丑 | 壬寅 | 癸卯 | 甲辰 | 乙巳 | |
| 대운 남 | 8 | 9 | 9 | 9 | 10 | 10 | 백 | 1 | 1 | 1 | 1 | 2 | 2 | 2 | 3 | 3 | 3 | 4 | 4 | 4 | 5 | 5 | 5 | 6 | 6 | 6 | 7 | 7 | 7 | 8 | |
| 대운 녀 | 2 | 2 | 1 | 1 | 1 | 1 | 로 | 10 | 10 | 9 | 9 | 9 | 8 | 8 | 8 | 7 | 7 | 7 | 6 | 6 | 6 | 5 | 5 | 5 | 4 | 4 | 4 | 3 | 3 | 3 | |

## 10 · 庚戌月(양 10.8~11.6)

한로 8일 07시36분　　상강 23일 10시48분

| 양력 | 1 | 2 | 3 | 4 | 5 | 6 | 7 | 8 | 9 | 10 | 11 | 12 | 13 | 14 | 15 | 16 | 17 | 18 | 19 | 20 | 21 | 22 | 23 | 24 | 25 | 26 | 27 | 28 | 29 | 30 | 31 |
|---|---|---|---|---|---|---|---|---|---|---|---|---|---|---|---|---|---|---|---|---|---|---|---|---|---|---|---|---|---|---|---|
| 음력 | 22 | 23 | 24 | 25 | 26 | 27 | 28 | 29 | 9.1 | 2 | 3 | 4 | 5 | 6 | 7 | 8 | 9 | 10 | 11 | 12 | 13 | 14 | 15 | 16 | 17 | 18 | 19 | 20 | 21 | 22 | 23 |
| 요일 | 木 | 金 | 土 | 日 | 月 | 火 | 水 | 木 | 金 | 土 | 日 | 月 | 火 | 水 | 木 | 金 | 土 | 日 | 月 | 火 | 水 | 木 | 金 | 土 | 日 | 月 | 火 | 水 | 木 | 金 | 土 |
| 일진 | 丙午 | 丁未 | 戊申 | 己酉 | 庚戌 | 辛亥 | 壬子 | 癸丑 | 甲寅 | 乙卯 | 丙辰 | 丁巳 | 戊午 | 己未 | 庚申 | 辛酉 | 壬戌 | 癸亥 | 甲子 | 乙丑 | 丙寅 | 丁卯 | 戊辰 | 己巳 | 庚午 | 辛未 | 壬申 | 癸酉 | 甲戌 | 乙亥 | 丙子 |
| 대운 남 | 8 | 8 | 9 | 9 | 9 | 10 | 10 | 한 | 1 | 1 | 1 | 1 | 2 | 2 | 2 | 3 | 3 | 3 | 4 | 4 | 4 | 5 | 5 | 5 | 6 | 6 | 6 | 7 | 7 | 7 | 8 |
| 대운 녀 | 2 | 2 | 2 | 1 | 1 | 1 | 1 | 로 | 10 | 9 | 9 | 9 | 8 | 8 | 8 | 7 | 7 | 7 | 6 | 6 | 6 | 5 | 5 | 5 | 4 | 4 | 4 | 3 | 3 | 3 | 2 |

## 11 · 辛亥月(양 11.7~12.6)

입동 7일 11시03분　　소설 22일 08시37분

| 양력 | 1 | 2 | 3 | 4 | 5 | 6 | 7 | 8 | 9 | 10 | 11 | 12 | 13 | 14 | 15 | 16 | 17 | 18 | 19 | 20 | 21 | 22 | 23 | 24 | 25 | 26 | 27 | 28 | 29 | 30 | |
|---|---|---|---|---|---|---|---|---|---|---|---|---|---|---|---|---|---|---|---|---|---|---|---|---|---|---|---|---|---|---|---|
| 음력 | 24 | 25 | 26 | 27 | 28 | 29 | 10.1 | 2 | 3 | 4 | 5 | 6 | 7 | 8 | 9 | 10 | 11 | 12 | 13 | 14 | 15 | 16 | 17 | 18 | 19 | 20 | 21 | 22 | 23 | 24 | |
| 요일 | 日 | 月 | 火 | 水 | 木 | 金 | 土 | 日 | 月 | 火 | 水 | 木 | 金 | 土 | 日 | 月 | 火 | 水 | 木 | 金 | 土 | 日 | 月 | 火 | 水 | 木 | 金 | 土 | 日 | 月 | |
| 일진 | 丁丑 | 戊寅 | 己卯 | 庚辰 | 辛巳 | 壬午 | 癸未 | 甲申 | 乙酉 | 丙戌 | 丁亥 | 戊子 | 己丑 | 庚寅 | 辛卯 | 壬辰 | 癸巳 | 甲午 | 乙未 | 丙申 | 丁酉 | 戊戌 | 己亥 | 庚子 | 辛丑 | 壬寅 | 癸卯 | 甲辰 | 乙巳 | 丙午 | |
| 대운 남 | 8 | 8 | 9 | 9 | 9 | 10 | 입 | 1 | 1 | 1 | 1 | 2 | 2 | 2 | 3 | 3 | 3 | 4 | 4 | 4 | 5 | 5 | 5 | 6 | 6 | 6 | 7 | 7 | 7 | 8 | |
| 대운 녀 | 2 | 2 | 1 | 1 | 1 | 1 | 동 | 10 | 9 | 9 | 9 | 8 | 8 | 8 | 7 | 7 | 7 | 6 | 6 | 6 | 5 | 5 | 5 | 4 | 4 | 4 | 3 | 3 | 3 | 2 | |

## 12 · 壬子月(양 12.7~1.4)

대설 7일 04시06분　　동지 21일 22시06분

| 양력 | 1 | 2 | 3 | 4 | 5 | 6 | 7 | 8 | 9 | 10 | 11 | 12 | 13 | 14 | 15 | 16 | 17 | 18 | 19 | 20 | 21 | 22 | 23 | 24 | 25 | 26 | 27 | 28 | 29 | 30 | 31 |
|---|---|---|---|---|---|---|---|---|---|---|---|---|---|---|---|---|---|---|---|---|---|---|---|---|---|---|---|---|---|---|---|
| 음력 | 25 | 26 | 27 | 28 | 29 | 30 | 11.1 | 2 | 3 | 4 | 5 | 6 | 7 | 8 | 9 | 10 | 11 | 12 | 13 | 14 | 15 | 16 | 17 | 18 | 19 | 20 | 21 | 22 | 23 | 24 | 25 |
| 요일 | 火 | 水 | 木 | 金 | 土 | 日 | 月 | 火 | 水 | 木 | 金 | 土 | 日 | 月 | 火 | 水 | 木 | 金 | 土 | 日 | 月 | 火 | 水 | 木 | 金 | 土 | 日 | 月 | 火 | 水 | 木 |
| 일진 | 丁未 | 戊申 | 己酉 | 庚戌 | 辛亥 | 壬子 | 癸丑 | 甲寅 | 乙卯 | 丙辰 | 丁巳 | 戊午 | 己未 | 庚申 | 辛酉 | 壬戌 | 癸亥 | 甲子 | 乙丑 | 丙寅 | 丁卯 | 戊辰 | 己巳 | 庚午 | 辛未 | 壬申 | 癸酉 | 甲戌 | 乙亥 | 丙子 | 丁丑 |
| 대운 남 | 8 | 8 | 9 | 9 | 9 | 10 | 대 | 1 | 1 | 1 | 1 | 2 | 2 | 2 | 3 | 3 | 3 | 4 | 4 | 4 | 5 | 5 | 5 | 6 | 6 | 6 | 7 | 7 | 7 | 8 | 8 |
| 대운 녀 | 2 | 2 | 1 | 1 | 1 | 1 | 설 | 9 | 9 | 9 | 8 | 8 | 8 | 7 | 7 | 7 | 6 | 6 | 6 | 5 | 5 | 5 | 4 | 4 | 4 | 3 | 3 | 3 | 2 | 2 | 2 |

단기 4371년

# 2038년

소한 5일 15시25분 | **1 · 癸丑月(양 1.5~2.3)** | 대한 20일 08시47분

| 양력 | 1 | 2 | 3 | 4 | 5 | 6 | 7 | 8 | 9 | 10 | 11 | 12 | 13 | 14 | 15 | 16 | 17 | 18 | 19 | 20 | 21 | 22 | 23 | 24 | 25 | 26 | 27 | 28 | 29 | 30 | 31 |
|---|---|---|---|---|---|---|---|---|---|---|---|---|---|---|---|---|---|---|---|---|---|---|---|---|---|---|---|---|---|---|---|
| 음력 | 26 | 27 | 28 | 29 | 12.1 | 2 | 3 | 4 | 5 | 6 | 7 | 8 | 9 | 10 | 11 | 12 | 13 | 14 | 15 | 16 | 17 | 18 | 19 | 20 | 21 | 22 | 23 | 24 | 25 | 26 | 27 |
| 요일 | 金 | 土 | 日 | 月 | 火 | 水 | 木 | 金 | 土 | 日 | 月 | 火 | 水 | 木 | 金 | 土 | 日 | 月 | 火 | 水 | 木 | 金 | 土 | 日 | 月 | 火 | 水 | 木 | 金 | 土 | 日 |
| 일진 | 戊寅 | 己卯 | 庚辰 | 辛巳 | 壬午 | 癸未 | 甲申 | 乙酉 | 丙戌 | 丁亥 | 戊子 | 己丑 | 庚寅 | 辛卯 | 壬辰 | 癸巳 | 甲午 | 乙未 | 丙申 | 丁酉 | 戊戌 | 己亥 | 庚子 | 辛丑 | 壬寅 | 癸卯 | 甲辰 | 乙巳 | 丙午 | 丁未 | 戊申 |
| 대운 남 | 8 | 9 | 9 | 9 | 소 | 1 | 1 | 1 | 1 | 2 | 2 | 2 | 3 | 3 | 3 | 4 | 4 | 4 | 5 | 5 | 5 | 6 | 6 | 6 | 7 | 7 | 7 | 8 | 8 | 8 | 9 |
| 대운 녀 | 1 | 1 | 1 | 1 | 한 | 10 | 9 | 9 | 9 | 8 | 8 | 8 | 7 | 7 | 7 | 6 | 6 | 6 | 5 | 5 | 5 | 4 | 4 | 4 | 3 | 3 | 3 | 2 | 2 | 2 | 1 |

입춘 4일 03시02분 | **2 · 甲寅月(양 2.4~3.4)** | 우수 18일 22시51분

| 양력 | 1 | 2 | 3 | 4 | 5 | 6 | 7 | 8 | 9 | 10 | 11 | 12 | 13 | 14 | 15 | 16 | 17 | 18 | 19 | 20 | 21 | 22 | 23 | 24 | 25 | 26 | 27 | 28 |
|---|---|---|---|---|---|---|---|---|---|---|---|---|---|---|---|---|---|---|---|---|---|---|---|---|---|---|---|---|
| 음력 | 28 | 29 | 30 | 1.1 | 2 | 3 | 4 | 5 | 6 | 7 | 8 | 9 | 10 | 11 | 12 | 13 | 14 | 15 | 16 | 17 | 18 | 19 | 20 | 21 | 22 | 23 | 24 | 25 |
| 요일 | 月 | 火 | 水 | 木 | 金 | 土 | 日 | 月 | 火 | 水 | 木 | 金 | 土 | 日 | 月 | 火 | 水 | 木 | 金 | 土 | 日 | 月 | 火 | 水 | 木 | 金 | 土 | 日 |
| 일진 | 己酉 | 庚戌 | 辛亥 | 壬子 | 癸丑 | 甲寅 | 乙卯 | 丙辰 | 丁巳 | 戊午 | 己未 | 庚申 | 辛酉 | 壬戌 | 癸亥 | 甲子 | 乙丑 | 丙寅 | 丁卯 | 戊辰 | 己巳 | 庚午 | 辛未 | 壬申 | 癸酉 | 甲戌 | 乙亥 | 丙子 |
| 대운 남 | 9 | 9 | 10 | 입 | 9 | 9 | 9 | 8 | 8 | 8 | 7 | 7 | 7 | 6 | 6 | 6 | 5 | 5 | 5 | 4 | 4 | 4 | 3 | 3 | 3 | 2 | 2 | 2 |
| 대운 녀 | 1 | 1 | 1 | 춘 | 1 | 1 | 1 | 1 | 2 | 2 | 2 | 3 | 3 | 3 | 4 | 4 | 4 | 5 | 5 | 5 | 6 | 6 | 6 | 7 | 7 | 7 | 8 | 8 |

경칩 5일 20시54분 | **3 · 乙卯月(양 3.5~4.4)** | 춘분 20일 21시39분

| 양력 | 1 | 2 | 3 | 4 | 5 | 6 | 7 | 8 | 9 | 10 | 11 | 12 | 13 | 14 | 15 | 16 | 17 | 18 | 19 | 20 | 21 | 22 | 23 | 24 | 25 | 26 | 27 | 28 | 29 | 30 | 31 |
|---|---|---|---|---|---|---|---|---|---|---|---|---|---|---|---|---|---|---|---|---|---|---|---|---|---|---|---|---|---|---|---|
| 음력 | 26 | 27 | 28 | 29 | 30 | 2.1 | 2 | 3 | 4 | 5 | 6 | 7 | 8 | 9 | 10 | 11 | 12 | 13 | 14 | 15 | 16 | 17 | 18 | 19 | 20 | 21 | 22 | 23 | 24 | 25 | 26 |
| 요일 | 月 | 火 | 水 | 木 | 金 | 土 | 日 | 月 | 火 | 水 | 木 | 金 | 土 | 日 | 月 | 火 | 水 | 木 | 金 | 土 | 日 | 月 | 火 | 水 | 木 | 金 | 土 | 日 | 月 | 火 | 水 |
| 일진 | 丁丑 | 戊寅 | 己卯 | 庚辰 | 辛巳 | 壬午 | 癸未 | 甲申 | 乙酉 | 丙戌 | 丁亥 | 戊子 | 己丑 | 庚寅 | 辛卯 | 壬辰 | 癸巳 | 甲午 | 乙未 | 丙申 | 丁酉 | 戊戌 | 己亥 | 庚子 | 辛丑 | 壬寅 | 癸卯 | 甲辰 | 乙巳 | 丙午 | 丁未 |
| 대운 남 | 1 | 1 | 1 | 1 | 경 | 10 | 10 | 9 | 9 | 9 | 8 | 8 | 8 | 7 | 7 | 7 | 6 | 6 | 6 | 5 | 5 | 5 | 4 | 4 | 4 | 3 | 3 | 3 | 2 | 2 | 2 |
| 대운 녀 | 8 | 9 | 9 | 9 | 칩 | 1 | 1 | 1 | 1 | 2 | 2 | 2 | 3 | 3 | 3 | 4 | 4 | 4 | 5 | 5 | 5 | 6 | 6 | 6 | 7 | 7 | 7 | 8 | 8 | 8 | 9 |

청명 5일 01시28분 | **4 · 丙辰月(양 4.5~5.4)** | 곡우 20일 08시27분

| 양력 | 1 | 2 | 3 | 4 | 5 | 6 | 7 | 8 | 9 | 10 | 11 | 12 | 13 | 14 | 15 | 16 | 17 | 18 | 19 | 20 | 21 | 22 | 23 | 24 | 25 | 26 | 27 | 28 | 29 | 30 |
|---|---|---|---|---|---|---|---|---|---|---|---|---|---|---|---|---|---|---|---|---|---|---|---|---|---|---|---|---|---|---|
| 음력 | 27 | 28 | 29 | 30 | 3.1 | 2 | 3 | 4 | 5 | 6 | 7 | 8 | 9 | 10 | 11 | 12 | 13 | 14 | 15 | 16 | 17 | 18 | 19 | 20 | 21 | 22 | 23 | 24 | 25 | 26 |
| 요일 | 木 | 金 | 土 | 日 | 月 | 火 | 水 | 木 | 金 | 土 | 日 | 月 | 火 | 水 | 木 | 金 | 土 | 日 | 月 | 火 | 水 | 木 | 金 | 土 | 日 | 月 | 火 | 水 | 木 | 金 |
| 일진 | 戊申 | 己酉 | 庚戌 | 辛亥 | 壬子 | 癸丑 | 甲寅 | 乙卯 | 丙辰 | 丁巳 | 戊午 | 己未 | 庚申 | 辛酉 | 壬戌 | 癸亥 | 甲子 | 乙丑 | 丙寅 | 丁卯 | 戊辰 | 己巳 | 庚午 | 辛未 | 壬申 | 癸酉 | 甲戌 | 乙亥 | 丙子 | 丁丑 |
| 대운 남 | 1 | 1 | 1 | 1 | 청 | 10 | 9 | 9 | 9 | 8 | 8 | 8 | 7 | 7 | 7 | 6 | 6 | 6 | 5 | 5 | 5 | 4 | 4 | 4 | 3 | 3 | 3 | 2 | 2 | 2 |
| 대운 녀 | 9 | 9 | 10 | 10 | 명 | 1 | 1 | 1 | 1 | 2 | 2 | 2 | 3 | 3 | 3 | 4 | 4 | 4 | 5 | 5 | 5 | 6 | 6 | 6 | 7 | 7 | 7 | 8 | 8 | 8 |

입하 5일 18시30분 | **5 · 丁巳月(양 5.5~6.4)** | 소만 21일 07시21분

| 양력 | 1 | 2 | 3 | 4 | 5 | 6 | 7 | 8 | 9 | 10 | 11 | 12 | 13 | 14 | 15 | 16 | 17 | 18 | 19 | 20 | 21 | 22 | 23 | 24 | 25 | 26 | 27 | 28 | 29 | 30 | 31 |
|---|---|---|---|---|---|---|---|---|---|---|---|---|---|---|---|---|---|---|---|---|---|---|---|---|---|---|---|---|---|---|---|
| 음력 | 27 | 28 | 29 | 4.1 | 2 | 3 | 4 | 5 | 6 | 7 | 8 | 9 | 10 | 11 | 12 | 13 | 14 | 15 | 16 | 17 | 18 | 19 | 20 | 21 | 22 | 23 | 24 | 25 | 26 | 27 | 28 |
| 요일 | 土 | 日 | 月 | 火 | 水 | 木 | 金 | 土 | 日 | 月 | 火 | 水 | 木 | 金 | 土 | 日 | 月 | 火 | 水 | 木 | 金 | 土 | 日 | 月 | 火 | 水 | 木 | 金 | 土 | 日 | 月 |
| 일진 | 戊寅 | 己卯 | 庚辰 | 辛巳 | 壬午 | 癸未 | 甲申 | 乙酉 | 丙戌 | 丁亥 | 戊子 | 己丑 | 庚寅 | 辛卯 | 壬辰 | 癸巳 | 甲午 | 乙未 | 丙申 | 丁酉 | 戊戌 | 己亥 | 庚子 | 辛丑 | 壬寅 | 癸卯 | 甲辰 | 乙巳 | 丙午 | 丁未 | 戊申 |
| 대운 남 | 1 | 1 | 1 | 1 | 입 | 10 | 10 | 9 | 9 | 9 | 8 | 8 | 8 | 7 | 7 | 7 | 6 | 6 | 6 | 5 | 5 | 5 | 4 | 4 | 4 | 3 | 3 | 3 | 2 | 2 | 2 |
| 대운 녀 | 9 | 9 | 9 | 10 | 하 | 1 | 1 | 1 | 1 | 2 | 2 | 2 | 3 | 3 | 3 | 4 | 4 | 4 | 5 | 5 | 5 | 6 | 6 | 6 | 7 | 7 | 7 | 8 | 8 | 8 | 9 |

망종 5일 22시24분 | **6 · 戊午月(양 6.5~7.6)** | 하지 21일 15시08분

| 양력 | 1 | 2 | 3 | 4 | 5 | 6 | 7 | 8 | 9 | 10 | 11 | 12 | 13 | 14 | 15 | 16 | 17 | 18 | 19 | 20 | 21 | 22 | 23 | 24 | 25 | 26 | 27 | 28 | 29 | 30 |
|---|---|---|---|---|---|---|---|---|---|---|---|---|---|---|---|---|---|---|---|---|---|---|---|---|---|---|---|---|---|---|
| 음력 | 29 | 30 | 5.1 | 2 | 3 | 4 | 5 | 6 | 7 | 8 | 9 | 10 | 11 | 12 | 13 | 14 | 15 | 16 | 17 | 18 | 19 | 20 | 21 | 22 | 23 | 24 | 25 | 26 | 27 | 28 |
| 요일 | 火 | 水 | 木 | 金 | 土 | 日 | 月 | 火 | 水 | 木 | 金 | 土 | 日 | 月 | 火 | 水 | 木 | 金 | 土 | 日 | 月 | 火 | 水 | 木 | 金 | 土 | 日 | 月 | 火 | 水 |
| 일진 | 己酉 | 庚戌 | 辛亥 | 壬子 | 癸丑 | 甲寅 | 乙卯 | 丙辰 | 丁巳 | 戊午 | 己未 | 庚申 | 辛酉 | 壬戌 | 癸亥 | 甲子 | 乙丑 | 丙寅 | 丁卯 | 戊辰 | 己巳 | 庚午 | 辛未 | 壬申 | 癸酉 | 甲戌 | 乙亥 | 丙子 | 丁丑 | 戊寅 |
| 대운 남 | 1 | 1 | 1 | 1 | 망 | 10 | 10 | 10 | 9 | 9 | 9 | 8 | 8 | 8 | 7 | 7 | 7 | 6 | 6 | 6 | 5 | 5 | 5 | 4 | 4 | 4 | 3 | 3 | 3 | 2 |
| 대운 녀 | 9 | 9 | 10 | 10 | 종 | 1 | 1 | 1 | 1 | 2 | 2 | 2 | 3 | 3 | 3 | 4 | 4 | 4 | 5 | 5 | 5 | 6 | 6 | 6 | 7 | 7 | 7 | 8 | 8 | 8 |

소서 7일 08시31분

## 7 · 己未月(양 7.7~8.6)

대서 23일 01시58분

| 양력 | 1 | 2 | 3 | 4 | 5 | 6 | 7 | 8 | 9 | 10 | 11 | 12 | 13 | 14 | 15 | 16 | 17 | 18 | 19 | 20 | 21 | 22 | 23 | 24 | 25 | 26 | 27 | 28 | 29 | 30 | 31 |
|---|---|---|---|---|---|---|---|---|---|---|---|---|---|---|---|---|---|---|---|---|---|---|---|---|---|---|---|---|---|---|---|
| 음력 | 29 | 6.1 | 2 | 3 | 4 | 5 | 6 | 7 | 8 | 9 | 10 | 11 | 12 | 13 | 14 | 15 | 16 | 17 | 18 | 19 | 20 | 21 | 22 | 23 | 24 | 25 | 26 | 27 | 28 | 29 | 30 |
| 요일 | 木 | 金 | 土 | 日 | 月 | 火 | 水 | 木 | 金 | 土 | 日 | 月 | 火 | 水 | 木 | 金 | 土 | 日 | 月 | 火 | 水 | 木 | 金 | 土 | 日 | 月 | 火 | 水 | 木 | 金 | 土 |
| 일진 | 己卯 | 庚辰 | 辛巳 | 壬午 | 癸未 | 甲申 | 乙酉 | 丙戌 | 丁亥 | 戊子 | 己丑 | 庚寅 | 辛卯 | 壬辰 | 癸巳 | 甲午 | 乙未 | 丙申 | 丁酉 | 戊戌 | 己亥 | 庚子 | 辛丑 | 壬寅 | 癸卯 | 甲辰 | 乙巳 | 丙午 | 丁未 | 戊申 | 己酉 |
| 대운 남 | 2 | 2 | 1 | 1 | 1 | 1 | 소 | 10 | 10 | 9 | 9 | 9 | 8 | 8 | 8 | 7 | 7 | 7 | 6 | 6 | 6 | 5 | 5 | 5 | 4 | 4 | 4 | 3 | 3 | 3 | 2 |
| 대운 녀 | 9 | 9 | 9 | 10 | 10 | 10 | 서 | 1 | 1 | 1 | 1 | 2 | 2 | 2 | 3 | 3 | 3 | 4 | 4 | 4 | 5 | 5 | 5 | 6 | 6 | 6 | 7 | 7 | 7 | 8 | 8 |

입추 7일 18시20분

## 8 · 庚申月(양 8.7~9.6)

처서 23일 09시09분

| 양력 | 1 | 2 | 3 | 4 | 5 | 6 | 7 | 8 | 9 | 10 | 11 | 12 | 13 | 14 | 15 | 16 | 17 | 18 | 19 | 20 | 21 | 22 | 23 | 24 | 25 | 26 | 27 | 28 | 29 | 30 | 31 |
|---|---|---|---|---|---|---|---|---|---|---|---|---|---|---|---|---|---|---|---|---|---|---|---|---|---|---|---|---|---|---|---|
| 음력 | 7.1 | 2 | 3 | 4 | 5 | 6 | 7 | 8 | 9 | 10 | 11 | 12 | 13 | 14 | 15 | 16 | 17 | 18 | 19 | 20 | 21 | 22 | 23 | 24 | 25 | 26 | 27 | 28 | 29 | 8.1 | 2 |
| 요일 | 日 | 月 | 火 | 水 | 木 | 金 | 土 | 日 | 月 | 火 | 水 | 木 | 金 | 土 | 日 | 月 | 火 | 水 | 木 | 金 | 土 | 日 | 月 | 火 | 水 | 木 | 金 | 土 | 日 | 月 | 火 |
| 일진 | 庚戌 | 辛亥 | 壬子 | 癸丑 | 甲寅 | 乙卯 | 丙辰 | 丁巳 | 戊午 | 己未 | 庚申 | 辛酉 | 壬戌 | 癸亥 | 甲子 | 乙丑 | 丙寅 | 丁卯 | 戊辰 | 己巳 | 庚午 | 辛未 | 壬申 | 癸酉 | 甲戌 | 乙亥 | 丙子 | 丁丑 | 戊寅 | 己卯 | 庚辰 |
| 대운 남 | 2 | 2 | 1 | 1 | 1 | 1 | 입 | 10 | 10 | 9 | 9 | 9 | 8 | 8 | 8 | 7 | 7 | 7 | 6 | 6 | 6 | 5 | 5 | 5 | 4 | 4 | 4 | 3 | 3 | 3 | 2 |
| 대운 녀 | 8 | 9 | 9 | 9 | 10 | 10 | 추 | 1 | 1 | 1 | 1 | 2 | 2 | 2 | 3 | 3 | 3 | 4 | 4 | 4 | 5 | 5 | 5 | 6 | 6 | 6 | 7 | 7 | 7 | 8 | 8 |

백로 7일 21시25분

## 9 · 辛酉月(양 9.7~10.7)

추분 23일 07시01분

| 양력 | 1 | 2 | 3 | 4 | 5 | 6 | 7 | 8 | 9 | 10 | 11 | 12 | 13 | 14 | 15 | 16 | 17 | 18 | 19 | 20 | 21 | 22 | 23 | 24 | 25 | 26 | 27 | 28 | 29 | 30 |
|---|---|---|---|---|---|---|---|---|---|---|---|---|---|---|---|---|---|---|---|---|---|---|---|---|---|---|---|---|---|---|
| 음력 | 3 | 4 | 5 | 6 | 7 | 8 | 9 | 10 | 11 | 12 | 13 | 14 | 15 | 16 | 17 | 18 | 19 | 20 | 21 | 22 | 23 | 24 | 25 | 26 | 27 | 28 | 29 | 30 | 9.1 | 2 |
| 요일 | 水 | 木 | 金 | 土 | 日 | 月 | 火 | 水 | 木 | 金 | 土 | 日 | 月 | 火 | 水 | 木 | 金 | 土 | 日 | 月 | 火 | 水 | 木 | 金 | 土 | 日 | 月 | 火 | 水 | 木 |
| 일진 | 辛巳 | 壬午 | 癸未 | 甲申 | 乙酉 | 丙戌 | 丁亥 | 戊子 | 己丑 | 庚寅 | 辛卯 | 壬辰 | 癸巳 | 甲午 | 乙未 | 丙申 | 丁酉 | 戊戌 | 己亥 | 庚子 | 辛丑 | 壬寅 | 癸卯 | 甲辰 | 乙巳 | 丙午 | 丁未 | 戊申 | 己酉 | 庚戌 |
| 대운 남 | 2 | 2 | 1 | 1 | 1 | 1 | 백 | 10 | 10 | 9 | 9 | 9 | 8 | 8 | 8 | 7 | 7 | 7 | 6 | 6 | 6 | 5 | 5 | 5 | 4 | 4 | 4 | 3 | 3 | 3 |
| 대운 녀 | 8 | 9 | 9 | 9 | 10 | 10 | 로 | 1 | 1 | 1 | 1 | 2 | 2 | 2 | 3 | 3 | 3 | 4 | 4 | 4 | 5 | 5 | 5 | 6 | 6 | 6 | 7 | 7 | 7 | 8 |

한로 8일 13시20분

## 10 · 壬戌月(양 10.8~11.6)

상강 23일 16시39분

| 양력 | 1 | 2 | 3 | 4 | 5 | 6 | 7 | 8 | 9 | 10 | 11 | 12 | 13 | 14 | 15 | 16 | 17 | 18 | 19 | 20 | 21 | 22 | 23 | 24 | 25 | 26 | 27 | 28 | 29 | 30 | 31 |
|---|---|---|---|---|---|---|---|---|---|---|---|---|---|---|---|---|---|---|---|---|---|---|---|---|---|---|---|---|---|---|---|
| 음력 | 3 | 4 | 5 | 6 | 7 | 8 | 9 | 10 | 11 | 12 | 13 | 14 | 15 | 16 | 17 | 18 | 19 | 20 | 21 | 22 | 23 | 24 | 25 | 26 | 27 | 28 | 29 | 10.1 | 2 | 3 | 4 |
| 요일 | 金 | 土 | 日 | 月 | 火 | 水 | 木 | 金 | 土 | 日 | 月 | 火 | 水 | 木 | 金 | 土 | 日 | 月 | 火 | 水 | 木 | 金 | 土 | 日 | 月 | 火 | 水 | 木 | 金 | 土 | 日 |
| 일진 | 辛亥 | 壬子 | 癸丑 | 甲寅 | 乙卯 | 丙辰 | 丁巳 | 戊午 | 己未 | 庚申 | 辛酉 | 壬戌 | 癸亥 | 甲子 | 乙丑 | 丙寅 | 丁卯 | 戊辰 | 己巳 | 庚午 | 辛未 | 壬申 | 癸酉 | 甲戌 | 乙亥 | 丙子 | 丁丑 | 戊寅 | 己卯 | 庚辰 | 辛巳 |
| 대운 남 | 2 | 2 | 2 | 1 | 1 | 1 | 1 | 한 | 10 | 9 | 9 | 9 | 8 | 8 | 8 | 7 | 7 | 7 | 6 | 6 | 6 | 5 | 5 | 5 | 4 | 4 | 4 | 3 | 3 | 3 | 2 |
| 대운 녀 | 8 | 8 | 9 | 9 | 9 | 10 | 10 | 로 | 1 | 1 | 1 | 1 | 2 | 2 | 2 | 3 | 3 | 3 | 4 | 4 | 4 | 5 | 5 | 5 | 6 | 6 | 6 | 7 | 7 | 7 | 8 |

입동 7일 16시49분

## 11 · 癸亥月(양 11.7~12.6)

소설 22일 14시30분

| 양력 | 1 | 2 | 3 | 4 | 5 | 6 | 7 | 8 | 9 | 10 | 11 | 12 | 13 | 14 | 15 | 16 | 17 | 18 | 19 | 20 | 21 | 22 | 23 | 24 | 25 | 26 | 27 | 28 | 29 | 30 |
|---|---|---|---|---|---|---|---|---|---|---|---|---|---|---|---|---|---|---|---|---|---|---|---|---|---|---|---|---|---|---|
| 음력 | 5 | 6 | 7 | 8 | 9 | 10 | 11 | 12 | 13 | 14 | 15 | 16 | 17 | 18 | 19 | 20 | 21 | 22 | 23 | 24 | 25 | 26 | 27 | 28 | 29 | 11.1 | 2 | 3 | 4 | 5 |
| 요일 | 月 | 火 | 水 | 木 | 金 | 土 | 日 | 月 | 火 | 水 | 木 | 金 | 土 | 日 | 月 | 火 | 水 | 木 | 金 | 土 | 日 | 月 | 火 | 水 | 木 | 金 | 土 | 日 | 月 | 火 |
| 일진 | 壬午 | 癸未 | 甲申 | 乙酉 | 丙戌 | 丁亥 | 戊子 | 己丑 | 庚寅 | 辛卯 | 壬辰 | 癸巳 | 甲午 | 乙未 | 丙申 | 丁酉 | 戊戌 | 己亥 | 庚子 | 辛丑 | 壬寅 | 癸卯 | 甲辰 | 乙巳 | 丙午 | 丁未 | 戊申 | 己酉 | 庚戌 | 辛亥 |
| 대운 남 | 2 | 2 | 1 | 1 | 1 | 1 | 입 | 10 | 9 | 9 | 9 | 8 | 8 | 8 | 7 | 7 | 7 | 6 | 6 | 6 | 5 | 5 | 5 | 4 | 4 | 4 | 3 | 3 | 3 | 2 |
| 대운 녀 | 8 | 8 | 9 | 9 | 9 | 10 | 동 | 1 | 1 | 1 | 1 | 2 | 2 | 2 | 3 | 3 | 3 | 4 | 4 | 4 | 5 | 5 | 5 | 6 | 6 | 6 | 7 | 7 | 7 | 8 |

대설 7일 09시55분

## 12 · 甲子月(양 12.7~1.4)

동지 22일 04시01분

| 양력 | 1 | 2 | 3 | 4 | 5 | 6 | 7 | 8 | 9 | 10 | 11 | 12 | 13 | 14 | 15 | 16 | 17 | 18 | 19 | 20 | 21 | 22 | 23 | 24 | 25 | 26 | 27 | 28 | 29 | 30 | 31 |
|---|---|---|---|---|---|---|---|---|---|---|---|---|---|---|---|---|---|---|---|---|---|---|---|---|---|---|---|---|---|---|---|
| 음력 | 6 | 7 | 8 | 9 | 10 | 11 | 12 | 13 | 14 | 15 | 16 | 17 | 18 | 19 | 20 | 21 | 22 | 23 | 24 | 25 | 26 | 27 | 28 | 29 | 30 | 12.1 | 2 | 3 | 4 | 5 | 6 |
| 요일 | 水 | 木 | 金 | 土 | 日 | 月 | 火 | 水 | 木 | 金 | 土 | 日 | 月 | 火 | 水 | 木 | 金 | 土 | 日 | 月 | 火 | 水 | 木 | 金 | 土 | 日 | 月 | 火 | 水 | 木 | 金 |
| 일진 | 壬子 | 癸丑 | 甲寅 | 乙卯 | 丙辰 | 丁巳 | 戊午 | 己未 | 庚申 | 辛酉 | 壬戌 | 癸亥 | 甲子 | 乙丑 | 丙寅 | 丁卯 | 戊辰 | 己巳 | 庚午 | 辛未 | 壬申 | 癸酉 | 甲戌 | 乙亥 | 丙子 | 丁丑 | 戊寅 | 己卯 | 庚辰 | 辛巳 | 壬午 |
| 대운 남 | 2 | 2 | 1 | 1 | 1 | 1 | 대 | 9 | 9 | 9 | 8 | 8 | 8 | 7 | 7 | 7 | 6 | 6 | 6 | 5 | 5 | 5 | 4 | 4 | 4 | 3 | 3 | 3 | 2 | 2 | 2 |
| 대운 녀 | 8 | 8 | 9 | 9 | 9 | 10 | 설 | 1 | 1 | 1 | 1 | 2 | 2 | 2 | 3 | 3 | 3 | 4 | 4 | 4 | 5 | 5 | 5 | 6 | 6 | 6 | 7 | 7 | 7 | 8 | 8 |

소한 5일 21시51분 **1 · 乙丑月**(양 1.5~2.3) 대한 20일 14시42분

| 양력 | | 1 | 2 | 3 | 4 | 5 | 6 | 7 | 8 | 9 | 10 | 11 | 12 | 13 | 14 | 15 | 16 | 17 | 18 | 19 | 20 | 21 | 22 | 23 | 24 | 25 | 26 | 27 | 28 | 29 | 30 | 31 |
|---|---|---|---|---|---|---|---|---|---|---|---|---|---|---|---|---|---|---|---|---|---|---|---|---|---|---|---|---|---|---|---|---|
| 음력 | | 7 | 8 | 9 | 10 | 11 | 12 | 13 | 14 | 15 | 16 | 17 | 18 | 19 | 20 | 21 | 22 | 23 | 24 | 25 | 26 | 27 | 28 | 29 | 1.1 | 2 | 3 | 4 | 5 | 6 | 7 | 8 |
| 요일 | | 土 | 日 | 月 | 火 | 水 | 木 | 金 | 土 | 日 | 月 | 火 | 水 | 木 | 金 | 土 | 日 | 月 | 火 | 水 | 木 | 金 | 土 | 日 | 月 | 火 | 水 | 木 | 金 | 土 | 日 | 月 |
| 일진 | | 癸未 | 甲申 | 乙酉 | 丙戌 | 丁亥 | 戊子 | 己丑 | 庚寅 | 辛卯 | 壬辰 | 癸巳 | 甲午 | 乙未 | 丙申 | 丁酉 | 戊戌 | 己亥 | 庚子 | 辛丑 | 壬寅 | 癸卯 | 甲辰 | 乙巳 | 丙午 | 丁未 | 戊申 | 己酉 | 庚戌 | 辛亥 | 壬子 | 癸丑 |
| 대운 | 남 | 1 | 1 | 1 | 1 | 소 | 10 | 9 | 9 | 9 | 8 | 8 | 8 | 7 | 7 | 7 | 6 | 6 | 6 | 5 | 5 | 5 | 4 | 4 | 4 | 3 | 3 | 3 | 2 | 2 | 2 | 1 |
| | 녀 | 8 | 9 | 9 | 9 | 한 | 1 | 1 | 1 | 1 | 2 | 2 | 2 | 3 | 3 | 3 | 4 | 4 | 4 | 5 | 5 | 5 | 6 | 6 | 6 | 7 | 7 | 7 | 8 | 8 | 8 | 9 |

입춘 4일 08시51분 **2 · 丙寅月**(양 2.4~3.5) 우수 19일 04시44분

| 양력 | | 1 | 2 | 3 | 4 | 5 | 6 | 7 | 8 | 9 | 10 | 11 | 12 | 13 | 14 | 15 | 16 | 17 | 18 | 19 | 20 | 21 | 22 | 23 | 24 | 25 | 26 | 27 | 28 |
|---|---|---|---|---|---|---|---|---|---|---|---|---|---|---|---|---|---|---|---|---|---|---|---|---|---|---|---|---|---|
| 음력 | | 9 | 10 | 11 | 12 | 13 | 14 | 15 | 16 | 17 | 18 | 19 | 20 | 21 | 22 | 23 | 24 | 25 | 26 | 27 | 28 | 29 | 30 | 2.1 | 2 | 3 | 4 | 5 | 6 |
| 요일 | | 火 | 水 | 木 | 金 | 土 | 日 | 月 | 火 | 水 | 木 | 金 | 土 | 日 | 月 | 火 | 水 | 木 | 金 | 土 | 日 | 月 | 火 | 水 | 木 | 金 | 土 | 日 | 月 |
| 일진 | | 甲寅 | 乙卯 | 丙辰 | 丁巳 | 戊午 | 己未 | 庚申 | 辛酉 | 壬戌 | 癸亥 | 甲子 | 乙丑 | 丙寅 | 丁卯 | 戊辰 | 己巳 | 庚午 | 辛未 | 壬申 | 癸酉 | 甲戌 | 乙亥 | 丙子 | 丁丑 | 戊寅 | 己卯 | 庚辰 | 辛巳 |
| 대운 | 남 | 1 | 1 | 1 | 입 | 1 | 1 | 1 | 1 | 2 | 2 | 2 | 3 | 3 | 3 | 4 | 4 | 4 | 5 | 5 | 5 | 6 | 6 | 6 | 7 | 7 | 7 | 8 | 8 |
| | 녀 | 9 | 9 | 10 | 춘 | 10 | 9 | 9 | 9 | 8 | 8 | 8 | 7 | 7 | 7 | 6 | 6 | 6 | 5 | 5 | 5 | 4 | 4 | 4 | 3 | 3 | 3 | 2 | 2 |

경칩 6일 02시42분 **3 · 丁卯月**(양 3.6~4.4) 춘분 21일 03시31분

| 양력 | | 1 | 2 | 3 | 4 | 5 | 6 | 7 | 8 | 9 | 10 | 11 | 12 | 13 | 14 | 15 | 16 | 17 | 18 | 19 | 20 | 21 | 22 | 23 | 24 | 25 | 26 | 27 | 28 | 29 | 30 | 31 |
|---|---|---|---|---|---|---|---|---|---|---|---|---|---|---|---|---|---|---|---|---|---|---|---|---|---|---|---|---|---|---|---|---|
| 음력 | | 7 | 8 | 9 | 10 | 11 | 12 | 13 | 14 | 15 | 16 | 17 | 18 | 19 | 20 | 21 | 22 | 23 | 24 | 25 | 26 | 27 | 28 | 29 | 30 | 3.1 | 2 | 3 | 4 | 5 | 6 | 7 |
| 요일 | | 火 | 水 | 木 | 金 | 土 | 日 | 月 | 火 | 水 | 木 | 金 | 土 | 日 | 月 | 火 | 水 | 木 | 金 | 土 | 日 | 月 | 火 | 水 | 木 | 金 | 土 | 日 | 月 | 火 | 水 | 木 |
| 일진 | | 壬午 | 癸未 | 甲申 | 乙酉 | 丙戌 | 丁亥 | 戊子 | 己丑 | 庚寅 | 辛卯 | 壬辰 | 癸巳 | 甲午 | 乙未 | 丙申 | 丁酉 | 戊戌 | 己亥 | 庚子 | 辛丑 | 壬寅 | 癸卯 | 甲辰 | 乙巳 | 丙午 | 丁未 | 戊申 | 己酉 | 庚戌 | 辛亥 | 壬子 |
| 대운 | 남 | 8 | 9 | 9 | 9 | 10 | 경 | 1 | 1 | 1 | 1 | 2 | 2 | 2 | 3 | 3 | 3 | 4 | 4 | 4 | 5 | 5 | 5 | 6 | 6 | 6 | 7 | 7 | 7 | 8 | 8 | 8 |
| | 녀 | 2 | 1 | 1 | 1 | 1 | 칩 | 10 | 9 | 9 | 9 | 8 | 8 | 8 | 7 | 7 | 7 | 6 | 6 | 6 | 5 | 5 | 5 | 4 | 4 | 4 | 3 | 3 | 3 | 2 | 2 | 2 |

청명 5일 07시14분 **4 · 戊辰月**(양 4.5~5.5) 곡우 20일 14시16분

| 양력 | | 1 | 2 | 3 | 4 | 5 | 6 | 7 | 8 | 9 | 10 | 11 | 12 | 13 | 14 | 15 | 16 | 17 | 18 | 19 | 20 | 21 | 22 | 23 | 24 | 25 | 26 | 27 | 28 | 29 | 30 |
|---|---|---|---|---|---|---|---|---|---|---|---|---|---|---|---|---|---|---|---|---|---|---|---|---|---|---|---|---|---|---|---|
| 음력 | | 8 | 9 | 10 | 11 | 12 | 13 | 14 | 15 | 16 | 17 | 18 | 19 | 20 | 21 | 22 | 23 | 24 | 25 | 26 | 27 | 28 | 29 | 4.1 | 2 | 3 | 4 | 5 | 6 | 7 | 8 |
| 요일 | | 金 | 土 | 日 | 月 | 火 | 水 | 木 | 金 | 土 | 日 | 月 | 火 | 水 | 木 | 金 | 土 | 日 | 月 | 火 | 水 | 木 | 金 | 土 | 日 | 月 | 火 | 水 | 木 | 金 | 土 |
| 일진 | | 癸丑 | 甲寅 | 乙卯 | 丙辰 | 丁巳 | 戊午 | 己未 | 庚申 | 辛酉 | 壬戌 | 癸亥 | 甲子 | 乙丑 | 丙寅 | 丁卯 | 戊辰 | 己巳 | 庚午 | 辛未 | 壬申 | 癸酉 | 甲戌 | 乙亥 | 丙子 | 丁丑 | 戊寅 | 己卯 | 庚辰 | 辛巳 | 壬午 |
| 대운 | 남 | 9 | 9 | 9 | 10 | 청 | 1 | 1 | 1 | 1 | 2 | 2 | 2 | 3 | 3 | 3 | 4 | 4 | 4 | 5 | 5 | 5 | 6 | 6 | 6 | 7 | 7 | 7 | 8 | 8 | 8 |
| | 녀 | 1 | 1 | 1 | 1 | 명 | 10 | 10 | 9 | 9 | 9 | 8 | 8 | 8 | 7 | 7 | 7 | 6 | 6 | 6 | 5 | 5 | 5 | 4 | 4 | 4 | 3 | 3 | 3 | 2 | 2 |

입하 6일 00시17분 **5 · 己巳月**(양 5.6~6.5) 소만 21일 13시09분

| 양력 | | 1 | 2 | 3 | 4 | 5 | 6 | 7 | 8 | 9 | 10 | 11 | 12 | 13 | 14 | 15 | 16 | 17 | 18 | 19 | 20 | 21 | 22 | 23 | 24 | 25 | 26 | 27 | 28 | 29 | 30 | 31 |
|---|---|---|---|---|---|---|---|---|---|---|---|---|---|---|---|---|---|---|---|---|---|---|---|---|---|---|---|---|---|---|---|---|
| 음력 | | 9 | 10 | 11 | 12 | 13 | 14 | 15 | 16 | 17 | 18 | 19 | 20 | 21 | 22 | 23 | 24 | 25 | 26 | 27 | 28 | 29 | 30 | 5.1 | 2 | 3 | 4 | 5 | 6 | 7 | 8 | 9 |
| 요일 | | 日 | 月 | 火 | 水 | 木 | 金 | 土 | 日 | 月 | 火 | 水 | 木 | 金 | 土 | 日 | 月 | 火 | 水 | 木 | 金 | 土 | 日 | 月 | 火 | 水 | 木 | 金 | 土 | 日 | 月 | 火 |
| 일진 | | 癸未 | 甲申 | 乙酉 | 丙戌 | 丁亥 | 戊子 | 己丑 | 庚寅 | 辛卯 | 壬辰 | 癸巳 | 甲午 | 乙未 | 丙申 | 丁酉 | 戊戌 | 己亥 | 庚子 | 辛丑 | 壬寅 | 癸卯 | 甲辰 | 乙巳 | 丙午 | 丁未 | 戊申 | 己酉 | 庚戌 | 辛亥 | 壬子 | 癸丑 |
| 대운 | 남 | 9 | 9 | 9 | 10 | 10 | 입 | 1 | 1 | 1 | 1 | 2 | 2 | 2 | 3 | 3 | 3 | 4 | 4 | 4 | 5 | 5 | 5 | 6 | 6 | 6 | 7 | 7 | 7 | 8 | 8 | 8 |
| | 녀 | 2 | 1 | 1 | 1 | 1 | 하 | 10 | 10 | 9 | 9 | 9 | 8 | 8 | 8 | 7 | 7 | 7 | 6 | 6 | 6 | 5 | 5 | 5 | 4 | 4 | 4 | 3 | 3 | 3 | 2 | 2 |

망종 6일 04시14분 **6 · 庚午月**(양 6.6~7.6) 하지 21일 20시56분

| 양력 | | 1 | 2 | 3 | 4 | 5 | 6 | 7 | 8 | 9 | 10 | 11 | 12 | 13 | 14 | 15 | 16 | 17 | 18 | 19 | 20 | 21 | 22 | 23 | 24 | 25 | 26 | 27 | 28 | 29 | 30 |
|---|---|---|---|---|---|---|---|---|---|---|---|---|---|---|---|---|---|---|---|---|---|---|---|---|---|---|---|---|---|---|---|
| 음력 | | 10 | 11 | 12 | 13 | 14 | 15 | 16 | 17 | 18 | 19 | 20 | 21 | 22 | 23 | 24 | 25 | 26 | 27 | 28 | 29 | 30 | 윤 | 5.2 | 3 | 4 | 5 | 6 | 7 | 8 | 9 |
| 요일 | | 水 | 木 | 金 | 土 | 日 | 月 | 火 | 水 | 木 | 金 | 土 | 日 | 月 | 火 | 水 | 木 | 金 | 土 | 日 | 月 | 火 | 水 | 木 | 金 | 土 | 日 | 月 | 火 | 水 | 木 |
| 일진 | | 甲寅 | 乙卯 | 丙辰 | 丁巳 | 戊午 | 己未 | 庚申 | 辛酉 | 壬戌 | 癸亥 | 甲子 | 乙丑 | 丙寅 | 丁卯 | 戊辰 | 己巳 | 庚午 | 辛未 | 壬申 | 癸酉 | 甲戌 | 乙亥 | 丙子 | 丁丑 | 戊寅 | 己卯 | 庚辰 | 辛巳 | 壬午 | 癸未 |
| 대운 | 남 | 9 | 9 | 9 | 10 | 10 | 망 | 1 | 1 | 1 | 1 | 2 | 2 | 2 | 3 | 3 | 3 | 4 | 4 | 4 | 5 | 5 | 5 | 6 | 6 | 6 | 7 | 7 | 7 | 8 | 8 |
| | 녀 | 2 | 1 | 1 | 1 | 1 | 종 | 10 | 10 | 9 | 9 | 9 | 8 | 8 | 8 | 7 | 7 | 7 | 6 | 6 | 6 | 5 | 5 | 5 | 4 | 4 | 4 | 3 | 3 | 3 | 2 |

# 己未年

동경135도표준시

## 7 · 辛未月(양 7.7~8.7)

소서 7일 14시25분 · 대서 23일 07시47분

| 양력 | 1 | 2 | 3 | 4 | 5 | 6 | 7 | 8 | 9 | 10 | 11 | 12 | 13 | 14 | 15 | 16 | 17 | 18 | 19 | 20 | 21 | 22 | 23 | 24 | 25 | 26 | 27 | 28 | 29 | 30 | 31 |
|---|---|---|---|---|---|---|---|---|---|---|---|---|---|---|---|---|---|---|---|---|---|---|---|---|---|---|---|---|---|---|---|
| 음력 | 10 | 11 | 12 | 13 | 14 | 15 | 16 | 17 | 18 | 19 | 20 | 21 | 22 | 23 | 24 | 25 | 26 | 27 | 28 | 29 | 6.1 | 2 | 3 | 4 | 5 | 6 | 7 | 8 | 9 | 10 | 11 |
| 요일 | 金 | 土 | 日 | 月 | 火 | 水 | 木 | 金 | 土 | 日 | 月 | 火 | 水 | 木 | 金 | 土 | 日 | 月 | 火 | 水 | 木 | 金 | 土 | 日 | 月 | 火 | 水 | 木 | 金 | 土 | 日 |
| 일진 | 甲申 | 乙酉 | 丙戌 | 丁亥 | 戊子 | 己丑 | 庚寅 | 辛卯 | 壬辰 | 癸巳 | 甲午 | 乙未 | 丙申 | 丁酉 | 戊戌 | 己亥 | 庚子 | 辛丑 | 壬寅 | 癸卯 | 甲辰 | 乙巳 | 丙午 | 丁未 | 戊申 | 己酉 | 庚戌 | 辛亥 | 壬子 | 癸丑 | 甲寅 |
| 대운 남 | 8 | 9 | 9 | 9 | 10 | 10 | 소 | 1 | 1 | 1 | 1 | 2 | 2 | 2 | 3 | 3 | 3 | 4 | 4 | 4 | 5 | 5 | 5 | 6 | 6 | 6 | 7 | 7 | 7 | 8 | 8 |
| 대운 녀 | 2 | 2 | 1 | 1 | 1 | 1 | 서 | 10 | 10 | 10 | 9 | 9 | 9 | 8 | 8 | 8 | 7 | 7 | 7 | 6 | 6 | 6 | 5 | 5 | 5 | 4 | 4 | 4 | 3 | 3 | 3 |

## 8 · 壬申月(양 8.8~9.7)

입추 8일 00시17분 · 처서 23일 14시57분

| 양력 | 1 | 2 | 3 | 4 | 5 | 6 | 7 | 8 | 9 | 10 | 11 | 12 | 13 | 14 | 15 | 16 | 17 | 18 | 19 | 20 | 21 | 22 | 23 | 24 | 25 | 26 | 27 | 28 | 29 | 30 | 31 |
|---|---|---|---|---|---|---|---|---|---|---|---|---|---|---|---|---|---|---|---|---|---|---|---|---|---|---|---|---|---|---|---|
| 음력 | 12 | 13 | 14 | 15 | 16 | 17 | 18 | 19 | 20 | 21 | 22 | 23 | 24 | 25 | 26 | 27 | 28 | 29 | 30 | 7.1 | 2 | 3 | 4 | 5 | 6 | 7 | 8 | 9 | 10 | 11 | 12 |
| 요일 | 月 | 火 | 水 | 木 | 金 | 土 | 日 | 月 | 火 | 水 | 木 | 金 | 土 | 日 | 月 | 火 | 水 | 木 | 金 | 土 | 日 | 月 | 火 | 水 | 木 | 金 | 土 | 日 | 月 | 火 | 水 |
| 일진 | 乙卯 | 丙辰 | 丁巳 | 戊午 | 己未 | 庚申 | 辛酉 | 壬戌 | 癸亥 | 甲子 | 乙丑 | 丙寅 | 丁卯 | 戊辰 | 己巳 | 庚午 | 辛未 | 壬申 | 癸酉 | 甲戌 | 乙亥 | 丙子 | 丁丑 | 戊寅 | 己卯 | 庚辰 | 辛巳 | 壬午 | 癸未 | 甲申 | 乙酉 |
| 대운 남 | 8 | 9 | 9 | 9 | 10 | 10 | 10 | 입 | 1 | 1 | 1 | 1 | 2 | 2 | 2 | 3 | 3 | 3 | 4 | 4 | 4 | 5 | 5 | 5 | 6 | 6 | 6 | 7 | 7 | 7 | 8 |
| 대운 녀 | 2 | 2 | 2 | 1 | 1 | 1 | 1 | 추 | 10 | 10 | 9 | 9 | 9 | 8 | 8 | 8 | 7 | 7 | 7 | 6 | 6 | 6 | 5 | 5 | 5 | 4 | 4 | 4 | 3 | 3 | 3 |

## 9 · 癸酉月(양 9.8~10.7)

백로 8일 03시23분 · 추분 23일 12시48분

| 양력 | 1 | 2 | 3 | 4 | 5 | 6 | 7 | 8 | 9 | 10 | 11 | 12 | 13 | 14 | 15 | 16 | 17 | 18 | 19 | 20 | 21 | 22 | 23 | 24 | 25 | 26 | 27 | 28 | 29 | 30 |
|---|---|---|---|---|---|---|---|---|---|---|---|---|---|---|---|---|---|---|---|---|---|---|---|---|---|---|---|---|---|---|
| 음력 | 13 | 14 | 15 | 16 | 17 | 18 | 19 | 20 | 21 | 22 | 23 | 24 | 25 | 26 | 27 | 28 | 29 | 8.1 | 2 | 3 | 4 | 5 | 6 | 7 | 8 | 9 | 10 | 11 | 12 | 13 |
| 요일 | 木 | 金 | 土 | 日 | 月 | 火 | 水 | 木 | 金 | 土 | 日 | 月 | 火 | 水 | 木 | 金 | 土 | 日 | 月 | 火 | 水 | 木 | 金 | 土 | 日 | 月 | 火 | 水 | 木 | 金 |
| 일진 | 丙戌 | 丁亥 | 戊子 | 己丑 | 庚寅 | 辛卯 | 壬辰 | 癸巳 | 甲午 | 乙未 | 丙申 | 丁酉 | 戊戌 | 己亥 | 庚子 | 辛丑 | 壬寅 | 癸卯 | 甲辰 | 乙巳 | 丙午 | 丁未 | 戊申 | 己酉 | 庚戌 | 辛亥 | 壬子 | 癸丑 | 甲寅 | 乙卯 |
| 대운 남 | 8 | 8 | 9 | 9 | 9 | 10 | 10 | 백 | 1 | 1 | 1 | 1 | 2 | 2 | 2 | 3 | 3 | 3 | 4 | 4 | 4 | 5 | 5 | 5 | 6 | 6 | 6 | 7 | 7 | 7 |
| 대운 녀 | 2 | 2 | 2 | 1 | 1 | 1 | 1 | 로 | 10 | 9 | 9 | 9 | 8 | 8 | 8 | 7 | 7 | 7 | 6 | 6 | 6 | 5 | 5 | 5 | 4 | 4 | 4 | 3 | 3 | 3 |

## 10 · 甲戌月(양 10.8~11.6)

한로 8일 19시16분 · 상강 23일 22시24분

| 양력 | 1 | 2 | 3 | 4 | 5 | 6 | 7 | 8 | 9 | 10 | 11 | 12 | 13 | 14 | 15 | 16 | 17 | 18 | 19 | 20 | 21 | 22 | 23 | 24 | 25 | 26 | 27 | 28 | 29 | 30 | 31 |
|---|---|---|---|---|---|---|---|---|---|---|---|---|---|---|---|---|---|---|---|---|---|---|---|---|---|---|---|---|---|---|---|
| 음력 | 14 | 15 | 16 | 17 | 18 | 19 | 20 | 21 | 22 | 23 | 24 | 25 | 26 | 27 | 28 | 29 | 30 | 9.1 | 2 | 3 | 4 | 5 | 6 | 7 | 8 | 9 | 10 | 11 | 12 | 13 | 14 |
| 요일 | 土 | 日 | 月 | 火 | 水 | 木 | 金 | 土 | 日 | 月 | 火 | 水 | 木 | 金 | 土 | 日 | 月 | 火 | 水 | 木 | 金 | 土 | 日 | 月 | 火 | 水 | 木 | 金 | 土 | 日 | 月 |
| 일진 | 丙辰 | 丁巳 | 戊午 | 己未 | 庚申 | 辛酉 | 壬戌 | 癸亥 | 甲子 | 乙丑 | 丙寅 | 丁卯 | 戊辰 | 己巳 | 庚午 | 辛未 | 壬申 | 癸酉 | 甲戌 | 乙亥 | 丙子 | 丁丑 | 戊寅 | 己卯 | 庚辰 | 辛巳 | 壬午 | 癸未 | 甲申 | 乙酉 | 丙戌 |
| 대운 남 | 8 | 8 | 8 | 9 | 9 | 9 | 10 | 한 | 1 | 1 | 1 | 1 | 2 | 2 | 2 | 3 | 3 | 3 | 4 | 4 | 4 | 5 | 5 | 5 | 6 | 6 | 6 | 7 | 7 | 7 | 8 |
| 대운 녀 | 2 | 2 | 2 | 1 | 1 | 1 | 1 | 로 | 10 | 9 | 9 | 9 | 8 | 8 | 8 | 7 | 7 | 7 | 6 | 6 | 6 | 5 | 5 | 5 | 4 | 4 | 4 | 3 | 3 | 3 | 2 |

## 11 · 乙亥月(양 11.7~12.6)

입동 7일 22시41분 · 소설 22일 20시11분

| 양력 | 1 | 2 | 3 | 4 | 5 | 6 | 7 | 8 | 9 | 10 | 11 | 12 | 13 | 14 | 15 | 16 | 17 | 18 | 19 | 20 | 21 | 22 | 23 | 24 | 25 | 26 | 27 | 28 | 29 | 30 |
|---|---|---|---|---|---|---|---|---|---|---|---|---|---|---|---|---|---|---|---|---|---|---|---|---|---|---|---|---|---|---|
| 음력 | 15 | 16 | 17 | 18 | 19 | 20 | 21 | 22 | 23 | 24 | 25 | 26 | 27 | 28 | 29 | 10.1 | 2 | 3 | 4 | 5 | 6 | 7 | 8 | 9 | 10 | 11 | 12 | 13 | 14 | 15 |
| 요일 | 火 | 水 | 木 | 金 | 土 | 日 | 月 | 火 | 水 | 木 | 金 | 土 | 日 | 月 | 火 | 水 | 木 | 金 | 土 | 日 | 月 | 火 | 水 | 木 | 金 | 土 | 日 | 月 | 火 | 水 |
| 일진 | 丁亥 | 戊子 | 己丑 | 庚寅 | 辛卯 | 壬辰 | 癸巳 | 甲午 | 乙未 | 丙申 | 丁酉 | 戊戌 | 己亥 | 庚子 | 辛丑 | 壬寅 | 癸卯 | 甲辰 | 乙巳 | 丙午 | 丁未 | 戊申 | 己酉 | 庚戌 | 辛亥 | 壬子 | 癸丑 | 甲寅 | 乙卯 | 丙辰 |
| 대운 남 | 8 | 8 | 9 | 9 | 9 | 10 | 입 | 1 | 1 | 1 | 1 | 2 | 2 | 2 | 3 | 3 | 3 | 4 | 4 | 4 | 5 | 5 | 5 | 6 | 6 | 6 | 7 | 7 | 7 | 8 |
| 대운 녀 | 2 | 2 | 1 | 1 | 1 | 1 | 동 | 10 | 9 | 9 | 9 | 8 | 8 | 8 | 7 | 7 | 7 | 6 | 6 | 6 | 5 | 5 | 5 | 4 | 4 | 4 | 3 | 3 | 3 | 2 |

## 12 · 丙子月(양 12.7~1.5)

대설 7일 15시44분 · 동지 22일 09시39분

| 양력 | 1 | 2 | 3 | 4 | 5 | 6 | 7 | 8 | 9 | 10 | 11 | 12 | 13 | 14 | 15 | 16 | 17 | 18 | 19 | 20 | 21 | 22 | 23 | 24 | 25 | 26 | 27 | 28 | 29 | 30 | 31 |
|---|---|---|---|---|---|---|---|---|---|---|---|---|---|---|---|---|---|---|---|---|---|---|---|---|---|---|---|---|---|---|---|
| 음력 | 16 | 17 | 18 | 19 | 20 | 21 | 22 | 23 | 24 | 25 | 26 | 27 | 28 | 29 | 30 | 11.1 | 2 | 3 | 4 | 5 | 6 | 7 | 8 | 9 | 10 | 11 | 12 | 13 | 14 | 15 | 16 |
| 요일 | 木 | 金 | 土 | 日 | 月 | 火 | 水 | 木 | 金 | 土 | 日 | 月 | 火 | 水 | 木 | 金 | 土 | 日 | 月 | 火 | 水 | 木 | 金 | 土 | 日 | 月 | 火 | 水 | 木 | 金 | 土 |
| 일진 | 丁巳 | 戊午 | 己未 | 庚申 | 辛酉 | 壬戌 | 癸亥 | 甲子 | 乙丑 | 丙寅 | 丁卯 | 戊辰 | 己巳 | 庚午 | 辛未 | 壬申 | 癸酉 | 甲戌 | 乙亥 | 丙子 | 丁丑 | 戊寅 | 己卯 | 庚辰 | 辛巳 | 壬午 | 癸未 | 甲申 | 乙酉 | 丙戌 | 丁亥 |
| 대운 남 | 8 | 8 | 9 | 9 | 9 | 10 | 대 | 1 | 1 | 1 | 1 | 2 | 2 | 2 | 3 | 3 | 3 | 4 | 4 | 4 | 5 | 5 | 5 | 6 | 6 | 6 | 7 | 7 | 7 | 8 | 8 |
| 대운 녀 | 2 | 2 | 1 | 1 | 1 | 1 | 설 | 10 | 9 | 9 | 9 | 8 | 8 | 8 | 7 | 7 | 7 | 6 | 6 | 6 | 5 | 5 | 5 | 4 | 4 | 4 | 3 | 3 | 3 | 2 | 2 |

단기 4373년

# 2040년

소한 6일 03시02분 N

## 1 · 丁丑月(양 1.6~2.3)

대한 20일 20시20분

| 양력 | 1 | 2 | 3 | 4 | 5 | 6 | 7 | 8 | 9 | 10 | 11 | 12 | 13 | 14 | 15 | 16 | 17 | 18 | 19 | 20 | 21 | 22 | 23 | 24 | 25 | 26 | 27 | 28 | 29 | 30 | 31 |
|---|---|---|---|---|---|---|---|---|---|---|---|---|---|---|---|---|---|---|---|---|---|---|---|---|---|---|---|---|---|---|---|
| 음력 | 17 | 18 | 19 | 20 | 21 | 22 | 23 | 24 | 25 | 26 | 27 | 28 | 29 | 12.1 | 2 | 3 | 4 | 5 | 6 | 7 | 8 | 9 | 10 | 11 | 12 | 13 | 14 | 15 | 16 | 17 | 18 |
| 요일 | 日 | 月 | 火 | 水 | 木 | 金 | 土 | 日 | 月 | 火 | 水 | 木 | 金 | 土 | 日 | 月 | 火 | 水 | 木 | 金 | 土 | 日 | 月 | 火 | 水 | 木 | 金 | 土 | 日 | 月 | 火 |
| 일진 | 戊子 | 己丑 | 庚寅 | 辛卯 | 壬辰 | 癸巳 | 甲午 | 乙未 | 丙申 | 丁酉 | 戊戌 | 己亥 | 庚子 | 辛丑 | 壬寅 | 癸卯 | 甲辰 | 乙巳 | 丙午 | 丁未 | 戊申 | 己酉 | 庚戌 | 辛亥 | 壬子 | 癸丑 | 甲寅 | 乙卯 | 丙辰 | 丁巳 | 戊午 |
| 대운 남 | 8 | 9 | 9 | 9 | 10 | 소 | 1 | 1 | 1 | 1 | 2 | 2 | 2 | 3 | 3 | 3 | 4 | 4 | 4 | 5 | 5 | 5 | 6 | 6 | 6 | 7 | 7 | 7 | 8 | 8 | 8 |
| 대운 녀 | 2 | 1 | 1 | 1 | 1 | 한 | 9 | 9 | 9 | 8 | 8 | 8 | 7 | 7 | 7 | 6 | 6 | 6 | 5 | 5 | 5 | 4 | 4 | 4 | 3 | 3 | 3 | 2 | 2 | 2 | 1 |

입춘 4일 14시38분

## 2 · 戊寅月(양 2.4~3.4)

우수 19일 10시22분

| 양력 | 1 | 2 | 3 | 4 | 5 | 6 | 7 | 8 | 9 | 10 | 11 | 12 | 13 | 14 | 15 | 16 | 17 | 18 | 19 | 20 | 21 | 22 | 23 | 24 | 25 | 26 | 27 | 28 | 29 |
|---|---|---|---|---|---|---|---|---|---|---|---|---|---|---|---|---|---|---|---|---|---|---|---|---|---|---|---|---|---|
| 음력 | 19 | 20 | 21 | 22 | 23 | 24 | 25 | 26 | 27 | 28 | 29 | 1.1 | 2 | 3 | 4 | 5 | 6 | 7 | 8 | 9 | 10 | 11 | 12 | 13 | 14 | 15 | 16 | 17 | 18 |
| 요일 | 水 | 木 | 金 | 土 | 日 | 月 | 火 | 水 | 木 | 金 | 土 | 日 | 月 | 火 | 水 | 木 | 金 | 土 | 日 | 月 | 火 | 水 | 木 | 金 | 土 | 日 | 月 | 火 | 水 |
| 일진 | 己未 | 庚申 | 辛酉 | 壬戌 | 癸亥 | 甲子 | 乙丑 | 丙寅 | 丁卯 | 戊辰 | 己巳 | 庚午 | 辛未 | 壬申 | 癸酉 | 甲戌 | 乙亥 | 丙子 | 丁丑 | 戊寅 | 己卯 | 庚辰 | 辛巳 | 壬午 | 癸未 | 甲申 | 乙酉 | 丙戌 | 丁亥 |
| 대운 남 | 9 | 9 | 9 | 입 | 10 | 9 | 9 | 9 | 8 | 8 | 8 | 7 | 7 | 7 | 6 | 6 | 6 | 5 | 5 | 5 | 4 | 4 | 4 | 3 | 3 | 3 | 2 | 2 | 2 |
| 대운 녀 | 1 | 1 | 1 | 춘 | 1 | 1 | 1 | 1 | 2 | 2 | 2 | 3 | 3 | 3 | 4 | 4 | 4 | 5 | 5 | 5 | 6 | 6 | 6 | 7 | 7 | 7 | 8 | 8 | 8 |

경칩 5일 08시30분

## 3 · 己卯月(양 3.5~4.3)

춘분 20일 09시10분

| 양력 | 1 | 2 | 3 | 4 | 5 | 6 | 7 | 8 | 9 | 10 | 11 | 12 | 13 | 14 | 15 | 16 | 17 | 18 | 19 | 20 | 21 | 22 | 23 | 24 | 25 | 26 | 27 | 28 | 29 | 30 | 31 |
|---|---|---|---|---|---|---|---|---|---|---|---|---|---|---|---|---|---|---|---|---|---|---|---|---|---|---|---|---|---|---|---|
| 음력 | 19 | 20 | 21 | 22 | 23 | 24 | 25 | 26 | 27 | 28 | 29 | 30 | 2.1 | 2 | 3 | 4 | 5 | 6 | 7 | 8 | 9 | 10 | 11 | 12 | 13 | 14 | 15 | 16 | 17 | 18 | 19 |
| 요일 | 木 | 金 | 土 | 日 | 月 | 火 | 水 | 木 | 金 | 土 | 日 | 月 | 火 | 水 | 木 | 金 | 土 | 日 | 月 | 火 | 水 | 木 | 金 | 土 | 日 | 月 | 火 | 水 | 木 | 金 | 土 |
| 일진 | 戊子 | 己丑 | 庚寅 | 辛卯 | 壬辰 | 癸巳 | 甲午 | 乙未 | 丙申 | 丁酉 | 戊戌 | 己亥 | 庚子 | 辛丑 | 壬寅 | 癸卯 | 甲辰 | 乙巳 | 丙午 | 丁未 | 戊申 | 己酉 | 庚戌 | 辛亥 | 壬子 | 癸丑 | 甲寅 | 乙卯 | 丙辰 | 丁巳 | 戊午 |
| 대운 남 | 1 | 1 | 1 | 1 | 경 | 10 | 9 | 9 | 9 | 8 | 8 | 8 | 7 | 7 | 7 | 6 | 6 | 6 | 5 | 5 | 5 | 4 | 4 | 4 | 3 | 3 | 3 | 2 | 2 | 2 | 1 |
| 대운 녀 | 9 | 9 | 9 | 10 | 칩 | 1 | 1 | 1 | 1 | 2 | 2 | 2 | 3 | 3 | 3 | 4 | 4 | 4 | 5 | 5 | 5 | 6 | 6 | 6 | 7 | 7 | 7 | 8 | 8 | 8 | 9 |

청명 4일 13시04분

## 4 · 庚辰月(양 4.4~5.4)

곡우 19일 19시58분

| 양력 | 1 | 2 | 3 | 4 | 5 | 6 | 7 | 8 | 9 | 10 | 11 | 12 | 13 | 14 | 15 | 16 | 17 | 18 | 19 | 20 | 21 | 22 | 23 | 24 | 25 | 26 | 27 | 28 | 29 | 30 |
|---|---|---|---|---|---|---|---|---|---|---|---|---|---|---|---|---|---|---|---|---|---|---|---|---|---|---|---|---|---|---|
| 음력 | 20 | 21 | 22 | 23 | 24 | 25 | 26 | 27 | 28 | 29 | 3.1 | 2 | 3 | 4 | 5 | 6 | 7 | 8 | 9 | 10 | 11 | 12 | 13 | 14 | 15 | 16 | 17 | 18 | 19 | 20 |
| 요일 | 日 | 月 | 火 | 水 | 木 | 金 | 土 | 日 | 月 | 火 | 水 | 木 | 金 | 土 | 日 | 月 | 火 | 水 | 木 | 金 | 土 | 日 | 月 | 火 | 水 | 木 | 金 | 土 | 日 | 月 |
| 일진 | 己未 | 庚申 | 辛酉 | 壬戌 | 癸亥 | 甲子 | 乙丑 | 丙寅 | 丁卯 | 戊辰 | 己巳 | 庚午 | 辛未 | 壬申 | 癸酉 | 甲戌 | 乙亥 | 丙子 | 丁丑 | 戊寅 | 己卯 | 庚辰 | 辛巳 | 壬午 | 癸未 | 甲申 | 乙酉 | 丙戌 | 丁亥 | 戊子 |
| 대운 남 | 1 | 1 | 1 | 청 | 10 | 10 | 9 | 9 | 9 | 8 | 8 | 8 | 7 | 7 | 7 | 6 | 6 | 6 | 5 | 5 | 5 | 4 | 4 | 4 | 3 | 3 | 3 | 2 | 2 | 2 |
| 대운 녀 | 9 | 9 | 10 | 명 | 1 | 1 | 1 | 1 | 2 | 2 | 2 | 3 | 3 | 3 | 4 | 4 | 4 | 5 | 5 | 5 | 6 | 6 | 6 | 7 | 7 | 7 | 8 | 8 | 8 | 9 |

입하 5일 06시08분

## 5 · 辛巳月(양 5.5~6.4)

소만 20일 18시54분

| 양력 | 1 | 2 | 3 | 4 | 5 | 6 | 7 | 8 | 9 | 10 | 11 | 12 | 13 | 14 | 15 | 16 | 17 | 18 | 19 | 20 | 21 | 22 | 23 | 24 | 25 | 26 | 27 | 28 | 29 | 30 | 31 |
|---|---|---|---|---|---|---|---|---|---|---|---|---|---|---|---|---|---|---|---|---|---|---|---|---|---|---|---|---|---|---|---|
| 음력 | 21 | 22 | 23 | 24 | 25 | 26 | 27 | 28 | 29 | 30 | 4.1 | 2 | 3 | 4 | 5 | 6 | 7 | 8 | 9 | 10 | 11 | 12 | 13 | 14 | 15 | 16 | 17 | 18 | 19 | 20 | 21 |
| 요일 | 火 | 水 | 木 | 金 | 土 | 日 | 月 | 火 | 水 | 木 | 金 | 土 | 日 | 月 | 火 | 水 | 木 | 金 | 土 | 日 | 月 | 火 | 水 | 木 | 金 | 土 | 日 | 月 | 火 | 水 | 木 |
| 일진 | 己丑 | 庚寅 | 辛卯 | 壬辰 | 癸巳 | 甲午 | 乙未 | 丙申 | 丁酉 | 戊戌 | 己亥 | 庚子 | 辛丑 | 壬寅 | 癸卯 | 甲辰 | 乙巳 | 丙午 | 丁未 | 戊申 | 己酉 | 庚戌 | 辛亥 | 壬子 | 癸丑 | 甲寅 | 乙卯 | 丙辰 | 丁巳 | 戊午 | 己未 |
| 대운 남 | 1 | 1 | 1 | 1 | 입 | 10 | 10 | 9 | 9 | 9 | 8 | 8 | 8 | 7 | 7 | 7 | 6 | 6 | 6 | 5 | 5 | 5 | 4 | 4 | 4 | 3 | 3 | 3 | 2 | 2 | 2 |
| 대운 녀 | 9 | 9 | 10 | 10 | 하 | 1 | 1 | 1 | 1 | 2 | 2 | 2 | 3 | 3 | 3 | 4 | 4 | 4 | 5 | 5 | 5 | 6 | 6 | 6 | 7 | 7 | 7 | 8 | 8 | 8 | 9 |

망종 5일 10시07분

## 6 · 壬午月(양 6.5~7.5)

하지 21일 02시45분

| 양력 | 1 | 2 | 3 | 4 | 5 | 6 | 7 | 8 | 9 | 10 | 11 | 12 | 13 | 14 | 15 | 16 | 17 | 18 | 19 | 20 | 21 | 22 | 23 | 24 | 25 | 26 | 27 | 28 | 29 | 30 |
|---|---|---|---|---|---|---|---|---|---|---|---|---|---|---|---|---|---|---|---|---|---|---|---|---|---|---|---|---|---|---|
| 음력 | 22 | 23 | 24 | 25 | 26 | 27 | 28 | 29 | 30 | 5.1 | 2 | 3 | 4 | 5 | 6 | 7 | 8 | 9 | 10 | 11 | 12 | 13 | 14 | 15 | 16 | 17 | 18 | 19 | 20 | 21 |
| 요일 | 金 | 土 | 日 | 月 | 火 | 水 | 木 | 金 | 土 | 日 | 月 | 火 | 水 | 木 | 金 | 土 | 日 | 月 | 火 | 水 | 木 | 金 | 土 | 日 | 月 | 火 | 水 | 木 | 金 | 土 |
| 일진 | 庚申 | 辛酉 | 壬戌 | 癸亥 | 甲子 | 乙丑 | 丙寅 | 丁卯 | 戊辰 | 己巳 | 庚午 | 辛未 | 壬申 | 癸酉 | 甲戌 | 乙亥 | 丙子 | 丁丑 | 戊寅 | 己卯 | 庚辰 | 辛巳 | 壬午 | 癸未 | 甲申 | 乙酉 | 丙戌 | 丁亥 | 戊子 | 己丑 |
| 대운 남 | 1 | 1 | 1 | 1 | 망 | 10 | 10 | 9 | 9 | 9 | 8 | 8 | 8 | 7 | 7 | 7 | 6 | 6 | 6 | 5 | 5 | 5 | 4 | 4 | 4 | 3 | 3 | 3 | 2 | 2 |
| 대운 녀 | 9 | 9 | 10 | 10 | 종 | 1 | 1 | 1 | 1 | 2 | 2 | 2 | 3 | 3 | 3 | 4 | 4 | 4 | 5 | 5 | 5 | 6 | 6 | 6 | 7 | 7 | 7 | 8 | 8 | 8 |

# 庚申年

동경135도표준시

## 7 · 癸未月(양 7.6~8.6)

소서 6일 20시18분 　 대서 22일 13시39분

| 양력 | 1 | 2 | 3 | 4 | 5 | 6 | 7 | 8 | 9 | 10 | 11 | 12 | 13 | 14 | 15 | 16 | 17 | 18 | 19 | 20 | 21 | 22 | 23 | 24 | 25 | 26 | 27 | 28 | 29 | 30 | 31 |
|---|---|---|---|---|---|---|---|---|---|---|---|---|---|---|---|---|---|---|---|---|---|---|---|---|---|---|---|---|---|---|---|
| 음력 | 22 | 23 | 24 | 25 | 26 | 27 | 28 | 29 | 6.1 | 2 | 3 | 4 | 5 | 6 | 7 | 8 | 9 | 10 | 11 | 12 | 13 | 14 | 15 | 16 | 17 | 18 | 19 | 20 | 21 | 22 | 23 |
| 요일 | 日 | 月 | 火 | 水 | 木 | 金 | 土 | 日 | 月 | 火 | 水 | 木 | 金 | 土 | 日 | 月 | 火 | 水 | 木 | 金 | 土 | 日 | 月 | 火 | 水 | 木 | 金 | 土 | 日 | 月 | 火 |
| 일진 | 庚寅 | 辛卯 | 壬辰 | 癸巳 | 甲午 | 乙未 | 丙申 | 丁酉 | 戊戌 | 己亥 | 庚子 | 辛丑 | 壬寅 | 癸卯 | 甲辰 | 乙巳 | 丙午 | 丁未 | 戊申 | 己酉 | 庚戌 | 辛亥 | 壬子 | 癸丑 | 甲寅 | 乙卯 | 丙辰 | 丁巳 | 戊午 | 己未 | 庚申 |
| 대운 남 | 2 | 1 | 1 | 1 | 1 | 소 | 10 | 10 | 10 | 9 | 9 | 9 | 8 | 8 | 8 | 7 | 7 | 7 | 6 | 6 | 6 | 5 | 5 | 5 | 4 | 4 | 4 | 3 | 3 | 3 | 2 |
| 대운 녀 | 9 | 9 | 9 | 10 | 10 | 서 | 1 | 1 | 1 | 1 | 2 | 2 | 2 | 3 | 3 | 3 | 4 | 4 | 4 | 5 | 5 | 5 | 6 | 6 | 6 | 7 | 7 | 7 | 8 | 8 | 8 |

## 8 · 甲申月(양 8.7~9.6)

입추 7일 06시09분 　 처서 22일 20시52분

| 양력 | 1 | 2 | 3 | 4 | 5 | 6 | 7 | 8 | 9 | 10 | 11 | 12 | 13 | 14 | 15 | 16 | 17 | 18 | 19 | 20 | 21 | 22 | 23 | 24 | 25 | 26 | 27 | 28 | 29 | 30 | 31 |
|---|---|---|---|---|---|---|---|---|---|---|---|---|---|---|---|---|---|---|---|---|---|---|---|---|---|---|---|---|---|---|---|
| 음력 | 24 | 25 | 26 | 27 | 28 | 29 | 30 | 7.1 | 2 | 3 | 4 | 5 | 6 | 7 | 8 | 9 | 10 | 11 | 12 | 13 | 14 | 15 | 16 | 17 | 18 | 19 | 20 | 21 | 22 | 23 | 24 |
| 요일 | 水 | 木 | 金 | 土 | 日 | 月 | 火 | 水 | 木 | 金 | 土 | 日 | 月 | 火 | 水 | 木 | 金 | 土 | 日 | 月 | 火 | 水 | 木 | 金 | 土 | 日 | 月 | 火 | 水 | 木 | 金 |
| 일진 | 辛酉 | 壬戌 | 癸亥 | 甲子 | 乙丑 | 丙寅 | 丁卯 | 戊辰 | 己巳 | 庚午 | 辛未 | 壬申 | 癸酉 | 甲戌 | 乙亥 | 丙子 | 丁丑 | 戊寅 | 己卯 | 庚辰 | 辛巳 | 壬午 | 癸未 | 甲申 | 乙酉 | 丙戌 | 丁亥 | 戊子 | 己丑 | 庚寅 | 辛卯 |
| 대운 남 | 2 | 2 | 1 | 1 | 1 | 1 | 입 | 10 | 10 | 9 | 9 | 9 | 8 | 8 | 8 | 7 | 7 | 7 | 6 | 6 | 6 | 5 | 5 | 5 | 4 | 4 | 4 | 3 | 3 | 3 | 2 |
| 대운 녀 | 9 | 9 | 9 | 10 | 10 | 10 | 추 | 1 | 1 | 1 | 1 | 2 | 2 | 2 | 3 | 3 | 3 | 4 | 4 | 4 | 5 | 5 | 5 | 6 | 6 | 6 | 7 | 7 | 7 | 8 | 8 |

## 9 · 乙酉月(양 9.7~10.7)

백로 7일 09시13분 　 추분 22일 18시43분

| 양력 | 1 | 2 | 3 | 4 | 5 | 6 | 7 | 8 | 9 | 10 | 11 | 12 | 13 | 14 | 15 | 16 | 17 | 18 | 19 | 20 | 21 | 22 | 23 | 24 | 25 | 26 | 27 | 28 | 29 | 30 |
|---|---|---|---|---|---|---|---|---|---|---|---|---|---|---|---|---|---|---|---|---|---|---|---|---|---|---|---|---|---|---|
| 음력 | 25 | 26 | 27 | 28 | 29 | 30 | 8.1 | 2 | 3 | 4 | 5 | 6 | 7 | 8 | 9 | 10 | 11 | 12 | 13 | 14 | 15 | 16 | 17 | 18 | 19 | 20 | 21 | 22 | 23 | 24 |
| 요일 | 土 | 日 | 月 | 火 | 水 | 木 | 金 | 土 | 日 | 月 | 火 | 水 | 木 | 金 | 土 | 日 | 月 | 火 | 水 | 木 | 金 | 土 | 日 | 月 | 火 | 水 | 木 | 金 | 土 | 日 |
| 일진 | 壬辰 | 癸巳 | 甲午 | 乙未 | 丙申 | 丁酉 | 戊戌 | 己亥 | 庚子 | 辛丑 | 壬寅 | 癸卯 | 甲辰 | 乙巳 | 丙午 | 丁未 | 戊申 | 己酉 | 庚戌 | 辛亥 | 壬子 | 癸丑 | 甲寅 | 乙卯 | 丙辰 | 丁巳 | 戊午 | 己未 | 庚申 | 辛酉 |
| 대운 남 | 2 | 2 | 1 | 1 | 1 | 1 | 백 | 10 | 10 | 9 | 9 | 9 | 8 | 8 | 8 | 7 | 7 | 7 | 6 | 6 | 6 | 5 | 5 | 5 | 4 | 4 | 4 | 3 | 3 | 3 |
| 대운 녀 | 8 | 9 | 9 | 9 | 10 | 10 | 로 | 1 | 1 | 1 | 1 | 2 | 2 | 2 | 3 | 3 | 3 | 4 | 4 | 4 | 5 | 5 | 5 | 6 | 6 | 6 | 7 | 7 | 7 | 8 |

## 10 · 丙戌月(양 10.8~11.6)

한로 8일 01시04분 　 상강 23일 04시18분

| 양력 | 1 | 2 | 3 | 4 | 5 | 6 | 7 | 8 | 9 | 10 | 11 | 12 | 13 | 14 | 15 | 16 | 17 | 18 | 19 | 20 | 21 | 22 | 23 | 24 | 25 | 26 | 27 | 28 | 29 | 30 | 31 |
|---|---|---|---|---|---|---|---|---|---|---|---|---|---|---|---|---|---|---|---|---|---|---|---|---|---|---|---|---|---|---|---|
| 음력 | 25 | 26 | 27 | 28 | 29 | 9.1 | 2 | 3 | 4 | 5 | 6 | 7 | 8 | 9 | 10 | 11 | 12 | 13 | 14 | 15 | 16 | 17 | 18 | 19 | 20 | 21 | 22 | 23 | 24 | 25 | 26 |
| 요일 | 月 | 火 | 水 | 木 | 金 | 土 | 日 | 月 | 火 | 水 | 木 | 金 | 土 | 日 | 月 | 火 | 水 | 木 | 金 | 土 | 日 | 月 | 火 | 水 | 木 | 金 | 土 | 日 | 月 | 火 | 水 |
| 일진 | 壬戌 | 癸亥 | 甲子 | 乙丑 | 丙寅 | 丁卯 | 戊辰 | 己巳 | 庚午 | 辛未 | 壬申 | 癸酉 | 甲戌 | 乙亥 | 丙子 | 丁丑 | 戊寅 | 己卯 | 庚辰 | 辛巳 | 壬午 | 癸未 | 甲申 | 乙酉 | 丙戌 | 丁亥 | 戊子 | 己丑 | 庚寅 | 辛卯 | 壬辰 |
| 대운 남 | 2 | 2 | 2 | 1 | 1 | 1 | 1 | 한 | 10 | 9 | 9 | 9 | 8 | 8 | 8 | 7 | 7 | 7 | 6 | 6 | 6 | 5 | 5 | 5 | 4 | 4 | 4 | 3 | 3 | 3 | 2 |
| 대운 녀 | 8 | 8 | 9 | 9 | 9 | 10 | 10 | 로 | 1 | 1 | 1 | 1 | 2 | 2 | 2 | 3 | 3 | 3 | 4 | 4 | 4 | 5 | 5 | 5 | 6 | 6 | 6 | 7 | 7 | 7 | 8 |

## 11 · 丁亥月(양 11.7~12.5)

입동 7일 04시28분 　 소설 22일 02시04분

| 양력 | 1 | 2 | 3 | 4 | 5 | 6 | 7 | 8 | 9 | 10 | 11 | 12 | 13 | 14 | 15 | 16 | 17 | 18 | 19 | 20 | 21 | 22 | 23 | 24 | 25 | 26 | 27 | 28 | 29 | 30 |
|---|---|---|---|---|---|---|---|---|---|---|---|---|---|---|---|---|---|---|---|---|---|---|---|---|---|---|---|---|---|---|
| 음력 | 27 | 28 | 29 | 30 | 10.1 | 2 | 3 | 4 | 5 | 6 | 7 | 8 | 9 | 10 | 11 | 12 | 13 | 14 | 15 | 16 | 17 | 18 | 19 | 20 | 21 | 22 | 23 | 24 | 25 | 26 |
| 요일 | 木 | 金 | 土 | 日 | 月 | 火 | 水 | 木 | 金 | 土 | 日 | 月 | 火 | 水 | 木 | 金 | 土 | 日 | 月 | 火 | 水 | 木 | 金 | 土 | 日 | 月 | 火 | 水 | 木 | 金 |
| 일진 | 癸巳 | 甲午 | 乙未 | 丙申 | 丁酉 | 戊戌 | 己亥 | 庚子 | 辛丑 | 壬寅 | 癸卯 | 甲辰 | 乙巳 | 丙午 | 丁未 | 戊申 | 己酉 | 庚戌 | 辛亥 | 壬子 | 癸丑 | 甲寅 | 乙卯 | 丙辰 | 丁巳 | 戊午 | 己未 | 庚申 | 辛酉 | 壬戌 |
| 대운 남 | 2 | 2 | 1 | 1 | 1 | 1 | 입 | 9 | 9 | 9 | 8 | 8 | 8 | 7 | 7 | 7 | 6 | 6 | 6 | 5 | 5 | 5 | 4 | 4 | 4 | 3 | 3 | 3 | 2 | 2 |
| 대운 녀 | 8 | 8 | 9 | 9 | 9 | 10 | 동 | 1 | 1 | 1 | 1 | 2 | 2 | 2 | 3 | 3 | 3 | 4 | 4 | 4 | 5 | 5 | 5 | 6 | 6 | 6 | 7 | 7 | 7 | 8 |

## 12 · 戊子月(양 12.6~1.4)

대설 6일 21시29분 　 동지 21일 15시31분

| 양력 | 1 | 2 | 3 | 4 | 5 | 6 | 7 | 8 | 9 | 10 | 11 | 12 | 13 | 14 | 15 | 16 | 17 | 18 | 19 | 20 | 21 | 22 | 23 | 24 | 25 | 26 | 27 | 28 | 29 | 30 | 31 |
|---|---|---|---|---|---|---|---|---|---|---|---|---|---|---|---|---|---|---|---|---|---|---|---|---|---|---|---|---|---|---|---|
| 음력 | 27 | 28 | 29 | 11.1 | 2 | 3 | 4 | 5 | 6 | 7 | 8 | 9 | 10 | 11 | 12 | 13 | 14 | 15 | 16 | 17 | 18 | 19 | 20 | 21 | 22 | 23 | 24 | 25 | 26 | 27 | 28 |
| 요일 | 土 | 日 | 月 | 火 | 水 | 木 | 金 | 土 | 日 | 月 | 火 | 水 | 木 | 金 | 土 | 日 | 月 | 火 | 水 | 木 | 金 | 土 | 日 | 月 | 火 | 水 | 木 | 金 | 土 | 日 | 月 |
| 일진 | 癸亥 | 甲子 | 乙丑 | 丙寅 | 丁卯 | 戊辰 | 己巳 | 庚午 | 辛未 | 壬申 | 癸酉 | 甲戌 | 乙亥 | 丙子 | 丁丑 | 戊寅 | 己卯 | 庚辰 | 辛巳 | 壬午 | 癸未 | 甲申 | 乙酉 | 丙戌 | 丁亥 | 戊子 | 己丑 | 庚寅 | 辛卯 | 壬辰 | 癸巳 |
| 대운 남 | 2 | 1 | 1 | 1 | 1 | 대 | 10 | 9 | 9 | 9 | 8 | 8 | 8 | 7 | 7 | 7 | 6 | 6 | 6 | 5 | 5 | 5 | 4 | 4 | 4 | 3 | 3 | 3 | 2 | 2 | 2 |
| 대운 녀 | 8 | 8 | 9 | 9 | 9 | 설 | 1 | 1 | 1 | 1 | 2 | 2 | 2 | 3 | 3 | 3 | 4 | 4 | 4 | 5 | 5 | 5 | 6 | 6 | 6 | 7 | 7 | 7 | 8 | 8 | 8 |

단기 4374년

# 2041년

## 1 · 己丑月(양 1.5~2.2)

소한 5일 08시47분 / 대한 20일 02시12분

| 양력 | 1 | 2 | 3 | 4 | 5 | 6 | 7 | 8 | 9 | 10 | 11 | 12 | 13 | 14 | 15 | 16 | 17 | 18 | 19 | 20 | 21 | 22 | 23 | 24 | 25 | 26 | 27 | 28 | 29 | 30 | 31 |
|---|---|---|---|---|---|---|---|---|---|---|---|---|---|---|---|---|---|---|---|---|---|---|---|---|---|---|---|---|---|---|---|
| 음력 | 29 | 30 | 12.1 | 2 | 3 | 4 | 5 | 6 | 7 | 8 | 9 | 10 | 11 | 12 | 13 | 14 | 15 | 16 | 17 | 18 | 19 | 20 | 21 | 22 | 23 | 24 | 25 | 26 | 27 | 28 | 29 |
| 요일 | 火 | 水 | 木 | 金 | 土 | 日 | 月 | 火 | 水 | 木 | 金 | 土 | 日 | 月 | 火 | 水 | 木 | 金 | 土 | 日 | 月 | 火 | 水 | 木 | 金 | 土 | 日 | 月 | 火 | 水 | 木 |
| 일진 | 甲午 | 乙未 | 丙申 | 丁酉 | 戊戌 | 己亥 | 庚子 | 辛丑 | 壬寅 | 癸卯 | 甲辰 | 乙巳 | 丙午 | 丁未 | 戊申 | 己酉 | 庚戌 | 辛亥 | 壬子 | 癸丑 | 甲寅 | 乙卯 | 丙辰 | 丁巳 | 戊午 | 己未 | 庚申 | 辛酉 | 壬戌 | 癸亥 | 甲子 |
| 대운 남 | 1 | 1 | 1 | 1 | 소 | 9 | 9 | 9 | 8 | 8 | 8 | 7 | 7 | 7 | 6 | 6 | 6 | 5 | 5 | 5 | 4 | 4 | 4 | 3 | 3 | 3 | 2 | 2 | 2 | 1 | 1 |
| 대운 녀 | 9 | 9 | 9 | 10 | 한 | 1 | 1 | 1 | 1 | 2 | 2 | 2 | 3 | 3 | 3 | 4 | 4 | 4 | 5 | 5 | 5 | 6 | 6 | 6 | 7 | 7 | 7 | 8 | 8 | 8 | 9 |

## 2 · 庚寅月(양 2.3~3.4)

입춘 3일 20시24분 / 우수 18일 16시16분

| 양력 | 1 | 2 | 3 | 4 | 5 | 6 | 7 | 8 | 9 | 10 | 11 | 12 | 13 | 14 | 15 | 16 | 17 | 18 | 19 | 20 | 21 | 22 | 23 | 24 | 25 | 26 | 27 | 28 |
|---|---|---|---|---|---|---|---|---|---|---|---|---|---|---|---|---|---|---|---|---|---|---|---|---|---|---|---|---|
| 음력 | 1.1 | 2 | 3 | 4 | 5 | 6 | 7 | 8 | 9 | 10 | 11 | 12 | 13 | 14 | 15 | 16 | 17 | 18 | 19 | 20 | 21 | 22 | 23 | 24 | 25 | 26 | 27 | 28 |
| 요일 | 金 | 土 | 日 | 月 | 火 | 水 | 木 | 金 | 土 | 日 | 月 | 火 | 水 | 木 | 金 | 土 | 日 | 月 | 火 | 水 | 木 | 金 | 土 | 日 | 月 | 火 | 水 | 木 |
| 일진 | 乙丑 | 丙寅 | 丁卯 | 戊辰 | 己巳 | 庚午 | 辛未 | 壬申 | 癸酉 | 甲戌 | 乙亥 | 丙子 | 丁丑 | 戊寅 | 己卯 | 庚辰 | 辛巳 | 壬午 | 癸未 | 甲申 | 乙酉 | 丙戌 | 丁亥 | 戊子 | 己丑 | 庚寅 | 辛卯 | 壬辰 |
| 대운 남 | 1 | 1 | 입 | 1 | 1 | 1 | 1 | 2 | 2 | 2 | 3 | 3 | 3 | 4 | 4 | 4 | 5 | 5 | 5 | 6 | 6 | 6 | 7 | 7 | 7 | 8 | 8 | 8 |
| 대운 녀 | 9 | 9 | 춘 | 10 | 9 | 9 | 9 | 8 | 8 | 8 | 7 | 7 | 7 | 6 | 6 | 6 | 5 | 5 | 5 | 4 | 4 | 4 | 3 | 3 | 3 | 2 | 2 | 2 |

## 3 · 辛卯月(양 3.5~4.3)

경칩 5일 14시16분 / 춘분 20일 15시05분

| 양력 | 1 | 2 | 3 | 4 | 5 | 6 | 7 | 8 | 9 | 10 | 11 | 12 | 13 | 14 | 15 | 16 | 17 | 18 | 19 | 20 | 21 | 22 | 23 | 24 | 25 | 26 | 27 | 28 | 29 | 30 | 31 |
|---|---|---|---|---|---|---|---|---|---|---|---|---|---|---|---|---|---|---|---|---|---|---|---|---|---|---|---|---|---|---|---|
| 음력 | 29 | 30 | 2.1 | 2 | 3 | 4 | 5 | 6 | 7 | 8 | 9 | 10 | 11 | 12 | 13 | 14 | 15 | 16 | 17 | 18 | 19 | 20 | 21 | 22 | 23 | 24 | 25 | 26 | 27 | 28 | 29 |
| 요일 | 金 | 土 | 日 | 月 | 火 | 水 | 木 | 金 | 土 | 日 | 月 | 火 | 水 | 木 | 金 | 土 | 日 | 月 | 火 | 水 | 木 | 金 | 土 | 日 | 月 | 火 | 水 | 木 | 金 | 土 | 日 |
| 일진 | 癸巳 | 甲午 | 乙未 | 丙申 | 丁酉 | 戊戌 | 己亥 | 庚子 | 辛丑 | 壬寅 | 癸卯 | 甲辰 | 乙巳 | 丙午 | 丁未 | 戊申 | 己酉 | 庚戌 | 辛亥 | 壬子 | 癸丑 | 甲寅 | 乙卯 | 丙辰 | 丁巳 | 戊午 | 己未 | 庚申 | 辛酉 | 壬戌 | 癸亥 |
| 대운 남 | 9 | 9 | 9 | 10 | 경 | 1 | 1 | 1 | 1 | 2 | 2 | 2 | 3 | 3 | 3 | 4 | 4 | 4 | 5 | 5 | 5 | 6 | 6 | 6 | 7 | 7 | 7 | 8 | 8 | 8 | 9 |
| 대운 녀 | 1 | 1 | 1 | 1 | 칩 | 10 | 9 | 9 | 9 | 8 | 8 | 8 | 7 | 7 | 7 | 6 | 6 | 6 | 5 | 5 | 5 | 4 | 4 | 4 | 3 | 3 | 3 | 2 | 2 | 2 | 1 |

## 4 · 壬辰月(양 4.4~5.4)

청명 4일 18시51분 / 곡우 20일 01시53분

| 양력 | 1 | 2 | 3 | 4 | 5 | 6 | 7 | 8 | 9 | 10 | 11 | 12 | 13 | 14 | 15 | 16 | 17 | 18 | 19 | 20 | 21 | 22 | 23 | 24 | 25 | 26 | 27 | 28 | 29 | 30 |
|---|---|---|---|---|---|---|---|---|---|---|---|---|---|---|---|---|---|---|---|---|---|---|---|---|---|---|---|---|---|---|
| 음력 | 3.1 | 2 | 3 | 4 | 5 | 6 | 7 | 8 | 9 | 10 | 11 | 12 | 13 | 14 | 15 | 16 | 17 | 18 | 19 | 20 | 21 | 22 | 23 | 24 | 25 | 26 | 27 | 28 | 29 | 4.1 |
| 요일 | 月 | 火 | 水 | 木 | 金 | 土 | 日 | 月 | 火 | 水 | 木 | 金 | 土 | 日 | 月 | 火 | 水 | 木 | 金 | 土 | 日 | 月 | 火 | 水 | 木 | 金 | 土 | 日 | 月 | 火 |
| 일진 | 甲子 | 乙丑 | 丙寅 | 丁卯 | 戊辰 | 己巳 | 庚午 | 辛未 | 壬申 | 癸酉 | 甲戌 | 乙亥 | 丙子 | 丁丑 | 戊寅 | 己卯 | 庚辰 | 辛巳 | 壬午 | 癸未 | 甲申 | 乙酉 | 丙戌 | 丁亥 | 戊子 | 己丑 | 庚寅 | 辛卯 | 壬辰 | 癸巳 |
| 대운 남 | 9 | 9 | 10 | 청 | 1 | 1 | 1 | 1 | 2 | 2 | 2 | 3 | 3 | 3 | 4 | 4 | 4 | 5 | 5 | 5 | 6 | 6 | 6 | 7 | 7 | 7 | 8 | 8 | 8 | 9 |
| 대운 녀 | 1 | 1 | 1 | 명 | 10 | 10 | 9 | 9 | 9 | 8 | 8 | 8 | 7 | 7 | 7 | 6 | 6 | 6 | 5 | 5 | 5 | 4 | 4 | 4 | 3 | 3 | 3 | 2 | 2 | 2 |

## 5 · 癸巳月(양 5.5~6.4)

입하 5일 11시53분 / 소만 21일 00시47분

| 양력 | 1 | 2 | 3 | 4 | 5 | 6 | 7 | 8 | 9 | 10 | 11 | 12 | 13 | 14 | 15 | 16 | 17 | 18 | 19 | 20 | 21 | 22 | 23 | 24 | 25 | 26 | 27 | 28 | 29 | 30 | 31 |
|---|---|---|---|---|---|---|---|---|---|---|---|---|---|---|---|---|---|---|---|---|---|---|---|---|---|---|---|---|---|---|---|
| 음력 | 2 | 3 | 4 | 5 | 6 | 7 | 8 | 9 | 10 | 11 | 12 | 13 | 14 | 15 | 16 | 17 | 18 | 19 | 20 | 21 | 22 | 23 | 24 | 25 | 26 | 27 | 28 | 29 | 30 | 5.1 | 2 |
| 요일 | 水 | 木 | 金 | 土 | 日 | 月 | 火 | 水 | 木 | 金 | 土 | 日 | 月 | 火 | 水 | 木 | 金 | 土 | 日 | 月 | 火 | 水 | 木 | 金 | 土 | 日 | 月 | 火 | 水 | 木 | 金 |
| 일진 | 甲午 | 乙未 | 丙申 | 丁酉 | 戊戌 | 己亥 | 庚子 | 辛丑 | 壬寅 | 癸卯 | 甲辰 | 乙巳 | 丙午 | 丁未 | 戊申 | 己酉 | 庚戌 | 辛亥 | 壬子 | 癸丑 | 甲寅 | 乙卯 | 丙辰 | 丁巳 | 戊午 | 己未 | 庚申 | 辛酉 | 壬戌 | 癸亥 | 甲子 |
| 대운 남 | 9 | 9 | 10 | 10 | 입 | 1 | 1 | 1 | 1 | 2 | 2 | 2 | 3 | 3 | 3 | 4 | 4 | 4 | 5 | 5 | 5 | 6 | 6 | 6 | 7 | 7 | 7 | 8 | 8 | 8 | 9 |
| 대운 녀 | 1 | 1 | 1 | 1 | 하 | 10 | 10 | 9 | 9 | 9 | 8 | 8 | 8 | 7 | 7 | 7 | 6 | 6 | 6 | 5 | 5 | 5 | 4 | 4 | 4 | 3 | 3 | 3 | 2 | 2 | 2 |

## 6 · 甲午月(양 6.5~7.6)

망종 5일 15시48분 / 하지 21일 08시34분

| 양력 | 1 | 2 | 3 | 4 | 5 | 6 | 7 | 8 | 9 | 10 | 11 | 12 | 13 | 14 | 15 | 16 | 17 | 18 | 19 | 20 | 21 | 22 | 23 | 24 | 25 | 26 | 27 | 28 | 29 | 30 |
|---|---|---|---|---|---|---|---|---|---|---|---|---|---|---|---|---|---|---|---|---|---|---|---|---|---|---|---|---|---|---|
| 음력 | 3 | 4 | 5 | 6 | 7 | 8 | 9 | 10 | 11 | 12 | 13 | 14 | 15 | 16 | 17 | 18 | 19 | 20 | 21 | 22 | 23 | 24 | 25 | 26 | 27 | 28 | 29 | 6.1 | 2 | 3 |
| 요일 | 土 | 日 | 月 | 火 | 水 | 木 | 金 | 土 | 日 | 月 | 火 | 水 | 木 | 金 | 土 | 日 | 月 | 火 | 水 | 木 | 金 | 土 | 日 | 月 | 火 | 水 | 木 | 金 | 土 | 日 |
| 일진 | 乙丑 | 丙寅 | 丁卯 | 戊辰 | 己巳 | 庚午 | 辛未 | 壬申 | 癸酉 | 甲戌 | 乙亥 | 丙子 | 丁丑 | 戊寅 | 己卯 | 庚辰 | 辛巳 | 壬午 | 癸未 | 甲申 | 乙酉 | 丙戌 | 丁亥 | 戊子 | 己丑 | 庚寅 | 辛卯 | 壬辰 | 癸巳 | 甲午 |
| 대운 남 | 9 | 9 | 10 | 10 | 망 | 1 | 1 | 1 | 1 | 2 | 2 | 2 | 3 | 3 | 3 | 4 | 4 | 4 | 5 | 5 | 5 | 6 | 6 | 6 | 7 | 7 | 7 | 8 | 8 | 8 |
| 대운 녀 | 1 | 1 | 1 | 1 | 종 | 10 | 10 | 10 | 9 | 9 | 9 | 8 | 8 | 8 | 7 | 7 | 7 | 6 | 6 | 6 | 5 | 5 | 5 | 4 | 4 | 4 | 3 | 3 | 3 | 2 |

# 辛酉年

동경135도표준시

## 7 · 乙未月(양 7.7~8.6)

소서 7일 01시57분 / 대서 22일 19시25분

| 양력 | 1 | 2 | 3 | 4 | 5 | 6 | 7 | 8 | 9 | 10 | 11 | 12 | 13 | 14 | 15 | 16 | 17 | 18 | 19 | 20 | 21 | 22 | 23 | 24 | 25 | 26 | 27 | 28 | 29 | 30 | 31 |
|---|---|---|---|---|---|---|---|---|---|---|---|---|---|---|---|---|---|---|---|---|---|---|---|---|---|---|---|---|---|---|---|
| 음력 | 4 | 5 | 6 | 7 | 8 | 9 | 10 | 11 | 12 | 13 | 14 | 15 | 16 | 17 | 18 | 19 | 20 | 21 | 22 | 23 | 24 | 25 | 26 | 27 | 28 | 29 | 30 | 7.1 | 2 | 3 | 4 |
| 요일 | 月 | 火 | 水 | 木 | 金 | 土 | 日 | 月 | 火 | 水 | 木 | 金 | 土 | 日 | 月 | 火 | 水 | 木 | 金 | 土 | 日 | 月 | 火 | 水 | 木 | 金 | 土 | 日 | 月 | 火 | 水 |
| 일진 | 乙未 | 丙申 | 丁酉 | 戊戌 | 己亥 | 庚子 | 辛丑 | 壬寅 | 癸卯 | 甲辰 | 乙巳 | 丙午 | 丁未 | 戊申 | 己酉 | 庚戌 | 辛亥 | 壬子 | 癸丑 | 甲寅 | 乙卯 | 丙辰 | 丁巳 | 戊午 | 己未 | 庚申 | 辛酉 | 壬戌 | 癸亥 | 甲子 | 乙丑 |
| 대운 남 | 9 | 9 | 9 | 10 | 10 | 10 | 소 | 1 | 1 | 1 | 1 | 2 | 2 | 2 | 3 | 3 | 3 | 4 | 4 | 4 | 5 | 5 | 5 | 6 | 6 | 6 | 7 | 7 | 7 | 8 | 8 |
| 대운 녀 | 2 | 2 | 1 | 1 | 1 | 1 | 서 | 10 | 10 | 9 | 9 | 9 | 8 | 8 | 8 | 7 | 7 | 7 | 6 | 6 | 6 | 5 | 5 | 5 | 4 | 4 | 4 | 3 | 3 | 3 | 2 |

## 8 · 丙申月(양 8.7~9.6)

입추 7일 11시47분 / 처서 23일 02시35분

| 양력 | 1 | 2 | 3 | 4 | 5 | 6 | 7 | 8 | 9 | 10 | 11 | 12 | 13 | 14 | 15 | 16 | 17 | 18 | 19 | 20 | 21 | 22 | 23 | 24 | 25 | 26 | 27 | 28 | 29 | 30 | 31 |
|---|---|---|---|---|---|---|---|---|---|---|---|---|---|---|---|---|---|---|---|---|---|---|---|---|---|---|---|---|---|---|---|
| 음력 | 5 | 6 | 7 | 8 | 9 | 10 | 11 | 12 | 13 | 14 | 15 | 16 | 17 | 18 | 19 | 20 | 21 | 22 | 23 | 24 | 25 | 26 | 27 | 28 | 29 | 30 | 8.1 | 2 | 3 | 4 | 5 |
| 요일 | 木 | 金 | 土 | 日 | 月 | 火 | 水 | 木 | 金 | 土 | 日 | 月 | 火 | 水 | 木 | 金 | 土 | 日 | 月 | 火 | 水 | 木 | 金 | 土 | 日 | 月 | 火 | 水 | 木 | 金 | 土 |
| 일진 | 丙寅 | 丁卯 | 戊辰 | 己巳 | 庚午 | 辛未 | 壬申 | 癸酉 | 甲戌 | 乙亥 | 丙子 | 丁丑 | 戊寅 | 己卯 | 庚辰 | 辛巳 | 壬午 | 癸未 | 甲申 | 乙酉 | 丙戌 | 丁亥 | 戊子 | 己丑 | 庚寅 | 辛卯 | 壬辰 | 癸巳 | 甲午 | 乙未 | 丙申 |
| 대운 남 | 8 | 9 | 9 | 9 | 10 | 10 | 입 | 1 | 1 | 1 | 1 | 2 | 2 | 2 | 3 | 3 | 3 | 4 | 4 | 4 | 5 | 5 | 5 | 6 | 6 | 6 | 7 | 7 | 7 | 8 | 8 |
| 대운 녀 | 2 | 2 | 1 | 1 | 1 | 1 | 추 | 10 | 10 | 9 | 9 | 9 | 8 | 8 | 8 | 7 | 7 | 7 | 6 | 6 | 6 | 5 | 5 | 5 | 4 | 4 | 4 | 3 | 3 | 3 | 2 |

## 9 · 丁酉月(양 9.7~10.7)

백로 7일 14시52분 / 추분 23일 00시25분

| 양력 | 1 | 2 | 3 | 4 | 5 | 6 | 7 | 8 | 9 | 10 | 11 | 12 | 13 | 14 | 15 | 16 | 17 | 18 | 19 | 20 | 21 | 22 | 23 | 24 | 25 | 26 | 27 | 28 | 29 | 30 |
|---|---|---|---|---|---|---|---|---|---|---|---|---|---|---|---|---|---|---|---|---|---|---|---|---|---|---|---|---|---|---|
| 음력 | 6 | 7 | 8 | 9 | 10 | 11 | 12 | 13 | 14 | 15 | 16 | 17 | 18 | 19 | 20 | 21 | 22 | 23 | 24 | 25 | 26 | 27 | 28 | 29 | 9.1 | 2 | 3 | 4 | 5 | 6 |
| 요일 | 日 | 月 | 火 | 水 | 木 | 金 | 土 | 日 | 月 | 火 | 水 | 木 | 金 | 土 | 日 | 月 | 火 | 水 | 木 | 金 | 土 | 日 | 月 | 火 | 水 | 木 | 金 | 土 | 日 | 月 |
| 일진 | 丁酉 | 戊戌 | 己亥 | 庚子 | 辛丑 | 壬寅 | 癸卯 | 甲辰 | 乙巳 | 丙午 | 丁未 | 戊申 | 己酉 | 庚戌 | 辛亥 | 壬子 | 癸丑 | 甲寅 | 乙卯 | 丙辰 | 丁巳 | 戊午 | 己未 | 庚申 | 辛酉 | 壬戌 | 癸亥 | 甲子 | 乙丑 | 丙寅 |
| 대운 남 | 8 | 9 | 9 | 9 | 10 | 10 | 백 | 1 | 1 | 1 | 1 | 2 | 2 | 2 | 3 | 3 | 3 | 4 | 4 | 4 | 5 | 5 | 5 | 6 | 6 | 6 | 7 | 7 | 7 | 8 |
| 대운 녀 | 2 | 2 | 1 | 1 | 1 | 1 | 로 | 10 | 10 | 9 | 9 | 9 | 8 | 8 | 8 | 7 | 7 | 7 | 6 | 6 | 6 | 5 | 5 | 5 | 4 | 4 | 4 | 3 | 3 | 3 |

## 10 · 戊戌月(양 10.8~11.6)

한로 8일 06시45분 / 상강 23일 10시00분

| 양력 | 1 | 2 | 3 | 4 | 5 | 6 | 7 | 8 | 9 | 10 | 11 | 12 | 13 | 14 | 15 | 16 | 17 | 18 | 19 | 20 | 21 | 22 | 23 | 24 | 25 | 26 | 27 | 28 | 29 | 30 | 31 |
|---|---|---|---|---|---|---|---|---|---|---|---|---|---|---|---|---|---|---|---|---|---|---|---|---|---|---|---|---|---|---|---|
| 음력 | 7 | 8 | 9 | 10 | 11 | 12 | 13 | 14 | 15 | 16 | 17 | 18 | 19 | 20 | 21 | 22 | 23 | 24 | 25 | 26 | 27 | 28 | 29 | 30 | 10.1 | 2 | 3 | 4 | 5 | 6 | 7 |
| 요일 | 火 | 水 | 木 | 金 | 土 | 日 | 月 | 火 | 水 | 木 | 金 | 土 | 日 | 月 | 火 | 水 | 木 | 金 | 土 | 日 | 月 | 火 | 水 | 木 | 金 | 土 | 日 | 月 | 火 | 水 | 木 |
| 일진 | 丁卯 | 戊辰 | 己巳 | 庚午 | 辛未 | 壬申 | 癸酉 | 甲戌 | 乙亥 | 丙子 | 丁丑 | 戊寅 | 己卯 | 庚辰 | 辛巳 | 壬午 | 癸未 | 甲申 | 乙酉 | 丙戌 | 丁亥 | 戊子 | 己丑 | 庚寅 | 辛卯 | 壬辰 | 癸巳 | 甲午 | 乙未 | 丙申 | 丁酉 |
| 대운 남 | 8 | 8 | 9 | 9 | 9 | 10 | 10 | 한 | 1 | 1 | 1 | 1 | 2 | 2 | 2 | 3 | 3 | 3 | 4 | 4 | 4 | 5 | 5 | 5 | 6 | 6 | 6 | 7 | 7 | 7 | 8 |
| 대운 녀 | 2 | 2 | 2 | 1 | 1 | 1 | 1 | 로 | 10 | 9 | 9 | 9 | 8 | 8 | 8 | 7 | 7 | 7 | 6 | 6 | 6 | 5 | 5 | 5 | 4 | 4 | 4 | 3 | 3 | 3 | 2 |

## 11 · 己亥月(양 11.7~12.6)

입동 7일 10시12분 / 소설 22일 07시48분

| 양력 | 1 | 2 | 3 | 4 | 5 | 6 | 7 | 8 | 9 | 10 | 11 | 12 | 13 | 14 | 15 | 16 | 17 | 18 | 19 | 20 | 21 | 22 | 23 | 24 | 25 | 26 | 27 | 28 | 29 | 30 |
|---|---|---|---|---|---|---|---|---|---|---|---|---|---|---|---|---|---|---|---|---|---|---|---|---|---|---|---|---|---|---|
| 음력 | 8 | 9 | 10 | 11 | 12 | 13 | 14 | 15 | 16 | 17 | 18 | 19 | 20 | 21 | 22 | 23 | 24 | 25 | 26 | 27 | 28 | 29 | 30 | 11.1 | 2 | 3 | 4 | 5 | 6 | 7 |
| 요일 | 金 | 土 | 日 | 月 | 火 | 水 | 木 | 金 | 土 | 日 | 月 | 火 | 水 | 木 | 金 | 土 | 日 | 月 | 火 | 水 | 木 | 金 | 土 | 日 | 月 | 火 | 水 | 木 | 金 | 土 |
| 일진 | 戊戌 | 己亥 | 庚子 | 辛丑 | 壬寅 | 癸卯 | 甲辰 | 乙巳 | 丙午 | 丁未 | 戊申 | 己酉 | 庚戌 | 辛亥 | 壬子 | 癸丑 | 甲寅 | 乙卯 | 丙辰 | 丁巳 | 戊午 | 己未 | 庚申 | 辛酉 | 壬戌 | 癸亥 | 甲子 | 乙丑 | 丙寅 | 丁卯 |
| 대운 남 | 8 | 8 | 9 | 9 | 9 | 10 | 입 | 1 | 1 | 1 | 1 | 2 | 2 | 2 | 3 | 3 | 3 | 4 | 4 | 4 | 5 | 5 | 5 | 6 | 6 | 6 | 7 | 7 | 7 | 8 |
| 대운 녀 | 2 | 2 | 1 | 1 | 1 | 1 | 동 | 10 | 9 | 9 | 9 | 8 | 8 | 8 | 7 | 7 | 7 | 6 | 6 | 6 | 5 | 5 | 5 | 4 | 4 | 4 | 3 | 3 | 3 | 2 |

## 12 · 庚子月(양 12.7~1.4)

대설 7일 03시14분 / 동지 21일 21시17분

| 양력 | 1 | 2 | 3 | 4 | 5 | 6 | 7 | 8 | 9 | 10 | 11 | 12 | 13 | 14 | 15 | 16 | 17 | 18 | 19 | 20 | 21 | 22 | 23 | 24 | 25 | 26 | 27 | 28 | 29 | 30 | 31 |
|---|---|---|---|---|---|---|---|---|---|---|---|---|---|---|---|---|---|---|---|---|---|---|---|---|---|---|---|---|---|---|---|
| 음력 | 8 | 9 | 10 | 11 | 12 | 13 | 14 | 15 | 16 | 17 | 18 | 19 | 20 | 21 | 22 | 23 | 24 | 25 | 26 | 27 | 28 | 29 | 12.1 | 2 | 3 | 4 | 5 | 6 | 7 | 8 | 9 |
| 요일 | 日 | 月 | 火 | 水 | 木 | 金 | 土 | 日 | 月 | 火 | 水 | 木 | 金 | 土 | 日 | 月 | 火 | 水 | 木 | 金 | 土 | 日 | 月 | 火 | 水 | 木 | 金 | 土 | 日 | 月 | 火 |
| 일진 | 戊辰 | 己巳 | 庚午 | 辛未 | 壬申 | 癸酉 | 甲戌 | 乙亥 | 丙子 | 丁丑 | 戊寅 | 己卯 | 庚辰 | 辛巳 | 壬午 | 癸未 | 甲申 | 乙酉 | 丙戌 | 丁亥 | 戊子 | 己丑 | 庚寅 | 辛卯 | 壬辰 | 癸巳 | 甲午 | 乙未 | 丙申 | 丁酉 | 戊戌 |
| 대운 남 | 8 | 8 | 9 | 9 | 9 | 10 | 대 | 1 | 1 | 1 | 1 | 2 | 2 | 2 | 3 | 3 | 3 | 4 | 4 | 4 | 5 | 5 | 5 | 6 | 6 | 6 | 7 | 7 | 7 | 8 | 8 |
| 대운 녀 | 2 | 2 | 1 | 1 | 1 | 1 | 설 | 9 | 9 | 9 | 8 | 8 | 8 | 7 | 7 | 7 | 6 | 6 | 6 | 5 | 5 | 5 | 4 | 4 | 4 | 3 | 3 | 3 | 2 | 2 | 2 |

## 1 · 辛丑月(양 1.5~2.3)

소한 5일 14시34분 | 대한 20일 07시59분

| 양력 | 1 | 2 | 3 | 4 | 5 | 6 | 7 | 8 | 9 | 10 | 11 | 12 | 13 | 14 | 15 | 16 | 17 | 18 | 19 | 20 | 21 | 22 | 23 | 24 | 25 | 26 | 27 | 28 | 29 | 30 | 31 |
|---|---|---|---|---|---|---|---|---|---|---|---|---|---|---|---|---|---|---|---|---|---|---|---|---|---|---|---|---|---|---|---|
| 음력 | 10 | 11 | 12 | 13 | 14 | 15 | 16 | 17 | 18 | 19 | 20 | 21 | 22 | 23 | 24 | 25 | 26 | 27 | 28 | 29 | 30 | 1.1 | 2 | 3 | 4 | 5 | 6 | 7 | 8 | 9 | 10 |
| 요일 | 水 | 木 | 金 | 土 | 日 | 月 | 火 | 水 | 木 | 金 | 土 | 日 | 月 | 火 | 水 | 木 | 金 | 土 | 日 | 月 | 火 | 水 | 木 | 金 | 土 | 日 | 月 | 火 | 水 | 木 | 金 |
| 일진 | 己亥 | 庚子 | 辛丑 | 壬寅 | 癸卯 | 甲辰 | 乙巳 | 丙午 | 丁未 | 戊申 | 己酉 | 庚戌 | 辛亥 | 壬子 | 癸丑 | 甲寅 | 乙卯 | 丙辰 | 丁巳 | 戊午 | 己未 | 庚申 | 辛酉 | 壬戌 | 癸亥 | 甲子 | 乙丑 | 丙寅 | 丁卯 | 戊辰 | 己巳 |
| 대운 남 | 8 | 9 | 9 | 9 | 소 | 1 | 1 | 1 | 1 | 2 | 2 | 2 | 3 | 3 | 3 | 4 | 4 | 4 | 5 | 5 | 5 | 6 | 6 | 6 | 7 | 7 | 7 | 8 | 8 | 8 | 9 |
| 대운 녀 | 1 | 1 | 1 | 1 | 한 | 10 | 9 | 9 | 9 | 8 | 8 | 8 | 7 | 7 | 7 | 6 | 6 | 6 | 5 | 5 | 5 | 4 | 4 | 4 | 3 | 3 | 3 | 2 | 2 | 2 | 1 |

## 2 · 壬寅月(양 2.4~3.4)

입춘 4일 02시11분 | 우수 18일 22시03분

| 양력 | 1 | 2 | 3 | 4 | 5 | 6 | 7 | 8 | 9 | 10 | 11 | 12 | 13 | 14 | 15 | 16 | 17 | 18 | 19 | 20 | 21 | 22 | 23 | 24 | 25 | 26 | 27 | 28 |
|---|---|---|---|---|---|---|---|---|---|---|---|---|---|---|---|---|---|---|---|---|---|---|---|---|---|---|---|---|
| 음력 | 11 | 12 | 13 | 14 | 15 | 16 | 17 | 18 | 19 | 20 | 21 | 22 | 23 | 24 | 25 | 26 | 27 | 28 | 29 | 2.1 | 2 | 3 | 4 | 5 | 6 | 7 | 8 | 9 |
| 요일 | 土 | 日 | 月 | 火 | 水 | 木 | 金 | 土 | 日 | 月 | 火 | 水 | 木 | 金 | 土 | 日 | 月 | 火 | 水 | 木 | 金 | 土 | 日 | 月 | 火 | 水 | 木 | 金 |
| 일진 | 庚午 | 辛未 | 壬申 | 癸酉 | 甲戌 | 乙亥 | 丙子 | 丁丑 | 戊寅 | 己卯 | 庚辰 | 辛巳 | 壬午 | 癸未 | 甲申 | 乙酉 | 丙戌 | 丁亥 | 戊子 | 己丑 | 庚寅 | 辛卯 | 壬辰 | 癸巳 | 甲午 | 乙未 | 丙申 | 丁酉 |
| 대운 남 | 9 | 9 | 10 | 입 | 9 | 9 | 9 | 8 | 8 | 8 | 7 | 7 | 7 | 6 | 6 | 6 | 5 | 5 | 5 | 4 | 4 | 4 | 3 | 3 | 3 | 2 | 2 | 2 |
| 대운 녀 | 1 | 1 | 1 | 춘 | 1 | 1 | 1 | 1 | 2 | 2 | 2 | 3 | 3 | 3 | 4 | 4 | 4 | 5 | 5 | 5 | 6 | 6 | 6 | 7 | 7 | 7 | 8 | 8 |

## 3 · 癸卯月(양 3.5~4.4)

경칩 5일 20시04분 | 춘분 20일 20시52분

| 양력 | 1 | 2 | 3 | 4 | 5 | 6 | 7 | 8 | 9 | 10 | 11 | 12 | 13 | 14 | 15 | 16 | 17 | 18 | 19 | 20 | 21 | 22 | 23 | 24 | 25 | 26 | 27 | 28 | 29 | 30 | 31 |
|---|---|---|---|---|---|---|---|---|---|---|---|---|---|---|---|---|---|---|---|---|---|---|---|---|---|---|---|---|---|---|---|
| 음력 | 10 | 11 | 12 | 13 | 14 | 15 | 16 | 17 | 18 | 19 | 20 | 21 | 22 | 23 | 24 | 25 | 26 | 27 | 28 | 29 | 30 | 윤 | 2.2 | 3 | 4 | 5 | 6 | 7 | 8 | 9 | 10 |
| 요일 | 土 | 日 | 月 | 火 | 水 | 木 | 金 | 土 | 日 | 月 | 火 | 水 | 木 | 金 | 土 | 日 | 月 | 火 | 水 | 木 | 金 | 土 | 日 | 月 | 火 | 水 | 木 | 金 | 土 | 日 | 月 |
| 일진 | 戊戌 | 己亥 | 庚子 | 辛丑 | 壬寅 | 癸卯 | 甲辰 | 乙巳 | 丙午 | 丁未 | 戊申 | 己酉 | 庚戌 | 辛亥 | 壬子 | 癸丑 | 甲寅 | 乙卯 | 丙辰 | 丁巳 | 戊午 | 己未 | 庚申 | 辛酉 | 壬戌 | 癸亥 | 甲子 | 乙丑 | 丙寅 | 丁卯 | 戊辰 |
| 대운 남 | 1 | 1 | 1 | 1 | 경 | 10 | 10 | 9 | 9 | 9 | 8 | 8 | 8 | 7 | 7 | 7 | 6 | 6 | 6 | 5 | 5 | 5 | 4 | 4 | 4 | 3 | 3 | 3 | 2 | 2 | 2 |
| 대운 녀 | 8 | 9 | 9 | 9 | 칩 | 1 | 1 | 1 | 1 | 2 | 2 | 2 | 3 | 3 | 3 | 4 | 4 | 4 | 5 | 5 | 5 | 6 | 6 | 6 | 7 | 7 | 7 | 8 | 8 | 8 | 9 |

## 4 · 甲辰月(양 4.5~5.4)

청명 5일 00시39분 | 곡우 20일 07시38분

| 양력 | 1 | 2 | 3 | 4 | 5 | 6 | 7 | 8 | 9 | 10 | 11 | 12 | 13 | 14 | 15 | 16 | 17 | 18 | 19 | 20 | 21 | 22 | 23 | 24 | 25 | 26 | 27 | 28 | 29 | 30 |
|---|---|---|---|---|---|---|---|---|---|---|---|---|---|---|---|---|---|---|---|---|---|---|---|---|---|---|---|---|---|---|
| 음력 | 11 | 12 | 13 | 14 | 15 | 16 | 17 | 18 | 19 | 20 | 21 | 22 | 23 | 24 | 25 | 26 | 27 | 28 | 29 | 3.1 | 2 | 3 | 4 | 5 | 6 | 7 | 8 | 9 | 10 | 11 |
| 요일 | 火 | 水 | 木 | 金 | 土 | 日 | 月 | 火 | 水 | 木 | 金 | 土 | 日 | 月 | 火 | 水 | 木 | 金 | 土 | 日 | 月 | 火 | 水 | 木 | 金 | 土 | 日 | 月 | 火 | 水 |
| 일진 | 己巳 | 庚午 | 辛未 | 壬申 | 癸酉 | 甲戌 | 乙亥 | 丙子 | 丁丑 | 戊寅 | 己卯 | 庚辰 | 辛巳 | 壬午 | 癸未 | 甲申 | 乙酉 | 丙戌 | 丁亥 | 戊子 | 己丑 | 庚寅 | 辛卯 | 壬辰 | 癸巳 | 甲午 | 乙未 | 丙申 | 丁酉 | 戊戌 |
| 대운 남 | 1 | 1 | 1 | 1 | 청 | 10 | 9 | 9 | 9 | 8 | 8 | 8 | 7 | 7 | 7 | 6 | 6 | 6 | 5 | 5 | 5 | 4 | 4 | 4 | 3 | 3 | 3 | 2 | 2 | 2 |
| 대운 녀 | 9 | 9 | 10 | 10 | 명 | 1 | 1 | 1 | 1 | 2 | 2 | 2 | 3 | 3 | 3 | 4 | 4 | 4 | 5 | 5 | 5 | 6 | 6 | 6 | 7 | 7 | 7 | 8 | 8 | 8 |

## 5 · 乙巳月(양 5.5~6.4)

입하 5일 17시41분 | 소만 21일 06시30분

| 양력 | 1 | 2 | 3 | 4 | 5 | 6 | 7 | 8 | 9 | 10 | 11 | 12 | 13 | 14 | 15 | 16 | 17 | 18 | 19 | 20 | 21 | 22 | 23 | 24 | 25 | 26 | 27 | 28 | 29 | 30 | 31 |
|---|---|---|---|---|---|---|---|---|---|---|---|---|---|---|---|---|---|---|---|---|---|---|---|---|---|---|---|---|---|---|---|
| 음력 | 12 | 13 | 14 | 15 | 16 | 17 | 18 | 19 | 20 | 21 | 22 | 23 | 24 | 25 | 26 | 27 | 28 | 29 | 4.1 | 2 | 3 | 4 | 5 | 6 | 7 | 8 | 9 | 10 | 11 | 12 | 13 |
| 요일 | 木 | 金 | 土 | 日 | 月 | 火 | 水 | 木 | 金 | 土 | 日 | 月 | 火 | 水 | 木 | 金 | 土 | 日 | 月 | 火 | 水 | 木 | 金 | 土 | 日 | 月 | 火 | 水 | 木 | 金 | 土 |
| 일진 | 己亥 | 庚子 | 辛丑 | 壬寅 | 癸卯 | 甲辰 | 乙巳 | 丙午 | 丁未 | 戊申 | 己酉 | 庚戌 | 辛亥 | 壬子 | 癸丑 | 甲寅 | 乙卯 | 丙辰 | 丁巳 | 戊午 | 己未 | 庚申 | 辛酉 | 壬戌 | 癸亥 | 甲子 | 乙丑 | 丙寅 | 丁卯 | 戊辰 | 己巳 |
| 대운 남 | 1 | 1 | 1 | 1 | 입 | 10 | 10 | 9 | 9 | 9 | 8 | 8 | 8 | 7 | 7 | 7 | 6 | 6 | 6 | 5 | 5 | 5 | 4 | 4 | 4 | 3 | 3 | 3 | 2 | 2 | 2 |
| 대운 녀 | 9 | 9 | 9 | 10 | 하 | 1 | 1 | 1 | 1 | 2 | 2 | 2 | 3 | 3 | 3 | 4 | 4 | 4 | 5 | 5 | 5 | 6 | 6 | 6 | 7 | 7 | 7 | 8 | 8 | 8 | 9 |

## 6 · 丙午月(양 6.5~7.6)

망종 5일 21시37분 | 하지 21일 14시14분

| 양력 | 1 | 2 | 3 | 4 | 5 | 6 | 7 | 8 | 9 | 10 | 11 | 12 | 13 | 14 | 15 | 16 | 17 | 18 | 19 | 20 | 21 | 22 | 23 | 24 | 25 | 26 | 27 | 28 | 29 | 30 |
|---|---|---|---|---|---|---|---|---|---|---|---|---|---|---|---|---|---|---|---|---|---|---|---|---|---|---|---|---|---|---|
| 음력 | 14 | 15 | 16 | 17 | 18 | 19 | 20 | 21 | 22 | 23 | 24 | 25 | 26 | 27 | 28 | 29 | 30 | 5.1 | 2 | 3 | 4 | 5 | 6 | 7 | 8 | 9 | 10 | 11 | 12 | 13 |
| 요일 | 日 | 月 | 火 | 水 | 木 | 金 | 土 | 日 | 月 | 火 | 水 | 木 | 金 | 土 | 日 | 月 | 火 | 水 | 木 | 金 | 土 | 日 | 月 | 火 | 水 | 木 | 金 | 土 | 日 | 月 |
| 일진 | 庚午 | 辛未 | 壬申 | 癸酉 | 甲戌 | 乙亥 | 丙子 | 丁丑 | 戊寅 | 己卯 | 庚辰 | 辛巳 | 壬午 | 癸未 | 甲申 | 乙酉 | 丙戌 | 丁亥 | 戊子 | 己丑 | 庚寅 | 辛卯 | 壬辰 | 癸巳 | 甲午 | 乙未 | 丙申 | 丁酉 | 戊戌 | 己亥 |
| 대운 남 | 1 | 1 | 1 | 1 | 망 | 10 | 10 | 10 | 9 | 9 | 9 | 8 | 8 | 8 | 7 | 7 | 7 | 6 | 6 | 6 | 5 | 5 | 5 | 4 | 4 | 4 | 3 | 3 | 3 | 2 |
| 대운 녀 | 9 | 9 | 10 | 10 | 종 | 1 | 1 | 1 | 1 | 2 | 2 | 2 | 3 | 3 | 3 | 4 | 4 | 4 | 5 | 5 | 5 | 6 | 6 | 6 | 7 | 7 | 7 | 8 | 8 | 8 |

## 7 · 丁未月(양 7.7~8.6)

소서 7일 07시46분 · 대서 23일 01시05분

| 양력 | 1 | 2 | 3 | 4 | 5 | 6 | 7 | 8 | 9 | 10 | 11 | 12 | 13 | 14 | 15 | 16 | 17 | 18 | 19 | 20 | 21 | 22 | 23 | 24 | 25 | 26 | 27 | 28 | 29 | 30 | 31 |
|---|---|---|---|---|---|---|---|---|---|---|---|---|---|---|---|---|---|---|---|---|---|---|---|---|---|---|---|---|---|---|---|
| 음력 | 14 | 15 | 16 | 17 | 18 | 19 | 20 | 21 | 22 | 23 | 24 | 25 | 26 | 27 | 28 | 29 | 6.1 | 2 | 3 | 4 | 5 | 6 | 7 | 8 | 9 | 10 | 11 | 12 | 13 | 14 | 15 |
| 요일 | 火 | 水 | 木 | 金 | 土 | 日 | 月 | 火 | 水 | 木 | 金 | 土 | 日 | 月 | 火 | 水 | 木 | 金 | 土 | 日 | 月 | 火 | 水 | 木 | 金 | 土 | 日 | 月 | 火 | 水 | 木 |
| 일진 | 庚子 | 辛丑 | 壬寅 | 癸卯 | 甲辰 | 乙巳 | 丙午 | 丁未 | 戊申 | 己酉 | 庚戌 | 辛亥 | 壬子 | 癸丑 | 甲寅 | 乙卯 | 丙辰 | 丁巳 | 戊午 | 己未 | 庚申 | 辛酉 | 壬戌 | 癸亥 | 甲子 | 乙丑 | 丙寅 | 丁卯 | 戊辰 | 己巳 | 庚午 |
| 대운 남 | 2 | 2 | 1 | 1 | 1 | 1 | 소 | 10 | 10 | 9 | 9 | 9 | 8 | 8 | 8 | 7 | 7 | 7 | 6 | 6 | 6 | 5 | 5 | 5 | 4 | 4 | 4 | 3 | 3 | 3 | 2 |
| 대운 녀 | 9 | 9 | 9 | 10 | 10 | 10 | 서 | 1 | 1 | 1 | 1 | 2 | 2 | 2 | 3 | 3 | 3 | 4 | 4 | 4 | 5 | 5 | 5 | 6 | 6 | 6 | 7 | 7 | 7 | 8 | 8 |

## 8 · 戊申月(양 8.7~9.6)

입추 7일 17시37분 · 처서 23일 08시17분

| 양력 | 1 | 2 | 3 | 4 | 5 | 6 | 7 | 8 | 9 | 10 | 11 | 12 | 13 | 14 | 15 | 16 | 17 | 18 | 19 | 20 | 21 | 22 | 23 | 24 | 25 | 26 | 27 | 28 | 29 | 30 | 31 |
|---|---|---|---|---|---|---|---|---|---|---|---|---|---|---|---|---|---|---|---|---|---|---|---|---|---|---|---|---|---|---|---|
| 음력 | 16 | 17 | 18 | 19 | 20 | 21 | 22 | 23 | 24 | 25 | 26 | 27 | 28 | 29 | 30 | 7.1 | 2 | 3 | 4 | 5 | 6 | 7 | 8 | 9 | 10 | 11 | 12 | 13 | 14 | 15 | 16 |
| 요일 | 金 | 土 | 日 | 月 | 火 | 水 | 木 | 金 | 土 | 日 | 月 | 火 | 水 | 木 | 金 | 土 | 日 | 月 | 火 | 水 | 木 | 金 | 土 | 日 | 月 | 火 | 水 | 木 | 金 | 土 | 日 |
| 일진 | 辛未 | 壬申 | 癸酉 | 甲戌 | 乙亥 | 丙子 | 丁丑 | 戊寅 | 己卯 | 庚辰 | 辛巳 | 壬午 | 癸未 | 甲申 | 乙酉 | 丙戌 | 丁亥 | 戊子 | 己丑 | 庚寅 | 辛卯 | 壬辰 | 癸巳 | 甲午 | 乙未 | 丙申 | 丁酉 | 戊戌 | 己亥 | 庚子 | 辛丑 |
| 대운 남 | 2 | 2 | 1 | 1 | 1 | 1 | 입 | 10 | 10 | 9 | 9 | 9 | 8 | 8 | 8 | 7 | 7 | 7 | 6 | 6 | 6 | 5 | 5 | 5 | 4 | 4 | 4 | 3 | 3 | 3 | 2 |
| 대운 녀 | 8 | 9 | 9 | 9 | 10 | 10 | 추 | 1 | 1 | 1 | 1 | 2 | 2 | 2 | 3 | 3 | 3 | 4 | 4 | 4 | 5 | 5 | 5 | 6 | 6 | 6 | 7 | 7 | 7 | 8 | 8 |

## 9 · 己酉月(양 9.7~10.7)

백로 7일 20시44분 · 추분 23일 06시10분

| 양력 | 1 | 2 | 3 | 4 | 5 | 6 | 7 | 8 | 9 | 10 | 11 | 12 | 13 | 14 | 15 | 16 | 17 | 18 | 19 | 20 | 21 | 22 | 23 | 24 | 25 | 26 | 27 | 28 | 29 | 30 |
|---|---|---|---|---|---|---|---|---|---|---|---|---|---|---|---|---|---|---|---|---|---|---|---|---|---|---|---|---|---|---|
| 음력 | 17 | 18 | 19 | 20 | 21 | 22 | 23 | 24 | 25 | 26 | 27 | 28 | 29 | 8.1 | 2 | 3 | 4 | 5 | 6 | 7 | 8 | 9 | 10 | 11 | 12 | 13 | 14 | 15 | 16 | 17 |
| 요일 | 月 | 火 | 水 | 木 | 金 | 土 | 日 | 月 | 火 | 水 | 木 | 金 | 土 | 日 | 月 | 火 | 水 | 木 | 金 | 土 | 日 | 月 | 火 | 水 | 木 | 金 | 土 | 日 | 月 | 火 |
| 일진 | 壬寅 | 癸卯 | 甲辰 | 乙巳 | 丙午 | 丁未 | 戊申 | 己酉 | 庚戌 | 辛亥 | 壬子 | 癸丑 | 甲寅 | 乙卯 | 丙辰 | 丁巳 | 戊午 | 己未 | 庚申 | 辛酉 | 壬戌 | 癸亥 | 甲子 | 乙丑 | 丙寅 | 丁卯 | 戊辰 | 己巳 | 庚午 | 辛未 |
| 대운 남 | 2 | 2 | 1 | 1 | 1 | 1 | 백 | 10 | 10 | 9 | 9 | 9 | 8 | 8 | 8 | 7 | 7 | 7 | 6 | 6 | 6 | 5 | 5 | 5 | 4 | 4 | 4 | 3 | 3 | 3 |
| 대운 녀 | 8 | 9 | 9 | 9 | 10 | 10 | 로 | 1 | 1 | 1 | 1 | 2 | 2 | 2 | 3 | 3 | 3 | 4 | 4 | 4 | 5 | 5 | 5 | 6 | 6 | 6 | 7 | 7 | 7 | 8 |

## 10 · 庚戌月(양 10.8~11.6)

한로 8일 12시39분 · 상강 23일 15시48분

| 양력 | 1 | 2 | 3 | 4 | 5 | 6 | 7 | 8 | 9 | 10 | 11 | 12 | 13 | 14 | 15 | 16 | 17 | 18 | 19 | 20 | 21 | 22 | 23 | 24 | 25 | 26 | 27 | 28 | 29 | 30 | 31 |
|---|---|---|---|---|---|---|---|---|---|---|---|---|---|---|---|---|---|---|---|---|---|---|---|---|---|---|---|---|---|---|---|
| 음력 | 18 | 19 | 20 | 21 | 22 | 23 | 24 | 25 | 26 | 27 | 28 | 29 | 30 | 9.1 | 2 | 3 | 4 | 5 | 6 | 7 | 8 | 9 | 10 | 11 | 12 | 13 | 14 | 15 | 16 | 17 | 18 |
| 요일 | 水 | 木 | 金 | 土 | 日 | 月 | 火 | 水 | 木 | 金 | 土 | 日 | 月 | 火 | 水 | 木 | 金 | 土 | 日 | 月 | 火 | 水 | 木 | 金 | 土 | 日 | 月 | 火 | 水 | 木 | 金 |
| 일진 | 壬申 | 癸酉 | 甲戌 | 乙亥 | 丙子 | 丁丑 | 戊寅 | 己卯 | 庚辰 | 辛巳 | 壬午 | 癸未 | 甲申 | 乙酉 | 丙戌 | 丁亥 | 戊子 | 己丑 | 庚寅 | 辛卯 | 壬辰 | 癸巳 | 甲午 | 乙未 | 丙申 | 丁酉 | 戊戌 | 己亥 | 庚子 | 辛丑 | 壬寅 |
| 대운 남 | 2 | 2 | 2 | 1 | 1 | 1 | 1 | 한 | 10 | 9 | 9 | 9 | 8 | 8 | 8 | 7 | 7 | 7 | 6 | 6 | 6 | 5 | 5 | 5 | 4 | 4 | 4 | 3 | 3 | 3 | 2 |
| 대운 녀 | 8 | 8 | 9 | 9 | 9 | 10 | 10 | 로 | 1 | 1 | 1 | 1 | 2 | 2 | 2 | 3 | 3 | 3 | 4 | 4 | 4 | 5 | 5 | 5 | 6 | 6 | 6 | 7 | 7 | 7 | 8 |

## 11 · 辛亥月(양 11.7~12.6)

입동 7일 16시06분 · 소설 22일 13시36분

| 양력 | 1 | 2 | 3 | 4 | 5 | 6 | 7 | 8 | 9 | 10 | 11 | 12 | 13 | 14 | 15 | 16 | 17 | 18 | 19 | 20 | 21 | 22 | 23 | 24 | 25 | 26 | 27 | 28 | 29 | 30 |
|---|---|---|---|---|---|---|---|---|---|---|---|---|---|---|---|---|---|---|---|---|---|---|---|---|---|---|---|---|---|---|
| 음력 | 19 | 20 | 21 | 22 | 23 | 24 | 25 | 26 | 27 | 28 | 29 | 30 | 10.1 | 2 | 3 | 4 | 5 | 6 | 7 | 8 | 9 | 10 | 11 | 12 | 13 | 14 | 15 | 16 | 17 | 18 |
| 요일 | 土 | 日 | 月 | 火 | 水 | 木 | 金 | 土 | 日 | 月 | 火 | 水 | 木 | 金 | 土 | 日 | 月 | 火 | 水 | 木 | 金 | 土 | 日 | 月 | 火 | 水 | 木 | 金 | 土 | 日 |
| 일진 | 癸卯 | 甲辰 | 乙巳 | 丙午 | 丁未 | 戊申 | 己酉 | 庚戌 | 辛亥 | 壬子 | 癸丑 | 甲寅 | 乙卯 | 丙辰 | 丁巳 | 戊午 | 己未 | 庚申 | 辛酉 | 壬戌 | 癸亥 | 甲子 | 乙丑 | 丙寅 | 丁卯 | 戊辰 | 己巳 | 庚午 | 辛未 | 壬申 |
| 대운 남 | 2 | 2 | 1 | 1 | 1 | 1 | 입 | 10 | 9 | 9 | 9 | 8 | 8 | 8 | 7 | 7 | 7 | 6 | 6 | 6 | 5 | 5 | 5 | 4 | 4 | 4 | 3 | 3 | 3 | 2 |
| 대운 녀 | 8 | 8 | 9 | 9 | 9 | 10 | 동 | 1 | 1 | 1 | 1 | 2 | 2 | 2 | 3 | 3 | 3 | 4 | 4 | 4 | 5 | 5 | 5 | 6 | 6 | 6 | 7 | 7 | 7 | 8 |

## 12 · 壬子月(양 12.7~1.4)

대설 7일 09시08분 · 동지 22일 03시03분

| 양력 | 1 | 2 | 3 | 4 | 5 | 6 | 7 | 8 | 9 | 10 | 11 | 12 | 13 | 14 | 15 | 16 | 17 | 18 | 19 | 20 | 21 | 22 | 23 | 24 | 25 | 26 | 27 | 28 | 29 | 30 | 31 |
|---|---|---|---|---|---|---|---|---|---|---|---|---|---|---|---|---|---|---|---|---|---|---|---|---|---|---|---|---|---|---|---|
| 음력 | 19 | 20 | 21 | 22 | 23 | 24 | 25 | 26 | 27 | 28 | 29 | 11.1 | 2 | 3 | 4 | 5 | 6 | 7 | 8 | 9 | 10 | 11 | 12 | 13 | 14 | 15 | 16 | 17 | 18 | 19 | 20 |
| 요일 | 月 | 火 | 水 | 木 | 金 | 土 | 日 | 月 | 火 | 水 | 木 | 金 | 土 | 日 | 月 | 火 | 水 | 木 | 金 | 土 | 日 | 月 | 火 | 水 | 木 | 金 | 土 | 日 | 月 | 火 | 水 |
| 일진 | 癸酉 | 甲戌 | 乙亥 | 丙子 | 丁丑 | 戊寅 | 己卯 | 庚辰 | 辛巳 | 壬午 | 癸未 | 甲申 | 乙酉 | 丙戌 | 丁亥 | 戊子 | 己丑 | 庚寅 | 辛卯 | 壬辰 | 癸巳 | 甲午 | 乙未 | 丙申 | 丁酉 | 戊戌 | 己亥 | 庚子 | 辛丑 | 壬寅 | 癸卯 |
| 대운 남 | 2 | 2 | 1 | 1 | 1 | 1 | 대 | 9 | 9 | 9 | 8 | 8 | 8 | 7 | 7 | 7 | 6 | 6 | 6 | 5 | 5 | 5 | 4 | 4 | 4 | 3 | 3 | 3 | 2 | 2 | 2 |
| 대운 녀 | 8 | 8 | 9 | 9 | 9 | 10 | 설 | 1 | 1 | 1 | 1 | 2 | 2 | 2 | 3 | 3 | 3 | 4 | 4 | 4 | 5 | 5 | 5 | 6 | 6 | 6 | 7 | 7 | 7 | 8 | 8 |

단기 4376년

# 2043년

소한 5일 20시24분

## 1 · 癸丑月(양 1.5~2.3)

대한 20일 13시40분

| 양력 | 1 | 2 | 3 | 4 | 5 | 6 | 7 | 8 | 9 | 10 | 11 | 12 | 13 | 14 | 15 | 16 | 17 | 18 | 19 | 20 | 21 | 22 | 23 | 24 | 25 | 26 | 27 | 28 | 29 | 30 | 31 |
|---|---|---|---|---|---|---|---|---|---|---|---|---|---|---|---|---|---|---|---|---|---|---|---|---|---|---|---|---|---|---|---|
| 음력 | 21 | 22 | 23 | 24 | 25 | 26 | 27 | 28 | 29 | 30 | 12.1 | 2 | 3 | 4 | 5 | 6 | 7 | 8 | 9 | 10 | 11 | 12 | 13 | 14 | 15 | 16 | 17 | 18 | 19 | 20 | 21 |
| 요일 | 木 | 金 | 土 | 日 | 月 | 火 | 水 | 木 | 金 | 土 | 日 | 月 | 火 | 水 | 木 | 金 | 土 | 日 | 月 | 火 | 水 | 木 | 金 | 土 | 日 | 月 | 火 | 水 | 木 | 金 | 土 |
| 일진 | 甲辰 | 乙巳 | 丙午 | 丁未 | 戊申 | 己酉 | 庚戌 | 辛亥 | 壬子 | 癸丑 | 甲寅 | 乙卯 | 丙辰 | 丁巳 | 戊午 | 己未 | 庚申 | 辛酉 | 壬戌 | 癸亥 | 甲子 | 乙丑 | 丙寅 | 丁卯 | 戊辰 | 己巳 | 庚午 | 辛未 | 壬申 | 癸酉 | 甲戌 |
| 대운 남 | 1 | 1 | 1 | 1 | 소 | 10 | 9 | 9 | 9 | 8 | 8 | 8 | 7 | 7 | 7 | 6 | 6 | 6 | 5 | 5 | 5 | 4 | 4 | 4 | 3 | 3 | 3 | 2 | 2 | 2 | 1 |
| 대운 녀 | 8 | 9 | 9 | 9 | 한 | 1 | 1 | 1 | 1 | 2 | 2 | 2 | 3 | 3 | 3 | 4 | 4 | 4 | 5 | 5 | 5 | 6 | 6 | 6 | 7 | 7 | 7 | 8 | 8 | 8 | 9 |

입춘 4일 07시57분

## 2 · 甲寅月(양 2.4~3.5)

우수 19일 03시40분

| 양력 | 1 | 2 | 3 | 4 | 5 | 6 | 7 | 8 | 9 | 10 | 11 | 12 | 13 | 14 | 15 | 16 | 17 | 18 | 19 | 20 | 21 | 22 | 23 | 24 | 25 | 26 | 27 | 28 |
|---|---|---|---|---|---|---|---|---|---|---|---|---|---|---|---|---|---|---|---|---|---|---|---|---|---|---|---|---|
| 음력 | 22 | 23 | 24 | 25 | 26 | 27 | 28 | 29 | 30 | 1.1 | 2 | 3 | 4 | 5 | 6 | 7 | 8 | 9 | 10 | 11 | 12 | 13 | 14 | 15 | 16 | 17 | 18 | 19 |
| 요일 | 日 | 月 | 火 | 水 | 木 | 金 | 土 | 日 | 月 | 火 | 水 | 木 | 金 | 土 | 日 | 月 | 火 | 水 | 木 | 金 | 土 | 日 | 月 | 火 | 水 | 木 | 金 | 土 |
| 일진 | 乙亥 | 丙子 | 丁丑 | 戊寅 | 己卯 | 庚辰 | 辛巳 | 壬午 | 癸未 | 甲申 | 乙酉 | 丙戌 | 丁亥 | 戊子 | 己丑 | 庚寅 | 辛卯 | 壬辰 | 癸巳 | 甲午 | 乙未 | 丙申 | 丁酉 | 戊戌 | 己亥 | 庚子 | 辛丑 | 壬寅 |
| 대운 남 | 1 | 1 | 1 | 입 | 1 | 1 | 1 | 1 | 2 | 2 | 2 | 3 | 3 | 3 | 4 | 4 | 4 | 5 | 5 | 5 | 6 | 6 | 6 | 7 | 7 | 7 | 8 | 8 |
| 대운 녀 | 9 | 9 | 10 | 춘 | 10 | 9 | 9 | 9 | 8 | 8 | 8 | 7 | 7 | 7 | 6 | 6 | 6 | 5 | 5 | 5 | 4 | 4 | 4 | 3 | 3 | 3 | 2 | 2 |

경칩 6일 01시46분

## 3 · 乙卯月(양 3.6~4.4)

춘분 21일 02시26분

| 양력 | 1 | 2 | 3 | 4 | 5 | 6 | 7 | 8 | 9 | 10 | 11 | 12 | 13 | 14 | 15 | 16 | 17 | 18 | 19 | 20 | 21 | 22 | 23 | 24 | 25 | 26 | 27 | 28 | 29 | 30 | 31 |
|---|---|---|---|---|---|---|---|---|---|---|---|---|---|---|---|---|---|---|---|---|---|---|---|---|---|---|---|---|---|---|---|
| 음력 | 20 | 21 | 22 | 23 | 24 | 25 | 26 | 27 | 28 | 29 | 2.1 | 2 | 3 | 4 | 5 | 6 | 7 | 8 | 9 | 10 | 11 | 12 | 13 | 14 | 15 | 16 | 17 | 18 | 19 | 20 | 21 |
| 요일 | 日 | 月 | 火 | 水 | 木 | 金 | 土 | 日 | 月 | 火 | 水 | 木 | 金 | 土 | 日 | 月 | 火 | 水 | 木 | 金 | 土 | 日 | 月 | 火 | 水 | 木 | 金 | 土 | 日 | 月 | 火 |
| 일진 | 癸卯 | 甲辰 | 乙巳 | 丙午 | 丁未 | 戊申 | 己酉 | 庚戌 | 辛亥 | 壬子 | 癸丑 | 甲寅 | 乙卯 | 丙辰 | 丁巳 | 戊午 | 己未 | 庚申 | 辛酉 | 壬戌 | 癸亥 | 甲子 | 乙丑 | 丙寅 | 丁卯 | 戊辰 | 己巳 | 庚午 | 辛未 | 壬申 | 癸酉 |
| 대운 남 | 8 | 9 | 9 | 9 | 10 | 경 | 1 | 1 | 1 | 1 | 2 | 2 | 2 | 3 | 3 | 3 | 4 | 4 | 4 | 5 | 5 | 5 | 6 | 6 | 6 | 7 | 7 | 7 | 8 | 8 | 8 |
| 대운 녀 | 2 | 1 | 1 | 1 | 1 | 칩 | 10 | 9 | 9 | 9 | 8 | 8 | 8 | 7 | 7 | 7 | 6 | 6 | 6 | 5 | 5 | 5 | 4 | 4 | 4 | 3 | 3 | 3 | 2 | 2 | 2 |

청명 5일 06시19분

## 4 · 丙辰月(양 4.5~5.4)

곡우 20일 13시13분

| 양력 | 1 | 2 | 3 | 4 | 5 | 6 | 7 | 8 | 9 | 10 | 11 | 12 | 13 | 14 | 15 | 16 | 17 | 18 | 19 | 20 | 21 | 22 | 23 | 24 | 25 | 26 | 27 | 28 | 29 | 30 |
|---|---|---|---|---|---|---|---|---|---|---|---|---|---|---|---|---|---|---|---|---|---|---|---|---|---|---|---|---|---|---|
| 음력 | 22 | 23 | 24 | 25 | 26 | 27 | 28 | 29 | 30 | 3.1 | 2 | 3 | 4 | 5 | 6 | 7 | 8 | 9 | 10 | 11 | 12 | 13 | 14 | 15 | 16 | 17 | 18 | 19 | 20 | 21 |
| 요일 | 水 | 木 | 金 | 土 | 日 | 月 | 火 | 水 | 木 | 金 | 土 | 日 | 月 | 火 | 水 | 木 | 金 | 土 | 日 | 月 | 火 | 水 | 木 | 金 | 土 | 日 | 月 | 火 | 水 | 木 |
| 일진 | 甲戌 | 乙亥 | 丙子 | 丁丑 | 戊寅 | 己卯 | 庚辰 | 辛巳 | 壬午 | 癸未 | 甲申 | 乙酉 | 丙戌 | 丁亥 | 戊子 | 己丑 | 庚寅 | 辛卯 | 壬辰 | 癸巳 | 甲午 | 乙未 | 丙申 | 丁酉 | 戊戌 | 己亥 | 庚子 | 辛丑 | 壬寅 | 癸卯 |
| 대운 남 | 9 | 9 | 9 | 10 | 청 | 1 | 1 | 1 | 1 | 2 | 2 | 2 | 3 | 3 | 3 | 4 | 4 | 4 | 5 | 5 | 5 | 6 | 6 | 6 | 7 | 7 | 7 | 8 | 8 | 8 |
| 대운 녀 | 1 | 1 | 1 | 1 | 명 | 10 | 9 | 9 | 9 | 8 | 8 | 8 | 7 | 7 | 7 | 6 | 6 | 6 | 5 | 5 | 5 | 4 | 4 | 4 | 3 | 3 | 3 | 2 | 2 | 2 |

입하 5일 23시21분

## 5 · 丁巳月(양 5.5~6.5)

소만 21일 12시08분

| 양력 | 1 | 2 | 3 | 4 | 5 | 6 | 7 | 8 | 9 | 10 | 11 | 12 | 13 | 14 | 15 | 16 | 17 | 18 | 19 | 20 | 21 | 22 | 23 | 24 | 25 | 26 | 27 | 28 | 29 | 30 | 31 |
|---|---|---|---|---|---|---|---|---|---|---|---|---|---|---|---|---|---|---|---|---|---|---|---|---|---|---|---|---|---|---|---|
| 음력 | 22 | 23 | 24 | 25 | 26 | 27 | 28 | 29 | 4.1 | 2 | 3 | 4 | 5 | 6 | 7 | 8 | 9 | 10 | 11 | 12 | 13 | 14 | 15 | 16 | 17 | 18 | 19 | 20 | 21 | 22 | 23 |
| 요일 | 金 | 土 | 日 | 月 | 火 | 水 | 木 | 金 | 土 | 日 | 月 | 火 | 水 | 木 | 金 | 土 | 日 | 月 | 火 | 水 | 木 | 金 | 土 | 日 | 月 | 火 | 水 | 木 | 金 | 土 | 日 |
| 일진 | 甲辰 | 乙巳 | 丙午 | 丁未 | 戊申 | 己酉 | 庚戌 | 辛亥 | 壬子 | 癸丑 | 甲寅 | 乙卯 | 丙辰 | 丁巳 | 戊午 | 己未 | 庚申 | 辛酉 | 壬戌 | 癸亥 | 甲子 | 乙丑 | 丙寅 | 丁卯 | 戊辰 | 己巳 | 庚午 | 辛未 | 壬申 | 癸酉 | 甲戌 |
| 대운 남 | 9 | 9 | 9 | 10 | 입 | 1 | 1 | 1 | 1 | 2 | 2 | 2 | 3 | 3 | 3 | 4 | 4 | 4 | 5 | 5 | 5 | 6 | 6 | 6 | 7 | 7 | 7 | 8 | 8 | 8 | 9 |
| 대운 녀 | 1 | 1 | 1 | 1 | 하 | 10 | 10 | 10 | 9 | 9 | 9 | 8 | 8 | 8 | 7 | 7 | 7 | 6 | 6 | 6 | 5 | 5 | 5 | 4 | 4 | 4 | 3 | 3 | 3 | 2 | 2 |

망종 6일 03시17분

## 6 · 戊午月(양 6.6~7.6)

하지 21일 19시57분

| 양력 | 1 | 2 | 3 | 4 | 5 | 6 | 7 | 8 | 9 | 10 | 11 | 12 | 13 | 14 | 15 | 16 | 17 | 18 | 19 | 20 | 21 | 22 | 23 | 24 | 25 | 26 | 27 | 28 | 29 | 30 |
|---|---|---|---|---|---|---|---|---|---|---|---|---|---|---|---|---|---|---|---|---|---|---|---|---|---|---|---|---|---|---|
| 음력 | 24 | 25 | 26 | 27 | 28 | 29 | 5.1 | 2 | 3 | 4 | 5 | 6 | 7 | 8 | 9 | 10 | 11 | 12 | 13 | 14 | 15 | 16 | 17 | 18 | 19 | 20 | 21 | 22 | 23 | 24 |
| 요일 | 月 | 火 | 水 | 木 | 金 | 土 | 日 | 月 | 火 | 水 | 木 | 金 | 土 | 日 | 月 | 火 | 水 | 木 | 金 | 土 | 日 | 月 | 火 | 水 | 木 | 金 | 土 | 日 | 月 | 火 |
| 일진 | 乙亥 | 丙子 | 丁丑 | 戊寅 | 己卯 | 庚辰 | 辛巳 | 壬午 | 癸未 | 甲申 | 乙酉 | 丙戌 | 丁亥 | 戊子 | 己丑 | 庚寅 | 辛卯 | 壬辰 | 癸巳 | 甲午 | 乙未 | 丙申 | 丁酉 | 戊戌 | 己亥 | 庚子 | 辛丑 | 壬寅 | 癸卯 | 甲辰 |
| 대운 남 | 9 | 9 | 10 | 10 | 10 | 망 | 1 | 1 | 1 | 1 | 2 | 2 | 2 | 3 | 3 | 3 | 4 | 4 | 4 | 5 | 5 | 5 | 6 | 6 | 6 | 7 | 7 | 7 | 8 | 8 |
| 대운 녀 | 2 | 1 | 1 | 1 | 1 | 종 | 10 | 10 | 9 | 9 | 9 | 8 | 8 | 8 | 7 | 7 | 7 | 6 | 6 | 6 | 5 | 5 | 5 | 4 | 4 | 4 | 3 | 3 | 3 | 2 |

## 7 · 己未月(양 7.7~8.6)

소서 7일 13시26분 / 대서 23일 06시52분

| 양력 | 1 | 2 | 3 | 4 | 5 | 6 | 7 | 8 | 9 | 10 | 11 | 12 | 13 | 14 | 15 | 16 | 17 | 18 | 19 | 20 | 21 | 22 | 23 | 24 | 25 | 26 | 27 | 28 | 29 | 30 | 31 |
|---|---|---|---|---|---|---|---|---|---|---|---|---|---|---|---|---|---|---|---|---|---|---|---|---|---|---|---|---|---|---|---|
| 음력 | 25 | 26 | 27 | 28 | 29 | 30 | 6.1 | 2 | 3 | 4 | 5 | 6 | 7 | 8 | 9 | 10 | 11 | 12 | 13 | 14 | 15 | 16 | 17 | 18 | 19 | 20 | 21 | 22 | 23 | 24 | 25 |
| 요일 | 水 | 木 | 金 | 土 | 日 | 月 | 火 | 水 | 木 | 金 | 土 | 日 | 月 | 火 | 水 | 木 | 金 | 土 | 日 | 月 | 火 | 水 | 木 | 金 | 土 | 日 | 月 | 火 | 水 | 木 | 金 |
| 일진 | 乙巳 | 丙午 | 丁未 | 戊申 | 己酉 | 庚戌 | 辛亥 | 壬子 | 癸丑 | 甲寅 | 乙卯 | 丙辰 | 丁巳 | 戊午 | 己未 | 庚申 | 辛酉 | 壬戌 | 癸亥 | 甲子 | 乙丑 | 丙寅 | 丁卯 | 戊辰 | 己巳 | 庚午 | 辛未 | 壬申 | 癸酉 | 甲戌 | 乙亥 |
| 대운 남 | 8 | 9 | 9 | 9 | 10 | 10 | 소 | 1 | 1 | 1 | 1 | 2 | 2 | 2 | 3 | 3 | 3 | 4 | 4 | 4 | 5 | 5 | 5 | 6 | 6 | 6 | 7 | 7 | 7 | 8 | 8 |
| 대운 녀 | 2 | 2 | 1 | 1 | 1 | 1 | 서 | 10 | 10 | 9 | 9 | 9 | 8 | 8 | 8 | 7 | 7 | 7 | 6 | 6 | 6 | 5 | 5 | 5 | 4 | 4 | 4 | 3 | 3 | 3 | 2 |

## 8 · 庚申月(양 8.7~9.7)

입추 7일 23시19분 / 처서 23일 14시08분

| 양력 | 1 | 2 | 3 | 4 | 5 | 6 | 7 | 8 | 9 | 10 | 11 | 12 | 13 | 14 | 15 | 16 | 17 | 18 | 19 | 20 | 21 | 22 | 23 | 24 | 25 | 26 | 27 | 28 | 29 | 30 | 31 |
|---|---|---|---|---|---|---|---|---|---|---|---|---|---|---|---|---|---|---|---|---|---|---|---|---|---|---|---|---|---|---|---|
| 음력 | 26 | 27 | 28 | 29 | 7.1 | 2 | 3 | 4 | 5 | 6 | 7 | 8 | 9 | 10 | 11 | 12 | 13 | 14 | 15 | 16 | 17 | 18 | 19 | 20 | 21 | 22 | 23 | 24 | 25 | 26 | 27 |
| 요일 | 土 | 日 | 月 | 火 | 水 | 木 | 金 | 土 | 日 | 月 | 火 | 水 | 木 | 金 | 土 | 日 | 月 | 火 | 水 | 木 | 金 | 土 | 日 | 月 | 火 | 水 | 木 | 金 | 土 | 日 | 月 |
| 일진 | 丙子 | 丁丑 | 戊寅 | 己卯 | 庚辰 | 辛巳 | 壬午 | 癸未 | 甲申 | 乙酉 | 丙戌 | 丁亥 | 戊子 | 己丑 | 庚寅 | 辛卯 | 壬辰 | 癸巳 | 甲午 | 乙未 | 丙申 | 丁酉 | 戊戌 | 己亥 | 庚子 | 辛丑 | 壬寅 | 癸卯 | 甲辰 | 乙巳 | 丙午 |
| 대운 남 | 8 | 9 | 9 | 9 | 10 | 10 | 입 | 1 | 1 | 1 | 1 | 2 | 2 | 2 | 3 | 3 | 3 | 4 | 4 | 4 | 5 | 5 | 5 | 6 | 6 | 6 | 7 | 7 | 7 | 8 | 8 |
| 대운 녀 | 2 | 2 | 1 | 1 | 1 | 1 | 추 | 10 | 10 | 10 | 9 | 9 | 9 | 8 | 8 | 8 | 7 | 7 | 7 | 6 | 6 | 6 | 5 | 5 | 5 | 4 | 4 | 4 | 3 | 3 | 3 |

## 9 · 辛酉月(양 9.8~10.7)

백로 8일 02시29분 / 추분 23일 12시05분

| 양력 | 1 | 2 | 3 | 4 | 5 | 6 | 7 | 8 | 9 | 10 | 11 | 12 | 13 | 14 | 15 | 16 | 17 | 18 | 19 | 20 | 21 | 22 | 23 | 24 | 25 | 26 | 27 | 28 | 29 | 30 |
|---|---|---|---|---|---|---|---|---|---|---|---|---|---|---|---|---|---|---|---|---|---|---|---|---|---|---|---|---|---|---|
| 음력 | 28 | 29 | 8.1 | 2 | 3 | 4 | 5 | 6 | 7 | 8 | 9 | 10 | 11 | 12 | 13 | 14 | 15 | 16 | 17 | 18 | 19 | 20 | 21 | 22 | 23 | 24 | 25 | 26 | 27 | 28 |
| 요일 | 火 | 水 | 木 | 金 | 土 | 日 | 月 | 火 | 水 | 木 | 金 | 土 | 日 | 月 | 火 | 水 | 木 | 金 | 土 | 日 | 月 | 火 | 水 | 木 | 金 | 土 | 日 | 月 | 火 | 水 |
| 일진 | 丁未 | 戊申 | 己酉 | 庚戌 | 辛亥 | 壬子 | 癸丑 | 甲寅 | 乙卯 | 丙辰 | 丁巳 | 戊午 | 己未 | 庚申 | 辛酉 | 壬戌 | 癸亥 | 甲子 | 乙丑 | 丙寅 | 丁卯 | 戊辰 | 己巳 | 庚午 | 辛未 | 壬申 | 癸酉 | 甲戌 | 乙亥 | 丙子 |
| 대운 남 | 8 | 9 | 9 | 9 | 10 | 10 | 10 | 백 | 1 | 1 | 1 | 1 | 2 | 2 | 2 | 3 | 3 | 3 | 4 | 4 | 4 | 5 | 5 | 5 | 6 | 6 | 6 | 7 | 7 | 7 |
| 대운 녀 | 2 | 2 | 2 | 1 | 1 | 1 | 1 | 로 | 10 | 9 | 9 | 9 | 8 | 8 | 8 | 7 | 7 | 7 | 6 | 6 | 6 | 5 | 5 | 5 | 4 | 4 | 4 | 3 | 3 | 3 |

## 10 · 壬戌月(양 10.8~11.6)

한로 8일 18시26분 / 상강 23일 21시45분

| 양력 | 1 | 2 | 3 | 4 | 5 | 6 | 7 | 8 | 9 | 10 | 11 | 12 | 13 | 14 | 15 | 16 | 17 | 18 | 19 | 20 | 21 | 22 | 23 | 24 | 25 | 26 | 27 | 28 | 29 | 30 | 31 |
|---|---|---|---|---|---|---|---|---|---|---|---|---|---|---|---|---|---|---|---|---|---|---|---|---|---|---|---|---|---|---|---|
| 음력 | 29 | 30 | 9.1 | 2 | 3 | 4 | 5 | 6 | 7 | 8 | 9 | 10 | 11 | 12 | 13 | 14 | 15 | 16 | 17 | 18 | 19 | 20 | 21 | 22 | 23 | 24 | 25 | 26 | 27 | 28 | 29 |
| 요일 | 木 | 金 | 土 | 日 | 月 | 火 | 水 | 木 | 金 | 土 | 日 | 月 | 火 | 水 | 木 | 金 | 土 | 日 | 月 | 火 | 水 | 木 | 金 | 土 | 日 | 月 | 火 | 水 | 木 | 金 | 土 |
| 일진 | 丁丑 | 戊寅 | 己卯 | 庚辰 | 辛巳 | 壬午 | 癸未 | 甲申 | 乙酉 | 丙戌 | 丁亥 | 戊子 | 己丑 | 庚寅 | 辛卯 | 壬辰 | 癸巳 | 甲午 | 乙未 | 丙申 | 丁酉 | 戊戌 | 己亥 | 庚子 | 辛丑 | 壬寅 | 癸卯 | 甲辰 | 乙巳 | 丙午 | 丁未 |
| 대운 남 | 8 | 8 | 8 | 9 | 9 | 9 | 10 | 한 | 1 | 1 | 1 | 1 | 2 | 2 | 2 | 3 | 3 | 3 | 4 | 4 | 4 | 5 | 5 | 5 | 6 | 6 | 6 | 7 | 7 | 7 | 8 |
| 대운 녀 | 2 | 2 | 2 | 1 | 1 | 1 | 1 | 로 | 10 | 9 | 9 | 9 | 8 | 8 | 8 | 7 | 7 | 7 | 6 | 6 | 6 | 5 | 5 | 5 | 4 | 4 | 4 | 3 | 3 | 3 | 2 |

## 11 · 癸亥月(양 11.7~12.6)

입동 7일 21시54분 / 소설 22일 19시34분

| 양력 | 1 | 2 | 3 | 4 | 5 | 6 | 7 | 8 | 9 | 10 | 11 | 12 | 13 | 14 | 15 | 16 | 17 | 18 | 19 | 20 | 21 | 22 | 23 | 24 | 25 | 26 | 27 | 28 | 29 | 30 |
|---|---|---|---|---|---|---|---|---|---|---|---|---|---|---|---|---|---|---|---|---|---|---|---|---|---|---|---|---|---|---|
| 음력 | 30 | 10.1 | 2 | 3 | 4 | 5 | 6 | 7 | 8 | 9 | 10 | 11 | 12 | 13 | 14 | 15 | 16 | 17 | 18 | 19 | 20 | 21 | 22 | 23 | 24 | 25 | 26 | 27 | 28 | 29 |
| 요일 | 日 | 月 | 火 | 水 | 木 | 金 | 土 | 日 | 月 | 火 | 水 | 木 | 金 | 土 | 日 | 月 | 火 | 水 | 木 | 金 | 土 | 日 | 月 | 火 | 水 | 木 | 金 | 土 | 日 | 月 |
| 일진 | 戊申 | 己酉 | 庚戌 | 辛亥 | 壬子 | 癸丑 | 甲寅 | 乙卯 | 丙辰 | 丁巳 | 戊午 | 己未 | 庚申 | 辛酉 | 壬戌 | 癸亥 | 甲子 | 乙丑 | 丙寅 | 丁卯 | 戊辰 | 己巳 | 庚午 | 辛未 | 壬申 | 癸酉 | 甲戌 | 乙亥 | 丙子 | 丁丑 |
| 대운 남 | 8 | 8 | 9 | 9 | 9 | 10 | 입 | 1 | 1 | 1 | 1 | 2 | 2 | 2 | 3 | 3 | 3 | 4 | 4 | 4 | 5 | 5 | 5 | 6 | 6 | 6 | 7 | 7 | 7 | 8 |
| 대운 녀 | 2 | 2 | 1 | 1 | 1 | 1 | 동 | 10 | 9 | 9 | 9 | 8 | 8 | 8 | 7 | 7 | 7 | 6 | 6 | 6 | 5 | 5 | 5 | 4 | 4 | 4 | 3 | 3 | 3 | 2 |

## 12 · 甲子月(양 12.7~1.5)

대설 7일 14시56분 / 동지 22일 09시00분

| 양력 | 1 | 2 | 3 | 4 | 5 | 6 | 7 | 8 | 9 | 10 | 11 | 12 | 13 | 14 | 15 | 16 | 17 | 18 | 19 | 20 | 21 | 22 | 23 | 24 | 25 | 26 | 27 | 28 | 29 | 30 | 31 |
|---|---|---|---|---|---|---|---|---|---|---|---|---|---|---|---|---|---|---|---|---|---|---|---|---|---|---|---|---|---|---|---|
| 음력 | 11.1 | 2 | 3 | 4 | 5 | 6 | 7 | 8 | 9 | 10 | 11 | 12 | 13 | 14 | 15 | 16 | 17 | 18 | 19 | 20 | 21 | 22 | 23 | 24 | 25 | 26 | 27 | 28 | 29 | 30 | 12.1 |
| 요일 | 火 | 水 | 木 | 金 | 土 | 日 | 月 | 火 | 水 | 木 | 金 | 土 | 日 | 月 | 火 | 水 | 木 | 金 | 土 | 日 | 月 | 火 | 水 | 木 | 金 | 土 | 日 | 月 | 火 | 水 | 木 |
| 일진 | 戊寅 | 己卯 | 庚辰 | 辛巳 | 壬午 | 癸未 | 甲申 | 乙酉 | 丙戌 | 丁亥 | 戊子 | 己丑 | 庚寅 | 辛卯 | 壬辰 | 癸巳 | 甲午 | 乙未 | 丙申 | 丁酉 | 戊戌 | 己亥 | 庚子 | 辛丑 | 壬寅 | 癸卯 | 甲辰 | 乙巳 | 丙午 | 丁未 | 戊申 |
| 대운 남 | 8 | 8 | 9 | 9 | 9 | 10 | 대 | 1 | 1 | 1 | 1 | 2 | 2 | 2 | 3 | 3 | 3 | 4 | 4 | 4 | 5 | 5 | 5 | 6 | 6 | 6 | 7 | 7 | 7 | 8 | 8 |
| 대운 녀 | 2 | 2 | 1 | 1 | 1 | 1 | 설 | 10 | 9 | 9 | 9 | 8 | 8 | 8 | 7 | 7 | 7 | 6 | 6 | 6 | 5 | 5 | 5 | 4 | 4 | 4 | 3 | 3 | 3 | 2 | 2 |

# 2044년(윤7월)

소한 6일 02시11분

## 1 · 乙丑月(양 1.6~2.3)

대한 20일 19시36분

| 양력 | 1 | 2 | 3 | 4 | 5 | 6 | 7 | 8 | 9 | 10 | 11 | 12 | 13 | 14 | 15 | 16 | 17 | 18 | 19 | 20 | 21 | 22 | 23 | 24 | 25 | 26 | 27 | 28 | 29 | 30 | 31 |
|---|---|---|---|---|---|---|---|---|---|---|---|---|---|---|---|---|---|---|---|---|---|---|---|---|---|---|---|---|---|---|---|
| 음력 | 2 | 3 | 4 | 5 | 6 | 7 | 8 | 9 | 10 | 11 | 12 | 13 | 14 | 15 | 16 | 17 | 18 | 19 | 20 | 21 | 22 | 23 | 24 | 25 | 26 | 27 | 28 | 29 | 30 | 1.1 | 2 |
| 요일 | 金 | 土 | 日 | 月 | 火 | 水 | 木 | 金 | 土 | 日 | 月 | 火 | 水 | 木 | 金 | 土 | 日 | 月 | 火 | 水 | 木 | 金 | 土 | 日 | 月 | 火 | 水 | 木 | 金 | 土 | 日 |
| 일진 | 己酉 | 庚戌 | 辛亥 | 壬子 | 癸丑 | 甲寅 | 乙卯 | 丙辰 | 丁巳 | 戊午 | 己未 | 庚申 | 辛酉 | 壬戌 | 癸亥 | 甲子 | 乙丑 | 丙寅 | 丁卯 | 戊辰 | 己巳 | 庚午 | 辛未 | 壬申 | 癸酉 | 甲戌 | 乙亥 | 丙子 | 丁丑 | 戊寅 | 己卯 |
| 대운 남 | 8 | 9 | 9 | 9 | 10 | 소 | 1 | 1 | 1 | 1 | 2 | 2 | 2 | 3 | 3 | 3 | 4 | 4 | 4 | 5 | 5 | 5 | 6 | 6 | 6 | 7 | 7 | 7 | 8 | 8 | 8 |
| 대운 녀 | 2 | 1 | 1 | 1 | 1 | 한 | 9 | 9 | 9 | 8 | 8 | 8 | 7 | 7 | 7 | 6 | 6 | 6 | 5 | 5 | 5 | 4 | 4 | 4 | 3 | 3 | 3 | 2 | 2 | 2 | 1 |

입춘 4일 13시43분

## 2 · 丙寅月(양 2.4~3.4)

우수 19일 09시34분

| 양력 | 1 | 2 | 3 | 4 | 5 | 6 | 7 | 8 | 9 | 10 | 11 | 12 | 13 | 14 | 15 | 16 | 17 | 18 | 19 | 20 | 21 | 22 | 23 | 24 | 25 | 26 | 27 | 28 | 29 |
|---|---|---|---|---|---|---|---|---|---|---|---|---|---|---|---|---|---|---|---|---|---|---|---|---|---|---|---|---|---|
| 음력 | 3 | 4 | 5 | 6 | 7 | 8 | 9 | 10 | 11 | 12 | 13 | 14 | 15 | 16 | 17 | 18 | 19 | 20 | 21 | 22 | 23 | 24 | 25 | 26 | 27 | 28 | 29 | 30 | 2.1 |
| 요일 | 月 | 火 | 水 | 木 | 金 | 土 | 日 | 月 | 火 | 水 | 木 | 金 | 土 | 日 | 月 | 火 | 水 | 木 | 金 | 土 | 日 | 月 | 火 | 水 | 木 | 金 | 土 | 日 | 月 |
| 일진 | 庚辰 | 辛巳 | 壬午 | 癸未 | 甲申 | 乙酉 | 丙戌 | 丁亥 | 戊子 | 己丑 | 庚寅 | 辛卯 | 壬辰 | 癸巳 | 甲午 | 乙未 | 丙申 | 丁酉 | 戊戌 | 己亥 | 庚子 | 辛丑 | 壬寅 | 癸卯 | 甲辰 | 乙巳 | 丙午 | 丁未 | 戊申 |
| 대운 남 | 9 | 9 | 9 | 입 | 10 | 9 | 9 | 9 | 8 | 8 | 8 | 7 | 7 | 7 | 6 | 6 | 6 | 5 | 5 | 5 | 4 | 4 | 4 | 3 | 3 | 3 | 2 | 2 | 2 |
| 대운 녀 | 1 | 1 | 1 | 춘 | 1 | 1 | 1 | 1 | 2 | 2 | 2 | 3 | 3 | 3 | 4 | 4 | 4 | 5 | 5 | 5 | 6 | 6 | 6 | 7 | 7 | 7 | 8 | 8 | 8 |

경칩 5일 07시30분

## 3 · 丁卯月(양 3.5~4.3)

춘분 20일 08시19분

| 양력 | 1 | 2 | 3 | 4 | 5 | 6 | 7 | 8 | 9 | 10 | 11 | 12 | 13 | 14 | 15 | 16 | 17 | 18 | 19 | 20 | 21 | 22 | 23 | 24 | 25 | 26 | 27 | 28 | 29 | 30 | 31 |
|---|---|---|---|---|---|---|---|---|---|---|---|---|---|---|---|---|---|---|---|---|---|---|---|---|---|---|---|---|---|---|---|
| 음력 | 2 | 3 | 4 | 5 | 6 | 7 | 8 | 9 | 10 | 11 | 12 | 13 | 14 | 15 | 16 | 17 | 18 | 19 | 20 | 21 | 22 | 23 | 24 | 25 | 26 | 27 | 28 | 29 | 3.1 | 2 | 3 |
| 요일 | 火 | 水 | 木 | 金 | 土 | 日 | 月 | 火 | 水 | 木 | 金 | 土 | 日 | 月 | 火 | 水 | 木 | 金 | 土 | 日 | 月 | 火 | 水 | 木 | 金 | 土 | 日 | 月 | 火 | 水 | 木 |
| 일진 | 己酉 | 庚戌 | 辛亥 | 壬子 | 癸丑 | 甲寅 | 乙卯 | 丙辰 | 丁巳 | 戊午 | 己未 | 庚申 | 辛酉 | 壬戌 | 癸亥 | 甲子 | 乙丑 | 丙寅 | 丁卯 | 戊辰 | 己巳 | 庚午 | 辛未 | 壬申 | 癸酉 | 甲戌 | 乙亥 | 丙子 | 丁丑 | 戊寅 | 己卯 |
| 대운 남 | 1 | 1 | 1 | 1 | 경 | 10 | 9 | 9 | 9 | 8 | 8 | 8 | 7 | 7 | 7 | 6 | 6 | 6 | 5 | 5 | 5 | 4 | 4 | 4 | 3 | 3 | 3 | 2 | 2 | 2 | 1 |
| 대운 녀 | 9 | 9 | 9 | 10 | 칩 | 1 | 1 | 1 | 1 | 2 | 2 | 2 | 3 | 3 | 3 | 4 | 4 | 4 | 5 | 5 | 5 | 6 | 6 | 6 | 7 | 7 | 7 | 8 | 8 | 8 | 9 |

청명 4일 12시02분

## 4 · 戊辰月(양 4.4~5.4)

곡우 19일 19시05분

| 양력 | 1 | 2 | 3 | 4 | 5 | 6 | 7 | 8 | 9 | 10 | 11 | 12 | 13 | 14 | 15 | 16 | 17 | 18 | 19 | 20 | 21 | 22 | 23 | 24 | 25 | 26 | 27 | 28 | 29 | 30 |
|---|---|---|---|---|---|---|---|---|---|---|---|---|---|---|---|---|---|---|---|---|---|---|---|---|---|---|---|---|---|---|
| 음력 | 4 | 5 | 6 | 7 | 8 | 9 | 10 | 11 | 12 | 13 | 14 | 15 | 16 | 17 | 18 | 19 | 20 | 21 | 22 | 23 | 24 | 25 | 26 | 27 | 28 | 29 | 30 | 4.1 | 2 | 3 |
| 요일 | 金 | 土 | 日 | 月 | 火 | 水 | 木 | 金 | 土 | 日 | 月 | 火 | 水 | 木 | 金 | 土 | 日 | 月 | 火 | 水 | 木 | 金 | 土 | 日 | 月 | 火 | 水 | 木 | 金 | 土 |
| 일진 | 庚辰 | 辛巳 | 壬午 | 癸未 | 甲申 | 乙酉 | 丙戌 | 丁亥 | 戊子 | 己丑 | 庚寅 | 辛卯 | 壬辰 | 癸巳 | 甲午 | 乙未 | 丙申 | 丁酉 | 戊戌 | 己亥 | 庚子 | 辛丑 | 壬寅 | 癸卯 | 甲辰 | 乙巳 | 丙午 | 丁未 | 戊申 | 己酉 |
| 대운 남 | 1 | 1 | 1 | 청 | 10 | 10 | 9 | 9 | 9 | 8 | 8 | 8 | 7 | 7 | 7 | 6 | 6 | 6 | 5 | 5 | 5 | 4 | 4 | 4 | 3 | 3 | 3 | 2 | 2 | 2 |
| 대운 녀 | 9 | 9 | 10 | 명 | 1 | 1 | 1 | 1 | 2 | 2 | 2 | 3 | 3 | 3 | 4 | 4 | 4 | 5 | 5 | 5 | 6 | 6 | 6 | 7 | 7 | 7 | 8 | 8 | 8 | 9 |

입하 5일 05시04분

## 5 · 己巳月(양 5.5~6.4)

소만 20일 18시00분

| 양력 | 1 | 2 | 3 | 4 | 5 | 6 | 7 | 8 | 9 | 10 | 11 | 12 | 13 | 14 | 15 | 16 | 17 | 18 | 19 | 20 | 21 | 22 | 23 | 24 | 25 | 26 | 27 | 28 | 29 | 30 | 31 |
|---|---|---|---|---|---|---|---|---|---|---|---|---|---|---|---|---|---|---|---|---|---|---|---|---|---|---|---|---|---|---|---|
| 음력 | 4 | 5 | 6 | 7 | 8 | 9 | 10 | 11 | 12 | 13 | 14 | 15 | 16 | 17 | 18 | 19 | 20 | 21 | 22 | 23 | 24 | 25 | 26 | 27 | 28 | 29 | 5.1 | 2 | 3 | 4 | 5 |
| 요일 | 日 | 月 | 火 | 水 | 木 | 金 | 土 | 日 | 月 | 火 | 水 | 木 | 金 | 土 | 日 | 月 | 火 | 水 | 木 | 金 | 土 | 日 | 月 | 火 | 水 | 木 | 金 | 土 | 日 | 月 | 火 |
| 일진 | 庚戌 | 辛亥 | 壬子 | 癸丑 | 甲寅 | 乙卯 | 丙辰 | 丁巳 | 戊午 | 己未 | 庚申 | 辛酉 | 壬戌 | 癸亥 | 甲子 | 乙丑 | 丙寅 | 丁卯 | 戊辰 | 己巳 | 庚午 | 辛未 | 壬申 | 癸酉 | 甲戌 | 乙亥 | 丙子 | 丁丑 | 戊寅 | 己卯 | 庚辰 |
| 대운 남 | 1 | 1 | 1 | 1 | 입 | 10 | 10 | 9 | 9 | 9 | 8 | 8 | 8 | 7 | 7 | 7 | 6 | 6 | 6 | 5 | 5 | 5 | 4 | 4 | 4 | 3 | 3 | 3 | 2 | 2 | 2 |
| 대운 녀 | 9 | 9 | 10 | 10 | 하 | 1 | 1 | 1 | 1 | 2 | 2 | 2 | 3 | 3 | 3 | 4 | 4 | 4 | 5 | 5 | 5 | 6 | 6 | 6 | 7 | 7 | 7 | 8 | 8 | 8 | 9 |

망종 5일 09시02분

## 6 · 庚午月(양 6.5~7.5)

하지 21일 01시50분

| 양력 | 1 | 2 | 3 | 4 | 5 | 6 | 7 | 8 | 9 | 10 | 11 | 12 | 13 | 14 | 15 | 16 | 17 | 18 | 19 | 20 | 21 | 22 | 23 | 24 | 25 | 26 | 27 | 28 | 29 | 30 |
|---|---|---|---|---|---|---|---|---|---|---|---|---|---|---|---|---|---|---|---|---|---|---|---|---|---|---|---|---|---|---|
| 음력 | 6 | 7 | 8 | 9 | 10 | 11 | 12 | 13 | 14 | 15 | 16 | 17 | 18 | 19 | 20 | 21 | 22 | 23 | 24 | 25 | 26 | 27 | 28 | 29 | 6.1 | 2 | 3 | 4 | 5 | 6 |
| 요일 | 水 | 木 | 金 | 土 | 日 | 月 | 火 | 水 | 木 | 金 | 土 | 日 | 月 | 火 | 水 | 木 | 金 | 土 | 日 | 月 | 火 | 水 | 木 | 金 | 土 | 日 | 月 | 火 | 水 | 木 |
| 일진 | 辛巳 | 壬午 | 癸未 | 甲申 | 乙酉 | 丙戌 | 丁亥 | 戊子 | 己丑 | 庚寅 | 辛卯 | 壬辰 | 癸巳 | 甲午 | 乙未 | 丙申 | 丁酉 | 戊戌 | 己亥 | 庚子 | 辛丑 | 壬寅 | 癸卯 | 甲辰 | 乙巳 | 丙午 | 丁未 | 戊申 | 己酉 | 庚戌 |
| 대운 남 | 1 | 1 | 1 | 1 | 망 | 10 | 10 | 9 | 9 | 9 | 8 | 8 | 8 | 7 | 7 | 7 | 6 | 6 | 6 | 5 | 5 | 5 | 4 | 4 | 4 | 3 | 3 | 3 | 2 | 2 |
| 대운 녀 | 9 | 9 | 10 | 10 | 종 | 1 | 1 | 1 | 1 | 2 | 2 | 2 | 3 | 3 | 3 | 4 | 4 | 4 | 5 | 5 | 5 | 6 | 6 | 6 | 7 | 7 | 7 | 8 | 8 | 8 |

소서 6일 19시14분

## 7 · 辛未月(양 7.6~8.6)

대서 22일 12시42분

| 양력 | 1 | 2 | 3 | 4 | 5 | 6 | 7 | 8 | 9 | 10 | 11 | 12 | 13 | 14 | 15 | 16 | 17 | 18 | 19 | 20 | 21 | 22 | 23 | 24 | 25 | 26 | 27 | 28 | 29 | 30 | 31 |
|---|---|---|---|---|---|---|---|---|---|---|---|---|---|---|---|---|---|---|---|---|---|---|---|---|---|---|---|---|---|---|---|
| 음력 | 7 | 8 | 9 | 10 | 11 | 12 | 13 | 14 | 15 | 16 | 17 | 18 | 19 | 20 | 21 | 22 | 23 | 24 | 25 | 26 | 27 | 28 | 29 | 30 | 7.1 | 2 | 3 | 4 | 5 | 6 | 7 |
| 요일 | 金 | 土 | 日 | 月 | 火 | 水 | 木 | 金 | 土 | 日 | 月 | 火 | 水 | 木 | 金 | 土 | 日 | 月 | 火 | 水 | 木 | 金 | 土 | 日 | 月 | 火 | 水 | 木 | 金 | 土 | 日 |
| 일진 | 辛亥 | 壬子 | 癸丑 | 甲寅 | 乙卯 | 丙辰 | 丁巳 | 戊午 | 己未 | 庚申 | 辛酉 | 壬戌 | 癸亥 | 甲子 | 乙丑 | 丙寅 | 丁卯 | 戊辰 | 己巳 | 庚午 | 辛未 | 壬申 | 癸酉 | 甲戌 | 乙亥 | 丙子 | 丁丑 | 戊寅 | 己卯 | 庚辰 | 辛巳 |
| 대운 남 | 2 | 1 | 1 | 1 | 1 | 소 | 10 | 10 | 10 | 9 | 9 | 9 | 8 | 8 | 8 | 7 | 7 | 7 | 6 | 6 | 6 | 5 | 5 | 5 | 4 | 4 | 4 | 3 | 3 | 3 | 2 |
| 대운 녀 | 9 | 9 | 9 | 10 | 10 | 서 | 1 | 1 | 1 | 1 | 2 | 2 | 2 | 3 | 3 | 3 | 4 | 4 | 4 | 5 | 5 | 5 | 6 | 6 | 6 | 7 | 7 | 7 | 8 | 8 | 8 |

입추 7일 05시07분

## 8 · 壬申月(양 8.7~9.6)

처서 22일 19시53분

| 양력 | 1 | 2 | 3 | 4 | 5 | 6 | 7 | 8 | 9 | 10 | 11 | 12 | 13 | 14 | 15 | 16 | 17 | 18 | 19 | 20 | 21 | 22 | 23 | 24 | 25 | 26 | 27 | 28 | 29 | 30 | 31 |
|---|---|---|---|---|---|---|---|---|---|---|---|---|---|---|---|---|---|---|---|---|---|---|---|---|---|---|---|---|---|---|---|
| 음력 | 8 | 9 | 10 | 11 | 12 | 13 | 14 | 15 | 16 | 17 | 18 | 19 | 20 | 21 | 22 | 23 | 24 | 25 | 26 | 27 | 28 | 29 | 윤 | 7.2 | 3 | 4 | 5 | 6 | 7 | 8 | 9 |
| 요일 | 月 | 火 | 水 | 木 | 金 | 土 | 日 | 月 | 火 | 水 | 木 | 金 | 土 | 日 | 月 | 火 | 水 | 木 | 金 | 土 | 日 | 月 | 火 | 水 | 木 | 金 | 土 | 日 | 月 | 火 | 水 |
| 일진 | 壬午 | 癸未 | 甲申 | 乙酉 | 丙戌 | 丁亥 | 戊子 | 己丑 | 庚寅 | 辛卯 | 壬辰 | 癸巳 | 甲午 | 乙未 | 丙申 | 丁酉 | 戊戌 | 己亥 | 庚子 | 辛丑 | 壬寅 | 癸卯 | 甲辰 | 乙巳 | 丙午 | 丁未 | 戊申 | 己酉 | 庚戌 | 辛亥 | 壬子 |
| 대운 남 | 2 | 2 | 1 | 1 | 1 | 1 | 입 | 10 | 10 | 9 | 9 | 9 | 8 | 8 | 8 | 7 | 7 | 7 | 6 | 6 | 6 | 5 | 5 | 5 | 4 | 4 | 4 | 3 | 3 | 3 | 2 |
| 대운 녀 | 9 | 9 | 9 | 10 | 10 | 10 | 추 | 1 | 1 | 1 | 1 | 2 | 2 | 2 | 3 | 3 | 3 | 4 | 4 | 4 | 5 | 5 | 5 | 6 | 6 | 6 | 7 | 7 | 7 | 8 | 8 |

백로 7일 08시15분

## 9 · 癸酉月(양 9.7~10.7)

추분 22일 17시46분

| 양력 | 1 | 2 | 3 | 4 | 5 | 6 | 7 | 8 | 9 | 10 | 11 | 12 | 13 | 14 | 15 | 16 | 17 | 18 | 19 | 20 | 21 | 22 | 23 | 24 | 25 | 26 | 27 | 28 | 29 | 30 |
|---|---|---|---|---|---|---|---|---|---|---|---|---|---|---|---|---|---|---|---|---|---|---|---|---|---|---|---|---|---|---|
| 음력 | 10 | 11 | 12 | 13 | 14 | 15 | 16 | 17 | 18 | 19 | 20 | 21 | 22 | 23 | 24 | 25 | 26 | 27 | 28 | 29 | 8.1 | 2 | 3 | 4 | 5 | 6 | 7 | 8 | 9 | 10 |
| 요일 | 木 | 金 | 土 | 日 | 月 | 火 | 水 | 木 | 金 | 土 | 日 | 月 | 火 | 水 | 木 | 金 | 土 | 日 | 月 | 火 | 水 | 木 | 金 | 土 | 日 | 月 | 火 | 水 | 木 | 金 |
| 일진 | 癸丑 | 甲寅 | 乙卯 | 丙辰 | 丁巳 | 戊午 | 己未 | 庚申 | 辛酉 | 壬戌 | 癸亥 | 甲子 | 乙丑 | 丙寅 | 丁卯 | 戊辰 | 己巳 | 庚午 | 辛未 | 壬申 | 癸酉 | 甲戌 | 乙亥 | 丙子 | 丁丑 | 戊寅 | 己卯 | 庚辰 | 辛巳 | 壬午 |
| 대운 남 | 2 | 2 | 1 | 1 | 1 | 1 | 백 | 10 | 10 | 9 | 9 | 9 | 8 | 8 | 8 | 7 | 7 | 7 | 6 | 6 | 6 | 5 | 5 | 5 | 4 | 4 | 4 | 3 | 3 | 3 |
| 대운 녀 | 8 | 9 | 9 | 9 | 10 | 10 | 로 | 1 | 1 | 1 | 1 | 2 | 2 | 2 | 3 | 3 | 3 | 4 | 4 | 4 | 5 | 5 | 5 | 6 | 6 | 6 | 7 | 7 | 7 | 8 |

한로 8일 00시12분

## 10 · 甲戌月(양 10.8~11.6)

상강 23일 03시25분

| 양력 | 1 | 2 | 3 | 4 | 5 | 6 | 7 | 8 | 9 | 10 | 11 | 12 | 13 | 14 | 15 | 16 | 17 | 18 | 19 | 20 | 21 | 22 | 23 | 24 | 25 | 26 | 27 | 28 | 29 | 30 | 31 |
|---|---|---|---|---|---|---|---|---|---|---|---|---|---|---|---|---|---|---|---|---|---|---|---|---|---|---|---|---|---|---|---|
| 음력 | 11 | 12 | 13 | 14 | 15 | 16 | 17 | 18 | 19 | 20 | 21 | 22 | 23 | 24 | 25 | 26 | 27 | 28 | 29 | 30 | 9.1 | 2 | 3 | 4 | 5 | 6 | 7 | 8 | 9 | 10 | 11 |
| 요일 | 土 | 日 | 月 | 火 | 水 | 木 | 金 | 土 | 日 | 月 | 火 | 水 | 木 | 金 | 土 | 日 | 月 | 火 | 水 | 木 | 金 | 土 | 日 | 月 | 火 | 水 | 木 | 金 | 土 | 日 | 月 |
| 일진 | 癸未 | 甲申 | 乙酉 | 丙戌 | 丁亥 | 戊子 | 己丑 | 庚寅 | 辛卯 | 壬辰 | 癸巳 | 甲午 | 乙未 | 丙申 | 丁酉 | 戊戌 | 己亥 | 庚子 | 辛丑 | 壬寅 | 癸卯 | 甲辰 | 乙巳 | 丙午 | 丁未 | 戊申 | 己酉 | 庚戌 | 辛亥 | 壬子 | 癸丑 |
| 대운 남 | 2 | 2 | 2 | 1 | 1 | 1 | 1 | 한 | 10 | 9 | 9 | 9 | 8 | 8 | 8 | 7 | 7 | 7 | 6 | 6 | 6 | 5 | 5 | 5 | 4 | 4 | 4 | 3 | 3 | 3 | 2 |
| 대운 녀 | 8 | 8 | 9 | 9 | 9 | 10 | 10 | 로 | 1 | 1 | 1 | 1 | 2 | 2 | 2 | 3 | 3 | 3 | 4 | 4 | 4 | 5 | 5 | 5 | 6 | 6 | 6 | 7 | 7 | 7 | 8 |

입동 7일 03시40분

## 11 · 乙亥月(양 11.7~12.5)

소설 22일 01시14분

| 양력 | 1 | 2 | 3 | 4 | 5 | 6 | 7 | 8 | 9 | 10 | 11 | 12 | 13 | 14 | 15 | 16 | 17 | 18 | 19 | 20 | 21 | 22 | 23 | 24 | 25 | 26 | 27 | 28 | 29 | 30 |
|---|---|---|---|---|---|---|---|---|---|---|---|---|---|---|---|---|---|---|---|---|---|---|---|---|---|---|---|---|---|---|
| 음력 | 12 | 13 | 14 | 15 | 16 | 17 | 18 | 19 | 20 | 21 | 22 | 23 | 24 | 25 | 26 | 27 | 28 | 29 | 10.1 | 2 | 3 | 4 | 5 | 6 | 7 | 8 | 9 | 10 | 11 | 12 |
| 요일 | 火 | 水 | 木 | 金 | 土 | 日 | 月 | 火 | 水 | 木 | 金 | 土 | 日 | 月 | 火 | 水 | 木 | 金 | 土 | 日 | 月 | 火 | 水 | 木 | 金 | 土 | 日 | 月 | 火 | 水 |
| 일진 | 甲寅 | 乙卯 | 丙辰 | 丁巳 | 戊午 | 己未 | 庚申 | 辛酉 | 壬戌 | 癸亥 | 甲子 | 乙丑 | 丙寅 | 丁卯 | 戊辰 | 己巳 | 庚午 | 辛未 | 壬申 | 癸酉 | 甲戌 | 乙亥 | 丙子 | 丁丑 | 戊寅 | 己卯 | 庚辰 | 辛巳 | 壬午 | 癸未 |
| 대운 남 | 2 | 2 | 1 | 1 | 1 | 1 | 입 | 9 | 9 | 9 | 8 | 8 | 8 | 7 | 7 | 7 | 6 | 6 | 6 | 5 | 5 | 5 | 4 | 4 | 4 | 3 | 3 | 3 | 2 | 2 |
| 대운 녀 | 8 | 8 | 9 | 9 | 9 | 10 | 동 | 1 | 1 | 1 | 1 | 2 | 2 | 2 | 3 | 3 | 3 | 4 | 4 | 4 | 5 | 5 | 5 | 6 | 6 | 6 | 7 | 7 | 7 | 8 |

대설 6일 20시44분

## 12 · 丙子月(양 12.6~1.4)

동지 21일 14시42분

| 양력 | 1 | 2 | 3 | 4 | 5 | 6 | 7 | 8 | 9 | 10 | 11 | 12 | 13 | 14 | 15 | 16 | 17 | 18 | 19 | 20 | 21 | 22 | 23 | 24 | 25 | 26 | 27 | 28 | 29 | 30 | 31 |
|---|---|---|---|---|---|---|---|---|---|---|---|---|---|---|---|---|---|---|---|---|---|---|---|---|---|---|---|---|---|---|---|
| 음력 | 13 | 14 | 15 | 16 | 17 | 18 | 19 | 20 | 21 | 22 | 23 | 24 | 25 | 26 | 27 | 28 | 29 | 30 | 11.1 | 2 | 3 | 4 | 5 | 6 | 7 | 8 | 9 | 10 | 11 | 12 | 13 |
| 요일 | 木 | 金 | 土 | 日 | 月 | 火 | 水 | 木 | 金 | 土 | 日 | 月 | 火 | 水 | 木 | 金 | 土 | 日 | 月 | 火 | 水 | 木 | 金 | 土 | 日 | 月 | 火 | 水 | 木 | 金 | 土 |
| 일진 | 甲申 | 乙酉 | 丙戌 | 丁亥 | 戊子 | 己丑 | 庚寅 | 辛卯 | 壬辰 | 癸巳 | 甲午 | 乙未 | 丙申 | 丁酉 | 戊戌 | 己亥 | 庚子 | 辛丑 | 壬寅 | 癸卯 | 甲辰 | 乙巳 | 丙午 | 丁未 | 戊申 | 己酉 | 庚戌 | 辛亥 | 壬子 | 癸丑 | 甲寅 |
| 대운 남 | 2 | 1 | 1 | 1 | 1 | 대 | 10 | 9 | 9 | 9 | 8 | 8 | 8 | 7 | 7 | 7 | 6 | 6 | 6 | 5 | 5 | 5 | 4 | 4 | 4 | 3 | 3 | 3 | 2 | 2 | 2 |
| 대운 녀 | 8 | 8 | 9 | 9 | 9 | 설 | 1 | 1 | 1 | 1 | 2 | 2 | 2 | 3 | 3 | 3 | 4 | 4 | 4 | 5 | 5 | 5 | 6 | 6 | 6 | 7 | 7 | 7 | 8 | 8 | 8 |

단기 4378년

# 2045년

소한 5일 08시01분

## 1 · 丁丑月(양 1.5~2.2)

대한 20일 01시21분

| 양력 | 1 | 2 | 3 | 4 | 5 | 6 | 7 | 8 | 9 | 10 | 11 | 12 | 13 | 14 | 15 | 16 | 17 | 18 | 19 | 20 | 21 | 22 | 23 | 24 | 25 | 26 | 27 | 28 | 29 | 30 | 31 |
|---|---|---|---|---|---|---|---|---|---|---|---|---|---|---|---|---|---|---|---|---|---|---|---|---|---|---|---|---|---|---|---|
| 음력 | 14 | 15 | 16 | 17 | 18 | 19 | 20 | 21 | 22 | 23 | 24 | 25 | 26 | 27 | 28 | 29 | 30 | 12.1 | 2 | 3 | 4 | 5 | 6 | 7 | 8 | 9 | 10 | 11 | 12 | 13 | 14 |
| 요일 | 日 | 月 | 火 | 水 | 木 | 金 | 土 | 日 | 月 | 火 | 水 | 木 | 金 | 土 | 日 | 月 | 火 | 水 | 木 | 金 | 土 | 日 | 月 | 火 | 水 | 木 | 金 | 土 | 日 | 月 | 火 |
| 일진 | 乙卯 | 丙辰 | 丁巳 | 戊午 | 己未 | 庚申 | 辛酉 | 壬戌 | 癸亥 | 甲子 | 乙丑 | 丙寅 | 丁卯 | 戊辰 | 己巳 | 庚午 | 辛未 | 壬申 | 癸酉 | 甲戌 | 乙亥 | 丙子 | 丁丑 | 戊寅 | 己卯 | 庚辰 | 辛巳 | 壬午 | 癸未 | 甲申 | 乙酉 |
| 대운 남 | 1 | 1 | 1 | 1 | 소 | 9 | 9 | 9 | 8 | 8 | 8 | 7 | 7 | 7 | 6 | 6 | 6 | 5 | 5 | 5 | 4 | 4 | 4 | 3 | 3 | 3 | 2 | 2 | 2 | 1 | 1 |
| 대운 녀 | 9 | 9 | 9 | 10 | 한 | 1 | 1 | 1 | 1 | 2 | 2 | 2 | 3 | 3 | 3 | 4 | 4 | 4 | 5 | 5 | 5 | 6 | 6 | 6 | 7 | 7 | 7 | 8 | 8 | 8 | 9 |

입춘 3일 19시35분

## 2 · 戊寅月(양 2.3~3.4)

우수 18일 15시21분

| 양력 | 1 | 2 | 3 | 4 | 5 | 6 | 7 | 8 | 9 | 10 | 11 | 12 | 13 | 14 | 15 | 16 | 17 | 18 | 19 | 20 | 21 | 22 | 23 | 24 | 25 | 26 | 27 | 28 |
|---|---|---|---|---|---|---|---|---|---|---|---|---|---|---|---|---|---|---|---|---|---|---|---|---|---|---|---|---|
| 음력 | 15 | 16 | 17 | 18 | 19 | 20 | 21 | 22 | 23 | 24 | 25 | 26 | 27 | 28 | 29 | 30 | 1.1 | 2 | 3 | 4 | 5 | 6 | 7 | 8 | 9 | 10 | 11 | 12 |
| 요일 | 水 | 木 | 金 | 土 | 日 | 月 | 火 | 水 | 木 | 金 | 土 | 日 | 月 | 火 | 水 | 木 | 金 | 土 | 日 | 月 | 火 | 水 | 木 | 金 | 土 | 日 | 月 | 火 |
| 일진 | 丙戌 | 丁亥 | 戊子 | 己丑 | 庚寅 | 辛卯 | 壬辰 | 癸巳 | 甲午 | 乙未 | 丙申 | 丁酉 | 戊戌 | 己亥 | 庚子 | 辛丑 | 壬寅 | 癸卯 | 甲辰 | 乙巳 | 丙午 | 丁未 | 戊申 | 己酉 | 庚戌 | 辛亥 | 壬子 | 癸丑 |
| 대운 남 | 1 | 1 | 입 | 1 | 1 | 1 | 1 | 2 | 2 | 2 | 3 | 3 | 3 | 4 | 4 | 4 | 5 | 5 | 5 | 6 | 6 | 6 | 7 | 7 | 7 | 8 | 8 | 8 |
| 대운 녀 | 9 | 9 | 춘 | 10 | 9 | 9 | 9 | 8 | 8 | 8 | 7 | 7 | 7 | 6 | 6 | 6 | 5 | 5 | 5 | 4 | 4 | 4 | 3 | 3 | 3 | 2 | 2 | 2 |

경칩 5일 13시23분

## 3 · 己卯月(양 3.5~4.3)

춘분 20일 14시06분

| 양력 | 1 | 2 | 3 | 4 | 5 | 6 | 7 | 8 | 9 | 10 | 11 | 12 | 13 | 14 | 15 | 16 | 17 | 18 | 19 | 20 | 21 | 22 | 23 | 24 | 25 | 26 | 27 | 28 | 29 | 30 | 31 |
|---|---|---|---|---|---|---|---|---|---|---|---|---|---|---|---|---|---|---|---|---|---|---|---|---|---|---|---|---|---|---|---|
| 음력 | 13 | 14 | 15 | 16 | 17 | 18 | 19 | 20 | 21 | 22 | 23 | 24 | 25 | 26 | 27 | 28 | 29 | 30 | 2.1 | 2 | 3 | 4 | 5 | 6 | 7 | 8 | 9 | 10 | 11 | 12 | 13 |
| 요일 | 水 | 木 | 金 | 土 | 日 | 月 | 火 | 水 | 木 | 金 | 土 | 日 | 月 | 火 | 水 | 木 | 金 | 土 | 日 | 月 | 火 | 水 | 木 | 金 | 土 | 日 | 月 | 火 | 水 | 木 | 金 |
| 일진 | 甲寅 | 乙卯 | 丙辰 | 丁巳 | 戊午 | 己未 | 庚申 | 辛酉 | 壬戌 | 癸亥 | 甲子 | 乙丑 | 丙寅 | 丁卯 | 戊辰 | 己巳 | 庚午 | 辛未 | 壬申 | 癸酉 | 甲戌 | 乙亥 | 丙子 | 丁丑 | 戊寅 | 己卯 | 庚辰 | 辛巳 | 壬午 | 癸未 | 甲申 |
| 대운 남 | 9 | 9 | 9 | 10 | 경 | 1 | 1 | 1 | 1 | 2 | 2 | 2 | 3 | 3 | 3 | 4 | 4 | 4 | 5 | 5 | 5 | 6 | 6 | 6 | 7 | 7 | 7 | 8 | 8 | 8 | 9 |
| 대운 녀 | 1 | 1 | 1 | 1 | 칩 | 10 | 9 | 9 | 9 | 8 | 8 | 8 | 7 | 7 | 7 | 6 | 6 | 6 | 5 | 5 | 5 | 4 | 4 | 4 | 3 | 3 | 3 | 2 | 2 | 2 | 1 |

청명 4일 17시56분

## 4 · 庚辰月(양 4.4~5.4)

곡우 20일 00시51분

| 양력 | 1 | 2 | 3 | 4 | 5 | 6 | 7 | 8 | 9 | 10 | 11 | 12 | 13 | 14 | 15 | 16 | 17 | 18 | 19 | 20 | 21 | 22 | 23 | 24 | 25 | 26 | 27 | 28 | 29 | 30 |
|---|---|---|---|---|---|---|---|---|---|---|---|---|---|---|---|---|---|---|---|---|---|---|---|---|---|---|---|---|---|---|
| 음력 | 14 | 15 | 16 | 17 | 18 | 19 | 20 | 21 | 22 | 23 | 24 | 25 | 26 | 27 | 28 | 29 | 3.1 | 2 | 3 | 4 | 5 | 6 | 7 | 8 | 9 | 10 | 11 | 12 | 13 | 14 |
| 요일 | 土 | 日 | 月 | 火 | 水 | 木 | 金 | 土 | 日 | 月 | 火 | 水 | 木 | 金 | 土 | 日 | 月 | 火 | 水 | 木 | 金 | 土 | 日 | 月 | 火 | 水 | 木 | 金 | 土 | 日 |
| 일진 | 乙酉 | 丙戌 | 丁亥 | 戊子 | 己丑 | 庚寅 | 辛卯 | 壬辰 | 癸巳 | 甲午 | 乙未 | 丙申 | 丁酉 | 戊戌 | 己亥 | 庚子 | 辛丑 | 壬寅 | 癸卯 | 甲辰 | 乙巳 | 丙午 | 丁未 | 戊申 | 己酉 | 庚戌 | 辛亥 | 壬子 | 癸丑 | 甲寅 |
| 대운 남 | 9 | 9 | 10 | 청 | 1 | 1 | 1 | 1 | 2 | 2 | 2 | 3 | 3 | 3 | 4 | 4 | 4 | 5 | 5 | 5 | 6 | 6 | 6 | 7 | 7 | 7 | 8 | 8 | 8 | 9 |
| 대운 녀 | 1 | 1 | 1 | 명 | 10 | 10 | 9 | 9 | 9 | 8 | 8 | 8 | 7 | 7 | 7 | 6 | 6 | 6 | 5 | 5 | 5 | 4 | 4 | 4 | 3 | 3 | 3 | 2 | 2 | 2 |

입하 5일 10시58분

## 5 · 辛巳月(양 5.5~6.4)

소만 20일 23시44분

| 양력 | 1 | 2 | 3 | 4 | 5 | 6 | 7 | 8 | 9 | 10 | 11 | 12 | 13 | 14 | 15 | 16 | 17 | 18 | 19 | 20 | 21 | 22 | 23 | 24 | 25 | 26 | 27 | 28 | 29 | 30 | 31 |
|---|---|---|---|---|---|---|---|---|---|---|---|---|---|---|---|---|---|---|---|---|---|---|---|---|---|---|---|---|---|---|---|
| 음력 | 15 | 16 | 17 | 18 | 19 | 20 | 21 | 22 | 23 | 24 | 25 | 26 | 27 | 28 | 29 | 30 | 4.1 | 2 | 3 | 4 | 5 | 6 | 7 | 8 | 9 | 10 | 11 | 12 | 13 | 14 | 15 |
| 요일 | 月 | 火 | 水 | 木 | 金 | 土 | 日 | 月 | 火 | 水 | 木 | 金 | 土 | 日 | 月 | 火 | 水 | 木 | 金 | 土 | 日 | 月 | 火 | 水 | 木 | 金 | 土 | 日 | 月 | 火 | 水 |
| 일진 | 乙卯 | 丙辰 | 丁巳 | 戊午 | 己未 | 庚申 | 辛酉 | 壬戌 | 癸亥 | 甲子 | 乙丑 | 丙寅 | 丁卯 | 戊辰 | 己巳 | 庚午 | 辛未 | 壬申 | 癸酉 | 甲戌 | 乙亥 | 丙子 | 丁丑 | 戊寅 | 己卯 | 庚辰 | 辛巳 | 壬午 | 癸未 | 甲申 | 乙酉 |
| 대운 남 | 9 | 9 | 10 | 10 | 입 | 1 | 1 | 1 | 1 | 2 | 2 | 2 | 3 | 3 | 3 | 4 | 4 | 4 | 5 | 5 | 5 | 6 | 6 | 6 | 7 | 7 | 7 | 8 | 8 | 8 | 9 |
| 대운 녀 | 1 | 1 | 1 | 1 | 하 | 10 | 10 | 9 | 9 | 9 | 8 | 8 | 8 | 7 | 7 | 7 | 6 | 6 | 6 | 5 | 5 | 5 | 4 | 4 | 4 | 3 | 3 | 3 | 2 | 2 | 2 |

망종 5일 14시55분

## 6 · 壬午月(양 6.5~7.6)

하지 21일 07시32분

| 양력 | 1 | 2 | 3 | 4 | 5 | 6 | 7 | 8 | 9 | 10 | 11 | 12 | 13 | 14 | 15 | 16 | 17 | 18 | 19 | 20 | 21 | 22 | 23 | 24 | 25 | 26 | 27 | 28 | 29 | 30 |
|---|---|---|---|---|---|---|---|---|---|---|---|---|---|---|---|---|---|---|---|---|---|---|---|---|---|---|---|---|---|---|
| 음력 | 16 | 17 | 18 | 19 | 20 | 21 | 22 | 23 | 24 | 25 | 26 | 27 | 28 | 29 | 5.1 | 2 | 3 | 4 | 5 | 6 | 7 | 8 | 9 | 10 | 11 | 12 | 13 | 14 | 15 | 16 |
| 요일 | 木 | 金 | 土 | 日 | 月 | 火 | 水 | 木 | 金 | 土 | 日 | 月 | 火 | 水 | 木 | 金 | 土 | 日 | 月 | 火 | 水 | 木 | 金 | 土 | 日 | 月 | 火 | 水 | 木 | 金 |
| 일진 | 丙戌 | 丁亥 | 戊子 | 己丑 | 庚寅 | 辛卯 | 壬辰 | 癸巳 | 甲午 | 乙未 | 丙申 | 丁酉 | 戊戌 | 己亥 | 庚子 | 辛丑 | 壬寅 | 癸卯 | 甲辰 | 乙巳 | 丙午 | 丁未 | 戊申 | 己酉 | 庚戌 | 辛亥 | 壬子 | 癸丑 | 甲寅 | 乙卯 |
| 대운 남 | 9 | 9 | 10 | 10 | 망 | 1 | 1 | 1 | 1 | 2 | 2 | 2 | 3 | 3 | 3 | 4 | 4 | 4 | 5 | 5 | 5 | 6 | 6 | 6 | 7 | 7 | 7 | 8 | 8 | 8 |
| 대운 녀 | 1 | 1 | 1 | 1 | 종 | 10 | 10 | 10 | 9 | 9 | 9 | 8 | 8 | 8 | 7 | 7 | 7 | 6 | 6 | 6 | 5 | 5 | 5 | 4 | 4 | 4 | 3 | 3 | 3 | 2 |

## 7 · 癸未月(양 7.7~8.6)

소서 7일 01시07분 · 대서 22일 18시25분

| 양력 | 1 | 2 | 3 | 4 | 5 | 6 | 7 | 8 | 9 | 10 | 11 | 12 | 13 | 14 | 15 | 16 | 17 | 18 | 19 | 20 | 21 | 22 | 23 | 24 | 25 | 26 | 27 | 28 | 29 | 30 | 31 |
|---|---|---|---|---|---|---|---|---|---|---|---|---|---|---|---|---|---|---|---|---|---|---|---|---|---|---|---|---|---|---|---|
| 음력 | 17 | 18 | 19 | 20 | 21 | 22 | 23 | 24 | 25 | 26 | 27 | 28 | 29 | 6.1 | 2 | 3 | 4 | 5 | 6 | 7 | 8 | 9 | 10 | 11 | 12 | 13 | 14 | 15 | 16 | 17 | 18 |
| 요일 | 土 | 日 | 月 | 火 | 水 | 木 | 金 | 土 | 日 | 月 | 火 | 水 | 木 | 金 | 土 | 日 | 月 | 火 | 水 | 木 | 金 | 土 | 日 | 月 | 火 | 水 | 木 | 金 | 土 | 日 | 月 |
| 일진 | 丙辰 | 丁巳 | 戊午 | 己未 | 庚申 | 辛酉 | 壬戌 | 癸亥 | 甲子 | 乙丑 | 丙寅 | 丁卯 | 戊辰 | 己巳 | 庚午 | 辛未 | 壬申 | 癸酉 | 甲戌 | 乙亥 | 丙子 | 丁丑 | 戊寅 | 己卯 | 庚辰 | 辛巳 | 壬午 | 癸未 | 甲申 | 乙酉 | 丙戌 |
| 대운 남 | 9 | 9 | 9 | 10 | 10 | 10 | 소 | 1 | 1 | 1 | 1 | 2 | 2 | 2 | 3 | 3 | 3 | 4 | 4 | 4 | 5 | 5 | 5 | 6 | 6 | 6 | 7 | 7 | 7 | 8 | 8 |
| 대운 녀 | 2 | 2 | 1 | 1 | 1 | 1 | 서 | 10 | 10 | 9 | 9 | 9 | 8 | 8 | 8 | 7 | 7 | 7 | 6 | 6 | 6 | 5 | 5 | 5 | 4 | 4 | 4 | 3 | 3 | 3 | 2 |

## 8 · 甲申月(양 8.7~9.6)

입추 7일 10시58분 · 처서 23일 01시38분

| 양력 | 1 | 2 | 3 | 4 | 5 | 6 | 7 | 8 | 9 | 10 | 11 | 12 | 13 | 14 | 15 | 16 | 17 | 18 | 19 | 20 | 21 | 22 | 23 | 24 | 25 | 26 | 27 | 28 | 29 | 30 | 31 |
|---|---|---|---|---|---|---|---|---|---|---|---|---|---|---|---|---|---|---|---|---|---|---|---|---|---|---|---|---|---|---|---|
| 음력 | 19 | 20 | 21 | 22 | 23 | 24 | 25 | 26 | 27 | 28 | 29 | 30 | 7.1 | 2 | 3 | 4 | 5 | 6 | 7 | 8 | 9 | 10 | 11 | 12 | 13 | 14 | 15 | 16 | 17 | 18 | 19 |
| 요일 | 火 | 水 | 木 | 金 | 土 | 日 | 月 | 火 | 水 | 木 | 金 | 土 | 日 | 月 | 火 | 水 | 木 | 金 | 土 | 日 | 月 | 火 | 水 | 木 | 金 | 土 | 日 | 月 | 火 | 水 | 木 |
| 일진 | 丁亥 | 戊子 | 己丑 | 庚寅 | 辛卯 | 壬辰 | 癸巳 | 甲午 | 乙未 | 丙申 | 丁酉 | 戊戌 | 己亥 | 庚子 | 辛丑 | 壬寅 | 癸卯 | 甲辰 | 乙巳 | 丙午 | 丁未 | 戊申 | 己酉 | 庚戌 | 辛亥 | 壬子 | 癸丑 | 甲寅 | 乙卯 | 丙辰 | 丁巳 |
| 대운 남 | 8 | 9 | 9 | 9 | 10 | 10 | 입 | 1 | 1 | 1 | 1 | 2 | 2 | 2 | 3 | 3 | 3 | 4 | 4 | 4 | 5 | 5 | 5 | 6 | 6 | 6 | 7 | 7 | 7 | 8 | 8 |
| 대운 녀 | 2 | 2 | 1 | 1 | 1 | 1 | 추 | 10 | 10 | 9 | 9 | 9 | 8 | 8 | 8 | 7 | 7 | 7 | 6 | 6 | 6 | 5 | 5 | 5 | 4 | 4 | 4 | 3 | 3 | 3 | 2 |

## 9 · 乙酉月(양 9.7~10.7)

백로 7일 14시04분 · 추분 22일 23시31분

| 양력 | 1 | 2 | 3 | 4 | 5 | 6 | 7 | 8 | 9 | 10 | 11 | 12 | 13 | 14 | 15 | 16 | 17 | 18 | 19 | 20 | 21 | 22 | 23 | 24 | 25 | 26 | 27 | 28 | 29 | 30 |
|---|---|---|---|---|---|---|---|---|---|---|---|---|---|---|---|---|---|---|---|---|---|---|---|---|---|---|---|---|---|---|
| 음력 | 20 | 21 | 22 | 23 | 24 | 25 | 26 | 27 | 28 | 29 | 8.1 | 2 | 3 | 4 | 5 | 6 | 7 | 8 | 9 | 10 | 11 | 12 | 13 | 14 | 15 | 16 | 17 | 18 | 19 | 20 |
| 요일 | 金 | 土 | 日 | 月 | 火 | 水 | 木 | 金 | 土 | 日 | 月 | 火 | 水 | 木 | 金 | 土 | 日 | 月 | 火 | 水 | 木 | 金 | 土 | 日 | 月 | 火 | 水 | 木 | 金 | 土 |
| 일진 | 戊午 | 己未 | 庚申 | 辛酉 | 壬戌 | 癸亥 | 甲子 | 乙丑 | 丙寅 | 丁卯 | 戊辰 | 己巳 | 庚午 | 辛未 | 壬申 | 癸酉 | 甲戌 | 乙亥 | 丙子 | 丁丑 | 戊寅 | 己卯 | 庚辰 | 辛巳 | 壬午 | 癸未 | 甲申 | 乙酉 | 丙戌 | 丁亥 |
| 대운 남 | 8 | 9 | 9 | 9 | 10 | 10 | 백 | 1 | 1 | 1 | 1 | 2 | 2 | 2 | 3 | 3 | 3 | 4 | 4 | 4 | 5 | 5 | 5 | 6 | 6 | 6 | 7 | 7 | 7 | 8 |
| 대운 녀 | 2 | 2 | 1 | 1 | 1 | 1 | 로 | 10 | 10 | 9 | 9 | 9 | 8 | 8 | 8 | 7 | 7 | 7 | 6 | 6 | 6 | 5 | 5 | 5 | 4 | 4 | 4 | 3 | 3 | 3 |

## 10 · 丙戌月(양 10.8~11.6)

한로 8일 05시59분 · 상강 23일 09시11분

| 양력 | 1 | 2 | 3 | 4 | 5 | 6 | 7 | 8 | 9 | 10 | 11 | 12 | 13 | 14 | 15 | 16 | 17 | 18 | 19 | 20 | 21 | 22 | 23 | 24 | 25 | 26 | 27 | 28 | 29 | 30 | 31 |
|---|---|---|---|---|---|---|---|---|---|---|---|---|---|---|---|---|---|---|---|---|---|---|---|---|---|---|---|---|---|---|---|
| 음력 | 21 | 22 | 23 | 24 | 25 | 26 | 27 | 28 | 29 | 9.1 | 2 | 3 | 4 | 5 | 6 | 7 | 8 | 9 | 10 | 11 | 12 | 13 | 14 | 15 | 16 | 17 | 18 | 19 | 20 | 21 | 22 |
| 요일 | 日 | 月 | 火 | 水 | 木 | 金 | 土 | 日 | 月 | 火 | 水 | 木 | 金 | 土 | 日 | 月 | 火 | 水 | 木 | 金 | 土 | 日 | 月 | 火 | 水 | 木 | 金 | 土 | 日 | 月 | 火 |
| 일진 | 戊子 | 己丑 | 庚寅 | 辛卯 | 壬辰 | 癸巳 | 甲午 | 乙未 | 丙申 | 丁酉 | 戊戌 | 己亥 | 庚子 | 辛丑 | 壬寅 | 癸卯 | 甲辰 | 乙巳 | 丙午 | 丁未 | 戊申 | 己酉 | 庚戌 | 辛亥 | 壬子 | 癸丑 | 甲寅 | 乙卯 | 丙辰 | 丁巳 | 戊午 |
| 대운 남 | 8 | 8 | 9 | 9 | 9 | 10 | 10 | 한 | 1 | 1 | 1 | 1 | 2 | 2 | 2 | 3 | 3 | 3 | 4 | 4 | 4 | 5 | 5 | 5 | 6 | 6 | 6 | 7 | 7 | 7 | 8 |
| 대운 녀 | 2 | 2 | 2 | 1 | 1 | 1 | 1 | 로 | 10 | 9 | 9 | 9 | 8 | 8 | 8 | 7 | 7 | 7 | 6 | 6 | 6 | 5 | 5 | 5 | 4 | 4 | 4 | 3 | 3 | 3 | 2 |

## 11 · 丁亥月(양 11.7~12.6)

입동 7일 09시28분 · 소설 22일 07시02분

| 양력 | 1 | 2 | 3 | 4 | 5 | 6 | 7 | 8 | 9 | 10 | 11 | 12 | 13 | 14 | 15 | 16 | 17 | 18 | 19 | 20 | 21 | 22 | 23 | 24 | 25 | 26 | 27 | 28 | 29 | 30 |
|---|---|---|---|---|---|---|---|---|---|---|---|---|---|---|---|---|---|---|---|---|---|---|---|---|---|---|---|---|---|---|
| 음력 | 23 | 24 | 25 | 26 | 27 | 28 | 29 | 30 | 10.1 | 2 | 3 | 5 | 5 | 6 | 7 | 8 | 9 | 10 | 11 | 12 | 13 | 14 | 15 | 16 | 17 | 18 | 19 | 20 | 21 | 22 |
| 요일 | 水 | 木 | 金 | 土 | 日 | 月 | 火 | 水 | 木 | 金 | 土 | 日 | 月 | 火 | 水 | 木 | 金 | 土 | 日 | 月 | 火 | 水 | 木 | 金 | 土 | 日 | 月 | 火 | 水 | 木 |
| 일진 | 己未 | 庚申 | 辛酉 | 壬戌 | 癸亥 | 甲子 | 乙丑 | 丙寅 | 丁卯 | 戊辰 | 己巳 | 庚午 | 辛未 | 壬申 | 癸酉 | 甲戌 | 乙亥 | 丙子 | 丁丑 | 戊寅 | 己卯 | 庚辰 | 辛巳 | 壬午 | 癸未 | 甲申 | 乙酉 | 丙戌 | 丁亥 | 戊子 |
| 대운 남 | 8 | 8 | 9 | 9 | 9 | 10 | 입 | 1 | 1 | 1 | 1 | 2 | 2 | 2 | 3 | 3 | 3 | 4 | 4 | 4 | 5 | 5 | 5 | 6 | 6 | 6 | 7 | 7 | 7 | 8 |
| 대운 녀 | 2 | 2 | 1 | 1 | 1 | 1 | 동 | 10 | 9 | 9 | 9 | 8 | 8 | 8 | 7 | 7 | 7 | 6 | 6 | 6 | 5 | 5 | 5 | 4 | 4 | 4 | 3 | 3 | 3 | 2 |

## 12 · 戊子月(양 12.7~1.4)

대설 7일 02시34분 · 동지 21일 20시34분

| 양력 | 1 | 2 | 3 | 4 | 5 | 6 | 7 | 8 | 9 | 10 | 11 | 12 | 13 | 14 | 15 | 16 | 17 | 18 | 19 | 20 | 21 | 22 | 23 | 24 | 25 | 26 | 27 | 28 | 29 | 30 | 31 |
|---|---|---|---|---|---|---|---|---|---|---|---|---|---|---|---|---|---|---|---|---|---|---|---|---|---|---|---|---|---|---|---|
| 음력 | 23 | 24 | 25 | 26 | 27 | 28 | 29 | 11.1 | 2 | 3 | 4 | 5 | 6 | 7 | 8 | 9 | 10 | 11 | 12 | 13 | 14 | 15 | 16 | 17 | 18 | 19 | 20 | 21 | 22 | 23 | 24 |
| 요일 | 金 | 土 | 日 | 月 | 火 | 水 | 木 | 金 | 土 | 日 | 月 | 火 | 水 | 木 | 金 | 土 | 日 | 月 | 火 | 水 | 木 | 金 | 土 | 日 | 月 | 火 | 水 | 木 | 金 | 土 | 日 |
| 일진 | 己丑 | 庚寅 | 辛卯 | 壬辰 | 癸巳 | 甲午 | 乙未 | 丙申 | 丁酉 | 戊戌 | 己亥 | 庚子 | 辛丑 | 壬寅 | 癸卯 | 甲辰 | 乙巳 | 丙午 | 丁未 | 戊申 | 己酉 | 庚戌 | 辛亥 | 壬子 | 癸丑 | 甲寅 | 乙卯 | 丙辰 | 丁巳 | 戊午 | 己未 |
| 대운 남 | 8 | 8 | 9 | 9 | 9 | 10 | 대 | 1 | 1 | 1 | 1 | 2 | 2 | 2 | 3 | 3 | 3 | 4 | 4 | 4 | 5 | 5 | 5 | 6 | 6 | 6 | 7 | 7 | 7 | 8 | 8 |
| 대운 녀 | 2 | 2 | 1 | 1 | 1 | 1 | 설 | 9 | 9 | 9 | 8 | 8 | 8 | 7 | 7 | 7 | 6 | 6 | 6 | 5 | 5 | 5 | 4 | 4 | 4 | 3 | 3 | 3 | 2 | 2 | 2 |

소한 5일 13시54분

## 1 · 己丑月(양 1.5~2.3)

대한 20일 07시14분

| 양력 | 1 | 2 | 3 | 4 | 5 | 6 | 7 | 8 | 9 | 10 | 11 | 12 | 13 | 14 | 15 | 16 | 17 | 18 | 19 | 20 | 21 | 22 | 23 | 24 | 25 | 26 | 27 | 28 | 29 | 30 | 31 |
|---|---|---|---|---|---|---|---|---|---|---|---|---|---|---|---|---|---|---|---|---|---|---|---|---|---|---|---|---|---|---|---|
| 음력 | 25 | 26 | 27 | 28 | 29 | 30 | 12.1 | 2 | 3 | 4 | 5 | 6 | 7 | 8 | 9 | 10 | 11 | 12 | 13 | 14 | 15 | 16 | 17 | 18 | 19 | 20 | 21 | 22 | 23 | 24 | 25 |
| 요일 | 月 | 火 | 水 | 木 | 金 | 土 | 日 | 月 | 火 | 水 | 木 | 金 | 土 | 日 | 月 | 火 | 水 | 木 | 金 | 土 | 日 | 月 | 火 | 水 | 木 | 金 | 土 | 日 | 月 | 火 | 水 |
| 일진 | 庚申 | 辛酉 | 壬戌 | 癸亥 | 甲子 | 乙丑 | 丙寅 | 丁卯 | 戊辰 | 己巳 | 庚午 | 辛未 | 壬申 | 癸酉 | 甲戌 | 乙亥 | 丙子 | 丁丑 | 戊寅 | 己卯 | 庚辰 | 辛巳 | 壬午 | 癸未 | 甲申 | 乙酉 | 丙戌 | 丁亥 | 戊子 | 己丑 | 庚寅 |
| 대운 남 | 8 | 9 | 9 | 9 | 소 | 1 | 1 | 1 | 1 | 2 | 2 | 2 | 3 | 3 | 3 | 4 | 4 | 4 | 5 | 5 | 5 | 6 | 6 | 6 | 7 | 7 | 7 | 8 | 8 | 8 | 9 |
| 대운 녀 | 1 | 1 | 1 | 1 | 한 | 10 | 9 | 9 | 9 | 8 | 8 | 8 | 7 | 7 | 7 | 6 | 6 | 6 | 5 | 5 | 5 | 4 | 4 | 4 | 3 | 3 | 3 | 2 | 2 | 2 | 1 |

입춘 4일 01시30분

## 2 · 庚寅月(양 2.4~3.4)

우수 18일 21시14분

| 양력 | 1 | 2 | 3 | 4 | 5 | 6 | 7 | 8 | 9 | 10 | 11 | 12 | 13 | 14 | 15 | 16 | 17 | 18 | 19 | 20 | 21 | 22 | 23 | 24 | 25 | 26 | 27 | 28 |
|---|---|---|---|---|---|---|---|---|---|---|---|---|---|---|---|---|---|---|---|---|---|---|---|---|---|---|---|---|
| 음력 | 26 | 27 | 28 | 29 | 30 | 1.1 | 2 | 3 | 4 | 5 | 6 | 7 | 8 | 9 | 10 | 11 | 12 | 13 | 14 | 15 | 16 | 17 | 18 | 19 | 20 | 21 | 22 | 23 |
| 요일 | 木 | 金 | 土 | 日 | 月 | 火 | 水 | 木 | 金 | 土 | 日 | 月 | 火 | 水 | 木 | 金 | 土 | 日 | 月 | 火 | 水 | 木 | 金 | 土 | 日 | 月 | 火 | 水 |
| 일진 | 辛卯 | 壬辰 | 癸巳 | 甲午 | 乙未 | 丙申 | 丁酉 | 戊戌 | 己亥 | 庚子 | 辛丑 | 壬寅 | 癸卯 | 甲辰 | 乙巳 | 丙午 | 丁未 | 戊申 | 己酉 | 庚戌 | 辛亥 | 壬子 | 癸丑 | 甲寅 | 乙卯 | 丙辰 | 丁巳 | 戊午 |
| 대운 남 | 9 | 9 | 10 | 입 | 9 | 9 | 9 | 8 | 8 | 8 | 7 | 7 | 7 | 6 | 6 | 6 | 5 | 5 | 5 | 4 | 4 | 4 | 3 | 3 | 3 | 2 | 2 | 2 |
| 대운 녀 | 1 | 1 | 1 | 춘 | 1 | 1 | 1 | 1 | 2 | 2 | 2 | 3 | 3 | 3 | 4 | 4 | 4 | 5 | 5 | 5 | 6 | 6 | 6 | 7 | 7 | 7 | 8 | 8 |

경칩 5일 19시16분

## 3 · 辛卯月(양 3.5~4.3)

춘분 20일 19시56분

| 양력 | 1 | 2 | 3 | 4 | 5 | 6 | 7 | 8 | 9 | 10 | 11 | 12 | 13 | 14 | 15 | 16 | 17 | 18 | 19 | 20 | 21 | 22 | 23 | 24 | 25 | 26 | 27 | 28 | 29 | 30 | 31 |
|---|---|---|---|---|---|---|---|---|---|---|---|---|---|---|---|---|---|---|---|---|---|---|---|---|---|---|---|---|---|---|---|
| 음력 | 24 | 25 | 26 | 27 | 28 | 29 | 30 | 2.1 | 2 | 3 | 4 | 5 | 6 | 7 | 8 | 9 | 10 | 11 | 12 | 13 | 14 | 15 | 16 | 17 | 18 | 19 | 20 | 21 | 22 | 23 | 24 |
| 요일 | 木 | 金 | 土 | 日 | 月 | 火 | 水 | 木 | 金 | 土 | 日 | 月 | 火 | 水 | 木 | 金 | 土 | 日 | 月 | 火 | 水 | 木 | 金 | 土 | 日 | 月 | 火 | 水 | 木 | 金 | 土 |
| 일진 | 己未 | 庚申 | 辛酉 | 壬戌 | 癸亥 | 甲子 | 乙丑 | 丙寅 | 丁卯 | 戊辰 | 己巳 | 庚午 | 辛未 | 壬申 | 癸酉 | 甲戌 | 乙亥 | 丙子 | 丁丑 | 戊寅 | 己卯 | 庚辰 | 辛巳 | 壬午 | 癸未 | 甲申 | 乙酉 | 丙戌 | 丁亥 | 戊子 | 己丑 |
| 대운 남 | 1 | 1 | 1 | 1 | 경 | 10 | 9 | 9 | 9 | 8 | 8 | 8 | 7 | 7 | 7 | 6 | 6 | 6 | 5 | 5 | 5 | 4 | 4 | 4 | 3 | 3 | 3 | 2 | 2 | 2 | 1 |
| 대운 녀 | 8 | 9 | 9 | 9 | 칩 | 1 | 1 | 1 | 1 | 2 | 2 | 2 | 3 | 3 | 3 | 4 | 4 | 4 | 5 | 5 | 5 | 6 | 6 | 6 | 7 | 7 | 7 | 8 | 8 | 8 | 9 |

청명 4일 23시43분

## 4 · 壬辰月(양 4.4~5.4)

곡우 20일 06시37분

| 양력 | 1 | 2 | 3 | 4 | 5 | 6 | 7 | 8 | 9 | 10 | 11 | 12 | 13 | 14 | 15 | 16 | 17 | 18 | 19 | 20 | 21 | 22 | 23 | 24 | 25 | 26 | 27 | 28 | 29 | 30 |
|---|---|---|---|---|---|---|---|---|---|---|---|---|---|---|---|---|---|---|---|---|---|---|---|---|---|---|---|---|---|---|
| 음력 | 25 | 26 | 27 | 28 | 29 | 3.1 | 2 | 3 | 4 | 5 | 6 | 7 | 8 | 9 | 10 | 11 | 12 | 13 | 14 | 15 | 16 | 17 | 18 | 19 | 20 | 21 | 22 | 23 | 24 | 25 |
| 요일 | 日 | 月 | 火 | 水 | 木 | 金 | 土 | 日 | 月 | 火 | 水 | 木 | 金 | 土 | 日 | 月 | 火 | 水 | 木 | 金 | 土 | 日 | 月 | 火 | 水 | 木 | 金 | 土 | 日 | 月 |
| 일진 | 庚寅 | 辛卯 | 壬辰 | 癸巳 | 甲午 | 乙未 | 丙申 | 丁酉 | 戊戌 | 己亥 | 庚子 | 辛丑 | 壬寅 | 癸卯 | 甲辰 | 乙巳 | 丙午 | 丁未 | 戊申 | 己酉 | 庚戌 | 辛亥 | 壬子 | 癸丑 | 甲寅 | 乙卯 | 丙辰 | 丁巳 | 戊午 | 己未 |
| 대운 남 | 1 | 1 | 1 | 청 | 10 | 10 | 9 | 9 | 9 | 8 | 8 | 8 | 7 | 7 | 7 | 6 | 6 | 6 | 5 | 5 | 5 | 4 | 4 | 4 | 3 | 3 | 3 | 2 | 2 | 2 |
| 대운 녀 | 9 | 9 | 10 | 명 | 1 | 1 | 1 | 1 | 2 | 2 | 2 | 3 | 3 | 3 | 4 | 4 | 4 | 5 | 5 | 5 | 6 | 6 | 6 | 7 | 7 | 7 | 8 | 8 | 8 | 9 |

입하 5일 16시39분

## 5 · 癸巳月(양 5.5~6.4)

소만 21일 05시27분

| 양력 | 1 | 2 | 3 | 4 | 5 | 6 | 7 | 8 | 9 | 10 | 11 | 12 | 13 | 14 | 15 | 16 | 17 | 18 | 19 | 20 | 21 | 22 | 23 | 24 | 25 | 26 | 27 | 28 | 29 | 30 | 31 |
|---|---|---|---|---|---|---|---|---|---|---|---|---|---|---|---|---|---|---|---|---|---|---|---|---|---|---|---|---|---|---|---|
| 음력 | 26 | 27 | 28 | 29 | 30 | 4.1 | 2 | 3 | 4 | 5 | 6 | 7 | 8 | 9 | 10 | 11 | 12 | 13 | 14 | 15 | 16 | 17 | 18 | 19 | 20 | 21 | 22 | 23 | 24 | 25 | 26 |
| 요일 | 火 | 水 | 木 | 金 | 土 | 日 | 月 | 火 | 水 | 木 | 金 | 土 | 日 | 月 | 火 | 水 | 木 | 金 | 土 | 日 | 月 | 火 | 水 | 木 | 金 | 土 | 日 | 月 | 火 | 水 | 木 |
| 일진 | 庚申 | 辛酉 | 壬戌 | 癸亥 | 甲子 | 乙丑 | 丙寅 | 丁卯 | 戊辰 | 己巳 | 庚午 | 辛未 | 壬申 | 癸酉 | 甲戌 | 乙亥 | 丙子 | 丁丑 | 戊寅 | 己卯 | 庚辰 | 辛巳 | 壬午 | 癸未 | 甲申 | 乙酉 | 丙戌 | 丁亥 | 戊子 | 己丑 | 庚寅 |
| 대운 남 | 1 | 1 | 1 | 1 | 입 | 10 | 10 | 9 | 9 | 9 | 8 | 8 | 8 | 7 | 7 | 7 | 6 | 6 | 6 | 5 | 5 | 5 | 4 | 4 | 4 | 3 | 3 | 3 | 2 | 2 | 2 |
| 대운 녀 | 9 | 9 | 10 | 10 | 하 | 1 | 1 | 1 | 1 | 2 | 2 | 2 | 3 | 3 | 3 | 4 | 4 | 4 | 5 | 5 | 5 | 6 | 6 | 6 | 7 | 7 | 7 | 8 | 8 | 8 | 9 |

망종 5일 20시31분

## 6 · 甲午月(양 6.5~7.6)

하지 21일 13시13분

| 양력 | 1 | 2 | 3 | 4 | 5 | 6 | 7 | 8 | 9 | 10 | 11 | 12 | 13 | 14 | 15 | 16 | 17 | 18 | 19 | 20 | 21 | 22 | 23 | 24 | 25 | 26 | 27 | 28 | 29 | 30 |
|---|---|---|---|---|---|---|---|---|---|---|---|---|---|---|---|---|---|---|---|---|---|---|---|---|---|---|---|---|---|---|
| 음력 | 27 | 28 | 29 | 30 | 5.1 | 2 | 3 | 4 | 5 | 6 | 7 | 8 | 9 | 10 | 11 | 12 | 13 | 14 | 15 | 16 | 17 | 18 | 19 | 20 | 21 | 22 | 23 | 24 | 25 | 26 |
| 요일 | 金 | 土 | 日 | 月 | 火 | 水 | 木 | 金 | 土 | 日 | 月 | 火 | 水 | 木 | 金 | 土 | 日 | 月 | 火 | 水 | 木 | 金 | 土 | 日 | 月 | 火 | 水 | 木 | 金 | 土 |
| 일진 | 辛卯 | 壬辰 | 癸巳 | 甲午 | 乙未 | 丙申 | 丁酉 | 戊戌 | 己亥 | 庚子 | 辛丑 | 壬寅 | 癸卯 | 甲辰 | 乙巳 | 丙午 | 丁未 | 戊申 | 己酉 | 庚戌 | 辛亥 | 壬子 | 癸丑 | 甲寅 | 乙卯 | 丙辰 | 丁巳 | 戊午 | 己未 | 庚申 |
| 대운 남 | 1 | 1 | 1 | 1 | 망 | 10 | 10 | 10 | 9 | 9 | 9 | 8 | 8 | 8 | 7 | 7 | 7 | 6 | 6 | 6 | 5 | 5 | 5 | 4 | 4 | 4 | 3 | 3 | 3 | 2 |
| 대운 녀 | 9 | 9 | 10 | 10 | 종 | 1 | 1 | 1 | 1 | 2 | 2 | 2 | 3 | 3 | 3 | 4 | 4 | 4 | 5 | 5 | 5 | 6 | 6 | 6 | 7 | 7 | 7 | 8 | 8 | 8 |

소서 7일 06시39분 **7 · 乙未月(양 7.7~8.6)** 대서 23일 00시07분

| 양력 | 1 | 2 | 3 | 4 | 5 | 6 | 7 | 8 | 9 | 10 | 11 | 12 | 13 | 14 | 15 | 16 | 17 | 18 | 19 | 20 | 21 | 22 | 23 | 24 | 25 | 26 | 27 | 28 | 29 | 30 | 31 |
|---|---|---|---|---|---|---|---|---|---|---|---|---|---|---|---|---|---|---|---|---|---|---|---|---|---|---|---|---|---|---|---|
| 음력 | 27 | 28 | 29 | 6.1 | 2 | 3 | 4 | 5 | 6 | 7 | 8 | 9 | 10 | 11 | 12 | 13 | 14 | 15 | 16 | 17 | 18 | 19 | 20 | 21 | 22 | 23 | 24 | 25 | 26 | 27 | 28 |
| 요일 | 日 | 月 | 火 | 水 | 木 | 金 | 土 | 日 | 月 | 火 | 水 | 木 | 金 | 土 | 日 | 月 | 火 | 水 | 木 | 金 | 土 | 日 | 月 | 火 | 水 | 木 | 金 | 土 | 日 | 月 | 火 |
| 일진 | 辛酉 | 壬戌 | 癸亥 | 甲子 | 乙丑 | 丙寅 | 丁卯 | 戊辰 | 己巳 | 庚午 | 辛未 | 壬申 | 癸酉 | 甲戌 | 乙亥 | 丙子 | 丁丑 | 戊寅 | 己卯 | 庚辰 | 辛巳 | 壬午 | 癸未 | 甲申 | 乙酉 | 丙戌 | 丁亥 | 戊子 | 己丑 | 庚寅 | 辛卯 |
| 대운 남 | 2 | 2 | 1 | 1 | 1 | 1 | 소 | 10 | 10 | 9 | 9 | 9 | 8 | 8 | 8 | 7 | 7 | 7 | 6 | 6 | 6 | 5 | 5 | 5 | 4 | 4 | 4 | 3 | 3 | 3 | 2 |
| 대운 녀 | 9 | 9 | 9 | 10 | 10 | 10 | 서 | 1 | 1 | 1 | 1 | 2 | 2 | 2 | 3 | 3 | 3 | 4 | 4 | 4 | 5 | 5 | 5 | 6 | 6 | 6 | 7 | 7 | 7 | 8 | 8 |

입추 7일 16시32분 **8 · 丙申月(양 8.7~9.6)** 처서 23일 07시23분

| 양력 | 1 | 2 | 3 | 4 | 5 | 6 | 7 | 8 | 9 | 10 | 11 | 12 | 13 | 14 | 15 | 16 | 17 | 18 | 19 | 20 | 21 | 22 | 23 | 24 | 25 | 26 | 27 | 28 | 29 | 30 | 31 |
|---|---|---|---|---|---|---|---|---|---|---|---|---|---|---|---|---|---|---|---|---|---|---|---|---|---|---|---|---|---|---|---|
| 음력 | 29 | 7.1 | 2 | 3 | 4 | 5 | 6 | 7 | 8 | 9 | 10 | 11 | 12 | 13 | 14 | 15 | 16 | 17 | 18 | 19 | 20 | 21 | 22 | 23 | 24 | 25 | 26 | 27 | 28 | 29 | 30 |
| 요일 | 水 | 木 | 金 | 土 | 日 | 月 | 火 | 水 | 木 | 金 | 土 | 日 | 月 | 火 | 水 | 木 | 金 | 土 | 日 | 月 | 火 | 水 | 木 | 金 | 土 | 日 | 月 | 火 | 水 | 木 | 金 |
| 일진 | 壬辰 | 癸巳 | 甲午 | 乙未 | 丙申 | 丁酉 | 戊戌 | 己亥 | 庚子 | 辛丑 | 壬寅 | 癸卯 | 甲辰 | 乙巳 | 丙午 | 丁未 | 戊申 | 己酉 | 庚戌 | 辛亥 | 壬子 | 癸丑 | 甲寅 | 乙卯 | 丙辰 | 丁巳 | 戊午 | 己未 | 庚申 | 辛酉 | 壬戌 |
| 대운 남 | 2 | 2 | 1 | 1 | 1 | 1 | 입 | 10 | 10 | 9 | 9 | 9 | 8 | 8 | 8 | 7 | 7 | 7 | 6 | 6 | 6 | 5 | 5 | 5 | 4 | 4 | 4 | 3 | 3 | 3 | 2 |
| 대운 녀 | 8 | 9 | 9 | 9 | 10 | 10 | 추 | 1 | 1 | 1 | 1 | 2 | 2 | 2 | 3 | 3 | 3 | 4 | 4 | 4 | 5 | 5 | 5 | 6 | 6 | 6 | 7 | 7 | 7 | 8 | 8 |

백로 7일 19시42분 **9 · 丁酉月(양 9.7~10.7)** 추분 23일 05시20분

| 양력 | 1 | 2 | 3 | 4 | 5 | 6 | 7 | 8 | 9 | 10 | 11 | 12 | 13 | 14 | 15 | 16 | 17 | 18 | 19 | 20 | 21 | 22 | 23 | 24 | 25 | 26 | 27 | 28 | 29 | 30 |
|---|---|---|---|---|---|---|---|---|---|---|---|---|---|---|---|---|---|---|---|---|---|---|---|---|---|---|---|---|---|---|
| 음력 | 8.1 | 2 | 3 | 4 | 5 | 6 | 7 | 8 | 9 | 10 | 11 | 12 | 13 | 14 | 15 | 16 | 17 | 18 | 19 | 20 | 21 | 22 | 23 | 24 | 25 | 26 | 27 | 28 | 29 | 9.1 |
| 요일 | 土 | 日 | 月 | 火 | 水 | 木 | 金 | 土 | 日 | 月 | 火 | 水 | 木 | 金 | 土 | 日 | 月 | 火 | 水 | 木 | 金 | 土 | 日 | 月 | 火 | 水 | 木 | 金 | 土 | 日 |
| 일진 | 癸亥 | 甲子 | 乙丑 | 丙寅 | 丁卯 | 戊辰 | 己巳 | 庚午 | 辛未 | 壬申 | 癸酉 | 甲戌 | 乙亥 | 丙子 | 丁丑 | 戊寅 | 己卯 | 庚辰 | 辛巳 | 壬午 | 癸未 | 甲申 | 乙酉 | 丙戌 | 丁亥 | 戊子 | 己丑 | 庚寅 | 辛卯 | 壬辰 |
| 대운 남 | 2 | 2 | 1 | 1 | 1 | 1 | 백 | 10 | 10 | 9 | 9 | 9 | 8 | 8 | 8 | 7 | 7 | 7 | 6 | 6 | 6 | 5 | 5 | 5 | 4 | 4 | 4 | 3 | 3 | 3 |
| 대운 녀 | 8 | 9 | 9 | 9 | 10 | 10 | 로 | 1 | 1 | 1 | 1 | 2 | 2 | 2 | 3 | 3 | 3 | 4 | 4 | 4 | 5 | 5 | 5 | 6 | 6 | 6 | 7 | 7 | 7 | 8 |

한로 8일 11시41분 **10 · 戊戌月(양 10.8~11.6)** 상강 23일 15시02분

| 양력 | 1 | 2 | 3 | 4 | 5 | 6 | 7 | 8 | 9 | 10 | 11 | 12 | 13 | 14 | 15 | 16 | 17 | 18 | 19 | 20 | 21 | 22 | 23 | 24 | 25 | 26 | 27 | 28 | 29 | 30 | 31 |
|---|---|---|---|---|---|---|---|---|---|---|---|---|---|---|---|---|---|---|---|---|---|---|---|---|---|---|---|---|---|---|---|
| 음력 | 2 | 3 | 4 | 5 | 6 | 7 | 8 | 9 | 10 | 11 | 12 | 13 | 14 | 15 | 16 | 17 | 18 | 19 | 20 | 21 | 22 | 23 | 24 | 25 | 26 | 27 | 28 | 29 | 10.1 | 2 | 3 |
| 요일 | 月 | 火 | 水 | 木 | 金 | 土 | 日 | 月 | 火 | 水 | 木 | 金 | 土 | 日 | 月 | 火 | 水 | 木 | 金 | 土 | 日 | 月 | 火 | 水 | 木 | 金 | 土 | 日 | 月 | 火 | 水 |
| 일진 | 癸巳 | 甲午 | 乙未 | 丙申 | 丁酉 | 戊戌 | 己亥 | 庚子 | 辛丑 | 壬寅 | 癸卯 | 甲辰 | 乙巳 | 丙午 | 丁未 | 戊申 | 己酉 | 庚戌 | 辛亥 | 壬子 | 癸丑 | 甲寅 | 乙卯 | 丙辰 | 丁巳 | 戊午 | 己未 | 庚申 | 辛酉 | 壬戌 | 癸亥 |
| 대운 남 | 2 | 2 | 2 | 1 | 1 | 1 | 1 | 한 | 10 | 9 | 9 | 9 | 8 | 8 | 8 | 7 | 7 | 7 | 6 | 6 | 6 | 5 | 5 | 5 | 4 | 4 | 4 | 3 | 3 | 3 | 2 |
| 대운 녀 | 8 | 8 | 9 | 9 | 9 | 10 | 10 | 로 | 1 | 1 | 1 | 1 | 2 | 2 | 2 | 3 | 3 | 3 | 4 | 4 | 4 | 5 | 5 | 5 | 6 | 6 | 6 | 7 | 7 | 7 | 8 |

입동 7일 15시13분 **11 · 己亥月(양 11.7~12.6)** 소설 22일 12시55분

| 양력 | 1 | 2 | 3 | 4 | 5 | 6 | 7 | 8 | 9 | 10 | 11 | 12 | 13 | 14 | 15 | 16 | 17 | 18 | 19 | 20 | 21 | 22 | 23 | 24 | 25 | 26 | 27 | 28 | 29 | 30 |
|---|---|---|---|---|---|---|---|---|---|---|---|---|---|---|---|---|---|---|---|---|---|---|---|---|---|---|---|---|---|---|
| 음력 | 4 | 5 | 6 | 7 | 8 | 9 | 10 | 11 | 12 | 13 | 14 | 15 | 16 | 17 | 18 | 19 | 20 | 21 | 22 | 23 | 24 | 25 | 26 | 27 | 28 | 29 | 30 | 11.1 | 2 | 3 |
| 요일 | 木 | 金 | 土 | 日 | 月 | 火 | 水 | 木 | 金 | 土 | 日 | 月 | 火 | 水 | 木 | 金 | 土 | 日 | 月 | 火 | 水 | 木 | 金 | 土 | 日 | 月 | 火 | 水 | 木 | 金 |
| 일진 | 甲子 | 乙丑 | 丙寅 | 丁卯 | 戊辰 | 己巳 | 庚午 | 辛未 | 壬申 | 癸酉 | 甲戌 | 乙亥 | 丙子 | 丁丑 | 戊寅 | 己卯 | 庚辰 | 辛巳 | 壬午 | 癸未 | 甲申 | 乙酉 | 丙戌 | 丁亥 | 戊子 | 己丑 | 庚寅 | 辛卯 | 壬辰 | 癸巳 |
| 대운 남 | 2 | 2 | 1 | 1 | 1 | 1 | 입 | 10 | 9 | 9 | 9 | 8 | 8 | 8 | 7 | 7 | 7 | 6 | 6 | 6 | 5 | 5 | 5 | 4 | 4 | 4 | 3 | 3 | 3 | 2 |
| 대운 녀 | 8 | 8 | 9 | 9 | 9 | 10 | 동 | 1 | 1 | 1 | 1 | 2 | 2 | 2 | 3 | 3 | 3 | 4 | 4 | 4 | 5 | 5 | 5 | 6 | 6 | 6 | 7 | 7 | 7 | 8 |

대설 7일 08시20분 **12 · 庚子月(양 12.7~1.4)** 동지 22일 02시27분

| 양력 | 1 | 2 | 3 | 4 | 5 | 6 | 7 | 8 | 9 | 10 | 11 | 12 | 13 | 14 | 15 | 16 | 17 | 18 | 19 | 20 | 21 | 22 | 23 | 24 | 25 | 26 | 27 | 28 | 29 | 30 | 31 |
|---|---|---|---|---|---|---|---|---|---|---|---|---|---|---|---|---|---|---|---|---|---|---|---|---|---|---|---|---|---|---|---|
| 음력 | 4 | 5 | 6 | 7 | 8 | 9 | 10 | 11 | 12 | 13 | 14 | 15 | 16 | 17 | 18 | 19 | 20 | 21 | 22 | 23 | 24 | 25 | 26 | 27 | 28 | 29 | 12.1 | 2 | 3 | 4 | 5 |
| 요일 | 土 | 日 | 月 | 火 | 水 | 木 | 金 | 土 | 日 | 月 | 火 | 水 | 木 | 金 | 土 | 日 | 月 | 火 | 水 | 木 | 金 | 土 | 日 | 月 | 火 | 水 | 木 | 金 | 土 | 日 | 月 |
| 일진 | 甲午 | 乙未 | 丙申 | 丁酉 | 戊戌 | 己亥 | 庚子 | 辛丑 | 壬寅 | 癸卯 | 甲辰 | 乙巳 | 丙午 | 丁未 | 戊申 | 己酉 | 庚戌 | 辛亥 | 壬子 | 癸丑 | 甲寅 | 乙卯 | 丙辰 | 丁巳 | 戊午 | 己未 | 庚申 | 辛酉 | 壬戌 | 癸亥 | 甲子 |
| 대운 남 | 2 | 2 | 1 | 1 | 1 | 1 | 대 | 9 | 9 | 9 | 8 | 8 | 8 | 7 | 7 | 7 | 6 | 6 | 6 | 5 | 5 | 5 | 4 | 4 | 4 | 3 | 3 | 3 | 2 | 2 | 2 |
| 대운 녀 | 8 | 8 | 9 | 9 | 9 | 10 | 설 | 1 | 1 | 1 | 1 | 2 | 2 | 2 | 3 | 3 | 3 | 4 | 4 | 4 | 5 | 5 | 5 | 6 | 6 | 6 | 7 | 7 | 7 | 8 | 8 |

# 2047년(윤5월)

소한 5일 19시41분

## 1 · 辛丑月(양 1.5~2.3)

대한 20일 13시08분

| 양력 | 1 | 2 | 3 | 4 | 5 | 6 | 7 | 8 | 9 | 10 | 11 | 12 | 13 | 14 | 15 | 16 | 17 | 18 | 19 | 20 | 21 | 22 | 23 | 24 | 25 | 26 | 27 | 28 | 29 | 30 | 31 |
|---|---|---|---|---|---|---|---|---|---|---|---|---|---|---|---|---|---|---|---|---|---|---|---|---|---|---|---|---|---|---|---|
| 음력 | 6 | 7 | 8 | 9 | 10 | 11 | 12 | 13 | 14 | 15 | 16 | 17 | 18 | 19 | 20 | 21 | 22 | 23 | 24 | 25 | 26 | 27 | 28 | 29 | 30 | 1.1 | 2 | 3 | 4 | 5 | 6 |
| 요일 | 火 | 水 | 木 | 金 | 土 | 日 | 月 | 火 | 水 | 木 | 金 | 土 | 日 | 月 | 火 | 水 | 木 | 金 | 土 | 日 | 月 | 火 | 水 | 木 | 金 | 土 | 日 | 月 | 火 | 水 | 木 |
| 일진 | 乙丑 | 丙寅 | 丁卯 | 戊辰 | 己巳 | 庚午 | 辛未 | 壬申 | 癸酉 | 甲戌 | 乙亥 | 丙子 | 丁丑 | 戊寅 | 己卯 | 庚辰 | 辛巳 | 壬午 | 癸未 | 甲申 | 乙酉 | 丙戌 | 丁亥 | 戊子 | 己丑 | 庚寅 | 辛卯 | 壬辰 | 癸巳 | 甲午 | 乙未 |
| 대운 남 | 1 | 1 | 1 | 1 | 소 | 10 | 9 | 9 | 9 | 8 | 8 | 8 | 7 | 7 | 7 | 6 | 6 | 6 | 5 | 5 | 5 | 4 | 4 | 4 | 3 | 3 | 3 | 2 | 2 | 2 | 1 |
| 대운 녀 | 8 | 9 | 9 | 9 | 한 | 1 | 1 | 1 | 1 | 2 | 2 | 2 | 3 | 3 | 3 | 4 | 4 | 4 | 5 | 5 | 5 | 6 | 6 | 6 | 7 | 7 | 7 | 8 | 8 | 8 | 9 |

입춘 4일 07시16분

## 2 · 壬寅月(양 2.4~3.5)

우수 19일 03시09분

| 양력 | 1 | 2 | 3 | 4 | 5 | 6 | 7 | 8 | 9 | 10 | 11 | 12 | 13 | 14 | 15 | 16 | 17 | 18 | 19 | 20 | 21 | 22 | 23 | 24 | 25 | 26 | 27 | 28 |
|---|---|---|---|---|---|---|---|---|---|---|---|---|---|---|---|---|---|---|---|---|---|---|---|---|---|---|---|---|
| 음력 | 7 | 8 | 9 | 10 | 11 | 12 | 13 | 14 | 15 | 16 | 17 | 18 | 19 | 20 | 21 | 22 | 23 | 24 | 25 | 26 | 27 | 28 | 29 | 30 | 2.1 | 2 | 3 | 4 |
| 요일 | 金 | 土 | 日 | 月 | 火 | 水 | 木 | 金 | 土 | 日 | 月 | 火 | 水 | 木 | 金 | 土 | 日 | 月 | 火 | 水 | 木 | 金 | 土 | 日 | 月 | 火 | 水 | 木 |
| 일진 | 丙申 | 丁酉 | 戊戌 | 己亥 | 庚子 | 辛丑 | 壬寅 | 癸卯 | 甲辰 | 乙巳 | 丙午 | 丁未 | 戊申 | 己酉 | 庚戌 | 辛亥 | 壬子 | 癸丑 | 甲寅 | 乙卯 | 丙辰 | 丁巳 | 戊午 | 己未 | 庚申 | 辛酉 | 壬戌 | 癸亥 |
| 대운 남 | 1 | 1 | 1 | 입 | 1 | 1 | 1 | 1 | 2 | 2 | 2 | 3 | 3 | 3 | 4 | 4 | 4 | 5 | 5 | 5 | 6 | 6 | 6 | 7 | 7 | 7 | 8 | 8 |
| 대운 녀 | 9 | 9 | 10 | 춘 | 10 | 9 | 9 | 9 | 8 | 8 | 8 | 7 | 7 | 7 | 6 | 6 | 6 | 5 | 5 | 5 | 4 | 4 | 4 | 3 | 3 | 3 | 2 | 2 |

경칩 6일 01시04분

## 3 · 癸卯月(양 3.6~4.4)

춘분 21일 01시51분

| 양력 | 1 | 2 | 3 | 4 | 5 | 6 | 7 | 8 | 9 | 10 | 11 | 12 | 13 | 14 | 15 | 16 | 17 | 18 | 19 | 20 | 21 | 22 | 23 | 24 | 25 | 26 | 27 | 28 | 29 | 30 | 31 |
|---|---|---|---|---|---|---|---|---|---|---|---|---|---|---|---|---|---|---|---|---|---|---|---|---|---|---|---|---|---|---|---|
| 음력 | 5 | 6 | 7 | 8 | 9 | 10 | 11 | 12 | 13 | 14 | 15 | 16 | 17 | 18 | 19 | 20 | 21 | 22 | 23 | 24 | 25 | 26 | 27 | 28 | 29 | 3.1 | 2 | 3 | 4 | 5 | 6 |
| 요일 | 金 | 土 | 日 | 月 | 火 | 水 | 木 | 金 | 土 | 日 | 月 | 火 | 水 | 木 | 金 | 土 | 日 | 月 | 火 | 水 | 木 | 金 | 土 | 日 | 月 | 火 | 水 | 木 | 金 | 土 | 日 |
| 일진 | 甲子 | 乙丑 | 丙寅 | 丁卯 | 戊辰 | 己巳 | 庚午 | 辛未 | 壬申 | 癸酉 | 甲戌 | 乙亥 | 丙子 | 丁丑 | 戊寅 | 己卯 | 庚辰 | 辛巳 | 壬午 | 癸未 | 甲申 | 乙酉 | 丙戌 | 丁亥 | 戊子 | 己丑 | 庚寅 | 辛卯 | 壬辰 | 癸巳 | 甲午 |
| 대운 남 | 8 | 9 | 9 | 9 | 10 | 경 | 1 | 1 | 1 | 1 | 2 | 2 | 2 | 3 | 3 | 3 | 4 | 4 | 4 | 5 | 5 | 5 | 6 | 6 | 6 | 7 | 7 | 7 | 8 | 8 | 8 |
| 대운 녀 | 2 | 1 | 1 | 1 | 1 | 칩 | 10 | 9 | 9 | 9 | 8 | 8 | 8 | 7 | 7 | 7 | 6 | 6 | 6 | 5 | 5 | 5 | 4 | 4 | 4 | 3 | 3 | 3 | 2 | 2 | 2 |

청명 5일 05시31분

## 4 · 甲辰月(양 4.5~5.4)

곡우 20일 12시31분

| 양력 | 1 | 2 | 3 | 4 | 5 | 6 | 7 | 8 | 9 | 10 | 11 | 12 | 13 | 14 | 15 | 16 | 17 | 18 | 19 | 20 | 21 | 22 | 23 | 24 | 25 | 26 | 27 | 28 | 29 | 30 |
|---|---|---|---|---|---|---|---|---|---|---|---|---|---|---|---|---|---|---|---|---|---|---|---|---|---|---|---|---|---|---|
| 음력 | 7 | 8 | 9 | 10 | 11 | 12 | 13 | 14 | 15 | 16 | 17 | 18 | 19 | 20 | 21 | 22 | 23 | 24 | 25 | 26 | 27 | 28 | 29 | 30 | 4.1 | 2 | 3 | 4 | 5 | 6 |
| 요일 | 月 | 火 | 水 | 木 | 金 | 土 | 日 | 月 | 火 | 水 | 木 | 金 | 土 | 日 | 月 | 火 | 水 | 木 | 金 | 土 | 日 | 月 | 火 | 水 | 木 | 金 | 土 | 日 | 月 | 火 |
| 일진 | 乙未 | 丙申 | 丁酉 | 戊戌 | 己亥 | 庚子 | 辛丑 | 壬寅 | 癸卯 | 甲辰 | 乙巳 | 丙午 | 丁未 | 戊申 | 己酉 | 庚戌 | 辛亥 | 壬子 | 癸丑 | 甲寅 | 乙卯 | 丙辰 | 丁巳 | 戊午 | 己未 | 庚申 | 辛酉 | 壬戌 | 癸亥 | 甲子 |
| 대운 남 | 9 | 9 | 9 | 10 | 청 | 1 | 1 | 1 | 1 | 2 | 2 | 2 | 3 | 3 | 3 | 4 | 4 | 4 | 5 | 5 | 5 | 6 | 6 | 6 | 7 | 7 | 7 | 8 | 8 | 8 |
| 대운 녀 | 1 | 1 | 1 | 1 | 명 | 10 | 9 | 9 | 9 | 8 | 8 | 8 | 7 | 7 | 7 | 6 | 6 | 6 | 5 | 5 | 5 | 4 | 4 | 4 | 3 | 3 | 3 | 2 | 2 | 2 |

입하 5일 22시27분

## 5 · 乙巳月(양 5.5~6.5)

소만 21일 11시18분

| 양력 | 1 | 2 | 3 | 4 | 5 | 6 | 7 | 8 | 9 | 10 | 11 | 12 | 13 | 14 | 15 | 16 | 17 | 18 | 19 | 20 | 21 | 22 | 23 | 24 | 25 | 26 | 27 | 28 | 29 | 30 | 31 |
|---|---|---|---|---|---|---|---|---|---|---|---|---|---|---|---|---|---|---|---|---|---|---|---|---|---|---|---|---|---|---|---|
| 음력 | 7 | 8 | 9 | 10 | 11 | 12 | 13 | 14 | 15 | 16 | 17 | 18 | 19 | 20 | 21 | 22 | 23 | 24 | 25 | 26 | 27 | 28 | 29 | 30 | 5.1 | 2 | 3 | 4 | 5 | 6 | 7 |
| 요일 | 水 | 木 | 金 | 土 | 日 | 月 | 火 | 水 | 木 | 金 | 土 | 日 | 月 | 火 | 水 | 木 | 金 | 土 | 日 | 月 | 火 | 水 | 木 | 金 | 土 | 日 | 月 | 火 | 水 | 木 | 金 |
| 일진 | 乙丑 | 丙寅 | 丁卯 | 戊辰 | 己巳 | 庚午 | 辛未 | 壬申 | 癸酉 | 甲戌 | 乙亥 | 丙子 | 丁丑 | 戊寅 | 己卯 | 庚辰 | 辛巳 | 壬午 | 癸未 | 甲申 | 乙酉 | 丙戌 | 丁亥 | 戊子 | 己丑 | 庚寅 | 辛卯 | 壬辰 | 癸巳 | 甲午 | 乙未 |
| 대운 남 | 9 | 9 | 9 | 10 | 입 | 1 | 1 | 1 | 1 | 2 | 2 | 2 | 3 | 3 | 3 | 4 | 4 | 4 | 5 | 5 | 5 | 6 | 6 | 6 | 7 | 7 | 7 | 8 | 8 | 8 | 9 |
| 대운 녀 | 1 | 1 | 1 | 1 | 하 | 10 | 10 | 10 | 9 | 9 | 9 | 8 | 8 | 8 | 7 | 7 | 7 | 6 | 6 | 6 | 5 | 5 | 5 | 4 | 4 | 4 | 3 | 3 | 3 | 2 | 2 |

망종 6일 02시19분

## 6 · 丙午月(양 6.6~7.6)

하지 21일 19시02분

| 양력 | 1 | 2 | 3 | 4 | 5 | 6 | 7 | 8 | 9 | 10 | 11 | 12 | 13 | 14 | 15 | 16 | 17 | 18 | 19 | 20 | 21 | 22 | 23 | 24 | 25 | 26 | 27 | 28 | 29 | 30 |
|---|---|---|---|---|---|---|---|---|---|---|---|---|---|---|---|---|---|---|---|---|---|---|---|---|---|---|---|---|---|---|
| 음력 | 8 | 9 | 10 | 11 | 12 | 13 | 14 | 15 | 16 | 17 | 18 | 19 | 20 | 21 | 22 | 23 | 24 | 25 | 26 | 27 | 28 | 29 | 윤 | 5.2 | 3 | 4 | 5 | 6 | 7 | 8 |
| 요일 | 土 | 日 | 月 | 火 | 水 | 木 | 金 | 土 | 日 | 月 | 火 | 水 | 木 | 金 | 土 | 日 | 月 | 火 | 水 | 木 | 金 | 土 | 日 | 月 | 火 | 水 | 木 | 金 | 土 | 日 |
| 일진 | 丙申 | 丁酉 | 戊戌 | 己亥 | 庚子 | 辛丑 | 壬寅 | 癸卯 | 甲辰 | 乙巳 | 丙午 | 丁未 | 戊申 | 己酉 | 庚戌 | 辛亥 | 壬子 | 癸丑 | 甲寅 | 乙卯 | 丙辰 | 丁巳 | 戊午 | 己未 | 庚申 | 辛酉 | 壬戌 | 癸亥 | 甲子 | 乙丑 |
| 대운 남 | 9 | 9 | 10 | 10 | 10 | 망 | 1 | 1 | 1 | 1 | 2 | 2 | 2 | 3 | 3 | 3 | 4 | 4 | 4 | 5 | 5 | 5 | 6 | 6 | 6 | 7 | 7 | 7 | 8 | 8 |
| 대운 녀 | 2 | 1 | 1 | 1 | 1 | 종 | 10 | 10 | 9 | 9 | 9 | 8 | 8 | 8 | 7 | 7 | 7 | 6 | 6 | 6 | 5 | 5 | 5 | 4 | 4 | 4 | 3 | 3 | 3 | 2 |

소서 7일 12시29분 **7 · 丁未月(양 7.7~8.6)** 대서 23일 05시54분

| 양력 | 1 | 2 | 3 | 4 | 5 | 6 | 7 | 8 | 9 | 10 | 11 | 12 | 13 | 14 | 15 | 16 | 17 | 18 | 19 | 20 | 21 | 22 | 23 | 24 | 25 | 26 | 27 | 28 | 29 | 30 | 31 |
|---|---|---|---|---|---|---|---|---|---|---|---|---|---|---|---|---|---|---|---|---|---|---|---|---|---|---|---|---|---|---|---|
| 음력 | 9 | 10 | 11 | 12 | 13 | 14 | 15 | 16 | 17 | 18 | 19 | 20 | 21 | 22 | 23 | 24 | 25 | 26 | 27 | 28 | 29 | 30 | 6.1 | 2 | 3 | 4 | 5 | 6 | 7 | 8 | 9 |
| 요일 | 月 | 火 | 水 | 木 | 金 | 土 | 日 | 月 | 火 | 水 | 木 | 金 | 土 | 日 | 月 | 火 | 水 | 木 | 金 | 土 | 日 | 月 | 火 | 水 | 木 | 金 | 土 | 日 | 月 | 火 | 水 |
| 일진 | 丙寅 | 丁卯 | 戊辰 | 己巳 | 庚午 | 辛未 | 壬申 | 癸酉 | 甲戌 | 乙亥 | 丙子 | 丁丑 | 戊寅 | 己卯 | 庚辰 | 辛巳 | 壬午 | 癸未 | 甲申 | 乙酉 | 丙戌 | 丁亥 | 戊子 | 己丑 | 庚寅 | 辛卯 | 壬辰 | 癸巳 | 甲午 | 乙未 | 丙申 |
| 대운 남 | 8 | 9 | 9 | 9 | 10 | 10 | 소 | 1 | 1 | 1 | 1 | 2 | 2 | 2 | 3 | 3 | 3 | 4 | 4 | 4 | 5 | 5 | 5 | 6 | 6 | 6 | 7 | 7 | 7 | 8 | 8 |
| 대운 녀 | 2 | 2 | 1 | 1 | 1 | 1 | 서 | 10 | 10 | 9 | 9 | 9 | 8 | 8 | 8 | 7 | 7 | 7 | 6 | 6 | 6 | 5 | 5 | 5 | 4 | 4 | 4 | 3 | 3 | 3 | 2 |

입추 7일 22시24분 **8 · 戊申月(양 8.7~9.7)** 처서 23일 13시09분

| 양력 | 1 | 2 | 3 | 4 | 5 | 6 | 7 | 8 | 9 | 10 | 11 | 12 | 13 | 14 | 15 | 16 | 17 | 18 | 19 | 20 | 21 | 22 | 23 | 24 | 25 | 26 | 27 | 28 | 29 | 30 | 31 |
|---|---|---|---|---|---|---|---|---|---|---|---|---|---|---|---|---|---|---|---|---|---|---|---|---|---|---|---|---|---|---|---|
| 음력 | 10 | 11 | 12 | 13 | 14 | 15 | 16 | 17 | 18 | 19 | 20 | 21 | 22 | 23 | 24 | 25 | 26 | 27 | 28 | 29 | 7.1 | 2 | 3 | 4 | 5 | 6 | 7 | 8 | 9 | 10 | 11 |
| 요일 | 木 | 金 | 土 | 日 | 月 | 火 | 水 | 木 | 金 | 土 | 日 | 月 | 火 | 水 | 木 | 金 | 土 | 日 | 月 | 火 | 水 | 木 | 金 | 土 | 日 | 月 | 火 | 水 | 木 | 金 | 土 |
| 일진 | 丁酉 | 戊戌 | 己亥 | 庚子 | 辛丑 | 壬寅 | 癸卯 | 甲辰 | 乙巳 | 丙午 | 丁未 | 戊申 | 己酉 | 庚戌 | 辛亥 | 壬子 | 癸丑 | 甲寅 | 乙卯 | 丙辰 | 丁巳 | 戊午 | 己未 | 庚申 | 辛酉 | 壬戌 | 癸亥 | 甲子 | 乙丑 | 丙寅 | 丁卯 |
| 대운 남 | 8 | 9 | 9 | 9 | 10 | 10 | 입 | 1 | 1 | 1 | 1 | 2 | 2 | 2 | 3 | 3 | 3 | 4 | 4 | 4 | 5 | 5 | 5 | 6 | 6 | 6 | 7 | 7 | 7 | 8 | 8 |
| 대운 녀 | 2 | 2 | 1 | 1 | 1 | 1 | 추 | 10 | 10 | 10 | 9 | 9 | 9 | 8 | 8 | 8 | 7 | 7 | 7 | 6 | 6 | 6 | 5 | 5 | 5 | 4 | 4 | 4 | 3 | 3 | 3 |

백로 8일 01시37분 **9 · 己酉月(양 9.8~10.7)** 추분 23일 11시07분

| 양력 | 1 | 2 | 3 | 4 | 5 | 6 | 7 | 8 | 9 | 10 | 11 | 12 | 13 | 14 | 15 | 16 | 17 | 18 | 19 | 20 | 21 | 22 | 23 | 24 | 25 | 26 | 27 | 28 | 29 | 30 |
|---|---|---|---|---|---|---|---|---|---|---|---|---|---|---|---|---|---|---|---|---|---|---|---|---|---|---|---|---|---|---|
| 음력 | 12 | 13 | 14 | 15 | 16 | 17 | 18 | 19 | 20 | 21 | 22 | 23 | 24 | 25 | 26 | 27 | 28 | 29 | 30 | 8.1 | 2 | 3 | 4 | 5 | 6 | 7 | 8 | 9 | 10 | 11 |
| 요일 | 日 | 月 | 火 | 水 | 木 | 金 | 土 | 日 | 月 | 火 | 水 | 木 | 金 | 土 | 日 | 月 | 火 | 水 | 木 | 金 | 土 | 日 | 月 | 火 | 水 | 木 | 金 | 土 | 日 | 月 |
| 일진 | 戊辰 | 己巳 | 庚午 | 辛未 | 壬申 | 癸酉 | 甲戌 | 乙亥 | 丙子 | 丁丑 | 戊寅 | 己卯 | 庚辰 | 辛巳 | 壬午 | 癸未 | 甲申 | 乙酉 | 丙戌 | 丁亥 | 戊子 | 己丑 | 庚寅 | 辛卯 | 壬辰 | 癸巳 | 甲午 | 乙未 | 丙申 | 丁酉 |
| 대운 남 | 8 | 9 | 9 | 9 | 10 | 10 | 10 | 백 | 1 | 1 | 1 | 1 | 2 | 2 | 2 | 3 | 3 | 3 | 4 | 4 | 4 | 5 | 5 | 5 | 6 | 6 | 6 | 7 | 7 | 7 |
| 대운 녀 | 2 | 2 | 2 | 1 | 1 | 1 | 1 | 로 | 10 | 9 | 9 | 9 | 8 | 8 | 8 | 7 | 7 | 7 | 6 | 6 | 6 | 5 | 5 | 5 | 4 | 4 | 4 | 3 | 3 | 3 |

한로 8일 17시36분 **10 · 庚戌月(양 10.8~11.6)** 상강 23일 20시47분

| 양력 | 1 | 2 | 3 | 4 | 5 | 6 | 7 | 8 | 9 | 10 | 11 | 12 | 13 | 14 | 15 | 16 | 17 | 18 | 19 | 20 | 21 | 22 | 23 | 24 | 25 | 26 | 27 | 28 | 29 | 30 | 31 |
|---|---|---|---|---|---|---|---|---|---|---|---|---|---|---|---|---|---|---|---|---|---|---|---|---|---|---|---|---|---|---|---|
| 음력 | 12 | 13 | 14 | 15 | 16 | 17 | 18 | 19 | 20 | 21 | 22 | 23 | 24 | 25 | 26 | 27 | 28 | 29 | 9.1 | 2 | 3 | 4 | 5 | 6 | 7 | 8 | 9 | 10 | 11 | 12 | 13 |
| 요일 | 火 | 水 | 木 | 金 | 土 | 日 | 月 | 火 | 水 | 木 | 金 | 土 | 日 | 月 | 火 | 水 | 木 | 金 | 土 | 日 | 月 | 火 | 水 | 木 | 金 | 土 | 日 | 月 | 火 | 水 | 木 |
| 일진 | 戊戌 | 己亥 | 庚子 | 辛丑 | 壬寅 | 癸卯 | 甲辰 | 乙巳 | 丙午 | 丁未 | 戊申 | 己酉 | 庚戌 | 辛亥 | 壬子 | 癸丑 | 甲寅 | 乙卯 | 丙辰 | 丁巳 | 戊午 | 己未 | 庚申 | 辛酉 | 壬戌 | 癸亥 | 甲子 | 乙丑 | 丙寅 | 丁卯 | 戊辰 |
| 대운 남 | 8 | 8 | 8 | 9 | 9 | 9 | 10 | 한 | 1 | 1 | 1 | 1 | 2 | 2 | 2 | 3 | 3 | 3 | 4 | 4 | 4 | 5 | 5 | 5 | 6 | 6 | 6 | 7 | 7 | 7 | 8 |
| 대운 녀 | 2 | 2 | 2 | 1 | 1 | 1 | 1 | 로 | 10 | 9 | 9 | 9 | 8 | 8 | 8 | 7 | 7 | 7 | 6 | 6 | 6 | 5 | 5 | 5 | 4 | 4 | 4 | 3 | 3 | 3 | 2 |

입동 7일 21시06분 **11 · 辛亥月(양 11.7~12.6)** 소설 22일 18시37분

| 양력 | 1 | 2 | 3 | 4 | 5 | 6 | 7 | 8 | 9 | 10 | 11 | 12 | 13 | 14 | 15 | 16 | 17 | 18 | 19 | 20 | 21 | 22 | 23 | 24 | 25 | 26 | 27 | 28 | 29 | 30 |
|---|---|---|---|---|---|---|---|---|---|---|---|---|---|---|---|---|---|---|---|---|---|---|---|---|---|---|---|---|---|---|
| 음력 | 14 | 15 | 16 | 17 | 18 | 19 | 20 | 21 | 22 | 23 | 24 | 25 | 26 | 27 | 28 | 29 | 10.1 | 2 | 3 | 4 | 5 | 6 | 7 | 8 | 9 | 10 | 11 | 12 | 13 | 14 |
| 요일 | 金 | 土 | 日 | 月 | 火 | 水 | 木 | 金 | 土 | 日 | 月 | 火 | 水 | 木 | 金 | 土 | 日 | 月 | 火 | 水 | 木 | 金 | 土 | 日 | 月 | 火 | 水 | 木 | 金 | 土 |
| 일진 | 己巳 | 庚午 | 辛未 | 壬申 | 癸酉 | 甲戌 | 乙亥 | 丙子 | 丁丑 | 戊寅 | 己卯 | 庚辰 | 辛巳 | 壬午 | 癸未 | 甲申 | 乙酉 | 丙戌 | 丁亥 | 戊子 | 己丑 | 庚寅 | 辛卯 | 壬辰 | 癸巳 | 甲午 | 乙未 | 丙申 | 丁酉 | 戊戌 |
| 대운 남 | 8 | 8 | 9 | 9 | 9 | 10 | 입 | 1 | 1 | 1 | 1 | 2 | 2 | 2 | 3 | 3 | 3 | 4 | 4 | 4 | 5 | 5 | 5 | 6 | 6 | 6 | 7 | 7 | 7 | 8 |
| 대운 녀 | 2 | 2 | 1 | 1 | 1 | 1 | 동 | 10 | 9 | 9 | 9 | 8 | 8 | 8 | 7 | 7 | 7 | 6 | 6 | 6 | 5 | 5 | 5 | 4 | 4 | 4 | 3 | 3 | 3 | 2 |

대설 7일 14시09분 **12 · 壬子月(양 12.7~1.5)** 동지 22일 08시06분

| 양력 | 1 | 2 | 3 | 4 | 5 | 6 | 7 | 8 | 9 | 10 | 11 | 12 | 13 | 14 | 15 | 16 | 17 | 18 | 19 | 20 | 21 | 22 | 23 | 24 | 25 | 26 | 27 | 28 | 29 | 30 | 31 |
|---|---|---|---|---|---|---|---|---|---|---|---|---|---|---|---|---|---|---|---|---|---|---|---|---|---|---|---|---|---|---|---|
| 음력 | 15 | 16 | 17 | 18 | 19 | 20 | 21 | 22 | 23 | 24 | 25 | 26 | 27 | 28 | 29 | 30 | 11.1 | 2 | 3 | 4 | 5 | 6 | 7 | 8 | 9 | 10 | 11 | 12 | 13 | 14 | 15 |
| 요일 | 日 | 月 | 火 | 水 | 木 | 金 | 土 | 日 | 月 | 火 | 水 | 木 | 金 | 土 | 日 | 月 | 火 | 水 | 木 | 金 | 土 | 日 | 月 | 火 | 水 | 木 | 金 | 土 | 日 | 月 | 火 |
| 일진 | 己亥 | 庚子 | 辛丑 | 壬寅 | 癸卯 | 甲辰 | 乙巳 | 丙午 | 丁未 | 戊申 | 己酉 | 庚戌 | 辛亥 | 壬子 | 癸丑 | 甲寅 | 乙卯 | 丙辰 | 丁巳 | 戊午 | 己未 | 庚申 | 辛酉 | 壬戌 | 癸亥 | 甲子 | 乙丑 | 丙寅 | 丁卯 | 戊辰 | 己巳 |
| 대운 남 | 8 | 8 | 9 | 9 | 9 | 10 | 대 | 1 | 1 | 1 | 1 | 2 | 2 | 2 | 3 | 3 | 3 | 4 | 4 | 4 | 5 | 5 | 5 | 6 | 6 | 6 | 7 | 7 | 7 | 8 | 8 |
| 대운 녀 | 2 | 2 | 1 | 1 | 1 | 1 | 설 | 10 | 9 | 9 | 9 | 8 | 8 | 8 | 7 | 7 | 7 | 6 | 6 | 6 | 5 | 5 | 5 | 4 | 4 | 4 | 3 | 3 | 3 | 2 | 2 |

# 2048년

소한 6일 01시28분 **1 · 癸丑月(양 1.6~2.3)** 대한 20일 18시46분

| 양력 | 1 | 2 | 3 | 4 | 5 | 6 | 7 | 8 | 9 | 10 | 11 | 12 | 13 | 14 | 15 | 16 | 17 | 18 | 19 | 20 | 21 | 22 | 23 | 24 | 25 | 26 | 27 | 28 | 29 | 30 | 31 |
|---|---|---|---|---|---|---|---|---|---|---|---|---|---|---|---|---|---|---|---|---|---|---|---|---|---|---|---|---|---|---|---|
| 음력 | 16 | 17 | 18 | 19 | 20 | 21 | 22 | 23 | 24 | 25 | 26 | 27 | 28 | 29 | 12.1 | 2 | 3 | 4 | 5 | 6 | 7 | 8 | 9 | 10 | 11 | 12 | 13 | 14 | 15 | 16 | 17 |
| 요일 | 水 | 木 | 金 | 土 | 日 | 月 | 火 | 水 | 木 | 金 | 土 | 日 | 月 | 火 | 水 | 木 | 金 | 土 | 日 | 月 | 火 | 水 | 木 | 金 | 土 | 日 | 月 | 火 | 水 | 木 | 金 |
| 일진 | 庚午 | 辛未 | 壬申 | 癸酉 | 甲戌 | 乙亥 | 丙子 | 丁丑 | 戊寅 | 己卯 | 庚辰 | 辛巳 | 壬午 | 癸未 | 甲申 | 乙酉 | 丙戌 | 丁亥 | 戊子 | 己丑 | 庚寅 | 辛卯 | 壬辰 | 癸巳 | 甲午 | 乙未 | 丙申 | 丁酉 | 戊戌 | 己亥 | 庚子 |
| 대운 남 | 8 | 9 | 9 | 9 | 10 | 소 | 1 | 1 | 1 | 1 | 2 | 2 | 2 | 3 | 3 | 3 | 4 | 4 | 4 | 5 | 5 | 5 | 6 | 6 | 6 | 7 | 7 | 7 | 8 | 8 | 8 |
| 대운 녀 | 2 | 1 | 1 | 1 | 1 | 한 | 9 | 9 | 9 | 8 | 8 | 8 | 7 | 7 | 7 | 6 | 6 | 6 | 5 | 5 | 5 | 4 | 4 | 4 | 3 | 3 | 3 | 2 | 2 | 2 | 1 |

입춘 4일 13시03분 **2 · 甲寅月(양 2.4~3.4)** 우수 19일 08시47분

| 양력 | 1 | 2 | 3 | 4 | 5 | 6 | 7 | 8 | 9 | 10 | 11 | 12 | 13 | 14 | 15 | 16 | 17 | 18 | 19 | 20 | 21 | 22 | 23 | 24 | 25 | 26 | 27 | 28 | 29 |
|---|---|---|---|---|---|---|---|---|---|---|---|---|---|---|---|---|---|---|---|---|---|---|---|---|---|---|---|---|---|
| 음력 | 18 | 19 | 20 | 21 | 22 | 23 | 24 | 25 | 26 | 27 | 28 | 29 | 30 | 1.1 | 2 | 3 | 4 | 5 | 6 | 7 | 8 | 9 | 10 | 11 | 12 | 13 | 14 | 15 | 16 |
| 요일 | 土 | 日 | 月 | 火 | 水 | 木 | 金 | 土 | 日 | 月 | 火 | 水 | 木 | 金 | 土 | 日 | 月 | 火 | 水 | 木 | 金 | 土 | 日 | 月 | 火 | 水 | 木 | 金 | 土 |
| 일진 | 辛丑 | 壬寅 | 癸卯 | 甲辰 | 乙巳 | 丙午 | 丁未 | 戊申 | 己酉 | 庚戌 | 辛亥 | 壬子 | 癸丑 | 甲寅 | 乙卯 | 丙辰 | 丁巳 | 戊午 | 己未 | 庚申 | 辛酉 | 壬戌 | 癸亥 | 甲子 | 乙丑 | 丙寅 | 丁卯 | 戊辰 | 己巳 |
| 대운 남 | 9 | 9 | 9 | 입 | 10 | 9 | 9 | 9 | 8 | 8 | 8 | 7 | 7 | 7 | 6 | 6 | 6 | 5 | 5 | 5 | 4 | 4 | 4 | 3 | 3 | 3 | 2 | 2 | 2 |
| 대운 녀 | 1 | 1 | 1 | 춘 | 1 | 1 | 1 | 1 | 2 | 2 | 2 | 3 | 3 | 3 | 4 | 4 | 4 | 5 | 5 | 5 | 6 | 6 | 6 | 7 | 7 | 7 | 8 | 8 | 8 |

경칩 5일 06시53분 **3 · 乙卯月(양 3.5~4.3)** 춘분 20일 07시32분

| 양력 | 1 | 2 | 3 | 4 | 5 | 6 | 7 | 8 | 9 | 10 | 11 | 12 | 13 | 14 | 15 | 16 | 17 | 18 | 19 | 20 | 21 | 22 | 23 | 24 | 25 | 26 | 27 | 28 | 29 | 30 | 31 |
|---|---|---|---|---|---|---|---|---|---|---|---|---|---|---|---|---|---|---|---|---|---|---|---|---|---|---|---|---|---|---|---|
| 음력 | 17 | 18 | 19 | 20 | 21 | 22 | 23 | 24 | 25 | 26 | 27 | 28 | 29 | 2.1 | 2 | 3 | 4 | 5 | 6 | 7 | 8 | 9 | 10 | 11 | 12 | 13 | 14 | 15 | 16 | 17 | 18 |
| 요일 | 日 | 月 | 火 | 水 | 木 | 金 | 土 | 日 | 月 | 火 | 水 | 木 | 金 | 土 | 日 | 月 | 火 | 水 | 木 | 金 | 土 | 日 | 月 | 火 | 水 | 木 | 金 | 土 | 日 | 月 | 火 |
| 일진 | 庚午 | 辛未 | 壬申 | 癸酉 | 甲戌 | 乙亥 | 丙子 | 丁丑 | 戊寅 | 己卯 | 庚辰 | 辛巳 | 壬午 | 癸未 | 甲申 | 乙酉 | 丙戌 | 丁亥 | 戊子 | 己丑 | 庚寅 | 辛卯 | 壬辰 | 癸巳 | 甲午 | 乙未 | 丙申 | 丁酉 | 戊戌 | 己亥 | 庚子 |
| 대운 남 | 1 | 1 | 1 | 1 | 경 | 10 | 9 | 9 | 9 | 8 | 8 | 8 | 7 | 7 | 7 | 6 | 6 | 6 | 5 | 5 | 5 | 4 | 4 | 4 | 3 | 3 | 3 | 2 | 2 | 2 | 1 |
| 대운 녀 | 9 | 9 | 9 | 10 | 칩 | 1 | 1 | 1 | 1 | 2 | 2 | 2 | 3 | 3 | 3 | 4 | 4 | 4 | 5 | 5 | 5 | 6 | 6 | 6 | 7 | 7 | 7 | 8 | 8 | 8 | 9 |

청명 4일 11시24분 **4 · 丙辰月(양 4.4~5.4)** 곡우 19일 18시16분

| 양력 | 1 | 2 | 3 | 4 | 5 | 6 | 7 | 8 | 9 | 10 | 11 | 12 | 13 | 14 | 15 | 16 | 17 | 18 | 19 | 20 | 21 | 22 | 23 | 24 | 25 | 26 | 27 | 28 | 29 | 30 |
|---|---|---|---|---|---|---|---|---|---|---|---|---|---|---|---|---|---|---|---|---|---|---|---|---|---|---|---|---|---|---|
| 음력 | 19 | 20 | 21 | 22 | 23 | 24 | 25 | 26 | 27 | 28 | 29 | 30 | 3.1 | 2 | 3 | 4 | 5 | 6 | 7 | 8 | 9 | 10 | 11 | 12 | 13 | 14 | 15 | 16 | 17 | 18 |
| 요일 | 水 | 木 | 金 | 土 | 日 | 月 | 火 | 水 | 木 | 金 | 土 | 日 | 月 | 火 | 水 | 木 | 金 | 土 | 日 | 月 | 火 | 水 | 木 | 金 | 土 | 日 | 月 | 火 | 水 | 木 |
| 일진 | 辛丑 | 壬寅 | 癸卯 | 甲辰 | 乙巳 | 丙午 | 丁未 | 戊申 | 己酉 | 庚戌 | 辛亥 | 壬子 | 癸丑 | 甲寅 | 乙卯 | 丙辰 | 丁巳 | 戊午 | 己未 | 庚申 | 辛酉 | 壬戌 | 癸亥 | 甲子 | 乙丑 | 丙寅 | 丁卯 | 戊辰 | 己巳 | 庚午 |
| 대운 남 | 1 | 1 | 1 | 청 | 10 | 10 | 9 | 9 | 9 | 8 | 8 | 8 | 7 | 7 | 7 | 6 | 6 | 6 | 5 | 5 | 5 | 4 | 4 | 4 | 3 | 3 | 3 | 2 | 2 | 2 |
| 대운 녀 | 9 | 9 | 10 | 명 | 1 | 1 | 1 | 1 | 2 | 2 | 2 | 3 | 3 | 3 | 4 | 4 | 4 | 5 | 5 | 5 | 6 | 6 | 6 | 7 | 7 | 7 | 8 | 8 | 8 | 9 |

입하 5일 04시23분 **5 · 丁巳月(양 5.5~6.4)** 소만 20일 17시06분

| 양력 | 1 | 2 | 3 | 4 | 5 | 6 | 7 | 8 | 9 | 10 | 11 | 12 | 13 | 14 | 15 | 16 | 17 | 18 | 19 | 20 | 21 | 22 | 23 | 24 | 25 | 26 | 27 | 28 | 29 | 30 | 31 |
|---|---|---|---|---|---|---|---|---|---|---|---|---|---|---|---|---|---|---|---|---|---|---|---|---|---|---|---|---|---|---|---|
| 음력 | 19 | 20 | 21 | 22 | 23 | 24 | 25 | 26 | 27 | 28 | 29 | 30 | 4.1 | 2 | 3 | 4 | 5 | 6 | 7 | 8 | 9 | 10 | 11 | 12 | 13 | 14 | 15 | 16 | 17 | 18 | 19 |
| 요일 | 金 | 土 | 日 | 月 | 火 | 水 | 木 | 金 | 土 | 日 | 月 | 火 | 水 | 木 | 金 | 土 | 日 | 月 | 火 | 水 | 木 | 金 | 土 | 日 | 月 | 火 | 水 | 木 | 金 | 土 | 日 |
| 일진 | 辛未 | 壬申 | 癸酉 | 甲戌 | 乙亥 | 丙子 | 丁丑 | 戊寅 | 己卯 | 庚辰 | 辛巳 | 壬午 | 癸未 | 甲申 | 乙酉 | 丙戌 | 丁亥 | 戊子 | 己丑 | 庚寅 | 辛卯 | 壬辰 | 癸巳 | 甲午 | 乙未 | 丙申 | 丁酉 | 戊戌 | 己亥 | 庚子 | 辛丑 |
| 대운 남 | 1 | 1 | 1 | 1 | 입 | 10 | 10 | 9 | 9 | 9 | 8 | 8 | 8 | 7 | 7 | 7 | 6 | 6 | 6 | 5 | 5 | 5 | 4 | 4 | 4 | 3 | 3 | 3 | 2 | 2 | 2 |
| 대운 녀 | 9 | 9 | 10 | 10 | 하 | 1 | 1 | 1 | 1 | 2 | 2 | 2 | 3 | 3 | 3 | 4 | 4 | 4 | 5 | 5 | 5 | 6 | 6 | 6 | 7 | 7 | 7 | 8 | 8 | 8 | 9 |

망종 5일 08시17분 **6 · 戊午月(양 6.5~7.5)** 하지 21일 00시52분

| 양력 | 1 | 2 | 3 | 4 | 5 | 6 | 7 | 8 | 9 | 10 | 11 | 12 | 13 | 14 | 15 | 16 | 17 | 18 | 19 | 20 | 21 | 22 | 23 | 24 | 25 | 26 | 27 | 28 | 29 | 30 |
|---|---|---|---|---|---|---|---|---|---|---|---|---|---|---|---|---|---|---|---|---|---|---|---|---|---|---|---|---|---|---|
| 음력 | 20 | 21 | 22 | 23 | 24 | 25 | 26 | 27 | 28 | 29 | 5.1 | 2 | 3 | 4 | 5 | 6 | 7 | 8 | 9 | 10 | 11 | 12 | 13 | 14 | 15 | 16 | 17 | 18 | 19 | 20 |
| 요일 | 月 | 火 | 水 | 木 | 金 | 土 | 日 | 月 | 火 | 水 | 木 | 金 | 土 | 日 | 月 | 火 | 水 | 木 | 金 | 土 | 日 | 月 | 火 | 水 | 木 | 金 | 土 | 日 | 月 | 火 |
| 일진 | 壬寅 | 癸卯 | 甲辰 | 乙巳 | 丙午 | 丁未 | 戊申 | 己酉 | 庚戌 | 辛亥 | 壬子 | 癸丑 | 甲寅 | 乙卯 | 丙辰 | 丁巳 | 戊午 | 己未 | 庚申 | 辛酉 | 壬戌 | 癸亥 | 甲子 | 乙丑 | 丙寅 | 丁卯 | 戊辰 | 己巳 | 庚午 | 辛未 |
| 대운 남 | 1 | 1 | 1 | 1 | 망 | 10 | 10 | 9 | 9 | 9 | 8 | 8 | 8 | 7 | 7 | 7 | 6 | 6 | 6 | 5 | 5 | 5 | 4 | 4 | 4 | 3 | 3 | 3 | 2 | 2 |
| 대운 녀 | 9 | 9 | 10 | 10 | 종 | 1 | 1 | 1 | 1 | 2 | 2 | 2 | 3 | 3 | 3 | 4 | 4 | 4 | 5 | 5 | 5 | 6 | 6 | 6 | 7 | 7 | 7 | 8 | 8 | 8 |

# 戊辰年

동경135도표준시

소서 6일 18시25분

## 7 · 己未月(양 7.6~8.6)

대서 22일 11시45분

| 양력 | 1 | 2 | 3 | 4 | 5 | 6 | 7 | 8 | 9 | 10 | 11 | 12 | 13 | 14 | 15 | 16 | 17 | 18 | 19 | 20 | 21 | 22 | 23 | 24 | 25 | 26 | 27 | 28 | 29 | 30 | 31 |
|---|---|---|---|---|---|---|---|---|---|---|---|---|---|---|---|---|---|---|---|---|---|---|---|---|---|---|---|---|---|---|---|
| 음력 | 21 | 22 | 23 | 24 | 25 | 26 | 27 | 28 | 29 | 30 | 6.1 | 2 | 3 | 4 | 5 | 6 | 7 | 8 | 9 | 10 | 11 | 12 | 13 | 14 | 15 | 16 | 17 | 18 | 19 | 20 | 21 |
| 요일 | 水 | 木 | 金 | 土 | 日 | 月 | 火 | 水 | 木 | 金 | 土 | 日 | 月 | 火 | 水 | 木 | 金 | 土 | 日 | 月 | 火 | 水 | 木 | 金 | 土 | 日 | 月 | 火 | 水 | 木 | 金 |
| 일진 | 壬申 | 癸酉 | 甲戌 | 乙亥 | 丙子 | 丁丑 | 戊寅 | 己卯 | 庚辰 | 辛巳 | 壬午 | 癸未 | 甲申 | 乙酉 | 丙戌 | 丁亥 | 戊子 | 己丑 | 庚寅 | 辛卯 | 壬辰 | 癸巳 | 甲午 | 乙未 | 丙申 | 丁酉 | 戊戌 | 己亥 | 庚子 | 辛丑 | 壬寅 |
| 대운 남 | 2 | 1 | 1 | 1 | 1 | 소 | 10 | 10 | 10 | 9 | 9 | 9 | 8 | 8 | 8 | 7 | 7 | 7 | 6 | 6 | 6 | 5 | 5 | 5 | 4 | 4 | 4 | 3 | 3 | 3 | 2 |
| 대운 녀 | 9 | 9 | 9 | 10 | 10 | 서 | 1 | 1 | 1 | 1 | 2 | 2 | 2 | 3 | 3 | 3 | 4 | 4 | 4 | 5 | 5 | 5 | 6 | 6 | 6 | 7 | 7 | 7 | 8 | 8 | 8 |

입추 7일 04시17분

## 8 · 庚申月(양 8.7~9.6)

처서 22일 19시01분

| 양력 | 1 | 2 | 3 | 4 | 5 | 6 | 7 | 8 | 9 | 10 | 11 | 12 | 13 | 14 | 15 | 16 | 17 | 18 | 19 | 20 | 21 | 22 | 23 | 24 | 25 | 26 | 27 | 28 | 29 | 30 | 31 |
|---|---|---|---|---|---|---|---|---|---|---|---|---|---|---|---|---|---|---|---|---|---|---|---|---|---|---|---|---|---|---|---|
| 음력 | 22 | 23 | 24 | 25 | 26 | 27 | 28 | 29 | 30 | 7.1 | 2 | 3 | 4 | 5 | 6 | 7 | 8 | 9 | 10 | 11 | 12 | 13 | 14 | 15 | 16 | 17 | 18 | 19 | 20 | 21 | 22 |
| 요일 | 土 | 日 | 月 | 火 | 水 | 木 | 金 | 土 | 日 | 月 | 火 | 水 | 木 | 金 | 土 | 日 | 月 | 火 | 水 | 木 | 金 | 土 | 日 | 月 | 火 | 水 | 木 | 金 | 土 | 日 | 月 |
| 일진 | 癸卯 | 甲辰 | 乙巳 | 丙午 | 丁未 | 戊申 | 己酉 | 庚戌 | 辛亥 | 壬子 | 癸丑 | 甲寅 | 乙卯 | 丙辰 | 丁巳 | 戊午 | 己未 | 庚申 | 辛酉 | 壬戌 | 癸亥 | 甲子 | 乙丑 | 丙寅 | 丁卯 | 戊辰 | 己巳 | 庚午 | 辛未 | 壬申 | 癸酉 |
| 대운 남 | 2 | 2 | 1 | 1 | 1 | 1 | 입 | 10 | 10 | 9 | 9 | 9 | 8 | 8 | 8 | 7 | 7 | 7 | 6 | 6 | 6 | 5 | 5 | 5 | 4 | 4 | 4 | 3 | 3 | 3 | 2 |
| 대운 녀 | 9 | 9 | 9 | 10 | 10 | 10 | 추 | 1 | 1 | 1 | 1 | 2 | 2 | 2 | 3 | 3 | 3 | 4 | 4 | 4 | 5 | 5 | 5 | 6 | 6 | 6 | 7 | 7 | 7 | 8 | 8 |

백로 7일 07시26분

## 9 · 辛酉月(양 9.7~10.6)

추분 22일 16시59분

| 양력 | 1 | 2 | 3 | 4 | 5 | 6 | 7 | 8 | 9 | 10 | 11 | 12 | 13 | 14 | 15 | 16 | 17 | 18 | 19 | 20 | 21 | 22 | 23 | 24 | 25 | 26 | 27 | 28 | 29 | 30 |
|---|---|---|---|---|---|---|---|---|---|---|---|---|---|---|---|---|---|---|---|---|---|---|---|---|---|---|---|---|---|---|
| 음력 | 23 | 24 | 25 | 26 | 27 | 28 | 29 | 8.1 | 2 | 3 | 4 | 5 | 6 | 7 | 8 | 9 | 10 | 11 | 12 | 13 | 14 | 15 | 16 | 17 | 18 | 19 | 20 | 21 | 22 | 23 |
| 요일 | 火 | 水 | 木 | 金 | 土 | 日 | 月 | 火 | 水 | 木 | 金 | 土 | 日 | 月 | 火 | 水 | 木 | 金 | 土 | 日 | 月 | 火 | 水 | 木 | 金 | 土 | 日 | 月 | 火 | 水 |
| 일진 | 甲戌 | 乙亥 | 丙子 | 丁丑 | 戊寅 | 己卯 | 庚辰 | 辛巳 | 壬午 | 癸未 | 甲申 | 乙酉 | 丙戌 | 丁亥 | 戊子 | 己丑 | 庚寅 | 辛卯 | 壬辰 | 癸巳 | 甲午 | 乙未 | 丙申 | 丁酉 | 戊戌 | 己亥 | 庚子 | 辛丑 | 壬寅 | 癸卯 |
| 대운 남 | 2 | 2 | 1 | 1 | 1 | 1 | 백 | 10 | 9 | 9 | 9 | 8 | 8 | 8 | 7 | 7 | 7 | 6 | 6 | 6 | 5 | 5 | 5 | 4 | 4 | 4 | 3 | 3 | 3 | 2 |
| 대운 녀 | 8 | 9 | 9 | 9 | 10 | 10 | 로 | 1 | 1 | 1 | 1 | 2 | 2 | 2 | 3 | 3 | 3 | 4 | 4 | 4 | 5 | 5 | 5 | 6 | 6 | 6 | 7 | 7 | 7 | 8 |

한로 7일 23시25분

## 10 · 壬戌月(양 10.7~11.6)

상강 23일 02시41분

| 양력 | 1 | 2 | 3 | 4 | 5 | 6 | 7 | 8 | 9 | 10 | 11 | 12 | 13 | 14 | 15 | 16 | 17 | 18 | 19 | 20 | 21 | 22 | 23 | 24 | 25 | 26 | 27 | 28 | 29 | 30 | 31 |
|---|---|---|---|---|---|---|---|---|---|---|---|---|---|---|---|---|---|---|---|---|---|---|---|---|---|---|---|---|---|---|---|
| 음력 | 24 | 25 | 26 | 27 | 28 | 29 | 30 | 9.1 | 2 | 3 | 4 | 5 | 6 | 7 | 8 | 9 | 10 | 11 | 12 | 13 | 14 | 15 | 16 | 17 | 18 | 19 | 20 | 21 | 22 | 23 | 24 |
| 요일 | 木 | 金 | 土 | 日 | 月 | 火 | 水 | 木 | 金 | 土 | 日 | 月 | 火 | 水 | 木 | 金 | 土 | 日 | 月 | 火 | 水 | 木 | 金 | 土 | 日 | 月 | 火 | 水 | 木 | 金 | 土 |
| 일진 | 甲辰 | 乙巳 | 丙午 | 丁未 | 戊申 | 己酉 | 庚戌 | 辛亥 | 壬子 | 癸丑 | 甲寅 | 乙卯 | 丙辰 | 丁巳 | 戊午 | 己未 | 庚申 | 辛酉 | 壬戌 | 癸亥 | 甲子 | 乙丑 | 丙寅 | 丁卯 | 戊辰 | 己巳 | 庚午 | 辛未 | 壬申 | 癸酉 | 甲戌 |
| 대운 남 | 2 | 2 | 1 | 1 | 1 | 1 | 한 | 10 | 10 | 9 | 9 | 9 | 8 | 8 | 8 | 7 | 7 | 7 | 6 | 6 | 6 | 5 | 5 | 5 | 4 | 4 | 4 | 3 | 3 | 3 | 2 |
| 대운 녀 | 8 | 8 | 9 | 9 | 9 | 10 | 로 | 1 | 1 | 1 | 1 | 2 | 2 | 2 | 3 | 3 | 3 | 4 | 4 | 4 | 5 | 5 | 5 | 6 | 6 | 6 | 7 | 7 | 7 | 8 | 8 |

입동 7일 02시55분

## 11 · 癸亥月(양 11.7~12.5)

소설 22일 00시32분

| 양력 | 1 | 2 | 3 | 4 | 5 | 6 | 7 | 8 | 9 | 10 | 11 | 12 | 13 | 14 | 15 | 16 | 17 | 18 | 19 | 20 | 21 | 22 | 23 | 24 | 25 | 26 | 27 | 28 | 29 | 30 |
|---|---|---|---|---|---|---|---|---|---|---|---|---|---|---|---|---|---|---|---|---|---|---|---|---|---|---|---|---|---|---|
| 음력 | 25 | 26 | 27 | 28 | 29 | 10.1 | 2 | 3 | 4 | 5 | 6 | 7 | 8 | 9 | 10 | 11 | 12 | 13 | 14 | 15 | 16 | 17 | 18 | 19 | 20 | 21 | 22 | 23 | 24 | 25 |
| 요일 | 日 | 月 | 火 | 水 | 木 | 金 | 土 | 日 | 月 | 火 | 水 | 木 | 金 | 土 | 日 | 月 | 火 | 水 | 木 | 金 | 土 | 日 | 月 | 火 | 水 | 木 | 金 | 土 | 日 | 月 |
| 일진 | 乙亥 | 丙子 | 丁丑 | 戊寅 | 己卯 | 庚辰 | 辛巳 | 壬午 | 癸未 | 甲申 | 乙酉 | 丙戌 | 丁亥 | 戊子 | 己丑 | 庚寅 | 辛卯 | 壬辰 | 癸巳 | 甲午 | 乙未 | 丙申 | 丁酉 | 戊戌 | 己亥 | 庚子 | 辛丑 | 壬寅 | 癸卯 | 甲辰 |
| 대운 남 | 2 | 2 | 1 | 1 | 1 | 1 | 입 | 9 | 9 | 9 | 8 | 8 | 8 | 7 | 7 | 7 | 6 | 6 | 6 | 5 | 5 | 5 | 4 | 4 | 4 | 3 | 3 | 3 | 2 | 2 |
| 대운 녀 | 8 | 9 | 9 | 9 | 10 | 10 | 동 | 1 | 1 | 1 | 1 | 2 | 2 | 2 | 3 | 3 | 3 | 4 | 4 | 4 | 5 | 5 | 5 | 6 | 6 | 6 | 7 | 7 | 7 | 8 |

대설 6일 19시59분

## 12 · 甲子月(양 12.6~1.4)

동지 21일 14시01분

| 양력 | 1 | 2 | 3 | 4 | 5 | 6 | 7 | 8 | 9 | 10 | 11 | 12 | 13 | 14 | 15 | 16 | 17 | 18 | 19 | 20 | 21 | 22 | 23 | 24 | 25 | 26 | 27 | 28 | 29 | 30 | 31 |
|---|---|---|---|---|---|---|---|---|---|---|---|---|---|---|---|---|---|---|---|---|---|---|---|---|---|---|---|---|---|---|---|
| 음력 | 26 | 27 | 28 | 29 | 30 | 11.1 | 2 | 3 | 4 | 5 | 6 | 7 | 8 | 9 | 10 | 11 | 12 | 13 | 14 | 15 | 16 | 17 | 18 | 19 | 20 | 21 | 22 | 23 | 24 | 25 | 26 |
| 요일 | 火 | 水 | 木 | 金 | 土 | 日 | 月 | 火 | 水 | 木 | 金 | 土 | 日 | 月 | 火 | 水 | 木 | 金 | 土 | 日 | 月 | 火 | 水 | 木 | 金 | 土 | 日 | 月 | 火 | 水 | 木 |
| 일진 | 乙巳 | 丙午 | 丁未 | 戊申 | 己酉 | 庚戌 | 辛亥 | 壬子 | 癸丑 | 甲寅 | 乙卯 | 丙辰 | 丁巳 | 戊午 | 己未 | 庚申 | 辛酉 | 壬戌 | 癸亥 | 甲子 | 乙丑 | 丙寅 | 丁卯 | 戊辰 | 己巳 | 庚午 | 辛未 | 壬申 | 癸酉 | 甲戌 | 乙亥 |
| 대운 남 | 2 | 1 | 1 | 1 | 1 | 대 | 10 | 9 | 9 | 9 | 8 | 8 | 8 | 7 | 7 | 7 | 6 | 6 | 6 | 5 | 5 | 5 | 4 | 4 | 4 | 3 | 3 | 3 | 2 | 2 | 2 |
| 대운 녀 | 8 | 8 | 9 | 9 | 9 | 설 | 1 | 1 | 1 | 1 | 2 | 2 | 2 | 3 | 3 | 3 | 4 | 4 | 4 | 5 | 5 | 5 | 6 | 6 | 6 | 7 | 7 | 7 | 8 | 8 | 8 |

# 2049년

소한 5일 07시17분

## 1 · 乙丑月(양 1.5~2.2)

대한 20일 00시40분

| 양력 | 1 | 2 | 3 | 4 | 5 | 6 | 7 | 8 | 9 | 10 | 11 | 12 | 13 | 14 | 15 | 16 | 17 | 18 | 19 | 20 | 21 | 22 | 23 | 24 | 25 | 26 | 27 | 28 | 29 | 30 | 31 |
|---|---|---|---|---|---|---|---|---|---|---|---|---|---|---|---|---|---|---|---|---|---|---|---|---|---|---|---|---|---|---|---|
| 음력 | 27 | 28 | 29 | 12.1 | 2 | 3 | 4 | 5 | 6 | 7 | 8 | 9 | 10 | 11 | 12 | 13 | 14 | 15 | 16 | 17 | 18 | 19 | 20 | 21 | 22 | 23 | 24 | 25 | 26 | 27 | 28 |
| 요일 | 金 | 土 | 日 | 月 | 火 | 水 | 木 | 金 | 土 | 日 | 月 | 火 | 水 | 木 | 金 | 土 | 日 | 月 | 火 | 水 | 木 | 金 | 土 | 日 | 月 | 火 | 水 | 木 | 金 | 土 | 日 |
| 일진 | 丙子 | 丁丑 | 戊寅 | 己卯 | 庚辰 | 辛巳 | 壬午 | 癸未 | 甲申 | 乙酉 | 丙戌 | 丁亥 | 戊子 | 己丑 | 庚寅 | 辛卯 | 壬辰 | 癸巳 | 甲午 | 乙未 | 丙申 | 丁酉 | 戊戌 | 己亥 | 庚子 | 辛丑 | 壬寅 | 癸卯 | 甲辰 | 乙巳 | 丙午 |
| 대운 남 | 1 | 1 | 1 | 1 | 소 | 9 | 9 | 9 | 8 | 8 | 8 | 7 | 7 | 7 | 6 | 6 | 6 | 5 | 5 | 5 | 4 | 4 | 4 | 3 | 3 | 3 | 2 | 2 | 2 | 1 | 1 |
| 대운 녀 | 9 | 9 | 9 | 10 | 한 | 1 | 1 | 1 | 1 | 2 | 2 | 2 | 3 | 3 | 3 | 4 | 4 | 4 | 5 | 5 | 5 | 6 | 6 | 6 | 7 | 7 | 7 | 8 | 8 | 8 | 9 |

입춘 3일 18시52분

## 2 · 丙寅月(양 2.3~3.4)

우수 18일 14시41분

| 양력 | 1 | 2 | 3 | 4 | 5 | 6 | 7 | 8 | 9 | 10 | 11 | 12 | 13 | 14 | 15 | 16 | 17 | 18 | 19 | 20 | 21 | 22 | 23 | 24 | 25 | 26 | 27 | 28 |
|---|---|---|---|---|---|---|---|---|---|---|---|---|---|---|---|---|---|---|---|---|---|---|---|---|---|---|---|---|
| 음력 | 29 | 1.1 | 2 | 3 | 4 | 5 | 6 | 7 | 8 | 9 | 10 | 11 | 12 | 13 | 14 | 15 | 16 | 17 | 18 | 19 | 20 | 21 | 22 | 23 | 24 | 25 | 26 | 27 |
| 요일 | 月 | 火 | 水 | 木 | 金 | 土 | 日 | 月 | 火 | 水 | 木 | 金 | 土 | 日 | 月 | 火 | 水 | 木 | 金 | 土 | 日 | 月 | 火 | 水 | 木 | 金 | 土 | 日 |
| 일진 | 丁未 | 戊申 | 己酉 | 庚戌 | 辛亥 | 壬子 | 癸丑 | 甲寅 | 乙卯 | 丙辰 | 丁巳 | 戊午 | 己未 | 庚申 | 辛酉 | 壬戌 | 癸亥 | 甲子 | 乙丑 | 丙寅 | 丁卯 | 戊辰 | 己巳 | 庚午 | 辛未 | 壬申 | 癸酉 | 甲戌 |
| 대운 남 | 1 | 1 | 입 | 1 | 1 | 1 | 1 | 2 | 2 | 2 | 3 | 3 | 3 | 4 | 4 | 4 | 5 | 5 | 5 | 6 | 6 | 6 | 7 | 7 | 7 | 8 | 8 | 8 |
| 대운 녀 | 9 | 9 | 춘 | 10 | 9 | 9 | 9 | 8 | 8 | 8 | 7 | 7 | 7 | 6 | 6 | 6 | 5 | 5 | 5 | 4 | 4 | 4 | 3 | 3 | 3 | 2 | 2 | 2 |

경칩 5일 12시41분

## 3 · 丁卯月(양 3.5~4.3)

춘분 20일 13시27분

| 양력 | 1 | 2 | 3 | 4 | 5 | 6 | 7 | 8 | 9 | 10 | 11 | 12 | 13 | 14 | 15 | 16 | 17 | 18 | 19 | 20 | 21 | 22 | 23 | 24 | 25 | 26 | 27 | 28 | 29 | 30 | 31 |
|---|---|---|---|---|---|---|---|---|---|---|---|---|---|---|---|---|---|---|---|---|---|---|---|---|---|---|---|---|---|---|---|
| 음력 | 28 | 29 | 30 | 2.1 | 2 | 3 | 4 | 5 | 6 | 7 | 8 | 9 | 10 | 11 | 12 | 13 | 14 | 15 | 16 | 17 | 18 | 19 | 20 | 21 | 22 | 23 | 24 | 25 | 26 | 27 | 28 |
| 요일 | 月 | 火 | 水 | 木 | 金 | 土 | 日 | 月 | 火 | 水 | 木 | 金 | 土 | 日 | 月 | 火 | 水 | 木 | 金 | 土 | 日 | 月 | 火 | 水 | 木 | 金 | 土 | 日 | 月 | 火 | 水 |
| 일진 | 乙亥 | 丙子 | 丁丑 | 戊寅 | 己卯 | 庚辰 | 辛巳 | 壬午 | 癸未 | 甲申 | 乙酉 | 丙戌 | 丁亥 | 戊子 | 己丑 | 庚寅 | 辛卯 | 壬辰 | 癸巳 | 甲午 | 乙未 | 丙申 | 丁酉 | 戊戌 | 己亥 | 庚子 | 辛丑 | 壬寅 | 癸卯 | 甲辰 | 乙巳 |
| 대운 남 | 9 | 9 | 9 | 10 | 경 | 1 | 1 | 1 | 1 | 2 | 2 | 2 | 3 | 3 | 3 | 4 | 4 | 4 | 5 | 5 | 5 | 6 | 6 | 6 | 7 | 7 | 7 | 8 | 8 | 8 | 9 |
| 대운 녀 | 1 | 1 | 1 | 1 | 칩 | 10 | 9 | 9 | 9 | 8 | 8 | 8 | 7 | 7 | 7 | 6 | 6 | 6 | 5 | 5 | 5 | 4 | 4 | 4 | 3 | 3 | 3 | 2 | 2 | 2 | 1 |

청명 4일 17시13분

## 4 · 戊辰月(양 4.4~5.4)

곡우 20일 00시12분

| 양력 | 1 | 2 | 3 | 4 | 5 | 6 | 7 | 8 | 9 | 10 | 11 | 12 | 13 | 14 | 15 | 16 | 17 | 18 | 19 | 20 | 21 | 22 | 23 | 24 | 25 | 26 | 27 | 28 | 29 | 30 |
|---|---|---|---|---|---|---|---|---|---|---|---|---|---|---|---|---|---|---|---|---|---|---|---|---|---|---|---|---|---|---|
| 음력 | 29 | 3.1 | 2 | 3 | 4 | 5 | 6 | 7 | 8 | 9 | 10 | 11 | 12 | 13 | 14 | 15 | 16 | 17 | 18 | 19 | 20 | 21 | 22 | 23 | 24 | 25 | 26 | 27 | 28 | 29 |
| 요일 | 木 | 金 | 土 | 日 | 月 | 火 | 水 | 木 | 金 | 土 | 日 | 月 | 火 | 水 | 木 | 金 | 土 | 日 | 月 | 火 | 水 | 木 | 金 | 土 | 日 | 月 | 火 | 水 | 木 | 金 |
| 일진 | 丙午 | 丁未 | 戊申 | 己酉 | 庚戌 | 辛亥 | 壬子 | 癸丑 | 甲寅 | 乙卯 | 丙辰 | 丁巳 | 戊午 | 己未 | 庚申 | 辛酉 | 壬戌 | 癸亥 | 甲子 | 乙丑 | 丙寅 | 丁卯 | 戊辰 | 己巳 | 庚午 | 辛未 | 壬申 | 癸酉 | 甲戌 | 乙亥 |
| 대운 남 | 9 | 9 | 10 | 청 | 1 | 1 | 1 | 1 | 2 | 2 | 2 | 3 | 3 | 3 | 4 | 4 | 4 | 5 | 5 | 5 | 6 | 6 | 6 | 7 | 7 | 7 | 8 | 8 | 8 | 9 |
| 대운 녀 | 1 | 1 | 1 | 명 | 10 | 10 | 9 | 9 | 9 | 8 | 8 | 8 | 7 | 7 | 7 | 6 | 6 | 6 | 5 | 5 | 5 | 4 | 4 | 4 | 3 | 3 | 3 | 2 | 2 | 2 |

입하 5일 10시11분

## 5 · 己巳月(양 5.5~6.4)

소만 20일 23시02분

| 양력 | 1 | 2 | 3 | 4 | 5 | 6 | 7 | 8 | 9 | 10 | 11 | 12 | 13 | 14 | 15 | 16 | 17 | 18 | 19 | 20 | 21 | 22 | 23 | 24 | 25 | 26 | 27 | 28 | 29 | 30 | 31 |
|---|---|---|---|---|---|---|---|---|---|---|---|---|---|---|---|---|---|---|---|---|---|---|---|---|---|---|---|---|---|---|---|
| 음력 | 30 | 4.1 | 2 | 3 | 4 | 5 | 6 | 7 | 8 | 9 | 10 | 11 | 12 | 13 | 14 | 15 | 16 | 17 | 18 | 19 | 20 | 21 | 22 | 23 | 24 | 25 | 26 | 27 | 28 | 29 | 5.1 |
| 요일 | 土 | 日 | 月 | 火 | 水 | 木 | 金 | 土 | 日 | 月 | 火 | 水 | 木 | 金 | 土 | 日 | 月 | 火 | 水 | 木 | 金 | 土 | 日 | 月 | 火 | 水 | 木 | 金 | 土 | 日 | 月 |
| 일진 | 丙子 | 丁丑 | 戊寅 | 己卯 | 庚辰 | 辛巳 | 壬午 | 癸未 | 甲申 | 乙酉 | 丙戌 | 丁亥 | 戊子 | 己丑 | 庚寅 | 辛卯 | 壬辰 | 癸巳 | 甲午 | 乙未 | 丙申 | 丁酉 | 戊戌 | 己亥 | 庚子 | 辛丑 | 壬寅 | 癸卯 | 甲辰 | 乙巳 | 丙午 |
| 대운 남 | 9 | 9 | 10 | 10 | 입 | 1 | 1 | 1 | 1 | 2 | 2 | 2 | 3 | 3 | 3 | 4 | 4 | 4 | 5 | 5 | 5 | 6 | 6 | 6 | 7 | 7 | 7 | 8 | 8 | 8 | 9 |
| 대운 녀 | 1 | 1 | 1 | 1 | 하 | 10 | 10 | 9 | 9 | 9 | 8 | 8 | 8 | 7 | 7 | 7 | 6 | 6 | 6 | 5 | 5 | 5 | 4 | 4 | 4 | 3 | 3 | 3 | 2 | 2 | 2 |

망종 5일 14시02분

## 6 · 庚午月(양 6.5~7.6)

하지 21일 06시46분

| 양력 | 1 | 2 | 3 | 4 | 5 | 6 | 7 | 8 | 9 | 10 | 11 | 12 | 13 | 14 | 15 | 16 | 17 | 18 | 19 | 20 | 21 | 22 | 23 | 24 | 25 | 26 | 27 | 28 | 29 | 30 |
|---|---|---|---|---|---|---|---|---|---|---|---|---|---|---|---|---|---|---|---|---|---|---|---|---|---|---|---|---|---|---|
| 음력 | 2 | 3 | 4 | 5 | 6 | 7 | 8 | 9 | 10 | 11 | 12 | 13 | 14 | 15 | 16 | 17 | 18 | 19 | 20 | 21 | 22 | 23 | 24 | 25 | 26 | 27 | 28 | 29 | 30 | 6.1 |
| 요일 | 火 | 水 | 木 | 金 | 土 | 日 | 月 | 火 | 水 | 木 | 金 | 土 | 日 | 月 | 火 | 水 | 木 | 金 | 土 | 日 | 月 | 火 | 水 | 木 | 金 | 土 | 日 | 月 | 火 | 水 |
| 일진 | 丁未 | 戊申 | 己酉 | 庚戌 | 辛亥 | 壬子 | 癸丑 | 甲寅 | 乙卯 | 丙辰 | 丁巳 | 戊午 | 己未 | 庚申 | 辛酉 | 壬戌 | 癸亥 | 甲子 | 乙丑 | 丙寅 | 丁卯 | 戊辰 | 己巳 | 庚午 | 辛未 | 壬申 | 癸酉 | 甲戌 | 乙亥 | 丙子 |
| 대운 남 | 9 | 9 | 10 | 10 | 망 | 1 | 1 | 1 | 1 | 2 | 2 | 2 | 3 | 3 | 3 | 4 | 4 | 4 | 5 | 5 | 5 | 6 | 6 | 6 | 7 | 7 | 7 | 8 | 8 | 8 |
| 대운 녀 | 1 | 1 | 1 | 1 | 종 | 10 | 10 | 10 | 9 | 9 | 9 | 8 | 8 | 8 | 7 | 7 | 7 | 6 | 6 | 6 | 5 | 5 | 5 | 4 | 4 | 4 | 3 | 3 | 3 | 2 |

소서 7일 00시07분

## 7 · 辛未月(양 7.7~8.6)

대서 22일 17시35분

| 양력 | 1 | 2 | 3 | 4 | 5 | 6 | 7 | 8 | 9 | 10 | 11 | 12 | 13 | 14 | 15 | 16 | 17 | 18 | 19 | 20 | 21 | 22 | 23 | 24 | 25 | 26 | 27 | 28 | 29 | 30 | 31 |
|---|---|---|---|---|---|---|---|---|---|---|---|---|---|---|---|---|---|---|---|---|---|---|---|---|---|---|---|---|---|---|---|
| 음력 | 2 | 3 | 4 | 5 | 6 | 7 | 8 | 9 | 10 | 11 | 12 | 13 | 14 | 15 | 16 | 17 | 18 | 19 | 20 | 21 | 22 | 23 | 24 | 25 | 26 | 27 | 28 | 29 | 30 | 7.1 | 2 |
| 요일 | 木 | 金 | 土 | 日 | 月 | 火 | 水 | 木 | 金 | 土 | 日 | 月 | 火 | 水 | 木 | 金 | 土 | 日 | 月 | 火 | 水 | 木 | 金 | 土 | 日 | 月 | 火 | 水 | 木 | 金 | 土 |
| 일진 | 丁丑 | 戊寅 | 己卯 | 庚辰 | 辛巳 | 壬午 | 癸未 | 甲申 | 乙酉 | 丙戌 | 丁亥 | 戊子 | 己丑 | 庚寅 | 辛卯 | 壬辰 | 癸巳 | 甲午 | 乙未 | 丙申 | 丁酉 | 戊戌 | 己亥 | 庚子 | 辛丑 | 壬寅 | 癸卯 | 甲辰 | 乙巳 | 丙午 | 丁未 |
| 대운 남 | 9 | 9 | 9 | 10 | 10 | 10 | 소 | 1 | 1 | 1 | 1 | 2 | 2 | 2 | 3 | 3 | 3 | 4 | 4 | 4 | 5 | 5 | 5 | 6 | 6 | 6 | 7 | 7 | 7 | 8 | 8 |
| 대운 녀 | 2 | 2 | 1 | 1 | 1 | 1 | 서 | 10 | 10 | 9 | 9 | 9 | 8 | 8 | 8 | 7 | 7 | 7 | 6 | 6 | 6 | 5 | 5 | 5 | 4 | 4 | 4 | 3 | 3 | 3 | 2 |

입추 7일 09시56분

## 8 · 壬申月(양 8.7~9.6)

처서 23일 00시46분

| 양력 | 1 | 2 | 3 | 4 | 5 | 6 | 7 | 8 | 9 | 10 | 11 | 12 | 13 | 14 | 15 | 16 | 17 | 18 | 19 | 20 | 21 | 22 | 23 | 24 | 25 | 26 | 27 | 28 | 29 | 30 | 31 |
|---|---|---|---|---|---|---|---|---|---|---|---|---|---|---|---|---|---|---|---|---|---|---|---|---|---|---|---|---|---|---|---|
| 음력 | 3 | 4 | 5 | 6 | 7 | 8 | 9 | 10 | 11 | 12 | 13 | 14 | 15 | 16 | 17 | 18 | 19 | 20 | 21 | 22 | 23 | 24 | 25 | 26 | 27 | 28 | 29 | 8.1 | 2 | 3 | 4 |
| 요일 | 日 | 月 | 火 | 水 | 木 | 金 | 土 | 日 | 月 | 火 | 水 | 木 | 金 | 土 | 日 | 月 | 火 | 水 | 木 | 金 | 土 | 日 | 月 | 火 | 水 | 木 | 金 | 土 | 日 | 月 | 火 |
| 일진 | 戊申 | 己酉 | 庚戌 | 辛亥 | 壬子 | 癸丑 | 甲寅 | 乙卯 | 丙辰 | 丁巳 | 戊午 | 己未 | 庚申 | 辛酉 | 壬戌 | 癸亥 | 甲子 | 乙丑 | 丙寅 | 丁卯 | 戊辰 | 己巳 | 庚午 | 辛未 | 壬申 | 癸酉 | 甲戌 | 乙亥 | 丙子 | 丁丑 | 戊寅 |
| 대운 남 | 8 | 9 | 9 | 9 | 10 | 10 | 입 | 1 | 1 | 1 | 1 | 2 | 2 | 2 | 3 | 3 | 3 | 4 | 4 | 4 | 5 | 5 | 5 | 6 | 6 | 6 | 7 | 7 | 7 | 8 | 8 |
| 대운 녀 | 2 | 2 | 1 | 1 | 1 | 1 | 추 | 10 | 10 | 9 | 9 | 9 | 8 | 8 | 8 | 7 | 7 | 7 | 6 | 6 | 6 | 5 | 5 | 5 | 4 | 4 | 4 | 3 | 3 | 3 | 2 |

백로 7일 13시04분

## 9 · 癸酉月(양 9.7~10.7)

추분 22일 22시41분

| 양력 | 1 | 2 | 3 | 4 | 5 | 6 | 7 | 8 | 9 | 10 | 11 | 12 | 13 | 14 | 15 | 16 | 17 | 18 | 19 | 20 | 21 | 22 | 23 | 24 | 25 | 26 | 27 | 28 | 29 | 30 |
|---|---|---|---|---|---|---|---|---|---|---|---|---|---|---|---|---|---|---|---|---|---|---|---|---|---|---|---|---|---|---|
| 음력 | 5 | 6 | 7 | 8 | 9 | 10 | 11 | 12 | 13 | 14 | 15 | 16 | 17 | 18 | 19 | 20 | 21 | 22 | 23 | 24 | 25 | 26 | 27 | 28 | 29 | 30 | 9.1 | 2 | 3 | 4 |
| 요일 | 水 | 木 | 金 | 土 | 日 | 月 | 火 | 水 | 木 | 金 | 土 | 日 | 月 | 火 | 水 | 木 | 金 | 土 | 日 | 月 | 火 | 水 | 木 | 金 | 土 | 日 | 月 | 火 | 水 | 木 |
| 일진 | 己卯 | 庚辰 | 辛巳 | 壬午 | 癸未 | 甲申 | 乙酉 | 丙戌 | 丁亥 | 戊子 | 己丑 | 庚寅 | 辛卯 | 壬辰 | 癸巳 | 甲午 | 乙未 | 丙申 | 丁酉 | 戊戌 | 己亥 | 庚子 | 辛丑 | 壬寅 | 癸卯 | 甲辰 | 乙巳 | 丙午 | 丁未 | 戊申 |
| 대운 남 | 8 | 9 | 9 | 9 | 10 | 10 | 백 | 1 | 1 | 1 | 1 | 2 | 2 | 2 | 3 | 3 | 3 | 4 | 4 | 4 | 5 | 5 | 5 | 6 | 6 | 6 | 7 | 7 | 7 | 8 |
| 대운 녀 | 2 | 2 | 1 | 1 | 1 | 1 | 로 | 10 | 10 | 9 | 9 | 9 | 8 | 8 | 8 | 7 | 7 | 7 | 6 | 6 | 6 | 5 | 5 | 5 | 4 | 4 | 4 | 3 | 3 | 3 |

한로 8일 05시03분

## 10 · 甲戌月(양 10.8~11.6)

상강 23일 08시24분

| 양력 | 1 | 2 | 3 | 4 | 5 | 6 | 7 | 8 | 9 | 10 | 11 | 12 | 13 | 14 | 15 | 16 | 17 | 18 | 19 | 20 | 21 | 22 | 23 | 24 | 25 | 26 | 27 | 28 | 29 | 30 | 31 |
|---|---|---|---|---|---|---|---|---|---|---|---|---|---|---|---|---|---|---|---|---|---|---|---|---|---|---|---|---|---|---|---|
| 음력 | 5 | 6 | 7 | 8 | 9 | 10 | 11 | 12 | 13 | 14 | 15 | 16 | 17 | 18 | 19 | 20 | 21 | 22 | 23 | 24 | 25 | 26 | 27 | 28 | 29 | 30 | 10.1 | 2 | 3 | 4 | 5 |
| 요일 | 金 | 土 | 日 | 月 | 火 | 水 | 木 | 金 | 土 | 日 | 月 | 火 | 水 | 木 | 金 | 土 | 日 | 月 | 火 | 水 | 木 | 金 | 土 | 日 | 月 | 火 | 水 | 木 | 金 | 土 | 日 |
| 일진 | 己酉 | 庚戌 | 辛亥 | 壬子 | 癸丑 | 甲寅 | 乙卯 | 丙辰 | 丁巳 | 戊午 | 己未 | 庚申 | 辛酉 | 壬戌 | 癸亥 | 甲子 | 乙丑 | 丙寅 | 丁卯 | 戊辰 | 己巳 | 庚午 | 辛未 | 壬申 | 癸酉 | 甲戌 | 乙亥 | 丙子 | 丁丑 | 戊寅 | 己卯 |
| 대운 남 | 8 | 8 | 9 | 9 | 9 | 10 | 10 | 한 | 1 | 1 | 1 | 1 | 2 | 2 | 2 | 3 | 3 | 3 | 4 | 4 | 4 | 5 | 5 | 5 | 6 | 6 | 6 | 7 | 7 | 7 | 8 |
| 대운 녀 | 2 | 2 | 2 | 1 | 1 | 1 | 1 | 로 | 10 | 9 | 9 | 9 | 8 | 8 | 8 | 7 | 7 | 7 | 6 | 6 | 6 | 5 | 5 | 5 | 4 | 4 | 4 | 3 | 3 | 3 | 2 |

입동 7일 08시37분

## 11 · 乙亥月(양 11.7~12.6)

소설 22일 06시18분

| 양력 | 1 | 2 | 3 | 4 | 5 | 6 | 7 | 8 | 9 | 10 | 11 | 12 | 13 | 14 | 15 | 16 | 17 | 18 | 19 | 20 | 21 | 22 | 23 | 24 | 25 | 26 | 27 | 28 | 29 | 30 |
|---|---|---|---|---|---|---|---|---|---|---|---|---|---|---|---|---|---|---|---|---|---|---|---|---|---|---|---|---|---|---|
| 음력 | 6 | 7 | 8 | 9 | 10 | 11 | 12 | 13 | 14 | 15 | 16 | 17 | 18 | 19 | 20 | 21 | 22 | 23 | 24 | 25 | 26 | 27 | 28 | 29 | 11.1 | 2 | 3 | 4 | 5 | 6 |
| 요일 | 月 | 火 | 水 | 木 | 金 | 土 | 日 | 月 | 火 | 水 | 木 | 金 | 土 | 日 | 月 | 火 | 水 | 木 | 金 | 土 | 日 | 月 | 火 | 水 | 木 | 金 | 土 | 日 | 月 | 火 |
| 일진 | 庚辰 | 辛巳 | 壬午 | 癸未 | 甲申 | 乙酉 | 丙戌 | 丁亥 | 戊子 | 己丑 | 庚寅 | 辛卯 | 壬辰 | 癸巳 | 甲午 | 乙未 | 丙申 | 丁酉 | 戊戌 | 己亥 | 庚子 | 辛丑 | 壬寅 | 癸卯 | 甲辰 | 乙巳 | 丙午 | 丁未 | 戊申 | 己酉 |
| 대운 남 | 8 | 8 | 9 | 9 | 9 | 10 | 입 | 1 | 1 | 1 | 1 | 2 | 2 | 2 | 3 | 3 | 3 | 4 | 4 | 4 | 5 | 5 | 5 | 6 | 6 | 6 | 7 | 7 | 7 | 8 |
| 대운 녀 | 2 | 2 | 1 | 1 | 1 | 1 | 동 | 10 | 9 | 9 | 9 | 8 | 8 | 8 | 7 | 7 | 7 | 6 | 6 | 6 | 5 | 5 | 5 | 4 | 4 | 4 | 3 | 3 | 3 | 2 |

대설 7일 01시45분

## 12 · 丙子月(양 12.7~1.4)

동지 21일 19시51분

| 양력 | 1 | 2 | 3 | 4 | 5 | 6 | 7 | 8 | 9 | 10 | 11 | 12 | 13 | 14 | 15 | 16 | 17 | 18 | 19 | 20 | 21 | 22 | 23 | 24 | 25 | 26 | 27 | 28 | 29 | 30 | 31 |
|---|---|---|---|---|---|---|---|---|---|---|---|---|---|---|---|---|---|---|---|---|---|---|---|---|---|---|---|---|---|---|---|
| 음력 | 7 | 8 | 9 | 10 | 11 | 12 | 13 | 14 | 15 | 16 | 17 | 18 | 19 | 20 | 21 | 22 | 23 | 24 | 25 | 26 | 27 | 28 | 29 | 30 | 12.1 | 2 | 3 | 4 | 5 | 6 | 7 |
| 요일 | 水 | 木 | 金 | 土 | 日 | 月 | 火 | 水 | 木 | 金 | 土 | 日 | 月 | 火 | 水 | 木 | 金 | 土 | 日 | 月 | 火 | 水 | 木 | 金 | 土 | 日 | 月 | 火 | 水 | 木 | 金 |
| 일진 | 庚戌 | 辛亥 | 壬子 | 癸丑 | 甲寅 | 乙卯 | 丙辰 | 丁巳 | 戊午 | 己未 | 庚申 | 辛酉 | 壬戌 | 癸亥 | 甲子 | 乙丑 | 丙寅 | 丁卯 | 戊辰 | 己巳 | 庚午 | 辛未 | 壬申 | 癸酉 | 甲戌 | 乙亥 | 丙子 | 丁丑 | 戊寅 | 己卯 | 庚辰 |
| 대운 남 | 8 | 8 | 9 | 9 | 9 | 10 | 대 | 1 | 1 | 1 | 1 | 2 | 2 | 2 | 3 | 3 | 3 | 4 | 4 | 4 | 5 | 5 | 5 | 6 | 6 | 6 | 7 | 7 | 7 | 8 | 8 |
| 대운 녀 | 2 | 2 | 1 | 1 | 1 | 1 | 설 | 9 | 9 | 9 | 8 | 8 | 8 | 7 | 7 | 7 | 6 | 6 | 6 | 5 | 5 | 5 | 4 | 4 | 4 | 3 | 3 | 3 | 2 | 2 | 2 |

# 2050년(윤3월)

## 1 · 丁丑月(양 1.5~2.3)

소한 5일 13시06분 | 대한 20일 06시32분

| 양력 | 1 | 2 | 3 | 4 | 5 | 6 | 7 | 8 | 9 | 10 | 11 | 12 | 13 | 14 | 15 | 16 | 17 | 18 | 19 | 20 | 21 | 22 | 23 | 24 | 25 | 26 | 27 | 28 | 29 | 30 | 31 |
|---|---|---|---|---|---|---|---|---|---|---|---|---|---|---|---|---|---|---|---|---|---|---|---|---|---|---|---|---|---|---|---|
| 음력 | 8 | 9 | 10 | 11 | 12 | 13 | 14 | 15 | 16 | 17 | 18 | 19 | 20 | 21 | 22 | 23 | 24 | 25 | 26 | 27 | 28 | 29 | 1.1 | 2 | 3 | 4 | 5 | 6 | 7 | 8 | 9 |
| 요일 | 土 | 日 | 月 | 火 | 水 | 木 | 金 | 土 | 日 | 月 | 火 | 水 | 木 | 金 | 土 | 日 | 月 | 火 | 水 | 木 | 金 | 土 | 日 | 月 | 火 | 水 | 木 | 金 | 土 | 日 | 月 |
| 일진 | 辛巳 | 壬午 | 癸未 | 甲申 | 乙酉 | 丙戌 | 丁亥 | 戊子 | 己丑 | 庚寅 | 辛卯 | 壬辰 | 癸巳 | 甲午 | 乙未 | 丙申 | 丁酉 | 戊戌 | 己亥 | 庚子 | 辛丑 | 壬寅 | 癸卯 | 甲辰 | 乙巳 | 丙午 | 丁未 | 戊申 | 己酉 | 庚戌 | 辛亥 |
| 대운 남 | 8 | 9 | 9 | 9 | 소 | 1 | 1 | 1 | 1 | 2 | 2 | 2 | 3 | 3 | 3 | 4 | 4 | 4 | 5 | 5 | 5 | 6 | 6 | 6 | 7 | 7 | 7 | 8 | 8 | 8 | 9 |
| 대운 녀 | 1 | 1 | 1 | 1 | 한 | 10 | 9 | 9 | 9 | 8 | 8 | 8 | 7 | 7 | 7 | 6 | 6 | 6 | 5 | 5 | 5 | 4 | 4 | 4 | 3 | 3 | 3 | 2 | 2 | 2 | 1 |

## 2 · 戊寅月(양 2.4~3.4)

입춘 4일 00시42분 | 우수 18일 20시34분

| 양력 | 1 | 2 | 3 | 4 | 5 | 6 | 7 | 8 | 9 | 10 | 11 | 12 | 13 | 14 | 15 | 16 | 17 | 18 | 19 | 20 | 21 | 22 | 23 | 24 | 25 | 26 | 27 | 28 |
|---|---|---|---|---|---|---|---|---|---|---|---|---|---|---|---|---|---|---|---|---|---|---|---|---|---|---|---|---|
| 음력 | 10 | 11 | 12 | 13 | 14 | 15 | 16 | 17 | 18 | 19 | 20 | 21 | 22 | 23 | 24 | 25 | 26 | 27 | 28 | 29 | 30 | 2.1 | 2 | 3 | 4 | 5 | 6 | 7 |
| 요일 | 火 | 水 | 木 | 金 | 土 | 日 | 月 | 火 | 水 | 木 | 金 | 土 | 日 | 月 | 火 | 水 | 木 | 金 | 土 | 日 | 月 | 火 | 水 | 木 | 金 | 土 | 日 | 月 |
| 일진 | 壬子 | 癸丑 | 甲寅 | 乙卯 | 丙辰 | 丁巳 | 戊午 | 己未 | 庚申 | 辛酉 | 壬戌 | 癸亥 | 甲子 | 乙丑 | 丙寅 | 丁卯 | 戊辰 | 己巳 | 庚午 | 辛未 | 壬申 | 癸酉 | 甲戌 | 乙亥 | 丙子 | 丁丑 | 戊寅 | 己卯 |
| 대운 남 | 9 | 9 | 10 | 입 | 9 | 9 | 9 | 8 | 8 | 8 | 7 | 7 | 7 | 6 | 6 | 6 | 5 | 5 | 5 | 4 | 4 | 4 | 3 | 3 | 3 | 2 | 2 | 2 |
| 대운 녀 | 1 | 1 | 1 | 춘 | 1 | 1 | 1 | 1 | 2 | 2 | 2 | 3 | 3 | 3 | 4 | 4 | 4 | 5 | 5 | 5 | 6 | 6 | 6 | 7 | 7 | 7 | 8 | 8 |

## 3 · 己卯月(양 3.5~4.3)

경칩 5일 18시31분 | 춘분 20일 19시18분

| 양력 | 1 | 2 | 3 | 4 | 5 | 6 | 7 | 8 | 9 | 10 | 11 | 12 | 13 | 14 | 15 | 16 | 17 | 18 | 19 | 20 | 21 | 22 | 23 | 24 | 25 | 26 | 27 | 28 | 29 | 30 | 31 |
|---|---|---|---|---|---|---|---|---|---|---|---|---|---|---|---|---|---|---|---|---|---|---|---|---|---|---|---|---|---|---|---|
| 음력 | 8 | 9 | 10 | 11 | 12 | 13 | 14 | 15 | 16 | 17 | 18 | 19 | 20 | 21 | 22 | 23 | 24 | 25 | 26 | 27 | 28 | 29 | 3.1 | 2 | 3 | 4 | 5 | 6 | 7 | 8 | 9 |
| 요일 | 火 | 水 | 木 | 金 | 土 | 日 | 月 | 火 | 水 | 木 | 金 | 土 | 日 | 月 | 火 | 水 | 木 | 金 | 土 | 日 | 月 | 火 | 水 | 木 | 金 | 土 | 日 | 月 | 火 | 水 | 木 |
| 일진 | 庚辰 | 辛巳 | 壬午 | 癸未 | 甲申 | 乙酉 | 丙戌 | 丁亥 | 戊子 | 己丑 | 庚寅 | 辛卯 | 壬辰 | 癸巳 | 甲午 | 乙未 | 丙申 | 丁酉 | 戊戌 | 己亥 | 庚子 | 辛丑 | 壬寅 | 癸卯 | 甲辰 | 乙巳 | 丙午 | 丁未 | 戊申 | 己酉 | 庚戌 |
| 대운 남 | 1 | 1 | 1 | 1 | 경 | 10 | 9 | 9 | 9 | 8 | 8 | 8 | 7 | 7 | 7 | 6 | 6 | 6 | 5 | 5 | 5 | 4 | 4 | 4 | 3 | 3 | 3 | 2 | 2 | 2 | 1 |
| 대운 녀 | 8 | 9 | 9 | 9 | 칩 | 1 | 1 | 1 | 1 | 2 | 2 | 2 | 3 | 3 | 3 | 4 | 4 | 4 | 5 | 5 | 5 | 6 | 6 | 6 | 7 | 7 | 7 | 8 | 8 | 8 | 9 |

## 4 · 庚辰月(양 4.4~5.4)

청명 4일 23시02분 | 곡우 20일 06시01분

| 양력 | 1 | 2 | 3 | 4 | 5 | 6 | 7 | 8 | 9 | 10 | 11 | 12 | 13 | 14 | 15 | 16 | 17 | 18 | 19 | 20 | 21 | 22 | 23 | 24 | 25 | 26 | 27 | 28 | 29 | 30 |
|---|---|---|---|---|---|---|---|---|---|---|---|---|---|---|---|---|---|---|---|---|---|---|---|---|---|---|---|---|---|---|
| 음력 | 10 | 11 | 12 | 13 | 14 | 15 | 16 | 17 | 18 | 19 | 20 | 21 | 22 | 23 | 24 | 25 | 26 | 27 | 28 | 29 | 윤 | 3.2 | 3 | 4 | 5 | 6 | 7 | 8 | 9 | 10 |
| 요일 | 金 | 土 | 日 | 月 | 火 | 水 | 木 | 金 | 土 | 日 | 月 | 火 | 水 | 木 | 金 | 土 | 日 | 月 | 火 | 水 | 木 | 金 | 土 | 日 | 月 | 火 | 水 | 木 | 金 | 土 |
| 일진 | 辛亥 | 壬子 | 癸丑 | 甲寅 | 乙卯 | 丙辰 | 丁巳 | 戊午 | 己未 | 庚申 | 辛酉 | 壬戌 | 癸亥 | 甲子 | 乙丑 | 丙寅 | 丁卯 | 戊辰 | 己巳 | 庚午 | 辛未 | 壬申 | 癸酉 | 甲戌 | 乙亥 | 丙子 | 丁丑 | 戊寅 | 己卯 | 庚辰 |
| 대운 남 | 1 | 1 | 1 | 청 | 10 | 10 | 9 | 9 | 9 | 8 | 8 | 8 | 7 | 7 | 7 | 6 | 6 | 6 | 5 | 5 | 5 | 4 | 4 | 4 | 3 | 3 | 3 | 2 | 2 | 2 |
| 대운 녀 | 9 | 9 | 10 | 명 | 1 | 1 | 1 | 1 | 2 | 2 | 2 | 3 | 3 | 3 | 4 | 4 | 4 | 5 | 5 | 5 | 6 | 6 | 6 | 7 | 7 | 7 | 8 | 8 | 8 | 9 |

## 5 · 辛巳月(양 5.5~6.4)

입하 5일 16시00분 | 소만 21일 04시49분

| 양력 | 1 | 2 | 3 | 4 | 5 | 6 | 7 | 8 | 9 | 10 | 11 | 12 | 13 | 14 | 15 | 16 | 17 | 18 | 19 | 20 | 21 | 22 | 23 | 24 | 25 | 26 | 27 | 28 | 29 | 30 | 31 |
|---|---|---|---|---|---|---|---|---|---|---|---|---|---|---|---|---|---|---|---|---|---|---|---|---|---|---|---|---|---|---|---|
| 음력 | 11 | 12 | 13 | 14 | 15 | 16 | 17 | 18 | 19 | 20 | 21 | 22 | 23 | 24 | 25 | 26 | 27 | 28 | 29 | 30 | 4.1 | 2 | 3 | 4 | 5 | 6 | 7 | 8 | 9 | 10 | 11 |
| 요일 | 日 | 月 | 火 | 水 | 木 | 金 | 土 | 日 | 月 | 火 | 水 | 木 | 金 | 土 | 日 | 月 | 火 | 水 | 木 | 金 | 土 | 日 | 月 | 火 | 水 | 木 | 金 | 土 | 日 | 月 | 火 |
| 일진 | 辛巳 | 壬午 | 癸未 | 甲申 | 乙酉 | 丙戌 | 丁亥 | 戊子 | 己丑 | 庚寅 | 辛卯 | 壬辰 | 癸巳 | 甲午 | 乙未 | 丙申 | 丁酉 | 戊戌 | 己亥 | 庚子 | 辛丑 | 壬寅 | 癸卯 | 甲辰 | 乙巳 | 丙午 | 丁未 | 戊申 | 己酉 | 庚戌 | 辛亥 |
| 대운 남 | 1 | 1 | 1 | 1 | 입 | 10 | 10 | 9 | 9 | 9 | 8 | 8 | 8 | 7 | 7 | 7 | 6 | 6 | 6 | 5 | 5 | 5 | 4 | 4 | 4 | 3 | 3 | 3 | 2 | 2 | 2 |
| 대운 녀 | 9 | 9 | 10 | 10 | 하 | 1 | 1 | 1 | 1 | 2 | 2 | 2 | 3 | 3 | 3 | 4 | 4 | 4 | 5 | 5 | 5 | 6 | 6 | 6 | 7 | 7 | 7 | 8 | 8 | 8 | 9 |

## 6 · 壬午月(양 6.5~7.6)

망종 5일 19시53분 | 하지 21일 12시31분

| 양력 | 1 | 2 | 3 | 4 | 5 | 6 | 7 | 8 | 9 | 10 | 11 | 12 | 13 | 14 | 15 | 16 | 17 | 18 | 19 | 20 | 21 | 22 | 23 | 24 | 25 | 26 | 27 | 28 | 29 | 30 |
|---|---|---|---|---|---|---|---|---|---|---|---|---|---|---|---|---|---|---|---|---|---|---|---|---|---|---|---|---|---|---|
| 음력 | 12 | 13 | 14 | 15 | 16 | 17 | 18 | 19 | 20 | 21 | 22 | 23 | 24 | 25 | 26 | 27 | 28 | 29 | 5.1 | 2 | 3 | 4 | 5 | 6 | 7 | 8 | 9 | 10 | 11 | 12 |
| 요일 | 水 | 木 | 金 | 土 | 日 | 月 | 火 | 水 | 木 | 金 | 土 | 日 | 月 | 火 | 水 | 木 | 金 | 土 | 日 | 月 | 火 | 水 | 木 | 金 | 土 | 日 | 月 | 火 | 水 | 木 |
| 일진 | 壬子 | 癸丑 | 甲寅 | 乙卯 | 丙辰 | 丁巳 | 戊午 | 己未 | 庚申 | 辛酉 | 壬戌 | 癸亥 | 甲子 | 乙丑 | 丙寅 | 丁卯 | 戊辰 | 己巳 | 庚午 | 辛未 | 壬申 | 癸酉 | 甲戌 | 乙亥 | 丙子 | 丁丑 | 戊寅 | 己卯 | 庚辰 | 辛巳 |
| 대운 남 | 1 | 1 | 1 | 1 | 망 | 10 | 10 | 10 | 9 | 9 | 9 | 8 | 8 | 8 | 7 | 7 | 7 | 6 | 6 | 6 | 5 | 5 | 5 | 4 | 4 | 4 | 3 | 3 | 3 | 2 |
| 대운 녀 | 9 | 9 | 10 | 10 | 종 | 1 | 1 | 1 | 1 | 2 | 2 | 2 | 3 | 3 | 3 | 4 | 4 | 4 | 5 | 5 | 5 | 6 | 6 | 6 | 7 | 7 | 7 | 8 | 8 | 8 |

소서 7일 06시00분 **7 · 癸未月(양 7.7~8.6)** 대서 22일 23시20분

| 양력 | 1 | 2 | 3 | 4 | 5 | 6 | 7 | 8 | 9 | 10 | 11 | 12 | 13 | 14 | 15 | 16 | 17 | 18 | 19 | 20 | 21 | 22 | 23 | 24 | 25 | 26 | 27 | 28 | 29 | 30 | 31 |
|---|---|---|---|---|---|---|---|---|---|---|---|---|---|---|---|---|---|---|---|---|---|---|---|---|---|---|---|---|---|---|---|
| 음력 | 13 | 14 | 15 | 16 | 17 | 18 | 19 | 20 | 21 | 22 | 23 | 24 | 25 | 26 | 27 | 28 | 29 | 30 | 6.1 | 2 | 3 | 4 | 5 | 6 | 7 | 8 | 9 | 10 | 11 | 12 | 13 |
| 요일 | 金 | 土 | 日 | 月 | 火 | 水 | 木 | 金 | 土 | 日 | 月 | 火 | 水 | 木 | 金 | 土 | 日 | 月 | 火 | 水 | 木 | 金 | 土 | 日 | 月 | 火 | 水 | 木 | 金 | 土 | 日 |
| 일진 | 壬午 | 癸未 | 甲申 | 乙酉 | 丙戌 | 丁亥 | 戊子 | 己丑 | 庚寅 | 辛卯 | 壬辰 | 癸巳 | 甲午 | 乙未 | 丙申 | 丁酉 | 戊戌 | 己亥 | 庚子 | 辛丑 | 壬寅 | 癸卯 | 甲辰 | 乙巳 | 丙午 | 丁未 | 戊申 | 己酉 | 庚戌 | 辛亥 | 壬子 |
| 대운 남 | 2 | 2 | 1 | 1 | 1 | 1 | 소 | 10 | 10 | 9 | 9 | 9 | 8 | 8 | 8 | 7 | 7 | 7 | 6 | 6 | 6 | 5 | 5 | 5 | 4 | 4 | 4 | 3 | 3 | 3 | 2 |
| 대운 녀 | 9 | 9 | 9 | 10 | 10 | 10 | 서 | 1 | 1 | 1 | 1 | 2 | 2 | 2 | 3 | 3 | 3 | 4 | 4 | 4 | 5 | 5 | 5 | 6 | 6 | 6 | 7 | 7 | 7 | 8 | 8 |

입추 7일 15시51분 **8 · 甲申月(양 8.7~9.6)** 처서 23일 06시31분

| 양력 | 1 | 2 | 3 | 4 | 5 | 6 | 7 | 8 | 9 | 10 | 11 | 12 | 13 | 14 | 15 | 16 | 17 | 18 | 19 | 20 | 21 | 22 | 23 | 24 | 25 | 26 | 27 | 28 | 29 | 30 | 31 |
|---|---|---|---|---|---|---|---|---|---|---|---|---|---|---|---|---|---|---|---|---|---|---|---|---|---|---|---|---|---|---|---|
| 음력 | 14 | 15 | 16 | 17 | 18 | 19 | 20 | 21 | 22 | 23 | 24 | 25 | 26 | 27 | 28 | 29 | 7.1 | 2 | 3 | 4 | 5 | 6 | 7 | 8 | 9 | 10 | 11 | 12 | 13 | 14 | 15 |
| 요일 | 月 | 火 | 水 | 木 | 金 | 土 | 日 | 月 | 火 | 水 | 木 | 金 | 土 | 日 | 月 | 火 | 水 | 木 | 金 | 土 | 日 | 月 | 火 | 水 | 木 | 金 | 土 | 日 | 月 | 火 | 水 |
| 일진 | 癸丑 | 甲寅 | 乙卯 | 丙辰 | 丁巳 | 戊午 | 己未 | 庚申 | 辛酉 | 壬戌 | 癸亥 | 甲子 | 乙丑 | 丙寅 | 丁卯 | 戊辰 | 己巳 | 庚午 | 辛未 | 壬申 | 癸酉 | 甲戌 | 乙亥 | 丙子 | 丁丑 | 戊寅 | 己卯 | 庚辰 | 辛巳 | 壬午 | 癸未 |
| 대운 남 | 2 | 2 | 1 | 1 | 1 | 1 | 입 | 10 | 10 | 9 | 9 | 9 | 8 | 8 | 8 | 7 | 7 | 7 | 6 | 6 | 6 | 5 | 5 | 5 | 4 | 4 | 4 | 3 | 3 | 3 | 2 |
| 대운 녀 | 8 | 9 | 9 | 9 | 10 | 10 | 추 | 1 | 1 | 1 | 1 | 2 | 2 | 2 | 3 | 3 | 3 | 4 | 4 | 4 | 5 | 5 | 5 | 6 | 6 | 6 | 7 | 7 | 7 | 8 | 8 |

백로 7일 18시59분 **9 · 乙酉月(양 9.7~10.7)** 추분 23일 04시27분

| 양력 | 1 | 2 | 3 | 4 | 5 | 6 | 7 | 8 | 9 | 10 | 11 | 12 | 13 | 14 | 15 | 16 | 17 | 18 | 19 | 20 | 21 | 22 | 23 | 24 | 25 | 26 | 27 | 28 | 29 | 30 |
|---|---|---|---|---|---|---|---|---|---|---|---|---|---|---|---|---|---|---|---|---|---|---|---|---|---|---|---|---|---|---|
| 음력 | 16 | 17 | 18 | 19 | 20 | 21 | 22 | 23 | 24 | 25 | 26 | 27 | 28 | 29 | 30 | 8.1 | 2 | 3 | 4 | 5 | 6 | 7 | 8 | 9 | 10 | 11 | 12 | 13 | 14 | 15 |
| 요일 | 木 | 金 | 土 | 日 | 月 | 火 | 水 | 木 | 金 | 土 | 日 | 月 | 火 | 水 | 木 | 金 | 土 | 日 | 月 | 火 | 水 | 木 | 金 | 土 | 日 | 月 | 火 | 水 | 木 | 金 |
| 일진 | 甲申 | 乙酉 | 丙戌 | 丁亥 | 戊子 | 己丑 | 庚寅 | 辛卯 | 壬辰 | 癸巳 | 甲午 | 乙未 | 丙申 | 丁酉 | 戊戌 | 己亥 | 庚子 | 辛丑 | 壬寅 | 癸卯 | 甲辰 | 乙巳 | 丙午 | 丁未 | 戊申 | 己酉 | 庚戌 | 辛亥 | 壬子 | 癸丑 |
| 대운 남 | 2 | 2 | 1 | 1 | 1 | 1 | 백 | 10 | 10 | 9 | 9 | 9 | 8 | 8 | 8 | 7 | 7 | 7 | 6 | 6 | 6 | 5 | 5 | 5 | 4 | 4 | 4 | 3 | 3 | 3 |
| 대운 녀 | 8 | 9 | 9 | 9 | 10 | 10 | 로 | 1 | 1 | 1 | 1 | 2 | 2 | 2 | 3 | 3 | 3 | 4 | 4 | 4 | 5 | 5 | 5 | 6 | 6 | 6 | 7 | 7 | 7 | 8 |

한로 8일 10시59분 **10 · 丙戌月(양 10.8~11.6)** 상강 23일 14시10분

| 양력 | 1 | 2 | 3 | 4 | 5 | 6 | 7 | 8 | 9 | 10 | 11 | 12 | 13 | 14 | 15 | 16 | 17 | 18 | 19 | 20 | 21 | 22 | 23 | 24 | 25 | 26 | 27 | 28 | 29 | 30 | 31 |
|---|---|---|---|---|---|---|---|---|---|---|---|---|---|---|---|---|---|---|---|---|---|---|---|---|---|---|---|---|---|---|---|
| 음력 | 16 | 17 | 18 | 19 | 20 | 21 | 22 | 23 | 24 | 25 | 26 | 27 | 28 | 29 | 30 | 9.1 | 2 | 3 | 4 | 5 | 6 | 7 | 8 | 9 | 10 | 11 | 12 | 13 | 14 | 15 | 16 |
| 요일 | 土 | 日 | 月 | 火 | 水 | 木 | 金 | 土 | 日 | 月 | 火 | 水 | 木 | 金 | 土 | 日 | 月 | 火 | 水 | 木 | 金 | 土 | 日 | 月 | 火 | 水 | 木 | 金 | 土 | 日 | 月 |
| 일진 | 甲寅 | 乙卯 | 丙辰 | 丁巳 | 戊午 | 己未 | 庚申 | 辛酉 | 壬戌 | 癸亥 | 甲子 | 乙丑 | 丙寅 | 丁卯 | 戊辰 | 己巳 | 庚午 | 辛未 | 壬申 | 癸酉 | 甲戌 | 乙亥 | 丙子 | 丁丑 | 戊寅 | 己卯 | 庚辰 | 辛巳 | 壬午 | 癸未 | 甲申 |
| 대운 남 | 2 | 2 | 2 | 1 | 1 | 1 | 1 | 한 | 10 | 9 | 9 | 9 | 8 | 8 | 8 | 7 | 7 | 7 | 6 | 6 | 6 | 5 | 5 | 5 | 4 | 4 | 4 | 3 | 3 | 3 | 2 |
| 대운 녀 | 8 | 8 | 9 | 9 | 9 | 10 | 10 | 로 | 1 | 1 | 1 | 1 | 2 | 2 | 2 | 3 | 3 | 3 | 4 | 4 | 4 | 5 | 5 | 5 | 6 | 6 | 6 | 7 | 7 | 7 | 8 |

입동 7일 14시32분 **11 · 丁亥月(양 11.7~12.6)** 소설 22일 12시05분

| 양력 | 1 | 2 | 3 | 4 | 5 | 6 | 7 | 8 | 9 | 10 | 11 | 12 | 13 | 14 | 15 | 16 | 17 | 18 | 19 | 20 | 21 | 22 | 23 | 24 | 25 | 26 | 27 | 28 | 29 | 30 |
|---|---|---|---|---|---|---|---|---|---|---|---|---|---|---|---|---|---|---|---|---|---|---|---|---|---|---|---|---|---|---|
| 음력 | 17 | 18 | 19 | 20 | 21 | 22 | 23 | 24 | 25 | 26 | 27 | 28 | 29 | 10.1 | 2 | 3 | 4 | 5 | 6 | 7 | 8 | 9 | 10 | 11 | 12 | 13 | 14 | 15 | 16 | 17 |
| 요일 | 火 | 水 | 木 | 金 | 土 | 日 | 月 | 火 | 水 | 木 | 金 | 土 | 日 | 月 | 火 | 水 | 木 | 金 | 土 | 日 | 月 | 火 | 水 | 木 | 金 | 土 | 日 | 月 | 火 | 水 |
| 일진 | 乙酉 | 丙戌 | 丁亥 | 戊子 | 己丑 | 庚寅 | 辛卯 | 壬辰 | 癸巳 | 甲午 | 乙未 | 丙申 | 丁酉 | 戊戌 | 己亥 | 庚子 | 辛丑 | 壬寅 | 癸卯 | 甲辰 | 乙巳 | 丙午 | 丁未 | 戊申 | 己酉 | 庚戌 | 辛亥 | 壬子 | 癸丑 | 甲寅 |
| 대운 남 | 2 | 2 | 1 | 1 | 1 | 1 | 입 | 10 | 9 | 9 | 9 | 8 | 8 | 8 | 7 | 7 | 7 | 6 | 6 | 6 | 5 | 5 | 5 | 4 | 4 | 4 | 3 | 3 | 3 | 2 |
| 대운 녀 | 8 | 8 | 9 | 9 | 9 | 10 | 동 | 1 | 1 | 1 | 1 | 2 | 2 | 2 | 3 | 3 | 3 | 4 | 4 | 4 | 5 | 5 | 5 | 6 | 6 | 6 | 7 | 7 | 7 | 8 |

대설 7일 07시40분 **12 · 戊子月(양 12.7~1.4)** 동지 22일 01시37분

| 양력 | 1 | 2 | 3 | 4 | 5 | 6 | 7 | 8 | 9 | 10 | 11 | 12 | 13 | 14 | 15 | 16 | 17 | 18 | 19 | 20 | 21 | 22 | 23 | 24 | 25 | 26 | 27 | 28 | 29 | 30 | 31 |
|---|---|---|---|---|---|---|---|---|---|---|---|---|---|---|---|---|---|---|---|---|---|---|---|---|---|---|---|---|---|---|---|
| 음력 | 18 | 19 | 20 | 21 | 22 | 23 | 24 | 25 | 26 | 27 | 28 | 29 | 30 | 11.1 | 2 | 3 | 4 | 5 | 6 | 7 | 8 | 9 | 10 | 11 | 12 | 13 | 14 | 15 | 16 | 17 | 18 |
| 요일 | 木 | 金 | 土 | 日 | 月 | 火 | 水 | 木 | 金 | 土 | 日 | 月 | 火 | 水 | 木 | 金 | 土 | 日 | 月 | 火 | 水 | 木 | 金 | 土 | 日 | 月 | 火 | 水 | 木 | 金 | 土 |
| 일진 | 乙卯 | 丙辰 | 丁巳 | 戊午 | 己未 | 庚申 | 辛酉 | 壬戌 | 癸亥 | 甲子 | 乙丑 | 丙寅 | 丁卯 | 戊辰 | 己巳 | 庚午 | 辛未 | 壬申 | 癸酉 | 甲戌 | 乙亥 | 丙子 | 丁丑 | 戊寅 | 己卯 | 庚辰 | 辛巳 | 壬午 | 癸未 | 甲申 | 乙酉 |
| 대운 남 | 2 | 2 | 1 | 1 | 1 | 1 | 대 | 9 | 9 | 9 | 8 | 8 | 8 | 7 | 7 | 7 | 6 | 6 | 6 | 5 | 5 | 5 | 4 | 4 | 4 | 3 | 3 | 3 | 2 | 2 | 2 |
| 대운 녀 | 8 | 8 | 9 | 9 | 9 | 10 | 설 | 1 | 1 | 1 | 1 | 2 | 2 | 2 | 3 | 3 | 3 | 4 | 4 | 4 | 5 | 5 | 5 | 6 | 6 | 6 | 7 | 7 | 7 | 8 | 8 |

# 사주역학 관련자료 이용하기

사주역학 일반
택일 · 택방
혼인
이사
작명

# 사주역학 일반

### 천간지지

| 천간 | 甲 | 乙 | 丙 | 丁 | 戊 | 己 | 庚 | 辛 | 壬 | 癸 | | |
|---|---|---|---|---|---|---|---|---|---|---|---|---|
| 지지 | 子 | 丑 | 寅 | 卯 | 辰 | 巳 | 午 | 未 | 申 | 酉 | 戌 | 亥 |

### 육십갑자와 공망

| 甲子순 | 甲子 | 乙丑 | 丙寅 | 丁卯 | 戊辰 | 己巳 | 庚午 | 辛未 | 壬申 | 癸酉 | 戌·亥공망 |
|---|---|---|---|---|---|---|---|---|---|---|---|
| 甲戌순 | 甲戌 | 乙亥 | 丙子 | 丁丑 | 戊寅 | 己卯 | 庚辰 | 辛巳 | 壬午 | 癸未 | 申·酉공망 |
| 甲申순 | 甲申 | 乙酉 | 丙戌 | 丁亥 | 戊子 | 己丑 | 庚寅 | 辛卯 | 壬辰 | 癸巳 | 午·未공망 |
| 甲午순 | 甲午 | 乙未 | 丙申 | 丁酉 | 戊戌 | 己亥 | 庚子 | 辛丑 | 壬寅 | 癸卯 | 辰·巳공망 |
| 甲辰순 | 甲辰 | 乙巳 | 丙午 | 丁未 | 戊申 | 己酉 | 庚戌 | 辛亥 | 壬子 | 癸丑 | 寅·卯공망 |
| 甲寅순 | 甲寅 | 乙卯 | 丙辰 | 丁巳 | 戊午 | 己未 | 庚申 | 辛酉 | 壬戌 | 癸亥 | 子·丑공망 |

**월지별 절기와 계절 구분**

| 월 | 1월 | 2월 | 3월 | 4월 | 5월 | 6월 | 7월 | 8월 | 9월 | 10월 | 11월 | 12월 |
|---|---|---|---|---|---|---|---|---|---|---|---|---|
| 지지 | 寅 | 卯 | 辰 | 巳 | 午 | 未 | 申 | 酉 | 戌 | 亥 | 子 | 丑 |
| 절기 | 입춘 | 경칩 | 청명 | 입하 | 망종 | 소서 | 입추 | 백로 | 한로 | 입동 | 대설 | 소한 |
| | 우수 | 춘분 | 곡우 | 소만 | 하지 | 대서 | 처서 | 추분 | 상강 | 소설 | 동지 | 대한 |
| 계절 | 봄 | | | 여름 | | | 가을 | | | 겨울 | | |

**지지의 절기 배정**

## 1. 천간과 지지

천간은 甲·乙·丙·丁·戊·己·庚·辛·壬·癸의 10개로 이루어져 있고, 지지는 子·丑·寅·卯·辰·巳·午·未·申·

酉 · 戌 · 亥의 12개로 이루어져 있다.

### 천간의 음양오행과 속성

| 구분＼천간 | 甲 | 乙 | 丙 | 丁 | 戊 | 己 | 庚 | 辛 | 壬 | 癸 |
|---|---|---|---|---|---|---|---|---|---|---|
| 음양 | 양 | 음 | 양 | 음 | 양 | 음 | 양 | 음 | 양 | 음 |
| 오행 | 목 | | 화 | | 토 | | 금 | | 수 | |
| 색 | 청색 | | 적색 | | 황색 | | 백색 | | 흑색 | |
| 방향 | 동 | | 남 | | 중앙 | | 서 | | 북 | |
| 숫자 | 3 · 8 | | 2 · 7 | | 5 · 10 | | 4 · 9 | | 1 · 6 | |

### 지지의 음양오행과 속성

| 구분＼지지 | 子 | 丑 | 寅 | 卯 | 辰 | 巳 | 午 | 未 | 申 | 酉 | 戌 | 亥 |
|---|---|---|---|---|---|---|---|---|---|---|---|---|
| 음양 | 양 | 음 | 양 | 음 | 양 | 음 | 양 | 음 | 양 | 음 | 양 | 음 |
| 오행 | 수 | 토 | 목 | 목 | 토 | 화 | 화 | 토 | 금 | 금 | 토 | 수 |
| 띠동물 | 쥐 | 소 | 호랑이 | 토끼 | 용 | 뱀 | 말 | 양 | 원숭이 | 닭 | 개 | 돼지 |
| 색 | 흑색 | 황색 | 청색 | 청색 | 황색 | 적색 | 적색 | 황색 | 백색 | 백색 | 황색 | 흑색 |
| 방향 | 북 | 북동 | 동 | 동 | 동남 | 남 | 남 | 남서 | 서 | 서 | 북서 | 북 |

## 지지의 기본 성격

| 지지 | 기본성격 | 장점 | 단점 |
|---|---|---|---|
| 子 | 도화 | 감각적이다 | 실천력이 약하다 |
| 丑 | 고집 | 꾸준하다 | 쓸데없는 고집이 있다 |
| 寅 | 역마 | 여유롭다 | 몰아치기한다 |
| 卯 | 도화 | 꾸준하다 | 욕심이 많다 |
| 辰 | 고집 | 적극적이다 | 신경이 예민하다 |
| 巳 | 역마 | 활동성이 크다 | 안정감이 떨어진다 |
| 午 | 도화 | 활동 영역이 넓다 | 성격이 급하다 |
| 未 | 고집 | 집중력이 있다 | 지배받기 싫어한다 |
| 申 | 역마 | 지혜롭다 | 잔재주가 많다 |
| 酉 | 도화 | 재주가 많다 | 잔소리가 심하다 |
| 戌 | 고집 | 추진력이 있다 | 고집이 매우 세다 |
| 亥 | 역마 | 활동성이 크다 | 생각이 너무 많다 |

## 지지의 지장간과 활동기간

| 지지 \ 기간 | 초기 | 중기 | 정기 |
|---|---|---|---|
| 子 | 壬(10일 1시간) | | 癸(20일 2시간) |
| 丑 | 癸(9일 3시간) | 辛(3일 1시간) | 己(18일 6시간) |
| 寅 | 戊(7일 2시간) | 丙(7일 2시간) | 甲(16일 5시간) |
| 卯 | 甲(10일 3시간) | | 乙(20일 6시간) |
| 辰 | 乙(9일 3시간) | 癸(3일 1시간) | 戊(18일 6시간) |
| 巳 | 戊(7일 2시간) | 庚(7일 3시간) | 丙(16일 5시간) |
| 午 | 丙(10일) | 己(10일 1시간) | 丁(11일 2시간) |
| 未 | 丁(9일 3시간) | 乙(3일 1시간) | 己(18일 6시간) |
| 申 | 戊(7일 2시간) | 壬(7일 2시간) | 庚(16일 5시간) |
| 酉 | 庚(10일 3시간) | | 辛(20일 6시간) |
| 戌 | 辛(9일 3시간) | 丁(3일 1시간) | 戊(18일 6시간) |
| 亥 | 戊(7일 2시간) | 甲(7일 1시간) | 壬(16일 5시간) |

## 오행의 속성

| 구분 \ 오행 | 목 | 화 | 토 | 금 | 수 |
|---|---|---|---|---|---|
| 방향 | 동 | 남 | 중앙 | 서 | 북 |
| 계절 | 봄 | 여름 | 환절기 | 가을 | 겨울 |
| 색 | 청색 | 적색 | 황색 | 백색 | 흑색 |
| 맛 | 신맛 | 쓴맛 | 단맛 | 매운맛 | 짠맛 |
| 숫자 | 3 · 8 | 2 · 7 | 5 · 10 | 4 · 9 | 1 · 6 |
| 오음 | ㄱ · ㅋ | ㄴ·ㄷ·ㅌ·ㄹ | ㅇ · ㅎ | ㅅ · ㅈ · ㅊ | ㅁ · ㅂ · ㅍ |
| 온도 | 따뜻함 | 뜨거움 | 변화함 | 서늘함 | 차가움 |
| 성질 | 인(仁) | 예(禮) | 신(信) | 의(義) | 지(智) |
| 오장 | 간 | 심장 | 비장 | 폐 | 신장 |
| 하루 | 아침 | 낮 | 사이 | 저녁 | 밤 |

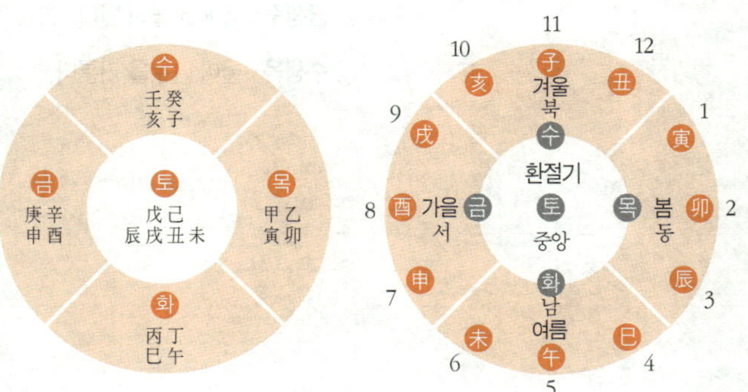

## 오행의 생 · 극 · 비

| 상생 | 상극 | 상비 | 통관 오행 |
|---|---|---|---|
| 목생화 | 목극토 | 목—목 | 화 |
| 화생토 | 화극금 | 화—화 | 토 |
| 토생금 | 토극수 | 토—토 | 금 |
| 금생수 | 금극목 | 금—금 | 수 |
| 수생목 | 수극화 | 수—수 | 목 |

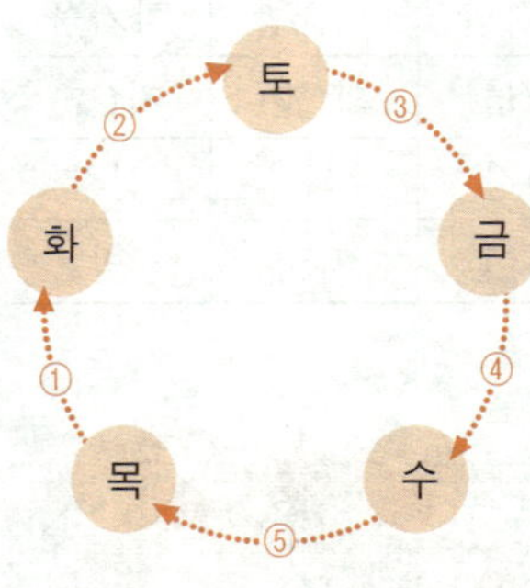


### ■ 상생의 원리

① **목생화** : 나무가 불을 일으킨다.

② **화생토** : 불이 흙을 더한다.

③ **토생금** : 흙에서 쇠가 난다.

④ **금생수** : 쇠에서 물이 난다.

⑤ **수생목** : 물이 나무를 기른다.

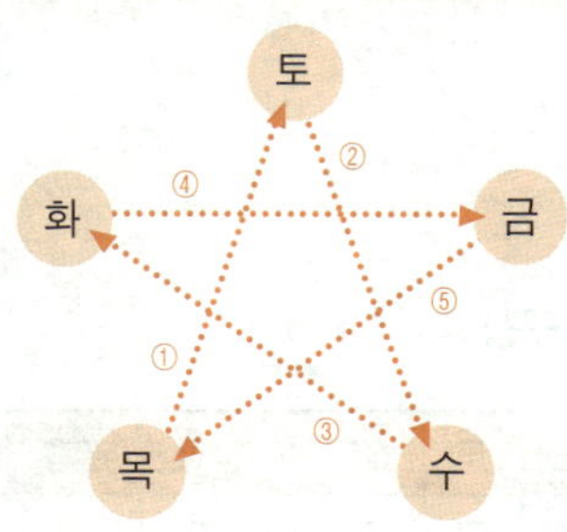


■ 상극의 원리

① **목극토** : 나무는 흙을 마르게 한다.

② **토극수** : 흙은 물을 막는다.

③ **수극화** : 물은 불을 제한다.

④ **화극금** : 불은 쇠를 녹인다.

⑤ **금극목** : 쇠는 나무를 자른다.

※ 화살표 시작 지점의 오행이 화살표가 끝나는 지점의 오행을 극한다.

## •• 계절별 오행의 왕상휴수사 ••

| 계절 / 오행 | 봄 (寅 · 卯월) | 여름 (巳 · 午월) | 가을 (申 · 酉월) | 겨울 (亥 · 子월) | 환절기 (辰 · 戌 · 丑 · 未월) |
|---|---|---|---|---|---|
| 목(甲 · 乙) | 왕 | 휴 | 사 | 상 | 수 |
| 화(丙 · 丁) | 상 | 왕 | 수 | 사 | 휴 |
| 토(戊 · 己) | 사 | 상 | 휴 | 수 | 왕 |
| 금(庚 · 辛) | 수 | 사 | 왕 | 휴 | 상 |
| 수(壬 · 癸) | 휴 | 수 | 상 | 왕 | 사 |

- 왕(旺) : 일간의 오행이 태어난 달인 월지의 오행과 같은 경우
- 상(相) : 일간 오행을 태어난 달인 월지 오행이 생해주는 경우
- 휴(休) : 일간 오행이 태어난 달인 월지 오행을 생해주는 경우
- 수(囚) : 일간 오행이 태어난 달인 월지 오행을 극하는 경우
- 사(死) : 일간 오행을 태어난 달인 월지 오행이 극하는 경우

## 2. 12운성과 12신살

### 1) 12운성

**12운성의 구성**

| 운성＼일간 | 甲 | 乙 | 丙 | 丁 | 戊 | 己 | 庚 | 辛 | 壬 | 癸 | 길흉 |
|---|---|---|---|---|---|---|---|---|---|---|---|
| 장생 | 亥 | 午 | 寅 | 酉 | 寅 | 酉 | 巳 | 子 | 申 | 卯 | 길 |
| 목욕 | 子 | 巳 | 卯 | 申 | 卯 | 申 | 午 | 亥 | 酉 | 寅 | 흉 |
| 관대 | 丑 | 辰 | 辰 | 未 | 辰 | 未 | 未 | 戌 | 戌 | 丑 | 길 |
| 건록 | 寅 | 卯 | 巳 | 午 | 巳 | 午 | 申 | 酉 | 亥 | 子 | 남:길, 녀:흉 |
| 제왕 | 卯 | 寅 | 午 | 巳 | 午 | 巳 | 酉 | 申 | 子 | 亥 | 남:길, 녀:흉 |
| 쇠 | 辰 | 丑 | 未 | 辰 | 未 | 辰 | 戌 | 未 | 丑 | 戌 | 흉 |
| 병 | 巳 | 子 | 申 | 卯 | 申 | 卯 | 亥 | 午 | 寅 | 酉 | 흉 |
| 사 | 午 | 亥 | 酉 | 寅 | 酉 | 寅 | 子 | 巳 | 卯 | 申 | 흉 |
| 묘 | 未 | 戌 | 戌 | 丑 | 戌 | 丑 | 丑 | 辰 | 辰 | 未 | 흉 |
| 절(포) | 申 | 酉 | 亥 | 子 | 亥 | 子 | 寅 | 卯 | 巳 | 午 | 흉 |
| 태 | 酉 | 申 | 子 | 亥 | 子 | 亥 | 卯 | 寅 | 午 | 巳 | 흉 |
| 양 | 戌 | 未 | 丑 | 戌 | 丑 | 戌 | 辰 | 丑 | 未 | 辰 | 흉 |

연 · 월 · 일 · 시주를 모두 해석해야 하는데, 일주의 해석만 정리하면 다음과 같다.

- 장생 : 배우자복 있음, 가정 화목, 부부금슬 좋음, 부모에게 효도, 부모 은덕 있음
- 목욕 : 부모를 일찍 여의거나 부모복 없음, 주색잡기, 부부 인연 없음
- 관대 : 의지 강함, 용모 수려, 두뇌 총명, 가정 평안, 직업 변동 많다
- 건록 : 의지 굳음, 계획적임, 주관이 뚜렷함, 양자 가능성, 여성은 배우자복 없음
- 제왕 : 자존심 강함, 양부모를 모심, 고향을 떠나 자수성가, 여성은 배우자복 없음
- 쇠 : 결혼운 약함, 부부 인연 없음, 가족과 생사이별
- 병 : 체질 약함, 중병, 부부 인연 약함, 부부 생사이별
- 사 : 부부지간 냉담 다툼, 신경질적인 성격, 중년 이후 생사이별
- 묘 : 초년에 병치레 등 허약, 여성은 부부운이 약함
- 절(포) : 이성관계 복잡, 가정에 소홀, 부부 다툼, 부부 별거, 이혼
- 태 : 의지 부족, 신체 허약, 죽을 고비 있음, 부모를 모셔야 함, 시부모와 갈등
- 양 : 연애결혼, 의지력과 결단력 있음, 고향을 떠나 객지생활을 함, 재주 많음

## 2) 12신살

**•• 12신살의 구성 ••**

| 연일지/운성 | 子 | 丑 | 寅 | 卯 | 辰 | 巳 | 午 | 未 | 申 | 酉 | 戌 | 亥 | 길흉 |
|---|---|---|---|---|---|---|---|---|---|---|---|---|---|
| 장성살 | 子 | 酉 | 午 | 卯 | 子 | 酉 | 午 | 卯 | 子 | 酉 | 午 | 卯 | 길 |
| 반안살 | 丑 | 戌 | 未 | 辰 | 丑 | 戌 | 未 | 辰 | 丑 | 戌 | 未 | 辰 | 길 |
| 역마살 | 寅 | 亥 | 申 | 巳 | 寅 | 亥 | 申 | 巳 | 寅 | 亥 | 申 | 巳 | 흉 |
| 육해살 | 卯 | 子 | 酉 | 午 | 卯 | 子 | 酉 | 午 | 卯 | 子 | 酉 | 午 | 흉 |
| 화개살 | 辰 | 丑 | 戌 | 未 | 辰 | 丑 | 戌 | 未 | 辰 | 丑 | 戌 | 未 | 흉 |
| 겁살 | 巳 | 寅 | 亥 | 申 | 巳 | 寅 | 亥 | 申 | 巳 | 寅 | 亥 | 申 | 흉 |
| 재살 | 午 | 卯 | 子 | 酉 | 午 | 卯 | 子 | 酉 | 午 | 卯 | 子 | 酉 | 흉 |
| 천살 | 未 | 辰 | 丑 | 戌 | 未 | 辰 | 丑 | 戌 | 未 | 辰 | 丑 | 戌 | 흉 |
| 지살 | 申 | 巳 | 寅 | 亥 | 申 | 巳 | 寅 | 亥 | 申 | 巳 | 寅 | 亥 | 흉 |
| 연살 | 酉 | 午 | 卯 | 子 | 酉 | 午 | 卯 | 子 | 酉 | 午 | 卯 | 子 | 흉 |
| 월살 | 戌 | 未 | 辰 | 丑 | 戌 | 未 | 辰 | 丑 | 戌 | 未 | 辰 | 丑 | 흉 |
| 망신살 | 亥 | 申 | 巳 | 寅 | 亥 | 申 | 巳 | 寅 | 亥 | 申 | 巳 | 寅 | 흉 |

### ● 연지에 12신살이 있을 때의 특징

- 장성살 : 모든 사람을 통솔함, 권력을 잡음, 선대조 전사
- 반안살 : 조상과 부모의 덕이 있음, 일평생 영화를 누림
- 역마살 : 객지로 떠돌며 고생함, 선대조 객사

- 육해살 : 양자로 입양됨, 믿음이 부족함, 선대조 건강 악화로 사망
- 화개살 : 객지에서 고생함, 유산을 탕진함, 가난하게 살아감
- 겁살 : 조업 계승 불가, 객지생활, 선대조 비명횡사
- 재살 : 관재구설이 있음, 부모형제가 급질 사망하거나 피흘리고 죽음
- 천살 : 객지에서 고생함, 매사 막힘, 조부모 비명횡사
- 지살 : 객지에서 고생함, 선대조 객사, 재산 탕진
- 연살 : 부부간에 외도, 선대조가 바람을 피다 사망
- 월살 : 노력해도 모든 일이 허사가 됨, 선대조가 굶어 죽음
- 망신살 : 객지에서 고생함, 선대조 유업 계승 불가, 객사

### 월지에 12신살이 있을 때의 특징

- 장성살 : 무관에 뛰어남, 병권을 잡음, 부모형제가 전사함
- 반안살 : 명예를 드날림, 관운이 있음, 부모형제가 화목함
- 역마살 : 부모형제 객사, 객지 생활, 분주하고 일이 많음
- 육해살 : 부모형제끼리 무정함, 주변사람 때문에 어려움을 겪음, 현실회피 신앙 생활
- 화개살 : 부모형제 덕이 없음, 차남이어도 장남 노릇함, 가문을 책임짐
- 겁살 : 조실부모, 부모형제가 불구 또는 단명함, 형제끼리 무정함
- 재살 : 실물수가 많음, 관재수가 있음, 부모형제가 비명횡

사나 객사함

- 천살 : 부모형제 덕이 없음, 부모형제의 급질 괴질, 부모형제 비명횡사
- 지살 : 유산을 탕진함, 객지에서 고생함, 부모형제 객사
- 연살 : 부모형제가 주색을 탐닉함, 부모형제가 주색잡기로 사망, 패가망신
- 월살 : 분주하고 일이 많음, 부모형제가 굶어 죽음, 매사 막힘
- 망신살 : 부모형제 객사, 부모형제 변동수가 많음

## 일지에 12신살이 있을 때의 특징

- 장성살 : 명예가 따름, 항상 근심걱정, 부부가 생사이별
- 반안살 : 가정이 안정되고 행복함, 부부 화목, 재산 풍족
- 역마살 : 배우자와 생사이별, 주색으로 방탕함, 타향살이
- 육해살 : 종교에 귀의, 부부지간 애정 없음, 재산과 재물이 없음
- 화개살 : 본처와 생사이별, 종교에 귀의, 배우자와 인연이 없음
- 겁살 : 부부가 생사이별, 남자는 첩을 둠, 본인이나 배우자가 질병으로 고생함
- 재살 : 생활이 불안정함, 부부 비명횡사, 인생이 파란만장함
- 천살 : 부부가 생사이별, 부부가 비명횡사, 가정생활 파탄
- 지살 : 매사 분주하고 일이 많음, 부부 이별, 부부가 객지에서 비명횡사

- 연살 : 부부관계가 소원함, 부부가 음란방탕함, 매사 불길함
- 월살 : 매사 분주하고 일이 많음, 부부 이별, 노력의 성과가 없음
- 망신살 : 부부 이별, 하는 일마다 망신 당함, 배우자가 자주 바뀜

## 시지에 12신살이 있을 때의 특징

- 장성살 : 말년에 크게 성공, 자녀가 관직에서 성공, 가정이 편하고 행복함
- 반안살 : 말년이 행복함, 자식복이 있음, 부부가 해로함
- 역마살 : 자녀가 타향살이함, 자녀와 생사이별, 말년에 객지에서 사망
- 육해살 : 자녀가 종교에 귀의함, 말년에 건강이 악화됨, 말년에 독수공방
- 화개살 : 자녀가 종교에 귀의함, 가문에 영광이 따름, 재물이 없고 명예가 있음
- 겁살 : 자식을 두기 힘듦, 자식이 방탕하거나 불구, 자녀 단명
- 재살 : 자식 덕이 없음, 자식이 비명횡사, 자식이 피흘리고 죽음
- 천살 : 자식이 비명횡사, 자식이 감옥에 감, 자식과 생사이별
- 지살 : 자식과 생사이별, 자식이 타향살이함, 자식과 관계가 소원해짐
- 연살 : 부부관계 악화, 자녀가 음란함, 자녀가 화류계에 종사

• 월살 : 자식이 불효, 자녀로 인한 근심걱정이 있음, 자녀가 단명
• 망신살 : 말년이 불우함, 자녀복이 없음, 자녀로 인한 근심걱정이 있음

## 3. 합형충파해와 삼재

### 1) 합

#### 천간합

천간에서 이루어지는 합으로 양은 음, 음은 양 등과 같이 다른 음양끼리 만난다.

• 甲己합 → 토 : 갑목(甲木)과 기토(己土)가 만나 합하면 토로 변한다.
• 乙庚합 → 금 : 을목(乙木)과 경금(庚金)이 만나 합하면 금으로 변한다.
• 丙辛합 → 수 : 병화(丙火)와 신금(辛金)이 만나 합하면 수로 변한다.
• 丁壬합 → 목 : 정화(丁火)와 임수(壬水)가 만나 합하면 목으로 변한다.
• 戊癸합 → 화 : 무토(戊土)와 계수(癸水)가 만나 합하면 화로 변한다.

## ● 지지합

지지에서 이루어지는 합으로 음과 양이 만나 합을 이룬다. '육합' 또는 '지지육합'이라고도 한다.

- 子丑합 → 토 : 자수(子水)와 축토(丑土)가 만나 합하면 토로 변한다.
- 寅亥합 → 목 : 인목(寅木)과 해수(亥水)가 만나 합하면 목으로 변한다.
- 卯戌합 → 화 : 묘목(卯木)과 술토(戌土)가 만나 합하면 화로 변한다.
- 辰酉합 → 금 : 진토(辰土)와 유금(酉金)이 만나 합하면 금으로 변한다.
- 巳申합 → 수 : 사화(巳火)와 신금(申金)이 만나 합하면 수로 변한다.
- 午未합 → 화 : 오화(午火)와 미토(未土)가 만나 합하면 화로 변한다.

## 지지삼합

지지 3개가 하나로 합하는 것으로, 子 · 午 · 卯 · 酉가 합의 가운데에 있을 때 이루어진다. 삼합의 3개 지지 중 子 · 午 · 卯 · 酉를 포함하여 2개의 지지가 모여 있으면 '반합'이라고 한다.

| 지지삼합 | 반합 | |
|---|---|---|
| 寅午戌합 → 화 | 寅午합 → 화 | 午戌합 → 화 |
| 申子辰합 → 수 | 申子합 → 수 | 子辰합 → 수 |
| 巳酉丑합 → 금 | 巳酉합 → 금 | 酉丑합 → 금 |
| 亥卯未합 → 목 | 亥卯합 → 목 | 卯未합 → 목 |

## ● 지지방합

방위가 같은 지지가 모여서 합을 이루는 것으로 반합의 원리는 지지삼합의 경우와 같다.

| 지지방합 | 반합 | |
|---|---|---|
| 寅卯辰합 → 목 | 寅卯합 → 목 | 卯辰합 → 목 |
| 申酉戌합 → 금 | 申酉합 → 금 | 酉戌합 → 금 |
| 巳午未합 → 화 | 巳午합 → 화 | 午未합 → 화 |
| 亥子丑합 → 수 | 亥子합 → 수 | 子丑합 → 수 |

## 2) 형

형은 형살이라고도 하며 충의 작용과 비슷하다. 寅巳申 삼형과 丑戌未 삼형에서 지지가 각각 2개만 있으면 '육형'이라고 한다.

| 삼형 | 寅巳申 삼형 · 丑戌未 삼형 |
| --- | --- |
| 상형 | 子卯형 |
| 자형 | 辰辰형 · 午午형 · 酉酉형 · 亥亥형 |

## 3) 충

### 천간충

내가 극하는 오행 중에서 음양이 같은 것, 나를 극하는 오행 중에서 음양이 같은 것과 각각 충을 이룬다. 甲庚충 · 甲戊충 · 乙辛충 · 乙己충 · 丙壬충 · 丙庚충 · 丁癸충 · 丁辛충 · 戊壬충 · 己癸충 등이 있다.

### 지지충

각각의 지지는 자신으로부터 일곱 번째 지지와 충을 하므로 '칠충'이라고도 한다. 子午충 · 寅申충 · 辰戌충 · 丑未충 · 卯酉충 · 巳亥충 등이 있다.

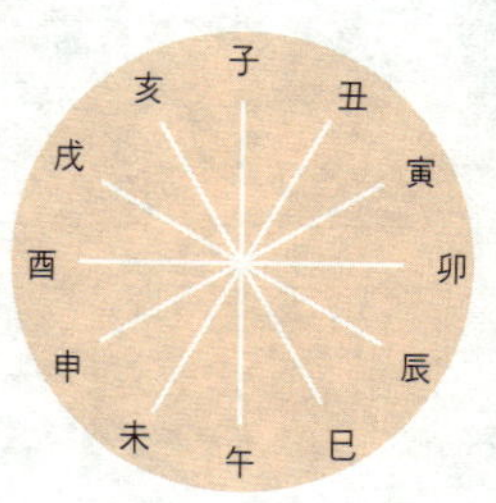

## 사주의 일주를 대운과 연운이 충하는 경우

| 일주 | 대운 | 연운 |
|---|---|---|
| 甲子 | 庚午 · 戊午 | 庚午 · 戊午 |
| 甲寅 | 庚申 · 戊申 | 庚申 · 戊申 |
| 甲辰 | 庚戌 · 戊戌 | 庚戌 · 戊戌 |
| 甲午 | 庚子 · 戊子 | 庚子 · 戊子 |
| 甲申 | 庚寅 · 戊寅 | 庚寅 · 戊寅 |
| 甲戌 | 庚辰 · 戊辰 | 庚辰 · 戊辰 |

| 일주 | 대운 | 연운 |
|---|---|---|
| 乙丑 | 辛未 · 己未 | 辛未 · 己未 |
| 乙卯 | 辛酉 · 己酉 | 辛酉 · 己酉 |
| 乙巳 | 辛亥 · 己亥 | 辛亥 · 己亥 |
| 乙未 | 辛丑 · 己丑 | 辛丑 · 己丑 |
| 乙酉 | 辛卯 · 己卯 | 辛卯 · 己卯 |
| 乙亥 | 辛巳 · 己巳 | 辛巳 · 己巳 |

| 일주 | 대운 | 연운 |
|---|---|---|
| 丙子 | 壬午 · 庚午 | 壬午 · 庚午 |
| 丙寅 | 壬申 · 庚申 | 壬申 · 庚申 |
| 丙辰 | 壬戌 · 庚戌 | 壬戌 · 庚戌 |
| 丙午 | 壬子 · 庚子 | 壬子 · 庚子 |
| 丙申 | 壬寅 · 庚寅 | 壬寅 · 庚寅 |
| 丙戌 | 壬辰 · 庚戌 | 壬辰 · 庚戌 |

| 일주 | 대운 | 연운 |
|---|---|---|
| 丁丑 | 癸未 · 辛未 | 癸未 · 辛未 |
| 丁卯 | 癸酉 · 辛酉 | 癸酉 · 辛酉 |
| 丁巳 | 癸亥 · 辛亥 | 癸亥 · 辛亥 |
| 丁未 | 癸丑 · 辛丑 | 癸丑 · 辛丑 |
| 丁酉 | 癸卯 · 辛卯 | 癸卯 · 辛卯 |
| 丁亥 | 癸巳 · 辛巳 | 癸巳 · 辛巳 |
| 일주 | 대운 | 연운 |
| 戊子 | 甲午 · 壬午 | 甲午 · 壬午 |
| 戊寅 | 甲申 · 壬申 | 甲申 · 壬申 |
| 戊辰 | 甲戌 · 壬戌 | 甲戌 · 壬戌 |
| 戊午 | 甲子 · 壬子 | 甲子 · 壬子 |
| 戊申 | 甲寅 · 壬寅 | 甲寅 · 壬寅 |
| 戊戌 | 甲辰 · 壬辰 | 甲辰 · 壬辰 |
| 일주 | 대운 | 연운 |
| 己丑 | 乙未 · 癸未 | 乙未 · 癸未 |
| 己卯 | 乙酉 · 癸酉 | 乙酉 · 癸酉 |
| 己巳 | 乙亥 · 癸亥 | 乙亥 · 癸亥 |
| 己未 | 乙丑 · 癸丑 | 乙丑 · 癸丑 |
| 己酉 | 乙卯 · 癸卯 | 乙卯 · 癸卯 |
| 己亥 | 乙巳 · 癸巳 | 乙巳 · 癸巳 |

| 일주 | 대운 | 연운 |
|---|---|---|
| 庚子 | 丙午 · 甲午 | 丙午 · 甲午 |
| 庚寅 | 丙申 · 甲申 | 丙申 · 甲申 |
| 庚辰 | 丙戌 · 甲戌 | 丙戌 · 甲戌 |
| 庚午 | 丙子 · 甲子 | 丙子 · 甲子 |
| 庚申 | 丙寅 · 甲寅 | 丙寅 · 甲寅 |
| 庚戌 | 丙辰 · 甲辰 | 丙辰 · 甲辰 |
| 일주 | 대운 | 연운 |
| 辛丑 | 丁未 · 乙未 | 丁未 · 乙未 |
| 辛卯 | 丁酉 · 乙酉 | 丁酉 · 乙酉 |
| 辛巳 | 丁亥 · 乙亥 | 丁亥 · 乙亥 |
| 辛未 | 丁丑 · 乙丑 | 丁丑 · 乙丑 |
| 辛酉 | 丁卯 · 乙卯 | 丁卯 · 乙卯 |
| 辛亥 | 丁巳 · 乙巳 | 丁巳 · 乙巳 |
| 일주 | 대운 | 연운 |
| 壬子 | 戊午 · 丙午 | 戊午 · 丙午 |
| 壬寅 | 戊申 · 丙申 | 戊申 · 丙申 |
| 壬辰 | 戊戌 · 丙戌 | 戊戌 · 丙戌 |
| 壬午 | 戊午 · 丙午 | 戊午 · 丙午 |
| 壬申 | 戊寅 · 丙寅 | 戊寅 · 丙寅 |
| 壬戌 | 戊辰 · 丙辰 | 戊辰 · 丙辰 |

| 일주 | 대운 | 연운 |
|---|---|---|
| 癸丑 | 己未 · 丁未 | 己未 · 丁未 |
| 癸卯 | 己酉 · 丁酉 | 己酉 · 丁酉 |
| 癸巳 | 己亥 · 丁亥 | 己亥 · 丁亥 |
| 癸未 | 己丑 · 丁丑 | 己丑 · 丁丑 |
| 癸酉 | 己卯 · 丁卯 | 己卯 · 丁卯 |
| 癸亥 | 己巳 · 丁巳 | 己巳 · 丁巳 |

### 4) 파

글자 뜻 그대로 파괴한다는 뜻이며, '육파' 라고도 한다. 상충이나 형 · 해보다 작용력이 약하다. 子酉파 · 丑辰파 · 寅亥파 · 卯午파 · 巳申파 · 戌未파 등이 있다.

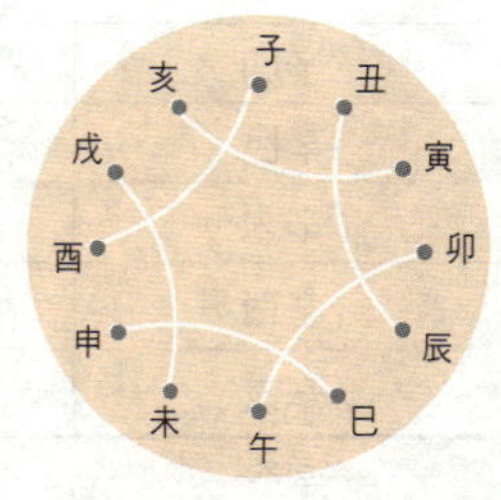


### 5) 해

합으로 들어오는 것을 충한다고 해서 생겨난 것으로 '육해' 라고도 한다. 子未해 · 丑午해 · 寅巳해 · 卯辰해 · 申亥해 · 酉戌해 등이 있다.

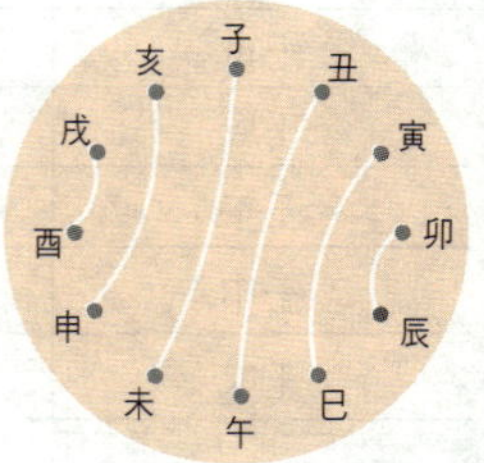

## 4. 육친

육친은 사주팔자에서 부모 · 형제 · 배우자 · 자식 등의 가족관계를 통틀어 일컫는 말로 음양오행의 상생 · 상극 관계를 바탕으로 한다. 다른 말로는 '육신' 이라고 하며, 10가지 종류가 있다고 해서 '십신' 이라고도 한다.

**육친의 종류**

| 종류 | 일간(나)과의 관계 | 통합 명칭 |
|---|---|---|
| 비견 | 일간과 오행도 같고 음양도 같은 것 | 비겁 |
| 겁재 | 일간과 오행은 같지만 음양이 다른 것 | |
| 식신 | 일간이 생하고 음양이 같은 것 | 식상 |
| 상관 | 일간이 생하고 음양이 다른 것 | |
| 편재 | 일간이 극하고 음양이 같은 것 | 재성 |
| 정재 | 일간이 극하고 음양이 다른 것 | |
| 편관 | 일간을 극하고 음양이 같은 것 | 관성 |
| 정관 | 일간을 극하고 음양이 다른 것 | |
| 편인 | 일간을 생하고 음양이 같은 것 | 인성 |
| 정인 | 일간을 생하고 음양이 다른 것 | |

## 천간별 육친 조견표

| 천간＼일간 | 甲 | 乙 | 丙 | 丁 | 戊 | 己 | 庚 | 辛 | 壬 | 癸 |
|---|---|---|---|---|---|---|---|---|---|---|
| 甲 | 비견 | 겁재 | 편인 | 정인 | 편관 | 정관 | 편재 | 정재 | 식신 | 상관 |
| 乙 | 겁재 | 비견 | 정인 | 편인 | 정관 | 편관 | 정재 | 편재 | 상관 | 식신 |
| 丙 | 식신 | 상관 | 비견 | 겁재 | 편인 | 정인 | 편관 | 정관 | 편재 | 정재 |
| 丁 | 상관 | 식신 | 겁재 | 비견 | 정인 | 편인 | 정관 | 편관 | 정재 | 편재 |
| 戊 | 편재 | 정재 | 식신 | 상관 | 비견 | 겁재 | 편인 | 정인 | 편관 | 정관 |
| 己 | 정재 | 편재 | 상관 | 식신 | 겁재 | 비견 | 정인 | 편인 | 정관 | 편관 |
| 庚 | 편관 | 정관 | 편재 | 정재 | 식신 | 상관 | 비견 | 겁재 | 편인 | 정인 |
| 辛 | 정관 | 편관 | 정재 | 편재 | 상관 | 식신 | 겁재 | 비견 | 정인 | 편인 |
| 壬 | 편인 | 정인 | 편관 | 정관 | 편재 | 정재 | 식신 | 상관 | 비견 | 겁재 |
| 癸 | 정인 | 편인 | 정관 | 편관 | 정재 | 편재 | 상관 | 식신 | 겁재 | 비견 |

# 지지별 육친 조견표

| 지지＼일간 | 甲 | 乙 | 丙 | 丁 | 戊 | 己 | 庚 | 辛 | 壬 | 癸 |
|---|---|---|---|---|---|---|---|---|---|---|
| 子 | 정인 | 편인 | 정관 | 편관 | 정재 | 편재 | 상관 | 식신 | 겁재 | 비견 |
| 丑 | 정재 | 편재 | 상관 | 식신 | 겁재 | 비견 | 정인 | 편인 | 정관 | 편관 |
| 寅 | 비견 | 겁재 | 편인 | 정인 | 편관 | 정관 | 편재 | 정재 | 식신 | 상관 |
| 卯 | 겁재 | 비견 | 정인 | 편인 | 정관 | 편관 | 정재 | 편재 | 상관 | 식신 |
| 辰 | 편재 | 정재 | 식신 | 상관 | 비견 | 겁재 | 편인 | 정인 | 편관 | 정관 |
| 巳 | 식신 | 상관 | 비견 | 겁재 | 편인 | 정인 | 편관 | 정관 | 편재 | 정재 |
| 午 | 상관 | 식신 | 겁재 | 비견 | 정인 | 편인 | 정관 | 편관 | 정재 | 편재 |
| 未 | 정재 | 편재 | 상관 | 식신 | 겁재 | 비견 | 정인 | 편인 | 정관 | 편관 |
| 申 | 편관 | 정관 | 편재 | 정재 | 식신 | 상관 | 비견 | 겁재 | 편인 | 정인 |
| 酉 | 정관 | 편관 | 정재 | 편재 | 상관 | 식신 | 겁재 | 비견 | 정인 | 편인 |
| 戌 | 편재 | 정재 | 식신 | 상관 | 비견 | 겁재 | 편인 | 정인 | 편관 | 정관 |
| 亥 | 편인 | 정인 | 편관 | 정관 | 편재 | 정재 | 식신 | 상관 | 비견 | 겁재 |

# 육친별 간지 조견표

| 육친 / 일간 | 비견 | 겁재 | 식신 | 상관 | 편재 | 정재 | 편관 | 정관 | 편인 | 정인 |
|---|---|---|---|---|---|---|---|---|---|---|
| 甲 | 甲·寅 | 乙·卯 | 丙·巳 | 丁·午 | 戊·辰·戌 | 己·丑·未 | 庚·申 | 辛·酉 | 壬·亥 | 癸·子 |
| 乙 | 乙·卯 | 甲·寅 | 丁·午 | 丙·巳 | 己·丑·未 | 戊·辰·戌 | 辛·酉 | 庚·申 | 癸·子 | 壬·亥 |
| 丙 | 丙·巳 | 丁·午 | 戊·辰·戌 | 己·丑·未 | 庚·申 | 辛·酉 | 壬·亥 | 癸·子 | 甲·寅 | 乙·卯 |
| 丁 | 丁·午 | 丙·巳 | 己·丑·未 | 戊·辰·戌 | 辛·酉 | 庚·申 | 癸·子 | 壬·亥 | 乙·卯 | 甲·寅 |
| 戊 | 戊·辰·戌 | 己·丑·未 | 庚·申 | 辛·酉 | 壬·亥 | 癸·子 | 甲·寅 | 乙·卯 | 丙·巳 | 丁·午 |
| 己 | 己·丑·未 | 戊·辰·戌 | 辛·酉 | 庚·申 | 癸·子 | 壬·亥 | 乙·卯 | 甲·寅 | 丁·午 | 丙·巳 |
| 庚 | 庚·申 | 辛·酉 | 壬·亥 | 癸·子 | 甲·寅 | 乙·卯 | 丙·巳 | 丁·午 | 戊·辰·戌 | 己·丑·未 |
| 辛 | 辛·酉 | 庚·申 | 癸·子 | 壬·亥 | 乙·卯 | 甲·寅 | 丁·午 | 丙·巳 | 己·丑·未 | 戊·辰·戌 |
| 壬 | 壬·亥 | 癸·子 | 甲·寅 | 乙·卯 | 丙·巳 | 丁·午 | 戊·辰·戌 | 己·丑·未 | 庚·申 | 辛·酉 |
| 癸 | 癸·子 | 壬·亥 | 乙·卯 | 甲·寅 | 丁·午 | 丙·巳 | 己·丑·未 | 戊·辰·戌 | 辛·酉 | 庚·申 |

## 육친의 상생 · 상극 작용

| | 상생작용 | 상극작용 |
|---|---|---|
| 비견 · 겁재 | 식신 · 상관을 생한다 | 편재 · 정재를 극한다 |
| 식신 · 상관 | 편재 · 정재를 생한다 | 편관 · 정관을 극한다 |
| 편재 · 정재 | 편관 · 정관을 생한다 | 편인 · 정인을 극한다 |
| 편관 · 정관 | 편인 · 정인을 생한다 | 비견 · 겁재를 극한다 |
| 편인 · 정인 | 비견 · 겁재를 생한다 | 식신 · 상관을 극한다 |

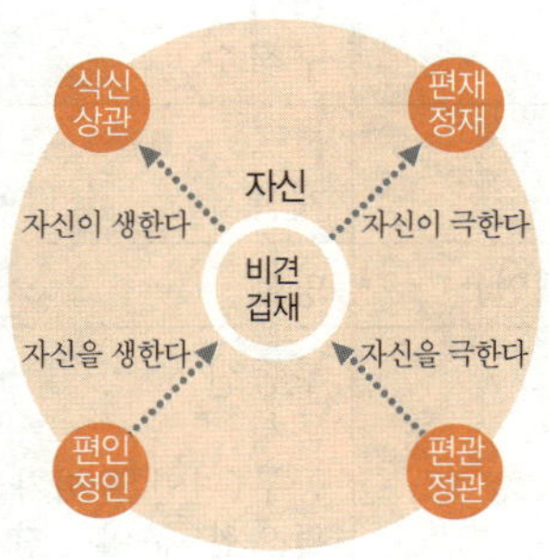


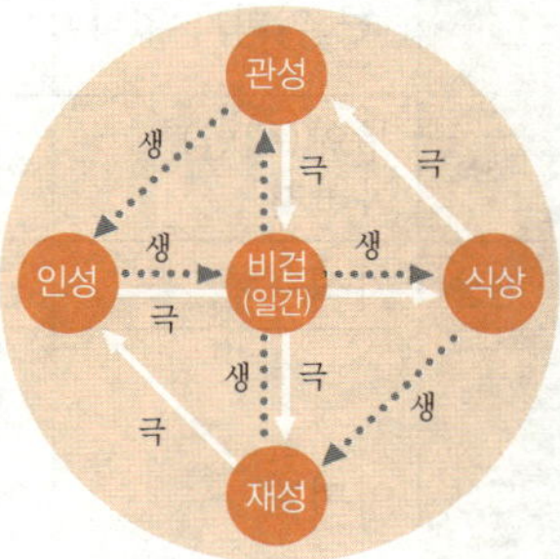

## •• 성별에 따른 육친의 의미 ••

| 육친 \ 구분 | 남성 | 여성 | 사회관계 |
|---|---|---|---|
| 비겁 | 친구<br>선후배<br>형제<br>동업자 | 친구<br>선후배<br>형제<br>동업자<br>시댁식구<br>배우자(애인)의 여자 | 대인관계 |
| 식상 | 장모<br>(큰 의미가 없다) | 자식 | 의식주<br>언어<br>구설수 |
| 재성 | 부인(애인)<br>아버지 | 아버지 | 돈<br>재물 |
| 관성 | 자식 | 남편(애인) | 명예 |
| 인성 | 어머니 | 어머니 | 부동산<br>문서<br>공부(편인은 끼가 필요한 분야, 정인은 안정된 분야 |

■ 일간이 남성인 경우 ■ 일간이 여성인 경우

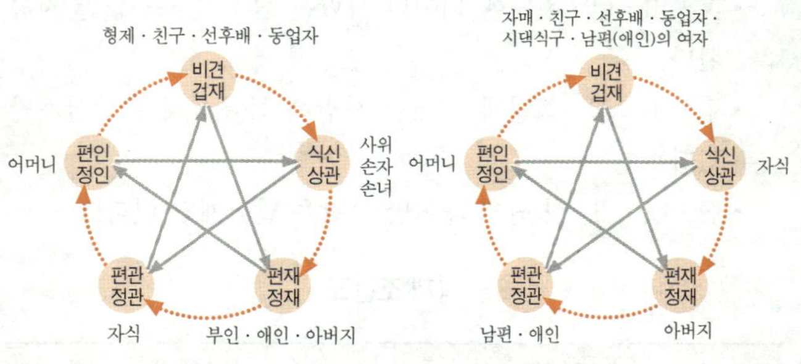


## 5. 기타

### 1) 삼재

삼재팔난, 즉 세 가지 재난과 여덟 가지 어려움이 있다 하여 나쁜 해로 본다. 해당되는 3년 동안은 새로운 일이나 큰일을 도모하면 안 된다. 태어난 해로 판단하는데 태어난 해는 지지 삼합과 관련이 있고, 지지가 들어오는 해는 지지방합과 관련이 있다.

① 삼재의 종류

- 들삼재 : 삼재 3년 중에서 시작되는 해
- 묵은삼재 : 삼재 3년 중에서 2년째 해
- 날삼재 : 삼재 3년 중에서 마지막 해

② 삼재의 기간

- 寅 · 申 · 巳 · 亥년에 태어난 사람은 삼재가 3년 동안 지속된다.
- 子 · 午 · 卯 · 酉년에 태어난 사람은 묵은삼재와 날삼재만 있다.
- 辰 · 戌 · 丑 · 未년에 태어난 사람은 날삼재만 있다.

**삼재 조견표**

| 태어난 해(띠) | 삼재인 해 |
|---|---|
| 申 · 子 · 辰 | 寅 · 卯 · 辰 |
| 亥 · 卯 · 未 | 巳 · 午 · 未 |
| 寅 · 午 · 戌 | 申 · 酉 · 戌 |
| 巳 · 酉 · 丑 | 亥 · 子 · 丑 |

### 2) 명궁

목숨이 들어가는 집이란 뜻으로 월지와 시지에 따라 결정된다. 사주팔자에서 명궁에 해당하는 오행이나 육친이 존재하고, 이들이 좋은 역할을 하면 길작용을 한다고 판단한다.

# 명궁 조견표

| 월지 / 시지 | 寅 | 卯 | 辰 | 巳 | 午 | 未 | 申 | 酉 | 戌 | 亥 | 子 | 丑 |
|---|---|---|---|---|---|---|---|---|---|---|---|---|
| 子 | 卯 | 寅 | 丑 | 子 | 亥 | 戌 | 酉 | 申 | 未 | 午 | 巳 | 辰 |
| 丑 | 寅 | 丑 | 子 | 亥 | 戌 | 酉 | 申 | 未 | 午 | 巳 | 辰 | 卯 |
| 寅 | 丑 | 子 | 亥 | 戌 | 酉 | 申 | 未 | 午 | 巳 | 辰 | 卯 | 寅 |
| 卯 | 子 | 亥 | 戌 | 酉 | 申 | 未 | 午 | 巳 | 辰 | 卯 | 寅 | 丑 |
| 辰 | 亥 | 戌 | 酉 | 申 | 未 | 午 | 巳 | 辰 | 卯 | 寅 | 丑 | 子 |
| 巳 | 戌 | 酉 | 申 | 未 | 午 | 巳 | 辰 | 卯 | 寅 | 丑 | 子 | 亥 |
| 午 | 酉 | 申 | 未 | 午 | 巳 | 辰 | 卯 | 寅 | 丑 | 子 | 亥 | 戌 |
| 未 | 申 | 未 | 午 | 巳 | 辰 | 卯 | 寅 | 丑 | 子 | 亥 | 戌 | 酉 |
| 申 | 未 | 午 | 巳 | 辰 | 卯 | 寅 | 丑 | 子 | 亥 | 戌 | 酉 | 申 |
| 酉 | 午 | 巳 | 辰 | 卯 | 寅 | 丑 | 子 | 亥 | 戌 | 酉 | 申 | 未 |
| 戌 | 巳 | 辰 | 卯 | 寅 | 丑 | 子 | 亥 | 戌 | 酉 | 申 | 未 | 午 |
| 亥 | 辰 | 卯 | 寅 | 丑 | 子 | 亥 | 戌 | 酉 | 申 | 未 | 午 | 巳 |

## 명궁의 천간 조견표

| 생년 | 육십갑자 (명궁 천간) | | | | | | | | | | | |
|---|---|---|---|---|---|---|---|---|---|---|---|---|
| 甲·己 | 丙寅 | 丁卯 | 戊辰 | 己巳 | 庚午 | 辛未 | 壬申 | 癸酉 | 甲戌 | 乙亥 | 丙子 | 丁丑 |
| 乙·庚 | 戊寅 | 己卯 | 庚辰 | 辛巳 | 壬午 | 癸未 | 甲申 | 乙酉 | 丙戌 | 丁亥 | 戊子 | 己丑 |
| 丙·辛 | 庚寅 | 辛卯 | 壬辰 | 癸巳 | 甲午 | 乙未 | 丙申 | 丁酉 | 戊戌 | 己亥 | 庚子 | 辛丑 |
| 丁·壬 | 壬寅 | 癸卯 | 甲辰 | 乙巳 | 丙午 | 丁未 | 戊申 | 己酉 | 庚戌 | 辛亥 | 壬子 | 癸丑 |
| 戊·癸 | 甲寅 | 乙卯 | 丙辰 | 丁巳 | 戊午 | 己未 | 庚申 | 辛酉 | 壬戌 | 癸亥 | 甲子 | 乙丑 |

# 택일 · 택방

## 1. 택일

### ● **황흑도일**(黃黑道日)

혼인, 이사, 건물 짓는 일, 기도, 장례 등을 판단한다. 적용 기준이 달〔月〕이 아니고 날〔日〕일 경우에는 황도시 · 흑도시가 된다.

| 종류 \ 적용 기준 | | 寅 · 申월 | 卯 · 酉월 | 辰 · 戌월 | 巳 · 亥월 | 子 · 午월 | 丑 · 未월 |
|---|---|---|---|---|---|---|---|
| | | 寅 · 申일 | 卯 · 酉일 | 辰 · 戌일 | 巳 · 亥일 | 子 · 午일 | 丑 · 未일 |
| 길 | 청룡황도(靑龍黃道) | 子 | 寅 | 辰 | 午 | 申 | 戌 |
| | 명당황도(明堂黃道) | 丑 | 卯 | 巳 | 未 | 酉 | 亥 |
| | 금궤황도(金櫃黃道) | 辰 | 午 | 申 | 戌 | 子 | 寅 |
| | 대덕황도(大德黃道) | 巳 | 未 | 酉 | 亥 | 丑 | 卯 |
| | 옥당황도(玉堂黃道) | 未 | 酉 | 亥 | 丑 | 卯 | 巳 |
| | 사명황도(司命黃道) | 戌 | 子 | 寅 | 辰 | 午 | 申 |
| 흉 | 천형흑도(天刑黑道) | 寅 | 辰 | 午 | 申 | 戌 | 子 |
| | 주작흑도(朱雀黑道) | 卯 | 巳 | 未 | 酉 | 亥 | 丑 |
| | 백호흑도(白虎黑道) | 午 | 申 | 戌 | 子 | 寅 | 辰 |
| | 천뢰흑도(天牢黑道) | 申 | 戌 | 子 | 寅 | 辰 | 午 |
| | 현무흑도(玄武黑道) | 酉 | 亥 | 丑 | 卯 | 巳 | 未 |
| | 구진흑도(句陳黑道) | 亥 | 丑 | 卯 | 巳 | 未 | 酉 |

※ 황도일은 좋은 날, 흑도일은 나쁜 날

## 생기복덕일(生氣福德日)

혼인 · 개업 · 이사 등을 판단한다.

| 나이 \ 종류 | 남 | 녀 | 남 | 녀 | 남 | 녀 | 남 | 녀 | 남 | 녀 | 남 | 녀 | 남 | 녀 | 남 | 녀 |
|---|---|---|---|---|---|---|---|---|---|---|---|---|---|---|---|---|
| | 2 | 10 | 3 | 9 | 4 | 8 | 5 | * | 6 | 7 | 7 | 6 | 8 | 5 | 9 | 4 |
| | 10 | 18 | 11 | 17 | 12 | 16 | 13 | 15 | 14 | 14 | 15 | 13 | 16 | 12 | 17 | 11 |
| | 18 | 26 | 19 | 25 | 20 | 24 | 21 | 23 | 22 | 22 | 23 | 21 | 24 | 20 | 25 | 19 |
| | 26 | 34 | 27 | 33 | 28 | 32 | 29 | 31 | 30 | 30 | 31 | 29 | 32 | 28 | 33 | 27 |
| | 34 | 42 | 35 | 41 | 36 | 40 | 37 | 39 | 38 | 38 | 39 | 37 | 40 | 36 | 41 | 35 |
| | 42 | 50 | 43 | 49 | 44 | 48 | 45 | 47 | 46 | 46 | 47 | 45 | 48 | 44 | 49 | 43 |
| | 50 | 58 | 51 | 57 | 52 | 56 | 53 | 55 | 54 | 54 | 55 | 53 | 56 | 52 | 57 | 51 |
| | 58 | 66 | 59 | 65 | 60 | 64 | 61 | 63 | 62 | 62 | 63 | 61 | 64 | 60 | 65 | 59 |
| | 66 | 74 | 67 | 73 | 68 | 72 | 69 | 71 | 70 | 70 | 71 | 69 | 72 | 68 | 73 | 67 |
| | 74 | 82 | 75 | 81 | 76 | 80 | 77 | 79 | 78 | 78 | 79 | 77 | 80 | 76 | 81 | 75 |
| | 82 | 90 | 83 | 89 | 84 | 88 | 85 | 87 | 86 | 86 | 87 | 85 | 88 | 84 | 89 | 83 |
| 생기 대길 | 戌·亥 | | 酉 | | 辰·巳 | | 未申 | | 午 | | 子 | | 卯 | | 丑·寅 | |
| 천의 대길 | 午 | | 卯 | | 丑·寅 | | 子 | | 戌·亥 | | 未·申 | | 酉 | | 辰·巳 | |
| 절체 평길 | 丑·寅 | | 未·申 | | 午 | | 酉 | | 辰·巳 | | 卯 | | 子 | | 戌·亥 | |
| 유혼 평길 | 辰·巳 | | 子 | | 戌·亥 | | 卯 | | 丑·寅 | | 酉 | | 未·申 | | 午 | |
| 화해 흉 | 子 | | 辰·巳 | | 酉 | | 午 | | 未·申 | | 戌·亥 | | 丑·寅 | | 卯 | |
| 복덕 대길 | 未·申 | | 丑·寅 | | 卯 | | 戌·亥 | | 子 | | 午 | | 辰·巳 | | 酉 | |
| 절명 흉 | 卯 | | 午 | | 未·申 | | 辰·巳 | | 酉 | | 丑·寅 | | 戌·亥 | | 子 | |
| 귀혼 평길 | 酉 | | 戌·亥 | | 子 | | 丑·寅 | | 卯 | | 辰·巳 | | 午 | | 未·申 | |

※ 대길 : 아주 좋음　평길 : 보통　흉 : 불길

## ● 생갑(生甲) · 병갑(病甲) · 사갑(死甲)

입택(入宅) · 이사 · 혼인날을 고르는 기준이다.

| 분류 \ 연지 | 子·午·卯·酉 | 辰·戌·丑·未 | 寅·申·巳·亥 |
|---|---|---|---|
| 생갑순<br>(좋은 날) | 甲子순<br>甲午순 | 甲辰순<br>甲戌순 | 甲寅순<br>甲申순 |
| 병갑순<br>(보통 날) | 甲寅순<br>甲申순 | 甲子순<br>甲午순 | 甲辰순<br>甲戌순 |
| 사갑순<br>(나쁜 날) | 甲辰순<br>甲戌순 | 甲寅순<br>甲申순 | 甲子순<br>甲午순 |

## ● 손이 있는 날

음력 날짜에 따라 사람의 일을 훼방하는 것을 '손'이라고 한다. 음력 9 · 19 · 29 · 10 · 20 · 30일은 손이 없는 날로 혼인 · 이사 · 개업 등에 좋다.

| 음력 날짜 | 손이 있는 방향 | 음력 날짜 | 손이 있는 방향 |
|---|---|---|---|
| 1 · 11 · 21 | 동 | 5 · 15 · 25 | 서 |
| 2 · 12 · 22 | 동남 | 6 · 16 · 26 | 서북 |
| 3 · 13 · 23 | 남 | 7 · 17 · 27 | 북 |
| 4 · 14 · 24 | 남서 | 8 · 18 · 28 | 북동 |

### 1) 좋은날

## ● 세간길신(歲干吉神)

한 해[年]의 천간을 기준으로 하여 판단한다.

| 길신＼세간 | 甲 | 乙 | 丙 | 丁 | 戊 | 己 | 庚 | 辛 | 壬 | 癸 |
|---|---|---|---|---|---|---|---|---|---|---|
| 세덕 | 甲 | 庚 | 丙 | 壬 | 戊 | 甲 | 庚 | 丙 | 壬 | 戊 |
| 세덕합 | 己 | 乙 | 辛 | 丁 | 癸 | 己 | 乙 | 辛 | 丁 | 癸 |
| 천복귀인 | 酉 | 申 | 子 | 亥 | 卯 | 寅 | 午 | 巳 | 午 | 巳 |
| 문창귀인 | 巳 | 午 | 申 | 酉 | 申 | 酉 | 亥 | 子 | 寅 | 卯 |
| 문곡귀인 | 巳 | 子 | 寅 | 卯 | 寅 | 卯 | 巳 | 辰 | 寅 | 卯 |
| | 亥 | 午 | 申 | 酉 | 申 | 酉 | 亥 | 戌 | 申 | 酉 |
| 천관귀인 | 未 | 辰 | 巳 | 寅 | 卯 | 酉 | 亥 | 申 | 戌 | 午 |
| 태극귀인 | 子 | 午 | 卯 | 酉 | 巳 | 午 | 寅 | 亥 | 巳 | 申 |

- 세덕(歲德) : 음양이 화합하니 온갖 복이 생긴다.
- 세덕합(歲德合) : 조장(造葬)에 아주 좋다.
- 천복귀인(天福貴人) : 벼슬이 높아진다.
- 문창귀인(文昌貴人) : 살아서는 부귀를 누리고 죽어서는 문장(文章)이다.
- 문곡귀인(文曲貴人) : 문장이 빼어나다.
- 천관귀인(天官貴人) : 문무(文武)를 겸비하고 부귀를 함께 누린다.

- 태극귀인(太極貴人) : 벼슬이 매우 높아진다.

## 월가길신(月家吉神)

달[月]을 기준으로 좋은 의미의 날을 고르는 방법이다.

| 길신 \ 월 | 寅 | 卯 | 辰 | 巳 | 午 | 未 | 申 | 酉 | 戌 | 亥 | 子 | 丑 |
|---|---|---|---|---|---|---|---|---|---|---|---|---|
| 천덕 | 丁 | 申 | 壬 | 辛 | 亥 | 甲 | 癸 | 寅 | 丙 | 乙 | 巳 | 庚 |
| 월덕 | 丙 | 甲 | 壬 | 庚 | 丙 | 甲 | 壬 | 庚 | 丙 | 甲 | 壬 | 庚 |
| 천덕합 | 壬 | 巳 | 丁 | 丙 | 寅 | 己 | 戊 | 亥 | 辛 | 庚 | 申 | 乙 |
| 월덕합 | 辛 | 己 | 丁 | 乙 | 辛 | 己 | 丁 | 乙 | 辛 | 己 | 丁 | 乙 |
| 월공 | 壬 | 庚 | 丙 | 甲 | 壬 | 庚 | 丙 | 甲 | 壬 | 庚 | 丙 | 甲 |
| 월은 | 丙 | 丁 | 庚 | 己 | 戊 | 辛 | 壬 | 癸 | 庚 | 乙 | 甲 | 辛 |
| 월재 | 9 | 3 | 4 | 2 | 7 | 6 | 9 | 3 | 4 | 2 | 7 | 6 |
| 생기(천희) | 戌 | 亥 | 子 | 丑 | 寅 | 卯 | 辰 | 巳 | 午 | 未 | 申 | 酉 |
| 천의 | 丑 | 寅 | 卯 | 辰 | 巳 | 午 | 未 | 申 | 酉 | 戌 | 亥 | 子 |
| 왕일 | 寅 | 寅 | 寅 | 巳 | 巳 | 巳 | 申 | 申 | 申 | 亥 | 亥 | 亥 |
| 상일 | 巳 | 巳 | 巳 | 申 | 申 | 申 | 亥 | 亥 | 亥 | 寅 | 寅 | 寅 |
| 해신 | 申 | 申 | 戌 | 戌 | 子 | 子 | 寅 | 寅 | 辰 | 辰 | 午 | 午 |
| 오부 | 亥 | 寅 | 巳 | 申 | 亥 | 寅 | 巳 | 申 | 亥 | 寅 | 巳 | 申 |
| 옥제사일 | 丁·巳 | 甲·子 | 乙·丑 | 丙·寅 | 辛·卯 | 壬·辰 | 丁·亥 | 甲·午 | 乙·未 | 丙·申 | 辛·酉 | 壬·戌 |
| 황은대사 | 戌 | 丑 | 寅 | 巳 | 酉 | 卯 | 子 | 午 | 亥 | 辰 | 申 | 未 |
| 천사신 | 戌 | 丑 | 辰 | 未 | 戌 | 丑 | 辰 | 未 | 戌 | 丑 | 辰 | 未 |

| 길신 \ 월 | 寅 | 卯 | 辰 | 巳 | 午 | 未 | 申 | 酉 | 戌 | 亥 | 子 | 丑 |
|---|---|---|---|---|---|---|---|---|---|---|---|---|
| 요안일 | 寅 | 申 | 卯 | 酉 | 辰 | 戌 | 巳 | 亥 | 午 | 子 | 未 | 丑 |
| 만통사길 | 午 | 亥 | 申 | 丑 | 戌 | 卯 | 子 | 巳 | 寅 | 未 | 辰 | 酉 |
| 회가제성 | 午 | 子 | 寅 | 戌 | 子 | 寅 | 辰 | 子 | 寅 | 子 | 寅 | 辰 |
| 관일 | 卯 | 卯 | 卯 | 午 | 午 | 午 | 酉 | 酉 | 酉 | 子 | 子 | 子 |
| 민일 | 午 | 午 | 午 | 酉 | 酉 | 酉 | 子 | 子 | 子 | 卯 | 卯 | 卯 |
| 수일 | 辰 | 辰 | 辰 | 未 | 未 | 未 | 戌 | 戌 | 戌 | 丑 | 丑 | 丑 |
| 금당 | 辰 | 戌 | 巳 | 亥 | 午 | 子 | 未 | 丑 | 申 | 寅 | 酉 | 卯 |
| 복생 | 酉 | 卯 | 戌 | 辰 | 亥 | 巳 | 子 | 午 | 丑 | 未 | 寅 | 申 |
| 육의 | 辰 | 卯 | 寅 | 丑 | 子 | 亥 | 戌 | 酉 | 申 | 未 | 午 | 巳 |
| 성심 | 亥 | 巳 | 子 | 午 | 丑 | 未 | 寅 | 申 | 卯 | 酉 | 辰 | 戌 |
| 역마 | 申 | 巳 | 寅 | 亥 | 申 | 巳 | 寅 | 亥 | 申 | 巳 | 寅 | 亥 |
| 보호 | 申 | 寅 | 酉 | 卯 | 戌 | 辰 | 亥 | 巳 | 子 | 午 | 丑 | 未 |
| 익후 | 子 | 午 | 丑 | 未 | 寅 | 申 | 卯 | 酉 | 辰 | 戌 | 巳 | 亥 |
| 천귀 | 甲·乙 | 甲·乙 | 甲·乙 | 丙·丁 | 丙·丁 | 丙·丁 | 庚·辛 | 庚·辛 | 庚·辛 | 壬·癸 | 壬·癸 | 壬·癸 |
| 사상 | 丙·丁 | 丙·丁 | 丙·丁 | 戊·己 | 戊·己 | 戊·己 | 壬·癸 | 壬·癸 | 壬·癸 | 甲·乙 | 甲·乙 | 甲·乙 |
| 삼합 | 午·戌 | 亥·未 | 甲·子 | 酉·丑 | 寅·戌 | 亥·卯 | 子·辰 | 巳·丑 | 寅·午 | 卯·未 | 申·辰 | 巳·酉 |
| 육합 | 亥 | 戌 | 酉 | 申 | 未 | 午 | 巳 | 辰 | 卯 | 寅 | 丑 | 子 |
| 시덕 | 午 | 午 | 午 | 辰 | 辰 | 辰 | 子 | 子 | 子 | 寅 | 寅 | 寅 |
| 청룡 | 壬·子 | 癸·丑 | 艮·寅 | 甲·卯 | 乙·辰 | 巽·巳 | 丙午 | 丁·未 | 坤·申 | 庚·酉 | 辛·戌 | 乾·亥 |
| 옥우 | 卯 | 酉 | 辰 | 戌 | 巳 | 亥 | 午 | 子 | 未 | 丑 | 申 | 寅 |

• 천덕(天德) · 천덕합(天德合) : 조장(造葬), 상관 부임(上官赴任) 등 모든 일에 길하다.

• 월덕(月德) · 월덕합(月德合) : 이 방향으로 건물을 고치는 일을 하면 온갖 복이 생긴다.

• 월공(月空) : 웃어른 · 관청에 문서를 제출하는 일, 건물 개축, 취토(取土)에 길하다.

• 월은(月恩) : 하늘의 은혜를 받게 된다.

• 월재(月財) : 이사 · 조장을 하면 횡재수가 생긴다.

• 생기(生氣) : 천희(天喜)라고도 한다.

• 천의(天醫) : 의원을 찾아 병을 치료하면 모두 효험이 있다.

• 왕일(旺日) : 상량(上樑)이나 하관(下官)에는 길하지만 동토(動土)에는 흉하다.

• 상일(相日) : 왕일의 경우와 같다.

• 해신(解神) : 모든 살(殺)을 다스리며 모든 일에 매우 좋다.

• 오부(五富) : 조장에 좋으며 창고를 만들면 좋다.

• 옥제사일(玉帝赦日) : 임의대로 일을 하여도 좋다.

• 황은대사(皇恩大赦) : 나쁜 의미가 줄어드는 날이다.

• 천사신(天赦神) : 몸의 죄를 용서하여 준다.

• 요안일(要安日) : 복이 생긴다.

• 만통사길(萬通四吉) : 전화위복이다.

## 사대길일

| 분류 | 의미 | 좋은 날 |
|---|---|---|
| 천사상길일(天赦上吉日) | 하늘이 모든 것을 사면해주는 날 | 봄 : 戊寅 여름 : 甲午<br>가을 : 戊申 겨울 : 甲子 |
| 천은상길일(天恩上吉日) | 하늘이 은총을 내리는 날 | 甲子 · 乙丑 · 乙酉 · 丙寅 · 丁卯 · 戊辰 · 己卯 · 庚辰 · 庚戌 · 辛巳 · 辛亥 · 壬子 · 壬午 · 癸丑 · 癸未 |
| 대명상길일(大明上吉日) | 하늘과 땅이 밝아져서 모든 행사를 치르기에 좋은 날 | 甲辰 · 甲申 · 乙巳 · 乙未 · 丙午 · 丁丑 · 丁亥 · 己卯 · 己酉 · 庚戌 · 辛未 · 辛亥 · 壬寅 · 壬辰 · 壬午 · 壬申 · 癸酉 |
| 모창상길일(母倉上吉日) | 신축이나 이사 등에 좋은 날 | 봄 : 亥 · 子 여름 : 寅 · 卯<br>가을 : 丑 · 辰 · 未 · 戌<br>겨울 : 申 · 酉 |

## 기타 길일

| 분류 | 의미 | 좋은 날 |
|---|---|---|
| 천지개공일(天地皆空日) | 하늘과 땅이 모두 비어 있어서 무슨 일을 하거나 탈이 없는 날 | 戊戌 · 己亥 · 庚子 · 庚申 |
| 대공망일(大空亡日) | 악한 기운이 없는 날로 굿이나 제사 이외의 모든 일에 탈이 없다. | 甲午 · 甲申 · 甲戌 · 乙丑 · 乙酉 · 乙亥 · 壬子 · 壬寅 · 壬辰 · 癸卯 · 癸巳 · 癸未 |
| 천롱지아일(天聾地啞日) | 하늘이 귀먹고 땅이 벙어리가 되는 날이므로 무슨 일에나 좋은 날 | 乙丑 · 乙未 · 丙子 · 丙寅 · 丙辰 · 丙申 · 丁卯 · 戊辰 · 己卯 · 己亥 · 庚子 · 辛丑 · 辛巳 · 辛酉 · 辛亥 · 壬子 · 癸丑 |
| 오공일(五空日) | 모든 신이 상천하여 땅이 비어 있어서 해가 없는 날 | 戊戌일 午시 · 己亥 · 庚子 · 辛丑 |

## 2) 나쁜날

### 십악대패일

특별히 나쁜 날로 이 날은 큰일을 벌이지 않고 행동을 조심한다.

| 연 | 월 | 일 |
|---|---|---|
| 甲·己년 | 3월 | 戊戌일 |
| | 7월 | 癸亥일 |
| | 10월 | 丙申일 |
| | 11월 | 丁亥일 |
| 乙·庚년 | 4월 | 壬申일 |
| | 9월 | 乙巳일 |
| 丙·辛년 | 3월 | 辛巳일 |
| | 9월 | 庚辰·甲辰일 |
| 戊·癸년 | 6월 | 己丑일 |

### 백기일(百忌日)

각 간지마다 피해야 할 일이 있다.

① 천간

- 甲일 : 물건(재물, 곡식)을 받거나 내어주지 않는다.
- 乙일 : 씨앗을 뿌리거나 나무를 심지 않는다.
- 丙일 : 부뚜막을 만들거나 수리하지 않는다.

- 丁일 : 머리를 자르거나 다듬지 않는다.
- 戊일 : 논밭이나 토지를 인수하지 않는다.
- 己일 : 서적이나 문서를 훼손하지 않는다.
- 庚일 : 침이나 뜸 치료를 받지 않는다.
- 辛일 : 간장을 담그지 않는다.
- 壬일 : 물을 가두거나 물길을 막지 않는다.
- 癸일 : 송사(訟事)나 시비(是非)를 벌이지 않는다.

② 지지

- 子일 : 길흉을 묻거나 점을 치지 않는다.
- 丑일 : 관례복을 입지 않는다.
- 寅일 : 복(福)을 빌거나 제사를 지내지 않는다.
- 卯일 : 우물이나 구덩이를 파지 않는다.
- 辰일 : 울음소리를 내지 않는다.
- 巳일 : 멀리 가지 않는다.
- 午일 : 지붕을 덮지 않는다.
- 未일 : 약을 먹지 않는다.
- 申일 : 평상(平床)을 설치하지 않는다.
- 酉일 : 손님을 들이지 않는다.
- 戌일 : 개〔犬〕를 집안에 들이지 않는다.
- 亥일 : 혼사를 치르지 않는다.

## ● 월가흉신(月家凶神)

매달의 특정한 날을 나쁘게 본다.

| 흉신＼월 | 寅 | 卯 | 辰 | 巳 | 午 | 未 | 申 | 酉 | 戌 | 亥 | 子 | 丑 |
|---|---|---|---|---|---|---|---|---|---|---|---|---|
| 천강 | 巳 | 子 | 未 | 寅 | 酉 | 辰 | 亥 | 午 | 丑 | 申 | 卯 | 戌 |
| 하괴 | 亥 | 午 | 丑 | 申 | 卯 | 戌 | 巳 | 子 | 未 | 寅 | 酉 | 辰 |
| 지파 | 亥 | 子 | 丑 | 寅 | 卯 | 辰 | 巳 | 午 | 未 | 申 | 酉 | 戌 |
| 나망 | 子 | 申 | 巳 | 辰 | 戌 | 亥 | 丑 | 申 | 未 | 子 | 巳 | 申 |
| 멸몰 | 丑 | 子 | 亥 | 戌 | 酉 | 申 | 未 | 午 | 巳 | 辰 | 卯 | 寅 |
| 천구 | 子 | 丑 | 寅 | 卯 | 辰 | 巳 | 午 | 未 | 申 | 酉 | 戌 | 亥 |
| 왕망 | 寅 | 巳 | 申 | 亥 | 卯 | 午 | 酉 | 子 | 辰 | 未 | 戌 | 丑 |
| 천적 | 辰 | 酉 | 寅 | 未 | 子 | 巳 | 戌 | 卯 | 申 | 丑 | 午 | 亥 |
| 피마 | 子 | 酉 | 午 | 卯 | 子 | 酉 | 午 | 卯 | 子 | 酉 | 午 | 卯 |
| 홍사 | 酉 | 巳 | 丑 | 酉 | 巳 | 丑 | 酉 | 巳 | 丑 | 酉 | 巳 | 丑 |
| 온황 | 未 | 戌 | 辰 | 寅 | 午 | 子 | 酉 | 申 | 巳 | 亥 | 丑 | 卯 |
| 토온 | 辰 | 巳 | 午 | 未 | 申 | 酉 | 戌 | 亥 | 子 | 丑 | 寅 | 卯 |
| 토기 | 寅 | 巳 | 申 | 亥 | 卯 | 午 | 酉 | 子 | 辰 | 未 | 戌 | 丑 |
| 토금 | 亥 | 亥 | 亥 | 寅 | 寅 | 寅 | 巳 | 巳 | 巳 | 申 | 申 | 申 |
| 천격 | 寅 | 子 | 戌 | 申 | 午 | 辰 | 寅 | 子 | 戌 | 申 | 午 | 辰 |
| 지격 | 辰 | 寅 | 子 | 戌 | 申 | 午 | 辰 | 寅 | 子 | 戌 | 申 | 午 |
| 산격 | 未 | 巳 | 卯 | 丑 | 亥 | 酉 | 未 | 巳 | 卯 | 丑 | 亥 | 酉 |

| 흉신 \ 월 | 寅 | 卯 | 辰 | 巳 | 午 | 未 | 申 | 酉 | 戌 | 亥 | 子 | 丑 |
|---|---|---|---|---|---|---|---|---|---|---|---|---|
| 수격 | 戌 | 申 | 午 | 辰 | 寅 | 子 | 戌 | 申 | 午 | 辰 | 寅 | 子 |
| 음차 | 庚戌 | 辛酉 | 庚申 | 丁未 | 丙午 | 丁巳 | 甲辰 | 己卯 | 甲寅 | 癸丑 | 壬子 | 癸亥 |
| 중일 | 巳·亥 | 巳·亥 | 巳·亥 | 巳·亥 | 巳·亥 | 巳·亥 | 巳·亥 | 巳·亥 | 巳·亥 | 巳·亥 | 巳·亥 | 巳·亥 |
| 복일 | 甲·庚 | 乙·辛 | 戊·己 | 丙·壬 | 丁·癸 | 戊·己 | 甲·庚 | 乙·辛 | 戊·己 | 丙·壬 | 丁·癸 | 戊·己 |
| 양착 | 甲寅 | 乙卯 | 甲辰 | 丁巳 | 丙午 | 丁未 | 庚申 | 辛酉 | 庚戌 | 辛亥 | 壬子 | 癸丑 |
| 유화 | 巳 | 寅 | 亥 | 申 | 巳 | 寅 | 亥 | 申 | 巳 | 寅 | 亥 | 申 |
| 천화 | 子 | 卯 | 午 | 酉 | 子 | 卯 | 午 | 酉 | 子 | 卯 | 午 | 酉 |
| 천옥 | 子 | 酉 | 午 | 卯 | 子 | 酉 | 午 | 卯 | 子 | 酉 | 午 | 卯 |
| 빙소와해 | 巳 | 子 | 丑 | 申 | 卯 | 戌 | 亥 | 午 | 未 | 寅 | 酉 | 辰 |
| 수사 | 戌 | 辰 | 亥 | 巳 | 子 | 午 | 丑 | 未 | 寅 | 申 | 卯 | 酉 |
| 귀기 | 丑 | 寅 | 子 | 丑 | 寅 | 子 | 丑 | 寅 | 子 | 丑 | 寅 | 子 |
| 비렴살 | 戌 | 巳 | 午 | 未 | 寅 | 卯 | 辰 | 亥 | 子 | 丑 | 申 | 酉 |
| 혈기 | 丑 | 未 | 寅 | 申 | 卯 | 酉 | 辰 | 戌 | 巳 | 亥 | 午 | 子 |
| 혈지 | 丑 | 寅 | 卯 | 辰 | 巳 | 午 | 未 | 申 | 酉 | 戌 | 亥 | 子 |
| 독화 | 巳 | 辰 | 卯 | 寅 | 丑 | 子 | 亥 | 戌 | 酉 | 申 | 未 | 午 |
| 지낭일 | 庚子 | 癸丑 | 甲子 | 乙卯 | 戊辰 | 癸未 | 丙寅 | 丁卯 | 戊辰 | 庚子 | 辛酉 | 乙未 |
| | 庚午 | 癸未 | 甲寅 | 己丑 | 戊午 | 癸巳 | 丙申 | 丁巳 | 戊子 | 庚戌 | 辛未 | 乙酉 |
| 월살 | 丑 | 戌 | 未 | 辰 | 丑 | 戌 | 未 | 辰 | 丑 | 戌 | 未 | 辰 |
| 월파 | 申 | 酉 | 戌 | 亥 | 子 | 丑 | 寅 | 卯 | 辰 | 巳 | 午 | 未 |

| 흉신 \ 월 | 寅 | 卯 | 辰 | 巳 | 午 | 未 | 申 | 酉 | 戌 | 亥 | 子 | 丑 |
|---|---|---|---|---|---|---|---|---|---|---|---|---|
| 월염 | 戌 | 酉 | 申 | 未 | 午 | 巳 | 辰 | 卯 | 寅 | 丑 | 子 | 亥 |
| 염대 | 辰 | 卯 | 寅 | 丑 | 子 | 亥 | 戌 | 酉 | 申 | 未 | 午 | 巳 |
| 고초 | 辰 | 丑 | 戌 | 未 | 卯 | 子 | 酉 | 午 | 寅 | 亥 | 申 | 巳 |

- 천강(天罡) : 일을 벌이는 것을 꺼린다. 그러나 황도(黃道)를 겸하면 괜찮다.
- 하괴(河魁) : 천강의 경우와 같다.
- 지파(地破) : 동토(動土)를 꺼린다.
- 나망(羅網) : 혼인, 출행, 소송을 꺼린다.
- 멸몰(滅沒) : 혼인, 건물을 짓는 일, 출행, 부임을 꺼린다.
- 천구(天狗) : 제사를 꺼린다.
- 왕망(往亡) : 출행, 이사, 부임을 꺼린다.
- 천적(天賊) : 이사, 창고 열기, 출재(出財), 출행을 꺼린다.
- 피마(披麻) : 입택(入宅), 가취(嫁娶, 시집 · 장가 가는 일)를 꺼린다.
- 홍사(紅紗) : 가취를 꺼린다.
- 온황(瘟瘴) : 요병(療病), 수조(竪造), 조택(條宅), 이사를 꺼린다.
- 토온(土瘟) : 동토, 파토(破土, 무덤을 만들기 위해 풀을 베고 땅을 파는 일)를 꺼린다.
- 토기(土忌) : 동토, 개기(開基)를 꺼린다. 왕망과 동일하다.

- 토금(土禁) : 파토를 꺼린다.
- 천격(天隔) : 출행과 구관(求官)을 꺼린다.
- 지격(地隔) : 재식(栽植)과 안장(安葬)을 꺼린다.
- 산격(山隔) : 입산(入山), 수렵, 벌목을 꺼린다.
- 수격(水隔) : 입수(入水), 어렵(漁獵), 행선(行船)을 꺼린다.
- 음차(陰差) : 가취, 조장(造葬)을 꺼린다.
- 양착(陽錯) : 가취, 조장을 꺼린다.
- 유화(遊火) : 침과 뜸, 약 먹는 일을 꺼린다.
- 천옥(天獄) : 수조, 개옥(蓋屋)을 꺼린다.
- 천화(天火) : 천옥과 동일하다.
- 빙소와해(氷消瓦解) : 입택(入宅), 조장을 꺼린다.
- 수사(受死) : 상관(上官) · 가취 · 이사는 꺼리지만, 어렵은 좋다.
- 귀기(歸忌) : 이사, 입택, 혼인, 멀리 나가는 것을 꺼린다.
- 비렴살(飛廉殺) : 육축(六畜)을 범하면 재물의 손해를 본다.
- 혈기(血忌) : 침자(針刺), 출혈(出血)을 금한다.
- 혈지(血支) : 침과 뜸, 자혈(刺血)을 꺼린다.
- 독화(獨火) : 기조, 개옥, 작조(作竈)를 꺼린다.
- 지낭일(地囊日) : 기조, 동토, 천정(穿井), 개지(開池)를 꺼린다.
- 월파(月破) : 매사에 불길하나 건물이나 담장 헐기, 수술, 파혼, 이혼 등에는 좋다.
- 월살(月殺) · 월염(月厭) · 염대(厭對) : 매사에 방해가 있어

흉한데, 특히 결혼식에 좋지 않다. 그러나 다른 길신이 많으면 괜찮다.

• 고초(枯焦) : 재종(栽種), 기도(祈禱)를 꺼린다.

## 4폐 · 4리 · 4절일

모든 일에 나쁜 날이므로 이 날을 피한다.

| 분류 | 나쁜 날 |
|---|---|
| 4폐일 | 봄 : 庚·辛·申·酉일　여름 : 壬·癸·亥·子일<br>가을 : 甲·乙·寅·卯일　겨울 : 丙·丁·巳·午일 |
| 4리일 | 춘분 전날, 하지 전날, 추분 전날, 동지 전날 |
| 4절일 | 입춘 전날, 입하 전날, 입추 전날, 입동 전날 |

## 천하멸망일

해당일에 무슨 일을 하든 망하게 되므로 이 날을 피한다.

| 월 | 1 · 5 · 9월 | 2 · 6 · 10월 | 3 · 7 · 11월 | 4 · 6 · 12월 |
|---|---|---|---|---|
| 일 | 丑일 | 辰일 | 未일 | 戌일 |

## 절기왕망일

입춘 후 7일, 경칩 후 14일, 청명 후 21일, 입하 후 8일, 망종 후 16일,

소서 후 24일, 입추 후 9일, 백로 후 18일, 한로 후 27일, 입동 후 10일, 대설 후 20일, 소한 후 30일

### 대중복일

| 월 | 대중복일 |
|---|---|
| 맹월(1 · 4 · 7 · 10월) | 寅 · 巳 · 申 · 亥일 |
| 중월(2 · 5 · 8 · 11월) | 卯 · 午 · 酉 · 子일 |
| 계월(3 · 6 · 9 · 12월) | 辰 · 未 · 丑 · 戌일 |

### 3) 택일 후 시를 잡는 법

일진의 천간으로 다음 표에서 시를 가려 잡는다. 황도시를 잡아도 좋다.

| 일 | 시 | 일 | 시 |
|---|---|---|---|
| 甲 | 丑 · 寅 · 未 | 己 | 子 · 丑 · 未 · 申 |
| 乙 | 子 · 卯 · 申 | 庚 | 丑 · 未 · 申 |
| 丙 | 巳 · 酉 · 亥 | 辛 | 子 · 申 · 酉 |
| 丁 | 午 · 酉 · 亥 | 壬 | 子 · 卯 · 巳 |
| 戊 | 丑 · 辰 · 未 · 戌 | 癸 | 卯 · 巳 · 亥 |

## 2. 택방

### ● 세지길신(歲支吉神)

한 해[年]의 지지를 기준으로 하여 판단한다.

| 길신 \ 연지 | 子 | 丑 | 寅 | 卯 | 辰 | 巳 | 午 | 未 | 申 | 酉 | 戌 | 亥 |
|---|---|---|---|---|---|---|---|---|---|---|---|---|
| 세천덕 | 巽 | 庚 | 丁 | 坤 | 壬 | 辛 | 乾 | 甲 | 癸 | 艮 | 丙 | 乙 |
| 천덕합 | 申 | 乙 | 壬 | 巳 | 丁 | 丙 | 寅 | 己 | 戊 | 亥 | 辛 | 庚 |
| 세월덕 | 壬 | 庚 | 丙 | 甲 | 壬 | 庚 | 丙 | 甲 | 壬 | 庚 | 丙 | 甲 |
| 월덕합 | 丁 | 乙 | 辛 | 己 | 丁 | 乙 | 辛 | 己 | 丁 | 乙 | 辛 | 己 |
| 역마 | 寅 | 亥 | 申 | 巳 | 寅 | 亥 | 申 | 巳 | 寅 | 亥 | 申 | 巳 |
| 천창 | 酉 | 戌 | 亥 | 子 | 丑 | 寅 | 卯 | 辰 | 巳 | 午 | 未 | 申 |
| 지창 | 辰 | 寅 | 子 | 巳 | 卯 | 寅 | 卯 | 丑 | 子 | 辰 | 卯 | 寅 |
|  | 戌 | 申 | 午 | 亥 | 酉 | 申 | 酉 | 未 | 午 | 戌 | 酉 | 申 |

- 세천덕(歲天德) : 음양이 서로 통하니 조화롭다.
- 천덕합(天德合) : 음양이 서로 합하니 모든 복이 생긴다.
- 세월덕(歲月德) : 오행이 조화를 이뤄 모든 일이 이루어진다.
- 월덕합(月德合) : 조장(造葬)에 매우 좋다.
- 역마(驛馬) : 모든 일에 좋다.
- 천창(天倉) : 수조(修造), 창고, 주택, 사람에 이롭다.
- 지창(地倉) : 천창과 동일하다.

## 세간흉신(歲干凶神)

음택(陰宅)에 주로 사용되며, 한 해[年]의 천간을 기준으로 하여 판단한다.

| 흉신 \ 세간 | 甲 | 乙 | 丙 | 丁 | 戊 | 己 | 庚 | 辛 | 壬 | 癸 |
|---|---|---|---|---|---|---|---|---|---|---|
| 산가곤룡 | 乾 | 庚 | 丁 | 巽 | 甲 | 乾 | 庚 | 丁 | 巽 | 甲 |
| 산가관부 | 亥 | 酉 | 未 | 巳 | 卯 | 亥 | 酉 | 未 | 巳 | 寅 |
| 좌산관부 | 戌 | 申 | 午 | 辰 | 寅 | 戌 | 申 | 午 | 辰 | 寅 |
| 나천대퇴 | 坎 | 震 | 艮 | 艮 | 坤 | 坤 | 巽 | 巽 | 兌 | 兌 |
| 산가혈인 | 6·7 | 1·4 | 2·8 | 3 | 9 | 6·7 | 1·4 | 2·8 | 3 | 9 |
| 부천공망 | 壬 | 癸 | 辛 | 庚 | 坤 | 乾 | 丁 | 丙 | 甲 | 乙 |
| 장군전 | 卯 | 辰 | 午 | 未 | 午 | 未 | 酉 | 戌 | 子 | 丑 |

- 산가곤룡(山家困龍) : 조장(造葬)에 아주 흉하다.
- 산가관부(山家官符) : 조장을 하면 질병과 시비가 따른다.
- 좌산관부(坐山官符) : 관재(官災)나 시비로 어려움을 겪게 된다.
- 산가혈인(山家血刃) : 양택(陽宅)에서 범하면 손해가 있다.
- 부천공망(浮天空亡) : 입향(立向)하면 관재를 초래한다.

## 세지흉신(歲支凶神)

한 해의 지지를 기준으로 판단하며, 해당하는 해〔年〕의 방위의 흉을 판단하는 데 주로 이용한다. 방위, 음택(陰宅), 동토(動土, 건물을 짓기 위하여 처음으로 땅을 파는 일)와 관계가 있다.

| 흉신 \ 연지 | 子 | 丑 | 寅 | 卯 | 辰 | 巳 | 午 | 未 | 申 | 酉 | 戌 | 亥 |
|---|---|---|---|---|---|---|---|---|---|---|---|---|
| 좌산라후 | 6 | 8 | 3 | 9 | 7 | 2 | 2 | 8 | 1 | 1 | 4 | 6 |
| 순산라후 | 乙 | 壬 | 艮 | 甲 | 巽 | 丙 | 丁 | 坤 | 辛 | 庚 | 癸 | 乾 |
| 나천대퇴 | 4 | 7 | 1 | 1 | 1 | 1 | 6 | 6 | 2 | 2 | 9 | 9 |
| 황천구퇴 | 卯 | 子 | 酉 | 午 | 卯 | 子 | 酉 | 午 | 卯 | 子 | 酉 | 午 |
| 타겁혈인 | 2 | 8 | 6 | 2 | 9 | 4 | 2 | 8 | 6 | 2 | 9 | 4 |
| 태음살 | 亥 | 子 | 丑 | 寅 | 卯 | 辰 | 巳 | 午 | 未 | 申 | 酉 | 戌 |
| 겁살 | 巳 | 寅 | 亥 | 申 | 巳 | 寅 | 亥 | 申 | 巳 | 寅 | 亥 | 申 |
| 재살 | 午 | 卯 | 子 | 酉 | 午 | 卯 | 子 | 酉 | 午 | 卯 | 子 | 酉 |
| 세살 | 未 | 辰 | 丑 | 戌 | 未 | 辰 | 丑 | 戌 | 未 | 辰 | 丑 | 戌 |
| 좌살 | 丙·丁 | 甲·乙 | 壬·癸 | 庚·辛 | 丙·丁 | 甲·乙 | 壬·癸 | 庚·辛 | 丙·丁 | 甲·乙 | 壬·癸 | 庚·辛 |
| 향살 | 壬·癸 | 庚·辛 | 丙·丁 | 甲·乙 | 壬·癸 | 庚·辛 | 丙·丁 | 甲·乙 | 壬·癸 | 庚·辛 | 丙·丁 | 甲·乙 |
| 천관부 | 亥 | 申 | 巳 | 寅 | 亥 | 申 | 巳 | 寅 | 亥 | 申 | 巳 | 寅 |
| 지관부 | 辰 | 巳 | 午 | 未 | 申 | 酉 | 戌 | 亥 | 子 | 丑 | 寅 | 卯 |
| 유재 | 乾·戌 | 未·申 | 子·丑 | 子·丑 | 子·丑 | 乾·戌 | 乾·戌 | 乾·戌 | 子·丑 | 未·申 | 未·申 | 未·申 |
| 대장군 | 酉 | 酉 | 子 | 子 | 子 | 卯 | 卯 | 卯 | 午 | 午 | 午 | 酉 |

| 흉신 \ 연지 | 子 | 丑 | 寅 | 卯 | 辰 | 巳 | 午 | 未 | 申 | 酉 | 戌 | 亥 |
|---|---|---|---|---|---|---|---|---|---|---|---|---|
| 태세 | 子 | 丑 | 寅 | 卯 | 辰 | 巳 | 午 | 未 | 申 | 酉 | 戌 | 亥 |
| 대모 | 午 | 未 | 申 | 酉 | 戌 | 亥 | 子 | 丑 | 寅 | 卯 | 辰 | 巳 |
| 소모 | 巳 | 午 | 未 | 申 | 酉 | 戌 | 亥 | 子 | 丑 | 寅 | 卯 | 辰 |
| 백호살 | 申 | 酉 | 戌 | 亥 | 子 | 丑 | 寅 | 卯 | 辰 | 巳 | 午 | 未 |
| 금신살 | 巳 | 酉 | 丑 | 巳 | 酉 | 丑 | 巳 | 酉 | 丑 | 巳 | 酉 | 丑 |

- 좌산라후(坐山羅候) : 관재(官災)를 초래한다.
- 순산라후(巡山羅候) : 조장(造葬)을 꺼린다.
- 나천대퇴(羅天大退) : 사람과 재물의 손실이 있고, 계획이 흐트러지기 쉽다.
- 황천구퇴(皇天灸退) : 이 방향으로 향하면 모산(耗散)하니 아주 흉하다.
- 타겁혈인(打劫血刃) : 동토를 꺼린다.
- 태음살(太陰殺) : 동토에 좋지 않다.
- 겁살(劫殺) · 재살(災殺) · 세살(歲殺) : '삼살(三殺)'이라 하여 매우 꺼린다.
- 좌살(坐殺) · 향살(向殺) : 조장을 꺼린다.
- 천관부(天官符) · 지관부(地官符) : 조장을 꺼리지만 납음오행으로 다스리면 무방하다.
- 유재(流財) : 주택과 전답에 손해가 생긴다.
- 대장군(大將軍) · 태세(太歲) : 동토를 꺼린다.

• 대모(大耗) · 소모(小耗) : 재산의 출납, 창고 열기, 동토를 꺼린다.
• 백호살(白虎殺) : 범하면 하는 일에 장애가 따른다.
• 금신살(金神殺) : 동토, 장매(葬埋)를 꺼린다.

## 삼지방

연 · 월 · 일마다 연삼지(年三支) · 월삼지(月三支) · 일삼지(日三支)라 하여 꺼리는 방향이 있으며, 결혼이나 이사 등의 큰일에서 이 방향을 피한다.

| | | |
|---|---|---|
| 연삼지 | 申 · 子 · 辰년 | 亥 · 子 · 丑방향 |
| | 巳 · 酉 · 丑년 | 申 · 酉 · 戌방향 |
| | 寅 · 午 · 戌년 | 巳 · 午 · 未방향 |
| | 亥 · 卯 · 未년 | 寅 · 卯 · 辰방향 |
| 월삼지 | 1월 | 寅 · 卯 · 辰방향 |
| | 2월 | 丑 · 辰방향 |
| | 3월 | 酉방향 |
| | 4월 | 子방향 |
| | 5월 | 卯방향 |
| | 6월 | 戌방향 |
| | 7월 | 申방향 |
| | 8월 | 子방향 |

| 월삼지 | 9월 | 卯방향 |
|---|---|---|
| | 10월 | 午방향 |
| | 11월 | 巳방향 |
| | 12월 | 子방향 |
| 일삼지 | 寅 · 午 · 戌일 | 申 · 酉 · 戌방향 |
| | 申 · 子 · 辰일 | 寅 · 卯 · 辰방향 |
| | 巳 · 酉 · 丑일 | 亥 · 子 · 丑방향 |
| | 亥 · 卯 · 未일 | 巳 · 午 · 未방향 |

## ● 삼살방

삼살방이란 삼합의 왕지를 충하는 방향이며 그 해를 기준으로 하여 본다. 이 방향으로 움직이면 액운이 있으므로 피한다.

| 연지 | 寅 · 午 · 戌 | 巳 · 酉 · 丑 | 申 · 子 · 辰 | 亥 · 卯 · 未 |
|---|---|---|---|---|
| 삼살방 | 북쪽 | 동쪽 | 남쪽 | 서쪽 |

## ● 대장군방

대장군방이란 대장군이 있는 방향으로 3년마다 바뀌며, 그 해를 기준으로 하거나 태어난 해를 기준으로 하여 본다. 주로 이사나 이장 등에 참고하며, 시계방향으로 전진해야 좋고 역행하면 모든 일이 후퇴하고 어려운 일이 생긴다고 본다. 즉, 북

→동→남→서쪽으로 움직여야 좋고 북→서→남→동쪽으로 움직이면 좋지 않다고 본다.

| 연도(방향) | 대장군방 |
|---|---|
| 亥 · 子 · 丑(북쪽) | 서쪽 |
| 寅 · 卯 · 辰(동쪽) | 북쪽 |
| 巳 · 午 · 未(남쪽) | 동쪽 |
| 申 · 酉 · 戌(서쪽) | 남쪽 |

# 혼인

## 1. 궁합

### ● 납음오행

60갑자에 오행을 붙인 것으로, 궁합을 볼 때는 태어난 해를 기준으로 오행의 상생·상극 관계를 살핀다. 연주로는 겉궁합, 일주로는 속궁합을 본다.

| 1순(旬) | 2순(旬) | 3순(旬) | 4순(旬) | 5순(旬) | 6순(旬) |
|---|---|---|---|---|---|
| 甲子·乙丑<br>해중금<br>(海中金) | 甲戌·乙亥<br>산두화<br>(山頭火) | 甲申·乙酉<br>천중수<br>(泉中水) | 甲午·乙未<br>사중금<br>(沙中金) | 甲辰·乙巳<br>복등화<br>(覆燈火) | 甲寅·乙卯<br>대계수<br>(大溪水) |
| 丙寅·丁卯<br>노중화<br>(爐中火) | 丙子·丁丑<br>간하수<br>(澗下水) | 丙戌·丁亥<br>옥상토<br>(屋上土) | 丙申·丁酉<br>산하화<br>(山下火) | 丙午·丁未<br>천하수<br>(天河水) | 丙辰·丁巳<br>사중토<br>(沙中土) |
| 戊辰·己巳<br>대림목<br>(大林木) | 戊寅·己卯<br>성두토<br>(城頭土) | 戊子·己丑<br>벽력화<br>(霹靂火) | 戊戌·己亥<br>평지목<br>(平地木) | 戊申·己酉<br>대역토<br>(大驛土) | 戊午·己未<br>천상화<br>(天上火) |
| 庚午·辛未<br>노방토<br>(路傍土) | 庚辰·辛巳<br>백랍금<br>(白蠟金) | 庚寅·辛卯<br>송백목<br>(松栢木) | 庚子·辛丑<br>벽상토<br>(檗上土) | 庚戌·辛亥<br>차천금<br>(釵釧金) | 庚申·辛酉<br>석류목<br>(石榴木) |
| 壬申·癸酉<br>검봉금<br>(劍鋒金) | 壬午·癸未<br>양류목<br>(楊柳木) | 壬辰·癸巳<br>장류수<br>(長流水) | 壬寅·癸卯<br>금박금<br>(金箔金) | 壬子·癸丑<br>상자목<br>(桑自木) | 壬戌·癸亥<br>대해수<br>(大海水) |

## 좋은 결합

| 출생 연도 | | 비고 |
|---|---|---|
| 남 | 녀 | |
| 木 | 木 | 금실이 좋아 평온한 생활을 하나, 만년이 신통치 않음 |
| 木 | 火 | 부부화락하여 부귀영화를 누림 |
| 木 | 水 | 일가 화목하고, 재물이 풍성하여 부하가 많고 부귀공명 |
| 火 | 木 | 자손이 효행하고, 위아래가 화목하여 부귀영화를 누림 |
| 火 | 土 | 만사 대길하여 재물이 풍성하고, 자손이 흥왕함 |
| 土 | 火 | 효자가 있고, 해마다 경사롭고 만사 대길함 |
| 土 | 土 | 자손이 창성하고 가사가 흥하여 인생이 즐거움 |
| 土 | 金 | 금실이 좋고 자손이 영달하며, 부귀를 누리고 부부해로 |
| 金 | 土 | 부하가 많고 부귀공명하여, 평생 영화를 누림 |
| 金 | 水 | 큰 부자가 되며 명성을 날리고, 자손이 번창함 |
| 水 | 木 | 가도가 흥왕하고, 금실이 좋으며 자손이 창성함 |
| 水 | 金 | 집안이 화목하고, 부귀 겸전함 |
| 水 | 水 | 기쁜 일이 많고 재물을 얻어 자손과 행복하게 살아감 |

## 나쁜 결합

| 출생 연도 | | 비고 |
|---|---|---|
| 남 | 녀 | |
| 木 | 土 | 부부싸움이 잦고 자손이 불효하며, 패가망신 |
| 木 | 金 | 금실이 나빠 해로하기 힘들고, 재앙이 많음 |
| 火 | 火 | 가정불화가 잦고 자손이 귀하며, 가도 쇠퇴 |
| 火 | 金 | 부부 이별하기 쉽고 재앙이 있으며, 자손이 귀함 |
| 火 | 水 | 가정과 일가 친척이 화목하지 못하고, 가난해짐 |
| 土 | 木 | 가난과 병마가 끊이지 않고 부부 생사이별함 |
| 土 | 水 | 부부간 의견충돌이 잦아 이별하기 쉽고, 가난하고 고독함 |
| 金 | 木 | 구설수가 많고 하는 일이 잘 안되어 가도 쇠퇴 |
| 金 | 火 | 패가하기 쉽고 자손을 기르기 힘들며 부부이별 |
| 金 | 金 | 가난하고 부부 금실이 허술하며, 동기간에 불화 |
| 水 | 火 | 부부가 잘 싸우고 인간관계가 나빠지며 패가망신 |
| 水 | 土 | 가도가 쇠퇴하고 자손이 불효하며, 혼자 살게 됨 |

## 살이 있어서 꺼려야 할 배우자

① 고신 · 과숙살

고신살은 상처살, 과숙살은 과부살이라 한다. 사주의 연지를 기준으로 하여 월지 · 일지 · 시지를 본다.

| 연지 / 살 | 寅·卯·辰 | 巳·午·未 | 申·酉·戌 | 亥·子·丑 |
|---|---|---|---|---|
| 고신살 | 巳 | 申 | 亥 | 寅 |
| 과숙살 | 丑 | 辰 | 未 | 戌 |

② 괴강살

여자의 경우 괴강살이 있으면 과부가 되기 쉽다.

戊戌 · 庚辰 · 庚戌 · 壬辰

③ 음 · 양착살

특히 여자의 경우 일주나 시주에 이 살이 있으면 집안이 쇠퇴하며, 부부간에 파란이 있고 불화하여 고독해진다.

| 살 | 일주 및 시주 |
|---|---|
| 음착살 | 丁丑 · 丁未 · 辛卯 · 辛酉 · 癸巳 · 癸亥 |
| 양착살 | 丙子 · 丙午 · 戊寅 · 戊申 · 壬辰 · 壬戌 |

④ 홍염살

홍염살이 사주에 있으면 가정적이지 못하고 부부생활이 순탄치 못하다.

| 일간 | 甲 | 乙 | 丙 | 丁 | 戊 | 己 | 庚 | 辛 | 壬 | 癸 |
|---|---|---|---|---|---|---|---|---|---|---|
| 홍염살 | 午 | 午 | 寅 | 未 | 辰 | 辰 | 戌 | 酉 | 申 | 申 |

⑤ 도화살

사주에 도화살이 있으면 풍류 기질이 많아 호색적이다. 특히 일지나 시지에 있는 것이 작용력이 크며, 역마와 함께 있으면 가정을 버리기 쉽다.

| 일지 | 寅·午·戌 | 巳·酉·丑 | 申·子·辰 | 亥·卯·未 |
|---|---|---|---|---|
| 도화살 | 卯 | 午 | 酉 | 子 |

⑥ 귀문관살

이 살이 있으면 부부의 인연이 나빠진다. 사주의 연지를 기준으로 하여 일지나 시지를 본다.

| 연지 | 子 | 丑 | 寅 | 卯 | 辰 | 巳 | 午 | 未 | 申 | 酉 | 戌 | 亥 |
|---|---|---|---|---|---|---|---|---|---|---|---|---|
| 귀문관살 | 酉 | 午 | 未 | 申 | 亥 | 戌 | 丑 | 寅 | 卯 | 子 | 巳 | 辰 |

### ⑦ 고란살

고란살이 일주에 있으면 여자의 경우 남편 때문에 고생하거나 독수공방하고, 남자의 경우는 처를 극하여 부부의 정이 적다.

> 甲寅 · 乙巳 · 丁巳 · 戊申 · 辛亥

### ⑧ 백호살

백호살이 사주에 있으면 배우자를 피곤하게 하며, 신병이 많고 위험한 사고를 당하여 부부생활이 평탄치 못하다.

> 甲辰 · 乙未 · 丙戌 · 丁丑 · 戊辰 · 壬戌 · 癸丑

### ⑨ 원진살 · 충 · 파 · 해

원진살이 되면 서로 미워하고, 충살이 되면 충돌이 심하여 부부생활이 원만치 못하며 이혼하기 쉽다. 당사자와 상대의 일지를 보고 판단한다.

| 연지 | 子 | 丑 | 寅 | 卯 | 辰 | 巳 | 午 | 未 | 申 | 酉 | 戌 | 亥 |
|---|---|---|---|---|---|---|---|---|---|---|---|---|
| 원진살 | 未 | 午 | 酉 | 申 | 亥 | 戌 | 丑 | 子 | 卯 | 寅 | 巳 | 辰 |
| 충 | 午 | 未 | 申 | 酉 | 戌 | 亥 | 子 | 丑 | 寅 | 卯 | 辰 | 巳 |
| 파 | 酉 | 辰 | 亥 | 午 | 丑 | 申 | 卯 | 戌 | 巳 | 子 | 未 | 寅 |
| 해 | 未 | 午 | 巳 | 辰 | 卯 | 寅 | 丑 | 子 | 亥 | 戌 | 酉 | 申 |

## 2. 택일

### 1) 연(年)

● **합혼개폐법**(合婚開閉法)

혼인하기에 적당한 나이를 고르는 방법이다.

| 띠 | 길흉 | 나이 | | | | | | | | |
|---|---|---|---|---|---|---|---|---|---|---|
| 쥐 · 말 · 토끼 · 닭 | 적당 | 14 | 17 | 20 | 23 | 26 | 29 | 32 | 35 | |
| | 평범 | 15 | 18 | 21 | 24 | 27 | 30 | 33 | 36 | |
| | 좋지 않음 | 16 | 19 | 22 | 25 | 28 | 31 | 34 | 37 | |
| 호랑이 · 원숭이 · 뱀 · 돼지 | 적당 | 13 | 16 | 19 | 22 | 25 | 28 | 31 | 34 | 37 |
| | 평범 | 14 | 17 | 20 | 23 | 26 | 29 | 32 | 35 | 38 |
| | 좋지 않음 | 15 | 18 | 21 | 24 | 27 | 30 | 33 | 36 | 39 |
| 용 · 소 · 개 · 양 | 적당 | 12 | 15 | 18 | 21 | 24 | 27 | 30 | 33 | 36 |
| | 평범 | 13 | 16 | 19 | 22 | 25 | 28 | 31 | 34 | 37 |
| | 좋지 않음 | 14 | 17 | 20 | 23 | 26 | 29 | 32 | 35 | 38 |

● **혼인흉년**(婚姻凶年)

혼인하면 좋지 않은 해를 가려내는 방법이다.

| 성별 \ 띠 | 쥐 | 소 | 호랑이 | 토끼 | 용 | 뱀 | 말 | 양 | 원숭이 | 닭 | 개 | 돼지 |
|---|---|---|---|---|---|---|---|---|---|---|---|---|
| 남자 | 未 | 申 | 酉 | 戌 | 亥 | 子 | 丑 | 寅 | 卯 | 辰 | 巳 | 午 |
| 여자 | 卯 | 寅 | 丑 | 子 | 亥 | 戌 | 酉 | 申 | 未 | 午 | 巳 | 辰 |

2) 월(月)

● **가취월**(嫁娶月)

여자의 띠를 기준으로 하여 혼인하기에 적당한 달을 선택하는 방법이다. 다음 표에서 1월은 인월(寅月, 입춘에서 경칩까지)로, 절기에 따른 구분이다.

| 분류 \ 띠 | 쥐, 말 | 소, 양 | 호랑이, 원숭이 | 토끼, 닭 | 용, 개 | 뱀, 돼지 |
|---|---|---|---|---|---|---|
| 대리월 | 6 · 12 | 5 · 11 | 2 · 8 | 1 · 7 | 4 · 10 | 3 · 9 |
| 방매씨 | 1 · 7 | 4 · 10 | 3 · 9 | 6 · 12 | 5 · 11 | 2 · 8 |
| 방옹고 | 2 · 8 | 3 · 9 | 4 · 10 | 5 · 11 | 6 · 12 | 1 · 7 |
| 방여부모 | 3 · 9 | 2 · 8 | 5 · 11 | 4 · 10 | 1 · 7 | 6 · 12 |
| 방부주 | 4 · 10 | 1 · 7 | 6 · 12 | 3 · 9 | 2 · 8 | 5 · 11 |
| 방여신 | 5 · 11 | 6 · 12 | 1 · 7 | 2 · 8 | 3 · 9 | 4 · 10 |

- 대리월(大利月) : 크게 좋은 달
- 방매씨(方媒氏) : 무난하고 평범
- 방옹고(方翁姑) : 시부모님이 없으면 사용해도 됨
- 방여부모(方如父母) : 여자의 부모가 안 계시면 사용해도 됨
- 방부주(方夫主) : 신랑에게 불리
- 방여신(方女身) : 신부에게 불리

## 살부대기월

여자의 태어난 해를 기준으로 하며, 살부대기월에 시집가면 남편을 잃고 홀로 살기 쉽다 하여 피한다.

| 여자의 띠 | 쥐 | 소 | 호랑이 | 토끼 | 용 | 뱀 | 말 | 양 | 원숭이 | 닭 | 개 | 돼지 |
|---|---|---|---|---|---|---|---|---|---|---|---|---|
| 피할 달 | 1·2 | 4 | 7 | 12 | 4 | 5 | 8·12 | 6·7 | 6·7 | 8 | 12 | 7·8 |

3) 일(日)

(1) 혼인에 좋은 날

## 관계일

남자는 관대를 입고 여자는 비녀를 꽂는 날이란 뜻으로 혼인에 좋은 날이다.

甲子 · 甲寅 · 甲辰 · 甲午 · 乙卯 · 乙巳 · 丙子 · 丙寅 · 丙午 · 丙申 · 丙戌 · 丁卯 · 丁巳 · 丁未 · 戊寅 · 戊辰 · 庚戌 · 辛卯 · 辛未 · 辛酉 · 壬辰 · 壬午 · 壬申 · 壬戌 · 癸卯 · 癸巳 · 천덕 · 월덕 · 천은 · 월은 · 천희

## 음양부장길일

다음 표의 '음양부장길일'에 해당하는 날을 고르며, 생기일과 황흑도일도 참고하여 판단한다.

| 월 | 음양부장길일 |
|---|---|
| 寅월 | 丙子·丙寅·丁卯·丁丑·戊子·戊寅·己丑·己卯·庚子·庚寅·辛丑·辛卯 |
| 卯월 | 乙丑·丙子·丙寅·丙戌·丁丑·戊子·戊寅·戊戌·己丑·庚子·庚寅·庚戌 |
| 辰월 | 甲子·甲戌·乙丑·乙酉·丙子·丙戌·丁丑·丁酉·戊子·戊戌·己丑·己酉 |
| 巳월 | 甲子·甲申·甲戌·乙酉·丙子·丙申·丙戌·丁酉·戊子·戊申·戊戌·己酉 |
| 午월 | 甲申·甲戌·乙未·乙酉·丙申·丙戌·戊申·戊戌·癸未·癸酉 |
| 未월 | 甲午·甲申·甲戌·乙未·乙酉·壬午·壬申·壬戌·癸未·癸酉 |
| 申월 | 甲午·甲申·乙巳·乙未·乙酉·壬午·壬申·癸巳·癸未·癸酉 |
| 酉월 | 甲辰·甲午·甲申·辛巳·辛未·壬辰·壬午·壬申·癸巳·癸未 |
| 戌월 | 庚辰·庚午·辛卯·辛巳·辛未·壬辰·壬午·癸卯·癸巳·癸未 |
| 亥월 | 庚寅·庚辰·庚午·辛卯·辛巳·壬寅·壬辰·壬午·癸卯·癸巳 |
| 子월 | 丁丑·丁卯·丁巳·己丑·己卯·己巳·庚寅·庚辰·辛丑·辛卯·辛巳·壬寅·壬辰 |
| 丑월 | 丙子·丙寅·丙辰·丁丑·丁卯·戊子·戊寅·戊辰·己丑·己卯·庚子·庚寅·庚辰·辛丑·辛卯 |

## 오합일

영세대길일(永世大吉日)이라 하여 혼인은 물론 모든 일에 좋은 날이다. 월살일 · 사갑일 등 나쁜 날이라도 오합일과 겹치면 나쁘지 않다.

| 일월합 | 음양합 | 인민합 | 금석합 | 강하합 |
|---|---|---|---|---|
| 甲寅·乙卯 | 丙寅·丁卯 | 戊寅·己卯 | 庚寅·辛卯 | 壬寅·癸卯 |

## 십전대길일

乙丑 · 乙巳 · 丙子 · 丁丑 · 丁卯 · 己丑 · 辛卯 · 壬子 · 癸丑 · 癸卯

(2) 혼인에 나쁜 날

## 월염염대법

혼인하면 불길하여 결혼생활이 순탄치 못하므로 피한다.

| 월 | 1·7월 | 2·8월 | 3·9월 | 4·10월 | 5·11월 | 6·12월 |
|---|---|---|---|---|---|---|
| 흉일 | 辰·戌 | 卯·酉 | 寅·申 | 巳·亥 | 子·午 | 丑·未 |

## 혼인흉살일

다음에 해당하는 살이 미치는 날을 피하여 혼인 날짜를 잡는다.

| 월<br>흉살 | 1월 | 2월 | 3월 | 4월 | 5월 | 6월 | 7월 | 8월 | 9월 | 10월 | 11월 | 12월 | 비고 |
|---|---|---|---|---|---|---|---|---|---|---|---|---|---|
| 홍사 | 酉 | 巳 | 丑 | 酉 | 巳 | 丑 | 酉 | 巳 | 丑 | 酉 | 巳 | 丑 | |
| 천적 | 辰 | 酉 | 寅 | 未 | 子 | 巳 | 戌 | 卯 | 申 | 丑 | 午 | 亥 | |
| 수사 | 戌 | 辰 | 亥 | 巳 | 子 | 午 | 丑 | 未 | 寅 | 申 | 卯 | 酉 | |
| 월살 | 丑 | 戌 | 未 | 辰 | 丑 | 戌 | 未 | 辰 | 丑 | 戌 | 未 | 辰 | 오합일 사용 |
| 월염 | 戌 | 酉 | 申 | 未 | 午 | 巳 | 辰 | 卯 | 寅 | 丑 | 子 | 亥 | 오합일 사용 |
| 월파 | 申 | 酉 | 戌 | 亥 | 子 | 丑 | 寅 | 卯 | 辰 | 巳 | 午 | 未 | |
| 피마 | 子 | 酉 | 午 | 卯 | 子 | 酉 | 午 | 卯 | 子 | 酉 | 午 | 卯 | |
| 천강 | 巳 | 子 | 未 | 寅 | 酉 | 辰 | 亥 | 午 | 丑 | 申 | 卯 | 戌 | 황도일 사용 |
| 하괴 | 亥 | 午 | 丑 | 申 | 卯 | 戌 | 巳 | 子 | 未 | 寅 | 酉 | 辰 | 황도일 사용 |
| 나망 | 子 | 申 | 巳 | 辰 | 戌 | 亥 | 丑 | 申 | 未 | 子 | 巳 | 申 | |
| 멸몰 | 丑 | 子 | 亥 | 戌 | 酉 | 申 | 未 | 午 | 巳 | 辰 | 卯 | 寅 | |
| 음착 | 庚戌 | 辛酉 | 庚申 | 丁未 | 丙午 | 丁巳 | 甲辰 | 乙卯 | 甲寅 | 癸丑 | 壬子 | 癸亥 | |
| 양착 | 甲寅 | 乙卯 | 甲辰 | 丁巳 | 丙午 | 丁未 | 庚申 | 辛酉 | 庚戌 | 癸亥 | 壬子 | 癸丑 | |

## 가취대흉일

다음의 '가취대흉일'을 피하며, 생기복덕일과 황흑도일도 참고한다.

| 계절이나 달 | 나쁜 날 |
|---|---|
| 봄(寅 · 卯 · 辰월) | 甲子 · 乙丑일 |
| 여름(巳 · 午 · 未월) | 丙子 · 丁丑일 |
| 가을(申 · 酉 · 戌월) | 庚子 · 辛丑일 |
| 겨울(亥 · 子 · 丑월) | 壬子 · 癸丑일 |
| 寅 · 午 · 戌월 | 庚일 |
| 亥 · 卯 · 未월 | 乙일 |
| 申 · 子 · 辰월 | 丙일 |
| 巳 · 酉 · 丑월 | 癸일 |

# 이사

## 1. 택일

### ● 이안주당법

이사하는 음력 날짜의 길흉을 판단한다. 천(天) · 이(利) · 안(安) · 사(師) · 부(富)에 해당하면 이사하기에 좋으며, 재(災) · 살(殺) · 해(害)에 해당하면 좋지 않다고 본다.

| 안 (큰달)1→ | 이 | ←1(작은달) 천 |
|---|---|---|
| 재 | | 해 |
| 사 | 부 | 살 |

| 큰달 | 안 | 이 | 천 | 해 | 살 | 부 | 사 | 재 |
|---|---|---|---|---|---|---|---|---|
| 음력 날짜 | 1 | 2 | 3 | 4 | 5 | 6 | 7 | 8 |
| | 9 | 10 | 11 | 12 | 13 | 14 | 15 | 16 |
| | 17 | 18 | 19 | 20 | 21 | 22 | 23 | 24 |
| | 25 | 26 | 27 | 28 | 29 | 30 | | |
| 작은달 | 천 | 이 | 안 | 재 | 사 | 부 | 살 | 해 |

## 이사길일

각 달마다 이사하기에 좋은 날이 있으며 이 날 이사하면 대길이다.

| 월 | 좋은 날 |
|---|---|
| 1월 | 丙辰 · 丁未 · 辛未 · 壬辰 |
| 2월 | 甲子 · 甲午 · 乙丑 · 乙未 |
| 3월 | 丙寅 · 己巳 · 庚子 · 庚午 · 壬寅 |
| 4월 | 甲午 · 丙午 · 庚午 · 癸卯 |
| 5월 | 甲申 · 庚辰 |
| 6월 | 甲寅 · 丁酉 |
| 7월 | 甲戌 · 庚戌 |
| 8월 | 乙亥 · 辛亥 · 癸丑 |
| 9월 | 甲午 · 甲申 · 丙午 |
| 10월 | 甲子 · 甲午 · 戊子 · 庚辰 · 壬午 · 癸丑 |
| 11월 | 乙丑 · 乙未 · 丁丑 · 丁未 · 辛未 · 癸丑 |
| 12월 | 甲寅 · 乙亥 · 丁卯 · 己亥 · 庚寅 · 辛亥 |

## 이거 · 입택 통용일

이사나 입주에 좋은 날로 본다.

甲子 · 乙丑 · 乙卯 · 乙未 · 乙酉 · 丙寅 · 丙辰 · 丙午 · 丁丑 · 丁巳 · 己未 · 庚寅 · 庚午 · 庚申 · 庚戌 · 壬寅 · 壬辰 · 癸丑 · 癸卯 · 癸巳 · 월은일 · 사상일

## 입택귀화일

이 날 새로 집을 지어 입주하거나 이사하면 만복이 깃든다는 좋은 날이다.

甲子 · 甲寅 · 甲申 · 甲戌 · 乙丑 · 乙卯 · 乙未 · 乙亥 · 丙寅 · 丙午 · 丁丑 · 丁卯 · 丁未 · 己巳 · 己未 · 庚子 · 庚寅 · 庚午 · 庚申 · 庚戌 · 辛未 · 辛酉 · 壬寅 · 壬辰 · 癸丑 · 癸卯 · 癸未 · 천덕일 · 월덕일 · 천덕합일 · 월덕합일 · 천은일 · 황도일 · 모창상길일

## 입신가길일

새로 집을 지어서 처음 입주하기에 좋은 날이다.

甲子 · 乙丑 · 戊辰 · 庚子 · 庚寅 · 庚午 · 癸丑 · 癸巳 · 癸酉

## 분가하는 데 좋은 날

| 월 | 좋은 날 |
|---|---|
| 1월 | 丙午 · 己卯 · 壬午 · 癸卯 |
| 2월 | 乙未 · 己未 · 己酉 · 己亥 · 辛未 · 癸未 |
| 3월 | 甲子 · 己卯 · 庚子 · 辛卯 · 癸卯 |
| 4월 | |
| 5월 | 甲辰 · 乙未 · 丙辰 · 戊辰 · 辛未 |
| 6월 | 乙亥 · 己卯 · 己亥 · 辛卯 · 癸卯 |
| 7월 | 丙辰 · 戊辰 · 庚辰 · 壬辰 |
| 8월 | 甲戌 · 乙丑 · 乙巳 · 乙亥 · 己亥 · 庚申 |
| 9월 | 丙午 · 庚午 · 辛酉 · 壬午 |
| 10월 | 甲子 · 丙子 · 戊子 · 庚子 |
| 11월 | 乙亥 · 丁丑 · 己丑 · 癸丑 |
| 12월 | 乙卯 · 庚申 · 辛卯 · 壬申 · 癸卯 |

## ● 이사에 나쁜 날

각 달마다 다음의 날들을 피하여 이사할 날을 잡는다.

| 나쁜날 \ 월 | 1월 | 2월 | 3월 | 4월 | 5월 | 6월 | 7월 | 8월 | 9월 | 10월 | 11월 | 12월 |
|---|---|---|---|---|---|---|---|---|---|---|---|---|
| 수사일 | 戌 | 辰 | 亥 | 巳 | 子 | 午 | 丑 | 未 | 寅 | 申 | 卯 | 酉 |
| 귀기일 | 丑 | 寅 | 子 | 丑 | 寅 | 子 | 丑 | 寅 | 子 | 丑 | 寅 | 子 |
| 왕망일 | 寅 | 巳 | 申 | 亥 | 卯 | 午 | 酉 | 子 | 辰 | 未 | 戌 | 丑 |
| 온황살일 | 未 | 戌 | 辰 | 寅 | 午 | 子 | 酉 | 申 | 巳 | 亥 | 丑 | 卯 |
| 빙소와해일 | 巳 | 子 | 丑 | 申 | 卯 | 戌 | 亥 | 午 | 未 | 寅 | 酉 | 辰 |
| 신호귀곡일 | 未·戌 | 戌·亥 | 子·辰 | 丑·寅 | 寅·午 | 子·卯 | 辰·酉 | 巳·申 | 巳·午 | 未·亥 | 丑·申 | 卯·酉 |

2. 택방

삼살방 · 대장군방과 함께 다음의 방법들을 참고한다.

## ● 이사 방위 판단법

가장(家長)의 나이로 판단한다.

| 성별 / 나이 | 남 | 녀 | 남 | 녀 | 남 | 녀 | 남 | 녀 | 남 | 녀 | 남 | 녀 | 남 | 녀 | 남 | 녀 | 남 | 녀 |
|---|---|---|---|---|---|---|---|---|---|---|---|---|---|---|---|---|---|---|
| | 1 | 2 | 2 | 3 | 3 | 4 | 4 | 5 | 5 | 6 | 6 | 7 | 7 | 8 | 8 | 9 | 9 | 1 |
| | 10 | 11 | 11 | 12 | 12 | 13 | 13 | 14 | 14 | 15 | 15 | 16 | 16 | 17 | 17 | 18 | 18 | 10 |
| | 19 | 20 | 20 | 21 | 21 | 22 | 22 | 23 | 23 | 24 | 24 | 25 | 25 | 26 | 26 | 27 | 27 | 19 |
| | 28 | 29 | 29 | 30 | 30 | 31 | 31 | 32 | 32 | 33 | 33 | 34 | 34 | 35 | 35 | 36 | 36 | 28 |
| | 37 | 38 | 38 | 39 | 39 | 40 | 40 | 41 | 41 | 42 | 42 | 43 | 43 | 44 | 44 | 45 | 45 | 37 |
| | 46 | 47 | 47 | 48 | 48 | 49 | 49 | 50 | 50 | 51 | 51 | 52 | 52 | 53 | 53 | 54 | 54 | 46 |
| | 55 | 56 | 56 | 57 | 57 | 58 | 58 | 59 | 59 | 60 | 60 | 61 | 61 | 62 | 62 | 63 | 63 | 55 |
| | 64 | 65 | 65 | 66 | 66 | 67 | 67 | 68 | 68 | 69 | 69 | 70 | 70 | 71 | 71 | 72 | 72 | 64 |
| | 73 | 74 | 74 | 75 | 75 | 76 | 76 | 77 | 77 | 78 | 78 | 79 | 79 | 80 | 80 | 81 | 81 | 73 |
| 이사 방향 | 82 | 83 | 83 | 84 | 84 | 85 | 85 | 86 | 86 | 87 | 87 | 88 | 88 | 89 | 89 | 90 | 90 | 82 |

| | | | | | | | | | | |
|---|---|---|---|---|---|---|---|---|---|---|
| 천록 | 길 | 동 | 서남 | 북 | 남 | 동북 | 서 | 서북 | 중앙 | 동남 |
| 안손 | 흉 | 동남 | 동 | 서남 | 북 | 남 | 동북 | 서 | 서북 | 중앙 |
| 식신 | 길 | 중앙 | 동남 | 동 | 서남 | 북 | 남 | 동북 | 서 | 서북 |
| 징파 | 흉 | 서북 | 중앙 | 동남 | 동 | 서남 | 북 | 남 | 동북 | 서 |
| 오귀 | 흉 | 서 | 서북 | 중앙 | 동남 | 동 | 서남 | 북 | 남 | 동북 |
| 합식 | 길 | 동북 | 서 | 서북 | 중앙 | 동남 | 동 | 서남 | 북 | 남 |
| 진귀 | 흉 | 남 | 동북 | 서 | 서북 | 중앙 | 동남 | 동 | 서남 | 북 |
| 관인 | 길 | 북 | 남 | 동북 | 서 | 서북 | 중앙 | 동남 | 동 | 서남 |
| 퇴식 | 흉 | 서남 | 북 | 남 | 동북 | 서 | 서북 | 중앙 | 동남 | 동 |

- 천록(天祿) : 재물과 관록이 생긴다.
- 안손(眼損) : 재물을 잃고 건강이 나빠진다.
- 식신(食神) : 의식(衣食)이 풍족해지고 재물을 쌓는다.
- 징파(徵破) : 재물을 잃게 된다.
- 오귀(五鬼) : 집안이 편안하지 못하다.
- 합식(合食) : 재물과 명성을 함께 얻는다.
- 진귀(進鬼) : 질병과 근심이 생긴다.
- 관인(官印) : 승진하고 관록을 얻는다.
- 퇴식(退食) : 재산이 줄어든다.

## 월살방

| 월 | 1·5·9월 | 2·6·10월 | 3·7·11월 | 4·8·12월 |
|---|---|---|---|---|
| 방향 | 丑 | 戌 | 未 | 辰 |

# 작명

## 1. 글자의 음양

획수가 홀수인 글자를 양(陽)이라 하고, 짝수인 글자를 음(陰)이라 한다. 이름을 지을 때 성(姓)의 글자가 홀수이면 나머지 이름 글자는 짝수와 짝수, 짝수와 홀수 등으로 섞여야 하며, 성의 글자가 짝수여도 마찬가지로 짝수와 홀수가 적당히 섞여야 한다.

| | |
|---|---|
| 양의 글자 | 山 · 千 · 戊 · 成 · 宣 · 敬 · 愛… |
| 음의 글자 | 又 · 毛 · 任 · 東 · 洙 · 桓 · 福… |

**•• 홀수 · 짝수 구성 예 ••**

| | | | | |
|---|---|---|---|---|
| 좋은 예 | ○ ● ○ | ○ ● ● | ● ○ ● | ● ○ ○ |
| 나쁜 예 | ○ ○ ○ | ● ● ● | ○ ○ | ●●●● |

※ ○는 양의 글자(홀수 획수), ●는 음의 글자(짝수 획수)

## 2. 글자의 오행

이름은 홀수 또는 짝수의 성(姓)에 적당한 획수(수리)의 글자를 섞어서 배정하는데, 이때 발음(소리)의 오행도 고려한다.

| 오행 | 목 | 화 | 토 | 금 | 수 |
|---|---|---|---|---|---|
| 획수 | 1 · 2 | 3 · 4 | 5 · 6 | 7 · 8 | 9 · 10 |
| 발음 | ㄱ·ㄲ·ㅋ | ㄴ·ㄷ·ㄹ·ㅌ | ㅇ·ㅎ | ㅅ·ㅈ·ㅊ | ㅁ·ㅂ·ㅍ |

※ 획수는 10을 초과하는 경우는 1의 자리 숫자, 10 · 20 · 30 등 10의 배수인 경우는 10으로 본다.

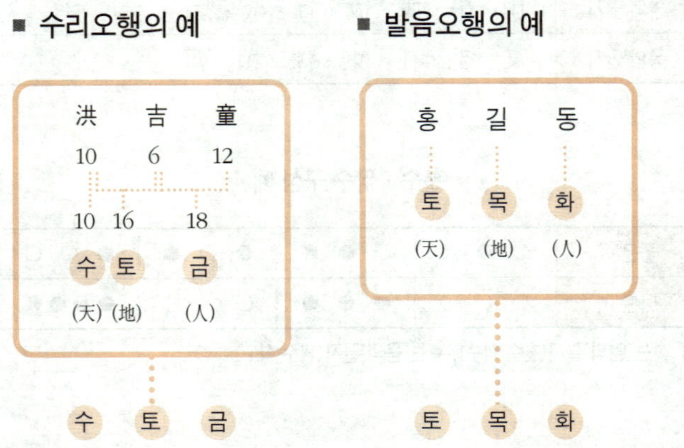

## 잘 배합된 오행(상생배합)

| 목 | 목목수 | 목목화 | 목수목 | 목수수 | 목화목 | 목화화 | 목화토 | 목수금 |
|---|---|---|---|---|---|---|---|---|
| 화 | 화목목 | 화목수 | 화목화 | 화화목 | 화화토 | 화토금 | 화토화 | 화토토 |
| 토 | 토금금 | 토금수 | 토금토 | 토화목 | 토화화 | 토화토 | 토토금 | 토토화 |
| 금 | 금금수 | 금금토 | 금수금 | 금수목 | 금수수 | 금토금 | 금토화 | 금토토 |
| 수 | 수금금 | 수금수 | 수금토 | 수목목 | 수목수 | 수목화 | 수수금 | 수수목 |

## 잘못 배합된 오행(상극배합)

| 목 | 목목목 | 목금목 | 목금화 | 목목금 | 목목토 | 목수화 | 목목토 | 목화금 |
|---|---|---|---|---|---|---|---|---|
| | 목토금 | 목토목 | 목토수 | 목토화 | 목수수 | 목수화 | 목토토 | 목금토 |
| 화 | 화금금 | 화금목 | 화금수 | 화금화 | 화금목 | 화수금 | 화수목 | 화수화 |
| | 화수토 | 화화금 | 화토수 | 화토목 | 화목금 | 화수수 | 화목수 | 화화금 |
| 토 | 토금목 | 토금화 | 토목금 | 토목목 | 토목수 | 토목화 | 토목토 | 토수금 |
| | 토수목 | 토수수 | 토수화 | 토수토 | 토화수 | 토토목 | 토토수 | 토화금 |
| 금 | 금금금 | 금금목 | 금금화 | 금목금 | 금목목 | 금목수 | 금목화 | 금목토 |
| | 금수화 | 금수토 | 금화금 | 금화목 | 금화수 | 금화화 | 금토목 | 금토수 |
| 수 | 수금목 | 수금화 | 수목토 | 수수수 | 수수화 | 수수토 | 수화금 | 수화목 |
| | 수화수 | 수화화 | 수화토 | 수토목 | 수토수 | 수토화 | 수토토 | 수목금 |

## •• 옥편 찾기와 획수 계산 ••

| 글자 예 | 찾는 부수 | 필획수 | 작명 적용수 | 총획수 |
|---|---|---|---|---|
| 洙 | 洙(水) | 3 | 4+6 | 10 |
| 性 | 性(心) | 3 | 4+5 | 9 |
| 打 | 打(手) | 3 | 4+2 | 6 |
| 狗 | 狗(犬) | 3 | 4+5 | 9 |
| 羅 | 羅(网) | 5 | 6+14 | 20 |
| 初 | 初(衣) | 5 | 6+2 | 8 |
| 道 | 道(走) | 4 | 7+9 | 16 |
| 芬 | 芬(艸) | 4 | 6+4 | 10 |
| 腦 | 腦(肉) | 4 | 6+8 | 14 |
| 隊 | 隊(阜) | 3 | 8+9 | 17 |
| 鄭 | 鄭(邑) | 3 | 7+12 | 19 |
| 者 | 者(老) | 4 | 6+4 | 10 |
| 珉 | 珉(玉) | 4 | 5+5 | 10 |

## ● 발음오행이 잘 배치된 이름

① 목(가 · 카)의 성씨

가 나 아 가 나 나 가 마 사

가 가 나 가 마 마 가 가 마

※ 여기서 '가'는 '카'로 바뀌어도 같음.

② 화(나 · 다 · 라 · 타)의 성씨

나 아 사 나 나 아 나 나 가

나 가 나 나 아 아 나 가 가

※ 여기서 '나'는 '다 · 라 · 타'로 바뀌어도 같음.

③ 토(아 · 하)의 성씨

아 사 마 아 사 사 아 나 나

아 나 가 아 아 나 아 사 아

※ 여기서 '아'는 '하'로 바뀌어도 같음.

④ 금(사 · 자 · 차)의 성씨

사 사 아 사 아 나 사 마 가

사 사 마 사 마 마 사 아 사

※ 여기서 '사'는 '자 · 차'로 바뀌어도 같음.

⑤ 수(마 · 바 · 파)의 성씨

마 마 가　　마 가 나　　마 사 아

마 가 마　　마 가 가　　마 사 사

※ 여기서 '마'는 '바 · 파'로 바뀌어도 같음.

## ● 수리오행이 잘 배치된 이름

① 2획의 성씨

2 1 4　　2 1 5　　2 1 13　　2 1 15

2 1 10　　2 1 12　　2 1 23　　2 11 10

2 9 14　　2 9 4　　2 19 4

② 3획의 성씨

3 2 3　　3 2 13　　3 3 10　　3 3 12

3 20 12　　3 2 10　　3 3 2　　3 2 14

3 8 5　　3 18 14　　3 12 6　　3 3 12

③ 4획의 성씨

4 1 2　　4 2 3　　4 2 11　　4 2 13

4 1 6　　4 1 3　　4 2 23　　4 9 12

4 9 2　　4 20 15　　4 19 12

④ 5획의 성씨

5 2 6　　5 2 14　　5 2 16　　5 3 17

5 8 24　　5 8 8　　5 8 5　　5 8 16

5 20 4　　5 10 14

⑤ 6획의 성씨

6 1 8　　6 2 5　　6 8 7　　6 2 15

6 9 8　　6 9 9　　6 9 18　　6 11 18

6 12 23　　6 11 14　　6 11 4

⑥ 7획의 성씨

7 8 8　　7 8 9　　7 8 10　　7 8 16

7 8 17　　7 9 8　　7 9 16　　7 22 10

7 11 14　　7 30 15

⑦ 8획의 성씨

8 7 8　　8 7 9　　8 7 10　　8 7 16

8 9 16　　8 10 15　　8 8 7　　8 8 15

8 9 7

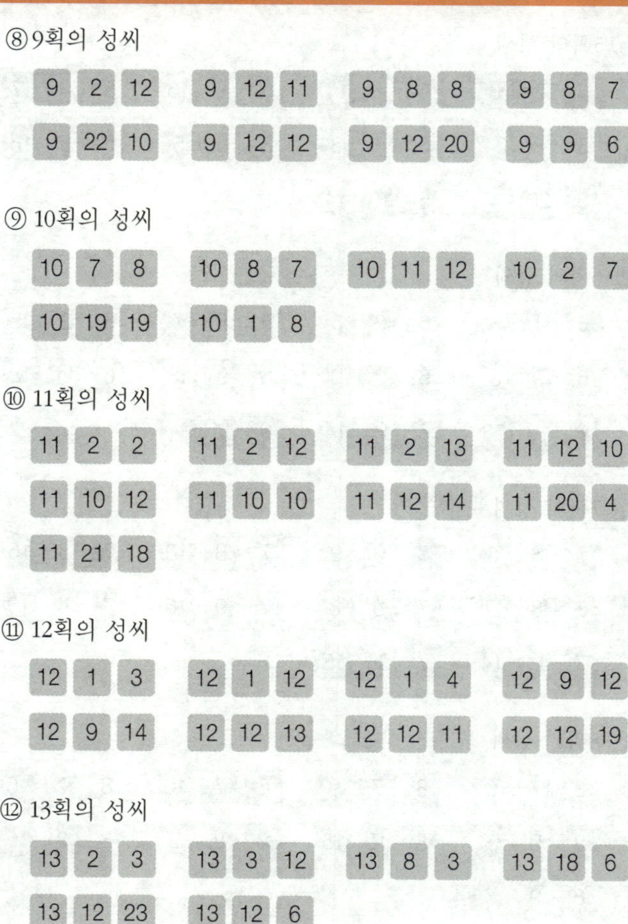

⑧ 9획의 성씨

9 2 12 | 9 12 11 | 9 8 8 | 9 8 7

9 22 10 | 9 12 12 | 9 12 20 | 9 9 6

⑨ 10획의 성씨

10 7 8 | 10 8 7 | 10 11 12 | 10 2 7

10 19 19 | 10 1 8

⑩ 11획의 성씨

11 2 2 | 11 2 12 | 11 2 13 | 11 12 10

11 10 12 | 11 10 10 | 11 12 14 | 11 20 4

11 21 18

⑪ 12획의 성씨

12 1 3 | 12 1 12 | 12 1 4 | 12 9 12

12 9 14 | 12 12 13 | 12 12 11 | 12 12 19

⑫ 13획의 성씨

13 2 3 | 13 3 12 | 13 8 3 | 13 18 6

13 12 23 | 13 12 6

⑬ 14획의 성씨

14 1 2 | 14 2 15 | 14 1 4 | 14 7 16

14 9 12 | 14 10 21 | 14 10 11 | 14 10 15

⑭ 15획의 성씨

15 2 6 | 15 2 14 | 15 2 16 | 15 3 14

15 10 7 | 15 8 16 | 15 8 23 | 15 9 14

15 10 8

⑮ 16획의 성씨

16 2 5 | 16 2 13 | 16 2 15 | 16 8 17

16 8 13 | 16 8 15

⑯ 17획의 성씨

17 8 8 | 17 8 10 | 17 8 16 | 17 18 6

17 18 10 | 17 20 15 | 17 18 17 | 17 8 16

⑰ 18획의 성씨

18 7 6 | 18 8 7 | 18 7 16 | 18 11 10

⑱ 19획의 성씨

19 2 2　19 10 19　19 12 17　19 18 20

⑲ 20획의 성씨

20 1 2　20 9 9　20 9 12　20 11 12

⑳ 21획의 성씨

21 2 14　21 8 10　21 10 14